Hacks/Wellner/Häcker

SchmerzensgeldBeträge 2020

Rechtsprechung

Schmerzensgeld-Beträge 2020

38. Auflage 2020

- Über 3 000 Urteile, mit den neuesten Entscheidungen deutscher Gerichte
- Bemessungsgrundlagen
- Unfallmedizinisches Wörterbuch

RAin **Susanne Hacks** (†),
RiBGH **Wolfgang Wellner** und
RA und FA für Verkehrsrecht und
FA für Strafrecht **Dr. Frank Häcker**

In Zusammenarbeit mit der
Arbeitsgemeinschaft Verkehrsrecht des
Deutschen Anwaltvereins

Anregungen und Kritik zu diesem Werk senden Sie bitte an
kontakt@anwaltverlag.de
Autoren und Verlag freuen sich auf Ihre Rückmeldung.

Das Werk einschließlich aller seiner Teile ist urheberrechtlich geschützt. Jede Verwertung außerhalb der engen Grenzen des Urheberrechtsgesetzes ist ohne Zustimmung des Verlages unzulässig und strafbar. Das gilt insbesondere für Vervielfältigungen, Übersetzungen, Mikroverfilmungen und die Einspeicherung und Verarbeitung in elektronische Systeme.

Copyright 2020 by Deutscher Anwaltverlag, Bonn
Umschlaggestaltung: gentura, Holger Neumann, Bochum
Satz: T + S Text- und Satz Verarbeitungs-GmbH, München
Druck: Hans Soldan Druck GmbH, Essen
ISBN 978-3-8240-1620-4

Bibliografische Information der Deutschen Bibliothek
Die Deutsche Bibliothek verzeichnet diese Publikation in der
Deutschen Nationalbibliografie; detaillierte bibliografische Daten sind im Internet
über http://dnb.ddb.de abrufbar.

Mit dieser 38. Auflage

führen die Autoren, Herr Richter am BGH a.D. Wolfgang Wellner und Herr Rechtsanwalt Dr. Frank Häcker, das Standardwerk für die Bemessung von Schmerzensgeld, die „Hacks-Schmerzensgeld-Tabelle", mit aktueller und praxisgerechter Gestaltung fort.

Der Inhalt ist mit **über 150 neuen Entscheidungen aktualisiert** worden. Das Werk enthält **insgesamt über 3.000 Entscheidungen deutscher Gerichte zum Schmerzensgeld** und **viele hier erstmals veröffentlichte aktuelle Schmerzensgeld-Urteile**.

Die **alphabetische Sortierung nach Verletzungsarten** hat sich bewährt. Um häufige Verletzungsarten (wie beispielsweise am Arm) übersichtlich darstellen zu können, sind diese in die einzelnen Bereiche (Ober-, Unterarm, Ellenbogen) unterteilt. Lebensgefährliche Mehrfachverletzungen sind in einer eigenen Kategorie „Polytraumen" gebündelt. Außerdem können die Urteile nach dem Kriterium „mit" bzw. „ohne immat. Vorbehalt" recherchiert werden. Der tabellarische Aufbau des Buches bietet Ihnen den Vorteil, durch „Querlesen" schnell die passenden Vergleichsfälle zu finden.

Auf vielfachen Wunsch haben wir am Ende der vorliegenden Auflage des Werks eine **zusätzliche Übersicht, gestaffelt nach der Höhe des Schmerzensgeldes**, mit den laufenden Nummern der Entscheidungen aufgenommen, um auch eine übergreifende Orientierung – insbesondere bei hohen Schmerzensgeldern – zu ermöglichen.

Mit unserer **neu** für Sie aufgesetzten **Online-Lösung** (www.schmerzensgeld.online) steht Ihnen das gesamte Spektrum an Recherchemöglichkeiten zur Verfügung. Zusätzlich stellen wir Ihnen einen Zugang zu der juris-Datenbank zur Verfügung, in der Sie die vollständigen Entscheidungen nachlesen können.

Unser besonderer Dank gilt wieder all denen, die durch die Einsendung interessanter Urteile zu der Aktualität dieser 38. Auflage beigetragen haben. Weil die Rechtsprechung der deutschen Gerichte in ständiger Entwicklung ist, wiederholen wir an dieser Stelle unsere Bitte an alle Richter/-innen, Rechtsanwälte/-innen und sonstigen mit Schmerzensgeldern befassten Kolleginnen und Kollegen, den Autoren interessante neue Urteile nach Erlangung der Rechtskraft zu übersenden:

Richter am BGH a.D.
Wolfgang Wellner c/o
Bundesgerichtshof
Herrenstr. 45 a
76133 Karlsruhe
E-Mail: wolfgang.wellner@hotmail.de

Dr. Häcker & Kollegen
Rechtsanwalt Dr. Frank Häcker
Würzburger Str. 54
63739 Aschaffenburg
E-Mail: schmerzensgeld@drhaecker.de

Gerne können Sie Urteile, Anregungen oder Kritikpunkte auch direkt an den Verlag unter **schmerzensgeld@anwaltverlag.de** richten.

Wir werden auch in Zukunft das Werk weiter perfektionieren. Dabei sind wir nicht nur für Anregungen und Kritik, sondern auch für ein positives Feedback dankbar.

Bitte unterstützen Sie uns weiter in dem Bemühen, Ihnen mit jeder „Hacks-Tabelle" eine zuverlässige und aktuelle Arbeitshilfe zur Verfügung zu stellen. Vielen Dank!

Wolfgang Wellner
Dr. Frank Häcker

Deutscher Anwaltverlag

Die Autoren

Susanne Hacks (†)

Susanne Hacks, Volljuristin, ist Urheberin der „SchmerzensgeldBeträge". Sie war von 1958 bis 1974 in der Juristischen Zentrale des ADAC tätig und setzte sich engagiert für eine höhere Bemessung der Schmerzensgelder, insbesondere für schwere Verletzungen, durch deutsche Gerichte ein.

Wolfgang Wellner

Wolfgang Wellner ist Richter am BGH a.D. und war dort von Dezember 1999 bis März 2019 Mitglied des für das Schadensersatzrecht (insbesondere betreffend Verkehrsunfälle, Arzthaftung und Persönlichkeitsrechtsverletzungen) zuständigen VI. Zivilsenats. Er ist erfahrener Dozent und Autor im Bereich des Schadensrechts, Mitherausgeber des „Freymann/Wellner, juris PraxisKommentars Straßenverkehrsrecht", Mitherausgeber der Neuen Zeitschrift für Verkehrsrecht (NZV), Autor der im Deutschen Anwaltverlag erschienenen Titel „BGH-Rechtsprechung zum Kfz-Sachschaden" und „BGH-Rechtsprechung zum Personenschaden", Mitautor im „Geigel, Der Haftpflichtprozess", Dozent der DeutschenAnwaltAkademie und leitete verschiedene Arbeitskreise beim Deutschen Verkehrsgerichtstag in Goslar.

Dr. Frank Häcker

Rechtsanwalt und Fachanwalt für Verkehrsrecht und für Strafrecht Dr. Frank Häcker hat seinen Schwerpunkt u.a. in der außergerichtlichen und gerichtlichen Durchsetzung von Ansprüchen Unfallgeschädigter. Sein besonderes Anliegen ist dabei die Beratung von Schwerstgeschädigten und Angehörigen von getöteten Unfallopfern. Dr. Häcker ist Mitglied im Geschäftsführenden Ausschuss der Arbeitsgemeinschaft Verkehrsrecht und Mitherausgeber der Zeitschrift für Schadensrecht (zfs). Im Rahmen von Fortbildungsveranstaltungen ist er als Dozent für Rechtsanwälte tätig.

Benutzer-Hinweise

A. Buch

Mit der 38. Auflage erhalten Sie über 3.000 Urteile deutscher Gerichte, die **nach Verletzungsarten in einer übersichtlichen Tabelle** aufgeschlüsselt nach Betrag, Verletzung, Behandlung, Verletzten, Dauerschaden, besonderen Umständen, Urteil mit Aktenzeichen aufbereitet wurden. In der Einführung, dem **Allgemeinen Teil**, werden die Grundsätze für die Bemessung von Schmerzensgeld, materiell-rechtliche Besonderheiten des Schmerzensgeldanspruchs und Verfahrensfragen erläutert. In einer separaten Übersicht finden Sie zum einen eine Zusammenstellung der Urteile, die eine **Schmerzensgeldrente** ausurteilen sowie eine Auflistung der Urteile, die einen **immateriellen Vorbehalt** zusprechen. Abschließend vermittelt Ihnen das unfallmedizinische Wörterbuch das notwendige Know-how, um die medizinischen Fachbegriffe in den richtigen Kontext einordnen zu können.

B. www.schmerzensgeld.online

Nutzen Sie auch unsere neu für Sie aufgesetzte Online-Lösung (www.schmerzensgeld.online) der SchmerzensgeldBeträge! Mit dieser Weblösung verschaffen Sie sich von überall und jederzeit einen Zugriff auf die Schmerzensgeldtabelle!

In unserer Online-Lösung (www.schmerzensgeld.online) erhalten Sie noch mehr Urteile!

Urteile, die nicht mehr im Buch abgedruckt sind, finden Sie in unserer neuen Online-Lösung – hier haben wir **mehr als 5.000 Urteile für Sie aufbereitet.**

Nutzen Sie die Möglichkeit, durch Verknüpfung unterschiedlicher Suchfunktionen die Suche Ihren spezifischen Bedürfnissen anzupassen. Mit der Suchfunktion haben Sie insbesondere auch hier die Möglichkeit, Schmerzensgeldbeträge nach multiplen Verletzungsarten aufzufinden und sich einen Überblick bzgl. der Bezifferung des Schmerzensgelds zu verschaffen. Oder lassen Sie sich alle Urteile eines bestimmten Spruchkörpers zu einer Verletzungsfolge anzeigen – das alles ist mit der intelligenten Suchfunktion möglich. Auch besteht die Möglichkeit, nach Urteilen mit bzw. ohne immateriellen Vorbehalt zu suchen.

Alles, was Sie hierfür tun müssen: Registrieren Sie sich unter www.schmerzensgeld.online mit dem auf der Umschlagseite des Buches abgedruckten Freischaltcode. Nachdem Sie freigeschaltet wurden, können Sie sich mit Ihren Zugangsdaten einloggen.

Des Weiteren erhalten Sie mit diesem Buch einen Freischaltcode für die juris-Rechtsprechungsdatenbank, in der Sie die jeweiligen Entscheidungen im Volltext nachlesen können.

Bearbeitungsstand dieser Auflage ist Ende Juli 2019.

Inhalt

Literaturverzeichnis 9

Abkürzungsverzeichnis 11

A. Allgemeiner Teil 13

I. Grundlagen des Schmerzensgeldanspruchs 13
1. Gesetzliche Regelung 13
2. Wichtige Folgen 13
3. Geschützte Rechtsgüter 13
   a) Verletzung des Körpers und der Gesundheit 13
   b) Freiheitsentziehung 13
   c) Sittlichkeitsdelikte 13

II. Die grundlegende Entscheidung des BGH (Großer Senat für Zivilsachen, Beschluss vom 6.7.1955, GSZ 1/55, BGHZ 18, 149) 14
1. Die „billige Entschädigung" 14
2. Die Doppelfunktion des Schmerzensgeldanspruchs 14
3. Der Beschluss der Vereinigten Großen Senate des BGH vom 16.9.2016 (VGS 1/16 – VersR 2017, 180) 14

III. Bemessungsgrundlagen 15
1. Ausgleichsfunktion 16
   a) Dauerschaden 16
   b) Psychische Primär- und Folgeschäden 16
   c) Abgrenzung zur Geldentschädigung bei schweren Persönlichkeitsrechtsverletzungen 17
   d) Soziale Belastungen 17
   e) Alter des Verletzten 17
   f) Schmerzensgeld in Todesfällen 18
2. Genugtuungsfunktion 19
   a) Verschulden des Schädigers 19
   b) Anlass des Unfalls oder der Verletzungshandlung 19
   c) Wirtschaftliche Verhältnisse des Geschädigten und des Schädigers bzw. Bestehen einer Versicherung 19
   d) Hinauszögerung der Schadensregulierung durch die Versicherungsgesellschaften 20
   e) Symbolische Wiedergutmachung bei Verlust des subjektiven Empfindungsvermögens 20
3. Ausschluss des Entschädigungsanspruchs bei geringfügigen Verletzungen 20

IV. Andere Anspruchsgrundlagen 21
1. Verletzung des Persönlichkeitsrechts § 823 Abs. 1 BGB, Art. 1 u. 2 GG 21
2. Verletzung des Rechts am eigenen Bild §§ 22, 23 KunstUrhG, § 823 Abs. 1 BGB 21
3. Verletzung eines Urheberrechts 22

V. Bemessungsformen 22
1. Berücksichtigung der Geldentwertung 22
2. Schmerzensgeld-Kapital 23
3. Schmerzensgeld für Spätfolgen 23
4. Schmerzensgeldrente 23

VI. Materiell-rechtliche Besonderheiten des Schmerzensgeldanspruchs 24
1. Übergang, Übertragbarkeit und Vererblichkeit des Anspruchs 24
2. Ausschluss oder Minderung des Anspruchs 24
   a) Mitverschulden 24
   b) Betriebsgefahr 25
   c) Arbeitsunfälle (§§ 104, 105 sowie 106 Abs. 3 SGB VII) 25
   d) Schmerzensgeldanspruch gegenüber dem Ehepartner oder sonstigen Familienangehörigen 25
   e) Schmerzensgeld bei ärztlichen Behandlungsfehlern 25
3. Verkehrsopferhilfe (§ 12 PflichtVersG) 26
4. Anrechenbarkeit des Schmerzensgeldes 26
   a) Sozialhilfe und Asyl 26
   b) Hartz IV-Empfänger 26
   c) Kapitalertrag 26
   d) Schmerzensgeld bzw. Schmerzensgeldanspruch im ehelichen Zugewinnausgleich 26
   e) Arbeitslosenhilfe 27
   f) Prozesskostenhilfe 27
   g) Schmerzensgeld bei einem Erstattungsanspruch aus § 110 SGB VII 27
5. Versteuerung des Schmerzensgeldes 27
   a) Versteuerung des Schmerzensgeldes nach dem EStG 27
   b) Versteuerung der Zinserträge aus dem Schmerzensgeld nach dem EStG 27
6. Vererblichkeit der Ansprüche wegen Persönlichkeitsrechtsverletzung 27

VII. Verfahrensfragen 28
1. Klageantrag 28
2. Rechtskraft 28
3. Verjährung 29
4. Prozesskostenhilfe 30
5. Berufung und Revision 30
6. Streitwert 30
7. Zinsen 30
8. Abfindungsvergleich 30

VIII. Angehörigenschmerzensgeld/ Hinterbliebenengeld 31

B. Entscheidungen deutscher Gerichte ... 33

I. Zusammenstellung nach Art der Verletzungen ... 35

II. Häufige Verletzungsarten ... 573

III. Besondere Verletzungsarten, Verletzungsursachen und Verletzungsfolgen ... 580

IV. Kapitalabfindung mit Schmerzensgeldrente ... 907

V. Kapitalabfindung mit immateriellem Vorbehalt ... 909

VI. Zusammenstellung nach Höhe des Schmerzensgeldes ... 915

C. Unfallmedizinisches Wörterbuch .. 919

Literaturverzeichnis

Bücher

v. Bühren/Held, Unfallregulierung, 9. Auflage 2019, Deutscher Anwaltverlag

Geigel, Der Haftpflichtprozess, 27. Auflage 2015, Verlag C. H. Beck

Jaeger/Luckey, Schmerzensgeld, 9. Auflage 2018, Luchterhand

Jahnke, Unfalltod und Schadenersatz, 2. Auflage 2012, Deutscher Anwaltverlag

ders., Verdienstausfall im Schadenersatzrecht, 4. Auflage 2015, Deutscher Anwaltverlag

Jahnke/Thinesse-Wiehofsky, Unfälle mit Kindern und Arzthaftung bei Geburtsschäden, 2013, Deutscher Anwaltverlag

Küppersbusch/Höher, Ersatzansprüche bei Personenschaden, 12. Auflage 2016, C. H. Beck

Luckey (Hrsg.), Der Personenschaden, 2. Auflage 2018, Luchterhand Verlag

Pardey, Berechnung von Personenschäden, 5. Auflage 2019, C.F. Müller Verlag

Schwintowski/C. Schah Sedi/M. Schah Sedi, Handbuch Schmerzensgeld, 2013, Bundesanzeiger Verlag

Slizyk, Beck'sche Schmerzensgeld-Tabelle 2019, 15. Auflage 2019, C. H. Beck

Wussow, Unfallhaftpflichtrecht, 16. Auflage 2014, Carl Heymanns Verlag

Zeitschriften

Berg, Teilschmerzensgeldklagen, NZV 2010, 63

Bischoff, Psychische Schäden als Unfallfolgen, zfs 2008, 122

Born/Rudolf/Becke, Die Ermittlung des psychischen Folgeschadens, NZV 2008, 1

Brams, Zum vertraglichen Schmerzensgeldanspruch des Geschädigten infolge Mobbings am Arbeitsplatz – Ein Überblick bisher zugesprochener Schmerzensgeldbeträge, zfs 2009, 546

Burmann/Jahnke, (Kein) Ersatz von mittelbaren Schäden im Haftpflichtfall, NZV 2012, 11

dies., Psychische Schäden im Haftpflichtprozess, NZV 2012, 505

Cronemeyer, Zum Anspruch auf Geldentschädigung bei der Verletzung des allgemeinen Persönlichkeitsrechts, AfP 2012, 10

Dahm, Die Behandlung von Schockschäden in der höchstrichterlichen Rechtsprechung, NZV 2008, 187

Diederichsen, Angehörigenschmerzensgeld „Für und Wider", DAR 2011, 122

dies., Angehörigenschmerzensgeld „Für und Wider", DAR 2011, 122

Eilers, Erwerbsschadensermittlung bei Verletzung vor oder kurz nach dem Berufseinstieg – Anforderungen an die Darlegungen bei der Geltendmachung von Ansprüchen, zfs 2013, 244

Gräfenstein/Deller, Kapitalisierung von Renten, zfs 2014, 69

Grimm/Freh, Schadensersatz und Schmerzensgeld wegen Verletzung des Arbeitnehmer-Persönlichkeitsrechts, ArbRB 2012, 151

Grunewald/Nugel, Problemfeld Schmerzensgeld, VRR 2014, 4

Gülpen, Schmerzensgelderhöhung bei verzögerter Schadensregulierung, SVR 2008, 134

Häcker, Geltendmachung von Schmerzensgeldansprüchen bei Unfällen mit europäischem Auslandsbezug, DAR 2013, 758

Halm/Staab, Posttraumatische Belastungsstörungen nach einem Unfall, DAR 2009, 677

Heß/Burmann, Die Schmerzensgeldrente, NJW-Spezial 2012, 265

Höher/Mergner, Mitwirkungspflichten des Geschädigten im Personenschaden, r+s 2012, 1

Höke, Die Schmerzensgelddiskussion in Deutschland: Bestandsaufnahme und europäischer Vergleich, NZV 2014, 1

Jaeger, Höchstes Schmerzensgeld – ist der Gipfel erreicht?, VersR 2009, 159

ders., Entwicklungen der Rechtsprechung zu hohen Schmerzensgeldern, VersR 2013, 134

Jahnke, Schadensrechtliche Aspekte der Schmerzensgeldrente, r+s 2006, 228

Jeinsen, Das Angehörigenschmerzensgeld – Systembruch oder Fortentwicklung, zfs 2008, 61

Kuhn, Angehörigenschmerzensgeld – eine Schadensposition auch in Deutschland?, SVR 2012, 288

Löffler/Kruschwitz/Heintzen/Schiller, Zur Kapitalisierung von Schadenersatzansprüchen (§ 843 Abs. 3 BGB), r+s 2013, 477

Luckey, He blew his mind out in a car ... Ansprüche naher Angehöriger beim Unfalltod, SVR 2012, 1

Mazotti/Castro, Das „HWS-Schleudertrauma" aus orthopädischer Sicht – Stand 2008, NZV 2008, 113

Meinel, Die Reichweite eines Abfindungsvergleichs nach Verkehrsunfall, zfs 2014, 431

Müller, Der Anspruch auf Hinterbliebenengeld, VersR 2017, 321

Neuner, Das Schmerzensgeld, JuS 2013, 577

Notthoff/Ernst, Das Regulierungsverhalten eines Haftpflichtversicherers – (k)ein Kriterium für eine etwaige Schmerzensgelderhöhung?!, VRR 2014, 284

Quarch, Psychische Schäden als Unfallfolge, SVR 2008, 1

Quirmbach, Erhöhung des Schmerzensgeldes bei inadäquater Schadensregulierung?, zfs 2013, 670

Schwintowski/Schah Sedi/Schah Sedi, Angehörigenschmerzensgeld – Überwindung eines zivilrechtlichen Dogmas, zfs 2012, 6

Slizyk, Judex non calculat – oder doch? Die Bemessung des Schmerzensgeldes – taggenaue Kalkulation versus Einzelfallentscheidung, SVR 2014, 10

Strücker-Pitz, Ausweitung der Arzthaftung für Schmerzensgeld bei Schwerstschäden, VersR 2007, 1466

Stück, Mobbing – Arbeits- und schadenrechtliche Leitlinien aus der aktuellen Rechtsprechung, MDR 2013, 378

Wessel, Behandlungsfehler, Sorgfaltspflichten und ärztliche Standards, zfs 2013, 135

Ziegler, Fiktiver Schadensersatz für Körperschäden, VersR 2012, 1364

Ziegler/Cayukli, Unterschiedlich hohe Schmerzensgelder bei Männern und Frauen, zfs 2013, 424

Ziegler/Ehl, Bein ab – arm dran, JR 2009, 1

Abkürzungsverzeichnis

ABM	Arbeitsbeschaffungsmaßnahme	LWK	Lendenwirbelkörper
a. F.	alte Fassung	LWS	Lendenwirbelsäule
AG	Amtsgericht	MdE	Minderung der Erwerbsfähigkeit
Anm.	Anmerkung	MDR	Monatsschrift für Deutsches Recht
AU	Arbeitsunfähigkeit	m. w. N.	mit weiteren Nachweisen
Az.	Aktenzeichen		
		NJW	Neue Juristische Wochenschrift
BAG	Bundesarbeitsgericht	NJWE-VHR	Entscheidungsdienst Versicherungs-/Haftungsrecht
BAK	Blutalkoholkonzentration		
BB	Betriebsberater	NJW-RR	Neue Juristische Wochenschrift – Rechtsprechungsreport
BGB	Bürgerliches Gesetzbuch		
BGH	Bundesgerichtshof	NVwZ	Neue Zeitschrift für Verwaltungsrecht
BGHZ	Entscheidungen des Bundesgerichtshofs in Zivilsachen	NZV	Neue Zeitschrift für Verkehrsrecht
BSHG	Bundessozialhilfegesetz	OLG	Oberlandesgericht
BVerfG	Bundesverfassungsgericht	OP	Operation
BVerwG	Bundesverwaltungsgericht	OSG	Oberes Sprunggelenk
BW	Brustwirbel		
BWK	Brustwirbelkörper	PflichtversG	Pflichtversicherungsgesetz
BWS	Brustwirbelsäule	PKH	Prozesskostenhilfe
DAR	Deutsches Autorecht	Rd.-Nr.	Randnummer
dB	Dezibel	RG	Rahmengesetz Reichsgericht Reichsgesetz
DEVK	Deutsche Eisenbahnversicherungskasse	RGZ	Entscheidungen des Reichsgerichts in Zivilsachen
EEG	Elektroenzephalogramm	r + s	Recht und Schaden
EKG	Elektrokardiogramm	RVO	Reichsversicherungsordnung
EMG	Elektromyographie		
		SGB	Sozialgesetzbuch
FGO	Finanzgerichtsordnung	SGG	Sozialgerichtsgesetz
		SHT	Sozialhilfeträger
GdB	Grad der Behinderung	SP	Schaden-Praxis (Zeitschrift)
GG	Grundgesetz	StPO	Strafprozessordnung
GSZ	Großer Senat für Zivilsachen beim Bundesgerichtshof	StVG	Straßenverkehrsgesetz
		SVR	Straßenverkehrsrecht – Zeitschrift für die Praxis des Verkehrsjuristen
HDI	Haftpflichtverband der Deutschen Industrie	SZ	Süddeutsche Zeitung
HW	Halswirbel		
HWK	Halswirbelkörper	UrhG	Urheberrechtsgesetz
HWS	Halswirbelsäule		
		VerkMitt	Verkehrsrechtliche Mitteilungen
i. S.	im Sinne	VersR	Versicherungsrecht
		VRS	Verkehrsrechtsammlung
JZ	Juristenzeitung	VVaG	Versicherungsverein auf Gegenseitigkeit
		VwGO	Verwaltungsgerichtsordnung
KG	Kammergericht Berlin		
Kl.	Kläger/Klägerin	WK	Wirbelkörper
KunstUrhG	Kunsturhebergesetz	WS	Wirbelsäule
KVR	Kraftverkehrsrecht von A–Z		
		zfs	Zeitschrift für Schadensrecht
LAG	Landesarbeitsgericht	ZfV	Zeitschrift für Versicherungswesen
LG	Landgericht	ZPO	Zivilprozessordnung
LuftVG	Luftverkehrsgesetz	z. Z., zzt.	zur Zeit
LW	Lendenwirbel		

A. Allgemeiner Teil

I. Grundlagen des Schmerzensgeldanspruchs

1. Gesetzliche Regelung

Der früher in § 847 BGB geregelte Anspruch des Verletzten auf Schmerzensgeld ergibt sich nunmehr aus den am 1.8.2002 in Kraft getretenen § 253 Abs. 2 BGB, § 11 S. 2 StVG:

§ 253 Abs. 2 BGB: Schmerzensgeld
„Ist wegen einer Verletzung des Körpers, der Gesundheit, der Freiheit oder der sexuellen Selbstbestimmung Schadenersatz zu leisten, kann auch wegen des Schadens, der nicht Vermögensschaden ist, eine billige Entschädigung in Geld gefordert werden."

2. Wichtige Folgen

a) Im Gegensatz zu § 847 BGB a.F. gibt es seit Inkrafttreten des 2. Schadensrechtsänderungsgesetzes am 1.8.2002 einen Schmerzensgeldanspruch **auch bei Fällen der Vertragsverletzung**, was insbesondere im Arzthaftungsrecht von Bedeutung ist.

b) Einen Schmerzensgeldanspruch gibt es nunmehr **auch bei Gefährdungshaftung** im Straßenverkehrsrecht. Dieser Anspruch ist in der ebenfalls am 1.8.2002 in Kraft getretenen Vorschrift des § 11 S. 2 StVG geregelt, wonach wegen eines Schadens, der nicht Vermögensschaden ist, eine billige Entschädigung in Geld gefordert werden kann.

c) Gegenüber verletzten Personen, die nicht nach StVG haften (z. B. Fußgänger und Radfahrer), kommt ein **Haftungsausschluss für den Halter und Haftpflichtversicherer eines Kfz nach § 7 Abs. 2 StVG nur noch bei „höherer Gewalt"** in Betracht.

d) Ein **Haftungsausschluss bei einem „unabwendbaren Ereignis"** bleibt **nach § 17 Abs. 3 StVG** in den Fällen erhalten, in denen sowohl Schädiger als auch Geschädigter für die Betriebsgefahr der unfallbeteiligten Kfz (bzw. Anhänger) haften. § 17 StVG ist auf ersatzpflichtige Führer des Kfz nach § 18 Abs. 3 StVG entsprechend anzuwenden.

e) Geschädigte Personen, die nicht nach StVG haften (z. B. **Fußgänger und Radfahrer**), müssen sich ein **Mitverschulden** grundsätzlich über **§ 9 StVG i.V.m. § 254 BGB** anspruchsmindernd anrechnen lassen.

f) **Nach § 828 Abs. 2 S. 1 BGB sind Kinder bis zum vollendeten 10. Lebensjahr bei einem Unfall mit einem Kfz haftungsprivilegiert,** d.h. sie müssen sich in diesen Fällen auch kein Mitverschulden anrechnen lassen. Der BGH hat allerdings das Haftungsprivileg auf Fälle beschränkt, in denen sich eine typische Überforderungssituation des Kindes durch die spezifischen Gefahren des motorisierten Verkehrs realisiert hat.[1] Das ist etwa dann nicht der Fall, wenn Kinder mit Kickboards oder Fahrrädern gegen ordnungsgemäß geparkte Kfz stoßen.

g) Die **Halterhaftung nach § 7 Abs. 1 StVG** gilt im Gegensatz zur Rechtslage vor dem 1.8.2002 **auch bei unentgeltlicher Personenbeförderung** gegenüber Beifahrern bzw. Insassen des unfallbeteiligten Kfz.

3. Geschützte Rechtsgüter

a) Verletzung des Körpers und der Gesundheit

In erster Linie wird die körperliche Unversehrtheit gegen jedwede unangemessene Einwirkung oder Behandlung geschützt, die zu einer nicht völlig unerheblichen Verletzung führt. Der **Begriff der Körperverletzung** i.S.d. § 823 Abs. 1 BGB, § 11 StVG ist **weit auszulegen**. Er umfasst jeden unbefugten, weil von der Einwilligung des Rechtsträgers nicht gedeckten Eingriff in die Integrität der körperlichen Befindlichkeit.[2] Geschützt wird ferner die **Beschädigung der Gesundheit** im Sinne eines Hervorrufens oder Steigerns eines, wenn auch nur vorübergehenden, pathologischen Zustands.[3]

Eine Gesundheitsverletzung kann also auch ohne die unmittelbare körperliche Misshandlung, etwa durch Verabreichung von Gift, Ansteckung mit einer Geschlechtskrankheit, als Unfallschock (etwa in Form einer posttraumatischen Belastungsstörung) oder in Form einer (pathologischen) psychischen Gesundheitsbeeinträchtigung **(Schockschaden)** wegen des Unfalltodes oder schwerster Verletzungen nächster Angehöriger eintreten.[4]

b) Freiheitsentziehung

Das Tatbestandsmerkmal der Entziehung der Freiheit meint insbesondere die persönliche Fortbewegungsfreiheit, die durch das tatsächliche Einschließen, aber auch durch Drohung, Zwang oder Täuschung entzogen werden kann.

Ein Schmerzensgeld erhält z. B., wer vom Kaufhausdetektiv zu Unrecht des Diebstahls verdächtigt und bis zum Eintreffen der Polizei am Weggehen gehindert[5] oder wer infolge falscher Anschuldigung in Untersuchungshaft genommen wird.[6]

Meist wird die Freiheitsentziehung von anderen Delikten, besonders aus dem Bereich der Sexualdelikte, begleitet.

Zu denken ist aber auch an das widerrechtliche Festhalten eines Patienten in einer geschlossenen Anstalt oder an die Einweisung eines vermeintlich Kranken aufgrund eines unrichtigen psychiatrischen Gutachtens und an seine Entmündigung.[7]

c) Sittlichkeitsdelikte

Zu einem Schmerzensgeldanspruch führen auch sämtliche Sittlichkeitsdelikte der §§ 174 ff. StGB, von der Vergewaltigung bis zur Verführung und, nach § 825 BGB, auch die durch Hinterlist, Drohung oder Missbrauch eines Abhängigkeitsverhältnisses vorgenommene Bestimmung zur Vornahme oder Duldung sexueller Handlungen.

---

[1] Z. B. BGH, Urt. v. 30.11.2004 – VI ZR 335/03, zfs 2005, 174; BGH, Urt. v. 30.11.2004 – VI ZR 365/03, zfs 2005, 177; BGH, Urt. v. 21.12.2004 – VI ZR 276/03, VersR 2005, 378; BGH, Beschl. v. 11.3.2008 – VI ZR 75/07, zfs 2008, 373.

[2] Vgl. BGH, Urt. v. 9.11.1993 – VI ZR 62/93, BGHZ 124, 52, 54; BGH, Urt. v. 18.3.1980 – VI ZR 247/78, VersR 1980, 558, 559; BGH, Urt. v. 12.2.2008 – VI ZR 221/06, VersR 2008, 644 Rn 9; BGH, Urt. v. 17.9.2013 – VI ZR 95/13, VersR 2013, 1406.

[3] RG 19, 226; BGH, Urt. v. 21.6.1960 – 1 StR 186/60, NJW 1960, 2253.

[4] Vgl. BGH, Urt. v. 27.1.2015 – VI ZR 548/12, DAR 2015, 200; BGH, Urt. v. 10.2.2015 – VI ZR 8/14, VersR 2015, 590.

[5] AG Osnabrück v. 21.11.1988 – 40 C 269/88, NJW-RR 1989, 476.

[6] OLG Frankfurt v. 25.5.1988 – 9 U 92/87, VersR 1989, 260; LG Bonn v. 3.11.1994 – 15 O 169/94, NJW-RR 1996, 1492.

[7] OLG Nürnberg v. 2.3.1988 – 9 U 779/85, NJW-RR 1988, 791; LG Marburg v. 19.7.1995 – 5 O 33/90, VersR 1995, 1199; OLG Oldenburg v. 20.5.1988 – 6 U 28/88, VersR 1991, 306; OLG Stuttgart v. 2.8.1990 – 14 U 10/90, VersR 1991, 1288.

II. Die grundlegende Entscheidung des BGH (Großer Senat für Zivilsachen, Beschluss vom 6.7.1955, GSZ 1/55, BGHZ 18, 149)

1. Die „billige Entschädigung"

Der Große Senat für Zivilsachen nahm eine Vorlage des VI. Zivilsenats über die Frage, ob bei der Bemessung der Höhe des Schmerzensgeldes alle Umstände, also auch die Vermögensverhältnisse und der Grad des Verschuldens des Verpflichteten zu berücksichtigen sind, zum Anlass, den Charakter des Schmerzensgeldanspruchs zu definieren und die Vielschichtigkeit der zu berücksichtigenden Umstände aufzuzeigen.

Bereits in der vorhergehenden Rechtsprechung des Reichsgerichtes war auf das Moment der „Billigkeit" der Schmerzensgeldentschädigung abgestellt worden. *Alle* Umstände, die dem Schadensfall sein Gepräge gaben, mussten berücksichtigt werden. Zu ermitteln waren daher auf der Seite des Geschädigten nicht nur Umfang und Dauer der Schmerzen, die vom Verletzten erlittenen Entstellungen und Eingriffe, sondern auch die beiderseitigen wirtschaftlichen Verhältnisse, der Grad des Verschuldens und überhaupt die Umstände, die zu dem Schadenseintritt geführt hatten.

Das Reichsgericht sah, hergeleitet aus den früheren Rechtsordnungen verschiedener deutscher Länder, in der ausdrücklich gesetzlichen Forderung der *Billigkeit* die Notwendigkeit, die schadensbeteiligten Parteien in eine Relation zueinander zu setzen und ihre beiderseitigen Verhältnisse zu berücksichtigen.

Gegen diese umfassende Betrachtungsweise wandte sich Anfang der fünfziger Jahre eine Rechtsprechungstendenz, die im Einklang mit dem gesamten übrigen *materiellen* Schadensersatzrecht eine Schadensermittlung im Schmerzensgeldbereich allein auf die Gesamtumstände aufseiten des Verletzten abstellen sollte.

Das Moment der *Billigkeit* hatte nur noch Bedeutung im Hinblick auf die Abwägung, welche Entschädigung geeignet sei, die vom Verletzten erlittenen Beeinträchtigungen, Schmerzen, Entstellungen, Leiden und Eingriffe entsprechend ihrem Umfang und ihrer Dauer auszugleichen. Wie auch im materiellen Bereich des Schadensrechtes, stand nur die Betrachtung des *Schadens* im Vordergrund, die Person des Schädigers und insbesondere seine wirtschaftliche Leistungsfähigkeit sollten außer Betracht bleiben.

2. Die Doppelfunktion des Schmerzensgeldanspruchs

Der Große Senat in Zivilsachen gelangte zu folgendem Ergebnis (Leitsatz):

„(1) Der Anspruch auf Schmerzensgeld nach BGB § 847 ist kein gewöhnlicher Schadenersatzanspruch, sondern ein Anspruch eigener Art mit einer doppelten Funktion: Er soll dem Geschädigten einen angemessenen Ausgleich für diejenigen Schäden bieten, die nicht vermögensrechtlicher Art sind, und zugleich dem Gedanken Rechnung tragen, dass der Schädiger dem Geschädigten Genugtuung schuldet für das, war er ihm angetan hat.

(2) Bei der Festsetzung dieser billigen Entschädigung dürfen grundsätzlich alle in Betracht kommenden Umstände des Falles berücksichtigt werden, darunter auch der Grad des Verschuldens des Verpflichteten und die wirtschaftlichen Verhältnisse beider Teile.

(2.1) Dabei hat die Rücksicht auf Höhe und Maß der Lebensbeeinträchtigung (Größe, Heftigkeit und Dauer der Schmerzen, Leiden und Entstellungen) durchaus im Vordergrund zu stehen, *während das Rangverhältnis der übrigen Umstände den Besonderheiten des Einzelfalles zu entnehmen ist.*

(2.2) Findet der Verpflichtete Ersatz seiner Leistung durch einen Ausgleichsanspruch oder durch eine Haftpflichtversicherung, so ist dies bei der Beurteilung seiner wirtschaftlichen Lage zu berücksichtigen.

(3) Mehreren Schädigern gegenüber ist erforderlichenfalls die Entschädigung nach BGB § 847 im Verhältnis zu jedem besonders zu bemessen."

Nach der Entscheidung des Großen Senats in Zivilsachen hat der Schmerzensgeldanspruch mithin eine Doppelfunktion.

In erster Linie bilden die Größe, die Heftigkeit und die Dauer der Schmerzen, Leiden und Entstellungen die wesentliche Grundlage der Bemessung der billigen Entschädigung.

Das Schmerzensgeld soll aber zugleich dem Gedanken Rechnung tragen, dass der Schädiger dem Geschädigten für das, was er ihm angetan hat, Genugtuung schuldet.

Damit trägt der BGH dem Umstand Rechnung, dass das Schmerzensgeld seine rechtsgeschichtlichen Ursprünge im Strafrecht findet. Den modernen, schadensrechtlichen Ansprüchen aus unerlaubter Handlung kommt ein unmittelbarer Strafcharakter – wohl auch aus der heutigen weitgehenden Trennung von Straf- und Zivilgerichtsbarkeit – zwar nicht mehr zu, *dennoch schwingt in dem Ausgleichsgedanken auch heute noch etwas vom Charakter der Buße, der Genugtuung mit.*

Die Suche nach der vom Gesetzgeber gemeinten „billigen Entschädigung" verlangt daher die umfassende allseitige Betrachtung der Funktionen des Schmerzensgeldanspruchs mit seinen Aufgaben, dem Geschädigten einen Ausgleich für das Erlittene zu bieten, ihm aber auch Genugtuung zu gewähren.

Bei Verletzungen infolge eines Verkehrsunfalls wird die Höhe des Schmerzensgeldes jedoch in erster Linie durch das Maß der dem Verletzten durch den Unfall zugefügten Lebensbeeinträchtigungen bestimmt. Bei Straßenverkehrsunfällen tritt die Genugtuungsfunktion gegenüber der Ausgleichsfunktion daher weitgehend in den Hintergrund.[8] Aus diesen Gründen kann es gerechtfertigt sein, das nur auf Gefährdungshaftung gestützte Schmerzensgeld nicht geringer zu bemessen als bei einer Haftung aus (einfach) fahrlässigem Verhalten.[9]

3. Der Beschluss der Vereinigten Großen Senate des BGH vom 16.9.2016 (VGS 1/16 – VersR 2017, 180)

Der Streit, ob die wirtschaftlichen Verhältnisse beider Teile und das Bestehen einer Haftpflichtversicherung auf Seiten des Schädigers bei der Schmerzensgeldbemessung eine Rolle spielen, war in jüngster Zeit neu entflammt durch einen Vorlagebeschluss des 2. Strafsenats des BGH an den Großen Senat für Zivilsachen. Der 2. Strafsenat des BGH vertrat darin unter Aufgabe früherer Rechtsprechung die Auffassung, dass die wirtschaftlichen Verhältnisse des Schädigers sowie die des Geschädigten nicht zu berücksichtigen sind, und fragte bei dem Großen Senat für Zivilsachen und den anderen Strafsenaten des BGH an, ob an entgegenstehender Rechtsprechung festgehalten wird. Der 1., 4. und 5. Strafsenat haben der Rechtsauffassung des anfragenden Senats nicht zugestimmt. Der 3. Strafsenat hat mitgeteilt, dass er an seiner bisherigen

---

[8] OLG Frankfurt v. 9.6.1992 – 27 (14) U 325/90, VersR 1993, 1033; KG v. 23.4.2001 – 12 U 971/00, DAR 2002, 266; OLG Celle v. 23.1.2004 – 14 W 51/03, NZV 2004, 251; SP 2004, 119.

[9] Wagner, NJW 2002, 2049; OLG Celle v. 23.1.2004 – 14 W 51/03, NZV 2004, 251; SP 2004, 119.

Rechtsprechung nur insoweit festhalte, als die Bemessung des Schmerzensgeldes auch auf der Berücksichtigung der wirtschaftlichen Verhältnisse des Schädigers beruhen dürfe. Dem anfragenden Senat hat er dagegen dahingehend zugestimmt, dass die wirtschaftlichen Verhältnisse des Geschädigten bei der Bemessung des Schmerzensgeldes unberücksichtigt bleiben müssten, und mitgeteilt, dass er an seiner insoweit entgegenstehenden Rechtsprechung nicht mehr festhalte.

Der Große Senat für Zivilsachen hat mit Beschl. v. 12.10.2015 – GSZ 1/14 – die Anfrage des Senats dahin beschieden, dass er an seiner Rechtsprechung festhalte, wonach bei der Bemessung einer billigen Entschädigung in Geld nach § 253 Abs. 2 BGB alle Umstände des Falles berücksichtigt werden können. Die wirtschaftlichen Verhältnisse des Schädigers und des Geschädigten könnten dabei nicht von vornherein ausgeschlossen werden. Zur Begründung hat er auf den Beschluss des Großen Senats für Zivilsachen vom 6.7.1955 – GSZ 1/56, BGHZ 18, 149, Bezug genommen.

Daraufhin hat der 2. Strafsenat den Vereinigten Großen Senaten des BGH gemäß § 132 Abs. 2 und 4 GVG die entsprechenden Rechtsfragen zur Entscheidung vorgelegt.

Die Vereinigten Großen Senate des BGH (Beschl. v. 16.9.2016 – VGS 1/16, VersR 2017, 180) haben entschieden, dass bei der Bemessung einer billigen Entschädigung in Geld nach § 253 Abs. 2 BGB (vormals § 847 BGB a.F.) alle Umstände des Falles berücksichtigt werden können. Die wirtschaftlichen Verhältnisse des Schädigers und des Geschädigten können dabei nicht von vornherein ausgeschlossen werden.

In der Begründung haben sie im Wesentlichen an den Erwägungen des Großen Senats für Zivilsachen (Beschl. v. 6.7.1955 – GSZ 1/55, BGHZ 18, 149) festgehalten.

in vergleichbaren Fällen bisher gewährten Beträge zu unterschreiten oder über sie hinauszugehen, wenn ihm dies nach Lage des Falles – vor allem in Anbetracht der wirtschaftlichen Entwicklung oder veränderter allgemeiner Wertvorstellungen – geboten erscheint; doch muss er dies dann begründen. Dabei darf er die wirtschaftlichen Belange aufseiten des Ersatzpflichtigen nicht aus den Augen verlieren; insbesondere muss er ersichtlich machen, dass er, nachdem BGHZ 18, 156 zugunsten des Verletzten auch die Berücksichtigung einer Haftpflichtversicherung des Schädigers zugelassen hat, dies in verständigen Grenzen in die Abwägung einbringen. Dabei ist es allerdings zu bedenken, dass es letztlich die Gemeinschaft aller Versicherten ist, die mit einer solchen Ausweitung belastet wird.

Menschliches Leid lässt sich nicht schematisieren. Deshalb spielen neben einer gewissen Objektivierung von Bemessungsgrundlagen letztlich immer die besonderen Umstände des jeweiligen Einzelfalles, die den Geschädigten in seiner speziellen Lebenssituation treffen, im Rahmen der erforderlichen Gesamtschau eine wesentliche Rolle.

Eine Tendenz zu höheren Schmerzensgeldern ist in der Rechtsprechung erkennbar. Der Gleichbehandlungsgrundsatz gilt auch bei der Bemessung des Schmerzensgeldes. Eine grundsätzliche Orientierung an vergleichbaren Fällen in der bisherigen Rechtsprechung anhand von Schmerzensgeldtabellen dient dazu, Abweichungen in einem vertretbaren Rahmen zu halten. Die Abweichung von den bisher in vergleichbaren Fällen gewährten Beträgen muss nach der Rechtsprechung des BGH[13] regelmäßig begründet werden.

Es empfiehlt sich im Rahmen der Bearbeitung des Einzelfalles entsprechend der Gliederung der „SchmerzensgeldBeträge" von *Hacks/Wellner/Häcker* eine Art Checkliste anzufertigen und auszufüllen.

III. Bemessungsgrundlagen

Nach dem Beschluss des Großen Senats für Zivilsachen vom 6.7.1955[10] bilden in erster Linie die Größe, die Heftigkeit und die Dauer der Schmerzen, Leiden und Entstellungen die wesentliche Grundlage der Bemessung der billigen Entschädigung.

Das Schmerzensgeld soll aber zugleich dem Gedanken Rechnung tragen, dass der Schädiger dem Geschädigten für das, was er ihm angetan hat, Genugtuung schuldet. Dieser Gesichtspunkt tritt heute jedoch in den meisten Fällen (z. B. bei Fahrlässigkeit oder Gefährdungshaftung) in den Hintergrund.

Die Auswahl eines Geldbetrags, der nach den für die Schmerzensgeldbemessung geltenden Grundsätzen dem als ausgleichungsbedürftig festgestellten immateriellen Schaden entspricht, ist Sache des in der Revisionsinstanz grundsätzlich nicht nachprüfbaren tatrichterlichen Ermessens.[11]

Doch sind dem Ermessen des Tatrichters Grenzen gesetzt:[12] Er darf das Schmerzensgeld nicht willkürlich festsetzen, sondern muss zu erkennen geben, dass er sich um eine dem Schadensfall gerecht werdende Entschädigung bemüht hat. Er muss alle für die Höhe des Schmerzensgeldes maßgebenden Umstände vollständig berücksichtigen und darf bei seiner Abwägung nicht gegen Rechtssätze, Denkgesetze und Erfahrungssätze verstoßen. Er muss die Entschädigung zu Art und Dauer der erlittenen Schäden in eine angemessene Beziehung setzen. Zwar ist er nicht gehindert, die von der Rechtsprechung

---

[10] GSZ 1/55, BGHZ 18, 149, 154.
[11] BGH, Urt. v. 18.11.1969 – VI ZR 81/68, VersR 1970, 134.
[12] BGH, Urt. v. 8.6.1976 – VI ZR 216/74, MDR 1976, 1012.

[13] Vgl. etwa Urt. v. 8.6.1976 – VI ZR 216/74, MDR 1976, 1012.

Checkliste

1. Verletzung:
2. Behandlung
   a) Dauer der Behandlung:
   b) Umfang der Behandlung:
   c) Arbeitsunfähigkeit: ja nein
3. Person des Verletzten:
4. Dauerschaden:
5. Besondere Umstände des Einzelfalls
   a) (Medizinische) Schmerzsymptomatik:
   b) Auswirkungen auf die berufliche, soziale und häusliche Situation:
   c) Auswirkungen auf Freizeit, Sport und Hobby:
   d) Psychische Folgen:
   e) Evtl. physische und psychische Prädispositionen (Vorschäden):
   f) Vorsatz und grobe Fahrlässigkeit beim Schädiger:
   g) Mitverschulden des Geschädigten: ja nein
   h) (Vorwerfbare) Verzögerung der Schadensregulierung:
   i) Wirtschaftliche Verhältnisse (siehe hierzu aber oben II. 3.):

1. Ausgleichsfunktion

a) Dauerschaden

Der Umfang des Dauerschadens ist einer der wichtigsten Faktoren bei der Bemessung des Schmerzensgeldes. Im Gegensatz zu der abstrakt berechneten Erwerbsminderung in der Unfallversicherung kommt es hier auf die persönlichen Verhältnisse des Verletzten an. Alter, Geschlecht, Beruf und persönliche Neigungen sind zu berücksichtigen.

b) Psychische Primär- und Folgeschäden

Physische und psychische Schäden sind schadensrechtlich grundsätzlich gleichwertig. Der (Verkehrsunfall-)Schädiger hat auch für eine psychische Fehlverarbeitung des Unfallgeschehens einzustehen, wenn hinreichende Gewissheit besteht, dass die Folge ohne den Unfall nicht eingetreten wäre. Der Zurechnungszusammenhang ist nur ausnahmsweise dann zu verneinen, wenn der Geschädigte den Unfall in neurotischem Streben nach Versorgung und Sicherheit lediglich zum Anlass nimmt, um den Schwierigkeiten und Belastungen des Erwerbslebens auszuweichen.[14] Bei physischen und psychischen Vorschäden gilt: Der Schädiger hat keinen Anspruch darauf, einen physisch und psychisch gesunden Geschädigten zu treffen.

Bei den psychischen Schäden ist zu unterscheiden zwischen psychischen Primär- und Folgeschäden. Steht eine physische Primärverletzung des Geschädigten nicht fest, wofür dieser – weil zur haftungsbegründenden Kausalität gehörend – die Darlegungs- und Beweislast trägt (Beweismaß: § 286 ZPO), kommt lediglich eine Haftung wegen eines psychischen Primärschadens in Betracht, wofür der Geschädigte ebenfalls die Darlegungs- und Beweislast trägt (Beweismaß: § 286 ZPO), d.h. er muss seine Beschwerden (zumindest auch) als psychischen Primärschaden geltend machen und ggf. beweisen.

Handelt es sich bei den psychisch vermittelten Beeinträchtigungen nicht um schadensausfüllende Folgewirkungen einer Verletzung, sondern treten sie haftungsbegründend erst durch die psychische Reaktion auf ein Unfallgeschehen ein, wie dies in den sog. Schockschadensfällen regelmäßig und bei Aktual- oder Unfallneurosen häufig der Fall ist, so kommt eine Haftung für den psychischen Primärschaden nur in Betracht, wenn die Beeinträchtigungen selbst Krankheitswert besitzen, also eine Gesundheitsbeschädigung i.S.d. § 823 Abs. 1 BGB darstellen,[15] und für den Schädiger vorhersehbar waren.[16] Eine haftungsrechtliche Zurechnung eines psychischen Primärschadens (mit Krankheitswert) scheidet allerdings aus, wenn das Unfallereignis als Bagatelle grundsätzlich nicht geeignet war, psychische Reaktionen mit Krankheitswert hervorzurufen. Eine entsprechende Eignung lässt sich u.U. bejahen bei lebensbedrohlichen Situationen.[17]

Ein „**Angehörigenschmerzensgeld**" wegen des Verlusts des nahen Angehörigen (Drittschaden) gibt es nach deutschem Recht im Gegensatz zu einigen anderen europäischen Staaten nicht. Hintergrund ist, dass ein Schadensersatzanspruch des Hinterbliebenen nach deutschem Recht eine eigene Rechtsgutverletzung des Hinterbliebenen i.S.d. § 823 BGB voraussetzt (zum neuen „**Hinterbliebenengeld**" siehe unter VIII.).

Nach noch geltendem Recht begründet die seelische Erschütterung („Schockschaden") durch die Nachricht vom tödlichen Unfall eines Angehörigen einen Schadensersatzanspruch gegen den Verursacher des Unfalls nicht schon dann, wenn sie zwar medizinisch erfassbare Auswirkungen hat, diese aber nicht über die gesundheitlichen Beeinträchtigungen hinausgehen, denen nahe Angehörige bei Todesnachrichten erfahrungsgemäß ausgesetzt sind. Der Schutzzweck des § 823 Abs. 1 BGB deckt nur Gesundheitsbeschädigungen, die nach Art und Schwere diesen Rahmen überschreiten.[18] Bei einer durch den Unfall eines Angehörigen seelisch vermittelten Gesundheitsschädigung ist, wenn den unmittelbar Verletzten ein Mitverschulden trifft, § 846 BGB auch nicht entsprechend anwendbar; es kommt aber nach §§ 254, 242 BGB eine Anrechnung des fremden Mitverschuldens in Betracht, weil die psychisch vermittelte Schädigung nur auf einer besonderen persönlichen Bindung an den unmittelbar Verletzten beruht.

Erleidet ein Unfallbeteiligter, der vom Schädiger in diese Rolle gezwungen worden ist, eine Unfallneurose (Überfahren eines Fußgängers auf der Autobahn), die auf das Miterleben des Unfalls mit schweren Folgen zurückzuführen ist, so sind darauf beruhende Gesundheitsschäden grundsätzlich dem Unfallgeschehen haftungsrechtlich zuzurechnen.[19] Gesundheitsschäden aus Anlass einer sog. Konversionsneurose sind jedenfalls dann zu ersetzen, wenn der Grund für ihre Entstehung nicht

---

[14] BGH, Urt. v. 10.2.2015 – VI ZR 8/14, VersR 2015, 590; BGH, Urt. v. 10.7.2012 – VI ZR 127/11, VersR 2012, 1133.

[15] Vgl. BGHZ 56, 163; 93, 351, 355; Senatsurt. v. 12.11.1985 – VI ZR 103/84, VersR 1986, 240; OLG Frankfurt, Urt. v. 23.9.1994 i.V.m. NA-Beschl. des Senats v. 24.10.1995 – VI ZR 349/94, OLG-Report Frankfurt 1994, 242.

[16] Senatsurt. v. 3.2.1976 – VI ZR 86/74, VersR 1976, 639 f.

[17] Vgl. etwa OLG München, Urt. v. 8.2.2002 – 10 U 3448/99, NZV 2003, 474.

[18] BGH, Urt. v. 11.5.1971 – VI ZR 78/70, BGHZ 56, 163 = VersR 1971, 905; BGH, Urt. v. 27.1.2015 – VI ZR 548/12; BGH, Urt. v. 10.2.2015 – VI ZR 8/14, VersR 2015, 590.

[19] BGH, Urt. v. 12.11.1985 – VI ZR 103/84, VersR 1986, 448.

geringfügig ist und deshalb ihre Entstehung nicht als bloße Aktualisierung des allgemeinen Lebensrisikos erscheint.[20]

Wird eine psychische Gesundheitsbeeinträchtigung auf das Miterleben eines schweren Unfalls (Pkw-Insassen sterben den Flammentod) zurückgeführt, so kommt eine Haftung des Schädigers regelmäßig nicht in Betracht, wenn der Geschädigte nicht selbst unmittelbar an dem Unfall beteiligt, sondern nur Zeuge war; es hat sich dann lediglich ein allgemeines Lebensrisiko verwirklicht.[21]

Steht die physische Primärverletzung fest, ist sie jedoch eine Bagatelle (etwa Tritt auf den Fuß ohne nennenswerte Folgen), erhält der Geschädigte, weil dies unbillig wäre, kein Schmerzensgeld. Darüber hinaus erfolgt keine haftungsrechtliche Zuordnung eines psychischen Folgeschadens, es sei denn das Schadensereignis trifft gerade speziell eine besondere Schadensanlage des Geschädigten („Letzter Tropfen, der das Fass zum Überlaufen bringt").

Eine Bagatelle im Sinne der Rechtsprechung des BGH ist eine vorübergehende, im Alltagsleben typische und häufig auch aus anderen Gründen als einem besonderen Schadensfall entstehende Beeinträchtigung des Körpers oder des seelischen Wohlbefindens. Damit sind Beeinträchtigungen gemeint, die sowohl von der Intensität als auch der Art der Primärverletzung her nur ganz geringfügig sind und üblicherweise den Verletzten nicht nachhaltig beeindrucken, weil er schon aufgrund des Zusammenlebens mit anderen Menschen daran gewöhnt ist, vergleichbaren Störungen seiner Befindlichkeit ausgesetzt zu sein.[22]

Beachte: Eine HWS-Verletzung ist für das Alltagsleben nicht typisch, sondern regelmäßig mit einem besonderen Schadensereignis verbunden und deshalb nach der Rechtsprechung des BGH grundsätzlich keine Bagatelle.

Wichtige prozessuale Schaltstelle: Steht die Primärverletzung fest, wofür der Geschädigte die Darlegungs- und Beweislast trägt (Beweismaß: § 286 ZPO), gelangt man auf die Stufe der haftungsausfüllenden Kausalität, wobei dem Geschädigten das erleichterte Beweismaß des § 287 ZPO zugutekommt, d.h. es genügt für die Überzeugungsbildung des Gerichts eine überwiegende oder hinreichende Wahrscheinlichkeit.

Beachte: Die Anwendung des § 287 Abs. 1 ZPO ist nicht auf Folgeschäden einer bestimmten Verletzung beschränkt, sondern umfasst neben einer festgestellten oder unstreitigen Verletzung des Körpers i.S.d. § 823 Abs. 1 BGB (etwa Schulterprellung beim Sturz vom Motorrad) auch entstehende weitere Körperschäden (z. B. Rotatorenmanschettenruptur) aus derselben Schädigungsursache.[23]

c) Abgrenzung zur Geldentschädigung bei schweren Persönlichkeitsrechtsverletzungen

Der BGH hat im Urt. v. 5.10.2004[24] grundlegende Ausführungen zur Rechtsnatur der Geldentschädigung bei Persönlichkeitsrechtsverletzungen gemacht: Bei der Zubilligung einer Geldentschädigung handelt es sich nicht um Schmerzensgeld i.S.d. § 253 BGB und nicht um eine Strafe i.S.d. Art. 103 GG.[25] Das BverfG und der BGH sehen den Anspruch auf eine Geldentschädigung wegen einer Verletzung des Persönlichkeitsrechts vielmehr als ein Recht an, das auf den Schutzauftrag aus Art. 1 GG und Art. 2 Abs. 1 GG zurückgeht. Demgemäß wird der Anspruch aus § 823 Abs. 1 BGB i.V.m. Art. 1 GG und Art. 2 GG hergeleitet (vgl. unten III. 1.).

Zu den bei Persönlichkeitsrechtsverletzungen zugesprochenen Schmerzensgeldbeträgen hat das BverfG mit Beschl. v. 8.3.2000[26] die nicht unumstrittene Auffassung vertreten, dass eine verfassungsrechtlich unzulässige Ungleichbehandlung nicht darin gesehen werden kann, dass die bei Persönlichkeitsrechtsverletzungen zugesprochenen Entschädigungen zum Teil deutlich höher sind als das für das Erleiden schwerwiegender psychischer und physischer Gesundheitsschäden zugesprochene Schmerzensgeld, weil sich bei Persönlichkeitsrechtsverletzungen Präventionsgesichtspunkte betragserhöhend auswirken.

d) Soziale Belastungen

Bei der Bemessung des Schmerzensgeldes für eine direkte Körperverletzung können zudem auch die daraus resultierenden sozialen Belastungen, wie z. B. Störungen in der Ausbildung oder in der beruflichen Tätigkeit, verminderte Heiratsaussichten, Beeinträchtigungen im gesellschaftlichen Leben oder die Aufgabe eines Sports berücksichtigt werden.[27]

e) Alter des Verletzten

Das Alter des Verletzten ist ebenfalls im Rahmen der Ausgleichsfunktion zu berücksichtigen. Die Rechtsprechung ist sich darin einig, dass ein junger Mensch, der einen schweren Dauerschaden erlitten hat, wegen seines Alters mehr Schmerzensgeld bekommen muss, weil er noch lange an den Verletzungsfolgen zu tragen hat.[28] Die Beurteilung bei einem höheren Lebensalter des Verletzten ist sehr verschieden. Während einige Gerichte der Meinung sind, dass sich ein schwerer Dauerschaden bei höherem Lebensalter wegen der geringeren Lebenserwartung nicht sehr erheblich auf die Höhe des Schmerzensgeldes auswirkt,[29] sind andere der Auffassung, dass sich gerade dann die Verletzung und ihre Folgen besonders schwerwiegend auswirken, weil das fortgeschrittene Le-

---

[20] BGH a.a.O.
[21] BGH, Urt. v. 22.5.2007 – VI ZR 17/06, VersR 2007, 1093.
[22] BGH, Urt. v. 14.1.1992 – VI ZR 120/91, VersR 1992, 504.
[23] BGH, Beschl. v. 14.10.2008 – VI ZR 7/08, VersR 2009, 69.

[24] VI ZR 255/03, BGHZ 160, 298; vgl. auch BGH, Urt. v. 17.12.2013 – VI ZR 211/12, BGHZ 199, 237.
[25] Vgl. BGH, Urt. v. 5.10.2004 – VI ZR 255/03, BGHZ 160, 298; BGH, Urt. v. 17.12.2013 – VI ZR 211/12, BGHZ 199, 237.
[26] 1 BvR 1127/96, VersR 2000, 897.
[27] LG München I v. 26.4.1996 – 19 O 25298/89; OLG Karlsruhe, Urt. v. 19.7.1989 – 7 U 50/86, NJW 1990, 2319; OLG Köln, Urt. v. 20.5.1992 – 2 U 191/91, VersR 1992, 975; OLG Köln, Urt. v. 16.10.1992 – 19 U 81/92, NJW-RR 1993, 350; OLG Köln, Urt. v. 28.4.1993 – 27 U 144/92, VersR 1994, 987; OLG Nürnberg, Urt. v. 1.8.1995 – 3 U 468/95, zfs 1995, 370; LG Zweibrücken v. 16.11.2009 – 1 O 163/04.
[28] OLG Stuttgart v. 27.8.1987 – 14 U 19/87; LG Münster v. 1.9.1994 – 11 O 284/94; LG München I v. 8.7.1996 – 19 O 10643/92; OLG Hamm v. 12.2.2001 – 13 U 147/00, VersR 2002, 499; LG Bückeburg v. 23.1.2004 – 2 O 53/03, DAR 2004, 274.
[29] BGH, Urt. v. 15.1.1991 – VI ZR 163/90, VersR 1991, 350; LG Frankfurt v. 30.11.2000 – 2/5 O 6/98; OLG München v. 13.2.2004 – 10 U 5381/02.

bensalter den Heilungsablauf erschwert und sich ein jüngerer Mensch eher an neue Gegebenheiten anpasst als ein älterer.[30] Berger[31] bezeichnet es als eine makabre Erwägung und Begründung, dass der alte Mensch Dauerschäden nicht mehr lange zu ertragen braucht.

f) Schmerzensgeld in Todesfällen

Weder der Tod noch die Verkürzung der Lebenserwartung rechtfertigen nach der (bisherigen) Wertung des Gesetzgebers ein Schmerzensgeld. Maßgeblich ist die tatsächliche Lebensdauer des Verletzten, nicht die normalerweise zu erwartende Lebensdauer. Ein Schmerzensgeld bei einer Körperverletzung, an deren Folgen der Verletzte alsbald verstirbt, erfordert nach der Rechtsprechung des BGH[32] eine Gesamtbetrachtung der immateriellen Beeinträchtigung unter besonderer Berücksichtigung von Art und Schwere der Verletzungen, des hierdurch bewirkten Leidens und dessen Wahrnehmung durch den Verletzten, wie auch des Zeitraums zwischen Verletzung und Eintritt des Todes. Ein Anspruch auf Schmerzensgeld kann danach zu verneinen sein, wenn die Körperverletzung nach den Umständen des Falles gegenüber dem alsbald eintretenden Tod keine abgrenzbare immaterielle Beeinträchtigung darstellt, sondern vielmehr ein notwendiges Durchgangsstadium ist, welches aus Billigkeitsgesichtspunkten einen Ausgleich in Geld nicht erforderlich macht.[33]

Das Schmerzensgeld ist nicht deshalb geringer zu bemessen, weil es nicht dem Verletzten, sondern nach dessen Tod seinen Erben zugutekommt.[34] Es ist vielmehr in der Höhe festzusetzen, wie es unter Würdigung aller Umstände des Einzelfalls in der Person des Geschädigten entstanden ist.

Die Rechtsprechung ist im Hinblick auf die Lebensdauer des Verletzten sehr unterschiedlich.

Einzelfälle:

- **€ 200 000** für schwerste Verletzungen, insbesondere Hirnverletzungen mit der Folge eines apallischen Syndroms, Tod nach 2 3/4 Jahren (LG Trier v. 20.7.2005, 5 O 61/04).
- **€ 150 000** bei Tod nach ca. 1 Jahr apallischem Syndrom nach Verkehrsunfall mit Hirnblutung (OLG München, Urt. v. 3.8.2012 – 10 U 2195/11).
- **€ 100 000** für groben ärztlichen Behandlungsfehler, wodurch ein bösartiges Karzinom in der Brust einer Frau nicht erkannt wurde, mit Tod nach 4 Jahren (OLG Jena v. 23.5.2007, VersR 2008, 401).
- **€ 100 000** für Herzinfarkt mit nachfolgendem hypoxischen Hirnschaden, Tod nach 3 ½ Jahren (OLG Hamm v. 1.9.2008, Az. 3 U 245/07)
- DM 150 000 (**€ 75 000**) für multiple Frakturen, Lungenkontusion, Gehirnverletzungen mit weitgehender Einbuße der Persönlichkeit; es bestand eine gewisse Erlebnis- und Empfindungsfähigkeit bis zum Tod nach 21 Monaten (OLG Karlsruhe, NZV 1999, 210). Zu berücksichtigen war, dass der Verstorbene die schweren Gesundheitsschäden lediglich 21 Monate ertragen musste; schmerzensgelderhöhend aber nicht, dass das Leben durch den Unfall frühzeitig beendet worden ist.
- DM 135 000 (**€ 67 500**) für Tod nach komatösem Zustand fünf Wochen nach Verabreichung einer Injektion (OLG Düsseldorf, MDR 1998, 470).
- **€ 50 000** für vorsätzlich begangene gefährliche Körperverletzung, die nach ca. 30 Minuten zum Tode geführt hat (OLG Bremen v. 16.3.2012, 3 U 6/12).
- **€ 50 000** bei einem Dreivierteljahr Locked-in-Syndrom bis zum Tod, weil bei einer Computertomographie ein massiver Hirnstammfarkt unentdeckt blieb (OLG Hamm, Urt. v. 12.8.2013 – 3 U 122/12, GesR 2013, 728).
- **€ 40 000** für Tod aufgrund einer Leberzirrhose nach grob fehlerhafter ärztlicher Behandlung (OLG Hamm v. 6.11.2002, VersR 2004, 1 321).
- DM 50 000 (**€ 25 000**) für schwere Gehirnschäden im Sinne eines apallischen Syndroms mit Bewegungsunfähigkeit; Verletzter war nicht ansprechbar; Tod nach 5 1/2 Monaten (OLG München, NZV 1997, 440).
- DM 50 000 (**€ 25 000**) für Tod eines Mannes nach fast zehn Monaten im Koma, aber mit Schmerzempfindungen (OLG Celle, VersR 1996, 1 184).
- **€ 20 000** für brutale Misshandlungen mit Tod nach 36 Stunden (OLG Naumburg v. 7.3.2005, NJW-RR 2005, 900).
- DM 35 000 (**€ 17 500**) für schwerste Verletzungen eines 21-jähr. Mannes, die bei dauerndem Koma nach 3 1/2 Monaten zum Tode führten (OLG Oldenburg, VersR 1996, 726).
- **€ 15 000** für fehlerhafte ärztliche operative Behandlung einer 62-jähr. Frau, welche die Lebensdauer auf 3 Wochen verkürzte (LG Mönchengladbach v. 14.9.2011, 6 O 171/09).
- DM 30 000 (**€ 15 000**) für apallisches Syndrom eines 5 1/2-jähr. Jungen mit Tod nach 1 1/4 Jahren (OLG Köln, r+s 1994, 13).
- DM 30 000 (**€ 15 000**) für Schädelhirntrauma und schwere innere Verletzungen eines 16-jährigen Jungen mit Tod nach acht Tagen, wobei der Junge zwischenzeitlich zum Teil bei Bewusstsein und ansprechbar war sowie Reaktionen auf Schmerzreize zeigte (OLG Hamm, SP 2001, 268)
- DM 28 000 (**€ 14 000**) für schwerste Verletzungen eines Mannes, der eine halbe Stunde nach dem Unfall in ein künstlich hervorgerufenes Koma versetzt wurde und der nach zehn Tagen ohne Wiedererlangung des Bewusstseins verstorben ist (OLG Hamm, NZV 1997, 233).
- **€ 10 000** für die psychische Gesundheitsschädigung aufgrund der Todesangst während der mind. 10 Sekunden dauernden Absturzphase bei (Privat-)Flugzeugabsturz (OLG Düsseldorf v. 12.10.2011, Az. 18 U 216/10).
- **€ 10 000** für Tod eines 76-jährigen Mannes nach 3 Monaten nach einem generalisierten Krampfanfall, der erst 6 Wochen nach dem Verkehrsunfall eintrat (LG Zweibrücken v. 30.11.2006, Az. 2 O 161/04).
- **€ 10 000** für schwerste Verletzungen beim Sturz von einem Berg mit Tod nach 25 Tagen ohne Wiedererlangung des Bewusstseins (OLG Stuttgart v. 26.7.2006, Az. 3 U 65/06).
- DM 12 000 (**€ 6 000**) für schwerste Verletzungen, die unmittelbar nach dem Unfall zum Verlust des Bewusstseins und acht Tage später zum Tode führten (OLG Koblenz v. 18.11.2000, zfs 2003, 73).
- **€ 6 000** für schwerste Verletzungen mit starken Schmerzen, Tod nach knapp 2 Stunden, nicht gleich bewusstlos (OLG Frankfurt v. 14.9.2009, Az. 1 U 309/08).

---

[30] LG Lüneburg, Urt. v. 8.6.1988 – 2 O 85/87; LG Köln, Urt. v. 7.7.1989 – 18 O 455/88, VersR 1990, 1129; AG Hanau, Urt. v. 30.9.2005 – 37 C 584/05, SP 2006, 7; OLG Köln, Urt. v. 29.9.2006 – 19 U 193/05, VersR 2007, 259.

[31] „Tendenzen bei der Bemessung des Schmerzensgeldes", VersR 1977, 877.

[32] Urt. v. 12.5.1998 – VI ZR 182/97, BGHZ 138, 388.

[33] BGH, Urt. v. 12.5.1998 – VI ZR 182/97, BGHZ 138, 388 = NJW 1998, 2741; OLG Nürnberg, VersR 1994, 1083; OLG Köln v. 22.8.2008 – 1 U 59/07, SP 2009, 100.

[34] KG, Urt. v. 26.2.1973 – 12 U 1193/72, VersR 1974, 249; OLG Saarbrücken v. 30.7.1993 – 3 U 43/93-9.

– DM 10 000 (€ 5 000) für Tod eines Säuglings drei Tage nach der Geburt infolge schweren Volumenmangelschocks (OLG Bremen v. 26.3.2002, Az. 3 U 84/01).

– DM 10 000 (€ 5 000) für Tod durch Ertrinken nach 35 Stunden ohne Erlangung des Bewusstseins (KG Berlin, NJW-RR 2000, 242).

– € 5 000 für Tod nach 9-stündiger Bewusstlosigkeit nach Hypoxie und schwerster Hirnschädigung (OLG Karlsruhe v. 26.2.2014, 7 U 30/11).

– € 5 000 für bewusstes Erleben des Todeskampfes auf die Dauer von 15-30 Sekunden nach Eintritt eines Herzinfarktes (LG Siegen v. 10.7. 2007, Az. 2 O 307/05)

– € 5 000 für schweres Schädelhirntrauma mit Erleben von erheblichen Schmerzen auf die Dauer von 2 Stunden und anschließendem Tod (LG Karlsruhe v. 23.1.2009, Az. 3 O 172/08)

– € 4 000 für schwerste Verletzungen mit Tod nach 3 Stunden, bis zum Tod bei vollem Bewusstsein mit starken Schmerzen (LG Limburg v. 16.5.2007, SP 2007, 389).

– DM 5 000 (€ 2 500) für Schädelverletzung mit Bewusstlosigkeit und Tod nach 30 Minuten bei 1/3 Mithaftung (OLG Hamm v. 22.2.2001, NZV 2002, 234).

– DM 5 000 (€ 2 500) bei lebensgefährlichen Verletzungen einer Frau, die ca. eine Stunde nach dem Unfall zum Tode führten, ohne dass die Verletzte das Bewusstsein wiedererlangt hatte (OLG Hamm, NZV 1997, 233).

– € 7 500 wobei das Opfer einer tödlichen Messerattacke nur kurz gelitten hat: Zwischen dem Beginn des Angriffs und der bei ihm eingetretenen Bewusstlosigkeit lagen maximal acht Minuten (OLG Oldenburg, v. 9.6.2015 – 2 U 105/14, VersR 2016, 741).

2. Genugtuungsfunktion

a) Verschulden des Schädigers

Durch den Beschluss des GSZ[35] wurde entschieden, dass das Verschulden des Schädigers im Rahmen der Genugtuungsfunktion zu berücksichtigen ist. Dadurch soll die Möglichkeit geboten werden, das Schmerzensgeld für die Folgen eines Verbrechens oder grober Fahrlässigkeit höher festzusetzen als für die äußerlich gleichen Folgen eines Fehlverhaltens im Verkehr, wie es jedem unterlaufen kann. Seitdem wird grobe Fahrlässigkeit fast immer in dem Sinne berücksichtigt, dass deswegen ein höheres Schmerzensgeld zugesprochen wird. So hat z. B. das OLG Frankfurt mit Urt. v. 29.8.2005 (zfs 2005, 597) zum Ausdruck gebracht, dass bei einer grob fahrlässigen Herbeiführung des Unfalls durch einen erheblich alkoholisierten Geisterfahrer aufgrund der zu berücksichtigenden Genugtuungsfunktion von einer Verdoppelung der allein unter Abstellen auf die Ausgleichsfunktion angemessenen Schmerzensgelder auszugehen ist. Unterschiedlich wurde beurteilt, wenn der Schädiger zu einer Freiheitsstrafe oder zu einer empfindlichen Geldstrafe verurteilt wurde. Der BGH[36] hat entschieden, dass sich die strafrechtliche Verurteilung des Täters auf die Genugtuungsfunktion des Schmerzensgeldes grundsätzlich nicht auswirkt. Die Genugtuungsfunktion kann allerdings dann in den Hintergrund treten, wenn der Schädiger seinen Leichtsinn selbst mit dem Tod bezahlt hat oder wenn er selbst schwer verletzt wurde. Bei einer Gefährdungshaftung entfällt die Genugtuungsfunktion. Es kommt lediglich die Ausgleichsfunktion zum Tragen. Nennenswert niedrigere Schmerzensgeldbeträge dürfte dies jedoch in der Regel nicht zur Folge haben, da die Genugtuungsfunktion in vielen Fällen keine wesentliche Bedeutung mehr hat; dies schon im Straßenverkehr unter dem Gesichtspunkt des eintrittspflichtigen Haftpflichtversicherers nach § 115 Abs. 1 VVG (früher: § 3 Nr. 1 u. 2 PflVG).

b) Anlass des Unfalls oder der Verletzungshandlung

Bei gleichem Verschuldensgrad und gleicher Verletzung kann ein niedrigeres oder höheres Schmerzensgeld angemessen sein, je nachdem, ob die Verletzung aus Anlass der Befriedigung eines Vergnügens (einerseits) oder im Zusammenhang mit Berufsausübung, Nothilfeleistung o. Ä. (andererseits) erfolgte.[37]

Einige Gerichte sprechen seitdem bei so genannten Gefälligkeitsfahrten ein niedrigeres Schmerzensgeld zu (vgl. lfd. Nummer 1285).

Das OLG Saarbrücken[38] hält es allerdings für unerheblich, ob sich der Unfall bei einer Gefälligkeitsfahrt ereignet hat. Noch deutlicher weist das OLG Hamm[39] darauf hin, dass eine Gefälligkeitsfahrt bei bestehender Pflichtversicherung zu keiner Kürzung des Schmerzensgeldes führt, weil eine solche Haftungsbeschränkung eine künstliche Rechtskonstruktion aufgrund einer Willensfiktion ist, die weder dem gesetzlichen Anliegen der Versicherungspflicht noch dem Willen der Beteiligten entspricht, durch letztlich fingierte Verzichtsabreden den Haftpflichtversicherer zu entlasten.[40]

c) Wirtschaftliche Verhältnisse des Geschädigten und des Schädigers bzw. Bestehen einer Versicherung

Bei der Festsetzung einer billigen Entschädigung dürfen nach dem Beschluss des Großen Senats für Zivilsachen vom 6.7.1955[41] grundsätzlich alle in Betracht kommenden Umstände des Falles berücksichtigt werden, darunter auch die wirtschaftlichen Verhältnisse beider Teile und das Bestehen einer Haftpflichtversicherung.

Der Streit, ob diese Umstände bei der Schmerzensgeldbemessung eine Rolle spielen, ist in jüngster Zeit neu entflammt durch einen Vorlagebeschluss des 2. Strafsenats des BGH vom 8.11.2014[42] (siehe oben unter III.).

Bei Verkehrsunfällen sind die wirtschaftlichen Verhältnisse des Schädigers selten ein Problem, weil ja in der Regel ein Direktanspruch gegen den Kfz-Haftpflichtversicherer besteht. Deren Zweck ist in erster Linie auf den Schutz des Geschädigten ausgerichtet. Diese besondere Zweckbestimmung der Pflichthaftpflichtversicherung im Kraftfahrzeugverkehr rechtfertigt auch im Rahmen des § 829 BGB die Durchbrechung des Trennungsprinzips, demzufolge die Eintrittspflicht des Versicherers der Haftung folgt und nicht umgekehrt die Haftung der Versicherung. Ein Schadensersatzanspruch aus § 829 BGB ist nicht schon dann zu gewähren, wenn die Billigkeit es erlaubt, sondern nur dann, wenn die gesamten Umstände des Falles eine Haftung des schuldlosen Schädigers aus Billigkeitsgründen geradezu erfordern. Gemäß § 829 BGB sind insbesondere die Verhältnisse der Beteiligten zu berücksichtigen. Dazu bedarf es stets eines Vergleichs der Vermögenslagen der Beteiligten, wobei für einen Anspruch aus § 829 BGB ein „wirtschaftliches Gefälle" zugunsten des Schädigers vorlie-

---

[35] GSZ 1/55, BGHZ 18, 149, 154.
[36] BGH, Urt. v. 16.1.1996 – VI ZR 109/95, VersR 1996, 382.
[37] BGH GSZ 1/55, BGHZ 18, 149, 154.
[38] OLG Saarbrücken, Urt. v. 9.3.1973 – 3 U 2/72, VersR 1975, 430.
[39] OLG Hamm, Urt. v. 3.3.1998 – 27 U 185/97, NJW-RR 1998, 1179.
[40] Vgl. auch BGH NJW 1993, 3067.
[41] GSZ 1/55, BGHZ 18, 149, 154.
[42] 2 StR 137/14, 2 StR 337/14, zfs 2015, 203.

gen muss. Die Billigkeit erfordert es nicht, dem Bestehen einer freiwilligen Haftpflichtversicherung ungeachtet des Trennungsprinzips eine anspruchsbegründende Bedeutung zukommen zu lassen.[43]

d) Hinauszögerung der Schadensregulierung durch die Versicherungsgesellschaften

Im Rahmen der Genugtuungsfunktion kann die Hinauszögerung der Schadensregulierung durch die Versicherungsgesellschaft zugunsten des Verletzten Berücksichtigung finden.[44] Besonders ausführlich dazu die Begründung des OLG Hamm,[45] des OLG Frankfurt und des LG Frankfurt/Oder sowie des LG Gera mit deutlichen Worten.[46] Hier wurden wegen verzögerlichem Regulierungsverhalten der beklagten Versicherungen Schmerzensgelderhöhungen um DM 30 000 (**€ 15 000**) bzw. DM 25 000 (**€ 12 500**) und **€ 10 000** sowie DM 10 000 (**€ 5 000**) und mehr zugesprochen.

Diese Rechtsprechung hat sich inzwischen allgemein durchgesetzt.[47] Der „Verzögerungszuschlag" setzt allerdings voraus, dass sich der leistungsfähige Schuldner einem erkennbar begründeten Anspruch ohne schutzwürdiges Interesse widersetzt.[48] Die Erhöhung des Schmerzensgeldes hat auch keinen Sanktionscharakter, sondern ist – was entsprechenden Sachvortrag seitens des Geschädigten erforderlich – nur dann gerechtfertigt, wenn die verzögerte Zahlung das gemäß § 253 BGB geschützte Interesse des Gläubigers beeinträchtigt. Davon ist etwa dann auszugehen, wenn der Geschädigte unter der langen Dauer der Schadensregulierung leidet; aber auch dann, wenn der Gläubiger den Schadensersatz dazu verwenden kann, um die Auswirkungen seiner gesundheitlichen Beeinträchtigungen zu lindern, ist es geboten, der Verzögerung der Schadensregulierung durch eine Anhebung des Schmerzensgeldes Ausdruck zu verleihen.[49]

e) Symbolische Wiedergutmachung bei Verlust des subjektiven Empfindungsvermögens

Gerade bei sehr schweren Verletzungen kann sich der Geschädigte in einem Zustand befinden, in dem alle Wahrnehmungsfunktionen soweit erloschen sind, dass er die Vorteile eines Schmerzensgeldes nicht mehr genießen kann.

Nach BGH, Urt. v. 13.10.1992,[50] ist der Ausgleich für diese immateriellen Einbußen nicht in der Weise vorzunehmen, dass der weitgehende Wegfall der Empfindungsfähigkeit des Verletzten bei der Bemessung des Schmerzensgeldes mindernd berücksichtigt wird. Der Richter muss vielmehr, wie in sonstigen Fällen auch, diejenigen Umstände, die dem Schaden im Einzelfall sein Gepräge geben, eigenständig bewerten und aus einer Gesamtschau die angemessene Entschädigung für das sich ihm darbietende Schadensbild gewinnen. Im Rahmen dieser Beurteilung geht es hier vor allem darum, bei der Bewertung der Einbuße der Tatsache angemessene Geltung zu verschaffen, dass die vom Schädiger zu verantwortende weitgehende Zerstörung der Grundlagen für die Wahrnehmungs- und Empfindungsfähigkeit den Verletzten in seiner Wurzel trifft und für ihn deshalb existentielle Bedeutung hat. Es handelt sich bei Schäden dieser Art um eine eigenständige Fallgruppe, bei der die Zerstörung der Persönlichkeit durch den Fortfall oder das Vorenthalten der Empfindungsfähigkeit geradezu im Mittelpunkt steht und die deshalb auch bei der Bemessung der Entschädigung nach § 847 BGB a.F. bzw. § 253 BGB n.F. einer eigenständigen Bewertung zugeführt werden muss, die der zentralen Bedeutung dieser Einbuße für die Person gerecht wird. Dabei kann der Richter je nach dem Ausmaß der jeweiligen Beeinträchtigung und dem Grad der dem Verletzten verbliebenen Erlebnis- und Empfindungsfähigkeit Abstufungen vornehmen, um den Besonderheiten des jeweiligen Schadensfalles Rechnung zu tragen. Dagegen ist es dem Richter nicht erlaubt, sich an einem nur gedachten Schadensbild, das von einer ungeschmälerten Empfindungs- und Leidensfähigkeit gekennzeichnet ist, zu orientieren und sodann mit Rücksicht auf den vollständigen oder weitgehenden Wegfall der Empfindungsfähigkeit Abstriche vorzunehmen. Soweit der BGH in früheren Entscheidungen eine andere Auffassung zugrunde gelegt hatte, hielt er nicht mehr daran fest.

Im Rahmen des immateriellen Schadensausgleichs nach § 253 Abs. 2 BGB kann bei vorsätzlichen Rechtsgutverletzungen auch ein Genugtuungsbedürfnis des Geschädigten berücksichtigt werden.

Dieses ist von einem etwaigen Strafanspruch des Staates zu unterscheiden und gerät deshalb nicht in Wegfall, wenn der Schädiger wegen der Tat zu einer Freiheitsstrafe verurteilt wird.[51]

3. Ausschluss des Entschädigungsanspruchs bei geringfügigen Verletzungen

Im Regierungsentwurf des § 253 Abs. 2 BGB n.F. war vorgesehen, dass Schmerzensgeld nur gefordert werden kann, wenn der Schaden unter Berücksichtigung seiner Art und Dauer nicht unerheblich ist. In den abschließenden Beratungen wurde jedoch die ausdrückliche Festschreibung einer Bagatellschwelle für nicht erforderlich gehalten. Die von der Rechtsprechung bisher angenommene Bagatellschwelle soll auch für die neu geschaffenen Schmerzensgeldansprüche bei Gefährdungs- und Vertragshaftung gelten. Außerdem sei der Rechtsprechung die Möglichkeit gegeben, den Begriff „billige Entschädigung" fortzuentwickeln. Es bleibt nunmehr abzuwarten, wie sich die Rechtsprechung in dieser Frage verhalten wird. Nach der bisherigen Rechtsprechung des BGH hält sich der Tatrichter im Rahmen seines ihm durch § 287 ZPO eingeräumten Ermessens, wenn er bei geringfügigen Verletzungen ohne wesentliche Beeinträchtigung der Lebensführung und

---

[43] BGH, Urt. v. 29.11.2016 – VI ZR 606/15, VersR 2017, 296.

[44] OLG Karlsruhe, Urt. v. 14.3.1990 – 1 U 227/89, VersR 1992, 370; OLG Schleswig v. 27.2.1992 – 7 U 57/90; OLG München, Urt. v. 24.11.1992 – 5 U 2599/91, NZV 1993, 434; OLG Oldenburg, Urt. v. 19.4.1994 – 5 U 154/93, VersR 1994, 1071; OLG Naumburg, Urt. v. 13.11.2003 – 4 U 136/03, VersR 2004, 1423; LG Aachen v. 8.9.2004 – 4 O 354/98; OLG Brandenburg v. 25.2.2004 – 7 U 85/03; LG Berlin, Urt. v. 6.12.2005 – 10 O 415/05, NJW 2006, 702.

[45] OLG Hamm v. 13.2.1997 – 27 U 133/96.

[46] OLG Frankfurt, Urt. v. 22.9.1993 – 9 U 75/92, DAR 1994, 21; OLG Frankfurt, Urt. v. 7.1.1999 – 12 U 7/98, NVersZ 1999, 144; LG Frankfurt/Oder, Urt. v. 19.10.2004 – 12 O 404/02, SP 2005, 376; OLG Saarbrücken, Urt. v. 31.3.2009 – 4 U 26/08-10; LG Berlin v. 21.4.2009 – 24 O 358/06; LG Gera, Urt. v. 6.5.2009 – 2 O 15/05, VersR 2009, 1232.

[47] OLG Naumburg, Urt. v. 28.11.2001 – 1 U 161/99, VersR 2002, 1295; OLG Naumburg, Urt. v. 13.11.2003 – 4 U 136/03, SP 2004, 85; OLG Naumburg, Urt. v. 15.10.2007 – 1 U 46/07, VersR 2008, 652; OLG Köln, Urt. v. 29.9.2006 – 19 U 193/05, VersR 2007, 259; OLG Nürnberg, Urt. v. 22.12.2006 – 5 U 1921/06, SP 2007, 102; LG Saarbrücken, Urt. v. 31.8.2000 – 15 O 121/97, zfs 2001, 255.

[48] Vgl. etwa OLG Saarbrücken, Urt. v. 26.2.2015 – 4 U 26/14; OLG Saarbrücken, Urt. v. 27.7.2010 – 4 U 585/09, NJW 2011, 933, 936 m.w.N.; Palandt/*Grüneberg*, BGB, 74. Aufl., § 253 Rn 17.

[49] OLG Saarbrücken a.a.O.

[50] VI ZR 201/91, BGHZ 120, 1.

[51] BGH, Urt. v. 29.11.1994 – VI ZR 93/94, zfs 1995, 128.

ohne Dauerfolgen – den so genannten Bagatellschäden – jeweils prüft, ob es sich nur um vorübergehende, im Alltagsleben typische und häufig auch aus anderen Gründen als einem besonderen Schadensfall entstehende Beeinträchtigungen des körperlichen und seelischen Wohlbefindens handelt (wie etwa Kopfschmerzen und Schleimhautreizungen), die im Einzelfall weder unter dem Blickpunkt der Ausgleichs- noch der Genugtuungsfunktion ein Schmerzensgeld als billig erscheinen lassen.[52]

IV. Andere Anspruchsgrundlagen

1. Verletzung des Persönlichkeitsrechts § 823 Abs. 1 BGB, Art. 1 u. 2 GG

Während aus § 253 Abs. 2 BGB in unmittelbarer Anwendung lediglich die Entschädigung für Verletzungen des Körpers und der Gesundheit herzuleiten ist, gewährt die Rechtsprechung auch im Falle der Verletzung des allgemeinen Persönlichkeitsrechts einen Anspruch auf Ersatz eines immateriellen Schadens, der jedoch vom Schmerzensgeld zu unterscheiden ist.

Der BGH hat im Urt. v. 5.10.2004[53] grundlegende Ausführungen zur Rechtsnatur der Geldentschädigung bei Persönlichkeitsrechtsverletzungen gemacht:

Bei der Zubilligung einer Geldentschädigung handelt es sich nicht um Schmerzensgeld i.S.d. § 253 BGB und nicht um eine Strafe i.S.d. Art. 103 GG. Das BVerfG und der BGH sehen den Anspruch auf eine Geldentschädigung wegen einer Verletzung des Persönlichkeitsrechts vielmehr als ein Recht an, das auf den Schutzauftrag aus Art. 1 und Art. 2 Abs. 1 GG zurückgeht. Demgemäß wird der Anspruch aus § 823 Abs. 1 BGB i.V.m. Art. 1 und Art. 2 GG hergeleitet.[54] Die Zubilligung einer Geldentschädigung im Fall einer schweren Persönlichkeitsrechtsverletzung beruht auf dem Gedanken, dass ohne einen solchen Anspruch Verletzungen der Würde und Ehre des Menschen häufig ohne Sanktion blieben mit der Folge, dass der Rechtsschutz der Persönlichkeit verkümmern würde. Bei dieser Entschädigung steht – anders als beim Schmerzensgeld – regelmäßig der Gesichtspunkt der Genugtuung des Opfers im Vordergrund. Außerdem soll sie der Prävention dienen.[55] Auch unter Berücksichtigung kritischer Stimmen in der Literatur, die teilweise geltend machen, dass der Präventionszweck als Mittel der Verhaltenssteuerung ein pönales Element darstelle, und die deshalb die Frage aufwerfen, ob es sich nicht um eine Norm mit Strafcharakter handele,[56] hält der erkennende Senat an dem grundlegenden Ansatz fest, dass die Zubilligung einer Geldentschädigung ihre Wurzel im Verfassungsrecht und Zivilrecht findet und keine strafrechtliche Sanktion darstellt.[57] Dementsprechend hat das BVerfG bereits entschieden, dass die zivilgerichtliche Verurteilung zu einem immateriellen Schadensersatz bei einer Persönlichkeitsrechtsverletzung – mögen ihr auch „pönale Elemente" nicht ganz fremd sein – keine Strafe i.S.d. Art. 103 Abs. 2 GG ist.[58]

Im Gegensatz zum staatlichen Strafanspruch soll die Zubilligung einer Geldentschädigung im Zivilrecht in besonderen Fällen den Schutzauftrag aus Art. 1 und Art. 2 Abs. 1 GG im Interesse des konkret Betroffenen gewährleisten. Dies wird bei einer schwerwiegenden Verletzung des Rechts am eigenen Bild besonders deutlich, weil dem Verletzten – anders als in anderen Fällen, in denen er etwa den Widerruf oder die Richtigstellung einer sein Persönlichkeitsrecht beeinträchtigenden Äußerung verlangen kann – gegen eine solche Rechtsverletzung keine anderen Abwehrmöglichkeiten als ein Anspruch auf eine Geldentschädigung zur Verfügung stehen.[59] Deshalb unterliegt es keinem Zweifel, dass die Zivilgerichte zur Gewährleistung dieses Interesses des Betroffenen berufen sind. Der Präventionsgedanke stellt lediglich einen Bemessungsfaktor für die Entschädigung dar, der sich je nach Lage des Falles unterschiedlich auswirken kann.

Die Höhe der zugebilligten Geldentschädigung ist in erster Linie Sache des Tatrichters. In Fällen, in denen der Schädiger die Verletzung der Persönlichkeit seines Opfers als Mittel zur Auflagensteigerung und damit zur Verfolgung eigener kommerzieller Interessen eingesetzt hat, ist die Erzielung von Gewinnen aus der Rechtsverletzung als Bemessungsfaktor in die Entscheidung über die Höhe der Geldentschädigung mit einzubeziehen. In solchen Fällen muss von der Höhe der Geldentschädigung ein echter Hemmungseffekt ausgehen. Als weiterer Bemessungsfaktor kann die Intensität der Persönlichkeitsrechtsverletzung berücksichtigt werden, etwa eine nachhaltige Störung des Privatlebens oder eine besondere Hartnäckigkeit von entsprechenden Rechtsverletzungen. Allerdings darf die Geldentschädigung nicht eine Höhe erreichen, die die Pressefreiheit unverhältnismäßig einschränkt.[60]

2. Verletzung des Rechts am eigenen Bild §§ 22, 23 KunstUrhG, § 823 Abs. 1 BGB

Einen besonders geregelten Fall stellt die Verletzung des Persönlichkeitsrechts in Form der Verletzung des Rechts am eigenen Bild dar.

Insbesondere die Bildberichterstattung der Boulevardpresse und einiger Illustrierten war in zunehmendem Maße Gegenstand gerichtlicher Entscheidungen und führte zur Zuerkennung nennenswerter Geldentschädigungen.[61]

Auch hier wird als Voraussetzung des Anspruchs auf die Art und Schwere der Beeinträchtigungen, auf den Anlass und Beweggrund der Veröffentlichung sowie ihre Umstände und auf den Verschuldensgrad des Verletzens abgestellt.

Ergibt sich eine schwere, nicht anders auszugleichende Verletzung des Persönlichkeitsrechts, so wird auf eine Geldentschädigung erkannt.

---

[52] BGH, Urt. v. 14.1.1992 – VI ZR 120/91, VersR 1992, 504.
[53] VI ZR 255/03, BGHZ 160, 298; vgl. auch BGH, Urt. v. 17.12.2013 – VI ZR 211/12, BGHZ 199, 237.
[54] Vgl. BVerfGE 34, 269, 292 – Soraya = NJW 1973, 1221, 1226; Senatsurteile BGHZ 128, 1, 15; BGH, Urt. v. 5.12.1995 – VI ZR 332/94, VersR 1996, 339, 340 und BGH, Urt. v. 12.12.1995 – VI ZR 223/94, VersR 1996, 341, 342; so auch BGHZ 143, 214, 218 f.
[55] Vgl. Senatsurteile, BGHZ 128, 1, 15; BGH, Urt. v. 5.12.1995 – VI ZR 332/94, a.a.O.; BGH, Urt. v. 12.12.1995 – VI ZR 223/94, a.a.O.
[56] Vgl. *Deutsch*, Anm. zum Urt. d. Senats v. 5.12.1995, LM § 823 (Ah) Nr. 122; *Gounalakis*, AfP 1998, 10, 14 ff.; *Funkel*, Schutz der Persönlichkeit durch Ersatz immaterieller Schäden in Geld, 2001, S. 164 ff.; *Hoppe*, Persönlichkeitsschutz durch Haftungsrecht, 2001, S. 123 ff., 133 ff.; *Seitz*, NJW 1996, 2848.

[57] Vgl. dazu auch *Steffen*, NJW 1997, 10; *Körner*, NJW 2000, 241 ff.
[58] Vgl. BVerfGE 34, 269, 293 – Soraya = NJW 1973, 1221, 1226.
[59] Vgl. Senatsurt. v. 12.12.1995 – VI ZR 223/94, a.a.O.
[60] Vgl. Senatsurt. BGHZ 128, 1, 16 und BGH, Urt. v. 5.12.1995 – VI ZR 332/94, VersR 1996, 339, 340.
[61] OLG Karlsruhe, Urt. v. 23.4.1993 – 15 U 237/92, NJW-RR 1994, 95.

Immer wieder erwuchsen an sich harmlose Fotografien unbekleideter oder „oben ohne" badender Urlauber durch drastische, anzügliche Begleittexte und Schlagzeilen zu einer schweren Verletzung des Persönlichkeitsrechts.[62]

3. Verletzung eines Urheberrechts

Einen weiteren Anspruch auf Ersatz des immateriellen Schadens kennt schließlich das Urheberrecht in § 97 Abs. 2 UrhG.

Auch hier wird dem begrenzten Personenkreis der Urheber, Verfasser wissenschaftlicher Werke, Lichtbildner und ausübenden Künstler im Falle der widerrechtlichen, schuldhaften Beeinträchtigung urheber- bzw. persönlichkeitsrechtlicher Belange Genugtuung durch immateriellen Schadensersatz gewährt.

Wie auch bei der Rechtsprechung zum Persönlichkeitsrecht orientiert sich die Höhe des Ersatzanspruchs nach Art, Intensität und Dauer des Eingriffs.[63]

V. Bemessungsformen

1. Berücksichtigung der Geldentwertung

Schmerzensgeldtabellen können nur Anregungen für die Bewertung eines Entschädigungsanspruchs sein. Sie können und wollen die eigenverantwortliche Rechtsfindung nicht ersetzen.[64]

Hierzu hat das OLG Köln[65] entschieden, dass zur Ermittlung des angemessenen Schmerzensgeldes bei Heranziehung von durch die Rechtsprechung entschiedenen Vergleichsfällen der Zeitablauf seit diesen Entscheidungen zu berücksichtigen ist.

Zu Gunsten des Geschädigten ist die seit früheren Entscheidungen eingetretene Geldentwertung (ausführlich: KG vom 15.3.2004, VersR 2004, 1569) ebenso in Rechnung zu stellen wie die in der Rechtsprechung zu beobachtende Tendenz, bei der Bemessung des Schmerzensgeldes nach gravierenden Verletzungen großzügiger zu verfahren als früher.

Es ist auch zu berücksichtigen, dass gegenüber früheren Behandlungsmethoden es seltener zu stationären Aufenthalten kommt, vielmehr von operativen Eingriffen heute häufig abgesehen wird, so dass die erschwerend in älteren Entscheidungen herangezogenen Krankenhausaufenthalte mittlerweile anders zu gewichten sind (vgl. OLG Frankfurt v. 19.8.2009 – 7 U 23/08).

Bei den veröffentlichten Urteilen kann es sich lediglich um Orientierungshilfen handeln, die ggf. hochgerechnet werden können.

Die SchmerzensgeldBeträge 2020 nimmt diese Hochrechnung mit Hilfe des Verbraucherpreisindexes vor.

Bei der Berechnung von Geldbeträgen ist die Indexentwicklung mit folgender Formel zu berechnen:

(Geldbetrag alt x neuer Indexstand) / alter Indexstand = Geldbetrag neu.[66]

Verbraucherindex für Deutschland bei Bezugsgröße 2015 = 100

Urteile aus den Jahren	Berechnungsfaktor
1991	65,5
1992	68,8
1993	71,9
1994	73,8
1995	75,1
1996	76,1
1997	77,6
1998	78,3
1999	78,8
2000	79,9
2001	81,5
2002	82,6
2003	83,5
2004	84,9
2005	86,2
2006	87,6
2007	89,6
2008	91,9
2009	92,2
2010	93,2
2011	95,2
2012	97,1
2013	98,5
2014	99,5
2015	100,0
2016	100,5
2017	102,0
2018	103,8
2019	104,4

(vorläufig, Stand Mai 2019)

Beispiel für die Indexentwicklung:

Ein Urteil von 2002 über einen Schmerzensgeldbetrag i.H.v. € 15 000 entspricht im Jahre 2013 folgendem Wert: € 17 887.

Formel:
(Geldbetrag alt x neuer Indexstand) / alter Indexstand = Geldbetrag neu.

Rechnung:

$$\text{Schmerzensgeld 2013} = \frac{€\ 15\ 000 \times 98,5}{82,6} = €\ 17\ 887$$

Die für eine solche Berechnung erforderlichen Verbraucherpreisindexzahlen finden sich auch im statistischen Jahrbuch für die Bundesrepublik Deutschland, abgedr. z. B. im *Palandt*, § 1376 Rn 30. Das statistische Jahrbuch ist auch im Internet unter *www.destatis.de/jahrbuch* zu finden.

---

[62] OLG München, Urt. v. 8.11.1985 – 21 U 2432/85, NJW-RR 1986, 1251; OLG Frankfurt, Urt. v. 28.2.1986 – 6 U 30/85, NJW-RR 1986, 1118; OLG Hamburg, Urt. v. 6.3.1986 – 3 U 187/85, NJW-RR 1986, 933; OLG Oldenburg, Urt. v. 14.11.1988 – 13 U 72/88, NJW 1989, 401; LG Münster, Urt. v. 24.3.2004 – 10 O 626/03, NJW-RR 2005, 1065; LG Düsseldorf v. 13.12.2006 – 12 O 194/05.

[63] *V. Gamm*, UrhG, 1968, 97 Rn 36 m.w.N.

[64] OLG Köln, Urt. v. 6.4.1977 – 2 U 135/76, DAR 1977, 301; OLG Köln, Urt. v. 21.9.1977 – 13 U 28/77, DAR 1978, 105.

[65] OLG Köln, Urt. v. 5.6.1992 – 19 U 13/92, zfs 1992, 405 = MDR 1992, 646.

[66] Die für eine solche Berechnung erforderlichen Verbraucherpreisindexzahlen finden sich im statistischen Jahrbuch für die Bundesrepublik Deutschland. Das statistische Jahrbuch ist auch im Internet unter *www.destatis.de/jahrbuch* zu finden.

2. Schmerzensgeld-Kapital

In der überwiegenden Zahl der Fälle wird das Schmerzensgeld als *einmaliger* Kapitalbetrag zugesprochen.

Das Schmerzensgeld ist grundsätzlich einheitlich zu bemessen. In Ausnahmefällen kann jedoch ein Teilbetrag zuerkannt werden, wenn der Rechtsstreit an sich zur Entscheidung reif ist und erhebliche Beeinträchtigungen, z. B. langer Krankenhausaufenthalt oder Unterbrechung des Studiums, vorliegen. In solchen Fällen darf das endgültige Schmerzensgeld erst später festgesetzt werden, wenn sämtliche Unfallfolgen, ihre Auswirkungen auf das Leben des Geschädigten und die Heilungsaussichten überschaubar sind.[67]

Oft sind die Dauerfolgen nicht zu übersehen. Auch dann kann der Kapitalbetrag bis zu einem bestimmten Zeitpunkt, im Allgemeinen dem Tag der letzten mündlichen Verhandlung, zugesprochen werden.[68] Bei ungewissem Heilungsverlauf, bei der Möglichkeit des Auftretens noch nicht übersehbarer Dauerschäden oder ganz allgemein bei schweren Fällen, in denen die Möglichkeit nachteiliger Veränderung besteht, wird der Geschädigte außer der Leistungsklage auch eine Feststellungsklage erheben müssen.

3. Schmerzensgeld für Spätfolgen

Auch ohne Vorliegen eines Feststellungsurteils kann der Verletzte unter Umständen ein weiteres Schmerzensgeld verlangen, obwohl ihm bereits früher ein Schmerzensgeld rechtskräftig zugesprochen wurde. Voraussetzung für den späteren Schmerzensgeldanspruch ist, dass das Gericht, das den ersten Anspruch zubilligte, mit dem Eintritt neuer Verletzungsfolgen, für die eine weitere Forderung erhoben wird, bei der Bemessung des ersten Schmerzensgeldes nicht oder nicht ernstlich zu rechnen hatte.[69]

Dabei ist jedoch zu beachten, dass sich die Rechtskraft eines Schmerzensgeldurteils lediglich auf solche Spätfolgen nicht erstreckt, die bei Schluss der mündlichen Verhandlung nicht erkannt wurden oder nicht erkennbar waren.[70]

Zum Feststellungsinteresse als Voraussetzung der Zulässigkeit einer Feststellungsklage hat der BGH zwei bemerkenswerte Entscheidungen erlassen. Steht ein Primärschaden aufgrund einer schadensersatzbegründenden Handlung fest, kommen aber zur Zeit nicht absehbare Spätfolgen (Sekundärschäden) in Betracht, dann werden häufig Feststellungsklagen zur Unterbrechung der Verjährung erhoben. Der BGH hat entschieden, dass in solchen Fällen für das Feststellungsinteresse bereits die Möglichkeit eines weiteren Schadenseintritts genügt, die nur verneint werden darf, wenn aus Sicht des Klägers bei verständiger Würdigung kein Grund besteht, mit dem Eintritt eines Schadens wenigstens zu rechnen.[71]

Ein weiteres Urteil führt die Rechtsprechung zum Feststellungsinteresse bei befürchteten Spätschäden fort und befasst sich mit der Frage, ob ein Grundurteil etwa dem begehrten Feststellungsanspruch entgegensteht. Dazu hat der BGH entschieden, dass dann, wenn die Möglichkeit des Eintritts weiterer Verletzungsfolgen besteht, ein rechtliches Interesse an der Feststellung der Ersatzpflicht für immaterielle Zukunftsschäden auch dann gegeben sein kann, wenn der Schmerzensgeldanspruch dem Grunde nach bereits für gerechtfertigt erklärt worden ist.[72]

Beim Abschluss von außergerichtlichen Vergleichen sollte als Regulierungshilfe der künftig zu erwartende immaterielle Schaden konkretisiert werden. So etwa, indem man konkret die zu befürchtende Spätfolge benennt, wie z. B. Auftreten einer Hüftkopfnekrose, Wiederaufflackern einer Osteomyelitis, Versteifung des Sprunggelenks, erneute Operationen.

Oder man geht bei Vergleichsabschluss von einer konkret benannten Dauer MdE aus und vereinbart ein weiteres Schmerzensgeld für den Fall, dass sich der Gesundheitszustand aus unfallbedingten Gründen wesentlich verschlechtern sollte. Diese wesentliche Verschlechterung könnte man z. B. bei einer Verschlechterung von ursprünglich 10 % MdE bei nunmehr 30 % MdE sehen. Wichtig wäre es auch zu vereinbaren, für die Beurteilung den ursprünglichen Gutachter bzw. seinen Nachfolger heranzuziehen.

4. Schmerzensgeldrente

In dem Beschluss des GSZ[73] und in weiteren Entscheidungen[74] hat der BGH für die Zubilligung einer Schmerzensgeldrente folgende Grundsätze aufgestellt:

„Nicht nur das Vorliegen außergewöhnlicher Umstände, wie etwa anhaltende Schmerzen, die Notwendigkeit wiederholter, schmerzhafter und in ihrem Erfolg ungewisser ärztlicher Eingriffe oder auch die drohende Gefahr weiterer unfallbedingter Spätschäden, rechtfertigt es, dem Geschädigten statt einer Kapitalabfindung eine Schmerzensgeldrente zu gewähren. Vielmehr kann bereits der Verlust eines wichtigen Gliedes dem Richter Anlass geben, die Form der Rentenzahlung zu erwägen; denn die Lebensbeeinträchtigung wirkt in solchen Fällen immer wieder neu und wird immer wieder schmerzlich empfunden, so dass es angemessen sein kann, der laufenden, nicht vermögensrechtlichen Beeinträchtigung auch eine laufende geldliche Entschädigung gegenüberzustellen."

Da das Gesetz den Richter nach keiner Richtung hin einengt, ist es ihm überlassen, unter Abwägung aller in Betracht kommender Umstände nach § 287 ZPO auch über die Form der Entschädigung, Kapital oder Rente oder beides nebeneinander, zu entscheiden.[75]

In der Entscheidung des GSZ[76] wird betont, dass die Frage, ob Kapitalbetrag oder Rente, auch unter Berücksichtigung der Vermögensverhältnisse des Schädigers entschieden werden müsse, da durch die Bewilligung einer Rente in bestimmten Fällen auch bei ungünstigen wirtschaftlichen Verhältnissen des Schädigers der Ausgleichszweck erreicht werden könne.

Auch *Berger*[77] empfiehlt eine sehr maßvolle Anwendung des Instruments; denn die zum Vergleich mit dem Kapitalbetrag heranzuziehenden Kapitalisierungsbeträge der Renten erreichten naturgemäß erstaunliche Höhen. Dass dieser Gesichtspunkt bei der Festsetzung des Rentenbetrages berücksichtigt

---

[67] KG, Urt. v. 24.3.1975 – 12 U 2281/74, DAR 1975, 331.
[68] BGH, Urt. v. 22.4.1975 – VI ZR 50/74, NJW 1975, 1463.
[69] BGH, Urt. v. 8.7.1980 – VI ZR 72/79, NJW 1980, 2754; BGH, Urt. v. 24.5.1988 – VI ZR 326/87, NJW 1988, 2300.
[70] BGH, Urt. v. 20.1.2015 – VI ZR 27/14, zfs 2015, 391.
[71] BGH, Urt. v. 16.1.2001 – VI ZR 381/99, NJW 2001, 1431 = DAR 2001, 155 = VersR 2001, 874.
[72] BGH, Urt. v. 20.3.2001 – VI ZR 325/99, NJW 2001, 3414 = DAR 2001, 356 = VersR 2001, 876.
[73] BGH, Beschl. v. 6.7.1955 – GSZ 1/55, BGHZ 18, 149.
[74] BGH, Urt. v. 11.12.1956 – VI ZR 286/55, VRS 12, 88 = NJW 1957, 383 = VersR 1957, 66; BGH v. 30.5.1968, VersR 1968, 530; BGH, Urt. v. 8.6.1976 – VI ZR 216/74, VersR 1976, 967; OLG Düsseldorf, Urt. v. 13.11.2000 – 1 U 12/00, SP 2001, 200; OLG Brandenburg, Urt. v. 9.2.2006 – 12 U 116/05, r+s 2006, 260.
[75] BGH, Urt. v. 19.12.1969 – VI ZR 111/68, VersR 1970, 281.
[76] BGH, Beschl. v. 6.7.1955 – GSZ 1/55, BGHZ 18, 149.
[77] BGH, Beschl. v. 6.7.1955 – GSZ 1/55, BGHZ 18, 149.

werden muss, ist eigentlich selbstverständlich; zumindest seit dem Urteil des BGH vom 8.6.1976[78] ist es unerlässlich. In dieser Entscheidung wird die Frage behandelt, in welchem Verhältnis Kapitalbetrag und Rente zueinander stehen müssen. Grundsätzlich muss man davon ausgehen, dass die Addition aus der Schmerzensgeldrente und dem Kapitalbetrag die hieraus ergebende Summe nicht übersteigen soll, die im Falle der alleinigen Zuerkennung eines Kapitalbetrages zugesprochen würde.[79]

Einige Gerichte haben sich – vor allem bei Minderjährigen – dafür entschieden, eine Schmerzensgeldrente zuzusprechen, um eine zweckwidrige Verwendung einer Kapitalsumme zum Nachteil des Verletzten zu vermeiden.[80] Es wurde auch berücksichtigt, dass Jugendliche in finanziellen Dingen unerfahren sind und einen einmaligen Kapitalbetrag schnell verwirtschaften könnten. Eine solche Auffassung hält der BGH[81] für zweifelhaft, ebenso wie allgemeine Erwägungen, etwa die Besorgnis über eine Entwertung des Kapitals infolge allgemeiner Wirtschafts- und Währungsverhältnisse. Gerade wegen der Geldentwertung ist es aber empfehlenswert, eine Schmerzensgeldrente zu beantragen, da hier die Möglichkeit der Abänderungsklage gem. § 323 ZPO besteht.[82] Uneinigkeit besteht dabei in der Frage, ob eine Abänderung auch im Falle einer wesentlichen Erhöhung der Lebenshaltungskosten möglich ist.[83] Der BGH hat mit Urt. v. 15.5.2007 (VersR 2007, 961; DAR 2007, 513; zfs 2007, 422) jedoch eine Richtungsweisung dahingehend gegeben, dass eine Schmerzensgeldrente im Hinblick auf den gestiegenen Lebensunterhaltskostenindex jedenfalls dann geändert werden kann, wenn eine Abwägung aller Umstände des Einzelfalls ergibt, dass die bisher gezahlte Rente ihre Funktion eines billigen Schadensausgleichs nicht mehr erfüllt. Dabei ist aber eine Abänderung einer Schmerzensgeldrente bei einer unter 25 % liegenden Steigerung des Lebenshaltungskostenindex in der Regel nicht gerechtfertigt.

Die Zubilligung einer „dynamischen" Schmerzensgeldrente ist unzulässig.[84]

VI. Materiell-rechtliche Besonderheiten des Schmerzensgeldanspruchs

1. Übergang, Übertragbarkeit und Vererblichkeit des Anspruchs

Der Schmerzensgeldanspruch kann frei übertragen werden und ist uneingeschränkt vererblich. Eine Willensbekundung des Verletzten zu Lebzeiten, Schmerzensgeld fordern zu wollen, ist nicht erforderlich. Von Bedeutung für den Anspruchsinhaber und für Dritte ist:

a) Der Schmerzensgeldanspruch ist gemäß § 851 Abs. 1 ZPO der Pfändung unterworfen.

b) Der Schmerzensgeldanspruch unterliegt nicht den Einschränkungen des § 36 InsO und gehört zur Insolvenzmasse.[85]

c) Die Ausschlusswirkung des § 394 BGB (keine Aufrechnung) greift nicht.

d) Der Schmerzensgeldanspruch bei vereinbarter Gütergemeinschaft fällt in das Gesamtgut.

e) Der Schmerzensgeldanspruch kann sofort verpfändet oder mit einem Nießbrauch belastet werden, da auch insoweit die Einschränkungen der §§ 1274 Abs. 2, 1069 Abs. 2 BGB nicht wirken.

2. Ausschluss oder Minderung des Anspruchs

a) Mitverschulden

Auch auf den Schmerzensgeldanspruch muss sich der Verletzte ein etwaiges Mitverschulden gemäß § 254 BGB anrechnen lassen. Früher wurde das an sich angemessene Schmerzensgeld um die Quote des Mitverschuldens des Verletzten gekürzt. Gegen diese Handhabung hatten einige Obergerichte Bedenken, die der BGH bestätigte.[86]

Bei mitwirkendem Verschulden des Verletzten ist grundsätzlich nicht die entsprechende Quote des angemessenen Schmerzensgeldes, sondern ein Schmerzensgeld zuzubilligen, das unter Berücksichtigung des Mithaftungsanteils angemessen ist. Das Verschulden ist nur ein Bemessungsfaktor von vielen, der von Fall zu Fall im Verhältnis zu den anderen Bemessungskriterien durchaus unterschiedliches Gewicht haben kann.

Allerdings gehen die meisten Gerichte in der Alltagspraxis bei der Berechnung des Schmerzensgeldbetrages meist genau von der Quote des Mitverschuldens aus. Die Quote des Mitverschuldens ist daher als weitere Orientierungshilfe für die Höhe des einzuklagenden Schmerzensgeldbetrages heranzuziehen.

Streitig war weiterhin, ob bei *Grundurteilen* § 304 Abs. 1 ZPO die Feststellungen über den Grad des beiderseitigen Verschuldens dem Betragsverfahren vorbehalten seien. Hier hat das OLG Celle den Weg gewiesen und entschieden, dass schon im Grundverfahren die aus der Abwägung (z. B. nach § 254 BGB oder § 17 StVG) gewonnenen Verantwortungsanteile festgelegt und damit künftigem Streit entzogen werden können, die bei der späteren Bemessung des Schmerzensgeldes als Bemessungsfaktoren neben anderen zu berücksichtigen sind.[87]

Da der Schmerzensgeldanspruch von Haus aus ein echter Schadensersatzanspruch ist, trifft den Geschädigten dem Schädiger gegenüber die Obliegenheit, gem. § 254 Abs. 2 S. 1 BGB, den Schaden mit zumutbaren Maßnahmen zu mindern.[88] Von dem Verletzten muss nämlich verlangt werden, dass er, soweit er dazu imstande ist, zur Heilung oder Besserung seiner Krankheit oder Schädigung die nach dem Stand der ärztlichen Wissenschaft sich darbietenden Mittel anwendet; er darf in der Regel nicht anders handeln, als ein verständiger Mensch, der die Vermögensnachteile selbst zu tragen hat, es bei gleicher

---

[78] BGH, Urt. v. 8.6.1976 – VI ZR 216/74, DAR 1976, 244 = MDR 1976, 1012 = VersR 1976, 967.

[79] OLG Thüringen, Urt. v. 12.8.1999 – 1 U 1622/98, zfs 1999, 419; OLG Hamm v. 12.9.2003 – 9 U 50/99, zfs 2005, 122.

[80] Z. B. OLG Frankfurt v. 7.9.1954, DAR 1956, 188.

[81] BGH, Beschl. v. 6.7.1955 – GSZ 1/55, BGHZ 18, 149.

[82] OLG Karlsruhe v. 7.5.1969 – 4 U 51/68, VersR 1969, 1123 = NJW 1969,1488; BGH v. 2.2.1968 – VI ZR 167/66, VersR 1968, 475.

[83] Vgl. *Halm* u. *Scheffler*, DAR 2004, 71.

[84] BGH, Urt. v. 3.7.1973 – VI ZR 60/72, NJW 1973, 1653.

[85] Weitere Ausführungen: BGH, Urt. v. 24.3.2011 – IX ZR 180/10, BGHZ 189, 65.

[86] OLG Karlsruhe, Urt. v. 24.4.1987 – 10 U 219/86, VersR 1988, 59; BGH, Urt. v. 21.4.1970 – VI ZR 13/69, VersR 1970, 624.

[87] OLG Celle, Urt. v. 20.5.1968 – 5 U 187/67, NJW 1968, 1785; siehe auch OLG Köln v. 7.8.1974 – 6 U 137/73, VersR 1975, 543 und OLG Düsseldorf v. 10.2.1969 – 12 U 229/67, VersR 1969, 643.

[88] BGH, Urt. v. 10.3.1970 – VI ZR 145/68, VersR 1970, 443.

Gesundheitsstörung tun würde.[89] Voraussetzung für ein Mitverschulden ist allerdings, dass eine Behandlung dem Geschädigten zumutbar ist.[90] Einer ärztlichen Behandlung braucht sich der Geschädigte nur dann zu unterziehen, wenn sie gefahrlos und Erfolg versprechend ist.[91]

b) Betriebsgefahr

Auch die eigene, mitursächliche Betriebsgefahr muss sich der verletzte Kraftfahrer auf seinen Schmerzensgeldanspruch anrechnen lassen; das gilt selbst dann, wenn ihn kein Verschulden trifft.[92]

c) Arbeitsunfälle (§§ 104, 105 sowie 106 Abs. 3 SGB VII)

Ist der Verkehrsunfall gleichzeitig ein Arbeitsunfall, so ist ein Schmerzensgeldanspruch nach §§ 104, 105 SGB VII ausgeschlossen.[93] Bei Fahrten, die auf Anweisung des Arbeitgebers mit einem Firmenfahrzeug durchgeführt werden und die der Beförderung von Arbeitnehmern zur Arbeitsstelle oder von der Arbeitsstelle nach Hause dienen, besteht wegen des bestimmenden Einflusses des Unternehmers auf das Zurücklegen des Weges ebenfalls der Haftungsausschluss nach §§ 104, 105 SGB VII.[94] Deshalb sind Arbeitgeber und Fahrzeugführer von der Verpflichtung zur Zahlung eines Schmerzensgeldes freigestellt.

Die Haftung des Unternehmers ist ferner dann nicht ausgeschlossen, wenn er den Versicherungsfall auf einem nach § 8 Abs. 2 Nr. 1–4 SGB VII versicherten Weg herbeigeführt hat (§ 104 Abs. 1 S. 1 SGB VII). Entsprechendes gilt für den Arbeitskollegen (§ 105 Abs. 1 S. 1 SGB VII). Nach der Rechtsprechung des BGH kamen die Haftungsausschlusstatbestände der früheren §§ 636, 637 RVO nicht zur Anwendung, wenn es sich um eine „Teilnahme am allgemeinen Verkehr" handelte. Bei Unfällen vom Betriebsangehörigen ist nach Inkrafttreten der §§ 104, 105 SGB VII zwischen Betriebswegen und anderen, nach § 8 Abs. 2 Nr. 1–4 SGB VII versicherten Wegen zu unterscheiden. Bei einem Betriebswegeunfall (= Arbeitsunfall i.S.d. § 8 Abs. 1 SGB VII) besteht danach ein Haftungsausschluss zugunsten des Arbeitskollegen, der als Fahrer eines (Firmen-)Kfz den Unfall fahrlässig verursacht. Demgegenüber kommt es zu einer „Entsperrung" des Haftungsprivilegs und damit zu einer Haftung des Kollegen, wenn es sich um einen sogenannten Wegeunfall i.S.d. § 8 Abs. 2 Nr. 1–4 SGB VII, insbesondere auf der Fahrt zwischen Wohnung und Arbeitsstätte, handelt.[95]

Besteht zwischen mehreren Schädigern ein Gesamtschuldverhältnis, können Ansprüche des Geschädigten gegen einen selbst nicht sozialversicherungsrechtlich haftungsprivilegierten Gesamtschuldner (Zweitschädiger) auf den Betrag beschränkt sein, der auf diesen im Innenverhältnis zu dem anderen Gesamtschuldner (Erstschädiger) endgültig entfiele, wenn die Schadensverteilung nach § 426 BGB nicht durch eine sozialversicherungsrechtliche Haftungsprivilegierung des Erstschädigers gestört wäre.[96]

d) Schmerzensgeldanspruch gegenüber dem Ehepartner oder sonstigen Familienangehörigen

Wenn ein Ehepartner oder sonstiger Familienangehöriger dem anderen wegen schuldhafter Körperverletzung ersatzpflichtig ist, schuldet er grundsätzlich ein angemessenes Schmerzensgeld. Der mildere Haftungsmaßstab des § 1359 BGB greift bei Körperverletzungen infolge gemeinsamer Teilnahme der Eheleute im Straßenverkehr nicht, ebenso nicht bei erwachsenen Kindern (BGH vom 18.6.1973 in VersR 1973, 941). Ähnliches gilt bei gemeinsamer sportlicher Freizeitgestaltung, wie z. B. Wasserskilaufen (BGH v. 24.3.2009, Az. VI ZR 79/08).

Für die Bemessung der Höhe des Schmerzensgeldes sind neben anderen Umständen die familienrechtlichen Beziehungen sowie die wirtschaftlichen Verhältnisse von Schädiger und Verletztem erheblich. Eine Schmerzensgeldentschädigung unter Familienangehörigen, die mit einer Minderung des angemessenen Familienunterhaltes erkauft wäre und aus diesem Grund vom Verletzten möglicherweise der Familie wieder zur Verfügung gestellt werden müsste, wäre nicht angemessen und könnte ihren Zweck nicht erfüllen.

Zwischen Familienangehörigen und Partnern einer nichtehelichen Lebensgemeinschaft, die in häuslicher Gemeinschaft zusammenleben, gilt im Übrigen das Haftungsprivileg des § 116 Abs. 6 S. 1 SGB X und des § 86 Abs. 3 VVG.[97]

e) Schmerzensgeld bei ärztlichen Behandlungsfehlern

Die §§ 823 ff. BGB waren für das Arzthaftungsrecht vor der Reform des Schadensrechts vor allem im Hinblick auf das Schmerzensgeld von Bedeutung (vgl. § 847 BGB a.F.), welches einen Anspruch aus unerlaubter Handlung voraussetzte. Seit dem zum 1.8.2002 in Kraft getretenen zweiten Gesetz zur Änderung des Schadensersatzrechts kann Schmerzensgeld nunmehr auch in den Fällen der vertraglichen Haftung verlangt werden (vgl. § 253 Abs. 2 BGB). Bei schuldhafter Verletzung der aus dem Arztvertrag folgenden Pflichten stehen dem Patienten auch vertragliche Schadenersatzansprüche aus Vertragsverletzung (§ 280 Abs. 1 BGB) zu, die mit Ansprüchen aus den §§ 823 ff. BGB konkurrieren. Die einen Arzt treffenden Sorgfaltspflichten, die vertraglichen und deliktischen Ursprung haben, sind jedoch inhaltlich deckungsgleich.[98]

Die Haftung des Arztes wegen unerlaubter Handlung bleibt jedoch nach wie vor in Fällen wichtig, in denen (etwa im Rahmen eines totalen Krankenhausaufnahmevertrags) keine vertraglichen Beziehungen mit dem behandelnden Arzt (etwa Operateur) bestehen.

Zum Fall einer möglichen Gesamtschuld bei ärztlichen Behandlungsfehlern hat das OLG Braunschweig, 11.3.2004 – 1 U 77/03, ausgeführt:

„1. Hat der bei einem Unfall Verletzte vom Unfallverursacher Schmerzensgeld erhalten, ist die Zahlung auf den Schmerzensgeldanspruch gegen einen Arzt, der die Unfallverletzung behandelt hat und dem dabei Behandlungsfehler unterlaufen

---

[89] BGH, Urt. v. 10.2.2015 – VI ZR 8/14, VersR 2015, 590.

[90] Vgl. BGH, Urt. v. 10.2.2015 – VI ZR 8/14, VersR 2015, 590; BGH, Urt. v. 4.11.1986 – VI ZR 12/86, VersR 1987, 408 mit zust. Anm. *Deutsch*, VersR 1987, 559; BGH, Urt. v. 18.4.1989 – VI ZR 221/88, VersR 1989, 701, 702 und BGH, Urt. v. 15.3.1994 – VI ZR 44/93, NJW 1994, 1592, 1593; BGH, Urt. v. 10.2.2015 – VI ZR 8/14, VersR 2015, 590.

[91] BGH, Urt. v. 24.10.1961 – VI ZR 23/61, VersR 1961, 1125.

[92] BGH, Urt. v. 13.4.1956 – VI ZR 347/54, VersR 1956, 370 = NJW 1956, 1067 = JZ 1956, 491 = BGHZ 20, 259; BGH, Urt. v. 18.11.1957 – III ZR 117/56, DAR 1958, 48 = VersR 1958, 83 = VRS 14, 8 = BGHZ 26, 69; BGH v. 6.2.1961, VersR 1961, 402; BGH, Urt. v. 20.12.1962 – III ZR 191/61, VersR 1963, 359.

[93] BVerfG v. 7.11.1972 – 1 BvL 4/71, NJW 1973, 502.

[94] BGH, Urt. v. 8.5.1973 – VI ZR 148/72, VersR 1973, 736 = NJW 1973, 1326.

[95] BGH v. 2.12.2003 – VI ZR 348/02, DAR 2004, 344 und VI ZR 349/02, BGHZ 157, 159; *Geigel/Wellner*, Der Haftpflichtprozess, 27. Aufl., Kap. 31 Rn 89.

[96] BGH, Urt. v. 18.11.2014 – VI ZR 47/13, VersR 2015, 189; *Geigel/Wellner*, Der Haftpflichtprozess, 27. Aufl., Kap. 31 Rn 92 ff.

[97] BGH, Urt. v. 5.2.2013 – VI ZR 274/12, VersR 2013, 520.

[98] BGH, Urt. v. 20.9.1988 – VI ZR 37/88, NJW 1989, 767.

sind, als Erfüllung anzurechnen. Arzt und Unfallverursacher sind in einem solchen Fall Gesamtschuldner.

2. Weigert sich der Patient, eine notwendige Behandlungsmaßnahme an sich vornehmen zu lassen, obwohl er auf die Notwendigkeit hingewiesen worden ist, kann die Verantwortung des Arztes für die Folgen der Unterlassung entfallen; der Kausalzusammenhang zu einem etwaigen vorangegangenen Behandlungsfehler kann unterbrochen sein."

3. Verkehrsopferhilfe (§ 12 PflichtVersG)

Nach § 12 PflichtVersG besteht ein Schmerzensgeldanspruch gegenüber dem Entschädigungsfonds der Verkehrsopferhilfe u.a. in den Fällen fehlenden Versicherungsschutzes und der Verkehrsunfallflucht. In letzterem Fall sieht das Pflichtversicherungsgesetz für das Schmerzensgeld eine Beschränkung vor; § 12 Abs. 2 S. 1 PflichtVersG regelt für den Fall der Fahrerflucht, dass ein Schmerzensgeldanspruch nur geltend gemacht werden kann, wenn und soweit die Leistung einer Entschädigung wegen der besonderen Schwere der Verletzung zur Vermeidung einer groben Unbilligkeit erforderlich ist.

In zwei Entscheidungen hat das LG Hamburg[99] zu der Frage Stellung genommen, was unter dem Begriff der besonderen Schwere der Verletzung zu verstehen sei. Das LG hat in beiden Fällen einen Schmerzensgeldanspruch abgelehnt, da „der eingetretene Schaden aus der Masse der Personenschäden herausragen müsse, insbesondere, dass der Betroffene eine dauernde und erhebliche Beeinträchtigung seiner körperlichen Funktion erlitten hat; die Verletzungen müssen deutlich und drastisch über das hinausgehen, was bei den täglichen Unfällen im Straßenverkehr an Verletzungen auftritt."[100]

Das LG Darmstadt[101] führt dazu aus:

„Wann eine schwere Verletzung im Sinne dieser Vorschrift vorliegt, ergibt sich aus der Eigenart und der Zielsetzung der Verkehrsopferhilfe."

In einem weiteren Urteil hat sich das LG Hamburg[102] auf den Standpunkt gestellt, dass der Anspruchsteller beweispflichtig dafür ist, dass der Fahrer oder Halter eines am Unfall beteiligten und nicht zu ermittelnden Kfz aus Verschulden haftet.

Bei Unfallflucht (§ 12 Abs. 1 Nr. 1 PflVersG) zahlt der Entschädigungsfonds unter Berufung auf einen Beschluss des LG Regensburg vom 9.5.1969 (4 O 26/69) sowie auf ein Urteil des LG Lüneburg vom 10.11.2000 (VersR 2001, 1152) nur circa ein Drittel des üblichen Schmerzensgeldes; eine andere und wohl richtigere Auffassung vertritt jedoch das LG Itzehoe in seiner Entscheidung vom 28.6.1979 (6 O 273/78), in der das LG die Ansicht vertritt, dass es auf die Umstände des Einzelfalls ankommt.

Die Adresse der Verkehrsopferhilfe lautet:
Verkehrsopferhilfe e.V.
Wilhelmstr. 43/43g
10117 Berlin

4. Anrechenbarkeit des Schmerzensgeldes

a) Sozialhilfe und Asyl

„Das Schmerzensgeld dient vor allem dem Ausgleich einer erlittenen oder andauernden Beeinträchtigung der körperlichen und seelischen Integrität, insbesondere auch dem Ausgleich von Erschwernissen, Nachteilen und Leiden, die über den Schadensfall hinaus anhalten und die durch die materielle Schadensersatzleistung nicht abgedeckt sind und trägt zugleich dem Gedanken Rechnung, dass der Schädiger dem Geschädigten für das, was er ihm angetan hat, Genugtuung schuldet."[103]

Aus diesem Grund hat weder eine Anrechnung auf die Sozialhilfe noch auf Leistungen für Asylbewerber stattzufinden. Schmerzensgeld im Sinne von § 253 Abs. 2 BGB ist nicht bei der Grundsicherung für Arbeitssuchende als Einkommen zu berücksichtigen. Dies ergibt sich aus § 11a Abs. 2 SGB II und wurde nochmals vom BVerfG untermauert.[104] Auch ergibt sich dies aus § 83 Abs. 2 SGB XII. Danach ist eine Entschädigung, die wegen eines Schadens, der nicht als Vermögensschaden nach § 253 Abs. 2 des Bürgerlichen Gesetzbuches zu bewerten ist, geleistet wurde, nicht als Einkommen zu berücksichtigen. Das „Anrechnungsverbot" stützt sich auf die Härteklauseln in § 12 Abs. 3 S. 1 Nr. 6 SGB II und § 90 Abs. 3 S. 1 SGB XII.

Die neuere Rechtsprechung des BVerfG vom 11.7.2006 bestätigt dies, wobei das BVerfG eine Erweiterung des Geltungsbereichs auch für Leistungen aus dem Asylbewerberhilfegesetz vorgenommen hat. Dabei ist § 7 Abs. 1 AsylbLG mit Art. 3 Abs. 1 GG unvereinbar, soweit der Leistungsberechtigte eine Entschädigung i.S.v. § 253 Abs. 2 BGB für seinen Lebensunterhalt aufbrauchen muss, bevor Leistungen nach dem Asylbewerberleistungsgesetz gewährt werden.[105] Dies stellt § 7 Abs. 2 Nr. 4 AsylbLG klar.

b) Hartz IV-Empfänger

Nach § 11 Abs. 3 Ziff. 2 SGB II ist Schmerzensgeld bei der Grundsicherung für Arbeitssuchende als Einkommen nicht zu berücksichtigen.

c) Kapitalertrag

Das Schmerzensgeld dient nicht dem Zweck einer Kapitalanlage mit Zinsertrag.[106] Daher kann von dem Verletzten nicht verlangt werden, den Schmerzensgeldbetrag gewinnbringend anzulegen und sich den Gewinn bei der Bemessung der Höhe der Schmerzensgeldrente zugunsten des Schädigers anrechnen zu lassen.

d) Schmerzensgeld bzw. Schmerzensgeldanspruch im ehelichen Zugewinnausgleich

Bei der Bewertung des Endvermögens bei der Berechnung von Zugewinnausgleichsansprüchen unter Ehegatten im Falle der Scheidung ist die Behandlung der Ansprüche auf Schmerzensgeld und der Schmerzensgeldleistungen höchst problematisch. Nach einer Entscheidung des BGH vom 27.5.1981[107] ist ein Schmerzensgeld vorbehaltlich der Härteregelung des § 1381 BGB in den Zugewinnausgleich einzubeziehen.

Zwar handelt es sich um einen Anspruch eigener Art, der mit der Naturalrestitution von Vermögensschäden nicht vergleich-

---

[99] LG Hamburg, Urt. v. 4.8.1976 – 77 O 64/76, VersR 1977, 581; LG Hamburg, Urt. v. 24.1.1977 – 77 O 63/76, VersR 1977, 674.

[100] Ähnlich auch LG Verden, Urt. v. 10.4.2001 – 4 O 530/00, VersR 2001, 1152.

[101] Urt. v. 2.5.1979 – 2 O 48/79, VersR 1980, 365.

[102] LG Hamburg v. 11.8.1976 – 77 O 129/76, VersR 1977, 582.

[103] BVerfG, Beschl. v. 11.7.2006 – 1 BvR 293/05, Rn 45; BGHZ 18, 149, 154.

[104] BVerfG, Beschl. v. 16.3.2011 – 1 BvR 591/08, NJW 2011, 2193.

[105] BVerfG, Beschl. v. 11.7.2006 – 1 BvR 293/05, Rn 40.

[106] OLG München v. 19.11.1971 – 10 U 2575/70.

[107] IVb ZR 577/80, NJW 1981, 1836.

bar sei, das Schmerzensgeld stelle aber einen Vermögenswert dar, der, wie alle anderen Vermögenspositionen, objektiv und objektivierbar sei.

Diese Auffassung ist nach Meinung der Autoren aber nicht mit dem Institut des Schmerzensgeldes als Ersatzleistung für einen höchstpersönlichen Schaden des Geschädigten (die schwere Beeinträchtigung des physischen Wohlbefindens) vereinbar. Das Schmerzensgeld zum Gegenstand des Ausgleichs zu machen, bedeutet eine nicht zu vertretene Zweckentfremdung. Da ein Schmerzensgeldanspruch gemäß § 1374 Abs. 2 BGB nicht dem Anfangsvermögen zugerechnet werden kann (die Aufzählung in § 1374 Abs. 2 BGB ist abschließend), könnte lediglich wegen § 1381 BGB einem Anspruch auf Schmerzensgeld entgegengetreten werden. Dieser Weg führt aber nicht immer zu adäquaten Ergebnissen, weil die grundsätzliche Anrechnung des Schmerzensgeldes im Zugewinnausgleich die Person des Ausgleichspflichtigen verändern kann.[108]

In konsequenter Fortsetzung dieser Rechtsprechung muss sich ein unterhaltsberechtigter geschiedener Ehegatte auch die aus einer Schmerzensgeldforderung erwachsenen Erträge als Erträge seines Vermögens auf seinen Unterhaltsanspruch anrechnen lassen.[109]

e) Arbeitslosenhilfe

Keine Anrechnung des Schmerzensgeldes auf Arbeitslosenhilfe. Bei der Prüfung der Bedürftigkeit im Sinne der Arbeitslosenhilfe ist eine zur Abfindung von Schadensersatzansprüchen wegen einer Körperverletzung mit Dauerfolgen gezahlte Kapitalentschädigung und der daraus erzielten Zinseinnahmen nicht als Einkommen zu berücksichtigen.[110]

f) Prozesskostenhilfe

Nach § 115 Abs. 3 ZPO hat die Partei für die Prozessführung ihr Vermögen einzusetzen, soweit dies zumutbar ist. § 90 SGB XII gilt entsprechend. Das Schmerzensgeld ist dabei nicht als Vermögen im Sinne der PKH bzw. VKH anzusehen. Der Einsatz des Schmerzensgeldes im Rahmen der Prozesskostenhilfe liefe seiner besonderen Zwecksetzung zuwider. Das Schmerzensgeld stünde dem Betroffenen nicht mehr zu den Zwecken zur Verfügung, für die es bestimmt ist.[111] Neben Genugtuung soll vor allem ein Ausgleich für entgangene Lebensfreude ermöglicht werden. Demnach hat das Schmerzensgeld gerade keinen Versorgungscharakter und soll nicht zur Deckung des Lebensbedarfs dienen. Aus § 83 Abs. 2 SGB XII (in der gültigen Fassung seit dem 1.1.2005) ergibt sich, dass eine Entschädigung, die wegen eines Schadens, der nicht Vermögensschaden ist, nach § 253 Abs. 2 BGB geleistet wird, nicht als Einkommen zu berücksichtigen ist. Schmerzensgeld ist deshalb im Rahmen der Prozesskostenhilfe regelmäßig nicht als Vermögen einzusetzen.[112]

g) Schmerzensgeld bei einem Erstattungsanspruch aus § 110 SGB VII

Nach einem Urteils des BGH vom 27.6.2006 (VI ZR 143/05, SP 2006, 345) kann ein Sozialversicherungsträger wegen der von ihm erbrachten Aufwendungen beim Rückgriff nach § 110 SGB VII grundsätzlich auch auf den fiktiven Schmerzensgeldanspruch des Geschädigten gegen den nach den §§ 104 ff. SGB VII haftungsprivilegierten Schädiger zurückgreifen.

5. Versteuerung des Schmerzensgeldes

a) Versteuerung des Schmerzensgeldes nach dem EStG

Sowohl das Schmerzensgeld (auch als Kapitalabfindung) als auch die Schmerzensgeldrente unterliegen grundsätzlich nicht der Einkommensteuerpflicht.[113]

Die Erhebung der Einkommensteuer beruht auf der Erwägung, dass derjenige, der den von der Rechtsgemeinschaft bereitgestellten Markt nutzt und dadurch seine wirtschaftliche Leistungsfähigkeit erhöht, die Rechtsgemeinschaft an diesem Markterfolg steuerlich teilhaben lassen muss. Deshalb unterliegt nur jenes Einkommen der Einkommensteuerpflicht, das durch die Nutzung der in § 2 Abs. 1 S. 1 EStG genannten Erwerbstatbestände am Markt erzielt wurde. Das Schmerzensgeld wurde nicht durch die Teilnahme am Marktgeschehen erlangt, sondern resultiert aus dem privaten Kreis des Geschädigten.[114]

b) Versteuerung der Zinserträge aus dem Schmerzensgeld nach dem EStG

Einigkeit herrscht in der Rechtsprechung hingegen darüber, dass die Zinserträge aus dem Schmerzensgeld nach den allgemeinen steuerlichen Grundsätzen zu versteuern sind.

Zinserträge (Entgelt für die Nutzung) entstehen durch Nutzung des Marktes. Insoweit ergibt sich gemäß der Rechtsprechung des BFH, dass die fehlende Steuerbarkeit der Hauptleistung sich nicht zugleich auf die Zinserträge erstreckt.[115] Das Schmerzensgeld steht zur freien Disposition des Geschädigten. Wenn dieser das Schmerzensgeld in der Weise nutzt, dass er es z. B. gewinnbringend anlegt, muss er auch die steuerrechtlichen Konsequenzen tragen.[116]

6. Vererblichkeit der Ansprüche wegen Persönlichkeitsrechtsverletzung

Bislang existierte zu dieser Thematik keine höchstrichterliche Rechtsprechung. Mit Urt. v. 29.4.2014 hat der 6. Zivilsenat des BGH entschieden, dass der Anspruch auf Geldentschädigung wegen Persönlichkeitsrechtsverletzung grundsätzlich nicht vererblich ist.[117] Nach Auffassung des Senats spricht entscheidend gegen die Vererblichkeit, dass bei der Zuerkennung einer Geldentschädigung im Falle einer schweren Persönlichkeitsrechtsverletzung regelmäßig der Genugtuungsgedanke im Vordergrund steht.[118] Da einem Verstorbenen Genugtuung für die Verletzung seiner Persönlichkeit nicht mehr verschafft

---

[108] BGH, Urt. v. 27.5.1981 – IVb ZR 577/80, FamRZ 1981, 755; BGH 80/384; Gernhuber, MüKo-BGB, § 1374 BGB Rn 14.

[109] BGH, Urt. v. 13.7.1988 – IVb ZR 39/87, NJW-RR 1988, 1093.

[110] BSG v. 20.2.1991 – 11 RAR 109/89, FamRZ 1992, 810.

[111] BVerwGE 98, 256, 258 f.

[112] BVerwG, Beschl. v. 26.5.2011 – 5 B 26/11, zfs 2011, 584, Rn 6.

[113] BFH, Urt. v. 25.10.1994 – VIII R 79/91, NJW 1995, 1238; BStBl 1995, Teil 1, 705/706 = BMF Schreiben v. 8.11.1995 – IV B 3 S 2255-22/95 und BMF Schreiben v. 15.7.2009 – IV C 3-S 2255/08/10012 = BStBl 2009, Teil 1, 836.

[114] BVerwG, Urt. v. 9.2.2012 – 5 C 10/11, Rn 18; Kirchhof, Kommentar zum EStG, 10. Auflage 2011, Einleitung Rn 5, § 2 Rn 56.

[115] BFH, Urt. v. 25.10.1994 – VIII R 79/91, NJW 1995, 1238; BVerwG, Urt. v. 9.2.2012 – 5 C 10/11, NJW 2012, 1305; BFH, Urt. v. 13.11.2007 – VIII R 36/05, BStBl 2008 II S. 292.

[116] BVerwG, Urt. v. 9.2.2012 – 5 C 10/11, Rn 23.

[117] BGH, Urt. v. 29.4.2014 – VI ZR 246/12, MDR 2014, 715.

[118] Vgl. BGH, Urt. v. 29.4.2014 – VI ZR 246/12, Rn 18 m.w.N.

werden kann, scheide die Zuerkennung einer Geldentschädigung im Falle des postmortalen Persönlichkeitsrechtsschutzes aus.[119]

VII. Verfahrensfragen

1. Klageantrag

a) Bei Ansprüchen auf Zahlung eines Schmerzensgeldes ist die Stellung eines unbezifferten Antrags, durch die die Bemessung der begehrten Leistung in das Ermessen des Gerichts gestellt wird, grundsätzlich zulässig. Als Klageantrag wird empfohlen:

> **Formulierungsbeispiel**
> „Der Beklagte wird verurteilt, an den Kläger ein angemessenes Schmerzensgeld zu zahlen."

Fraglich ist jedoch, ob in der Klagebegründung die Größenordnung des geltend gemachten Betrages so genau wie möglich angegeben werden muss, um dem Bestimmtheitsgebot des § 253 Abs. 2 Nr. 2 ZPO zu genügen.[120]

Nach der neueren BGH-Rechtsprechung ist die Größenordnung zwar nicht mehr für die Zulässigkeit der Klage in der I. Instanz, wohl aber für die Beschwer, und damit für den Zugang zur II. Instanz von Bedeutung. Im Schrifttum ist dagegen aus dem Urt. v. 30.4.1996[121] fälschlicherweise die Schlussfolgerung gezogen worden, dass die Angaben einer Größenordnung nicht mehr nötig und dem Anwalt sogar dringend davon abzuraten sei. Im Gegenteil, gerade um sich die Möglichkeit eines Rechtsmittels zu erhalten, ist dem Anwalt dringend zu raten, weiterhin die Größenordnung so präzise wie möglich anzugeben. Das entspricht durchaus der Tendenz des BGH, wie sie namentlich dem Urt. v. 2.2.1999[122] zugrunde liegt. Dort kommt auch mit hinreichender Deutlichkeit zum Ausdruck, dass die Unterscheidung zwischen Größenordnung und Mindestbetrag nicht sinnvoll ist. Anstatt der Angabe einer Größenordnung sollte daher, weil präziser, nur noch ein Mindestbetrag genannt werden.

Wird eine Schmerzensgeldrente angestrebt, setzt dies nach Auffassung des BGH[123] einen dahingehenden Antrag des Klägers voraus. Das Gericht kann jedoch im Rahmen des § 287 ZPO eine Rente zusprechen, wenn vom Kläger eine Kapitalzahlung verlangt wurde.

Bei einem Feststellungsantrag ist ein Feststellungsinteresse nach § 253 Abs. 2 Nr. 2 ZPO bereits dann zu bejahen, wenn die Entstehung eines Schadens – sei es auch nur entfernt – möglich, aber noch nicht vollständig gewiss ist und der Schaden daher noch nicht abschließend beziffert werden kann.[124]

Ein Feststellungsinteresse ist nur zu verneinen, wenn aus Sicht des Geschädigten bei verständiger Würdigung kein Grund besteht, mit dem Eintritt eines Schadens wenigstens zu rechnen.[125]

Muss der Verletzte mit Spät- oder Dauerschäden rechnen, so entfällt sein Feststellungsinteresse nicht schon dadurch, dass der Kfz-Haftpflichtversicherer des Gegners sich zum Verzicht auf die Verjährungseinrede für einen bestimmten – eventuell auch längeren – Zeitraum bereit erklärt.[126]

b) In Übereinstimmung mit der höchstrichterlichen Rechtsprechung vertritt der BGH in seinem Urt. v. 20.1.2004 (VI ZR 70/03) die Auffassung, dass mit dem auf eine unbeschränkte Klage insgesamt zu erkennenden Schmerzensgeld nicht nur alle bereits eingetretenen, sondern auch alle erkennbaren und objektiv vorhersehbaren künftigen unfallbedingten Verletzungsfolgen abgegolten werden.[127]

c) Im Rahmen einer Teilklage im Schmerzensgeldprozess ist es zulässig, den Betrag des Schmerzensgeldes zuzusprechen, der dem Verletzten zum Zeitpunkt der Entscheidung zumindest zusteht, und später den zuzuerkennenden Betrag für die Verletzung auf die Summe zu erhöhen, die der Verletzte beanspruchen kann, wenn der Umfang weiterer zu erwartender Schäden schließlich feststeht. Der Verletzte kann in diesem Falle statt einer offenen Teilklage neben dem bezifferten Zahlungsantrag einen Antrag auf Feststellung der Ersatzpflicht für künftige immaterielle Schäden zur Sicherung seines zusätzlichen Anspruchs stellen.

Ein ziffernmäßiger oder ansonsten individualisierter Teil eines Schmerzensgeldanspruchs kann Gegenstand einer Teilklage sein. Ausreichende Individualisierbarkeit ist dann gegeben, wenn ein Teilbetrag des für angemessen angesehenen Schmerzensgelds gefordert wird und für die Bemessung der Anspruchshöhe nur die Berücksichtigung der Verletzungsfolgen verlangt wird, die bereits im Zeitpunkt der letzten mündlichen Verhandlung eingetreten sind.[128] Das KG Berlin[129] hat es für zulässig erachtet, dass der Kläger einen erstrangigen Schmerzensgeldteilbetrag von € 100 000 aus einem ihm zustehenden höheren Schmerzensgeld wegen einer Querschnittslähmung eingeklagt hat. Der BGH hat die Nichtzulassungsbeschwerde der Beklagten zurückgewiesen.[130]

2. Rechtskraft

Verlangt ein Kläger für erlittene Körperverletzungen uneingeschränkt ein Schmerzensgeld, so werden durch den zuerkannten Betrag alle diejenigen Schadensfolgen abgegolten, die entweder bereits eingetreten und objektiv erkennbar waren oder deren Eintritt jedenfalls vorhergesehen und bei der Entscheidung berücksichtigt werden konnten.[131] Der Grundsatz der Einheitlichkeit des Schmerzensgeldes gebietet es, die

---

[119] BGH, Urt. v. 6.12.2005 – VI RZ 265/04, BGHZ 165, 203, 206 f. m.w.N.

[120] V. Gerlach, VersR 2000, 525.

[121] BGHZ 132, 341 = VersR 1996, 990 = NJW 1996, 2425.

[122] BGHZ 140, 335 = VersR 1999, 902.

[123] BGH, Urt. v. 21.7.1998 – VI ZR 276/97, NJW 1998, 3411.

[124] BGH, Urt. v. 21.9.1987 – II ZR 20/87, NJW-RR 1988, 445; NJW 1991, 2707.

[125] BGH, Beschl. v. 9.1.2007 – VI ZR 133/06, DAR 2007, 390.

[126] OLG Hamm SP 2000, 304.

[127] BGH, Urt. v. 20.1.2004 – VI ZR 70/03, zfs 2004, 260; BGH, Urt. v. 24.5.1988 – VI ZR 326/87, VersR 1988, 929; BGH v. 7.2.1995 – VI ZR 201/94, VersR 1995, 471.

[128] BGH, Urt. v. 20.1.2004 – VI ZR 70/03, VersR 2004, 1334.

[129] KG Berlin, Urt. v. 27.11.2014 – 22 U 238/13, juris.

[130] BGH, Beschl. v. 31.5.2016 – VI ZR 555/14.

[131] St. Rspr., vgl. BGH, Urt. v. 11.6.1963 – VI ZR 135/62, VersR 1963, 1048, 1049; BGH, Urt. v. 8.7.1980 – VI ZR 72/79, VersR 1980, 975 f.; BGH, Urt. v. 24.5.1988 – VI ZR 326/87, VersR 1988, 929 f.; BGH, Urt. v. 7.2.1995 – VI ZR 201/94, VersR 1995, 471, 472; BGH, Urt. v. 20.3.2011 – VI ZR 325/99, VersR 2001, 876; BGH, Urt. v. 20.1.2004 – VI ZR 70/03, VersR 2004, 1334; BGH, Urt. v. 14.2.2006 – VI ZR 322/04, VersR 2006, 1090 Rn 7; BGH, Urt. v. 20.1.2015 – VI ZR 27/14, NJW 2015, 1252 Rn 9.

Höhe des dem Geschädigten zustehenden Anspruchs aufgrund einer ganzheitlichen Betrachtung der den Schadensfall prägenden Umstände unter Einbeziehung der absehbaren künftigen Entwicklung des Schadensbildes zu bemessen.[132] Lediglich solche Verletzungsfolgen, die zum Beurteilungszeitpunkt noch nicht eingetreten waren und deren Eintritt objektiv nicht vorhersehbar war, mit denen also nicht oder nicht ernstlich gerechnet werden musste und die deshalb zwangsläufig bei der Bemessung des Schmerzensgeldes unberücksichtigt bleiben müssen, werden von der vom Gericht ausgesprochenen Folge nicht umfasst und können deshalb die Grundlage für einen Anspruch auf weiteres Schmerzensgeld sein.[133]

Allerdings ist nach der Rechtsprechung des erkennenden Senats auch beim Schmerzensgeld durchaus eine (offene oder verdeckte) Teilklage zulässig.[134] Da die Schmerzensgeldforderung auf Zahlung einer Geldsumme gerichtet ist, ist sie grundsätzlich teilbar.[135] Dem steht nicht entgegen, dass es sich um einen einheitlichen Anspruch handelt.[136] Ob ein einheitlicher Anspruch im rechtlichen Sinne teilbar ist, hängt aber davon ab, ob er quantitativ abgrenzbar und eindeutig individualisierbar ist[137] und in welchem Umfang über ihn Streit bestehen kann, ohne dass die Gefahr widersprüchlicher Entscheidungen besteht. Ist die Höhe des Anspruchs im Streit, kann grundsätzlich ein ziffernmäßig oder anderweitig individualisierter Teil davon Gegenstand einer Teilklage sein, sofern erkennbar ist, um welchen Teil des Gesamtanspruchs es sich handelt.[138] Nach diesen Grundsätzen kann der Geschädigte nur einen Teilbetrag eines Schmerzensgeldes geltend machen und bei der Bemessung der Anspruchshöhe nur die Berücksichtigung der Verletzungsfolgen verlangen, die bereits im Zeitpunkt der letzten mündlichen Verhandlung eingetreten sind. In solchen Fällen ist eine hinreichende Individualisierbarkeit gewährleistet und dem Geschädigten bleibt nach Rechtskraft des daraufhin ergehenden Urteils (mangels Feststellungsausspruchs innerhalb der Grenzen der Verjährung) die Möglichkeit offen, in einem Folgeprozess Schmerzensgeld für spätere Verletzungsfolgen geltend zu machen, die zum Zeitpunkt der letzten mündlichen Verhandlung des Vorprozesses noch nicht sicher voraussehbar waren.[139]

Spricht das Gericht (z. B. in einem Adhäsionsverfahren) aufgrund eines unbezifferten Schmerzensgeldantrags ohne Angabe eines Mindestbetrags oder einer Größenordnung ein Schmerzensgeld zu, das es für angemessen erachtet, können Nachforderungen nicht mit der Begründung erhoben werden, die eingetretenen Verletzungsfolgen seien nicht zutreffend gewürdigt.[140]

3. Verjährung

§ 852 BGB, der ursprünglich die Verjährung des Schmerzensgeldanspruchs regelte, wurde neu gefasst.

Ab 1.1.2002 gilt gemäß § 195 BGB für den Schmerzensgeldanspruch die regelmäßige Verjährungsfrist von drei Jahren.

Nach § 199 Abs. 1 BGB beginnt diese mit dem Schluss des Jahres, in dem

a) der Anspruch entstanden ist und

b) der Gläubiger von den den Anspruch begründenden Umständen und der Person des Schuldners Kenntnis erlangt oder ohne grobe Fahrlässigkeit erlangen müsste.

Nach § 199 Abs. 2 BGB verjähren Schadensersatzansprüche, die auf der Verletzung des Lebens, des Körpers, der Gesundheit oder der Freiheit beruhen, ohne Rücksicht auf ihre Entstehung und die Kenntnis oder grobe fahrlässige Unkenntnis jedenfalls in 30 Jahren von der Begehung der Handlung, der Pflichtverletzung oder dem sonstigen, den Schaden auslösenden Ereignis an.

Schweben zwischen dem Schuldner und dem Gläubiger Verhandlungen über den Anspruch oder die den Anspruch begründenden Umstände, so ist die Verjährung gehemmt, bis der eine oder der andere Teil die Fortsetzung der Verhandlung verweigert (§ 203 S. 1 BGB). Dies setzt voraus, dass ein Abbruch der Verhandlungen klar und deutlich zum Ausdruck gebracht wird.[141] Die Verjährung tritt frühestens drei Monate nach dem Ende der Hemmung ein (§ 203 S. 2 BGB).

Ebenso ist die Verjährung von Ansprüchen zwischen Ehegatten gehemmt, so lange die Ehe besteht (§ 207 Abs. 1 S. 1 BGB).

Das Gleiche gilt für die Ansprüche zwischen

a) Lebenspartnern, so lange die Lebenspartnerschaft besteht;

b) Eltern und Kindern und dem Ehegatten eines Elternteils und dessen Kindern während der Minderjährigkeit der Kinder;

c) dem Vormund und dem Mündel während der Dauer des Vormundschaftsverhältnisses;

d) dem Betreuten und dem Betreuer während der Dauer des Betreuungsverhältnisses und

e) dem Pflegling und dem Pfleger während der Dauer der Pflegschaft (§ 207 Abs. 1 S. 2 BGB).

Macht der Anspruchsteller den Direktanspruch gegen die Versicherung des Ersatzpflichtigen gemäß § 3a Abs. 1 PflVG, § 115 Abs. 1 VVG (§ 3 Nr. 1 PflVG a. F.) geltend, so ist die Verjährung gemäß § 115 Abs. 2 S. 3 VVG (§ 3 Nr. 3 S. 3 PflVG a. F.) bis zum Eingang der schriftlichen Entscheidung des Versicherers gehemmt. Die Verjährung beginnt mit dem Zeitpunkt, mit dem die Verjährung des Schadensersatzanspruchs gegen den ersatzpflichtigen Versicherungsnehmer beginnt; sie endet jedoch spätestens in zehn Jahren von dem Schadensereignis an (§ 115 Abs. 2 S. 2 VVG, § 3 Nr. 3 S. 2 PflVG a.F.).

---

[132] Vgl. Senatsurt. v. 14.2.2006 – VI ZR 322/04, a.a.O. m.w.N.; BGH, Urt. v. 20.1.2015 – VI ZR 27/14, NJW 2015, 1252 Rn 9.

[133] Vgl. Senat a.a.O. m.w.N.

[134] Vgl. Senatsurt. v. 16.5.1961 – VI ZR 112/60, VersR 1961, 727, 728; BGH, Urt. v. 22.4.1975 – VI ZR 50/74, VersR 1975, 852, 853 f. zu IV. und BGH, Urt. v. 20.3.2001 – VI ZR 325/99, VersR 2001, 876, 877 und BGH, Urt. v. 20.1.2004 – VI ZR 70/03, VersR 2004, 1334 Rn 15.

[135] Vgl. BGH, Urt. v. 15.6.1994 – XII ZR 128/93, NJW 1994, 3165 f.; RGRK/*Kreft*, BGB, 12. Aufl., § 847 Rn 19; *Jauernig*, Festgabe 50 Jahre Bundesgerichtshof, Bd. III, S. 311, 327 f. unter Hinweis auf BGHZ 34, 337.

[136] Vgl. BGHZ 18, 149.

[137] Vgl. BGH, Urt. v. 21.2.1992 – V ZR 253/90, NJW 1992, 1769, 1770.

[138] Vgl. BGHZ 124, 164, 166.

[139] Vgl. Senatsurt. v. 20.1.2004 – VI ZR 70/03, VersR 2004, 1334.

[140] Vgl. BGH, Urt. v. 20.1.2015 – VI ZR 27/14, NJW 2015, 1252 Rn 9 und BGH, Urt. v. 24.5.1988 – VI ZR 326/87, NJW 1988, 2300 m.w.N.

[141] BGH, Urt. v. 30.6.1998 – VI ZR 260/97, SP 1998, 379.

Weil in der Rechtsprechung umstritten ist, ob ein globaler Verzicht auf die Einrede der Verjährung Wirksamkeit entfaltet, wird folgende Formulierung vorgeschlagen:

> **Formulierungsbeispiel**
>
> „Der Anspruchsteller wird hinsichtlich des Vorbehalts so gestellt, als wenn er ein Feststellungsurteil gleichen Inhalts gegen den Haftpflichtversicherer bzw. Versicherungsnehmer erwirkt hätte."

Mit dieser Formulierung wird jedenfalls die Verjährung auf die Dauer von 30 Jahren verhindert.

Die Übergangsvorschrift ist in Artikel 229 § 6 EGBGB geregelt.

4. Prozesskostenhilfe

Aufgrund des § 115 Abs. 3 ZPO und des Urteils des BVerwG[142] ist nun klargestellt, dass Schmerzensgeld ein zweckgebundenes Vermögen darstellt, das neben der Genugtuung vor allem Ausgleich für entgangene Lebensfreude ermöglichen soll. Es hat keinen Versorgungscharakter und soll daher nicht zur Deckung des Lebensbedarfs dienen, sondern dem Verletzten gerade Annehmlichkeiten über den Grundlebensbedarf hinaus verschaffen. Da die Kosten eines Rechtsstreits hingegen wohl eindeutig dem Bedarf des Lebensunterhaltes zuzurechnen sind, verbietet sich aus diesen Gründen eine Anrechnung, auch wenn es um die Zahlung einer Schmerzensgeldrente geht.

5. Berufung und Revision

Im Berufungsverfahren ist nach einem Urteil des BGH vom 2.10.2001 – VI ZR 356/00[143] ein Kläger, der ein angemessenes Schmerzensgeld unter Angabe eines Mindestbetrages begehrt hat, nicht beschwert, wenn das Gericht ihm diesen Betrag zugesprochen hat, aber abweichend von seiner Auffassung ein Mitverschulden bejaht.

Die Höhe des Schmerzensgeldes ist nach ständiger Rechtsprechung des BGH in der Revision nur darauf nachprüfbar, ob sie auf einem Rechtsirrtum beruht.[144] Nicht aber wird durch das Revisionsgericht untersucht, ob die Bemessung des Schmerzensgeldes überreichlich oder zu niedrig war.

Das BGH-Urt. v. 8.6.1976 hält zwar an der bisherigen Rechtsprechung insoweit fest, als es der Revision verwehrt sei, ihre Bewertung an die Stelle des Tatrichters zu setzen. Immerhin enthält die Entscheidung aber wichtige Ausführungen über die Grenzen des tatrichterlichen Ermessens.

6. Streitwert

Wurde die Höhe des Schmerzensgeldes völlig in das Ermessen des Gerichts gestellt, so ist der Streitwert der Betrag, der nach dem tatsächlichen Vortrag des Klägers als das angemessene Schmerzensgeld zu erachten ist.

Erweisen sich die vom Kläger behaupteten klagebegründenden Tatsachen teilweise als nicht zutreffend und billigt das Gericht aus diesem Grund einen niedrigeren Betrag zu, dann ist unter Teilabweisung der Klage dem Kläger ein entsprechender Teil der Kosten aufzuerlegen. Hat der Kläger einen bestimmten Mindestbetrag gefordert und bleibt das Gericht in seinem Urteil nicht nur geringfügig unter diesem Betrag, so ist dem Kläger unter Teilabweisung der Klage ein Teil der Kosten aufzuerlegen.

Nach oben ist das Gericht streitwertmäßig nicht an die Angaben des Klägers gebunden, da sich der Streitwert am angemessenen Schmerzensgeld auszurichten hat.[145] Gegebenenfalls hat das Gericht nach Anhörung der Parteien den Streitwert im Hinblick auf einen ihm angemessenen und billig erscheinenden Betrag höher festzusetzen, als dies der angegebenen Größenvorstellung des Klägers entspricht.

7. Zinsen

Der Schmerzensgeldanspruch entsteht mit dem Schadensereignis. Der schließlich als angemessen zuerkannte Geldbetrag gilt als von Anfang an geschuldet.[146] Deshalb ist auch ein mit unbeziffertem Klageantrag geltend gemachter Schmerzensgeldbetrag grundsätzlich von der Rechtshängigkeit an zu verzinsen.[147]

Der Schuldner eines Schmerzensgeldes kann erst dann durch Mahnung in Verzug gesetzt werden, wenn er anhand von objektiven Unterlagen, die er sich allerdings nach besten Kräften sobald als möglich verschaffen muss, eine für die Bezifferung des Anspruches ausreichende Gewissheit über den tatsächlich eingetretenen und in Zukunft noch zu erwartenden immateriellen Schaden erlangt hat. Unter dieser Voraussetzung kann auch eine unbezifferte Schmerzensgeldforderung vom Zeitpunkt des Verzuges an, mindestens aber seit Klageerhebung, zu verzinsen sein.[148]

Unter Anwendung des § 288 BGB kann ein Zinssatz von 5 Prozentpunkten über dem Basissatz (§ 247 BGB) gefordert werden.

Für die Zuerkennung des Zinsanspruches bedarf es eines besonderen Antrages.[149]

8. Abfindungsvergleich

Ein Großteil der Schadensfälle wird außergerichtlich erledigt. Dabei kommt es häufig zu einer Einigung der Parteien auf einen Schmerzensgeldbetrag. Dieser außergerichtliche Vergleich nimmt einen großen Bereich der Abwicklung von Schmerzensgeldfällen ein. Selbst wenn außergerichtlich eine Einigung nicht möglich war, bewirkt nicht selten ein Einigungsvorschlag des Gerichts im nachfolgenden Prozess ein gegenseitiges Nachgeben der Parteien und damit eine Prozessbeendigung ohne Urteil. Aus diesem Grund gilt es, die Besonderheiten der Beendigung von Schmerzensgeldverhandlungen durch einen Vergleich besonders darzustellen.[150]

Der endgültige Abschluss der Schmerzensgeldverhandlungen erfolgt nicht selten mittels Abfindungsvergleich. Bei diesem handelt es sich um einen gegenseitigen Betrag im Sinne des § 779 BGB, auf den die allgemeinen Vorschriften über Rechtsgeschäfte Anwendung finden. Gerade bei Abschluss von Vergleichen für geschäftsunfähige Kinder ist daher zu beachten, dass deren Eltern diese nicht vertreten dürfen, sofern diese

---

[142] BVerwG, Urt. v. 18.5.1995 – 5 C 22/93, MDR 8/96, 864.

[143] VRS 101, 407 = DAR 2002, 33.

[144] BGH, Urt. v. 3.4.1973 – VI ZR 58/72, VersR 1973, 711; ebenso BAG, Urt. v. 26.1.1971 – 1 AZR 304/70, VersR 1971, 655.

[145] BGH, Urt. v. 30.4.1996 – VI ZR 55/95, NJW 1996, 2425.

[146] BGH, Urt. v. 5.1.1965 – VI ZR 24/64, VersR 1965, 380.

[147] KG v. 29.6.1970, VersR 1972, 281.

[148] OLG Celle v. 14.2.1963, NJW 1965, 531.

[149] BGH, Urt. v. 5.1.1965 – VI ZR 24/64, NJW 1965, 531 = VRS 28, 161 = MDR 1965, 287 = DAR 1965, 98 = VersR 1965, 380; BGH v. 13.7.1965, VRS 29, 437.

[150] *Köck*, Rechtsfragen des schadensrechtlichen Abfindungsvergleichs, 2011.

selbst an der Schadensverursachung beteiligt waren (§§ 1629 Abs. 2 S. 1, 1795 BGB). Auch ist die vormundschaftliche Genehmigung eines Vergleichs bei unter Vormundschaft stehenden Geschädigten zu beachten. Diese ist erforderlich, wenn der Vergleichswert € 3 000 übersteigt. Eine Ausnahme von der Genehmigungspflicht ist allerdings vorgesehen, wenn das Gericht einen Vergleich vorgeschlagen hat (§§ 1643, 1822 BGB).

Es bestehen nur sehr eingeschränkte Möglichkeiten zur Aufhebung bzw. Abänderung eines Vergleichs, weswegen der Abschluss eines Vergleichs gut überlegt sein will. Nachforderungen sind nur sehr eingeschränkt unter Berücksichtigung des Aspekts von Treu und Glauben (§ 242 BGB), bei Störungen der Geschäftsgrundlage (§ 313) und bei einer nachträglichen Äquivalenzstörung möglich.[151] Selbst bei einem Vergleich, in den ein immaterieller Vorbehalt aufgenommen wurde, besteht nur eingeschränkt die Möglichkeit, bei Verschlechterungen weiteren Schadensersatz nachzufordern. Nach der Rechtsprechung des BGH[152] rechtfertigen nur Verschlechterungen, mit denen bei Abschluss eines Vergleichs nicht oder nicht ernstlich zu rechnen war, eine Nachforderung beim immateriellen Schaden. Nur wenn es sich um Verletzungsfolgen handelt, an die auch ein mit der Beurteilung des Ausmaßes und der voraussichtlichen weiteren Entwicklung eines unfallursächlichen Körperschadens des Verletzten beauftragter Sachverständiger nicht zu denken brauchte, die aber entgegen aller Wahrscheinlichkeit schließlich doch eingetreten sind, darf angenommen werden, dass sie vom Streit- und Entscheidungsstand eines vorangegangenen Schmerzensgeldprozesses nicht erfasst sind. Ihrer Geltendmachung steht daher die Rechtskraft nicht entgegen.

Wichtig ist die Möglichkeit, einen Vergleich mit verschiedenen Vorbehalten zu verbinden: Jeder Vergleich sollte den Vorbehalt eines Übergangs auf Sozialversicherungsträger oder sonstige Dritte enthalten. Dieser Vorbehalt schützt insbesondere vor einem Regress von Leistungserbringern wie beispielsweise dem Arbeitgeber oder einer privaten Krankenversicherung. Auch besteht die Möglichkeit, durch einen Vorbehalt Risiken aufgrund ungewisser Zukunftsfolgen gerecht zu werden, um so beim Schmerzensgeld oder auch sonstigen Schadensersatzpositionen auf veränderte Umstände zu reagieren. Wichtig ist bei der Vereinbarung eines Vorbehalts im Vergleich, dass diese vorbehaltenen Ansprüche gegen Verjährung abgesichert werden. Ohne eine entsprechende Vereinbarung läuft in der Regel die dreijährige Verjährungsfrist. Der Geschädigte muss daher dafür Sorge tragen, dass eine Formulierung in den Vergleich aufgenommen wird, die zumindest die verjährungsrechtlichen Wirkungen eines Feststellungsurteils sicherstellt.

Formulierungsbeispiel

„Künftige materielle/immaterielle Schäden, wie z. B. ▬▬▬ bleiben vorbehalten. Bezüglich solcher Ansprüche wird sich die Beklagte so behandeln lassen, als sei gegen sie am heutigen Tage ein gerichtliches Feststellungsurteil ergangen".

Formulierungsbeispiel

„Einem rechtskräftigen Feststellungsurteil in seiner Wirkung gleichgestellt, schließen die Parteien heute, ▬▬▬ (Datum), folgenden Abfindungsvergleich: ▬▬▬ "

VIII. Angehörigenschmerzensgeld/ Hinterbliebenengeld

Im Jahre 2017 wurde durch Gesetz vom 17.7.2017 (BGBl I S. 2421), in Kraft getreten am 22.7.2017, das Hinterbliebenengeld gem. § 844 Abs. 3 BGB eingeführt.[153] Damit sollte die vielfach als unbefriedigend empfundene Rechtslage des entschädigungslosen Verlustes eines Angehörigen beseitigt werden in Fällen, in denen kein sog. Schockschaden des Hinterbliebenen vorliegt (vgl. hierzu oben III. 1. b). Nach Art. 229 § 43 EGBGB sind § 844 Abs. 3 BGB und die entsprechenden Gefährdungshaftungsnormen nur anwendbar, wenn die zum Tode führende Verletzung nach dem 22.7.2017 eingetreten ist. Das Gesetz hat also keine Rückwirkung.

Der Anspruch auf Hinterbliebenengeld wird vom Gesetzgeber als Zeichen der Anerkennung für das seelische Leid der Hinterbliebenen angesehen (nicht: als Ausgleich für den Verlust des nahestehenden Menschen).

§ 844 Abs. 3 BGB lautet: *„Der Ersatzpflichtige hat dem Hinterbliebenen, der zur Zeit der Verletzung zu dem Getöteten in einem besonderen persönlichen Näheverhältnis stand, für das dem Hinterbliebenen zugefügte seelische Leid eine angemessene Entschädigung in Geld zu leisten. Ein besonderes persönliches Näheverhältnis wird vermutet, wenn der Hinterbliebene der Ehegatte, der Lebenspartner, ein Elternteil oder ein Kind des Getöteten war".*

Es handelt sich dabei um eine Vermutung, die widerlegbar ist, z. B. bei einer Entfremdung der Familienmitglieder. Die Aufzählung der Personen ist nicht abschließend. Auch sonstige Personen, die eine besondere intensive soziale Bindung zu dem Getöteten hatten, können anspruchsberechtigt sein. Diese müssen das besondere Näheverhältnis allerdings darlegen und beweisen.[154]

Darüber hinaus werden Gefährdungshaftungtatbestände im Arzneimittelgesetz, im Gentechnikgesetz, im Produkthaftungsgesetz, im Umwelthaftungsgesetz, im Atomgesetz, im Straßenverkehrsgesetz, im Haftpflichtgesetz sowie im Luftverkehrsgesetz entsprechend ergänzt. Bei vertraglicher Haftung gilt der neue Anspruch nur in wenigen Ausnahmefällen. Der Anspruch wird nur im Falle des Todes und nicht auch bei schwerer Verletzung eines nahestehenden Menschen gewährt. Interessant wird die Frage, in welcher Höhe die Gerichte das Hinterbliebenengeld bemessen werden. Dies war bereits im Gesetzgebungsverfahren Gegenstand einer lebhaften Diskussion. Der Gesetzgeber ist bei der Berechnung der Belastung der Haftpflichtversicherer immerhin von einer durchschnittlichen Ersatzleistung von € 10 000 ausgegangen.[155] Es wurde im Gesetzesentwurf aber bewusst davon abgesehen, einen Regelbetrag einzuführen. Die Anspruchshöhe wird vielmehr in das Ermessen der Gerichte gestellt. Die Rechtsprechung

---

[151] BGH, Urt. v. 12.2.2008 – VI ZR 154/07, NJW-RR 2008, 649; sehr ausführlich: OLG Düsseldorf, Urt. v. 22.1.2007 – I-1 U 166/06, NZV 2008, 151.
[152] BGH v. 8.7.1980 – VI ZR 72/79, zfs 1980, 365.
[153] Ausführlich zu dem Thema: Huber et al., Hinterbliebenengeld, 1. Aufl. 2018.
[154] *Müller*, Der Anspruch auf Hinterbliebenengeld, VersR 2017, S. 323.
[155] BT-Drucks 18/11397 S. 10.

zum Schmerzensgeld für sog. Schockschäden sowie die einschlägige Rechtsprechung des Europäischen Gerichtshofs für Menschenrechte soll insoweit Orientierung geben. Das Hinterbliebenengeld wird mithin nach den gesamten Umständen des Einzelfalles zu bemessen sein. Dabei ist das Näheverhältnis sicherlich ein wesentlicher Gesichtspunkt. Auch die Vermögensverhältnisse des Schädigers und der Hinterbliebenen können dabei nicht von vornherein ausgeschlossen werden (vgl. BGH, Beschl. v. 16.9.2016 – VGS 1/16, VersR 2017, 180). Der Anspruch ist auf konkurrierende Ansprüche der Angehörigen aus § 823 Abs. 1 BGB (Schmerzensgeld für Schockschäden – vgl. oben unter III. 1. b) anrechenbar.

B. Entscheidungen deutscher Gerichte

I. Zusammenstellung nach Art der Verletzungen ... 35

Arm ... 35
- Amputation ... 35
- Bruch ... 37
  - Oberarmbruch ... 39
  - Unterarmbruch ... 46
  - Ellenbogen ... 54
- Sonstige Verletzungen ... 56

Becken ... 60
- Bruch ... 61
- Sonstige Verletzungen ... 66

Bein ... 66
- Prellungen, Blutergüsse und allg. Verletzungen ... 68
- Knie ... 70
  - Bruch ... 72
  - Sonstige Verletzungen ... 84
  - Verletzungen Bänder, Sehnen, Muskeln u. Ä. ... 91
  - Arthrose ... 101
- Oberschenkel ... 101
  - Amputation ... 102
  - Bruch ... 106
  - Sonstige Verletzungen ... 121
  - Verletzungen Bänder, Sehnen, Muskeln u. Ä. ... 123
- Unterschenkel ... 124
  - Amputation ... 124
  - Bruch ... 128
  - Sonstige Verletzungen ... 149
  - Verletzungen, Bänder, Sehnen, Muskeln u. Ä. ... 151

Brust und Brustkorb ... 152
- Bruch ... 152
- Quetschungen, Prellungen und sonstige Verletzungen ... 154
- Rippenbruch ... 157

Fuß mit Sprunggelenk ... 160
- Amputation ... 160
- Bruch (auch Knöchelbruch) ... 162
- Sonstige Verletzungen ... 189
- Verletzungen Bänder, Sehnen, Muskeln u. Ä. ... 193
- Arthrose ... 195
- Zehe (Bruch und sonstige Verletzungen) ... 196

Geschlechtsorgane/Sexualstörungen ... 198
- männlich ... 198
- weiblich ... 202
  - Amputation Brust ... 209

Gesicht ... 212
- Bruch ... 212
  - durch vorsätzliche Körperverletzung ... 219
- Allgemeine Verletzungen (Nase, Stirn, Lippen, Zunge, etc.) ... 223
  - durch vorsätzliche Körperverletzung ... 226
- Gesichtsnarben und -entstellungen ... 227
  - durch vorsätzliche Körperverletzung ... 229
- Kieferverletzungen und Kieferbrüche ... 230
  - durch vorsätzliche Körperverletzung ... 235
- Zahnbeschädigung, Zahnverlust, Zahnschmerzen ... 236
  - durch vorsätzliche Körperverletzung ... 240
  - sonstige ... 242

Hals ... 242
- Allgemeine Verletzungen ... 242

Hand, Handgelenk, Finger ... 243
- Amputation ... 244
- Bruch ... 247
- Sonstige Verletzungen ... 258
- Verletzungen Bänder, Sehnen, Muskeln u. Ä. ... 263

Hüfte ... 267
- Bruch ... 267
- Sonstige Verletzungen ... 274
- Arthrose ... 281

Innere Organe ... 281
- Bauch und Magen ... 281
- Darm ... 286
- Herz und Kreislauf ... 295
- Leber, Galle ... 299
- Lunge, Luftröhre, Zwerchfell ... 301
- Milz ... 308
- Niere, Blase, Harnröhre ... 310

Kopf ... 318
- Gehirnerschütterung ... 318
- Gehirnverletzungen ... 319
  - Schädelhirntrauma 1. Grades ... 337
  - Schädelhirntrauma 2. Grades ... 346
  - Schädelhirntrauma 3. Grades ... 350
- Kopfwunden ... 362
  - durch vorsätzliche Körperverletzung ... 364
- Schädelbruch ... 365
- Prellungen, Blutergüsse ... 370
- Haare ... 372

Nerven ... 374
- Epilepsie und sonstige Krampfanfälle ... 375
- Lähmung ... 377
- Zerreißung, Durchtrennung, Reizung, Einklemmung u. Ä. ... 391
- Sensibilitätsausfall und Sensibilitätsstörungen ... 398

Rücken ... 401
- Allgemeine Verletzungen ... 401
- Schulter ... 401
  - Bruch (auch Schlüsselbeinbruch) ... 403
  - Sonstige Verletzungen ... 413
  - Verletzungen Bänder, Sehnen, Muskeln u. Ä. ... 416
- Wirbelsäule mit Lendenwirbel ... 421
  - Wirbelsäule (Brustwirbel, Lendenwirbel, Kreuzbein, Steißbein) ... 424
  - HWS-Schleudertrauma und sonstige Verletzungen ... 445
  - Querschnittslähmung ... 494

Sinnesorgane ... 512
- Auge ... 512
  - Verletzungen ... 512
  - Verlust oder Beeinträchtigung des Sehvermögens ... 515
  - Verlust des Auges ... 529
- Verlust und Beeinträchtigung von Geruchs- und Geschmackssinn ... 531
- Ohr ... 532
  - Schwerhörigkeit oder Beeinträchtigung des Hörvermögens ... 532
  - Sonstige Verletzungen ... 536

Stimmbänder, Kehlkopf und sonstige Sprachstörungen 539

Thrombose 542

Verbrennungen 544

Verätzungen, Vergiftungen, Strahlenschäden 554

Verletzungen mit Todesfolge 557

II. Häufige Verletzungsarten 573

Distorsion 573

Entzündungen und Infektionen 573

Quetschungen 578

Risswunden 578

Schnitt- und Platzwunden 578

Verrenkungen 578

Versteifung 579

Besondere Verletzungsarten, Verletzungsursachen und Verletzungsfolgen 580

Aids 580

Behandlungsfehler, Ärztlicher Kunst- und Aufklärungsfehler 581
    Behandlungsfehler 583
        bei Schönheitsoperationen 634
        mit Todesfolge 637
        Zahn 643
    Fehlende Aufklärung/Einwilligung 660

Dekubitus 676

Geburtsschäden 677
    Fehlgeburt, Totgeburt, vorzeitige Wehen u.Ä. 679
    Hirnschäden 680
    Sonstige Schäden 706

Freiheitsentziehung 710

Hundebisswunden und sonstige Verletzungen durch Tiere 717

Messerstich 736

Mobbing/Diskriminierung 741

Narbe (entstellend) 745

Persönlichkeitsrechtsverletzung 746

Polytraumen 777

Produkthaftung 824

Psychische Schäden 824
    Psychische Primärschäden, insb. Schockschäden und Posttraumatische Belastungsstörung 825
        durch Miterleben von Unfalltod, Erhalt der Unfallnachricht . 842
        durch Fehldiagnose 852
        Hinterbliebenengeld 854
    Psychische Folgeschäden nach physischem Primärschaden . 858

Schussverletzung 873

Sportunfälle 877

Sterilisation u. Ä. 878

Ungewollte Schwangerschaft und Geburt 879

Vergewaltigung, sexueller Missbrauch u. Ä. 881
    Erwachsene 881
    Kinder 889

Verletzung der Verkehrssicherungspflicht 899

Verzögerliche Schadensregulierung 901

Vorsätzliche Körperverletzung 902

I. Zusammenstellung nach Art der Verletzungen

In dieser Zusammenstellung wird im Allgemeinen das volle Schmerzensgeld genannt.

Mitverschulden: Wurde es jedoch wegen Mitverschuldens des Verletzten oder wegen Anrechnung der Betriebsgefahr gekürzt, so enthält die vorletzte Spalte „Besondere Umstände, die für die Entscheidungen maßgebend waren" einen entsprechenden Hinweis. Außerdem wurde in der zweiten Spalte „Betrag" das Zeichen ● als Hinweis angebracht.

Schmerzensgeldanpassung: Das ausgeurteilte Schmerzensgeld kann nur eine Bewertungshilfe für einen Entschädigungsanspruch sein. Ggf. ist der Zeitablauf seit Entscheidung zu berücksichtigen. Der in Klammern *(Anp.2019)* angegebene Betrag ist mit Hilfe des Verbraucherpreisindexes auf die aktuelle Ausgabe der SchmerzensgeldBeträge indiziert worden (vgl. ausführlich hierzu Seite 22).

Lfd. Nr.	Betrag DM **Euro** *(Anp.2019)*	Verletzung	Dauer und Umfang der Behandlung; Arbeitsunfähigkeit	Person des Verletzten	Dauerschaden	Besondere Umstände, die für die Entscheidungen maßgebend waren	Gericht, Datum der Entscheidung, Az., Veröffentlichung bzw. Einsender
Arm							
	Weitere Urteile zur Rubrik »**Arm**« siehe auch: **bis €5000:** 2756 **ab €25000:** 2406, 2421						
Arm - Amputation							
1	80 000 **€40 000** + immat. Vorbehalt *(€50 571)*	Amputation des rechten Unterarms auf Grund einer unzureichenden Primärversorgung einer Schnittwunde an der Beugeseite (Beugesehne) des rechten distalen Unterarms, die zu einem posttraumatischen Kompartment-Syndrom geführt hat		44-jähr. Versicherungsvertreter	Verlust des rechten Unterarms; Erwerbsunfähigkeitsrente	Grober ärztlicher Behandlungsfehler; Kläger litt 2 ½ Jahre unter Schmerzen, mehrere operative Eingriffe, dann Amputation des rechten Unterarms erforderlich	Saarländisches OLG 28.1.2004 1 U 45/02-10 RAe Meinecke & Meinecke, Köln
2	**€50 000** + immat. Vorbehalt *(€52 008)*	Amputation des rechten Unterarmes wegen verspäteten Erkennens eines Kompartmentsyndroms	Umfangreiche Krankenhausbehandlung, die schließlich zur Amputation mit Wundheilungsstörungen führte. Daraus resultierte ein ca. 10-tägiger Krankenhausaufenthalt, bei dem eine operative Nachresektion des distalen Radiusendes, eine Neurolyse des Nervus ulnaris und eine Neuromexstirpation erfolgten. Ein weiterer Krankenhausaufenthalt wurde erforderlich, um eine neoelektrische Unterarmprothese anzupassen, eine schmerztherapeutische Konsiliarbehandlung und eine neurologische Konsiliarbehandlung durchzuführen. Daneben sind fortlaufende ambulante Vorstellungen zur Kontrolle notwendig	48-jähr. Mann	Phantomschmerzen und sonstige zeitweilige Beschwerden am Armstumpf	Bei der Ermittlung des konkreten Schmerzensgeldes hat der Senat die unter d. ausgeführten Umstände und bislang eingetretenen Nachteile berücksichtigen. Insbesondere fällt aber ins Gewicht, dass der 1963 geborene Kläger vorhersehbar lebenslang mit den aus der Amputation resultierenden Beeinträchtigungen wird leben müssen. Der Senat befindet sich bei der Bemessung des Schmerzensgeldes auch im Rahmen dessen, was andere Gerichte ausgeurteilt haben (vgl. OLG Saarbrücken, Urt. v. 28.1.2004 – 1 U 45/02-10)	OLG Hamm 13.6.2017 26 U 59/16 juris

Arm   Urteile lfd. Nr. 3 – 6

Lfd. Nr.	Betrag DM Euro (Anp.2019)	Verletzung	Dauer und Umfang der Behandlung; Arbeitsunfähigkeit	Person des Verletzten	Dauerschaden	Besondere Umstände, die für die Entscheidungen maßgebend waren	Gericht, Datum der Entscheidung, Az., Veröffentlichung bzw. Einsender
Fortsetzung von »Arm - Amputation«							
3	120 000 € 60 000 (€ 84 847)	Totale Oberarmamputation rechts; Dünndarmperforation; Rückenfrakturen	Über 4 Monate stationär; 5 Operationen; immer noch arbeitsunfähig	52-jähr. Rentner	Vermutlich MdE: 100%	Beim Kläger hat sich ein ausgeprägtes depressives Syndrom entwickelt. Darüber hinaus ist er gezwungen, andauernd Medikamente zu nehmen, um die Phantomschmerzen halbwegs erträglich zu gestalten. Der Senat, im Berufungsverfahren vor dem OLG München, wies darauf hin, dass es gerade die psychischen Folgen gebieten, hier vom Normalfall abzuweichen. Der Senat hält ein Schmerzensgeld von DM 120 000 (€ 60 000) für angemessen. Daraufhin wurde ein entsprechender Vergleich geschlossen	OLG München 2.6.1995 10 U 2259/95 RA Truxa, Haag
4	135 000 ● € 67 500 + immat. Vorbehalt (€ 98 468)	Amputation des linken Arms im Schultergelenk, Bruch des linken Ober- und Unterschenkels mit Verlust der linken Kniescheibe und einer Zerstörung des Streckapparats des linken Kniegelenks	Nahezu 4 Monate Krankenhaus, die ersten 3 Wochen Intensivstation (Lebensgefahr)	29-jähr. Programmierer	Beinverkürzung links um 3,4 cm, starke Bewegungseinschränkung im linken Kniegelenk und oberen Sprunggelenk; 100% schwerstbehindert, MdE: 90%	10% Mitverschulden; die physischen und psychischen Beeinträchtigungen (z. B. Verhinderung beruflicher Aufstiegsmöglichkeiten und sportlicher Betätigungen) sind schmerzensgelderhöhend, ebenso die Tatsache, dass die Beklagten nicht einmal eine Abschlagszahlung geleistet haben	OLG Frankfurt am Main 19.1.1994 7 U 189/92 zfs 1994, 82
5	€ 75 000 + immat. Vorbehalt (€ 85 370)	Ausriss des linken Arms mit Öffnung der linksseitigen Achselregion, Wundheilungsstörung, Schädelhirntrauma 1. Grades mit Kopfplatzwunde, Thoraxtrauma, Hämatopneumothorax links, Fraktur der linken Großzehe	7 Tage Intensivstation, anschließend 96 Tage stationärer Aufenthalt, anschließend weitere 6 Monate Reha, insgesamt 9 ½ Monate AU zu 100%	Mann, CNC-Dreher	MdE 80%; Verlust des linken Arms mit kurzem Oberarmstumpf, Lähmung der Schultermuskulatur links, verschiedene Narben am Körper, Sensibilitätsverlust der linken Oberarmspitze, deutliche Schmerzüberempfindlichkeit; Kläger leidet zudem unter starken psychischen sowie sozialen Einschränkungen	Für den Kläger bestand Lebensgefahr; er muss infolge des Armverlustes mit massiven Einschränkungen im beruflichen und privaten Bereich leben	LG Lübeck 9.7.2010 9 O 265/09 RA Klotmann, Hamburg
6	€ 85 000 (€ 98 980)	Amputation des linken Unterarmes nach dreigradig offener Unterarmfraktur links mit schwerstem Decollement im Handbereich und Radiusluxation links; Schädelkontusion mit frontaler Kopfplatzwunde, Verletzung der Ohrmuschel links, stumpfes Bauchtrauma mit zentraler Milzruptur und kapsulärem hilusseitigem Hämatom sowie subkapsulärem Nierenhämatom links	5 Wochen Krankenhaus, anschließend 2 Monate stationäre Reha-Maßnahme, 3 Jahre danach nochmals 3 Wochen stationär	60-jähr. Hausfrau	MdE: 100%	Schmerztherapie wegen starker Schmerzen am Amputationsstumpf sowie Phantomschmerzen, begleitet von psychologischer Betreuung; Wundheilungsstörungen am Unterarmstumpf verbunden mit täglicher Wundbehandlung; die Klägerin wird weiterhin psychologisch betreut und medikamentös behandelt. Die Klägerin war Linkshänderin. Der Stumpf kann nicht mit einer myoelektrischen Prothese versorgt werden, lediglich Schmuckprothese. Sie leidet an schweren Depressionen. Ihr Erscheinungsbild ist beeinträchtigt durch die Unterarmprothese, Narbe nach Stirn- und Kopfplatzwunde sowie narbig verheilter Ohrmuschelverletzung. Die Klägerin ist nicht in der Lage, ihren Haushalt zu organisieren und ist ständig auf fremde Hilfe angewiesen	Thüringer OLG 20.2.2008 4 U 903/06 RAe Röschert & Junkert, Bamberg

● Mithaftung (siehe vorletzte Spalte)

Lfd. Nr.	Betrag DM **Euro** *(Anp.2019)*	Verletzung	Dauer und Umfang der Behandlung; Arbeitsunfähigkeit	Person des Verletzten	Dauerschaden	Besondere Umstände, die für die Entscheidungen maßgebend waren	Gericht, Datum der Entscheidung, Az., Veröffentlichung bzw. Einsender

Fortsetzung von »Arm - Amputation«

Kapitalabfindung mit Schmerzensgeldrente

7	€70000 und €200 Rente monatlich ab 1.12.2000 *(€87356)*	Abriss des rechten Arms, Ausriss des oberen Plexus brachialis und vena subclavia, Ausriss des Schlüsselbein- und Schulterblattgelenks, Fraktur Ober- und Unterschenkel, Ruptur des hinteren Kreuzbandes am rechten Knie	4 Monate stationäre Behandlung mit mehreren Operationen	17-jähr. Schüler	Funktions-, Kraft- und Gefühlsverlust des rechten Schultergelenks und des rechten Arms, Instabilität des rechten Kniegelenks; MdE: 80%	Kläger musste die 11. Schulklasse wiederholen	OLG Celle 7.10.2004 14 U 27/04 SP 2004, 407

Weitere Urteile zur Rubrik »**Arm - Amputation**« siehe auch:
ab €25000: 287

Arm - Bruch

8	€1500● + immat. Vorbehalt *(€1582)*	Olekranonfraktur der proximalen Ulna mit Gelenksbeteiligung sowie Narbenbildung (Armnarbe mit einer Länge von 10 cm). (Eine Olekranonfraktur ist ein Bruch des Olekranon, d. h. der Oberkante der Elle am Unterarm, dort wo die Sehne des Armstreckers [Musculus triceps brachii] ansetzt)	Operation, 6 Tage stationärer Aufenthalt, ambulante Entfernung der Fäden, insgesamt 8 Wochen arbeitsunfähig	Frau		Wegen der erwiesenen Unfallfolgen hält der Senat unter Berücksichtigung des nur leichten Verschuldens der Beklagten und des erheblichen Mitverschuldens der Klägerin unter Berücksichtigung vergleichbarer Entscheidungen anderer Gerichte und der danach ausgeurteilten Schmerzensgeldbeträge unter Berücksichtigung deren Fortschreibung nach dem jeweiligen Lebenshaltungsindex ein Schmerzensgeld von €1500 für angemessen. Das der Klägerin zuzusprechende Schmerzensgeld liegt deutlich unterhalb der Beträge, die sich aus der von ihr angeführten Vergleichsrechtsprechung ergeben	OLG Hamm 6.6.2016 6 U 203/15 juris
9	€10000 + immat. Vorbehalt *(€10848)*	Offene Ellenbogenluxationsfraktur und ein Compartment-Syndrom am linken Unterarm durch Sturz vom scheuenden Pferd	Mehrere Operationen	Mann		Nach den von der Berufung nicht angegriffenen Feststellungen des LG hat der Kläger eine offene Ellenbogenluxationsfraktur und ein Compartment-Syndrom am linken Unterarm erlitten und hat sich mehreren Operationen unterziehen müssen. Dabei musste er vier Wochen lang einen externen Fixateur tragen. Darüber hinaus hat das LG zu Recht berücksichtigt, dass der Kläger infolge der erlittenen Verletzungen seine Arbeitsstelle verloren hat, was im Hinblick auf sein fortgeschrittenes Alter und die dadurch bedingt geringeren Chancen, noch eine Arbeitsstelle zu finden, als erhebliche Belastung des Klägers zu bewerten ist. Mit dem LG hält der Senat deshalb ungeachtet der bloßen Gefährdungshaftung der Beklagten das zuerkannte Schmerzensgeld von €10000 für angemessen	OLG Karlsruhe 14.12.2012 14 U 82/11 juris

● Mithaftung (siehe vorletzte Spalte)

Fortsetzung von »Arm - Bruch«

Lfd. Nr.	Betrag DM **Euro** *(Anp.2019)*	Verletzung	Dauer und Umfang der Behandlung; Arbeitsunfähigkeit	Person des Verletzten	Dauerschaden	Besondere Umstände, die für die Entscheidungen maßgebend waren	Gericht, Datum der Entscheidung, Az., Veröffentlichung bzw. Einsender
10	€ 20 000 + immat. Vorbehalt *(€ 21 476)*	Distale dislozierte Unterarmfraktur rechts, distale dislozierte Humerusfraktur rechts sowie distale dislozierte Radiusfraktur links durch Sturzunfall eines Fußgängers auf verborgener Eisfläche des Gehwegs	4 stationäre Operationen sowie zwei weitere ambulante Operationen, stationäre Behandlung von 35 Tagen	Frau	Erhebliche Einschränkung der Gebrauchsfähigkeit des rechten Armes sowie Taubheitsgefühle im Unterarm und in der Hand, im Körper verbleibende Metallteile und Narben am rechten Arm und den Handgelenken	Ein Schmerzensgeld in der tenorierten Höhe liegt auch in dem Rahmen der Schmerzensgeldbeträge, die von Gerichten für vergleichbare Verletzungen zugesprochen worden sind. Zu verweisen ist auf die Entscheidung des OLG München vom 25.2.2000 – 10 O 3321/99, siehe Hacks/Wellner/Häcker, 33. Aufl., 2015 Nr. 41. Das OLG München hat bei einer offenen Oberarmfraktur links, einer Unterarmfraktur rechts mit Radiustrümmerfraktur, Bajonettfehlstellung des rechten Distalunterarms sowie einer Schafttrümmerfraktur mit 16-tägigem Krankenhausaufenthalt, weiteren zahlreichen ambulanten Behandlungen und Krankengymnastiktherapien sowie einer ein Jahr später erfolgten Materialentfernung, wobei als Dauerschaden eine massive Bewegungseinschränkung im rechten Handgelenk sowie im linken Oberarm verblieb, ein Schmerzensgeld von seinerzeit DM 35 000 (€ 17 500) zugesprochen. Unter Berücksichtigung der seitdem eingetretenen Geldentwertung ist dieses Schmerzensgeld heute höher anzusetzen. Vergleichbare Verletzungen behandelt auch die von der Klägerin zitierte Entscheidung des OLG München vom 27.3.2003 (VersR 2004, 251). In dieser Entscheidung ist unter Berücksichtigung eines Mitverschuldensanteils von einem Drittel bei einer schmerzhaften Rotatorenmanschettenfraktur links und Ruptur der langen Bizepssehne des linken Schultergelenks bei einem fast 55 Jahre alten Verletzten ein Schmerzensgeld von € 23 500 als angemessen angesehen worden. Im Streitfall ist – anders als in der Entscheidung des OLG München – nach dem Vorstehenden ein Mitverschulden des Verletzten nicht bei der Bemessung des Schmerzensgeldes zu berücksichtigen	Brandenburgisches OLG 23.7.2013 6 U 95/12 NZV 2014, 179; juris

Lfd. Nr.	Betrag DM Euro (Anp.2019)	Verletzung	Dauer und Umfang der Behandlung; Arbeitsunfähigkeit	Person des Verletzten	Dauerschaden	Besondere Umstände, die für die Entscheidungen maßgebend waren	Gericht, Datum der Entscheidung, Az., Veröffentlichung bzw. Einsender

Fortsetzung von »Arm - Bruch«

11	€ 70 000 (€ 74 266)	Radiusmehrfragmentfraktur rechts mit Ellenlenkluxation, Abriss des Processus coronoideus und Weichteilverletzungen	Zahlreiche Operationen, so eine notfallmäßige Operation unmittelbar nach dem Unfall, eine Operation u. a. zur Entfernung der Fixateure, offene Revision des Ellengelenks, Osteosynthese des gelenktragenden ulnaren Fragments, offene Revision des Handgelenks, u. a. erneute offene Revision des Ellengelenks	53-jähr. Mann	Erhebliche Beweglichkeitseinschränkung des Ellenbogengelenks, Beweglichkeitseinschränkung des rechten Handgelenks und der Finger, Schmerzen	Das Schmerzensgeld bemisst der Senat bei Berücksichtigung aller Umstände auf insgesamt € 70 000. Dabei sind zunächst die ganz erheblichen körperlichen Beeinträchtigungen zu berücksichtigen, die der Kläger unfallbedingt erlitten hat. Weiter ist zu berücksichtigen, dass der Kläger unfallbedingt auch psychische Beeinträchtigungen erlitten hat (kognitive Störungen und eine depressive Symptomatik). Eine etwaige Genugtuungsfunktion des Schmerzensgelds kommt bezüglich des Verschuldensvorwurfs gegenüber dem Beklagten nicht, in Bezug auf dessen Regulierungsverhalten geringfügig zum Tragen (der Beklagte oder sein Haftpflichtversicherer haben rund 1 ½ Jahre nach Erlass des Grundurteils € 10 000 an den Kläger geleistet). Eine Schmerzensgeldrente ist nicht angemessen und erforderlich	OLG Hamburg 15.4.2016 9 U 225/08

Weitere Urteile zur Rubrik »**Arm - Bruch**« siehe auch:
bis € 2500: 1577
bis € 12500: 1266, 2769, 175, 255, 1536, 1146, 571, 1126
bis € 25000: 1544, 992, 1290, 314, 1271, 995, 938, 1197, 583, 2057, 233, 1663, 322, 1552, 2943, 1553
ab € 25000: 732, 132, 1133, 2948, 325, 133, 733, 134, 328, 194, 3108, 2957, 1423, 330, 1961, 2154, 198, 607, 200, 1004, 504, 360, 1008, 1311, 1558, 1432, 340, 342, 1138, 431, 1009, 2980, 2695, 141, 1280, 2985, 2988, 2096, 2086, 283, 2999, 3000, 365, 3004, 366, 3009, 3010, 2156, 368, 1991, 2202, 3018, 2004, 1377, 2091, 2006, 1339, 204, 3023, 1343

Arm - Bruch - Oberarmbruch

12	€ 1500 ● (€ 1677)	Subcapitale 4-Fragmenthumerus(oberarm)kopffraktur rechts	6 Tage stationäre Behandlung. Danach Krankengymnastik- und Rehabilitationsmaßnahmen. Verletzung wurde durch eine winkelstabile Philosplattenosteosynthese operativ versorgt, die später operativ entfernt werden muss. Bei dem Eingriff brach ein zum Verbohren der insgesamt 10 Schraublöcher benutzter Bohrer im Knochen der Beklagten ab. Das abgebrochene Bohrerstück befindet sich weiter im Oberarmknochen und lässt sich nicht (mehr) entfernen	19-jähr. Frau	Fortdauernde belastungs- und witterungsabhängige Schmerzen und Funktionseinschränkungen im Bereich der rechten Schulter, die die Bekl. insb. in ihrem beruflichen Alltag als Krankenschwester belasten und die mitunter so stark sind, dass sie – im Durchschnitt etwa einmal pro Woche – Schmerzmittel einnehmen muss. Es ist eine große sichtbare Narbe im Schulterbereich zurückgeblieben, die nur im Wege operativer Exzision mit plastisch-chirurgischer Deckung behandelbar ist	70% Mithaftung, ansonsten wäre Schmerzensgeld i.H.v. € 5000 gerechtfertigt	Saarländisches OLG 1.3.2011 4 U 355/10-107 NJW-Spezial 2011, 203 (red. Leitsatz, Kurzwiedergabe)
13	3500 € 1750 (€ 2272)	Humerusschaftfraktur	1 Woche stationär, 7 Wochen Gipsbandage, anschließend Behandlung mit Reizstrom und Krankengymnastik	9-jähr. Mädchen	Es besteht weiterhin eine eingeschränkte Beweglichkeit sowie Wetterfühligkeit im Bereich der Bruchstelle	Der Beklagte haftet der Klägerin auf Zahlung eines Schmerzensgeldes, da er ihm obliegenden Verkehrssicherungspflicht für das von ihm betriebene „Bull-Riding-Gerät" nicht nachgekommen ist	AG Neuruppin 29.6.2001 42 C 56/99 RAe Fechner & Koll., Wittstock

● Mithaftung (siehe vorletzte Spalte)

Lfd. Nr.	Betrag DM Euro (Anp.2019)	Verletzung	Dauer und Umfang der Behandlung; Arbeitsunfähigkeit	Person des Verletzten	Dauerschaden	Besondere Umstände, die für die Entscheidungen maßgebend waren	Gericht, Datum der Entscheidung, Az., Veröffentlichung bzw. Einsender
\multicolumn{8}{l}{Fortsetzung von »Arm - Bruch - Oberarmbruch«}
14	3500● €1750 (€2306)	Subkapitaler Oberarmbruch rechts mit 10° Achsabknickung, Prellungen am linken Oberschenkel und an der linken Gesäßhälfte	3 Wochen Krankenhaus mit anschließenden krankengymnastischen Behandlungen, 3 Tage Krankenhaus wegen Entfernung der Bohrdrähte	Mann	2 cm lange und 0,5 cm breite Narbe am rechten Oberarm	30% Mithaftung. Verletzungen sind folgenlos ausgeheilt	AG Ibbenbüren 19.1.2001 3 C 333/00 bestätigt durch LG Münster 5.4.2001 8 S 74/01 RAe Kröger & Koll., Ibbenbüren
15	€2000● (€2277)	Subcapitale Humerusfraktur links, großflächige Schürfungen und Ablederungen in Bereich der linken Schläfe und Stirn, linker Unterarm, rechter Handrücken, linker Unterschenkel, Schlafstörungen, Schmerzen über mehrere Monate hinweg	5 Tage stationärer Aufenthalt mit OP, anschließende intensive krankengymnastische Behandlung	Mann	Bewegungseinschränkung der linken Schulter	Mithaftung 50%. Der Kläger war Fahrradfahrer. Der Beklagte muss sich im vorliegenden Falle die Haftung aus seiner Betriebsgefahr anrechnen lassen	LG Rottweil 6.9.2010 1 S 10/10 RAe Brugger & Schießle
16	4800 €2400 (€3147)	Gehirnerschütterung, Oberarmfraktur links sowie Fissur an linker Schulter	10 Tage Krankenhaus, retardierender Heilungsverlauf, ambulante Behandlung insgesamt 16 Monate bei einer MdE von 30%	12-jähr. Schülerin		Schmerzensgelderhöhend wurde berücksichtigt, dass die Klägerin in ihrer kindlichen Entwicklung insgesamt 16 Monate eingeschränkt war und ihren 13. Geburtstag sowie das Weihnachtsfest infolge des Unfalls im Krankenhaus verbringen musste; des Weiteren, dass die beklagte Haftpflichtversicherung sehr zögerlich regulierte	AG Rheda-Wiedenbrück 15.2.2001 3 C 18/00 bestätigt durch LG Bielefeld 29.8.2001 22 S 103/01 RA Strathoff, Rheda-Wiedenbrück
17	€2500 (€3195)	Subcapitale Humerusfraktur links mit Zwischenlagerung der langen Bizepssehne	2 1/2 Wochen Tragen eines Gipsverbandes, der sich über den gesamten Oberkörper mit Ausnahme der rechten Schulter und des rechten Armes erstreckte; anschließend 1 Monat zirkulärer Verband durch Fixierung des Armes mit einem Band, 8-mal ambulante Behandlung	12-jähr. Schülerin		Klägerin konnte sich über 6 Wochen keinerlei körperlichen Belastung unterziehen; sie war erheblich behindert, da sie sich weder allein an- noch ausziehen konnte; konnte nicht alleine Toilette aufsuchen, sich nicht alleine waschen, nicht mit Messer und Gabel essen; unangenehme Juckreize am Körper, Schlafbeeinträchtigung; Skiunfall mit Mithaftung von 50%, so dass nur ein Betrag von €1250 zugesprochen wurde	AG Tettnang 30.1.2003 8 C 890/02 RAe Föhr, Hirschel, Franke, Friedrichshafen
18	€2500● + immat. Vorbehalt (€2698)	Oberarmkopfbruch durch Fahrradunfall		Frau	Dauerhafte Bewegungseinschränkungen der linken Schulter	Unter Berücksichtigung der unfallbedingten Folgeschäden und des Anteils der unfallbedingten Folgen an dem Gesamt-GdB (20%) sowie der Dauer und des Zeitaufwands der stationären und ambulanten Behandlungen, hält der Senat ein Schmerzensgeld i.H.v. €2500 für angemessen und ausreichend. Dabei hatte der Senat insb. schmerzensgeldmindernd zu berücksichtigen, dass der Klägerin ein Mitverschulden i.H.v. 50% anzulasten ist	OLG München 14.3.2013 1 U 3769/11 juris
19	€3000 (€3404)	Oberarmhalsbruch	Plattenosteosynthetische Versorgung mit viermonatigem Dauerschmerz und Bewegungseinschränkung	72-jähr. Mann		Reisegast stolpert beim Zurückweichen vor einem angreifenden Hund; Fluchtbewegung lässt den Zurechnungszusammenhang nicht entfallen und begründet auch kein Mitverschulden	LG Koblenz 2.11.2010 1 O 178/10 RiOLG Weller, Koblenz

Urteile lfd. Nr. 20 – 27 Arm

Lfd. Nr.	Betrag DM Euro (Anp.2019)	Verletzung	Dauer und Umfang der Behandlung; Arbeitsunfähigkeit	Person des Verletzten	Dauerschaden	Besondere Umstände, die für die Entscheidungen maßgebend waren	Gericht, Datum der Entscheidung, Az., Veröffentlichung bzw. Einsender

Fortsetzung von »Arm - Bruch - Oberarmbruch«

Lfd. Nr.	Betrag	Verletzung	Dauer und Umfang der Behandlung; Arbeitsunfähigkeit	Person des Verletzten	Dauerschaden	Besondere Umstände	Gericht, Datum
20	€ 3015● (€ 3073)	Subkapitale Humerusfraktur links mit Absprengung des Tuberculum majus, Schürfungen und Hämatom am Ellenbogengelenk, Prellungen und Hämatome an der ganzen linken Körperseite	4 Tage stationärer Aufenthalt, 1 OP, Metallplatte, 1 Monat und 3 Tage AU, 3 Wochen erweiterte ambulante Physiotherapie (EAP), 4 Wochen Ruhigstellung des Arms, Schmerzmittel	Frau, Konzertfagottistin und Instrumentalpädagogin		Mitverschulden 33%. Kollision eines Pedelecs mit einem Fahrrad. Die Klägerin war 4 ½ Monate in ihrer künstlerisch-beruflichen Tätigkeit eingeschränkt, was schmerzensgelderhöhend zu werten war. Für das Durchhalten von Konzerten mussten Schmerzmittel eingenommen werden. Das eingebrachte Metall soll nach einem Jahr wieder entfernt werden	LG Freiburg i. Br. 14.12.2018 14 O 129/18 RA Dr. Schurig, Kanzlei Schurig Tilgener, Freiburg
21	7000 € 3500 (€ 5141)	Gehirnerschütterung; subkapitale Oberarmfraktur; Bauchdeckenprellung	3 Tage stationär mit operativer Versorgung, 2 Monate später operative Entfernung der Drähte; 3 Monate fiktive MdE von 100% mit 19 ambulanten Behandlungen	7-jähr. Schüler	3 cm lange querverlaufende, bis auf 1 cm verbreiterte Narbe am linken Oberarm	Erhebliche Beeinträchtigung der Lebensfreude während der Dauer der Schulferien. Dem Genugtuungsbedürfnis wurde durch Verurteilung im Strafverfahren weitgehend entsprochen	LG Nürnberg-Fürth 21.7.1993 8 S 4767/93 RAe Kretsch + Partner, Fürth
22	€ 3500 + immat. Vorbehalt (€ 4327)	Verschobener Knochenbruch des linken Oberarms knapp über dem Ellenbogengelenk mit Beschädigung der Wachstumsfuge	1 Woche Krankenhaus; weitere ambulante Operation mit Entfernung der Knochendrähte; 6 Wochen Gipsverband; 3 Monate Krankengymnastik	8-jähr. Kind		Verletzung der Verkehrssicherungspflicht; Kläger geriet mit Fahrrad in die Rippen eines Gullydeckels in einer Grundstückseinfahrt; Streben des Gullydeckels waren parallel zur Gehrichtung, also „falsch" angebracht; vorläufig geringfügige Einschränkung der Streckfähigkeit und eine unter starker Belastung auftretende Schmerzhaftigkeit des Ellenbogengelenks; abschließende Beurteilung der Verletzungsfolgen erst nach Abschluss der kindlichen Wachstumsphase möglich	OLG Hamm 14.12.2004 9 U 32/04 NZV 2006, 35
23	8000 € 4000 (€ 5567)	Oberarmbruch mit Ausriss des tuberculum majus	6 Tage Krankenhaus, 6 Monate lang 3-mal wöchentlich Krankengymnastik	Frau		1 Jahr nach dem Unfall beim Drehen und Heben des Arms noch nicht beschwerdefrei	OLG Hamm 19.7.1996 9 U 108/96 zfs 1996, 442
24	€ 4000● (€ 4872)	Distale Radiusfraktur mit Bandzerreissung im Carpalbereich sowie Prellungen der Schulter und des Beckens links		Mann	Möglich	Mitverschulden 50%. Der Kläger leidet noch unter Beschwerden bei Belasten des linken Handgelenks. Es ist davon auszugehen, dass Folgeschäden zu erwarten sind; bereits jetzt ist eine Progredientarthrose des linken Handgelenks sichtbar	LG München I 30.3.2006 19 O 2801/04 RA Krumbholz, München
25	€ 4000● + immat. Vorbehalt (€ 4467)	Dislozierte subkapitale Humerusfraktur	10 Tage stationäre Behandlung	Mann, Maurer	Kraftminderung und Bewegungseinschränkung des rechten Schultergelenks	Mitverschulden i.H.v. 33% als Beifahrer eines Betrunkenen. Aufgrund des Unfalls wurde eine Umschulung erforderlich	LG Saarbrücken 11.4.2011 10 O 32/08 RA JR Gebhardt, Hamburg
26	€ 5000 + immat. Vorbehalt (€ 5326)	Offene supra- bis diakondyläre distale Humerusfraktur links, Becken B-Fraktur	23 Tage stationärer Aufenthalt, Fixateur externe, anschließend 1 Monat stationäre Reha	89-jähr. Frau, Beifahrerin		Die über die genannten Primärverletzungen hinaus behaupteten weiteren noch anhaltenden Folgen (Rollator und Bewegungseinschränkungen) sowie die unfallbedingt behauptete Pflegestufe wurden bei der Schmerzensgeldentscheidung nicht erfasst	LG Saarbrücken 27.11.2015 12 O 338/14 RAe Gebhardt & Kollegen, Homburg/Saar
27	€ 5000● (€ 5986)	Oberarmluxationsfraktur	2 Wochen stationär, anschließend 5 Tage in Reha, 8 Monate arbeitsunfähig	Mann	Funktionsbeeinträchtigungen des rechten Arms von 1/5	1/3 Mithaftung	LG Freiburg i. Br. 16.2.2007 2 O 189/05 RAe Strecke & Koll., Lörrach

● Mithaftung (siehe vorletzte Spalte)

Lfd. Nr.	Betrag DM Euro (Anp.2019)	Verletzung	Dauer und Umfang der Behandlung; Arbeitsunfähigkeit	Person des Verletzten	Dauerschaden	Besondere Umstände, die für die Entscheidungen maßgebend waren	Gericht, Datum der Entscheidung, Az., Veröffentlichung bzw. Einsender
\multicolumn{8}{l}{Fortsetzung von »Arm - Bruch - Oberarmbruch«}
28	€ 6000 (€ 6743)	Fraktur des Oberarms	2 Monate arbeitsunfähig, nachfolgend weitere 6 Wochen in der Arbeitsfähigkeit zu 50% eingeschränkt	Frau	Bewegungseinschränkungen im Ellenbogengelenk, welche zu einer Behinderung von 20% führt	Infolge einer Vollbremsung kam die Klägerin als Fahrgast in einer Straßenbahn zu Fall	LG Magdeburg 25.2.2011 5 O 1813/10 juris
29	€ 6000 + immat. Vorbehalt (€ 7418)	Disloziert Olecranon-Mehrfragment-Fraktur rechts und Schürfwunden	13 Tage stationär, anschließend 4 Monate physiotherapeutische Maßnahmen, ca. 1 Jahr später weitere 4 Tage stationär wegen Metallentfernung	46-jähr. Mann	MdE: 10%	Als Dauerschaden sind belastungsabhängige Beschwerden im rechten Ellbogengelenk und eine Kraftminderung im rechten Arm verblieben. Es besteht am Ellbogengelenk ein Streck- und Beugedefizit. Die Außenrotation des Vorderarmes ist um 10°, die Innenrotation um 30° eingeschränkt	OLG Dresden 10.12.2004 1 U 1399/04 RA Denkhoff, Görlitz
30	14 000 € 7000 + immat. Vorbehalt (€ 9293)	Subcapitale Humerusfraktur	Zwei Krankenhausaufenthalte von ca. insgesamt 6 Wochen MdE: 2 Monate 100% 4 Monate 50% anschließend MdE: 30%	Frau	Keine komplikationslose Ausheilung	1/3 Mithaftung, entsprechend wurde das Schmerzensgeld auf DM 9333,33 (€ 4666,67) gekürzt	AG München 18.8.2000 345 C 19895/99 RiAG München, Achinger
31	15 000● € 7500 (€ 9761)	Körpernaher Oberarmschaftbruch, Unterschenkelschaftbruch	MdE: 7 Wochen 100% 6 Wochen 50% 2 Tage 100% 16 Tage 20%	Junge Frau	MdE: 10%	50% Mitverschulden. Narbige Veränderungen in Höhe des linken Schulterblattes sowie des linken Oberarms; kosmetische Beeinträchtigungen durch die narbigen Einziehungen im Bereich des linken Unterschenkels	LG Dortmund 11.10.2001 15 O 42/99 RAe Bäckerling & Koll., Dortmund
32	€ 8000 + immat. Vorbehalt (€ 8437)	Humeruskopffraktur (Oberarmbruch)	14-tägiger Krankenhausaufenthalt mit Operation; Heilungsverlauf von 3 bis 4 Monaten	70-jähr. Frau	Bewegungseinschränkungen	Der Senat hält ein Schmerzensgeld von € 8000 für angemessen. Bei der Höhe des Schmerzensgeldes sind folgende Verletzungen und deren Folgen zu berücksichtigen: schmerzhafter Bruch mit 14-tägiger stationärer Behandlung, eine Operation, folgender langwieriger Heilungsverlauf von 3 bis 4 Monaten, dauerhafte deutliche Bewegungseinschränkung des Oberarms zum Schultergelenk in allen Bewegungsebenen, eingeschränkte Bewegung nach seitwärts und vorwärts sowie Schmerzhaftigkeit des Oberarms mit erheblichen Beeinträchtigungen im Alltag. Vor allem weil ein schmerzhafter Dauerschaden vorliegt, der allenfalls durch Krankengymnastik gelindert werden kann, ist ein verhältnismäßig hohes Schmerzensgeld gerechtfertigt	Schleswig-Holsteinisches OLG 30.6.2016 11 U 111/15 juris
33	€ 8000● + immat. Vorbehalt (€ 8943)	Humerusstückfraktur linker Arm, multiple Prellungen und Blutergüsse	1 Jahr AU, Operationen und zweimalige stationäre Krankenhaus- und Rehabehandlung, zahlreiche krankengymnastische Behandlungen	Mann	Bewegungseinschränkungen der Schulter, Wetterfühligkeit und Schmerzen	Mitverschulden von 1/3, Erkrankung führte zur Kündigung des Arbeitsverhältnisses durch Arbeitgeber und Freizeiteinschränkungen beim Geschädigten	LG München II 19.5.2011 14 O 817/10 OLG München 8 U 2516/11

Lfd. Nr.	Betrag DM **Euro** *(Anp.2019)*	Verletzung	Dauer und Umfang der Behandlung; Arbeitsunfähigkeit	Person des Verletzten	Dauerschaden	Besondere Umstände, die für die Entscheidungen maßgebend waren	Gericht, Datum der Entscheidung, Az., Veröffentlichung bzw. Einsender
\multicolumn{8}{l}{Fortsetzung von »Arm - Bruch - Oberarmbruch«}
34	€ 8500 ● + immat. Vorbehalt *(€ 9403)*	Brüche am linken Unterschenkel und am rechten Oberarm durch Fahrradunfall	Stationäre Erstbehandlung und 2 weitere stationäre Nachbehandlungen sowie regelmäßige Physiotherapie	Mann	Beweglichkeit und Belastbarkeit der Schulter ist erheblich eingeschränkt, MdE 20%	Bei der Abwägung aller Verschuldens- und Verursachungsanteile überwiegt die Betriebsgefahr des Fahrzeugs des Beklagten zu 1) und sein Verschulden das Maß der schuldhaften Pflichtverletzungen des Klägers im Verhältnis von 7/10 zu 3/10. Dies war bei der Bemessung des angemessenen Schmerzensgeldes von insgesamt € 8500 zu berücksichtigen, auf welches bereits € 6000 gezahlt sind. Dieser Betrag rechtfertigt sich zum einen aus den erlittenen akuten Verletzungen und der erforderlichen stationären Erstbehandlung und zum anderen aus den weiteren Folgen des Unfalls	OLG Oldenburg (Oldenburg) 29.12.2011 14 U 30/11 juris
35	€ 9200 *(€ 10 209)*	Humerusschaftfraktur, Olecranonfraktur, Mittelfußfraktur und eine HWS-Distorsion, posttraumatische Belastungsstörung durch Miterleben des Unfalltodes ihres Lebensgefährten	16 Tage in stationärer Behandlung mit anschließender Reha über 1 Monat	Frau	23 cm lange Narbe am Oberarm		LG Paderborn 24.11.2011 3 O 230/11 juris
36	€ 10 000 *(€ 12 479)*	Oberarmkopfmehrfragmentfraktur rechts	Komplikationsloser Heilungsverlauf	42-jähr. Dachdecker	Deutliche Behinderung der Beweglichkeit des rechten Schultergelenks	Mit weiteren Bewegungsdefiziten mit zunehmender Einschränkung der Funktionsfähigkeit der Extremität ist zu rechnen. Der Kläger befürchtet, seinen Beruf als Dachdecker aufgrund der Verletzung eventuell nicht mehr dauerhaft ausüben zu können	LG Bochum 29.7.2004 8 O 186/04 RA Koch, Erfstadt
37	20 000 € 10 000 + immat. Vorbehalt *(€ 14 351)*	Oberarmkopftrümmerbruch	3 Wochen stationärer Aufenthalt MdE: 4 Wochen 100% 3 Monate 20% dann 10%	Mann	MdE: 10%	Deutliche Einschränkung des rechten Schultergelenks beim Anheben des Armes über die Horizontale sowie bei Außendrehung; leichtgradige Kraftminderung im rechten Arm für Seitabhebung und Außendrehung, Muskelminderung im Bereich der Schulter- und Oberarmmuskulatur rechts sowie Narbenbildung im Bereich des rechten Oberarms; beginnende Arthrose im rechten Schultergelenk, welche aus der eingetretenen Deformierung des Oberarmkopfes resultiert	LG Trier 22.9.1994 6 O 312/91 RiLG Eck
38	20 000 € 10 000 *(€ 12 613)*	Humeruskopfluxationsfraktur an der rechten Schulter, diverse Prellungen	3 Krankenhausaufenthalte von insgesamt 18 Tagen innerhalb von 8 Monaten	Mann	Haushaltsspezifische MdE von 20%	Kläger, der mit seiner Frau ein Einfamilienhaus bewohnt, erledigte vor dem Unfall ein Drittel der anfallenden Hausarbeiten	KG Berlin 26.2.2004 12 U 276/02 SP 2004, 299

● Mithaftung (siehe vorletzte Spalte)

Lfd. Nr.	Betrag DM Euro (Anp.2019)	Verletzung	Dauer und Umfang der Behandlung; Arbeitsunfähigkeit	Person des Verletzten	Dauerschaden	Besondere Umstände, die für die Entscheidungen maßgebend waren	Gericht, Datum der Entscheidung, Az., Veröffentlichung bzw. Einsender

Fortsetzung von »Arm - Bruch - Oberarmbruch«

Lfd. Nr.	Betrag	Verletzung	Dauer und Umfang	Person	Dauerschaden	Besondere Umstände	Gericht
39	€ 14 000 + immat. Vorbehalt (€ 14 809)	Fehlerhafte Behandlung einer Oberarmfraktur (dislozierte supracondyläre Humerusfraktur): Aufgrund mangelnder ärztlicher Sorgfalt war es nicht gelungen, eine ausreichende Reposition der Fraktur zu erzielen. Ferner stellte die vorgenommene temporäre Versteifung des Ellenbogengelenks (Arthrodese) kein adäquates Verfahren zur Versorgung des Bruchs dar. Darüber hinaus hatte die anschließende Entscheidung der Beklagten zu 3), von einer Revsionsoperation abzusehen, den anerkannten Regeln der ärztlichen Kunst widersprochen. Außerdem habe die Beklagte zu 3) die ambulante Nachbehandlung insofern fehlerhaft durchgeführt, als sie auch nach der Metallentfernung eine insgesamt 44 Tage andauernde Ruhigstellung des Gelenks veranlasst habe	Offene Reposition und Kirschner-Draht-Osteosynthese, später operative Entfernung von 6 Kirschner-Drähten (stationär); zeitaufwändige, über ein Jahr andauernde und für ein sechs- bis siebenjähriges Kind in dem durchgeführten Umfang durchaus belastende Krankengymnastik	6-jähr. Junge	Streckdefizit (25 Grad) und Beugedefizit (20 Grad) im Ellenbogengelenk	Nach Abwägung aller Umstände erschien dem Senat ein Schmerzensgeld in Höhe von insgesamt € 14 000 angemessen. Dieser Betrag ist auch mit dem Grundsatz in Einklang zu bringen, dass für vergleichbare Verletzungen ein annähernd gleiches Schmerzensgeld zu gewähren ist. Zwar ist kein Judikat ersichtlich, welches auf eine den Einzelheiten des vorliegenden Falls entsprechende Gestaltung abzielt. Doch haben mehrere Gerichte bei zumindest ähnlichen körperlichen Beeinträchtigungen Schmerzensgelder in der hier für angemessen gehaltenen Größenordnung zuerkannt. Trotz dieser Unterschiede ist der Beklagten zu 1) zu konzedieren, dass das in der Judikatur anzutreffende Schmerzensgeldspektrum mit Blick auf Gestaltungen, die der vorliegenden zumindest nahe kommen, verhältnismäßig breit gefächert ist. Dem hat der Senat Rechnung getragen, indem er von den oben angesprochenen Schmerzensgeldbeträgen in einer Größenordnung von € 15 000 einen Abschlag vorgenommen hat	OLG Oldenburg 20.5.2015 5 U 164/13 VorsRiOLG Dr. Oehlers
40	30 000 € 15 000 (€ 24 774)	Trümmerfraktur des linken Oberarms mit Prellungen durch Gurt am Oberkörper sowie weitere Prellungen am rechten Arm und am rechten Knie. Durch operativen Eingriff kam es zu einer Schädigung des Speichennervs mit daraus resultierender Fallhand	Zwei stationäre Aufenthalte von insgesamt 6 Wochen. MdE: 1/2 Jahr 100%	55-jähr. Hausfrau	Keine vollständige Gebrauchsunfähigkeit, aber deutliche Behinderung des linken Arms mit erheblicher Sensibilisierungsminderung am linken Unterarm und an der linken Hand	Für die Tätigkeit als Hausfrau stellt die Fallhand eine wesentliche Beeinträchtigung dar, was in ästhetischer Hinsicht auch für die ca. 20 cm lange Operationsnarbe am linken Oberarm gilt	LG Augsburg 25.2.1991 9 O 3371/89 RAin Wördehoff-Krüdelbach, Aichach
41	€ 15 000 (€ 19 147)	Dreisegmentbruch mit Abtrennung des Oberarmkopfes vom Oberarmschaft und einer zusätzlichen Abtrennung des großen Oberarmhöckers	MdE: 3 Wochen 100%, ca. 5 Wochen 70%, 4 Monate 30%, danach 20%	Frau	MdE 20%	Es handelte sich hier um eine schwerwiegende Verletzung, insbesondere im Hinblick darauf, dass die Klägerin sich einer schmerzhaften Operation und schmerzhafter Nachbehandlungen über einen langen Zeitraum unterziehen musste und bis heute ganz erheblich beeinträchtigt ist, hält die Kammer das geforderte Schmerzensgeld für angemessen	LG München I 20.5.2003 19 O 2107/02 VorsRiLG Krumbholz
42	33 000 ● € 16 500 (€ 26 076)	Offene Oberarmfraktur 2. Grades links, offene Unterarmfraktur 2. Grades mit Abriss des Nervus ulnaris und radialis sowie Abriss der Arteria brachialis, Bruch des Beckenrings und des Kreuzbeins, offene Fußwurzelluxationsfraktur links sowie Mittelgliedquerfraktur des 3. Fingers links	2 Wochen Intensivstation, insgesamt 13 Wochen Krankenhaus	Heizungsmonteur bzw. Ofenbauergeselle	Linker Arm ist nicht mehr gebrauchsfähig. MdE: 60%	50% Mitverschulden	LG Berlin 18.12.1991 24 O 373/89 RA Laschewski, Berlin

Lfd. Nr.	Betrag DM Euro (Anp.2019)	Verletzung	Dauer und Umfang der Behandlung; Arbeitsunfähigkeit	Person des Verletzten	Dauerschaden	Besondere Umstände, die für die Entscheidungen maßgebend waren	Gericht, Datum der Entscheidung, Az., Veröffentlichung bzw. Einsender
\multicolumn{8}{l}{Fortsetzung von »Arm - Bruch - Oberarmbruch«}
43	35 000 € 17 500 + immat. Vorbehalt (€ 23 377)	Durchspießung im proximalen Oberarmbereich, erstgradig offene Oberarmfraktur links, Unterarmfraktur rechts mit Radiustrümmerfraktur, Bajonettfehlstellung des rechten distalen Unterarms, Abriss des Griffelfortsatzes am Vorderarmknochen des rechten Unterarms, Schafttrümmerfraktur im Übergang vom oberen zum mittleren Drittel sowie Dislokation mehrerer kleinerer Fragmente	16 Tage Krankenhaus mit Nagelung der Frakturen; nach 3 Wochen nochmals 3 Wochen Krankenhaus wegen Pinbruchs des Fixateurs; während der nächsten 4 Monate zahlreiche ambulante Behandlungen und Krankengymnastiktherapien; 1 Jahr später Entfernung des Pins an der rechten Hand, nach 1 weiteren Jahr Entfernen der Bündelnägel am linken Oberarm	Karosseriebauer und Kfz-Mechaniker	Massive Bewegungseinschränkungen im rechten Handgelenk, Bewegungseinschränkungen und Beschwerden im linken Oberarm, leichte Funktionsbehinderung in der linken Schulter mit Schmerzen bei Wetterwechsel. MdE: 30%	Kläger kann seinem Beruf nur noch eingeschränkt nachkommen; Verschlechterungen des Bewegungsausmaßes im rechten Handgelenk wahrscheinlich	OLG München 25.2.2000 10 U 3321/99 RAe Widemann & Koll., München
44	35 000 € 17 500 + immat. Vorbehalt (€ 27 211)	Ausgedehnte Hautabtrennung des gesamten linken Oberarms ab Schulterhöhe, Muskelabrisse des Deltamuskels am Oberarm sowie der Handgelenk- und Fingerstrecker am Unterarm; Eröffnung des Ellengelenks mit Kapselzerreißung, Bruch im Bereich der Oberarmrolle am Ellengelenk, Bruch des linken Schulterblattes; Schädelprellung mit Gehirnerschütterung	Zwei stationäre Aufenthalte von insgesamt 70 Tagen	Mann	Erhebliche kosmetische Entstellung des gesamten linken Arms und im Zusammenhang damit die erheblichen Narben an den Vorder-, Innen- und Außenseiten beider Oberschenkel sowie an der Oberschenkelrückseite, links von den Hautentnahmestellen. MdE: 20% mit Verschlechterungstendenz	Heilverzögerung durch Auftreten einer Eiterung am linken Ellengelenk mit Ausbildung von Eiterfisteln an der Außenseite des Ellengelenks und in der Ellenbeuge	Schleswig-Holsteinisches OLG 11.3.1992 9 U 190/90 RiOLG Staben
45	€ 20 452 ● + immat. Vorbehalt (€ 26 043)	Erstgradig offene Oberarmschaftfraktur links, erstgradig offene distale Radiusfraktur links, ausgedehnter Weichteildefekt der linken Handinnenfläche mit Durchtrennung des radialen Fingernervs am 2. Finger links, Rippenserienfraktur links 3 bis 8 mit einer BWK-8-Fraktur, Gehirnerschütterung und Stirnplatzwunde	6 stationäre Aufenthalte, 2 Jahre ambulante Behandlungsmaßnahmen	41-jähr. Büroangestellte	MdE: 30% als Büroangestellte, 20% für die Haushaltsführung	1/3 Mitverschulden Die Klägerin war nicht angegurtet und wurde aus dem Fahrzeug hinausgeschleudert. Als unfallbedingte Dauerschäden sind eine geringfügige Einschränkung in der linken Schulter und endgradig im linken Ellbogengelenk sowie deutliche Bewegungseinschränkungen im Bereich des linken Handgelenks verblieben	LG München I 17.11.2003 17 O 17009/02 RA Schlegl, Haar b. München
46	€ 22 000 + immat. Vorbehalt (€ 23 481)	Bruch beider Oberarme durch Verkehrsunfall	Die Klägerin wurde zweimal operiert und war 46 Tage nicht in der Lage, ihren Haushalt zu führen	Frau	Bewegungseinschränkungen und Funktionsbeeinträchtigungen, belastungsabhängig zeitweise Schmerzen	Die Klägerin leidet, wie auch die Einvernahme ihres Ehemannes ergab, unfallunabhängig unter Asthma, weshalb sie im Bett in Seitenlage schlafen muss, was wegen der Brüche und der damit verbundenen Schmerzen ihren Angaben nach über mehrere Monate hinweg nicht möglich war, so dass sie gezwungen war, in halb aufrechter Position im Fernsehsessel zu schlafen. Auf Grund dieser gegenüber dem Ergebnis in erster Instanz weitergehenden Beeinträchtigung erscheint dem Senat nach eigener Überprüfung ein Schmerzensgeld von insgesamt € 22 000 angemessen	OLG München 21.3.2014 10 U 1750/13

● Mithaftung (siehe vorletzte Spalte)

Lfd. Nr.	Betrag DM Euro (Anp.2019)	Verletzung	Dauer und Umfang der Behandlung; Arbeitsunfähigkeit	Person des Verletzten	Dauerschaden	Besondere Umstände, die für die Entscheidungen maßgebend waren	Gericht, Datum der Entscheidung, Az., Veröffentlichung bzw. Einsender
\multicolumn{8}{l}{Fortsetzung von »Arm - Bruch - Oberarmbruch«}
47	60000 €30000 + immat. Vorbehalt (€ 40586)	Überrolltrauma rechter Arm, offene Humerusfraktur rechts 3. Grades, ausgedehntes Weichteildekollement des rechten Unterarms mit schwerer Verletzung der Muskulatur, Verletzung der Arteria brachialis, der Arteria radialis und der Arteria ulnaris; Commotio cerebri	Drei Krankenhausaufenthalte von insgesamt 200 Tagen, anschließend 4 Wochen Kur, 267 krankengymnastische Anwendungen und 278 Lymphdrainagen	70-jähr. Rentner	MdE: 75%	Amputation der rechten oberen Extremität wahrscheinlich	KG Berlin 6.8.1998 12 U 7192/96 RiKG Philipp
48	€30000● + immat. Vorbehalt (€ 34111)	Oberarmknochenfraktur links, Kniescheibenfraktur, Rippenserienfraktur 1–4, Knochenriss der Schulterblattgräte, Teilschädigung des Armvenengeflechts links, Risswunde an der Lippe, Schädel-Hirn-Trauma, Weichteilverletzung an der linken Hand	Insgesamt 16 Wochen stationäre Behandlung, 3 Monate umfangreiche tägliche ambulante Behandlung, weitere ambulante Behandlungen, Physiotherapie	29-jähr., alleinerziehende Mutter	GdB 30, Doppelbilder, Atemnot, kein Heben schwerer Gegenstände	Mithaftung 25%, Gefahr einer Knieprothese, Nachoperation an der Lippe 2 Jahre nach dem Unfall, massive Einschränkungen im Beruf (Verkäuferin), 9-jähriger Sohn der Klägerin musste 6 Monate lang nach dem Unfall von einer Bekannten betreut werden und zog auch zu dieser	LG Detmold 7.10.2010 12 O 136/08 Justiz NRW

Weitere Urteile zur Rubrik »**Arm - Bruch - Oberarmbruch**« siehe auch:
  bis € 5000: 2336
  bis € 12500: 2349, 1539
  ab € 25000: 3015

Arm - Bruch - Unterarmbruch

Lfd. Nr.	Betrag	Verletzung	Dauer und Umfang der Behandlung	Person	Dauerschaden	Besondere Umstände	Gericht
49	€ 1500 (€ 1726)	Meißelbruch des rechten Radiusköpfchens, Prellung am linken Handgelenk	Auf die Dauer von 4 Wochen war Oberarm eingegipst; anschließend intensive krankengymnastische Behandlung für 2 Wochen; 7 Wochen krankgeschrieben	Mann			AG Dortmund 19.1.2010 429 C 9610/09 RA Koch, Erftstadt
50	€ 2500● + immat. Vorbehalt (€ 3031)	Kompletter Unterarmbruch links	Zwei Krankenhausaufenthalte von insgesamt 7 Tagen, MdE: 100% für eine weitere Woche 4 Wochen 30% weitere 4 Wochen 20% und im Anschluss daran für 4 Wochen 10%	15-jähr. Junge	MdE: 5%	50% Mithaftung. Kläger fuhr mit Fahrrad auf Gehweg in falscher Fahrtrichtung. Es verbleibt eine unschöne Narbe am linken Handgelenk. Die Gesamtheit der unfallbedingten Defizite würde heute eine MdE von 5% begründen. Diese bestünde in minimalen Kraftdefiziten, einem minimalen Unterschied der Beweglichkeit der Handgelenke und der Unterarmdrehung. Durch muskelkräftigende Maßnahmen links könnte dieser Prozentsatz weiter verringert werden	LG München I 4.10.2006 19 O 21815/04 RA Krumbholz, München
51	€ 2625● (€ 2922)	Impressionsfraktur am Radiusköpfchen links		Mann		Bei der Bemessung des Schmerzensgeldes muss sich der Kläger eine Mithaftung iHv 25% entgegenhalten lassen, da er seine Geschwindigkeit und den Sicherheitsabstand den örtlichen Gegebenheiten hätte anpassen müssen	AG Solingen 24.8.2011 11 C 199/11 RA Koch, Erftstadt
52	€ 3500 (€ 3774)	Radiusfraktur links	5 Tage stationärer Aufenthalt, 1 OP	Fahrradfahrer	Metallschiene im Handgelenk links	Eine Metallentfernung ist möglich, aber nicht zwingend. Eine unfallbedingte AU konnte nicht vorgetragen werden, da die 4-monatige AU-Bescheinigung bzgl. einer depressiven Episode ausgestellt war, weshalb eine solche vom Gericht auch nicht berücksichtigt wurde	LG Hamburg 23.1.2015 331 O 15/13 juris

Lfd. Nr.	Betrag DM Euro (Anp.2019)	Verletzung	Dauer und Umfang der Behandlung; Arbeitsunfähigkeit	Person des Verletzten	Dauerschaden	Besondere Umstände, die für die Entscheidungen maßgebend waren	Gericht, Datum der Entscheidung, Az., Veröffentlichung bzw. Einsender
Fortsetzung von »Arm - Bruch - Unterarmbruch«							
53	7000 € 3500 (€ 4675)	Distale Radiusfraktur rechts; Commotio cerebri, Schädelprellung mit Brillenhämatom, Hämatom rechte Stirnseite, Platzwunden und multiple Abschürfungen	9 Tage Gipsverband an der rechten Hand	75-jähr. Rentnerin		Sturz an einem Loch im Fußgängerbereich; Straßenmeisterei hatte ein verbogenes Verkehrszeichen komplett entfernt, ohne die Bodenöffnung zu verschließen; Klägerin musste kurz nach Unfall einen gebuchten Erholungsurlaub antreten, wobei ihr aber ein großer Teil des Erholungswertes entgangen ist, da sie sich mit ihren erheblichen Gesichtsentstellungen nur eingeschränkt unter die Leute gewagt hat	LG Ravensburg 11.2.2000 6 O 1927/99 RAe Lins & Hotz, Pforzheim
54	7500 € 3750 (€ 4839)	Trümmerbruch der Speiche des linken Arms	2 x stationäre Behandlung mit Fixierung durch eine operativ eingesetzte Platte, die nach 5 Monaten wieder entfernt wurde	48-jähr. Frau		Geringes Verschulden einer 16-jähr. Schülerin, die den Unfall als Fußgängerin verursachte, keine Haftpflichtversicherung, beengte finanzielle Verhältnisse	OLG Celle 21.11.2002 14 U 32/02
55	€ 4000 + immat. Vorbehalt (€ 4607)	Impressionsfraktur des Radiusköpfchens		Mann	Deutliche Bewegungseinschränkung im Ellbogengelenk	Arthrose des Ellbogengelenks, Muskelverkalkung am Unterarm, Muskelverschmächtigung, subjektive Beschwerden, wie Wetterfühligkeit; auf Dauer ist die Versorgung mit einer Ellbogenbandage nötig	LG Limburg a.d. Lahn 20.2.2009 4 O 333/08 RAe Schäfer & Koch, Hadamar
56	€ 4000 (€ 4811)	Distale Unterarmfraktur links ohne Dislokation	Nach kürzerer Krankenhausbehandlung mehrere Wochen Tragen eines Gipses, dann Massagebehandlungen; medizinische Behandlung nach 8 Monaten abgeschlossen	63-jähr. Frau	Klägerin kann Faust nicht mehr richtig schließen	Verletzung der Verkehrssicherungspflicht (Klägerin stürzte über einen aus dem Pflaster herausragenden Gullydeckel); infolge Mitverschuldens von 1/4 wurde der Klägerin lediglich ein Schmerzensgeld von € 3000 zugesprochen	OLG Celle 25.1.2007 8 U 161/06
57	€ 4500 ● + immat. Vorbehalt (€ 5155)	Komplizierte Unterarmfraktur links	4 stationäre Behandlungen von insgesamt 3 1/2 Wochen mit 3 Operationen	9-jähr. Mädchen	Bewegungsbeeinträchtigung des linken Arms i.H.v. 1/15; OP-Narben	Verletzung der Aufsichtspflicht bei der Benutzung einer „Hüpfburg" anlässlich einer Geburtstagsfeier; 25% Mithaftung; Klägerin hätte trotz ihres geringen Alters die Gefährlichkeit des Spielens auf einer Hüpfburg erkennen können	OLG Köln 23.2.2010 3 U 89/08
58	€ 5000 (€ 5728)	Fraktur des linken Armes, Radiusköpfchenfraktur, Prellungen am Knie, der Schulter und dem linken Handgelenk	8 Monate ambulante Behandlung, anfangs 3 Wochen Oberarmgipsschiene	38-jähr. Altenpflegerin			LG Kassel 9.2.2010 9 O 468/07 RA Koch, Erftstadt
59	€ 5000 + immat. Vorbehalt (€ 5566)	Dislozierte mehrfragmentäre distale Radiusfraktur links	2 Operationen, 1 Woche stationäre Behandlung, 10 Monate anschließende ambulante Behandlung	59-jähr. Frau	Streckdefizit von 10%, posttraumatische Arthrose, Narbe	Bei der Bemessung des Schmerzensgeldes hat das Gericht u. a. die lange Heilbehandlungsdauer und den unklaren Heilbehandlungsverlauf berücksichtigt	LG Kleve 2.8.2011 3 O 313/09 RA Patrick Flöther, Essen

● Mithaftung (siehe vorletzte Spalte)

Arm   Urteile lfd. Nr. 60 – 62

Lfd. Nr.	Betrag DM Euro (Anp.2019)	Verletzung	Dauer und Umfang der Behandlung; Arbeitsunfähigkeit	Person des Verletzten	Dauerschaden	Besondere Umstände, die für die Entscheidungen maßgebend waren	Gericht, Datum der Entscheidung, Az., Veröffentlichung bzw. Einsender

Fortsetzung von »Arm - Bruch - Unterarmbruch«

Lfd. Nr.	Betrag	Verletzung	Dauer und Umfang der Behandlung	Person	Dauerschaden	Besondere Umstände	Gericht
60	€ 5000 + immat. Vorbehalt (€ 5278)	Radiusköpfchenfraktur links mit Hämatomen, auch an den Fingern sowie Prellungen am rechten Ellenbogen und am rechten Knie und Schürfwunden	Behandlung mit Spritzen in den Ellenbogen	Mann		Entgegen der Annahme des Klägers ist keine Erhöhung des Schmerzensgeldbetrages im Hinblick auf ein zögerliches Regulierungsverhalten der Beklagten veranlasst. Zwar hat die Beklagte statt des angemessenen Betrages von insgesamt € 5000 freiwillig lediglich eine Zahlung i.H.v. € 1000 erbracht. Indes handelt es sich bei der Beurteilung des angemessenen Schmerzensgeldbetrages stets um eine schwierige Einzelfallbetrachtung, bei der in einem gewissen Rahmen unterschiedliche Bewertungen vertretbar sind. Für die Versicherung, die die berechtigten Interessen ihrer Versicherten wahren und deshalb keine unnötigen Zahlungen erbringen darf, ist die Beurteilung, welcher Betrag angemessen ist, daher schwierig. Vor dem Hintergrund, dass das LG eine Zahlung von insgesamt nur € 2000 als begründet erachtet hat, kann das Verhalten der Beklagten nicht als derart unangemessen bewertet werden, dass es als schikanös erschiene und deshalb der Schmerzensgeldbetrag zu erhöhen wäre	OLG Celle 8.7.2015 14 U 137/14 Rune Bodenstein, VGH Versicherungen
61	€ 5000 ● + immat. Vorbehalt (€ 5697)	Schwere Unterarmfraktur		Frau	Unkalkulierbar	Der Senat hat dabei insb. berücksichtigt, dass die Klägerin durch die Verletzungsfolgen in ihrer bisherigen beruflichen Tätigkeit behindert ist und Spätfolgen nach ihren glaubhaften und nachvollziehbaren Angaben zum Gesundheitszustand im Termin unkalkulierbar sind. Das Mitverschulden der Klägerin an dem Reitunfall wurde mit 1/3 bewertet	OLG München 16.6.2010 20 U 5105/09 RuS 2010, 390
62	€ 5500 + immat. Vorbehalt (€ 6675)	Erstgradig offene distale Unterarmschaftfraktur rechts mit knöcherner Fehlstellung im Bereich des Unterarms, offene Risswunde	4 Tage Krankenhaus mit Reposition und Plattenosteosynthese, 1 Monat Unterarmgipsschiene, anschließend fast 2 Monate krankengymnastische und selbsttätige Bewegungsübungen MdE: 3 Tage 100% 1 Monat 80% 3 Wochen 70% 10 Tage 60% 2 Wochen 50% 3 Monate 20%	Hausfrau	Erhebliche Einschränkung der Drehbeweglichkeit des rechten Unterarms, Bewegungseinschränkung des rechten Handgelenks in allen Ebenen, Muskelminderung am rechten Arm, Vergröberung der Umrisszeichnung des rechten Handgelenks, Sensibilitätsstörung im Verlauf der ellenseitigen Handkante bzw. im Verlauf des Kleinfingers und des ellenseitigen Ringfingers, herabgesetzter Kalksalzgehalt der knöchernen Strukturen im Bereich der Schultergelenke, zwei je 10 cm lange Narben an Speiche und Elle; MdE: 15%		LG Wuppertal 4.5.2006 17 O 98/04 RAe Lauterbach & Koll., Solingen

● Mithaftung (siehe vorletzte Spalte)

Lfd. Nr.	Betrag DM Euro (Anp.2019)	Verletzung	Dauer und Umfang der Behandlung; Arbeitsunfähigkeit	Person des Verletzten	Dauerschaden	Besondere Umstände, die für die Entscheidungen maßgebend waren	Gericht, Datum der Entscheidung, Az., Veröffentlichung bzw. Einsender
\multicolumn{8}{l}{**Fortsetzung von »Arm - Bruch - Unterarmbruch«**}
63	12 000 € 6000 (€ 7705)	Schädelprellung, Infraktionen des linken Radius und des rechten Humeruskopfes		34-jähr. Frührentnerin	Erhebliche Einschränkung der Beweglichkeit im rechten Schultergelenk (Schultersteife)	Vor dem Unfall bestanden schon gelegentliche schmerzhafte Bewegungseinschränkungen im rechten Schultergelenk; das Unfallergebnis ist jedoch wesentliche und richtungsweisende Teilursache der Schultersteife; auszugehen ist von einem Schmerzensgeld von DM 15 000 (€ 7500); weil der Unfall jedoch nur Teilursache war, beträgt Schmerzensgeld nur DM 12 000 (€ 6000)	KG Berlin 3.6.2002 12 U 8799/00 RiKG Philipp, Berlin
64	€ 6000● (€ 6837)	Unterarm- und Speichenfraktur, Abrissfraktur des Griffelfortsatzes der Elle, posttraumatische Ellengelenk- und Handwurzelknochenarthrose, LWS-Kontusion	Operative Versorgung der Unterarmfraktur mit Osteosynthese, weitere Operation zur Entfernung der Metallplatte	Mann	Leichte Einschränkung der Beweglichkeit des linken Handgelenks, Sensibilitätsstörungen am Handrücken in Höhe des kleinen, des Ring- und des Mittelfingers der linken Hand; Kläger kann linke Hand nicht mehr vollständig zur Faust schließen; zuweilen Schmerzen im linken Handgelenk, die bis zur Schulter ausstrahlen	Mitverschulden von einem Drittel	OLG Karlsruhe 25.3.2010 9 U 78/09 RA Koch, Erftstadt
65	€ 6033● (€ 7682)	Verschobener Trümmerbruch des linken Unterarms mit folgender Arthrose im linken Handgelenk	2 Tage Krankenhausaufenthalt mit Operation und Anlegen einer Oberarmgipslonguette, anschließend 6 Monate ambulante Behandlung	Ältere Frau	Fingerhohlhandabstand von 2 cm, Faustschluss nicht möglich, deutliche bajonettartige Fehlstellung der linken Hand, erhebliche Beeinträchtigung der Feinmotorik	Mitverschulden von 1/3; infolge Beeinträchtigung der Feinmotorik ist es der Klägerin nicht mehr möglich, sich Schuhe zuzubinden, mit Messer und Gabel zugleich zu essen, die Betten aufzuschütteln etc.; Klägerin war bereits vor dem Unfall auf Grund ihres Alters und einer Gehbehinderung gerade darauf angewiesen, dass beide Hände und Arme ordnungsgemäß funktionieren; nunmehr besteht Gefahr, sich nicht mehr abstützen oder auffangen zu können	LG Zwickau 21.11.2003 1 O 177/01 RAe Arens & Kordel, Zwickau

● Mithaftung (siehe vorletzte Spalte)

Fortsetzung von »Arm - Bruch - Unterarmbruch«

Lfd. Nr.	Betrag DM Euro (Anp.2019)	Verletzung	Dauer und Umfang der Behandlung; Arbeitsunfähigkeit	Person des Verletzten	Dauerschaden	Besondere Umstände, die für die Entscheidungen maßgebend waren	Gericht, Datum der Entscheidung, Az., Veröffentlichung bzw. Einsender
66	€ 6500 ● (€ 7109)	Bruch der körperfernen Speiche links und Bruch des Griffelfortsatzes an der körperfernen Elle links sowie Diagnose eines Morbus-Sudeck als weitere Unfallfolge nach Fahrradunfall	Krankenhausärztliche Behandlung sowie eine dreieinhalbwöchigen Behandlung in einer Schmerzklinik	Frau		Die private Haftpflichtversicherung der Beklagten ist dabei von einer 50%igen Haftungsquote ausgegangen. Selbst wenn man den Vortrag der Klägerin unterstellt, der Unfall sei ausschließlich durch fahrerisches Fehlverhalten der Beklagten schuldhaft verursacht worden, erscheint dem Senat dieser Betrag unter Berücksichtigung vergleichbarer Fälle in der Rechtsprechung ausreichend und angemessen. Bei der Bemessung des Schmerzensgeldes unterstellt der Senat zugunsten der Klägerin, dass sie neben dem Bruch der körperfernen Speiche links auch einen Bruch des Griffelfortsatzes an der körperfernen Elle links erlitten hat und als weitere Unfallfolge ein Morbus-Sudeck diagnostiziert wurde und sie sich neben der krankenhausärztlichen Behandlung einer Behandlung in einer Schmerzklinik in unterziehen musste. Dies rechtfertigt unter Berücksichtigung des als allenfalls leicht einzustufenden Verschuldens der Beklagten kein über € 6500 hinausgehendes Schmerzensgeld	OLG Koblenz 19.7.2012 2 U 691/11 NJW-RR 2013, 86
67	€ 7500 (€ 8546)	Radiusköpfchenluxation fehlerhaft nicht diagnostiziert	3 Operationen	6-jähr. Mädchen		Der Versuch, die Radiusköpfchenluxation geschlossen zu reponieren (einzurenken), misslang aufgrund des Zeitablaufes. Die Klägerin wurde daraufhin operiert. Aufgrund einer Re-Luxation war eine zweite Operation erforderlich. Anlässlich eines weiteren Eingriffs wurde sodann der eingebrachte Fixateur entfernt	OLG Oldenburg (Oldenburg) 30.6.2010 5 U 15/10 VersR 2010, 1654
68	€ 7500 ● (€ 8332)	Bruch des rechten Ellenbogens (Radiusköpfchenmehrfragmentfraktur) nach Sturz auf vereister Fläche auf einem Kundenparkplatz	Operative Versorgung mit vier Schrauben. 14 Tage lang stationär im Krankenhaus. 14 Tage lang Oberarmgipsschiene. Acht Behandlungstermine. Operative Entfernung der Schrauben. Schließlich weitere Nachoperation zur Entfernung einer Titanplatte. 6 Monate volle AU	Frau	Beugefähigkeitseinschränkung des rechten Ellenbogens. Ferner traten Taubheitsgefühle in den Fingern der rechten Hand sowie Einschränkungen der Bewegungsfähigkeit der Finger der rechten Hand auf, die eine MdE von 20% begründen	Bei Ellenbogenfrakturen, die mit der streitgegenständlichen vergleichbar sind, sind Schmerzensgelder von bis zu € 6000 zugesprochen worden. Dies gilt jedenfalls in Fällen längerer Krankenhausaufenthalte und mehrmonatiger AU. Berücksichtigt man ferner, dass mehrere Operationen erforderlich waren und eine 20%ige Erwerbsminderung dauerhaft eingetreten ist, insbesondere Beeinträchtigungen der Gebrauchsfähigkeit der rechten Hand vorliegen, so ist im konkreten Fall ein höheres Schmerzensgeld von € 10000 als Ausgangspunkt heranzuziehen. Hierdurch wird bei der gebotenen Gesamtbetrachtung den unfallbedingten Beeinträchtigungen der Klägerin hinreichend Rechnung getragen. Zu berücksichtigen ist bei der endgültigen Bemessung jedoch, dass die Klägerin ein Mitverschulden von 25% trifft, so dass ein Schmerzensgeld von € 7500 angemessen ist	Saarländisches OLG 18.10.2011 4 U 400/10-119 NJW-RR 2012, 152

Fortsetzung von »Arm - Bruch - Unterarmbruch«

Lfd. Nr.	Betrag DM Euro (Anp.2019)	Verletzung	Dauer und Umfang der Behandlung; Arbeitsunfähigkeit	Person des Verletzten	Dauerschaden	Besondere Umstände, die für die Entscheidungen maßgebend waren	Gericht, Datum der Entscheidung, Az., Veröffentlichung bzw. Einsender
69	18 000 € 9 000 (€ 12 238)	Distale Ulnafraktur links, abgekapseltes Hämatom oberhalb des linken Schlüsselbeins; Distorsion der linken Großzehe; multiple Prellungen und Schürfwunden; kleine Gesichts-Glassplitterwunden; später Bildung eines Morbus Sudeck	3 Tage Krankenhaus, 2 Monate Gipsruhigstellung des linken Unterarms; ca. 3 Monate erwerbsunfähig; auf die Dauer von 2 Jahren Behandlung des Morbus Sudeck	Außendienstmitarbeiter	Morbus Sudeck mit Einschränkung der Beweglichkeit des linken Handgelenks und der groben Kraft um ca. 1/3 gegenüber der Norm; MdE: 15%	1 1/2 Jahre Schlafstörungen; vorsätzliche Trunkenheitsfahrt des Beklagten	LG Mainz 22.1.1998 1 O 547/96 VersR 1999, 863
70	€ 10 000 (€ 10 971)	Offener kompletter Unterarmbruch 3. Grades links mit Osteosynthese und verzögertem Heilungsverlauf, zudem eine Platzwunde mit Schwellung an der linken Augenbraue und multiple Glassplitterverletzungen, auch eine leichte Augapfelquetschung	2 stationäre Krankenhausaufenthalte von insgesamt 3 1/2 Wochen, ca. 4 1/2 Monate AU	Mann	Geringe Einschränkungen der Hand und Armbeweglichkeit, 2 Operationsnarben		LG Schweinfurt 22.5.2012 22 O 349/07 RA Borowka, Haßfurt
71	20 000 € 10 000 + immat. Vorbehalt (€ 12 857)	Distale Radiusfraktur rechts, Großzehenfraktur rechts, Kontusion des rechten Kniegelenks, commotio cerebri, HWS-Distorsion, Adduktorenzerrung rechts	9 Tage Krankenhaus, nach 1 Jahr nochmals 2 Wochen Krankenhaus mit Operation am rechten Handgelenk, nach 7 Monaten nochmals 1 Woche Krankenhaus mit Operation an der rechten großen Zehe	Junger Mann	Bewegungseinschränkung am rechten Handgelenk	Infolge verstärkter Arthrosebildung kann sich die Situation am Zeh bis zu einer Versteifung verschlechtern	LG Weiden i.d.OPf. 23.4.2002 1 O 66/02 RA Koch, Erftstadt
72	€ 10 000 + immat. Vorbehalt (€ 11 581)	Fraktur von Speiche und Elle rechts und Speiche links, Beeinträchtigung der Wachstumsfugen, Gehirnerschütterung, multiple Prellungen	Über beachtlichen Zeitraum völlig auf Hilfe Dritter angewiesen	10-jähr. Mädchen	Sichtbare Narben am linken Arm	Verletzung der Verkehrssicherungspflicht; Klägerin stürzte infolge der auftretenden Fliehkräfte von einer Tellerschaukel, die ein unvertretbares Gefahrenrisiko darstellte; Gefahr von Wachstumsstörungen, weil sich die Bruchstellen in der Nähe der Wachstumsfugen befinden	OLG Hamm 9.1.2009 9 U 144/08 NJW-RR 2010, 31
73	€ 11 500 + immat. Vorbehalt (€ 14 318)	Radiusköpfchenmehrfachfragmentfraktur rechts	5 Tage Krankenhaus mit Schraubenosteosynthese, nach 7 Monaten nochmals 4 Tage Krankenhaus zur Metallentfernung, nach dem Unfall ca. 3 1/2 Monate arbeitsunfähig	29-jähr. Feinmechaniker	Streckdefizit des rechten Ellenbogens von 10°, Narbe am rechten Ellenbogen, MdE: 10%	In Ausübung von Freizeitaktivitäten (Kraftsport, Tennis, Badminton, Kegeln, Motorradfahren) beeinträchtigt; beginnende gelenkumformende Verschleißerkrankungen im Radiusköpfchengelenk	LG Münster 13.1.2005 15 O 412/04 RAe Seidensticker & Partner, Stade
74	€ 14 000● (€ 14 853)	Disloziert Trümmerfraktur des rechten Unterarms mit Pseudarthrose, Lungenquetschung mit Hämatopneumothorax, Grundplattenfraktur BWK 8, Rippenserienfraktur rechts	5 Tage Intensivstation, insgesamt 24 Tage stationäre Behandlung, insgesamt mehrere Operationen, physiotherapeutische Anschlussbehandlungen, 6 Wochen arbeitsplatzspezifische Reha	Dachdecker	MdE 10%, Bewegungseinschränkung der rechten Hand	30% Mithaftung. Der Geschädigte war Mitarbeiter der von der gesetzlichen Unfallversicherung verklagten Dachdeckerfirma und stürzte auf dem durch Raureif glatten, unzulänglich gegen Absturz gesicherten Gerüst zunächst 1 m, dann weitere 4,5 m in die Tiefe. Der Geschädigte wusste um den Raureif und die unzulängliche Sicherung, hatte diese Gefahren jedoch weder geschaffen noch selbst verschuldet. Das eingebrachte Metall ist bislang im Körper verblieben	LG Bonn 28.4.2016 4 O 127/15 juris

● Mithaftung (siehe vorletzte Spalte)

Lfd. Nr.	Betrag DM Euro (Anp.2019)	Verletzung	Dauer und Umfang der Behandlung; Arbeitsunfähigkeit	Person des Verletzten	Dauerschaden	Besondere Umstände, die für die Entscheidungen maßgebend waren	Gericht, Datum der Entscheidung, Az., Veröffentlichung bzw. Einsender
	**Fortsetzung von »Arm - Bruch - Unterarmbruch«**
75	€ 15 000 (€ 15 288)	Offene distale Radiusfraktur rechts mit Verletzung zweier Strecksehnen, Verletzung von zwei Venen aufgrund eines Metallstifttreffers aus dem Sprengsatz, der durch die Scheibe des Busses flog (176,4 km/h), Todesangst, 4 Wochen Schlafstörungen	5 Tage stationärer Aufenthalt, 1 OP, 1 Monat AU zu 100%, Oberarmgips, Unterarmgips, komplikationsloser Heilungsverlauf, über 9 Monate physiotherapeutische Behandlungen	Profifußballspieler (Adhäsionsantragsteller)	Ein möglicher Dauerschaden kann nicht ausgeschlossen werden	Der Angeklagte wurde wegen versuchten Mordes in 29 Fällen in Tateinheit mit dem Herbeiführen einer Sprengstoffexplosion sowie in Tateinheit mit gefährlicher Körperverletzung in 2 Fällen zu einer Freiheitsstrafe von 14 Jahren verurteilt. („Anschlag" auf den Mannschaftsbus eines Profifußballvereins im April 2017)	LG Dortmund 27.11.2018 39 Ks-400 Js 206/17 (15/17) Landesrechtsprechungsdatenbank NRW
76	€ 15 000 + immat. Vorbehalt (€ 16 272)	Spiralfraktur des linken Unterarms, Abriss des Griffelfortsatzes der Elle links, Rippenprellungen	Insgesamt 2 Operationen, 5 Tage stationäre Behandlung, 3 ½ Monate AU	Frau, Reinigungskraft	MdE 10% durch Bewegungseinschränkung des linken Arms und des Handgelenks	Klägerin war Motorradfahrerin. Sie muss in ihrer beruflichen Tätigkeit in die Bewegungseinschränkung hineinarbeiten. Eine Nervenschädigung konnte nicht nachgewiesen werden, dennoch geht das Gericht davon aus, dass die Klägerin unter den nach wie vor angegebenen Beschwerden, die nicht objektivierbar sind, leidet	LG Saarbrücken 6.12.2012 12 O 402/10 RAe Rapräger, Hoffmann & Partner, Saarbrücken
77	30 000 € 15 000 (€ 20 397)	Gesichtsverletzungen mit sichtbarer Narbenbildung über dem linken Auge; Schädelhirntrauma 1. Grades, Schädelplatzwunde; Unterarmfraktur links; Öffnung des Schleimbeutels (Bursa) des linken Knies, Knieprellung und Knieinnenschaden	Vier stationäre Behandlungen, ambulante Behandlung dauert noch an (73 Röntgenaufnahmen)	Mann	Verlust der linken Augenbraue; endgradige Bewegungseinschränkung der HWS; Bewegungseinschränkung im Bereich des linken Schultergelenks, des linken Ellenbogengelenks, des linken Handgelenks sowie der Unterarmdrehbewegungen links; Muskelminderung im Bereich des linken Unterarms, ausgedehnte Narben am linken Unterarm; angedeutete Instabilität im Bereich des linken Kniegelenks, Zeichen einer Chondropathia patellae links		OLG Düsseldorf 30.3.1998 1 U 134/97 1. Zivilsenat OLG Düsseldorf
78	€ 15 000 + immat. Vorbehalt (€ 16 508)	Grob behandlungsfehlerhafte Versorgung einer Ellenbogentrümmerfraktur ohne übungsstabile Osteosynthese mit Schädigung des Nervus ulnaris	Revisionsoperation wegen Bruch der Platte und Dislokation der Fragmente. Einschränkungen in der beruflichen Tätigkeit als niedergelassener Urologe	Mann	Streckdefizit am linken Arm und eine Gefühlsminderung insbesondere am kleinen Finger der linken Hand		OLG München 16.2.2012 1 U 1030/11
79	€ 15 000 ● + immat. Vorbehalt (€ 17 278)	Oberschenkelfraktur mit Gelenkbeteiligung im linken Knie, Unterschenkelfraktur rechts, Ulnafraktur rechts, distale Radiusextensionsfraktur mit Handgelenksbeteiligung links, Mittelhandknochenfraktur rechts, Thorax- und Pneumothoraxprellungen, HWS-Distorsion, Prellung des rechten Vorderfußes	Vier stationäre Behandlungen und eine Reha-Maßnahme, knapp ein Jahr arbeitsunfähig	Mann	Einschränkung in der körperlichen Beweglichkeit mit einem GdB von 30%	Mithaftung von 50%; Kläger kann keinen Sport mehr treiben und nicht mehr mit dem Motorrad fahren	Brandenburgisches OLG 17.9.2009 12 U 26/09 NZV 2010, 154
80	40 000 € 20 000 (€ 26 517)	Komplette Unterarmfraktur links, periphere neurogene Schädigungen im Nervus medianus sowie deutliche periphere neurogene Schädigungen des Nervus radialis im Bereich von Unterarm und linker Hand	Fünf Krankenhausaufenthalte von insgesamt 32 Tagen	29-jähr. Werkzeugmacher	MdE: 10%	Infolge der Ulnaverkürzungsosteotomie ist eine mäßige Bewegungseinschränkung der Umwendbewegung am Unterarm sowie der Handgelenksbewegung verblieben	LG München I 12.10.2000 19 O 9859/00 VorsRiLG Krumbholz

Lfd. Nr.	Betrag DM **Euro** *(Anp.2019)*	Verletzung	Dauer und Umfang der Behandlung; Arbeitsunfähigkeit	Person des Verletzten	Dauerschaden	Besondere Umstände, die für die Entscheidungen maßgebend waren	Gericht, Datum der Entscheidung, Az., Veröffentlichung bzw. Einsender
\multicolumn{8}{l}{Fortsetzung von »Arm - Bruch - Unterarmbruch«}
81	40 000 **€ 20 000** *(€ 27 837)*	2.-gradige offene Unterarmfraktur links, Navikular- und Lunatumfraktur; Rippenserienfraktur links 6–10; Symphysensprengung, stumpfes Bauchtrauma mit kleinem Milzkapseleinriss	5 Wochen Krankenhaus mit 5 Operationen	26-jähr. Zimmerer	Erhebliche Einschränkung des linken Armgelenks mit Dauerschmerzen; Berufsunfähigkeit: 60%	Kläger musste Beruf als Zimmerer aufgeben	OLG München 19.7.1996 10 U 2578/96 RAe Pausenberger & Hollmayr, Deggendorf
82	**€ 22 500** ● + immat. Vorbehalt *(€ 23 020)*	Radiusschaftfraktur des linken Speichenknochens mit Biegungskeil und Trümmerzone	Wegen des Kunstfehlers (Nervdurchtrennung) waren insgesamt 2 Operationen erforderlich, die einen gut zweiwöchigen Krankenhausaufenthalt erforderlich gemacht haben. Ca. 4 Monate lag eine MdE von 100% vor. Zunächst MdE von 20% bzw. 30%, wobei insoweit von einer weitgehend folgenlosen Ausheilung bzw. Besserung auszugehen war	39-jähr. Mann		Der Senat hält nach erneuter Anhörung des Klägers und Inaugenscheinnahme seines linken Armes (Narbe, die nicht entstellend wirkt) vor Quotierung ein Schmerzensgeld von € 30 000 für angemessen, aber auch ausreichend. Da die Beklagte nur zu 75% haftet, beträgt das zu beanspruchende Schmerzensgeld € 22 500; von einer zu erwartenden Verschlechterung des Zustands ist nicht auszugehen. Bei der Bemessung des Schmerzensgeldes war vorliegend zudem zu berücksichtigen, dass der Kläger mit dem unberechtigten Vorwurf überzogen worden ist, sich die Verletzung nicht bei dem Unfall zugezogen zu haben, was zu einer umfangreichen Beweisaufnahme und einer dadurch bedingten erheblichen Dauer des Prozesses geführt hat	OLG Düsseldorf 21.2.2019 1 U 191/15 Vors. Richter am OLG Dr. Scholten
83	50 000 **€ 25 000** *(€ 35 638)*	Distale Unterarmtrümmerfraktur links, 2.-gradig offen mit Handgelenksbeteiligung; periphere Schädigung des Nervus ulnaris links; Sitzbeinfraktur rechts, Symphysensprengung; Hodenprellung rechts, Knieprellung rechts	2 stationäre Aufenthalte von insgesamt 4 Wochen, ambulante Behandlung weitere 8 Monate	20-jähr. Mann	MdE: 40%	In Fehlstellung fest verheilte distale Unterarmfraktur links mit posttraumatischer Arthrose des linken Handgelenks. Die Beweglichkeit der linken Hand ist eingeschränkt, der linke Arm ist kraftlos. Unfallbedingt keine Übernahme in das Beamtenverhältnis	OLG Koblenz 9.1.1995 12 U 298/94 VorsRiOLG Mecker
84	**€ 30 000** + immat. Vorbehalt *(€ 35 838)*	Distale Radiusfraktur rechts, Nasenbeinfraktur mit Risswunde, Schnittverletzungen an Nase, Lippe und im Bereich der Augen, leichte Wunden am rechten Bein und an der rechten Hand, Prellungen des Brustkorbs, der rechten Schulter und beider Knie, Schock	Vier stationäre Aufenthalte von insgesamt 5 Wochen, ambulante physiotherapeutische Behandlung über mehrere Monate, arbeitsunfähig ½ Jahr	Lehrerin	MdE: 30%	In leichter Fehlstellung verheilter Speichenbruch rechts, Gelenkveränderungen am Handgelenk, deutliche Gebrauchseinschränkung des rechten Arms und der rechten Hand bei Morbus Sudeck mit diffuser Knochenentkalkung an der Hand und Handgelenk, kosmetisch störende Deformierung der Nase und behinderte Nasenatmung mit der Notwendigkeit der Korrekturoperation	LG Osnabrück 7.3.2007 3 O 2050/06 RA Knipper, Meppen

● Mithaftung (siehe vorletzte Spalte)

Arm Urteile lfd. Nr. 85 – 86

Lfd. Nr.	Betrag DM **Euro** *(Anp.2019)*	Verletzung	Dauer und Umfang der Behandlung; Arbeitsunfähigkeit	Person des Verletzten	Dauerschaden	Besondere Umstände, die für die Entscheidungen maßgebend waren	Gericht, Datum der Entscheidung, Az., Veröffentlichung bzw. Einsender
	Fortsetzung von »Arm - Bruch - Unterarmbruch«						
85	€ 40 000 + immat. Vorbehalt *(€ 48 716)*	Radiusköpfchen-Mehrfragmentfraktur links	1 Woche stationär	Bürokauffrau	MdE: 30%	Das Radiusköpfchen musste operativ entfernt werden. In der Folgezeit hat sich eine Gelenksteife entwickelt und es sind mehrfach Operationen notwendig geworden, wobei der Nervus ulnaris verlagert worden ist. Auf orthopädischem Fachgebiet liegen folgende Unfallfolgen vor: Bewegungseinschränkung am linken Ellbogengelenk (Streckdefizit) sowie Einschränkung der Unterarmdrehbewegung, glaubhafte subjektive Beschwerden. Noch vorhandene objektivierbare neurologische Funktionsstörungen: Einschränkung der Bewegungsausmaße im linken Ellbogengelenk mit deutlichem Streckdefizit und einer Beeinträchtigung der Umdrehbeweglichkeit des Unterarmes (Supination), Narben im Bereich des Ellbogen links mit verlagertem Nervus ulnaris, Reizzustand des Ellennerven links mit sog. positivem Hoffmann-Tinel'schen Zeichen, elektroneurographische und elektromyographische Normabweichungen des Ellennerven links	LG München I 6.3.2006 19 O 12181/05 RA Krumbolz, München
	Weitere Urteile zur Rubrik »**Arm - Bruch - Unterarmbruch**« siehe auch: bis € 5000: 374 bis € 12 500: 918, 231 ab € 25 000: 2411						
Arm - Bruch - Ellenbogen							
86	€ 1000● *(€ 1058)*	Schleimbeutelverletzung am linken Ellenbogen mit Entfernung des Schleimbeutels	ambulante Operation, 6 Wochen Oberarmgipsschiene, Antibiotika, Schmerzmittel	14-jähr. Junge	Narbe 3 cm	50% Mithaftung. Der Kläger überquerte hinter einem Linienbus die Fahrbahn und wurde vom Beklagtenfahrzeug erfasst. Er konnte als begeisterter Basketballer für 10 Wochen keinen Sport ausüben	AG Backnang 19.5.2015 5 C 799/14 juris

Lfd. Nr.	Betrag DM **Euro** *(Anp.2019)*	Verletzung	Dauer und Umfang der Behandlung; Arbeitsunfähigkeit	Person des Verletzten	Dauerschaden	Besondere Umstände, die für die Entscheidungen maßgebend waren	Gericht, Datum der Entscheidung, Az., Veröffentlichung bzw. Einsender

Fortsetzung von »Arm - Bruch - Ellenbogen«

Lfd. Nr.	Betrag	Verletzung	Dauer und Umfang	Person	Dauerschaden	Besondere Umstände	Gericht
87	€ 3500 *(€ 3828)*	Radiusköpfchenmeißelfraktur am Ellenbogen infolge von Wirtshausschlägerei		Mann		Die Schmerzensgeldentscheidung erfolgte im Rahmen einer Deckungsklage des Versicherungsnehmers gegen den Haftpflichtversicherer. Der Vorsatz muss dabei nicht nur die haftungsbegründende Verletzungshandlung, sondern auch die Verletzungsfolgen umfassen. Hierbei genügt auch bedingter Vorsatz. Dieser liegt vor, wenn der Täter den als möglich vorgestellten Erfolg in seinen Willen aufgenommen und für den Fall seines Eintritts gebilligt hat. Der Täter muss dabei die Folgen seines Handelns nicht in allen Einzelheiten vorausgesehen und in seinen Willen aufgenommen haben. Ausreichend ist es vielmehr, wenn er sich die Folgen zumindest in ihren Grundzügen vorgestellt hat. Das schließt es aus, dem Versicherungsnehmer Schadensfolgen zuzurechnen, die er nicht oder nicht in ihrem wesentlichen Umfang als möglich erkannt und für den Fall ihres Eintrittes nicht gewollt oder im Sinne bedingten Vorsatzes billigend in Kauf genommen hat	LG Dortmund 28.3.2012 2 O 144/10 zfs 2013, 40
88	€ 5500 ● + immat. Vorbehalt *(€ 6937)*	Ellenbogenluxationsfraktur links, Oberschenkelprellung	16 Tage Krankenhaus mit Operation, davon 5 Tage Intensivstation; während des Krankenhausaufenthaltes Auftreten einer wieder verheilten Lungenarterienembolie; anschließend ambulante und krankengymnastische Weiterbehandlung, nach 6 Wochen Materialentfernung, nach 1 Jahr Entfernung der im Oberarm eingebrachten Metallplatte; 16 Monate zu 100% arbeitsunfähig	Mann	Erhebliche Bewegungseinschränkungen der Ellenbogenbeugung und der Ellenbogenstreckung, Beeinträchtigung der Unterarmrotation, Einschränkung des linken Armes um 2/5	25% Mithaftung; starke Schmerzen; Kläger ist in seinem täglichen Leben, bei der Arbeit, der Gartenarbeit, im Freizeitbereich sowie in Verbindung mit dem Motorradfahren eingeschränkt; konnte eine geplante Reise zur Isle of Man nicht durchführen; eine Folgeoperation nach 6 Monaten ist im Schmerzensgeld bereits einbezogen	LG Itzehoe 9.2.2004 2 O 145/02
89	€ 6000 + immat. Vorbehalt *(€ 6359)*	Ausgeprägter Erguss im Ellenbogengelenk mit Ruptur der Gelenkkapsel und zumindest Partialruptur des ulnaren Kollateralbandes proximal, ausgeprägte Einblutung in den distalen Musculus brachialis	3 1/2 Monate AU, 4 Wochen Gipsschiene, 9 ambulante Behandlungen	Mann	Wetterfühligkeit im linken Arm	Vorsätzliche Körperverletzung durch den Beklagten, der den Kläger auf den Boden schubste und ihm den Arm nach hinten drehte. Eine Vollbelastung war frühestens drei Wochen nach Ende der AU möglich	LG Bückeburg 30.4.2015 3 O 46/14 RA Ralf Jordan, Stadthagen
90	€ 7500 *(€ 8095)*	Radiusköpfchenfraktur des linken Ellenbogens und eine Ausrissfraktur des Dreieckbeins am Handgelenk links sowie eine Distorsion links oberes Sprunggelenk	10 Wochen AU	Mann	Streckdefizit im linken Arm, eine endgradige Einschränkung der Unterarmdrehung, eine endgradige Funktionsbeeinträchtigung des linken Handgelenks bei maximalen Bewegungsausschlägen. MdE: 10%	Schmerzensgelderhöhend wirkte sich aus, dass der Kläger krankheitsbedingt eine gebuchte Urlaubsreise nicht antreten konnte. Daneben ist dem sportlichen Kläger insb. das Radfahren nicht mehr möglich	LG Bremen 13.5.2013 7 O 1759/12

● Mithaftung (siehe vorletzte Spalte)

Arm

Urteile lfd. Nr. 91 – 97

Lfd. Nr.	Betrag DM Euro (Anp.2019)	Verletzung	Dauer und Umfang der Behandlung; Arbeitsunfähigkeit	Person des Verletzten	Dauerschaden	Besondere Umstände, die für die Entscheidungen maßgebend waren	Gericht, Datum der Entscheidung, Az., Veröffentlichung bzw. Einsender
	Fortsetzung von »Arm - Bruch - Ellenbogen«						
91	€ 9000 (€ 10114)	Ellenbogentrümmerfraktur links, Fraktur des Radiusköpfchens links, multiple Prellungen und Abschürfungen	12 Tage stationäre Behandlung, insgesamt 2 Operationen, 4 Monate AU zu 100%, 5 Monate eingeschränkte AU, insgesamt 1 Jahr ambulante Behandlung mit Krankengymnastik und Lymphdrainage	33-jähr. Frau	Streckhemmung des linken Ellenbogens, endgradig gehemmte Unterarmdrehung, Belastungsschmerzen im linken Arm, posttraumatische Arthrose, MdE von 10%		LG Münster 24.2.2011 12 O 381/08 RA Koch, Erftstadt
92	65000● € 32500 + immat. Vorbehalt (€ 44080)	Luxationsfraktur des rechten Ellenbogens, Läsion des Nervus ulnaris im Bereich des Sulcus ulnaris	Zunächst 3 Krankenhausaufenthalte von insgesamt 36 Tagen; nach 4 Jahren erneut Krankenhaus (operative Freilegung und Zentralisation des Nervus ulnaris)	40-jähr. Sachbearbeiterin	16 cm lange Narbe am Ober- und Unterarmbereich; Schmerzen im Ellenbogen, MdE: 30%	Mitverschulden 20%. Wegen bewegungsabhängiger Ellenbogenschmerzen und schneller Ermüdung der rechten Hand ist die Klägerin überwiegend auf Hilfe angewiesen	LG Neubrandenburg 23.2.1999 47 O 150/98 RAe Schilling & Hirtz, Neubrandenburg
93	€ 60000 (€ 63720)	Behandlungsfehler führte zu schwerer Ellenbogen- und Handgelenksverletzung. Die Ulna musste verkürzt und das Radiusköpfchen entfernt werden	3 Nachoperationen	14-jähr. Junge	Die Funktion des Ellenbogens und die Belastbarkeit des Arms sind dauerhaft eingeschränkt. Mit einer zukünftigen Verschlechterung ist zu rechnen	Der Geschädigte zog sich eine Ellenbogenverletzung zu. Der behandelnde Arzt übersah auf den Röntgenbildern die deutlichen sogenannten Fat-pad-signs (Fettpolsterzeichen) und diagnostizierte eine Verstauchung oder Zerrung. Tatsächlich war es aber zu einer knöchernen Verletzung des Radiusköpfchens und einer Verletzung des Capitulum humeri mit Beteiligung der Wachstumsfuge gekommen. Die Fehlbehandlung führte zu einer Verschiebung der Fraktur und Verheilung in Fehlstellung	LG Arnsberg 15.3.2016 I-5 O 31/14

Weitere Urteile zur Rubrik »**Arm - Bruch - Ellenbogen**« siehe auch:
bis € 2500: 216, 480
bis € 25000: 76, 2795

Arm - Sonstige Verletzungen

Lfd. Nr.	Betrag	Verletzung	Dauer und Umfang	Person	Dauerschaden	Besondere Umstände	Gericht
94	€ 300 (€ 365)	Oberflächliche Schnitt- und Risswunden im Bereich der rechten Mittelhand und des rechten Unterarms	1 ambulante Behandlung	Mann		Grober Verkehrsverstoß der Beklagten	AG Mannheim 8.2.2006 19 C 235/05 RA Matzner, Mannheim
95	€ 350 (€ 416)	Multiple Schürfwunden am rechten Ellbogen und Oberarm	14 Tage erhebliche Einschränkung der Bewegungsfreiheit	Mann		Vorsätzliche Körperverletzung	AG Schweinfurt 16.4.2007 1 C 1567/06 RA Schauer, Schweinfurt
96	€ 490● (€ 520)	Prellungen sowie großflächige Abschürfungen am Knie und am Ellenbogen	3 Tage AU, 2 Wochen Schmerzen	Mann, Fahrradfahrer		30% Mitverschulden. Der Kläger verstieß gegen die doppelte Rückschaupflicht	AG Frankfurt am Main 18.3.2016 29 C 2094/15
97	€ 750 (€ 806)	Armprellung links, Muskelhärte im Schultergürtelbereich links, was zu einer Epicondylitis humeri ulnaris führte	3 Tage AU zu 100%, 6 Wochen AU zu 20%, 30 Massagen und Fango, 3 Monate Behandlung	Mann, Zahnarzt		Mithaftung 50%	OLG Frankfurt am Main 28.1.2014 16 U 103/13 RA Nicolas Eilers, Groß-Gerau

Urteile lfd. Nr. 98 – 103　　　　　　　　　　　　　　　　　　　　　　　　　　　　　　　　　　　　Arm

Lfd. Nr.	Betrag DM **Euro** *(Anp.2019)*	Verletzung	Dauer und Umfang der Behandlung; Arbeitsunfähigkeit	Person des Verletzten	Dauerschaden	Besondere Umstände, die für die Entscheidungen maßgebend waren	Gericht, Datum der Entscheidung, Az., Veröffentlichung bzw. Einsender
\multicolumn{8}{l}{**Fortsetzung von »Arm - Sonstige Verletzungen«**}
98	€ 800 *(€ 822)*	Um 3 ½ Wochen zu lange Ruhigstellung des Armes durch Gipsverband		Frau		Vorliegend waren bei der Bemessung des Schmerzensgeldes lediglich die Einschränkungen der Beweglichkeit der Klägerin für einen Zeitraum von 3 ½ Wochen durch den Gipsverband zu berücksichtigen. Weitere – auch zukünftige – Beeinträchtigungen sind hingegen nicht festzustellen. Unter Berücksichtigung dieser Beeinträchtigung erscheint dem Senat ein Schmerzensgeld von € 800 angemessen, aber auch ausreichend. Der Senat orientiert sich insoweit an veröffentlichten Vergleichsfällen aus der Rechtsprechung	Brandenburgisches OLG 10.1.2019 12 U 225/16 juris
99	€ 1000 + immat. Vorbehalt *(€ 1043)*	Mangelhaftes Tattoo auf dem linken Unterarm (unsaubere Schrift, abweichende Abstände der Buchstaben, abweichende Stichstärken)		Frau		Verletzung der körperlichen Unversehrtheit durch mangelhaftes Tattoo (mittlere Fahrlässigkeit). Die Möglichkeit der Entfernung besteht	AG München 13.4.2017 132 C 17280/16
100	€ 1200● *(€ 1249)*	Eingekapseltes Hämatom in Höhe des distalen Unterarmes mit Resteinblutung, leichte Schädelprellung und leichte HWS-Distorsion	Arbeitsfähigkeit über einen Zeitraum von 4 Monaten, während für die leichte Schädelprellung und die leichte HWS-Distorsion QTF I von einer Ausheilung üblicherweise nach 2–3 Wochen auszugehen ist, und insgesamt keine Spätfolgen zu erwarten sind	Frau		Unter Berücksichtigung der Dauer der medizinisch begründbaren Arbeitsunfähigkeit und der zeitlich deutlich darüber hinausreichenden Schmerzen und Beeinträchtigungen insbesondere durch das eingekapselte Hämatom sowie des Mitverschuldens erscheint dem Senat angesichts der folgenlosen Ausheilung ein Schmerzensgeld von € 1200 angemessen. War die Beifahrerin bei einem Auffahrunfall gerade suchend nach hinuntergefallenen Gegenständen in den Fußraum gebeugt, wodurch der angelegte Sicherheitsgurt seine Schutzfunktion verlor, so kann dies aber wie ein Nichtanlegen des Gurtes zu behandeln sein und die Annahme eines Mitverschuldens i.S.d. §§ 254 Abs. 1 BGB, 9 StVG in Höhe von 40% rechtfertigen, zumindest, wenn sich gerade in der Aufhebung der Schutzfunktion des Gurtes die schweren Verletzungen der Beifahrerin realisierten	OLG München 12.1.2018 10 U 2718/15 juris
101	€ 1500 *(€ 1827)*	Mangelhaft ausgeführte Tätowierung am linken Oberarm		Frau	Oberarmnarbe mit 5 ca. 3–4 cm langen Strängen	Die mangelhafte Arbeitsweise führte zur Verletzung tieferer Hautschichten und zu einer Entzündung mit starker Eiterbildung; zur Entfernung des mangelhaften Tattoos waren 12 Laserbehandlungen mit nicht unerheblichen Schmerzen und Hautreizungen erforderlich	AG Bocholt 24.2.2006 4 C 121/04
102	3000 € 1500 *(€ 2034)*	Risswunde am linken Ellenbogen, multiple Prellungen und Schürfwunden im Bereich der linken äußeren Extremitäten	5 Wochen arbeitsunfähig	Mann		Wegen ⅔ Mitverschulden wurde lediglich ein Schmerzensgeld von DM 1000 (€ 500) zuerkannt	OLG Hamm 23.3.1999 27 U 11/98
103	€ 1500● *(€ 1666)*	Radiusköpfchenfraktur links	3 Monate AU zu 100%, 3 Wochen Gipsverband	Frau		Bei der Bemessung des Schmerzensgeldes hat das Gericht u. a. die Einschränkung der Benutzbarkeit des linken Arms berücksichtigt. Unter Berücksichtigung einer Haftungsquote von 50% wurden € 1500 zugesprochen	AG Osnabrück 31.10.2011 52 C 255/11 (9) RA Horst Schmidt, Osnabrück

● Mithaftung (siehe vorletzte Spalte)

Arm   Urteile lfd. Nr. 104 – 111

Lfd. Nr.	Betrag DM Euro (Anp.2019)	Verletzung	Dauer und Umfang der Behandlung; Arbeitsunfähigkeit	Person des Verletzten	Dauerschaden	Besondere Umstände, die für die Entscheidungen maßgebend waren	Gericht, Datum der Entscheidung, Az., Veröffentlichung bzw. Einsender
		Fortsetzung von »Arm - Sonstige Verletzungen«					
104	3000● €1500 (€1950)	Ellenbogenluxation links mit Ruptur des Seitenbandes	4 Tage Krankenhaus, anschließend 7 Wochen Tragen einer Gipsschiene	Frau	Schmerzhafte Bewegungseinschränkungen des linken Arms mit Einschränkung der Streck- und Umwendefähigkeit des Ellenbogengelenks	50% Mithaftung bei Sturz auf Glatteisfläche	LG Trier 31.8.2001 4 O 126/99 RiLG Specht, Trier
105	€1600 (€2035)	Beckenprellung, Schleimbeutelentzündung, multiple Schnitt- und Schürfwunden an Hüfte, linkem Ober- und Unterschenkel, linkem Unterarm und rechtem Unterschenkel	3 Tage krankgeschrieben	Mann		Erhebliche Schmerzen über Monate; dem steht nicht entgegen, dass sich Kläger nur 3 Tage hat krankschreiben lassen	AG München 27.6.2003 345 C 36053/02 RA Piech, München
106	€2000 (€2514)	Gehirnerschütterung, Gesichtsprellung, Tuberculum majus-Abriss am linken Oberarm	3 Tage stationär, 5 Wochen arbeitsunfähig, 3 Monate intensive Krankengymnastik	Frau	unter 10%		AG Aachen 30.3.2004 10 C 605/03 RiAG Dr. Quarch
107	€2000● (€2514)	Ellbogenquetschung, Schwellungen am rechten Fuß, Abschürfungen im Gesicht	3 Wochen arbeitsunfähig, insgesamt 3 Monate Beschwerden	Motorradfahrer	Bleibende Stirnnarbe	Mithaftung 20% Bei Abheilung der Ellbogenquetschung traten Komplikationen durch einen Abszess auf, was eine ambulante Krankenhausbehandlung und 7 weitere Arztbesuche erforderlich machte. Die Verletzungen am rechten Fuß führten zu lang anhaltenden Schwellungen, weshalb der Kläger wochenlang keine geschlossenen Schuhe tragen konnte. Aufgrund der Gesichtsverletzungen hat der Kläger eine bleibende Narbe auf der Stirn	OLG Stuttgart 16.3.2004 6 U 244/03 Allianz Versicherungs AG
108	€2700 (€2836)	Riss-Quetschwunde am Unterarm links, Hyposensibilität im Bereich des Versorgungsgebiets des Nervus cutaneus antebrachii medialis	3 Tage stationäre Behandlung, 3 Monate Beschwerden, 1 OP	25-jähr. Frau	Deutliche Narbe am linken Unterarm	Die Klägerin war in der Tierarztpraxis als Auszubildende beschäftigt. Bei dem Versuch den Hund der Beklagten auf den Röntgentisch zu drehen, wurde sie gebissen. Es wurde das Regulierungsverhalten der beklagten Versicherung entsprechend gewürdigt	AG Frankenthal 7.7.2016 3a C 66/16 juris
109	€3000 + immat. Vorbehalt (€3014)	Hundebiss (Schäferhund) in den rechten Unterarm, Nervenverletzung	4 Wochen AU, die Wunde wurde genäht, 10 Tage Tragen einer Oberarmgipsschiene		Deutlich sichtbare große Narbe am rechten Unterarm, Sensibilitätsstörung im Verlauf eines Hautnervs		AG Saarlouis 17.6.2019 28 C 894/18 (70)
110	€3500● (€3605)	Starke Prellungen im Bereich des rechten Handgelenks und Armes, Schleudertrauma	3 Monate arbeitsunfähig insb. wegen Verletzung des Armes	Frau		30 % Mithaftung	LG Saarbrücken 27.4.2018 1 O 80/17
111	7500 €3750 (€4978)	Fehlerhafte Operation einer selbstverschuldeten Trümmerfraktur des Radiusköpfchens	8 Monate später Nachoperation, bis dahin andauernde Schmerzen	20-jähr. Frau		Ärztlicher Behandlungsfehler. Die vom Beklagten praktizierte Operationsmethode – nämlich die Implantation einer Prothese nach Judet – stellt keine hinreichende, abgesicherte Alternative dar, denn insoweit gäbe es weder ausreichende nationale noch internationale Langzeituntersuchungen, die einen Erfolg prägen würden. Die angezeigte Operationsmethode wäre eine Resektion des Radiusköpfchens bei Stabilität des Ellbogengelenks gewesen, die weithin eine schmerzfreie Beweglichkeit des Unterarms gewährleistet	LG Göttingen 2.8.2000 8 O 40/97 RAin Oberbrunner-Gimpel, Kassel

58 SchmerzensgeldBeträge - 38. Auflage   ● Mithaftung (siehe vorletzte Spalte)

Urteile lfd. Nr. 112 – 117   Arm

Lfd. Nr.	Betrag DM Euro (Anp.2019)	Verletzung	Dauer und Umfang der Behandlung; Arbeitsunfähigkeit	Person des Verletzten	Dauerschaden	Besondere Umstände, die für die Entscheidungen maßgebend waren	Gericht, Datum der Entscheidung, Az., Veröffentlichung bzw. Einsender
Fortsetzung von »Arm - Sonstige Verletzungen«							
112	€4000 + immat. Vorbehalt (€4317)	Abriss des linken medialen distalen Bizepsköpfchens, Prellung linker Daumen	4 Tage stationäre Behandlung mit einer Operation, insg. 2 Monate und 4 Tage AU zu 100%, 3 Monate physiotherapeutische Behandlung	Mann	8–10 cm lange gut sichtbare Narbe am linken Arm, Taubheitsgefühl im linken Handgelenk	Schmerzensgelderhöhend wirkte sich die verzögerte Schadensregulierung der Beklagten aus. Der endgültige Dauerschaden ist noch nicht absehbar	LG Wuppertal 26.3.2013 4 O 341/12 RAe Hopfgarten, Wuppertal
113	15000 €7500 + immat. Vorbehalt (€9931)	Ausgeprägter Infekt des Ellenbogens nach operativer Entfernung des Radiusköpfchens und Einsetzung einer Prothese mit zwei erforderlichen operativen Resektionen innerhalb von 3 Tagen, wobei bei der zweiten Resektion die Prothese entfernt wurde; infolge der notwendigen Antibiotikabehandlung Pilzinfektion im Genitalbereich	10 Tage intensivmedizinische Behandlung bei insgesamt 5 Wochen Krankenhaus, 10 Monate Reha-Maßnahmen	Frau	Schlechte Narbenbildung am Ellenbogen; MdE: 30%	Nicht gehörige Aufklärung über die beabsichtigte Ellenbogenoperation; Klägerin hätte darauf hingewiesen werden müssen, dass Ellenbogen unter Verzicht auf die Einsetzung einer Prothese hätte versorgt werden können; weitere Operationen und Reha-Maßnahmen möglich	LG Berlin 22.11.2000 1 O 93/99 RAin Meck-Lindermayr, Berlin
114	€7500● + immat. Vorbehalt (€8178)	Bissverletzungen durch Wildschweineber im Bereich des linken Armes, des rechten Mittelfingers, des Gesäßes, des rechten Oberschenkels sowie der Mamilla rechts, wobei eine Läsion des Nervus radialis festgestellt wurde			In Folge der Verletzung des Nervus radialis massiv eingeschränkte Handgelenks- und Fingerbeweglichkeit mit Gefühlsstörung; MdE: 35%	Unter Heranziehung von Vergleichsfällen (OLG Oldenburg vom 9.7.1996 – 5 U 143/95; LG Augsburg vom 25.2.1991 – 9 O 3371/89; LG Essen vom 22.3.1988 – 20 O 216/86) und unter Berücksichtigung des nicht unerheblichen klägerischen Mitverschuldens (25%) ist ein Schmerzensgeldbetrag i.H.v. €7500 angemessen	OLG München 8.8.2012 20 U 1121/12 juris
115	€8000● (€8412)	Abriss der langen Bizepssehne im linken Arm		Selbstständiger Monteur für Fenster und Türen	MdE 10% auf dem allgemeinen Arbeitsmarkt, Kraftminderung, endgradige Funktionsstörung	Mithaftung 30%. Kollision im Kreuzungsbereich mit einem Einsatzfahrzeug (im Einsatz mit Martinshorn) der Polizei. Der Kläger ist insbesondere beim Heben und Tragen schwerer Lasten sowie beim Einbau von Fenstern und Türen erheblich eingeschränkt. Schmerzensgelderhöhend wurde gewertet, dass der Kläger in Freizeitaktivitäten, die den Armeinsatz mit schwereren Lasten erfordern, eingeschränkt ist	LG Bonn 28.9.2016 1 O 454/13 juris
116	25000 €12500 (€16698)	Partielle Gelenkstarre des rechten Arms in der Weise, dass der Arm nicht mehr vollständig gestreckt werden kann		Junger Mann	Beweglichkeit des Ellenbogengelenks rechts ist eingeschränkt, MdE: 20%	Ärztliche Falschbehandlung durch Beklagten, der übersehen hatte, dass sich eine Unterarmknochenfraktur bereits verschoben hatte; Gelenksteife wird sich eher noch verschlechtern	LG Kleve 8.3.2000 2 O 327/99 RAe Dr. Sommer, Hirschelmann, Moritz & Simon, Moers
117	€25000 (€30908)	Traumatische Luxation des rechten Speichenköpfchens		7-jähr. Mädchen, zum Urteilszeitpunkt 13 Jahre alt	Streckhemmung des rechten Unterarms mit Bewegungseinschränkung und vermehrter Valgusstellung, Belastungsschmerzen beim Heben, Tragen und Aufstützen; bei längeren Schreibarbeiten Krämpfe in der rechten Hand; MdE: 25%	Grober ärztlicher Diagnosefehler nach Sturz auf den rechten Arm; nicht gleichzusetzen mit grober Fahrlässigkeit und somit nicht mit einem besonders schwerwiegenden Verschulden des Arztes; primär ist an die Ausgleichsfunktion anzuknüpfen; in sportlichen Aktivitäten erheblich eingeschränkt; von gemeinsamen Aktivitäten mit Gleichaltrigen ausgeschlossen; mit Verschlimmerung des Gesundheitsschadens ist nicht zu rechnen	OLG Zweibrücken 28.5.2005 5 U 6/05 RAe Gebhardt & Koll., Homburg

● Mithaftung (siehe vorletzte Spalte)

Arm

Lfd. Nr.	Betrag DM Euro (Anp.2019)	Verletzung	Dauer und Umfang der Behandlung; Arbeitsunfähigkeit	Person des Verletzten	Dauerschaden	Besondere Umstände, die für die Entscheidungen maßgebend waren	Gericht, Datum der Entscheidung, Az., Veröffentlichung bzw. Einsender
\multicolumn{8}{l}{Fortsetzung von »Arm - Sonstige Verletzungen«}
118	€ 50 000 + immat. Vorbehalt *(€ 52 731)*	Lähmung/Teillähmung des rechten Arms, dissoziative Störung, Antriebsverarmung und depressive Verstimmung		Frau	Siehe Verletzung	Die Verletzungen und Verletzungsfolgen hat das LG berücksichtigt; dabei geht es um die Lähmung/Teillähmung des rechten Arms und die Einschränkung ihrer geistigen Fähigkeiten einschließlich der Minderung der Erwerbsfähigkeit insbesondere im Haushalt. Von Regelwerten, die es bei den schon ungewöhnlichen Verletzungsfolgen der Klägerin ohnehin nicht gibt, ist das LG nicht abgewichen. Es hat sich an den für derartige Sachverhalte und Verletzungen ausweislich der Schmerzensgeldtabellen zuerkannten Beträgen maßvoll orientiert und diese maßvoll erhöht, was im Rahmen der Überprüfung des Ermessens nicht zu beanstanden ist. Darüber hinaus wirken sich auch die besondere Schadensanfälligkeit der Klägerin und die unangemessene Erlebnisverarbeitung mindernd aus	OLG Oldenburg 7.6.2016 8 U 149/14
119	120 000 € 60 000 *(€ 91 816)*	Zirkuläres Weichteil-Dekollement des rechten Unterschenkels und des rechten Unterarms nach Überrolltrauma; ausgedehnte Einblutung in die Bursa olecrani rechts, Bandruptur des distalen Radio-Ulnargelenks rechts; Quetschtrauma des Vor- und Mittelfußes rechts mit Fraktur des Os naviculare und Endgliedfraktur der linken Großzehe	Drei stationäre Aufenthalte von insgesamt 2 Monaten, nach wie vor gymnastische Übungen notwendig, 21 Monate arbeitsunfähig	24-jähr. Filialleiterin	Fortdauernde Schmerzen im rechten Bein, im rechten Arm und im Kreuz bei geringer körperlicher Belastung, Entstellungen am rechten Bein und rechten Arm durch Verlust von Muskelfleisch und Transplantationen	Tatsache, dass Klägerin auch beruflich aus der Bahn geworfen, lange arbeitsunfähig und nur noch eingeschränkt arbeitsfähig und belastbar ist und Umstand, dass ihre dem damaligen Alter entsprechenden optimistischen Zukunftspläne abrupt beendet worden sind, wiegen für einen Menschen im Alter der Klägerin schwer	OLG Frankfurt am Main 11.11.1992 18 U 26/92 RAe Außner & Pfaff, Oberursel
120	€ 65 000 + immat. Vorbehalt *(€ 73 358)*	Posttraumatische Belastungsstörung sowie Morbus Sudeck (CRPS); Schulterluxation	8-jähr. Leidensgeschichte seit dem Unfall	35-jähr. Mann	Fast vollständiger Funktionsverlust des linken Armes; möglicher psychischer Dauerschaden	Nicht absehbare Heilungschancen: der erst 35-jähr. Kläger wird sowohl in seiner Berufsausübung wie auch in seiner Freizeitgestaltung durch die Nichtgebrauchsfähigkeit seines geschädigten linken Arms voraussichtlich auf Dauer erheblich beeinträchtigt sein. Berücksichtigt wurde auch die verzögerte Schadensregulierung (8 Jahre); der Kläger musste eine lange Untersuchungsprozedur über sich ergehen lassen und wurde zudem verdächtigt, sich Leistungen erschleichen zu wollen	OLG Köln 7.12.2010 4 U 9/09 zfs 2011, 259; SP 2011, 218

Weitere Urteile zur Rubrik **»Arm - Sonstige Verletzungen«** siehe auch:
bis € 2500: 943, 345, 2725, 1712, 1717, 1718, 1722, 1723, 1725, 1731, 1740, 1741, 1745, 775, 213, 3031, 776, 2171, 2728, 1776, 1575, 1791, 217, 622, 789, 1385, 1806, 971, 1813, 2732, 1190, 1564, 2737, 1847, 2738, 2741, 1851, 902, 482, 2570, 651, 2743, 1862, 156, 1863, 905
bis € 5000: 492, 1016, 17, 485, 2747, 1517, 20, 833, 1018, 1892, 1612, 1464, 3034, 978, 1042, 1491, 1580, 2757, 2832, 23, 3041, 3086
bis € 12 500: 2809, 1466, 226, 3206, 227, 2345, 2186, 1494, 89, 384, 982, 1527, 2770, 1468, 175, 64, 1568, 3154, 2812, 1922, 3180, 1412, 1927, 1535, 2777, 2191, 33, 1634, 501, 967, 825, 1931, 2624, 1145, 9, 2372, 2218, 565, 1542, 2785, 933, 1645
bis € 25 000: 309, 725, 184, 40, 985, 75, 3164, 76, 2790, 1472, 3184, 2688, 43, 44, 1551, 2815, 2794, 3186, 1664, 1954, 1553, 1589, 2699
ab € 25 000: 269, 413, 1000, 1292, 1419, 1420, 1478, 47, 986, 1959, 1961, 1427, 200, 1004, 423, 2280, 2691, 360, 2286, 611, 1557, 2219, 1437, 2694, 2695, 2981, 2696, 1441, 2697, 1442, 2988, 2612, 614, 3178, 1447, 366, 2604, 2605, 2668, 2204, 7, 1377, 2092

Becken

Lfd. Nr.	Betrag	Verletzung	Dauer	Person	Dauerschaden	Besondere Umstände	Gericht
121	€ 200 ● *(€ 223)*	Beckenprellung mit Hämatombildung, Kontusion des linken Oberschenkels		jugendlicher Mann		Mitverschulden von 50%	AG Osnabrück 20.6.2011 52 C 290/10 RA Horst S. Schmidt, Osnabrück

Lfd. Nr.	Betrag DM Euro (Anp.2019)	Verletzung	Dauer und Umfang der Behandlung; Arbeitsunfähigkeit	Person des Verletzten	Dauerschaden	Besondere Umstände, die für die Entscheidungen maßgebend waren	Gericht, Datum der Entscheidung, Az., Veröffentlichung bzw. Einsender
	Weitere Urteile zur Rubrik »Becken« siehe auch: bis €5000: 2934						
Becken - Bruch							
122	€3000 (€3452)	Doppelter Beckenbruch, offene Wunde am Hinterkopf, Hämatom am rechten Auge	6 Tage Krankenhaus; nach der Entlassung ca. 3 Wochen Gehstützen erforderlich, nach weiteren 1 ½ Monaten beschwerdefrei	Junge		Dem Kläger fiel im Kindergarten ein mangelhaft befestigter Röhrenheizkörper auf das Becken; einfache Fahrlässigkeit des beklagten Installateurs	AG Villingen-Schwenningen 30.7.2009 5 C 30/08 RAe Brugger & Schießle, Villingen-Schwenningen
123	€6136 + immat. Vorbehalt (€7898)	Schambeinfraktur links, Kreuzbeinfraktur	Ca. 3 Wochen stationär, 4 Wochen Anschlussheilbehandlung, 3 Monate lang Fortbewegung mit Krücken bzw. Rollwagen	Frau		Skiunfall. Die knöchernen Verletzungen der Klägerin im Beckenbereich können bereits wegen der Arthrosegefahr zu Komplikationen und Folgeschäden führen	LG Rottweil 28.2.2002 2 O 431/01 RAe Dr. Eser & Koll., Aschaffenburg
124	€6500 (€7569)	Vorderer Beckenringbruch links, Bruch der 4. und 5. Rippe links, Prellungen, 4 Wochen posttraumatische Beschwerden in Form von Alpträumen	11 Tage Krankenhaus, 3 Wochen nicht vollständig in der Lage, den Haushalt zu führen	Hausfrau	Schmerzsymptomatik in der Leistengegend lässt sich medikamentös nicht mehr vollständig aufheben	Verletzung der Verkehrssicherungspflicht; Eisentor wurde mit so viel Schwung geschlossen, dass es über den Stopper hinauslief und auf die Klägerin kippte	LG Paderborn 4.2.2008 2 O 384/06
125	20000 €10000 + immat. Vorbehalt (€13392)	Gehirnerschütterung, Beckenfraktur, Riss des Innenbandes sowie beider Kreuzbänder am linken Knie	Drei Krankenhausaufenthalte von insgesamt 87 Tagen	Mann	MdE: 40%	Beklagter betätigte zu einem Zeitpunkt, als sich der Kläger zwischen der Frontseite des Fahrzeugs und der Garagenwand befand, durch Drehen des Zündschlüssels den Anlasser, obwohl ein Gang eingelegt war, so dass sich das Fahrzeug vorwärts bewegte und den Kläger an die Garagenwand quetschte	LG Hildesheim 21.12.1999 3 O 202/98 zfs 2002, 219 RA Koch, Erfstadt-Liblar
126	20000 €10000 + immat. Vorbehalt (€13358)	Fraktur der 5. und 6. Rippe links, vordere Beckenringfraktur, Fraktur des Sitzbeins und des Schambeins		Frau	Infolge Abheilung der Frakturen des Sitz- und Schambeins in Fehlstellung trat geringer Beckenschiefstand durch Verkürzung des linken Beins ein, starke Schmerzen beim Reiten im Bereich der LWS sowie der linken Gesäßhälfte		OLG Düsseldorf 28.2.2000 1 U 131/99 VersR 2001, 1038
127	€10000● + immat. Vorbehalt (€10578)	Komplette Beckenringfraktur rechts, Fraktur des oberen Schambeinastes mit dislozierter Fraktur des unteren Schambeinastes rechts, Gehirnerschütterung, HWS-Distorsion, kurzeitige Schlafstörungen	11 Tage stationärer Aufenthalt, kurze psychologische Behandlung	14-jähr. Fußgängerin	Wetterfühligkeit, Berührungsempfindlichkeit an der Darmbeinschaufel in Form geringfügiger Schmerzen	Mithaftung 50%. Die Klägerin lief nach dem Aussteigen aus dem Omnibus hinter diesem vorbei, um die Straße zu überqueren, und wurde von einem Kfz erfasst. Schulische Probleme aufgrund der Fehlzeiten. Die Klägerin ist bei Wetterwechsel sowie intensiver körperlicher Beanspruchung auf die Einnahme von Schmerzmitteln angewiesen	LG Passau 29.5.2015 1 O 908/12 gesetze-bayern.de OLG München 23.10.2015 10 U 2231/15

● Mithaftung (siehe vorletzte Spalte)

Becken — Urteile lfd. Nr. 128 – 131

Lfd. Nr.	Betrag DM Euro (Anp.2019)	Verletzung	Dauer und Umfang der Behandlung; Arbeitsunfähigkeit	Person des Verletzten	Dauerschaden	Besondere Umstände, die für die Entscheidungen maßgebend waren	Gericht, Datum der Entscheidung, Az., Veröffentlichung bzw. Einsender
		Fortsetzung von »Becken - Bruch«					
128	€ 12 000 (€ 13 807)	Vordere Beckenringfraktur, commotio cerebri mit multiplen Weichteilverletzungen im Mittelgesicht, Rippenserienfraktur 4–9, Harnwegsinfekt	11 Tage Krankenhaus, die ersten 4 Tage Intensivstation, ambulante Weiterbehandlung bei Unfallchirurgen auf die Dauer von 13 Monaten mit krankengymnastischen Maßnahmen MdE: 2 Monate 100% 8 Wochen 50% 1 Monat 20%	Mann	Sensibilitätsstörung am rechten Gesäß mit einer Minderung der körperlichen Leistungsfähigkeit von 10%		LG Aachen 10.7.2009 7 O 272/07 SP 2010, 12
129	€ 15 000 (€ 16 751)	Sprengung der Schambeinfuge (osteosynthetisch versorgt), unvollständiger Bruch der linken Kreuzdarmbeinfuge (keine operative Behandlung), Verstauchung und Zerrung der Lendenwirbelsäule, zahlreiche Prellungen im Bereich der Beine, im Oberschenkel bildete sich ein Bluterguss mit Lymphansammlung, stumpfes Bauchtrauma	3 stationäre Aufenthalte von über 4 Wochen	Mann			LG Dortmund 29.6.2011 21 O 562/09
130	40 000 € 20 000 + immat. Vorbehalt (€ 26 784)	Doppelte vordere und hintere Beckenringfraktur mit Acetabulumfraktur sowie als mittelbare Unfallfolge Leistenbruch im Bereich der Operationsnarbe mit erforderlicher Entfernung von zwei Leistennerven und von einem Lymphknotenpaket	Insgeamt 10 Wochen Krankenhaus mit 3 Operationen mit Einsetzen einer Vierlochplatte; nach 4 Monaten konnte Beweglichkeit der Hüfte und der Beine langsam wieder gesteigert werden, vorher Fortbewegung nur mit Gehstützen möglich; nach 18 Monaten Metallentfernung; 8 Monate arbeitsunfähig	49-jähr. Lkw-Fahrer	Hüftschmerzen und Bewegungseinschränkungen im linken Hüftgelenk, Taubheitsgefühl im linken Bein	Gefahr der Ausbildung einer posttraumatischen Coxarthrose, welche immer wieder zu starken Schmerzen führen kann; immat. Vorbehalt, da durch die sich abzeichnende Coxarthrose sowie die Einbuße der Beweglichkeit weitere Verschlimmerungen nicht fernliegend sind, die eventuell zurzeit nicht voraussehbare Operationen erforderlich machen	OLG Hamm 15.12.1999 13 U 116/99 SP 2000, 308 RiOLG Zumdick, Hamm
131	€ 22 000 (€ 26 134)	Schädelhirntraum 2. Grades, Lungenkontusion mit Mantelpneumothorax rechts, Leberruptur, Nierenparenchymruptur rechts, instabile LWK 1-Fraktur sowie instabile Typ III Beckenfraktur	5 Tage Lebensgefahr, zunächst 1 Monat Krankenhaus, danach noch mehrere Operationen	Fachabiturientin	MdE: 40%	Schmerzensgelderhöhend wirkte das zögerliche Regulierungsverhalten der Beklagten. Am rechten Hüftgelenk liegt unfallbedingt eine Veränderung im Sinne einer präarthrotischen Deformität vor, die ein frühzeitig einsetzendes Verschleißleiden zu Folge hat. Ferner ist im Hüftbereich nur noch eine eingeschränkte Beweglichkeit gegeben, zudem lässt sich das rechte Bein nur noch bis zu einem Winkel von 45 Grad abklappen. Es verbleiben entstellende Narben im Bereich des linken Beckenkamms, der rechten Gesäßseite und des rechten Oberschenkels	Brandenburgisches OLG 14.6.2007 12 U 244/06 SP 2008, 105 RA Koch, Erftstadt

Lfd. Nr.	Betrag DM Euro (Anp.2019)	Verletzung	Dauer und Umfang der Behandlung; Arbeitsunfähigkeit	Person des Verletzten	Dauerschaden	Besondere Umstände, die für die Entscheidungen maßgebend waren	Gericht, Datum der Entscheidung, Az., Veröffentlichung bzw. Einsender
Fortsetzung von »Becken - Bruch«							
132	50 000 € 25 000 (€ 33 736)	Oberarmfraktur, Fraktur des vorderen Beckenrings beidseits mit Sprengung der Ileosacralfuge links, Unterschenkelstückfraktur rechts, Luxationsfraktur des linken Tibiakopfes, Ausrissfraktur der linken Außenknöchelspitze; Kopfplatzwunde	Mehrmonatiger Krankenhausaufenthalt	78-jähr. Rentnerin		Zögerlicher Heilungsverlauf; zu berücksichtigen ist fortgeschrittenes Alter der Klägerin; Genugtuungsfunktion ist nicht zu berücksichtigen; infolge Mithaftung von 40% wurde lediglich ein Betrag von DM 30 000 (€ 15 000) zugsprochen	LG Braunschweig 2.7.1998 10 O 10/95 RAe Krause u. Weiss, Braunschweig
133	€ 25 000 (€ 29 305)	Beckenbruch rechts, distale Radiusfraktur linksseitig, Schädelbruch, Orbitabodenfraktur rechts, Unterkieferfraktur, Verbrennungen am rechten Oberschenkel	Mehrere operative Behandlungen, u. a. Stabilisierung des Beckenrings mit externer Fixatur, offene Fraktur-Reposition des rechten Jochbeinkörpers, Okklusionssicherung der Unterkieferfraktur, Abtragen einer etwa handgroßen Fläche des verbrannten Gewebes bis zu einer Tiefe von fast 1 cm und das Transplantieren neuen Gewebes; MdE: 2 Monate 100% 2 Wochen 80% 2 1/2 Monate 70% anschließend krankengymnastische Behandlungen	39-jähr. Mann	Erhebliche Narbenbildungen; Schmerzen im Bereich des Jochbeins, des Beckenbereichs, im unteren Rücken und Rumpfbereich bei Seitenlage, schmerzhafte Bewegungseinschränkung im linken Handgelenk	Körperverletzungen anlässlich einer vorsätzlichen Herbeiführung eines Unfalls im Straßenverkehr aus nichtigem Anlass; Genugtuungsfunktion von Bedeutung; nicht schmerzensgeldmindernd ist die rechtskräftige Verurteilung des Beklagten zu berücksichtigen; schmerzensgeldmindernd aber, dass Kläger den Beklagten vor dem Unfallereignis durch erhobenen Mittelfinger provoziert hat; Kläger litt bei dem Unfall unter Todesangst	Saarländisches OLG 27.11.2007 4 U 276/07-93 SP 2008, 257 NJW 2008, 1166
134	50 000 ● € 25 000 + immat. Vorbehalt (€ 33 693)	Beckenringfraktur mit Muskel- und Nervenabrissen, Schambeinbruch, Ellenhakenbruch	5 Wochen Krankenhaus, die erste Woche im Koma, nach 1 Monat nochmals 6 Wochen Klinik, anschließend ambulante Behandlung MdE: 8 Monate 100% 1 Monat 75% nach 1 Jahr wieder arbeitsfähig	31-jähr. Frau	Schmerzen beim Gehen und Laufen, Schwierigkeiten beim Sitzen auf harten Gegenständen, Beschwerden im Gesäß und im Leistenbereich, Minderung der Libido, Persönlichkeitsveränderung, depressive Verstimmungen; MdE: 20–25%	20% Mitverschulden; Klägerin litt nach dem Unfall unter Schlafstörungen und vielen Schmerzen; Metallplatte im Ellenbogen, wo bereits beginnende verformte Änderungen festgestellt worden sind, deren Entwicklung noch abzuwarten ist; weitere unfallbedingte Operationen stehen noch bevor, da ein Knochenstück und Nägel im Körper verrutscht sind; die vor dem Unfall sportlich sehr aktive Klägerin kann nur noch in beschränktem Umfang Bodybuilding ausüben; infolge der Beckenverletzung in absehbarer Zeit nicht möglich, einen Kinderwunsch zu realisieren	LG München II 24.6.1999 9 O 6388/96 bestätigt durch OLG München 7 U 4211/99 RA Siegert, Pullach
135	€ 30 000 (€ 36 832)	Beckenringfraktur (sog. Schmetterlingsfraktur), beidseitige Sacrum-(Kreuzbein-) Fraktur, Acetabulumfraktur rechts, klaffende Symphysen-(Schambeinfugen-) Fraktur, Querfortsatzfraktur am LWK 5 links, Commotio cerebri und stumpfes Lebertrauma	Drei stationäre Aufenthalte von zusammen ca. zwei Monaten, zwei jeweils 3-wöchige stationäre Rehabilitationstherapien, über 200 krankengymnastische und ambulante ärztliche Behandlungen; MdE: über 4 Monate 100% 1 Monat 50% anschließend 20%	17-jähr. Praktikantin im Erziehungsdienst	MdE: 20%	Geschädigte arbeitet inzwischen vollzeitig als Krankenschwester. Sie muss stets auf eine möglichst rückenschonende Arbeitsweise achten und schwere Tätigkeiten vermeiden. Sie ist deutlich eingeschränkt in ihrer Freizeitgestaltung und hat Probleme bei längerem Sitzen oder Stehen; auch ihr Sexualempfinden ist wegen der ständigen Angst vor plötzlich einschießenden Schmerzen im Unterleibsbereich beeinträchtigt; deswegen auch Probleme im psychisch-emotionalen Bereich	LG Konstanz 11.8.2005 2 O 91/03 B RA Metzler, Rottweil

● Mithaftung (siehe vorletzte Spalte)

Lfd. Nr.	Betrag DM Euro (Anp.2019)	Verletzung	Dauer und Umfang der Behandlung; Arbeitsunfähigkeit	Person des Verletzten	Dauerschaden	Besondere Umstände, die für die Entscheidungen maßgebend waren	Gericht, Datum der Entscheidung, Az., Veröffentlichung bzw. Einsender
\multicolumn{8}{l}{Fortsetzung von »Becken - Bruch«}
136	60 000 € 30 000 + immat. Vorbehalt (€ 40 075)	Komplizierter Unterschenkelbruch links, Schienbeinkopfbruch links mit Ausriss des vorderen Kreuzbandes, Rippenserienfraktur der Rippen 6 bis 10 rechts, Fraktur des Os sacrum rechts, Sprengung der Kreuzbein-Darmbeinfuge beidseits, kleinere Absprengungen am hinteren Pfannenring links, Fraktur des vorderen Beckenrings links	2 Monate Krankenhaus, 6 Wochen Reha-Klinik, 1 Jahr und 4 Monate ambulante Behandlung	51-jähr. Reisekauffrau	Beinverkürzung links um 1,5 cm; beginnende Arthrose; MdE: 25%	Infolge Mithaftung von 50% wurde lediglich ein Betrag von DM 30 000 (€ 15 000) zugesprochen	KG Berlin 13.4.2000 12 U 7999/97 RiKG Philipp
137	€ 30 000 + immat. Vorbehalt (€ 34 111)	Hüftpfannenquerbruch	Der Geschädigte musste den von ihm maßgeblich geführten Hof aufgegeben	49-jähr. Mann	Präarthrotische Deformität mit andauernden Schmerzen	Die Aufgabe des vom Geschädigten geführten Hofs stellte einen seinem Alter nicht entsprechenden Einschnitt dar. Trotz der vom Sohn bezahlten Leibrente ist die Tatsache, dass der Geschädigte ein eigenes Einkommen nur noch mit dem Austragen von Zeitungen erzielt, ein erheblicher Verlust, der Schmerzensgeld erhöhend wirkt. Kommt hinzu, dass der Geschädigte, der vor dem Unfall wegen arthrotischer Beschwerden nicht in Behandlung war, sich laufend in ärztliche Behandlung begeben muss und leidet er überdies an immer stärker werdenden Schmerzen im Sprunggelenk, die nur durch die tägliche Einnahme von 2 bis 3 Schmerztabletten auszuhalten sind und ihm seine früheren sportlichen Betätigungen unmöglich machen, sind die unfallbedingten Beschwerden des Geschädigten so schwer wiegend, dass die Lebensgestaltung erheblich beeinträchtigt wird	OLG München 29.10.2010 10 U 3249/10 OLG Report Süd 47/2010 Anm. 6
138	€ 55 000 (€ 61 226)	Vorderer Beckenringbruch, Beckenschaufelbruch links, Steißbeinbruch links, außenseitiger Schienbeinkopfbruch links, Leistenbruch links, Prellungen und Schürfungen, Verletzung des Wadenbein- und Ischiasnervs	Insgesamt 4 Operationen, insgesamt 7 Wochen stationäre Behandlung über eine Dauer von ca. 2 Jahren, viele Wochen war die Klägerin auf einen Rollstuhl und Gehilfen angewiesen	46-jähr. Frau	Fußheberschwäche links, dauerhaftes Tragen einer Peronaeusschiene, Einschränkung in der Mobilität	Bei der Bemessung des Schmerzensgeldes wurde u. a. die langwierige Heilbehandlung sowie das relativ junge Alter der Klägerin berücksichtigt, welche Mutter von 2 Kindern ist und mit diesen die Freizeitaktivitäten nicht so ausleben kann wie andere. Ferner bestehen Einschränkungen im Alltagsleben wie z. B. beim Treppensteigen und in der Haushaltsführung. Nicht zu verkennen ist die Tatsache, dass mit sehr hoher Wahrscheinlichkeit in den nächsten Jahren der Einsatz eines künstlichen Hüftgelenks notwendig sein wird und die vorhandenen Beschwerden sich noch verstärken werden	LG Dortmund 1.8.2011 21 O 150/09 RA Christian Koch, Dortmund

● Mithaftung (siehe vorletzte Spalte)

Lfd. Nr.	Betrag DM **Euro** *(Anp.2019)*	Verletzung	Dauer und Umfang der Behandlung; Arbeitsunfähigkeit	Person des Verletzten	Dauerschaden	Besondere Umstände, die für die Entscheidungen maßgebend waren	Gericht, Datum der Entscheidung, Az., Veröffentlichung bzw. Einsender
\multicolumn{8}{l}{Fortsetzung von »Becken - Bruch«}							
139	€ 60 000 + immat. Vorbehalt *(€ 73 495)*	Instabile Beckenfraktur des Typs C mit Sprengung des Ileosakralgelenks, laterale Steißbeinfraktur rechts, Symphysensprengung, Harnröhrenruptur, Verlust der Erektionsfähigkeit, gedecktes Schädelhirntrauma mit Platzwunde im Stirnbereich	Mehrere stationäre Aufenthalte von ca. 2 ½ Monaten, 3 Wochen künstlicher Tiefschlaf, Heilverlauf verzögert durch Ausbildung eines paravesikalen Abszesses mit Blasenfistel und Auftreten eines Harnwegsinfekts	57-jähr. Mann	MdE: 40%	Gefühlsstörungen am Penis und Verlust der Erektionsfähigkeit, vermehrter Blasendrang, Teilschädigung des linken Beinnervengeflechts mit Schwäche des linken Beins und Gefühlsstörungen an der Außenseite des linken Unterschenkels und des linken Fußrückens, Teilschädigung des Ellennerves mit Gefühlsstörungen am Ring- und kleinen Finger der linken Hand, endgradig eingeschränkte Beugefähigkeit des rechten Hüftgelenks. Es ist gerichtsbekannt, dass die Ausübung der Sexualität auch für Männer über 50 Jahre einen hohen Stellenwert hat. Es kann jedoch nicht außer Acht bleiben, dass der Kläger als über 50-Jähriger anders als ein Junge ein Gutteil seines Lebens hinter sich hat. Trotz seiner Behinderungen ist der Kläger in seinem Beruf voll tätig	LG Stuttgart 21.10.2005 27 O 290/05 RAe Pitz & Ellinger, Stuttgart
140	€ 60 000 *(€ 65 020)*	Vordere und hintere Beckenringzerreißung (instabile Beckenfraktur Typ C), hohe Schambeinastfraktur rechts, Kopfplatzwunde an der Stirn, Beschädigungen an den Zähnen und Hämatome am Körper	19 Tage stationäre Behandlung. In einer ersten Operation erfolgte eine geschlossene Reposition mit Anlage des Fixateur externe (Beckenzwinge) sowie eine Versorgung der Kopfplatzwunde. In einer zweiten Operation erfolgte eine offene Reposition und Plattenosteosynthese des Illiosakralgelenkes rechts und des vorderen Beckenrandes; anschließend fast 4 Wochen Reha	20-jähr. Frau	MdE von 20%	Der Senat folgt dem LG auch darin, dass vorliegend aufgrund der von dem LG berücksichtigten Umstände ein Schmerzensgeld von € 60 000 angemessen ist. Das LG hat auch die beeinträchtigte Lebens- und Studienplanung, gynäkologische Folgen sowie ein zögerliches Regulierungsverhalten zu Recht berücksichtigt. Die erheblich verletzte Klägerin war zum Unfallzeitpunkt 20 Jahre alt und muss mit den Folgen der Verletzung (u. a. Schmerzen, MdE von 20%, weitere psychotherapeutische Behandlungen) sowie der Sorge um sich daraus ergebende weitere Folgen lange Zeit leben. Die Dauer und der Erfolg einer Behandlung der als Folge des Verkehrsunfalls aufgetretenen posttraumatischen Belastungsstörung sind ebenfalls ungewiss. Die psychische Erkrankung belastet die Klägerin zweifellos zusätzlich. Schließlich ist auch das Maß des Verschuldens des Beklagten zu 1. zu berücksichtigen. Anders als die Klägerin kannte er die Alkoholmenge und hätte daher ohne Weiteres erkennen müssen, dass er erheblich den Grenzwert für die absolute Fahruntüchtigkeit überschritten hatte. Ferner hatte er die Bitte der Klägerin, langsamer zu fahren, ignoriert und seine riskante Fahrweise führte ohne Fremdbeteiligung zu dem Unfall	KG Berlin 28.2.2013 22 U 209/12 RAe Möllers, Stralsund

● Mithaftung (siehe vorletzte Spalte)

Becken | Urteile lfd. Nr. 141 – 145

Lfd. Nr.	Betrag DM Euro (Anp.2019)	Verletzung	Dauer und Umfang der Behandlung; Arbeitsunfähigkeit	Person des Verletzten	Dauerschaden	Besondere Umstände, die für die Entscheidungen maßgebend waren	Gericht, Datum der Entscheidung, Az., Veröffentlichung bzw. Einsender

Fortsetzung von »Becken - Bruch«

| 141 | 120 000 € 60 000 (€ 79 650) | Erstgradig offene Oberschenkelfraktur links, Patellafraktur links, trimalleoläre OSG-Fraktur links, vordere Beckenringfraktur rechts, Kreuzbeinfraktur rechts, Radiusfraktur rechts, vordere und hintere Kreuzbandruptur rechts, stumpfes Bauchtrauma sowie multiple Hautabschürfungen | 14 Tage Koma, 2 Monate Krankenhaus, zahlreiche stationäre Nachbehandlungen, teilweise mit weiteren Operationen | 19-jähr. Bankkauffrau | Posttraumatische Hüftkopfnekrose sowie posttraumatische Arthrose des linken Sprunggelenks; entstellende Narben | Umschulung notwendig. Wegen der Narben kann Klägerin im Sommer keine kurzen Kleidungsstücke tragen. In die Schmerzensgeldbemessung ist auch eingeflossen, dass die beklagte Versicherung außergerichtlich nur DM 20 000 (€ 10 000) gezahlt hat, obgleich es aufgrund der Verletzungen auf der Hand lag, dass ein erheblicheres Schmerzensgeld als angemessen in Betracht kam | Schleswig-Holsteinisches OLG 24.8.2000 7 U 176/99 RA Triskatis, Pinneberg |

Weitere Urteile zur Rubrik »Becken - Bruch« siehe auch:
bis € 2500: 3273
bis € 12 500: 26, 1524, 2240, 1195
bis € 25 000: 1164, 42, 683, 503, 81, 1274, 1095
ab € 25 000: 1001, 1371, 274, 198, 333, 335, 2963, 2964, 426, 739, 1558, 340, 3177, 1009, 1210, 2265, 1314, 1559, 2985, 1375, 2998, 1012, 3000, 3004, 366, 3010, 3011, 1979, 3013, 1984, 2639, 3018, 1252

Becken - Sonstige Verletzungen

142	€ 2000 (€ 2416)	Beckenprellung	Knappe zwei Monate erhebliche Beschwerden	79-jähr. Frau		Verletzung der Verkehrssicherungspflicht durch Inhaberin einer Imbissstube. Klägerin rutschte auf spiegelglatter Eisplatte aus. Sie hatte insbesondere beim Hinsetzen und beim Wiederaufstehen erhebliche Schmerzen im Bereich der Lendenwirbelsäule, ebenso bei jedem Schritt	AG Neu-Ulm 21.8.2006 2 C 929/06 Versäumnisurteil RA Wolfinger, Senden
143	25 000 € 12 500 (€ 16 783)	Präsakrales Druckgeschwür 4. Grades mit einem Durchmesser von ca. 17 cm und einer Tiefe von ca. 6 cm im Gesäßbereich; Wirbelsäule teilweise freiliegend	Sehr langsame Heilung	70-jähr. Mann	Schmerzhaftigkeit beim Sitzen und Gehen	Grober Pflegemangel im Krankenhaus; Schmerzensgeld liegt an der unteren Grenze des Angemessenen	OLG Köln 4.8.1999 5 U 19/99 VersR 2000, 767 NJW-RR 2000, 1267
144	75 000 € 37 500 (€ 50 927)	Chronische Ischialgien beidseits; chronischer Beckenschiefstand; Minderbelastbarkeit der verkrümmten LWS; Schiefstand des rechten Fußes		Bankkaufmann	Verletzungen haben sich als Dauerschäden manifestiert; Hüft- und Kreuzschmerzen, Schmerzen im linken Knie, Schmerzen auch beim Sitzen und Gehen; arbeitsunfähig	Kläger wurde nach einer Bandscheibenoperation im Wege einer perkutanen Nukleotomie vom Beklagten nicht darauf hingewiesen, dass bei der längeren Heimreise mit einem Pkw 3 Tage nach der Operation zur Unterstützung der Wirbelsäule Kissen hätten fachgerecht untergelegt werden müssen	OLG Frankfurt am Main 13.10.1998 8 U 70/98 VersR 1999, 1544

Weitere Urteile zur Rubrik »Becken - Sonstige Verletzungen« siehe auch:
bis € 2500: 658, 1771, 152, 621, 842, 1813, 1255, 844, 105, 901, 1847, 974, 482, 958, 222, 1861
bis € 5000: 3136, 517, 1890, 1263, 1616, 24, 1906
bis € 12 500: 1909, 854, 3153, 305, 127, 1270
bis € 25 000: 3162, 985, 3163, 683
ab € 25 000: 134, 283, 1375

Bein (siehe auch unter „Amputation")

| 145 | € 4500 + immat. Vorbehalt (€ 4672) | Oberschenkelprellung, Schürfwunde rechter Unterschenkel, Distorsion des vorderen Kreuzbandes, Teilläsion des hintern Kreuzbandes, Muskelverletzung sowie Knorpelläsion am rechten Knie, Innenmeniskusriss und Bone Bruise im Bereich des Knies | 2 Tage in stationärer Behandlung, zunächst auf der Intensivstation, dann auf der Normalstation, danach 10mal krankengymnastische Übungen. AU fast 2 Monate | Mann | Anhaltende Instabilität des linken Kniegelenks | Aufgrund des Verkehrsunfalles sieht das Gericht unter Berücksichtigung vergleichbarer Entscheidungen ein Schmerzensgeld von insgesamt € 4500 für angemessen | LG Nürnberg-Fürth 20.2.2018 2 O 8654/16 RA von Mammen, Kanzlei Hofbeck, Buchner und Collegen, Nürnberg |

Lfd. Nr.	Betrag DM Euro (Anp.2019)	Verletzung	Dauer und Umfang der Behandlung; Arbeitsunfähigkeit	Person des Verletzten	Dauerschaden	Besondere Umstände, die für die Entscheidungen maßgebend waren	Gericht, Datum der Entscheidung, Az., Veröffentlichung bzw. Einsender
Fortsetzung von »Bein«							
146	€6000 + immat. Vorbehalt (€6638)	Lymphödem am linken Bein, Riss- und Schürfwunden, Prellungen	5 Wochen AU zu 100%	48-jähr. Mann	MdE 10% Umfangsvermehrung des linken Beins	Der Kläger stürzte bei dem Unfall von seinem Roller. Bei der Bemessung des Schmerzensgeldes hat das Gericht u. a. berücksichtigt, dass bei regelmäßigem Tragen des Kompressionsstrumpfes und Lymphdrainagen eine Besserung möglich ist	LG Aurich 20.12.2011 5 O 890/10 RA Warfsmann, Hagen
147	€7000● + immat. Vorbehalt (€7471)	Schwere Frakturen des linken Beins, Gesichts- und Augenverletzung, Wundheilungsstörungen	Mehrere Krankenhausaufenthalte und Behandlungen	72-jähr. Frau		Das der Klägerin zustehende Schmerzensgeld beläuft sich nach zutreffender Bemessung durch das LG auf €7000. Angesichts der schweren Frakturen des linken Beins, der Gesichts- und Augenverletzung, der Wundheilungsstörungen sowie der mehrmaligen mehrwöchigen Krankenhausaufenthalte wäre ein Schmerzensgeld in einer Größenordnung von €20000 angemessen. Dieses orientiert sich in der Rechtsprechung an den, wenn auch nicht in jeder Hinsicht vergleichbaren, so doch in ähnlichen Fällen ausgeurteilten Beträgen. Da bei der Bemessung des Schmerzensgeldes auch das erhebliche Mitverschulden der Klägerin von 2/3 zu berücksichtigen war, ist ein Betrag von €7000 als ausreichend anzunehmen um die unfallbedingten immateriellen Nachteile auszugleichen	OLG Naumburg 12.3.2014 12 U 161/13
148	€50000 + immat. Vorbehalt (€55895)	Osteomyelitis sowie Fehlstellung des rechten Fußes aufgrund eines Behandlungsfehlers	Zunächst gesamt 6 Wochen stationärer Aufenthalt, anschließend zahlreiche diverse stationäre und ambulante Nachbehandlungen	Mann	Chronische Osteomyelitis, starke Einschränkung im Gebrauch des rechten Beins, Fehlstellung des rechten Fußes	Im Krankenhaus der Beklagten erfolgte keine ausreichende Wundkontrolle, welche u. a. auch nicht dokumentiert wurde, was die Bildung von Nekrosen förderte. Eine notwendige Operation erfolgte erst einige Tage zu spät. Aufgrund der Versäumnisse der Beklagten bei der Behandlung der Nekrosen, welche schließlich zu einer Osteomyelitis im rechten Fuß geführt haben, hat diese für den Behandlungsfehler einzustehen. Bei der Bemessung des Schmerzensgeldes wurde u. a. berücksichtigt, dass auch eine Unterschekelamputation oder zumindest eine Amputation der 5. Zehe rechts im Raum stand. Auch wurde berücksichtigt, dass der Kläger bei ordnungsgemäßer Behandlung ebenfalls mit Einschränkungen hinsichtlich des rechten Beins hätte leben müssen, jedoch nicht in dem nunmehrigen Umfang und nicht mit einer Osteomyelitis	LG Aurich 29.3.2011 5 O 843/08 RAe Ciper & coll., Witten

Weitere Urteile zur Rubrik »**Bein**« siehe auch:
bis €12500: 2462
ab €25000: 3011, 3015

● Mithaftung (siehe vorletzte Spalte)

Bein - Prellungen, Blutergüsse und allg. Verletzungen

Lfd. Nr.	Betrag DM Euro (Anp.2019)	Verletzung	Dauer und Umfang der Behandlung; Arbeitsunfähigkeit	Person des Verletzten	Dauerschaden	Besondere Umstände, die für die Entscheidungen maßgebend waren	Gericht, Datum der Entscheidung, Az., Veröffentlichung bzw. Einsender
149	€150● (€160)	Prellungen an den Beinen, am Rücken und an den Händen, Hämatome an den Unterschenkeln		Fahrradfahrerin		Mitverschulden 50%. Die Klägerin nutzte den ausgeschilderten Fußweg unzulässig als Fahrradweg und kollidierte mit dem Beklagtenfahrzeug, welches aus einer Tiefgarage fuhr. Dass die Klägerin das geänderte Nutzungsschild des Wegs nicht sah, lässt nur den Schluss zu, dass sie lediglich fahrlässig handelte, nicht jedoch den Schluss, dass sie ohne Verschulden handelte	AG Offenbach 28.3.2014 39 C 112/13 RA Nicolas Eilers, Groß-Gerau
150	€250 (€263)	Prellungen bei Verkehrsunfall		Mann		Mit €250 liegt das Schmerzensgeld noch im unteren Bereich der in vergleichbaren Fällen von der Rechtsprechung zuerkannten Beträge. Zwar war zugunsten des Klägers zu berücksichtigen, dass ihn an dem Unfall keinerlei Verschulden traf. Allerdings war hier letztlich ausschlaggebend, dass es sich um keine besonders schweren Prellungen handelte, welche bereits mittels Einnahme von Ibuprofen 600, eines nicht sonderlich starken Medikaments in mittlerer Dosierung, so gut zu therapieren waren, dass der Kläger weitgehend beschwerdefrei war, und welche auch nur ca. 2 Wochen anhielten	OLG München 8.7.2016 10 U 3138/15 juris
151	€500 (€525)	Hämatom und Schmerzen am linken Schienbein, Schmerzen im linken Innenknöchel	1 Woche Beschwerden	Polizeiobermeister		Der Beklagte trat vorsätzlich den uniformierten Kläger in Ausübung seiner Dienstpflicht, wodurch dieser noch ins Straucheln geriet und sich den linken Fuß vertrat	AG Aschaffenburg 20.2.2017 122 C 1647/16 RAe Dr. Häcker & Kollegen, Aschaffenburg
152	€1000 (€1161)	Rückenprellung, Beckenprellung, Kreuzdarmbeinfugenprellung, Prellung beider Unterschenkel sowie Prellung und Distorsion des rechten Sprunggelenks	MdE: 1 Woche 100% 1 Woche 30% 2 Wochen 20% 2 Wochen 10%	Frau		Wegen Mithaftung von 30% wurde lediglich ein Schmerzensgeld i.H.v. €700 ausgesprochen	AG Solingen 22.4.2008 13 C 93/07 RA Koch, Erftstadt

● Mithaftung (siehe vorletzte Spalte)

Lfd. Nr.	Betrag DM Euro (Anp.2019)	Verletzung	Dauer und Umfang der Behandlung; Arbeitsunfähigkeit	Person des Verletzten	Dauerschaden	Besondere Umstände, die für die Entscheidungen maßgebend waren	Gericht, Datum der Entscheidung, Az., Veröffentlichung bzw. Einsender

Fortsetzung von »Bein - Prellungen, Blutergüsse und allg. Verletzungen«

Lfd. Nr.	Betrag	Verletzung	Dauer und Umfang	Person	Dauerschaden	Besondere Umstände	Gericht
153	€ 1000● (€ 1051)	Haftungsverteilung bei Radfahrerunfall: Kollision eines den Radweg in falscher Richtung befahrenden Radfahrers mit einem Pkw beim Einfahren auf die Straße		Frau		Der Senat beziffert nach eigenständiger Überprüfung und Bewertung unter Würdigung sämtlicher Umstände des Einzelfalls das vorliegend angemessene Schmerzensgeld auf insgesamt € 1000. Dabei wurden sämtliche vom Erstgericht festgestellten und verwerteten Umstände und die Rechtsprechungspraxis des Senats berücksichtigt, wonach bei der Schmerzensgeldbemessung eine Kleinlichkeit ebenso zu vermeiden ist wie die letztlich nicht begründbare Abänderung erstinstanzlicher Entscheidungen um Kleinbeträge. Die tatsächlichen Umstände sind zwischen den Parteien nicht streitig und für das Berufungsverfahren bindend festgestellt. Zusätzlich musste in die Bemessung das gegenüber der Sicht des Erstgerichts wesentlich erhöhte Mitverschulden eingestellt werden, kann jedoch die schwergewichtige Bedeutung, die ihm die Beklagten zumessen wollen, nicht gewinnen. Denn damit würde der zu zahlende Betrag demjenigen angenähert, der sich nach einer – bei Ansprüchen wegen immaterieller Schäden nicht statthaften – Kürzung entsprechend der Haftungsquote ergäbe	OLG München 5.8.2016 10 U 4616/15 juris, zfs 2017, 260
154	€ 1200 (€ 1489)	Mittelschwere Prellungen und Distorsionen am linken Bein und rechter Hand	MdE: 4 Tage 100% 3 Tage 80% 12 Tage 50% 3 Tage 30% 13 Tage 20% für weitere 2 bis 3 Wochen 10%	Fitnesstrainer			LG München I 2.2.2005 19 O 10457/02 RA Krumbholz, München
155	€ 1250 (€ 1276)	Multiple Prellungen (rechte Hüfte, rechter Oberschenkel mit Hämatom, Thorax rechts, rechtes Knie)	Keine AU, letzte Untersuchung 5 Wochen nach dem Unfall, mehrere Wochen Schmerzmittel	Fahrradfahrerin		Grob fahrlässige Verursachung durch die Beklagte. Die Klägerin war über 2 Monate in der Verrichtung der alltäglichen Dinge stark eingeschränkt und hatte Probleme beim Schlafen	AG Saarlouis 18.6.2018 28 C 388/18 (70)
156	€ 2250 (€ 2471)	Multiple Prellungen und Schürfungen an Beinen, Armen, Brust und am Kopf	3-monatige Bewegungseinschränkung der Arme	Älterer Mann, Fahrradfahrer		Es wurde besonders das bereits hohe Alter des Klägers (Radsportler) berücksichtigt sowie die Tatsache, dass er nunmehr nicht mehr 30 km täglich mit dem Fahrrad fahren könne, sondern nur noch 10 bis 20 km. Dies stellt eine Einschränkung der Lebensqualität dar	AG Köln 8.6.2012 274 C 308/11 RA Wolfgang Koch, Erftstadt
157	4500 € 2250 (€ 2983)	Kontusionen beider Beine, Schürfwunden, Unterblutungen am rechten Unterschenkel, HWS-Distorsion	5 Tage ambulante Behandlung	Frau		Schwangere Klägerin hatte ernste Sorge um das ungeborene Kind; Unfall der gerade vermählten Klägerin ereignete sich auf der Fahrt vom Standesamt zur Hochzeitsfeier, die von ihr nur zu einem Bruchteil miterlebt werden konnte, da sie bis zum Abend im Krankenhaus zur Beobachtung bleiben musste; Erinnerung an die Hochzeit wird stets mit dem Unfallereignis und dessen Folgen verbunden bleiben	LG Görlitz 25.10.2000 4 O 116/00 RA Koch, Erftstadt

● Mithaftung (siehe vorletzte Spalte)

Lfd. Nr.	Betrag DM Euro (Anp.2019)	Verletzung	Dauer und Umfang der Behandlung; Arbeitsunfähigkeit	Person des Verletzten	Dauerschaden	Besondere Umstände, die für die Entscheidungen maßgebend waren	Gericht, Datum der Entscheidung, Az., Veröffentlichung bzw. Einsender
		Fortsetzung von »Bein - Prellungen, Blutergüsse und allg. Verletzungen«					
158	5000 € 2500 + immat. Vorbehalt (€ 3545)	Erhebliche Hämatome am linken Unter- und Oberschenkel mit operativer Entfernung des Hämatoms am Unterschenkel	10 Wochen arbeitsunfähig	Frau	Narben	Anfänglich sehr schmerzhafte Verletzung; außerordentlich leichtfertiges Verhalten der Mitarbeiter der Beklagten (Verletzung der Verkehrssicherungspflicht); möglicherweise dauerhafte Venenentzündung	LG Zwickau 21.2.1995 3 O 209/93 RAe Harrer, Krevet, Seidler & Partner, Meerane
159	6000● € 3000 (€ 4008)	Klaffende Risswunde am linken Kniegelenk, Weichteilverletzung am linken Bein, Dekollement (Quetschung) sowie Störung der Sensibilität	3 Tage stationär; MdE: knapp 2 Monate 100%	Mann	30 cm lange, dauerhaft verfärbte Narbe	Da nicht erwiesen ist, dass der Kläger mit seinem Krad die zulässige Höchstgeschwindigkeit um mehr als 5 km/h überschritten hat, geht das Gericht davon aus, dass dem Kläger allenfalls ein leichtes Mitverschulden trifft. Dies ist bei der Schmerzensgeldbemessung zu berücksichtigen, führt allerdings nicht zu einer wesentlichen Verringerung der Schmerzensgeldhöhe	AG Dresden 22.3.2000 110 C 11477/99 RAe Ried, Schäckel & Koll., Dresden
160	€ 4000 (€ 4261)	Schwere Kontusion des rechten Kniegelenks mit Knorpelschädigung		Mann		Aufgrund der Anhörung des Widerklägers vor dem Senat ist dieser der Überzeugung, dass der Kläger bei starker Belastung, etwa längerem Stehen auf einer Leiter oder längerer Autofahrt, auch heute noch unter leichten Schmerzen im Kniegelenk leidet. Der Sachverständige führte aus, dass bei der klinischen Untersuchung fünf Jahre nach dem Unfall keinerlei funktionelle Einschränkungen bestanden und auch keine arthrotische Entwicklung eingetreten war, die Schmerzen – von deren Vorhandensein der Senat aufgrund der Angaben des Klägers überzeugt ist – aber wahrscheinlich dem Unfall zuzuordnen sind (§ 287 ZPO). Der Senat hält daher ein Schmerzensgeld von insgesamt € 4000 für angemessen	OLG München 20.11.2015 10 U 1426/15 juris

Weitere Urteile zur Rubrik »Bein - Prellungen, Blutergüsse und allg. Verletzungen« siehe auch:
bis € 2500: 944, 1730, 215, 1386, 1154, 1190, 3131, 1823, 1514, 1833, 900, 1851
bis € 5000: 485, 246, 1018, 2755, 3041, 1592, 1391
bis € 12500: 2759, 1527, 1568, 3049, 229, 966, 1499, 2368, 1145, 570, 1542
bis € 25000: 318
ab € 25000: 84, 1307, 1136, 140, 2425, 1445, 2605, 1454, 2678

Bein - Knie

Lfd. Nr.	Betrag	Verletzung	Dauer und Umfang der Behandlung	Person	Dauerschaden	Besondere Umstände	Gericht
161	€ 10 000 + immat. Vorbehalt (€ 10 727)	Tibia-Mehrfragmentfraktur mit ausgeprägter Defekt-/Trümmerzone des lateralen Tibiaplateaus des linken Kniegelenks nach Verkehrsunfall	13 Tage stationär im Krankenhaus; Operation, bei der die Gelenkfläche partiell aufgerichtet und mit einer implantierten Platte stabilisiert wurde. Nach der Entlassung 1 Woche auf den Rollstuhl angewiesen, danach 4 Monate Fortbewegung an Unterarmgehstützen; im Anschluss 4-wöchige stationäre Behandlung in einem Reha-Zentrum	Frau	Bewegungseinschränkungen im linken Kniegelenk; Eintritt einer Arthrose mit möglichem Einsatz eines künstlichen Hüftgelenks nicht auszuschließen	Bei der Bemessung des Schmerzensgeldes ist in erster Linie dessen Ausgleichsfunktion zu beachten. Insoweit kommt es auf die Höhe und das Maß der Lebensbeeinträchtigung an. Maßgeblich sind Größe, Heftigkeit und Dauer der Schmerzen, Leiden, Entstellungen und psychischen Beeinträchtigungen, wobei Leiden und Schmerzen wiederum durch die Art der Primärverletzung, die Zahl und die Schwere der Operationen, die Dauer der stationären und der ambulanten Heilbehandlungen, den Zeitraum der Arbeitsunfähigkeit und die Höhe des Dauerschadens bestimmt werden	Brandenburgisches OLG 14.1.2016 12 U 160/14 juris

Urteile lfd. Nr. 162 – 163 — Bein

Lfd. Nr.	Betrag DM Euro (Anp.2019)	Verletzung	Dauer und Umfang der Behandlung; Arbeitsunfähigkeit	Person des Verletzten	Dauerschaden	Besondere Umstände, die für die Entscheidungen maßgebend waren	Gericht, Datum der Entscheidung, Az., Veröffentlichung bzw. Einsender
\multicolumn{8}{l}{**Fortsetzung von »Bein - Knie«**}
162	€ 20 000 (€ 21 347)	Verkehrsunfall; Radfahrerin die von Pkw angefahren wurde: massive Prellungen der Hüfte, des Beckens, eine Distorsion des rechten oberen Sprunggelenks, diverse Schürfwunden sowie ein Schienbeinkopfmehrfragmentbruch	Fraktur mittels winkelstabiler Plattenosteosynthese unter Einsetzung von keramischem Knochenersatzmaterial operativ versorgt. Ca. 1 Jahr später Einsetzung einer Kniegelenksendoprothese. Erstbehandlung: ca. 14 Tage; Folgebehandlung: ca. 14 Tage; ca. 4 Wochen Reha im Anschluss	Frau	Eine 23 cm lange und eine ca. 18,5 cm lange Narbe am rechten Knie	Vordiagnose: unfallunabhängige Arthrose in beiden Kniegelenken, die bereits 1995/1996 eine Arthroskopie erforderlich gemacht hatte; die Kniegelenksendoprothese hätte ohne den Unfall ebenfalls wegen des fortschreitenden Verschleißprozesses, wenn auch 2–3 Jahre später, eingesetzt werden müssen. Schmerzensgeldanspruch wegen der Beschwerdefreiheit im Unfallzeitpunkt bis zur erfolgreichen Prothesenversorgung	OLG Hamm 13.6.2014 9 U 201/13 juris
163	€ 50 000 (€ 51 805)	Komplexe Kniebandverletzungen beidseitig mit Kreuz- und Seitenbandverletzungen, knöchernen Abrissen an beiden Kniegelenk, Mittelhandbrüche (eine MCZ-Fraktur rechts, distalen Radiusfraktur links, Multiple MC2-4-Frakturen links), eine Zeigefingermittelgliedfraktur links sowie weitere Prellungen und Schürfwunden	Mehrwöchige stationäre Behandlung mit 5 OPs. Fast sechs Monate 100% AU	28-jähr. Mann	Anhaltende Instabilität der Kniegelenke und Bewegungseinschränkung des linken Handgelenks	Dem Kläger steht ein Anspruch auf Zahlung eines über die ihm vorgerichtlich gewährte Leistung von € 50 000 hinausgehenden Schmerzensgeldes gegen die Beklagten nicht zu. Für die Bemessung der Schmerzensgeldhöhe hat der Senat insbesondere die Tatsache berücksichtigt, dass der Kläger bei dem Unfallereignis ganz erhebliche Verletzungen, vor allem im Bereich beider Knie und der Handgelenke erlitten hat, die zahlreiche operative Eingriffe erforderlich gemacht und zu mehrmaligen stationären Aufenthalten in einem Krankenhaus geführt und über einen langen Zeitraum zu beträchtlichen Einschränkungen in seiner Mobilität geführt haben. Nicht unberücksichtigt bleiben konnten auch die psychischen Folgen, die durch das Unfallgeschehen hervorgerufen wurden und die – zusammen mit den körperlichen Beeinträchtigungen – zu einer deutlichen Minderung der Lebensqualität bei dem im Zeitpunkt des Unfalls erst 28-jähr. Kläger geführt haben. Diese immateriellen Folgen sind mit dem von der beklagten Versicherung gezahlten Schmerzensgeld von € 50 000 angemessen berücksichtigt, selbst wenn man die von den Beklagten bestrittenen Behauptungen, wonach die Beweglichkeit der verletzten Gliedmaßen auch aktuell noch nicht vollständig wiederhergestellt ist, als zutreffend unterstellt	OLG Koblenz 10.7.2017 12 U 93/16

Weitere Urteile zur Rubrik »**Bein - Knie**« siehe auch:
bis € 12 500: 2582, 1508
ab € 25 000: 2974, 2977

● Mithaftung (siehe vorletzte Spalte)

Bein - Knie - Bruch

Lfd. Nr.	Betrag DM Euro (Anp.2019)	Verletzung	Dauer und Umfang der Behandlung; Arbeitsunfähigkeit	Person des Verletzten	Dauerschaden	Besondere Umstände, die für die Entscheidungen maßgebend waren	Gericht, Datum der Entscheidung, Az., Veröffentlichung bzw. Einsender
164	– (€ 0)	Knochenkontusionstrauma im rechten Knie, subchondrales Kontusionsödem am lateralen Tibiakopf und Femurkondylus, 6 cm große Prellmarke am rechten Knie	Stationäre Behandlung, ambulante Behandlung	Schüler		Kein Anspruch auf SG, da ein Haftungsausschluss gem. § 105 I SGB VII vorliegt. Die Beklagte fuhr den Kläger auf dem Schulparkplatz fahrlässig an. Die Beklagte hupte zunächst, um sich Platz zu verschaffen und blieb sodann stehen. Nachdem der Kläger den ersten Schritt zur Seite getätigt hatte, fuhr die Beklagte zu früh an und touchierte den Kläger. Die Fahrt war auch betrieblich im Sinne von § 104 ff. SGB VII	AG Solingen 25.8.2010 11 C 53/10 Justiz NRW
165	€ 625 ● + immat. Vorbehalt (€ 711)	Unterschenkelfraktur, Mittelfußfraktur, Quetschungen, Schürfungen und eine Schädelprellung	12 Tage stationäre Behandlung	10-jähr. Fußgängerin		75% Mithaftung	AG Essen 24.8.2010 11 C 98/10 Landesrechtsprechungsdatenbank NRW
166	€ 750 ● (€ 761)	Fraktur der linken Kniescheibe, Platzwunde am Knie, Hämatome an der Stirn und Brust	5 Wochen Krücken, Knieorthese, längere Behandlung	74-jähr. Frau (Nordic-Walking Übungsleiterin)	Posttraumatische Knorpelschädigung am Knie, belastungsabhängige Beschwerden	Mithaftung 70%. Die Klägerin stürzte auf dem Gehweg beim „Nordic Walken" über beiseite geworfene Verpackungsbänder von aufgerissenen Zeitungsstapeln, die von der Beklagten dort abgelegt wurden, wobei die Beklagte hier nur fahrlässig handelte. Die Verpackungsbänder waren mit Laub bedeckt. Die Klägerin konnte für ein halbes Jahr kein Nordic Walking betreiben	AG Köln 4.9.2018 116 C 550/17 juris; NJW-RR 2019, 410-412
167	€ 1500 ● (€ 1574)	Laterale Tibiakopffraktur links, Innenknöchelfraktur links, posttraumatische Nekrose, Wundheilungsstörung, Spalthauttransplantation, multiple Schürfungen an der Tibiavorderkante	3 ½ Monate stationärer Aufenthalt, min. 2 OPs, 7 Monate Beschwerden	Fußgängerin		Mithaftung 75 %. Die Klägerin litt unfallunabhängig an folgenden Vorerkrankungen: Diabetes mellitus, arterielle Hypertonie, Fettstoffwechselstörung und Adipositas. Die Vorerkrankungen können zwar für die Schmerzensgeldbemessung relevant sein, jedoch wäre ein Schmerzensgeld in einer Größenordnung von € 6000 (bei 100 % Haftung) auch bei einem „normalen" Unterschenkelbruch ohne auf Vorerkrankungen beruhenden Wundheilungsstörungen gerechtfertigt	OLG Köln 10.2.2017 19 U 102/16 juris
168	€ 2000 ● + immat. Vorbehalt (€ 2436)	Tibiakopf-Impressionsfraktur	17 Tage Krankenhaus mit komplizierter Operation (Plattenosteosynthese und Spongiosaplastik), dann 1 Monat stationäre Anschlussbehandlung, nachfolgend 4 Monate ambulante Behandlung und weitere Physiotherapie MdE: 2 ½ Monate 100%	Lehrerin für Pflegeberufe und Psychologiestudentin		Mitverschulden von 2/3; Klägerin musste vorgesehene Diplomprüfung verschieben; Verlust des sechswöchigen Jahresurlaubes muss gewichtet werden; Entfernung der eingesetzten Metallplatte steht noch bevor	LG Gießen 23.2.2006 3 O 410/05 SP 2006, 241

Lfd. Nr.	Betrag DM Euro (Anp.2019)	Verletzung	Dauer und Umfang der Behandlung; Arbeitsunfähigkeit	Person des Verletzten	Dauerschaden	Besondere Umstände, die für die Entscheidungen maßgebend waren	Gericht, Datum der Entscheidung, Az., Veröffentlichung bzw. Einsender
Fortsetzung von »Bein - Knie - Bruch«							
169	€ 3000 (€ 3744)	Kniegelenkerguss links mit Patellaunterpolfraktur sowie Innenmeniskusriss	3 Monate ambulante Behandlung mit 11 Behandlungsterminen, Tragen eines Gipstutors MdE: 3 Monate 100% 3 Monate 20% 1 Jahr 10%	Ärztin		Verletzung der Verkehrssicherungspflicht des Betreibers eines Supermarkts, Klägerin rutschte in der Gemüseabteilung aus; erhebliche Schmerzen über einen Zeitraum von nahezu 3 Monaten und anschließend schwächere Schmerzen von weiteren 3 Monaten; der Genugtuungsfunktion kommt keine wesentliche Bedeutung zu	OLG Karlsruhe 14.7.2004 7 U 18/03 VersR 2005, 420
170	€ 3500 (€ 4332)	Tibiakopffraktur linkes Knie	9 Tage und nach 3 Monaten 4 weitere Tage Krankenhaus	26-jähr. Frau		Längere Zeit starke Druck- und Bewegungsschmerzen im linken Knie mit mäßiggradiger Schwellung im Bereich des Knies und proximalen Unterschenkel links; Arthrose im Kniegelenk nicht fernliegende Spätfolge; wegen hälftigen Mitverschuldens wurde lediglich ein Schmerzensgeld von € 1750 zuerkannt	OLG Hamm 5.4.2005 9 U 41/03 VRS 109, 161
171	€ 4500● (€ 4803)	Offene Bursaverletzung im Bereich des rechten Kniegelenks und Innenknöchelfraktur	Entfernung des Schleimbeutels; Innenknöchelfraktur mittels zwei Lochschrauben operativ versorgt, 11 Tage in stationärer Behandlung, zunächst eine dreimonatige MdE von 100% und danach für 2 Jahre eine MdE von 20% bis zur Entfernung der Schrauben im Innenknöchel		Muskelminderung im Bereich des linken Oberschenkels von 1 cm, eine Narbenbildung über dem linken Innenknöchel von 5 cm Länge und am rechten Kniegelenk, belastungsabhängige Schmerzen im linken Sprunggelenk und eine dauerhafte Minderung der Erwerbsfähigkeit von 10%	Unter Berücksichtigung der erlittenen Verletzungen und der verbleibenden Folgeschäden sieht der Senat bei voller Haftung auf Seiten der Beklagten ein Schmerzensgeld von € 8000 bis € 10 000 als angemessen an. Unter Berücksichtigung des hälftigen Mitverschuldens auf Seiten der Klägerin erscheint das von der Beklagten zu 2. bereits gezahlte Schmerzensgeld von € 4500 als ausreichend bemessen	OLG Koblenz 17.3.2014 12 U 871/13 Schaden-Praxis 2014, 228
172	€ 5000 (€ 6240)	Nicht dislozierte Patellafraktur rechts mit Prellungen und Schürfwunden	3 Tage stationär, anschließend 6 Wochen arbeitsunfähig	Referendarin		Bruchverletzung an der rechten Kniescheibe ist folgenlos und ohne Funktionsdefizit bei voller Belastbarkeit ausgeheilt. Sportliche Betätigungen im Bezug auf das Reiten sowie das Snowboarden müssen eingeschränkt werden	LG Lübeck 13.10.2004 12 O 73/04 RA Koch, Erfstadt
173	€ 5000 (€ 5491)	Bruch des äußeren Schienbeinkopfes und Knorpelschaden		Mann	Erhebliche Bewegungsbeeinträchtigung	Die Beklagten waren im Freizeitbad im Auslaufbereich von unten in eine Wasserrutsche geklettert und hatten damit deren Auslauf blockiert. In diesem Moment rutschte der Kläger die Steilrutsche hinunter und prallte mit voller Wucht auf die Beklagten	OLG Koblenz 21.6.2012 2 U 271/11 juris
174	12 000 € 6000 (€ 8148)	Kniescheibenquerbruch rechts, stumpfes Thoraxtrauma, Sternumkontusion, Riss- und Platzwunde an der linken Kopfseite, kleine Schnittwunden im Gesicht	Drei Krankenhausaufenthalte von insgesamt knapp 4 Wochen, MdE: 4 Monate 100%, danach 20% dauerhaft	Zweiradmechaniker	MdE: 20% Kniegelenk ist eingeschränkt beweglich, und zwar mit einem Beugedefizit von 35°. Im Bereich der Operationsnarbe besteht ein Taubheitsgefühl		AG Bremervörde 27.2.1998 4 C 491/97 RA Fahjen, Zeven
175	12 000● € 6000 (€ 7705)	Komplizierte Patellatrümmerfraktur links, Impression des Tuberculum majus an der rechten Schulter, subcapitale Humerusfraktur links sowie multiple Schürfungen und Prellungen am Kopf und im Gesicht	MdE: 8 Tage 100% 20 Tage 30% nach einem Jahr Materialentfernung	Mann		25% Mithaftung. Nach der Materialentfernung war der Kläger bei reizloser Wundsituation weitgehend beschwerdefrei	LG München I 11.5.2002 19 O 21411/00 VorsRiLG Krumbholz

● Mithaftung (siehe vorletzte Spalte)

Lfd. Nr.	Betrag DM Euro (Anp.2019)	Verletzung	Dauer und Umfang der Behandlung; Arbeitsunfähigkeit	Person des Verletzten	Dauerschaden	Besondere Umstände, die für die Entscheidungen maßgebend waren	Gericht, Datum der Entscheidung, Az., Veröffentlichung bzw. Einsender
\multicolumn{8}{l}{Fortsetzung von »Bein - Knie - Bruch«}							
176	€ 7000 + immat. Vorbehalt (€ 7593)	Tibiakopffraktur links	3 Tage stationäre Behandlung, 3 Wochen ambulante Reha, insg. 5 Monate AU zu 100%, 10 Wochen erhebliche Mobilitätseinschränkung und Spritzen wegen Thromboseprophylaxe, Unterarmstützen, für längere Strecken Rollstuhl, Physiotherapie, Lymphdrainage wegen Wasseransammlung im Knie	38-jähr. Frau		Ein bereits gebuchter zweiwöchiger Urlaub konnte nicht angetreten werden. Einschränkungen bei sportlicher Betätigung	LG Ingolstadt 20.12.2012 32 O 683/12 RAin Regina Berreth, Ingolstadt
177	€ 7000 (€ 7449)	Schulterprellung und Schädelprellung. Fraktur des Schienbeinkopfes und insb. Knorpelschaden (unterstellt)	Arthroskopie	50-jähr. Frau		Schließlich erscheint ein Schmerzensgeldbetrag von € 7000 auch unter Berücksichtigung der weiteren Einwendungen der Klägerin weiterhin als angemessen und ausreichend. Die Schmerzen unterstellt sowie unterstellt, dass die Fraktur des Schienbeinkopfes und insbesondere der Knorpelschaden tatsächlich allein auf den Unfall zurückzuführen sind, rechtfertigt dies kein Schmerzensgeld, welches über die bereits beklagtenseits gezahlten € 7000 hinaus geht. Allein die verzögerte Diagnostik rechtfertigt es nicht, den Fall der Klägerin mit anderen Sachverhalten gleichzustellen, in denen es langwierige und/oder komplizierte Heilungsverläufe gab. Die Beschränkungen der Klägerin bei der Ausübung von Freizeitaktivitäten wurden ebenfalls hinreichend berücksichtigt	OLG Köln 18.9.2014 15 U 138/14 RA Höher, RAe BLD, Köln
178	€ 7500 ● (€ 8005)	Tibiakopffraktur und eine Fibulaköpfchenfraktur nach Radfahrunfall; Kollision mit einem anderen Radfahrer	Ca. 4 Wochen stationärer Aufenthalt; anschließende Reha; ca. 2 Monate 100% AU; danach ca. 6 Monate 50% AU	Frau	Möglicherweise künftig anstehende Knieoperation, Art und Umfang aber noch ungewiss	Wird eine 59 Jahre alte Radfahrerin, die einen Radweg der bevorrechtigten Straße entgegen der Fahrtrichtung befährt, bei der Kollision mit einem aus einem verkehrsberuhigten Bereich einbiegenden Radfahrer so verletzt, dass sie sich eine Tibiakopffraktur und eine Fibulaköpfchenfraktur zuzieht, wodurch ein stationärer Aufenthalt und eine anschließend Reha-Behandlung erforderlich werden, so besteht unter Berücksichtigung eines Mitverschuldensanteils von 1/3 ein Schmerzensgeldanspruch in Höhe von € 7500	OLG Hamm 6.6.2014 26 U 60/13 juris
179	€ 10 000 + immat. Vorbehalt (€ 11 086)	Schwere Kniegelenksfraktur links, diverse Prellungen linksseitig	1 Monat stationäre Behandlung, anschließend 2 stationäre Reha-Aufenthalte von insgesamt 5 Monaten	56-jähr. Frau	Gebrauchsbeeinträchtigung im linken Kniegelenk von 20%		LG Duisburg 13.1.2012 10 O 161/09 RA Koch, Erftstadt

Urteile lfd. Nr. 180 – 184   Bein

Lfd. Nr.	Betrag DM Euro (Anp.2019)	Verletzung	Dauer und Umfang der Behandlung; Arbeitsunfähigkeit	Person des Verletzten	Dauerschaden	Besondere Umstände, die für die Entscheidungen maßgebend waren	Gericht, Datum der Entscheidung, Az., Veröffentlichung bzw. Einsender
Fortsetzung von »Bein - Knie - Bruch«							
180	€ 10 000 + immat. Vorbehalt (€ 11 645)	Kniescheibenfraktur	Drei Krankenhausaufenthalte von insgesamt 24 Tagen, über 3 Monate arbeitsunfähig	Mann	Endgradige Bewegungsbehinderung des rechten Kniegelenks bei sonst freier Beweglichkeit	Prolongierter Heilverlauf wegen unfallbedingt erheblich verschlimmerten anlagebedingten Gelenkknorpelverschleisserkrankungen. Die weiteren Krankenhausaufenthalte waren notwendig zwecks Metallentfernung und arthroskopischer Knorpelglättung. Der Feststellungsantrag ist begründet, da die Unfallfolgen und deren Entwicklung in der Zukunft für den Kläger noch nicht vollumfänglich absehbar sind	LG Köln 26.2.2008 7 O 446/04 SP 2008, 395 RA Koch, Erftstadt
181	€ 10 000 ● + immat. Vorbehalt (€ 10 609)	Tibiakopffraktur im rechten Knie, HWS-Distorsion sowie Prellungen und Schürfwunden	Knapp 3 Wochen stationär im Krankenhaus mit OP, wobei u. a. Knochenmaterial verpflanzt wurde, danach fast 4 Wochen Reha, kurz darauf Frühverrentung	63-jähr. Mann	Bewegungseinschränkungen und Schmerzen	Vorliegend ergibt sich auch unter Berücksichtigung der zutreffend erfassten Zeiten von Krankenhausaufenthalt und MdE, der Schmerzen beim Treppensteigen und längerem Gehen wie vom Kläger geschildert, des vom Sachverständigen festgestellten gering rechtshinkenden Gangbildes, der Einschränkungen bei sportlicher Betätigung und einer mittel- bis langfristig zu erwartenden zunehmenden posttraumatischen Arthrose mit der Notwendigkeit eines Gelenkersatzes unter Berücksichtigung des erheblichen Mitverschuldens, dass das zuerkannte Schmerzensgeld noch angemessen ist, wobei von einem Mitverschulden von 20% auszugehen ist	OLG München 14.4.2016 10 U 674/16
182	€ 10 556 ● + immat. Vorbehalt (€ 13 189)	Offener Bruch des linken Oberschenkels, Bruch des Kniegelenks mit starken Knorpelverlusten, Platzwunde an Kopf, Stirn und Augenbraue	Vier stationäre Aufenthalte von insgesamt 13 Wochen, ambulante Behandlung 25 Monate	16-jähr. Azubi	MdE: 15% mit Verschlechterungstendenz	20% Mithaftung. Geschwindigkeitsüberschreitung von 10–20% zwar nicht kausal für das Unfallgeschehen, jedoch wären die Verletzungsfolgen geringer gewesen. Es verbleibt eine entstellende Narbe im Stirnbereich, die das äußere Erscheinungsbild des Klägers beeinträchtigt und den Schmerzensgeldbetrag erhöht	LG Potsdam 29.6.2004 10 O 411/02 RAin Holzendorf, Rathenow
183	25 000 € 12 500 + immat. Vorbehalt (€ 16 150)	Abrissfraktur der äußeren Oberschenkelrolle am linken Kniegelenk mit deutlich knöcherner Dystrophie; mittelschwere posttraumatische Belastungsstörung	4 Wochen Ruhigstellung des Beines mit Gipsverband; 4 Jahre MdE von 20% auf orthopädischem Gebiet, zusammen mit der posttraumatischen Belastungsstörung MdE von 30%, letztere ist nach 6 Jahren abgeklungen	Lkw-Kraftfahrer	Bisweilen Schmerzen im Knie bei großen Belastungen	Kläger war längere Zeit nicht in der Lage, den von ihm besonders geschätzten Beruf als Lkw-Kraftfahrer auszuüben; fühlt sich hierzu subjektiv auch weiterhin nicht in der Lage; er wäre aber gehalten gewesen, sich um eine andere Arbeit zu bemühen	LG Trier 19.12.2001 4 O 466/95 RiLG Specht, Trier
184	€ 13 000 + immat. Vorbehalt (außergerichtlich) (€ 15 155)	HWS-Verstauchung, Prellung am linken Unterarm und Knieanpralltrauma mit spongiösen Mikrofrakturen im Tibiakopf anterior und kompletter Ruptur des hinteren Kreuzbandes, Knorpel- und Miniskusschaden	Langes Muskelaufbautraining MdE: 5 Monate 100% 4 Monate 70% 1 Monat 40% 1 Monat 30% danach auf Dauer 20%	Kochlehrling	MdE: 20%	Der Kläger ist nicht nur im Beruf, sondern auch in der Freizeit ganz erheblichen Einschränkungen unterworfen. Es bleibt zweifelhaft, ob er auf Dauer in der Lage sein wird, den Beruf des Kochs, den er derzeit lernt, auszuüben. Sportliche Betätigungen sind nicht mehr möglich. Mit einer Verschlimmerung der Beschwerden, z. B. wegen einer zu befürchtenden Arthrose, ist zu rechnen	LG Lüneburg 28.12.2007 5 O 294/07 RAe Seegebarth & Koll., Dannenberg

● Mithaftung (siehe vorletzte Spalte)

Lfd. Nr.	Betrag DM Euro *(Anp.2019)*	Verletzung	Dauer und Umfang der Behandlung; Arbeitsunfähigkeit	Person des Verletzten	Dauerschaden	Besondere Umstände, die für die Entscheidungen maßgebend waren	Gericht, Datum der Entscheidung, Az., Veröffentlichung bzw. Einsender
\multicolumn{8}{l}{**Fortsetzung von »Bein - Knie - Bruch«**}
185	€ 15 000 + immat. Vorbehalt *(€ 16 255)*	Tibiakopffraktur, Teilruptur des vorderen Kreuzbandes, Außenmeniskusquetschung		Frau		Klägerin stürzte beim Verlassen des Geschäfts der Beklagten über den Schäferhund. Dieser lag nur etwa 1,5 m von der Klägerin entfernt, die diesen jedoch – für die Beklagte erkennbar – nicht bemerkt hatte. Beim Weggehen von der Kasse und Hinausgehen musste die Klägerin, wobei man den Blick – über das Tier hinweg – nach vorne geradeaus richtet bzw. sich kurz bei der Verabschiedung den umstehenden Personen zuwendet, auch bei gehöriger Aufmerksamkeit – ungeachtet der Größe des Hundes – diesen nicht unbedingt wahrnehmen, zumal er flach auf dem Boden lag. Insoweit war der Sturz für die Beklagte jedoch vorherzusehen. Die Klägerin trifft gerade kein Mitverschulden. Es besteht die Gefahr eines künstlichen Kniegelenks	OLG Hamm 15.2.2013 I-19 U 96/12 openjur
186	€ 18 000 ● + immat. Vorbehalt *(€ 19 626)*	Trümmerfraktur des außenseitigen Schienbeinkopfes links, postoperative Unterschenkelthrombose	Operation, 6 Monate AU zu 100%	62-jähr. Rentnerin, Fußgängerin	Arthrose mit X-Bein-Stellung des linken Beins	Mithaftung 25% aufgrund eines Verstoßes gegen das Gebot der gegenseitigen Rücksichtnahme. Schmerzensgelderhöhend wurden die nach wie vor starken Schmerzen sowie die hohe Wahrscheinlichkeit einer Knieprothese aufgrund der Arthrose berücksichtigt	OLG Hamm 6.8.2012 I-6 U 14/12 RA Wolfgang Koch, Erftstadt
187	€ 19 000 *(€ 21 443)*	Tibiakopffraktur links als Mehrfragmentfraktur, Kopfplatzwunde und Schädelhirntrauma 1. Grades; Komplett-Ruptur des vorderen Kreuzbandes am linken Knie	12-tägige stationäre Behandlung mit operativer Versorgung der Tibiakopffraktur im Wege der Plattenosteosynthese; 3 Monate Unterarmstützen; später: Entfernung der Platte und Kreuzbandoperation; außergewöhnlich lange unfallbedingte Behandlung MdE: 2 Monate 100% 2 Monate 50%	32-jähr. Frau	Posttraumatische Gonarthrose hat bereits eingesetzt; Einschränkung der Beweglichkeit und Leistungsfähigkeit des linken Knies bzw. Beins	Unfallbedingte Behandlung über einen außergewöhnlich langen Zeitraum. Ruptur des Kreuzbandes im linken Knie wurde erst 1 ¼ Jahre nach dem Schadenereignis diagnostiziert. Drei Operationen mit Ungewissheit über den weiteren Heilungsverlauf. Bis zu der operativen Materialentfernung ständig wiederkehrende und danach jedenfalls bei einer Belastung des linken Knies auftretende Schmerzen. Deutliche Erhöhung des Schmerzensgelds, weil mit Gonarthrose ist zu rechnen ist. Verletzungsbedingte besondere Belastung der Klägerin als Mutter kleiner Kinder	OLG Naumburg 23.12.2010 2 U 69/10 VersR 2012, 118

Lfd. Nr.	Betrag DM **Euro** *(Anp.2019)*	Verletzung	Dauer und Umfang der Behandlung; Arbeitsunfähigkeit	Person des Verletzten	Dauerschaden	Besondere Umstände, die für die Entscheidungen maßgebend waren	Gericht, Datum der Entscheidung, Az., Veröffentlichung bzw. Einsender
\multicolumn{8}{l}{Fortsetzung von »Bein - Knie - Bruch«}
188	€ 20 000 + immat. Vorbehalt *(€ 25 286)*	Zertrümmerung der rechten Kniescheibe, Schlüsselbein- und Schulterblattbruch, HWS-Schleudertrauma, Platzwunde an der Kinnspitze, zwei obere Schneidezähne herausgebrochen bzw. gelockert	3 Wochen Krankenhaus mit Operation am rechten Knie, weil der untere Teil der Patella nicht erhalten werden konnte, deswegen Resektion mit anschließender Readaptation der Patellasehne; nach 1 Monat nochmals 1 Woche Krankenhaus zur Entfernung der Sicherungscerclage am Kniegelenk, dann intensive Krankengymnastik; nach einigen Wochen ambulanter operativer Eingriff am Tibiakopf, wobei ein Ganglion entfernt wurde; Entfernung einer Knochensplitterung am Schneidezahn, Überkronung	Frau	Beschwerden beim Treppensteigen und beim Aufstehen aus dem Sitzen, Beeinträchtigung des Gangbildes, Wetterfühligkeit, im Umfang von 2 x 3 cm gefühllose Unterlippe mit dort auftretenden wellenartigen Schmerzen	Da Klägerin auf Grund der Verletzungen ihr rechtes Bein schont, können durch die einseitige Belastung der linken Körperseite Komplikationen entstehen	OLG Düsseldorf 1.12.2003 1 U 65/03 SP 2004, 157
189	€ 20 000 ● *(€ 20 988)*	Mehrfragmentfraktur der rechten Kniescheibe sowie eine Fragmentabsprengung des Gelenkkopfes der äußeren Schienbeinhöcker. Ferner erlitt der Kläger an der Hand eine offene DII-Endgliedfraktur rechts, das Endglied DII rechts (Zeigefinger) musste amputiert werden. Psychische Fehlverarbeitung aufgrund Prädisposition als Folgewirkung des Unfallgeschehens	10 Tage stationär im Universitätsklinikum mit OP; mehrere Nachoperationen und Klinikaufenthalte	Mann	Endglied DII rechts (Zeigefinger) musste amputiert werden. Bewegungseinschränkungen des rechten Beines	Nach Abwägen von allem Für und Wider erscheint dem Senat im Ergebnis ein Schmerzensgeld von € 20 000 als angemessen, aber auch ausreichend, um die vom Kläger auf physischem wie psychischem Gebiet erlittenen Beeinträchtigungen adäquat abzubilden. Die Beeinträchtigungen wiegen schwer. Der Kläger hat zum Unfallgeschehen aber auch einen maßgeblichen Verursachungsbeitrag geleistet, der das Genugtuungsinteresse erheblich reduziert (60% Mitverschuldensquote). Der Senat orientiert sich bei der Schmerzensgeldbemessung im Übrigen an dem Urteil des OLG Hamm v. 14.3.2014 (Az. 9 U 103/13), welches bei einer vollen Haftung des Unfallgegners bei ähnlich schwerwiegenden unmittelbaren Unfallfolgen auf chirurgisch-orthopädischem Gebiet ohne Amputationsfolge und vergleichbaren psychischen Beeinträchtigungen auf ein Schmerzensgeld von € 40 000 kommt. In diesem Rahmen bewegt sich das dem Kläger unter Einstellung seines Verursachungsbeitrages zustehende Schmerzensgeld	OLG Stuttgart 13.12.2016 6 U 137/14

● Mithaftung (siehe vorletzte Spalte)

Lfd. Nr.	Betrag DM **Euro** *(Anp.2019)*	Verletzung	Dauer und Umfang der Behandlung; Arbeitsunfähigkeit	Person des Verletzten	Dauerschaden	Besondere Umstände, die für die Entscheidungen maßgebend waren	Gericht, Datum der Entscheidung, Az., Veröffentlichung bzw. Einsender
		Fortsetzung von »Bein - Knie - Bruch«					
190	€ 22 500 + immat. Vorbehalt *(€ 28 583)*	Patellamehrfragmentfraktur mit persistierender Funktionseinschränkung und verminderter Belastbarkeit nach Zuggurtungsosteosynthese, persistierende Muskelatrophie im rechten Oberschenkel, chronische, posttraumatische Arthralgie rechts, beginnende posttraumatische Retropatellararthrose infolge Stufenbildung der retropatellaren Gelenkfläche	Stationär 16 Tage, anschließend krankengymnastische Therapie, Materialentfernung nach ca. 10 Monaten	19-jähr. Kfz-Mechaniker-Azubi	MdE: 30%	Der erlernte Beruf als Kfz-Mechaniker kann unfallbedingt nicht mehr ausgeübt werden. Durch schmerzbedingte Schonhaltung des rechten Beines ist ein leicht hinkendes Gangbild entstanden	OLG Koblenz 17.3.2003 12 U 1918/01 RA Hosp, Wittlich
191	€ 22 500 *(€ 23 967)*	Bicondyläre Tibiakopftrümmerfraktur rechts, subcapitale Humerusfraktur rechts, anlässlich der Intubation der 3. Operation erfolgte eine Verletzung der Schleimhaut der Luftröhre mit der Folge eines Hustenreizes unter Aushusten von Blut für einen Zeitraum von bis zu 14 Tagen, mittelschwere Depression, Anpassungsstörung, Bypass-Operation im Bereich der rechten Kniekehle	Insgesamt 42 Tage stationärer Aufenthalt mit mehreren Operationen unter Vollnarkose, 35 Tage Heimaufenthalt, 3 Wochen stationäre Reha, umfangreiche Medikation	69-jähr. Mann	Beschwerden im Bereich des rechten Kniegelenks, Gonarthrose im rechten Knie, Beschwerden in der rechten Schulter beim Liegen auf der rechten Körperseite, Amputation der rechten großen Zehe	Der Kläger wurde beim Überqueren eines Zebrastreifens von der Beklagten zu 1) übersehen und vom Kfz erfasst. Es wurde u. a. die Wahrscheinlichkeit einer zukünftig notwendigen Kniegelenksprothese berücksichtigt. Der Kläger war an der rechten Schulter bereits mit einer schweren Arthrose vorgeschädigt, so dass die dauerhaften Schulterbeschwerden nur zu 40% als unfallkausal anzusehen sind. Ferner wurden die vom Kläger eingenommene Schonhaltung und damit die vermehrte Belastung des linken Beins sowie der erhöhte Verschleiß berücksichtigt. Der Kläger kann als begeisterter Radfahrer nicht mehr lange Fahrrad fahren, länger gehen und Leitern besteigen und sich aus kniender Position nicht mehr ohne Hilfsmittel aufrichten. Beim Kläger liegt weiter eine persönliche Vorvulnerabilität vor. Weiter wirkte sich das Regulierungsverhalten der Beklagten zu 2) aus	OLG Nürnberg 23.12.2015 12 U 1263/14 Gesetze-bayern, NJW-Spezial 2016, 106 f.
192	€ 25 000 *(€ 27 456)*	Kniescheibenfraktur rechts	3 Operationen, insg. 30 Tage stationärer Aufenthalt, 3 ½ Monate AU zu 100%	Mann, Bauarbeiter und Nebenerwerbslandwirt	10% MdE	Unfallbedingt konnte der geplante Arbeitsstellenwechsel nicht durchgeführt werden. Wenige Wochen nach der 1. Operation war der Kläger auf Krücken angewiesen und ist insofern auf rutschigem Untergrund gestürzt. Insofern kam es zu einer Fragmentdislokation nach Zuggurtungsosteosynthese. Nach Auffassung des Gerichts begründet dies kein Mitverschulden, sondern verwirklicht das allgemeine Lebensrisiko des Klägers	LG Traunstein 4.6.2012 7 O 4875/10 RA Hans-Jörg Schwarzer, Berchtesgaden

Lfd. Nr.	Betrag DM Euro (Anp.2019)	Verletzung	Dauer und Umfang der Behandlung; Arbeitsunfähigkeit	Person des Verletzten	Dauerschaden	Besondere Umstände, die für die Entscheidungen maßgebend waren	Gericht, Datum der Entscheidung, Az., Veröffentlichung bzw. Einsender
\multicolumn{8}{l}{Fortsetzung von »Bein - Knie - Bruch«}							
193	€25 000● + immat. Vorbehalt (€25 677)	Tibiakopffraktur und Innenbandruptur des linken Kniegelenks. Danach zog sich die Klägerin in ihrer Wohnung einen Vorfußbruch zu, weil sie mit den von ihr benutzten Gehhilfen ins Strauchen geraten war	Operative Versorgung der Tibiakopffraktur. Die Schrauben sind im Gelenk verblieben, nachdem der Versuch der Entfernung misslang. Die radiologischen Unfallfolgen in Bezug auf das Knie sind gleichwohl geringgradig. Zu rechnen ist allerdings mit einer posttraumatischen Kniearthrose. Die Klägerin entwickelte eine chronische Schmerzstörung mit psychischen und somatischen Faktoren nach ICD-10:F45.41 sowie eine rezidivierende Depression nach ICD-10:F 33.0. Für das linke Bein besteht im Alltag eine deutlich herabgesetzte Gebrauchsfähigkeit. Bereits kurze Strecken sind für die Klägerin nicht zu bewältigen. Die von ihr beklagten Schmerzen müssen als gegeben und in der Person empfunden angesehen werden. Auf unfallchirurgischem Gebiet wird eine MdE von mehr als 50% angenommen. Die Klägerin hat sich anfangs unter Zuhilfenahme eines Rollstuhls, später mittels Rollators bzw. mittels Gehstützen, fortbewegt. Freizeitaktivitäten wie Radfahren werden nicht mehr ausgeübt	Frau	Dauerschädigung des linken Knies von 30%	Unter Berücksichtigung der vorstehenden Umstände, insb. der psychischen Folgen und ein Mitverschulden von 1/3, hält auch der Senat das vom LG insgesamt ausgeurteilte Schmerzensgeld von €25 000 für angemessen. Die Bemessung steht im Einklang mit der Schmerzensgeldrechtsprechung des Senats. In dem am selben Terminstag verhandelten Verfahren 9 U 28/18 hat der Senat ein Schmerzensgeld von €46 000 bei 100%iger Haftung und zögerlichem Regulierungsverhalten zuerkannt. Da der Verletzte nur Anspruch auf ein angemessenes Schmerzensgeld hat, für dessen Festsetzung nach § 253 BGB Billigkeitsgesichtspunkte maßgebend sind, kann es bei der Bemessung der Höhe der Entschädigung durchaus geboten sein zu berücksichtigen, dass die zum Schaden führende Handlung des Schädigers nur eine bereits vorhandene Schadensbereitschaft in der Konstitution des Geschädigten ausgelöst hat und die Gesundheitsbeeinträchtigungen Auswirkungen dieser Schadensanfälligkeit sind (vgl. BGH v. 5.11.1996 – VI ZR 275/95, juris, NJW 1997, 455; OLG Düsseldorf v. 29.3. 2004 – I-1 U 176/03, juris Rn 42; OLG Hamm v. 13.4.2018 – 7 U 4/18, juris)	OLG Hamm 11.1.2019 9 U 81/18 juris
194	€30 000 + immat. Vorbehalt (€34 481)	Offene drittgradige Patellafragmentfraktur links mit Weichteilschaden, erstgradig offene distale Radiustrümmerfraktur links sowie eine 10 cm lange, tiefe Schnittwunde über dem linken Kniegelenk und diverse Prellungen am gesamten Körper	9 Monate arbeitsunfähig	Arbeiter	Invalidität des linken Arms von 2/7-Armwert und des linken Beins von 2/9-Beinwert; Invalidität nach Gliedertaxe 45%	Arthrosegefahr. Es droht Arbeitsplatzverlust. Die Beweglichkeit im Bereich des Kniegelenks ist deutlich eingeschränkt. Infolge Schmerzen muss Kniebandage getragen werden; ebenso ist beim Arbeiten im Bereich des rechten Handgelenks eine Bandage notwendig	LG Saarbrücken 11.9.2008 14 O 118/07 SP 2009, 145 RA Koch, Erftstadt

● Mithaftung (siehe vorletzte Spalte)

Lfd. Nr.	Betrag DM **Euro** *(Anp.2019)*	Verletzung	Dauer und Umfang der Behandlung; Arbeitsunfähigkeit	Person des Verletzten	Dauerschaden	Besondere Umstände, die für die Entscheidungen maßgebend waren	Gericht, Datum der Entscheidung, Az., Veröffentlichung bzw. Einsender
\multicolumn{8}{l}{Fortsetzung von »Bein - Knie - Bruch«}
195	€ 30 000 *(€ 37 704)*	Bicondyläre Schienbeinkopftrümmerfraktur rechts	Drei stationäre Krankenhausaufenthalte von insgesamt 30 Tagen mit insgesamt fünf Operationen; arbeitsunfähig 7 Monate	32-jähr. Radfahrerin	MdE: 40%	Für die Bemessung des Schmerzensgeldes ist bei Verwertung von früheren Gerichtsentscheidungen als Bezugsgrößen auch die zwischenzeitlich eingetretene Geldentwertung zu berücksichtigen. Es ist rechtsfehlerhaft, wenn das Gericht meint, die Genugtuungsfunktion könne für die Höhe des Schmerzensgeldes kein Faktor sein, weil der Täter (hier: Beifahrer, der Beifahrertür öffnet, ohne auf Radfahrer auf dem rechts neben dem geparkten Fahrzeug verlaufenden Radweg zu achten) bestraft wurde. Es verbleiben umfangreiche Narben; Einschränkung von Strecken und Beugen; Knie dauerhaft mittelgradig instabil; rechtes Bein 2 cm verkürzt; posttraumatische Arthrose sowie Notwendigkeit prothetischer Versorgung sind wahrscheinlich	KG Berlin 15.3.2004 12 U 333/02 NZV 2004, 473 VersR 2004, 1569 VRS 106, 419 VorsRiKG Grieß
196	€ 30 000 ● + immat. Vorbehalt *(€ 34 518)*	Kniegelenkluxation rechts mit knöchernen Ausrissen des vorderen Kreuzbandes sowie des Außenbandes, Teilruptur des hinteren Kreuzbandes, Innenbandruptur am Knie links, Schädelhirntrauma I. Grades, stumpfes Thoraxtrauma mit beidseitiger Lungenkontusion, Rippenserienfraktur Costae 1–5 links sowie nicht dislozierte Beckenfraktur	Stationärer Aufenthalt insg. ca. 8 Wochen mit mehreren Operationen; Reha 4 Wochen sowie weitere Reha 2 Wochen; ambulante Physiotherapie; 13 Monate AU	Frau		Mitverschulden von 50% (berücksichtigt bei ausgeurteiltem Schmerzensgeld)	KG Berlin 21.1.2010 12 U 29/09 MDR 2010, 1049
197	€ 30 000 ● + immat. Vorbehalt *(€ 32 345)*	Starke Knieverletzung und eine Oberschenkelfraktur extreme durch Einschlag des Kniegelenks in das Armaturenbrett mit sprunghaft ansteigender axialer Kompression des Oberschenkels und dadurch bruchlastüberschreitender Verbiegung des Femurknochens; weiterhin Verletzung des Brustkorbs durch Aufprall auf das Lenkrad und Kopfverletzung durch Kopfkontakt mit der Windschutzscheibe		Mann		Erleidet der Geschädigte durch einen Kfz-Unfall schwerwiegende Verletzungen und Folgeschäden, u. a. eine starke Knieverletzung und eine Oberschenkelfraktur, so ist unter Berücksichtigung eines Mitverschuldensanteils (wegen Nichtanlegen des Sicherheitsgurts) von 1/3 ein Schmerzensgeld i.H.v. € 30 000 angemessen	OLG München 7.6.2013 10 U 1931/12 juris
198	65 000 € 32 500 + immat. Vorbehalt *(€ 45 837)*	Oberschenkeltrümmerfraktur links; Sitzbein- und Acetabulumfraktur links; Beckenringfraktur rechts; Patellatrümmerfraktur links mit anschließender Entfernung der Kniescheibe; Ulnarschaftfraktur links; Rippenfrakturen 10, 11 rechts; Schädelhirntrauma mit anterograder und retrograder Amnesie; Augenbrauen- und Stirnkopfplatzwunden	9 1/2 Monate stationär	25-jähr. Sportstudentin	Als Sportlehrerin MdE: 100% als Deutschlehrerin MdE: 30%	Unfallbedingt wechselte die Klägerin vom Studienfach Sport zum Fach Germanistik	KG Berlin 6.7.1995 12 U 2402/94 RiKG Philipp

Lfd. Nr.	Betrag DM Euro (Anp.2019)	Verletzung	Dauer und Umfang der Behandlung; Arbeitsunfähigkeit	Person des Verletzten	Dauerschaden	Besondere Umstände, die für die Entscheidungen maßgebend waren	Gericht, Datum der Entscheidung, Az., Veröffentlichung bzw. Einsender
Fortsetzung von »Bein - Knie - Bruch«							
199	€ 33 234 + immat. Vorbehalt (€ 42 678)	Oberschenkelschaftfraktur rechts, Patellalängsfraktur links, Fibularfraktur rechts, dislozierte MC-V-Basisfraktur links, Mittelfußläsion mit posttraumatischem Plattfuß, stumpfes Brustkorbtrauma links, multiple Schürfungen und Weichteilwunden	4 Wochen stationär, 3 Wochen Reha, anschließend 3 Tage erneut stationär zur ersten Metallentfernung	Kraftfahrer	Beinverkürzung um 1,5 cm rechts mit der Notwendigkeit, einen Ausgleich zu tragen; messbare Funktionsbeeinträchtigungen des rechten Hüftgelenks; Belastungsbeschwerden im linken Kniegelenk; Belastungsminderung der linken Hand und im linken Arm sowie Gehbehinderung	Schmerzensgelderhöhend wurde berücksichtigt, dass der Kläger in seinem erlernten Beruf nicht mehr tätig sein kann und eine Umschulung auf sich nehmen musste, deren Erfolg noch ungewiss ist, ebenso das zögerliche Regulierungsverhalten des Versicherers	OLG Rostock 14.6.2002 8 U 79/00 RAe Möllers & Schulte, Stralsund
200	€ 35 000 (€ 41 624)	Zweitgradig offene distale Patellatrümmerfraktur links, dislozierte Ulnafraktur links, Nasenbeinfraktur, Risswunde an der Stirn und Schnittwunden über beiden Ellbogengelenken	Sieben stationäre Aufenthalte von insgesamt 75 Tagen, mehr als 100 hausärztliche Behandlungen	41-jähr. Frau	MdE: mindestens 90% Bewegungseinschränkung des linken Kniegelenks; 14 cm lange Narbe über beiden Augenbrauen, gut sichtbar, aber nicht entstellend	Implantation eines künstlichen Kniegelenks ist zu befürchten	LG Osnabrück 30.4.2007 8 O 2851/04 Allianz Versicherung
201	€ 40 000 (€ 43 127)	Laterale Tibiaplateau-Impressionsfraktur links, distale, nicht dislozierte Fibolafraktur Typ Weber B mit knöchernem Innenbandanriss links und Thorax-Prellung links	Ca. 2 Wochen stationäre Behandlung, wobei eine offene Reposition und Spongiosaschraubenosteosynthese der Tibia durchgeführt und die weiteren Verletzungen konservativ behandelt wurden. Fast 1 Monat erfolgte eine stationäre Reha-Behandlung	Frau	Arthrose	Soweit das LG auf der Grundlage der überzeugenden Ausführungen der Sachverständigen getroffenen Feststellungen ein Schmerzensgeld in Höhe von insgesamt € 40 000 für angemessen und ausreichend gehalten hat, vermag das Berufungsvorbringen kein höheres Schmerzensgeld zu rechtfertigen. Die Bemessung des LG wird auch nicht dadurch in Frage gestellt, dass im Gegensatz zur früheren Zeit inzwischen die regelmäßige Dauer der stationären Behandlung im Zweifel deutlich kürzer ist, während im Übrigen auch ausreichend berücksichtigt ist, dass gerade der Vergleich mit älteren Entscheidungen zu einem mit der Steigerung der Lebenshaltungskosten in Verbindung stehenden höheren Betrag zu bemessen ist	OLG Frankfurt am Main 19.1.2015 17 U 160/14

Lfd. Nr.	Betrag DM **Euro** *(Anp.2019)*	Verletzung	Dauer und Umfang der Behandlung; Arbeitsunfähigkeit	Person des Verletzten	Dauerschaden	Besondere Umstände, die für die Entscheidungen maßgebend waren	Gericht, Datum der Entscheidung, Az., Veröffentlichung bzw. Einsender
	Fortsetzung von »Bein - Knie - Bruch«						
202	€ 45 000 + immat. Vorbehalt *(€ 46 219)*	C3-Fraktur des rechtsseitigen Tibiakopfes, distale Fibulafraktur im Rahmen des Aufpralls, multiple Hautabschürfungen im Bereich des rechten Oberschenkels sowie Kompartmentsyndrom des rechten Unterschenkels	Der Kläger wurde mit dem Rettungstransportwagen in das nächstgelegene Krankenhaus gebracht, wo noch am selben Tage eine Notoperation stattfand (geschlossene Reposition und Fixierung durch gelenkübergreifenden Fixateur). Des Weiteren gab es engmaschige Wundkontrollen im OP, bei denen jeweils die Wundauflage gewechselt werden musste. Dann erfolgten eine offene Reposition des Tibiakopfes und die Anlage einer Schraubenosteosynthese. Später stellte sich heraus, dass der Bruch nicht ausreichend durchbaut war. Der Fixateur wurde daher vor der Entlassung wieder montiert und nach 3 ½ Monaten entfernt. 21 Monate AU. Anschließend berufliche Wiedereingliederungsmaßnahme. Ca. 2 Jahre nach dem Unfall arbeitet der Kläger wieder in Vollzeit bei seinem früheren Arbeitgeber, nunmehr als Mitarbeiter in der Waschkaue und nicht mehr als Schmelzer. Es liegt ein Grad der Behinderung von 50% vor, weshalb der Kläger seinen ursprünglichen Beruf nicht mehr ausüben kann	Mann	Einschränkung des verkürzten Beines bei einer Spitzfußstellung von 25°	Die Feststellungen führen deutlich vor Augen, dass die beiden Brüche, die der Kläger bei dem Unfall erlitten hat, mit erheblichen Schmerzen verbunden waren und eine sehr komplexe Behandlung, einschließlich Krankengymnastik, erforderten, Komplikationen nach sich zogen und letztlich eine Behandlung von fast zwei Jahren verursachten. Der Kläger war in dieser Zeit in vielfältiger Hinsicht gehandicapt, wobei sich nach Auffassung des Senats als besonders gravierend die Zeit ausgewirkt hat, in der der Kläger den Fixateur tragen musste. Auch die erheblichen Dauerschäden, die den Kläger sowohl in beruflicher als auch privater Hinsicht stark einschränken, wirken sich erheblich schmerzensgelderhöhend aus. Schließlich kann auch das zögerliche Regulierungsverhalten der Beklagten zu 2) bei der Schmerzensgeldbemessung nicht außer Betracht bleiben, sodass sich insgesamt der vom LG zugesprochene Betrag als angemessen erweist, den Kläger für die bisher erlittenen Verletzungen und ihre Folgen zu entschädigen	OLG Hamm 29.1.2019 9 U 28/18 juris

Urteil lfd. Nr. 203 — Bein

Lfd. Nr.	Betrag DM **Euro** *(Anp.2019)*	Verletzung	Dauer und Umfang der Behandlung; Arbeitsunfähigkeit	Person des Verletzten	Dauerschaden	Besondere Umstände, die für die Entscheidungen maßgebend waren	Gericht, Datum der Entscheidung, Az., Veröffentlichung bzw. Einsender

Fortsetzung von »Bein - Knie - Bruch«

| 203 | € 55 000 + immat. Vorbehalt *(€ 59 060)* | Verkehrsunfall: Offene Trümmerfraktur der rechten Patella, einen Riss des vorderen und hinteren Kreuzbandes, eine deutliche Elongierung des Außenbandes, eine Weber-B-Fraktur des Sprunggelenks, Prellungen und Hämatome, drei Narben sowie eine Thrombose der tiefen Beinvenen, die eine Langzeittherapie (Einnahme von Gerinnungshemmern und Tragen von Kompressionsstrümpfen) erforderlich macht | Klägerin wurde drei Mal operiert | 27-jähr. Frau | | Unter Heranziehung einschlägiger Vergleichsrechtsprechung zum Schmerzensgeld bei physischer Beeinträchtigung hält der Senat insb. den ersten im angefochtenen Urteil genannten Fall (KG v. 6.7.1995 – 12 U 2402/94, zugesprochen dort: € 33 234) für vergleichbar, allerdings noch etwas gewichtiger als den hiesigen. Nimmt man die psychische Beeinträchtigung der Klägerin hinzu, führt dies gleichwohl nicht über den landgerichtlich anerkannten Betrag hinaus. Das OLG Frankfurt am Main (Urt. v. 12.1.2010 – 8 U 6/09, juris) hat vielmehr wegen Depressionen, Ängsten und einer posttraumatischen Belastungsstörung aufgrund eines lebensbedrohlichen Traumas im Zusammenhang mit einer ärztlichen Fehlbehandlung sowie einer MdE von 0% auf ein Schmerzensgeld von € 15 000 erkannt. Auch wenn im vorliegenden Fall im Ergebnis der psychiatrischen Begutachtung keine posttraumatische Belastungsstörung festzustellen ist, hält der Senat jenen Fall für hinreichend vergleichbar. Nach Addition beider Beträge errechnet sich eine Summe von € 48 234, die angesichts der Inflation den hier landgerichtlich zugesprochenen Betrag rechtfertigt. Im Übrigen kommt es für die Bemessung eines Schmerzensgeldes wegen einer psychiatrischen Erkrankung nicht auf deren – korrekte – medizinische Diagnose an, sondern auf deren jeweilige Ausprägung und Auswirkung im Erleben oder Verhalten des Verletzten. Insofern hat auch der Sachverständige zu Recht offen gelassen, ob das Konzept der posttraumatischen Belastungsstörung weit oder eng zu fassen ist. Nach den von ihm festgestellten Leidensbild der Klägerin stand jedenfalls das depressive Syndrom mit regenerativer Heilung, Rückzugsneigung und Zukunftsängsten im Vordergrund und nicht etwa die (für eine posttraumatische Belastungsstörung charakteristischen oder gar begriffsnotwendigen) Nachhallerinnerungen oder Alpträume. Auch die Berufungsbegründung zeigt insofern jedenfalls keine psychischen Beschwerden auf, die der Sachverständige und das LG nicht bereits mit dem weiten Begriff der ängstlich-depressiven Verfassung der Klägerin erfasst und berücksichtigt haben | KG Berlin 21.11.2013 22 U 270/12 |

● Mithaftung (siehe vorletzte Spalte)

Lfd. Nr.	Betrag DM Euro (Anp.2019)	Verletzung	Dauer und Umfang der Behandlung; Arbeitsunfähigkeit	Person des Verletzten	Dauerschaden	Besondere Umstände, die für die Entscheidungen maßgebend waren	Gericht, Datum der Entscheidung, Az., Veröffentlichung bzw. Einsender
		Fortsetzung von »Bein - Knie - Bruch«					
		Kapitalabfindung mit Schmerzensgeldrente					
204	€ 120 000 ● und € 250 Rente monatlich + immat. Vorbehalt *(€ 144 326)*	Drittgradig offene Oberschenkel- und Kniegelenkstrümmerfraktur rechts, dislozierte distale Radiusfraktur und BWK 11-Kompressionsfraktur, Polytrauma	Im Laufe von 5 Jahren über 500 Tage im Krankenhaus mit diversesten Operationen und immer wieder anschließenden Rehas	62-jähr. Frau	MdE: 45%	25% Mithaftung wegen Nichtanlegen des Gurts auf dem Rücksitz. Die Klägerin war durch den Unfall schwerst psychisch beeinträchtigt, da ein Enkelkind in ihren Armen verstarb; dies dürfte das Schlimmste sein, was einem Menschen psychisch passieren kann. Im rechten Bein ist das Kniegelenk versteift worden und aufgrund mehrfacher operativer Eingriffe inzwischen eine Längenverkürzung um 6 cm eingetreten. Die Weichteilverhältnisse seien ungünstig, im Bereich des Kniegelenks bestünden ausgedehnte Fibrosierungen und ausgedehnte Verwachsungen, außerdem eine ausgeprägte Schwäche auf der rechtsseitigen hüftgelenksübergreifenden Muskulatur. Die Hauptbeeinträchtigung ergebe sich aus der schweren Gehbehinderung aufgrund der Beinlängendifferenz und der Versteifung des rechten Knies. Eigentlich müssen Nägel aus dem Bein entfernt werden. Das Risiko einer Infektion sei jedoch so groß, dass man davon derzeit Abstand nehme, da im Falle einer erneuten Infektion das Bein möglicherweise amputiert werden müsse. Die Klägerin müsse immer noch auf zwei Krücken gehen, sitze teilweise im Rollstuhl. Mit einer weiteren Verschlimmerung ist zu rechnen. Bei der Schmerzensgeldbemessung war auch zu berücksichtigen, dass die Klägerin sich mit einer sehr zögerlichen Regulierung konfrontiert sah	LG München I 21.12.2006 19 O 15666/03 RA Krumbholz, München

Weitere Urteile zur Rubrik »**Bein - Knie - Bruch**« siehe auch:
bis € 5000: 2333, 375
bis € 12 500: 2768, 2772, 3280, 161, 2782
bis € 25 000: 2789, 79, 587, 2798
ab € 25 000: 732, 999, 269, 413, 325, 3173, 84, 2957, 1002, 48, 1135, 2107, 361, 1558, 341, 2980, 2981, 141, 4, 2988, 343, 3286, 2998, 436, 1343

Bein - Knie - Sonstige Verletzungen

Lfd. Nr.	Betrag	Verletzung	Dauer und Umfang	Person	Dauerschaden	Besondere Umstände	Gericht
205	– *(€ 0)*	Künstliches Kniegelenk als Folgeoperation		Frau		Musste vor dem Vergleichsabschluss über ein Schmerzensgeld (€ 25 000 + immat. Vorbehalt) bei einer Knieverletzung mit größter Wahrscheinlichkeit mit einer sodann auch erfolgten Nachoperation gerechnet werden (Einsetzen eines künstlichen Kniegelenks), ist die durch die Nachoperation erfolgte Verschlechterung des Gesundheitszustandes des Verletzen auch bereits von dem Vergleich umfasst, wenn die Verletzungsfolgen (hier OP-Folgen) sich nach dem damals bereits bekannten sachverständigen Wissen als derart naheliegend darstellten, dass sie bei der Bemessung des Schmerzensgeldes berücksichtigt werden konnten	OLG München 15.3.2013 10 U 4171/12

Urteile lfd. Nr. 206 – 214 Bein

Lfd. Nr.	Betrag DM Euro (Anp.2019)	Verletzung	Dauer und Umfang der Behandlung; Arbeitsunfähigkeit	Person des Verletzten	Dauerschaden	Besondere Umstände, die für die Entscheidungen maßgebend waren	Gericht, Datum der Entscheidung, Az., Veröffentlichung bzw. Einsender
\multicolumn{8}{l}{**Fortsetzung von »Bein - Knie - Sonstige Verletzungen«**}
206	€ 300 (€ 346)	Knieprellung mit folgendem chronischen Erguss in den Weichteilen vor der Kniescheibe	Ambulante Behandlung	Mann		Verletzung der Verkehrssicherungspflicht; dem Kläger, der in einem Supermarkt in gebückter Haltung aus einem unteren Regal Waren einlud, fiel vom obersten Regal eine Flasche auf den Rücken, so dass er mit dem Fuß wegrutschte und mit dem Knie auf dem Boden aufschlug	LG Köln 6.5.2009 28 O 611/06 RA Dr. Alsdorf, Köln
207	€ 441 (€ 482)	Prellung rechtes Knie	Keine AU, zweimalige ärztliche Behandlung	Frau			AG Kandel 16.3.2012 1 C 413/11 RA Wolfgang Koch, Erftstadt
208	€ 500 (€ 511)	Knieprellung rechts, Schürfungen am rechten Fuß/Bein		Mann, Fahrradfahrer			LG Traunstein 11.5.2018 5 O 2804/16 www.gesetze-bayern.de OLG München 16.11.2018 10 U 1885/18
209	€ 500 (€ 532)	Kniegelenkspunktion ohne hinreichende Aufklärung		49-jähr. Mann		Eine solche Punktion kann trotz ihrer kurzen Dauer und der äußerlich kleinen Verwundung für den Betroffenen mit einer erheblichen Belastung verbunden sein (I. Instanz)	OLG München 28.8.2014 24 U 1555/14
210	€ 750 (€ 891)	Prellungen und Schürfwunden am ganzen Körper, Schwellung am rechten Fußgelenk, am rechten Oberschenkel und an der linken Patella, persistierende Kopfschmerzen	10 Tage arbeitsunfähig	Gärtner		Verzögerliche Heilung, die zu deutlichen Beschwerden innerhalb eines Zeitraums von 2 Monaten führte	AG Ibbenbüren 15.6.2007 3 C 172/07 RA Jungeblut, Hopsten
211	1500 € 750 (€ 979)	Prellungen an der rechten Hand und der lateralen Knievorderseite rechts	MdE: 2 Wochen 100% 2 Wochen 40% 3 Wochen 20% 1 Woche 10% 1 Woche 5%	Mann			LG München I 22.11.2001 19 O 14855/00 RA Raisch, München
212	€ 800 (€ 989)	Distorsion des Kniegelenks und Prellungen	9 Tage arbeitsunfähig, Behandlung mit Bandagieren doc Boinc. Punktieren des Knies, Krankengymnastik	Frau		Sehr schmerzhafte Distorsion, die zu einer über Tage hinweg anhaltenden Schwellung des gesamten linken Beins geführt hat	AG Neustadt a. Rbge. 21.12.2004 50 C 1593/03 SP 2005, 234
213	€ 850● (€ 899)	Multiple Schürfwunden an beiden Unterarmen und beiden Knien, Thoraxprellung, Knieprellung, Platzwunde an der rechten Hand, Bursitis praepatellaris	2 Wochen AU, Verbände, Salben	Fahrradfahrer (Kläger und Widerbeklagter)		Kollision zweier Fahrradfahrer, Mithaftung 50%, komplikationsloser Heilbehandlungsverlauf. Dauerschäden sind nicht zu erwarten	LG Kempten (Allgäu) 15.6.2015 22 O 72/14
214	€ 1000 (€ 1144)	Prellungen am Steissbein und am rechten Knie	MdE: 14 Tage 100% 6 Tage 50%	63-jähr. Frau			AG Alzey 31.7.2008 20 C 14/08 RA Koch, Erftstadt

● Mithaftung (siehe vorletzte Spalte)

Lfd. Nr.	Betrag DM Euro (Anp.2019)	Verletzung	Dauer und Umfang der Behandlung; Arbeitsunfähigkeit	Person des Verletzten	Dauerschaden	Besondere Umstände, die für die Entscheidungen maßgebend waren	Gericht, Datum der Entscheidung, Az., Veröffentlichung bzw. Einsender

Fortsetzung von »Bein - Knie - Sonstige Verletzungen«

Lfd. Nr.	Betrag	Verletzung	Dauer/Umfang	Person	Dauerschaden	Besondere Umstände	Gericht
215	€ 1000 (€ 1273)	Über der rechten Patella zwei fünfmarkstückgroße Wunden mit Entzündungsreaktion, 5 cm lange Schnittwunden über der rechten Wade, zwei genähte Platzwunden über der rechten Großzehe und zwei weitere Platzwunden über den zweiten Strahl rechts und der Fußwurzel, ödimatöse Schwellung des rechten Fußes mit multiplen Weichteilblutungen, Schürfwunde über dem linken Kniegelenk, eine markstückgroße Schürfwunde über der Patella links	Knapp 3 Wochen arbeitsunfähig	Motorradfahrer		Kläger leidet heute noch unter Angstzuständen, da der Unfall auch hätte tödlich verlaufen können. Hierbei handelt es sich jedoch um das allgemeine Lebensrisiko, welches jeder eingeht, der am Straßenverkehr teilnimmt. Das aktuelle Bewusstsein über diesen Umstand kann im Einzelfall zwar zu psychischen Beeinträchtigungen führen, diese sind jedoch dem Unfallgegner keinesfalls anzulasten	AG Gelsenkirchen-Buer 24.4.2003 23 C 46/03 Allianz Versicherungs AG
216	€ 1200 (€ 1278)	Thoraxprellungen, Verstauchung des linken Knies, Verstauchung des rechten Ellenbogens	10 Tage AU zu 100%	Frau (Fahrerin des Unfall-Kfz)			AG Dieburg 11.3.2015 20 C 715/14 (21) RA Nicolas Eilers, Groß-Gerau
217	€ 1200 (€ 1541)	Brustkorbprellung, Quetschung am linken Knie und am linken Ellenbogen sowie verschiedene Hämatome	AU ca. 3 Wochen	Frau		Die Situation des Radfahrers ist dadurch gekennzeichnet, dass im Auto selbstverständliche Schutzmechanismen wie Gurt, Kopfstütze usw. fehlen. Das erkennende Gericht meint, dass wegen dieser besonderen Schutzlosigkeit des Radfahrers regelmäßig von einem Schreckmoment aus Furcht vor einer bevorstehenden Kollision mit einem Auto auszugehen ist	AG Schwerin 27.5.2002 16 C 2962/0 RAe Godejohann & Koll., Schwerin
218	€ 1500 (€ 1709)	Rechtswidrige arthroskopische Operation des rechten Knies mit (Teil-)Resektion des Innenmeniskus; anschließend Instabilitätsgefühl	Ambulante Operation; danach Baker-Zyste ca. 30-mal punktiert	Mann	Arthrose	Bei der Bemessung der Entschädigung hatte der Senat einerseits zu berücksichtigen, dass neben den üblichen Beeinträchtigungen durch einen operativen Eingriff der Kläger möglicherweise ein Gefühl der Instabilität des Knies entwickelt hat, andererseits, dass es sich nur um einen Eingriff ohne stationären Aufenthalt gehandelt hat und die Operation nicht die Arthrose ausgelöst hat, sondern nach den überzeugenden Darlegungen des Sachverständigen eher verlangsamt hat	OLG München 20.5.2010 1 U 3057/09 ArztR 2011, 192
219	€ 2000 + immat. Vorbehalt (€ 2306)	Kontusion des linken Kniegelenks mit Prellmarke sowie Schleimbeutelguss, Rissverletzung Unterschenkel, Distorsion linkes Handgelenk, Hautdefekt rechte Mittelfingerkuppe	2 Monate ambulante Behandlung MdE: 2 Wochen 100% 2 Wochen 20% 2 Wochen 10%	Frau		Nach 4 Monaten noch Schmerzen im Bereich des linken Knies und des linken Handgelenks; bei bestehenden Schmerzen sollte im Kniegelenk der Schleimbeutel entfernt werden	AG Nürnberg 7.4.2009 13 C 8696/08 RA Wilhelm, Nürnberg
220	€ 2000 (€ 2070)	Bisswunde durch Hundebiss an der linken Wade und der Hand	1 Monat AU	Frau	Narbe an der Wade		LG Aschaffenburg 31.8.2017 22 S 54/17 RA Reinhart, Kanzlei Imhof & Kollegen, Aschaffenburg
221	4000 € 2000 (€ 2672)	Schürfwundenprellung der außenseitigen Knieweichteile rechts	Ein paar Tage Krankenhaus	Mann		Die noch vorhandenen Kniebeschwerden sind nicht Unfallfolge, sondern Teil eigenständiger, unfallfremder Leiden, die sich aus einer Jugendkrankheit des Klägers ergeben	LG München I 25.5.2000 19 O 446/99 VorsRiLG Krumbholz

Lfd. Nr.	Betrag DM Euro (Anp.2019)	Verletzung	Dauer und Umfang der Behandlung; Arbeitsunfähigkeit	Person des Verletzten	Dauerschaden	Besondere Umstände, die für die Entscheidungen maßgebend waren	Gericht, Datum der Entscheidung, Az., Veröffentlichung bzw. Einsender
	Fortsetzung von »Bein - Knie - Sonstige Verletzungen«
222	€ 2045 (€ 2614)	Schleimbeutelentfernung am linken Knie, HWS-Distorsion, Beckenkontusion, Distorsion des linken Daumens sowie Schulterprellung	MdE: ca. 3 Wochen 100% 1 Monat 50% 1 Monat 30% 1 Monat 20% danach 0%	Mann			LG München I 23.1.2003 19 O 16309/01 VorsRiLG Krumbholz
223	€ 3000 (€ 3418)	Kniegelenksdistorsion links mit Ruptur des Innenmeniskus	Nach 6 Wochen ambulante operative Arthroskopie mit Innenmeniskusteilresektion, anschließend 10 krankengymnastische Behandlungen, 2 ½ Monate arbeitsunfähig; insgesamt 3 Monate Schmerzen und eingeschränkte Bewegungsfähigkeit	Regierungsangestellte		Verletzung der Verkehrssicherungspflicht; Klägerin rutschte in einem öffentlichen Gebäude auf einem nass gewischten Boden aus; Beklagte hat es unterlassen, auf die erhöhte Rutschgefahr infolge bestehender Nässe durch Hinweisschilder aufmerksam zu machen; Beeinträchtigung eines bereits gebuchten Urlaubs, den die Klägerin weitgehend sitzend verbringen musste; Fortbewegung allenfalls mit Gehhilfen über kurze Strecken möglich	LG Düsseldorf 11.6.2010 2b O 159/07
224	€ 3000 (€ 3415)	Intraartikuläre Injektion in das Kniegelenk mit Einblutung unter das laterale Retinaculum, was zeitweise zu starken Schmerzen führte		Frau		Einerseits ist der Kl. kein Dauerschaden entstanden, andererseits hat die Komplikation zeitweise starke Schmerzen verursacht	OLG München 15.7.2010 1 U 2068/10 OLG Report Süd 32/2010 Anm. 6
225	€ 4000 + immat. Vorbehalt (€ 4269)	Prellung der linken Wade, Kniegelenksprellung links, Hämatom am Unterschenkel bis zum Gesäß, großflächige schlecht heilende offene Wunden vom Knöchel bis zum Knie insbesondere großflächige Abledung und Abtragung der Haut am linken Knie	8 Tage stationäre Behandlung, 3 Monate 50% AU, 3 Monate 30% AU, insgesamt 6 Monate ambulante Weiterbehandlung, täglicher Verbandswechsel	Mann, Mopedfahrer		Der Beklagte übersah den vorfahrtsberechtigten Kläger an der gut einsehbaren Kreuzung und schleifte diesen ca. 10 Meter mit. Der Kläger muss sich nicht entgegenhalten lassen, dass er keine Motorradschutzkleidung getragen hat, da sein Kraftrad einen Hubraum von unter 50 ccm hat und nicht als Motorrad zugelassen ist. Darüber hinaus besteht keine gesetzliche Verpflichtung zum Tragen von Schutzkleidung	AG Weißwasser 26.6.2014 6 C 364/13 juris
226	10 000 € 5000 + immat. Vorbehalt (€ 6782)	Traumatische Bursaeröffnung linkes Kniegelenk; HWS-Schleudertrauma 1. Grades; Verdacht auf Gehirnerschütterung, Prellungen im Bereich des linken Ellenbogens, der linken Hand und des linken Sprunggelenks	11 Tage Krankenhaus	Frau		Nicht nachgewiesen ist, dass der brennende Schmerz am Knie nach längeren Fußmärschen ausschließlich auf das streitgegenständliche Unfallgeschehen zurückzuführen ist oder ob der Schmerz auch den Ursprung in bereits bestehenden, degenerativen Veränderungen hat; noch immer Kopfschmerzen am Hinterkopf; infolge Mitverschulden von 50% wurde der Klägerin lediglich ein Betrag von DM 5000 (€ 2500) zugesprochen	LG Traunstein 27.12.1998 6 O 2819/95 RA Oelschig, Traunstein
227	10 000 € 5000 + immat. Vorbehalt (€ 6679)	Distorsion des arthrotisch vorgeschädigten linken Kniegelenks, Hautabschürfungen; Prellung linker Unterarm und linker Brustkorb	Ca. 4 Monate arbeitsunfähig, langwierige Behandlung	Baumaschinenführer	Schmerzen im Bereich des linken Knies	Kein Abzug beim Schmerzensgeld im Fall beschwerdefreier Vorschädigung	OLG Hamm 31.1.2000 13 U 90/99 RA Rinsche & Speckmann, Hamm

● Mithaftung (siehe vorletzte Spalte)

Lfd. Nr.	Betrag DM Euro (Anp.2019)	Verletzung	Dauer und Umfang der Behandlung; Arbeitsunfähigkeit	Person des Verletzten	Dauerschaden	Besondere Umstände, die für die Entscheidungen maßgebend waren	Gericht, Datum der Entscheidung, Az., Veröffentlichung bzw. Einsender
\multicolumn{8}{l}{**Fortsetzung von »Bein - Knie - Sonstige Verletzungen«**}
228	€ 5000 + immat. Vorbehalt (€ 5697)	Infraktion (Anbruch) der 6. Rippe links, schwere Prellung des Kniegelenks mit posttraumatischer Ausbildung einer Bursitis präpatellaris (Schleimbeutelentzündung)		Frau	Schmerzen am linken Knie	Maßgeblich für die Schmerzensgeldbemessung sind auch die durch die Verletzungen hervorgerufenen Beeinträchtigungen der Klägerin in der Folgezeit; so kann sie seit dem Unfall nicht mehr Fahrradfahren, hat durchgängig Schmerzen an ihrem linken Knie, wogegen sie Medikamente nehmen muss. Letztlich haben die durch die Verletzung des Knies bedingten Schäden auch dazu beigetragen, dass die Klägerin und ihr ohnehin schwerbehinderter Ehemann mittlerweile ihr Haus verkauft haben. Dabei kann letztlich auch das Prozessverhalten der Beklagten, die die Klägerin durchgängig und ohne jeden konkreten Anhaltspunkt der Unwahrheit bezichtigt haben, nicht unberücksichtigt bleiben	Schleswig-Holsteinisches OLG 15.4.2010 7 U 17/09 SP 2011, 4
229	€ 8000 (€ 10323)	Distorsion beider Kniegelenke, multiple Prellungen mit Schnitt- und Schürfwunden, posttraumatischer Schock	Langwierige ärztliche und psychologische Behandlung; 6 Monate Benutzung von 2 Krücken, weitere 3 Monate Benutzung einer Krücke	40-jähr. Architektin		Verletzung der Verkehrssicherungspflicht; Sturz in einen Schacht infolge eines schadhaften Schalungsbretts; lang anhaltende Schmerzen und Beeinträchtigungen; entgangene Freuden eines bereits gebuchten Urlaubs	OLG München 21.11.2002 19 U 2515/02 RiOLG Dr. Fellner, München
230	20 000 € 10 000 (€ 12842)	Infektion im rechten Kniegelenk mit dauerhaft schmerzhafter Bewegungseinschränkung	7 Wochen stationäre Behandlung, schmerzhafte Operationen	65-jähr. Mann	Bewegungseinschränkung des rechten Kniegelenks, Muskeldefizit, Belastungs- und Bewegungsschmerz, Narbenbildung	Ärztlicher Behandlungsfehler bei der Injektion eines durch Verschleiß vorgeschädigten Kniegelenks; zukünftig wird die Implantation einer Kniegelenksendoprothese und die Verwendung einer Gehhilfe erforderlich sein; Genugtuungsfunktion bei Arzthaftungsfällen regelmäßig nur von untergeordneter Bedeutung, da bei ärztlichem Handeln das Bestreben im Vordergrund steht, dem Patienten zu helfen	OLG Düsseldorf 29.8.2002 8 U 190/01 VersR 2004, 120
231	€ 10000 ● (€ 11063)	Bone-bruise im Bereich des Tibiakopfes mit medialer Seitenbandruptur des linken Knies, Fibulakopffraktur, dislozierte distale Radiusfraktur rechts	8 Tage stationäre Behandlung, 3 Wochen Reha, insgesamt min. 2 OP, min. 3 Monate AU zu 100%, Physiotherapie, Unterarmgehstützen, Metallentfernung nach 2 Jahren	Ältere Frau, PTA (ca. 14 Monate vor dem Eintritt ins Rentenalter)	Einnahme von Schmerzmitteln, starke Einschränkung der MdH, Anschwellneigung des Knies, leichte Bewegungseinschränkung im rechten Handgelenk	25% Mithaftung. Kollision zwischen der Klägerin und dem Beklagtenfahrzeug, als diese mit ihrem Pferd als Letzte eines Verbandes von 9 Reitern eine Landstraße überqueren wollte. Das strafrechtliche Verfahren wurde gegen Zahlung einer Geldauflage in Höhe von € 900 an die Klägerin eingestellt. Die Klägerin kann den Reitsport und das Tanzen nicht mehr ausüben. Möglicherweise muss zukünftig ein künstliches Kniegelenk eingesetzt werden (1/3 Wahrscheinlichkeit). Die Klägerin ist ferner nicht mehr in der Lage, ihren Beruf als PTA in einer Apotheke auf EUR-400-Basis auszuüben, da sie nicht mehr lange stehen und nur noch eingeschränkt auf Leitern klettern kann. Eine geplante 3-wöchige Flugreise musste abgesagt werden	OLG Frankfurt am Main 16.12.2011 10 U 240/09 Landesrechtsprechungsdatenbank Hessen

Lfd. Nr.	Betrag DM Euro (Anp.2019)	Verletzung	Dauer und Umfang der Behandlung; Arbeitsunfähigkeit	Person des Verletzten	Dauerschaden	Besondere Umstände, die für die Entscheidungen maßgebend waren	Gericht, Datum der Entscheidung, Az., Veröffentlichung bzw. Einsender
\multicolumn{8}{l}{Fortsetzung von »Bein - Knie - Sonstige Verletzungen«}
232	€10 226 + immat. Vorbehalt (€ 13 132)	Schwere Kniegelenkskontusion beidseits, Prellungen beider Schienbeine, des rechten Außenknöchels, Schulterkontusion beidseits, HWS-Syndrom sowie diverse Schürfwunden	MdE: 2 ½ Monate 100%, 3 Wochen 60%, weitere 3 Wochen 30%, anschließend für weitere 3 Monate 10%	36-jähr. Frau	Richtungsgebende Verschlimmerung der vorhandenen degenerativen Vorschäden	Durch den Unfall sei ein Zustand eingetreten, wie er ohne den Unfall vielleicht erst in 8 bis 10 Jahren eingetreten wäre. Dies stellt nach Auffassung der Kammer eine schwerwiegende Unfallfolge dar. Bei der Bemessung des Schmerzensgeldes war auch zu berücksichtigen, dass die Klägerin über mehrere Wochen an beiden Beinen Gehschienen tragen musste, derentwegen sie später stürzte und sich hierbei die linke Hand verletzte, die dann ebenfalls geschient werden musste. Hinzu kommt, dass sich die Klägerin unfallbedingt zweier Operationen unterziehen musste	LG München I 16.5.2002 19 O 10520/01 VorsRiLG Krumbholz
233	40 000 € 20 000 (€ 26 222)	Offene Unterarmfraktur links mit aus dem Weichteilverband gelösten Knochenstücken, umfangreicher Kniebinnenschaden, Fraktur des 5. Mittelhandknochens der linken Hand, Frakturen der 6. bis 8. Rippe, multiple Prellungen und Schürfungen	12 Wochen Krankenhaus, 9 Monate arbeitsunfähig	38-jähr. Mann	Längere, entstellende Narben am Knie und am linken Unterarm	Knie ist weiterhin noch geschwollen; infolge Mithaftung von 20% wurde lediglich ein Schmerzensgeld von DM 32 000 (€ 16 000) zugesprochen	LG Oldenburg 23.3.2001 2 O 514/00 DAR 2002, 171
234	60 000 € 30 000 + immat. Vorbehalt (€ 40 483)	Aufgrund einer Fehldiagnose eingesetzter endoprothetischer Teilersatz im rechten Kniegelenk, der infolge falscher Positionierung wieder entfernt werden musste	Zwei stationäre Behandlungen von insgesamt 61 Tagen	Frau	Versteifung des rechten Kniegelenks	Für den vom Beklagten vorgenommenen endoprothetischen Kniegelenksersatz bestand keinerlei Notwendigkeit, zumal keine klinisch manifeste Arthrose des Kniegelenks vorlag. Durch fehlerhafte Positionierung der Schlittenendoprothese kam es zu schwerwiegenden Oberflächenbeschädigungen der Implantate	LG München I 1.7.1998 9 O 22930/96 RA Markus Haag, München
235	60 000 ● € 30 000 (€ 38 110)	Schwere komplexe Knieverletzung	Mehrere Operationen	18-jähr. Azubi	Instabilität des Kniegelenks, die zeitweise einer Stützung mittels Schiene bedarf, kein Tragen schwerer Lasten; volle Arbeitsfähigkeit nur noch in Berufen mit leichter körperlicher Belastung in überwiegend sitzender Position	25% Mitverschulden, was nicht rechnerisch zu berücksichtigen ist, sondern einen Bemessungsfaktor darstellt; mit hoher Wahrscheinlichkeit ist mit einem frühzeitigen Kniegelenksverschleiß zu rechnen, der dann mit der Implantation eines Kunstgelenks zu versorgen ist; berufliche Einsatzfähigkeit von den noch in Frage kommenden Berufsbildern ganz deutlich eingeschränkt	LG Deggendorf 4.9.2003 3 O 306/02 bestätigt durch OLG München 8 U 4593/03 RAe Forstner, Kohl, Vaitl & Koll., Deggendorf

● Mithaftung (siehe vorletzte Spalte)

Lfd. Nr.	Betrag DM Euro (Anp.2019)	Verletzung	Dauer und Umfang der Behandlung; Arbeitsunfähigkeit	Person des Verletzten	Dauerschaden	Besondere Umstände, die für die Entscheidungen maßgebend waren	Gericht, Datum der Entscheidung, Az., Veröffentlichung bzw. Einsender
\multicolumn{8}{l}{Fortsetzung von »Bein - Knie - Sonstige Verletzungen«}
236	€ 40 000 + immat. Vorbehalt (€ 41 444)	Durchtrennung des Nervus saphenus und eines Seitenastes der Vena saphena durch fehlerhafte Anlage eines posteromedialen Zugangs bei wiederholter Arthroskopie zur Entfernung eines freien Gelenkskörpers im rechten Knie		42-jähr. Frau	Neuropathische Schmerzen und Missempfindungen	Der Senat sieht es als erwiesen an, dass die Klägerin an einer Taubheit im rechten Unterschenkel im Versorgungsgebiet des Nervus saphenus und vor allem unter neuropathischen Schmerzen und Missempfindungen leidet, die ihre Lebensführung und ihren Alltag prägen, sie durchgehend belasten und beeinträchtigen und voraussichtlich auf Dauer anhalten werden. Es ist ohne Weiteres nachvollziehbar, dass sich dauerhafte Schmerzen nachhaltig auf Psyche und Stimmung des Betroffenen auswirken und zu einer leichteren Reizbarkeit führen. Dass die Klägerin keinen Sport mehr ausüben kann und auch sonst in ihrer Freizeitgestaltung erheblich beeinträchtigt ist, leuchtet ein, weil Bewegungen zu einer Zunahme der Schmerzen führen	OLG Köln 26.7.2017 5 U 152/15 juris
237	90 000 € 45 000 + immat. Vorbehalt (€ 65 109)	Sudecksches Syndrom – in drei Phasen erfolgende Gelenkversteifung – mit hängendem Fuß (Spitzfußstellung); ärztlicher Behandlungsfehler	Drei stationäre Aufenthalte von mehreren Monaten	26-jähr. Pharmakantin	Außergewöhnlich hohes Maß an Behinderung mit MdE von 80%; auf Gehhilfen und Begleitperson angewiesen	Grober Behandlungsfehler. Klägerin kann wegen schwerwiegend gestörter Zirkulation im Bein keine Prothese tragen, daher auf Unterarmgehstützen angewiesen. Vielfache Einschränkungen in der Lebensführung. Nicht erfasst sind noch nicht erkennbare Veränderungen wie eine mögliche Notwendigkeit einer Rollstuhlbenutzung	OLG Frankfurt am Main 8.2.1994 8 U 18/93
238	€ 50 000 + immat. Vorbehalt (€ 55 026)	Behandlungs- und aufklärungsfehlerhafte Arthroskopie des Kniegelenks mit Entzündung und Nekrose	Insgesamt vier Revisionsoperationen mit stationärer Behandlung. Erwerbsminderung, GdB von 60%	52-jähr. Mann	Bein auf Dauer entstellt und schmerzhaft in seiner Beweglichkeit eingeschränkt; aufgrund dieser Umstände habe er seine berufliche Tätigkeit aufgeben müssen		OLG Düsseldorf 23.2.2012 8 U 170/10 juris Versäumnisurteil
\multicolumn{8}{l}{Kapitalabfindung mit Schmerzensgeldrente}
239	45 000 € 22 500 und 100 € 50 Rente monatlich + immat. Vorbehalt (€ 31 235)	Hüftgelenksluxation; Kniegelenkstorsion mit dadurch bedingter Gonarthrose, Meniskus- und Knorpelschaden und Instabilität des Knies	Mehrwöchiger Krankenhausaufenthalt, mehrfache Operationen	16-jähr. Schüler	MdE: 30%	Verschlechterungstendenz; Einschränkung der Möglichkeiten sportlicher Betätigung mit dadurch bedingten psychischen Belastungen	OLG Nürnberg 19.12.1996 8 U 1795/96 RiOLG Dr. Seidel

Weitere Urteile zur Rubrik »**Bein - Knie - Sonstige Verletzungen**« siehe auch:

bis € 2500: 3273, 164, 470, 96, 1712, 770, 1724, 1753, 1383, 1770, 1603, 1775, 1783, 1785, 155, 1255, 2734, 1256, 2157, 650, 1833, 1564, 480, 2737, 1851, 482, 2158, 444, 1860

bis € 5000: 518, 492, 1606, 780, 2326, 1017, 1517, 1490, 3139, 802, 169, 159, 911, 1890, 833, 1612, 1362, 2337, 278, 1903, 782, 3086

bis € 12 500: 1618, 58, 853, 464, 1583, 1523, 1267, 546, 1350, 2350, 547, 1568, 821, 3049, 2285, 1628, 1922, 1121, 806, 1535, 350, 2586, 2779, 856, 824, 467, 2128, 1539, 71, 397, 1543

bis € 25 000: 1940, 309, 310, 630, 405, 40, 263, 77, 2388, 1656, 938, 2815, 587, 2392, 591, 2397, 1665, 2798, 1553, 594, 1200, 277

ab € 25 000: 2818, 2398, 269, 1000, 2595, 83, 2131, 193, 2405, 194, 195, 273, 330, 1481, 417, 735, 144, 2412, 1204, 2107, 1279, 739, 613, 2602, 430, 1280, 2989, 434, 614, 2088, 1227, 1460

Bein - Knie - Verletzungen Bänder, Sehnen, Muskeln u. Ä.

Lfd. Nr.	Betrag DM Euro (Anp.2019)	Verletzung	Dauer und Umfang der Behandlung; Arbeitsunfähigkeit	Person des Verletzten	Dauerschaden	Besondere Umstände, die für die Entscheidungen maßgebend waren	Gericht, Datum der Entscheidung, Az., Veröffentlichung bzw. Einsender
240	€ 750● (€ 838)	Knieinnenschaden: Innenbandteilruptur mit geringem Gelenkerguss und kleinem horizontalen Einriss des Innenmeniskuses	10-tägige starke Beweglichkeitseinschränkung wegen ständigen Tragens einer Bandage	Mann		Beschwerdebild samt den dazugehörigen Beeinträchtigungen überschreitet zwar deutlich die Geringfügigkeitsgrenze; Kl. hat jedoch nicht substantiiert dargelegt, dass und in welchem Umfang er dadurch an der Ausübung seiner Hobbies gehindert ist und so eine deutliche Einbuße von Lebensqualität erlitten hat; es bleibt als unfallbedingte Belastung eine schmerzhafte Bewegungseinschränkung; mitwirkendes Verschulden des Kl. (50% – berücksichtigt bei ausgeurteiltem Schmerzensgeld) – hätte der Kl. Aufmerksamkeit aufgewandt, hätte er die verdeckte Gefahrenquelle (bis auf den Boden hängende Kette) rechtzeitig erkennen können	OLG Frankfurt am Main 6.4.2011 4 U 249/10
241	€ 1400● (€ 1541)	Kreuzbandanriss und daraus folgend eine Venenthrombose, Prellung an rechter Hand und Schürfwunden	6 Wochen 100% AU, danach weitere 9 Wochen zu 20% AU. Geschädigte musste für 2 Wochen Gehilfen nutzen und weitere 2 Wochen Stützstrümpfe tragen	Frau		Mitverschulden von 30%, da Radweg in falsche Richtung befahren wurde	AG Schwarzenbek 20.2.2012 2 C 174/11 RA Wolfgang Koch, Erftstadt
242	€ 2000 (€ 2321)	Kniegelenksdistorsion mit Zerrung des Innenbandes und Prellung	Nach Operation ca. 2 Monate arbeitsunfähig, 17 ambulante Behandlungen	Mann			AG Essen 15.4.2008 9 C 1/08 RA Koch, Erftstadt
243	4000● € 2000 (€ 2603)	Abriss des Innenmeniskus im rechten Knie	Ärztliche und physiotherapeutische Behandlung, 14 Tage arbeitsunfähig	Mann		50% Mithaftung; Unfall ereignete sich beim Aussteigen aus einem Linienbus, wobei der Busfahrer außerhalb einer Haltestelle zum Aussteigen angehalten hatte; dem Kläger musste die ungewisse Ausgestaltung des Aussteigebereichs bekannt sein; Kläger muss sich noch einer Arthroskopie unterziehen	AG Würzburg 10.10.2001 10 C 1432/01 RA Koch, Erftstadt
244	€ 2000● (€ 2130)	Subtotale Ruptur des Innenbandes am rechten Knie, Kapsel und Venenanrisse	Mehrere Wochen Bewegungseinschränkungen	Frau	Beugeeinschränkung am rechten Knie	50% Mithaftung. Die Klägerin bückte sich, um einen Tannenzapfen aufzuheben und den Hunden auf der Wiese zuzuwerfen, ohne diesen jedoch tatsächlich zu werfen. Der Hund der Beklagten sprang daraufhin die Klägerin an, welche zu Fall kam. Das Gericht hat u. a berücksichtigt, dass die Klägerin in der Zeit der Verletzung nicht täglich mit ihrem Hund ausgiebig mehrstündig Gassi gehen konnte. Im Hinblick auf die von der Beklagtenseite zitierten 27 bzw. 30 Jahre alten Vergleichsentscheidungen konnte keine Vergleichbarkeit festgestellt werden	LG München I 27.3.2015 20 O 10380/13 Gesetze-bayern.de

● Mithaftung (siehe vorletzte Spalte)

Lfd. Nr.	Betrag DM Euro (Anp.2019)	Verletzung	Dauer und Umfang der Behandlung; Arbeitsunfähigkeit	Person des Verletzten	Dauerschaden	Besondere Umstände, die für die Entscheidungen maßgebend waren	Gericht, Datum der Entscheidung, Az., Veröffentlichung bzw. Einsender
	**Fortsetzung von »Bein - Knie - Verletzungen Bänder, Sehnen, Muskeln u. Ä.«**
245	€ 2300 (€ 2585)	Einriss des Knorpels hinter der linken Kniescheibe, Bone bruise an der benachbarten Kniescheibe, kleiner Gelenkerguss, posttraumatisches Ödem im Bereich der Kniescheibe, Thoraxprellung, Prellung des rechten Kniegelenks	3 Tage AU zu 100%, 8 ambulante Behandlungen, insg. Beschwerden für 4 Monate	Mann		Kläger war Fahrradfahrer; bei der Bemessung des Schmerzensgeldes wurde insb. die Einschränkung der Lebensqualität sowie der Freizeitgestaltung für den Beschwerdezeitraum zugrunde gelegt	AG Bottrop 24.2.2011 8 C 457/09 RA Koch, Erftstadt
246	6000 € 3000 (€ 3895)	Riss des vorderen Kreuzbandes, Aussenbandabriss am rechten Kniegelenk, Riss des Sehnenstrangs am rechten Schienbeinkopf; Schürfwunden	8 Tage stationär, 4 Wochen Krücken, 8 Wochen Stützapparatur; MdE: ca. 5 Monate 100% nach Entfernung der Implantate weitere 2 ½ Wochen	Mann	MdE: 10%	Verbleibende 2 cm lange Narbe am rechten Knie	AG Rosenheim 21.6.2001 10 C 1935/00 RA Dr. Wimmer, Rosenheim
247	€ 3500 + immat. Vorbehalt (€ 3913)	Hintere Kreuzbandteilruptur mit leichter Instabilität links, Kniedistorsion links, multiple Schürfwunden an den beiden unteren Extremitäten, Platzwunde über der rechten Patella, Platzwunde über dem linken Unterschenkel, Schädelprellung, Nasenprellung, Prellung und Abschürfung des rechten Arms	Tragen einer Orthese für 6 Wochen, krankengymnastische Behandlungen MdE: 14 Tage zu 100%, 1 Monat zu 60%, 11 Tage zu 40%, 2 ½ Monate zu 20%	20-jähr. Mann, Maurer	Narbe am linken Kniegelenk, Instabilität im linken Knie	Bei der Bemessung des Schmerzensgeldes hat das Gericht insb. berücksichtigt, dass dem Kl. sowohl Einschränkungen im Privatleben als auch in der Ausübung seiner beruflichen Tätigkeit verbleiben, insb. ist ihm hier das Heben und Tragen schwerer Lasten nur noch eingeschränkt möglich. Ferner wurde das junge Alter des Kl. berücksichtigt	AG Viechtach 3.5.2011 2 C 567/10 RAe Dr. Schröter & Koll., Viechtach
248	€ 4500 ● + immat. Vorbehalt (€ 4857)	Patellarsehnenruptur im rechten Knie durch einem Unfall beim Tennistraining	Operation	42-jähr. Mann	GdB von 25%	Das beantragte Schmerzensgeld i.H.v. € 4500 ist danach auch unter Berücksichtigung des vorliegenden Mitverschuldens von ⅓ angemessen. Aufgrund des Gutachtens des Sachverständigen steht fest, dass das rechte Kniegelenk des Klägers durch die erlittenen Verletzung dicker, härter und geringer belastbar ist als das linke und dass dies mit hörbarem und fühlbarem Reiben der beschädigten Kniescheibenrückenfläche sowie mit Einschränkungen und Schmerzen beim Laufen, Fahrradfahren und Treppenabgehen verbunden ist, was einem Grad der Behinderung des Gesamtorganismus von 25% entspricht. Dabei ist von besonderem Gewicht, dass sich die Beschwerden in vielen Alltagssituationen bemerkbar machen und es sich um einen Zustand handelt, bei dem eine Verbesserung nicht zu erwarten ist	OLG Bremen 13.3.2013 1 U 13/12 NJW 2013, 2206
249	10 000 € 5000 (€ 6284)	Innenmeniskusriss	17 Tage nach Verletzungseintritt Operation mittels einer Arthroskopie	Mann			LG Essen 12.3.2004 12 O 170/02 SP 2005, 51

Lfd. Nr.	Betrag DM Euro (Anp.2019)	Verletzung	Dauer und Umfang der Behandlung; Arbeitsunfähigkeit	Person des Verletzten	Dauerschaden	Besondere Umstände, die für die Entscheidungen maßgebend waren	Gericht, Datum der Entscheidung, Az., Veröffentlichung bzw. Einsender
\multicolumn{8}{l}{Fortsetzung von »Bein - Knie - Verletzungen Bänder, Sehnen, Muskeln u. Ä.«}							
250	€ 5000 + immat. Vorbehalt (€ 6182)	HWS-Distorsion I. Grades, Thoraxprellung, mediale Meniskusläsion links, Distorsion des linken Handgelenks, multiple Prellungen	Innerhalb von 15 Monaten erhebliche MdE auf die Dauer von 4 Monaten, in den übrigen Zeiten MdE von 10 bis 30%; nach 3 Jahren nochmals Behandlung des linken Knies	Frau		Bis auf weiteres gering- bis mittelgradige Einschränkung der Belastungsfähigkeit des linken Kniegelenks, schmerzhafte Einschränkung der funktionellen Belastung wie beim Knien und Hocken, Blockierungen im Bereich des Schienbein-/Wadenbeingelenks	KG Berlin 13.5.2005 12 U 296/03 VorsRiKG Grieß
251	€ 5000 (€ 5685)	Ruptur des vorderen Kreuzbandes rechts sowie eine damit verbundene Innenbandruptur rechts und eine schmerzhafte Prellung des seitlichen Gelenkfortsatzes des Oberschenkels mit Beteiligung des Knochenmarks	Rechtes Knie musste mit einer Plastikprothese (Don-Joy-Orthese) versorgt werden, die der Kl. bis zur Heilung des Innenbandes trug, dann wurde zur Behandlung der Ruptur des Kreuzbandes Mitte ein Kreuzbandplastikband operativ eingesetzt	Mann		Art und Schwere der Verletzungen des Kl. lassen auch unter Berücksichtigung der Bemessungsgrundsätze des Senats sonst kein den zuerkannten Betrag von € 5000 übersteigendes Schmerzensgeld angemessen erscheinen; vom Kl. angeführte Vergleichsfälle rechtfertigen nicht die Zuerkennung eines höheren Schmerzensgeldes, da dort, anders als im vorliegenden Fall, Dauerschäden vorlagen bzw. nicht abschätzbare Spätfolgen zu befürchten waren; die Verletzung des Kl. ist dagegen folgenlos ausgeheilt	KG Berlin 16.8.2010 22 U 15/10
252	€ 5000 (€ 5326)	Schmerzensgeldanspruch eines Polizeibeamten: Komplexe Knieverletzung bei einem Festnahmeversuch in einem Gerangel mit dem Betroffenen. Verletzung mehrerer Bänder im Knie durch ein Verdrehtrauma	Vielzahl von ärztlichen Behandlungen, 3 Monate Dienstunfähigkeit	Mann	Schmerzen bei leichten Belastungen des Knies	Der Höhe nach erscheint das vom LG zuerkannte Schmerzensgeld von € 5000 angemessen. Da dem Beklagten lediglich Fahrlässigkeit zur Last fällt, können zum Vergleich Fälle herangezogen werden, in denen ähnliche Verletzungen bei Verkehrsunfällen entstanden sind. Für die Bemessung des Schmerzensgeldes spielt eine Rolle, dass der Kläger eine Vielzahl ärztlicher Behandlungen in Anspruch nehmen musste. Es war eine Operation des Knies erforderlich. Der Kläger war mehr als 3 Monate dienstunfähig. Wesentlich erscheint vor allem, dass ein Dauerschaden verblieben ist; schon bei leichten Belastungen kommt es zu Schmerzen im linken Knie	OLG Karlsruhe 1.12.2015 9 U 114/14 juris
253	€ 5113 + immat. Vorbehalt (€ 6558)	Vorderer Kreuzbandriss, Seitenbandschaden mit Knöchelrandläsion, Meniskusläsion	AU 4–6 Wochen, anschließend MdE: 4 Wochen 30%, danach 2 Wochen 20%, anschließend 10%; nach einer Operation nochmals 4 Wochen AU, anschließend MdE: 3 Wochen 40%, dann für weitere 3 Wochen 20%, für weitere 2 Wochen 10%	Angestellte	MdE 5% im speziellen Beruf	Radunfall	LG München I 22.7.2002 19 O 15439/01 VorsRiLG Krumholz

● Mithaftung (siehe vorletzte Spalte)

Lfd. Nr.	Betrag DM **Euro** *(Anp.2019)*	Verletzung	Dauer und Umfang der Behandlung; Arbeitsunfähigkeit	Person des Verletzten	Dauerschaden	Besondere Umstände, die für die Entscheidungen maßgebend waren	Gericht, Datum der Entscheidung, Az., Veröffentlichung bzw. Einsender
	Fortsetzung von »Bein - Knie - Verletzungen Bänder, Sehnen, Muskeln u. Ä.«						
254	€ 6500 ● + immat. Vorbehalt *(€ 7577)*	Zerreißung des vorderen und hinteren Kreuzbandes sowie Riss des Innenbandes und des hinteren Schrägbandes des linken Kniegelenks, Innenmeniskusriss und Innenbandruptur des rechten Kniegelenks, Rippenserienfraktur beidseits, Hämatothorax rechts; Zerreißung der rechten Niere, die entfernt werden musste	6 Wochen Krankenhaus, anschließend 3 Wochen Reha, dann weitere umfangreiche ärztliche und krankengymnastische Behandlungen; nach einem Jahr erneut 1 Woche Krankenhaus mit Operation	Hafenfacharbeiter	Instabilität des vorderen und hinteren Kreuzbandes; dadurch keine größeren Belastungen, kein schnelles Laufen möglich; MdE: 30%	50% Mitverschulden; nach Arbeitsplatzumstellung weiter vollschichtiger Einsatz; Arthrose wahrscheinlich	OLG Celle 19.12.2007 14 U 97/07
255	14 000 ● € 7000 + immat. Vorbehalt *(€ 9925)*	Rechte Unterarmfraktur; Nierenprellungen; Sehnen- und Kreuzbandriss am linken Bein; Fraktur von 3 Rippen rechts; während Heilungsverlauf Lungenembolie	3 Krankenhausaufenthalte von insgesamt 56 Tagen, 14 Monate erwerbsunfähig	Schlosser (vorruhestandsberechtigt)	Retropatellararthrose des linken Kniegelenks, beginnende mediale Gonarthrose des linken Kniegelenks, Bewegungseinschränkung des linken Kniegelenks auf 2/3 der Normalfunktion; verkalkte Adduktorenmuskulatur im Ansatzbereich im linken Kniegelenk; Arthrose im Karpalgelenk und Humeroulnargelenk, Bewegungseinschränkung der Streckung des rechten Ellenbogens, Supination und Pronation des rechten Unterarms	30% Mithaftung; Kläger kann seinen Beruf als Schlosser nicht mehr ausüben, wurde in die Stahlstiftung übernommen; endoprothetischer Ersatz des Kniegelenks zu erwarten	LG Saarbrücken 13.3.1995 1 O 3447/92 RAe Gebhardt & Partner, Homburg
256	€ 7500 + immat. Vorbehalt *(€ 9082)*	Ruptur des vorderen Kreuzbandes am rechten Kniegelenk	Nach mehreren Wochen Einsatz einer vorderen Kreuzbandplastik, danach ambulante Reha-Maßnahmen über 3 1/2 Monate	18-jähr. Azubi	Minimal	Kreuzbandruptur wurde erst 2 Monate später operiert, da der Kläger seine Ausbildung nicht riskieren wollte. Der Kläger war über einen Sommer schwerst bis wesentlich beeinträchtigt, konnte allerdings danach aufgrund seines jugendlichen Alters ein sehr gutes Heilungsergebnis erzielen. Dem Feststellungsantrag war zu entsprechen, da möglicherweise spätere Schäden durch Arthrose oder dergleichen auftreten könnten, die heute nicht abschätzbar sind	LG München I 27.6.2006 19 O 17761/04 RA Krumholz, München
257	15 000 € 7500 + immat. Vorbehalt *(€ 10 172)*	Tibiakopffraktur linkes Knie, völliger Abriss des linken Außenmeniskus, Innenbandabriss, Riss des vorderen Kreuzbandes	Zwei Krankenhausaufenthalte von insgesamt 4 Wochen, anschließend ambulante Therapie von etwa 3 Monaten	27-jähr. Mann		Es ist mit einer Einschränkung der Beweglichkeit zu rechnen. Außerdem besteht die Gefahr der Arthrose	OLG Düsseldorf 18.5.1998 1 U 173/97 1. Zivilsenat OLG Düsseldorf

Lfd. Nr.	Betrag DM Euro (Anp.2019)	Verletzung	Dauer und Umfang der Behandlung; Arbeitsunfähigkeit	Person des Verletzten	Dauerschaden	Besondere Umstände, die für die Entscheidungen maßgebend waren	Gericht, Datum der Entscheidung, Az., Veröffentlichung bzw. Einsender
\multicolumn{8}{l}{**Fortsetzung von »Bein - Knie - Verletzungen Bänder, Sehnen, Muskeln u. Ä.«**}							
258	€9000 + immat. Vorbehalt (€ 10244)	Hintere Kreuzbandruptur, Korbhenkelriss des Innenmeniskushinterhorns, Knochenkontusion (Knorpelschaden) am Femurkondylus, leichte Innenbandzerrung sowie hochgradiger Gelenkerguss	Ambulante Arthroskopie, bei der das mediale Meniskushinterhorn refixiert wurde und Nachbehandlung mit einer hinteren Kreuzband-Orthese für insg. 6 Wochen; mehr als 6-wöchige AU	Mann	Hintere Instabilität des Kniegelenks; funktioneller Verlust des Innenmeniskushinterhorns mit korrespondierendem Knorpelschaden als sog. Arthrosemodell	Kl. hat schwerwiegende Knieverletzung mit dauerhaft verbliebenen Funktionsbeeinträchtigungen; hinzu kamen schmerzhafte multiple Prellungen; 6 Wochen Knieschiene; volle Arbeitsfähigkeit des Kl. nach erst rd. 4 Monaten wiederhergestellt; 2 operative Eingriffe; von dem ihm zuzubilligenden Schmerzensgeld sind normale Arthrosefolgen umfasst; andererseits kein stationärer Aufenthalt im Krankenhaus; unter Berücksichtigung von Vergleichsrspr. (Teil-)Schmerzensgeldbetrag i.H.v. €9000 angemessen, aber auch ausreichend	OLG Celle 29.9.2010 14 U 9/10 OLG Report Nord 47/2010 (Anm. 8)
259	€10000 + immat. Vorbehalt (€ 12703)	Gehirnerschütterung, Prellung mit Oberlidhämatom und Platzwunde am Augenwinkel, multiple Prellungen, Ruptur des rechtsseitigen Seitenbandes am rechten Knie	Kreuzbandersatzoperation; nach einigen Monaten Rekonstruktion des Seitenbandkomplexes des rechten Kniegelenks mit tibialer Umstellungsosteotomie	16-jähr. Junge		Langwieriger Behandlungsverlauf; Kläger kann bis auf weiteres nur eingeschränkt Sport treiben, keine Ballspiele; es können am rechten Knie noch erhebliche Folgeschäden auftreten; wegen Mithaftung von 20% wurde lediglich ein Schmerzensgeld von €8000 zugesprochen	LG Münster 21.7.2003 15 O 416/02 SP 2004, 372
260	€10000 + immat. Vorbehalt (€ 12334)	Teilluxation des behandelten rechten Knies mit Innenbandläsion		Frau	Kniebeschwerden	Verstoß gegen die Verkehrssicherungspflicht. Klägerin rutschte beim Verlassen des Sanitätsraums im Krankenhaus auf einer nassen Stelle aus. 4 Tage zuvor ist ihr ein künstliches Kniegelenk eingesetzt worden. Bedingt durch den Sturz waren zwei weitere Operationen erforderlich sowie physiotherapeutische Behandlungen über einen längeren Zeitraum; außerdem bestanden multiple Beschwerden durch die Operationsnarbe	OLG Frankfurt am Main 28.6.2005 8 U 185/04 RiOLG Stefan Göhre

● Mithaftung (siehe vorletzte Spalte)

Lfd. Nr.	Betrag DM Euro (Anp.2019)	Verletzung	Dauer und Umfang der Behandlung; Arbeitsunfähigkeit	Person des Verletzten	Dauerschaden	Besondere Umstände, die für die Entscheidungen maßgebend waren	Gericht, Datum der Entscheidung, Az., Veröffentlichung bzw. Einsender
	**Fortsetzung von »Bein - Knie - Verletzungen Bänder, Sehnen, Muskeln u. Ä.«**
261	25 000 € 12 500 + immat. Vorbehalt (€ 16 552)	Teileinriss und Abriss des Außenmeniskus im rechten Kniegelenk, Riss des vorderen Kreuzbandes, osteochondraler Teilausriss des hinteren Kreuzbandes, osteochondrales Knochenfragment im hinteren Kniegelenk	3 Wochen Krankenhaus mit Knieoperation; nach Entlassung Benutzung von Unterarmgehstützen und Anlegung einer Knieschiene, nach 5 Wochen erneut 2 Wochen Krankenhaus mit weiterer Knieoperation, anschließend 6 Wochen Tragen einer Knieschiene und 2 Wochen Benutzung von Gehstützen; ca. 1 Jahr krankengymnastische Übungen, 1 Jahr nach Unfall erneut Operation wegen Verkrümmung des Kreuzbandes MdE: 2 Wochen 100% 6 Wochen 80% 2 Wochen 100% 12 Wochen 80% 7 Monate 30% 1 Woche 100% 4 Wochen 80%	17-jähr. Mann	Funktionsbeeinträchtigung des rechten Kniegelenks mit Instabilitäten MdE: 20%	Es besteht weiterhin eine schmerzhafte Funktionsbeeinträchtigung des rechten Kniegelenks, wobei nicht sicher ist, ob diese Beeinträchtigung durch weitere Operationen verbessert werden kann; es steht noch eine Kreuzbandoperation aus (Anlage einer Kreuzbandplastik); Verzögerung der Berufsausbildung um 1 Jahr; Kläger musste seinen Berufswunsch des Industriemechanikers aufgeben; Verzicht auf eine bereits geplante Australienreise	LG Braunschweig 6.9.2000 2 O 309/99 (36) RAe Krause u. Weiss, Braunschweig
262	€ 13 500 ● + immat. Vorbehalt (€ 15 533)	Decollement-Verletzungen beider Oberschenkel und LWL5-Querfortsatzfraktur; HWK-Dornfortsatzfraktur, ISG-Lockerung beidseitig sowie komplexer Knieinnenschaden (drei Bänder gerissen, eine Teilruptur, Knorpelschaden als Folge)	5 Wochen stationäre Behandlung, davon 5 Tage Intensivstation; es folgten 4 weitere mehrtägige stationäre Aufenthalte mit Arthroskopien u. Ä.	Mann	Arthrose	Kl. leidet als Unfallfolge unter Wasseransammlungen im Oberschenkelbereich und Belastungsschmerz des rechten Knies, (dadurch Beschwerden beim Treppensteigen); aufgrund frühzeitiger, bereits begonnener, Arthrose ist der Einsatz eines künstlichen Kniegelenks zu erwarten; unter Berücksichtigung dieser Umstände Schmerzensgeld i.H.v. € 40 000 bei einer einhundertprozentigen Haftung der Bekl. für angemessen; Mitverschulden des Kl. 2/3 (berücksichtigt bei ausgeurteiltem Schmerzensgeld)	OLG Hamm 28.1.2010 6 U 159/09 NJW-Spezial 2010, 362
263	€ 15 000 + immat. Vorbehalt (€ 18 353)	Schädelhirntrauma I. Grades, Orbitadachfraktur links, knöcherner Ausriss Tuberculum majus in der rechten Schulter, Acetabulum-Fraktur links, knöcherner Ausriss des medialen Femurkondylus im rechten Kniegelenk mit blutiger Ergussbildung und Einriss der Gelenkhaut über dem vorderen Kreuzband sowie knöcherner Ausriss des Kreuzbandansatzes und Kiefergelenkschädigung des linken Kiefergelenks im Bereich des Diskusses	Zwei stationäre Aufenthalte von insgesamt 7 1/2 Wochen, MdE: 4 Monate 100%, anschließend 2 Monate 40%	Arbeitsloser Mann	Verbleibende Dauerschäden im Kniegelenk und Kiefergelenk von nicht unerheblichem Gewicht	Insbesondere die Beeinträchtigung bei längerem Gehen führt zu einer erheblichen Minderung der Lebensfreude. Aus unfallbedingten Gründen wäre der Kläger nicht gehindert gewesen, 7 Monate nach dem Unfallgeschehen die Versicherungsagentur seines Vaters zu übernehmen	LG Düsseldorf 20.1.2006 13 O 280/99 RAe Dr. Hüsch & Partner, Neuss

Lfd. Nr.	Betrag DM Euro (Anp.2019)	Verletzung	Dauer und Umfang der Behandlung; Arbeitsunfähigkeit	Person des Verletzten	Dauerschaden	Besondere Umstände, die für die Entscheidungen maßgebend waren	Gericht, Datum der Entscheidung, Az., Veröffentlichung bzw. Einsender
\multicolumn{8}{l}{Fortsetzung von »Bein - Knie - Verletzungen Bänder, Sehnen, Muskeln u. Ä.«}						
264	€ 17000 + immat. Vorbehalt (€ 19476)	Wadenbeinfraktur rechts, Kreuzbandriss rechts, Kniegelenksinnenverletzung (Gelenkerguss, Schleimbeutelentzündung mit Ödem), Prellung und Distorsion im Kniegelenk rechts, Muskelfaserriss am rechten Oberschenkel, Hämatome an Brustkorb und Oberschenkel, Gehirnerschütterung, Nackenzerrung und einen Zungenbiss	2 stationäre Aufenthalte von 3 und 7 Tagen mit OP; 8 Monate AU	Mann	Eingeschränkte Stabilität und Belastbarkeit des Knies, so dass belastende Sportarten nicht mehr möglich sind	Schmerzensgeld i.H.v. € 17000 sind angemessener Ausgleich für die erlittenen Verletzungen, Schmerzen und Beeinträchtigungen, die bis zum Zeitpunkt der letzten mdl. Verhandlung entstanden sind	OLG Frankfurt am Main 22.2.2010 16 U 146/08 SP 2010, 220
265	€ 18000 + immat. Vorbehalt (€ 19154)	Vordere Kreuzbandruptur links, HWS-Distorsion, Handgelenksprellung rechts, Schürfwunde am rechten Knie	Insgesamt 4 Operationen über einen Zeitraum von 4 Jahren, 4 1/2 Monate AU zu 100%, 8 Wochen Reha, Vielzahl von Behandlungen, die Handgelenksprellung wurde 4 Jahre lang behandelt	53-jähr. Frau, Motorradfahrerin	MdE 20%, hinkender Gang	Die Klägerin wurde am gleichen Knie unfallunabhängig 1991 der Meniskus entfernt. Es ist mit einer Folgeoperation und einem künstlichen Knie-Endoprothesenersatz zu rechnen. Auch nach 9 Jahren seit dem Unfallereignis bestehen noch Beschwerden im Knie	OLG Bamberg 19.8.2014 5 U 176/13 RAe Dr. Häcker & Kollegen, Aschaffenburg
266	€ 20000 (€ 23087)	Knieanfalltrauma sowie mehrfragmentäre Knorpelfrakturen und Knorpelkontusionen bis zweiten Grades an der medialen und lateralen Oberschenkelrolle, Außenmeniskushinterhornriss sowie Innenmeniskusvorderhornriss	Operation am rechten Bein mit anschließender Schienung für knapp drei Monate; nach Entfernung der Schiene regelmäßige Krankengymnastik zum Muskelaufbau; anschließend erneute stationäre Behandlung auf die Dauer von 5 Tagen in Form einer Arthroskopie, wobei erneute Knorpelaufbrüche entfernt werden mussten und der Knorpel durch Abrasionsarthroplastik angefrischt werden musste; weiterhin dann Krankengymnastik und intraartikuläre Injektionen sowie Punktionen MdE: 7 Monate 100% 7 1/2 Monate 30%	Angehender Berufsschullehrer	Präarthrose im rechten Knie; Bewegungseinschränkungen im rechten Kniegelenk mit verminderter Dauerbelastbarkeit; Belastungsbeschwerden im linken Kniegelenk; Invalidität ist mit 1/20 des Beinwertes links und mit 2/7 des Beinwertes rechts zu bemessen; MdE: 20%	Dem Kläger wird für die Zukunft mit Ausnahme von kniebelastenden Tätigkeiten (z. B. Treppensteigen) und Sportarten (z. B. Dauerlauf oder Fußball) die weitere sportliche Betätigung und die Ausübung des angestrebten Berufsbildes als Berufsschullehrer ohne weiteres möglich sein	LG Duisburg 26.5.2008 4 O 465/05 SP 2009, 11
267	45000 € 22500 + immat. Vorbehalt (€ 29069)	Traumatische Kniegelenksluxation links mit Ruptur des vorderen und hinteren Kreuzbandes, Ruptur des medialen Seitenbandes, Innenmeniskusruptur	34 Tage Krankenhaus, anschließend 56 Tage Reha, MdE: 3 Monate 100% 6 Monate 80% 12 Monate 60 5 danach 40%	42-jähr. Musiklehrerin für Klavier und Blockflöte	MdE: 40%	Klavier- und Flötenunterricht können nur noch im Umfang von 3,5 Stunden pro Woche erteilt werden. Es verbleibt eine Instabilität des linken Kniegelenks sowie vermehrte posttraumatische Arthrose des linken Kniegelenks	KG Berlin 3.12.2001 12 U 1762/00 RiKG Philipp

● Mithaftung (siehe vorletzte Spalte)

Lfd. Nr.	Betrag DM Euro (Anp.2019)	Verletzung	Dauer und Umfang der Behandlung; Arbeitsunfähigkeit	Person des Verletzten	Dauerschaden	Besondere Umstände, die für die Entscheidungen maßgebend waren	Gericht, Datum der Entscheidung, Az., Veröffentlichung bzw. Einsender
	**Fortsetzung von »Bein - Knie - Verletzungen Bänder, Sehnen, Muskeln u. Ä.«**
268	50 000 € 25 000 + immat. Vorbehalt (€ 34 797)	Anteriore und posteriore laterale Kniegelenksinstabilität links mit Abriss der Popliteussehne; Außenbandruptur und Abriss des vorderen Kreuzbandes proximal mit Ablösung des Außenmeniskus in seiner gesamten Zirkumferenz; anteriore und posteriore Kniegelenksinstabilität rechts; Außenmeniskusablösung in der vorderen Hälfte; Kapselbandverletzung im Mittelgelenk des 2. bis 4. Fingers an der linken Hand	3 stationäre Aufenthalte von insgesamt 42 Tagen MdE: Ca. 10 Monate 100% 4 Monate 50% 10 Monate 35% danach 25%	Junges Mädchen	Entstellende Narben, MdE: 25%	Klägerin, die vorher aktive Sportlerin und Turnerin war, ist in weiten Bereichen ihres Lebens dauerhaft eingeschränkt. Ebenso sind die noch deutlich sichtbaren Narben gerade für ein junges Mädchen sehr störend	LG München I 11.7.1996 19 O 21371/95 VorsRiLG Krumbholz
269	50 000 € 25 000 + immat. Vorbehalt (€ 32 537)	Seiten- und Kreuzbandriss, Absprengung von Knochen und Knorpel der linken Kniescheibe, tiefe Abschürfungen an beiden Knien und rechter Wade, multiple Prellungen und Stauchungen am ganzen Körper, Frakturen der 3. und 4. Rippe links, Fraktur der linken Hand, tiefe Abschürfungen der rechten Hand, HWS-Trauma, Abschürfung am rechten Unterarm sowie Verletzung der Gelenkkapsel des rechten Daumens	2 Monate Krankenhaus, MdE: ca. 7 Monate 100% 3 Monate 80% 3 Monate 50% 2 Monate 20% danach 10%	Polizist	10%	Der Kläger wird einen Teil seiner Sportarten auf Dauer aufgeben müssen. Er sinkt leicht beim Gehen ein mit tendenzieller Verschlechterung	LG München I 11.10.2001 19 O 3115/01 VorsRiLG Krumbholz
270	€ 30 000 (€ 31 956)	Misslungene Kreuzbandplastik wegen Fehlplatzierung des Bohrkanals	Fünf Folgeoperationen. MdE 20%. Berufsunfähigkeit im ausgeübten Beruf als Maler und Lackierer	42-jähr. Mann	Schädigung der Gelenkfläche, Knorpelschaden bis zum vierten Grad, was einem völligen Auflösen des Knorpels in der Kniefläche gleichkommt, erhebliche Einschränkungen	Nach Abwägung all dieser Umstände hält die Kammer ein Schmerzensgeld von € 30 000 für angemessen. Dies entspricht auch in der Größenordnung der Entscheidungen des OLG Koblenz vom 26.9.2011 (Az. 5 U 776/11) und der des OLG Frankfurt/M. vom 21.2.1991 (Az. 12 U 42/90). Das OLG Koblenz führt insoweit aus: „Eine wegen Fehlplatzierung des Bohrkanals misslungene Kreuzbandersatzplastik mit erheblicher Bewegungseinschränkung, wochenlangen Schmerzen und dem Erfordernis eines Zweiteingriffs kann bei einem 34-Jähr. ein Schmerzensgeld von € 30 000 rechtfertigen." Dort war eine Minderung der Erwerbsfähigkeit – anders als hier – letztlich nicht verblieben	LG Bamberg 23.12.2015 2 O 189/14
271	€ 30 000 + immat. Vorbehalt (€ 34 518)	Komplexe Schädigung des linken Kniegelenks mit Rupturen des Außenbandes und des hinteren Kreuzbandes, traumatischer Riss des Außenmeniskus, Teilruptur des vorderen Kreuzbandes, traumatische Zerstörung der Weichteile und der hinteren Kapsel auf der Außenseite, knöcherne Fraktur des Wadenbeinköpfchens, ausgedehnter Kniegelenkserguss	4 Krankenhausaufenthalte mit 2 Operationen auf die Dauer von insgesamt 6 Wochen innerhalb von 2 1/2 Jahren, 6 Wochen ambulante Reha; 18 Monate krankgeschrieben, nach 1 Jahr erneute Krankschreibung auf die Dauer von 8 Monaten	Montiererin	Keine ausreichende Belastungsfähigkeit des linken Kniegelenks; MdE: 25%	Andauernde Beschwerden mit Einschränkungen bei alltäglichen Aktivitäten (z. B. Laufen); kann früheren Beruf nicht mehr ausüben; wegen geringfügiger Mithaftung ist das Gericht lediglich von € 28 000 ausgegangen	LG Berlin 18.6.2008 24 O 694/05

Lfd. Nr.	Betrag DM **Euro** *(Anp.2019)*	Verletzung	Dauer und Umfang der Behandlung; Arbeitsunfähigkeit	Person des Verletzten	Dauerschaden	Besondere Umstände, die für die Entscheidungen maßgebend waren	Gericht, Datum der Entscheidung, Az., Veröffentlichung bzw. Einsender
\multicolumn{8}{l}{Fortsetzung von »Bein - Knie - Verletzungen Bänder, Sehnen, Muskeln u. Ä.«}
272	€ 30 000 + immat. Vorbehalt *(€ 36 537)*	Fehlerhafte Durchtrennung der Patella-Sehne bei einem arthroskopischen Eingriff mit nachfolgender Vernähung	Mehrere stationäre Aufenthalte	Junge Frau	Fehlstellung der Kniescheibe und Ausbildung einer retropatellaren Arthrose mit Knorpelschädigung	Grober ärztlicher Behandlungsfehler; Risiko einer weiteren Operation mit Gefahr der Erforderlichkeit eines künstlichen Kniegelenks	LG Koblenz 3.3.2006 10 O 325/03 RAe Meinecke & Meinecke, Köln
273	€ 30 000 *(€ 34 593)*	Knorpelschaden und Ruptur des vorderen Kreuzbandes im linken Knie, Läsion bzw. Ruptur des Labrum acetabulare, einer faserknorpeligen Vergrößerung des Gelenkpfannenrandes an der linken Hüfte, Schädelprellung mit Schürfwunden an der Stirn, Prellung des rechten Knies, Prellung linke Schulter mit Quetschmarke und Hämatom, HWS-Trauma, Hämatom rechte Hand, Bauchprellung		Mann	MdE: 30%	Die schweren Verletzungen am linken Knie und Hüfte führten auch zu die Berufsausbildung beeinträchtigenden Dauerfolgen, insbesondere Hinken, schmerzhafte Bewegungseinschränkungen, Beschwerden nach ein- bis zweistündigem Sitzen, Beeinträchtigung der Konzentration, Instabilitätsbeschwerden, Muskelminderung, beginnende Arthrose. Zu erwarten ist eine künftige Verschlechterung, wobei letztlich auch das Einsetzen einer Gelenkprothese erforderlich werden kann	OLG Hamm 22.12.2008 13 U 158/07 RA Klinkhammer, Dortmund
274	€ 30 000 ● + immat. Vorbehalt *(€ 34 744)*	Schädelhirntrauma 1. Grades, Kniegelenkluxation rechts mit knöchernen Ausrissen des vorderen Kreuzbandes sowie des Außenbandes, Teilruptur des hinteren Kreuzbandes, Innenbandruptur am linken Knie, stumpfes Thoraxtrauma mit beidseitiger Lungenkontusion, Rippenserienfraktur 1–5 links, nicht dislozierte Beckenfraktur	Insgesamt 8 Wochen Krankenhaus mit mehreren Operationen (u. a. Einsetzen von Schrauben und Implantaten zur Refixation des vorderen Kreuzbandes sowie offene Rekonstruktion des Außenbandkomplexes im rechten Kniegelenk); 4 Wochen und weitere 2 Wochen Reha; ambulante Physiotherapie; 13 Monate arbeitsunfähig	53-jähr. Versicherungsangestellte	Bewegungseinschränkung im rechten Knie, Belastungsbeschwerden im rechten Kniegelenk, leichte Gehbehinderung; mittelgradige Atrophie im Oberschenkelmuskel; Pseudoarthrose im hinteren Kreuzbein	50% Mitverschulden; Klägerin leidet unter Angstzuständen im Straßenverkehr	LG Berlin 29.1.2009 17 O 285/08 bestätigt durch KG 21.1.2010 12 U 29/09 Vors. Ri KG Griess, Berlin

● Mithaftung (siehe vorletzte Spalte)

Lfd. Nr.	Betrag DM Euro (Anp.2019)	Verletzung	Dauer und Umfang der Behandlung; Arbeitsunfähigkeit	Person des Verletzten	Dauerschaden	Besondere Umstände, die für die Entscheidungen maßgebend waren	Gericht, Datum der Entscheidung, Az., Veröffentlichung bzw. Einsender
\multicolumn{8}{l}{**Fortsetzung von »Bein - Knie - Verletzungen Bänder, Sehnen, Muskeln u. Ä.«**}
275	€ 50 000 + immat. Vorbehalt (€ 54 462)	Schwere Verletzungen am linken Knie (komplexes Distorsionstrauma) durch schweres Foul beim Fußballspiel: hinteres Kreuzband wurde ruptiert; vorderes Kreuzband mit Knochen abgesprengt. Posttraumatisch bildete sich wegen einer Dissektion der linken Arteria poplitea eine ausgeprägte Schwellung im Bereich des linken Unterschenkels und ein Kompartmentsyndrom	Der Kläger wurde wegen Auftretens eines Kompartmentsyndroms mehrfach stationär behandelt und operiert. Es erfolgte u. a. eine mediale und laterale operative Spaltung der Faszien am Unterschenkel. Dabei musste eine operative Revascularisation durchgeführt werden, um den linken Unterschenkel vor einer Amputation zu retten. Das Ergebnis der Venenbypassoperation wurde mit einem Fixateur externe gesichert, um die Rekonvaleszenz sicherzustellen. Es schlossen sich mehrere chirurgische Folgeeingriffe an. Der Kläger kann bis zum heutigen Tage nicht selbstständig gehen und ist auf Unterarmstützen angewiesen; vollständige AU	32-jähr. Mann	Die derzeitige Situation lässt eine OP der hinteren Kreuzbänder wegen der komplizierten Verletzung der Gefäße nicht zu. Eine OP könnte den Schaden verschlimmern. Derzeit kann nur darauf geachtet werden, dass kein Druck erzeugt und die Durchblutung sichergestellt wird, um eine Amputation zu verhindern. Die vorhandene Instabilität der Kreuzbänder wird aber auch nach einer ggf. später erfolgreichen OP verbleiben. Die Muskulatur des Klägers wird wegen der Spaltung der Faszien nie mehr so kraftvoll sein wie vor dem Sportunfall. Der Kläger ist auf unabsehbare Zeit auf das tägliche und nächtliche Tragen einer stabilisierenden Beinschiene angewiesen	Das LG (LG Dortmund, Urt. v. 24.10.2011 – 12 O 415/10) hielt unter Berücksichtigung der Schwere der Verletzung des zum Unfallzeitpunkt 32 Jahre alten Klägers, der andauernden Schädigung, insb. der latenten Gefahr der Amputation des Beines, der äußert schwierigen Heilbehandlung, die dauernde Arbeitsunfähigkeit des Klägers, der Brutalität der Verletzungshandlung und dem herabwürdigenden Verhalten des Beklagten während und nach dem Spiel (der Beklagte hat u. a. dem Krankenwagen hinterher gewunken) ein Schmerzensgeld i.H.v. € 50 000 für angemessen. Die Angemessenheit des zuerkannten Schmerzensgeldes und die Möglichkeit des Eintritts weiteren immat. Schadens stehen im Berufungsverfahren außer Streit	OLG Hamm 22.10.2012 I-6 U 241/11 SpuRt 2013, 123
\multicolumn{8}{l}{**Kapitalabfindung mit Schmerzensgeldrente**}
276	40 000 € 20 000 und 200 € 100 Rente monatlich + immat. Vorbehalt (€ 30 042)	Schädelprellung und Hirnschädeltrauma; Fraktur des 6. BWK; offene Fraktur des 1. Mittelfußknochens, Riss des hinteren Kreuzbandes am linken Kniegelenk, Teilriss des vorderen Kreuzbandes, Riss des hinteren Kapselapparates links, Riss des hinteren Seitenbandes links	In den ersten beiden Jahren sechs Krankenhausaufenthalte mit sechs Operationen; später nochmals vier Operationen; eine weitere Operation zur Entfernung der Metalle steht bevor. Gesamter Heilungsverlauf auf die Dauer von 10 Jahren	16-jähr. Mädchen	Instabilität des linken Kniegelenks, Tragen einer Laufschiene erforderlich; Schmerzen beim Gehen und Bewegen, aber auch in Ruheposition	Kein Sport mehr möglich; Berufsziele wie Sportlehrerin, Zahntechnikerin, Ärztin etc. wegen körperlicher Behinderung nicht erreichbar; ein weiteres Bauingenieurstudium musste wegen anstehender stationärer Behandlung und damit verbundener finanzieller Folgen abgebrochen werden. Verschlimmerung (fortschreitende Arthrose) zu befürchten	OLG Hamm 20.1.1993 32 U 64/92 DAR 1993, 433

Lfd. Nr.	Betrag DM Euro (Anp.2019)	Verletzung	Dauer und Umfang der Behandlung; Arbeitsunfähigkeit	Person des Verletzten	Dauerschaden	Besondere Umstände, die für die Entscheidungen maßgebend waren	Gericht, Datum der Entscheidung, Az., Veröffentlichung bzw. Einsender

Fortsetzung von »Bein - Knie - Verletzungen Bänder, Sehnen, Muskeln u. Ä.«

| 277 | 40 000 € 20 000 und 250 € 125 Rente monatlich (€ 33 033) | Weichteil- und linksseitige Kniebandverletzung | Sieben Krankenhausaufenthalte von insgesamt 12 Wochen mit vier Operationen (u. a. Durchtrennung des Oberschenkelknochens) | 16-jähr. Schüler | Ständige Beinschmerzen, Instabilität des linken Kniegelenks mit vermehrter seitlicher und vorderer Aufklappbarkeit, zunehmender Verschleißschaden des linken Kniegelenks; Tragen einer Kniebandage, erhebliche Bewegungseinschränkung des linken Kniegelenks, zahlreiche Narben. MdE: 40% | Andauernde, für alle Zukunft fortwirkende erhebliche Verminderung der Leistungsfähigkeit und Lebensfreude (Sport, Spiel, Tanz, Partnerwahl etc.) ist nur durch eine zusätzliche Schmerzensgeldrente auszugleichen. Schmerzen und Schmerzursachen werden sich voraussichtlich verschlimmern, was zu einer erheblichen negativen Veränderung der allgemeinen Persönlichkeitsstruktur, zu Verbitterung und Resignation führen kann. Durch Entschädigung wird die Gemeinschaft der Versicherten nicht unverhältnismäßig belastet, wobei Belastung im Ergebnis nicht dazu führen darf, das Kollektivinteresse gegenüber dem berechtigten Individualinteresse des Geschädigten überzubewerten | OLG Frankfurt am Main 21.2.1991 12 U 42/90 DAR 1992, 62 |

Weitere Urteile zur Rubrik »Bein - Knie - Verletzungen Bänder, Sehnen, Muskeln u. Ä.« siehe auch:

bis € 2500: 2723, 166, 2311
bis € 5000: 2325, 2328, 1116, 1878, 223, 169, 2573, 1192, 2752
bis € 12 500: 990, 544, 381, 922, 2364, 125, 2370, 455, 231, 488, 308
bis € 25 000: 2789, 312, 184, 77, 185, 187, 1573, 1131, 2943, 1553, 239
ab € 25 000: 596, 2398, 999, 668, 1173, 3173, 328, 942, 235, 196, 417, 3175, 1277, 1204, 1296, 427, 1298, 430, 1138, 203, 1210, 141, 4, 2987, 2097, 2998, 437, 453, 1979, 1984, 2668, 7

Bein - Knie - Arthrose

| 278 | € 4000 (€ 4467) | Durch eine leichte Knieprellung bei einem Verkehrsunfall ist eine bereits vorher bestehende Arthrose aktiviert und zum Ausbruch gekommen | Operative Versorgung beider Kniegelenke mit Teilprothesen | Mann | | Ein Anspruch auf Schmerzensgeld wird vom Bestehen einer Schadensanlage nicht berührt. Konkret bedeutet dies, dass dem Kläger für eine (aufgrund der Beweislast) anzunehmende Beschwerdefreiheit bis zum Ausbruch der „angelegten" Krankheit ein Schmerzensgeld zustehen kann. Da der Sachverständige diesen Zeitpunkt als zeitnah einstuft, hält der Senat neben den vorgerichtlich gezahlten € 2500 ein weiteres Schmerzensgeld i.H.v. € 1500 für angemessen | OLG Naumburg 28.4.2011 1 U 5/11 SP 2011, 359 |

Weitere Urteile zur Rubrik »Bein - Knie - Arthrose« siehe auch:

bis € 2500: 218
bis € 5000: 170
bis € 12 500: 254, 255, 258, 2370, 308
bis € 25 000: 404, 185, 319, 410, 320, 162, 2796, 1665, 2798, 267, 190, 191, 276, 239
ab € 25 000: 324, 3173, 328, 272, 329, 417, 424, 1296, 338, 1138, 2981

Bein - Oberschenkel

Weitere Urteile zur Rubrik »Bein - Oberschenkel« siehe auch:

bis € 2500: 121

Bein - Oberschenkel - Amputation

Lfd. Nr.	Betrag DM Euro (Anp.2019)	Verletzung	Dauer und Umfang der Behandlung; Arbeitsunfähigkeit	Person des Verletzten	Dauerschaden	Besondere Umstände, die für die Entscheidungen maßgebend waren	Gericht, Datum der Entscheidung, Az., Veröffentlichung bzw. Einsender
279	€ 45 000 + immat. Vorbehalt (€ 47 317)	Erforderlichkeit einer Bypass-Operation am rechten Bein mit folgender Amputation des rechten Beins unterhalb des Oberschenkels wegen einer Infektion am gesetzten Bypass nach grobem Behandlungsfehler	Verlängerung des eigentlichen Krankenhausaufenthalts um 5 Tage und 1 zusätzliche OP, langwierige und schwierige Reha	67-jähr. Frau	Prothese am rechten Bein, Phantomschmerzen	Der Beklagte zu 1) verkannte, dass an der rechten Oberschenkelarterie ein behandlungsbedürftiger Thrombus und nicht „nur" eine seit langem bestehende periphere arterielle Verschlusskrankheit vorlag. Die nötige OP erfolgte nicht sofort am 7.10.2004, sondern zu spät am 13.10.2004. Bei der Bemessung des Schmerzensgeldes ist v.a. Folgendes zu berücksichtigen: Die Klägerin war arteriell vorgeschädigt (chronischer Protein-S-Mangel, Diabetes mellitus, Bluthochdruck, Übergewicht, Fettwechselstörung, periphere Verschlusskrankheit vom Mehretagentyp an beiden Beinen), weshalb weitere umfangreiche Behandlungen am linken Bein erforderlich waren. Die durch die Amputation des rechten Beins verursachten Schmerzen wurden damit nachhaltig von anderen Erkrankungen überlagert, die ihre Ursache nicht in dem Behandlungsfehler der Beklagten hatten. Sie trug die Prothese(n) über 8 Jahre, ehe sie frühzeitig verstarb. Die Klägerin litt im Alltag erheblich (Stürze, schlechte Mobilität, Probleme mit den jeweiligen Prothesen) unter der Verletzung, konnte sich nicht integrieren und war auch psychisch entsprechend belastet. Sie war auf fremde Hilfe angewiesen und besuchte eine Selbsthilfegruppe. Das Schmerzensgeld beträgt für die ersten sechs Jahre € 36 000 und für die letzten beiden Lebensjahre nach Einbringung der letzten Prothese € 9000. Hinweis zum immat. Vorbehalt: grundsätzlich (die Verletze verstarb vor Prozessende, bis dahin war der Feststellungsantrag begründet)	LG Duisburg 1.9.2016 8 O 212/11 Landesrechtsprechungsdatenbank NRW
280	95 000 € 47 500 + immat. Vorbehalt (€ 62 278)	Amputation des linken Oberschenkels		61-jähr. Lehrer		Grober ärztlicher Behandlungsfehler. Der verantwortliche Arzt hat eine umfassende Gefäßdiagnostik vernachlässigt, bei welcher er ohne weiteres eine bestehende Diabetis des Klägers hätte feststellen und aufgrund der Zuckerkrankheit eine anderweitige Behandlung hätte vornehmen müssen. So wurde durch fehlerhafte Behandlung des „fressenden Geschwüres" am linken Fuß eine fortschreitende Geschwürbildung nicht verhindert, so dass eine Amputation unumgänglich war. Ein Anspruch auf weiteres Schmerzensgeld besteht jedoch nur dann, wenn sich nicht vorausschaubare Spätfolgen ergeben	LG Paderborn 9.3.2001 2 O 116/00 RA Brock, Brilon

Lfd. Nr.	Betrag DM Euro (Anp.2019)	Verletzung	Dauer und Umfang der Behandlung; Arbeitsunfähigkeit	Person des Verletzten	Dauerschaden	Besondere Umstände, die für die Entscheidungen maßgebend waren	Gericht, Datum der Entscheidung, Az., Veröffentlichung bzw. Einsender
\# Fortsetzung von »Bein - Oberschenkel - Amputation«							
281	€ 50 000 + immat. Vorbehalt *(€ 53 528)*	Verspätet erkannter embolischer arterieller Verschluss am Unterschenkel rechts	Verlegung der Klägerin in die Klinik für Gefäßchirurgie. Bei der Notfalloperation werden mehrere Blutgerinnsel aus Ober- und Unterschenkel entfernt. Behandlung mit Heparin und physiotherapeutischen Anwendungen. Später Verdacht eines erneuten Gefäßverschlusses, der zur Durchführung einer Notfalloperation führte. In der Folge wurden in schneller Folge insgesamt 6 Operationen durchgeführt. Schließlich musste bei akuter Lebensgefahr der rechte Oberschenkel amputiert werden	51-jähr. Frau	Beinamputation rechts	Der Senat hält ein Schmerzensgeld von € 50 000 für angemessen. In den Fällen, in denen höhere Beträge zuerkannt wurden, waren die Folgen der Amputation entweder noch gravierender und bezogen sich auch auf Menschen, die deutlich jünger waren als die Klägerin zum Zeitpunkt des schädigenden Ereignisses, was angesichts der Beeinträchtigungen durch die Amputation als Faktor gewichtet werden muss	OLG Naumburg 13.2.2014 1 U 14/12 juris
282	€ 65 000 + immat. Vorbehalt *(€ 69 377)*	Oberschenkelamputation des rechten Beines infolge eines Behandlungsfehlers	Der Kläger war über einen Zeitraum von etwa 1 ½–2 Jahren wegen des Verlustes seines Beines in psychologischer Behandlung	70-jähr. Mann	Verlust des rechten Beines; Stumpf- und Phantomschmerzen	Bei der Bemessung des Schmerzensgeldes hat die Kammer berücksichtigt, dass dieses einen angemessenen Ausgleich und auch eine notwendige Genugtuung für die erlittenen Leiden, Beschwerden und Beeinträchtigungen des Klägers darstellen soll. Dabei berücksichtigt die Kammer auch, dass dem Kläger aufgrund seines Alters die Anpassung schwerer gefallen sein mag als einem jüngeren Menschen, wobei aber auch die Zeitspanne zu berücksichtigen ist, die der Kläger mit der dauerhaft verbleibenden Beeinträchtigung noch wird zurechtkommen müssen. Die Kammer hat berücksichtigt, dass die erheblichen Einschränkungen des Klägers aufgrund des Verlustes des rechten Beines in seiner Mobilität, bei alltäglichen Verrichtungen und in seiner Freizeitgestaltung, wie oben dargelegt, dauerhaft bestehen bleiben werden und dass der Kläger auf Dauer auch in seiner Bewegungsfähigkeit im gleichen Maße wie zum heutigen Zeitpunkt eingeschränkt sein wird. Des Weiteren ist die Kammer davon ausgegangen, dass keine weiteren Operationen zur Behandlung der Folgen des Eingriffes durch den Beklagten erforderlich sein werden. Darüber hinaus hat die Kammer die auftretenden Schmerzen im Stumpf und die Phantomschmerzen sowie die in der Anfangszeit erlittenen erheblichen Schmerzen und seelischen Belastungen aufgrund der Amputation berücksichtigt	LG Koblenz 17.12.2014 10 O 35/12 Rechtsanwälte Meinecke und Meinecke, Köln

● Mithaftung (siehe vorletzte Spalte)

Lfd. Nr.	Betrag DM Euro (Anp.2019)	Verletzung	Dauer und Umfang der Behandlung; Arbeitsunfähigkeit	Person des Verletzten	Dauerschaden	Besondere Umstände, die für die Entscheidungen maßgebend waren	Gericht, Datum der Entscheidung, Az., Veröffentlichung bzw. Einsender

Fortsetzung von »Bein - Oberschenkel - Amputation«

Lfd. Nr.	Betrag	Verletzung	Dauer und Umfang der Behandlung	Person	Dauerschaden	Besondere Umstände	Gericht
283	150 000 € 75 000 (€ 103 307)	Amputation des linken Oberschenkels; offene Trümmerfraktur des linken Ellenbogens 3. Grades	Insgesamt 5 Monate Krankenhaus; MdE: ca. 2 ½ Jahre 100%	25-jähr. Werkzeugmacher	Beckenschiefstand von ca. 2 cm, der zu einer Verbiegung der Wirbelsäule führte; durch Überlastung des rechten Beins Gelenkbeschwerden vom rechten Hüftgelenk bis zum rechten Kniegelenk und im oberen Sprunggelenk; Versteifung des Ellenbogengelenks bei 90°; MdE: 75%	Muskelverspannung und Bandscheibenoperation zu erwarten; die grundlos aufgestellte Behauptung des Haftpflichtversicherers, den Kläger würde wegen angeblicher Alkoholisierung ein Mitverschulden treffen, ist schmerzensgelderhöhend	OLG Nürnberg 30.4.1997 6 U 3535/96 VersR 1997, 1108 zfs 1998, 129
284	180 000 € 90 000 (€ 116 846)	Amputation des linken Oberschenkels nach großflächiger Trümmerfraktur mit großem Knochendefekt, Sprengung des linken Schultergelenks, Luxations- bzw. Trümmerfrakturen des 3. und 4. sowie des kleinen Fingers links	Mehrere Wochen Krankenhaus, anfangs Lebensgefahr; insgesamt 6 Operationen; 4 Wochen ambulante physiotherapeutische Behandlung	19-jähr. Baufacharbeiter in Lehre	Amputation linker Oberschenkel, Fehlstellung der Fingerfrakturen der linken Hand, Beweglichkeit des linken Schultergelenks bis 90 Grad Anteversion und Abduktion möglich	Kläger kann keine Prothese auf Dauer tragen, da die Narben des Stumpfes nach oben zur Leiste verlaufen; nach dem Tragen für 1 Tag muss er mehrere Tage aussetzen, da die Narben gereizt sind; Kläger leidet unter Schlafstörungen, Angstzuständen (Todesängste, da er Unfall immer wieder miterleben muss), Kopfschmerzen und Stimmungsschwankungen; Phantomschmerzen und Stumpfbeschwerden; er ist weiterhin in psychologischer Behandlung, um das Geschehen verarbeiten zu können; musste seine Sportarten aufgeben, sich aus dem Leben der jugendlichen Clique zurückziehen, sich beruflich neu orientieren; fühlt sich isoliert, was eine erhebliche psychosoziale Belastung darstellt. Grobes Verschulden des Unfallverursachers, unangemessenes Verhalten des Versicherers, der ein absolut unzureichendes Regulierungsangebot unterbreitete	LG Meiningen 13.6.2001 3 O 1467/00 zfs 2002, 18 RA Dr. Burmann, Erfurt
285	185 000 € 92 500 (€ 125 620)	Abriss des linken Beins, Bruch des linken kleinen Fingers, großes Hämatom im LWS-Bereich	Langwierige und schmerzhafte Krankenhausbehandlung mit 4 Operationen, operative Entfernung des Hämatoms, 2 Monate bettlägerig, Nachoperation des Stumpfes	25-jähr. Sparkassenangestellter	Verlust des linken Beins; linker kleiner Finger kann nicht mehr uneingeschränkt gebeugt werden; Depressionen, insbesondere durch zwangsweises Aufgeben von sportlichen Aktivitäten und sonstiger Freizeitgestaltung; Vereinsamung, Gefühl mangelnder Attraktivität beim anderen Geschlecht	Längere Zeit Einnahme von Schmerzmitteln, längere Zeit Phantomschmerzen, die sich gebessert haben; mit Beinstumpf sonst keine besonderen Probleme (Autofahren mit Automatik möglich)	LG Rottweil 9.4.1998 2 O 35/98 (Vergleich) RAe Blessing & Berweck, Villingen-Schwenningen
286	€ 125 000 + immat. Vorbehalt (€ 160 714)	Schwere arterielle Durchblutungsstörung mit erforderlicher Amputation des rechten Beines		Säugling	Verlust des rechten Beines in Höhe des Oberschenkels	Fehlerhafte Wundversorgung mit Wasserstoffsuperoxyd; es entspricht dem Erkenntnisstand der medizinischen Wissenschaft, Wasserstoffsuperoxyd nicht in Wunden einzubringen, bei denen ein Zugang zu einem Röhrensystem besteht oder sich entwickeln kann; die verbleibenden Beinstümpfe lassen später eine prothetische Versorgung zu; Vorbehalt jedoch wegen der möglichen Gefahr, dass die Klägerin wegen der anatomischen Situation auf prothetische Hilfsmittel nicht zurückgreifen kann und eventuell rollstuhlpflichtig werden wird	OLG Hamm 28.10.2002 3 U 200/01 VersR 2004, 200

Fortsetzung von »Bein - Oberschenkel - Amputation«

Kapitalabfindung mit Schmerzensgeldrente

Lfd. Nr.	Betrag DM Euro (Anp.2019)	Verletzung	Dauer und Umfang der Behandlung; Arbeitsunfähigkeit	Person des Verletzten	Dauerschaden	Besondere Umstände, die für die Entscheidungen maßgebend waren	Gericht, Datum der Entscheidung, Az., Veröffentlichung bzw. Einsender
287	100 000 ● € 50 000 und 500 € 250 Rente monatlich + immat. Vorbehalt (€ 79 136)	Verbrennungen, die zum Verlust des rechten Arms (Arm-Exartikulation) und zur Amputation an beiden Beinen (Oberschenkelamputation links und Vorderfußamputation rechts) führten	Mehrere Krankenhausaufenthalte von insgesamt 42 Wochen	14-jähr. Schüler		1/3 Mitverschulden. Verletzung der Verkehrssicherungspflicht der Bundesbahn wegen unzureichender Sicherungsvorkehrungen bei Hochspannungsleitung	OLG Karlsruhe 7.11.1991 9 U 45/91 VRS 84,1 Revision beider Parteien vom BGH abgelehnt 29.9.1992 VI ZR 328/91
288	€ 80 000 ● und € 228 Rente monatlich + immat. Vorbehalt (€ 85 905)	Die Klägerin wurde im Bereich der Fußgängerfurt einer oberirdischen U-Bahnhaltestelle von einem sich der Haltestelle annähernden U-Bahnzug erfasst, über mehrere Meter mitgeschleift und hierdurch erheblich verletzt. Aufgrund ihrer unfallbedingten Verletzungen schwebte die Klägerin in akuter Lebensgefahr und lag elf Tage im Koma. Da sich das rechte Bein der Klägerin im Radlauf der Vorderachse des Triebwagens eingedreht hatte, musste es aufgrund der hierdurch entstandenen, erheblichen Verletzungen auf Höhe der Hüfte amputiert werden	Fast 2 Monate stationäre Behandlung, davon 11 Tage im Koma. Amputation des rechten Beins in Höhe der Hüfte. Danach ca. 5 Monate ambulante Nachsorge. Dabei erhielt die Klägerin eine Beinprothese in Form eines Kunstbeines, das an einem mittels eines Gurtes im Bauchbereich anzuschnallenden Hüftkorbs befestigt wird. Die Klägerin musste durch die Teilnahme an einer Gangschule die Fortbewegung mittels der Prothese erlernen. In den folgenden Jahren kam es zu wiederholten Anpassungen der Prothesen, auch aufgrund des Wachstums der Klägerin	11-jähr. Schülerin	Seit ihrem elften Lebensjahr ist die Klägerin aufgrund der Amputation ihres rechten Beines in ihrer Lebensführung nachhaltig beeinträchtigt. Sie ist auf ständige Hilfe Dritter angewiesen. Sie kann sich ohne Prothese nur mit zwei Krücken oder einem Rollstuhl selbstständig fortbewegen, was zu erheblichen Bewegungseinschränkungen im täglichen Leben führt. Selbst mit ihrer Prothese ist langes Gehen ebenso wenig möglich wie langes Sitzen. Sie muss regelmäßig Krankengymnastik zur Vermeidung von Rückenschmerzen durchführen und kann kaum bewegungsintensiven Sport treiben. Lediglich Schwimmen ist ihr eingeschränkt möglich	Unter Berücksichtigung der von der Klägerin erlittenen Verletzungen, ihres Leidensweges und ihres Mitverschuldens hält der Senat ein Schmerzensgeld von € 145 000 für angemessen, aber auch ausreichend, § 287 ZPO. Hierbei geht der Senat davon aus, dass ohne ein Mitverschulden der Klägerin von einem Gesamtbetrag i.H.v. € 220 000 auszugehen gewesen wäre und das Mitverschulden der Klägerin bei der Schätzung des Schmerzensgeldes nicht exakt rechnerisch mit 1/3 zu berücksichtigen ist, zumal Schmerzensgeld nicht zu quoteln ist. Außerdem erscheint es angesichts der Verletzungen und des Alters der Klägerin angemessen, den Betrag von € 145 000 so aufzuteilen, dass ihr von diesem Betrag € 80 000 als Kapitalbetrag und die restlichen € 65 000 als Rente zuzusprechen sind. Aus den € 65 000 ergibt sich eine lebenslange monatliche Rente i.H.v. € 228 (228 x 12 Monate x Kapitalisierungsfaktor 23,756). Die am 2.7.1994 geborene Klägerin war am Unfalltag, dem 3.11.2005, 11 Jahre und vier Monate alt. Der Kapitalisierungsfaktor beträgt bei einem elfjährigen Mädchen für eine Rente bis zum Tode bei einem Zins von 4% 23,756 (vgl. Küppersbusch, Ersatzansprüche bei Personenschäden, 10. Aufl. 2010, S. 84, Tabelle I/0)	OLG Düsseldorf 30.8.2013 1 U 68/12 juris; Schaden-Praxis 2014, 121

Weitere Urteile zur Rubrik »Bein - Oberschenkel - Amputation« siehe auch:
ab € 25 000: 1081, 3018, 2449

Bein - Oberschenkel - Bruch

Lfd. Nr.	Betrag DM Euro (Anp.2019)	Verletzung	Dauer und Umfang der Behandlung; Arbeitsunfähigkeit	Person des Verletzten	Dauerschaden	Besondere Umstände, die für die Entscheidungen maßgebend waren	Gericht, Datum der Entscheidung, Az., Veröffentlichung bzw. Einsender
289	€ 2850 ● + immat. Vorbehalt (€ 3060)	Femurschaftfraktur (Oberschenkelbruch) rechts sowie multiple Prellungen und Schürfwunden durch Verkehrsunfall	Die Fraktur musste operativ mit einem Metallbolzen und zwei Schrauben fixiert werden. Der Kläger wurde dabei eine Woche stationär im Krankenhaus, anschließend drei Wochen in einer Reha-Einrichtung behandelt. Anschließend hat der Kläger noch zweimal wöchentlich für eine ¾ Stunde an einer physiotherapeutischen Behandlung teilgenommen. Insgesamt verlief der Heilungsverlauf komplikationslos, so dass im Rahmen eines zweitägigen stationären Krankenhausaufenthalts das Metall aus dem Knochen entfernt werden konnte. Der Kläger war insgesamt ca. 5 ½ Monate krankgeschrieben	Mann		Unter Berücksichtigung dieser Umstände hält der Senat im Hinblick auf die Verletzungsfolgen zwar den vom LG in Ansatz gebrachten Grundbetrag i.H.v. ca. € 5700 für vertretbar (vgl. diesbezüglich – zitiert nach Hacks/Wellner/Häcker, Schmerzensgeldbeträge 2015 – LG München I, Urt. v. 3.5.1999 – 19 O 18995/97, Nr. 317; AG Borken, Urt. v. 13.5.2004 – 12 C 56/04, Nr. 321; LG München I, Urt. v. 27.5.2004 – 19 O 6608/02, Nr. 324; LG München, Urt. v. 8.10.1992 – 19 O 3766/92, Nr. 334; LG München, Urt. v. 25.4.1996 – 19 O 3936/95, Nr. 335). Unter Berücksichtigung eines hälftigen Verschuldensbeitrages ist ein Schmerzensgeld von € 2850 zuzusprechen	OLG Hamm 8.11.2013 9 U 88/13 juris; MDR 2014, 214
290	8000 € 4000 (€ 5748)	Oberschenkelfraktur rechts	8 Wochen Krankenhaus, davon 6 ½ Wochen in Rückenlage mit hochgelagerten, extendierten Beinen; anschließend Krankengymnastik	3 ¾-jähr. Mädchen	Außendrehstellung des rechten Oberschenkelknochens gegenüber links um 20° sowie leichte Bewegungseinschränkung für die Rotationsbeweglichkeit des rechten Hüftgelenks gegenüber links	Das nicht deliktsfähige Kind braucht sich weder sein eigenes Verhalten noch das seiner volljährigen Begleitperson im Verhältnis zum Unfallgegner (Kraftfahrer) anspruchsmindernd anrechnen zu lassen	KG Berlin 31.10.1994 12 U 4031/93 DAR 1995, 72
291	€ 4000 ● (€ 4300)	Glätteunfall wegen Verletzung der Räum- und Streupflicht: Oberschenkelhalsbruch durch Sturz	Operation; stationäre Behandlung	Mann		Bei einer Gesamtschau aller maßgeblichen Umstände, d. h. unter Berücksichtigung der Art der Primärverletzung, der erforderlichen Operation und der verletzungsbedingten Lebensbeeinträchtigung des Ehemanns der Klägerin sowie seines (hälftigen) Mitverschuldens im Sinne des § 254 BGB erscheint ein Schmerzensgeld i.H.v. € 4000 als ausreichend und angemessen	OLG Frankfurt am Main 20.1.2014 1 U 245/12 juris
292	€ 5000 (€ 6247)	Ober- und Unterschenkelfraktur nebst offener Wunde am Unterschenkel	3 Wochen stationär, 2 Monate arbeitsunfähig	Jugendlicher	Vollständige Genesung ist ungewiss	Von Bedeutung ist, dass den Kläger die Einschränkung seiner Bewegungsfähigkeit in seinem jugendlichen Alter besonders empfindlich trifft	AG Borken 13.5.2004 12 C 56/04 Anwaltssozietät Bohnenkamp, Borken

Fortsetzung von »Bein - Oberschenkel - Bruch«

Lfd. Nr.	Betrag DM Euro (Anp.2019)	Verletzung	Dauer und Umfang der Behandlung; Arbeitsunfähigkeit	Person des Verletzten	Dauerschaden	Besondere Umstände, die für die Entscheidungen maßgebend waren	Gericht, Datum der Entscheidung, Az., Veröffentlichung bzw. Einsender
293	€ 5000 + immat. Vorbehalt (€ 6146)	Oberschenkelfraktur sowie kleinere Schürfwunden und Prellungen im Rücken- und Gesichtsbereich	Zwei stationäre Aufenthalte von insgesamt 2 Wochen	8 1/2-jähr. Mädchen	Drei sichtbare Narben am rechten Oberschenkel und Knie	Die verbleibenden Narben sind nach Angaben der behandelnden Ärzte zwar reizlos, allerdings schon wegen ihrer nicht unerheblichen Länge von 8 cm für die Klägerin eine gewisse psychische Belastung, die möglicherweise später einer kosmetischen Korrektur bedarf. Fraktur im Oberschenkel ist vollständig und komplikationslos ausgeheilt	LG Hagen 7.11.2005 6 O 200/04 RAe Stahl, Krafzik & Partner, Hagen
294	€ 5000 + immat. Vorbehalt (€ 5566)	Oberschenkelfraktur und andere Verletzungen	Min. 2 Operationen, mehrwöchiger Krankenhausaufenthalt, mehrwöchige Reha	76-jähr. Frau	Gehbehinderung	Klägerin war Teilnehmerin an einer Rentnerwallfahrt. Die neben ihr gehende Beklagte stürzte und riss dabei die Klägerin mit zu Boden	LG Mühlhausen 17.8.2011 1 O 846/10
295	€ 5000 + immat. Vorbehalt (€ 5396)	Die Beklagte stürzte nach einem Zusammenstoß vom Fahrrad auf ihre linke Körperseite und erlitt eine mediale Schenkelhalsfraktur Pauwels Typ 1 mit Dislokation links bei Verkürzung der Belastungsfähigkeit des linken Hüftgelenks	1 Woche stationäre Behandlung mit Operation mit anschließender ambulanter Weiterbehandlung. Das bei dem Eingriff am Unfalltag eingebrachte Osteosynthesematerial wurde mittels einer 2. Operation wieder entfernt. Ca. 5 Monate AU	Frau	Leichte Belastungs- und Bewegungseinschränkung	Das von der Klägerin geforderte Schmerzensgeld von € 5000 ist angemessen. Es sind die Art der Verletzung selbst, die Dauer der Heilbehandlung sowie die zwei operativen Eingriffe zu berücksichtigen. Die Rechtsprechung spricht bei Oberschenkel-/Oberschenkelhalsfrakturen durchschnittlich recht hohe Schmerzensgeldbeträge zu, wobei sich der geforderte Betrag von € 5000 am unteren Rand des Spektrums bewegt. Gründe dafür, im vorliegenden Fall davon nach unten abzuweisen, sind nicht ersichtlich oder vorgetragen	OLG Naumburg 25.3.2013 1 U 114/12 juris
296	€ 5000 + immat. Vorbehalt (€ 5554)	Oberschenkelfraktur durch Umkippen eines unzureichend gesicherten Tores auf einem Bolzplatz	Operative Versorgung mittels Plattenosteosynthese. Komplikationen aufgrund einer Weichteilinfektion mit umfangreichen Nachbehandlungen. Ambulante Korrekturoperation erforderlich wegen der Narben	ca. 4-jähr. Mädchen	4 Pin-Narben sind weiterhin deutlich sichtbar	Dieser Betrag ist im Hinblick auf die erlittene Verletzung und die erforderliche Behandlung unter Berücksichtigung des Alters der Klägerin zum Unfallzeitpunkt unter Berücksichtigung von in anderen Verfahren zugesprochenen Schmerzensgeldbeträgen angemessen	Schleswig-Holsteinisches OLG 25.10.2011 11 U 71/10 SchlHA 2012, 137
297	€ 7000 + immat. Vorbehalt (€ 7404)	Femurschaftfraktur links, psychische Beeinträchtigungen	4 Tage stationäre Behandlung, 2 Operationen, kinderpsychotherapeutische Sitzungen	4 1/2-jähr. Mädchen	2 Narben von 3 cm links und 3,5 cm rechts neben dem Knie	Eine in einer Bäckerei befindliche Tablettablage kippte auf die Klägerin, als diese sich darauf stützte. Eine Bewegungseinschränkung ist langfristig nicht zu erwarten. Die Klägerin konnte für 7 Wochen die Kindertagesstätte nicht besuchen und erst nach 5 Monaten wieder am Turnunterricht teilnehmen. Schmerzensgelderhöhend wurde das junge Alter der Klägerin berücksichtigt, da bei Kindern eine längerfristige Bewegungseinschränkung besonders belastend ist	LG Hagen 8.9.2015 3 O 126/14 OLG Hamm RA Mike Peter, Hagen
298	€ 7000● + immat. Vorbehalt (€ 7486)	Oberschenkelfraktur, Lockerung des künstlichen Hüftgelenks, Schädelhirntrauma 1. Grades, Hüftgelenkskontusion rechts mit Hämatom	2 Tage stationärer Aufenthalt, lange Behandlung (über 3 Monate)	Mann, Fahrradfahrer		1/3 Mithaftung. Bei der Bemessung des Schmerzensgeldes wurde weiter berücksichtigt, dass bereits zuvor Schmerzen am Hüftgelenk vorgelegen haben, diese jedoch zunahmen. Der Kläger hat Beeinträchtigungen beim längeren Gehen und Fahrradfahren	LG Görlitz 17.12.2013 6 O 382/11 juris

● Mithaftung (siehe vorletzte Spalte)

Lfd. Nr.	Betrag DM **Euro** *(Anp.2019)*	Verletzung	Dauer und Umfang der Behandlung; Arbeitsunfähigkeit	Person des Verletzten	Dauerschaden	Besondere Umstände, die für die Entscheidungen maßgebend waren	Gericht, Datum der Entscheidung, Az., Veröffentlichung bzw. Einsender
\multicolumn{8}{l}{**Fortsetzung von »Bein - Oberschenkel - Bruch«**}
299	€7000● *(€7593)*	Oberschenkelhalsbruch	OP, 2 Wochen stationärer Krankenhausaufenthalt, 3 Wochen Reha sowie ambulante Anschlussbehandlung	70-jähr. Frau	Dauerschaden an der Hüfte mit dauerhaften Einschränkung der Beweglichkeit und Belastbarkeit	Kommt eine 70 Jahre alte Passantin auf einem erkennbar nicht gestreuten Weg zu Fall und erleidet und erleidet o.g. Verletzungen und Dauerschäden, ist ihr unter Berücksichtigung eines Mitverschuldens von 1/3 ein Schmerzensgeld i.H.v. €7000 zuzusprechen	OLG Hamm 21.12.2012 I-9 U 38/12 NJW 2013, 1375
300	18000 €9000 + immat. Vorbehalt *(€11977)*	Fraktur des linken Oberschenkels	6 1/2 Wochen Krankenhaus, über 7 1/2 Monate arbeitsunfähig	67-jähr. Frau	MdE: 20%; Deutlich eingeschränkte Bewegungsfreiheit der linken Hüfte bei Beugung/Streckung, Rotation; Belastungsminderung des gesamten linken Beines	Sturz auf farbloser Fettspur im Supermarkt. Materialentfernung steht noch bevor. Klägerin klagt über Ängste infolge des Unfallgeschehens, die sich auf mögliche Neustürze und das Gefühl – infolge der eingeschränkten Bewegungsmöglichkeit bei Gefahren nicht schnell fliehen zu können – beziehen	LG Hamburg 22.6.2000 333 O 36/00 RAe Funke & Kollegen, Hamburg
301	€9000● + immat. Vorbehalt *(€11024)*	Schädelhirntrauma I. Grades, Unfallschockreaktion, Frakturen zweier Rippen, multiple Prellungen und Schürfwunden an Hand und Gesicht, stumpfes Thoraxtrauma sowie Oberschenkelfraktur	1 Monat stationär, 6 Monate Nichtbelastung des Beines	50-jähr. Mann	Oberschenkelfraktur nicht folgenlos ausgeheilt	25% Mithaftung wegen Nichtanlegen des Sicherheitsgurtes	OLG Düsseldorf 24.10.2005 I-1 U 217/04
302	20000 €10000 *(€13015)*	Verschobene Oberschenkelfraktur links	3 Krankenhausaufenthalte mit einer Gesamtdauer von 6 Wochen innerhalb von 2 Jahren mit 3 Operationen, u. a. Fixierung des verschobenen Bruchs mit Platte und 10 Schrauben; nach den Operationen Gehhilfen und längere Zeit Krankengymnastik MdE: 8 Monate 100% 28 Monate 20%	16-jähr. Mädchen	2 Narben am linken Bein von ca. 20 cm bzw. 10 cm Länge, die unschön sind und beim Tragen kurzer Kleidung auffallen	Bis zur Heilung nach 2 Jahren eingeschränkte Sportmöglichkeiten (u. a. kein Joggen und Federballspiel)	LG Koblenz 22.10.2001 5 O 71/01 RAe Ortmüller, Becher, Federrath; Betzdorf

Fortsetzung von »Bein - Oberschenkel - Bruch«

Lfd. Nr.	Betrag DM Euro (Anp.2019)	Verletzung	Dauer und Umfang der Behandlung; Arbeitsunfähigkeit	Person des Verletzten	Dauerschaden	Besondere Umstände, die für die Entscheidungen maßgebend waren	Gericht, Datum der Entscheidung, Az., Veröffentlichung bzw. Einsender
303	€ 10 000 + immat. Vorbehalt (€ 10 652)	Mediale Schenkelhalsfraktur rechts bei Coxarthrose	Verletzungsbedingt wurde dem Kläger eine Hüft-Totalendoprothese implantiert. Er befand sich stationär im Krankenhaus und unterzog sich anschließend einer stationären Rehabilitation sowie nachfolgend 36 ambulanten physiotherapeutischen Behandlungen. Für insgesamt drei Monate benötigte der Kläger einen Rollator. Seither ist er auf Gehstützen angewiesen	Älterer Mann (über 70)	Bewegungseinschränkungen	Ein darüber hinausgehender Schmerzensgeldanspruch des Klägers ist unbegründet. Nach Absetzen der Makumar-Dauertherapie und Anheben des Quickwertes erhielt der Kläger am Tag nach dem Unfall eine Totalendoprothese zementiert. Intra- und postoperativ war der Verlauf komplikationslos. Die Mobilisation am Rollator mit Vollbelastung des operierten Beines gelang letztendlich sehr gut. Bei seiner Entlassung aus der Rehabilitationseinrichtung war der Kläger in der Lage, an Krücken zu gehen. Als Dauerfolge des Unfalls kann er auch nach Abschluss der anschließenden ambulanten physiotherapeutischen Behandlung Treppen nur im Nachstellschritt begehen. Bei der Bezifferung des Schmerzensgeldes war ferner zu beachten, dass der zum Unfallzeitpunkt über 70-jährige Kläger unfallunabhängig seit dem Jahr 2004 als Folge eines Apoplex an Gangstörungen litt und vor dem Unfall bereits eine Coxarthrose bestand	OLG Frankfurt am Main 17.11.2015 12 U 16/14 juris; Landesrechtsprechungsdatenbank Hessen
304	20 000 € 10 000 + immat. Vorbehalt (€ 13 581)	Komplizierter Oberschenkelhalsbruch	Wiederholte Operationen; noch 2 Jahre später war die Klägerin auf die Benutzung von Gehhilfen angewiesen	Frau	Die Beweglichkeit des Hüftgelenks ist links stark eingeschränkt	Glatteissturz auf nicht gestreutem Gehweg; ggf. erneute Operation (Totalendoprothese) erforderlich; infolge Mithaftung von 25% wurde der Klägerin lediglich ein Betrag von DM 15 000 (€ 7500) zugesprochen	OLG Hamm 16.11.1998 6 U 98/98 RAe Harnischmacher & Koll., Münster-Hiltrup
305	20 000 € 10 000 + immat. Vorbehalt (€ 13 111)	Dislozierte Oberschenkelfraktur rechts, stumpfes Bauchtrauma, Beckenprellung	15 Tage Krankenhaus mit Operation, nach 2 1/2 Monaten nochmals 10 Tage Krankenhaus zur Entfernung des Osteosynthesematerials	Kleines Mädchen	Beinverlängerung rechts um 1 cm, Beckenschiefstand, Einschränkung der Innenrotationsfähigkeit des rechten Hüftgelenks um 10 Grad durch Vernarbungs- und Verklebungsprozesse, deutliche Femur-Verdickung, belastungsabhängige Beschwerden; 18 cm lange und 1 cm breite, verdickte Narbe am Oberschenkel; MdE: 10%	Nicht abgegolten ist das Risiko einer Verschlechterung des derzeitigen Zustandes, so etwa eine deutliche Vergrößerung der Beinlängendifferenz oder des Beckenschiefstandes sowie mögliche Veränderungen der Hüftgelenke oder der Wirbelsäule	OLG Hamm 15.3.2001 27 U 185/00 RA Lontzek, Schmallenberg
306	€ 10 000● + immat. Vorbehalt (€ 12 179)	Oberschenkelfraktur links	Zwei Krankenhausaufenthalte von knapp 3 Wochen, zwei Operationen, 14 Monate Krücken	Frau	GdB: 30%	50% Haftung. Fährt ein Radfahrer zwischen zwei nebeneinander fahrenden Radfahrern ohne Berührung durch und kommt deshalb einer der nebeneinander fahrenden Radfahrer durch eine Schreckreaktion zu Fall, haften beide zu 50%	LG München I 22.2.2006 19 O 5928/04 RA von Zwehl, München

● Mithaftung (siehe vorletzte Spalte)

Lfd. Nr.	Betrag DM **Euro** *(Anp.2019)*	Verletzung	Dauer und Umfang der Behandlung; Arbeitsunfähigkeit	Person des Verletzten	Dauerschaden	Besondere Umstände, die für die Entscheidungen maßgebend waren	Gericht, Datum der Entscheidung, Az., Veröffentlichung bzw. Einsender
\multicolumn{8}{l}{**Fortsetzung von »Bein - Oberschenkel - Bruch«**}
307	22 000 € 11 000 + immat. Vorbehalt *(€ 14 882)*	Oberschenkeltrümmerfraktur links, Innenknöchelfraktur links; Abriss des knöchernen Tuberculum majus an der linken Schulter	2 Krankenhausaufenthalte mit jeweils operativen Behandlungen von insgesamt 3 ½ Wochen MdE: 5 Monate 100% 3 Monate 80% 3 Monate 60% 10 Tage 100% 1 Monat 70% 2 ½ Monate 50% 3 Monate 30%	Mann	Schmerzhafte Bewegungseinschränkung des linken Schultergelenks, Bewegungseinschränkung des linken Hüftgelenks und des linken Sprunggelenks; Minderbelastbarkeit des linken Beins und der linken Schulter, wobei insbesondere das Tragen schwerer Lasten sowie Überkopfarbeiten nicht mehr regelmäßig durchgeführt werden können; MdE: 20%	Kläger muss sich auch in Zukunft ärztlich und physiotherapeutisch behandeln lassen, weitere krankengymnastische Übungsbehandlungen sowie Lymphdrainagen am linken Sprunggelenk und physikalische Maßnahmen des Schulter- und Sprunggelenks erforderlich; spätere sekundäre arthrotische Veränderungen im linken Hüft- und Sprunggelenk nicht auszuschließen	LG Osnabrück 11.8.1998 4 O 312/97 bestätigt durch OLG Oldenburg 22.12.1998 5 U 152/98 RAe Geene u. Kollegen, Attendorn
308	€ 12 000 ● + immat. Vorbehalt *(€ 13 674)*	Offene Femurschaftfraktur mit Weichteilschaden 1. Grades, Teilruptur des vorderen Kreuzbandes, Knorpelstrukturschäden insbesonders an der innenseitigen Kniescheibenrückenfläche, posttraumatische Gonarthrose links medial, Schulterprellung links	Insg. 11 Tage stationärer Aufenthalt mit 2 OP, 24 Tage physiotherapeutische Behandlung, insgesamt 157 Tage MdE zu 100%	46-jähr. Mann	Leichte Minderbelastbarkeit der linken unteren Gliedmaßen; Knorpelschaden	Mithaftung 25% – ergibt sich aus der überhöhten Geschwindigkeit des Klägers mit dem Motorroller (ca. 13 km/h). Der Kläger leidet an Einschränkungen in der Ausübung seiner Freizeitaktivitäten wie z. B. Fußball, Volleyball	LG Limburg a.d. Lahn 7.5.2010 2 O 199/08 RAe Göttert & Kollegen, Siegen
309	€ 12 500 + immat. Vorbehalt *(€ 15 879)*	Offene Oberschenkelfraktur/Oberschenkeltrümmerfraktur links mit percondylärer Oberschenkelfraktur des distalen Fragments, schwere Weichteilkontusion und ca. 1 cm großer Corticalisdefekt medial am Femurschaft, Platzwunde am linken Ellenbogen	5 Wochen Krankenhaus mit Osteothese, 1 Monat Anschlussbehandlung, 8 Monate arbeitsunfähig, nach 2 Jahren nochmals 1 ½ Wochen Krankenhaus zur Entfernung der zur Versorgung der Oberschenkelfraktur eingesetzten Lochplatte mit anschließender AU von 2 Monaten	40-jähr. Bauarbeiter	Instabilität im linken Kniegelenk mit deutlicher Einschränkung der Beweglichkeit	Langwieriger Heilungsverlauf mit längerer Einschränkung der Belastbarkeit sowie Bewegungsmöglichkeit im Bereich des linken Kniegelenks; bleibende Einschränkungen in den Freizeitaktivitäten (u. a. Handball und Fußball); es ist ein vorzeitiger Verschleiß des linken Kniegelenks zu erwarten, daher immat. Vorbehalt	LG Meiningen 25.3.2003 2 O 19/02 RAe Dr. Müller & Koll., Suhl
310	25 000 € 12 500 *(€ 16 552)*	Dislozierte proximale Oberschenkelschaftfraktur rechts sowie Schürfwunden im Bereich des rechten Kniegelenks und des rechten Unterschenkels	Nachdem zunächst ein „Gamma-Nagel" implantiert wurde, trat eine Wundinfektion auf, mit der Folge, dass der Gamma-Nagel in einer erneuten Operation wieder entfernt und durch einen externen Fixateur ersetzt werden musste. Insgesamt fünf stationäre Aufenthalte von insgesamt 7 Wochen zuzüglich umfangreicher Rehamaßnahmen. 14 Monate arbeitsunfähig	Fotolaborant	MdE: 20%	Verkürzung des rechten Beins um 2 cm, endgradige Bewegungseinschränkung im rechten Hüftgelenk, Muskelminderung und Schwäche des rechten Beins	LG Mönchengladbach 2.11.2000 10 O 516/99 bestätigt durch OLG Düsseldorf 20.8.2001 1 U 219/00 RAe Weufen & Koll., Mönchengladbach

● Mithaftung (siehe vorletzte Spalte)

Urteile lfd. Nr. 311 – 315 Bein

Lfd. Nr.	Betrag DM Euro *(Anp.2019)*	Verletzung	Dauer und Umfang der Behandlung; Arbeitsunfähigkeit	Person des Verletzten	Dauerschaden	Besondere Umstände, die für die Entscheidungen maßgebend waren	Gericht, Datum der Entscheidung, Az., Veröffentlichung bzw. Einsender
Fortsetzung von »Bein - Oberschenkel - Bruch«							
311	25000 €12500 + immat. Vorbehalt *(€ 16552)*	Komplizierter Oberschenkelhalsbruch	12 Tage Krankenhaus mit Schraubenfixierung des Oberschenkels, dann 5 Wochen Reha, 5 Monate arbeitsunfähig	64-jähr. Geschäftsführer	Beinverkürzung um 1,5 cm; ständige Schmerzen; kann nicht mehr Treppen steigen oder längere Strecken als 300 m gehen; durch einseitige Belastung Schädigung der Wirbelsäule; MdE: 50%	Sportunfall (Zusammenstoß beim Zuwerfen von Bällen); mindestens noch eine Operation erforderlich; Kläger ist nicht mehr in der Lage, durch regelmäßigen Sport seinen aufgrund einer Herzkrankheit angegriffenen Gesundheitszustand zu stabilisieren, was sich psychisch belastend auswirkt	OLG Braunschweig 31.7.2000 7 U 7/00 RA Dr. Pfennig, Braunschweig
312	€12782 + immat. Vorbehalt *(€ 15443)*	Oberschenkelschaftfraktur links, Kapselbandverletzung am linken Kniegelenk; da die Heilung der Fraktur in einer Fehlstellung (X-Bein) erfolgte, musste eine Korrektur-Osteotomie mit Platte durchgeführt werden	Mehrmals für insgesamt ca. 2 Monate stationäre Behandlung; ca. 1 Jahr arbeitsunfähig	Zivildienstleistender	Verkürzung des linken Beins um 1 cm, Instabilität des linken Kniegelenks und belastungsabhängige Schmerzen; MdE: 15%	Kläger konnte Zivildienst nicht mehr ableisten	LG Gera 14.8.2006 4 O 1537/04 RA Dr. Burmann, Erfurt
313	30000 €15000 + immat. Vorbehalt *(€ 20165)*	Mehrfragmentfraktur linker Femur	Zwei Krankenhausaufenthalte von insgesamt 39 Tagen, MdE: ca. ½ Jahr 100%	28-jähr. Fahrschullehrer	4 cm Beinverkürzung MdE: 30%	Der medizinische Sachverständige empfiehlt einen operativen Eingriff, der nicht nur die stufenweise Verlängerung des um 4 cm zu kurzen Oberschenkels durch einen so genannten Distraktor, sondern auch die Veränderung der Drehstellung des Oberschenkels mit Korrektur der Rotation des Fußes beinhaltet	KG Berlin 29.11.1999 12 U 7113/96 RiKG Philipp
314	30000 €15000 + immat. Vorbehalt *(€ 20038)*	Oberschenkelfraktur rechts, offene Ellenbogen-Luxationsfraktur links, Fraktur des linken großen Zehs, Fraktur der rechten Hand; Riss in der Unterlippe, Stauchung des Unterkiefers; Platzwunde am linken Oberschenkel; nach 9 Monaten Thrombose im rechten Bein	Zwei Krankenhausaufenthalte von insgesamt 30 Tagen, 3 Monate auf Rollstuhl und anschließend noch 1 Monat auf Gehhilfen angewiesen; 8 Monate krankgeschrieben; 10 Monate nach Unfall 1 Woche Krankenhaus zur Thrombosebehandlung; nach 2 Jahren Entfernung der Platten und Zugschrauben	30-jähr. Mann	Leichte Funktionsdefizite im rechten Kniegelenk und im linken Ellenbogengelenk	Thrombosegefährdung des rechten Beins bedarf weiterhin einer Behandlung; Beklagter war alkoholisiert; restriktive Regulierung des Versicherers; immat. Vorbehalt bzgl. derzeit noch nicht hinreichend sicher voraussehbarer künftiger Schäden	OLG Celle 30.3.2000 14 U 195/99 RiOLG Dr. Kleinecke, Celle
315	30000 €15000 + immat. Vorbehalt *(€ 20190)*	Oberschenkelhalsbruch mit Auslösung einer schmerzhaften Falschgelenkbildung	2 Wochen Krankenhaus, langwierige Heilbehandlung, längere Zeit auf Gehhilfen angewiesen	60-jähr. Frau	Aufgrund der Falschgelenkbildung musste nach 10 Monaten eine Hüftendoprothese implantiert werden, deren Beweglichkeit im Vergleich zur Gegenseite erkennbar eingeschränkt ist; rechtes Bein um 1 cm verkürzt; Klägerin kann nur langsam gehen, nach längerem Gehen Schmerzen im Oberschenkel		OLG Hamm 8.9.1999 13 U 45/99 DAR 2000, 64 RiOLG Zumdick, Dortmund

● Mithaftung (siehe vorletzte Spalte)

Fortsetzung von »Bein - Oberschenkel - Bruch«

Lfd. Nr.	Betrag DM Euro (Anp.2019)	Verletzung	Dauer und Umfang der Behandlung; Arbeitsunfähigkeit	Person des Verletzten	Dauerschaden	Besondere Umstände, die für die Entscheidungen maßgebend waren	Gericht, Datum der Entscheidung, Az., Veröffentlichung bzw. Einsender
316	€ 15 000 (€ 15 835)	Offener mehrfragmentärer Oberschenkelschaftbruch links Grad II bis III sowie ausgedehntes Weichteildecollement mit semizirkulärer Trennung des Weichteilmantels des gesamten linken Beines und des gesamten linken Fußes	Über 2 Monate stationäre Behandlung, danach 3 Wochen stationäre Rehabilitationsbehandlung	8 ½-jähr. Junge	Knöchern in geringer Fehlstellung fest verheilter Oberschenkelschaftbruch links, funktionelle Außenrotationsstellung des linken Unterschenkels und Fußes mit disharmonischem Gangbild, ausgedehnte Weichteildeformitäten mit intakten Hautverhältnissen bei multiplen großflächigen plastischen Deckungen des linken Beins und Narbenbildungen, posttraumatische Beinverlängerung links um 2 cm sowie Ruhe- und Belastungsschmerzen im linken Bein. MdE von 30%	Der von der Klägerin in Ansatz gebrachte Schmerzensgeldbetrag von € 15 000 ist angemessen	OLG Koblenz 20.7.2015 12 U 948/14 juris
317	€ 16 000 + immat. Vorbehalt (€ 18 450)	Schenkelhalsfraktur rechts	10 Tage Krankenhaus mit Operation (offene Reposition und Schraubenosteosynthese), längere Krankengymnastik und Physiotherapie, nach 6 Monaten Reha auf die Dauer von 3 ½ Wochen, anschließend wieder arbeitsfähig; nach 1 Jahr operative Metallentfernung	Frau	Behinderung auf dem allgemeinen Arbeitsmarkt sowie Einschränkung in der Haushaltsführung von 10%	Heben und Tragen von schweren Lasten sowie Arbeiten in körperlicher Zwangshaltung und auf unebenem Gelände sind zu vermeiden	LG Trier 26.11.2009 6 O 321/07 RAe Gebhardt & Koll., Homburg
318	€ 20 000 + immat. Vorbehalt (€ 23 162)	Oberschenkeltrümmerfraktur links mit Verletzungen im Kniebereich, zahlreiche Schürfwunden und Prellungen am ganzen Körper	Vier stationäre Aufenthalte von insgesamt ca. 11 Wochen mit anschließender Reha-Kur von 3 Wochen. Ca. 1 Jahr nur Fortbewegung mit Unterarmstützen möglich	Erzieherin in einem Kinderhort	Dauernde Arbeitsunfähigkeit; MdE: 20% auf dem allgemeinen Arbeitsmarkt und 60%ige Berufsunfähigkeit als Erzieherin	Die Klägerin leidet an einer posttraumatischen Arthrose und belastungsabhängigen Schmerzen im Bereich des linken Kniegelenks und einer deutlich eingeschränkten Beweglichkeit dieses Gelenks. Schmerzfreies Gehen ist nicht möglich, weshalb die Klägerin regelmäßig Analgetika einnehmen muss. Ohne zusätzliche therapeutische Maßnahmen, wie z. B. die Implantation einer Knie-Totalendoprothese ist künftig keine Besserung möglich	LG Halle (Saale) 7.3.2008 5 O 552/06 Allianz Versicherungs AG
319	€ 20 000 + immat. Vorbehalt (€ 23 012)	Oberschenkeltrümmerfraktur, multiple Prellungen, Schnittwunden an der rechten Hand	Gesamt 1 ½ Monate Krankenhaus mit 3 Operationen (u. a. Reposition und Plattenosteosynthese), 3 Wochen Reha, 11 ½ Monate MdE von 100%; nach ca. 1 ¼ Jahren wegen Kniespiegelung nochmals 3 Wochen arbeitsunfähig; nach einem weiteren Jahr 1 Woche Krankenhaus zur Entfernung der Implantate	Angestellter	Hüfte und Knie nicht voll beweglich und nicht voll belastbar; kein schweres Heben und Tragen möglich, Tätigkeiten im Knien und Hocken ausgeschlossen, kein dauerhaftes Stehen möglich; MdE: 20%	Eine vor dem Unfall bestehende Arthroseentwicklung des rechten Kniegelenks hat sich verschlechtert	LG Itzehoe 5.6.2009 6 O 233/08 SP 2009, 431

Urteile lfd. Nr. 320 – 322 — Bein

Lfd. Nr.	Betrag DM **Euro** *(Anp.2019)*	Verletzung	Dauer und Umfang der Behandlung; Arbeitsunfähigkeit	Person des Verletzten	Dauerschaden	Besondere Umstände, die für die Entscheidungen maßgebend waren	Gericht, Datum der Entscheidung, Az., Veröffentlichung bzw. Einsender
\multicolumn{8}{l}{Fortsetzung von »Bein - Oberschenkel - Bruch«}
320	€ 20 000 + immat. Vorbehalt *(€ 23 012)*	Per- und supracondyläre Trümmerfraktur des rechten Oberschenkelknochens	7 Wochen Krankenhaus mit chirurgisch stufenweiser Versorgung (vorläufige Stabilisierung des Bruches mittels Fixateur externe, Osteosynthese mittels Platte, Spongiosaplastik aus Fremdknochen); dann ambulante Weiterbehandlung auf die Dauer von 3 Monaten; nach 8 ½ Monaten für 3 Wochen stationäre Reha; MdE: 7 Wochen 100% 15 Monate: 50%	69-jähr. Frau	Einschränkung der Beweglichkeit des rechten Knies MdE: 50%	Es muss durch den unfallbedingten Knorpelschaden mit einer Arthrosebildung des Kniegelenks gerechnet werden; immat. Vorbehalt wurde außergerichtlich durch Beklagte anerkannt	LG Saarbrücken 19.6.2009 3 O 131/09 (PKH-Beschluss) RAe Gebhardt & Koll., Homburg
321	€ 20 000 *(€ 25 226)*	Oberschenkelfraktur, Prellung linke Schulter und des anderen Oberschenkels, große Skalpierungsverletzung und großflächige Hautabschürfungen	4 Wochen Krankenhaus mit dauerhaftem Liegen im Streckverband mit nach oben gerichteten Beinen	3-jähr. Kind	23 cm lange, verheilte Narbe	Nicht schmerzensgeldmindernd, dass ein dreijähriges Kind in behüteten Verhältnissen lebt; es spielt eine untergeordnete Rolle, ob ein dreijähriges Kind verstanden hat, warum es nach einem Unfall im Krankenhaus war; völlig uneinsichtiges Verhalten des Schädigers	OLG Celle 5.2.2004 14 U 163/03 VersR 2004, 526; NZV 2004, 306 NJW-RR 2004, 827
322	40 000 € 20 000 + immat. Vorbehalt *(€ 26 550)*	Unterarmbruch, verschobener Oberschenkeltrümmerbruch	Insgesamt 9 Wochen Krankenhaus mit 3 Operationen, davon 2 Entfernungen des anlässlich der ersten Operation implantierten Materials, jahrelang ambulante Behandlung: über 4 Monate MdE von 100%, in der Folgezeit teilweise MdE; 3 Jahre nach dem Unfall noch 10% MdF hinsichtlich des rechten Arms und 20% MdE hinsichtlich des rechten Beins	19-jähr. Schülerin an einer Höheren Handelsschule	24 cm lange Narbe am rechten Oberschenkel, ca. 1 x im Monat immer wieder Schmerzen im Bereich des Oberschenkels/der Hüfte, gegen die die Klägerin starke Schmerzmittel einnehmen muss, Beinverkürzung um 1 cm, Hemmung der Außenrotation des Hüftgelenks von 5–7 Grad (relativ gering)	Klägerin ist in der sportlichen Aktivität eingeschränkt, Radfahren, Tennisspielen und Tanzen überhaupt nicht mehr möglich; Klägerin musste Berufswechsel (Friseuse) aufgeben, Umschulung zur Industriekauffrau	OLG Hamm 23.8.2000 13 U 73/00 SP 2002,53 RiOLG Zumdick, Hamm

● Mithaftung (siehe vorletzte Spalte)

Lfd. Nr.	Betrag DM **Euro** *(Anp.2019)*	Verletzung	Dauer und Umfang der Behandlung; Arbeitsunfähigkeit	Person des Verletzten	Dauerschaden	Besondere Umstände, die für die Entscheidungen maßgebend waren	Gericht, Datum der Entscheidung, Az., Veröffentlichung bzw. Einsender
	**Fortsetzung von »Bein - Oberschenkel - Bruch«**
323	€20000 + immat. Vorbehalt *(€22288)*	Fixateur externe nach Oberschenkelschaftfraktur am rechten Bein zu früh entfernt, deshalb Refraktur, die mittels einer Plattenosteosynthese operativ versorgt wurde. Anschließend komplikationsbehafteter Heilungsverlauf	Über vier Wochen in stationärer Behandlung. Hieran schloss sich eine sechswöchige ambulante physiotherapeutische Behandlung an. Das bei der Plattenosteosynthese eingebrachte Metall (Platten, Schrauben etc.) konnte im Oktober 2007 entfernt werden	10-jähr. Mädchen	Infolge der komplikationsbehafteten operativen Behandlung der Refraktur hat sich auf dem rechten Oberschenkel der Klägerin eine 25 cm lange und 1 bis 1,5 cm breite wulstige, stark gerötete Narbe gebildet	Neben den physischen und psychischen Belastungen der komplikationsbehafteten und langwierigen ärztlichen Behandlung der Refraktur war das noch sehr junge (kindliche) Lebensalter der Klägerin im Behandlungszeitraum von besonderem Gewicht. Die sie lange Zeit quälende Angst, das rechte Bein könne bei Belastung jedweder Art wieder brechen, ist einleuchtend und nachvollziehbar; der hiermit einhergehende Verlust an Lebensqualität (kein unbekümmerter Bewegungsdrang mehr) wiegt bei einem Kind und auch einem Jugendlichen deutlich schwerer als bei einem „gesetzten" Erwachsenen. Zudem können traumatische Erlebnisse in der Kindheit lebenslange Ängste vor Krankheit und jedweder ärztlichen Behandlung begründen. Daneben – auch dies unter dem besonderen Aspekt der Jugend der Klägerin bewertet – ist die von ihr als entstellend empfundene Narbe von großem Gewicht. Es ist nachvollziehbar, dass sich die jetzt mit 15 Jahren im Teenageralter befindliche Klägerin wegen der langen und wulstigen Narbe auf ihrem (rechten) Oberschenkel sehr schämt und deshalb nicht nur das Tragen von Badebekleidung (Bikini etc.), sondern auch von Miniröcken, kurzen Hosen etc. scheut	Thüringer OLG 26.7.2011 4 U 13/11 ZMGR 2012, 38 RAe Kranich & Josten, Jena
324	50000 **€25000** + immat. Vorbehalt *(€32457)*	Distale Femur-II-Etagenfraktur mit gezackter Querfraktur am Schaftdrittel bzw. eine supracondyläre Schrägfraktur mit Längsfrakturen des intermediären Stückes, intercondyläre Längsfraktur am linken Oberschenkel, Außenknöchelsplitterbruch mit Ausriss der vorderen Syndesmose, Fraktur der Metatarsale II–V links	1 Monat Krankenhaus mit 3 Operationen, anschließend 6 Wochen Reha; nach 5 Monaten Knochentransplantation am Oberschenkel, da ein Knochenstück fehlte	66-jähr. Mann	Fehlstellung des linken Kniegelenks mit erheblichen Beeinträchtigungen beim Gehen; Überlastungsbeschwerden im rechten Kniegelenk, das unfallunabhängig arthrotisch verändert ist	Kläger war sportlich aktiv, so dass ihn die gesundheitlichen Beeinträchtigungen besonders schwer treffen	LG Baden-Baden 21.6.2001 3 O 9/1 RA Ruge, Baden-Baden

Lfd. Nr.	Betrag DM **Euro** *(Anp.2019)*	Verletzung	Dauer und Umfang der Behandlung; Arbeitsunfähigkeit	Person des Verletzten	Dauerschaden	Besondere Umstände, die für die Entscheidungen maßgebend waren	Gericht, Datum der Entscheidung, Az., Veröffentlichung bzw. Einsender
\multicolumn{8}{l}{**Fortsetzung von »Bein - Oberschenkel - Bruch«**}
325	50 000 € 25 000 + immat. Vorbehalt *(€ 33 951)*	Offener Oberschenkeltrümmerbruch rechts, Kniescheibentrümmerbruch rechts, Bruch der Elle am linken Unterarm, Abriss der Dornfortsätze des 3. und 4. HWK; Schädeltrauma 1. Grades, Thoraxprellung	Über 2 ½ Monate Krankenhaus mit vier Operationen	44-jähr. Frau	Narben: 35 cm rechter Oberschenkel, 9,5 cm rechtes Knie, 12 cm linker Unterarm; Gonarthrose und Beckenhochstand von 1 cm mit der Folge, dass Beweglichkeit von Hüfte und Kniegelenk eingeschränkt ist und starke Schmerzen vor allem beim Treppensteigen, längerem Laufen und Sitzen auftreten	Wegen der unschönen Narben am rechten Bein traut sich die Klägerin nicht mehr, in eine Sauna zu gehen, Freibäder zu besuchen, kurze Röcke zu tragen; wegen der Beweglichkeitseinschränkung ist sie insgesamt in ihrer Freizeitgestaltung und Lebensführung eingeschränkt. Fortschreitende Gonarthrose ist in Schmerzensgeld bereits berücksichtigt, ebenso die üblicherweise bei der noch vorzunehmenden Metallentfernung verursachten Beschwerden; immat. Vorbehalt aber deshalb, weil Kniegelenksarthrose und Beinverkürzung eine Veränderung des gesamten Knochengerüstes herbeiführen können; auch ist nicht auszuschließen, dass der Heilungsverlauf nach der Metallentfernung nicht so verläuft wie im Normalfall	OLG Frankfurt am Main 29.10.1998 15 U 5/98 RAe Möller & Rehder, Marburg
326	50 000 € 25 000 *(€ 31 835)*	Quetschung des linken Oberschenkels mit Fraktur des Oberschenkelschafts, laterale Schenkelhalsfraktur		26-jähr. Arbeitsloser, zum Urteilszeitpunkt 35 Jahre alt	Falschgelenksbildung des linken Oberschenkeldrittels, Beinlängendifferenz von 1 cm, Überstreckbarkeit des linken Knies, leichte X-Bein-Stellung, Pseudarthrose; insgesamt nur geringfügige Gebrauchseinschränkung des linken Beins; MdE: 20%		Saarländisches OLG 18.11.2003 3 U 804/01 - 27 zfs 2005, 287
327	€ 25 565 *(€ 33 518)*	Pertrochantäre Femurfraktur rechts, Schulterluxation mit knöcherner Bankartläsion, dislozierte Unterkieferkollumfraktur links	6 Wochen stationär, anschließend 2 Wochen Kuraufenthalt	60-jähr. Mann	Dauernde Arbeitsunfähigkeit	Kläger ist für ein schmerzfreies Gehen auf Krücken angewiesen. Die Schulterluxation führte zur Schädigung der Rotatorenmanschette. Notwendig ist eine weitere Operation zur Entfernung der innenliegenden Metalle des Cerclagedrahtes, da diese in Weichteilen liegen und zu ernsthaften Komplikationen führen können	LG Ellwangen 30.3.2001 3 O 2/00 RAe Lausmann & Koll., Marbach
328	€ 28 000 + immat. Vorbehalt *(€ 30 624)*	Offene Femurschaftfraktur 1. Grades links, verschobene Unterarmschaftfraktur links, Ruptur hinteres Kreuzband links, Weichteilwunde Kniekehle links, Daumensattelgelenksluxation rechts, posttraumatische Anämie	Mehrere Operationen, 2 Wochen stationäre Behandlung, insgesamt 3 Monate ambulante Behandlung, mehrere Wochen Schiene am linken Knie, psychotherapeutische Behandlung über 2 Jahre	Mann, Student	MdE 10%, Teilinstabilität im linken Kniegelenk, Verlängerung des linken Beins um 1,5 cm	Besonders berücksichtigt wurde die lange Behandlungsdauer und dass der Kläger aufgrund des Unfalls seinen Studiengang nicht fortsetzen konnte und insoweit diesen wechseln musste. Hinsichtlich des Kniegelenks ist eine vorzeitig fortschreitende Arthrose bis hin zum Kniegelenksersatz möglich	LG Nürnberg-Fürth 9.3.2012 8 O 8220/10 RAe Hofbeck, Buchner & Collegen

Lfd. Nr.	Betrag DM Euro (Anp.2019)	Verletzung	Dauer und Umfang der Behandlung; Arbeitsunfähigkeit	Person des Verletzten	Dauerschaden	Besondere Umstände, die für die Entscheidungen maßgebend waren	Gericht, Datum der Entscheidung, Az., Veröffentlichung bzw. Einsender
Fortsetzung von »Bein - Oberschenkel - Bruch«							
329	€ 30 000 + immat. Vorbehalt (€ 37 133)	Schienbeinkopffraktur rechts und Oberschenkeltrümmerfraktur links	2 Monate und 1 Woche Krankenhaus, anschließend 4 Wochen stationäre Reha, 1 Jahr später erneut 2 Wochen Krankenhaus wegen Nagelentfernung	Alleinstehende Hausfrau	MdE: 50% im Haushalt	Als unfallbedingte Dauerfolgen verbleiben: knöchern fest verheilter Schienbeinkopfbruch rechts mit formverbildenden Veränderungen im Sinne der Arthrose; unter Fehlstellung und Verkürzung knöchern fest verheilter, körperferner Oberschenkelbruch links; Bewegungseinschränkung linkes Kniegelenk; deutliche formverbildende Veränderungen im Sinne der Arthrose im linken Kniegelenk; X-Fehlstellung linkes Kniegelenk; die Notwendigkeit einen Höhenausgleich am Konfektionsschuh tragen zu müssen. Auch wenn die Klägerin vorher schon aufgrund degenerativer Veränderungen eingeschränkt war, so sind die unfallbedingten Einschränkungen doch viel weitergehend	LG München I 14.4.2005 19 O 1476/04 RA Krumbholz, München
330	60 000 € 30 000 (€ 40 380)	Zweitgradige offene Oberschenkelfrakturen links, Oberschenkelfraktur rechts, Radiustrümmerfraktur rechts; commotio cerebri; Weichteilverletzung am rechten Augenlid und Lippe; multiple Prellungen, Pneumothorax rechts; Absplitterungsfraktur der oberen Frontzahnreihe	16 Tage Krankenhaus, die ersten beiden Tage Intensivstation mit künstlicher Beatmung, anschließend ambulante Behandlung mit intensiver Krankengymnastik und Gangschulung; erneut 10 Tage Krankenhaus nach Bruch der Osteosyntheseplatte und des linken Oberschenkelknochens mit Notwendigkeit einer weiteren Operation, erst nach 3 Monaten vorsichtige Teilbelastung möglich MdE: 11 Monate 100% 8 Monate 70%	34-jähr. Lagerverwalter	Belastungsabhängige Schmerzen rechter Arm, rechte Hand, linker Oberschenkel und linkes Kniegelenk; Kniegelenk instabil; leichte Kraftminderung des rechten Arms verbunden mit leichtem Muskeldefizit rechter Oberarm und linkes Bein; deutliches Muskeldefizit linker Oberschenkel; hinkendes Gangbild; lange Narben rechter Oberarm und linker Oberschenkel, zusätzliche quer verlaufende 12 cm große Narbe linker Oberschenkel; Depressionen, Wetterfühligkeit, Einschränkung des Sexuallebens; MdE: 50%	Grob fahrlässiger Verkehrsverstoß des Beklagten; Kläger musste Beruf als Lagerverwalter aufgeben	OLG Köln 10.9.1999 19 U 202/98 VRS 98, 414 SP 2000, 234
331	60 000 € 30 000 (€ 39 825)	Mediale Schenkelhalsfraktur links, multiple Prellungen	Mehrere Krankenhausbehandlungen mit Anbringen und späterer Entfernung einer dynamischen Hüftgelenksschraube; nach Diagnose einer Hüftkopfnekrose Anbringen einer Umkehrplastik nebst Ausfüllung mit Spongiosablock	29-jähr. Mann	Verkürzung des linken Beins um 0,5 cm mit Funktionsbeeinträchtigung, Schmerzen bei Belastung des linken Beins, ca. 30 cm lange Narbe am Hüftgelenk mit Taubheitsgefühlen MdE: 20%	Grobe Fahrlässigkeit; Wiederholung der Implantation alle 10–20 Jahre	OLG Köln 23.8.2000 11 U 29/00 RiOLG Zoll, Köln

Urteile lfd. Nr. 332 – 333   Bein

Lfd. Nr.	Betrag DM **Euro** *(Anp.2019)*	Verletzung	Dauer und Umfang der Behandlung; Arbeitsunfähigkeit	Person des Verletzten	Dauerschaden	Besondere Umstände, die für die Entscheidungen maßgebend waren	Gericht, Datum der Entscheidung, Az., Veröffentlichung bzw. Einsender

Fortsetzung von »Bein - Oberschenkel - Bruch«

| 332 | 60 000 € 30 000 *(€ 38 571)* | Distale Oberschenkelfraktur links, dislozierte Innenknöchelfraktur links, Fraktur des Hüftbeins | 11 Tage Krankenhaus mit Implantat-Fixierung der Frakturen, anschließend 3 Wochen auf zwei und weitere 4 Wochen auf eine Gehstütze angewiesen, mehrere Wochen Krankengymnastik, 5 Monate nach dem Unfall wieder volle Beschäftigung; nach weiteren 7 Monaten nochmalige Operation, da Oberschenkelfraktur in Fehlstellung verheilt war; es wurde Knochengewebe vom Beckenkamm übertragen; anschließend 3 Wochen Reha und mehrere Wochen Krankengymnastik; nach 1 Jahr Entfernung der im linken Sprunggelenk eingesetzten Verdrahtung, nach weiteren 10 Monaten anlässlich eines Krankenhausaufenthalts von 10 Tagen Metallentfernung aus linkem Oberschenkel und linkem Sprunggelenk | Junger Mann | Beckenschiefstand von 1,5 cm, leichte rechtskonvexe Skoliose der LWS, linkes Hüftgelenk endgradig in der Beweglichkeit eingeschränkt, vermehrte Aufklappbarkeit des Außenbandapparates am linken Kniegelenk, 38 cm lange Narbe an Außenseite des linken Oberschenkels, 9 cm lange Narbe am linken Innenknöchel, 7 cm lange Narbe am linken Beckenkamm; MdE: 15% | Immer wieder auftretende starke Schmerzen im linken Knie, die beim Sitzen, Stehen und Liegen auftreten und das Freizeitverhalten beeinflussen; grob fahrlässiges Verhalten des Schädigers; frühzeitiger Verschleiß von Hüft- und Kniegelenk sowie degenerative Veränderungen der WS zu erwarten, Einsatz künstlicher Gelenke wahrscheinlich; diese Zukunftsschäden sind durch das bereits um ca. 25% erhöhte Schmerzensgeld abgegolten | OLG Stuttgart 31.10.2002 19 U 257/01 Berufungsurteil zu LG Rottweil 22.11.2001 2 O 402/01 RAe Hirt, Teufel, Metzler & Koll., Rottweil |
| 333 | € 35 000 + immat. Vorbehalt *(€ 40 184)* | Femurschafttrümmerfraktur rechts, schweres Thoraxtrauma mit Lungenkontusionen beidseits, Rippenserienfraktur, Pneumothorax links, Sternumfraktur, Fraktur der 2. und 3. Rippe rechts, hämorrhagischer Schock und Thrombozytopenie | Zwei Krankenhausaufenthalte von 4 und nochmal 2 ½ Wochen, davon 10 Tage Intonolvotation mit Lebensgefahr | 31-jähr. Fliesenleger | Verbliebene Fehlstellung des Femurs; auch ist Beckenfraktur nach wie vor nicht ausgeheilt und wird voraussichtlich ein Dauerschaden bleiben | Die berufliche Aussicht des Klägers, als Fliesenleger weiter arbeiten zu können, ist eher gering, eine Umschulung ist wahrscheinlich | LG Verden (Aller) 15.8.2008 7 O 352/07 SP 2009, 145 RA Koch, Erftstadt |

● Mithaftung (siehe vorletzte Spalte)

Lfd. Nr.	Betrag DM **Euro** *(Anp.2019)*	Verletzung	Dauer und Umfang der Behandlung; Arbeitsunfähigkeit	Person des Verletzten	Dauerschaden	Besondere Umstände, die für die Entscheidungen maßgebend waren	Gericht, Datum der Entscheidung, Az., Veröffentlichung bzw. Einsender
	**Fortsetzung von »Bein - Oberschenkel - Bruch«**						
334	€ 35 000 + immat. Vorbehalt *(€ 38 800)*	Atrophie der glutealen Muskulatur beidseits sowie ein positives Trendelenburg'sches Zeichen und ein Duchenne-Hinken und eine deutlich eingeschränkte Beweglichkeit nach endoprothetische Versorgung des rechten Hüftgelenks ohne hinreichende Aufklärung. Weiterhin Herausbrechen der linken Hüftgelenkendoprothese aus dem Oberschenkelknochen wegen fehlenden Hinweises an Nachbehandler auf Schwächung der Kortikalis	Revisionsoperation des linken Hüftgelenks, Reha-Maßnahmen	55-jähr. Frau	Bewegungseinschränkungen, 50% GdB	Die Klägerin hat sich rechts einem Eingriff unterzogen, der rechtswidrig war und musste links aufgrund groben Behandlungsfehlers eine weitergehende Körperverletzung erleiden und darauf folgend weitere operative Eingriffe erdulden. Sie leidet nun beidseits unter muskulären Beschwerden, die ihre Steh- und Gehfähigkeit sowie ihre Hüftbeweglichkeit mehr als altersbedingt behindern. Im Alltag ist die Wendigkeit und Bewegungssicherheit gemindert. An- und Auskleiden ist erschwert und nur mit fremder Hilfe möglich. Spaziergänge sind nicht mehr möglich, Treppensteigen nur eingeschränkt. Hauswirtschaftliche Tätigkeiten können nur in sehr geringem Umfang ausgeübt werden. Sie ist zu 50% schwerbehindert. Auch wenn zu berücksichtigen ist, dass die Klägerin schon vor den streitgegenständlichen Eingriffen deutliche Hüftprobleme hatte, haben diese nach Wertung des Senats insb. durch den groben Behandlungsfehler eine entscheidende qualitative Verschärfung erfahren. Die linksseitigen Beschwerden behindern die Klägerin sehr und beanspruchen zunehmend die ebenfalls geschädigte rechte Seite	OLG Frankfurt am Main 17.01.2012 8 U 8/11
335	€ 37 500 + immat. Vorbehalt *(€ 43 668)*	Körperferne mehrfragmentäre Oberschenkelschaftfraktur rechts, pertrochantäre Oberschenkeltrümmerfraktur links, ISG-Sprengung links mit Fraktur des Os ileum links und Knochenabsprengung am Os sacrum links, Symhysensprengung, Fraktur des Os pubis links, drohendes Kompartment-Syndrom linker Oberschenkel sowie Schädel- und Thoraxprellung	Fast 7 Wochen stationär, anschließend 5 Wochen Reha-Klinik	Mann	Deutliche Gang- und Standbehinderung des linken Beins, deutliche Bewegungseinschränkung des linken Hüftgelenks, vor allem bei Rotationsbewegungen, Beinverkürzung links um ca. 2,5 bis 3 cm	Keine Mithaftung trotz Nichtanlegen des Gurts wegen fehlender Kausalität. In absehbarer Zeit ist mit einer Totalendoprothese im linken Hüftbereich zu rechnen. Dem Kläger sind viele berufliche Möglichkeiten wegen seiner Unfallverletzung verschlossen	LG Aurich 19.2.2008 5 O 575/06 RA Warfsmann, Hage
336	€ 40 000 *(€ 49 801)*	Fraktur der rechten Schulter, Rippenserienfraktur, Lendenwirbelfraktur, Oberschenkelhalsfraktur, Kopfplatzwunde	5 ½ Monate Krankenhaus und Reha-Kliniken mit mehreren Operationen an Schulter und Oberschenkel, fortdauernde ambulante Reha-Behandlung	78-jähr. Frau	Gravierende Einschränkung der Bewegungsfähigkeit, kann sich in der Wohnung nur mit einem Rollator fortbewegen; erhebliche Beschränkungen auch bei leichtesten Haushaltsarbeiten	Einschränkung der Freizeitgestaltung, frühere Hobbies: Golfen und Reisen	OLG Düsseldorf 14.1.2005 I - 22 U 81/04 VersR 2006, 666 DAR 2006, 153

Lfd. Nr.	Betrag DM **Euro** *(Anp.2019)*	Verletzung	Dauer und Umfang der Behandlung; Arbeitsunfähigkeit	Person des Verletzten	Dauerschaden	Besondere Umstände, die für die Entscheidungen maßgebend waren	Gericht, Datum der Entscheidung, Az., Veröffentlichung bzw. Einsender
	Fortsetzung von »Bein - Oberschenkel - Bruch«						
337	€ 40 000 + immat. Vorbehalt *(€ 40 925)*	Mehrfache Oberschenkelfraktur (Femurschaftfraktur rechts), diverse Prellungen und Quetschungen am gesamten rechten Bein. Depressive Störungen	Operation und 3-wöchige stationäre Behandlung. Später wurde der zur Stabilisierung im Oberschenkel eingesetzte Marknagel entfernt. Nach der Krankenhausentlassung war der Kläger längere Zeit auf einen Rollstuhl und auf die Pflege durch seine Ehefrau angewiesen	Mann		Nimmt man allein die vom Kläger durch den Unfall unmittelbar erlittenen körperlichen Schäden (Oberschenkelfraktur, diverse Prellungen und Quetschungen), die Dauer des Krankenhausaufenthaltes und der nachfolgenden Krankschreibung, zudem die Folgeoperation (Marknagelentfernung), würde dies nach der Rechtsprechung des Senats allenfalls ein Schmerzensgeld in einer Größenordnung von rund € 25 000 rechtfertigen. Schmerzensgeldrelevant kann daher nur (noch) sein, dass nach den Ausführungen der Sachverständigen der Unfall Auslöser der nachfolgenden depressiven Störungen des Klägers gewesen ist. Selbst wenn man insoweit das Vorbringen des Klägers als insgesamt zutreffend unterstellt, war der Unfall zwar Auslöser der psychischen Beeinträchtigungen, aber bei weitem nicht die einzige Ursache. Nach der Rechtsprechung des Senats (vgl. beispielsweise Urt. v. 18.9.2003 – 7 U 107/01) muss es bei der Schmerzensgeldbemessung Berücksichtigung finden, wenn der Verletzte besonders schadensanfällig ist und/oder weitere unfallunabhängige Ursachen das schmerzensgeldrelevante Geschehen beeinflusst haben, dies obgleich kein Schädiger einen Anspruch darauf hat, einen Gesunden zu verletzen. Dies hat das LG nicht berücksichtigt, obgleich feststeht, dass die depressiven Störungen des Klägers nicht monokausal durch den Unfall bedingt sind. Jedenfalls rechtfertigt sich keinesfalls ein höheres Schmerzensgeld als (insgesamt) € 40 000; die Beklagte hat insoweit ihr Rechtsmittel beschränkt	Schleswig-Holsteinisches OLG 21.2.2019 7 U 134/16 juris
338	85 000 € 42 500 + immat. Vorbehalt *(€ 54 709)*	Schädelhirntrauma; knöcherne, nicht vollständig konsolidierte, körperferne Oberschenkelfraktur nach Falschgelenkbildung, posttraumatische Arthrose des linken Kniegelenks	Vielzahl von operativen Eingriffen am linken Bein mit längeren Krankenhausaufenthalten, Knochenübertragung, nachfolgende stationäre Behandlung zur Arthroskopie des Kniegelenks	28-jähr. Mann	Kopfschmerzsyndrom; Beinvorkürzung links, Bewegungseinschränkung im linken Hüft-, Knie- und oberen Sprunggelenk, Instabilität des linken Kniegelenks, gestörtes Gangbild, Minderbemuskelung des linken Beines mit Gefühlsstörungen, Narbenbildungen im Bereich von Thorax, Becken und linkem Bein, Bewegungseinschränkungen der Langfinger der linken Hand mit Faustschlussstörung; Erforderlichkeit von orthopädischem Schuhwerk; MdE: 40%	Kläger kann seinem erlernten Beruf nicht nachgehen und findet in dem durch Umschulung erlernten Beruf als Feinmechaniker unfallbedingt keine Beschäftigung	OLG Köln 27.2.2002 11 U 116/01 DAR 2002, 353 VRS 102, 408

Lfd. Nr.	Betrag DM Euro (Anp.2019)	Verletzung	Dauer und Umfang der Behandlung; Arbeitsunfähigkeit	Person des Verletzten	Dauerschaden	Besondere Umstände, die für die Entscheidungen maßgebend waren	Gericht, Datum der Entscheidung, Az., Veröffentlichung bzw. Einsender
\multicolumn{8}{l}{Fortsetzung von »Bein - Oberschenkel - Bruch«}
339	€ 50 000 + immat. Vorbehalt (€ 54 686)	Durch Verkehrsunfall erlittene offene Oberschenkelfraktur links, geschlossene Oberschenkelfraktur rechts, die sich während der Operation als eine laterale Oberschenkelhalsfraktur herausstellte, beidseitige Brustkorbprellung mit Lungenquetschung und Hämato-Pneumothorax; knöchernen Absprengung am Oberarmgelenkkopf (Epicondylus medialis humeri), an dem die Bänder und Sehnen angewachsen sind und Bluterguss unter dem Zehennagel (subunguales Hämatom)	Ca. 14-tägige Langzeitbeatmung auf der Intensivstation. MdE: zunächst 15%	18-jähr. Mann	Außenrotationsfehlstellung des rechten Oberschenkels mit Gefahr der Bildung einer Coxarthrose mit Bewegungsbeeinträchtigungen, insb. beim Sport	Bruch beider Beine bei einem jungen Mann und die sich daraus ergebenden Erschwernisse	OLG Celle 15.3.2012 5 U 207/11 RAe Hahn & Grünewald, Peine
340	100 000 € 50 000 (€ 64 835)	Vielzahl von Frakturen, insbesondere im Bereich des rechten Unterarms, des Beckens sowie der Unter- und Oberschenkel beider Beine	Über 6 Monate Krankenhaus mit nachfolgender fünfmonatiger teilstationärer Behandlung, wobei zum Teil lang andauernde Operationen und über 30 Blutübertragungen notwendig wurden	18-jähr. Mann	Funktionsfähigkeit des rechten Arms und beider Beine erheblich gemindert; Beinverkürzung links 2 cm, hinkendes Gangbild; Vielzahl unschöner Narben und Weichteildefekte, besonders im Bereich beider Beine; MdE: 70%	Kläger kann angestrebten Beruf als Kfz-Mechaniker nicht ausüben; Sporttreiben, Tanzen etc. nicht mehr oder nur noch eingeschränkt möglich; grob fahrlässiges Verhalten der Beklagten; mit arthrotischer Veränderung ist zu rechnen	OLG Köln 11.7.2001 11 U 177/00 VersR 2002, 1039
341	€ 50 000 ● + immat. Vorbehalt (€ 57 655)	Mehrfache Beinfrakturen, Brustkorbverletzungen, Verletzungen rechte Schulter		Mann (Mofafahrer)	Gebrauchs- und Gangbehinderung beider Beine, eingeschränkte Hüftbeweglichkeit beidseits, eingeschränkte Kniebeweglichkeit rechts und links, eingeschränkte Beweglichkeit der oberen und unteren Sprunggelenke, Beinlängenverkürzung rechts, Notwendigkeit zweier Unterarmstützen; Bewegungseinschränkungen im rechten Schultergelenk	50% Mithaftung	LG Duisburg 6.4.2009 3 O 10/07 RAe Gödde u. Kosthorst, Duisburg
342	100 000 ● € 50 000 + immat. Vorbehalt (€ 65 233)	Distale Oberschenkelfraktur rechts, Mehrfachtrümmerbruch am Oberschenkelschaft links, Speichenbruch im distalen Gelenk links, multiple Prellungen und Glassplitterverletzungen	84 Tage Krankenhaus in fünf verschiedenen Kliniken; MdE: 22 Monate 100% 27 Monate 70% danach 60%	Autohausinhaber	MdE: 60%	50% Mithaftung als Insasse wegen Nichtanlegen des Gurtes und erheblicher Alkoholisierung des Fahrers. Der Kläger ist nach wie vor stark gehbehindert und auf Dauer eingeschränkt in sämtlichen Sportarten. Kläger musste sein Geschäft aufgeben	LG München I 17.4.2001 19 O 8411/99 VorsRiLG Krumbholz

Lfd. Nr.	Betrag DM Euro (Anp.2019)	Verletzung	Dauer und Umfang der Behandlung; Arbeitsunfähigkeit	Person des Verletzten	Dauerschaden	Besondere Umstände, die für die Entscheidungen maßgebend waren	Gericht, Datum der Entscheidung, Az., Veröffentlichung bzw. Einsender
\multicolumn{8}{l}{Fortsetzung von »Bein - Oberschenkel - Bruch«}
343	€ 70 000 + immat. Vorbehalt (€ 80 717)	Offene Frakturen beider Oberschenkel, Zertrümmerungen der rechten Kniescheibe, der Ferse und des Knöchels sowie des linksseitigen Mittelfußknochens, 3 Rippenbrüche, multiple Riss- und Quetschwunden am ganzen Körper	2 ½ Monate Krankenhaus (anfangs Intensivstation) mit 2 Operationen, anschließend Reha; während der gesamten Zeit Fortbewegung nur mit Rollstuhl möglich; in der Folgezeit weitere operative Maßnahmen zur Entfernung der Metallteile aus den Beinen; 2 ½ Jahre nach dem Unfall operative Beseitigung einer Fehlstellung des rechten Oberschenkels	24-jähr. Beschäftigte im öffentlichen Dienst, zum Urteilszeitpunkt 32 Jahre alt	Deutliche Einschränkungen der Beweglichkeit beider Sprunggelenke (rechts um die Hälfte, links um ¾ des Normalbefundes), ausgeprägter Rückfußvarus und Teilversteifung des Großzehengelenks rechts; Schmerzen in beiden Füßen; hockende oder kniende Tätigkeiten nicht mehr möglich, ebenso wenig längeres Stehen und Gehen auf einer Strecke von mehr als 200 – 300 m; fortschreitende Arthrose, MdE: 100%; entstellende Narben an beiden Beinen	Soziale Belastungen u. a. da Klägerin einen sicheren Arbeitsplatz verloren hat; Beeinträchtigungen im gesellschaftlichen und sportlichen Bereich	LG Zweibrücken 16.11.2009 1 O 163/04 RAe Gebhardt & Koll., Homburg
344	150 000 € 75 000 + immat. Vorbehalt (€ 101 207)	Zweitgradig offene, distale intraartikuläre Femurtrümmerfraktur am linken Bein mit Knochendefekten und kompletter Durchtrennung der Quadrizepsmuskulatur; Commotio cerebri; multiple Prellungen	5 Krankenhausaufenthalte von insgesamt 202 Tagen, zweimal Reha jeweils 6 Wochen lang; MdE: ca. 5 Jahre 100% 4 Monate 70% danach auf Dauer 60%	Gerüstbauer	Praktisch alle Gelenke ab dem oberen Sprunggelenk bis zu den Zehen versteift; zudem besteht noch ein Spitzfuß und eine Störung der Trophik MdE: 60%	Im Behandlungsverlauf kam es am rechten Unterschenkel und Fuß zu schwerwiegenden Komplikationen infolge eines intraoperativen Gerinnungsprozesses im Sinne einer vermutlich eingetretenen Unterschenkelthrombosierung; infolge Mithaftung von 10% wurde dem Kläger lediglich ein Betrag von DM 135 000 (€ 67 500) zugesprochen	LG München I 29.4.1999 19 O 23080/96 RiLG Krumbolz, München

Weitere Urteile zur Rubrik »**Bein - Oberschenkel - Bruch**« siehe auch:

bis € 5000: 1608, 916
bis € 12 500: 2240, 2355, 552, 2590, 569, 182
bis € 25 000: 991, 2375, 79, 580, 645, 1661, 1663, 2942, 1149, 2943, 997, 1666, 1132, 1200
ab € 25 000: 732, 1133, 2951, 1306, 1028, 942, 2957, 197, 198, 199, 605, 417, 607, 2802, 1135, 3175, 504, 2964, 421, 1205, 360, 2971, 1557, 1137, 2977, 1010, 740, 2980, 2981, 2982, 141, 1441, 1281, 4, 2987, 2988, 2989, 2991, 2992, 2999, 3000, 1054, 366, 1455, 7, 2091, 2006, 3021, 204, 2011, 1340, 3023, 1342

Bein - Oberschenkel - Sonstige Verletzungen

Lfd. Nr.	Betrag	Verletzung	Dauer und Umfang	Person	Dauerschaden	Besondere Umstände	Gericht
345	€ 250 (€ 265)	Prellungen am rechten Unterarm und am Oberschenkel		Minderjähriger Junge		Der Beklagte schlug dem Kläger am Ende einer zunächst verbalen Auseinandersetzung mit dem Besenstiel auf den Oberschenkel. Der Beklagte zeigte Reue und war an einem Täter-Opfer-Ausgleich interessiert, wohingegen der Kläger dies ablehnte	AG München 24.4.2015 111 C 24091/14 Gesetze-bayern.de
346	4000 € 2000 (€ 2727)	Erhebliche Fleischwunde am linken Oberschenkel	9 Tage Krankenhaus	10-jähr. Junge	10 cm große Narbe am Oberschenkel	Unfall auf Kinderspielplatz; Kläger stürzte über ein ungesichert einbetoniertes Halteeisen. Die Stadt traf die Verkehrssicherungspflicht, den Kläger als Benutzer vor Gefahren zu schützen, die über das übliche Risiko bei der Anlagenbenutzung hinausgehen, vom Benutzer nicht vorhersehbar und nicht ohne weiteres erkennbar sind, wobei zu bedenken ist, dass das Augenmerk des Klägers als 10-jähr. Kind in erster Linie dem Spiel und der Bewegung galt, und dass die Aufmerksamkeit im Rahmen des Kollektivs abnimmt	LG Gera 7.11.1997 7 O 784/97 RiLG Gera Weisgeber

● Mithaftung (siehe vorletzte Spalte)

Lfd. Nr.	Betrag DM Euro (Anp.2019)	Verletzung	Dauer und Umfang der Behandlung; Arbeitsunfähigkeit	Person des Verletzten	Dauerschaden	Besondere Umstände, die für die Entscheidungen maßgebend waren	Gericht, Datum der Entscheidung, Az., Veröffentlichung bzw. Einsender
\multicolumn{8}{l}{Fortsetzung von »Bein - Oberschenkel - Sonstige Verletzungen«}
347	6000 € 3000 (€ 4008)	Nekrosen am linken Oberschenkel durch fehlerhafte Beseitigung von sogenannten „Besenreißern"	MdE: 6 Wochen 100% zur Beseitigung der Nekrosen erfolgten fünf Behandlungen	Frau		Behandlungsfehler bestand darin, dass der Beklagte das zur Verödung der Vene verwendete Mittel nicht in die Vene, sondern in das daneben liegende Gewebe der Klägerin gespritzt hat. Eines zweiten Behandlungsfehlers hat der Beklagte sich fahrlässig schuldig gemacht, indem er die eingetretene Komplikation nicht korrekt diagnostizierte und behandelte	AG Fritzlar 24.3.2000 8 C 157/99 RAe Wyneken & Paul, Borken/ Hessen
348	6500 € 3250 (€ 4431)	Spritzenabszess an rechter Gesäßhälfte	Ca. 3 Wochen Krankenhaus mit anschließender mehrmonatiger Wundbehandlung	Frau		Ärztlicher Behandlungsfehler	LG Hildesheim 24.10.1997 7 S 133/97 RA von Boehn, Burgdorf
349	10000 € 5000 (€ 6816)	Zellgewebeentzündungen beider Oberschenkel mit tiefen Fistelbildungen im Bereich der Leisten, Lymphstauung am linken Bein, Fettgewebsnekrosen im Bereich der Kniekehle nach operativer Fettgebeentfernung an beiden Oberschenkeln	In 15 Monaten 59 Behandlungen mit häufigem Wechsel der Verbände	Frau	Kosmetisch störende Narbenbildung im körpernahen Bereich der Oberschenkel	Unzureichende Aufklärung des Arztes über die mit dem Eingriff verbundenen Risiken (Wundheilstörungen)	OLG Düsseldorf 13.10.1997 8 U 102/96 NJWE-VHR 1998, 209 VersR 1999, 61
350	€ 8000 (€ 9225)	Überkorrektur einer Valgus-Fehlstellung am linken Bein		36-jähr. Frau	Deutliche Varus-Fehlstellung von 8–12-Grad im Blick auf den gesamten Oberschenkel; belastende Schmerzen auf der Innenseite des Knies; zu 20% gehindert, Haushaltsarbeit in einem 4-Personen-Haushalt zu erbringen	Ärztlicher Behandlungsfehler; Beklagter hatte sich vor der Operation keinen ausreichenden Überblick über die Gesamtsituation des linken Beines in Gestalt eines vollständigen Röntgenbildes verschafft, sondern lediglich über den Bereich der anstehenden knienahen Operation; er hätte lediglich eine Korrektur um 5 Grad vornehmen dürfen, um den Oberschenkel wegen der dortigen Varus-Fehlstellung insgesamt in eine anatomische „Nullachse" zu verbringen; dass die Folgen der Operation möglicherweise durch eine weitere Operation zu beheben wären, führt nicht dazu, dass die Klägerin aus Schadensminderungsgründen verpflichtet wäre, eine solche weitere Operation und die damit verbundenen Risiken auf sich zu nehmen	OLG Frankfurt am Main 23.12.2008 8 U 93/05
351	€ 10000 (€ 12363)	Dellenbildung mit verbleibender erheblicher Asymmetrie der Oberschenkel nach fehlerhaftem Fettabsaugen		Frau		Ärztlicher Behandlungsfehler. Bei der Bemessung der Höhe des Schmerzensgeldes war zu berücksichtigen, dass bei der Klägerin eine erhebliche Asymmetrie der Oberschenkel verblieben ist. Dies ist zwar grundsätzlich nicht sehr auffällig, aber beim Tragen von engen Hosen durchaus zu sehen. Zudem ist zu berücksichtigen, dass es sich um einen groben Behandlungsfehler des Beklagten handelte. Auch das ergibt sich aus den Ausführungen des Sachverständigen, der ausgeführt hat, dass solche Unterschiede und Dellenbildungen, wie sie bei der Klägerin aufgetreten seien, einem Operateur einfach nicht passieren dürfen	LG Duisburg 19.5.2005 8 O 25/03 RAe Ciper & Koll., Düsseldorf

Lfd. Nr.	Betrag DM Euro (Anp.2019)	Verletzung	Dauer und Umfang der Behandlung; Arbeitsunfähigkeit	Person des Verletzten	Dauerschaden	Besondere Umstände, die für die Entscheidungen maßgebend waren	Gericht, Datum der Entscheidung, Az., Veröffentlichung bzw. Einsender
Fortsetzung von »Bein - Oberschenkel - Sonstige Verletzungen«							
352	30 000 € 15 000 + immat. Vorbehalt (€ 21 644)	Eintritt einer eitrigen Infektion am Oberschenkel nach Marknagelung aufgrund eines ärztlichen Behandlungsfehlers	Außerordentlich lange Behandlungsdauer mit mehreren Krankenhausaufenthalten und Operationen	Kfz-Mechanikerlehrling	Beinverkürzung mit starker Bewegungseinschränkung und Verunstaltung des Oberschenkels	Schwerer Behandlungsfehler; während der Behandlung musste Kläger erhebliche Schmerzen und Beeinträchtigungen erdulden; er musste seine Lehre abbrechen und arbeitet als ungelernter Lkw-Fahrer. Eintritt weiterer Schäden wahrscheinlich	LG Hannover 7.4.1994 19 O 230/92 VersR 1995, 787
353	150 000 € 75 000 + immat. Vorbehalt (€ 101 207)	Osteomyelitis im Oberschenkel infolge eines ärztlichen Diagnosefehlers und dadurch zu spät begonnene Therapie	Mehrere Operationen	3 Wochen altes Kind, zum Urteilszeitpunkt fast 9 Jahre alt	Beinlängendifferenz von 4 cm; Gangbild hat mit Schuhausgleich eine Außenrotationsstellung rechts und Schonhinken, Zehen-Spitzen-Gang rechts deutlich erschwert, rechte Beinmuskulatur verschmächtigt; Behinderung von 50%	Sehr gewichtiger Schuldvorwurf an den Beklagten; Kläger konnte nicht unbeeinträchtigt laufen lernen; ihm wird jede leistungsorientierte sportliche Betätigung versagt bleiben, Einschränkung der üblichen Bewegungsspiele im Kreis der Schulkameraden, Möglichkeiten des Kontakts mit dem anderen Geschlecht werden hinter denen eines gesunden Jugendlichen zurückbleiben; Einschränkungen an Entfaltungs- und Entwicklungsmöglichkeiten belasten seelisch schwer; Verlust an Zeit, den die Eltern im Zusammenhang mit den notwendigen medizinischen Behandlungen hatten und haben werden, stellen Störung des Familienlebens dar, welche sich auf den Kläger und seine persönlichen Lebensumstände negativ auswirken müssen	OLG Frankfurt am Main 21.5.1999 24 U 150/97 VersR 2000, 607 RAin Werner, Darmstadt

Weitere Urteile zur Rubrik »Bein - Oberschenkel - Sonstige Verletzungen« siehe auch:
bis € 2500: 2726, 210, 1753, 3031, 440, 1806, 742, 896, 3132, 105, 14, 901, 481, 482
bis € 5000: 1608, 2181, 962, 911, 1463, 1263, 833, 1613, 225, 1264
bis € 12 500: 3179, 251, 2275, 88, 2767, 497, 114, 2586
bis € 25 000: 309, 2592, 262, 1652, 1127, 314, 1130, 2468
ab € 25 000: 326, 133, 1069, 1482, 1036, 3176, 202, 3190, 3177, 363, 1280, 2987, 2988, 1053, 2097, 1320, 3191, 2092

Bein - Oberschenkel - Verletzungen Bänder, Sehnen, Muskeln u. Ä.

Lfd. Nr.	Betrag	Verletzung	Dauer und Umfang der Behandlung	Person	Dauerschaden	Besondere Umstände	Gericht
354	€ 9000 ● + immat. Vorbehalt (€ 10 244)	Fast vollständige Ruptur der Quadrizepssehne beidseits mit Einblutungen	14 Tage stationärer Aufenthalt, 3 Wochen ambulante Reha	Mann, Berufsfeuerwehrmann	Gehbehinderung mit einem Behinderungsgrad von 50%	Bei der Schmerzensgeldbemessung wurde eine Mithaftung von 50% berücksichtigt. Ferner bestehen für den Kläger deutliche Einschränkungen im Berufs- und Privatleben	OLG Koblenz 22.9.2010 1 U 681/09
355	€ 18 000 + immat. Vorbehalt (€ 20 511)	Durchtrennung der Oberschenkelvene am linken Bein mit Verschluss der eingesetzten Kunststoffvene	Mehrere Folgeoperationen im Laufe mehrerer Monate	25-jähr. Frau	Mißempfindungen am linken Bein mit Anschwellungen, Gehschwierigkeiten, außerhalb des Hauses Benutzen eines Gehstocks, erforderliches Tragen von Kompressionsstrümpfen, dauerhaftes Einnehmen von Marcumar zur Blutverdünnung	Nicht unerhebliche ärztliche Behandlungsfehler bei einer Operation zur Beseitigung einer Veneninsuffizienz infolge Ermangelung einer sorgfältigen Präparation; das bei der nach der Venendurchtrennung im Rahmen einer Rekonstruktion gewählte Implantat war zu klein und begünstigte eine Verstopfung mit Unterbrechung der venösen Strombahn; Versorgung des linken Beins erfolgt nun über kleinere Umgehungsgefäße	LG Oldenburg 28.5.2010 8 O 888/10 RAe Beck u. Pistor, Brake
356	€ 40 000 + immat. Vorbehalt (€ 45 579)	Vollständige Durchtrennung des Nervus ischiadikus, durchtrennter Musculus bizeps femoris, hoher Blutverlust durch Messerstich in die Rückseite des linken Oberschenkels, Dekubitus an der linken Ferse	Insgesamt min. 4 Wochen stationärer Aufenthalt mit Operationen, 6 Wochen stationäre Reha, teilweise Rekonstruktion des bizeps femoris, Becken-Bein-Orthese für 3 Wochen	25-jähr. Mann, drogenabhängig	Chronische Osteomylitis Kalkaneus, Lähmung des linken Beins ab dem Knie abwärts, dann 2 Jahre nach dem Ereignis Amputation des linken Unterschenkels	Vorsätzliche Körperverletzung (Eifersuchtstat) des drogenabhängigen Beklagten mit einem Messer (15 cm Klingenlänge). Ereignisunabhängig litt der Kläger bereits unter Hepatitis C und einer offen entzündlichen Stelle an der linken Ferse	LG Wiesbaden 15.4.2010 9 O 189/09 openjur

● Mithaftung (siehe vorletzte Spalte)

Lfd. Nr.	Betrag DM Euro (Anp.2019)	Verletzung	Dauer und Umfang der Behandlung; Arbeitsunfähigkeit	Person des Verletzten	Dauerschaden	Besondere Umstände, die für die Entscheidungen maßgebend waren	Gericht, Datum der Entscheidung, Az., Veröffentlichung bzw. Einsender
	Weitere Urteile zur Rubrik »**Bein - Oberschenkel - Verletzungen Bänder, Sehnen, Muskeln u. Ä.**« siehe auch: **bis €2500:** 1737 **bis €12500:** 2360 **bis €25000:** 1161, 316, 264, 1149 **ab €25000:** 1477, 668, 1422, 1482, 334, 2987, 344, 2668						

Bein - Unterschenkel

Lfd. Nr.	Betrag	Verletzung	Dauer	Person	Dauerschaden	Besondere Umstände	Gericht
357	€1400● (€1595)	Unterschenkelprellung rechts, OSG-Distorsion rechts, Oberschenkeldistorsion rechts, posttraumatische psychosomatische Belastungssituation, Tendosynovitis der Peronaeussehnenscheide mit Peroneusverklebung		Mann		Mithaftung 30% – Kläger war Fahrradfahrer ohne Licht und wurde übersehen	AG Bergheim 4.3.2010 24 C 263/06 RA Koch, Erftstadt
	Weitere Urteile zur Rubrik »**Bein - Unterschenkel**« siehe auch: **bis €12500:** 257 **ab €25000:** 2949, 2298						

Bein - Unterschenkel - Amputation

Lfd. Nr.	Betrag	Verletzung	Dauer und Umfang der Behandlung	Person	Dauerschaden	Besondere Umstände	Gericht
358	€29972 (€30547)	Offene Unterschenkel- bzw. Sprunggelenksfraktur am linken Bein	Zunächst 4 Operationen. Wegen der erheblichen Wundheilungsstörungen wurde eine erste Amputation im Bereich des Unterschenkels und in der Folge eine zweite Amputation bis einschließlich des Kniegelenks erforderlich. Es folgten stationäre Aufenthalte von etwa 3 1/2 Monaten bis zu seiner Entlassung aus der Reha	79-jähr. Mann	Unterschenkelamputation	Unstreitig hat der Geschädigte – der bis zu dem Unfall trotz der Herz- und Diabeteserkrankung aktiv am Leben teilgenommen hat – als unfallbedingte Verletzungen und Verletzungsfolgen eine offene Unterschenkel- bzw. Sprunggelenksfraktur am linken Bein erlitten, die zunächst 4 Operationen und eine Amputation des Unterschenkels einschließlich des Kniegelenks erforderlich machten. Erheblich schmerzensgeldmindernd war jedoch zu berücksichtigen, dass der Geschädigte schon in einem fortgeschrittenen Alter war und den Unfall nur um 7 Monate überlebte. Bei der Bestimmung der konkreten Höhe des Schmerzensgeldes hat sich der Senat an Entscheidungen mit einem ähnlichen Verletzungsbild orientiert	OLG Düsseldorf 20.11.2018 1 U 39/18 Vors. Richter am OLG Dr. Scholten
359	80000 €40000 (€52187)	Amputation des rechten Unterschenkels		Junge Frau	Verlust eines Unterschenkels	Klägerin wurde als Beifahrerin auf einem Motorrad, das sich ihr Freund von einem türkischen Freund in der Türkei ausgeliehen hatte, verletzt; Haftung des Beklagten entfällt nicht wegen eines stillschweigenden Haftungsausschlusses, da das Vorliegen einer Gefälligkeitsfahrt noch nicht zum Ausschluss der Fahrlässigkeitshaftung nach § 823 BGB führt; für den Beklagten, der über kein nennenswertes Vermögen verfügt, tritt keine Versicherung ein; berufliche Möglichkeiten der Klägerin sind eingeschränkt, viele Aktivitäten (u. a. Tennisspielen, Fahrradfahren, Reiten, Tanzen) sind erheblich erschwert, wenn nicht sogar unmöglich geworden; psychische Probleme	OLG Hamm 19.11.2001 13 U 136/98 VersR 2002, 1250 zfs 2002, 501

● Mithaftung (siehe vorletzte Spalte)

Urteile lfd. Nr. 360 – 364 — Bein

Lfd. Nr.	Betrag DM Euro (Anp.2019)	Verletzung	Dauer und Umfang der Behandlung; Arbeitsunfähigkeit	Person des Verletzten	Dauerschaden	Besondere Umstände, die für die Entscheidungen maßgebend waren	Gericht, Datum der Entscheidung, Az., Veröffentlichung bzw. Einsender

Fortsetzung von »Bein - Unterschenkel - Amputation«

Lfd. Nr.	Betrag	Verletzung	Dauer/Behandlung	Person	Dauerschaden	Besondere Umstände	Gericht
360	80 000 ● € 40 000 + immat. Vorbehalt (€ 51 366)	Offene Frakturen am linken Unterschenkel, der nach einer Woche amputiert werden und dessen Stumpf nach drei weiteren Wochen nochmals auf 10 cm verkürzt werden musste, offene Frakturen am Oberschenkel und Unterarm links, wobei es am Unterarm zur Ausbildung einer Pseudoarthrose gekommen ist, BWK -7- Fraktur, Nierenkontusion		Mann	Verlust des linken Unterschenkels	1/3 Mitverschulden des Klägers; Prothesenversorgung noch nicht abgeschlossen; am Stumpf befinden sich noch 2 Druckgeschwüre mit Beschwerden; Konsolidierung von arthrosebedingten Lockerungszeichen am linken Unterarm nicht zu erwarten	OLG Hamm 12.3.2002 27 U 113/01 Revision vom BGH zurückgewiesen VI ZR 161/02
361	€ 45 000 + immat. Vorbehalt (€ 55 185)	Amputation des linken Unterschenkels, offene Patellatrümmerfraktur rechts, Weichteilverletzungen am rechten Bein, massive Phantomschmerzen	Auf die Dauer von fast einem Jahr mehrere Operationen mit mehrmonatigen stationären Aufenthalten zur Prothesenversorgung am Stumpf des amputierten Unterschenkels und zur Behandlung des rechten Kniegelenks	36-jähr. Fachärztin für Chirurgie	Verlust des linken Unterschenkels; MdE: 50%	Unfall beim Wasserskisport, als Klägerin über eine Leiter bei laufendem Motor ins Boot steigen wollte; Motor hätte rechtzeitig abgeschaltet werden müssen; leichte Fahrlässigkeit; Klägerin litt unter großen Schmerzen; Behandlungen waren dadurch erschwert, dass Klägerin zum Unfall-Zeitpunkt im 3. Monat schwanger war; Klägerin ist wieder halbtags als Krankenhausärztin tätig; wenngleich die zusätzliche Verletzung am rechten Knie die berufliche Tätigkeit, die weitgehend im Stehen auszuführen ist, zusätzlich einschränkt; sportliche Aktivitäten nicht mehr oder nur noch erheblich erschwert möglich; immat. Vorbehalt, weil es am Amputationsstumpf zu weiterer Neurombildung sowie am rechten Bein zur Entwicklung eine Arthrose und einer Luxationsneigung, außerdem zu einer Fehlbelastung der Gelenke und der Wirbelsäule kommen kann	OLG München 14.9.2005 27 U 65/05
362	€ 50 000 ● (€ 60 136)	Amputation des rechten Beins unterhalb des Knies und Amputation des linken Vorderfußes	MdE: 3 Monate 100% 4 1/2 Monate 80% knapp 3 Wochen 100% auf Dauer 80%	20-jähr. Mann	MdE: 80%	2/3 Mithaftung. Nach einem Oktoberfestbesuch verließ der stark angetrunkene Kläger die S-Bahn, geriet auf ein benachbartes Gleis, wo er von einer rangierenden S-Bahn überrollt wurde. Der Fahrdienstleiter hätte die Möglichkeit gehabt, den rangierenden Zug noch rechtzeitig zu stoppen	LG München I 11.1.2007 19 O 12070/04 RA Krumbholz, München
363	120 000 € 60 000 + immat. Vorbehalt (€ 78 280)	Unterschenkelamputation rechts unterhalb des Knies, Rippenfrakturen II bis IV rechts, Schädelhirntrauma, große Weichteilwunde am Oberschenkel, Weichteildefektverletzung oberhalb des rechten Auges, multiple Prellungen und Platzwunden	Ca. 2 1/2 Wochen stationär, anschließend 8 Wochen Reha-Klinik, zwei weitere 4-wöchige ambulante und teils stationäre Rehabilitationsbehandlungen	49-jähr. Küchenangestellte	MdE: 80%	Prothesenanpassungsschwierigkeiten, Gehbehinderung, Phantomschmerzen; Einschränkung der Lebensqualität in körperlicher und seelischer Hinsicht. Aufgabe des Wandersports, drohende Knie- und Kreuzschmerzen infolge der Prothesenadaptionsprobleme	LG Nürnberg-Fürth 11.4.2001 8 O 2881/00 RAe Bissel & Partner, Erlangen
364	150 000 € 75 000 (€ 100 189)	Überrolltrauma beider Unterschenkel mit Amputation des rechten Unterschenkels in Kniemitte, offene Tibiakopffraktur links 3. Grades, Volumenmangelschock mit disseminierter intravasaler Gerinnung		7-jähr. Kind	Verlust des rechten Unterschenkels		OLG Frankfurt am Main 22.3.2000 19 U 168/99 DAR 2001, 456

● Mithaftung (siehe vorletzte Spalte)

Lfd. Nr.	Betrag DM **Euro** *(Anp.2019)*	Verletzung	Dauer und Umfang der Behandlung; Arbeitsunfähigkeit	Person des Verletzten	Dauerschaden	Besondere Umstände, die für die Entscheidungen maßgebend waren	Gericht, Datum der Entscheidung, Az., Veröffentlichung bzw. Einsender

Fortsetzung von »Bein - Unterschenkel - Amputation«

365	200 000 € 100 000 + immat. Vorbehalt *(€ 134 943)*	Unterschenkelamputation links; Trümmerbruch des 5. Lendenwirbels, doppelter Kieferbruch, doppelter offener Unterschenkelbruch rechts, Bruch des Ellenbogenhöckers links, doppelte Ellenfraktur links, Jochbeinfraktur; Potenzstörungen	Zahlreiche Klinikaufenthalte von insgesamt ca. 20 Monaten. Infolge einer Lungenembolie schwebte der Kläger in akuter Lebensgefahr	20-jähr. Kfz-Mechaniker	MdE: 80%	Die Potenzstörungen sind mit einer an Sicherheit grenzenden Wahrscheinlichkeit auf eine autonome Innervationsstörung (Verletzung derjenigen Anteile des unwillkürlichen Nervensystems, das für die Errektion verantwortlich ist) zurückzuführen	LG Bielefeld 17.5.1999 8 O 409/97 RAe Hoffmann & Partner, Stadthagen
366	€ 120 000 + immat. Vorbehalt *(€ 146 820)*	Drittgradig offene Unterschenkelfraktur rechts mit erforderlicher Unterschenkelamputation, erstgradig offene Oberschenkelfraktur rechts, Beckenring- und Acetabulumfraktur, schweres Weichteildekollement und distale Unterarmfraktur rechts, Weichteilverletzung des linken Unterschenkels, LWK 1- und LWK 2-Fraktur, Fraktur des Wirbelquerfortsatzes LWK 3, Einblutung ins Hinterhorn des linken zweiten Ventrikels, Thoraxkontusion, Schnittwunden im Gesicht, multiple Schürf- und Prellmarken, Monokelhämatom rechts, Mittelhandfraktur rechts, Durchtrennung des Nervus ulnaris im Handgelenksbereich	8 Wochen Krankenhaus und Reha, anfangs 5 Wochen im Koma und 16 Tage Lebensgefahr; dann immer wieder diverse Behandlungen und Untersuchungen	Mann	Unterschenkelprothese, wobei infolge schmerzhafter entzündlicher Prozesse Furunkel und Abszese entstehen, so dass Kläger dann auf Rollstuhl angewiesen ist, Krallenhand rechts, Rückenschmerzen, Depressionen, Phantomschmerzen	Kläger muss sich ein Mitverschulden anrechnen lassen, da er sich dem erkennbar alkoholisierten Beklagten (Fahrer) anvertraut hatte; Schmerzensgeld von € 120 000 ist nicht quotiert	KG Berlin 12.1.2006 12 U 261/04 VRS 111, 10

Urteile lfd. Nr. 367 – 368   Bein

Lfd. Nr.	Betrag DM **Euro** *(Anp.2019)*	Verletzung	Dauer und Umfang der Behandlung; Arbeitsunfähigkeit	Person des Verletzten	Dauerschaden	Besondere Umstände, die für die Entscheidungen maßgebend waren	Gericht, Datum der Entscheidung, Az., Veröffentlichung bzw. Einsender

Fortsetzung von »Bein - Unterschenkel - Amputation«

| 367 | € 150 000 *(€ 170 740)* | Amputation des Unterbeins einschließlich des Kniegelenks | | 16-jähr. Jugendlicher | Amputiertes Unterbein einschließlich des Kniegelenks | Für die Bemessung des Schmerzensgelds spielte eine besondere Rolle, dass der Kläger zum Unfallzeitpunkt sehr jung war (16 Jahre). Er wurde in einem besonderen Entwicklungsabschnitt des Menschen (Pubertät) und in einem gesellschaftlichen Umfeld, das die Jugend, Sportlichkeit und Unversehrtheit zum Credo erhebt, schwerstens getroffen. Mit einem Schlag funktionierten viele der gewohnten Lebensumstände und Vorlieben wie Tanzen und Eishockeyspielen nicht mehr. Die Freundin hat sich noch am Krankenbett von ihm getrennt. Die Einschränkungen – auch psychischer Art – wirken bis heute fort. Da der Kläger unfallbedingt über keine abgeschlossene Berufsausbildung verfügt, was seine berufliche Situation in wirtschaftlich schwierigen Zeiten wie heute noch problematischer gestaltet und er typisch für Ungelernte auf eine körperlich anstrengende Arbeit angewiesen ist, wirkt sich die körperliche Behinderung weiter nachteilig aus. Von ganz erheblichem Gewicht ist weiter der Umstand, dass der Kläger vor dem Unfall die feste Möglichkeit hatte, den Schreinerbetrieb seines Großvaters zu übernehmen, was nach dem Unfall und der damit verbundenen Notwendigkeit, die Schreinerlehre aufzugeben, ausgeschieden ist. Weiter hat sich das zögerliche und kleinliche Regulierungsverhalten der Haftpflichtversicherung schmerzensgelderhöhend ausgewirkt | OLG München 24.9.2010 10 U 2671/10 |
| 368 | € 170 000 *(€ 193 298)* | Unterschenkelamputation beidseits, Schädelhirntrauma mit Kontusionsblutungen, Thoraxtrauma rechtsseitig mit Clavikulaschaftfraktur rechtsseitig, Pneumotorax, Oberarmschaftbruch links, Prellungen an der Stirn und seitlich des Kopfes mit Platzwunden | Bislang mehrere Krankenhausaufenthalte von über 4 Monaten, regelmäßig psychotherapeutische Behandlungen, MdE: 80% | Mädchen, 12. Klasse | Klägerin leidet an Phantomschmerzen, massive Konzentrations- und Gedächtnisprobleme | Die Beklagte haftet nur aus Gefährdungshaftung, da die Klägerin in die Bahngleise fiel und nachfolgend von einem Zug überrollt wurde. Das Fehlen der Genugtuungsfunktion führt entgegen der Auffassung der Beklagtem nicht zur Reduzierung des Schmerzensgeldanspruchs. Das Regulierungsverhalten und das Verhalten im Prozess hat sich schmerzensgelderhöhend auszuwirken | OLG München 22.10.2010 10 U 3627/10 RA Zimmermann, Ravensburg |

● Mithaftung (siehe vorletzte Spalte)

Lfd. Nr.	Betrag DM Euro (Anp.2019)	Verletzung	Dauer und Umfang der Behandlung; Arbeitsunfähigkeit	Person des Verletzten	Dauerschaden	Besondere Umstände, die für die Entscheidungen maßgebend waren	Gericht, Datum der Entscheidung, Az., Veröffentlichung bzw. Einsender

Fortsetzung von »Bein - Unterschenkel - Amputation«

Kapitalabfindung mit Schmerzensgeldrente

Lfd. Nr.	Betrag	Verletzung	Dauer und Umfang der Behandlung	Person	Dauerschaden	Besondere Umstände	Gericht
369	€ 250 000 und € 500 Rente monatlich + immat. Vorbehalt (€ 311 986)	Schwerste Beinverletzungen, die zur Amputation beider Unterschenkel und später beider Kniegelenke führte	Akute Lebensgefahr, 4 Monate Krankenhaus, anschließend umfangreiche Reha	22-jähr. Mann	Verlust beider Unterschenkel und beider Kniegelenke; Kläger wird mittels Prothesen wieder laufen können, jedoch erhebliche Einschränkungen im täglichen Lebensablauf hinnehmen müssen, u. a. teilweise Rollstuhlbenutzung	Kläger wurde vom Beklagten völlig unvermittelt vor einfahrende U-Bahn gestoßen; Verurteilung wegen versuchten Mordes zu 13 Jahren Freiheitsstrafe, was jedoch für den Schmerzensgeldanspruch und seine Bemessung ohne Bedeutung ist; Kläger musste ursprünglichen Lebenslauf abbrechen und nach einer behindertengerechten Umschulung suchen, die sich besonders schwierig gestaltet; befindet sich aufgrund des Unfalls in schlechten wirtschaftlichen Verhältnissen; Lebensgefährtin, mit der er eine 2-jähr. Tochter hat, hat ihn verlassen; verminderte Partnerschafts- und Heiratschancen; Kläger erleidet aufgrund des Vorfalls immer wieder psychische Zusammenbrüche und ist über Tage und Wochen depressiv, zieht sich von seinem sozialen Umfeld zurück	KG Berlin 29.7.2004 8 U 54/04 RAe Schmitz & Partner, Berlin

Weitere Urteile zur Rubrik »**Bein - Unterschenkel - Amputation**« siehe auch:
ab € 25 000: 356, 279, 287

Bein - Unterschenkel - Bruch

Lfd. Nr.	Betrag	Verletzung	Dauer und Umfang der Behandlung	Person	Dauerschaden	Besondere Umstände	Gericht
370	€ 1000 ● (€ 1089)	Diskrete Infraktion des linken Unterschenkels, Bänderteilanriss links mit Hämatom, Schürfungen und Schwellungen	2 Monate Behandlung, Physiotherapie, Unterschenkelkorkschiene	14-jähr. Mädchen, Radfahrerin		1/3 Mithaftung. Der Fahrradweg wurde in die falsche Richtung befahren	LG Darmstadt 10.10.2012 7 S 80/12 RAe Höfle & Kollegen, Groß-Gerau
371	5000 € 2500 + immat. Vorbehalt (€ 3310)	Spiralfraktur des linken Schienbeins	1 Woche Krankenhaus mit operativer Versorgung, später 3 Tage Krankenhaus zur Entfernung der 4 Schrauben	Junge		Unfall beim Abseilen von einer Kletterwand auf einem Jahrmarkt; Beklagter hat Vorgang nicht gestoppt, nachdem Kläger mit einem Fuß hängenblieb; Kläger befindet sich im Wachstum, Spätschäden am linken Unterschenkel daher nicht ausgeschlossen	AG Lüdinghausen 26.9.2000 4 C 1077/2000 RAe Füg & Kröger, Ascheberg
372	€ 2500 (€ 2973)	Innenknöchelfraktur vom Typ Aitken II	4 Tage Krankenhaus, Ruhigstellung des Beins mit starrem Gips bis zum Knie, fünf ambulante Nachbehandlungen, 3 1/2 Wochen schulunfähig	8-jähr. Schüler		8-jähr. Kläger wollte hinter einem geparkten Fahrzeug die Straße überqueren und kollidierte mit dem Beklagtenfahrzeug in Höhe des linken Kotflügels. Nach dem bis 31.7.2002 geltenden Schadenersatzrecht hätte der Kläger keinen Anspruch auf Schadenersatz gehabt, weil der Beklagte sich erfolgreich auf ein unabwendbares Ereignis hätte berufen können. Nach dem seit 1.8.2002 geltenden Schadenersatzrecht müsste der Beklagte nachweisen, dass der Unfall auf höhere Gewalt beruht, was grundsätzlich nur bei Naturereignissen oder Schadensursachen in Betracht kommt, die keinen Bezug zum Kraftverkehr haben. Eine Abwägung nach §§ 9, 17 StVG und § 254 BGB entfällt, weil der Kläger zum Zeitpunkt des Unfalls noch nicht das 10. Lebensjahr vollendet hatte und somit durch § 828 Abs. 2 S. 2 BGB privilegiert ist	AG Schwandorf 9.5.2007 2 C 630/06 RA Schlegl, Haar b. München

● Mithaftung (siehe vorletzte Spalte)

Fortsetzung von »Bein - Unterschenkel - Bruch«

Lfd. Nr.	Betrag DM Euro (Anp.2019)	Verletzung	Dauer und Umfang der Behandlung; Arbeitsunfähigkeit	Person des Verletzten	Dauerschaden	Besondere Umstände, die für die Entscheidungen maßgebend waren	Gericht, Datum der Entscheidung, Az., Veröffentlichung bzw. Einsender
373	€ 3000 + immat. Vorbehalt (€ 3811)	Unterschenkelfraktur rechts	4 Wochen Oberschenkelgips und für weitere 2 Wochen Unterschenkelgips; Verletzung hätte bei einem Erwachsenen 3 Monate eine AU von 100% und für weitere 3 Monate eine AU von 30% hervorgerufen	4-jähr. Kind		Insbesondere für ein lebhaftes Kind stellt eine solche Verletzung mit einer starken Beeinträchtigung über eine nach dem subjektiven Empfinden eines Kindes sehr lange Zeit dar; komplikationslose Heilung; es besteht auf Grund der Fraktur eine Beinlängendifferenz von 5 mm, die sich jedoch vergrößern kann	AG Brilon 24.9.2003 8 C 275/03 SP 2004, 156
374	€ 3000 ● + immat. Vorbehalt (€ 3108)	Polytrauma mit Pneumothorax links, Lungenkontusion, Mehretagenfraktur des Unterschenkels, Fraktur der 4. Rippe, Ulnaschaftfraktur links	Insgesamt min. 2 OP, 26 Tage stationäre Behandlung, 1 Jahr und 3 Monate AU	Mann, Fußgänger	Bewegungseinschränkungen und Schmerzen im Arm und im Bein, Einschränkung der Gehausdauer	Mithaftung i.H.v. 75% aufgrund des Überquerens der Fahrbahn in grob fahrlässiger Weise, ohne auf den bevorrechtigten Verkehr zu achten. Der Kläger ist bei der Arbeit regelmäßig auf die Einnahme von Schmerzmitteln angewiesen. Er kann seine ursprüngliche Tätigkeit als Baggerführer im Betrieb des Bruders nicht mehr ausführen, sondern nur noch als Hausmeister eingesetzt werden. Nicht berücksichtigt werden konnte allerdings zum jetzigen Zeitpunkt, dass möglicherweise das Handgelenk künftig versteift werden muss, da diese Unfallfolge noch nicht sicher abzusehen ist und dementsprechend dem Feststellungsausspruch unterfällt	OLG Hamm 25.7.2017 9 U 199/16 juris
375	€ 3000 ● (€ 3251)	Motorradunfall: offene Unterschenkelfraktur links, eine geschlossene Tibiakopfluxationsfraktur links, eine Weichteilwunde im Bereich des linken Ellbogens streckseitig sowie eine Kopfplatzwunde rechts parietal	10 Operationen am Unterschenkel, sechsmal stationäre Behandlung, zehnmal ambulante Nachsorgeuntersuchungen, ambulante physiotherapeutische Nachbehandlungen	Mann	Ausgeprägte posttherapeutische Veränderung nach Tibiakopffraktur mit Zustand nach Osteosynthese und Materialentfernung, eine ausgeprägte Knorpelveränderung medial, geringgradig lateral auf dem Femurkondylen, eine Innenmeniskusdegeneration in Kombination mit kleineren Einrissen im Bereich von Hinterhorn und Pars intermedia des Innenmeniskus, eine Innenbandreizung sowie eine leichte retropatellare Chondropathie mit geringgradigem Begleiterguss	Der Senat erachtet dabei – unter Berücksichtigung des Mitverursachungs- und Verschuldensanteils des Klägers von 70% als weiteren Bemessungsfaktor – ein Schmerzensgeld in Höhe von € 3000 als angemessen und sachgerecht. Unter Berücksichtigung sämtlicher relevanter Umstände kann der Kläger im Streitfall ein Schmerzensgeld in Höhe von rund € 3000 beanspruchen, was auch unter Heranziehung der einschlägigen Vergleichsrechtsprechung angesichts der von ihm erlittenen, nicht unerheblichen Verletzungsfolgen insgesamt angemessen und sachgerecht erscheint. Denn eine Entschädigungshöhe von € 10000 würde sich – bei voller Haftung – in der Größenordnung bewegen, wie sie von der Referenzrechtsprechung auch in vergleichbaren Fallkonstellationen in der Regel zuerkannt worden ist	OLG Naumburg 18.2.2013 12 U 162/12 Schaden-Praxis 2013, 284; juris

● Mithaftung (siehe vorletzte Spalte)

Lfd. Nr.	Betrag DM **Euro** *(Anp.2019)*	Verletzung	Dauer und Umfang der Behandlung; Arbeitsunfähigkeit	Person des Verletzten	Dauerschaden	Besondere Umstände, die für die Entscheidungen maßgebend waren	Gericht, Datum der Entscheidung, Az., Veröffentlichung bzw. Einsender
\multicolumn{8}{l}{Fortsetzung von »Bein - Unterschenkel - Bruch«}
376	€ 3000● + immat. Vorbehalt *(€ 3225)*	Bruch des linken Unterschenkels mit hochgradig funktioneller Einschränkung bei Zustand nach Polytrauma durch Verkehrsunfall	Nachdem der Bruch operativ stabilisiert wurde, konnte sich der Kläger mit Unterarmgehhilfen fortbewegen. 10 Tage stationäre Behandlung. Anschlussbehandlung in einer Rehaklinik. Erst nach ca. 8 Monaten konnte der Kläger schrittweise zunächst 4, dann 6 Stunden täglich arbeiten. Nach fast 9 Monaten war der Kläger wieder voll erwerbstätig. Schließlich operative Entfernung des bei der Erstversorgung eingesetzten Verriegelungsnagels	Mann	Bewegungseinschränkung	Der Senat hält das geforderte Schmerzensgeld von € 11 000 in dieser Größenordnung grds. für angemessen unter Berücksichtigung der Schwere der bei dem Unfallgeschehen erlittenen Verletzungen und der Länge der Behandlungs- bzw. Rehabilitationszeit. Legt man eine Quote von 25% zugrunde, ergäbe sich rechnerisch ein Betrag von € 2750. Schmerzensgeldbeträge werden aber nicht linear entsprechend den Haftungsquoten festgesetzt, sondern es hat vielmehr eine wertende Gesamtbetrachtung stattzufinden, die vorliegend dazu führt, einen Schmerzensgeldbetrag von € 3000 anzunehmen	OLG Naumburg 30.1.2014 1 U 81/13 juris
377	€ 3600 *(€ 3816)*	Tibiafraktur rechts, Keilbeinbruch der rechten Fußwurzel	3 Tage stationäre Behandlung, 3 Wochen Liegegips mit Gehhilfen sowie 3 Wochen Liegegips mit Gehsohle, danach 1 ½ Wochen Vacoped-Schuh, krankengymnastische Behandlung	11-jähr. Junge	Geringfügige Beinverkürzung rechts	Der Kläger befand sich zum Unfallzeitpunkt in Begleitung seines Vaters auf dem Gelände einer Autowaschanlage. Der Kläger wollte die Abdeckmatte aus dem Kofferraum nehmen und trat hierzu zurück. Dabei kollidierte der Kläger mit dem Taxi des Beklagten. Bei einem 11-jährigen Kind führt es zu erheblichen Einschränkungen der Lebensqualität, wenn jegliche Bewegung außerhalb der Wohnung unmöglich oder sehr stark eingeschränkt ist. Weiter wurde das unangemessene Regulierungsverhalten der Beklagten mit einem Aufschlag von wenigstens 20% im Rahmen der Genugtuungsfunktion berücksichtigt	AG Kassel 21.4.2015 435 C 5128/12 Landesrechtsprechungsdatenbank Hessen
378	€ 4500● + immat. Vorbehalt *(€ 5557)*	Drehbruch des linken Schienbeins	9 Tage stationär, operative Materialentfernung steht noch an, 9 Wochen nur mit zwei Krücken gehfähig, 3 Monate arbeitsunfähig	Skifahrerin		40%iges Mitverschulden der Klägerin, die als Skifahrerin mit einem Snowboardfahrer zusammenstieß. Zwar gleichrangiger Verschuldensanteil beider Parteien. Zu Lasten des Snowboardfahrers kann jedoch nicht unberücksichtigt bleiben, dass ein Snowboard im Vergleich zu regulären Skiern schwerer ist, dadurch wegen einer höheren Aufpralldynamik bei Kollisionen höhere Verletzungsrisiken birgt und zudem schwerer zu steuern ist, weil jeder zweite Schwung dem Snowboardfahrer einen toten Winkel beschert	LG Bonn 21.3.2005 1 O 484/04 RAe Dr. Mitsdörffer, Weible & Koll., Nörtingen

Lfd. Nr.	Betrag DM **Euro** *(Anp.2019)*	Verletzung	Dauer und Umfang der Behandlung; Arbeitsunfähigkeit	Person des Verletzten	Dauerschaden	Besondere Umstände, die für die Entscheidung maßgebend waren	Gericht, Datum der Entscheidung, Az., Veröffentlichung bzw. Einsender
\multicolumn{8}{l}{**Fortsetzung von »Bein - Unterschenkel - Bruch«**}							
379	€ 4500 ● *(€ 5189)*	Unterschenkelfraktur rechts, Weichteilschaden zweiten Grades	14 Tage Krankenhaus mit anschließender physiotherapeutischer Behandlung der Bewegungseinschränkung im rechten Sprung- und Kniegelenk; nach einigen Wochen weitere Operation mit Dynamisierung der Verriegelungsnagelung, kurz danach nochmals 3 Tage stationärer Aufenthalt	44-jähr. Postbeamter	Leichte Bewegungseinschränkung im Unterschenkelbereich	50% Mithaftung; nach 15 Monaten noch deutlicher Druckschmerz im Bereich der Bruchstelle; Metallentfernung noch erforderlich	LG Wuppertal 23.11.2009 4 O 69/08 RA Koch, Erftstadt
380	€ 5000 + immat. Vorbehalt *(€ 5337)*	Maisoneuve-Verletzung bei nicht dislozierter proximaler Fibulafraktur und Syndesmosenruptur des rechten Sprunggelenks, geringgradige bonebruises des Tibiakopfes	Titanstellschrauben und Gipsschiene, mehrere Wochen Beeinträchtigungen	Frau		Die Klägerin als Skineuling fiel auf einer Skipiste, nachdem sie auf Anweisung des Skilehrers losgefahren war, als ihr ein herannahender anderer Skifahrer über die vorderen Ski fuhr. Der Skilehrer hat den Unfall schuldhaft verursacht, weil er die erste Skiübungsstunde auf einem nicht geeigneten Hang durchführte (an diesem Tag vielbefahrene blaue Piste)	LG Deggendorf 12.11.2014 22 O 298/14 Gesetze-bayern.de, zfs 2015, 681
381	€ 6000 *(€ 6707)*	Mediale Tibiakopffraktur mit Stufenbildung im Gelenk rechts, nicht dislozierte Fibulaköpfchenfraktur, Teilruptur des distalen Außenbandes im rechten Kniegelenk und multiple Prellungen	6 Tage stationäre Behandlung, 2 Monate AU, weitere OP nach einem Jahr	46-jähr. Mann	Bewegungseinschränkungen im Kniebereich mit Schmerzen bei Belastungen, Narbe		AG Tettnang 30.3.2011 4 C 168/11 Versäumnisurteil RA Edgar Zimmermann
382	€ 6000 + immat. Vorbehalt *(€ 6926)*	Unterschenkelfraktur rechts	Zwei stationäre Krankenhausaufenthalte von 12 Tagen und später 3 Tagen, 23 ambulante Behandlungstermine, Heilverzögerung durch allergische Reaktion, zahlreiche Behandlungen durch einen Physiotherapeuten. MdE: 5 1/2 Monate 100% 1 Monat 80%	Mann	MdE: 10% Diskrete endgradige Bewegungseinschränkung des rechten Oberschenkelgelenks, geringgradige Schwellenneigung des körperfernen rechten Unterschenkels	Der Feststellungsantrag ist insoweit begründet, da ein Dauerschaden von 10% verbleibt. Von daher lässt sich zum jetzigen Zeitpunkt nicht sicher ausschließen, dass der Kläger zukünftig noch weitere Schäden erleidet, die auf den Unfall zurückgeführt werden können	LG Aurich 20.5.2009 2 O 1086/06 RA Warfsmann, Hage
383	€ 6000 + immat. Vorbehalt *(€ 7266)*	Fraktur distaler Unterschenkel rechts mit Aitken I Fraktur Tibia (Beteiligung der Wachstumsfuge des Schienbeines) sowie massives Hämatom Sprunggelenk rechts	3 1/2 Monate Fortbewegung nur mit beidseitigen Gehhilfen möglich; 5 Monate kein Schulsport	11-jähr. Schüler	Möglich	Immat. Vorbehalt wurde außergerichtlich anerkannt. Ob es aufgrund der erlittenen Verletzungen unter Beteiligung der Wachstumsfuge angesichts des altersbedingt noch nicht abgeschlossenen Knochenwachstums künftig zu Komplikationen kommen wird, die möglicherweise Korrekturoperationen erforderlich werden lassen oder auch Dauerschäden nach sich ziehen könnten, ist derzeit nicht absehbar; ein entsprechendes Risiko besteht	LG Bonn 26.6.2006 13 O 544/05 SP 2007, 250 RA Koch, Erftstadt

● Mithaftung (siehe vorletzte Spalte)

Lfd. Nr.	Betrag DM **Euro** *(Anp.2019)*	Verletzung	Dauer und Umfang der Behandlung; Arbeitsunfähigkeit	Person des Verletzten	Dauerschaden	Besondere Umstände, die für die Entscheidungen maßgebend waren	Gericht, Datum der Entscheidung, Az., Veröffentlichung bzw. Einsender
\multicolumn{8}{l}{**Fortsetzung von »Bein - Unterschenkel - Bruch«**}							
384	€ 6000 *(€ 7358)*	Tibiaschaftfraktur links, oberflächliche Schürfwunde am linken Unterarm	7 Tage stationär, weitere 3 Monate externer Fixateur	16 ½-jähr. Schüler		Zwar muss der Unfall nach allgemeiner Erfahrung Dauerfolgen hinterlassen, insbesondere auf das noch nicht abgeschlossene Wachstum des Klägers, der Kläger habe jedoch nicht dargelegt, dass er unter Dauerfolgen leide. Insbesondere habe er selbst erklärt, keinerlei körperliche Beeinträchtigungen mehr zu spüren und im weiteren auch nicht mehr zu Kontrolluntersuchungen zu gehen. Dies spreche ebenfalls für das Nichtvorhandensein weiterer Beschwerden	LG Erfurt 29.9.2005 10 O 768/05 RAe Schauseil & Bauer, Rudolstadt
385	€ 6000 *(€ 6576)*	Unterschenkelschaftfraktur rechts, Hämatom und Schürfungen an der linken Hüfte	Insg. 2 ½ Wochen stationäre Behandlung, 2 Operationen, anschließend 2 Monate ambulante Behandlung 1 Monat AU zu 100%, 2 Wochen AU zu 60%, 2 Wochen AU zu 40%, 2 Wochen AU zu 20%	10-jähr. Junge	Beinlängendifferenz von 1 cm	Kläger konnte ein halbes Jahr keinen Karatesport treiben	LG Schwerin 27.4.2012 1 O 311/10 RA Klaus-Rainer Tietmann, Schwerin
386	€ 6000 ● + immat. Vorbehalt *(€ 6469)*	Schrägfraktur der mittleren Tibiadiaphyse im linken Unterschenkel sowie eine zwei-Etagen-Fibulafraktur durch Verkehrsunfall	Die komplette Unterschenkelfraktur musste mit einem Marknagel operativ versorgt werden	24-jähr. Mann	Eingeschränkte Beugefähigkeit des linken Kniegelenks, dauerhafte Sensibilitätsminderung am vorderen Unterschenkel sowie Narbenbildung	Die immateriellen Schäden des Klägers werden unter Berücksichtigung der vorgenannten Beeinträchtigungen und der 50%igen Haftung der Beklagten mit insgesamt € 6000 angemessen kompensiert. Unter Berücksichtigung der dauerhaft verbleibenden Beeinträchtigungen, die für einen jungen Mann nicht als unerheblich eingestuft werden können, und der sich über Monate ziehenden Heilungsdauer aufgrund von zwei durchzuführenden Operationen ist das von der Beklagten bereits gezahlte Schmerzensgeld nicht als hinreichend anzusehen. Hingegen erscheint das vom Kläger geforderte Schmerzensgeld von insgesamt € 15 000 bei Einrechnung des hälftigen Mitverschuldens übersetzt. Dies gilt auch bei Einbeziehung der Vergleichsrechtsprechung zum Schmerzensgeld zu Unterschenkelfrakturen	OLG Düsseldorf 25.6.2013 1 U 193/12 Schaden-Praxis 2013, 357; juris
387	€ 6500 *(€ 6938)*	Tibiaschaftfraktur, Fraktur der Fibula mit Weichteileschaden I. Grades bei geschlossener Fraktur des Unterschenkels links	2 stationäre Behandlungen (6 und 4 Tage), danach 7 Wochen 50% arbeitsunfähig. Nach der zweiten Operation (Metallentfernung) bedurfte es eines weiteren Eingriffs zur Entfernung von Narbengewebe im Knie	18-jähr. Auszubildender	Missempfindungen im Knie durch Narbenbildung	Einschränkungen bei sportlichen Betätigungen, Schmerzen beim Knien	LG Hagen 30.10.2014 9 O 522/13 RA Elsner, Hagen

Lfd. Nr.	Betrag DM **Euro** *(Anp.2019)*	Verletzung	Dauer und Umfang der Behandlung; Arbeitsunfähigkeit	Person des Verletzten	Dauerschaden	Besondere Umstände, die für die Entscheidungen maßgebend waren	Gericht, Datum der Entscheidung, Az., Veröffentlichung bzw. Einsender
\multicolumn{8}{l}{**Fortsetzung von »Bein - Unterschenkel - Bruch«**}
388	€ 6500 + immat. Vorbehalt *(€ 6862)*	Maisonneuve-Fraktur des Sprunggelenks des rechten Fußes (Wadenbeinfraktur mit Riss der Bandverbindung zwischen Schienbein und Wadenbein) mit einer Innenknöchelfraktur und einer Fraktur des hinteren Kantendreiecks, sog. Volkmann'sches Dreieck, am Schienenbein	Noch am Unfalltag wurden die Verletzungen der Klägerin operativ behandelt und es wurde eine offene Reposition mit einer Schraubenosteosynthese am Innenknöchel und eine Implantation von Stellschrauben im Wadenbein durchgeführt. Später folgten zwei weitere operative Eingriffe zur Entfernung einiger Schrauben. Von einer Entfernung sämtlicher Schrauben wurde wegen des damit verbundenen Risikos einer Nervenschädigung abgesehen	46-jähr. Frau	Bewegungseinschränkung des rechten unteren Sprunggelenks; MdE 10%	Unter Berücksichtigung sämtlicher der vorgenannten Faktoren und unter Heranziehung von Vergleichsfällen aus der Rechtsprechung hält der Senat insgesamt ein Schmerzensgeld i.H.v. € 6500 für angemessen und auch ausreichend, um der Klägerin einen Ausgleich für die erlittenen Unfallfolgen zu verschaffen	OLG Düsseldorf 25.8.2015 21 U 8/14 juris
389	€ 7000 ● + immat. Vorbehalt *(€ 8989)*	Tibiakopf-Impressionsfraktur links mit einem Spaltbruch in die Tibia	Stationär 1 Woche, weitere ambulante Behandlung mit Krankengymnastik 6 Monate, Plattenentfernung steht noch aus	35-jähr. Postzusteller	MdE 30%	2/3 Mithaftung. Der Kläger war mit dem typischen Postfahrrad unterwegs. Er fuhr auf das Grundstück des Beklagten, um die Post in den am Haus angebrachten Briefkasten einzuwerfen. Es regnete. Beim Verlassen des Grundstücks mit dem Fahrrad blieb er mit dem im vorderen Bereich des Fahrrads angebrachten, tief hinabreichenden und überbreiten Fahrradständer an einem herausragenden Stein hängen und stürzte. Dieser gefahrenträchtige Zustand war für den Beklagten erkennbar. Den Kläger trifft jedoch ein Mitverschulden. Er kannte die Örtlichkeit seit langem und hätte die Steine bei Anwendung der gebotenen Aufmerksamkeit trotz der schlechten Witterung erkennen können und müssen. Der Kläger wurde wegen Dienstunfähigkeit in den vorzeitigen Ruhestand versetzt	OLG Hamm 18.9.2002 13 U 108/02 RAin Dr. Triebold, Münster
390	15000 € 7500 *(€ 10057)*	Unterschenkelstückbruch	Folgenlose Verheilung nach 9 Monaten	48-jähr. Frau		Feststellungsinteresse zur Verpflichtung eines zukünftigen Schadens besteht nicht, wenn der Heilungsprozess eines unkomplizierten Unterschenkelbruchs seit mehr als 1 ½ Jahren erfolgreich abgeschlossen ist und ein Folgeschaden – posttraumatische Arthrose – nach fachärztlicher Beurteilung zwar theoretisch denkbar, aber sehr unwahrscheinlich ist	OLG Düsseldorf 23.7.1999 22 U 27/99 VersR 2001, 250

● Mithaftung (siehe vorletzte Spalte)

Lfd. Nr.	Betrag DM Euro (Anp.2019)	Verletzung	Dauer und Umfang der Behandlung; Arbeitsunfähigkeit	Person des Verletzten	Dauerschaden	Besondere Umstände, die für die Entscheidungen maßgebend waren	Gericht, Datum der Entscheidung, Az., Veröffentlichung bzw. Einsender
\multicolumn{8}{l}{Fortsetzung von »Bein - Unterschenkel - Bruch«}
391	€ 8000 + immat. Vorbehalt (€ 8395)	Distale Schienbeinfraktur rechts, eine Mehretagenfraktur distales Wadenbein rechts, sowie einen drittgradigen Weichteilschaden im Bereich des rechten Unterschenkels	11 Tage stationäre Behandlung im Krankenhaus mit operativen Eingriffen im Zusammenhang mit der Versorgung der Frakturen. Darüber hinaus musste sich der Kläger einer weiteren Operation unterziehen, um die zur Heilung eingefügten Metallteile wieder zu entfernen	6-jähr. Junge	Narben, Möglichkeit einer Beinlängendifferenz mit Beckenschiefstand, Wirbelsäulenskoliose und Arthrose	Die vom LG zuerkannte Schmerzensgeldsumme von € 8000 ist in Bezug auf die erlittenen Verletzungen und ihre Folgen angemessen und vertretbar. Neben der Schwere der Verletzungen und der Behandlungsdauer ist zu berücksichtigen, dass der Kläger zum Unfallzeitpunkt knapp über 6 Jahre alt war. In einem solchen Alter ist es besonders belastend, wenn er einem Krankenhausaufenthalt mit Operationen und den anschließenden starken Beeinträchtigungen (Schmerzen sowie körperliche Einschränkungen) ausgesetzt ist. Weiter ist zu berücksichtigen, dass Narben verbleiben. Die zukünftigen Folgen aus den Verletzungen sind insoweit zu berücksichtigen, als es infolge der knöchernen Verletzungen zu einer Beinlängendifferenz kommen kann mit den Folgen, dass es zu einem Beckenschiefstand und einer Wirbelsäulenskoliose kommen kann. Weiter ist zu berücksichtigen, dass dies zur Folge haben kann, dass aufgrund der Schonhaltungen weitere Beeinträchtigungen in Form einer Arthrose und der damit zusammenhängenden Folgeerscheinungen, wie sie der Kläger darlegt, möglicherweise entstehen können	OLG Bamberg 26.10.2016 5 U 137/16
392	€ 8000 (€ 9622)	Laterale Tibiakopf-Depressions-Impressionsfraktur	1 Monat Krankenhaus mit Operation, nach ca. 2 Monaten nochmals kurzer Krankenhausaufenthalt, postoperative Behandlung auf die Dauer von etwa 12 Wochen	Frau		Klägerin wurde von einem Schäferhund umgerannt und stürzte; infolge Mithaftung von 50% wurde der Klägerin lediglich ein Schmerzensgeld von € 4000 zugesprochen	OLG Frankfurt am Main 12.1.2007 19 U 217/06 NJW-RR 2007, 748
393	€ 9000 + immat. Vorbehalt (€ 10824)	Tibiakopffraktur und Rippenprellungen	2 Wochen Krankenhaus, weitere 4 Monate Versorgung mit einer Don-Joy-Schiene, nach 7 Monaten Materialentfernung	Hausfrau		Das Begehren der Klägerin, ein Teilschmerzensgeld für die jetzt schon feststehenden dauerhaften Bewegungseinschränkungen durchzusetzen, muss unberücksichtigt bleiben, da es dem Grundsatz der Einheitlichkeit des Schmerzensgeldes widerspricht. Die Klägerin hat lediglich eine noch nicht abschätzbare Arthrosegefahr als möglichen weiteren Zukunftsschaden vorgetragen. Dem ist durch den ebenfalls begründeten Feststellungsantrag Rechnung getragen	LG Köln 13.12.2006 4 O 350/06 RA Koch, Erfstadt
394	€ 9000 + immat. Vorbehalt (€ 10050)	Dislozierte Spiralfraktur des unteren linken Schienbeins mit Prellmarke, mehrfragmentäre laterale Malleolarfraktur links vom Typ Weber C	insgesamt 2 Operationen, 2 Wochen stationärer Aufenthalt, insgesamt 3 ½ Monate AU zu 100%, physiotherapeutische Behandlungen, Fixierung mit Tibiamarknagel	42-jähr. Mann, technischer Angestellter		Bei der Bemessung des Schmerzensgeldes hat das Gericht u. a. die vorsätzliche Körperverletzung durch den Beklagten berücksichtigt, welcher den Kläger zunächst geschubst hatte, dieser sodann über die Deichsel eines Bratwurstwagens fiel und mit dem linken Bein dort hängen blieb, der Beklagte trat sodann noch gezielt und auf brutale Art und Weise auf das über der Deichsel hängende Bein	OLG Celle 30.6.2011 5 U 21/11 RAe Dohrendorff & v. Hugo, Celle

Fortsetzung von »Bein - Unterschenkel - Bruch«

Lfd. Nr.	Betrag DM Euro (Anp.2019)	Verletzung	Dauer und Umfang der Behandlung; Arbeitsunfähigkeit	Person des Verletzten	Dauerschaden	Besondere Umstände, die für die Entscheidungen maßgebend waren	Gericht, Datum der Entscheidung, Az., Veröffentlichung bzw. Einsender
395	€ 10000 + immat. Vorbehalt (€ 10706)	Tibiakopfimpressionsfraktur links, Weichteilschaden Grad I, Anpassungsstörung	8 Tage stationäre Behandlung, 1 OP, 6 Wochen AU zu 100%, 4 Wochen AU zu 80%, 6 Wochen AU zu 50%, Einnahme von Antidepressiva	Fahrradfahrer, Unternehmensberater	Gonarthrose links	Die ein halbes Jahr nach dem Unfall aufgetretene posttraumatische Belastungsstörung konnte nicht als unfallkausal bewiesen werden. Bei der Bemessung des Schmerzensgeldes ist ferner zu berücksichtigen, dass die Arbeitslosigkeit und die Prädisposition bzw. Vulnerabilität auch zu der Anpassungsstörung führen. Insgesamt wurde das außergerichtlich gezahlte Schmerzensgeld i.H.v. € 10000 für ausreichend erachtet	LG Osnabrück 21.5.2014 3 O 1012/13 RA Wolfgang Koch, Erftstadt
396	20000 € 10000 (€ 13546)	Offener Schien- und Wadenbeinbruch	Langwieriger und nicht komplikationsloser Behandlungs- und Heilungsverlauf mit acht Krankenhausaufenthalten und sechs Operationen von einer Gesamtdauer von mehr als 1/2 Jahr über die Zeit von 2 1/2 Jahren	58-jähr. Frau		Klägerin blieb beim Verlassen eines Restaurants am Eingang mit Schuh im Gitterrost hängen und stürzte zu Boden; 4 Jahre nach Unfall noch Schmerzen und Bewegungseinschränkungen; Entfernung des Titannagels im Schienbein steht noch aus; psychische Belastung in Form der Ungewissheit über endgültige Heilung wurde berücksichtigt; normale Fahrlässigkeit des Beklagten	OLG Köln 15.6.1998 19 U 6/98 VersR 1999, 243
397	20000 € 10000 + immat. Vorbehalt (€ 13358)	Erstgradige offene, komplette Zweietagen-Unterschenkelfraktur links mit Kniebinnentrauma und dislozierter Tibiaschaftsfraktur	17 Tage Krankenhaus, 4 Monate auf Gehhilfen angewiesen MdE: 83 Tage 100% 53 Tage 50%	Frau	12 cm lange Narbe auf dem linken Knie, zwei ca. 5 cm lange Narben auf der rechten Innenseite unterhalb des Knies, runde Narbe an der Delle oberhalb des Knöchels, kleine Narbe oberhalb des Knöchels; Wetterfühligkeit und eingeschränkte Belastbarkeit des verletzten Knies	Unfallhergang war besonders schmerzhaft, nachdem das Unfallfahrzeug auf dem verletzten Bein zum Stehen kam; Klägerin kann korrigierende Operation der entstellenden Narben vornehmen lassen	OLG Köln 18.2.2000 19 U 87/99 VRS 98, 403
398	€ 10000 + immat. Vorbehalt (€ 10695)	Unterschenkelbruch rechts, leichte Bewegungseinschränkung im rechten Schultergelenk mit enggradig zunehmendem Bewegungsschmerz	Operative Versorgung des Bruches mit verzögerter Buchhaltung	Mann	Beeinträchtigung des rechten Armes von 1/20 des Normalen; Streckhemmung des rechten Beines von 10°	Der Unterschenkelbruch rechts ist in guter Achs- und Fragmentstellung knöchern fest verheilt. Zu berücksichtigen ist ferner, dass der Unterschenkelbruch operativ gerichtet werden musste und die anschließende Knochenbruchheilung verzögert verlief, Metallteile rechts verblieben sind, diese aber reizlos einliegen. Des Weiteren zu berücksichtigen sind die Dauerschäden. Unter Berücksichtigung all dieser Unfallfolgen erscheint die Zuerkennung eines Schmerzensgeldes von € 10000 vorliegend nach Ansicht des Senates angemessen und überzeugend	Thüringer OLG 23.2.2016 5 U 724/14

● Mithaftung (siehe vorletzte Spalte)

Lfd. Nr.	Betrag DM Euro (Anp.2019)	Verletzung	Dauer und Umfang der Behandlung; Arbeitsunfähigkeit	Person des Verletzten	Dauerschaden	Besondere Umstände, die für die Entscheidungen maßgebend waren	Gericht, Datum der Entscheidung, Az., Veröffentlichung bzw. Einsender
\multicolumn{8}{l}{**Fortsetzung von »Bein - Unterschenkel - Bruch«**}
399	€ 10 000 ● (€ 10 652)	Offene Unterschenkelfraktur mit Quetschung des rechten Unterschenkels, Nekrosen	Insgesamt 44 Tage stationäre Behandlung, 7 Operationen	Mann		50% Mithaftung. Der Kläger spazierte auf einem geteerten Weg, an dessen Seite sich Holzpolter befanden (ca. 2 m hoch und 2,5 bis 4 m lang). Einer der beiden Hunde des Klägers lief auf den Holzpolter. Der Kläger folgte aus Sorge hinauf. Daraufhin lösten sich Holzstämme und klemmten das Bein des Klägers ein. Die professionell im Holzgeschäft tätigen Beklagten haften wegen einer Verkehrssicherungspflichtverletzung. Der Kläger ließ sich in einer weiteren Operation das durch den Unfall um 5,5 cm verkürzte Bein wieder verlängern und ist ersichtlich in seiner Lebensführung eingeschränkt	LG Bonn 18.7.2014 4 O 102/13 Justiz NRW
400	€ 11 000 ● + immat. Vorbehalt (€ 11 717)	Drehbruch des Unterschenkels	Operationen, verzögerter Heilungsverlauf	Mann	Missempfindungen durch Nervschädigung	Bei der Bemessung des Schmerzensgeldes waren die verletzungsbedingten Beeinträchtigungen, der lange Heilungsverlauf, das Erfordernis einer weiteren Operation und die Missempfindungen zu berücksichtigen. In die Abwägung einbezogen hat der Senat zudem den Versuch des Beklagten zu 1, sich den Feststellungen der Polizei durch Flucht zu entziehen, und die leichtfertige und unangemessene Gefährdung des Klägers mit seinem Wagen. Jedoch hat der Senat als Mitverschulden, § 9 StVG, § 254 BGB, berücksichtigt, dass der Kläger sich aus nichtigem Anlass dem Beklagten zu 1 in den Weg gestellt hatte. Für ihn gilt entsprechend, dass angesichts der nahenden Polizei kein Anlass bestand, den Beklagten zu 1 dergestalt am Wegfahren zu hindern, dass er sich in die Gefahr einer Körperverletzung brachte, als er sich dem Wagen in den Weg stellte. Das Nummernschild erkennen zu wollen, wie es der Kläger hat vortragen lassen, erfordert und rechtfertigt dieses Verhalten nicht, denn es wäre ohne Weiteres auch von der Seite oder von hinten erkennbar gewesen. Das Mitverschulden bewertet der Senat mit 25%. Das Verhalten des Klägers ist bei der Bemessung des Schmerzensgeldes mit zu berücksichtigen, es fällt allerdings gegen das grob fahrlässige Handeln des Beklagten zu 1, mit einem Wagen auf einen Menschen zuzufahren, nicht allzu schwer ins Gewicht	OLG Celle 10.12.2015 5 U 64/15

Urteile lfd. Nr. 401 – 404 Bein

Lfd. Nr.	Betrag DM **Euro** *(Anp.2019)*	Verletzung	Dauer und Umfang der Behandlung; Arbeitsunfähigkeit	Person des Verletzten	Dauerschaden	Besondere Umstände, die für die Entscheidungen maßgebend waren	Gericht, Datum der Entscheidung, Az., Veröffentlichung bzw. Einsender
\multicolumn{8}{l}{Fortsetzung von »Bein - Unterschenkel - Bruch«}							
401	€ 12 000 + immat. Vorbehalt Teil-schmerzensgeld *(€ 12 421)*	Erstgradig offene nicht dislozierte Fraktur des Schien- und Wadenbeins links, 3 Rippenfrakturen links mit Kollaps des linken Lungenflügels	Insgesamt 16 Tage stationärer Aufenthalt, bisher 1 OP, 6 Monate AU zu 100%, Krücken	Mann	20% MdE, Belastungseinschränkung am linken Unterschenkel	Bei dem erkannten Schmerzensgeld handelt es sich um ein Teilschmerzensgeld im Wege der offenen Teilklage. Es findet deutsches Recht Anwendung, da die Beteiligten ihren Wohnsitz in der BRD haben. Der Beklagte stieß mit dem Kläger auf einer Skipiste in Österreich zusammen. Zudem sind die psychischen Belastungen zu berücksichtigen, die naturgemäß mit der bereits heute bestehenden Gewissheit einhergehen, dass eine weitere Operation erforderlich sein wird (Metallentfernung) und auch mit Spätfolgen wie u.a. Arthrose und LWS-Beschwerden zu rechnen ist	LG Köln 15.8.2017 30 O 53/17 Landesrechtsprechungsdatenbank NRW
402	€ 12 000 ● + immat. Vorbehalt *(€ 13 331)*	Offene Unterschenkelfraktur III. Grades rechts	3 ½ Wochen stationärer Aufenthalt, insgesamt 5 Monate AU zu 100%, weiter 2 ½ Monate AU zu 50%	Mann		Mithaftung 30%. Das Bein konnte über mehrere Jahre hinweg nicht voll belastet werden	LG Memmingen 1.9.2011 23 O 680/11 RA Achim Wichtermann, Dorfen
403	€ 12 500 *(€ 13 342)*	Offene Unterschenkelfraktur zweiten Grades am linken Bein mit Durchspießung der Haut im distalen Drittel des Unterschenkels	Operation, danach ambulante Behandlung; 5 ½ Monate AU	Frau	Bewegungseinschränkung, Schmerzen	Erleidet der Geschädigte eine offene Unterschenkelfraktur zweiten Grades am linken Bein mit Durchspießung der Haut im distalen Drittel des Unterschenkels, ist er für einen Zeitraum von 5 ½ Monaten arbeitsunfähig und auch in seiner Erwerbstätigkeit als Selbstständiger erheblich eingeschränkt, besteht noch ca. 1 ½ Jahre nach dem Unfallereignis ein leichter Belastungsschmerz beim Laufen, liegt noch eine Kraftminderung, Gefühlsminderung im Bereich des Unterschenkels und am Fußrücken/Narben vor, wurde eine geringe Muskelmassenminderung im Bereich des Oberschenkels, mehr noch im Bereich des Unterschenkels festgestellt und Narben am linken Knie und Unterschenkel mit teilweiser Minderung der Hautsensibilität, so ist ein Schmerzensgeld i.H.v. € 12 500 angemessen	OLG Frankfurt am Main 1.12.2014 13 U 122/13 juris
404	€ 14 000 ● + immat. Vorbehalt *(€ 17 129)*	Schienbeinkopfbruch links, sprunggelenknahe Schienbeinfraktur links, Bruch des Wadenbeinköpfchens links, Entenschnabelbruch des rechten Fersenbeins	7 Wochen Krankenhaus MdE: weiteres Vierteljahr 70% weiteres Vierteljahr 50%	76-jähr. Frau	MdE: 30%	Mithaftung 30%. Es verbleiben eingeschränkte Beweglichkeit, Bewegungs- und Belastungsschmerzen der posttraumatischen Kniegelenksarthrose links und der unfallbedingten Kniebandschwäche links sowie der nicht ideal verheilten Fersenbeinfrakur rechts. Absehbar sei, dass links unfallbedingt ein endoprothetischer Kniegelenksersatz erforderlich werde	LG München I 19.1.2006 19 O 4075/04 RA Krumbolz, München

● Mithaftung (siehe vorletzte Spalte)

Lfd. Nr.	Betrag DM **Euro** *(Anp.2019)*	Verletzung	Dauer und Umfang der Behandlung; Arbeitsunfähigkeit	Person des Verletzten	Dauerschaden	Besondere Umstände, die für die Entscheidungen maßgebend waren	Gericht, Datum der Entscheidung, Az., Veröffentlichung bzw. Einsender

Fortsetzung von »Bein - Unterschenkel - Bruch«

Lfd. Nr.	Betrag	Verletzung	Dauer/Behandlung	Person	Dauerschaden	Besondere Umstände	Gericht
405	€ 14 000 ● + immat. Vorbehalt *(€ 16 108)*	Schienbeinfraktur, Riss- und Quetschwunden im linken Kniebereich und am linken Unterschenkel, Schwellung im Bereich des Wadenbeins	7 Wochen Krankenhaus; in dieser Zeit hatte sich krankhaftes vom gesunden Gewebe am linken Unterschenkel getrennt, wobei es zu einer trockenen Hautnekrose kam, die entfernt werden musste; Transplantation einer großflächigen Spalthaut vom linken Oberschenkel an den linken Unterschenkel; ca. 4 Monate arbeitsunfähig	Junger Motorradfahrer	Erhebliche Narben am linken Ober- und Unterschenkel, Bewegungseinschränkung und Schwellneigung des linken Beins, linke Wade unförmig	Kläger kann sich nicht altersgerecht sportlich betätigen; gewisse, im Urteil jedoch nicht quotierte Mithaftung, da Kläger an den Beinen keine Schutzkleidung getragen hat; eine solche ist wohl nicht vorgeschrieben, wird jedoch von sämtlichen maßgeblichen Verbänden empfohlen; Kläger ist daher bewusst ein erhebliches Verletzungsrisiko eingegangen	Brandenburgisches OLG 23.7.2009 12 U 29/09
406	30 000 € 15 000 *(€ 20 038)*	Fraktur des linken Unterschenkels, multiple Prellungen mit auftretenden Entzündungen und Vereiterungen während der Heildauer	5 Krankenhausaufenthalte innerhalb von 16 Monaten von insgesamt 7 Wochen mit fünf Operationen, anfangs 4 ½ Monate Fixateur externa am Unterschenkel; in der ersten Zeit auf Rollstuhl angewiesen	18-jähr. Schüler	Multiple Narben im Bereich des linken Unterschenkels, Muskelminderung um 1 cm am linken Oberschenkel, Taubheitsgefühl an der linken Großzehe, endgradige Bewegungseinschränkung des linken OSG, Verplumpung linkes OSG (Umfangzunahme 1 cm), Belastungsschmerzen	Teilweise sehr schmerzhafte Behandlungen; Belastung durch den Fixateur externa war erheblich; Entzündungen erforderten monatelang Einnahme von Antibiotika, die nach allg. Lebenserfahrung eine Einschränkung des körperlichen Wohlbefindens bedeuten; Einschränkung in der Ausübung von Sport; zögerliches Regulierungsverhalten	LG Hildesheim 4.1.2000 3 O 167/99 RA Esser, Gifhorn
407	€ 15 000 + immat. Vorbehalt *(€ 16 272)*	Schienbeinkopf-Mehrfragmentfraktur rechts mit auslaufender Torsionsfraktur in der proximalen Schienbeinmetaphyse, Fraktur des Innenknöchels und Syndesmosenruptur des rechten Unterschenkels, partielletiefe Unterschenkelvenenthrombose rechts	18 Tage stationäre Behandlung mit Operation; danach 20 Tage lang Reha-Maßnahme	58-jähr. Mann	Beeinträchtigungen aufgrund der Venenthrombose und Funktionsbeeinträchtigungen des rechten Sprunggelenks	Der Senat geht davon aus, dass zusätzlich zu den in den Vergleichsfällen berücksichtigten Gesichtspunkten darauf abzustellen ist, dass der Kläger nach den Feststellungen des Sachverständigen an Dauerfolgen leidet, nämlich an einer Umfangsvermehrung und lymphödematösen Abflussstörungen nach stattgehabter Unterschenkelvenenthrombose rechts, eine erhebliche Funktionseinschränkung im Bereich des rechten Sprunggelenks bezüglich der Dorsalextension und endgradige Plantarflexion, eine verbliebene Gelenkinstabilität des rechten Sprunggelenks mit der Notwendigkeit des Tragens von orthopädischem Schuhwerk, ein Schonhinken zugunsten der rechten Seite, morgendliche Anlaufbeschwerden im rechten Sprunggelenk sowie eine Kraft- und Gebrauchsminderung im Bereich des rechten Beins	Saarländisches OLG 4.12.2012 4 U 219/11 RAe Rapräger, Hofmann & Partner, Saarbrücken

● Mithaftung (siehe vorletzte Spalte)

Lfd. Nr.	Betrag DM **Euro** *(Anp.2019)*	Verletzung	Dauer und Umfang der Behandlung; Arbeitsunfähigkeit	Person des Verletzten	Dauerschaden	Besondere Umstände, die für die Entscheidungen maßgebend waren	Gericht, Datum der Entscheidung, Az., Veröffentlichung bzw. Einsender
Fortsetzung von »Bein - Unterschenkel - Bruch«							
408	€ 15 000 ● + immat. Vorbehalt *(€ 17 486)*	Offene Unterschenkelschaftfraktur rechts mit einem beginnenden Kompartmentsyndrom	5 Wochen Krankenhaus; Operation mit Anlage eines Fixateur externe, der kurz darauf wieder entfernt und durch eine statische Verriegelungsnagelung ersetzt wurde; anschließend Hauttransplantation vom rechten Oberschenkel; nach 1 ½ Jahren operative Entfernung des Marknagels	17-jähr. Jugendlicher	Beeinträchtigung des Gangbildes, Muskelminderung am rechten Oberschenkel, endgradige Bewegungseinschränkung im rechten Kniegelenk sowie im rechten oberen und unteren Sprunggelenk, rechter Unterschenkel um 1 cm verkürzt; Operationsnarben; MdE von 10%	Mitverschulden von ⅓ bei Verkehrsunfall; zu berücksichtigen ist, dass Kläger und Beklagter befreundet waren	Brandenburgisches OLG 20.12.2007 12 U 141/07 VRS 2008, 248
409	€ 20 000 *(€ 23 012)*	Offener Unterschenkelbruch links mit Kompartement-Syndrom, traumatischer Hodenhochstand, multiple Schürfverletzungen, Gehirnerschütterung, Kopfplatzwunde rechts mit flächigem Haardefekt und Quetschung des Hirngewebes	3 Krankenhausaufenthalte über einen Gesamtzeitraum von 24 Tagen	jugendlicher Mann	Narbe am linken Unterschenkel	Kläger kann aufgrund der Verletzungen verschiedene Sportarten nicht mehr ausführen	AG Ravensburg 20.10.2009 7 C 1102/08 RA Edgar Zimmermann
410	€ 20 000 + immat. Vorbehalt *(€ 24 813)*	Tibiakopffraktur am linken Knie sowie Handwurzelprellung links	Zwei Krankenhausaufenthalte von einmal 7 Wochen und zum anderen 4 Tage, MdE: 15 Monate 100% 1 Monat 60% 1 Monat 40% bis auf weiteres 30%	60-jähr. Mann	MdE: 30%, davon 5% wegen Vorschädigung	Bei der Bemessung des Schmerzensgeldes legte das Gericht zugrunde, dass der Kläger nach wie vor unter einer posttraumatischen Gonarthrose mit besonderem Betroffensein des lateralen Gelenkanteils und einer Instabilität des lateralen Seitenbandes bei leichter Verschmächtigung der Oberschenkelmuskulatur links sowie einer Schädigung des Nervus peroneus comunis mit vorwiegendem Betroffensein der sensiblen Äste sowie einer leichten Hypotrophie des M. extensor digitorum brevis links leidet. Es ist zu einer Stufenbildung im äußeren Bereich des linken Tibiakopfes gekommen, was den Kläger dauerhaft beeinträchtigen wird	LG Münster 14.2.2005 11 O 403/02 RAe Wulfes & Weiss, Westerkappeln

● Mithaftung (siehe vorletzte Spalte)

Lfd. Nr.	Betrag DM **Euro** *(Anp.2019)*	Verletzung	Dauer und Umfang der Behandlung; Arbeitsunfähigkeit	Person des Verletzten	Dauerschaden	Besondere Umstände, die für die Entscheidungen maßgebend waren	Gericht, Datum der Entscheidung, Az., Veröffentlichung bzw. Einsender

Fortsetzung von »Bein - Unterschenkel - Bruch«

Lfd. Nr.	Betrag	Verletzung	Dauer	Person	Dauerschaden	Besondere Umstände	Gericht
411	€ 20 000 + immat. Vorbehalt *(€ 21 009)*	Rechter Unterschenkel sowie rechtes Sprunggelenk eines Joggers wurden von den Rädern eines Pferdeanhängers überrollt mit der Folge entsprechender multipler Frakturen	6 operative Eingriffe; MdE 30%	57-jähr. Mann	Fortdauernder Ruheschmerz bei längerer sitzender Tätigkeit und andauernder Belastungsschmerz bei längerem Stehen	Bei der Bemessung sind der komplette Unterschenkelschaftbruch, die begleitende Verletzung des oberen Sprunggelenks am rechten Unterschenkel mit Schienbeinschaftbruch sowie hohem Wadenbeinbruch und Absprengung des Hinterrandes am unteren Ende des Schienbeins, der Außenknöchelbruch vom Typ Weber C mit Sprengung der Bandverbindung zwischen Wadenbein und Schienbein im Sprunggelenksbereich, die insgesamt sechs operativen Eingriffe, die stationären und ambulanten Behandlungen, der Zeitraum der Arbeitsunfähigkeit, der fortdauernde Ruheschmerz bei längerer sitzender Tätigkeit und andauernde Belastungsschmerz bei längerem Stehen, die dauerhafte Minderung der Erwerbsfähigkeit um 30% in der bis zum Unfall ausgeübten Art der anwaltlichen Tätigkeit sowie als besondere Belastungen im privaten Bereich die Einschränkung in der Ausübung von Sport (Aufgabe des Dauerlaufsports) und die unfallbedingte Verlagerung der anwaltlichen Tätigkeit auch auf die Abendstunden und das Wochenende einzubeziehen	OLG Frankfurt am Main 8.7.2016 10 U 150/14

Fortsetzung von »Bein - Unterschenkel - Bruch«

Lfd. Nr.	Betrag DM Euro (Anp.2019)	Verletzung	Dauer und Umfang der Behandlung; Arbeitsunfähigkeit	Person des Verletzten	Dauerschaden	Besondere Umstände, die für die Entscheidungen maßgebend waren	Gericht, Datum der Entscheidung, Az., Veröffentlichung bzw. Einsender
412	€ 20 000 + immat. Vorbehalt (€ 21 155)	Unterschenkelfraktur durch regelwidrig „gestrecktes Bein" beim Fußballspiel: offener Bruch von Waden- und Schienbein mit Aufsplitterung des Knochens	Zunächst operativ geschlossene Frakturreposition und Ostheosynthese mit Nagel. Noch am Operationstag entwickelte sich ein zunehmendes Kompartmentsyndrom des linken Unterschenkels, so dass einer Kompartmentspaltung und im Weiteren mehrere Revisionen durchgeführt werden mussten. Danach kam es zu einer Spalthautnekrose, die weitere Operationen erforderte. Wegen unzureichender Knochenheilung musste der linke Unterschenkel revidiert werden und ein Wechsel des Marknagels mit Nachreposition der Fraktur durchgeführt werden. Später wurde eine Entfernung der Marknagels unter Belassung von zwei interfragmentären Schrauben aufgrund der Weichteilsituation durchgeführt. Insgesamt erfolgten 18 Operationen bei insgesamt fast 5 Monaten stationärer Behandlungen	26-jähr. Mann	Weichteildefekt am linken Unterschenkel mit eingezogener Haut, dadurch eingeschränkte Fuß- und Zehenhebung links mit einer Kraftminderung. Beweglichkeit des linken Sprunggelenks ist eingeschränkt. Multiple Narben am linken Ober- und Unterschenkel. Mit einer weiteren Verbesserung des Lokalbefundes am linken Unterschenkel und der Funktion des Beines ist nicht zu rechnen. Möglichkeit der Entstehung einer Arthrose am linken Kniegelenk und linken Sprunggelenk sowie einer Verschlechterung der instabilen Narbensituation im Bereich des Defektes	Im Hinblick auf die Folgen des Unfalls und die dauerhafte Einschränkung hält der Senat einen Schmerzensgeldbetrag von € 20 000 für angemessen. Dabei hat der Senat bereits berücksichtigt, dass es sich um eine Sportverletzung im Rahmen eines Fußballspiels handelt. Zu der Höhe wird insbesondere auf vergleichbare Entscheidungen des LG Nürnberg-Fürth vom 25.3.2010 (Az. 8 O 3107/08) und des LG Chemnitz vom 2.10.1996 (Az. 7 O 16/96) Bezug genommen. Das OLG München hat in einer Entscheidung vom 26.5.2010 (Az. 20 U 5620/09) ein Schmerzensgeld von € 25 000 ausgeurteilt	OLG Nürnberg 29.6.2015 2 U 2269/13
413	€ 25 000 (€ 31 607)	Tibiakopffraktur links, erhebliche Prellung am rechten Ellbogen, die sich zu einem 10 x 10 cm großen Hämatom entwickelte	Mehrmonatiger Krankenhausauf enthalt in verschiedenen Fachkliniken, 56-malige krankengymnastische Behandlungen, MdE: 6 Monate 100% weitere 4 Monate 50% anschließend 30%	Ungelernte Laborkraft und Putzfrau	Abgesunkenes linkes Schienbeinkopfplateau, Narbenbildung über dem linken Kniegelenk, Bewegungseinschränkung des linken Kniegelenks, Muskelverschmächtigung des linken Beines, funktionelle Beinverkürzung durch Streckdefizit von 15°; MdE: 30%	Wegen Gangbehinderung besteht die Notwendigkeit, einen Gehstock in der rechten Hand tragen zu müssen	LG München I 11.12.2003 19 O 16437/02 VorsRiLG Krumbholz
414	€ 25 000 (€ 28 703)	Offene Unterschenkelfraktur dritten Grades links mit drittgradigem Weichteilschaden und Kompartmentsyndrom, Verletzung der vorderen Schienbeinschlagader, ausgeprägtes Decollement	50 Tage Krankenhaus, mehr als 20 Operationen, nahezu 200 physiotherapeutische Heilbehandlungen	18-jähr. Schüler	Mäßiggradige Bewegungseinschränkung des linken oberen und unteren Sprunggelenks, Narben am Unterschenkel, MdE: 10%	Gestörte Frakturheilung des Beines; nach über einem Jahr noch Knochenumbauprozesse der Tibia links im Frakturbereich; Kläger musste wegen unfallbedingter Ausfallzeit in der Schule die 12. Jahrgangsstufe wiederholen; wegen Mitverschulden von 50% wurde lediglich ein Schmerzensgeld von € 12 500 zugesprochen	Brandenburgisches OLG 25.8.2009 12 W 40/09 SP 2010, 75

● Mithaftung (siehe vorletzte Spalte)

Lfd. Nr.	Betrag DM Euro *(Anp.2019)*	Verletzung	Dauer und Umfang der Behandlung; Arbeitsunfähigkeit	Person des Verletzten	Dauerschaden	Besondere Umstände, die für die Entscheidungen maßgebend waren	Gericht, Datum der Entscheidung, Az., Veröffentlichung bzw. Einsender
\multicolumn{8}{l}{**Fortsetzung von »Bein - Unterschenkel - Bruch«**}
415	€ 25 000 *(€ 28 487)*	Komplette geschlossene distale Unterschenkelfraktur mit Beteiligung der tibialen Gelenkflächen mit Weichteilschaden Grad II	20 Tage stationäre Behandlung	Frau	Das verletzte Bein ist nicht mehr belastbar, weist erhebliche Operationsnarben auf und schwillt bereits bei geringer Belastung an; zudem ist mit Folgebeschwerden wie einer posttraumatischen Arthrose zu rechnen	Die Klägerin hat die notwendigen therapeutischen Maßnahmen, die notgedrungen mit einer Trennung von ihren Kindern verbunden waren, als nicht nur körperlich, sondern auch seelisch belastend empfunden. Ferner wurden die bleibenden unfallbedingten Einschränkungen der Klägerin sowie die zu befürchtenden Spätfolgen bei der Festsetzung des Schmerzensgeldes mit herangezogen. Gleiches gilt für die Tatsache, dass die Klägerin als relativ junge Frau die Narben am Bein sowie die Schwellneigung nicht nur als körperliche Beeinträchtigung, sondern auch als entstellend empfindet und sich bei der Kleidung und in der Auswahl möglicher Freizeitaktivitäten eingeschränkt sieht	OLG München 26.5.2010 20 U 5620/09
416	€ 25 000 ● + immat. Vorbehalt *(€ 27 203)*	Bei dem Unfall (Sturzes auf einer Eisfläche auf einem Tankstellengelände) zog sich der Kläger Verletzungen zu, u. a. eine mehrfache Fraktur des rechten Unterschenkels und ein postoperatives Kompartment-Syndrom, d. h. Durchblutungsstörungen mit der Folge von Gewebe- und Nervenschädigungen	Kläger musste insgesamt viermal operiert werden, ist seit dem Unfall arbeitsunfähig und bezieht eine Erwerbsunfähigkeitsrente	Mann	Gebrauchsbeeinträchtigung des verletzten Beins und Schmerzen	Was die Höhe des Schmerzensgeldes anbelangt, teilt der Senat die Auffassung des LG. Die zuerkannten € 25 000 sind angemessen. Der Einzelrichter hat bei der Bemessung der Höhe des Schmerzensgeldes berücksichtigt, dass der Kläger noch in schmerztherapeutischer Behandlung ist. Der Senat ist – ebenso wie das LG – der Überzeugung, dass der Kläger die Verletzungsfolgen eher übertrieben dargestellt hat. Die behaupteten psychologischen Schäden (Depression) können nach den Feststellungen des LG, an die der Senat nach § 529 Abs. 1 Nr. 3 ZPO mangels entgegenstehender konkreter Anhaltspunkte gebunden ist, nicht als unfallursächlich angesehen werden. Mitverschulden von einem Drittel	OLG Oldenburg (Oldenburg) 13.11.2012 13 U 61/11
417	70 000 € 35 000 + immat. Vorbehalt *(€ 47 230)*	Verletzungen des linken Beins mit Luxation der linken Hüfte; Acetabulumfraktur, Oberschenkelfraktur, traumatische Kniegelenksöffnung mit Patellaluxation, Abriss der Patellasehne, Knorpel-Flake-Fraktur laterale Oberschenkelrolle, drittgradig offener Schienbeinstückbruch mit Knochendefekt, distale Wadenbeinfraktur	Insgesamt 18 Wochen Krankenhausbehandlung mit mehreren Operationen innerhalb von 3 Jahren	Jugendlicher	Schaden des linken Beins von 3/10 mit ausgeprägter Narbenbildung, die weit über das übliche Maß hinausgeht; körperliche Belastbarkeit bei sportlichen Aktivitäten zu 80% eingeschränkt, der normale Körpereinsatz um 50%; MdE: 30%	Die Unfallfolgen bedeuten gerade für einen jungen Menschen eine erhebliche Belastung und Beeinträchtigung der Lebensfreude; durch die Narben und Schmerzen sowie der stark eingeschränkten körperlichen Belastbarkeit wird er immer wieder an den Unfall erinnert; aufgrund einer posttraumatischen Arthrose muss er mit einer Verschlechterung rechnen	LG Kleve 3.7.1998 1 O 47/98 SP 1999, 12
418	70 000 € 35 000 *(€ 45 551)*	Offene Unterschenkelfraktur links 1. Grades mit Pseudoarthrose	Komplizierter und langwieriger Heilungsverlauf mit mehreren stationären Behandlungen innerhalb von 5 Jahren mit 6 Operationen; Pseudoarthrose war nach 5 Jahren ausgeheilt	43-jähr. ungelernter Arbeiter	Beinlängendifferenz von 7 cm im Unterschenkelbereich, massive, starre Bewegungseinschränkungen des oberen Sprunggelenks und Wackelsteife im unteren Sprunggelenk; ausgedehnte Narben am Unterschenkel, die zu Durchblutungsstörungen führen, Beeinträchtigung der Zehenbewegung links; Tragen von orthopädischem Schuhwerk	Psychische Belastung vor allem im Hinblick auf eine über Jahre bestehende Angst vor einer Fußamputation; körperlich belastende Tätigkeit nicht mehr möglich, was sich besonders nachteilig auswirkt, da Kläger keine Berufsausbildung hat, sondern ungelernter Arbeiter ist; leichte, sitzende Tätigkeit zwar möglich, jedoch Schwierigkeiten bei Realisierung	OLG Frankfurt am Main 17.10.2001 23 U 212/00 NJW-RR 2002, 815

Lfd. Nr.	Betrag DM Euro (Anp.2019)	Verletzung	Dauer und Umfang der Behandlung; Arbeitsunfähigkeit	Person des Verletzten	Dauerschaden	Besondere Umstände, die für die Entscheidungen maßgebend waren	Gericht, Datum der Entscheidung, Az., Veröffentlichung bzw. Einsender
Fortsetzung von »Bein - Unterschenkel - Bruch«							
419	€36 000 Teilschmerzensgeld (€ 43 445)	Tibiakopftrümmerfraktur rechts, Rippenserienfraktur 2. bis 5. Rippe rechts mit traumatischem Hämatopneumothorax sowie Kahnbeinfraktur am linken Handgelenk	Mehrere Krankenhausaufenthalte und Operationen	39-jähr. Betriebsinhaber	Instabilität des Kniegelenks mit hinkendem Gangbild und die Notwendigkeit der Benutzung einer Unterarmstütze	Implantation einer Kniegelenksprothese in naher Zukunft ist unumgänglich. Der Kläger hat zulässigerweise einen Teilschmerzensgeldanspruch zeitlich begrenzt auf die bei Schluss der mündlichen Verhandlungen vorliegenden Beeinträchtigungen erhoben, denn hinsichtlich des Knies liegt eine Besonderheit darin, dass nicht ein Unfall mit Verletzungsfolgen geltend gemacht wird, die im Zeitpunkt der letzten mündlichen Verhandlung eine Ausprägung gefunden haben, die Dauerfolgen erkennen und abschätzen lässt, sondern ein sich fortschreitend verschlimmernder Verlauf sicher ist. Dabei ist allerdings der genaue Zeitpunkt der Implantation ebenso ungewiss wie die Gestaltung des prothetischen Ersatzes, erst recht aber der Verlauf der Operation und die sich daran anschließende Entwicklung	LG Mannheim 26.7.2006 1 O 164/04 RA Scherer, Osthofen
420	75 000 €37 500 + immat. Vorbehalt (€ 50 862)	Offene Unterschenkelfraktur 1. Grades links mit Dislokation und ausgedehnter Weichteilkontusion, ausgedehnte Weichteilquetschungen sowie eine tiefe Risswunde im Bereich der Ohrmuschel	MdE: über 13 Monate 100% 10 1/2 Monate 30%	53-jähr. Reiseleiterin	MdE: 20%	Spätere Verschlimmerung nicht voraussagbar, aber möglich. Verzögerter Heilverlauf durch einen knöchernen partiellen Defekt in der Bruchzone, der letztlich eine Fehlstatik zur Folge hat, die sich schädigend auf die angrenzenden Gelenke auswirken kann	LG München I 25.9.1998 19 O 21100/94 VorsRiLG Mü I Krumbholz
421	80 000 € 40 000 + immat. Vorbehalt (€ 54 253)	Kettenfraktur des linken Beins mit dislozierter offener Oberschenkelfraktur 1. Grades und offener kompletter Unterschenkelstückfraktur 3. Grades, lange Durchspießung des proximalen Knochenfragments durch die Haut im Bereich des linken Oberschenkels, massive Hämatombildung und 4 cm lange Rissquetschwunde im linken Unterschenkelbereich; Prellmarke am Abdomen	7 Krankenhausaufenthalte innerhalb von 2 Jahren auf die Dauer von insgesamt 10 Wochen mit Fixierung der Frakturen und 2 Hauttransplantationen; über 1 Jahr psychologische Behandlung; 8 Monate auf Gehstöcke angewiesen, 3 Monate zu 100% schulunfähig krank, 2 Monate zu 70%, 2 1/2 Monate zu 40%, bis auf Weiteres zu 30% Behinderung in der Arbeits- und Leistungsfähigkeit	16-jähr. Schülerin	Erhebliche Entstellungen des linken Beins, geringgradige Instabilität des linken Kniegelenks, Bewegungseinschränkung im linken oberen Sprunggelenk, erhebliche Schwellneigung des gesamten linken Beins, das minderbelastbar ist; Schmerzen im linken Bein bei längerem Gehen und Stehen; Bein knickt beim Laufen ab; Gebrauchsminderung des linken Beins ist mit 40% zu bewerten	Wegen Depressionen und Angstzuständen war psychologische Behandlung erforderlich, Beeinträchtigungen im sozialen Bereich; Klägerin beendete Beziehung zum Partner; Klägerin kann kaum noch Sport treiben; optische Beeinträchtigungen des linken Beins führen im weiteren Leben zu erheblichen Belastungen und Einschränkungen; Verhalten des Beklagten an der Grenze zur groben Fahrlässigkeit	LG Aachen 18.12.1998 9 O 292/96 RAe Wartensleben & Partner, Stolberg

● Mithaftung (siehe vorletzte Spalte)

Lfd. Nr.	Betrag DM **Euro** *(Anp.2019)*	Verletzung	Dauer und Umfang der Behandlung; Arbeitsunfähigkeit	Person des Verletzten	Dauerschaden	Besondere Umstände, die für die Entscheidungen maßgebend waren	Gericht, Datum der Entscheidung, Az., Veröffentlichung bzw. Einsender

Fortsetzung von »Bein - Unterschenkel - Bruch«

Lfd. Nr.	Betrag	Verletzung	Dauer/Behandlung	Person	Dauerschaden	Besondere Umstände	Gericht
422	80 000 € 40 000 + immat. Vorbehalt *(€ 50 813)*	Drittgradig offene pilontibiale Fraktur mit distaler Fibula-Fraktur rechts	18 Tage Krankenhaus mit einer mehrstündigen Operation, nach 3 Monaten viertägiger Krankenhausaufenthalt zur Entfernung der Fixateure und Gipsanlegung; in der Folgezeit Auftreten einer Wundinfektion, in deren Verlauf erneute Operationen erforderlich wurden, in diesem Zusammenhang 8 Krankenhausaufenthalte von insgesamt 17 Wochen, Operationen mit Knochenaktivierung durch Entnahme von Spongiosa aus dem Beckenkamm, dauerhafte Implantierung eines Schienbeinmarknagels; 1 1/2 Jahre arbeitsunfähig	Mann	Versteifung des oberen und unteren Sprunggelenks rechts, Verkürzung des rechten Beins um 5 cm mit Spitzfußstellung, verminderte Sensibilität des rechten Fußes, Verminderung des rechten Oberschenkelumfangs um 1/2 cm und des Unterschenkels um 3 cm, Narbenbildung ventral, Oberschenkel, Sprunggelenk, Beckenbereich; erhebliche Einschränkung der Funktionsfähigkeit des rechten Beins; MdE: 30%	Kläger erkannte querstehenden Pkw des Bekl. zu spät. Kläger hatte ständige Angst vor Amputation des Unterschenkels; Beeinträchtigung jedweder Form von Freizeitbeschäftigung; infolge Mithaftung reduziert sich Schmerzensgeld auf DM 53 394 *(€ 26 697)*	LG Dortmund 28.3.2003 21 O 340/02 RAe Leonard u. Witte, Recklinghausen
423	80 000 € 40 000 + immat. Vorbehalt *(€ 51 995)*	Offene Unterschenkelfraktur links 3. Grades, Frakturen der Hüftgelenkspfannen beidseits, Weichteilverletzung am rechten Ellenbogen mit Schleimbeuteleröffnung, Basisfrakturen des dritten und vierten Mittelhandknochens rechts, Gehirnerschütterung, Peronaeusläsion links, Harnleiterriss	2 Krankenhausaufenthalte von ca. 5 Monaten und 3 1/2 Wochen mit 12 operativen Eingriffen, wobei 11 in den ersten beiden Monaten vorgenommen wurden; Eingriffe waren von unterschiedlicher Schwere und dauerten teilweise stundenlang, später Infektion am linken Unterschenkel; über 90 Röntgenaufnahmen; 15 Monate nach Unfall 4 Wochen teilweise schmerzhafte Reha; während der ambulanten Nachsorge 160–170 Behandlungen (Gymnastik, Massagen, Krafttraining)	Junger kaufm. Angestellter	Erhebliche Bewegungseinschränkungen des linken oberen und unteren Sprunggelenks mit Beschwerden, Arthrose am oberen Sprunggelenk, Einschränkung der Zehengelenksbeweglichkeit links, erhebliche Muskelminderung am linken Bein, Verminderung des Umfangs des linken Fußes, erhebliche Gangbildstörung mit Abrollstörung, erhebliche Beeinträchtigung beim Barfußlaufen, erforderliche Einlagen und Unterschenkelkompressionsstrumpf links, endgradige Funktionsbehinderung des rechten Hüftgelenks mit Beschwerden bei längerer Zwangshaltung; MdE: 40%	Außerordentlich langwierige und belastende operative Versorgung. Bei Ausübung des kaufmännischen Berufs durch Schmerzen am rechten Hüftgelenk belastet, das bei längerem Sitzen auftritt. Beim Stehen und Gehen Beeinträchtigung durch Schmerzen im linken Bein; Kläger kann nicht mehr Skifahren, Laufdisziplinen ausüben etc., kann auch nicht mehr wandern; immat. Vorbehalt, da eine Verschlimmerung der Arthrose im linken oberen Sprunggelenk und das Entstehen einer solchen im rechten Hüftgelenk möglich sind	LG Hechingen 14.9.2001 2 O 317/00 RAe Dr. Erbe & Koll., Albstadt

Fortsetzung von »Bein - Unterschenkel - Bruch«

Lfd. Nr.	Betrag DM Euro (Anp.2019)	Verletzung	Dauer und Umfang der Behandlung; Arbeitsunfähigkeit	Person des Verletzten	Dauerschaden	Besondere Umstände, die für die Entscheidungen maßgebend waren	Gericht, Datum der Entscheidung, Az., Veröffentlichung bzw. Einsender
424	80 000 € 40 000 + immat. Vorbehalt (€ 53 100)	Unterschenkelfraktur, Mittelfußknochenfrakturen, Kahnbeinfraktur der rechten Hand	6 Wochen Krankenhaus mit chirurgischer Versorgung, anschließend in den folgenden 3 Jahren Vielzahl weiterer Krankenhausaufenthalte mit insgesamt 11 körperlichen Folgeeingriffen zur Therapie der Verletzungen	Elektriker	Beinverkürzung mit erheblicher Deformierung des proximalen und distalen Unterschenkels, posttraumatische orthopädische Veränderung des Kniegelenks, ausgeprägte Weichteilveränderungen des gesamten linken Unterschenkels mit gefühlsgemindertem Nervenbereich, erkennbare Deformierung des Unterschenkels, mindere Belastung des linken Beins, belastungsabhängige Beschwerden und Schmerzen, orthopädische Einlagen erforderlich; Aufgabe des Berufs als Elektriker, daher berufliche Umorientierung notwendig	Kläger war über längeren Zeitraum erhöhtem psychischen Beeinträchtigungen aufgrund konkreter Amputationsgefahr und deutlichen Schmerzen ausgesetzt	LG Saarbrücken 16.8.2000 16 O 45/99 RAe Gebhardt u. Partner, Homburg
425	€ 40 000 + immat. Vorbehalt (€ 48 493)	Offene Unterschenkelfraktur 3. Grades rechts mit großem Weichteildefekt, Sprungbeinhalsfraktur rechts	70 Tage Krankenhaus mit 11 Operationen (u. a. Einsatz eines fixateur externe), monatelang im Krankenbett, 5 Monate auf Rollstuhl angewiesen, anschließend ca. 1 Jahr Unterarmstützen, bis 3 Jahre nach dem Unfall physiotherapeutische Behandlung	34-jähr. Frau	Einschränkung der Bewegungsfähigkeit mit MdE von 40%	Klägerin kann ihrem zuvor sportlichen Freizeitverhalten nicht mehr nachgehen, konnte über Monate hinweg keine sexuellen Kontakte zu ihrem Ehemann haben, litt unter erheblichen Zukunftsängsten wegen der von ihr befürchteten möglichen Amputation des Beines	Brandenburgisches OLG 9.11.2006 12 U 76/06 SP 2007, 140
426	€ 40 000 + immat. Vorbehalt (€ 46 124)	Drittgradig offene Unterschenkelfraktur dicht oberhalb des Sprunggelenks links, Pfannenbodenfraktur am linken Hüftgelenk mit Luxation des Hüftkopfes in das Beckeninnere, Fraktur des linken oberen Schambeinastes, Rippenserienfraktur rechts, jeweils kleiner Hämatothorax auf beiden Seiten, Riss-Quetschwunde an der hohen Stirn; mehrfache Herzinsuffizienz	6 Wochen Intensivstation, die ersten 4 Wochen apparative Beatmung; Unterschenkelfraktur und Hüftpfannenluxationsfraktur wurden mit Platten und Schrauben versorgt; nach weiteren 6 Wochen für einige Wochen stationäre Reha	81-jähr. Frau, zum Urteilszeitpunkt 88 Jahre alt	Auf Fremdhilfe angewiesen; benutzt beim Gehen einen Rollator	Bei dem Unfall wurde der Ehemann der Klägerin tödlich verletzt; dies kann nicht außer Betracht bleiben, weil der Unfalltod die konkreten Leiden der Klägerin durch die Verletzungsfolgen in nicht geringem Maße vergrößert hat; die in hohem Alter stehende Klägerin hätte den Beistand des ihr vertrauten Ehemanns besonders bedurft	OLG Karlsruhe 6.11.2009 14 U 42/08 NZV 2010, 26
427	€ 45 000 + immat. Vorbehalt (€ 54 617)	Proximale Tibiaschaftfraktur sowie Innenbandfraktur rechts	Zahlreiche Operationen mit teilweise längeren stationären Krankenhausaufenthalten	39-jähr. Metzgereimeister und nebenberuflich Öko-Landwirt	MdE: mindestens 50%	Die Beeinträchtigung besteht in einer Versteifung des rechten Kniegelenks, einer eingeschränkten Hüft- und Sprunggelenksbeweglichkeit rechts sowie in einer Verkürzung des rechten Beins um 5 cm. Der Heilverlauf wurde verzögert durch chronische Osteomyelitis im Bereich des rechten Schienbeinkopfes mit derzeit fehlender florider Entzündung bzw. Fistelbildung. Es besteht die Notwendigkeit, fortbestehend eine Orthese für das rechte Bein zu tragen. Beide Berufe mussten aufgegeben werden	LG Köln 5.4.2006 14 O 378/05 RA Becker, Bergneustadt

● Mithaftung (siehe vorletzte Spalte)

Lfd. Nr.	Betrag DM **Euro** *(Anp.2019)*	Verletzung	Dauer und Umfang der Behandlung; Arbeitsunfähigkeit	Person des Verletzten	Dauerschaden	Besondere Umstände, die für die Entscheidungen maßgebend waren	Gericht, Datum der Entscheidung, Az., Veröffentlichung bzw. Einsender

Fortsetzung von »Bein - Unterschenkel - Bruch«

Lfd. Nr.	Betrag	Verletzung	Dauer/Behandlung	Person	Dauerschaden	Besondere Umstände	Gericht
428	€ 45 000 + immat. Vorbehalt *(€ 45 558)*	Sprungbeinhalsbruch im rechten Fuß, Bruch des rechten Wadenbeins kurz unterhalb des Kniegelenks und eine Basisfraktur des 5. Mittelfußknochens links	Operative Versorgung, insb. vollständige Versteifung der Sprunggelenke. MdE beträgt dauerhaft 40%	Mann	Einschränkung der Gehfähigkeit	Maßgebend für die Höhe des Schmerzensgeldes war insb. die erhebliche Funktionseinschränkung des rechten Beines durch eine Nekrose, die eine vollständige Versteifung der Sprunggelenke erforderte; es bestehen trotz orthopädischer Schuhversorgung ein hinkendes Gangbild sowie ausgeprägte, Dellen bildende Schwellungen am Unterschenkel und um die Sprunggelenke. Die mögliche Gehstrecke ist auf wenige hundert Meter begrenzt, wegen des Spitzfußes sind Vorfuß- und Fersengang nicht mehr möglich, der Kläger leidet unter Dauerschmerzen, seine Lebensplanung änderte sich grundlegend, eine Tätigkeit im Zusammenhang mit der Reparatur von Trikes sowie eine Berufstätigkeit im Stehen oder verbunden mit längerem Gehen ist nicht mehr möglich und durch den Bruch des Wadenbeins kam es zu einer Teillähmung des rechten Wadenbeinnervs mit Sensibilitätsstörungen und motorischen Ausfällen, die aber durch die Sprunggelenksversteifung überlagert sind	OLG München 12.10.2018 10 U 1905/17 juris
429	€ 45 000 ● + immat. Vorbehalt *(€ 49 066)*	Schädelhirntrauma, Unterschenkeltrümmerfraktur links, Verletzung der linken Hand durch Verkehrsunfall	Langwierige Heilbehandlung mit Krankenhausaufenthalten und Operationen	Mann	Funktionsbeeinträchtigungen	Den Ausführungen des Erstrichters dazu, dass unter Berücksichtigung der wesentlichen Bemessungsfaktoren ein Schmerzensgeld von € 45 000 angemessen ist, schließt sich der Senat im Ergebnis an. Die danach maßgeblichen Bemessungsfaktoren hat der Erstrichter im Wesentlichen berücksichtigt. Lediglich den weiteren stationären Aufenthalt des Klägers und die damit verbundene weitere operative Maßnahme wegen Fistelbildung im Zusammenhang mit der unfallbedingt am linken Unterschenkel eingebrachten Metallplatte hat er nach dem Inhalt der Entscheidungsgründe nicht ausdrücklich gewürdigt. Ansonsten hat er die Primärverletzungen des Klägers, die langwierige Heilbehandlung, die verbliebenen Dauerschäden und die damit verbundenen Beeinträchtigungen in der Lebensführung des Klägers bis hin zum unfallbedingten Verlust des Arbeitsplatzes und den Einschränkungen bei der Freizeitgestaltung in seine Erwägungen einbezogen. (Haftungsquote von 2/3 durch Vergleich)	OLG Zweibrücken 23.1.2013 1 U 163/10 VRiOLG Geisert

Lfd. Nr.	Betrag DM **Euro** *(Anp.2019)*	Verletzung	Dauer und Umfang der Behandlung; Arbeitsunfähigkeit	Person des Verletzten	Dauerschaden	Besondere Umstände, die für die Entscheidungen maßgebend waren	Gericht, Datum der Entscheidung, Az., Veröffentlichung bzw. Einsender
\multicolumn{8}{l}{Fortsetzung von »Bein - Unterschenkel - Bruch«}
430	100 000 ● €50 000 *(€64 286)*	3.-gradige offene Unterschenkelfraktur rechts, 1.-gradig offene Unterschenkelfraktur rechts, komplexe Kniegelenkzerreißung rechts nach Kniegelenkluxation und schwerer Kontusion der dorsolateralen Kniekehle mit Weichteildefekt und Peronaeusläsion; linksseitig Claviculafraktur, nicht dislozierte Scapulafraktur, Schädigung des Nervus peronaeus, des Nervus tibialis und des Nervus saphenus rechts	Sechs Krankenhausaufenthalte von insgesamt 71 Tagen	35-jähr. Inhaber eines Kraftfahrzeugbetriebs	Das rechte Bein ist nicht mehr zu gebrauchen	Mithaftung 20% aus Betriebsgefahr. Der Kläger kann sich nur mit Hilfe zweier Unterarmstützen fortbewegen. Mit abgegolten ist die psychische Belastung des Klägers, die sich aus der Angst ergibt, sein Bein möglicherweise zu verlieren	OLG Karlsruhe 12.4.2002 10 U 145/01 RAe Ruge & Koll., Baden-Baden
431	€51 129 *(€65 658)*	Schädelhirntrauma mit zwei frontalen Kontusionsherden rechts, Unterkieferfraktur beidseits, Ulnafraktur rechts, stumpfes Bauchtrauma, offene Unterschenkelfrakturen beidseits	Über 3 Monate größtenteils in stationärer Behandlung, davon 14 Tage auf Intensivstation	21-jähr. Werkstattleiter	MdE: 40%	Mit dem Ende der Krankenhausaufenthalte war für den Kläger die Behandlung noch nicht abgeschlossen. Er musste sich noch einer zahnärztlichen Behandlung unterziehen, die zum Verlust zweier Zähne und einer Überkronung führte, wobei eine weitere Überkronung noch aussteht. Schwellneigung am rechten Unterschenkel mit ausgeprägten Narbenbildungen; Bewegungseinschränkung am linken Unterschenkel erheblichen Ausmaßes vor allem im unteren Sprunggelenk, eine ausgeprägte Narbenbildung im Zusammenhang mit einer Blutumlaufstörung und Schwellneigung des linken Unterschenkels. Beruf als Marktleiter musste aufgegeben werden. Feststellungsantrag hinsichtlich künftiger immat. Schäden ist unbegründet, da der Kläger nicht dargelegt und bewiesen hat, dass eine künftige Verschlechterung der Unfallfolgen und damit das Entstehen weiterer immat. Schäden wahrscheinlich ist	LG Potsdam 15.5.2002 2 O 639/98 Anwaltssozietät Wegener & Wittkowski, Potsdam
432	105 000 €52 500 *(€71 389)*	Offene Unterschenkelfraktur links mit langwieriger Osteomyelitis-Behandlung	Zahlreiche Krankenhausaufenthalte mit Operationen	53-jähr. Maschinenarbeiter	MdE: 65%, davon unfallbedingt 45%	Im Jahre 1977 wurde bereits ein Schmerzensgeld i.H.v. DM 30 000 (€15 000) mit immat. Vorbehalt zugesprochen. Im Laufe des Jahres kam es unfallbedingt zu einer erheblichen Verschlechterung des Gesundheitszustands, die den Kläger trotz zahlreicher Operationen und Krankenhausaufenthalte arbeitsunfähig machte. Deshalb wurde ein weiteres Schmerzensgeld von DM 75 000 (€37 500) zugesprochen	LG München I 17.7.1997 19 O 218/96 VorsRiLG Mü I Krumbholz

● Mithaftung (siehe vorletzte Spalte)

Lfd. Nr.	Betrag DM Euro (Anp.2019)	Verletzung	Dauer und Umfang der Behandlung; Arbeitsunfähigkeit	Person des Verletzten	Dauerschaden	Besondere Umstände, die für die Entscheidungen maßgebend waren	Gericht, Datum der Entscheidung, Az., Veröffentlichung bzw. Einsender
\multicolumn{8}{l}{Fortsetzung von »Bein - Unterschenkel - Bruch«}							
433	€ 70 000 + immat. Vorbehalt (€ 78 667)	Drittgradige offene Frakturen an beiden Unterschenkeln; diese wurden nahezu abgetrennt	mehrfache OP, über 4 Monate AU, danach schrittweise Wiedereingliederung; zwischenzeitlich erneuter Bruch des rechten Unterschenkels mit einer weiteren OP und erneutem stationären Krankenhausaufenthalt	38-jähr. Frau	Andauernde, lebenslange Gehbehinderung, entstellende Narben insb. am linken Bein und linken Unterarm	Unbeteiligte Fußgängerin wird von einem Strandsegelwagen umgefahren; die schweren Verletzungen infolge des Unfalls, die nicht nur mehrere schwerwiegende OP, langfristige Krankenhausaufenthalte und erhebliche lebenslange Folgen für die Klägerin bedeuten, sondern die auch erhebliche psychische Schädigungen, die mittlerweile weitgehend therapiert worden sind, hervorgerufen haben, zudem die jetzt schon absehbaren lebenslangen Einschränkungen beim Gehen und Stehen, die mit der Zeit eher noch gravierender werden, rechtfertigten allein schon den von der Klägerin begehrten Schmerzensgeldbetrag i.H.v. € 60 000. Der Senat erhöhte diesen Betrag um weitere € 10 000 Schmerzensgeld wg. der nicht nachvollziehbaren hartnäckigen Verweigerungshaltung der 3 Beklagten	Schleswig-Holsteinisches OLG 23.2.2011 7 U 106/09 OLG Report Nord 19/2011 (Anm. 4)
434	€ 75 000 (€ 85 461)	Offene Tibiaschaftsbrüche beidseits, stark gequetschte Wunden an beiden Beinen, multiple tiefe Schnittverletzungen an der rechten Kniekehle mit großer klaffender Wunde und einer partiellen Läsion des nervus peronaeus sowie einer teilweisen Durchtrennung der Unterschenkelsehne; posttraumatische Belastungsstörung mit Ängsten	Lebensgefährliche Verletzungen; 3 Mal für insgesamt mehr als 7 Wochen in stationärer Behandlung; innerhalb von 2 Jahren 8 Operationen, wobei die Brüche mit Nägeln und Stahlplatten gerichtet wurden und in der Kniekehle eine Rotationslappenplastik eingesetzt wurde; 2 Monate Reha	36-jähr. Frau	Arbeitsunfähig; Schmerzen und Taubheitsgefühle an beiden Beinen, kann nicht lange sitzen und viele Sportarten nicht mehr ausüben, kann kein Fahrzeug mehr führen, muss zur Vermeidung von Thrombosen Stützstrümpfe tragen; an den Vorderseiten beider Unterschenkel und im Bereich beider Knie mehrere entstellende Narben von 5 – 20 cm Länge, GdB 30%	Brutale und grausame Misshandlung mit Hammer und Messer; Beklagter wurde zu einer Freiheitsstrafe von 6 Jahren verurteilt; Klägerin ist in ihrer Lebensführung stark eingeschränkt; weiterhin behandlungsbedürftig mit täglicher Krankengymnastik, psychiatrische Behandlung	LG Düsseldorf 10.5.2010 11 O 334/07 RA Neunzig, Köln
435	€ 75 000 + immat. Vorbehalt (€ 85 278)	Offene distale Unterschenkelfraktur links 3. Grades, Zerreißung der Bursa präpatellaris (Schleimbeutel unterhalb der Haut vor der Kniescheibe) mit ausgedehntem Décollement, Knochenstreckung, Kopfplatzwunde, Platzwunde am Nasenrücken, Hauttransplantation, Muskeltransplantation, Muskelstreckung, posttraumatische Arthrose im linken Kniegelenk	Zahlreiche Operationen, insg. 17 Wochen stationärer Aufenthalt, 4 Wochen Reha, Einsetzen eines Fixateurs, physiotherapeutische Behandlung	Mann	Aktive und passive endgradige Bewegungseinschränkung im rechten Schultergelenk, beim oberen und unteren Sprunggelenk sowie der Zehenbeweglichkeit 1–5, Verkürzung des linken Fußes, keine Überkopfarbeiten mit Lasten mehr möglich, Wasser- und Sonnenempfindlichkeit des linken Unterschenkels, Narben im Gesicht, am Rücken sowie an den Beinen, dauerhafte MdE	Kläger war Motorradfahrer, bei der Schmerzensgeldbemessung hat das Gericht u. a. berücksichtigt, dass der Kläger doch erhebliche Einschränkungen beim Ausüben seiner Hobbys (Klettern, Skifahren, Wandern und Schwimmen) hat	OLG Stuttgart 21.10.2010 7 U 88/09 VRS 120, 193
436	€ 90 000 (€ 102 554)	Frakturen am Fersenbein, Schienbein und Tibiakopf; posttraumatische Belastungsstörungen	Mehrere Operationen; die Geschädigte hat die beiden ersten Jahre nach dem (Verkehrs-) Unfall weitgehend im Krankenhaus oder in Reha-Kliniken verbracht	40-jähr. Frau	Bewegungseinschränkungen und Arthrose	Maßgebende Gesichtspunkte waren insbesondere das Alter der Klägerin zum Unfallzeitpunkt (40 Jahre), die besonders schweren Körperschäden der Klägerin mit Dauerfolgen und absehbaren Verschlechterungen (Arthrose), sowie die erheblichen psychischen Schädigungen, insb. auch im Zusammenhang mit dem Tod ihres Ehemanns	OLG München 21.5.2010 10 U 1748/07

Lfd. Nr.	Betrag DM **Euro** *(Anp.2019)*	Verletzung	Dauer und Umfang der Behandlung; Arbeitsunfähigkeit	Person des Verletzten	Dauerschaden	Besondere Umstände, die für die Entscheidungen maßgebend waren	Gericht, Datum der Entscheidung, Az., Veröffentlichung bzw. Einsender

Fortsetzung von »Bein - Unterschenkel - Bruch«

| 437 | € 92 033 *(€ 118 759)* | Zweitgradig offene Unterschenkelfraktur rechts, Distorsion im rechten Kniegelenk mit Innenbandzerrung und Zerrung des hinteren Kreuzbandes und vordere Kreuzbandruptur | Innerhalb von 3 Jahren 10-mal stationär, insgesamt mehr als 7 Monate stationäre Krankenhausbehandlung mit mehr als 20 Operationen | Erzieherin | MdE 100% in ihrem Beruf als Erzieherin | Die Klägerin musste sich mehreren Hauttransplantationen unterziehen. Grund hierfür war neben der unfallbedingt aufgetretenen Bewegungseinschränkung am rechten oberen Sprunggelenk mit Spitzfußstellung die aufgetretene chronische Osteomyelitis, die nur mit starken Schmerzmitteln behandelt werden kann | LG Osnabrück 27.11.2002 9 O 3071/01 RAe Rosken & Wintermann, Lingen |

Kapitalabfindung mit Schmerzensgeldrente

| 438 | € 50 000● und € 50 Rente monatlich *(€ 63 214)* | Offener Bruch des linken Unterschenkels | 2 Operationen mit Verwendung eines Fixateurs und mit Transplantation, mehrere Monate Heilbehandlung mit Krankengymnastik | 17-jähr. Berufsschüler | Beinverkürzung links und Zehenverformung am linken Fuß, sichtbar beeinträchtigtes Gangbild, deutlich bewegungseingeschränkt, sichtbare Narben, Sensibilitätsstörungen, Haut- und Muskelveränderungen, erhebliche Nervenschädigung | 20% Mitverschulden; Kläger ist beruflich und privat erheblich in seiner Lebensgestaltung beeinträchtigt, kann den geplanten Beruf eines Dachdeckers nicht ergreifen; wegen der Narben und Hautveränderungen, wegen der noch im Körper befindlichen Platten und Schrauben und möglicherweise auch wegen der Nervenschädigung sind weitere Operationen oder andere ärztliche Heilbehandlungen zu befürchten; Kläger leidet psychisch erheblich unter den Verletzungen, er ist unzufrieden, antriebslos, depressiv; Suizidgefahr | LG Bückeburg 23.1.2004 2 O 53/03 DAR 2004, 274 |

Weitere Urteile zur Rubrik »Bein - Unterschenkel - Bruch« siehe auch:
- **bis € 2500**: 3193
- **bis € 5000**: 1115, 1116, 913
- **bis € 12 500**: 292, 2125, 1352, 31, 34, 455, 2373, 568, 569, 1195, 231, 628, 571, 2164
- **bis € 25 000**: 2789, 1651, 578, 79, 264, 645, 590, 2942, 1149, 593, 996, 2796, 2798
- **ab € 25 000**: 132, 2948, 598, 271, 329, 136, 199, 605, 1152, 2959, 3175, 1309, 609, 738, 2970, 610, 612, 1279, 339, 1374, 340, 341, 1438, 2977, 138, 2980, 2981, 1559, 1441, 1281, 4, 2987, 2988, 2989, 509, 2990, 2096, 2991, 364, 2992, 2097, 1375, 2998, 2999, 3000, 1320, 365, 1054, 3003, 1220, 1327, 1449, 1455, 7, 1243, 1377, 2006, 3023

Bein - Unterschenkel - Sonstige Verletzungen

439	€ 200 *(€ 214)*	Prellungen und Schürfungen 4x1 cm groß an beiden Unterschenkeln		Fahrradfahrer			AG Pirna 25.2.2016 12 C 601/15 RAe Roth & Partner, Dresden
440	€ 1000 *(€ 1211)*	Hämatome an Unter- und Oberschenkeln, blutende Läsionen der Finger an beiden Händen		Frau		Wegen Mitverschulden von 75% lediglich Schmerzensgeld von **€ 250**	AG Köln 24.6.2006 263 C 579/04 SP 2006, 7
441	€ 1000 *(€ 1154)*	Distorsion des linken Unterschenkels, schmerzhafter Bluterguss unterhalb des linken Knies		Frau		Verletzung der Verkehrssicherungspflicht (Klägerin ist in eine defekte Abdeckung eines Regenablaufschachts eingebrochen); starke Schmerzen, die erst nach 5 Monaten abgeklungen waren; anfangs ca. 4 Monate Schlafstörungen	LG Dresden 15.5.2009 5 O 48/09
442	3000 € 1500 *(€ 1967)*	Handtellergroße Prellmarken mit Schwellung und Druckschmerzhaftigkeit am rechten Bein, insbesondere erhebliche Schmerzhaftigkeit der Tibiakante, Hämatom in Höhe der Ferse, Venenentzündung am rechten Unterschenkel	3 Monate arbeitsunfähig	Frau		Verletzung erfolgte mit bedingtem Vorsatz, indem der Verursacher mit Pkw auf eine Holzbarriere zufuhr, hinter der die Verletzte stand; 6 Wochen nach dem Vorfall noch erhebliche Restbeschwerden, ausgeprägte Schwellung sowie deutlicher Druckschmerz; insgesamt verzögerte Heilung; wegen Mithaftung von 1/3 infolge provozierenden Verhaltens wurde lediglich ein Betrag von DM 2000 (€ 1000) zuerkannt	LG Trier 6.2.2001 1 S 135/00 RAe Grigo & Merten, Morbach

● Mithaftung (siehe vorletzte Spalte)

Lfd. Nr.	Betrag DM **Euro** *(Anp.2019)*	Verletzung	Dauer und Umfang der Behandlung; Arbeitsunfähigkeit	Person des Verletzten	Dauerschaden	Besondere Umstände, die für die Entscheidungen maßgebend waren	Gericht, Datum der Entscheidung, Az., Veröffentlichung bzw. Einsender
\multicolumn{8}{l}{**Fortsetzung von »Bein - Unterschenkel - Sonstige Verletzungen«**}
443	€ 1800 *(€ 2069)*	Knochenhautverletzung am linken Schienbein	Arbeitsunfähig knapp 14 Tage	Frau	Fortdauernde Empfindlichkeit im Bereich des Narbengewebes	Schmerzensgelderhöhend wurde berücksichtigt, dass der angeplante Termin zur standesamtlichen Trauung verlegt werden musste	AG Paderborn 4.9.2008 58 C 274/08 RA Koch, Erftstadt
444	4000 € 2000 *(€ 2603)*	Schwere Prellung des linken Knies mit schwerer Weichteilverletzung, tiefes Hämatom an der Wade	4 Tage Krankenhaus, 6 Wochen AU, langwieriger Heilungsverlauf, 4 Monate Schmerzen im linken Unterschenkel bei jedem Schritt	Frau		Klägerin war gehindert, mit Familienangehörigen eine gemeinsam geplante Reise anzutreten, was sich auf die psychische Verfassung auswirkte	KG Berlin 1.10.2001 12 U 2139/00 NZV 2002, 230 Vors Ri KG Griess, Berlin
445	€ 3000 *(€ 3456)*	Offene Wunde am Unterschenkel, großflächige Prellungen	Entzündlicher und zögerlicher Heilungsverlauf mit ca. dreiwöchiger AU	Älterer Mann	Deutlich sichtbare Narbe an der Außenseite des Unterschenkels in Schaftmitte; immer wieder subjektive Beschwerden (z. B. Wärmegefühl, Jucken, plötzlich einschießende stechende Schmerzen)	Kläger hat Behandlungsbeginn vermeidbar verzögert	Thüringer OLG 28.10.2008 5 U 596/06 NJW-RR 2009, 1248
446	8000 € 4000 *(€ 6165)*	6 cm lange, tiefe Risswunde am linken Unterschenkel, Schürfwunden, Prellungen	2 Wochen Krankenhaus mit anschließendem langwierigen Heilungsverlauf; zeitweilig auf Unterarmgehstützen angewiesen; 2 Monate tägliche Reizstrombehandlung; 6 ½ Monate zumindest teilweise arbeitsunfähig	Hausfrau	Schwellneigung am Unterschenkel und Narbenschmerz	Längere Zeit schmerzhafte Bewegungseinschränkung am linken oberen Sprunggelenk	Saarländisches OLG 12.6.1992 3 U 147/91 VorsRiOLG Kropf
447	€ 7000 *(€ 7672)*	Laterale Tibikopffraktur links	2 Monate AU zu 100%	64-jähr. Mann (Fußgänger)	20% MdE	Bewegungseinschränkung beim Treppensteigen, Lasten tragen, Gehen über längere Strecken, Sport, Tanzen und Auto fahren	LG Frankfurt am Main 13.4.2012 2-19 O 31/12 OLG FFM 25.9.2012 16 U 91/12 RA Wolfgang Koch, Erftstadt
448	€ 12 500 + immat. Vorbehalt *(€ 14 652)*	Ausgedehnte Weichteilkontusion am linken Unterschenkel mit einem drohenden Kompartmentsyndrom sowie dauernde Lymphabflussstörung mit Prellung des linken Unterschenkels, Hämatom und starke Prellung am linken Unterschenkel		27-jähr. Werkzeugmechaniker		Das Tragen eines Kompressionsstrumpfes wird aufgrund der Lymphabflussstörung, welche irreparabel ist, zeitlebens notwendig sein	LG Ulm 20.11.2007 4 O 279/07 RAe Schwenk & Hannemann, Laichingen
449	30 000 € 15 000 *(€ 20 397)*	Subcutanes Dekollement mit großem Weichteildefekt am linken Bein	Mehrfache Operationen mit Hautverpflanzungen vom rechten Bein	27-jähr. Frau	Erhebliche optische Entstellungen des linken Beins; Knie und Fuß können nicht mehr voll abgebogen werden, daher können längere Strecken bergauf oder bergab nur unter Schwierigkeiten bewältigt werden	Durch die Operationen konnte eine Amputation vermieden werden; Klägerin leidet unter den Entstellungen, ihre sportlichen Aktivitäten sind stark eingeschränkt (u. a. kein Skifahren mehr)	OLG Hamm 23.3.1998 6 U 210/97 r+s 1998, 278 NZV 1998, 409

Lfd. Nr.	Betrag DM **Euro** *(Anp.2019)*	Verletzung	Dauer und Umfang der Behandlung; Arbeitsunfähigkeit	Person des Verletzten	Dauerschaden	Besondere Umstände, die für die Entscheidungen maßgebend waren	Gericht, Datum der Entscheidung, Az., Veröffentlichung bzw. Einsender

Fortsetzung von »Bein - Unterschenkel - Sonstige Verletzungen«

Lfd. Nr.	Betrag	Verletzung	Dauer und Umfang	Person	Dauerschaden	Besondere Umstände	Gericht
450	30 000 €15 000 *(€ 20 345)*	Osteomyelitis an einem vor 20 Jahren verletzten Bein	3 Monate Krankenhausaufenthalt mit drei Operationen (u. a. Spongiosaplastik, Verpflanzung von Teilen der Wadenmuskulatur); Abschluss der Wundheilung nach weiteren 15 Monaten	Mann	Erhöhung der vorher bestehenden MdE von 30% auf 45%; Frührentner; vorher leicht gehbehindert, aufgrund der Osteomyelitis nunmehr deutlich gehbehindert; erhebliche Beinentstellung durch Narben		OLG München 8.5.1998 10 U 4856/97 NZV 1999, 46
451	€ 45 000 + immat. Vorbehalt *(€ 56 356)*	Inkomplettes Kompartmentsyndrom und Fußheberlähmung des Wadenbeines nach zwei Beinverlängerungsoperationen an beiden Unterschenkeln infolge teilweise groben Behandlungsfehlers		37-jähr. Frau	Gehen ohne Gehhilfe nur bis maximal 15 bis 30 Minuten möglich; häufig brennende Schmerzen an den Fußsohlen, fehlbelastungsbedingte Beschwerden an der Lendenwirbelsäule, in der Lendenbeckenhüftregion und an beiden Kniegelenken		OLG Frankfurt am Main 27.4.2004 8 U 139/02 RiOLG Stefan Göhre
452	€ 85 000 + immat. Vorbehalt *(€ 97 801)*	Kompartment-Syndrom an den Unterschenkeln	Operative Korrektur beider Füße wegen Spitzfußstellung	4-jähr. Kind	Bewegungseinschränkungen der unteren Extremitäten mit Schmerzen und Missempfindungen, Laufen und Gehen nur eingeschränkt möglich, Probleme beim längeren Stehen; Narben	Grober ärztlicher Behandlungsfehler durch eine nicht rechtzeitige Behandlung eines anlässlich einer urologischen Operation aufgetretenen Kompartment-Syndroms an den Unterschenkeln; Nachteile in der Schule wie auch im privaten Leben; Gefahr, dass wegen der Bewegungseinschränkungen der unteren Extremitäten auch Beschwerden in den höher liegenden Gelenken (Kniegelenk, Hüftgelenk) zu erleiden sein werden	LG Köln 11.6.2008 25 O 410/06
453	€ 100 000 + immat. Vorbehalt *(€ 113 948)*	Durchtrennung der Kniekehlenarterie rechts mit dadurch ausgelöster starker Einblutung und folgendem Kompartment-Syndrom mit Zerstörung von Nerven und Gewebemasse im Unterschenkelbereich	2 ½ Monate stationäre Behandlung im praktisch unbeweglichem Zustand, Revisionsoperation mit mehreren Folgeoperationen	51-jähr. Betreiber eines Getränkehandels	Unterschenkelmuskulatur rechts ohne nennenswerte Funktion, Spitzfußstellung, an normalen Fortbewegungen gehindert	Grober ärztlicher Behandlungsfehler bei der operativen Entfernung einer Zyste im Bereich des rechten Kniegelenks; weitere Behandlungsfehler durch Falschbehandlung einer ausgelösten Einblutung, die zu einem Kompartment-Syndrom führte; Kläger musste Getränkehandel aufgeben	LG Darmstadt 4.3.2010 3 O 420/08 RAe Hepp u. Koll., Frankfurt

Weitere Urteile zur Rubrik »Bein - Unterschenkel - Sonstige Verletzungen« siehe auch:
- bis €2500: 2726, 2169, 472, 3031, 2728, 621, 2730, 2282, 1809, 2733, 623, 3132, 105, 219, 482, 2158, 874, 1857, 1861, 157
- bis €5000: 158, 2748, 2807, 225, 530, 2338, 2339, 379, 2758
- bis €12500: 292, 463, 537, 1583, 2766, 2187, 2767, 383, 2124, 387, 1568, 2190, 721, 1635, 2217, 394, 2161, 395, 2162, 3181, 399, 232, 1934, 488, 636
- bis €25000: 310, 1415, 405, 1128, 2382, 1948, 995, 938, 186, 1661, 591, 1418, 2795, 1553
- ab €25000: 269, 2948, 414, 1479, 605, 1483, 420, 421, 423, 2107, 610, 202, 361, 2219, 1438, 432, 119, 1280, 1486, 2987, 434, 344, 2991, 1375, 3004, 366, 2604, 2004

Bein - Unterschenkel - Verletzungen, Bänder, Sehnen, Muskeln u. Ä.

Lfd. Nr.	Betrag	Verletzung	Dauer	Person	Dauerschaden	Besondere Umstände	Gericht
454	8000 € 4000 *(€ 5589)*	Muskelhernie am linken Unterschenkel mit ca. 4 cm Weichteilschwellung		17-jähr. Mädchen	Deutliche Hautverfärbung		AG Rheda-Wiedenbrück 25.4.1996 3 b C 253/95 RA und Notar Strathoff, Rheda-Wiedenbrück

● Mithaftung (siehe vorletzte Spalte)

Lfd. Nr.	Betrag DM Euro (Anp.2019)	Verletzung	Dauer und Umfang der Behandlung; Arbeitsunfähigkeit	Person des Verletzten	Dauerschaden	Besondere Umstände, die für die Entscheidungen maßgebend waren	Gericht, Datum der Entscheidung, Az., Veröffentlichung bzw. Einsender
\multicolumn{8}{l}{Fortsetzung von »Bein - Unterschenkel - Verletzungen, Bänder, Sehnen, Muskeln u. Ä.«}
455	20 000 € 10 000 (€ 13 774)	Zweifacher Bänderriss, schwere Meniskusverletzungen; Wadenbeinbruch	Operation mit teilweiser Entfernung von Kreuzband und Menisken, 2 Monate Gehen auf Krücken, Tragen einer Schiene, Reha für die Dauer von 2 ½ Monaten; richtiges Gehen erst nach 5 Monaten	Frau	Beeinträchtigung beim Freizeitsport	Falsche Einstellung der Sicherheitsbindung von Skiern durch Mitarbeiter der Skiverkäuferin	OLG München 7.4.1997 NJW-RR 1998, 1634

Weitere Urteile zur Rubrik »**Bein - Unterschenkel - Verletzungen, Bänder, Sehnen, Muskeln u. Ä.**« siehe auch:

bis € 2500: 370, 442
bis € 5000: 484, 2807
bis € 12 500: 501, 2623, 1469
bis € 25 000: 2796
ab € 25 000: 414, 136, 3108, 1481, 609, 610, 1279, 739, 434, 2202, 2668, 3023

Brust und Brustkorb (siehe auch unter „Geschlechtsorgane/Sexualstörungen - weiblich - Amputation Brust")

Weitere Urteile zur Rubrik »**Brust und Brustkorb**« siehe auch:

bis € 25 000: 2393
ab € 25 000: 1426, 2989

Brust und Brustkorb - Bruch

Lfd. Nr.	Betrag DM Euro (Anp.2019)	Verletzung	Dauer und Umfang der Behandlung; Arbeitsunfähigkeit	Person des Verletzten	Dauerschaden	Besondere Umstände, die für die Entscheidungen maßgebend waren	Gericht, Datum der Entscheidung, Az., Veröffentlichung bzw. Einsender
456	4000 € 2000 (€ 2609)	Sternumfraktur, Thoraxprellung, HWS-Zerrung	6 Wochen Heilbehandlung	Mann		Infolge Mithaftung von 50% wurde dem Kläger lediglich ein Betrag von DM 2000 (€ 1000) zugesprochen	LG Trier 11.4.2001 4 O 307/00 RiLG Specht, Trier
457	€ 2000 ● + immat. Vorbehalt (€ 2038)	Thoraxkontusion, Sternumfraktur des mittleren Drittels sowie stumpfes Bauchtrauma	8 Tage stationäre Behandlung, danach Physiotherapie. Starke Schmerzen im Thoraxbereich und im Bereich der HWS. 3 ½ Monate AU	Mann	Nein	Unter Berücksichtigung der zugrunde zu legenden festgestellten unfallbedingten Verletzungen des Klägers und der 50%igen Mithaftung ist das vom LG ausgeurteilte Schmerzensgeld von € 2000 nicht als unangemessen niedrig anzusehen. Beispielhaft sei auf die Entscheidung des OLG Hamm vom 21.1.2016 (32 SA 69/15) verwiesen, das bei einer Brustbeinfraktur und Brustkorbprellung bei vollständiger Haftung ein Schmerzensgeld von € 6000 zugesprochen hat, wobei beim dortigen Kläger eine MdE von 10% sowie eine Belastungseinschränkung in Form von Schmerzen in der Brust und dem Rücken beim Tragen erheblicher Gewichte und dem Arbeiten über Kopf berücksichtigt wurden, sowie die Entscheidung des OLG München vom 14.6.2013 (10 U 3314/12), die bei einer Brustbeinfraktur und HWS-Distorsion mit einem langwierigen Heilungsverlauf über 34 Monate ein Schmerzensgeld von € 5000 bei vollständiger Haftung zugesprochen hat	Brandenburgisches OLG 29.11.2018 12 U 92/18 juris
458	€ 2200 (€ 2279)	Sternumfraktur nicht disloziert, massives Mammahämatom links	5 Tage stationäre Behandlung, 1 Monat AU zu 100%, Schmerzmittel, engmaschige Nachsorgeuntersuchungen, Ultraschall, insgesamt 3 Monate Behandlung			Es bedurfte keiner OP	AG Rinteln 27.10.2017 2 C 57/17 RA Grell, Sozietät Sasse, Rinteln

Lfd. Nr.	Betrag DM **Euro** *(Anp.2019)*	Verletzung	Dauer und Umfang der Behandlung; Arbeitsunfähigkeit	Person des Verletzten	Dauerschaden	Besondere Umstände, die für die Entscheidungen maßgebend waren	Gericht, Datum der Entscheidung, Az., Veröffentlichung bzw. Einsender
\multicolumn{8}{l}{**Fortsetzung von »Brust und Brustkorb - Bruch«**}
459	6000 €3000 *(€3876)*	Verschobene Brustbeinfraktur und HWS-Distorsion	4 Wochen arbeitsunfähig	Mann			OLG Frankfurt am Main 11.12.2001 17 U 128/00 RA Koch, Erfstadt-Liblar
460	€3500 *(€3828)*	Sternumfraktur im oberen Drittel mit Versatz um eine halbe Sternumbreite, multiple Prellungen und Schürfungen am linken Handgelenk, der rechten Großzehe und im Bereich des Gurtverlaufs	2 Tage Intensivstation, insg. 9 Tage stationäre Behandlung, Physiotherapie, Inhalations- und Atemtherapie	Mann		Schmerzensgelderhöhend wurde hier das grob verkehrswidrige und rücksichtslose Verhalten des Beklagten und die damit verbundene fahrlässige Körperverletzung berücksichtigt	AG Meißen 2.3.2012 103 C 932/10 RAe Roth & Partner, Dresden
461	7500 €3750 *(€5009)*	Brustbeinbruch; Blutergüsse am ganzen Körper und an der linken Brust	4 Tage Krankenhaus, danach 2 Monate ambulante Behandlung; MdE: 7 Wochen 100% 1 Monat 50% über 2 Monate 20% danach 5%	Frau	MdE: 5%	Die Klägerin erlitt einen Brustbeinbruch, der deformiert und mit radiologischen Veränderungen verheilt ist. Über längere Zeit mussten starke Schmerz- und Schlafmittel genommen werden	LG München I 8.2.2000 19 O 7888/98 VorsRiLG Krumbholz
462	€4000 *(€4553)*	Sternumfraktur, Thoraxprellung, Herzbeutelerguss	13 Tage stationärer Aufenthalt, Behandlungszeitraum 3 Wochen	Frau		Für die Klägerin bestand eine enorme psychische Belastung bis die Rückbildung des Herzbeutelergusses festgestellt wurde	AG Hersbruck 9.7.2010 1 C 474/10 RA Koch, Erftstadt
463	10000 €5000 *(€6799)*	Rippenserienfraktur links, Sternumfraktur mit Dislokation, Thoraxprellung; gravierende größere Prellungen und Hämatome im Bereich beider Unterschenkel und der Mammae	19 Tage Krankenhaus mit anschließender ambulanter Weiterversorgung, MdE: 3 1/3 Monate 100%	Frau	Blutunterlaufene Verfärbungen an den Unterschenkeln		AG Würzburg 3.3.1998 C 280/97 RAe Dr. Stumpf & Koll., Würzburg
464	€5000 *(€5024)*	Dislozierte Sternumfraktur, HWS-Distorsion, beidseitige Knieprellungen sowie Beckenprellung rechts	3-tägiger Krankenhausaufenthalt; fast 4 Wochen AU von 100%; 7 Monate MdE von 10%	Frau		Unstreitig sind bei der Bemessung die von der Klägerin erlittenen Verletzungen zu berücksichtigen. Ferner ist es nachvollziehbar, wenn die Klägerin im zeitlichen Zusammenhang mit dem Unfall Ängste vor dem Autofahren wie auch um die Gesundheit ihrer Tochter schildert. Denn eine Frontalkollision von Kfz stellt ein besonders einschneidendes Ereignis dar, das sich ohne Weiteres einprägt. Ebenfalls nachvollziehen lassen sich weitere Schmerzen über den Zeitraum der Krankschreibung hinweg. Damit stellen sich erhebliche unfallbedingte Beschwerden dar, die jedoch, anders als vom Erstgericht angenommen, lediglich ein Schmerzensgeld von €5000 rechtfertigen. Dabei orientiert sich der Senat in erster Linie an der Entscheidung des OLG München (Urt. v. 12.1.2018 – 10 U 958/17, juris Rn 4)	Brandenburgisches OLG 17.6.2019 12 U 179/18 juris

● Mithaftung (siehe vorletzte Spalte)

Lfd. Nr.	Betrag DM Euro *(Anp.2019)*	Verletzung	Dauer und Umfang der Behandlung; Arbeitsunfähigkeit	Person des Verletzten	Dauerschaden	Besondere Umstände, die für die Entscheidungen maßgebend waren	Gericht, Datum der Entscheidung, Az., Veröffentlichung bzw. Einsender
	Fortsetzung von »Brust und Brustkorb - Bruch«						
465	€ 5000 + immat. Vorbehalt *(€ 5391)*	Klägerin erlitt eine HWS-Distorsion und eine Sternumfraktur mit verzögertem Heilungsverlauf (vollständige Ausheilung erst nach etwa 1 Jahr). Die HWS-Distorsion verheilte innerhalb von 3–4 Monaten nach dem Unfallgeschehen folgenlos	3 Tage stationär behandelt; wegen der Beschwerden waren regelmäßige Arztbesuche und Krankengymnastikbehandlungen erforderlich; ca. 8 Wochen AU	40-jähr. Frau		Im Hinblick auf die bei der Klägerin unstreitig festgestellten Verletzungen – insofern nimmt der Senat auf das Ersturteil Bezug – erscheint insg. ein Schmerzensgeld von € 5000 angemessen. Infolge der Sternumfraktur und des verzögerten Heilungsverlaufs hatte die Klägerin fortbestehende Schmerzen im Brustbereich, die sich in Abhängigkeit zur Intensität körperlicher Belastung bspw. im Rahmen der Berufsbetätigung (Bücken, langes Sitzen, schweres Heben und Tragen und vorgebeugte Bewegungen) entwickelten. Dauerschmerzen hatte die Klägerin nicht	OLG München 14.6.2013 10 U 3314/12 juris
466	€ 5113 *(€ 6511)*	Stumpfes Thoraxtrauma mit Sternumfraktur, Claviculaprellung rechts		Frau		Nach körperlichen Anstrengungen leidet die Klägerin weiterhin unter Atemnot und leidet Schmerzen bei Husten und Niesen. Insgesamt sei aber durch zunehmende Anpassung und Gewöhnung an die Verhältnisse eine Besserung des Zustandes noch zu erwarten	LG Verden (Aller) 4.4.2003 8 O 62/01 Allianz Versicherungs AG
467	€ 10 000 + immat. Vorbehalt *(€ 12 479)*	Rippenserienfraktur 4–8 rechts, beiderseitige Lungenkontusion mit Kontusionspneumonie, Pleuraerguss rechts, Sternumfraktur, stumpfes Bauchtrauma, Schädel-Hirn-Trauma ersten Grades, HWS-Distorsion, Platzwunden am rechten Knie und an der Nase, diverse Prellungen und Fraktur im Bereich der linken Fußwurzel	8 Tage stationär, davon 5 Tage intensivmedizinische Behandlung	44-jähr. Frau	MdE: 10%	Der Klägerin kann ein fortwährendes Rauchen während des Klinikaufenthaltes wie auch in der weiteren Rekonvaleszenzzeit nicht als Verstoß gegen die obliegende Schadensminderungspflicht anspruchsmindernd angelastet werden. Letztendlich ist anspruchsmindernd zu berücksichtigen, dass die Klägerin mit ihrem Feststellungsantrag einen immat. Vorbehalt erstrebt und auch erwirkt	LG Bückeburg 8.7.2004 1 O 146/03 RiLG Barnewitz
468	€ 14 000 + immat. Vorbehalt *(€ 16 214)*	Kneifzangenbruch des 10. Brustwirbelknochens, Prellungen im Kopf und Rippenbereich	2 Wochen Krankenhaus mit komplikationslos verlaufender Operation MdE: 2 Monate 100% 5 Wochen 50%	34-jähr. Frau, zum Urteilszeitpunkt 39 Jahre alt	GdB von 30%	Klägerin leidet seit der Operation unter anhaltenden Schmerzzuständen im BWS-Bereich, kann nicht mehr durchschlafen, ist nicht mehr in der Lage, schwere Lasten zu heben; absehbare weitere Beschwerden sowie eine möglicherweise noch erforderlich werdende Entfernung des Fixateurs sowie weitergehende Schmerzen haben unberücksichtigt zu bleiben, da Klägerin Schmerzensgeld nur für bereits eingetretene Verletzungsfolgen verlangt	Brandenburgisches OLG 13.3.2008 12 U 147/07 SP 2009, 71

Weitere Urteile zur Rubrik »**Brust und Brustkorb - Bruch**« siehe auch:
bis € 5000: 2754, 2120
bis € 12 500: 1914, 1529, 501, 565
bis € 25 000: 1290, 3101
ab € 25 000: 333, 1071, 2990, 3004, 3015

Brust und Brustkorb - Quetschungen, Prellungen und sonstige Verletzungen

Lfd. Nr.	Betrag	Verletzung	Dauer	Person	Dauerschaden	Besondere Umstände	Gericht
469	€ 300 *(€ 316)*	Prellung der linken Flanke	1 Monat Beschwerden	Frau		Eine AU wurde auf Wunsch der Klägerin nicht bescheinigt, da kurz nach dem Unfall eine neue Arbeitsstelle angetreten wurde	AG Limburg 27.6.2016 4 C 208/16 (15) juris

Brust und Brustkorb

Fortsetzung von »Brust und Brustkorb - Quetschungen, Prellungen und sonstige Verletzungen«

Lfd. Nr.	Betrag DM Euro (Anp.2019)	Verletzung	Dauer und Umfang der Behandlung; Arbeitsunfähigkeit	Person des Verletzten	Dauerschaden	Besondere Umstände, die für die Entscheidungen maßgebend waren	Gericht, Datum der Entscheidung, Az., Veröffentlichung bzw. Einsender
470	€ 450 (€ 483)	Unterkieferprellung, Kniegelenksprellung, Thoraxprellung	3 bis 4 Wochen Schmerzen im Oberkörper, 2 Wochen Kaubeschwerden	Frau		Es wurden keine verschreibungspflichtigen Medikamente eingenommen	AG Geldern 22.7.2013 3 C 27/13 Landesrechtsprechungsdatenbank NRW
471	€ 800 (€ 921)	Kopfplatzwunde, Schulterprellung, Rippenprellung	Erstversorgung der Kopfplatzwunde im Krankenhaus, anschließend 3 ambulante Behandlungen, 8 Tage erwerbsunfähig	66-jähr. Rentner		Schmerzhafte Beeinträchtigungen in der alltäglichen Lebensführung traten ca. 3 Wochen auf	OLG Nürnberg 10.2.2009 1 U 1878/08 RA Wilhelm, Nürnberg
472	€ 900 (€ 964)	Thoraxprellung, Sprunggelenksprellung, Mittelfußprellung rechts, Unterschenkelprellung links	11 Tage AU, Schmerzmittel	Frau, Beifahrerin im Kfz			AG Groß-Gerau 25.2.2015 65 C 240/14 (22)
473	€ 950 (€ 1020)	Thoraxprellung, Oberbauchprellung		Frau		Klägerin leidet unfallunabhängig unter degenerativen Bandscheibenproblemen im BWS/LWS-Bereich sowie eine Spondylarthrose im Bereich der HWS C5/6: Der Beweis für weitere Verletzungen, insbesondere eine massive HWS-Verletzung, konnte nicht geführt werden: Ein behaupteter Krankenhausaufenthalt konnte ebenfalls nicht belegt werden. Das Prozessverhalten der Klägerin hat sich schmerzensgeldmindernd ausgewirkt. Das Gericht gibt zu bedenken, dass versucht wurde, über den Inhalt der Arztberichte zu täuschen	LG Hildesheim 17.9.2013 3 O 304/12 RA Wolfgang Koch, Erftstadt
474	€ 1200 (€ 1308)	Brustkorbquetschung, HWS-Distorsion, Hämatom	9 Tage AU zu 100%, 7 Tage AU zu 80%, 9 Tage AU zu 50%	Mann		Beeinträchtigung des Urlaubs	LG Köln 18.1.2013 14 O 373/11 RA Wolfgang Koch, Erftstadt
475	€ 1300● (€ 1467)	Sternumprellung, Thoraxprellung, Prellung der rechten Hand, stumpfes Bauchtrauma, Prellung der linken Hüfte	6 Wochen AU zu 100%, 7 ambulante Behandlungen, physiotherapeutische Behandlung über einen Zeitraum von 6 Wochen	Frau		Mitverschulden i.H.v. 25%	LG Schweinfurt 21.12.2010 24 O 37/10 RA Koch, Erftstadt
476	€ 1400 (€ 1713)	Prellungen am linken Schlüsselbein und linken Brustkorb, Schnittwunden am rechten Handrücken sowie Verdacht auf Haarriss im Fußwurzelbereich	Ca. 1 Monat ambulante Behandlung	Mann			AG Köln 30.1.2006 268 C 391/05 RA Koch, Erftstadt
477	€ 1500 (€ 1917)	Stumpfes Bauch- und Thoraxtrauma	Fünf ambulante Behandlungen innerhalb von 4 Wochen, MdE: ca. 4 Wochen 100%	30-jähr. Mann		Gravierend ins Gewicht fällt die Dauer der Minderung der Arbeitsunfähigkeit um 100% im Zeitraum von ca. 4 Wochen sowie die hierdurch verursachten Einschränkungen des Klägers in seinem Privatleben. Zu berücksichtigen waren die durch das erlittene Bauch- und Thoraxtrauma verursachten Druckschmerzen im Bereich des Abdomens und im Thoraxbereich sowie die vom Kläger dem Arzt mitgeteilten Atembeschwerden	AG Gera 9.1.2003 5 C 707/02 RiAG Weisgerber

● Mithaftung (siehe vorletzte Spalte)

Lfd. Nr.	Betrag DM Euro (Anp.2019)	Verletzung	Dauer und Umfang der Behandlung; Arbeitsunfähigkeit	Person des Verletzten	Dauerschaden	Besondere Umstände, die für die Entscheidungen maßgebend waren	Gericht, Datum der Entscheidung, Az., Veröffentlichung bzw. Einsender
	**Fortsetzung von »Brust und Brustkorb - Quetschungen, Prellungen und sonstige Verletzungen«**
478	€ 1500 + immat. Vorbehalt *(€ 1582)*	Stumpfes Thorax- und Bauchtrauma sowie multiple Schürf- und Schnittwunden an der linken Hand nach Verkehrsunfall	2 Tage in stationärer Behandlung und 2 Wochen arbeitsunfähig	Mann		Ein Anspruch auf Zahlung eines weiteren Schmerzensgeldes besteht nicht. Der Kläger hat bei dem Unfall ein stumpfes Thorax- und Bauchtrauma sowie multiple Schürf- und Schnittwunden an der linken Hand erlitten. Er war für 2 Tage in stationärer Behandlung und 2 Wochen arbeitsunfähig erkrankt. Der Senat sieht den von der Kfz-Haftpflichtversicherung des Beklagten gezahlten Betrag von € 1500 im Hinblick darauf als angemessen an	OLG Koblenz 27.6.2016 12 U 1090/15 juris
479	3500 € 1750 *(€ 2329)*	10 x 20 cm große Prellmarke an der rechten Thoraxseite; 5 cm große Hämatomschwellung im Nacken; 3 cm große Prellmarke über der rechten Augenbraue; schwere Thorax- und Nackenprellung, Schädelprellung	10 x ärztliche Behandlung, 27 Tage arbeitsunfähig	Mann		Brutal begangene Attacke der beiden Beklagten u. a. mit einem Baseballschläger; besondere Bedeutung der Genugtuungsfunktion	AG Völklingen 14.6.2000 5 B C 849/99 RA Heitmann, Püttlingen-Köllerbach
480	€ 1800 *(€ 1917)*	Thoraxprellung, Verstauchung der HWS, des linken Knies und des rechten Ellenbogens	1 Monat AU zu 100%	Mann (Beifahrer)			AG Dieburg 11.3.2015 20 C 715/14 (21) RA Nicolas Eilers, Groß-Gerau
481	€ 2000 *(€ 2148)*	Rippenprellung mit Haarriss der 11. Rippe links, Brustkorbprellung, Oberschenkelprellung links, HWS-Distorsion, Kopfprellung, Schürfwunde auf dem Nasenrücken, am Schädeldach, am linken Oberschenkel und am linken Sprunggelenk	4 Tage stationäre Behandlung, 6 Wochen Beschwerden	Mann		Komplikationslose Ausheilung	AG Achim 11.7.2013 10 C 210/11 RA Wolfgang Koch, Erftstadt
482	€ 2000 *(€ 2148)*	BWS-Prellung, BWS-Distorsion, Ellenbogenprellung rechts, Hüftgelenksprellung rechts, Beckenprellung rechts, Kniegelenksprellung rechts, OSG und Unterschenkelprellung rechts	21 Tage AU zu 100%, insgesamt monatelange Beeinträchtigung in der Arbeits- und Leistungsfähigkeit, Freizeitbeeinträchtigung	Mann, Motorradfahrer			LG Duisburg 11.7.2013 12 O 71/12 RA Wolfgang Koch, Erftstadt
483	€ 2045 *(€ 2555)*	HWS-Distorsion I, multiple Prellungen am gesamten Körper sowie Thorax-Kontusion mit anschließender Lungenentzündung	MdE: 3 Wochen 100% 4 Wochen 70% 5 Wochen 60% 6 Monate 10%	Frau			LG München I 15.9.2004 19 O 11567/99 VorsRiLG Krumbholz
484	€ 2500 *(€ 2795)*	Thoraxprellung, HWS-Distorsion, Schürfwunden, beidseitige Unterschenkelprellung	8 Tage stationäre Behandlung anschließend 5 Wochen ambulante Behandlung, insg. 1 Monat AU zu 100%	Frau			AG Düren 23.5.2011 41 C 103/11 Anwaltskanzlei Buschbell & Coll.
485	€ 2500 *(€ 2792)*	Thoraxprellung, Mittelfuß- und Knieprellungen, Schürfwunden, Ellenbogenkontusion rechts, Verstauchung des linken Handgelenks	6 Wochen AU zu 100% 2 Wochen AU zu 50%	36-jähr. Mann, Kunststoffgranulathändler		Bei der Bemessung des Schmerzensgeldes hat das Gericht insbesondere die lange AU des Klägers berücksichtigt	LG Bielefeld 21.6.2011 2 O 100/10 RA Koch, Erftstadt
486	€ 2556 *(€ 3267)*	Prellungen linker Hemithorax	MdE: 5 Wochen 100% 3 Wochen 80% 6 Wochen 50% 2 Monate 25%	Frau		Massive Schmerzen	LG Regensburg 30.1.2003 1 O 72/02 RAe Rauscher & Koll., Regensburg

Lfd. Nr.	Betrag DM **Euro** *(Anp.2019)*	Verletzung	Dauer und Umfang der Behandlung; Arbeitsunfähigkeit	Person des Verletzten	Dauerschaden	Besondere Umstände, die für die Entscheidungen maßgebend waren	Gericht, Datum der Entscheidung, Az., Veröffentlichung bzw. Einsender
\multicolumn{8}{l}{**Fortsetzung von »Brust und Brustkorb - Quetschungen, Prellungen und sonstige Verletzungen«**}
487	€ 5000 *(€ 5503)*	Großflächige schwere Quetsch-Bisswunden an der rechten Flanke bis in den Bauchbereich	3 Wochen AU zu 100%	Mann	Deutlich sichtbare Narben	Ein Polizeidiensthund verbiss sich in der rechten Oberkörperhälfte des Klägers. Es wurde u. a. berücksichtigt, dass ein Verbeißen in den Rumpf deutlich gefährlicher ist als in den Arm sowie dass der Hund den Kläger heruntergezogen hat und für einen längeren Zeitraum (bis 15 Sekunden) nicht losließ. Dass der Kläger sich nach dem Verbeißen nicht ruhig verhalten hat, sondern erfolglos versucht hat, den Hund abzuschütteln, was den Instinkt des Hundes zum Festbeißen noch verstärkt hat, kann ihm nicht vorgeworfen werden. Schmerzensgelderhöhend wurde das nicht akzeptable Regulierungsverhalten des Beklagten gewertet, der trotz feststehendem Haftungsgrund gar kein Schmerzensgeld gezahlt hatte	LG Aachen 28.2.2012 12 O 3/11 Justiz NRW
488	€ 12 000 *(€ 14 565)*	Gehirnerschütterung, erhebliche Thoraxprellung mit ausgedehnter Ablederung des Rückens und des Gesäßes bei Beckenprellung, tiefe Schnittwunde am rechten Unterschenkel, Kreuzbandruptur am linken Knie, Teilruptur des Außen- und Innenbandes am linken Knie, Steißbeinfraktur, Schäden am Gesäßmuskel		Mann	Erhebliche Narbenbildung		OLG Celle 25.4.2006 14 U 230/05 SP 2006, 278

Weitere Urteile zur Rubrik »Brust und Brustkorb - Quetschungen, Prellungen und sonstige Verletzungen« siehe auch:

bis € 2500: 1707, 1711, 1714, 1718, 1602, 1724, 771, 1726, 1734, 1742, 1382, 1744, 775, 213, 1383, 3031, 1771, 1776, 1781, 1511, 216, 895, 217, 622, 155, 2500, 1809, 1813, 623, 844, 489, 490, 1831, 1039, 1836, 1838, 1842, 1844, 1847, 1851, 1852, 456, 874, 1857, 457, 245

bis € 5000: 517, 2806, 2031, 1490, 2831, 1887, 1891, 1263, 833, 460, 496, 1612, 3084, 751, 1616, 1592, 1906

bis € 12 500: 463, 1520, 1618, 3206, 250, 227, 1913, 1914, 1267, 466, 1622, 174, 756, 3153, 1118, 2216, 2810, 2041, 497, 2812, 1268, 1143, 1534, 2777, 823, 3055, 1634, 393, 301, 824, 562, 2128, 2162, 3160, 1541, 1270, 3066

bis € 25 000: 2467, 1545, 1147, 468, 576, 40, 3163, 1290, 76, 1653, 1127, 937, 79, 264, 3184, 1952, 587, 1664, 1665, 1368, 1667

ab € 25 000: 2817, 3187, 3170, 325, 2801, 3172, 84, 601, 1069, 274, 1308, 197, 2154, 199, 605, 1152, 607, 335, 504, 1005, 1296, 611, 1557, 1136, 1137, 339, 341, 2980, 1559, 1139, 2990, 2992, 1375, 3178, 2998, 1220, 1324, 1325, 366, 1448, 1991, 1994, 1377, 2006, 3023

Brust und Brustkorb - Rippenbruch

Lfd. Nr.	Betrag DM **Euro** *(Anp.2019)*	Verletzung	Dauer und Umfang der Behandlung; Arbeitsunfähigkeit	Person des Verletzten	Dauerschaden	Besondere Umstände, die für die Entscheidungen maßgebend waren	Gericht, Datum der Entscheidung, Az., Veröffentlichung bzw. Einsender
489	€ 1500 *(€ 1718)*	Frakturen der 6. und 7. Rippe links, schwere Thoraxprellung	Nach 7 Monaten noch ärztliche Behandlung	Mann		Nach 7 Monaten noch Schmerzen im Bereich der rechten HWS und bei der Bewegung des Thorax	LG Bielefeld 4.2.2010 2 O 294/09 RA Koch, Erftstadt
490	€ 1500 *(€ 1672)*	HWS-Distorsion sowie ein Brustkorbtrauma mit isoliertem Bruch der fünften Rippe	1 ½ Monate volle AU	Mann			OLG Naumburg 21.7.2011 4 U 23/11 NJW 2012, 1232
491	€ 1740● + immat. Vorbehalt *(€ 1826)*	Rippenbruch nach Stolpern über Plastiksockel eines mobilen Halteverbotsschilds		Frau	Körperhaltungsschaden	Zu Recht hat das LG der Klägerin wegen der von ihr erlittenen Rippenverletzungen ein Schmerzensgeld von € 1740 zuerkannt. Auf die zutreffenden Ausführungen des angefochtenen Urteils wird Bezug genommen. Das Mitverschulden der Klägerin ist mit 50% angemessen berücksichtigt	OLG Karlsruhe 1.2.2017 7 U 97/16 juris; IBR 2017, 227; BauR 2017, 927

● Mithaftung (siehe vorletzte Spalte)

Fortsetzung von »Brust und Brustkorb - Rippenbruch«

Lfd. Nr.	Betrag DM Euro (Anp.2019)	Verletzung	Dauer und Umfang der Behandlung; Arbeitsunfähigkeit	Person des Verletzten	Dauerschaden	Besondere Umstände, die für die Entscheidungen maßgebend waren	Gericht, Datum der Entscheidung, Az., Veröffentlichung bzw. Einsender
492	5000 € 2500 + immat. Vorbehalt (€ 3278)	Gehirnerschütterung, Prellung des Knies, der Schulter, eines Oberarms und des Thorax sowie Infraktion einer Rippe; HWS-Distorsion	3 Tage Krankenhaus, 1 Monat arbeitsunfähig	Hausmeister		Im Hinblick auf medizinische Kenntnisse, dass gerade HWS-Distorsionen Spätfolgen nach sich ziehen können, war dem Feststellungsantrag stattzugeben	AG Offenbach 27.2.2001 1 C 197/99 RAe Thaens, Offenburg
493	€ 2500 (€ 3124)	Rippenserienfraktur, Lungenkontusion	Anfangs Lebensgefahr, 6 Wochen arbeitsunfähig, Beschwerden insgesamt 2 Monate	Mann		Rippenserienfraktur schmerzhaft	LG Dortmund 9.6.2004 21 O 454/03 SP 2004, 301
494	€ 2625● + immat. Vorbehalt (€ 3335)	Fraktur der 9. Rippe links, Pneumothorax	7 Tage stationär	Mann		Schlägerei. 25% Mithaftung. Kläger hat sich freiwillig in eine Turbulenzsituation begeben, wo Gegenstände durch die Luft flogen und mehrere Personen aufeinander einschlugen. Dass eine Einmischung in eine solche Auseinandersetzung naheliegend zu eigenen Verletzungen führen kann, liegt auf der Hand	LG Saarbrücken 2.7.2003 9 O 471/01 RA Hettmann, Püttlingen-Köllerbach
495	€ 3500 + immat. Vorbehalt zu 40% (allerdings keine Mithaftung des Klägers) (€ 3739)	Rippenserienfraktur links 8–12		Älterer Mann, Bus-Insasse		Der Kläger stürzte in einem Linienbus, als dieser verkehrsbedingt eine Vollbremsung durchführen musste, obwohl er sich mit beiden Händen festhielt. Dass ein Fahrgast sich 150 m vor der nächsten Haltestelle erhebt, stellt keinen Verstoß gegen § 14 Abs. 3 Nr. 4 BOKraft dar	LG Freiburg 28.4.2014 6 O 217/13 RA Wolfgang Koch, Erftstadt
496	€ 3500 (€ 4036)	Schädel-Hirn-Trauma I. Grades, Rippenserienfraktur, retrograde Amnesie, Pneumothorax, Pleuraerguss	5 Tage Krankenhaus, 6 Wochen arbeitsunfähig	Mann		Infolge Mithaftung von 50% wurde lediglich ein Schmerzensgeld von € 1750 zugesprochen	Brandenburgisches OLG 5.11.2009 12 U 151/08
497	€ 7000 (€ 8151)	Rippenserienfraktur, Thoraxprellung, HWS-Distorsion und Prellung des rechten Oberschenkels	4 Tage Krankenhaus, MdE: 5 Tage 100% 6 Wochen 50% 1 Monat 30% ca. 9 Monate 20% 1 Jahr 10%	50-jähr. Sachbearbeiterin		Intensive, lang andauernde Schmerzen, die zunächst über 3 Monate hinweg der Einnahme von Schmerzmitteln bedurften. Besonders gravierender Sorgfaltsverstoß durch den Schädiger. Zögerliches Regulierungsverhalten der Haftpflichtversicherung	AG Rudolstadt 28.2.2008 1 C 693/06 RAe Wolf und Koll., Saalfeld
498	€ 7000● (€ 7825)	Frakturen der 1.–7. Rippe rechts, 1. Rippe links, der Clavicula links, des Sitzbeins rechts, des Mittelgesichts rechts und des Acromions rechts	Krankenhausaufenthalt von insg. 3 Wochen	Mann		Mithaftung i.H.v. 25%	LG Schwerin 17.3.2011 5 O 115/10 RA Koch, Erftstadt
499	15 000 € 7500 + immat. Vorbehalt (€ 10 185)	Rippenserienfraktur III–VIII links	1 Woche Krankenhaus, anschließend ambulante Weiterbehandlung MdE: 3 Wochen 100% 2 Wochen 70%	Arzt	Verschiebung der sechs gebrochenen Rippen dergestalt, dass die hinteren Bruchenden sich schalenförmig unter die vorderen Bruchstücke geschoben haben; dadurch Stufenbildung, wobei es bei bestimmten Bewegungen (z. B. Heben des linken Arms) zu 3–4 ruckartigen Hackbewegungen kommt, die Schmerzen verursachen	Während Krankenhausaufenthalt starke Schmerzen, daher opiathaltige Analgetika erforderlich; auch in den nächsten Monaten noch Schmerzen; operative Eingriffe in der Zukunft möglich; bei dem zugrunde liegenden Skiunfall wurde dem Kläger wegen Mithaftung von 20% lediglich ein Betrag von DM 12 000 (€ 6000) zugesprochen	LG Memmingen 11.11.1998 3 O 1355/96 RAe Dr. Trippen, Gutheil & Koll., Solingen

Urteile lfd. Nr. 500 – 504   Brust und Brustkorb

Lfd. Nr.	Betrag DM Euro (Anp.2019)	Verletzung	Dauer und Umfang der Behandlung; Arbeitsunfähigkeit	Person des Verletzten	Dauerschaden	Besondere Umstände, die für die Entscheidungen maßgebend waren	Gericht, Datum der Entscheidung, Az., Veröffentlichung bzw. Einsender

Fortsetzung von »Brust und Brustkorb - Rippenbruch«

500	€ 8000 (€ 8723)	Rippenserienfraktur links der 3. bis 9. Rippe und ein zunehmender Pleuraerguss	17 Tage stationäre Behandlung (davon 7 Tage mit Thoraxdrainage), 4-monatige ambulante Behandlung mit Atemtherapie	77-jähr. Frau	Atembeschwerden	Geschädigte litt lange unter Schlafstörungen und hatte Angst, das Krankenhaus nicht mehr lebend verlassen zu können. Die vor dem Unfallereignis beschwerdefreie Klägerin ist durch den Unfall auf Dauer in ihrer Lebensqualität eingeschränkt	AG Soltau 16.1.2013 24 C 390/12 RA Gunnar Stark, Hamburg
501	€ 9000 (€ 10961)	Schlüsselbeinbruch, Bruch der Rippen rechts 1–4, 7 und 8, Bruch des Brustbeins, Außenbandruptur am rechten Bein, Risswunden und Quetschungen im Bereich des rechten Unterarms, Hämatopneumothorax im Brustraum und an der Lunge		Mann	Große Quernarbe am rechten Unterarm mit Minderung der Berührungsempfindlichkeit		LG Kassel 15.3.2006 4 O 1331/03 SP 2007, 11
502	€ 15000 + immat. Vorbehalt (€ 16 768)	Rippenserienfraktur 4–7, Verletzung der Zähne 15, 13,12, 21, 22, 23	MdE: 6 Monate zu 100%, 6 Monate zu 40%	Mann, Hausmeister	Kein Heben von Lasten über 20 kg mehr möglich	Bei der Schmerzensgeldbemessung wurde vor allem die besonders lange AU, der lange Heilbehandlungsverlauf sowie die aufwendige Zahnbehandlung berücksichtigt. Ferner hat der Kl. Einschränkungen im Alltag sowie in der Berufsausübung	LG Würzburg 29.3.2011 63 O 2223/08 RA Schauer, Schweinfurt
503	€ 20 000 + immat. Vorbehalt (€ 23 785)	Beckenringfraktur links, Rippenserienfraktur rechts der 2. bis 9. Rippe, Rippenserienfraktur links der 3. bis 10. Rippe, laterale Obitalfraktur rechts, Hämatomsinus der rechten Kieferhöhle, Serom der rechten Hüfte, Skalpierungsverletzung mit Beteiligung des rechten Oberlids sowie schweres HWS-Schleudertrauma	19 Tage Krankenhaus, weitere 4 Monate ambulante Behandlung mit Krankengymnastik, augenärztlicher sowie zahnärztlicher Behandlung. MdE: über 3 Monate 100% 1 Monat 60%	Mann	Fraglich	Bei der Bemessung des Schmerzensgeldes geht das Gericht zwar grundsätzlich davon aus, dass die Verletzungen an sich im normalen Umfang und in vertretbarem Zeitraum auch ausgeheilt sind, aber mögliche Spätfolgen nicht zweifelsfrei ausgeschlossen werden können	LG Wiesbaden 3.5.2007 3 O 116/04 RA Koch, Erftstadt
504	75 000 € 37 500 + immat. Vorbehalt (€ 48 805)	Dislozierte Unterarmfraktur links, Oberschenkeltrümmerfraktur rechts, Acetabulumfraktur rechts, Rippenserienfrakturen rechts und links, Hämatothorax und Lungenkontusion, stumpfes Bauchtrauma, Nesselsucht	12 Tage Intensivstation, davon die ersten 8 Tage unter maschineller Beatmung, Platten-Osteosynthesen der Unterarm- und Oberschenkeltrümmerfrakturen, Thoraxdrainagen beidseits, nach Intensivstation noch 7 Wochen Krankenhaus, nach 2 Monaten nochmals 3 Wochen Krankenhaus, 1 Jahr und 5 Monate zu 100% arbeitsunfähig	50-jähr. US-Verwaltungsangestellter	Restfunktionsbehinderungen u. a. im Bereich des rechten Schultergelenks, des linken Handgelenks und des Hüftgelenks; nur noch leichte körperliche Arbeiten im Wechsel zwischen Stehen und Sitzen ohne Heben und Tragen von Lasten mit entsprechenden Ruhepausen möglich; MdE: 30%	Kläger war kurze Zeit im Fahrzeug eingeklemmt; Kläger kann keine Anhebung des Schmerzensgeldes unter Hinweis auf seine Nationalität als US-Amerikaner verlangen, damit ihm das Gefühl erspart bleiben solle, durch ein „rückständiges" Rechtssystem benachteiligt zu werden; Schadensabwicklung unterliegt der deutschen Rechtsordnung	OLG Koblenz 15.10.2001 12 U 2123/98 SP 2002, 238 RA Koch, Erftstadt

Weitere Urteile zur Rubrik »**Brust und Brustkorb - Rippenbruch**« siehe auch:

bis € 2500: 1844
bis € 5000: 1115, 1516, 910, 374, 962, 1518, 751, 1519
bis € 12 500: 463, 228, 920, 1118, 1119, 124, 254, 550, 255, 1120, 1536, 3056, 301, 467, 126, 1541, 128, 401
bis € 25 000: 991, 2102, 1147, 74, 1290, 1130, 1657, 582, 1550, 3104, 233, 81, 1274, 1131, 45, 1095, 1553, 594, 1368
ab € 25 000: 269, 1000, 1292, 1371, 3074, 2956, 1151, 601, 136, 274, 48, 196, 2154, 198, 607, 1135, 333, 2959, 1599, 1004, 3175, 1968, 419, 2963, 2964, 336, 1071, 426, 2107, 3077, 1556, 1557, 1136, 1558, 1373, 1313, 1138, 1009, 2265, 1314, 363, 1559, 2985, 1139, 2989, 343, 2990, 614, 2992, 1375, 1319, 2998, 2088, 3000, 3004, 1975, 1978, 1979, 1287, 1984, 3015, 1991, 2003, 2006, 1244, 1339, 1459

● Mithaftung (siehe vorletzte Spalte)

Lfd. Nr.	Betrag DM Euro (Anp.2019)	Verletzung	Dauer und Umfang der Behandlung; Arbeitsunfähigkeit	Person des Verletzten	Dauerschaden	Besondere Umstände, die für die Entscheidungen maßgebend waren	Gericht, Datum der Entscheidung, Az., Veröffentlichung bzw. Einsender

Fuß mit Sprunggelenk

Weitere Urteile zur Rubrik »**Fuß mit Sprunggelenk**« siehe auch:
bis €12 500: 2584
bis €25 000: 162
ab €25 000: 2949, 148, 2298

Fuß mit Sprunggelenk - Amputation

Lfd. Nr.	Betrag	Verletzung	Dauer und Umfang der Behandlung	Person	Dauerschaden	Besondere Umstände	Gericht
505	€20 000● + immat. Vorbehalt (€21 219)	Kläger geriet nach dem Verlassen eines Zuges der von der Beklagten zu 3) betriebenen Regionalbahn mit dem Fuß unter den anfahrenden Zug, wodurch ihm der rechte Vorfuß abgetrennt wurde. Neben dem Verlust des Vorfußes erlitt der Kläger Hämatome und weitere innere Blutungen sowie Verletzungen an der Wirbelsäule ohne neurologische Symptomatik, die nicht operationspflichtig waren	Operative Nachresektion des Vorfußes nach notfallmäßiger Einlieferung ins Krankenhaus. Nach der Erstoperation schlossen sich weitere plastische Operationen an, weshalb der Kläger sieben Monate in stationärer Behandlung verbleiben musste. Aufgrund weiter auftretender Komplikationen erfolgte sodann eine Achillessehnenverlängerung rechts mit weiteren operativen Maßnahmen, die operative Entfernung eingebrachter Kirschnerdrähte, eine viertägige stationäre Behandlung wegen eines Infekts im betroffenen Fuß sowie eine operative Stumpfkorrektur aufgrund bestehender Schmerzen im Bereich des Amputationsstumpfes. Später erfolgte schließlich eine weitere Behandlung wegen aufgetretener Komplikationen und einer Leistungsminderung des rechten Fußes	15-jähr. Junge	Verlust des Vorderfußes	Bei der Abwägung der beiderseitigen Verursachungsanteile erschien es dem Senat geboten, den Anteil des Klägers als überwiegend zu bewerten, ohne dass dies einen Anspruchsausschluss rechtfertigen könnte. Während die Beklagte zu 3) verschuldensunabhängig aufgrund der Betriebsgefahr des von ihr betriebenen Zuges haftet, liegt auf Seiten des Klägers ein Verschulden von einigem Gewicht vor. Auch als seinerzeit 15-Jähr. konnte und musste er erkennen, dass das Abspringen aus einem fahrenden Zug mit erheblichen Gefahren, dabei zu stürzen und im ungünstigsten Fall unter den Zug zu geraten, verbunden sein würde, weshalb von ihm zu erwarten war, dass er von dem Vorhaben Abstand nimmt und bis zur nächsten Station im Zug verbleibt. Bei der Bemessung des dem Kläger zustehenden Schmerzensgeldes war neben der Schwere der Verletzung zu berücksichtigen, dass der Kläger die Verletzung im jugendlichen Alter erlitten hat und diese zu einer lebenslang verbleibenden Beeinträchtigung des Wohlbefindens und der Beweglichkeit führt	OLG Hamm 8.4.2016 11 U 141/14
506	50 000● €25 000 + immat. Vorbehalt (€32 182)	Amputation des linken Vorfußes, stumpfes Bauchtrauma mit Leberkontusion, Facialisparese rechts, Schädelhirntrauma, Kopfschwartenablederung, verschiedene Frakturen und Beschädigungen der Zähne 10, 11 und 21		17-jähr. Schülerin	Verlust des linken Vorfußes	Klägerin wurde an einem kleinen Bahnhof an einem Bahnsteigübergang von einem einfahrenden Regionalzug erfasst. Da der Zug ausnahmsweise auf einem anderen Gleis als üblich einfuhr und sonstige Schutzvorrichtungen im Bereich der Übergänge fehlten, hätte durch Lautsprecherdurchsage, die mangelhaft war, auf die besondere Gefahrenlage deutlich hingewiesen werden müssen; 50% Mithaftung	OLG München 21.2.2002 24 U 570/01 NJW 2002, 3113

Fuß mit Sprunggelenk

Fortsetzung von »Fuß mit Sprunggelenk - Amputation«

Lfd. Nr.	Betrag DM Euro (Anp.2019)	Verletzung	Dauer und Umfang der Behandlung; Arbeitsunfähigkeit	Person des Verletzten	Dauerschaden	Besondere Umstände, die für die Entscheidungen maßgebend waren	Gericht, Datum der Entscheidung, Az., Veröffentlichung bzw. Einsender
507	€ 35 000 ● (€ 39 126)	Amputation des linken Fußes ab der Ferse	6 Operationen mit stationärem Aufenthalt von insgesamt 13 Wochen	17-jähr. Mann		Mitverschulden von ⅓. Der Kläger lief trotz des aus dem Bahnhof ausfahrenden Zuges direkt an dem Bahngleis entlang und stürzte auf einer Eisplatte. Der Zug erfasste den Fuß des Geschädigten und zerquetschte diesen	LG Nürnberg-Fürth 18.5.2011 2 O 8329/10
508	€ 35 000 ● + immat. Vorbehalt (€ 38 399)	Bahnunfall: Der anfahrende Zug erfasste den linken Fuß des Klägers. Der Kläger erlitt dabei schwere Verletzungen am linken Fuß, die mit extremen Schmerzen verbunden waren	Wegen der Verletzung wurde der Kläger zunächst über 7 Wochen stationär im Klinikum behandelt. Er wurde insb. mehrfach operiert. Nachdem eine Wiederherstellung des linken Fußes des Klägers nicht möglich war, musste letztlich infolge der erlittenen Quetschungen der linke Fuß des Klägers etwa ab der Ferse amputiert werden. Im Anschluss an diese Behandlung folgte eine 6-wöchige Reha-Behandlung	16-jähr. Junge	Linker Fuß des Klägers etwa ab der Ferse amputiert	Der Kläger muss sich gegenüber den Beklagten jedoch ein Mitverschulden in Höhe von ⅓ anrechnen lassen. Angesichts der unstreitigen Verletzungen des Klägers, der bei dem Unfall einen Teil seines linken Fußes verloren hat und deswegen bislang 6 mal operiert werden musste sowie insg. 13 Wochen stationär behandelt werden musste (zunächst 7-wöchiger Klinikaufenthalt und sodann 6-wöchiger Aufenthalt in einer Reha-Klinik), sowie der damit verbundenen Einschränkungen der Lebensqualität des Klägers, der insb. seine bisherigen leistungsorientierten sportlichen Aktivitäten nicht mehr fortsetzen kann, hält das LG mit Billigung des Berufungsgerichts unter Berücksichtigung des Mitverschuldensanteils des Klägers ein Schmerzensgeld i.H.v. € 35 000 für angemessen	OLG Nürnberg 9.5.2012 12 U 1247/11
509	€ 75 000 + immat. Vorbehalt (€ 92 188)	Zerreißung von Dünndarmschlingen sowie Einrisse der Darmgefäße, Blutaustritt in die Bauchhöhle, offene Unterschenkelfraktur links, Fußamputation links, erheblicher Weichteilschaden am rechten Vorfuß mit nachfolgender Amputation der ersten und vierten Zehe	Vielfältige operative Eingriffe, wochenlang Lebensgefahr	Lokomotivführer	Verlust des linken Fußes, aufgehobene Beweglichkeit im linken oberen und unteren Sprunggelenk, linksseitige Beinverkürzung, Muskelminderung des linken Beines, Verlust des Endgliedes der rechten Großzehe, Verlust der vierten Zehe rechts, Narbenbildung	Grobe Fahrlässigkeit; Rettungsaktion nach dem Unfall mit aktiver Lebensgefahr und Notamputation vor Ort stellt eine außergewöhnliche Belastung dar; Stimmungsschwankungen; wegen Dienstunfähigkeit aus dem Beruf ausgeschieden	LG Bielefeld 22.11.2005 2 O 23/04
510	€ 175 000 + immat. Vorbehalt (€ 201 136)	Septischer Schock nach einer Operation mit folgenden Problemen im Bereich der rechten Herzkammer und der Nieren; es wurde die Teil-Amputation von sechs Fingern und Amputation beider Füße oberhalb des Sprunggelenks erforderlich	Vielzahl von Nachoperationen, lebensbedrohliche Lage	47-jähr. Frau	Teil-Amputation von sechs Fingern und Amputation beider Füße; GdB von 100%, Pflegestufe II	Fehlerhafte ärztliche Behandlung; die Beklagten haben es nach einer laparoskopischen Entfernung der Gebärmutter grob behandlungsfehlerhaft unterlassen, wegen der bei der Klägerin postoperativ aufgetretenen Symptome einer Peritonitis eine weiterführende Diagnostik in Form einer Kontroll-Laparoskopie durchzuführen, die zu einer vorzeitigen Revisionsoperation geführt hätte; Lebensführung der Klägerin ist nachhaltig beeinträchtigt; ständige Probleme im Bauchraum	OLG Hamm 10.9.2008 3 U 199/07

Weitere Urteile zur Rubrik »**Fuß mit Sprunggelenk - Amputation**« siehe auch:
bis € 12 500: 2608
ab € 25 000: 2418

● Mithaftung (siehe vorletzte Spalte)

Fuß mit Sprunggelenk - Bruch (auch Knöchelbruch)

Lfd. Nr.	Betrag DM Euro (Anp.2019)	Verletzung	Dauer und Umfang der Behandlung; Arbeitsunfähigkeit	Person des Verletzten	Dauerschaden	Besondere Umstände, die für die Entscheidungen maßgebend waren	Gericht, Datum der Entscheidung, Az., Veröffentlichung bzw. Einsender
511	€ 1500 (€ 1604)	Nicht disloziert Weber-A-Fraktur links	6 Wochen AU, Gips, Vacoped-Schuh für 5 Wochen mit Teilbelastung, Unterarmgehstützen	Frau		Die Klägerin stand vor einem Lokal, in welchem die Weihnachtsfeier ihres Betriebes stattfand. Der Beklagte wollte nach dem Hinweis der Klägerin auf die geschlossene Gesellschaft dennoch in das Lokal und schob diese weg, wodurch die Klägerin die Treppe hinunterfiel. Der Beklagte handelte vorsätzlich. Die AU der Klägerin wurde auf eigenen Wunsch hin aufgrund einer Fortbildungsprüfung nicht verlängert. Eine Operation fand nicht statt	AG Aschaffenburg 5.2.2016 123 C 2093/15 RAe Dr. Häcker & Kollegen, Aschaffenburg
512	€ 1500 + immat. Vorbehalt (€ 1551)	Großflächige Schürfwunden im Bereich beider Knie, offene Fraktur der rechten Großzehe und Ruptur einer Arterie im Bereich der rechten Leiste		Mann		Dem Kläger ist nicht der Beweis gelungen, durch den Unfall eine Dekompensation einer vorbestehenden Spinalkanalstenose mit daraus resultierenden chronischen Schmerzen davongetragen zu haben	OLG Bamberg 21.9.2017 5 U 78/17
513	4000 € 2000 (€ 2720)	Fraktur des inneren Sprunggelenks; Bänderriss	10 Tage Krankenhaus, MdE: weitere 2 Monate 100%	Frau		Sturz auf vereister Treppe vor Gaststätte; Verstoß gegen Verkehrssicherungspflicht	LG Hagen 21.1.1998 9 O 312/97 Gothaer Versicherungsbank VVaG, Dortmund
514	€ 2000● + immat. Vorbehalt (€ 2076)	Innenknöchelfraktur links, Prellungen und Schürfungen am ganzen Körper (v.a. an beiden Knien, rechter Ellenbogen)	2 OPs, 14 Tage Ruhe nach der 1. OP, 6 Wochen Unterarmgehstützen, Unterschenkelorthese, ambulante KG	17-jähr. Rollerfahrer		²/₃ Mithaftung wegen eines Vorfahrtsverstoßes. Durch die Fraktur wird sich eine vorzeitige Arthrose einstellen, was in Anbetracht des jungen Alters besonders schmerzensgelderhöhend gewürdigt wurde	LG Saarbrücken 16.2.2018 6 O 229/17
515	€ 2000● + immat. Vorbehalt (€ 2499)	Dreifacher Bruch der linken Ferse	4 Monate arbeitsunfähig	Moto-Cross-Fahrer	Anhaltende Beschwerden	50% Mithaftung Die Eigenverantwortlichkeit des Klägers beim Aufbau einer Sprungrampe über Pferdehindernisse ist mit dem Verschulden des Veranstalters gleichzusetzen, der sich entschloss, eine leichtere Konstruktion, als vorher mit dem Kläger vereinbart, zu wählen	OLG Hamm 22.11.2004 6 U 83/04 Anwaltssozietät Bohnenkamp, Borken
516	€ 2000● (€ 2222)	Sturz wegen Verletzung der Verkehrssicherungspflicht (Kante am Gullyeinlauf) mit einer Fraktur des Mittelfußknochens, einer knöchernen Absprengung im Bereich des Mittelfußknochens sowie einem Supinationstrauma im Bereich des linken oberen Sprunggelenks	1 Woche stationäre Behandlung im Krankenhaus	Frau	Beweglichkeit im Bereich des linken Sprunggelenks ist deutlich eingeschränkt. Aus diesem Grund wird die Klägerin nicht mehr in der Lage sein, längere Strecken zu laufen (Joggen bzw. Walken). Sie wird für immer Beschwerden im Bereich des Mittelfußes bzw. der Fußwurzelknochen haben	Dabei folgt der Senat noch dem Ausgangspunkt des LG, das ohne das Mitverschulden der Klägerin ein Schmerzensgeld i.H.v. € 3000 für angemessen erachtete. Unter Berücksichtigung der schweren Verletzungen der Klägerin und der eingetretenen Dauerfolgen erscheint dem Senat das Mitverschulden der Klägerin (50%) hier nicht so gravierend, dass ein Schmerzensgeld unter € 2000 angemessen wäre	OLG Naumburg 16.9.2011 10 U 3/11 MDR 2012, 346
517	€ 2500 (€ 2883)	Fraktur Typ Weber A links, Fraktur des Dreieckbeins rechte Hand, Thoraxkontusion rechts, Beckenprellung	MdE: 7 Wochen 100% 3 Wochen 50% 5 Wochen 20%	Frau			AG Düren 4.11.2009 47 C 179/09 RA Koch, Erftstadt

Fuß mit Sprunggelenk

Lfd. Nr.	Betrag DM Euro (Anp.2019)	Verletzung	Dauer und Umfang der Behandlung; Arbeitsunfähigkeit	Person des Verletzten	Dauerschaden	Besondere Umstände, die für die Entscheidungen maßgebend waren	Gericht, Datum der Entscheidung, Az., Veröffentlichung bzw. Einsender
\multicolumn{8}{l}{Fortsetzung von »Fuß mit Sprunggelenk - Bruch (auch Knöchelbruch)«}
518	€ 2500 (€ 3045)	Fraktur des Mittelfußknochens rechts, Distorsion des rechten Sprunggelenks, große Schürfwunden an beiden Knien	1 Monat Tragen einer Gipsschiene; während dieser Zeit auf die Benutzung von zwei Unterarmgehstützen und täglich ca. 2 Stunden auf Hilfestellung durch Familienangehörige angewiesen	72-jähr. Frau			AG Düsseldorf 14.3.2006 21 C 4759/05
519	€ 2500 (€ 3183)	Luxationsfraktur im rechten oberen Sprunggelenk	19 Tage Krankenhaus mit osteosynthetischer Versorgung, anschließend ca. 2 Wochen ambulante Behandlung	20-jähr. Mann		Vorsätzliche Körperverletzung, Kläger wurde zu Boden geschlagen und getreten	AG Oschersleben 24.4.2003 3 C 276/02 RAe Dr. Pfennig & Wabbel, Braunschweig
520	€ 2500● + immat. Vorbehalt (€ 2639)	Fraktur Metatarsale I–V links	3 1/2 Monate AU, 19 Tage Unterschenkelgips, Gipsschuh, physiotherapeutische Behandlungen	Motorradfahrer	10% MdE, Bandschädigung mit Veränderung der Fußstatik, Mittelfußumfang ist um 1 cm breiter, Wetterfühligkeit	1/3 Mithaftung aus Betriebsgefahr. Ferner wurde berücksichtigt, dass keine Operation nötig war und der Kläger „nur" ambulant behandelt wurde. Die MdE liegt am untersten Rand. Es besteht die Möglichkeit einer Arthrose mit einer Versteifungswahrscheinlichkeit je nach Ausprägung in der Zukunft	LG Passau 24.1.2017 4 O 577/15 Landesrechtsprechungsdatenbank Bayern
521	6000 € 3000 (€ 3973)	Knöchelbruch rechts	Drei Operationen, 11 Wochen arbeitsunfähig	Monteur		Glatteisunfall; zögerliche Schadensregulierung	AG Hamburg 7.9.2000 37A C 252/99 RAe Bonk & Partner, Hamburg
522	€ 3000 (€ 3148)	Vorderfußfraktur links, Schürfwunden am Hals und an der Hand	3 1/2 Monate AU, 1 Monat Gipsschiene, 3 Monate physiotherapeutische Behandlungen	Mann		Das Gericht ist der Überzeugung, dass die Rangelei und das Umstoßen des Klägers durch den Beklagten die Folge eines gegenseitigen Beleidigens und Provozierens war, wobei unklar ist, von wem die erste Beleidigung ausging. Der Beklagte handelte zumindest fahrlässig. Zur Eskalation nach dem bereits beendeten Wortgefecht kam es allerdings nicht durch den Kläger, sondern durch eine Zeugin. Das Schmerzensgeld ist für den Kläger niedriger zu bemessen, als wäre ihm die Verletzung auf offener Straße ohne Vorwarnung zugefügt worden. Er ist nicht ganz unverschuldet in die Situation geraten, auch wenn sein Verursachungsbeitrag hinter dem des Beklagten zurückbleibt	LG Saarbrücken 16.12.2016 4 O 249/15
523	€ 3000 + immat. Vorbehalt (€ 3235)	Unterschenkelfraktur (Rad des Pkw des Bekl. kam auf dem rechten Sprunggelenk der Klägerin zum Stehen)		12-jähr. Mädchen		Mit dem Schmerzensgeld sind lediglich diejenigen Beeinträchtigungen der Klägerin abgegolten, die bis zum Zeitpunkt der letzten mündlichen Verhandlung vor dem LG bestanden. Denn zu diesem Zeitpunkt stand noch nicht fest, ob auch in der Zeit danach ein Taubheitsgefühl im Bereich der Verletzung bestehen würde. Wegen dieser Möglichkeiten ist der Feststellungsantrag – sowohl wegen in Betracht kommender materieller Schäden als auch wegen möglicher immaterieller Beeinträchtigungen – gerechtfertigt	OLG Karlsruhe 7.1.2015 9 U 9/14 RuS 2015, 308

● Mithaftung (siehe vorletzte Spalte)

Fuß mit Sprunggelenk

Urteile lfd. Nr. 524 – 529

Lfd. Nr.	Betrag DM Euro (Anp.2019)	Verletzung	Dauer und Umfang der Behandlung; Arbeitsunfähigkeit	Person des Verletzten	Dauerschaden	Besondere Umstände, die für die Entscheidungen maßgebend waren	Gericht, Datum der Entscheidung, Az., Veröffentlichung bzw. Einsender
\multicolumn{8}{l}{Fortsetzung von »Fuß mit Sprunggelenk - Bruch (auch Knöchelbruch)«}
524	€ 3000 ● + immat. Vorbehalt (€ 3371)	Talusfraktur links sowie Prellungen an rechter und linker Hand	Entfernung des im Rahmen der OP eingebrachten Metallteile; Kläger trug 4 Wochen Unterschenkelgipsschiene, benutzte beim Gehen Krücken; mehr als 3 Monate AU	Mann	möglich	Motorradunfall mit 70% Mithaftung des Kl. (berücksichtigt bei ausgeurteiltem Schmerzensgeld); Berücksichtigung, dass der Kl. heute noch nicht völlig belastungsfrei gehen kann; bei Talusfrakturen kann es auch nach anatomischer Wiederherstellung der Gelenkflächen als Spätfolge zu Gelenkverschleiß und Funktionsbeeinträchtigungen kommen; im Extremfall ist eine Versteifung des Gelenks nicht ausgeschlossen (Sprunggelenksarthrodese)	OLG Frankfurt am Main 8.2.2011 22 U 162/08 OLG Report Mitte 16/2011 (Anm. 2)
525	7000 € 3500 + immat. Vorbehalt (€ 4544)	Beidseitige Fersenbeinfraktur, Bruch der linken Fußwurzel	Längere Zeit auf Rollstuhl und später auf 2 Gehkrücken angwiesen	8-jähr. Kind		Kläger, der versehentlich in einen Verwaltungsgebäude eingeschlossen war, sprang aus Angst aus einem 4 ½ m hohen Fenster; Verletzung der Verkehrssicherungspflicht; bei Urteilsverkündung noch immer bestehende Behinderung von 60%; geringes Verschulden der Beklagten; nicht abschätzbare Folgeschäden möglich	LG Hanau 29.6.2001 2 S 151/2001 zfs 2001, 400
526	€ 3500 + immat. Vorbehalt (€ 4263)	Abrissfraktur des Würfelbeins		Frau		Verletzung der Verkehrssicherungspflicht; Klägerin trat bei Dunkelheit in ein Loch am seitlichen Fuß einer Treppe vor der Eingangstür; Klägerin leidet weiter unter einer belastungsabhängigen Schwellung des Fußes; spätere Gelenkversteifung möglich (immat. Vorbehalt)	OLG Hamm 7.2.2006 9 U 62/05
527	€ 4000 (€ 4313)	Offene mehrfragmentäre Weber-C-Fraktur mit Subluxation des oberen rechten Sprunggelenks	5 Tage stationäre Behandlung, insgesamt 2 Operationen, 6 Wochen Gipsfuß und Unterarmstützen, 9 ambulante Krankenhausbehandlungen, 3 Monate AU zu 100%, physiotherapeutische Behandlungen und 82 Lymphdrainagen für 9 ½ Monate	Frau		Die Klägerin war Fußgängerin. Sie muss einen Kompressionsstrumpf tragen. Eine Metallentfernung steht noch aus	AG Koblenz 28.6.2013 411 C 2278/12 RA Wolfgang Koch, Erftstadt
528	€ 4000 (€ 4602)	Außenknöchelfraktur Typ Weber B	8 Tage Krankenhaus mit zwei Operationen (u. a. Osteosynthese), nach 8 Monaten Entfernung des eingebrachten Metalls	Frau		Verletzung der Verkehrssicherungspflicht; Klägerin stürzte aufgrund nässebedingter Glätte auf einer zuvor gereinigten Marmortreppe auf einem Kreuzfahrtschiff, die nicht mit Warnschildern versehen war; lediglich mittelschwere Pflichtverletzung der Beklagten	LG Koblenz 10.7.2009 10 O 114/09
529	8000 € 4000 + immat. Vorbehalt (€ 5200)	Mittelfußknochen-V-Fraktur mit Dislokation	3 Tage Krankenhaus, 6 Wochen Gehhilfen, 2 Monate arbeitsunfähig; nach nochmaliger Operation weitere 2 Wochen arbeitsunfähig	Mann	Fußschmerzen	Schlägerei. Zu berücksichtigen war insbesondere das aggressive Auftreten des Beklagten, der völlig grundlos eine Auseinandersetzung vom Zaune gebrochen hat. Da bei Klageerhebung noch nicht erkennbar war, welche weiteren Schäden der Kläger aufgrund der noch ausstehenden Plattenentfernung erleiden würde, ist auch der Feststellungsantrag begründet	LG Oldenburg 20.9.2001 1 O 3803/00 RAe Pickart & Partner, Wildeshausen

Lfd. Nr.	Betrag DM Euro (Anp.2019)	Verletzung	Dauer und Umfang der Behandlung; Arbeitsunfähigkeit	Person des Verletzten	Dauerschaden	Besondere Umstände, die für die Entscheidungen maßgebend waren	Gericht, Datum der Entscheidung, Az., Veröffentlichung bzw. Einsender
	**Fortsetzung von »Fuß mit Sprunggelenk - Bruch (auch Knöchelbruch)«**
530	€ 4000 (€ 4295)	MFK-II-Fraktur links, multiple Prellungen, u. a. des linken oberen Sprunggelenks, der Unterschenkel sowie des Handgelenks		Mann		Diese Verletzungen vermögen auch unter Berücksichtigung der verzögerten Frakturheilung kein höheres Schmerzensgeld als € 4000 zu rechtfertigen	OLG Düsseldorf 29.7.2013 I-1 U 202/12
531	8000 € 4000 + immat. Vorbehalt (€ 5149)	Metarsale Basisfraktur rechts, schwere Distorsion des rechten oberen Sprunggelenks mit Abbruch der Außenknöchelspitze und Innenknöchelstauchung	3 Wochen Krankenhaus mit Operation der Fraktur im Mittelfußbereich, anschließend ambulante Wundkontrollen und Tragen eines Stabilschuhs	Frau		Verletzung der Verkehrssicherungspflicht durch den Betreiber einer Go-Kart-Bahn. Vorbehalt, da Verschlechterungen nicht ausschließbar sind	OLG Hamm 4.2.2002 6 U 130/01 NZV 2003, 32
532	€ 4000● + immat. Vorbehalt (€ 5137)	Dislozierte Sprunggelenksluxationsfraktur am rechten Bein	12 Tage Krankenhaus mit operativer osteosynthetischer Versorgung des Trümmerbruchs; während des Heilungsverlaufs Komplikation in Form einer so genannten Sudeck'schen Heilentgleisung	Altenpflegerin	Spitzfußstellung mit deutlicher Bewegungseinschränkung der oberen und unteren Kammer des rechten Sprunggelenks; Verschmälerung der äußeren Anteile des Gelenkspaltes; Knöchel mit leichter Fehlstellung und kräftiger Knochennarbe angewachsen; Kalksalzgehalt im Sprunggelenk nie wieder ganz normalisiert; MdE: 30%	Mitverschulden von 50%; Klägerin war vorübergehend auf Rollstuhl angewiesen; kann Beruf als Altenpflegerin nicht mehr ausüben	LG Kassel 15.3.2002 8 O 755/99 RA Koch, Erftstadt
533	€ 4000● + immat. Vorbehalt (€ 4304)	Dislozierte Fraktur des rechten Sprunggelenkes, blutende Hautabschürfung am kleinen Finger rechts sowie Prellungen am rechten Bein und am rechten Arm sowie an der Hüfte und am Rücken	Die Fraktur wurde durch eine Platten-Osteosynthese versorgt. Der Krankenhausaufenthalt dauerte 10 Tage, die vollständige Arbeitsunfähigkeit und Erwerbsunfähigkeit dauerte 13 Wochen	55-jähr. Frau		Auf der Basis eines Mitverschuldens von 1/3 ist unter Berücksichtigung der erlittenen Verletzungen ein Schmerzensgeld i.H.v. nur € 4000 angemessen aber auch ausreichend. Der vom LG zuerkannte Betrag i.H.v. € 5000 ist (was die Beklagte zu Recht einwendet) – unter Berücksichtigung der Rspr. in vergleichbaren Fällen – übersetzt	OLG Naumburg 9.10.2013 12 U 70/13 RA Goetz, Magdeburg

● Mithaftung (siehe vorletzte Spalte)

Fuß mit Sprunggelenk

Lfd. Nr.	Betrag DM Euro (Anp.2019)	Verletzung	Dauer und Umfang der Behandlung; Arbeitsunfähigkeit	Person des Verletzten	Dauerschaden	Besondere Umstände, die für die Entscheidungen maßgebend waren	Gericht, Datum der Entscheidung, Az., Veröffentlichung bzw. Einsender

Fortsetzung von »Fuß mit Sprunggelenk - Bruch (auch Knöchelbruch)«

534	€ 4000 ● (€ 4269)	Außenknöchelbruch des linken Sprunggelenks	Fast zweiwöchige stationäre Behandlung mit Operation, für fast drei Monate auf die Hilfe von Gehstützen angewiesen, mehrere Monate physiotherapeutische Behandlungen. Die zur Stabilisierung der Gelenke eingesetzte Stahlplatte musste später operativ entfernt werden, verbunden mit einem nochmaligen zweiwöchigen stationären Krankenhausaufenthalt. Insgesamt fast 5 Monate MdE 100%, danach abnehmend	Mann		Für die Bemessung des Schmerzensgeldes können ggf. die Verhältnisse des Staates zu berücksichtigen sein, in dem der Geschädigte seinen gewöhnlichen Aufenthalt hat (hier: Niederlande). Dieser Grundsatz führt allerdings nicht zur Abkehr vom Tatortprinzip für das auf das Schmerzensgeld anzuwendende Recht. Der Bezug des Geschädigten zu einem anderen Staat kann sich vielmehr als einer von mehreren Faktoren bei der Bemessung des Schmerzensgeldes auswirken. Die Verhältnisse in dem anderen Staat sind insofern zu berücksichtigen, als unter den Lebensverhältnissen des Geschädigten dort erschwerte Auswirkungen des Unfalls im „Schmerzensbereich" erkennbar sind. Dies meint den Einsatz des Schmerzensgeldes zu gleichen Konditionen, also unter Berücksichtigung vergleichbarer Wirtschafts- und Kaufkraftverhältnisse. Die im Zusammenhang mit dem Mitverschulden des Klägers (1/3) festgestellten Umstände haben ebenfalls großes Gewicht bei der Bemessung des Schmerzensgeldes. Es ist dabei nicht zu beanstanden, dass das LG ausgehend von vergleichbaren Fällen, in denen ein Mitverschulden keine Rolle spielte und in denen auf Schmerzensgeld zwischen € 5500 und € 7000 erkannt worden war, ein Schmerzensgeld i.H.v. € 6000 in Betracht gezogen hat, dieses wegen des gewichtigen Mitverschuldens des Klägers im vorliegenden Fall aber im Ergebnis auf € 4000 bemessen hat	OLG Naumburg 23.12.2014 12 U 36/14 juris; zfs 2016, 320
535	€ 4000 ● + immat. Vorbehalt (€ 4617)	Sprunggelenkverrenkungsbruch links vom Typ Weber B/C mit Verschiebung	Offene Reposition mit Plattenosteosynthese, interfragmentärer Verschraubung und Stellschraube. Nach Komplikationen weitere stationäre Behandlungen und ca. 11 Monate AU	Mann	Eingeschränkte Beweglichkeit im Bereich des linken oberen Sprunggelenks in Dorsalextension von ca. 10% sowie diskrete Schwellung im Bereich des Unterschenkels	Mitverschulden des Klägers von 2/3 (bereits berücksichtigt)	OLG Stuttgart 6.5.2009 3 U 239/07
536	€ 4500 + immat. Vorbehalt (€ 5744)	Offene Fersenbeinfraktur mit ausgedehnter Weichteilablederung an der rechten Ferse	2 Wochen Krankenhaus mit operativer Versorgung MdE: 8 Wochen 100% 6 Wochen 30% 2 Monate 10%	Mann		2 Wochen nach Krankenhausentlassung deutliche Bewegungseinschränkung im oberen Sprunggelenk und Taubheit auf der Haut auf dem Fußrücken; Nachoperation zur Entfernung der Verschraubung erforderlich; infolge Mithaftung von 2/3 wurde dem Kläger lediglich ein Schmerzensgeld von € 1500 zugesprochen	LG Bamberg 13.5.2003 2 O 179/01 bestätigt durch OLG Bamberg 5 U 141/03 RA Wilhelm, Nürnberg

Lfd. Nr.	Betrag DM Euro (Anp.2019)	Verletzung	Dauer und Umfang der Behandlung; Arbeitsunfähigkeit	Person des Verletzten	Dauerschaden	Besondere Umstände, die für die Entscheidungen maßgebend waren	Gericht, Datum der Entscheidung, Az., Veröffentlichung bzw. Einsender
Fortsetzung von »Fuß mit Sprunggelenk - Bruch (auch Knöchelbruch)«							
537	€ 5000 (€ 5673)	Absplitterung rechter Mittelfußknochen, schwere Unterschenkelprellung sowie Wunde mit verbleibender handflächengroßer Narbe auf dem Fußspann	Krankenhausaufenthalt von 5 Tagen, 2 Wochen AU	11-jähr. Junge		Kl. konnte über 3 Monate nicht Sport treiben und war über 2 Monate auf Gehhilfe angewiesen, Schmerzensgelderhöhend war zu berücksichtigen, dass sich ein Krankenhausaufenthalt für ein 11-jähr. Kind belastender auswirkt als bei einem Erwachsenen	LG Aachen 5.11.2010 7 O 127/10 NJW-RR 2011, 752
538	€ 5000 + immat. Vorbehalt (€ 6203)	Mehrdimensionale Fraktur des rechten Sprungbeins	2 ½ Wochen Krankenhaus, offene Reposition der Fraktur mit Osteosynthese mit 3 Schrauben über eine Innenknöchelosteotomie, Unterschenkelgips, 163 Tage arbeitsunfähig	Mann		Infolge Mithaftung von 20% wurde lediglich ein Schmerzensgeld von € 4000 als angemessen angesehen; Entfernung des Metalls am Sprunggelenk konnte noch nicht erfolgen; Restschäden nicht mit Sicherheit auszuschließen	LG Frankenthal (Pfalz) 24.2.2005 3 O 92/04
539	€ 5000 + immat. Vorbehalt (€ 6225)	Trimelläre Sprunggelenksfraktur		Mann		Verletzung der Streupflicht; ungünstige Prognose (Nekrosen); infolge hälftiger Eigenverantwortlichkeit wurde dem Kläger nur ein Schmerzensgeld von € 2500 zugesprochen	OLG Hamm 14.1.2005 9 U 116/03 NZV 2005, 526
540	€ 5000 + immat. Vorbehalt (€ 6146)	Bimalleoläre Luxationsfraktur des rechten oberen Sprunggelenks Typ B	18 Tage Krankenhaus mit Behandlung durch eine Außenknöchelplattenosteosynthese mit Kompressionsverschraubung sowie eine Innenknöchelschraubenosteosynthese; nach 9 Monaten 3 Tage Krankenhaus zur Schraubenentfernung; 11 Monate arbeitsunfähig, anschließend 5 Wochen Teilzeitarbeit; 1 Jahr Krankengymnastik	Mann		Ein Jahr nach dem Unfall noch Schmerzen; infolge einer Mithaftung von ⅓ wurde lediglich ein Schmerzensgeld von € 3385,53 zugesprochen	OLG Hamm 6.7.2005 13 U 11/05 RAe Kröger & Koll., Ibbenbüren
541	10 000 € 5000 (€ 6782)	Trümmerfraktur des rechten Fußes mit großem knöchernen Substanzverlust des Fußwurzelknochens und Keilbeins; multiple Rupturen des Strecksehnenapparats	4 Wochen Krankenhaus	7 ½-jähr. Kind		Grobe Fahrlässigkeit des Beklagten, der ein Motorboot startete, wobei sich der einsteigende Kläger teilweise im Wasser befand und vom Boot verletzt wurde; Kläger litt wochenlang unter starken Schmerzen; Krankenhausaufenthalt bedeutet für ein 7-jähr. Kind erhebliche psychische Beeinträchtigung, selbst wenn es von seinen Eltern täglich besucht wird; Beklagter hat nachträglich versucht, sich vor den Konsequenzen seines Handelns zu drücken	OLG Köln 5.2.1999 3 U 91/98 VersR 2000, 899

● Mithaftung (siehe vorletzte Spalte)

Lfd. Nr.	Betrag DM Euro (Anp.2019)	Verletzung	Dauer und Umfang der Behandlung; Arbeitsunfähigkeit	Person des Verletzten	Dauerschaden	Besondere Umstände, die für die Entscheidungen maßgebend waren	Gericht, Datum der Entscheidung, Az., Veröffentlichung bzw. Einsender
Fortsetzung von »Fuß mit Sprunggelenk - Bruch (auch Knöchelbruch)«							
542	10 000 € 5000 (€ 6556)	Frakturen des 3. und 4. Mittelfußknochens links, Grundgelenksfraktur der 5. Zehe links, Distorsion des linken oberen Sprunggelenks	AU: 2 1/2 Monate 100% danach MdE: 3 Monate 20%		MdE: 10%	Kläger konnte von seinem Arbeitgeber nicht mehr mit handwerklichen, sondern nur mit administrativen Aufgaben betraut werden und wurde ca. 1 Jahr nach dem Unfall in den Vorruhestand versetzt; Kläger konnte seine einzige sportliche Betätigung, den Kegelsport, ca. 1 Jahr lang nicht mehr ausüben; verzögerliches Regulierungsverhalten des Versicherers	OLG Köln 16.3.2001 19 U 130/00 NJW-RR 2002, 962
543	€ 5000 (€ 5347)	Glätteunfall: Sprunggelenksluxationsfraktur links vom Typ Weber C, Innenknöchelfraktur links mit knöchernem Ausriss eines Fragments im Bereich des Schienbeins und Fraktur des hinteren Volkmanndreiecks	Eine Woche stationäre Behandlung mit operativer Reposition unter Einbringung chirurgischen Befestigungsmaterials, komplikationslose Heilung, 5 1/2 Monate Minderung der Erwerbsfähigkeit zu 100% und ca. weitere zwei Monate sukzessiver Belastungsaufbau	Frau		Im Rahmen der Schmerzensgeldbemessung sind die durch entsprechende ärztliche Atteste und Auskünfte belegten Gesundheitsbeschädigungen sowie Behandlungszeiten und Zeiten der Minderung der Erwerbsfähigkeit zu berücksichtigen. In Auswertung der veröffentlichten Rspr. über die Höhe des Schmerzensgeldes bei Sprunggelenksverletzungen ergibt sich kein homogenes Bild; eine Reihe der belegten Entscheidungen sind zudem älter als zehn Jahre, so dass eine Anpassung an aktuelle Geldwertentwicklungen vorzunehmen ist. Der Großteil der publizierten Fälle weist ein Schmerzensgeld im Bereich von etwa € 3000 bis € 4000 aus. Zuerkannten Beträgen im Bereich ab € 5500 liegen überwiegend stärkere Verletzungen bzw. bereits festgestellte, frühzeitig ausgebildete Arthrosen oder festgestellte Dauerschäden zugrunde	OLG Naumburg 12.12.2013 2 U 25/13 juris
544	€ 5000● + immat. Vorbehalt (€ 6014)	Kreuzbandriss und Sprunggelenkverrenkungsbruch im rechten Bein	4 Krankenhausaufenthalte von zusammen rund 10 Wochen, anschließend Reha, 10 Monate MdE von 100%	30-jähr. Mann	Bewegungsbeeinträchtigung mit endgradigem Bewegungsschmerz im Sprunggelenk, beginnende posttraumatische Arthrose des oberen rechten Sprunggelenks, stechender Schmerz im rechten Kniegelenk, Anschwellen des rechten Fußes beim Tragen von Halbschuhen, deutliche Verschmächtigung der Oberschenkelmuskulatur rechts, deutliche Minderung der Berührungsempfindlichkeit in der rechten Fußsohle, 28 cm lange Narbe am Kniegelenk, 30 cm lange Narbe am rechten Unterschenkel	Mithaftung von 70%	Saarländisches OLG 30.1.2007 4 U 409/06 - 132
545	11 000 € 5500 (€ 7460)	Luxationsfraktur des linken oberen Sprunggelenks; LWS-Prellung	2 Monate Krankenhausaufenthalt, anschließend ambulante Behandlung MdE: 6 Monate 100% 5 1/2 Monate 50% 6 Monate 30% 6 Monate 20%	57-jähr. Frau	Belastungsabhängige Beschwerden; MdE: 10%	Sturz auf vereistem Bürgersteig, der nicht gestreut war	OLG Hamm 12.5.1998 27 U 3/98 NJWE - VHR 1998, 269

● Mithaftung (siehe vorletzte Spalte)

Lfd. Nr.	Betrag DM **Euro** *(Anp.2019)*	Verletzung	Dauer und Umfang der Behandlung; Arbeitsunfähigkeit	Person des Verletzten	Dauerschaden	Besondere Umstände, die für die Entscheidungen maßgebend waren	Gericht, Datum der Entscheidung, Az., Veröffentlichung bzw. Einsender
\multicolumn{8}{l}{**Fortsetzung von »Fuß mit Sprunggelenk - Bruch (auch Knöchelbruch)«**}
546	€ 6000 + immat. Vorbehalt *(€ 7241)*	Disloziierte Fraktur der Mittelfußknochen III-IV, nicht dislozierte Basisfraktur des Mittelfußknochens I, Großzehengrundgliedfraktur, schwere Quetschung des rechten Fußes, Knieprellung, Schädelprellung	10 Tage Krankenhaus, anschließend auf die Dauer von 3 Monaten nahezu täglich ambulante Behandlung	11 1/2-jähr. Junge		Erheblicher Unterrichtsausfall; durch die verschobene Großzehe muss Kläger noch eine Großzehprothese tragen; wegen des noch nicht abgeschlossenen Längenwachstums im Hinblick auf die rechte Großzehe Dauerschaden möglich	AG Fritzlar 12.7.2006 8 C 1051/04 RA Dittmer, Melsungen
547	€ 6000● *(€ 6469)*	Isolierte Innenknöchelfraktur, offene Bursaverletzung am rechten Knie mit Entfernung des Schleimbeutels	11 Tage stationäre Behandlung, min. 1 Operation, über 2 1/2 Jahre Beschwerden bis Endzustand eintrat	Frau	Muskelminderung im Bereich des linken Oberschenkels von 1 cm, Narbenbildung am linken Innenknöchel (5 cm) und am rechten Knie, belastungsabhängige Schmerzen im linken Sprunggelenk, Wetterfühligkeit, radiologische Veränderungen der Achsstellung, insgesamt MdE 10%	Beeinträchtigungen bestehen beim Sport (Schwimmen, Joggen). Eine posttraumatische Arthrose trat nicht ein. Mithaftung 50%. Es verbietet sich allerdings eine mathematische Kürzung des eigentlich für angemessen erachteten Schmerzensgeldes um die Mitverursachungsquote. Eine im Vorprozess ermittelte Haftungsquote musste sich schon deshalb nicht in gleichem Umfang auf das Schmerzensgeld auswirken, weil das Schmerzensgeld auch eine Genugtuungsfunktion hat	LG Trier 12.6.2013 6 O 60/13 RA Wolfgang Koch, Erftstadt
548	€ 6000● *(€ 6391)*	Sprunggelenksfraktur links mit Absprengung eines des Volkmann'schen Dreiecks durch Verkehrsunfall	6 Tage stationäre Behandlung mit OP. Ca. 3 Wochen 100% AU. Danach ca. 6 Wochen Belastungsaufbau mit einer AU zu 50%	Junger Mann	Arthrose, Reizungen durch abgebrochene Schrauben, eingeschränkte Belastbarkeit	Insbesondere die Dauerschäden, die der Kl. durch die Sprunggelenksfraktur erlitten hat, die Arthrose, die abgebrochenen Schrauben und das Unvermögen, weiter Sport zu treiben, erfordern einen deutlich höheren Betrag an Schmerzensgeld, als der Kl. angegeben hat. Bei ihm handelt es sich um einen sehr jungen Mann, der in seiner Freizeit deutliche Einbußen dadurch hinnehmen muss, dass er kaum mehr Sport treiben kann und der wegen der abgebrochenen Schrauben und der durch die Enden verursachten Reizungen mit weiteren Folgeschäden rechnen muss, neben der bereits vorhandenen Arthrose des Sprunggelenks. Mitverschulden von 1/3	OLG Celle 3.7.2014 5 U 6/14
549	€ 6500 + immat. Vorbehalt *(€ 7391)*	Fibula- und Sprunggelenksfraktur rechts, Endgliedfraktur rechter Kleinfinger, Schädelprellung, diverse Prellungen an der rechten Körperseite, Knie, Ellenbogen und Schulter, Abbruch des linken Schneidezahns, Lockerung der beiden Schneidezähne und des rechten Eckzahns, Hämatom an der rechten Wange, Stirnplatzwunde rechts	4 Tage stationäre Behandlung, eine Fortbewegung war zunächst nur mit Gehhilfen möglich, Zahnbehandlung, insgesamt 71 Tage AU zu 100%	Mann		Kläger war Fahrradfahrer; Schwellungen bei Belastung des rechten Fußes traten noch bis ca. 8 Monate nach dem Unfallereignis auf	LG Köln 26.8.2010 27 O 481/10 RA Koch, Erftstadt
550	€ 7000 + immat. Vorbehalt *(€ 8525)*	Außenknöchelfraktur links, Rippenserienfraktur links, Schulterprellung links	10 Tage Krankenhaus, dann 4 Wochen ambulante Behandlung	Mann		Nach 2 Jahren noch Schmerzen im Fuß und an der Schulter, die zu Schlafschwierigkeiten führen	AG Zweibrücken 9.3.2006 1 C 888/05 RA Gebhardt & Koll., Homburg

● Mithaftung (siehe vorletzte Spalte)

Lfd. Nr.	Betrag DM Euro (Anp.2019)	Verletzung	Dauer und Umfang der Behandlung; Arbeitsunfähigkeit	Person des Verletzten	Dauerschaden	Besondere Umstände, die für die Entscheidungen maßgebend waren	Gericht, Datum der Entscheidung, Az., Veröffentlichung bzw. Einsender

Fortsetzung von »Fuß mit Sprunggelenk - Bruch (auch Knöchelbruch)«

Lfd. Nr.	Betrag	Verletzung	Dauer und Umfang	Person	Dauerschaden	Besondere Umstände	Gericht
551	€ 7500 + immat. Vorbehalt (€ 7933)	Offene Talushalsfraktur im rechten Sprunggelenk	10 Tage stationärer Aufenthalt, 14 Wochen Gehhilfen (10 Wochen davon beidseitig), 3 Monate Dienstunfähigkeit, zahlreiche physiotherapeutische Behandlungen	Lehrerin		Die Klägerin verletzte sich beim Rutschen mit einer Rutschmatte auf der Kirmes auf einer regennassen Rutsche des Beklagten. Sie kann dem Ballettanz nicht mehr nachgehen. Schmerzensgeldmindernd wurde berücksichtigt, dass nur für bislang erlittene Schmerzen ein Ausgleich geltend gemacht wurde, sodass bei der Bemessung des SG zukünftige Beeinträchtigungen nicht mitberücksichtigt wurden. Es besteht ein erhöhtes Risiko für die Ausbildung einer posttraumatischen Arthrose	LG Aachen 30.6.2015 12 O 482/14 juris
552	15000 € 7500 + immat. Vorbehalt (€ 9882)	Schlüsselbeinfraktur rechts, schwere Handgelenksprellung mit knöcherner Absprengung am Os capitatum links, Oberschenkelfraktur links, Fußwurzeltrümmerfraktur rechts, Lungenquetschung, multiple Prellungen und Schürfungen	4 Wochen Krankenhaus mit operativer Verschraubung des Kahnbeins am rechten Fuß sowie Oberschenkelgipsbehandlung; anschließend krankengymnastische Behandlung, zunächst unter Gebrauch von 2 Gehstützen; 8 Monate nach dem Unfall 3 Wochen Reha; dann weiterhin arbeitsunfähig	Mann	Umfang noch nicht absehbar	Langwierige Nachbehandlung und verzögerte Mobilisationsfähigkeit; es erfolgt noch Metallentfernung am Kahnbein; im Bereich des linken Knies, des rechten Fußes und der linken Hand ist mit Dauerschäden zu rechnen (immat. Vorbehalt); wegen Mithaftung von 50% wurde lediglich ein Betrag von DM 7500 (€ 3750) zugesprochen	LG Nürnberg-Fürth 23.1.2001 2 O 2013/00 RA Wilhelm, Nürnberg
553	€ 7500 + immat. Vorbehalt (€ 9272)	Trümmerfraktur des rechten Sprunggelenks in Form einer Sprunggelenksluxationsfraktur mit Außenknöchelfraktur, Innenknöchelfraktur, Fraktur des Volkmannschen Dreiecks und einer Lymphstauchung	Operation, anschließend Reha, nach 1 ½ Jahren erneute Operation wegen Narbenbildung	32-jähr. Frau	Gangstörung, Schmerzen beim Treppensteigen, beim Sport, beim langen Stehen und Laufen; Arthrosebildung	Streupflichtverletzung; bei einem Sturz auf einem eisglatten Zebrastreifen vor einer Schule zur Zeit des Schulbeginns spricht regelmäßig der Beweis des ersten Anscheins für eine unfallsächliche Streupflichtverletzung der Gemeinde; leichte Fahrlässigkeit	OLG Frankfurt am Main 11.5.2005 1 U 209/04
554	€ 7500 + immat. Vorbehalt (€ 8611)	Fersenbeinmehrfragmentfraktur rechts	14 Tage stationär, mehrmonatige ambulante Weiterbehandlung nach Krankenhausentlassung, Versorgung mit sog. Vako-Ped-Schiene, anschließend mehrere Wochen Krücken und Gehstütze erforderlich	Frau	Mit Dauerschaden ist zu rechnen, jedenfalls mit dem frühzeitigen Eintritt einer Arthrose	Wegen des Mitverschuldens von 2/3 wurde der Klägerin lediglich ein Schmerzensgeld von € 2500 zugesprochen	OLG Nürnberg 29.8.2008 3 U 1274/08 VorsRiOLG Dr. Seidel
555	€ 8000 (€ 9116)	Bruch des rechten Außenknöchels (Weber C) mit Absprengung der hinteren Schienbeinkante (Volkmann'sches Dreieck) sowie Verrenkung des linken Schultergelenks mit knöchernem Defekt des Humeruskopfes	6 Tage stationärer Aufenthalt, operativer Eingriff, danach ambulante Heilbehandlung + Krankengymnastik über einen Zeitraum von 2 Monaten; MdE: 4 Monate 100% 2 Wochen 70%	Mann	OP-Narbe am rechten Fuß		LG München II 31.5.2010 11 O 959/10 Klage wurde abgewiesen, außergerichtlich gezahltes Schmerzensgeld ist angemessen und ausreichend RA Koch, Erftstadt

Fortsetzung von »Fuß mit Sprunggelenk - Bruch (auch Knöchelbruch)«

Lfd. Nr.	Betrag DM Euro (Anp.2019)	Verletzung	Dauer und Umfang der Behandlung; Arbeitsunfähigkeit	Person des Verletzten	Dauerschaden	Besondere Umstände, die für die Entscheidungen maßgebend waren	Gericht, Datum der Entscheidung, Az., Veröffentlichung bzw. Einsender
556	16 000 € 8000 (€ 9822)	Mehrfacher Berstungsbruch des linken Fersenbeins, erhebliche Prellungen	Operation und Reha-Maßnahmen bei 8-monatiger AU	26-jähr. Frau	Teilversteifung des linken Sprunggelenks, Einschränkung der Fußhebung, Umfangsmehrung, Arthrose des Sprunggelenks, 11 cm lange Narbe am linken Außenknöchel, MdE: 10%	Schmerzen bei sportlicher Betätigung; Genugtuungsfunktion ist deutlich zu berücksichtigen, da die Beklagte in erheblich alkoholisiertem Zustand die Gegenfahrbahn der Bundesstraße als „Geisterfahrerin" befahren hat; Grundsätze des BGH zur Berücksichtigung der Genugtuungsfunktion bei vorsätzlich begangenen Rechtsverletzungen sind auch dann anzuwenden, wenn seitens des Schädigers ein grob fahrlässiges Verhalten vorliegt, das sich einem bedingt vorsätzlichen Verhalten annähert; diese Konstellation ist bei einem „Geisterfahrer" gegeben	OLG Frankfurt am Main 29.8.2005 12 U 190/04 RA Höfle, Groß-Gerau
557	€ 8000 + immat. Vorbehalt (€ 8565)	Motorradunfall: linksseitige drittgradige Sprunggelenksluxation mit partiellem Trümmerdefektbruch des Taluskopfes (Sprungbeinkopfes) sowie tiefe tangentiale Quetsch- und Risswunde an der rechten Ferse	10 Tage stationäre Behandlung. Es erfolgte operativ eine Reposition der Fußwurzelluxation sowie eine Reposition der Talusfraktur durch Drähte. Zudem wurde eine Wundversorgung der rechten Ferse durchgeführt. Postoperativ erfolgte die Mobilisation des Klägers im Rollstuhl unter kompletter Entlastung beider Extremitäten. 3 Monate nach dem operativen Eingriff wurde nach einer Röntgenkontrolle planmäßig das Material entfernt und eine zunehmende Belastung bis zur Vollbelastung des linken Beines durch Krankengymnastik ermöglicht. Mehr als 5 Monate AU	32-jähr. Mann	Posttraumatische Arthrose im unteren Sprunggelenk links und beginnend im oberen Sprunggelenk, welche zu einer Bewegungsbehinderung und funktioneller Minderbelastbarkeit führt. Es besteht eine deutlich eingeschränkte Beweglichkeit im Bereich des betroffenen Sprunggelenks. Bei Bewegungsabläufen liegt ein gestörter Abrollvorgang linksseitig sowie eine linksseitige Standunsicherheit vor. Der Kläger leidet weiterhin unter morgendlichen Anlaufschmerzen, wobei seine Gehfähigkeit jedoch erhalten ist. Aufgrund der Arthrose ist mit einer weiteren Verschlechterung des Zustands zu rechnen. Der Kläger hat zudem einen Bescheid der Stadt E über einen GdB von 30% vorgelegt, wobei neben einem unfallunabhängigen Wirbelsäulensyndrom/ einem operierten Bandscheibenvorfall auch die unfallbedingte posttraumatische Arthrose maßgeblich war	Unter Berücksichtigung der genannten Umstände, insb. des Dauerschadens, hält der Senat im Hinblick auf die Verletzungsfolgen einen Schmerzensgeldbetrag von € 8000 für angemessen, aber auch ausreichend. Dabei war bei der Bemessung des Schmerzensgeldes das Risiko einer weiteren Verschlechterung des Gesundheitszustands, insb. ein weiteres Fortschreiten der Arthrose des 32-jähr. Klägers miteinzubeziehen. Der Betrag entspricht auch den Beträgen, die für vergleichbare Verletzungsfolgen zugesprochen wurden (vgl. insoweit auch – zitiert nach Hacks u. a., Schmerzensgeldbeträge 2015: OLG Köln NJW-RR 1993, 350; Nr. 661; OLG Nürnberg, Entscheidung v. 29.8.2008; Nr. 664; OLG Frankfurt, Entscheidung v. 29.8.2005 – 12 U 190/04; Nr. 666)	OLG Hamm 4.2.2014 9 U 149/13
558	€ 8000● (€ 8462)	Verletzungen (Brüche) am Handgelenk und am Fußgelenk		Junger Mann		Hinsichtlich der Höhe des geforderten Schmerzensgeldes ist zu berücksichtigen, dass es sich bei dem Kläger um einen vergleichsweise jungen Mann handelt, der aufgrund der erlittenen Verletzungen am Handgelenk und am Fußgelenk Gefahr läuft, später weitere nicht unerhebliche Beschwerden auszubilden. Das Schmerzensgeld war daher maßvoll zu erhöhen. Der Senat hält unter Berücksichtigung der Mitverursachung (25%) ein Schmerzensgeld von insgesamt € 8000 für angemessen	OLG Celle 3.9.2015 5 U 8/15

● Mithaftung (siehe vorletzte Spalte)

Fuß mit Sprunggelenk   Urteile lfd. Nr. 559 – 563

Lfd. Nr.	Betrag DM Euro (Anp.2019)	Verletzung	Dauer und Umfang der Behandlung; Arbeitsunfähigkeit	Person des Verletzten	Dauerschaden	Besondere Umstände, die für die Entscheidungen maßgebend waren	Gericht, Datum der Entscheidung, Az., Veröffentlichung bzw. Einsender

Fortsetzung von »Fuß mit Sprunggelenk - Bruch (auch Knöchelbruch)«

Lfd. Nr.	Betrag	Verletzung	Dauer und Umfang	Person	Dauerschaden	Besondere Umstände	Gericht
559	€ 8500 ● + immat. Vorbehalt (€ 10 915)	Sprunggelenksverrenkungsbruch links mit Weber-C-Fraktur des Außenknöchels	29 Tage Krankenhaus mit 2 Operationen		Linkes Sprunggelenk neigt zu wiederkehrenden Schwellungen und Belastungsschmerzen und ist nur eingeschränkt beweglich, Muskelschwund am linken Bein, Abrollbewegung des linken Fußes behindert, Schrittlänge links verkürzt, linkes Bein vermindert belastbar, MdE 20%	1/3 Mithaftung	LG Duisburg 9.9.2002 4 O 77/01 RA Koch, Erftstadt
560	€ 9500 (€ 10 201)	Fraktur Talushals links, LWS-Prellung, HWS-Zerrung, multiple div. Prellungen	8 Monate AU zu 100%	Mann	Sulcus ulnaris-Syndrom, Veränderung der Mechanik im linken Fuß	Autofahren war dem Kläger für 9 Monate nicht möglich	LG Saarbrücken 5.9.2013 8 O 38/12 RAe Gebhard & Kollegen, Homburg/Saar
561	20 000 € 10 000 + immat. Vorbehalt (€ 12 826)	Humeruskopfluxationsfraktur an der rechten Schulter sowie diverse Prellungen an der rechten Körperseite	Drei stationäre Aufenthalte von insgesamt 3 Wochen	Mann	MdE: 20%	Möglicherweise muss Kläger erneut operiert werden oder sogar eine Prothese eingesetzt bekommen	LG Berlin 2.7.2002 17 O 569/01 bestätigt durch KG Berlin 26.2.2004 Az: 12 U 276/02 RA Koch, Erftstadt
562	€ 10 000 + immat. Vorbehalt (€ 11 531)	Schädelhirntrauma I. Grades; Innenknöchelfraktur des rechten Sprunggelenks, Thoraxprellung, multiple Schürfwunden und Prellungen	9 Tage Krankenhaus mit Operation am Sprunggelenk, nach 8 Monaten nochmals 4 Tage Krankenhaus zur Materialentfernung MdE: 9 Tage 100% 1 Monat 80% 6 Wochen 60% 4 1/2 Monate 10% 4 Tage 100% 3 Wochen 60%	Lagerist	Endgradige Bewegungseinschränkung des rechten Sprunggelenks, Schmerzhaftigkeit bei endgradigen Bewegungsausschlägen, 7 cm lange Narbe über dem Innenknöchel mit diskreten Empfindungsstörungen, Klopf- und Druckschmerz über dem Innenknöchel; MdE: 5%	Grobes Verschulden des Beklagten (Alkohol- und Haschischkonsum), zögerliches Regulierungsverhalten (4 Jahre lang keine Abschlagszahlung trotz klarer Haftung); Schwierigkeiten, einen angemessenen Arbeitsplatz zu finden	LG Berlin 21.4.2009 24 O 358/06 bestätigt durch KG 3.5.2010 12 U 119/09 Vors. Ri KG Griess, Berlin
563	20 000 € 10 000 + immat. Vorbehalt (€ 12 842)	Massive Weichteilschwellung im Bereich des linken Sprunggelenks und des linken Fußes mit Subluxationsstellung zwischen Sprung- und Fersenbein, dislozierte Abrissfrakturen am äußeren und hinteren Fortsatz des Sprungbeins, nicht dislozierte Fraktur des Sprungbeinkörpers, Impressionsfraktur am vorderen Fortsatz des Fersenbeins	4 Wochen Krankenhaus mit Operation (offene Reposition mit Platten- und Schraubenosteosynthese), nach 7 Monaten 1 Woche Krankenhaus zur Materialentfernung; zunächst 10 Monate arbeitsunfähig, nach 15 Monaten erneut 8 Monate arbeitsunfähig	Betonabbrucharbeiter	Weitgehende Versteifung des unteren linken Sprunggelenks mit schmerzhaften Bewegungs- und Belastungseinschränkungen und Wetterfühligkeit, deutliche, posttraumatische Arthrose des linken Sprunggelenks und Überlastungsbeschwerden des rechten Beins, MdE: 30%	Kläger ist für seine Berufsgruppe untauglich; negative Entwicklung des Zustandes des linken Sprunggelenks ist anzunehmen; operative Gelenkversteifung ist anempfohlen	KG Berlin 9.9.2002 12 U 649/00 RiKG Philipp, Berlin

Lfd. Nr.	Betrag DM **Euro** *(Anp.2019)*	Verletzung	Dauer und Umfang der Behandlung; Arbeitsunfähigkeit	Person des Verletzten	Dauerschaden	Besondere Umstände, die für die Entscheidung maßgebend waren	Gericht, Datum der Entscheidung, Az., Veröffentlichung bzw. Einsender
\multicolumn{8}{l}{**Fortsetzung von »Fuß mit Sprunggelenk - Bruch (auch Knöchelbruch)«**}
564	€ 10 000 + immat. Vorbehalt *(€ 11 531)*	Bimalleoläre Luxationsfraktur des oberen Sprunggelenks mit geschlossenem Weichteilschaden 3. Grades	2 Wochen Krankenhaus mit Operation (Plattenosteosynethese Fibula distal, Schrauben- und Drahtosteosynthese Innenknöchel), Mobilisierung an Unterarmgehstützen, nach Krankenhausentlassung 4 Wochen Rollstuhl benötigt, anschließend noch ca. 5 Monate 2 Gehstützen und ca. 3 Monate eine Gehstütze erforderlich	68-jähr. Frau	Nach 5 Jahren wird mit Sicherheit eine Arthrose auftreten	Verletzung der Verkehrssicherungspflicht (Streupflicht); Klägerin stürzte auf einem nicht gestreuten, vereisten Zugang zur Tiefgarage; Wundheilung hat sich um Monate verzögert; es hat sich ein Ödem im Wundheilungsgebiet entwickelt und es ist zu einer Vereiterung und einer starken Adduktorenreizung gekommen; immat. Vorbehalt hinsichtlich eventuell zukünftiger, noch nicht erkenn- und voraussehbarer Schäden	OLG Karlsruhe 30.12.2008 14 U 107/07
565	€ 10 000 *(€ 12 137)*	Fersenbeinbruch, Brustbeinbruch, Gehirnerschütterung, Platzwunden am Hinterkopf und am Ellenbogen	5 Tage Krankenhaus, dann 6 Wochen auf Rollstuhl angewiesen, 2 Monate zu 100% arbeitsunfähig	16-jähr. Junge		Verletzung der Verkehrssicherungspflicht durch mangelhafte Kontrolle des Geländers eines Daches bei einem Gebäude einer Schule; der dadurch bedingte Sturz vom Dach stellte für den Kläger ein elementares und prägendes Erlebnis dar	Saarländisches OLG 9.5.2006 4 U 175/05 - 114 NJW-RR 2006, 1255
566	€ 10 000 *(€ 10 609)*	Dislozierte Mehrfragmentfraktur des Mittelfußknochens mit Gelenkbeteiligung	Über 1 Jahr AU	Arbeitskollege		Der Schädiger fuhr seinem Arbeitskollegen mit dem Gabelstapler zweimal über den Fuß. Dies erfolgte im Rahmen einer Neckerei unabsichtlich, so dass kein Haftungsausschluss aufgrund betrieblicher Tätigkeit gegeben ist	LAG Schleswig-Holstein 26.4.2016 1 Sa 247/15 juris
567	€ 10 000 + immat. Vorbehalt *(€ 12 123)*	Schädelhirntrauma, Mittelfußfraktur, Fraktur im ventralen Talusbereich	3 Wochen Krankenhaus mit anschließender längerer ambulanter Behandlung, Hauttransplantation erforderlich; für den Zeitraum von 2 Monaten nach dem Unfall trug Kläger Gips und konnte sich nur mit zwei Gehhilfen fortbewogen, im anschließenden Monat eine Gehhilfe erforderlich; wegen Depressionen psychotherapeutische Behandlung erforderlich; 3 Monate arbeitsunfähig	Mann	nach 1 1/2 Jahren Fußwurzel- und Sprunggelenksarthrose	Infolge erheblicher Mithaftung (u. a. alkoholbedingte Fahruntüchtigkeit) von 80%, wurde lediglich ein Schmerzensgeld von € 2000 zugesprochen; immat. Vorbehalt ebenfalls mit Quote von 20%	OLG Stuttgart 26.10.2006 13 U 74/06
568	€ 10 000 ● + immat. Vorbehalt *(€ 12 494)*	Komplizierter Trümmerbruch des rechten Unterschenkels bzw. des oberen Sprunggelenks	2 Jahre lang Heilbehandlung mit acht Krankenhausaufenthalten	Taxifahrer	Rechtes oberes Sprunggelenk versteift, Beweglichkeit des unteren Sprunggelenks eingeschränkt, rechtes Bein verkürzt	50% Mithaftung; Kläger kam auf vereister Straße ins Schleudern; Verletzung der Verkehrssicherungspflicht	LG Essen 5.5.2004 11 O 10/02 bestätigt durch OLG Hamm 20.1.2006 11 O 10/02 NZV 2006, 587

● Mithaftung (siehe vorletzte Spalte)

Fuß mit Sprunggelenk — Urteile lfd. Nr. 569 – 571

Lfd. Nr.	Betrag DM Euro (Anp.2019)	Verletzung	Dauer und Umfang der Behandlung; Arbeitsunfähigkeit	Person des Verletzten	Dauerschaden	Besondere Umstände, die für die Entscheidungen maßgebend waren	Gericht, Datum der Entscheidung, Az., Veröffentlichung bzw. Einsender

Fortsetzung von »Fuß mit Sprunggelenk - Bruch (auch Knöchelbruch)«

569	€ 10 000 ● + immat. Vorbehalt (€ 12 494)	Oberschenkelbruch rechts, Unterschenkelbruch rechts, Quetschung der kleinen Zehe rechts mit nachfolgender Amputation, Bruch des rechten Sprunggelenks und des rechten Fersenbeins, sowie zahlreiche Prellungen und Schürfwunden über den ganzen Körper verteilt	3 Wochen intensiv, 12 weitere Wochen stationär	18-jähr. Maurer	Unfallchirurgisch 30% neurologisch 50% Lähmung des rechten Fußhebers (Fußheberparese)	25% Mithaftung Kläger muss von seinem erlernten Beruf als Maurer zum Berufskraftfahrer umgeschult werden. Phantomschmerzen im Bereich der fehlenden Zehe; Empfindungsstörung im rechten Bein, das darüber hinaus zu Wetterfühligkeit und Schweißneigung tendiert, Beinverkürzung rechts um ca. 1 cm, zahlreiche Narben rechter Ober- und Unterschenkel	LG Kassel 24.11.2004 4 O 364/02 RA Koch, Erfstadt
570	€ 10 000 ● (€ 10 982)	Dislozierte Talusfraktur (kurzer Knochen und Bestandteil der Fußwurzel und des Sprunggelenkes) rechts, HWS-Zerrung, Knieprellung rechts sowie Schürfwunden über beiden Knien	Erstbehandlung erfolgte ambulant, der weitere Verlauf war von Schmerzhaftigkeit des rechten Fußes sowie des rechten Kniegelenks geprägt. Später zeigte sich eine Nekrose des Hauptfragments des Taluskopfes. Schließlich erfolgte eine Versteifungsoperation des Talonavikulargelenks im Sinne einer Arthrodese mittels dreier kanülierter Schrauben sowie Spongiosaplastik mit Entnahme des autologen Knochenmaterials. Danach erfolgten eine physiotherapeutische, funktionelle Nachbehandlung und die Versorgung mittels orthopädischen Schuhwerks. AU über 6 Monate	Mann	Geringgradige Bewegungseinschränkung des oberen Sprunggelenks rechts, reizlose Narbenbildung, leicht hinkendes Gangbild, eingeschränkte Belastbarkeit der rechten unteren Extremität, subjektiv glaubhafte Schmerzsymptomatik des rechten Sprunggelenks und Fußes, Notwendigkeit des Tragens von orthopädischen Schuhwerk sowie funktionell bedingte, intermittierende Schmerzen des rechten Kniegelenks. 20% MdE und 30% GdB	Der Kläger hat bei dem Verkehrsunfall durchaus nicht unerhebliche Verletzungen erlitten. Zu berücksichtigen ist auch, dass die Genesungszeit und damit auch die Zeit der vollständigen Arbeitsunfähigkeit mit mehr als sechs Monaten recht lang dauerte, mit sicherlich erheblichen Schmerzen und Beeinträchtigungen sowie weiteren operativen Eingriffen und Krankenhausaufenthalten verbunden war. Allerdings ist auch zu sehen, dass die verbliebenen funktionellen Beeinträchtigungen letztlich nicht gravierend sind, wie die geringen Grade der Minderung der Erwerbsfähigkeit und der Behinderung zeigen. Auch kommt der Kläger ausweislich des Gutachtens für die Berufsgenossenschaft durchweg ohne Schmerzmittel aus. Damit ist das dem Kläger zuerkannte Schmerzensgeld unter weiterer Berücksichtigung seines Mitverursachungsanteils einem Unfall durchaus angemessen, nicht zu niedrig und entspricht dem in vergleichbaren Fällen zuerkannten Schmerzensgeld. Das dem Kläger zuerkannte Schmerzensgeld für die durch den Unfall erlittenen Verletzungen und Beeinträchtigungen ist mit € 10 000 bzw. bei einem Mitverursachungsanteil des Klägers von ⅓ anteilig mit € 6666,66 nicht zu niedrig bemessen	OLG Köln 4.6.2012 5 U 1/12 VersR 2013, 644
571	€ 12 000 + immat. Vorbehalt (€ 14 368)	Zweitgradig geschlossene Tibiakopffraktur links, zweitgradig geschlossene laterale Calcaneusfraktur links, zweitgradig geschlossene Ellbogenluxationsfraktur mit Abbruch des Proc. coronoideus ulnae und leicht dislozierte Fraktur im Bereich des Epicondylus humeri lateralis im Sinne eines knöchernen Bandabrisses links, Fraktur des Proc. styloideus ulnae links, zweitgradig geschlossene Os metatarsale III und IV Fraktur rechts und eine erstgradig geschlossene Innenknöchelfraktur mit knochennahem Innenbandabriss rechts	19 Tage stationär, 4 Wochen stationäre Reha, 6 Wochen Tragen eines Vacu-Ped-Schuhes, 10 Wochen Gehhilfe; 5 ½ Monate arbeitsunfähig	Mann	Bewegungsbehinderung des rechten Fußes, verbunden mit Steifheit und Schmerzen. Schnelles Gehen und Laufen unmöglich	Arztbehandlung dauert noch an. Materialentfernung im linken Knie steht noch aus	LG Paderborn 21.2.2007 4 O 550/06 Allianz Versicherung

● Mithaftung (siehe vorletzte Spalte)

Fortsetzung von »Fuß mit Sprunggelenk - Bruch (auch Knöchelbruch)«

Lfd. Nr.	Betrag DM Euro (Anp.2019)	Verletzung	Dauer und Umfang der Behandlung; Arbeitsunfähigkeit	Person des Verletzten	Dauerschaden	Besondere Umstände, die für die Entscheidungen maßgebend waren	Gericht, Datum der Entscheidung, Az., Veröffentlichung bzw. Einsender
572	€12000● + immat. Vorbehalt (€12886)	Bimalleonäre Sprunggelenksluxationsfraktur rechts mit Absprengung eines hinteren Tibiakantenfragments	3 Monate AU zu 100%, 4 Tage stationärer Aufenthalt, 3 Operationen, 38 physiotherapeutische Behandlungen, 28 Lymphdrainagen, Unterarmgehstützen	48-jähr. Frau, kaufm. Angestellte	Deutliche Bewegungseinschränkung im rechten oberen Sprunggelenk, posttraumatische Arthrose, Abrollschwierigkeiten, belastungsabhängige Schwellneigung, Wetterfühligkeit	20% Mithaftung. Die Klägerin kam auf dem feuchten Boden im Eingangsbereich des Beklagtensupermarktes zu Fall. Insoweit liegt eine Verkehrssicherungspflichtverletzung zu Grunde. Die Klägerin kann nicht mehr joggen, bergsteigen und die Sauna besuchen sowie keine hochhackigen Schuhe mehr tragen. Zu berücksichtigen war auch einerseits, dass die Klägerin ihren gebuchten Urlaub absagen musste und in einem zweiten Urlaub aufgrund der Verletzungen und der Gehstützen nur ein eingeschränktes Urlaubserlebnis hatte sowie andererseits die Tatsache, dass bei der Beklagten lediglich Fahrlässigkeit und kein Vorsatz vorlag	LG Duisburg 5.8.2013 4 O 346/11 Justiz NRW
573	€12000● + immat. Vorbehalt (€15244)	Fraktur linker Außenknöchel, Typ Weber A, mit Morbus Sudeck III. Grades	1 Woche stationär und Materialentfernung; MdE: 6 Monate 100% 1 Monat 50%	Serviererin	Möglich	20% Mithaftung aus gestörtem Gesamtschuldverhältnis. Derzeit ist eine endgültige, vollständige Heilung fraglich. 80% aller Morbus-Sudeck-Patienten behalten bleibende Schäden. Die Tätigkeit als Serviererin kann nicht mehr ausgeübt werden	LG München I 28.2.2003 24 O 15583/01 RAe von Zwehl & Raisch, München
574	25000 €12500 + immat. Vorbehalt (€17398)	Sprunggelenksfraktur rechts mit folgender Sudeckschen Dystrophie und Sekundärarthrose	3 Krankenhausaufenthalte von insgesamt 1 1/2 Monaten innerhalb eines Jahres, 1 1/2 Jahre arbeitsunfähig	49-jähr. Tankstellenpächter und Gebrauchtwagenhändler	Bewegungseinschränkung im rechten oberen und im rechten unteren Sprunggelenk, Beeinträchtigung des Gangbildes, Ruhe- und Belastungsschmerz im Sprunggelenk, Gefühlsstörung am rechten Fußrücken; MdE: 30%	Es liegt im Bereich der Wahrscheinlichkeit, dass Arthrose fortschreitet und größere Schmerzbelastungen eintreten	OLG Oldenburg (Oldenburg) 10.10.1996 1 U 83/96 Dr. Arnhold, RiLG Osnabrück

● Mithaftung (siehe vorletzte Spalte)

Lfd. Nr.	Betrag DM Euro (Anp.2019)	Verletzung	Dauer und Umfang der Behandlung; Arbeitsunfähigkeit	Person des Verletzten	Dauerschaden	Besondere Umstände, die für die Entscheidungen maßgebend waren	Gericht, Datum der Entscheidung, Az., Veröffentlichung bzw. Einsender
\multicolumn{8}{l}{Fortsetzung von »Fuß mit Sprunggelenk - Bruch (auch Knöchelbruch)«}
575	€ 13 000 (€ 13 974)	Komplizierte Sprunggelenksverletzung (bimalleoläre OSG-Luxationsfraktur links) mit einem schweren Weichteilschaden Grad 3	Die Fraktur wurde am Unfalltag im Klinikum operativ versorgt, wobei eine Rekonstruktion des Sprunggelenks vorgenommen wurde. Wegen einer Dislokation der Fibula wurde eine Nachoperation erforderlich. In der Folgezeit kam es zu Verzögerungen im Heilungsverlauf. Längere AU	Mann	Bleibende Narben, eine Muskelverschmächtigung, eine Schwellneigung, Bewegungseinschränkungen und Schmerzen im Bereich des linken Sprunggelenks. MdE 10%	Bei der Bemessung des Schmerzensgeldes war im vorliegenden Fall insb. auch der langwierige, mit Komplikationen verbundene Heilungsverlauf und der Dauerschaden zu berücksichtigen. Mit einer vollständigen Wiederherstellung des Gelenks ist nicht zu rechnen. Bei der Bemessung des Schmerzensgeldes war darüber hinaus zu berücksichtigen, dass die Beklagten auch nachdem ersichtlich war, dass aufgrund des komplizierten, langwierigen Heilungsverlaufs der bezahlte Vorschuss von € 3000 offensichtlich nicht ausreichend war, keine weiteren Vorschüsse mehr leisteten. Die Höhe des vom LG (LG Konstanz, Urt. v. 28.5.2013 – 3 O 43/11) zuerkannten Schmerzensgeldes – weitere € 10 000 über den bereits gezahlten Betrag von € 3000 – ist nicht zu beanstanden. Das LG hat in den Entscheidungsgründen sorgfältig alle für die Höhe des Schmerzensgeldes maßgeblichen Umstände abgewogen. Dieser Abwägung hat der Senat nichts hinzuzufügen. Die von der Beklagten angeführten Bespiele von Fällen, in denen Gerichte bei ähnlichen Verletzungen niedrigere Schmerzensgeldbeträge ausgeworfen haben, stehen nicht entgegen. Jede Festlegung eines bestimmten Schmerzensgeldbetrages ist eine Frage der Umstände des jeweiligen Einzelfalles, und im Übrigen eine Frage der richterlichen Bewertung, bzw. des richterlichen Ermessens, gem. § 253 Abs. 2 BGB	OLG Karlsruhe 24.1.2014 9 U 103/13 RA Dietrich, Kanzlei Dr. Spiri & Dietrich, Konstanz
576	€ 14 000 + immat. Vorbehalt (€ 14 794)	Talusfraktur rechts und Brustkorbprellung	Im Rahmen der länger andauernden Behandlung stellte sich darüber hinaus eine tiefe Beinvenenthrombose rechts ein, die längerer Behandlung bedurfte; 3 1/2 Monate AU, danach Wiedereingliederung; dreiwöchige Reha, danach weitere ambulante Reha-Maßnahmen	45-jähr. Frau	Posttraumatische Sprunggelenksteilsteife	Unter Berücksichtigung von Vergleichsfällen aus der Schmerzensgeldtabelle bei Hacks/Wellner/Häcker ist hier ein Schmerzensgeld i.H.v. € 14 000 angemessen. Eine Erhöhung des Schmerzensgeldes ist insbesondere vor dem Hintergrund abzulehnen, dass die Klägerin selbst im Rahmen der internistischen Begutachtung angab, dass sich ihre Beschwerden nach der Reha deutlich gebessert hätten. Dieser Betrag deckt auch die mit der Berufung vorgebrachten Umstände mit ab (Ausfall der Teilnahme am Abschlussball, nur eingeschränkter Fuerteventura-Urlaub)	Schleswig-Holsteinisches OLG 3.11.2016 7 U 21/15

Urteile lfd. Nr. 577 – 581 — Fuß mit Sprunggelenk

Lfd. Nr.	Betrag DM Euro *(Anp.2019)*	Verletzung	Dauer und Umfang der Behandlung; Arbeitsunfähigkeit	Person des Verletzten	Dauerschaden	Besondere Umstände, die für die Entscheidungen maßgebend waren	Gericht, Datum der Entscheidung, Az., Veröffentlichung bzw. Einsender
Fortsetzung von »Fuß mit Sprunggelenk - Bruch (auch Knöchelbruch)«							
577	€ 15 000 *(€ 16 107)*	Fehlerhafte Befunderhebung in Form der Nichterkennung einer Fersenfraktur und grob fehlerhafte Behandlung wegen der Nichtdurchführung der Operation		48-jähr. Krankenschwester	Grad der Behinderung (GdB) gesamt 60% (Funktionsbeeinträchtigung des Sprunggelenks GdB 40%, Wirbelsäulenprobleme GdB 30%, Depression GdB 20%, Bluthochdruck GdB 10%, Schilddrüsenunterfunktion GdB 10%), Einsteifung des Sprunggelenks, orthopädische Schuhe, schwere Arthrose im rechten Sprunggelenk	Ohne den Befunderhebungsfehler hätte die notwendige Operation früher durchgeführt werden können und es wäre nicht zum Primärschaden der Klägerin gekommen. Die hochgradige Gehbehinderung der Klägerin ist auf das Verwachsen in Fehlstellung zurückzuführen. Ferner kann die Klägerin nicht mehr in ihrem Beruf als Krankenschwester arbeiten. Durch eine Korrekturoperation mit erheblichen Gesundheitsrisiken könnte es zu einer deutlichen Verbesserung bis hin zur Vollbelastbarkeit kommen	LG Berlin 3.9.2013 13 O 181/12 RA Dominik Kellner, Berlin
578	€ 15 000 *(€ 18 438)*	Luxationstrümmerfraktur des rechten oberen Sprunggelenks und Schienbeinfraktur	6 Wochen Krankenhaus mit operativer Behandlung der Brüche; infolge Wundheilstörungen nach 4 1/2 Monaten erneut 4 Wochen Krankenhaus, nach 7 Monaten nochmals 14 Tage Krankenhaus; über ein Jahr zu 100% arbeitsunfähig	Frau			LG Regensburg 20.7.2005 6 O 899/05 SP 2006, 167
579	€ 15 000 + immat. Vorbehalt *(€ 16 474)*	Ärztlicher Diagnosefehler wegen Nichterkennens einer Fersenbein-Fraktur (Fraktur des subtalaren Calcaneus-Corpus). Dadurch zu frühe Belastung und nicht indizierte Operation in der Folge mit erheblichen Komplikationen, insbesondere Wundheilungsstörungen	Fehlerhafte Anlegung einer Aerocast-Schiene mit Teilbelastung und Folgeoperationen der Klägerin, sogar mit Hauttransplantation. Mehrmalige teils mehrwöchige Krankenhausaufenthalte	Frau	50% schwerbehinderte Klägerin, der das Merkmal „G" auf Dauer zugeordnet wurde, kann nicht mehr längere Zeit schmerzfrei laufen und muss als Dauermedikation verschiedene Medikamente, darunter auch Schmerzmittel, einnehmen. Die Stelle am Fuß, auf die Haut vom Oberschenkel transplantiert wurde, ist auch heute noch sehr empfindlich und stört die Klägerin beispielsweise beim Schlafen	€ 15 000 sind nach Ansicht des Senats ein Betrag, der geeignet, aber auch ausreichend ist, um die Klägerin in die Lage zu versetzen, sich Erleichterungen und Annehmlichkeiten zu verschaffen, um die erlittenen Beeinträchtigungen jedenfalls teilweise auszugleichen	OLG Frankfurt am Main 28.6.2012 22 U 91/09
580	33 500 € 16 750 + immat. Vorbehalt *(€ 21 961)*	Oberschenkelschaftfraktur links, Luxationsfraktur des oberen Sprunggelenks rechts (Typ Weber C)	MdE: durchgehend 7 Monate 100%, sodann wegen der Materialentfernung 2 Wochen, wegen einer Narbenkorrektur am Oberschenkel etwas mehr als 6 Wochen, danach nochmals 5 Wochen	17-jähr. Mädchen	MdE: 20%	Es gibt keine Rechtsprechung, dass eine MdE von 20% stets kompensierbar sei und dies zu einer Minderung des Schmerzensgeldbetrages sowie zur Verneinung eines Verdienstausfallschadens führen könne; es kommt auf den Einzelfall an	KG Berlin 19.2.2001 12 U 6309/99 RiKG Philipp
581	€ 16 800● + immat. Vorbehalt *(€ 18 585)*	Komplexe Mehrfachfraktur des linken Fußes	Operation, über 1 Monat stationäre Behandlung	Mann	Beweglichkeit und Belastbarkeit des Fußes weiter deutlich eingeschränkt; posttraumatische Arthrose in den Tarsometatarsalgelenken, Kraftminderung des linken Beines und Sensibilitätsstörung des Fußrückens	Mitverschuldensanteil des Klägers von 20%. Grundsätzlich wäre ein Schmerzensgeld von € 21 000 angemessen gewesen	OLG Koblenz 12.12.2011 12 U 1110/10 NZV 2012, 177

● Mithaftung (siehe vorletzte Spalte)

Fuß mit Sprunggelenk

Lfd. Nr.	Betrag DM **Euro** *(Anp.2019)*	Verletzung	Dauer und Umfang der Behandlung; Arbeitsunfähigkeit	Person des Verletzten	Dauerschaden	Besondere Umstände, die für die Entscheidungen maßgebend waren	Gericht, Datum der Entscheidung, Az., Veröffentlichung bzw. Einsender

Fortsetzung von »Fuß mit Sprunggelenk - Bruch (auch Knöchelbruch)«

Lfd. Nr.	Betrag	Verletzung	Dauer und Umfang der Behandlung	Person	Dauerschaden	Besondere Umstände	Gericht
582	€ 17 000 + immat. Vorbehalt *(€ 21 366)*	Schwere Quetschung des rechten Vorfußes mit Frakturen im Bereich des Mittelfußköpfchens I–III, Rippenfrakturen 5 und 6, Hautdefekt im Fußbereich	Über 2 Monate stationär, 15 Monate arbeitsunfähig	42-jähr. Lagerist	MdE: 20%	Langwieriger Heilungsprozess. Wegen eines Hautdefekts war im Fußbereich eine Spalthauttransplantation notwendig. Falschgelenkbildung im Bereich des Mittelfußköpfchens II. Im Großzehengrundgelenk rechts ist bereits eine Arthrose eingetreten. Eine Versorgung mit orthopädischem Schuhwerk ist dauerhaft erforderlich. Arbeitsplatzverlust	OLG Hamm 29.3.2004 6 U 14/04 RA Becker, Bergneustadt
583	35 000 € 17 500 + immat. Vorbehalt *(€ 24 358)*	Schädelprellung mit Kopfplatzwunde, zahlreiche Hautabschürfungen; Trümmerfraktur des linken Ellenbogens; Distorsion des rechten Sprunggelenks, Olekranontrümmerfraktur links sowie Luxationstrümmerfraktur des Lisfrancgelenks links	1 ½ Monate stationär mit Unterbrechungen MdE: über 7 Monate 100%	21-jähr. Offiziersanwärter	MdE: 15%	Bei Schmerzensgeldbemessung wurde berücksichtigt, dass Kläger zum Unfallzeitpunkt sehr jung war und die unfallbedingten Bewegungseinschränkungen in einem Alter hinnehmen muss, in dem gleichaltrige vielfach sportlichen Aktivitäten nachgehen. Unfallbedingt wurde der in Ausbildung als Offizier zum Sanitätsdienst (Arztausbildung) befindliche Kläger wehruntauglich und musste zum Diplombetriebswirt umgeschult werden. Weitere Verschlechterung der Funktion der angrenzenden Gelenke, fortschreitende Arthrose des linken Fußgelenks ist zu erwarten. Spätere Versteifung ist nicht auszuschließen	LG München I 8.7.1996 19 O 10643/92 VorsRiLG Krumbholz
584	35 000 € 17 500 *(€ 24 681)*	Innenknöchelfraktur mit Luxation des rechten Sprunggelenks, schwerste Quetschung des rechten Fußes mit Abscherung von Weichteilen und Zerquetschung von Haut, Sehnen und Gefäßen	Vier stationäre Aufenthalte von knapp 30 Wochen mit zahlreichen Operationen	Mann	MdE: 40%	Der Verletzte kann sein Schmerzensgeldbegehren nicht auf einen in der Vergangenheit liegenden Zeitraum beschränken	OLG Düsseldorf 3.7.1995 1 U 134/94 RiOLG Dr. Eggert
585	€ 20 000 + immat. Vorbehalt *(€ 23 012)*	Weichteilschwellung mit vermehrter Flüssigkeitseinlagerung, Syndesmosenspalt erweitert, Syndesmosenbänder und das Innenband sind lediglich als narbige Reststruktur vorhanden, schwere posttraumatische Arthrose des linken oberen Sprunggelenks mit Fehlstellung sowie Osteonekrose der distalen medialen tibialen Gelenkfläche, Valgusfehlstellung des Rückfußes		49-jähr. Mann	Verkürzung des Wadenbeins um 3 mm	Grob fehlerhafte ärztliche Behandlung einer Maisonneuve-Fraktur. Die Versorgung dieser Fraktur, insbesondere die Fixierung in der Fehlstellung, entsprach nicht den wissenschaftlichen Erkenntnissen der modernen Unfallchirurgie, was das Gericht u. a. schmerzensgelderhöhend wertete. Ferner wurde von der Bekl. versäumt, Kontrollröntgenaufnahmen zu fertigen. Auch 2 Jahre nach der OP sind noch sehr schmerzhafte, hochgradige Einschränkungen in der Bewegung im linken oberen Sprunggelenk vorhanden. Eine gelenkerhaltende Operation ist nicht mehr möglich. Es ist keine sportliche Betätigung mehr möglich und auch ansonsten besteht eine erhebliche Einschränkung in der Bewegung, welche eine Beeinträchtigung der Lebensqualität begründet	LG Gießen 26.10.2009 2 O 69/06 RA Drschka, Friedberg

Lfd. Nr.	Betrag DM Euro (Anp.2019)	Verletzung	Dauer und Umfang der Behandlung; Arbeitsunfähigkeit	Person des Verletzten	Dauerschaden	Besondere Umstände, die für die Entscheidungen maßgebend waren	Gericht, Datum der Entscheidung, Az., Veröffentlichung bzw. Einsender
\multicolumn{8}{l}{Fortsetzung von »Fuß mit Sprunggelenk - Bruch (auch Knöchelbruch)«}
586	€ 20 000 + immat. Vorbehalt (€ 23 037)	Schwerste Verletzungen des linken Fußes mit Ablederung der Fußweichteile sowie Weichteildefekt von ca. 10 x 10 cm im Bereich des Fußrückens, Talushalsfraktur sowie Aithen-II-Fraktur des distalen Schienbeins im Bereich des Innenknöchels	9 operative Behandlungen am linken Fuß; die Frakturen wurden offen reponiert, mit einer Osteosynthese offen geschraubt und zusammengeflickt; Entfernung von Hautteilen am Oberschenkel mit anschließender Transplantation am Fuß	8-jähr. Junge		Verletzung der Verkehrssicherungspflicht; Kläger ist beim Besteigen eines ungesicherten Betonträgerstapels auf dem Betriebsgelände des Beklagten ins Rutschen gekommen, wobei er sich den Fuß zwischen zwei Trägern eingeklemmt hat; ist nach wie vor (10 Monate nach dem Unfall) in ärztlicher und krankengymnastischer Behandlung; kann bestimmte Sportarten (z. B. Fußball) noch immer nicht ausüben; noch immer Schmerzen im Fuß; Beweglichkeit des Fußes noch eingeschränkt; Kläger befand sich lange Zeit im Ungewissen, ob der Fuß erhalten werden kann	LG Saarbrücken 10.9.2009 9 O 192/09 RAe Gebhardt & Koll., Homburg
587	€ 20 000 (€ 23 892)	Thoraxprellung mit Lungenkontusion beidseitig, Fraktur des Handwurzelknochens links, Ringfingergrundgliedmehrfragmentfraktur, offene Weichteilverletzung und Fremdkörpereinsprengung im rechten Kniegelenk, Patellafraktur rechts, Riss im Kniegelenkknorpel rechts, Talushalsfraktur	3 Wochen stationäre Behandlung mit offener Reposition und Schraubenosteosynthese Talus und Innenknöchel, Fremdkörperentfernung am rechten Kniegelenk, offene Reposition sowie Schrauben- und Kirschnerdrahtosteosynthese am Ringfinger; nach 2 ½ Monaten nochmals 12 Tage stationärer Aufenthalt u. a. mit Gelenkspülung rechtes Kniegelenk und Entfernung von Osteosynthesematerial	Mann	Behinderung beim Laufen und Gehen, Funktionsbeeinträchtigungen des rechten Armes und des rechten Beines	Kläger, der nach 3 ½ Jahren noch zu 100% arbeitsunfähig war, befand sich seit 1 ½ Jahren nach dem Unfall in einer Umschulung zum Fachmann für Facility-Management; arthrotische Veränderungen am rechten oberen und unteren Sprunggelenk	Brandenburgisches OLG 29.3.2007 12 U 128/06 SP 2008, 47
588	€ 20 000 + immat. Vorbehalt (€ 25 468)	Komplizierte Fraktur Mittelfußknochen links	Mehrere Operationen (u. a. Spalthauttransplantation)	Dreher	Deutliche Bewegungseinschränkungen im oberen und unteren Sprunggelenk; hinkendes Gangbild; Beschwerden im linken Fuß und wegen ständiger Fehlbelastung Beschwerden in der linken Hüfte; Blutumlaufstörungen und Taubheitsgefühle im Fußrücken	Kläger kann Beruf als Dreher nicht mehr ausüben; ist nunmehr als Taxifahrer tätig; Lebensfreude des Klägers ist durch die Furcht einer drohenden Amputation des Fußes oder einer künstlichen Versteifung des Fußgelenks nicht unerheblich beeinträchtigt; immat. Vorbehalt umfasst die genannten möglichen Folgeschäden	OLG Celle 6.11.2003 14 U 21/03

Fuß mit Sprunggelenk

Lfd. Nr.	Betrag DM Euro (Anp.2019)	Verletzung	Dauer und Umfang der Behandlung; Arbeitsunfähigkeit	Person des Verletzten	Dauerschaden	Besondere Umstände, die für die Entscheidungen maßgebend waren	Gericht, Datum der Entscheidung, Az., Veröffentlichung bzw. Einsender
\multicolumn{8}{l}{Fortsetzung von »Fuß mit Sprunggelenk - Bruch (auch Knöchelbruch)«}
589	€ 20 000 + immat. Vorbehalt (€ 20 384)	Distale Tibiakantenfraktur mit Absprengung des Volkmann'schen Dreiecks, Impression der zentralen medialen Talusschulter, ein Riss des Syndesmosebandes mit einer deutlichen Vernarbung und Verdickung sowie ein Deltabandausriss. Aufgrund einer zwischenzeitlichen Stufenbildung im Bereich des oberen rechten Sprunggelenks ist dessen operative Versteifung erforderlich geworden. Zudem sind durch den Unfall ein Ödem und eine Konturvergröberung der rechten Knöchelgabel entstanden. Am unteren Sprunggelenk hat sich eine Anschlussarthrose gebildet, die sich wahrscheinlich verschlechtern wird	Die Klägerin wurde dreimal operiert und über 1 ½ Jahre behandelt. Zudem musste sich die Klägerin jedenfalls mehr als einmal mehrtägig stationär behandeln lassen. Sie war in ihrer Beweglichkeit eingeschränkt und ein halbes Jahr auf Gehhilfen angewiesen. Sie litt an Schmerzen. Außerdem verlief die Genesung schwierig, denn es entzündete sich Muskelfleisch aufgrund des Ödems und einer Fehlwucherung des Knochens. Die Klägerin ist nun dauerhaft auf orthopädisches Schuhwerk angewiesen. Durch die Arthrose wird sie immer gewisse Schmerzen haben. Die Klägerin war 1 ½ Jahre arbeitsunfähig und ist in der Erwerbsfähigkeit zu 25% gemindert	44-jähr. Frau	Anschlussarthrose im unteren Sprunggelenk, die sich mit überwiegender Wahrscheinlichkeit so stark verschlechtern wird, dass das Gelenk versteift werden muss. Auch das Gelenk zwischen Sprungbein und Kahnbein wird sich mit überwiegender Wahrscheinlichkeit versteifen	Auf dieser Grundlage hält der Senat eine billige Entschädigung in Geld von insgesamt € 20 000 für angemessen. Hierbei war insb. über die vom LG zugrunde gelegten Umstände hinaus zu berücksichtigen, dass mit überwiegender Wahrscheinlichkeit eine Versteifung des unteren Sprunggelenks und des Gelenks zwischen Sprungbein und Kahnbein zu erwarten ist. Bei der Bestimmung der konkreten Höhe des Schmerzensgeldes hat sich der Senat an Entscheidungen mit einem ähnlichen Verletzungsbild orientiert und dabei die maßgeblichen Abweichungen berücksichtigt	OLG Düsseldorf 21.3.2019 1 U 169/17 Vors. Richter am OLG Dr. Scholten
590	€ 20 000 + immat. Vorbehalt (€ 22 913)	Komplizierte Wadenbein- und Außenknöchelfraktur mit anschließendem Morbus Sudeck im Entwicklungsstadium. Dessen Behandlung führte zum Leberschaden	Zunächst operative Versorgung des Bruchs mit Implantatmaterial, das später entfernt wurde. Insgesamt 7 Monate AU. Danach mehrfache Versuche der allmählichen beruflichen Wiedereingliederung. MdE von 20 bis 30%	Mann	Chronisches Schmerzsyndrom mit nachhaltigen Beeinträchtigungen im Beruf und in der Freizeit	Komplizierter Heilungsverlauf und Dauerschaden	OLG Karlsruhe 18.2.2010 4 U 132/08
591	40 000 € 20 000 + immat. Vorbehalt (€ 27 161)	Offene Sprunggelenksfraktur rechts 1. Grades mit nachfolgender Infektion der Weichteile und des Knochens im rechten oberen Sprunggelenk, Risswunde rechter Unterschenkel, Kontusion rechtes Kniegelenk; Gesichtsprellungen mit Schürfwunden und Zahnfraktur, HWS-Distorsion 1. Grades	Drei Krankenhausaufenthalte von insgesamt 111 Tagen	23-jähr. Fabrikarbeiter	MdE: 30%	Immat. Vorbehalt für den Fall einer wesentlichen Verschlechterung	OLG München 27.11.1998 10 U 2576/98 RAe Gall & Kollegen, Dachau

Lfd. Nr.	Betrag DM **Euro** (Anp.2019)	Verletzung	Dauer und Umfang der Behandlung; Arbeitsunfähigkeit	Person des Verletzten	Dauerschaden	Besondere Umstände, die für die Entscheidungen maßgebend waren	Gericht, Datum der Entscheidung, Az., Veröffentlichung bzw. Einsender
Fortsetzung von »Fuß mit Sprunggelenk - Bruch (auch Knöchelbruch)«							
592	€ 20 000 ● + immat. Vorbehalt *(€ 22 790)*	Bimalleoläre Sprunggelenk-Luxations-Fraktur, nach OP Wundheilungsstörung, dann chronisch; postoperatives rechtsseitiges Lymphödem, Infekt bei Erysipel des rechten Beins	Insg. ca. 4 1/2 Monate stationärer Aufenthalt mit mehreren OP, über einen Zeitraum von 2 Jahren immer wieder stationäre und ambulante Behandlungen	81-jähr. Mann, Rentner	Lymphödem	30% Mithaftung; Schmerzensgelderhöhend wirkten sich die massiven Störungen im Heilbehandlungsverlauf aus, insbesondere die erheblichen Wundheilungsstörungen, welche z. T. operative Revisionen erforderlich machen. Kurzzeitig bestand auch die Gefahr einer Amputation, aus welcher für den Kläger weitere psychische Belastungen resultierten. Der Kläger ist in seiner alltäglichen Lebensführung und Aktivität eingeschränkt	LG Gießen 17.5.2010 2 O 67/07 RA Koch Erftstadt
593	€ 20 000 ● *(€ 22 790)*	Unterschenkelschaftfraktur links, Fibulaetagenfraktur, offene Luxationsfraktur des oberen Sprunggelenks, Wundinfektion am linken Oberschenkel, medialseitiger Hautdefekt	4 Operationen, 43 physiotherapeutische Behandlungen, MdE: 8 Monate zu 100%, 1 1/2 Monate zu 70%, 1 Monat zu 50%, 2 Monate zu 30%	Mann, Dachdecker	MdE zu 20%, Fehlstellung im Sprunggelenk	Mithaftungsquote von 25%, da der Kl. nicht die notwendige Aufmerksamkeit auf einer Verkehrsfläche beachtet hatte und sich somit rückwärts in die Fahrbahn des sich ebenfalls rückwärts bewegenden Staplers begeben hat. Bei der Schmerzensgeldbemessung hat das Gericht u. a. berücksichtigt, dass noch mit einer erheblichen Ausweitung des Dauerschadens in Form einer posttraumatischen Arthrose zu rechnen ist sowie einer Minderbelastbarkeit im Sprunggelenk, was wiederum die berufsspezifische MdE auf über 50% anheben wird. Ferner wurde berücksichtigt, dass der Kl. auch Einschränkungen im Privatleben hinnehmen muss. Ihm ist bspw. Wasserski- und Snowboardfahren nicht mehr möglich	LG Nürnberg-Fürth 25.3.2010 8 O 3107/08 RA Koch, Erftstadt
594	€ 22 500 ● + immat. Vorbehalt *(€ 28 112)*	Sprunggelenkfraktur rechts, Commotio cerebri, Rippenfraktur 5. und 6. Rippe rechts, Thorax-Kontusion, Platzwunde am Kinn, Zungenverletzung, Kontusion des rechten Kniegelenks; außerdem wurden mehrere Zähne abgeschlagen		Taxifahrer	MdE: 20%	25% Mitverschulden, weil Kläger nicht so gefahren ist, dass er auf Sicht anhalten konnte. Am Sprunggelenk entwickelte sich eine posttraumatische Arthrose, die sich nicht mehr bessern, sondern eher verschlechtern wird. Es besteht eine geringfügige Minderung der Erwerbsfähigkeit durch eine Einschränkung des Riechvermögens und durch Pelzigkeitsgefühl der vorderen Zunge aufgrund der Bissverletzung der Zungenspitze. Ein organisches Psychosyndrom liegt nicht vor. Die Berufsunfähigkeit als Taxifahrer mag zwar aufgrund der psychischen Situation des Klägers gegeben sein, ist jedoch nicht auf den Unfall, sondern auf die bereits vorliegenden Vorerkrankungen des Klägers zurückzuführen	LG München I 25.5.2004 19 O 13504/97 VorsRiLG Krumbholz

● Mithaftung (siehe vorletzte Spalte)

Fuß mit Sprunggelenk — Urteile lfd. Nr. 595 – 599

Lfd. Nr.	Betrag DM Euro (Anp.2019)	Verletzung	Dauer und Umfang der Behandlung; Arbeitsunfähigkeit	Person des Verletzten	Dauerschaden	Besondere Umstände, die für die Entscheidungen maßgebend waren	Gericht, Datum der Entscheidung, Az., Veröffentlichung bzw. Einsender
	Fortsetzung von »Fuß mit Sprunggelenk - Bruch (auch Knöchelbruch)«
595	€ 24 000 ● + immat. Vorbehalt (€ 29 229)	Drittgradige offene Luxationsfraktur des rechten oberen Sprunggelenks, postoperative Haut- und Weichteildefekte und Infekte	4 Monate Krankenhaus mit drei Operationen, plastische Deckung erforderlich, für 1 Jahr musste ein Transportfixateur am rechten Bein montiert werden; knapp 1 ½ Jahre Fortbewegung nur im Rollstuhl möglich, bei kleineren Strecken nur mit 2 Unterarmstützen; krankengymnastische Behandlung	40-jähr. Schlosser	Versteifung des rechten oberen Sprunggelenks, Beinlängenverkürzung um 2 cm	20% Mithaftung aus Betriebsgefahr; weiterer Heilungsverlauf nicht absehbar, evtl. erneut Operationen nötig; Kläger kann seinen Beruf als Schlosser voraussichtlich nicht mehr ausüben	OLG Celle 21.2.2006 14 U 233/04
596	€ 25 000 + immat. Vorbehalt (€ 26 392)	Mehretagenfraktur der Fibula links mit ausgeprägtem Weichteilschaden (Nekrosen) und Kompartment-Syndrom, Kniebinnenschaden mit vorderer Kreuzbandläsion	mehrfache stationäre Aufenthalte, 5 Wochen stationäre Reha	38-jähr. Mann	GdB 40	Der sportliche Kläger kann nach dem Unfall nicht mehr Squash und Tischtennis spielen. Auch Joggen ist nicht mehr möglich. Der Kläger wurde zum Fahrlehrer umgeschult. Eine dauerhafte MdE liegt nicht vor	LG Düsseldorf 30.7.2015 16 O 153/14 juris
597	€ 25 000 + immat. Vorbehalt (€ 26 683)	Dreifacher Bruch des linken Sprunggelenks sowie Bruch des Knochenstücks an der Ferse	Zweimal jeweils 5 Tage stationäre Behandlung. Klägerin musste Spezialschuh (Vacoped-Schuh) zur Ruhigstellung des linken Sprunggelenks anlegen und 7 Wochen tragen. Ihr linker Fuß musste für 6 Wochen entlastet werden. Während dieser Zeit konnte sie sich nur mit Gehhilfen fortbewegen	50-jähr. Frau	Gehbehinderung	Der Sachverständige hat angegeben, dass die Klägerin die schlimmste vorstellbare Sprunggelenksverletzung erlitten habe. Wegen des unfallbedingten Abrisses des hinteren Volkmann'schen Dreiecks verbleibe eine nicht auszugleichende Gelenkstufe, die in dem Bereich zum Knorpelverlust und zu einer Versteifung des Sprunggelenks sicher führen werde. Eine Arthrose sei schon eingetreten. Zur Prognose der Klägerin könne man sich schon äußern. Die Klägerin werde am Stock laufen. Es handele sich um ein desaströses Geschehen. Bei der Festsetzung der Höhe des Schmerzensgeldes wurde berücksichtigt, dass die Beklagte die ihr obliegende Verkehrssicherungspflicht nur fahrlässig verletzt hat	LG Gera 23.6.2014 4 O 1676/11
598	50 000 € 25 000 + immat. Vorbehalt (€ 31 758)	Zweitgradig offene Unterschenkelfraktur links mit hoher Fibulafraktur, Innenknöchel- und Tibiafraktur, Prellungen im Thorax- und Beckenbereich, Hodenquetschung, Gehirnerschütterung, Verlust eines Schneidezahns	3 Krankenhausaufenthalte von 5 Wochen, 6 Tagen und 12 Tagen innerhalb von 9 Monaten, anschließend 3 jeweils vierwöchige Reha-Maßnahmen, innerhalb von 6 Jahren nach dem Unfall 110 Wochen arbeitsunfähig	41-jähr. Landschaftsgärtner	Arthrose des linken Sprunggelenks mit belastungsabhängigen Schmerzen und reduzierter Beweglichkeit des Sprunggelenks, posttraumatisches Belastungssyndrom und Depressionen mit Antriebsmangel, Reizbarkeit, Interesseverlust und Selbstwertkonflikten; Behinderungsgrad von 30%	Zunahme der Beschwerden möglich sowie ggf. eine Versteifung des Sprunggelenks	OLG Hamm 21.3.2003 9 U 61/02 RAin Dr. Triebold, Münster
599	60 000 € 30 000 + immat. Vorbehalt (€ 41 163)	Dislozierter Einstauchungsbruch am Fersenbein, Luxations- und Kompressionsfraktur des Kahnbeins an der rechten Fußwurzel, diverse Schnittwunden; HWS-Distorsion; geringgradige Gehirnerschütterung	MdE: ca. 25 Monate 100%	27-jähr. Verkaufsmetzger	MdE: 25%	Umschulung zum Feinmechaniker war notwendig. Der Kläger ist deutlich beeinträchtigt durch die Schmerzen im Bein, die längeres Stehen oder Gehen schwierig machen und den Kläger dazu zwingen, orthopädische Schuhe zu tragen	LG München I 12.6.1997 19 O 17695/96 VorsRiLG Mü I Krumbholz

… Fuß mit Sprunggelenk

Lfd. Nr.	Betrag DM **Euro** *(Anp.2019)*	Verletzung	Dauer und Umfang der Behandlung; Arbeitsunfähigkeit	Person des Verletzten	Dauerschaden	Besondere Umstände, die für die Entscheidungen maßgebend waren	Gericht, Datum der Entscheidung, Az., Veröffentlichung bzw. Einsender
\multicolumn{8}{l}{**Fortsetzung von »Fuß mit Sprunggelenk - Bruch (auch Knöchelbruch)«**}							
600	60 000 **€ 30 000** + immat. Vorbehalt *(€ 38 712)*	Trümmerbruchfraktur am linken Fuß, Fraktur der großen Zehe links	4 Wochen Krankenhaus, 10 Wochen Gipsverband MdE nach Krankenhausentlassung 3 Monate 50% 6 Wochen 30% 4 Wochen 20%	32-jähr. Elektrotechniker	Zehenschiefstand D 1 und D 2 links, arthrotische Verformung nach Trümmerbrüchen der tarsometatarsalen Gelenklinie links, gelegentliche Narbenschmerzen am linken Fußaußenrand und Fußinnenrand, Abmagerung der Unterschenkelmuskulatur links, Störung des Zehenspiels links und des linken unteren Sprunggelenks; posttraumatisch verstärkter Plattfuß links; MdE: 10%, bezogen auf den gesamten Lebensbereich einschließlich Freizeitgestaltung (Sport o. a.) jedoch 20%	Binnen ca. 5 Jahren wird sich Zustand wahrscheinlich verschlimmern; mit weiteren orthopädischen Hilfsmitteln ist zu rechnen, ebenso mit Korrektur bzw. Versteifungsoperationen; je mehr der Kläger in seinem Beruf Gerüste und Leitern besteigen muss, umso deutlicher spüre er die Unfallfolgen am linken Fuß, die nur begrenzt durch orthopädisches Schuhwerk kompensiert werden; immat. Vorbehalt nur für solche Schäden, die unfallbedingt eine wesentliche Verschlechterung des Gesundheitszustandes bedingen, die nicht bekannt oder vorhersehbar sind	LG München I 7.11.2002 19 O 15423/00 RA von Zwehl, München
601	**€ 30 000** + immat. Vorbehalt *(€ 34 518)*	Stumpfes Thoraxtrauma rechts mit Hämatom und Prellmarke, gering dislozierte Fraktur der 3. Rippe rechts ventral, Mehrfragmentfraktur des linken Fersenbeins mit Fraktur des Knochenvorsprungs an der Innenseite des Sprungbeins, Subluxation des Sprungbeins links, Luxationsfraktur zwischen Fußwurzel und Mittelfuß, knöcherne Absprengung am Kahnbein in der Fußwurzel und Trümmerfrakturen des Würfelbeins rechts	3 Wochen Krankenhaus, anschließend 3 Wochen Reha, danach zwei weitere stationäre Aufenthalte von einer Woche zur Entfernung des eingebrachten Implantats und nach 9 Monaten 4 Tage zur Entfernung der im linken Fuß eingebrachten Platte; die ersten 3 Monate auf Rollstuhl angewiesen, danach ca. 4 Monate zwei Unterarmgehstützen erforderlich; volle Arbeitsfähigkeit erst 1 Jahr nach dem Unfall	Mann	Eingeschränkte Mobilität; bei Belastung schwellen Füße stark an; erhebliche Schmerzen in beiden Füßen; kein Treppensteigen mehr möglich, keine längeren Spaziergänge möglich; orthopädisches Schuhwerk erforderlich; im Beruf und vor allem im Freizeitbereich erheblich eingeschränkt (kein Fußballspielen, kein Tennis mehr möglich); erhebliche posttraumatische Arthrosen im Bereich des rechten unteren Sprunggelenks und in den Gelenken des Mittelfußes und der Fußwurzel; MdE: 40%	Mit dem Betrag von € 30 000 sind alle eingetretenen Verletzungen und Verletzungsfolgen abgegolten; in welchem Umfang eine Verschlechterung des Gesundheitszustandes eintreten wird (u. a. Fortschreiten der Funktionsbeeinträchtigungen des rechten oberen Sprunggelenks und der Füße), ist noch nicht absehbar	LG Zweibrücken 5.6.2009 2 O 6/07 RAe Gebhardt & Koll., Homburg

Lfd. Nr.	Betrag DM **Euro** *(Anp.2019)*	Verletzung	Dauer und Umfang der Behandlung; Arbeitsunfähigkeit	Person des Verletzten	Dauerschaden	Besondere Umstände, die für die Entscheidungen maßgebend waren	Gericht, Datum der Entscheidung, Az., Veröffentlichung bzw. Einsender
\multicolumn{8}{l}{Fortsetzung von »Fuß mit Sprunggelenk - Bruch (auch Knöchelbruch)«}							
602	€ 30 000 + immat. Vorbehalt *(€ 32 677)*	Offene Sprunggelenkfraktur links durch Motorradunfall	Offene Reposition und Osteosynthese mittels LCP Fibula, Schraubenosteosynthese Innenknöchel sowie Wundrevision. Im Anschluss erfolgten ambulante Behandlungen. Später Implantatentfernung	36-jähr. Mann	Schmerzzustände mit einer beginnender posttraumatischer Arthrose; weiterhin Medikation. Sportliche Aktivitäten, welche die Beine beanspruchen, sind dem Kläger nur noch eingeschränkt möglich. Im Bereich des Außen- und Innenknöchels sind deutlich sichtbare Narben zurückgeblieben	Insgesamt hält der Senat das vom LG ausgeurteilte weitere Schmerzensgeld auch unter Berücksichtigung einer Genugtuungsfunktion für angemessen. Der Senat orientiert sich insoweit an der auch von der übrigen Rspr. für vergleichbare Fälle ausgeurteilten Beträge. Die vom Kläger geltend gemachten Beeinträchtigungen sind vergleichbar mit dem Sachverhalt der Entscheidung des OLG Hamm mit Urt. v. 21.3.2003 (9 U 61/02, juris). Dort war ein 41-jähr. Landschaftsgärtner betroffen. Als Dauerschaden lag eine Arthrose des linken Sprunggelenks mit belastungsabhängigen Schmerzen, reduzierter Beweglichkeit des Sprunggelenks, posttraumatischen Belastungssyndrom, Depressionen mit Antriebsmangel bei einem Behinderungsgrad von 30% vor. Es wurde ein Schmerzensgeld von (nach Indexanpassung 2012) **€ 28 597** zugesprochen. In etwa ähnlicher Höhe liegt die Entscheidung des BGH mit Urt. v. 30.4.1996 (VI ZR 55/95, juris). Dort war ein 46-jähr. Fernmeldeamtmann betroffen, der aufgrund psychischer Fehlverarbeitung zunehmende Schmerzreaktion im gesamten Bereich der Wirbelsäule, Kopf, Nacken, Arme, Beine, Oberbauch und im Thoraxbereich entwickelte. Es entstand das Vollbild einer chronischen psychosomatischen Schmerzkrankheit bei voller Dienstunfähigkeit. Auf 2012 indexiert, war ein Schmerzensgeldbetrag von **€ 31 358** für angemessen angesehen worden. Bei der Bemessung des Schmerzensgeldes ist auch zu berücksichtigen, dass der Kläger unfallbedingt seine Arbeitsstelle verloren hat und die bei ihm durchgeführte Umschulungsmaßnahme bisher nicht dazu führte, dass er eine Arbeitsstelle finden konnte. Dieser Umstand hat die psychische Beeinträchtigung des Klägers verstärkt. Aktuell ist beim Kläger die Wunde am Bein wieder aufgebrochen. Dies führt dazu, dass er bisher keine Rehabilitationsmaßnahmen hat ergreifen können	OLG Zweibrücken 10.10.2012 1 U 4/12 VRiOLG Geisert

Lfd. Nr.	Betrag DM **Euro** *(Anp.2019)*	Verletzung	Dauer und Umfang der Behandlung; Arbeitsunfähigkeit	Person des Verletzten	Dauerschaden	Besondere Umstände, die für die Entscheidungen maßgebend waren	Gericht, Datum der Entscheidung, Az., Veröffentlichung bzw. Einsender
\multicolumn{8}{l}{Fortsetzung von »Fuß mit Sprunggelenk - Bruch (auch Knöchelbruch)«}
603	€ 30 000 + immat. Vorbehalt *(€ 32 378)*	Offene Sprunggelenksfraktur links zugezogen wegen Verletzung der Verkehrssicherungspflicht. Zusätzlich entwickelten sich eine Wundheilungsstörung und ein Kompartmentsyndrom	Mehrfache Operationen mit Versteifung des oberen Sprunggelenkes	Mann	Versteifung des oberen Sprunggelenkes. Schmerzen	Unter Berücksichtigung eines Mitverschuldensanteils des Klägers von 40% ist zum Ausgleich des immateriellen Schadens ein Schmerzensgeld i.H.v. € 30 000 an den Kläger zu zahlen. Unstreitig wurde beim Kläger infolge der erlittenen Verletzungen zusätzlich zu den vom LG bereits berücksichtigten Folgen eine weitere Operation mit Versteifung des oberen Sprunggelenkes erforderlich. Der Kläger leidet seit dem Unfall weiterhin unter erheblichen Schmerzen und nimmt regelmäßig Schmerzmittel ein, die bereits zu einem Nierenschaden geführt haben. Es besteht deshalb ein Risiko, dass der Kläger künftig auf die Dialyse angewiesen sein könnte. Unter Berücksichtigung von Schmerzensgeldbeträgen, wie sie in der Rspr. für vergleichbare Verletzungsfolgen zuerkannt wurden, erachtet der Senat unter Beachtung des Mitverschuldensanteils des Klägers einen Betrag von € 30 000 für angemessen	OLG Zweibrücken 27.3.2013 1 U 108/12 VRiOLG Geisert
604	63 000 ● € 31 500 *(€ 40 016)*	Zweitgradig offener Sprunggelenksverrenkungsbruch am linken Knochen	11 Tage Krankenhaus mit operativer Versorgung; nach 6 Wochen Gehgips, der nach 2 Wochen einschließlich der eingesetzten Stellschraube entfernt wurde; in der Folgezeit Krankengymnastik in erheblichem Umfang; nach 5 Monaten Materialentfernung; 4 ½ Jahre nach dem Unfall erneut 2 Wochen Krankenhaus mit Operation wegen unbefriedigenden Zustands des Sprunggelenks; nach Krankenhausentlassung keine Belastung des Beines auf die Dauer von 6 Wochen möglich, dann wöchentliche Steigerung um 10 kg; nach 1 Jahr Materialentfernung, anschließend Krankengymnastik	17-jähr. Schülerin, bei Urteilsverkündung 28 Jahre alt	Ausbildung einer fortgeschrittenen posttraumatischen Arthrose des linken oberen Sprunggelenks, erhebliche Einschränkungen der Bewegungsfähigkeit im oberen Sprunggelenk mit mäßiger Spitzfußstellung und Teilbewegungseinschränkung auch des linken unteren Sprunggelenks; Belastungsinsuffizienz des linken Beines mit Gang- und Standbehinderung; lange Narben im Knöchel- und Unterschenkelbereich des linken Beines mit Schwellneigung in diesem Bereich; MdE: 30%	30% Mitverschulden; Klägerin hat unter einer körperlichen Behinderung zu leiden, die sich erheblich verschlimmern kann; seelische Beeinträchtigung durch ästhetischen Schaden; abgegolten ist eine mögliche spätere Versteifung des Sprunggelenks	LG Hamburg 28.2.2003 306 O 51/95 RA Koch, Erftstadt

● Mithaftung (siehe vorletzte Spalte)

Fortsetzung von »Fuß mit Sprunggelenk - Bruch (auch Knöchelbruch)«

Lfd. Nr.	Betrag DM Euro (Anp.2019)	Verletzung	Dauer und Umfang der Behandlung; Arbeitsunfähigkeit	Person des Verletzten	Dauerschaden	Besondere Umstände, die für die Entscheidungen maßgebend waren	Gericht, Datum der Entscheidung, Az., Veröffentlichung bzw. Einsender
605	70 000 € 35 000 (€ 47 350)	Offene Femurcondylenfraktur, Riss des Bandapparates des linken oberen Sprunggelenks, proximale Oberschenkelfraktur, Kompartmentsyndrom des rechten Unterschenkels nach Unterschenkelquetschung, Fibulafraktur Typ Weber-C des rechten oberen Sprunggelenks, Calcaneausfraktur; Radiusfraktur des rechten Handgelenks; Weichteilwunde im Brustbereich	Nach Unfall Lebensgefahr; 5 ½ Wochen Krankenhaus mit 3 operativen Eingriffen, anfangs 3 Wochen Intensivstation, nach 5 Wochen nochmals 1 Woche Krankenhaus zur Entfernung zweier Stellschrauben, anschließend 2 ½ Monate Reha; 7 Monate nach Unfall wieder Teilzeitbelastung, nach weiteren 6 ½ Monaten wieder arbeitsfähig; später 2 Nachoperationen zur Materialentfernung	36-jähr. Mann	Beinverkürzung (Tragen orthopädischer Schuhe) mit Schonhinken; kann längere Strecken nicht mehr laufen, bedarf ständiger Begleitung; am rechten Ober- und Unterschenkel sowie am linken Bein großflächige entstellende Narben; Schwerbehinderung: 50%, MdE: 40%, bei überwiegend sitzender Tätigkeit und Möglichkeit zur Körperentlastung: MdE: 20%	Als Traumafolge ist eine zunehmend depressive Reaktion eingetreten; berufliche Zukunft im Augenoptikermeisterbetrieb unsicher; Unfallfolgen wiegen um so schwerer, als Kläger im Unfallzeitpunkt erst 36 Jahre alt war und er damit von körperlichen Verunstaltungen ebenso wie von Bewegungseinschränkungen im Vergleich zu älteren Menschen, die nicht mehr im Berufsleben stehen, weitaus stärker betroffen ist; zögerliches Regulierungsverhalten	LG Aachen 25.8.1998 1 O 431/96 RAe Dr. Dettmeier & Partner, Düren
606	€ 35 000 + immat. Vorbehalt (€ 42 626)	Quetschung des rechten Vorfußes mit Weichteilverletzung an der Sohle, Bruch des II. und V. Mittelfußknochens	10 Tage Krankenhaus, danach lang anhaltende ambulante Behandlung mit krankengymnastischen und physikalischen Therapiemaßnahmen	Kraftfahrer	Erheblich	Es entwickelte sich ein komplexes regionales Schmerzsyndrom II. Grades, das zur Versteifung der Zehen II bis V, Hyperpathie und Allodynie, Hautatrophie mit Hauttemperatur-, Schweiß- und Durchblutungsstörungen im rechten Vorfußbereich führte. Fehlhaltungsbedingt kam es zu ausstrahlenden LWS-Beschwerden. Durch die unfallbedingte Änderung seiner Lebenssituation leidet er an einer reaktiv-depressiven Stimmungslage mit psychosomatischer Überlagerungstendenz. Der Beruf als Kraftfahrer kann nicht mehr ausgeübt werden, stattdessen nur noch 6 Stunden am Tag leichte Bürotätigkeit. Gleichsam wird er auch seinem Hobby, dem Joggen, zukünftig nicht mehr nachgehen zu können und voraussichtlich für den Rest seines Lebens unter den Auswirkungen des Unfalls zu leiden haben	LG Frankfurt am Main 24.2.2006 2-05 O 345/00 RAin Multerer, Tittmoning

Fuß mit Sprunggelenk

Lfd. Nr.	Betrag DM Euro (Anp.2019)	Verletzung	Dauer und Umfang der Behandlung; Arbeitsunfähigkeit	Person des Verletzten	Dauerschaden	Besondere Umstände, die für die Entscheidungen maßgebend waren	Gericht, Datum der Entscheidung, Az., Veröffentlichung bzw. Einsender
\multicolumn{8}{l}{Fortsetzung von »Fuß mit Sprunggelenk - Bruch (auch Knöchelbruch)«}
607	70 000 € 35 000 + immat. Vorbehalt (€ 44 946)	Orbitawandfraktur links medial, Nasenbeinfraktur, Riss- und Platzwunde Ober- und Unterlippe, Subluxation der Frontzähne 21–12, Thoraxkontusion beidseitig, Rippenfraktur C 1–2 links, Olecranonfraktur rechts, Femurschaftfraktur links, Weichteilverletzung, Talushals- und Corpusfraktur beidseits, obere Sprunggelenksfraktur Typ C rechts, Malleolus lateralis-Fraktur links	1 Monat Krankenhaus mit mehreren Operationen, davon 17 Tage Intensivstation, anschließend 1 Monat Reha	20-jähr. Maurer	Geringfügige Streckhemmung im rechten Ellenbogengelenk und Einschränkung der Pro- und Supinationsbeweglichkeit im rechten Ellenbogengelenk, Einschränkung der Innenrotationsfähigkeit bei verstärkter Außenrotation im linken Hüftgelenk, deutliche Bewegungseinschränkung im rechten oberen Sprunggelenk, aufgehobene Beweglichkeit in Neutralstellung des unteren Sprunggelenks rechts mit beginnenden arthrotischen Veränderungen im Talo-Navicular-Gelenk, eingeschränkte Beweglichkeit im unteren Sprunggelenk rechts, zahlreiche Narben	Infolge von Geh- und Stehbelastungen Maurerberuf nicht mehr ausübbar, berufliche Neuorientierung erforderlich; langfristig muss mit einer Zunahme der arthrotischen Veränderungen im Talo-Navicular-Gelenk gerechnet werden; Metallimplantate müssen noch entfernt werden	LG Landshut 17.5.2002 74 O 3233/00 RAe Truxa & Hohenadl, Haag
608	€ 35 000 + immat. Vorbehalt (€ 37 470)	Fraktur des rechten Knöchels nach Verkehrsunfall	Ca. 3 Jahre	Mann	Dauerhaft – auch in Zukunft – in erheblicher Weise sowohl im privaten wie im beruflichen Bereich beeinträchtigt	Ist der bei einem Kfz-Unfall Verletzte neben den Primärverletzungen und den Krankenhaus- und Rehabilitationsbehandlungen durch die Folgen der Fraktur des rechten Knöchels dauerhaft – auch in Zukunft – in erheblicher Weise sowohl im privaten wie im beruflichen Bereich beeinträchtigt und besteht keine Aussicht auf Besserung und führen alle Behandlungsmethoden zu dauerhaften Beschwerden, die sich lediglich je nach Art der weiteren Behandlung voneinander unterscheiden, erscheint insbesondere unter Berücksichtigung dieser Dauerbeeinträchtigung ein Schmerzensgeld von € 35 000 als sachgerecht und angemessen	OLG Celle 28.5.2014 14 U 165/13 juris
609	€ 40 000 + immat. Vorbehalt (€ 44 952)	Weber-C-Fraktur im rechten Sprunggelenksbereich mit einer proximalen stark dislozierten offenen drittgradigen Wadenbeinfraktur rechts, Unterschenkelfraktur, Peronaeusparese rechts, Durchtrennung mit Substanzverlust von Nerven und Venen	Insgesamt 4 Operationen, 4 Monate AU zu 100%, Fixierung des Unterschenkels mit Stellschrauben, physiotherapeutische Behandlungen, Rekonstruktion der Muskeln	16-jähr. Junge, Ausbildung zum Mechatroniker	Sprunggelenkssteife in Spitzfußstellung von 10% und einer Supinationsstellung von 20% mit eingetretener leichter Sichelfußstellung im Vorderfußbereich rechts, deutliche Muskelminderung von 10 cm des Wadenumfangs, reduziertes Gangbild (Hinken), 45 cm lange Narbe am rechten Unterschenkel, berufliche Behinderung von 40%	Bei der Bemessung des Schmerzensgeldes hat das Gericht unter anderem berücksichtigt, dass der vom Kläger angestrebte Beruf als Mechatroniker nicht mehr ausgeübt werden kann. Ferner hat das Gericht neben der enormen Schwere der Verletzungen und der Tatsache, dass sogar eine Amputation des rechten Unterschenkels im Raum stand, berücksichtigt, dass der Kläger nur noch eingeschränkt seinen sportlichen Aktivitäten in Form von Skifahren etc. nachgehen kann	LG Deggendorf 23.2.2011 2 O 265/08 RAe Plötz, Kramer, Feldmaier, Deggendorf

● Mithaftung (siehe vorletzte Spalte)

Fuß mit Sprunggelenk   Urteile lfd. Nr. 610 – 613

Lfd. Nr.	Betrag DM **Euro** *(Anp.2019)*	Verletzung	Dauer und Umfang der Behandlung; Arbeitsunfähigkeit	Person des Verletzten	Dauerschaden	Besondere Umstände, die für die Entscheidungen maßgebend waren	Gericht, Datum der Entscheidung, Az., Veröffentlichung bzw. Einsender
\multicolumn{8}{l}{Fortsetzung von »Fuß mit Sprunggelenk - Bruch (auch Knöchelbruch)«}
610	€ 45 000 *(€ 47 317)*	Offenes komplexes Fußtrauma links mit Weichteilschaden 3. Grades bei offener komplexer Fußverletzung links; Pilon tibiale-Fraktur; Metatarsale-Trümmerfraktur I-V; Fraktur Os cuneiforme intermedius; Lisfranc-Luxationsfraktur; Decollement Achillessehne links; Deglovement komplette Fersenregion links; offene Fußverletzung rechts mit Weichteilschaden 1. Grades bei offener komplexer Fußverletzung rechts; Calcaneusfraktur, Talusfraktur, Wundheilungsstörung mit Nekrosen	Insg. 88 Tage stationärer Aufenthalt, mehrere Operationen u.a. Hauttransplantation an der Verse, 3 Wochen stationäre Reha, 3 Jahre lang 20x ambulante Behandlung in Krankenhäusern und umfangreiche ambulante Physiotherapie mit min. 100 Tagen jährlich	42-jähr. Justizvollzugsbeamter	35% MdE, posttraumatische Arthrose, Beschwerden beim Gehen (ab 500 m) und Stehen (ca. 15 min), Muskelminderung links	Auch in Zukunft werden immer wieder Klinikaufenthalte ambulant und stationär erforderlich werden. Es ist zukünftig mit einer Verschlechterung zu rechnen. Der Kläger wurde in den Ruhestand versetzt. Der Kläger muss mit den Einschränkungen noch etliche Jahre leben. Auch in seinen sportlichen Freizeitaktivitäten ist er eingeschränkt. Es wurde das grob fahrlässige Verhalten bei der Unfallverursachung durch den Beklagten berücksichtigt, allerdings auch, dass nur der Umfang des Schadens streitig war	LG Amberg 11.8.2016 24 O 17/15 Gesetze-Bayern.de
611	90 000 € 45 000 + immat. Vorbehalt *(€ 62 471)*	Schädelprellung mit Gehirnerschütterung und HWS-Zerrung; geschlossener Schlüsselbeinbruch rechts mit Verstellung; Prellung des Brustkorbs, der HWS und des linken Unterarms; geschlossene calcaneo-cuboidale Luxationstrümmerfraktur rechts (Knochenzertrümmerung mit Verrenkung im Bereich des rechten Mittelfußes)	2 ½ Wochen stationär, ca. ½ Jahr lang Unterarmgehstützen notwendig, MdE: ca. 6 Monate 100% 7 Monate 45% 12 Monate 35% anschließend 25%	Fußpflegerin	MdE: 25%	Klägerin musste mehrere Monate im Rollstuhl fahren und mehrere Operationen über sich ergehen lassen	LG München I 19.12.1996 19 O 9711/95 VorsRiLG Krumbholz
612	€ 45 000 + immat. Vorbehalt *(€ 46 945)*	Sprungbeinhalsbruch im rechten Fuß, Wadenbeinfraktur rechts kurz unterhalb des Kniegelenks mit Schädigung des nervus peroneus, Nekrose, Basisfraktur des 5. Mittelfußknochens links	28 Tage stationärer Aufenthalt, min. 3 Monate AU zu 100%	Mann, Trike-Fahrer	40% MdE, erhebliche Funktionseinschränkung des rechten Beins, Teillähmung des Wadenbeinnervs rechts mit Fußheberstörung, Sensibilitätsstörungen und motorischen Ausfällen (Überlagerung durch die Sprunggelenksversteifung) vollständige Versteifung des rechten Sprunggelenks (durch Zusammenbruch des Sprunggelenks nach Nekrose), Spitzfußstellung, hinkendes Gangbild, ausgeprägte Dellen bildende Schwellungen am Unterschenkel und am Sprunggelenk, postthrombotisches Syndrom durch erhebliche Schwellneigung, orthopädischer Schuh	Die mögliche Gehstrecke des Klägers ist auf wenige hundert Meter begrenzt. Auf Grund des Spitzfußes sind Vorfuß- und Fersengang nicht mehr möglich. Der Kläger leidet unter Dauerschmerzen. Die Lebensplanung änderte sich grundlegend, eine Tätigkeit im Zusammenhang mit der Reparatur von Trikes sowie eine Berufstätigkeit im Stehen oder mit längerem Gehen ist nicht mehr möglich. Das Regulierungsverhalten der Beklagten war hier nicht schmerzensgelderhöhend anzusetzen. Zwar ist die Beklagte seit über einem Jahrzehnt mit der Zahlung eines nicht unerheblichen Schmerzensgeldrestbetrags i.H.v. € 25 000 in Verzug. Auch war die Haftungslage mit dem Vorfahrtsverstoß eindeutig. Auf der anderen Seite hat die Beklagte vorprozessual bereits einen nicht unerheblichen Betrag i.H.v. € 20 000 auf das Schmerzensgeld bezahlt. Die überlange Verfahrensdauer darf nicht zu Lasten der Beklagten gewertet werden	LG München I 2.5.2017 41 O 15377/05 www.gesetze-bayern.de OLG München 12.10.2018 10 U 1905/17 juris
613	€ 45 233 *(€ 57 599)*	Fersenbeinfraktur rechts, offene Unterkieferfraktur, Bursaverletzung des rechten Kniegelenks, Schädelhirntrauma 1. bis 2. Grades, Verlust eines Zahnes	7 ½ Monate stationäre Behandlung mit 7 Operationen, schmerzhafte Implantatbehandlung	33-jähr. Mann	Gebrauchsminderung des rechten Fußes um 3/5, Schmerzen im Kiefergelenk, chronische Schmerzen in den unteren Sprunggelenken und Mittelfußgelenken, chronische Fistelbildung an der rechten Ferse	Beim Schmerzensgeld ist drohender Einsatz eines künstlichen Hüftgelenks berücksichtigt	OLG Celle 6.11.2003 14 U 119/03

Lfd. Nr.	Betrag DM Euro (Anp.2019)	Verletzung	Dauer und Umfang der Behandlung; Arbeitsunfähigkeit	Person des Verletzten	Dauerschaden	Besondere Umstände, die für die Entscheidungen maßgebend waren	Gericht, Datum der Entscheidung, Az., Veröffentlichung bzw. Einsender
\multicolumn{8}{l}{**Fortsetzung von »Fuß mit Sprunggelenk - Bruch (auch Knöchelbruch)«**}
614	150 000 € 75 000 (€ 95 275)	Fersenbeintrümmerfrakturen beidseits mit Versteifung des Fußgelenks links, Rippenfrakturen links, Wunden am Knie, Ellenbogen und Gesäß	17 Wochen stationäre Behandlung	Frau	Beide Füße in Gebrauchs- und Funktionsfähigkeit erheblich eingeschränkt; auf Benutzung eines Rollstuhls angewiesen; kürzere Strecken nur mit zwei Unterarmstützen unter Schmerzen zurückzulegen; dauernd erwerbsunfähig		OLG München 10.9.2003 20 U 2061/03 VersR 2005, 1745; DAR 2005, 88

Weitere Urteile zur Rubrik »**Fuß mit Sprunggelenk - Bruch (auch Knöchelbruch)**« siehe auch:
- bis € 2500: 165, 167
- bis € 5000: 2750, 377, 3278, 171
- bis € 12 500: 1265, 387, 388, 1121, 2775, 640, 394, 35, 467, 2371, 307, 636
- bis € 25 000: 1649, 404, 728, 1653, 407, 42, 730, 642, 1661, 2943, 2799, 276
- ab € 25 000: 324, 132, 1133, 2952, 3173, 2957, 1678, 332, 1308, 1679, 335, 2963, 424, 425, 2107, 1137, 428, 2422, 2974, 1438, 1009, 119, 2985, 1139, 2987, 2988, 343, 2990, 2991, 2097, 2088, 436, 1054, 3003, 3004, 1327, 1991, 1994, 1243, 2006, 3023

Fuß mit Sprunggelenk - Sonstige Verletzungen

Lfd. Nr.	Betrag DM Euro (Anp.2019)	Verletzung	Dauer und Umfang der Behandlung; Arbeitsunfähigkeit	Person des Verletzten	Dauerschaden	Besondere Umstände, die für die Entscheidungen maßgebend waren	Gericht, Datum der Entscheidung, Az., Veröffentlichung bzw. Einsender
615	€ 400● (€ 421)	Mittelfußprellung rechts, Sprunggelenksdistorsion rechts	10 Tage AU, 4–6 Wochen Stützverband	Fußgängerin		²⁄₃ Mithaftung	AG Frankenthal 29.9.2016 3a C 176/15 juris
616	€ 450 (€ 562)	Flankenprellung links, Prellung der linken Fußaußenkante	10 Tage schulunfähig	Schülerin		Die Klägerin hatte aufgrund der Fußaußenkantenprellung Laufbeschwerden	AG Heidenheim 27.9.2004 7 C 492/04 RA Fuhrmann, Heidenheim
617	€ 500 (€ 540)	Prellung rechter Außenknöchel mit Abschürfungen	3 Tage AU zu 100%, 2 Wochen AU zu 20%	Frau, Sozia auf Motorrad		Kollisionsgeschwindigkeit im Niedrigkeitsbereich. Behaupteter Bandscheibenvorfall der Klägerin konnte nach Auffassung des Gerichts nicht auf den Unfall zurückgeführt werden	LG München I 25.3.2013 19 O 1258/12 RA Wolfgang Koch, Erftstadt
618	€ 600● (€ 621)	Knochenmarködem am Fuß	Konservative Behandlung durch Kühlung und Hochlagerung; länger dauernde belastungsabhängige Schmerzen und eine rezidivierenden Schwellneigung im linken Fuß	Frau		Für annähernd vergleichbare Beschwerden hat die Rechtsprechung in der Vergangenheit ähnliche Schmerzensgeldbeträge zuerkannt. Diesen Entscheidungen lagen einerseits weitergehende Verletzungen zugrunde. Auf der anderen Seite dauerten die Beschwerden der Klägerin länger an. Unter diesen Umständen und unter Einbeziehung eines Mitverschuldens von 20% erscheint ein Schmerzensgeld von € 600 angemessen	OLG Celle 17.8.2017 8 U 123/17 juris
619	€ 1000 (€ 1188)	Großflächige Schürfwunden an zahlreichen Körperstellen, insbesondere am rechten Fußgelenk	Ca. 2 ½ Monate erwerbsgemindert	Mann		Unter Berücksichtigung einer Mithaftung von 25% wurde ein Schmerzensgeld von € 750 zugesprochen. Berücksichtigt wurde dabei, dass – bis auf eine Narbe an unauffälliger Stelle – keine Dauerschäden zurückbleiben werden	AG Langenfeld 13.6.2007 33 C 280/05 RA Koch, Erftstadt
620	2000 € 1000 (€ 1305)	Eiternde Spannungsblase von ca. 15 cm Durchmesser auf dem Fußrücken, deutliche Hyperästhesie im gesamten Fußrückenbereich	3-monatige Heilungsdauer	60-jähr. Frau		Ein Kompressionsverband nach einer Hallux-Valgus-Operation wurde trotz geklagter Beschwerden zu lange belassen; grobes Verschulden	OLG Celle 9.4.2001 1 U 33/00
621	€ 1000● (€ 1090)	Distorsion des linken Sprunggelenks, Bruch des Endglieds des linken Daumens, Prellungen an beiden Unterschenkeln, der Hüfte sowie am Bauch	2 Tage stationäre Behandlung, 1 Monat Schulunfähigkeit, Unterarmstützen	13-jähr. Mädchen, Fußgängerin		Mithaftung von 50%. Schmerzensgelderhöhend wurde berücksichtigt, dass die Klägerin nicht an einer Eiskunstlaufveranstaltung teilnehmen konnte, für die sie lange geprobt hatte	AG Halle (Saale) 24.1.2013 93 C 4615/11

● Mithaftung (siehe vorletzte Spalte)

Lfd. Nr.	Betrag DM Euro (Anp.2019)	Verletzung	Dauer und Umfang der Behandlung; Arbeitsunfähigkeit	Person des Verletzten	Dauerschaden	Besondere Umstände, die für die Entscheidungen maßgebend waren	Gericht, Datum der Entscheidung, Az., Veröffentlichung bzw. Einsender
\multicolumn{8}{l}{**Fortsetzung von »Fuß mit Sprunggelenk - Sonstige Verletzungen«**}
622	€ 1200● (€ 1367)	Multiple Prellungen am linken Fuß, Knie, Ellenbogen und im Thoraxbereich rechts, erhebliche Kopfschmerzen		Mann		Mithaftung 30% – neben der Betriebsgefahr muss sich der Kläger mithaftungserhöhend die leicht überhöhte Geschwindigkeit entgegen halten lassen	AG Ludwigsburg 23.6.2010 1 C 678/10 RA Koch, Erftstadt
623	€ 1500 (€ 1747)	Verletzung des rechten Sprunggelenks mit operativer Hämatomausräumung sowie Prellungen der Rippen rechts und des linken Schienbeins	3 Tage stationär, fast 3 Wochen Gehen nur mit Unterarmstützen möglich, 6 Wochen arbeitsunfähig, anschließend 2 Wochen MdE 20%, 14 ambulante Krankenhausbehandlungstermine sowie 16 physiotherapeutische Behandlungen	Küchenhilfe			AG Hamburg 21.2.2008 50 A C 367/07 RA Koch, Erftstadt
624	€ 2500 (€ 2960)	Monatelang andauernde Schmerzen in der Fußwurzel infolge einer fehlerhaften Einsetzung einer Klammer anlässlich einer operativen Arthrodese am unteren Sprunggelenk		50-jähr. Mann		Die Schmerzen hielten bis zur Entfernung der Klammer mehrere Monate an	LG Köln 22.8.2007 25 O 402/05
625	10 000 € 5000 (€ 7176)	Erstgradiges Schädelhirntrauma; perforierende Unterlippenplatzwunde; Distorsion des rechten oberen Sprunggelenks; mehrere Prellmarken und Hämatome	11 Tage Krankenhaus, danach mehrere Wochen ambulante Behandlung	Frau	Sichtbare Narbenbildung im Bereich der Lippen mit erheblicher Reizanfälligkeit; belastungsabhängige, schmerzhafte Bewegungseinschränkung des rechten Fußgelenks; witterungsabhängige Kopfschmerzen	8 Wochen starke Einschränkung der Gehfähigkeit mit nachfolgend langsam abklingenden Beschwerden. Noch nach 3 Jahren tägliche Behandlung mit Salben und elastischen Bandagen erforderlich. Erhebliche Einschränkung der bisherigen sportlichen Aktivitäten sowie der Berufsausübung	OLG Braunschweig 24.11.1994 2 U 149/94 2. Zivilsenat OLG
626	€ 6250● + immat. Vorbehalt (€ 6780)	Der Kläger geriet aufgrund des Gedränges der anderen Schüler an der Schulbushaltestelle mit dem linken Fuß unter das rechte Vorderrad des Busses. Der Kläger zog sich hierbei u. a. eine 5 cm lange klaffende Risswunde über dem lateralen Fußrücken und eine weitere ca. 3 cm lange Risswunde über dem Außenknöchel zu	Langwierige stationäre sowie ambulante Behandlungen, u. a. mehrmalige Wundversorgungen unter; operative Defektdeckung mit Spalthauttransplantation, wobei diese Hauttransplantation teilweise nicht angenommen wurde	11-jähr. Junge	Der Kläger leidet seit seinem Unfall unter Taubheitsgefühlen am Fuß, zusätzlich wächst auch der betroffene Fuß nicht in demselben Maß wie der gesunde	Was die Höhe des geltend gemachten Schmerzensgeldes angeht, ist festzustellen, dass der Kläger durch den Unfall unstreitig schwere Weichteilverletzungen erlitten hat. Er musste vier Wochen stationär im Krankenhaus behandelt werden und sich einer Hauttransplantation unterziehen, wobei diese teilweise nicht angeschlagen ist. Weiter war zu beachten, dass der Kläger bei jedem der zahlreichen Verbandswechsel narkotisiert werden musste, was für ein Kind unzweifelhaft eine ganz erhebliche Belastung darstellt. Unter weiterer Beachtung der nach wie vor bei dem Kläger vorliegenden Taubheitsgefühle im Bereich des verletzten Fußes und der bestehenden Wachstumsverzögerungen sieht auch der Senat, in Übereinstimmung mit dem LG, ein Schmerzensgeld i.H.v. € 12 500 als angemessen an. Dem Kläger war folglich nach den Regeln des gestörten Gesamtschuldnerausgleichs der hälftige Betrag i.H.v. € 6250 zuzusprechen	OLG Koblenz 3.12.2012 12 U 1473/11

Lfd. Nr.	Betrag DM Euro (Anp.2019)	Verletzung	Dauer und Umfang der Behandlung; Arbeitsunfähigkeit	Person des Verletzten	Dauerschaden	Besondere Umstände, die für die Entscheidungen maßgebend waren	Gericht, Datum der Entscheidung, Az., Veröffentlichung bzw. Einsender
\multicolumn{8}{l}{**Fortsetzung von »Fuß mit Sprunggelenk - Sonstige Verletzungen«**}
627	€ 10 000 (€ 11 494)	Missglückte Arthrodese-Operation am linken Fußgelenk durch Nichteinbringung einer notwendigen Spongiosaplastik		Altenpflegerin		Ärztlicher Behandlungsfehler. Im Rahmen der Arthrose hätte eine Spongiosaplastik eingebracht werden müssen. Diese wäre erforderlich gewesen, um eine solide Durchbauung des Knochens und dadurch eine stabile Versteifung des Gelenks zu erzielen. Die fehlerhaft ausgeführte Operation hat dazu geführt, dass die Klägerin immerhin 1 Jahr lang unter den Folgen einer schlecht bzw. letztlich gar nicht verheilten Arthrodese-Operation und den damit verbundenen erheblichen Schmerzen zu leiden hatte. Ferner hat sie sich infolge des Behandlungsfehlers einer erneuten Arthrodese-Operation sowie einer weiteren Operation, bei der die im Rahmen der zweiten Arthrodese-Operation eingebrachten Schrauben wieder entfernt wurden, unterziehen müssen. Die Aufgabe des Berufs und die noch vorhandenen Beschwerden sind jedoch auf eine bestehende Grunderkrankung, den Morbus Köhler I zurückzuführen, für deren Entstehung die Beklagten nicht verantwortlich sind.	LG Mönchengladbach 17.9.2008 6 O 425/06 RA Weufen & Koll., Mönchengladbach
628	€ 12 000 + immat. Vorbehalt (€ 13 777)	Fraktur des linken Unterschenkels, Risswunde an der linken Ferse mit posttraumatischer Wundnekrose	Zwei Krankenhausaufenthalte von knapp 3 Monaten	Mann kurz vor Altersteilzeit	Tragen eines orthopädischen Schuhs am linken Fuß auf Dauer notwendig sowie Sensibilitätsausfall im Bereich der linken Fußaußenkante, eingeschränkte Beweglichkeit des Sprunggelenks und Narbeninstabilität	Je nach Belastung des linken Fußes könnte in zeitlichen Abständen von einigen Wochen oder Monaten die Wunde je nach Belastung des linken Fußes wiederum aufbrechen und nässen	LG Kiel 20.8.2008 17 O 171/07 SP 2009, 218 RA Koch, Erftstadt
629	25 000 € 12 500 (€ 17 676)	Wundheilstörungen nach operativer Versorgung einer Außenknöchelfraktur mit Syndesmosensprengung	Nach 3 Wochen operative Revision, nach weiteren 3 Wochen Entfernung des Osteosynthesenmaterials mit 2 ½ Wochen Krankenhaus, dann 3 Monate ambulante Behandlung, nach weiteren 5 Wochen nochmals 1 Monat Krankenhaus	23-jähr. Dachdecker	Ständige Schmerzen im rechten Sprunggelenk und in der rechten Hacke; rechter Fuß kaum belastbar, schwillt sehr schnell an; Sprunggelenk in der Beweglichkeit erheblich beeinträchtigt; ständiges Juck- und Kribbelgefühl im Fuß; breite, 7,5 cm lange Operationsnarbe im Sprunggelenk, 2,5 cm lange Operationsnarbe auf der Innenseite des Sprunggelenks	Verletzung zur Pflicht der Aufklärung über das Operationsrisiko bei Verwendung einer Ackermannschraube (Außenseitermethode); Beschwerden stellen für Kläger erhebliche Belastung im beruflichen Umfeld und im täglichen Leben dar; musste Fußballspielen, Judo und Tanzen aufgeben	OLG Oldenburg (Oldenburg) 17.10.1995 5 U 65/95 VersR 1997, 192
630	27 000 € 13 500 + immat. Vorbehalt (€ 18 034)	Tiefe Wunde mit freiliegenden Sehnen am rechten Fuß, zwei tiefe Wunden ober- und unterhalb des rechten Kniegelenks; Defekt der Zehenstrecker und des lateralen Fußwurzelknochens	7 Wochen Krankenhaus mit Hauttransplantation vom Oberschenkel, anschließend 10 Wochen MdE: 100%	17-jähr. Mann	23 cm langer und 3 cm breiter Narbenstreifen am rechten Oberschenkel; Sensibilitätsstörung am rechten Knie und Fußrücken, Bewegungseinschränkung des rechten oberen Sprunggelenks; Verlust der Streckfähigkeit der Zehen 3–5 des rechten Fußes; MdE: 20%	Tennis- und Fußballspielen nicht mehr möglich; im Bereich der Zehen 2–4 des rechten Fußes haben sich zwischenzeitlich Krallenzehen gebildet; Strecksehnen sind mit der plastisch gedeckten Haut verwachsen; deshalb weitere operative Eingriffe zu erwarten; wegen eines Mitverschuldens von ⅓ wurden dem Kläger lediglich DM 18 000 (€ 9000) zugesprochen	OLG Hamm 15.5.2000 13 U 183/99 RiOLG Zumdick, Hamm

● Mithaftung (siehe vorletzte Spalte)

Fuß mit Sprunggelenk — Urteile lfd. Nr. 631 – 634

Lfd. Nr.	Betrag DM **Euro** *(Anp.2019)*	Verletzung	Dauer und Umfang der Behandlung; Arbeitsunfähigkeit	Person des Verletzten	Dauerschaden	Besondere Umstände, die für die Entscheidungen maßgebend waren	Gericht, Datum der Entscheidung, Az., Veröffentlichung bzw. Einsender

Fortsetzung von »Fuß mit Sprunggelenk - Sonstige Verletzungen«

Lfd. Nr.	Betrag	Verletzung	Dauer und Umfang der Behandlung	Person	Dauerschaden	Besondere Umstände	Gericht
631	€ 15 000 *(€ 18 438)*	Überrolltrauma des rechten Vor-Mittelfußes mit erheblichen Weichteilquetschungen	4 ½ Monate andauernde – wenn auch mit Unterbrechung – stationäre Behandlungen	12-jähr. Mädchen	MdE: 15%	Es entwickelte sich eine deutliche und lang andauernde Sudeckproblematik rechts, einhergehend mit einer pathologischen sprunggelenksnahen Schienbeinfraktur 2 Monate nach dem Unfall. Gut 1 Jahr nach dem ersten Trauma rechts kam es vorübergehend zu einer Sudeck-Komplikation links, welche mittlerweile ausgeheilt ist. Im rechten oberen und unteren Sprunggelenk sowie in der rechten Zehenreihe sei es bei einer Bewegungseinschränkung geblieben. Hieraus resultiere ein gestörtes Abrollen, das durch Beinaufsetzen rechts in Hüftaußendrehung kompensiert werde. Es sei des weiteren eine schonungsbedingte Muskelverschmächtigung am rechten Unterschenkel um 3 cm festzustellen. Durch die Fehlbelastung habe sich eine Bewegungsminderung, verbunden mit Belastungsschmerzen im rechten Hüftgelenk gebildet. Darüber hinaus besteht ein außerhalb der Messvarianz liegender Fußlängenunterschied von rechts 21,5 cm und links 23,5 cm, sowie eine Fußverschmächtigung rechts. Da alle Wachstumsfugen geschlossen seien, sei biologisch nicht mehr mit einem Fußlängenausgleich zu rechnen. Mit nennenswerter Zunahme der Beschwerden sei jedoch nicht zu rechnen	LG München I 28.11.2005 19 O 8611/04 RA Krumbholz, München
632	€ 15 000 + immat. Vorbehalt *(€ 16 272)*	Wegen Aufklärungsfehler rechtswidrige Hallux-Valgus-OP	OP nebst Zweiteingriff	Mann	Dauerschmerzen und Gefühlsstörungen in beiden Füßen sowie die Abhängigkeit von starken Schmerzmitteln. MdE 25%	Die Höhe des Schmerzensgeldes von € 15 000 ist von Rechts wegen nicht zu beanstanden. Zu Recht ist das LG davon ausgegangen, dass bei der Schmerzensgeldzumessung die rechtswidrige OP nebst Zweiteingriff und der Eintritt von Dauerschmerzen und Gefühlsstörungen in beiden Füßen sowie die Abhängigkeit von starken Schmerzmitteln als Folgen des rechtswidrigen Eingriffs zu berücksichtigen sind	KG Berlin 17.12.2012 20 U 290/10 GesR 2013, 229
633	30 000 € 15 000 + immat. Vorbehalt *(€ 21 268)*	Bei Operation einer Sprunggelenksverletzung Versteifung des rechten Sprunggelenks bedingt durch Auftreten einer tiefen Wundinfektion	Mehrere Operationen, ca. 9 Monate arbeitsunfähig	16-jähr. Mädchen		Fehlerhafte postoperative Behandlung. Die Versteifung des Sprunggelenks bedeutet darüber hinaus, dass die Klägerin nicht nur in der Ausübung von Sport eingeschränkt ist. Sie konnte ihren Berufswunsch (Tanzlehrerin) nicht verwirklichen	OLG Düsseldorf 23.3.1995 8 U 85/93 Gemeindeversicherungsverband
634	35 000 € 17 500 *(€ 23 796)*	Dauerhafte Einsteifung eines Sprunggelenks in einer Spitzfußstellung von 130° infolge ärztlichen Behandlungsfehlers		47-jähr. Frau, bei Urteilsverkündung 54 Jahre alt	Fehlstellung des Fußes, Höhendifferenz von 8 cm	Ständig auf die Benutzung orthopädischen Schuhwerks angewiesen, ohne diese Hilfsmittel zur Fortbewegung außerstande; unsicheres Gangbild; bei längerer Belastung erhebliche Druckschmerzen, durch die ausgeprägte Spitzfußstellung wird die gesamte Statik des Bewegungsapparates einschließlich der Wirbelsäule nachteilig verändert	OLG Düsseldorf 12.3.1998 8 U 49/97 VersR 1999, 450

Lfd. Nr.	Betrag DM Euro (Anp.2019)	Verletzung	Dauer und Umfang der Behandlung; Arbeitsunfähigkeit	Person des Verletzten	Dauerschaden	Besondere Umstände, die für die Entscheidungen maßgebend waren	Gericht, Datum der Entscheidung, Az., Veröffentlichung bzw. Einsender
\multicolumn{8}{l}{**Fortsetzung von »Fuß mit Sprunggelenk - Sonstige Verletzungen«**}
635	€30 000 + immat. Vorbehalt (€32 214)	Unzureichende ärztliche Kontrolle einer Infektion nach einer Injektion in die Fußsohle. Es bestand die Gefahr, dass die Infektion einen so gravierenden Verlauf nehmen würde, dass der Fuß hätte amputiert werden müssen	Mehrfache stationäre Behandlungen (insg. fast 2 Monate) mit Operationen zur akuten Entlastung der Entzündung und Wundrevisionen. Daran schlossen sich etliche ambulante Behandlungen an	Frau	Erhebliche Beschwerden beim Gehen und beim Besteigen von Leitern. Die Klägerin kann auch keine längeren Strecken mit dem Auto fahren	Der Senat hält angesichts der von der Klägerin erlittenen Beeinträchtigungen ein Schmerzensgeld i.H.v. €30 000 für angemessen. Dabei hat der Senat insb. berücksichtigt, dass sich die Klägerin aufgrund des groben Behandlungsfehlers mehreren Krankenhausbehandlungen unterziehen musste. Es bestand die Gefahr, dass die Infektion einen so gravierenden Verlauf nehmen würde, dass der Fuß hätte amputiert werden müssen. Die Klägerin hat auch nach wie vor erhebliche Beschwerden. Nach ihren glaubhaften Schilderungen hat sie Probleme beim Gehen und beim Besteigen von Leitern. Sie kann auch keine längeren Strecken mit dem Auto fahren. Zudem besteht die Gefahr, dass sich die Klägerin weiteren Folgeoperationen unterziehen muss. Angesichts der eingetretenen Komplikationen, des langwierigen Verlaufs mit mehrfachen Revisionsoperationen und der verbliebenen Dauerfolgen erscheint ein Schmerzensgeld i.H.v. €30 000 angemessen. Dieser Betrag liegt damit in einem Bereich, in dem von der Rspr., soweit ersichtlich, in vergleichbaren Fällen Schmerzensgelder ausgeurteilt werden (vergl. OLG Oldenburg, Urt. v. 15.11.2006 – 5 U 68/05)	OLG Hamm 12.11.2013 26 U 107/11 juris
\multicolumn{8}{l}{**Kapitalabfindung mit Schmerzensgeldrente**}
636	15 800 €7900 und 265 €132,50 Rente monatlich + immat. Vorbehalt (€14 148)	Multiple Prellungen und Stauchungen der WS, offene Fraktur des Großzehenendgliedes am linken Fuß, massive Kontusionierung der Weichteile im Bereich des Unterschenkels lateral, des Sprunggelenkes und des Fußes, ausgedehnte Riss- und Schnittwunden praetibial und infrapatellar, offene Luxation des Talus sowie des talonavicularen Gelenkes mit Syndesmosensprengung am linken Sprunggelenk, Luxation des rechten Talus nach vorn mit erheblicher Dislokation der Fragmente	10 Wochen Krankenhaus, vier Operationen	22-jähr. Frau	Arthrose am linken oberen Sprunggelenk, Syndesmosensprengung und sekundäre Fehlstellung des linken oberen Sprunggelenkes, beginnende Arthrose an den Sprunggelenken rechts, an der Fußwurzel links, Teilverlust des Großzehenendgliedes links, zahlreiche reizlose, tells atrophische Narben an beiden Beinen, venöse und Lymphzirkulationsstörungen im linken Unterschenkel, massive Geh- und Stehbehinderung. MdE: 50%	Grob fahrlässiges Verhalten des Unfallverursachers. Die Klägerin kann nur etwa eine halbe Stunde gehen oder stehen, sie kann keine Sportarten mit Beinbelastung mehr ausüben. Die Unfallfolgen sind für jedermann sichtbar, da die Klägerin orthopädische Schuhe tragen muss und hinkt. Diese Verunstaltungen führen zu erheblichen psychischen Problemen. Das Gesamtschmerzensgeld entspricht einem Kapitalbetrag von DM 75 000 (€37 500)	OLG München 29.3.1988 5 U 3777/87 Allianz Versicherungs AG, München

Weitere Urteile zur Rubrik »Fuß mit Sprunggelenk - Sonstige Verletzungen« siehe auch:
  bis €2500: 3272, 208, 210, 472, 152, 2173, 648, 481, 1353, 516, 107, 651, 1605
  bis €5000: 906, 2179, 531, 536
  bis €12 500: 1520, 226, 1583, 542, 546, 717, 2190, 808, 467, 1499, 1639, 563, 1414, 232
  bis €25 000: 995, 583, 584, 1473, 585, 586, 1952, 591, 996, 1553, 1200, 595
  ab €25 000: 596, 2399, 2278, 1069, 199, 2410, 144, 2600, 610, 612, 1137, 1435, 2977, 2980, 2981, 119, 1032, 344, 2991, 1302, 437, 1220, 2604, 1336, 1185, 2004, 2006, 2007, 1460

Fuß mit Sprunggelenk - Verletzungen Bänder, Sehnen, Muskeln u. Ä.

Lfd. Nr.	Betrag	Verletzung	Dauer und Umfang der Behandlung	Person	Dauerschaden	Besondere Umstände	Gericht
637	€1000 (€1189)	Sprunggelenksdistorsion mit Außenwandteilruptur am linken oberen Sprunggelenk	8 Wochen Aercast-Orthese und dann Malleotrain-Bandage	Handballerin		Noch erhebliche Schmerzen und Beschwerden beim Handballspielen, so dass eine Bandage angelegt werden muss	AG Rottweil 30.5.2007 2 C 226/07 RA Koch, Erftstadt

● Mithaftung (siehe vorletzte Spalte)

Fuß mit Sprunggelenk

Fortsetzung von »Fuß mit Sprunggelenk - Verletzungen Bänder, Sehnen, Muskeln u. Ä.«

Lfd. Nr.	Betrag DM **Euro** *(Anp.2019)*	Verletzung	Dauer und Umfang der Behandlung; Arbeitsunfähigkeit	Person des Verletzten	Dauerschaden	Besondere Umstände, die für die Entscheidungen maßgebend waren	Gericht, Datum der Entscheidung, Az., Veröffentlichung bzw. Einsender
638	6000 **€ 3000** + immat. Vorbehalt *(€ 3900)*	Abriss des Außenbandes des linken Sprunggelenks, mehrere Hämatome	Linkes Bein wurde für 3 ½ Wochen mit einem Gips ruhig gestellt, anschließend ca. 2 Monate Tragen einer Schiene	Mann		Kläger ist auf Grund einer Blasenbildung auf einem Badmintonplatz mit dem linken Fuß umgeknickt; Platzbetreiber hat erforderliche Kontrollen unterlassen	LG Trier 16.5.2001 4 O 467/00 RiLG Specht, Trier
639	**€ 7500** + immat. Vorbehalt *(€ 8611)*	Knöcherner Ausriss des linken Innenknöchels und nachfolgende Schleimbeutelentzündung mit Reizung und Verhärtung der Sehne am linken Sprunggelenk	Arztbesuche in regelmäßigen Abständen über fast ein Jahr; bis auf weiteres krankengymnastische Behandlungen: MdE: 6 Wochen 100% 3 Wochen 60%	47-jähr. Mann	Bewegungseinschränkung des linken oberen und unteren Sprunggelenks; Beschwerden bei längerer Belastung; MdE: 10%		OLG Frankfurt am Main 19.8.2009 7 U 23/08 NJW-RR 2009, 1684 NZV 2010, 37
640	18 000 **€ 9000** + immat. Vorbehalt *(€ 12 238)*	Außenbandabriss und knöcherne Absplitterung am linken Sprunggelenk	MdE: 3 Monate 100%; 3 Jahre später Operation mit Krankenhausaufenthalt wegen dauernder Schmerzen und Taubheitsgefühle, 1 Jahr später erneute Operation mit 6 Wochen Gehstütze	19 ½-jähr. Frau	Ca. 10 cm lange Narbe über dem Knöchel sowie eine latente Schwellung. Die Beweglichkeit des Gelenks ist eingeschränkt; MdE: 10%		LG Ulm 5.12.1997 3 O 386/97 RAe Vogl & Partner, Eislingen
641	**€ 10 000** *(€ 11 005)*	Massive Quetschung des linken Vorderfußes mit ossären Kontusionen der Grund- und Mittelphalanx Digitus III bis IV, Bänderriss mit Teilkonsolidierung im Bereich der intermetalarsalen Ligamente auf Höhe des Mittelfußknochens, Verletzung zweier Nervenendäste des Nervus tibialis		Mann	Dauerhaft einschießender Schmerz im linken Vorderfuß, neurologische MdE von 10%	Der Beklage überrollte mit seinem Fahrzeug, weil er nicht seinen Parkausweis kontrollieren lassen wollte, fahrlässig den linken Fuß des Klägers, welcher auf einem Parkplatz bei einem Fußballspiel als Ordner beschäftigt war	LG Hamburg 29.2.2012 302 O 250/09 Martin Wehrl, ADAC München

Lfd. Nr.	Betrag DM Euro (Anp.2019)	Verletzung	Dauer und Umfang der Behandlung; Arbeitsunfähigkeit	Person des Verletzten	Dauerschaden	Besondere Umstände, die für die Entscheidungen maßgebend waren	Gericht, Datum der Entscheidung, Az., Veröffentlichung bzw. Einsender
\multicolumn{8}{l}{**Fortsetzung von »Fuß mit Sprunggelenk - Verletzungen Bänder, Sehnen, Muskeln u. Ä.«**}
642	€ 18 104 ● + immat. Vorbehalt (€ 18 451)	Offene Weber-B-Fraktur des Außenknöchels rechts sowie traumatische Ruptur von Bändern in Höhe des oberen Sprunggelenks und des Fußes rechts	Kläger wurde mehrfach stationär im Krankenhaus behandelt und operiert. Dauerhafte BU des Klägers in dem von ihm vormals ausgeübten Beruf als Kraftfahrer	59-jähr. Mann	Bewegungseinschränkungen und verminderte Belastbarkeit des Sprunggelenks	Der Kläger muss sich unter dem Gesichtspunkt der mitwirkenden Betriebsgefahr einen Mitverursachungsanteil i.H.v. 1/3 anrechnen lassen. Bei der Höhe des Schmerzensgeldes waren sowohl die vom LG in der angefochtenen Entscheidung aufgeführten Primärverletzungen als auch die deshalb erfolgten Behandlungen und Operationen im Rahmen der Schmerzensgeldbemessung zu berücksichtigen, ferner die nach den Feststellungen des gerichtlichen Sachverständigen eingetretenen unfallbedingten Dauerfolgen. An in der Person des Klägers liegenden Umständen hat das LG zutreffend berücksichtigt, dass der Kläger zum Zeitpunkt des Unfalls bereits 59 Jahre alt war, sodass die Auswirkungen der Verletzung auf seine Berufsfähigkeit zeitlich auf einige wenige Jahre begrenzt sind. Schmerzensgeldmindernd zu berücksichtigen war ferner die anteilige Betriebsgefahr i.H.v. 1/3, die sich der Kläger auch im Rahmen der Schmerzensgeldbemessung anrechnen lassen muss. Als der auf Seiten der Beklagten zu berücksichtigende schmerzensgelderhöhende Umstand ist die dem Beklagten zu 2) zur Last fallende einfache Fahrlässigkeit zu nennen, nicht hingegen ein verzögerliches Regulierungsverhalten. Denn insoweit ist zu sehen, dass der Unfallhergang dem Grunde nach streitig war. Gleiches galt für das Ausmaß der Folgen und Auswirkungen der bei dem Unfall erlittenen Verletzungen des Klägers	OLG Köln 6.12.2018 3 U 49/18

Weitere Urteile zur Rubrik »**Fuß mit Sprunggelenk - Verletzungen Bänder, Sehnen, Muskeln u. Ä.**« siehe auch:
bis € 2500: 1819, 513
bis € 5000: 518, 3276, 2750
bis € 12 500: 380, 1909, 541, 90, 557, 1500, 1541, 929
bis € 25 000: 630, 584, 1473, 585, 1132
ab € 25 000: 324, 1479, 605, 606, 610, 3177, 2987, 2290

Fuß mit Sprunggelenk - Arthrose

Lfd. Nr.	Betrag	Verletzung	Dauer	Person	Dauerschaden	Besondere Umstände	Gericht
643	6000 € 3000 (€ 4132)	Arthrose des linken oberen Sprunggelenks nach vorhergehendem Sprunggelenksverrenkungsbruch vor 5 Jahren		Mann	Deutliche Bewegungseinschränkung im Bereich des oberen und unteren Sprunggelenks mit rezidivierenden Schwellungen	Sprunggelenksverrenkungsbruch war durch Urteil aus dem Jahr 1993 bereits abgegolten; eventuelles Fortschreiten der Arthrose	OLG Hamm 21.4.1997 6 U 14/96 r+s 1998, 241

Fuß mit Sprunggelenk — Urteile lfd. Nr. 644 – 649

Lfd. Nr.	Betrag DM Euro (Anp.2019)	Verletzung	Dauer und Umfang der Behandlung; Arbeitsunfähigkeit	Person des Verletzten	Dauerschaden	Besondere Umstände, die für die Entscheidungen maßgebend waren	Gericht, Datum der Entscheidung, Az., Veröffentlichung bzw. Einsender
	Fortsetzung von »Fuß mit Sprunggelenk - Arthrose«						
644	20000 €10000 + immat. Vorbehalt (€ 13756)	Posttraumatisch arthrotische Zerstörung des oberen Sprunggelenks		Frau	Schmerzhafte Funktionsbeeinträchtigung des oberen Sprunggelenks	Grober ärztlicher Behandlungsfehler durch unterlassene Reposition mit anschließender Ruhigstellung des Sprunggelenks und unterlassene Versorgung der ligamentären Strukturen am Innenknöchel nach Operation; es kann zwar nicht festgestellt werden, dass das fehlerhafte ärztliche Verhalten sich gesundheitsschädigend ausgewirkt hat; es ist jedoch davon auszugehen, dass bei korrektem Vorgehen der schicksalhafte Krankheitsverlauf deutlich weniger ausgeprägt wäre als tatsächlich eingetreten; es wurde angeraten, eine operative Versteifung des oberen Sprunggelenks vorzunehmen	OLG Hamm 5.3.1997 3 U 148/96 RA Steins, Mönchengladbach
645	35000 €17500 + immat. Vorbehalt (€ 26103)	Erstgradig offene Oberschenkelfraktur rechts in Schaftmitte; supramalleoläre Fraktur beider Unterschenkelknochen mit starkem Valgusknick sowie tiefe Hautabschürfungen über dem Fußrücken	Ca. 4 Monate Krankenhaus, 17 Jahre später operative Verlängerung des rechten Beins und Ausgleich der Fehlstellung der Gelenkflächen im rechten Sprunggelenk	7-jähr. Schüler	Fortgeschrittene Arthrose des oberen Sprunggelenks mit vollständigem Knorpelverschleiß sowie Varusfehlstellung aufgrund Fehlwachstums, 3 cm Beinverkürzung	Beim damaligen Abschluss des Abfindungsvergleichs war es außerhalb des Vorstellungsbildes der Parteien gelegen, dass eine Beinverkürzung um 3 cm eintreten und ein solcher Gelenkverschleiß stattfinden könnte, der bei dem nunmehr 25-jähr. Kläger eine Gelenkversteifung, jedenfalls einen operativen Eingriff zur Verringerung der Gelenksbeschwerden erforderlich machen würde	OLG Stuttgart 11.2.1993 7 U 22/92 RAe Pfliegner & Frey, Ravensburg

Weitere Urteile zur Rubrik »**Fuß mit Sprunggelenk - Arthrose**« siehe auch:
bis € 12500: 544, 2580, 548, 551, 553, 2775, 554, 2584, 556, 557, 564, 567, 307, 572, 636
bis € 25000: 574, 577, 582, 1661, 585, 587, 594
ab € 25000: 598, 1479, 2278, 600, 601, 602, 604, 607, 2963, 423, 141, 343, 2990, 1243

Fuß mit Sprunggelenk - Zehe (Bruch und sonstige Verletzungen)

Lfd. Nr.	Betrag	Verletzung	Dauer und Umfang der Behandlung; Arbeitsunfähigkeit	Person des Verletzten	Dauerschaden	Besondere Umstände	Gericht, Datum
646	€ 400 (€ 493)	Biss in den großen Zeh mit entzündlicher Verletzung	10 Tage arbeitsunfähig	Kellnerin		Inhalt eines umgestoßenen Bierglases ergoss sich über die Kleidung und den nur mit einer Sandale bekleideten Fuß der Klägerin, die dem Beklagten den Zeh zur Reinigung hingegeben hat, wobei Beklagter jedoch in den Zeh biss, wobei eine blutende Wunde entstand	AG Gelsenkirchen 23.6.2005 32 C 672/04 NJW-RR 2005, 1388
647	€ 1000 (€ 1257)	Quetschung des linken Großzehs, Prellung der rechten Schulter	18 Tage arbeitsunfähig	Mann		Infolge Mithaftung von 50% wurde dem Kläger lediglich ein Betrag von € 500 zugesprochen	LG Münster 23.3.2004 3 S 137/03 RA Baschek, Gelsenkirchen
648	€ 1000● (€ 1131)	Fraktur der Großzehe rechts, Prellung des rechten Vorderfußes	5 Wochen AU zu 100% 2 Wochen AU zu 70%	Mann		Es wurde eine Mithaftungsquote i.H.v. 1/3 angesetzt	AG Esslingen 27.1.2011 6 C 692/10 RA Koch, Erftstadt
649	3000 € 1500 (€ 1926)	Knöcherner Kapselausriss am linken Großzehengrundgelenk, Prellungen am linken Unterschenkel mit Schürfwunden	5 Tage Krankenhaus, anschließend 3 Wochen ambulante Behandlung; für 3 Wochen Tragen einer Zehenschiene und Benutzung von Gehstützen zur Entlastung des linken Beines	Mann			AG Braunschweig 15.5.2002 113 C 486/02 RAe Krause & Weiss, Braunschweig

● Mithaftung (siehe vorletzte Spalte)

Lfd. Nr.	Betrag DM Euro (Anp.2019)	Verletzung	Dauer und Umfang der Behandlung; Arbeitsunfähigkeit	Person des Verletzten	Dauerschaden	Besondere Umstände, die für die Entscheidungen maßgebend waren	Gericht, Datum der Entscheidung, Az., Veröffentlichung bzw. Einsender
	**Fortsetzung von »Fuß mit Sprunggelenk - Zehe (Bruch und sonstige Verletzungen)«**
650	€ 1500 (€ 1837)	2 cm lange Schnittwunde am großen Zeh des rechten Fußes, welche in den folgenden Tagen vereiterte, Prellung der unteren LWS und des linken Kniegelenks	7 Wochen arbeitsunfähig	Mann		Beklagter ist Reiseveranstalter; bei einer vor Ort gebuchten Zusatzleistung anlässlich einer Pauschalreise in Ägypten kam es zu einem Busunfall, der vom Busfahrer verschuldet wurde	LG Frankfurt am Main 25.10.2005 2 - 19 O 24/05
651	€ 2045 (€ 2598)	Knöcherner Ausriss an der 1. rechten Zehe, Knochenabsplitterung an der 3. rechten Zehe sowie Endgliedfraktur der 5. rechten Zehe, Vorfußprellung, Unterarmprellung rechts mit Abschürfungen, Lendenwirbelkontusion sowie weitere multiple Prellungen	6 Wochen Krücken, MdE: 2 Wochen 100% 2 Wochen 40% 2 Wochen 20%	Mann		Komplikationsloser Heilverlauf	LG München I 5.8.2003 19 O 11838/02 VorsRiLG Krumholz
652	€ 3000 + immat. Vorbehalt (€ 3291)	Klägerin hat durch das Herabfallen einer Granitplatte im Badezimmer einer Präsidentensuite eine offene Trümmerfraktur des Zehenendglieds der rechten Großzehe mit teilweiser Ablösung des Nagels sowie eine Endgliednagelkranzfraktur der zweiten rechten Zehe erlitten	AU ca. 2 Monate	Frau	Vermehrte Spornbildung und eingeschränkten Beweglichkeit der Großzehe. Verstärkte Iliosakralbeschwerden	In Anbetracht dieser Umstände und erlittenen Verletzungen ist der von der Klägerin begehrte Schmerzensgeldbetrag von € 3000 nicht zu beanstanden und wird letztlich auch von der Beklagten nicht mehr angegriffen	OLG Frankfurt am Main 31.5.2012 16 U 169/11 juris
653	€ 5000 (€ 5784)	Infektion mit daraus resultierender Knochenentzündung des 4. rechten Zehs und Auflösung im Köpfchenbereich nach einer Laseroperation und einer Knochenresektion		Frau	Klägerin muss auf Dauer weite Schuhe mit einem Schaumstoffteil tragen, der verhindert, dass sich der 4. und 5. Zeh des rechten Fußes überkreuzen	Vor Durchführung einer operativen Eingriffs an einem Hammerzeh ist Klägerin nicht darüber aufgeklärt worden, dass Infekte und Wundheilstörungen wegen der Keimbelastung am Fuß deutlich häufiger als bei sonstigen Operationen vorkommen und Infektionen eintreten könnten, die bis hin zur Amputation des Fußes führen könnten; Operation daher rechtswidrig	Brandenburgisches OLG 13.11.2008 12 U 104/08 VersR 2009, 1230
654	10 000 € 5000 + immat. Vorbehalt (€ 6941)	Versteifung der linken Großzehe nach operativer Korrektur		Junge Verkäuferin	Bewegungseinschränkung der Großzehe mit erheblicher Einschränkung beim Stehen und Gehen	Klägerin hat mangels ausreichender Risikoaufklärung nicht wirksam in den Eingriff eingewilligt; Auswirkungen im beruflichen und privaten Bereich; keine Ausübungen bevorzugter sportlicher Aktivitäten (v. a. Jazz-Tanz, Tennis, Aerobic); bei Kleidungsauswahl infolge erforderlicher breiter Schuhe mit Abrollhilfe eingeschränkt; gesundheitliche Entwicklung noch nicht abgeschlossen	OLG Oldenburg (Oldenburg) 3.12.1996 5 U 104/96 5. Zivilsenat des OLG Oldenburg
655	€ 10 000 + immat. Vorbehalt (€ 12 450)	Wundinfektion nach fehlerhafter Operation an der rechten Großzehe		Frau	MdE: 20%	Fehlerhafte ärztliche Behandlung. Die Klägerin leidet an einer teilweisen Versteifung des Großzehengrundgelenks sowie einer Versteifung des Endgelenks der Großzehe sowie einer geringgradigen Umlaufstörung im Bereich des rechten Vorfußes. Es bestehen Gefühlsstörungen im Bereich des 1. und 2. Strahls	LG Wuppertal 25.1.2005 5 O 142/01 RA Schneider-Bodien, Düsseldorf

● Mithaftung (siehe vorletzte Spalte)

Fuß mit Sprunggelenk — Urteile lfd. Nr. 656 – 660

Lfd. Nr.	Betrag DM Euro (Anp.2019)	Verletzung	Dauer und Umfang der Behandlung; Arbeitsunfähigkeit	Person des Verletzten	Dauerschaden	Besondere Umstände, die für die Entscheidungen maßgebend waren	Gericht, Datum der Entscheidung, Az., Veröffentlichung bzw. Einsender

Fortsetzung von »Fuß mit Sprunggelenk - Zehe (Bruch und sonstige Verletzungen)«

| 656 | € 10 000 + immat. Vorbehalt (€ 11 395) | Schädelhirntrauma I. Grades, Innenknöchelfraktur des rechten Sprunggelenks, Thoraxprellung, multiple Schürfwunden und Prellungen | stationäre Behandlung | Mann | Bewegungseinschränkung des Sprunggelenks | Schmerzensgeld i.H.v. € 10 000 für erhebliche Verletzungen, grobes Verschulden des Unfallgegners (85–105 km/h innerorts unter Einfluss von Alkohol, 1,12 Promille, und Haschisch; berücksichtigt bei ausgeurteiltem Schmerzensgeld) sowie zögerliches Regulierungsverhalten bei unzweifelhafter Haftung dem Grunde nach (keine Abschlagszahlungen über 4 Jahre) ist nicht ermessensfehlerhaft | KG Berlin 3.5.2010 12 U 119/09 zfs 2010, 552 |
| 657 | € 14 316 (€ 18 384) | Bruch der 2., 3. und 4. Zehe des linken Fußes mit Teilamputation der 3. Zehe links | MdE: 3 ½ Monate 100%, 1 ½ Monate 50%, weitere 14 Tage 100%, danach weitere 2 Monate 20% | Kundendienstarbeiter | MdE: 10% | Wundheilung hat sich durch immer wieder auftretende Infektionen verzögert | LG München I 26.9.2002 19 O 15711/01 VorsRiLG Krumbholz |

Weitere Urteile zur Rubrik »Fuß mit Sprunggelenk - Zehe (Bruch und sonstige Verletzungen)« siehe auch:
bis € 5000: 460, 2807
bis € 12 500: 542, 546, 2351, 2357, 2608, 69, 641, 71, 569, 636
bis € 25 000: 630, 314, 582, 191
ab € 25 000: 1151, 600, 606, 736, 609, 2219, 2134, 339, 119, 891, 343, 509, 5, 2203

Geschlechtsorgane/Sexualstörungen
Geschlechtsorgane/Sexualstörungen - männlich

658	€ 300 ● (€ 305)	Hodenschwellung, Beckenprellung	Erstbehandlung im Klinikum, 1 Monat Schmerzen	Mann, Motorradfahrer		Mithaftung 2/5. Der Kläger konnte über einen kurzen Zeitraum keine schweren Gegenstände heben/tragen	LG Detmold 27.7.2018 4 O 35/18 juris
659	€ 500 (€ 518)	Hodenprellung	Keine ärztliche Untersuchung, keine ärztliche Behandlung	Polizeikommissar		Der Kläger wurde in Ausübung seines Dienstes bei einer Festnahme verletzt. Der Schädiger wurde im Adhäsionsverfahren zu einer Schmerzensgeldzahlung i.H.v. € 500 verurteilt, welche letztlich aber nicht beigetrieben werden konnte. Nach Art. 97 Abs. 1, 2 BayBG kann der Dienstherr die Erfüllung eines rechtskräftig festgestellten Anspruchs auf Schmerzensgeld zur Vermeidung einer unbilligen Härte übernehmen, welcher daraus resultiert, dass der Beamte in Ausübung des Dienstes einen tätlichen rechtswidrigen Angriff erleidet. Eine solche unbillige Härte lag hier vor, da die Vollstreckung über einen Betrag von mindestens € 500 erfolglos geblieben ist. Das behördliche Ermessen ist hier auf Null reduziert	VG München 5.7.2017 M 5 K 16.4266 BayVBl 2018, 531; www.gesetze-bayern.de
660	€ 2500 (€ 3153)	Genitalanpralltrauma mit Präputialabszess und Phimose	1 Woche Krankenhaus mit Incision des Abszesses am Penisschaft mit Einlage einer sterilen Gummilasche, täglicher Wechsel der Verbände sowie Spülungen, nach Krankenhausentlassung noch 4 Wochen ambulante Behandlung	Mann		Sturz über einen Balken in einem unbeleuchteten Keller; Schmerzfreiheit nach ca. 6 Wochen; Beeinträchtigungen des Intimverkehrs	LG Berlin 19.2.2004 67 S 319/03 RA Christoph Müller, Berlin-Tiergarten

Lfd. Nr.	Betrag DM Euro (Anp.2019)	Verletzung	Dauer und Umfang der Behandlung; Arbeitsunfähigkeit	Person des Verletzten	Dauerschaden	Besondere Umstände, die für die Entscheidungen maßgebend waren	Gericht, Datum der Entscheidung, Az., Veröffentlichung bzw. Einsender
	**Fortsetzung von »Geschlechtsorgane/Sexualstörungen - männlich«**
661	€ 10 000 + immat. Vorbehalt (€ 10 695)	Kniestoß in den Genitalbereich: durch einen ärztlichen Behandlungsfehler kommt es zu einer Hodenentfernung		Mann	Verlust eines Hodens	Kommt es nach einer Körperverletzung (hier: Kniestoß in den Genitalbereich) durch einen ärztlichen Behandlungsfehler zu einer Hodenentfernung beim Geschädigten, so muss sich der Schädiger im Rahmen der haftungsausfüllenden Kausalität auch die Entfernung des von ihm verletzten Hodens zurechnen lassen. Es besteht ein Schmerzensgeldanspruch in Höhe von € 10 000. Der objektive Zurechnungszusammenhang zwischen schädigendem Ereignis und Verletzungsfrage – hier nicht indizierte Entscheidung des Arztes zur Entfernung eines nach vorangegangenem Tritt des Schädigers in den Genitalbereich des Geschädigten verletzten Hodens – wird durch das fehlerhafte Verhalten des behandelnden Arztes nicht unterbrochen, sofern der Arzt nicht in außergewöhnlichem Maß die an ein gewissenhaftes ärztliches Verhalten zu stellenden Anforderungen außer Acht gelassen und gegen alle ärztlichen Regeln und Erfahrungen verstoßen hat	OLG Hamm 3.12.2013 I-9 U 69/13 juris; MDR 2014, 278
662	25 000 € 12 500 (€ 18 361)	Schuldhaftes Vernichten von Sperma, das Spender hat einfrieren lassen, um sich für eine anlässlich einer Operation vorhersehbare Unfruchtbarkeit die Möglichkeit zu erhalten, eigene Nachkommen zu haben		31-jähr. Mann		Werden dem Körper Bestandteile entnommen, um mit ihm nach dem Willen des Rechtsträgers zur Bewahrung der Körperfunktionen oder zu ihrer Verwirklichung später wieder vereinigt zu werden, dann führt eine Betrachtung, nach der § 823 Abs. 1 BGB die körperliche Integrität in Wahrung des Selbstbestimmungsrechts des Rechtsträgers umfassend schützt, zu dem Ergebnis, dass diese Bestandteile auch während ihrer Trennung vom Körper mit diesem weiterhin eine funktionale Einheit bilden. Somit liegt eine Körperverletzung vor	BGH 9.11.1993 VI ZR 62/93 VersR 1994, 55
663	€ 15 000 + Immat. Vorbehalt (€ 17 739)	Verlust des linken Hodens		14-jähr. Junge		Schwerwiegender ärztlicher Behandlungsfehler; Hoden musste operativ entfernt werden, da Beklagter Hodentorsion nicht erkannte, andernfalls wäre Hodenverlust vermieden worden; Zeugungsfähigkeit durch den Verlust des Hodens in keiner Weise beeinträchtigt; Kläger muss jedoch mit der Erkenntnis leben, dass diese im Fall des Verlustes auch des zweiten Hodens nicht mehr vorhanden wäre; unnötige Schmerzen bis zur schließlich erfolgreichen Behandlung aufgrund des Behandlungsfehlers	LG Regensburg 23.7.2007 4 O 2167/06 VersR 2007, 1709

● Mithaftung (siehe vorletzte Spalte)

Geschlechtsorgane/Sexualstörungen

Lfd. Nr.	Betrag DM Euro *(Anp.2019)*	Verletzung	Dauer und Umfang der Behandlung; Arbeitsunfähigkeit	Person des Verletzten	Dauerschaden	Besondere Umstände, die für die Entscheidungen maßgebend waren	Gericht, Datum der Entscheidung, Az., Veröffentlichung bzw. Einsender
	Fortsetzung von »Geschlechtsorgane/Sexualstörungen - männlich«						
664	€ 15 000 + immat. Vorbehalt *(€ 17 074)*	Vollständige Durchtrennung des linken Samenleiters bei einer Leistenbruchoperation		19-jähr. Mann		Kommt es während des ohne wirksame Einwilligung durchgeführten Eingriffs zu einer Durchtrennung des Samenleiters des linken Hodens, ohne dass eine Beeinträchtigung der Zeugungsfähigkeit nachgewiesen ist, ist angesichts der verbleibenden theoretischen Vulnerabilität der Zeugungsfähigkeit für den Fall möglicher zukünftiger Beeinträchtigungen des rechtsseitigen Hodens ein Schmerzensgeld von € 15 000 angemessen; im Hinblick darauf, dass nur noch der rechtsseitige Hoden und das rechtsseitige Samenleitersystem des Kl. funktionsfähig sind, besteht aus der Sicht des Senats kein wesentlicher Unterschied zu dem Verlust oder dem Absterben eines Hodens	Brandenburgisches OLG 15.7.2010 12 U 232/09 VersR 2011, 267
665	30 000 € 15 000 *(€ 21 673)*	Ärztliche Fehlbehandlung einer Balanoposthitis	10 Wochen stationäre Behandlung mit fünf Operationen innerhalb von 7 Monaten; anschließend insgesamt 2 Monate Kuraufenthalt. MdE: 1 Jahr 100%	30-jähr. Mann	Verkürzung des Penis; ausgedehnte Vernarbungen der Ersatzvorhaut und der Haut des Penisschaftes	Anfängliche Angst vor Impotenz; ungewöhnliche Schmerzen. Kohabitationsfähigkeit ist erhalten geblieben. Grober Behandlungsfehler; schwerwiegende Dokumentationsverstöße wirken schmerzensgelderhöhend	OLG Köln 10.3.1994 5 U 2/94 RiOLG Rosenberger
666	€ 20 000 + immat. Vorbehalt *(€ 22 913)*	Entfernung der Lymphknoten, der Prostata und der Samenblasen		55-jähr. Jurist, zum Urteilszeitpunkt 62 Jahre alt	Massive Auswirkungen auf die Erektionsfähigkeit, Inkontinenz	Verspätete Feststellung einer Prostatakrebserkrankung nach 3 fehlerhaften Bescheinigungen einer unauffälligen Vorsorgeuntersuchung; der Beklagte als Allgemeinmediziner hätte weitere diagnostische Maßnahmen (ggf. durch einen Urologen) veranlassen müssen; das Prostatakarzinom hätte dann durch eine Gewebeentnahme mit einer Wahrscheinlichkeit von mehr als 50% entdeckt werden können; die Behandlung hätte sich dann erst mit mehrjähriger zeitlicher Verzögerung auf die Erektionsfähigkeit ausgewirkt; erhöhtes Rezidivrisiko belastet Kläger persönlich und auch beruflich sehr stark	LG Osnabrück 3.2.2010 2 O 1581/06 RAe Toennes, Klages, Brinkschröder, Osnabrück
667	50 000 € 25 000 + immat. Vorbehalt *(€ 34 436)*	Zeugungsunfähigkeit durch Hodenverletzung infolge ärztlichen Behandlungsfehlers		Kleinkind	Zeugungsunfähigkeit, anatomisch-kosmetische Entstellung des Hodensacks	Psychische Belastungen des Klägers; grober Behandlungsfehler; möglicher Eintritt einer hochstandsbedingten Krebserkrankung noch nicht abgegolten, Nachteile der feingeweblichen Veränderungen des rechten Hodens bleiben vorbehalten, ebenfalls die Möglichkeit, dass Kläger nach der Pubertät keine Fähigkeit zum Geschlechtsverkehr hat	OLG München 23.1.1997 24 U 804/93 NJW-RR 1997, 600

Lfd. Nr.	Betrag DM Euro (Anp.2019)	Verletzung	Dauer und Umfang der Behandlung; Arbeitsunfähigkeit	Person des Verletzten	Dauerschaden	Besondere Umstände, die für die Entscheidungen maßgebend waren	Gericht, Datum der Entscheidung, Az., Veröffentlichung bzw. Einsender
\multicolumn{8}{l}{**Fortsetzung von »Geschlechtsorgane/Sexualstörungen - männlich«**}
668	€ 25 000 + immat. Vorbehalt *(€ 26 683)*	Penisnahe Nervenverletzung Nervi cavernosis penis majores et minores, Hämatom im Bereich der Peniswurzel mit Schmerzen bei der Erektion, fehlender Bulbocavernosusreflex, Schürfwunde am Penisschaft, Beckenprellung, HWS-/BWS-/LWS-Prellung, Oberschenkel- und Kniekontusion	2 Tage stationäre Behandlung, 3 Monate AU zu 100%	Mann, Motorradfahrer	MdE auf urologischem Fachgebiet: 10%, erektile Dysfunktion	Erhebliche Beeinträchtigung des Sexuallebens, was sich erheblich nachteilig auf die Beziehung und das Selbstwertgefühl des Klägers auswirkt, regelmäßige Einnahme von Viagra. Durch die Einnahme besteht die Gefahr von Nebenwirkungen in Form von Stimmungsveränderungen bis hin zu einer Depression. Ob im Laufe der Jahre eine Verbesserung der Nervenfunktion eintreten wird ist ungewiss	OLG Naumburg 13.3.2014 2 U 100/13 RAe Dr. Howald & Lange, Halle
669	€ 30 000 *(€ 32 020)*	Teilresektion der Glans Penis wegen einer als Karzinom diagnostizierten Hautveränderung am Penis ohne Aufklärung über eine Behandlungsalternative in Form der Strahlentherapie (Brachietherapie)		Mann	Beschwerden wegen Teilresektion	Nachdem die operative Teilresektion den gewünschten Erfolg nicht erbrachte, ließ der Kläger in einer anderen Universitätsklinik die Brachietherapie mit Erfolg durchführen. Bis auf die Teilresektion ist er beschwerdefrei. Die Teilresektion ist aber nicht mehr rückgängig zu machen	OLG Frankfurt am Main 18.12.2014 15 U 20/14 RAe Dr. Ziegler & Kollegen, Marburg
670	70 000 € 35 000 + immat. Vorbehalt *(€ 47 715)*	Hodenverlust links durch nicht erkannte Hodentorsion		29-jähr. Mann	Zeugungsunfähigkeit	Dem Kläger war bereits 7 Jahre vorher aufgrund einer verspätet diagnostizierten Hodentorsion der rechte Hoden entfernt worden. Grober Behandlungsfehler. Der Kläger ist für den Rest seines Lebens zeugungsunfähig. Da keine männlichen Hormone mehr produziert werden, benötigt er zeit seines Lebens eine regelmäßige Substitution von Testosteron	LG Braunschweig 23.10.1997 10 O 499/95 RAe Meinecke & Partner, Köln
671	€ 48 500 + immat. Vorbehalt *(€ 61 982)*	Entfernung des linken Hodens		27-jähr. Mann	Zeugungsunfähigkeit, optische Beeinträchtigung, nicht unempfindliche Störung des Sexualempfindens	Hoden musste operativ entfernt werden, nachdem die Beklagte infolge eines groben ärztlichen Behandlungsfehlers das Vorliegen einer Hodentorsion nicht erkannt hatte; Hodentorsion hat zur Folge, dass die Blutzufuhr in dem Organ unterbrochen wird und spätestens nach 6 Stunden ein Organverlust droht	LG Halle (Saale) 20.12.2002 7 O 65/01 RAe Bulach & Partner, Halle

Geschlechtsorgane/Sexualstörungen

Lfd. Nr.	Betrag DM Euro (Anp.2019)	Verletzung	Dauer und Umfang der Behandlung; Arbeitsunfähigkeit	Person des Verletzten	Dauerschaden	Besondere Umstände, die für die Entscheidungen maßgebend waren	Gericht, Datum der Entscheidung, Az., Veröffentlichung bzw. Einsender
	Fortsetzung von »Geschlechtsorgane/Sexualstörungen - männlich«						
672	€50 000 + immat. Vorbehalt (€ 53 367)	Penisverkürzung und Verlust der Kohabitationsfähigkeit nach – mangels wirksamer Einwilligung rechtswidriger – Operation einer Induratio Penis Plastica mit einer Abknickung des Penis	Postoperative Entwicklung einer Phimose mit Penisverkürzung; Revisionsoperation mit Circumcision mit der Lösung von Adhäsionen und mikrochirurgischer Plaqueresektion	52-jähr. Mann	Penisverkürzung und Verlust der Kohabitationsfähigkeit, Probleme beim Wasserlassen und Schmerzen	Der Senat hält das von dem LG i.H.v. €50 000 zuerkannte Schmerzensgeld für angemessen und ausreichend, eine höhere Entschädigung ist nicht gerechtfertigt. Der zuerkannte Schmerzensgeldbetrag trägt dem Umstand Rechnung, dass sich der Kläger mangels wirksamer Einwilligung einem rechtswidrigen operativen Eingriff unterzogen hat, der weitere Operationen erforderlich machte und der zu einer Penisverkürzung geführt hat, welche die in seiner Ehe bislang mögliche Ausübung des Geschlechtsverkehrs nicht mehr gestattet. Das zuerkannte Schmerzensgeld berücksichtigt ferner, dass es bei dem Kläger infolge der von dem Beklagten zu 2. durchgeführten Operation zu weiteren Beeinträchtigungen in der täglichen Lebensführung, Probleme beim Wasserlassen, Schmerzen gekommen ist. Berücksichtigt wird auch die aufgrund dieser Entwicklung nicht nur körperliche, sondern insbesondere wegen der Einschränkung des ehelichen Lebens auch psychische Belastung des Klägers	OLG Düsseldorf 4.12.2014 8 U 50/14
673	€50 000 + immat. Vorbehalt (€ 57 468)	Erhebliche postoperative Komplikationen nach nicht indizierter radikaler Entfernung der Prostata (zeitweiliges Nierenversagen, Wundheilstörungen, Lymphödembildung, mehrere Wochen lang Tragen eines Katheters mit Schmerzen; gravierender Dauerschaden)	4 Wochen Krankenhaus, anschließend nochmals 5 Tage Krankenhaus mit nachfolgender Reha auf die Dauer von einem Monat	55-jähr. Mann	Harninkontinenz, Ejakulationsunfähigkeit, Impotenz	Operation erfolgte ohne wirksame Einwilligung, sie war daher rechtswidrig; Kläger wurde nicht ausreichend über Behandlungsalternativen (u. a. Seeds-Verfahren) aufgeklärt	OLG München 25.9.2008 1 U 3198/07

Weitere Urteile zur Rubrik »**Geschlechtsorgane/Sexualstörungen - männlich**« siehe auch:

bis €2500: 958
bis €5000: 2745, 3036
bis €12500: 2214, 2774
bis €25000: 1418
ab €25000: 598, 83, 425, 1176, 1436, 1179, 2803, 139, 1486, 365, 1487, 741, 3004, 2438, 3191, 1333, 3018, 1183, 2006, 3021, 2804, 1142

Geschlechtsorgane/Sexualstörungen - weiblich

Lfd. Nr.	Betrag	Verletzung	Dauer und Umfang	Person	Dauerschaden	Besondere Umstände	Gericht
674	– (€ 0)	Minderwertige Silikonbrustimplantate, woraufhin die Klägerin befürchtete, auch von der Herstellerfirma Implantate aus Industriesilikon erhalten zu haben (jedoch nicht bewiesen)	Stationärer Austausch der alten Implantate	Frau		Es besteht kein Schmerzensgeldanspruch der Klägerin gegen die Beklagte Zertifizierungsgesellschaft, die seinerzeit mit der Kontrolle der französischen Brustimplantate beauftragt war. Eine mangelnde Überwachung kann der Beklagten nicht vorgeworfen werden. Der privatrechtliche Vertrag zwischen der Herstellerfirma der Implantate und der Beklagten entfaltet keine Schutzwirkung zu Gunsten von Frauen, denen minderwertige Brustimplantate eingepflanzt wurden	OLG Zweibrücken 30.1.2014 4 U 66/13

Lfd. Nr.	Betrag DM Euro (Anp.2019)	Verletzung	Dauer und Umfang der Behandlung; Arbeitsunfähigkeit	Person des Verletzten	Dauerschaden	Besondere Umstände, die für die Entscheidungen maßgebend waren	Gericht, Datum der Entscheidung, Az., Veröffentlichung bzw. Einsender
Fortsetzung von »Geschlechtsorgane/Sexualstörungen - weiblich«							
675	€ 500 (€ 555)	Lichtbildaufnahme der frisch operierten Brust nach einer Brustvergrößerungsoperation		Frau		Der Beklagte war der Krankenpfleger der Klägerin. Das Bild wurde zwei engsten Verwandten der Klägerin gezeigt. Es wurde „nur" ein Bild mit mäßiger Qualität gefertigt. Ein öffentliches Verbreiten liegt nicht vor. Bei der Bemessung des Schmerzensgeldes ist zu berücksichtigen, dass die Klägerin sich dem Beklagten als professionellen Betreuer einer Operation anvertraut hat und dieser in einer von der Klägerin nicht mehr beherrschbaren Situation ein Lichtbild gefertigt hat	LG Aschaffenburg 31.10.2011 14 O 21/11 juris
676	€ 2000 (€ 2447)	Entzündung der Gebärmutter nach fehlerhafter Ausschabung	5 Tage Krankenhaus	Frau		Die Klägerin ist über die mit dem Eingriff verbundenen Risiken seitens des Beklagten nicht schriftlich aufgeklärt worden, somit liegt keine wirksame Einwilligung vor. Der Beklagte hat den Uterus nicht vollständig ausgeschabt, wie es bei der von ihm gestellten Diagnose geboten gewesen wäre. Verbleibt Gewebematerial einer abgestoßenen Leibesfrucht in der Gebärmutter, besteht die Gefahr einer Infektion, die zu einer Entzündung führen kann, wie sie hier auch aufgetreten ist. Am Tag ihrer Entlassung aus der stationären Behandlung war die Klägerin weitgehend beschwerdefrei, so dass im Hinblick auf die erlittenen Schmerzen die Kammer ein Schmerzensgeld i.H.v. € 2000 für angemessen erachtet	LG Mönchengladbach 10.1.2006 6 O 13/04 RA Karl Heinz Weufen, Mönchengladbach
677	€ 2500 (€ 3191)	Uterusruptur mit anschließender Hysterektomie		Frau		Ärztlicher Behandlungsfehler bei einer Geburt; ein niedrigeres Schmerzensgeld kommt angesichts der Schmerzen und des notwendig gewordenen Kaiserschnitts nicht in Betracht	OLG Hamm 21.5.2003 3 U 122/02 VersR 2004, 386
678	€ 4000 + immat. Vorbehalt (€ 4384)	Vernarbung (Hypopigmentierung) im Intimbereich durch fehlgeschlagene Haarentfernungsbehandlung		24-jähr. Frau	Narben im Intimbereich	Die Behandlung erfolgte ohne Aufklärung und Fachkenntnis. Die Verletzungen betreffen einen besonders sensiblen und erogenen Bereich. Die unterbliebene Regulierung und die damit einhergehende Notwendigkeit, im Rahmen der Beweisaufnahme Einblick in die Intim- und Bikinizone zu gewähren, war schmerzensgelderhöhend zu berücksichtigen	AG Wuppertal 27.4.2012 94 C 28/11 RAin Viktoria Radetzky, Hamm

Geschlechtsorgane/Sexualstörungen

Lfd. Nr.	Betrag DM Euro *(Anp.2019)*	Verletzung	Dauer und Umfang der Behandlung; Arbeitsunfähigkeit	Person des Verletzten	Dauerschaden	Besondere Umstände, die für die Entscheidungen maßgebend waren	Gericht, Datum der Entscheidung, Az., Veröffentlichung bzw. Einsender
Fortsetzung von »Geschlechtsorgane/Sexualstörungen - weiblich«							
679	€ 4000 *(€ 4261)*	Eileiterentfernung statt Eileiterdurchtrennung bei einer Sterilisation ohne Einwilligung		Ca. 40-jähr. Frau	Unfruchtbarkeit	Bei der Bemessung eines angemessenen Schmerzensgeldes ist neben der durch den Gewebeverlust bedingten Folge der Unfruchtbarkeit zu berücksichtigen, dass sich die Klägerin immer wieder mit dem sicherlich schmerzlichen Gedanken an eine ihr nun verwehrte Möglichkeit einer Schwangerschaft beschäftigen muss. Ebenfalls zu berücksichtigen ist, dass sich die Klägerin durch das eigenmächtige Handeln des Beklagten in ihrer Entscheidungsfreiheit verletzt fühlt und dadurch ihr Vertrauen in die Ärzteschaft verloren hat. Besondere Bedeutung kommt dabei dem Umstand zu, dass das Selbstbestimmungsrecht der Klägerin in einer essentiellen, für die Lebensplanung und das Selbstwertgefühl wichtigen Frage beeinträchtigt wurde. Eine besondere Genugtuung fällt demgegenüber nicht ins Gewicht	OLG Köln 8.7.2014 5 U 180/14 juris
680	€ 10 000 + immat. Vorbehalt *(€ 12 235)*	Abszessbildung nach Brustwarzenpiercing, die zur Mastitis (Brustentzündung) führte	Innerhalb eines Zeitraums von 1,5 Jahren vier stationäre Behandlungen	Junge Frau		Verstoß gegen Aufklärungspflicht. Der lapidare Hinweis in dem Einverständniserklärungsfomular, es handle sich um einen Eingriff in die Unversehrtheit, der zu gesundheitlichen Schäden führen könnte, wird den Anforderungen an eine ausreichende Aufklärung nicht gerecht. Von einem Betreiber eines Piercing-Studios ist zu erwarten, dass zumindest über bekannte Risiken, wie beispielsweise Infektionserkrankungen, aufzuklären ist	LG Koblenz 24.1.2006 10 O 176/04 RA Lersch, Bad Breisig
681	20 000 € 10 000 *(€ 13 308)*	Nicht indizierte Entfernung der Gebärmutter		50-jähr. Frau		Vor Durchführung der Gebärmutterentfernung hätten andere in Betracht kommende Ursachen der klinischen Beschwerden im gebotenen Umfang abgeklärt werden müssen	OLG Hamm 14.6.2000 3 U 244/99 VersR 2001, 461
682	30 000 € 15 000 *(€ 21 882)*	Verlust der Gebärmutter durch ärztlichen Behandlungsfehler		22-jähr. Mutter eines Kindes		Klägerin befand sich in akuter Lebensgefahr; psychische Belastung, keine Kinder mehr zu bekommen; Verschulden im unteren Bereich	OLG München 27.1.1994 1 U 2040/93 VersR 1994, 1113
683	35 000 € 17 500 *(€ 25 741)*	Symphysenruptur, Clavicularfraktur links; Gehirnerschütterung; multiple Schnittwunden in der linken Gesichtshälfte	3 stationäre Aufenthalte von insgesamt 4 Monaten	17-jähr. Mädchen	Zunehmende Arthrose im Schambeinbereich	Infolge der starken Schmerzen im Bereich der Symphyse kommt es bei der Klägerin auch beim Geschlechtsverkehr zu Schmerzen im Scheidenschambeinbereich. Die vorhandenen Einschränkungen des Sexuallebens sind für eine junge Frau als eine schwere Belastung anzusehen	OLG Karlsruhe 24.9.1993 10 U 92/93 RiLG Dr. Rothfuss
684	35 000 € 17 500 *(€ 24 747)*	Durch ärztlichen Behandlungsfehler entstandene Uterus-Krebserkrankung; daran anschließende Strahlentherapie mit den damit verbundenen Nebenwirkungen (u. a. Durchfall) und der statistisch verkürzten Lebenserwartung	25 Bestrahlungen	Frau	Seelische Belastungen	Grober Behandlungsfehler	OLG Koblenz 28.6.1995 7 U 520/94 NJW 1996, 1600

Lfd. Nr.	Betrag DM Euro (Anp.2019)	Verletzung	Dauer und Umfang der Behandlung; Arbeitsunfähigkeit	Person des Verletzten	Dauerschaden	Besondere Umstände, die für die Entscheidungen maßgebend waren	Gericht, Datum der Entscheidung, Az., Veröffentlichung bzw. Einsender
\multicolumn{8}{l}{Fortsetzung von »Geschlechtsorgane/Sexualstörungen - weiblich«}

Fortsetzung von »Geschlechtsorgane/Sexualstörungen - weiblich«

Lfd. Nr.	Betrag DM Euro (Anp.2019)	Verletzung	Dauer und Umfang der Behandlung; Arbeitsunfähigkeit	Person des Verletzten	Dauerschaden	Besondere Umstände, die für die Entscheidungen maßgebend waren	Gericht, Datum der Entscheidung, Az., Veröffentlichung bzw. Einsender
685	€ 18 000 (€ 19 348)	Offene Brust-Biopsie an falscher Stelle		60-jähr. Frau	Ästhetisch nachteilige Brustdeformation sowie Vernarbungen an der Brust	Folge des Eingriffs, der bei fachgerechtem Vorgehen nicht durchgeführt worden wäre, ist zum einen eine ästhetisch nachteilige Brustdeformation sowie Vernarbungen an der Brust. Darüber hinaus hat sich infolgedessen eine bereits vorhandene depressive Stimmungslage der Klägerin verstärkt	OLG München 28.1.2014 1 U 4792/11
686	50 000 € 25 000 (€ 31 758)	Verlust der Gebärmutter		38-jähr. Frau		Ärztlicher Behandlungsfehler in Form eines vorwerfbaren Diagnoseirrtums, erhebliches Verschulden, der nicht komplikationslose Eingriff war mit Schmerzen und Unannehmlichkeiten verbunden	OLG Köln 19.3.2003 5 U 159/02 VersR 2004, 926
687	€ 25 000 + immat. Vorbehalt (€ 28 610)	Grober Behandlungsfehler und dadurch Erfordernis einer 2. OP und einer Lymphknotendissektion mit Brustverkleinerung der linken Brust in Folge der Gewebeentfernung bei der 2. OP	1 zusätzliche OP, 6 Tage stationärer Aufenthalt, Behandlungsverzögerung um ca. 6 Monate, Strahlentherapie der linken Brust, Hormontherapie mit Tamoxifen für 5 Jahre (Empfehlung)	Frau	Entfernung von 20 Lymphknoten	Der Befundbericht der Radiologin war ebenfalls fehlerhaft, da dieser bestätigte, dass das Ziel der 1. OP erreicht worden sei, was eben nicht der Fall war. Bei der 2. OP wurde der suspekte Mikrokalkherd zusammen mit einem invasiv-duktalen Mammakarzinom mit einer Tumorgröße von 1 cm entfernt. Besondere Berücksichtigung fand die Lymphdrüsenentfernung, die auch in Zukunft zur Notwendigkeit einer Therapierung führt, die mit Nebenwirkungen einhergeht. Die Klägerin muss durch die Brustverkleinerung eine deutlich sichtbare und vor allem dauerhafte Beeinträchtigung hinnehmen, die bei fehlerfreier Behandlung geringer ausgefallen wäre. Durch eine frühere Behandlung hätte die Klägerin weniger Krebsangst erleiden müssen	OLG Oldenburg 9.7.2008 5 U 32/08
688	€ 35 000 + immat. Vorbehalt (€ 36 513)	Behandlungsfehler durch unterbliebene Aufklärung		30-jähr. Frau	Entfernung der Gebärmutter	U.a. wurde erhöhend berücksichtigt, dass die junge Klägerin keine Kinder mehr bekommen kann, allerdings schon 2 Kinder hat. Der Beklagte hat die gebotene Aufklärung unterlassen	LG Regensburg 18.5.2017 4 O 5/15 juris
689	€ 35 000 + immat. Vorbehalt (€ 36 441)	Persistierende Schmerzhaftigkeit der Scheide wegen Netzimplantat bei Senkungsoperation ohne hinreichende Aufklärung	Spaltung und partielle Exzision des einliegenden Netzgewebes. Später weitere vier operative Eingriffe, bei denen weitere Teile des Netzgewebes entfernt wurden	52-jähr. Frau	Persistierende Schmerzhaftigkeit der Scheide	Wegen der unzureichenden Aufklärung der Klägerin über die Gefahren der Neulandmethode ist das erstinstanzlich zugesprochene Schmerzensgeld von € 35 000 angesichts der massiven und dauerhaften gesundheitlichen Folgen für die Klägerin seitens des Senats nicht zu beanstanden. Die Höhe wurde mit der Berufung auch nicht angegriffen	OLG Hamm 23.1.2018 26 U 76/17 juris
690	80 000 € 40 000 (€ 55 895)	Erforderliche Totaloperation mit Verlust der Empfängnis- und Gebärfähigkeit wegen ärztlicher Behandlungsfehler; Überlaufblase mit Inkontinenzgefahr; Nervenschmerzen im linken Bein		Frau	Verlust der Empfängnis- und Gebärfähigkeit	Kinderwunsch nicht mehr erfüllbar; die Gefahr der Harninkontinenz kann die zukünftige Lebensgestaltung erheblich einschränken; u. a. keine gemeinsame sportliche Betätigung mit anderen Personen	OLG Frankfurt am Main 21.2.1996 13 U 4/95 RAe Stehli u. Würger, Darmstadt

● Mithaftung (siehe vorletzte Spalte)

Geschlechtsorgane/Sexualstörungen — Urteil lfd. Nr. 691

Lfd. Nr.	Betrag DM **Euro** *(Anp.2019)*	Verletzung	Dauer und Umfang der Behandlung; Arbeitsunfähigkeit	Person des Verletzten	Dauerschaden	Besondere Umstände, die für die Entscheidungen maßgebend waren	Gericht, Datum der Entscheidung, Az., Veröffentlichung bzw. Einsender

Fortsetzung von »Geschlechtsorgane/Sexualstörungen - weiblich«

691	€ 40 000 (€ 46 174)	Dehiszenz der vorderen Gebärmutterhalswand, Bauchfellentzündung, Entzündung der Gebärmutter mit erforderlicher Entfernung; psychische Beeinträchtigungen, psychosomatische Beschwerden im Darmbereich	3 Wochen Krankenhaus mit 2 Operationen	37-jähr. Rechtsanwältin	Verlust der Gebärmutter; physische Beeinträchtigungen, psychosomatische Beschwerden im Darmbereich	Grober ärztlicher Behandlungsfehler; unzureichende Dosierung von Antibiotika und falsches Behandlungskonzept bei infektionsbedingter Entzündung der Gebärmutter und einer Bauchfellentzündung nach einer Kaiserschnitt-Operation; Entfernung der Gebärmutter wäre bei richtiger Therapie mit mehr als 90-prozentiger Wahrscheinlichkeit zu verhindern gewesen, ebenfalls u. a. die Bauchfellentzündung; Verlust der Möglichkeit, weitere Kinder zu bekommen; Klägerin muss zur Vermeidung von Beschwerden (Blähungen, Krämpfe u. a.) auf ihre Ernährung achten und übermäßige Anstrengungen vermeiden. Tätigkeit als Rechtsanwältin nicht mehr in vollem Umfang möglich	OLG München 12.3.2009 1 U 2709/07 VersR 2009, 1408

● Mithaftung (siehe vorletzte Spalte)

Lfd. Nr.	Betrag DM Euro (Anp.2019)	Verletzung	Dauer und Umfang der Behandlung; Arbeitsunfähigkeit	Person des Verletzten	Dauerschaden	Besondere Umstände, die für die Entscheidungen maßgebend waren	Gericht, Datum der Entscheidung, Az., Veröffentlichung bzw. Einsender

Fortsetzung von »Geschlechtsorgane/Sexualstörungen - weiblich«

Lfd. Nr.	Betrag	Verletzung	Dauer und Umfang der Behandlung	Person	Dauerschaden	Besondere Umstände	Gericht
692	€ 50 000 + immat. Vorbehalt (€ 51 058)	Fehler bei Befunderhebung, dadurch Mammakarzinom zu spät erkannt	Resektion des Mammakarzinoms. Später Nachresektion und modifizierte radikale Mastektomie bei einem Lokalrezidiv, Ablation von Lebermetastasen, Radiofrequenzhyperthermie und Entfernung der teilweise befallenen Lymphknoten. Später erneut Systemtherapie, Bestrahlung und begonnene Chemotherapie	Frau	Verringerte Überlebenswahrscheinlichkeit	Bei der Bemessung des Schmerzensgeldes hat der Senat insb. berücksichtigt, dass bei einer vollständigen Befunderhebung im Januar 2012 unter Berücksichtigung der zugunsten der Klägerin streitenden Beweislastumkehr das Mammakarzinom bereits zu diesem Zeitpunkt hätte weiter diagnostiziert und operativ entfernt werden können, ohne dass der Tumor metastasiert hätte. Der Tumor hätte im Idealfall brusterhaltend operiert werden können, wobei die Klägerin anschließend für die Dauer von etwa einem Jahr mit Chemotherapie, Bestrahlung und Antikörpertherapie behandelt worden wäre. Entsprechend wären der Klägerin eine Nachresektion und die modifizierte radikale Mastektomie bei einem Lokalrezidiv, die Ablation von Lebermetastasen, die Radiofrequenzhyperthermie und die Entfernung der teilweise befallenen Lymphknoten erspart geblieben. Darüber hinaus hätte die Klägerin auch nicht mehr unter den Nebenwirkungen der Ende 2013 begonnen Systemtherapie, Bestrahlung und der seit Oktober 2014 erneut begonnenen Chemotherapie gelitten. Als unmittelbare Nebenwirkungen dieser Behandlungen besteht nunmehr eine Schwäche im Arm und die Klägerin leidet unter leichter Erschöpfbarkeit, Übelkeit und Verdauungsproblemen. Schließlich muss die Klägerin aufgrund der Metastasierung des Mammakarzinoms mit einer schlechteren Überlebenswahrscheinlichkeit rechnen. Nach alldem hält der Senat die Zuerkennung eines Schmerzensgeldes i.H.v. € 50 000 für angemessen. Dieser Betrag liegt auch in etwa im Rahmen derjenigen Beträge, die in annähernd vergleichbaren Fällen zugesprochen wurden	OLG Karlsruhe 27.6.2018 7 U 58/17

● Mithaftung (siehe vorletzte Spalte)

Geschlechtsorgane/Sexualstörungen

Urteile lfd. Nr. 693 – 694

Lfd. Nr.	Betrag DM Euro (Anp.2019)	Verletzung	Dauer und Umfang der Behandlung; Arbeitsunfähigkeit	Person des Verletzten	Dauerschaden	Besondere Umstände, die für die Entscheidungen maßgebend waren	Gericht, Datum der Entscheidung, Az., Veröffentlichung bzw. Einsender

Fortsetzung von »Geschlechtsorgane/Sexualstörungen - weiblich«

| 693 | € 75 000 + immat. Vorbehalt (€ 76 220) | Entfernung der großen und kleinen Schamlippen, Entfernung weiterer Teile des äußeren primären Geschlechts der Vulva und der gesamten Klitoris, Infektion der linken Leiste, Lymphstaubeschwerden in Folge der Entfernung der Lymphknoten, Anpassungsstörung (längere depressive Reaktion) | 14 ½ Monate nicht arbeitsfähig, mehrere Wochen stationäre Behandlung und mehrwöchige Rehabilitationsmaßnahmen, regelmäßige Nachsorge | 31-jähr. Frau | | Wäre eine ordnungsgemäße Krebsvorsorge seitens der beklagten Fachärztin für Gynäkologie durchgeführt worden, wäre eine behandlungsbedürftige Krebsvorstufe festgestellt worden. Die Klägerin war seit ca. 6 Jahren bei der Beklagten in Behandlung. Diese groben Behandlungsfehler sind kausal für die weitreichende Krebsoperation. Bei rechtzeitiger Feststellung wäre der operative Eingriff deutlich geringer ausgefallen. Der Klägerin wäre mit einer Wahrscheinlichkeit von 50% eine Entfernung der Lymphknoten und der Klitoris mit all ihren Folgen erspart geblieben. Jeder sexuelle Kontakt ist für die Klägerin schmerzhaft. Zudem wurde das Risiko für die Klägerin, welche bereits ein Kind durch Kaiserschnitt entbunden hat und einen weiteren Kinderwunsch hegt, nur durch Sectio entbinden zu können, durch die OP um ein 20-faches erhöht | LG Passau 30.8.2018 1 O 872/15 RAe Meinecke & Meinecke, Köln |
| 694 | € 85 000 + immat. Vorbehalt (€ 90 542) | Verspätete Diagnose eines Vulvakarzinoms. Deshalb wurde bei einer Operation die Klitoris entfernt, eine Schamlippe, der linke Schließmuskel der Blase sowie mehrere Lymphknoten rechts und links in der Leistengegend | Operation mit 15-tägiger stationärer Behandlung, danach Reha, jahrelange Arbeitslosigkeit | 55-jähr. Frau | Entstellende Narben im Bereich der Scheide, wo sich Lymphe sammelt; Blaseninkontinenz; Bewegungsbeeinträchtigungen | Aufgrund der ganz erheblichen Auswirkungen der Behandlungsfehlerfolgen auf fast alle Lebensbereiche der Klägerin ist das festgesetzte Schmerzensgeld aus Sicht des Gerichts angemessen, aber auch ausreichend. Die körperliche Entstellung, der Verlust der zuvor gelebten ehelichen Sexualität und die in diesem Zusammenhang empfundene Scham und Angst vor dem Verlassenwerden sowie die ganz erhebliche Beeinträchtigung aller übrigen Lebensbereiche, die mit Stehen, Gehen, Sitzen oder sich Bücken verbunden sind, sodass fast alles außer das bloße Liegen betroffen ist, führte zu der Zuerkennung dieses Schmerzensgeldbetrags. Berücksichtigt wurde, dass das Ausmaß der Operation neben der äußerlichen Erscheinung und Sexualität der Klägerin eine Vielzahl ihrer Lebensinhalte betrifft, die ihr zuvor Freude gemacht haben, konkret ihre berufliche Tätigkeit, sportliche Betätigungen sowie auch das Versorgen und Spielen mit dem Enkelkind, welches naturgemäß mit sich Bücken, sich Bewegen sowie Hochheben verbunden ist, sodass es für die Kammer nachvollziehbar ist, dass sich die Klägerin wie isoliert und geradezu gefangen in den Folgen des Behandlungsfehlers fühlt und sie kaum die Möglichkeit hat, Verluste in einigen Lebensbereichen durch Freude stiftende Inhalte in anderen Lebensbereichen zu kompensieren | LG Köln 11.11.2015 25 O 113/14 Rechtsanwälte Meinicke und Meinecke, Köln |

lfd. Nr.	Betrag DM Euro (Anp.2019)	Verletzung	Dauer und Umfang der Behandlung; Arbeitsunfähigkeit	Person des Verletzten	Dauerschaden	Besondere Umstände, die für die Entscheidungen maßgebend waren	Gericht, Datum der Entscheidung, Az., Veröffentlichung bzw. Einsender
	\multicolumn{7}{l	}{Weitere Urteile zur Rubrik »Geschlechtsorgane/Sexualstörungen - weiblich« siehe auch:}
	\multicolumn{7}{l	}{bis €2500: 2569, 458}
	\multicolumn{7}{l	}{bis €5000: 2455, 2757, 3197}
	\multicolumn{7}{l	}{bis €12500: 463, 2341, 3199, 2459, 2460, 113, 3211, 2583, 2464, 2588, 2466}
	\multicolumn{7}{l	}{bis €25000: 2467, 1062, 3217, 2378, 1067}
	\multicolumn{7}{l	}{ab €25000: 3194, 134, 135, 3222, 3195, 3196, 2419, 1177, 2620, 2435, 1488, 1184}

Geschlechtsorgane/Sexualstörungen - weiblich - Amputation Brust

lfd. Nr.	Betrag	Verletzung	Dauer und Umfang der Behandlung; Arbeitsunfähigkeit	Person des Verletzten	Dauerschaden	Besondere Umstände	Gericht, Datum, Az.
695	50000 €25000 + immat. Vorbehalt (€34082)	Chemotherapie und Entfernung sämtlicher Lymphknoten nach fehlerhafter Begutachtung des histologischen Befundes von Gewebsproben außerhalb der linken Brust kurz vor dem Brustansatz	14 Tage Krankenhaus (Tumorexstirpation), 1 Jahr ambulante Behandlung	30-jähr. Mutter	Dauerhafte Schwächung des Immunsystems durch chemotherapeutische Behandlung; psychische Schäden; erhebliche Schmerzen im linken Arm	Durchgeführt wurde eine Schnellschnittoperation, keine komplette Brustamputation	LG Essen 9.10.1997 6 O 326/96 RAe Bäckerling & Kollegen, Dortmund
696	€30000 (€31083)	Befunderhebungsfehler, deshalb aggressives Mammakarzinom nicht rechtzeitig erkannt. Amputation der rechten Brust und verkürzte Lebenserwartung		41-jähr. Frau	Tod	Die gewichtigsten Aspekte, die dementsprechend vorliegend in die Abwägung zur Berechnung des Schmerzensgeldes einzuziehen sind, sind vorliegend die Amputation einer Brust, die Aussaat der Krebszellen im Lymphsystem sowie die Metastasenbildung. Die Patientin befand sich seit März 2009 in dauerhafter, in der Intensität zunehmender Behandlung, litt jedenfalls ab Juni 2009 bis zu ihrem Versterben am 4.9.2013 unter Todesangst. Die Patientin befand sich in einem noch jungen Alter (45 Jahre), hatte in den letzten vier Jahren ihres Lebens aber keine Möglichkeit mehr ein erfülltes Leben zu führen	LG Bielefeld 6.10.2017 4 O 272/12 beck-online RAin Erika Leimkühler, Herford
697	€30000 + immat. Vorbehalt (€31733)	Verlust der linken Brust	Abbruch der Chemotherapie nach 12 Anwendungen, Behandlungsverzögerung um 1 Jahr	57-jähr. Frau		Diagnosefehler der Beklagten zu 1) durch Nichterkennen eines Mamma-Karzinoms. Der Verlust der Brust stellt sowohl physisch als auch psychisch ein schwerwiegendes Trauma dar. Die Zuerkennung eines weiteren Schmerzensgeldes ist dagegen rechtlich nicht veranlasst. Insoweit war zu berücksichtigen, dass die Klägerin zum Zeitpunkt der Untersuchung 57 Jahre alt war, sodass die Folgen der Ablatio entsprechend mit zu berücksichtigen sind. Zudem war zugrunde zu legen, dass die Beklagte zu 1) in dem anzuerkennenden ärztlichen Bemühen tätig gewesen ist, (subjektiv) der Klägerin bestmögliche ärztliche Hilfe im Sinne des Früherkennungsprogramms zukommen zu lassen. Die Genugtuungsfunktion blieb daher außer Betracht	LG Düsseldorf 3.9.2015 3 O 400/11 Landesrechtsprechungsdatenbank NRW
698	€30000 + immat. Vorbehalt (€37351)	Entfernung der linken Brust infolge eines Tumors sowie Revision der Axillaregion	Anschließende Hormontherapie und Behandlung einer nach der Operation eingetretenen Schlaflosigkeit	64-jähr. Frau	Verlust der linken Brust	Unterlassen einer nach erfolgter Mammographie erforderlichen röntgenologischen Kontrolle innerhalb von 6 Monaten, wodurch sich die Diagnose eines Mamma-Carcinoms um 1 3/4 Jahre verzögert hat; andernfalls hätte mit großer Wahrscheinlichkeit brusterhaltend operiert werden können; auch wäre eine lokale Lymphknotenmetastasierung in der Axilla unterblieben	LG Hamburg 6.1.2005 323 O 230/02 RAe von Geyso & Koll., Hamburg

● Mithaftung (siehe vorletzte Spalte)

Geschlechtsorgane/Sexualstörungen

Urteile lfd. Nr. 699 – 702

Lfd. Nr.	Betrag DM Euro *(Anp.2019)*	Verletzung	Dauer und Umfang der Behandlung; Arbeitsunfähigkeit	Person des Verletzten	Dauerschaden	Besondere Umstände, die für die Entscheidungen maßgebend waren	Gericht, Datum der Entscheidung, Az., Veröffentlichung bzw. Einsender

Fortsetzung von »Geschlechtsorgane/Sexualstörungen - weiblich - Amputation Brust«

699	€ 30 000 + immat. Vorbehalt *(€ 37 704)*	Totaloperation der rechten Brust 4 Jahre nach ärztlichem Behandlungsfehler bei der Behandlung eines krebsverdächtigen Befundes in der rechten Brust		42-jähr. Bankkauffrau		Ärztlicher Behandlungsfehler. Grob fehlerhaft war, dass das bei der Erst-OP entnommene Gewebe nicht markiert wurde, der Arzt nicht darüber aufklärte, dass Tumorreste verblieben sein könnten und eine Nachresektion nicht durchgeführt wurde. Nachfolgend erfolgte kombinierte Radio- und Chemotherapie mit erheblichen gesundheitlichen Nebenwirkungen. Vier Jahre später kam es zu einem Rezidiv und zur Notwendigkeit einer Total-OP. Entscheidend für die Schmerzensgeldbemessung war u. a. der Umstand, dass bei der Erst-OP grundsätzlich ein brusterhaltendes Vorgehen möglich und von der Klägerin auch gewünscht war	LG Stendal 10.3.2004 23 O 87/01 RAe Dr. Maus & Koll., Magdeburg
700	€ 30 000 *(€ 38 110)*	Amputation der rechten Brust		40-jähr. Frau		Ärztliches grobes Versäumnis bei der Behandlung eines Verdachts einer tumorösen Erkrankung; körperliche und psychische Belastungen	OLG Düsseldorf 6.3.2003 8 U 22/02 VersR 2003, 1310
701	€ 35 000 + immat. Vorbehalt *(€ 37 660)*	Verspätete Feststellung eines Brusttumors aufgrund eines Befunderhebungsfehlers eines Frauenarztes		36-jähr. Frau		Von erheblicher Bedeutung ist die Entfernung der linken Brust mit den daraus resultierenden körperlichen und psychischen Belastungen für die im Zeitpunkt der streitgegenständlichen Behandlung 36-jähr. Klägerin. Erheblich ist zudem auch die durch die verzögerte Diagnose entstandene gesteigerte Metastasenangst. Hierfür ist ein Schmerzensgeld von € 35 000 angemessen. Dieses Schmerzensgeld befindet sich im Rahmen dessen, was andere Gerichte in vergleichbaren Fällen zugesprochen haben	LG Berlin 23.10.2013 36 O 124/10
702	€ 35 000 + immat. Vorbehalt *(€ 37 357)*	Behandlungsfehler bzgl. der Axilladissektion und der Ausführung der Naht zum Abschluss der dritten Operation. Aufklärungsfehlerhafte Brustamputation	3 Operationen von Biopsie, Herdentfernung bis Brustamputation	48-jähr. Frau	Depression, Bewegungsschmerzen	Der Senat darf anmerken, dass ihm € 35 000 für einen unnötigen Brustverlust und ein Vorenthalten der Information, dass kein invasives Karzinom, sondern ein DCIS vorliegt, auch ohne die beklagtenseits angegriffenen weiter einbezogenen Erkrankungen unter Berücksichtigung der Genugtuungsfunktion noch angemessen erschienen	KG Berlin 16.10.2014 20 U 261/13

Urteile lfd. Nr. 703 – 705 — Geschlechtsorgane/Sexualstörungen

Lfd. Nr.	Betrag DM Euro (Anp.2019)	Verletzung	Dauer und Umfang der Behandlung; Arbeitsunfähigkeit	Person des Verletzten	Dauerschaden	Besondere Umstände, die für die Entscheidungen maßgebend waren	Gericht, Datum der Entscheidung, Az., Veröffentlichung bzw. Einsender
\multicolumn{8}{l}{Fortsetzung von »Geschlechtsorgane/Sexualstörungen - weiblich - Amputation Brust«}
703	€ 50 000 + immat. Vorbehalt (€ 62 397)	Diagnoseirrtum bei Auswertung der Mammographieaufnahme mit radikaler Entfernung der ganzen rechten Brust		54-jähr. Operationsschwester	Auf Dauer arbeitsunfähig	Krebsverdacht hätte schon 7 Monate früher durch eine Biopsie geklärt werden können, dann wäre mit ausreichender Wahrscheinlichkeit auch schon seinerzeit ein – etwas kleinerer, vielleicht noch nicht metastasierter – Tumor in der rechten Brust der Klägerin vorgefunden worden. Zwar wäre der Klägerin eine chirurgische Entfernung des Tumors auch nicht erspart worden, aber alle anderen Folgen, d. h. die besonders radikale Entfernung des Tumors mit der ganzen Brust, Entfernung der Achsellymphknoten, die Chemotherapie und der Eingriff an der Wirbelsäule, wären der Klägerin möglicherweise erspart geblieben	LG Berlin 21.10.2004 6 O 298/02 RAe Ciper & Coll., Düsseldorf
704	€ 60 000 + immat. Vorbehalt (€ 68 369)	Unnötige operative Entfernung beider Brüste mit auftretender Faszialislähmung, erhebliche seelische Belastungen	Gescheiterter Versuch, die Brüste in einem nach heutigen medizinischen Standard akzeptablen Umfang künstlich zu rekonstruieren	52-jähr. Frau, zum Urteilszeitpunkt 58 Jahre alt		Unzureichende Aufklärung über die Bedeutung und Tragweite des ärztlichen Eingriffs; Klägerin hatte eine irrationale, übertriebene Angst vor einer Krebserkrankung, was durch die Äußerung eines Radiologen, sie lebe mit einer „tickenden Zeitbombe" in kaum noch zu verantwortender Weise verstärkt worden war; man hätte ihr eine Aufklärung anbieten müssen, die auf ihre Ängste und Verzweiflung „patientenbezogen" eingegangen wäre; es fand jedoch nur eine Aufklärung über die Operationsrisiken im engeren Sinne statt; Operation war letztlich unnötig; zu berücksichtigen ist neben der rechtswidrigen Erstoperation eine Folge von Operationen mit Schmerzen und Beeinträchtigungen, die der Beseitigung der Folgen dienten	OLG Köln 17.3.2010 5 U 51/09
705	250 000 € 125 000 + immat. Vorbehalt (€ 161 496)	Entfernung beider Brüste		30-jähr. Frau	GdB: 70%	Arzt verstieß gegen die Pflicht zur ordnungsgemäßen Aufbewahrung von Befundträgern. Die Pflicht zur Aufbewahrung der pathologischen Präparate betrug 10 Jahre. Falls diese noch vorhanden gewesen wären, hätte die Entscheidung über die Bös- und Gutartigkeit zu 100% getroffen werden können. Es fällt in den Verantwortungsbereich des Arztes, dass diese Frage nicht mehr mit der erforderlichen Sicherheit zu klären ist. Die Leiden der Klägerin können nicht mit einer bestimmten Geldsumme ausgeglichen werden. Dabei hat der Senat insbesondere berücksichtigt, dass die Klägerin sich mit gerade 30 Jahren dem ersten Eingriff unterziehen und starke Angst um ihr Leben haben musste, sich etwa 7 Monate später mit dem gleichen Krankheitsbild konfrontiert sah und auch die zweite Brust opfern musste	OLG Hamm 12.12.2001 3 U 119/00 NJW-RR 2003, 807 OLG Hamm

Weitere Urteile zur Rubrik »Geschlechtsorgane/Sexualstörungen - weiblich - Amputation Brust« siehe auch:
ab € 25 000: 2414, 2433

● Mithaftung (siehe vorletzte Spalte)

Gesicht

Lfd. Nr.	Betrag DM Euro (Anp.2019)	Verletzung	Dauer und Umfang der Behandlung; Arbeitsunfähigkeit	Person des Verletzten	Dauerschaden	Besondere Umstände, die für die Entscheidungen maßgebend waren	Gericht, Datum der Entscheidung, Az., Veröffentlichung bzw. Einsender
Gesicht							(siehe auch unter „Kopf" und „Sinnesorgane")
706	€13000● + immat. Vorbehalt *(€ 13737)*	Stirnhöhlenvorderwandfraktur, Schädelprellung	2 Operationen	15-jähr. Junge	rezidivierende Kopfschmerzen	Vorsätzliche Körperverletzung. Insbesondere wurden die brutale Ausführung sowie der Umstand, dass der Kläger aufgrund seines jugendlichen Alters sehr lange Zeit unter den Folgen leiden wird, berücksichtigt. Ein Mitverschulden wegen einer vorherigen Beleidigung im Rahmen einer Auseinandersetzung um die Freundin des Klägers kommt nach Ansicht des Senats nicht zum Tragen, da es dem fest entschlossenen Beklagten nur um die körperliche Bestrafung ging. Der Kläger hatte keine Möglichkeit, die Auseinandersetzung zu vermeiden	OLG Hamm 4.11.2016 9 U 135/15 Landesrechtsprechungsdatenbank NRW

Weitere Urteile zur Rubrik »**Gesicht**« siehe auch:
bis € 12500: 147
bis € 25000: 2381

Gesicht - Bruch

Lfd. Nr.	Betrag DM Euro (Anp.2019)	Verletzung	Dauer und Umfang der Behandlung; Arbeitsunfähigkeit	Person des Verletzten	Dauerschaden	Besondere Umstände, die für die Entscheidungen maßgebend waren	Gericht, Datum der Entscheidung, Az., Veröffentlichung bzw. Einsender
707	€2000 *(€ 2192)*	Augapfelprellung mit Monokelhämatom, Nasenbeinbruch, Bruch eines Backenzahnes, multiple Prellungen und Hautabschürfungen am gesamten Körper	3 Tage AU	Taxifahrer		Vorsätzliche Körperverletzung durch Schädiger, welcher auf den Geschädigten einschlug und eintrat	AG Mannheim 19.4.2012 12 C 208/10 Versäumnisurteil RA Michael Grab, Mannheim
708	€2500 + immat. Vorbehalt *(€ 2685)*	Gering dislozierte mehrfragmentäre Nasengerüstfraktur durch Faustschlag	2 Tage stationäre Behandlung, 1 Operation, 2 Wochen Nasengips, 4 Wochen erhebliche Beschwerden v. a. bei Nasenatmung	24-jähr. Mann	Nasenschiefstand	Vorsätzliche Körperverletzung, endgültiger Dauerschaden noch nicht absehbar, evtl. weitere operative Behandlung erforderlich	AG Dülmen 16.7.2013 3 C 33/13 RA Derk Röttgering, Gescher
709	€2500 *(€ 2660)*	Nasenbeinfraktur und Platzwunde an der Nase aufgrund eines Faustschlags	1 Operation, 7 Tage stationärer Aufenthalt	Mann	Sichtbare Narbe	Vorsätzliche Körperverletzung	AG Koblenz 27.8.2014 161 C 3098/13 RAin Kerstin Rueber-Unkelbach, Koblenz
710	5000● €2500 *(€ 3340)*	Nasenbeintrümmerbruch		Mann	MdE: 20% davon 10% unfallunabhängig	1/3 Mitverschulden. Es liegt eine hochgradige Nasenatmungsbehinderung vor, die zu wiederkehrenden trockenen Halsentzündungen führt	LG München I 30.3.2000 19 S 1719/99 VorsRiLG Krumbholz
711	€3000 *(€ 3811)*	Jochbeinfraktur. Schnittwunden im Schulterbereich	Krankenhaus mit Operation	26-jähr. Mann	MdE von 10%, die jedoch durch Gewöhnung auf Dauer ausgeglichen werden kann	Narbenbildung an der Schulter und im Bereich des Schlüsselbeins stellt bei einem 26-jähr. Mann keine psychisch belastende Entstellung dar; infolge Mithaftung wurde lediglich ein Schmerzensgeld von €2000 zugesprochen	LG Berlin 1.9.2003 58 S 129/03 SP 2003, 418
712	8000 €4000 + immat. Vorbehalt *(€ 5137)*	Gehirnerschütterung mit nachfolgender Bewusstlosigkeit, geschlossene Nasenbeinfraktur, mehrere starke Hämatome im Gesicht- und Wangenbereich	8 Tage Krankenhaus mit operativer Richtung der Nasenbeinfraktur	Mann		Grob fahrlässige Verletzung bei einer Auseinandersetzung zwischen dem Beklagten und einem Dritten durch einen Schlag ins Gesicht; nach der Operation noch Einschränkungen der Nasenatmung, Schmerzzustände; 2. Operation steht daher noch an	AG Cottbus 18.6.2002 45 C 492/01 RAe Dittberner, Quackenack & Sachs, Cottbus

Lfd. Nr.	Betrag DM **Euro** *(Anp.2019)*	Verletzung	Dauer und Umfang der Behandlung; Arbeitsunfähigkeit	Person des Verletzten	Dauerschaden	Besondere Umstände, die für die Entscheidungen maßgebend waren	Gericht, Datum der Entscheidung, Az., Veröffentlichung bzw. Einsender
Fortsetzung von »Gesicht - Bruch«							
713	€ 4000● + immat. Vorbehalt *(€ 4444)*	Jochbeinfraktur, Augenhöhlenbodenfraktur und Oberkieferfraktur, Prellungen und Schürfwunden nach Sturz mit dem Fahrrad	Die anlässlich der Operation zur Stabilisierung eingelegten Platten und Folien wurden im Zuge einer zweiten Operation mit stationärer Behandlung entfernt	Mann		50% Mithaftung wegen Nichtbenutzung eines vorhandenen Radwegs	OLG Frankfurt am Main 28.10.2011 24 U 134/11 NZV 2012, 179
714	€ 4500● + immat. Vorbehalt *(€ 4760)*	Mittelgesichtsfraktur (Jochbeinfraktur links, Orbitabodenfraktur) Schwellungen und Hämatome am linken Jochbogen und der Augenhöhle, beginnendes Taubheitsgefühl links, Wundheilungsstörungen, schmerzbedingte Schlafstörungen	5 Tage stationärer Aufenthalt, 2 OPs, 3 Wochen AU, Entfernung der Metallplatte nach ca. 6 Monaten	Fahrradfahrerin (Beklagte und Widerklägerin)	Taubheitsgefühl in der linken Gesichtshälfte und den Zähnen	Kollision zweier Fahrradfahrer. Mithaftung 50%. Die Widerklägerin ist beim Essen im Alltag beeinträchtigt	LG Kempten (Allgäu) 12.6.2015 22 O 72/14
715	€ 5000 + immat. Vorbehalt *(€ 6132)*	Mittelgesichtsfraktur links, Fraktur des linken Orbitabodens, Schleudertrauma und Prellungen	2 ½ Monate arbeitsunfähig	Mann		S-Bahn-Unfall. Dem Kläger wurde operativ in die linken Augenhöhle eine Orbitabodenplastik eingesetzt. Nach der Operation sah er auf dem linken Auge Doppelbilder. Seit dem Unfall ist er regelmäßig in augenärztlicher Kontrolle. Der Feststellungsantrag war ebenfalls begründet, da bei derartigen Brüchen nicht absehbar ist, welche Spätfolgen auftreten, ob spätere Operationen möglicherweise, um die Atmung zu erleichtern oder dergleichen, nötig werden	LG München I 15.9.2005 19 O 21583/04 RA Siegert, Pullach
716	10 000● € 5000 *(€ 6941)*	Nasentrümmerbruch	Operative Versorgung mit Anlegen von Nähten im Naseninneren, mehrere Wochen Tragen eines Stützverbandes im Gesicht; 3 Wochen arbeitsunfähig	Frau	Sichtbare Nasendeformierung, Kopfschmerzen bei Witterungsumschwüngen	50% Mitverschulden; Klägerin wurde von einem unbesetzten Doppelbügel eines Schleppliftes im Gesicht getroffen. Der Betreiber des Skilifts muss wegen eines in der Nähe befindlichen Parkplatzes mit Skifahrern rechnen, welche die Trasse des Skiliftes queren; deshalb müssen unbesetzte oder rücklaufende Schleppgehänge zur Schneeoberfläche einen Mindestabstand von 2,5 m einhalten	OLG Nürnberg 20.12.1996 6 U 2776/96 RiOLG Dr. Seidel
717	12 000● € 6000 + immat. Vorbehalt *(€ 8066)*	Stirnhöhlenfraktur mit ca. 5 cm langer offener Wunde, Schulterfraktur mit Bänderriss rechts; leichte Rückenmarksverletzung; Gehirnerschütterung; Risswunde am linken äußeren Fußrand, multiple Schnittwunden, Blutergüsse und Prellungen	18 Tage Krankenhaus; nahezu 1 Jahr krankgeschrieben	Azubi Arzthelferin	Störungen der Nervenleitfähigkeit im rechten Arm bis in die Hand mit ausgeprägten Sensibilitätsstörungen sowie Krampfzuständen im Ulnaris-Versorgungsgebiet bei Zustand nach vermutlich traumatischer Armplexusläsion; MdE: 15%	30% Mithaftung wegen Nichtanlegung des Sicherheitsgurts; Klägerin kann ihrer Arbeit nachgehen, ist aber nicht voll und längere Zeit belastbar; Genugtuungsfunktion tritt zurück, weil Beklagter selbst schwerwiegend verletzt worden und wegen fahrlässiger Körperverletzung auch bestraft worden ist	OLG Braunschweig 1.11.1999 6 U 20/99 RAe Krause u. Weiss, Braunschweig
718	€ 6500 *(€ 6695)*	Mittelgesichtsfraktur mit Korrektur des Jochbeins	3 Tage stationärer Aufenthalt, 2 OPs	Mann	Taubheit an der rechten Gesichtshälfte von der Schläfe bis zum Ohr und Gefühlsminderung des Zahnfleisches am rechten Oberkiefer um 60%	Der Beklagte gab dem Kläger eine Kopfnuss im Rahmen einer belanglosen Auseinandersetzung bei einer Hochzeitsfeier, ob einzelne Gegenstände zu nah am Grill stehen und dadurch eine Feuergefahr besteht	LG Köln 27.4.2018 22 O 444/13 Landesrechtsprechungsdatenbank NRW

● Mithaftung (siehe vorletzte Spalte)

Lfd. Nr.	Betrag DM Euro (Anp.2019)	Verletzung	Dauer und Umfang der Behandlung; Arbeitsunfähigkeit	Person des Verletzten	Dauerschaden	Besondere Umstände, die für die Entscheidungen maßgebend waren	Gericht, Datum der Entscheidung, Az., Veröffentlichung bzw. Einsender
Fortsetzung von »Gesicht - Bruch«							
719	€ 6500 (€ 7266)	Jochbeinfraktur links (Orbitawand- und Bodenfraktur) Abbruch des linken Schneidezahns, HWS-Distorsion, Gehirnerschütterung mit Kopfschmerzen, multiple Schürf- und Platzwunden, Prellungen beider Kniegelenke, Knochenödem medialer Femurcondylus und Kontusionsödem an der rechten Kniescheibe	Krankenhausaufenthalt von insg. 6 Tagen, ca. 6 Monate ambulante Behandlung	Frau	Reizlose Narben im Bereich der Oberlippe, am rechten Knie und am linken Unterschenkel	Die Verletzungen wurden durch ein grob fahrlässiges Verkehrsverhalten herbeigeführt. Die Höhe des Schmerzensgeldes errechnete das Gericht durch die Addition von mehreren Entscheidungen zum Schmerzensgeld	LG München II 7.3.2011 5 O 1837/09 RA K. H. von Zwehl, München
720	€ 7000 + immat. Vorbehalt (€ 8325)	Offene Nasenbeinfraktur, distale Radiusfraktur links, erhebliche Prellungen und Schnittwunden sowie Gerhirnerschütterung	Über 3 Monate ambulante Behandlung. MdE: 7 Wochen 100% 1 Monat 80% knapp 3 Wochen 50%	Frau	Narben im Gesicht	Aus den vorliegenden ärztlichen Berichten ist zu entnehmen, dass die Verletzungen normal und zeitgerecht ausgeheilt sind, Spätfolgen können jedoch nicht ausgeschlossen werden	LG Wiesbaden 3.5.2007 3 O 116/04 RA Koch, Erftstadt
721	€ 8000 (€ 8522)	Jochbeinfraktur, Nasenbeinfraktur, Lidhämatom, LWS-Prellung, Ellenbogenprellung, tiefe Schürfwunden am linken Unterschenkel, Handgelenksdistorsion rechts, kausale Augenentzündung	8 Tage stationärer Aufenthalt, 1 OP; über 2 Jahre kieferorthopädische ambulante Behandlung	Motorradfahrer		Die kieferorthopädische Behandlung war auch zum Zeitpunkt der mündlichen Verhandlung über 2 Jahre nach dem Unfallereignis noch nicht abgeschlossen. Ferner bestand zu diesem Zeitpunkt noch ein Taubheitsgefühl an der linken Schläfe. Schmerzensgelderhöhend wurde das Regulierungsverhalten der beklagten Haftpflichtversicherung gewertet. Obwohl spätestens seit der mündlichen Verhandlung das alleinige Verschulden des Beklagten zu 1) auf der Hand lag, wurde keinerlei Ausgleichszahlung erbracht	LG Landau in der Pfalz 28.7.2014 4 O 381/12 RA Winfried Rehm, RAe Dennig & Kollegen, Karlsruhe
722	20 000 € 10 000 + immat. Vorbehalt (€ 14 179)	Gesichtsschädelfrakturen rechts; Fraktur des Mittelhandknochens der rechten Hand; multiple Platzwunden und Prellungen am ganzen Körper	Zwei stationäre Aufenthalte von insgesamt 36 Tagen, knapp 2 Monate und nochmals 6 Wochen arbeitsunfähig	Mann	Nicht entstellende Gesichtsnarben		LG Braunschweig 10.2.1995 5 O 337/93 RA Krause, Braunschweig
723	20 000 € 10 000 (€ 13 477)	Mittelgesichtsfraktur beidseits, Trümmerfraktur des Nasenbeins	MdE: 2 Monate 100% 5 Monate 30%	Frau (Bosnischer Flüchtling)	Deutlich sichtbare Narben im Gesicht	Ob die Klägerin nunmehr in Amerika lebt oder bosnischer Flüchtling war, wirkt sich auf dieses Schmerzensgeld nicht aus. Die Klägerin hat den Unfall zu einem Zeitpunkt erlitten, zu dem sie in Deutschland lebte. Demnach ist auch nach diesen Kriterien der Schmerzensgeldanspruch zu berechnen; wegen ⅓ Mithaftung (Nichtanlegung des Sicherheitsgurts) wurde ein Betrag von DM 13 333 (€ 6666,50) zugesprochen	LG München I 17.6.1999 19 O 6658/98 RiLG Krumbolz, München
724	€ 10 000 + immat. Vorbehalt (€ 12 349)	Mittelgesichtsfraktur, verschiedene Frakturen der Schädel- und Gesichtsschädelknochen, Alveolarfortsatzfraktur, Orbitabodenfraktur, Kalottenfraktur, Nasenbeinfraktur, Stirnhöhlenvorderwandfraktur, Verlust von vier Zähnen	Zwei stationäre Aufenthalte von insgesamt 23 Tagen; bis heute ambulante Behandlung	7-jähr. Junge	Leichte Schiefstellung des Gesichts	Der Kläger stürzte mit Fahrrad auf Skateranlage. Die Beklagten haben die ihnen obliegende Verkehrssicherungspflicht verletzt, indem sie keine hinreichenden Vorkehrungen gegen den bestimmungswidrigen Gebrauch der auf dem Skateplatz aufgestellten Geräte durch Fahrradfahrer getroffen haben	OLG Köln 17.3.2005 7 U 126/04 RA Koch, Erftstadt

Fortsetzung von »Gesicht - Bruch«

Lfd. Nr.	Betrag DM Euro (Anp.2019)	Verletzung	Dauer und Umfang der Behandlung; Arbeitsunfähigkeit	Person des Verletzten	Dauerschaden	Besondere Umstände, die für die Entscheidungen maßgebend waren	Gericht, Datum der Entscheidung, Az., Veröffentlichung bzw. Einsender
725	25 000 € 12 500 (€ 16 997)	Jochbein- und Orbitabodenfraktur links; Quetschungen des rechten Arms; psychische Beeinträchtigung durch Miterleben des unfallbedingten Todes der besten Freundin	Krankenhausaufenthalt mit Operation	Junge Frau	Gelegentliche Zuckungen und Schwellneigung im Bereich der linken Gesichtshälfte, gelegentliche Kopfschmerzen (manchmal monatlich, bisweilen auch zweimal die Woche)	Länger anhaltende Funktionsstörungen im rechten Arm; Klägerin hat unter dem Verlust ihrer besten Freundin, die neben ihr im Pkw saß, erheblich gelitten; sie befand sich eine Zeit lang in psychotherapeutischer Behandlung; andererseits hat Klägerin keine Schwierigkeiten, trotz des traumatischen Erlebnisses im Straßenverkehr selbst Auto zu fahren	OLG Hamm 23.3.1998 6 U 191/97 NZV 1998, 328
726	25 000 ● € 12 500 (€ 16 976)	Contusio cerebri, organisches Psychosyndrom; linksseitige Orbitafraktur mit frontobasaler Kontusionsblutung, Jochbeinfraktur links, Nasenbeinfraktur; 20 cm lange und tief in die Muskulatur reichende Schnittverletzung im Nacken; kleine Schnittverletzungen im Gesicht	7 Wochen Krankenhaus, mehrere Tage bewusstlos, Lebensgefahr; MdE: 8 Monate 100% 2 Wochen 40%	27-jähr. Mann	Leichtgradige Hirnleistungsminderung mit Konzentrations-, Aufmerksamkeits- und Blickkontaktstörungen; Gefühlstörungen im rechten Bein; MdE: 20%	25% Mithaftung aus Betriebsgefahr	LG Osnabrück 27.2.1998 2 O 316/96 bestätigt durch OLG Oldenburg 30.6.1998 5 U 46/98 RA Meldau, Bad Iburg
727	25 000 ● € 12 500 (€ 17 676)	Gesichtsfrakturen		Frau	Asymetrie im Nasenbereich (Schiefstellung der Nase nach links und knöcherne Verwölbung des oberen Drittels des rechten Nasenflügels); störende vertikale Hautnarbe zwischen Oberlippe und Nase, Narbe innen im Oberkiefer	30% Mitverschulden; fortbestehende Gesichtsschmerzen; es kann nicht von einer „dauernden Verunstaltung" ausgegangen werden	OLG Hamm 21.6.1995 3 U 60/95 DAR 1996, 24
728	30 000 € 15 000 + immat. Vorbehalt (€ 22 033)	Schädelhirntrauma mit Gehirnerschütterung, Jochbogenabrissfraktur mit Dislocation, Kieferhöhlenfraktur rechts mit Einblutung, Orbitabodenfraktur, Orbitaseitenfraktur, bimalleoläre Fraktur des oberen Sprunggelenks rechts, Typ Weber C, mit abgesprengtem Volkmannschen Dreieck, tiefe Riss-/Quetschwunde im Gesicht	Zwei stationäre Aufenthalte von 1 Monat und 9 Tagen, arbeitsunfähig knapp 6 Monate, teilarbeitsunfähig weitere 5 Monate	Schweißer	Beim Stehen und Gehen Schmerzen im verletzten Bein, Gefühlstörungen am Fuß, Kopfschmerzen mit gelegentlichem Doppelbildersehen	Es liegen bereits Anzeichen einer posttraumatischen Arthrose an dem verletzten Sprunggelenk vor	LG Hechingen 23.7.1993 2 O 80/93 RAe Schwarz & Partner, Rottweil
729	30 000 € 15 000 (€ 19 380)	Offene dislozierte Nasenbeinfraktur, Fremdkörperinokulation, Einrissverletzung des rechten Oberlids, Gehirnerschütterung, HWS-Distorsion	9 Tage Krankenhaus, 1 Monat arbeitsunfähig, langwierige ambulante Behandlung zur Entfernung weiterer Glassplitter	Mann	Beeinträchtigung in der Lebensführung, Eiterfluss im Bereich des Augenlides, weiterhin Schmerzen im Bereich der HWS, Kopfschmerzen, Atemprobleme, trockene Nase mit Nasenbluten	Die Art und Weise der Unfallverursachung sowie der Unfallhergang rechtfertigen nach Auffassung des Gerichts das zugesprochene Schmerzensgeld	LG Rottweil 21.12.2001 2 O 235/01 RAe Ziefle & Koll., Freudenstadt

● Mithaftung (siehe vorletzte Spalte)

Lfd. Nr.	Betrag DM Euro (Anp.2019)	Verletzung	Dauer und Umfang der Behandlung; Arbeitsunfähigkeit	Person des Verletzten	Dauerschaden	Besondere Umstände, die für die Entscheidungen maßgebend waren	Gericht, Datum der Entscheidung, Az., Veröffentlichung bzw. Einsender
\multicolumn{8}{l}{Fortsetzung von »Gesicht - Bruch«}
730	35 000 ● € 17 500 (€ 25 115)	Verschobene Jochbeinfraktur rechts; komplizierter Bruch des Augenhöhlenbodens und des Augenhöhlenrandes rechts; Trümmerbruch des Nasengerüsts; Trümmerfraktur der Kieferhöhlenvorderwand; Bruch des Oberkiefers; Oberkieferalveolarfortsatzfraktur im Bereich der Zähne 12–17 und im Bereich des Zahnes 23; Verlust der Zähne 11, 12, 21, 22, Lockerung der restlichen Zähne im Oberkiefer; Mittelfußbasisbruch links; periphere Ulnaris-Parese rechts	Stationäre und ambulante Behandlung von ca. 2 ½ Jahren	Mann	Kopfschmerzen; Taubheitsgefühl über der linken Achillessehne; Gefühlsstörungen in den Fingern der rechten Hand mit Taubheitsgefühl, Beeinträchtigung des Temperaturempfindens; Gefühlsstörung im Gesicht; Kaubeschwerden	⅓ Mitverschulden	OLG Hamm 21.9.1994 3 U 297/93 SP 1995, 202
731	€ 18 000 + immat. Vorbehalt (€ 19 427)	Mittelgesichtsfraktur Le-Fort-II, Orbitabodenfraktur beidseits, Platzwunden unter beiden Augen, Schmerzen an der HWS mit Bewegungsknacken über C5, HWS-Distorsion, Streckfehlhaltung	2 mehrwöchige stationäre Aufenthalte, 7-stündige schwierige Operation, insgesamt 2 OPs, 6 Wochen zusammengeschraubter Kiefer	Mann	Dyssymmetrie des Gesichts, Öffnungseinschränkung des Mundes mit Knackgeräuschen, Knackgeräusche im Nacken, Wetterfühligkeit an der linken Wange sowie belastungsabhängiger Zugschmerz an der linken Wange	Der Beklagte schlug dem Kläger vorsätzlich zweimal wuchtig und gezielt ohne Vorwarnung mit der Faust ins Gesicht. Der Kläger beugte sich nach vorne um das Blut aufzufangen, was der Beklagte nutzte, um ihm noch einen kräftigen Tritt in die linke Gesichtshälfte mit dem beschuhten Fuß zu versetzen. Der Kläger konnte aufgrund des zusammengeschraubten Kiefers für 6 Wochen nur Flüssignahrung zu sich nehmen. Zudem ist der Kläger seelisch durch die erlittenen Verletzungen belastet	LG Frankenthal (Pfalz) 16.5.2013 6 O 52/13 Teilanerkenntnis- und Endurteil RA Dr. Babelotzky, Neustadt
732	50 000 € 25 000 (€ 34 706)	Jochbeinfraktur rechts; nicht dislozierte Rhinobasisfraktur; Le-Fort-I-Fraktur beidseits; Unterkieferfraktur rechts, Luxationsfraktur Collum links; ausgedehnte Gesichtsweichteilverletzungen im Bereich der rechten Augenbraue, des rechten Oberlids, der rechten Wange, der median komplett durchgerissenen Oberlippe; diverse Zahnverluste, Zahnfrakturen und Zahnlockerungen im Oberkiefer- und Unterkieferfrontzahnbereich; Ellenbogenfraktur rechts; Oberschenkeltrümmerfraktur rechts, Kniegelenksfraktur rechts	9 Wochen Krankenhaus mit anfänglicher Lebensgefahr; Operationen im Gesicht, am Arm und am Bein; anschließend 7 Wochen Reha, später 3 Krankenhausaufenthalte von 4, 10 und 6 Tagen zur Metallentfernung aus Arm, Gesicht, Oberschenkel und Schienbein; anschließend 10 Tage Klinikaufenthalt zur Korrektur des rechten Orbitabodens; umfangreiche zahnärztliche Behandlung mit aufwändigen prothetischen Maßnahmen; 1 ½ Jahre arbeitsunfähig	Krankengymnastin in Umschulung	Erhebliche Gesichtsnarben, Gebrauchsfähigkeit des rechten Arms zu 1/10 und des rechten Beins zu 1/7 eingeschränkt; Sensibilitätsstörungen im Bereich der rechten Wange, des rechten Auges, des gesamten Gaumen- und Mundbereichs, im rechten Unterlippenbereich mit Kaubeschwerden; Facialis-Nervenlähmung im Stirnastbereich links; linke Augenbraue lässt sich nicht mehr heben; MdE: 10%	Aussehen der Klägerin durch die nach der Behandlung der Gesichtsverletzungen verbliebenen Narben hat sich deutlich zu ihrem Nachteil verändert; zögerliches Regulierungsverfahren	LG Bochum 11.12.1996 2 O 52/95 RAe Füg & Kröger, Ascheberg

Lfd. Nr.	Betrag DM **Euro** *(Anp.2019)*	Verletzung	Dauer und Umfang der Behandlung; Arbeitsunfähigkeit	Person des Verletzten	Dauerschaden	Besondere Umstände, die für die Entscheidungen maßgebend waren	Gericht, Datum der Entscheidung, Az., Veröffentlichung bzw. Einsender
Fortsetzung von »Gesicht - Bruch«							
733	50 000 € 25 000 + immat. Vorbehalt *(€ 32 497)*	Schädelhirntrauma 1. Grades, Stirnhöhlenvorderwand-Impressionsfraktur, Orbitawandfraktur beidseitig, Orbitadachfraktur beidseitig, Orbitabodenfraktur rechts mit Verlagerung von Knochenfragmenten und Impression des M. rektur superius, Nasenbeinfraktur, Kieferhöhlenfraktur beidseitig, Rissquetschwunde an der linken Augenbraue, Ellenbogenluxations-Trümmer-Fraktur, multiple Riss- und Quetschwunden sowie Abschürfungen	Zwei Krankenhausaufenthalte von insgesamt 19 Tagen	Mann	Deutlich sichtbare Bügelschnittnarbe, die sich über den gesamten Kopfbereich zieht, Probleme beim Atmen durch die Nase	Bei der Bemessung des Schmerzensgeldes ist berücksichtigt, dass die Beklagte u. a. einen immat. Vorbehalt anerkannt hat, der künftige, jetzt noch nicht absehbare Beschwerden erfassen kann, wie etwa eine künftig einsetzende Arthrose im Ellenbogengelenk	OLG Stuttgart 31.5.2001 19 U 22/2001 RAe Brosch & Koll., Ulm
734	65 000 € 32 500 + immat. Vorbehalt *(€ 44 307)*	Nasenbeintrümmerfraktur, Fraktur beider Kieferhöhlenvorder- und -hinterwände, Siebbeinfrakturen beidseits, Stirnhöhlenvorderwandfraktur rechts, Stirnhöhlenhinterwandfraktur rechts; Gesichtsweichteilverletzungen	7 Wochen Krankenhaus mit mehreren Operationen, 8 Monate ambulante Behandlung	22-jähr. Mann	Durchtrennung der Nasenscheidewand mit atrophischer Rhinitis; Verlust der üblichen Riechwahrnehmungen, Einschränkung der Geschmackswahrnehmungen; Ohrensausen rechts; Kopfschmerzen bei Wetterwechsel; MdE: 15%	Unzureichende Schadensregulierung über mehrere Jahre durch die beklagte Haftpflichtversicherung, bei der trotz rechtskräftig festgestellter Haftung dem Grunde nach sogar ein Teil des vorprozessual bezahlten, unangemessen niedrigen Schmerzensgeldes über eine Widerklage zurückverlangt wurde, ist als psychisch belastend durch Erhöhung des Schmerzensgeldes zu berücksichtigen	OLG Nürnberg 30.10.1997 8 U 1741/97 RiOLG Dr. Seidel
735	70 000 € 35 000 + immat. Vorbehalt *(€ 47 593)*	Bruch des Nasenbeins, der hinteren Nasennebenhöhle, der Stirnhöhle, der Kieferhöhle und der linken Orbita; Austritt von Hirnwasser; zahlreiche Schnittwunden im linken oberen Gesichtsbereich, Zerfetzung des linken Augenlids; Abriss des Patellapoles	Mehrere Operationen (Frontbasisrevision beidseitig, Stirnhöhlen-Nasenbeinrekonstruktion mit Titan, Rekonstruktion der Knochen und der Nase, Oberlidrekonstruktion links, Tränenwegsondierung, Schienung des Abrisses des Patellapoles)	36-jähr. Einzelhandelskauffrau	Verlust des Geruchssinns; linkes Augenlid schließt nicht vollständig; Nasenrücken ist verbreitert, Narben im Nasenbereich und am Oberlid; linkes Auge hat Fehlstellung, Mobilität des Auges ist eingeschränkt, daher Doppelbilder bei Auf-, Ab- und Linksblick MdE: Neurologisch-psychiatrisch einschließlich Verlust des Geruchssinns: 20% Augenärztlich: 20% Gebrauchsminderung von 1/10 Beinwert rechts	Grobes Verschulden des Schädigers; äußeres Erscheinungsbild des Gesichts ist beeinträchtigt, was sich nachteilig auf die Stellung der Klägerin in der Gesellschaft auswirken kann; deutliche Einschränkung der Lebensfreude durch Verlust des Geruchssinns; Schädigung des linken Auges durch Austrocknen nicht auszuschließen; Möglichkeit einer arthritischen Abnützung der linken Kniescheibe	LG Ulm 9.1.1998 2 O 434/96 RAe Dr. Schwab, Cless & Koll., Göppingen
736	€ 35 000 *(€ 39 839)*	Mittelhandfraktur, Fraktur der Großzehe und Schlüsselbeinbruch sowie zahlreiche Hämatome an Armen und Beinen, im Gesicht, am rechten Schulterblatt und an der linken Brust, Bisswunde an der linken Brust, Risswunde an der Oberlippe, Bluterguss am Hinterkopf sowie Schürfwunden am Fuß und am linken Zeh; Bruch des Jochbeins sowie des Schläfenbeins mit Blutung unter die harte Hirnhaut	Stationäre Krankenhausaufenthalte mit Reha-Maßnahmen	Frau		Aufgrund der Verletzungsfolgen (vorliegend lebensbedrohliche Verletzungen sowie Brüche und Hämatome), insb. aber auch wegen der im Hinblick auf die Art und Weise der Tatbegehung (erhebliche und vorsätzliche Misshandlungen – hier durch Gewalt in der Ehe) besonders ins Gewicht fallenden Genugtuungsfunktion ist ein Schmerzensgeld in der Größenordnung von € 35 000 auch unter Einbeziehung vergleichbarer Entscheidungen in der Rspr. angemessen	Brandenburgisches OLG 30.9.2010 12 W 28/10

Gesicht — Urteile lfd. Nr. 737 – 740

Lfd. Nr.	Betrag DM Euro (Anp.2019)	Verletzung	Dauer und Umfang der Behandlung; Arbeitsunfähigkeit	Person des Verletzten	Dauerschaden	Besondere Umstände, die für die Entscheidungen maßgebend waren	Gericht, Datum der Entscheidung, Az., Veröffentlichung bzw. Einsender
\multicolumn{8}{l}{Fortsetzung von »Gesicht - Bruch«}
737	€ 40 000 (€ 45 825)	Mittelgesichtsfraktur in der Le Fort II-Ebene (Abrissbruch des Oberkiefers und von Teilen des Jochbeins), Unterkiefertrümmerfraktur, Riss-/Quetschwunden im Bereich Ober- und Unterlippe, Verlust von 12 Zähnen; Verletzungen erstrecken sich in einem Bereich von ca. 12 x 12 cm (Unterkiefer-Augenhöhlenboden), commotio cerebri	2 Wochen Krankenhaus, in der ersten Woche Intensivstation, anschließend mehrere gesichtschirurgische und zahntechnische Eingriffe; 22 Monate arbeitsunfähig	24-jähr. Lkw-Fahrer	4 Narben im Mund-Nasen-Bereich, jedoch nicht besonders auffallend	Teil eines von einem Unimog hochgeschleuderten Kanaldeckels durchschlug die Windschutzscheibe des nachfolgenden Lkw und verletzte den Kläger im Gesicht; psychische Folgewirkungen dadurch, dass die Verletzungen über einen längeren Zeitraum zu einer erheblichen Entstellung des Gesichts führten; es fehlten zahlreiche Zähne und das Gesicht war teilweise deformiert; Einsetzen von Zahnimplantaten; weitere Korrekturoperationen, die das Weichgewebe betreffen, stehen noch aus; diese Folgen sind jedoch bereits im Schmerzensgeld berücksichtigt	OLG Karlsruhe 1.2.2010 1 U 137/09
738	80 000 € 40 000 + immat. Vorbehalt (€ 55 675)	Gedecktes Schädelhirntrauma 1. bis 2. Grades; Mehrfachfrakturen des Mittelgesichtsskeletts der Klassifikation Le-Fort-III auf der linken Seite und Le-Fort-I auf der rechten Seite; Oberkiefersagittalfraktur; Fraktur des linken Unterkiefers; Fraktur des Os metacarpale 4 an der linken Hand und Unterschenkeltrümmerfraktur links	14 Wochen stationär, 6 große Operationen und 6 bis 7 kleinere Eingriffe, 14 Monate arbeitsunfähig	17-jähr. Azubi	MdE: 30%	Genugtuungsfunktion kommt besondere Bedeutung zu, da Unfallverursacher ganz erheblich alkoholisiert war	Thüringer OLG 20.8.1996 8 U 370/96 (118) RA Weikopf, Jena
739	90 000 € 45 000 + immat. Vorbehalt (€ 68 862)	Schädelhirntrauma, schwere Mittelgesichts- und Kieferfrakturen (Jochbein-, Unterkiefer- und Oberkieferfraktur) mit Verlust von fünf Zähnen; Hüftpfannen- und Beckenfraktur links; Nervenplexusschädigung am linken Bein; Schnittwunden am Kinn, an der Unterlippe und an linker Knieaußenseite	Mehrere Monate stationär	19-jähr. Kfz-Elektriker	MdE: 60%	Kläger musste zum Techniker umgeschult werden	Schleswig-Holsteinisches OLG 11.11.1992 9 U 11/92 RiOLG Staben
740	110 000 ● € 55 000 + immat. Vorbehalt (€ 74 693)	Schädelhirntrauma 2. Grades; multiple Gesichtsschädelfrakturen und Oberschenkelfrakturen beidseits	Lange Krankenhausbehandlung	Frau	In Augenhöhle zurückgesunkener Augapfel; Narben über Augenhöhle; Beeinträchtigung der Gehfähigkeit; Beeinträchtigung des Gehörs	Mithaftung wegen Nichtanlegen des Sicherheitsgurtes (Schmerzensgeld kann nicht schematisch nach Verursachungsquoten gekürzt werden; jedoch Mithaftungsquote beim materiellen Schaden i.H.v. 20%); besonders verantwortungsloses Verhalten des Beklagten; Klägerin ist auch psychisch in ihren gesamten Lebensumständen beeinträchtigt	OLG München 13.1.1999 7 U 4576/98 NJW-RR 1999, 820 DAR 1999, 264

● Mithaftung (siehe vorletzte Spalte)

Lfd. Nr.	Betrag DM **Euro** (Anp.2019)	Verletzung	Dauer und Umfang der Behandlung; Arbeitsunfähigkeit	Person des Verletzten	Dauerschaden	Besondere Umstände, die für die Entscheidungen maßgebend waren	Gericht, Datum der Entscheidung, Az., Veröffentlichung bzw. Einsender

Fortsetzung von »Gesicht - Bruch«

Lfd. Nr.	Betrag	Verletzung	Dauer/Behandlung	Person	Dauerschaden	Besondere Umstände	Gericht
741	200 000 **€ 100 000** (€ 137 565)	Frakturen und Schnittverletzungen im Gesicht, Impression (Eindellung) beider Stirn- und Kieferhöhlen, mulitple Frakturen der rechten Augenhöhle, multiple Nasenbeinfraktur, beidseitiges Hämatosinus, offenes Schädelhirntrauma 2. Grades, beidseitige Fraktur des Oberkiefers, Jochbeinfraktur rechts, Unterkieferfraktur, Fraktur des Dens axis, Durchgangssyndrom mit Verwirrtheit und depressiven Zuständen	4 Monate Krankenhaus mit zwei Operationen und 3 1/2 monatigem Tragen eines Holo-Yorke-Fixateurs, Behandlung dauert noch an	39-jähr. Kraftfahrer	Verlust von sexuellen Empfindungen, Störung der Kaufunktion, weitestgehender Verlust des Geruchs- und Geschmackssinns; stark entstellende Narbe und Substanzverlust im Gesichts- und Halsbereich, verbleibende Implantate im Gesichtsbereich; Schlafstörungen aufgrund von Kopf- und Nackenschmerzen, Aufmerksamkeits- und Bewusstseinsstörungen	Beruf als Kraftfahrer kann nicht mehr ausgeübt werden. Kein immat. Vorbehalt: Ein entsprechendes Feststellungsinteresse besteht nur dann, wenn die Auswirkungen der Verletzungen in der Zukunft nicht übersehbar sind; nur dann ist es angebracht, die Zuerkennung eines bezifferten Schmerzensgeldes auf die in einem bestimmten Zeitraum erlittenen Schmerzen zu beschränken und für die Zukunft lediglich festzustellen, dass eine Pflicht zum Ausgleich immat. Schäden besteht	OLG Dresden 6.2.1997 7 U 2159/96 RA Vogt, Quedlinburg

Weitere Urteile zur Rubrik »**Gesicht - Bruch**« siehe auch:
- bis **€ 2500**: 1258
- bis **€ 5000**: 817
- bis **€ 12 500**: 1266, 1523, 1267, 1119, 498, 1531, 2779, 1304, 1270
- bis **€ 25 000**: 263, 2793, 1198, 3104, 2058, 503, 2942, 2799
- ab **€ 25 000**: 1369, 133, 2131, 84, 1423, 1203, 1308, 1679, 607, 1278, 2107, 2970, 1373, 1298, 1374, 1510, 1009, 1315, 2096, 1317, 1214, 2097, 1375, 830, 2999, 3000, 365, 3004, 1324, 1326, 3009, 1243, 2091, 2006, 1338, 2092, 1339, 3023, 1343, 1344

Gesicht - Bruch - durch vorsätzliche Körperverletzung

Lfd. Nr.	Betrag	Verletzung	Dauer/Behandlung	Person	Dauerschaden	Besondere Umstände	Gericht
742	3000 **€ 1500** (€ 1986)	Nasenbeinfraktur; Oberschenkelprellung rechts mit ausgedehntem Hämatom; Verletzung am rechten Daumen; multiple kleinere Hautverletzungen im Gesicht; Distorsion und Kontusion der rechten Schulter		Mann		Schlägerei	AG Freiburg i. Br. 19.9.2000 11 C 1707/00 RAe Leist & Memming, Freiburg-St. Georgen
743	**€ 2000** (€ 2427)	Nasenbeinbruch, Platzwunde am Mundwinkel und Brandwunde am Unterarm		Azubi		Bei einem überfallartigen Besuch in der Wohnung des Klägers schlug der Beklagte brutal auf den Kläger ein, beleidigte diesen und drückte eine Zigarette auf seinem rechten Unterarm aus	AG Berlin-Köpenick 6.4.2006 2 C 469/05 RA Möhring, Berlin
744	4000 **€ 2000** + immat. Vorbehalt (€ 2541)	Fraktur des rechten Augenhöhlenbodens	10 Tage Krankenhaus mit Operation	Schüler		Schläge mit der Faust in das Gesicht des Klägers durch einen anderen Schüler; über Wochen andauernde Schmerzen und Beeinträchtigungen	AG Neuss 7.3.2003 81/36 C 2678/01 RA Pamatat, Dormagen
745	**€ 2000** (€ 2159)	Nasenbeinfraktur infolge eines Faustschlags	Die Nasenbeinfraktur musste operiert werden. Zum Schutz der Nase musste der Geschädigte eine Woche eine Schiene tragen				LG Itzehoe 26.3.2013 1 S 211/11
746	**€ 2500** + immat. Vorbehalt (€ 3250)	Nasenbeinfraktur, Platzwunde am Nasenrücken	Nasentamponade und Nasengips, keine Operation erforderlich, 16 Tage arbeitsunfähig krankgeschrieben	Junger Mann		Faustschläge in das Gesicht, die vom Kläger provoziert waren; Beklagter wurde wegen vorsätzlicher Körperverletzung verurteilt	OLG München 9.8.2001 19 U 2623/01 RiOLG Dr. Fellner, München

● Mithaftung (siehe vorletzte Spalte)

Fortsetzung von »Gesicht - Bruch - durch vorsätzliche Körperverletzung«

Lfd. Nr.	Betrag DM Euro (Anp.2019)	Verletzung	Dauer und Umfang der Behandlung; Arbeitsunfähigkeit	Person des Verletzten	Dauerschaden	Besondere Umstände, die für die Entscheidungen maßgebend waren	Gericht, Datum der Entscheidung, Az., Veröffentlichung bzw. Einsender
747	€ 3000 + immat. Vorbehalt (€ 3329)	Nasenbeinfraktur, Muskelfaserriss in der Nackenmuskulatur, Hämatome und Schwellungen im Gesicht	13 Tage AU zu 100%, mehrere Monate weder Geruchs- noch Geschmackssinn vorhanden, mehrere Monate Dauerschnupfen	47-jähr. Frau		Vorsätzliche Körperverletzung durch den Beklagten, welcher der Klägerin mit der Faust ins Gesicht schlug und im Rahmen des Strafverfahrens zu einer Geldstrafe verurteilt wurde. Die Klägerin musste sich einer Verkleinerung der Nasenmuschel unterziehen, weil bei Ihr aufgrund des Schlages eine Behinderung der Nasenatmung festgestellt wurde	AG Berlin-Mitte 2.11.2011 9 C 257/10 RA Thorsten Schmidt, Potsdam
748	€ 3000 (€ 3811)	Orbitabodenfraktur rechts, Nasenbeintrümmerfraktur, Weichteilverletzungen im Gesicht	14 Tage Krankenhaus mit operativer Revision sowie Rekonstruktion des Orbitabogens und Reposition der Nasenbeinfraktur, die erst 6 Tage nach erlittener Verletzung nach Abschwellen des Gesichts möglich war	Mann		Vorsätzliche Körperverletzung mittels mehrerer Faustschläge; Kläger hatte den Beklagten provoziert, woraufhin ihn der Beklagte zusammengeschlagen hat	LG Oldenburg 30.10.2003 16 S 426/03 RAe Dr. Meyer & Vock, Wildeshausen
749	7000 € 3500 (€ 4723)	Nasenbeintrümmerbruch, Gesichtschädelprellung, Knieprellung rechts, Innenknöchelprellung rechts sowie Schulterprellung/-zerrung rechts		Mann		Schlägerei in Discothek; wegen Mitverschulden des Klägers durch provokatives Verhalten i.H.v. 20% wurde lediglich ein Betrag von DM 5600 (€ 2800) zugesprochen	OLG Koblenz 5.5.1999 1 U 1424/97 RiOLG Dr. Itzel
750	€ 4000 (€ 4992)	Fraktur des Nasenbeins, Prellung und Schürfwunden am linken Handgelenk	AU von zwei Wochen	28-jähr. Polizeibeamtin	Leichte Naseneindellung	Vorsätzlicher Faustschlag gegen eine Polizeibeamtin während der Ausübung ihres Dienstes verbunden mit groben Beleidigungen	AG Ludwigshafen 22.7.2004 2e C 119/04 RAe Biehn & Leiendecker, Ludwigshafen
751	€ 4000 (€ 4736)	Zahlreiche Prellungen im Gesicht und am Oberkörper, angebrochene Rippe und Nasenbeinfraktur durch Schlägerei		Mann	Atemnot	Zu Gunsten der Täter wurde alkoholische Enthemmung berücksichtigt	AG Offenburg 3.8.2007 7 Ls 5 Js 4376/07 jug Adhäsionsurteil RAin Tanja Schwarz, Offenburg
752	8000 € 4000 + immat. Vorbehalt (€ 5343)	Nasenbeinfraktur mit Septumtrümmerfraktur und Septumhämatom, Riss über dem Nasenrücken	MdE: 2 Wochen 100% Enttrümmerung und Wiederaufbau des Nasenseptums durch Operation, Reponierung des Nasenbeins	19-jähr. Azubi	Deutlich beeinträchtigte Nasenatmung links, knorpelige Schiefnase nach links, leichter Höcker an der Nasenwurzel	Vorsätzlicher Faustschlag ins Gesicht; Wiederherstellung der Nasenatmung durch eine weitere Operation ist nicht mit Sicherheit zu erwarten. Ohne Operation ist auf Dauer mit einer Beeinträchtigung der Nasenatmung rechts und einer hierdurch bedingten leicht- bis mittelgradig gesteigerten Infekthäufigkeit zu rechnen	LG Regensburg 16.3.2000 4 O 1882/99 RAe Klar & Müller, Laaber-Bergstetten
753	€ 4300 (€ 4921)	Orbitabodenfraktur rechts, Gesichtsprellung, massives Hämatom mit konjunctivaler Einblutung in das rechte Auge, mehrere oberflächliche strichförmige Einblutungen, Hämatome und Würgemale am rechten Hals	7 Tage stationär, 6 Wochen arbeitsunfähig	22-jähr. Azubi in einem Handwerksberuf	Sensibilitätseinschränkungen an der Oberlippe; geringfügig geminderte Gefühlsempfindung im Bereich der rechten Wange; Doppelbilder bei extremen Blick nach oben	Schlägerei. Schmerzensgelderhöhend (10%) wirkte sich das zögerliche Regulierungsverhalten aus	LG Bückeburg 31.7.2008 1 O 106/06 RiOLG Barnewitz
754	10 000 € 5000 (€ 6523)	Nasenbeinfraktur, Mittelhandfraktur V, Zahnschmelzfrakturen der Zähne 11 und 12	6 Wochen arbeitsunfähig	Selbstständiger Architekturmodellbauer	MdE: 10%	Berücksichtigt wurde ein 6-wöchiger Krankenstand, eine 10%ige MdE aufgrund der Nasenatmungs-Behinderung und der wohl langwierigen Behandlungsdauer für die ausgeschlagenen Zähne	LG München I 15.11.2001 19 O 21405/98 VorsRiLG Krumbholz

Fortsetzung von »Gesicht - Bruch - durch vorsätzliche Körperverletzung«

Lfd. Nr.	Betrag DM Euro (Anp.2019)	Verletzung	Dauer und Umfang der Behandlung; Arbeitsunfähigkeit	Person des Verletzten	Dauerschaden	Besondere Umstände, die für die Entscheidungen maßgebend waren	Gericht, Datum der Entscheidung, Az., Veröffentlichung bzw. Einsender
755	10 000 € 5000 + immat. Vorbehalt (€ 6679)	Schädelhirntrauma 1. Grades; Jochbogenfraktur; multiple Platzwunden im Gesicht, Schnittwunden an beiden Ohren; Luxation des 5. Fingers rechts	4 Tage Krankenhaus mit Einsetzen von Implantaten im Gesicht	Mann	Geringfügige Entstellung durch 5 cm lange Gesichtsnarbe	Vorsätzliche Körperverletzung bei einer Schlägerei; ein Mitverschulden i. S. des § 254 BGB nicht feststellbar; Kläger hat sich aber ohne Not leichtfertig in Gefahr begeben, als er in den späten Nachtstunden nach zunächst verbalen Auseinandersetzungen trotz erkennbarer Alkoholisierung auf die anderen Beteiligten zuging, anstatt den Heimweg anzutreten	OLG Hamm 8.5.2000 13 U 7/00 RiOLG Zumdick, Hamm
756	€ 6000 + immat. Vorbehalt (€ 7375)	Nasenbeinfraktur, Thoraxprellung sowie multiple Prellungen im Hals-, Nacken- und Rückenbereich	6 Tage stationär, operative Versorgung des Nasenschiefstandes mit Gips, nach 3 Wochen operative Entfernung des eingesetzten Drahtes	Mann	Posttraumatische Verbiegung der Nasenscheidewand mit Nasenatmungsbehinderung	Schlägerei	LG Aachen 5.7.2005 8 O 355/04 OLG Köln 29.10.2004 24 W 66/04 RAe Kallscheuer & Jolas, Nideggen
757	15 000 € 7500 (€ 10 070)	Nasenbeinfraktur, Brüche des Augenhöhlenbodens und des Augenhöhlenrandes am linken Auge, Bruch des Alveolarfortsatzes am linken Kiefer durch Faustschlag	1 Woche Krankenhaus, weitere Operation erforderlich zur Entfernung der eingesetzten Metallplatte	Junger Mann		Schlägerei nach einem Altstadtfest. Zu berücksichtigen war die nach wie vor vorhandene ungenügende Nasenatmung, die der Kläger unstreitig für sein weiteres Leben in Kauf nehmen muss, wenn er sich nicht einer erneuten Operation unterzieht	LG Mosbach 17.8.1999 1 O 147/98 RA Deike, Tauberbischofsheim
758	€ 8000 (€ 8878)	Dreifachbruch der Nase, Setum- und Spinafraktur, Verschiebung der Nasenscheidewand und der Nasenmuscheln mit Schwellung des Nasenrückens nach Körperverletzung in Diskothek durch Schlag ins Gesicht	Unter Vollnarkose wurde die Nase reponiert. 3 Tage stationärer Krankenhausaufenthalt. AU ca. 5 Wochen	ca. 18-jähr. Frau	Taubheitsgefühle in der linken Gesichtshälfte	Bei der Bemessung des Schmerzensgeldes hat das LG nicht genügend beachtet, dass der Beklagte aus nichtigem Anlass (verletzter männlicher Stolz) eine Schlägerei begonnen hat, in deren Verlauf er auch der Klägerin den Schlag ins Gesicht versetzt hat mit erheblichen Verletzungsfolgen. Durch diesen Schlag ist das zuvor ebenmäßige Gesicht der Klägerin zwar nicht entstellt, aber doch immer noch so negativ beeinträchtigt worden, so dass nachvollzogen werden kann, dass die Klägerin unter dieser negativen Veränderung leidet. Um den alten Zustand wieder herzustellen, hält der Sachverständige eine weitere Operation für erforderlich	OLG Celle 24.11.2011 5 U 157/11 juris
759	€ 8000 + immat. Vorbehalt (€ 8590)	Mittelgesichtsfraktur mit Orbitabodenfraktur und intraorbitalem Weichteilemphysem links, Nasenbeinimpressionsfraktur, stumpfes Augapfeltrauma mit Glaskörperabhebung am linken Auge, Netzhautloch, Hornhautverletzung, Lidhämatom, Sehstörungen in Form von Lichtblitzen, Doppelbilder	4 Wochen AU	Mann	Tiefstand des linken Auges, Doppelbilder bei Blickhebung, leichte Nasenatmungsbehinderung, vermindertes Geruchsvermögen	Die Berufung des Beklagten wurde zurückgewiesen. Bei dem Schmerzensgeldbetrag handelt es sich um ein Teilschmerzensgeld, da der Heilbehandlungsverlauf ungewiss ist. Der Beklagte schlug dem Kläger mit der Faust ins Gesicht. Der Faustschlag war keine Notwehrhandlung. Es besteht zeitlebens das erhöhte Risiko einer Netzhautablösung, einer Augendruckerhöhung sowie einer Katharaktenentwicklung. Eine MdE ist bislang noch nicht festgestellt	Saarländisches OLG 28.11.2013 4 U 385/12 Revision wurde nicht zugelassen RA JR Hans-Jürgen Gebhardt, Homburg/Saar

● Mithaftung (siehe vorletzte Spalte)

Lfd. Nr.	Betrag DM Euro (Anp.2019)	Verletzung	Dauer und Umfang der Behandlung; Arbeitsunfähigkeit	Person des Verletzten	Dauerschaden	Besondere Umstände, die für die Entscheidungen maßgebend waren	Gericht, Datum der Entscheidung, Az., Veröffentlichung bzw. Einsender
\multicolumn{8}{l}{**Fortsetzung von »Gesicht - Bruch - durch vorsätzliche Körperverletzung«**}
760	€ 10 000 + immat. Vorbehalt (€ 12 109)	Jochbeinfraktur links, Orbitabodenfraktur links, Orbitadachfraktur links, offene Schädelbasisfraktur sowie Fraktur der Stirnhöhlenwand	Intensivstation	Mann	Kopfschmerzen bei Wetterumschwüngen, Schwindelanfälle, Trigeminusneuralgie im Bereich der Stirn links, Hypästhesie sowie Narben linke Gesichtshälfte	Vorsätzliche gemeinschaftliche gefährliche Körperverletzung. Der Kläger ist durch die Schläge und Tritte der Beklagten in das Gesicht und gegen den Kopf schwer verletzt worden	LG Hannover 29.6.2006 16 O 16/06 Versäumnisurteil RAe Dr. Bode & Koll., Hameln
761	€ 10 000 + immat. Vorbehalt (€ 11 581)	Nasenbeinfraktur, Blutung unter der Augenbindehaut, Lidhämatom rechts, Kronenfraktur 11, 21, 22, diverse Schmelzrisse, Lockerung von Zahn 11, Schädelprellung, Jochbeinprellung, Handgelenksdistorsionen	2 Tage Krankenhaus, 5 Wochen arbeitsunfähig, langwierige Zahnbehandlung mit Einsetzen von 2 Implantaten	Frau		Vorsätzliche Körperverletzung in Form von mehrmaligem Einschlagen auf den Körper und von massiven Tritten auf den Kopf bei einem Überfall; Beklagter wurde zu einer längeren Freiheitsstrafe verurteilt; nach einem Jahr noch Schmerzen, insbesondere im Bereich der rechten Wange; Zahnimplantate noch nicht endgültig fixiert; leichte Gesichtsasymetrie	LG Ravensburg 8.1.2009 3 O 321/08 RAe Caillet & Caillet, Ravensburg
762	€ 20 000 + immat. Vorbehalt (€ 25 286)	Frakturen des Jochbogens, des Gesichts, der Kiefernhöhle sowie Orbitafraktur	6 Wochen arbeitsunfähig	Mann	Rechtes Auge ist nachhaltig verkleinert. Kopfschmerzen und Wetterfühligkeit. Oberlippennerven sind vollständig taub	Schlägerei. Das Gericht folgte den strafrechtlichen Feststellungen, da nicht gewichtige Gründe für deren Unrichtigkeit vorgebracht wurden. Die erheblichen Freiheitsstrafen, die gegen die Beklagten verhängt worden sind, machen deutlich, dass die Verletzungsfolgen durch Taten ausgelöst worden sind, die nach der Motivation ein besonders hohes Maß an Unrecht und Schuld aufweisen. Aufgrund der zugefügten knöchernen Verletzungen der Gesichtspartien ist ein operativer Eingriff in der Zukunft jedenfalls denkbar	LG Göttingen 30.12.2003 4 O 98/03 RAe Wolff & Wolff, Salzgitter
763	€ 20 000 + immat. Vorbehalt (€ 24 583)	Mittelgesichts-, Frontobasisfraktur mit Beteiligung der Stirnhöhlenhinterwand, Septumdeviation sowie Nasenmuschelhyperplasie durch Faustschlag	8-stündige Operation, nachdem sich hinter der Stirnhöhlenwandfraktur während der Operation eine Duraläsion zeigte	Mann	Behinderung der Nasenatmung und Schwindelgefühle, lange Narbe am Hinterkopf	Zu berücksichtigen sei, dass es sich bei dem Faustschlag um eine vorsätzliche und brutale Körperverletzung gehandelt hat, durch die der Kläger massive, bis heute nicht restlos ausgeheilte Verletzungen erlitten hat	LG Hildesheim 8.11.2005 3 O 144/05 RA Morgenstern, Gifhorn
764	€ 25 000 + immat. Vorbehalt (€ 27 947)	Frakturen des Ober- und Unterkiefers sowie des knöchernen Augenhöhlenbodens, Nasenbeinfraktur, Commotio cerebri, retinierte und verlängerte Zähne 18, 28, 38, posttraumatische Behinderung der Nasenatmung linksseitig, Antriebsverminderung, Anpassungsstörung, geringgradige Deformation des Nasenrückens, Sensibilitationsstörungen im Bereich der Oberlippe, 2 Jahre eingeschränkte Leistungsfähigkeit	183 Tage Krankenhausaufenthalt mit 4 OP	Mann	MdE von 30%, Gedächtnisstörung, neurologische Ausfälle, sensomotorische Wahrnehmung, chronische Kopfschmerzen, Sensibilitationsstörungen im Bereich der Oberlippe	Bei der Schmerzensgeldbemessung wurde insb. die vorsätzliche gefährliche Körperverletzung, welche völlig grundlos und mit erheblicher Rohheit begangen wurde, berücksichtigt	LG Bayreuth 10.5.2011 32 O 849/10 RA Schnupfhagn, Weiden i.d.OPf.

Lfd. Nr.	Betrag DM Euro (Anp.2019)	Verletzung	Dauer und Umfang der Behandlung; Arbeitsunfähigkeit	Person des Verletzten	Dauerschaden	Besondere Umstände, die für die Entscheidungen maßgebend waren	Gericht, Datum der Entscheidung, Az., Veröffentlichung bzw. Einsender
Gesicht - Allgemeine Verletzungen (Nase, Stirn, Lippen, Zunge, etc.)							
765	600 € 300 (€ 398)	Entzündung der Lymphknoten im Halsbereich mit Eiterbildung, Zungenschwellung		Frau		Folgen eines Zungenpiercings; über mögliche Folgen wurde Klägerin nicht aufgeklärt; Zunge hätte „um ein Haar" teilamputiert werden müssen; Schmerzensgeld wurde relativ niedrig angesetzt, weil sich die Klägerin freiwillig einem Eingriff unterworfen hat, der allein der Mode, aber nicht der Heilung dient; gewisses Mitverschulden, weil Klägerin erst 4 Tage nach den ersten Beschwerden einen Arzt aufgesucht hat	AG Neubrandenburg 10.10.2000 18 C 160/00 NJW 2001, 902
766	€ 500 + immat. Vorbehalt (€ 529)	Fraktur der Frontzahnbrücke (Zahn 13 bis 23), großflächige Keramikabplatzungen an den Zähnen 22 und 23, Platzwunde oberhalb der Lippe, Beule an der Stirn		Frau		Die Klägerin lief gegen ein Glastürelement des beklagten Kaufhauses. Der Eingang besteht aus acht Glaselementen, wobei die mittleren vier geöffnet waren und die jeweils äußeren beiden geschlossen. Es liegt eine Verkehrssicherungspflichtverletzung der Beklagten vor, da es unterlassen wurde, die geschlossenen Elemente zu kennzeichnen	AG Düsseldorf 7.5.2015 50 C 9301/14 Justiz NRW
767	€ 500 (€ 583)	Gesichtsschädelprellung im Bereich der Nase, Ober- und Unterlippe sowie Abschürfungen am Kinn und am Hals mit Verbrennungserscheinungen durch Airbag	1 Woche arbeitsunfähig, Behandlung mit Brand- und Heilsalbe	Frau		Wegen Mithaftung von 50% wurde lediglich ein Schmerzensgeld i.H.v. € 250 zugesprochen	AG Minden 7.12.2007 26 C 215/06 RA Koch, Erftstadt
768	€ 500 (€ 530)	Zwei Zentimeter lange blutende Schürfwunde unterhalb des rechten Auges, Gesichtsprellung	1 Tag AU, kurze Medikamenteneinnahme	Taxifahrer		Tätliche Beleidigung des beklagten Fahrgasts. Der Beklagte versuchte dem Taxifahrer, der ihm zu langsam fuhr, beim Aussteigen, als der Kläger das Fahrtgeld verlangte, einen 100-EUR-Schein in den Mund zu stopfen	AG München 30.4.2015 213 C 26734/14 Justiz Bayern
769	€ 500 (€ 520)	Fehlpositionierung des Lippenbändchens im Rahmen einer Wurzelspitzenresektion		Frau, Künstlerin		(Geringfügiger) Behandlungsfehler des Beklagten. Hierbei hat die Kammer als schmerzensgelderhöhende Faktoren die optische Beeinträchtigung bewertet, die allerdings äußerst geringfügig ist, weil der Lippenbändchenversatz nur optisch wahrnehmbar ist, wenn die Klägerin ihre Oberlippe mit den Fingern nach außen klappt. Zusätzlich war zu berücksichtigen, dass die nicht mittige Positionierung des Lippenbändchens sich als „lästig" erweist; aber auch einer einfachen Korrektur zugänglich ist. Schmerzen verursacht dieser Umstand allerdings nicht, so der Sachverständige	LG Köln 28.11.2017 3 O 425/15 juris Beschluss OLG Köln 11.10.2018 5 U 206/17
770	€ 500● (€ 601)	Multiple kleine Schnittwunden an der Stirn, teilweise mit Einlagerungen von Glassplittern, Schürfwunde am rechten Knie		Mann		50% Mithaftung wegen Nichtanlegens des Gurts; Anhaltspunkte für das behauptete Schädelhirntrauma liegen nicht vor	AG Dorsten 3.1.2007 3 C 170/06 Allianz Versicherungs AG, München

● Mithaftung (siehe vorletzte Spalte)

Gesicht   Urteile lfd. Nr. 771 – 778

Lfd. Nr.	Betrag DM Euro (Anp.2019)	Verletzung	Dauer und Umfang der Behandlung; Arbeitsunfähigkeit	Person des Verletzten	Dauerschaden	Besondere Umstände, die für die Entscheidungen maßgebend waren	Gericht, Datum der Entscheidung, Az., Veröffentlichung bzw. Einsender
\multicolumn{8}{l}{**Fortsetzung von »Gesicht - Allgemeine Verletzungen (Nase, Stirn, Lippen, Zunge, etc.)«**}
771	€ 500● (€ 569)	Mehrere kleine Hautabschürfungen an der rechten Wange bis zum Ohr und an der linken Schulter, kleine Hämatome am linken Oberarm und eine Thoraxprellung	2 Wochen AU	Frau		Unter dem Gesichtspunkt der Genugtuungsfunktion wurde berücksichtigt, dass die Kl. selbst den Unfall in Höhe eines Anteils von 50% mitverursacht bzw. verschuldet hat (berücksichtigt bei ausgeurteiltem Schmerzensgeld); auf Seiten des Fahrers des Einsatzfahrzeugs lag nur eine verhältnismäßig geringe Sorgfaltspflichtverletzung vor	Brandenburgisches OLG 13.7.2010 2 U 13/09 NZV 2011, 26
772	€ 600 (€ 623)	Gesichtsschädelprellung, HWS-Distorsion, Kieferschmerzen, Kauschmerzen		Mann		Der Beklagte lief brüllend auf das Kfz des Klägers zu und schlug ihm durch die heruntergelassene Scheibe 3x mit der Faust ins Gesicht. Die HWS-Verletzung ist Folge des vorherigen Auffahrunfalls. Es wurde u.a. das Verhalten des Beklagten berücksichtigt	AG Dresden 8.2.2018 110 C 2689/17
773	€ 700 (€ 895)	Risswunde von der Nasenspitze zum linken Nasenloch	Wunde musste genäht werden	4-jähr. Junge	Geringfügige Narbe	Verletzung der Verkehrssicherungspflicht: Sturz vom Fahrrad an Zaunspitzen, die nicht abgerundet waren, Zaun steht an einer Spielstraße	AG Bonn 29.1.2003 11 C 339/02 RAe Bröhl u. Kau, Hillesheim
774	€ 700 (€ 729)	Platzwunde an der Nasenwurzel (2 cm), Wunde im Bereich des linken Mundwinkels (1 cm)		Mann		Vorsätzliche KV. Der Beklagte schlug dem Kläger zweimal ins Gesicht. Das Gericht hat u.a. die besondere Situation des Karnevaltags sowie die Anspannung des Beklagten (Kellner im Lokal) miteinbezogen, aber auch, dass es für die Reaktion des Beklagten keine Rechtfertigung gab	LG Köln 4.1.2018 1 S 261/16 Landesrechtsprechungsdatenbank NRW
775	€ 800 (€ 950)	Zungenbiss, HWS-Schleudertrauma, Beule mit Prellmarke im Bereich des linken Ohres, Schulterprellung links, Ellbogenprellung sowie Prellung der linken Thoraxseite ab der 8. bis 12. Rippe	1 Woche krankgeschrieben, 4 Wochen Befreiung vom Sportunterricht	Schüler		Aufgrund der Verletzung der Zunge musste sich der Kläger in den ersten 2 Wochen überwiegend von weicher bzw. flüssiger Nahrung ernähren	AG Leutkirch 27.6.2007 2 C 75/07 RA Bühler, Leutkirch
776	€ 1000 (€ 1060)	Tiefe Fleischverletzung im Bereich von Brust, Rücken und am linken Unterarm (ca. 3 cm), Hämatome auf dem Rücken und am linken Unterarm, starke Schwellung am Kinn für 5 Wochen	Mehrere Wochen anhaltende Schmerzen	Frau		Klägerin wich im Supermarkt einem anderen Kunden aus und rutschte dabei auf einer Pfütze im Bereich der Flaschenregale aus. Beim Sturz prallte die Klägerin zunächst rückwärts an einen Metallwarenkorb. Es wurde die hartnäckige Regulierungsverweigerung der Beklagten sowie das Zutun der Beklagten, sich der Haftung doch noch zu entziehen, berücksichtigt	AG Berlin-Schöneberg 17.4.2015 17 C 113/14 rkr.
777	2500 € 1250 + immat. Vorbehalt (€ 1621)	6 cm lange, offene Wunde am Kinn unterhalb der Unterlippe		Mann	Sichtbare, jedoch nicht entstellend wirkende Narbe am Kinn	Schmerzhafte Verletzung, die während des Heilungsprozesses zu besonderen Problemen beim Sprechen und beim Kauen führte; Kläger wird sich zur Beseitigung der Narbe einer weiteren Operation unterziehen	AG Warendorf 6.7.2001 5 C 459/01 RAe Lentfort & Partner, Warendorf
778	€ 1500 (€ 1611)	Mittelgesichtsprellung, HWS-Distorsion 1. Grades, Prellung des zweiten Mittelhandknochens	1 Woche AU	Mann			AG Waldbröl 25.9.2013 6 C 70/13 RA Becker, Bergneustadt

Urteile lfd. Nr. 779 – 784　　　　　　　　　　　　　　　　　　　　　　　　　　　　　　　　　　　　Gesicht

Lfd. Nr.	Betrag DM Euro (Anp.2019)	Verletzung	Dauer und Umfang der Behandlung; Arbeitsunfähigkeit	Person des Verletzten	Dauerschaden	Besondere Umstände, die für die Entscheidungen maßgebend waren	Gericht, Datum der Entscheidung, Az., Veröffentlichung bzw. Einsender
	**Fortsetzung von »Gesicht - Allgemeine Verletzungen (Nase, Stirn, Lippen, Zunge, etc.)«**

Lfd. Nr.	Betrag	Verletzung	Dauer/Behandlung	Person	Dauerschaden	Besondere Umstände	Gericht
779	€ 2500 + immat. Vorbehalt (€ 2624)	Fehlerhafte Permanent Make-up-Behandlung der Lidstriche		Frau		Die Körperverletzung ergibt sich aus der fehlenden Einwilligung in die mangelhafte Werkleistung. Die Beklagte handelte lediglich fahrlässig. Die Folgen könnten operativ beseitigt werden. Die Klägerin wird noch einige Zeit mit den Farbpigmenten leben müssen. Die fehlerhafte Pigmentierung und die Asymmetrie der Lidstriche liegt zwar im Sichtbereich, wirkt aber nicht grob entstellend. Die Folgen können durch entsprechendes Make-up von der Klägerin kaschiert werden	AG München 26.10.2016 132 C 16894/13
780	5000 € 2500 + immat. Vorbehalt (€ 3348)	Multiple Gesichtsverletzungen mit offenen Schnitt- und Risswunden; Verstauchungen und Prellungen am ganzen Körper und am Knie; Hämatom von der linken Mamille bis zur Schulter (Sicherheitsgurt), großes Hämatom an der linken Halsseite	1 Woche Krankenhaus, dann ambulante Behandlung	85-jähr. Mann		Nach Entlassung aus dem Krankenhaus noch 3 Wochen Kopf- und Nackenschmerzen	LG Schwerin 29.12.1999 7 O 600/97
781	€ 2500 ● + immat. Vorbehalt (€ 3176)	Risswunde vom linken Auge über die Wange in einer Länge von 7 bis 9 cm, Commotio und verschiedene Prellungen	Zwei Operationen, wobei eine dritte Operation wahrscheinlich ist	Frau		50% Mitverschulden. Der Gesamteindruck der – im Übrigen sehr gut aussehenden – Klägerin wird durch diese verbleibende, zum Teil durch Operationen nur noch sehr schwach sichtbare Narbe nicht wesentlich beeinträchtigt. Es ist zu erwarten, dass durch eine weitere Operation diese Narbe völlig verschwindet	LG München I 11.7.2003 19 O 1714/02 VorsRiLG Krumbholz
782	€ 4000 ● (€ 4578)	Gehirnerschütterung, Prellungen und Schnittverletzungen im Gesicht		Mann	Leichtgradige Lidhebeschwäche links	Mitverschulden von 40% wegen Nichtanlegen des Sicherheitsgurts, wodurch Kläger in die Windschutzscheibe geschleudert wurde; Schnittverletzungen unfallchirurgisch gut behandelt	LG Oldenburg 9.7.2008 1 O 879/08 SP 2009, 109
783	10 000 € 5000 (€ 7809)	Aufriss einer Halsschlagader, Platzwunden im Gesicht	1 Monat Krankenhaus		Narbenbildung im Gesicht; Bildung von Lymphödemen; starke Kopfschmerzen	Vorsätzliche Körperverletzung	LG Landau (Pfalz) 21.2.1992 4 O 750/91 zfs 1992,194
784	€ 6000 ● + immat. Vorbehalt (€ 6410)	Verletzungen der Oberlippe und der Nase, die teilweise zu nach wie vor sichtbaren Gewebeverlusten führten (ausgeprägter Defekt im Nasen- und Oberlippenbereich)	Operative Versorgung mit mehrtägigem stationärem Aufenthalt; 1 Monat AU		Gewebeverlust im Gesicht und Narben	Es handelt sich auch unter Berücksichtigung des Alters des Klägers um Schäden, die mehr als nur eine geringe Entschädigung verlangen, allerdings angesichts des Mitverschuldens von ¼ den Betrag von € 10 000 nicht rechtfertigen. Angemessen erscheinen aber € 6000, was mit der Rechtsprechung anderer Gerichte in vergleichbaren Fällen in Übereinstimmung steht	OLG Naumburg 23.4.2014 1 U 115/13 NJW-RR 2015, 346

Weitere Urteile zur Rubrik »**Gesicht - Allgemeine Verletzungen (Nase, Stirn, Lippen, Zunge, etc.)**« siehe auch:

bis € 2500: 2453, 797, 811, 1787, 873, 2284, 858, 742, 1821, 843, 1823, 2030, 862, 479, 1838, 106, 743, 847, 707, 1354, 2740, 745, 1857, 1258

bis € 5000: 906, 708, 2211, 1578, 709, 2031, 746, 50, 851, 2180, 747, 3139, 1261, 3277, 748, 2749, 1886, 831, 247, 53, 803, 749, 3084, 867, 3034, 750, 868, 751, 2182, 914, 752, 2458, 817, 753, 3086, 714, 1391

bis € 12 500: 2808, 3279, 293, 2761, 2762, 819, 625, 854, 1265, 1523, 1622, 174, 756, 805, 1350, 1527, 2770, 175, 872, 549, 2812, 720, 757, 1531, 807, 721, 69, 808, 1358, 301, 2781, 467, 1498, 723, 259, 761, 1145, 3160, 1269, 128, 2786

bis € 25 000: 726, 1545, 1359, 1406, 729, 314, 77, 2790, 1549, 264, 3184, 2054, 683, 731, 763, 188, 2942, 591, 828, 45, 1666, 2799, 594, 829

ab € 25 000: 2817, 1369, 733, 1173, 3222, 1554, 84, 1307, 1957, 273, 1480, 330, 48, 198, 810, 734, 607, 200, 1135, 735, 1098, 2964, 426, 737, 1279, 739, 1373, 139, 1318, 2097, 1285, 6, 2088, 741, 1324, 366, 1329, 1330, 3013, 2006

● Mithaftung (siehe vorletzte Spalte)

Gesicht - Allgemeine Verletzungen (Nase, Stirn, Lippen, Zunge, etc.) - durch vorsätzliche Körperverletzung

Lfd. Nr.	Betrag DM Euro (Anp.2019)	Verletzung	Dauer und Umfang der Behandlung; Arbeitsunfähigkeit	Person des Verletzten	Dauerschaden	Besondere Umstände, die für die Entscheidungen maßgebend waren	Gericht, Datum der Entscheidung, Az., Veröffentlichung bzw. Einsender
785	€ 400 (€ 430)	Schmerzen und Hautreizungen (Rötungen und Schwellungen) im Gesicht durch Pfeffersprayeinsatz aus ca. 5 cm Entfernung, 5 cm lange Risswunde an der rechten Hand bei der Festnahme des flüchtigen Angeklagten	1 Woche AU, 1 ambulante Behandlung im Klinikum	Polizeibeamter		Der 1937 geborene Angeklagte wurde wegen versuchten Wohnungseinbruchsdiebstahls mit Waffen und Widerstands gegen Vollstreckungsbeamte in Tateinheit mit gefährlicher Körperverletzung zu einer Gesamtfreiheitsstrafe von 2 Jahren und 3 Monaten verurteilt	AG Detmold 28.1.2014 4 Ls-31 Js 924/13-79/13 Landesrechtssprechungsdatenbank NRW Adhäsionsverfahren
786	€ 400 (€ 430)	Schmerzen und Hautreizungen im Gesicht (Rötungen und Schwellungen) durch Pfeffersprayeinsatz, Daumenprellung rechts bei der Festnahme des flüchtigen Angeklagten	1 Woche AU, 1 ambulante Behandlung im Klinikum	Polizeibeamtin		Der 1937 geborene Angeklagte wurde wegen versuchten Wohnungseinbruchsdiebstahls mit Waffen und Widerstands gegen Vollstreckungsbeamte in Tateinheit mit gefährlicher Körperverletzung zu einer Gesamtfreiheitsstrafe von 2 Jahren und 3 Monaten verurteilt	AG Detmold 28.1.2014 4 Ls-31 Js 924/13-79/13 Landesrechtssprechungsdatenbank NRW Adhäsionsverfahren
787	€ 750 (€ 863)	Haarriss am Nasenbeinknochen durch Schlag ins Gesicht und Beschimpfungen mit den Worten „Scheiss Lesben" und „Drecks Lesben"	3 Tage arbeitsunfähig	Frau		Für die Beleidigungen sprach das Gericht ein Schmerzensgeld i.H.v. € 250 für die Nasenverletzung € 500 zu	AG Düsseldorf 3.6.2008 43 C 2072/07 RAin Kreutzer & Kreuzau, Düsseldorf
788	€ 1200 (€ 1419)	Platzwunde über der Augenbraue und Schmelzabplatzung am Zahn 43 durch heftigen Faustschlag	AU lag nicht vor. Die Fäden sind nach 5 Tagen gezogen worden	Mann		Der stark angetrunkene Beklagte trainierte Boxsport	AG Darmstadt 27.7.2007 312 C 560/05 RAe Kern, Preis, Zindel, Wiesbaden
789	2500 € 1250 (€ 1639)	2 cm lange Platzwunde an der linken Augenbraue sowie markstückgroße Abschürfungen am linken Unterarm durch mehrfache Schläge mit einem Hammerstiel	MdE: 15 Tage 100%	Gastwirt		Der Beklagte ist vorsätzlich und mit erheblicher Aggressivität gegen den Kläger tätlich geworden, als er mit dem Hammerstiel auf dessen Kopf einschlug	AG Döbeln 13.3.2001 1 C 761/00 RAe Kiehm, Sternberg & Boeltzig, Riesa
790	3000 € 1500 + immat. Vorbehalt (€ 2004)	Oberflächliche Schürfwunde ca. 2,5 cm über dem linken Jochbein, Schwellung mit livider rötlicher Verfärbung des linken Unterlids; auf der Innenseite der Unter- und Oberlippe je eine 0,5 cm große Schleimhautwunde mit Granulationsgewebe; Schürfwunde ca. 3 cm am linken Unterarm; Aufbissbeschwerden im Bereich Milchzahn 52		4-jähr. Junge		Nach Streit fuhr Beklagter mit dem Fahrrad über den Kopf des Klägers	AG Ulm 27.3.2000 1 C 380/00 RA Wolfinger, Senden
791	€ 2000 + immat. Vorbehalt (€ 2269)	Nasenbeinprellung, Schwellung und Hämatom am Nasenbeinrücken sowie an der Wange	14 Tage Kopfschmerzen	Mann		Der alkoholisierte Beklagte schlug dem Kläger mit der Faust mind. einmal ins Gesicht und verpasste ihm eine Ohrfeige. Der Alkoholeinfluss beider Parteien wurde nicht schmerzensgeldmindernd berücksichtigt	AG Frankfurt (Oder) 18.11.2010 25 C 173/10 RA Rothe, Frankfurt (Oder)
792	€ 2500 (€ 2947)	Erhebliche Prellungen im Kopf- und Gesichtsbereich, Hämatome an der Stirn, am Nasenrücken sowie Prellung an der linken Hüfte und große Risswunden im Bereich des Kopfes durch Faustschläge und Fußtritte	1 Tag stationär, 2 Wochen arbeitsunfähig	49-jähr. Mann		Schlägerei	AG Korbach 30.10.2007 3 C 18/07 (70) Versäumnisurteil RA Kirstein, Brilon

Lfd. Nr.	Betrag DM Euro (Anp.2019)	Verletzung	Dauer und Umfang der Behandlung; Arbeitsunfähigkeit	Person des Verletzten	Dauerschaden	Besondere Umstände, die für die Entscheidungen maßgebend waren	Gericht, Datum der Entscheidung, Az., Veröffentlichung bzw. Einsender
	**Fortsetzung von »Gesicht - Allgemeine Verletzungen (Nase, Stirn, Lippen, Zunge, etc.) - durch vorsätzliche Körperverletzung«**
793	€ 2500 + immat. Vorbehalt (€ 3062)	Erhebliche Gesichtsschwellungen und Hämatome, Beschädigung der Brücke im linken Oberkiefer, diskrete Facialisparese im Bereich des linken Mundastes	10 Tage arbeitsunfähig	51-jähr. Mann		Vorsätzlicher Faustschlag in das Gesicht	LG Nürnberg-Fürth 6.10.2005 9 O 6875/04 RA Wilhelm, Nürnberg
794	€ 3000 (€ 3221)	Bei einer Tätlichkeit unter Eheleuten erlitt die Antragstellerin durch einen Kopfstoß gegen die Stirn, die ihren Hinterkopf gegen einen Schrank schlug, eine Vielzahl von Verletzungen, insb. Hämatome an Stirn, Nasenrücken, Hinterkopf, Oberarmen, Handgelenken, Handrücken und Wade sowie eine Schädelprellung		Frau		In der Gesamtschau aller maßgeblichen Umstände – insb., dass es sich um ein Vorsatzdelikt handelte, die Vielzahl der erlittenen Verletzungen (Hämatome an Stirn, Nasenrücken, Hinterkopf, Oberarmen, Handgelenken, Handrücken und Wade, die erlittene Schädelprellung) – und unter Berücksichtigung der in ähnlich gelagerten Fällen ausgeurteilten Schmerzensgeldbeträge erachtet der Senat ein Schmerzensgeld i.H.v. insgesamt € 3000 als angemessen und ausreichend	OLG Zweibrücken 2.8.2013 2 UF 30/13 juris; NJW-RR 2014, 33
795	7500 € 3750 (€ 5073)	Schnittverletzungen im Gesicht, Gehirnerschütterung 2. Grades		22-jähr. Reiseleiterin	Narbe im Gesicht	Verletzungen durch Wurf eines Glases; schmerzensgelderhöhend ist das gleichgültige vorprozessuale Verhalten des Beklagten und der hohe Verschuldensgrad	AG Delmenhorst 21.8.1998 1617-9-4 C 933/98 IV RAe Petersen & Kollegen, Kiel
796	10 000 € 5000 (€ 6790)	Gesichtsverletzungen nach Schlag mit einem Bierglas; Verletzung der Ausführungsgänge der Ohrspeicheldrüse	Verletzungen mussten operativ im Krankenhaus behandelt werden	Mann	Triangelförmige, bis zum unteren Augenwinkel des linken Auges reichende Narbe von mehreren Zentimetern Länge; infolge Durchtrennung des Parotisausführungsganges gelegentliche Schmerzen, Beeinträchtigung des Speichelflusses	Gesichtsnarbe ist nicht entstellend, doch in ihrer Wahrnehmbarkeit für das Aussehen mitprägend. Bei einer vorsätzlichen Körperverletzung ist es für die Genugtuungsfunktion unerheblich, wenn der Täter durch Freunde des Opfers im Anschluss verprügelt wird	OLG Frankfurt am Main 30.4.1998 15 U 129/97 NJW-RR 1998, 1223

Weitere Urteile zur Rubrik »**Gesicht - Allgemeine Verletzungen (Nase, Stirn, Lippen, Zunge, etc.) - durch vorsätzliche Körperverletzung**« siehe auch:
bis € 2500: 859

Gesicht - Gesichtsnarben und -entstellungen

Lfd. Nr.	Betrag	Verletzung	Dauer/Umfang	Person	Dauerschaden	Besondere Umstände	Gericht
797	1200 € 600 (€ 770)	Stark blutende Wunde im Bereich der Nase	5 Tage arbeitsunfähig	Frau	Narbe auf der Nase	Aufprall auf die verschlossene Hälfte einer automatischen Glastür, die sich bei Annäherung nicht öffnete und nicht gekennzeichnet war	AG Bad Oldesloe 3.5.2002 2 C 245/01 RA Ludewig, Bad Schwartau
798	€ 600 (€ 628)	Fehlerhafte Permanent-Make-up-Behandlung bzgl. der Lidstriche	Mehrere Lasertherapiesitzungen	Frau		Die mangelhafte Arbeit der Beklagten war für jedermann im Gesicht sichtbar	LG Aachen 2.3.2017 1 O 309/15 Landesrechtsprechungsdatenbank NRW
799	€ 2000 (€ 2113)	Blutende Wunden in einem größeren Bereich um den Mund und das Kinn herum bis zur Wange, entstellenden Hautausschläge, Jucken und Brennen im ganzen Gesicht	Kühlung über einen längeren Zeitraum	Frau		Die Klägerin benutze eine Gesichtshaarentfernungscreme. Die Beklagte haftet hier nach dem Produkthaftungsgesetz. Die Klägerin konnte sich min. 17 Tage nicht in der Öffentlichkeit zeigen. Es sind mehrere Laserbehandlungen zur Wiederherstellung erforderlich	LG Heidelberg 25.11.2016 5 O 5/16 juris

● Mithaftung (siehe vorletzte Spalte)

Lfd. Nr.	Betrag DM Euro (Anp.2019)	Verletzung	Dauer und Umfang der Behandlung; Arbeitsunfähigkeit	Person des Verletzten	Dauerschaden	Besondere Umstände, die für die Entscheidungen maßgebend waren	Gericht, Datum der Entscheidung, Az., Veröffentlichung bzw. Einsender
\multicolumn{8}{l}{**Fortsetzung von »Gesicht - Gesichtsnarben und -entstellungen«**}
800	4500 € 2250 (€ 3013)	Kopfverletzung, Gehirnerschütterung	5 Tage Krankenhaus, 4 Monate ambulant	Mann	Narben an Lippe und Nase, die die Atmung behindern	Wegen Mithaftung von 1/3 wurde dem Kläger lediglich ein Betrag von DM 3000 (€ 1500) zugesprochen	LG München I 25.12.1999 19 S 11234/99 RiLG Krumbholz, München
801	€ 2500 (€ 3161)	Verursachung von fünfmarkstückgroßen, gut sichtbaren, roten Flecken im Bereich der Wangenknochen nach Laserbehandlung zur Beseitigung von Schwangerschaftsflecken		Frau	Vergrößerte Schwangerschaftsflecken, die gut sichtbar sind und die die Klägerin psychisch schwer belasten	Grund der Verursachung der Flecken war eine unsachgemäß durchgeführte Laserbehandlung zur Beseitigung von Schwangerschaftsflecken durch den Beklagten (Heilpraktiker); Klägerin wurde nicht über die Risiken einer Laserbehandlung aufgeklärt; operative Entfernung der Flecken aufgrund der Gefahr einer Verschlimmerung durch Narbenbildung nicht zumutbar	AG Büdingen 22.1.2004 2 C 698/02 (21) RA Trunk, Kefenrod-Bindsachsen
802	€ 3000 (€ 3748)	Gehirnerschütterung, multiple Abschürfungen, Platzwunde an der linken Augenbraue, Prellung des rechten Knies, HWS-Distorsion	Aufgrund der Platzwunde über der Augenbraue einige Behandlungen und Operationen	19-jähr. Mann	Narbe über der linken Augenbraue		AG Waldshut-Tiengen 12.11.2004 7 C 163/04 SP 2005, 89
803	7000 € 3500 (€ 4566)	Lange Schnittwunde von einem zum anderen Kiefernwinkel	6 Tage Krankenhaus, 6 Wochen vom Schulbesuch befreit	7-jähr. Junge	Sichtbare Narbe	Sturz von oben herab in die spitzen Metallstreben eines Zaunes von einem Kindergartengrundstück; Verletzung der Verkehrssicherungspflicht; geringes Verschulden des Beklagten	LG Tübingen 16.11.2001 7 O 143/01 NJW-RR 2002, 960
804	€ 5000 + immat. Vorbehalt (€ 5784)	Multiple Schnittverletzungen im Gesicht und Glassplitterverletzung im Auge durch Flaschenwurf		Mann	Deutlich sichtbare Narben im Gesicht		AG Duisburg 13.11.2008 14 Ls-297 Js 5608-94/08 Adhäsionsurteil RAe Bernschütz & Koll., Wesel
805	12000 € 6000 + immat. Vorbehalt (€ 8045)	Skalpierungsverletzung mit deutlich erkennbarer, 15 cm langer und etwa 1 1/2 cm breiter Narbe über der ganzen Stirn, ca. 2–3 cm über den Augenbrauen	11 Tage Krankenhaus, anschließend diverse ambulante Behandlungsmaßnahmen bei verschiedenen Ärzten bzw. Therapeuten	33-jähr. Frau	Entstellende Narbe an der Stirn	Unter Umständen Nachoperation der Narbe, die zu einer kosmetischen Verbesserung des Erscheinungsbildes führen würde	LG Deggendorf 7.7.1999 2 O 151/99 RAin Engel, Dingolfing
806	15000 € 7500 + immat. Vorbehalt (€ 9631)	Schädelhirntrauma 1. Grades, Kontusion des rechten Knies und multiple Schnittverletzungen im Gesicht	8 Tage Krankenhaus, ca. 6 Wochen arbeitsunfähig	19 1/2-jähr. Studentin	Erhebliche Narben im Gesicht	Es besteht die Hoffnung einer operativen Korrektur; das Ausmaß des Erfolges einer Korrektur ist jedoch nicht voraussehbar	KG Berlin 7.3.2002 12 U 7037/00 RiKG Philipp
807	15000 € 7500 + immat. Vorbehalt (€ 10317)	Große Risswunde in der linken Wange, Schädelhirntrauma 1. Grades	5 Tage Krankenhaus	32-jähr. Frau	U-förmige, 7–8 cm lange Narbe an der Wange und eine senkrecht vom Auge zum Kinn verlaufende Narbe, die entstellend wirken	Verletzung der Verkehrssicherheitspflicht durch Anbringen fingerlanger spitzer Eisenstäbe auf der äußeren Fensterbank eines Schaufensters unmittelbar neben dem Bürgersteig; leichte Fahrlässigkeit; psychische Belastungen der Klägerin; die entstellenden Narben können möglicherweise noch etwas korrigiert werden	OLG Düsseldorf 28.2.1997 22 U 180/96 NJWE-VHR 1997, 213 MDR 1997, 1124

Fortsetzung von »Gesicht - Gesichtsnarben und -entstellungen«

Lfd. Nr.	Betrag DM Euro (Anp.2019)	Verletzung	Dauer und Umfang der Behandlung; Arbeitsunfähigkeit	Person des Verletzten	Dauerschaden	Besondere Umstände, die für die Entscheidungen maßgebend waren	Gericht, Datum der Entscheidung, Az., Veröffentlichung bzw. Einsender
808	18 000 € 9000 (€ 13 293)	Tiefe, die gesamte rechtsseitige Wange zerfetzende Risswunden in der rechten Gesichtshälfte mit arterieller Blutung aus der Parotisregion; mehrere kleinere Risswunden im Stirnbereich; Schürfwunden am linken Handrücken; Fersenbeinprellung rechts; schwere psychische Schäden	8 Tage stationär; wiederholt Operationen zur Entfernung noch vorhandener Glassplitter aus dem Gesicht erforderlich	Mann	Stark sichtbare, entstellende Narben im Gesicht	Albträume sowie Phobie bei mit dem Unfallhergang vergleichbaren Situationen. Verlust des Arbeitsplatzes. Im Rahmen einer therapeutischen Behandlung, die z. Z. der Urteilsverkündung bereits 5 Monate andauert, muss der Kläger eine Stunde täglich in Begleitung die betreffende Situation im Straßenverkehr simulieren und einüben	OLG Koblenz 14.6.1993 12 U 894/92 VorsRiOLG Mecker
809	€ 20 000 (€ 24 988)	Tiefe Stirnplatzwunde von ca. 8 cm Länge, Schnittwunden in der linken Gesichtshälfte, insbesondere am Augenlid, HWS-Syndrom mit Gehirnerschütterung und Kopfschmerzen mit mehrfachem Erbrechen, Beschädigung der Zähne 11, 21 und F 4	4 Tage Krankenhaus, ca. 5 Wochen nach Entlassung Kopfschmerzen mit MdE von 50%	38-jähr. Frau	Deutlich sichtbare Narbe an der Stirn, Narben am Augenlid	Erhebliches Verschulden der Beklagten, die unter deutlichem Drogeneinfluss am Straßenverkehr teilgenommen hat; die deutliche und sehr große Stirnnarbe (8 cm) bedeutet eine starke Einschränkung der Lebensqualität; Klägerin wird durch die Narbe auch täglich bei dem Blick in den Spiegel an das Unfallgeschehen und die Entstellung erinnert; Schaden am Schneidezahn kann durch geringfügigen Eingriff, dem sich die Klägerin im Rahmen der Schadenminderungspflicht unterziehen muss, beseitigt werden, wobei der Eingriff jedoch bei der Bemessung des Schmerzensgeldes zu berücksichtigen ist	LG Heidelberg 23.11.2004 2 O 199/03
810	65 000 € 32 500 (€ 43 856)	Schwerste Knochen-, Knorpel- und Weichteilverletzungen im Bereich der Stirn, der Wangen, der Nase und der Oberlippe; Oberkieferfraktur; Verlust eines Zahnes	6 Wochen Krankenhaus, weitere 6 Wochen arbeitsunfähig	Junge Frau	Verbleibende Narbe zwischen Nase und Oberlippe. Chronische Nebenhöhlenentzündungen	Entstellung bis zur kosmetischen Nachoperation nach 2 Jahren	OLG Koblenz 31.5.1999 12 U 728/98 VorsRiOLG Mecker

Weitere Urteile zur Rubrik »Gesicht - Gesichtsnarben und -entstellungen« siehe auch:
bis € 2500: 777, 2739, 107
bis € 5000: 795, 2182, 782, 1391
bis € 12 500: 818, 2762, 783, 796, 755, 716, 1350, 2770, 784, 720, 2463, 759, 2779, 1304, 2781, 2589, 3156, 760, 825, 723, 1365, 2783, 182, 2786
bis € 25 000: 727, 729, 2790, 2054, 2792, 763, 503, 2797
ab € 25 000: 764, 732, 1369, 2800, 2131, 733, 84, 2199, 1152, 200, 735, 1205, 2081, 1430, 2200, 740, 363, 1439, 1440, 1441, 2096, 1443, 2097, 6, 3000, 741, 1326, 1328, 1329, 2202, 2204, 1243, 3023

Gesicht - Gesichtsnarben und -entstellungen - durch vorsätzliche Körperverletzung

Lfd. Nr.	Betrag DM Euro (Anp.2019)	Verletzung	Dauer und Umfang der Behandlung; Arbeitsunfähigkeit	Person des Verletzten	Dauerschaden	Besondere Umstände, die für die Entscheidungen maßgebend waren	Gericht, Datum der Entscheidung, Az., Veröffentlichung bzw. Einsender
811	€ 750 (€ 953)	Verletzung an der Stirn durch Faustschlag		Mann	Deutlich sichtbare Narbe auf der Stirn	Kläger hat durch sein Verhalten eine gewisse Mitursache für die spätere Eskalation gesetzt, ohne dass insoweit schon ein Mitverschulden i. S. von § 254 BGB zu bejahen wäre	AG Aachen 9.9.2003 10 C 388/02 RiAG Dr. Quarch, Aachen
812	€ 2500 (€ 3340)	Glassplitterverletzung an der linken Wange durch Schlag mit Bierglas	Glassplitterverletzung musste mit sieben Stichen genäht werden	30-jähr. Mann	Entstellende Narbe	Vorsätzliche Körperverletzung. Nach zwei operativen Eingriffen ist im Bereich der linken Wange eine deutlich auffällige Narbe verblieben, die möglicherweise nur durch eine Schönheitsoperation korrigiert werden könnte	AG Leutkirch 31.1.2000 2 C 320/99 Versäumnisurteil RA Bühler, Leutkirch

● Mithaftung (siehe vorletzte Spalte)

Lfd. Nr.	Betrag DM Euro (Anp.2019)	Verletzung	Dauer und Umfang der Behandlung; Arbeitsunfähigkeit	Person des Verletzten	Dauerschaden	Besondere Umstände, die für die Entscheidungen maßgebend waren	Gericht, Datum der Entscheidung, Az., Veröffentlichung bzw. Einsender
\multicolumn{8}{l}{Fortsetzung von »Gesicht - Gesichtsnarben und -entstellungen - durch vorsätzliche Körperverletzung«}
813	€ 9000 (€ 9793)	Gesichtsverletzung mit einer vom medialen Augenwinkel links bis zum seitlichen linken Nasenflügel reichenden dauerhaft sichtbaren Narbe		Mann		Erleidet der Geschädigte einer (strafbaren) Körperverletzung eine Gesichtsverletzung mit einer vom medialen Augenwinkel links bis zum seitlichen linken Nasenflügel reichenden dauerhaft sichtbaren Narbe und spürt er 2 ¼ Jahre nach der Tat immer noch Schmerzen aufgrund Wetterwechsel, so ist unter Berücksichtigung ähnlicher Entscheidungen die Leistung eines Schmerzensgeldes i.H.v. € 9000 angemessen	OLG München 21.11.2012 3 U 2072/12 NZV 2013, 298
\multicolumn{8}{l}{**Gesicht - Kieferverletzungen und Kieferbrüche**}
814	€ 1500 (€ 1906)	Kieferknochenmarksentzündung nach Entfernung eines Weisheitszahnes	Mehrere Wochen Behandlung	Mann		Unzureichende ärztliche Aufklärung über die mit der Entfernung des Weisheitszahnes verbundenen Risiken; Aufklärungspflicht erstreckt sich auch auf seltene Risiken insbesondere dann, wenn sie sich im Falle der Verwirklichung nachteilig auf die weitere Lebensführung des Patienten auswirken können	OLG Köln 12.3.2003 5 U 52/02 VersR 2005, 795

Lfd. Nr.	Betrag DM Euro (Anp.2019)	Verletzung	Dauer und Umfang der Behandlung; Arbeitsunfähigkeit	Person des Verletzten	Dauerschaden	Besondere Umstände, die für die Entscheidungen maßgebend waren	Gericht, Datum der Entscheidung, Az., Veröffentlichung bzw. Einsender
Fortsetzung von »Gesicht - Kieferverletzungen und Kieferbrüche«							
815	€ 2400 ● + immat. Vorbehalt (€ 2446)	Kieferfraktur (Fraktur des Korpus mandibuli rechts im Kieferwinkel), Gehirnerschütterung und stumpfes Bauchtrauma	Der Kläger war nach der Kollision bewusstlos und wurde stationär behandelt. Die Kieferfraktur musste operativ versorgt werden. Bis zur Entfernung des Osteosynthesematerials war er zu 100% arbeitsunfähig. Der Kiefer des Klägers war für 2 Wochen komplett verdrahtet, anschließend mit Gummizügen; der Kläger konnte 6 Wochen lang nur flüssig-weiche Kost zu sich nehmen und nahm 12 kg an Körpergewicht ab; anschließend musste er weitere Schienen tragen. Infolge des Unfalls wurde zudem ein Zahn so beschädigt, dass eine Wurzelbehandlung und Überkronung erforderlich wurden	Mann		Die Annahme der Ursächlichkeit einer Geschwindigkeitsüberschreitung des Beklagten zu 2 für die Kollision mit dem aus einer Grundstückseinfahrt in die Fahrbahn einfahrenden Pkw des Klägers erfordert die Feststellung, wann der Pkw unter Berücksichtigung des Zeitpunkts der Reaktionsaufforderung, der Reaktions- und Bremsschwellzeit und des Bremsweges (frühestens) hätte zum Stehen kommen können. Diese Ursache steht im Streitfall nicht fest. Damit ist auch dem weiteren Argument der Berufung der Boden entzogen, das LG habe für die unfallbedingten Verletzungen des Klägers ein höheres Schmerzensgeld ausurteilen müssen. Denn mangels unfallursächlichen Verkehrsverstoßes des Beklagten zu 2 fehlt es schon an jeglicher Haftungsgrundlage für die Zuerkennung eines Schmerzensgeldes. Gleichermaßen ist der auf Feststellung einer weitergehenden Haftung der Beklagten gerichtete Antrag des Klägers unbegründet. Ohne dass es noch entscheidungserheblich darauf ankommt, weist der Senat darauf hin, dass auch auf der Grundlage der – mangels Berufung der Beklagten rechtskräftig festgestellten – 40%igen Haftung der Beklagten die Zuerkennung eines höheren Schmerzensgelds nicht geboten erscheint: Die in der Berufungsbegründung zitierte Rechtsprechung bezieht sich entweder auf gravierende Dauerschäden (Nervschädigung) oder schwerere Primärverletzungen (doppelte Unterkieferfraktur), die im Fall des Klägers nicht gegeben sind bzw. auf Verletzungen aufgrund einer vorsätzlich begangenen Körperverletzung beruhen; sie sind damit mit den vorliegend im Streit stehenden Personenschäden nicht vergleichbar	Saarländisches OLG 14.3.2019 4 U 112/17 juris
816	6000 € 3000 (€ 3943)	Alveolarfortsatzfraktur des Oberkiefers im Bereich 11, 12 mit Dislozierung des zahntragenden Fragments und Fraktur der Zahnkronen 11, 12 und 13	Mehrmonatige zahnärztliche Behandlung	14-jähr. Junge		Kläger fungierte als Schiedsrichter bei einem Freizeitfußballspiel mit Altersgenossen; während einer Spielunterbrechung schoss der Beklagte den Ball in Richtung Tor, wobei der Ball eine Flasche traf, die der sich hinter dem Tor befindliche Kläger gerade an den Mund setzte, um daraus zu trinken; die Flasche wurde dabei gegen die Zähne und den Kiefer des Klägers gestoßen; die Zähne 11, 12 und 13 müssen nach Abschluss des Kieferwachstums bis in 3 oder 4 Jahren überkront werden	OLG Stuttgart 1.12.2000 2 U 54/00 VersR 2001, 347

● Mithaftung (siehe vorletzte Spalte)

Fortsetzung von »Gesicht - Kieferverletzungen und Kieferbrüche«

Lfd. Nr.	Betrag DM Euro (Anp.2019)	Verletzung	Dauer und Umfang der Behandlung; Arbeitsunfähigkeit	Person des Verletzten	Dauerschaden	Besondere Umstände, die für die Entscheidungen maßgebend waren	Gericht, Datum der Entscheidung, Az., Veröffentlichung bzw. Einsender
817	€ 4000 (€ 4607)	Komplizierter Kieferbruch, Nasenbeinfraktur, Weichteilschwellungen im Gesicht		Mann		Verletzung der Verkehrssicherungspflicht; Kläger kam als Radfahrer in einer Fußgängerzone über eine sehr schlecht erkennbare Pfostenkette zu Fall: Verletzungen besonders schmerzhaft	OLG Hamm 3.2.2009 I-9 U 101/07 NJW-RR 2010, 33
818	€ 5000 (€ 6014)	Fraktur des Jochbeines sowie des Orbitabodens links, doppelseitige Unterkieferfraktur, Verlust des Eckzahns unten rechts	19 Tage stationär	18-jähr. Mann	Etwa 3 cm breite Narbe unter dem linken Auge	4-stündige Operation, wobei versucht wurde, mittels einer Miniplattenosteosynthese am lateralen Orbitarand eine Reposition des Jochbeins zu bewirken. Darüber hinaus wurden der Ober- und Unterkiefer miteinander verdrahtet und der Orbitaboden mit einer PDS-Folie rekonstruiert. Während der 1-monatigen Verdrahtung stand der Mund nur zu einem Spalt offen, der es dem Kläger erlaubte, flüssige Nahrung zu sich zu nehmen. Die Reinigung der Zähne war ihm nicht möglich. Reden konnte er während der Zeit nur gänzlich unartikuliert	LG Düsseldorf 1.12.2006 15 O 488/05 RAe Heuvens & Fischer, Düsseldorf
819	€ 5000 + immat. Vorbehalt (€ 6203)	Kiefergelenkbruch, Riss-Quetsch-Wunde der Oberlippe, Verlust des Zahnes 22 und Lockerung der Zähne 11 und 21	4 Wochen Tragen einer SÄT-Schiene zur Fixierung der Zähne	Mann		Mehrschichtiges Vernähen der perforierten Riss-Quetsch-Wunde war notwendig. Ein Behandlungsende der beeinträchtigten Zähne 11 und 21 ist derzeit nicht absehbar, da diese Zähne auch nach mehreren Monaten aufgrund der erlittenen Verletzungen noch verloren gehen können und gegebenenfalls eine prothetische Rehabilitation nach sich ziehen können	LG Offenburg 2.2.2005 3 O 498/04 Versäumnisurteil RAin Schwarz, Offenburg
820	10 000 € 5000 (€ 6816)	Bruch des rechten Unterkiefers aufgrund eines ärztlichen Behandlungsfehlers bei der Extraktion eines Weisheitszahns	2 Wochen Krankenhaus wegen Bruchversorgung, nach 17 Tagen nochmals 2 Wochen Krankenhaus wegen einer auftretenden Wundheilstörung, nach 3 Monaten 19 Tage Krankenhaus zur Entfernung des Osteosynthesenmaterials	Mann		Infolge der Fraktur kam es zu einer Hypästesie des rechten Nervus alveolaris inferior und einer Behinderung der Mundöffnungsbewegung sowie zu einer Thrombose des linken Unterarms nach der notwendig gewordenen Infusionsbehandlung. Bei Urteilsverkündung (2 ½ Jahre nach Vorfall) noch Sensibilitätsstörungen im Unterlippenbereich rechts	OLG Oldenburg (Oldenburg) 14.10.1997 5 U 45/97 NJWE-VHR 1998, 140
821	€ 7000 + immat. Vorbehalt (€ 8978)	Doppelter Kieferbruch, Lockerung von vier Frontzähnen des Unterkiefers, Gehirnerschütterung, Platzwunde unter dem linken Knie sowie Prellungen und Schürfwunden im Kniebereich	Stationär 8 Tage, anschließend innerhalb der nächsten 3 Monate 7 Tage ambulante Behandlung, MdE: 2 Monate 100%	Einzelhandelskauffrau	Möglicherweise müssen die Frontzähne im Ober- und Unterkieferbereich entfernt werden, wenn ihre Festigung nicht zu erreichen sein sollte	Verstoß gegen die Verkehrssicherungspflicht eines Hauseigentümers. Klägerin rutschte auf drei erneuerten Bodenplatten mit Moos- oder Algenbelag vor dem Hauseingang aus und kam deshalb zum Sturz	LG Hamburg 12.7.2002 308 O 19/02 RAe Hennig & Wicklein, Hamburg

Fortsetzung von »Gesicht - Kieferverletzungen und Kieferbrüche«

Lfd. Nr.	Betrag DM Euro (Anp.2019)	Verletzung	Dauer und Umfang der Behandlung; Arbeitsunfähigkeit	Person des Verletzten	Dauerschaden	Besondere Umstände, die für die Entscheidungen maßgebend waren	Gericht, Datum der Entscheidung, Az., Veröffentlichung bzw. Einsender
822	€ 7000 + immat. Vorbehalt (€ 7792)	Kiefergelenkfraktur durch einen Schlag während eines Gerangels bei einem Fußballspiel	Operative Versorgung mit Osteosynthesematerial, das später operativ wieder entfernt wurde. 5 Tage stationäre Behandlung. 14 Tage Fixation des Kiefers. Nachbehandlung mit Aufbißschiene und Krankengymnastik. Ca. 3 Wochen vollständige AU	Mann	Narbe	Eine Bemessung des Schmerzensgeldes i.H.v. € 7000 erscheint angemessen, auch im Hinblick auf die Schmerzensgeldbemessung in vergleichbaren Fällen. Vorliegend sind in erster Linie die zwei Operationen, denen sich der Kläger unterziehen musste, und die Beeinträchtigungen des Klägers durch die Kieferverdrahtung über einen längeren Zeitraum, sowie die erheblichen Schmerzen zu berücksichtigen. Auch die vorsätzliche Begehung durch den Beklagten ohne jeden Anlass muss erschwerend gewertet werden, ebenso wie die Unannehmlichkeiten des Klägers durch die Vielzahl der Behandlungstermine einschließlich der Krankengymnastik und das verzögerte Regulierungsverhalten des Beklagten. Auch die verbleibende Narbe, die allerdings nicht entstellend wirkt, sowie die nach der Verletzung aufgetretenen Ohrgeräusche müssen sich bei der Bemessung des Schmerzensgeldes erhöhend auswirken	Saarländisches OLG 10.8.2011 5 U 56/10-12 RAe Pennther & Kollegen, Saarlouis
823	€ 8000 (€ 8547)	Schädel-Hirn-Trauma 1. Grades, offene Oberkieferfraktur mit großflächiger Schleimhautdefektwunde, Verlust von zwei Zähnen, Tinnitus, Thoraxprellung, HWS-Distorsion	3 Tage Klinikaufenthalt, 17 Tage AU zu 100%	Mann		In Zukunft drohen weitere Zahnbehandlungen	LG Münster 17.4.2014 4 O 172/12 RA Lentfort, Warendorf
824	€ 10 000 (€ 11 696)	Unterkiefer-Collum-Fraktur rechts, Luxation der im Unterkiefer einzig verbliebenen Zähne 43 und 44, Patellaprellung links und Sternumprellung	Zwei stationäre Aufenthalte von insgesamt 2 Wochen	Frau		Wegen Mithaftung von 1/3 wurde der Klägerin ein Schmerzensgeld von nur € 7000 zugesprochen. Berücksichtigt wurde dabei, dass sie 2 Jahre nur Nahrung in breiiger Form zu sich nehmen konnte. Außerdem ist am Hals eine Narbe verblieben; es bestehen Hypästhesien im Bereich des hinteren Unterkieferasts. Wegen des inzwischen zahnlosen Unterkiefers hält die Brücke schlecht	LG Aurich 10.1.2008 2 O 1345/05 RA Warfsmann, Hage
825	20 000 € 10 000 + immat. Vorbehalt (€ 13 919)	Unterkiefer-Collumfraktur links; Riss-Quetschwunde im rechten Mundwinkel, Handgelenksfraktur, Handwurzelfraktur, Abriss des Ulnargriffelfortsatzes; Schädelhirntrauma 1. Grades	Zwei stationäre Aufenthalte von insgesamt 20 Tagen	Kfz-Techniker	Gesichtsnarben. Infolge Handgelenks- und Handwurzelfraktur sowie Zahnbeschwerden; MdE: 10%	Kläger hat Zahnbeschwerden, die äußerst langwierig, schwierig zu behandeln und deutlich beeinträchtigend sind. Langjährige medizinische Maßnahmen sind erforderlich, die teilweise sehr schmerzhaft sind	LG München I 29.8.1996 19 O 10154/94 VorsRiLG Krumbholz

● Mithaftung (siehe vorletzte Spalte)

Lfd. Nr.	Betrag DM Euro (Anp.2019)	Verletzung	Dauer und Umfang der Behandlung; Arbeitsunfähigkeit	Person des Verletzten	Dauerschaden	Besondere Umstände, die für die Entscheidungen maßgebend waren	Gericht, Datum der Entscheidung, Az., Veröffentlichung bzw. Einsender
\multicolumn{8}{l}{**Fortsetzung von »Gesicht - Kieferverletzungen und Kieferbrüche«**}
826	20 000 € 10 000 + immat. Vorbehalt (€ 14 141)	Oberkieferprellung mit massiven Weichteilödem und Hämatomen; Erneuerung des Zahnersatzes im Oberkiefer, Sensibilitätsstörungen im Ausbreitungsgebiet des Nervus infraorbitalis mit Gesichtsschmerzen; leichte Gehirnerschütterung; lang dauernde Entzündung im Bereich des Unterleibs und Ausfall der Geschmacksnerven infolge erforderlicher Penicillin-Behandlung, ca. 1 Jahr Depressionen	10 ½ Monate arbeitsunfähig	30-jähr. Frau	Zeitweise Schmerzzustände im Gesicht	Leichtes Verschulden der Beklagten	OLG Hamm 30.10.1995 6 U 199/94 RA Dr. Born, Hamm
827	€ 12 000 + immat. Vorbehalt (€ 15 281)	Stauchung des Oberkiefers auf den Unterkiefer mit Luxation der Knorpelscheibe, Schmerzen und Knacken in den Kiefergelenken sowie eine schmerzhafte Bewegungseinschränkung beim Kauen	Im Anschluss an die Erstbehandlung musste eine Schiene im Unterkiefer zur Herstellung des Bisses eingesetzt sowie nach 2 Jahren eine endgültige, sehr aufwendige prothetische Maßnahme durchgeführt werden	Frau		Während der Behandlungsdauer von 2 ½ Jahren mit regelmäßigen Arztbesuchen, u. a. um die Schiene fortlaufend – schmerzhaft – zu korrigieren, war Klägerin massiv in ihrer Lebensqualität beeinträchtigt; sie konnte in dieser Zeit nicht wie ein normaler Mensch kauen; Beklagter, den eine Verletzung der Verkehrssicherheitspflicht traf, hat 5 Jahre lang eine Ersatzleistung erbracht	OLG Köln 11.4.2003 19 U 102/02 VersR 2003, 1185
828	€ 20 000 ● + immat. Vorbehalt (€ 21 113)	Zweifache Unterkieferfraktur (Capitulumfraktur links, Corpusfraktur rechts); Zahnfrakturen und der teilweise bzw. komplette Verlust der Zähne 13 und 14; 24 Platzwunden an der Unterlippe paramedian rechts und mental rechts; multiple Platz- und Schürfwunden; Bluterguss am linken Trommelfell	5 Tage stationär, Frakturen wurden fixiert über 3 Wochen in unterschiedlicher Intensität. Fast 4 Wochen AU. Bei Entfernung des Metalls im Unterkiefer wurde festgestellt, dass der Kläger seinen Mund nur auf ca. 2,5 cm öffnen konnte. Infolge der Beeinträchtigungen durch die Kiefergelenksfrakturen musste (9 Tage stationär) ein künstliches Kiefergelenk eingesetzt werden	Mann	Reduzierte Kaufunktion, eingeschränkte Möglichkeit der Mundöffnung mit einhergehenden Schmerzen und weitere erforderliche Behandlungen	Die Primärverletzungen sind als erheblich und schwerwiegend einzustufen, denn der Kläger wird hierdurch ein Leben lang beeinträchtigt sein, weil er ein für das menschliche Leben und entsprechende Lebensfreude elementares Bedürfnis – die Nahrungsaufnahme und genussvolles Essen – nicht mehr normal ausüben kann, sondern dabei erheblichen Einschränkungen ausgesetzt ist. Ohne ein Mitverschulden von ⅓ wäre insoweit ein Schmerzensgeld i.H.v. mindestens € 30 000 angemessen	OLG Stuttgart 11.5.2016 4 U 164/15
829	€ 22 750 ● + immat. Vorbehalt (€ 29 039)	Collumfraktur, Schädelhirntrauma I. Grades, diverse Prellungen und Kinnplatzwunde	5 Tage stationärer Aufenthalt, anschließend zahlreiche ambulante Behandlungen	28-jähr. Frau	Störungen der Kaufunktion	50% Mithaftung. Seit über 16 Jahren nach dem Unfall leidet die Klägerin noch an erheblichen Folgen. Störungen der Kaufunktion, d. h. die Unfähigkeit normal zu essen, als auch Kieferbeschwerden im Ruhezustand und bei der Kommunikation bedeuten ein ganz erhebliches Maß an Lebensbeeinträchtigung. Dieser Zustand wirkt sich auf das gesamte körperliche und seelische Wohlbefinden aus. Dass bedarfsdeckende Ernährung, z. B. durch Astronautenkost, möglicherweise eine Mangelversorgung verhindern mag, stellt keinen Ausgleich dafür dar, nicht mehr normal und schmerzfrei essen zu können. Eine endgültige Wiederherstellung ist nicht in Sicht	LG München I 22.5.2003 19 O 6185/97 VorsRiLG Krumbholz

Lfd. Nr.	Betrag DM Euro (Anp.2019)	Verletzung	Dauer und Umfang der Behandlung; Arbeitsunfähigkeit	Person des Verletzten	Dauerschaden	Besondere Umstände, die für die Entscheidungen maßgebend waren	Gericht, Datum der Entscheidung, Az., Veröffentlichung bzw. Einsender

Fortsetzung von »Gesicht - Kieferverletzungen und Kieferbrüche«

| 830 | 180 000 € 90 000 + immat. Vorbehalt (€ 122 696) | Rechtsseitige Felsenbeinfraktur, Orbitabodenfraktur links, laterale Kieferhöhlenwandfraktur links, Stirnhöhlenwandfraktur, Jochbeinfraktur links, Trümmerfrakturen im Bereich der Lamina Pterydoidia und der basalen Temporalschuppe; ausgedehntes epidurales Hämatom links temporal mit einer Mittellinienverlagerung von ca. 1 cm nach rechts | Künstliche Beatmung über 2 Monate, sieben operative Eingriffe, 10 Monate Krankenhaus, MdE: ca. 13 Monate 100% 8 Monate 70% 1 Jahr 50% danach 20% | Kfz-Mechaniker | Auf dem allgemeinen Arbeitsmarkt MdE: 20%, speziell in seinem Beruf als Kfz-Mechaniker 50 bis 70% | Der Kläger ist nicht mehr in der Lage, seine vorherige Tätigkeit mit Durchführung der Meisterschule im Kfz-Handwerk auszuüben, kann vielmehr nur noch in einer weisungsgebundenen Tätigkeit arbeiten. Noch nach Jahren können Spätkomplikationen und dementsprechende Verschlechterungen eintreten | LG München I 25.11.1997 19 O 17232/94 VorsRiLG Mü I Krumbholz |

Weitere Urteile zur Rubrik »**Gesicht - Kieferverletzungen und Kieferbrüche**« siehe auch:
bis € 2500: 470, 2027, 772, 860, 1847, 1863
bis € 5000: 803, 2523, 1896, 869, 713
bis € 12500: 2533, 2534, 2539, 2541, 2543, 1268, 757, 856, 724, 1501, 2787
bis € 25000: 2553, 727, 263, 728, 314, 2379, 1549, 2556, 730, 731, 1198, 762, 503, 2942
ab € 25000: 732, 1369, 2560, 133, 733, 327, 810, 734, 735, 1204, 737, 738, 2081, 739, 613, 1432, 3189, 431, 1443, 1317, 1375, 365, 741, 1220, 1326, 3012, 1455, 1243, 1377, 2091

Gesicht - Kieferverletzungen und Kieferbrüche - durch vorsätzliche Körperverletzung

Lfd. Nr.	Betrag	Verletzung	Dauer und Umfang der Behandlung	Person des Verletzten	Dauerschaden	Besondere Umstände	Gericht, Datum
831	€ 3000● + immat. Vorbehalt (€ 3735)	Bruch des Oberkieferknochens, Subluxierung eines Zahnes und Verlust eines weiteren Zahnes, andauernde Schwellung sich gesamten Kieferbereichs sowie offene Platzwunde an Ober- und Unterlippe	1 Woche lang keine feste Nahrung, Heilprozess verlief kompliziert, weil sich Entzündungen und Abszesse gebildet haben mit Knochendefekt	Schüler		Schlägerei. 1/3 Mitverschulden des Klägers durch provokatives Verhalten. Er hat den Beklagten beschimpft, geschubst und getreten. Hierdurch hat er nicht unerheblich dazu beigetragen, dass die Situation eskalierte. Der Knochendefekt heilte folgenlos aus. Es droht der Verlust einer Zahnkrone mit der Folge, dass sich der Kläger ein Implantat wird setzen lassen müssen	LG Bückeburg 13.1.2005 2 O 262/02 RAe Sasse, Grell, Helmerding & Koll., Rinteln
832	€ 3500 + immat. Vorbehalt (€ 3971)	Unterkieferfraktur, Weichteilschaden, Gesichtshämatom	7 Tage stationärer Aufenthalt, 2 OP am Unterkiefer (1. Einsetzung einer Richtplatte im Unterkiefer; 2. operative Entfernung dieser Platte nach 6 Monaten)	14-jähr. Junge		Der Beklagte schlug dem Kläger ohne erkennbaren Grund auf dem Schulhof mehrmals mit der Faust ins Gesicht	AG Bad Sobernheim 2.11.2010 61 C 305/10 Versäumnisurteil RA Fuchs, Kirn
833	7000 € 3500 (€ 4753)	Kieferwinkelfraktur links, Kontusion des linken Unterkiefers, Hämatom am linken Ohr; Schürfwunden am rechten Unterarm, Kontusion des rechten Kniegelenks und des distalen linken Oberschenkels; Thoraxprellung, Hämatome am rechten Oberarm und linken Oberschenkel	6 Wochen Behandlung der Kieferfraktur, dabei wurde Kiefer 3 Wochen durch straffe Gummis völlig verschlossen, danach nur leichte Öffnung bis zur Entfernung der Schienen bei Behandlungsende MdE: 18 Tage 100%	Kriminalbeamter		Vorsätzliche Körperverletzung durch einen Jugendlichen, der den Kläger zu Boden riss und wie von Sinnen mehrfach gegen ihn trat; Verurteilung zu 2 Wochen Dauerarrest; Alkoholgenuss des Beklagten (1,34 Promille) schmerzensgeldmindernd	AG Freiburg i. Br. 13.10.1998 2 C 2418/98 RAe Wachenheim, Lahr
834	10 000 € 5000 + immat. Vorbehalt (€ 6556)	Doppelte Unterkieferfraktur durch Faustschlag	Zweimaliger stationärer Aufenthalt, ca. 6 Wochen Verdrahtung im Kieferbereich; Nachfolgeoperation ist zu erwarten. MdE: 3 Monate 100%	Fußballer		Der Kläger erhielt beim Fußballspiel vom Beklagten einen Faustschlag in das Gesicht	LG Arnsberg 13.3.2001 1 O 636/00 (Versäumnisurteil) RAe Icha & Kirstein, Brilon

● Mithaftung (siehe vorletzte Spalte)

Lfd. Nr.	Betrag DM Euro (Anp.2019)	Verletzung	Dauer und Umfang der Behandlung; Arbeitsunfähigkeit	Person des Verletzten	Dauerschaden	Besondere Umstände, die für die Entscheidungen maßgebend waren	Gericht, Datum der Entscheidung, Az., Veröffentlichung bzw. Einsender
	**Fortsetzung von »Gesicht - Kieferverletzungen und Kieferbrüche - durch vorsätzliche Körperverletzung«**
835	€ 6000 (€ 7514)	Verlust der beiden oberen Schneidezähne rechts, weitgehende Zerstörung des Alveolarkamms durch Faustschlag	Mehrere erforderliche operative Eingriffe, längerfristig medizinische zahnärztliche Heilbehandlung	Mann		Discoschlägerei. Tragen einer Prothese und Beißschiene erforderlich, begrenzte Haltbarkeit der eingesetzten Keramikzähne	LG Leipzig 20.4.2004 03 O 7430/03 RAin Schmidt, Döbeln
836	€ 6000 (€ 6423)	Doppelter Kieferbruch	3 Tage stationärer Klinikaufenthalt. Zwei Wochen lang war nur die Aufnahme von Flüssignahrung möglich. Nachoperation zur Metallentfernung ist erforderlich	Junger Mann	Optische Beeinträchtigung durch einen deutlich vergrößerten Abstand zwischen zwei Zähnen	Vorsätzliche Körperverletzung durch Faustschlag	LG München II 27.02.2014 14 O 4102/13 RA Kremer, Ingolstadt
837	€ 7000 + immat. Vorbehalt (€ 7471)	Fraktur des linken Kieferköpfchens, contusio labyrinthi links, oberflächliche Schürfwunde des Unterkieferwinkels links, HWS-Distorsion	1 Monat AU, Drahtkunststoffschiene für 1 Monat	Mann		Vorsätzliche Körperverletzung durch Faustschlag ins Gesicht bei einer tätlichen Auseinandersetzung im Straßenverkehr. Der Kläger konnte einen Monat nur flüssige Nahrung zu sich nehmen, danach einige Wochen nur weiche Nahrung. Schmerzensgelderhöhend wirkt sich das Genugtuungsinteresse aus	LG Hechingen 17.10.2014 2 O 112/12 Teilanerkenntnis- und Schlussurteil RAe Hirt + Teufel, Rottweil
838	€ 10 000 + immat. Vorbehalt (€ 10 903)	Doppelte Unterkieferfraktur paramedian rechts und Kieferwinkel links durch Faustschläge ins Gesicht bei einer allerdings vorbestehenden Dysgnathie mit offenem Biss	3 Tage Krankenhaus. Der Kläger musste sechs Monate Platten tragen, die Schmerzen im Kieferbereich beim Schlucken und Essen verursachten und den Kläger in gewisser Weise entstellten	Mann		Auf Seiten des Beklagten war – nach dem klägerischen Vortrag – zu berücksichtigen, dass dieser vorsätzlich gehandelt hatte, sich die Auseinandersetzung im Übrigen im eher privaten Bereich zugetragen und der Beklagte sich beim Kläger entschuldigt hatte, wobei es ihm offenbar selbst unerklärlich erschien, was mit ihm los gewesen sei. Unter Berücksichtigung der vorgetragenen Umstände erscheint auch dem Senat, der bereits in einer Vielzahl von Fällen über Schmerzensgeld aus unerlaubten Handlungen zu entscheiden hatte, ein Schmerzensgeldbetrag i.H.v. € 10 000 im vorliegenden Fall als angemessen	OLG München 23.1.2013 3 U 4056/12 juris
	**Gesicht - Zahnbeschädigung, Zahnverlust, Zahnschmerzen**
839	500 € 250 + immat. Vorbehalt (€ 334)	Abbruch von ¾ der Schneidekante des Zahnes 21		Junge		Verletzung durch Wurf eines Lederballs durch spielendes Kind; geschädigter Zahn erhält später eine Keramikkrone; eventuell stirbt der Zahn ab oder vereitert	AG Neuss 4.2.2000 34 C 5313/99 RA Beitzen, Neuss
840	€ 300 (€ 333)	Zahnabbruch eines Teils des Backenzahns durch Biss auf ein Metallstück in einer Pizza	Der beschädigte Zahn wurde durch eine Vollkeramikkrone überzogen	Frau			AG München 24.10.2011 231 C 7215/11
841	€ 667● + immat. Vorbehalt (€ 712)	Abbruch eines Teilstücks des mittleren Schneidezahns Nr. 21	Überkronung des Zahns	17-jähr. Junge		⅓ Mithaftung. Der Kläger wurde durch einen von einer Schwimmkrake herabstürzenden Badegast verletzt, da die Krake von anderen angehoben wurde. Die Haftung der Beklagten wegen der Verletzung der Verkehrssicherungspflicht resultiert aus einem im Einzelfall vorhersehbaren Fehlverhalten Dritter	AG Bremen 23.10.2014 9 C 0005/14 NJW 2015, 1124

Fortsetzung von »Gesicht - Zahnbeschädigung, Zahnverlust, Zahnschmerzen«

Lfd. Nr.	Betrag DM Euro (Anp.2019)	Verletzung	Dauer und Umfang der Behandlung; Arbeitsunfähigkeit	Person des Verletzten	Dauerschaden	Besondere Umstände, die für die Entscheidungen maßgebend waren	Gericht, Datum der Entscheidung, Az., Veröffentlichung bzw. Einsender
842	2500● €1250 (€1655)	Absplitterung der Verblendung am Brückenglied 11 sowie der Brücke von 12–22, Lockerung des Zahnes 12, Beckenprellung	Salbe und Kompressen über einen Zeitraum von ca. 14 Tagen; Versorgung mit einem Langzeitprovisorium über 11 Monate	Radfahrerin		20% Mithaftung. Verstoß gegen die Verkehrssicherungspflicht	AG Göppingen 16.11.2000 11 C 1555/00 RAe Cless & Partner, Göppingen
843	€1500 (€1917)	Frontalzähnetrauma beider oberen Schneidezähne, Jochbeinprellung, Lippenplatzwunde, multiple Schürfwunden	2 Tage Krankenhaus	17-jähr. Schülerin	Verwachsungen im Bereich der Oberlippe innen; mehrere kleine, kaum sichtbare Narben im Mundbereich	Zahntrauma äußerst schmerzhaft; eine Woche lang nur in der Lage, flüssige Nahrung zu sich zu nehmen, auch anschließend schwierige Nahrungsaufnahme; Wunden sehr schmerzhaft; Möglichkeit, dass ein Zahn abstirbt	AG Tettnang 31.1.2003 3 C 1043/02 RAe Föhr, Hirschel, Frank, Friedrichshafen
844	€1500 + immat. Vorbehalt (€1722)	HWS-Distorsion I. Grades, leichte Thoraxprellung, leichte Prellungen des linken Hüftgelenks, erhebliche Zahnschäden	2 Wochen ärztliche Behandlung	Frau		Es sind noch nicht unerhebliche Zahnbehandlungsmaßnahmen erforderlich	LG Berlin 4.8.2009 24 O 269/06 RA Koch, Erftstadt
845	€1500● (€1632)	Verlust eines Schneidezahns bei einem Stockkampf mit einem weiteren Kind		13-jähr. Junge	Prothetische Versorgung lebenslang notwendig	Vorliegend ist zu berücksichtigen, dass der Kläger einen Schneidezahn verloren hat, eine prothetische Versorgung lebenslang notwendig sein wird, der Kläger nach dem Unfall zunächst sehr starke Schmerzen zu erleiden hatte und im Tatzeitpunkt erst 13 Jahre alt war. Allerdings ist eine prothetische Versorgung durch Brücke oder Implantat möglich, so dass keine dauerhafte Entstellung zu befürchten ist. Außerdem hat der Beklagte nur fahrlässig gehandelt und war zum Tatzeitpunkt erst 12 Jahre alt. Darüber hinaus liegt dem Kläger ein erhebliches Mitverschulden (50%) zur Last. Der Umstand, dass der Beklagte als 12-jähriges Kind mit gewisser Wahrscheinlichkeit selbst über keine nennenswerten finanziellen Mittel verfügt, bedarf keiner Berücksichtigung, da unstreitig eine Haftpflichtversicherung besteht (vgl. BGH NJW 1955, S. 1675, 1677)	OLG München 22.11.2012 23 U 3830/12 NJW-RR 2013, 800
846	€1800 (€2076)	Verlust eines Schneidezahns		Knapp 8 Jahre altes Mädchen		Angesichts des Umstandes, dass der Zahnverlust erst 12 Jahre später durch ein Dauerimplantat ersetzt werden konnte und die Klägerin während ihrer gesamten Kindheitszeit sich Hänseleien wegen des fehlenden Zahns ausgesetzt sah, hält das Gericht ein Schmerzensgeld von insgesamt €1800 für angemessen. Es ist nicht auszuschließen, dass das eingesetzte Implantat im Laufe ihres Lebens noch einmal erneuert werden muss	AG Köln 3.4.2009 265 C 189/07 RA Koch, Erftstadt
847	€2000 + immat. Vorbehalt (€2357)	Leichte Gehirnerschütterung, Nasenschwellung nebst Schürfwunden und Prellungen im Gesicht, Abbruch der Frontzähne 11 und 12 mit Schädigung der Zahnsubstanz, HWS-Beschwerden	3 Tage stationär, knapp 4 Wochen eingeschränkte Beweglichkeit	Studentin			AG Göttingen 16.10.2007 30 C 225/05 RAe Windus, Wanke & Partner, Göttingen

● Mithaftung (siehe vorletzte Spalte)

Fortsetzung von »Gesicht - Zahnbeschädigung, Zahnverlust, Zahnschmerzen«

Lfd. Nr.	Betrag DM Euro (Anp.2019)	Verletzung	Dauer und Umfang der Behandlung; Arbeitsunfähigkeit	Person des Verletzten	Dauerschaden	Besondere Umstände, die für die Entscheidungen maßgebend waren	Gericht, Datum der Entscheidung, Az., Veröffentlichung bzw. Einsender
848	€ 2000 (€ 2159)	Produkthaftung wegen Fremdkörpern in einem Fruchtgummi, die beim Biss auf die Kaumasse einen Zahnschaden verursachten: an den bereits gefüllten Zähnen 25 und 26 brach sowohl jeweils ein Stück Zahn als auch ein Stück Füllung ab	Zahnärztliche Behandlung: Überkronung der Zähne 25 und 26	Mann		Dabei ist insbesondere berücksichtigt worden, dass der Kläger bei dem Biss auf die Fremdkörper einen starken Schmerz verspürt hat und dass er sich deshalb einer unangenehmen Zahnarztbehandlung unterziehen musste. Da der Kläger zum Ausmaß der Schmerzen und zu dem Ablauf und der Dauer der Zahnarztbehandlung keinen konkreten Sachvortrag unterbreitet hat, musste insoweit jedoch davon ausgegangen werden, dass er hierdurch keine schwerwiegenden Beeinträchtigungen erlitten hat, die sich ggf. weiter schmerzensgelderhöhend hätten auswirken können. Schließlich gab auch das Verhalten der Beklagten im Rahmen dieses Rechtsstreits keine Veranlassung für die Festsetzung eines höheren Schmerzensgeldes	OLG Hamm 23.5.2013 21 U 64/12
849	€ 2000 + immat. Vorbehalt (€ 2072)	Nicht fachgerechtes Slicen der Milchzähne (Abschleifen), Temperaturempfindlichkeit der Zähne, Karies	Weitere Behandlungen	17-jähr. Frau		Grober Behandlungsfehler des Beklagten. Auch wenn das Behandlungskonzept von vornherein darauf ausgelegt gewesen ist, im späteren Verlauf nach Verlust der Milchzähne Implantate zu setzen, ist der weitere gesundheitliche Verlauf nicht vorhersehbar	OLG Hamm 4.7.2017 26 U 3/17 juris
850	€ 2500 + immat. Vorbehalt (€ 2911)	Gehirnerschütterung und Beschädigungen der beiden vorderen Schneidezähne		14-jähr. Mädchen		Der Zahn 12 wurde wurzelbehandelt und anschließend überkront. Der Zahn 11 wurde mit einer Füllung versehen. Eine sichere Prognose für die Haltbarkeit des Zahnersatzes könne nicht abgegeben werden. Im vorliegenden Fall sei eine Verweildauer der Krone von ca. 10 Jahren zu erwarten. Wie häufig die Zähne überkront werden müssen, sei von der Entwicklung des restlichen Zahnbestandes abhängig. Bei ungünstigem Verlauf müssen die Zähne reseziert oder sogar extrahiert werden	LG Stade 29.2.2008 4 O 422/06 RAe Dr. Schmel & Koll., Bremerhaven
851	€ 2731 + immat. Vorbehalt (€ 3400)	Verlust von drei Zähnen, HWS-Distorsion, Prellungen am gesamten Körper, Durchbiss der Unterlippe	8 Tage arbeitsunfähig			Die Feststellungsklage ist zulässig und begründet. Die zahnmedizinische Behandlung des Klägers ist noch nicht abgeschlossen, insbesondere steht noch die Implantatversorgung aus	AG Paderborn 21.1.2005 53 C 162/04 RA Koch, Erfstadt
852	€ 3000 + immat. Vorbehalt (€ 3302)	Nicht indizierte Wurzelspitzenresektion am Zahn 43 mit Taubheit im Versorgungsgebiet des Nervus mentalis (= Endast des Nervus alveolaris inferior)	Nachbehandlungen	Junger Mann	Taubheitsgefühl, Missempfindungen im Unterkieferbereich beim Kauen, Sprechen, aber auch in der Ruhestellung		AG Münster 15.2.2012 5 C 4661/09 Landesrechtsprechungsdatenbank NRW

Urteile lfd. Nr. 853 – 857 Gesicht

Lfd. Nr.	Betrag DM **Euro** *(Anp.2019)*	Verletzung	Dauer und Umfang der Behandlung; Arbeitsunfähigkeit	Person des Verletzten	Dauerschaden	Besondere Umstände, die für die Entscheidungen maßgebend waren	Gericht, Datum der Entscheidung, Az., Veröffentlichung bzw. Einsender
\multicolumn{8}{l}{Fortsetzung von »Gesicht - Zahnbeschädigung, Zahnverlust, Zahnschmerzen«}
853	€5000 *(€6182)*	Platzwunde linkes Knie, Luxation der Zähne 11 und 21, Handprellung links, Schulterprellung links, Platzwunde Oberlippe, Schädelprellung, Lockerung aller Zähne am Oberkiefer, Prellung und Schnittwunde linkes Knie, Prellung rechtes Knie	MdE: 4 1/2 Wochen 100% 1 1/2 Wochen 20%	Mann		Das Tragen einer festen Metallschiene über einen Zeitraum von 18 Monaten stellt nach Auffassung des Gerichts eine langwierige und auch erhebliche Lebensbeeinträchtigung dar. Zu berücksichtigen sind sowohl die hiermit verbundene starke optische Beeinträchtigung bei einem erwachsenen Menschen als auch, dass eine feste Schiene als Fremdkörper beim Essen, Trinken, Sprechen, Zähneputzen etc. stört	LG München I 1.12.2004 19 O 10924/04 RA von Zwehl, München
854	10000 €5000 *(€6790)*	Verletzung an zehn Zähnen, wovon drei Schneidezähne entfernt werden mussten; Prellung der LWS und des Beckenkamms; Bluterguss an der Nasenwurzel	3 Wochen arbeitsunfähig, 3 Monate Tragen einer Zahnschiene	Mann		Während des Tragens der Zahnschiene Beeinträchtigung von Sprache, Kauvermögen und Ästhetik	OLG Hamm 27.4.1998 32 U 1/98 NJWE-VHR 1998, 179 VersR 1998, 1167
855	€5000 *(€5369)*	Durch fehlerhafte zahnärztliche Behandlung wurde ein zu großes Implantat eingebracht, was zu 6-tägigen starken Nervenschmerzen und hiernach zu einer dauerhaften Gefühlsbeeinträchtigung im Behandlungsbereich führte	Durch das Zurückdrehen des Implantates hat eine Dekompression stattgefunden	Mann		Hat der Zahnarzt eine falsche Bezugsebene für die Längenbestimmung gewählt und ein zu großes Implantat eingebracht, was zu 6-tägigen starken Nervenschmerzen und hiernach zu einer dauerhaften Gefühlsbeeinträchtigung im Behandlungsbereich führt, ist unter Berücksichtigung ähnlicher Entscheidungen ein Schmerzensgeld von €5000 angemessen	OLG Koblenz 25.11.2013 5 U 1202/13
856	€9000 + immat. Vorbehalt *(€9843)*	Oberkieferalveolarfortsatzfraktur, Zahnfrakturen der Zähne 12 und 21, Entfernung der Zähne 12 und 21, Zahnluxation des Zahns 11, Kniegelenkserguss (Kniebinnentrauma), Stirnwunde links, Gehirnerschütterung	4 Tage stationäre Behandlung, verschiedene Operationen, 1 Monat AU zu 100%, Komplikationen bei der Zahnbehandlung, die Implantatversorgung der verlorenen Zähne scheiterte, weil diese nicht richtig abheilen konnte	Frau		Umfangreiche Zahnbehandlung	LG Darmstadt 18.7.2012 19 O 91/09 RAe Höfle und Kollegen, Groß-Gerau
857	€22000 + immat. Vorbehalt *(€24439)*	Kiefergelenksluxation links	Tragen einer Schuchardt-Schiene für 3 Wochen, 3 Jahre Schienen-Therapie	junge Frau	Ein Öffnen des Mundes ist nur in erheblich eingeschränktem Umfang möglich. Dauerhafte Einnahme von Medikamenten	Bei der Bemessung des Schmerzensgeldes hat das Gericht u. a. berücksichtigt, dass die Klägerin aufgrund der verkehrsunfallbedingten Verletzung massive Einschränkungen im Alltagsleben hat, insbesondere bei der Nahrungsaufnahme und Mundhygiene. Die Schneidezahndifferenz beträgt bei aktiver Öffnung des Mundes lediglich 15 mm. Es erfolgte keine Operation und keine stationäre Behandlung. Auch erlitt die Klägerin keine optischen Auffälligkeiten	LG Aachen 21.10.2011 8 O 326/09 RAe Dettmeier & Kollegen, Düren

Weitere Urteile zur Rubrik »**Gesicht - Zahnbeschädigung, Zahnverlust, Zahnschmerzen**« siehe auch:
  bis €2500: 2304, 1773, 2496, 788, 1385, 2294, 2314, 874, 2320, 1863
  bis €5000: 793, 2508, 2509, 1261, 2514, 2515, 2516, 2332, 816, 831, 2753, 1390, 2523, 2524, 3036, 2526, 2527, 2528
  bis €12500: 818, 754, 819, 1493, 2533, 835, 2537, 1495, 2539, 549, 719, 821, 2542, 923, 2778, 824, 1498, 825, 761, 826, 2550, 724, 2551, 2787, 2552
  bis €25000: 2553, 502, 730, 1659, 809, 2391, 188, 2942, 2558, 591, 2559, 828, 2797, 594
  ab €25000: 764, 732, 1369, 598, 1421, 506, 330, 810, 607, 737, 2081, 739, 613, 1373, 431, 140, 1285, 741, 1991, 1377

● Mithaftung (siehe vorletzte Spalte)

Gesicht - Zahnbeschädigung, Zahnverlust, Zahnschmerzen - durch vorsätzliche Körperverletzung

Lfd. Nr.	Betrag DM Euro (Anp.2019)	Verletzung	Dauer und Umfang der Behandlung; Arbeitsunfähigkeit	Person des Verletzten	Dauerschaden	Besondere Umstände, die für die Entscheidungen maßgebend waren	Gericht, Datum der Entscheidung, Az., Veröffentlichung bzw. Einsender
858	€ 1500 + immat. Vorbehalt (€ 1590)	HWS-Zerrung und Stauchung, Gesichtsprellungen mit Hämatombildung, Lockerung eines Zahns		Frau		Vorsätzliche Körperverletzung durch einen gezielten Schlag ins Gesicht gegen die streitschlichtende, unbeteiligte Klägerin	AG Düren 28.4.2015 46 C 299/14 juris
859	€ 1500 (€ 1541)	Lockerung der Eckzähne Nr. 13 und 23 im Oberkiefer mit anschließender Entfernung und Totalprothese, Schwellung der linken Oberlippe mit Hämatom, Hämatom am Hinterkopf und Brustbein		Mann, Kraftfahrer		Vorsätzliche Körperverletzung des Beklagten durch mehrfache Schläge. Die Zähne 13 und 23 waren schon so weit vorgeschädigt, dass die Schläge eine Gelegenheitsursache für den Verlust darstellen	AG Koblenz 16.1.2019 161 C 1044/16 RAe Dittmer & Bergmann, Melsungen
860	3000 € 1500 + immat. Vorbehalt (€ 2034)	Kontusion des Unterkiefers; Platzwunden an der Unterlippe, Fraktur des 1. und 2. Schneidezahns des rechten Unterkiefers	3 ½ Monate zahnärztliche Behandlung	Junger Mann		Vorsätzlicher Schlag mit der Faust gegen den Unterkiefer. Der Kläger trägt Brücke, weil einer der beiden gebrochenen Schneidezähne entfernt werden musste. Die schlechten wirtschaftlichen Verhältnisse des Beklagten (Schüler) müssen berücksichtigt werden	LG Hildesheim 13.5.1998 2 O 55/98 RiLG Brinkmann
861	€ 1500 (€ 1709)	Vorübergehende Lockerung der Frontzähne durch Faustschlag		jugendlicher Mann		Tätliche Auseinandersetzung zwischen zwei Jugendlichen; vorsätzliche Körperverletzung; Beklagter mit geringem Verdienst	OLG Koblenz 29.6.2010 5 U 545/10 VersR 2010, 1323
862	3000● € 1500 (€ 2004)	Teilweiser Abbruch von zwei vorderen Schneidezähnen; Schädelprellung sowie Bluterguss mit einer starken innen- und außenseitigen Schwellung an der Oberlippe durch Kopfstoß	Prothetische Versorgung der beschädigten Zähne; starke Zahnschmerzen auf die Dauer von ca. 1 Woche	Mann		Schmerzensgeldmindernd ist, dass Kläger die Situation teilweise dadurch heraufbeschworen hat, indem er die damalige Freundin des Beklagten am Tag zuvor mit obszönen Worten beleidigte	AG Gelsenkirchen-Buer 29.2.2000 29 C 87/99 RAe Wilinski & Hill, Herne
863	3500● € 1750 (€ 2371)	Faustschlag, Verlust der Zähne 11 und 21; Verlust der Schneidekante am Zahn 12; Platzwunde an Ober- und Unterlippe		Jugendlicher		⅓ Mitverschulden. Als Ersatz für die verlorenen Zähne wurde eine Brücke eingesetzt	LG Ulm 17.6.1998 1 S 73/98 RAe Ege & Koll., Ehingen
864	€ 2000 + immat. Vorbehalt (€ 2135)	Hartsubstanzdefekte, also Schmelzfrakturen und Absplitterungen an den Zähnen 23, 24 und 33 durch Schlag ins Gesicht		Mann		Beklagter schlug aus Frust in einer Spielunterbrechung dem Geschädigten mit der Faust ins Gesicht. Schmerzensgelderhöhend wertete das Gericht, dass der Beklagte nach dem Schlag feige den Ort des Geschehens verließ und so die Täteridentifikation erschwerte	AG Landstuhl 13.10.2014 3 C 241/14
865	€ 2000 (€ 2455)	Verlust des Zahnes Nr. 22 und Frakturierung des Zahnes Nr. 23, Kopfplatzwunde und Schädelprellung durch Faustschlag ins Gesicht		Mann		Bei der Bestimmung des Schmerzensgeldes musste zu Gunsten des Beklagten berücksichtigt werden, dass der Leidensdruck und die entstellende Wirkung des ausgeschlagenen Zahnes beim Kläger nur begrenzt sein dürfte, weil ansonsten nicht zu erklären wäre, dass sich der Kläger erst rund 10 Monate nach dem schädigenden Ereignis in zahnärztliche Behandlung begeben hat	LG Landau (Pfalz) 15.8.2005 4 O 463/04 RA Rocker, Landau in der Pfalz
866	5000 € 2500 (€ 3340)	Verlust von drei Vorderzähnen aus dem Oberkiefer		Mann		Vorsätzliche Körperverletzung durch Faustschlag	LG München II 3.4.2000 9 Ns 48 Js 23237/99 (Bewährungsauflage) RAe Dr. Zillich, München

Urteile lfd. Nr. 867 – 871   Gesicht

Lfd. Nr.	Betrag DM Euro (Anp.2019)	Verletzung	Dauer und Umfang der Behandlung; Arbeitsunfähigkeit	Person des Verletzten	Dauerschaden	Besondere Umstände, die für die Entscheidungen maßgebend waren	Gericht, Datum der Entscheidung, Az., Veröffentlichung bzw. Einsender
Fortsetzung von »Gesicht - Zahnbeschädigung, Zahnverlust, Zahnschmerzen - durch vorsätzliche Körperverletzung«							
867	7500 € 3750 (€ 5054)	Bruch einer Zahnbrücke und Lockerung der Zähne 41, 42, 31 und 32; starke Oberlippenschwellung mit inneren Verletzungen an der Lippe		Mann		Faustschläge ins Gesicht, denen keinerlei Diskussion, irgendwelche Plänkeleien oder Auseinandersetzungen vorausgegangen waren; schmerzhafte Verletzungen von längerer Dauer	LG Flensburg 7.6.1999 4 O 114/97 RA Osmers, Husum
868	€ 4000 + immat. Vorbehalt (€ 5130)	Schädelprellung, Nasenprellung, Prellung linker Daumen, Fraktur von 8 Zähnen, klaffende Wunde an der Oberlippe, starke Schwellung im Oberlippenbereich durch Kopfstoß	1 Woche schulunfähig	Schüler		Vorsätzliche Körperverletzung. Die Behandlung der Zähne ist vorläufig abgeschlossen. Es steht jedoch nicht fest, ob die beschädigten Zähne langfristig entfernt oder in anderer Weise behandelt werden müssen. Der Kläger hat heute noch Probleme, feste Nahrung zu sich zu nehmen	AG Neuss 8.7.2002 38 C 2050/02 Versäumnisurteil RA Schneider-Bodien, Düsseldorf
869	€ 4000 + immat. Vorbehalt (€ 4261)	Komplizierte Wurzelfraktur an Zahn 11 mit Entfernung der Knochenwurzel samt Zahn und Ersatz der Knochenwurzel mit einem Knochenstück aus dem Unterkiefer, Luxation an Zahn 12, blutende geschwollene Lippen, Hyperemesis, Cephalgie, Commotio cerebri	5 Tage AU, vorübergehende Modellgussprothese, Metallspange, 10 Monate Behandlung	Mann	Zahnimplantat am Zahn 11, Schuppenflechte als Reaktion auf eine Metallallergie aufgrund der Metallspange	Der Beklagte schlug dem Kläger frontal mit der Faust ins Gesicht, aufgrund einer vermeintlichen vorherigen Beleidigung durch den Kläger. Der Schlag war nicht gerechtfertigt, selbst wenn der Kläger den Beklagten zuvor beleidigt haben sollte, was letztlich nicht aufklärbar war. Der Esskomfort des Klägers war durch die Prothese täglich spürbar eingeschränkt. Der Kläger fühlt sich beim Lächeln beeinträchtigt, auch wenn dies im Alltag nicht sichtbar ist. Erhöhend wurde die Vorsätzlichkeit sowie die beharrliche Weigerung des Beklagten, für die Verletzungsfolgen einzustehen, gewertet	LG München II 27.11.2015 13 O 3875/13 RAin Katharina Schelle, RAe Brunnhuber, Wolfratshausen
870	€ 4000 (€ 4849)	Herausgeschlagener Zahn durch geworfenes Bierglas	Langwierige Behandlung	Junge Frau		Nachdem die Beklagte auf einem Heimatfest ein Bierzelt besucht hatte, warf sie ihr Bierglas, ohne auf andere Festbesucher zu achten, seitlich nach hinten weg und traf dabei die Klägerin im Gesicht. Bei der Bemessung des Schmerzensgeldes dürfen die wirtschaftlichen Belange auf Seiten des Ersatzpflichtigen nicht aus den Augen verloren werden. Die Festsetzung eines zu reichlichen Schmerzensgeldes kann zu einer Aufblähung des allgemeinen Schmerzensgeldgefüges beitragen, die der Versichertengemeinschaft nicht zugemutet werden darf	OLG Naumburg 29.11.2006 6 U 114/06 SP 2007, 354 RA Koch, Erfstadt
871	€ 6000 + immat. Vorbehalt (€ 7282)	Abbrechen von 2 Schneidezähnen, wobei einer devital und verfärbt ist, während der zweite eine geringe Verfärbung und eine verzögerte Vitalität aufweist	Über 2 Jahre in fortwährender Behandlung	9-jähr. Junge		13 ½-jähr. Beklagte schlug anlässlich einer Prügelei den Kopf des Klägers auf das Pflaster auf; zunächst lediglich eine zahnärztliche Versorgung mit einem Langzeitprovisorium, endgültige prothetische Versorgung erst nach Abschluss der Wachstumsphase; Kinder und Jugendlichen ist gerade bei Dauerschäden ein höheres Schmerzensgeld zuzusprechen als Erwachsenen	OLG Köln 17.5.2006 19 U 37/06 NJW-RR 2007, 174

● Mithaftung (siehe vorletzte Spalte)

Lfd. Nr.	Betrag DM Euro (Anp.2019)	Verletzung	Dauer und Umfang der Behandlung; Arbeitsunfähigkeit	Person des Verletzten	Dauerschaden	Besondere Umstände, die für die Entscheidungen maßgebend waren	Gericht, Datum der Entscheidung, Az., Veröffentlichung bzw. Einsender
\multicolumn{8}{l}{**Fortsetzung von »Gesicht - Zahnbeschädigung, Zahnverlust, Zahnschmerzen - durch vorsätzliche Körperverletzung«**}
872	€6500 (€7569)	Zahnfrakturen, Nasenbeinfraktur, Schädelprellung, comotio cerebri, Monokelhämatom	4 Tage stationäre Verlaufsbeobachtung	Schüler		Schlägerei. 5 Zähne mussten mit Kunststoffaufbauten versorgt werden. Dadurch ist der Kläger in seiner Lebensqualität beeinträchtigt. Er ist dadurch weit über das normale Maß hinaus im Umgang mit gleichaltrigen verunsichert, da er mit den Kunststoffaufbauten im für jedermann sichtbaren Zahnbereich zusätzlich Angst hat, auf Ablehnung zu stoßen, da die Aufbauten das äußere Erscheinungsbild nachhaltig verschlechtern. Dies stellt für den Kläger eine starke psychische Belastung dar	LG Köln 28.2.2008 37 O 670/07 RAe Jacoby & Schliephake, Burscheid

Weitere Urteile zur Rubrik »**Gesicht - Zahnbeschädigung, Zahnverlust, Zahnschmerzen - durch vorsätzliche Körperverletzung**« siehe auch:
bis €2500: 707
bis €12500: 836
ab €25000: 3108, 3189

Gesicht - Zahnbeschädigung, Zahnverlust, Zahnschmerzen - sonstige

Weitere Urteile zur Rubrik »**Gesicht - Zahnbeschädigung, Zahnverlust, Zahnschmerzen - sonstige**« siehe auch:
bis €2500: 766
bis €12500: 823

Hals

Weitere Urteile zur Rubrik »**Hals**« siehe auch:
bis €5000: 2515
ab €25000: 2408

Hals - Allgemeine Verletzungen

Lfd. Nr.	Betrag	Verletzung	Dauer und Umfang der Behandlung; Arbeitsunfähigkeit	Person des Verletzten	Dauerschaden	Besondere Umstände	Gericht, Datum
873	€1000● (€1146)	Querverlaufende Prellmarke am Hals und Schürfwunden mit Schwellungen links frontal im Gesicht (in Augenhöhe) und am linken Ellenbogen		20-jähr. Fußballspieler		Berücksichtigung eines hälftigen Mitverschuldens (berücksichtigt bei ausgeurteiltem Schmerzensgeld), weil auch der Kläger den schadhaften Zustand des Zaunes auf dem gemeindlichen Bolzplatz gekannt hat	Thüringer OLG 10.2.2010 4 U 594/09 NZV 2011, 31
874	4000 €2000 (€2748)	Stumpfes Kehlkopftrauma; multiple Prellungen am oberen Brustbein, an der Kopfschwarte, am linken Kieferwinkel mit Dentalabsplitterungen; Prellungen am linken Unterschenkel durch mehrere Handkantenschläge	1 Tag Krankenhaus, drei Wochen arbeitsunfähig; Einsetzen von 2 Zahnkronen	Mann		Kläger litt unter kurzweiliger, aber deswegen nicht weniger lebensbedrohlicher Luftnot; Kläger hat Ursache für die Schläge gesetzt, indem er bewusst gegen Hausordnung verstieß	KG Berlin 20.5.1997 7 U 5601/96 zfs 1997, 331
875	4000 €2000 (€2713)	Nicht gerechtfertigte Operation (Entfernung eines haselnussgroßen zystischen Knotens unter Mitnahme eines walnussgroßen Isthmusanteils der Schilddrüse)		Frau	Operationsnarbe	Die von der Klägerin erteilte Einwilligung war mangels ordnungsgemäßer Aufklärung unwirksam; bei der Schmerzensgeldbemessung ist lediglich zu berücksichtigen, dass Klägerin den Eingriff als solchen erdulden und im Zuge der Nachbehandlung über 6 Tage infolge Verabreichung von Medikamenten eine zum Teil erhebliche Beeinträchtigung ihres Wohlbefindens erleiden musste, und dass Operationsnarbe verblieb; Operation selbst ist ordnungsgemäß und erfolgreich durchgeführt worden	OLG Köln 9.12.1998 5 U 147/97 NJW - RR 1999, 674

Lfd. Nr.	Betrag DM **Euro** *(Anp.2019)*	Verletzung	Dauer und Umfang der Behandlung; Arbeitsunfähigkeit	Person des Verletzten	Dauerschaden	Besondere Umstände, die für die Entscheidungen maßgebend waren	Gericht, Datum der Entscheidung, Az., Veröffentlichung bzw. Einsender

Fortsetzung von »Hals - Allgemeine Verletzungen«

Lfd. Nr.	Betrag	Verletzung	Dauer/Umfang	Person	Dauerschaden	Besondere Umstände	Gericht
876	12 000 €6000 *(€8384)*	Nachblutungen aus dem rechten Tonsillenbett nach einer Mandeloperation mit Verlust von etwa 4 l Blut	Notoperation	Mann		Grober Behandlungsfehler durch das Unterlassen der Unterrichtung des zuständigen Arztes durch das nichtärztliche Personal; der ständige Blutverlust war sicherlich auch mit Todesangst verbunden	OLG Oldenburg (Oldenburg) 9.4.1996 5 U 158/95 VersR 1997, 749
877	40 000● €20 000 + immat. Vorbehalt *(€27 092)*	Ringknorpel- und Luftröhrenverengung, Lähmung im Kehlkopfbereich mit Einschränkungen der Stimmlippenbeweglichkeit nach stumpfem Halstrauma	10 Tage Intensivstation mit anfänglicher Lebensgefahr, dann Verlegung in ein Klinikum, wo ein Luftröhrenschnitt durchgeführt und eine Montgomery-Trachialprothese eingesetzt werden musste, um ausreichende Atmung zu gewährleisten und Erstickungsgefahr zu verhindern	20-jähr. Heizungs- und Lüftungsbauer	Bei operativer Beseitigung der Ringknorpelverengung, bei Verschließen des Tracheostomas und bei Erweiterung der Stimmritze verbleibt tonlose und leise Stimme; bei Akzeptanz der Lähmung im Kehlkopfbereich und der Montgomery-Trachialprothese sind bei Gewährleistung einer normalen Stimme mehrfache tägliche Inhalationen erforderlich; Atemnot bei körperlichen Belastungen; in beiden Fällen MdE: 50%	50% Mithaftung; Verletzung der Verkehrssicherungspflicht durch unsachgemäße Absperrmaßnahme (Spannen eines schlecht erkennbaren Drahtseils); erhebliche Einschränkungen in der Berufswahl; keine soziale Isolation oder gar psychische Schädigung zu befürchten; belastend ist nicht die wieder verständliche Sprache, sondern die beeinträchtigte Atmung; weiteres Schmerzensgeld nur dann, wenn sich eine deutliche von der derzeitigen Prognose abweichende Entwicklung einstellen sollte	Thüringer OLG 16.6.1998 3 U 591/97 (96) RAe Dr. Eick u. Partner, Erfurt

Weitere Urteile zur Rubrik »**Hals - Allgemeine Verletzungen**« siehe auch:
bis €2500: 765, 1773
bis €5000: 1113, 2031, 780, 522, 3036, 753
bis €12 500: 783, 3044, 2186, 1915, 756, 1923, 824, 2146
bis €25 000: 726, 1547, 3184, 2815, 2396, 1664, 2816
ab €25 000: 2817, 2818, 2279, 1554, 1484, 741, 1447, 2204, 2012

Hand, Handgelenk, Finger

Lfd. Nr.	Betrag	Verletzung	Dauer/Umfang	Person	Dauerschaden	Besondere Umstände	Gericht
878	€4000 *(€4444)*	Operation der linken Hand	Folgeoperation der linken Hand	Frau		Der beklagte Arzt operierte zunächst die falsche Hand und anschließend die andere Hand. Durch die behandlungsfehlerhafte 1. Operation war die Klägerin, die nunmehr beidhändig operiert war, 4 bis 6 Wochen erheblich beeinträchtigt. Erhöhend wurde auch die Folgeoperation berücksichtigt. Ein noch eintretender Dauerschaden scheint nicht ausgeschlossen	AG Detmold 7.9.2011 6 C 437/09 Landesrechtsprechungsdatenbank NRW

● Mithaftung (siehe vorletzte Spalte)

Hand, Handgelenk, Finger

Lfd. Nr.	Betrag DM Euro (Anp.2019)	Verletzung	Dauer und Umfang der Behandlung; Arbeitsunfähigkeit	Person des Verletzten	Dauerschaden	Besondere Umstände, die für die Entscheidungen maßgebend waren	Gericht, Datum der Entscheidung, Az., Veröffentlichung bzw. Einsender
\multicolumn{8}{l}{Fortsetzung von »Hand, Handgelenk, Finger«}
879	€ 4000 + immat. Vorbehalt (€ 4553)	Handgelenksverletzung	3 Wochen Behandlung mit Gipsverband	Mann	Bewegungseinschränkung	Bietet ein Haftpflichtversicherer dem Geschädigten ein offensichtlich geschuldetes weiteres Schmerzensgeld trotz der ärztlicherseits attestierten Möglichkeit von Spätschäden nur gegen Unterzeichnung einer endgültigen Abfindungserklärung an, so dass der Geschädigte in die Situation gebracht wird, sich entscheiden zu müssen, den Betrag trotz befürchteter Spätschäden als endgültige Abfindung anzunehmen oder einen längeren Prozess führen zu müssen, rechtfertigt dies eine Erhöhung des Schmerzensgeldes. Vorliegend wurde das SG wegen des Abfindungsangebots um € 500 erhöht und um € 1000, da die Beklagte ihre ökonomische und psychologische Machtposition als wirtschaftlich stärkere Partei ausgenutzt hat. Schließlich wurde das Schmerzensgeld um € 500 erhöht, da jüngere Rechtsprechung über die Indexanpassung hinaus, höhere Schmerzensgelder als noch vor 5 bis 10 Jahren berücksichtigt	LG Leipzig 16.9.2010 08 S 573/09 juris

Weitere Urteile zur Rubrik »**Hand, Handgelenk, Finger**« siehe auch:
bis € 12 500: 2788
bis € 25 000: 2387, 189
ab € 25 000: 2406, 429, 163

Hand, Handgelenk, Finger - Amputation

Lfd. Nr.	Betrag DM Euro (Anp.2019)	Verletzung	Dauer und Umfang der Behandlung; Arbeitsunfähigkeit	Person des Verletzten	Dauerschaden	Besondere Umstände, die für die Entscheidungen maßgebend waren	Gericht, Datum der Entscheidung, Az., Veröffentlichung bzw. Einsender
880	10 000 € 5000 (€ 6959)	Amputation des rechten Zeigefingers in Höhe des zweiten Mittelhandknochens		Mann	Teilverlust des rechten Zeigefingers	Amputation in 3 Stufen nach Ausweitung von Entzündungen auf Grund einer ärztlichen Fehlbehandlung, nachdem sich der Kläger mit einer Kreissäge den Knochen des rechten Zeigefingers durchtrennt hatte; starke Schmerzen; zu berücksichtigen ist, dass dem Kläger bereits der rechte Mittelfinger fehlte; infolge eines nicht allzu hohen Mitverschuldens (Zuwarten mit einer Behandlung) wurde lediglich ein Betrag von DM 8000 (€ 4000) zugesprochen	AG Eschweiler 11.10.1996 18 C 329/94 RAe Wartensleben u. Koll., Stolberg
881	10 000● € 5000 + immat. Vorbehalt (€ 6816)	Quetschverletzung an der rechten Hand mit erforderlicher Amputation des Mittelfingerendglieds und des Zeigefingerglieds	2 Krankenhausaufenthalte von insgesamt 7 Wochen	Mann	Leistungseinschränkung infolge Beeinträchtigung der rechten Hand	Verletzung beim Betrieb eines Hydraulikspalters; Konstruktionsfehler; Kläger ist Rechtshänder; 50% Mithaftung; aufgrund der schweren Verletzungen ist mit Spätschäden zu rechnen	LG Erfurt 11.11.1997 6 O 1549/97 RA Dr. Burmann, Erfurt

Fortsetzung von »Hand, Handgelenk, Finger - Amputation«

Lfd. Nr.	Betrag DM Euro (Anp.2019)	Verletzung	Dauer und Umfang der Behandlung; Arbeitsunfähigkeit	Person des Verletzten	Dauerschaden	Besondere Umstände, die für die Entscheidungen maßgebend waren	Gericht, Datum der Entscheidung, Az., Veröffentlichung bzw. Einsender
882	12 000 € 6000 + immat. Vorbehalt (€ 7799)	Subtotale Amputation des Endgliedes des linken Zeigefingers	3 Tage Krankenhaus, ambulante Weiterbehandlung ca. 4 Monate	6-jähr. Mädchen		Als Unfallfolgen sind verblieben: deutliche Verkürzung und Verplumpung des Zeigefingerendgliedes, Nagelwachstumsstörung, Narbenbildung, Kälte- und Stoßempfindlichkeit sowie deutliche Veränderungen mit Verschleißzeichen im Bereich des Endgliedes. Beim weiteren Wachstum ist mit einer noch stärkeren, relativen Verkürzung des Zeigefingers zu rechnen. Ferner ist die Notwendigkeit korrigierender operativer Eingriffe nach Abschluss des Wachstums nicht auszuschließen. Zögerliche Schadensregulierung	LG Düsseldorf 10.8.2001 13 O 284/98 RAe Eßer & Beitzen, Neuss
883	€ 6000 + immat. Vorbehalt (€ 6911)	Ausriss des oberen Gliedes des linken Mittelfingers	11 Tage stationäre Behandlung, mehrfache ambulante Behandlung, 5 ½ Monate Behandlungen	Minderjähr. Mädchen	Fingerprothese	Tierhalterhaftung der Beklagten. Die Klägerin geriet beim Festknoten des Pferdes in die Schlaufe des Knotens, der den Finger dabei abriss, als das Pferd den Kopf zurückzog. Die Klägerin wird zeitlebens unter den Folgen, auch psychisch leiden. Die Prothese muss regelmäßig erneuert werden	LG Paderborn 3.9.2009 4 O 244/09 Landesrechtsprechungsdatenbank NRW
884	€ 6000● (€ 7216)	Abtrennung der Fingerkuppen des Zeigefingers und des Mittelfingers der rechten Hand	3 Monate arbeitsunfähig	25-jähr. Fluggerätemechaniker		25% Mithaftung. Der Kläger stand zu nahe an einer Schaum-Maschine in einer Disco, so dass die Fingerendglieder durch den bewegenden Rotor abgetrennt wurden. Verletzungsbedingt ist der Kläger als Fluggerätemechaniker nur eingeschränkt einsetzbar. Er könne etwa 40% der anfallenden Nietarbeiten nicht mehr durchführen. Angesichts dieser Umstände stellt die nur noch eingeschränkte Verwendbarkeit in dem erlernten Beruf eine gravierende Beeinträchtigung des Klägers dar. Schließlich ist auch noch die ästhetische Beeinträchtigung durch die dauerhafte Entstellung der rechten Hand zu berücksichtigen	OLG Oldenburg (Oldenburg) 14.12.2006 14 U 76/06 RA Richter, Nordenham
885	15 000 € 7500 (€ 10057)	Verlust des linken Zeigefingers nebst zugehörigem Mittelhandknochen	2 Monate Behandlung	10-jähr. Junge		Grob fahrlässiges Verhalten eines Schulbusfahrers, der Schülern zeigte, wie aus Schrauben, Muttern und dem Abrieb von Zündhölzern Sprengkörper hergestellt werden können und damit rechnen musste, dass die Anwesenden beim Basteln solcher Bomben zu Schaden kommen können; Verlust des Zeigefingers belastet einen 10-jähr. Jungen stark, auch wenn es sich um einen Zeigefinger der linken Hand handelt und durch Training die Beeinträchtigung bei den täglichen Verrichtungen weitgehend ausgeglichen werden kann	OLG Düsseldorf 23.7.1999 22 U 17/99 NJW-RR 2000, 169

● Mithaftung (siehe vorletzte Spalte)

Hand, Handgelenk, Finger | Urteile lfd. Nr. 886 – 891

Lfd. Nr.	Betrag DM **Euro** *(Anp.2019)*	Verletzung	Dauer und Umfang der Behandlung; Arbeitsunfähigkeit	Person des Verletzten	Dauerschaden	Besondere Umstände, die für die Entscheidungen maßgebend waren	Gericht, Datum der Entscheidung, Az., Veröffentlichung bzw. Einsender
\multicolumn{8}{l}{Fortsetzung von »Hand, Handgelenk, Finger - Amputation«}							
886	18 000 **€ 9000** + immat. Vorbehalt *(€ 12 114)*	Amputation des rechten Zeigefingers in Höhe des distalen Grundglieds	3 Tage Krankenhaus	13-jähr. Junge	Verlust des rechten Zeigefingers	Kläger ist Rechtshänder, daher ist Verletzung besonders schwerwiegend; insbesondere in der Sportausübung nicht unerheblich eingeschränkt, ebenfalls in der Ausübung von Musik; alle paar Wochen Phantomschmerzen; mittlere Fahrlässigkeit des Beklagten; Genugtuungsfunktion hat bis zu einem gewissen Grad bereits durch Strafbefehl Befriedigung gefunden	OLG Stuttgart 1.9.1999 4 U 106/99 RA Dr. Erbe, Ebingen
887	20 000 ● **€ 10 000** *(€ 14 313)*	Zerfetzung der rechten Hand durch explodierenden Knallkörper, Zeige- und Mittelfinger fehlen völlig, vom Daumen steht noch ein etwa 1 cm langer Stumpf		19-jähr. Mann		50% Mitverschulden	OLG Hamm 22.8.1994 6 U 203/93 r+s 1995, 58
888	**€ 12 000** ● + immat. Vorbehalt *(€ 15 244)*	Abtrennung von 4 Fingern der rechten Hand	10 Wochen Krankenhaus	30-jähr. Mann	Die abgetrennten Finger konnten nur zum Teil replantiert werden und sind nur sehr eingeschränkt beweglich, so dass zusammen mit der Minderung der Kraft die Greiffunktion stark reduziert ist; Hand ist stark entstellt; MdE: 30%	Produktfehler, weil an Schlagschere ein Zulaufschutz in Form einer Umzäunung, der das Hineingreifen in den Schneidebereich unmöglich macht, gefehlt hat; Mithaftung von 34%, davon 10% Eigenverschulden des Klägers; 24% Mitverschulden des Arbeitgebers des Klägers	OLG München 13.3.2003 19 U 5281/02 RiOLG Fellner, München
889	**€ 15 000** *(€ 18 123)*	Amputation des rechten Mittelfingers nach Teildurchtrennung der Strecksehne mit nachfolgender Infektion	Insgesamt 7 Wochen Krankenhaus mit 6 Operationen, anschließend ambulante Weiterbehandlung, nach weiteren 20 Monaten Amputation	50-jähr. Handelsvertreter	Amputation des rechten Mittelfingers	Kläger erlitt bei einer tätlichen Auseinandersetzung eine unechte Bissverletzung durch einen Abwehrschlag auf das Gebiss des Angreifers; Wunde wurde genäht, nicht jedoch antibiotisch versorgt, so dass sich eine Infektion entwickelte; grober ärztlicher Behandlungsfehler	LG München I 2.8.2006 9 O 25335/04
890	40 000 **€ 20 000** + immat. Vorbehalt *(€ 30 561)*	Verlust von vier Fingern an linker Hand		Rechtsanwalt		Kläger hat den Verlust der Finger seiner linken Hand bei vollem Bewusstsein erlebt. Weiter war schmerzensgelderhöhend zu berücksichtigen, dass der im Fahrzeug eingeklemmte Kläger damit rechnen musste, dass das Fahrzeug explodieren würde; Todesangst	LG Frankfurt am Main 2.12.1992 2/4 O 391/91 RAe Albert & Richter, Essen
891	**€ 70 000** + immat. Vorbehalt *(€ 81 069)*	Nekrosen an Fingern und Zehen mit vollständigem Verlust des kleinen Fingers und des Ringfingers sowie Verlust des Mittelfingers bis zum Mittelglied und der Oberglieder am Zeigefinger und am Daumen der rechten Hand, Verlust der Glieder am Ringfinger und Mittelfinger bis zum Mittelglied an der linken Hand		Säugling	Vollständiger sowie teilweiser Verlust mehrerer Finger an beiden Händen, Vernarbung und Schwellung aller Zehen am rechten Fuß; Schwerbehinderung von 100%	Ärztliche Fehlbehandlung bei der Operation eines Defekts der Kammerscheidenwand des Herzens; zunächst trat Kreislaufstillstand ein, der eine kurze Wiederbelebung erforderlich machte; in der weiteren Behandlung traten Nekrosen im Bereich der Hände und des rechten Fußes auf	LG Köln 5.3.2008 25 O 174/04

Weitere Urteile zur Rubrik »**Hand, Handgelenk, Finger - Amputation**« siehe auch:
bis € 12 500: 2760, 2773
bis € 25 000: 2389
ab € 25 000: 2992, 510, 2202

Hand, Handgelenk, Finger - Bruch

Lfd. Nr.	Betrag DM **Euro** *(Anp.2019)*	Verletzung	Dauer und Umfang der Behandlung; Arbeitsunfähigkeit	Person des Verletzten	Dauerschaden	Besondere Umstände, die für die Entscheidungen maßgebend waren	Gericht, Datum der Entscheidung, Az., Veröffentlichung bzw. Einsender
892	€750● *(€ 846)*	Fraktur des Endglieds des rechten Mittelfingers, aufgrund welcher sich eine Exostose mit zystischer Kernbildung entwickelte, Riss-/Quetschwunde des Endglieds des rechten Mittelfingers sowie eine Bruch des Nagelbetts	Fixierung des Mittelfingers mit einer Schiene für 2 Monate, Nähung der Riss-/Quetschwunde, 16 physiotherapeutische Anwendungen	30-jähr. Studentin		Mitverschulen von 50%. Die Verletzung einer Verkehrssicherungspflicht der Bekl. führte zu den Verletzungen. Die Kl. hatte besondere Einschränkungen beim Schreiben, da sie sich unmittelbar nach dem Unfallgeschehen in Examensarbeiten befand	LG Berlin 3.12.2010 54 S 63/10 RA Grasser, Berlin (Schöneberg)
893	2000 **€1000** *(€ 1336)*	Bruch des 4. Mittelhandknochens links in Schaftmitte	3 Wochen Zinkleimverband; MdE: 6 Wochen 100% 2 Wochen 50%	Mann		Wegen 30% Mitverschuldens wurde dem Kläger lediglich ein Betrag von DM 1400 (€ 700) zugesprochen	AG Görlitz 4.2.2000 2 C 0631/99 RAe Marth & Denkhoff, Görlitz
894	**€1000** *(€ 1224)*	Bruch der rechten Hand		Frau		Verletzung der Verkehrssicherungspflicht; Sturz auf unerwarteten Treppenstufen an einem Marktplatz	OLG Hamm 13.1.2006 9 U 143/05 NJW-RR 2006, 1100
895	**€1200** *(€ 1524)*	Bruch des rechten Kleinfingers, Schürfwunden an der Brust, Prellung am Jochbein links sowie Hämatom am linken Augenlid	2 Wochen arbeitsunfähig	Technischer Zeichner		Schlägerei	AG Radolfzell 16.8.2003 2 C 347/02 RAe Wiggenhauser & Geiger, Radolfzell
896	**€1500** *(€ 1675)*	Fraktur des Kleinfingergrundgliedes links mit knöchernen Absprengungen und Fissur im Schaftbereich, HWS-Distorsion, Oberschenkelprellung rechts, Stauchung und Zerrung der BWS	5 Wochen AU zu 100%, 3 Monate ambulante Behandlung	Mann		Kläger konnte während der Zeit der AU weder einen Pkw noch ein Fahrrad führen	LG Bochum 21.6.2011 I-9 S 61/11 Allianz Versicherung AG
897	**€1500●** *(€ 1693)*	Fraktur des 1. Mittelhandknochens rechts, Abschürfungen an Armen und Beinen	5 Wochen AU zu 100%, Gipsverband, mehrere physiotherapeutische Behandlungen	Mann		Mithaftungsquote von 50%	AG Döbeln 21.12.2010 1 C 66/10 RA Koch, Erftstadt

● Mithaftung (siehe vorletzte Spalte)

Hand, Handgelenk, Finger

Fortsetzung von »Hand, Handgelenk, Finger - Bruch«

Lfd. Nr.	Betrag DM **Euro** *(Anp.2019)*	Verletzung	Dauer und Umfang der Behandlung; Arbeitsunfähigkeit	Person des Verletzten	Dauerschaden	Besondere Umstände, die für die Entscheidungen maßgebend waren	Gericht, Datum der Entscheidung, Az., Veröffentlichung bzw. Einsender
898	€ 1500 ● + immat. Vorbehalt *(€ 1535)*	Sturzbedingte Fraktur des Handgelenks wegen Verletzung der Verkehrssicherungspflicht	Operative Versorgung mit Osteosynthesematerial; 12 Termine Krankengymnastik. Über eine Dauer von min. 2 Monaten bestehende Bewegungseinschränkungen	Frau		Bei der Bemessung des Schmerzensgeldes hat der Senat im Wesentlichen die erlittene Verletzung selbst, deren operative Versorgung sowie die postoperativen Maßnahmen mit 12 Terminen Krankengymnastik berücksichtigt. Als gewichtig waren überdies die zunächst über eine Dauer von min. 2 Monaten noch bestehenden Bewegungseinschränkungen und die noch heute bei alltäglicher Belastung zeitweise auftretenden Schmerzen zu bewerten. Die Klägerin hat insoweit glaubhaft angegeben, dass sie übliche Haushaltstätigkeiten, etwa Staubsaugen und Einkaufen, nur mit Schmerzen bewältigen kann und andere das Handgelenk belastende Tätigkeiten, wie etwa Plätzchen Backen, wegen der hierbei auftretenden Schmerzen nicht mehr ausführt. Schließlich hat der Senat in seine Erwägungen eingestellt, dass die zur Primärversorgung eingesetzte Platte möglicherweise in einer weiteren Operation wieder entfernt werden muss. Schmerzensgeldmindernd war allerdings zu berücksichtigen, dass die Beeinträchtigungen der Klägerin auch darauf beruhen, dass diese an der Entstehung des Schadens ein hälftiges Mitverschulden trifft. Der Senat hält in der Gesamtwürdigung aller Umstände deshalb ein Schmerzensgeld i.H.v. € 1500 für angemessen. Dieser Betrag ist auch mit denjenigen Beträgen, die in ähnlich gelagerten Fällen in der Rechtsprechung für angemessen erachtet wurden, in etwa vergleichbar	OLG Karlsruhe 6.2.2019 7 U 128/18 juris
899	3500 ● € 1750 *(€ 2269)*	Erbsenbeinfraktur	Nahezu ¼ Jahr arbeitsunfähig	Mann		⅓ Mitverschulden	LG München I 12.7.2001 19 S 6936/00 VorsRiLG Krumbholz
900	€ 1800 *(€ 2287)*	Distaler Speichenbruch am linken Handgelenk, multiple Prellungen am ganzen Körper, multiple Schürfungen am Kopf, an den Händen und Beinen	4 Wochen Gipsschiene am linken Unterarm, anschließend 3 Monate Krankengymnastik MdE: 1 Monat 100% 1 Monat 50%	67-jähr. Frau		Starke Schmerzen am Handgelenk	AG Bonn 5.8.2003 15 C 171/03 RA von Tunkl-Schott, Bonn
901	€ 1900 *(€ 2010)*	Nicht dislozierte Kahnbeinfraktur am linken Handgelenk, Kopfplatzwunde, Hüftprellung, Oberschenkelprellung	5–6 Wochen Behinderungen, Tetanusspritze, Unterarmgipsschiene mit Daumeneinschluss	76-jähr. Mann, Facharzt für Urologie		Der Hund der Beklagten sprang dem Kläger in sein Elektrofahrrad und brachte diesen zu Fall. Die geplante Urlaubsreise musste storniert werden. Der Kläger konnte seiner beruflichen Tätigkeit, wenn auch unter Schmerzen, nachgehen	AG Fritzlar 12.6.2015 8 C 908/14 (10) RA Meyer, Gudensberg

Hand, Handgelenk, Finger

Lfd. Nr.	Betrag DM Euro (Anp.2019)	Verletzung	Dauer und Umfang der Behandlung; Arbeitsunfähigkeit	Person des Verletzten	Dauerschaden	Besondere Umstände, die für die Entscheidungen maßgebend waren	Gericht, Datum der Entscheidung, Az., Veröffentlichung bzw. Einsender
Fortsetzung von »Hand, Handgelenk, Finger - Bruch«							
902	€ 2000 + immat. Vorbehalt (€ 2473)	Nagelkranzfraktur des linken Ringfingers, knöcherner Ausriss an der Basis des Mittelgliedes am linken kleinen Finger, Prellung der Lendenwirbelsäule mit Hämatom über dem Kreuzbein sowie Distorsion der HWS	Knapp 6 Wochen arbeitsunfähig; im gleichen Zeitraum Gipsschiene an der linken Hand	Mann	Berührungsempfindliche Narbe am linken Ringfinger		LG Dortmund 1.12.2004 21 O 13/04 RA Koch, Erfstadt
903	4000 € 2000 (€ 2600)	Grundgliedbasisbruch im linken Kleinfinger	6 Wochen ärztliche Behandlung mit AU	Mann		Vorsätzliche Verletzung durch den Beklagten, der sich anlässlich eines Ladendiebstahls bei der Festnahme tätlich zur Wehr setzte	LG Trier 10.8.2001 4 O 46/00 RiLG Specht, Trier
904	€ 2000 ● + immat. Vorbehalt (€ 2148)	Sturz wegen Verkehrssicherungspflichtverletzung: Zunächst nicht dislozierte, später gering in Dorsalextensionsfehlstellung dislozierte distale Radiusfraktur (Handgelenk) rechts mit angedeuteter radiocarpaler Arthrose. Dringender Verdacht auf eine unfallbedingte Mitbeteiligung im Sinne einer Verletzung des Discus ulnaris	Ca. 1 Monat Gipsschiene und anschließend krankengymnastische Übungstherapie für die Dauer von zwei Wochen	Frau	Geringe Einschränkung der Belastungsfähigkeit des rechten Handgelenkes	Unter Berücksichtigung von Schmerzensgeldurteilen anderer Gerichte bei vergleichbaren Verletzungen und aller Umstände des vorliegenden Falles, insb. des hälftigen Mitverschuldens der Klägerin, erachte die Kammer ein Schmerzensgeld von € 2000 für angemessen und ausreichend	OLG Koblenz 11.11.2013 3 U 790/13 juris; MDR 2014, 89
905	4500 € 2250 (€ 2950)	Fraktur des Mittelhandknochens 4 und 5 links, Prellungen der rechten Schulter sowie des rechten Ellenbogens mit Schürfungen	2 Tage Krankenhaus, 5 Monate später Metallentfernung, 18 krankengymnastische Übungsbehandlungen, 7 Wochen dienstunfähig	47-jähr. Polizeibeamter		Bei Beweglichkeit des Grundgelenks des linken Kleinfingers und des Ringfingers gibt es nach wie vor Probleme	AG Rheda-Wiedenbrück 13.3.2001 11 C 88/00 RAe Gromann & Strathoff, Rheda-Wiedenbrück
906	€ 2500 (€ 2810)	Fraktur des rechten Mittelfingers, Distorsion des Fußes und verschiedene das Gesicht vorübergehend entstellende Verletzungen	3 Wochen AU	19-jähr. Frau			AG Aachen 2.2.2011 115 C 462/10 RA Koch, Erfstadt
907	5000 € 2500 + immat. Vorbehalt (€ 3327)	Bruch rechtes Handgelenk	6 Tage Krankenhaus mit Versorgung der Fraktur mit einer Titanplatte	Frau		Verletzung der Streupflicht	LG Waldshut-Tiengen 30.6.2000 1 O 60/00 RAe Dölle & Kollegen, Todtnau
908	€ 2700 (€ 3073)	Distale Radiusfraktur des linken Handgelenks, Prellung des Jochbeins, Prellung des linken Knies, 15 cm große Schürfwunde infolge eines Reitunfalls	5 Wochen Gips-Arm, danach 3 Monate Schiene am Arm	Frau		Schmerzensgelderhöhend wirkte sich aus, dass die Klägerin Hausfrau ist und im Alltag 5 kleine Kinder betreuen muss, ebenso der lange Heilbehandlungsverlauf. Die volle Haftung der Bekl. ergibt sich u. a. daraus, dass ein notwendiger Trainerschein C zur Erteilung des Reitunterrichts nicht vorlag	AG Mülheim a.d. Ruhr 8.9.2010 19 C 174/10 RAin Dr. Henneke, Bottrop
909	€ 3000 (€ 3151)	Fraktur des Grundgliedes des Kleinfingers der rechten Hand mit der Folge einer (vorübergehenden) Funktionsstörung (Schreibstörung) im Sinne einer Makrographie		Mann		Die Feststellung des LG, dass das bereits geleistete Schmerzensgeld hinreicht, um eine angemessene Entschädigung des Klägers für dessen immaterielle Beeinträchtigungen zu gewährleisten, ist nicht zu beanstanden (§ 287 ZPO)	OLG Frankfurt am Main 1.7.2016 19 U 203/15

● Mithaftung (siehe vorletzte Spalte)

Hand, Handgelenk, Finger | Urteile lfd. Nr. 910 – 914

Lfd. Nr.	Betrag DM **Euro** *(Anp.2019)*	Verletzung	Dauer und Umfang der Behandlung; Arbeitsunfähigkeit	Person des Verletzten	Dauerschaden	Besondere Umstände, die für die Entscheidungen maßgebend waren	Gericht, Datum der Entscheidung, Az., Veröffentlichung bzw. Einsender
\multicolumn{8}{l}{Fortsetzung von »Hand, Handgelenk, Finger - Bruch«}
910	€3000 *(€3354)*	Scaphoidfraktur (Mittelhandfraktur) rechts, Bruch der 10. Rippe, Hüftgelenkprellung	6 Wochen AU; anschließend physiotherapeutische Behandlung wegen einer Einschränkung der Handbeweglichkeit	Mann		Motorradunfall bei einem „Fahrsicherheitstraining". Die Mittelhandfraktur wurde operativ mittels einer Schraubenosteosynthese versorgt und für 6 Wochen mit einem Gipsverband ruhig gestellt. Die Heilung verlief komplikationslos. Bei ähnlich gelagerten Verletzungen und Heilungsverläufen haben Gerichte Beträge in einer Größenordnung von €2500 bis €3000 zugesprochen, wobei teilweise Dauerfolgen verblieben sind, aber neben der Mittelhandfraktur keine weiteren Verletzungen vorlagen. Der Senat hält im Hinblick auf die neben dem Mittelhandbruch noch erlittene Fraktur der 10. Rippe einen Betrag von €3000 für erforderlich, aber auch ausreichend. Der Kläger hat nicht vorgetragen, dass er aufgrund der Unfallverletzungen noch eingeschränkt wäre, so dass von Spätfolgen nicht auszugehen ist	OLG Koblenz 14.3.2011 12 U 1529/09 NJW-Spezial 2011, 298
911	6400 €3200 *(€4513)*	Bruch der linken Hand; Prellungen an linker Hüfte, linkem Oberschenkel und Kniegelenk	8 Tage stationär, 3 Monate arbeitsunfähig	Mann			AG Steinfurt 10.8.1995 3 C 279/95 RAe Dr. Eiler und Tschirner, Steinfurt
912	€3500 + immat. Vorbehalt *(€3641)*	Fraktur im Bereich einer Hand	MdE 2%	Mann		Wird Schmerzensgeld für eine Fraktur im Bereich einer Hand und weitere Verletzungen verlangt, die insgesamt nur zu einem Dauerschaden in Form einer Minderung der Erwerbsfähigkeit in Höhe von 2% führen, kommt kein höheres Schmerzensgeld als €3500 in Betracht	OLG München 24.11.2017 10 U 952/17 juris
913	€3500● + immat. Vorbehalt *(€4414)*	Bruch des rechten Wadenbeins, Bruch des linken Handgelenks, Gehirnerschütterung, Prellungen im Bereich des gesamten Körpers, Schürfwunden im Bereich der gesamten rechten Körperhälfte	2 Wochen Krankenhaus mit anschließender ambulanter Behandlung	Mann		30% Mithaftung; 3 ½ Jahre nach dem Unfall noch Behandlung durch den Hausarzt; weiterhin noch Probleme beim Beugen des rechten Handgelenks	LG Coburg 24.2.2004 11 O 802/02 RA Wilhelm, Nürnberg
914	€4000 *(€4558)*	Gehirnerschütterung, HWS-Distorsion, Winterstein-Fraktur rechts (Fraktur nahe des Daumensattelgelenks), erhebliche Prellungen und Schwellungen über Nasen- und Jochbein	2 Tage Krankenhaus, nach einer Woche operative Behandlung der Winterstein-Fraktur (ambulant), nach 2 ½ Monaten ambulante Entfernung des Osteosynthesematerials; mehrere Arztbesuche; auf die Dauer von 4 Wochen unterstützende Pflegemaßnahmen durch die Mutter notwendig	Schüler		Kläger konnte eine geplante Fahrradreise nicht antreten	LG Köln 24.6.2010 29 O 290/09 RA Koch, Erftstadt

Lfd. Nr.	Betrag DM **Euro** *(Anp.2019)*	Verletzung	Dauer und Umfang der Behandlung; Arbeitsunfähigkeit	Person des Verletzten	Dauerschaden	Besondere Umstände, die für die Entscheidungen maßgebend waren	Gericht, Datum der Entscheidung, Az., Veröffentlichung bzw. Einsender
\multicolumn{8}{	l	}{Fortsetzung von »Hand, Handgelenk, Finger - Bruch«}
915	€ 4000● + immat. Vorbehalt *(€ 4231)*	Bruch des linken Daumensattelgelenks, Kapselbandläsion sowohl am linken als auch am rechten Daumengrundgelenk	Drei Mal operiert, wiederholt arbeitsunfähig krankgeschrieben	26-jähr. Mann	Erhebliche Funktionsbeeinträchtigung des linken Daumens	Zwar ist auch bei der Bemessung des Schmerzensgeldes ein erhebliches Mitverschulden (1/3) grundsätzlich anspruchsmindernd zu berücksichtigen. Vorliegend hält es der Senat aber aufgrund der Beeinträchtigung des Klägers für angemessen, das Schmerzensgeld trotz dieses Mitverschuldens mit € 4000 zu bemessen. Neben der bereits vom LG in die Abwägung eingestellten Umstände kommt für den Senat dem Alter des Geschädigten (26 Jahre zum Unfallzeitpunkt) erhebliche Bedeutung zu. Auch wird beim Geschädigten auf Dauer eine erhebliche Funktionseinschränkung des linken Daumens verblieben. Dieser Dauerschaden rechtfertigt unter Einbeziehung aller Umstände die Zuerkennung eines Schmerzensgeldes von € 4000	Schleswig-Holsteinisches OLG 18.6.2015 7 U 143/14 juris; VersR 2015, 1563
916	€ 4500 + immat. Vorbehalt *(€ 5531)*	Fraktur des rechten Daumens, Verletzung des Zeigefingers und des Mittelfingers sowie schwere Prellungen der linksseitigen Hüfte, des Leisten- und Gesäßbereichs		Mann	Der sogenannte Seilgriff mit der rechten Hand kann auf Dauer nicht vollständig ausgeführt werden; Narben im Bereich des linken Sitzbeins	Durch die Quetschung des Gewebes im Bereich des linken Sitzbeines hat sich dort Narbenmaterial gebildet. Es gäbe deshalb Druckerscheinungen zwischen Knochen und Muskelgewebe. Leider wird das Narbengewebe nicht durch neues Muskelgewebe ersetzt. Es soll nun versucht werden, durch Bestrahlung das Narbengewebe zu verringern. Eine solche Behandlung dauert allerdings sechs Monate. Während dieser Behandlung ist mit Leistungseinschränkungen des Klägers zu rechnen, weshalb die Behandlung zur Zeit noch nicht durchgeführt werde. Die Bestrahlung müsse auch relativ dicht am Ischiasnerv ausgeführt werden. Die Erfolgsrate soll bei dem neuen Verfahren bei etwa 70 bis 80% liegen	AG Braunschweig 18.11.2005 118 C 2226/05 RAe Krause & Weiß, Braunschweig
917	€ 4500 + immat. Vorbehalt *(€ 5412)*	Daumenendgliedtrümmerfraktur links, Kopfplatzwunde, HWS-Distorsion, Schädelhirntrauma Grad I			3/10 Daumenwert	Als Dauerschaden verbleibt eine schmerzhafte Bewegungseinschränkung im Endglied und eine gewisse Greifkraftschwäche sowie Muskelverschmächtigung. Es hat sich bereits eine Endgelenkarthrose mit schmerzhafter Bewegungsstörung gebildet, die sich auch weiterentwickeln wird	LG München I 16.1.2007 19 O 21067/05 RA Krumbholz, München
918	€ 5000 + immat. Vorbehalt *(€ 5469)*	Handgelenksfraktur links, Ellenhakenfraktur links	8 Tage stationäre Behandlung	Mann		Verletzung der Räum- und Streupflicht, weshalb der Kläger stürzte	OLG Karlsruhe 28.3.2012 7 U 104/11 Landesrechtsprechungsdatenbank BW
919	€ 5000 *(€ 5353)*	Frakturen und Sehnenabriss der linken Hand durch Pferd verursacht		Frau			Saarländisches OLG 25.2.2014 4 W 9/14

● Mithaftung (siehe vorletzte Spalte)

Hand, Handgelenk, Finger

Urteile lfd. Nr. 920 – 924

Lfd. Nr.	Betrag DM **Euro** *(Anp.2019)*	Verletzung	Dauer und Umfang der Behandlung; Arbeitsunfähigkeit	Person des Verletzten	Dauerschaden	Besondere Umstände, die für die Entscheidungen maßgebend waren	Gericht, Datum der Entscheidung, Az., Veröffentlichung bzw. Einsender

Fortsetzung von »Hand, Handgelenk, Finger - Bruch«

Lfd. Nr.	Betrag	Verletzung	Dauer und Umfang	Person	Dauerschaden	Besondere Umstände	Gericht
920	€ 5000 ● + immat. Vorbehalt *(€ 6390)*	Serienfraktur der 9. und 10. Rippe links, dislozierte Mittelhand-Frakturen des 4. und 5. Mittelhandknochens links, stumpfes Bauchtrauma mit Nierenkontusion, multiple Prellungen und Schürfungen linke Schulter und linke Hand	10 Tage Krankenhaus mit Operation an der linken Hand, bei der 2 Metallplatten eingesetzt wurden, anschließend ambulante und krankengymnastische Behandlung, MdE von 100% für 8 Wochen, später erneute Operation zur Entfernung der Metallplatten im Mittelhandbereich	Motorradfahrer	Einschränkung des Faustschlusses der linken Hand mit Schwierigkeiten und erheblichen Schmerzen beim Greifen sowie beim Schreiben (Kläger ist Linkshänder), Schmerzen am linken Schultergelenk und im Brustbereich	Mithaftung von 1/3; Beeinträchtigung der sportlichen Aktivitäten in der Freizeit	Saarländisches OLG 7.1.2003 3 U 26/02 - 1
921	€ 6000 + immat. Vorbehalt *(€ 6926)*	Nur konservativ versorgte Handgelenksfraktur links mit Frakturstellung anstatt einer Operation		Mann	Geringfügige Einschränkung der Beweglichkeit des linken Handgelenks mit konstanten Schmerzen (auch nachts), Tragen einer Handgelenksorthese zur Schmerzminderung, Arthrose im Handgelenk	Verletzung der ärztlichen Aufklärungspflicht; Korrektur der Frakturstellung nicht mehr möglich; mit Verschlimmerung der Handgelenksarthrose ist zu rechnen	LG Wiesbaden 20.3.2009 9 O 164/05 RAe Kern, Preis u. Zindel, Wiesbaden
922	€ 6000 ● + immat. Vorbehalt *(€ 6700)*	Frakturen des 4. und 5. Mittelhandknochens, Außenbandruptur der Patellasehne, Knochenmarksödem im Bereich der unteren Patellasehne sowie des Tibiaplateaus, HWS-Distorsion, multiple Prellungen	6 Tage stationäre Krankenhausbehandlung, ca. 7 Wochen AU	21-jähr. Kläger	Arthrose am Mittelhandknochen	20% Mitverschulden, Teilschmerzensgeld nach offener Teilklage für Verletzungen, die bereits zum Zeitpunkt der letzten mündlichen Verhandlung eingetreten waren	Saarländisches OLG 7.6.2011 4 U 451/10-136 RA Hettmann, Püttlingen
923	€ 8000 + immat. Vorbehalt *(€ 9116)*	Erhebliche Handverletzung rechts, insb. des rechten Zeigefingers, Gehirnerschütterung, Verlust eines Zahns	3 stationär durchgeführte OP, Hauttransplantation am rechten Arm	Mann	Einschränkung der Bewegungsfähigkeit des rechten Zeigefingers (kein Zugreifen mehr möglich, da Sehnen defekt, Streckdefizit), Berührungs- und Sonnenempfindlichkeit an der Hauttransplantationsstelle, Auftreten von Blutungen schon bei leichter Berührung der Transplantationsstelle, Hautverspannungen im Operationsbereich	Erhebliche Einschränkung der Bewegungsfähigkeit der rechten Hand	AG Braunschweig 5.5.2010 113 C 3406/09 RA Wehre
924	16 500 € 8250 *(€ 10 724)*	Bruch des linken Handgelenks und des rechten Schlüsselbeins, mehrere Schürfwunden	18 Tage Krankenhaus, 3 Monate arbeitsunfähig		Einschränkung der Beweglichkeit im rechten Schultergelenk bei Fehlstellung des Schulterblattes sowie Muskelverschmächtigung im Bereich des Deltamuskels rechts, Aktilarisparese und Teillähmung des Radialnervs, Einschränkung der Beweglichkeit im Handgelenk	Kläger muss sich anspruchsmindernd die von seinem Motorrad ausgehende Betriebsgefahr anrechnen lassen, daher wurde nur ein Schmerzensgeld von DM 13 000 (€ 6500) zugesprochen. Der Arbeitgeber eines Lkw-Fahrers haftet als Geschäftsherr gem. § 831 BGB auf Schmerzensgeld, wenn er nicht ein verkehrsrichtiges Verhalten seines Fahrers als Verrichtungsgehilfen beweist oder den Entlastungsbeweis für fehlendes eigenes Auswahl- und Überwachungsverschulden führt	KG Berlin 21.5.2001 12 U 3372/00 NZV 2002, 34 DAR 2002, 122

● Mithaftung (siehe vorletzte Spalte)

Fortsetzung von »Hand, Handgelenk, Finger - Bruch«

Lfd. Nr.	Betrag DM Euro (Anp.2019)	Verletzung	Dauer und Umfang der Behandlung; Arbeitsunfähigkeit	Person des Verletzten	Dauerschaden	Besondere Umstände, die für die Entscheidungen maßgebend waren	Gericht, Datum der Entscheidung, Az., Veröffentlichung bzw. Einsender
925	18 000 € 9000 + immat. Vorbehalt (€ 12 576)	Intraarticuläre, distale dislozierte Radiusfraktur links mit Gelenkbeteiligung sowie Absprengung der dorsalen Gelenkfläche im Sinne einer zusätzlichen Bartonfraktur	MdE: 3 Monate und 1 Woche 100% knapp 9 Monate 20% dann 10%	52-jähr. Starkstromelektriker	MdE: 10%	Die ausgeprägt arthrotischen Veränderungen des Handgelenks können im Endstadium bis zur Einsteifung des Gelenkes führen bzw. eine operative Versteifung aufgrund von Schmerzen und Funktionsbehinderungen notwendig machen	LG München I 18.4.1996 19 O 3290/95 VorsRiLG Krumbholz
926	€ 10 000 + immat. Vorbehalt (€ 12 249)	Splitterbruch mit Sprengung des Radio-Ulnargelenks an der rechten Hand sowie scapholunäre Dissoziation verbunden mit einer hämoradisch eingebluteten Kontusion, begleitenden Weichteilschwellungen sowie Durchblutungs-, Sensibilitäts- und Motorikstörungen der rechten Hand	6 Wochen Gips	41-jähr. Mann	MdE: 20%	Für die Zukunft besteht die Gefahr einer sich vorzeitig ausbildenden Arthrose im rechten Handgelenk	LG Bonn 28.10.2005 2 O 354/04 RA Becker, Bergneustadt
927	20 000 € 10 000 + immat. Vorbehalt (€ 13 308)	Schädelhirntrauma 1.–2. Grades; Sprengung des linken Schultereckgelenks Typ 4 Tossy II, Schulterblatthalsbruch links, handgelenksnaher Speichenmehrfachbruch (zwölffach) rechts	13 Tage Krankenhaus mit osteosynthetischer Versorgung der Frakturen, nach 6 Wochen nochmals 5 Tage Krankenhaus zur Metallentfernung MdE: 2 Monate 100% 1 Monat stufenweise 50%, 30%, 20%	29-jähr. Landmaschinenmechaniker	Bewegungseinschränkungen im rechten Ellenbogengelenk für die Außenrotation und im rechten Handgelenk für die Überstreckung und Bewegung; Kraftminderung im linken Schultergelenk	Kläger hat Schwierigkeiten bei der Berufsausübung und in seinem Freizeitverhalten (Motorradfahren); Beklagter war erheblich alkoholisiert (2,26 ‰), was sich schmerzensgelderhöhend auswirkt; Gefahr von Früharthrosen	OLG Hamm 14.6.2000 13 U 19/00 RiOLG Zumdick, Hamm
928	€ 10 000 + immat. Vorbehalt (€ 10 738)	Komplizierte Fraktur des linken Handgelenks durch Motorrollerunfall (Scaphoidfraktur links, Fraktur des Os triquetrum links, Basisfraktur des zweiten Mittelhandknochens), eine Schulterprellung links und Schürfwunden	Über 5 Wochen Gipsschienenbehandlung des linken Handgelenks. Bei einer Nachuntersuchung gab der Kläger noch „leichte Druckschmerzen über dem linken Handgelenk" an. Während einer Ausbildung zum Krankenpfleger kam es beim dabei notwendigen Heben von Lasten im Bereich des linken Handgelenkes des Klägers zu Schmerzen. Daraufhin kam es zu operativen Eingriffen an diesem Handgelenk. Die Ausbildung zum Krankenpfleger brach der Kläger ab und begann eine Ausbildung zum Bürokaufmann	Junger Mann	Ruhe-, Bewegungs- und Belastungsschmerzen im linken Handgelenk; Gebrauchsbeeinträchtigung der linken Hand bei posttraumatischer Arthrose mit GdB 20%	In Anbetracht der unfallbedingten Primärverletzung des Klägers, des Verlaufs der Behandlung und der verbliebenen Dauerschäden – die letztlich dazu führten, dass der Kläger seinen Wunschberuf als Krankenpfleger nicht erlernen konnte – hält der Senat ein Schmerzensgeld von € 10 000 für angemessen (vgl. zum Schmerzensgeld bei annähernd vergleichbarem Verletzungsbild z. B. OLGR Karlsruhe 2008, 90)	OLG Zweibrücken 10.7.2013 1 U 47/11 VRiOLG Geisert

● Mithaftung (siehe vorletzte Spalte)

Hand, Handgelenk, Finger

Lfd. Nr.	Betrag DM **Euro** *(Anp.2019)*	Verletzung	Dauer und Umfang der Behandlung; Arbeitsunfähigkeit	Person des Verletzten	Dauerschaden	Besondere Umstände, die für die Entscheidungen maßgebend waren	Gericht, Datum der Entscheidung, Az., Veröffentlichung bzw. Einsender
\multicolumn{8}{l}{**Fortsetzung von »Hand, Handgelenk, Finger - Bruch«**}							
929	€ 10 000 ● + immat. Vorbehalt *(€ 10 738)*	Mittelhandknochen-Basistrümmerfraktur am rechten Handgelenk, Zerrung am rechten oberen Sprunggelenk	7 Tage stationäre Behandlung, mindestens 2 Operationen, Gipsschiene für 6 Wochen, 18,5 Monate AU	Junger Mann, Metallbauer (Rechtshänder)	Funktionsbeeinträchtigungen der rechten Hand (Faustschluss, Spitz- und Schlüsselgriff, geringe Kraft, Arthrose im CM-5 Gelenk)	Mithaftung 1/3. Der Kläger war Motorradfahrer, noch nicht absehbare Funktionsbeeinträchtigungen der rechten Hand sowie bei der Berufstätigkeit. Schmerzensgelderhöhend wirkt sich vor allem aus, dass der Kläger gerade erst seine Ausbildung zum Metallbauer abgeschlossen hatte und nunmehr einen massiven Einschnitt in der Berufsausübung hat. Aufgrund der massiven noch nicht absehbaren Dauerschäden an der rechten Hand ist nicht absehbar, ob der Kläger überhaupt weiterhin einen handwerklichen Beruf ausüben kann. Der Schmerzensgeldbetrag ist entgegen der Auffassung des LG nicht deshalb zu mindern, weil der Kläger freiwillig eine „gefährliche Fortbewegungsart" (Motorrad) gewählt hat	OLG Celle 28.8.2013 14 U 88/12 RA Wolfgang Koch, Erftstadt
930	€ 11 000 *(€ 11 136)*	Mehrfachradiusfraktur, HWS-Distorsion und Bauchwandprellung	Mehrfachradiusfraktur wurde mit einem Fixateur extern geschient	Mann	Kraftverlust und Sensibilitätsstörungen in der Hand	Der Senat berechnet vorliegend das Schmerzensgeld auch nach den Kriterien, die in dem „Handbuch Schmerzensgeld" (Schwintowski/Schah Sedi, Schah Sedi, 2013) zugrunde gelegt sind. Angesichts des Umstands, dass auch die von dem Geschädigten genannte Untergrenze des Schmerzensgeldes durchaus einen Anhaltspunkt für den von ihm als adäquat angesehenen Betrag geben kann, kommt der Senat bei Berücksichtigung einerseits vergleichbarer Entscheidungen und andererseits einer taggenauen Berechnung zu dem Ergebnis, dass vorliegend ein Gesamtbetrag von € 11 000 angemessen, aber auch ausreichend ist, um die vom Kläger erlittenen Beeinträchtigungen einschließlich zukünftiger wahrscheinlicher Schäden abzudecken	OLG Frankfurt am Main 18.10.2018 22 U 97/16 juris; u.a. NJW 2019, 442
931	€ 12 000 + immat. Vorbehalt *(€ 13 837)*	Distale Radiustrümmerfraktur an der linken Hand, nicht dislozierte Daumengrundgliedfraktur links, Ellenbogenprellung links, ausgedehnte posttraumatische Arthrose im linken Handgelenk	4 OP, insg. ca. 6 Wochen MdE zu 100%, dorsale Unterarmgipsschiene links mit Daumeneinschluss, ambulante Behandlungen	Mann	Keine Kraftanwendungen mit der linken Hand mehr möglich, welche ein Gewicht von über 1,5 kg überschreiten, Drehbewegungen sind nur eingeschränkt möglich	Kläger war Fahrradfahrer; schmerzensgelderhöhend wirkte sich die enorme Einschränkung bei der Haushaltsführung aus	LG Traunstein 10.11.2009 8 O 2958/08 OLG München 15.2.2010 10 U 5296/09 RA Koch, Erftstadt
932	€ 12 000 + immat. Vorbehalt *(€ 12 668)*	Dislozierte Spiralfraktur des 5. Mittelhandknochens rechts, dislozierte mehrfragmentäre Spiralfraktur des 4. Mittelhandknochens rechts, schwere HWS-Distorsion, Luxation des Mittelgelenks des Zeigefingers links	3 Tage stationärer Aufenthalt, min. 1 OP, 6 Wochen AU zu 100%, 4 Wochen AU zu 60%, danach 20%, 10 Tage Knopflochschiene links, Gipsschiene rechts, krankengymnastische Übungen	Fahrradfahrer	Rechts: Kraftminderung mit Störung des Grobgriffes und deutlich geminderte Belastbarkeit sowie Bewegungseinschränkung des Grund-, Mittel- und Endgelenk des Zeigefingers, Schwellneigung bei Belastung. Links: Inkompletter Faustschluss, unvollständige Streckung des Zeigefingers, Grob- und Feingriffstörung. Rezidivierende Beschwerden an der HWS	Die Beklagte zu 2) leistete erstmals 2 Jahre nach dem Unfall eine Abschlagszahlung bzgl. des Personenschadens	LG Trier 18.1.2017 5 O 109/15

Lfd. Nr.	Betrag DM **Euro** *(Anp.2019)*	Verletzung	Dauer und Umfang der Behandlung; Arbeitsunfähigkeit	Person des Verletzten	Dauerschaden	Besondere Umstände, die für die Entscheidungen maßgebend waren	Gericht, Datum der Entscheidung, Az., Veröffentlichung bzw. Einsender
Fortsetzung von »Hand, Handgelenk, Finger - Bruch«							
933	€ 12 000 + immat. Vorbehalt *(€ 13 748)*	Distale Radiustrümmerfraktur an der linken Hand, nicht dislozierte Daumengrundgliedfraktur und Ellenbogenprellung links	Operative Versorgung und weitere Operation zur Metallentfernung mit anschließender 4-wöchiger Erwerbsunfähigkeit	Mann	Posttraumatische Arthrose des linken Handgelenks ohne Aussicht auf Besserung	Berücksichtigung der Tatsache, dass der Kläger Linkshänder ist	OLG München 11.2.2010 10 U 5296/09 SP 2010, 396
934	€ 13 000 + immat. Vorbehalt *(€ 16 204)*	Serienfraktur der Mittelhandknochen 2 – 4 links, Schlüsselbeinbruch im mittleren Drittel, Schulterprellung links und Thoraxprellung		Krankenpfleger	Funktionsminderung der linken Hand im Bereich der Bruchstellen und des linken Schlüsselbeins durch Pseudarthrose	Verletzungsbedingt erfolgte Umschulung vom Krankenpfleger zum Bürokaufmann. Kläger erlitt durch das Unfallgeschehen einen dauerhaften Schaden im Bereich der linken Hand und der gebrochenen Mittelhandknochen, in dem sich eine Pseudarthrose im Bereich der Bruchstellen gebildet hat, die zur ständigen Entzündung in diesem Bereich führt und damit auch zu der sichtbaren Anschwellung sowie der Funktionsminderung. Es handelte sich hierbei um einen nicht reversiblen Dauerschaden, da eine operative Behandlung der Pseudarthrose, die normalerweise stattfinden würde, wegen des ebenfalls beim Kläger vorhandenen Morbus Sudeck wenig Aussicht auf Erfolg bietet. Hinzu kommen die Beschwerden, die sich aufgrund der Fraktur des linken Schlüsselbeins ergeben haben und ebenfalls durch Bildung einer Pseudarthrose und einer Verkürzung des linken Schlüsselbeins noch heute auswirken	LG Dortmund 25.8.2004 21 O 260/03 RA Koch, Erfstadt
935	€ 15 000 + immat. Vorbehalt *(€ 16 107)*	Behandlungsfehler im Zusammenhang mit operativer offener Reposition einer Radiusmehrfragmentfraktur	Mehr als zweimonatige Arbeitsunfähigkeit, danach Umschulung	Mann	Erhebliche Fehlstellung im Gelenk, Arthrose, persistierender Ruhe- und Belastungsschmerz	Entsprechend den Feststellungen des LG sind als kausale Folgen der Behandlungsfehler zunächst eine erhebliche Fehlstellung im Gelenk in Form einer Stufenbildung zu berücksichtigen, und weiterhin persistierende Ruhe- und Belastungsschmerzen. Darüber hinaus geht der Senat – abweichend von der Auffassung des LG – auf der Basis der Ausführungen des Sachverständigen davon aus, dass eine Arthrose nicht nur in Zukunft droht, sondern zu entstehen begonnen hat und von dem Kläger – entsprechend seinen plausiblen Angaben – Mitte des Jahres bei dem Praxisteil der Umschulung als zusätzliche Beschwerde wahrgenommen worden ist	OLG Hamm 5.11.2013 26 U 145/12 juris

● Mithaftung (siehe vorletzte Spalte)

Lfd. Nr.	Betrag DM Euro (Anp.2019)	Verletzung	Dauer und Umfang der Behandlung; Arbeitsunfähigkeit	Person des Verletzten	Dauerschaden	Besondere Umstände, die für die Entscheidungen maßgebend waren	Gericht, Datum der Entscheidung, Az., Veröffentlichung bzw. Einsender
	Fortsetzung von »Hand, Handgelenk, Finger - Bruch«						
936	€ 15 000 + immat. Vorbehalt (€ 16 189)	Morbus Sudeck (CRPS) an der rechten Hand durch Behandlungsfehler nach Fraktur	8 Tage stationäre Behandlung, danach Physio- und Schmerztherapie	44-jähr. Frau	Bewegungs- und Funktionseinschränkung der rechten Hand und der Langfinger	Der Behandlungsfehler hat zu den Beschwerden und Schmerzen der Klägerin beigetragen. Vor allem hat er jedoch zu einer dauerhaften Bewegungs- und Funktionseinschränkung der rechten Hand und der Langfinger, in hälftigem Umfang zu der bestehenden Minderung der Kraft der Hand und der Finger sowie zu einem geringen Anteil zu den (fort-)bestehenden Schmerzen der Klägerin geführt, was sich im Alltagsleben der Klägerin erheblich auswirkt. Ihren Beruf als Fußpflegerin habe sie deshalb aufgeben müssen. Nahezu alle Haushaltstätigkeiten mache sie nunmehr mit der linken Hand, was erheblich mehr Zeit in Anspruch nehme. Autofahren sei ihr nur noch begrenzt möglich. Bei der Schmerzensgeldbemessung ist ferner einzubeziehen, dass die Klägerin Rechtshänderin ist. Auch handelt es sich um einen besonders überflüssigen, leicht zu vermeidenden Fehler. Die Beklagten haben nicht etwas verkannt, was nur den Behandlungsfall der Klägerin betraf, sondern sie haben eine allgemeine und stets anzuwendende chirurgische Regel missachtet	OLG Köln 13.3.2013 5 U 88/12 MedR 2014, 158; juris
937	€ 15 000 + immat. Vorbehalt (€ 15 741)	Fraktur des Kahnbeins am rechten Handgelenk; Erweiterung des Gelenkspaltes zwischen Kahn- und Mondbein; leichte HWS-Distorsion; geringe Brustkorb- und Brustbeinprellung	Zwei längere Krankenhausaufenthalte sowie 21-wöchige Immobilisation der rechten Hand; MdE 20%, Tätigkeit des Klägers in seinem früheren Beruf als Polier ist nicht mehr möglich		Gebrauchsbeeinträchtigung im Bereich des rechten Handgelenks und mindere Belastbarkeit der rechten Hand im Sinne einer Bewegungseinschränkung	Wesentliche Faktoren für die Bemessung des Schmerzensgeldes sind die beim Kläger eingetretene Kahnbeinfraktur, die Minderung der Erwerbsfähigkeit von 20% und die beiden stationären Krankenhausaufenthalte. Als Besonderheit müssen beim Kläger die zwei längeren Krankenhausaufenthalte sowie die 21-wöchige Immobilisation der rechten Hand berücksichtigt werden. Unter Berücksichtigung aller Umstände erscheint daher ein Schmerzensgeldgeld i.H.v. € 15 000 nicht nur angemessen, sondern auch an der oberen Grenze dessen liegend, was gerade noch zugesprochen werden kann	OLG Stuttgart 18.10.2016 12 U 35/16
938	€ 16 000 (€ 18 410)	Frakturen am rechten Daumen und am linken Unterarm, multiple Schnittverletzungen des rechten Unterschenkels und Knies	6 stationäre Krankenhausaufenthalte mit z. T. schweren Eingriffen zur Entnahme von Knochenmaterial aus dem Beckenkamm	Frau	Bewegungseinschränkungen im linken Handgelenk, Funktionsbeeinträchtigung des linken Arms von 2/7; beim Faustschluss der linken Hand können der zweite und fünfte Finger nicht vollständig eingeschlagen werden; 16 cm lange Operationsnarbe am linken Unterarm mit Narbenempfindlichkeit; Funktionsbeeinträchtigung beim Abspreizen des rechten Daumens	Klägerin, die Linkshänderin ist, kann keine Sportarten mehr ausüben, bei denen die linke Hand benötigt wird (Motorradfahren, Handballspielen, Rudern etc.)	OLG Oldenburg (Oldenburg) 20.6.2008 11 U 3/08 Zfs 2009, 436

Fortsetzung von »Hand, Handgelenk, Finger - Bruch«

Lfd. Nr.	Betrag DM Euro (Anp.2019)	Verletzung	Dauer und Umfang der Behandlung; Arbeitsunfähigkeit	Person des Verletzten	Dauerschaden	Besondere Umstände, die für die Entscheidungen maßgebend waren	Gericht, Datum der Entscheidung, Az., Veröffentlichung bzw. Einsender
939	€ 16 000 + immat. Vorbehalt (€ 16 975)	Distale Unterarmfraktur links mit distaler Radiusfraktur und dorsoradialem Knorpeldefekt, Handwurzelluxation, multiple Prellungen und multiple Schürfwunden	Operation mit anschließender 13-tägiger stationärer Behandlung; später Entfernung der bei der Operation eingelegten Drähte; 42 krankengymnastische Behandlungen; 4 Monate AU	46-jähr. Mann	Bewegungseinschränkung und Arthrose	In der Zusammenschau ist die Situation des Klägers daher mit einer schmerzfreien Versteifung in optimaler Position vergleichbar. Die MdE ist mit 25 v.H. zu bewerten. Überdies ist absehbar, dass das Handgelenk in Zukunft versteift werden muss, um einer Verschlechterung durch die fortschreitende Arthrose entgegenzuwirken. Die Analyse der stets nur in einigen Punkten ähnlichen Entscheidungen belegt, dass der Betrag von € 16 000 durchaus mit vergleichbaren oder ähnlichen Fällen zu vereinbaren ist	Saarländisches OLG 21.4.2016 4 U 76/15 juris
940	€ 20 000 + immat. Vorbehalt (€ 20 702)	Fraktur des Mondbeins mit Morbus Sudeck (= CRPS) und massive Gesäßprellung	100% Berufsunfähigkeit als Lkw-Fahrer	Mann	Einschränkungen der Beweglichkeit des linken Handgelenks	Unter Berücksichtigung aller für die Schmerzensgeldbemessung wesentlichen Umstände hält der Senat unter Berücksichtigung vergleichbarer Entscheidungen insgesamt ein Schmerzensgeld in Höhe von € 20 000 für angemessen. Diesen Entscheidungen liegen allerdings Sachverhalte zugrunde, in denen die Berufsausübung nicht völlig ausgeschlossen war; zudem wären alle Vergleichsbeträge auch inflationsbedingt anzupassen. Schließlich kann nicht außer Betracht bleiben, dass das linke Mondbein des Klägers vor dem Unfall bereits – wenn auch symptomfrei – vorgeschädigt war. Einschränkungen der Beweglichkeit des linken Handgelenks wären nach den Feststellungen der Sachverständigen zu einem späteren Zeitpunkt als dem des Unfalls auch ohne diesen eingetreten. Auch wenn sich der hypothetische Zeitpunkt dieser Entwicklung nicht sicher festmachen lässt, hat dies Einfluss auf die schadensbedingte Dauer der Verletzungsfolgen. Andererseits wäre der Morbus Sudeck nach sachverständiger Feststellung ohne den Unfall überhaupt nicht eingetreten	OLG Nürnberg 16.8.2017 2 U 1242/14 RA von Mammen, Kanzlei Hofbeck, Buchner und Collegen, Nürnberg
941	€ 25 000 + immat. Vorbehalt (€ 27 947)	Sportunfall mit komplexer, intraartikulärer distaler Radiustrümmerfraktur am rechten Handgelenk, die zunächst in Rotationsfehlstellung mit komplexer Instabilität verheilte. Eine behandlungs- und aufklärungsfehlerhafte Re-Operation misslang	Behandlung über einen Zeitraum von fünf Jahren mit zahlreichen Folgeoperationen	Mann	Lebenslange Beeinträchtigung der uneingeschränkten Funktionsfähigkeit des rechten Handgelenks mit den entsprechenden Beeinträchtigungen sowohl im Alltagsleben als auch bei seiner beruflichen Tätigkeit und auch bei der Freizeitgestaltung	Ein Schmerzensgeld von € 25 000 ist angemessen für die verbliebenen schmerzhaften Bewegungseinschränkungen des rechten Handgelenks, die über einen Zeitraum von fünf Jahren zahlreiche Folgeoperationen nach sich ziehen und zur Berufsunfähigkeit bei einem Ingenieur führen (keine Möglichkeit, eine Computertastatur zu bedienen). Andererseits ist zu berücksichtigen, dass für die erlittenen und fortbestehenden Beschwerden und Beeinträchtigungen auch das Unfallgeschehen an sich mit der schwerwiegenden Trümmerfraktur eine nicht unerhebliche Rolle spielt, was nicht den Bekl. anzulasten ist	OLG Köln 25.5.2011 5 U 174/08 VersR 2012, 239

● Mithaftung (siehe vorletzte Spalte)

Lfd. Nr.	Betrag DM Euro (Anp.2019)	Verletzung	Dauer und Umfang der Behandlung; Arbeitsunfähigkeit	Person des Verletzten	Dauerschaden	Besondere Umstände, die für die Entscheidungen maßgebend waren	Gericht, Datum der Entscheidung, Az., Veröffentlichung bzw. Einsender
	Fortsetzung von »Hand, Handgelenk, Finger - Bruch«						
942	60 000 € 30 000 + immat. Vorbehalt (€ 39 333)	Pertrochantäre Femurfraktur rechts mit Fissur des rechten Acetabulums; Frakturen Mittelhandknochen 3, 4 und 5 der rechten Hand, Trümmerfraktur des Schafts des Mittelhandknochens 5, Basiszertrümmerung Grundglied D 4 mit Handkompartment, Riss des vorderen Kreuzbandes mit Fraktur des Condylus lateralis femoris, distale Radiusfraktur links	Mehrere Operationen	Mann	Dauerschaden im Hand- und Beinbereich mit MdE im erlernten Beruf von ca. 50% und auf dem allgemeinen Arbeitsmarkt von ca. 40%	Infolge Mithaftung von 25% wurde lediglich ein Schmerzensgeld von DM 45 000 (€ 22 500) zuerkannt	OLG Bremen 13.2.2001 3 U 53/2000 RiOLG Pauls, Bremen

Weitere Urteile zur Rubrik »**Hand, Handgelenk, Finger - Bruch**« siehe auch:
bis € 2500: 3274, 621, 2318
bis € 5000: 517, 1116, 1042, 964
bis € 12 500: 754, 549, 720, 90, 1533, 2776, 558, 722, 1124, 825, 2785
bis € 25 000: 1651, 1653, 314, 2387, 79, 1549, 995, 42, 43, 2941, 1661, 2057, 233, 587, 3166, 81, 1274, 1131, 2943, 996, 1132, 1200, 1368
ab € 25 000: 269, 1133, 83, 1677, 1423, 1678, 1961, 605, 736, 1968, 419, 1277, 423, 424, 738, 1311, 2977, 2988, 2998, 284, 285, 366, 3018, 2091, 3021

Hand, Handgelenk, Finger - Sonstige Verletzungen

Lfd. Nr.	Betrag	Verletzung	Dauer und Umfang der Behandlung; Arbeitsunfähigkeit	Person des Verletzten	Dauerschaden	Besondere Umstände	Gericht, Datum, Az.
943	€ 200 ● (€ 251)	Prellung mit Schürfung am linken Handgelenk und Ablederungswunden am linken Ellbogen sowie Prellung am linken Hüftgelenk	Krankschreibung erfolgte nicht	Radfahrer		Haftung 50% Radfahrer benutzte Gehweg in falsche Richtung; Beklagter fuhr mit Pkw von dem Grundstück des Großmarktes auf die Straße ein und hätte den herannahenden Kläger sehen müssen	AG Stuttgart 2.3.2004 41 C 5997/03 Allianz Versicherungs AG
944	€ 200 ● (€ 213)	Risswunde zwischen Daumen und Zeigefinger rechts, Schienbeinprellung beidseits	18 Tage AU, Naht mit 20 Stichen, 3 Wochen Beschwerden	Fahrradfahrer	Narbe	Mithaftung 75%. Der Kläger ist Rechtshänder. Die Kammer wies die Berufung zurück	LG Münster 16.12.2015 1 S 56/15 juris
945	€ 250 (€ 318)	Reposition einer Radiusbasisfraktur ohne Betäubung		55-jähr. Frau		Ärztl. Behandlungsfehler	OLG Düsseldorf 13.2.2003 8 U 41/02 VersR 2005, 230
946	€ 300 ● (€ 340)	Handgelenksverstauchung links, Prellung Unterarm rechts, HWS-Distorsion	16 Tage AU	Mann		Mithaftung von 66%	OLG Dresden 10.11.2010 7 U 546/09 RA Janeczek, Dresden
947	€ 400 (€ 508)	Wundheilungskomplikationen nach Warzenentfernung über dem Grundgelenk an der rechten Hand mit erforderlicher erneuter Operation		Mann		Verstoß gegen die Regeln der ärztlichen Kunst; kein grobes Verschulden; 3 Wochen erhebliche Wundheilungsbeschwerden	AG Aachen 30.9.2003 10 C 469/02 RiAG Dr. Quarch, Aachen
948	€ 400 ● (€ 416)	Aktivierung einer bestehenden Arthrose an beiden Daumensattelgelenken	Beschwerden in diesen Gelenken über mehrere Wochen	Mann		Wurde bei einem Sturzunfall eines Motorradfahrers in Folge einer Notbremsung durch den Bremsvorgang eine vorbestehende Arthrose an beiden Daumensattelgelenken aktiviert, weshalb Beschwerden in diesen Gelenken über mehrere Wochen medizinisch nachvollzogen werden können, und zog sich der Geschädigte zudem eine schmerzhafte Prellung des linken Gesäßes wie auch des rechten Handgelenks zu, rechtfertigt dies unter Berücksichtigung eines Mitverschuldensanteils von 2/3 ein Schmerzensgeld i.H.v. € 400	OLG München 12.1.2018 10 U 4018/16 juris

● Mithaftung (siehe vorletzte Spalte)

Fortsetzung von »Hand, Handgelenk, Finger - Sonstige Verletzungen«

Lfd. Nr.	Betrag DM Euro (Anp.2019)	Verletzung	Dauer und Umfang der Behandlung; Arbeitsunfähigkeit	Person des Verletzten	Dauerschaden	Besondere Umstände, die für die Entscheidungen maßgebend waren	Gericht, Datum der Entscheidung, Az., Veröffentlichung bzw. Einsender
949	€ 482 (€ 505)	Handgelenksprellung	14 Tage AU	Mann		Es spricht nicht gegen die vom Kläger behaupteten Unfallfolgen, dass er sich erst 6 Tage nach dem Verkehrsunfall in ärztliche Behandlung begab. Die Verletzungen sind vergleichsweise harmlos und ohne Folgeschäden	AG Idstein 15.2.2017 31 C 204/15 (10)
950	€ 500 + immat. Vorbehalt (€ 518)	Fehlendes Werkzeug für den Eingriff (operative Entfernung einer verschraubten Radiusplatte nach einer Osteosynthese wegen Handgelenksfraktur) macht einen Operationsabbruch und eine zweite Operation notwendig	Zweiteingriff	Frau		Wegen der durch die notwendig gewordene zweite Operation erlittenen Beeinträchtigungen hält der Senat unter Einbeziehung aller erkennbaren Umstände ein Schmerzensgeld in Höhe von € 500 auch unter dem Aspekt der Genugtuung für ausreichend, aber auch erforderlich, um die durch den Behandlungsfehler erlittenen Folgen auszugleichen. Dabei wird insbesondere berücksichtigt, dass es einerseits eine Belastung darstellt, sich einem weiteren Eingriff unterziehen zu müssen, dieser andererseits aber auch zeitnah, ambulant und in Lokalanästhesie durchgeführt werden konnte sowie komplikationslos verlief	OLG Karlsruhe 13.12.2017 7 U 90/15 juris
951	€ 500● (€ 520)	Handgelenksprellung, LWS-Distorsion, Unterschenkelprellung und Schürfwunden	1 Monat in Behandlung und AU	Mann	Kleine Narbe	Den Kläger traf eine Mithaftung von 70%	LG Saarbrücken 30.6.2017 13 S 15/17
952	€ 550● (€ 611)	Prellung des linken Fingers, multiple Prellungen und Schürfungen	4 Wochen stationäre Behandlung, anschließend 4 Wochen ambulante Behandlung, insgesamt 2 Monate Physiotherapie	Mann, Motorradfahrer		Mithaftung 50%. Bei der Bemessung des Schmerzensgeldes hat das Gericht vor allem die lange Heilbehandlungsdauer sowie die psychische Beeinträchtigung des Klägers dahingehend, dass er nicht mehr in der Lage ist ein Motorrad zu führen, berücksichtigt	AG Borna 24.10.2011 9 C 940/09 RA Wolfgang Koch, Erftstadt
953	2000 € 1000 (€ 1301)	Erhebliche Daumenverletzung	Daumen wurde im Krankenhaus genäht	Mann		Verletzung durch die Halterung an einem Backofen; Anspruchsgrundlage fehlender Warnhinweis des Herstellers; Kläger hat bei Urteilsverkündung noch Probleme mit dem Fingernagel beim Schneiden sowie ein taubes Gefühl im Daumen; keine Verletzung des Fingerknochens	AG Simmern 10.10.2001 3 C 108/01 NJW-RR 2002, 384
954	€ 1000 + immat. Vorbehalt (€ 1036)	Handgelenksdistorsion links; Zerrung/Stauchung der Halswirbelsäule und Gehirnerschütterung	2 Tage stationäre Behandlung	Frau		Nach dem Ergebnis der Beweisaufnahme ist für die Ausgleichsfunktion des Schmerzensgeldes nur vom Vorliegen einer Handgelenksdistorsion, einer Zerrung/Stauchung der Halswirbelsäule und einer Gehirnerschütterung auszugehen, wobei letztere angesichts der Dauer des Krankenhausaufenthaltes eher geringfügig gewesen sein muss. Unter Berücksichtigung vergleichbarer Fälle ist ein Betrag von € 1000 angemessen; höheren Beträgen liegen schwerwiegendere Folgen insb. hinsichtlich des stationären Aufenthalts und/oder der Arbeitsunfähigkeit (infolge der bewiesenen Verletzungen) zugrunde	OLG Braunschweig 20.7.2017 7 U 37/16

● Mithaftung (siehe vorletzte Spalte)

Hand, Handgelenk, Finger — Urteile lfd. Nr. 955 – 962

Lfd. Nr.	Betrag DM Euro (Anp.2019)	Verletzung	Dauer und Umfang der Behandlung; Arbeitsunfähigkeit	Person des Verletzten	Dauerschaden	Besondere Umstände, die für die Entscheidungen maßgebend waren	Gericht, Datum der Entscheidung, Az., Veröffentlichung bzw. Einsender

Fortsetzung von »Hand, Handgelenk, Finger - Sonstige Verletzungen«

Lfd. Nr.	Betrag	Verletzung	Dauer/Umfang	Person	Dauerschaden	Besondere Umstände	Gericht
955	€ 1000 (€ 1225)	7 Wochen andauernde Beschwerden nach Schnittverletzung der Hand		Mann		Arzt hat nach Schnittverletzung die gebotene Röntgenaufnahme unterlassen, was die Entfernung eines Glassplitters verzögert hat; kein grob fahrlässiges Verhalten	OLG Koblenz 20.10.2005 5 U 1330/04 NJW-RR 2006, 393; VersR 2006, 704
956	3000 € 1500 (€ 2037)	Um 10 bis 12 Tage verzögerte Revision des Endgelenks bei stark entzündetem Fingerglied mit starken Schmerzen während dieser Zeit				Fehlerhafte ärztliche Behandlung	OLG Stuttgart 3.2.1998 14 U 40/96 VersR 1999, 627
957	€ 2000 (€ 2622)	Schwellungen und Schürfwunden an beiden Handgelenken und beiden Unterarmen		25-jähr. Frau		Autofahrer klemmte die Klägerin absichtlich im Autofenster ein und hat sie daraufhin 30 m weiter mitgeschleift	AG Ulm 6.2.2001 3 C 2647/00 Versäumnisurteil RA Wolfinger, Senden
958	€ 2011 (€ 2586)	Beckenprellung, Distorsion des rechten Handgelenks, Knochenbruch, Hodenprellung	5 Wochen arbeitsunfähig krank, anschließend weitere orthopädische Behandlung wegen Beschwerden im rechten Handgelenk	Mann		Beeinträchtigung der sexuellen Beziehung zur Lebensgefährtin wegen der Hodenprellung	LG Dortmund 12.4.2002 21 O 296/01 SP 2002, 414
959	5000● € 2500 + immat. Vorbehalt (€ 3404)	Schwere Handgelenksdistorsion links		Zahnarzt	Funktionseinschränkung der linken Hand bei einer Beugung um 15°, die bei Belastung Beschwerden verursacht	50% Mitverschulden bei Sturz auf vereistem Vorplatz einer Autowaschbox (Verletzung der Streupflicht); kein hohes Verschulden des Beklagten; Vorbehalt wegen Gefahr der Verschlimmerung der arthrotischen Veränderungen	OLG Hamm 1.9.1997 6 U 54/97 RA Baschek, Gelsenkirchen
960	€ 3000 (€ 3564)	Eingeschränkte Bewegungsfähigkeit der Finger der linken Hand mit Nervenschädigung auf die Dauer von 8 Monaten infolge eines zu eng angelegten Verbandes nach Operation einer Radiusköpfchentrümmerfraktur		Tontechniker		Ärztlicher Behandlungsfehler, monatelange Schmerzen; folgenlose Abheilung	LG München I 20.6.2007 9 O 10795/05
961	€ 3000 (€ 3625)	Verzögerung einer gebotenen Operation des bei einem Sturz verletzten Ringfingers um nahezu 4 Monate		Frau		Ärztlicher Diagnosefehler, der zu einer fast viermonatigen Verzögerung des Heilungsverlaufs führte	OLG Koblenz 31.8.2006 5 U 588/06 NJW-RR 2006, 1612
962	€ 3068 + immat. Vorbehalt (€ 3978)	Daumenluxation rechts, Platzwunde am linken Mittelfinger, Hämatom am linken Oberschenkel, Fraktur der 5. Rippe links	3 Wochen Schiene am verrenkten Daumen, 6–8 Wochen Schmerzen im Bereich des Brustkorbs und der beiden Hände	Mann	Beweglichkeit des rechten Daumens um ¾ eingeschränkt. Die grobe Kraft und Funktionsfähigkeit um 30% reduziert	Es stellt nach Auffassung der Kammer für einen Rechtshänder eine körperliche Beeinträchtigung bei allen Verrichtungen des täglichen Lebens dar, wenn die Beweglichkeit des rechten Daumens und die grobe Kraft erheblich reduziert sind	LG München I 12.7.2001 19 O 17781/99 VorsRiLG Krumbholz

● Mithaftung (siehe vorletzte Spalte)

Fortsetzung von »Hand, Handgelenk, Finger - Sonstige Verletzungen«

Lfd. Nr.	Betrag DM Euro (Anp.2019)	Verletzung	Dauer und Umfang der Behandlung; Arbeitsunfähigkeit	Person des Verletzten	Dauerschaden	Besondere Umstände, die für die Entscheidungen maßgebend waren	Gericht, Datum der Entscheidung, Az., Veröffentlichung bzw. Einsender
963	€ 3500 (€ 3793)	Sehnenverletzungen der Hand durch eine mangels Aufklärung über dieses Risiko rechtswidrige und zudem arthroskopisch statt offen durchgeführte Operation eines durch einen Unfall mit Handverletzung erheblich vorgeschädigten Berufskraftfahrers, dessen Grundbeeinträchtigung durch den ärztlichen Eingriff insofern abgrenzbar verschlimmert ist, als Mittel- und Ringfinger der rechten Hand nicht vollumfänglich gestreckt werden können (Rechtshänder)		Mann	Streckfähigkeit vom Mittel- und Ringfinger der rechten Hand nicht vollumfänglich gewährleistet	Die daraus entspringende Haftung ist jedoch beschränkt. Das LG hat sie zutreffend eingegrenzt, indem es zwischen den Auswirkungen des Eingriffs und den davon unabhängigen Folgen des zuvor erlittenen Arbeitsunfalls unterschieden hat. Dabei hat es richtig gesehen, dass die Sehnenverletzung den Kläger lediglich insoweit behindert, als die Streckfähigkeit vom Mittel- und Ringfinger der rechten Hand nicht vollumfänglich gewährleistet ist. Defizite in der Beweglichkeit des Handgelenks, dortige Schwellungen und Schmerzen sowie der vom Kläger beklagte Kraftverlust beruhen dagegen auf der primären Quetschung. Infolgedessen ist lediglich Raum für die Zuerkennung eines Schmerzensgeldkapitals, das das LG angemessen festgesetzt hat	OLG Koblenz 12.4.2013 5 U 4/13 VersR 2014, 207
964	8000 € 4000 (€ 5772)	Durchtrennung der tiefen und oberflächlichen Beugesehnen des linken Daumens, offene Fraktur 3. Grades der Mittelphalanx des linken Daumens mit Epiphysiolyse und Dislokation sowie Durchtrennung der Beugesehnen des 3. Fingers	5 Wochen Krankenhaus mit Operation, 9 Monate ambulante Nachbehandlung	8 ½-jähr. Junge	Endglied des linken Daumes steif, Beweglichkeit des Grundgelenks zu etwa 50% eingeschränkt	Verletzung der Sorgfaltspflichten in einer Kinderklinik	OLG Stuttgart 21.4.1994 14 U 58/93 NJW-RR 1995, 405
965	10000 € 5000 (€ 6306)	Rissbildung im Discus triangularis ulnae (Bindegewebige Scheibe im Handgelenk zwischen der körperfernen Elle und der körpernahen Handwurzelreihe), HWS-Distorsion, multiple Prellungen	4 Tage Krankenhaus mit arthroskopischem Eingriff an der linken Hand, 2 Wochen Halskrawatte; Gipsverband am Arm, der in der Folgezeit durch einen normalen Stützverband ersetzt wurde; AU von zunächst 3 ½ Monaten und nach 5 Monaten nochmals von 4 Wochen	34-jähr. Unternehmer		Die linke Hand wird bei der handwerklichen Tätigkeit des Klägers immer ein sensibler Bereich bleiben	OLG Düsseldorf 16.2.2004 I-1 U 106/03 RA Steins, Mönchengladbach
966	€ 9000 + immat. Vorbehalt (€ 9445)	Nachhaltige Distorsion und Kontusion des linken Handgelenks ohne auch durch erweiterte radiologische Diagnostik nachweisbare knöcherne Verletzungsfolgen, Prellung und Schürfung des linken Kniegelenks ohne Nachweis knöcherner Verletzungsfolgen, einfache Schädelprellung mit leichter Hautaufschürfung an der Stirn, Distorsion der HWS ohne Nachweis einer strukturellen Schädigung der HWS, leichte gurtbedingte Schwellung der linken Schulter sowie des Brustkorbes	3-wöchige Arbeitsunfähigkeit; Heilungsverlauf war komplikationslos, jedoch seitens des anhaltenden und verbliebenen Beschwerdebildes am linken Handgelenk protrahiert	Mann	Beschwerden am linken Handgelenk	Unter Berücksichtigung der durch Sachverständigengutachten bewiesenen Verletzungen des Klägers einschließlich des Dauerschadens am linken Handgelenk hält das Gericht ein Schmerzensgeld von insgesamt € 9000 für angemessen. Der festgestellte Dauerschaden rechtfertigt einen Schmerzensgeldbetrag deutlich oberhalb von € 5000. Jedoch übersteigt der vom LG zuerkannte Betrag von € 12000 Schmerzensgeldbeträge, die andere Gerichte bei vergleichbaren oder ähnlichen Verletzungsfolgen den Geschädigten zugesprochen haben	OLG Hamburg 17.10.2016 14 U 3/16

● Mithaftung (siehe vorletzte Spalte)

Hand, Handgelenk, Finger — Urteile lfd. Nr. 967 – 969

Lfd. Nr.	Betrag DM Euro (Anp.2019)	Verletzung	Dauer und Umfang der Behandlung; Arbeitsunfähigkeit	Person des Verletzten	Dauerschaden	Besondere Umstände, die für die Entscheidungen maßgebend waren	Gericht, Datum der Entscheidung, Az., Veröffentlichung bzw. Einsender

Fortsetzung von »Hand, Handgelenk, Finger - Sonstige Verletzungen«

967	€ 10 000 (€ 11 722)	Komplexe Weichteilverletzung im Bereich des linken Unterarmes dorsalseits unter Einbeziehung des Handrückens und des Mittel- und Ringfingers der linken Hand, gedecktes Schädelhirntrauma I. Grades, Kopfplatzwunde und Distorsionstrauma der HWS	10 Tage stationär, arbeitsunfähig 2 1/2 Monate	47-jähr. Frau	Nach Gliedertaxe 1/5 Handwert und 1/30 Armwert	Die Klägerin kann ihre linke Hand nicht mehr vollständig zur Faust ballen. Um den Hautdefekt über den Strecksehnen des linken Handrückens zu decken, wurde der Klägerin an der Innenseite des linken Oberarms Haut entnommen und auf die Stelle am Handrücken verpflanzt. An der Entnahmestelle am linken Oberarm und am Handrücken der linken Hand kam es zu Vernarbungen. Die Narbenplatte an der Innenseite des linken Oberarms stellt eine kosmetische Beeinträchtigung ohne funktionelle Störungen dar. Am Handrücken sind die Narbe und die verpflanzte Haut mit den Strecksehnen der Finger verwachsen. Dadurch kommt es zu Einschränkungen bei der Bewegung des Handgelenks und zu Schmerzen in der Narbe	AG Gera 12.11.2007 4 C 1426/07 RA Koch, Erftstadt
968	€ 10 000 ● + immat. Vorbehalt (€ 10 903)	Zerreißung des musculus adducctor pollicis und Zerreißung des oberflächlichen Hohlhandbogens durch Wühlmausselbstschussgerät	Operation, wobei ein Veneninterponat vom rechten Unterarm zur Rekonstruktion des Hohlhandbogens eingesetzt worden ist. Stationärer Aufenthalt von 7 Tagen. Danach krankengymnastische und ergotherapeutische Behandlung, um das deutlich eingeschränkte Bewegungsbild der rechten Hand zu verbessern	Mann	Bewegungseinschränkungen und Taubheitsgefühl in der rechten Hand	Der Senat hält ein Schmerzensgeld von insgesamt € 10 000 auch unter Berücksichtigung des Mitverursachungsanteils des Klägers von einem Drittel für angemessen. Neben der Schmerzhaftigkeit der Verletzung, dem einwöchigen stationären Krankenhausaufenthalt und der durchgeführten Operation war bei der Ermittlung des angemessenen Schmerzensgeldes insbesondere zu berücksichtigen, dass der Kläger als Rechtshänder dauerhaft aufgrund von Taubheitsgefühlen und Bewegungseinschränkungen beim Gebrauch seiner rechten Hand beeinträchtigt ist und diese Beeinträchtigung mit einem Drittel durch den Unfallversicherer des Klägers anerkannt worden ist	OLG Celle 9.8.2012 5 U 10/12
969	35 000 € 17 500 + immat. Vorbehalt (€ 23 231)	Fast vollständiger Funktionsverlust der linken Hand durch fehlerhaftes Implantieren von zu großen Prothesen aufgrund vorbestehender chronischer Polyarthritis		57-jähr. Frau	Möglichkeit für einen Faustgriff besteht nicht mehr, nur kleinste Gegenstände können kurzzeitig gehalten werden	Beklagter hat pflichtwidrig nicht dafür gesorgt, dass WEKO-Fingergrundgelenks-Prothesen in sämtlichen Größen zur Verfügung standen. Trotz Kenntnis der schon präoperativ eindeutig erkennbaren Fragilität der Knochen, hat es der Beklagte unterlassen, nach der Operation für eine konsequente Ruhigstellung der linken Hand der Klägerin Sorge zu tragen	LG Kassel 9.8.2000 7 O 2556/98 RAe Redslob u. Josephs, Kassel

Weitere Urteile zur Rubrik »Hand, Handgelenk, Finger - Sonstige Verletzungen« siehe auch:

bis € 2500: 3274, 2721, 1697, 94, 2724, 786, 785, 1707, 2727, 211, 213, 1383, 440, 2730, 1786, 1798, 154, 971, 476, 1812, 241, 2284, 49, 742, 2175, 778, 1823, 478, 2563, 2736, 900, 2177, 2737, 1354, 220, 1857, 975, 222, 1862

bis € 5000: 485, 1017, 1517, 3033, 3277, 1882, 2115, 460, 1390, 1612, 3084, 750, 3036, 2757, 112

bis € 12 500: 1492, 58, 2763, 853, 226, 3206, 250, 755, 981, 3153, 552, 3052, 114, 2777, 1929, 2191, 808, 301, 2366, 1499, 761, 887, 1542, 1934, 932, 1645, 2788

bis € 25 000: 1271, 1130, 265, 319, 410, 1551, 2815, 1952, 45, 2816

ab € 25 000: 269, 1000, 2951, 2131, 3172, 2407, 84, 1069, 273, 986, 48, 1483, 1135, 1204, 1205, 3077, 2286, 338, 1485, 891, 2604, 1448, 1227, 2204

Lfd. Nr.	Betrag DM Euro (Anp.2019)	Verletzung	Dauer und Umfang der Behandlung; Arbeitsunfähigkeit	Person des Verletzten	Dauerschaden	Besondere Umstände, die für die Entscheidungen maßgebend waren	Gericht, Datum der Entscheidung, Az., Veröffentlichung bzw. Einsender
Hand, Handgelenk, Finger - Verletzungen Bänder, Sehnen, Muskeln u. Ä.							
970	€ 1250 + immat. Vorbehalt (€ 1367)	Katzenbiss im Zeigefinger der linken Hand mit generalisierter Entzündungsreaktion	3 Tage stationäre Behandlung, 1 Operation, weitere ambulante Behandlungen	ältere Frau, Postmitarbeiterin	Empfindlichkeit der linken Hand und geringere Belastbarkeit	Gefahr von 10–20% eines Karpaltunnelsyndroms, Klägerin ist Rechtshänderein	LG Bielefeld 21.3.2012 21 S 38/11 openjur
971	€ 1300● (€ 1669)	Schnittwunden am rechten Ober- und Unterarm, Sehnenverletzung des kleinen rechten Fingers		Mann	Einschränkung der Beweglichkeit des kleinen Fingers der rechten Hand; auch wenn sich dies nicht störend bemerkbar macht, verbleibt doch eine gewisse Beeinträchtigung	30% Mithaftung des Klägers	AG Karlsruhe-Durlach 29.8.2002 2 C 130/02 RA Koch, Erftstadt
972	€ 1500 (€ 1574)	Gehirnerschütterung, knöcherner Strecksehnenabriss am Finger D5 rechts	2 Tage stationäre Behandlung, 1 Woche AU	Fahrradfahrer		Kollision mit einem Inlineskater	AG Frankfurt am Main 5.12.2016 32 C 3057/15 juris
973	€ 2000 (€ 2217)	Kapselverletzung am Ringfinger der rechten Hand, HWS-Distorsion	2 Jahre Behandlung	Mann	MdE 5% (Kraftverlust beim Faustschluss im Vergleich zur linken Hand; Faustschluss nur unter Schmerzen möglich)	Bei der Bemessung des Schmerzensgeldes wurde u. a. berücksichtigt, dass der Kläger Rechtshänder ist	AG Koblenz 20.1.2012 162 C 2615/11 Ass. jur. Balke, Koblenz bestätigt durch LG Koblenz 6 S 32/12 RA Wolfgang Koch, Erftstadt
974	€ 2000 (€ 2222)	Thoraxprellung, Beckenprellung, ulnare Seitenbandruptur am rechten Daumen	1 Operation, 3 Tage stationär, 2 Wochen Gipsverband, insgesamt 6 Wochen AU zu 100%, insgesamt 2 ½ Monate ambulante Behandlung und Krankengymnastik	Frau	Nicht zu übersehende 3 cm lange Narbe an der rechten Daumeninnenseite	Klägerin konnte längere Zeit keinen Sport treiben. Die Klägerin ist Rechtshänderin	AG Soest 14.9.2011 13 C 202/11 zfs 2013, 260 RA Burmann, Lippstadt
975	4000● € 2000 (€ 2600)	8 cm lange Risswunde an der Hand, Sehnenverletzung am Mittelfinger	Operation, 4 Wochen Ruhigstellung der Hand, 2 Monate intensive Nachbehandlung, 3 Monate AU	Busfahrer	Verdickung der Strecksehne am Mittelfinger, Narben, geringe Gebrauchsbeeinträchtigung der linken Hand, Sensibilitätsstörungen	Kläger war als Busfahrer nicht mehr geeignet und musste im Betrieb umgesetzt werden; 70% Mithaftung	OLG Düsseldorf 28.5.2001 1 U 173/00 SP 2002, 415

● Mithaftung (siehe vorletzte Spalte)

Hand, Handgelenk, Finger | Urteile lfd. Nr. 976 – 980

Lfd. Nr.	Betrag DM **Euro** *(Anp.2019)*	Verletzung	Dauer und Umfang der Behandlung; Arbeitsunfähigkeit	Person des Verletzten	Dauerschaden	Besondere Umstände, die für die Entscheidungen maßgebend waren	Gericht, Datum der Entscheidung, Az., Veröffentlichung bzw. Einsender
	**Fortsetzung von »Hand, Handgelenk, Finger - Verletzungen Bänder, Sehnen, Muskeln u. Ä.«**						
976	€ 2500● + immat. Vorbehalt *(€ 2548)*	Großer Weichteildefekt am dorsalen Handrücken, Verletzung des Fingerstreckers D4 und Nervenläsion N9 durch Hundebiss	13 Tage stationäre Behandlung mit operativer Versorgung der Handverletzung und Transplantation von Haut vom Oberschenkel. Nach dem stationären Aufenthalt musste die Hand ambulant regelmäßig versorgt werden. Auch absolvierte die Klägerin bis zum Ende eine intensive Ergotherapie und musste zur Vermeidung einer Verklebung der Narben einen Kompressionshandschuh tragen	Frau	Kraft- und Bewegungseinschränkungen der rechten Hand (Rechtshänderin)	Der Senat bewertet das Mitverschulden der Klägerin mit 75%. Im Streitfall war zu berücksichtigen, dass die Klägerin erheblich verletzt worden ist, fast 2 Wochen stationär behandelt und zweimal operiert wurde, dass sie stark und mehrere Monate in ihrer Lebensführung eingeschränkt war und mit der erforderlichen Hauttransplantation ein Eingriff am davor nicht betroffenen Oberschenkel vorgenommen werden musste, der zudem schlecht heilte. Ferner war zu bedenken, dass die Verletzung nach wie vor nicht ausgeheilt ist und die Klägerin durch den Vorfall auch psychisch beeinträchtigt wurde. Unter Heranziehung von Vergleichsfällen (OLG Köln – 5 U 88/12; OLG Celle – 20 U 60/13; OLG Koblenz – 10 U 838/00; LG Heidelberg – 4 O 221/13) erachtet der Senat unter Berücksichtigung des deutlichen Verursachungsbeitrags der Klägerin ein Schmerzensgeld von € 2500 für angemessen	OLG München 12.12.2018 20 U 1474/18 juris
977	€ 3000 *(€ 3633)*	Verletzung des Bandapparates im rechten Handgelenk		Polizeihauptmeister	Fehlstellung bei den Handwurzelknochen mit Bewegungseinschränkung des Handgelenks um 20% beugeseitig und 10% streckseitig sowie einer Verminderung der groben Kraft, jedoch keine Einschränkung der Funktionstauglichkeit der Hand für normale Alltagstätigkeiten, wohl aber für schwere körperliche Arbeiten	Verletzung des Klägers bei einem Polizeieinsatz durch den alkoholisierten Beklagten; längere Zeit Schmerzen; erhebliche Beeinträchtigung der Lebensführung; über Monate besorgt, den Dienst im Vollzug der Polizei verrichten zu können; Verletzung durch den Beklagten zumindest bedingt vorsätzlich	LG Traunstein 1.6.2006 8 O 4303/05 RA Dr. Herzog, Rosenheim
978	8000 € 4000 *(€ 5589)*	Streckseitige Verletzung des rechten Unterarmes und Handgelenks mit Durchtrennung von vier Sehnen durch Schlag mit Fuchsschwanzsäge	5-stündige Operation; mehr als zwei Monate arbeitsunfähig	37-jähr. Mann	MdE: 10% wegen Minderung der groben Kraft sowie Bewegungseinschränkungen des Daumes und des Zeigefingers an der rechten Gebrauchshand	Zulasten des Beklagten muss sein zögerliches Verhalten bei den außergerichtlichen Regulierungsverhandlungen bewertet werden	AG Breisach 25.4.1996 2 C 10/96 RAe Dr. Schurig & Partner, Freiburg i. Br.
979	€ 4000 *(€ 4872)*	Teilweise Durchtrennung der Sehnen und der Nerven des linken Handgelenks	4 Wochen zu 100% arbeitsunfähig	Mann	Sichtbare Narbe sowie Gefühlsminderung an der linken Daumenwurzel	Kläger hat sich beim Reinigen einer Tapetenkleistermaschine an der linken Hand verletzt; Importeur des in großer Stückzahl aus China eingeführten Geräts hat nicht stichprobenartig untersucht, ob die Beschaffung den allgemein anerkannten Regeln der Technik entspricht	BGH 28.3.2006 VI ZR 46/05 VersR 2006, 710
980	€ 4800 + immat. Vorbehalt *(€ 5535)*	Kapseldehnung im rechten Daumensattelgelenk, Überdehnung der Muskeln und Gelenkbänder der HWS und BWS, multiple Prellungen	2 Wochen krankgeschrieben, auf die Dauer von 5 Monaten regelmäßig ein- bis zweimal pro Woche ärztliche Behandlung, anfangs Tragen einer Gipsschiene und anschließend einer Orthese	Frau		Noch nach 9 Monaten Gebrauchsminderung der rechten Hand von 10%; Klägerin hat mit dem Eintritt eines weiteren Schadens zu rechnen	OLG Braunschweig 4.12.2008 7 U 30/08 RAe Krause & Weiß, Braunschweig

Lfd. Nr.	Betrag DM **Euro** *(Anp.2019)*	Verletzung	Dauer und Umfang der Behandlung; Arbeitsunfähigkeit	Person des Verletzten	Dauerschaden	Besondere Umstände, die für die Entscheidungen maßgebend waren	Gericht, Datum der Entscheidung, Az., Veröffentlichung bzw. Einsender
Fortsetzung von »Hand, Handgelenk, Finger - Verletzungen Bänder, Sehnen, Muskeln u. Ä.«							
981	10 000 € 5000 *(€ 6499)*	Schnittverletzungen im Hohlhandbereich der rechten Hand mit Durchtrennung von Arterien, Sehnen und Nerven	1 Woche Krankenhaus, 2 Monate krankengymnastische Nachbehandlung mit Streckschiene, wobei Bewegungsfähigkeit der rechten Hand stark eingeschränkt war; nach Krankenhausentlassung Schulunfähigkeit von 80% für 1 Monat und von 50% für weitere 5 Wochen	14-jähr. Junge, zum Unfallzeitpunkt 9 Jahre alt	Missempfindungen, verminderte Berührungsempfindlichkeit und bis in die Fingerspitzen ausstrahlende Befindlichkeitsstörungen mit Einschränkung der Sensibilität der rechten Hand; Narbe; Schul- und anschließende Arbeitsunfähigkeit von 5%	Schadensursache war Explosion einer Coca-Cola Glasflasche; Kläger erlitt nach Eintritt des Unfalls schulische Nachteile; er musste inzwischen sein Hobby Keyboardspielen gänzlich und Judosport überwiegend aufgeben, da eine Kraftminderung von 50% im Seitenvergleich beider Hände sowie 25% beim Dreifingergriff kein kräftiges Zupacken mehr möglich machen; berücksichtigt sind bereits eventuell weitere Operationen zur Verbesserung der Berührungsempfindlichkeit im Bereich der Narbe	OLG Koblenz 11.5.2001 10 U 838/00 NJW-RR 2001, 1315
982	€ 6000 + immat. Vorbehalt *(€ 6949)*	Komplette distale Schädigung des Nervus medianus rechts		70-jähr. türkischer Staatsangehöriger, zum Urteilszeitpunkt 77 Jahre alt	Fingerkuppen des Zeigefingers und des Daumens der rechten Hand flacher und spitzer als auf der linken Seite, Kraftminderung rechts um 3/4 bis 1/2	Grober Behandlungsfehler anlässlich eines operativen Eingriffs zur Sanierung eines Karpaltunnelsyndroms; bei einem korrekten Vorgehen wären dem Kläger 7 Wochen postoperative Schmerzen und ein erneuter Krankenhausaufenthalt von 10 Tagen, mit neurologischer Untersuchung, Diagnostik und Schmerztherapie sowie eine Revisionsoperation während eines Tages erspart geblieben; Kläger ist in der Gestaltung seines täglichen Lebens nur in sehr geringem Umfang eingeschränkt	LG Köln 5.3.2008 25 O 479/04 RAe Steinert & Stephan, Köln
983	€ 6000 *(€ 6366)*	Riss des Handgelenkbandes und eine dadurch verursachte Fehlstellung des Mondbeines mit der (zwingenden) Folge der Aktivierung einer bis dahin stummen Arthrose		69-jähr. Mann	Bewegungseinschränkung der Hand	Das dem Kläger vom LG zuerkannte Schmerzensgeld von insgesamt € 6000 entspricht der Höhe nach der Senatsrechtsprechung in vergleichbaren Fällen. Sofern der Kläger meint, schon der Unfallhergang, nämlich die unstreitige Vorfahrtsverletzung durch den Beklagten zu 2), rechtfertige eine deutliche Erhöhung des Schmerzensgeldes unter dem Gesichtspunkt der Genugtuungsfunktion, folgt der Senat dem nicht. Regelmäßig spielt die Genugtuungsfunktion bei verkehrsunfallbedingten Verletzungen keine Rolle, auch hier ist weder grobe Fahrlässigkeit noch gar Vorsatz des Beklagten zu 2) erkennbar	Schleswig-Holsteinisches OLG 28.4.2016 7 U 160/14
984	€ 7000 + immat. Vorbehalt *(€ 8072)*	Tiefe Schnittwunde im rechten Handgelenk mit Durchtrennung des nervus medianus	3 Tage Krankenhaus mit Operation	23-jähr. Heizungsbauer	Medianusschädigung	Verletzung der Verkehrssicherungspflicht; Kläger rutschte in einer Discothek auf einer Lache Flüssigkeit aus, in der Glasscherben lagen; Kläger ist langfristig in seinem Beruf als Heizungsbauer nicht mehr einsetzbar	OLG Karlsruhe 3.4.2009 14 U 140/07

● Mithaftung (siehe vorletzte Spalte)

Hand, Handgelenk, Finger | Urteile lfd. Nr. 985 – 986

Lfd. Nr.	Betrag DM Euro (Anp.2019)	Verletzung	Dauer und Umfang der Behandlung; Arbeitsunfähigkeit	Person des Verletzten	Dauerschaden	Besondere Umstände, die für die Entscheidungen maßgebend waren	Gericht, Datum der Entscheidung, Az., Veröffentlichung bzw. Einsender
Fortsetzung von »Hand, Handgelenk, Finger - Verletzungen Bänder, Sehnen, Muskeln u. Ä.«							
985	€ 15 000 + immat. Vorbehalt (€ 17 166)	Versteifung des rechten Handgelenks nach Verletzung der Bandstrukturen des rechten Mittelhandknochens sowie Ellbogen-, Becken- und Steissbeinprellung	Insgesamt sechs operative Eingriffe	Frau	MdE: 25%	Verstoß gegen die Verkehrssicherungspflicht. Eingangsbereich zu einem Geschäftslokal war vereist. Glatteis bildete sich im Eingangsbereich zum Geschäft des Beklagten. Hier muss für die eintretenden Kunden bereits mit dem Betreten des überdachten Bereichs der Eindruck entstehen, dass sie den Schutzbereich der aufgesuchten Geschäftsräumlichkeiten betreten	LG Braunschweig 8.7.2008 7 O 3214/06 RA Koch, Erftstadt
986	60 000 € 30 000 (€ 41 756)	Schwere Unterarmverletzungen rechts durch brechende Ornamentsglastüre		11-jähr. Mädchen	Globale Durchblutung der rechten Hand gestört, Hauttemperatur der gesamten Hand herabgesetzt; Finger stehen in einer im Grundgelenk leicht überstreckten Krallenbildung, Mittelhandmuskulatur tief eingefallen, Daumenballen und Kleinfingerballen deutlich verschmächtigt; Funktion der Hand derart beeinträchtigt, dass Klägerin eine Visitenkarte zwischen Daumen und Zeigefinger im Spitzgriff nicht festhalten kann; kraftvoller Hakengriff mit der Hand nicht möglich; Beweglichkeit im Handgelenk stark eingeschränkt; Weichteildefekte am Unterarm und Narbenbildung bis über die Ellenbeuge	Lediglich leicht fahrlässiges Verhalten des Verkehrssicherungspflichtigen	OLG Koblenz 10.10.1996 5 U 138/95 NJWE-VHR 1997, 140

Weitere Urteile zur Rubrik »**Hand, Handgelenk, Finger - Verletzungen Bänder, Sehnen, Muskeln u. Ä.**« siehe auch:

bis € 2500: 1380, 219
bis € 5000: 959, 1116, 1878, 1462, 964, 915
bis € 12 500: 1465, 919, 1468, 1352, 721, 967, 926, 932
bis € 25 000: 75, 3184, 45
ab € 25 000: 132, 2818, 268, 328, 1134, 1152, 1483, 2981, 366, 3021

Hüfte

Lfd. Nr.	Betrag DM Euro (Anp.2019)	Verletzung	Dauer und Umfang der Behandlung; Arbeitsunfähigkeit	Person des Verletzten	Dauerschaden	Besondere Umstände, die für die Entscheidungen maßgebend waren	Gericht, Datum der Entscheidung, Az., Veröffentlichung bzw. Einsender
Hüfte							
987	€22500 (€23635)	Sturzverletzung wegen Verkehrssicherungspflichtverletzung (Verstoß gegen Streu- und Räumpflicht): Luxation eines Hüftgelenks mit Komplikationen im Heilungsverlauf	Insg. 6 bis 8 Wochen; Implantationen künstlicher Hüftgelenke, Hüftpfannenimplantation	Frau	Anhaltende Schmerzen des linken Beines	Das vom LG zuerkannte Gesamtschmerzensgeld von €22500 ist einerseits erforderlich, andererseits aber auch angemessen und ausreichend. Neben der Erstluxation und den folgenden vier weiteren Spontanluxationen, die jeweils unter Kurznarkose eine Reposition erforderten, hat sich die Klägerin während zweier stationärer Krankenhausaufenthalte der Implantation einer Hüftpfanne und sodann im Jahre 2013 dem Wechsel des Implantats unterziehen müssen. Den Implantationen der künstlichen Hüftgelenke schlossen sich jeweils mehrwöchige Anschlussheilbehandlungen an. Während dieser Zeit, aber auch noch im Anschluss daran, hat sich die Klägerin jeweils insgesamt über einen Zeitraum von 6 bis 8 Wochen Behandlungen unterziehen müssen. Die Hüftpfannenimplantation war erfolgreich. Im Zeitpunkt der Begutachtung durch den Sachverständigen zeigte sich bei etwas eingeschränkter Außenrotation eine hervorragende Beweglichkeit der Hüfte, die im Mittel die bei jungen Erwachsenen anzutreffenden Verhältnisse deutlich übertrifft. Das Muskelrelief ist vollkommen seitengleich. Die von der Klägerin beschriebene Unsicherheit beim Gehen und die Einschränkungen der Geh- und Stehfähigkeit sind nach den Ausführungen des Sachverständigen unfallbedingt passager gewesen und auf einen Zeitraum von bis zu 3 Monaten nach jeder Operation und von bis zu 8 Wochen nach jeder Luxation beschränkt gewesen	OLG Hamm 26.7.2016 9 U 133/15 juris

Weitere Urteile zur Rubrik »**Hüfte**« siehe auch:

bis €12500: 2343
ab €25000: 2402, 2427, 2298

Hüfte - Bruch

| 988 | €3000 + immat. Vorbehalt (€3444) | Hüftfraktur rechts | 10 Tage stationärer Aufenthalt, 12 Wochen keine Belastung, 6 Monate AU zu 100%, Reha | Radfahrer | | Unfall bei Radrennen auf abgesperrter Strecke. Kläger blieb an einem rot-weißen, nicht gesicherten Pfosten hängen und überschlug sich. Der Haftungsausschluss für Gesundheits- und Sachschäden in den AGB wegen grober Fahrlässigkeit ist unzulässig. Vorliegend bejahte das Gericht grobe Fahrlässigkeit des Veranstalters | AG Gießen 22.8.2008 49 C 973/08 bestätigt durch LG Gießen 6.3.2009 1 S 284/08 |

● Mithaftung (siehe vorletzte Spalte)

Hüfte

Urteile lfd. Nr. 989 – 992

Lfd. Nr.	Betrag DM Euro (Anp.2019)	Verletzung	Dauer und Umfang der Behandlung; Arbeitsunfähigkeit	Person des Verletzten	Dauerschaden	Besondere Umstände, die für die Entscheidungen maßgebend waren	Gericht, Datum der Entscheidung, Az., Veröffentlichung bzw. Einsender
	Fortsetzung von »Hüfte - Bruch«						
989	€ 4500 ● + immat. Vorbehalt (€ 4978)	Spaltberstungsbruch des Beckenwirbelknochens 12 mit Hinterkantenbeteiligung nach Kollision einer vorschriftswidrig auf dem linken Fahrradweg fahrenden Fahrradfahrerin mit einem Pkw an einer Einmündung	9 Tage stationäre Behandlung; insgesamt 9 Tage AU zu 100%, 6 Monate AU zu 50%, 6 1/2 Monate AU zu 20% und für die Zeit danach 10%	Frau		Zwar hat das LG die Ausgangsforderung der Klägerin einfach um die von ihm angenommene Mithaftungsquote von 50% reduziert. Schmerzensgeld ist aber auf der Basis einer Gesamtbewertung aller Umstände zu bestimmen, wobei eine Mithaftung lediglich einen Gesichtspunkt bildet. Es sind allerdings keine gravierenden Gründe erkennbar, die gegen das Ergebnis sprechen	OLG Naumburg 8.12.2011 1 U 74/11 NZV 2012, 180
990	€ 5000 ● (€ 5503)	Acetabulumfraktur links, partielle Innenbandruptur im linken Kniegelenk, degenerative Außenmeniskusschädigungen des linken Kniegelenks	2 Wochen stationäre Behandlung, anschließend 3 Wochen stationäre Reha, insgesamt 3 1/2 Monate AU zu 100%	42-jähr. Frau		50% Mithaftung (Skiunfall)	LG Deggendorf 16.2.2012 31 O 527/11 RAe Dr. Dittrich & Dittrich, Bad Kötzting
991	€ 12 500 (€ 15 508)	Hüftgelenkoberschenkelfraktur rechts, Rippenbrüche im Bereich der Rippen 4 bis 9 links sowie Kopfplatzwunde	Ca. 3 1/2 Wochen stationär, anschließend 3 Wochen Reha, 4 1/3 Monate arbeitsunfähig	Baggerfahrer	MdE: 10%	Verblieben sind unfallbedingte Narben im Bereich des linken Oberschenkels und der linken Brustkorbseite, jedoch ohne Funktionsbehinderungen. Da bisher noch nicht hinreichend sicher feststeht, dass mit einer unfallbedingten Verschleißerkrankung im Bereich des rechten Hüftgelenks in absehbarer Zeit zu rechnen ist und ob nach einigen Jahren starke unfallbedingte Funktionsstörungen im Bereich des linken Beins objektivierbar sind, hat das LG solche Verletzungsfolgen vorerst bei der Bemessung des Schmerzensgeldes ausgeklammert	LG Münster 9.2.2005 10 O 321/04 OLG Hamm 9.3.2006 6 U 48/05 RAe Tilgner & Kollegen, Bocholt
992	€ 14 000 ● (€ 14 562)	Beckenfraktur und Verletzungen am Ellenbogen	Stationäre Krankenhaus- und anschließende stationäre Rehabilitationsbehandlung; 8 Wochen fast völlig immobil; danach eingeschränkte Mobilität, bei der sich die Klägerin im Krankenhaus bewegen konnte. Sie war auf Gehstützen angewiesen. Die Verletzung der Klägerin am Ellenbogen musste zudem operativ versorgt werden	86-jähr. Frau		Diese erheblichen Beeinträchtigungen rechtfertigen ein hohes Schmerzensgeld. Insbesondere die lang andauernde Bettlägerigkeit beeinträchtigte die Lebensqualität der Klägerin offenkundig ganz erheblich. Der Senat hält unter Berücksichtigung eines Mitverschuldens von einem Drittel für die streitgegenständlichen knapp 7 Monate nach dem Unfall ein Schmerzensgeld von € 14 000 für gerechtfertigt	Schleswig-Holsteinisches OLG 22.6.2017 11 U 109/16 juris; ZMR 2018, 285

Lfd. Nr.	Betrag DM **Euro** *(Anp.2019)*	Verletzung	Dauer und Umfang der Behandlung; Arbeitsunfähigkeit	Person des Verletzten	Dauerschaden	Besondere Umstände, die für die Entscheidungen maßgebend waren	Gericht, Datum der Entscheidung, Az., Veröffentlichung bzw. Einsender
\multicolumn{8}{l}{Fortsetzung von »Hüfte - Bruch«}							
993	€ 15 000 + immat. Vorbehalt *(€ 17 092)*	Schaftbruch eine Hüftprothese sowie 2 folgende Operationen aufgrund von minderwertigem Material		43-jähr. Mann		Der Kläger erhielt im Rahmen einer Hüftgelenks OP bei der Beklagten zu 1) die durch den Beklagten zu 2) durchgeführt wurde, ein sog. Hüft-TEP. Die OP verlief problemlos und der Kläger erhielt einen Patientenpass mit den Prothesendaten. Dem Kläger brach 2001 der zur Hüftprothese gehörende Geradschaft. Die in der OP (in einem anderen Krankenhaus) zu ersetzenden und von der Beklagten zu 1) gelieferten Inlays waren jedoch nicht mit der Schraubenpfanne kompatibel, sodass wenige Tage nach der OP das Inlay riss und dadurch eine erneute Operation erforderlich wurde. Die Beklagte zu 1) hat einen mangelhaften minderwertigen Geradschaft erworben und durch den Beklagten zu 2) implantieren lassen. Durch fehlerhafte Angaben im Patientenpass wurde die Rechtsverfolgung und damit ein früherer Ersatz der immaterieller Schäden des Klägers erschwert. Eine Endoprothesenwechsel ist wahrscheinlicher geworden, da die Haltbarkeit bei ca. 15 Jahren liegt. Es muss allerdings auch berücksichtigt werden, dass die Prothese gut 5 ½ Jahre ohne Beanstandung funktionierte, ebenso wenig ist die Grunderkrankung der Beklagten anzulasten. Dass der Kläger davon abgesehen seine produkthaftungsrechtlichen Ansprüchen gegen den Hersteller der fehlerhaften Prothese weiterverfolgt, kann der Beklagten ebenfalls nicht zugerechnet werden. Haften musste letzten Endes nur die Beklagte zu 1)	OLG Frankfurt am Main 20.4.2010 8 U 187/08 RiOLG Stefan Göhre, Frankfurt am Main
994	€ 15 000 + immat. Vorbehalt *(€ 16 107)*	Entschädigung wegen Reisebeeinträchtigung aufgrund eines vom Veranstalter zu vertretenden Reiseunfalls (Kamelritt). Der Kläger hat durch seinen Sturz auf den Metallbügel (Sattel) des Kamels einen Beckenbruch mit einer Symphysen-Sprengung und ISG-Fugen-Sprengung links erlitten	ORIF Plattenosteosynthese nach Transport nach Deutschland mit ca. 3-wöchigem stationären Aufenthalt; danach ca. 3 Wochen Reha. Eine weitere Operation, wegen Schmerzen in der rechten Leiste und Verdacht einer Leistenhernie, fand später im Krankenhaus statt. Zusätzlich wurde bei einer Operation die Blase des Klägers beschädigt. Transinguinale präperitoneale Hernioplastik	Mann	Blasenschädigung, Bewegungsbeeinträchtigung	Unter Berücksichtigung dieser durch den Unfall erlittenen schwerwiegenden Verletzungen des Klägers mit sich anschließenden zahlreichen ambulanten und stationären Behandlungen und den damit verbundenen Komplikationen (Sepsis, Eitererreger) und der bei dem Kläger verbleibenden andauernden Beeinträchtigungen, insb. im Bereich der Blase, sieht der Senat den ausgeurteilten Schmerzensgeldbetrag von € 15 000 als angemessen an. Der ausgeurteilte Schmerzensgeldbetrag von € 15 000 hält sich auch im Rahmen desjenigen, was von der Rechtsprechung in vergleichbaren Fällen dem jeweiligen Verletzten zuerkannt worden ist (s. hierzu u. a. Hacks/Wellner/Häcker, Schmerzensgeldbeträge 2015, 33. Aufl., lfd. Nrn. 129, 131, 132, 133, 134)	OLG Koblenz 4.11.2013 12 U 1296/12 juris; NJW-RR 2014, 237

● Mithaftung (siehe vorletzte Spalte)

Hüfte

Urteile lfd. Nr. 995 – 997

Lfd. Nr.	Betrag DM **Euro** *(Anp.2019)*	Verletzung	Dauer und Umfang der Behandlung; Arbeitsunfähigkeit	Person des Verletzten	Dauerschaden	Besondere Umstände, die für die Entscheidungen maßgebend waren	Gericht, Datum der Entscheidung, Az., Veröffentlichung bzw. Einsender

Fortsetzung von »Hüfte - Bruch«

Lfd. Nr.	Betrag	Verletzung	Dauer und Umfang	Person	Dauerschaden	Besondere Umstände	Gericht
995	€ 16 000 + immat. Vorbehalt *(€ 20547)*	Schädelhirntrauma 1. Grades mit Risswunden im Bereich des linken äußeren Gehörgangs, HWS-Verstauchung, handgelenksnahe Speichenfraktur rechts, Ausrenkung der linken Hüfte mit Bruch der Gelenkpfanne, Prellungen, Schürfungen und Risswunden am rechten Unterschenkel und Fuß, posttraumatisches Belastungssyndrom und depressive Störung	MdE: 4 Wochen 100% 1 Monat 80% 2 Monate 70% Belastungssyndrom und depressive Störung waren ca. 1 1/2 Jahre nach dem Unfall ausgeheilt, bis dahin nur eingeschränkt arbeitsfähig	Mann	Funktionseinschränkung rechter Arm und linkes Bein; Beeinträchtigung der normalen körperlichen und geistigen Leistungsfähigkeit i.H.v. 25% aus unfallchirurgischer Sicht	Erheblicher Fahrlässigkeitsvorwurf, der schmerzensgelderhöhend wirken muss; Belastungssyndrom zeigte sich darin, dass dem Kläger immer wieder und für ihn nicht steuerbar „wie in einem Film" Szenen aus dem Unfall ins Gedächtnis gerufen wurden; die depressive Störung musste 10 Monate lang mit schweren Psychopharmaka behandelt werden, Einschlaf- und Durchschlafstörungen während dieser Zeit; Gericht hat das Schmerzensgeld unterteilt in € 13 000 für die physischen Beeinträchtigungen und € 3000 für die psychischen Unfallfolgen; immat. Vorbehalt, da mit vorzeitigem Verschleiß des Hüftgelenks zu rechnen ist	LG Stralsund 4.9.2002 5 a O 95/98 RA Dr. Burmann, Erfurt
996	€ 20 000● + immat. Vorbehalt *(€ 24 386)*	Bruch der Hüftgelenkspfanne rechts mit Peronäuslähmung, Handlenksfraktur rechts, Tibiakopffraktur rechts, Distorsion im Bereich des rechten oberen Sprunggelenks	4 Wochen Krankenhaus, nach 2 Monaten nochmals 4 Tage Krankenhaus zur Implantatentfernung; 4 Monate auf Achselgehstützen angewiesen; langmonatige Krankengymnastik und Elektrotherapie	Junger Konstrukteur	Gebrauchsminderung der rechten Hüfte und des rechten Beines, Fußheberschwäche rechts, erhebliche Bewegungseinschränkung des rechten Handgelenks; GdB von 30%	Mithaftung von 25%; erhebliche Beeinträchtigung der beruflichen Einsatzmöglichkeiten	LG Saarbrücken 8.12.2005 1 O 446/03 RAe Gebhardt & Koll., Homburg
997	€ 20 000● + immat. Vorbehalt *(€ 21 476)*	Verkehrsunfall eines Rollerfahrers: Bruch der Hüfte unter Fraktur des lateralen Schenkelhalses, der in Einstauchung verheilt ist	Stationäre Behandlung und ambulante Reha; MdE von 25% mit einem Zukunftsrisiko einer MdE von 30%	43-jähr. Mann	Beinverkürzung von derzeit 1 cm, endphasige Funktionseinschränkungen im rechten Hüftgelenk, weshalb der Betroffene zum einen ein Verkürzungshinken als auch ein Duchenne-Hinken bei Schwäche der hüftumgreifenden Muskulatur rechts zeigt	Unter Berücksichtigung dieser Verletzungen und Folgebeschwerden und im Hinblick darauf, dass der Kläger im Unfallzeitpunkt erst 43 Jahre alt war und deshalb unter diesen Unfallfolgen noch Jahrzehnte zu leiden hat, hält der Senat auf der Grundlage einer Haftungsverteilung von 70 zu 30 zugunsten des Klägers ein Schmerzensgeld von € 20 000 für sachgerecht. Dieser Betrag fügt sich auch in die in der Rspr. für vergleichbare Verletzungen ausgeurteilte Größenordnungen ein	OLG München 13.9.2013 10 U 1919/12 juris; NJW-Spezial 2013, 651

Lfd. Nr.	Betrag DM Euro (Anp.2019)	Verletzung	Dauer und Umfang der Behandlung; Arbeitsunfähigkeit	Person des Verletzten	Dauerschaden	Besondere Umstände, die für die Entscheidungen maßgebend waren	Gericht, Datum der Entscheidung, Az., Veröffentlichung bzw. Einsender
Fortsetzung von »Hüfte - Bruch«							
998	€ 21 000 ● + immat. Vorbehalt *(€ 22 213)*	Beckenbruch mit Verletzung der Harnröhre, Bruch zweier Lenden- und zweier Brustwirbel	Kläger wurde während eines dreiwöchigen stationären Aufenthalts zweimal operiert und war auch nach den anschließenden sechswöchigen Anschlussheilbehandlungen nur eingeschränkt gehfähig. Erwerbsfähigkeit zunächst um 20%, danach dauerhaft um 10% gemindert. Da er keine Lasten über 12 kg mehr heben darf, ist er für die Tätigkeit als Bauarbeiter bei einem Abbruchunternehmen berufsunfähig	50-jähr. Mann	Gehfähigkeit eingeschränkt, Rückenschmerzen	Bei der Schmerzensgeldbemessung für die unstreitigen Verletzungen sehen das Gericht wie auch der Kläger € 35 000 im Ausgangspunkt für die erlittenen Verletzungen als angemessen und genügend an. Die erheblichen Verletzungen des Klägers sind – vergleichsweise – gut und zügig, wenn auch nicht ganz ohne bleibende Beeinträchtigungen geheilt. Der Kläger war mit 50 Jahren nicht mehr ganz jung. Die schwere körperliche Arbeit eines Bauarbeiters auf einer Abbruchbaustelle wird selten bis zum 65. Lebensjahr durchgehalten. Die Mitverschuldensquote von 30% ist zwar nicht summarisch als Abzugsposten zu berücksichtigen, sondern als ein Faktor in die für die Schmerzensgeldzumessung erforderliche Gesamtabwägung einzustellen. Auch danach ist aber, auch unter Berücksichtigung der gestörten Gesamtschuld, ein Schmerzensgeld i.H.v. € 21 000 zuzusprechen	OLG Karlsruhe 1.9.2015 7 U 15/15
999	50 000 € 25 000 *(€ 32 418)*	Acetabulumfraktur links mit Hüftgelenksluxation, Kniegelenksverdrehtrauma mit lateraler Schienbeinkopffraktur, Fraktur des unteren Kniescheibenpols, Ausriss des hinteren Kreuzbandes, Riss des medialen Kollateralbandes	3 Wochen Krankenhaus, anschließend 4 Wochen stationäre Reha, ambulante Weiterbehandlung durch Psychotherapeut, 3 ½ Monate arbeitsunfähig	Justizvollzugsbeamter	20%	Bewegungsbehinderung im linken Hüftgelenk, in dem die eingesetzten Implantate noch liegen; es liegt bereits eine mittelschwere posttraumatische Arthrose vor. Mit einer Besserung der Unfallbeschwerden ist nicht mehr zu rechnen; es ist vielmehr davon auszugehen, dass mittelfristig der Einsatz einer Hüftgelenksendoprothese erforderlich wird, falls die arthrotischen Veränderungen weiter fortschreiten. Urteil entspricht dem Klageantrag	LG München I 19.7.2001 19 O 207/01 VorsRiLG Krumbholz
1000	€ 25 000 *(€ 30 944)*	Verschobener Bruch der Hüftgelenkspfanne rechts, Rippenserienfraktur links der 4. – 8. Rippe, multiple schwere Prellungen an beiden Knien, am linken Unterarm und der linken Hand, commotio cerebri	4 Wochen Krankenhaus, anschließend 7 Wochen Reha, 4 Monate arbeitsunfähig	Frau	Beweglichkeit des rechten Hüftgelenks eingeschränkt, belastungsabhängige Beschwerden; Einschränkung bei Tätigkeiten, die überwiegend im Stehen oder Gehen zu verrichten und die mit dem häufigen oder überwiegenden Heben und Tragen von Lasten verbunden sind usw.	Berücksichtigt ist die Möglichkeit, dass die unfallbedingten degenerativen Veränderungen am Hüftgelenk (Arthrose) soweit fortschreiten, dass die Notwendigkeit eines künstlichen Hüftgelenks besteht	LG Saarbrücken 14.4.2005 14 O 118/02 RAe Gebhardt & Koll., Homburg
1001	50 000 € 25 000 + immat. Vorbehalt *(€ 33 396)*	Verrenkungsbruch des linken Hüftgelenks, wobei das gesamte Hüftgelenk aus dem Becken herausgebrochen ist und nach innen ins Becken verschoben wurde; Frakturen des Beckenrings mit damit verbundener Instabilität des Beckens, Beckenschaufelfraktur	Äußerst schwierige und ausgedehnte Operation, Intensivstation, 5 Wochen Reha; monatelange AU	Frau	Schmerzen im Narben-, Becken- und Beinbereich links, Beinlängendifferenz von 1 cm, neurologische Störungen im Bereich des linken Oberschenkels, Störungen des Gangbildes und der Belastbarkeit	Wegen Mithaftung von 50% wurde lediglich ein Betrag von DM 25 000 (€ 12 500) zugesprochen; immat. Vorbehalt erstreckt sich lediglich auf eine unfallbedingte Verschlechterung des Gesundheitszustandes nach der letzten mündlichen Verhandlung	KG Berlin 9.4.2000 12 U 8410/99 NZV 2001, 426

● Mithaftung (siehe vorletzte Spalte)

Hüfte

Lfd. Nr.	Betrag DM Euro (Anp.2019)	Verletzung	Dauer und Umfang der Behandlung; Arbeitsunfähigkeit	Person des Verletzten	Dauerschaden	Besondere Umstände, die für die Entscheidungen maßgebend waren	Gericht, Datum der Entscheidung, Az., Veröffentlichung bzw. Einsender

Fortsetzung von »Hüfte - Bruch«

Lfd. Nr.	Betrag	Verletzung	Dauer/Behandlung	Person	Dauerschaden	Besondere Umstände	Gericht
1002	€ 30 000 + immat. Vorbehalt (€ 34 518)	Hüftpfannenfraktur links, Kniescheibenfraktur links	3 1/2 Wochen Krankenhaus mit operativer Erstversorgung mittels geschlossener Reposition des Hüftgelenks, Osteosynthese; anschließend ambulante Behandlung und Krankengymnastik	50-jähr. Mann	Mäßiggradige Bewegungseinschränkung des linken Hüftgelenks, leichtgradige Bewegungseinschränkung des linken Kniegelenks, Muskelminderung Ober- und Unterschenkel, Narben am linken Hüft- und Kniegelenk, Arthrose im linken Hüftgelenk, leichtgradige Arthrose retropatellar links; keine Minderung der Erwerbsfähigkeit	Möglicherweise Implantation eines künstlichen Hüftgelenks und eines künstlichen Kniegelenks; es steht noch die Entfernung des Osteosynthesematerials aus; beim Transport ist Hüftgelenk teilweise aus der Gelenkpfanne gesprungen mit der Folge, dass Oberschenkelknochen zur Anlegung eines Streckverbandes zweimal angebohrt werden musste; Beeinträchtigung bei der Sportausübung; nach 7 Jahren noch Schmerzen	OLG Stuttgart 21.10.2009 3 U 86/09 SP 2010, 150
1003	60 000 ● € 30 000 + immat. Vorbehalt (€ 42 423)	Hüftluxationsfraktur rechts mit T-förmiger Pfannenfraktur; Fraktur des vorderen und hinteren Pfannenpfeilers; Impressionsfraktur des Hüftkopfes und Hämatom mit intraabdomineller Ausdehnung	Ca. 3 1/2 Monate stationär mit mehreren Operationen. Es entwickelte sich eine Coxarthrose. Die Klägerin war eine Zeit lang auf einen Rollstuhl und anschließend auf Krücken angewiesen	Frau	Erheblich	1/3 Mithaftung Einsatz einer Totalendoprothese rechts; mit einer weiteren Hüftoperation ist zu rechnen	OLG München 2.6.1995 10 U 5540/94 RAe Walter Lechner & Koll., München
1004	70 000 € 35 000 + immat. Vorbehalt (€ 46 755)	Dislozierte Hüftpfannenrandfraktur links mit deutlicher Subluxation des Hüftkopfes, Radiusfraktur links, Rippenserienfraktur 5–10 rechts; Thrombophlebitis am linken Unterarm; multiple Schnittwunden	7 Wochen Krankenhaus mit Operation des verletzten Hüftgelenks (Entfernung von Knorpelfragmenten) mit Fixation des hinteren Pfannenfragments; nach 3 Monaten 4 Wochen Reha; nach weiteren 6 Monaten aufgrund einer Thromboseneigung Therapie mit Marcumar; 7 Monate arbeitsunfähig	36-jähr. Mann (Sicherheitsfachkraft)	Beeinträchtigungen im Hüftgelenk; MdE: 20%	Infolge Coxarthrose mit späterem Einsetzen eines künstlichen Hüftgelenks zu rechnen; weitere Verschlechterungen nicht auszuschließen	OLG München 21.1.2000 10 U 2808/99 Berufungsurteil zu LG München II 13 O 2723/98 RAe Kupferschmid, Hugger & Koll., Schrobenhausen
1005	€ 40 000 (€ 45 579)	Verschobener Hüftknochenbruch rechts, Stirnplatzwunde, multiple Prellungen am Schädel und Thorax	1 Operation, 2 Wochen stationärer Aufenthalt, anschließend 1 Monat stationäre Reha, 5 Monate MdE zu 100%, 6 1/2 Monate MdE zu 30%	39-jähr. Mann	MdE zu 20%, Beinlängendifferenz rechts 1 cm, 18 cm lange Narbe am Oberschenkel	Aufgrund dessen, dass der Hüftknochen nicht zu erhalten war wurde dem Kläger eine Hüftprothese eingesetzt	LG Köln 2.3.2010 18 O 558/08 RA Koch, Erftstadt
1006	€ 40 000 (€ 45 143)	Mehrfachfraktur des linken Acetabulums, Commotio cerebri, stumpfes Bauchtrauma mit Pankreaskontusion, posttraumatische Früharthrose, Schlafstörungen, posttraumatische Belastungsstörung, mittelgradige depressive Episode	23 Tage stationärer Aufenthalt mit anschließender Reha von 28 Tagen, 11 Monate MdE zu 100%	Mann, Dreher	Narben, berufsspezifische MdE 15%, allgemeine MdE 10%, Behinderungsgrad 20%, mittelgradige depressive Episoden	Kläger hat massive Einschränkung im Privatleben, insb. durch die unfallkausalen erheblichen Frakturen sowie Beeinträchtigung der täglichen Lebensführung; schmerzensgelderhöhend wirkt sich das grob fahrlässige Verhalten des Unfallgegners aus	OLG Bamberg 7.12.2010 5 U 150/10 RA Schauer, Schweinfurt

● Mithaftung (siehe vorletzte Spalte)

Lfd. Nr.	Betrag DM Euro (Anp.2019)	Verletzung	Dauer und Umfang der Behandlung; Arbeitsunfähigkeit	Person des Verletzten	Dauerschaden	Besondere Umstände, die für die Entscheidungen maßgebend waren	Gericht, Datum der Entscheidung, Az., Veröffentlichung bzw. Einsender
\multicolumn{8}{l}{Fortsetzung von »Hüfte - Bruch«}							
1007	80 000 € 40 000 + immat. Vorbehalt (€ 55 895)	Perforation der Gelenkfläche des Hüftkopfs durch zu tief eingebrachte Spongiosaschrauben	Postoperative Revisionsoperation	15-jähr. Jugendlicher	Erhebliche Beeinträchtigung der Beweglichkeit des Hüftgelenks, ständig intermittierende Schmerzen bei längerem Stehen und Sitzen	Ärztlicher Behandlungsfehler in Form unzureichender Kontrolle des Schraubensitzes; Kläger kann nicht mehr wie zuvor Tischtennis und Squash spielen, Einschränkungen in der Freizeit und im sozialen Bereich infolge der Gehbehinderung; Kläger muss mit vorzeitiger Coxarthrose rechnen, die nicht vom Schmerzensgeld erfasst ist, was eine psychische Belastung darstellt	OLG Hamm 22.4.1996 3 U 95/95 VersR 1997, 1359
1008	€ 43 500 + immat. Vorbehalt (€ 48 475)	Hüftgelenksluxation links mit Ausbruch des dorsalen Hüftpfannenrandes, Oberarmschaftfraktur links mit primärer Radialis-Parese, Mehrfragmentfraktur des zweiten Mittelfußknochens links, Commotio cerebri, Kieferfraktur links, Zungenbisswunde, HWS/BWS Schleudertrauma, multiple Prellungen	11 Wochen stationäre Behandlung, zahlreiche chirurgische Eingriffe, 1 Jahr AU zu 100%	18-jähr. Mann, Kfz-Mechaniker	MdE 60%, chronifiziertes Schmerzsyndrom für die linke Körperhälfte	Bei der Bemessung des Schmerzensgeldes hat das Gericht insbesondere den Berufswechsel zum Elektroniker sowie die ungebührende Verzögerung der Versicherung bei der Schadensregulierung berücksichtigt. Der Verkehrsunfall ereignete sich 1984. In diesem anhängigen Verfahren wurde lediglich ein Schmerzensgeld iHv weiteren € 25 000 zugesprochen und eine Erhöhung der MdE von 40 auf 60% festgestellt. Trotz der zuvor außergerichtlich geschlossenen Abfindungserklärung, konnte jedoch über die Öffnungsklausel hinsichtlich sämtlicher materiellen und immat. Schäden bezüglich der Oberarm- und Hüftverletzung der Prozess überhaupt geführt werden	LG Köln 08.07.2011 7 O 424/04 RAe Meinecke & Meinecke, Köln
●1009	€ 51 129 (€ 67 036)	Acetabulumtrümmerfraktur links, 1.-gradig offene Olekranontrümmerfraktur und Abriss des Epikondylus humeri radialis links, komplette Unterarmstückfraktur rechts, Innenknöchelfraktur links, Fraktur der 11. und 12. Rippe rechts sowie eine nicht dislozierte Nasenbeinfraktur	Sieben stationäre Krankenhausaufenthalte mit mehreren Operationen, insgesamt 30 Wochen; mehr als 1 ½ Jahre arbeitsunfähig	46-jähr. Außendienstmitarbeiter	MdE: 30%	Einsatz eines künstlichen Hüftgelenks war notwendig. Bei weiterer Verschlechterung der Schmerzsymptomatik im Bereich des Hüftgelenks wird ein Wechsel des Hüftgelenksschafts als erforderlich angesehen. Außerdem bestehen dauerhafte Bewegungseinschränkungen im Bereich des linken Ellbogens	OLG Frankfurt am Main 22.2.2001 3 U 13/00 RAe und Notare Koch, Dr. Koch & Koll., Grünberg
●1010	€ 55 000 (€ 59 969)	Beckenkomplexverletzung mit Fraktur sowie eine Oberschenkel- und Felsenbeinfraktur durch Verkehrsunfall		17-jähr. Mann	An den körperlichen und seelischen Folgen des Unfalls leidet der Kläger auch weiterhin; GdB 70%	Die Beklagte zahlte dem Kläger ein Schmerzensgeld in Höhe € 55 000	OLG Frankfurt am Main 22.8.2012 4 U 35/12 juris
●1011	€ 60 000 (€ 74 877)	Luxationsfraktur im rechten Hüftgelenk, multiple Schnittverletzungen und Schürfwunden	Innerhalb von 9 Monaten nach dem Unfall 3 Operationen, u. a. Einsetzen einer Pfannenrandplastik und später eines kompletten Hüftgelenks	25-jähr. Altenpfleger	Läsion des Ischiasnervs links, die zu einer Fußheberschwäche im linken Fuß geführt hat	Kläger schulte zum Bürokaufmann um; wegen Mithaftung von 40% wurde dem Kläger lediglich ein Schmerzensgeld von € 36 000 zugesprochen	LG Saarbrücken 29.10.2004 12 O 366/01 RA Gebhardt, Homburg

● Mithaftung (siehe vorletzte Spalte)

Hüfte   Urteile lfd. Nr. 1012 – 1017

Lfd. Nr.	Betrag DM Euro (Anp.2019)	Verletzung	Dauer und Umfang der Behandlung; Arbeitsunfähigkeit	Person des Verletzten	Dauerschaden	Besondere Umstände, die für die Entscheidungen maßgebend waren	Gericht, Datum der Entscheidung, Az., Veröffentlichung bzw. Einsender

Fortsetzung von »Hüfte - Bruch«

| 1012 | € 90 000 (€ 105 264) | Schlüsselbeinbruch rechts, Lungenkontusion mit Hämatom-Pneumothorax rechts, Milzruptur, komplexe Beckenverletzung, Hüftluxationsfraktur mit Beteiligung der Hüftgelenkspfanne, Darmbeinbruch, Scham- und Sitzbeinbruch sowie Schädigung des lumbosakralen Nervengeflechts | Vier Operationen, zahlreiche Krankenhausaufenthalte von insgesamt 19 Wochen | 19-jähr. Schüler | Verlust der Milz, Gang- und Haltungsstörungen, sekundäre Seitenverbiegung der Wirbelsäule, mäßiggrade Bewegungseinschränkung im rechten Hüftgelenk, Absinken des Beckens beim Einbeinstand mit Folge eines hinkenden Gangbildes, Narben am Brustkorb, an der Bauchdecke, am Hüftgelenk, am Oberschenkel; MdE: 60% | Implantierung eines künstlichen Hüftgelenks war notwendig. Mit hoher Wahrscheinlichkeit ist eine erneute Hüftgelenksoperation notwendig, gegebenenfalls sogar die erneute Implantation einer Hüftprothese. Posttraumatisches Belastungssyndrom. Ein Schuljahr musste wiederholt werden | LG Duisburg 7.1.2008 2 O 469/04 SP 2008, 362 RA Koch, Erftstadt |

Weitere Urteile zur Rubrik »**Hüfte - Bruch**« siehe auch:
bis € 25 000: 263, 1023, 2941, 130
ab € 25 000: 2948, 83, 1371, 135, 332, 196, 198, 417, 335, 504, 423, 1029, 426, 1557, 739, 1438, 2980, 2982, 1440, 2424, 1443, 3001, 3004, 366, 3012, 3018, 1377, 2006

Hüfte - Sonstige Verletzungen

1013	€ 800 (€ 840)	Hüftprellung mit großem oberflächlichen Bluterguss, Schürfwunden, leichte oberflächliche Verletzungen		Mann		Vorsätzliche Körperverletzung durch den Beklagten. Der Kläger stürzte auf der Flucht vor dem mit einem Pfefferspray bestückten Beklagten, der diesen schon früher vom Grundstück „verfolgte" (Herausforderungsfall). Das zuvor vom Beklagten verhängte Hausverbot war unwirksam	AG München 22.12.2016 173 C 15615/16 Rechtsprechungsdatenbank Bayern
1014	€ 1000 (€ 1078)	Verkehrsunfallbedingte leichte Distorsion der Halswirbelsäule sowie des linken Hüftgelenks; Muskelprellung	6 Wochen	Mann		Nach den zutreffenden Feststellungen im angefochtenen Urteil sind die immateriellen Beeinträchtigungen, unter welchen der Kl. unfallbedingt wegen allenfalls leichter Distorsionsschädigungen der Halswirbelsäule und des linken Hüftgelenks nebst einer Prellung etwa 1 ½ Monate nach dem Unfalldatum zu leiden hatte, unter Berücksichtigung der gem. § 253 Abs. 2 BGB maßgeblichen Zumessungsfaktoren durch die vorprozessuale Schmerzensgeldzahlung des Bekl. i.H.v. € 1000 angemessen abgegolten	OLG Düsseldorf 27.1.2015 I-1 U 36/14 juris
1015	4000 € 2000 (€ 2597)	Verzögerung einer erforderlichen Implantation eines neuen Hüftgelenks um ca. 6 Monate wegen einer fehlerhaften Interpretation von CT-Aufnahmen		Mann		Kein grober ärztlicher Behandlungsfehler; erhebliche Bewegungseinschränkungen mit sich verschlechterndem Gangbild, starke Schmerzen und umfangreiche Behandlungsmaßnahmen auf die Dauer von 6 Monaten	LG Aachen 27.6.2001 11 O 257/00 RA Koch, Erftstadt
1016	€ 2500 (€ 3180)	Prellungen am rechten Hüftgelenk und am linken Ellenbogen	10 Tage Krankenhaus zur Schmerzbehandlung, nach Krankenhausentlassung noch 2 Wochen auf Krücken angewiesen, 4 Wochen arbeitsunfähig	Mann		Erhebliche Schmerzen	AG Passau 12.6.2003 11 C 464/03 SP 2003, 419
1017	5500 € 2750 (€ 3566)	Prellungen der rechten Schulter, der LWS, des rechten Hüftgelenks, des rechten Kniegelenks und des rechten Zeigefingers	Zunächst 3 ½ Monate arbeitsunfähig, anschließend 3 ½ Wochen stationäre Behandlung	Mann		Kläger konnte den Beweis nicht erbringen, dass die durch den Unfall hervorgerufenen Schädigungen weiter bestehen bzw. dass noch nicht absehbar sei, ob weitere Schäden eintreten können	LG Mönchengladbach 24.7.2001 5 S 12/01 RAe Weufen & Koll., Mönchengladbach

Fortsetzung von »Hüfte - Sonstige Verletzungen«

Lfd. Nr.	Betrag DM Euro (Anp.2019)	Verletzung	Dauer und Umfang der Behandlung; Arbeitsunfähigkeit	Person des Verletzten	Dauerschaden	Besondere Umstände, die für die Entscheidungen maßgebend waren	Gericht, Datum der Entscheidung, Az., Veröffentlichung bzw. Einsender
1018	7000 € 3500 + immat. Vorbehalt (€ 4711)	Schwere Gehirnerschütterung; Prellungen linke Körperseite, linker Ellenbogen, linke Hüfte und linkes Bein	6 Monate nach dem Unfall erneut Flüssigkeitsansammlung in der linken Hüfte; 9 Monate nach dem Unfall trat unfallbedingt erneut ein Hämatom über dem linken Hüftgelenk auf	Ältere Frau		Schwierigkeiten, nachts auf der linken Seite zu schlafen	AG Köln 30.9.1999 268 C 541/97 RAe Paasche & Neukirchen, Köln
1019	10 000 € 5000 (€ 7089)	3 Jahre Erduldung von Drahtcerclagen und Unterziehung einer Revisionsoperation zur Entfernung der Cerclagen in der linken Hüfte aufgrund eines ärztlichen Behandlungsfehlers (Einsetzen einer zu großen Hüftgelenksprothese)		37-jähr. verheiratete Frau		Latent vorhandene psychische Beeinträchtigung, da spätere Komplikationen nicht auszuschließen sind	OLG Köln 16.2.1995 5 U 42/94 VersR 1996, 712
1020	15 000 € 7500 + immat. Vorbehalt (€ 10 453)	Verwendung eines nicht gewünschten Hüftgelenkimplantats (hier: Chrom-Kobalt-Molybdän-Prothese anstatt einer Prothese aus Keramik und Titan)		Mann	Leichte Bewegungseinschränkungen im rechten Hüftgelenk mit diskreten Druckschmerzen im Narbenbereich, mäßige Muskelminderung der rechtsseitigen Gesäß- und Oberschenkelmuskulatur	Verletzung der ärztlichen Aufklärungspflicht; nochmalige dritte Implantation einer Endoprothese mit gesteigertem Risiko behaftet; Kläger litt bereits vor der Operation an einem fortgeschrittenen Verschleiß des rechten Hüftgelenks, was einen wesentlichen Einfluss auf das gegenwärtige Beschwerdebild hat	OLG Oldenburg (Oldenburg) 12.11.1996 5 U 60/96 5. Zivilsenat des OLG Oldenburg
1021	€ 8000 + immat. Vorbehalt (€ 8915)	Behandlungsfehler bei Implantation einer Hüftendoprothese (Kombination Metallkopf mit einem gebrauchten Keramikinlay)	Revisionsoperation. Dabei zeigte sich eine ausgeprägte entzündliche zystische Fremdkörperreaktion in der linken Hüfte. Es wurden drei winzige Keramiksplitter entfernt, eine Synovektomie durchgeführt sowie Gelenkpfanne und Prothesenkopf ausgetauscht	52-jähr. Frau			Schleswig-Holsteinisches OLG 22.7.2011 4 U 19/10
1022	€ 10 000 (€ 10 504)	Hüftgelenksverletzung nach Verkehrsunfall; HWS- und LWS-Distorsion	Hüftgelenksarthroskopie	Mann		Im Streitfall rechtfertigt bereits die erlittene Hüftgelenksverletzung des Klägers das geltend gemachte Schmerzensgeld i.H.v. € 10 000. Dabei ist zu berücksichtigen, dass der Kläger über einen Zeitraum von acht Monaten bis zur Durchführung der Hüftgelenksarthroskopie mit andauernden Schmerzen im rechten Hüftgelenk leben musste. Dass eine solche Hüftgelenksverletzung Schmerzen und Bewegungseinschränkungen bereitet, ist lebensnah und auch für den Senat ohne Weiteres ohne Hinzuziehung eines Sachverständigen nachvollziehbar. Zudem liegt im Streitfall ein ganz erhebliches Verschulden des Beklagten vor, der ungebremst und unter Alkoholeinfluss auf den hinter dem Fahrzeug des Klägers stehenden Pkw aufgefahren ist	Brandenburgisches OLG 7.7.2016 12 U 101/15 juris

● Mithaftung (siehe vorletzte Spalte)

Hüfte

Urteile lfd. Nr. 1023 – 1026

Lfd. Nr.	Betrag DM **Euro** *(Anp.2019)*	Verletzung	Dauer und Umfang der Behandlung; Arbeitsunfähigkeit	Person des Verletzten	Dauerschaden	Besondere Umstände, die für die Entscheidungen maßgebend waren	Gericht, Datum der Entscheidung, Az., Veröffentlichung bzw. Einsender
	Fortsetzung von »Hüfte - Sonstige Verletzungen«						
1023	€ 15 000 + immat. Vorbehalt *(€ 17 467)*	Hüftgelenksluxation rechts mit Absprengung eines Fragments aus dem Pfannenrand	2 Wochen Krankenhaus mit operativer Reposition des luxierten Hüftgelenks, anschließend 4 Monate ambulante Behandlung, während dieser Dauer bettlägerig	Maurer		Bis auf weiteres MdE von 10%; Kläger leidet nach 4 Jahren noch an Schmerzen und Wetterfühligkeit	OLG Naumburg 27.2.2008 6 U 71/07 SVR 2009, 331
1024	45 000 € 22 500 + immat. Vorbehalt *(€ 30 517)*	Hüftkopfnekrose nach Fehldiagnose bzw. Fehlbehandlung (Übersehen einer Schenkelhalsfraktur) mit massiver Bewegungseinschränkung des linken Beins im Hüftgelenk in allen Ebenen		Frau		Grobes Verschulden des Beklagten; Bewegungseinschränkung, linksbetonter hinkender Gang sowie beginnender Beckenschiefstand mit beginnender Verkürzung der LWS können nur durch totalen Hüftgelenksersatz gebessert werden, was für notwendig erachtet wird	LG Bielefeld 8.5.1998 4 O 512/96 VersR 1999, 1245
1025	€ 25 000 + immat. Vorbehalt *(€ 26 235)*	Einbau einer fehlerhaften Hüftprothese rechts, großes Serom am Gelenk mit einer großen gelben käsigen Masse sowie ein Pseudotumor, Osteolyse am Oberschenkelknochen (=„mottenartiger" Knochenfraß am Oberschenkel), Entzündungsreaktion, Clostriden- und Norovirus-Infektion	12 Tage stationärer Aufenthalt nach Revisionsoperation mit Gelenkkopf- und Pfannenwechsel, stationärer Reha, Physiotherapie	Frau		Die beklagte Herstellerin haftet aufgrund des Produkthaftungsgesetzes. Die AHB musste aufgrund der Virusinfektion unterbrochen werden. Zwischen der 1. OP und der Revision musste die Klägerin 4 ½ Jahre erhebliche Schmerzen erleiden. Auch die linke Hüftprothese ist fehlerhaft, allerdings kam es bislang noch nicht zu Schäden, weshalb derzeit ein Schmerzensgeldanspruch (noch) ausscheidet. Die Mühe, sich einmal jährlich einer Kontrolluntersuchung mit Blutentnahme und Röntgen zu unterziehen, ist nicht so erheblich, dass dies ein Schmerzensgeld rechtfertigt	LG Freiburg 24.2.2017 6 O 359/10 juris
1026	€ 25 000 + immat. Vorbehalt *(€ 25 310)*	Osteolyse am rechten Trochanter mit einhergehendem Prothesenwechsel, durch Implantieren eines fehlerhaften Hüft-TEP (erhöhter Metallabrieb in der Konussteckverbindung)	12 Tage stationärer Aufenthalt, physiotherapeutische Behandlungen	55-jähr. Mann		Anspruch gegen die Beklagte aus dem ProdHG. Vorgeschädigte rechte Hüfte (destruierende Coxarthrose). Der Kläger hatte bis zur Revisions-OP noch keinen großen Gesundheitsschaden erlitten. Auf dem präoperativen Röntgenbild war noch keine wesentliche Osteolyse zu sehen, jedenfalls nicht in dem Maße, dass eine klinische Beeinträchtigung gegeben wäre. Die trotz des Revisionseingriffs weiter bestehenden Schmerzen konnten bei der Bemessung des Schmerzensgeldes nicht berücksichtigt werden, da deren Ursachen nicht sicher in der implantierten Prothese zu sehen sind	LG Freiburg i. Br. 15.10.2018 1 O 26/17 juris

Lfd. Nr.	Betrag DM Euro *(Anp.2019)*	Verletzung	Dauer und Umfang der Behandlung; Arbeitsunfähigkeit	Person des Verletzten	Dauerschaden	Besondere Umstände, die für die Entscheidungen maßgebend waren	Gericht, Datum der Entscheidung, Az., Veröffentlichung bzw. Einsender
\multicolumn{8}{l}{**Fortsetzung von »Hüfte - Sonstige Verletzungen«**}
1027	€ 25 000 + immat. Vorbehalt *(€ 31 835)*	4 Jahre lang mehrere langandauernde stationäre Behandlungen mit operativen Eingriffen		Mädchen	Einschränkungen bei der Streck-, Beuge- und Abspreizfähigkeit der Hüftgelenke, Fehlstellung beider Schenkelhälse; reizlose bis zu 15–20 cm lange Operationsnarben an beiden Beinen, vor allem an den beiden Oberschenkeln	Fehlerhafte Behandlung einer Hüftfehlbildung nach der Geburt; schwerer Behandlungsfehler; Verzögerungen im psychosozialen und emotionalen Bereich, so dass Schulbesuch um ein Jahr zurückgestellt werden musste; Hüftbehandlung zum Urteilszeitpunkt noch nicht abgeschlossen, Klägerin leidet noch unter Schmerzen beim Hüpfen auf einem Bein; mit dem zugesprochenen Betrag sind die bis jetzt eingetretenen Beeinträchtigungen, ein erhöhtes Arthroserisiko, die Lebensplanungsvorgabe von maximal zwei ausgetragenen Schwangerschaften und die mit der ungewissen Zukunftsprognose (Folgeoperation; dauerndes Hinken) verbundenen (psychischen) Belastungen abgegolten, nicht hingegen die etwa noch auftretenden Zukunftsschäden selbst (erhebliche Arthroseschäden oder operative Folgeeingriffe; dauerndes Hinken)	Brandenburgisches OLG 8.4.2003 1 U 26/00 NJW RR 2003, 1383 VersR 2004, 1050
1028	60 000 € 30 000 + immat. Vorbehalt *(€ 38 759)*	Fehlerhafte Implantierung einer Hüftgelenk-Totalendoprothese wegen ausgeprägter Coxarthrose rechts	Zwei Nachfolgeoperationen	Mann	Belastungsinsuffizienz mit Schmerzen im linken Bein, Wiederherstellung der Arbeitsfähigkeit des Klägers ist so gut wie ausgeschlossen	Während der Operation kam es zum Bruch des Femurschaftes, der vom Operateur nicht erkannt wurde. Mit weiteren Nachoperationen ist zu rechnen	LG Bonn 20.12.2001 9 O 417/00 RAe Ciper & Koll., Düsseldorf
1029	€ 40 000 *(€ 47 305)*	Nicht indizierte Hüftgelenks-Implantation, postoperativ festgestellte kleine Fraktur, Dekubitus, nach 15 Monaten Folgeoperation in Form eines Pfannenwechsels		71-jähr. Frau, zum Urteilszeitpunkt 82 Jahre alt		Unterlassene Befunderhebung; eine weitere Abklärung hätte mit hinreichender Wahrscheinlichkeit einen nicht operationspflichtigen Befund erbracht; die dennoch durchgeführte Operation stellt groben Behandlungsfehler dar; erhebliche Schmerzen bis zur Nachfolgeoperation	LG München I 16.7.2007 9 O 17893/03 RA Dr. Trauschel, München
1030	€ 40 000 + immat. Vorbehalt *(€ 46 174)*	Massive Knorpelschädigung des Hüftgelenks mit Gelenkversteifung und anschließender Notwendigkeit eines künstlichen Hüftgelenks		21-jähr. Mann	Künstliches Hüftgelenk mit Beinverkürzung von 1,5 cm	Grober ärztlicher Behandlungsfehler durch unterlassene Befunderhebung bei Vorliegen erheblicher Infektionsanzeichen nach einer Hüftkopoperation; dadurch wurde rechtzeitige Bekämpfung der Infektion versäumt; erhebliche Schmerzen, Kläger musste ca. 1 Jahr mit versteiftem Hüftgelenk leben und seither mit einem in der Beweglichkeit zwar verbesserten, aber künstlichen Hüftgelenk zurecht kommen; wird sich nicht nur einmal Folgeoperationen zur Erneuerung des Hüftgelenks unterziehen müssen; durch unnatürlichen Bewegungsablauf Folgeschäden am übrigen Knochenbau möglich; Kläger beabsichtigt, Arzt zu werden, muss aber wegen der körperlichen Einschränkungen befürchten, im Berufsleben schwer Fuß zu fassen	OLG Nürnberg 6.3.2009 5 U 1630/07 RA Friedrich Raab, Nürnberg

● Mithaftung (siehe vorletzte Spalte)

Hüfte — Urteile lfd. Nr. 1031 – 1032

Lfd. Nr.	Betrag DM **Euro** *(Anp.2019)*	Verletzung	Dauer und Umfang der Behandlung; Arbeitsunfähigkeit	Person des Verletzten	Dauerschaden	Besondere Umstände, die für die Entscheidungen maßgebend waren	Gericht, Datum der Entscheidung, Az., Veröffentlichung bzw. Einsender

Fortsetzung von »Hüfte - Sonstige Verletzungen«

Lfd. Nr.	Betrag	Verletzung	Dauer/Behandlung	Person	Dauerschaden	Besondere Umstände	Gericht
1031	€ 60 000 + immat. Vorbehalt *(€ 70 879)*	Beidseitige Hüftkopfnekrosen	2 operative Eingriffe mittels Stanzen und Bohren der Hüftköpfe mit jeweils mehrwöchigen Krankenhausaufenthalten	43-jähr. Kfz-Meister, zum Urteilszeitpunkt 56 Jahre alt	Kläger ist seit dem Unfall frühverrentet; es liegen wohl keine schwergradigen funktionellen Störungen der Hüftgelenke vor; Kläger ist jedoch durch die Behinderungen beruflich aus der Bahn geworfen worden, gleichfalls wurde Privatleben gravierend beeinträchtigt; all dies hat zu einer depressiven Reaktion und zu einer Somatisierung geführt; psychische Störungen sind durch die lange Dauer des Rechtsstreits verstärkt worden	Ärztlicher Behandlungsfehler; Kläger wurde auf Grund einer falschen Diagnose über einen längeren Zeitraum mit einem stark cortisonhaltigen Medikament behandelt, als dessen Folgen beidseitige Hüftkopfnekrosen aufgetreten sind; es ist nicht auszuschließen, dass sich Kläger künftig endoprothetischen oder sonstigen Eingriffen unterziehen muss	OLG Frankfurt am Main 18.9.2007 8 U 127/03 RiOLG Stefan Göhre
1032	120 000 € 60 000 + immat. Vorbehalt *(€ 84 397)*	Nach Behandlungsfehler Einsteifung des Hüftgelenks; durch Peronaeusläsion bestehende Fußheberschwäche		Mann	Beweglichkeitseinschränkung; Steppergang; Zwang zur Benutzung einer Gehstütze bei längeren Wegstrecken; erhebliche Schmerzbeeinträchtigung durch Änderungen im Bereich der WS	Zu berücksichtigen war auch die Notwendigkeit der künftigen Implantation einer Hüftgelenksprothese und der einmaligen Wiederholung dieses Vorgangs sowie die einer späteren operativen Beseitigung des Spitzfußes. Voraussetzungen für die Zubilligung einer Schmerzensgeldrente liegen nicht vor. Die Erklärung des Klägers, das dahingehende Begehren möge hilfsweise im Rahmen der geäußerten Vorstellung zur Höhe des Schmerzensgeldkapitals berücksichtigt werden, ermöglicht es dem Senat aber, über die in diesem Zusammenhang primär geäußerten Vorstellungen des Klägers hinauszugeben	OLG Hamm 29.1.1996 3 U 77/95 RA Schneider-Bodien, Düsseldorf

Lfd. Nr.	Betrag DM **Euro** *(Anp.2019)*	Verletzung	Dauer und Umfang der Behandlung; Arbeitsunfähigkeit	Person des Verletzten	Dauerschaden	Besondere Umstände, die für die Entscheidungen maßgebend waren	Gericht, Datum der Entscheidung, Az., Veröffentlichung bzw. Einsender
\multicolumn{8}{l}{Fortsetzung von »Hüfte - Sonstige Verletzungen«}
1033	€ 70 000 + immat. Vorbehalt (€ 71 550)	Infolge einer – nicht rechtzeitig erkannten – septischen Coxitis entwickelte sich bei der zum Zeitpunkt der Behandlung erst sechs Jahre alten Klägerin eine dezentrierte Hüftkopfnekrose mit Chondrolyse des linken Hüftkopfes	Die Klägerin befand sich in kontinuierlicher ärztlicher Behandlung mit Operationen, die letztlich jedoch keine bleibenden Verbesserungen brachten. In ihrer Bewegungsfähigkeit war sie aufgrund der Hüftkopfnekrose links erheblich eingeschränkt und ist auf die Nutzung von Gehhilfen bzw. eines Rollstuhls angewiesen. Der Grad der Behinderung 80 (Merkzeichen G, B, aG). Mit Erreichen des zwanzigsten Lebensjahres ist voraussichtlich ein erster Hüftgelenkwechsel notwendig, weitere sind unter Berücksichtigung des Alters der Klägerin möglich. Ob die Gehfähigkeit auf Dauer gegeben sein wird, ist fraglich. Der Einfluss der Erkrankung auf die gesamte persönliche, schulische, soziale und spätere berufliche Entwicklung ist derzeit nicht abschätzbar. Die Klägerin geht noch zur Schule, die Wiederholung einer Klasse war bisher nicht erforderlich	6-jähr. Mädchen	Starke Einschränkungen der Bewegungsfähigkeit; Pflegebedürftigkeit der Pflegestufe 1	Der Senat bewegt sich mit von ihm für angemessen erachteten Betrag in dem von der Rechtsprechung gezogenen Rahmen. Er verkennt nicht, dass unter Berücksichtigung des im Einzelfall nicht in vollem Umfang vergleichbaren Beschwerdebildes eines Hüftgelenkschadens bzw. einer Hüftkopfnekrose und der dadurch verursachten Auswirkungen auf die Person des Geschädigten sowie eines teilweise unterschiedlichen Verletzungsumfangs auch Entscheidungen vorliegen, die – auch unter Beachtung einer Indexierung auf das Jahr 2018 – geringere Beträge zugesprochen haben. Unter Berücksichtigung der obigen Umstände, insbesondere des kindlichen Alters der Klägerin zum Zeitpunkt des Schadenseintritts, den Eintritt eines Dauerschadens und der erheblichen Auswirkungen auf ihre Lebensgestaltung bei verbleibender Unsicherheit über die weitere Schadensentwicklung, hält der Senat es für angemessen, sich bei der Bemessung der Höhe des Schmerzensgeldes am oberen Bereich des von der Rechtsprechung gezogenen Rahmens zu orientieren	OLG Karlsruhe 17.5.2018 7 U 32/17 juris

● Mithaftung (siehe vorletzte Spalte)

Lfd. Nr.	Betrag DM Euro (Anp.2019)	Verletzung	Dauer und Umfang der Behandlung; Arbeitsunfähigkeit	Person des Verletzten	Dauerschaden	Besondere Umstände, die für die Entscheidungen maßgebend waren	Gericht, Datum der Entscheidung, Az., Veröffentlichung bzw. Einsender

Fortsetzung von »Hüfte - Sonstige Verletzungen«

Lfd. Nr.	Betrag	Verletzung	Dauer/Umfang	Person	Dauerschaden	Besondere Umstände	Gericht
1034	€ 90 000 (€ 94 447)	Befunderhebungsfehler erforderte den Einsatz eines künstlichen Hüftgelenks. Durch das Übersehen eindeutiger Frühzeichen einer beginnenden ECF (Hüftkopflösung) bedurfte es eines Ersatzes des Hüftgelenkes		12-jähr. Mädchen	Bewegungseinschränkungen	Die Klägerin hätte sich bei standardgerechter Befunderhebung und Versorgung einer stabilisierenden Hüft-OP beidseits unterziehen müssen. Nach einigen Jahren wären die Schrauben in einem erneuten Eingriff wieder entfernt worden. Mit diesen Eingriffen wären jeweils die üblichen postoperativen Schmerzen einhergegangen. Alle darüber hinaus tatsächlich erlittenen Beeinträchtigungen der Klägerin beruhen allein auf dem Befunderhebungsfehler. Zwischen der akuten ECF und der TEP-Versorgung lagen sieben Jahre. In dieser Zeit, die die Altersspanne der Klägerin von 12 Jahren bis zu 19 Jahren – d. h. den wesentlichen Teil der Jugend und des Heranwachsens – umfasst, war die Klägerin in ihrer Bewegungsfähigkeit zunehmend beeinträchtigt, konnte keinen Sport treiben (u. a. Fahrradfahren, Schwimmen, Tanzen) und war in der Wahl ihrer Hobbys eingeschränkt. Zudem erfolgten in dieser Zeit regelmäßige krankengymnastische Behandlungen. Im Anschluss an die TEP-Versorgung erfolgte eine Reha-Behandlung; es bestanden die mit diesem Eingriff typischerweise einhergehende Schmerzen und Bewegungseinschränkungen. In Zukunft ist bei einer erwartbar unterdurchschnittlichen Standzeit der Hüft-TEP und einer durchschnittlichen Lebenserwartung der Klägerin von sicherlich 3–4 erforderlichen TEP-Wechseln auszugehen, die jeweils mit einem erhöhten Komplikationsrisiko einhergehen werden. In fernerer Zukunft kann u. a. eine Muskelinsuffizienz mit einer dann dauerhaften Gehbehinderung und dem Erfordernis von Gehhilfen eintreten	LG Lübeck 6.10.2016 12 O 48/13 RAe Both, Michaelis, Dr. Grote, Oldenburg in Holstein
1035	€ 100 000 + immat. Vorbehalt (€ 111 088)	Angeborene Hüftluxation links einer Neugeborenen wird jahrelang fehlerhaft behandelt und operiert mit der Folge einer völligen Deformierung des Beckens	Jahrelang Klinikaufenthalte mit Operationen und viele andere Maßnahmen, insb. Gipsverbände	Neugeborenes Mädchen	Ausgeprägte Beckenverwringung, wobei die ganze linke Beckenhälfte stark nach vorne gedreht ist, dadurch Deformationen der Lendenwirbelsäule, starke Bewegungseinschränkung des linken Hüftgelenks, nach Beendigung der Wachstumsperiode muss ein künstliches Hüftgelenk implantiert werden, mehrere Wechseloperationen sind im Verlaufe des Lebens zu erwarten	Die Klägerin, deren linkes Hüftgelenk bei ordnungsgemäßer Behandlung zur Ausheilung ohne Beeinträchtigungen der Hüftgelenksfunktion hätte gebracht werden können, musste sich stattdessen ab August 1998, also vom Säuglingsalter an, einer Vielzahl – vermeidbarer – Behandlungen einschließlich Operationen und stationärer Krankenhausaufenthalte unterziehen. Hinzu kamen weitere Einschränkungen durch Vor- und Nachsorgemaßnahmen, die die Klägerin durch das gesamte Baby- und Kleinkindalter begleitete. Bei der Klägerin fallen die Dauer der Beeinträchtigung (vom 7. Lebensmonat an, während ihres gesamten Lebens) und die Erforderlichkeit weiterer Operationen ganz beträchtlich ins Gewicht	OLG Nürnberg 28.10.2011 5 U 838/11 RAe Grochowina, Steinsdörfer und Bayer, Weiden

Lfd. Nr.	Betrag DM **Euro** *(Anp.2019)*	Verletzung	Dauer und Umfang der Behandlung; Arbeitsunfähigkeit	Person des Verletzten	Dauerschaden	Besondere Umstände, die für die Entscheidungen maßgebend waren	Gericht, Datum der Entscheidung, Az., Veröffentlichung bzw. Einsender
	Weitere Urteile zur Rubrik »**Hüfte - Sonstige Verletzungen**« siehe auch: **bis € 2500:** 943, 616, 1602, 1461, 2175, 105, 482, 2316 **bis € 5000:** 792, 1261, 911, 3034, 1042, 916 **bis € 12500:** 464, 1523, 385, 2462, 298, 1628, 1534, 305 **bis € 25000:** 2045, 995, 162, 239 **ab € 25000:** 2948, 2401, 668, 2596, 942, 273, 331, 417, 2802, 2963, 426, 2416, 1279, 1433, 3177, 1438, 1010, 2265, 1443, 2427, 1286, 1227, 2646, 2668, 1457, 2685						

Hüfte - Arthrose

Lfd. Nr.	Betrag	Verletzung	Dauer und Umfang	Person	Dauerschaden	Besondere Umstände	Gericht
1036	70000 **€ 35000** + immat. Vorbehalt *(€ 47593)*	Septische Arthritis des linken Hüftgelenks mit folgender Femurkopfnekrose	5 Wochen Krankenhaus, anschließend zunächst auf Rollstuhl angewiesen, über 1 Jahr Gehstützen, dazwischen weitere 2 Wochen Krankenhaus	12-jähr. Schülerin	Linkes Bein um 2 cm verkürzt	Betreuer einer Ferienerholung haben die Klägerin nach Auftreten einer Mittelohrentzündung keinem Arzt vorgestellt und den Heimarzt anlässlich einer Routineuntersuchung nicht auf die Ohrenschmerzen hingewiesen; infolge unterbliebener Diagnostik haben die Krankheitskeime die Hüfte befallen; aller Voraussicht nach muss in Zukunft eine Hüftgelenksprothese eingesetzt werden	OLG München 25.7.1997 14 U 125/96 VersR 2000, 639 Revision der Beklagten vom BGH nicht angenommen VI ZR 281/97
	Weitere Urteile zur Rubrik »**Hüfte - Arthrose**« siehe auch: **bis € 25000:** 130 **ab € 25000:** 999, 1000, 2948, 1027, 273, 1002, 1003, 417, 1004, 2963, 423, 2985, 2424, 1034						

Innere Organe

	Weitere Urteile zur Rubrik »**Innere Organe**« siehe auch: **bis € 12500:** 2814 **ab € 25000:** 2426

Innere Organe - Bauch und Magen

Lfd. Nr.	Betrag	Verletzung	Dauer und Umfang	Person	Dauerschaden	Besondere Umstände	Gericht
1037	€ 500 je *(€ 528)*	Akute Gastroenteritis mit Erbrechen, Durchfall und Bauchschmerzen		4-köpfige Familie mit 2 Kindern (11 und 6 Jahre alt)		Defekt der örtlichen Kläranlage während eines Urlaubsaufenthalts in der Türkei. Eine Gastroenteritis ist mit Unannehmlichkeiten verbunden, die sich noch dadurch steigern, dass sich der Betroffene an einem fremden Ort aufhält. Anspruchsmindernd war zu berücksichtigen, dass die Reisenden bereits eine immaterielle Kompensation für die nutzlos aufgewandte Urlaubszeit erhalten haben	LG Köln 24.8.2015 2 O 56/15 juris
1038	3000 **€ 1500** *(€ 1996)*	Narbenbildung aufgrund eines Pararektalschnitts bei einer Blinddarmoperation		21-jähr. Frau	Auffällig sichtbare Blinddarmnarbe	Ärztlicher Behandlungsfehler, da die Pflicht zur sachgerechten Aufklärung nicht ordnungsgemäß erfüllt wurde; durch einen Pararektalschnitt wird ein kosmetisch nachteiligeres Ergebnis erzielt als bei einem Wechselschnitt; zwei Alternativen mit gleichwertigen Chancen, aber andersartigen Risiken	AG Geilenkirchen 15.6.2000 2 C 136/98 VersR 2001, 768
1039	€ 1700 *(€ 1898)*	Abdomenprellung, Thoraxprellung, Schädelprellung	3 Tage stationärer Aufenthalt, 4 Wochen AU zu 100%	Schwangere Frau		Bei der Bemessung des Schmerzensgeldes wurde insbesondere berücksichtigt, dass die Klägerin sich zum Unfallzeitpunkt im 5. Schwangerschaftsmonat befand und somit bis zur Geburt des Kindes besonderen psychischen Belastungen ausgesetzt war. Auch eine Einnahme von Schmerzmitteln war aufgrund der Schwangerschaft nicht möglich	AG Köln 16.6.2011 274 C 19/11 RA Koch, Erftstadt

● Mithaftung (siehe vorletzte Spalte)

Innere Organe — Urteile lfd. Nr. 1040 – 1047

Lfd. Nr.	Betrag DM Euro (Anp.2019)	Verletzung	Dauer und Umfang der Behandlung; Arbeitsunfähigkeit	Person des Verletzten	Dauerschaden	Besondere Umstände, die für die Entscheidungen maßgebend waren	Gericht, Datum der Entscheidung, Az., Veröffentlichung bzw. Einsender
Fortsetzung von »Innere Organe - Bauch und Magen«							
1040	5000 € 2500 (€ 3395)	Ambulante Entfernung einer Geschwulst am Unterbauch bei Marcumarpatienten mit nachfolgenden Blutungen	2 Wochen Krankenhaus	75-jähr. Mann		Ärztlicher Kunstfehler. 1. Beklagter operierte ambulant, ohne sich vorher Gewissheit über den Quickwert des Klägers zu verschaffen; 2. Beklagter entließ Kläger nach Hause, ohne den Grund der aufgetretenen Blutung überprüft zu haben und ohne eine jederzeitige medizinische Betreuung des Klägers für den Fall von Komplikationen gewährleistet zu haben	AG Ulm 17.11.1998 6 C 2281/98 RAe Dr. Küchler & Kollegen, Giengen
1041	€ 3100 + immat. Vorbehalt (€ 3938)	Mehrere Tage vermeidbare Schmerzen und Unterziehung einer schweren Operation nach Blinddarmdurchbruch mit Komplikationen, die bei einem rechtzeitigen Eingriff nicht notwendig gewesen wäre		Mann		Ärztlicher Behandlungsfehler; Internist im Krankenhaus hat es unterlassen, zur genaueren Abklärung des Krankheitsbildes einen Chirurgen hinzuzuziehen; bei einem frühzeitigen chirurgischen Eingriff wäre der Durchbruch des Blinddarms und die sich daraus ergebenden Komplikationen (diffuse Peritonitis, Abszess im Dünndarm etc.) vermieden worden; immat. Vorbehalt erstreckt sich nur auf Schäden, die aufgrund der Perforation des Blinddarms eintreten können	OLG Düsseldorf 6.3.2003 8 U 105/02 VersR 2004, 1563
1042	€ 4000 (€ 5137)	Stumpfes Bauchtrauma, Mittelgliedfraktur am linken Daumen, Ellenbogen- und Hüftprellung	2 Tage Krankenhaus, 4 Wochen arbeitsunfähig	Mann		Die erheblichen Prellungen waren lange Zeit schmerzhaft; erheblicher Schrecken durch den Unfall	AG Duisburg 5.3.2002 2 C 2139/01 RA Koch, Erftstadt
1043	10 000 € 5000 + immat. Vorbehalt (€ 7176)	Starke Bauchschmerzen durch Vergessen eines Bauchtuchs in der Bauchhöhle nach gynäkologischem Eingriff	Ca. 1 Monat nach Operation 2. Eingriff, 17 Tage stationär; anschließend 3 Wochen arbeitsunfähig	33-jähr. Frau		Ärztlicher Kunstfehler	LG Göttingen 28.7.1994 2 O 286/93 RA Dr. Momberg, Eschwege
1044	10 000 € 5000 (€ 7080)	Perforation des Wurmfortsatzes mit anschließender Peritonitis infolge eines ärztlichen Behandlungsfehlers (Hinauszögern einer operativen Intervention)		Frau		Schwerwiegendes Fehlverhalten der Ärzte; Angst der Klägerin vor einer eventuellen Unfähigkeit einer Schwangerschaft und die – wenn auch geringe – Gefahr eines Darmverschlusses	OLG Oldenburg (Oldenburg) 11.4.1995 5 U 196/94 VersR 1996, 894
1045	14 000 € 7000 (€ 10 296)	Um 3 Tage verspätete Verlegung und Operation mit damit verbundener Verlängerung des Ertragens schwerer Schmerzen (u. a. Bauchfellentzündung)		Frau		Arzt hat sich tagelang nicht um das Ergebnis einer histologischen Untersuchung gekümmert, welche die Schlüsseldiagnose abklären sollte. Klägerin hat die Ungewissheit über genaue Art der Erkrankung und Aussichten der Heilung schwer bedrückt	OLG Koblenz 14.9.1993 3 U 1608/92 NJW-RR 1994, 287
1046	15 000 € 7500 (€ 10 453)	Zweifache Ruptur des Dünndarms mit folgender Bauchfellentzündung; Frakturen des ersten und zweiten LWS-Körpers	12 Tage Krankenhaus mit Notoperation; nach Krankenhausentlassung 3 Monate lang Dreipunkt-Stützkorsett; 3 ¼ Monate arbeitsunfähig	Textilgeschäftsinhaberin		Familiäre Beziehungen zwischen Schädiger und Klägerin, was zu einer gewissen Kürzung des Anspruchs führt	LG Köln 28.11.1996 20 O 227/95 RAe Varga u. Dickschat, Leverkusen
1047	18 000 € 9000 (€ 12 145)	Verwachsungen in der Bauchhöhle infolge Zurücklassens eines Gazetupfers bei einer vaginalen Gebärmutterentfernung mit seelisch bedingten Folgeschäden	Operative Entfernung des Tupfers; 4 Jahre psychotherapeutische Betreuung	33-jähr. Frau		Beklagter hat für die seelisch bedingten Folgeschäden einzustehen, auch wenn sie auf einer psychischen Anfälligkeit der Klägerin bzw. auf einer neurotischen Fehlverarbeitung beruhen; lediglich schlichter ärztlicher Behandlungsfehler	OLG Koblenz 31.7.1998 10 U 629/97 VersR 1999, 420 r + s 1998, 505

Lfd. Nr.	Betrag DM Euro (Anp.2019)	Verletzung	Dauer und Umfang der Behandlung; Arbeitsunfähigkeit	Person des Verletzten	Dauerschaden	Besondere Umstände, die für die Entscheidungen maßgebend waren	Gericht, Datum der Entscheidung, Az., Veröffentlichung bzw. Einsender
	**Fortsetzung von »Innere Organe - Bauch und Magen«**
1048	20 000 € 10 000 (€ 16 857)	Völlige Zerreißung der Bauchspeicheldrüse mit erforderlicher Entfernung, multiple Blutergüsse	Aufwändige Operation unter Lebensgefahr	Mann		Brutale vorsätzliche Körperverletzung	LG Marburg 30.8.1990 1 O 117/90 RA Zimmermann, Marburg
1049	25 000 € 12 500 + immat. Vorbehalt (€ 16 954)	Übersehen eines Abszesses nach Gallenwegsoperation	Drei nachfolgende Operationen	Mann	Vernarbungen im Bauchraum, ständiges Tragen einer Bauchbinde wegen Schädigung des Muskel- und Bauchgewebes. Bei Verschwitzungen kommt es zu ständigen Entzündungen	Behandlungsfehler durch Unterlassen der Eröffnung und Revision des Bauchraumes. Denn, wenn auch zum Operationszeitpunkt noch wenig gesicherte Kenntnisse über die Gefahr eines Steinverlustes bei laparoskopischen Gallenwegsoperationen bestanden, war es nach den eindeutigen Ausführungen des Sachverständigen doch zumindest fahrlässig, dass den Anzeichen für einen entzündlichen Vorgang im Körper des Klägers intraoperativ nicht weiter nachgegangen wurde	LG Bückeburg 7.9.1998 3 O 120/96 bestätigt durch OLG Celle 13.12.1999 1 U 86/98 RAe Berrang & Bittner, Stadthagen
1050	25 000 € 12 500 + immat. Vorbehalt (€ 16 740)	Deutliche Bauchwandschwäche rechts lateral infolge einer Abzessbildung mit Verdacht auf eine erneut auftretende Bruchpforte	Zwei Folgeoperationen und Nachbehandlung auf die Dauer von über ½ Jahr	Mann	Heben, Tragen, Bücken, langes Sitzen und Pressen führen zu deutlichen Beschwerden im Operationsgebiet; ständiges Tragen einer stabilisierenden Bandage; regelmäßig Entzündungen im Narbenbereich infolge Verschwitzungen	Bei einer Operation im rechten Flankenbereich wurde durch einen Behandlungsfehler die Eröffnung des Bauchraums unterlassen, sodass sich ein entzündlicher Prozess weiterentwickeln konnte; langfristige Wundbehandlungen und erhebliche Schmerzen; leichte Fahrlässigkeit	OLG Celle 13.12.1999 1 U 86/98 RAe Berrang & Bittner, Stadthagen
1051	70 000 € 35 000 + immat. Vorbehalt (€ 47 230)	Verlust der Bauchmuskulatur und Bauchdecke nach zahlreichen Operationen aufgrund groben Behandlungsfehlers nach Dickdarmdurchbruch	Zahlreiche lebensgefährliche Operationen über mehrere Jahre	Chauffeur	Keine Bauchmuskulatur, keine Bauchdecke MdE: 100%	Ärztlicher Kunstfehler; künstlicher Darmausgang hätte gleich bei der ersten Operation angelegt werden müssen; Kläger ist nicht mehr in der Lage, eine Erwerbstätigkeit aufzunehmen und wird bis an sein Lebensende einen Bauchgurt tragen müssen, um zu vermeiden, dass beim Beugen des Rumpfes aufgrund der fehlenden Bauchdecke die Eingeweide austreten	LG Offenburg 11.5.1999 2 O 257/98 RAe Wortberg & Dr. Stöckel, Oberkirch
1052	80 000 € 40 000 + immat. Vorbehalt (€ 54 253)	Totale Magenresektion aufgrund fehlerhafter histologischer Untersuchung des Pathologen		54-jähr. Mann	Totaler Verlust des Magens	Ärztlicher Behandlungsfehler. Fehldiagnose „Magenkarzinom", worauf die anschließende Magenresektion vorgenommen wurde. Tatsächlicher Befund: inkomplett erosive Corpusgastritis mit Drüsenstumpfregeneraten. Die totale Magenresektion ist ein schädigender Eingriff, der erhebliche Spätfolgen haben kann; es ist nicht auszuschließen, dass der Verlust des Organs in Zukunft operative Eingriffe und andere therapeutische Maßnahmen erforderlich macht	OLG Düsseldorf 17.12.1998 8 U 73/98 RAe Weufen & Partner, Mönchengladbach

● Mithaftung (siehe vorletzte Spalte)

Innere Organe

Lfd. Nr.	Betrag DM **Euro** *(Anp.2019)*	Verletzung	Dauer und Umfang der Behandlung; Arbeitsunfähigkeit	Person des Verletzten	Dauerschaden	Besondere Umstände, die für die Entscheidungen maßgebend waren	Gericht, Datum der Entscheidung, Az., Veröffentlichung bzw. Einsender
Fortsetzung von »Innere Organe - Bauch und Magen«							
1053	160 000 **€ 80 000** + immat. Vorbehalt *(€ 103 990)*	Verletzung der Bauchschlagader infolge eines Bedienungsfehlers bei einer laparoskopischen Appendektomie mit erforderlicher Notoperation, wobei sich im Gesäßbereich rechts und links ein Dekubitus bildete	Nach der Notoperation, bei der Lebensgefahr bestand, 2 weitere operative Eingriffe zur Narbenkorrektur	20-jähr. Industriekauffrau	Reizlos verheilte, jedoch deutlich sichtbare, verunstaltende Narben von 20 cm bzw. 2 cm Länge im Bauchbereich sowie narbige Verziehungen im Gesäßbereich mit schweren Sensibilitätsstörungen, Schmerzen im rechten Bein, Sitzbeschwerden; posttraumatische Belastungsreaktion in Form eines chronifizierten Symptomkomplexes mit Einengung der Gedanken und des affektiven Erlebens auf die Operation, Angstsymptomatik, Albträume; MdE: 25%	Verlust einer Zukunftsperspektive; private Pläne mit Heirat und Wunsch nach Kindern erheblich beeinträchtigt, da die Klägerin Heiratschancen infolge der erheblichen Verunstaltungen des Körpers durch den Dekubitus und durch die Narben im Bauchbereich als deutlich gemindert ansieht; verzögerliches Regulieren des Haftpflichtversicherers; weitere Operationen nicht auszuschließen	LG München I 8.8.2001 9 O 812/99 bestätigt durch OLG München 21.3.2002 1 U 4806/01 RA Brodski, München

Innere Organe

Lfd. Nr.	Betrag DM **Euro** (Anp.2019)	Verletzung	Dauer und Umfang der Behandlung; Arbeitsunfähigkeit	Person des Verletzten	Dauerschaden	Besondere Umstände, die für die Entscheidungen maßgebend waren	Gericht, Datum der Entscheidung, Az., Veröffentlichung bzw. Einsender

Fortsetzung von »Innere Organe - Bauch und Magen«

| 1054 | €100 000 + immat. Vorbehalt (€113 704) | Stumpfes Bauchtrauma mit Darmverletzungen, mehrere Frakturen von Oberschenkel bis Fuß sowie eine Vielzahl weiterer Verletzungen | Mehrfache und teils längerfristige stationäre Behandlung; Verlust des Arbeitsplatzes | 45-jähr. Frau | Rollstuhl und kurzfristig Krücken; Arthrosebildungen; ständige Schmerzen; zahlreiche Narben; erhebliche psychische Beschwerden | Die Klägerin hat eine Vielzahl von Einzelverletzungen erlitten, von denen mehrere jeweils für sich gesehen bereits als erheblich einzustufen sind. Hervorzuheben ist ein stumpfes Bauchtrauma mit Darmverletzungen sowie mehrere Frakturen von Oberschenkel bis Fuß. Die mit diesen Verletzungen verbundenen Schmerzen und die entstandenen Folgebeschwerden sind außergewöhnlich. Die Lebensführung der Klägerin als Ehefrau und Mutter sowie ihre Freizeitgestaltung ist seit dem Unfall massiv beeinträchtigt. Die Klägerin kann sich nur noch im Rollstuhl und kurzfristig mit Krücken fortbewegen. Besserungen sind nicht zu erwarten; aufgrund von Arthrosebildungen sind Verschlechterungen wahrscheinlich. Die Klägerin leidet darüber hinaus unter ständigen erheblichen Schmerzen. Aufgrund der st. Schmerzen, ihrer Abhängigkeit von der Unterstützung Dritter, dem Verlust des Arbeitsplatzes und der beeinträchtigten Mitwirkungsmöglichkeiten im Haushalt sowie der optischen Beeinträchtigungen durch zahlreiche Narben, ist es zu zusätzlichen erheblichen psychischen Beschwerden (Stresssymptomatik, Nervosität) gekommen, die in ihrem Ausmaß einer leichten Depression entsprechen. Die Klägerin befand sich mehrfach und teils längerfristig in stationärer Behandlung. Sie war zum Unfallzeitpunkt erst 45 Jahre alt und ist in ihrer Lebensführung seither massiv beeinträchtigt. Schwerpunkt ihrer Lebensgestaltung ist nach einem sozialen Rückzug vom Gesellschaftsleben der tägliche Umgang mit ihren Behinderungen und Beschwerden mit der ernsthaften Besorgnis weiterer Verschlechterungen geworden. Im Rahmen der Schmerzensgeldbemessung war auch zu berücksichtigen, dass sich die Beklagte vorwerfen lassen muss, die Schadensregulierung nur zögerlich betrieben zu haben | OLG München 13.8.2010 10 U 3928/09 SP 2011, 107 |

Weitere Urteile zur Rubrik »**Innere Organe - Bauch und Magen**« siehe auch:
- **bis €2500**: 473, 475, 477, 3131, 512, 478, 1836, 1845, 1353, 457, 815
- **bis €5000**: 1606, 21, 2457, 916
- **bis €12 500**: 2809, 3206, 1057, 920, 1622, 2810, 1919, 2461, 2462, 1535, 1060, 2586, 2465, 2365, 1635, 3056, 1931, 826, 305, 1145, 2374, 930, 1061
- **bis €25 000**: 129, 1653, 1164, 1130, 1657, 2815, 3186, 81, 1131, 2816, 1068, 1368
- **ab €25 000**: 2818, 3170, 1173, 2819, 1069, 273, 3110, 1098, 504, 1070, 1006, 1296, 1071, 691, 1484, 3190, 431, 141, 2989, 2426, 1111, 1079, 435, 2097, 2429, 6, 2998, 1220, 3004, 1325, 3010, 1082, 2605, 1287, 510, 3191, 1084, 1377, 2683

Innere Organe — Darm

Lfd. Nr.	Betrag DM Euro (Anp.2019)	Verletzung	Dauer und Umfang der Behandlung; Arbeitsunfähigkeit	Person des Verletzten	Dauerschaden	Besondere Umstände, die für die Entscheidungen maßgebend waren	Gericht, Datum der Entscheidung, Az., Veröffentlichung bzw. Einsender
1055	€ 2500 (€ 2695)	Tod einer betagten Pflegeheimbewohnerin infolge einer Exsikkose, nachdem das Heimpflegepersonal trotz bestehender Durchfallerkrankung auch weiterhin ein Abführmittel verabreicht hat, ohne ärztlichen Rat einzuholen		Betagte Frau	Tod	Der Senat hält in Anbetracht des Pflichtenverstoßes auf Seiten des Beklagten und des dadurch bei der Mutter der Klägerin eingetretenen Schadens ein Schmerzensgeld in Höhe von € 2500 für angemessen aber auch ausreichend. Dabei hat der Senat die nicht unerheblichen Beeinträchtigungen der Mutter der Klägerin aufgrund von Vorerkrankungen und die relativ kurze Zeitdauer des infolge der Exsikkose eingetretenen bzw. verschlimmerten Leidens berücksichtigt	OLG Hamm 25.6.2013 26 U 90/09 PflR 2014, 183; juris
1056	7500 € 3750 (€ 5220)	Unnötiger laparoskopischer Eingriff, der zu einer Perforation des Darms geführt hat, mit der Folge des Verlustes eines Teils des Dünndarms		45-jähr. Frau	Beschwerden bei der Nahrungsaufnahme, die immer wieder Schmerzen verursachen	Verschulden des Operators nicht sonderlich schwer; kurzfristiger lebensbedrohlicher Zustand; eine Laparotomie wäre wegen Verwachsungen im Bauchraum ohnehin erforderlich gewesen	OLG Köln 10.7.1996 5 U 240/95 VersR 1997, 59
1057	10 000 € 5000 + immat. Vorbehalt (€ 6713)	Vermeidbare zweite Bauchoperation, da eine Darmperforation mit einer Operation (ohne vorübergehende Anlage eines künstlichen Darmausgangs und dessen Entfernung) zu beheben gewesen wäre		Frau			OLG Koblenz 24.8.1999 3 U 1078/95 VersR 2001, 111
1058	10 000 € 5000 + immat. Vorbehalt (€ 6679)	Dünndarmperforation anlässlich einer Tubenligatur	Notoperation mit Aufenthalt in der Intensivstation, 9 Tage Krankenhaus; 7 Wochen krankgeschrieben, anschließend noch 1 Monat zu 30% in der Haushaltsführung behindert	Hausfrau	Narbe vom Bauchnabel bis zum Unterleib, die eine kosmetische Beeinträchtigung darstellt	Ursache war der Einsatz eines untauglichen Koagulationsgerätes, wobei es zu einem Koagulationseffekt mit intraabdomineller Rauchentwicklung kam; Klägerin litt am Tag der aufgetretenen Peritonitis mehrere Stunden lang unter starken kolikartigen Schmerzen, Übelkeit und Erbrechen; kein besonders gravierender Behandlungsfehler. Es besteht die nicht entfernt liegende Möglichkeit, dass es zu Verwachsungen im Bauchraum kommt	OLG Oldenburg (Oldenburg) 15.2.2000 5 U 165/99 RAe Hillmann u. Kramer, Oldenburg
1059	€ 6000 (€ 6665)	Intraoperative Verletzung des Darms		Frau		Insbesondere vor dem Hintergrund, dass aus den vorgenannten Erwägungen bei der Schmerzensgeldbemessung nicht nur die schicksalhaft eingetretene Darmläsion, sondern der tatsächliche Umfang des Eingriffs selbst hätte berücksichtigt werden müssen, ist die Annahme eines Schmerzensgeldes i.H.v. insgesamt € 6000 keinesfalls übersetzt	OLG Oldenburg (Oldenburg) 7.9.2011 5 U 60/11 GesR 2011, 677
1060	16 000 € 8000 + immat. Vorbehalt (€ 12 700)	Nekrose und Perforation des Dickdarms sowie Bauchfellentzündung durch ärztlichen Behandlungsfehler	Langwierige Behandlung; vorübergehend musste künstlicher Ausgang gelegt werden	Frau		Die eitrig fibrinöse Bauchfellentzündung kann auch in Zukunft zu erheblichen intraabdominalen Verwachsungen mit Beeinträchtigungen der Darmmotorik führen	LG Braunschweig 9.10.1991 5 O 271/89 RAe Dr. Meyerhoff & Koll., Braunschweig

Lfd. Nr.	Betrag DM Euro (Anp.2019)	Verletzung	Dauer und Umfang der Behandlung; Arbeitsunfähigkeit	Person des Verletzten	Dauerschaden	Besondere Umstände, die für die Entscheidungen maßgebend waren	Gericht, Datum der Entscheidung, Az., Veröffentlichung bzw. Einsender
Fortsetzung von »Innere Organe - Darm«							
1061	€ 12 000 + immat. Vorbehalt (€ 14 271)	Multiple freie Durchbrüche der Darmwand und eitrige Bauchfellentzündung	Dem Kläger musste ein künstlicher Darmausgang angelegt werden, der nach 4 Monaten zurückverlegt wurde, wobei die Klappe am Übergang Dünndarm-Dickdarm entfernt werden musste; anfangs lebensbedrohlicher Zustand	13-jähr. Junge		Beim Kläger, der sich wegen einer Morbus-Crohn-Erkrankung mehrfach in ambulanter und stationärer Behandlung befand, wurde ein medizinisch gebotener Befund verspätet erhoben. Bei einer rechtzeitigen Operation hätte mit hinreichender Wahrscheinlichkeit die Perforation des Darms übernäht werden können; man hätte dann den Darmverlust und das Legen des künstlichen Darms verhindern können	OLG Zweibrücken 24.4.2007 5 U 2/06 NJW-RR 2008, 537
1062	€ 12 782 (€ 16 926)	Rektum-Scheiden-Fistel nach ärztlichem Behandlungsfehler	Drei Operationen	Frau		Grober ärztlicher Behandlungsfehler. Nach einer abdominalen Hysterektomie ist den behandelnden Ärzten im Rahmen der postoperativen Behandlung eine Verletzung der ärztlichen Sorgfaltspflicht anzulasten. Vermeidbar fehlerhaft sei durch Fortführung der Klistierbehandlung trotz Warnsysteme eine Rektum-Scheiden-Fistel verursacht worden. So habe die Klägerin eine Zystoskopie, vier Rekto-Sigmoidoskopien, die operative Herstellung eines Anus praeternaturalis und operative Rückverlagung sowie 7 Monate lang die psychische und physische Belastung eines Kunstafters auf sich nehmen müssen	LG Hannover 23.11.2000 19 O 3625/00-186 Prozessvergleich RAin Philipp, Burgwedel
1063	€ 15 000 + immat. Vorbehalt (€ 16 355)	Belassen eines Bauchtuchs nach einer Operation im Körper (Darm) des Klägers	Operative Entfernung des Bauchtuchs	Mann		Bzgl. der Höhe des Schmerzensgeldes hält auch der Senat einen Betrag von € 15 000 für ausreichend und angemessen	OLG Hamm 18.1.2013 26 U 30/12 ZMGR 2013, 97; juris
1064	30 000 € 15 000 + immat. Vorbehalt (€ 20 961)	Endoskopische Entfernung des Wurmfortsatzes ohne wirksame Einwilligung mit nachfolgenden Komplikationen und zwei Folgeoperationen	Vier Krankenhausaufenthalte für insgesamt 4 Wochen	Frau	Große Narbe	Zulasten des Beklagten ist davon auszugehen, dass Klägerin nach Aufklärung über die bestehenden Alternativen nicht in die ambulante Appendektomie eingewilligt hätte; die wiederholten Krankenhausaufenthalte und massiven Bauchbeschwerden stellen erhebliche körperliche und seelische Belastung dar; Klägerin muss mit der Sorge leben, dass sich aufgrund von Verwachsungen auch in Zukunft Komplikationen ergeben können	OLG Oldenburg (Oldenburg) 6.2.1996 5 U 113/95 5. Zivilsenat des OLG Oldenburg

Innere Organe | **Urteile lfd. Nr. 1065 – 1067**

Lfd. Nr.	Betrag DM Euro *(Anp.2019)*	Verletzung	Dauer und Umfang der Behandlung; Arbeitsunfähigkeit	Person des Verletzten	Dauerschaden	Besondere Umstände, die für die Entscheidungen maßgebend waren	Gericht, Datum der Entscheidung, Az., Veröffentlichung bzw. Einsender
	Fortsetzung von »Innere Organe - Darm«						
1065	35 000 €17 500 + immat. Vorbehalt *(€ 22 832)*	Nicht erkannte Blinddarmentzündung, die zu einem Blinddarmdurchbruch führte		Mann		Ärztlicher Behandlungsfehler. Der Beklagte hat in hohem Maße fehlerhaft gehandelt, als er den Kläger – obwohl er angesichts der erhobenen Befunde und der nur unvollständigen Diagnostik das Vorliegen einer Appendicitis nicht sicher ausschließen durfte – nicht kurzfristig für den Folgetag zur erneuten Untersuchung und Überprüfung des Beschwerdebildes einbestellte. Hätte der Beklagte entsprechend gehandelt, wäre die seinerzeit tatsächlich vorliegende Blinddarmentzündung wahrscheinlich erkannt und so rechtzeitig operiert worden, dass es nicht zu einem Durchbruch mit den sich im weiteren hieraus ergebenden erheblichen Komplikationen gekommen wäre. Bei der Schmerzensgeldbemessung ist zu berücksichtigen, dass es bei dem Kläger infolge des Blinddarmdurchbruchs zu einer komplizierten Entwicklung mit rund 6-wöchiger stationärer Behandlung und mehrfachen invasiven Eingriffen kam. Nach einer sich postoperativ entwickelten Darmatomie, die konservativ behandelt wurde, entwickelte sich eine Bauchdeckenphlegmone mit septischem Krankheitsbild sowie ein Ileus des Dünndarms, weshalb eine Relaparotomie erforderlich wurde	OLG Düsseldorf 22.11.2001 8 U 192/00 RAe Weufen & Koll., Mönchengladbach
1066	€ 20 000 *(€ 26 222)*	Darmverletzung im Zuge einer laparoskopischen Operation im Bauchraum mit folgender Peritonitis, späterer Narbenbruch	Der 2 Jahre nachher eingetretene Narbenbruch musste operativ versorgt werden, wobei es danach wiederholt zu Narbenentzündungen kam	Mann	Stuhlunregelmäßigkeiten, Blähungsbeschwerden	Die als Folge der Darmverletzung entstandene Peritonitis, die eine durchaus lebensgefährliche Erkrankung darstellt, wurde zu spät erkannt und behandelt, so dass Kläger unnötig lange unter den damit verbundenen Schmerzen und Ängsten gelitten hat. Ebenfalls mussten größere Darmteile entfernt werden, als dies bei einem unverzüglich ausgeführten Revisionseingriff erforderlich gewesen wäre; zu berücksichtigen ist, dass mehrere Behandlungsfehler vorliegen	LG Nürnberg-Fürth 29.3.2001 4 O 4382/99 VersR 2002, 100 RA Friedrich Raab, Nürnberg
1067	40 000 € 20 000 + immat. Vorbehalt *(€ 26 784)*	Inkomplettes Kaudasyndrom mit Blasen- und Mastdarmentleerungsstörungen, Sensibilitätsstörungen im Innenbereich der unteren Extremitäten, des Genital- und Gesäßbereichs	Blasenstörung war nach 1 Monat behoben, Mastdarmentleerungsstörungen bildeten sich in der Folgezeit zurück; nach 9 Monaten Versteifungsoperation im WS-Bereich	55-jähr. Frau, bei Verkündung des letztinstanzlichen Urteils 63 Jahre alt		Unzureichende Grundaufklärung vor einer Bandscheibenoperation; es bestehen weiterhin Sensibilitätsstörungen im Bereich des Damms, der medialen Ober- und Unterschenkel sowie des Genitals, wobei letzteres die sexuelle Funktion und Erlebnisfähigkeit einschränkt; es bestand auch vor der Operation eine Schmerzsituation	OLG Bremen 21.12.1999 3 U 42/99 VersR 2001, 340

Lfd. Nr.	Betrag DM **Euro** *(Anp.2019)*	Verletzung	Dauer und Umfang der Behandlung; Arbeitsunfähigkeit	Person des Verletzten	Dauerschaden	Besondere Umstände, die für die Entscheidungen maßgebend waren	Gericht, Datum der Entscheidung, Az., Veröffentlichung bzw. Einsender
Fortsetzung von »Innere Organe - Darm«							
1068	€23 000 + immat. Vorbehalt *(€ 28 669)*	Darmgefäß-Nervenverletzung bei laparoskopischer Operation	6-tägige aparative Behandlung auf der Intensivstation mit verlängertem Krankenhausaufenthalt mit nachfolgender ständiger Gesundheitsüberwachung	15-jähr. Junge		Verstoß gegen die ärztliche Aufklärungspflicht. Das Argument der Beklagten, der Kläger hätte sich bei rechtzeitiger Aufklärung auch für die Operation entschieden, hilft nicht weiter. Der Patient braucht nicht darzulegen, wie er sich bei ordnungsgemäßer Aufklärung tatsächlich entschieden hätte. Im Zweifel ist zu Gunsten des Patienten davon auszugehen, dass er bei ausreichender und rechtzeitiger Risikoaufklärung in einen Entscheidungskonflikt geraten wäre	LG Freiburg i. Br. 13.8.2004 2 O 78/04 RAe Dr. Becker & Koll., Freiburg
1069	60 000 €30 000 *(€ 39 529)*	Stumpfes Bauchtrauma mit Dünndarmperforation, zweiseitige ausgedehnte Milzruptur; Thoraxprellung, Prellung des rechten Oberschenkels; Zerrung im rechten Handgelenk und im linken oberen Sprunggelenk, HWS-Zerrung	Insgesamt 28 Wochen Krankenhaus mit mehreren Operationen (u. a. Eröffnung des Bauches, nach 8 Jahren nochmals Operation zur Lösung von Verwachsungen)	32-jähr. Krankenschwester	Schwächung der Bauchdecke mit Gefahr eines Narbenbruchs, Veränderungen des Gangbildes durch Anschwellung des linken Fußes schon bei geringer Belastung; regelmäßige Medikamenteneinnahme zur Inganghaltung des Darms	Erforderliche Umschulung zur Bürokauffrau	OLG Hamm 17.1.2001 13 U 101/00 RiOLG Zumdick, Hamm
1070	€40 000 + immat. Vorbehalt *(€ 45 974)*	Durchtrennung des Nervus vagus bei einer laparoskopischen Antirefluxoperation	Drei Krankenhausaufenthalte	47-jähr. Mann	Störung der Magen-/Darmfunktionen, explosionsartige Darmentleerungen, Beeinträchtigung der Lebensführung, andauernd psychische Belastung	Mangelhafte Aufklärung; kein schadensursächlicher Behandlungsfehler. Der fehlende Nachweis einer Aufklärung über die mit der laparoskopischen Fundoplicatio zusammenhängenden Komplikationen geht zu Lasten der Beklagten. In Ermangelung der erforderlichen Risikoaufklärung fehlt der Einwilligung des Klägers in die operative Behandlung die erforderliche Grundlage, so dass der Eingriff des Beklagten zu 1) rechtswidrig war	LG Osnabrück 17.9.2008 2 O 2889/06 RAe Toennes, Klages & Brinkschröder, Osnabrück
1071	€40 000 + immat. Vorbehalt *(€ 45 579)*	Dickdarmriss mit folgender Bauchfellentzündung, dreifacher Dünndarmriss, Rippenserienfraktur 7–9 links, Schlüsselbeinbruch links, Brustbeinfraktur, beidseitige Lungenkontusion, Hämatopneumothorax, cervicales Wurzelreizsyndrom, posttraumatische Belastungsstörung	4 Wochen Krankenhaus, anschließend 5 Wochen Reha, 7 Monate arbeitsunfähig	54-jähr. Physiotherapeutin	Posttraumatische Belastungsstörung; Bewegungen, die eine Haltung des Schultergelenks über 90 Grad erfordern, nur eingeschränkt möglich	Grober Fahrfehler des Beklagten; keine körperliche einschneidende Einschränkung in der Lebensführung	OLG Hamm 19.3.2010 I-9 U 71/09 RAe Weiss & Koll., Westerkappeln

Innere Organe — Urteile lfd. Nr. 1072 – 1073

Lfd. Nr.	Betrag DM **Euro** *(Anp.2019)*	Verletzung	Dauer und Umfang der Behandlung; Arbeitsunfähigkeit	Person des Verletzten	Dauerschaden	Besondere Umstände, die für die Entscheidungen maßgebend waren	Gericht, Datum der Entscheidung, Az., Veröffentlichung bzw. Einsender

Fortsetzung von »Innere Organe - Darm«

| 1072 | € 40 000 + immat. Vorbehalt *(€ 43 127)* | Grober Behandlungsfehler (Befunderhebungsfehler) im Zusammenhang mit einer Hämorrhoiden-Operation | Der in einem anderen Krankenhaus später diagnostizierte Morbus Crohn erforderte eine subtotale Kolektomie (fast vollständige Entfernung des Dickdarms). Der Klägerin musste ein noch heute vorhandener künstlicher Darmausgang gelegt werden. Die Patientin wurde in künstliches Koma versetzt und nachoperiert. Insgesamt dauerte der Krankenhausaufenthalt über 6 Wochen; eine stationäre Rehabilitation schloss sich an | 60-jähr. Frau | Subtotale Kolektomie (fast vollständige Entfernung des Dickdarms); künstlicher Darmausgang | Das zuerkannte Schmerzensgeld von € 40 000 erachtet der Senat als angemessen. Das Landgericht hat alle Bemessungsfaktoren gesehen, berücksichtigt und gewürdigt. Dem Senat erscheinen die von der Klägerin aufgezeigten besonderen, sehr bedauerlichen Komplikationen und Erschwernisse aber nicht derart gewichtig, dass sie einzeln oder in ihrer wertenden Gesamtschau ein höheres Schmerzensgeld als das vom LG zuerkannte erfordern | OLG Koblenz 6.6.2013 5 U 228/13 juris |
| 1073 | € 40 000 + immat. Vorbehalt *(€ 44 669)* | Grober Behandlungsfehler durch die unterlassene Entfernung eines bereits diagnostizierten bösartigen Darm-Tumors bei einer Rektumresektion; dadurch zweite Operation mit erheblichen Komplikationen: Wundheilungsstörung im Bereich der Bauchdecke sowie Anastomoseinsuffizienz im Bereich der Darmnaht, periproktischer Abszess mit Beteiligung der Rektumwand, künstlicher Darmausgang (Ileostomas) konnte nicht rückverlegt werden | Fast 1 Monat stationäre Behandlung im Zusammenhang mit der Reoperation, weitere ambulante Behandlung mit endo-vac Therapie, regelmäßigen Kurz-Koloskopien und Spülungen, Rückverlagerung des Ileostomas im Klinikum, danach fast 1 Monat erneuter Klinikaufenthalt mit Abszessausräumung und Neuanlage eines doppelläufigen Ileostomas | Frau | Es ist fraglich, ob eine erneute Rückverlagerung des künstlichen Darmausgang erfolgreich durchgeführt werden kann | Bei der Bemessung sind nicht nur die Durchführung der zweiten Operation, sondern auch die durch die zweite Operation eingetreten gesundheitlichen Folgen, insbesondere die misslungene Rückverlagerung des Stomas, mit abzugelten. Muss der Patient bereits mehrere Jahre (hier: 4 Jahre) mit einem künstlichen Darmausgang leben und ist es fraglich, ob eine erneute Rückverlagerung erfolgreich durchgeführt werden kann, sind ihm aufgrund der Lage des Stomas Bücken, Drehbewegungen und aktives Arbeiten nur erschwert möglich. Hat sich der Heilungsverlauf durch die eingetretenen Komplikationen erheblich verzögert, waren außerdem neben der Re-Operation mindestens zwei weitere stationäre Aufenthalte erforderlich und hat sich durch die verzögerte Entfernung des bösartigen Tumors die Angst des Patienten vor einem Rezidives oder vor Metastasenbildung um ca. neun Monate verlängert, ist das Schmerzensgeld auch angesichts der Tatsache, dass der Patient an einer schwerwiegenden Grunderkrankung gelitten hat und auch ein komplikationsfreier Heilungsverlauf mit Beeinträchtigungen verbunden gewesen wäre, mit € 40 000 zu bemessen | OLG München 21.4.2011 1 U 2363/10 VersR 2011, 1012 Rev. zurückgew. durch BGH, Urt. v. 22.5.2012 VI ZR 157/11 VersR 2012, 905 |

Urteile lfd. Nr. 1074 – 1077 — Innere Organe

Lfd. Nr.	Betrag DM Euro (Anp.2019)	Verletzung	Dauer und Umfang der Behandlung; Arbeitsunfähigkeit	Person des Verletzten	Dauerschaden	Besondere Umstände, die für die Entscheidungen maßgebend waren	Gericht, Datum der Entscheidung, Az., Veröffentlichung bzw. Einsender
\	\ Fortsetzung von »Innere Organe - Darm«						
1074	€ 50 000 + immat. Vorbehalt (€ 53 528)	Aufgrund eines Befunderhebungsfehlers unzureichend behandelter Analabszess	Mehrfache stationäre Krankenhausaufenthalte mit einer Vielzahl von Operationen, u. a. anus praeter	Frau	Inkontinenz	Die geltend gemachten gesundheitlichen Schäden der Klägerin rechtfertigen das beantragte Schmerzensgeld von € 50 000. Der Betrag kompensiert die dauerhaften, von zahlreichen Operationen begleiteten Beschwernisse und Behinderungen in angemessener Weise unter Berücksichtigung von Vergleichsfällen	OLG Koblenz 11.2.2015 5 U 747/14 juris
1075	€ 70 000 + immat. Vorbehalt (€ 77 762)	Aufklärungsfehler bei operativer Korrektur einer Wirbelsäulenverkrümmung (Skoliose). Rückenmarksverletzung mit vorübergehend fast vollständiger Lähmung der Beine und zunächst bestehende Harn- und Stuhlinkontinenz	Mehrmonatige Krankenhausbehandlung und Notwendigkeit einer Revisionsoperation	13-jähr. Mädchen	Blasen- und Darmentleerungsstörungen	Hierbei sind neben der vorübergehend fast vollständigen Lähmung der Beine mit Rollstuhlpflichtigkeit, der zunächst bestehenden Harn- und Stuhlinkontinenz, der mehrmonatigen Krankenhausbehandlung und der Notwendigkeit einer Revisionsoperation im Oktober 2008, die nach dem Misserfolg des Ersteingriffs psychisch sehr belastend sein musste, vor allem die Folgen zu berücksichtigen, die für die im Operationszeitpunkt erst 13 Jahre alte Klägerin dauerhaft verblieben sind. Zwar kann die Klägerin nach den vorgelegten Arztberichten mittlerweile wieder ohne fremde Hilfe gehen und kürzere Wegstrecken zurücklegen. Blasen- und Darmentleerungsstörungen bestehen aber fort. So kommt es, wie sich aus den Arztberichten gleichfalls ergibt, bei bemerktem Harndrang vor Erreichen der Toilette zur Harnentleerung. Stuhldrang wird bei vorhandenem Verstopfungsgefühl selten bemerkt, was ein manuelles Ausräumen erfordert	OLG Köln 26.10.2011 5 U 46/11 juris
1076	€ 70 000 + immat. Vorbehalt (€ 80 629)	Darmperforation bei einer endoskopischen Untersuchung des Dickdarms	3 Revisionsoperationen	Mann	Anlage eines künstlichen Darmausgangs, der nicht mehr zurückverlegt wird	Haftung des Beklagten unabhängig vom Vorliegen eines Behandlungsfehlers, weil die Einwilligung des Klägers mangels hinreichender Aufklärung unwirksam war; Vorhandensein eines künstlichen Darmausgangs beeinträchtigt Lebensführung nachhaltig; Kläger ist stuhlinkontinent, was als überaus belastend zu bewerten ist	OLG Oldenburg (Oldenburg) 27.2.2009 5 U 43/08 5. Zivilsenat des OLG Oldenburg
1077	€ 75 000 + immat. Vorbehalt (€ 79 175)	Behandlungsfehler in Form der Unterlassung der Befunderhebung mit der die Chance bestanden hätte, dass die massiven Darmverletzungen und eine Dünndarmresektion in großen Anteilen wahrscheinlich vermeidbar gewesen wäre	Vorübergehender künstlicher Darmausgang mit künstlicher Ernährung, mehrere OP, stationärer Reha-Aufenthalt	59-jähr. Frau	Häufige Durchfälle, kein Heben von Lasten über 4 kg (wegen Narbenhernie), Narben am Bauch	Ein selbstbestimmtes Leben wie vor der Darmresektion ist nur noch unter Einschränkung der Lebensqualität möglich. Schmerzensgelderhöhend hat die Kammer berücksichtigt, dass die Klägerin für die 4-tägige Zeit bis zur Revisions-OP unnötigen Beeinträchtigungen wie Druck- und Völlegefühl, Erbrechen ausgesetzt war. Schmerzensgeldmindernd wurde berücksichtigt, dass die Klägerin nur zeitweise für 3 1/2 Monate am Kurzdarmsyndrom litt und nunmehr durch orale Nahrungsaufnahme wieder in der Lage ist, das Gewicht zu halten, wobei die Klägerin zur Vermeidung eines Rezidivs eine strenge Diät einhält	LG Köln 10.1.2017 3 O 272/10 RAe Meinecke & Meinecke, Köln

● Mithaftung (siehe vorletzte Spalte)

Innere Organe

Urteile lfd. Nr. 1078 – 1080

Lfd. Nr.	Betrag DM Euro (Anp.2019)	Verletzung	Dauer und Umfang der Behandlung; Arbeitsunfähigkeit	Person des Verletzten	Dauerschaden	Besondere Umstände, die für die Entscheidungen maßgebend waren	Gericht, Datum der Entscheidung, Az., Veröffentlichung bzw. Einsender

Fortsetzung von »Innere Organe - Darm«

1078	€ 75 000 + immat. Vorbehalt (€ 80 050)	Verspätete Befunderhebung durch CT trotz akuten Abdomens, dadurch Portanlegung, Infektion, 4-Quadranten-Peritonitis und Spondylodiszitis	Mehrere Krankenhausaufenthalte (insgesamt ca. 8 Wochen) mit Operationen	45-jähr. Frau	Darm- und Verdauungsbeschwerden	Unter Berücksichtigung des Alters der Klägerin, der Vielzahl und Dauer der Krankenhausaufenthalte und der krankheitsbedingten dauerhaften Beschwerden und Beeinträchtigungen wie Verdauungsproblemen, Blähungen, gastrointestinalen Beschwerden, verminderter Aufnahmefähigkeit von Nahrungsstoffen, täglichen Durchfällen und der damit verbundenen erheblichen Minderung der Belastbarkeit der Klägerin, ist das zugesprochene Schmerzensgeld keinesfalls überhöht	OLG München 27.11.2014 1 U 901/14
1079	€ 75 000 (€ 89 194)	Eingeweidebruch (Hernie) nach missglückter Dünndarmoperation	Neun teilweise schwierigste operative Eingriffe innerhalb 2 Monaten	Mann	MdE: 100%	Es besteht durch den Verlust eines bestimmten Teils des Dünndarms die Unmöglichkeit, Gallensäure rückzuresorbieren, so dass die vom Kläger angegebene Schmerzhaftigkeit der Nahrungsaufnahme nachvollziehbar und seine Mobilität durch häufige Durchfälle weitgehend auf die unmittelbare Nähe von Toiletten beschränkt ist. Der Kläger ist darüber hinaus körperlichen Belastungen wie Heben oder Stehen nur begrenzt gewachsen. Er kann infolge der fehlenden Bauchmuskulatur keine Lasten von mehr als 12 bis 15 kg heben. Beim Bücken ist der Kläger durch die sich vorwölbende große Hernie oder den angelegten Stützmieder erheblich behindert. Auch ein längeres Stehen ist nur eingeschränkt möglich. Auf nervenärztlichem Fachgebiet besteht eine chronische Anpassungsstörung (erlebnisbedingter Persönlichkeitswandel) mit starkem subjektivem Leiden und emotionaler Beeinträchtigung sowie depressiver Verstimmung, die weiter ambulanter nervenärztlicher Behandlung mit Psychotherapie bedürfe	OLG Oldenburg (Oldenburg) 16.5.2007 5 U 163/04 Pressestelle OLG Oldenburg, 5. Zivilsenat
1080	€ 90 000 + immat. Vorbehalt (€ 96 060)	Kurzdarmsyndrom nach Teilresektion des Dünndarms	Verzögerung der erforderlichen Behandlung einer Ileuserkrankung von 5 bis 6 Tagen, schließlich Laparotomie mit Teilresektion des Dünndarms. Dauerhafte Behandlungsbedürftigkeit und AU	Frau	Kurzdarmsyndrom	Kommt es infolge einer grob fehlerhaften Behandlung zu einer Verzögerung der erforderlichen Behandlung einer Ileuserkrankung von 5 bis 6 Tagen, musste der Geschädigte in diesem Zeitraum dauerhaft Schmerzen und Erbrechen hinnehmen, wird ein entstandenes Kurzdarmsyndrom lebenslang fortbestehen, hat der Geschädigte unter Osteoporose als unmittelbarer Folge des Kurzdarmsyndroms zu leiden, ist er dauerhaft arbeitsunfähig erkrankt und sind die Lebensplanung und Lebensführung danach nachhaltig und dauerhaft beeinträchtigt, so ist ein Schmerzensgeld von € 90 000 angemessen	OLG Hamm 21.11.2014 26 U 80/13

Lfd. Nr.	Betrag DM **Euro** *(Anp.2019)*	Verletzung	Dauer und Umfang der Behandlung; Arbeitsunfähigkeit	Person des Verletzten	Dauerschaden	Besondere Umstände, die für die Entscheidungen maßgebend waren	Gericht, Datum der Entscheidung, Az., Veröffentlichung bzw. Einsender
\multicolumn{8}{l}{**Fortsetzung von »Innere Organe - Darm«**}
1081	€ 120 000 + immat. Vorbehalt *(€ 122 069)*	Langanhaltende lebensbedrohliche Sepsis mit letztlichem Verlust eines Großteils des Darms, ischämische Nekrose am rechten Vorfuß mit letztlicher Amputation des rechten Beins, wobei zunächst der Fuß und dann der Unterschenkel entfernt wurden	Zahlreiche Operationen bzgl. des Darms und der Amputation, längere stationäre Aufenthalte, 6 Wochen stationäre Reha	70-jähr. Mann	Partielle Niereninsuffizienz, critical illness Polyneuropathie	Grober ärztlicher Behandlungsfehler. Die notwendige Notfall-OP erfolgte zu spät und wurde auch fehlerhaft durchgeführt, gleiches gilt für die Relaparotomie. Die Kammer hat u.a. das bereits fortgeschrittene Lebensalter des Klägers berücksichtigt. Dass der Kläger sich auch einer palliativen OP eines Speiseröhrenkrebses unterzogen hat, ist für die Schmerzensgeldbemessung nicht von Bedeutung	LG Köln 11.7.2018 25 O 290/16 RAe Meinecke & Meinecke, Köln
1082	€ 150 000 *(€ 175 828)*	Bauchfellentzündung (Peritonitis) durch Dünndarmverletzung des operierenden Arztes	49 Wochen stationär, elf Operationen	44-jähr. Krankenschwester	Immer wieder auftretende Durchfälle, Schmerzen, Subileuszustände, physische und psychische Beeinträchtigungen	Eine frühzeitige Sanierung der vom Beklagten bewirkten Darmverletzung hätte nicht zum Austritt von Darminhalt über die konkret vorhandene Läsionsstelle in den Bauchraum geführt und dadurch die Bauchfellentzündung bewirkt. Im Folgeeingriff musste eine umfangreiche Entfernung von Dünn- und auch Dickdarm durchgeführt werden, was wiederum das Kurzdarmsyndrom bewirkte. Klägerin ist zukünftig auf ganz besondere und einschränkende Nahrungsaufnahme sowie künstlicher Vitaminzufuhr angewiesen, ganz unabhängig von dem immer wieder möglichen Auftreten von (Sub-)Ileuszuständen	LG Ravensburg 22.11.2007 3 O 312/05 RAe Dr. Roth & Kollegen, München

● Mithaftung (siehe vorletzte Spalte)

Innere Organe — Urteil lfd. Nr. 1083

Lfd. Nr.	Betrag DM **Euro** *(Anp.2019)*	Verletzung	Dauer und Umfang der Behandlung; Arbeitsunfähigkeit	Person des Verletzten	Dauerschaden	Besondere Umstände, die für die Entscheidungen maßgebend waren	Gericht, Datum der Entscheidung, Az., Veröffentlichung bzw. Einsender

Fortsetzung von »Innere Organe - Darm«

| 1083 | **€ 220 000** + immat. Vorbehalt *(€ 236 239)* | Darmperforation mit Entzündung des Bauchfells durch aufklärungsfehlerhafte Darmspiegelung und endoskopischer Entfernung eines Darmpolypen | Nach der Diagnose einer Darmperforation wurde der Kläger notfallmäßig operiert und mehrfach operativ sowie zeitweilig auch intensiv-medizinisch mit Langzeitbeatmung behandelt | 48-jähr. Mann | Grad der Behinderung von 100. Pflegestufe I. Künstlicher Darmausgang | Der Kläger kann gem. § 253 Abs. 2 ZPO ein angemessenes Schmerzensgeld verlangen, dessen Höhe der Senat mit **€ 220 000** bemisst. Dabei ist insb. der komplikationsträchtige Krankheitsverlauf, der schließlich zu einer Frühberentung des Klägers geführt hat, zu berücksichtigen. Der Kläger befand sich in über 5 Monate ununterbrochen im Krankenhaus. Es mussten bei ihm während dieser Behandlungszeit insgesamt 19 Lavagen des Bauchinnenraums durchgeführt werden. Der Kläger erhielt 17 Transfusionen mit Erythrozytenkonzentraten. Ca. 10 Wochen lang wurde er intensivmedizinisch mit Langzeitbeatmung überwacht. Es mussten eine Hauttransplantation im Bereich der Brustwirbelsäule und chirurgische Debridements der erlittenen Dekubiti sowie anschließender Behandlung mit Hydrokolloidverbänden an der rechten Ferse durchgeführt werden. Eine während des stationären Aufenthalts aufgetretene Spitzfußstellung musste mittels einer Peronaeusschiene behandelt werden. 12 Tage wurde der Kläger in die Kurzzeitpflege aufgenommen. Dort entwickelte sich nach einem septischen Schock eine ausgedehnte Bronchopneumonie, so dass der Kläger ca. 3 Wochen wiederum im Krankenhaus intensivmedizinisch behandelt werden musste. Anschließend befand sich der Kläger ca. 3 Wochen in der Rehabilitation. Neben der Länge der Behandlungszeit ist für die Höhe des Schmerzensgeldes bestimmend, dass der Kläger nach wie vor erheblich beeinträchtigt ist. Er hat einen Grad der Behinderung von 100. Ihm ist die Pflegestufe I bewilligt worden. Der Kläger leidet unter einem deutlichen Gewichtsverlust und einer depressiven Entwicklung. Er hat einen künstlichen Darmausgang, der ihn stark einschränkt. In der Höhe hält sich das Schmerzensgeld in dem von der Rspr. in vergleichbaren Fällen gezogenen Rahmen (vgl. LG Ravensburg, Urt. v. 22.11.2007; OLG Frankfurt am Main., Urt. v. 9.4.2010 zit. nach Hacks/Wellner/Häcker, Schmerzensgeldbeträge 2015, 33. Aufl., lfd. Nr. 1298 ff.) | OLG Hamm 3.9.2013 26 U 85/12 juris; GesR 2013, 730 |

Lfd. Nr.	Betrag DM Euro (Anp.2019)	Verletzung	Dauer und Umfang der Behandlung; Arbeitsunfähigkeit	Person des Verletzten	Dauerschaden	Besondere Umstände, die für die Entscheidungen maßgebend waren	Gericht, Datum der Entscheidung, Az., Veröffentlichung bzw. Einsender
Fortsetzung von »Innere Organe - Darm«							
1084	€ 250 000 (€ 284 871)	Komplette Zerreißung der linken Flanke und der Bauchdecke mit den darunter gelegenen Organen, von Dünn- und Dickdarm verblieb nach mehreren Operationen nur noch ein 140 cm langer Dünndarm, die Milz wurde entfernt, die rechte Niere ist nicht mehr funktionsfähig, die linke weist Funktionsbeeinträchtigungen aus. Es verbleibt eine entstellende großräumige Narbe auf der Bauchdecke. Es droht ein möglicher Funktionsverlust auch der zweiten Niere	Äußerst komplizierter Krankheitsverlauf (Notfalloperation, anschließend mehrere weitere OP); MdE: 100%	32-jähr. Mann	Kurzdarmsyndrom nach Bauchtrauma; Hauptbeschwerden breiige Durchfälle (ca. 7–11 pro Tag) mit Bauchschmerzen; spontane Stuhlgänge lassen sich nur bedingt vermeiden; Kläger muss strenge Diät halten und regelmäßig kleine Mahlzeiten zu sich nehmen	Kl. war zum Unfallzeitpunkt 32 Jahre alt; Kl. wird lebenslänglich an seinen Verletzungen und den Dauerschäden zu leiden haben; gerade bei einem jungen Menschen wirkt sich das Alter als schmerzensgelderhöhend aus; Kl. wurde plötzlich aus seiner Lebensplanung und -gestaltung gerissen; eine Ausübung seiner früheren Tätigkeit im Außendienst ist nicht mehr denkbar; seine frühere Partnerin hat sich von ihm getrennt; es wird davon auszugehen sein, dass die körperlichen und seelischen Leiden des Kl. den Aufbau einer neuen Partnerschaft bzw. Familiengründung erheblich erschweren werden; sportliche Aktivitäten und andere Freizeitaktivitäten kann der Kl. nur in sehr beschränktem Umfang nachkommen; insb. Badeurlaube und Schwimmbadbesuche dürften schon aufgrund der massiven und entstellenden Narben nicht mehr in Betracht kommen; bei einem akuten Nierenversagen kann jederzeit ein lebensgefährlicher Zustand entstehen	OLG Frankfurt am Main 9.4.2010 13 U 128/09 NZV 2011, 39

Weitere Urteile zur Rubrik »**Innere Organe - Darm**« siehe auch:
bis € 12 500: 2214, 1046, 1145
bis € 25 000: 3186, 2475, 2816, 1368
ab € 25 000: 1672, 2952, 2819, 2956, 2820, 1678, 2598, 1296, 691, 1484, 2264, 3, 1970, 509, 1322, 1972, 1054, 1975, 3012, 2606, 1979, 1448, 1983, 3191, 1985, 1991, 1994, 3018, 1182, 2003, 1454, 2007, 2011, 2677, 2017, 2681

Innere Organe - Herz und Kreislauf

Lfd. Nr.	Betrag	Verletzung	Dauer und Umfang	Person	Dauerschaden	Besondere Umstände	Gericht
1085	€ 500 (€ 559)	Verletzung der Arteria femoralis superficialis bei Herzkatheteruntersuchung zu spät erkannt, wodurch der Kläger nahezu einen halben Tag vermeidbaren Belastungen ausgesetzt war (Schmerzen, Taubheitserscheinungen, eine Gehbehinderung und Ängste)		Mann	Sensibilitätsstörungen, Missempfindungen und Schmerzen im gesamten Bereich des rechten Beins und die vorhandene Gehschwäche	Der Dauerschaden mit seinen Folgewirkungen beruht nicht darauf, dass sich der Revisionseingriff in seiner Durchführung hinausschob, sondern hat seine Ursache in dessen Vornahme schlechthin, die sich als schicksalhafte Folge der Katheteruntersuchung darstellt	OLG Koblenz 24.3.2011 5 U 167/09 NZB zurückgew. d. BGH, Beschl. v. 27.3.2012 – VI ZR 109/11
1086	€ 3000 (€ 3354)	Gob behandlungsfehlerhafte Beschädigung eines Herzrhythmusregulators bei einem MRT mit anschließend erforderlicher Neuimplantation	Nach dem Austausch des Herzrhythmusregulators kam es zu massiven Herzrhythmusstörungen und zu einem insgesamt deutlich verschlechterten kardialen Zustand des Klägers	Mann		Erfordert der grobe Behandlungsfehler die Einbringung eines neuen Herzrhythmusregulators, rechtfertigt das ein Schmerzensgeld von € 3000. Dem Arzt ist der Nachweis gelungen, dass verstärkte Ausfälle und Beschwerden nicht auf dem Behandlungsfehler, sondern auf der schon zuvor bestehenden Grunderkrankung des Patienten beruhen	OLG Koblenz 10.3.2011 5 U 1281/10 VersR 2011, 1268

Innere Organe — Urteile lfd. Nr. 1087 – 1091

Lfd. Nr.	Betrag DM Euro (Anp.2019)	Verletzung	Dauer und Umfang der Behandlung; Arbeitsunfähigkeit	Person des Verletzten	Dauerschaden	Besondere Umstände, die für die Entscheidungen maßgebend waren	Gericht, Datum der Entscheidung, Az., Veröffentlichung bzw. Einsender

Fortsetzung von »Innere Organe - Herz und Kreislauf«

Lfd. Nr.	Betrag	Verletzung	Dauer und Umfang der Behandlung	Person	Dauerschaden	Besondere Umstände	Gericht
1087	€5000 + immat. Vorbehalt (€5772)	Chronischer Bluthochdruck mitverursacht durch eine völlig unzureichende kinderkardiologische Untersuchung		Knapp 3-jähr. Junge	Chronische Hypertonie, die dauerhaft mit blutdrucksenkenden Medikamenten behandelt werden muss	Kinderarzt hatte zum Ausschluss eines Herzfehlers unterlassen, die erforderlichen Puls- und Blutdruckuntersuchungen durchzuführen und versäumt, den Kläger einer echokardiographischen Untersuchung zuzuführen. Aufgrund der völlig unzureichenden kinderkardiologischen Untersuchung wurde erst 6 Jahre später ein fortgeschrittener Zustand der Aortenisthmusstenose festgestellt, deren Schweregrad inzwischen ganz erheblich zugenommen hatte. Der durch die Stenose hervorgerufene Gefäßschaden wurde um so größer, je länger der erhöhte Blutdruck auf das Gefäßsystem einwirkte	OLG Frankfurt am Main 7.5.2009 8 U 318/08 Beschluss RiOLG Stefan Göhre
1088	10 000 €5000 + immat. Vorbehalt (€6816)	Herausbildung eines Herzwandaneurysmas nach unzureichender diagnostischer Abklärung eines Vorderwandinfarkts		Mann		Grober ärztlicher Behandlungsfehler	OLG Oldenburg (Oldenburg) 25.11.1997 5 U 64/97 NJWE-VHR 1998, 139 VersR 1999, 317
1089	€6000 (€6926)	Schwindelgefühle Kreislaufprobleme, Übelkeit, Erbrechen und Schweißausbrüche auf die Dauer von 2½ Wochen infolge vorzeitigem Entleeren einer Schmerzmittelpumpe	3½ Wochen stationäre Behandlung mit zeitweiser intensivmedizinischer Betreuung, operativer Austausch der Schmerzmittelpumpe	Frau		Der beklagte Anästhesist hat Befüllvorgang der Schmerzmittelpumpe fehlerhaft durchgeführt	OLG Frankfurt am Main 10.3.2009 8 U 253/07 RiOLG Göhre
1090	€7000 (€8604)	Unterlassen einer unverzüglichen Einweisung in eine Klinik zu einer Herzkatheteruntersuchung bei Veränderungen im EKG und bei geschilderter Beschwerdesymptomatik, was einige Tage später zu einem Herzinfarkt führte	Mehrere Wochen Krankenhaus, wobei diverse Komplikationen auftraten	Mann		Grober ärztlicher Behandlungsfehler; Kläger lebt seither in der Angst, erneut einen Herzinfarkt zu erleiden; Lebensqualität durch Infarkt und seine Folgen erheblich vermindert	OLG Bamberg 4.7.2005 4 U 126/03 NJW-RR 2005, 1266
1091	15 000 €7500 + immat. Vorbehalt (€10 019)	Herzvorderwand-Infarkt mit folgender Aneurysmabildung infolge eines Diagnose- und Behandlungsfehlers	Bypassoperation nach 3 Wochen erforderlich, insgesamt 4 Wochen Krankenhaus	Keramiktechniker		Infolge der Aneurysmabildung ständige Einnahme von Marcumar; es lagen bereits körperliche und gesundheitliche Beeinträchtigungen aufgrund einer fortgeschrittenen Koronarsklerose vor, die vom Beklagten nicht erkannt wurde; es besteht Feststellungsinteresse, da wegen der Aneurysmabildung die Gefahr besteht, dass sich Blutgerinnsel bilden, lösen und zu einem Gefäßverschluss führen können	OLG Bamberg 31.1.2000 4 U 198/99 Berufungsurteil zu LG Hof 21.7.1999 32 O 720/95 RA Flood, Wunsiedel

Fortsetzung von »Innere Organe - Herz und Kreislauf«

Lfd. Nr.	Betrag DM Euro (Anp.2019)	Verletzung	Dauer und Umfang der Behandlung; Arbeitsunfähigkeit	Person des Verletzten	Dauerschaden	Besondere Umstände, die für die Entscheidungen maßgebend waren	Gericht, Datum der Entscheidung, Az., Veröffentlichung bzw. Einsender
1092	€ 20 000 + immat. Vorbehalt *(€ 24 274)*	Abriss an der Herzklappe zwischen dem rechten Vorhof und dem rechten Ventrikel	2 Wochen Krankenhaus mit Ersetzen der Herzklappe, 5 Wochen Anschlussheilbehandlung	29-jähr. Mann	Bewegungsabhängige Schmerzen im Brustkorb sowie in der rechten Clavikula; das Leben lang auf die Behandlung mit blutgerinnungshemmenden Mitteln angewiesen; MdE: 50%	Mehrere Jahre nach einem Unfall, bei dem der Kläger verletzt und ein Schmerzensgeld vergleichsweise gezahlt wurde, ist ein unfallkausaler Abriss an der Herzklappe festgestellt worden, der vorher nicht diagnostiziert werden konnte (nach medizinischen Erfahrungen als Rarität einzuordnen); regelmäßige Bewegungstherapie erforderlich; besonders schwer trifft den Kläger, dass er schon im Alter von 29 Jahren mit einem technischen Herzklappenersatz limitierter Haltbarkeit leben muss; mit sehr hoher Wahrscheinlichkeit ist mit der Gefahr einer weiteren Operation mit dem Einsetzen einer neuen Herzklappe zu rechnen	LG Kaiserslautern 19.5.2006 2 O 333/01
1093	40 000 € 20 000 + immat. Vorbehalt *(€ 27 126)*	Verbleib eines 15 cm langen Katheterfragments in der rechten Herzkammer		33-jähr. Mann		Zwei Versuche, nach über 1 Jahr den Fremdkörper perkutant zu entfernen, waren vergebens, da das Fragment bereits fest mit der Herzwand verwachsen war; Fremdkörper führt derzeit nicht zu einer aktuellen Einschränkung der allgemeinen Belastbarkeit; es kann jedoch zu Herzrhythmusstörungen, zu Entzündungen der Herzinnenwand, zu einer Blutung in den Herzbeutel oder zu einer Thrombosierung der Lungenstrombahn kommen. Diese Komplikationen, die u. U. zum Tode führen können, sind keineswegs fern liegend; Mortalitätsrisiko beträgt 10%; das ständige Bewusstsein, früher oder später mit dem Eintritt lebensbedrohlicher Probleme rechnen zu müssen, ist geeignet, die Lebensführung des Klägers nachhaltig zu beeinträchtigen und seine psychische Stabilität zu beeinflussen; uneinsichtiges Verhalten der Beklagten	OLG Düsseldorf 17.12.1998 8 U 170/97 NVersZ 2000, 40
1094	€ 20 000 + immat. Vorbehalt *(€ 20 601)*	Minimalinvasive Re-TASH-Behandlung (Transkoronare Ablation der Septumhypertrophie) ohne hinreichende Aufklärung über eine Myektomie als gleichwertige Behandlungsmethode. Dadurch schwerwiegende Komplikationen, infolge derer der Kläger einen lebensbedrohlichen Infarkt erlitt und zur operativen Weiterversorgung in eine andere Klinik verlegt wurde	Dort wurden notfallmäßig eine Myektomie durchgeführt und dem Kläger drei Bypässe und ein Herzschrittmacher gesetzt sowie eine operative Muskelverkleinerung vorgenommen. Nach zweieinhalbwöchigem stationärem Aufenthalt wurde der Kläger zur Rehabilitation verlegt. Rente wegen voller Erwerbsminderung	44-jähr. Mann	Herzprobleme mit deren Folgen	Verbleibt es bei einer unzureichenden Aufklärung des Klägers über die Behandlungsalternative der Myektomie, ist das erstinstanzlich zugesprochene Schmerzensgeld von € 20 000 angesichts der massiven und dauerhaften gesundheitlichen Folgen für den Kläger seitens des Senats nicht zu beanstanden. Die Höhe wurde von der Beklagten mit der Berufung auch nicht angegriffen	OLG Hamm 10.4.2018 26 U 67/17 juris

● Mithaftung (siehe vorletzte Spalte)

Innere Organe | Urteile lfd. Nr. 1095 – 1099

Lfd. Nr.	Betrag DM Euro (Anp.2019)	Verletzung	Dauer und Umfang der Behandlung; Arbeitsunfähigkeit	Person des Verletzten	Dauerschaden	Besondere Umstände, die für die Entscheidungen maßgebend waren	Gericht, Datum der Entscheidung, Az., Veröffentlichung bzw. Einsender
\multicolumn{8}{l}{Fortsetzung von »Innere Organe - Herz und Kreislauf«}

Lfd. Nr.	Betrag	Verletzung	Dauer/Umfang	Person	Dauerschaden	Besondere Umstände	Gericht
1095	45 000 € 22 500 (€ 31 441)	Ruptur der Aorta; Fraktur des Schambeinastes links; Fraktur zweier Rippen; Lungenkontusion; multiple Rissquetschungen	16 Tage Krankenhaus	16-jähr. Mädchen	Viele Narben, auch an exponierten Körperteilen	Der Zukunftsplan, Sportlehrerin zu werden, kann nicht verwirklicht werden. Einsatz einer künstlichen Röhre ist medizinisches Neuland. Ungewiss, wie lange die künstliche Röhre verbleiben kann und wann ein etwaiger Austausch erforderlich wird. Für den Fall, dass die künstliche Röhre ausreißt, besteht akute Lebensgefahr. Jeglicher Bluthochdruck ist daher zu vermeiden	LG Regensburg 28.3.1996 3 O 34/96 RA Dr. Dittrich, Kötzting
1096	€ 30 000 + immat. Vorbehalt (€ 36 246)	Implantation einer Herzklappe und eines Herzschrittmachers nach zu spät erkrannter infektiöser Endokarditis (Entzündung der Herzinnenhaut)		49-jähr. Mann	Zeitlebens stark eingeschränkte körperliche Bewegungsfreiheit	Der Beklagte hat widerrechtlich den Körper und die Gesundheit des Klägers im Rahmen seiner ärztlichen Behandlung fahrlässig verletzt, da er die infektiöse Endokarditis trotz entsprechender Anzeichen und Erkenntnismöglichkeiten nicht bereits ein dreiviertel Jahr früher erkannte und sich so ein erheblich längerer und gravierender Krankheitsverlauf beim Kläger einstellte, der letztlich zur Implantation einer Herzklappe sowie eines Herzschrittmachers und weiteren körperlichen Beeinträchtigungen führte. Bei rechtzeitigem Erkennen wäre eine konservative Behandlung mit Antibiose ohne Operation erfolgsversprechend gewesen	LG Bonn 21.8.2006 9 O 149/05 RAin Maia Steinert, Köln
1097	60 000 € 30 000 + immat. Vorbehalt (€ 40 227)	Nichterkennen einer Entzündung der Herzinnenhaut mit Folge einer irreparablen Schädigung einer Aortenklappe; postoperativer Krampfanfall	Herzklappenoperation mit Einbringung eines technischen Klappenersatzes; 4 Wochen Krankenhaus	35-jähr. Professor für Informatik	Medikamentöse Therapie mit Antikoagulantien, antiepileptische Therapie; die ständige Einnahme der Medikamente führt zu Kopfschmerzen, Übelkeit und Wetterfühligkeit und macht häufige Arztbesuche erforderlich; starke Einschränkung in der beruflichen Mobilität	Fundamentaler Diagnosefehler (Verkennung eines Laborbefundes); Kläger kann Freizeitsportarten nicht mehr nachgehen; die psychische „Hypothek", schon im Alter von 35 Jahren mit einem technischen Aortenklappenersatz limitierter Haltbarkeit leben zu müssen, trifft den Kläger besonders schwer	Saarländisches OLG 21.7.1999 1 U 9261/98-168 zfs 2000, 378 VersR 2000, 1241 Revision der Beklagten vom BGH nicht angenommen VI ZR 271/99
1098	€ 35 000 ● (€ 42 095)	Schädelhirntrauma mit Blutauflagerung auf Gewebeschicht des Kleinhirns, Orbitahämatom rechts mit Risswunde über rechtem Augenlid, Leberruptur, Ruptur der Bauchspeicheldrüse, Schlüsselbeinfraktur rechts, Herzkontusion, Abriss eines Sehnenfadens am Klappenapparat zwischen Vorhof und Kammer des Herzens	3 Wochen Krankenhaus, nach einem Jahr nochmals 2 Tage und 12 Tage Klinikaufenthalt zur Rekonstruktion der Herzklappe	Mann	Verwachsungen im Bauchraum, Narbe über den gesamten Oberkörper; erhöhte Gefahr, an einer Entzündung der Herzinnenhaut zu erkranken	30% Mithaftung; besondere Rücksichtslosigkeit des Beklagten, der einen Anhänger auf der Straße bei Dunkelheit stehen ließ; treuwidrig verzögerte Schadensregulierung, die als Zermürbungsversuch zu werten ist (Gerichte sind nach Gesetz und Verfassung verpflichtet, einen Missbrauch wirtschaftlicher Macht dadurch entgegenzuwirken, dass sie dem Geschädigten als Genugtuung ein erhöhtes Schmerzensgeld zusprechen); Kläger kann sich nicht mehr im gleichen Maß wie vor dem Unfall sportlich betätigen; er muss bei kleineren invasiven Eingriffen, etwa beim Zahnarzt, vorbeugend Antibiotika nehmen	OLG Nürnberg 22.12.2006 5 U 1921/06 VersR 2007, 1137
1099	75 000 € 37 500 (€ 49 288)	Herzinfarkt infolge unterlassener Befunderhebung nach dem Auftreten von Brustschmerzen		30-jähr. Brandmeister	Nicht mehr belastbar, kann keine längeren Strecken alleine zurücklegen, Einschränkung der Pumpfunktion um mehr als 40%; erwerbsunfähig	Kläger kann keinen Freizeitsport mehr betreiben; hat ein Gefühl der Nutzlosigkeit; Ausschlussdiagnostik eines Infarkts darf nur dann unterlassen werden, wenn ein Infarkt bei der Differenzialdiagnostik äußerst unwahrscheinlich ist	LG Berlin 4.12.2000 6 O 385/99 Vers R 2002, 1029

● Mithaftung (siehe vorletzte Spalte)

Lfd. Nr.	Betrag DM **Euro** (Anp.2019)	Verletzung	Dauer und Umfang der Behandlung; Arbeitsunfähigkeit	Person des Verletzten	Dauerschaden	Besondere Umstände, die für die Entscheidungen maßgebend waren	Gericht, Datum der Entscheidung, Az., Veröffentlichung bzw. Einsender
\multicolumn{8}{l}{Fortsetzung von »Innere Organe - Herz und Kreislauf«}
1100	€ 45 000 + immat. Vorbehalt (**€ 55 058**)	Akute Entzündung der Herzinnenhaut, erforderlicher Austausch von künstlichen Herzklappen	Lebensgefahr, Notoperation	Mann	Ständige ärztliche Betreuung, lebenslange Marcumar-Therapie; Einschränkung der maximalen körperlichen Leistungsfähigkeit um wenigstens 20–30%	Grober ärztlicher Behandlungsfehler; Arzt hat eine akute Bronchitis diagnostiziert und behandelt statt einer akuten Endokartitis; in Zukunft erhöhtes Entzündungsrisiko	LG Hagen 26.1.2006 6 O 368/02 bestätigt durch OLG Hamm 22.5.2006 3 U 56/06 RAe Knoff & Partner, Iserlohn
1101	€ 100 000 + immat. Vorbehalt (**€ 115 309**)	Verschluss der dominanten Koronararterie mit Schrittmacherpflichtigkeit und kardiogenem Schock; nach 2 Tagen Einsetzen einer Ballonpumpe und sodann Kunstherz; nach 4 Monaten Herztransplantation; neurologische Funktionsstörungen nach embolischen Hirninfarkten, Hemiparese rechts mit Gangataxie; motorische Aphasie, Konzentrations- und Orientierungsstörungen	2 Krankenhausaufenthalte von insgesamt 4 Monaten, 2 Reha von insgesamt ca. 10 Monaten	45-jähr. Urologe	Persönlichkeitsveränderung, regelmäßige psychotherapeutische Behandlung; erwerbsunfähig	Ohne wirksame Einwilligung durchgeführte Herzkatheterintervention; Kläger leidet insbesondere darunter, dass er seinen Arztberuf aufgeben musste; befürchtet weitere körperliche Beeinträchtigungen wegen der durch die Herztransplantation gebotenen Dauermedikation	OLG Hamm 23.11.2009 3 U 41/09 RAe Ciper & Coll., Düsseldorf
1102	€ 200 000 + immat. Vorbehalt (**€ 222 176**)	Verspätete Aufklärung über (eingetretene) Risiken einer Mitralklappen-OP; perioperativer Hinterwandinfarkt mit Einschränkung der Pumpleistung des Herzens		41-jähr. Mann	GdB 100%, Einschränkung der Pumpleistung des Herzens	Ausmaß der Einschränkung der Pumpleistung ist nicht abschätzbar. Eine Herztransplantation steht bevor. Der Kläger ist infolge der Operation im Alter von 41 Jahren aus seinem bis dahin geführten beruflichen und privaten Leben jäh herausgerissen worden. Seine erfolgreiche berufliche Tätigkeit als Betriebsleiter und Mitglied der Geschäftsführung wurde dauerhaft beendet und sein Leben statt dessen von Krankenhausaufenthalten und existentiellen Sorgen um seine gesundheitliche Zukunft geprägt, unter massiver Mitbeeinträchtigung naturgemäß auch des Familienlebens sowie seiner Beziehung zu seinem zum Operationszeitpunkt 10-jähr. Sohn	OLG Köln 4.10.2011 5 U 184/10 VersR 2012, 863

Weitere Urteile zur Rubrik »**Innere Organe - Herz und Kreislauf**« siehe auch:
bis € 5000: 1192, 1103
bis € 25 000: 2593, 2390
ab € 25 000: 1296, 426, 2420, 1319, 2482, 3013, 510, 1991, 1236, 1459

Innere Organe - Leber, Galle

Lfd. Nr.	Betrag DM **Euro** (Anp.2019)	Verletzung	Dauer und Umfang der Behandlung; Arbeitsunfähigkeit	Person des Verletzten	Dauerschaden	Besondere Umstände, die für die Entscheidungen maßgebend waren	Gericht, Datum der Entscheidung, Az., Veröffentlichung bzw. Einsender
1103	€ 3500 (**€ 4495**)	Medizinisch nicht indizierte Leberpunktion	Stationär 10 Tage, arbeitsunfähig 2 Monate	Frau		Im unmittelbaren Anschluss an den Eingriff litt die Klägerin an starken Schmerzen, Kreislaufversagen sowie Todesangst	LG München I 3.6.2002 9 O 1702/00 RA Wenckebach, München
1104	10 000 **€ 5000** (**€ 6421**)	Überflüssige Zweitoperation	12 Tage stationär, MdE: 4 Monate 100%	Notar		Ärztlicher Behandlungsfehler. Bei Entfernung einer erkrankten Niere fand man abklärungsbedürftigen Leberbefund. Statt dies gleich zu machen, musste sich der Kläger erneut in stationäre Behandlung begeben, wobei festgestellt wurde, dass die Blutschwämme in der Leber gutartig waren	LG Freiburg i. Br. 31.5.2002 1 O 523/00 bestätigt OLG Karlsruhe 5.3.2002 13 U 74/02 RAe Becker & Koll., Freiburg

Lfd. Nr.	Betrag DM **Euro** *(Anp.2019)*	Verletzung	Dauer und Umfang der Behandlung; Arbeitsunfähigkeit	Person des Verletzten	Dauerschaden	Besondere Umstände, die für die Entscheidungen maßgebend waren	Gericht, Datum der Entscheidung, Az., Veröffentlichung bzw. Einsender

Fortsetzung von »Innere Organe - Leber, Galle«

Lfd. Nr.	Betrag	Verletzung	Dauer/Behandlung	Person	Dauerschaden	Besondere Umstände	Gericht
1105	30 000 **€ 15 000** + immat. Vorbehalt *(€ 20 345)*	Durchtrennung des Hauptgallengangs bei operativer Entfernung der Gallenblase	3 Krankenhausaufenthalte von insgesamt 10 Wochen mit Legung einer Endoprothese in den Hauptgallengang; 6 Monate arbeitsunfähig	30-jähr. Kindergärtnerin	Laufende Einnahme von Antibiotika, alle 3 Monate Wechsel der Endoprothese	Grober ärztlicher Behandlungsfehler; anfangs erheblicher Gewichtsverlust, Entzündungen der Gallenwege, Schlafstörungen, Juckbeschwerden, depressive Verstimmungen, Mattigkeit	Brandenburgisches OLG 10.3.1999 1 U 54/98 NJW-RR 2000, 24
1106	35 000 **€ 17 500** *(€ 24 294)*	Hepatitis B-Infektion durch fehlerhafte Ozoneigenblutbehandlung	MdE: 7 Monate 100% 2 Monate 30%	Leiterin einer Grundschule		Ärztlicher Behandlungsfehler	OLG Hamm 9.12.1996 3 U 122/96 RAe Meinecke & Meinecke, Köln
1107	40 000 **€ 20 000** + immat. Vorbehalt *(€ 31 098)*	Entfernung des linken Leberlappens aufgrund ärztlicher Falschdiagnose		Mann	MdE: 50%	Der Kläger hatte sich einer unnötigen Operation mit all ihren Widrigkeiten auszusetzen und muss mit nur noch einem Leberlappen auskommen, was eine erhebliche Belastung bedeutet. Krampfartige Schmerzen	LG Darmstadt 25.3.1992 19 O 494/89 RA Kurth, Rüsselsheim
1108	70 000 **€ 35 000** + immat. Vorbehalt *(€ 48 085)*	Hepatitis C-Infektion infolge unfallbedingter Bluttransfusion		Mann	Vorhanden sind unspezifische Symptome, wie Einschränkungen in der Lebensführung, bei sexuellen Kontakten, im Umgang mit Kindern und im Gesellschaftsleben; Kläger kann jedoch weiterhin Beruf ausüben und Sport treiben	Leidensdruck des Infizierten ist auch dann zu berücksichtigen, wenn sich durch die Infektion die körperliche Befindlichkeit noch nicht weitergehend verändert hat; allein das Wissen um die Infektion beeinträchtigt die psychische Verfassung des Infizierten und dessen Umweltbeziehungen entscheidend (vgl. BGH in NJW 1991, 1948, 1951). Die Infektion bringt langfristig die Gefahr der Entwicklung einer Leberzirrhose, gastrointestinaler Blutungen, Leberversagen und Notwendigkeit einer Lebertransplantation; ferner erhöhtes Risiko zur Entwicklung eines primären Leberzellenkarzinoms; wegen dieser Gefahren und Risiken immat. Vorbehalt	OLG Hamm 14.5.1997 13 U 187/96 r+s 1998, 418
1109	70 000 **€ 35 000** + immat. Vorbehalt *(€ 46 755)*	Durchtrennung des Hauptgallengangs	5 Monate arbeitsunfähig, nach einigen Monaten nochmals 2 Krankenhausaufenthalte von 12 und 22 Tagen	29-jähr. Mann	Ständige Einnahme von Antibiotika	Bei einer Gallenblasenoperation wurde infolge einer Verwechslung mit dem Ausführungsgang der Gallenblase der Hauptgallengang durchtrennt; nach 1 Jahr wurde eine Leberaufstauung festgestellt, was die Gefahr einer Leberzirrhose mit sich bringt; psychische Belastungen des Klägers	OLG Hamm 15.3.2000 3 U 1/99 VersR 2001, 65 RAe Wolf & Koll., Lippstadt
1110	**€ 50 000** + immat. Vorbehalt *(€ 59 865)*	Durchtrennung des Ductus choledochus (gallenableitender Kanal) und Läsion des Ductus hepaticus (Vereinigung des rechten und linken Gallengangs an Leberpforte) durch fehlerhaft durchgeführte Operation an der Gallenblase		53-jähr. Frau		Ärztlicher Behandlungsfehler. Der Operateur hatte ohne ausreichende Identifizierung der Strukturen den Gallengang fehlerhaft abgesetzt und dabei solche Gefäßschäden verursacht, dass letztlich nur mit Notoperation noch der Dünndarm an den Leberhilus angenäht werden konnte. Dies führt zum permanenten Risiko von Keimübertritten aus dem Dünndarm in die Leber. Die Klägerin muss daher ihr Leben lang Antibiotika einnehmen, um Leberentzündungen zu vermeiden. Es besteht das Risiko, dass gleichwohl Leberschäden eintreten und später eine Lebertransplantation erforderlich wird	LG Osnabrück 28.2.2007 2 O 1408/05 RA Fabian, Osnabrück

lfd. Nr.	Betrag DM Euro (Anp.2019)	Verletzung	Dauer und Umfang der Behandlung; Arbeitsunfähigkeit	Person des Verletzten	Dauerschaden	Besondere Umstände, die für die Entscheidungen maßgebend waren	Gericht, Datum der Entscheidung, Az., Veröffentlichung bzw. Einsender

Fortsetzung von »Innere Organe - Leber, Galle«

11	€ 75 000 (€ 98 577)	Durchtrennung des großen Gallenganges und des Bauchspeicheldrüsenganges durch ärztlichen Behandlungsfehler	Zehn operative Maßnahmen	Mann	Auf Dauer erwerbsunfähig	Eine vorwerfbare fehlerhafte Behandlung des Klägers ist darin zu sehen, dass bei der Erstoperation versäumt wurde, durch vorherige, ausreichende anatomische Präparationen die Durchtrennung des Gallen- und Bauchspeicheldrüsenganges erkennbar zu machen, so dass noch während der Erstoperation eine entsprechende Rekonstruktion und Behandlung hätte erfolgen können und müssen	LG Hagen 5.12.2000 9 O 187/97 RAe Becker & Klenk, Hagen

Weitere Urteile zur Rubrik »**Innere Organe - Leber, Galle**« siehe auch:
bis €2500: 2313, 2322
bis €12500: 1118, 2354, 2813
bis €25000: 1657, 2941, 3186, 131
ab €25000: 2818, 1173, 506, 1150, 1134, 2956, 135, 3110, 1098, 1070, 1296, 1137, 2417, 1314, 2985, 2988, 3004, 3012, 2606, 2281, 2003, 2291, 1344

Innere Organe - Lunge, Luftröhre, Zwerchfell

12	2700 € 1350 + immat. Vorbehalt (€ 1788)	Pneumothorax durch fehlerhafte Injektion	7 Tage Krankenhaus	16-jähr. Mädchen	Etwa fünfmarkstückgroße Narbe unter dem linken Schlüsselbein	Ärztlicher Behandlungsfehler; eventuell Narbenkorrektur erforderlich	AG Wittlich 18.7.2000 4 C 309/00 RAe Hosp, Frischbier, Wittlich
13	5000 € 2500 (€ 3374)	Speiseröhrenverletzung durch Glasscherbe		Mann		Verschlucken einer im servierten Selleriesalat befindlichen Glasscherbe beim Abendessen in einer Gaststätte. Kläger musste nach der Operation zunächst in ein künstliches Koma versetzt werden	AG Büdingen 10.7.1998 2 C 301/98 (22) RAe Neun & Partner, Büdingen
14	€ 2500 (€ 3214)	Pneumothorax, Verletzung der Lunge durch verwendete Injektionsnadel	1 Woche Krankenhaus mit den Unannehmlichkeiten einer Saugdrainage, 11 Tage arbeitsunfähig	Frau		Es handelt sich hier nicht um einen Behandlungsfehler, sondern um eine typische Komplikation derartiger Injektionsbehandlungen; allerdings fehlt es hier an der notwendigen Aufklärung der Patientin	LG Düsseldorf 17.10.2002 3 O 383/00 RAe Ciper & Koll., Düsseldorf
15	5500 € 2750 (€ 3843)	Fraktur der 5. und 6. Rippe links mit Spannungspneumothorax; Hautabschürfungen an beiden Unterschenkeln	17 Tage Krankenhaus; in den ersten 10 Tagen Erstickungsanfälle; durch einen Schlauch musste sich in der Lunge sammelndes Blut und Wasser drainiert werden; knapp 5 Monate arbeitsunfähig	Mann		Sturz durch ungesicherte Balkontür	AG Langen 17.4.1996 3 C 149/95 RA Küffner, Ritterhude
16	€ 2750 ● + immat. Vorbehalt (€ 2838)	Lungenkontusion, Nasenbeinfraktur, Quetschung mit Hämatom der Zunge, Fraktur des Daumenendglieds links mit Bandruptur, nicht dislozierte Fraktur des Tibiaplateaus, Schädel-Hirn-Trauma 1. Grades, massive Prellung und Distorsion des linken Knies, Überdehnung des vorderen Kreuzbandes	4 Tage stationärer Aufenthalt (1 Tag Beatmung), 5 Wochen AU zu 100%, 9 Monate AU zu 20%	Motorradfahrer	Gelegentliche Schmerzzustände	Schadensteilung nach den §§ 7, 17 StVG, die Betriebsgefahr beider Fahrzeuge gleicht sich hier aus	LG Saarbrücken 1.3.2018 4 O 65/16

● Mithaftung (siehe vorletzte Spalte)

Lfd. Nr.	Betrag DM **Euro** *(Anp.2019)*	Verletzung	Dauer und Umfang der Behandlung; Arbeitsunfähigkeit	Person des Verletzten	Dauerschaden	Besondere Umstände, die für die Entscheidungen maßgebend waren	Gericht, Datum de Entscheidung, Az. Veröffentlichung bzw. Einsender
	**Fortsetzung von »Innere Organe - Lunge, Luftröhre, Zwerchfell«**						
1117	10 000 **€ 5000** *(€ 6816)*	Atmungsbehinderung mit anschließender Bewusstlosigkeit und Blausucht infolge Überdosierung eines Medikaments zur Ruhigstellung, erforderliche sofortige Herzmassage und Einführung eines Tubus in die Luftröhre sowie operatives Öffnen der Vene zum Zwecke einer Infusion; künstliche Beatmung		15 Monate altes Kind		Schwerwiegender ärztlicher Behandlungsfehler; Todesängste des Klägers; Lebensgefahr; Duldung der Intubation; psychische und räumliche Trennung von den Eltern während der weiteren Krankenhausbehandlung	AG Zwickau 1.10.1997 24 C 1219/97 RAe Dittmer, Dr. Meyer & Bergmann, Melsungen
1118	12 000 **€ 6000** *(€ 8035)*	Thoraxtrauma mit Lungenkontusion beidseits und Hämatothorax rechts mit Rippenserienfraktur I bis IV; temporales Cephalhämatom, temporales subdurales Hämatom; leichte Leber- und Pankreaskontusion	Lebensbedrohlicher Zustand wegen Lungenkontusion, 1 Woche Intensivstation, die ersten 3 Tage künstliche Beatmung, insgesamt 2 Wochen Krankenhaus, anschließend ambulante Behandlung, 2 Monate arbeitsunfähig	Schülerin		Dem positiven Heilungsverlauf steht gegenüber, dass Klägerin Unfall zu einem Zeitpunkt erlitten hat, in dem für ihr künftiges Berufsleben die Weichen gestellt wurden; durch die erforderliche Angabe von Krankheiten in Bewerbungsunterlagen ist sie bei Berufswahl stark gehandikapt; gelegentliche Kopfschmerzen und Konzentrationsstörungen	LG Koblenz 20.12.1999 5 O 131/99 RAe Ortmüller, Becker, Federrath, Betzdorf
1119	**€ 6000** *(€ 6603)*	Bruch des Nasenbeins, des Schlüsselbeins und dreier Rippen, Schultergelenk ausgerenkt sowie Pneumothorax, Nierenkontusion und zahlreiche Prellungen, Schürfungen, Riss- und Platzwunden durch Verkehrsunfall bei privatem Beschleunigungsrennen	Insgesamt 4 Operationen und zwei Wochen intensivmedizinische Behandlung. 4 Wochen AU	Mann		Schmerzensgeld nur deshalb ausreichend, weil der Kläger nicht nur den Unfall selbst wesentlich mitverschuldet hat, sondern auch nicht angeschnallt war und deshalb zu 60% für die erlittenen Verletzungen mitverantwortlich ist. Dass er sich bewusst den Gefahren eines verbotenen Rennens ausgesetzt hat, ist im Rahmen des Mitverschuldens bereits berücksichtigt und rechtfertigt daher keine weitere Reduzierung des Schmerzensgelds. Denn auch im Rahmen der Billigkeitsprüfung nach § 253 Abs. 2 BGB kann nicht außer Betracht bleiben, dass der Beklagte zu 1) durch sein grob verkehrswidriges und rücksichtsloses Verhalten die entscheidende Ursache für den Unfall gesetzt hat	OLG Karlsruhe 23.2.2012 9 U 97/11

Lfd. Nr.	Betrag DM Euro (Anp.2019)	Verletzung	Dauer und Umfang der Behandlung; Arbeitsunfähigkeit	Person des Verletzten	Dauerschaden	Besondere Umstände, die für die Entscheidungen maßgebend waren	Gericht, Datum der Entscheidung, Az., Veröffentlichung bzw. Einsender
Fortsetzung von »Innere Organe - Lunge, Luftröhre, Zwerchfell«							
1120	15 000 € 7500 (€ 9833)	Weichteilprellung am Rücken und Gesäß; zunächst nicht erkannte Frakturen der 6. und 7. Rippe sowie Verletzung des linken Lungenflügels mit Pneumo- und Hämatothorax durch ärztlichen Behandlungsfehler	14 Tage stationär	Frau		Grober ärztlicher Behandlungsfehler! Der geschilderte Unfallhergang war ohne weiteres geeignet, knöcherne Verletzungen bzw. Frakturen im Bereich des Brustkorbes als auch Rückenfrakturen mit den damit möglicherweise verbundenen Komplikationen hervorzurufen. Es hätte daher der objektiv erforderlichen ärztlichen Sorgfalt entsprochen, die notwendigen Diagnose- und Kontrollbefunde zu erheben und hierfür die zur Verfügung stehenden Erkenntnisquellen zu nutzen. Dieser Verpflichtung ist der Beklagte nicht nachgekommen. Insbesondere hat es der Beklagte unterlassen, die Lunge der Klägerin abzuhören und eine Röntgenaufnahme des Brustkorbes und der Rippen der Klägerin anzufertigen. Die schuldhafte verspätete Diagnose und Behandlung führte zu einer erheblichen lebensbedrohlichen Verschlimmerung des Leidens mit Atemnot, Luftnot, Angstgefühlen bis zu Erstickungsängsten. Bei der Bemessung des Schmerzensgeldes war weiterhin zu berücksichtigen, dass die Regulierung des Schadens ohne vernünftigen Grund unverhältnismäßig lange verzögert worden ist	LG Gießen 5.2.2001 2 O 311/99 RAe Koch & Koch, Alsfeld
1121	15 000 € 7500 + immat. Vorbehalt (€ 9981)	Teilkollaps der linken Lunge (Spitzenpneu), 2-seitige Milzruptur, Aussenknöchelspitzenabriss am rechten Sprunggelenk (Typ Weber-A-Fraktur), blutiger Gelenkerguss am rechten Kniegelenk mit Fettaugen	Zunächst 4 Tage Krankenhaus, anschließend Feststellung einer 2-seitigen Milzruptur, die zu einem erneuten stationären Aufenthalt führte	Frau	Derzeit nicht	Feststellungsinteresse ist bei Knochenbrüchen stets gegeben; darüber hinaus sind posttraumatische Beschwerden im Sprunggelenk oder Kniegelenk durchaus möglich. Auch wenn sich bis jetzt keine posttraumatische Arthrose im Sprunggelenk entwickelt hat, so sind derartige Entwicklungen, die zu Dauerschäden führen, nicht ausgeschlossen	LG München I 8.6.2000 19 O 1318/99 VorsRiLG Krumbholz
1122	15 000 € 7500 (€ 9631)	Verletzung der Speiseröhre anlässlich einer Schluckschalluntersuchung	Einen Tag nach Verletzung und Auftreten von Schluck- und Atembeschwerden operative Versorgung, 12 Tage Krankenhaus, komplikationsloser postoperativer Verlauf	55-jähr. Mann	Ca. 15 cm lange Narbe im Halsbereich	5 Tage intravenöse Ernährung; selbst wenn Kläger zeitweise unter Schluckbeschwerden und Sensibilitätsstörungen im Operationsbereich leiden sollte, ist ein Schmerzensgeld von DM 15 000 (€ 7500) ausreichend	OLG Düsseldorf 1.8.2002 8 U 198/01 VersR 2003, 601
1123	15 000 € 7500 (€ 10 986)	Reaktivierung einer unbehandelt gebliebenen Lungentuberkulose nach 12 Jahren, die eine operative Lungenoberlappenresektion erforderlich machte; ärztlicher Behandlungsfehler	Langwierige stationäre Therapie über 5 Monate; danach ca. 6 Monate ambulante Weiterbehandlung	Mann	Eingeschränkte Lungenfunktion	Grober ärztlicher Behandlungsfehler. Noch ca. 14 Jahre nach der Operation zeitweilige linksseitige Brustschmerzen	OLG Köln 15.12.1993 27 U 88/92 RiOLG Schmitz
1124	20 000 € 10 000 + immat. Vorbehalt (€ 14 771)	Milzruptur, Lungenkontusion rechts, Grundgliederfraktur des 3. Fingers, HWS-Schleudertrauma	3 ½ Wochen Krankenhaus, längere Zeit voll und später teilweise arbeitsunfähig	Obergefreiter	MdE: 10%	Kläger musste aus der Bundeswehr ausscheiden und seinen Wunsch, Offizier zu werden, aufgeben. Beklagte hatte versucht, den Kläger mit einer ungerechtfertigt niedrigen Summe „abzuspeisen"	LG Flensburg 15.6.1993 2 O 153/93 RA Dr. Andresen, Husum

Innere Organe — Urteile lfd. Nr. 1125 – 1131

Lfd. Nr.	Betrag DM Euro (Anp.2019)	Verletzung	Dauer und Umfang der Behandlung; Arbeitsunfähigkeit	Person des Verletzten	Dauerschaden	Besondere Umstände, die für die Entscheidungen maßgebend waren	Gericht, Datum der Entscheidung, Az., Veröffentlichung bzw. Einsender
		Fortsetzung von »Innere Organe - Lunge, Luftröhre, Zwerchfell«					
1125	20 000 € 10 000 + immat. Vorbehalt (€ 14 141)	Nicht erforderliche operative Entfernung eines erheblichen Teils der rechten Lungenhälfte		Mann	MdE: 10%	Ärztlicher Behandlungsfehler (Unterlassen einer Schnellschnittuntersuchung vor der Entfernung des Lungenlappens); es wird zumindest bei schweren körperlichen Belastungen zu Funktionseinbußen der Lunge kommen	OLG Oldenburg (Oldenburg) 24.10.1995 5 U 78/95 VersR 1997, 317
1126	€ 12 000 + immat. Vorbehalt (€ 14 836)	Fraktur des Speichenknochens in Gelenksnähe, ein im Rahmen der Behandlung hinzugetretenes Intubationsgranulom	Lange Behandlungszeit	40-jähr. Mann		Langwierige und belastende Beeinträchtigungen durch das Intubationsgranulom, das sogar eine logopädische Behandlung erforderte	OLG Celle 2.12.2004 14 U 103/04
1127	30 000 € 15 000 + immat. Vorbehalt (€ 21 703)	Zwerchfellriss mit Übertritt von Bauchorganen in den Brustkorb; Brustkorbprellung; Oberschenkelprellungen und Schürfungen rechts; Verklebungen des Lungenflügels; geringfügige Refluxösophagitis	3 Wochen stationär mit Notoperation, davon 1 Woche Intensivstation; MdE: 4 1/2 Monate 100%	26-jähr. Betriebsschlosser	MdE: 30%	Verlust der Lebensqualität durch teilweise Beeinträchtigung der sportlichen Aktivitäten	OLG Braunschweig 23.2.1994 3 U 107/93 RAe Krause & Weiß, Braunschweig
1128	€ 15 000 (€ 17 467)	Venenthrombose in zwei Etagen des rechten Beines mit nachfolgender Lungenembolie; nach vier Monaten weitere tiefe Beinvenenthrombosen, zuletzt mit multiplen Lungenembolien		55-jähr. Justizhauptwachmeister	Dauernde Dienstunfähigkeit, vorzeitige Versetzung in den Ruhestand; vorbeugende Einnahme von Marcumar; Tragen von Stützstrümpfen	Grobes ärztliches Versäumnis durch Unterbleiben einer Thromboseprophylaxe bei einer zweiwöchigen Ruhigstellung des Unterschenkels durch einen Gipsverband; erhebliche Schmerzen; durch Lungenembolien Lebensgefahr; Schmerzensgeld umfasst nur die zum Tag der letzten mündlichen Verhandlung festgestellten Beeinträchtigungen	OLG Düsseldorf 21.2.2008 I-8 U 82/06 VersR 2009, 403
1129	30 000 € 15 000 (€ 21 585)	Verlust einer erheblich vorgeschädigten Lunge infolge Unterlassens einer weiteren ärztlichen Diagnose		Frau		Das Unterlassen ist einem groben Behandlungsfehler gleichzusetzen. Trotz der Vorschädigung wären der Klägerin ein etwa um ein Viertel höheres Atemvolumen sowie günstigere anatomische Verhältnisse (geringere Belastung der WS durch Organverschiebungen) zustatten gekommen	OLG München 5.5.1994 1 U 6456/91 VersR 1994, 1240
1130	33 000 € 16 500 (€ 21 011)	Lungenverletzungen, Lungenkontusion mit Hämothorax beidseitig, Thoraxtrauma mit Rippenserienbrüchen links, Commotio cerebri, multiple Schürfwunden an der linken Hand, am linken Oberschenkel und am linken Mittelbauch und Prellungen am gesamten Körper	22 Tage stationär, davon 17 Tage im künstlichen Koma, danach ca. 10 Wochen heilgymnastische und Massage-Bewegungsübungen	Mann	Unter 10%	Luftröhrenschnitt, Thoraxdrainage. Aufgrund der Thoraxverletzungen wurde eine Langzeitbeatmung erforderlich, die zu einer Schocklunge führte und eine Tracheotomie erforderlich machte. Eingedrungenes Blut musste mittels eines besonderen Eingriffs aus der Lunge entfernt werden	LG Braunschweig 24.11.2003 4 O 2079/02 RAe Krause & Weiß, Braunschweig
1131	40 000 ● € 20 000 + immat. Vorbehalt (€ 28 282)	Rippenserienfraktur links (1–11); Hämothorax links; Einriss des linken Lungenlappens; Lungenkontusion; Milzruptur; Pankreasschwanzläsion; Massenbluten; Massivtransfusion; komplexe Instabilität des linken Knies; Fraktur rechter Os trapezium und Peronaeusparese links	5 1/2 Wochen Intensivstation, davon 4 Wochen ohne Bewusstsein, 2 Monate stationärer Aufenthalt, anschließend 4 Wochen Reha-Klinik und weitere 6 Tage stationär wegen Kreuzbandoperation; MdE: 8 1/2 Monate 100% 3 Wochen 80% danach 70%	Mann	Linkes Außenband am Knie irreparabel gerissen. Die Instabilität des linken Knies konnte nicht mehr behoben werden. Der linke Fuß zeichnet sich durch Heberschwäche und einen tauben Fußrücken mit Druckschmerz aus. Durch erhebliche Medikation waren Schwindelanfälle zu beobachten, da insbesondere im Mittelohr der Gleichgewichtssinn gestört ist	50% Mithaftung. Unter Berücksichtigung aller Umstände des Einzelfalls und des Kaufkraftschwundes seit 1991 wäre im Falle uneingeschränkter Haftung ein Schmerzensgeld von DM 80 000 (€ 40 000) angemessen	LG Bayreuth 20.6.1995 2 O 288/93 RAe Goller & Koll., Bayreuth

● Mithaftung (siehe vorletzte Spalte)

Fortsetzung von »Innere Organe - Lunge, Luftröhre, Zwerchfell«

Lfd. Nr.	Betrag DM Euro (Anp.2019)	Verletzung	Dauer und Umfang der Behandlung; Arbeitsunfähigkeit	Person des Verletzten	Dauerschaden	Besondere Umstände, die für die Entscheidungen maßgebend waren	Gericht, Datum der Entscheidung, Az., Veröffentlichung bzw. Einsender
1132	45 000 € 22 500 + immat. Vorbehalt (€ 29 247)	Schlüsselbeinfraktur links, Oberschenkelschaftfraktur rechts, Fraktur des Mittelhandknochens links, Läsion des nervus peronaeus (im Bereich des Fußrückens) und des nervus tibialis (in der Kniekehle) rechts, Lungenkontusion mit Pneumonie, Stimmbandlähmung	4 Wochen Krankenhaus, anfangs Lebensgefahr, 5 Tage künstliche Beatmung, weitere 5 Tage intensivmedizinische Behandlung, Oberschenkelschaftfraktur wurde durch Einsetzen einer Titanplatte behandelt, die nach 16 Monaten entfernt wurde bei gleichzeitiger Narbenkorrektur am Ober- und Unterschenkel sowie einer Korrektur der posttraumatischen Hammerzehe rechts	Junge Frau	Brennende Schmerzen als Folge der Nervschädigung im Fuß einhergehend mit einer Krallenstellung der Zehen, rechter Großzeh kann nicht bewegt werden, Beweglichkeit des rechten Fußes erheblich eingeschränkt mit Minderung der Funktionsfähigkeit um 40%; Stimmbandlähmung mit Beeinträchtigung der Sprechfähigkeit (MdE: 20%)	Grober Verstoß des Beklagten gegen die Verkehrsregeln; wenngleich Klägerin in ihrer Lebensführung erheblich beeinträchtigt ist, darf nicht übersehen werden, dass sie durchaus in der Lage ist, ein lebenswertes Leben zu führen; sie hat mit erheblichem persönlichen Einsatz eine Diplomprüfung in Betriebswirtschaft abgelegt; ist in der Freizeitgestaltung wohl eingeschränkt, es bieten sich ihr jedoch eine Vielzahl von Möglichkeiten; Versteifung des unteren Sprunggelenks in Zukunft möglich	LG Trier 30.5.2001 4 O 266/96 RiLG Specht, Trier
1133	€ 25 000 (€ 30 274)	Stumpfes Thoraxtrauma mit beidseitiger Lungenkontusion, supracondyläre Femurfraktur, Oberschenkelbruch unmittelbar über dem Gelenk, Innenknöchelfraktur rechts, Kahnbeinbruch rechte Hand, verschobene Radiusfraktur links, distale Radiusfraktur links, Fraktur der linken Hand, Nagelkranzfraktur links, schwere Prellungen und Platzwunden	22 Tage stationäre Behandlung mit mehrfachen Operationen, anfangs 2 Tage Intensivstation; anschließend 4 Wochen ambulante Behandlung, dann 5 Wochen Reha, anschließend 6 ½ Monate ambulante Physiotherapie MdE: 8 Monate 100% 1 Monat 50% 2 Wochen 40%	Mann	Erhebliche Schmerzen in Hockstellung und bei den üblichen Armbewegungen sowie beim Faustschluss mit der linken Hand MdE: 20% Beeinträchtigung der Haushaltsführung: 30%	Kläger litt unter erheblichen Schmerzen; erhebliche Einbußen in der Freizeitgestaltung (kein Radfahren, kein Tauchen)	LG Zweibrücken 16.6.2006 2 O 279/04 RAe Gebhardt & Koll., Homburg
1134	60 000 € 30 000 + immat. Vorbehalt (€ 40 690)	Parenchymverletzung des rechten Lungenunterlappens, Teilabtrennung des rechten Zwerchfells, Leberparenchymverletzung, Durchtrennung einer Vene, Nierenverletzung mit Läsion einer Vene, sekundäre Leberruptur bei Blutung des rechten Leberlappens; Schnittverletzungen des Zeigefingermittelgliedes mit Durchtrennung des radialen Fingernervs durch mehrere Messerstiche	Sechs Operationen, 50 Bluttransfusionen, drei Krankenhausaufenthalte von insgesamt 69 Tagen	42-jähr. Putzhilfe	Entstellende, 20 cm lange und wulstige Narbe mit Narbenbruch am Bauch; Angstzustände	Wegen der zahlreichen Bluttransfusionen besteht erhöhte Gefahr einer Ansteckung mit Hepatitis oder sonstigen durch Blut übertragbaren Infektionskrankheiten wie HIV. Die Verurteilung zu einer 6-jähr. Freiheitsstrafe führt nicht zu einer Reduzierung des Schmerzensgeldanspruchs. Darüber hinaus steht in der Regel nicht die Genugtuungs-, sondern die Ausgleichsfunktion im Vordergrund	LG Arnsberg 11.12.1998 2 O 73/98 RAe Schmale & Müller-Stankowski, Arnsberg
1135	70 000 € 35 000 + immat. Vorbehalt (€ 48 716)	Gehirnerschütterung; Schnittwunden im Gesicht; Rippenserienfraktur 3–5 rechts; Schnittwunden im Bereich der rechten Hand; mediale Instabilität am rechten Kniegelenk; Oberschenkelschaftbruch links; Kniescheibenbruch links, Lungenkontusion rechts	10 Tage Intensivstation; knappe 2 Monate stationär; anschließend 3 weitere chirurgische Eingriffe	46-jähr. Betriebsprüfer beim Finanzamt	MdE: Chirurgisch 50% Stimmstörung 20% Narbenschmerzen und Schädigung des Nervus peronaeus 5%	Die Lungenkontusion zwang zur Langzeitbeatmung. Es entwickelten sich dabei im Bereich der Stimmbänder zu entfernende Intubationsgranulome. Im weiteren Verlauf entwickelte sich eine Druckparese des Nervus infraorbitalis links und eine Schädigung des Nervus peronaeus links. Stimmstörung nach Intubationsgranulomentfernung. Die nicht ausreichende psychische Verarbeitung des Unfalls hat zu Angstzuständen, depressiven Verstimmungszuständen, Antriebsmangel und Konzentrationsstörungen geführt	LG Traunstein 24.10.1996 1 O 1186/95 RAe Reiter & Koll., Mühldorf

● Mithaftung (siehe vorletzte Spalte)

Innere Organe — Urteile lfd. Nr. 1136 – 1137

Lfd. Nr.	Betrag DM **Euro** *(Anp.2019)*	Verletzung	Dauer und Umfang der Behandlung; Arbeitsunfähigkeit	Person des Verletzten	Dauerschaden	Besondere Umstände, die für die Entscheidungen maßgebend waren	Gericht, Datum der Entscheidung, Az., Veröffentlichung bzw. Einsender

Fortsetzung von »Innere Organe - Lunge, Luftröhre, Zwerchfell«

Lfd. Nr.	Betrag	Verletzung	Dauer und Umfang	Person	Dauerschaden	Besondere Umstände	Gericht
1136	€ 45 000 + immat. Vorbehalt *(€ 53 757)*	Stumpfes Thoraxtrauma mit Hämatopneumothorax und beidseitigen Rippenfrakturen mit linksseitiger Lungenkontusion	1 Monat Intensivstation mit zeitweise künstlicher Beatmung mit anschließender 2-monatiger stationärer Reha-Maßnahme, im darauffolgenden Jahr folgten weitere Krankenhaus- und Reha-Behandlungen; AU 1 ½ Jahre	Maschinist und Vorarbeiter	MdE: 50%	1 Jahr nach dem Unfall mussten dem Kläger wegen Beseitigung einer Verschlusserkrankung beidseitiger Beinarterien zwei Bypässe eingesetzt werden. Der Verschluss ist zwar teilweise auf einen lang andauernden Nikotinabusus zurückzuführen; bis zum Unfallzeitpunkt habe unter normalen Bedingungen jedoch keine Indikation zu einer Bypassoperation bestanden. Hingegen sei es wegen der wochenlangen völligen Immobilisation des Klägers zu einer fast vollständigen Zurückbildung der Kolateralen gekommen, so dass im Ergebnis die Indikation der operativen Beseitigung der Arterienverschlusskrankheit im Wesentlichen unfallbedingt gewesen sei. Die unfallbedingten gesundheitlichen Störungen des Klägers bewirken eine fortdauernde Einschränkung der Funktionssysteme des Schultergürtels, des Brustkorbes, der Lunge, des Kreislaufes mit verminderter körperlicher Belastung und der Psyche mit Zwangsstörungen	OLG Düsseldorf 12.3.2007 I -1 U 206/06 Anwaltsgemeinschaft Bäckerling, Dortmund
1137	90 000 € 45 000 + immat. Vorbehalt *(€ 59 000)*	Stumpfes Thoraxtrauma mit beidseitigem Hämatothorax, linksseitiger Spannungspneumothorax, beidseitig ausgedehnte Lungenquetschung, stumpfes Bauchtrauma mit Leberriss, Oberschenkeltrümmerfraktur rechts, Sprunggelenksfraktur rechts, Fußquetschung links mit Verrenkung im oberen Sprunggelenk sowie im Fußwurzel-Mittelfußgelenk, Fersenbeinfraktur, zahlreichen Fußknochenfrakturen und ausgedehntem Weichteilschaden; Depressionen	1 Monat intensivmedizinische Betreuung bei Lebensgefahr, 4 Monate Krankenhaus mit 4 Operationen, 1 ½ Monate Reha	70-jähr. Frau	Linker Fuß erheblich deformiert, was zu einer schmerzhaften Gehbehinderung führt; Fortbewegung nur mit orthopädischem Schuhwerk und 2 Unterarmgehstützen möglich, wobei in der Wohnung für kleinere Strecken eine Gehstütze genügt; reaktive Depressionen als Folge des Verlusts des Ehemanns; Behinderung: 100%	Dauerschäden rechtfertigen bei jungen Menschen, die ihr Leben weitgehend noch vor sich haben, ein deutlich höheres Schmerzensgeld als bei älteren Menschen mit einem kürzeren Leidensweg; desweiteren war Klägerin bereits vor dem Unfall aufgrund der Implantation von zwei künstlichen Hüftgelenken und einer Krebserkrankung zu 70% schwerbehindert	OLG Hamm 12.2.2001 13 U 147/00 SP 2001, 267 DAR 2001, 402 VersR 2002, 499 RiOLG Zumdick, Hamm

Lfd. Nr.	Betrag DM Euro (Anp.2019)	Verletzung	Dauer und Umfang der Behandlung; Arbeitsunfähigkeit	Person des Verletzten	Dauerschaden	Besondere Umstände, die für die Entscheidungen maßgebend waren	Gericht, Datum der Entscheidung, Az., Veröffentlichung bzw. Einsender
Fortsetzung von »Innere Organe - Lunge, Luftröhre, Zwerchfell«							
1138	€ 51 129 (€ 66 057)	Lungenkontusionen (Quetschungen) beidseits mit Hämatopneumothorax links und basalen Rippenfrakturen beidseits, erstgradig offene Unterarmschaftfraktur links, Kniebinnenverletzung rechts mit Fraktur des hinteren Kreuzbandes und Ruptur des äußeren Seitenbandes, Teilschädigung des Nervus radialis links	MdE: 9 Monate 100% 5 Wochen 50% im Anschluss bis auf weiteres 40%	Mann	MdE 40%	Verblieben sind zahlreiche körperliche Defizite, insbesondere der Außendrehfähigkeit des linken Vorderarms um etwa 1/3 der Gesamtbeweglichkeit, eine endgradige Störung und motorische Verlangsamung der Streckfähigkeit des linken Handgelenks und der linken Langfinger nach Teilschädigung des Speichennervs, eine neurogen bedingte Herabsetzung der Grobkraft der linken Hand, eine mäßiggradige Instabilität der hinteren Kreuzbandführung des rechten Kniegelenks sowie eine mittelgradige Behinderung der vollen Beugefähigkeit des rechten Kniegelenks, ein Teilverlust des Außenmeniskus und eine beginnende Arthrose der Kniescheibenrückfläche. Hinzu kommt eine Verschmächtigung und gleichgradiger Kraftverlust der rechtsseitigen Oberschenkelstreckmuskulatur sowie ein gefühlsgemindertes Hautareal am Schienbeinkopf rechts mit der Erschwernis des Hinkniens sowie druckschmerzhafte Narben im Bereich der Thoraxdrainagebehandlung	LG München I 17.1.2002 19 O 22091/99 VorsRiLG Krumbholz
1139	130 000 € 65 000 (€ 91 673)	Schädelhirntrauma mit Subarachnoidalblutung; Thoraxtrauma mit Bruch der 6. Rippe rechts; Lungenkontusion; Schulterblattfraktur rechts; Innenknöchelfraktur rechts	9 Monate Krankenhaus- und Reha mit anfangs lang anhaltender maschineller Beatmung; nach weiterer ambulanter Behandlung von 7 Monaten nochmals 7 Wochen Krankenhaus	Mann	Arbeitsunfähigkeit mit MdE: 90%	Lebensgefahr; komplikationsreicher Behandlungsverlauf (Entzündung des Lungengewebes, blutiger Herzbeutelerguss mit Anlegung eines Katheters zur Drainage etc.); hohes Verschulden des Schädigers; strafrechtliche Verurteilung beseitigt nicht die Genugtuungsfunktion; kleinliches Verhalten des Kfz-Haftpflichtversicherers	OLG Nürnberg 11.7.1995 11 U 267/95 zfs 1995, 452
● 1140	150 000 € 75 000 + immat. Vorbehalt (€ 106 342)	Verlust der gesamten linken Lungenhälfte aufgrund eines groben ärztlichen Behandlungsfehlers	Mehrfache stationäre und ambulante Behandlungen	30-jähr. Frau	Erwerbsunfähigkeit; Haushaltsführung nur eingeschränkt möglich	Aufgrund Verlustes der halben Atemfläche drohen Erkrankungen des Herzens, das das Blut durch die verbliebene Lunge pressen hat. Die Angst davor belastet Klägerin schon jetzt	OLG Hamm 8.3.1995 3 U 235/93 VersR 1996, 892
● 1141	250 000 € 125 000 + immat. Vorbehalt (€ 173 984)	Nicht rechtzeitiges Erkennen einer Lungentuberkulose, die zur Entfernung der zerstörten linken Lunge führte		23-jähr. Studentin der Betriebswirtschaft	Vitalkapazität auf die Hälfte des Normalen herabgesetzt; linksseitige Rekurrensparese mit Folge einer Lähmung des linken Stimmbandes und einer Einbuße an Stimmkraft	Aufgrund der zunehmenden Verschlechterung des Allgemeinbefindens, der Minderung ihrer Leistungsfähigkeit, des Hustens mit Auswurf und des Nachtschweißes hätte die Tuberkulose so rechtzeitig erkannt werden können, dass sie medikamentös ausgeheilt hätte werden können. Klägerin kann zeitlebens keine körperlich belastende Tätigkeiten verrichten oder Sport treiben. Als weiterer Dauerschaden – mit hoher Wahrscheinlichkeit verbunden mit einer Verringerung der Lebenserwartung – ist die Ausbildung eines sog. cor pulmonale (chronisches Rechtsherzversagen infolge des Blutdrucks im Lungenkreislauf) zu erwarten	LG Köln 20.10.1996 25 O 314/94 RAe Meinecke & Meinecke, Köln

● Mithaftung (siehe vorletzte Spalte)

Innere Organe Urteile lfd. Nr. 1142 – 1146

Lfd. Nr.	Betrag DM Euro (Anp.2019)	Verletzung	Dauer und Umfang der Behandlung; Arbeitsunfähigkeit	Person des Verletzten	Dauerschaden	Besondere Umstände, die für die Entscheidungen maßgebend waren	Gericht, Datum der Entscheidung, Az., Veröffentlichung bzw. Einsender

Fortsetzung von »Innere Organe - Lunge, Luftröhre, Zwerchfell«

Kapitalabfindung mit Schmerzensgeldrente

| 1142 | 320 000 € 160 000 und 100 € 50 Rente monatlich (€ 209 778) | Verlust des rechten Lungenflügels | Zahlreiche stationäre Aufenthalte von insgesamt 409 Tagen mit vielen operativen Eingriffen | Mann | MdE: 100% | Ärztlicher Behandlungsfehler. Beim Lasern der Luftröhre explodierte der Laser und verbrannte zu einem Großteil den rechten Lungenflügel des Klägers. Infolge des Behandlungsfehlers erlitt er folgende gesundheitliche Beeinträchtigungen: Verlust des rechten Lungenflügels, Anfälligkeit für Erkrankungen der Atemwege, künstliche Bewusstlosigkeit über mehrer Wochen, ständige Beeinträchtigung durch Atembeschwerden, Erstickungsangst während seiner Aufenthalte auf den Intensivstationen, starke psychische Belastung durch lange Krankenhausaufenthalte. Bei der Zumessung des Schmerzensgeldes ist weiter zu berücksichtigen, dass der Kläger durch häufige Krampfleiden und Schwindelanfälle beeinträchtigt wird, seine Hörfähigkeit dauerhaft verloren hat, unter einem Tinnitus mit ständigen Klopf-, Rausch-, Schlag- und Piepsgeräuschen im Ohr leidet sowie unter erektiler Dysfunktion und Verlust der Lebensfreude | LG Saarbrücken 30.3.2001 16 O 202/99 RA Lang, Saarbrücken |

Weitere Urteile zur Rubrik »**Innere Organe - Lunge, Luftröhre, Zwerchfell**« siehe auch:
- **bis € 2500:** 2568, 483
- **bis € 5000:** 493, 494, 1192, 374, 1263, 496, 1403
- **bis € 12500:** 2809, 1622, 88, 255, 552, 501, 3056, 467, 2146, 1541, 401
- **bis € 25000:** 74, 1657, 2941, 3101, 3104, 587, 877, 131, 1095, 191
- **ab € 25000:** 2689, 3172, 1150, 2956, 1307, 330, 1678, 274, 196, 2154, 333, 2959, 419, 2963, 504, 2964, 1296, 1071, 1680, 426, 2107, 1484, 1556, 1557, 1311, 2219, 1297, 1558, 1432, 339, 2155, 1313, 2265, 2980, 1314, 1316, 2991, 1375, 1319, 1285, 2998, 1012, 2999, 3000, 365, 1322, 2434, 3003, 1220, 3004, 1324, 1325, 2605, 3013, 1287, 1984, 1222, 1083, 3015, 1225, 1991, 1994, 2638, 1996, 1232, 1452, 1997, 2649, 1236, 1336, 2004, 1455, 1244, 1459, 2804, 2674, 2012, 2677, 2019, 1460, 2021

Innere Organe - Milz

1143	€ 7500 (€ 8629)	Milzruptur mit linksseitiger Thorax-Bauchwandkontusion, Entfernung der Milz, Nierenkontusion links, Schlüsselbeinfraktur rechts	12 Tage Krankenhaus, nach 2 Monaten nochmals 1 Woche Krankenhaus	Mann	Verlust der Milz		Brandenburgisches OLG 26.6.2008 12 U 153/07 SP 2009, 72
1144	16 000● € 8000 + immat. Vorbehalt (€ 10 594)	Milzruptur	Zwei Krankenhausaufenthalte von insgesamt 44 Tagen	Mann	MdE: 10%	1/3 Mitverschulden. Durch Milzentfernung besteht ein erhöhtes Infektrisiko sowie die Möglichkeit von Verwachsungen im Oberbauchbereich, von Thrombozytosen und einer Pankreasinsuffizienz	LG München I 20.7.2000 19 O 11983/96 VorsRiLG Krumbholz
1145	20 000 € 10 000 (€ 15 827)	Stumpfes Bauchtrauma mit Milzstielabriss; Entfernung der Milz, Pankreasschwanzkontusion, Mesenterialeinrisse, Retroperitonealhämatom sowie multiple Prellungen, Schürfungen und Schnittverletzungen über dem rechten Jochbein, dem rechten Arm und dem rechten Bein	1 Monat Krankenhaus, weitere 4 Tage Krankenhaus zur Beobachtung wegen aufgetretenen Schmerzen. MdE: ca. 3 Monate 100%	Lagerarbeiter	MdE: 20%	Kläger ist seit dem Unfall arbeitslos. Seine Vermittlung gestaltet sich schwierig, da er wegen der unfallbedingten Beeinträchtigungen keine schweren Lasten heben kann	OLG Karlsruhe 22.11.1991 14 U 170/90 VorsRiOLG Dr. Mattes
1146	20 000 € 10 000 (€ 16 594)	Stumpfes Bauchtrauma mit Milzruptur und Entfernung der Milz; Oberarmschaftfraktur mit Muskelabriss, Gehirnerschütterung	Osteosynthese am Oberarm; später Nachoperation zur Entfernung der Platte und der Schrauben	Mann	MdE: 10%	Berücksichtigt wurde eine mit 10% zu veranschlagende vereitelte Chance auf Übernahme als Hubschrauberpilot (nur 10% der Bewerber werden übernommen)	OLG Köln 23.1.1991 11 U 146/90 r+s 1991, 416

Lfd. Nr.	Betrag DM **Euro** *(Anp.2019)*	Verletzung	Dauer und Umfang der Behandlung; Arbeitsunfähigkeit	Person des Verletzten	Dauerschaden	Besondere Umstände, die für die Entscheidungen maßgebend waren	Gericht, Datum der Entscheidung, Az., Veröffentlichung bzw. Einsender
\multicolumn{8}{l}{**Fortsetzung von »Innere Organe - Milz«**}
1147	€13 000● + immat. Vorbehalt *(€14 016)*	Der Kl. hat durch einen Skiunfall Unfall folgende Verletzungen erlitten: Milzruptur, Rippenserienfraktur der Rippe VI bis IX, Hämatothorax, Lungenkontusion links, Verletzung des rechten Daumens, schmerzhaft bedingte reaktive Depression	In Folge der Rippenfrakturen litt der Kl. 10 Wochen lang an Beschwerden. Der Kl. wurde mindestens 1 Monat lang stationär behandelt, davon einige Tage auf der Intensivstation. Wegen der Daumenverletzung war eine Operation nötig	Mann	Mögliche Funktionsbeeinträchtigungen im Rahmen der Kraft oder Beweglichkeit	Die erlittenen Verletzungen, die Dauer des Krankenhausaufenthalts und die entgangene Urlaubsfreude sind im Rahmen der Festlegung der Höhe des Schmerzensgeldes von Bedeutung. Unter Abwägung der genannten Gründe sowie des Mitverschuldens des Klägers von 1/3 hält der Senat für die unfallabhängig heranzuziehenden Beeinträchtigungen des Klägers ein Schmerzensgeld i.H.v. insgesamt €13 000 für angemessen (vgl. hierzu Hacks/Wellner/Häcker, Schmerzensgeldbeträge, 31. Aufl. 2013, Nr. 1417, 682, 1381, 1160)	OLG Stuttgart 19.6.2013 3 U 1/13
1148	€15 000 + immat. Vorbehalt *(€16 272)*	Milzriss nach Sturz vom Fahrrad durch Hunde		Mann	Verlust der Milz	Zunächst ist hierbei zu berücksichtigen, dass sich der Kläger nach dem ursprünglich nicht erkannten Milzriss und den daraus resultierenden Blutungen im Bauchraum vorübergehend in akuter Lebensgefahr befand und eine Notoperation erfolgen musste, die auch eine große Operationsnarbe nach sich gezogen hat. Entscheidend ist aber, dass der Kläger ein inneres Organ verloren hat, das immunkompetente Funktionen hat, die nunmehr für sein weiteres Leben ausfallen. Zwar hat der Verlust der Milz keine lebensverkürzende Wirkung und führt auch nicht zu einer wesentlichen Beeinträchtigung der Lebensqualität des Klägers. Dieser muss aber zur Vermeidung der durch den Milzverlust eingetretenen vermehrten Anfälligkeit für Infektionskrankheiten – zusätzlich zu den „normalen" Impfungen – sich weiteren regelmäßigen Impfungen unterziehen, insbesondere Schluckimpfungen gegen Lungenentzündungen, die alle 2–3 Jahre aufgefrischt werden müssen. Dies stellt eine lebenslange Belastung für den Kläger dar, insb. auch deshalb, weil Impfungen grundsätzlich die Gefahr von Nebenwirkungen in sich bergen	OLG Karlsruhe 20.12.2012 13 U 244/11 VRiOLG Dr. Jagmann
1149	40 000 €20 000 *(€28 937)*	Gedecktes Schädelhirntrauma 1. Grades mit Kopfplatzwunde; Rückenfrakturen; Nierenkontusion, Milzruptur; Entfernung der Milz; Oberschenkelschafttrümmerfraktur links, Tibiakopffraktur links, Muskelspaltung im linken Oberschenkel	Drei stationäre Aufenthalte von 2 Monaten und 1 Woche, ca. 6 1/2 Monate arbeitsunfähig	28-jähr. Elektroniker	MdE: 25%		Saarländisches OLG 25.2.1994 3 U 550/93-104 VorsRiOLG Kropf

● Mithaftung (siehe vorletzte Spalte)

Lfd. Nr.	Betrag DM Euro (Anp.2019)	Verletzung	Dauer und Umfang der Behandlung; Arbeitsunfähigkeit	Person des Verletzten	Dauerschaden	Besondere Umstände, die für die Entscheidungen maßgebend waren	Gericht, Datum der Entscheidung, Az., Veröffentlichung bzw. Einsender
		Fortsetzung von »Innere Organe - Milz«					
1150	€ 27 500 + immat. Vorbehalt (€ 33 685)	Stumpfes Thoraxtrauma, beidseitige Lungenkontusion, Pneumothorax rechts, stumpfes Bauchtrauma, Leberruptur, zweiseitige Milzruptur mit späterer Entfernung der Milz, Nierenkontusion rechts mit Einblutungen in der Niere, retroperitoneales Hämatom, Querfortsatzfraktur des 11. Lendenwirbelknochens rechts	1 Monat Krankenhaus mit Übernähen der Leberläsionen, Milzentfernung, Pleura-Punktion; 5 Wochen Reha; anschließend 6 Wochen ärztliche Nachbehandlung; über 3 Monate arbeitsunfähig	40-jähr. Mann		Verletzungen sind folgenlos abgeheilt; Kläger befand sich nach 4 Monaten wieder in einem guten Allgemein-, Kräfte- und Ernährungszustand; grobe Fahrlässigkeit des Beklagten	LG Neuruppin 20.10.2005 1 O 183/05 RAe Dr. Furmanek, Gollan, Kranz; Neuruppin
1151	60 000 € 30 000 (€ 40 075)	Rippenserienfraktur, Milzexstirpation, Schädelhirntrauma 1. Grades, Bruch des linken Großzehengelenks	25 Tage Krankenhaus	Mann	MdE: 10%	Schmerzensgeld wurde aufgrund der unfallbedingten Verletzungen wie folgt verteilt: Milzentfernung DM 25 000 (€ 12 500), Rippenserienfraktur DM 5000 (€ 2500), Schädelhirntrauma DM 10 000 (€ 5000), Großzehenverletzung (die dazu führte, dass der Verletzte auf einen Pkw mit Automatikschaltung angewiesen ist) DM 20 000 (€ 10 000)	LG München I 16.3.2000 19 O 22822/98 VorsRiLG Krumbholz
1152	70 000 € 35 000 + immat. Vorbehalt (€ 47 532)	Beinfraktur links; Verlust der Milz; Nierenkontusion, Thoraxkontusion; Schädelhirntrauma 1. Grades; HWS-Kontusion, Strecksehnenabriss im Bereich des rechten Mittelfingers; Verletzung des rechten Auges, Vielzahl von Schnittwunden am ganzen Körper; erhebliche psychische Beeinträchtigungen	Mehrere Operationen MdE: 2 Wochen 100% 1 Monat 80% 1 Monat 60%	15-jähr. Junge	Rechter Mittelfinger bleibt steif; Verletzung des rechten Auges konnte nur teilweise medizinisch korrigiert werden; 11 cm lange Narbe an Stirn, was äußeres Erscheinungsbild erheblich beeinträchtigt, MdE: 15%	Kläger, der den Unfalltod von 3 Beifahrern miterleben musste, leidet weiterhin an Albträumen; durch Verlust der Milz besteht erhebliches Infektionsrisiko, daher muss von einer lebenslänglichen erheblichen gesundheitlichen Gefährdung ausgegangen werden	LG Dessau 2.4.1998 2 O 1490/97 RA Spitzmüller, Halle/S.

Weitere Urteile zur Rubrik »**Innere Organe - Milz**« siehe auch:
bis € 12 500: 1121, 3056, 1124
bis € 25 000: 1164, 2941, 1663, 81, 1131
ab € 25 000: 2956, 1069, 3110, 2598, 2265, 1314, 2985, 2991, 6, 2998, 1012, 2088, 3004, 3012, 1979, 1984, 1084, 1994, 1377, 2006

Innere Organe - Niere, Blase, Harnröhre

Lfd. Nr.	Betrag DM Euro (Anp.2019)	Verletzung	Dauer und Umfang der Behandlung; Arbeitsunfähigkeit	Person des Verletzten	Dauerschaden	Besondere Umstände	Gericht, Datum
1153	– (€ 0)	Schmerzen durch unterdrückten Harndrang für ca. 1 ½ Stunden und dadurch unkontrolliertes Entleeren der Blase am Hauptbahnhof am Zielort und dadurch Scham und psychische Belastung		Frau		Ein Schmerzensgeldanspruch wegen einer fehlenden Toilette in einer Regionalbahn besteht grds. nicht. Von entscheidender Bedeutung war hier, dass die Vorkommnisse am Zielhauptbahnhof und die damit verbundenen Beeinträchtigungen von der Klägerin eigenverantwortlich und entscheidend beeinflusst wurden	LG Trier 19.2.2016 1 S 131/15 juris
1154	2700 € 1350 (€ 1833)	Nierenkontusion links, Kontusion linkes Bein	6 Tage Krankenhaus, anschließend 16 Tage ambulante Behandlung, 3 Wochen arbeitsunfähig	Jugendlicher			AG Görlitz 26.1.1999 1 C 0656/98 bestätigt durch LG Görlitz 3.11.1999 2 S 37/99 RAe Marth & Denkhoff, Görlitz

Lfd. Nr.	Betrag DM Euro (Anp.2019)	Verletzung	Dauer und Umfang der Behandlung; Arbeitsunfähigkeit	Person des Verletzten	Dauerschaden	Besondere Umstände, die für die Entscheidungen maßgebend waren	Gericht, Datum der Entscheidung, Az., Veröffentlichung bzw. Einsender
	Fortsetzung von »Innere Organe - Niere, Blase, Harnröhre«						
1155	€ 5000 + immat. Vorbehalt (€ 5048)	Funktionsverlust der linken Niere durch Behandlungsfehler		Frau	Funktionsverlust der linken Niere	Die von der Klägerin beschriebenen aktuellen Einschränkungen in der Lebensführung sind nicht kausal auf den Behandlungsfehler, sondern auf andere Erkrankungen zurückzuführen. Insb. hat der Sachverständige ausgeführt, dass bei einer Anzahl von Personen eine Schrumpfniere ohne Schmerzindikation vorliege und deshalb nicht einmal bemerkt werde. Daraus folgt jedoch nicht, dass die Klägerin durch die grob fehlerhafte ärztliche Behandlung keiner Beeinträchtigung unterliegt. Tatsächlich muss sich die Beklagte auch hier die Möglichkeit einer Besserung der Nierenfunktion im Falle ordnungsgemäßer Medikamentation entgegenhalten lassen. Sie hat damit, unter dem Gesichtspunkt der Einheitlichkeit des Schmerzensgeldes, für den Fall der Funktionsbeeinträchtigung auch der rechten Niere zugleich eine Mitursache für eine denkbare Dialyse gesetzt. Diese Gefahr ist, wenn sie sich auch aktuell nicht verwirklicht, als nicht fernliegend zu berücksichtigen. Zudem beeinträchtigt bereits das Wissen um diese Gefahr die weitere Lebensführung der Klägerin. Gleichwohl ist die Schmerzensgeldbemessung nicht mit Fällen gleichzusetzen, denen ein vollständiger Funktionsverlust zugrunde liegt. Denn die nicht behebbare Vorschädigung der Niere durch den Niereninfarkt ist der Beklagten nicht zurechenbar. Insgesamt ist daher – auch unter Berücksichtigung der Rechtsprechung zu vergleichbaren Fällen – ein Schmerzensgeld von € 5000 angemessen	Brandenburgisches OLG 25.4.2019 12 U 39/18 juris
1156	€ 6000 (€ 7104)	Verletzung der Harnblase, Blasenscheidenfistel mit leichter Harninkontinenz	Fistel wurde nach 4 Monaten operativ entfernt; 10 Tage stationärer Aufenthalt, 2 Wochen Tragen eines Katheters, 3 Wochen arbeitsunfähig, anschließend beschwerdefrei	51-jähr. Arzthelferin, zum Urteilszeitpunkt 56 Jahre alt		Verletzung entstand bei einer operativen Entfernung der Gebärmutter; grober ärztlicher Behandlungsfehler; bei der Bemessung des Schmerzensgeldes sind neben der erforderlichen Operation auch die körperlichen und psychischen Beeinträchtigungen durch die viermonatige Inkontinenz von Bedeutung, wobei jedoch der Zeitraum außer Betracht bleibt, der bei regelgerechter Behandlung auf die konservative Therapie entfallen wäre, die bei einem Erkennen der Harnblasenscheidenfistel bei der gynäkologischen Abschlussuntersuchung entfallen wäre (ca. 6 Wochen)	LG Köln 15.8.2007 25 O 177/04

● Mithaftung (siehe vorletzte Spalte)

Innere Organe

Urteile lfd. Nr. 1157 – 1161

Lfd. Nr.	Betrag DM Euro (Anp.2019)	Verletzung	Dauer und Umfang der Behandlung; Arbeitsunfähigkeit	Person des Verletzten	Dauerschaden	Besondere Umstände, die für die Entscheidungen maßgebend waren	Gericht, Datum der Entscheidung, Az., Veröffentlichung bzw. Einsender
	**Fortsetzung von »Innere Organe - Niere, Blase, Harnröhre«**						
1157	€10 000 + immat. Vorbehalt (€ 12 027)	Verletzung des Harnleiters anlässlich einer diagnostischen Abklärung eines Befundes über eine Geschwulst des Eileiters mit vollständiger Entfernung der Zyste	Operative Neueinpflanzung des Harnleiters mit 16 Tagen Krankenhaus	Frau		Kein vorwerfbarer ärztlicher Behandlungsfehler; jedoch nicht genügende Aufklärung; ist ein Eingriff überhaupt oder seinem Umfang nach nur relativ indiziert, weil seine Erforderlichkeit (auch) vom Sicherheitsbedürfnis des Patienten abhängt, muss dies mit dem Patienten besprochen werden, weil es jedem überlassen bleiben muss, ob er unter dem Gesichtspunkt größtmöglicher Sicherheit auch Risiken in Kauf nehmen will, die einzugehen nicht zwingend nötig erscheint (vgl. BGH NJW 1998, 1784); längere Zeit Schmerzen im Unterleib und beim Wasserlassen; zunächst eingeschränkte Funktionsfähigkeit der Blase mit der Folge teilweiser Inkontinenz und häufig verstärkten Harndrangs	OLG Köln 29.1.2007 5 U 85/06
1158	20 000 €10 000 (€ 13 919)	Funktionsverlust der Nieren		Mann		Dilatation rechts ohne ausreichende Aufklärung; Nieren waren bereits arteriosklerotisch vorgeschädigt; es war ohne den Eingriff von einer Dialyseabhängigkeit in 5 Jahren auszugehen	OLG Oldenburg (Oldenburg) 27.8.1996 5 U 80/96 zfs 1996, 413
1159	€10 000 + immat. Vorbehalt (€ 12 137)	Nierenruptur an drei Stellen, Ruptur des Harnleiters	1 ½ Monate stationäre Behandlung mit mehreren Operationen, Fieberattacken mit erforderlicher wochenlanger Medikation mit Antibiotika	8-jähr. Mädchen		Verletzung der Verkehrssicherungspflicht in einer Sporthalle; noch 3 Jahre nach dem Unfall in ärztlicher Behandlung; gerade im kindlichen Alter wird ein Krankenhausaufenthalt der notwendigerweise mit einer Trennung von der Familie und der vertrauten Umgebung verbunden ist, als besonders belastend empfunden	Saarländisches OLG 16.5.2006 4 UH 711/04-196 NJW-RR 2006, 1165
1160	25 000 €12 500 + immat. Vorbehalt (€ 17 700)	Blasenscheidenfistel nach Entfernung der Gebärmutter	3 weitere stationäre Aufenthalte mit jeweils einer Operation	Frau	Durch Verkleinerung der Blase muss die Klägerin unverhältnismäßig häufig eine Toilette aufsuchen	Verstoß gegen die ärztliche Aufklärungspflicht. Mit dem der Klägerin zugesprochenen Schmerzensgeld sind alle bisher entstandenen nachteiligen Folgen der Operation ausgeglichen und auch die Befürchtungen der Klägerin, dass sich weitere nachteilige Folgen einstellen. Eine tatsächlich eintretende wesentliche Verschlechterung ihres jetzigen Gesundheitszustands ist durch das Schmerzensgeld jedoch nicht abgegolten	OLG Celle 8.5.1995 1 U 35/94 RA und Notar Obermann, Hardegsen
1161	26 000● €13 000 (€ 17 677)	Verlust einer Niere; große Weichteilwunde am linken distalen Oberschenkel mit kompletter Zerquetschung des Streckmuskels	4 Wochen Krankenhaus, anschließend 19 Monate ambulante Behandlung	18-jähr. Schüler	Behinderung der Berufstätigkeit: 25%	25% Mithaftung; bei Erkrankung der verbliebenen Niere deutliche Erhöhung des Risikos einer schnell fortschreitenden Niereninsuffizienz; ständige Sorge, dass sich mit fortschreitendem Alter der Zustand der verbliebenen Niere verschlechtert und weitere Behandlungen erforderlich sein werden	OLG Köln 13.8.1997 27 U 30/97 VRS 94, 249

● Mithaftung (siehe vorletzte Spalte)

Lfd. Nr.	Betrag DM **Euro** *(Anp.2019)*	Verletzung	Dauer und Umfang der Behandlung; Arbeitsunfähigkeit	Person des Verletzten	Dauerschaden	Besondere Umstände, die für die Entscheidungen maßgebend waren	Gericht, Datum der Entscheidung, Az., Veröffentlichung bzw. Einsender
\multicolumn{8}{l}{**Fortsetzung von »Innere Organe - Niere, Blase, Harnröhre«**}
1162	€ 15 000 *(€ 16 189)*	Vollständige operative Entfernung der Prostata und der Samenbläschen aufgrund eines Ardenokarzinoms	Tragen von Windeln	71-jähr. Mann	Verlust der Ejakulationsfähigkeit, Harnstressinkontinenz 3. Grades	Rechtswidrige Operation aufgrund fehlerhafter Aufklärung und damit einhergehender nicht wirksamer Einwilligung. Die Harnstressinkontinenz ist als Dauerfolge anzusehen, wenn keine Operation mit 95% Erfolgswahrscheinlichkeit durchgeführt wird. Da dies der Kläger bisher nicht durchführen ließ, ist dies mindernd zu berücksichtigen. Jedoch ist auch zu berücksichtigen, dass eine Folgeoperation wiederum schmerzensgelderhöhend wirkt. Die Möglichkeit, dass der Kläger noch eine Operation durchführen lässt, wurde berücksichtigt	LG Berlin 3.5.2013 36 O 158/11 Gerichtsentscheidungen Berlin-BB
1163	30 000 € 15 000 + immat. Vorbehalt *(€ 19 888)*	Verlust einer Niere nach ärztlichem Behandlungsfehler		Frau		Beklagter hat Klägerin nicht hinreichend über die Notwendigkeit des Aufsuchens eines Urologen aufgeklärt und darauf hingewiesen, obwohl ihm die Steinanamnese bekannt war. Im Hinblick auf die Dokumentationspflicht des Beklagten ergibt sich eine Beweislastumkehr bezüglich der vom Beklagten behaupteten Aufklärung der Klägerin über die Gefahren, die der Klägerin bei Nichtaufsuchen eines Urologen drohten	LG Kleve 13.10.2000 1 O 27/99 RAe Stoffers & Partner, Oberhausen
1164	€ 15 000 ● *(€ 19 309)*	Vordere Beckenringfraktur, Vorderkantenabriss LWK-1, Nierenruptur mit erforderlicher Entfernung der Niere links, Milzriss, Magen- und Pankreaskontusion, handtellergroßes Serom am rechten Oberschenkel	Mehrere Monate Krankenhaus, anfangs mehrere Wochen künstliches Koma, es bestand Lebensgefahr	36-jähr. Frau	Verlust der Niere	50% Mithaftung wegen Nichtanlegens des Sicherheitsgurtes; Klägerin wurde bei dem Unfall, der durch das Montieren eines überalteten Reifens durch einen Reifenhändler verursacht wurde, als Beifahrerin aus dem Pkw geschleudert; noch 3 Monate nach dem Unfall konnte sich Klägerin wegen Gangunsicherheit und allgemeiner Schwäche nicht allein versorgen	OLG Nürnberg 5.2.2002 3 U 3149/01 SP 2002, 201 RA Koch, Erftstadt
1165	35 000 € 17 500 + immat. Vorbehalt *(€ 23 766)*	Entfernung einer Niere durch Notoperation zur Vermeidung des Todes infolge einer Urosepsis	2 Wochen Krankenhaus und weitere ambulante Behandlung für geraume Zeit im Abstand von jeweils 2 Tagen	54-jähr. Frau, bei Urteilsverkündung 00 Jahre alt		Grober ärztlicher Behandlungsfehler durch Unterlassen elementar gebotener Befunderhebungen; mit der Wundheilung waren erhebliche Schmerzen verbunden; künftige Schäden nicht auszuschließen	OLG Köln 22.4.1998 5 U 12/96 VersR 1999, 491

● Mithaftung (siehe vorletzte Spalte)

Innere Organe

Fortsetzung von »Innere Organe - Niere, Blase, Harnröhre«

Lfd. Nr.	Betrag DM Euro (Anp.2019)	Verletzung	Dauer und Umfang der Behandlung; Arbeitsunfähigkeit	Person des Verletzten	Dauerschaden	Besondere Umstände, die für die Entscheidungen maßgebend waren	Gericht, Datum der Entscheidung, Az., Veröffentlichung bzw. Einsender
1166	€ 18 000 + immat. Vorbehalt (€ 21 649)	Verlust der rechten Niere	11 Tage stationär, 5 Wochen arbeitsunfähig	36-jähr. Kontrolleur	MdE: 30% 17 cm lange Narbe am Rücken	Bei einem Amateureishockeyspiel wurde der Kläger von dem 16-jähr. Beklagten durch einen unfairen Check in den Rücken gegen die Bande gestoßen und zog sich dabei eine traumatische Ruptur der rechten Niere zu, die anschließend in einer Notoperation entfernt werden musste. Dieses Verhalten, nämlich ein Check in der Nähe der Bande in den Rücken eines Gegenspielers birgt ein so hohes Verletzungsrisiko in sich, dass es auch unter Berücksichtigung einer möglichen Ungeschicklichkeit und eines Spieleifers außerhalb des Grenzbereichs zwischen Härte und Unfairness liegt und ein schadenersatzpflichtiges Verhalten darstellt. Auch ist zu berücksichtigen, dass der Beklagte zur Tatzeit erst 16 Jahre alt war und ihm kein direkter Verletzungsvorsatz unterstellt werden kann	LG Schweinfurt 1.12.2006 23 O 152/06 RAe Hofmann, Beck, Petzold & Petrasch, Schweinfurt
1167	€ 20 000 + immat. Vorbehalt (€ 24 988)	Verlust der rechten Niere nach ärztlichem Behandlungsfehler nach operativer Entfernung des Uterus (Hysterektomie)	Weitere Operation war erforderlich	Taxiunternehmerin	Verlust einer Niere	Operativer Behandlungs- bzw. Informationsfehler. Eine nach der Hysterektomie sonographische festgestellte Harnstauung wurde nach der Entlassung den nachbehandelnden Ärzten nicht mitgeteilt, was einen schwerwiegenden Behandlungsfehler darstellt, der letztendlich zum Funktionsverlust der rechten Niere geführt hat. Die Klägerin hat ein rechtliches Interesse daran, in Bezug auf künftige, nicht vorhersehbare Schäden schon jetzt eine Entscheidung über den Haftungsgrund herbeizuführen. Dabei reicht auch die nur entfernte Möglichkeit künftiger Schadensfolgen aus. Eine solche Möglichkeit ist vorliegend deswegen nicht auszuschließen, weil das Risiko besteht, dass die vorhandene Restniere in Zukunft in ihrer Funktionsfähigkeit beeinträchtigt wird	LG Kiel 12.5.2004 17 O 222/02 RA G. Nolle, Nortorf
1168	€ 20 000 (€ 21 874)	Fehlerhafte Aufklärung und nicht erforderliche Entfernung der Harnleiter mit der Anlage eines künstlichen Harnausgangs		Mann	Inkontinenz	Kläger litt bereits unter einem Blasenkarzinom, weswegen die Harnblase entfernt wurde und eine aus Darm neu gebildete Harnblase eingesetzt wurde. Ferner hat das Gericht berücksichtigt, dass der Kläger ein halbes Jahr nach der OP verstorben ist und in diesem Zeitraum massiv in der Lebensqualität beeinträchtigt war	LG Kleve 25.7.2012 2 O 477/11 Justiz NRW
1169	€ 25 000 + immat. Vorbehalt (€ 30 068)	Verlust der linken Niere bei Reitunfall		12-jähr. Mädchen	Nierenverlust	Der Unfall geschah beim Reitunterricht in einer Reithalle. Ein Mitverschulden kann der Klägerin nicht zur Last gelegt werden. Wenn die Klägerin ein fehlerhaftes reiterliches Verhalten an den Tag gelegt hätte, hätte für die Beklagte auch aller Anlass bestanden, das Verhalten durch entsprechende Hilfe oder Kommandos zu korrigieren und die Klägerin zu konzentriertem Reiten anzuhalten	OLG Celle 13.12.2006 20 U 48/06 RA Lammers, Winsen/Luhe

Fortsetzung von »Innere Organe - Niere, Blase, Harnröhre«

Lfd. Nr.	Betrag DM Euro (Anp.2019)	Verletzung	Dauer und Umfang der Behandlung; Arbeitsunfähigkeit	Person des Verletzten	Dauerschaden	Besondere Umstände, die für die Entscheidungen maßgebend waren	Gericht, Datum der Entscheidung, Az., Veröffentlichung bzw. Einsender
1170	50 000 € 25 000 (€ 33 105)	Blasenlähmung		47-jähr. Frau	Zeitlebens Selbstkatheterismus zur Blasenentleerung bis zu sechsmal am Tag	Fehlerhaftes Unterlassen der gebotenen urologischen Diagnostik vor operativem Eingriff; zu berücksichtigen ist auch die Tatsache, dass sich die Klägerin einer mit Schmerzen und Unannehmlichkeiten verbundenen – nicht indizierten – Operation unterzogen hat. Die grundsätzliche Störung wird auch im Kontakt mit anderen Menschen – insbesondere bei einer Partnerschaft – als belastend empfunden	OLG Düsseldorf 28.9.2000 8 U 114/99 VersR 2002, 856
1171	€ 25 000 + immat. Vorbehalt (€ 28 487)	Mangels wirksamer Einwilligung rechtswidrige urologische Operation (endoskopische Blasenhalsschlitzung) mit der Folge einer dauerhaften retrograden Ejakulation und Zeugungsunfähigkeit		31-jähr. Mann	dauerhafte retrograde Ejakulation und Zeugungsunfähigkeit	Orientierung an der Rspr. mit zumindest teilweise vergleichbarem Verletzungsbild	OLG Frankfurt am Main 23.3.2010 8 U 238/08
1172	€ 25 000 + immat. Vorbehalt (€ 28 859)	Funktionsverlust und Entfernung der linken Niere mit Narbenbrüchen	2 Krankenhausaufenthalte von 7 und 12 Tagen, zwei weitere Krankenhausaufenthalte nach 1 1/2 Jahren zur Behandlung der Narbenbrüche	54-jähr. Frau	Verlust der linken Niere	Grob fehlerhaftes Unterlassen einer Befunderhebung eines Nierengeschehens, was zum Verlust der linken Niere führte; eine Harnstauung wurde nicht erkannt	OLG Köln 11.5.2009 5 U 256/06
1173	€ 25 000 ● + immat. Vorbehalt (€ 29 112)	Stumpfes Bauchtrauma mit Leberruptur, zentrale Nierenruptur rechts mit Entfernung der Niere, Lungenkontusion beiderseits, knöcherner Ausriss des medialen Seitenbandes am rechten Knie, Schädelhirntrauma II, Kopf- und Oberlippenplatzwunde		Mann	Verlust einer Niere; Einschränkung der Merkfähigkeit, Verringerung des kognitiven Tempos, eingeschränktes Reaktionsvermögen; MdE: 40%	50% Mithaftung	KG Berlin 18.2.2008 12 U 86/07 VRS 115, 255
1174	€ 25 564 + immat. Vorbehalt (€ 31 716)	Entfernung der rechten Niere wegen Funktionsverlustes		42-jähr. Frau		Ärztliches Versäumnis durch Hinausschieben einer dringend gebotenen Operation (Entfernung eines Nierensteins)	OLG Koblenz 17.2.2005 5 U 349/04 VersR 2005, 655
1175	90 000 € 45 000 + immat. Vorbehalt (€ 71 222)	Totale Harnsperre, entstanden bei Gebärmutterentfernung, die unter einer Periduralanästhesie (Narkose in die Rückenmarkhäute) durchgeführt wurde; Schrumpfung der Harnblase, sodass schließlich ein künstlicher Harnleiter und eine künstliche Blase gelegt werden mussten	Drei stationäre Aufenthalte von insgesamt 11 1/2 Wochen, ambulante Behandlung lebenslänglich	40-jähr. Frau	Schwerer Dauerschaden, der zur Frührente führte	Verletzung der Aufklärungspflicht, geringes Verschulden	OLG München 12.11.1991 24 U 394/86 RA Krüger, Markt Indersdorf
1176	100 000 € 50 000 (€ 64 835)	Harninkontinenz, Verlust der Ejakulations- und Erektionsfähigkeit		64-jähr. Witwer	Harninkontinenz, Verlust der Ejakulations- und Erektionsfähigkeit	Radikale Prostatatektomie aufgrund falscher Krebsdiagnose; Uneinsichtigkeit des Schädigers	OLG Celle 9.7.2001 1 U 64/00

● Mithaftung (siehe vorletzte Spalte)

Lfd. Nr.	Betrag DM Euro (Anp.2019)	Verletzung	Dauer und Umfang der Behandlung; Arbeitsunfähigkeit	Person des Verletzten	Dauerschaden	Besondere Umstände, die für die Entscheidungen maßgebend waren	Gericht, Datum der Entscheidung, Az., Veröffentlichung bzw. Einsender
\multicolumn{8}{l}{**Fortsetzung von »Innere Organe - Niere, Blase, Harnröhre«**}
1177	€ 50 000 (€ 63 899)	Harnleiterverletzung links nach Sterilisation nebst Gebärmutterentfernung mit nachfolgender Fistelbildung zwischen Harnleiter und Scheide und Entfernung der Eierstöcke nebst Zysten nach rezidivierenden fieberhaften Harnwegsinfekten, wiederholte Harnleiterimplantationen, die letztlich zu einer Stilllegung der Harnblase mit der Notwendigkeit einer Blasenneubildung aus Dünndarmmaterial führte	Mehrere stationäre Aufenthalte	43-jähr. Frau	Dauernde gesundheitliche Beeinträchtigung	Grober ärztlicher Behandlungsfehler	OLG Celle 16.12.2002 1 U 38/02 RAe Nolle & Knuth, Nortorf
1178	100 000 € 50 000 + immat. Vorbehalt (€ 72 245)	Irreparabler Nierenschaden aufgrund eines ärztlichen Behandlungsfehlers		39-jähr. Mann	Arbeitsunfähigkeit	Grober Behandlungsfehler; 3-mal wöchentlich Dialyse, die eine tief greifende Belastung der Lebensführung bedingt. Kläger steht seit 6 Jahren auf der Transplantationsliste, wobei für ihn eine bedrückende Unsicherheit verbleibt, wann er berücksichtigt werden wird und ob das rechtzeitig geschehen kann	OLG Frankfurt am Main 15.3.1994 8 U 158/93 VersR 1995, 785
1179	€ 50 000 (€ 58 935)	Dauerhafte Funktionsstörungen (Harninkontinenz, Impotenz, schwere Gangstörungen) durch rechtswidrige Implantation einer Morphiumpumpe		44-jähr. Trockenbaumonteur, zum Urteilszeitpunkt 51 Jahre alt	Harninkontinenz, Impotenz, schwere Gangstörungen; erhebliche, zumindest mitverursachte Empfindungsstörungen und Schmerzen im Rumpf und Beinen; MdE: 100%	Mangels wirksamer Einwilligung des Klägers (unzureichende Risikoaufklärung) rechtswidrige Implantation der Morphiumpumpe, die wegen einer Blutung in den Hirnwasserraum der Wirbelsäule zu dauerhaften Funktionsstörungen führte; Kläger war bei Eintritt der Schädigung bereits vorgeschädigt; er litt nach einem Arbeitsunfall an einem chronischen, schwer zu beeinflussenden Schmerzsyndrom und war arbeitsunfähig; wegen des Versagens konservativer Schmerztherapien empfahl ihm der Beklagte die Implantation der Morphiumpumpe; verzögerliche Schadensregulierung durch Hinhalten des Klägers; mehr als 6 1/2 Jahre nach dem Schadensereignis und mehr als 4 1/2 Jahre nach Rechtskraft des Grundurteils keine Zahlungen geleistet	OLG Naumburg 15.10.2007 1 U 46/07 VersR 2008, 652; NJW-RR 2008, 693
1180	€ 51 129 (€ 65 342)	Harnleiterverletzung mit wiederholten Harnleiterimplantationen und Stilllegung der Harnblase mit der Notwendigkeit einer Blasenneubildung aus Dünndarmmaterial aufgrund groben Behandlungsfehlers nach Sterilisation nebst Gebärmutterentfernung	Wiederholte stationäre Behandlungen	33-jähr. Frau	Erheblich	Grober ärztlicher Behandlungsfehler. Spätestens bei Auftreten des Flankenschmerzes der Klägerin hätte eine sonografische bzw. röntgenologische Abklärung, bei der dann sicher die Harnleiterverletzung festgestellt worden wäre, durchgeführt werden müssen. Das Unterbleiben dieser gebotenen Abklärung ist als grober Behandlungsfehler einzustufen	OLG Celle 16.12.2002 1 U 38/02 RA G. Nolle, Nortorf
1181	300 000 € 150 000 (€ 215 270)	Verlust der Niere nach Entfernung eines Nierensteins aufgrund fehlerhafter ärztlicher Behandlung	Zahlreiche Operationen mit zwei Nierentransplantationen	51-jähr. Gymnasialprofessor	MdE: 100%	Auf Dauer dialyseabhängig, weil die sonst erforderliche 3. Nierentransplantation mit einem äußerst hohen Risiko verbunden ist. Kläger musste vorzeitig in Ruhestand versetzt werden. Schwerer Behandlungs- und Aufklärungsfehler	OLG Karlsruhe 7.9.1994 13 U 137/93 VorsRiOLG a. D. Koeber

Innere Organe

Lfd. Nr.	Betrag DM Euro (Anp.2019)	Verletzung	Dauer und Umfang der Behandlung; Arbeitsunfähigkeit	Person des Verletzten	Dauerschaden	Besondere Umstände, die für die Entscheidungen maßgebend waren	Gericht, Datum der Entscheidung, Az., Veröffentlichung bzw. Einsender
\multicolumn{8}{l}{Fortsetzung von »Innere Organe - Niere, Blase, Harnröhre«}
\multicolumn{8}{l}{Kapitalabfindung mit Schmerzensgeldrente}
1182	50 000 € 25 000 und 300 € 150 Rente monatlich ab 1.1.1999 (€ 33 650)	Komplette Blasenlähmung und Störungen der Mastdarmfunktion nach Durchführung einer Myelographie		42-jähr. Sekretärin, alleinerziehende Mutter zweier minderjähriger Kinder	Auf Dauer auf Blasenkatheter angewiesen, häufige Harnwegsinfektionen mit hohem Fieber; Einschränkung der Beweglichkeit der WS bei längerem Sitzen oder Gehen bzw. körperlichen Arbeiten bei erheblicher Schmerzsymptomatik; Klägerin musste aus dem Erwerbsleben ausscheiden	Rechtswidriger ärztlicher Eingriff mangels rechtswirksamer Einwilligung infolge Aufklärungsversäumnis; Klägerin hatte schon vor dem Eingriff seit längerem unter massiven lumbo-ischialgieformen Beschwerden zu leiden	Brandenburgisches OLG 1.9.1999 1 U 3/99 VersR 2000, 1283 VorsRiOLG Kahl, Brandenburg
1183	60 000 € 30 000 und 400 € 200 Rente monatlich (€ 54 092)	Durch ärztlichen Behandlungsfehler verursachte Harninkontinenz		51-jähr. Mann	Wesensveränderung und Impotenz infolge der Inkontinenz	Erhebliches Verschulden des Arztes; schleppende Regulierungspraktik der Beklagten	OLG Hamm 13.5.1987 3 U 77/86 VersR 1988, 1181
1184	80 000 € 40 000 und 250 € 125 Rente monatlich (€ 67 643)	Schädigung der Harnorgane, insbesondere Destruktion des Blasendaches, die eine Urosepsis, eine massiv abszedierende Entzündung des Unterbauches und eine Eiteranfüllung des Uterus verursachten, als Folge einer fehlerhaften Kaiserschnittoperation	Zur Wiederherstellung der normalen Harnableitung und der Kontinenz in den anschließenden 12 bis 16 Monaten vier große Operationen erforderlich, wobei bei der ersten Operation die Gebärmutter entfernt wurde. Erst nach der vierten Operation Blasen-Scheiden-Fistel behoben	32-jähr. Frau	Verlust der Fortpflanzungsfähigkeit. Ständige Schmerzen linke Niere und Harnleiterverlauf; ca. alle 5 Wochen Harnwegsinfektion, vermehrter Harndrang (alle 2 Stunden Wasserlassen); Bauchschmerzen	Ganz erhebliches und nur schwer zu messendes Ausmaß von Schmerzen. Bis zum Abschluss der operativen Behandlung war Lebensqualität auf ein Minimum reduziert. Verlust der Fortpflanzungsfähigkeit außerordentliches, schmerzliches und tief greifendes Ereignis. Für die Zukunft erheblich erhöhte Krankheitserwartung im Bereich der ableitenden Harnwege. Schon jetzt liegt linksseitig eine beginnende Schrumpfniere vor, rechtsseitig Nierenvergrößerung. Mit erforderlicher Entfernung der linken Niere muss gerechnet werden. Schweres Verschulden des Arztes, der eine uneinsichtige Haltung an den Tag legte und keinerlei Betroffenheit zeigte. 5 ½ Jahre lang erfolgten keine Zahlungen	LG Hagen 12.7.1990 19 O 111/87 RAe Dr. Friebertshäuser, Dr. Kleffmann, Dr. Burmann, Hagen
◄1185	100 000 € 50 000 und 300 € 150 Rente monatlich (€ 66 541)	Vorübergehende Querschnittssymptomatik, Blasenentleerungsstörung	Mehrere Operationen, nach 2 Jahren musste künstlicher Blasenausgang gelegt werden, der nach 3 Jahren zurückverlegt wurde	Kleinkind, zum Urteilszeitpunkt 11 Jahre alt	Blasenentleerungsstörung mit erforderlicher täglicher mehrmaliger Katheterisierung und laufender Antibiotikabehandlung, linksseitige Gehbehinderung mit Fußheberlähmung, linker Fuß deformiert	Ärztlicher Behandlungsfehler durch Nichterkennen einer infizierten Dermoidzyste; Klägerin leidet unter Schlafstörungen, Ängsten und Alpträumen; zögerliches Regulierungsverhalten	OLG Düsseldorf 15.6.2000 8 U 128/99 RAe Lampe & Partner, Mühlheim

Weitere Urteile zur Rubrik »**Innere Organe - Niere, Blase, Harnröhre**« siehe auch:

bis € 12 500: 920, 3153, 1119, 254, 2356, 255, 1143, 128
bis € 25 000: 2591, 2941, 666, 1067, 1149, 998, 131, 2816, 1368
ab € 25 000: 2404, 2801, 1150, 1134, 2956, 2820, 1152, 3110, 1483, 3175, 423, 1295, 690, 1296, 360, 1436, 673, 1210, 2265, 139, 2982, 1970, 2989, 1075, 1284, 1317, 1375, 2429, 6, 1322, 1487, 1972, 1975, 2604, 3010, 2605, 1979, 1448, 1983, 510, 3191, 1449, 1333, 2441, 1985, 2607, 1991, 1084, 1993, 1231, 1994, 2642, 1452, 2645, 2445, 2003, 1454, 2007, 1244, 2011, 2677, 2681

◄ Mithaftung (siehe vorletzte Spalte)

Lfd. Nr.	Betrag DM Euro (Anp.2019)	Verletzung	Dauer und Umfang der Behandlung; Arbeitsunfähigkeit	Person des Verletzten	Dauerschaden	Besondere Umstände, die für die Entscheidungen maßgebend waren	Gericht, Datum der Entscheidung, Az., Veröffentlichung bzw. Einsender
Kopf						(siehe auch unter „Gesicht", „Nerven", „Sinnesorgane")	
1186	€ 10 000 (€ 10 494)	Lebensbedrohliche Gehirnblutung infolge vorsätzlicher Körperverletzung. Der Geschädigte erlitt ein Subduralhämatom linksseitig sowie eine Contusio cerebri fronto-temporal mit Kontusionsblutungen links und temporal rechts. Darüber hinaus erlitt er eine Schädelprellung und eine Unterlippenplatzwunde	2 Wochen stationärer Krankenhausaufenthalt, 6 Wochen AU	Student	Kopfschmerzen	Der Geschädigte wurde von einem Türsteher niedergeschlagen. Durch die strafrechtliche Verurteilung wurde das Genugtuungsinteresse des Geschädigten nicht obsolet. Auch das Nachtatverhalten des Schädigers fand bei der Schmerzensgeldbemessung Berücksichtigung. Dieser kümmerte sich nach dem Schlag nicht um den offenkundig ernsthaft verletzten Geschädigten	LG Bonn 2.12.2016 1 O 154/15 juris
1187	€ 61 000 ● + immat. Vorbehalt (€ 63 326)	Die Klägerin zog sich durch den Unfall (Kollision zweier Radfahrer) erhebliche Verletzungen zu, vor allem im Schädelbereich. Es bestehen auch verschiedene Spät- und Dauerfolgen des Unfalls, insbesondere im Bereich des Sehvermögens und der Fahrtüchtigkeit. Sie leidet unter Wortfindungsschwierigkeiten sowie Schmerzen im Kiefergelenk und im rechten Rippenbereich. In ihrer Berufstätigkeit ist die Klägerin eingeschränkt		Frau	Sehvermögen eingeschränkt	Das LG hat den von der Klägerin geltend gemachten Schmerzensgeldbetrag von mindestens € 50 000 auf € 61 000 – ohne Berücksichtigung der Mitverschuldensquote (1/3) – erhöht. Dem schließt sich der Senat an, sodass sich der in der Berufung zuerkannte Betrag unter Berücksichtigung der entsprechenden Haftungsquote errechnet	OLG Bremen 14.2.2018 1 U 37/17 juris
Kopf - Gehirnerschütterung							
1188	€ 500 ● (€ 557)	Commotio cerebri mit kurzfristiger Bewusstlosigkeit, HWS-Distorsion, BWS-Prellung	3 Tage stationärer Aufenthalt, 3 Wochen AU, Schanz'sche Krawatte, Schmerzmittel	Frau		Mitverschulden 50%	LG Bochum 12.7.2011 I-1 O 22/11 RA Wolfgang Koch, Erftstadt
1189	€ 1400 (€ 1506)	HWS-Verletzung, schwere Gehirnerschütterung mit Konzentrationsstörungen, Erinnerungslücken und erheblichen Wortfindungsstörungen	Fast 4 Wochen AU	40-jähr. Mann		Der Kläger konnte aufgrund der Geräuschempfindlichkeit unfallbedingt seinen Geburtstag nicht mit seiner Familie feiern. Die Einschränkungen der Gehirnleistungen waren für den Kläger besonders einschneidend. Aus Angst vor einer Wiederholung der Verletzungen stellte der Kläger auch sein Hobby, das Boxen, ein	AG Aschaffenburg 29.10.2013 123 C 774/13
1190	3000 € 1500 (€ 1950)	Gehirnerschütterung mit Kopfschmerzen, HWS-Verspannung, multiple Prellungen und Hautabschürfungen am Unterarm und den Knien	6 ½ Wochen arbeitsunfähig	Mann		5–6 Wochen Schmerzen	AG Greifswald 14.9.2001 44 C 904/01
1191	€ 2200 (€ 2781)	Schwere Gehirnerschütterung, große Kopfplatzwunde, schwere Prellungen im Bereich des rechten Schultergelenks	Stationär 5 Tage		2 cm lange Narbe über der Stirn	Vorsätzliche Körperverletzung. Bei der Schmerzensgeldbemessung wurde berücksichtigt, dass der Kläger die Situation dadurch hervorgerufen hat, dass er die Auseinandersetzung mit dem Beklagten begann und ihn in einen Schwitzkasten nahm. Der Kläger leidet heute noch an Beschwerden in der Schulter und Kopfschmerzen	AG Marsberg 3.12.2003 1 C 147/03 RA Kirstein, Brilon

Lfd. Nr.	Betrag DM Euro (Anp.2019)	Verletzung	Dauer und Umfang der Behandlung; Arbeitsunfähigkeit	Person des Verletzten	Dauerschaden	Besondere Umstände, die für die Entscheidungen maßgebend waren	Gericht, Datum der Entscheidung, Az., Veröffentlichung bzw. Einsender

Fortsetzung von »Kopf - Gehirnerschütterung«

| 1192 | 6000● €3000 (€4311) | Gehirnerschütterung; Prellung des linken Lungenflügels; Verletzung am rechten äußeren Gehörgang; Bänderdehnung am rechten Knie; Augenmuskelparese | 10 Tage Krankenhaus | Junger Mann | | Mithaftung von 40% infolge bewussten Eingehens einer Selbstgefährdung; Kreislaufdisregulation mit Schwindelserscheinungen über einen Zeitraum von 2 Jahren; infolge der Augenmuskelparese 1 Jahr Sehen von Doppelbildern, was besonders im ersten halben Jahr zu erheblichen Beeinträchtigungen führte | OLG Hamm 14.6.1994 9 U 31/93 RAe Füg u. Kröger, Ascheberg |

Weitere Urteile zur Rubrik »**Kopf - Gehirnerschütterung**« siehe auch:
bis €2500: 1379, 1763, 1773, 1799, 1386, 2284, 972, 2135, 1833, 1841, 106, 847, 800, 16, 815
bis €5000: 492, 1259, 850, 1389, 781, 1880, 802, 1355, 1018, 247, 21, 53, 1390, 913, 795, 712, 914, 869
bis €12500: 1520, 3279, 2122, 1583, 2124, 717, 872, 821, 720, 1628, 1924, 806, 2141, 1537, 856, 760, 125, 259, 3058, 71, 656, 72, 1146, 724, 565, 1541, 127, 1195, 128, 488
bis €25000: 2101, 2102, 1359, 728, 729, 1360, 2103, 1130, 264, 2054, 187, 409, 3104, 809, 1274, 45, 594
ab €25000: 3170, 1000, 598, 135, 599, 1151, 47, 330, 1961, 1135, 2964, 1277, 423, 1006, 737, 611, 1298, 1440, 344, 2088, 3009

Kopf - Gehirnverletzungen

1193	€900 (€1157)	HWS-Schleudertrauma sowie passageres Hirnstammsyndrom	3 Tage stationär, weitere 17 Tage arbeitsunfähig	Ergotherapeut		Während des stationären Aufenthalts litt der Kläger unter Sehstörungen, hervorgerufen durch eine Mydriasis des linken Auges, die wiederum entstand durch das passagere Hirnsyndrom	AG Koblenz 29.10.2002 122 C 1853/02 RAin Rueber, Koblenz
1194	€7500 + immat. Vorbehalt (€8629)	Verletzung der Arteria vertebralis mit Durchblutungsstörungen einzelner Hirnareale	2 Wochen Krankenhaus mit vorübergehender Überwachung auf der Schlaganfallstation, anschließend ambulante Weiterbehandlung mit sechsmonatiger Marcumarinierung	24-jähr. Frau	Einnahme von blutverdünnenden Medikamenten erforderlich	Verletzung der ärztlichen Aufklärungspflicht über eine mögliche Gefäßverletzung vor chiropraktischer Behandlung; eine fehlerhafte chiropraktische Behandlung der HWS-Blockierung selbst jedoch nicht erwiesen; nach der Behandlung stärkste Kopfschmerzen, Sehstörungen, Taubheit der Fingerkuppen	OLG Oldenburg (Oldenburg) 25.6.2008 5 U 10/08 VersR 2008, 1496 NJW-RR 2009, 1106
1195	€10000● (€10848)	Bilaterale Beckenringfraktur mit Rotationsinstabilität und vertikaler Verschiebung, eine Tibia-Etagenfraktur mit einem segmentalen Zwischenfragment, eine epidurale Blutung, eine Skalpierungsverletzung, eine Schädeldachfraktur, eine Gehirnerschütterung und eine Schädelbasisfraktur, weshalb eine Schädelöffnung vorgenommen werden musste und die Brüche chirurgisch und konservativ behandelt wurden	Mehrere stationäre Krankenhausaufenthalte, über ein Jahr ambulante Behandlung	Fußgängerin	40%	Mithaftung von 70%	LG Schwerin 14.12.2012 1 O 8/12 SVR 2013, 225
1196	30000 €15000 + immat. Vorbehalt (€20345)	Hirnorganisches Psychosyndrom, Schädelbasisfraktur, Hirnquetschung im Bereich des Hirnstamms; Armplexusparese	7 Wochen Krankenhausaufenthalt, anfangs 3 Tage Intensivstation mit 2-tägiger künstlicher Beatmung	9-jähr. Junge		Instabiles Fußballtor auf Schulhof fiel auf den Hinterkopf des Klägers, der im Netz hängen blieb und zu Boden stürzte; ca. 1 Jahr Tinnitusleiden; hinsichtlich der Lähmung der Gesichtsnerven nach 2 Jahren noch Restsymptome vorhanden; gleiches gilt für die eingeschränkte konzentrative Belastbarkeit und die Halbseitenlähmung rechts; 4 Jahre nach Vorfall noch MdE von 30%; Kind kann langwierigen Krankenhausaufenthalt weniger gut verarbeiten als ältere Patienten	LG Bonn 8.3.1999 1 O 528/96 RAe Stomper & Partner, Siegburg

● Mithaftung (siehe vorletzte Spalte)

Kopf   Urteile lfd. Nr. 1197 – 1202

Lfd. Nr.	Betrag DM **Euro** *(Anp.2019)*	Verletzung	Dauer und Umfang der Behandlung; Arbeitsunfähigkeit	Person des Verletzten	Dauerschaden	Besondere Umstände, die für die Entscheidungen maßgebend waren	Gericht, Datum der Entscheidung, Az., Veröffentlichung bzw. Einsender
Fortsetzung von »Kopf - Gehirnverletzungen«							
1197	33 000 ● **€ 16 500** + immat. Vorbehalt *(€ 22 379)*	Schädelfraktur, Hirnblutungen, Oberarm- und Vorderarmtrümmerbruch	4 Wochen Krankenhaus mit Anlegung einer Hirndruckmesssonde, nach 5 Monaten 8 Monate stationäre Neurorehabilitation	11-jähr. Schüler		⅓ Mitverschulden bei Sturz durch eine unverschlossene Falltür in der Schule; Kläger musste die 5. Klasse der Hauptschule wiederholen; 3 Jahre nach Unfall noch Probleme im sprachlichen Bereich, z. B. beim Lesen	OLG Karlsruhe 7.5.1998 4 U 20/97 VersR 1998, 1389
1198	40 000 **€ 20 000** + immat. Vorbehalt *(€ 25 560)*	Rechtsbetonte bifrontale Hirnkontusion, posttraumatisches rechtsbetontes Hirnödem, beidseitige komplett aromatische Anosmie, Gesichtssensibilitätsstörungen, Kieferhöhlenvorder- und Hinterwandfraktur links, Orbitaboden- und Orbitawandfraktur links, Jochbogenfraktur links, Hörstörung rechts	2 Krankenhausaufenthalte von 3 und 5 Wochen, 8 Monate arbeitsunfähig krank	Mann	Beidseitiger kompletter Riechverlust, Hörminderung sowie Ohrgeräusche, Gefühlsstörung im Bereich der linken Wange, Gleichgewichts- und Konzentrationsstörungen, Kopfschmerzen, reaktive Depressionen, Behinderung von 70%	Faustschlag in Gesicht des Klägers, wobei dieser stürzte und auf den Hinterkopf aufschlug	LG Dortmund 6.12.2002 3 O 323/02 bestätigt durch OLG Hamm 18.11.2003 9 U 56/03 RAe Rohe & Partner, Welver
1199	40 000 **€ 20 000** *(€ 27 911)*	Schädelkalotten- und Basisfraktur rechts, Rinden-Marklager-Läsion zerebral links temporal, Hemihypästhesie rechts, postkontusionelles Psychosyndrom; Kopfschmerzen, Tinnitus rechtsseitig; reaktive depressive Entwicklung	5 ½ Wochen Krankenhaus, anschließend 6 Wochen Anschlussheilverfahren	Haushaltshilfe	Globale kognitive Beeinträchtigung und psychomotorische Verlangsamung, vorzeitige Ermüdbarkeit, Kopfschmerzen, Wetterfühligkeit, Tinnitus rechts	Mehrfach gescheiterte Arbeitsversuche	LG Freiburg i. Br. 15.5.1996 2 O 626/93 RAe Strecke & Kollegen, Lörrach
1200	45 000 ● **€ 22 500** *(€ 32 074)*	Dislozierte Oberschenkelfraktur rechts; Distorsion des rechten Fußgelenks; metacarpale I-Fraktur; Kniegelenksverletzung; Felsenbeinfraktur; akutes Hämatom mit Kontusionszonen zwischen Schädelknochen und harter Hirnhaut	2 stationäre Aufenthalte von ca. 8 Wochen	17-jähr. Mädchen	30% auf neurochirurgischem Gebiet	⅓ Mithaftung. Künstliche Schädelabdeckung; unfallbedingte Doppelsichtigkeit; bereits ausgeheilte Artikulationsstörungen mit Stottern traten nach dem Unfall wieder auf; leichte Störung der Feinmotorik der rechten Hand	OLG Koblenz 9.1.1995 12 U 362/94 VorsRiOLG Mecker
1201	**€ 23 000** + immat. Vorbehalt *(€ 29 358)*	Schmales epidurales Hämatom rechts temporobasal, Einblutungen in das Felsenbein rechts, Rindenkontusion rechts, temporal sowie links temporal im Bereich des Temporalpols und tempo-medial, zudem fronto-basalis beidseits im Bereich der Olfactoriusrinde		Umschüler zum Dachdecker	Verlust des Geruchssinns und Teile des Geschmackssinns, Konzentrationsschwierigkeiten und leichte Störung des Gleichgewichtssinns, Risiko einer gesteigerten cerebralen Erregbarkeit im Sinne einer symptomatischen Epilepsie	Schlägerei. Notwehrsituation konnte nicht bewiesen werden	LG Kiel 27.5.2003 6 O 323/02 RiLG Brommann
1202	50 000 **€ 25 000** + immat. Vorbehalt *(€ 33 995)*	Hirnschwellung, Risswunde am rechten Ohr, Schlüsselbeinbruch links, Verletzung der linken tiefen Unterbeinnerven mit Lähmung der Großzehenhebung	MdE: ca. 5 Monate 100% 4 Monate 60% danach 40%	16-jähr. Schüler	Diskrete Hemiparese rechts und hirnorganisches Psychosyndrom, das eine gewisse Verflachung, d. h. eine Indifferenz gegenüber Emotionen oder emotionsbezogenen Situationen zum Inhalt haben wird; nicht sehr starke, aber doch nicht übersehbare Konzentrationsstörung MdE: 40%		LG München I 17.7.1997 19 O 9438/96 VorsRiLG Mü I Krumbholz

Fortsetzung von »Kopf - Gehirnverletzungen«

Lfd. Nr.	Betrag DM Euro (Anp.2019)	Verletzung	Dauer und Umfang der Behandlung; Arbeitsunfähigkeit	Person des Verletzten	Dauerschaden	Besondere Umstände, die für die Entscheidungen maßgebend waren	Gericht, Datum der Entscheidung, Az., Veröffentlichung bzw. Einsender
1203	€ 30 000 ● + immat. Vorbehalt (€ 32 020)	Traumatische Hirnverletzung, Schädelkalottenfraktur frontal rechts und links, 9 Mittelgesichtsfrakturen	2 Wochen künstliches Koma, 3 Wochen Intensivstation, insgesamt 4 Wochen stationärer Aufenthalt, 2 Monate AU zu 100%, 2 Monate 70% AU	Mann, selbstständiger Kieferorthopäde	MdE 20%, fast vollständiger Verlust des Geruchssinns, Neuropathie des Nervus ischiadicus links, Schmerzattacken bzgl. des linken Fußes	50% Mithaftung, da der Kläger keinen Helm trug. Der Kläger stürzte mit dem bei der Beklagten erworbenen Elektrofahrrad (Unfallgeschwindigkeit 30 bis 40 km/h), nachdem der Schlauch im hinteren Reifen aufgrund fehlerhafter Montage geplatzt war. Es wurde ein zu breiter Reifen für die schmale Felge verwendet	LG Bonn 11.12.2014 18 O 388/12 Justiz NRW Grund- und Teilurteil (Mindestschmerzensgeld zum Schluss der mündlichen Verhandlung)
1204	80 000 € 40 000 (€ 51 366)	Contusio cerebri, Kieferfraktur, Sprengung des Schultereckgelenks, schwere Kniekontusion mit Sehnenteildurchtrennung rechts, komplexe Handverletzung rechts		Arzt	Hirnleistungsschwäche	Aufgabe des Berufs als Unfallchirurg	LG Bonn 13.3.2002 9 O 430/01 SP 2003, 131
1205	€ 40 000 (€ 44 716)	Schädelhirntrauma, Rissquetschwunde im Bereich der linken Gesichtshälfte, Oberschenkelfraktur links, distale Radiusfraktur rechts, Luxation im Mittelgelenk des fünften Fingers der rechten Hand, multiple Schürfwunden, angeschwollenes rechtes Auge, Atemprobleme aufgrund des Polytraumas, kurzzeitige Sprachstörungen, Sehstörungen für ca. 4 Wochen, posttraumatische Kopfschmerzen	Zahlreiche Operationen, insg. 57 Tage stationäre Behandlung, 1 Monat stationäre Reha	Mann	Probleme beim Schreiben (Rechtshänder), zahlreiche Narben, insb. 9 cm lange Narbe im Gesicht und 5 cm am rechten Handgelenk, Muskelminderung am linken Oberschenkel, mittelgradige Verbalgedächtnisstörung, Konzentrationsstörung, Hirnleistungsstörung, leichte Spastik und Ataxie im linken Bein, Fehlstellung des kleinen Fingers an der rechten Hand	Bei der Schmerzensgeldbemessung wurde insb. der erhebliche verbleibende Dauerschaden schmerzensgelderhöhend berücksichtigt, insb. die Beeinträchtigungen in der Beweglichkeit und des Gefühls in der linken Körperhälfte. In Folge dessen hat der Kl. starke Einschränkungen im Privatleben. Zudem wirkte sich schmerzensgelderhöhend aus, dass die Schädigerin grob fahrlässig gehandelt hatte	LG Ravensburg 18.3.2011 1 O 80/10 RAe Zimmermann & Kollegen, Ravensburg
1206	€ 50 000 + immat. Vorbehalt (€ 62 251)	Akutes subdurales Hämatom über der rechten Hirnhälfte sowie Kompression des Gehirns mit der Folge eines apallischen Syndroms	Über ein Jahr mit kurzen Unterbrechungen stationäre Behandlung mit 2 Operationen (u. a. Öffnung des Schädels mit Anlegen einer Hirndrucksonde)	Frau	Klägerin ist nicht mehr in der Lage sich selbst zu versorgen; in allen Bereichen des täglichen Lebens auf fremde Hilfe angewiesen, rollstuhlabhängig, beidseitige Bewegungseinschränkungen, Störung des Sprechvermögens	Sturz mit dem Rollstuhl infolge eines Fehlverhaltens des Pflegepersonals im Krankenhaus; bei der Klägerin lag schon eine primäre Schädigung durch eine Aneurysmablutung vor, die zu einer gewissen Hilfsbedürftigkeit bei ihrer Versorgung und bei alltäglichen Verrichtungen geführt hatte; konnte jedoch mit Gehwagen laufen, aß und trank mit wenig Hilfe	KG Berlin 20.1.2005 20 U 401/01 VersR 2006, 1366
1207	100 000 € 50 000 (€ 66 292)	Hypoxische Hirnschädigung mit Beeinträchtigung der feinmotorischen Fähigkeiten und erheblichen kognitiven Störungen	Lebensbedrohlicher Zustand, der monatelang intensiv-medizinisch und neurologisch behandelt werden musste	36-jähr. Ärztin	Hypoxische Hirnschädigung	Arterienverletzung bei einer Laparoskopie mit erheblichem Blutverlust und darauf beruhenden Herzstillständen; keine Weiterbeschäftigung im erlernten und ausgeübten Arztberuf mehr möglich	OLG Düsseldorf 19.10.2000 8 U 183/99 VersR 2002, 1151
1208	€ 50 000 + immat. Vorbehalt (€ 55 895)	Traumatische Dissektion einer Arteria carotis interna (innere Halsschlagader) aufgrund eines Verkehrsunfalls mit anschließendem Schlaganfall und epileptischem Anfall	Ca. 2 Wochen stationäre Krankenhausbehandlung, danach Sprachtherapie; anschließend teilstationäre Behandlung in einer Fachklinik	34-jähr. Mann	Strukturelle Schädigung des Hirns mit armbetonter Hemiparese rechts und globale Aphasie, Disposition zum Erleiden epileptischer Anfälle mit der Folge einer auf Dauer notwendigen medikamentösen antiepileptischen Therapie, Sprachstörung, Merkfähigkeitsstörungen, Störungen im Arbeitsgedächtnis	Unter zusammenfassender Bewertung sämtlicher schlaganfall- und also unfallbedingter Folgen bei dem Kläger, auch unter Berücksichtigung seines zum Unfallzeitpunkt noch recht jungen Alters von 34 Jahren, erachtet der Senat – auch unter Berücksichtigung der in vergleichbaren Fällen zugesprochenen Beträge (vgl. Hacks/Wellner/Häcker, 33. Aufl. 2015, lfd. Nr. 1582, 1676, 3255) – vorliegend ein Schmerzensgeld von € 50 000 für erforderlich, aber auch ausreichend	OLG Hamm 10.5.2011 9 U 217/09 NZB zurückgew. d. BGH, Beschl. v. 10.1.2012 VI ZR 156/11

● Mithaftung (siehe vorletzte Spalte)

Lfd. Nr.	Betrag DM Euro (Anp.2019)	Verletzung	Dauer und Umfang der Behandlung; Arbeitsunfähigkeit	Person des Verletzten	Dauerschaden	Besondere Umstände, die für die Entscheidungen maßgebend waren	Gericht, Datum der Entscheidung, Az., Veröffentlichung bzw. Einsender
\multicolumn{8}{l}{Fortsetzung von »Kopf - Gehirnverletzungen«}
1209	€ 50 000 (€ 53 691)	Behandlungsfehlerhaftes Versäumnis, einen Neurologen zur Beurteilung der Bildgebung einer Computertomographie hinzuzuziehen, wodurch ein massiver Hirnstamminfarkt unentdeckt bleibt. Danach ca. ein dreiviertel Jahr Locked-in-Syndrom bis zum Tod	Intensivpflege	ca. 72-jähr. Frau	Locked-in-Syndrom und Tod	Im Hinblick auf die immateriellen Schäden war dem Kläger ein ererbtes Schmerzensgeld in der ausgeurteilten Höhe von € 50 000 zuzubilligen. Diesbezüglich waren insb. die mit dem bei der Patientin aufgetretenen Locked-in-Syndrom verbundenen Beeinträchtigungen abzugelten. Diese bestehen nach den Angaben des neurologischen Sachverständigen darin, dass die Patientin wach war sowie hören, sehen und riechen, sich bis aber auf Augenbewegungen nicht bewegen konnte. Ob ein derartiger Patient Schmerzen empfindet, ist wissenschaftlich nicht belegt. Da die Patientin mit diesen Beeinträchtigungen bis zu ihrem Tod, der als solcher nicht im Rahmen eines Schmerzensgeldes zu entschädigen ist, ca. ein dreiviertel Jahr zu leben hatte, hält der Senat das ausgeurteilte Schmerzensgeld für angemessen, aber auch ausreichend, um dem Leiden der Patientin genüge zu tun und Abgeltung zu verschaffen. Wegen der darüber hinausgehenden, weit übersetzten Schmerzensgeldvorstellung des Klägers war die Klage teilweise ab- und die Berufung zurückzuweisen, weil ein Schmerzensgeld i.H.v. € 250 000 – gerade auch im Vergleich zu schweren Geburtsschadensfällen, bei denen die Rechtsprechung derzeit ein Höchstschmerzensgeld von ca. € 500 000 zubilligt – nur bei erheblich schwereren Beeinträchtigungen, die insb. bei jüngeren Patienten auftreten, bzw. erheblich länger andauern als bei der Patientin im vorliegenden Fall, in Betracht kommt	OLG Hamm 12.8.2013 3 U 122/12 juris; GesR 2013, 728
1210	120 000 € 60 000 (€ 83 294)	Schädelprellung mit rechts laterobasaler Kalottenfraktur, Contusio cerebri; Subarachnoidalblutung mit rechts temporalem Kontusionsherd; links und distal betonte Tetraparese; vordere Beckenringfraktur; knöcherner Außenbandriss am rechten Knie	5 Monate Krankenhaus	80-jähr. Mann	Schwere Hirnschädigung mit der Folge psychischer Störungen durch eine schwere hirnorganische Wesensveränderung; teilweise Bewegungsunfähigkeit der Beine; neurogene Blasenentleerungsstörung mit Retention und Inkontinenzsymptomatik; Arbeitsunfähigkeit von 100%; Pflegefall	Verletzter ist 17 Monate nach dem Unfall verstorben. Dass der Unfall möglicherweise zu dem frühen Tod geführt hat, ist nicht zu berücksichtigen	LG Baden-Baden 5.12.1996 2 O 404/96 bestätigt durch OLG Karlsruhe 25.4.1997 10 U 274/96 RA Ruge, Baden-Baden
1211	€ 60 000 (€ 73 580)	Hirnorganisches Psychosyndrom durch Verhinderung einer rechtzeitigen Therapie einer sog. Neuro-Lues-Infektion III. Grades (Syphilis) durch Befunderhebungsfehler		42-jähr. Mann	MdE: 60%	Kläger litt zu Beginn der Behandlung an einer leichten Demenz; mittlerweile ist er aber nur noch mit erheblicher Fremdhilfe in der Lage, den alltäglichen Anforderungen gerecht zu werden. Er lebt von einer EU-Rente und leidet vermehrt an epileptischen Anfällen. Beweislastumkehr	OLG Frankfurt am Main 6.9.2005 8 U 79/04 RiOLG Stefan Göhre

Lfd. Nr.	Betrag DM **Euro** *(Anp.2019)*	Verletzung	Dauer und Umfang der Behandlung; Arbeitsunfähigkeit	Person des Verletzten	Dauerschaden	Besondere Umstände, die für die Entscheidungen maßgebend waren	Gericht, Datum der Entscheidung, Az., Veröffentlichung bzw. Einsender
\multicolumn{8}{l}{**Fortsetzung von »Kopf - Gehirnverletzungen«**}
1212	130 000 € 65 000 + immat. Vorbehalt *(€ 93 791)*	Subduralhämatom mit Kontusionsblutung links frontal	Für längere Zeit künstlicher Tiefschlaf; 19 Tage Intensivstation, 5 Wochen stationär, 3 Monate und 1 Woche Reha in neurologischer Klinik. 1 Jahr später erneuter operativer Eingriff zur plastischen Deckung der Schädeldecke mit nachfolgender 3-monatiger Reha	Geselle	MdE: 100% Schwerbehinderung: 70%	Völlige Wesensveränderung; Verlust des Geruchssinns; körperliche Koordinationsschwierigkeiten; erheblich verschlechterte Konzentrationsfähigkeit, Merkfähigkeit und nur schleppende Sprachfähigkeit	LG Darmstadt 26.4.1994 10 O 408/94 RAe Junghans, Schlumberger & Seidler, Offenbach/M.
1213	€ 75 000 + immat. Vorbehalt *(€ 87 336)*	Entwicklung eines Hemikonvulsion-Hemiplegie-Epilepsie-Syndroms (HHE-Syndrom)		1-jähr. Mädchen	Schrumpfung der rechten Gehirnhälfte, linksseitige Spastik mit asymetrischem Gangbild	Grober Behandlungsfehler eines Notarztes, der bei einem Krampfzustand keine krampflösenden Mittel verabreicht hat was die Entwicklung einer Gehirnschrumpfung verhindert hätte; linker Arm und linke Hand können bei alltäglichen Verrichtungen nur als Hilfshand bzw. Hilfsarm eingesetzt werden; dauerhafte krankengymnastische, ergotherapeutische und orthopädische Behandlung; Gefahr einer Epilepsieerkrankung	LG Osnabrück 20.2.2008 2 O 627/03 (67) RAe Toennes & Partner, Osnabrück
1214	€ 75 000 *(€ 89 094)*	Orbitadach-Fraktur links, Os frontalis Fraktur links und eine linksfrontale intracerebrale Kontusionsblutung	Zwei stationäre Behandlungen von 12 Tagen und 22 Tagen	36-jähr. Stadtgärtner	MdE: 100%	Der Kläger verfügt nur noch über einen Gesamt-IQ von 68. Ausgehend von einem IQ-Mittelwert von 100 liegt somit eine weit unterdurchschnittlich intellektuelle Leistungsfähigkeit vor. Intelligenz, Defizite des Aufmerksamkeits- und Konzentrationsvermögens, der Arbeitsgeschwindigkeit und des Kurzzeitgedächtnisses sowie reduzierte kognitive Flexibilität führen dazu, dass der Kläger Personen gleichzustellen ist, die üblicherweise in eine Werkstatt für behinderte Menschen integriert würden. Der Kläger erfüllt mit seinen Leistungsmöglichkeiten nicht die Anforderungen an einen Arbeitnehmer, der dem allgemeinen Arbeitsmarkt zur Verfügung steht. Neben den Konzentrationsstörungen und der starken Einschränkung der Leistungsfähigkeit sind auch die rezidivierenden bzw. ständigen Kopfschmerzen und die Persönlichkeitsveränderung im Sinne apathischer Verhaltens- und Antriebsminderung auf den Unfall zurückzuführen	LG Schweinfurt 1.6.2007 23 O 825/05 RAHofmann & Koll., Schweinfurt
1215	150 000 € 75 000 *(€ 106 342)*	Schädigung des Großhirns		7-jähr. Junge	Blind; bewegungsunfähig; allenfalls Gefühlsreaktionen	Grobe Verletzung der Aufsichtspflicht eines Bademeisters. Das Leben des Klägers ist im Alter von 7 Jahren praktisch zerstört worden. Ohne sich bewegen, reden und sehen zu können, existiert er mit einem nur noch geringen Rest von Empfindungsvermögen und hat alles das eingebüßt, was den persönlichen Wert eines Lebens ausmacht	OLG Köln 16.3.1995 7 U 19/94 VersR 1996, 1290

Lfd. Nr.	Betrag DM Euro (Anp.2019)	Verletzung	Dauer und Umfang der Behandlung; Arbeitsunfähigkeit	Person des Verletzten	Dauerschaden	Besondere Umstände, die für die Entscheidungen maßgebend waren	Gericht, Datum der Entscheidung, Az., Veröffentlichung bzw. Einsender

Fortsetzung von »Kopf - Gehirnverletzungen«

Lfd. Nr.	Betrag	Verletzung	Dauer	Person	Dauerschaden	Besondere Umstände	Gericht
1216	€ 80 000 + immat. Vorbehalt (€ 88 777)	Rechtsseitige hirnstrukturelle Schädigungen nach einem nicht rechtzeitig erkanntem Schlaganfall (grober Behandlungsfehler)	Langwierige Rehabilitationsbehandlungen und schwere behandlungsbedürftige Poststroke-Depression	33-jähr. Mann	Leicht unterdurchschnittliches Gedächtnis, Denkverlangsamung, herabgesetztes räumliches Vorstellungsvermögen, Konzentrations- und Aufmerksamkeitsprobleme, emotionale Labilität sowie leichte depressive Symptomatik	Erleidet der Patient (hier: 33-jähr. Mann) aufgrund der Versäumnisse seines Arztes einen Schlaganfall, der rechtsseitige hirnstrukturelle Schädigungen verursacht und dazu führt, dass der Patient sich wegen einer latenten Hemiparese, Hemihypästhesie und Hypalgesie links, einer Standunsicherheit sowie neuropsychologischer Defizite einer langwierigen Rehabilitationsbehandlung unterziehen muss, leidet er darüber hinaus an einer schweren behandlungsbedürftigen Poststroke-Depression und sind als Folgen des Schlaganfalls ein leicht unterdurchschnittliches Gedächtnis, eine Denkverlangsamung, ein herabgesetztes räumliches Vorstellungsvermögen, Konzentrations- und Aufmerksamkeitsprobleme, eine emotionale Labilität sowie eine leichte depressive Symptomatik verblieben, so steht ihm ein Schmerzensgeld i.H.v. € 80 000 zu	OLG Düsseldorf 17.11.2011 8 U 1/08 MedR 2012, 179
1217	160 000 € 80 000 (€ 107 954)	Chronischer Wasserkopf und temporale Subarachnoidalzyste, die zu einem irreversiblen Hirnschaden geführt haben; nach 3 Jahren Auftreten einer Epilepsie		2 ½-jähr. Kind	Mild ausgeprägte Körperbehinderung mit Einschränkungen der Grob- und Feinmotorik, Dekompensation mit psychomotorischer Retardierung und Koordinationsstörungen, kognitive Einschränkungen, Verhaltensauffälligkeiten im Sinne eines distanzlosen, impulsiven Verhaltens, epileptische Anfälle in größeren Abständen	Grob fehlerhaftes Unterlassen einer gebotenen Diagnostik; Kläger wird Außenseiterposition im sozial-emotionalen Bereich behalten, Kontaktstörungen zu Gleichaltrigen drohen sich zu verfestigen, Erreichen des Hauptschulabschlusses fraglich	OLG Oldenburg (Oldenburg) 20.4.1999 5 U 188/98 NJW-RR 2000, 403 VersR 1999, 1423
1218	€ 100 000 + immat. Vorbehalt (€ 124 502)	Schwere Hirnschädigung im Sinne eines apallischen Syndroms		Mann	Verlust der gesamten Persönlichkeit und der Erlebnisfähigkeit, keine Äußerung in irgendeiner Weise möglich, keine Reaktionen auf Sinnesreize unterschiedlicher Art, kein Verspüren von Gefühlsregungen in wesentlichem Umfang	Die vollständige Zerstörung der Persönlichkeit infolge schwerer Hirnschädigung stellt für sich schon einen auszugleichenden immat. Schaden dar, unabhängig davon, ob der Betroffene die Beeinträchtigung empfindet (BGH NJW 1993, 781); es ist nicht davon auszugehen, dass Kläger noch über Jahrzehnte in dem Zustand verbleiben wird; deshalb ist es angemessen, einen geringeren Schmerzensgeldbetrag zuzusprechen als etwa im Falle vergleichbar beeinträchtigter Kinder	LG Lüneburg 26.1.2005 5 O 302/03 SP 2005, 159

Lfd. Nr.	Betrag DM Euro (Anp.2019)	Verletzung	Dauer und Umfang der Behandlung; Arbeitsunfähigkeit	Person des Verletzten	Dauerschaden	Besondere Umstände, die für die Entscheidungen maßgebend waren	Gericht, Datum der Entscheidung, Az., Veröffentlichung bzw. Einsender
\multicolumn{8}{l}{**Fortsetzung von »Kopf - Gehirnverletzungen«**}
1219	€ 100 000 (€ 118 925)	Hypoxischer Hirnschaden mit der Folge schwerster irreversibler neurologischer Schädigung		67-jähr. Frau	Klägerin vermag Personen und alle äußeren Vorgänge nicht mehr wahrzunehmen, reagiert nicht auf Ansprache oder aktive Reize (Koma); vollständige Pflegebedürftigkeit und Bettlägerigkeit mit der Notwendigkeit ständiger Umlagerung zur Vermeidung eines Dekubitus; wird sondenernährt, trägt Windeln und einen Blasenkatheder, dessen monatlicher Wechsel erhebliche Schmerzen verursacht	Klägerin, die unter zunehmender Atemnot, Übelkeit, Erbrechen, gesteigertem Blutzucker und Fieber litt, wurde in Anbetracht der vorliegenden gesundheitlichen Konstitution bei der Krankenhausaufnahme nicht auf die Intensivstation gelegt bzw. auf der Normalstation nicht dauerhaft entsprechend überwacht, so dass auf die eingetretene Verschlechterung des Gesundheitszustandes nicht reagiert werden konnte; es wurde nicht durch dauerhafte Messung sichergestellt, dass eine Sauerstoffversorgung tatsächlich gewährleistet ist	LG Rottweil 30.5.2007 2 O 4/06 OLG Stuttgart 13.5.2008 1 U 75/07 RAe Knott, Thiemann, Balomatis, Tübingen
1220	€ 101 355 + immat. Vorbehalt (€ 118 545)	Unterschenkelfraktur links mit Lähmung des Wadenbeinnervs, Beschädigung des linken Sprunggelenks, stumpfes Bauchtrauma, stumpfes Thoraxtrauma mit beidseitiger Lungenkontusion, Unterkiefermehrfachfraktur, Hirnschädigung	4 Wochen Krankenhaus mit Operation (Einsatz von 2 Osteosyntheseplatten in das linke Bein, Osteosyntheseplatte Unterkiefer), 6 Wochen Reha	31-jähr. Frau	Nervenlähmung der Zehen, Tragen von orthopädischen Schuhen, Koordinations-, Gedächtnis- und Konzentrationsstörungen, stark erhöhter Ruhebedarf, Migräne, Übelkeit, Nackensteife; Verkürzung des linken Beins, Unterschenkelfehlstellung mit deutlicher O-Beinverformung, Öffnen des Mundes nur bis 1,5 cm, deutliches Knacken in den Kiefergelenken; OP-Narben; 60% schwerbehindert; MdE: 100%	Klägerin kann keine feste Nahrung zu sich nehmen; ständige EEG-Kontrolle, bis auf weiteres neurologische Behandlung; junges Alter ist zu berücksichtigen; immat. Vorbehalt außergerichtlich geregelt	Thüringer OLG 16.1.2008 4 U 318/06 SVR 2008, 464
1221	€ 150 000 + immat. Vorbehalt (€ 163 552)	Apallisches Syndrom: Verlegen eines Patienten mit Epiglottitis auf die Intensiv-Überwachungsstation ohne ärztliche Präsenz, dadurch reflektorischer Atemwegsverschluss mit Atemwegsstillstand nicht rechtzeitig erkannt		Mann	Apallisches Syndrom	Das vom Kläger begehrte und ihm zugesprochene Schmerzensgeld hält der Senat jedenfalls nicht für überhöht	OLG Celle 21.1.2013 1 U 36/12
1222	€ 200 000 (€ 227 897)	Hirnstammkontusion, Schädelbasisfraktur, Gehirnödem, Schläfenfraktur, Lungenkontusion; Apallisches Syndrom ohne Wahrnehmungen, Schmerzempfindungen und Reaktionsmöglichkeiten		18-jähr. Frau, zum Urteilszeitpunkt 27 Jahre alt	Apallisches Syndrom; Klägerin hat keine ausreichenden Gehirnfunktionen um ein Bewusstsein zu haben, weil das Großhirn die Verbindung zu den einzelnen Nerven zu Körperteilen verloren hat; nicht therapierbar		LG Schwerin 30.4.2010 4 O 161/06 HA Koch, Erftstadt
1223	€ 200 000 + immat. Vorbehalt (€ 219 648)	Hirnschädigung mit Tetraparese bei Wachkoma durch ärztlichen Behandlungsfehler		23-jähr. Mann	Hirnschädigung mit Tetraparese bei Wachkoma		OLG Köln 6.6.2012 5 U 28/10 juris
1224	€ 200 000 (€ 249 589)	Hypoxische Hirnschädigung wegen mangelnder Sauerstoffversorgung des Gehirns		19-jähr. Frau, zum Urteilszeitpunkt 30 Jahre alt	Apallisches Syndrom, dauernde Pflegebedürftigkeit	Grober ärztlicher Behandlungsfehler; behandelnder Arzt hat es versäumt, die Genehmigung des Vormundschaftsgerichts einzuholen, damit die magersüchtige Klägerin gegen ihren Willen künstlich hätte ernährt werden können; zögerliches Verhalten der Beklagten bei der Schadensregulierung	OLG München 8.7.2004 1 U 3882/03

● Mithaftung (siehe vorletzte Spalte)

Lfd. Nr.	Betrag DM **Euro** *(Anp.2019)*	Verletzung	Dauer und Umfang der Behandlung; Arbeitsunfähigkeit	Person des Verletzten	Dauerschaden	Besondere Umstände, die für die Entscheidungen maßgebend waren	Gericht, Datum der Entscheidung, Az., Veröffentlichung bzw. Einsender

Fortsetzung von »Kopf - Gehirnverletzungen«

Lfd. Nr.	Betrag	Verletzung	Dauer und Umfang	Person	Dauerschaden	Besondere Umstände	Gericht
1225	€ 250 000 + immat. Vorbehalt *(€ 322 600)*	Schwere Verletzung beider Großhirnhälften und der linken Sehnerven	Operative Eröffnung des Schädels, 27 Tage maschinelle Beatmung, Luftröhrenschnitt mit Anlegen einer Trachealkanüle, Ernährungssonde durch die Bauchdecke, mehrere Wochen tief komatös	37-jähr. alleinerziehende Mutter	Blindheit links, totale Unfähigkeit zu sprechen oder Gesprochenes zu verstehen, Lähmung der Gesichts-, Schluck- und Körpermuskulatur, Unfähigkeit zu schlucken, spastische Lähmung beider Arme und Beine, schwere Minderungen der Sensibilität in Armen und Beinen, Unfähigkeit die Stuhl- und Harnentleerung zu regulieren; rund um die Uhr pflegebedürftig; Klägerin kann Kontakte zur Mutter mit dem rechten Auge aufnehmen, gewisse Mimik in beiden Gesichtshälften möglich, Reaktionen auf Außenreize, beantwortet Wohlbefinden und Unwohlsein durch entsprechende Lautäußerungen	Trotz der erheblich eingeschränkten Erlebensfähigkeit erfordert die Menschenwürde eine eigenständige Bewertung des Leidens, wobei gerade die Tatsache, dass bei der Klägerin nur noch Rudimente der Erlebensfähigkeit verblieben sind, das Ausmaß der Beeinträchtigungen objektiv um so gravierender erscheinen muss und deshalb ein hohes Schmerzensgeld rechtfertigt; Klägerin ist aus ihrer gesamten Lebenssituation herausgerissen worden, kann nur noch in Rudimenten am Familienleben und am Aufwachsen ihres Kindes teilnehmen	LG Berlin 11.11.2002 24 O 119/00 RAe Danckert, Böx u. Meier, Berlin-Wilmersdorf
1226	€ 250 000 + immat. Vorbehalt *(€ 304 472)*	Hirnödem mit hypoxischem Hirnschaden durch Fußtritte gegen den Kopf	Inzwischen sechs Operationen	43-jähr. Mann	MdE: 100%	Beim Raubüberfall trat der Beklagte den Kläger mit stahlkappenverstärkten Arbeitsschuhen mindestens dreimal gegen den Kopf. Der Kläger befindet sich nach wie vor im Wachkoma. Seine körperlichen Funktionen sind erheblich eingeschränkt. Er kann seine Gliedmaßen nicht bewegen, muss künstlich ernährt werden und leidet unter Inkontinenz. Er kann keinen Kontakt zur Außenwelt herstellen und ist auch nicht ansprechbar bzw. reagiert kaum. Nach Ausschöpfung der klinisch stationären Behandlungsmöglichkeiten ist der Kläger inzwischen in ein Pflegeheim verlegt worden. Inwiefern er sich seiner momentanen Lage bewusst ist, kann nicht sicher festgestellt werden	LG Göttingen 14.3.2006 8 O 153/05 RA Homann, Göttingen

Lfd. Nr.	Betrag DM **Euro** *(Anp.2019)*	Verletzung	Dauer und Umfang der Behandlung; Arbeitsunfähigkeit	Person des Verletzten	Dauerschaden	Besondere Umstände, die für die Entscheidungen maßgebend waren	Gericht, Datum der Entscheidung, Az., Veröffentlichung bzw. Einsender
	Fortsetzung von »Kopf - Gehirnverletzungen«						
1227	€ 250 000 + immat. Vorbehalt *(€ 291 118)*	Gehirnblutung		Weibl. Säugling	Ausgeprägte Halbseitenlähmung der linken Körperhälfte, die zu einer Armlängenverkürzung und zu einem verminderten Wachstum des linken Beines geführt hat; deutliche Beeinträchtigung der Bewegungsfähigkeit der linken Hand und des linken Beines; im Bereich des linken Beines deutliche Spastik mit erheblicher Einschränkung der Beweglichkeit im Bereich der Hüfte, des Kniegelenks sowie des oberen und unteren Sprunggelenks; im Gehörbereich Wahrnehmungs- und Verarbeitungsstörungen; Merkfähigkeit extrem unterdurchschnittlich, intellektuelle Entwicklungsverzögerung; MdE: 90%	Zwei grobe ärztliche Behandlungsfehler, indem zweimal kurz vor der Geburt versäumt wurde, auf erhöhte Eiweißwerte im Urin der Mutter der Klägerin zu reagieren, wodurch das Auftreten der postpartal festgestellten Gehirnblutung hätte verhindert werden können; bedeutsam ist neben der Sorge um die zukünftige Entwicklung die Tatsache, dass die Klägerin alltäglich ihre Behinderungen deutlich erlebt und sich im Zusammenhang mit anderen Kindern benachteiligt fühlen muss; bei negativer Prognose ist derzeit noch nicht absehbar, ob Klägerin dauerhaft mobilisierbar bleiben wird oder sie langfristig auf Gehhilfen und Rollstuhl angewiesen sein wird; ebenso nicht absehbar, ob der Klägerin je eine eigenverantwortliche und selbständige Lebensführung möglich sein wird; aus diesen Gründen immat. Vorbehalt	LG München I 11.2.2008 9 O 23090/03
1228	€ 250 000 + immat. Vorbehalt *(€ 315 321)*	Schlaganfall nach Durchführung einer Elektroschockbehandlung aufgrund ärztlichen Behandlungsfehlers		63-jähr. Frau	Halbseitenlähmung rechts, Fußheberlähmung rechts, Aphasie mit Sinnerfassungs-, Wahrnehmungs- und deutlichen Wertfindungsstörungen; Gesichtsfeldausfall rechts; Klägerin kann nicht mehr sprechen und nicht mehr zielgerichtet denken, bedarf ständiger Pflege	Die Klägerin litt unter Herzrhythmusstörungen. Sie wurde deswegen mit Elektroschocks (Elektrokardioversion) behandelt. Sie erlitt daraufhin einen Schlaganfall. Das Landgericht hat mangelhafte Aufklärung gerügt und einen groben Behandlungsfehler bejaht, weil vor Durchführung der Elektroschockbehandlung nicht für eine ausreichende Blutverdünnung (Antikoagulation) gesorgt wurde. Die Elektroschockbehandlung ist mit einem Schlaganfallrisiko verbunden. Dieses müsse aufgeklärt und für eine hinreichende Blutverdünnung gesorgt werden, damit sich im Anschluss an die Elektroschockbehandlung keine Tromben bilden, die zu einem Schlaganfall führen	LG Münster 26.2.2004 11 O 1027/02 RAe Jahnke & Partner, Osnabrück
1229	€ 250 000 *(€ 322 600)*	Hypoxisch-ischämische Hirnschädigung eines Kindes bei Geburt aufgrund ärztlichen Behandlungsfehlers		Männlicher Säugling		Auf das Maß des Verschuldens kann bei der Bemessung des Schmerzensgeldes nicht abgestellt werden, wenn in Fällen solcher Art bei dem Verletzten ein Empfinden der Genugtuung nicht vorhanden ist und dem Gesichtspunkt der Genugtuungsfunktion daher kein eigenständiges Gewicht zukommt	OLG Bremen 26.11.2002 3 U 23/02 NJW-RR 2003, 1255 1 O 1029/99 a RAe Lohmann & Dr. Ahlers, Bremen
1230	€ 250 000 + immat. Vorbehalt *(€ 257 517)*	Schwerer anaphylaktischer Schock nach intravenöser Gabe von Novalgin an einen bekanntermaßen unter Asthma leidenden Patienten; dadurch hypoxischer Hirnschaden	Reanimation	Mann	Schwerstbehinderung	Die vom Kläger erlittenen gesundheitlichen Beeinträchtigungen sowie seine Einschränkungen im sozialen Leben hat das LG zutreffend beschrieben. Der Senat sieht keinen Anlass, von der Schmerzensgeldbemessung des LG abzuweichen. Auch der Vergleich mit anderen bereits ergangenen Entscheidungen rechtfertigt keine Herabsetzung des Schmerzensgeldes	OLG Karlsruhe 18.4.2018 7 U 196/16

Lfd. Nr.	Betrag DM Euro (Anp.2019)	Verletzung	Dauer und Umfang der Behandlung; Arbeitsunfähigkeit	Person des Verletzten	Dauerschaden	Besondere Umstände, die für die Entscheidungen maßgebend waren	Gericht, Datum der Entscheidung, Az., Veröffentlichung bzw. Einsender

Fortsetzung von »Kopf - Gehirnverletzungen«

Lfd. Nr.	Betrag	Verletzung	Dauer/Umfang	Person	Dauerschaden	Besondere Umstände	Gericht
1231	€ 255 646 + immat. Vorbehalt (€ 328 688)	Schwere Kopfverletzungen, beinbetonte Tetraspastik, Aphasie, Dysphagie, hirnorganisches Syndrom		22-jähr. Mann	Komatöser Zustand, keine Kommunikation möglich, vollständig pflegebedürftig, völlige Wesensveränderung; Nahrungsaufnahme durch Schluckbeschwerden erschwert, Inkontinenz	Durch Klinik wurde fehlerhaft eine akute Suizidalität des Klägers verkannt, der sich aus einem Fenster stürzte; die Einbuße der Persönlichkeit, der Verlust an personaler Qualität infolge schwerer Hirnschädigung stellen für sich einen auszugleichenden immat. Schaden dar, unabhängig davon, ob der Betroffene die Beeinträchtigung empfindet oder nicht	LG Koblenz 26.4.2002 10 O 361/00 bestätigt durch OLG Koblenz 10 U 850/02 RAe Meinecke & Meinecke, Köln
1232	€ 300 000 + immat. Vorbehalt (€ 328 115)	Hypoxischer Hirnschaden infolge einer Nachblutung nach Schilddrüsenoperation, welche zu einer Sauerstoffunterversorgung im Gehirn führte durch Behandlungsfehler, Lance-Adams-Syndrom mit taktil auslösbarem generalisierten Myoklonien, Tetraparese, Dysarthrie, Schluckstörung, Visusminderung, Apraxie, neuropsychologische Defizite mit Verlangsamung und Gedächtnisstörungen, Bronchial- und Harnwegsinfektion, Trachetomie mit Trachealkanüle, arterielle Hypertonie	4 Monate Koma, künstliche Beatmung, künstliche Ernährung, insg. ca. 2 Jahre durchgehende stationäre Behandlung, Rollstuhl	34-jähr. Frau, Fremdsprachenkorrespondentin	100% MdE, Massive Sprachstörungen, eingeschränkte Sehfähigkeit, Atemstörungen, reduzierte Feinmotorik, zerebrale und pyramidale Störungen, neurologische Defizite, dauerhaft Rollstuhl, Fortbewegung nur in Begleitung einer Betreuungsperson möglich, da erhebliche Gleichgewichtsstörungen, schwerste Beeinträchtigungen im kognitiven und intellektuellen Bereich, organisches Psychodrom mit tiefen Depressionen und posttraumatische Belastungsstörung	Die starken Nachblutungen während und nach der Operation wurden von den Beklagten trotz dramatischer Symptome nicht erkannt und ebenfalls fehlerhaft nicht adäquat behandelt. Die Klägerin war in der ersten Zeit nach dem Ereignis fast blind. Massive Beeinträchtigung des sozialen Lebens, sofern dies überhaupt noch möglich ist. Bei der Bemessung des Schmerzensgeldes fiel auch gravierend ins Gewicht, dass die Klägerin eine junge Frau in der Blüte ihres luxuriösen privilegierten Lebens war. Ferner zerbrach die vorher glückliche Beziehung der Klägerin. Weiter wurde das äußerst zögerliche Regulierungsverhalten der Haftpflichtversicherung berücksichtigt, welche trotz zuvor gezahlter Behandlungskosten und klarer Haftung erst 5 ½ Jahre nach dem Schadensereignis eine erste Zahlung auf das Schmerzensgeld erbrachte	LG Bochum 4.7.2012 I-6 O 217/10
1233	€ 300 000 (€ 321 169)	Grober Befunderhebungsfehler: Subarachnoidalblutung (der Subarachnoidalraum umgibt Gehirn und Rückenmark wie ein flüssigkeitsgefülltes Kissen, in dem das Gehirn regelrecht in der Gehirnflüssigkeit schwimmt) nicht erkannt. Die Kl. ist nach Aneurysmen und Schlaganfällen heute schwerstgeschädigt, leidet an einem Hydrocephalus (Wasserkopf), ist schwerstpflegebedürftig und steht unter der Betreuung ihrer Mutter	Die Klägerin war ca. 3 Monate in stationärer Behandlung im Krankenhaus und ca. 7 Monate in stationärer neurologischer Frührehabilitationsbehandlung	38-jähr. Frau	Schwerstpflegefall	Die Kl. kann gem. § 253 Abs. 2 ZPO ein angemessenes Schmerzensgeld verlangen, dessen Höhe der Senat mit € 300 000 bemisst. Dabei ist der äußerst gravierende Krankheitsverlauf mitentscheidend, insb. die Hirnblutung, die Schlaganfälle, der Wasserkopf, die Bettlägerigkeit, die vollständige Pflegebedürftigkeit, die Inkontinenz, die schwerste spastische Lähmung aller Extremitäten und die Ernährung über eine Magensonde. Für die Höhe des Schmerzensgeldes ist auch mitbestimmend, dass die unter Betreuung ihrer Mutter stehende Kl. nach dem unstreitigen Tatbestand des landgerichtlichen Urteils mit sehr hoher Wahrscheinlichkeit zeitlebens schwerst geschädigt und ein Pflegefall bleiben wird	OLG Frankfurt am Main 11.2.2014 8 U 201/11

Lfd. Nr.	Betrag DM **Euro** *(Anp.2019)*	Verletzung	Dauer und Umfang der Behandlung; Arbeitsunfähigkeit	Person des Verletzten	Dauerschaden	Besondere Umstände, die für die Entscheidungen maßgebend waren	Gericht, Datum der Entscheidung, Az., Veröffentlichung bzw. Einsender
	Fortsetzung von »Kopf - Gehirnverletzungen«						
1234	€ 300 000 *(€ 331 875)*	Appallisches Wachkoma aufgrund Sauerstoffunterversorgung des Gehirns wegen eines verlegten, nicht rechtzeitig entfernten Beatmungstubus	Schwerstpflegefall	54-jähr. Mann	Appallisches Wachkoma mit dauerhafter Pflegebedürftigkeit	Der Verlust der Persönlichkeit infolge einer schweren Hirnschädigung stellt unabhängig vom schwerlich objektivierbaren persönlichen Leidensdruck schon für sich genommen einen auszugleichenden immat. Schaden dar. Die Höhe der Entschädigung richtet sich nach den Umständen, die dem Schaden im Einzelfall sein Gepräge geben. Wenn ein 54-jähr. Mann infolge des Behandlungsmangels seine Persönlichkeit verliert, nicht mehr als bewusstes Individuum weiter existiert und in jeder Hinsicht hilfs- und pflegebedürftig wird, ist ein Schmerzensgeld von € 300 000 angemessen. Dies entspricht, bezogen auf die statistische Lebenserwartung des Klägers zum Behandlungszeitpunkt, einem monatlichen Schmerzensgeldbetrag von etwa € 1000	OLG München 15.12.2011 1 U 1913/10 juris
1235	€ 350 000 *(€ 369 483)*	Hypoxische Hirnschädigung durch Tubusblockade während künstlicher Beatmung	Wachkoma	42-jähr. Mann	Wachkoma	Erleidet ein 42-jähr. Mann, dessen Verkehrsunfallverletzungen (hier: Rippenbrüche mit Lungenquetschung) in einem Krankenhaus behandelt wurden und dessen Lebensqualität nicht durch erhebliche Vorerkrankungen beeinträchtigt war, bei einer Sauerstoffunterversorgung infolge einer grob fehlerhaften ärztlichen Reaktion auf eine Tubusblockade während der künstlichen Beatmung eine hypoxische Hirnschädigung und liegt er seitdem im Wachkoma, so ist ein Schmerzensgeld i.H.v. € 350 000 angemessen	OLG Oldenburg 8.7.2015 5 U 28/15 juris; VersR 2016, 664
1236	800 000 € 400 000 + immat. Vorbehalt *(€ 542 529)*	Zustand nach Strangulationstrauma mit rez. Aspirationspneumonien, apallisches Syndrom, Tetraspastik, symptomatische, wohl sekundär generalisierte Epilepsie	Intensivstation 8 Tage, weitere 2 Monate Krankenhaus, anschließend 5-monatiges Rehazentrum	5-jähr. Junge	Apallisches Syndrom, Spastik aller vier Extremitäten	Ungesicherter Silopalettenwagen setzte sich in Bewegung und drückte den Kläger gegen die Wand, was zu einer Strangulation mit Atem- und Herzstillstand führte. Der Unfall ereignete sich anlässlich der Ferien auf dem Bauernhof. Die Verletzungsfolgen sind so schwerwiegend, dass ein lebenswertes Leben nicht mehr zu erwarten ist. Die einzigen Körperreaktionen sind gelegentliches Husten. Reaktionen auf Schmerzreize durch Weinen und Schreien sowie unwillkürliche Blasen- und Darmentleerungen. Der Kläger wird durch eine Magensonde ernährt und bedarf 24-stündiger Betreuung	LG Flensburg 1.2.1999 4 O 263/98 RAe Dregger & Heyser, Dresden
1237	€ 400 000 + immat. Vorbehalt *(€ 425 651)*	Ertrinken eines Kleinkindes im Swimmingpool aufgrund einer Verletzung der Aufsichtspflicht durch die Großmutter. Dadurch schwerste Folgen, wie beispielsweise Skoliose, verlangsamtes Knochenwachstum, Schädigung der Lunge, erhöhte Infektionsgefahr, Epilepsie und Bewusstseinsstörungen	Reanimation durch Notärztin, anschließend intensivmedizinische Behandlung	17 Monate alter Junge	Schwerstbehinderung wegen hypoxischer Hirnschädigung	Aufgrund der im Gutachten erwähnten schwersten Erkrankungen und körperlichen Defizite ist, ohne dass dies noch eingehender Begründung bedarf, ein Schmerzensgeld von mindestens € 400 000 gerechtfertigt	OLG Naumburg 17.9.2014 1 U 38/14

● Mithaftung (siehe vorletzte Spalte)

Lfd. Nr.	Betrag DM **Euro** *(Anp.2019)*	Verletzung	Dauer und Umfang der Behandlung; Arbeitsunfähigkeit	Person des Verletzten	Dauerschaden	Besondere Umstände, die für die Entscheidungen maßgebend waren	Gericht, Datum der Entscheidung, Az., Veröffentlichung bzw. Einsender
	**Fortsetzung von »Kopf - Gehirnverletzungen«**						
1238	€ 405 000 + immat. Vorbehalt *(€ 467 511)*	Hirnschädigung	Lebensgefährliche Krise, Krampfanfälle in der unmittelbaren Nachphase; mehrere Monate Krankenhaus	Kleinkind, zum Urteilszeitpunkt 9 Jahre alt	Kann sich nicht selbst setzen, kann nicht selbständig stehen (benötigt Geh- und Stehhilfen) eingeschränkte Funktion des Kauapparates, Sehfähigkeit auf die Wahrnehmung von Licht und Umrissen begrenzt, Sprachvermögen auf einige Worte beschränkt; wenngleich Klägerin zur Kommunikation und Interaktion in der Lage ist und Empfindungs- und Erlebnisfähigkeit besitzt, ist eine altersgerechte Entwicklung nicht zu erwarten; regelmäßige krankengymnastische, ergotherapeutische logopädische Behandlung	Ursache war überhöhte Zuckerzufuhr zum Blut auf Grund einer zu zügigen Infusion im Anschluss an eine Darmoperation	LG Köln 4.3.2009 25 O 498/05 RAe Meinecke & Meinecke, Köln

Fortsetzung von »Kopf - Gehirnverletzungen«

Lfd. Nr.	Betrag DM Euro (Anp.2019)	Verletzung	Dauer und Umfang der Behandlung; Arbeitsunfähigkeit	Person des Verletzten	Dauerschaden	Besondere Umstände, die für die Entscheidungen maßgebend waren	Gericht, Datum der Entscheidung, Az., Veröffentlichung bzw. Einsender
1239	€ 420 000 (€ 468 038)	Spastische linksseitig und beinbetonte Tetraparese, die in Bezug auf die linksseitigen Gliedmaßen eine Einschränkung der motorischen und koordinativen Funktionen beinhaltet und in Bezug auf die rechtsseitigen Gliedmaßen eine schwerste Funktionsbehinderung des rechten Arms mit Gebrauchsunfähigkeit und des rechten Beins mit hochgradiger Behinderung des Steh- und Gehvermögens zur Folge hat. Das rechte Bein befindet sich in Streckstellung, besonders im Knie- und Fußgelenk (Spitzfußstellung), wobei das Bein beim Versuch zu gehen, nur in einem seitlich ausholenden Bogen nach vorn geschwungen werden kann. Das Gehen ist nur für wenige Schritte mit Unterstützung von zwei Hilfspersonen, die den Oberkörper und das rechte Bein stabilisieren, möglich. Schwere Dysarthrie mit hochgradiger Behinderung der Sprechfähigkeit. Motorische Dysphasie (Broca-Aphasie) mit Beeinträchtigung der Spontansprache, des Nachsprechens und lauten Lesens. Mittelschweres, in Teilfunktionen auch schweres hirnorganisches Psychosyndrom mit ausgeprägter Antriebsminderung, mittelschwerer Störung der Aufmerksamkeit, Konzentrationsfähigkeit und Orientierung, schwere Störung der Merkfähigkeit und des Kurzzeitgedächtnisses sowie erheblicher Störung des Denkvermögens mit entsprechender Beeinträchtigung der Urteils- und Kritikfähigkeit		19-jähr. Mutter eines Kindes	Lebenslange Behandlung und Pflege erforderlich	Unfallverletzungen einer jungen Frau infolge eines von ihrem Ehemann fahrlässig verursachten Verkehrsunfalls; die sehr schwerwiegenden Verletzungen der Klägerin werden diese ihr ganzes Leben begleiten. Dies fällt bei einer jungen Frau gesteigert ins Gewicht. Die Klägerin ist nicht nur in ihrer Bewegungsfähigkeit, sondern auch in ihrer geistigen Leistungsfähigkeit stark beeinträchtigt. Hinzu kommen psychische Folgeleiden und auch der Umstand, dass die Mutter-Kind-Beziehung wesentlich erschwert wird. Die Klägerin hat einen als vollständig zu bewertenden Verlust zuvor gekannter und gelebter Lebensqualität erfahren	LG Hamburg 26.7.2011 302 O 192/08 NJW-Spezial 2012, 11
1240	€ 500 000 (€ 622 509)	Schwerer hypoxischer Hirnschaden		5 Monate alter Säugling; zum Urteilszeitpunkt 17 Jahre alt	Kläger ist, was die Entwicklung betrifft, in dem Stadium verblieben, in dem er sich bei Eintritt der Schädigung befand; er kann nie ein normales Leben führen; wird immer auch für die einfachsten Verrichtungen auf die Hilfe Dritter angewiesen sein; ein normales selbständiges Leben ist – selbst ansatzweise – dauerhaft ausgeschlossen	Drei grobe ärztliche Behandlungsfehler: 1. Verlegung des Klägers, der seit Geburt an einem schweren Herzfehler litt, von der Intensivstation auf die Ausgangsstation mit der Folge, dass eine erforderliche Überwachung des hochgradig gefährdeten Klägers fehlte; 2. Beim Auftreten einer Arrhytemie wurden keinerlei Maßnahmen getroffen, um die Ursachen dieser Erscheinung zu klären; 3. Beim Auftreten einer Schnappatmung wurden keinerlei die Atmung unterstützende Maßnahmen getroffen, wodurch der massive Sauerstoffmangel bei der Versorgung des Gehirns nicht beseitigt bzw. verkleinert wurde	LG Berlin 25.1.2005 9 O 391/02 VersR 2005, 1247

● Mithaftung (siehe vorletzte Spalte)

Lfd. Nr.	Betrag DM Euro (Anp.2019)	Verletzung	Dauer und Umfang der Behandlung; Arbeitsunfähigkeit	Person des Verletzten	Dauerschaden	Besondere Umstände, die für die Entscheidungen maßgebend waren	Gericht, Datum der Entscheidung, Az., Veröffentlichung bzw. Einsender
Fortsetzung von »Kopf - Gehirnverletzungen«							
1241	€ 500 000 + immat. Vorbehalt (€ 523 669)	Hypoxischer Hirnschaden wegen unterlassener Bluttransfusion bei einer während Hysterektomie reanimierten Patientin	Schwerstpflegefall	Frau	Hypoxischer Hirnschaden mit linksbetonter Parese nebst Spasmen, Sprach- und Schluckstörungen, erhebliche Hirnleistungsstörungen	Erreicht der HB-Wert bei einer reanimierten Patientin den Bereich von 6 g/dl oder wird dieser Wert unterschritten, entspricht es dem medizinischen Standard, unverzüglich eine Bluttransfusion durchzuführen. Das Unterlassen einer Bluttransfusion kann als grober Behandlungsfehler zu werten sein, wenn das klinische Gesamtbild der Patientin für eine absolute Indikation spricht. Bei einem hypoxischen Hirnschaden mit linksbetonter Parese nebst Spasmen, Sprach- und Schluckstörungen sowie erheblichen Hirnleistungsstörungen kann ein Schmerzensgeld von € 500 000 angemessen sein	OLG Hamm 21.3.2017 26 U 122/09 juris
1242	€ 500 000 (€ 535 282)	Minderversorgung mit Sauerstoff durch Verschlucken einer Schraube; dadurch schwerer Hirnschaden	Schwerstpflegefall	1-jähr. Junge	Schwerer Hirnschaden	PKH-Verfahren	OLG Koblenz 25.2.2015 12 W 753/14
Kapitalabfindung mit Schmerzensgeldrente							
1243	145 000 € 72 500 und 200 € 100 Rente mtl. vom 1.12.1997 bis zum 2.12.2025 + immat. Vorbehalt (€ 97 339)	Schwere Schädelhirnverletzung mit ausgedehnten Schädelbasisfrakturen im frontalen Bereich und rechtsseitig in der Felsenbeinpyramide; Hirnhautriss; Mittelgesichtsfrakturen, Augenhöhlenbodenfraktur links, Einblutung in das Mittelohr rechts mit Trommelfellzerreißung; Unterschenkelfraktur rechts, Luxation der linken Großzehe, Frakturen der Mittelfußköpfchen 2 und 3 links	2 1/2 Monate Krankenhaus mit anfänglicher zweiwöchiger Bewusstlosigkeit, Auftreten einer Infektion im Frakturbereich des rechten Unterschenkels, nach 7 Monaten erneuter Krankenhausaufenthalt für 4 Wochen	37-jähr. Elektromonteur	Blindheit des rechten Auges, linkes Auge infolge Überbelastung ständig entzündet; leichtes chronisches hirnorganisches Psychosyndrom; Verlust des Geruchs- und Geschmackssinns; Entstellung der Gesichtspartie mit Sattelnasenbildung, gestörte Mundöffnungs- und Schließbewegung infolge Beeinträchtigung des linken Kiefergelenks; Beeinträchtigung der Funktion des rechten Beines mit lateraler Hypästhesie, Beeinträchtigung des linken Fußes durch Krallenzehenbildung und Gehbehinderung; MdE: 90%	Mag die lebenslängliche Beeinträchtigung der Sinnesfähigkeiten (Verlust des rechten Auges und des Geruchs- und Geschmackssinns), die eine Schmerzensgeldrente rechtfertigen, auch im Laufe der Zeit durch gewisse Anpassung und seelische Gewöhnung geringfügig gemildert werden, so wird sie vom Kläger doch immer wieder neu und schmerzlich empfunden; Kläger wird durch Veränderung des Gesichts gehemmt, am öffentlichen Leben teilzunehmen; seine sportliche Betätigung als Fußballer musste er infolge der Beinverletzung aufgeben; Beruf als Elektromonteur musste aufgegeben werden	Thüringer OLG 12.8.1999 1 U 1622/98 zfs 1999, 419 RA Dr. Burmann, Erfurt
1244	200 000 ● € 100 000 und 250 € 125 Rente monatlich + immat. Vorbehalt (€ 141 789)	Schweres gedecktes Hirntrauma mit frontalen Hirnkontusionsherden; Lungenkontusion; Fraktur von zwei Rippen	Anfangs apallisches Syndrom mit 1 Woche künstlicher Beatmung; 8 Jahre stationäre Behandlungen in Krankenhäusern und Reha-Zentren mit mehrfachen Operationen	16-jähr. Junge	Geistige und vor allem körperlich schwere Behinderung; linksbetonte Tetraparese mit Ataxie rechts; auf Rollstuhl angewiesen; Inkontinenz; Gesichtslähmung links; rund um die Uhr pflegebedürftig	50% Mithaftung; der Zustand ist dem Kläger bewusst, zuweilen zeigt er seinen Unwillen	OLG Karlsruhe 17.3.1995 10 U 160/94 RAe Heizmann und Böllinger, Karlsruhe

Lfd. Nr.	Betrag DM **Euro** *(Anp.2019)*	Verletzung	Dauer und Umfang der Behandlung; Arbeitsunfähigkeit	Person des Verletzten	Dauerschaden	Besondere Umstände, die für die Entscheidungen maßgebend waren	Gericht, Datum der Entscheidung, Az., Veröffentlichung bzw. Einsender
\multicolumn{8}{l}{Fortsetzung von »Kopf - Gehirnverletzungen«}
1245	250 000 **€ 125 000** und 600 **€ 300** Rente monatlich + immat. Vorbehalt *(€ 168 464)*	Schwerwiegende geistige Behinderung durch Hirndruckereignis; fast völlig aufgehobenes Sehvermögen; Verschlimmerung einer seit Geburt bestehenden linksbetonten Tetraparese		Kind	Deutliche Hirnleistungsschwäche mit starker Beeinträchtigung der Intelligenz; weitgehender Verlust der Sehkraft. Infolge der Verschlimmerung der bestehenden linksbetonten Tetraparese kann sich Klägerin nicht vom Rücken auf den Bauch drehen; nicht möglich ist Stehen, Krabbeln oder Laufen mittels eines Rolators, was sie vor dem Vorfall konnte; lebenslang auf Betreuung und Versorgung durch andere angewiesen	Schuldhafter Verstoß gegen die Pflicht zur Erhebung und Sicherung medizinischer Befunde durch Unterlassen eines Computertomogramms; durch intensive logopädische Behandlung gelang es der Klägerin (nach anfänglicher Unmöglichkeit zu sprechen oder auch nur Laute zu bilden), sich wieder problemlos verständigen zu können; Klägerin wird außerhalb einer behütenden Umwelt nicht selbstständig leben können und wird weitgehend auf zwischenmenschliche Beziehungen verzichten müssen; keine Berufsausübung möglich	LG Trier 22.10.1999 4 O 242/91 RAe Föbel & Molitor, Prüm
1246	250 000 **€ 125 000** und 600 **€ 300** Rente monatlich + immat. Vorbehalt *(€ 184 631)*	Hochgradige, irreversible Hirnschädigung an der Grenze zum apallischen Syndrom		27-jähr. Fallschirmspringschüler	MdE: 100%	Beim Geschädigten ist ein Minimum an gezielter Reaktionsfähigkeit verblieben, die ihm phasenweise eine Kontaktaufnahme mit den Augen ermöglicht. Durch schwerwiegendes Fehlverhalten der Schädiger verursachter Unfall eines Fallschirmspringschülers bei einem Übungssprung	OLG Nürnberg 18.6.1993 8 U 569/91 VersR 1994, 735 RiOLG Dr. Seidel
1247	**€ 150 000** und **€ 255,64** Rente monatlich + immat. Vorbehalt *(€ 187 412)*	Irreversibler Hirnschaden mit rechtsbetonter inkompletter Lähmung aller vier Gliedmaßen		5 1/2 Jahre alter Junge, zum Urteilszeitpunkt 12 Jahre alt	Mittelschwere rechtsbetonte Tetraparese mit erheblichen Bewegungsstörungen und Beeinträchtigungen der Gleichgewichtsreaktionen; Stehen und Gehen nur mit Gehhilfe möglich, sonst auf Rollstuhl angewiesen; lebenslang Tragen von Orthesen; schweres hirnorganisches Psychosyndrom mit starker psychosomatischer Verlangsamung; begrenzte Aufmerksamkeitsspanne und Ausdauer mit Antriebsminderung, Konzentrations- und Merkfähigkeitsstörungen sowie mittelschweren zentralen Sprach- und Artikulationsstörungen, begrenzt aktive Sprachproduktion	Pflichtwidrige medizinische Versorgung bei der Durchführung einer Allgemeinnarkose sowie während der postoperativen Überwachung der Vitalfunktionen; Besuch einer Regelschule nicht möglich; dauernd auf fremde Hilfe angewiesen; weitgehende Körperschäden an Kniescheiben, Wirbelsäule etc. wahrscheinlich	OLG Naumburg 14.9.2004 1 U 97/03 VersR 2005, 1401
1248	300 000 **€ 150 000** und 600 **€ 300** Rente monatlich *(€ 230 535)*	Stammhirnblutung mit schwerem organischen Psychosyndrom		21-jähr. Mann	Motorische Hemiparese und globale Aphasie; Kläger kann keine lebenspraktischen Angelegenheiten selbstständig bewältigen; praktisch bewegungsunfähig, künstliche Ernährung erforderlich, Darm- und Harninkontinenz; er ist auf komplette Hilfe und Fürsorge angewiesen; keine verbale Verständigung möglich		OLG Koblenz 28.9.1992 12 U 1072/91 (Vergleich)

Lfd. Nr.	Betrag DM **Euro** *(Anp.2019)*	Verletzung	Dauer und Umfang der Behandlung; Arbeitsunfähigkeit	Person des Verletzten	Dauerschaden	Besondere Umstände, die für die Entscheidungen maßgebend waren	Gericht, Datum der Entscheidung, Az., Veröffentlichung bzw. Einsender
Fortsetzung von »Kopf - Gehirnverletzungen«							
1249	300 000 **€ 150 000** und 800 **€ 400** Rente monatlich + immat. Vorbehalt *(€ 213 826)*	Horizontale Fraktur des linken Scheitelbeins, von der Coronarnaht zur Lambdanaht; Kephalhämatom über dem linken Scheitelbein; Hirnkontusion (großer Hirnsubstanzdefekt an der medialen Seite des rechten Stirnhirns). Während stationärer Behandlung Ausbildung eines Hirnödems und Entwicklung eines posttraumatischen shuntpflichtigen Hydrocephalus internus. Posttraumatische Epilepsie; Unterblutung beider Netzhäute; Einblutungen in die weichen Hirnhäute im Bereich des Hinterhaupts und Scheitellappens; Blutauflagerungen in den Hinterhörnern beider Seitenventrikel	2 Monate stationär	2 Monate alter Säugling	MdE: 100%	Die Klägerin erlitt eine so schwere Hirnschädigung, dass 70% ihres Gehirns funktionsuntüchtig sind. Sie wird nie sprechen lernen, zudem ist sie erblindet. Sie ist nicht in der Lage, ihre Umwelt wahrzunehmen und wird daher nie eine eigene Persönlichkeit entwickeln können. Diese Schädigungen sind dauerhaft, es bestehen keine Heilungschancen. Die Klägerin wird permanent auf Pflege angewiesen sein	LG Berlin 18.1.1995 4 O 374/94 RAe Rückel & Koll., Berlin
1250	**€ 200 000** und **€ 150** Rente monatlich *(€ 255 288)*	Hypoxischer Hirnschaden mit apallischem Syndrom		34-jähr. Servicerepräsentant	Apallisches Syndrom; spastische Lähmung aller vier Extremitäten, Ernährung erfolgt mit Tee und Flüssignahrung über eine Sonde; zu Wortäußerungen oder dem sicheren Fixieren von Personen und Gegenständen nicht in der Lage; Kontaktaufnahme mit Kläger nicht möglich; reagiert auf laute Ansprache oder taktile Reize sehr schmerzhaft, was die tägliche körperliche Pflege erschwert; kompletter Pflegefall mit Absaugen, um nicht an eigener Schleimbildung zu ersticken; einmal monatlich Wechseln des Blasenkatheters; alle 4 Stunden muss Kläger in eine andere Position gedreht werden, um Wundliegen zu vermeiden	Grob fehlerhaftes Nichterkennen eines Herzinfarkts bei einem Notfall; das gesamte Leben des Klägers ist auf die primitivsten Existenzzustände reduziert; ist nicht in der Lage, das Heranwachsen seiner beiden jungen Kinder zu verfolgen und zu begleiten; Schaden stellt die Einbuße der Persönlichkeit dar; mittels des Schmerzensgeldes können dem Kläger auch Annehmlichkeiten und überobligatorische Pflege- und Betreuungsmaßnahmen beschafft werden, die über den materiellen Schadenersatz nicht liquidiert werden können	LG München I 28.5.2003 9 O 14993/99 VersR 2004, 649
1251	400 000 **€ 200 000** und 500 **€ 250** Rente monatlich *(€ 271 959)*	Schwere Hirnschädigung mit vollständiger Lähmung, Verlust der Persönlichkeit, apallisches Syndrom		21-jähr. Industriemechaniker	Kläger vollständig gelähmt, Verlust der gesamten Persönlichkeit, insbesondere der Erlebnisfähigkeit und Lebensperspektive; Kläger ist vollständig hilflos, kann nicht sprechen und sich nicht über den Mund ernähren, ist inkontinent; 100%ige Pflege und Betreuung	Kläger wird nie wieder in der Lage sein, ein nochmals eigenverantwortliches Leben ohne fremde Hilfe zu führen; eine lediglich symbolhafte Entschädigung wird der nahezu vollständigen Zerstörung der Persönlichkeit des Klägers mit Blick auf die verfassungsrechtliche Wertentscheidung des Art 1 GG nicht gerecht (BGH vom 13.10.1992 in BGHZ 120,1)	LG Frankfurt (Oder) 13.8.1997 13 O 440/96 bestätigt durch OLG Brandenburg 13.10.1998 2 U 198/97 RAe Wisbert & Partner, Eisenhüttenstadt

Urteil lfd. Nr. 1252

Lfd. Nr.	Betrag DM **Euro** *(Anp.2019)*	Verletzung	Dauer und Umfang der Behandlung; Arbeitsunfähigkeit	Person des Verletzten	Dauerschaden	Besondere Umstände, die für die Entscheidungen maßgebend waren	Gericht, Datum der Entscheidung, Az., Veröffentlichung bzw. Einsender

Fortsetzung von »Kopf - Gehirnverletzungen«

| 1252 | 500 000 **€ 250 000** und 1000 **€ 500** Rente monatlich *(€ 322 993)* | Schweres Schädelhirntrauma (Schädelkalottenfraktur, traumatische Subarachnoidalblutung, Hirnstamm- und Kleinhirnkontusion, Balkenläsion, ausgeprägtes Hirnödem) und mehrmonatiges apallisches Syndrom, Sitzbeinbruch rechts, Symphysensprengung, neurologische Ausfälle (Anarthrie, Dysphagie, linksarmbetonte und rechtsbeinbetonte spastische Tetraparese mit ausgeprägter Rumpfhypotonie, posttraumatische Anfallsleiden, ausgeprägte neuropsychologische Einschränkungen) | 8 Monate Intensivstation, anschließend ambulante Behandlung, nach 6 Wochen nochmals vorübergehend Krankenhaus, anschließend 16 Monate neurologische Reha, weitere Behandlung | 16-jähr. Jugendlicher | Körperlich, geistig und seelisch im außerordentlich schweren Maße beeinträchtigt; weitgehend gelähmt, keine körperlichen Verrichtungen durchführbar, dauernd auf Hilfe und Pflege Dritter angewiesen | Kläger ist trotz seiner geistigen Beeinträchtigungen in der Lage, seinen jetzigen Zustand zu verspüren und zu werten; es kommt nicht darauf an, ob der Kläger infolge der unfallbedingten geistigen Beeinträchtigung die mit Pflege und Fürsorge einhergehenden Erleichterungen in Zusammenhang mit dem Schmerzensgeld zu bringen vermag; dem Gedanken, die Gemeinschaft der Versicherten solle bei der Schmerzensgeldbemessung berücksichtigt werden, kann angesichts der auszugleichenden Schwere der konkreten Unfallfolgen kein Raum gegeben werden | LG Würzburg 3.12.2001 22 O 713/99 DAR 2002, 74 |

● Mithaftung (siehe vorletzte Spalte)

Lfd. Nr.	Betrag DM Euro (Anp.2019)	Verletzung	Dauer und Umfang der Behandlung; Arbeitsunfähigkeit	Person des Verletzten	Dauerschaden	Besondere Umstände, die für die Entscheidungen maßgebend waren	Gericht, Datum der Entscheidung, Az., Veröffentlichung bzw. Einsender
	Fortsetzung von »Kopf - Gehirnverletzungen«						
1253	€ 450 000 und € 500 Rente monatlich + immat. Vorbehalt (€ 490 657)	Verspätet erkannte Hirnvenenthrombose	Schwerstpflegefall	22-jähr. Frau	Die Klägerin ist infolge der Hirnvenenthrombose körperlich und aufgrund eines hirnorganischen Psychosyndroms geistig schwerst behindert. Sie ist in der Pflegeversicherung in der Pflegestufe 3 mit Härtefallklausel eingruppiert. Die Klägerin ist inkontinent für Stuhl und Harn, an einen Rollstuhl gebunden, wobei im Rahmen der Koordination eine Kopfkontrolle vorhanden ist, die Rumpfkontrolle aber nicht. Die Klägerin leidet an einer spastischen Tetraparese	Nach der umfassenden Wertung durch den Senat erscheint bei Kapitalisierung der Rente ein Schmerzensgeld von insgesamt etwa € 600 000 angemessen und ausreichend. Abweichend vom LG sieht der Senat die vom LG angeführten Umstände zum Regulierungsverhalten der Beklagten zu 1. nicht als durchgreifend an. Im Übrigen ist die Berechnung der Kapitalisierung der Rente nicht ab Schadensfall vorzunehmen, sondern erst von dem Zeitpunkt an, ab dem die Rente zugesprochen werden kann. Dies ist der Monat nach Schluss der mündlichen Verhandlung, nicht die Klageerhebung. Für die Vergangenheit war der Klägerin die begehrte Schmerzensgeldrente nicht zuzusprechen. Der Tatrichter hat im Rahmen des ihm eingeräumten Ermessens alle bis zum Schluss der mündlichen Verhandlung eingetretenen Beeinträchtigungen bei der Bemessung des Schmerzensgeldkapitalbetrages zu berücksichtigen und kann lediglich darüber hinaus Dauerfolgen für den Zeitraum nach Verkündung auch in einer Rente berücksichtigen. Die Kapitalisierung der Rente ist daher wie folgt vorzunehmen: Der Jahresbetrag (12 x € 500 =) beträgt € 6000. Der Kapitalisierung ist in Anbetracht der Lage auf den Finanzmärkten ein Zinssatz von 3%, nicht 4% zugrunde zu legen. Bei einem Alter der Klägerin von fast 31 Jahren im Zeitpunkt der letzten mündlichen Verhandlung (Geburtstag 6. Januar 1981; Verhandlung vor dem Senat 12. Dezember 2012) und unter Berücksichtigung eines Zinssatzes von 3% ergibt sich ein Kapitalisierungsfaktor von 26,1, folglich ein kapitalisierter Wert der Rente von € 156 600. Daraus folgt, dass als einmaliger Schmerzensgeldbetrag € 450 000 zuzusprechen sind. Eine weitere Differenzierung und genauere Berechnung verbietet sich aufgrund des Umstandes, dass die Kapitalisierungsberechnung nur eine Schätzung darstellen kann	Schleswig-Holsteinisches OLG 31.1.2013 4 U 132/11 juris BGH 21.1.2014 VI ZR 78/13
1254	€ 500 000 und € 650 Rente monatlich (€ 550 259)	Schwerer Hirnschaden nach der Narkotisierung bei einer Operation		4 ½-jähr. Kind	Apallisches Syndrom mit erheblichen Ausfallerscheinungen der Großhirnfunktion und einer Tetraspastik (Spastik an allen vier Gliedmaßen); Ernährung über eine PEG-Sonde; auf ständige Pflege angewiesen (zu 100% schwerbeschädigt, Pflegestufe III)	Das Alter der Geschädigten im Zeitpunkt des Schadensereignisses und die Möglichkeit, dass eine – wenn auch rudimentäre – Erinnerung besteht, rechtfertigen ein höheres Schmerzensgeld, hier etwa € 650 000 (€ 500 000 Schmerzensgeldbetrag, € 650 monatliche Schmerzensgeldrente)	KG Berlin 16.2.2012 20 U 157/10 VersR 2012, 766 RA Dominik Kellner, Berlin

Lfd. Nr.	Betrag DM Euro (Anp.2019)	Verletzung	Dauer und Umfang der Behandlung; Arbeitsunfähigkeit	Person des Verletzten	Dauerschaden	Besondere Umstände, die für die Entscheidungen maßgebend waren	Gericht, Datum der Entscheidung, Az., Veröffentlichung bzw. Einsender
	Weitere Urteile zur Rubrik »**Kopf - Gehirnverletzungen**« siehe auch: **bis €5000:** 3136, 2226, 2229 **bis €12500:** 3279, 2238, 2247, 1404 **bis €25000:** 726, 1406, 2253, 2104, 2105, 1416, 2474 **ab €25000:** 1370, 1371, 2597, 2154, 2094, 2413, 1680, 1431, 740, 2985, 1441, 1486, 2086, 2627, 830, 2430, 2628, 2482, 1101, 2432, 2434, 2629, 3010, 2631, 3012, 2605, 1978, 2484, 2268, 2633, 2440, 2442, 2607, 2443, 3016, 2638, 2639, 2640, 2641, 2642, 2643, 2644, 2645, 2648, 2649, 2444, 2650, 2651, 2654, 2655, 2445, 2446, 2657, 2658, 2660, 2447, 2662, 2663, 2667, 2668, 2669, 2448, 2670, 2671, 1377, 2672, 1410, 1459, 2673, 2450, 2291, 2674, 2451, 2675, 2676, 2677, 2678, 2679, 2019, 3024, 2680, 1460, 2681, 2682, 2683, 2684, 2685					

Kopf - Gehirnverletzungen - Schädelhirntrauma 1. Grades

Lfd. Nr.	Betrag DM Euro (Anp.2019)	Verletzung	Dauer und Umfang der Behandlung; Arbeitsunfähigkeit	Person des Verletzten	Dauerschaden	Besondere Umstände, die für die Entscheidungen maßgebend waren	Gericht, Datum der Entscheidung, Az., Veröffentlichung bzw. Einsender
1255	€1500 + immat. Vorbehalt (€1641)	Schädel-Hirn-Trauma 1. Grades, Beckenprellung, Knieprellung rechts	3 Tage stationäre Behandlung, 18 Tage AU	Fahrradfahrerin		Beklagter (Beifahrer) öffnete die Tür des Fahrzeugs. Die auf dem Radweg fahrende Klägerin fuhr dagegen und stürzte. Bis zuletzt und sogar nach dem Ergebnis der Beweisaufnahme war der Beklagte zum Schadensausgleich nicht bereit. Das zögerliche Regulierungsverhalten des Beklagten ist erhöhend zu berücksichtigen	AG Dresden 17.7.2012 111 C 2546/11 RA Wolfgang Koch, Erftstadt
1256	€1500 (€1726)	Schädel-Hirn-Trauma 1. Grades, Kontusion beider Kniegelenke	4 Tage Krankenhaus, 10 Tage MdE von 100%, zweiwöchige körperliche Schonung	23-jähr. Frau		Jüngere Menschen leiden überdurchschnittlich unter teilweisem oder völligem Ausschluss vom gesellschaftlichen Leben durch Verletzungsfolgen	AG Zwickau 25.6.2009 4 C 2238/07 RAin Schütze, Zwickau
1257	€2000● (€2130)	Schädelhirntrauma, Kopfplatzwunde, HWS-Distorsion	2 Monate AU zu 100%, physiotherapeutische Behandlungen	Frau		1/3 Mithaftung. Die Klägerin kollidierte auf der Autobahn gegen 21:46 Uhr mit dem liegengebliebenen unbeleuchteten Anhänger des Beklagten zu 1), noch bevor dieser den Anhänger sichern konnte	AG Bautzen 25.3.2015 20 C 747/14 juris
1258	€2250● (€2441)	Schädelhirntrauma 1. Grades, Orbitadachfraktur, Monokelhämatom	1 Woche stationäre Behandlung, insgesamt 2 Wochen AU zu 100%	Frau, Fußgängerin		Mithaftung von 25%	LG Düsseldorf 14.12.2012 22 S 68/12 RA Wolfgang Koch, Erftstadt
1259	5000 €2500 (€3250)	Schädelhirntrauma 1. Grades, Prellmarken sowie Hautabschürfungen an Stirn und Gesichtsschädel, Hämatom im Bereich des linken Auges durch Faustschläge	3 Tage Krankenhaus, danach immer noch Schwindel und Kopfschmerzen	Mann		Schlägerei. Das zugebilligte Schmerzensgeld scheint angesichts der Verletzungen sowie der Brutalität, mit der der Beklagte auf den wehrlos am Boden liegenden Kläger eingeschlagen hat, tat- und schuldangemessen. Insbesondere ist hier die Rücksichtslosigkeit und die Dauer der Auseinandersetzung zu berücksichtigen	AG Wildeshausen 22.5.2001 4 C 41/01 (IV) RAe Pickart & Partner, Wildeshausen

● Mithaftung (siehe vorletzte Spalte)

Fortsetzung von »Kopf - Gehirnverletzungen - Schädelhirntrauma 1. Grades«

Lfd. Nr.	Betrag DM Euro (Anp.2019)	Verletzung	Dauer und Umfang der Behandlung; Arbeitsunfähigkeit	Person des Verletzten	Dauerschaden	Besondere Umstände, die für die Entscheidungen maßgebend waren	Gericht, Datum der Entscheidung, Az., Veröffentlichung bzw. Einsender
1260	€ 2500 (€ 2690)	Erstgradiges Schädel-Hirn-Trauma in Verbindung mit einer Distorsionsschädigung der Halswirbelsäule durch Verkehrsunfall	Zunächst 4 Tage stationäre Krankenhausbehandlung. Unmittelbar an den ersten Krankenhausaufenthalt schloss sich eine weitere dreitägige stationäre Krankenhausbehandlung an, weil sich bei dem Kläger plötzliche Schwindelattacken bemerkbar gemacht hatten. Diese standen in Zusammenhang mit einer nachträglich diagnostizierten Gehirnerschütterung. 4 Tage 100% MdE, 1 Monat 30% MdE	Mann		Einerseits ist zu berücksichtigen, dass mangels eines gegenteiligen Vortrages des Klägers davon auszugehen ist, dass seine Unfallverletzungen zwischenzeitlich folgenlos abgeheilt und keine Gesundheitsbeeinträchtigungen verblieben sind. Andererseits darf nicht außer Acht gelassen werden, dass nach der st. Rspr. des Senats ein Unfallopfer bereits im Falle einer nur leichten Distorsionsschädigung der Halswirbelsäule einen Anspruch auf Zahlung eines Schmerzensgeldes in der Größenordnung von € 750 hat. Im vorliegenden Fall kommen weitere körperliche Beeinträchtigungen in Form des Schädel-Hirn-Traumas sowie der nachträglich diagnostizierten Gehirnerschütterung hinzu. Zieht man schließlich die Notwendigkeit einer zweimaligen stationären Krankenhausaufnahme des Klägers über einen Zeitraum von einer Woche in Betracht, bestehen unter Berücksichtigung der bei Verkehrsunfällen im Vordergrund stehenden Ausgleichsfunktion des Schmerzensgeldes keine Bedenken dagegen, die Beklagten zur Zahlung einer Entschädigung von insgesamt € 2500 für die immateriellen Beeinträchtigungen zu verpflichten	OLG Düsseldorf 8.10.2013 1 U 226/12 juris; SP 2014, 16
1261	€ 3000 (€ 3291)	Schädelhirntrauma 1. Grades, Nasenbeinfraktur, Teilverlust des ersten oberen Schneidezahns links, Hüftprellung links	Kurze stationäre Behandlung, 5 Tage AU zu 100% 7 Tage AU zu 50%	Mann		Bei der Bemessung des Schmerzensgeldes wurde das kleinliche und zeitlich nicht angemessene Regulierungsverhalten trotz eindeutiger Haftungslage berücksichtigt	LG Berlin 22.5.2012 42 O 219/11
1262	€ 3000● (€ 3291)	Schädelhirntrauma mit inneren Blutungen. Dadurch hervorgerufen werden epileptische Anfälle und eine retrograde Amnesie. Angststörung im Sinne einer Panikstörung		Frau		Mithaftung von 90%	LG Köln 8.5.2012 4 O 403/09
1263	€ 3289	Schädel-Hirn-Trauma, Thoraxkontusion, Beckenkontusion	4 Tage Krankenhaus, 6 Wochen arbeitsunfähig, 3 Wochen Schanzsche Krawatte	Mann		5 Wochen lang Schmerzen am Hals und am linken Oberschenkel	AG Perleberg 7.2.2002 11 C 255/01
1264	€ 4000 (€ 4444)	Schädelhirntrauma 1. Grades, eine Weichteilkontusion am Oberschenkel mit Riss- und Quetschwunden sowie multiple Prellungen durch Motorradunfall	4-tägige Krankenhausbehandlung sowie AU von 1 Monat. Die Wunde am Oberschenkel musste genäht werden	Mann		Erleidet der geschädigte Motorradfahrer bei einem Verkehrsunfall ein Schädelhirntrauma ersten Grades, eine Weichteilkontusion am Oberschenkel mit Riss- und Quetschwunden sowie multiple Prellungen, die eine 4-tägige Krankenhausbehandlung, starke Schmerzen und Bewegungseinschränkungen sowie Arbeitsunfähigkeit von einem Monat zur Folge haben, so ist ein Schmerzensgeld i.H.v. € 4000 gerechtfertigt	OLG Celle 13.10.2011 5 U 130/11 juris RAe Jordan, Helmerding & Berndt, Stadthagen

Lfd. Nr.	Betrag DM Euro (Anp.2019)	Verletzung	Dauer und Umfang der Behandlung; Arbeitsunfähigkeit	Person des Verletzten	Dauerschaden	Besondere Umstände, die für die Entscheidungen maßgebend waren	Gericht, Datum der Entscheidung, Az., Veröffentlichung bzw. Einsender

Fortsetzung von »Kopf - Gehirnverletzungen - Schädelhirntrauma 1. Grades«

Lfd. Nr.	Betrag	Verletzung	Dauer und Umfang der Behandlung	Person	Dauerschaden	Besondere Umstände	Gericht
1265	€ 5000 (€ 5337)	Schädel-Hirn-Trauma I. Grades, ein HWS-Beschleunigungstrauma, Prellungen und Schürfungen des Mittelgesichts beidseitig, eine Prellung des 3. Fingers rechts und eine nicht dislozierte subkapitale Fraktur der Mittelfußknochen II bis IV links	Zunächst ca. 1 Woche stationäre Behandlung; später ca. 11 Tage weitere chirurgische Nachbehandlung des Mittelfußbruchs mit Bewegungseinschränkungen. Beeinträchtigungen durch Schädel-Hirn-Trauma und HWS-Beschleunigungstrauma von etwa 4–6 Wochen	Frau		Diese danach der Bemessung des Schmerzensgelds zugrunde zu legenden Verletzungen und Beeinträchtigungen rechtfertigen unter Würdigung aller Umstände gem. § 287 Abs. 1 ZPO ein Schmerzensgeld i.H.v. € 5000. Dies stellt auch unter Berücksichtigung der Ausgleichs- und der Genugtuungsfunktion des Schmerzensgeldes und des Gesichtspunkts, dass die Vergleichbarkeit zugesprochener Schmerzensgeldbeträge ein relevanter Entscheidungsgesichtspunkt ist, eine angemessene, aber auch ausreichende Entschädigung des erlittenen immateriellen Schadens dar (vgl. Hacks/Wellner/Häcker, Schmerzensgeldbeträge, 32. Aufl. 2014, lfd. Nr. 626 und lfd. Nr. 629)	OLG Karlsruhe 11.6.2014 1 U 95/11
1266	€ 5000 (€ 6390)	Schädel-Hirn-Trauma, Oberarmfraktur, Nasenbeinfraktur	Notwendige Operation der Oberarmfraktur, Krankschreibung auf die Dauer von fast fünf Monaten	Mann			OLG Naumburg 17.12.2002 9 U 187/02 VRS 104, 415
1267	€ 5113 (€ 6574)	Schädelhirntrauma 1. Grades, Fraktur des os lacrimale links, Einblutung in den Siebbeinzellenbereich sowie multiple Prellungen an Schädel, Rumpf und rechtem Knie	10 Tage stationär, davon 2 Tage Intensivstation MdE: 1 1/2 Jahre 30%	8-jähr. Kind		Posttraumatische Belastungsstörung als psychische Unfallfolge mit Ängstlichkeit, Anklammerung an die Mutter, Angstträumen und depressiver Verstimmtheit. Diese psychische Unfallfolge hat für die Dauer von 1 1/2 Jahre bestanden und hat für diesen Zeitraum anteilsmäßig eine Minderung der Erwerbsfähigkeit von 30% bedingt. Ein unfallbedingter Dauerschaden auf psychischem Gebiet wird ausgeschlossen	LG München I 17.10.2002 19 O 23908/00 VorsRiLG Krumbholz
1268	15 000 € 7500 (€ 10 291)	Schädelhirntrauma, Kopfplatzwunde, Lockerung 2. Grades des Zahnes 32; multiple Prellmarken an Brust und Rücken	5 Tage Krankenhaus, anschließend auf die Dauer von 2 1/2 Monaten 10 ambulante Behandlungen; 1 Monat krankgeschrieben; Kläger konnte für 1 Monat keine feste Nahrung zu sich nehmen	Mann		Vorsätzliche Körperverletzung in einer schier unglaublichen Brutalität und Rohheit (Beklagter sprang dem auf dem Boden liegenden Kläger absichtlich auf den Kopf), die noch viel schlimmere Folgen hätte haben können; Lockerung des Zahnes hat 4 Jahre nach dem Vorfall noch bleibende Nachwirkungen	LG Berlin 24.6.1997 20 O 90/96

● Mithaftung (siehe vorletzte Spalte)

Kopf Urteile lfd. Nr. 1269 – 1272

Lfd. Nr.	Betrag DM **Euro** *(Anp.2019)*	Verletzung	Dauer und Umfang der Behandlung; Arbeitsunfähigkeit	Person des Verletzten	Dauerschaden	Besondere Umstände, die für die Entscheidungen maßgebend waren	Gericht, Datum der Entscheidung, Az., Veröffentlichung bzw. Einsender
		Fortsetzung von »Kopf - Gehirnverletzungen - Schädelhirntrauma 1. Grades«					
1269	€ 10 000 + immat. Vorbehalt (€ 10 473)	Schädelhirn-Trauma I. Grades, HWS-Distorsion, Zungenbissverletzung, posttraumatisches Belastungstrauma	krankengymnastische Maßnahmen, osteopathische und psychotherapeutische Behandlungen	Frau	Unfallbedingte Beschwerden der Halswirbelsäule und posttraumatische Belastungsstörung (Symptome: Flashbacks, partielle peritraumatische Amnesie, Ein- und Durchschlafstörungen, Alpträume, Hypervigilanz, erhöhte Schreckhaftigkeit, stark erhöhtes allgemeines Anspannungsniveau, verminderte Empfindungsfähigkeit, depressive Reaktion)	Dabei ist nicht nur die unmittelbare Gesundheitsbeeinträchtigung zu berücksichtigen, sondern auch, dass die Klägerin zu 1) über längere Zeit unter den psychischen Folgewirkungen des Unfalls zu leiden hatte und sich wegen eines posttraumatischen Belastungssyndroms über 2 Jahre in psychotherapeutischer Behandlung befand. Zudem befindet sie sich auch heute noch wegen des Unfalls und der Beschwerden im Bereich der Halswirbelsäule in osteopathischer Behandlung. Diagnose und Therapie der unfallbedingten posttraumatischen Belastungsstörung (Symptome: Flashbacks, partielle peritraumatische Amnesie, Ein- und Durchschlafstörungen, Alpträume, Hypervigilanz, erhöhte Schreckhaftigkeit, stark erhöhtes allgemeines Anspannungsniveau, verminderte Empfindungsfähigkeit, depressive Reaktion) sind durch die ausführlichen Arztberichte der Diplom-Psychologin nachgewiesen	Schleswig-Holsteinisches OLG 24.3.2017 7 U 73/16 juris
1270	€ 11 500 (€ 14 234)	Commotio cerebri, Thorax-/Flankenprellung rechts, Beckenprellung, Nasenbeinfraktur mit nachfolgender Gehirnblutung aufgrund subduralen Hämatoms	Zwei stationäre Aufenthalte von ca. 5 Wochen	Student	Andauernde Kopfschmerzen	Verzögerter Studienabschluss um 1 Jahr. Abzugelten durch ein Schmerzensgeld sind außerdem Kopfschmerzen, Beeinträchtigung durch Fahrverbot und Alkoholverbot, die Notwendigkeit einer laufenden medizinischen Überwachung und Beeinträchtigung durch regelmäßige Arztbesuche und Einnahme von Medikamenten sowie die eingeschränkte Leistungsfähigkeit gerade in einer Examensphase	LG Heilbronn 20.4.2005 1 O 155/03 St RA Koch, Erfstadt
1271	30 000 € 15 000 + immat. Vorbehalt (€ 19 863)	Schädelhirntrauma 1. Grades mit einem Hirnödem; verschobener Unterarmbruch rechts, Verletzung des rechten Zeigefingers, Gehörschaden	1 Woche Krankenhaus mit Behandlung des Unterarmbruchs mit einer Plattenosteosynthese; nach 2 Jahren Metallentfernung	26-jähr. Mann	Minderung des Hörvermögens auf dem linken Ohr um 50%, Gleichgewichtsstörungen; Versteifung des Endgliedes des rechten Zeigefingers; Narben am Unterarm	Gebrauchstauglichkeit des rechten Arms war zeitweise beeinträchtigt; Kläger sah für längere Zeit Doppelbilder	OLG Hamm 11.9.2000 3 U 93/00 RiOLG Zumdick, Hamm
1272	€ 17 500 + immat. Vorbehalt (€ 20 135)	Schädelhirntrauma, mediale Claviculafraktur links, HWS-Distorsion, Beckenprellung, schwere Komplikationen in Form tiefer Wundinfektionen, wobei teilweise die Knochen sichtbar waren	1 Monat stationäre Behandlung, 6 OP, 2 Jahre und 4 Monate MdE zu 100%	36-jähr. Frau, alleinlebend, Assistentin der Geschäftsführung	MdE von jedenfalls 20%. Einschränkung in der Beweglichkeit des linken Schultergelenks und des linken Arms	Es traten nach der OP schwere Komplikationen in Form von Wundinfektionen auf. Es bestehen Einschränkungen im Privatleben, insb. beim Schwimmen. Weiter ist kein Heben von Lasten über 5 kg mit dem linken Arm möglich	LG Berlin 14.10.2009 58 O 105/07 VorsRi KG Grieß

Lfd. Nr.	Betrag DM Euro (Anp.2019)	Verletzung	Dauer und Umfang der Behandlung; Arbeitsunfähigkeit	Person des Verletzten	Dauerschaden	Besondere Umstände, die für die Entscheidungen maßgebend waren	Gericht, Datum der Entscheidung, Az., Veröffentlichung bzw. Einsender
\multicolumn{8}{l}{**Fortsetzung von »Kopf - Gehirnverletzungen - Schädelhirntrauma 1. Grades«**}
1273	40 000 € 20 000 + immat. Vorbehalt (€ 26 920)	Schweres Schädelhirntrauma mit traumatischem Subduralhämatom rechts und links frontotemporoparietal sowie bifrontalen Kontusionsblutungen und einem Hirnödem	Insgesamt 4 Monate Krankenhaus, anfangs 2 Wochen Intensivstation mit 9 Tagen Koma; nach Entlassung noch umfassende Hilfsbedürftigkeit in den Aktivitäten des täglichen Lebens bei einer Unfähigkeit, ohne Hilfe zu stehen und zu gehen	15-jähr. Mädchen		Zunächst beaufsichtigungspflichtige Schluckstörungen; nach einem Jahr noch erhebliche kognitive Defizite mit Beeinträchtigung der Konzentrations-, Aufmerksamkeits- und Gedächtnisleistung, der sprachlichen Ausdrucks- und Auffassungsfähigkeit, des Lesens und des Schreibens, des problemlösenden Denkens, Wortfindungsstörungen; immat. Vorbehalt, da nicht feststeht, ob Klägerin wieder vollständig rehabilitiert wird	LG Magdeburg 9.9.1999 4 O 1322/99 RA Goetz, Magdeburg
1274	40 000 € 20 000 + immat. Vorbehalt (€ 27 196)	Schädelhirntrauma, psychoorganisches Hirnsyndrom; Beckenringfrakturen, Frakturen der Rippen; Fraktur des rechten Handgelenks	Krankenhausaufenthalte (z. T. Intensivstation) mit operativen Eingriffen	Facharbeiter	Erhebliche Bewegungseinschränkung des rechten Handgelenks auf knapp ein Fünftel des Normalwertes; zentrale Parese des rechten Armes; zeitweise ausgeprägte hirnorganische Veränderung mit leichten Hirnleistungsstörungen, die die Konzentration und Merkfähigkeit sowie das Durchhaltevermögen betreffen; MdE: 40%	Unfall aufgrund überalterter runderneuerter Reifen, die vom Halter trotz Rat des Fahrzeugverkäufers nicht ausgewechselt wurden. Im Schmerzensgeld ist Epilepsiegefahr von 5% als den Kläger belastender Umstand einbezogen; die lang andauernden Bewegungsbeeinträchtigungen und Schmerzen, Komplikationen (Tumor der Stimmbänder infolge Beatmungsgranuloms) sowie berufliche Beeinträchtigungen sind zu berücksichtigen. Vorbehalt wegen möglicher posttraumatischer Arthrose des Hüftgelenks und der rechten Hand, was zur Berufsunfähigkeit führen kann	OLG München 5.3.1998 24 U 611/97 NJW-RR 1998, 961
1275	€ 23 000 + immat. Vorbehalt (€ 29 607)	Schädelhirntrauma 1. Grades, multiple Schnittverletzungen im Kopfbereich	4 Tage Krankenhaus, nach 4 Wochen nochmals 5 Tage Krankenhaus zur Diagnostik und Therapie, anschließend 3 Wochen teilstationärer Aufenthalt, nach über 2 Jahren erneut 1 Woche Krankenhaus zur Abklärung des Beschwerdebildes, nach weiteren 7 Wochen nochmals 6 Wochen Krankenhaus für Untersuchungen; 10 Monate arbeitsunfähig	Weinhändler	Hirnorganische Leistungsstörung und Wesensänderung, verminderte psychische Belastbarkeit, verlangsamte Denkabläufe, gestörte Merkfähigkeit, beeinträchtigte Konzentrationsfähigkeit, Kopfschmerzen, beidseitiger Tinnitus	Kläger musste seinen Beruf als Weinhändler aufgeben	LG Leipzig 8.2.2002 06 O 8985/00 bestätigt durch OLG Dresden 26.7.2002 11 U 556/02 RA Dr. Burmann, Erfurt
1276	€ 25 000 + immat. Vorbehalt (€ 28 487)	Schädelhirntrauma rechts temporal, rechts frontal, links temporal im linken Marklager, hirnorganisches Psychodrom mit Leistungsstörung, affektiven Störungen und Befindlichkeitsstörung, sensorische Fehlwahrnehmungen, Störung des verbalen Arbeitsgedächtnisses, Schädelbasisfraktur	21 Tage stationärer Aufenthalt mit künstlicher Beatmung sowie mehrere OP, anschließend 22 Tage Reha-Behandlung	Mann, Lehrer	Konzentrationsschwäche; Kläger hat Schwierigkeiten beim Ausführen von Überkopfarbeiten	Schmerzensgeldminderung aufgrund einer evt. Betriebsgefahr sieht das Gericht hier nicht, da der Kläger sich gar nicht in einem Fahrzeug befand und die Beklagte voll aus der Gefährdung haftet. Es besteht die Gefahr, dass der Kläger evtl. noch an epileptischen Anfällen leiden wird	LG Stade 12.5.2010 2 O 247/08 RA Hellweg, Cadenberge

● Mithaftung (siehe vorletzte Spalte)

Lfd. Nr.	Betrag DM Euro (Anp.2019)	Verletzung	Dauer und Umfang der Behandlung; Arbeitsunfähigkeit	Person des Verletzten	Dauerschaden	Besondere Umstände, die für die Entscheidungen maßgebend waren	Gericht, Datum der Entscheidung, Az., Veröffentlichung bzw. Einsender
\multicolumn{8}{l}{**Fortsetzung von »Kopf - Gehirnverletzungen - Schädelhirntrauma 1. Grades«**}
1277	€ 38 000 + immat. Vorbehalt (€ 43 300)	Schädel-Hirn-Verletzung 1. Grades, Kalottenfraktur des Schädels, Osteomyelitis und Pseudoarthrose im linken Unterschenkel, eine vordere und hintere Kreuzbandläsion des linken Kniegelenkes, Oberschenkelverkürzung links ohne Beckenschiefstand, Bennetfraktur in Fehlstellung	70 Tage stationärer Aufenthalt mit OP, über 3 Jahre immer wieder stationäre Behandlung, anschließend ambulante Behandlung für längeren Zeitraum	Mann, Ausbildung zum Industriemechaniker	MdE: 30%, latente Osteomyelitis, Instabilität des linken Kniegelenks und Daumengrundgelenks	Beeinträchtigung des Klägers im täglichen Leben durch die Instabilität im linken Kniegelenk, wodurch ein schmerzfreies Gehen nicht möglich ist. Auch im linken Daumengrundgelenk liegt eine Instabilität vor, wodurch sich eine Einschränkung in der Lebensführung ergibt. Ferner wurde die ungewöhnlich lange Behandlungsdauer der Unterschenkelfraktur berücksichtigt	LG Baden-Baden 12.5.2010 3 O 260/06 RA König, Bietigheim
1278	€ 40 000 + immat. Vorbehalt (€ 46 426)	Schädel-Hirn-Trauma, Fraktur der Stirnplatte, Jochbeinfraktur, Nasenfraktur, Kieferfraktur, Augeninnenboden- und Orbitabodenfraktur, Wirbelsäulen- und Rückenmarksverletzung, umfangreiche Verschraubungen und mechanische Fixierungen	Stationäre Behandlung über einen Zeitraum von nahezu 2 Monaten	Mann	Dauerhafte Schmerzbehandlung und erhebliche Leistungseinschränkungen beim Gehen und bei feinmotorischen Bewegungen, unfallbedingt erhöhter GdB von 70%		LG Aschaffenburg 29.4.2008 1 O 367/07 ER RA Krebs, Aschaffenburg
1279	€ 45 000 (€ 57 302)	Schweres Schädel-Hirn-Trauma (Zellriss mit Doppelbildsehen), offene Unterschenkeltrümmerfraktur links, Hüftgelenksluxation links verbunden mit einem Pfannenrandausriss, diverse Verletzungen der Muskel- und Nervenbahnen des linken Beins, beidseitige Knieverletzungen, Kontusion des Mittelgesichtsbereichs	3 Monate stationäre Behandlung	33-jähr. Schweißfacharbeiter	Großflächige Narben, MdE: 30%	Kläger kann Beruf als Schweißfacharbeiter nicht mehr ausüben; zögerliches Regulierungsverhalten und herabwürdigende Vorwürfe gegenüber dem Kläger	OLG Naumburg 13.11.2003 4 U 136/03 SP 2004, 85 VersR 2004, 1423
1280	€ 61 355 ● (€ 76 568)	Schweres Schädelhirntrauma mit Subduralhämatom rechts und Contusionsblutung intracerebral, Schädelfraktur rechts temporal, Kopfschwartenplatzwunde, subkapitale Oberarmfraktur rechts sowie eine oberflächliche Schnittwunde am rechten Unterschenkel	14 Tage Koma, ca. 4 Wochen Klinikaufenthalt, anschließend ½ Jahr Behandlung in Reha-Klinik, auf Dauer arbeitsunfähig	33-jähr. Repräsentantin und Verkaufsassistentin	Auf neurologisch-psychiatrischem Gebiet MdE 80%, auf orthopädischem Gebiet MdE 30%	Mitverschulden 30%. Als Verletzungsfolgen sind zurückgeblieben Beschwerden im rechten Kniegelenk, im rechten Oberschenkel und am rechten Kniegelenk, eine Bewegungseinschränkung des rechten Schultergelenks, eine ausgeprägte Muskel- und Weichteilverkalkung im Bereich des rechten Oberschenkels, Narben am rechten Schultergelenk und am rechten Unterschenkel und insbesondere eine linksseitige sensible Hemiparese mit leichten motorischen Restzuständen und ein hirnorganisches Psychosyndrom, dessen Schwere streitig ist. Als Dauerschaden verbleibt eine symptomatische Epilepsie mit großen und kleinen Anfällen mittleren Schweregrades	LG Saarbrücken 21.10.2004 1 O 407/96 Allianz Versicherungs AG, München

Lfd. Nr.	Betrag DM **Euro** (Anp.2019)	Verletzung	Dauer und Umfang der Behandlung; Arbeitsunfähigkeit	Person des Verletzten	Dauerschaden	Besondere Umstände, die für die Entscheidungen maßgebend waren	Gericht, Datum der Entscheidung, Az., Veröffentlichung bzw. Einsender

Fortsetzung von »Kopf - Gehirnverletzungen - Schädelhirntrauma 1. Grades«

Lfd. Nr.	Betrag	Verletzung	Dauer und Umfang	Person	Dauerschaden	Besondere Umstände	Gericht
1281	130 000 €65 000 + immat. Vorbehalt (€ 88 387)	Schädelhirntrauma mit Kontusionshämatom und kleinem epiduralen Hämatom rechts temporal mit schwersten Gleichgewichtsstörungen, einem Augenfehler in Form einer leichten Bulbus-Deviation links und schweren Störungen der motorischen Fähigkeiten; Femurschaftquerfraktur und Unterschenkelfraktur rechts; 4 Jahre später nochmals Beinbruch, wobei die Gleichgewichtsstörungen mitwirkende Ursache waren	7 1/2 Wochen Krankenhaus mit anfänglichem Koma; Frakturen mussten durch Anschrauben externer Fixateurschienen und durch Knöchelschienen, die 2 Monate zu tragen waren, behandelt werden	8-jähr. Mädchen	Hirnorganische Schäden mit Gleichgewichtsstörungen, dadurch ständige Gefahr weiterer erheblicher Verletzungen durch Stürze; Denken allgemein etwas verlangsamt, Umstellungserschwerung der Lern- und Handlungsabläufe, verminderte konzentrative Belastbarkeit, Stimmungs- und Affektlabilität verbunden mit hoher Verletzbarkeit und geringer Frustrationstoleranz bei überwiegend gedrückt-depressiver Stimmungslage sowie eingeschränkter Sozialkompetenz; mittelschwere hirnorganische Beeinträchtigungen der intellektuellen und psychophysischen Leistungsfähigkeit; rechtes Bein um 2,5 cm kürzer als das linke; störende Narben an Ober- und Unterschenkel; MdE: 50–60%	Längere Zeit auf Rollstuhl angewiesen; ein Schuljahr und den Kontakt zu Freundinnen sowie Mitschülern verloren, nunmehr Kontaktschwierigkeiten; Beeinträchtigung bei Sport und Spiel; Unfallfolgen sind eine schwere psychische Belastung; deutliche Beeinträchtigung des späteren Berufsleben	OLG Braunschweig 25.3.1998 3 U 166/97 RAe Krause u. Weiss, Braunschweig
1282	135 000● €67 500 (€ 89 831)	Schädelhirntrauma mit Schädelkalotten-Basisfraktur rechts occipital und links frontal, traumatische Subarachnoidalblutung, Hirnödem, Hämatotympanon rechts mit Hypakusis	Knapp 10 Wochen Intensivstation, weitere 18 Tage Krankenhaus	Azubi	MdE: 60%	10% Mithaftung. Verlangsamung des Denkens, Affektlabilität, Störung der Aufmerksamkeit, Einschränkung des Geruchsvermögens, Ohrgeräusch. Der Kläger ist nicht mehr in der Lage, selbständig, ohne die Unterstützung seiner Mutter, einem gewinnorientierten Beruf nachzugehen oder sich in den Arbeitsprozess einer Fremdfirma einzugliedern	LG München I 29.6.2000 19 O 12129/97 VorsRiLG Krumbholz
1283	140 000● €70 000 + immat. Vorbehalt (€ 97 687)	Schädelhirntrauma mit Verdacht auf Kalottenfraktur rechts temporal sowie basisnah, Kontusionsblutung links, temporoparietal und rechts temporal, Subarachnoidalblutung rechts temporoparietal und links temporal, schmales subdurales Hämatom links temporoparietal, mäßige Hirnschwellung links ausgeprägter als rechts, ausgedehntes Kopfhämatom rechts temporal, Orbitabodenfraktur rechts, Fraktur der lateralen Orbitawand rechts	Vier Krankenhausaufenthalte von insgesamt ca. 15 Monaten	Frau	MdE: 100%	25% Mithaftung; Posttraumatische Epilepsie mit komplexfokalen Anfällen einmal pro Monat, ausgeprägtes neurologisch-neuropsychologisches Defektsyndrom, leichtere sensomotorische Aphasie mit Wortverständigungsstörungen und semantischen Paraphrasien; deutliche Störung der Konzentrationsfähigkeit, Verminderung des Antriebs, ausgeprägte Tendenz zur Perseveration und Störungen im Erfassen abstrakter Zusammenhänge	LG München I 25.5.1996 19 O 3307/95 RAin Steinbeiss, Dachau
1284	150 000 €75 000 (€ 100 823)	Schweres gedecktes Schädelhirntrauma mit traumatischer Subarachnoidalblutung und Hirnkontusion links temporo-occipital und im linken Thalmus	MdE: 100% 1 1/2 Jahre	21-jähr. Mann	Verlust des Geruchssinns (10% MdE), Beeinträchtigung auf urologischem Gebiet (10% MdE)	Es ist zu erwarten, dass aufgrund der wesentlichen Vorschädigung des Gehirns eintretende Altersvorgänge schwere Auswirkungen haben werden; infolge 40% Mitverschulden wurde lediglich ein Betrag von DM 90 000 (€ 45 000) zuerkannt	LG Dortmund 4.11.1999 115 O 110/97 zfs 2000, 487

● Mithaftung (siehe vorletzte Spalte)

Lfd. Nr.	Betrag DM **Euro** *(Anp.2019)*	Verletzung	Dauer und Umfang der Behandlung; Arbeitsunfähigkeit	Person des Verletzten	Dauerschaden	Besondere Umstände, die für die Entscheidungen maßgebend waren	Gericht, Datum der Entscheidung, Az., Veröffentlichung bzw. Einsender
		Fortsetzung von »Kopf - Gehirnverletzungen - Schädelhirntrauma 1. Grades«					
1285	170 000 **€ 85 000** + immat. Vorbehalt *(€ 116 930)*	Schädelhirntrauma mit Kontusionsblutungen und Ponsblutungen; Weichteilverletzungen im Gesicht mit Durchtrennung der Unterlippe; Verlust der beiden unteren Schneidezähne, Pneumonie	7 Monate Krankenhaus	Student	Spastische Hemiparese rechts, weitgehend auf Rollstuhl angewiesen; homonyme Hemianopsie (Halbseitenblindheit) rechts; hirnorganisches Psychosyndrom mit Beeinträchtigung der Aufmerksamkeit und des Kurzzeitgedächtnisses. MdE: 100%	Gefälligkeitsfahrt, sodass Genugtuungsfunktion entfällt	OLG Koblenz 10.3.1997 12 U 576/96 VorsRiOLG Mecker
1286	**€ 150 000** *(€ 159 779)*	Schädel-Hirn-Trauma mit intrakranieller Blutung, nicht dislozierte Dens-Fraktur, Effendi-II-Fraktur, Thoraxkontusion, Beckenschaufelfraktur links	1 Monat stationäre Behandlung, mehr als 4 Monate neurologische Frührehabilitation; Implantation eines Shunt-Systems unter die Schädeldecke zur Ableitung des Hirnwassers, AU	66-jähr. Frau	Armbetonte Halbseitenlähmung rechts; erhebliche Hirnleistungsdefekte und kognitive Leistungseinbußen, Gedächtnisdefizite, psychomotorische Verlangsamung, bleibendes Angewiesensein auf die Hilfe Dritter	Mit dem auf eine unbeschränkte Klage zuzuerkennenden Schmerzensgeld werden nicht nur alle bereits eingetretenen, sondern auch alle erkennbaren und objektiv vorhersehbaren künftigen unfallbedingten Verletzungsfolgen abgegolten	OLG Naumburg 10.7.2014 2 U 101/13 juris
1287	350 000 **€ 175 000** *(€ 260 294)*	Schädelhirntrauma mit epi- und subduralem Hämatom links; Verdacht auf zusätzliche Hirnstammkontusion; Acetabulumfrakturen beidseits; Aspirationspneumonie rechts, Fraktur der 7. Rippe sowie stumpfes Bauchtrauma	14 Monate stationär mit kurzen Unterbrechungen, 2 Wochen bewusstlos	18-jähr. Frau	Ausgeprägte Amnesie, Einschränkung der Konzentrationsbelastungsspanne und des zielgerichteten Denkens; reaktive Depression mit starken Infantilisierungstendenzen; spastisch beinbetonte Hemiparese links mit Spitzfußstellung, einer Gesichtsfeldeinschränkung und einer Dysarthrie. Klägerin ist seit Unfall auch für die Zukunft nicht in der Lage, am Erwerbsleben teilzunehmen. Unterbringung in einer Behindertenwerkstätte wird empfohlen. MdE: 100%		KG Berlin 22.3.1993 12 U 99/92 RiKG Philipp

Lfd. Nr.	Betrag DM **Euro** *(Anp.2019)*	Verletzung	Dauer und Umfang der Behandlung; Arbeitsunfähigkeit	Person des Verletzten	Dauerschaden	Besondere Umstände, die für die Entscheidungen maßgebend waren	Gericht, Datum der Entscheidung, Az., Veröffentlichung bzw. Einsender

Fortsetzung von »Kopf - Gehirnverletzungen - Schädelhirntrauma 1. Grades«

1288	700 000 **€ 350 000** + immat. Vorbehalt *(€ 447 292)*	Schweres Schädel-Hirn-Trauma mit subduralem Hämatom und Subarachonoidalblutung	1 ½ Jahre Krankenhausaufenthalte	19-jähr. Bäckereifachgehilfin	Mischbild aus einem apallischen Syndrom und einem apallischen Durchgangssyndrom, hochgradige rechtsbetonte spastische Tetraparese bis Tetraplegie; geringe Spontanbewegungen im linken Bein und im linken Arm, Reflexe an den Füßen mit Reaktion auf Schmerzen; Klägerin befindet sich in einem wachen, jedoch nicht ansprechbaren Zustand, wenngleich eine gewisse Reaktionsbereitschaft feststellbar ist, d. h. eine bewusste Antwort auf gegebene äußere Reize; reagiert auf Schmerz mit mimischen Äußerungen des Unwillens; versucht sich auf begütendes Zureden und Streicheln der Mutter ihr zuzuwenden, um Kontakt mit ihr aufzunehmen; jedoch nicht erkennbar, dass sie ihre Lage zumindest teilweise wahrnimmt; Schluckstörungen, Ernährungssonde durch Bauchdecke	Ein klassisches apallisches Syndrom liegt nicht vor, da eine komplette funktionelle Entkoppelung zwischen Großhirn und Hirnstamm nicht anzunehmen ist; Fähigkeit einer Schmerzempfindung bedeutet, dass das mehrmalige Umbetten, die Hilfestellung bei Stuhlentleerung, das Absaugen zur Vermeidung einer Verschleimung der Lunge wahrgenommen und empfunden wird; wenngleich Genugtuungsfunktion nur geringfügig zum Tragen kommt, ist das grob verkehrswidrige und rücksichtslose Verhalten des Kfz-Fahrers zu berücksichtigen	LG München I 16.1.2003 19 O 20638/01 VRiLG Krumbholz

Weitere Urteile zur Rubrik »**Kopf - Gehirnverletzungen - Schädelhirntrauma 1. Grades**« siehe auch:
bis € 2500: 1361
bis € 5000: 1116, 2114, 496, 2934, 917
bis € 12 500: 625, 755, 2125, 1529, 2622, 298, 806, 807, 2778, 823, 301, 967, 562, 467, 825, 1539, 656, 567, 1366
bis € 25 000: 728, 77, 995, 1149, 1368, 276
ab € 25 000: 1670, 1408, 2951, 733, 1173, 506, 1423, 274, 48, 196, 1958, 198, 1152, 2959, 1098, 1409, 2107, 2970, 338, 739, 429, 1510, 431, 2980, 363, 139, 1139, 2987, 2096, 5, 1443, 2097, 1375, 2995, 2088, 1447, 2156, 3013, 368, 1994, 2656, 1336, 2003, 1338, 2092, 1339, 3021, 2011, 1250

Kopf - Gehirnverletzungen - Schädelhirntrauma 2. Grades

Lfd. Nr.	Betrag DM Euro (Anp.2019)	Verletzung	Dauer und Umfang der Behandlung; Arbeitsunfähigkeit	Person des Verletzten	Dauerschaden	Besondere Umstände, die für die Entscheidungen maßgebend waren	Gericht, Datum der Entscheidung, Az., Veröffentlichung bzw. Einsender
1289	€ 12 000 (€ 12 847)	Schädelhirntrauma mit Schädelbruch links nach Fahrradunfall ohne Helm		Fast 70-jähr. Mann		Die Bemessung berücksichtigt den von der Vergleichsrechtsprechung in Fällen leichterer bis mittelschwerer Hirntraumata mit unfalltypischen sonstigen Körperverletzungen (Thoraxprellungen, Rippenbrüchen, Organquetschungen u. Ä.) angenommenen Schmerzensgeldrahmen. Da der Kläger einerseits – was sich schmerzensgelderhöhend auswirkt – auch einen Schädelbruch und einen Krampfanfall, aufgrund dessen ihm für sechs Monate das Führen von Kraftfahrzeugen untersagt war, erlitten, andererseits aber nur temporäre kognitive Defizite zu beklagen hatte und seine neuropsychologischen Beeinträchtigungen nicht von dauerhafter Natur waren, er zudem zum Zeitpunkt des Unfalls fast 70 Jahre alt war, hat der Senat seine Schmerzensgeldansprüche in etwa im mittleren Bereich des von der Vergleichsrechtsprechung gesetzten Rahmens angesiedelt. Kein Mitverschulden wegen Nichttragen eines Helms	OLG Celle 12.2.2014 14 U 113/13 juris; r+s 2014, 196; DAR 2014, 199
1290	€ 15 000 + immat. Vorbehalt (€ 16 646)	Schädelhirntrauma 2. Grades mit rechts frontalen Kontusionen, Thoraxtrauma mit Rippenserienfrakturen, Hämatopneumothorax beidseits, distale Radiusfraktur links, Querfortsatzfraktur an den Brustwirbelkörpern 2, 3, 6, 9, Schulterblattfraktur, Schürfwunden	Zahlreiche Operationen, insgesamt 24 Tage stationäre Behandlung, davon 12 Tage Intensivstation mit Beatmung und Intubierung	Mann, Triathlet	Blockaden an der Wirbelsäule, Atemschwierigkeiten, eingeschränkte Kraftentwicklung im linken Unterarm, Hand und Daumen, reduzierte Merkfähigkeit, Narben	Der Schmerzensgeldbemessung wurden insbesondere die schweren, zum Teil lebensbedrohlichen, Verletzungen berücksichtigt	LG Lübeck 17.11.2011 12 O 148/10 RA Koch, Erftstadt
1291	€ 20 000 + immat. Vorbehalt (€ 22 171)	Sturz mit Schädel-Hirn-Trauma 2. Grades mit Hirnkontusion und subduralem Hämatom rechts über dem Schläfenhirn und rechts über dem Hinterhauptshirn mit traumatischer Subarachnoidalblutung links über dem Stirnhirn und Schläfenhirn. Abriss der Riechfäden an der Riechwurzel	Ca. 1 Woche stationäre Behandlung vom Unfalltag und fast 6 Wochen AU	35-jähr. Frau	Dauerhafte Störung des Riechens und differenzierten Schmeckens. Verringerung der Aufmerksamkeitsleistungen	Verletzung der Verkehrssicherungspflicht durch den Veranstalter eines „Stuntworkshops". Der Senat zieht für die Bemessung eines angemessenen Schmerzensgeldes eine Entscheidung des OLG München (Urt. v. 26.11.2009, GesR 2010, 206, zitiert nach juris) heran, das € 20 000 für den Verlust des Geruchssinns in einem Fall für angemessen gehalten hatte, bei dem eine Patientin infolge einer in der Nase vergessenen Tamponade drei Jahre lang unter erheblichen Beschwerden litt und bei der der Verlust des Geruchssinnes nach Entfernung der Tamponade als Dauerfolge verblieben ist. Die Klägerin hat hier ausweislich ihres Vortrages in den ersten drei Jahren nach dem Unfall nicht unter vergleichbaren Beschwerden gelitten. Allerdings hat sie einen doppelten Dauerschaden erlitten. Zum einen hat sie den Geruchssinn und teilweise den Geschmackssinn verloren, zum anderen ist sie in ihrer Aufmerksamkeitsleistung eingeschränkt	Brandenburgisches OLG 17.1.2012 6 U 96/10 juris

Lfd. Nr.	Betrag DM **Euro** *(Anp.2019)*	Verletzung	Dauer und Umfang der Behandlung; Arbeitsunfähigkeit	Person des Verletzten	Dauerschaden	Besondere Umstände, die für die Entscheidungen maßgebend waren	Gericht, Datum der Entscheidung, Az., Veröffentlichung bzw. Einsender
	**Fortsetzung von »Kopf - Gehirnverletzungen - Schädelhirntrauma 2. Grades«**						
1292	50 000 € 25 000 *(€ 33 736)*	Schädelhirntrauma 2. Grades mit Hirnkontusion und Parenchymeinblutung, hirnorganisches Psychosyndrom, traumatische Armplexuslaesion links, Frakturen von Rippen, Hals- und Brustwirbel	Insgesamt 11 Monate Krankenhaus mit zwei Operationen	Junger Mann	Bewegungsunfähigkeit linker Arm	Wegen einer Mithaftung von 70% wurde dem Kläger lediglich ein Betrag von DM 15 000 (€ 7500) zugesprochen	OLG Braunschweig 1.4.1999 2 U 181/98 RAe Dr. Pfennig & Wabbel, Braunschweig
1293	60 000 € 30 000 *(€ 40 794)*	Schädelhirntrauma 2. Grades, Skalpierungsverletzung, Luxationsfraktur am 2. HW	3 ½ Wochen Krankenhaus, MdE: ca. 3 Monate 100% anschließend 50%	Azubi	MdE: 30%	Der Kläger musste vom Automechaniker zum Groß- und Außenhandelskaufmann umgeschult werden	Saarländisches OLG 31.7.1997 3 U 787/95-127 RAe Halm & Partner, Neunkirchen
1294	70 000 € 35 000 *(€ 46 002)*	Offenes Schädelhirntrauma, rechtstemporale Kontusionsblutung, Felsenbeinfraktur rechts, Perforation des Trommelfells rechts, Hämatotympanon und diskrete Hämatoliquorrhoe rechts	2 Wochen Krankenhaus, anschließend wochenlange Behandlung mit häufigen Arztbesuchen	18-jähr. Azubi	Vollständiger Verlust des Geruchssinns, Teilverlust des Geschmackssinns, Kopfschmerzen 2–3-mal die Woche, erhöhtes Schlafbedürfnis, herabgesetzte Konzentrationsfähigkeit, verstärkte Tagesmüdigkeit, vermehrtes Angstempfinden in Stresssituationen, vermehrte Aggressivität, MdE: 30%	Die Sinneseinbußen beim Geruch und Geschmack treffen einen jungen Menschen stärker als einen älteren; Klägerin musste Ausbildungspläne abändern (Verlängerung der Ausbildungszeit); zögerliches Regulierungsverhalten des Haftpflichtversicherers; infolge Mithaftung von 50% lediglich ein Schmerzensgeld von DM 35 000 (€ 17 500)	OLG Nürnberg 14.12.2000 8 U 1072/00
1295	80 000 € 40 000 + immat. Vorbehalt *(€ 51 366)*	Schädelhirntrauma; Schädelfrakturen links occipital und lateral Keilbeinhöhle rechts, Subarachnoidalblutung mit Ventrikeleinbruch im dritten und vierten Ventrikel, Abfluss von Hirnflüssigkeit durch die Nase, traumatisch bedingte Diabetes insipidus	4 Monate und 10 Tage Krankenhaus	Erzieherin		Später auftretende Krampfanfälle nicht auszuschließen	KG Berlin 6.6.2002 12 U 7800/00 RiKG Philipp, Berlin

● Mithaftung (siehe vorletzte Spalte)

Kopf — Urteile lfd. Nr. 1296 – 1298

Lfd. Nr.	Betrag DM **Euro** *(Anp.2019)*	Verletzung	Dauer und Umfang der Behandlung; Arbeitsunfähigkeit	Person des Verletzten	Dauerschaden	Besondere Umstände, die für die Entscheidungen maßgebend waren	Gericht, Datum der Entscheidung, Az., Veröffentlichung bzw. Einsender
		Fortsetzung von »Kopf - Gehirnverletzungen - Schädelhirntrauma 2. Grades«					
1296	80 000 €40 000 + immat. Vorbehalt *(€ 53 909)*	Schädelhirntrauma 2. Grades mit Kopfplatzwunde; peripheres Horner-Syndrom mit Läsion des 3. postanglionären Neurons am linken Auge; stumpfes Thoraxtrauma mit Lungen- und Herzkontusion und Hämatothorax beidseits; stumpfes Bauchtrauma mit Leberverletzung der Schweregrades II und Einblutung in das Dickdarmgekröse; rechtsseitige Nierenkontusion mit Parenchymeinriss und retroperitonealem Hämatom; komplexer Kniebinnenschaden rechts mit Ruptur des vorderen und hinteren Kreuzbandes, Innenbandruptur und Riss der dorso-medialen Kapselschale des Kniegelenks	6 ½ Wochen Krankenhaus, davon die ersten 4 Wochen intensivmedizinische Versorgung mit Laparotomie am Unfalltag und nachfolgender Intubierung sowie Langzeitbeatmung auf die Dauer von 2 Wochen, Anlegung von 2 Brustkorb-Drainagen, sekundäre Patellasehnenplastik des gerissenen vorderen Kreuzbandes und Reinsertion des hinteren Kreuzbandes; 2 Monate nach Krankenhausentlassung Punktierung der rechten Niere, nach weiteren 2 Jahren 9 Tage Krankenhaus zur Behandlung der Knieverletzung und zur Entfernung einer Exostose am rechten Oberschenkel	26-jähr. Lagermeister	Hirnleistungsschwäche mit vegetativ-vasomotorischen Beschwerden und Zeichen hirnorganischer Wesensänderung; traumatisches Horner-Syndrom links mit Zurücksinken des Augapfels in die Augenhöhle und Störung der Hell-Dunkel-Adaption; belastungsabhängige Herzleistungsschwäche und Angina pectoris; Funktionsverlust der rechten Niere mit 25%iger Einschränkung der globalen Nierenfunktion; Muskelverschmächtigung und Kraftminderung der rechten Oberschenkelmuskulatur, anteromediale Instabilität des rechten Kniegelenks mit erheblicher Bewegungseinschränkung, ausgeprägter Knorpelschaden 3. Grades und Verschleiß des Innenmeniskus; funktionelle Beinverkürzung rechts von 3 cm, Fehlhaltung des Beckens und der unteren LWS; MdE: 100%	Angina pectoris mit Luftnot bei geringer Belastung mit Brustenge und brennendem Schmerz im Brustbein ist eine in besonderem Maße beeinträchtigende Unfallfolge; erneute vordere Kreuzbandplastik wird erforderlich werden; trotz dieser Operation wird aufgrund fortschreitender Gonarthrose mit Knorpelverlust innerhalb der nächsten 5–10 Jahre ein prothetischer Kniegelenksersatz oder eine Versteifung des rechten Kniegelenks durchgeführt werden müssen	OLG Hamm 25.10.1999 13 U 1/98 SP 2000, 232 RiOLG Zumdick, Hamm
1297	€ 46 200 ● + immat. Vorbehalt *(€ 55 566)*	Schweres gedecktes Schädelhirntrauma mit ausgedehnter Hirnkontusion links fronto-temporal, traumatischer Subarachnoidalblutung, Epiduralhämatom rechts temporal, Kalottenfraktur rechts temporal bis temporobasal bis parietal sowie Ulkus duodeni und Bronchopneumonie	6 Monate Krankenhaus, ambulante Behandlung dauert noch an	Fitnesstrainerin und Friseurin	MdE: 80%	Mithaftung 30% wegen Nichttragens eines Sturzhelms. Die Klägerin kann weder ihren Beruf als Fitnesstrainerin noch den als Friseurin jemals wieder ausüben. Wegen des durchgeführten Luftröhrenschnitts verbleibt eine 5 cm lange dauerhafte Narbe. Unfallbedingte Folgen sind neuropsychologische Defizite mit psychomotorischer Verlangsamung, deutlich reduzierter Umstellfähigkeit, Dyskalkulie und mittelschwerer Wernicke-Aphasie	LG Stralsund 19.12.2006 7 O 354/05 SP 2007, 389 RA Koch, Erfstadt
1298	€ 50 000 + immat. Vorbehalt *(€ 61 458)*	Contusio cerebri mit frontobasaler Contusionsblutung, allgemeines Hirnödem, rechtsseitige Orbitadachfraktur, Fraktur der frontalen Schädelbasis, Fraktur der massa lateralis atlantis rechts im HWS-Bereich, ausgedehnte Kopfplatzwunde, Kreuzbandriss rechtes Knie, Luxation des rechten Schultergelenks mit Rotatoren-Manschetten-Ruptur	3 Wochen stationär, ca. 2 Wochen arbeitsunfähig	Mann	MdE: 25% neurologisch 20% unfallchirurgisch	Die dauernden Folgen des erlittenen Traumas im Sinne eines hirnorganischen Syndroms führen zu einer dauerhaften Beeinträchtigung insbesondere auf kognitivem Gebiet. Dies führte dazu, dass der Kläger beruflich starken Einschränkungen unterlegen und einen Teil seiner früheren Verantwortungsbereiche abgeben musste. Eine Verschlechterung der Situation, wie z. B. nach Auftreten einer posttraumatischen Epilepsie ist nicht auszuschließen. Insoweit hat die Beklagte außergerichtlich einen immat. Vorbehalt anerkannt	LG Stuttgart 10.11.2005 25 O 214/05 Beschluss des OLG Stuttgart 21.2.2006 19 U 223/05 RA Bockshammer, Stuttgart

● Mithaftung (siehe vorletzte Spalte)

Fortsetzung von »Kopf - Gehirnverletzungen - Schädelhirntrauma 2. Grades«

Lfd. Nr.	Betrag DM Euro (Anp.2019)	Verletzung	Dauer und Umfang der Behandlung; Arbeitsunfähigkeit	Person des Verletzten	Dauerschaden	Besondere Umstände, die für die Entscheidungen maßgebend waren	Gericht, Datum der Entscheidung, Az., Veröffentlichung bzw. Einsender
1299	€ 55 000 (€ 58 704)	Schwere Kopfverletzungen durch Verkehrsunfall: Schädelhirntrauma zweiten Grades mit frontaler Kontusionsblutung und hirnorganischer Wesensänderung sowie eine Dissoziationsstörung mit psychogener Amnesie infolge eines unfallbedingten Traumas	Ca. 3 Wochen stationäre Behandlung; ca. 4 Wochen stationäre Rehabilitationsbehandlung im neurologischen Reha-Zentrum; MdE von 70% bis hin zur Erwerbsunfähigkeit	Frau	Zustand nach Schädel-Hirn-Trauma Grad II mit frontaler Kontusionsblutung sowie hirnorganischer Wesensänderung	Die Ausführungen des LG zur Bemessung des Schmerzensgeldes sind ermessensfehlerfrei, nachvollziehbar und überzeugend. Dabei hat das LG die Art und Schwere der Verletzungen, die Dauer der Behandlungen und Anschlussbehandlungen sowie die bleibenden Unfallfolgen und Einschränkungen der Kl. in die Beurteilung einbezogen	OLG Köln 12.12.2014 19 U 39/14 juris
1300	€ 60 000 (€ 74 965)	Schädelhirntrauma II. Grades mit Felsenbeinfraktur links und operationspflichtiger Otoliquorrhoe; Meningitis, die später erneut aufgetreten ist; schweres psychisches Trauma	10 Tage Intensivstation, anschließend 10 Tage Kinderklinikum; nach Ausheilung der Meningitis Kopfoperation (temporo-basale osteoplastische Trepanation)	2-jähr. Junge	Vollständige Taubheit des linken Ohres, Beeinträchtigung des Gleichgewichtsorgans mit Gangunsicherheit und Fallneigung; Behinderung von 60%	Verletzung der Verkehrssicherungspflicht; Sturz im Bereich der Wendeltreppe einer Rutsche auf einem öffentlichen Spielplatz; langandauernde und schmerzhafte Behandlungen; das psychische Trauma hat Angstzustände und Verhaltensauffälligkeiten ausgelöst; Kläger wird in seinem jetzigen und zukünftigen Leben in sozialer und beruflicher Hinsicht beeinträchtigt sein; sehr zögerliches Regulierungsverhalten der Beklagten	LG Aachen 8.9.2004 4 O 354/98 RA Dr. Brammertz, Aachen
1301	€ 70 000 (€ 85 350)	Gedecktes Schädelhirntrauma Grad II mit intrazerebraler Blutung im Balkenbereich, periventrikulär und rechtsfrontalem subduralem Hämatom		Mann	MdE: 40%	Es seien kognitive Beschwerden verblieben sowie eine latente Parese des rechten Beines, eine Sensibilitätsstörung am rechten Bein sowie rezidivierende Kopfschmerzen. Es bestehe eine Beeinträchtigung der neuropsychologischen Funktionen. Der Kläger leide an einer Beeinträchtigung der Aufmerksamkeitsleistungen im Sinne einer Verlangsamung sowie erhöhter Fehleranfälligkeit bei steigender Komplexität der Aufgabe. Die verminderte lexikalische Wortflüssigkeit sei im Sinne einer eigenständigen Beeinträchtigung kognitiver Kontrollfunktionen zu deuten. Bei dem Unfall sei es zu einem einmaligen Krampfanfall gekommen, Hinweise auf eine posttraumatische Epilepsie lägen nicht vor. Die Beeinträchtigungen der neuropsychologischen Funktionen bringen Probleme bei der Berufsausübung mit sich, die eingeschränkte Beweglichkeit und Einsatzmöglichkeit des rechten Beines macht sportliche Betätigungen unmöglich, insbesondere Fliegen, Skitourengehen und Reiten. Die unfallbedingten Verletzungen und Dauerschäden haben damit für den Kläger eine Änderung der bisherigen Lebensgewohnheiten erforderlich gemacht	LG München I 12.12.2005 19 O 6509/04 RA Krumbholz, München
1302	150 000 € 75 000 + immat. Vorbehalt (€ 96 312)	Schädel-Hirn-Trauma 2. Grades mit schweren Hirnschädigungen sowie einer später auftretenden Epilepsie und einer Fußheber- und Zehenheberparese am linken Bein, nach 4 Jahren cerebraler Krampfanfall	1 Monat Krankenhaus, anfangs 5 Tage Intensivstation, anschließend 10 Monate Reha, dabei die ersten 3 Monate weitgehend auf Rollstuhl angewiesen	16-jähr. Schüler	Schwere Hirnschädigung, die den Kläger in seiner Lebensführung massiv einschränkt; er kann jedoch eigenen Hausstand führen und 80 bis 90% der alltäglichen Angelegenheiten allein erledigen	Kläger hat Umschulung zum Bauzeichner erfolgreich abgeschlossen; wegen Mithaftung von 20% wurde lediglich ein Schmerzensgeld von DM 120 000 (€ 60 000) zugesprochen und der Ersatz eines immat. Schadens auf 80% beschränkt	OLG Hamm 25.9.2002 13 U 62/02 RA Koch, Erftstadt

● Mithaftung (siehe vorletzte Spalte)

Lfd. Nr.	Betrag DM Euro (Anp.2019)	Verletzung	Dauer und Umfang der Behandlung; Arbeitsunfähigkeit	Person des Verletzten	Dauerschaden	Besondere Umstände, die für die Entscheidungen maßgebend waren	Gericht, Datum der Entscheidung, Az., Veröffentlichung bzw. Einsender

Fortsetzung von »Kopf - Gehirnverletzungen - Schädelhirntrauma 2. Grades«

Lfd. Nr.	Betrag	Verletzung	Dauer	Person	Dauerschaden	Besondere Umstände	Gericht
1303	€90 000 + immat. Vorbehalt (€99 047)	Schädel-Hirn-Trauma mit Kontusionsblutung rechts frontal hochoccipital, Tinnitus, Kopfplatzwunde rechts, Schulterprellung rechts, multiple Schürfwunden	6 Tage stationäre Behandlung, ca. 8 Wochen AU	20-jähr. Mann, Student der Medizin	Kognitive Beeinträchtigungen, erhebliche Konzentrationsschwäche und Leistungseinbußen, starke Kopfschmerzen mit migräneartigem Auftreten, großflächige vernarbte Stelle am Rücken	Bei der Bemessung des Schmerzensgeldes hat das Gericht v. a. das junge Alter des Klägers berücksichtigt und dass er insoweit noch lange an den Unfallfolgen leiden wird. Auch die Tatsache, dass sich der Beklagte zu 1 von der Unfallstelle entfernt hat ohne sich um den Kläger zu kümmern wurde berücksichtigt. Der Beklagte zu 1 hatte eine BAK von 1,7 Promille und wurde in einem Strafverfahren auch zu einer Geldstrafe verurteilt. Ebenso wurde das zögerliche Regulierungsverhalten berücksichtigt.	LG Karlsruhe 17.2.2012 5 O 32/09 RAin Beate Gibbs, Freiburg i.B.

Weitere Urteile zur Rubrik »**Kopf - Gehirnverletzungen - Schädelhirntrauma 2. Grades**« siehe auch:
bis €12 500: 927
bis €25 000: 2791, 1367, 131
ab €25 000: 738, 613, 2999, 3000, 741, 1328, 1330, 1455

Kopf - Gehirnverletzungen - Schädelhirntrauma 3. Grades

Lfd. Nr.	Betrag	Verletzung	Dauer	Person	Dauerschaden	Besondere Umstände	Gericht
1304	17 000● €8500 (€11 988)	Schädelhirntrauma mit Beteiligung der Stirnhöhlenvorderwände, der rechten Stirnhöhlenhinterwand mit beidseitiger Frontbasisfraktur und rechtsseitiger Kalotten- sowie Pyramidenfraktur; Fraktur im Bereich der Sella sowie des Clivus	17 Tage stationär MdE: 6 Monate 100% weitere 2 Monate 50%	Junger Mann	Rechtsseitige, minimal ausgeprägte Schallleitungsschwerhörigkeit; Gesichtsnarben sowie minimal ausgeprägte knöcherne Schiefnase nach rechts	⅓ Mitverschulden infolge erkennbarer Alkoholisierung des Kraftfahrzeugführers	LG Regensburg 18.12.1995 3 O 1638/94 RA Dr. Dittrich, Kötzting
1305	25 000 €12 500 (€17 151)	Schädelhirntrauma 3. Grades mit Kontusionsblutungen; Teilamputation der linken Ohrmuschel, HWS-Schleudertrauma	1 Monat Krankenhaus in drei verschiedenen Krankenhäusern, anschließend 4 Wochen Reha-Klinik, ca. 4 Monate arbeitsunfähig	Mann	MdE: 15%	Es liegt noch eine sensible Halbseitensymptomatik rechts vor sowie eine leichte Einschränkung der psychophysischen Belastbarkeit, was beides einer therapeutischen Beeinflussung nicht zugänglich ist	LG München I 5.6.1997 19 O 8930/96 VorsRiLG Mü I Krumbholz

Lfd. Nr.	Betrag DM **Euro** (Anp.2019)	Verletzung	Dauer und Umfang der Behandlung; Arbeitsunfähigkeit	Person des Verletzten	Dauerschaden	Besondere Umstände, die für die Entscheidungen maßgebend waren	Gericht, Datum der Entscheidung, Az., Veröffentlichung bzw. Einsender
\multicolumn{8}{l}{Fortsetzung von »Kopf - Gehirnverletzungen - Schädelhirntrauma 3. Grades«}
1306	€ 25 000 ● (€ 28 457)	Schädelverletzung (subdurales Hämatom mit Zerstörung weiter Bereiche des Großhirns) und Oberschenkelhalsfraktur	5 Jahre Leidensweg bis zum Tod im Pflegeheim	77-jähr. Mann	Pflegefall	Allein die primäre Krankenhausbehandlung (Implantation eines Femurnagels und mehrere Schädeloperationen) der Unfallverletzungen rechtfertigt die Zuerkennung eines ganz erheblichen Schmerzensgeldes. Die durch die Versorgung der Primärverletzungen entstandenen Beschwerden wurden durch die Folgewirkungen des Verletzungsbildes bei weitem übertroffen: Der Geschädigte wurde schließlich zu einem Pflegefall. In der Ausgangsberechnung hält der Senat ein Schmerzensgeld i.H.v. € 100 000 für angemessen, das jedoch wegen des hohen Mitverschuldensanteils des Geschädigten (75% – berücksichtigt bei ausgeurteiltem Schmerzensgeld) entsprechend zu reduzieren ist. Eine Erhöhung des Schmerzensgeldes wegen verzögerter Regulierung scheidet aus, solange der Haftpflichtversicherer berechtigte Zweifel hegen darf, dass das eigene Verschulden des Versicherungsnehmers vollständig hinter das grobe Mitverschulden des Geschädigten zurücktreten werde. Eine Erhöhung des Schmerzensgeldes wegen verzögerter Regulierung kommt nur dann in Betracht, wenn – wozu klägerischer Sachvortrag erforderlich ist – die verzögerte Zahlung schutzwürdige Interessen des Schuldners beeinträchtigt	Saarländisches OLG 27.7.2010 4 U 585/09-166 NJW 2011, 933; SP 2011,13
1307	60 000 € 30 000 + immat. Vorbehalt (€ 39 775)	Schweres Schädelhirntrauma mit laterobasaler Fraktur links und frontobasaler Fraktur rechts, multiple Schnittverletzungen an beiden Beinen, Monokelhämatom, extreme Gesichtsschwellungen, links stärker als rechts, Augenplatzwunde links	Anfängliche Bewusstlosigkeit, 2 Wochen lang Lebensgefahr, längere Zeit Intensivstation mit künstlicher Beatmung; operative Versorgung der Nasennebenhöhle mit gleichzeitigem Verschluss der harten Hirnhaut an der Schädelbasis rechts, Luftröhrenschnitt wegen Langzeitbeatmung, schwierige Entwöhnung vom Beatmungsgerät, was erst 3 Wochen nach dem Vorfall gelang; anschließend mehrere Wochen Reha	Viehpfleger	Zerebrale Krampfanfälle sowie psychische Veränderungen, Konzentrationsschwäche und Minderung der geistigen Leistungsfähigkeit; Trachealstenose, die äußerst komplizierte plastische Operationsverfahren notwendig machen und häufig nur schlechte Ergebnisse bringen; die psychischen und physischen Beeinträchtigungen wirken sich erheblich auf die gesamte Lebensgestaltung und auf das Lebensgefühl aus; zu 60% schwerbeschädigt	Vorsätzliche brutale Körperverletzung in drei Abschnitten innerhalb eines Tages in der Wohnung des Klägers; im Nasenbereich kann sich eine Liquorfistel bilden, nach Monaten und Jahren Hirnhautentzündungen oder Hirnabszesse möglich, ebenso Pneumatozellen mit Lufteintritt in das Hirngewebe; wenn der Kläger bereits vor dem Vorfall Probleme in seinem sozialen Verhalten aufwies und bereits seit vielen Jahren arbeitslos war, hat sich die Eingliederungsfähigkeit weiter erheblich gemindert; zunehmende Schwierigkeiten, in der Gemeinschaft akzeptiert zu werden; auch das bereits niedrig angesiedelte Intelligenzniveau ist durch die Straftat weiterhin beeinträchtigt worden; kaum Aussicht, zukünftig einer Erwerbstätigkeit nachgehen zu können	LG Stralsund 6.10.2000 5 O 575/98 RAe Schmidt, Krieger & Koll., Stralsund

● Mithaftung (siehe vorletzte Spalte)

Kopf

Fortsetzung von »Kopf - Gehirnverletzungen - Schädelhirntrauma 3. Grades«

Lfd. Nr.	Betrag DM Euro (Anp.2019)	Verletzung	Dauer und Umfang der Behandlung; Arbeitsunfähigkeit	Person des Verletzten	Dauerschaden	Besondere Umstände, die für die Entscheidungen maßgebend waren	Gericht, Datum der Entscheidung, Az., Veröffentlichung bzw. Einsender
1308	€ 30 000 ● (€ 34 555)	Schädelhirntrauma 3. Grades mit intracerebraler Blutung rechts – temporal bis parietal, Schädeldachfraktur, linksseitige Felsenbeinfraktur mit Bluterguss im Mittelohr, Schlüsselbeinfraktur, Kopfplatzwunde, Thoraxtrauma links, Innenknöchelfraktur	5 Wochen Intensivstation, die ersten beiden Wochen in einem tiefkomatösen Zustand, die weiteren beiden Wochen nicht ansprechbar; die folgenden 6 Monate neurologische Frührehabilitation in Fachklinik; danach Altenpflegeheim mit Tod nach 2 Jahren	73-jähr. Mann		⅓ Mitverschulden, da der Verletzte als Radfahrer ordnungswidrig den linken Radweg benutzt hat	OLG Celle 12.2.2009 5 U 133/08 Ass. Bodenstein, VHG Versicherungen, Hannover
1309	75 000 ● € 37 500 + immat. Vorbehalt (€ 53 818)	Schweres Schädelhirntrauma; Fraktur des rechten Unterschenkels	10 Tage Koma, 10 Monate stationär	Mann	MdE: 100%	50% Mitverschulden. Der Kläger ist weitgehend auf Rollstuhl angewiesen. Er leidet an epileptischen Anfällen und braucht fremde Hilfe für seine körperliche Pflege	LG München I 29.9.1994 19 O 892/92 VorsRiLG Krumbholz
1310	€ 40 000 (€ 51 119)	Schädelhirntrauma 3. Grades mit schmalem akuten subduralem Hämatom rechts, frontal und im Mittelspalt sowie eine diffuse axonale Schädigung des Mittelhirns bei persistierendem Mittelhirnsyndrom	Mehrere Tage bewusstlos, fast 3 ½ Monate stationäre Behandlung in mehreren Krankenhäusern	Mann	Neurokognitive Defizite (Leichte Verlangsamung der Aufmerksamkeitsleistung, deutliche Störung sprachlich vermittelter Gedächtnisinhalte, erhebliche Rechenschwäche)	Vorsätzlich herbeigeführter Verkehrsunfall	LG Düsseldorf 10.1.2003 13 O 306/00 SP 2003, 235
1311	€ 45 000 + immat. Vorbehalt (€ 55 313)	Schädelhirntrauma III mit Kontusionsblutung links temporal, traumatische Subarachnoidalblutung rechts paredial, imkompletter Oculomotoriusparese links, Halbseitenschwäche rechts und lokalem Krampfanfall, offene Unterarmfraktur, eine metacarpale V-Trümmerfraktur links, Lungenkontusionen beidseits sowie ein Durchgangssyndrom, Nosokomiale Pneumonie und Pseudomembranöse Kolitis	Kläger musste 10 Tage lang intubiert werden, 2 Monate Krankenhaus, arbeitsunfähig 7 ½ Monate, MdE: 7 ½ Monate 100% weitere 7 ½ Monate 70% auf Dauer 50%	Automechaniker	MdE: 50%	Kläger kann Beruf als Automechaniker nicht mehr ausüben. Er arbeitet jetzt als Servicetechniker. Er sei zwar wegen seiner Sehfähigkeit in diesem Beruf beeinträchtigt, könne aber trotzdem eine normale Arbeitsstelle ausfüllen	LG München I 21.7.2005 19 O 10521/02 RA Krumbholz, München
1312	90 000 € 45 000 + immat. Vorbehalt (€ 60 113)	Schädelhirntrauma mit epiduralem und subduralem Hämatom links frontotemporal; nach 2 Monaten epileptischer Anfall	4 Wochen Krankenhaus mit Trepanation und operativer Hämatomausräumung	17-jähr. Azubi	Hirnleistung erheblich unterdurchschnittlich und insofern pathologisch auffällig, Störung des verbalen Gedächtnisses, erheblich vermindertes kognitives Verarbeitungstempo; MdE: 45%	Kläger musste Ausbildung abbrechen; er steht weiterhin unter Medikamentenschutz zur Vermeidung epileptischer Anfälle; wie lange die Einnahme der Medikamente noch erforderlich ist, lässt sich nicht beurteilen; Risiko ist hoch; im Schmerzensgeld ist das hohe Risiko epileptischer Anfälle und die Ungewissheit, wie lange der Kläger noch auf Medikamente angewiesen ist, enthalten	OLG Hamm 2.2.2000 13 U 115/99 VersR 2001, 1257
1313	€ 50 000 (€ 64 286)	Schädelhirntrauma mit Einblutungen, multiplen Kontusionsherden, Rippenserienfrakturen, Lungenkontusion beidseits	Drei stationäre Aufenthalte von insgesamt 75 Tagen, anschließend häusliche Pflege, noch laufende ärztliche Behandlung, zweimal wöchentliche Bewegungstherapie	Betriebsbeauftragter	Auf unabsehbare Zeit erwerbsunfähig	Vollhaftung des Linksabbiegers gegenüber einem überholenden Kraftrad, obwohl nicht geklärt werden konnte, ob am Beklagten-Kfz der linke Blinker gesetzt war. Es ist wohl von einer dauerhaften Erwerbsunfähigkeit auszugehen, insbesondere wegen der noch bestehenden fehlenden Merkfähigkeit und der Antriebsarmut des Klägers sowie der verbleibenden leichten Gleichgewichtsstörungen	OLG Nürnberg 25.10.2002 6 U 2114/02 RAe Goller & Koll., Bayreuth

● Mithaftung (siehe vorletzte Spalte)

Lfd. Nr.	Betrag DM **Euro** *(Anp.2019)*	Verletzung	Dauer und Umfang der Behandlung; Arbeitsunfähigkeit	Person des Verletzten	Dauerschaden	Besondere Umstände, die für die Entscheidungen maßgebend waren	Gericht, Datum der Entscheidung, Az., Veröffentlichung bzw. Einsender
	**Fortsetzung von »Kopf - Gehirnverletzungen - Schädelhirntrauma 3. Grades«**						
1314	**€ 60 000** + immat. Vorbehalt *(€ 72 823)*	Schädelhirntrauma 3. Grades, schmales Subduralhämatom rechtsfrontal, multiple Hirnkontusionen, traumatische Subarachnoidalblutung, Claviculafraktur rechts, Rippenserienfraktur rechts 2.–6. Rippe mit rechtsseitigem Hämatopneumothorax, rechtsseitige Lungenkontusion mit Zusammenfallen dieses Lungenflügels, stumpfes Bauchtrauma mit Leber- und Milzkontusion, vordere Beckenringfraktur rechts, Os-sacrum-Fraktur links mit Übergriff auf den Wirbelbogen S 1, Querfortsatzfrakturen L 3 und L 4 rechts, multiple Schürfwunden, Kalkabsonderungen zwischen den Muskeln und den Knochen in den Beinen aufgrund des langen Liegens nach dem Unfall	3 Wochen Koma, 5 Wochen Intensivstation, anschließend neurologisches Reha-Zentrum	25-jähr. Maurer	Erheblich	Seinen erlernten Beruf als Maurer kann der Kläger nicht mehr ausüben. Seine intellektuellen Fähigkeiten sind seit dem Unfall eingeschränkt. Im Rahmen der Reha musste er wieder Lesen, Schreiben und Rechnen lernen	LG Magdeburg 30.5.2006 9 O 273/03 - 044 Beschluss des OLG Naumburg 7.3.2007 6 U 110/06 RA Goetz, Magdeburg
1315	**€ 60 000** *(€ 63 912)*	Sturz wegen falsch montierter Reifen mit einem in Deutschland gekauften sog. „Speed-Pedelec" in der Schweiz: schwerste Verletzungen, u. a. traumatische Hirnverletzung sowie Schädelkalottenfraktur frontal rechts und links sowie neun weitere Mittelgesichtsfrakturen	fast zwei Wochen künstliches Koma, vollständige AU für 4 Wochen und AU von 70% für weitere zwei Monate	Mann		Der Senat hält angesichts der beim Kläger unfallbedingt eingetretenen schwerwiegenden Verletzungen und der Dauer des Krankenhausaufenthaltes – insbesondere auch unter Berücksichtigung des künstlichen Komas – ein Schmerzensgeld i.H.v. € 60 000 für angemessen. Die Beklagte hat nicht darzulegen vermocht, dass im Unfallzeitpunkt in der Schweiz ein allgemeines Verkehrsbewusstsein dahingehend bestand, dass das Tragen eines Schutzhelms bei der Benutzung eines Pedelecs zum eigenen Schutz erforderlich war. Deshalb ist dem Kläger kein Mitverschulden anzulasten	OLG Köln 23.12.2015 27 U 1/15
1316	**€ 70 000** *(€ 75 091)*	Schädel-Hirn-Trauma II.-III. Grades mit Subduralhämatom fronto-temporal und multiplen Kontusionen linkshemisphärisch; Schädelbasisfraktur/Kalottenfraktur rechts mit Aufdehnung der Kranznaht links; Jochbeinfraktur; Hirnorganisches Psychosyndrom (HOPS); HWK 7- und BWK 1-Querfortsatzfrakturen rechts; Scapulafraktur rechts; Lungenkontusion	10 Tage Intensivstation, danach neurochirurgische Pflegestation und Fachklinik für Neurologie, anschließend langdauernde medizinisch-berufliche Rehabilitation	Junger Mann	neuro-kognitive und mnestische sowie leichtgradig aphasische Störungen	Das zuerkannte Schmerzensgeld von € 70 000 ist ausreichend bemessen. Ein darüberhinausgehender Anspruch besteht nicht. Bei der Bemessung hat das LG die bei dem Unfall erlittenen Verletzungen und die verbliebenen neuro-kognitiven und mnestischen sowie die leichtgradig aphasischen Störungen, die eine Beeinträchtigung der Merkfähigkeit, des Spontansprachantriebs und der sprachlichen Expressivität dauerhaft verursacht haben, angemessen berücksichtigt. Der Senat geht mit dem LG davon aus, dass der Beklagte das Unfallereignis vorsätzlich herbeigeführt hat	OLG Koblenz 4.1.2016 12 U 271/15

Lfd. Nr.	Betrag DM **Euro** *(Anp.2019)*	Verletzung	Dauer und Umfang der Behandlung; Arbeitsunfähigkeit	Person des Verletzten	Dauerschaden	Besondere Umstände, die für die Entscheidungen maßgebend waren	Gericht, Datum der Entscheidung, Az., Veröffentlichung bzw. Einsender
	**Fortsetzung von »Kopf - Gehirnverletzungen - Schädelhirntrauma 3. Grades«**						
1317	€ 75 000 + immat. Vorbehalt *(€ 91 029)*	Geschlossenes Schädelhirntrauma III. Grades mit multiplen kleinen Kontusionen, Felsenbeinfraktur links, Unterkieferfraktur mit Dislokation beidseits, Harnwegsinfekt, Sehverlust des linken Auges von 40%	10 Tage Koma, etwa 34 Wochen stationär in Kliniken und Reha-Maßnahmen	Verkäuferin	MdE: 100%	Die Klägerin leidet unter Gedächtnisstörungen, Zeitgitterstörungen, Konzentrationsstörungen sowie einer ängstlich geprägten depressiven Verstimmung. Außerdem leidet sie unter einer Augenmuskellähmung, die zu einem teilweisen Sehverlust führt sowie einer Verminderung des Geruchs- und Geschmackssinns. Eine Berufsaufnahme ist nicht mehr möglich	LG Nürnberg-Fürth 11.4.2006 2 O 9469/04 Allianz Versicherungs AG, München
1318	150 000 € 75 000 + immat. Vorbehalt *(€ 91 342)*	Offenes Schädelhirntrauma 3. Grades	2 ¼ Monate stationäre Behandlung	49-jähr. Mann, zum Urteilszeitpunkt 56 Jahre alt	Arbeitsunfähigkeit; Schwerhörigkeit (Hörgeräte erforderlich), Konzentrationsschwäche, Sehstörungen (konstantes Druckgefühl hinter dem rechten Auge und Doppelbildwahrnehmung), Wetterfühligkeit mit Schmerzen in Kopf und Gesicht, Wesensveränderung (leichter reizbar, weniger belastbar, vergesslicher)	Infolge fehlerhafter Montagearbeiten des beklagten Reifenfachbetriebes wurde der Kläger durch eine hochgeschleuderte Felge im Gesicht verletzt; mittlere Fahrlässigkeit; das Bestehen einer Haftpflichtversicherung ist zu berücksichtigen	OLG Nürnberg 14.3.2006 9 U 2087/05
1319	€ 80 000 ● + immat. Vorbehalt *(€ 100 903)*	Schweres Schädel-Hirn-Trauma mit Gehirnblutungen, Kontusion des Herzens, Rippenserienfraktur, beidseitige Lungenkontusion, beidseitige Schulterblatttrümmerfraktur, Thrombosen an verschiedenen Venen		62-jähr. Mann	Apallisches Syndrom; Kläger ist nicht mehr imstande, seinen Zustand und seine Umgebung bewusst zu erleben, ist nicht empfindungsfähig, zu 100% pflegebedürftig	60% Mithaftung; Einbuße der Persönlichkeit und der Verlust an personaler Qualität infolge einer schweren Hirnschädigung stellt für sich einen auszugleichenden immat. Schaden dar, unabhängig davon, ob der Betroffene die Beeinträchtigung empfindet (BGH VersR 1993, 585); bei der Schmerzensgeldbemessung ist zu berücksichtigen, dass der Kläger einerseits bereits mehr als 4 Jahre im Wachkoma liegt und seine Lebensdauer nicht absehbar ist, andererseits aber mit 62 Jahren im Unfallzeitpunkt nicht wie ein junger Mensch noch sein ganzes Leben vor sich hat	OLG München 13.2.2004 10 U 5381/02
1320	195 000 € 97 500 *(€ 140 305)*	Offener Schädelbasisbruch mit Impression rechts temporal (Schädelhirntrauma 3. Grades), Schaftbruch im mittleren Schienbeindrittel ohne Verschiebung, Wachstumsfugenschädigung an der rechten äußeren Oberschenkelrolle	Ca. 3 Wochen im Zustand der Bewusstlosigkeit mit Lebensgefahr; drei Kopfoperationen mit vollkommener Entfernung der rechten Hälfte der Schädeldecke, die nach 1 Jahr bei dreiwöchigem Krankenhausaufenthalt durch eine Plastik ersetzt werden konnte	10-jähr. Mädchen, bei Urteilsverkündung 28 Jahre alt	Hirnschädigung und Anfallsleiden; Klägerin bedarf ganztags der Unterstützung durch Dritte; immer wieder Zustände der Hilflosigkeit	Integration in das Erwerbsleben erscheint möglich, jedoch behütende Umgebung notwendig. Durch ein nicht heilbares Anfallsleiden droht Gefahr erneuter Verletzungen; Klägerin vermag jedoch in einer beschützenden Umgebung die körperlichen, geistigen und sozialen Lebensfunktionen weitgehend noch auszuüben	OLG Hamm 30.5.1994 32 U 22/93 zfs 1994, 363
1321	€ 100 000 + immat. Vorbehalt *(€ 113 099)*	Schweres Schädel-Hirn-Trauma 3. Grades mit einer Impressionsfraktur links bis temporo-basal, eine Hirnkontusion linksfrontobasal und linkstemporoparietal sowie eine Orbitawandfraktur links; Dachfraktur des 7. Wirbelkörpers ohne Einengung des Wirbelkanals	Stationäre Behandlung einschließlich Reha über einen Zeitraum von 6 Monaten, auch nachfolgend weitere stationäre Aufenthalte über mehrer Monate	20-jähr. Mann	Stark verminderte psychische und körperliche Belastbarkeit, depressive Störungen in erheblichem Ausmaß, erhebliche Affektlabilität, welche sich durch zeitweise ungehemmte Aggression auszeichnet		LG Coburg 19.1.2011 12 O 541/08 RA Hörnlein, Coburg

Lfd. Nr.	Betrag DM Euro (Anp.2019)	Verletzung	Dauer und Umfang der Behandlung; Arbeitsunfähigkeit	Person des Verletzten	Dauerschaden	Besondere Umstände, die für die Entscheidungen maßgebend waren	Gericht, Datum der Entscheidung, Az., Veröffentlichung bzw. Einsender
\multicolumn{8}{l}{**Fortsetzung von »Kopf - Gehirnverletzungen - Schädelhirntrauma 3. Grades«**}
1322	€ 100 000 (€ 109 035)	Schweres Schädelhirntrauma mit multiplen Hirnkontusionen, Subduralhämatom links frontal, Epiduralhämatom links, Schädelfraktur, Beeinträchtigung der Lungenfunktion, Pneumothorax	4 Monate stationäre Behandlung und Reha, 2 Wochen künstliche Beatmung	54-jähr. Mann, Werkzeugmacher	MdE 100% schwerste körperliche Langzeitschäden: armbetontes Halbseitensyndrom, deutlich rechtsbetontes tetraspastisches Syndrom, hirnorganisches Psychosyndrom, erhebliche Gedächtnis- und Aufmerksamkeitsdefizite, neurogene Schluckstörung, Blasen- und Mastdarmentleerungsstörung	Kollision eines Fahrradfahrer mit einem die Vorfahrt verletzenden Kfz; der Verstorbene bedurfte der intensiven lebenserhaltenden Unterstützung für den Rest seines Lebens. Der Tod trat unfallunabhängig durch eine Darmkrebserkrankung nach rund 4 ½ Jahren des Leidens ein. Der Verstorbene war durch eine chronische Lungenerkrankung und Alkoholmissbrauch vorgeschädigt	LG Koblenz 21.1.2013 5 O 185/12 SP 2013, 220 RA Wolfgang Koch, Erftstadt
1323	200 000 ● € 100 000 (€ 143 708)	Schweres Schädelhirntrauma mit subduralem Hämatom: spastische Lähmung beider Arme und Beine, schweres hirnorganisches Syndrom, fast vollständiger Verlust der Sprache und Blindheit auf einem Auge		14-jähr. Mädchen	Lebenslange Pflege und Betreuung; kann weder gehen noch stehen, muss an- und ausgezogen und gewaschen werden; Fortbewegung nur mithilfe eines elektrischen Rollstuhls, den die Klägerin mit dem (nicht vollständig) gelähmten linken Arm bedienen kann; keine Kontrolle über Stuhl- und Urinabgang; Verständigung nur durch Gesten und Ausstoßen unzusammenhängender Laute	35% Mithaftung. Klägerin ist geistig klar und in der Lage, an der Umgebung Anteil zu nehmen. Sie erlebt immer wieder aufs Neue, in welcher Lage sie sich seit dem 14. Lebensjahr befindet und dass für sie keine Aussicht besteht, das Heim zu verlassen. Kein besonders vorwerfliches Verschulden des Schädigers	OLG Celle 30.6.1994 5 U 197/92
1324	€ 110 000 + immat. Vorbehalt (€ 125 343)	Schädelhirntrauma 3. Grades mit Kontusionsblutung bifrontal, Hirnödem, Orbitadachfraktur links, Monokelhämatom links sowie beidseitige Pleuralergüsse, posttraumatische Epilepsie mit Anfällen, die zu Umdämmerungszuständen von wenigen Minuten bis zu mehreren Stunden führen können	33 Tage Krankenhaus, Lebensgefahr, anfangs Intensivstation, mehrere Wochen im Koma, zwischenzeitlich Lungenentzündung und Entwicklung einer Resistenz gegen Antibiotika; anschließend 12 Tage in neurologischer Klinik zu Reha-Maßnahmen	45-jähr. Mann	Mittelgradiges hirnorganisches Psychosyndrom mit erheblichen, das Gedächtnis betreffenden Defiziten mit psychosomatischer Verlangsamung, Wortfindungsstörungen, Beeinträchtigung des Gangbildes; dauernd erwerbsunfähig; Grad der Schädigung von 80%	Vorsätzliche Körperverletzung; Beklagter wurde zu einer Bewährungsstrafe verurteilt; auch wenn Kläger vor dem Ereignis bedingt durch jahrelange Drogenabhängigkeit nicht erwerbstätig war, ist davon auszugehen, dass er auf Dauer keiner Berufstätigkeit mehr wird nachgehen können	LG Köln 6.5.2010 29 O 4/09 RAe Neunzig, Köln
1325	220 000 ● € 110 000 + immat. Vorbehalt (€ 141 258)	Schädelhirntrauma mit zahlreichen Einblutungen (I lirnverletzungen; anfangs sog. apallisches Syndrom), Bauchtrauma, Thoraxtrauma, Lungenkontusion	Über 9 Monate Krankenhaus, anfangs 3 Wochen Intensivstation mit künstlicher Beatmung, anschließend ständige ambulante Behandlung	10 ½-jähr. Kind	Spastische Halbseitenlähmung links und Ataxie des Rumpfes sowie der rechten Hand, komplexe Sprachstörung; auf ständige Hilfe eines Dritten sowie auf Rollstuhl angewiesen	Keine prüfbaren Anhaltspunkte vorhanden, dass sich der Zustand des Klägers künftig einmal bessern könnte; ihm ist die Möglichkeit genommen, je ein Leben entsprechend demjenigen seiner gesunden Altersgenossen zu führen, sich einmal durch Ergreifen eines Berufs ein soziales Umfeld zu schaffen und einmal eine Lebensgemeinschaft oder Familie zu gründen; Kläger trifft Mitverschulden, ohne dass von einem Betrag von DM 270 000 (€ 135 000) oder DM 280 000 (€ 140 000) auszugehen wäre; Mitverschulden ist nicht exakt rechnerisch mit ¼ zu berücksichtigen, zumal Schmerzensgeld nicht gequotelt wird	KG Berlin 2.9.2002 12 U 1969/00 VRS 104, 35 NJW-RR 2003, 24 VersR 2003, 606

● Mithaftung (siehe vorletzte Spalte)

Lfd. Nr.	Betrag DM Euro *(Anp.2019)*	Verletzung	Dauer und Umfang der Behandlung; Arbeitsunfähigkeit	Person des Verletzten	Dauerschaden	Besondere Umstände, die für die Entscheidungen maßgebend waren	Gericht, Datum der Entscheidung, Az., Veröffentlichung bzw. Einsender
\multicolumn{8}{l}{**Fortsetzung von »Kopf - Gehirnverletzungen - Schädelhirntrauma 3. Grades«**}							
1326	€ 115 000 + immat. Vorbehalt *(€ 130 481)*	Schädelhirntrauma 3. Grades, laterale Mittelgesichtsfraktur links, Unterkieferfraktur links, Klavikulafraktur links und posttraumatisches Psychosyndrom nach einem Schädelhirntrauma		junger Mann	Unfähigkeit, außerhalb eines geschützten Bereichs zu arbeiten und Erfordernis der Bestellung eines Betreuers; Beeinträchtigung der Motorik; Deformierung der Gesichtszüge	Schmerzensgeld i.H.v. € 115 000 bei vorliegenden Verletzungen, die Einschränkungen im Leben des Geschädigten zur Folge haben, angemessen – insb. dessen Unfähigkeit, außerhalb eines geschützten Bereichs zu arbeiten sowie das Erfordernis der Bestellung eines Betreuers; Zahlung einer Schmerzensgeldrente kann nicht verlangt werden	Brandenburgisches OLG 4.11.2010 12 U 35/10
1327	250 000 € 125 000 *(€ 171 734)*	Schweres Schädelhirntrauma mit multiplen Einblutungen im Bereich des Hirnstammes, Ventrikeleinbruchsblutung im 3. Ventrikel und im Hinterhorn des linken Seitenventrikels; Claviculafraktur links, offene Unterschenkelfraktur links, Fraktur des Os naviculare am linken Fuß	3 ½ Jahre mit Unterbrechungen Krankenhaus und Reha-Aufenthalte	21-jähr. Vermögensberater	Ausgeprägte Gangunsicherheit mit richtungsloser Fallneigung auf Rollstuhl; auf fremde Hilfe beim Gehen und Fortbewegen als auch bei den Verrichtungen des Alltags, die eine gezielte Motorik benötigen, angewiesen; Sprache verlangsamt und wenig moduliert, Wortfindungsschwierigkeiten, Verlangsamung der Flexibilität des Denkens und des analytischen Denkens, eingeschränkte Merk- und Konzentrationsfähigkeit sowie Kritik- und Urteilsfähigkeit; MdE: 100%	Keine grobe Fahrlässigkeit	LG Frankenthal (Pfalz) 15.5.1997 8 O 2543/92 bestätigt durch OLG Zweibrücken 24.6.1998 1 U 172/97 RAe Stuckensen & Ullrich, Frankenthal
1328	€ 130 000 + immat. Vorbehalt *(€ 153 913)*	Schweres gedecktes Schädelhirntrauma mit Kalotten- und Felsenbeinfraktur, Kontusionsblutungen links temporal betont, traumatische Subarachnoidalblutung, subdurales Hämatom und Kopfplatzwunde	Ca. 13 Wochen stationär nach fünf Schädeloperationen und vier gefäßchirurgischen Eingriffen, ca. 7 Wochen stationäre Reha sowie weitere ca. 7 Wochen ambulante Reha	42-jähr. Diplomingenieurin	MdE: 60%	Bleibende Einschränkung der Leistungsfähigkeit der Klägerin, was die konzentrierte Ausdauer, die Merk- und Lernfähigkeit und die Konzentration auf das Wesentliche angeht sowie die Beeinträchtigung der Physiognomie durch die linksseitige Stirnnarbe und die leichte Gesichtsnervstörung im Bereich des linken Mundwinkels und linken Auges mit geringfügig verkleinertem Lidspalt. Zudem ist eine leichte Störung der Feinmotorik und Kraft des rechten Arms vorhanden in Verbindung mit dem von dem Schädelhirntrauma ausgelösten organischen Psychosyndrom mit pseudoneurasthenischer Symptomatik ist die Erwerbsfähigkeit der Klägerin um 60% gemindert. Hinzu treten die zurückliegenden mehrfachen, nicht ungefährlichen Eingriffe am Kopf und Gehirn über die Dauer von 1 ½ Jahren, wegen der nach Implantierung der Schädelplastik aufgetretenen Infektionen mit erheblichen seelischen Belastungen	LG Stuttgart 14.8.2007 8 O 271/04 RA Ellinger, Stuttgart

Lfd. Nr.	Betrag DM Euro (Anp.2019)	Verletzung	Dauer und Umfang der Behandlung; Arbeitsunfähigkeit	Person des Verletzten	Dauerschaden	Besondere Umstände, die für die Entscheidungen maßgebend waren	Gericht, Datum der Entscheidung, Az., Veröffentlichung bzw. Einsender
\multicolumn{8}{l}{**Fortsetzung von »Kopf - Gehirnverletzungen - Schädelhirntrauma 3. Grades«**}
1329	300 000 € 150 000 (€ 199 125)	Offenes Schädelhirntrauma mit Schädelbasisbruch und beidseitiger Felsenbeinfraktur; Pneumatocephalus, Facialisparese, Diabetes insipudus		Mädchen	Verminderung der Sehstärke, Beeinträchtigung des Hörvermögens und des Gleichgewichtssinnes mit Erbrechen; entstellende Facialisparese. Diabetes insipudus mit dauerner medikamentöser Behandlung bei zwar schwankendem aber nicht schwindendem Bedarf; intellektuelle Leistungsminderung mit Defiziten im Bereich der kognitiven Leistungsgeschwindigkeit, der Graphomotorik und der Konzentrationsfähigkeit	Klägerin musste infolge der Intelligenzminderung in Sonderschule aufgenommen werden, was Berufswahl beeinträchtigen kann; entstellende Wirkung der Facialisparese wirkt besonders belastend, zumal sie den ohnehin schon durch die Kleinwüchsigkeit und den Sprachfehler in der Umwelt der Klägerin entstehenden Eindruck von einer körperlichen und/oder geistigen Behinderung noch verstärken kann; erhebliche Beeinträchtigung des Selbstwertgefühls; im Schmerzensgeld ist ein Betrag von DM 50 000 (€ 25 000) für unzureichende und zögerliche Regulierung enthalten (Versicherung hat nach 2 Jahren und 3 Monaten nach dem Unfall lediglich einen Betrag von DM 13 000 (€ 6500) gezahlt, der selbst bei Annahme eines Mitverschuldens deutlich zu gering bemessen ist	LG Saarbrücken 31.8.2000 15 O 121/97 zfs 2001, 255 RAe Gebhardt u. Partner, Homburg
1330	€ 150 000 + immat. Vorbehalt (€ 172 589)	Schwerstes offenes Schädelhirntrauma mit beidseits frontobasalen Kontusionen, Hirnödem und traumatischer Subarachnoidalblutung, Trümmerfraktur des rechten Orbitadaches, der Stirnhöhlenvorder- und Stirnhöhlenhinterwand rechtsseitig sowie des Siebbeindaches, des Mittelgesichts und des Nasengerüsts, instabile Brustwirbelkörperverletzung (BWK 8) ohne Einengung des Spinalkanals, stumpfes Thoraxtrauma mit beidseitiger Thoraxkontusion, Pneumothorax paravertebral rechts, Sprunggelenksfraktur rechts mit calcaneotalarer Luxation rechts und Calcaneusfraktur rechts, Ellenbogengelenksverletzung links, nichtdislozierte Beckenfraktur links	Insg. 6 OP, monatelanger stationärer Aufenthalt, anschließend lange stationäre Reha, insg. 152 Tage stationärer Aufenthalt mit MdE zu 100%	29-jähr. Mann, Dachdecker	Halbseitenblindheit mit Ausfall einer Hälfte des Gesichtsfelds und eine hiermit verbundene dauerhafte Fahruntüchtigkeit, Zephalgien, asymmetrische Augen-Stirn-Partie, leichte motorische Sprachstörungen, leichte bis mittelgradige Gedächtnisstörungen sowie Aufmerksamkeits- und Konzentrationsstörungen, psychische Veränderungen, diskrete neutrogene Fußheberschwäche, geringe Bewegungseinschränkung im oberen und unteren Sprunggelenk, beidseitige Extensions- und Flexionsdefizite nebst Schmerzen und Minderung der Gebrauchsfähigkeit des linken Arms, zahlreiche Narben am Oberkörper, MdE um 70%	Das Gericht hat vorrangig die massivsten Verletzungen des Klägers bei der zuerkannten Schmerzensgeldbemessung zugrunde gelegt. Berücksichtigt wurden auch u. a. die evtl. zu erwartenden Spätfolgen wie Meningitis, Spätabszess, Spätepilepsie, Myelopathie mit chronischem Querschnittssyndrom. Dem Kläger verbleiben nicht nur körperliche, sondern auch schwere psychische Schäden. Er kann seinen Beruf nicht mehr ausüben und auch im Privatleben bestehen erhebliche Einschränkungen. Eine erfolgreiche Teilnahme am gesellschaftlichen Leben ist dem Kläger nur noch eingeschränkt möglich	Thüringer OLG 27.1.2010 4 U 928/07 RA Kranich, Jena
1331	€ 175 000 ● + immat. Vorbehalt (€ 220 724)	Schädelhirntrauma III. Grades mit Einblutungen im Stammganglienbereich links, im Thalmus und im frontalen Marklager links, Densfraktur mit Beteiligung der Basis, des Corpus axis und des Atlasbogens rechts, apallisches Syndrom	AU lebenslänglich	24-jähr. Mann	MdE: 100%	30% Mitverschulden wegen Nichtanlegung des Gurts. Der Kläger ist bei wacher Psyche komatös dauerhaft bettlägrig mit reduziertem Allgemeinzustand und rund um die Uhr pflegebedürftig. Die weitgehende Zerstörung der Persönlichkeit des Klägers kann nicht schmerzensgeldmindernd bewertet werden, da das Schmerzensgeld den Verlust an personaler Qualität auszugleichen hat, unabhängig davon, ob der Betroffene die Beeinträchtigung spüre oder nicht. Harn- und Stuhlinkontinenz	LG Landshut 3.2.2004 72 O 402/00 RAe Obermeier & Koll., Ingolstadt

● Mithaftung (siehe vorletzte Spalte)

Lfd. Nr.	Betrag DM **Euro** *(Anp.2019)*	Verletzung	Dauer und Umfang der Behandlung; Arbeitsunfähigkeit	Person des Verletzten	Dauerschaden	Besondere Umstände, die für die Entscheidungen maßgebend waren	Gericht, Datum der Entscheidung, Az., Veröffentlichung bzw. Einsender
	**Fortsetzung von »Kopf - Gehirnverletzungen - Schädelhirntrauma 3. Grades«**
1332	€ 180 000 + immat. Vorbehalt *(€ 190 398)*	Schweres Schädelhirntrauma mit multiplen Scherungsverletzungen, Kontusionsblutung rechts hochparietal, vordere Beckenringfraktur rechts, Beckenringfraktur und Sakrumfraktur links und Mehrfachfrakturen am linken Unterarm	GdB 80%, MdE 90%	50-jähr. Frau	Als Folge der Hirnverletzungen hat sich in ihrem Gehirn eine diffuse Substanzschädigung mit massiver Beeinträchtigung linksseitiger und rechtsseitiger frontaler sowie linksseitiger temporaler Leistungen bei geringfügig besseren rechtsseitigen temporalen Funktionen entwickelt, darüber hinaus ein vollständiger Verlust des Riechvermögens beidseits sowie eine ausgeprägte Störung des Geschmackssinns von mehr als 50%	Für die Bemessung des Schmerzensgeldes hat der Senat das Werk Schmerzensgeldbeträge von Hacks/Wellner/Häcker ausgewertet. Unter Abwägung der individuellen Unterschiede der Sachverhalte der geprüften Vergleichsfälle, der großen Bandbreite der zugesprochenen Beträge und des teilweise länger zurückliegenden Datums der zitierten Entscheidungen hält der Senat im vorliegenden Fall unter umfassender Gesamtwürdigung ein Schmerzensgeld i.H.v. insgesamt € 180 000 für angemessen	OLG Nürnberg 30.6.2015 3 U 1303/12
1333	€ 200 000 + immat. Vorbehalt *(€ 245 833)*	Schädelhirntrauma 3. Grades, Impressionsfraktur links occipital, Hemiparese rechts, posttraumatischer Hydrocephalus	Langer Aufenthalt im Krankenhaus und Reha-Einrichtungen; 2 ½ Jahre nach dem Unfall befand sich Kläger noch immer, jedenfalls unter der Woche in neurologischer Klinik	Azubi im Sanitärtechnik- und Bauklempnerbereich	Beinbetonte spastische Hemiparese rechts, Koordinations- und Feinmotorikstörungen der rechten Körperseite und Minderung der Sensibilität; Sehstörung im Sinne einer Diplopie, dysarthische Sprechstörungen, Blasenentleerungsstörungen, stechende Kopfschmerzen, eingeschränkte Belastbarkeit mit schneller Ermüdung und Reizbarkeit, zeugungsunfähig; zur Fortbewegung auf Rollator angewiesen; MdE: 100%	Aktueller Zustand ist nur unter Fortführung der gezielten Behandlungsmaßnahmen in Form von Krankengymnastik, Hirnfunktions- und Leistungstraining durch Neuropädagogen, Ergotherapie, Sprach- und Arbeitstherapie zu erhalten	LG Paderborn 28.7.2005 3 O 33/04 SP 2006, 96
1334	€ 200 000 *(€ 222 642)*	Schädel-Hirn-Trauma durch Verkehrsunfall mit Tetraspastik und einen Verlust der Sitz-, Geh- und Stehfähigkeit. Im Verlauf des Prozesses ist der Kläger verstorben	Schwerstpflegefall	Fast 11-jähr. Junge	Tod	Aufgrund der vom Sachverständigen festgestellten Reifeverzögerung des ursprünglichen Klägers war ihm gem. §§ 254, 828 Abs. 2 BGB kein Mitverschulden anzurechnen. Ebenso ist schmerzensgeldmindernd zu berücksichtigen, dass den Beklagten zu 1) kein Verschulden trifft. Im Rahmen der zweiten Instanz musste bei der Bemessung des Schmerzensgeldes der frühe Tod des ursprünglichen Klägers Berücksichtigung finden. Die ursprünglich zu erwartende Leidenszeit wurde ganz erheblich verkürzt, so dass eine deutliche Reduzierung des zunächst gerechtfertigten Schmerzensgeldes (€ 400 000) angezeigt erscheint. Auf der anderen Seite wirkt sich das zögerliche Regulierungsverhalten der Beklagten schmerzensgelderhöhend aus	OLG Oldenburg (Oldenburg) 19.8.2011 6 U 26/11 NZB zurückgew. d. BGH, Beschl. v. 17.4.2012 – VI ZR 252/11

Lfd. Nr.	Betrag DM **Euro** *(Anp.2019)*	Verletzung	Dauer und Umfang der Behandlung; Arbeitsunfähigkeit	Person des Verletzten	Dauerschaden	Besondere Umstände, die für die Entscheidungen maßgebend waren	Gericht, Datum der Entscheidung, Az., Veröffentlichung bzw. Einsender
Fortsetzung von »Kopf - Gehirnverletzungen - Schädelhirntrauma 3. Grades«							
1335	720 000 **€ 360 000** + immat. Vorbehalt *(€ 465 109)*	Schädelhirntrauma 3. Grades, ausgeprägte Tetraparese mit Linksbetonung, ausgeprägte Ataxie, linksseitig betonte Sensibilitätsstörung, Sprachstörung mit Dysarthrie und Zungenataxie		8-jähr. Kind, zum Urteilzeitpunkt 15 Jahre alt	Neben den in der Rubrik „Verletzung" angeführten Schäden noch ein deutlich eingeschränktes und allgemeines intellektuelles Leistungsvermögen; für alle Aktivitäten des täglichen Lebens auf fremde Hilfe angewiesen, rollstuhlabhängig	Kläger besucht Sonderschule; deutliche Lernbehinderung; im Gegensatz zu Extremfällen kann Kläger – wenn auch mit ganz erheblichen Einschränkungen – sich sprachlich verständlich machen, kann im Rollstuhl sitzen und diesen mit Hilfe eines Beines und einer Hand selbst aus einem Raum in einen anderen bewegen, kann mit behindertengerechtem Computer spielen; soziale Kontakte sind jedoch weitgehend auf Schule und Familie reduziert; Kläger hat – anders als in den Fällen eines Geburtsschadens – zunächst sein Leben mit ungestörter Entwicklung und ohne Behinderung kennengelernt, sodass die Erinnerung daran ihm seinen jetzigen Zustand besonders schmerzhaft verdeutlicht; immat. Vorbehalt für weitere z. Z. nicht absehbare unfallbedingte Schäden. Infolge Mithaftung von 1/3 wurde ein Schmerzenskapital von DM 380 000 (**€ 190 000**) und eine monatliche Rente von DM 450 (**€ 225**) zugesprochen, was bei voller Haftung einem kapitalisierten Betrag von DM 720 000 (**€ 360 000**) entspricht	OLG Hamm 24.1.2002 6 U 169/01 r+s 2002, 285
1336	**€ 500 000** *(€ 576 547)*	Schädel-Hirn-Trauma Grad IV-V mit multiplen Kalottenfrakturen rechts und links, ausgedehnte Läsionen mit massivem Hirnödem, Einklemmungssymptomatik mit traumatischem Hydrocephalus, Pneumonie, linksbetonte spastische Tetraparese; nach 3 Jahren Auftreten einer Epilepsie	2 1/2 Monate Krankenhaus mit ausgedehnter Entlastungskraniotomie und Implantierung einer epiduralen Drucksonde; am Ende des Krankenhausaufenthaltes wurde ein Teil des Schädelknochens, der zwischenzeitlich in den Unterbauch implantiert worden war, wieder eingesetzt; gleichzeitig wurde ein ventriculo-peritonealer Shunt zur Hirndruckkontrolle eingesetzt; anschießend auf die Dauer von weiteren 6 1/2 Monaten 4 Krankenhausaufenthalte mit Einsetzen eines künstlichen Schädeldeckenimplantates	9-jähr. Mädchen	Ausgeprägte spastische Tetraparese mit apallischem Syndrom, Epilepsie mit bis zu 10 Anfällen täglich; vollständige Hilflosigkeit ohne die Möglichkeit einer Anleitung zu Verrichtungen; vollständig pflegebedürftig, Nahrungsaufnahme vollständig über eine Sonde; schwere, an Blindheit grenzende Sehstörungen	Folgen eines Verkehrsunfalls; Klägerin kann sich nicht fortbewegen, auch nicht selbständig drehen, kriechen oder robben, kann nicht stehen oder ungestützt sitzen, keine willkürliche Kopfkontrolle, kann nicht gezielt greifen und nicht verbal und auch nur ganz eingeschränkt auf einem ganz niedrigen Reaktionsniveau nonverbal kommunizieren; wenn sie Schmerzen verspürt, wird sie unruhig; gibt Laute von sich oder reagiert mit einer erheblichen Zunahme der Spastik; ob sie sich darüber hinaus ihrer Situation bewusst ist, bleibt strittig; Schmerzensgeld von **€ 500 000** ist jedoch auch dann gerechtfertigt, wenn dies nicht geklärt werden kann; muss ständig auf Grund einer Skoliose ein Korsett und im Fußbereich Orthesen tragen	LG Münster 17.4.2009 16 O 532/07 NJW 2010, 86 NZV 2010, 38 RAe Krusemeyer u. Koll., Ibbenbüren

• Mithaftung (siehe vorletzte Spalte)

Lfd. Nr.	Betrag DM Euro *(Anp.2019)*	Verletzung	Dauer und Umfang der Behandlung; Arbeitsunfähigkeit	Person des Verletzten	Dauerschaden	Besondere Umstände, die für die Entscheidungen maßgebend waren	Gericht, Datum der Entscheidung, Az., Veröffentlichung bzw. Einsender
	**Fortsetzung von »Kopf - Gehirnverletzungen - Schädelhirntrauma 3. Grades«**
1337	€ 500 000 *(€ 574 675)*	Schwerer hypotoxischer Hirnschaden, schwere spastische Tetraparese, Epilepsie, hirnorganische Blindheit		Säugling, bei Urteilsverkündung 10 Jahre alt	Schwere spastische Tetraparese sowie therapieresistente Epilepsie mit bis zu 15 epileptischen Anfällen täglich; schwerste geistige Behinderung, hirnorganische Blindheit; bei allen Verrichtungen des täglichen Lebens auf fremde Hilfe angewiesen; motorische Entwicklung entspricht dem Stand eines drei bis vier Monate alten Kindes, die geistige Entwicklung nicht einmal diesem; so gut wie keine Kommunikation möglich	Grob fehlerhafte Behandlung im Krankenhaus bei der Entbindung des Klägers; denkbar schwerste Schädigung eines Menschen; eine wesentlich schwerere Schädigung ist nicht vorstellbar; Angehörige nehmen es wahr, wenn er sich freut und wenn er unter Schmerzen leidet; lachen und weinen kann er hingegen nicht	OLG Stuttgart 9.9.2008 1 U 152/07 VersR 2009, 80
	**Kapitalabfindung mit Schmerzensgeldrente**
1338	€ 76 697 und € 200 Rente monatlich ab 1.1.1999 + immat. Vorbehalt *(€ 97 431)*	Schweres offenes Schädel-Hirn-Trauma mit Subarachnoidalblutung frontobasale Fraktur, Nasoliquorfistel, posttraumatische Erweiterung des Ventrikelsystems, posttraumatische Epilepsie		Männl. Asylbewerber	Schädigung der persönlichkeitsformenden Hirnstrukturen im Bereich des Großhirns mit Störung des Antriebs und Affekts, Wesensänderung, Epilepsie, Apraxie und Aphasie, hochgradige Sehschwäche beidseits, Schallleitungsschwerhörigkeit links mit rezidivierenden Ohrentzündungen, perforiertes Trommelfell		OLG Hamm 12.9.2003 9 U 50/99 zfs 2005, 122 RAe Lohmann & Dr. Ahlers, Bremen
1339	200 000 € 100 000 und 800 € 400 Rente monatlich *(€ 143 902)*	Schweres Schädelhirntrauma mit intercerebralem Hämatom und Hirnödem; schwerstes Gesichtsschädeltrauma mit multiplen Mittelgesichtsfrakturen; Mehrfachfraktur des linken Armes, Fraktur der 1. Rippe links, Fraktur des linken Schultergelenks	Zahlreiche Krankenhausaufenthalte innerhalb von 4 Jahren mit Unterbrechungen	41-jähr. Frau	MdE: 100%	Die Klägerin ist körperlich und geistig schwerstbehindert. Die gesamte Motorik, Denk-, Merk-, Reaktionsfähigkeit ist erheblich verlangsamt. Gedächtnisschwund im Bereich des Kurz- und Langzeitgedächtnisses. Die Sprachfähigkeit ist eingeschränkt; immer wiederkehrende Epilepsieanfälle	LG Ravensburg 11.5.1994 2 O 100/93 RAe Maier u. Kemmner, Stuttgart
1340	500 000 € 250 000 und 1000 € 500 Rente monatlich + immat. Vorbehalt *(€ 339 514)*	Schweres Schädelhirntrauma; cerebrale Tonus- und Bewegungsstörung mit Ataxie und linksbetonter Tetraparese, Dysarthrie und neurologischen Defekten; Oberschenkelhalsbruch	Insgesamt 8 Monate Krankenhaus mit verschiedenen Operationen, anfangs mehrere Wochen im Koma	4-jähr. Junge	Schwerwiegende zentralmotorische Störungen aller Extremitäten und Asymmetrie, die auch den Rumpf im Sinne einer Skoliose erfasst hat; Kläger kann weder gehen noch stehen, überwiegend ganztägig auf Rollstuhl angewiesen, beide Füße in Spitzstellung, benötigt Tag und Nacht Ober- und Unterschenkelschienen; linke Hand leicht gefaustet, Heben des rechten Armes nicht möglich; bei keiner Verrichtung des täglichen Lebens kann Kläger selbstständig sein, bedarf ganztägiger Pflege; geistige Retardierung und stark eingeschränkte Sprechfähigkeit	Intensive lebenslange Heilbehandlung nötig. Kläger, der mit Zwei- und Dreiwortsätzen an Gesprächen teilnehmen kann, dessen Kommunikationsmöglichkeit also eingeschränkt erhalten geblieben ist, erlebt trotz seiner mentalen Entwicklungsverzögerung und Sprachstörung seine unfallbedingten Defizite und Beschränkungen in der Lebensführung fortwährend mit; die lange Trennung von der Familie während der Krankenhausaufenthalte ist für ein Kind dieses Alters besonders belastend; Kontrolle von Darm- und Blase nicht gestört; da keine Störungen der inneren Organe erkennbar sind, ist von einer normalen Lebenserwartung auszugehen; mit Verschlechterung des Zustandes (Rollstuhlfähigkeit extrem gefährdet) zu rechnen	LG München I 9.10.1998 17 O 12684/98 bestätigt durch OLG München 20.2.2000 10 U 2081/99 RA Schöler, München

Lfd. Nr.	Betrag DM **Euro** *(Anp.2019)*	Verletzung	Dauer und Umfang der Behandlung; Arbeitsunfähigkeit	Person des Verletzten	Dauerschaden	Besondere Umstände, die für die Entscheidungen maßgebend waren	Gericht, Datum der Entscheidung, Az., Veröffentlichung bzw. Einsender
Fortsetzung von »Kopf - Gehirnverletzungen - Schädelhirntrauma 3. Grades«							
1341	**€ 258 365** ● und **€ 410** Rente monatlich *(€ 329 788)*	Schweres Schädel-Hirn-Trauma 3. Grades mit einem generalisierten Hirnoedem, multiplen intercerebralen Blutungen und einer spastischen Tetraparese; Hirnfunktionen sind im Sinne eines apallischen Syndroms gestört		19-jähr. Mann, zum Urteilszeitpunkt 28 Jahre alt	Apallisches Syndrom; Kläger ist streng bettlägerig, tagsüber im Rollstuhl; Nahrungszufuhr über eine Sonde; Urininkontinenz, Abführen des Stuhls alle 3 Tage mittels Zäpfchen; Kläger kann nicht mehr schlucken und sprechen, Verständigung nur gering möglich (Zeichengebung von Mittel- und Zeigefinger der rechten Hand); zum Teil kann er Laute von sich geben und lachen	30% Mitverschulden; Kläger ist in der Lage, seine Beeinträchtigungen wahrzunehmen; Kapitalbetrag + Rente ergeben einen kapitalisierten Gesamtbetrag von **€ 350 000**	LG Detmold 15.5.2003 9 O 265/98 NZV 2004, 198 RAe Tykwer & Kirsch, Detmold
1342	**€ 266 468** und **€ 300** Rente monatlich + immat. Vorbehalt im Vorprozess *(€ 300 732)*	Schädel-Hirn-Trauma 3. Grades mit einem Hirnödem und Schädelfraktur sowie Oberschenkelbruch durch Auffahrunfall	Zunächst Wachkoma und künstliche Beatmung, mehrfache Operationen, mehr als 9 Monate stationäre Behandlung, später Hüftoperation (Einsatz eines künstlichen Hüftgelenks)	7-jähr. Junge	Schwerstpflegefall (Pflegestufe 3), linksseitige spastische Hemiparese, konsekutiver Hydrozephalus (Wasserkopf) sowie symptomatisches Anfallsleiden, dauerhafte vollständige Erwerbsunfähigkeit, fortdauernd auf den Rollstuhl angewiesen, keine funktionierende Blasenkontrolle, Flüssigkeitszufuhr infolge Schluckstörung durch Magensonde	Das LG hat in dem angefochtenen Urteil damit ein weiteres Schmerzensgeld iHv **€ 140 000** + **€ 99 514,80** (kapitalisierte Rente) = **€ 239 514,80** zugesprochen. Zusammen mit den vorprozessual gezahlten Beträgen von **€ 61 355,03** und **€ 60 000** sowie dem im Vorprozess ausgeurteilten Betrag von **€ 5112,92** ergibt sich ein Gesamtschmerzensgeld von **€ 365 982,75**, das dem Umfang der unfallbedingten immat. Beeinträchtigungen des Klägers gerecht wird. In vergleichbaren Fällen hat die Rechtsprechung bisher Schmerzensgelder in einer Größenordnung **€ 260 000** – **€ 360 000** zuerkannt	OLG Düsseldorf 7.12.2010 1 U 57/10 NZB zurückgew. d. BGH, B. v. 22.11.2011 VI ZR 34/11
1343	750 000 **€ 375 000** und 1500 **€ 750** Rente monatlich *(€ 491 667)*	Schädelhirntrauma 3. Grades mit Funktionsausfall der Großhirnrinde, zentrale Sprachstörung, inkomplette Lähmung aller vier Extremitäten, Frakturen im Bereich des Gesichtsschädels, des linken Unterarms und der Dornfortsätze im Bereich des 3. und 4. Brustwirbelkörpers sowie des Kniegelenks		48-jähr. Hauptschullehrer	Zustand nahezu fehlender Ansprechbarkeit trotz Wachheit; Sprechunfähigkeit; Immobilität bei nahezu kompletter Lähmung aller Gliedmaßen; Erblinden des linken Auges; Unfähigkeit zur selbständigen Nahrungsaufnahme, Ernährung muss über eine gastrointernale Sonde erfolgen; völlig unzureichendes physisches und psychisches Leistungsvermögen; Kläger kann mit seiner Umwelt keine adäquate Kommunikation aufrecht erhalten; kann nicht frei sitzen, sondern sich nur in einem Rollstuhl aufhalten; Urin- und Stuhlinkontinenz	Kläger kann mit Wahrscheinlichkeit zumindest einen Teil seiner Defizite und seiner misslichen Lage im Rollstuhl mit weitgehender Immobiliät wahrnehmen; auch die Aufnahme einer Kommunikation mit der engsten Bezugsperson (Ehefrau) möglich; gewisse Besserungen und Verbesserungen sind noch erreichbar; jedoch ist sein Leben auf die primitivsten Existenzzustände reduziert; Persönlichkeit wurde weitgehend zerstört, was jedoch nicht zu einer Minderung des Schmerzensgeldanspruchs führt, da Einbuße der Persönlichkeit schon für sich einen auszugleichenden Immat. Schaden darstellt, unabhängig davon, ob der Betroffene die Beeinträchtigung empfindet oder nicht (BGHZ 120, 1); Erhöhung der Schmerzensgelder für derart schwere Fälle führen nicht zu einer nennenswerten Erhöhung der Gesamtbelastung der Versicherungswirtschaft	LG München I 29.3.2001 19 O 8647/00 NZV 2001, 263 VersR 2001, 1124 NJW-RR 2001, 1246 zfs 2001, 356 (Kläger hat Klage in der Berufungsinstanz mit Einverständnis der Beklagten zurückgenommen) VorsRiLG Krumbolz, München

● Mithaftung (siehe vorletzte Spalte)

Lfd. Nr.	Betrag DM Euro (Anp.2019)	Verletzung	Dauer und Umfang der Behandlung; Arbeitsunfähigkeit	Person des Verletzten	Dauerschaden	Besondere Umstände, die für die Entscheidung maßgebend waren	Gericht, Datum der Entscheidung, Az., Veröffentlichung bzw. Einsender

Fortsetzung von »Kopf - Gehirnverletzungen - Schädelhirntrauma 3. Grades«

| 1344 | € 400 000 und € 250 Rente monatlich (€ 490 531) | Schweres Schädelhirntrauma mit Stammhirneinblutung und apallischem Syndrom (Wachkoma), diffuses Hirnödem, Frakturen des rechten lateralen Mittelgesichts, des rechten Jochbeins und der Brustwirbelsäule, Einriss des rechten Leberlappens und Leberkontrusion (-quetschung), Pleura- bzw. Brustfellerguss rechts sowie eine ZVK-Infektion | 8 Monate Krankenhaus, davon 2 ½ Wochen Intensivstation | 20-jähr. Studentin | MdE: 100% | Die Klägerin lebt im Haus ihrer Eltern; Gang und Stand nicht möglich; Harn- und Stuhlinkontinenz. Ernährung durch PEG und Infusionen; sie ist wach, ansprechbar und kommuniziert über adäquate Kopfbewegungen, Zeigen bzw. eine Kommunikationstafel; sie spricht nicht, auch wenn es ihr möglich ist unartikulierte Laute zu phonieren; sie hält visuellen Kontakt; selbständiges Fortbewegen ist nicht möglich; sie kann mit dem linken Arm greifen und hat im rechten Arm zunehmende Aktivitäten; ein freier Sitz ist derzeit nicht möglich. Zu diesen rein körperlichen Beeinträchtigungen, die allein für sich schon schwer genug wiegen, tritt die immense psychische Belastung der Klägerin. Denn der Sachverständige hat eine Besserung des Gedächtnisses weitgehend ausgeschlossen. Wegen der Störung des Kurzzeitgedächtnisses ist es der überdurchschnittlich begabten und intelligenten Klägerin aber fast unmöglich, sich über einen über wenige Minuten hinausgehenden Zeitraum zu konzentrieren und sich somit sinnvoll zu beschäftigen oder auch nur abzulenken | LG Magdeburg 14.9.2005 11 O 1829/05 Beschluss des OLG Naumburg 9.3.2006 6 U 141/05 RAe Buschbell & Kollegen, Düren |

Weitere Urteile zur Rubrik »Kopf - Gehirnverletzungen - Schädelhirntrauma 3. Grades« siehe auch:
bis € 12 500: 2234
bis € 25 000: 2252, 2793
ab € 25 000: 2957, 2265, 2992, 3003, 3009, 2267, 1449, 2637, 3192

Kopf - Kopfwunden

1345	€ 500● (€ 569)	Kopfplatzwunde	1 Tag stationäre Behandlung, nach 10 Tage Entfernung des Nahtmaterials	Frau		20% Mithaftung aus Betriebsgefahr. Verkehrssicherungspflicht der Beklagten. Klägerin geriet aufgrund von Rollsplitt in der Kurve mit ihrem Kfz von der Fahrbahn ab und überschlug sich. Das Verkehrszeichen 116 war 2 km vor der Unfallstelle aufgestellt, jedoch war die Straße in diesem 2 km Abschnitt bereits vom losen Rollsplitt gesäubert. Am Beginn der Rechtskurve wurde nicht erneut auf Rollsplitt hingewiesen	LG Magdeburg 28.9.2010 10 O 299/10 juris
1346	€ 600 (€ 656)	Kopfplatzwunde, Schädelprellung, posttraumatische Spannungskopfschmerzen	2 Tage AU, medikamentöse Behandlung	Mann		Bei der Übernahme eines Werkstattersatzwagens fiel dem Kläger der Kofferraumdeckel aufgrund defekter Dämpfer auf den Kopf	AG Kassel 13.3.2012 435 C 4225/11 Landesrechtsprechungsdatenbank Hessen
1347	€ 900 (€ 934)	Steigerung bereits vorhandener Beschwerden (Ekzeme am Kopf), Reizung der Kopfhaut, Verbrennungen	Schlafprobleme für 1 bis 2 Wochen	Mann		Die Behandlung wurde lege artis ausgeführt, allerdings wurde über die Wirkung und wesentliche Nebenwirkungen des Dithranol nicht aufgeklärt. Der Kläger war an der Kopfhaut vorgeschädigt. Die Nebenwirkungen von Dithranol sind mit denen eines Sonnenbrands vergleichbar	LG Freiburg 23.2.2018 1 O 297/15 juris

Urteile lfd. Nr. 1348 – 1352 — Kopf

Lfd. Nr.	Betrag DM **Euro** *(Anp.2019)*	Verletzung	Dauer und Umfang der Behandlung; Arbeitsunfähigkeit	Person des Verletzten	Dauerschaden	Besondere Umstände, die für die Entscheidungen maßgebend waren	Gericht, Datum der Entscheidung, Az., Veröffentlichung bzw. Einsender
Fortsetzung von »Kopf - Kopfwunden«							
1348	€ 2000 *(€ 2178)*	Kopfverletzung durch abstürzenden Lautsprecher in einem Einkaufszentrum		Mutter und Sohn	Narben	Das von der Klägerin geltend gemachte Schmerzensgeld in Höhe von € 2000 hält der Senat unter Berücksichtigung der Krankheitsdauer, der Schmerzen, der fortbestehenden psychischen Probleme und der immer noch sichtbaren Narbe im Stirnbereich für angemessen. Im Falle des Klägers, dessen Verletzung am Hinterkopf ohne sichtbare Narben verheilt ist, hält der Senat ein Schmerzensgeld von € 1500 für angemessen	OLG Hamburg 5.9.2012 8 U 160/11 NJW-RR 2013, 598
1349	€ 3000 *(€ 3183)*	Kopfplatzwunde durch herabfallende Holzfigur	Die Klägerin wurde mit einem Krankenwagen in ein Krankenhaus verbracht, wo die Wunde mit mehreren Stichen genäht werden musste. Nach vier Stunden konnte die Klägerin das Krankenhaus wieder verlassen	Frau		Vorliegend hält der Senat unter Berücksichtigung der von der Rechtsprechung bisher zugebilligten Schmerzensgeldbeträge für vergleichbare Kopfverletzungen und des auch heute noch vereinzelt auftretenden Lagerungsschwindels sowie der Tatsache, dass hinsichtlich der Verletzten und der Schädigerin keine Besonderheiten bestehen, ein Schmerzensgeld von insgesamt € 3000 für angemessen aber auch ausreichend	OLG München 6.4.2016 20 U 4602/15 juris
1350	€ 6000 *(€ 7349)*	12 cm lange Risswunde an der rechten Schädelhälfte, Hämatom am rechten Auge, Prellung des linken Kniegelenks, HWS-Schleudertrauma	Risswunde musste genäht werden; 3 ½ Monate arbeitsunfähig	Frau	Narbe im Gesicht	Beklagter ist Reiseveranstalter; bei einer vor Ort gebuchten Zusatzleistung anlässlich einer Pauschalreise nach Ägypten kam es zu einem Busunfall, der vom Busfahrer verschuldet wurde	LG Frankfurt am Main 25.10.2005 2 - 19 O 24/05 bestätigt durch OLG Frankfurt 18.5.2006 16 U 153/05
1351	€ 7000 + immat. Vorbehalt *(€ 7547)*	Kopfverletzung beim Überbordgehen von einem Motorboot	10 Tage in stationärer Behandlung	11-jähr. Junge	Wiederholte Kopfschmerzen	Unter Beachtung dieser Grundsätze muss in die Bemessung einfließen, dass der Kläger sich 10 Tage in stationärer Behandlung befand, er knapp vier Jahre nach dem Unfall in der Woche – je nach Wetterlage – drei bis vier Mal von Kopfschmerzen geplagt wird, die jedoch mit homöopathischen Mitteln behandelt werden können. Die Narbe am Kopf des Klägers ist verheilt. Allerdings ist sie bei entsprechend kurzem Haarschnitt sichtbar. Unter Berücksichtigung der Schwere der Verletzung, der andauernden Beeinträchtigung und der Heftigkeit der Verletzungshandlung ist ein Schmerzensgeld von € 7000 angemessen. Ein annähernd gleiches Schmerzensgeld wurde auch in ähnlichen Fällen ausgeurteilt (OLG Köln v. 26.4.1989 – 13 U 247/88; LG Augsburg v. 20.9.1985 – 2 O 3103/84; LG Dortmund v. 10.4.1986 – 15 O 451/84)	OLG München 26.6.2013 3 U 479/13 juris
1352	15 000 € 7500 + immat. Vorbehalt *(€ 10 304)*	Großflächige Schädelhautabschälung, Schnittwunde rechte Wange, Strecksehnendurchtrennung des rechten Daumens, Tibiakopffraktur rechts		Mann	Narbenwulst unter den Haaren im rechten Parietalbereich sowie Sensibilitätsstörung im Stirnbereich des rechten Nervus trigeminus. MdE: 5%, Kniegelenk 15%		LG München I 15.5.1997 19 O 24532/94 VorsRiLG Mü I Krumbholz

● Mithaftung (siehe vorletzte Spalte)

Lfd. Nr.	Betrag DM **Euro** *(Anp.2019)*	Verletzung	Dauer und Umfang der Behandlung; Arbeitsunfähigkeit	Person des Verletzten	Dauerschaden	Besondere Umstände, die für die Entscheidungen maßgebend waren	Gericht, Datum der Entscheidung, Az., Veröffentlichung bzw. Einsender
	Weitere Urteile zur Rubrik »**Kopf - Kopfwunden**« siehe auch: bis €2500: 1725, 1393, 471, 1562, 1811, 900, 901, 865, 1257, 1191 bis €5000: 2031, 1490, 1880, 122, 53, 1519, 2934 bis €12500: 1520, 1523, 174, 1268, 3051, 967, 1539, 70, 565, 2784 bis €25000: 991, 2102, 3217, 1406, 77, 1360, 2103, 583, 731, 763, 2815, 503, 321, 1149, 2816, 1275 ab €25000: 3188, 1173, 506, 1307, 1293, 1308, 1679, 2964, 1205, 336, 1296, 1556, 1373, 1298, 1510, 140, 1280, 1441, 1375, 1303, 1328, 1231, 1459, 1344						
Kopf - Kopfwunden - durch vorsätzliche Körperverletzung							
1353	€2000 (€2135)	Stark blutende Kopfplatzwunde am Hinterkopf, multiple Schürfungen, Prellungen und Hämatome, stumpfes Bauchtrauma, Prellung des rechten Fußes	3 Tage stationärer Aufenthalt, insgesamt 8 Tage AU	Mann		Der stark alkoholisierte Geschädigte wurde im Rahmen einer Auseinandersetzung, in die er selbst und weitere Personen verwickelt waren, in einem Kiosk mit einem Fleischklopfer mit Metallbesatz niedergeschlagen. Die erste Aggressivität ging vom stark alkoholisierten (BAK max. 2,46 Promille) Geschädigten aus. Bei der Bemessung wurde u. a. die brutale Begehungsweise gem. § 224 I Nr. 2,3,5 StGB berücksichtigt	AG Dillenburg 14.10.2014 3 Ls - 2 Js 57250/13 RAin Kerstin Rueber-Unkelbach, Koblenz
1354	€2000 (€2416)	Zahlreiche kleine Schnittwunden im Bereich der Schädeldecke; 2 cm lange Schnittwunde am Daumen rechts; geschwollene Nase durch Schlag mit Glasflasche auf Kopf		40-jähr. Mann		Vorsätzliche Körperverletzung. Die Schnittwunde am Daumen musste genäht werden. Längere Zeit heftige Kopfschmerzen sowie Augenflimmern	AG Neu-Ulm 22.8.2006 1 C 931/06 Versäumnisurteil RA Wolfinger, Senden
1355	€3150 (€3746)	Platzwunde am Hinterkopf, leichte Commotio durch Schläge mit Pistolenkopf bei Raubüberfall	1 Woche arbeitsunfähig, 2 bis 3 Wochen nur eingeschränkte Arbeitsfähigkeit	Mann		Kläger wurde auf offener Straße brutal vom Beklagten und seinem Mittäter überfallen, mit einer Waffe bedroht und kurzzeitig bewusstlos geschlagen. Auch unter Berücksichtigung des Umstands, dass der Beklagte vermögenslos ist, hielt das Gericht ein Schmerzensgeld i.H.v. €3150 für angemessen	AG Weiden i.d. OPf. 20.4.2007 1 C 240/07 RA Dr. Schnupfhagn, Weiden
1356	8000 €4000 (€5244)	Große Kopfplatzwunde	10 Tage stationär, MdE: 10 Wochen 100%	Ehefrau		In der Folgezeit Schwindelattacken und rezidivierende Kopfschmerzen mit psychischen Folgen. Ehemann ließ jede Einsichtsfähigkeit vermissen (mehrere Schläge mit schwerem Holzknüppel) und setzte sein feindliches Verhalten gegenüber seiner Ehefrau fort	LG Lüneburg 9.3.2001 8 S 127/00 RAe Evert, Frederking & Pausch, Hamburg
1357	10000 €5000 (€6969)	8–10 cm lange Rissquetschwunde am Schädel, Knochenabsplitterungen im Bereich der Schädelknochen	2 Wochen Krankenhaus	51-jähr. Frau		Vorsätzlicher Schlag mit einem Beil; Todesangst der Klägerin	OLG Hamm 4.11.1996 6 U 55/96 zfs 1997, 252
1358	€9000 + immat. Vorbehalt (€11433)	Schädelbasisbruch, Gesichtsprellungen	Lebensgefahr, sofortige Notoperation erforderlich. 14 Tage Krankenhaus, anschließend längere Behandlung	Junge Frau		Sturz auf Grund von 2 Ohrfeigen; Klägerin stand 1 Jahr lang unter erheblicher nervlicher Belastung, ob sich nicht noch Langzeitfolgen einstellen würden; auf das Schmerzensgeld wurde eine dem Beklagten im Strafverfahren auferlegte Zahlung von DM5000 (€2500) angerechnet, so dass letztlich nur noch ein Betrag von €6649,79 zugesprochen wurde; Zahlung im Strafverfahren ist eine Leistung, die der Genugtuung für das begangene Unrecht dienen soll	OLG München 20.2.2003 19 U 4154/02 RiOLG Dr. Fellner, München

Lfd. Nr.	Betrag DM Euro (Anp.2019)	Verletzung	Dauer und Umfang der Behandlung; Arbeitsunfähigkeit	Person des Verletzten	Dauerschaden	Besondere Umstände, die für die Entscheidungen maßgebend waren	Gericht, Datum der Entscheidung, Az., Veröffentlichung bzw. Einsender
\multicolumn{8}{l}{Fortsetzung von »Kopf - Kopfwunden - durch vorsätzliche Körperverletzung«}
1359	€15000 + immat. Vorbehalt (€17315)	Rechtsseitige Schädelfraktur, Gehirnerschütterung, 2 cm große Platzwunde über der rechten Stirnseite, multiple Prellungen durch Schlägerei	6 Tage stationär, 2 Wochen arbeitsunfähig, ½ Jahr kein Sport	16-jähr. Junge	Möglicherweise operative Eingriffe im Schädelbereich mit Folgeschäden	Während des Angriffs litt der Kläger unter Todesangst, in der Folgezeit hatte er Alpträume und Angstzustände. Hinzu kommen Schlafstörungen wegen der einzunehmenden Schmerzmittel. Aufgrund des Schädelbruchs musste dem Kläger eine Titanplatte operativ eingesetzt werden	LG Berlin 9.3.2009 19 O 293/08 RA Jost Jacob, Berlin
1360	30 000 €15000 (€20088)	Schädelbruch mit Gehirnerschütterung und Kopfplatzwunde		33-jähr. Mann	Verlust des Geschmacks- und Geruchsvermögens, häufige Kopfschmerzen, Lichtempfindlichkeit, Konzentrationsschwäche	Vorsätzliche Körperverletzung durch gezielten Faustschlag ins Gesicht; erhebliche Alkoholeinwirkung des Beklagten hat kein entlastendes Gewicht	OLG Düsseldorf 10.12.1999 22 U 98/99 VersR 2001, 251

Weitere Urteile zur Rubrik »Kopf - Kopfwunden - durch vorsätzliche Körperverletzung« siehe auch:
bis €2500: 1712

Kopf - Schädelbruch

Lfd. Nr.	Betrag	Verletzung	Dauer und Umfang der Behandlung; Arbeitsunfähigkeit	Person des Verletzten	Dauerschaden	Besondere Umstände	Gericht, Datum
1361	€2250● (€2461)	Orbitadachfraktur rechts bei Schädelhirntrauma 1. Grades	5 Tage stationäre Behandlung, nachfolgend 1 Woche AU	Frau		Mitverschulden von 25%	AG Düsseldorf 22.03.2012 232 C 13779/11 RA Wolfgang Koch, Erftstadt
1362	€4000 (€4917)	Schädelkalottenbruch rechts, Kontusionsherde beidseits und Kontusion des rechten Kniegelenks	11 Tage Krankenhaus, mehrfache ambulante ärztliche Betreuung; 2 ½ Monate arbeitsunfähig	Frau		Nach 2 Jahren leidet die Klägerin noch an Kopfschmerzen	AG Meiningen 28.7.2005 12 C 797/04 RAe Schausel & Bauer, Rudolstadt
1363	8000 €4000 + immat. Vorbehalt (€5575)	Schädelfraktur links parietal mit relativ weitem Frakturspalt		6 Tage alter Säugling		Herausfallen aus Klinik-Wärmebett; dieser Umstand allein spricht für ein pflichtwidriges und schuldhaftes Unterlassen der gebotenen Schutzmaßnahmen auf der Behandlungsseite	OLG Naumburg 15.11.1996 6 U 75/96 NJWE-VHR 1997, 63
1364	€10000 + immat. Vorbehalt (€10515)	Schädel-Hirn-Trauma mit Bruch des rechten Stirn- und Scheitelbeins und epidurales Hämatom von 2 cm sowie nicht verschobener (glatter) Bruch des Daches der rechten Augenhöhle und Bluterguss am rechten Auge nach Sturz aus einem ungesicherten Hochbett	Neurochirurgische Operation, 5 Tage stationärer Aufenthalt	5 ½ jähriges Mädchen	Anhaltendes psychisches Trauma	Die Vermietung eines Hochbetts ohne jede Absturzsicherung in einem Ferienhaus in der Schweiz widerspricht der Verkehrssicherungspflicht des Reiseveranstalters und stellt einen Reisemangel dar. Eine Absturzsicherung bei Hochbetten dient nicht ausschließlich dem Schutz vor dem Herausfallen im Schlaf. Sie soll vielmehr auch bei sachgemäßer Benutzung im wachen Zustand wie beispielsweise beim Ein- und Ausstieg einen gewissen Schutz bieten	OLG Karlsruhe 28.9.2016 7 U 196/15 juris; MDR 2017, 384; NJW-RR 2017, 624

● Mithaftung (siehe vorletzte Spalte)

Lfd. Nr.	Betrag DM Euro (Anp.2019)	Verletzung	Dauer und Umfang der Behandlung; Arbeitsunfähigkeit	Person des Verletzten	Dauerschaden	Besondere Umstände, die für die Entscheidungen maßgebend waren	Gericht, Datum der Entscheidung, Az., Veröffentlichung bzw. Einsender
	**Fortsetzung von »Kopf - Schädelbruch«**						
1365	€ 10 000 (€ 11 383)	Kopfverletzung bei Verkehrsunfall sowie Verletzung am Körper		18-jähr. Frau	Narben im Gesicht und am Körper sowie eine implantierte Metallplatte im Kopf	Die beim Unfall verletzte 18-jähr. Kl. hat als Dauerfolge 2 Narben zurückbehalten, davon eine am Körper, die dauerhafte Beschwerden (etwa beim Drauflegen während des Einschlafens) verursacht, und eine andere im Gesicht, deren Verdeckung durch die Frisur nicht in allen Situationen (etwa beim Wassersport) durchzuhalten sein wird und die durch die Angst vor einer Aufdeckung psychische Probleme bereitet. Eine weitere dauerhafte Belastung besteht durch eine implantierte Metallplatte im Kopf, die immer wieder Kopfschmerzen auslöst. Bei der Heranziehung von Vergleichsfällen ist zu beachten, dass die Rspr. bei der Bemessung von Schmerzensgeld nach gravierenden Verletzungen inzwischen deutlich großzügiger verfährt als früher und zugunsten der Geschädigten die zwischenzeitliche Geldentwertung in Rechnung zu stellen ist	OLG München 30.7.2010 10 U 2930/10
1366	€ 12 000 + immat. Vorbehalt (€ 13 822)	Schädelhirntrauma Grad I mit Schädelfraktur und kleiner Subarachnoidalblutung, posttraumatische Kopfschmerzen, 4 Monate lang ambulante Schwindelsymptomatik	10 Tage Krankenhaus	54-jähr. Frau	Verlust des Geruchssinns; MdE: 15%	Amtshaftungsanspruch gegen Stadtverwaltung wegen Verletzung der Streupflicht; Klägerin stürzte auf einem vereisten nicht gestreuten Seitenstreifen einer Fahrbahn, der eine mögliche Fußgängerverbindung zwischen einem Parkplatz und der Straße darstellte; mehrere Monate Ausübung von Hobbies (Wandern, Rad fahren etc.) nicht möglich; vollständig fehlende Regulierungsbereitschaft der Beklagten	LG Düsseldorf 18.2.2009 2b O 213/06
1367	€ 20 000 ● + immat. Vorbehalt (€ 23 037)	Schädelhirntrauma 2. Grades, Kalottenfraktur links, subdurale und subarachnoidale Blutungen	2 ½ Wochen Krankenhaus, 5 Wochen Reha, 5 ½ Monate arbeitsunfähig	Mann		Mithaftung von einem Drittel, da Kläger als Quadfahrer keinen Schutzhelm trug; er litt noch mindestens 1 Jahr nach dem Unfall an posttraumatischen Kopfschmerzen und an einer Einschränkung der kognitiven Fähigkeiten, außerdem Reizbarkeit, Gedächtnis- und Aufmerksamkeitsdefizite; bis auf weiteres Behinderungsgrad von 30% wegen Beeinträchtigung der Gehirnfunktionen	LG Neuruppin 26.2.2009 1 O 106/07 bestätigt durch OLG Brandenburg 10.9.2009 12 U 49/09
1368	48 000 € 24 000 + immat. Vorbehalt (€ 31 467)	Zweifache Schädelbasisfraktur mit gedecktem Schädelhirntrauma, Mittelhandfraktur links, beidseitige Nierenprellung, Thoraxtrauma mit diversen Rippenbrüchen, Abrissfraktur des Querfortsatzes am 1. LWK, Bauchtrauma mit ausgedehnten Läsionen im Bereich der Mesenterialwurzel und des Mesocolons mit schwerer Blutung in die Bauchhöhle sowie Verletzungen am Darm	6 Wochen Krankenhaus, davon 1 Woche Intensivstation, operative Eingriffe, für Behandlung der Schädelfraktur Metallimplantat erforderlich MdE: 14 Wochen 100% 6 Wochen 50% 2 Monate 30%	16-jähr. Azubi an einer Schule für Sozialarbeit	Schmerzen im Bauchraum, zeitweilig Kopfschmerzen und Taubheitsgefühl in der Stirn MdE: 20%	Arbeiten mit häufigem Bücken, Hocken oder Knien sowie Heben, Tragen oder Bewegen von Lasten ohne Hilfsmittel gefährden Gesundheit ebenso wie Arbeiten, die mit mechanischen Schwingungen auf den Körper einwirken; daher Umschulung zum Familienpfleger. Kläger muss ständig mit Darmverschluss rechnen; Möglichkeiten zur Sportausübung und Freizeitgestaltung sind eingeschränkt; Einbuße an Lebensqualität ist für den jungen Kläger bedeutend größer als für einen älteren Menschen	LG Gera 19.2.2001 7 O 2125/00 RAe Titz & Fremde, Stadtroda

Lfd. Nr.	Betrag DM Euro (Anp.2019)	Verletzung	Dauer und Umfang der Behandlung; Arbeitsunfähigkeit	Person des Verletzten	Dauerschaden	Besondere Umstände, die für die Entscheidungen maßgebend waren	Gericht, Datum der Entscheidung, Az., Veröffentlichung bzw. Einsender
\multicolumn{8}{l}{**Fortsetzung von »Kopf - Schädelbruch«**}							
1369	€ 25 000 (€ 31 758)	Schädelbruch, Jochbeinbruch, Bruch des Oberkiefers, Entfernung von 5 Zähnen, Schnittverletzungen im Gesichts- und Mundbereich mit Durchtrennung diverser Muskeln und Nerven	Lebensgefahr, dreitägiger künstlicher Tiefschlaf, über mehrere Wochen keine Aufnahme fester Nahrung möglich	Mann	Mundinnenraum linksseitig taub, ein Teil der linken Oberlippe hängt, chronische Entzündung des Oberkiefers, zwei- bis dreimal wöchentlich auftretende Schmerzanfälle im Hinterkopf und Nackenbereich; Heben des linken Augenlides nur zu 1/3; erhebliche Gesichtsnarben, u. a. Narbe von der Nasenwurzel bis zum Haaransatz		LG Braunschweig 4.9.2003 4 O 898/01 SP 2004, 86
1370	€ 25 000● + immat. Vorbehalt (€ 27 231)	Schädeldach- und -basisfraktur	Mehrere Operationen, bilaterale Schädeltrepanation zur Hirnentlastung mit Implantation des Knochendeckels in den Bauchraum, 34 Tage künstliche Beatmung	Junge Frau	Persönlichkeitsveränderungen, epileptischer Anfallsneigung, die Dauermedikation erfordert, Störungen der Konzentrationsfähigkeit, kognitive und sprachliche Störungen	Der Klägerin steht ein Schmerzensgeld von € 25 000 zu. Ob ihr Lebensplan verwirklicht werden kann, ist angesichts ihrer Dauerschäden extrem zweifelhaft. Daneben ist zu berücksichtigen, dass sie erhebliche Mitschuld an ihrem Unfall trägt. Angesichts dessen erscheint ein Schmerzensgeld von € 25 000 hier angemessen. (vgl. OLG Celle 16.9.2009 – 14 U 71/06 MDR 2009, 1273)	KG Berlin 13.9.2012 20 U 193/11 juris
1371	54 000● € 27 000 (€ 37 630)	Schädelhirntrauma mit Galeahämatom links temporal; links- und rechtsseitige Schädelbasisfraktur und kleinem subduralem Hämatom rechtsparietal; Claviculafraktur rechts, Skapulafraktur rechts; Rippenserienfraktur links 6–8; Acetabulumfraktur links und Schambeinastfrakturen beidseits ohne Beteiligung der Iliosakralfugen	2 Wochen Intensivstation, davon die ersten 3 Tage im Koma; 6 1/2 Monate stationär; anschließend 16 Monate erneute stationäre Behandlung wegen auftretender Depressionen; immer wieder stationäre Aufenthalte in psychiatrischen Kliniken	Frau	MdE: 100%	Mithaftung 40%. Die Klägerin leidet unter Antriebsarmut, verlangsamtem Denken, Einschränkung der Kritikfähigkeit, Entfaltungsarmut, Antriebsmattigkeit, gestörter Motorik in Form von Dyskinesien als Folge der Nebenwirkungen durch die Einnahme von Neuroleptika; Einschränkung der geistigen Beweglichkeit; Einschränkung der affektiven Ausdrucksmöglichkeit; Einschränkung des Kurzzeitgedächtnisses und der Konzentrations- und Merkfähigkeit; Gesichtsteillähmung; Gleichgewichtsstörung; Kraftminderung im linken Arm; Gefühlsstörungen an der Oberschenkelaußenseite links; unkontrollierter Gang. Eine Besserung der Einschränkungen ist ausgeschlossen. Die Klägerin kann ohne die Betreuung durch ihren Ehemann tägliches Leben nicht alleine bewältigen	OLG Celle 28.11.1996 5 U 278/95 RAe Albers, Dr. Lockert & Koll., Buxtehude

● Mithaftung (siehe vorletzte Spalte)

Lfd. Nr.	Betrag DM **Euro** *(Anp.2019)*	Verletzung	Dauer und Umfang der Behandlung; Arbeitsunfähigkeit	Person des Verletzten	Dauerschaden	Besondere Umstände, die für die Entscheidungen maßgebend waren	Gericht, Datum der Entscheidung, Az., Veröffentlichung bzw. Einsender

Fortsetzung von »Kopf - Schädelbruch«

Lfd. Nr.	Betrag	Verletzung	Dauer	Person	Dauerschaden	Besondere Umstände	Gericht
1372	€30 000● *(€ 33 016)*	Schädelbasisbruch nach tätlicher Auseinandersetzung mit Verletzung des Sehnervs		Mann	Funktionell fast vollständige Erblindung auf dem linken Auge	Zur Begründung hat das LG ausgeführt, dass es aufgrund des Ergebnisses der Beweisaufnahme feststehe, dass der Beklagte ohne rechtfertigenden Grund zugeschlagen habe. Trotz der vorangegangenen Provokation durch den Kläger habe eine Notwehrsituation für den Beklagten nicht bestanden bzw. habe dieser mit einem unverhältnismäßigen Verteidigungsmittel reagiert. Aufgrund der Umstände der Tat und der Verletzungsfolgen wäre zwar grundsätzlich ein Schmerzensgeld von €45 000 angemessen, dieses sei jedoch wegen des Mitverschuldens des Klägers um ein Drittel zu reduzieren. Diese Beurteilung hielt einer Überprüfung durch das Berufungsgericht stand	OLG Bamberg 9.2.2012 1 U 100/11
1373	100 000 **€50 000** + immat. Vorbehalt *(€ 71 757)*	Offener Schädelbruch mit zahlreichen Kopfwunden; offene Nasenbeintrümmerfraktur; Platzwunden in der Mundschleimhaut; Prellung mit Unterblutung des rechten Auges und erheblicher Sehbehinderung; Teilverlust mehrerer Zähne; Bruch der 4. Rippe rechts		Mann	Bleibende Schäden an Auge, Nase, im Gesicht und an den Zähnen. Dauerhafte Arbeitsunfähigkeit	Versäumnisurteil. Der Geschädigte war ohne jeglichen Anlass Opfer eines versuchten Mordes; Lebensgefahr. Die Verletzungen haben gravierende Folgen für den Geschädigten. Die Verurteilung der Schädiger zu langen Freiheitsstrafen (6 Jahre und 8 Monate) wirkt schmerzensgeldmindernd. Immat. Vorbehalt, da zukünftiger Schaden nicht bezifferbar	LG Leipzig 12.7.1994 7 O 2848/94 VorsRiLG Grühl
1374	**€50 000** + immat. Vorbehalt *(€ 61 888)*	Schädelbasis- und Kalottenfraktur beidseits, Nasengerüstfraktur, geschlossene Frakturen von Tibia und Fibula links, posttraumatisches Psychosyndrom	Mehrwöchige Krankenhausaufenthalte mit Operation des Fußhebernervs	11-jähr. Kind	Deutliche Narbe am Kopf	Infolge eines Mitverantwortungsanteils des Klägers von 60% wurde lediglich ein Schmerzensgeld von €20 000 zugesprochen; wegen Fehlzeiten in der Schule musste Kläger ein Schuljahr wiederholen; wegen der schweren Kopfverletzungen kann nicht ausgeschlossen werden, dass in Zukunft weitere noch nicht erkennbare Schäden und Leiden auftreten	OLG Hamm 11.4.2005 13 U 133/04 NZV 2006, 151

Lfd. Nr.	Betrag DM Euro (Anp.2019)	Verletzung	Dauer und Umfang der Behandlung; Arbeitsunfähigkeit	Person des Verletzten	Dauerschaden	Besondere Umstände, die für die Entscheidungen maßgebend waren	Gericht, Datum der Entscheidung, Az., Veröffentlichung bzw. Einsender
Fortsetzung von »Kopf - Schädelbruch«							
1375	€ 80 000 (€ 98 676)	Gedecktes Schädelhirntrauma erstgradig, Jochbeinfraktur links, Orbitabodenfraktur links, Fraktur der medialen Kiefernhöhle und lateralen Orbitawand, Kopfplatzwunde, stumpfes Thoraxtrauma mit Pneumothorax rechts, Fraktur der 4. Rippe rechts, Lungenkontusion rechts, schweres Beckentrauma mit Iliosycralfugensprengung links und dislozierter Symphysensprengung, Sitzbeinfraktur rechts, schweres Weichteiltrauma Unterbauch und Becken mit multiplen Hämatomen, offene Unterschenkelfraktur links mit Compartsyndrom und Intimaläsion A, poplitea links mit Verschluss und Peronaeusläsion links, Tibiakopffraktur links, erstgradig offene Monteggia-Fraktur rechts, Sepsis mit protrahiertem Schock, ARDS und Crushniere mit Nierenversagen	Mehrere stationare Aufenthalte von ca. 3 Monaten mit anschließenden Reha-Maßnahmen von ca. 6 Monaten, Vielzahl von Operationen	28-jähr. Lagerist und Nebenerwerbslandwirt	MdE: 40% GdB: 60%	Insbesondere ist der Kläger in der Beweglichkeit im rechten Unterarm und der rechten Hand beeinträchtigt. Weiterhin bestehen eine stark eingeschränkte Belastbarkeit des linken Beines und des linken Fußes sowie Bewegungseinschränkungen im rechten Knie und im rechten Hüftgelenk. Der Kläger kann sich auch nicht schmerzfrei bewegen. Eine weitere Besserung ist nicht zu erwarten. Vielmehr besteht die konkrete Befürchtung, dass dem Kläger infolge der Unfallverletzungen künstliche Gelenke eingesetzt werden müssen	LG Weiden i.d.OPf. 6.6.2005 1 O 152/05 Allianz Versicherungs AG, München
1376	€ 100 000 (€ 106 520)	Aufgrund eines Sturzes von Barhocker auf Betriebsweihnachtsfeier Fraktur der Vorder- und Hinterwand des Schädels sowie neurogene Schluckstörung	Ca. 6 Wochen klinischer Aufenthalt; Gesamt-GdB von 60%; dauerhafte vollständige Erwerbsunfähigkeit	Mann	Verlust des Geschmacks- und Geruchssinns, über ca. 3 ½ Jahre nur flüssige Nahrungsaufnahme, dauerhafte Schmerztherapie wegen chronischer Kopfschmerzen und Beeinträchtigungen im psychischen Bereich bei Bewältigung des Alltags	Ein Betrag von € 75 000 entspricht jedoch – wie der Kl. im Ansatz zu Recht geltend macht – unter Berücksichtigung der zwischenzeitlich eingetretenen, am Verbraucherpreisindex orientierten Geldwertentwicklung heute einem solchen von € 100 000	Brandenburgisches OLG 11.3.2015 4 U 93/14 juris
Kapitalabfindung mit Schmerzensgeldrente							
1377	145 000 € 72 500 und 350 € 175 Rente monatlich + immat. Vorbehalt (€ 100 911)	Schädelhirnverletzungen mit mehrfachem Bruch der Schädelbasis und Bruch des Felsenbeins; mehrfacher Bruch des Unterkiefers, Lähmung der Gesichtsnerven rechts; Blutergussbildung im Mittelohr; Verlust sämtlicher Zähne; Bruch des linken Oberarms mit Lähmung des Speichennervs und der oberen Anteile des Armnervengeflechts; Verletzung des Bauchraums mit Zerreißung der Milz; Zertrümmerung der Hüftpfanne links; mehrfacher Bruch des linken Beins; schwerste Weichteilverletzungen mit unzähligen Glassplittern im Brust- und Bauchraum	Nahezu 5 Monate stationär, insgesamt 25 Operationen	32-jähr. Mann	MdE: 100%	Bezüglich der Festsetzung der Schmerzensgeldrente war im Wesentlichen auf den Grad der auf Dauer bestehenden Hüftbeschwerden sowie die Beeinträchtigung des linken Arms, aber auch die depressiven Zustände des Klägers abzustellen	LG Marburg 28.8.1996 5 O 6/92 RA May, Offenbach/M.

Weitere Urteile zur Rubrik »Kopf - Schädelbruch« siehe auch:

bis € 12 500: 1357, 3285, 2125, 1304, 1358, 1195, 2784
bis € 25 000: 1359, 1196, 1360, 2791, 1197, 2105, 2793, 1199, 1200
ab € 25 000: 1276, 133, 1307, 2106, 1203, 1308, 736, 1294, 2094, 2095, 1295, 1297, 1298, 740, 1300, 1210, 1315, 1280, 1282, 1283, 1214, 1320, 1322, 3004, 1447, 1328, 1329, 1330, 1287, 1333, 1222, 1336, 1455, 2671, 1243, 2091, 2092, 1459, 3021, 1249

● Mithaftung (siehe vorletzte Spalte)

Kopf | Urteile lfd. Nr. 1378 – 1384

Lfd. Nr.	Betrag DM Euro (Anp.2019)	Verletzung	Dauer und Umfang der Behandlung; Arbeitsunfähigkeit	Person des Verletzten	Dauerschaden	Besondere Umstände, die für die Entscheidungen maßgebend waren	Gericht, Datum der Entscheidung, Az., Veröffentlichung bzw. Einsender
Kopf - Prellungen, Blutergüsse							
1378	€ 250 (€ 270)	Schädelprellung	1 Tag stationärer Aufenthalt	1-jähr. Kind		Auffahrunfall	LG Nürnberg-Fürth 15.1.2015 8 O 5750/14
1379	€ 500 (€ 569)	Schädelprellung, Platzwunde über der linken Augenbraue, Schürfwunden	Schmerzen für 3 bis 4 Wochen	Mann		Vorsätzliche Körperverletzung der Beklagten, die ohne erkennbaren Grund auf den Kläger einschlugen	LG Bückeburg 2.9.2010 3 S 23/10 Sozietät Sasse, Rinteln
1380	€ 500 (€ 527)	Schädelprellung, HWS-Zerrung, Distorsion des Metakarpalgelenks am kleinen rechten Finger	2 Wochen Kopfschmerzen, 3 Arztbesuche	Mann		Der Kläger war bereits u. a. aufgrund einer Schulterverletzung vorgeschädigt	LG Landau in der Pfalz 28.6.2016 1 S 155/15 RAe Sorge & Sorge, Germersheim
1381	€ 650 (€ 738)	Schädelprellung, Hämatom an der linken Stirnseite, multiple Prellungen und Schürfwunden an der rechten Körperseite, Blockierung des ISG links, Verspannungen der paravertebralen Muskulatur	10 Tage AU zu 100%, Beschwerden für 4 Wochen	Frau			AG Oranienburg 17.11.2010 26 C 416/09 RA Koch, Erftstadt
1382	€ 750 (€ 926)	Schädel- und Brustwirbelprellung nach Sturz in den Toilettenräumen einer Gaststätte	4 Tage stationär, anschließend weitere 10 Tage arbeitsunfähig	Frau		Zwischen den Parteien bestand ein vertragliches Schuldverhältnis in Form eines Bewirtungsvertrages, da die Klägerin im Restaurant der Beklagten bereits ihre Bestellungen aufgegeben hatte, bevor sie sich zur Toilette begab. Aus diesem Schuldverhältnis erwuchs der Beklagten die Nebenpflicht, für eine solche Gestaltung ihrer Räumlichkeiten zu sorgen, dass dort keine Verletzungsgefahr für die Gäste des Restaurants bestand. Diese Nebenpflicht hatte die Beklagte verletzt, indem sie es versäumte, eine Wasserlache auf dem Toilettenboden zu entfernen, so dass die Klägerin auf dieser Wasserlache ausrutschte	AG Frankfurt am Main 4.3.2005 32 C 2612/04-18 RA Jäger, Frankfurt am Main
1383	€ 900 (€ 1026)	Prellungen am Kopf, am Knie, an der Brust und am Handgelenk	Das ohnehin vorgeschädigte Handgelenk, das zuvor erfolgreich mittels einer Schmerztherapie behandelt wurde, musste mit einer Gipsschiene versorgt werden	Radfahrerin		Die erneute Schmerztherapie ist 10 Monate nach dem Unfall noch nicht abgeschlossen; ein etwaiges Mitverschulden im Hinblick auf die Kopfschmerzen ist wegen Nichttragens eines Schutzhelmes berücksichtigt	AG Lampertheim 21.4.2010 3 C 49/10 RA Koch, Erftstadt
1384	€ 1000 (€ 1236)	Schädelprellung durch Faustschlag	3 Tage arbeitsunfähig, danach erneut wegen eines Erschöpfungssyndroms	Frau		Unstreitig hat der Beklagte der Klägerin mit der Faust gegen die Stirn geschlagen, so dass diese eine Schädelprellung davongetragen hat. Den Nachweis einer Notwehrsituation hat der Beklagte nicht geführt. Bei der Bemessung des Schmerzensgeldes sei zu berücksichtigen gewesen, dass der Beklagte keine Einsicht in sein Fehlverhalten zeigte und auch im Termin die Auffassung vertrat, sein Handeln sei richtig gewesen	AG Rüsselsheim 10.12.2004 3 C 964/04 (35) LG Darmstadt 8.6.2005 21 S 22/05 RA Bächle, Raunheim

Lfd. Nr.	Betrag DM Euro (Anp.2019)	Verletzung	Dauer und Umfang der Behandlung; Arbeitsunfähigkeit	Person des Verletzten	Dauerschaden	Besondere Umstände, die für die Entscheidungen maßgebend waren	Gericht, Datum der Entscheidung, Az., Veröffentlichung bzw. Einsender
Fortsetzung von »Kopf - Prellungen, Blutergüsse«							
1385	2500 € 1250 (€ 1625)	Schädelprellung, Lockerung des ersten Schneidezahns oben, Prellung am linken Unterarm, blutende Oberlippe innen, Beschimpfung mit den Worten „Scheiß Ausländer"	Keine Krankschreibung, Zahnlockerung dauerte 3 Wochen an	Mann		Vorsätzliche Körperverletzungen durch mehrere Hand- und Faustschläge; Beschimpfungen stellt eine Demütigung dar	AG Singen 2.8.2001 8 C 62/01 RAe Messmer, Klök, Groten, Singen
1386	€ 1300 (€ 1497)	Prellungen am Bein, Schulter und Kopfbereich	1 Tag stationär, 1 Woche Krücke	Schüler		2 Wochen schmerzhafte Beeinträchtigungen. Dabei ist es unerheblich, ob der Kläger tatsächlich eine Gehirnerschütterung erlitten hat, weil es bei der Bemessung des Schmerzensgeldes auf die Beeinträchtigungen und nicht die ärztliche Diagnose ankommt	AG Rendsburg 5.2.2009 3 C 875/08 RA Koch, Erftstadt
1387	4000 € 2000 (€ 2685)	Schädelprellung, leichtgradige HWS-Distorsion	1 Tag Krankenhaus, 2 Wochen arbeitsunfähig, mehrere Monate regelmäßige orthopädische und krankengymnastische Behandlung; höchstens 1 Jahr hirnfunktionell bzw. körperlich neurologisch bedingte Beschwerden wie Kopfschmerzen, Schwindel, Leistungsminderung und Brachialgie mit MdE von 20%	27-jähr. Bürokauffrau			OLG Hamm 4.8.1999 13 U 107/95 NZV 2001, 83 DAR 2001, 361
1388	€ 2000 + immat. Vorbehalt (€ 2116)	Durch Sturz vom Tisch Hämatom im Bereich der rechten Schädelhälfte, das sich zeitnah und folgenlos zurückentwickelte		Säugling (weibl.)		Unter Einschluss der auch bei einem Säugling (der angesichts der Frühgeburt einem Neugeborenen gleichzusetzen sein dürfte) als lebensnah anzusehenden, psychischen Beeinträchtigungen ist ein Schmerzensgeld i.H.v. € 2000 bei weitem ausreichend, um diesen immateriellen Schaden auszugleichen	OLG Köln 5.10.2015 5 U 125/15 juris
1389	5000 € 2500 (€ 3395)	Schädelprellung; Schulterkontusion; Kopfplatzwunde	2 Monate arbeitsunfähig	Mann		Länger andauernde Kopfschmerzen; Konzentrationsstörungen und Beeinträchtigungen der Fahrtüchtigkeit; 3 1/2 Jahre nach Unfall noch wetterabhängig auftretende Kopfschmerzen	Brandenburgisches OLG 12.1.1999 2 U 40/98 DAR 1999, 168 VRS 96, 245
1390	€ 3500 + immat. Vorbehalt (€ 4383)	Commotio cerebri, Gesichtsschädelprellungen, Risswunden, Schürfungen, Lockerung des Zahnes 11 sowie Distorsion des linken Daumens	Zwei kurzfristige Krankenhausaufenthalte, ca. 1/2 Jahr Zahnspange, durch welche die Fehlstellung und Lockerung des Zahnes 11 behoben werden konnte	Junge Frau		Klägerin wurde von einem Security-Mitarbeiter bei einer Discoveranstaltung beim Verfolgen eines anderen Besuchers gegen die Wand gestoßen. Auf die Dauer von weiteren 2 bis 3 Jahren muss ein Draht im Mund der Klägerin verbleiben, der verhindern soll, dass die Fehlstellung des Zahnes 11 wieder auftritt und dafür sorgen soll, dass dieser anheilt. Es ist noch nicht absehbar, ob der in Mitleidenschaft gezogene Zahn erhalten werden kann oder insoweit Zahnersatz notwendig werden wird	LG Trier 5.4.2004 3 O 93/03 RA Vollheim, Bad Ems

● Mithaftung (siehe vorletzte Spalte)

Lfd. Nr.	Betrag DM Euro (Anp.2019)	Verletzung	Dauer und Umfang der Behandlung; Arbeitsunfähigkeit	Person des Verletzten	Dauerschaden	Besondere Umstände, die für die Entscheidungen maßgebend waren	Gericht, Datum der Entscheidung, Az., Veröffentlichung bzw. Einsender
\multicolumn{8}{l}{Fortsetzung von »Kopf - Prellungen, Blutergüsse«}
1391	€4500● (€5178)	Schwergradige Schädelprellung mit HWS-Kontusion, zahlreiche Glassplitterverletzungen im Gesicht, Gesichtsödem, Prellungen beider Knie mit Gesäß- und Rückenkontusion		Mann	Narbe auf der Stirn	10% Mitverschulden wegen zwar angelegtem, aber nicht gestrafftem Sicherheitsgurt; Augenbewegungen waren durch das Gesichtsödem schmerzhaft, linke äußere Ohrregion erheblich druckempfindlich, längere Zeit leichte Kopfschmerzen und Schmerzen in der HWS	LG München II 26.6.2008 12 O 140/07 SP 2009, 10

Weitere Urteile zur Rubrik »Kopf - Prellungen, Blutergüsse« siehe auch:

bis €2500: 1688, 1697, 1719, 1723, 1346, 1734, 165, 2028, 1740, 1787, 895, 1799, 100, 1806, 1821, 862, 1514, 1039, 479, 1838, 1842, 1844, 481, 1845, 1846, 865, 1860
bis €5000: 1865, 1490, 1880, 1886, 794, 53, 749, 1613, 3034, 868, 3038, 3040, 1897, 1898, 782, 3086, 917, 1906
bis €12500: 1524, 1267, 546, 2124, 1118, 63, 872, 3049, 1922, 3051, 966, 2162, 1645
bis €25000: 2101, 2045, 1545, 468, 583, 1200, 1574, 276
ab €25000: 325, 3172, 1554, 273, 197, 335, 1005, 1428, 1484, 611, 2134, 1210, 1283, 6

Kopf - Haare

Lfd. Nr.	Betrag DM Euro (Anp.2019)	Verletzung	Dauer und Umfang der Behandlung; Arbeitsunfähigkeit	Person des Verletzten	Dauerschaden	Besondere Umstände, die für die Entscheidungen maßgebend waren	Gericht, Datum der Entscheidung, Az., Veröffentlichung bzw. Einsender
1392	€300 (€341)	Optische Beeinträchtigungen nach missglückter Haarbehandlung		Frau		Bei der Bemessung eines Schmerzensgeldes nach einer schuldhaft missglückten Haarbehandlung kommt es darauf an, wie stark sich die optischen Beeinträchtigungen auf den Lebensalltag des Betroffenen auswirken. Bei einer nur vorübergehenden Natur eines negativen optischen Eindrucks und keiner negativen Auswirkung auf die sozialen Kontakte und die Berufsausübung ist ein niedriges Schmerzensgeld (hier: €300) angemessen. Steht eine psychische Reaktion (hier: posttraumatische Belastungsstörung) in einem groben Missverhältnis zum Anlass (hier: missglückte aber heilbare Haarbehandlung), so scheidet eine Haftung des Schädigers für die psychische Reaktion aus, da sich in dieser das allgemeine Lebensrisiko verwirklicht	OLG Köln 25.10.2010 19 U 75/10
1393	€700 (€746)	Allergisches Kontaktekzem nach Haartönung (Fieber, Schüttelfrost, Brennen und Jucken der Kopfhaut, starke Rötungen bis in den Nackenbereich, Schwellungen der Lippe)	1 ambulante Behandlung im Krankenhaus, Fenistil-Tabletten und Cortisonsalbe, mehrere Wochen Beschwerden	Frau		Ein Beweis über die Belehrung bzgl. der Risiken der Haartönung gelang der Beklagten nicht. Die Klägerin litt subjektiv sehr unter den Verletzungen	AG Rüdesheim am Rhein 3.7.2014 3 C 344/12
1394	€750 (€863)	Ekzeme auf der Kopfhaut, starke Rötung und Reizung der Kopfhaut, Abbrechen von Haaren, starkes Schuppen	Nachschnitte, Pflegemittel auftragen ca. 1 Monat	Frau, Rentnerin		Zu berücksichtigen war insb., dass die Vorgehensweise der Beklagten nicht dem geltenden Standard im Frisörhandwerk entsprach. Die Beklagte hätte erkennen müssen, dass das verwendete Dauerwellenmittel für das gewünschte Ergebnis nicht geeignet ist. Zudem wurde das Mittel zu lange im Haar belassen, was letztendlich die Ekzeme verursachte. Außerdem litt die Klägerin an psychischen Beeinträchtigungen aufgrund der abbrechenden Haare, was hier bei der Schmerzensgeldbemessung auch zu berücksichtigen ist	AG Mannheim 22.10.2009 12 C 284/09 RAe Depré, Mannheim
1395	€1000 (€1096)	Haarschädigung infolge fehlerhafter Haarbehandlung		Frau		Die Haare waren nach der Behandlung „besenartig strohig"	AG Berlin-Charlottenburg 3.4.2012 216 C 270/11 juris

Lfd. Nr.	Betrag DM **Euro** *(Anp.2019)*	Verletzung	Dauer und Umfang der Behandlung; Arbeitsunfähigkeit	Person des Verletzten	Dauerschaden	Besondere Umstände, die für die Entscheidungen maßgebend waren	Gericht, Datum der Entscheidung, Az., Veröffentlichung bzw. Einsender
\multicolumn{8}{l}{**Fortsetzung von »Kopf - Haare«**}
1396	€1000 *(€1056)*	Haarschädigung durch „Verbrennen" und Kürzung auf Boblänge		Frau		Die vorgefärbten langen Haare der Klägerin reagierten bei der „Painting-Methode" mit Oxidationsmitteln und „verbrannten". Bei der Bemessung des Schmerzensgeldes wurde u. a. die lediglich fahrlässige Handlung der Beklagten, sowie die lange Dauer des Nachwachsens berücksichtigt. Die Haare gingen vor der Behandlung bis zur Mitte des Rückens und mussten danach auf Boblänge gekürzt werden	AG Rheine 12.5.2016 14 C 391/14 Rechtsprechungsdatenbank NRW
1397	3000 €1500 *(€2004)*	Nachhaltige Schädigung des Haares mit Abbrechen an der Wurzel		Dozentin für Steuerbuchhaltung		Fehlerhafte Durchführung einer Dauerwellenbehandlung, da gleichzeitig gefärbt und anschließend eine Extensionsfrisur angebracht wurde; die beiden chemischen Behandlungen hätten nicht an einem Tag, sondern in einem Abstand von mehreren Wochen durchgeführt werden dürfen; Klägerin musste für längere Zeit eine Perücke tragen, worunter sie seelisch erheblich gelitten hat	OLG Köln 7.1.2000 19 U 62/99 VersR 2001, 651
1398	€3000 *(€3411)*	Infolge einer fehlerhaften Blondierung kam es zur stark schmerzhaften Schwellung und einer Ablösung der obersten Schicht der Kopfhaut. Der Farbton der Haare zeigte sich statt blond orange		Frau		Die Klägerin trug für 6 Monate eine Perücke. Sie litt an Haarausfall und Haarbruch. Die Haare mussten von 10 cm auf 6 mm gekürzt werden	LG Arnsberg 26.10.2010 3 S 111/10 RA Martin Schubert, Meschede
1399	€3000 + immat. Vorbehalt *(€3164)*	Mangels hinreichender Aufklärung rechtswidrige Haartransplantation	Operation in Lokalanästhesie mit einer Dauer von über 5 Stunden	Mann	sehr lange (27 cm) Narbe am Kopf	Zu Recht hat dagegen das Landgericht dem Kläger ein Schmerzensgeld nur i.H.v. €3000 zuerkannt. Dabei hat das LG den Umstand, dass die Operation in Lokalanästhesie belastend und mit einer Dauer von über 5 Stunden sehr langwierig war, ebenso berücksichtigt, wie die Tatsache, dass der Kläger nunmehr eine sehr lange (27 cm) Narbe am Kopf trägt. Wie sich der Senat allerdings in der mündlichen Verhandlung durch Inaugenscheinnahme überzeugen konnte, handelt es sich um eine sehr schmale und dezente Narbe, die von den in diesem Bereich zurzeit kurz getragenen Haaren des Klägers ohne Weiteres überdeckt wird. Zu einer ästhetischen Einschränkung kommt es daher allenfalls, wenn der Kläger zukünftig einmal eine Vollglatze tragen sollte	OLG Hamburg 1.6.2016 1 U 141/15 VorsRiOLG Wunsch
1400	20000 €10000 *(€14141)*	Verlust des gesamten Haarwuches infolge einer Immunstörung nach HWS-Schleudertrauma		Mann	Bleibende Kahlköpfigkeit	Körperbehaarung hat sich wieder eingestellt; seelische Beeinträchtigungen, die jedoch im Laufe der Zeit infolge Gewöhnungsprozesses an Intensität verlieren	OLG Karlsruhe 23.11.1995 19 U 6/95 RAe Strecke & Kollegen, Lörrach

● Mithaftung (siehe vorletzte Spalte)

Lfd. Nr.	Betrag DM Euro (Anp.2019)	Verletzung	Dauer und Umfang der Behandlung; Arbeitsunfähigkeit	Person des Verletzten	Dauerschaden	Besondere Umstände, die für die Entscheidungen maßgebend waren	Gericht, Datum der Entscheidung, Az., Veröffentlichung bzw. Einsender
\multicolumn{8}{l}{Fortsetzung von »Kopf - Haare«}							
1401	€ 18 000 + immat. Vorbehalt (€ 19 329)	Toxische Kontaktdermatitis durch Haarefärben im Friseursalon: in mehreren Bereichen der Kopfhaut starb Gewebe ab mit der Folge des (sehr wahrscheinlich irreversiblen) Verlustes sämtlicher dort vorhandener Haare	Krankenhausaufenthalte	Schülerin	Irreversibler Haarverlust in den betroffenen Bereichen und die erhebliche seelische Belastung der Klägerin („Anpassungsstörung") durch die Entstellung	Hierbei misst der Senat vor allem Art und Ausmaß der deutlich sichtbaren, nicht durch die vorhandenen Haare zu verdeckenden und daher entstellenden Schädigung der Kopfhaut, dem Umstand, dass der Haarverlust in den betroffenen Bereichen voraussichtlich dauerhaft sein wird, und der gravierenden seelischen Belastung der Klägerin als Folge des Schadensereignisses entscheidende Bedeutung bei. Da die Klägerin unter einer Latexallergie leidet, ist es ungewiss, ob sie eine Perücke tragen kann. Sie ist jedoch gezwungen, nahezu stets eine Kopfbedeckung zu tragen, um die Entstellung zu verbergen. Situationen, in denen es ihr nicht möglich sein wird, den Kopf zu bedecken, wird sie nicht vermeiden können. Das Wissen um die Entstellung wird sie insb. als Jugendliche und Heranwachsende daran hindern, alle Möglichkeiten der Persönlichkeitsbildung und Lebensführung sowie des Umgangs mit anderen Jugendlichen und Heranwachsenden wahrzunehmen, und ihr Selbstbewusstsein einschränken. Sie wird täglich mit dem Erfordernis konfrontiert sein, ihren Alltag unter Berücksichtigung der Folgen des Schadensereignisses zu gestalten. Zudem ist sie derzeit durch die bestehende Anpassungsstörung in ihrer Fähigkeit zu sozialen Kontakten beeinträchtigt. Mit den vorliegend zu beurteilenden Umständen sind Fallgestaltungen, die bisher zu Entscheidungen über Schmerzensgeldansprüche wegen fehlerhafter Haarbehandlung geführt haben, nicht vergleichbar. Vielmehr sind das Schadensereignis und seine Folgen für die Klägerin einer Kategorie von Fällen zuzuordnen, die ein weitaus höheres Schmerzensgeld rechtfertigen	OLG Koblenz 22.7.2013 12 U 71/13 juris
1402	€ 40 000 (€ 44 575)	Hautverätzungen und kompletter Verlust des Haupthaares infolge fehlerhafter Behandlung durch den Friseur		Frau		Begibt sich eine Kundin in einen Friseursalon, um sich die Haare entkrausen zu lassen und erleidet sie in Folge der fehlerhaften Behandlung durch den Friseur Hautverätzungen und einen kompletten Verlust des Haupthaares, so ist ein Schmerzensgeld von € 4000 angemessen. Das Erfordernis, zeitweilig eine Perücke zu tragen, stellt offensichtlich eine erhebliche psychische Belastung dar	OLG Bremen 11.7.2011 3 U 69/10 NJW-RR 2012, 92

Weitere Urteile zur Rubrik »**Kopf - Haare**« siehe auch:
bis € 25 000: 2594

Nerven

Weitere Urteile zur Rubrik »**Nerven**« siehe auch:
bis € 5000: 2934
ab € 25 000: 2407, 2409

Nerven - Epilepsie und sonstige Krampfanfälle

Lfd. Nr.	Betrag DM **Euro** *(Anp.2019)*	Verletzung	Dauer und Umfang der Behandlung; Arbeitsunfähigkeit	Person des Verletzten	Dauerschaden	Besondere Umstände, die für die Entscheidungen maßgebend waren	Gericht, Datum der Entscheidung, Az., Veröffentlichung bzw. Einsender
1403	€3600 *(€4120)*	Krampfanfälle, Bewegungsunfähigkeit, Atemnot, Todesangst, Einleitung der Maskenbeatmung		40-jähr. Mann		Grober Behandlungsfehler des beklagten Anästhesisten, der im Verlauf der Anästhesie das Muskelrelaxans mit dem Schmerzmittel verwechselte. Zu Gunsten der Beklagten wurde berücksichtigt, dass der Kläger sich zu keinem Zeitpunkt objektiv in einer vitalen Risikosituation befand und der Zustand objektiv nach wenigen Minuten beendet war. Schmerzensgelderhöhend war zu beachten, dass der Kläger den Zustand subjektiv als wesentlich länger empfand und bereits mit seinem Leben abgeschlossen hatte. Er war bei vollem Bewusstsein und ging auch aufgrund der Äußerungen („Hol den Chef", „haben wir die Ampullen verwechselt") davon aus, dass man ihn u.U. nicht retten könnte und die Ärzte in der Situation hilflos und überfordert waren	AG Bersenbrück 18.7.2008 11 C 1027/07
1404	€10 000 + immat. Vorbehalt *(€12 780)*	Krampfanfälle, Gefahr von Rezidivbildungen mit den sich daraus ergebenden nachteiligen Folgen – insbesondere verstärkte Epilepsieanfälligkeit – durch unterlassene Befunderhebung nach Teilentfernung eines Gehirntumors		Energieanlagen-elektroniker		Ärztlicher Behandlungsfehler	OLG Köln 16.12.2002 5 U 166/01 RA Wartensleben u. Koll., Stolberg
1405	€15 000 *(€18 164)*	Epilepsie als Spätschaden nach 21 Jahren als Folge eines Schädel-Hirn-Traumas nach einem Unfall		43-jähr. Beamter	Einschränkungen im beruflichen und privaten Bereich	Anfangs traten Episoden von Unwohlsein und Unfähigkeit zu sprechen nahezu wöchentlich auf; anschließend erlitt Kläger etwa 2 Mal pro Jahr generalisierte Anfälle und etwa zwei mal die Woche, zum Teil alle zwei bis drei Monate Episoden mit Unwohlsein; Kläger wird in Zukunft dauerhaft mit ähnlichen Folgen zu leben haben, auch wenn sich die Gefahr epileptischer Anfälle medikamentös einigermaßen einstellen lässt; dauerhafte Einschränkung der Lebensqualität; Einschränkungen im Beruf und hinsichtlich der Lebensgestaltung mit seinem zweijährigen Sohn und seiner Lebensgefährtin	LG Freiburg i. Br. 30.6.2006 1 O 218/06 bestätigt durch OLG Karlsruhe 12.10.2007 14 U 230/06 VRS 113,321
1406	30 000 €15 000 + immat. Vorbehalt *(€20 397)*	Contusio cerebri mit nachfolgendem epileptischen Anfall, Kopfplatzwunde, Monokelhämatom links, diverse Platz- und Schürfwunden sowie Prellungen	Ca. 2 Monate arbeitsunfähig	Selbstständiger Ingenieur	MdE: noch 45%, die sich in Zukunft aber um 30% vermindern könnte	Der Kläger ist in seiner Lebensführung wesentlich beeinträchtigt. Die Einnahme von Tegretal, das der Kläger noch über einen längeren Zeitraum wird nehmen müssen (erneute Gefahr epileptischer Anfälle) beeinträchtigt die Lebensführung des Klägers außerordentlich	LG München I 28.8.1997 19 O 21129/96 VorsRiLG Mü I Krumbholz

● Mithaftung (siehe vorletzte Spalte)

Lfd. Nr.	Betrag DM **Euro** *(Anp.2019)*	Verletzung	Dauer und Umfang der Behandlung; Arbeitsunfähigkeit	Person des Verletzten	Dauerschaden	Besondere Umstände, die für die Entscheidungen maßgebend waren	Gericht, Datum der Entscheidung, Az., Veröffentlichung bzw. Einsender

Fortsetzung von »Nerven - Epilepsie und sonstige Krampfanfälle«

Lfd. Nr.	Betrag	Verletzung	Dauer/Behandlung	Person	Dauerschaden	Besondere Umstände	Gericht
1407	€20 000 *(€ 23 062)*	Motorische Fehlfunktionen mit Schiefhaltung von Kopf, Schultern und Hals, Verkrampfungen und unwillkürliche Bewegungen in den Händen, Schluckbeschwerden		20-jähr. Frau; zum Urteilszeitpunkt 50 Jahre alt		Ursache war Überdosierung hochriskanter Psychopharmaka bei unterstellter vertretbarer Diagnose einer jugendlichen Schizophrenie in der Zeit vom 5.4.1979 bis 21.5.1980; Beschwerden haben 1982 kontinuierlich abgenommen und waren ab 1984 verschwunden; schwerwiegende Beeinträchtigungen, die auf die Persönlichkeitsentwicklung der damals noch jungen Klägerin von nachhaltigem Einfluss war; es sind die Auswirkungen für die körperliche und psychische Entwicklung, die soziale Stellung, die Schmerzen durch die motorischen Störungen sowie die psychischen Empfindungen und die nicht erreichten Ausbildungsziele zu berücksichtigen; Verschuldungsgrad des Beklagten ist zu relativieren	OLG Frankfurt am Main 23.12.2008 8 U 146/06 NJW-RR 2009, 1103
1408	50 000 €25 000 + immat. Vorbehalt *(€ 32 104)*	Subakutes bis chronisches Subduralhämatom rechts partial, das 7 Wochen nach einem Unfall (Sturz mit Prellungen, Gehörsturz und nachfolgenden Kopfschmerzen und Konzentrationsstörungen) festgestellt wurde; epileptische Anfälle, die dadurch verschlimmert wurden, dass die Medikamente schlecht verträglich waren	2 Wochen Krankenhaus mit Operation (Öffnung der Schädeldecke und Ausräumen des Hämatoms), 2 Jahre epileptische Anfälle	Mann		Kläger war 2 Jahre deutlich in seiner Lebensführung eingeschränkt; es hat zwar eine zunächst bestehende akute Gefährdung nachgelassen, jedoch eine deutliche Beeinträchtigung stattgefunden; nach Meinung des Sachverständigen ist mit Spätschäden nicht zu rechnen, jedoch ist bei schwerwiegenden Knochenbrüchen ein Feststellungsinteresse stets zu bejahen; dies gilt erst recht bei Gehirnschädigungen, wenn die Knochendecke des Schädels geöffnet werden musste (BGH NJW 1973, 703)	LG München I 13.6.2002 19 O 9828/001 bestätigt durch OLG München 10 U 3919/02 RA von Zwehl, München
1409	75 000 €37 500 + immat. Vorbehalt *(€ 48 925)*	Schädelhirntrauma 1. Grades, das durch ein Durchgangssyndrom überlagert war; blutige Hirnkontusion mit Begleitödem (Hirnschwellung), posttraumatische epileptische Anfälle	19 Tage Krankenhaus, lebenslange medikamentöse antiepileptische Therapie	70-jähr. Frau	MdE von 70%, falls Klägerin noch berufstätig wäre; Wortfindungsstörungen und Paraphasien	Die ausländische Staatsangehörigkeit der in Deutschland verletzten Frau hat keinen Einfluss auf die Höhe des Schmerzensgeldes	KG Berlin 23.4.2001 12 U 971/00 RiKG Philipp

Lfd. Nr.	Betrag DM **Euro** (Anp.2019)	Verletzung	Dauer und Umfang der Behandlung; Arbeitsunfähigkeit	Person des Verletzten	Dauerschaden	Besondere Umstände, die für die Entscheidungen maßgebend waren	Gericht, Datum der Entscheidung, Az., Veröffentlichung bzw. Einsender

Fortsetzung von »Nerven - Epilepsie und sonstige Krampfanfälle«

Kapitalabfindung mit Schmerzensgeldrente

| 1410 | € 100 000 und € 375 Rente monatlich (€ 115 309) | Epilepsie in schwerster Form, gravierende Sehbeeinträchtigungen, Angststörung und Artikulationsbehinderung durch Schädigung des zentralen Nervensystems durch ärztliche Falschbehandlung | | Medizinstudent | Verlust an der Hirnsubstanz, 2 bis 3 mal im Monat auftretende Epilepsieanfälle, gravierende Sehbeeinträchtigungen, Angststörung, Artikulationsbehinderung | Ärztlicher Behandlungsfehler. Kläger litt an einem Morbus Farquhar, eine rezessiv vererbte Krankheit. Sie ist durch Infiltration und schließlich Zerstörung aller Organe durch Histiozyten und Lymphozyten charakterisiert. Beklagter behandelte die FHL falsch mit Cortison, statt sich früher für eine Knochenmarktransplantation zu entscheiden. Es wäre dann nicht zu einer cerebralen Beteiligung gekommen. Kläger musste sein Medizinstudium aufgeben und strebt nunmehr den Beruf eines Rechtsanwaltes an. Zu einer selbständigen Lebensführung ist er jedoch außerstande. Er kann die elterliche Wohnung nicht alleine verlassen, schon gar nicht einen eigenen Hausstand oder eine Familie gründen. Schmerzensgelderhöhend: zögerliches Regulierungsverhalten | OLG Nürnberg 12.12.2008 5 U 953/04 RiOLG Dr. Roland Holzberger |

Weitere Urteile zur Rubrik »**Nerven - Epilepsie und sonstige Krampfanfälle**« siehe auch:
bis € 12 500: 2706, 1913
ab € 25 000: 1307, 1097, 1309, 2413, 1311, 1312, 1208, 1211, 1280, 1486, 2987, 1283, 1213, 1302, 1217, 1320, 2434, 1324, 3010, 2633, 1986, 1227, 1231, 2640, 1232, 2643, 2645, 2646, 2649, 1236, 1238, 2655, 2445, 2615, 2446, 2657, 2658, 1336, 2662, 2663, 1337, 2668, 2669, 2670, 1455, 1338, 1458, 2672, 1339, 1249, 1142, 2674, 2676, 2677, 1342, 2680, 2681, 2024, 2684, 2685

Nerven - Lähmung

1411	9000 € 4500 (€ 6565)	Leichte Parese der Armabduktion mit Atrophien der oberen und mittleren Trapeziuspartien nach fehlerhafter ärztlicher Lymphknoten-Extirpation mit Läsion des Nervus accessorius	Zahlreiche krankengymnastische Übungen	Frau	Behinderungsgrad im Sinne des sozialen Entschädigungsrechts i.H.v. 30%. MdE: 30%	Allmählich nachlassende Schmerzen in der rechten Schulter über einen Zeitraum von 15 Monaten. Einschränkung der Freizeitaktivitäten. Über Monate schwerwiegende Lebensängste wegen des beschwerdebedingten Verdachts auf einen Tumor in oder an der WS und auf ein spinales Angiom	OLG Köln 12.1.1994 27 U 104/92 RiOLG Schmitz
1412	15 000 € 7500 + immat. Vorbehalt (€ 9631)	Chronisches Schmerzsyndrom mit Schwäche im linken Arm im Sinne einer psychogenen Lähmung, das auf einer neurotischen Fehlverarbeitung eines 7 Jahre zurückliegenden Unfalls beruht, bei dem die Klägerin eine HWS-Zerrung sowie multiple Prellungen erlitten hatte	Chronisches Schmerzsyndrom über langen Zeitraum; erst jetzt wird eine psychotherapeutische Behandlung eingeleitet, wobei bis zu einem möglicherweise erfolgreichen Therapieende noch 1–2 Jahre vergehen werden	50-jähr. Frau		Es handelt sich um eine konversionsneurotische Entwicklung, bei der ein seelischer Konflikt in körperliche Störungen umgewandelt wird; Klägerin musste Beruf als Altenpflegerin aufgeben	OLG Hamm 21.3.2002 6 U 218/99 r + s 2002, 458
1413	€ 7500 + immat. Vorbehalt (€ 8528)	Peronäusschädigung		Mann nach Geschlechtsumwandlungsoperation	Dauerhafte diskrete Peronäusschädigung	Bei einer dauerhaften diskreten Peronäusschädigung infolge der verspäteten Diagnose und Versorgung eines postoperativen Kompartmentsyndroms ist ein Schmerzensgeld i.H.v. € 7500 gerechtfertigt	OLG München 14.10.2010 1 U 1657/10 OLG Report Süd 45/2010 Anm. 5

● Mithaftung (siehe vorletzte Spalte)

Lfd. Nr.	Betrag DM Euro (Anp.2019)	Verletzung	Dauer und Umfang der Behandlung; Arbeitsunfähigkeit	Person des Verletzten	Dauerschaden	Besondere Umstände, die für die Entscheidungen maßgebend waren	Gericht, Datum der Entscheidung, Az., Veröffentlichung bzw. Einsender
Fortsetzung von »Nerven - Lähmung«							
1414	€ 10 000 (€ 10 192)	Fußheberparese links nach Wirbelsäulenoperation		Frau	Fußheberparese	Die von der Antragstellerin behaupteten Beeinträchtigungen rechtfertigen allenfalls ein Schmerzensgeld in einer Größenordnung von € 10 000. Vorliegend zu berücksichtigen, dass die Antragstellerin infolge der operativen Eingriffe eine Fußheberparese links erlitten hat, die dazu führt, dass mit diesem Bein eigenständig keine Bewegungen durchgeführt werden können. Die Antragstellerin ist danach auf die Verwendung zweier Unterarmgehstützen angewiesen. Die zu bewältigende Gehstrecke liegt unter 100 m. In bestimmten Situationen kommt es zu einem Versagen des linken Beines, was mehrfach zu Stürzen der Antragstellerin geführt hat. Diese nach Angaben der Antragstellerin als dauerhaft anzusehende Beeinträchtigung stellt durchaus eine Verschlechterung ihres Zustands vor den operativen Eingriffen im Juni 2009 dar, den die Antragstellerin in dem Rückenschmerz-Fragebogen des Klinikums geschildert hat	Brandenburgisches OLG 8.11.2018 12 W 14/15 juris
1415	25 000 € 12 500 (€ 19 784)	Lähmung des Peronaeusnervs am rechten Wadenbein infolge ärztlichen Behandlungsfehlers		64-jähr. verh. Rentner	Einschränkung der Bewegungsfreiheit, Fortbewegung im sog. Stepperschritt	Starke Schmerzen in Fuß und Unterschenkel, die die Einnahme von Medikamenten notwendig machen; depressive Verstimmungen, sonst aber keine besonderen beruflichen und familiären Auswirkungen; kein schweres Verschulden des Arztes	OLG Köln 11.11.1991 27 W 36/91 VersR 1993, 53
1416	40 000 € 20 000 (€ 28 207)	Spastisch betonte Halbseitenlähmung links und Konzentrationsstörungen durch unzureichende diagnostische Abklärung bei Meningitisverdacht		Frau	MdE: 70%	Klägerin ist arbeitslos geworden. Es wird äußerst schwierig, wenn nicht gar unmöglich sein, mit dieser Behinderung jemals wieder einen Beruf auszuüben	LG Stuttgart 21.7.1995 15 O 543/93 NJWE-VHR 1996, 195
1417	€ 20 000 + immat. Vorbehalt (€ 21 219)	Plexusläsion durch Behandlungsfehler		Frau	Schmerzsyndrom rechter Arm	Mit Blick auf Entscheidungen anderer OLG zur Höhe von Schmerzensgeld bei Plexusschädigungen bzw. inkompletten Plexusparesen hält der Senat das vom LG ausgeurteilte Schmerzensgeld von € 20 000 für angemessen, aber auch ausreichend	OLG Celle 7.4.2016 1 U 79/15
1418	40 000 € 20 000 (€ 26 352)	Peronaeusparese, Impotenz		Schlosser		Aufklärungsverschulden vor einer Laseroperation eines Bandscheibenprolaps; Kläger musste seinen Beruf als Schlosser aufgeben	BGH 30.1.2001 VI ZR 353/99 VersR 2001, 592
1419	50 000 € 25 000 + immat. Vorbehalt (€ 34 302)	Inkomplette Plexusparese des rechten Armes		30-jähr. Mann	Inkomplette Nervenlähmung im rechten Arm	Schadensursache war fehlerhafte Lagerung des rechten Infusionsarms bei einer Hüftoperation; Kläger litt bereits an einer Plexusparese des linken Arms	OLG Hamm 18.6.1997 3 U 173/96 VersR 1998, 1243

Lfd. Nr.	Betrag DM Euro (Anp.2019)	Verletzung	Dauer und Umfang der Behandlung; Arbeitsunfähigkeit	Person des Verletzten	Dauerschaden	Besondere Umstände, die für die Entscheidungen maßgebend waren	Gericht, Datum der Entscheidung, Az., Veröffentlichung bzw. Einsender
\multicolumn{8}{l}{Fortsetzung von »Nerven - Lähmung«}
1420	€ 25 000 + immat. Vorbehalt (€ 30 908)	Armplexusparese rechts aufgrund einer Schädigung der rechten Armnervenwurzel in den Segmenten überwiegend von C 5 und C 6		Kleinkind	Inkomplette Lähmung des rechten Arms mit Schwächen besonders beim Heben und beim Außendrehen des Arms; Beweglichkeit im rechten Schultergelenk eingeschränkt, ebenso das Wachstum im Bereich des gesamten rechten Arms, der um 2 cm kürzer ist; rechte Hand etwas kleiner als die linke	Verletzung der ärztlichen Aufklärungspflicht bei einer Geburt; muss der Arzt nach einer unmittelbar vor der Geburt gefertigten Ultraschalluntersuchung von einem übergroßen Kind ausgehen, muss über die Möglichkeit einer Schnittentbindung als Alternative zur vaginalen Geburt aufgeklärt werden, wenn dem Kind bei vaginaler Geburt ernst zu nehmende Gefahren drohen	OLG Karlsruhe 22.12.2004 7 U 4/03 VersR 2006, 515
1421	50 000 € 25 000 + immat. Vorbehalt (€ 33 396)	Fehlerhafte Wurzelresektion mit Durchtrennung des Trigeminusnervs links		57-jähr. Frau	Gesichtsnervenlähmung links; linke Gesichtshälfte nahezu völlig taub. Zunge ohne Empfindung für heiß und kalt; Lippen praktisch taub. Zähne 1 bis 5 extrem empfindlich	Stellt eine konservative zahnärztliche Therapie (Aufbohren des Zahnes mit anschließender Wurzelkanalbehandlung) eine konkrete und echte Alternative mit gleichwertigen Chancen, aber andersartigen (geringeren) Risiken zu dem durchgeführten chirurgischen Vorgehen (Wurzelspitzenresektion, -kürzung) dar, dann muss der Zahnarzt hierüber aufklären. Die ohne diese erforderliche Aufklärung abgegebene Einwilligung ist nicht wirksam, die Behandlung rechtswidrig	OLG Koblenz 4.4.2000 1 U 1295/98 RiOLG Koblenz, Dr. Itzel
1422	€ 30 000 + immat. Vorbehalt (€ 34 369)	Teillähmung des rechten Beines infolge einer Schädigung des nervus femorales		75-jähr. Frau	Klägerin kann allein mit einer Gehstütze nur sehr eingeschränkt laufen	Schwerwiegender Verstoß gegen grundlegende medizinische Erkenntnisse bei einer Implantation einer Hüftgelenks-Totalendoprothese; Klägerin litt bereits vor der Operation an erheblichen Bewegungseinschränkungen und konnte sich bereits seit mehreren Monaten nur noch mit Hilfe von Unterarmgehstützen fortbewegen; es kann nicht gänzlich außer Betracht bleiben, dass selbst bei gelungener Operation eine volle Wiederherstellung der Beweglichkeit allein schon aufgrund der Grunderkrankung und des Alters wenig wahrscheinlich gewesen wäre	LG Bochum 18.2.2010 6 O 368/07
1423	€ 30 000 + immat. Vorbehalt (€ 36 411)	Oberarmfraktur links, Schädelhirntrauma, Köpfchenfraktur zweiter Mittelhandknochen rechts, Plexusparese am linken Arm, Augenhöhlenfraktur sowie Schürfwunden an allen Extremitäten	Drei Krankenhausaufenthalte von insgesamt ca. 3 ½ Wochen, anschließend 8 Wochen stationäre Reha	36-jähr. Anlagebediener	Schwere Schädigung des linksseitigen Armplexus	Da handwerkliche Betätigung nicht mehr möglich, erfolgte Umschulung zum Mediengestalter. Die Funktionstauglichkeit des linken Armes ist in nahezu vollem Umfang auf Dauer eingebüßt worden. Außerdem besteht eine Fallhand sowie eine erhebliche Einschränkung der Beweglichkeit im linken Schultergelenk und Feingeschicklichkeitsstörung	OLG Koblenz 8.5.2006 12 U 435/05 RAe Karb & Ebert, Bad Kreuznach
1424	€ 30 000 (€ 34 038)	Befunderhebungsfehler nach Bandscheibenoperation mit Verletzung des nervus peronäus	Revisionsoperation	Mann	Komplette Fußheber- und Zehenheberparese mit Sensibilitätsstörungen	Berücksichtigung ansonsten gewährter Schmerzensgeldbeträge und des Lebensalters des Klägers, aber auch seiner relativen Beweglichkeit und Mobilität	Saarländisches OLG 10.11.2010 1 U 380/08-114

● Mithaftung (siehe vorletzte Spalte)

Lfd. Nr.	Betrag DM Euro (Anp.2019)	Verletzung	Dauer und Umfang der Behandlung; Arbeitsunfähigkeit	Person des Verletzten	Dauerschaden	Besondere Umstände, die für die Entscheidungen maßgebend waren	Gericht, Datum der Entscheidung, Az., Veröffentlichung bzw. Einsender
Fortsetzung von »Nerven - Lähmung«							
1425	€ 30 000 + immat. Vorbehalt (€ 31 670)	Nicht rechtzeitig erkannter Schlaganfall aufgrund grober Behandlungsfehler	Pflegefall	77-jähr. Frau	Halbseitige Lähmung, Pflegefall	Die Höhe des zuerkannten Schmerzensgeldes ist unter Berücksichtigung der bei der früheren (im Laufe des Rechtsstreits verstorbenen) Klägerin eingetretenen dauerhaften Gesundheitsschäden und des Umstandes, dass auf Seiten des Beklagten zu 2.) mehrere grobe Behandlungsfehler festzustellen sind, nicht zu beanstanden. Das LG hatte zum einen berücksichtigt, dass der Klägerin der weitere Schlaganfall hätte erspart bleiben können. Darüber hinaus wäre der Klägerin die dauerhafte Halbseitenlähmung erspart geblieben. Neben anderen Faktoren waren u. a. auch der Schlaganfall und die Halbseitenlähmung dafür verantwortlich, dass die Klägerin bis zu ihrem Tod (ca. 3 Jahre später) ein Pflegefall geworden ist	Saarländisches OLG 15.7.2015 1 U 112/14
1426	€ 32 000 (€ 34 362)	Körperverletzung eines Polizeibeamten bei der Verfolgung eines Flüchtigen. Beim Nachsetzen erlitt der Kläger erhebliche Verletzungen, unter anderem eine solche des langen Brustkorbnervs mit der Folge einer dauerhaften Lähmung. 20 Jahre später kommt es zu Schwindelattacken und Sehstörungen		Mann	Nervlähmung, Schwindelattacken und Sehstörungen	Sind Schwindelattacken und Sehstörungen nachweislich auf ein Schadensereignis zurückzuführen, welches 20 Jahre zurückliegt, so kann der Geschädigte hierfür erneut Schmerzensgeld geltend machen. Hat das erstinstanzliche Gericht bei der Bemessung des Schmerzensgeldes sämtliche Bemessungsfaktoren in seiner Abwägung berücksichtigt, so besteht keine Veranlassung für das BG über die Bemessung hinauszugehen (hier: € 12 000 für Verletzungen im Bereich der Schulter und Brustkorbnerv mit dauerhafter Lähmung und € 20 000 für Schwindelattacken und Sehstörungen. Auch der Umstand, dass der Kläger für den Rest seines Lebens auf Medikamente angewiesen ist, ist eine Folgeerscheinung, die bei der Schmerzensgeldbemessung bereits mit berücksichtigt ist	OLG Frankfurt am Main 14.11.2013 3 U 186/11 juris
1427	65 000 € 32 500 + immat. Vorbehalt (€ 44 250)	Armplexuslähmung sowie diskretes Horner-Syndrom aufgrund eines ärztlichen Behandlungsfehlers bei Geburtshilfe		Kleinkind	Rechter Arm infolge der oberen und unteren Plexusparese in seiner Funktion stark beeinträchtigt, nur stützende Funktionen möglich; Behinderung infolge Muskelverschmächtigung und Wachstumsretardierung äußerlich deutlich wahrnehmbar	Klägerin wird bei künftigen Lebensentscheidungen immer wieder mit den Folgen der Behinderung konfrontiert werden; Horner-Syndrom, das derzeit optisch nicht störend wirkt, kann weitgehende Beeinträchtigungen mit sich ziehen	OLG Stuttgart 23.9.1997 14 U 71/96 VersR 1999, 582
1428	€ 40 000 (€ 44 716)	HWS-Zerrung, Schädelprellung, depressive Episode, dissoziatives Symptom in Form einer partiellen Lähmung der unteren Extremitäten (beide Beine) sowie Schmerzempfindung im Rücken und Nacken	Mindestens 3 1/2 Jahre fortwährende Schmerzempfindungen, 2 Jahre Rollstuhl, Fortbewegung nur mit Krücken möglich, mehrere stationäre Rehaaufenthalte	Frau	Dissoziatives Symptom	Bei der Bemessung des Schmerzensgeldes hat das Gericht die besonders gravierende Unfallfolge in Form der Schmerzempfindungen und die damit verbundene besondere Beeinträchtigung in der Gestaltung der Freizeitaktivitäten sowie an der Teilnahme des Alltagslebens und auch der beruflichen Situation berücksichtigt	LG Landshut 25.5.2011 55 O 1282/08 Allianz Versicherung AG

Fortsetzung von »Nerven - Lähmung«

Lfd. Nr.	Betrag DM Euro (Anp.2019)	Verletzung	Dauer und Umfang der Behandlung; Arbeitsunfähigkeit	Person des Verletzten	Dauerschaden	Besondere Umstände, die für die Entscheidungen maßgebend waren	Gericht, Datum der Entscheidung, Az., Veröffentlichung bzw. Einsender
1429	€ 40 000 + immat. Vorbehalt (€ 44 389)	Teillähmung der L5-Nervenwurzel rechts mit sensomotorischen Ausfällen nach Bandscheibenoperation ohne hinreichende Aufklärung	Endgültiger Verlust des bisherigen Arbeitsplatzes, Kläger erhält eine Erwerbsunfähigkeits- und Betriebsrente	40-jähr. Mann	Nervenverletzung mit ständigen Schmerzen, welche von der Hüfte bis in das Bein ausstrahlen, sowie Gefühlsstörungen	Nachdem feststeht, dass der Kläger bereits vor der streitgegenständlichen Operation unter erheblichen Rückenproblemen litt und völlig ungewiss ist, ob die diversen Behandlungsmöglichkeiten zu einer dauerhaften Besserung geführt hätten, hält der Senat ein Schmerzensgeld von € 40 000 für angemessen, aber auch ausreichend	OLG München 17.11.2011 24 U 374/11 NZB zurückgew. d. BGH, Beschl. v. 8.5.2012 – VI ZR 364/11
1430	90 000 € 45 000 + immat. Vorbehalt (€ 61 904)	Ertaubung des rechten Ohrs, deutlich sichtbare Teillähmung im Gesichtsbereich nach objektiv nicht erforderlicher Ausräumung des rechten Felsenbeins		52-jähr. Mann	Rechtsseitige Taubheit und deutlich sichtbare teilweise Lähmung der Gesichtsmuskulatur	Kläger leidet unter operationsbedingten Schmerzen. Zu berücksichtigen sind auch Verlust des Arbeitsplatzes und die seither vorliegende Erwerbsunfähigkeit; die gutartige Erkrankung hätte einen – wenn auch weniger weit reichenden – operativen Eingriff erfordert	OLG Hamm 20.2.1997 3 U 66/96 NJWE-VHR 1997, 186
1431	€ 46 016 + immat. Vorbehalt (€ 57 291)	Durch behandlungsfehlerhafte Operation Verletzung der Arteria carotis interna (zum Kopf führende Hauptschlagader), was in der Folge einen Infarkt der Arteria cedrebri media und posterior rechts verursachte	Zwei stationäre Aufenthalte von insgesamt ca. 9 Wochen, anschließend 5 Wochen Reha	46-jähr. leitender Angestellter	Erheblich	Ärztlicher Behandlungsfehler. Lähmungserscheinungen im Bereich der linken Hand und des linken Fußes, mimische Fascialismundastparese links mit damit verbundenen Kopfschmerzen und Schwindel, verringerte Belastungs- und Konzentrationsfähigkeit, leichte Erregbarkeit und Affektlabilität mit Wechselstimmungslagen, Denkverlangsamung, dadurch deutliche Kritik- und Urteilsminderung, reaktive Depression durch Arbeitsplatzverlust und Unausgefülltsein, dadurch auch Belastung des Familienlebens und der sozialen Kontakte. Zugesagte Stelle als Geschäftsführer konnte nicht angetreten werden. Umschulungsmaßnahmen waren erfolglos	LG Nürnberg-Fürth 27.1.2005 4 O 8989/01 RA Friedrich Raab, Nürnberg
1432	100 000 € 50 000 + immat. Vorbehalt (€ 67 990)	Oberkieferfraktur; Fraktur des Kiefergelenkfortsatzes rechts sowie des Kiefergelenkfortsatzes/Muskelansatzes links; Nervenwurzelausriss C 2/C 3 rechts; Frakturen der HW C 2, 3, 5 und 6; komplette Unterarmschaftfraktur rechts; Zwerchfellriss	Ca. 2 Monate Krankenhaus	44-jähr. Straßenbahnfahrer	Gebrauchsunfähigkeit des rechten Arms; MdE: 100%	Armnervengeflechtsschädigung führte zur Gebrauchsunfähigkeit des rechten (Gebrauchs-)Arms. Wegen knöcherner HWS-Verletzung Schädigung des 11. Hirnnervs; schwere restriktive Ventilationsstörung infolge Zwerchfellbruch; eingeschränkte Lungenfunktion bedingte deutlich höhere Atemfrequenz, Kurzatmigkeit und leichte Ermüdbarkeit	LG München I 29.01.1998 19 O 1692/96 VorsRiLG Mü I Krumholz

● Mithaftung (siehe vorletzte Spalte)

Lfd. Nr.	Betrag DM **Euro** *(Anp.2019)*	Verletzung	Dauer und Umfang der Behandlung; Arbeitsunfähigkeit	Person des Verletzten	Dauerschaden	Besondere Umstände, die für die Entscheidungen maßgebend waren	Gericht, Datum der Entscheidung, Az., Veröffentlichung bzw. Einsender

Fortsetzung von »Nerven - Lähmung«

Lfd. Nr.	Betrag	Verletzung	Dauer und Umfang	Person	Dauerschaden	Besondere Umstände	Gericht
1433	€ 50 000 + immat. Vorbehalt *(€ 52 783)*	Lagerungsschaden in Form einer Quadrizepsparese und einer Hüftbeugerparese nach überlanger Operation (11 Stunden)	Mehrwöchige stationäre Schmerztherapie	40-jähr. Mann	Dauerhafte Schmerzzustände	Dabei berücksichtigte der Senat insbesondere, dass sich eine Quadrizepsparese und eine Hüftbeugerparese beidseits zeigte, so dass der Kläger bei seiner Entlassung zur Rehabilitation weitgehend steh- und gehunfähig war und erst nach Abschluss der Rehabilitation in der Lage war, mit zwei Unterarmgehstützen bis zu 600 m zu gehen. Der Kläger war über einen Zeitraum von fast 2 Jahren in seiner Bewegungsfähigkeit stark eingeschränkt; erst danach zeigte sich eine deutliche Besserung. Es bestand aber weiterhin eine Iliopsoasparese beidseits Kraftgrad 4/5 sowie eine diskrete Quadrizepsparese. Der Zustand verschlechterte sich wieder. Es kam zur neuerlichen Progredienz der Rückenschmerzen und zum Wiederauftreten von Kribbelparästhesien im L5-Dermatom. Später musste sich der Kläger einer stationären Schmerztherapie unterziehen. Wesentliche Paresen bestanden zu diesem Zeitpunkt nicht mehr. Während sich die Paresen nunmehr nahezu vollständig zurückgebildet haben, persistieren die Kausalgien im Ausbreitungsgebiet des Nervus femoralis beidseits. Der Kläger muss dauerhaft mit diesen Schmerzzuständen leben. Eine Besserung ist nicht mehr zu erwarten. Es handelt sich um einen chronisch neuropathischen Schmerz. Die verbliebene Kausalgie lässt nach plausibler Bewertung des Sachverständigen dauerhaft eine Opioideinnahme erforderlich werden. Auch nach deutlicher Therapieoptimierung in der Schmerzklinik musste der Kläger, wie dem Medikationsplan zur Entlassung zu entnehmen ist, Opioide einnehmen. Es versteht sich, dass der Kläger aufgrund der dauerhaften Schmerzzustände psychisch angegriffen ist. Das Schmerzensgeldkapital von € 50 000 ist ausreichend; daneben war keine Schmerzensgeldrente zuzuerkennen	OLG Frankfurt am Main 3.5.2016 8 U 224/12 juris
1434	100 000 € 50 000 + immat. Vorbehalt *(€ 69 685)*	Schulterdystokie		Kleinkind	Weitgehende Beschränkung der Benutzung des rechten Armes, was außen bemerkbar in Erscheinung tritt	Mangelnde Aufklärung über das Risiko einer Schulterdystokie bei einer möglichen Schnittentbindung eines sehr großen Kindes und Überlassen der Entbindung einer unerfahrenen Assistenzärztin (grober Behandlungsfehler); zahlreiche sportliche und berufliche Betätigungen sind ausgeschlossen	OLG Hamm 24.6.1996 3 U 179/94 VersR 1997, 1403

Lfd. Nr.	Betrag DM **Euro** *(Anp.2019)*	Verletzung	Dauer und Umfang der Behandlung; Arbeitsunfähigkeit	Person des Verletzten	Dauerschaden	Besondere Umstände, die für die Entscheidungen maßgebend waren	Gericht, Datum der Entscheidung, Az., Veröffentlichung bzw. Einsender

Fortsetzung von »Nerven - Lähmung«

Lfd. Nr.	Betrag	Verletzung	Dauer/Behandlung	Person	Dauerschaden	Besondere Umstände	Gericht
1435	€ 50 000 + immat. Vorbehalt *(€ 53 367)*	Komplette Fußheberparese und hochgradige Großzehenheberparese infolge groben Behandlungsfehlers		30-jähr. Mann	Rechter Fuß ist praktisch funktionslos	Unter Beachtung dieser Umstände hält auch der Senat den ausgeurteilten Schmerzensgeldbetrag i.H.v. € 50 000 für angemessen. Er verkennt dabei nicht, dass unter Berücksichtigung des im Einzelfall nicht in vollem Umfang vergleichbaren Beschwerdebildes einer Pereneusparese und der dadurch verursachten Auswirkungen auf die Person des Geschädigten sowie eines teilweise unterschiedlichen Verletzungsumfangs auch Entscheidungen vorliegen, die – unter Beachtung einer Indexierung auf das Jahr 2014 – geringere Beträge zugesprochen haben. Es liegen jedoch auch solche Entscheidungen vor, die über den Betrag hinausgehen	OLG Karlsruhe 26.6.2014 7 U 68/13
1436	100 000 € 50 000 *(€ 73 444)*	Rückenmarkserkrankung, die zur Beeinträchtigung der Gehfähigkeit (spastische Gehstörungen), Störungen der Merk- und sprachlichen Ausdrucksfähigkeit, Inkontinenz und Impotenz geführt hat		40-jähr. verh. Elektromeister (zum Urteilszeitpunkt 50 Jahre alt)	Volle Erwerbsunfähigkeit	Stromunfall; weitgehende Einschränkung sozialer Kontakte und der Teilnahme am gesellschaftlichen Leben; Impotenz bedeutet für den verh. Kläger eine besonders schwere Beeinträchtigung	OLG Köln 14.7.1993 13 U 92/92 r+s 1994, 17
1437	100 000 € 50 000 + immat. Vorbehalt *(€ 64 208)*	Armplexusparese links		Kind	Beeinträchtigung beim Tasten, Greifen und Abstützen; Behinderung der Funktion des linken Schultergelenks mit teilweiser Einsteifung der aktiven Beweglichkeit; linker Arm im Schultergelenk bis 75 Grad aktiv abspreizbar, Rückwärtsführen des linken Oberarms im Schultergelenk aufgehoben mit einem Defizit von 10 Grad, Außendrehen nicht möglich, Innendrehen eingeschränkt mit einer Minderung von 30 Grad, im Bereich des linken Arms besteht eine das Ellenbogengelenk betreffende Funktionsstörung mit aufgehobenem Handflächenwärtsdrehen bei uneingeschränktem Handrückwärtsdrehen, linker Arm um 2,5 cm kürzer als rechter Arm; Seitenneigung der BWS ab Mitte nach links mit Krümmungswinkel von 10 Grad, der sich in der HWS fortsetzt	Ärztlicher Behandlungsfehler bei der Geburt des Klägers; erhebliche Einschränkung in der Berufswahl im handwerklichen Bereich, verstärkte Wirbelsäulenbeschwerden möglich; jedoch lässt sich das Ausmaß der Beeinträchtigung nicht mit einem Totalverlust oder einer völligen Lähmung des Arms vergleichen	OLG München 27.6.2002 1 U 3601/01 RA Wenckebach, München

● Mithaftung (siehe vorletzte Spalte)

Lfd. Nr.	Betrag DM Euro (Anp.2019)	Verletzung	Dauer und Umfang der Behandlung; Arbeitsunfähigkeit	Person des Verletzten	Dauerschaden	Besondere Umstände, die für die Entscheidungen maßgebend waren	Gericht, Datum der Entscheidung, Az., Veröffentlichung bzw. Einsender

Fortsetzung von »Nerven - Lähmung«

Lfd. Nr.	Betrag	Verletzung	Dauer und Umfang der Behandlung	Person	Dauerschaden	Besondere Umstände	Gericht
1438	€ 50 000 ● + immat. Vorbehalt (€ 62 471)	Hüftluxation rechts mit Pfannendachabsprengung, Acetabulum-Fraktur rechts, Unterschenkel-Mehretagenfraktur rechts, Compartement-Syndrom des rechten Unterschenkels, Außenköchelspitzenfraktur rechts, Schrägfraktur des Metatarsalia 4 und 5 rechts und kompletter Ausfall des Ischiasnervs	6 ½-Monate stationär, MdE: ca. 6 ½ Monate 100% knappe 8 Wochen 80% 4 Wochen 70% 9 Wochen 60% 2 Jahre 50%	48-jähr. Mann	Starke Bewegungseinschränkung am rechten Bein, vor allem wegen verbliebenen Nervfunktionsstörungen mit vollständigem Ausfall der Fuß- und Zehenheber und nur Teilfunktion der Fuß- und Zehenbeuger. Ausgeprägte posttraumatische Fehlstatik des rechten Fußes; hier lägen auch ausgeprägte Weichteilveränderungen mit einer funktionellen Einsteifung der Mittelfußgelenke und des unteren Sprunggelenks vor	50% Mitverschulden. Infolge starker Alkoholisierung (2 Promille) keinerlei Reaktion auf einen in die Autobahn einfahrenden Pkw	LG München I 30.9.2004 19 O 323/02 VorsRiLG Krumbholz
1439	€ 60 000 + immat. Vorbehalt (€ 66 031)	Um 2 Jahre verzögerte Entfernung eines bösartigen Tumors im Bereich der Ohrspeicheldrüse mit Verlust des Gesichtsnervs aufgrund fundamentaler Falschbefundung einer MRT	Bei zwei Operationen mussten der Tumor und der vom Tumor infiltrierte Gesichtsnerv (nervus facialis) entfernt werden	38-jähr. Mann	Komplette periphere Gesichtsnervenlähmung der linken Seite	Neben den aus dem sonst nicht eingetretenen Verlust des Gesichtsnervs resultierenden Beschwerden insbesondere beim Essen, Trinken und Sprechen wird berücksichtigt, dass die mit dem Ausfall des Gesichtsnervs verbundenen Veränderungen von Gesichtsausdruck und Mimik den Kläger erheblich seelisch belasten und auch in der zwischenmenschlichen Kommunikation, die wesentlich über den Gesichtsausdruck und die Ausdrucksfähigkeit des Gesichts gesteuert wird, beeinträchtigen. Darüber hinaus ist das Schmerzensgeld auch dafür zu zahlen, dass er für einen Zeitraum von ungefähr 18 Monaten, da der Tumor unbehandelt blieb und nicht entfernt wurde, einer erheblichen vermeidbaren Schmerzbelastung ausgesetzt war	OLG München 16.2.2012 1 U 2798/11 juris
1440	125 000 € 62 500 (€ 82 865)	Traumatische Hüftgelenksluxation links mit Fraktur des hinteren Pfeilers sowie Absprengung am Femurkopf, Schädelhirntrauma 1. Grades, Kieferhöhlenfraktur links, Schnittverletzungen im Gesicht mit verbleibenden Narben, Ischiadicusstörung, kompletter Ausfall der Muskulatur, die vom linken Nervus peroneus communis und vom distalen Nervus tibialis versorgt wird, Lähmung der linken Fußhebung und Fußsenkung	3 Monate Krankenhaus und Reha	27-jähr. Maschinenbaustudent	MdE: 45% auf allgemeinem Arbeitsmarkt; MdE: 55% als Maschinenbauingenieur	20% Mithaftung; Schmerzensgeldvergleich deshalb DM 100 000 (€ 50 000). Umschulung notwendig. Kläger ist lebenslang auf die Benutzung einer Peronaeus-Schiene angewiesen	OLG München 27.10.2000 10 U 1817/00 Vergleich nach Urteil LG München I 9.12.1999 19 O 8293/98 RAe Gall & Kollegen, Dachau

Urteile lfd. Nr. 1441 – 1444 — Nerven

Lfd. Nr.	Betrag DM Euro (Anp.2019)	Verletzung	Dauer und Umfang der Behandlung; Arbeitsunfähigkeit	Person des Verletzten	Dauerschaden	Besondere Umstände, die für die Entscheidungen maßgebend waren	Gericht, Datum der Entscheidung, Az., Veröffentlichung bzw. Einsender
\	\	\	\	\	\	\	\

Fortsetzung von »Nerven - Lähmung«

Lfd. Nr.	Betrag	Verletzung	Dauer und Umfang der Behandlung; Arbeitsunfähigkeit	Person des Verletzten	Dauerschaden	Besondere Umstände	Gericht, Datum
1441	€ 65 000 + immat. Vorbehalt (€ 82 179)	Armplexusparese links, Schädelhirntrauma II. Grades, zweitgradig offener Oberschenkelbruch links und erstgradig offener Schienbeinbruch links, Riss- und Quetschwunden im Kopfbereich	Mehrere stationäre Aufenthalte mit zahlreichen Operationen	Konstruktionsmechaniker-Azubi	MdE: 80%	Das Gericht sieht es ausgehend von den erheblichen Verletzungen des Klägers, der langen Behandlungsdauer, dem Funktionsverlust des linken Armes und den zahlreichen Narben am Körper des Klägers, insbesondere auch den Narben im Gesicht und der Wesensveränderung des Klägers (zunehmende Aggressivität) als angemessen an, dass der Kläger ein Schmerzensgeld von insgesamt € 65 000 erhält. Die begehrte Schmerzensgeldrente wird als unbegründet abgelehnt	LG Rostock 23.1.2004 2 O 6/03 RA Koch, Erfstadt
1442	€ 65 000 + immat. Vorbehalt (€ 69 517)	Aufklärungsfehler bei einer elektiven, endovaskulären Behandlung eines zerebralen Aneurysmas mittels eines Flüssigembolisats. Während des Eingriffs kam es zu einem technischen Defekt, der dazu führte, dass eingebrachtes Embolisat aus dem Aneurysma austrat und mehrere Arterienäste verstopfte, was zu multiplen Mediateilinfarkten führte	Mehrwöchige stationäre Behandlung	Frau	Schwerwiegende Funktionsstörung des rechten Arms und eine leichtgradige globale Aphasie	Die Höhe des vom LG zuerkannten Schmerzensgeldes ist nicht zu beanstanden: Durch die streitgegenständliche Behandlung kam es bei der Klägerin zu Mediateilinfarkten, die zunächst sehr schwerwiegende körperliche Folgen für die Klägerin hatten. Sie war rechtsseitig gelähmt und hatte eine starke Sprachstörung. Während einer fast 2-monatigen stationären Reha-Behandlung ist es zwar schon zu einer deutlichen Besserung gekommen, trotz weiterer ambulanter Therapien über mehrere Jahre ist aber trotz weiterer Besserung noch ein ganz erheblicher Dauerschaden verblieben. Das Leben der bei der Behandlung erst 34-jähr. Klägerin wird dadurch dauerhaft erheblich beeinträchtigt und der Lebensalltag geprägt. Mit einer Besserung ist nicht mehr zu rechnen	OLG Hamm 15.2.2016 3 U 59/15 juris
1443	150 000 € 75 000 + immat. Vorbehalt (€ 100 441)	Hüftgelenksluxation links mit Fraktur des hinteren Pfeilers sowie Absprengung am Femurkopf, was zu einer Ischiadicuslähmung führte; Schädelhirntrauma 1. Grades, Kieferhöhlenfraktur links; Schnittverletzungen im Gesicht	3 Monate Krankenhaus und Reha	27-jähr. Student in Fachhochschule Maschinenbau	Kompletter Ausfall der Muskulatur, die vom linken Nervus peronaeus communis und vom distalen Nervus tibialis versorgt wird, was sich vor allem in der Lähmung der linken Fußhebung und Fußsenkung bemerkbar macht; lebenslang auf Peronaeusschiene angewiesen; MdE von 55% im spezifischen Beruf als Maschinenbauingenieur; Gesichtsnarben	Kläger ist beruflich und im weiten Maße auch privat in seiner Lebensführung weitgehend eingeschränkt; er wird es schwer haben, einen angemessenen Beruf zu finden; immat. Vorbehalt nur, soweit bisher nicht voraussehbare erhebliche weitere Verletzungsfolgen eintreten	LG München I 9.12.1999 19 O 8293/98 VorsRiLG Krumbholz, München
1444	150 000 € 75 000 (€ 108 367)	Neurolues im Sinne eines luetischen Befalls des Rückenmarks infolge Nichterkennung von schwersten Krankheitssymptomen als Krankheitsursache		39-jähr. Operationsschwester, bei Urteilsverkündung 54 Jahre alt	Gehunfähigkeit, Kontrakturen beider Hüft- und Kniegelenke, Reflexverluste, ständiges Erbrechen und Darmbeschwerden	Schwerer ärztlicher Behandlungsfehler	OLG Köln 21.3.1994 5 U 17/94 VersR 1994, 1238

● Mithaftung (siehe vorletzte Spalte)

Fortsetzung von »Nerven - Lähmung«

Lfd. Nr.	Betrag DM **Euro** *(Anp.2019)*	Verletzung	Dauer und Umfang der Behandlung; Arbeitsunfähigkeit	Person des Verletzten	Dauerschaden	Besondere Umstände, die für die Entscheidungen maßgebend waren	Gericht, Datum der Entscheidung, Az., Veröffentlichung bzw. Einsender
1445	160 000 **€ 80 000** + immat. Vorbehalt *(€ 113 280)*	Lähmungen beider Beine durch fehlerhafte Bestrahlung wegen eines Tumors des rechten Hodens		31-jähr. Mann	MdE: 90%	Der Kläger kann sich nur mit Gehstützen oder mit Rollstuhl fortbewegen. Überhöhte Strahlendosis. Leiden des Klägers sind nicht mit denen eines Querschnittsgelähmten gleichzustellen, da er in gewissem Umfang und unter Einschränkungen sein Leben allein gestalten kann	LG Düsseldorf 11.5.1995 2 O 305/93 RA Meinecke, Köln
1446	**€ 80 000** *(€ 85 216)*	Verdacht auf Blinddarmentzündung nicht erkannt (Beklagte zu 2) und nach OP in die arteria carotis eingeführter zentraler Venenkatheter nach Entdeckung der Fehllage nicht rechtzeitig entfernt und in der Folge einen Hirninfarkt nicht rechtzeitig erkannt (Beklagte zu 1)	Bei einem Aufwachversuch nach der OP wurde eine Halbseitenlähmung der linken Seite diagnostiziert. Nach Anfertigung einer CCT-Aufnahme wurde festgestellt, dass der Kläger einen Hirninfarkt im Stromgebiet der Arterie cerebri media rechts erlitten hatte. Er wurde in die Medizinische Hochschule verlegt und dort weiter behandelt. Anschließend wurde der Kläger in eine Rehabilitations- und Pflegeeinrichtung aufgenommen und dort behandelt	12-jähr. Junge	Bewegungseinschränkungen der linken Seite. Der linke Arm des Klägers ist gelähmt und die Hand knickt im Gelenk krampfartig nach innen. Der Kläger hat Schmerzen in der linken Schulter und kann diese nicht nach oben bewegen. Es liegt auch ein Schulterschiefstand vor, weswegen die Schulter hängt. An der gesamten linken Körperseite ist ein Taubheitsgefühl vorhanden. Der linke Mundwinkel ist leicht nach unten gezogen, sodass Speichel unkontrolliert aus dem Mundbereich austreten kann. Das linke Augenlid des Klägers lässt sich nicht separat öffnen und schließen. Außerdem leidet der Kläger unter Kopfschmerzen sowie Einschränkungen der Konzentrationsfähigkeit. Die kognitive Weiterverarbeitung visuell-figuraler Informationen ist auf den Ebenen des Verarbeitungstempos, des visuellen Erkennens, mentaler Raumoperationen, visuell-konstruktiver Fähigkeiten und logischer Operationen eingeschränkt. Die Stimmungslage des Klägers leidet unter diesen Einschränkungen	Unter Berücksichtigung vergleichbarer Entscheidungen erscheint der Kammer vor diesem Hintergrund ein Schmerzensgeldbetrag von € 60 000 angemessen, für den die Beklagten als Gesamtschuldner haften. Gegen die Beklagte zu 2) hat der Kläger dagegen einen Anspruch auf Schmerzensgeld gem. §§ 823 Abs. 1, 253 Abs. 2 BGB in Höhe von weiteren € 20 000. Zusätzlich ist in die Betrachtung einzubeziehen, dass die Beklagte zu 2) im Gegensatz zu den behandelnden Ärzten der Beklagten zu 1) durch ihren Behandlungsfehler das Fortschreiten der Blinddarmentzündung des Klägers, die Schwere der Operation des Klägers, die Behandlung des Klägers auf der Intensivstation und die Erforderlichkeit des zentralen Venenkatheters mit der Folge des erlittenen Hirninfarkts verursacht hat	OLG Braunschweig 17.12.2015 9 U 801/14

Lfd. Nr.	Betrag DM **Euro** *(Anp.2019)*	Verletzung	Dauer und Umfang der Behandlung; Arbeitsunfähigkeit	Person des Verletzten	Dauerschaden	Besondere Umstände, die für die Entscheidungen maßgebend waren	Gericht, Datum der Entscheidung, Az., Veröffentlichung bzw. Einsender
\multicolumn{8}{l}{Fortsetzung von »Nerven - Lähmung«}
1447	225 000 **€ 112 500** + immat. Vorbehalt *(€ 152 977)*	Schwerer Blutungsschock bei ausgedehnten Schnittwunden an der rechten Halsseite mit Durchtrennung der Halsmuskulatur bis auf die HWS; Armplexuslähmung rechts, Schädelhirntrauma, rechts tempo-parietale Kalottenfraktur, temporales Subduralhämatom rechts	Drei Krankenhausbehandlungen von insgesamt 41 Tagen, Reha 35 Tage	23-jähr. Chefkoch	Komplette Lähmung des oberen Armplexus rechts; Stimmbandbeeinträchtigung, weiträumige Narbenfelder im Hals- und Schulterbereich; erhöhte Reizbarkeit und Aggressivität, verminderte Konflikttoleranz und allgemein niedrige psycho-physische Belastbarkeit durch hirnorganisches Psychosyndrom; Armplexuslähmung 50%; Rekurrensparese mit Dysphonie 20%; kosmetische 20%, hirnorganische Beeinträchtigung 30%	Umschulung zum Verwaltungsbeamten	LG Freiburg i. Br. 10.3.1998 5 O 108/96 RAe Blessing & Berweck, Villingen-Schwenningen
1448	300 000 **€ 150 000** *(€ 203 448)*	Verrenkungsbruch im Bereich des 5./6. HW mit daraus resultierender Tetraplegie und nachfolgender spastischer Tetraparese (partielle Viergliedmaßenlähmung)	4 Monate Krankenhaus	50-jähr. Grundschullehrerin	Inkomplette Lähmung der vier Extremitäten, Gehvermögen nur für kurze bis mittellange Wegstrecken auf ebenem Boden, Treppensteigen erschwert; ausgeprägte Funktionsausfälle der rechten Hand, Greif- und Haltefunktionen können so gut wie nicht mehr ausgeführt werden; Beeinträchtigung der feinkoordinativen Funktion in der linken Hand; massive Dysästhesien und Hyperästhesien im Bereich der oberen Gliedmaßen, des Thorax, des Oberbauchs und der Beine; ständige Gefühlsstörungen, die u. a. schlafstörend wirken; verkürzte Harn- und Stuhlentleerung; zeitlebens auf fremde Hilfe angewiesen	Bei Urteilsfällung noch ärztliche und heilgymnastische Behandlung; in letzter Zeit Gesundheitsverschlechterung (u. a. starke Atmungseinschränkung und Zunahme der Sensibilitätsstörungen und der Gangunsicherheit); frühere Hobbys (Musizieren, Skilanglauf, Wandern) nicht mehr möglich; Besorgnis der Klägerin bezügl. einer weiteren Gesundheitsverschlechterung bis hin zu einer Querschnittslähmung	Saarländisches OLG 10.12.1998 3 U 244/98-31 zfs 1999, 101 RAe Gebhardt u. Koll., Hamburg

● Mithaftung (siehe vorletzte Spalte)

Lfd. Nr.	Betrag DM Euro (Anp.2019)	Verletzung	Dauer und Umfang der Behandlung; Arbeitsunfähigkeit	Person des Verletzten	Dauerschaden	Besondere Umstände, die für die Entscheidungen maßgebend waren	Gericht, Datum der Entscheidung, Az., Veröffentlichung bzw. Einsender
\multicolumn{8}{l}{Fortsetzung von »Nerven - Lähmung«}
1449	400 000 € 200 000 (€ 264 838)	Lähmung aller Extremitäten, Verletzung innerer Organe, Schädelhirntrauma 2. Grades, offene Unterschenkelfraktur 2.–3. Grades	6 Monate Krankenhaus	70-jähr. Frau	Für alle Verrichtungen des täglichen Lebens auf fremde Hilfe angewiesen; kann etwa ¾ der Nahrung oral zu sich nehmen, der Rest muss über Sondernahrung substituiert werden; infolge schwerer kognitiver Einbußen kein Überblick über komplexe Handlungsabläufe, kann subjektive Beschwerden nicht verbalisieren, auf Ansprache nur Äußerung von überwiegend unverständlichen und nicht adäquaten Lauten, keine Orientierung zu Zeit, Ort und Situation, reagiert nicht erkennbar mit Gefallen oder Missfallen auf Unterhaltung oder sonstige Kommunikationsangebote, erhebliche Reduzierung der Merkfähigkeit; kann in der Wohnung auf kurze Dauer mit fremder Hilfe wenige Schritte gehen, ansonsten auf Rollstuhl angewiesen; Inkontinenz	Zu berücksichtigen sind Alter und Lebenserwartung der Klägerin, die vor dem Unfall noch leistungsfähig war und gerne Reisen unternahm; infolge Mithaftung von 20% wurde lediglich ein Betrag von DM 320 000 (€ 160 000) zuerkannt	LG Frankfurt am Main 30.11.2000 2/5 O 6/98 RAe Dres. Klingelhöfer & Basten, Krause, Marburg
1450	400 000 € 200 000 (€ 257 143)	Lähmung der rechten Körperhälfte		Mann	Kläger kann sich im Haus ebenerdig frei bewegen und alleine aufstehen, die notwendigsten Verrichtungen des täglichen Lebens (Toilettengang, Körperpflege, An- und Auskleiden, Essen) mit begrenzter Hilfe möglich, allerdings ständige Verfügbarkeit einer Pflegeperson	Verletzungsbild dem eines inkomplett ab dem Unterkörper Querschnittsgelähmten mit allen sich daraus ergebenden sozialen und psychischen Folgen vergleichbar; ein Schmerzensgeld von DM 500 000 (€ 250 000) regelmäßig nur für eine schwere Querschnittslähmung vom Hals abwärts	OLG Hamm 16.4.2002 27 U 198/01 NZV 2002, 460 DAR 2002, 451
1451	500 000 € 250 000 + immat. Vorbehalt (€ 337 357)	HWK-Trümmerfraktur, HWK-VI-Fraktur mit kompletter Tetraplegie	Laufende Krankenhausaufenthalte	37-jähr. Mann	Sensibel inkomplette, motorisch komplette Tetraplegie unterhalb C VI mit Blasen- und Mastdarmentleerungsstörungen; immer wiederkehrende Depressionen, die schon so weit gingen, dass er die Ärzte mehrfach um eine lebensbeendende Spritze gebeten hat MdE: 100%		LG Konstanz 31.7.1998 2 O 155/98 G (Vergleich) RAe Blessing & Berwerck, Villingen-Schwenningen
1452	€ 300 000 + immat. Vorbehalt (€ 346 304)	Inkomplette Paraplegie, respiratorische Insuffizienz, offener Luftröhrenschnitt, Stuhl- und Harninkontinenz, eine starke Fehlhaltung des Kopfes sowie depressive Verstimmungen	6 Monate stationärer Krankenhausaufenthalt auf der Intensivstation, 18 OP seit dem Unfall	11-jähr. Junge	Kläger ist ständig betreuungsbedürftig und kann sich lediglich 3 Schritte bzw. 10 Meter mit einem Rollator fortbewegen. Die Sprache ist teilweise unverständlich. Es besteht dauernd akute Lebensgefahr durch Ersticken	Kläger hat massive Einschränkung im Privatleben; soziale Kontakte bestehen nur noch zur Familie; Kläger ist geistig normal entwickelt und leidet deshalb in besonderem Maße unter den Beeinträchtigungen. Unfall war durch den Großvater verursacht, weswegen Genugtuungsfunktion in den Hintergrund tritt	OLG Dresden 25.3.2009 7 U 1891/08 RA Patrick Roth, Dresden

Fortsetzung von »Nerven - Lähmung«

Lfd. Nr.	Betrag DM Euro (Anp.2019)	Verletzung	Dauer und Umfang der Behandlung; Arbeitsunfähigkeit	Person des Verletzten	Dauerschaden	Besondere Umstände, die für die Entscheidungen maßgebend waren	Gericht, Datum der Entscheidung, Az., Veröffentlichung bzw. Einsender
1453	€ 350 000 + immat. Vorbehalt *(€ 370 219)*	Wegen fehlerhafter Aufklärung rechtswidrige Wirbelsäulen-OP, die zu einem Wachkoma (apallisches Syndrom) geführt hat		50-jähr. Frau	Apallisches Syndrom	Die Schmerzensgeldforderung bemisst der Senat auf € 350 000. Diesen Betrag hält der Senat angemessen für die Schwerstschädigung der Klägerin, die aufgrund des eingetretenen und inzwischen 12 Jahre andauernden Wachkomas (apallisches Syndrom) zum weitgehenden Verlust der Persönlichkeit geführt hat. Dabei wird berücksichtigt, dass die Klägerin nach dem beschriebenen Zustand, der unstreitig ist, nicht mehr mit ihrer Umwelt kommunizieren kann, aber noch psychische Reaktionen zeigt, so dass nicht ausgeschlossen werden kann, dass ihr ihr völlig hilfloser Zustand in gewisser Weise bewusst wird. In der einschlägigen Rechtsprechung finden sich für ein eingetretenes apallisches Syndrom zuerkannte Schmerzensgeldbeträge zwischen (indexiert) € 240 000 und € 500 000 bzw. € 650 000 mit kapitalisierter Schmerzensgeldrente. Die höchsten Beträge wurden dabei für Säuglinge bzw. Kleinkinder ausgesprochen, bei denen praktisch das gesamte Leben von Anfang an zerstört war. Im Falle der Klägerin hatte diese immerhin ihr Leben bis zum Alter von 50 Jahren normal leben können. Es ist hier auch zugunsten der Beklagten zu berücksichtigen, dass die Haftung nur aufgrund einer geringen Fahrlässigkeit im Zusammenhang mit einer Fehlinterpretation der Einstellung einer Vertrauensperson zur Operation besteht, dagegen kein Behandlungsfehler festzustellen ist	OLG Karlsruhe 30.6.2015 13 U 202/12

Kapitalabfindung mit Schmerzensgeldrente

Lfd. Nr.	Betrag DM Euro (Anp.2019)	Verletzung	Dauer und Umfang der Behandlung; Arbeitsunfähigkeit	Person des Verletzten	Dauerschaden	Besondere Umstände, die für die Entscheidungen maßgebend waren	Gericht, Datum der Entscheidung, Az., Veröffentlichung bzw. Einsender
1454	€ 50 000 und € 150 Rento monatlich *(€ 63 669)*	Paraplegie beider Beine, Beeinträchtigung der Blasen- und Mastdarmfunktion	5 Monate Krankenhaus und Reha-Klinik	60-jähr. Mann	Paraplegie beider Beine mit Beeinträchtigung der Blasen- und Mastdarmfunktion, Kläger ist sitzfähig, jedoch ständig auf Pflege angewiesen	Ärztlicher Behandlungsfehler durch Unterlassen medizinisch erforderlicher diagnostischer Untersuchungsmaßnahmen; Kläger hat Schmerzen zu ertragen	OLG Düsseldorf 10.4.2003 I - 8 U 38/02 VersR 2005, 117

● Mithaftung (siehe vorletzte Spalte)

Lfd. Nr.	Betrag DM **Euro** *(Anp.2019)*	Verletzung	Dauer und Umfang der Behandlung; Arbeitsunfähigkeit	Person des Verletzten	Dauerschaden	Besondere Umstände, die für die Entscheidungen maßgebend waren	Gericht, Datum der Entscheidung, Az., Veröffentlichung bzw. Einsender
	Fortsetzung von »Nerven - Lähmung«						
1455	120 000 €60 000 und 500 €250 Rente monatlich *(€84 960)*	Schweres, offenes Schädelhirntrauma mit frontobasaler Schädelfraktur; Orbitafraktur rechts; Schienbeinbruch links; Oberschenkelbruch rechts; Lungenentzündung; Oberkieferhöhlenentzündung; Abzess im Bereich der Tracheostoma-Narbe; Gesichtslähmung links; Lähmung des 3. Hirnnervs; spastische Parese der überwiegend rechten Extremität	4 ½ Monate Krankenhaus mit anfänglicher Lebensgefahr und 15 Tage künstlicher Beatmung; anschließend längerer Reha-Aufenthalt; 4 Monate später nochmals 2 Wochen Krankenhaus	11-jähr. Junge	Deutlich ausgeprägtes hirnorganisches Psychosyndrom, insbesondere psychomotorische Verlangsamung, Kritik- und Distanzminderung sowie Störungen der Konzentration, des Gedächtnisses, des Durchhaltevermögens; mittelgradige Tonussteigerung der rechtsseitigen Extremitätenmuskulatur; Koordinationsstörungen, die sich insbesondere auf die Feinmotorik der rechten Hand auswirken; leichte bis mittelgradige Gehbeeinträchtigung; Hörabschwächung rechts; Lidheberschwäche; Fehlhaltung der WS, Behinderungsgrad: 100%	Die unfallbedingten psychischen Störungen und Belastungen wiegen gerade bei einem jungen Menschen schwer. Die körperlichen und geistigen Leistungseinbußen bedeuten, dass der Kläger einem höheren Unfallrisiko ausgesetzt ist. Mit vorzeitigem Gelenkverschleiß und einer Zunahme der Fehlhaltung der WS ist zu rechnen. Konkrete Möglichkeit zukünftiger epileptischer Anfälle	OLG Düsseldorf 22.5.1995 1 U 28/94 VersR 1997, 65 Revision vom BGH nicht angenommen 30.4.1996 VI ZR 215/95
1456	€100 000 und €100 Rente monatlich + immat. Vorbehalt *(€127 033)*	Halbseitenlähmung mit Gesichtslähmung rechts, spastische Tonuserhöhung des rechten Arms und Beins, zentrale Parese des rechten Beins und Arms mit einer motorischen Lähmung der Hand- und Fingermuskulatur, schwere Störung der Feinmotorik rechts, herabgesetzte Empfindlichkeit im Bereich der rechten Körperhälfte, spastische Gangstörung mit Außendrehung des rechten Beins, neuropsychologische Ausfälle		40-jähr. Maschinenbauingenieur, zum Urteilszeitpunkt 45 Jahre alt	Halbseiten- mit Gesichtslähmung sowie weitere Lähmungserscheinungen (s. Spalte „Verletzungen"), emotionale Labilität, depressive Stimmungslage; deutliche Wortfindungsstörungen, verlangsamte Sprechweise, reduzierte Kommunikationsfähigkeit; Kläger kann mit der rechten Hand nicht mehr schreiben; MdE: 80%	Grober ärztlicher Behandlungsfehler durch Fehldiagnose (Schlaganfall wurde als Migräne diagnostiziert); Kläger kann seine Firma nach außen hin nicht mehr angemessen repräsentieren und seine fachliche Kompetenz nicht mehr adäquat darstellen	LG München I 15.10.2003 9 O 5889/99 VersR 2005, 657 bestätigt durch OLG München 1 U 5250/03 RA Feuerberg, München
1457	€100 000 und €125 Rente monatlich + immat. Vorbehalt *(€111 672)*	Zunächst stumpfes Bauchtrauma und eine Flankenprellung links ohne äußerliche Verletzungszeichen und ohne einen Anhalt für eine frische Knochenverletzung. In der Folge erlitt der Kläger eine inkomplette Querschnittslähmung SubTh C	Zunächst ca. 3 Wochen stationäre Behandlung	51-jähr. Mann	Querschnittslähmung. Sensibilität und Motorik im Bereich der unteren Extremitäten ist vollständig gestört. Außerdem leidet der Kläger unter Blasen- und Mastdarmentleerungsstörungen	Der Kläger ist nicht nur aus dem Berufsleben gerissen worden, sondern auch in seinen privaten Bereichen erheblichst beeinträchtigt und auf ständige Hilfeleistungen angewiesen. Durch Verwendung eines Rollstuhls und die verbleibende Beweglichkeit seiner Arme hat er zwar eine gewisse Mobilität, ist aber ohne Zweifel in seiner Lebensfreunde bis ans Lebensende erheblich beeinträchtigt. Bei seiner Gesamtabwägung hat das LG zu Recht auch die besondere Schadensanfälligkeit des Klägers bzw. die stattgefundene somatoformen Fehlverarbeitung ausreichend schmerzensgeldmindernd berücksichtigt	OLG Frankfurt am Main 15.6.2011 15 U 178/09 NZB zurückgew. d. BGH, Beschl. v. 27.3.2012 – VI ZR 199/11
1458	200 000● €100 000 und 500 €250 Rente monatlich + immat. Vorbehalt *(€137 743)*	Tetraspastik und inkomplettes Locked-in-Syndrom		18-jähr. Radfahrer		70% Mitverschulden	OLG Stuttgart 29.4.1997 10 U 260/93 VersR 1998, 1169 Revision der Beklagten vom BGH nicht angenommen 28.4.1998 VI ZR 175/97

Lfd. Nr.	Betrag DM **Euro** *(Anp.2019)*	Verletzung	Dauer und Umfang der Behandlung; Arbeitsunfähigkeit	Person des Verletzten	Dauerschaden	Besondere Umstände, die für die Entscheidungen maßgebend waren	Gericht, Datum der Entscheidung, Az., Veröffentlichung bzw. Einsender

Fortsetzung von »Nerven - Lähmung«

Lfd. Nr.	Betrag	Verletzung	Dauer	Person	Dauerschaden	Besondere Umstände	Gericht
1459	200 000● €100 000 und 800 €400 Rente monatlich *(€141 036)*	Schwere Schädelverletzung, mit Einschränkung aller intellektuellen Fähigkeiten und Lähmung aller Extremitäten. Schwere Brustverletzung mit vielfachen Rippenfrakturen; Hämatopneumothorax rechts; Contusio cordis mit Perikarderguss; Sehnenfädenabrisse im Bereich des hinteren Metralsegels	Kläger war über mehrere Wochen nicht ansprechbar, musste künstlich beatmet und ernährt werden; mehrfache Wunddrainagen	18-jähr. Schüler	Kläger ist weitgehend gelähmt, lediglich teilweiser Gebrauch der rechten Hand; Fortbewegung mit Rollstuhl möglich; in den Dingen des täglichen Lebens volle Hilfe von außen erforderlich, Hilfe auch in den Nachtstunden, da im Bereich der Gelenke keine komplexeren motorischen Abläufe möglich; Hirnleistungsschwäche mit Sprachstörungen; die Situation hinsichtlich der intellektuellen Leistungen entspricht etwa den Leistungen Mathematik der 4. Klasse Grundschule	25% Mithaftung; Kläger ist in der Lage, seinen Zustand bewusst zu empfinden, was ihn zunehmend psychisch belastet, es droht eine gewisse Vereinsamung, da Kontakte zunehmend auf Klinik und Familie reduziert sind	OLG Hamm 25.9.1995 6 U 231/92 r+s 1996, 349
1460	600 000● €300 000 und 750 €375 Rente monatlich *(€390 441)*	Locked-in-Syndrom		24-jähr. Mann	Kläger kann sich nicht mehr bewegen und wirkt bewusstlos, wenngleich er in gewissen Grenzen Empfindungen, wie Angst, Freude und Schmerz aufweist und in der Lage ist, auf Aufforderung die Augen zu öffnen und zu schließen und derartigen Befehlen zu folgen; immer auf fremde Hilfe angewiesen	20% Mithaftung; die gesundheitlichen Beeinträchtigungen dieses Ausmaßes verlangen eigenständige Bewertung und verbieten lediglich symbolische Wiedergutmachung; zu berücksichtigen ist auch, dass weitere gesundheitliche Komplikationen eingetreten sind und solche in Zukunft auch nicht auszuschließen sind; nekrotische Defektzonen am linken Fuß und an der linken Kniekehle werden festgestellt, ein vereiterter Lungenflügel musste entfernt werden; erheblich zögerliche Schadensregulierung der Versicherung; ausgeurteiltes Schmerzensgeld und Schmerzensgeldrente sprengen nicht die Grenzen des Entschädigungssystems (vgl. OLG Frankfurt in VersR 96, 1509); mögliche Nachteile für die Versichertengemeinschaft sind vertretbar	OLG Naumburg 25.10.2001 3 U 24/01 zfs 2002, 569 NZV 2003, 130 VersR 2003, 337 VRS 104, 171 BGH hat Revision der Bekl. nicht angenommen VI ZR 426/01

Weitere Urteile zur Rubrik »**Nerven - Lähmung**« siehe auch:
bis €12 500: 924, 2623, 2624, 569
bis €25 000: 1940, 110, 40, 1106, 2147, 78, 42, 2688, 1473, 1596, 1274, 1131, 996, 877, 1475, 2699
ab €25 000: 1670, 1202, 1292, 1170, 2596, 506, 2151, 2957, 1961, 2691, 2600, 1311, 612, 451, 428, 1969, 1206, 1179, 118, 2977, 2694, 1210, 2695, 1966, 704, 2423, 2696, 1301, 434, 1213, 1302, 2992, 2627, 1681, 1285, 2088, 453, 1322, 1487, 2482, 1101, 3003, 1323, 1220, 1974, 1025, 1141, 1488, 2604, 2631, 2436, 2437, 1977, 1329, 2605, 1980, 1982, 3013, 1287, 2698, 1331, 2438, 1984, 3191, 1333, 2633, 1223, 1986, 2607, 1987, 1083, 1988, 3015, 1225, 1226, 1990, 1991, 1227, 1228, 1992, 1995, 2640, 2642, 2645, 1998, 1288, 2646, 1335, 2649, 1236, 2650, 2651, 2001, 2655, 1239, 2445, 2446, 2657, 2658, 1336, 1337, 2668, 1182, 1185, 2004, 2670, 2005, 1377, 2006, 2007, 2092, 1244, 2008, 2672, 1245, 1246, 2804, 2673, 2011, 1247, 1248, 2450, 2291, 1250, 1251, 2675, 2015, 2676, 2016, 2678, 2679, 1340, 1252, 2019, 1341, 1342, 2021, 2681, 2682, 2022, 1343, 1344, 2024, 2683, 2684, 2025, 2685

Nerven - Zerreißung, Durchtrennung, Reizung, Einklemmung u. Ä.

Lfd. Nr.	Betrag	Verletzung	Dauer	Person	Dauerschaden	Besondere Umstände	Gericht
1461	2000 €1000 *(€1284)*	Schock, Übelkeit, Kopfschmerzen, Schmerzen aufgrund eingeklemmter Nerven im Halswirbel und im Bereich der linken Hüfte	10 Tage arbeitsunfähig	Mann		Erhebliche Fahrlässigkeit des Beklagten; plötzliches Erleben einer Schreck-Situation löst Kreislaufbeeinträchtigungen und Nervenerschütterungen aus, die noch sehr lange Zeit nachwirken	AG Schwerin 24.5.2002 14 C 3154/01 RA Koch, Erftstadt

● Mithaftung (siehe vorletzte Spalte)

Lfd. Nr.	Betrag DM Euro (Anp.2019)	Verletzung	Dauer und Umfang der Behandlung; Arbeitsunfähigkeit	Person des Verletzten	Dauerschaden	Besondere Umstände, die für die Entscheidungen maßgebend waren	Gericht, Datum der Entscheidung, Az., Veröffentlichung bzw. Einsender
	Fortsetzung von »Nerven - Zerreißung, Durchtrennung, Reizung, Einklemmung u. Ä.«
1462	€ 3000 (€ 3584)	Nervenverletzung des rechten Zeigefingers durch eingedrungene Glassplitter		Juwelierin		Ärztlicher Behandlungsfehler. Die Beklagte hat es versäumt, unter Verstoß gegen die Regeln der ärztlichen Kunst und damit im Rechtssinne behandlungsfehlerhaft, im Rahmen der Behandlung ein Röntgenbild anzufertigen Dieses hätte mit überwiegender Wahrscheinlichkeit weitere im Finger der Klägerin befindliche Glassplitter gezeigt, welche sodann hätten entfernt werden können. Wäre all dies den Regeln der ärztlichen Kunst entsprechend geschehen, wäre es nicht zu der Nervenverletzung und somit auch nicht zu den im Folgenden aufgetretenen Beeinträchtigungen der Klägerin gekommen	OLG München 15.3.2007 1 U 5760/06 RA Brodski, München
1463	6500 € 3250 (€ 4375)	Läsion sensibler Hautnerven in der rechten Gesäßhälfte nach intramuskulärer Injektion von Diclofenac im Bereich der Einstichstelle ohne ausreichende Indikation		Frau		Rückbildung des betroffenen Hautareals; Restbeschwerden vor allem in Form einer Druckempfindlichkeit; mit einiger Wahrscheinlichkeit kann in Zukunft mit einer weiteren Verringerung der Beschwerden gerechnet werden; kein irreversibler Dauerschaden	LG Oldenburg 10.9.1999 8 O 316/98 RA Buß, Wilhelmshaven
1464	7500 € 3750 + immat. Vorbehalt (€ 5226)	Schädigung des Nervus ulnaris aufgrund eines Operationsfehlers		Mann	Missempfindungen in der linken Hand	Unangenehme, bis in die Finger hinein zu verspürende kleine Stromschläge; zur Vermeidung dieser Missempfindungen hält Kläger die betroffenen Finger nach Möglichkeit zur Innenhand gebeugt	OLG Düsseldorf 13.6.1996 8 U 98/95 NJWE-VHR 1996, 168
1465	10 000 € 5000 + immat. Vorbehalt (€ 6523)	Verletzung des Nervus medianus mit Taubheit und Beweglichkeitseinschränkung der linken Hand	6 Monate Behandlungen (u. a. Blocktherapie, physikalische Therapie)	Musiklehrer		Fehlerhafte Durchführung einer operativen Entfernung eines Tumors im linken Oberarm; 6 Monate erhebliche Schmerzen mit Bewegungseinschränkungen; nach 3 Jahren noch Einschränkungen des linken Mittelfingers; Kläger wurde in den Monaten nach dem Eingriff in seiner Berufsausübung als Gitarrenlehrer nicht unerheblich beeinträchtigt; immat. Vorbehalt, da späterer Funktionsausfall der linken Hand nicht völlig ausgeschlossen werden kann	LG München I 14.11.2001 9 O 10169/98 RAe Müller-Heydenreich, Beutler, Dr. Schmitz & Kollegen, München
1466	10 000 € 5000 (€ 7224)	Nervenschädigung im linken Arm infolge einer fehlerhaft durchgeführten Narkotisierung; Verletzung der ärztlichen Aufklärungspflicht		Mann	Bewegungseinschränkung des linken Schultergelenks; Sensibilitätsstörungen im Bereich des linken Unterarms; Kribbelparästhesien im Bereich des 1. und 2. Fingers links. MdE: 10%		LG Oldenburg 11.3.1994 8 O 4158/92 RA Jaegler, Brake
1467	12 000 € 6000 (€ 8507)	Schädigung des Nervus ulnaris im Sulcus des rechten Ellenbogens (Sulcus ulnaris-Syndrom)	Zwei Operationen mit jeweils zweimonatiger 100%iger Erwerbsunfähigkeit	Junge Frau	MdE: 10%	Es verbleiben unschöne Narben	LG München I 2.2.1995 19 O 6285/94 VorsRiLG Krumbholz

Lfd. Nr.	Betrag DM Euro (Anp.2019)	Verletzung	Dauer und Umfang der Behandlung; Arbeitsunfähigkeit	Person des Verletzten	Dauerschaden	Besondere Umstände, die für die Entscheidungen maßgebend waren	Gericht, Datum der Entscheidung, Az., Veröffentlichung bzw. Einsender
	**Fortsetzung von »Nerven - Zerreißung, Durchtrennung, Reizung, Einklemmung u. Ä.«**
1468	12000 € 6000 (€ 8351)	Verletzung des Nervus radialis bei einer Unterarmoperation (zwei ärztliche Behandlungsfehler)		Briefsortiererin	Streckheberschwäche der Finger III und IV der rechten Hand und dadurch bedingte erhebliche Einschränkung der Gebrauchsfähigkeit der Hand	Da die beiden mittleren Finger nicht aus eigener Kraft aktiv gestreckt werden können, stehen sie bei der Benutzung der Hand im Wege, wodurch die Gefahr von Verletzungen gegeben ist; Klägerin verbindet daher die beiden Finger durch Fingerringe mit den noch bewegungsfähigen, benachbarten Fingern	OLG Oldenburg (Oldenburg) 9.7.1996 5 U 143/95 NJWE-VHR 1997, 113
1469	€ 10000 + immat. Vorbehalt (€ 11 946)	Schädigung des Peronaeusnervs am rechten Bein, Muskelnekrosen	2 Krankenhausaufenthalte von mehreren Wochen mit 7 Revisionsoperationen; erhebliche Verzögerung der Wundheilung	46-jähr. Koch	Fußheberschwäche mit erheblichen Beeinträchtigungen beim Bewegungsablauf	Grober ärztlicher Behandlungsfehler durch nicht rechtzeitiges Erkennen einer Bildung eines Kompartmentsyndroms anlässlich einer Umstellungsosteotomie; durch Muskelnekrosen Eintritt einer Muskelspaltung, die operative Revision erforderlich machte; Kläger in seinem Beruf als Koch beeinträchtigt, da er seine Arbeit überwiegend stehend und gehend verrichtet	OLG Hamm 14.3.2007 3 U 54/06
1470	20000 € 10000 (€ 14371)	Durchtrennung des Nervus lingualis (fehlende ärztliche Aufklärung über das Risiko beim Entfernen eines Weisheitszahns)	2 Wochen stationär durchgeführte Reanastomosierungsversuche, 7 Wochen arbeitsunfähig	Frau	Verlust des Gefühls- und Geschmackssinns auf einer Seite der Zunge mit der Folge häufiger Bissverletzungen; Zunge ermüdet beim Sprechen, Sprache wird dann kloßig		OLG München 23.6.1994 24 U 961/92 VersR 1995, 464
1471	€ 15000 (€ 18353)	Verletzung des linken nervus mentalis bei Versuch, Zahn 35 zu entfernen		Arzt	Bleibene Missempfindungen im Bereich der Unterlippe und des Zahnfleisches	Ärztlicher Behandlungsfehler; außerdem hat der Beklagte den Kläger nicht ordnungsgemäß über die Risiken einer Nervschädigung aufgeklärt. Der Dauerschaden bewirkt nicht nur eine bleibende Einbuße von Gefühl und bleibendes Missempfinden im betroffenen Bereich, wodurch der Kläger beim Sprechen, Essen und Schlafen gegenüber dem vorigen Zustand eingeschränkt ist	LG Wiesbaden 10.1.2006 7 O 274/03 RA Menzel, Frankfurt
1472	€ 15000 (€ 18502)	Plexuslähmung des rechten Armes	Rekonstruktion der Nerven bei stationärem Krankenhausaufenthalt, Vielzahl von notwendigen Behandlungsmaßnahmen, insbesondere regelmäßige Krankengymnastik; 14 Monate erwerbsunfähig	Frau	Klägerin hat trotz relativ erfolgreicher Rekonstruktion der betroffenen Nerven nicht wieder die volle Funktionsfähigkeit des rechten Armes erreicht, Dauerfolgen jedoch geringfügiger Natur	Bewusste Durchtrennung des Nervengewebes beim Herauslösen eines Tumors im Bereich des plexus brachialis, um hinreichenden Zugang zum Tumor zu haben; Fall einer unklaren Krebs-Diagnose, wobei die Alternativen in einer radikalen Operation einerseits, andererseits in einer Abklärung der Qualität des sich im Nachhinein als gutartig herausstellenden Tumors innerhalb der Operation mit dem Versuch einer schonenden Entfernung lagen; unzureichende Aufklärung der Klägerin über die Möglichkeit alternativer Behandlungsmethoden; erhebliche und lang andauernde Schmerzen	OLG Köln 1.6.2005 5 U 91/03 VersR 2006, 124
1473	35000 € 17500 (€ 23736)	Durchtrennung des Nervus tibialis am linken Fuß		Arbeiter	Erhebliche Schmerzen im Fuß, Sensibilitätsstörungen, Lähmungserscheinungen und motorische Ausfälle, die die Gehfähigkeit des Klägers stark beeinträchtigen	Schwerer ärztlicher Behandlungsfehler; es wurde berücksichtigt, dass bereits vor dem operativen Eingriff schwere Schmerzzustände bestanden; diese haben jedoch eine bedeutende Zunahme erfahren; dadurch auch die Beeinträchtigung der Gehfähigkeit	OLG Köln 21.12.1998 5 U 165/97 VersR 2000, 492

● Mithaftung (siehe vorletzte Spalte)

Lfd. Nr.	Betrag DM Euro (Anp.2019)	Verletzung	Dauer und Umfang der Behandlung; Arbeitsunfähigkeit	Person des Verletzten	Dauerschaden	Besondere Umstände, die für die Entscheidungen maßgebend waren	Gericht, Datum der Entscheidung, Az., Veröffentlichung bzw. Einsender
	Fortsetzung von »Nerven - Zerreißung, Durchtrennung, Reizung, Einklemmung u. Ä.«						
1474	40 000 € 20 000 (€ 27 266)	Läsion des nervus infraorbitalis rechts mit Deafferentierungsschmerz bei einer Operation im Kieferbereich		35-jähr. Mann	Sensibilitätsstörung im 2. Trigeminusast mit völliger Gefühllosigkeit eines fünfmarkstückgroßen Areals auf der Wange und einer Minderung der Gefühlsempfindung an rechter Unterlippe und Oberlippe sowie an rechter Nasenwurzel; chronisch dumpf drückender Dauerschmerz mit rezidivierenden Attacken von zwei- bis dreimal pro Woche über einen Zeitraum von ca. 30 Minuten; Reduzierung der Gesichtsmimik	Operation wurde auf der falschen Seite und dazu fehlerhaft durchgeführt	OLG Köln 3.11.1997 5 U 137/97 VersR 1999, 100
1475	45 000 € 22 500 + immat. Vorbehalt (€ 31 818)	Peronaeuslähmung am linken Bein		23-jähr. Frau	Fußheberparese	Ärztlicher Behandlungsfehler. Vollständige Durchtrennung des Nervus peronaeus bei operativer Entfernung einer Knochenzyste	OLG Oldenburg (Oldenburg) 17.10.1995 5 U 143/93 5. Zivilsenat OLG Oldenburg
1476	€ 25 000 + immat. Vorbehalt (€ 26 392)	Schädigung des Nervus femoralis bei Hüftgelenksoperation		Frau	Lähmung mit Bewegungseinschränkung	Die Kammer hält nach Abwägung die Zuerkennung eines Schmerzensgeldes in Höhe von € 25 000 für angemessen. Bei der Bemessung des Schmerzensgeldes ist neben dem rechtswidrig durchgeführten Eingriff selbst die dadurch verursachte Schädigung des Nervus femoralis und die dadurch verursachte Einschränkung zu berücksichtigen. Im Rahmen der Bemessung des Schmerzensgeldes war zudem zu berücksichtigen, dass der Klägerin aufgrund der Irreversibilität des Nervschadens die Möglichkeit einer Heilung entgangen ist und sie ein Leben lang mit dieser irreversiblen Schädigung wird leben müssen. Sie ist auf Unterarmgehstützen angewiesen, ist in ihrer Mobilität eingeschränkt, kann nur noch Aktivitäten im Sitzen machen, muss Physiotherapie durchführen und ist zudem durch ihre körperlichen Einschränkungen psychisch stark belastet	LG Münster 22.7.2015 108 O 166/13
1477	€ 25 000 + immat. Vorbehalt (€ 29 016)	Läsion des nervus femoralis links		39-jähr. Frau	Sensibilitätsausfälle und deutliche Einschränkungen der Hüftbewegung und der Kniestreckung, die sich besonders beim Treppensteigen sowie durch die Instabilität sowie das plötzliche Überstrecken oder Beugen des Knies auswirken; Schmerzen	Fehlende wirksame Operationseinwilligung bei Entfernung eines Tumors; Klägerin wurde nicht über das Risiko einer Verletzung des nervus femoralis aufgeklärt	OLG Köln 28.4.2008 5 U 192/07 VersR 2009, 1119

Lfd. Nr.	Betrag DM Euro (Anp.2019)	Verletzung	Dauer und Umfang der Behandlung; Arbeitsunfähigkeit	Person des Verletzten	Dauerschaden	Besondere Umstände, die für die Entscheidungen maßgebend waren	Gericht, Datum der Entscheidung, Az., Veröffentlichung bzw. Einsender
Fortsetzung von »Nerven - Zerreißung, Durchtrennung, Reizung, Einklemmung u. Ä.«							
1478	€ 25 000 (€ 28 487)	Chronische Schmerzstörung des rechten Arms als Folge einer durch die Lagerung während einer Schilddrüsenoperation bedingten Nervenschädigung		Frau	Chronische Schmerzstörung des rechten Arms	Ein Schmerzensgeld von € 25 000 ist angemessen, wenn als Folge einer durch die Lagerung während einer Schilddrüsenoperation bedingten Nervenschädigung eine chronische Schmerzstörung des rechten Arms eingetreten ist, die den Geschädigten im Haushalt, bei beruflicher Tätigkeit und bei sozialen Aktivitäten beeinträchtigt und die zu einer leichten depressiven Verstimmung sowie einem Reizdarmsyndrom geführt hat	OLG Köln 26.4.2010 5 W 8/10
1479	50 000 € 25 000 + immat. Vorbehalt (€ 33 995)	Dauerhafte neurologische Ausfälle im Bereich des linken Unterschenkels und Fußes infolge eines nicht erkannten und deswegen unbehandelt gebliebenen Kompartmentsyndroms		36-jähr. Hausfrau	Arthrodese des oberen Sprunggelenks, Einsteifung des unteren Sprunggelenks; deutliches Verkürzungs- und Insuffizienzhinken; fehlender Zehenspitz- und Hackengang links; linksseitig Krallenfehlstellung; sensibler Ausfall der gesamten Versorgung des linken Unterschenkels mit Kribbelparästhesien; starke Narbenbildung, Schmerzzustände	Gefahr einer weiteren Arthroseausbildung im unteren Sprunggelenk; Amputation brächte der Klägerin wegen bleibender Phantomschmerzen keine nachhaltige Linderung der schweren Schmerzzustände; endgültige operative Versteifung wahrscheinlich	OLG Oldenburg (Oldenburg) 2.12.1997 5 U 79/97 VersR 1998, 595 NJWE-VHR 1998, 163 RAe Landgraf + Partner, Osnabrück
1480	€ 30 000 + immat. Vorbehalt (€ 35 638)	Verletzung des nervus supraorbitalis		Frau	Taubheitsgefühle und mangelnde Empfindungen sowie Schmerzen am Kopf, insbesondere im Gesicht, Verringerung der Mimik; schwere seelische Belastung mit Schwierigkeiten für die Kommunikation und das Sexualleben; Behinderung der beruflichen Leistungsfähigkeit	Schönheitschirurg hat unter einer unzutreffenden Diagnose einen Eingriff an den Augenlidern durchgeführt, wobei die Nervenverletzung eintrat	OLG Koblenz 14.6.2007 5 U 1370/06 Vers R 2008, 492
1481	€ 30 000 (€ 34 443)	Komplette Parese des nervus peroneus		50-jähr. Köchin, zum Urteilszeitpunkt 57 Jahre alt	Instabilität des linken Knies, Fußheberschwäche, normales Stehen und Gehen nicht möglich; Schmerzen	Operation, die der Entfernung des Materials aus dem linken Knie diente, das anlässlich einer Knochendurchtrennung eingesetzt wurde, war von der Einwilligung der Klägerin, die auf einen Eingriff durch einen anderen Operateur beschränkt war, nicht gedeckt und daher rechtswidrig; vorbestehende Beschwerden im linken Kniegelenk	OLG Köln 25.8.2008 5 U 28/08
1482	60 000 € 30 000 (€ 40 794)	Verletzung der Femoralarterie und des Nervus femoralis bei fehlerhaft durchgeführter Hüftgelenksoperation		67-jähr. Frau	Irreparable Nervschädigung; Klägerin kann nicht mehr den Oberschenkel bewegen und aus liegender Stellung den Oberkörper aufrichten; leidet an dauernden Schmerzen und ist außer Haus auf Rollstuhl und im Haushalt sowie beim An- und Auskleiden auf fremde Hilfe angewiesen	Keine Anspruchsminderung, weil der Klägerin bei gelungener Operation eine MdE von 25% zuerkannt worden wäre	OLG Oldenburg (Oldenburg) 29.7.1997 5 U 46/97 NJWE-VHR 1998, 18

● Mithaftung (siehe vorletzte Spalte)

Fortsetzung von »Nerven - Zerreißung, Durchtrennung, Reizung, Einklemmung u. Ä.«

Lfd. Nr.	Betrag DM **Euro** *(Anp.2019)*	Verletzung	Dauer und Umfang der Behandlung; Arbeitsunfähigkeit	Person des Verletzten	Dauerschaden	Besondere Umstände, die für die Entscheidungen maßgebend waren	Gericht, Datum der Entscheidung, Az., Veröffentlichung bzw. Einsender
1483	€ 35 000 + immat. Vorbehalt *(€ 37 432)*	Mäßig ausgeprägtes Karpaltunnelsyndrom, Schädigung der Nierenfunktion ersten Grades (retrospektiv), Psoasabszess rechts, Fieber 40°C, Übelkeit, im Rahmen einer ambulanten Behandlung einer Injektion (sog. Facettenblockade)	Dauerhaft Gehstützen	Krankenschwester	Verschlechterung der Muskulatur des Hüftgelenkes, Beeinträchtigung des Nervus Plexus lumbalis, dadurch schmerzhafte Belastungseinschränkungen beim Gehen, Stehen und Laufen, Gangunsicherheit, Sensibilitätsstörungen	Fehlende wirksame Einwilligung aufgrund unzureichender Aufklärung. Die vorgeschädigte Klägerin (Bandscheibenprotrusion L4/5) kann ihren Beruf nicht mehr ausüben und bezieht eine vollumfängliche Erwerbsminderungsrente. Bei der nunmehr vorliegenden Niereninsuffizienz wäre es zwar naheliegend, diese mittelbar auf den Behandlungsfehler zurückzuführen, allerdings ist das Gericht hiervon nicht überzeugt. Nach Belastung (nicht dauerhaft) durch die Gehstützen nach ca. 30 Min. treten bei der Klägerin beidseits Missempfindungen und Schmerzen auf, die aufgrund verzögerter Nervenleitgeschwindigkeiten objektivierbar sind. Durch die Verordnung von weichen, angepassten Handgriffen an den Gehstützen konnte eine Verschlechterung abgewendet werden, eine Operation ist derzeit nicht empfehlenswert. Für die Zukunft besteht bei Meidung nicht steroidaler Antiphlogistika eine positive Prognose bzgl. der Nierenschädigung, so der Sachverständige	LG Stendal 18.12.2013 21 O 71/10
1484	83 800 € 41 900 + immat. Vorbehalt *(€ 56 975)*	Zunächst Schädelprellung: Verletzung des 4. Halsnervs im Halsbereich links infolge erheblicher Gewalteinwirkung durch Sicherheitsgurt; später festgestellte Verlagerung des Magens und Erschlaffung des Zwerchfells	Zahlreiche Krankenhausaufenthalte mit 10 Operationen, über Monate künstlich in einem Zustand der Bewusstlosigkeit gehalten, schwebte über Wochen wiederholt in Lebensgefahr	48-jähr. Elektroniker	Durch langandauernde Narkotisierungen Nachlassen der Sehkraft; Beeinträchtigung des Geruchs- und Geschmackssinns; durch lang andauernde künstliche Ernährung und langes Liegen Verformung des Kiefers, sodass vorhandener Zahnersatz nicht mehr verwendbar war	Schwerwiegende Komplikationen, u. a. eine Dünndarmfistel. Der Kläger kann seinen Beruf nicht mehr ausüben, leidet unter weiteren gravierenden Folgen, die sein Leben beeinträchtigen	KG Berlin 17.7.1997 12 U 4216/96 RiKG Philipp
1485	€ 60 000 + immat. Vorbehalt *(€ 68 296)*	Armplexuslähmung subtotal rechts (Fallhand), kompletter Ausriss der Nervenwurzel C 7 vom Rückenmark, kaum stimulierbare Nervenwurzel C 8, Narbengeflecht ca. 1 cm bei C 5 und C 6	Bislang 3 umfangreiche OP, ständig andauernde krankengymnastische Behandlungen	Säugling	Die Handfunktion der rechten Hand ist zwar noch vorhanden, jedoch abgeschwächt. Es besteht eine Einschränkung der Feinmotorik. Keine Ellenbogenfunktion, deutliche Schwächung der Schulteraktivität, Verkürzung des rechten Arms um 6 cm. Die Lähmung des Arms behindert bei vielen alltäglichen Verrichtungen, die Greiffunktion der Hand ist behindert, weswegen der rechte Arm nur als Hilfsarm zum Festhalten von Gegenständen zur Verfügung steht. Die Geschädigte ist dauerhaft und erkennbar behindert. Mit zusätzlichen psychischen Belastungen ab der Pubertät muss gerechnet werden	Fehlerhafte Vornahme der Entbindung. Behandlungsfehler im Bezug auf die Schulterdystokie. Unzureichende Dokumentation des Behandlungsverlaufs begründet eine Beweislastumkehr. Klägerin ist Rechtshänderin	OLG München 8.7.2010 1 U 4550/08 =OLG Report Süd 32/2010 Anm. 7 RA Friedrich Raab, Nürnberg

Lfd. Nr.	Betrag DM **Euro** *(Anp.2019)*	Verletzung	Dauer und Umfang der Behandlung; Arbeitsunfähigkeit	Person des Verletzten	Dauerschaden	Besondere Umstände, die für die Entscheidungen maßgebend waren	Gericht, Datum der Entscheidung, Az., Veröffentlichung bzw. Einsender

Fortsetzung von »Nerven - Zerreißung, Durchtrennung, Reizung, Einklemmung u. Ä.«

Lfd. Nr.	Betrag	Verletzung	Dauer	Person	Dauerschaden	Besondere Umstände	Gericht
1486	130 000 € 65 000 *(€ 83 470)*	Kapselschmerz im linken Schultergelenk, schmerzhafte Bewegungseinschränkungen in alle Richtungen und Schwellung am linken Ohr als Primärverletzungen, traumatische Genese des Aneurysmus mit folgender Trigeminusneuralgie links und Teilschädigung des Nervus facialis		Mann	Ständige Schmerzen (vor allem in der gesamten Gesichtshälfte bis zum Hinterkopf), die durch Medikamente nur gedämpft werden können; nicht ausreichende Kollateralversorgung des Gehirns, Störung der Konzentrationsfähigkeit; Erlöschen der Libido; entstellende rote Narbe vom Knie bis zum Fuß; dauernd erwerbsunfähig; Kläger kann das alltägliche Leben nicht ohne Probleme bewältigen	Latente Epilepsiebereitschaft, jederzeit mögliche Erblindung des linken Auges; sämtliche sportliche Betätigungen nicht mehr möglich; Ehe ist zerbrochen	KG Berlin 17.6.2002 22 U 26/01 RiKG Philipp, Berlin
1487	€ 100 000 + immat. Vorbehalt *(€ 121 233)*	Caudasyndrom durch Schädigung der rechtsseitigen S1-Nervenwurzel und einiger Caudafasern durch Katheterbehandlung nach Racz-Methode nach Bandscheibenvorfall		38-jähr. Mann	MdE: 80%	Verstoß gegen die Aufklärungspflicht. Der Kläger hätte aufgrund der risikobehafteten Racz-Methode über andere Behandlungsalternativen, etwa über die Single-Shot-Methode als Alternative, aufgeklärt werden müssen. Der Kläger hätte sich einem Eingriff nicht unterziehen müssen. Er war zwar durch den erlittenen Bandscheibenvorfall beeinträchtigt, jedoch zeigten sich die damit verbundenen Einschränkungen in erster Linie bei sportlicher Betätigung und bei längerem Sitzen. Folgen des Eingriffs (kein ärztlicher Behandlungsfehler nachweisbar) sind zahlreiche Beeinträchtigungen, wie Gefühlstörungen, starke Schmerzen, Bewegungseinschränkungen, erektile Dysfunktion und Inkontinenz. Der Kläger bedarf starker Schmerzmittel. Seinem ursprünglich ausgeübten Beruf kann er nicht mehr nachgehen und bezieht eine Erwerbsunfähigkeitsrente. Die Situation ist für ihn psychisch so belastend, dass er sich einer psychotherapeutischen Behandlung wegen Depressionen unterzogen hat und seit etwa 4 Jahren Antidepressiva einnimmt	LG Köln 6.9.2006 25 O 346/02 RAe Meinecke & Meinecke, Köln

Lfd. Nr.	Betrag DM Euro (Anp.2019)	Verletzung	Dauer und Umfang der Behandlung; Arbeitsunfähigkeit	Person des Verletzten	Dauerschaden	Besondere Umstände, die für die Entscheidungen maßgebend waren	Gericht, Datum der Entscheidung, Az., Veröffentlichung bzw. Einsender
\multicolumn{8}{l}{Fortsetzung von »Nerven - Zerreißung, Durchtrennung, Reizung, Einklemmung u. Ä.«}
1488	250 000 € 125 000 + immat. Vorbehalt (€ 162 485)	Verletzung des linken Nervus femoralis, des Nervus genito femoralis und des Nervus cutaneus femoralis lateralis	Langwierige medikamentöse Therapie zur Schmerzbekämpfung mit wechselnden Medikamenten und Injektionen, nach 1 ½ Jahren Einsetzen eines SCS-Gerätes	22-jähr. Sachbearbeiterin	Gravierende Bewegungseinschränkung des linken Beines, Lähmungserscheinungen der Hüftbeugung sowie der Kniestreckung, haltungs- und bewegungsabhängige Sitz-Sensibilitätsstörungen und Schmerzen im Bereich der Leiste und einem Teil der äußeren Genitalien, die sich bei der Ausübung des Geschlechtsverkehrs auswirken; Schmerzen am Oberschenkel links mit Taubheitsgefühl; wegen der Schmerzen regelmäßiger Lagewechsel zwischen Gehen und Stehen erforderlich; bei Verrichtungen des täglichen Lebens auf fremde Hilfe angewiesen; praktisch ständige Einnahme von Analgetika; die momentane Perspektivlosigkeit für das Leben führt zu psychischen Beeinträchtigungen; voll berufsunfähig	Fehlerhafte Schnittführung bei einem operativen laparoskopischen Eingriff; Ausübung von Sport nicht mehr möglich; Mehrzahl der Freunde hat sich zurückgezogen, Lebenspartner hat sich getrennt; im Gegensatz zum LG Münster hat das OLG Hamm keinen groben Behandlungsfehler zugrunde gelegt; auf eine möglicherweise erfolgversprechende Operation braucht sich Klägerin nicht veweisen zu lassen	LG Münster 30.8.2001 11 O 1043/00 bestätigt durch OLG Hamm 19.6.2002 3 U 202/01 RAe Oenkhaus & Koll., Münster

Weitere Urteile zur Rubrik »**Nerven - Zerreißung, Durchtrennung, Reizung, Einklemmung u. Ä.**« siehe auch:
- **bis € 2500:** 1489
- **bis € 5000:** 2746, 2145, 108, 852, 1611, 2807, 979, 1411
- **bis € 12500:** 2763, 1493, 981, 984, 1497, 114, 2549, 1498, 641, 1501
- **bis € 25000:** 1941, 40, 42, 3184, 45, 1095, 1132, 82, 1068
- **ab € 25000:** 2817, 1369, 2399, 1672, 1673, 83, 668, 134, 1134, 1554, 1423, 1424, 1203, 48, 92, 1135, 144, 609, 423, 85, 1070, 356, 1557, 2693, 1279, 739, 1431, 1432, 1438, 430, 1138, 138, 1011, 139, 2696, 1441, 2697, 1970, 434, 1375, 1012, 453, 366, 1992, 438, 7

Nerven - Sensibilitätsausfall und Sensibilitätsstörungen

Lfd. Nr.	Betrag	Verletzung	Dauer und Umfang der Behandlung	Person	Dauerschaden	Besondere Umstände	Gericht
1489	€ 1300 (€ 1644)	Kontusion der rechten Schulter im Bereich des AC-Gelenks mit Nervenläsionen und Kribbelparästhesen am rechten Oberarm bei vorbestehendem Impingement-Syndrom	Verzögerter Heilungsverlauf	Hausfrau		Die gesundheitliche Beeinträchtigung der Klägerin war aufgrund ihrer bestehenden degenerativen Erkrankung schwer einschätzbar. Ein Schmerzensgeldanspruch von insgesamt € 1300 ist angemessen, auch wenn die Beschwerden im zweiten Monat nach dem Unfall in immer deutlicherem Maße von der Grunderkrankung bestimmt waren und nicht mehr vom Unfall	AG Stadthagen 30.12.2003 4 C 605/02 (II.) Allianz Versicherungs AG
1490	6000 € 3000 (€ 4079)	Schädelprellung, Platzwunde am Hinterkopf rechts, Thoraxkontusion; Kontusion des rechten Kniegelenks, tiefe Risswunde am rechten Kniegelenk	12 Tage Krankenhaus, MdE: 6 Wochen 100% über 5 Monate 20%	Mann	Narbe von 6–8 cm Länge an der Kniescheibe; Sensibilitätsstörungen in den Beinen	Der Kläger ist durch die Verletzungen in einem nicht nur geringfügigem Zeitraum in seiner freien eigenen Lebensgestaltung behindert worden	AG Dresden 9.12.1997 111 C 0952/97 RAe Kucklick & Partner, Dresden
1491	8000 € 4000 (€ 5748)	Schädigung eines seitlichen Unterarmnervs rechts durch Behandlungsfehler		Frau	Taubheit und teilweise auftretende Schmerzen am Unterarm radial bis zum Daumen	Ärztliche Aufgabe wurde auf dafür nicht ausreichend ausgebildete Arzthelferin übertragen	LG Berlin 28.6.1994 6 O 330/92 NJW-RR 1994, 801

Lfd. Nr.	Betrag DM Euro (Anp.2019)	Verletzung	Dauer und Umfang der Behandlung; Arbeitsunfähigkeit	Person des Verletzten	Dauerschaden	Besondere Umstände, die für die Entscheidungen maßgebend waren	Gericht, Datum der Entscheidung, Az., Veröffentlichung bzw. Einsender

Fortsetzung von »Nerven - Sensibilitätsausfall und Sensibilitätsstörungen«

Lfd. Nr.	Betrag	Verletzung	Dauer/Umfang	Person	Dauerschaden	Besondere Umstände	Gericht
1492	€ 5000 + immat. Vorbehalt (€ 5299)	Karpaltunnelsyndrom rechts mit fast vollständiger Erholung der Nervenfunktion, 5 Monate Taubheitsgefühl in der rechten Hand		58-jähr. Frau	Extrem geringe Sensibilitätsstörungen	Unzureichende Risikoaufklärung des Beklagten bei einer Metallentfernung nach einer Radiusfraktur bzgl. des Misserfolgsrisikos, weswegen die Einwilligung unwirksam war. Ein Behandlungsfehler des Beklagten lag mithin nicht vor. Das Verschulden war gering. Insoweit wurden 5 der 6 Schrauben entfernt und die OP abgebrochen, da sich die 6. Schraube wegen einer Kaltverschweißung nicht lösen ließ. Die verbliebenen Sensibilitätsstörungen sind nach Aussage der Klägerin nicht störend	LG Heidelberg 22.4.2015 4 O 221/13 Landesrechtsprechungsdatenbank BW
1493	€ 5000 + immat. Vorbehalt (€ 5772)	Schädigung des nervus lingualis; ungenügende prothetische Versorgung der Zähne 46 und 47 in Form einer Bildung von positiven und negativen Stufen	4 Tage Krankenhaus nach Eintritt einer schweren Entzündung	Frau	Partielle, lokal begrenzte Sensibilitätsstörung der Zunge ohne Schmerzsymptomatik	Keine ausreichende Eingriffseinwilligung bei der Entfernung von 2 Weisheitszähnen im Unterkiefer; zu den aufklärungspflichtigen Risiken einer Weisheitszahnentfernung zählt eine auch dauerhafte Verletzung des Nervus lingualis; Klägerin muss sich nochmals einer prothetischen Versorgung der Zähne 46 und 47 unterziehen, da Anpassungsarbeiten nicht möglich sind	OLG Frankfurt am Main 12.5.2009 8 U 51/08 RiOLG Göhre, Frankfurt
1494	10 000 € 5000 (€ 7176)	Nervenschädigung am linken Arm durch örtliche Betäubung bei einer Bursektomie am oberen Ellenende in Form einer supraclaviculären Plexusanästhesie nach Kuhlenkampff		Mann	Taubheitsgefühl an der daumenwärts gelegenen Kante des linken Unterarms; Kribbeln des linken Daumens; Schwäche des linken Arms, die vornehmlich die Beugung des Armes im Ellenbogengelenk betrifft	Verstoß gegen die Aufklärungspflicht	OLG Oldenburg (Oldenburg) 22.11.1994 5 U 61/94
1495	€ 6000 (€ 7496)	Schädigung des nervus lingualis nach Einstich eines Betäubungsmittels		Verkaufsleiter	Gefühlsstörung der rechten Zungen- und Mundhöhlenhälfte mit Mundtrockenheit, was bei Gesprächen störend wirkt	Unterbliebene Aufklärung über die Risiken einer Leitungsanästhesie; sind Dauerschäden zu besorgen, kann es im Rahmen der stets erforderlichen Grundaufklärung geboten sein, den Patienten über sehr seltene Risiken zu informieren, wenn sie bei ihrer Verwirklichung die Lebensführung schwer belasten und trotz ihrer Seltenheit für den Eingriff spezifisch und für den Laien überraschend sind; kein schwerwiegendes Verschulden	OLG Koblenz 13.5.2004 5 U 41/03 NJW-RR 2004, 1026 VersR 2005, 118
1496	€ 6000 (€ 6995)	Läsion des nervus alveolaris nach Extrahierung eines Weisheitszahns		Mann		Ärztlicher Behandlungsfehler. Extrahiert ein Zahnarzt einen Weisheitszahn, obwohl die Röntgenbefunde unzureichend sind, kann der darin liegende einfache Behandlungsfehler gleichwohl im Endergebnis zu einer Beweislastumkehr führen, wenn auch die Nachsorge derart mangelhaft war, dass das ärztliche Vorgehen insgesamt schlechterdings unverständlich erscheint. Dafür bedarf es einer wertenden Gesamtschau aller Maßnahmen des Arztes	OLG Koblenz 6.12.2007 5 U 709/07 RiOLG Ernst Weller
1497	15 000 € 7500 (€ 10 185)	Schädigung des Nervus lingualis bei Extraktion eines Weisheitszahnes		Mann	Ausfall der Geschmacksempfindung und Gefühllosigkeit im vorderen 2/3-Bereich der linken Zungenhälfte	Leicht fahrlässige Verletzung der ärztlichen Sorgfaltspflicht	OLG Stuttgart 10.11.1998 14 U 34/98 VersR 1999, 1018 NJW-RR 1999, 752

● Mithaftung (siehe vorletzte Spalte)

Fortsetzung von »Nerven - Sensibilitätsausfall und Sensibilitätsstörungen«

Lfd. Nr.	Betrag DM Euro (Anp.2019)	Verletzung	Dauer und Umfang der Behandlung; Arbeitsunfähigkeit	Person des Verletzten	Dauerschaden	Besondere Umstände, die für die Entscheidungen maßgebend waren	Gericht, Datum der Entscheidung, Az., Veröffentlichung bzw. Einsender
1498	€ 10 000 + immat. Vorbehalt (€ 11 179)	Schädigung des Nervus lingualis	Mehrere Nachbehandlungen	Mann	Verlust des Geschmacksempfindens auf der rechten Seite, Taubheit der rechten Zungenhälfte sowie der Hälfte der Wangenschleimhaut	Fehlerhafte Aufklärung des Beklagten bzgl. einer Leitungsanästhesie des Zahns 47, weswegen die Einwilligung fehlte und die Behandlung rechtswidrig war. Die Behandlung an sich war nicht fehlerhaft. Eine Nervenschädigung ist zwar ein seltenes, aber immanentes Risiko der Behandlung. Der Kläger kann feste Nahrung nur noch unter Schmerzen kauen und essen	LG Dortmund 4.5.2011 4 O 55/09 Justiz NRW
1499	20 000 € 10 000 + immat. Vorbehalt (€ 13 974)	Prellungen im Bereich des rechten Oberschenkels, des rechten Vorfußes, des rechten Sprunggelenks; polyradikuläre Nervenläsionen im Bereich des rechten Beines; Abschürfung an der rechten und linken Hand	Nach ca. 4 Monaten eingeschränkte Arbeitsfähigkeit; erst 2 Jahre später volle Arbeitsfähigkeit	Schlagzeuger bei den Philharmonikern	MdE: 10%	Im Normalfall ist hier ein Schmerzensgeld von DM 5000 (€ 2500) bis DM 10 000 (€ 5000) gerechtfertigt. Aufgrund des Umstandes jedoch, dass der Kläger ein hoch qualifizierter Musiker ist und in seiner künstlerischen Berufstätigkeit auf die absolute Integrität seiner physischen Verfassung 100%ig angewiesen ist, ist er mit Sicherheit durch die Verletzungen in seinem Berufsleben und in seiner künstlerischen Tätigkeit nicht unerheblich beeinträchtigt	LG München I 26.4.1996 19 O 25298/89 VorsRiLG Krumbholz
1500	€ 10 000 + immat. Vorbehalt (€ 10 960)	Operative Schädigung des linken Nervus peronaeus sowie eine distale Neuropathie des linken Nervus tibialis und Nervus suralis	Stationäre Behandlungen	35-jähr. Mann	Sensibilitätsminderung, Schwächung der Fußhebung, Schmerzen, Taubheitsgefühl sowie vermehrte Schweißneigung; GdB von 30%	Bei der Bemessung des Schmerzensgeldes waren die – folgenlos – durchgeführte Arthroskopie, die zeitliche Verzögerung der Operation und in diesem Zeitraum erfolgte weitere, aber überflüssige Behandlungsmaßnahmen, Schmerzen und Bewegungsbeeinträchtigungen in diesem Zeitraum, die fehlerhaft geplante und begonnene Operation und die dabei entstandenen Nervenverletzungen und deren (bleibende) Folgen zu berücksichtigen. Gleichwohl handelt es sich nicht um derart gewichtige Beeinträchtigungen, als dass sie bei den auch ungeachtet dieser Nervschädigungen bestehenden Funktionsstörungen des Fußes erheblich ins Gewicht fallen würden. Immerhin ist der GdB wegen der gesamten Beeinträchtigungen des Fußes mit lediglich 30% bemessen und damit nicht sehr schwerwiegend. Die Nervverletzungen sind dabei nur mitursächlich	OLG Köln 23.4.2012 5 U 144/08 juris
1501	20 000 € 10 000 (€ 14 469)	Unterkieferbruch mit Verletzung des Nervus alveolaris inferior			Kein Gefühl in der linken Wange und im linken Lippenbereich; Geschmacksvermögen ist eingeschränkt; Lähmung nach außen erkennbar	Ärztlicher Behandlungsfehler. Ohne medizinische Notwendigkeit wurde der Klägerin der Weisheitszahn im Unterkiefer links entfernt. Dabei hat der Beklagte ihre Unterkiefer gebrochen und den linken Alveolarnerv verletzt	OLG Oldenburg (Oldenburg) 8.2.1994 5 U 120/93 5. Zivilsenat OLG Oldenburg

Rücken

Lfd. Nr.	Betrag DM Euro (Anp.2019)	Verletzung	Dauer und Umfang der Behandlung; Arbeitsunfähigkeit	Person des Verletzten	Dauerschaden	Besondere Umstände, die für die Entscheidungen maßgebend waren	Gericht, Datum der Entscheidung, Az., Veröffentlichung bzw. Einsender

Fortsetzung von »Nerven - Sensibilitätsausfall und Sensibilitätsstörungen«

Lfd. Nr.	Betrag	Verletzung	Dauer/Umfang	Person	Dauerschaden	Besondere Umstände	Gericht
1502	€12500 + immat. Vorbehalt (€14382)	Läsion der Nervus Peronaeus links	Stetige physiotherapeutische und ärztliche Behandlungen	Mann	Fußheberschwäche links	Behandlungsfehler durch fehlerhafte Lagerung bei einer Operation. Bei dem Kläger bestand ein erhöhtes Risiko für Lagerungsschäden. Der Kläger hat berufliche und private Einschränkungen. Er kann nicht mehr wie gewohnt im Baubereich tätig sein und musste sich umschulen lassen. Er zieht die linke Fußspitze nach, sodass die Gefahr des Stolperns besteht. Die Behandlungen waren zum Urteilszeitpunkt (5 Jahre nach dem Ereignis) noch nicht abgeschlossen	LG Osnabrück 18.6.2008 2 O 2781/06

Weitere Urteile zur Rubrik »Nerven - Sensibilitätsausfall und Sensibilitätsstörungen« siehe auch:

bis €2500: 1085, 2737
bis €5000: 852, 109, 159, 1892, 1611, 2574, 2756, 2575, 2576, 753, 714
bis €12500: 1466, 2579, 2767, 717, 2543, 2463, 1352, 1194, 1928, 2360, 2779, 2217, 926, 2549, 826, 1934, 128, 628
bis €25000: 726, 1647, 1545, 630, 406, 1471, 1549, 2556, 1951, 1473, 731, 1198, 762, 80, 410, 1067, 130, 1474, 1131, 1664, 2816, 2799, 1667
ab €25000: 1369, 2399, 1202, 1955, 1276, 1421, 1477, 668, 1479, 416, 1554, 1957, 1480, 331, 1424, 48, 1961, 92, 1483, 85, 690, 236, 1429, 612, 428, 1432, 1438, 430, 1138, 138, 139, 1032, 1485, 1280, 1440, 1441, 1301, 2612, 434, 1213, 1681, 1053, 3178, 2088, 1487, 1488, 2604, 1328, 1448, 1331, 3191, 1333, 1225, 1451, 1995, 1232, 1998, 1335, 438, 2003, 7, 2007, 1456

Rücken

Weitere Urteile zur Rubrik »Rücken« siehe auch:
bis €2500: 1562

Rücken - Allgemeine Verletzungen

Lfd. Nr.	Betrag	Verletzung	Dauer/Umfang	Person	Dauerschaden	Besondere Umstände	Gericht
1503	€400● (€432)	Schmerzen im Nacken und Rücken	4 Wochen Beschwerden, keine Schmerzmittel	Mann		25% Mithaftung	AG Essen 14.3.2013 11 C 287/12 Landesrechtsprechungsdatenbank NRW
1504	€4000 (€4597)	Zurücklassen eines 15 cm langen und 1,2 mm dicken Kirschnerdrahts nach einer Operation mit Bildung einer entzündlichen Geschwulst am Rücken		Mann		Arzthaftung; anhaltende Schmerzen im Oberschenkel- und Rückenbereich auf die Dauer von ca. 4 Monaten	OLG Zweibrücken 16.9.2008 5 U 3/07 NJW-RR 2009, 1110
1505	14500 €7250 + immat. Vorbehalt (€10405)	Schwere untere Rückenprellung; Prellung des Steißbeins mit nachfolgender Resektion der 3 distalen Steißbeinwirbel	Zwei stationäre Aufenthalte	Junge Frau	MdE: 5%	Die in der Analfalte gelegene 4 cm lange Operationsnarbe wird durch die Gesäßmuskulatur gut verdeckt; es besteht jedoch eine lokale deutliche Druckschmerzhaftigkeit im Narbenbereich	OLG Karlsruhe 1.7.1994 14 U 255/93 VorsRiOLG Dr. Mattes

Weitere Urteile zur Rubrik »Rücken - Allgemeine Verletzungen« siehe auch:
bis €2500: 776, 152, 2732, 1831, 1846
bis €5000: 1877
bis €12500: 293, 756, 3153, 2770, 1268
bis €25000: 2101
ab €25000: 3188, 1286, 3191

Rücken - Schulter

Lfd. Nr.	Betrag	Verletzung	Dauer/Umfang	Person	Dauerschaden	Besondere Umstände	Gericht
1506	€1000 (€1055)	HWS-Zerrung und Schulterprellung nach Verkehrsunfall		Mann		Hat der Sachverständige aufgrund der an den beiden beteiligten Unfallfahrzeugen eingetretenen und durch Fotos dokumentierten Schäden die grundsätzliche Kollisionsstellung ermittelt, ergibt sich aus dieser – und nicht aus der exakten Position im Straßenverlauf – die kollisionsbedingte Geschwindigkeitsänderung mit den daraus folgenden Krafteinwirkungen auf den Körper des Geschädigten	OLG Hamm 10.6.2016 9 U 39/16 juris

● Mithaftung (siehe vorletzte Spalte)

Lfd. Nr.	Betrag DM **Euro** *(Anp.2019)*	Verletzung	Dauer und Umfang der Behandlung; Arbeitsunfähigkeit	Person des Verletzten	Dauerschaden	Besondere Umstände, die für die Entscheidungen maßgebend waren	Gericht, Datum der Entscheidung, Az., Veröffentlichung bzw. Einsender
\multicolumn{8}{l}{Fortsetzung von »Rücken - Schulter«}
1507	€ 3000 *(€ 3264)*	Schulterdistorsion durch Fahrradunfall	4–6 Wochen	Frau		Das LG hat keine Feststellungen im Hinblick auf den Mitverschuldensanteil bei der Bemessung des Schmerzensgeldes getroffen. Angesichts des Verstoßes gegen das Vorfahrtsrecht der Klägerin wäre jedenfalls ein überwiegender Verursachungsbeitrag des Beklagten anzunehmen gewesen, was bei der Erhöhung des Schmerzensgeldes zu berücksichtigen ist. Wird daneben zugrunde gelegt, dass eine Schulterdistorsion nach den Feststellungen des Sachverständigen für sich genommen bei einer – reichlich – bemessenen Heilungsdauer von vier bis sechs Wochen folgenlos abgeklungen wäre, erscheint ein Gesamtbetrag von € 3000 jedenfalls ausreichend	OLG Bremen 22.11.2012 1 U 11/12
1508	€ 8000 + immat. Vorbehalt *(€ 8395)*	HWS-Distorsion, Prellung im Bereich der rechten Schulter und am linken Knie nach Verkehrsunfall	Schmerztherapie und Kryotherapie, Behandlung mit einem Tens-Gerät über 3 Monate zweimal täglich	Frau	Bewegungseinschränkungen im rechten Schultergelenk	Erlitt die durch einen Verkehrsunfall Geschädigte eine HWS-Distorsion, eine Prellung im Bereich der rechten Schulter und am linken Knie, war sie für zwei Monate auf Gehstützen angewiesen, führte sie aufgrund starker Schmerzen eine Schmerztherapie und Kryotherapie durch und musste sie sich über einen Zeitraum von 3 Monaten zweimal täglich mit einem Tens-Gerät behandeln, bestehen Bewegungseinschränkungen im rechten Schultergelenk und war das Unfallgeschehen geeignet, eine deutliche Verschlechterung der bereits bestehenden degenerativen Vorschäden im Bereich des Schultergelenks herbeizuführen, erscheint ein Schmerzensgeld von € 8000 durchaus angemessen	Brandenburgisches OLG 13.10.2016 12 U 180/15 SP 2017, 513; juris
1509	€ 10 000● + immat. Vorbehalt *(€ 10 578)*	Schulterverletzung durch Verkehrsunfall	MdE von 5% – 10%	Mann	Schmerzen des Klägers im Bereich Schulter/Nacken rechts, ausgehend vom processus coracoideus	Über die bereits vom LG berücksichtigten Schmerzen, Verletzungen, Beeinträchtigungen und Beschwerden sowie den durch die Armvenenthrombose hinaus (welche zu einer MdE von 5% – 10% führte) bedingten Dauerschaden erlitt der Kläger ein chronisches Schmerzsyndrom mit belastungsabhängiger Schmerzverschlimmerung. Jedoch ist im Hinblick auf das Ergebnis der neurologischen wie auch der psychiatrischen Untersuchung von keiner schwerwiegenden Beeinträchtigung in Beruf und Freizeitgestaltung auszugehen; auch eine weitere Verschlimmerung ist nicht zu befürchten. Der Senat hält daher unter Berücksichtigung der Mithaftung von 50% als einem weiteren Abwägungskriterium und des von der Klagepartei angegebenen Mindestbetrages (ohne Mithaftung € 17 000) ein Schmerzensgeld von € 10 000 für angemessen	OLG München 26.6.2015 10 U 2581/13 juris

Lfd. Nr.	Betrag DM Euro (Anp.2019)	Verletzung	Dauer und Umfang der Behandlung; Arbeitsunfähigkeit	Person des Verletzten	Dauerschaden	Besondere Umstände, die für die Entscheidungen maßgebend waren	Gericht, Datum der Entscheidung, Az., Veröffentlichung bzw. Einsender
	Fortsetzung von »Rücken - Schulter«						
1510	€ 50 000 + immat. Vorbehalt (€ 53 206)	Mehrfragmentäre Humeruskopfluxationsfraktur links und eine hintere Schulterluxation rechts mit Abriss des Tuberculum majus; Schädelhirntrauma 1. Grades, multiple Schürfwunden und Hämatome, mehrfragmentäre Nasenbeinfraktur, Weichteilschaden 1. Grades des Kopfes	Stationäre Krankenhausbehandlung; in der Folgezeit aufgrund der unfallbedingten Verletzungen mehrfache Operationen. Dauerhafte EU	44-jähr. Frau	Die Kl. leidet bis heute unter Schmerzen, die – teilweise witterungsabhängig – ungewöhnlich stark sind; sie ist bis heute in der Beweglichkeit der Schultern stark eingeschränkt. Chronische Schmerzstörung mit somatischen und psychischen Faktoren	Der von der Kl. geltend gemachte und vom Senat für verhältnismäßig erachtete Betrag steht in einem angemessenen Verhältnis zu Art und Dauer der Verletzungen und deren Folgen für die weitere Lebensgestaltung der Kl. Die unfallbedingten Verletzungsfolgen haben dazu geführt, dass sie zwischenzeitlich wegen voller Erwerbsminderung verrentet ist. Dieser Umstand ist ein besonders schwerwiegendes Indiz dafür, wie erheblich die im Jahr 1966 geborene Kl. durch die Unfallfolgen beeinträchtigt ist	OLG Köln 9.9.2014 14 U 12/11
	Rücken - Schulter - Bruch (auch Schlüsselbeinbruch)						
1511	€ 1000 ● (€ 1113)	Schlüsselbeinbruch links und Pneumothorax	5 Tage stationäre Behandlung, AU von knapp 2 Monaten	Mann		Aufgrund eines Mitverschuldens von 60% wurden dem Kläger nur € 1000 Schmerzensgeld zugesprochen	AG Bremen 31.8.2011 23 C 0231/10 RA Koch, Erftstadt
1512	€ 1275 ● (€ 1390)	Nach einem Zusammenstoß auf der Skipiste war die Klägerin kurze Zeit bewusstlos und hatte insb. eine Schlüsselbeinfraktur erlitten	1 Tag stationäre Behandlung, anschließend ambulant	Schülerin		Die Klägerin wurde lediglich ambulant behandelt. Ihre Verletzungen sind folgenlos verheilt. Zusätzlich hat der Senat berücksichtigt, dass die nahezu ein halbes Jahr dauernden Bewegungsbeeinträchtigungen, die sie an sportlichen Tätigkeiten hinderten, für sie als Leistungssportlerin besonders belastend waren. Zudem hatte die als Skifreizeit geplante 10-tägige Reise nach Südtirol nach dem schon am dritten Tag erlittenen Unfall weitgehend ihren Zweck verloren. Unter Berücksichtigung ihres Mitverschuldens von 25% stellt der Betrag von € 1275 somit eine angemessene Entschädigung dar	OLG Dresden 30.1.2013 13 U 956/12 juris RAe Domeier & Dr. Burkardt, Minden
1513	€ 1500 (€ 1726)	Schlüsselbeinbruch und Prellungen	4 Wochen Desault-Verband; 5 Wochen arbeitsunfähig	Mann		Verletzung der Verkehrssicherungspflicht; beklagte Stadt hatte bei Glatteis Gehweg nicht gestreut	LG Düsseldorf 6.10.2009 2b O 212/08
1514	€ 1500 ● + immat. Vorbehalt (€ 1593)	Mehrfragmentäre dislozierte Claviculafraktur links, Schädelprellung, Unterschenkelprellung beidseits	5 Tage stationärer Aufenthalt, 1 OP, 2 ½ Monate AU zu 100%	Fahrradfahrer		Mithaftung 60%. Der Kläger hat über das außergerichtlich regulierte Schmerzensgeld i.H.v. € 1500 hinaus keinen weiteren Anspruch. Das Gericht erachtete bei einer vollen Haftung ein Schmerzensgeld i.H.v. € 2000 für angemessen	AG Hamburg 10.3.2016 16 C 35/14 juris
1515	€ 2000 (€ 2541)	Schultergelenkssprengung Typ Tossy III rechts	8 Tage Krankenhaus mit operativem Eingriff, 6 Wochen arbeitsunfähig	Mann		Wegen hälftigen Mitverschuldens wurden dem Kläger lediglich € 1000 zugesprochen	LG Schwerin 15.8.2003 6 S 144/03 Ass. Balke, Koblenz

● Mithaftung (siehe vorletzte Spalte)

Lfd. Nr.	Betrag DM Euro (Anp.2019)	Verletzung	Dauer und Umfang der Behandlung; Arbeitsunfähigkeit	Person des Verletzten	Dauerschaden	Besondere Umstände, die für die Entscheidungen maßgebend waren	Gericht, Datum der Entscheidung, Az., Veröffentlichung bzw. Einsender
\multicolumn{8}{l}{**Fortsetzung von »Rücken - Schulter - Bruch (auch Schlüsselbeinbruch)«**}							
1516	€2800● (€3047)	Rippenbrüche und Schlüsselbeinbruch nach Sturz von einer Treppe	2 Wochen stationärer Aufenthalt, mehrere Wochen Schmerzen und Bewegungsbeeinträchtigungen mit abnehmender Tendenz	Frau		Auf der Grundlage des zugrunde zu legenden Befundes (Rippenbrüche, Schlüsselbeinbruch, 2 Wochen stationärer Aufenthalt, mehrere Wochen Schmerzen und Bewegungsbeeinträchtigungen mit abnehmender Tendenz, 20% Mitverschulden) kam die Zuerkennung eines höheren Schmerzensgeldes als €2800 nicht in Betracht. Die von der Klägerin in der Berufungsbegründung zum Vergleich mit dem vorliegenden Fall angeführten Entscheidungen mit zuerkanntem Schmerzensgeld bis zu €12000 sind nicht vergleichbar. Wie die Beklagte schon in der Berufungserwiderung im Einzelnen ausgeführt hat, lagen in den aufgeführten Fällen durchweg längere, zum Teil über Jahre hinweg andauernde Beeinträchtigungen oder Dauerschäden vor	OLG Köln 8.11.2012 7 U 66/12 juris
1517	€2812 (€3669)	Tossy I–II, Verletzung des linken Schultergelenks, Schleimbeutelverletzung des linken Kniegelenks, Prellungen des linken Schultergelenks, des linken Ellbogengelenks und des linken Kniegelenks sowie des rechten Daumens	MdE: 8 Wochen 100% weitere 4 Wochen 50% weitere 2 Wochen 20%	Mann		Zu Lasten des Schädigers sei zu berücksichtigen, dass bei einem bestehenden unfallunabhängigen Humeruskopfhochstands durch den streitgegenständlichen Unfall eine richtunggebende Verschlimmerung eingetreten ist	LG München I 29.11.2001 19 O 2737/01 VorsRiLG Krumbholz
1518	€3500 + immat. Vorbehalt (€3913)	Verletzungen in Form einer Fraktur des Schlüsselbeins sowie einer Stirnschnittwunde durch einen Verkehrsunfall, die Befundangabe eines Chirurgen 3 Wochen nach dem Unfall ergab noch eine zusätzliche Rippenfraktur mit zusätzlichem Druckschmerz	Ambulante Behandlung, wobei der Knochenbruch mit einem sog. Rucksackverband versorgt wurde, was zu einer Immobilisation im Bereich der oberen Körperextremitäten führte; 5 Wochen AU	Mann		Es darf nicht außer Acht gelassen werden, dass trotz des unkomplizierten Behandlungs- und Heilungsverlaufs ohne die Notwendigkeit einer Krankenhausunterbringung die Schlüsselbeinfraktur für den Kläger mit erheblichen Schmerzzuständen und Bewegungseinschränkungen verbunden war	OLG Düsseldorf 24.5.2011 1 U 220/10 zfs 2012, 21
1519	8000 €4000 (€5094)	Kopfplatzwunde, cervicales Schmerzsyndrom, Scapulafraktur rechts, Rippenserienfraktur 8.–11. Rippe rechts	8 Tage Krankenhaus, 8 Monate krankgeschrieben, anschließend MdE: 3 Monate 30% 1 Monat 20% 12 Monate 10%	Frau		Zu berücksichtigen sind auch seelische Folgen, die sich daraus ergeben, dass bei dem Unfall ein anderer Kfz-Insasse ums Leben gekommen ist. Erwerbsfähigkeit der Klägerin war zwar nicht dauerhaft, aber bis zum Ablauf von 2 Jahren nach dem Unfall in erheblichem Maße gemindert	KG Berlin 14.4.2003 12 U 10266/00 RiKG Griess, Berlin
1520	10000 €5000 (€6436)	Schwere Gehirnerschütterung, Platzwunde am Kopf; Schlüsselbeinbruch, Rippenprellung und Knöchelprellung links	1 Woche Krankenhaus, danach nochmals 4 Tage nach Entfernung der Schrauben und Platten	Mann			LG Ansbach 5.2.2002 3 O 1613/00 RA Schlegl, Haar
1521	10000 €5000 (€6491)	Schultereckgelenkssprengung	MdE: über 6 Monate 100% 6 Wochen 30% ca. 4 ½ Wochen 20% ca. 4 ½ Wochen 10%	Mann		Es besteht nur noch ein relativ geringfügiges Beschwerdebild	LG München I 21.6.2001 19 O 11637/00 VorsRiLG Krumbholz

Urteile lfd. Nr. 1522 – 1525 Rücken

Lfd. Nr.	Betrag DM Euro (Anp.2019)	Verletzung	Dauer und Umfang der Behandlung; Arbeitsunfähigkeit	Person des Verletzten	Dauerschaden	Besondere Umstände, die für die Entscheidungen maßgebend waren	Gericht, Datum der Entscheidung, Az., Veröffentlichung bzw. Einsender
\multicolumn{8}{l}{Fortsetzung von »Rücken - Schulter - Bruch (auch Schlüsselbeinbruch)«}
1522	€ 5000 + immat. Vorbehalt (€ 5691)	Distorsion/Kontusion des rechten Schultergelenks des Typs Tossy II, multiple Prellungen an Hüfte und Kniegelenk	1 Tag stationärer Aufenthalt, anschließend mehrwöchige ambulante und physiotherapeutische Behandlung, insg: 10 Wochen AU zu 100%	34-jähr. Mann, Hauptfeldwebel	Belastungsschmerz mit geringfügiger Bewegungseinschränkung im Schultergelenk, leicht erhöhte Druckempfindlichkeit		LG Ravensburg 29.9.2010 2 O 293/09 RAe Zimmermann & Kollegen, Ravensburg
1523	10 000 € 5000 (€ 6705)	Fraktur der linken Schulter, Nasenbeinbruch; große Kopfwunde, Hämatome und Schwellungen an Stirn, Augenlidern, linker Schulter, rechter Hüfte und rechtem Kniegelenk	Acht Arztbesuche, 26 physiotherapeutische Behandlungen	Mann		Brutale und anlasslose Gewalttat jugendlicher Beklagter; im Verlauf der Gewalttätigkeiten war der Geschädigte, der bis zum Zustand der Bewusstlosigkeit traktiert wurde, mehrfach einer Erstickungsgefahr ausgesetzt; er wurde in Todesangst versetzt. Dem finanziellen Leistungsvermögen der Beklagten kommt bei der Schmerzensgeldbemessung keine ins Gewicht fallende Bedeutung gegenüber dem groben Verschulden des Schädigers und einer erheblichen Lebensbeeinträchtigung des Opfers zu. Die Beklagten wurden strafrechtlich zur Verantwortung gezogen; jedoch ist bei vorsätzlichen Rechtsgutverletzungen ein Genugtuungsbedürfnis zu berücksichtigen, dass durch eine strafrechtliche Sanktion gegen den Schädiger nicht in Wegfall gerät (vgl. BGH in NJW 1993, 781 u. NJW 1996, 1591)	OLG Rostock 22.7.1999 1 U 48/98 RA Möllers, Stralsund
1524	€ 5000 ● (€ 5765)	Beckenringfraktur rechts, Mehrfachfraktur des rechten Schlüsselbeins, Schädelprellung, multiple Hämatome	5 Wochen Krankenhaus	Ältere Frau	Einschränkungen in der Beweglichkeit der rechten Schulter, Verminderung der Kraftentfaltung	50% Mithaftung; Klägerin vor Erlass des Urteils aus unfallunabhängigen Gründen verstorben	LG Kleve 11.11.2009 2 O 257/08 RA Koch, Erftstadt
1525	€ 5500 + immat. Vorbehalt (€ 5991)	Schultereckgelenkssprengung mit Abriss von Bändern (AC-Gelenksprengung [Rockwood III Tossy III] links) durch Sturz mit Motorrad	OP, mehrwöchige Nachbehandlung, fast 6 Monate AU	Mann		Unter Berücksichtigung der Schwere der erlittenen Verletzung, die eine OP erforderlich machte, des langwierigen Heilungsverlaufs und der glaubhaft geschilderten andauernden Beeinträchtigungen erscheint an sich ein Schmerzensgeld von € 5000 angemessen. Erschwerend und schmerzensgelderhöhend berücksichtigt der Senat aber zusätzlich das nicht hinnehmbare Verhalten der Beklagten, die im ersten Rechtszug (angesichts des Dienstbucheintrags) wider besseres Wissen bestritten hat, dass das Fährpersonal um die „besondere Glätte bei Feuchtigkeit" wusste. Das rechtfertigt eine Erhöhung um jedenfalls € 500, so dass insg. ein Schmerzensgeld von € 5500 als unter diesen Umständen der Billigkeit entsprechende Entschädigung zuzusprechen ist	Schleswig-Holsteinisches OLG 5.9.2012 7 U 15/12 SP 2013, 72

● Mithaftung (siehe vorletzte Spalte)

Lfd. Nr.	Betrag DM Euro (Anp.2019)	Verletzung	Dauer und Umfang der Behandlung; Arbeitsunfähigkeit	Person des Verletzten	Dauerschaden	Besondere Umstände, die für die Entscheidungen maßgebend waren	Gericht, Datum der Entscheidung, Az., Veröffentlichung bzw. Einsender
\multicolumn{8}{l}{**Fortsetzung von »Rücken - Schulter - Bruch (auch Schlüsselbeinbruch)«**}
1526	€ 6000 (€ 7096)	Luxationsfraktur der linken Schulter sowie Abriss des unteren Pfannenrandes und Deformierung des Oberarmkopfes	Einmalige Operation	Kraftfahrer		Zur Überzeugung des Gerichts steht fest, dass aus der unfallbedingten Verletzung der linken Schulter keine Beeinträchtigung der Fähigkeit des Klägers, als Kraftfahrer vollzeitig tätig zu sein, resultiert	LG Kiel 6.7.2007 6 O 231/06 RA Koch, Erftstadt
1527	€ 6000 + immat. Vorbehalt (€ 6919)	Dislozierter Schlüsselbeinbruch rechts mit Druckschmerz über dem Frakturspalt, multiple Prellungen an Armen und Beinen, Schürfwunden im Gesicht	1 1/2 Monate AU zu 100%	45-jähr. Frau	Geringfügige Bewegungseinschränkung des rechten Schultergelenks, gelegentliche Schmerzen, MdE: 5%	Auch wenn nur eine geringfügige Bewegungseinschränkung des Schultergelenks besteht, ist die Entstehung eines weiteren Schadens nicht außer einer Lebenswahrscheinlichkeit	LG Mainz 23.11.2009 4 O 322/07 RAe Gebhardt & Koll., Homburg
1528	€ 6000● (€ 6904)	Fraktur des Schultergelenks		Frau	Bewegungseinschränkungen des Armes	Mithaftung von 1/3, dem leicht fahrlässigen Verhalten der Klägerin steht das vorsätzliche Unterlassen des Reiseleiters gegenüber. Dieser hat die Teilnehmer einer Reisegruppe einer Safari am Morgen ohne Begleitung zu einem Startpunkt laufen lassen. Die Klägerin stürzte über ein unbeleuchtetes Hindernis. Der Schadensersatzanspruch folgt aus dem Reisevertrag aus §§ 651f, 651d, 253 BGB. Erhebliche Einschränkung des Resturlaubes von 19 Tagen durch Schmerzen	OLG Köln 30.6.2008 16 U 3/08 NJW RR 2008, 1448
1529	€ 7000 + immat. Vorbehalt (€ 8362)	Schädelprellung mit Schädelhirntrauma I, HWS-Schleudertrauma, nicht dislozierte Clavicula-Schaftfraktur links, Sternumfraktur, Schulterprellung links, Verdacht auf Herzprellung	8 Tage Krankenhaus, dann 4 Monate ambulante Behandlung, in den folgenden Monaten ca. 20 krankengymnastische Behandlungen; 4 Monate zu 100% arbeitsunfähig	34-jähr. Frau	Wiederkehrende Kopfschmerzen nach HWS-Distorsion, Bewegungs- und Belastungsschmerzen linke Schulter und linker Arm bei pseudoarthrotisch in Fehlstellung fixierter Clavicula-Schaftfraktur links	Verzögerlicher Heilungsverlauf, insbesondere hinsichtlich der HWS-Distorsion; insgesamt 14 Monate behandlungsbedürftige Beeinträchtigungen; außergerichtlich vereinbarter immat. Vorbehalt	LG Münster 27.3.2007 5 O 638/06 RAe Lentfort & Partner, Warendorf
1530	€ 7500 (€ 8840)	Schultergelenkssprengung rechts	7 1/2 Monate arbeitsunfähig	Mann	Leichte Bewegungseinschränkung	Wegen einer Mithaftung von 1/3 sprach das Gericht dem Kläger nur ein Schmerzensgeld i.H.v. € 5000 zu. Dabei wurde eine leichte Bewegungseinschränkung sowie eine Sekundärarthrose berücksichtigt, aber auch, dass kein stationärer Aufenthalt notwendig war	LG Köln 19.10.2007 20 O 127/07 RA Koch, Erftstadt
1531	15 000 € 7500 + immat. Vorbehalt (€ 9737)	Nasenbeinfraktur, Claviculafraktur links, diverse Prellungen	MdE: 1 Tag 100% ca. 5 1/2 Wochen 80% 3 Wochen 50% 4 1/2 Wochen 30% danach 20%	Frau	20%	Pseudoarthrose am linken Schultergelenk, die nur mit Hilfe einer Operation, bei der eine zusätzliche Knochenverpflanzung durchgeführt werden müsste, therapiert werden kann. Keine Operationspflicht	LG München I 28.6.2001 19 O 12643/00 VorsRiLG Krumbholz
1532	15 000 € 7500 (€ 10 172)	Mehrfragmentbruch des Schlüsselbeins mit nachfolgender Thrombose	2 Wochen Krankenhaus mit nachfolgender Krankengymnastik	72-jähr. Rentner	Außer einer nicht wesentlich beeinträchtigenden Schwäche des rechten Arms sind gravierende Dauerschäden nicht zurückgeblieben		LG Stuttgart 8.5.1998 24 O 517/97 NJW-RR 1998, 1401 RA Gotthard Krieger, Stuttgart

Fortsetzung von »Rücken - Schulter - Bruch (auch Schlüsselbeinbruch)«

Lfd. Nr.	Betrag DM **Euro** *(Anp.2019)*	Verletzung	Dauer und Umfang der Behandlung; Arbeitsunfähigkeit	Person des Verletzten	Dauerschaden	Besondere Umstände, die für die Entscheidungen maßgebend waren	Gericht, Datum der Entscheidung, Az., Veröffentlichung bzw. Einsender
1533	€7500 + immat. Vorbehalt *(€ 8734)*	Schultereckgelenkssprengung mit Schweregrad Tossy II mit inkompletter Zerreißung der Bänder zwischen Schlüsselbein und Schulterblatt sowie Rabenschnabelfortsatz, Nagelkranzbruch am linken Daumen	Verletzung konnte ohne die Notwendigkeit eines chirurgischen Eingriffs konservativ behandelt werden; 3 Monate arbeitsunfähig, 6 ½ Monate krankengymnastische Behandlung	38-jähr. Mann	Schmerzhaftigkeit von Überkopfarbeiten verbunden mit Ermüdungserscheinungen im Arm, Beschwerden beim „Schultern" von Gegenständen; MdE: 10%	Wegen Mithaftung von ⅓ wurde dem Kläger lediglich ein Schmerzensgeld von €5000 zugesprochen; immat. Vorbehalt wegen vorhersehbarer Möglichkeit des Eintritts zunehmender Verschleißerscheinungen des Schultergelenks	OLG Düsseldorf 18.2.2008 I-1 U 98/07
1534	€7500 *(€ 8136)*	Schultergelenkssprengung mit Verletzung des Diskus im Schultereckgelenk, Bluterguss an der linken Hüfte und schmerzhafte Rippenprellung durch Fahrradunfall	Gravierende Schmerzsymptomatik über zwei Jahre bis zur OP; wenige Tage AU (im Zusammenhang mit dem Klinikaufenthalt)	Mann		Der Senat hält unter den gegebenen Umständen ein Schmerzensgeld i.H.v. insg. €7500 für angemessen. Entscheidend ist dabei, dass der Kläger nach dem Unfall zwei Jahre erheblich unter den Folgen gelitten hat. Obwohl der Kläger seine Berufstätigkeit als Lehrer weiter ausgeübt hat, waren die Folgen des Unfalls für ihn jedoch erheblich. Die Lebensgestaltung im Alltag war beeinträchtigt; so hat der Kläger insb. wegen der Beschwerden im Arm und in der Schulter nur noch in geringem Umfang die notwendigsten Fahrten mit dem Pkw unternommen. Persönlich wichtige Freizeitbetätigungen wie Klettern und Schwimmen waren in den zwei Jahren nicht möglich. Im Vordergrund stand vor allem eine gravierende Schmerzsymptomatik, die der Kläger während des Zeitraums von zwei Jahren nur durch tägliche Schmerzmittel und regelmäßige Cortison-Spritzen ertragen konnte. In der Zeit bis zur OP sind die Beschwerden auch nicht etwa geringer geworden; vielmehr haben sich Bewegungseinschränkungen und Schmerzen im Arm und in der Schulter im Laufe der Zeit verstärkt, weshalb schließlich die OP unumgänglich wurde. Den geschilderten Beeinträchtigungen des Klägers in seiner Lebensführung misst der Senat bei der Bemessung des Schmerzensgeldes entscheidendes Gewicht bei	OLG Karlsruhe 20.12.2012 9 U 38/11 juris
1535	15000● €7500 + immat. Vorbehalt *(€ 9620)*	Schlüsselbeinbruch rechts, stumpfes Bauchtrauma, Kontusion rechter Ellbogen und rechtes Kniegelenk, multiple Schürfwunden	4 Tage Krankenhaus, nach 1 Monat Eingriff wegen einer Dislokation des Schlüsselbeinbruchs (Einsetzen von Osteosynthesematerial, das nach 1 Jahr ambulant wieder entfernt wurde); 2 ½ Monate arbeitsunfähig, nach 9 Monaten nochmals für 1 Monat	Trainer im Fitness-Studio	Leichte Verkürzung der Länge des rechten Schlüsselbeines, größere Narbe in der rechten Schlüsselbeinregion; 10% Körperschaden	Mithaftungsquote des Klägers von ⅓; Kläger, der sowohl privat wie auch beruflich die Ästhetik seines Körpers in den Vordergrund gestellt hat; ist durch die große Narbe in seinem ästhetischen Befinden erheblich psychisch beeinträchtigt; beginnende Arthrose des Schlüsselbeingelenks, die weiter voranschreiten kann	LG Erfurt 23.7.2002 5 O 3265/00 RA Koch, Erftstadt

● Mithaftung (siehe vorletzte Spalte)

Fortsetzung von »Rücken - Schulter - Bruch (auch Schlüsselbeinbruch)«

Lfd. Nr.	Betrag DM **Euro** *(Anp.2019)*	Verletzung	Dauer und Umfang der Behandlung; Arbeitsunfähigkeit	Person des Verletzten	Dauerschaden	Besondere Umstände, die für die Entscheidungen maßgebend waren	Gericht, Datum der Entscheidung, Az., Veröffentlichung bzw. Einsender
1536	€ 8000 + immat. Vorbehalt *(€ 9699)*	Linksseitige Schultergelenksluxation mit Humerustrümmerkopffraktur, Frakturen der Rippen	Drei stationäre Aufenthalte von insgesamt 25 Tagen, 7 Monate arbeitsunfähig	Motorradfahrer	MdE: 40%	Im konkreten Fall ist zu bedenken, dass eine deutliche Einschränkung der Lebensqualität nicht vorliegt; der Kläger ist in seinem bisherigen Beruf arbeitsfähig und kann sich trotz der Behinderung seines Hobbys Motorradfahren erfreuen. Die psychische Belastung während der Behandlung erscheint neben dem körperlichen Schaden als zwar bemerkbar, aber nicht gravierend. Insgesamt ist angesichts der Einschränkung der Bewegungsfähigkeit und der langen Behandlungsdauer im Vergleich zu den bislang ergangenen Entscheidungen auf ein Schmerzensgeld i.H.v. € 8000 zu erkennen	LG Düsseldorf 1.9.2006 16 O 372 /05 Allianz Versicherungs AG, München
1537	€ 9000 + immat. Vorbehalt *(€ 10333)*	Gehirnerschütterung, leichte Gehörgangsblutung links, Schlüsselbeinfraktur links	5 Tage Krankenhaus mit Anlegung eines Rucksackverbands, nach 12 Tagen erneut 7 Tage Krankenhaus mit Vornahme einer Plattenosteosynthese mit folgenden physiotherapeutischen Maßnahmen, nach 9 Monaten operative Entfernung der Platte	Frau	Schlüsselbeinfraktur in Fehlstellung verheilt, Einschränkungen beim Tragen schwerer Lasten und bei Überkopfarbeiten, MdE: unter 10%; Narbe im Dekolletebereich		LG Bochum 31.8.2009 I - 3 O 421/07 bestätigt durch OLG Hamm 7.6.2010 I - 6 U 195/09 RA Koch, Erftstadt
1538	€ 9000 *(€ 10255)*	Schlüsselbeinbruch, der in Fehlstellung verheilt ist und eine ca. 10 cm lange OP-Narbe hinterlassen hat		Frau	Einschränkungen beim Tragen schwerer Lasten und bei Überkopfarbeiten	Erhebliche kosmetische Beeinträchtigung, jedoch nicht besonders entstellend; die von der Berufungsbegründung angesprochene Tendenz zu höheren Schmerzensgeldern betrifft vorrangig schwerste Verletzungen, die bei der Kl. nicht eingetreten sind	OLG Hamm 7.6.2010 I-6 U 195/09 SP 2010, 361
1539	€ 10000 *(€ 10432)*	Subcapitale Humerusfraktur mit Fraktur des Tuberculum majus, Schädelhirntrauma 1. Grades, Stirnplatzwunde, Knieprellung beidseits, mediale disloziierte Claviculafraktur links; Neuralgien	5 Tage stationärer Aufenthalt (keine OP), physiotherapeutische Behandlungen	Fußgängerin	MdE 20%	Bereits nach 3 Monaten war der Gesundheitsendzustand der Klägerin erreicht	LG Saarbrücken 18.5.2017 4 O 476/16
1540	€ 10000 + immat. Vorbehalt *(€ 11370)*	Schultereckgelenkssprengung Tossy II links	5 Tage stationärer Krankenhausaufenthalt; MdE: 20%	40-jähr. Frau	Bewegungsbeeinträchtigung des linken Schultergelenks	Aufgrund des Unfalls mittelgradige Bewegungseinschränkung im linken Schultergelenk und Schultergürtelbereich mit Bewegungsschmerzhaftigkeit und Kraftdefizit bei Zustand nach Schultereckgelenkssprengung Tossy II links mit nachfolgender lateraler Clavicula-Resektion sowie ein geringgradiges subacromiales Engpasssyndrom links; Folgeschäden führen zu MdE von 20%; Verletzungen und Folgen rechtfertigen Schmerzensgeld i.H.v. € 10 000	OLG Düsseldorf 5.10.2010 I-1 U 244/09 NJW 2011, 1152; NZV 2011, 305

Lfd. Nr.	Betrag DM Euro (Anp.2019)	Verletzung	Dauer und Umfang der Behandlung; Arbeitsunfähigkeit	Person des Verletzten	Dauerschaden	Besondere Umstände, die für die Entscheidungen maßgebend waren	Gericht, Datum der Entscheidung, Az., Veröffentlichung bzw. Einsender
\multicolumn{8}{l}{**Fortsetzung von »Rücken - Schulter - Bruch (auch Schlüsselbeinbruch)«**}
1541	€10000● + immat. Vorbehalt (€ 12292)	Commotio cerebri Grad I, Thoraxtrauma mit Rippenserienfraktur links 1–10, teilweise Rippenstückfraktur links 3–8, Lungenkontusion, Hämatothorax, Schlüsselbeinbruch links mit sensibler Teilschädigung des unteren Armplexus, Außenbandruptur des oberen Sprunggelenks, Prellungen und Schnittwunden der unteren Extremitäten, depressive Reaktion mit Angstgefühlen	5 Wochen Krankenhaus, 6 Wochen Reha; MdE: 3 Monate 100% 4 Wochen 70% 4 Wochen 50% 3 Monate 40% 5 Monate 30%	Verwaltungsangestellte	Narben im Bereich des Brustkorbs, des Schlüsselbeins sowie beider unterer Extremitäten, Muskelminderung im Bereich des linken Ober- und Unterarms, Funktionsbeeinträchtigung des linken Schultergelenks, sensible Teilschädigung des unteren Armplexus links, insgesamt nicht unerhebliche Minderung der Gebrauchsfähigkeit des linken Armes, MdE: 20%	⅓ Mithaftung	LG Nürnberg-Fürth 8.11.2005 8 O 6255/04 RA Wilhelm & Wilhelm, Nürnberg
1542	€10226 (€ 13132)	Bruch des linken Schulterbeins, Schürfungen am linken Ellenbogen, an den Fingern der linken Hand und am Oberschenkel links, Prellungen der linken Schulter und des linken Oberschenkels	14 Tage stationär MdE: 7 Monate 100%	Bäcker	Linke Körperoberseite ist um 3 cm gegenüber der rechten verkürzt; Funktion des linken Armes beeinträchtigt	Es besteht die Gefahr einer Arthrosebildung sowie Beschwerden bei Wetterwechsel und beim Liegen; deutlich sichtbare Unfallnarbe	LG Dortmund 2.8.2002 21 O 28/02 RA Lischka, Dortmund
1543	€12000 + immat. Vorbehalt (€ 14993)	Linksseitige Schultergelenkssprengung, Kniegelenksprellung	Zwei chirurgische Eingriffe mit stationärem Aufenthalt von 11 Tagen, arbeitsunfähig 2,5 Monate sowie mehrmonatige Bewegungstherapie	28-jähr. Lkw-Fahrer	MdE: 10%	Endgradige Bewegungseinschränkung im Bereich der linken Schulter, arthrosebedingte Belastungsschmerzen bei längeren oder stärkeren Belastungen sowie Narbenbildung mit Empfindungsstörungen. Überkopfarbeiten in seinem ursprünglich erlernten Beruf als Elektroinstallateur sind nicht mehr möglich	LG Oldenburg 13.9.2004 1 O 1792/04 OLG Oldenburg 17.1.2005 8 U 246/04 RAinnen Kuhlen & Grafe, Garrel
1544	25000● €12500 (€ 16248)	Subcutane Oberarmfraktur, hintere Schulterluxation mit Humeruskopf-Mehrfragmentbruch rechts	Zwei Krankenhausaufenthalte von insgesamt 18 Tagen, knapp 8 Wochen arbeitsunfähig	Bäcker	MdE: 20% im erlernten Beruf des Bäckers MdE: 10% im später ausgeübten Beruf als kaufmännischer Angestellter	20% Mithaftung aus Betriebsgefahr. Mit sekundärarthrotischen Veränderungen und erhöhten Verschleißerscheinungen als Spätschäden ist zu rechnen	LG Dortmund 2.5.2001 21 O 338/00 bestätigt durch OLG Hamm 18.2.02 6 U 166/01 RAe Bäckerling & Koll., Dortmund
1545	€13000 + immat. Vorbehalt (€ 15833)	Clavikulafraktur rechts, Wurzelirritation C 6 rechts, Schädelprellung, Platzwunde über der rechten Augenbraue sowie Thoraxprellung	10 Tage stationär, anschließend zahlreiche ambulante Behandlungsmaßnahmen durch verschiedene Physiotherapeuten in Form von Lymphdrainagen, Krankengymnastik, Fangeopackungen sowie Schmerztherapie	Apothekerin	MdE: 20%	Verkürzung des Schlüsselbeins um ca. 1,5 cm. Es bestehen Beeinträchtigungen im sensiblen Bereich, insbesondere Taubheitsgefühl im mittleren beugeseitigen Oberarm bis zum radialen Daumen sowie Wetterfühligkeit, Schlafstörungen und Belastungsschmerzen. Als Unfallfolge besteht eine leichte asymmetrische Haltung des Oberkörpers mit leichtem Überhang nach rechts, woraus eine Beschwerdesymptomatik im Bereich der Halswirbelsäule und des Trapezius resultiert	LG Kempten 15.2.2006 2 O 256/05 Sozietät Sasse, Rinteln

● Mithaftung (siehe vorletzte Spalte)

Lfd. Nr.	Betrag DM Euro (Anp.2019)	Verletzung	Dauer und Umfang der Behandlung; Arbeitsunfähigkeit	Person des Verletzten	Dauerschaden	Besondere Umstände, die für die Entscheidungen maßgebend waren	Gericht, Datum der Entscheidung, Az., Veröffentlichung bzw. Einsender
\multicolumn{8}{l}{Fortsetzung von »Rücken - Schulter - Bruch (auch Schlüsselbeinbruch)«}
1546	€ 15 000 + immat. Vorbehalt (€ 18 741)	Schulterluxation links bei ausgeprägter Vorerkrankung, Fraktur der Schultereckgelenkspfanne, Hill-Sachs-Läsion des Humeruskopfes, aktuelle Partialruptur der Infraspinatursehne, Schultergelenkserguss mit diffusem Weichteilödem	1 Tag Krankenhaus, MdE: 3 Monate 100% 1 Monat 50% anschließend knapp 30%	53-jähr. Mann	Zusammen mit Vorerkrankung auf Dauer erwerbsunfähig	Dem Kläger ist es nicht mehr möglich, angeschnallt Auto zu fahren. Auch kann er sich nicht mehr umdrehen, was beim Abbiegen oder Anfahren stets erforderlich ist. Nach kurzzeitigem Sitzen kommt es zu enormen Verspannungen. Es bestehen deutliche Bewegungseinschränkungen des linken Arms, der insgesamt nicht belastet werden kann und kraftlos ist. Er leidet unter depressiven Verstimmungen und kann die von ihm üblicherweise ausgeführten Tätigkeiten im Haushalt nicht mehr ausüben	LG Münster 16.6.2004 2 O 387/03 RAe Wulfes & Weiss, Westerkappeln
1547	€ 15 000 (€ 17 092)	Fraktur des 2. Halswirbelkörpers und des Rabenschnabelfortsatzes	3 Wochen stationäre Behandlung, Philadelphia-Krawatte, 2 stationäre Reha-Maßnahmen mit jeweils 3 und 4 Wochen, 1 Jahr physiotherapeutische Behandlung, insg. 8 ½ Monate AU zu 100%	54-jähr. Mann, CNC-Fräser	MdE von 20%, Bewegungseinschränkungen der HWS und der linken Schulter bei Belastungen	Bei der Schmerzensgeldbemessung wurde u. a. berücksichtigt, dass der Kl. frühere sportliche Aktivitäten nicht mehr ausüben kann	LG Ravensburg 12.5.2010 6 O 90/09 RAe Zimmermann & Kollegen, Ravensburg
1548	€ 15 000 (€ 18 185)	Bruch der linken Schulter	3 Wochen Krankenhaus, dann weitere 3 Wochen intensive Pflegeleistung zu Hause	79-jähr. Mann	Bewegungsbeeinträchtigung des linken Arms; Kläger kann den linken Arm nicht mehr über Schulterhöhe anheben; ist nicht mehr in der Lage, Dinge zu heben und zu tragen; da der rechte Arm kriegsbedingte Vorschäden aufweist (Versteifung), ist Kläger für die täglichen Verrichtungen auf dauernde Hilfestellung angewiesen	Verletzung der Verkehrssicherungspflicht; Kläger stürzte in einer Spielothek über ein nicht erkennbares Staubsaugerkabel; zögerliches Regulierungsverhalten	OLG Köln 29.9.2006 19 U 193/05 VersR 2007, 259
1549	€ 15 339 + immat. Vorbehalt (€ 19 721)	Schulterblattbruch links, Rolandofraktur des rechten Daumens sowie Kiefergelenkstrauma mit Kinnplatzwunde, Abriss des Kinnsäckchens der Unterlippe	MdE: 100% 2 ½ Wochen sowie 6-malige Operationen, hier jeweils in den operationsbedingten Zeiten 100%	Mann	MdE 25%	Es verbleibt eine schmerzhafte, nicht durchbaute Versteifung des rechten Daumensattelgelenks, sensible Ausfälle am Daumen und Zeigefinger, Narbenbildung am rechten Daumensattelgelenk, deutliche Gebrauchsminderung der rechten Hand, verheilter Bruch des linken Schulterblattes, schmerzhafte Minderbelastbarkeit der linken Schulter, Sensibilitätsstörung des 4. und 5. Fingers links, Gebrauchsbeeinträchtigung der Gliederkette der gesamten linken oberen Gliedmaßen	LG München I 10.10.2002 19 O 17000/01 VorsRiLG Krumbholz
1550	35 000 € 17 500 (€ 23 585)	Lateraler Schlüsselbeinbruch links, in Pseudoarthrose fehlverheilt, Lockerung im linken Brustbein/Schlüsselbeingelenk; Bruch der 2. Rippe rechts und der Rippen 3–6 links	MdE: 2 Monate 100% weitere 2 Monate 50% weitere 4 Monate 20% danach 10%	Sachbearbeiterin	MdE: 10%	Es bestehen nach wie vor Beschwerden in der linken Schulter	LG München I 22.6.1999 19 O 22662/97 RiLG Krumbholz, München

Lfd. Nr.	Betrag DM **Euro** *(Anp.2019)*	Verletzung	Dauer und Umfang der Behandlung; Arbeitsunfähigkeit	Person des Verletzten	Dauerschaden	Besondere Umstände, die für die Entscheidungen maßgebend waren	Gericht, Datum der Entscheidung, Az., Veröffentlichung bzw. Einsender
	**Fortsetzung von »Rücken - Schulter - Bruch (auch Schlüsselbeinbruch)«**						
1551	€ 20 000 + immat. Vorbehalt *(€ 23 785)*	Komplizierter Bruch der rechten Schulter, mehrere Schnittwunden am rechten Unterarm und an der rechten Hand	10 Tage Krankenhaus mit Operation, anschließend 2 ½ Monate krankengymnastische Behandlung	15-jähr. Praktikant als Handwerker	Dem Kläger wird es nicht möglich sein, einen Beruf auszuüben, der häufige körperliche Schwerarbeit, das Tragen schwerer Lasten oder häufige Überkopfarbeit erfordert; Einschränkung der sportlichen Aktivitäten (Schwimmen)	Ca. 4 ½ Monate konnte Kläger, der regelmäßig Schwimmsport betrieb, überhaupt keinen Sport treiben; auch 1 Jahr nach dem Unfall war Beweglichkeit im rechten Schulterhauptgelenk für alle Bewegungsrichtungen eingeschränkt; nachts wacht Kläger auf, weil er auf Dauer auf der Schulter nicht liegen kann, Taubheitsgefühl im Narbenbereich, keine Überkopfarbeiten und kein Tragen schwerer Lasten möglich, Probleme bei der Körperpflege; infolge Mithaftung von 75% wurde lediglich ein Schmerzensgeld von € 5000 zugesprochen; die Beklagten haften nur aufgrund der Betriebsgefahr des Pkw; mit dem Eintreten einer Omarthrose ist zu rechnen	LG Münster 18.4.2007 12 O 617/06 RAe Füg u. Kröger, Ascheberg
1552	€ 20 000 *(€ 22 358)*	Proximale Luxationsfraktur des Schultergelenks, Weichteilschäden, Delir, Unterkühlung	14-tägige stationäre Behandlung mit operativer Behandlung der Humerusfraktur; nach Auftreten einer Humeruskopfnekrose erneute 11-tägige stationäre Behandlung, wobei ein künstliches Schultergelenk eingesetzt wurde	75-jähr. demente Frau	Schwerwiegende Bewegungseinschränkung und Schmerzen im rechten Arm; Behandlung mit Physiotherapie und Schmerztabletten	Die demente Klägerin, die unbemerkt eine Pflegeeinrichtung verlassen hatte, umhergeirrt und gestürzt war und verletzt und unterkühlt aufgefunden wurde, leidet an einer schwerwiegenden Bewegungseinschränkung und unter Schmerzen im rechten Arm. Jedoch ist der Arm nicht völlig funktionsunfähig. Das Schultergelenk ist unbrauchbar, Armbewegungen können aber noch über das Hand- und Ellenbogengelenk erfolgen. Es liegt ein Dauerschaden vor, aber kein schwerster Dauerschaden, so dass die Voraussetzungen für die Zubilligung einer Schmerzensgeldrente nicht erfüllt sind. Unter Berücksichtigung der erlittenen Verletzungen, des erlittenen irreparablen Dauerschadens und der massiven psychischen Belastung während des 3 Nächte und 2 Tage dauernden Alleinseins der Klägerin, erscheint insg. ein Schmerzensgeld i.H.v. € 20 000 angemessen	Thüringer OLG 23.3.2011 2 U 567/10 PaPfleReQ 2011, 36
1553	45 000 ● € 22 500 + immat. Vorbehalt *(€ 29 646)*	Claviculafraktur rechts, subcapitale Humerusfraktur, große Abrissfraktur des Tuberculum majus rechts, Scapulahalsfraktur rechts, Rippenserienfraktur rechts, Prellungen am Knie rechts sowie Unterschenkel- und Sprunggelenk rechts, Ruptur des hinteren Kreuzbandes am rechten Kniegelenk	1 Monat Krankenhausaufenthalt; MdE: über 4 Monate 100%, 6 Monate 50% danach 30%	46-jähr. Gitarrenlehrer	30% auf dem allgemeinen Arbeitsmarkt, 40% im Beruf als Gitarrenlehrer	25% Mithaftung. Eine Verschlimmerung des Unfallfolgezustands ist als wahrscheinlich anzunehmen, insbesondere lassen die Verhältnisse am rechten Sprunggelenk die Möglichkeit einer Zunahme der Bewegungseinschränkung annehmen. Auch ist hier zukünftig eine Störung der Nachtruhe durch die Ausbildung lagebedingter Schulterschmerzen zu erwarten. Verzögerte Heilbehandlung durch Auftreten einer Oberarmvenenthrombose	LG München I 18.1.2001 19 O 15998/99 VorsRiLG Krumbholz
1554	60 000 € 30 000 *(€ 41 756)*	Schädelprellung mit Risswunde an der rechten Stirn; Prellungen der linken Halsseite; Schlüsselbeinbruch rechts; Schädigung des Plexus cervicalis links mit Ausriss der Nervenwurzel C 7	Zwei stationäre Aufenthalte von insgesamt 7 Wochen	20-jähr. Industriemechaniker	MdE: 50%	Umschulung vom Industriemechaniker zum technischen Zeichner war notwendig	LG München I 8.7.1996 19 O 13147/95 VorsRiLG Krumbholz

● Mithaftung (siehe vorletzte Spalte)

Rücken

Fortsetzung von »Rücken - Schulter - Bruch (auch Schlüsselbeinbruch)«

Lfd. Nr.	Betrag DM Euro (Anp.2019)	Verletzung	Dauer und Umfang der Behandlung; Arbeitsunfähigkeit	Person des Verletzten	Dauerschaden	Besondere Umstände, die für die Entscheidungen maßgebend waren	Gericht, Datum der Entscheidung, Az., Veröffentlichung bzw. Einsender
1555	€ 30 000 + immat. Vorbehalt (€ 32 020)	Klavikulafraktur und Begleitverletzung des Weichteilmantels der Schulter; posttraumatische Belastungsstörung; chronischer Tinnitus rechts	3 stationäre Krankenhausaufenthalte von insgesamt 30 Tagen sowie AU von insgesamt 11 Monaten; MdE 20%	Mann	Posttraumatische Verschleißerscheinung in den beteiligten Gelenken mit dadurch entstandener Einengung des Schulterdaches	Der Senat hält angesichts der bestehenden Dauerschäden und der ungewissen Prognose hinsichtlich des posttraumatischen Belastungssyndroms sowie des bestehenden Tinnitus unter Berücksichtigung von Vergleichsentscheidungen auch die Höhe des zuzusprechenden Schmerzensgeldes von € 30 000 für angemessen und einen billigen Ausgleich für die vom Kläger erlittenen immateriellen Folgen des Unfalls. Zudem sieht der Senat in der Verweigerungshaltung der Beklagten bei Regulierung des Schadens einen gewichtigen, schmerzensgelderhöhenden Umstand	OLG Nürnberg 22.10.2014 2 U 115/14 Rechtsanwälte Hofbeck, Buchner & Collegen, Nürnberg
1556	90 000 € 45 000 (€ 60 724)	Trümmerfraktur des rechten Schulterblattes, Schultergelenkspfannen-Fraktur; Lungenkontusion; Rippenserienfraktur; Hämatothorax rechts; Impressionsfraktur der Bodenplatten BWK 5–7; Defektwunde der Kopfschwarte	4 Wochen Intensivstation; Lungenquetschung war lebensbedrohlich, Lungenversagen und Pneumonien; anschließend 3 Wochen allgemeine Station, dann 3 Jahre ambulante Behandlung MdE: 5 Monate 100% 3 Monate 60%	Junger Geschäftsführer, gelernter Elektriker	Schmerzende Bewegungseinschränkungen der rechten Schulter (MdE: 35%), chronische Schmerzsymptomatik bei längerem Sitzen, die auch die Konzentrationsfähigkeit bei Schreibtischarbeit beeinträchtigt (MdE: 10%), Belüftungsstörung der Lunge (MdE: weniger als 10%); 50% Schwerbehinderung seitens des Versorgungsamtes	Einschränkungen bei Ausübung schwerer körperlicher Arbeit und bei Sportausübung, wobei Kläger als früherer Leistungssportler besonders hart betroffen ist; kann an sportlichen Übungen praktisch nur noch Krankengymnastik betreiben; grobe Fahrlässigkeit des Schädigers	LG Gera 27.4.1999 3 O 3307/95 RAe Dr. Heß, Heyder, Kuhn-Regnier, Prof. Dr. Klie, Freiburg
1557	90 000 € 45 000 + immat. Vorbehalt (€ 61 191)	Völlige Zerstörung der Rotatorenmanschette des rechten Arms, Nervenläsion; Schlüsselbeinfraktur links; Thoraxtrauma; Lungenkontusion links; Rippenserienfraktur 2–6 links; Hämatopneumothorax links; Hüftpfannenfraktur rechts; Oberschenkelfraktur rechts	Drei Krankenhausaufenthalte von knapp 3 Monaten, 2 1/4 Jahre arbeitsunfähig, danach MdE 50%	Hausfrau und Bankkauffrau	MdE: 50%	Berufstätigkeit konnte nicht mehr wieder aufgenommen werden	LG München I 24.7.1997 19 O 20421/96 RA von Zwehl, München
1558	€ 50 000 + immat. Vorbehalt (€ 56 974)	Beckenringfraktur, Rippenserienfraktur, Oberarm- und Ellenbogenfraktur, Frakturen beider Schlüsselbeine, Kniescheibenfraktur, Lungenkontusion, Gehörschaden	1 1/2 Monate Krankenhaus, anschließend 7 Wochen Reha, dann weitere Operationen mit nochmaliger Reha von 1 1/2 Monaten	Frau	Schlechte Beweglichkeit der linken Schulter mit erheblichen Schmerzen beim Erreichen des endgradigen Bewegungsumfangs, Heben des linken Arms nur bis zur Waagerechten; starke Beeinträchtigung der Funktionalität des linken Armes; langes Gehen und Stehen nicht mehr möglich, Schmerzen beim Gehen und Treppensteigen; Fußheberschwäche mit erforderlichem Tragen einer Schiene; Benützen von 2 Hörgeräten erforderlich	Erhebliche Einschränkungen bei Haus- und Gartenarbeit; im rechten Knie Präarthrose möglich, die zur Notwendigkeit einer Endoprothese führen kann	LG Köln 15.4.2010 5 O 36/09 Fincke Rechtsanwälte, Bergneustadt

Lfd. Nr.	Betrag DM Euro (Anp.2019)	Verletzung	Dauer und Umfang der Behandlung; Arbeitsunfähigkeit	Person des Verletzten	Dauerschaden	Besondere Umstände, die für die Entscheidung maßgebend waren	Gericht, Datum der Entscheidung, Az., Veröffentlichung bzw. Einsender

Fortsetzung von »Rücken - Schulter - Bruch (auch Schlüsselbeinbruch)«

| 1559 | €61355 + immat. Vorbehalt (€78694) | Thoraxtrauma mit Rippenserienfraktur beiderseits (2–5), Claviculatrümmerfraktur links (in Fehlstellung verheilt), distale Claviculafraktur rechts, Scapulahalsfraktur links, vordere Beckenringfraktur links, Tibiakopf-Impressionsfraktur rechts, thrombotischer Verschluss der Vena femoralis rechts | Ca. 2 Monate Intensivstation, fast 1 Monat Lebensgefahr, MdE: ca. 6 Monate orthopädisch 100% 3 Monate 60% 3 Monate 50% 1 Monat 40% orthopädisch auf Dauer 30% | Mann | Auf orthopädischem Fachgebiet 30%, neurologisch 20% | Im Hinblick auf die ganz erheblichen Beeinträchtigungen, die der Kläger durch den Unfall erlitten hat, die Tatsache, dass er 4 Wochen lang in Lebensgefahr schwebte und künstlich beatmet werden musste, sowie die Anzahl der Operationen, die der Kläger hinter sich gebracht hat, erscheint der Kammer ein Schmerzensgeld i.H.v. €61355,03 nicht überzogen | LG München I 18.7.2002 19 O 23186/00 VorsRiLG Krumbholz |

Weitere Urteile zur Rubrik »**Rücken - Schulter - Bruch (auch Schlüsselbeinbruch)**« siehe auch:
bis €12500: 537, 2765, 1119, 717, 498, 552, 1143, 555, 2361, 924, 34, 501, 561, 927
bis €25000: 934, 1290, 41, 1653, 1272, 3185, 683, 44, 1659, 10, 188, 2943, 1132, 191
ab €25000: 1202, 1371, 48, 1308, 1599, 1098, 1204, 336, 1071, 611, 339, 2977, 430, 1314, 1139, 1319, 1012, 2088, 284, 2999, 3000, 3004, 1327, 3013, 368, 3015, 1994, 2003, 2004, 1339, 3023

Rücken - Schulter - Sonstige Verletzungen

Lfd. Nr.	Betrag	Verletzung	Dauer und Umfang	Person	Dauerschaden	Besondere Umstände	Gericht
1560	€500 (€631)	Prellung des Schultergelenks und im Bereich der HWS		78-jähr. Mann		Durch die stattgehabte Prellung des Schultergelenks sei es möglicherweise zu einer vorübergehenden Verschlimmerung einer vorbestehenden Schadensanlage gekommen. Es ist jedoch davon auszugehen, dass 4 Wochen nach dem Unfallereignis der Vorzustand wieder eingetreten ist	AG Göppingen 27.2.2004 3 C 642/03 RAe Cless & Ruccius, Göppingen
1561	€800● (€856)	Schulterprellung links mit Hämatom	3 Wochen Beschwerden, MRT-Untersuchung, physiotherapeutische Behandlungen	Motorradfahrer		Mithaftung aus Betriebsgefahr 25%. Der Kläger stürzte auf nasser Fahrbahn auf einer „mangelhaften" Straße. Schmerzensgelderhöhend wurde das Regulierungsverhalten des beklagten Landes berücksichtigt, das von Anfang an jegliche Verantwortung von sich wies	LG Detmold 3.2.2016 9 O 86/15 juris
1562	€1000● + immat. Vorbehalt (€1049)	Multiple Prellungen, Kopfplatzwunde, Schürfwunden	1 Tag stationäre Behandlung, 10 Tage AU zu 100%, 2 Wochen AU zu 50%, 1 Jahr Beschwerden an der Schulter	Fahrradfahrer		Mithaftung 50%. Ein Anriss der Supraspinatussehne konnte nicht als unfallkausal bewiesen werden	LG Nürnberg-Fürth 6.10.2016 2 S 8390/15 juris
1563	3000 €1500 (€1957)	Schleimbeutelentzündung an der linken Schulter	Kläger musste bei seinem Arbeitgeber 24 Tage lang auf einem Schonarbeitsplatz eingesetzt werden	Mann		Wegen 50% Mitverschulden wurde lediglich ein Schmerzensgeld von DM 1500 (€750) zugesprochen	AG Landau (Pfalz) 10.4.2001 4 C 36/01 RA Koch, Erftstadt
1564	3500 €1750 (€2247)	Schwere Schulterprellung links, HWS-Distorsion, Prellungen und Hautabschürfungen am linken Ellenbogen, am Knie und am Fuß		Mann		Über erheblichen Zeitraum nach dem Unfall anhaltende Schmerzen, insbesondere im Bereich der linken Schulter und des linken Knies	OLG Düsseldorf 27.5.2002 1 U 212/01 RA Koch, Erftstadt
1565	€2000 (€2376)	Prellung des rechten Schultergelenks mit Stauchung des Schultereckgelenks nach Tossy I / II, deutlich schmerzhafte Einschränkungen der Bewegungsfunktionen, Prellung linker Zeigefinger, Hörsturz linkes Ohr, Unfallschock	4 Tage Krankenhaus zur Behandlung der linksseitigen Hörminderung, 3 Wochen arbeitsunfähig, leichte Restbeschwerden auf die Dauer von ca. 5 Monaten	Mann		Beklagte war Fußgängerin; es bestand kein Haftpflichtversicherungsschutz	OLG Düsseldorf 18.6.2007 I-1 U 278/06

● Mithaftung (siehe vorletzte Spalte)

Rücken — Urteile lfd. Nr. 1566 – 1568

Lfd. Nr.	Betrag DM Euro (Anp.2019)	Verletzung	Dauer und Umfang der Behandlung; Arbeitsunfähigkeit	Person des Verletzten	Dauerschaden	Besondere Umstände, die für die Entscheidungen maßgebend waren	Gericht, Datum der Entscheidung, Az., Veröffentlichung bzw. Einsender

Fortsetzung von »Rücken - Schulter - Sonstige Verletzungen«

1566	€ 4000 (€ 4375)	Schulterluxation durch Verkehrsunfall	Schulter wurde operativ wieder eingerenkt, sodann ambulant weiterbehandelt. AU von zumindest vier Wochen, anschließend Einschränkung der Erwerbsfähigkeit von weiteren mindestens acht Wochen	60-jähr. Mann	Geringfügige Einschränkung der Rotationsfunktion der Schulter	Maßgeblich für die Höhe des Schmerzensgeldes ist nicht allein die erlittene Verletzung, sondern auch die daraus resultierenden Beeinträchtigungen. Die Verletzung des Klägers ist zwar mittlerweile weitgehend folgenlos ausgeheilt, verblieben ist lediglich eine geringfügige Einschränkung der Rotationsfunktion. Gleichwohl kann bei der Bemessung des Schmerzensgeldes nicht außer Betracht bleiben, dass beim Kläger „an sich" eine unfallbedingte Arbeitsunfähigkeit von zumindest vier Wochen gegeben war, anschließend eine Einschränkung der Erwerbsfähigkeit von mindestens weiteren acht Wochen. Dass der Kläger gleichwohl bereits kurze Zeit nach dem Unfall wieder an seinem Arbeitsplatz erschienen ist, gleichsam um gegenüber seinem Auftraggeber zu demonstrieren, dass er eben bereit sei zu arbeiten, kann den Beklagten nicht zugutekommen	Schleswig-Holsteinisches OLG 1.3.2012 7 U 95/11
1567	€ 6000 (€ 6391)	Das Unfallereignis ist insofern relevant geworden, als die rechtsseitig bis dato stumme Schultergelenksarthrose durch den Unfall symptomatisch geworden ist	Die aktivierte Arthrose des Schultergelenks ist eine nur mäßiggradig beeinträchtigende Problematik, die üblicherweise durch eine korrekt durchgeführte Resektion der lateralen Clavicula gut beherrscht werden kann	Mann		Das Gericht orientiert sich an entsprechenden Entscheidungen des OLG Schleswig vom 1.4.2004 und des LG München vom 21.3.2002 (referiert in Hacks/Wellner/Häcker, Schmerzensgeldbeträge 2013 unter den laufenden Nrn. 2254 und 2255) unter Berücksichtigung einer entsprechenden Anpassung an die Geldentwertung	LG Saarbrücken 27.3.2015 12 O 232/14 RA Justizrat Hans-Jürgen Gebhardt, Homburg
1568	€ 6647 + immat. Vorbehalt (€ 8536)	Schulterverrenkung links, Unterschenkelprellung links sowie Knieprellung und großflächige Schürfwunden an Bein und Arm	MdE: 1 Woche 100% 1 weitere Woche 60% anschl. 30% danach im Langzeitdurchschnitt bis zur arthroskopischen Operation 20% Für die Heilungsphase nach der Operation sei von gleichen Zeitspannen und fallender MdE bis 30% auszugehen	Chemiker	MdE 24%	Die dem Kläger verbliebenen Bewegungseinschränkungen wirken sich sowohl im beruflichen als auch im privaten Bereich aus. In seinem Beruf als Chemiker sei er beim Hantieren mit Chemikalien eingeschränkt, insbesondere kann die verbliebene Luxationsangst sowie die eingeschränkte Beweglichkeit zu Verkrampfungen führen. Als Nationalmannschaftsmitglied der Trampolinspringer könne er ein regelmäßiges intensives Training nicht mehr durchführen	LG München I 21.3.2002 19 O 21822/00 VorsRiLG Krumbholz

Lfd. Nr.	Betrag DM **Euro** *(Anp.2019)*	Verletzung	Dauer und Umfang der Behandlung; Arbeitsunfähigkeit	Person des Verletzten	Dauerschaden	Besondere Umstände, die für die Entscheidungen maßgebend waren	Gericht, Datum der Entscheidung, Az., Veröffentlichung bzw. Einsender

Fortsetzung von »Rücken - Schulter - Sonstige Verletzungen«

Lfd. Nr.	Betrag	Verletzung	Dauer und Umfang	Person	Dauerschaden	Besondere Umstände	Gericht
1569	€ 7000 + immat. Vorbehalt *(€ 7100)*	Multiple Prellungen und ein traumatischer Knorpelschaden im linken Schultergelenk; unfallbedingt haben sich die an sich degenerativ verursachten Schmerzen im Bereich der Wirbelsäule vorübergehend verschlimmert	Knorpelschaden im linken Schultergelenk wird bei Arthroskopie versorgt, indem Knorpelsplitter entfernt und vorhandener Knorpel geglättet wurden. Trotz des arthroskopischen Eingriffs leidet der Kläger weiterhin unter Bewegungseinschränkungen und Schmerzen, was dazu geführt hat, dass er in der Zeit vom 27.1.-17.8. arbeitsunfähig war und anschließend für einen Monat an einer Wiedereingliederung teilnehmen musste	41-jähr. Mann	Mittelgradige Bewegungseinschränkungen	Unter Berücksichtigung der Verletzungen und Verletzungsfolgen – auch im Hinblick auf das noch eher junge Alter des Klägers zum Unfallzeitpunkt von 41 Jahren – erachtet der Senat eine billige Entschädigung in Geld von insgesamt € 7000 für angemessen. Bei der Bestimmung der konkreten Höhe des Schmerzensgeldes hat sich der Senat an Entscheidungen mit einem ähnlichen Verletzungsbild orientiert	OLG Düsseldorf 25.9.2018 1 U 57/16 Vors. Richter am OLG Dr. Scholten
1570	€ 7500 + immat. Vorbehalt nach Anerkenntnisurteil des BGH *(€ 8237)*	Kausale Unfallfolge aufgrund erblicher Vorbelastung zunächst eine Subluxation, sodann nach dem Unfall Luxationen der linken Schulter	OP und ambulante Behandlungen			Auf der Grundlage dieser Unfallfolgen erscheint das vom Landgericht zugesprochene Schmerzensgeld von € 7500 angemessen, auch wenn insoweit bereits eine besondere Konstitution der Klägerin sowie ein relativ banales Unfallereignis zu berücksichtigen sind. Die dem gegenüberstehenden Umstände, nämlich die monatelang erlittenen Luxationen und Schmerzen, die notwendigen Behandlungen sowie die erforderliche Operation und die Arbeitsunfähigkeit rechtfertigen gleichwohl das zugesprochene Schmerzensgeld in der festgesetzten Höhe	OLG Frankfurt am Main 19.6.2012 3 U 213/10 juris 5.2.2013 VI ZR 338/12 Anerkenntnisurteil
1571	€ 7500 ● *(€ 7933)*	Hüft- und Schulterprellungen durch Verkehrsunfall	Einjähriger, aus psychischen Gründen verzögerter Heilungsverlauf	Frau		Der Senat ist aufgrund eigenständiger Überprüfung der Ansicht, dass bei Berücksichtigung der nachgewiesenen Verletzung (Schulterprellung), der Verletzungsfolgen (einjähriger, aus psychischen Gründen verzögerter Heilungsverlauf), des Alters und der Person der Klägerin und ihres Mitverschuldens (25%) von einem angemessenen Betrag von € 7500 auszugehen ist	OLG München 8.5.2015 10 U 4543/13 juris
1572	€ 15 000 *(€ 15 114)*	AC-Gelenksprengung Tossy III rechts	Mehrere Monate AU, 4 OP mit jeweils 3- bis 6-tägigen stationären Aufenthalten	41-jähr. Mann, Ausbildung zum Facharzt Kardiologie, Fahrradfahrer	MdE 10% (chronische Instabilität des Acromioclaviculargelenkes mit lateralem Claviculahochstand)	Über das außergerichtlich gezahlte Schmerzensgeld hinaus steht dem Kläger kein weiterer Anspruch zu	LG Krefeld 2.5.2019 3 O 271/16 Landesrechtsprechungsdatenbank NRW

● Mithaftung (siehe vorletzte Spalte)

Lfd. Nr.	Betrag DM Euro (Anp.2019)	Verletzung	Dauer und Umfang der Behandlung; Arbeitsunfähigkeit	Person des Verletzten	Dauerschaden	Besondere Umstände, die für die Entscheidungen maßgebend waren	Gericht, Datum der Entscheidung, Az., Veröffentlichung bzw. Einsender
\multicolumn{8}{l}{Fortsetzung von »Rücken - Schulter - Sonstige Verletzungen«}							
1573	€ 20 000 + immat. Vorbehalt (€ 21 113)	Ausrenkung beider Schultern mit Abbruch eines Stücks der knöchernen Schulterpfanne, Teilriss des vorderen Kreuzbandes, multiple Prellungen	Arthroskopie am Knie	Motorradfahrer		Verzögerter Heilbehandlungsverlauf der linken Schulter. Mittel- bis langfristig wird aufgrund des erhöhten Schulterverschleißes links eine Schulterprothese notwendig sein	LG Dortmund 25.5.2016 21 O 167/15 juris
1574	€ 23 000 (€ 25 604)	Vorsätzliche Körperverletzung durch Schlagen mit der Fahrzeugtür: hierdurch Gesichtsschädelprellung sowie eine Myalgie der linksseitigen Halswirbelsäule mit Ausstrahlung in die linke Schulter. Darüber hinaus schwerwiegende Verletzung der linken Schulter erlitten, nämlich eine traumatische SLAP-Läsion (Verletzung der Knorpellippe an der Schulterpfanne), traumatische Knorpeldefekte, eine hochgradige Synovitis (Gelenkkapselentzündung) und subacromiale Adhäsionen (Verwachsungen)	Zwei Operationen der Schulter, letztere zur Therapie der eingetretenen adhäsiven Kapsulitis/konstruktiven Kapsulitis (Frozen-Shoulder; schmerzhafte Schultersteife)	Mann	Funktionseinschränkung der Abduktion/Flexion und der Rotationsbewegung. Der Kläger ist aufgrund dessen in der Gebrauchsfähigkeit des linken Arms um 1/7 gemindert. 75%ige Berufsunfähigkeit	Für die Höhe ist über die unmittelbar nach dem Unfall attestierten Prellungen und die HWS-Myalgie insbesondere die Schwere der Schulterverletzung ausschlaggebend. Diese war und ist für den Kläger mit erheblichen Schmerzen verbunden; er hat bereits zwei Operationen über sich ergehen lassen müssen; weiter musste er bis heute an 352 Tagen physiotherapeutische Behandlung in Anspruch nehmen; bei der Bewegungseinschränkung handelt es um einen Dauerschaden; der Kläger ist durch die Verletzung auf Dauer zu 75% berufsunfähig; auch seine Hobbies (Fußballspielen, Radfahren, Schwimmen und Bergwandern) kann er nur noch eingeschränkt betreiben; voraussichtlich muss er mindestens eine weitere Operation über sich ergehen lassen, nämlich die Implantation eines künstlichen Schultergelenks, welches möglicherweise im Hinblick auf das relativ junge Alter des Klägers auch noch ausgetauscht werden muss. Weiter ist im Rahmen der Schmerzensgeldbemessung die vorsätzliche Begehungsweise zu berücksichtigen, wobei zugunsten des Beklagten unterstellt wird, dass er mit derart schweren Folgen nicht gerechnet hat	OLG Frankfurt am Main 19.8.2011 10 U 93/10

Weitere Urteile zur Rubrik »Rücken - Schulter - Sonstige Verletzungen« siehe auch:
- bis € 2500: 1714, 1722, 771, 1725, 2861, 97, 2307, 1750, 775, 471, 1758, 1770, 1775, 1781, 647, 1792, 1386, 1489, 476, 1812, 742, 1831, 1833, 1835, 1838, 1843, 1844, 1850, 2315, 2158, 222, 1191, 2743, 905, 16
- bis € 5000: 492, 780, 1389, 1017, 1517, 711, 2273, 1888, 2750, 1890, 1612, 1897, 24, 782
- bis € 12 500: 58, 853, 2764, 464, 2186, 2765, 466, 63, 550, 1927, 1535, 1929, 1634, 69, 37, 232, 1645
- bis € 25 000: 2045, 3164, 77, 3185, 321, 1664, 1666
- ab € 25 000: 327, 84, 273, 2692, 2476, 2134, 341, 2981, 1280, 1486, 2697, 1303, 7

Rücken - Schulter - Verletzungen Bänder, Sehnen, Muskeln u. Ä.

Lfd. Nr.	Betrag	Verletzung	Dauer und Umfang der Behandlung	Person	Dauerschaden	Besondere Umstände	Gericht
1575	€ 1000 (€ 1139)	Einriss der Supraspinatus-Sehne links, geringes Knochenmarks-Ödem im kleinen Höcker des Oberarms	4 Tage Krankenhaus mit Schmerztherapie und Ruhigstellung des linken Arms, Schmerzinfusionen	Mann			LG Schweinfurt 13.4.2010 24 O 771/09 RA Koch, Erftstadt
1576	€ 2000 + immat. Vorbehalt (€ 2148)	Rockwood III der linken Schulter	Erhebliche Beschwerden in den ersten Wochen nach dem Unfall	Frau	Linke Schulter	Klägerin war Fahrradfahrerin	AG Amberg 18.7.2013 2 C 94/13 RA Wolfgang Koch, Erftstadt

Lfd. Nr.	Betrag DM Euro (Anp.2019)	Verletzung	Dauer und Umfang der Behandlung; Arbeitsunfähigkeit	Person des Verletzten	Dauerschaden	Besondere Umstände, die für die Entscheidungen maßgebend waren	Gericht, Datum der Entscheidung, Az., Veröffentlichung bzw. Einsender
	**Fortsetzung von »Rücken - Schulter - Verletzungen Bänder, Sehnen, Muskeln u. Ä.«**
1577	€2000● + immat. Vorbehalt (€2279)	Bankart-Läsion, Hill-Sachs-Läsion an der rechten Schulterpfanne, Ellenbogenprellung, Armplexusparese rechts mit Hypästhesien über dem Musculus deltoideus an der Außenseite des Oberarms und an der Radialkante des Vorderarms sowie an der radialen Hälfte der Hand	1 Monat physiotherapeutische Behandlung	Frau		Mithaftung 50%, fahrlässige Verletzung der Verkehrssicherungspflicht des Beklagten, da dieser nicht die geeigneten vorgeschriebenen Fliesen gem. GUV-Information Ziff. 2.1. (Standsicherheit bis zu einem Mindeststeigungswinkel von 18°) verwendete. Das Gericht sah die Quote darin begründet, dass die Klägerin hätte erkennen müssen, dass der Fliesenbelag glatt war. Schmerzendgelderhöhend wirkte sich insb. die lange Behandlungsdauer von knapp 1 Jahr aus. Für die Klägerin bestehen Einschränkungen in der Haushaltführung sowie der Ausübung der beruflichen Tätigkeit	Schleswig-Holsteinisches OLG 3.6.2010 11 U 124/07 RA Koch, Erftstadt
1578	€2500 (€2880)	Verletzung der Strukturen im vorderen Bereich des rechten Schultergelenks (u. a. Sehne am Schulterblatt) mit Sehnenentzündung, Schleimbeutelentzündung, Schürfwunden, Gesichtsprellungen		47-jähr. Gynäkologe	Druckschmerzen an der rechten Schulter, Minderung der schulterübergreifenden Muskulatur, Bewegungseinschränkung der Schulter über der Horizontalen		AG Homburg 16.9.2009 7 C 143/08 RAe Gebhardt & Koll., Homburg
1579	€2500● + immat. Vorbehalt (€2685)	Prellung der Schulter mit einer Rotatorenmanschettenteilruptur durch Sturz wegen eines Hundes	Stationärer Krankenhausaufenthalts von 4 Tagen. Dabei Operation an der rechten Schulter. Ein älterer Abriss der langen Bizepssehne wurde dabei mitbehandelt. Rechter Arm wurde ca. 5 Wochen mit einem Abduktionskissen fest an den Oberkörper fixiert. Danach Physiotherapie	74-jähr. Mann		Das LG hat dem Kläger unter Berücksichtigung der Haftungsquote von 40 zu 60% zu seinen Gunsten ein Schmerzensgeld (§ 253 BGB) von €2500 zugesprochen. Dies entspräche bei einer 100-prozentigen Haftung einem Betrag von €6250. Die Höhe dieses Schmerzensgeldes ist nicht zu beanstanden. Dabei ist im Rahmen der Genugtuungs- und Ausgleichsfunktion neben dem Alter des Mannes, der Dauer des stationären Krankenhausaufenthalts von 4 Tagen und der Beschwerden zu berücksichtigen, dass der Verletzte durch die Unfallverletzung in seinem Freizeitverhalten, hier ein bis zweimaliges Rennkajakfahren in der Woche, eingeschränkt war	OLG Koblenz 5.11.2013 3 U 421/13 juris; zfs 2014, 79
1580	8000 €4000 (€5081)	Bursitis mit Teilruptur der Supraspinatussehne der rechten Schulter	2 Wochen Krankenhaus mit offener Revision der rechten Schulter mit Supraspinatussehnennaht, anschließend über 1 Jahr Krankengymnastik	Mann			LG Bonn 17.7.2003 15 O 135/02 RAe Dr. Klassen & Partner, Bonn
1581	€4000● (€4715)	Schultergelenkssprengung Tossy III	Insgesamt 9 Tage stationärer Aufenthalt, 2 Operationen, 2 ½ Monate AU zu 100%, 2 Monate teilweise AU, mehrere Monate ambulante Behandlungen	Fahrradfahrer		Kläger befuhr mit seinem Rad verbotswidrig den Gehweg in die falsche Richtung und muss sich deshalb ein Mitverschulden von 50% anrechnen lassen. Ob letztlich eine MdE von 5% eingetreten ist, war für die Schmerzensgeldhöhe nicht entscheidend	LG Mühlhausen 30.10.2007 3 O 1170/06 juris

● Mithaftung (siehe vorletzte Spalte)

Lfd. Nr.	Betrag DM Euro *(Anp.2019)*	Verletzung	Dauer und Umfang der Behandlung; Arbeitsunfähigkeit	Person des Verletzten	Dauerschaden	Besondere Umstände, die für die Entscheidungen maßgebend waren	Gericht, Datum der Entscheidung, Az., Veröffentlichung bzw. Einsender
	**Fortsetzung von »Rücken - Schulter - Verletzungen Bänder, Sehnen, Muskeln u. Ä.«**
1582	€ 5000 *(€ 5321)*	Sehnenverletzung der rechten Schulter	Ca. 2 Monate erhebliche Beschwerden, keine OP	Ältere Frau	Einschränkung beim Heben des rechten Arms	Die Klägerin fiel bei einer Urlaubsreise in der Türkei bei einer Animationsveranstaltung von einem Plastikstuhl, da das hintere Stuhlbein in ein Abflussgitter geriet, als die Klägerin sich setzte. Der Schadensersatzanspruch ist nach § 651g Abs. 1 S. 1 BGB ausgeschlossen und richtet sich nach § 823 Abs. 1 i.V.m. § 253 Abs. 2 BGB	AG Hannover 8.8.2014 506 C 6988/13
1583	10 000 € 5000 *(€ 6556)*	Rotatorenmanschettenläsion in der rechten Schulter, HWS-Distorsion 1. Grades, leichte Gehirnerschütterung, Gurtprellung am Oberbauch, Prellungen am linken Knie und Unterschenkel sowie am Sprunggelenk	Beschwerden mit Ausnahme der Schulterschmerzen waren nach 2–3 Wochen abgeklungen; Rotatorenmanschettenläsion wurde erst 5 Monate nach dem Unfall nach einer 1 1/2-monatigen erfolglosen konservativen Behandlung in Reha-Klinik diagnostiziert; daraufhin 2 Wochen Krankenhaus mit Narkosemobilisation; nach einem weiteren Monat 3 Wochen stationäre Reha; anschließend krankengymnastische Behandlung; 1 Jahr nach Unfall war Schulter wieder beschwerdefrei	56-jähr. Frau		Unfallursächlichkeit der Schulterverletzung wurde aufgrund des engen zeitlichen Zusammenhangs zwischen Unfall und den Beschwerden bejaht, trotz der Bewertung der Kausalität als überwiegend unwahrscheinlich durch einen medizinischen Sachverständigen	OLG Hamm 28.2.2001 13 U 191/00 VRS 100, 411
1584	€ 6000 + immat. Vorbehalt *(€ 6309)*	Schultereckgelenkssprengung vom Schweregrad Rockwood II, Prellungen und Schürfwunden	Kurzfristig stationäre, danach konservative Behandlung der Schultereckgelenkssprengung	27-jähr. Mann	Bewegungseinschränkung mit dauerhaften Schmerzen bei Bewegungen des Arms/Schulter nach hinten und oben	Schmerzensgelderhöhend, und insbesondere ein Schmerzensgeld in Höhe von € 6000 rechtfertigend, hat das Gericht berücksichtigt, dass es sich bei dem Geschädigten um einen zum Unfallzeitpunkt gerade mal 27-jähr. Mann handelt, der sein Leben noch vor sich hat, aber durch den Unfall dauerhaft eingeschränkt ist. Das Schmerzensgeld hält sich auch im Rahmen der von anderen Gerichten bei vergleichbaren Verletzungen ausgesprochenen Schmerzensgeldansprüche	AG Nürnberg 8.8.2016 240 C 4215/16 RA von Mammen, Kanzlei Hofbeck, Buchner und Collegen, Nürnberg
1585	€ 9000 *(€ 9884)*	Durch Prellung an der rechten Schulter kam es zu einer sapula alata rechts aufgrund der Lähmung des Sägezahnmuskels bei inkompletter Läsion des entsprechend versorgenden Nervs rechts	3 Tage stationäre Behandlung	16-jähr. Junge, Straßenbauer	Funktionsminderung der rechten Schulter des Klägers ist dauerhaft und mit etwa 1/10 Armwert zu beurteilen	Kläger ist Straßenbauarbeiter. Trotz seines jugendlichen Alters ist er zu vermehrten Pausen gezwungen	LG Weiden i.d.OPf. 26.6.2012 14 O 325/11

Lfd. Nr.	Betrag DM **Euro** *(Anp.2019)*	Verletzung	Dauer und Umfang der Behandlung; Arbeitsunfähigkeit	Person des Verletzten	Dauerschaden	Besondere Umstände, die für die Entscheidungen maßgebend waren	Gericht, Datum der Entscheidung, Az., Veröffentlichung bzw. Einsender

Fortsetzung von »Rücken - Schulter - Verletzungen Bänder, Sehnen, Muskeln u. Ä.«

Lfd. Nr.	Betrag	Verletzung	Dauer und Umfang der Behandlung	Person	Dauerschaden	Besondere Umstände	Gericht
1586	€10000 + immat. Vorbehalt *(€12479)*	Vollständige Ruptur der Supraspinatussehne und der Schulterblattsehne mit starker Atrophie sowie der langen Bizepssehne (Rotatorenmanschettenruptur)		47-jähr. Mann	Funktionelle Beeinträchtigung des rechten Armes von ⅓ und Minderung der Erwerbsfähigkeit von 30%	Grober ärztlicher Behandlungsfehler durch nicht ausreichende Befundung einer Schulterluxation nach einem Skiunfall; es hätte durch eine sonographische, kernspintomographische oder sonstige klinische Untersuchung ein Rotatorenmanschettenbefund erhoben werden müssen; da ein Befund mit der Diagnose des Rotatorenmanschettendefekts erst nach 4 Monaten erhoben wurde, wurden die Rupturen als nicht mehr reparabel erachtet; funktionelle Beeinträchtigungen wirken sich bei Arbeiten im Haus und Garten sowie bei Ausübung bestimmter Sportarten und Verrichtungen des täglichen Lebens aus; Schadensverlauf noch nicht abgeschlossen; weitere Erwerbsminderung nicht ausgeschlossen	LG Karlsruhe 18.10.2004 10 O 99/03 RA König, Bietigheim
1587	€15000 + immat. Vorbehalt *(€15288)*	Rotatorenmanschettenruptur	Mehrere Operationen und langfristige Arbeitsunfähigkeit	Mann	Dauerhafte Einschränkung der Beweglichkeit des rechten Schultergelenks	Anders als das LG hält der Senat ein Schmerzensgeld i.H.v. €15000 für angemessen. Dass der Kläger in Folge der durch den Sturz erlittenen Rotatorenmanschettenruptur langfristig arbeitsunfähig war und mehrfach operiert werden musste, hat das LG fehlerfrei festgestellt; insoweit sind die Feststellungen durch die Berufung nicht in Frage gestellt worden. Schmerzensgelderhöhend wirken die nicht vom Kläger zu vertretenden und auch nicht auf Vorschäden zurückzuführenden Komplikationen im Heilungsverlauf. Weiter war die dauerhafte Einschränkung der Beweglichkeit des rechten Schultergelenks zu berücksichtigen. Das Regulierungsverhalten der Beklagten und des Versicherers, der letztlich für den Schaden einzustehen hat, ist dagegen von untergeordneter Bedeutung. Schließlich war zu berücksichtigen, dass sich nur der Vorwurf einfacher Fahrlässigkeit belegen lässt. Bei der Höhe des Schmerzensgeldes hat der Senat auch die bei Rotatorenmanschettenrupturen üblicherweise von den Gerichten ausgeurteilten Beträge im Auge gehabt. Beträge von mehr als €20000 sind hierbei, auch wenn sich der Heilungsverlauf schwierig gestaltet, kaum festzustellen (etwa in dem deutlich gravierenderen Fall des OLG München – 19 U 5318/02)	Brandenburgisches OLG 19.12.2018 7 U 133/17 juris

Rücken

Fortsetzung von »Rücken - Schulter - Verletzungen Bänder, Sehnen, Muskeln u. Ä.«

Lfd. Nr.	Betrag DM Euro (Anp.2019)	Verletzung	Dauer und Umfang der Behandlung; Arbeitsunfähigkeit	Person des Verletzten	Dauerschaden	Besondere Umstände, die für die Entscheidungen maßgebend waren	Gericht, Datum der Entscheidung, Az., Veröffentlichung bzw. Einsender
1588	€ 20 000 + immat. Vorbehalt (€ 20 384)	AC-Gelenkssprengung Tossy III rechts und eine Subluxation (unvollständige Ausrenkung) der rechten Schulter	Insgesamt 4 Operationen. Fast ein Jahr AU. GdE im erlernten Beruf als Internist: 10%, in der zum Unfallzeitpunkt ausgeübten Tätigkeit als Internist und Kardiologe auf einer Intensivstation 20% und auf dem allgemeinen Arbeitsmarkt: 10%	41-jähr. Mann	Chronische Instabilität des Acromioclaviculargelenks (Gelenkverbindung Schlüsselbein – Schulterblatt) mit lateralem Claviculahochstand um eine Schaftbreite. Dadurch Bewegungseinschränkungen und Schmerzen	Dem Kläger steht hinsichtlich des Schmerzensgeldes ein weiterer Anspruch i.H.v. € 5000 zu. Nach den Feststellungen des LG hat die Beklagte auf den Schmerzensgeldanspruch einen Betrag von insgesamt € 15 000 gezahlt. Einwendungen gegen diese Ausführungen erhebt der Kläger nicht; er beanstandet lediglich die Bemessung des Schmerzensgeldes und favorisiert eine „tagesgenaue" Bemessung nach den Kriterien, die in dem „Handbuch Schmerzensgeld" (Schwintowski/Schah Sedi/Schah Sedi, 2013) dargelegt sind und die das OLG Frankfurt in seiner Entscheidung vom 18.10.2018 (22 U 97/16) berücksichtigt hat. Der Senat hat von der vom Kläger favorisierten tagesgenauen Berechnung des Schmerzensgeldes nach den im vorgenannten „Handbuch Schmerzensgeld" dargelegten Grundsätzen abgesehen. Die in dem „Handbuch Schmerzensgeld" vorgestellte Methodik ist in den Einzelheiten durchaus anfechtbar und führt jedenfalls in diesem Fall nicht zu eindeutigen Ergebnissen. Der Senat schätzt deshalb nach der herkömmlichen Methode. Bei der endgültigen Bemessung besteht für das Gericht in aller Regel die Schwierigkeit, den zu entscheidenden Fall in das Gesamtsystem der Schmerzensgeldjudikatur einzuordnen. Der Senat ist davon überzeugt, dass sich die unfallbedingten Einschränkungen nach wie vor auf das Leben des Klägers, insb. seine Freizeitgestaltung, auswirken	OLG Düsseldorf 28.3.2019 1 U 66/18 juris Vors. Richter am OLG Dr. Scholten
1589	€ 23 500 ● + immat. Vorbehalt (€ 29 853)	Äußerst schmerzhafte Rotatorenmanschettenruptur links, Ruptur der langen Bizepssehne des linken Schultergelenks	Längerer Krankenhausaufenthalt mit Operation	55-jähr. Kundendiensttechniker im Heizungsbau	Kraft und Motorik des linken Arms stark eingeschränkt	Verletzung der Streupflicht bei Glatteis; 1/3 Mitverschulden; Kläger kann seinen erlernten Beruf nicht mehr ausüben; Beklagter hat 6 Jahre jede Schadensersatzleistung verweigert; Verschulden des Beklagten im oberen Bereich; mit einer Verschlechterung des Zustandes ist zu rechnen	OLG München 27.3.2003 19 U 5318/02 RiOLG Dr. Fellner, München

● Mithaftung (siehe vorletzte Spalte)

Lfd. Nr.	Betrag DM Euro (Anp.2019)	Verletzung	Dauer und Umfang der Behandlung; Arbeitsunfähigkeit	Person des Verletzten	Dauerschaden	Besondere Umstände, die für die Entscheidungen maßgebend waren	Gericht, Datum der Entscheidung, Az., Veröffentlichung bzw. Einsender
\multicolumn{8}{l}{Fortsetzung von »Rücken - Schulter - Verletzungen Bänder, Sehnen, Muskeln u. Ä.«}
1590	€ 30 000 (€ 33 016)	Grob fehlerhafte Operation an der durch einen Sturz verletzten linken Schulter	Erwerbsunfähigkeit	Frau	Bewegungseinschränkungen und Schmerzen an der linken Schulter	Der Senat hält angesichts des Dauerschadens an der Schulter und den damit verbundenen erheblichen Beeinträchtigungen sowie den Belastungen durch den verlängerten Heilungsprozess ein Schmerzensgeld von insgesamt € 30 000 für angemessen, aber auch ausreichend. Auch unter Berücksichtigung des Umstandes, dass die Klägerin infolge der Einschränkungen der Funktionsfähigkeit der linken Schulter erwerbsunfähig wurde, ist das Schmerzensgeld angemessen, wobei zu beachten war, dass der grobe Behandlungsfehler lediglich mitursächlich für die Schulterbeschwerden ist	OLG München 9.2.2012 1 U 156/11
1591	€ 50 000 + immat. Vorbehalt (€ 53 206)	HWS-Distorsion, Schädelprellung und Schulterprellung links durch Verkehrsunfall. Darüber hinaus schmerzhafte ventrale Labrumläsion und Bankart-Läsion im Bereich der linken Schulter mit deutlich eingeschränkter Beweglichkeit im linken Schultergelenk. Chronisches Schmerzsyndrom im Bereich der linken Schulter. Anpassungsstörung, die im Wesentlichen auf das chronische Schmerzsyndrom im Bereich der linken Schulter zurückzuführen ist	Zahlreiche ambulante und stationäre Behandlungen. BU	54-jähr. Mann	Chronisches Schmerzsyndrom im linken Schultergelenk	Die Besonderheit des vorliegenden Falls liegt darin begründet, dass der Kläger aufgrund des chronischen Schmerzsyndroms voraussichtlich auf Dauer mit Schmerzen in der linken Schulter leben muss, wobei erschwerend hinzu kommt, dass er aufgrund einer Medikamentenunverträglichkeit keine schmerzlindernden Medikamente einnehmen kann. Darüber hinaus hat sich als Unfallfolge eine Anpassungsstörung eingestellt, welche den Kläger zusätzlich belastet. Des Weiteren ist in besonderem Maße zu berücksichtigen, dass der heute 54 Jahre alte Kläger durch den Unfall seinen Beruf nicht mehr ausüben kann und sich dadurch sein ganzes Leben zu seinem Nachteil verändert hat	OLG Düsseldorf 12.8.2014 I-1 U 52/12 juris

Weitere Urteile zur Rubrik »Rücken - Schulter - Verletzungen Bänder, Sehnen, Muskeln u. Ä.« siehe auch:
  bis € 5000: 1411
  bis € 12 500: 1525, 717, 1533, 1194, 1642, 307
  bis € 25 000: 1546, 1950, 1662, 1574
  ab € 25 000: 3174, 1964, 1298, 2977

Rücken - Wirbelsäule mit Lendenwirbel

Lfd. Nr.	Betrag	Verletzung	Dauer	Person	Dauerschaden	Besondere Umstände	Gericht
1592	€ 4500 + immat. Vorbehalt (€ 5223)	Schürfungen und Prellungen an beiden Beinen, Beschwerdesymptomatik der tiefen Lendenwirbelsäule und der Brustwirbelsäule		18-jähr. Frau	Narbenbildung in gewissem Umfang im Beinbereich	Verletzung der Verkehrssicherungspflicht; Klägerin trat auf dem Parkplatz einer Diskothek auf einen Kanaldeckel, der unter der Belastung zu Bruch ging, so dass sie in den Kanalschacht stürzte; ca. 1 Jahr lang belastungsabhängige Schmerzen sowie Beschwerden im Bereich der Lendenwirbelsäule; zum Zeitpunkt der Entscheidung besteht bei der Klägerin nach wie vor das Gefühl der Überlastung	OLG Stuttgart 29.4.2008 5 W 9/08 PKH-Entscheidung

● Mithaftung (siehe vorletzte Spalte)

Rücken | Urteile lfd. Nr. 1593 – 1596

Lfd. Nr.	Betrag DM Euro (Anp.2019)	Verletzung	Dauer und Umfang der Behandlung; Arbeitsunfähigkeit	Person des Verletzten	Dauerschaden	Besondere Umstände, die für die Entscheidungen maßgebend waren	Gericht, Datum der Entscheidung, Az., Veröffentlichung bzw. Einsender
	Fortsetzung von »Rücken - Wirbelsäule mit Lendenwirbel«						
1593	€ 5000 ● + immat. Vorbehalt (€ 5353)	Nach Sturz beim Einsteigen in einen Bus Fraktur des 4. Lendenwirbelkörpers und eine Läsion der 8. und 9. Brustwirbelkörper	Eine vollständige Ausheilung kann bisher nicht festgestellt werden	Frau	Bewegungsbeeinträchtigung	Die Höhe des Schmerzensgeldes folgt aus den dokumentierten und unstreitigen Verletzungen, die die Kl. erlitten hat. Dass diese sehr schmerzhaft waren, folgt schon aus dem verschriebenen Schmerzmittel Tilidin, das zu den Opiaten gehört. Unter Berücksichtigung der Selbstverursachung durch die Kl. hält der Senat ein Schmerzensgeld i.H.v. € 5000 für angemessen, aber auch ausreichend, den Beeinträchtigungen der Kl., insb. auch der dauerhaften Beeinträchtigung, wie sie sich in der Verhandlung vor dem Senat gezeigt hat, Rechnung zu tragen	OLG Frankfurt am Main 19.2.2015 22 U 113/13 juris
1594	€ 10 000 (€ 11 892)	3 medizinisch nicht indizierte operative Eingriffe an der Bandscheibe innerhalb von 2 Monaten		Mann		Eine vorwiegend knöchern bedingte Einengung der Nervenwurzel L5 / S1 konnte infolge falscher Operationstechnik nicht therapiert werden; erst eine nach ca. 1 Jahr durchgeführte Versteifungsoperation war geeignet, dem Grundleiden des Klägers zu begegnen; Kläger musste sich drei operativen Eingriffen unterziehen und eine Heilungsverzögerung mit damit verbundenen Schmerzen von etwa einem Jahr in Kauf nehmen	LG München I 14.5.2007 9 O 24834/04
1595	€ 15 000 + immat. Vorbehalt (€ 15 757)	Aus medizinischen Gründen notwendige operative Entfernung einer produktfehlerhaften Bandscheibenprothese der Beklagten an der Halswirbelsäule der Klägerin	Bei der Operation wurde die fehlerhafte Prothese explantiert und eine neue Prothese implantiert. Bei beiden Operationen befand sich die Klägerin stationär im Krankenhaus. Bei der Implantation der ursprünglichen Prothese für 6 Tage, bei der zweiten Operation für 4 Tage. Nach der ersten Operation war die Klägerin 3 Monate krankgeschrieben. Nach der zweiten OP nahm die Klägerin nach 5 Monaten ihre Arbeit wieder auf. MdE 20%	42-jähr. Frau	Schmerzen der Klägerin in der Halswirbelsäule und in den Arm ausstrahlend bestehen, die ihre Ursache in der Implantierung und insbesondere Explantierung der Bandscheibenprothese Galileo haben	Auch die Bemessung der Höhe des Schmerzensgeldes durch das Erstgericht begegnet keinen Bedenken. Die Klägerin berücksichtigt nämlich auch hier nicht die festgestellten Vorschädigungen. Die bekannte Migräne verursachte vorbestehende Kopfschmerzsymptomatik. Berücksichtigt man dies, ist auch nach Auffassung des Senats ein Schmerzensgeld von insgesamt € 15 000 angemessen, aber auch ausreichend	OLG München 18.7.2016 17 U 640/16
1596	€ 20 000 + immat. Vorbehalt (€ 21 390)	Behandlungsfehlerhafte Wirbelsäulen-OP (Einbringung von PEEK-Cages); Folgen: Fuß- und Zehenheberparese als Dauerschaden, Notwendigkeit eines weiteren Eingriffs	Berufsunfähig	55-jähr. Frau	Fuß- und Zehenheberparese	Die im Rahmen richterlichen Ermessens (§ 287 ZPO) zuerkannte Schmerzensgeldhöhe ist unter Ermessensgesichtspunkten nicht zu beanstanden. Der von der Klägerin zitierte Fall des OLG Koblenz (5 U 818/87) ist (schon nach dem Leitsatz) nicht vergleichbar	OLG Bamberg 15.2.2016 4 U 148/15

Lfd. Nr.	Betrag DM **Euro** *(Anp.2019)*	Verletzung	Dauer und Umfang der Behandlung; Arbeitsunfähigkeit	Person des Verletzten	Dauerschaden	Besondere Umstände, die für die Entscheidungen maßgebend waren	Gericht, Datum der Entscheidung, Az., Veröffentlichung bzw. Einsender
Fortsetzung von »Rücken - Wirbelsäule mit Lendenwirbel«							
1597	€ 25 000 + immat. Vorbehalt *(€ 27 772)*	Fehlerhafte ärztliche Aufklärung über eine instrumentierte Stabilisierung gegenüber der alleinigen Verwendung eines Beckenkammspans zwecks Stabilisierung von Wirbeln nach Bandscheibenvorfall; eingetretenes Risiko einer Pseudoarthrose	Revisionseingriff erforderlich als ventrale Respondylodese mit dorsaler Stabilisierung	Ca. 48-jähr. Mann	Ständige, in wechselnder Intensität empfundene Schmerzen, die durch Tragen eines Korsetts und Schmerzmittel abgemildert werden können	Folge der Operation waren zum einen thorako-lumbale Rückenschmerzen, die durch die Revisionsoperation beseitigt worden sind, und zum anderen dauerhafte neuropathische Flankenschmerzen links. Bei der Bemessung des Schmerzensgeldes hat der Senat berücksichtigt, dass der Kläger die von ihm ständig, wenn auch in wechselnder Intensität empfundenen Schmerzen durch Tragen eines Korsetts und Schmerzmittel abmildern kann. Auch erreichen die Schmerzen kein solches Ausmaß, das einer Berufstätigkeit des Klägers entgegensteht	OLG Köln 21.9.2011 5 U 188/10 juris
1598	€ 30 000 *(€ 38 712)*	Infektion mit bakteriellen Erregern, die an die Wirbelsäule gelangten, was eine Spondilitis mit vollständiger Zerstörung der Bandscheibe zwischen dem 11. und 12. Rückenwirbel im Brustwirbelbereich zur Folge hatte, Depressionen	9 Wochen stationäre Behandlung, überwiegend auf der Isolierstation, anschließend mehrere Wochen antibiotische Medikation, 2 Jahre Sitzen nur unter Schmerzen und nur für kurze Zeit möglich	68-jähr. Mann	Dauernde Schmerzen, Depressionen	Schuldhaftes Unterlassen, eine beim Kläger aufgetretene Schwellung ordnungsgemäß zu untersuchen und entsprechend den Regeln der ärztlichen Kunst zu behandeln; grober Behandlungsfehler; Depressionen müssen medikamentös behandelt werden	LG München II 26.11.2002 1 O 3437/99 RA Dr. Meilicke, Hoffmann, Dr. Walchner & Partner, Bonn
1599	€ 35 000 *(€ 38 280)*	Schulterblattbruch, Rippenserienfraktur, Gelenkfraktur und HWK-2-Fraktur mit rechtsseitigem Wirbelbogenbruch; Prellungen und Abschürfungen	Mehrfache stationäre Behandlungen mit mehreren Operationen. Dabei wurde u. a. im Bereich der HWS die Wirbelsäule versteift. Grad der Behinderung von 60%. Dauerhafte AU	Mann	Schmerzen und erhebliche Bewegungseinschränkungen im Oberkörperbereich. Kläger ist im täglichen Leben auf die Hilfe seiner Ehefrau angewiesen	Unter Abwägung aller Gesichtspunkte sowie im Vergleich mit der Schmerzensgeldjudikatur zu Wirbelsäulenverletzungen hält der Senat insb. im Hinblick auf die erheblichen Dauerfolgen ein Schmerzensgeld i.H.v. € 35 000 für angemessen	OLG Hamm 20.3.2012 21 U 144/09

● Mithaftung (siehe vorletzte Spalte)

Rücken | Urteile lfd. Nr. 1600 – 1602

Lfd. Nr.	Betrag DM Euro (Anp.2019)	Verletzung	Dauer und Umfang der Behandlung; Arbeitsunfähigkeit	Person des Verletzten	Dauerschaden	Besondere Umstände, die für die Entscheidungen maßgebend waren	Gericht, Datum der Entscheidung, Az., Veröffentlichung bzw. Einsender
	Fortsetzung von »Rücken - Wirbelsäule mit Lendenwirbel«						
1600	€75 000 + immat. Vorbehalt (€ 77 632)	Chronische inkomplette Kaudalähmung mit Störung der Sexualfunktion, Fußheber- und Fußsenkerparese und rückgebildeter Blasenentleerungsstörung sowie einer reaktiven depressiven Entwicklung durch mangels hinreichender Aufklärung rechtswidriger Operation an der Lendenwirbelsäule	Langwieriger und komplikationsträchtiger Krankheitsverlauf mit mehreren Revisionsoperationen	59-jähr. Mann	Chronische inkomplette Kaudalähmung	Neben der Länge der Behandlungszeit ist für die Höhe des Schmerzensgeldes bestimmend, dass der Kläger nach wie vor erheblich beeinträchtigt ist und sein gesamtes weiteres Leben lang im Alltag zumeist auf die Benutzung eines Rollstuhls angewiesen sein wird. Der Kläger kann unter Zuhilfenahme von Gehstützen nur noch etwa 400 m zurücklegen und ist ansonsten auf einen Rollator oder Rollstuhl angewiesen. Daneben leidet er dauerhaft unter Paresen und anhaltenden Schmerzen im damaligen OP-Gebiet. Als weitere schmerzensgeldrelevante Folgen sind eine dauerhafte Impotenz und die anhaltende depressive Entwicklung zu berücksichtigen. Ferner hat der Kläger zumindest zeitweilig unter Blasenentleerungsstörungen gelitten, die sich mittlerweile aber gut zurückgebildet haben. Das entstandene Impingement-Syndrom in der rechten Schulter ist operativ behandelt worden und seitdem nicht mehr aufgetreten. Der Kläger ist insoweit seitdem beschwerdefrei. Es fließen somit die über ein Jahr anhaltenden Schulterbeschwerden und der weitere operative Eingriff in die Schmerzensgeldbemessung ein. Die konkrete Höhe des Schmerzensgeldes bewegt sich im üblichen Rahmen vergleichbarer Entscheidungen der obergerichtlichen Rechtsprechung (vgl. OLG Brandenburg, Urt. v. 9.2.2006 – 12 U 116/15: €50 000 bei inkompletter Querschnittsymptomatik mit Depressionen). Der vom Kläger begehrte Betrag von mindestens €200 000 ist demgegenüber bereits aus dem Grund übersetzt, als bei dem Kläger nur eine inkomplette Kaudasymptomatik vorliegt, die ihm zumindest im Haushalt und auf kurzen Wegstrecken noch einen aufrechten Gang ermöglicht	OLG Hamm 15.12.2017 26 U 3/14 juris

Weitere Urteile zur Rubrik »**Rücken - Wirbelsäule mit Lendenwirbel**« siehe auch:
- **bis €2500**: 1560, 214, 142
- **bis €5000**: 2746
- **bis €12500**: 2587, 3057
- **bis €25000**: 577, 3101, 1024
- **ab €25000**: 1278, 1316

Rücken - Wirbelsäule mit Lendenwirbel - Wirbelsäule (Brustwirbel, Lendenwirbel, Kreuzbein, Steißbein)

Lfd. Nr.	Betrag	Verletzung	Dauer und Umfang	Person	Dauerschaden	Besondere Umstände	Gericht
1601	€500 (€520)	Leichte HWS-Distorsion	4–5 Tage AU	Mann			AG Trier 23.6.2017 32 C 13/16
1602	€500 (€528)	BWS-Distorsion, Thoraxkontusion, Hüftkontusion	7 Tage AU	Mann			LG Saarbrücken 24.11.2016 4 O 87/16

Urteile lfd. Nr. 1603 – 1608　　　　　　　　　　　　　　　　　　　　　　　　　　　　　　　　　　　　　　Rücken

Lfd. Nr.	Betrag DM Euro (Anp.2019)	Verletzung	Dauer und Umfang der Behandlung; Arbeitsunfähigkeit	Person des Verletzten	Dauerschaden	Besondere Umstände, die für die Entscheidungen maßgebend waren	Gericht, Datum der Entscheidung, Az., Veröffentlichung bzw. Einsender
	**Fortsetzung von »Rücken - Wirbelsäule mit Lendenwirbel - Wirbelsäule (Brustwirbel, Lendenwirbel, Kreuzbein, Steißbein)«**						
1603	€ 1000 (€ 1019)	LWS-Prellung, Knieprellung, Schultergelenksprellung, Thoraxprellung rechts	1 Tag Intensivstation, insgesamt 6 Tage stationär, 4 Wochen AU	Frau		Erhöhend wirkt sich aus, dass die Beklagte eine leistungsfähige juristische Person des Privatrechts ist (Haftpflichtversicherung). Der gerichtliche Sachverständige geht davon aus, dass eine AU für maximal 3–4 Wochen unfallkausal ist. Nicht erhöhend wirkte sich hingegen das Regulierungsverhalten der Beklagten aus. Ein Bestreiten eines Teilanspruchs bei möglicherweise überhöhten Ansprüchen der Klägerin ist nicht zu beanstanden	AG Hanau 21.3.2019 98 C 46/15 (98)
1604	€ 1500 (€ 1601)	BWS-LWS-Syndrom mit paravertebralem Hartspann der Rückenmuskulatur, Blockierung der Wirbelgelenke L5/S1 mit in die Beine strahlenden Schmerzen, Schwindel	2 Wochen AU, einrenken, Akupunktur, Elektrotherapie, insgesamt 1 Monat Behandlungen, ca. 6 Wochen Beschwerden	im 5. Monat schwangere Frau		Nach Auffassung des Gerichts ist die berechtigte Sorge um das ungeborene Kind erhöhend zu berücksichtigen, selbst wenn die Gynäkologen in den ersten Tagen bei mehreren Untersuchungen keine konkreten Auswirkungen auf die Schwangerschaft feststellen konnten. Die Geschädigte sorgte sich auch darum, dass der Auffahrunfall sich zu einem späteren Zeitpunkt noch auswirken könne. Diese Sorge begleitete die Geschädigte bis zum Ende der Schwangerschaft. Aufgrund der Schwangerschaft wurden keine Schmerzmittel eingenommen. Komplikationen im Hinblick auf die Schwangerschaft bestanden nicht	LG Wuppertal 18.6.2014 17 O 428/12 RiLG Dr. Lange, Wuppertal
1605	4250 € 2125 (€ 2671)	Steißbeinfraktur, Sprunggelenksprellung	1 Monat arbeitsunfähig, anschließend noch 1 Monat krankengymnastische Behandlung	Hausfrau		Längere Zeit Beschwerden im unteren Teil der Wirbelsäule	AG Husum 29.3.2004 2 C 1308/02 RAe Dr. Andresen & Koll, Husum
1606	€ 2500 (€ 2588)	Fraktur des 4. LWK, stumpfes Bauchtrauma, Risswunde am Knie, Prellungen am Becken, der Nase und an der LWS	3 Tage stationäre Behandlung, 3 Wochen AU zu 100%, 2 Wochen AU zu 50%	Fahrradfahrer		Der behauptete Dauerschaden ist nicht auf den gegenständlichen Unfall, sondern wahrscheinlich auf einen nicht unfallkausalen Bandscheibenvorfall zurückzuführen	LG Saarbrücken 8.12.2017 13 S 142/15
1607	€ 2600 (€ 3319)	HWS-BWS-Syndrom, Syndesmophytenfraktur C 2/C 3	8 Tage Krankenhaus, 2 Monate arbeitsunfähig	Mann			OLG Düsseldorf 26.5.2003 I-1 U 239/02 SP 2003, 418
1608	6000 € 3000 + immat. Vorbehalt (€ 4122)	LW-Kompressionsfraktur; Einriss des Oberschenkelknochengelenks, ausgedehntes Hämatom im linken Oberschenkelbereich	5 Wochen Krankenhaus	81-jähr. Frau		Bewegungseinschränkungen und der Verlust an Lebensqualität, wie der Verzicht auf Radfahren und Gymnastik	LG Paderborn 28.5.1997 1 S 70/97 RAe Striewe & Partner, Paderborn

● Mithaftung (siehe vorletzte Spalte)

Rücken — Urteile lfd. Nr. 1609 – 1612

Lfd. Nr.	Betrag DM Euro (Anp.2019)	Verletzung	Dauer und Umfang der Behandlung; Arbeitsunfähigkeit	Person des Verletzten	Dauerschaden	Besondere Umstände, die für die Entscheidungen maßgebend waren	Gericht, Datum der Entscheidung, Az., Veröffentlichung bzw. Einsender
	Fortsetzung von »Rücken - Wirbelsäule mit Lendenwirbel - Wirbelsäule (Brustwirbel, Lendenwirbel, Kreuzbein, Steißbein)«						
1609	€3000 + immat. Vorbehalt (€3023)	BWK 3-Fraktur	Operative Versorgung im Rahmen eines 12-tägigen stationären Aufenthalts. Unkomplizierter Heilungsverlauf. Materialentfernung ca. 8 Monate später	Mann		Der von dem Kläger mit seiner Berufung geltend gemachte weitere Schmerzensgeldbetrag von €12000 erscheint unter Berücksichtigung von Vergleichsentscheidungen bei weitem übersetzt. Bei zusammenfassender Würdigung sowohl der von dem Kläger erlittenen Verletzungen als auch des ihn treffenden erheblichen Mitverschuldens, welches das LG mit 50% bewertet hat, erscheint daher der von der Beklagten vorgerichtlich gezahlte Betrag von €3000 im Hinblick auf die dem Schmerzensgeld zukommende Ausgleichs- und Genugtuungsfunktion angemessen, aber auch ausreichend	OLG Hamm 27.5.2019 31 U 23/19 Rechtsanwalt Thomas Richter, Coburg
1610	€3000● (€3411)	Unverschobene Fraktur des 7. Halswirbels, Gehirnerschütterung, Risswunden im Gesicht, Kopfplatzwunde	9 Tage stationärer Aufenthalt, anschließend ambulante Behandlung, 6 Wochen Philadelphia-Krawatte, 112 Tage, MdE zu 100%	Mann		Mithaftung 75%; Kläger war Fahrradfahrer und kreuzte mit seinem Fahrrad auf seinem Radweg die Fahrbahn; Beklagter haftet lediglich aus der Betriebsgefahr; endgültige Heilung der erlittenen Verletzungen ist fraglich	LG Köln 24.8.2010 7 O 67/08 RA Koch, Erftstadt
1611	€3500 + immat. Vorbehalt (€3567)	Fraktur des Os sacrum ohne Dislokation auf Höhe des SWK 3, traumatische Schädigung des Nervus ischiadicus und cutaneus femoris lateralis sowie der sensiblen Nervenwurzel des Nervus peroneus rechts, Prellung HWS, BWS, LWS	3 1/2 Monate AU	Mann, Rollerfahrer		Bzgl. der Schädigung des Nervus cutaneus femoris bestehen noch Sensibilitätsstörungen und Schmerzen, die noch u.a. mit Antikonvulsiva und Antidepressiva behandlungsbedürftig sind	LG Saarbrücken 28.3.2019 6 O 10/18
1612	€3500● + immat. Vorbehalt (€4263)	Impressionsfraktur des 6. Brustwirbels, stumpfes Thoraxtrauma, HWS-Distorsion, offene Knieverletzung links sowie teilweise tiefe Schürfwunden an der linken Schulter, am linken und rechten Ellbogen, über der Handaußenkante links und den Fingern	11 Tage Krankenhaus, 3 Wochen arbeitsunfähig	Mann		40% Mitverschulden. Bei der Bemessung des Schmerzensgeldes war anspruchsmindernd zu berücksichtigen, dass den Kläger angesichts des Umstandes, dass er abgesehen von dem Sturzhelm keine zum Fahren eines Motorrades geeignete Schutzkleidung getragen hat und es hierdurch zu den erheblichen Schürfverletzungen sowie der Knieverletzung gekommen ist, ein erhebliches Verschulden gegen sich selbst trifft	OLG Düsseldorf 20.2.2006 I-1 U 137/05 SP 2006, 418 RA Koch, Erftstadt

Fortsetzung von »Rücken - Wirbelsäule mit Lendenwirbel - Wirbelsäule (Brustwirbel, Lendenwirbel, Kreuzbein, Steißbein)«

Lfd. Nr.	Betrag DM Euro (Anp.2019)	Verletzung	Dauer und Umfang der Behandlung; Arbeitsunfähigkeit	Person des Verletzten	Dauerschaden	Besondere Umstände, die für die Entscheidung maßgebend waren	Gericht, Datum der Entscheidung, Az., Veröffentlichung bzw. Einsender
613	€ 3500 ● + immat. Vorbehalt (€ 3840)	Deckplattenimpressionsfraktur LWK 1/2, Schädelprellung und Oberschenkelprellung links bei Fahrradunfall	3-wöchige Bettruhe	Frau	Anhaltende Schmerzen, die zu 50% auf den Unfall zurückzuführen sind, wobei diese Schmerzen ca. alle zwei Wochen so stark sind, dass die Beklagte ein Schmerzmittel einnimmt	Vorliegend war bei der Bemessung des Schmerzensgeldes hinsichtlich der Schwere der Verletzungen und der Dauer der Heilung als maßgebliche Kriterien der Zumessung zu berücksichtigen, dass die von der Beklagten erlittenen Wirbelbrüche schmerzhaft sind und eine ambulante Schmerztherapie über drei Wochen erforderlich gemacht haben, wobei hier im Rahmen der Bemessung des Schmerzensgeldes neben einem Mitverschulden von 20% zu berücksichtigen war, dass die von der Beklagten im Rahmen der Begutachtung beklagten Schmerzen zu 50% nicht auf den Unfall, sondern auf unfallunabhängige degenerative Veränderungen zurückzuführen sind	OLG Karlsruhe 30.5.2012 1 U 193/11
614	€ 4000 (€ 4602)	Deckplattenfraktur des 11. Brustwirbels und Quetschungen der Wirbelsäule	5 Monate arbeitsunfähig, physiotherapeutische Behandlung mit anschließendem Belastungserprobungsprogramm, 2 Monate Stützkorsett tagsüber	39-jähr. Kraftfahrer		Wegen Mitverschuldens des Geschädigten von 25% wurde lediglich ein Schmerzensgeld i.H.v. € 3000 ausgesprochen. Der Geschädigte ist auf einer Baustelle in einen ungesicherten, ca. 1 m tiefen Schacht gefallen. Dabei zog er sich eine Deckplattenfraktur zu, die im frühen Stadium der Krankheit mit Gefühlsstörung in den Beinen (Taubheitsgefühl, Kribbeln) verbunden war. Nach Beendigung der Reha-Maßnahmen (Krankengymnastik, Physiotherapie) konnte er ab dem 6. Monat wieder seinem Beruf als Kraftfahrer nachgehen	AG Kassel 6.6.2008 412 C 199/08 RA Heiner Willems, Berlin
615	€ 4000 (€ 4998)	Fraktur der HWK 6 und 7 beidseits sowie eine passagere N. trochlearisparese links mit Doppelbildern	AU knapp 2 Wochen	Chefkameramann		Komplikationsloser Heilverlauf	LG München I 23.6.2004 19 O 23749/03 VorsRiLG Krumbholz
616	€ 4000 (€ 4173)	Steißbeinfraktur, Thorax- und Beckenprellung	1 Tag stationäre Behandlung, ca. 4 Monate AU wegen verzögerten Heilungsverlaufs mit langanhaltender Schmerzsymptomatik	Frau		Der Senat hält insbesondere wegen des verzögerten Heilungsverlaufs und der damit verbundenen Beschwerden der Klägerin sowie in Anbetracht der Bemessung des Schmerzensgeldes bei Steißbeinfrakturen in anderen Verfahren vorliegend ein Schmerzensgeld von € 4000 für angemessen	OLG Zweibrücken 5.4.2017 1 U 77/15 VorsRiOLG Geisert
617	€ 4500 + immat. Vorbehalt (€ 5689)	Deckenplattenkompressionsfraktur des 12. BWK		Landwirt	Deutlich verstärkte Kyphose im Bereich des thorakolumbalen Übergangs mit Druck- und Klopfschmerz sowie einer mittelgradigen eingeschränkten Beweglichkeit der Brust- und Lendenwirbel; 12. BWK in Fehlstellung verheilt; MdE: 20%	Kläger bleibt in Zukunft in seiner Arbeit als Landwirt als auch im Freizeitbereich erheblich eingeschränkt; grobes Verschulden des Schädigers	AG Hohenstein-Ernstthal 8.1.2004 1 C 0781/03 RAe Roth & Koll, Chemnitz
618	€ 5000 (€ 5543)	Geringgradige BWK-7 Kompressionsfraktur, Thoraxprellung, Kniegelenksprellung	3 Tage stationäre Behandlung	Mann			LG Heilbronn 19.1.2012 3 O 143/11 juris

● Mithaftung (siehe vorletzte Spalte)

Rücken | Urteile lfd. Nr. 1619 – 1625

Lfd. Nr.	Betrag DM Euro (Anp.2019)	Verletzung	Dauer und Umfang der Behandlung; Arbeitsunfähigkeit	Person des Verletzten	Dauerschaden	Besondere Umstände, die für die Entscheidungen maßgebend waren	Gericht, Datum der Entscheidung, Az., Veröffentlichung bzw. Einsender

Fortsetzung von »Rücken - Wirbelsäule mit Lendenwirbel - Wirbelsäule (Brustwirbel, Lendenwirbel, Kreuzbein, Steißbein)«

Lfd. Nr.	Betrag	Verletzung	Dauer/Behandlung	Person	Dauerschaden	Besondere Umstände	Gericht
1619	€ 5000 (€ 6321)	Kompressionsfraktur des 12. BWK	2 1/2 Wochen Krankenhaus, anschließend Reha- und ambulante Maßnahmen	64-jähr. Frau		Während Krankenhausaufenthalt nahezu bewegungsunfähig an das Bett gefesselt, dann anfangs Mobilisierung nur mittels eines Gehwagens; Klägerin kann Sport nicht mehr wie früher betreiben, Skifahren nicht mehr möglich; Beeinträchtigungen beim Bücken; leichte Fahrlässigkeit des Beklagten	OLG Hamm 18.12.2003 6 U 105/03 NZV 2004, 631
1620	€ 5000 (€ 5284)	Bruch des 3. LWK und diverse Prellungen	Heilungsverlauf mit 5-tägigem stationären Aufenthalt und konservativer Behandlung	Mann		Auf der Tatsachengrundlage ist die berechtigte Schmerzensgeldforderung des Klägers durch die vorgerichtliche Zahlung der Beklagten i.H.v. € 5000 angemessen abgefunden. Weitere Verletzungen in physischer oder psychiatrischer Hinsicht hat der Unfall nicht gezeigt. Eine Einschränkung in der täglichen Lebensführung ist damit nicht verbunden. Die vom Kläger beklagten Beschwerden und die anhaltende Verwendung eines Stützkorsetts sind nicht durch den Unfall veranlasst gewesen	OLG Hamm 29.11.2016 9 U 196/12 juris
1621	€ 5113 (€ 6495)	Kompressionsfraktur des 4. und 6. Brustwirbelkörpers	Stationäre Behandlung 5 Tage, MdE: 2 Monate 100% 1 Jahr ambulante Behandlung	Mann		Der Kammer ist aus vielen Verfahren bekannt, dass Wirbelbrüche zu langwierigen Beschwerden und möglicherweise Spätschäden führen. Antrag auf immat. Vorbehalt wurde jedoch nicht gestellt	LG München I 16.9.2003 19 O 21954/02 VorsRiLG Krumbholz
1622	€ 5300 (€ 6105)	LWK-3-Kompressionsfraktur, stumpfes Bauchtrauma, stumpfes Thoraxtrauma mit Lungenkontusion rechts und eine Risswunde am rechten Oberlid	Zwei stationäre Aufenthalte von knapp 6 Wochen	26-jähr. Mitarbeiterin im Finanz- und Rechnungswesen		Verletzungen sind folgenlos ausgeheilt. Die subjektiven Beschwerden der Klägerin rechtfertigen keine Minderung der Erwerbsfähigkeit, zumal die wenigsten Menschen am Stück 4 bis 5 Stunden sitzen, gehen oder stehen können, ohne Beschwerden zu spüren	LG Gießen 13.2.2009 3 O 192/07 RA Koch, Erftstadt
1623	12 000 € 6000 + immat. Vorbehalt (€ 8351)	Nicht indizierte Operation im LWK-Bereich 4/5		Mann		Die durch die nicht notwendige Operation verursachten starken Schmerzen und Behinderungen waren nach ca. einem halben Jahr abgeklungen	LG Leipzig 22.7.1996 11 O 2929/95 RA Wöhlermann, Leipzig
1624	12 000 € 6000 (€ 7955)	Deckenplattenimpression C 6, HWS-Schleudertrauma mit Funktionsstörungen in der Beweglichkeit, reaktive Muskelverspannungen; Schwindelanfälle; Tinnitus	Längerer Krankenhausaufenthalt, etwas über 5 Monate krankgeschrieben, dann wieder arbeitsfähig	Restaurantassistent	Tinnitus rechts; MdE: 10%	Mit einer Verschlechterung des Schadensbildes ist nicht zu rechnen	LG Stralsund 20.10.2000 6 O 565/98
1625	12 000 € 6000 + immat. Vorbehalt (€ 7945)	Stabile Fraktur des 12. BWK	2 1/2 Wochen Krankenhaus, anschließend umfangreiche stationäre und ambulante Reha-Maßnahmen; 6 Monate arbeitsunfähig	46-jähr. Versicherungskaufmann		Sturz in einem motorangetriebenen Schlauchboot bei starker See; 50% Mitverschulden des Klägers, da er die Gefährlichkeit der Situation hätte einschätzen müssen; daher wurde lediglich ein Schmerzensgeld von DM 6000 (€ 3000) zugesprochen; nach Art und Umfang der nicht unerheblichen Verletzungen kann nicht zweifelhaft sein, dass Spätfolgen eintreten	OLG Hamm 13.9.2000 13 U 211/99 DAR 2001, 165 RiOLG Zumdick, Hamm

Lfd. Nr.	Betrag DM Euro (Anp.2019)	Verletzung	Dauer und Umfang der Behandlung; Arbeitsunfähigkeit	Person des Verletzten	Dauerschaden	Besondere Umstände, die für die Entscheidungen maßgebend waren	Gericht, Datum der Entscheidung, Az., Veröffentlichung bzw. Einsender

Fortsetzung von »Rücken - Wirbelsäule mit Lendenwirbel - Wirbelsäule (Brustwirbel, Lendenwirbel, Kreuzbein, Steißbein)«

Lfd. Nr.	Betrag	Verletzung	Dauer und Umfang der Behandlung	Person	Dauerschaden	Besondere Umstände	Gericht
1626	€ 6000 (€ 6423)	Trümmerfraktur des ersten Lendenwirbelkörpers durch Verkehrsunfall in Serbien	Der Kläger wurde vier Tage stationär in Serbien behandelt und anschließend mit der ADAC-Luftrettung nach Deutschland zurückgeholt. Dort wurde die Lendenwirbelfraktur in der Klinik operativ versorgt. Der zwölfte Brustwirbel wurde dabei mit dem ersten Lendenwirbel „verblockt", die beiden Wirbel also versteift (ventrale Spondylodese mittels Beckenkammspan und Metallplatte). Insgesamt 20 Tage stationäre Behandlung. Es schlossen sich 3 stationäre Rehabilitationsbehandlungen an	Mann	Es verblieb eine leichtgradig eingeschränkte Drehbeweglichkeit an der Brust- und Lendenwirbelsäule und eine leichtgradig beschränkte Seitenneigung	Das LG hat dann weiter (zutreffend) ausgeführt, dass nach serbischem Recht mitberücksichtigt werden könne, dass der Kläger die Verletzungsfolgen im Umfeld seines inländischen gewöhnlichen Aufenthalts zu verarbeiten habe, was eine Erhöhung des nach serbischem Recht angemessenen Schmerzensgeldbetrages von € 3000 ermögliche. Dementsprechend hat es den zu bezahlenden Schmerzensgeldbetrag auf € 6000 verdoppelt	OLG Stuttgart 10.2.2014 5 U 111/13 juris
1627	€ 7000 (€ 7532)	Fraktur des 11. BWK, frische Grundplattenimpression, chronische Dorsolumbalgie, leichte hyperkyphotische Veränderung der BWS	6 Tage stationäre Behandlung, 3 Monate AU zu 100%, Physiotherapie, 3-Punkt Korsett für den AU-Zeitraum, über 2 Jahre Beschwerden	Mann	Minderung der Haushaltsführungsfähigkeit um 15%	Der Kläger kann keine Lasten über 20 kg mehr heben und ist in der Gehzeit auf max. 90 Min. beschränkt	LG Köln 29.10.2013 32 O 509/11 RA Wolfgang Koch, Erftstadt
1628	€ 7000 ● (€ 7555)	Lendenwirbelkörperfraktur (Spaltungsbruch mit Hinterkantenverlängerung, Luxation der Lendenwirbelsäule und des Beckens, Knieprellung und Gehirnerschütterung)	Mehrere Operationen und Reha-Behandlungen, 14 Monate AU	Mann		Mithaftung von 30%	LG Kassel 20.3.2013 6 O 1985/12 juris
1629	15 000 € 7500 + immat. Vorbehalt (€ 9737)	Deckplattenfraktur des zweiten Lendenwirbels	3 Wochen Krankenhaus, 2 Monate arbeitsunfähig	50-jähr. Kälteanlagenbauer	Rechtskonvexe Skoliose, Einschränkung in der Seitwärtsneigung und Drehbewegung, Stützkorsett erforderlich, Schmerzen bei beruflichen und häuslichen Tätigkeiten, MdE: 20%	Fahrlässige Verletzung der Verkehrssicherungspflicht; Kläger leidet unter Minderung seines Selbstwertgefühls	OLG Düsseldorf 29.6.2001 22 U 204/00 NJW-RR 2002, 1318
1630	15 000 € 7500 (€ 10331)	Bei stationärer Behandlung nach einem Verkehrsunfall nicht erkanntes inkomplettes Querschnittssyndrom bei Trümmerfraktur des 7. HW mit 3 Wochen lang auftretenden erheblichen neurologischen Ausfallserscheinungen, wie Lähmungserscheinungen und Sensibilitätsstörungen an Armen und Beinen		Mann		Auch wenn ein feststellbarer Dauerschaden aufgrund des Behandlungsfehlers nicht zurückgeblieben ist, bedeutete der Zustand für den Kläger eine erhebliche Belastung auch in psychischer Hinsicht, da der weitere Krankheitsverlauf für ihn unübersehbar war und schwere Folgen befürchten ließ. Später erfolgte Operation gegenüber einem rechtzeitig vorgenommenen Eingriff war komplizierter und für Kläger belastender; zögerliches Regulierungsverhalten	OLG Oldenburg (Oldenburg) 22.4.1997 5 U 11/97 zfs 1997, 294

● Mithaftung (siehe vorletzte Spalte)

Lfd. Nr.	Betrag DM Euro (Anp.2019)	Verletzung	Dauer und Umfang der Behandlung; Arbeitsunfähigkeit	Person des Verletzten	Dauerschaden	Besondere Umstände, die für die Entscheidungen maßgebend waren	Gericht, Datum der Entscheidung, Az., Veröffentlichung bzw. Einsender
\multicolumn{8}{l}{Fortsetzung von »Rücken - Wirbelsäule mit Lendenwirbel - Wirbelsäule (Brustwirbel, Lendenwirbel, Kreuzbein, Steißbein)«}
1631	€ 8000 (€ 9096)	Deckplattenimpressionsfraktur des 8. Brustwirbelkörpers	Stationäre (Reha-) Behandlung (4 Wochen); langwierige schmerztherapeutische Behandlung	Mann	Chronische Rücken- und Kopfschmerzen	Fraktur ohne OP mit Knickbildung und keilförmiger Deformierung verheilt; aber chronische Rücken- und Kopfschmerzen, die vor allem belastungsabhängig, aber auch belastungsunabhängig auftreten; Kl. ist jedoch insg. in seiner Leistungsfähigkeit und Lebensqualität im Vergleich zum Durchschnitt gleichaltriger Personen nicht schwerwiegend beeinträchtigt; lediglich schwere körperliche Tätigkeiten kann der Kl. seit dem Unfall nicht mehr selbst verrichten; seinen sonstigen Freizeitbeschäftigungen geht er aber weiter nach; normale Haushaltsarbeiten kann er – wenn auch mit vermehrten Pausen – nach wie vor erledigen	OLG Celle 6.10.2010 14 U 55/10
1632	€ 8000 (€ 9472)	Stabile LWK-1-Vorderkantenfraktur	2 Wochen stationäre Behandlung, im Anschluss 3 Monate lang Stützkorsett tragen, mehrmals in der Woche Reha-Behandlungen, krankengymnastische Behandlungen. Rund 4,5 Monate AU	Mann	Zeitweise Rückenschmerzen	In der Gesamtschau hält der Senat die Zuerkennung eines Schmerzensgeldes von insgesamt € 8000 für angemessen und sachgerecht, um den von dem Kläger durch den Unfall erlittenen immateriellen Schaden auszugleichen. Dieser Betrag steht zudem in einem ausgewogenen Verhältnis zu Schmerzensgeldbeträgen, die in der Vergangenheit in der Rechtsprechung für vergleichbare Verletzungen und Beeinträchtigungen zugesprochen wurden	OLG Düsseldorf 20.8.2007 1 U 172/06 juris
1633	€ 8000 + immat. Vorbehalt (€ 8714)	Schwere Lendenwirbelsäulenverletzung durch Sturz nach Bersten einer Treppenstufe auf einer Holztreppe zu einem Dachboden	Zunächst wurden operativ Metallplatten zur Stabilisierung des Lendenwirbelkörpers eingebracht, die später ebenfalls operativ wieder entfernt werden mussten. Aufgrund dessen musste sich der Kläger einmal für zweieinhalb Wochen und einmal für vier Tage in stationäre Behandlung begeben; mehr als 6 Monate AU; ca. 50 Reha-Maßnahmen	Mann	Posttraumatische Fehlstellung eines Lendenwirbelkörpers		OLG Hamm 24.9.2012 I-6 U 16/12 r+s 2013, 252
1634	€ 9000 + immat. Vorbehalt (€ 11488)	Frakturen des 6. und 12. BWK, Thoraxprellung, Distorsionstrauma der HWS, multiple Platzwunden, Blutergüsse an der rechten Schulter und am Oberarm	6 Tage pflegebedürftig und bettlägerig, nur 1 ambulante Behandlung	60-jähr. Rentnerin	Schädigung der Gebrauchsfähigkeit der WS, weil eine Knickbildung der BWS in der Seitansicht in Höhe des 12. BWK von 20% und in Höhe des 6. BWK von 5% entstanden ist; Klägerin kann keine Lasten über 10 kg mehr heben, Hausarbeiten bereiten Schmerzen	Eine vor dem Unfall bestehende Osteoporoseerkrankung hat auf die Verletzungen keinen Einfluss	LG Coburg 21.5.2003 12 O 844/01 Ass. Balke, Koblenz

Lfd. Nr.	Betrag DM Euro (Anp.2019)	Verletzung	Dauer und Umfang der Behandlung; Arbeitsunfähigkeit	Person des Verletzten	Dauerschaden	Besondere Umstände, die für die Entscheidungen maßgebend waren	Gericht, Datum der Entscheidung, Az., Veröffentlichung bzw. Einsender
	**Fortsetzung von »Rücken - Wirbelsäule mit Lendenwirbel - Wirbelsäule (Brustwirbel, Lendenwirbel, Kreuzbein, Steißbein)«**
1635	€ 9000 (€ 10776)	Stabiler Bruch des 12. BWK, stumpfes Bauchtrauma, Wadenprellung links und Prellung der Lendenwirbelsäule	4 Wochen fast bewegungsunfähig und an das Bett gebunden, mindestens über 4 1/2 Monate hinweg große Schmerzen, über ein halbes Jahr musste ein Drei-Punkt-Mieder getragen werden	Mann		Nachfolgende Versteifungsoperation der Wirbelsäule war nicht zwingend erforderlich und kann sich deshalb nicht schmerzensgelderhöhend auswirken	LG Köln 16.2.2007 17 O 143/04 RA Koch, Erftstadt
1636	€ 10000 (€ 11167)	Der Kläger erlitt durch den Unfall Stauchungsbrüche der Wirbelsäule über mehrere Segmente	Der Kläger war während der drei Wochen seines Krankenhausaufenthalts zu 100% und während der folgenden sechs Wochen mindestens anfänglich noch zu 50% arbeitsunfähig	66-jähr. Mann		Die Wirbelsäule war schon vor dem Zusammenstoß stark verschlissen und verformt gewesen, zugleich aber durchgehend verknöchert, so dass der Kläger nicht an Schmerzen hat leiden müssen. Die knöcherne Befestigung der Wirbelsäule ist durch die Stauchung aufgebrochen, so dass der Verschleiß und die Verformung dem Kläger nach dem Unfall erhebliche chronische Schmerzen bereiteten	LG Essen 6.6.2011 18 O 307/09 juris
1637	€ 10000 (€ 10903)	Berstungsfraktur des 12. Brustwirbelkörpers	2 Wochen stationärer Krankenhausaufenthalt	Frau	Auch über ein Jahr nach dem Schadensereignis nahm die Geschädigte noch Schmerzmittel ein	Die Klägerin kam in einem Kaufhaus aufgrund aus einem Regal fallender Bilder zu Sturz	LG Konstanz 16.1.2013 6 O 197/12 NJW 2013, 10
1638	€ 10000 + immat. Vorbehalt (€ 12719)	LWK 2+3-Fraktur	Stationäre Behandlung knapp 3 Wochen, anschließend 5-wöchige Reha-Behandlung, danach zwei Operationen zur Materialentfernung	Ältere Frau	MdE 30%	Businsassin kam bei Vollbremsung des Busses zu Sturz	LG München I 26.6.2003 19 O 17611/02 VorsRiLG Krumbholz
1639	20000 € 10000 (€ 13144)	Weichteilverletzung des rechten Fußes, Kompressionsfraktur des LWK 1, Begleitimpression der Deckplatten bzw. Grundplatten der Wirbelgelenke B 11/12, der Grundplatte BWK 12 sowie der Grundplatte des LWK 2	7 Wochen Krankenhaus, danach MdE: 6 Wochen 60% 7 1/2 Monate 30%	15-jähr. Schüler	MdE: 20%	Die Weiterentwicklung der Beschwerden hängt in erheblichem Maße von dem Trainingszustand der Rückenmuskulatur und der beruflichen Belastung des Klägers ab	KG Berlin 11.12.2000 12 U 4332/99 RiKG Philipp

● Mithaftung (siehe vorletzte Spalte)

Rücken

Urteile lfd. Nr. 1640 – 1642

Lfd. Nr.	Betrag DM Euro (Anp.2019)	Verletzung	Dauer und Umfang der Behandlung; Arbeitsunfähigkeit	Person des Verletzten	Dauerschaden	Besondere Umstände, die für die Entscheidungen maßgebend waren	Gericht, Datum der Entscheidung, Az., Veröffentlichung bzw. Einsender

Fortsetzung von »Rücken - Wirbelsäule mit Lendenwirbel - Wirbelsäule (Brustwirbel, Lendenwirbel, Kreuzbein, Steißbein)«

Lfd. Nr.	Betrag	Verletzung	Dauer	Person	Dauerschaden	Besondere Umstände	Gericht
1640	20000 € 10000 (€ 13581)	Zwei nicht erkannte Lendenwirbelbrüche nach Sturz vom Kirschbaum		58-jähr. Frau	Einschränkung der Beweglichkeit in der LWS	Ärztlicher Kunstfehler; Einschränkung der Beweglichkeit in der LWS hätte zwar auch bei einer ordnungsgemäßen sofortigen Diagnose und Behandlung nicht verhindert werden können. Trotzdem ist hier eine Verdopplung des ursprünglich vom LG zugesprochenen Schmerzensgeldes von DM 10000 (€ 5000) aufgrund des beispiellosen Fehlverhaltens der ärztlichen Haftpflichtversicherung begründet. Diese hatte die Auszahlung des Schmerzensgeldes von einer Erklärung der Patientin abhängig gemacht, auf weitere Ansprüche zu verzichten. Dieses Verhalten grenzt an Nötigung, Verstoß gegen Treu und Glauben und offenbare mit kaum zu überbietender Arroganz die Ausnutzung einer psychologischen und ökonomischen Machtposition des wirtschaftlich Stärkeren. Wer unstreitige Ansprüche zu seinem Vorteil so in die Länge ziehe und sich der höchstrichterlichen Rechtsprechung bewusst verschließe, bei dem sei die Verdopplung der Schmerzensgeldsumme gerechtfertigt	OLG Frankfurt am Main 7.1.1999 12 U 7/98 RA Krüger, Darmstadt
1641	€ 10000 + immat. Vorbehalt (€ 11383)	HWK-Fraktur des 6. Wirbelkörpers mit geringer Infraktion des 7. HWK durch Verkehrsunfall	10 Tage stationäre Behandlung. Wegen einer discoligamentären Instabilität im Bereich der HWK 6 und 7 erfolgte während eines weiteren stationären Aufenthalts durch Einbringen einer Titan-Verriegelungsplatte eine operative Versteifung der 5. bis 7. Halswirbel vorn. Ca. 6 Monate AU. Unfallbedingt besteht eine MdE i.H.v. (maximal) 20%	Mann	Endgradige Bewegungseinschränkung der HWS, Narbenbildung am Hals und am Becken sowie Veränderung der unteren HWS	Die Höhe des von der Beklagten zu 1 vorprozessual gezahlten Schmerzensgeldes von € 10000 ist bei den nur geringen unfallbedingten dauernden Beeinträchtigungen des Klägers nicht zu beanstanden	OLG Hamm 13.7.2010 9 U 11/10 NZB zurückgew. d. BGH, Beschl. v. 29.11.2011 VI ZR 222/10
1642	€ 10000 + immat. Vorbehalt (€ 11543)	Halswirbelkörperfraktur C 5 und C 6 sowie Bänderriss C 4/C 5, erhebliche psychische Beeinträchtigungen	4 Tage Krankenhaus, Entlastung mit Schanz'scher Krawatte; nach anhaltenden Beschwerden und Feststellung des Bänderrisses nach 2 Monaten erneuter stationärer Aufenthalt für 9 Tage mit 2 Operationsgängen; anschließend 5 Monate ambulante und physiotherapeutische Behandlung; bis zu diesem Zeitpunkt kein Sportunterricht möglich	14-jähr. Junge		Verletzung der Verkehrssicherungspflicht; Kläger verletzte sich bei einem Kopfsprung von einem Startblock in ein nur 1,40 m tiefes Schwimmbecken; Benutzer eines Schwimmbades können davon ausgehen, dass ein Schwimmbecken unterhalb einer Sprungeinrichtung eine für alle Arten von Sprüngen ausreichende Tiefe aufweist; Hinweis auf die geringe Tiefe nur unzureichend angebracht; besonders belastend, dass während der Behandlungsphase die dringende Gefahr einer Querschnittslähmung bestand, was zu erheblichen Ängsten führte; es besteht Arthrosegefahr	OLG Köln 30.3.2009 16 U 71/08

Lfd. Nr.	Betrag DM Euro (Anp.2019)	Verletzung	Dauer und Umfang der Behandlung; Arbeitsunfähigkeit	Person des Verletzten	Dauerschaden	Besondere Umstände, die für die Entscheidungen maßgebend waren	Gericht, Datum der Entscheidung, Az., Veröffentlichung bzw. Einsender
	**Fortsetzung von »Rücken - Wirbelsäule mit Lendenwirbel - Wirbelsäule (Brustwirbel, Lendenwirbel, Kreuzbein, Steißbein)«**
1643	€ 10 000 ● + immat. Vorbehalt (€ 10 782)	Fraktur des LWK 1 durch Fahrradunfall mit Fußgänger	OP und 16 Tage stationäre Behandlung, fast vier Monate AU	Frau	Empfindungsstörungen, Narben im Bauchbereich und Schmerzen im Rücken	Der Höhe nach beschränkt sich der Schmerzensgeldanspruch auf € 10 000, auf den ein Mitverschuldensanteil des Radfahrers i.H.v. 80% anzurechnen ist. Dabei hat der Senat berücksichtigt, dass die Kl. operiert und 16 Tage stationär behandelt werden musste, fast vier Monate ihren Beruf als Fremdsprachensekretärin nicht ausüben konnte sowie die geplante, aber nicht durchgeführte Reise nach New York. Dies gilt zudem für die Empfindungsstörungen, die Narben im Bauchbereich und die geltend gemachten Schmerzen im Rücken	KG Berlin 15.1.2015 29 U 18/14 NZV 2015, 187
1644	€ 10 000 ● + immat. Vorbehalt (€ 10 684)	HWK-7-Fraktur sowie eine Vorderkantenfraktur der Deckplatte BWK 1	9 Tage stationäre konservative Behandlung; MdE 10–15%	33-jähr. Mann	Beweglichkeitseinschränkung	Beim zuerkannten Schmerzensgeld, bei dessen Bemessung die Mitverursachung durch den Kläger, wenngleich nicht schematisch nach der für die materiellen Schäden zu berücksichtigenden Quote, in die Würdigung einzubeziehen ist, ist zu berücksichtigen, dass die Unfallfolgen nicht etwa mit Ablauf von etwa 3 Jahren nach dem Unfall völlig abgeklungen sind. Vielmehr ist von einer geringen, aber dauerhaften Beeinträchtigung der Leistungsfähigkeit auf dem allgemeinen Arbeitsmarkt mit 10% und für den Beruf als Lkw- Fahrer mit 15%, wobei es insbesondere im Rahmen der Beweglichkeitsprüfung des Kopfes zur Seite und nach hinten messbare, wenngleich nicht sehr schwerwiegende Abweichungen vom altersentsprechenden Zustand ohne Unfallverletzung gibt. Dies zusammengenommen mit den erlittenen Verletzungen, die über die physischen Auswirkungen hinaus psychisch als nicht unerheblich belastend einzustufen waren, weil die Verletzung wegen der direkten Nähe zu hirnversorgenden arteriellen Gefäßen nicht operativ versorgt werden konnte, der Dauer der Behandlung mit verzögertem Heilungsverlauf und der dadurch bedingten Verlängerung der Beschwerden rechtfertigen ein höheres Schmerzensgeld, als das LG es zuerkannt hat	OLG Frankfurt am Main 14.4.2014 25 U 159/12 juris

● Mithaftung (siehe vorletzte Spalte)

Rücken

Fortsetzung von »Rücken - Wirbelsäule mit Lendenwirbel - Wirbelsäule (Brustwirbel, Lendenwirbel, Kreuzbein, Steißbein)«

Lfd. Nr.	Betrag DM **Euro** *(Anp.2019)*	Verletzung	Dauer und Umfang der Behandlung; Arbeitsunfähigkeit	Person des Verletzten	Dauerschaden	Besondere Umstände, die für die Entscheidungen maßgebend waren	Gericht, Datum der Entscheidung, Az., Veröffentlichung bzw. Einsender
1645	€ 12 000 *(€ 14 819)*	Fraktur des 6. Halswirbelknochens und des Facettengelenks des 6./7. Halswirbelknochens rechts mit Bandscheibenvorfall, Gewebezerreißungen und Gewebezerschneidungen im Bereich der linken Schulter, des Schlüsselbeins und des linken Oberarms, Verletzungen an der rechten Hand, Schädelprellung	17 Tage Krankenhaus mit operativer Versorgung der HWK-Verletzung mit ventraler Disketomie und Fusion durch eine Plattenosteosynthese mit Knochenspan, der dem Beckenkamm entnommen wurde, Entfernung der vorderen Bandscheibe, Glassplitterentfernungen, anschließend Reha-Maßnahmen, 4 Monate Halskrause zur Stabilisierung des Halswirbelknochenbereichs	Student	Eingeschränkte Beweglichkeit der HWS, Einschränkung der Bewegungsfähigkeit des Kopfes (mittelgradig bei Kopfbeugung nach hinten und geringfügig bei Rotation des Kopfes), Sensibilitätsstörung des rechten Zeigefingers, Vernarbungen im Schulter-, Brust- und Oberarmbereich, MdE: 20%	Nicht unerhebliche Schmerzzustände während des Heilungsverlaufes; bestimmte Sportarten, bei denen eine Reklination des Kopfes sportartspezifisch ist, können nur noch eingeschränkt ausgeübt werden; Arbeiten über Kopf nicht mehr möglich	OLG Naumburg 4.3.2005 10 U 2/04 RAe Endemann & Koll., Paderborn
1646	€ 12 500 *(€ 16 052)*	Fraktur des 12. Brustwirbels	13 Tage stationär; MdE: 3 Monate 100%, 20% bis zum Ablauf eines Jahres	Kraftfahrer	MdE: 10%		KG Berlin 19.8.2002 12 U 811/00 RiKG Philipp

Lfd. Nr.	Betrag DM **Euro** *(Anp.2019)*	Verletzung	Dauer und Umfang der Behandlung; Arbeitsunfähigkeit	Person des Verletzten	Dauerschaden	Besondere Umstände, die für die Entscheidungen maßgebend waren	Gericht, Datum der Entscheidung, Az., Veröffentlichung bzw. Einsender

Fortsetzung von »Rücken - Wirbelsäule mit Lendenwirbel - Wirbelsäule (Brustwirbel, Lendenwirbel, Kreuzbein, Steißbein)«

Lfd. Nr.	Betrag	Verletzung	Dauer	Person	Dauerschaden	Besondere Umstände	Gericht
1647	€ 12 500 ● (€ 15 454)	Trümmerfraktur des LWK 5 mit kompletter Verlegung des Spinalkanals	Drei Krankenhausaufenthalte von insgesamt 38 Tagen, über 3 Monate arbeitsunfähig	30-jähr. Mann	MdE: 30%	Mithaftung 50%. Zwei Jahre nach dem Unfall wurde noch eine verschmächtigte Paravertebralmuskulatur im Bereich der LWS, eine druckdolente, 18 cm lange Narbe im Bereich der LWS, eine nachweisbare Höhenminderung des Wirbelkörpers L 5 um 20% sowie eine Bandscheibenverschmälerung L 4/5 sowie eine Verplumpung der Facettengelenke L 4/5 festgestellt. Darüber hinaus wurde eine radikuläre Nervenschädigung mit Fußheberschwäche, Paresegrad III und Zehen- und Großzehenheberschwäche Paresegrad II sowie Taubheit im Segment L 5 links und schließlich ein mit der neurogenen Schädigung verbundenes hinkendes Gangbild mit gestörtem Abrollkomfort diagnostiziert. Dieser Zustand hat sich inzwischen verbessert. Aufgrund der unfallchirurgischen und neurologischen Befunde sei es jedoch nachvollziehbar, dass es unter statischen und dynamischen Belastungen der unteren Lendenwirbelsäule zu wiederkehrenden Schmerzen im Verletzungsbereich kommt und dass es unter Beanspruchung bzw. Belastung des linken Fußes bzw. linken Beines auf unebenem bzw. abschüssigem Gelände infolge der Unsicherheit des linken Sprunggelenks zu einer Umknickneigung im Bereich des linken Sprunggelenks kommt. Der 5. LWK ist unfallbedingt in seiner Höhe gegenüber dem 4. LWK um ca. 1/7 erniedrigt. Die Zwischenwirbelräume zum 4. LWK und zum Kreuzbein sind allseits verschmälert. Die aktive Beweglichkeit des linken oberen und unteren Sprunggelenks sowie der Zehengelenke ist eingeschränkt	Saarländisches OLG 31.5.2005 4 U 221/04-24/05 SP 2006, 205

● Mithaftung (siehe vorletzte Spalte)

Lfd. Nr.	Betrag DM **Euro** *(Anp.2019)*	Verletzung	Dauer und Umfang der Behandlung; Arbeitsunfähigkeit	Person des Verletzten	Dauerschaden	Besondere Umstände, die für die Entscheidungen maßgebend waren	Gericht, Datum der Entscheidung, Az., Veröffentlichung bzw. Einsender
						Fortsetzung von »Rücken - Wirbelsäule mit Lendenwirbel - Wirbelsäule (Brustwirbel, Lendenwirbel, Kreuzbein, Steißbein)«	
1648	€ 13 000 *(€ 13 443)*	Wirbelverletzung (BWK-Läsion)	MdE 20%	Frau	Bewegungsbeeinträchtigung	Der Klägerin gelingt mit ihrer Berufung nicht die Darlegung, dass stattdessen ein Schmerzensgeld in der weit übersteigenden Größenordnung von € 22 000 angemessen wäre. Hierfür kann nicht auf die Rechtsprechung des OLG Köln abgestellt werden (Urt. v. 9.1.2008 – 11 U 40/07, Schaden-Praxis 2008, 364), weil bei der Klägerin gerade keine Versteifungsoperation erforderlich war. Auch der von der Berufung angeführte Vergleichsfall des KG (v. 24.9.2001 – 12 U 1900/00) rechtfertigt eine solche Anhebung des Schmerzensgeldes nicht, weil die Klägerin nach den Feststellungen des LG nur eine BWK-Läsion erlitten hat, nicht dagegen eine Fraktur mit größerem Kantenabbruch; ebenso war keine stationäre Behandlung erforderlich. Allerdings kann und muss auf die Berufung der Klägerin berücksichtigt werden, dass zum Zeitpunkt des Schlusses der mündlichen Verhandlung in der Berufungsinstanz die Minderung der Erwerbsfähigkeit bereits seit nunmehr etwas über vier Jahren 20% beträgt. Zur Bewertung dieses Umstands orientiert sich das Berufungsgericht an der vom LG bereits angeführten Entscheidung des KG (v. 19.8.2002 – 12 U 811/00), wonach bei heutigem Geldwert € 15 000 angemessen sein sollen, wenn eine Wirbelverletzung 13 Tage Krankenhausaufenthalt sowie eine dreimonatige 100%ige Minderung der Erwerbsfähigkeit und eine ein Jahr lang andauernde 20%ige Minderung der Erwerbsfähigkeit nebst Dauerminderung von 10% zur Folge habe. Der volle Betrag kann nicht angesetzt werden, weil die Klägerin nicht stationär behandelt werden musste, allerdings haben inzwischen die 20%ige Minderung der Erwerbsfähigkeit und die dadurch abgebildeten Beeinträchtigungen ein zeitlich erhebliches Maß erreicht. Zudem spricht einiges dafür, dass zumindest eine gewisse Beeinträchtigung dauerhaft verbleiben wird	KG Berlin 8.9.2017 4 U 57/16 NJW-RR 2018, 535; juris

Lfd. Nr.	Betrag DM **Euro** *(Anp.2019)*	Verletzung	Dauer und Umfang der Behandlung; Arbeitsunfähigkeit	Person des Verletzten	Dauerschaden	Besondere Umstände, die für die Entscheidungen maßgebend waren	Gericht, Datum der Entscheidung, Az., Veröffentlichung bzw. Einsender
	**Fortsetzung von »Rücken - Wirbelsäule mit Lendenwirbel - Wirbelsäule (Brustwirbel, Lendenwirbel, Kreuzbein, Steißbein)«**
1649	€ 13 000 ● + immat. Vorbehalt *(€ 13 875)*	Brüche des 1. und 2. Lendenwirbels und ein verschobener Bruch des linken Mittelfußknochens	Brüche operativ versorgt; Krankenhausaufenthalt von 2 Wochen; AU 2 Monate; Physiotherapie; nach 5 Monaten Entfernung der Zuggurtung am linken Fuß (11 Tage AU); Entfernung der Metallplatte an der Wirbelsäule (stationär 3 Tage, danach 20 Tage AU);	Mann	Bewegungsbeeinträchtigung; 20% Dauerschaden	Soweit das LG von einem berechtigten Schmerzensgeld bei voller Haftung von € 25 000 ausgegangen ist, ist dies nicht zu beanstanden. Wird eine Haftungsquote gebildet, folgt der Schmerzensgeldbetrag nicht schematisch dieser, sondern es ist eine wertende Betrachtung unter Berücksichtigung aller Umstände vorzunehmen. Vorliegend rechtfertigt es die Schwere der Verletzungen, die der Kläger bei dem Unfallgeschehen erlitten hat, von der Hälfte nach oben abzuweichen und von einem Schmerzensgeldbetrag von € 13 000 auszugehen	OLG Naumburg 20.3.2014 1 U 113/13 DAR 2015, 146
1650	€ 14 000 ● *(€ 14 913)*	Inkomplette Spalt-Berstungsfraktur des LWK 1 sowie ein Schädigung der Bandscheibe zwischen 12 Brustwirbel und 1. Lendenwirbel	2 Operationen und anschließend 4 Wochen Reha	42-jähr. Mann	MDE von 20 bis 30%, Schmerzen bei längerem Stehen und Sitzen, Treppensteigen, Heben und Tragen von Lasten über 10 kg	Mithaftung von 25%	LG Darmstadt 30.7.2014 28 O 303/12
1651	30 000 € 15 000 + immat. Vorbehalt *(€ 19 863)*	Fraktur HWK 2, Weber-A-Fraktur am rechten Sprunggelenk, distale Radiusfraktur mit diversen Schürfwunden und Prellungen	14 Tage Krankenhaus, mehrere Wochen Gipsversorgung	Jugendlicher	MdE: 10–20%	Ob letztlich noch eine Minderung der Erwerbstätigkeit von 10% vorliegt oder nicht, fällt bei den glaubhaft dargelegten und nachvollziehbaren Beschwerden des Klägers nicht ins Gewicht; dieser ist jedenfalls auch außerhalb seines Berufs auf Dauer beeinträchtigt; er ist seit 5 Jahren unfallbedingt in Behandlung, was auf einen erheblichen Leidensdruck schließen lässt	LG München I 18.7.2000 19 O 12744/98 VorsRiLG Krumbholz
1652	€ 15 000 + immat. Vorbehalt *(€ 16 768)*	Instabile Berstungsfraktur des LWK 1 mit intraspinal dislozierten Fragmenten, kleinere knöcherne Absprengungen am Trochanter major des linken Oberschenkels, Hämatom am rechten Oberschenkel	2 OP, insg. 22 Tage stationärer Aufenthalt, 4 Monate AU zu 100%	Frau	30% Höhenverlust sowie 30% Masseverlust der LWK 1	Bei der Schmerzensgeldbemessung hat das Gericht insb. die lange Behandlungsdauer sowie die Einschränkungen im Berufs- und Privatleben der Kl. berücksichtigt. Kl. kann nicht mehr reiten, Inlineskaten und joggen. Heben von Lasten sowie längeres Sitzen, Stehen oder Liegen am Stück sind der Kl. schmerzbedingt nicht möglich. Es bestand eine MdE von 30% für das erste Jahr nach dem Unfallereignis bzw. 20% bis 3 Jahre nach dem Unfallereignis	LG Wiesbaden 17.3.2011 9 O 342/08 RA Koch, Erftstadt
1653	€ 15 000 + immat. Vorbehalt *(€ 19 055)*	Kompressionsfraktur des 5., 6. und 9. Brustwirbelkörpers, zahlreiche Infraktionen im Bereich der linken Hand, des linken Mittelfußes, der rechten Hand sowie Knochenkontusion im Bereich des linken Unterschenkels, multiple schwere Prellungen mit Hämatombildung über den Frakturarealen, Infraktion der Scapula rechts sowie stumpfes Bauch- und Thoraxtrauma		Mann	Möglicherweise Beschwerden im Bereich der Brustwirbelsäule	Unter Umständen keine Mithaftung für ein mit Blaulicht fahrendes Polizeieskortenfahrzeug, das die höchstzulässige Geschwindigkeit um 60% überschreitet. An die Zuerkennung des Feststellungsanspruchs sind stets maßvolle Anforderungen zu stellen. Es genügt, dass eine nicht eben entfernt liegende Möglichkeit künftiger Verwirklichung der Schadenersatzpflicht durch Auftreten weiterer, bisher noch nicht erkennbarer und voraussehbarer Leiden besteht. Dies trifft bei schweren Unfallverletzungen in aller Regel zu	KG Berlin 20.3.2003 12 U 199/01 VorsRiKG Griess

● Mithaftung (siehe vorletzte Spalte)

Lfd. Nr.	Betrag DM Euro (Anp.2019)	Verletzung	Dauer und Umfang der Behandlung; Arbeitsunfähigkeit	Person des Verletzten	Dauerschaden	Besondere Umstände, die für die Entscheidungen maßgebend waren	Gericht, Datum der Entscheidung, Az., Veröffentlichung bzw. Einsender
	**Fortsetzung von »Rücken - Wirbelsäule mit Lendenwirbel - Wirbelsäule (Brustwirbel, Lendenwirbel, Kreuzbein, Steißbein)«**
1654	€ 15 000 + immat. Vorbehalt (€ 16 338)	Unterlassen einer alsbaldigen Entfernung eines eingebrachten Fixateur-interne mit fehlplazierten Schrauben nach Wirbelsäulen-OP ohne hinreichende Aufklärung	Revisions-OP, bei der die Fehllage der Schrauben beseitigt, das Fixateur-interne-System ausgetauscht und festgestellte Duraverletzungen versorgt wurden	56-jähr. Mann		Zu Recht hat die Kammer einen Anspruch des Klägers auf Schmerzensgeld i.H.v. € 15 000 bejaht. Der Eingriff war mangels wirksamer Einwilligung des Klägers rechtswidrig, allerdings nicht behandlungsfehlerhaft. Das Unterlassen einer alsbaldigen Entfernung des eingebrachten Fixateur-interne stellt sich als grob behandlungsfehlerhaft dar. Die insgesamt dadurch bewirkten Schmerzen und Beeinträchtigungen rechtfertigen das zuerkannte Schmerzensgeld	OLG Köln 12.9.2012 5 U 152/11 juris
1655	€ 15 000 + immat. Vorbehalt (€ 15 772)	Inkompletter Berstungsbruch des LWK 1 ohne Hinterkantenbeteiligung mit 20% Höhenminderung und Bandscheibenzerreißung und eine Steißbeinfraktur	Die Fraktur wurde während eines 2-wöchigen stationären Krankenhausaufenthalts operativ durch eine Spondylodese versorgt. Postoperativ entwickelte sich eine Lymphfistel. Danach folgte über 4 Wochen eine teilstationäre Rehabilitation. Die Klägerin war rund 3 Monate arbeitsunfähig	Frau	Ab und zu von der Wirbelsäule ausstrahlende Schmerzen	Unter Berücksichtigung der dargestellten vorhersehbaren künftigen Beschwerden, insb. der quer ausstrahlenden Schmerzen, und der erlittenen schweren Wirbelverletzung hat das LG das Schmerzensgeld zutreffend i.H.v. insgesamt € 15 000 als angemessen erachtet	OLG Stuttgart 22.9.2016 13 U 26/16
1656	€ 15 339 + immat. Vorbehalt (€ 19 579)	Deckplatteneinbruch LWK-1 sowie Prellungen und Schürfungen am rechten Knie	Ca. 7 Wochen stationär, anschließend 5 Wochen Reha	61-jähr. Mann	MdE 20%	Bei der Bemessung des Schmerzensgeldes berücksichtigt das Gericht einerseits die lange Dauer der stationären Behandlung sowie die mit einem Wirbelbruch einhergehende erhebliche Bewegungseinschränkung, andererseits konnte der Kläger wieder weitestgehend mobilisiert werden	LG München I 8.5.2003 19 O 22606/01 VorsRiLG Krumbholz
1657	€ 16 500 ● + immat. Vorbehalt (€ 20 234)	Rippenserienfraktur, Luxationsfraktur des 2. HWK mit knöcherner Absprengung im Bereich der Bogenwurzel, stumpfes Bauchtrauma, rechtsseitige Lungenkontusion, Lebereinriss sowie Pankreaskontusion		29-jähr. Frau	MdE: 30%	Mithaftung 25%. Vollständige Versteifung des Bewegungssegments C 2/3 musste gezielt herbeigeführt werden mit der Folge einer sekundären subtotalen knöchernen Versteifung des Bewegungssegments C 3/4 mit schmerzhaft eingeschränkter Linksrotation. Zu diesem Zustandsbild tritt eine zervikale Fehlstatik mit Steilstellung	OLG Düsseldorf 22.9.2005 I-1 U 170/04

Lfd. Nr.	Betrag DM Euro (Anp.2019)	Verletzung	Dauer und Umfang der Behandlung; Arbeitsunfähigkeit	Person des Verletzten	Dauerschaden	Besondere Umstände, die für die Entscheidungen maßgebend waren	Gericht, Datum der Entscheidung, Az., Veröffentlichung bzw. Einsender
	**Fortsetzung von »Rücken - Wirbelsäule mit Lendenwirbel - Wirbelsäule (Brustwirbel, Lendenwirbel, Kreuzbein, Steißbein)«**
1658	€18 000 + immat. Vorbehalt (€22 125)	LWK-2-Kompressionsfraktur sowie diverse Prellungen	4 Tage Intensivstation, zwei Operationen, wobei bei der ersten OP eine dorsale Stabilisierung mit Fixateur externe von L1 auf L3 vorgenommen wurde und danach eine ventrale Fusion von LWK 1 und LWK 3 mit Eigenknocheninterponat aus dem linken Beckenkamm und Maecs-TL-Instrumentierung über Lumbotomie. MdE: 4 Monate 100% 2 Wochen 50% 2 Wochen 25% danach 20%	28-jähr. Reiseverkehrskaufmann	MdE: 20%	Auch nach inzwischen dritter Operation sind die Schmerzen nicht besser geworden; der Kläger bedarf deshalb einer ambulanten Schmerztherapie. Insofern muss er dauernd schwere Medikamente nehmen und es ist derzeit jedenfalls mittelfristig nicht absehbar, ob sich dieses Symptomatik bessert	LG Ravensburg 8.11.2005 6 O 243/05 bestätigt durch Beschluss des OLG Stuttgart 13.3.2006 19 U 213/05 RAe Föhr & Partner, Friedrichshafen
1659	€18 000● + immat. Vorbehalt (€20 511)	Instabile HWK-Fraktur, verschobene Fraktur des Schlüsselbeins, Quetschung von Brustkorb und Brustbein, Gehirnerschütterung, Ziehung eines Schneidezahns	10 Tage stationärer Aufenthalt, anschließend stationäre Reha von 3 Wochen	66-jähr. Frau		Mitverschulden 1/3	LG Landshut 21.6.2010 23 O 1118/10 RA Wichtermann, Dorfen
1660	€18 500 (€19 886)	Wirbelsäulenverletzung (mehrere Frakturen des Brustwirbelkörpers) nach Skiunfall: Rückenimplantat wird entgegen ursprünglicher Einschätzung aus medizinischen Gründen nicht wieder entfernt		Frau	Schmerzen	Bei der Bemessung des weiteren Schmerzensgeldes waren die Schmerzen durch das nicht zu entfernende Metallimplantat ebenso zu berücksichtigen wie der Umstand, dass die Klägerin die so hervorgerufenen Schmerzen ein Leben lang wird aushalten müssen. In Anbetracht dessen erscheint das vom LG zuerkannte weitere Schmerzensgeld von €3500 auch unter Berücksichtigung des bereits zuerkannten Betrages von €15 000 als angemessener, aber auch erforderlicher Ausgleich für die Art und Dauer der erlittenen Verletzungen	OLG Naumburg 16.1.2014 4 U 44/13 juris
1661	40 000 €20 000 (€27 837)	BWK 12- und LWK 1-Kompressionsfraktur; Oberschenkelschaftfraktur rechts; Sprunggelenksluxationsfraktur links; basisnahe Mittelhand-V-Fraktur links; Kniebinnentrauma rechts	Insgesamt 9 Wochen Krankenhaus, dann 7 Wochen Anschlussbehandlung im Sanatorium. Oberschenkelfraktur und Frakturen des Sprunggelenks sowie der Mittelhand machten operative Versorgung erforderlich mit der Folge, dass Nagel und Osteosynthese später operativ entfernt werden mussten. Nach Entfernung MdE: 1 Jahr 40% weitere 4 Jahre 20%	17-jähr. Junge	Belastungsabhängige Schmerzen im Bereich des BWS/LWS-Übergangs und des linken Sprunggelenks; arthrotische Veränderungen im linken Sprunggelenk; MdE: 10%	Grob fahrlässiges Verhalten des Schädigers	LG Aachen 9.7.1996 12 O 97/96 RA Lehnen, Aachen

● Mithaftung (siehe vorletzte Spalte)

Lfd. Nr.	Betrag DM Euro (Anp.2019)	Verletzung	Dauer und Umfang der Behandlung; Arbeitsunfähigkeit	Person des Verletzten	Dauerschaden	Besondere Umstände, die für die Entscheidungen maßgebend waren	Gericht, Datum der Entscheidung, Az., Veröffentlichung bzw. Einsender
	**Fortsetzung von »Rücken - Wirbelsäule mit Lendenwirbel - Wirbelsäule (Brustwirbel, Lendenwirbel, Kreuzbein, Steißbein)«**						
1662	€ 20 000 + immat. Vorbehalt (€ 24 386)	Fraktur des 12. BWK, Einengung des Spinalkanals mit Gefahr von Nervenschädigungen	8 Tage Krankenhaus	65-jähr. Frau	12. BWK weitgehend komplett aufgebraucht mit der Folge einer massiven Keilbildung, Buckelbildung und Linksverbiegung der Wirbelsäule, Minderung der paraventralen Rückenmuskulatur; massive Einschränkung der Mobilität und der Fähigkeit, den Haushalt alleine zu führen; zur Bewältigung des Alltags auf fremde Hilfe angewiesen; kann nur noch schlecht gehen	Klägerin setzte sich auf Anweisung der bei der Beklagten angestellten Physiotherapeutin auf einen Gymnastikball, um Entstauungsbewegungen durchzuführen, wobei der Gymnastikball platzte und die Klägerin zu Boden stürzte; Haftung der Klinik, weil kein berstsicherer Ball eingesetzt wurde. Der Klägerin ist es nahezu unmöglich geworden, an dem gewohnten sozialen Leben teilzunehmen (u. a. keine Tanz- und Konzertveranstaltungen, keine Wanderungen); Möglichkeit einer erheblichen neurologischen Verschlechterung	LG Ravensburg 8.12.2005 3 O 199/04 Bestätigt durch OLG Stuttgart 11.7.2006 1 U 3/06
1663	€ 20 000 + immat. Vorbehalt (€ 23 679)	Instabile LWK-4, BWK-11/12-Fraktur, geschlossene Oberschenkelfraktur, gering dislozierte Olecranonfraktur rechts, stumpfes Bauchtrauma mit Milzkapseleinriss, sublinguale Bissverletzung und posttraumatische Belastungsstörung	Mehrere Krankenhausaufenthalte von insgesamt rund 7 Wochen	Mann	Narbe am Oberbauch, Bewegungseinschränkungen des rechten Ellbogens, belastungsabhängige Beschwerden am linken Bein sowie eingeschränkte Beweglichkeit der Wirbelsäule	Der Kläger hat sein Teil-Schmerzensgeld lediglich auf einen Zeitraum von 9 Monaten beschränkt. Bei konsequent durchgeführten Therapiemaßnahmen ergibt sich eine eher günstigere Prognose für die Weiterentwicklung des Gesundheitszustands	Brandenburgisches OLG 30.8.2007 12 U 55/07 RA Koch, Erftstadt
1664	€ 20 500 + immat. Vorbehalt (€ 25 433)	Nachhaltige Verletzungen an Brustbein, Schultern, Oberkörper und linker Halsseite, Mehrfachfraktur des 7. Halswirbels	Zur Vermeidung einer Querschnittslähmung sofortige Operation erforderlich, die dabei eingesetzte Titanprothese wird dauerhaft verbleiben; 13 Tage Krankenhaus, anschließend 29 Tage Reha, 19 Wochen arbeitsunfähig	Mann	Taubheits- und Steifheitsgefühl in den Fingern, Schmerzen im Schulter- und Nackenbereich, Gleichgewichtsstörungen, MdE: 20%	Vorsätzliche Körperverletzung	LG Görlitz 24.2.2005 4 O 653/04 Anerkenntnisurteil RAe Schönekerl & Bruchatz, Cottbus
1665	€ 21 000 (€ 22 573)	Ausgeprägte Deckplattenimpression des 4. Lendenwirbels mit einem ausgeprägten Knochenmarködem, eine Prellung links am Kniegelenk und im Bereich des Brustkorbs und des Beckens ein Hämatom	1 1/2 Jahre war der Nachtschlaf erheblich eingeschränkt	Mann, welcher infolge der unfallbedingten Verletzungen seinen Arbeitsplatz verlor	MdE 10%, durch den Unfall wurde die bisher symptomfreie Varusarthrose und Retropatellaarthrose aktiviert	Der sportliche Kläger kann seinen Hobbys nicht mehr nachgehen. Der Verlust des Arbeitsplatzes war schmerzensgelderhöhend zu berücksichtigen	LG Görlitz 9.1.2014 5 O 448/10
1666	45 000 € 22 500 + immat. Vorbehalt (€ 30 439)	Querfortsatzfrakturen an vier LWK; Oberschenkelstückfraktur links; HWS-Schleudertrauma; Schnittverletzungen an der linken Schulter und am rechten Knie; Glassplitterverletzungen im Gesicht		Hausfrau	MdE: 40%	Konsekutive Ausbildung einer nicht vorbestehenden linkskonvexen LWS-Skoliose, einer lumbalen Insertionstendinose sowie paravertebraler Myogelosen. Die etwa zweimal im Monat auftretenden Kopfschmerzen mit Übelkeit und Erbrechen und die an zwei bis drei Tagen pro Woche bestehenden leichten Kopfschmerzen sind als direkte Unfallfolge anzusehen. Infolge des Unfallereignisses kam es zu einer reaktiven Depression mit fragmentiertem Nachtschlaf und konsekutiven, zwischenzeitlich chronifizierten vasomotorischen Kopfschmerzen	LG Mainz 20.8.1998 1 O 398/96 RAe Kessel & Partner, Düsseldorf

Urteile lfd. Nr. 1667 – 1670 — Rücken

Lfd. Nr.	Betrag DM Euro (Anp.2019)	Verletzung	Dauer und Umfang der Behandlung; Arbeitsunfähigkeit	Person des Verletzten	Dauerschaden	Besondere Umstände, die für die Entscheidungen maßgebend waren	Gericht, Datum der Entscheidung, Az., Veröffentlichung bzw. Einsender
	**Fortsetzung von »Rücken - Wirbelsäule mit Lendenwirbel - Wirbelsäule (Brustwirbel, Lendenwirbel, Kreuzbein, Steißbein)«**						
1667	€ 24 000 + immat. Vorbehalt (€ 25 902)	HWK-2-Bogenwurzelfraktur mit Dislokation und Abkippung in Richtung der Körpervorderseite Hangman Typ 2, Thoraxprellung	2 Operationen, insgesamt 21 Tage stationärer Aufenthalt, 1 Monat stationäre Reha	Mann, Motorradfahrer	MdE 10%, geringgradige Bewegungseinschränkung der HWS, Versteifung des HWK 2/3, Gefühlsstörungen im Bereich der Wange und des Kinns, sichtbare Narbe am Hals und an der Hüfte, Heiserkeit, Schluckerhöhung, Kopf- und Bewegungsschmerzen	Aufgrund der OP bestand das Risiko einer Querschnittslähmung oder einer tödlichen Atemlähmung	LG Nürnberg-Fürth 19.3.2013 8 O 3840/11 RA von Mammen, Kanzlei Hofbeck, Buchner & Coll., Nürnberg
1668	€ 24 000 (€ 28 070)	Fraktur des 12. Brustwirbels	Zwei Wirbelsäulenoperationen	Mann		Die zweite Operation fand wegen starker Schmerzen des Klägers ca. 3 Jahre nach der ersten Operation statt. Der Sachverständige gelangte zu dem Ergebnis, dass auch die zweite Operation dem Unfallereignis zuzurechnen sei, obwohl es fraglich war, ob der Bruch stabil ausgeheilt gewesen sei. Zur Frage der Instabilität führte der Sachverständige aus, dass deren Maß nicht mehr geklärt werden könne. Es verbleibe die Feststellung einer sogenannten klinischen Instabilität. Es finde sich bei diesem Begriff die Kombination einer deutlichen Deformität, die der Patient als intolerabel empfinde sowie ein „invalisierender Schmerz", der mit Medikamenten kaum zu beeinflussen sei. Es handle sich um eine subjektive, patientenorientierte Instabilitätsdefinition	OLG Köln 9.1.2008 11 U 40/07 SP 2008, 364 RA Koch, Erftstadt
1669	€ 25 000 (€ 30 588)	Wirbelsäulenfraktur, psychische Probleme durch Fehldiagnose	Schwieriger Heilungsverlauf und komplizierte Behandlung im Krankenhaus	Frau		Gebrochener Wirbel wurde im Krankenhaus falsch lokalisiert, was ein erhöhtes Risiko einer Querschnittslähmung zur Folge hatte; die damit verbundene Angst ist nicht anders zu bewerten als ein körperlicher Schmerz; Unzulänglichkeiten bei der Behandlung sind dem Schädiger zuzurechnen	LG Dresden 31.1.2006 5 O 702/02 SP 2006, 386
1670	50 000 € 25 000 (€ 33 951)	Schädelhirntrauma 1. Grades, Dornfortsatzfraktur im Bereich des 4. HWK; rechtsbetonte Tetraparese, Bandscheibenprotusion C3/C4 und C4/C5 mit umschriebener Rückenmarkschädigung	1 Monat Krankenhaus, 1 Monat Reha, mindestens 1 Jahr arbeitsunfähig	27-jähr. Inhaber einer Reinigungsfirma	MdE: 30% Feinmotorische Behinderung und Kraftminderung im Bereich der rechten Hand sowie Einschränkungen in der Bewegungsfähigkeit des Sprunggelenks des rechten Fußes	Arbeitsunfall. Ungesicherte Werkzeugkiste fiel aus ca. 10 m Höhe vom Kran auf beolmten Kopf. Bisherige berufliche Tätigkeiten können nicht mehr ausgeübt werden, langwierige Umschulung ist erforderlich; Beeinträchtigungen im gesamten Lebensbereich; eindeutiges und schweres Fehlverhalten des Arbeitnehmers des Beklagten; zögerliches Regulierungsverhalten des Beklagten	LG Leipzig 11.11.1998 03 O 8892/97 RAe Just & Partner, Leipzig

● Mithaftung (siehe vorletzte Spalte)

Fortsetzung von »Rücken - Wirbelsäule mit Lendenwirbel - Wirbelsäule (Brustwirbel, Lendenwirbel, Kreuzbein, Steißbein)«

Lfd. Nr.	Betrag DM Euro (Anp.2019)	Verletzung	Dauer und Umfang der Behandlung; Arbeitsunfähigkeit	Person des Verletzten	Dauerschaden	Besondere Umstände, die für die Entscheidungen maßgebend waren	Gericht, Datum der Entscheidung, Az., Veröffentlichung bzw. Einsender
1671	50000 € 25000 (€ 32497)	Kompressionsfraktur des 1. LWK mit größerem Kantenabbruch, flaches Epiduralhämatom in Höhe des 12. BWK sowie Einengung des Spinalkanals im Konusbereich	3 Wochen stationär; anschließend ambulante Weiterbehandlung. Wegen Bruchs des Kugler-Fixateurs weitere stationäre Behandlung von knapp 2 Wochen nebst operativem Eingriff. Beendigung des Heilverfahrens: 13 Monate nach dem Unfall. MdE: 14 Monate 100% 12 Monate 30% danach 20%	Fliesenleger	MdE: 20% mit Verschlechterungstendenz auf MdE 30%	Kläger kann seinen erlernten Beruf als Fliesenleger nicht mehr ausüben. Auf längere Sicht muss mit dem Fortschreiten des posttraumatischen Verschleißes im Bereich der angrenzenden Zwischenwirbelräume gerechnet werden	KG Berlin 24.9.2001 12 U 1900/00 RA Zenker, Berlin
1672	50000 € 25000 (€ 35166)	Wirbelbruch mit anschließender Versteifung der WS (3 WK); neurologische Ausfälle im linken Bein; Dickdarmverletzung mit erforderlicher Operation	3 Wochen Krankenhaus, weitere 3 Monate Fortbewegung nur mit Krücken, nach 1 Jahr Metallentfernung	18-jähr. Bankkauffrau	Erhebliche Bewegungseinschränkung der LWS mit erheblichen Dauerschmerzen; leichte Fehlstellung der LWS mit herabgesetzter Sensibilität in den entsprechenden WS-Bereichen; radikuläre Quetschung des linken Beines; lange, entstellende Narben im Bauch- und Rückenbereich; Verkürzung des Dickdarms nicht folgenlos verheilt; Behinderungsgrad: 30%	Schmerzen in der LWS beeinträchtigen die Klägerin auch im Schlaf. Längere Beanspruchung des linken Beines hat Zittern mit Fortknicken des Knies zur Folge. Sportarten, die eine starke körperliche Aktivität erfordern, können nicht mehr wahrgenommen werden. Beeinträchtigung im beruflichen Bereich (kein Schalterdienst im Bankgewerbe); Befürchtung von Narbenbrüchen, z. B. bei Schwangerschaften	OLG Hamm 8.1.1996 6 U 146/95 NJWE-VHR 1996, 61
1673	50000 € 25000 + immat. Vorbehalt (€ 32537)	Akutes Wurzelkompressionssyndrom L 5 rechts bei Bandscheibenvorfall L 4/5 nach Sportverletzung mit Fußheberparese	1 Woche Krankenhaus mit Operation	18-jähr. Frau		Grob fehlerhafte Durchführung einer chirotherapeutischen Manipulation, da vorher ein Bandscheibenvorfall nicht ausgeschlossen wurde	OLG Hamm 24.10.2001 3 U 123/00 VersR 2003, 1132
1674	50000 € 25000 (€ 33396)	Fraktur des HWS-Segments C 2, die erst 22 Monate nach einem Unfall erkannt wurde; Fraktur schuf das Risiko einer Querschnittslähmung oder gar einer tödlich verlaufenden Atemlähmung, was die Klägerin erst nach Erkennen der Fraktur wusste; Gefahr wurde 9 Monate später durch eine Operation beseitigt, die wiederum die gleichen Risiken barg; in dieser Zeit schwerwiegende psychische Belastungen		18-jähr. Realschülerin	Operationsnarben an Hüfte (7 cm) und Nacken (20 cm); knöcherne Versteifung der Segmente C 1 und C 2 mit Bewegungseinschränkung der HWS und ca. ein Drittel in sämtlichen Ebenen, Kopfschmerzen werden immer wieder eintreten; MdE: 15% mit Verschlechterungstendenz	Das Tragen einer Kurzfrisur kann infolge der Nackennarbe eine erhebliche kosmetische Störung darstellen. Der Klägerin kann nicht vorgehalten werden, sie habe das aus dem HWS-Bruch verbliebene Risiko nicht so hoch eingeschätzt, wenn sie sich erst 9 Monate nach Erkennen der Fraktur zu einer Operation entschlossen habe; eine derartige Sichtweise hieße die Entscheidungsnot der Klägerin unzulässig gering zu achten	OLG Nürnberg 25.1.2000 3 U 3596/99 DAR 2000, 165 3. Zivilsenat des OLG Nürnberg
1675	€ 25000● + immat. Vorbehalt (€ 31199)	Instabile Fraktur der HWS (HWK-6-Fraktur) mit Rückenmarkkontusion in Höhe des 6./7. Halswirbelknochens		Mann		Verletzung der Verkehrssicherungspflicht; nicht ausreichende Vorkehrungen zur Abwendung von Gefahren bei der Aufstellung eines Wasserbassins im Rahmen einer Sonderveranstaltung; Kläger verletzte sich beim Sprung in das nur 70 cm tiefe Wasserbassin; Mithaftung des Klägers von 25%	LG Bonn 30.7.2004 1 O 119/03 NJW-RR 2005, 534

● Mithaftung (siehe vorletzte Spalte)

Fortsetzung von »Rücken - Wirbelsäule mit Lendenwirbel - Wirbelsäule (Brustwirbel, Lendenwirbel, Kreuzbein, Steißbein)«

Lfd. Nr.	Betrag DM Euro (Anp.2019)	Verletzung	Dauer und Umfang der Behandlung; Arbeitsunfähigkeit	Person des Verletzten	Dauerschaden	Besondere Umstände, die für die Entscheidungen maßgebend waren	Gericht, Datum der Entscheidung, Az., Veröffentlichung bzw. Einsender
1676	€ 25 565 (€ 31 866)	Bruch des 12. Brustwirbels	1 Monat stationär MdE: 1 Monat 100% ca. 3 Monate 60% 8 Monate 30%	Geselle für das Installateurhandwerk	MdE: 20%	Das verspätete Ablegen der Meisterprüfung ist nicht unfallkausal. Bereits vor seiner Umschulung zum Meister hatte der Kläger Rückenschmerzen, derentwegen er eine Umschulungsmaßnahme beantragt hatte	LG München I 19.8.2004 19 O 8030/01 VorsRiLG Krumbholz
1677	€ 26 000 + immat. Vorbehalt (€ 33 029)	Frakturen der 5. bis 7. BWK, Polytrauma, Mittelhandknochenschaftsfraktur links	2 stationäre Klinikaufenthalte von insgesamt 24 Tagen	23-jähr. Studentin	Versteifung von Wirbelsäulenabschnitten, psychische Störung; Behinderung von 50% lt. Versorgungsamt	Klägerin leidet noch zum Urteilszeitpunkt an ständigen Schmerzen am Nacken, an den Schultern und im Lendenwirbelbereich bis zum Gesäß; Ausübung sportlicher Aktivitäten nur noch eingeschränkt möglich; durch Bestreiten eines Verschuldens durch Kläger wurde Schadensregulierung verzögert; vorgetragene Beschwerden und Dauerschäden wurden hingegen nicht bestritten, was zu Gunsten des Beklagten zu werten ist	LG Kempten 31.3.2003 2 O 152/02 RA Dr. Nettesheim, Oberstdorf
1678	60 000 € 30 000 + immat. Vorbehalt (€ 40 690)	Frakturen 2. LWK, 7. BWK, Kahnbein rechte Hand, Kahnbein linke Fußwurzel, stumpfes Bauchtrauma mit Zwerchfell- und dreifacher Dünndarmruptur, stumpfes Thoraxtrauma, verschiedene Riss- und Quetschwunden	5 Wochen Krankenhaus mit 2 Operationen, anfangs 18 Tage Intensivstation (zunächst Lebensgefahr, künstliche Beatmung); nach Entlassung aus dem Krankenhaus 1 1/2 Monate Tragen einer Philadelphiakrawatte und einer Unterarmschiene; nach einem weiteren Monat Wiederaufnahme der Arbeit in einer Apotheke	42-jähr. Apothekerin	Deutliche Einschränkung der HWS-Beweglichkeit, endgradig schmerzhafte Bewegungseinschränkung des rechten Handgelenks mit Verlust der groben Kraft; Beschwerden im linken Fußgelenk nach längerer Belastung; Parästhesien an der WS; kosmetisch störende Bauchnarbe; MdE: 50% auf dem allg. Arbeitsmarkt, als Apothekerin jedoch 2 Jahre und 4 Monate nach dem Unfall wieder vollschichtige Arbeit möglich, da die Klägerin als selbstständige Apothekerin ihren Tätigkeitsbereich durch Delegieren von Arbeit, durch Wechseln der Körperhaltung und Einlegung von Erholungspausen selbst habe steuern können	Erhebliches Verschulden des Schädigers; Klägerin kann nicht mehr Tennisspielen und nicht mehr tanzen; es ist mit einer Zunahme einer Arthrosebildung zu rechnen	Saarländisches OLG 4.2.1999 3 U 533/97-29 RA Gebhardt, Homburg
1679	€ 33 500 + immat. Vorbehalt (€ 39 618)	LWK-IV-Berstungsfraktur, LWK-II-Kompressionsfraktur, LWK-I-Vorderkantenfraktur, Jochbeinfraktur rechts, dislozierte Innenknöchelfraktur rechts, Kopfplatzwunde, psychische Störungen	40 Tage Krankenhaus, anschließend 3 Wochen Reha	32-jähr. Mann	Persistierende Rückenschmerzen und Bewegungseinschränkungen, Einschränkungen der körperlichen Leistungsfähigkeit zu 20%, Minderung der Gebrauchsfähigkeit des rechten Beines um 1/7; Angstzustände beim Autofahren	Kläger ist nicht mehr in der Lage sportliche Aktivitäten auszuüben, wie z. B. Joggen; kann nicht länger als 2 Stunden sitzen oder Autofahren; immat. Vorbehalt von der Beklagten außergerichtlich anerkannt	OLG Zweibrücken 18.7.2007 1 U 80/07 RAe Gebhardt & Koll., Homburg
1680	€ 40 000 + immat. Vorbehalt (€ 42 693)	Berstungsfraktur BWK 12 mit Hinterkantenbeteiligung, Kompressionsfrakturen der BWK 8, 9, 10 mit Vorderkantenbeteiligung, Schädelhirntrauma, Hirnödem, schwere Lungenkontusion links, Kopfplatzwunde, Schnittwunden am Unterarm	4 Tage künstliche Beatmung, 5 Monate durchgehend stationärer Aufenthalt	Mann	Somatoforme Schmerzstörung mit Übergang zur Chronifizierung (in Bezug auf die BWK-Frakturen), leichte depressive Episode und eine Agoraphobie	Kläger war für die Entwicklung einer Schmerzstörung prädisponiert und ist ca. 3 1/2 Jahre nach dem Unfall wieder in der Lage in beschränktem Umfang Arbeitsaufträge anzunehmen. Ferner war zu berücksichtigen, dass die Schmerzstörung für 2 weitere stationäre Aufenthalte von 7 Wochen verantwortlich war. Kläger kann seine sportlichen Hobbys nicht mehr ausüben	OLG Hamm 14.3.2014 9 U 103/13 openjur

● Mithaftung (siehe vorletzte Spalte)

Rücken · Urteile lfd. Nr. 1681 – 1683

Lfd. Nr.	Betrag DM **Euro** *(Anp.2019)*	Verletzung	Dauer und Umfang der Behandlung; Arbeitsunfähigkeit	Person des Verletzten	Dauerschaden	Besondere Umstände, die für die Entscheidungen maßgebend waren	Gericht, Datum der Entscheidung, Az., Veröffentlichung bzw. Einsender
Fortsetzung von »Rücken - Wirbelsäule mit Lendenwirbel - Wirbelsäule (Brustwirbel, Lendenwirbel, Kreuzbein, Steißbein)«
1681	€ 80 000 + immat. Vorbehalt *(€ 92 852)*	Wirbelbogenbruch von Lendenwirbel 5 und damit verbundene Kompression der Nervenwurzeln		26-jähr. Mann	Taubheitsgefühle im gesamten linken Bein und im rechten Oberschenkel, bedingt durch Muskelteillähmungen; daher Probleme beim Gehen; sämtliche Tätigkeiten nicht mehr ausführbar, die mit Heben und Tragen von Gewichten über 10 kg zutun haben; kann nicht mehr ständig sitzende Positionen ausüben; tägliche Einnahme von Schmerzmitteln	Ärztlicher Behandlungsfehler bei der Operation eines Bandscheibenvorfalls; Vorgehen des beklagten Operateurs stellt einen Verstoß gegen den ärztlichen Standard dar, der schlechterdings nicht hätte passieren dürfen; Kläger wird, wenn überhaupt, nur eingeschränkt berufstätig sein können, wobei er ständig einen Wechsel zwischen Gehen und Stehen vollziehen muss und sich in klimatisierten Räumen aufhalten muss; weitere Operationen nicht auszuschließen; zu berücksichtigen sind auch Weichteilverletzungen im Gesicht und die damit verbundenen Schmerzen aufgrund einer falschen Lagerung bei der Operation	LG Bielefeld 15.4.2008 4 O 163/07
1682	€ 100 000 *(€ 127 338)*	Traumatisch bedingte Pseudospondylolisthese im Segment HWSK VI/II, verursacht durch eine rechtsseitige Fraktur des Prog.articularis superior von HWK VII und zusätzlich einen breitbasigen paramedian rechtsbetonten kranial sequestrierenden Bandscheibenvorfall	Stationärer Aufenthalt von ca. 6 Wochen, anschließend regelmäßig ambulante physikalische Behandlung, danach nochmals stationär	Mann	MdE 30%	Postoperativ ist es zu stark schmerzhaften Bewegungseinschränkungen der HWS mit Ausstrahlung in den rechten Arm sowie in das rechte Bein gekommen. Trotz zweimaliger stationärer intensiver physikalischer Therapie sowie ambulanter Therapie ist es über Jahre hinweg zu keiner Beschwerdebesserung gekommen. Seit dem Unfall muss der Kläger regelmäßig Morphiumpräparate einnehmen, die sein Leistungsvermögen beeinträchtigen. Erholsamer Schlaf sei nicht mehr möglich, da er lediglich in einer halb sitzenden Schlafposition mit einem Philadelphiakragen schlafen könne. Körperliche Arbeit, insbesondere Überkopfarbeiten und das Tragen von Lasten, seien dem Kläger seit dem Unfall aufgrund der starken Schmerzsymptomatik der HWS nicht mehr möglich	LG München I 10.4.2003 19 O 4923/97 VorsRiLG Krumbholz
1683	€ 100 000 ● + immat. Vorbehalt *(€ 109 711)*	Als Businsassin erlittene Lendenwirbelkörperfraktur (LWK 1), die dadurch eingetreten ist, dass der Beklagte zu 1) mit dem Omnibus der Beklagten zu 2) die doppelten Bahngleise überquert hatte, wobei die – nicht angeschnallte – Klägerin aus ihrem Sitz hochgeschleudert und dann wieder auf den Sitz herabgefallen ist	Stationäre Behandlung mit Operation (Spondylodese)	60-jähr. Frau	Bewegungseinschränkung nach LWK-1-Fraktur	30% Mitverschulden wegen Nichtanlegung des am Sitzplatz vorhandenen Sitzgurts. Während die Klägerin vor dem Unfall Urlaubsfahrten und Ausflüge unternommen hat, hat sie durch die LWK-Fraktur und die dadurch erforderlich gewordenen Behandlungsmaßnahmen ihre Mobilität weitgehend eingebüßt. Das Haus kann sie nur noch mittels eines Rollstuhls kurz verlassen, um damit im Hof ein wenig herumzufahren. Innerhalb des Hauses ist sie auf die Benutzung eines Rollators angewiesen, mit dem sie sich einige Schritte selbstständig bewegen kann. Um an einem Tisch sitzen zu können, verwendet sie einen Spezialstuhl. Sie ist in der Lage, fernzusehen und auch selbstständig zu essen. Ansonsten bedarf sie jedoch der pflegenden Hilfe einer weiteren Person, und zwar auch bei der Körperhygiene	OLG Hamm 14.5.2012 6 U 187/11 NJW-Spezial 2012, 425

● Mithaftung (siehe vorletzte Spalte)

Lfd. Nr.	Betrag DM Euro (Anp.2019)	Verletzung	Dauer und Umfang der Behandlung; Arbeitsunfähigkeit	Person des Verletzten	Dauerschaden	Besondere Umstände, die für die Entscheidungen maßgebend waren	Gericht, Datum der Entscheidung, Az., Veröffentlichung bzw. Einsender
	\multicolumn{7}{l	}{Weitere Urteile zur Rubrik »Rücken - Wirbelsäule mit Lendenwirbel - Wirbelsäule (Brustwirbel, Lendenwirbel, Kreuzbein, Steißbein)« siehe auch:}

Weitere Urteile zur Rubrik »Rücken - Wirbelsäule mit Lendenwirbel - Wirbelsäule (Brustwirbel, Lendenwirbel, Kreuzbein, Steißbein)« siehe auch:
- bis €2500: 1761, 1768, 1461, 1785, 1796, 1807, 896, 650, 1852, 1854, 2568, 651
- bis €5000: 2571, 1017, 3034, 980
- bis €12500: 3206, 1908, 854, 2346, 545, 1916, 2771, 717, 64, 1046, 721, 3055, 560, 2162, 1022, 488, 636
- bis €25000: 1942, 311, 262, 3162, 74, 985, 129, 2384, 1164, 2609, 2610, 1573, 3166, 2394, 1149, 505, 45, 998, 131, 1368, 2699, 276
- ab €25000: 1292, 325, 2403, 668, 1150, 2956, 135, 1293, 144, 336, 2280, 2599, 1429, 360, 1556, 1969, 1432, 1965, 138, 1314, 1966, 139, 3, 141, 2990, 283, 3178, 285, 365, 1321, 1973, 3004, 366, 3007, 1975, 3010, 1979, 1448, 1331, 1984, 1991, 1451, 1994, 1336, 1182, 2002, 2004, 204, 2012, 1343, 1344

Rücken - Wirbelsäule mit Lendenwirbel - HWS-Schleudertrauma und sonstige Verletzungen

Lfd. Nr.	Betrag	Verletzung	Dauer und Umfang	Person	Dauerschaden	Besondere Umstände	Gericht
1684	– (€0)	Vermeintliche Stauchung der HWS		Frau		Klägerin hat keinen Schmerzensgeldanspruch, da nicht mit ausreichender Sicherheit festgestellt werden konnte, dass die Klägerin die vorgetragenen Verletzungen in Form einer HWS-Distorsion erlitten hat. Unfall im Niedriggeschwindigkeitsbereich mit 5 km/h	LG Dortmund 20.1.2010 21 O 281/08 Justiz NRW
1685	– (€0)	HWS-Distorsion	5 Tage AU, Halskrause	Mann		Kläger als Fahrer des mittlerern Fahrzeugs eines Kettenauffahrunfalls hat keinen Anspruch auf SG, da es sich bei der HWS-Verletzung um eine Bagatelle handelte, wenn der Kläger neben dem Vortrag der Verletzung an sich keine Angaben dahin gehend macht, er habe an erheblichen Schmerzen oder Beeinträchtigungen gelitten	LG Gera 27.9.2002 6 O 893/02 juris
1686	€150 (€158)	HWS-Distorsion	3 Tage AU	Mann			AG Eschweiler 25.7.2016 25 C 12/16 juris
1687	€150 (€163)	HWS-Distorsion 1. Grades	4 Tage AU	Frau			AG Köln 27.11.2012 272 C 79/12 Landesrechtsprechungsdatenbank NRW
1688	€150● (€161)	HWS-Distorsion, Schädelprellung	8 Tage AU	Mann		Mithaftung 50%. Die Klage wurde abgewiesen, da die außergerichtliche Regulierung dem Mithaftungsanteil des Klägers entsprach	AG Oberhausen 4.2.2015 31 C 2146/14 juris
1689	€150● (€171)	Muskelzerrungen im Bereich der Halswirbelsäule	10 Tage AU	Frau		Da die radiologischen Untersuchungen ohne Befund waren (achsengerechte Stellung der Halswirbelsäule, keine Gefügestörung, Dens mittelständig, kein Frakturnachweis), beschränkt sich die nachgewiesene Verletzung auf Muskelzerrungen im Bereich der Halswirbelsäule. Bei diesen ist von über einige Wochen andauernden schmerzhaften Bewegungseinschränkungen auszugehen, welche zu einer zehntägigen AU führten. Stark anspruchsmindernd wirkt sich auch hier das erhebliche Verschulden des Fahrers des kleinen Fahrzeugs aus, welches der Klägerin im Rahmen der Haftungseinheit zuzurechnen ist (75%). Das danach noch angemessene Schmerzensgeld ist auf €150 zu bemessen	OLG Nürnberg 9.9.2010 13 U 712/10 VersR 2011, 135; NJW 2011, 1155

● Mithaftung (siehe vorletzte Spalte)

Rücken

Lfd. Nr.	Betrag DM Euro (Anp.2019)	Verletzung	Dauer und Umfang der Behandlung; Arbeitsunfähigkeit	Person des Verletzten	Dauerschaden	Besondere Umstände, die für die Entscheidungen maßgebend waren	Gericht, Datum der Entscheidung, Az., Veröffentlichung bzw. Einsender
Fortsetzung von »Rücken - Wirbelsäule mit Lendenwirbel - HWS-Schleudertrauma und sonstige Verletzungen«							
1690	€200 (€211)	HWS-Distorsion	6 Tage AU zu 100%, Halskrause	Frau		Im Rahmen der Genugtuungsfunktion war zu berücksichtigen, dass die Verwirklichung des berechtigten Schadensersatzes durch die falsche Behauptung der Beklagten erschwert wurde	AG Saarbrücken 6.6.2016 124 C 115/15 (06)
1691	€200● (€216)	Leichtes HWS-Syndrom	1 Woche Gesundheitsbeeinträchtigung, keine weiteren Therapiemaßnahmen			50% Mithaftung aus Betriebsgefahr	LG Saarbrücken 7.6.2013 13 S 31/13 juris
1692	€250 (€267)	HWS-Distorsion, einmaliges Erbrechen, Nackenschmerzen	1 Woche Beschwerden	Frau			AG Bochum 21.10.2014 40 C 325/13 Justiz NRW
1693	500 €250 (€334)	HWS-Distorsion	4 Wochen Schanzsche Krawatte	Mann		Infolge leichten Verschuldens tritt Genugtuungsfunktion erheblich zurück	AG Celle 31.5.2000 15 C 453/00 (7) VGH-Versicherungen, Hannover
1694	€250 (€259)	HWS-Distorsion 2. Grades	5 Tage AU, 14 Tage Beschwerden			Unfall im Niedriggeschwindigkeitsbereich (5–8 km/h)	AG Saarbrücken 24.8.2017 120 C 325/15 (05)
1695	€250 (€309)	Muskelzerrung HWS		Mann		Beschwerden beim Drehen des Kopfes, Rotation des Kopfes nach rechts bis zu 90° nicht möglich; folgenlose Ausheilung nach 2–3 Wochen	AG Weimar 30.3.2005 5 C 1445/02
1696	€250 (€257)	Übelkeit, Schwindel, in den Schulterbereich ausstrahlende Nackenschmerzen	Einnahme eines Schmerzmittels sowie eines Relaxans, Halskrause, Sport für 3–4 Wochen unterbrochen, nach etwa 4 1/2 Wochen beschwerdefrei	Mann		Das nun im geringfügigen Bereich noch geltend gemachte Schmerzensgeld von €250 ist den körperlichen Beeinträchtigungen des Klägers, die er anlässlich seiner persönlichen Anhörung vor dem LG glaubhaft schilderte (Übelkeit, Schwindel, in den Schulterbereich ausstrahlende Nackenschmerzen, Einnahme eines Schmerzmittels sowie eines Relaxans, Halskrause, Sport für 3–4 Wochen unterbrochen, nach etwa 4 1/2 Wochen beschwerdefrei), in jedem Fall angemessen	KG Berlin 31.1.2019 22 U 211/16
1697	€300 (€320)	HWS Distorsion, Schädelprellung, Prellung Handgelenk	3 Tage AU	Frau			AG Darmstadt 27.3.2014 304 C 92/12 RA Nicolas Eilers, Groß-Gerau
1698	€300 (€317)	HWS-Distorsion		Mann		Unfall im Niedriggeschwindigkeitsbereich. Der Kläger litt schon vor dem Unfall unter degenerativen Veränderungen. Einen behaupteten Bandscheibenprolaps sah das Gericht nicht als unfallkausal an. Die Beschwerdedauer ordnete der Sachverständige im Rahmen von wenigen Tagen bis max. 4 Wochen ein	LG Saarbrücken 26.1.2017 16 O 218/15
1699	€300● (€325)	HWS-Distorsion	Einmalige ärztliche Behandlung	Frau		Für eine bei einem Verkehrsunfall erlittene HWS-Distorsion mit einmaliger ärztlicher Behandlung und ohne folgende Erwerbsunfähigkeit ist bei einer Haftungsquote von 2/3 ein Schmerzensgeld i.H.v. €300 angemessen	OLG München 26.4.2013 10 U 4938/12 juris

● Mithaftung (siehe vorletzte Spalte)

Urteile lfd. Nr. 1700 – 1705 — Rücken

Lfd. Nr.	Betrag DM **Euro** *(Anp.2019)*	Verletzung	Dauer und Umfang der Behandlung; Arbeitsunfähigkeit	Person des Verletzten	Dauerschaden	Besondere Umstände, die für die Entscheidungen maßgebend waren	Gericht, Datum der Entscheidung, Az., Veröffentlichung bzw. Einsender
Fortsetzung von »Rücken - Wirbelsäule mit Lendenwirbel - HWS-Schleudertrauma und sonstige Verletzungen«							
700	€350 *(€389)*	HWS-Distorsion I. Grades	AU von 8 Tagen	Mann		Die nach § 286 ZPO notwendige Gewissheit des Richters erfordert keine absolute Gewissheit, sondern nur einen für das praktische Leben brauchbaren Grad von Gewissheit	AG Daun 5.10.2011 3a C 498/10 RA Peter Kubitza
701	€350 *(€367)*	HWS-Zerrung mit Schwindel und Kopfschmerzen	5 Tage AU zu 100%, 11 Tage AU zu 20%, 3x tägliche Schmerzmitteleinnahme (IBU 600) für 1 Woche	Frau		Vom Lkw des Beklagten löste sich eine Eisplatte und krachte auf die Frontscheibe der Klägerin; wodurch diese so stark abbremsen musste, dass eine HWS-Verletzung eintrat. Die kollisionsbedingte Geschwindigkeitsänderung lag zwar innerhalb der „Harmlosigkeitsgrenze", was jedoch die tatrichterliche Überzeugung für die Ursächlichkeit nach § 286 ZPO nicht ausschließt	AG Merzig 13.12.2016 24 C 29/14 (80)
702	€360● *(€374)*	Halswirbeldistorsion 2. Grades	Ca. 14 Tage AU, sodann mehrere Wochen physiotherapeutische Behandlung	Frau		Soweit die Klägerin mit ihrer Berufung das ihr zuerkannte Schmerzensgeld i.H.v. €240 angreift, ist eine Erhöhung des unfallbedingten Ausgleichs der immateriellen Schäden auf €360 vorzunehmen. Denn auch unter Berücksichtigung ihres erheblichen Mitverschuldens erscheint das vom LG ausgeurteilte Schmerzensgeld nicht hinreichend, um die unfallbedingten Beeinträchtigungen der Klägerin angemessen auszugleichen. Denn immerhin hat die Klägerin aufgrund des Verkehrsunfalls eine Halswirbeldistorsion 2. Grades erlitten. Dabei fällt neben den konstitutionellen Voraussetzungen der Klägerin mit einem muskelschwachen dünnen Hals die unerwartete Kollision mit insgesamt drei Anstoßmomenten bei hoher Geschwindigkeit ins Gewicht. Sie hat während der Zeit ihrer Behandlung unter Schmerzen gelitten und sowohl eine analgetische als auch eine muskelrelaxierende Therapie durchgeführt. Unter Berücksichtigung dieser Gesamtumstände können die unfallbedingten Beeinträchtigungen nicht als geringfügig eingestuft werden, sodass unter Berücksichtigung der Rechtsprechung des Senats und des Mitverschuldens von 70% das vorgenannte Schmerzensgeld mit €360 zu bemessen ist	OLG Düsseldorf 21.11.2017 1 U 44/17 juris; DAR 2018, 202
703	€400 *(€487)*	HWS-Distorsion	10 Tage Leistungsbeeinträchtigung zu 100%, weitere 14 Tage zu 20%	Frau			AG Aachen 14.3.2006 6 C 31/06 SP 2006, 241
704	€400 *(€462)*	HWS-Distorsion	5 Tage AU	Frau		Es erfolgte durch das Gericht eine Schmerzensgelderhöhung um 200 EUR wegen der Trunkenheit des Unfallverursachers	AG Mannheim 14.5.2009 3 C 7/08
705	€400 *(€466)*	Beschleunigungstrauma der HWS des Typs 1	8 Tage arbeitsunfähig	Mann			AG Osnabrück 22.2.2008 7 C 447/06 (4) RA Koch, Erfstadt

● Mithaftung (siehe vorletzte Spalte)

Rücken

Fortsetzung von »Rücken - Wirbelsäule mit Lendenwirbel - HWS-Schleudertrauma und sonstige Verletzungen«

Lfd. Nr.	Betrag DM Euro (Anp.2019)	Verletzung	Dauer und Umfang der Behandlung; Arbeitsunfähigkeit	Person des Verletzten	Dauerschaden	Besondere Umstände, die für die Entscheidungen maßgebend waren	Gericht, Datum der Entscheidung, Az., Veröffentlichung bzw. Einsender
1706	€400 (€419)	HWS-Distorsion	8 Tage AU	Mann		Nicht erwiesen war, dass der Kläger über 4 Wochen unter starken Schmerzen bei jeder Drehbewegung des Kopfes gelitten hat	LG Saarbrücken 6.3.2017 6 O 290/16
1707	€450 (€535)	Distorsion der HWS, Thoraxprellung rechts, Prellung des rechten Daumens	MdE: 8 Tage 100% 5 Tage 80% 6 Wochen Schmerzen	Frau			AG Arnsberg 30.5.2007 3 C 464/06 RA Koch, Erftstadt
1708	€450 (€483)	HWS-Distorsion 1. Grades	2 ambulante Behandlungen, 8 Tage Behandlung	Mann		Eine Schulterdistorsion konnte nicht bewiesen werden, zumal ein Arzt erst 4 Tage nach dem Unfall aufgesucht wurde und hier nichts von Schulterproblemen berichtet wurde. Der Abriss von 2 Sehnen in der Schulter erfolgte – anders als vom Kläger behauptet – ausweislich früherer Arztberichte bereits vor dem Unfall. Dass der Kläger seinen Arm nicht mehr anheben kann, ist auf den unfallunabhängigen Sehnenabriss zurückzuführen. Das Gericht gibt zu bedenken, dass wohl Täuschungsversuche unternommen wurden	LG Hildesheim 17.9.2013 3 O 304/12 RA Wolfgang Koch, Erftstadt
1709	€450● (€568)	HWS-Distorsion, multiple Prellungen am Arm, am Bein und im Brustbereich	3 ½ Wochen arbeitsunfähig	Mann		50% Mitverschulden; nicht unerhebliche Schmerzen	LG Münster 6.2.2004 3 S 34/03
1710	€450● (€481)	Leichtes HWS-Schleudertrauma nach Verkehrsunfall	Erste AU: ca. 3 Wochen 100%, zweite AU: ca. 4 Wochen 50%	Frau		Der Senat hält unter Berücksichtigung der Haftungsverteilung (Betriebsgefahr des Fahrzeugs der Klägerin ist mit 25% zu berücksichtigen) ein Schmerzensgeld von €450 für angemessen und ausreichend	OLG Koblenz 14.4.2014 12 U 865/13 juris
1711	€500 (€548)	Brustbeinprellung, HWS-Distorsion	2 Wochen AU	Mann		Unfall im Niedriggeschwindigkeitsbereich	AG Bergheim 10.4.2012 21 C 227/10 RA Wolfgang Koch, Erftstadt
1712	€500 (€534)	Stauchung und Prellung der HWS, Knieprellung links, Ellenbogenprellung links, Schädelprellung		Frau		Tätliche Auseinandersetzung, bei der die Beklagte die Klägerin mehrfach ins Gesicht schlug und zu Boden warf. Eine behauptete PTBS konnte nicht bewiesen werden	AG Bocholt 5.6.2014 11 C 195/12 Landesrechtssprechungsdatenbank NRW
1713	€500 (€534)	HWS-Distorsion, Schock	1 Woche Einschränkung der Beweglichkeit, insgesamt 2 Wochen Beschwerden	Mann			AG Düsseldorf 23.4.2014 30 C 633/13 juris
1714	€500 (€570)	HWS-Distorsion 1. Grades mit Wurzelirritation, Schulterprellung links, Brustkorbprellung, Unterschenkelprellung links	15 Tage AU zu 100%, 15 Tage AU zu 60%, 15 Tage AU zu 30%, Restbeschwerden für weitere 2 Monate	Frau			AG Essen 10.6.2010 25 C 7/10 Landesrechtsprechungsdatenbank NRW
1715	€500 (€579)	Leichte bis mittelschwere Halswirbelsäulendistorsion	Halskrause, Krankengymnastik und Massagen, 2 Wochen arbeitsunfähig	Mann			AG Hamburg-Harburg 28.1.2009 647 C 49/07 RA Holger Schwenke, Berlin

● Mithaftung (siehe vorletzte Spalte)

Fortsetzung von »Rücken - Wirbelsäule mit Lendenwirbel - HWS-Schleudertrauma und sonstige Verletzungen«

Lfd. Nr.	Betrag DM Euro (Anp.2019)	Verletzung	Dauer und Umfang der Behandlung; Arbeitsunfähigkeit	Person des Verletzten	Dauerschaden	Besondere Umstände, die für die Entscheidungen maßgebend waren	Gericht, Datum der Entscheidung, Az., Veröffentlichung bzw. Einsender
1716	€500 (€632)	HWS-Distorsion mit dem Schweregrad der Stufe II		Mann		1 Woche erhebliche Beeinträchtigung, nach 3 Wochen vollständige Heilung	AG Neustadt a.d. Aisch 28.1.2004 1 C 0678/02 RA Groebe, Neustadt /Aisch
1717	€500 (€524)	HWS-Distorsion 1. Grades, leichte Unterarmprellung links	10 Tage AU, 3 Wochen Beschwerden, 3 ambulante Behandlungen	Mann		Die außergerichtliche Zahlung i.H.v. €500 wurde als ausreichend angesehen	AG Saarlouis 27.3.2017 28 C 1825/16
1718	€500 (€623)	HWS-Distorsion, Schädelprellung, Prellung am Thorax und linken Arm sowie Hämatome im Bereich der linken Schulter und des linken Oberarms	Einmaliger Arztbesuch, anschließend einmalige telefonische ärztliche Beratung	Frau		Ca. 1 Monat lang Schmerzen im Halsbereich	AG Salzgitter 11.8.2004 12 C 42/04 (I) RAe Wolff & Wolff, Salzgitter
1719	1000 €500 (€662)	HWS-Distorsion, Schädelprellung	1 Tag 100% arbeitsunfähig; der Verletzte hätte auch für weitere 2 bis 3 Wochen arbeitsunfähig geschrieben werden können	33-jähr. Mann		Die Verletzungen sind als nicht allzu gravierend einzustufen; es war keine weitergehende Behandlung des Klägers erforderlich. Dennoch sind sie andererseits als nicht so geringfügig einzustufen, dass ein Schmerzensgeld überhaupt nicht gerechtfertigt wäre	LG Augsburg 17.7.2000 1 O 419/00 RAe Hock & Partner, Augsburg
1720	€500 (€628)	HWS-Schleudertrauma	5 Wochen ambulante Behandlung	Mann		Bei der Prüfung, ob ein Unfall eine HWS-Verletzung verursacht hat, sind stets die Umstände des Einzelfalls zu berücksichtigen, und zwar auch dann, wenn die Geschwindigkeitsänderung unter 10 km/h liegt (BGH DAR 2003, 218)	LG Itzehoe 18.3.2004 4 S 143/02 RAe Pump, Buss, Möller, Itzehoe
1721	€500 (€534)	Leichte bis mittelschwere HWS-Distorsion	5 Tage AU, Einnahme von Schmerzmittel, Physiotherapie	Polizeibeamter		Seitenaufprall mit einer Geschwindigkeitsänderung zwischen 7 und 11 km/h im Rahmen einer Verfolgungsfahrt mit dem Streifenwagen. Die Kausalität hängt nicht allein von der kollisionsbedingten Geschwindigkeitsänderung, sondern daneben auch von einer Reihe anderer Faktoren ab, wobei u. a. auch der Sitzposition der betroffenen Fahrzeuginsassen Bedeutung beigemessen werden kann	LG Koblenz 9.12.2014 6 S 274/14 juris
1722	1000 €500 (€649)	HWS-Distorsion, Schulter- und Ellenbogenprellung rechts	18 Tage arbeitsunfähig, Tragen einer Halskrawatte	Frau		Klägerin konnte wegen Frühschwangerschaft keine schmerzlindernden Medikamente nehmen; Besorgnis, durch Unfall könnte Schwangerschaft beeinträchtigt sein	KG Berlin 21.6.2001 12 U 1147/00 DAR 2002, 66
1723	€500 (€567)	Schädelprellung, HWS-Schleudertrauma, Prellung der Lendenwirbelsäule und Stauchungen, Prellungen und Schürfungen des linken Unterarms	fast 2 Wochen AU	Mann		Zusammentreffen mehrerer leichter alltäglicher Verletzungen (s. dort) rechtfertigt ein Schmerzensgeld von €500	Brandenburgisches OLG 4.11.2010 12 U 87/10 NJW-RR 2011, 243; NZV 2011, 253
1724	€500● (€525)	HWS-Distorsion, Thoraxprellung, Kniegelenksprellung	1 Woche AU zu 100%	Mann		25% Mithaftung	LG Saarbrücken 9.12.2016 13 S 115/16
1725	€500● (€579)	Schürfwunde am Kopf, Prellung linke Schulter und Arm, leichte Verstauchung und Zerrung der HWS	3 Tage arbeitsunfähig	62-jähr. Geistlicher		20% Mithaftung	OLG Celle 19.3.2008 14 U 150/07

● Mithaftung (siehe vorletzte Spalte)

Lfd. Nr.	Betrag DM Euro (Anp.2019)	Verletzung	Dauer und Umfang der Behandlung; Arbeitsunfähigkeit	Person des Verletzten	Dauerschaden	Besondere Umstände, die für die Entscheidungen maßgebend waren	Gericht, Datum der Entscheidung, Az., Veröffentlichung bzw. Einsender

Fortsetzung von »Rücken - Wirbelsäule mit Lendenwirbel - HWS-Schleudertrauma und sonstige Verletzungen«

Lfd. Nr.	Betrag	Verletzung	Dauer/Umfang	Person	Dauerschaden	Besondere Umstände	Gericht
1726	€511 (€637)	HWS-Distorsion leichten Grades und Thoraxprellung				Kläger trug vor, dass er ein HWS-Schleudertrauma des Schweregrades III sowie einen Schock erlitten habe; vor dem Unfall habe er sich in Todeserwartung verkrampft am Lenkrad festgehalten. Er begehrte deshalb ein Schmerzensgeld von insgesamt DM 30 000 (€15 000). Die sachverständigenseits festgestellte Geschwindigkeitsänderung von 8 km/h sei aus biomechanischer Sicht nicht geeignet, eine HWS-Verletzung herbeizuführen. Der Kläger hatte eine vorgeschädigte HWS. Die Beschwerden des Klägers, die erstmals 2 ½ Monate nach dem Unfall auftraten, sind nach den Erkenntnissen des Sachverständigen mit an Sicherheit grenzender Wahrscheinlichkeit als Wirbelkörperblockierungen im Halswirbelsäulenbereich anzusehen und Ausdruck der degenerativen Vorerkrankung des Klägers, die schicksalshaft besteht	LG Nürnberg-Fürth 24.8.2004 8 O 8327/02 RA Koch, Erfstadt
1727	€550 (€674)	HWS-Distorsion	Drei ärztliche ambulante Behandlungen, arbeitsunfähig 9 Tage	Mann		Grundsätzlich wäre hier ein Schmerzensgeld i.H.v. €350 angemessen. Vorliegend war jedoch unter Berücksichtigung der Besonderheit, dass eine Beeinträchtigung des Weihnachtsfestes und des Jahreswechsels eingetreten ist, eine Erhöhung des Schmerzensgeldes gerechtfertigt. Verletzungen während der Weihnachtsfeiertage und des Jahreswechsels führen nach Auffassung des Gerichts zu einer besonderen Lebensbeeinträchtigung	AG Montabaur 5.9.2005 15 C 316/05 RAe Walterfang & Türk, Montabaur
1728	€600 (€621)	Leichte HWS-Distorsion 1. Grades mit vorübergehenden Muskelspannungsstörungen, Bewegungsschmerzen und Schwindelerscheinungen	10 Tage AU, Schmerzmittel	Frau			AG Bad Segeberg 28.8.2017 17b C 97/15 juris
1729	€600 (€633)	HWS-Distorsion, LWS-Distorsion, Kniesehnenprellung, ein stumpfes Bauchtrauma sowie eine Thoraxprellung		Studentin	2 Tage stationäre Behandlung, 1 Woche AU	Der Geschädigten fällt das Fahren eines Fahrzeugs auf der Autobahn sehr schwer	AG Bensheim 10.6.2016 6 C 186/16
1730	€600 (€639)	HWS-Distorsion, Unterschenkelprellung, Unterschenkelhämatome beidseits	2 Tage AU, 6 Wochen Beschwerden, IBU 800, Salbenanwendungen	Frau			AG Frankenthal 3.12.2015 3a C 206/15 juris
1731	€600 (€670)	HWS-Schleudertrauma, Prellung rechter Oberarm mit handtellergroßem Hämatom	Schmerzmittel	Mann		Auffahrunfall im Niedriggeschwindigkeitsbereich	AG Kerpen 28.6.2011 104 C 86/2011 RA Wolfgang Koch, Erftstadt
1732	€600 (€759)	HWS Schleudertrauma	Tragen einer Halskrause, physikalische Therapie, Schmerztherapie, 2 Wochen arbeitsunfähig	Mann			OLG Köln 5.12.2003 19 U 85/03 VRS 106, 243

Rücken

Urteile lfd. Nr. 1733 – 1739

Lfd. Nr.	Betrag DM Euro (Anp.2019)	Verletzung	Dauer und Umfang der Behandlung; Arbeitsunfähigkeit	Person des Verletzten	Dauerschaden	Besondere Umstände, die für die Entscheidungen maßgebend waren	Gericht, Datum der Entscheidung, Az., Veröffentlichung bzw. Einsender
	**Fortsetzung von »Rücken - Wirbelsäule mit Lendenwirbel - HWS-Schleudertrauma und sonstige Verletzungen«**
1733	€600 (€684)	„Sehr leichtgradige" HWS-Distorsion	1 Woche Krankschreibung	43-jähr. Frau		Zwar muss sich das Schmerzensgeld aufgrund der geringen Intensität der Verletzung am unteren Rand der Bandbreite orientieren, die die Rspr. in vergleichbaren Fällen einer leichtgradigen HWS-Distorsion für angemessen erachtet. Allerdings übersteigt die vom LG festgesetzte Summe die Untergrenze von €250 nicht wesentlich. Stellt man weiterhin in Rechnung, dass die Klägerin nach ihrer glaubhaften Schilderung in Gestalt von Übelkeit und Erbrechen an vegetativen Störungen litt, ist die Schmerzensgeldfestsetzung des LG nicht zu beanstanden	Saarländisches OLG 8.6.2010 4 U 468/09-134 NZV 2011, 340
1734	€600● (€732)	Schädelprellung, Thorax-Prellung und HWS-Distorsion	4 Wochen arbeitsunfähig, 3 ½ Wochen ambulante Behandlung	Mann		50% Mithaftung	LG Hildesheim 14.12.2005 6 O 99/05 RA Koch, Erfstadt
1735	€600● (€639)	HWS-Syndrom	Kl. litt mehrere Tage unter Schwindel, Übelkeit, über einen Zeitraum von vier Wochen unter anhaltenden Kopfschmerzen, Nachtschweiß, schlechtem Schlaf und eingeschränkter Beweglichkeit im Bereich der Halswirbelsäule verbunden mit einer Muskelverhärtung	Frau		Soweit die Kl. hierfür selbst ein Schmerzensgeld i.H.v. €1200 ansetzt, sieht der Senat diesen Betrag an der absolut oberen Grenze dessen, was in vergleichbaren Fällen als Schmerzensgeld zuerkannt worden ist. Unter Berücksichtigung des hälftigen Mithaftungsanteils der Kl. stünde dieser somit ein Schmerzensgeld von insgesamt €600 zu. Dieser Betrag ist aber ihr von Beklagtenseite bereits vorgerichtlich erstattet worden	OLG Koblenz 16.3.2015 12 U 1010/14 juris
1736	€650 (€743)	HWS-Distorsion mit Verspannungen und Bewegungseinschränkungen	12 Tage Krankschreibung	Rentner			AG Bühl 4.12.2009 7 C 232/08 NZV 2010, 159 RAe Rassek, Ehinger + Partner, Bühl
1737	€650 (€727)	Hämatom am rechten Oberschenkel in einer Größe von 14 x 10 cm, Schürfwunde an der Außenseite des linken Knies sowie eine HWS-Distorsion 1. Grades		Mann			AG Darmstadt 30.3.2011 305 C 135/10 RA Koch, Erfstadt
1738	€700 (€866)	HWS-Distorsion, beidseitige HWS-Wirbelgelenksreizsymptomatik	Mehrere Injektionen, Zervikalstütze, 12 Tage arbeitsunfähig	Anzeigenvermittler			AG Aachen 15.4.2005 81 C 36/05
1739	€700 (€802)	HWS-Distorsionstrauma 2. Grades, pathologische Steilstellung der HWS	1 Woche MdE zu 100%, mind. 2-wöchige schwere Beeinträchtigung, Cervikalstütze, anschließend Physiotherapie über mehrere Monate	Frau		Die Anstoßgeschwindigkeit beim vorliegenden Unfallgeschehen lag nur bei ca. 5 km/h oder leicht darüber. Das Gericht war jedoch der Auffassung, dass die schematische Annahme einer Harmlosigkeitsgrenze nicht zulässig ist	AG Göppingen 12.2.2010 7 C 1831/08 RAe Lämmle, v. Frankenberg & Kollegen, München

● Mithaftung (siehe vorletzte Spalte)

Lfd. Nr.	Betrag DM Euro (Anp.2019)	Verletzung	Dauer und Umfang der Behandlung; Arbeitsunfähigkeit	Person des Verletzten	Dauerschaden	Besondere Umstände, die für die Entscheidungen maßgebend waren	Gericht, Datum der Entscheidung, Az., Veröffentlichung bzw. Einsender
\multicolumn{8}{l}{Fortsetzung von »Rücken - Wirbelsäule mit Lendenwirbel - HWS-Schleudertrauma und sonstige Verletzungen«}
1740	€700 (€ 770)	HWS-Distorsion, Schädelprellung und Ellenbogenprellung rechts	1 Woche AU	Mann		Niedrige Kollisionsgeschwindigkeit	AG Westerburg 6.2.2012 22 C 25/11 RAin Kerstin Rüber, Koblenz
1741	€750 (€ 910)	Schürfwunden am rechten Arm und Ellbogen sowie schmerzhafte Bewegungseinschränkung des Arms; Brachialgie bei HWS-Distorsion und HWS-Zerrung	2 Wochen arbeitsunfähig	Frau		In einem vergleichbaren Fall hatte das OLG Köln allein für die Halswirbelverletzungen und eine Ruhigstellung von 2 Wochen € 600 Schmerzensgeld als angemessen angesehen. Insbesondere die spürbare körperliche Beeinträchtigung für die Dauer von zwei Wochen rechtfertigt ein Schmerzensgeld in der genannten Höhe (OLG Köln NJW 2004, 1465)	AG Aachen 27.4.2006 10 C 677/05 RiAG Dr. Quarch, Aachen
1742	€750 (€ 838)	HWS-Distorsion, Thorax- sowie Brustbeinprellung	19 Tage AU	Frau			AG Buxtehude 11.4.2011 31 C 65/11 RA Koch, Erftstadt
1743	€750 (€ 801)	HWS Distorsion 1. Grades	3 ½ Wochen AU	Mann		Geringe Ausgangsgeschwindigkeit des Auffahrenden. Geschädigter litt unter Vorerkrankungen im Bereich der Wirbelsäule	AG Dieburg 25.4.2014 20 C 405/13 (24) RA Nicolas Eilers, Groß-Gerau
1744	€750 (€ 843)	HWS-Distorsion 2. Grades, leichte BWS-Distorsion	8 Tage AU zu 100%	Mann			AG Köln 8.2.2011 267 C 152/10 RA Koch, Erftstadt
1745	€750 (€ 866)	HWS-Distorsion, Prellung des linken Oberarms	8 Tage arbeitsunfähig, Beschwerden ca. 2 Wochen	Mann		Freude am einwöchigen Urlaub wurde durch die Verletzung beeinträchtigt	AG Mayen 18.3.2009 2 C 1237/06 RA Nickel, Mayen
1746	€750 (€ 891)	HWS-Trauma und Prellungen	Die Verletzungen waren ohne stationäre Behandlungen durch die Vergabe von üblichen Schmerzmitteln behandelbar. AU bestand lediglich für 2 Wochen	Frau		Es handelte sich hier objektiv nur um Bagatellverletzungen, die ohne verbleibende Folgen ausheilten	AG Stendal 14.6.2007 3 C 85/07 (3.1) RA Koch, Erftstadt
1747	€750 (€ 964)	HWS-Distorsion	2 Wochen Halskrawatte, 12 krankengymnastische Behandlungen, MdE: 19 Tage 100%	Mann			AG Wildeshausen 30.4.2002 4 C 634/01 (IV) RAe Musch & Delank, Wildeshausen
1748	€750 (€ 857)	HWS-Distorsion 1. Grades	ca. 4 Wochen Krankschreibung	Mann		Vergleich mit ähnlichen Fällen	OLG Celle 16.12.2009 14 U 113/09

Lfd. Nr.	Betrag DM Euro (Anp.2019)	Verletzung	Dauer und Umfang der Behandlung; Arbeitsunfähigkeit	Person des Verletzten	Dauerschaden	Besondere Umstände, die für die Entscheidungen maßgebend waren	Gericht, Datum der Entscheidung, Az., Veröffentlichung bzw. Einsender
Fortsetzung von »Rücken - Wirbelsäule mit Lendenwirbel - HWS-Schleudertrauma und sonstige Verletzungen«							
1749	€ 750 (€ 832)	Folgenlos ausgeheilte HWS-Distorsion 2. Grades mit Beschwerden an der Halswirbelsäule und muskuloskelettalen Beschwerden, jedoch ohne Schädigung der Nerven und ohne knöcherne Verletzungen sowie Verletzungen der Bandscheiben und Bänder	3 Wochen Krankschreibung durch den Hausarzt sowie Verordnung einer Halskrawatte	Mann		Für diese nach dem Gutachten der Sachverständigen folgenlos ausgeheilte HWS-Distorsion hat das LG dem Kläger daher zu Recht ein angemessenes Schmerzensgeld zugesprochen, das als solches der Höhe nach weder mit der Berufung noch mit der Anschlussberufung substantiiert angegriffen worden ist. Der zugesprochene Betrag liegt im Rahmen dessen, was von anderen Gerichten in vergleichbaren Fällen, in denen ein HWS-Schleudertrauma 2. Grades nebst dreiwöchiger Krankschreibung und Verordnung einer Halskrawatte zu beurteilen war, als angemessen erachtet wurde	OLG Frankfurt am Main 30.11.2011 7 U 278/08
1750	€ 800 (€ 971)	HWS-Zerrung und Schlüsselbeinprellung rechts	3 Wochen arbeitsunfähig	Mann			AG Aachen 11.5.2006 10 C 49/06 RiAG Dr. Quarch, Aachen
1751	€ 800 (€ 951)	HWS-Distorsion	2 Tage Krankenhaus, 2 Wochen arbeitsunfähig	Frau			AG Cham 24.5.2007 2 C 116/07 RAe Dr. Schröter & Koll., Viechtach
1752	€ 800 (€ 871)	HWS-Trauma	5 Tage AU zu 100%, 12 Tage AU zu 50%, 25 Tage AU zu 20%; insg. 3-monatige ärztliche und physiotherapeutische Behandlung (26 Massagen und Wärmetherapien)	Frau			AG Kempten 31.10.2012 1 C 948/12 RA Wolfgang Koch, Erftstadt
1753	€ 800 (€ 974)	Unfallschock, Prellungen am linken Oberarm und am linken Oberschenkel, HWS-Beschleunigungstrauma und eine Distorsion der Kniegelenke		Frau		Bei der Bemessung des Schmerzensgeldes ist zu berücksichtigen, dass die Klägerin ohne weiteres auch arbeitsunfähig geschrieben worden wäre; eine Krankschreibung ist jedoch auf Wunsch nicht erfolgt, da sie nach Arbeitslosigkeit erst seit kurzem wieder eine neue Arbeitsstelle hatte	AG Landsberg a. Lech 15.2.2006 1 C 746/05 Allianz Versicherungs AG, München
1754	€ 800 (€ 996)	HWS-Distorsion Schweregrad II nach Erdmann, kurzfristige Tinnitus-Problematik (Ohrensausen)	Ausheilung nach 8 Wochen	Schreiner			LG Ansbach 24.1.2005 2 O 34/04 RA Wilhelm, Nürnberg
1755	€ 800 (€ 1005)	HWS-Distorsion 1. Grades	Bewegungseinschränkungen auf die Dauer von 1 Monat, während dieser Zeit krankgeschrieben	Frau		Über 5 Wochen Einnahme von Schmerzmitteln; eine nach dem Unfall angetretene Urlaubsreise musste abgebrochen werden, da die Sportangebote des Hotels nicht genutzt werden konnten	LG Leipzig 9.3.2004 16 S 5941/03 RAe Jürgens, Knop u. Stiller, Halle
1756	1750 € 875 (€ 1137)	HWS-Distorsion	Fünf ambulante Behandlungen	Junge Frau		Die Klägerin hat ihre unfallbeeinträchtigte Einschränkung der Arbeitsfähigkeit überspielt, um ihre neue Arbeitsstelle pünktlich antreten zu können. Auch insoweit ist ein weiterer Sockelbetrag für faires Verhalten anzuerkennen	AG Merzig 24.8.2001 3 C 973/00 RAe Spiegelhalter & Schleich, Saarlouis

● Mithaftung (siehe vorletzte Spalte)

Fortsetzung von »Rücken - Wirbelsäule mit Lendenwirbel - HWS-Schleudertrauma und sonstige Verletzungen«

Lfd. Nr.	Betrag DM Euro (Anp.2019)	Verletzung	Dauer und Umfang der Behandlung; Arbeitsunfähigkeit	Person des Verletzten	Dauerschaden	Besondere Umstände, die für die Entscheidungen maßgebend waren	Gericht, Datum der Entscheidung, Az., Veröffentlichung bzw. Einsender
1757	1800 € 900 (€ 1171)	HWS- und LWS-Distorsion; pathologische Muskelverspannungen mit Druckdolenz des Trapezius und der paravertebral-lumbalen Muskulatur sowie endgradig konzentrisch eingeschränkte Beweglichkeit der HWS	Ca. 3 Wochen ambulante Behandlung	Mann		Keine Arbeitsunfähigkeit; ca. 5 Wochen Beschwerden	AG Kassel 1.10.2001 411 C 822/01 RA Koch, Erftstadt-Liblar
1758	€ 900 (€ 1090)	HWS-Distorsion und Prellung sowie Prellung linke Schulter	7 x ambulante Behandlung MdE: 9 Tage 100% 14 Tage 40% Nach 14 Tagen wieder zu 50% am PC-Arbeitsplatz einsetzbar; in den folgenden Wochen für ca. 5–6 Stunden täglich	25-jähr. Frau		Durch die frühe, teilweise Arbeitsaufnahme am PC-Arbeitsplatz nahm die Verletzte größere Beschwerden, als dies anders der Fall gewesen wäre, auf sich	AG Saarbrücken 8.6.2006 5 C 1188/05 RA Schneider, Schwalbach-Hülzweiler
1759	€ 900 (€ 1045)	HWS-Distorsion	2 Wochen AU zu 100%, weitere 5 Wochen nicht unerhebliche Beschwerden, Einnahme von Schmerzmitteln	Frau		Die Aufprallgeschwindigkeit lag nur bei ca. 8 km/h. Das Gericht hat bei der Schmerzensgeldbemessung berücksichtigt, dass eine schematische grds. Annahme einer Harmlosigkeitsgrenze bei einer Aufprallgeschwindigkeit im Niedriggeschwindigkeitsbereich nicht zulässig ist	AG Salzgitter 22.4.2008 23 C 380/05 RAe Wolff & Wolff, Salzgitter
1760	€ 900 (€ 1117)	HWS-Distorsion	14 Tage Tragen einer Schanzschen Krawatte, längere ambulante Behandlung MdE: 16 Tage 100% anschließend einige Zeit 20%	Mann		Noch 2 Jahre nach dem Unfall Beschwerden im Bereich der HWS; auch bei geringen Differenzgeschwindigkeiten ist bei einem Auffahrunfall eine Schädigung der HWS möglich; es ist wissenschaftlich nicht möglich, eine untere Grenze für einwirkende und zu HWS-Verletzungen führende Differenzgeschwindigkeiten zu bestimmen (BGH VersR 2003, 475); HWS-Schaden ist hinreichend nachgewiesen, wenn Geschädigter unmittelbar nach dem Unfall einen Arzt aufsucht und dieser hierbei eine HWS-Distorsion diagnostiziert	AG Speyer 21.2.2005 34 C 128/04 RAin Struth, Frankfurt
1761	€ 900 (€ 1006)	HWS-Distorsion, LWS-Distorsion	10 Tage AU zu 100%, 1 Tag AU zu 50%, 2 Tage AU zu 25%	Mann		Verkehrsunfall im Niedriggeschwindigkeitsbereich	AG Westerburg 26.5.2011 23 C 47/11 RAin Kerstin Rüber, Koblenz
1762	€ 900 (€ 981)	HWS-Distorsion	24 Tage AU, 4 ambulante und physiotherapeutische Behandlungen, Schmerzmittel	Mann			LG Gera 22.8.2012 1 S 352/10 RA Wolfgang Koch, Erftstadt
1763	€ 1000 (€ 1252)	Gehirnerschütterung, HWS-Distorsion mit Aktivierung einer bestehenden HWS-Arthrose	3 Tage Krankenhaus, anschließend mehrwöchige ambulante Behandlung	Frau		Bei einem seitlichen Anstoß kann es auch bei einer Quer-Geschwindigkeitsänderung von unter 5 km/h zu HWS-Verletzungen kommen, wobei umso mehr mit einer HWS-Distorsion bei Queranstößen zu rechnen ist, je näher der verletzte Insasse stoßnah im Fahrzeug sitzt	AG Aachen 22.4.2004 13 C 100/02 RAe Schmitz & Lehnen, Aachen

Urteile lfd. Nr. 1764 – 1773 Rücken

Lfd. Nr.	Betrag DM **Euro** (Anp.2019)	Verletzung	Dauer und Umfang der Behandlung; Arbeitsunfähigkeit	Person des Verletzten	Dauerschaden	Besondere Umstände, die für die Entscheidungen maßgebend waren	Gericht, Datum der Entscheidung, Az., Veröffentlichung bzw. Einsender
\multicolumn{8}{l}{**Fortsetzung von »Rücken - Wirbelsäule mit Lendenwirbel - HWS-Schleudertrauma und sonstige Verletzungen«**}
1764	€ 1000 (€ 1218)	Leichte Distorsion der HWS mit Schweregrad I	4 Wochen arbeitsunfähig, 6-wöchige ambulant-ärztliche Behandlung	Mann			AG Aachen 15.2.2006 15 C 567/04 RA Koch, Erftstadt
1765	€ 1000 (€ 1189)	HWS-Distorsion Grad II (Erdmann)	MdE: 4 Wochen 100% 3 Monate 50%	Mann			AG Berlin-Mitte 20.4.2007 103 C 3073/03 RA Koch, Erftstadt
1766	€ 1000 (€ 1129)	HWS-Schleudertrauma 2. Grades mit schmerzhafter Bewegungseinschränkung und Muskelhartspann, HWS-Zerrung, Prellung der LWS und BWS	2 Monate Behandlungsdauer, Schanz'sche Krawatte	Frau			AG Berlin-Mitte 14.12.2010 3 C 3476/09 RA Koch, Erftstadt
1767	€ 1000 (€ 1117)	HWS-Distorsion	5 Wochen AU zu 100%	Frau			AG Borna 15.4.2011 4 C 734/10 RA Koch, Erftstadt
1768	2000 € 1000 (€ 1324)	HWS-Distorsion, LWS-Stauchung	MdE: 3 1/2 Wochen 100% 5 Arztbesuche	44-jähr. Maschinenbaumechaniker		In der 1. Woche erhebliche Schlafstörungen; mehrere Wochen Kopfschmerzen	AG Bretten 11.7.2000 C 328/00 RAe Lins & Hotz, Pforzheim
1769	€ 1000 (€ 1016)	HWS-Prellung mit strahlenden Schmerzen in die Brust- und Lendenregion, Thoraxprellung	3 Wochen AU	Mann		Maßvoll schmerzensgelderhöhend war hier das Regulierungsverhalten der beklagten Versicherung zu werten. Es erscheint im konkreten Fall als Zermürbungstaktik, gar kein Schmerzensgeld zu zahlen, obwohl der Unfall doch heftig genug war, dass von der Entstehung gewisser Schmerzen ausgegangen werden musste und der Beifahrer ein Schmerzensgeld bekam	AG Bruchsal 8.8.2018 1 C 144/17 juris
1770	€ 1000 (€ 1131)	HWS-Distorsion 1. Grades, multiple Prellungen, insb. des Kniegelenks und der linken Schulter	1 Woche AU	48-jähr. Mann		Opfer war an der Schulter vorgeschädigt. Aufgrund eines geplanten Urlaubs erfolgte keine längere Krankschreibung	AG Gummersbach 5.1.2011 19 C 56/10 LG Köln 16.5.2012 9 S 70/11 RA Rolf-Helmut Becker
1771	€ 1000 (€ 1151)	HWS-Distorsion, stumpfes Thoraxtrauma mit ausgeprägter Gurtmarke, Prellungen im Bereich Sternum/BWS/Thorax und Becken	2 Tage stationäre Behandlung MdE. 3 Tage 100% 4 Tage 75% 4 Tage 50% 19 Tage 25%	Frau			AG Hann. Münden 21.10.2009 3 C 296/09 RA Koch, Erftstadt
1772	€ 1000 (€ 1273)	Leichtgradige HWS-Distorsion	3 Tage stationär, Schanzsche Halskrawatte, 5 Wochen arbeitsunfähig	Junge Frau			AG Herford 25.4.2003 122 C 706/01 RAe Bumbke & Partner, Bielefeld
1773	€ 1000 (€ 1131)	Schädelprellung, HWS-Distorsion, Subluxation des Kiefergelenks	14 Tage AU zu 100%, 12 Tage AU zu 20%, insg. 6 ambulante und kieferorthopädische Behandlungen	Mann			AG Köln 19.1.2011 265 C 373/09 RA Koch, Erftstadt

● Mithaftung (siehe vorletzte Spalte)

Lfd. Nr.	Betrag DM Euro (Anp.2019)	Verletzung	Dauer und Umfang der Behandlung; Arbeitsunfähigkeit	Person des Verletzten	Dauerschaden	Besondere Umstände, die für die Entscheidungen maßgebend waren	Gericht, Datum der Entscheidung, Az., Veröffentlichung bzw. Einsender
\multicolumn{8}{l}{**Fortsetzung von »Rücken - Wirbelsäule mit Lendenwirbel - HWS-Schleudertrauma und sonstige Verletzungen«**}
1774	€1000 (€1154)	Prellungen im Bereich der HWS bei C 1 bis C 7		Frau		Akute Beschwerden dauerten ca. 1 Monat, wobei diese anfangs so stark waren, dass nur mit Schmerzmittel Linderung verschafft werden konnte. Selbst 10 Monate nach dem Unfall waren die Beschwerden noch nicht vollständig abgeklungen, sondern vereinzelt wiederkehrend aufgetreten	AG Rüdesheim 21.5.2008 3 C 394/05 RA Koch, Erftstadt
1775	2000 €1000 (€1311)	HWS-Distorsion, Kontusion der linken Schulter, kleine Schürfwunde am linken Knie	3 Tage Krankenhaus, dann 6 Wochen ambulante Behandlung mit insgesamt 16 physiotherapeutischen Behandlungen	Mann		Dass Kläger aus beruflichen Gründen auf eine Arbeitsunfähigkeitsbescheinigung verzichtete, kann ihm nicht zum Nachteil gereichen; auch nicht der Umstand, dass er nach kürzerer Zeit ein leichtes Training im Fitness-Studio aufgenommen hat. Kläger konnte nicht an einer Meisterschaft im Figurbodybuilding teilnehmen	AG Zwickau 2.3.2001 4 C 1744/00
1776	€1000 (€1179)	HWS-Schleudertrauma, Thoraxprellung durch Gurt, Prellung eines Arms	MdE: 5 Tage 100% 4 Tage 80%	Mann		Kläger litt mehr als 1 Monat an erheblichen psychischen Folgen wie Schlafstörungen, Alpträume, Schweißausbrüchen und Nervosität	LG Augsburg 2.10.2007 4 S 208/07 RAe Probst & Kollegen, Dillingen
1777	€1000 (€1151)	Leichte HWS-Distorsion	4 Wochen ambulante Behandlung, anfangs Schanzsche Halskrause, 2 Wochen arbeitsunfähig	Frau		Schmerzensgeld ist selbst dann ausreichend, wenn man von einer vollständigen Heilung erst nach einem Zeitraum von 3 Monaten ausgeht	LG Bonn 29.1.2010 15 O 83/08 RA Koch, Erftstadt
1778	€1000 (€1189)	HWS-Schleudertrauma	14 Tage arbeitsunfähig	Frau		3 Wochen erhebliche Schmerzen im Kreuzbereich bei der Drehung des Kopfes sowie Verhärtung im Nackenbereich, Schwindel und Übelkeit und allgemeines Unwohlsein. Der aufgrund der gesundheitlichen Beeinträchtigung abgesagte Urlaub war mitzuberücksichtigen	LG Darmstadt 31.5.2007 19 O 236/04 RA Koch, Erftstadt
1779	€1000 (€1088)	HWS-Distorsion	6 Wochen AU	Mann		Trotz niedriger Anstoßgeschwindigkeit sah das Berufungsgericht in seiner ausführlich begründeten Entscheidung den Vollbeweis der Unfallkausalität durch den Kläger als erbracht	LG Dortmund 6.11.2012 4 S 8/11 RA Christian Koch, Dortmund
1780	€1000 (€1043)	Leichte HWS- und BWS-Distorsion sowie Beschwerden im Sprunggelenk	Knapp 2 Monate AU				LG Flensburg 11.5.2017 7 O 37/16 juris
1781	€1000 (€1270)	HWS-Schleudertrauma, Thoraxprellung, Prellung rechte Schulter	18 Tage ambulante Behandlung mit 5 Praxisbesuchen. 4 Tage MdE von 100%	Frau		Aufprallgeschwindigkeit bis zu 10 km/h kann für eine HWS-Verletzung erheblich sein; Klägerin sah zum Zeitpunkt des Aufpralls über ihre rechte Schulter nach hinten	LG Kiel 3.7.2003 8 S 254/02 RAe Batzlaff & Partner, Rendsburg
1782	€1000 (€1154)	HWS-Distorsion	6 Wochen AU	Mann		Die beklagten Verletzungsfolgen, wie Verspannungen, Kopf- und Nackenschmerzen, Schwindel, Bewegungseinschränkungen der HWS, Taubheits- und Schwächegefühle im rechten Arm sind mit hoher Wahrscheinlichkeit auf vorbestehende verschleißbedingte Veränderungen der HWS zurückzuführen	LG Leipzig 11.3.2009 06 O 5264/05 RA Koch, Erftstadt

Urteile lfd. Nr. 1783 – 1789 — Rücken

Lfd. Nr.	Betrag DM Euro (Anp.2019)	Verletzung	Dauer und Umfang der Behandlung; Arbeitsunfähigkeit	Person des Verletzten	Dauerschaden	Besondere Umstände, die für die Entscheidungen maßgebend waren	Gericht, Datum der Entscheidung, Az., Veröffentlichung bzw. Einsender
	**Fortsetzung von »Rücken - Wirbelsäule mit Lendenwirbel - HWS-Schleudertrauma und sonstige Verletzungen«**
1783	€1000 (€1152)	Distorsion der HWS, Kontusion von BWS und LWS sowie Knieverletzung	2 Wochen und 2 Tage AU, ca. 4 Wochen Beschwerden	Motorradfahrer		Im Falle einer HWS-Distorsion I. Grades mit weiteren relativ geringfügigen Verletzungen ist regelmäßig ein Schmerzensgeld im Bereich von €1000 pro Monat der Erwerbsunfähigkeit angemessen, solange letztere mindestens 50% betragen hat	KG Berlin 9.10.2008 12 U 173/08 VRS 116, 181 NZV 2009, 507 Beschluss VorsRiKG Adalbert Griess
1784	€1000 (€1118)	Leichte HWS-Distorsion	Nach 3 bis 6 Monaten ausgeheilt	Frau		Die im Vergleich zu der Einschätzung der Beklagten deutlich verlängerte Rekonvaleszenzzeit rechtfertigt es im Ergebnis, es nicht bei dem vorprozessual gezahlten Schmerzensgeld von €500 zu belassen. Vielmehr steht der Klägerin das Doppelte dieses Betrages zu	OLG Düsseldorf 15.3.2011 1 U 96/10 juris
1785	€1000 (€1158)	Knie- und Steißbeinprellung; HWS-Distorsion, Prellmarke vom Sicherheitsgurt	6 Wochen zu 100% krankgeschrieben	Frau		Wegen Mithaftung von 25% wurde der Klägerin lediglich ein Schmerzensgeld von €750 zugesprochen	Saarländisches OLG 11.3.2008 4 U 228/07-76
1786	€1000● (€1218)	Schwere HWS-Distorsion, multiple Prellungen, Schürfwunden, Handgelenks-Distorsion sowie Sattelgelenks-Distorsion links	MdE: 4 Wochen 100% 5 Wochen 50% einige Wochen noch 20%	Radfahrer		50% Mithaftung	LG München I 16.3.2006 19 S 13756/05 RA Krumbholz, München
1787	€1000● (€1135)	Hämatom am Kinn, Bewegungseinschränkung und Druckschmerz an der Halswirbelsäule; kleine Brandwunde auf dem Handrücken mit bleibender Hautverfärbung		Mann	Brandwunde auf dem Handrücken mit bleibender Hautverfärbung	20% mitursächliche Betriebsgefahr wegen Überschreitens der Richtgeschwindigkeit (berücksichtigt bei ausgeurteiltem Schmerzensgeld)	OLG Hamm 25.11.2010 I-6 U 71/10 NJW-RR 2011, 464; NZV 2011, 248
1788	€1023 (€1299)	HWS-Distorsion	6 Wochen arbeitsunfähig	Hausfrau		Nach dem Unfall zeigte sich eine Hörminderung des rechten Ohrs um rund 40%. Nach Gutachten spricht eine höhere Wahrscheinlichkeit dafür, dass die Hörminderung auf eine unfallunabhängige Otoskleroseerkrankung zurückzuführen ist. Zwar sind die Beweisanforderungen im Rahmen des § 287 Abs. 1 ZPO im Verhältnis zu § 286 ZPO deutlich herabgesetzt, insbesondere ist es nicht erforderlich, dass andere Ursachen nicht mit der sonst gebotenen an Sicherheit grenzenden Wahrscheinlichkeit auszuschließen sind. Es muss aber eine (deutlich) überwiegende Wahrscheinlichkeit dafür feststellbar sein, dass die Beschwerden ohne den Unfall nicht bzw. zumindest nicht in diesem Umfang aufgetreten wären	LG Aachen 1.10.2003 12 O 402/02 Allianz Versicherungs AG
1789	€1100 (€1187)	HWS-Distorsion	6 Wochen Beschwerden			Die Klägerin neigte konstitutionell zu Halsproblemen. Ohne diese Neigung wären die Verletzungen auf zwei Wochen beschränkt gewesen, weswegen das Schmerzensgeld zu reduzieren war	AG Fritzlar 18.3.2013 8 C 385/11

● Mithaftung (siehe vorletzte Spalte)

Lfd. Nr.	Betrag DM Euro (Anp.2019)	Verletzung	Dauer und Umfang der Behandlung; Arbeitsunfähigkeit	Person des Verletzten	Dauerschaden	Besondere Umstände, die für die Entscheidungen maßgebend waren	Gericht, Datum der Entscheidung, Az., Veröffentlichung bzw. Einsender
	**Fortsetzung von »Rücken - Wirbelsäule mit Lendenwirbel - HWS-Schleudertrauma und sonstige Verletzungen«**
1790	2200 € 1100 (€ 1430)	HWS-Distorsion	MdE: 1 Monat 100%	Frau		Geringgradige kyphotische Knickbildung bei C4/C5 sowie deutliche kyphotische Knickbildung bei C5/C6 mit Verdacht auf Segmentlockerung; Verordnung einer Paracervikalstütze sowie Schmerzmittel und frühfunktioneller Krankengymnastik. Nach 2 ½ Monaten noch gelegentliche Nackenschmerzen	AG Singen 29.8.2001 9 C 61/01 RAe Wiggenhauser & Geiger, Radolfszell
1791	€ 1100● (€ 1413)	HWS-Distorsion, leichte Läsion des linken Armplexus durch Gurtquetschung	3 Monate körperlich beeinträchtigt	Mann		Leichtes Mitverschulden des Klägers, da er sich auf eigenen Wunsch nur für 2 Tage krankschreiben ließ und dann wieder in vollem Umfang seiner Erwerbstätigkeit nachging, was einen leicht verzögerten Heilungsverlauf verursacht hat	AG Mainz 1.8.2002 86 C 528/00 RA Koch, Erftstadt
1792	2300 € 1150 (€ 1477)	HWS-Distorsion mit Einschränkung der Drehbeweglichkeit des Kopfes sowie schmerzhafte Myogelosen der Schulter-Nackenpartie, Druckschmerz linkes Schlüsselbein	MdE: 6 Wochen 100% 1 Monat 20%	36-jähr. Frau		Erhebliches Verschulden des Schädigers	LG Karlsruhe 1.3.2002 3 O 469/01 RA Lins, Pforzheim
1793	2300 € 1150 (€ 1493)	Prellungen BWS und HWS	17 Tage arbeitsunfähig				LG Neubrandenburg 22.6.2001 5 O 280/99 SP 2001, 413
1794	€ 1200 (€ 1499)	Distorsion der HWS	2 Monate ambulant	Frau		Zwischen letztem Behandlungstermin und dem Beginn physiotherapeutischer Maßnahmen liegt ein Zeitraum von mehr als 4 Monaten, der weder durch substantiierten Vortrag der Klägerin zur Behandlungsdauer und Behandlungsform noch durch ärztliche Atteste belegt ist. Dies rechtfertigt auch die von der Beklagten gezogene Schlussfolgerung, dass die erbrachten ambulanten physikalischen Leistungen nicht auf das Unfallereignis zurückgehen, sondern auf die bestehende Vorerkrankung der Halswirbelsäule, so dass eine Unterbrechung der Kausalkette gegeben ist	AG Bad Kissingen 23.9.2004 71 C 291/04 RA Koch, Erftstadt
1795	€ 1200 (€ 1543)	HWS-Distorsion	Ambulante Behandlungsmaßnahmen wurden mit Wärme, Analgetika und Muskelrelaxation durchgeführt MdE: 3 Wochen 100% 4 Tage 80%	Frau			AG Bingen am Rhein 11.10.2002 2 C 376/01 RA Loos, Ingelheim
1796	€ 1200 (€ 1306)	HWS-Distorsion, BWS-Distorsion	1 Monat AU zu 100%	Mann			AG Düsseldorf 6.11.2012 52 C 5290/12 Justiz NRW
1797	€ 1200 (€ 1372)	HWS-Distorsion	8 ambulante Behandlungen, 5 Wochen zu 100% arbeitsunfähig	Mann			AG Mönchengladbach-Rheydt 11.12.2009 23 C 308/09 RA Koch, Erftstadt

Lfd. Nr.	Betrag DM Euro (Anp.2019)	Verletzung	Dauer und Umfang der Behandlung; Arbeitsunfähigkeit	Person des Verletzten	Dauerschaden	Besondere Umstände, die für die Entscheidungen maßgebend waren	Gericht, Datum der Entscheidung, Az., Veröffentlichung bzw. Einsender
	**Fortsetzung von »Rücken - Wirbelsäule mit Lendenwirbel - HWS-Schleudertrauma und sonstige Verletzungen«**
1798	€ 1200 (€ 1300)	HWS-Distorsion, leichte Prellung der linken Hand	40 Tage AU zu 100%	Frau, Reiseverkehrskauffrau		Vorschädigung der Klägerin in Form von MS wurde nicht berücksichtigt, da kein Bezug zum Unfall vorlag	AG Peine 10.04.2013 16 C 143/12 RA Wolfgang Koch, Erftstadt
1799	€ 1200 (€ 1274)	Commotio cerebri, HWS-Distorsion 1. Grades, Schädelprellung	4 Wochen AU, 16 x physiotherapeutische Behandlung	Selbstständiger Finanzberater		Gerade vor dem Hintergrund der schon vor dem Unfall vorliegenden degenerativen Veränderungen der HWS ist die Entstehung einer HWS-Distorsion auch bei einer verhältnismäßig geringen Anstoßkraft (9,6 km/h) verständlich	LG Ansbach 11.3.2016 2 O 577/13 juris
1800	€ 1200 (€ 1499)	HWS-Verletzung 1.–2. Grades	1 Monat völlig arbeitsunfähig	Mann			OLG Celle 9.9.2004 14 U 32/04 SP 2004, 371
1801	€ 1200 (€ 1281)	HWS-Distorsion 2. Grades mit rund 8 Wochen unter Kopfschmerzen und Schwindel	Ca. 3 Wochen manuelle Therapie; ca. 6 Wochen AU	Frau		Angesichts dessen, dass die Kl. nicht lediglich eine leichte HWS-Distorsion, sondern eine solche 2. Grades erlitten und aufgrund dessen für rund 8 Wochen unter Kopfschmerzen und Schwindel gelitten hat, erachtet der Senat ein Schmerzensgeld i.H.v. € 1200 für angemessen aber auch ausreichend	OLG Düsseldorf 9.12.2014 I-1 U 92/14 juris
1802	2500 € 1250 (€ 1625)	HWS-Schleudertrauma	MdE: 14 Tage 100% 10 Tage 50% 12 Tage 20% 12 Tage 10%	Mann		Grob verkehrswidriges Verhalten des Beklagten	AG Düsseldorf 15.8.2001 24 C 11646/00 RA Koch, Erftstadt
1803	2500 € 1250 (€ 1607)	HWS-Schleudertrauma mit Tinnitus	Innerhalb von 2 Monaten 3-mal AU von je 1 Woche, zeitweise Schanzsche Krawatte, Infusionstherapie wegen Tinnitus	Frau			AG Landau (Pfalz) 25.10.2002 5 C 1279/00 RA Koch, Erftstadt
1804	2500 € 1250 (€ 1605)	HWS-Schleudertrauma mit persistierenden Beschwerden im Nacken, typischer Blockierung, endgradigen Bewegungsschmerzen in allen Achsen, Migräneinduktion	3 ½ Wochen zu 100% arbeitsunfähig, letzte Arztbehandlung 8 Monate nach dem Unfall, wobei der Klägerin eine Akupunkturbehandlung (10 x) verschrieben wurde	Frau			AG Potsdam 12.6.2002 23 C 117/01 RA Koch, Erftstadt
1805	€ 1250 (€ 1536)	HWS-Distorsion und LWS-Stauchung bzw. -Prellung		Frau		Unter den Unfallfolgen hatte die Klägerin rund 3 Monate lang zu leiden, insbesondere durch Kopf- und Nackenschmerzen. Sie musste sich deswegen einer Physiotherapie unterziehen	AG Rheinbach 11.11.2005 5 C 245/05 RA Koch, Erftstadt
1806	€ 1250 (€ 1441)	HWS-Syndrom, Schädelprellung, Prellung Oberschenkel und Ellenbogen	4 Wochen arbeitsunfähig, 11 Massage- und Krankengymnastikbehandlungen	Frau			LG Aachen 13.11.2009 6 S 122/09 RA Koch, Erftstadt
1807	€ 1250 (€ 1429)	BWK-Prellung, HWS-Distorsion	2 Wochen arbeitsunfähig	Mann			LG Mannheim 8.12.2009 11 O 354/07 RA Koch, Erftstadt

● Mithaftung (siehe vorletzte Spalte)

Rücken

Fortsetzung von »Rücken - Wirbelsäule mit Lendenwirbel - HWS-Schleudertrauma und sonstige Verletzungen«

Lfd. Nr.	Betrag DM Euro (Anp.2019)	Verletzung	Dauer und Umfang der Behandlung; Arbeitsunfähigkeit	Person des Verletzten	Dauerschaden	Besondere Umstände, die für die Entscheidungen maßgebend waren	Gericht, Datum der Entscheidung, Az., Veröffentlichung bzw. Einsender
1808	€1278 (€1641)	Leichtes bis mittelschweres HWS-Trauma	MdE: ca. 7 Wochen 100% ca. 2 Wochen 80% ca. 2 ½ Wochen 60% 10 Tage 20%	Frau			LG München I 19.9.2002 19 O 14555/99 VorsRiLG Krumbholz
1809	€1280 (€1644)	Thoraxprellung, HWS-Schleudertrauma, Kontusion des linken Unterschenkels	1 Monat arbeitsunfähig, Behandlung während dieser Zeit mit Medikamenten und Physiotherapie	40-jähr. Trockenbauer		Druckschmerzen und Myogelosen im HWS-Bereich und des Thorax	AG Gera 8.8.2002 5 C 563/02 RiAG Weisgerber, Pillingsdorf
1810	€1300 (€1506)	HWS-Distorsion mit blutender Wunde	1 Woche arbeitsunfähig, 2 Wochen medikamentöse Behandlung	Selbständiger Handelsvertreter		Zögerliche Bearbeitung	LG Fulda 19.3.2008 2 O 21/06 RA Koch, Erftstadt
1811	€1300● (€1497)	Platzwunde am Kopf, HWS-Distorsion	1 Woche arbeitsunfähig	Mann		⅓ Mithaftung, so dass nur ein Schmerzensgeld i.H.v. €900 ausgesprochen wurde	OLG Frankfurt am Main 2.10.2008 14 U 74/08 RA Koch, Erftstadt
1812	€1400 (€1531)	Verstauchung und Zerrung der HWS, Prellungen an der linken Mittelhand, der Schulter und des Oberarms		An Bandscheibe vorgeschädigter Mann		Obwohl der Geschädigte über ein halbes Jahr massiv an den Verletzungen litt, kam das Gericht nach Einholung eines Sachverständigengutachtens zu dem Ergebnis, dass normalerweise die Verletzungen spätestens nach einem Zeitraum von 3 Monaten ausgeheilt gewesen wären	LG Ingolstadt 7.3.2012 33 O 22/11 RA Wolfgang Koch, Erftstadt
1813	€1500 (€1844)	HWS-Distorsion, Prellung des rechten Unterarms, des rechten Beckens sowie der rechten Thoraxhälfte	Ca. 2 ½ Monate arbeitsunfähig, Kläger musste sich einer intensiven Physiotherapie unterziehen und muskelentspannende Medikamente einnehmen	Mann		Kläger litt ca. 6 Monate spürbar unter den Unfallfolgen; außerdem musste er sich bis zum Ablauf von 8 Monaten nach dem Unfall einer Physiotherapie unterziehen	AG Aachen 22.11.2005 10 C 311/05 RiAG Dr. Quarch
1814	€1500 (€1591)	HWS-Distorsion 2. Grades, Myotonie und degenerative Veränderung mit Bandscheibenvorwölbung C 5/6 und C 6/7	8 Tage AU, 3 Monate Beschwerden, Massage, Fango, Einnahme von Schmerzmitteln	Frau		Erholungsurlaub mit umfangreichem Sportprogramm konnte nicht angetreten werden	AG Darmstadt 28.4.2016 316 C 151/15
1815	€1500 (€1560)	BWS-HWS und LWS-Distorsion, Femurprellung rechts, Sakrumprellung	6 Wochen AU	Karosseriebauer			AG Darmstadt 14.11.2017 309 C 77/15 RAe Imhof & Partner, Aschaffenburg
1816	€1500 (€1724)	HWS-Distorsion sowie Knieprellung rechts und Schürfwunde Knie rechts	30 krankengymnastische Behandlungen	Frau		Über längeren Zeitraum Beschwerden	AG Essen 24.9.2008 29 C 161/08 RA Koch, Erftstadt

● Mithaftung (siehe vorletzte Spalte)

Lfd. Nr.	Betrag DM Euro *(Anp.2019)*	Verletzung	Dauer und Umfang der Behandlung; Arbeitsunfähigkeit	Person des Verletzten	Dauerschaden	Besondere Umstände, die für die Entscheidungen maßgebend waren	Gericht, Datum der Entscheidung, Az., Veröffentlichung bzw. Einsender
\multicolumn{8}{l}{**Fortsetzung von »Rücken - Wirbelsäule mit Lendenwirbel - HWS-Schleudertrauma und sonstige Verletzungen«**}
1817	€ 1500 *(€ 1835)*	HWS-Distorsion II. Grades	Zeitweise Tragen einer Zervikalstütze sowie Einnahme von Analgetika, 3 Wochen arbeitsunfähig, physiotherapeutische Maßnahmen (6 x Massage, 6 x Fangopackung) dauerte noch 3 bis 4 Wochen fort	Frau			AG Gotha 6.1.2006 4 C 1312/05 RA Lutz, Saalfeld/ Saale
1818	€ 1500 *(€ 1611)*	HWS-Distorsion	2 Wochen AU zu 100%, Einnahme von Schmerzmitteln, 6 Monate Beschwerden	Schülerin			AG Hannover 9.7.2013 426 C 13171/11 RA Wolfgang Koch, Erftstadt
1819	€ 1500 *(€ 1908)*	HWS-Distorsion, Fersenbeinprellung sowie Achillessehnenzerrung		Schülerin		4 Wochen lang Schmerzen. Keine AU, weil Unfall während der Osterferien geschah	AG Kenzingen 17.6.2003 2 C 210/02 LG Freiburg 6.4.2004 3 S 203/03 RAe Grußeck & Koll., Kenzingen
1820	€ 1500 *(€ 1896)*	HWS-Distorsion	Längere ambulante Behandlung mit Krankengymnastik, insgesamt 7 Arztbesuche innerhalb von 9 Monaten, anfangs Tragen einer Halskrawatte, 1 Woche am Schulbesuch gehindert	11-jähr. Mädchen		Anfangs Schmerztabletten erforderlich; Klägerin war in ihrer Bewegungsmöglichkeit durch die bestehenden Schmerzen erheblich beeinträchtigt, was sich bei einem Kind äußerst nachteilig auswirkt, zumal ein Kind nicht in der Lage ist, rational mit einem vorübergehenden Schmerzzustand umzugehen	AG Landshut 4.12.2003 17 C 1908/03 RA Marx, Landshut
1821	€ 1500 *(€ 1776)*	Schädelprellung und HWS-Distorsion durch Faustschläge	3 Tage Schanz'sche Krawatte, 4 Wochen arbeitsunfähig	Mann		Kläger wurde vom Beklagten aus dem Auto gezerrt, geschlagen und mit dem Kopf gegen die Karosserie geschlagen. Die attestierten Verletzungen (2 cm große Prellmarke rechts frontal mit oberflächlichen äußeren Hautverletzungen, Schmerzen in der HWS und linken Flanke) rechtfertigen ein Schmerzensgeld i.H.v. € 1500, um dem Beklagten das Unrecht seines Verhaltens vor Augen zu führen	AG Leverkusen 8.8.2007 22 C 536/06 RAe Varga & Kollegen, Leverkusen
1822	3000 € 1500 *(€ 1926)*	Erstgradiges HWS-Distorsionstrauma	MdE: 1 Monat 100% 4 Monate 20% 8 Monate 10%	Mann		Zu berücksichtigen ist ein degenerativer Vorschaden der HWS, dessen Beschwerden durch den Unfall lediglich vorübergehend verschlimmert wurden	AG Recklinghausen 5.3.2002 57 C 297/00 RA Koch, Erftstadt-Liblar
1823	€ 1500 *(€ 1861)*	HWS-Schleudertrauma, Platzwunde an der Stirn, Schnittwunde an der Hand, Hämatom am Bein	3 Tage Krankenhaus	Frau		Erheblicher Schuldvorwurf der Beklagten infolge Alkoholgenusses	LG Berlin 9.2.2005 8 O 61/04 RAin Stuth, Berlin
1824	3000 € 1500 *(€ 1950)*	HWS-Schleudertrauma 1. Grades	MdE: 6 Wochen 100% 5 Wochen 60% 5 Wochen 30%	Mann		Kollisionsbedingte Geschwindigkeitsänderung lediglich 10,9–12,3 km/h, aber ungünstige Sitzgeometrie	LG München I 27.9.2001 19 O 3045/01 VorsRiLG Krumbholz

● Mithaftung (siehe vorletzte Spalte)

Rücken — Urteile lfd. Nr. 1825 – 1833

Lfd. Nr.	Betrag DM Euro (Anp.2019)	Verletzung	Dauer und Umfang der Behandlung; Arbeitsunfähigkeit	Person des Verletzten	Dauerschaden	Besondere Umstände, die für die Entscheidungen maßgebend waren	Gericht, Datum der Entscheidung, Az., Veröffentlichung bzw. Einsender
	**Fortsetzung von »Rücken - Wirbelsäule mit Lendenwirbel - HWS-Schleudertrauma und sonstige Verletzungen«**						
1825	€ 1500 (€ 1829)	Erstgradige HWS-Zerrung	MdE: 3 Monate 20% ein weiteres Jahr 10%	Frau		Behaupteter Bandscheibenvorfall und die linksseitig endgradige Schulterproblematik sind aufgrund der geringen Anstoßgeschwindigkeit nicht unfallkausal, sondern beruhen auf degenerative Vorschädigungen und sind somit schicksalshaft	LG München I 12.12.2005 19 O 5516/03 RA Krumbholz, München
1826	€ 1500 (€ 1737)	HWS-Distorsion		Mann		Der Kläger hatte für einen Zeitraum von ca. 3 Monaten erhebliche Einschränkungen zu ertragen und musste Schmerzmittel einnehmen	LG Ravensburg 27.3.2008 1 S 216/07 RA Koch, Erftstadt
1827	€ 1500 (€ 1596)	HWS-Distorsion	MdE von 70% in der ersten Woche, in der zweiten Woche von 50% sowie in der dritten und vierten Woche von 30%, in der fünften Woche von 20% und in der sechsten Woche von 10%	Mann		Nach dem Vorstehenden sind die vom LG zugebilligten insgesamt € 1500 Schmerzensgeld gem. § 253 BGB als angemessen anzusehen; das LG selbst führt bereits Kriterien für die Zubilligung eines Schmerzensgeldes bei einer HWS-Distorsion an, denen der Senat nach eigener kritischer Würdigung beitritt. Im Übrigen entspricht die Höhe des zugebilligten Schmerzensgeldes den für derartige Verletzungen üblichen Beträgen. Der Senat verweist insoweit insbesondere auf die in der Schmerzensgeldtabelle von Hacks/Wellner/Häcker aufgeführten Entscheidungen	OLG Braunschweig 30.9.2014 7 U 26/11
1828	€ 1500 (€ 1842)	HWS-Distorsion	Langer und behandlungsintensiver Heilungsprozess, 1 ½ Monate arbeitsunfähig	Fahrlehrer			OLG Düsseldorf 29.8.2005 I - 1 U 11/05
1829	€ 1500 (€ 1611)	HWS-Verletzung		Student		Das LG hat dem Kläger zutreffend ein Schmerzensgeld in Höhe von € 1500 zugesprochen	OLG Frankfurt am Main 25.7.2013 15 U 232/07
1830	€ 1500 (€ 1587)	HWS-Verletzung mit erheblichen Wirbelsäulenbeschwerden	6 Wochen AU	Frau		Bei erheblichen Wirbelsäulenbeschwerden für einen Zeitraum von sechs Wochen ist ein Schmerzensgeld i.H.v. € 1500 angemessen	OLG Karlsruhe 24.6.2015 9 U 18/14 juris; VersR 2016, 135
1831	3000● € 1500 (€ 1952)	Schulterprellung links, Thoraxprellung links, Leistenprellungen, Rückenprellungen, schweres HWS-Syndrom	MdE: 4 Wochen 100% 10 Tage 50%	Mann		Mithaftung von ⅓	LG Trier 19.10.2001 4 O 296/99 RiLG Specht, Trier
1832	€ 1700 (€ 1962)	Zerrung der Halswirbelsäule	1 Monat arbeitsunfähig	Frau		Die Verletzung führte zum Schwindel, Kopfschmerz und Dysästhesien, welche die Lebensfreude der Klägerin in besonderem Maße beeinträchtigt haben. Außerdem litt sie unter Schlafstörungen und Angstzuständen	AG Erkelenz 10.3.2009 6 C 93/07 RA Koch, Erftstadt
1833	€ 1700 + immat. Vorbehalt (€ 1980)	Distorsion der HWS, Schädelprellung, Prellung des rechten Knies, der linken Schulter und des rechten Sprunggelenks sowie eine Vielzahl von Schürfwunden	3 Tage arbeitsunfähig, fast 1 Monat lang Schmerzen, 12 Behandlungen mit Massagen und Fango	Mann			AG Freiberg 19.2.2008 4 C 0049/07 RA Koch, Erftstadt

● Mithaftung (siehe vorletzte Spalte)

Urteile lfd. Nr. 1834 – 1842 — Rücken

Lfd. Nr.	Betrag DM Euro (Anp.2019)	Verletzung	Dauer und Umfang der Behandlung; Arbeitsunfähigkeit	Person des Verletzten	Dauerschaden	Besondere Umstände, die für die Entscheidungen maßgebend waren	Gericht, Datum der Entscheidung, Az., Veröffentlichung bzw. Einsender
	**Fortsetzung von »Rücken - Wirbelsäule mit Lendenwirbel - HWS-Schleudertrauma und sonstige Verletzungen«**
1834	3500 € 1750 (€ 2377)	Posttraumatisches Cervicalsyndrom, Cervicocephalgie mit pseudoradikulärer Schmerzausbreitung; Kopfgelenksblockierungen	Kurzfristige stationäre Behandlung, 6 Monate ambulante Behandlung, MdE: 5 Wochen 100%, dann abgestuft für weitere 5 Wochen	Frau		Erhebliche Bewegungseinschränkungen der HWS um 30°; noch 4 Monate nach Unfall Kopfschmerzen; zögerliches Regulierungsverhalten	AG Bremen 27.4.1998 8 C 292/97 RA E. Fuhrmann, Bremen
1835	3500 € 1750 (€ 2374)	Schmerzhafte Myogelosen der HWS, geringe Myogelosen im Bereich der Schulter, Druckschmerz im Bereich des Nervus occipitalis	4 Wochen arbeitsunfähig	Frau		Wegen starker Gleichgewichtsstörungen war Klägerin 4 Wochen auf die Hilfe ihres Ehemanns angewiesen	AG München 11.12.1998 343 C 2807/97 RA Piech, München
1836	3500 € 1750 (€ 2529)	HWS-Schleudertrauma; Thoraxprellung; Hämatom im Bauchbereich	3 Monate andauernde Hals- und Nackenbeschwerden	Frau		Befürchtete Gefährdung der im 7. Monat bestehenden Schwangerschaft führte zur psychischen Belastung	AG Neu-Ulm 24.3.1994 C 14/94 RA Brosch, Ulm
1837	3500 € 1750 (€ 2927)	Schleudertrauma der HWS	4 Tage Krankenhaus, weitere 2 Wochen arbeitsunfähig; in dieser Zeit Schanzsche Krawatte	Frau		Klägerin war im 4. Monat schwanger und stand unter der besonderen psychischen Belastung, das Kind durch den Verkehrsunfall zu verlieren (Gefahr einer Frühgeburt oder einer Plazentalösung)	AG Wangen 12.12.1990 2 C 460/90 RA Seifried, Wangen
1838	3500 € 1750 (€ 2275)	Schädelprellung, vielfache Schürfungen und Risswunden im Gesicht, Prellung der BWS, Distorsion, Prellung der linken Schulter und des linken Oberarms, HWS-Schleudertrauma	26 Tage arbeitsunfähig, nach 13 Monaten immer noch ärztliche Behandlung	Mann			LG Darmstadt 3.5.2001 10 O 494/00 zfs 2001, 401
1839	3500 € 1750 (€ 2283)	HWS-Distorsion	MdE: 7 Tage 100% 27 Tage 50% 4 Monate 20%	Frau		Erhebliche, migräneartige Kopfschmerzen sowie Schwindel dauerten noch nahezu 2 ½ Jahre nach dem Unfall an	OLG Frankfurt am Main 5.11.2001 23 U 181/00 RA Koch, Erfstadt-Liblar
1840	€ 1750● (€ 2047)	Leichte bis unterhalb mittelgradige Distorsion der HWS mit massiven Schmerzen	2 Monate arbeitsunfähig	Frau		Mithaftung von ⅓; infolge von Vorerkrankungen mit der Folge von Implantationen eines künstlichen Hüft- sowie Schultergelenks war die Klägerin besonders anfällig und empfindlich für Verletzungen	KG Berlin 7.1.2008 12 U 111/07 VRS 115, 330
1841	€ 1800 (€ 2150)	HWS-Distorsion, Gehirnerschütterung und einige Prellungen	3 Wochen Krankschreibung	Frau		Behaupteter Tinnitus und unfallbedingte Depressionen sind nicht nachweisbar. Das Gericht hielt ein Schmerzensgeld i.H.v. € 1500 für angemessen. Da außergerichtlich bereits € 1800 bezahlt worden sind, liegt eine Überzahlung vor; jedenfalls ist der geleistete Betrag bei Unterstellung der von der Klägerin genannten unfallbedingten Beeinträchtigungen zur Kompensation einer eventuellen fahrlässig verursachten Schädigung, bei der die Genugtuungsfunktion in den Hintergrund tritt, ausreichend	AG Bonn 14.3.2007 11 C 502/06 RA Koch, Erfstadt
1842	€ 1800 (€ 2062)	HWS- u. BWS-Distorsion, Schädelprellung, Prellung linker Unterschenkel	2 Wochen arbeitsunfähig	Mann			AG Mettmann 2.2.2010 25 C 220/09 RA Koch, Erfstadt

● Mithaftung (siehe vorletzte Spalte)

Lfd. Nr.	Betrag DM Euro (Anp.2019)	Verletzung	Dauer und Umfang der Behandlung; Arbeitsunfähigkeit	Person des Verletzten	Dauerschaden	Besondere Umstände, die für die Entscheidungen maßgebend waren	Gericht, Datum der Entscheidung, Az., Veröffentlichung bzw. Einsender
	**Fortsetzung von »Rücken - Wirbelsäule mit Lendenwirbel - HWS-Schleudertrauma und sonstige Verletzungen«**
1843	€ 1800 (€ 2071)	HWS-Distorsion 1. Grades, beidseitige Schulterprellung, BWS-Distorsion, Schädelprellung	1 ½ Monate AU zu 100%, physiotherapeutische Behandlungen	Mann			AG Sigmaringen 15.1.2010 2 C 531/09 RAe Brugger & Schießle, Villingen-Schwenningen
1844	4000 € 2000 (€ 2682)	Unfallschock; Prellung des rechten Schultergelenks; Schädelprellung des rechten Scheitelbeins; HWS-Distorsion 2. bis 3. Grades, Brustkorbprellung rechtsseitig, Fraktur der 10. Rippe rechtsseitig	MdE: 6 Wochen 100% anschließend noch längere Zeit in ärztlicher Behandlung	Frau			AG Aachen 5.7.1999 9 C 395/98 RiAG Dr. Quarch
1845	€ 2000 (€ 2167)	HWS-Distorsion, Schädelprellung, stumpfes Bauchtrauma, neurologisch cervico-brachiale Beschwerden, Taubheitsgefühle in der rechten Schulter sowie am Ellenbogen, linksseitiges occipito-temporale Schmerzen, zeitweises verzerrtes Sehen im linken Gesichtsfeld	Insgesamt 7 Tage stationäre Behandlung, 3 ½ Monate vollumfängliche AU	Frau	Wiederkehrende Kopfschmerzen (2 x wöchentlich)	Omnibus vollzog eine Vollbremsung, aufgrund welcher die Klägerin stürzte. Bei der Bemessung des Schmerzensgeldes wurde u. a. berücksichtigt, dass die Beklagte lediglich aufgrund der Gefährdungshaftung haftet und der Verschuldensgrad einen Bemessungsfaktor darstellt	AG Bad Segeberg 14.2.2013 17 C 219/12 juris
1846	€ 2000 (€ 2135)	HWS-Schleudertrauma, Schädelprellung, Rückenprellung		Frau		Der gegenständliche Unfall ereignete sich in Polen. Gem. Art. 4 Rom-II VO findet polnisches Recht Anwendung, nach welchem ein Schmerzensgeld von € 1500 gerechtfertigt wäre. Nach dem 33. Erwägungsgrund der Rom-II VO sind jedoch stets die Verhältnisse am gewöhnlichen Aufenthaltsort des Geschädigten zu berücksichtigen, so dass vorliegend ein Schmerzensgeld von € 2000 angemessen ist	AG Frankenthal 15.10.2014 3a C 158/13 DAR 2015, 470 ff., juris
1847	4000 € 2000 (€ 2672)	Schürfwunden am Unterkiefer, Hämatom und Druckschmerz am rechten Ellenbogen, HWS-Distorsion, Thoraxprellung links, Beckenprellung links	MdE: 21 Tage 100% 14 Tage 20%	Mann		Es entspricht der Lebenserfahrung, dass bei einem derartigen Aufprall, der unstreitig die genannten Verletzungen hervorruft, das Unfalltrauma nicht unmittelbar abklingt, sondern über einen erheblichen Zeitraum andauernde Schmerzen nach sich zieht	AG Landau a.d. Isar 10.3.2000 1 C 801/99 RAe Haslbeck & Kollegen, Dingolfing

Urteile lfd. Nr. 1848 – 1850 Rücken

Lfd. Nr.	Betrag DM Euro (Anp.2019)	Verletzung	Dauer und Umfang der Behandlung; Arbeitsunfähigkeit	Person des Verletzten	Dauerschaden	Besondere Umstände, die für die Entscheidungen maßgebend waren	Gericht, Datum der Entscheidung, Az., Veröffentlichung bzw. Einsender
	**Fortsetzung von »Rücken - Wirbelsäule mit Lendenwirbel - HWS-Schleudertrauma und sonstige Verletzungen«**						
1848	€ 2000 (€ 2493)	Leichtes HWS-Schleudertrauma	Mindestens 3 Wochen arbeitsunfähig	Geschäftsführer einer Baufirma		Was die Höhe des Schmerzensgeldes angeht, so legt das Gericht der Beurteilung eine mindestens 3-wöchige Arbeitsunfähigkeit zugrunde, selbst wenn der Kläger nicht arbeitsunfähig krank geschrieben wurde. Auch wenn der Kläger möglicherweise angestellter Geschäftsführer der Baufirma war, so hat er gleichwohl die Pflicht eines Arbeitgebers und es ist gerichtsbekannt, dass Arbeitgeber auch in Fällen von Krankheit ihrer Beschäftigung nachgehen, so gut es geht, weil die äußeren Umstände sie dazu zwingen, und sie lediglich dann zu Hause bleiben, wenn sie gewissermaßen „mit dem Kopf unter dem Arm" daherkommen. Die Tatsache, dass der Kläger trotz Schmerzen seiner Berufstätigkeit nachgekommen ist, wertet das Gericht als schmerzensgelderhöhend. In gleicher Weise wertet es das Gericht schmerzensgelderhöhend, dass die Beklagten versucht haben, die Verletzungen des Klägers zu bagatellisieren, obwohl es sich bei einem HWS-Schleudertrauma nicht um eine Bagatellverletzung handelt. Alles in allem hält das Gericht, auch wenn lediglich ein leichtes HWS-Schleudertrauma und ein Schockzustand nachgewiesen sind, ein Schmerzensgeld in Höhe des vom Kläger geforderten Mindestbetrags von € 2000 für angemessen, aber auch ausreichend	AG München 30.8.2004 345 C 8976/03 LG München I 16.12.2004 17 S 18140/04 RA Piech, München
1849	€ 2000 (€ 2181)	HWS-Schleudertrauma, eine IGS-Blockade sowie eine Beeinträchtigung der LWS	6 Wochen AU, über einen Zeitraum von 6 Monaten Schmerzen im gesamten Rückenbereich			Das Schmerzensgeld sollte den Verletzten in die Lage versetzen, sich Erleichterungen und Annehmlichkeiten an Stelle derer zu verschaffen, deren Genuss ihm durch die Verletzungen unmöglich gemacht wurden	AG München 29.1.2013 332 C 21014/12
1850	€ 2000 (€ 2296)	HWS-Distorsion und Schultergelenksprellung links	5 ½ Wochen arbeitsunfähig, 10 Behandlungstermine bei verschiedenen Ärzten, 12 Massagen, Cervikalstütze	Frau		In Fällen einer HWS-Distorsion mit weiteren Verletzungen, wie hier, der Schultergelenksprellung links, ist regelmäßig ein Schmerzensgeld im Bereich von € 1000 pro Monat Erwerbsunfähigkeit angemessen, solange letztere mindestens 50% betragen hat. Vorliegend war die Klägerin aber über einen Zeitraum von über 5 Wochen zu 100% arbeitsunfähig krank, so dass das Gericht ein Schmerzensgeld von € 2000 für angemessen und ausreichend hält	AG Rinteln 21.8.2008 2 C 213/07 RA Grell, Rinteln

● Mithaftung (siehe vorletzte Spalte)

Lfd. Nr.	Betrag DM Euro (Anp.2019)	Verletzung	Dauer und Umfang der Behandlung; Arbeitsunfähigkeit	Person des Verletzten	Dauerschaden	Besondere Umstände, die für die Entscheidungen maßgebend waren	Gericht, Datum der Entscheidung, Az., Veröffentlichung bzw. Einsender
\multicolumn{8}{l}{**Fortsetzung von »Rücken - Wirbelsäule mit Lendenwirbel - HWS-Schleudertrauma und sonstige Verletzungen«**}							
1851	4000 € 2000 (€ 2571)	HWS-Distorsion, Prellung des Brustbeins, Anpralltrauma des rechten Kniegelenks, Ellenbogenprellung, Fleischwunde am 4. Finger links	Alle Verletzungen bis auf Beschwerden im HWS-Bereich heilten innerhalb der ersten 2–3 Wochen vollständig aus; es verbleiben im HWS-Bereich dauerhafte Beschwerden mit Ausstrahlungen in die Nacken- und Hinterkopfregion und des Schulterbereichs; verlängerte Heilungsdauer ist neben der Schwere des Anpralltraumas durch eine bestehende degenerative Vorschädigung im Segment C 5/6 mit bestehender Osteochondrose und Facettenarthrose zu erklären; daher unfallbedingte MdE von 100% „nur" für 6 Monate, danach für 6 Wochen von 50% und schließlich für weitere 3 Monate von 20%	Frau			LG Aachen 30.10.2002 4 O 69/01 Ass. Balke, Koblenz
1852	4000 € 2000 (€ 2938)	HWS-Syndrom, Thorax-, Brust-, LWS-Prellung	3 Tage Krankenhaus, 3 Monate Schanzsche Krawatte MdE: 3 Tage 100% 1 Monat 30% 3 Monate 20% danach 10%	Frau		Hämatombedingte Zystenbildung in der linken Brust	LG Bückeburg 23.11.1993 2 O 248/92 2. Zivilkammer des LG Bückeburg
1853	€ 2000 (€ 2304)	HWS-Distorsion	Therapiebedürftigkeit von ca. 6 Wochen	Frau		Klägerin hatte vorgeschädigte Wirbelsäule. Die nach ca. 6 Wochen weiter bestehenden Beschwerden seien auf die vorbestehende degenerative Halswirbelsäulenerkrankung zurückzuführen. Der Unfall habe nur zu einer Distorsion der Halswirbelsäule geführt und sei nicht ursächlich für die degenerative Erkrankung der Halswirbelsäule	LG Fulda 12.2.2009 2 O 157/07 RA Koch, Erftstadt
1854	€ 2000 (€ 2416)	HWS-Distorsion 1. Grades, BWS-Distorsion, Brustwirbelquetschung	MdE: 1 Woche 100% 2 Wochen 20% 1 Monat 10%	Frau			LG Tübingen 31.8.2006 1 O 195/05 SP 2006, 419
1855	€ 2000 (€ 2113)	HWS-Schleudertrauma	8 Wochen AU	selbstständige Reinigungskraft		Unfall im Niedriggeschwindigkeitsbereich von 8–12 km/h. Das Gericht ging zugunsten der Klägerin davon aus, dass die Verletzung spätestens nach 8 Wochen ausgeheilt war. Die weiteren Beschwerden und die damit verbundene weitere mehrmonatige AU konnten nicht als kausal bewiesen werden	LG Wiesbaden 14.11.2016 9 O 176/14 juris

Urteile lfd. Nr. 1856 – 1863   Rücken

Lfd. Nr.	Betrag DM Euro (Anp.2019)	Verletzung	Dauer und Umfang der Behandlung; Arbeitsunfähigkeit	Person des Verletzten	Dauerschaden	Besondere Umstände, die für die Entscheidungen maßgebend waren	Gericht, Datum der Entscheidung, Az., Veröffentlichung bzw. Einsender
	**Fortsetzung von »Rücken - Wirbelsäule mit Lendenwirbel - HWS-Schleudertrauma und sonstige Verletzungen«**						
1856	4000 € 2000 (€ 2609)	HWS-Distorsion	3 Monate arbeitsunfähig	Mann		Noch vorhandene Beschwerden sind auf degenerative Verschleißerscheinungen zurückzuführen	OLG Hamm 5.4.2001 6 U 121/00 RAe Dr. Biesek & Plassmann, Münster
1857	€ 2000 (€ 2178)	HWS-Distorsion, Prellungen an Kinn, Thorax und Unterschenkel, eine Schürfwunde an der linken Hand sowie eine Gefühlsstörung im Kinn-Wangenbereich	ca. 3 Monate AU	Frau im Rentenalter		Erleidet eine Geschädigte bei einem Verkehrsunfall eine HWS-Distorsion, Prellungen an Kinn, Thorax und Unterschenkel, eine Schürfwunde an der linken Hand sowie eine Gefühlsstörung im Kinn-Wangenbereich und heilen sämtliche Verletzungen nach 3 Monaten folgenlos aus, so ist die Leistung eines Schmerzensgeldes i.H.v. € 2000 angemessen	OLG München 26.10.2012 10 U 4531/11 juris
1858	€ 2045 (€ 2552)	Distorision der HWS und BWS bei vorgeschädigter Wirbelsäule	6 Wochen Schanzsche Krawatte, 1 Woche arbeitsunfähig	Frau		Das Tragen der Schanzschen Krawatte habe sich auf den Heilungsprozess ungünstig ausgewirkt. Die falsche Therapie ist jedoch dem Beklagten als Ersatzpflichtigen hinzuzurechnen, da es sich um keinen ungewöhnlichen oder gar neuen selbständigen Kausalverlauf handelt	AG Idar-Oberstein 8.7.2004 3 C 155/01 RA Koch, Erftstadt
1859	€ 2045 (€ 2658)	Zerrung der HWS Grad I, multiple Prellungen	Ausheilung in einem Zeitraum von 6 bis maximal 8 Wochen	32-jähr. Bautechniker		Unfallunabhängig liege ein Bandscheibenvorfall im HWS-Bereich vor, der aber erst 4 Jahre nach dem Unfall zu erkennen gewesen sei, welcher einzig und allein sich im Rahmen von degenerativen Veränderungen entwickelte. Mit vorprozessualer Zahlung von DM 4000 (€ 2000) ist das leichte HWS-Trauma des Klägers aufgrund des Unfalls als Schmerzensgeld bei weitem ausgeglichen	LG München I 20.9.2001 19 O 8701/96 VorsRiLG Krumbholz
1860	€ 2100 (€ 2235)	LWS-Syndrom mit L 1 Blockade, C 2 Blockade bei HWS Distorsion, neurovegetative Dystonie, Hypertonie, Somatisierung, Fibulaköpfchenblockade des rechten Knies, Schädelprellung, Prellung des rechten Knies	4 Wochen AU	Fahrradfahrer		Kläger leidet seit dem Unfall an Ängstlichkeit als Autofahrer und Fußgänger und hat infolge des Unfalls die Freude am Fahrradfahren verloren	AG Langen 3.9.2014 55 C 57/12 (11)
1861	€ 2200 (€ 2704)	HWS-Distorsion, Gurtprellung, Schürfwunde des rechten Beckenkamms, Prellung des rechten proximalen Unterschenkels	15 Monate kontinuierliche ärztliche ambulante Behandlung	Mann	Kein Dauerschaden		AG Landsberg a. Lech 24.11.2005 3 C 695/05 RAin Deutsch-Bader, Landsberg
1862	€ 2250 (€ 2658)	HWS-Schleudertrauma I. Grades sowie Arm- und Handprellung links	6 Wochen arbeitsunfähig, anschließend MdE: 3 Monate 20%	Mann			AG Köln 7.9.2007 261 C 636/04 RAe Varga & Koll., Leverkusen
1863	4500 € 2250 + immat. Vorbehalt (€ 2936)	HWS-Distorsion, Kontusion des linken Ober- und Unterarms, multiple Prellungen und kleinere oberflächliche Hautabschürfungen sowie Prellung des Unterkiefers; kompletter Abbruch eines unteren mittleren Schneidezahns	1 Monat arbeitsunfähig, Cervikalstütze, Unterarmschiene links, Schmerzmittel und Salbenverbände	Frau		Eine Auswechslung der Zahnprothese innerhalb der nächsten 20 Jahre ist zu erwarten	AG Luckenwalde 20.11.2001 17 C 269/00 RA Koch, Erftstadt-Liblar

● Mithaftung (siehe vorletzte Spalte)

Lfd. Nr.	Betrag DM Euro (Anp.2019)	Verletzung	Dauer und Umfang der Behandlung; Arbeitsunfähigkeit	Person des Verletzten	Dauerschaden	Besondere Umstände, die für die Entscheidungen maßgebend waren	Gericht, Datum der Entscheidung, Az., Veröffentlichung bzw. Einsender
	**Fortsetzung von »Rücken - Wirbelsäule mit Lendenwirbel - HWS-Schleudertrauma und sonstige Verletzungen«**
1864	5000 € 2500 + immat. Vorbehalt (€ 3310)	Schweres HWS- und BWS-Distorsionstrauma	Über 1 Jahr ambulante Behandlung, ca. 6 Monate arbeitsunfähig	Frau		Spätfolgen sind zu erwarten; bei seitlichen Anstößen kann auch bei geringeren anstoßbedingten Geschwindigkeitsänderungen als 11 km/h ein HWS-Schleudertrauma verursacht werden	AG Aachen 7.9.2000 6 C 315/99 RAe Schmitz & Lehnen, Aachen
1865	€ 2500 (€ 2886)	Schädelprellung, HWS-Schleudertrauma, BWS-Distorsion	1 Woche arbeitsunfähig	Müllfahrer		Kläger ist trotz Schmerzen zur Arbeit gegangen, um den Verlust seiner erst kürzlich angetretenen Arbeitsstelle bei der Müllabfuhr zu vermeiden	AG Erkelenz 10.3.2009 6 C 93/07 RA Koch, Erftstadt
1866	€ 2500 (€ 3034)	HWS-Distorsion 2. Grades nach Erdmann	MdE: 5 Wochen 100% 6 Monate 20% 6 Monate 10%	35-jähr. Hausfrau und Mutter		Zögerliches Regulierungsverhalten des Haftpflichtversicherers wirkte sich schmerzensgelderhöhend aus	AG Idar-Oberstein 27.4.2006 4 C 927/03 RAe Säzler & Gerhard, Idar-Oberstein
1867	€ 2500 (€ 2712)	HWS-Distorsion	3 Wochen AU, weitere 5 Wochen 40% AU, Behandlungsdauer von 7 Monaten nach dem Unfall	Mann			AG Karlsruhe-Durlach 20.12.2012 2 C 30/12 RA Michael Grab, Mannheim
1868	5000 € 2500 + immat. Vorbehalt (€ 3617)	HWS-Schleudertrauma des Schweregrades I–II	MdE: 3 Wochen 100% 2 Wochen 50% 11 Wochen 30% 2 Wochen 20%	Frau	MdE: 10%	Immat. Vorbehalt rechtfertigt sich aus der dauerhaften MdE von 10%	LG München I 10.2.1994 19 O 25168/90 VorsRiLG Krumbholz
1869	5000 € 2500 (€ 3578)	HWS-Schleudertrauma; Tinnitus beidseitig	Kurzfristig	Polizeibeamter	MdE: 10%		LG München I 4.8.1994 19 O 24001/91 VorsRiLG Krumbholz
1870	5000 € 2500 + immat. Vorbehalt (€ 3484)	HWS-Schleudertrauma	Langwierige Heilbehandlung	Frau		Das bei dem Unfall aufgetretene HWS-Trauma wäre bei einer gesunden, nicht vorgeschädigten, nicht deutlich degenerativ veränderten HWS nach Wochen bis längstens Monaten beschwerdefrei ausgeheilt gewesen. Degenerative Vorschädigungen haben primär zu einer erhöhten Schmerzintensität und zu einem erheblich verlangsamten Abklingen des unfallbedingt zusätzlichen Reizzustandes geführt. Ab etwa Beginn des 3. Unfalljahres sind die Unfallfolgen zunehmend untergeordnet gewesen	LG München I 28.11.1996 19 O 10333/96 VorsRiLG Krumbholz
1871	5000 € 2500 (€ 3408)	HWS-Schleudertrauma mit nachfolgendem Bandscheibenvorfall	MdE: 3 Wochen 100% ca. 4 Wochen 40% 9 Wochen 30% 3 Monate 20% ca. 5 ½ Monate 10% im 2. Unfalljahr 5% danach ⅓ von 10% auf Dauer	25-jähr. Frau	10%, davon ⅓ unfallbedingt	Vorbestehende HWS-Schädigung der Klägerin hat einen ganz überwiegenden Anteil an den nachhaltigen Beschwerden	LG München I 2.10.1997 19 O 1131/97 VorsRiLG Mü I Krumbholz

Urteile lfd. Nr. 1872 – 1876 — Rücken

Lfd. Nr.	Betrag DM **Euro** *(Anp.2019)*	Verletzung	Dauer und Umfang der Behandlung; Arbeitsunfähigkeit	Person des Verletzten	Dauerschaden	Besondere Umstände, die für die Entscheidungen maßgebend waren	Gericht, Datum der Entscheidung, Az., Veröffentlichung bzw. Einsender
Fortsetzung von »Rücken - Wirbelsäule mit Lendenwirbel - HWS-Schleudertrauma und sonstige Verletzungen«							
1872	€ 2500 + immat. Vorbehalt *(€ 3102)*	HWS-Distorsion Grad I mit Übergang zum Schweregrad II nach Erdmann	8 Wochen arbeitsunfähig, 40 krankengymnastische Behandlungen	Frau		Das Feststellungsinteresse darf nur dann verneint werden, wenn aus Sicht der Klägerin bei verständiger Würdigung kein Grund besteht, mit dem Eintritt eines Schadens wenigstens zu rechnen (BGH NJW 2001, 1431 ff. und 3414 ff.). Die Wahrscheinlichkeit einer HWS-Verletzung ist insbesondere bei zierlich gebauten Frauen aufgrund des „Schwanenhalses" größer als bei Männern oder bei pyknischen oder athletischen Frauentypen	LG Offenburg 15.2.2005 1 S 167/04 RA Thaens, Offenburg
1873	€ 2500 *(€ 2880)*	HWS-Distorsion I bis II nach Erdmann		Architektin		Eine derartige Verletzung heilt innerhalb weniger Wochen, spätestens nach 3 Monaten aus. Auch war die Klägerin nicht während des gesamten Zeitraums zu 100% arbeitsunfähig. Unter Berücksichtigung der Tatsache, dass der unfallbedingte Beschwerdeanteil nach ca. 6 Wochen nur noch 50% ausgemacht hat und im Laufe der Zeit auch immer weiter abgenommen hat bis zum vollständigen Abklingen der unfallbedingten Beschwerden, erachtet das Gericht einen Schmerzensgeldanspruch von € 2500 für angemessen	LG Traunstein 20.10.2008 7 O 2602/06 RA Koch, Erftstadt
1874	5000 € 2500 + immat. Vorbehalt *(€ 3399)*	Zeitweilige Kopfschmerzen und Schluckbeschwerden, Ohrenrauschen, Taubheitsgefühl in den oberen Extremitäten; ausstrahlende Nackenschmerzen; Schlafstörungen als psychisch vermittelte Beschwerden infolge einer relativ leichten HWS-Distorsion		Mann		Beim Schmerzensgeld für psychisch vermittelte, länger anhaltende Beschwerden ist – insbesondere im Hinblick auf die zurücktretende Genugtuungsfunktion – gegenüber den üblicherweise für vergleichbare Schäden anzusetzenden Beträgen ein angemessener Abschlag vorzunehmen. Immat. Vorbehalt, da nicht ausgeschlossen werden kann, dass das aufgetretene Schadensbild nicht endgültig abgeschlossen ist	OLG Celle 29.7.1997 5 U 116/96 NJWE-VHR 1998, 6
1875	€ 2500 *(€ 2740)*	HWS-Trauma 1. Grades (nach Erdmann) mit psychischer Überlagerung (Renten- und Begehrensneurose)	Spätestens nach drei Monaten folgenlos ausgeheilt	Mann	Renten- und Begehrensneurose	Kein Zurechnungszusammenhang für Renten- und Begehrensneurose. Da die Beklagte unstreitig bereits ein Schmerzensgeld i.H.v. € 2500 an den Kläger gezahlt hat, sind damit die aufgrund des erwiesenen HWS-Traumas 1. Grades unmittelbar erlittenen Schmerzen abgegolten	OLG Dresden 25.4.2012 7 U 1046/10
1876	€ 2500 *(€ 2671)*	HWS-Distorsion des Schweregrades I, welche über einen Zeitraum von bis zu 6 Monaten zu Nacken- und Schulterschmerzen beim Bücken, Strecken und Heben, zu einer schmerzhaft eingeschränkten Rotation und Seitneigung der Halswirbelsäule sowie zu stechenden, teils schlagartigen Schmerzen mit Schwindelzuständen und Angst- und Panikattacken beim Treppensteigen geführt hat	Verzögerter Heilungsverlauf; mehrfach wegen persistierender HWS-Beschwerden in ärztlicher bzw. physiotherapeutischer Behandlung	Mann		Unter Berücksichtigung der vorstehenden Bemessungsfaktoren, insb. des verzögerten Heilungsverlaufs, und der Schmerzensgeldbeträge, die der Senat in anderen Fällen von HWS-Distorsionen regelmäßig zuerkennt, hält der Senat ein Schmerzensgeld i.H.v. insgesamt € 2500 für erforderlich, aber auch ausreichend, um dem Kläger einen angemessenen Ausgleich für die Verletzung seiner Halswirbelsäule und die infolgedessen erlittenen Beeinträchtigungen zu verschaffen	OLG Düsseldorf 1.4.2014 I-1 U 57/13 DAR 2015, 330

● Mithaftung (siehe vorletzte Spalte)

Lfd. Nr.	Betrag DM Euro (Anp.2019)	Verletzung	Dauer und Umfang der Behandlung; Arbeitsunfähigkeit	Person des Verletzten	Dauerschaden	Besondere Umstände, die für die Entscheidungen maßgebend waren	Gericht, Datum der Entscheidung, Az., Veröffentlichung bzw. Einsender
	**Fortsetzung von »Rücken - Wirbelsäule mit Lendenwirbel - HWS-Schleudertrauma und sonstige Verletzungen«**
1877	€ 2600 + immat. Vorbehalt (€ 3339)	Bandscheibenvorfall der Wirbeletage HWK 5/6	7 Monate nach dem Unfall wurde Bandscheibenvorfall diagnostiziert, anschließend 6 Monate arbeitsunfähig	Junge Frau	Behinderung von 20%		AG Frankenberg (Eder) 6.8.2002 61 C 152/01 SP 2003, 56
1878	€ 3000 (€ 3386)	HWS-Distorsion, Distorsion des linken Daumengrundgelenks, Distorsion des rechten Kniegelenks mit Abschürfungen	Insgesamt 2 Monate AU zu 100%	Mann, Zahntechniker			AG Buxtehude 14.12.2010 31 C 514/08 RA Koch, Erftstadt
1879	6000 € 3000 (€ 4132)	HWS-Syndrom mittlerer Intensität	Schanzsche Krawatte; 3 Wochen arbeitsunfähig; Heilungsprozess wurde durch Schwindel und Sehstörungen behindert	Mann		1 Jahr später 3 Monate stationärer Aufenthalt in psychosomatischer Abteilung. Es entwickelte sich ein psychogener Nackenschmerz, dem – auf der Grundlage seiner traumatischen Biografie – unverarbeitete schmerzhafte Erinnerungen, Enttäuschungswut und ungestillte Bedürfnisse nach Wiedergutmachung zugrundeliegen	AG Köln 7.1.1997 266 C 241/96 RAe Dr. Jung & Partner, Köln
1880	6000 € 3000 (€ 3914)	Gehirnerschütterung, mehrere Kopfplatzwunden, HWS Distorsion, verschiedene Prellungen	Mehrere Wochen Tragen einer Halskrawatte; in dieser Zeit starke Kopfschmerzen			Vorsätzlicher Schlag mit einem schweren Aschenbecher auf den Hinterkopf des Klägers; auch ca. 1 ½ Jahre nach dem Vorfall immer wieder Auftreten von Kopfschmerzen	AG Laufen 12.4.2001 1 C 0418/00 RAe Ritter & Schwarzer, Berchtesgaden
1881	€ 3000 (€ 3900)	HWS-Distorsion	MdE: 5 Wochen 100% 9 Wochen 50% ca. 6 Monate Behandlungsmaßnahmen zur Schmerzbekämpfung durch schmerzstillende und muskelentspannende Medikamente, physikalische Maßnahmen in Form von Wärmeanwendungen und krankengymnastischen Übungen	Fachangestellte		Stufenweise Wiedereingliederung ins Arbeitsleben	AG Lingen 13.9.2001 12 C 1400/00 (X) bestätigt LG Osnabrück 18.6.2002 8 S 918/01 RAe Rosken & Wintermann, Lingen
1882	€ 3000 (€ 3517)	Distorsion der HWS und des rechten Daumens	MdE: knapp 3 Monate 100% weitere 5 Monate 10%	Mann		Während die Halswirbelsäule entsprechend einem üblichen Verlauf spätestens nach etwa einem Monat keine Beschwerden mehr zeigte, war der Heilungsverlauf am rechten Daumen verlängert, bedingt dadurch, dass dieser bereits durch eine Rheumaerkrankung vorgeschädigt war	LG Dortmund 14.11.2007 21 O 62/07 RA Koch, Erftstadt
1883	6000 € 3000 (€ 3933)	HWS-Trauma leichten bis mittleren Grades mit Taubheitsgefühl und Kribbeln im rechten Arm und in rechter Hand	MdE: 6 Wochen 100% 6 Wochen 75% 3 Monate 50% 6 Monate 20% Kläger konnte seinem Beruf ein Jahr lang nicht oder nur zum Teil nachgehen	Lehrer		Seitlicher Pkw-Anstoß; die kollisionsbedingten Geschwindigkeitsänderungen beim Heckaufprall sind hier nur bedingt anwendbar, weil sich eine andere Belastung der HWS ergibt	LG Osnabrück 13.3.2001 7 O 137/96 RAe und Notare Diekmann, Meppen

Fortsetzung von »Rücken - Wirbelsäule mit Lendenwirbel - HWS-Schleudertrauma und sonstige Verletzungen«

Lfd. Nr.	Betrag DM Euro (Anp.2019)	Verletzung	Dauer und Umfang der Behandlung; Arbeitsunfähigkeit	Person des Verletzten	Dauerschaden	Besondere Umstände, die für die Entscheidungen maßgebend waren	Gericht, Datum der Entscheidung, Az., Veröffentlichung bzw. Einsender
1884	€ 3000 (€ 3173)	HWS-Schleudertrauma I.–II. Grades	3 Tage stationäre Behandlung, AU: mindestens 6 Wochen 100% 4 Wochen 50% 9 Wochen 25% 6 Monate 20%	Frau		Der Beklagte fuhr mit 15 bis 20 km/h auf das stehende Fahrzeug der Klägerin auf. Unfallbedingt sind keine Dauerfolgen eingetreten. Diese sind auf Vorerkrankungen zurückzuführen. Zögerliches Regulierungsverhalten	LG Tübingen 27.10.2015 5 O 155/14 Landesrechtsprechungsdatenbank BW
1885	€ 3000 (€ 3418)	HWS-Distorsion I. Grades; Thoraxprellung, posttraumatisches Belastungssyndrom	2 bis max. 2 ½ Monate AU	Mann		Nach der einschlägigen aktuellen Rspr. beider Verkehrszivilsenate des KG zu vergleichbaren Fällen gilt: Bei einer HWS-Distorsion I. Grades (mit weiteren begleitenden Verletzungen, die folgenlos ausgeheilt sind) ist regelmäßig ein Schmerzensgeld im Bereich von € 1000 pro Monat der Erwerbsunfähigkeit angemessen, solange letztere mind. 50% betragen hat. Auch unter Berücksichtigung der abgeklungenen posttraumatischen Belastungsreaktion und der eher grob fahrlässigen Fahrweise des Unfallgegners hält der Senat in Anwendung der einschlägigen Grundsätze sowie der vorstehend dargestellten Rspr. ein Schmerzensgeld in Höhe des vom LG festgesetzten Betrags von € 3000 für angemessen	KG Berlin 21.6.2010 12 U 20/10 SP 2011, 10
1886	€ 3000 (€ 3271)	Massive Schädelkontusion, eine HWS-Distorsionsverletzung nach Erdmann Grad I sowie oberflächliche Glassplitterverletzungen in Gesicht und Auge	Eine stationäre Behandlung war nicht notwendig. Für die Dauer eines Jahres lag eine geringe Minderung der Erwerbsfähigkeit vor	Mann		Da keine bleibenden psychischen Schäden, keine aktuelle Steilstellung der Halswirbelsäule, kein cervicobrachiales Syndrom, keine anhaltende Invalidität oder Minderung der Erwerbsfähigkeit nachgewiesen sind und auch keine gegenwärtigen auf den Unfall zurückzuführenden Augenverletzungen bei dem Kläger vorliegen, mithin der Unfall keine bleibenden, chronischen Schäden gezeitigt hat, kann das vom LG zuerkannte Schmerzensgeld in Höhe von insgesamt € 9500 nicht bestehen bleiben	OLG Naumburg 21.1.2013 1 U 90/12 VRS 125, 141; juris
1887	€ 3000 (€ 3180)	Rippenprellung sowie eine leichte Stauchung der Halswirbelsäule bei einem Kfz-Unfall in Österreich	Verschiedene ambulante Behandlungen	Frau		Bei der Schmerzensgeldbestimmung wurden neben Art und Umfang der objektiv auf den Unfall zurückführbaren Verletzungen und Gesundheitsbeeinträchtigungen und den damit verbundenen Beschwerden der Umstand des abgebrochenen Urlaubs und die Beeinträchtigungen für das Erwerbsleben und in der Haushaltsführung berücksichtigt	OLG Naumburg 28.4.2015 1 U 147/13

● Mithaftung (siehe vorletzte Spalte)

Lfd. Nr.	Betrag DM Euro (Anp.2019)	Verletzung	Dauer und Umfang der Behandlung; Arbeitsunfähigkeit	Person des Verletzten	Dauerschaden	Besondere Umstände, die für die Entscheidungen maßgebend waren	Gericht, Datum der Entscheidung, Az., Veröffentlichung bzw. Einsender
\multicolumn{8}{l}{Fortsetzung von »Rücken - Wirbelsäule mit Lendenwirbel - HWS-Schleudertrauma und sonstige Verletzungen«}
1888	€ 3000 (€ 3151)	HWS-Beschleunigungstrauma durch Verkehrsunfall, Prellungen im Gurtverlauf, Distorsion der linken Schulter und leichte bis mittelgradige Anpassungsstörung	Arbeitsunfähigkeit von 6 Wochen; als Lehrerin dienstunfähig in den Ruhestand versetzt	Frau	Depressive Anpassungsstörung	Die Klägerin hat sich aufgrund der bei dem anzusetzenden Schmerzensgeld zu berücksichtigenden Verletzungen nicht in stationärer Behandlung befunden. Ihre körperlichen Verletzungen sind folgenlos ausgeheilt. Die von ihr beklagten Beschwerden im Zusammenhang mit der HWS-Distorsion sind spätestens 1 Jahr nach dem Verkehrsunfall nicht mehr unfallbedingt. Sie ist zwar wegen Dienstunfähigkeit 10 Monate nach dem Unfall in den Ruhestand versetzt worden, ist aber „lediglich" maximal 6 Wochen unfallbedingt nicht berufs- bzw. erwerbsfähig sowie nicht in der Lage gewesen, den Haushalt zu führen. Die bei der Klägerin fortbestehende depressive Anpassungsstörung hat nicht zu einer Erwerbs- bzw. Arbeitsunfähigkeit geführt und basiert nicht nur auf dem Unfallereignis, sondern auch auf ihrer seelischen Disposition. Letzteres ist als das Schmerzensgeld minderner Faktor bei der Schmerzensgeldzumessung zu berücksichtigen	OLG Oldenburg 22.7.2016 6 U 30/16 juris
1889	€ 3000 (€ 3251)	HWS-Schleudertrauma	Siehe unter „Besondere Umstände"	39-jähr. Mann		Es war zum einen zu berücksichtigen, dass der Kläger über einen recht langen Zeitraum von nahezu 10 Monaten unter den Folgen der Verletzung litt, er sich für die Dauer von drei Wochen in stationäre Behandlung begab, woran sich an 30–35 Terminen eine ambulante Behandlung anschloss, anlässlich derer sich der Kläger u. a. unangenehmen Infiltrationstherapien unterzog. Andererseits waren die Beschwerden spätestens Anfang August nicht mehr gravierend (der Sachverständige hat den Grad der Minderung der Arbeitsfähigkeit mit lediglich 20% angesetzt). Diese Einschätzung erlaubt den Schluss, dass die Beschwerden des Klägers ab diesem Zeitpunkt durchaus erträglich waren, solange der Kläger belastende Tätigkeiten vermied. Schließlich hat sich der Senat bei der Festsetzung des Schmerzensgelds an der einschlägigen Kasuistik orientiert	Saarländisches OLG 28.2.2013 4 U 587/10-182 NJW-Spezial 2013, 299
1890	€ 3200 (€ 3686)	HWS-Zerrung I. Grades, Prellungen im Bereich des linken Knies, der rechten Schulter und des linken Beckens	3 Wochen arbeitsunfähig, 7 Wochen lang Spritzen gegen Schmerzen, Halskrause	Frau		Wegen überwiegenden Mitverschuldens von 75% wurde der Klägerin lediglich ein Schmerzensgeld i.H.v. € 800 zugesprochen	LG Bonn 17.10.2008 18 O 151/08 RA Koch, Erftstadt
1891	6500 € 3250 (€ 4530)	HWS-Schleudertrauma und Thoraxkontusion	MdE: 1 Monat 100% 11 Tage 50% 9 Tage 25% 4 Wochen Tragen einer Schanzschen Krawatte		10%ige Bewegungseinschränkung im HWS-Bereich	Die verbleibende Bewegungseinschränkung wirkt sich besonders im Beruf als Fahrlehrer aus	AG Passau 12.6.1996 3 C 164/96 zfs 1999, 378 RAe Stern & Schiller, Osterhofen

Fortsetzung von »Rücken - Wirbelsäule mit Lendenwirbel - HWS-Schleudertrauma und sonstige Verletzungen«

Lfd. Nr.	Betrag DM **Euro** *(Anp.2019)*	Verletzung	Dauer und Umfang der Behandlung; Arbeitsunfähigkeit	Person des Verletzten	Dauerschaden	Besondere Umstände, die für die Entscheidungen maßgebend waren	Gericht, Datum der Entscheidung, Az., Veröffentlichung bzw. Einsender
1892	7000 **€ 3500** + immat. Vorbehalt *(€ 4687)*	HWS-Distorsion 1.–2. Grades mit Abschwächung der Muskeleigenreflexe des rechten Arms und sensibler Störung des Dermatoms C 8	14 Tage Krankenhaus, 1 Monat Reha MdE: 1 Monat 100% 1 Monat 60% 4 Wochen 40% 3 Monate 20%	Lkw-Fahrer	Muskel- und Sensibilitätsstörungen im rechten Arm; MdE von 10% auf neurochirurgischem Gebiet	Verlust des Arbeitsplatzes als Lkw-Fahrer; 1 Jahr unfallursächliche Beschwerden im HWS-Bereich	LG Nürnberg-Fürth 29.12.1999 8 O 11777/97 RA Wilhelm, Nürnberg
1893	**€ 3500** *(€ 3612)*	HWS-Distorsion 1. Grades, erhebliche Muskelverspannungen	9 Wochen AU zu 100%, 2 Wochen AU zu 50%	Selbstverteidigungstrainerin		Kollisionsbedingte Geschwindigkeitsänderung von 7–8 km/h. Das Gericht ist davon überzeugt, dass die Verletzungen unfallkausal sind, sei es infolge einer schutzreflektorischen An- und Verspannung der Muskelgruppen oder sei es dergestalt, dass die unfallbedingte Beschleunigung auf eine degenerativ vorveränderte Halswirbelsäule traf, die bis dahin klinisch unauffällig war. Das Ergebnis der zweitinstanzlichen Beweisaufnahme rechtfertigt alleine schon das zugesprochene Schmerzensgeld, ohne dass dabei die Frage aufgeworfen werden müsste, ob das Regulierungsverhalten der Beklagten angesichts des mehr als ein halbes Jahrzehnt zurückliegenden Unfalls nicht allein für sich eine Erhöhung des Schmerzensgeldes wegen des zögerlichen Regulierungsverhaltens rechtfertigte	LG Wiesbaden 6.3.2018 9 S 34/14 juris
1894	**€ 3500** *(€ 4181)*	HWS-Distorsion		Mann		Die vom Kläger beklagten Beschwerden, wie Einschränkung der Beweglichkeit der Halswirbelsäule, Schwindelzustände und Ohrensausen können nur für den Zeitraum eines Jahres als Folgen des Unfallereignisses zugeordnet werden. Die behauptete Erwerbsunfähigkeit steht nach Ansicht des Senats damit nicht in Kausalzusammenhang	Brandenburgisches OLG 8.3.2007 12 U 48/06 RA Koch, Erftstadt

● Mithaftung (siehe vorletzte Spalte)

Rücken | Urteile lfd. Nr. 1895 – 1897

Lfd. Nr.	Betrag DM Euro (Anp.2019)	Verletzung	Dauer und Umfang der Behandlung; Arbeitsunfähigkeit	Person des Verletzten	Dauerschaden	Besondere Umstände, die für die Entscheidungen maßgebend waren	Gericht, Datum der Entscheidung, Az., Veröffentlichung bzw. Einsender
\multicolumn{8}{l}{Fortsetzung von »Rücken - Wirbelsäule mit Lendenwirbel - HWS-Schleudertrauma und sonstige Verletzungen«}
1895	€ 3500 (€ 3816)	HWS-Beschwerdesymptomatik mit psychischer Überlagerung nach leichtem Auffahrunfall	Siehe unter „Besondere Umstände"	42-jähr. Mann	Vorübergehende MdE von 20% für einen Zeitraum von 3 Monaten und wegen der Anpassungsstörungen für die Dauer eines weiteren halben Jahres eine MdE von 10%. Im Übrigen Unfallursächlichkeit nicht nachgewiesen bzw. nicht zurechenbar	Der Kläger hat nicht bewiesen, dass er anlässlich des Unfallereignisses eine HWS-Distorsion erlitten hat. Allerdings lassen sich die von ihm zeitnah zu dem Unfallereignis geschilderten Beschwerden schlüssig auf den Heckaufprall zurückführen. Diese Symptomatik hätte aber – ohne psychogene Fehlverarbeitung durch den Kläger – spätestens nach 3 Monaten abgeklungen sein müssen. Die psychogenen Reaktionen, die zur somatoformen Fehlverarbeitung führten, hätten ihrerseits nach weiteren 3 Monaten abgeklungen sein müssen. Zu berücksichtigen ist zudem, dass die unmittelbaren Verletzungsfolgen auch nach dem Schilderungen des Klägers und unter Berücksichtigung der psychogenen Fehlverarbeitung keine wesentliche Beeinträchtigung der privaten Lebensführung und seiner beruflichen Tätigkeit, soweit sie die von ihm nach dem Unfallereignis übernommenen Innendiensttätigkeit betrifft, darstellten. Andererseits ist bei der Bemessung der Schmerzensgeldhöhe zu berücksichtigen, dass der Kläger aufgrund des Unfalls für die Dauer von 6 Wochen eine sog. Schanz'sche Krawatte getragen hat und eine Vielzahl von ärztlichen Untersuchungen erforderlich geworden ist sowie auch der Umstand, dass eine dreiwöchige stationäre Behandlung erfolgte	OLG Frankfurt am Main 31.8.2012 19 U 68/02
1896	€ 4000 (€ 4607)	Schwere HWS Verletzung mit erheblichen Kopfschmerzen und Beschwerden am rechten Kiefergelenk	Sehr langwierige Heilbehandlung über insg. 8 Monate; AU von fast 4 Wochen; die Klägerin kann vermutlich auf Dauer ihren Mund nicht mehr vollständig öffnen und hat Beschwerden mit dem Kauen	Frau		Eines objektiven Beweises im Sinne eines medizinisch-naturwissenschaftlichen Veränderungsnachweises gegenüber der Situation vor dem Unfall bedarf es für die richterliche Gewissheit nicht. Andernfalls wäre für eine unfallgeschädigte Person in vielen Fällen der erforderliche Nachweis des Unfallzusammenhangs praktisch nicht führbar	LG Heidelberg 11.9.2009 3 S 9/09 SP 2010, 112
1897	€ 4000 (€ 4992)	Mittelschwere HWS-Distorsion, Prellungen des Schädels und der Schulter	HWS-Distorsion hat sich in außergewöhnlich langfristiger Form manifestiert und zu einer zeitaufwendigen krankengymnastischen Therapie geführt; 3 Monate in der Erwerbsfähigkeit insgesamt bzw. überwiegend eingeschränkt, anschließend 9 Monate reduziert eingeschränkt	Frau			OLG Celle 8.7.2004 14 U 258/03 SP 2005, 159

Lfd. Nr.	Betrag DM Euro (Anp.2019)	Verletzung	Dauer und Umfang der Behandlung; Arbeitsunfähigkeit	Person des Verletzten	Dauerschaden	Besondere Umstände, die für die Entscheidungen maßgebend waren	Gericht, Datum der Entscheidung, Az., Veröffentlichung bzw. Einsender
\multicolumn{8}{l}{Fortsetzung von »Rücken - Wirbelsäule mit Lendenwirbel - HWS-Schleudertrauma und sonstige Verletzungen«}
1898	€ 4000 (€ 4231)	Schädelprellung, HWS-Distorsion, Handverletzung und seelische Verletzungen (depressive Anpassungsstörung)	Drei Tage stationäre Behandlung; dauerhafte AU wegen psychischem Schaden	Frau	Psychischer Schaden	Ist davon auszugehen, dass eine depressive Anpassungsstörung (mit)verursacht und der Unfall als „auslösendes" Ereignis zu betrachten ist und ist zu berücksichtigen, dass die erlittenen körperlichen – vorliegend Schädelprellung, HWS-Distorsion sowie eine Handverletzung – und seelischen Verletzungen nur während der ersten drei Monate zu 100%, vom vierten bis sechsten Monat nach dem Unfallereignis psychische Beeinträchtigungen nur noch zu 50% und ab dem sechsten bis zwölften Monat nur noch zu 30% auf dem Unfallereignis basierten, während seit dem dreizehnten Monat die weiterhin bestehenden psychischen Beeinträchtigungen zu 80% auf unfallunabhängigen Faktoren beruhen, ist ein Schmerzensgeld von € 4000 angemessen. Bei der Bemessung des Schmerzensgeldes ist schadensmindernd anzusetzen, dass der Verkehrsunfall nur eine bereits vorhandene Schadensbereitschaft in der Konstitution der Klägerin ausgelöst hat	OLG Frankfurt am Main 3.6.2015 17 U 216/14 juris
1899	€ 4000 (€ 4393)	HWS-Distorsion, deren Folgen nach spätestens einem Jahr ausgeheilt waren	Multiple Beschwerden, Behandlungsmaßnahmen und dauerhafte Arbeitsunfähigkeit, deren Unfallursächlichkeit jedoch im Wesentlichen nicht bewiesen war	Frau		Die bisher geleisteten bzw. zuerkannten Beträge sind in Anbetracht der auf den Unfall zurückführbaren HWS-Distorsion sowie des Umstands, dass von einer Ausheilung der damit verbundenen Verletzungsfolgen spätestens binnen eines Jahres auszugehen ist, auch wenn sich innerhalb dieses Zeitfensters aufgrund der vorhandenen degenerativen Veränderungen ein vergleichsweise langsamerer Heilungsprozess eingestellt haben sollte, als angemessen anzusehen	OLG Hamburg 1.6.2012 15 U 5/12
1900	€ 4000 (€ 4189)	HWS-Trauma der Stufe 1 (traumabedingte funktionelle Störung der HWS-Muskulatur mit evtl. leichteren strukturellen Läsionen und einer Ausheilung ohne besondere Behandlungsbedürftigkeit)	Diverse Behandlungen und Untersuchungen	Frau		Der erlittene Körperschaden einer erstgradigen HWS-Distorsion ist von der Beklagten vorprozessual mit Zahlung eines Schmerzensgeldes von € 4000 ausreichend entschädigt worden	OLG Hamm 29.3.2017 13 U 78/11
1901	8000 € 4000 + immat. Vorbehalt (€ 5741)	HWS-Schleudertrauma des Schweregrades I–II	MdE: 3 Wochen 100% 2 Wochen 50% 9 Wochen 30%	Frau	MdE: 20%	Obwohl die dauerhafte MdE von 20% medizinisch zur Hälfte auf einer degenerativen Vorschädigung beruht, besteht juristisch Unfallursächlichkeit für die gesamten 20%. Fortbestehende erhebliche Beschwerden	OLG München 15.7.1994 10 U 2855/94 RA Feuerberg, München

Rücken | Urteile lfd. Nr. 1902 – 1907

Lfd. Nr.	Betrag DM Euro (Anp.2019)	Verletzung	Dauer und Umfang der Behandlung; Arbeitsunfähigkeit	Person des Verletzten	Dauerschaden	Besondere Umstände, die für die Entscheidungen maßgebend waren	Gericht, Datum der Entscheidung, Az., Veröffentlichung bzw. Einsender
	Fortsetzung von »Rücken - Wirbelsäule mit Lendenwirbel - HWS-Schleudertrauma und sonstige Verletzungen«						
1902	€ 4000 (€ 4140)	HWS-Distorsion	HWS-Distorsion nach 5 ½ Monaten folgenlos ausgeheilt. MdE für sechs Wochen von 100%, für weitere vier Wochen von 50%, für weitere zwei Monate von 20% und für einen weiteren Monat von 10%			Es ist nicht fehlerhaft, wenn das sachverständig beratene Erstgericht zu dem Ergebnis kommt, die unfallbedingten Verletzungen des Klägers seien nach 5½ Monaten folgenlos ausgeheilt gewesen und wegen einer vollständigen Arbeitsunfähigkeit für die Dauer von sechs Wochen nach dem Unfall sowie einer verminderten Belastbarkeit für die Dauer von weiteren vier Monaten bzw. einer MdE für sechs Wochen von 100%, für weitere vier Wochen von 50%, für weitere zwei Monate von 20% und für einen weiteren Monat von 10% ein Schmerzensgeld in Höhe von € 4000 zuerkannt, nachdem der Kläger auch in der Berufungsbegründung nicht ausführt, was im Einzelnen an den gutachterlichen Feststellungen falsch sein sollte	OLG München 22.12.2017 10 U 429/17 juris
1903	8000 € 4000 (€ 5257)	HWS-Distorsion 1. Grades, Knieprellung		Mann		Kläger litt noch 2 Jahre nach dem Unfall häufig unter Nacken- und Kopfschmerzen, die auch in beide Schultern ausgestrahlt haben; darüber hinaus noch leicht aufgeklapptes Wirbelsäulensegment C 5 / C 6 mit leicht kyphotischer Fehlhaltung. Eine Bänderdehnung im Segment C 5 / C 6 hat sich gebessert, jedoch nicht zurückgebildet; keine Dauerschäden feststellbar, jedoch ein verbleibender, recht langsam verlaufender Heilungsprozess; grob fahrlässiges Verhalten des Beklagten	OLG Nürnberg 13.12.2000 4 U 4590/99 DAR 2001, 366 VersR 2002, 245
1904	€ 4500 (€ 4713)	HWS-Schleudertrauma und HWS-Distorsion	Geschädigte musste 3 Monate eine Halskrause tragen. Es bedurfte der Einnahme von Schmerzmitteln und zahlreicher physiotherapeutischer Behandlungen	Frau mit degenerativer Vorerkrankung		Die degenerativen Veränderungen hatten keine Auswirkungen auf die Beschwerden	LG Aachen 22.3.2017 8 O 175/14 Wotaxlaw, Aachen
1905	9000 € 4500 + immat. Vorbehalt (€ 6458)	Mittelschwere HWS-Distorsion	Längere, noch andauernde krankengymnastische Behandlung, 2–3 mal pro Woche. MdE: ca. 3 Monate 100% 8 ½ Monate 20%	44-jähr. Mann	Schmerzhafte Bewegungseinschränkung der HWS. MdE: 10%	Beeinträchtigung in der Berufsausübung. Zeitweilig werden Schmerzmittel notwendig sein. Bezüglich des immat. Vorbehalts erging ein Anerkenntnisurteil	Schleswig-Holsteinisches OLG 7.9.1994 9 U 39/94 RiOLG Staben
1906	9000● € 4500 (€ 6936)	Schädelprellung; Distorsion der HWS mit vorübergehender radikulärer Irritation; Thorax- und Beckenprellung	MdE: 2 Monate 100% 2 Monate 80% 2 Monate 60% 2 Monate 25% 4 Monate 20%	Frau	MdE: 10%	20% Mitverschulden	LG München I 4.6.1992 19 O 16746/91 RiinLG Weingart
1907	€ 5000 (€ 5697)	Schwere HWS-Distorsion mit Nacken- und Kopfschmerzen	2 Tage Krankenhaus, 6 Monate arbeitsunfähig	Frau			AG Wiesbaden 26.3.2010 93 C 3695/05 RA Koch, Erftstadt

Urteile lfd. Nr. 1908 – 1911 — Rücken

Lfd. Nr.	Betrag DM Euro (Anp.2019)	Verletzung	Dauer und Umfang der Behandlung; Arbeitsunfähigkeit	Person des Verletzten	Dauerschaden	Besondere Umstände, die für die Entscheidungen maßgebend waren	Gericht, Datum der Entscheidung, Az., Veröffentlichung bzw. Einsender
\multicolumn{8}{l}{Fortsetzung von »Rücken - Wirbelsäule mit Lendenwirbel - HWS-Schleudertrauma und sonstige Verletzungen«}
1908	€ 5000 (€ 5673)	HWS-Beschleunigungsverletzung und Bandscheibenvorfall	über 3 Wochen krankgeschrieben; fast 2 Wochen stationäre Behandlung	Frau	MdE von 20%	Schmerzensgeld i.H.v. € 5000 ist angemessen, wenn es infolge des Unfalls zu einer Verschlechterung einer bereits vorhandenen altersbedingten Vorschädigung der Halswirbelsäule und zu einem Bandscheibenprolaps gekommen ist, der Geschädigte auf starke Schmerzmittel angewiesen ist und als Dauerschaden eine MdE von 20% verbleibt	Brandenburgisches OLG 11.11.2010 12 U 33/10 SP 2011, 141
1909	€ 5000 (€ 5237)	HWS-Distorsion und Beckenprellung links bei vorbestehender Coxarthrose beidseits; vorübergehende (7–9 Monate) unfallbedingte Verschlimmerung einer vorbestehenden somatoformen Schmerzsymptomatik. Als indirekte Unfallfolge (Sturz) erlitt der Geschädigte eine Sprunggelenks-Distorsion mit protrahiertem Krankheitsverlauf ohne objektivierbare Ursache	4 Tage stationäre Behandlung, 10 Tage stationäre Reha, weitere 25 Tage ambulante Reha-Behandlung wegen Schmerzsymptomatik in HWS, LWS, Bein und Thorax. Berufliche Wiedereingliederung erst nach 9 Monaten möglich	Mann		Bei der Bemessung des Schmerzensgeldes orientiert sich der Senat zunächst an gerichtlichen Entscheidungen, die hinsichtlich der unmittelbaren Unfallfolgen vergleichbar sind, unter zusätzlicher Berücksichtigung der physisch weitgehend folgenlosen Distorsion des oberen Sprunggelenks sowie unter weiterer Berücksichtigung der länger andauernden Verschlimmerung der somatoformen Schmerzstörung. Dabei kann nicht etwa eine Addition von für einzelne Unfallfolgen angemessenen Schmerzensgeldbeträgen erfolgen, vielmehr handelt es sich bei dem Anspruch auf Schmerzensgeld um einen einheitlichen Anspruch, der die Bildung eines Gesamtbetrages erfordert	OLG Braunschweig 23.3.2017 7 U 54/14 Rune Bodenstein, VGH Versicherungen
1910	€ 5000 (€ 5369)	HWS-Distorsion und Wirbelsäulenprellung sowie posttraumatische Belastungsstörung für die Dauer von 6 Jahren		Frau		Unter Berücksichtigung dieser Primär- und Folgeverletzungen, ihrer Dauer und Auswirkungen auf das Leben der Klägerin erscheint dem Senat ein Schmerzensgeld von € 5000 angemessen, aber auch ausreichend. Dabei ist berücksichtigt, dass die Folgen der HWS-Distorsion und WS-Prellung zeitgerecht abklangen und die PTBS längstens für die Dauer von 6 Jahren zu berücksichtigen ist. Zu beachten ist zudem, dass die Klägerin während dieses gesamten Zeitraums infolge psychotischer Phasen an den gleichen Symptomen litt, wie sie durch eine PTBS hervorgerufen werden. Bei der Bemessung des Schmerzensgeldes hat sich der Senat an anderen Entscheidungen orientiert, wobei er sich bewusst ist, dass es eine unmittelbare Vergleichbarkeit verschiedener Fälle nicht gibt	OLG Celle 31.7.2013 14 U 74/12 Schaden-Praxis 2014, 52; juris
1911	10 000 € 5000 + immat. Vorbehalt (€ 7071)	HWS-Schleudertrauma, das im Segment C 3/C 4 zu einer Überdehnung des Kapselbandapparates geführt hat	MdE: 1 Monat 100% 2 Jahre 20% Lange Zeit ständige ärztliche und physiotherapeutische Behandlungen; mehrere Krankenhausaufenthalte	Frau	Schmerzen bei endlagerigen Kopfbewegungen MdE: 5%	2 Jahre Schmerzen mit bleibender Restbeeinträchtigung; Spätfolgen möglich, die auf der Knickbildung und der Lockerung im Segment C 3/C 4 zurückzuführen sind	OLG Hamm 25.10.1995 13 U 185/94 zfs 1996, 176

● Mithaftung (siehe vorletzte Spalte)

Rücken

Lfd. Nr.	Betrag DM **Euro** (Anp.2019)	Verletzung	Dauer und Umfang der Behandlung; Arbeitsunfähigkeit	Person des Verletzten	Dauerschaden	Besondere Umstände, die für die Entscheidungen maßgebend waren	Gericht, Datum der Entscheidung, Az., Veröffentlichung bzw. Einsender
	**Fortsetzung von »Rücken - Wirbelsäule mit Lendenwirbel - HWS-Schleudertrauma und sonstige Verletzungen«**						
1912	10 000 €5000 (€6799)	Schweres HWS-Trauma, Instabilitäten im Segment C IV/C V, knöcherne Veränderungen	MdE: 3 1/4 Monate 100% 2 Monate 50% 7 Monate 30% 6 Monate 20%	Mann	MdE: 10%		OLG München 23.1.1998 10 U 2663/97 RAe Wiedemann & Koll., München
1913	10 000 €5000 + immat. Vorbehalt (€6790)	HWS-Schleudertrauma, Thorax- und Sternumprellung; Hyperventilationstetanie	3 Tage Krankenhaus, 4 Wochen Reha-Klinik	Frau		Die Klägerin leidet seit dem Unfall unter chronischen Kreuzschmerzen, die zum Teil ins Bein ausstrahlen und zum Teil mit Taubheitsgefühlen in den Extremitäten verbunden sind. Eine unfallbedingte Verschlimmerung des anlagebedingten Wirbelgleitens scheidet aus	OLG München 2.4.1998 24 U 850/97 RAe Dr. Heichele & Koll., Füssen
1914	€5000 + immat. Vorbehalt (€5206)	HWS-Distorsion, dislozierte Sternumfraktur und Thoraxprellung	MdE: 6 Wochen lang zu 100%, im Anschluss zu 20% bzw. zu 10%	Frau		Der Senat ist davon überzeugt, dass die Klägerin nicht nur aufgrund ihrer bei dem Unfall erlittenen HWS-Distorsion in ihrer Erwerbsfähigkeit gemindert war (insoweit 6 Wochen lang zu 100%, im Anschluss zu 20% bzw. zu 10%), sondern dass sie dies auch aufgrund ihrer bei dem Unfall erlittenen dislozierten Sternumfraktur sowie der Thoraxprellung war und zwar insoweit 4 Monate lang zu 100%. Damit stellen sich die unfallbedingten Beschwerden der Klägerin als erheblicher dar, als noch vom Erstgericht angenommen. Ein noch höheres Schmerzensgeld, wie von der Klägerin beantragt, ist jedoch, auch im Hinblick auf Vergleichsfälle, nicht angemessen. Soweit das LG Verden mit dem von der Klägerin zitierten Urt. v. 4.4.2003 (8 O 62/01) ein – mit indexiert €6234 (vgl. Hacks/Wellner/Häcker, Schmerzensgeldbeträge 2018, 36. Aufl.) – etwas höheres Schmerzensgeld zugesprochen hatte, ging es um einen Fall, bei dem die dortige Geschädigte weiterhin unter Atemnot und Schmerzen bei Husten und Niesen litt, während die hiesige Klägerin solche unfallbedingten Beschwerden nach Ablauf von vier Monaten seit dem Unfall nicht mehr hatte	OLG München 12.1.2018 10 U 958/17 juris
1915	12 000 €6000 (€7714)	HWS-Syndrom, Cervikalsyndrom, Tinnitus im linken Ohr		Frau	Leichtgradiger Hörverlust mit Tinnitus im linken Ohr		AG Merzig 15.4.2002 3 C 768/00 RAe Schmelcher & Kirsch, Merzig
1916	€6000 + immat. Vorbehalt (€6911)	BWS / LWS Distorsion, HWS-Distorsion	Schwieriger Heilungsverlauf, Beschwerden zogen sich über Jahre hin und erforderten ständige Behandlungen, nach 2 1/2 Jahren stationäre Heilbehandlung in einer neurochirurgischen Klinik auf die Dauer von 16 Tagen; insgesamt 20 Wochen arbeitsunfähig	19-jähr. Frau			LG Stendal 30.9.2009 23 O 334/07 RAe Jungnickel, Tangermünde

Lfd. Nr.	Betrag DM Euro (Anp.2019)	Verletzung	Dauer und Umfang der Behandlung; Arbeitsunfähigkeit	Person des Verletzten	Dauerschaden	Besondere Umstände, die für die Entscheidungen maßgebend waren	Gericht, Datum der Entscheidung, Az., Veröffentlichung bzw. Einsender
	**Fortsetzung von »Rücken - Wirbelsäule mit Lendenwirbel - HWS-Schleudertrauma und sonstige Verletzungen«**						
1917	12 000 € 6000 (€ 8180)	Mittelschweres HWS-Schleudertrauma	Verletzungsfolgen hatten Arbeitsfähigkeit des Klägers soweit eingeschränkt, dass er seine berufliche Tätigkeit auf die Dauer von ca. 15 Monaten nicht ausüben konnte	Angestellter			OLG Hamm 9.10.1997 6 U 98/92 r+s 1999, 63
1918	€ 6000 (€ 7401)	HWS-Distorsion	3 Wochen stationär, zahlreiche krankengymnastische Behandlungen, knapp 5 Monate arbeitsunfähig	39-jähr. Mann	Schwindelattacken	Im Vordergrunde stehen die gravierenden Auswirkungen der Schwindelattacken. Zur Häufigkeit dieser Attacken hat der Kläger vorgetragen, dass er ca. 5 bis 7 mal am Tag unter Attacken leide, die er im Regelfall dadurch in den Griff bekommen könne, dass er seine Augen auf einen Punkt fixiere. Ein Schwindelanfall dauere ca. 3 bis 5 Minuten. Die Angaben des Klägers sind glaubhaft und stehen mit den Erkenntnissen der Ärzte im Einklang. Da eine Besserung nach dem gegenwärtigen Kenntnisstand nicht zu erwarten ist, muss der Kläger wahrscheinlich sein weiteres Leben lang mit der nicht unerheblichen belastenden Beeinträchtigung leben. Hierbei wird die Lebensfreude des Klägers auch dadurch beeinträchtigt, dass ihn die Schwindelattacken plötzlich und unvorhergesehen treffen	Saarländisches OLG 28.6.2005 4 U 236/04-25/05
1919	13 000 € 6500 (€ 8683)	HWS-Schleudertrauma 2. Grades mit längeren Beschwerden (u. a. Taubheitsgefühl in den Schultern, an den Armen und Händen sowie als Folge von Medikamenteneinnahme Magenschmerzen, Magenkoliken, Appetitlosigkeit, Brechreiz, Durchfall, Kopfschmerzen, Schlaflosigkeit)		Mann		Kläger hatte degenerative Vorschäden; Schädiger hat jedoch keinen Anspruch darauf, so gestellt zu werden, als habe er einen bis dahin Gesunden verletzt; eine Zurechnung erfolgt in der Regel auch, wenn der Geschädigte aufgrund von Vorschäden besonders schadensanfällig ist; dabei wurden im Rahmen des von der Rechtsprechung des BGH den Tatsacheninstanzen eingeräumten Zurechnungsspielraums (BGH in NJW 98,810) vom Gericht die Beeinträchtigungen des Klägers, die er innerhalb eines Jahres nach dem Unfall erlitten hat, als unfallkausal bewertet	Schleswig-Holsteinisches OLG 6.4.2000 7 U 31/98 RAe Christiansen, Thoms, Ascherfeld, Flensburg
1920	€ 7000 + immat. Vorbehalt (€ 8525)	HWS-Distorsion Schweregrad II nach Erdmann bzw. Grad I nach Keidel und Diener	Drei stationäre Aufenthalte von insgesamt ca. 2 1/2 Wochen	29-jähr. Frau		Nach ständiger Rechtsprechung hat der Schädiger grundsätzlich auch für die psychische Fehlverarbeitung als haftungsausfüllende Folgewirkung des Unfallgeschehens einzustehen, wenn eine hinreichende Gewissheit besteht, dass diese Folgen ohne den Unfall nicht eingetreten wären. Nach dem Ergebnis der Untersuchung sind die geschilderten Kopf- und Nackenschmerzen und das Taubheitsgefühl im rechten Arm nicht Begleitsymptome einer anderen psychiatrischen Erkrankung	LG Köln 1.3.2006 14 O 100/01 RA Becker, Bergneustadt

● Mithaftung (siehe vorletzte Spalte)

Lfd. Nr.	Betrag DM **Euro** *(Anp.2019)*	Verletzung	Dauer und Umfang der Behandlung; Arbeitsunfähigkeit	Person des Verletzten	Dauerschaden	Besondere Umstände, die für die Entscheidungen maßgebend waren	Gericht, Datum der Entscheidung, Az., Veröffentlichung bzw. Einsender
	**Fortsetzung von »Rücken - Wirbelsäule mit Lendenwirbel - HWS-Schleudertrauma und sonstige Verletzungen«**
1921	€7000 + immat. Vorbehalt *(€7087)*	HWS-Distorsion ersten Grades sowie eine leichte Verletzung der Rumpfwirbelsäule und linksseitiger Tinnitus	AU ca. 14 Tage, GdB von 5% wegen Tinnitus	Mann	Bleibende Gehörsschädigung in Form eines linksseitigen Tinnitus	Bei einer Gesamtbetrachtung der vom Kläger erlittenen Schmerzen und dauerhaften Beeinträchtigungen erscheint das vom LG ausgeurteilte Schmerzensgeld i.H.v. €7000 auch aus Sicht des Senats angemessen. Es bleiben eine ausgeheilte HWS-Distorsion, die den Kläger im Wesentlichen 14 Tage beeinträchtigt hat, sowie eine bleibende Gehörsschädigung in Form eines linksseitigen Tinnitus, die den Kläger nicht durchgehend beeinträchtigt, sondern ausschließlich beim Einschlafen sowie unter Stress. Unter Schwindelgefühlen litt der Kläger nach eigenen Angaben weder unmittelbar nach dem Unfall noch aktuell. Vergleichsentscheidungen zeigen, dass in den Jahren zwischen 2000–2003 bei einem isolierten Tinnitus mit HWS-Syndrom ein Schmerzensgeld im Bereich zwischen €6100–€6500 von verschiedenen Gerichten ausgeurteilt wurde. Da der Kläger unter dem Tinnitus ausweislich seiner Angaben gegenüber dem Sachverständigen nur zu eingeschränkten Zeiten leidet, ist auch unter Berücksichtigung einer inflationsbedingten Anpassung des Betrags das zuerkannte Schmerzensgeld i.H.v. €7000 ein in jeder Hinsicht angemessener Ausgleich	OLG Düsseldorf 23.10.2018 1 U 163/17 Vors. Richter am OLG Dr. Scholten
1922	€7225 + immat. Vorbehalt *(€9016)*	HWS-Schleudertrauma II. Grades mit Verdacht auf Riss der Ligamenta alaria, Schädelprellung, Distorsion der LWS, Prellung des rechten Knies und des rechten Ellbogengelenks	Nach anfangs 4-wöchiger stationärer Behandlung kam es in den Folgejahren zu zahlreichen weiteren Krankschreibungen mit der Folge, dass der Arbeitgeber das Arbeitsverhältnis nach mehrfachen erfolglosen Versuchen der Wiedereingliederung wegen „ständig präsentem Krankheitsbild" kündigte	Frau	Organische Schädigung fraglich, jedoch massive psychische Beeinträchtigung	Zwar wurde durch die Beweisaufnahme nicht zur vollen Überzeugung des Gerichts nachgewiesen, dass bei der Klägerin heute noch organische Schäden bestehen. Insbesondere konnte nicht mit notwendiger Sicherheit festgestellt werden, dass bei dem Unfall die Ligamenta alaria gerissen ist. Unstrittig hat die Klägerin aber bei dem Aufprall des Lkws auf ihr stehendes Fahrzeug als Primärschäden eine Schädelprellung, HWS-Schleudertrauma II. Grades, Distorsion der LWS sowie eine Prellung des rechten Knies und rechten Ellbogengelenks erlitten. Vor diesem Hintergrund ist davon auszugehen, dass dann, wenn tatsächliche keine organische Ursache der glaubhaften Beschwerden existiert, jedenfalls hier eine massive psychische Beeinträchtigung besteht, für welche die Beklagte unter Würdigung von § 287 ZPO haftungsrechtlich einzustehen hat. Vor diesem Hintergrund ist ein Schmerzensgeld in der beantragten Höhe angemessen. Die Zusprechung eines höheren Betrages kam nicht in Betracht, weil die Klägerin die Schmerzensgeldhöhe nicht in das Ermessen des Gerichts gestellt hat, sondern einen festen Betrag verlangt hat	OLG Frankfurt am Main 1.10.2004 4 U 26/95 rechtskräftig durch Rücknahme der Revision am 14.2.2005 Wiedemann, Weilheim

Lfd. Nr.	Betrag DM **Euro** *(Anp.2019)*	Verletzung	Dauer und Umfang der Behandlung; Arbeitsunfähigkeit	Person des Verletzten	Dauerschaden	Besondere Umstände, die für die Entscheidungen maßgebend waren	Gericht, Datum der Entscheidung, Az., Veröffentlichung bzw. Einsender
	**Fortsetzung von »Rücken - Wirbelsäule mit Lendenwirbel - HWS-Schleudertrauma und sonstige Verletzungen«**						
1923	15 000 €7500 + immat. Vorbehalt *(€ 10941)*	HWS-Trauma mit Schiefhals, erhebliche Kopfschmerzen	4 Tage Krankenhaus; MdE: 1 Monat 100%	26-jähr. Frau	MdE: 30%	Ärztliche Behandlung seit über 2 1/4 Jahren	LG Memmingen 13.1.1994 2 O 1329/92 RA Bayerle, Günzburg
1924	€7500 *(€ 8629)*	HWS-Distorsion 2. Grades, depressive Anpassungsstörung aufgrund von persistierenden Schmerzen, Gehirnerschütterung, Schädelprellung, vorübergehende entgleiste arterielle Hypertonie	3 Tage stationärer Aufenthalt, 19 Tage MdE zu 100 , insgesamt 6 Wochen Behandlung, Reha-Maßnahme	53-jähr. Mann	Dauerhafte MdE 20% über einen Zeitraum von 2 Jahren	Unter dem Eindruck persistierender Schmerzen entwickelte der Kläger 6–8 Wochen nach dem Unfall eine über 2 Jahre andauernde depressive Anpassungsstörung, die depressiven Symptome nicht als psychische Beschwerden, sondern tatsächlich als körperliche Beschwerden	LG Saarbrücken 16.6.2009 9 O 258/06 RA Dragonat, Saarbrücken
1925	€7500 + immat. Vorbehalt *(€ 9393)*	HWS-Schleudertrauma mittelschweren Grades (Grad 1 – 2 Erdmann)		Mann		Der Kläger leidet noch heute, etwa 9 Jahre später, aufgrund der bei ihm vorliegenden, nach Einschätzung des Sachverständigen somatoformen Beschwerdebilder unter den Folgen des Unfallgeschehens. Bei der Bemessung des zuerkannten Schmerzensgeldes war ferner der langwierige Verlauf des Rechtsstreits und die durch die zahlreichen ärztlichen Untersuchungen bedingte ständige Reaktivierung des Unfallmechanismusses zu berücksichtigen, die eine Bewältigung des Unfallgeschehens nicht ermöglicht haben und die nach Einschätzung des Sachverständigen die bei dem Kläger festgestellten Depressionen mit hervorgerufen haben. Der Kläger hat glaubhaft geschildert, wie die von ihm empfundenen Beschwerden zu einem nicht unerheblichen Verlust seiner Lebensqualität und -freude geführt haben und die persönliche Beziehung zu seiner Lebensgefährtin letztlich infolge der mangelhaften Verarbeitung des Unfallgeschehens zerbrochen ist	Brandenburgisches OLG 8.4.2004 12 U 3/03 RA Koch, Erfstadt
1926	15 000 €7500 *(€ 10 620)*	HWS-Syndrom		Polizeibeamter	Endgradige Bewegungseinschränkungen der HWS	Kläger ist in seinen täglichen privaten, beruflichen und sportlichen Aktivitäten teilweise eingeschränkt. Er leidet unter rezidivierenden Schmerzen, die sich bei Zwangshaltungen verstärken, und unter Schlafrhythmusstörungen; Fußball- und Tischtennisspielen nicht mehr, Autofahren nur noch eingeschränkt möglich	OLG Hamm 31.5.1995 3 U 201/95 zfs 1995, 415 RA Dr. Born, Hamm

● Mithaftung (siehe vorletzte Spalte)

Lfd. Nr.	Betrag DM Euro (Anp.2019)	Verletzung	Dauer und Umfang der Behandlung; Arbeitsunfähigkeit	Person des Verletzten	Dauerschaden	Besondere Umstände, die für die Entscheidungen maßgebend waren	Gericht, Datum der Entscheidung, Az., Veröffentlichung bzw. Einsender
	**Fortsetzung von »Rücken - Wirbelsäule mit Lendenwirbel - HWS-Schleudertrauma und sonstige Verletzungen«**
1927	€ 7500 + immat. Vorbehalt (€ 9338)	HWS-Distorsion I. Grades sowie Prellungen des rechten Schultergelenks und des rechten Unterarms, Bandscheibenvorfall im Segment C 5/C 6				Bandscheibenvorfall wurde erst 7 Monate nach dem Unfall durch Kernspintomografie entdeckt. Ausdrücklich hat der Sachverständige erklärt, er halte es durchaus für möglich, dass der Bandscheibenvorfall zum Zeitpunkt des Unfalls als klinisch stummer, keine Beschwerden verursachender Bandscheibenvorfall vorhanden gewesen sei und der Unfall dazu geführt habe, dass der Bandscheibenvorfall die dargestellten Beschwerden ausgelöst habe. Der Sachverständige hat des weiteren ausgeführt, dass eine sichere Aussage darüber, ob und wann der stumme Bandscheibenvorfall ohne Unfallereignis aktiviert worden wäre, nicht möglich sei. Vielmehr seien ihm durchaus Fälle bekannt, in denen Patienten trotz massiver degenerativer Veränderungen der Wirbelsäule nicht über konkrete Beschwerden klagten	Saarländisches OLG 25.1.2005 4 U 72/04 - 15/05 RA Koch, Erfstadt
1928	€ 7700 (€ 9805)	Schleudertrauma der HWS Grad I mit Sensibilitätsstörungen der linken Hand	1 Jahr regelmäßige ärztliche und krankengymnastische Behandlung und eine Rehamaßnahme. MdE: 2 Wochen 100% 4 Wochen 70% 6 Wochen 40% 6 Monate 20% 1 Jahr 10% danach 0%	Selbstständiger Schreinermeister		Bei Berücksichtigung der oberen Belastungsgrenze einer kollisionsbedingten Geschwindigkeitsveränderung von 8–13 km/h hält es der orthopädische Sachverständige für möglich, dass ein HWS-Schleudertrauma im Sinne einer Distorsion durch Auffahrunfall aufgetreten ist. Zudem stand durch Einsichtnahme der Krankenakte fest, dass der Kläger vor dem Unfall beschwerdefrei war	OLG Düsseldorf 17.11.2003 I-1 U 81/02 Michael Wiedemann, Weilheim
1929	€ 8000 (€ 8590)	HWS-Distorsion, Stauchung und Prellung des Handgelenks, Prellung Schulter	6 Wochen AU zu 100%, 2 Monate unfallbedingte Behandlungen	Mann		Die Klage wurde abgewiesen. Die vom Kläger geltend gemachten Veränderungen im Schultergelenk sind nicht unfallkausal, sondern degenerativ. Commotio Labyrintii und Tinnitus konnten nicht bewiesen werden. Weitere Behandlungen auch 2 Jahre nach dem Unfallereignis waren nach Auffassung des Gerichts nicht unfallkausal	LG Karlsruhe 22.11.2013 6 O 423/10 RA Wolfgang Koch, Erftstadt

Lfd. Nr.	Betrag DM **Euro** *(Anp.2019)*	Verletzung	Dauer und Umfang der Behandlung; Arbeitsunfähigkeit	Person des Verletzten	Dauerschaden	Besondere Umstände, die für die Entscheidungen maßgebend waren	Gericht, Datum der Entscheidung, Az., Veröffentlichung bzw. Einsender
	Fortsetzung von »Rücken - Wirbelsäule mit Lendenwirbel - HWS-Schleudertrauma und sonstige Verletzungen«
1930	€ 8267 + immat. Vorbehalt *(€ 10 150)*	Somatisierungsstörung nach HWS-Beschleunigungstrauma und LWS-Prellung		Frau	Körperliche und psychische Beeinträchtigungen	Dauernde belastungs- und bewegungsabhängige Schmerzen am Übergang Lendenwirbelsäule-/Illeosacralgelenk; andauernde Unsicherheit beim Gehen und wiederholtes Einknicken des rechten Beines im Kniegelenk; tägliche Kopfschmerzen; weiter Schmerzen in der rechten Schulter und dem rechten Ellbogen sowie Kraftverlust der rechten Hand; Kribbeln in beiden Händen; Taubheitsgefühl an den Fußsohlen; depressiv, antriebslos und motivationslos. Immerhin erlitt die Klägerin einen schweren und psychisch sogar als lebensgefährlich empfundenen Verkehrsunfall. Dass danach jemand länger dadurch erheblich auch psychisch beeinträchtigt sein kann, erscheint plausibel und ist im Gutachten auch überzeugend bestätigt worden (Beweiserleichterung nach § 287 ZPO)	LG Kassel 5.8.2005 9 O 529/03 Anwaltsgemeinschaft Bäckerling, Dortmund
1931	€ 10 000 + immat. Vorbehalt *(€ 12 613)*	Rotatorenmanschettenruptur rechts, HWS-Distorsion Grad I., LWS-Distorsion	MdE: 1 Woche 100% 1 ½ Monate 70% 2 Monate 40% 6 Monate 20%	Bäckereifachverkäuferin	MdE: 20%	Vorbestehende degenerative Änderungen haben dazu beigetragen, dass die Rotatorenmanschettenruptur durch den Unfall überhaupt eintreten konnte; dem Schädiger sind jedoch auch solche schädigenden Auswirkungen der Verletzungshandlung zuzurechnen, die sich erst deshalb ergeben, weil Verletzter bereits eine Krankheitsanlage hatte, die die Unfallfolgen ausgelöst hat; wegen regelmäßiger Einnahme von Schmerzmitteln trat ein Magengeschwür auf, das 2 Wochen konservativ stationär behandelt werden musste	LG München I 5.2.2004 19 O 17143/02 VorsRiLG Krumbholz, München
1932	€ 10 000 + immat. Vorbehalt *(€ 10 652)*	HWS-Distorsion I. Grades (leicht) mit Anpassungsstörung, die zu einer chronifizierten Depression führte		Mann	chronifizierte Depression	Unter Berücksichtigung der ganz erheblichen psychischen Folgen hat das LG als Schmerzensgeld einen Betrag i.H.v. € 10 000 für angemessen erachtet. Da die Lebensqualität bei dem Kläger in fast allen Lebensbereichen erheblich beeinträchtigt ist (Sachverständiger: „desolater Zustand"), ist gegen die Höhe des Schmerzensgeldes nichts einzuwenden	OLG Düsseldorf 17.11.2015 1 U 159/14 juris
1933	€ 10 000 *(€ 11 395)*	HWS-Zerrung und Brustbeinprellung durch Verkehrsunfall mit neurotischer Fehlverarbeitung	HWS-Verletzung mit 6-wöchiger Beeinträchtigung; festgestellte Somatisierungsstörung hat zu einer (behandlungsbedürftigen) gesundheitlichen Beeinträchtigung von längstens 2 Jahren geführt	Jugendliche (Frau)		Kein Dauerschaden, sondern nur eine vorübergehende Störung von maximal 2-jähr. Dauer; gleichwohl war die Beeinträchtigung zeitweilig gravierend; andererseits hat sich bei der Kl. eine besondere Schadensanfälligkeit ausgewirkt, was schmerzensgeldmindernd zu berücksichtigen war	OLG Hamm 21.4.2010 I-13 U 9/08

Rücken | Urteile lfd. Nr. 1934 – 1937

Lfd. Nr.	Betrag DM **Euro** *(Anp.2019)*	Verletzung	Dauer und Umfang der Behandlung; Arbeitsunfähigkeit	Person des Verletzten	Dauerschaden	Besondere Umstände, die für die Entscheidungen maßgebend waren	Gericht, Datum der Entscheidung, Az., Veröffentlichung bzw. Einsender
\multicolumn{8}{l}{**Fortsetzung von »Rücken - Wirbelsäule mit Lendenwirbel - HWS-Schleudertrauma und sonstige Verletzungen«**}
1934	€ 11 112 *(€ 12 785)*	Leichtes HWS-Syndrom, leichtere Prellungen, Wunde an der rechten Wade und am kleinen Finger der linken Hand; auf Grund dieser Primärverletzungen haben sich lang anhaltende Beschwerden im Bereich von Hals und Nacken mit Ausstrahlungen in die Arme und den Kopf, verbunden mit Müdigkeit und Konzentrationsschwäche sowie Tinnitus entwickelt	Nach dem Unfall sogleich 12 Tage Krankenhaus, anschließend 8 Wochen Schanzsche Krawatte, therapeutische Behandlung	Mann		Seit 11 Jahren andauernde unfallbedingte Beschwerdesymptomatik	OLG Düsseldorf 6.10.2009 I-1 U 23/07 RA Koch, Erftstadt
1935	€ 12 000 + immat. Vorbehalt *(€ 13 852)*	Schleudertrauma der HWS mit Kontusion des zervikalen Rückenmarks	Mehrere Klinikaufenthalte, AU: 3 ½ Jahre	Frau	Posttraumatische Belastungsstörungen mit Durchschlafstörung, Alpträumen, Angst und depressiver Symptomatik	Klägerin ist aufgrund des chronischen Schmerzsyndroms weiterhin behandlungsbedürftig. Inwieweit eine berechtigte Hoffnung auf eine Verbesserung des Beschwerdebilds bestehe, sei fraglich	OLG Bamberg 5.5.2009 5 U 177/08 RA Koch, Erftstadt
1936	€ 12 000 *(€ 13 317)*	Die damals 14-jähr. Klägerin war im Jahr 2007 Beifahrerin des Kraftfahrzeugs, das wegen überhöhter Geschwindigkeit in den Straßengraben rutschte und sich überschlug. Erst etwa zwei Jahre nach dem Unfall diagnostizierten Mediziner eine ältere Verletzung von Halswirbeln, die auf den Unfall zurückzuführen waren		14-jähr. Frau	Dauerhafte Beschwerden, evt. Operation erforderlich	Nach Auffassung des OLG war das jugendliche Alter der Klägerin schon vom LG angemessen berücksichtigt worden. Die Klägerin müsse noch lange Zeit mit den Verletzungsfolgen und den daraus resultierenden Risiken leben. Dass die Haftpflichtversicherung die Schmerzensgeldzahlung länger als erforderlich hinausgezögert hatte, verneinte das OLG. Im vorliegenden Fall war es schwierig festzustellen, ob die immer noch vorliegenden Beschwerden der Klägerin auf den Unfall zurückzuführen waren. € 12 000 Schmerzensgeld für die Dauerschäden der Klägerin seien mit dem vergleichbar, was Gerichte in ähnlichen Fällen den Geschädigten zugesprochen haben	OLG Bamberg 16.11.2011 5 U 158/11 juris
1937	€ 12 000 *(€ 13 645)*	Somatoforme Schmerzstörung nach HWS-Syndrom	4-wöchige stationäre Reha-Maßnahme; langwierige schmerztherapeutische Behandlung	Frau	Chronifiziertes Schmerzsyndrom	Kl. hat zwar infolge des Unfalls weder Wirbelbrüche noch Rückenmarksprellung oder posttraumatische Belastungsstörung (PTBS) oder Depression erlitten, leidet jedoch aufgrund des Auffahrunfalls an somatoformer Schmerzstörung, die aufgrund neurotischer Fehlverarbeitung chronifiziert ist; infolgedessen regelmäßige und dauerhafte belastungsunabhängige Schmerzen sowie belastungsabhängiges Muskelzucken in den Beinen, starker Harn- und Stuhldrang sowie Schlafstörungen, wobei aber dennoch eine psychisch dem Altersdurchschnitt entsprechende vitale Verfassung vorliegt	OLG Celle 6.10.2010 14 U 55/10 SP 2011, 215; SVR 2011, 149

Urteile lfd. Nr. 1938 – 1940

Lfd. Nr.	Betrag DM **Euro** *(Anp.2019)*	Verletzung	Dauer und Umfang der Behandlung; Arbeitsunfähigkeit	Person des Verletzten	Dauerschaden	Besondere Umstände, die für die Entscheidungen maßgebend waren	Gericht, Datum der Entscheidung, Az., Veröffentlichung bzw. Einsender

Fortsetzung von »Rücken - Wirbelsäule mit Lendenwirbel - HWS-Schleudertrauma und sonstige Verletzungen«

Lfd. Nr.	Betrag	Verletzung	Dauer/Umfang	Person	Dauerschaden	Besondere Umstände	Gericht
1938	€12000 + immat. Vorbehalt *(€12951)*	HWS-Distorsionstrauma und verschiedene Prellungen der Wirbelsäule, des Thorax und des Unterschenkels, die schmerzhaft waren, zu zeitweilig eingeschränkter Beweglichkeit und deshalb auch zur mehrmonatigen Arbeitsunfähigkeit des Klägers führten. Sie sind im Wesentlichen folgenlos verheilt	Ca. 6 Wochen Klinikaufenthalt zum Zwecke der Tinnitusbehandlung; mehrmonatige Arbeitsunfähigkeit	Mann	Mittelschwerer Tinnitus, der für den Geschädigten ein erhebliches Störpotential in Form der Beeinträchtigung der Konzentrationsfähigkeit, der Kommunikation, der Dauerbelastbarkeit und der Leistungsfähigkeit bedeutet und zu einer Minderung der Erwerbsfähigkeit von 10% führte	Insgesamt folgt daraus ein Schmerzensgeld von €12000. Neben den ausgeheilten Verletzungen kommt dem mittelschweren rechtsseitigen Tinnitus wesentliche Bedeutung zu. Der Kläger muss damit seit dem Unfall leben. Hierbei handelt es sich um eine erhebliche Beeinträchtigung, die sich auf alle Bereiche des privaten und beruflichen Lebens auswirkt. Nicht umsonst wurde dem Kläger eine Minderung der Erwerbsfähigkeit um 10% bescheinigt. Wie sich die Erkrankung weiter entwickeln wird, scheint trotz der in Anspruch genommenen vielfältigen Behandlungen offen zu sein, was ebenfalls belastend ist und bei der Höhe des Schmerzensgeldes Berücksichtigung finden muss. Dies hat sich beim Kläger bereits in Form leichter psychischer, sozialer und körperlicher Einschränkungen niedergeschlagen, wie er sie dem Senat gegenüber beispielsweise in Form von Schlafstörungen und Kommunikationsproblemen glaubhaft geschildert hat. Solche Unfallfolgen lassen sich nur schwer mit Hilfe des vom LG festgesetzten Schmerzensgeldes von €6000 durch Annehmlichkeiten ausgleichen. Nach Ansicht des Senats bedarf es hierzu eher des doppelten Betrages, ohne dass der vom Kläger beanstandeten Regulierungspraxis der Beklagten zu 3. entscheidende schmerzensgelderhöhende Bedeutung beizumessen ist. Gerade die leistungs- und kommunikationsmindernde Wirkung des Tinnitus beeinträchtigte das Leben des Klägers über viele Jahre nachhaltig und wird dies voraussichtlich auch in Zukunft tun	OLG Naumburg 28.3.2013 1 U 97/12 NJW-RR 2014, 461; juris
1939	€12500 *(€16552)*	HWS-Schleudertrauma mit epiduraler Einblutung im Spinalkanal	Ca. 1 Jahr später 3 Wochen stationär	Justizoberrätin	Auf Dauer erwerbsunfähig	Das HWS hat zu anhaltenden Sensibilitätsstörungen im rechten Arm geführt, die epidurale Blutung hat eine Reizung der Hirn- und Rückenmarkhaut ausgelöst. Deshalb sind auch die migräneartigen Kopfschmerzen als Folge des Unfalls anzusehen	LG Berlin 5.9.2000 21 O 474/97 bestätigt KG 1.7.2002 12 U 8427/00 RiKG Philipp
1940	25 000 €12500 + immat. Vorbehalt *(€17963)*	HWS-Schleudertrauma; Prellungen und Hämatome am Knie und Ellenbogen; zwei leichte Schlaganfälle infolge beidseitiger Dissektion der Arteria carotis interna	Zunächst Halskrause, dann 1 Monat stationär; anschließend längere ambulante Versorgung	33-jähr. Frau	Minimale sensomotorische Halbseitenlähmung	Längere Zeit Depressionen mit Krankheitswert; vorübergehende Beeinträchtigung des Sehvermögens sowie der Nierenfunktion. Erhebliches Verschulden, da starke Alkoholisierung. Immat. Vorbehalt, da weiterhin Schlaganfallrisiko besteht	LG Coburg 5.10.1994 2 O 749/92 RAin Buchta, Bayreuth

● Mithaftung (siehe vorletzte Spalte)

Lfd. Nr.	Betrag DM **Euro** *(Anp.2019)*	Verletzung	Dauer und Umfang der Behandlung; Arbeitsunfähigkeit	Person des Verletzten	Dauerschaden	Besondere Umstände, die für die Entscheidungen maßgebend waren	Gericht, Datum der Entscheidung, Az., Veröffentlichung bzw. Einsender
	**Fortsetzung von »Rücken - Wirbelsäule mit Lendenwirbel - HWS-Schleudertrauma und sonstige Verletzungen«**
1941	25 000 **€ 12 500** *(€ 16 954)*	HWS-Schleudertrauma mit cervico-encephaler Schädigung, Verletzung der Ligamenta alaria im Sinne eines Late-Whiplash-Injury-Syndromes	MdE: 2 Monate 100% 6 Monate 30% 12 Monate 20%	Heilpraktikerin		10 Jahre nach dem Unfall noch Kopf- und Nackenschmerzen; Leistungsabfall mit Erschöpfungszuständen, Antriebslosigkeit, Schwächegefühl, Vergesslichkeit, teilweise räumliche Desorientierungsstörungen, Schwindelsymptome, Sehstörungen in Form von Doppelbildern, Gleichgewichts-Funktionsstörungen mit Nystagmus-Koordinationsstörungen, Gericht hat dem neurootologischen Gutachten den Vorzug gegenüber dem neurologischen Gutachten gegeben, da ersteres den wesentlich plausibleren Anknüpfungspunkt bei der Beantwortung der Frage bietet, ob es gerechtfertigt ist, die objektiv erhobenen Befunde auf das Unfallgeschehen zurückzuführen	LG Duisburg 17.2.1999 3 O 593/92 DAR 1999, 267
1942	25 000 **€ 12 500** + immat. Vorbehalt *(€ 16 635)*	Bandscheibenvorfall C 6 - C 7, HWS-Schleudertrauma	Infolge der nach einigen Tagen auftretenden zusätzlichen Schmerzen im Schulter-Nackenbereich sowie im Kieferbereich, Einschlafen einiger Körperpartien und Nachziehen des rechten Beins musste Klägerin zur Linderung der Schmerzen überwiegend liegen, später dann mehrere Monate sporadisch Krankengymnastik MdE: 10 Wochen 100% 11 Wochen 50% 3 Monate 40% dann 30	Sozialpädagogische Jugendbetreuerin	Schmerzen im Rücken und Nacken, zeitweise Kopfschmerzen, Schwere- und Kältegefühl im rechten Arm, Kribbeln etc., kann weder lange sitzen noch Aktivitäten ausüben, die mit heftigen Bewegungen verbunden sind MdE: 30%	Musste berufliche Tätigkeit aufgeben, leitet nunmehr ein Internet-Cafe; starke Einschränkung vorheriger Hobbies (Malen, Tanzen, Kinobesuche etc.)	LG Paderborn 21.6.2000 4 O 406/98 bestätigt durch OLG Hamm 14.3.2001 13 U 193/00 RAe Ferlings & Koll., Paderborn
1943	25 000 **€ 12 500** *(€ 18 386)*	HWS-Schleudertrauma mit folgender Osteochondrose/ Spondylose C 5/6 infolge traumatisch bedingter Gefügelockerung		Personalsachbearbeiterin	Nacken- und Hinterkopfschmerzen mit Ausstrahlung in die Stirnregion beiderseits, sporadische Schmerzen in der rechten Hand	Vermehrt auftretende kurzfristige Arbeitsunfähigkeit; die vor dem Unfall sportlich aktive Klägerin ist in Freizeitgestaltung erheblich eingeschränkt; schwere leidensbedingte Beeinträchtigung der Lebensqualität	OLG Hamm 9.9.1993 6 U 58/89 NZV 1994, 189
1944	26 000 **€ 13 000** *(€ 17 366)*	HWS-Schleudertrauma; Prellung am rechten Knie und an der rechten Schulter; psychische Fehlverarbeitung des Unfallgeschehens	5 1/2 Monate ambulante Behandlung. Während dieser Zeit musste eine Zervikalstütze getragen werden; danach immer wieder auftretende Schmerzen	35-jähr. Büroangestellte	MdE: 20%	Klägerin musste wegen der berufsbedingten Verweildauer am PC ihren Arbeitsplatz aufgeben. Die an sich nicht so schwerwiegenden Verletzungen führten jedoch aufgrund der psychischen Fehlverarbeitung zu einer gesteigerten subjektiven Schmerzwahrnehmung, die eine unfallunabhängige Arthrose hinsichtlich der empfundenen Beschwerden erst in Gang gesetzt hat	OLG Frankfurt am Main 3.5.2000 9 U 97/99 RAe Wamser, Adolphs & Lütke, Gießen

Urteile lfd. Nr. 1945 – 1948   Rücken

Lfd. Nr.	Betrag DM **Euro** *(Anp.2019)*	Verletzung	Dauer und Umfang der Behandlung; Arbeitsunfähigkeit	Person des Verletzten	Dauerschaden	Besondere Umstände, die für die Entscheidungen maßgebend waren	Gericht, Datum der Entscheidung, Az., Veröffentlichung bzw. Einsender

Fortsetzung von »Rücken - Wirbelsäule mit Lendenwirbel - HWS-Schleudertrauma und sonstige Verletzungen«

1945	€ 13 000 + immat. Vorbehalt *(€ 13 875)*	HWS-Distorsion 1. Grades, Prellung des Unterarms und der Tibia links. Chronifizierte Schmerzen wegen fehlender Schmerztherapie nach dem Verkehrsunfall	Mehr als 9 Monate vollständige AU, danach mehrstündige Arbeitsfähigkeit	Mann	Schmerzsyndrom	Im Rahmen der Genugtuungsfunktion des Schmerzensgeldes ist, wie der Berufungsführer zutreffend betont, auch die Trunkenheit des Unfallverursachers, dessen BAK von 1,56‰ sich auf den Unfallverlauf (Übersehen des von links kommenden klägerischen Pkw) auch ausgewirkt hat, miteinzustellen. Im Hinblick auf alle Gesichtspunkte ist ein Schmerzensgeld von insgesamt € 13 000 angemessen. Mit seiner Einschätzung liegt der Senat auch innerhalb des Rahmens, der von Vergleichsfällen gezogen wird, die im Hinblick auf den Gleichheitsgrundsatz als Anhaltspunkte dienen	OLG München 21.3.2014 10 U 3341/13 juris
1946	€ 15 000 *(€ 17 074)*	Dens-Fraktur an der HWS mit sich daraus entwickelter Pseudoarthrose	Dens-Fraktur wurde zunächst nicht erkannt und erst 2 Jahre später operativ osteosynthetisch mit zusätzlicher Spongiosaanlagerung stabilisiert; spätere operative Metallentfernung	Mann	Pseudoarthrose	Unter Berücksichtigung der durch den Unfall und die nachfolgenden OP erlittenen Schmerzen und weiteren Beeinträchtigungen des Kl. Schmerzensgeld i.H.v. € 15 000 angemessen	OLG Frankfurt am Main 2.9.2010 3 U 172/09
1947	30 000 € 15 000 *(€ 20 345)*	Starke Hyperanteflexion der HWS mit Bänderdehnung und Weichgewebsverletzungen; psychische Fehlverarbeitung des Unfallereignisses		Frau		Fehlverarbeitung hat zu einem bis zur Urteilsverkündung (10 Jahre nach Unfall) noch andauernden Beschwerdebild mit Kopfschmerzen, Muskelverspannungen und Fehlhaltungen im Sinne eines sich gegenseitig aufrechterhaltenden Bedingungsgefüges geführt	OLG Hamm 28.5.1998 6 U 97/93 r+s 1999, 62
1948	30 000 € 15 000 + immat. Vorbehalt *(€ 21 383)*	HWS-Schleudertrauma, BWS- und LWS-Prellung, psychisch bedingte Beschwerden im rechten Bein	Mehr als ½ Jahr 4 stationäre Behandlungen; 8 Monate nach dem Unfall wieder ganztags berufstätig	Berufssoldat		Tagelang Schwindelgefühle und Übelkeit, lang anhaltende Kopfschmerzen mit Hör- und Sehstörungen; Beschwerden im Bein waren mit Schmerzen verbunden, die in Hüfte und Rücken ausstrahlten; wochenlang Fortbewegung nur mithilfe von zwei Kirschner-Stöcken möglich; zum Urteilszeitpunkt noch rechtsseitiges Hinken mit gestörtem Gangbild, Schmerzen in der Beckengegend, Schlafstörungen, Einschränkungen in sportlichen Betätigungen; völliges Abklingen der Beschwerden in 8–10 Jahren zu erwarten	OLG Karlsruhe 13.1.1995 10 U 169/94 Raimund Schink, Meckenheim

● Mithaftung (siehe vorletzte Spalte)

Lfd. Nr.	Betrag DM **Euro** *(Anp.2019)*	Verletzung	Dauer und Umfang der Behandlung; Arbeitsunfähigkeit	Person des Verletzten	Dauerschaden	Besondere Umstände, die für die Entscheidungen maßgebend waren	Gericht, Datum der Entscheidung, Az., Veröffentlichung bzw. Einsender
\multicolumn{8}{l}{Fortsetzung von »Rücken - Wirbelsäule mit Lendenwirbel - HWS-Schleudertrauma und sonstige Verletzungen«}							
1949	€17 000 *(€18 885)*	Der Kläger erlitt infolge des Unfalls neben einer schmerzhaften Wirbelsäulenstauchung ein HWS-Schleudertrauma 1. Grades. Der Kläger leidet an regelmäßig wiederkehrenden starken Nacken- und Kopfschmerzen, die zeitweise unerträglich werden und eine Vielzahl von physiotherapeutischen Maßnahmen bis hin zu Nackeninjektionen erforderlich machten. Ausgehend von der Ausheilung der organischen Schädigung und dem Zurückbleiben bloß geringfügiger degenerativer Veränderungen der Halswirbelsäule, die allein jedoch nicht vollumfänglich ursächlich für ein intensives Schmerzempfinden sein können, diagnostizierte ein Sachverständiger eine anhaltende somatoforme Schmerzstörung. Diese sei auf die Fehlverarbeitung des Unfallgeschehens zurückzuführen. Insbesondere seien die Umstände des Unfallhergangs, etwa die Verbitterung und Enttäuschung des Klägers über das Fehlverhalten des Schädigers am Unfalltag (Entfernen vom Unfallort ohne jedwede Hilfeleistung, Sich-Selbst-Überlassen des Klägers) und die fehlende Entschuldigung desselben in der Folgezeit (aufgrund des Todes des Schädigers nunmehr nicht mehr nachholbar) sowie die Intensität und Dauer der Schmerzen selbst nach mehr als 7 Jahren nach dem Unfallereignis prägend gewesen für eine solche psychische Fehlverarbeitung	Auch noch 8 Jahre nach dem Unfall leidet der Kläger an einem aus einer psychischen Fehlverarbeitung resultierenden Schmerzempfinden	25-jähr. Mann		Schmerzen, die auf eine psychische Fehlverarbeitung zurückzuführen sind, sind gleichermaßen auszugleichen wie solche, die aufgrund organischer Schädigungen entstehen. Neben Missstimmungen, Schlafstörungen und Einschränkungen im privaten Lebensbereich (ungestörter Umgang mit dem eigenen Sohn, Sport) wirken sich die Beschwerden auch im beruflichen Leben des Klägers aus. So ist es ihm nicht mehr möglich, alle anfallenden Arbeiten als Bäckermeister durchzuführen. Über-Kopf-Arbeiten, etwa das Bestücken des 4-etagigen Backofens, oder Arbeiten in Zwangshaltungen sind ihm nur noch eingeschränkt bis gar nicht mehr möglich. Diese rufen bei Anhebung des linken Armes regelmäßig starke Schmerzen im Nackenbereich hervor, die zudem filigrane Tätigkeiten wie das Garnieren von Torten unmöglich machen. Daneben sind Arbeiten am Computer nur noch für eine kurze Dauer möglich	LG Leipzig 30.9.2011 5 O 4189/06 juris
1950	€17 150 + immat. Vorbehalt *(€21 917)*	HWS-Distorsion „nach Erdmann" bei diagnostizierter Ruptur des Ligamenta alaria mit anschließender Fusion des Segments C1/C2		Mann	Einschränkung der Beweglichkeit bei Fehlhaltung der HWS mit Schmerzen im Nacken-, Schulter- und Kopfbereich, Schwindel und Übelkeit, Tinnitus, Seh- und Konzentrationsstörungen	Allein der Umstand, dass sich ein Unfall mit einer geringen kollisionsbedingten Geschwindigkeitsänderung (Harmlosigkeitsgrenze) ereignet hat, schließt die tatrichterliche Überzeugungsbildung nach § 286 ZPO von seiner Ursächlichkeit für eine HWS-Verletzung nicht aus. Auch wenn nicht bewiesen sei, dass hier das Ligamentum alare gerissen ist, so stellt die durch die Diagnose veranlasste Probefusion und die endgültige Fusion der Segmente C1/C2 eine adäquate Folge des Unfalls dar	BGH 28.1.2003 VI ZR 139/02 Michael Wiedemann, Weilheim

Fortsetzung von »Rücken - Wirbelsäule mit Lendenwirbel - HWS-Schleudertrauma und sonstige Verletzungen«

Lfd. Nr.	Betrag DM Euro (Anp.2019)	Verletzung	Dauer und Umfang der Behandlung; Arbeitsunfähigkeit	Person des Verletzten	Dauerschaden	Besondere Umstände, die für die Entscheidungen maßgebend waren	Gericht, Datum der Entscheidung, Az., Veröffentlichung bzw. Einsender
1951	35 000 € 17 500 (€ 23 796)	HWS-Distorsion 1.–2. Grades		Schlosser	Cervicobrachiales und cervicocephales Syndrom; Taubheitsgefühle der Hände; Kopfschmerzen, Gleichgewichtsbeschwerden, Gangunsicherheit, Kribbelparästhesien und Taubheitsgefühl in beiden Beinen; Ohrengeräusche und Hörminderung; Konzentrations- und Sprachstörung; Übelkeit, Erbrechen, Schlaflosigkeit; erwerbsunfähig	Kläger kann Beruf als Schlosser nicht mehr ausüben; ein gewisser – aber ganz erheblich geringerer – Teil der Beschwerden wäre auch ohne den Unfall vorhanden	OLG Hamm 26.1.1998 13 U 128/97 r+s 1999, 64
1952	40 000 € 20 000 + immat. Vorbehalt (€ 26 886)	HWS-Verletzung, die zur Instabilität der oberen HWS geführt hat, mit Folge einer therapieresistenten Cervicocephalgie mit Instabilität der HW C0/1 und HW C0/2, Gefügeinstabilität C4/C5, Densverschiebung, Prellung am rechten Hand- und rechten Sprunggelenk, Kontusion der vorderen Thoraxseite	Mehrfache Klinikaufenthalte, ständige orthopädische, HNO-neurootologische und hausärztliche Behandlung, permanente krankengymnastische Übungsbehandlung von 2–3 mal wöchentlich	27-jähr. Dreher	MdE: 50% als Dreher, 20% im Umschulungsberuf	Umschulung zum Versicherungskaufmann. Bewegungseinschränkung der Halswirbelsäule mit ausgeprägten Schmerzzuständen, neurootologischen Funktionsstörungen, Störung der Aufmerksamkeitsfunktionen sowie Konzentrations- und Reaktionsverlangsamung im oberen Gesichtsfeld	LG Verden (Aller) 8.11.1999 4 O 466/96 bestätigt durch OLG Celle 2.11.2000 14 U 277/99 RA Wiedemann, Weilheim
1953	40 000 € 20 000 (€ 25 714)	7 Wochen nach Erstunfall mit Schädelprellung und Distorsion der HWS erneuter Unfall mit HWS-Schleudertrauma 1. bis 2. Grades mit psychischer Fehlverarbeitung	Laufende ambulante Behandlung	Angestellter	MdE: 100%	Psychische Fehlverarbeitung mit schmerzhafter Fehlhaltung des Kopfes, Verlust aller persönlichen Kontakte und der Erwerbsfähigkeit. Soweit diese Entwicklung durch den Unfall ausgelöst worden ist, muss davon ausgegangen werden, dass diese Entwicklung durch den zweiten Unfall unterstützt worden ist. Deshalb haftet der Beklagte als Gesamtschuldner. Bei der Schätzung der Höhe des Schmerzensgeldes ist mindernd die psychogene Anlage des Geschädigten berücksichtigt worden (vgl. BGH VersR 1998, 203, 204)	KG Berlin 23.4.2002 12 U 1885/99 VorsRiKG Berlin Philipp
1954	€ 21 000 (€ 24 189)	HWS-Distorsion, Ellenbogenprellung, chronisches Schmerzsyndrom, Depressionen	3 Jahre nach dem Unfall noch in schmerztherapeutischer Behandlung	37-jähr. Hausfrau		Klägerin, die als Radfahrerin von einem Pkw angefahren und auf die Motorhaube geschleudert wurde, leidet an einer „Gemischten ängstlich depressiven Störung" sowie an einem chronischen HWS-und LWS-Syndrom mit Blockierung vor allem des oberen HWS-Drittels und des linken Ileosakralgelenks, an Kopfschmerzen, Entzündungen im Oberarm sowie einem chronischen Schmerzsyndrom; bei der Klägerin zeigt sich eine gravierende Veränderung bis hin zur Persönlichkeitsveränderung; ist nunmehr sehr impulsiv und launisch; bis auf weiteres MdE von 40%	LG Hannover 18.2.2009 12 O 201/07 RAe Waldraff & Koll., Hannover

● Mithaftung (siehe vorletzte Spalte)

Lfd. Nr.	Betrag DM Euro (Anp.2019)	Verletzung	Dauer und Umfang der Behandlung; Arbeitsunfähigkeit	Person des Verletzten	Dauerschaden	Besondere Umstände, die für die Entscheidungen maßgebend waren	Gericht, Datum der Entscheidung, Az., Veröffentlichung bzw. Einsender
	**Fortsetzung von »Rücken - Wirbelsäule mit Lendenwirbel - HWS-Schleudertrauma und sonstige Verletzungen«**						
1955	€ 25 000 + immat. Vorbehalt (€ 30 872)	HWS-Distorsion III, traumatischer Bandscheibenprolaps i.H.v. C5/C 6	MdE: 1 Monat 100% 2 Wochen 80% 1 Monat 50% 7 Wochen 30% bis auf weiteres 20%	Selbständiger Obst- und Gemüsehändler	MdE: 20%	Auch in den nächsten Jahren sei mit einer fortschreitenden Zermürbung der geschädigten Bandscheibe C 5/C 6 zu rechnen, sowie reaktiv mit einer weiteren Größenzunahme der knöchernen Sekundärveränderungen an den benachbarten Wirbelkörperkanten. Mittelfristig werde ein operativer Eingriff (Dekompression des Spinalkanals, Fusion der Wirbelkörper C 5/C 6) erforderlich werden, der eher zu einer Befundverbesserung führen würde. Die vom Kläger angegebenen Taubheits- bzw. Kribbelmissempfindungen können durchaus als Ausdruck einer Irritation des Rückenmarks interpretiert werden. Eine Verschlimmerung der unfallbedingten Symptomatik im Sinne einer Schädigung des Halsmarkes oder im Sinne einer Schädigung zervikaler Nervenwurzeln sei möglich, wobei eindeutige prognostische Aussagen über mögliche Folgeerscheinungen nicht zu treffen seien	LG München I 17.3.2005 19 O 23126/03 RA Krumbholz, München
1956	€ 30 000 + immat. Vorbehalt (€ 31 956)	Instabilität der Halswirbelsäule bei vorbestehendem Os Odontoideum	Stationärer Krankenhausaufenthalt von ca. 8 Tagen mit Operation zur Stabilisierung der HWS durch Einsetzen einer Verplattung; anschließend ca. 1 Monat stationäre Reha. Bis zum Abschluss der ersten Reha MdE von 100% und anschließende dauerhafte MdE von 20%. Später Revisions-OP wegen Materialfehlers der ursprünglich eingesetzten Verplattung	28-jähr. Mann	Verplattung der HWS mit Bewegungseinschränkungen	Führt ein Verkehrsunfall bei einer vorbestehenden Schadensanfälligkeit wegen eines Os Odontoideum zu einer Instabilität der Halswirbelsäule, die durch das dauerhafte Einsetzen einer Platte operativ behandelt werden muss, kann bei einem zum Unfallzeitpunkt 28-jähr. Mann ein Schmerzensgeld von € 30 000 gerechtfertigt sein, wenn eine Nachfolgeoperation wegen eines Plattenbruchs erforderlich war und eine Einschränkung der Erwerbsfähigkeit von 20% bei einer weitergehenden Einschränkung der Lebensqualität gegeben ist	KG Berlin 26.3.2015 22 U 143/13 juris
1957	60 000 € 30 000 (€ 38 901)	HWS-Schleudertrauma, Schnittwunde an der rechten Wange, Sensibilitätsstörung am linken Arm		44-jähr. Frau	Instabilität und schmerzhafte Bewegungseinschränkung der HWS, die zu häufigem Tragen der Schanzschen Krawatte nötigt; Kopfschmerzen, die in einem zyklischen Ablauf zunehmen und in schwerste Nacken- und Hinterkopfschmerzen übergehen, denen eine Phase relativer Beschwerdefreiheit folgt; reaktive depressive Verstimmungen; MdE: 30–40%	Der vollen Einstandspflicht der Beklagten steht nicht entgegen, dass die Leiden durch eine körperliche bzw. seelische Disposition der Klägerin gefördert worden sind. Der Schädiger haftet auch für Folgeschäden einer Verletzungshandlung, die auf einer körperlichen Anfälligkeit oder einer psychischen Fehlverarbeitung beruhen (BGH in NJW 1998, 810)	OLG Frankfurt am Main 6.7.2001 2 U 86/98

Lfd. Nr.	Betrag DM **Euro** *(Anp.2019)*	Verletzung	Dauer und Umfang der Behandlung; Arbeitsunfähigkeit	Person des Verletzten	Dauerschaden	Besondere Umstände, die für die Entscheidungen maßgebend waren	Gericht, Datum der Entscheidung, Az., Veröffentlichung bzw. Einsender
\multicolumn{8}{|l|}{Fortsetzung von »Rücken - Wirbelsäule mit Lendenwirbel - HWS-Schleudertrauma und sonstige Verletzungen«}							
1958	€ 30 511 + immat. Vorbehalt *(€ 38 759)*	Schwere HWS-Distorsion und Schädel-Hirn-Trauma 1. Grades, Verletzung der Flügelbänder mit Bänderinstabilität, Gefügelockerung und Gefügeverschiebung im Kopfgelenksbereich	Mehrere Krankenhausaufenthalte, Vielzahl von Behandlungsterminen	38-jähr. Postbeamter, zum Urteilszeitpunkt 50 Jahre alt	Eingeschränkte Kopfbeweglichkeit, immer wieder erhebliche Nacken- und Kopfschmerzen, Druckgefühle im Schulter- und Nackenbereich, Übelkeit, Schwindel, multisensorische neurootologische Funktionsstörung mit Sehstörungen und Tinnitus; Dienstunfähigkeit	Kläger, der auch in Zukunft in ärztlicher Behandlung stehen wird, ist infolge der dauernden Beschwerden in seiner Lebensführung erheblich beeinträchtigt; kann keinen Sport mehr ausüben; trotz allem kann Kläger weitgehend am normalen Leben teilnehmen; immat. Vorbehalt nur hinsichtlich der derzeit noch nicht hinreichend sicher vorsehbaren Schäden	OLG Frankfurt am Main 9.7.2003 4 U 2/97
1959	€ 31 023 + immat. Vorbehalt *(€ 39 409)*	Kapselriss des Wirbelgelenks C1/C2, Risse der Flügelbänder bei HWS-Distorsion, schwere Stauchung des linken Armes	2 Operationen der HWS mit Einsetzen von Metallplatten und Verschraubungen	Leiterin eines Sportstudios	Eingeschränkte Beweglichkeit der HWS, die durch eine 2. Operation noch weiter versteift ist; schwerbeschädigt zu 50%	Zeit nach dem Unfall extrem leidvoll, weil die tatsächliche Ursache der Beschwerden (Kapselriss) erst nach 2 ½ Jahren erkannt und behandelt wurde; wie stark die Beschwerden waren, zeigt sich u. a. daran, dass die Klägerin bis zur Operation nach 2 ½ Jahren zeitweise Treppen rückwärts heruntergehen musste, nicht über Kopfsteinpflaster gehen konnte und bis zur ersten Operation immer wieder arbeitsunfähig krank war; die Operationen bargen jeweils die Gefahr einer Querschnittslähmung; Klägerin ist durch eine posttraumatische Belastungsstörung (u. a. mit Suizidgedanken) schwer beeinträchtigt und musste sich einer Langzeittherapie unterziehen	OLG Celle 23.10.2003 5 U 196/02
1960	€ 31 534 + immat. Vorbehalt *(€ 38 986)*	HWS-Distorsion mit cervikaler Dystonie, leichter Schiefhals nach links, ausgeprägtes Schmerzsyndrom und ausgeprägte Bewegungseinschränkung der HWS mit maximal 20% in allen Richtungen, Kontraktionen von vielen Halsmuskeln		29-jähr. Lagerist, zum Urteilszeitpunkt 41 Jahre alt	Ausgeprägte Einschränkung im Bewegungsumfang der HWS mit ausgeprägten Schmerzen	Durch die gesundheitlichen Beeinträchtigungen wurde das Leben des Klägers grundlegend verändert; anspruchsmindernd ist zu berücksichtigen, dass das Schmerzsyndrom und die Beschwerden auf eine dysfunktionale Krankheitsverarbeitung auf dem Boden einer vorerkrankten Persönlichkeit zurückzuführen sind; leichte Fahrlässigkeit der Beklagten	OLG Karlsruhe 20.5.2005 14 U 101/03 RA Schulz, Durmersheim (RAe Kuntz & Koll.)
1961	65 000 € 32 500 + immat. Vorbehalt *(€ 46 020)*	Unterarmbruch (Bruch der körperfernen Speiche mit Verrenkung rechts), Trümmerbruch an der Hand (offener Trümmerverrenkungsbruch des Endgliedes des Kleinfingers der linken Hand), Trauma im Bereich der HWS (Ausriss der 5. und 6. Halsnervenwurzel) und Nervenlähmung im linken Arm; Gehirnerschütterung	Drei stationäre Aufenthalte von knapp 2 Monaten, ca. 10 Monate arbeitsunfähig	25-jähr. Dreher	Insbesondere Armplexuslähmungen mit Bewegungseinschränkungen sowie Gefühlsstörungen; schmerzhafte Bewegungseinschränkungen des rechten Handgelenks	Kläger musste umgeschult werden zum Maschinenbautechniker	LG Amberg 19.4.1995 22 O 1335/89 RA Flammersberger, Amberg

● Mithaftung (siehe vorletzte Spalte)

Lfd. Nr.	Betrag DM **Euro** *(Anp.2019)*	Verletzung	Dauer und Umfang der Behandlung; Arbeitsunfähigkeit	Person des Verletzten	Dauerschaden	Besondere Umstände, die für die Entscheidungen maßgebend waren	Gericht, Datum der Entscheidung, Az., Veröffentlichung bzw. Einsender
\multicolumn{8}{l}{Fortsetzung von »Rücken - Wirbelsäule mit Lendenwirbel - HWS-Schleudertrauma und sonstige Verletzungen«}
1962	80 000 **€ 40 000** *(€ 50 935)*	Leichte bis mittlere HWS-Distorsion	Seit dem Unfall im Jahre 1994 ist Klägerin bei einer Vielzahl von Ärzten in Behandlung, war mehrfach stationär in verschiedenen Krankenhäusern mit Schmerztherapien und anderen Maßnahmen, wie z. B. dreimonatige Schulter-Nacken-Orthese, häufiges Tragen einer Halskrawatte, zeitweise arbeitsunfähig; vom 1.2.1996 bis 31.5.1997 Rente wegen Erwerbsunfähigkeit, eingeschränkte Wiederaufnahme der Berufstätigkeit ab 1.10.1998	54-jähr. Frau, zum Unfallzeitpunkt 45 Jahre alt		Trotz einer Geschwindigkeitsänderung von ca. 5 km/h beim Aufprallunfall ist HWS-Verletzung mit folgendem Beschwerdebild unfallsächlich, da sich Klägerin zum Zeitpunkt des Aufpralls mit Oberkörper und Kopf nach links hinten umgewandt hatte, so dass Kopfstütze die Beschleunigung nicht abbremsen konnte; Klägerin leidet seit dem Unfall unter starken Schmerzen im Bereich der HWS mit Ausstrahlung in die Schultern und den Hinterkopf sowie unter Bewegungseinschränkungen; Einschränkungen bei der Hausarbeit und in der Freizeit; keine Prognose möglich, ob zu irgendeinem Zeitpunkt die restlichen Beschwerden abgeheilt sein werden, was bei der Bemessung des Schmerzensgeldes berücksichtigt wurde	Schleswig-Holsteinisches OLG 14.11.2003 9 U 138/00
1963	**€ 42 200** + immat. Vorbehalt *(€ 45 545)*	Schleudertrauma der Halswirbelsäule mit psychischem Folgeschaden	Vielfache Arztbesuche	Frau		Konkret hat der Senat bei der Ermittlung des Schmerzensgeldbetrages berücksichtigt, dass der Unfall bei der Klägerin zu einer chronischen Erkrankung geführt hat, deren weitere Entwicklung nicht absehbar ist, bei der aber nach Einschätzung des Sachverständigen Dr. M eine nennenswerte Besserung nicht mehr zu erwarten ist. Ist die unmittelbar durch den Unfall verursachte Primärverletzung eher geringfügig (hier: leichtes HWS-Schleudertrauma) und sind die gravierenden und weitreichenden Folgen für den Geschädigten (hier: chronische Schmerzerkrankung und depressiv-phobische Entwicklung) durch dessen psychische Disposition und die sich daraus ergebende Fehlverarbeitung bedingt, so wirken diese Umstände sich auf die Höhe des Schmerzensgeldes mindernd aus. Beruht das Krankheitsbild des Geschädigten zu einem nicht ganz zu vernachlässigenden Teil auch auf querulatorischen Persönlichkeitselementen, so ist auch dieser Umstand bei der Bemessung des Schmerzensgeldes mindernd in Ansatz zu bringen	OLG Köln 14.3.2013 18 U 180/10 juris
1964	90 000 **€ 45 000** + immat. Vorbehalt *(€ 60 570)*	HWS-Schleudertrauma, Zerreißung der linksseitigen Flügelbänder und Überdehnung des rechtsseitigen Bandes	Nach 4 Jahren Versteifungs-OP durch Verschraubung der ersten beiden Halswirbel; vorher mehrfache Klinikaufenthalte und ambulante Behandlungen wegen ständiger Nacken-Hinterkopf-Schmerzen, Seh-, Hör- und Gleichgewichtsstörungen	36-jähr. Justizbeamtin	Beweglichkeit des Kopfes erheblich eingeschränkt	Schmerzen haben länger als 4 Jahre gedauert; die ständigen Arztbesuche und die jahrelange Ungewissheit über die genauen Ursachen und Heilungsmöglichkeiten bedeuten sicher eine erhebliche psychische Belastung; die Versteifungsoperation war besonders gefährlich; Verschulden des Unfallverursachers war von einigem Gewicht	LG Siegen 29.9.1999 5 O 92/94 Michael Wiedemann, Weilheim

Lfd. Nr.	Betrag DM Euro (Anp.2019)	Verletzung	Dauer und Umfang der Behandlung; Arbeitsunfähigkeit	Person des Verletzten	Dauerschaden	Besondere Umstände, die für die Entscheidungen maßgebend waren	Gericht, Datum der Entscheidung, Az., Veröffentlichung bzw. Einsender

Fortsetzung von »Rücken - Wirbelsäule mit Lendenwirbel - HWS-Schleudertrauma und sonstige Verletzungen«

Lfd. Nr.	Betrag	Verletzung	Dauer und Umfang der Behandlung	Person	Dauerschaden	Besondere Umstände	Gericht
1965	100 000 € 50 000 + immat. Vorbehalt (€ 71 275)	HWS-Verletzung, die zur Instabilität der oberen 3 HW (Zerreißung des Bandapparates) geführt hat, mit Folge einer therapieresistenten Cervicocephalgie mit irreparabler Instabilität der Halswirbel C0/1 und C1/2		52-jähr. Selbstständiger	Instabilität der oberen HW-Körper mit der Folge von anfallartig auftretenden Schmerzen; häufige Schlaflosigkeit; ständiges Gefühl von Trance und Abwesenheit mit Konzentrations-, Reaktions-, Gedächtnis- und Sehstörungen; völlige Erwerbsunfähigkeit	Die Gesundheitsstörungen haben beim Kläger Depressionen und Isolation zur Folge	OLG Stuttgart 19.1.1995 19 U 200/94 VRS 90, 269 Revision vom BGH nicht angenommen 19.9.1995 VI ZR 68/95
1966	120 000 € 60 000 + immat. Vorbehalt (€ 82 539)	HWS-Distorsion 3. Grades, Vorderkantenabsprengung HWK 4–6, traumatische Bandscheibenzerreißung mit Verfall im Segment C 6/C 7, cervikale Myelopathien im Sinne der Hinterstrangläsion; Parästhesien im Bereich der rechten Körperseite, Zustand nach operativer HWS-Versteifung C 6 und C 7 mit Spongiosaentnahme aus dem linken Beckenkamm; postoperatives Horner-Syndrom mit Lidhängung und Pupillenerweiterung; postoperative rechtsseitige Rekurrensparese mit Heiserkeit; depressive Verstimmungen	Mehrere Krankenhausaufenthalte, seit dem Unfall (1.2.1992) in ständiger unfallchirurgischer, orthopädischer, neurologisch-psychiatrischer und hausärztlicher Behandlung, permanente krankengymnastische Übungsbehandlungen	48-jähr. Angestellter	Massive Bewegungsbeeinträchtigung der HWS mit ausgeprägten Schmerzzuständen; Beeinträchtigung der Funktion des rechten Auges und der Stimmbildung; Libidoverlust, der zu einem wesentlichen Teil auf den Unfall zurückzuführen ist; MdE: 100%	Die gravierenden gesundheitlichen Beeinträchtigungen haben zu ausgeprägten psychovegetativen Störungen und insbesondere zu einer depressiven Stimmungslage geführt; besonders belastend, dass Kläger auch nachts keine Erholung von seinen ständigen Qualen findet; schläft nur sehr unregelmäßig und kurz und in der Regel nur nach Einnahme entsprechender Schlaftabletten; kann Sport in nennenswertem Umfang nicht mehr ausüben; Zukunftsprognose tendiert zu einer Verschlimmerung und Verschlechterung des Allgemeinzustandes mit Gefahr weiterer Operationen; vorprozessual wurde immat. Vorbehalt vereinbart	LG Saarbrücken 24.2.1997 6 O 29/95 RAe Gebhardt & Partner, Homburg
1967	€ 60 000 (€ 66 375)	Leichte Gehirnerschütterung, eine später folgenlos ausgeheilte Sternumfraktur, eine Knieverletzung, ein erhebliches Beschleunigungstrauma der Halswirbelsäule (Faktor 3 der Einteilung nach Moorahrend) mit deutlicher Fehlhaltung der oberen Halswirbelsäule einschließlich einer länger anhaltenden Kyphosierung mit Knickbildung HW 4/5 und auch HW 3/4, eine ebenfalls auf die Beschleunigungswirkung zurückzuführende rechtsseitige Plexuszerrung und eine Iliosakralgelenk-Blockierung erlitten	Der Unfall hatte umfangreiche stationäre und ambulante medizinische Behandlungen zur Folge; auch heute befindet sich die Klägerin in ärztlicher Behandlung, was mindestens zum Teil auf die Unfallfolgen zurückzuführen ist, sowie in physiotherapeutischer Behandlung wegen der Auswirkungen des unfallbedingten Gefügeschadens	37-jähr. Frau	Deutliche Einschränkung der Beweglichkeit der Halswirbelsäule nach rechts. Verschlechterung einer Zwangserkrankung mit Wasch- und Desinfektionsmittelzwang sowie depressive Symptome	Der Unfall hat wegen des am Hals verbliebenen Gefügeschadens zu einer Chronifizierung und Verschlechterung der bestehenden Zwangsneurose geführt. Ohne das Unfallereignis wäre trotz der psychischen Ausgangssituation der Klägerin eine entsprechende neurotische Entwicklung mit vergleichbaren beeinträchtigenden Auswirkungen nicht zum Tragen gekommen	OLG Oldenburg (Oldenburg) 15.12.2011 8 U 86/09

Weitere Urteile zur Rubrik »**Rücken - Wirbelsäule mit Lendenwirbel - HWS-Schleudertrauma und sonstige Verletzungen**« siehe auch:

bis € 2500: 946, 1380, 1188, 951, 772, 775, 1193, 954, 1014, 1506, 474, 100, 1189, 858, 1190, 3131, 778, 2135, 844, 489, 896, 490, 1564, 480, 481, 847, 973, 902, 2271, 456, 2567, 1387, 1257, 457, 222, 483, 157

bis € 5000: 484, 492, 3138, 1260, 1607, 851, 3079, 802, 3142, 459, 2750, 2115, 1263, 2116, 2753, 1612, 3038, 914, 1519, 782, 3042, 3086, 917, 1391

bis € 12500: 715, 226, 250, 965, 1583, 1265, 465, 3151, 1593, 3152, 2124, 1350, 1624, 497, 3154, 837, 1529, 3155, 2126, 1412, 823, 3054, 1634, 966, 35, 560, 2127, 967, 467, 1124, 2128, 3058, 71, 1022, 1400, 3158, 2146, 2129, 3160, 1269, 127, 3061, 570, 181, 232, 930, 3063, 932, 3066

bis € 25000: 2045, 1305, 3069, 2142, 184, 3162, 3163, 3164, 2130, 3165, 729, 77, 937, 79, 995, 1272, 2105, 731, 265, 809, 503, 188, 591, 1666, 1574

ab € 25000: 1670, 3169, 269, 3170, 668, 3171, 2952, 3172, 599, 1069, 273, 1152, 1428, 2970, 2286, 611, 2134, 1298, 1591

● Mithaftung (siehe vorletzte Spalte)

Rücken - Wirbelsäule mit Lendenwirbel - Querschnittslähmung

Lfd. Nr.	Betrag DM Euro (Anp.2019)	Verletzung	Dauer und Umfang der Behandlung; Arbeitsunfähigkeit	Person des Verletzten	Dauerschaden	Besondere Umstände, die für die Entscheidungen maßgebend waren	Gericht, Datum der Entscheidung, Az., Veröffentlichung bzw. Einsender
1968	€ 35 000 ● + immat. Vorbehalt (€ 37583)	Motorradunfall: Berstungsfraktur BWK 12, Luxation BWK 11, intraspinale Fragmente, Querschnitt, Decollement HWK 7–12, Scapularfraktur rechts, Fraktur der 8. Rippe rechts, retroperitoneales Hämatom links und eine Kleinfingerendgliedfraktur links (erstgradig offen)	Ca. 4 Monate in verschiedenen Krankenhäusern stationär behandelt und viermal operiert	Mann	Der Geschädigte ist dauerhaft unterhalb Dll (ab der Hüfte abwärts) querschnittsgelähmt und auf einen Rollstuhl angewiesen. Unter anderem ist er weder in der Lage, seine Beine zu bewegen noch selbstständig auf Toilette zu gehen	Mitverschulden des Kl. von 80%. Bekl. haftet nur zu 20% für Betriebsgefahr ihres Kfz	OLG Oldenburg (Oldenburg) 22.11.2013 11 U 45/13
1969	€ 50 000 + immat. Vorbehalt (€ 60616)	Quetschung des Rückenmarks in Höhe der HWS, was zunächst zu einer kompletten Querschnittslähmung sämtlicher Extremitäten, dann aber zu einer inkompletten Tetraparese führte	3 Monate Krankenhaus, wobei nach der ersten Woche eine Stabilisierungsoperation mit Resektion C4 / 5 und eine Versteifung C 3 – C 6 durchgeführt wurden	61-jähr. Zeitungsausträger	Inkomplette Tetraparese mit der Folge, dass die Beweglichkeit der Beine sowie des linken Armes in erheblich spastischer Weise eingeschränkt ist; auf die Verwendung von Gehhilfen angewiesen; beim Anziehen und Baden fremde Hilfe erforderlich; wegen erheblicher Schmerzen auf tägliche Einnahme von Schmerzmitteln angewiesen, ebenso auf Medikamente zur Linderung der Spastik; regelmäßige ärztlich und krankengymnastische Behandlung; MdE: 100%	Verletzung der Verkehrssicherungspflicht; Kläger stürzte in einen Lüftungsschacht im Eingangsbereich einer Wohnanlage, dessen Abdeckungsgitter entfernt war; Gitter war gegen unbefugtes Entfernen nicht abgesichert	LG Baden-Baden 24.10.2006 1 O 374/04
1970	€ 70 000 + immat. Vorbehalt (€ 78667)	Fehlerhafte Skoliose-Operation führte zu Rückenmarksverletzung in Form einer leicht inkompletten Beinparese, welche zu einer vorübergehende Paraplegie führte (Querschnittssymptomatik)	Monatelange stationäre Behandlung mit Intensivstation und langwierige Rehabilitationsmaßnahmen	14-jähr. Mädchen	Blasen- und Mastdarmentleerungsstörungen	Im Rahmen einer Skoliosekorrektur unterliefen dem operierenden Arzt verschiedene Behandlungsfehler	LG Bonn 18.2.2011 9 O 192/09 RA Dr. Hans-Bernd Ziegler, Marburg
1971	€ 75 000 + immat. Vorbehalt (€ 79650)	Nukleotomie ohne Aufklärung über das Risiko einer Querschnittslähmung; dadurch inkomplette spastische Tetraplegie sub C5 rechtsbetont	Stationäre Behandlungen mit Revisionsoperation wegen Versagen des Implantats	37-jähr. Mann	Schädigung des Rückenmarks nach teilweiser Rückbildung der ursprünglichen Lähmungs- und Ausfallerscheinungen, gewisse motorische Einschränkungen, Sensibilitätsstörungen, chronische Schmerzen in Gestalt von Brennschmerzen der Hände und Füße und Störung der Blasenfunktion	Ist durch die Nukleotomie und die hierbei verursachte Schädigung des Rückenmarks nach teilweiser Rückbildung der ursprünglichen Lähmungs- und Ausfallerscheinungen ein Dauerschaden entstanden, der gewisse motorische Einschränkungen, Sensibilitätsstörungen, zusätzliche chronische Schmerzen in Gestalt von Brennschmerzen der Hände und Füße und eine Störung der Blasenfunktion erfasst, kann ein Schmerzensgeld i.H.v. € 75 000 angemessen sein	OLG Köln 23.3.2016 5 U 8/14 juris
1972	€ 100 000 + immat. Vorbehalt (€ 117219)	Syndrom der Nervenwurzeln, die vom Ende des Rückenmarks im Wirbelkanal abwärts ziehen		54-jähr. Krankenschwester, zum Urteilszeitpunkt 61 Jahre alt	Parese beider Beine und der Gesäßmuskulatur, nicht katheterpflichtige Blasen- und Stuhlinkontinenz, spastische Störungen durch dauerndes Sitzen, rollstuhlabhängig	Ärztliche Fehlbehandlung eines nach einer Tumorentfernung aufgetretenen Epiduralhämatoms; grober Behandlungsfehler; Fistelbildung im Analbereich, Wundheilstörungen bei Bewegungsmangel; im Haushalt auf ergänzende fremde Hilfe angewiesen	OLG Hamm 19.11.2007 3 U 83/07

● Mithaftung (siehe vorletzte Spalte)

Urteile lfd. Nr. 1973 – 1975 — Rücken

Lfd. Nr.	Betrag DM Euro (Anp.2019)	Verletzung	Dauer und Umfang der Behandlung; Arbeitsunfähigkeit	Person des Verletzten	Dauerschaden	Besondere Umstände, die für die Entscheidungen maßgebend waren	Gericht, Datum der Entscheidung, Az., Veröffentlichung bzw. Einsender

Fortsetzung von »Rücken - Wirbelsäule mit Lendenwirbel - Querschnittslähmung«

Lfd. Nr.	Betrag	Verletzung	Dauer/Behandlung	Person	Dauerschaden	Besondere Umstände	Gericht
1973	€ 100 000 ● + immat. Vorbehalt (€ 115 435)	Luxation der Halswirbelkörper mit dadurch erfolgter Verletzung des Rückenmarks und neurologischen Ausfallerscheinungen, Einblutungen im Augenbereich	Krankenhausaufenthalt mit Operation der Wirbelsäule (geschlossene Reposition, ventrale Spondylodese)	Junger Heizungsbauer	Inkomplette Querschnittslähmung mit Lähmung der Beine, auf Rollstuhl angewiesen	Amtspflichtverletzung von 2 Polizeibeamten durch erhebliches Überschreiten der erforderlichen Gewalt beim Verbringen des erheblich alkoholisierten Klägers aus einem Lokal in Polizeiwagen und Polizeigewahrsam; 50% Mitverschulden des Klägers durch sein erhebliches, verbales wie tätliches Eindringen auf die Polizisten, die letztlich keine andere Wahl als eine nicht unerhebliche Gewaltanwendung hatten; Behinderung des Klägers hat maßgeblich zum Scheitern seiner Ehe beigetragen	OLG Hamm 27.5.2009 11 U 175/07
1974	210 000 ● € 105 000 (€ 150 893)	Luxation BWK 12/LWK 1 und Kompressions-Berstungsbruch des LWK 1 Typ ABCD; motorisch komplette, sensibel inkomplette Querschnittslähmung im Bereich des Rumpfes und der unteren Extremitäten		30-jähr. Betriebselektriker	Lähmung wirkt sich auch auf die Blasen- und Darmfunktion sowie die Sexualfunktion aus; dauerhaft auf Rollstuhl angewiesen	30% Mitverschulden	Schleswig-Holsteinisches OLG 20.10.1994 7 U 135/93 r+s 1995, 380
1975	€ 125 000 (€ 131 306)	Hyperextensionsfraktur BWK 12/LWK 1, proximale Rippenfraktur rechts, Ruptur des vorderen Längsbandes sowie Fraktur der Dornfortsatzspitze	Zusätzliche Operation, 7 Monate stationärer Aufenthalt, 7 Wochen stationärer Reha-Aufenthalt	53-jähr. Mann (Frührentner)	Querschnittslähmung, schwere Harn- und Stuhlinkontinenz und in Folge dessen Blasenkatheter	Fehlerhafte Sturzrisikobewertung durch die Beklagten, in Folge derer der stark übergewichtige und unter u. a. Morbus Bechterew, chronische venöse Insuffizienz und Vorhofflimmern leidende Kläger nach seiner erfolgten Hüftprothesenoperation zweimalig stürzte und sich dadurch die genannten Verletzungen zuzog. Der Kläger ist dauerhaft auf einen Rollstuhl und Pflege angewiesen. Lediglich kurze Transferstrecken vom Rollstuhl ins Bett können mit Gehhilfen bewältigt werden. Ein freies Stehen ist nicht mehr möglich. Schmerzensgeldmindernd wurde berücksichtigt, dass die Lebensqualität sowie die Leistungs- und Erwerbsfähigkeit bereits vor dem Sturzereignis durch erhebliche Vorerkrankungen beeinträchtigt war. Der Kläger war schon vor dem Sturz berentet	LG Gießen 19.7.2016 1 O 15/15

● Mithaftung (siehe vorletzte Spalte)

Rücken — Urteile lfd. Nr. 1976 – 1978

Lfd. Nr.	Betrag DM Euro (Anp.2019)	Verletzung	Dauer und Umfang der Behandlung; Arbeitsunfähigkeit	Person des Verletzten	Dauerschaden	Besondere Umstände, die für die Entscheidungen maßgebend waren	Gericht, Datum der Entscheidung, Az., Veröffentlichung bzw. Einsender
		Fortsetzung von »Rücken - Wirbelsäule mit Lendenwirbel - Querschnittslähmung«					
1976	€ 125 000 + immat. Vorbehalt (€ 133 551)	Komplette Querschnittslähmung hüftabwärts nach chemotherapeutischer Behandlung im Rahmen eines Studienprogramms (sogenannte Flyer-Studie), wobei Injektionen des Chemotherapeutikums Methotrexat in den Wirbelkanal (= intrathekale MTX-Injektion) erfolgten. Über das entsprechende Risiko war der Kläger nicht aufgeklärt worden		57-jähr. Mann	Komplette Querschnittslähmung hüftabwärts	Der Kläger ist hüftabwärts gelähmt mit allen üblichen organischen Begleiterscheinungen. Besonders belastend für den Kläger ist, dass er seine im ersten Stock gelegene Eigentumswohnung, die über keinen Aufzug verfügt, nur verlassen kann, wenn ihn jemand die Treppe hinunterträgt und wieder hinaufträgt. Nachdem die Ehefrau, welche als Putzfrau in Teilzeit arbeitet und den Kläger ansonsten versorgt, dies nicht bewerkstelligen kann, ist er auf die Hilfe Dritter, z.B. des Schwiegersohns angewiesen. Aufgrund der ungünstigen Wohnsituation ist der Kläger damit im Wesentlichen innerhalb der eigenen vier Wände isoliert. Soziale Kontakte brechen weg. Nachdem weitere Beeinträchtigungen von Klageseite nicht vorgetragen wurden, ist ein höheres Schmerzensgeld als € 125 000 nicht zuzusprechen	OLG München 17.4.2014 24 U 3089/13
1977	€ 150 000 (€ 191 007)	Querschnittslähmung, motorisch und sensibel inkomplett unterhalb des 6./7. Halsrückenmarksegments und sensibel komplett unterhalb des 2. Brustrückenmarksegments nach durch Unfall ausgelöstem Bandscheibenvorfall (C 5 bis C 7)		Mann	Inkomplette, hohe Querschnittslähumg mit inkompletter Blasen- und Mastdarmlähmung; Funktionsfähigkeit der Finger erheblich eingeschränkt (nur noch Restgreiffunktion), Fortbewegung nur noch an 2 Unterarmstützen über kurze Strecken möglich, im Alltag auf Rollstuhl angewiesen; Kläger ist bei seinen täglichen Verrichtungen auf fremde Hilfe angewiesen; Sexualfunktion gestört	Kläger kann nicht mehr wie früher am öffentlichen Leben teilnehmen, Familienleben ist beeinträchtigt, berufliche Tätigkeit nur noch in ganz eingeschränktem Umfang möglich	LG Heilbronn 24.4.2003 4 O 321/02 Hf bestätigt durch OLG Stuttgart 3 U 98/03 RiLG Rieger, Heilbronn
1978	300 000 € 150 000 (€ 198 628)	Hirnstammtrauma, hohe Halsmarkläsion mit hochgradiger Tetraparese bei HWK-2-Fraktur, Rippenserienfraktur links	5 Monate Krankenhaus	72-jähr. Frau, bei Urteilsverkündung 75 Jahre alt	Imkomplette Querschnittslähmung aller 4 Gliedmaßen, Vollzeitpflegefall „rund um die Uhr"		OLG Koblenz 18.9.2000 12 U 1464/99

Fortsetzung von »Rücken - Wirbelsäule mit Lendenwirbel - Querschnittslähmung«

Lfd. Nr.	Betrag DM **Euro** *(Anp.2019)*	Verletzung	Dauer und Umfang der Behandlung; Arbeitsunfähigkeit	Person des Verletzten	Dauerschaden	Besondere Umstände, die für die Entscheidungen maßgebend waren	Gericht, Datum der Entscheidung, Az., Veröffentlichung bzw. Einsender
1979	€ 150 000 + immat. Vorbehalt *(€ 186 098)*	Inkomplette Tetraplegie nach HWK-5/6-Fraktur, Beckenringfraktur rechts mit Symphysensprengung – knöchern vereinigt mit Diastase –, LWK-2-Deckenplattenringimpression geringen Ausmaßes mit Deckenplattensenkung um 5 mm, Rippenserienfraktur 5–9 links und 10–11 rechts, Innenmeniskusteilentfernung am linken Knie, Milzruptur mit anschließender Entfernung der Milz, neurogene Blasen- und Mastdarmentleerungsstörung	4 Wochen Intensivstation, wobei Überlebenschance und Zukunftsprognose äußerst fraglich waren; HWK-Fraktur wurde verblockt und mit einer H-Platte in guter Achsenstellung versorgt; mehrmonatige Behandlung im Querschnittszentrum	61-jähr. Frau, zum Urteilszeitpunkt 65 Jahre alt	Inkomplette Querschnittslähmung mit spastischen Lähmungen, insbesondere des linken Armes und des linken Beines bei einer ausgeprägten Schmerzsymptomatik im Bereich des linken Gesäßes; Schließmuskelinsuffizienz der Blase, hochgradige Darmfunktionsstörungen, Stuhl muss digital ausgeräumt werden; Klägerin kann kürzere Strecken mit 2 Armkrücken oder einem Rollator zurücklegen, außerhalb des Hauses auf Rollstuhl angewiesen; unter Berücksichtigung des inkompletten Querschnittsyndroms, des posttraumatischen Belastungssyndroms und der orthopädisch-traumatologischen Beeinträchtigung Gesamtbeeinträchtigung von 85%; immat. Vorbehalt für den Fall einer wesentlichen unfallbedingten Verschlechterung des Gesundheitszustandes	Klägerin war Beifahrerin im Pkw ihres Ehemannes, der von der Fahrbahn abkam und verunfallte; der Genugtuungsfunktion ist kein Gewicht beizumessen, da genaue Umstände des Fahrfehlers des Ehemannes nicht aufgeklärt werden konnten; Klägerin kann unter fremder Mithilfe täglich 3 Stunden Haushalt versorgen; weiterhin konsequente schmerztherapeutische Betreuung notwendig, um zumindest den gegenwärtigen Zustand zu erhalten	OLG München 18.2.2005 10 U 4743/04
1980	320 000 ● € 160 000 + immat. Vorbehalt *(€ 222 992)*	Bruch des Bogens des 4. HWK mit Kontusion des Rückenmarks, Verrenkungsbruch des 5. u. 6. BWK, motorisch inkomplette Querschnittssymptomatik unterhalb des Segments C 5, komplette Querschnittssymptomatik unterhalb Th 5 beidseits	5 Monate Krankenhaus	24-jähr. Dreher	Querschnittslähmung mit Aufhebung der Gefühlswahrnehmung für Schmerz, Temperatur, Vibrations- und Lagesinn unterhalb des Segments Th 9 rechts und des Segments Th 7 links und einer neurogenen Blasen- und Mastdarmentleerungsstörung; auf Rollstuhl angewiesen	20% Mitverschulden; Umschulung zum Industriekaufmann; grob verkehrswidriges Verhalten des Beklagten	OLG Hamm 26.11.1996 9 U 174/95 VRS 94, 411 Revision des Klägers vom BGH nicht angenommen 2.12.1997 VI ZR 64/97
1981	€ 160 000 ● *(€ 169 243)*	Halswirbelluxation C 6/7, Lungenkontusion, Fraktur des Querfortsatzes BWK T6 und T6, Rippenserienfraktur über drei Rippen und Harnblasenlähmung bei Schädigung des oberen motorischen Neurons		17-jähr. Mann	Querschnittslähmung mit vollständiger Lähmung beider Beine und hochgradiger, handbetonter, rechtsseitig mehr als linksseitig ausgeprägter Lähmung beider Arme	Gegen die Höhe des zuerkannten Schmerzensgeldes von € 160 000 werden keine Einwände erhoben. Auch unter Berücksichtigung des Mitverschuldens des Klägers (von 25%, weil dieser sich entgegen § 21a StVO liegend auf der Rücksitzbank befunden habe, ohne den erforderlichen Anschnallgurt angelegt zu haben) ist die erkannte Höhe angemessen. Mit Recht stellt das LG auf die schwere Behinderung ab, die der zum Unfallzeitpunkt 17 Jahre alte Kläger zeitlebens wird hinnehmen müssen. Insbesondere hält sich das Schmerzensgeld auch in dem durch die Rechtsprechung für vergleichbare Sachverhalte anerkannten Rahmen	OLG Köln 11.6.2015 8 U 54/14 juris; NJW 2016, 252

● Mithaftung (siehe vorletzte Spalte)

Lfd. Nr.	Betrag DM **Euro** *(Anp.2019)*	Verletzung	Dauer und Umfang der Behandlung; Arbeitsunfähigkeit	Person des Verletzten	Dauerschaden	Besondere Umstände, die für die Entscheidungen maßgebend waren	Gericht, Datum der Entscheidung, Az., Veröffentlichung bzw. Einsender
\multicolumn{8}{l}{**Fortsetzung von »Rücken - Wirbelsäule mit Lendenwirbel - Querschnittslähmung«**}							
1982	€165 000 + immat. Vorbehalt *(€ 212 143)*	Motorisch und sensibel inkomplette Paraplegie unterhalb Th 9/10 bei neurogenen Blasen-/Mastdarmentleerungsstörungen	6 Monate Krankenhaus	Junger Mann	Querschnittslähmung unterhalb Th 9/10; auf Rollstuhl angewiesen; alle 3 Stunden Ansetzen des Katheters und jeden zweiten Tag Darmentleerung mittels medikamentöser Unterstützung; unkontrollierter Abgang von Urin und Stuhl ist jedoch nicht ganz zu verhindern; Kläger sonst in praktisch allen Aktivitäten des täglichen Lebens selbstständig	Grober ärztlicher Behandlungsfehler in Form eines Diagnosefehlers; immat. Vorbehalt wegen eventuell weiterer Operation zur Wiederherstellung der Zeugungsfähigkeit	LG Mosbach 30.4.2002 2 O 198/00 bestätigt durch OLG Karlsruhe 28.5.2003 7 U 89/02 RA Sachsse, Wiesloch
1983	€165 000 ● + immat. Vorbehalt *(€ 184 453)*	Komplette Querschnittverletzung des thorakalen Rückenmarks durch Motorradunfall mit spastischer Paraplegie beginnend unterhalb Th 5, multiple Frakturen der Brustwirbelsäule, insbesondere mit Flexionsdistraktionsverletzung BWK 4/5 mit Vorderkantenbeteiligung von BWK 5 sowie Dornfortsatzfrakturen BWK 1 und 2; infolge der Querschnittverletzung kam es zu einer hyperreflexiven Harnblasenlähmung, einer Mastdarmlähmung, zu einer spinalen Spastik der quergestreiften Muskulatur und einem neuropathischen Deafferentierungsschmerz im Übergangsbereich		Mann	Komplette Querschnittlähmung mit lebenslanger Abhängigkeit vom Rollstuhl und voraussichtlich lebenslangem Auftreten von Infektionen der Harnwege und des Mastdarmes	Berücksichtigung einer Mithaftung zu 40%. Der Betrag (60% aus €225 000) liegt im Rahmen der Bandbreite der Rechtsprechung in Fällen vergleichbarer sehr schwerer Verletzungen mit Dauerschäden aufgrund einer Querschnittlähmung	OLG Bamberg 31.5.2011 5 U 173/10 NZB zurückgew. d. BGH, Beschl. v. 8.5.2012 – VI ZR 165/11
1984	€185 000 *(€ 230 599)*	Inkomplette Tetraplegie nach HWK 5/6-Fraktur; Beckenringfraktur rechts mit Symphysensprengung, knöchern vereint mit Diastase; LWK 2-Deckplattenimpression geringen Ausmaßes mit Deckplattensenkung um 5 mm, Rippenserienfraktur 5–9 links und 10–11 rechts, Hämatothorax links, Milzruptur mit anschließender Entfernung der Milz, Innenmeniskusteilentfernung am linken Knie		61-jähr. Frau	Inkomplettes links betontes Querschnittssyndrom mit motorischen, sensiblen und vegetativen Ausfällen, Blasen- und Mastdarmentleerungsstörung, ausgeprägte Schmerzsymptomatik im Bereich des linken Gesäßes bzw. Beckens, ausstrahlend in das linke Bein; psychische Unfallfolgen im Sinne eines posttraumatischen Belastungs-Syndroms; Gesamtbeeinträchtigung von mindestens 85%	Klägerin ist auch mit fremder Hilfe nur noch eingeschränkt (ca. 3 Stunden täglich) in der Lage, den Haushalt zu führen; erforderlich ist eine konsequente Betreuung, um das erreichte Besserungsniveau zu halten	LG München I 23.8.2004 17 O 1089/03 SP 2005, 52

Lfd. Nr.	Betrag DM **Euro** *(Anp.2019)*	Verletzung	Dauer und Umfang der Behandlung; Arbeitsunfähigkeit	Person des Verletzten	Dauerschaden	Besondere Umstände, die für die Entscheidungen maßgebend waren	Gericht, Datum der Entscheidung, Az., Veröffentlichung bzw. Einsender
	**Fortsetzung von »Rücken - Wirbelsäule mit Lendenwirbel - Querschnittslähmung«**
1985	€ 200 000 + immat. Vorbehalt *(€ 226 198)*	Inkomplettes Querschnittssyndrom mit hochgradiger Caudalähmung, Paraplegie der Beine und Verlust der Blasen- und Mastdarmfunktion nach Behandlung eines Bandscheibenvorfalls mit CT-gesteuerter periradikulärer Lumbalinfiltration ohne hinreichende Risikoaufklärung	Ca. 2 Jahre Klinikaufenthalte und Reha-Maßnahmen, eine Stuhlinkontinenz wurde durch einen doppelläufigen Anus praeter sigmoidalis behandelt. Mehr als zwei Jahre AU, 100% Erwerbsunfähigkeit, von der kein Gebrauch gemacht wird	50-jähr. Mann	Inkomplettes Querschnittssyndrom mit hochgradiger Caudalähmung, Paraplegie der Beine und Verlust der Blasen- und Mastdarmfunktion, Pflegestufe I, Schmerzen	Durch die Behinderung ist der Kläger auf Dauer rollstuhlpflichtig und benötigt für zahlreiche alltägliche Verrichtungen Hilfe. Das wiegt im Privatleben besonders schwer, weil der Kläger alleinstehend ist. In seinem gesamten Alltag muss er sich auf die Behinderung einstellen, wozu ein Umzug in eine behindertengerechte Wohnung zählt und insbesondere auch die ständige Katheterisierung und die Notwendigkeit der Darmentleerung sowie die tägliche Einnahme zahlreicher Medikamente. Des Weiteren ist zu erwarten, dass es wegen der mangelnden Mobilität zu weiteren ärztlichen Behandlungen, eventuell auch operativen Eingriffen kommen wird. Er ist nicht mehr in der Lage vollschichtig zu arbeiten. Seine Position als Filialleiter ist im Innenverhältnis auf einen jüngeren Kollegen übertragen. In Anbetracht der Schwere der durch die Behandlung entstandenen Beeinträchtigungen fällt hingegen die Vorschädigung der Wirbelsäule zugunsten der Beklagten nicht ins Gewicht, ebenso wenig wie zugunsten des Klägers in Anbetracht der nicht unkomplizierten Sach- und Rechtslage das Regulierungsverhalten der Beklagten schmerzensgelderhöhend zu berücksichtigen wäre	OLG Köln 12.1.2011 5 U 37/10 MedR 2012, 121 NZB zurückgew. d. BGH, Beschl. v. 19.7.2011 VI ZR 22/11
1986	400 000 € 200 000 *(€ 260 934)*	Querschnittslähmung ab dem 7. HWK mit Störung der Blasen- und Darmfunktion		30-jähr. Mann	Kläger ist auf Rollstuhl angewiesen, in dem er sich mit Armkraft bei eingeschränkter Fingerbeugung fortbewegen kann; ist in der Lage, sich mit wenig Hilfe anzukleiden und sich häufig ohne Hilfe umzusetzen; infolge Blasen- und Darmstörungen wird Katheter und Klistier benötigt; starke Spasmen, insbesondere beim Liegen; Einschränkung der Bewegungsfähigkeit der Finger	Verletzung der Verkehrssicherungspflicht durch den Betreiber einer Rodelbahn; Zurücktreten der Genugtuungsfunktion; infolge Mitverschuldens von 50% wurde lediglich ein Betrag von DM 200 000 (€ 100 000) zuerkannt	OLG Nürnberg 27.4.2001 6 U 1812/00 zfs 2002, 271
1987	€ 220 000 *(€ 274 548)*	Komplette Querschnittslähmung nach Rückenoperation		37-jähr. verheiratete Frau, Mutter von 2 Kindern	Klägerin ist rollstuhlabhängig und benötigt für zahlreiche alltägliche Verrichtungen Hilfe; ständige Katheterisierung und Notwendigkeit einer Darmentleerung	Nicht indizierte Rückenoperation, wobei die Klägerin vor der Operation schon an einem erheblichen, die Lebensqualität nicht unbeträchtlich einschränkenden Wirbelsäulenleiden litt, das möglicherweise erfolgreich hätte therapiert werden können; es bestand nur eine minimale Chance im niedrigen einstelligen Prozentbereich, die Ursache der langjährigen Beschwerden zu finden und zu beheben; unzureichende Aufklärung; fehlerhafte Operation; Ehe der Klägerin ging auseinander	OLG Hamm 7.7.2004 3 U 264/03 VersR 2005, 942

● Mithaftung (siehe vorletzte Spalte)

Lfd. Nr.	Betrag DM Euro (Anp.2019)	Verletzung	Dauer und Umfang der Behandlung; Arbeitsunfähigkeit	Person des Verletzten	Dauerschaden	Besondere Umstände, die für die Entscheidungen maßgebend waren	Gericht, Datum der Entscheidung, Az., Veröffentlichung bzw. Einsender
	Fortsetzung von »Rücken - Wirbelsäule mit Lendenwirbel - Querschnittslähmung«						
1988	450 000 € 225 000 + immat. Vorbehalt (€ 284 464)	Querschnittslähmung vom 6. Brustwirbel an abwärts	8 Monate stationäre Krankenhausbehandlung, anschließend Reha-Maßnahmen	25-jähr. Mann	Lähmung beider Beine, ständig auf Rollstuhl angewiesen, weitere erhebliche Beeinträchtigungen		OLG Koblenz 26.1.2004 12 U 1439/02 VRS 108, 408 DAR 2005, 403
1989	€ 240 000 ● + immat. Vorbehalt (€ 270 861)	Querschnittslähmung (Tetraplegie) durch Sturz im 4. Stock in einen ungesicherten Aufzugsschacht		Mann	Querschnittslähmung (Tetraplegie)	Dabei erachtet der Senat wegen des Alters des Klägers, der Schwere der erlittenen Verletzungen und deren Folgen, ein Schmerzensgeld in der Größenordnung von € 300 000 für angemessen. Das steht in Einklang mit der Bandbreite, wie sie in Schmerzensgeld-Tabellen für „Tetraplegien" dargestellt ist. Wird die Mitverursachung des Klägers (2/5 bzw. 1/5) in die jeweils anzustellende Betrachtung eingestellt, hält der Senat den Beklagten zu 1 zur Zahlung eines Schmerzensgeldes i.H.v. € 240 000 und die Beklagten zu 2 und 3 als Gesamtschuldner zur Zahlung eines Schmerzensgeldes i.H.v. € 180 000 für verpflichtet. Alle Beklagten haften in Höhe des jeweils geringeren Betrages, folglich hier i.H.v. € 180 000 als Gesamtschuldner	OLG Stuttgart 2.12.2010 19 U 58/09 RA Freygang, Stuttgart
1990	500 000 € 250 000 + immat. Vorbehalt (€ 333 962)	Spastische Tetraplegie aufgrund Schädigung des Zentralnervensystems		Junge	Komplette Querschnittslähmung; Kläger kann nur mit Hilfe einer Magensonde ernährt werden, kann nicht sprechen und wird Zeit seines Lebens auf die Pflege durch andere angewiesen sein MdE: 100%	Ärztlicher Behandlungsfehler nach Mandeloperation; Grund- und Teilurteil; ob noch ein höherer Betrag oder daneben eine Rente in Betracht kommt, kann ggf. nach weiterer Beweiserhebung entschieden werden	LG Hannover 30.3.2000 19 O 237/98 19. Zivilkammer des LG Hannover
1991	500 000 € 250 000 + immat. Vorbehalt (€ 319 495)	Fraktur des 6. und 7. BWK mit daraus resultierender Querschnittslähmung abwärts, stumpfes Thoraxtrauma mit Rippenserienfrakturen beidseits und Hämatopneumothorax beidseits sowie Pneumoperikard, Oberarmschaftsbruch links, Bruch des 2. Mittelfußknochens, Herzbeutelquetschung, Abbruch eines Zahnes	4 Wochen intensivmedizinische Behandlung, die ersten 3 Wochen mit Unterbrechungen künstliche Beatmung, anschließend mehrere Monate Behandlung in Unfallklinik, 2 1/2 Jahre nach Unfall stationäre Behandlung wegen eines Druckgeschwürs am rechten Oberschenkel mit Geschwürexcision und Lappenplastik	31-jähr. Mann, zum Urteilszeitpunkt 38 Jahre alt	Querschnittslähmung ab 6. und 7. BWK abwärts, Harn- und Darminkontinenz, Zeugungsunfähigkeit	Kläger kann ein behindertengerechtes Kfz fahren; bei der unheilbaren Behinderung des Klägers sind der weitere Krankheitsverlauf und mögliche Komplikationen nicht absehbar, daher immat. Vorbehalt	LG Köln 12.12.2002 2 O 338/00 bestätigt durch OLG Köln 17.6.2003 15 U 10/03 RAe Roos & Schmitz-Gagnon, Köln
1992	€ 250 000 + immat. Vorbehalt (€ 258 017)	Inkomplettes Querschnittssyndrom, rechtsseitige spastische Lähmung (ödematöse Auftreibung des Rückenmarks in Höhe HWK 6/7 mit begleitender Einblutung als Nachweis einer intraoperativen Rückenmarksverletzung), Kehlkopfverletzung		55-jähr. Frau	GdB 80, Blasen- und Mastdarmstörung	Die OP erfolgte durch einen alkoholkranken Belegarzt. Die Aufklärung bzgl. der Indikation war unzureichend. Die Ausführung der OP war zu radikal. Bei der Bemessung des Schmerzensgeldes floss auch ein, dass die Klägerin schon nicht unerhebliche Beschwerden wegen des Grundleidens hatte. Die Klägerin ist zur selbstständigen Lebensführung nicht mehr in der Lage. Sie ist auf einen Rollstuhl angewiesen	LG Münster 1.3.2018 111 O 25/14 juris

Urteile lfd. Nr. 1993 – 1995   Rücken

Lfd. Nr.	Betrag DM **Euro** *(Anp.2019)*	Verletzung	Dauer und Umfang der Behandlung; Arbeitsunfähigkeit	Person des Verletzten	Dauerschaden	Besondere Umstände, die für die Entscheidung maßgebend waren	Gericht, Datum der Entscheidung, Az., Veröffentlichung bzw. Einsender
\multicolumn{8}{l}{**Fortsetzung von »Rücken - Wirbelsäule mit Lendenwirbel - Querschnittslähmung«**}
1993	€ 250 000 *(€ 287 961)*	Komplette Querschnittslähmung unter TH 5 (fünfter Brustwirbel)	7 Monate stationäre Behandlung	17-jähr. Teilnehmer an Qualifizierungsmaßnahmen zur Erlangung einer Ausbildungsreife für einen Beruf als Arbeiter	Völliger Verlust der Geh- und Stehfähigkeit; auf Rollstuhl angewiesen; Oberkörper und obere Extremitäten frei beweglich; linkes Bein noch geringfügig bewegungsfähig; völliger Ausfall der Willkürkontrolle über Blasen-, Darm- und Sexualfunktionen; rezidivierende Harnwegsinfekte, Streckspastik in den Beinen; Skoliose der Wirbelsäule; MdE: 100%	Grobes Verschulden des Beklagten; geringes Alter von Bedeutung, die aus der Querschnittslähmung resultierenden Beeinträchtigungen werden aufgrund einer ungünstigen Wohnsituation besonders belastend empfunden; die Mobilitätsdefizite treffen den Kläger in seinem eher ländlich geprägten Wohnumfeld besonders hart; die vor dem Unfall bestehenden freundschaftlichen und sonstigen sozialen Kontakte brechen zunehmend weg; hat kaum Chancen, eine Lebenspartnerin zu finden; wird unfallbedingt keine Kinder zeugen können; empfindet ein Gefühl der Nutzlosigkeit; von allen Vergnügungen ausgeschlossen	Saarländisches OLG 22.9.2009 4 U 394/08 - 131 RAe Gebhardt & Koll., Homburg
1994	€ 260 000 + immat. Vorbehalt *(€ 324 465)*	Polytrauma mit kompletter Tetraplegie sub. C 6 nach Luxationsfraktur mit Vorderkantenabsprengung von C 5, luxierte Kompressionsfraktur HWK 7, Fraktur BWK 1, Bogenfraktur C 7 bis ZH 2, neurogene Blasen- und Mastdarmentleerungsstörung, Thoraxkontusion bds., Hämatopneumothorax links, Sternoclaviculargelenkabsprengung links, Milzläsion mit intraabdomineller Flüssigkeit, Luxationsfraktur oberes Sprunggelenk links, Schädelhirntrauma 1. Grades, multiple Schürfwunden, später noch Schraubenlockerung in Höhe TH 1 nach ventraler Spondylodese		17-jähr. Kradfahrer	Dauernde Arbeitsunfähigkeit	Kläger kann übliche alltägliche Verrichtungen teils nicht mehr, teils nur mit Hilfe Dritter und in weiten Teilen nur eingeschränkt ausführen und ist dabei bei vielen Gelegenheiten von anderen abhängig. Der Kläger ist als junger Mann vor dem Beginn der Selbständigkeit in jeglicher Hinsicht durch das Ereignis auch künftig umfassend betroffen. Schmerzensgeld wurde um € 10 000 erhöht wegen zögerlicher Regulierungspraxis	LG Frankfurt (Oder) 19.10.2004 12 O 404/02 SP 2005, 376 RAe Natusch & Natusch, Fürstenwalde
1995	€ 275 000 + immat. Vorbehalt *(€ 339 988)*	Querschnittslähmung ab 12. Brustwirbel	6 Monate stationär im Querschnittsgelähmten-Zentrum; bisher 8 Operationen	17-jähr. Junge	Dauernde Arbeitsunfähigkeit	Voraussichtlich dauerhaft auf Rollstuhl angewiesen, völlige Lähmung der Beine, fehlende Kontrolle der Ausscheidungsorgane und Ausfall der Sexualfunktionen. Bei Bewältigung des täglichen Lebens auf fremde Hilfe angewiesen. Weitere Operationen mit ungewissem und gefährlichem Ausgang stehen noch an	LG Dresden 3.5.2005 10 O 3348/03 RA Hagen, Dresden

● Mithaftung (siehe vorletzte Spalte)

Lfd. Nr.	Betrag DM **Euro** *(Anp.2019)*	Verletzung	Dauer und Umfang der Behandlung; Arbeitsunfähigkeit	Person des Verletzten	Dauerschaden	Besondere Umstände, die für die Entscheidungen maßgebend waren	Gericht, Datum der Entscheidung, Az., Veröffentlichung bzw. Einsender
	**Fortsetzung von »Rücken - Wirbelsäule mit Lendenwirbel - Querschnittslähmung«**
1996	€ 285 000 *(€ 366 429)*	Hohe Querschnittslähmung mit Tetraparese unterhalb C 6 und Tetraplegie unterhalb C 8 durch Behandlungsfehler bei Geburt		Männlicher Säugling	MdE: 100%	Zur Überzeugung des Senats ist die Halsmarkschädigung, die zur Querschnittslähmung des Klägers geführt hat, auf ein während der Geburt erlittenes Trauma zurückzuführen. Der Sachverständige hat eingehend dargelegt, dass die Nervenwurzeln C 7 und C 8 ausgerissen worden sind. Es liege daher eindeutig eine mechanisch bedingte Schädigung vor. Der Kläger wird zeitlebens gelähmt bleiben und auf den Rollstuhl angewiesen sein. Er kann seinen Rollstuhl nicht aus eigener Kraft bewegen. Nur mittels eines Korsetts kann er angelehnt sitzen. Der Kläger kann zwar Kopf und Arme bewegen, die Hände allerdings nur eingeschränkt. Für die Entleerung von Darm und Blase ist er auf fremde Hilfe angewiesen. Er ist in seiner Kommunikationsfähigkeit sehr eingeschränkt. Häufig leidet er unter Grippe, Erkältung und Lungenentzündung. Er erhält regelmäßig orthopädische Förderung, Ergotherapie und Krankengymnastik und ist Zeit lebens auf dauernde Pflege angewiesen	OLG Koblenz 17.4.2002 7 U 893/98 RA Dr. Riemer, Brühl
1997	€ 300 000 ● + immat. Vorbehalt *(€ 317 331)*	Der Kläger erlitt aufgrund einer Kettenverletzung im Halswirbelsäulenbereich in Form von Spalt- und Kompressionsbrüchen an den HWK 5, 6 und 7 eine komplette hohe Halsmarklähmung beginnend unterhalb des HWK C4 mit hochgradiger Teillähmung beider Arme, einer Rumpfinstabilität und hochgradiger Lähmung beider Beine. Außerdem war die 9. Rippe gebrochen und die Lunge gequetscht. Aufgrund einer Einblutung im Glaskörper ist er auf dem rechten Auge nahezu erblindet	Kläger wurde von einem Rettungshubschrauber in die Berufsgenossenschaftliche Unfallklinik transportiert, wo er operiert und zunächst in ein künstliches Koma versetzt wurde. Der Kläger musste deshalb über lange Zeit künstlich beatmet werden, weshalb es zu einem Liegegeschwür über dem Steißbein kam, das mehrfach operativ behandelt werden musste. Außerdem erlitt er wiederholte Fieberschübe, wegen derer er antibiotisch behandelt wurde	31-jähr. Mann	Querschnittsverletzung mit Lähmung der Harnblase und des Darms mit damit verbundener Inkontinenz, die wiederum zu rezidivierenden Infekten führt. Darüber hinaus besteht eine Insuffizienz der Atmung, deshalb umfangreiche Beatmungstherapie mit einem ambulanten Beatmungsgerät; es besteht weiterhin Beatmungspflicht mittels einer Trachealkanüle. Auf dem rechten Auge nahezu erblindet	Hinsichtlich der Höhe des angemessenen Schmerzensgeldes hält der Senat ein solches von € 400 000 für angemessen, das allerdings um das Mitverschulden von 25% zu kürzen ist. Der Kläger hat schwerste Verletzungen bei dem Unfall davongetragen, die zu dauerhaften Einschränkungen in allen Lebensbereichen führen. Er ist aufgrund einer Querschnittslähmung auf den Rollstuhl angewiesen und zudem noch in weiteren grundlegenden Lebensfunktionen – insbesondere aufgrund der Lungenquetschung und der Augenverletzung – tiefgreifend geschädigt. Er wird immer auf fremde Hilfe angewiesen sein und bedarf einer umfassenden Betreuung	OLG Frankfurt am Main 26.6.2015 7 U 27/14

Lfd. Nr.	Betrag DM **Euro** *(Anp.2019)*	Verletzung	Dauer und Umfang der Behandlung; Arbeitsunfähigkeit	Person des Verletzten	Dauerschaden	Besondere Umstände, die für die Entscheidungen maßgebend waren	Gericht, Datum der Entscheidung, Az., Veröffentlichung bzw. Einsender
	Fortsetzung von »Rücken - Wirbelsäule mit Lendenwirbel - Querschnittslähmung«
1998	€ 325 000 + immat. Vorbehalt *(€ 378 454)*	Motorisch-funktionelle Halsmarklähmung unterhalb des siebten Halsmarksegments in Verbindung mit einer vollständigen Blasen- und Mastdarmlähmung	Zeitlebens Pflegefall	15 Monate altes Mädchen	Zeitlebens auf Rollstuhl und fremde Hilfe angewiesen	Klägerin ist von einer Tetraplegie betroffen, infolge der sie nur ihre Arme bewegen kann. An den unteren Extremitäten fehlt jede Bewegungsfähigkeit und Schmerzempfindlichkeit. In gleicher Weise sind davon die Unterarme, die Hände und Finger betroffen. Die Klägerin kann mit ihren Händen nicht greifen. Brustmuskulatur und Zwischenrippenmuskulatur sind ebenfalls gelähmt. Die Klägerin muss etwa siebenmal täglich katheterisiert werden. Die Mutter hatte den Unfall ihrer Tochter selbst verschuldet. Sie gab ihren Beruf als examinierte Krankenschwester auf, um sich ganztägig ihrer Pflege zu widmen. Dank ihres Einsatzes ist es der Klägerin gelungen, einen normalen schulischen Werdegang einschließlich des Besuchs eines Gymnasiums zu durchlaufen. Das Entwicklungspotential hinsichtlich des Einsatzes ihrer mechanischen körperlichen Restfähigkeiten ist noch nicht ausgeschöpft. Möglicherweise ist es ihr in Zukunft möglich, sich selbst zu katheterisieren. Anspruchsmindernd wirkt sich das Mutter-Kind-Verhältnis aus, da lediglich ein Ausgleich für die vorgetragenen Schäden, nicht aber auch Genugtuung verlangt werden kann. Wegen des im Vordergrund stehenden Ausgleichsgedankens kommt allerdings eine wesentliche Reduzierung des danach angemessenen Schmerzensgeldes nicht in Betracht	OLG Düsseldorf 11.2.2008 I-1 U 128/07 SP 2008, 25 RA Koch, Erftstadt
1999	€ 400 000 *(€ 426 078)*	Querschnittslähmung ab dem 5. Brustwirbelkörper durch fehlerhafte Operation		12-jähr. Mädchen	Auf umfassende Pflege angewiesen. Die Tätigkeit des Mastdarms und der Blase ist nicht kontrollierbar. Die Klägerin leidet an Depressionen	Durch eine vor der Operation erfolgte zu starke Schmerzmittelapplikation konnte eine während oder unmittelbar nach dem Eingriff eingetretene Nervenschädigung nicht mehr zuverlässig durch Aufwachtest oder Neuromonitoring festgestellt werden. Darin liegt ein Behandlungsfehler in Form eines Befunderhebungsfehlers. Der Geschädigte darf den ihm aufgrund der Rechtsprechung zu Befunderhebungsfehlern zukommenden Vorteil der Beweiserleichterung nicht dadurch verlieren, dass der Behandelnde die Durchführung weiterer Befunderhebungen durch die fehlerhafte Betäubung standardwidrig und vorhersehbar unmöglich macht	LG Regensburg 19.11.2015 4 O 1318/11 (1) RAe Dr. Häcker & Kollegen, Aschaffenburg

● Mithaftung (siehe vorletzte Spalte)

Lfd. Nr.	Betrag DM Euro (Anp.2019)	Verletzung	Dauer und Umfang der Behandlung; Arbeitsunfähigkeit	Person des Verletzten	Dauerschaden	Besondere Umstände, die für die Entscheidungen maßgebend waren	Gericht, Datum der Entscheidung, Az., Veröffentlichung bzw. Einsender
	**Fortsetzung von »Rücken - Wirbelsäule mit Lendenwirbel - Querschnittslähmung«**
2000	€ 400 000 + immat. Vorbehalt (€ 427 795)	Querschnittslähmung infolge Lockerung des implantierten Materials im Bereich der oberen Halswirbelsäule (Schrauben und Platte) mit Verengung des Spinalkanals	Schwerstpflegefall	47-jähr. Mann	Schwerstpflegefall	Die Höhe des vom LG nach § 253 Abs. 2 BGB angesetzten Schmerzensgeldes ist rechtlich nicht zu beanstanden, sie wird auch von der Berufung nicht angegriffen. Der Kl. ist ab dem Hals querschnittsgelähmt, mit vollständiger Lähmung der Arme, Beine und des Rumpfes, der Blase, des Mastdarms und des Atemzentrums. Er ist auf eine künstliche Beatmung und Ernährung angewiesen, kann deswegen nur noch sehr eingeschränkt sprechen und ist dauerhaft auf fremde Hilfe angewiesen. Dieser schwerwiegende Zustand der Beeinträchtigung wird sich nicht mehr verbessern und beinhaltet den Ausschluss jedweder eigenen Lebensführung	Brandenburgisches OLG 5.12.2013 12 U 103/13
2001	€ 400 000 + immat. Vorbehalt (€ 422 687)	Querschnittslähmung unterhalb des dritten Halswirbels durch groben Behandlungsfehler bei einer Operation der Halswirbelsäule	Ventrale Dekompression und Fusion der Halswirbel C4 bis 7 sowie Implantation einer Bandscheibenprothese C 3-4, Fusion HWK 4-7 mit Cage und Venture-Verplattung, Revisionsoperation, dorsale Dekompression mit Laminektomie und eine dorsale Instrumentation	48-jähr. Frau	Querschnittslähmung unterhalb des dritten Halswirbels, Zwerchfellbeeinträchtigung, Langzeitbeatmung, Beeinträchtigung des Sprechvermögens, Blasen- und Darmentleerungsstörung, Störung der Magen-Darm-Funktion, psychische Belastung	Eine im Verlauf einer ärztlichen Heilbehandlung erlittene Querschnittslähmung unterhalb des dritten Halswirbels mit der Folge, dass dem Geschädigten keine Willkürbewegungen der Arme und Beine mehr möglich sind und dass das sensible Empfinden im Bereich des Stammes und der Extremitäten einschließlich des sexuellen Empfindens fehlt und aufgrund einer Zwerchfellbeeinträchtigung eine eigenständige dauerhafte Atmung nicht mehr möglich ist, was eine Langzeitbeatmung zur Folge hat und zur Beeinträchtigung des Sprechvermögens führt, rechtfertigt eine Zahlung von € 400 000 Schmerzensgeld	OLG Hamm 11.11.2016 26 U 111/15 juris, ArztR 2017, 157
	**Kapitalabfindung mit Schmerzensgeldrente**
2002	60 000 € 30 000 und 200 € 100 Rente mtl. + immat. Vorbehalt (€ 38 525)	Stauchungsfraktur der HWS mit Bruch des 5. Halswirbelkörpers, chronische Rückenmarkschädigung mit partiellem Querschnittssyndrom	Mehrere Krankenhausaufenthalte mit Entfernung des 5. Halswirbelkörpers und Durchführung einer ventralen Verplattung die später wieder entfernt wurde; 9 Monate MdE von 100%	19-jähr. Frau	Beeinträchtigung des rechten Arms und beider Beine zu 25%, Schmerzen im Bereich der unteren HWS, die bis in die rechte Schulter ausstrahlen und sich beim Stehen oder beim Schreiben mit der Schreibmaschine verstärken, Schulterbeweglichkeit eingeschränkt, Schlafen nur mit Rückenstütze; Beeinträchtigung der körperlichen und geistigen Leistungsfähigkeit um 25%	Beklagter stieß Klägerin an einem See in das nur 50 cm tiefe Wasser; den 16-jähr. Beklagten trifft nur einfache Fahrlässigkeit; Beklagter ist vermögenslos; er muss die gesamten wirtschaftlichen Folgen des Unfallgeschehens, das auch die Züge eines schicksalhaften Unglücks trägt, letztlich allein zu bewältigen haben	Brandenburgisches OLG 10.9.2002 11 U 24/98 VersR 2004, 382
2003	€ 50 000● und € 120 Rente monatlich + immat. Vorbehalt (€ 54 686)	Querschnittslähmung ab dem 6. Brustwirbel mit einer neurogenen Harnblasen- und Darmentleerungsstörung, Schädelhirntrauma 1. Grades, Rippenserienfraktur, Claviculafraktur, beidseitigem Hämothorax sowie eine beidseitige Lungenkontusion	3 Monate stationäre Behandlung im Krankenhaus, anschließend weitere 3 Monate Rehabilitationsmaßnahme	26-jähr. Mann	100%	Mithaftung von 60%. Die irreversible Paraplegie führt zu einem vollständigen Verlust der Sensibilität und einer sehr eingeschränkten sexuellen Empfindsamkeit	LG Mönchengladbach 29.3.2012 1 O 1/06 juris

Fortsetzung von »Rücken - Wirbelsäule mit Lendenwirbel - Querschnittslähmung«

Lfd. Nr.	Betrag DM Euro (Anp.2019)	Verletzung	Dauer und Umfang der Behandlung; Arbeitsunfähigkeit	Person des Verletzten	Dauerschaden	Besondere Umstände, die für die Entscheidungen maßgebend waren	Gericht, Datum der Entscheidung, Az., Veröffentlichung bzw. Einsender
2004	100 000 € 50 000 und 600 € 300 Rente monatlich + immat. Vorbehalt (€ 68 164)	Berstungsfraktur des 6. HWK mit akutem hohen Querschnittssyndrom, Skapulahalsfraktur, Ulnafraktur; Lungenkontusion	7 ½ Monate Krankenhaus (Wirbelkörpersatz mit Beckenkamm-Interponat und Spondylose HWK 5 nach HWK 7 mit ventraler Plattenosteosynthese)	25-jähr. Frau	Motorisch komplette, sensibel inkomplette Tetraplegie unterhalb C 7/TH 4, wodurch im Wesentlichen Rumpf und Extremitäten betroffen sind; Beine sind gelähmt; erhebliche Unterschenkel- und Fußödeme, die ständiger Behandlung bedürfen; motorische Funktionen der Arme sind erhalten, links keine Fingerfunktion, rechts etwas Fingerstrecken und Fingerbeugen möglich, Greiffunktionen bestehen beidseits nicht; keine willkürliche Kontrolle über Mastdarm und Blase	Verletzungen der suizidgefährdeten Rauschgiftpatientin durch Sturz aus dem Fenster; unzureichende Beaufsichtigung; Klägerin zur Industriekauffrau umgeschult	OLG Köln 26.11.1997 5 U 90/97 VersR 1999, 624 Revision der Beklagten vom BGH nicht angenommen 29.9.1998 VI ZR 2/98
2005	130 000 € 65 000 und 500 € 250 Rente monatlich + immat. Vorbehalt (€ 92 658)	Querschnittslähmung vom 11. und 12. BW abwärts nach Operation einer Aortenisthmusstenose ohne vorherige Aufklärung über das Operationsrisiko		6-jähr. Kind, bei Urteilsverkündung 22 Jahre alt	Bewegungsunfähigkeit der Beine; Beeinträchtigung im Urogenitalbereich	Geringe Schwere des die Beklagten betreffenden Unrechtsvorwurfs; daher vollkommenes Zurücktreten der Genugtuungsfunktion; Auswirkungen der Querschnittslähmung strahlen in alle Bereiche des Lebens aus; Kläger hat erfreulicherweise positive Lebenseinstellung, er kann sich an die Zeit vor der Querschnittslähmung nicht erinnern	Schleswig-Holsteinisches OLG 13.1.1995 4 U 243/86 VersR 1996, 634
2006	150 000 € 75 000 und 400 € 200 Rente monatlich (€ 106 059)	Offene Nasenbeintrümmerfraktur; Schnittverletzungen im Gesicht; Thoraxtrauma mit Rippenserienbrüchen links und Hämatothorax, stumpfes Bauchtrauma mit Milzriss, Hüftgelenkspfannenbruch, Oberarmschaftstückbruch links, drittgradig offener Ellenhakentrümmerbruch links, Oberschenkeltrümmerbruch rechts, Wadenbeinköpfchentrümmerbruch rechts, Mittelfußknochen II- und III-Schaftbruch rechts, Fußwurzelverrenkung links mit Bruch des Würfelbeins und der Mittelfußknochen II, III und V, inkomplette untere Querschnittslähmung bei beidseitiger Läsion des sacralen Nervenplexus; Läsion beider Armnervenplexi	Vier Krankenhausaufenthalte von insgesamt knapp 13 Monaten	Bäcker	Inkomplette untere Querschnittslähmung mit Blasenentleerungsstörungen und hochgradige Einschränkung der Beischlafs- sowie Zeugungsfähigkeit	Kläger ist nicht auf Rollstuhl angewiesen, kann sich fortbewegen und selbst versorgen; fraglich, ob berufliche Wiedereingliederung möglich ist	OLG Stuttgart 1.6.1995 13 U 274/94 RAe Zimmermann & Koll., Ravensburg

● Mithaftung (siehe vorletzte Spalte)

Rücken

Fortsetzung von »Rücken - Wirbelsäule mit Lendenwirbel - Querschnittslähmung«

Lfd. Nr.	Betrag DM Euro (Anp.2019)	Verletzung	Dauer und Umfang der Behandlung; Arbeitsunfähigkeit	Person des Verletzten	Dauerschaden	Besondere Umstände, die für die Entscheidungen maßgebend waren	Gericht, Datum der Entscheidung, Az., Veröffentlichung bzw. Einsender
2007	150 000 €75 000 und 500 €250 Rente monatlich ab Juli 1999 + immat. Vorbehalt (€ 101 207)	Inkomplettes Querschnittssyndrom mit deutlich links betonter Schwäche der Beinmotorik (insbesondere Hüftbewegung, Kniebeugung) und schlaffer Lähmung der Muskeln, welche die Zehen und den Fuß anheben, Taubheit im Bereich des rechten Oberschenkels, Blaseninkontinenz	2 Jahre Tragen von Quengelschienen zur künstlichen Streckung eines Beines; erst danach war Klägerin in der Lage, einige hundert Meter schmerzfrei ohne Krücken zu gehen; einige Zeit Tragen eines Korsetts	2-jähr. Mädchen (z. Z. des Urteils 15 Jahre alt)	Infolge Querschnittssyndroms Schwerbehinderung zu 100%, ständig auf fremde Hilfe angewiesen, ständiges Tragen von Beinschienen; Narben, Klumpfuß; komplette Blaseninkontinenz, Neigung zur Verstopfung	Nichterkennung eines vorhandenen Ganglioneuroms nach erfolgreicher Operation einer Knochenzyste; grober Behandlungsfehler; aufgrund der Inkontinenz ständiges Wechseln der Windeln; insbesondere unter dieser Belastung, der Gehbehinderung, der Narben- und Klumpfußbildung leidet Klägerin, die normal eingeschult wurde, sehr; Beklagter hat es auf langen Rechtsstreit ankommen lassen; immat. Vorbehalt, da u. a. Möglichkeit eines Darmverschlusses und einer Harnweginfektion mit Beeinträchtigung der Nierenfunktion bestehen	Schleswig-Holsteinisches OLG 21.4.1999 4 U 30/95
2008	200 000 ● €100 000 und 600 €300 Rente monatlich + immat. Vorbehalt (€ 143 708)	Querschnittslähmung unterhalb des Wirbels D 8 mit vollständiger Lähmung beider Beine, der Blase und des Mastdarms	Monatelange stationäre Behandlung mit Operationen	19-jähr. Azubi (Energieelektroniker)	MdE: 100%	20% Mitverschulden. Jugendliches Alter des Klägers, der ständig mit zusätzlichen gesundheitlichen Problemen rechnen muss. Dauerhafte fremde Pflege erforderlich. Umfassende erhebliche Einschränkung der Lebensgestaltung, insbesondere bei sozialen Beziehungen; Berufsausübung stark beeinträchtigt, frühere sportliche Aktivitäten unmöglich. Schmerzensgelderhöhend wirken die Verkehrsunfallflucht des Beklagten sowie eine verzögerliche Schadensregulierung	LG Köln 19.10.1994 14 O 177/93 Kanzlei Dr. Ditges, Bonn
2009	€125 000 ● €100 Rente monatlich + immat. Vorbehalt (€ 134 772)	Schwerste Verletzungen, insbesondere Querschnittslähmung (motorisch und sensibel komplette Paraplegie sub Th 4) durch einen umstürzenden Baumstamm bei einem Maifeuer		Junger Mann	Querschnittslähmung	Zur Kompensation der mit einer Querschnittslähmung verbundenen körperlichen Beeinträchtigungen wird eine Schmerzensgeldzahlung i.H.v. €250 000, wie vom Kläger gefordert, als angemessen bewertet. Angemessen ist auch eine daneben zu leistende Rentenzahlung, wie ebenfalls vom Kläger verlangt, deren Umfang von €200 den vermehrten Bedürfnissen unter den gegebenen Umständen entspricht. Auf die Berufung der Beklagten ist jedoch ein Mitverschulden des Klägers an der Entstehung seiner Körperverletzung zu berücksichtigen, das mit 50% bewertet wird	Thüringer OLG 16.1.2015 4 U 184/12

Urteile lfd. Nr. 2010 – 2013 Rücken

Lfd. Nr.	Betrag DM Euro (Anp.2019)	Verletzung	Dauer und Umfang der Behandlung; Arbeitsunfähigkeit	Person des Verletzten	Dauerschaden	Besondere Umstände, die für die Entscheidungen maßgebend waren	Gericht, Datum der Entscheidung, Az., Veröffentlichung bzw. Einsender
	Fortsetzung von »Rücken - Wirbelsäule mit Lendenwirbel - Querschnittslähmung«						
2010	€ 140 000 ● und € 140 Rente monatlich + immat. Vorbehalt (€ 153 595)	Wirbelverletzung durch Motorradunfall; dadurch Querschnittslähmung mit überdurchschnittlichem Schweregrad, weil auch das Atemzentrum betroffen ist	Es treten wiederholt Spastiken im Bauchbereich auf. Wegen der Blasen- und Mastdarminkontinenz besteht eine erhöhte Gefahr häufiger Blasenentzündungen und eventuell auch von Nierenbeckenentzündungen (im ungünstigsten Fall sogar mit der Folge des Ausfalls einer Niere). Ferner besteht ein hohes Risiko des Entstehens von Dekubiti. Dies beeinträchtigt auch die Lebenserwartung des Klägers. Dauerhafte AU	33-jähr. Mann	Querschnittslähmung: Der Kläger ist voll rollstuhlabhängig und durch die wegen der Atemschwäche beeinträchtigten Muskelaufbaumöglichkeiten in seinen verbleibenden Fähigkeiten zur Nutzung der Arme zusätzlich eingeschränkt. Der Kläger kann zwar in einem speziell für ihn umgebauten Fahrzeug selbstständig Auto fahren und es gelingt ihm auch, sich dabei selbst vom Rollstuhl in den Fahrersitz umzusetzen. Bei erheblichem Zeitaufwand ist er (bislang) ferner in der Lage, sich weitgehend selbstständig anzukleiden. Bei der Körperpflege benötigt er jedoch ständig Hilfe, weil er seinen Unterkörper nicht selbst waschen und duschen kann	Da der Kläger bereits in jungem Lebensalter (mit 33 Jahren) von seinen schweren Verletzungen betroffen wurde, ihm jede weitere Arbeitstätigkeit unmöglich geworden ist, desgleichen die Möglichkeiten zum Aufbau einer normalen partnerschaftlichen Lebensbeziehung erheblich eingeschränkt wurden und der Kläger lebenslang auf die Hilfe Dritter angewiesen sein wird, erscheint dem Senat hier ein Schmerzensgeld im oberen Bereich angezeigt. Mitverschulden des Klägers: 30%	OLG Celle 9.5.2012 14 U 179/11 Frau VRiOLG Annemarie König
2011	300 000 € 150 000 und 500 € 250 Rente monatlich (€ 209 605)	Querschnittslähmung (C3–C5); Blasen- und Mastdarmlähmung; Oberschenkelfraktur links; Strecksehnenabriss in Höhe Basis MC II; Schädelhirntrauma		25-jähr. Mann	MdE: 100%	Es besteht eine Lähmung der unteren Extremitäten, der Hände und Finger sowie einer Parese der Oberarme mit deutlicher Atrophie der Muskulatur. Aufgrund einer Blaseninkontinenz ist die ständige Urinableitung durch einen Dauerkatheter notwendig. Regelmäßige Einnahme von Abführzäpfchen zur Darmentleerung. Der Kläger wird ein Leben lang an den Rollstuhl gebunden sein. Linker Arm, an dem eine Schiene angebracht ist, ist etwas bewegbar	LG Bückeburg 12.4.1996 2 O 338/94 RiLG Carstensen
2012	350 000 € 175 000 und 750 € 375 Rente monatlich + immat. Vorbehalt (€ 249 463)	Trümmerbruch des 6. HWK, seitlicher Bruch des 5. HWK, Zerstörung der Bandscheibe zwischen dem 5. und 6. HW durch Pistolenschuss in den Hals		20-jähr. Mann	MdE: 100%	Infolge der Verletzung Lähmung im Bereich der oberen und unteren Gliedmaßen, wobei mit der rechten Hand noch geringe Bewegungen möglich sind. Betroffen von der Lähmung sind die Blasen- und Mastdarmfunktion. Die Atemhilfsmuskulatur ist eingeschränkt. Kläger kann nur mit Mühe sprechen, ist auf ständige Pflege Dritter angewiesen und leidet an schweren Depressionen, die zu einem Suizidversuch führten	LG Berlin 24.1.1995 21 O 214/94 RA Gaigl, Berlin
2013	€ 200 000 und € 200 Rente monatlich + immat. Vorbehalt (€ 243 578)	Querschnittslähmung von der Hüfte abwärts		50-jähr. Bauarbeiter	Querschnittslähmung von der Hüfte abwärts	Verletzung der Verkehrssicherungspflicht; 20 kg schwerer Karton fiel von der Ladefläche eines Aufzugs und traf den darunter befindlichen Kläger	OLG Hamm 9.3.2006 6 U 62/05 NZV 2006, 590 NJW-RR 2006, 1251

● Mithaftung (siehe vorletzte Spalte)

Rücken | Urteile lfd. Nr. 2014 – 2017

Lfd. Nr.	Betrag DM Euro (Anp.2019)	Verletzung	Dauer und Umfang der Behandlung; Arbeitsunfähigkeit	Person des Verletzten	Dauerschaden	Besondere Umstände, die für die Entscheidungen maßgebend waren	Gericht, Datum der Entscheidung, Az., Veröffentlichung bzw. Einsender
		Fortsetzung von »Rücken - Wirbelsäule mit Lendenwirbel - Querschnittslähmung«					
2014	€ 200 000 und € 300 Rente monatlich + immat. Vorbehalt (€ 218 070)	Myelonkontusion HWK 4 bis HWK 6, eine Spinalkanalstenose Maximum HWK 4/HWK 6, eine Gelenkfraktur HWK linksseitig, eine Instabilität der Halswirbelsäule HWK 5/6 und eine Tetraparese	Über 1 Monat stationäre Behandlung und über 1/2 Jahr Anschlussheilbehandlung in einer Reha-Klinik	73-jähr. Mann	Motorisch inkomplette Querschnittslähmung unterhalb C5, funktionell komplett unterhalb C7, sensibel durchgehend inkomplett nach HWK 6- Gelenkfraktur und spinaler Kontusion	Entgegen der Ansicht des Kl. kann und muss das Lebensalter des Geschädigten bei der Bemessung des Schmerzensgeldes mit herangezogen werden. Dies geschieht in der Rechtsprechung allerdings regelmäßig in der umgekehrten Form, indem nämlich das relativ geringe Lebensalter eines in demselben Ausmaß wie der Kl. verletzten Opfers als schmerzensgelderhöhend herangezogen wird. Dies ist auch nachvollziehbar, denn es macht einen Unterschied aus, ob das verletzte Opfer in der Gewissheit leben muss, dass die ihm auferlegten Behinderungen sich noch für Jahre und Jahrzehnte auswirken werden	OLG Frankfurt am Main 24.1.2013 16 U 102/12
2015	400 000 € 200 000 und 750 € 375 Rente monatlich (€ 258 394)	Komplette Querschnittslähmung ab Halswirbel C 7 durch kompletten Abriss der HWS C 7 bis TH 1 mit Myelomruptur		32-jähr. Mann	Komplette Querschnittslähmung ab HW C7; ständige medizinische und psychologische Betreuung		OLG München 20.12.2001 24 U 15/01 zfs 2003, 176
2016	500 000 ● € 250 000 und 500 € 250 Rente monatlich + immat. Vorbehalt (€ 339 949)	Querschnittslähmung ab dem 6./7. WK der HWS	Ca. 15 Monate Krankenhaus	21-jähr. Masseur und med. Bademeister	Hände sind kaum bewegungsfähig, natürlicher Stuhlgang nicht möglich, auf Dauer an Rollstuhl gefesselt; MdE: 100%	Mithaftung 20%; schmerzensgelderhöhend war die zögerliche Schadensregulierung	LG Flensburg 19.12.1997 3 O 73/93 RAe Bossi & Koll., München
2017	€ 250 000 € 400 Rente monatlich + immat. Vorbehalt (€ 263 917)	Querschnittslähmung durch Verkehrsunfall, Morbus Crohn und neuropathisches Schmerzsyndrom als Folgen	100% AU	Mann	Querschnittslähmung, Morbus Crohn und neuropathisches Schmerzsyndrom	Im vorliegenden Fall ist zusätzlich zu berücksichtigen, dass der Kläger neben den Folgen der Querschnittslähmung auch die durch den Unfall verursachten Folgen des Morbus Crohn und das neuropathische Schmerzsyndrom, das hier weit über den normalen Bereich von Schmerzen hinausgeht, wie sie bei Querschnittsverletzten auftreten, zu ertragen hat. Dabei handelt es sich um dauerhaft wirkende heftige Einwirkungen auf das Leben des Klägers, so dass den Kläger jeden Tag die Folgen und Schmerzen aus dem Verkehrsunfall mit seinen Beeinträchtigungen treffen. Es ist daher im vorliegenden Einzelfall geboten, ihm eine Schmerzensgeldrente i.H.v. € 400 pro Monat zu gewähren. Eine Erhöhung um € 100 pro Monat, wie der Kläger mit seiner Anschlussberufung verfolgt, ist nicht geboten. Dabei ist insbesondere zu berücksichtigen, dass die gewährte Rente, wenn man sie kapitalisiert, zusammen mit dem Schmerzensgeldbetrag von € 250 000 ein Gesamtschmerzensgeld i.H.v. € 341 521,60 ergibt. Dieses ist ausreichend und angemessen, so dass eine Erhöhung nicht vorzunehmen ist	OLG Bamberg 25.8.2015 5 U 128/14

Lfd. Nr.	Betrag DM **Euro** *(Anp.2019)*	Verletzung	Dauer und Umfang der Behandlung; Arbeitsunfähigkeit	Person des Verletzten	Dauerschaden	Besondere Umstände, die für die Entscheidungen maßgebend waren	Gericht, Datum der Entscheidung, Az., Veröffentlichung bzw. Einsender

Fortsetzung von »Rücken - Wirbelsäule mit Lendenwirbel - Querschnittslähmung«

Lfd. Nr.	Betrag	Verletzung	Dauer und Umfang	Person	Dauerschaden	Besondere Umstände	Gericht
2018	500 000 **€ 250 000** und 1000 **€ 500** Rente monatlich ab 1.7.96 + immat. Vorbehalt *(€ 331 875)*	Querschnittslähmung vom Hals abwärts durch den Bruch von zwei Halswirbeln	Mehrere Monate Krankenhaus, mehrere Wochen künstliches Koma	Selbstständiger britischer Verputzer	Kläger kann sich nur im Rollstuhl bewegen, wobei er zur Vermeidung von Druckstellen auf einem Spezialkissen sitzen muss; vom Kopf über die Schultern bis zur Brusthöhe ist Kläger hypersensitiv und leidet unter Schmerzen; hat spastische Zuckungen in den Beinen, wenn er gehoben wird oder uriniert; kann Blase nicht kontrollieren und ist ständig an einen Katheder angeschlossen; Stuhlgang nur nach Einnahme von Suppositorien auf einem Spezialstuhl möglich; Körpertemperatur passt sich nicht den Umgebungstemperaturen an, sodass er teilweise bei Wärme friert und bei Kälte schwitzt; Kläger kann nicht aus eigener Kraft aufrecht sitzen, sondern muss dazu festgeschnallt werden; er kann nur über einen mit seinem Kopf zu drückenden Spezialknopf technische Geräte bedienen; Kläger muss gefüttert werden und kann mit Strohhalm trinken, wenn ihm das Getränk in Mundhöhe gereicht wird; zum Waschen und Baden muss er mit einem Kran über die Badewanne gehoben werden; Kläger ist mangels Muskelkontrolle nicht in der Lage, abzuhusten; Sehkraft hat nachgelassen; Geschmackssinn soweit beeinträchtigt, dass er einzelne Speisen nicht auseinanderhalten kann; schwere Depressionen; Phantomschmerzen	Beklagte haben aus niederen, fremdenfeindlichen Beweggründen aus einem fahrenden Pkw einen großen Stein in den daneben fahrenden Pkw des Klägers geschleudert, der dabei die Herrschaft über das Fahrzeug verlor; strafrechtliche Verurteilung ist bei Genugtuungsfunktion nicht zu berücksichtigen (vgl. BGB in NJW 1996, 1591). Kläger benötigt starke Schlaftabletten; Verlust der früheren sozialen Kontakte; kann seinen in den USA lebenden Sohn und seine Angehörigen in der Karibik nicht mehr besuchen	LG Potsdam 17.8.2000 10 O 252/99 RAe Schwoerer & Koll., Potsdam
2019	500 000 **€ 250 000** und 1000 **€ 500** Rente monatlich *(€ 321 040)*	Querschnittslähmung, Hirnatrophie, schwere Kontusion der Organe	3 Monate Krankenhaus, 11 Monate Reha mit einigen Unterbrechungen; nach 4 Jahren 1 Monat intensivmedizinische Klinikbehandlung wegen Lungenerkrankung	2-jähr. Mädchen	Zwischen letztem Hals- und Brustwirbel gelähmt; kann lediglich den rechten Arm einschließlich der rechten Schulter sowie den Kopf bewegen; keine Oberkörperstabilität; Beine sind von einer Streckspastik erfasst mit der Folge, dass sich diese unkontrolliert strecken; Wirbelsäulenverkrümmung; unfallbedingt immer wieder schwere Lungenerkrankungen; Stuhl- und Harninkontinenz	Schweres Verschulden des Beklagten; Sprachvermögen hat sich altersgerecht entwickelt	OLG Hamm 11.9.2002 9 W 7/02 VersR 2003, 780 DAR 2003, 172

● Mithaftung (siehe vorletzte Spalte)

Lfd. Nr.	Betrag DM **Euro** (Anp.2019)	Verletzung	Dauer und Umfang der Behandlung; Arbeitsunfähigkeit	Person des Verletzten	Dauerschaden	Besondere Umstände, die für die Entscheidungen maßgebend waren	Gericht, Datum der Entscheidung, Az., Veröffentlichung bzw. Einsender

Fortsetzung von »Rücken - Wirbelsäule mit Lendenwirbel - Querschnittslähmung«

Lfd. Nr.	Betrag	Verletzung	Dauer	Person	Dauerschaden	Besondere Umstände	Gericht
2020	€ 300 000 und € 600 Rente monatlich + immat. Vorbehalt (*€ 349 342*)	Halsmarkläsion im Bereich C 7 – TH 1		Männlicher Säugling	Hohe Querschnittslähmung	Mutter des Klägers wurde über die Vorzüge und Risiken bei der Behandlungsalternative (Sectio und vaginale Beckenlagenentbindung) bei Beckenenlage nicht ausreichend aufgeklärt. Beim vaginalen Geburtsvorgang wurde die Halswirbelsäule des Klägers derart überdehnt, dass es zu einer fast gänzlichen Halsmarkläsion gekommen ist. Der Kläger ist seitdem schwerst geschädigt. Er ist weitgehendst querschnittsgelähmt, kann nicht sitzen und gehen, ist lediglich in der Lage, seine Arme zu bewegen, wobei die Feinmotorik der Hände aber nicht vorhanden ist. Er ist nicht in der Lage, sich auf natürliche Weise zu entleeren, leidet permanent unter Temperaturempfindungsstörungen und ist rund um die Uhr und dies auf Dauer auf die Hilfe dritter Personen angewiesen. Er leidet zunehmend auch psychisch unter seiner Schädigung. Trotz aller Widrigkeiten hat er es geschafft, die Realschule zu besuchen. Sein Verbleib dort ist aber mittlerweile fraglich geworden, weil er aufgrund seiner körperlichen Beeinträchtigungen nicht in der Lage ist, adäquat am Unterrichtsgeschehen teilzunehmen.	OLG Nürnberg 15.2.2008 5 U 103/06 VersR 2009, 71 RA Friedrich Raab, Nürnberg
2021	700 000 € 350 000 und 750 € 375 Rente monatlich (*€ 494 940*)	Komplette hohe Querschnittslähmung unterhalb C 2 mit fast vollständiger Atemlähmung		6-jähr. Mädchen	Auf Rollstuhl und ständigen Einsatz eines Beatmungsgerätes angewiesen; erhebliche Beeinträchtigung des Sprechvermögens	Solche schweren Verletzungsfälle kommen selten auf die Versicherungemeinschaft zu (Argument zu BGH in VersR 1976, 967)	OLG Koblenz 29.11.1995 12 W 461/95 (PKH-Beschluss) RA Gladen u. RAin Gladen, Kirchberg
2022	€ 350 000 und € 500 Rente mtl. (*€ 402 709*)	Hohe Querschnittlähmung unterhalb von C 4		22-jähr. Zivi, zum Urteilszeitpunkt 36 Jahre alt	Bettlägeriger Kläger ist an den Extremitäten und an der Wirbelsäule gelähmt; kann sich ohne fremde Hilfe nicht bewegen und ist bei allen Verrichtungen des täglichen Lebens auf umfassende fremde Hilfe angewiesen; Spastik der Arme und Beine, Harn- und Stuhlinkontinenz, Schluckprobleme, durchgehende Pneumonieprophylaxe	Ärztlicher Behandlungsfehler durch Unterlassen einer CT-Untersuchung der HWS nach einem Unfall; soziale Kontakte und Teilnahme am öffentlichen Leben schwerwiegend eingeschränkt und belastet; partnerschaftliche Beziehung so gut wie ausgeschlossen; wird aller Wahrscheinlichkeit nach nicht in der Lage sein, einen seinen intellektuellen Begabungen entsprechenden Beruf zu erlernen; Versuch, ein Studium der Architektur aufzunehmen, ist gescheitert	Schleswig-Holsteinisches OLG 9.10.2009 4 U 149/08 RAe Dr. Schröder und Niether, Lübeck

Lfd. Nr.	Betrag DM **Euro** *(Anp.2019)*	Verletzung	Dauer und Umfang der Behandlung; Arbeitsunfähigkeit	Person des Verletzten	Dauerschaden	Besondere Umstände, die für die Entscheidungen maßgebend waren	Gericht, Datum der Entscheidung, Az., Veröffentlichung bzw. Einsender
\multicolumn{8}{l}{Fortsetzung von »Rücken - Wirbelsäule mit Lendenwirbel - Querschnittslähmung«}							
2023	€ 375 000 ● und € 500 Rente monatlich + immat. Vorbehalt *(€ 399 448)*	Bogenfraktur des Halswirbels C 6 mit der Folge einer Querschnittslähmung vom 6. Halswirbel abwärts	Pflegefall	16-jähr. Junge	Lähmung aller Extremitäten verbunden mit einer Mastdarm- und Blasenlähmung und Schluckbeschwerden	Der vom LG insgesamt zugesprochene Entschädigungsbetrag in Höhe von insgesamt € 511 680, zusammengesetzt aus einer Einmalzahlung von Schmerzensgeld in Höhe von € 375 000 und einer kapitalisierten Rente in Höhe von € 136 680, ist auch unter Berücksichtigung des festgestellten Mitverschuldens von 25% als weiterem Bemessungselement angemessen. Zwar sind die vom LG herangezogenen Bemessungselemente zutreffend. Jedoch hat das LG ein weiteres Bemessungselement, nämlich das äußerst zögerliche Regulierungsverhalten der Beklagten, außer Acht gelassen, das dem Kläger zugutekommen muss und die Berücksichtigung seines Mitverschuldens in der Gesamtbetrachtung egalisiert. Die Beklagte hat über 6 Jahre jegliche Einstandspflicht abgestritten und dem Kläger selbst die alleinige Verantwortung an seinem Unfall zugewiesen, auch nachdem durch die mit der Klage vorgelegten Produktinformationen klar war, dass das Hüpfkissen für Saltosprünge völlig ungeeignet war und hiervor hätte gewarnt werden müssen	OLG München 18.3.2015 20 U 3360/14 juris
2024	800 000 € 400 000 und 750 € 375 Rente monatlich *(€ 532 331)*	Komplette Querschnittslähmung unterhalb C 2 mit fast vollständiger Atemlähmung sowie Blasen- und Mastdarmlähmung, Unterkieferkollumfraktur		Frau	Ständige künstliche Beatmung sowie ständige Hilfe bei alltäglichen Verrichtungen des Lebens; mehrmals täglich auftretende Verkrampfungen		LG Aachen 13.6.2000 9 O 40/00 bestätigt durch OLG Köln 18.9.2000 11 W 60/00 (PKH-Beschluss) RAe Dr. Dettmeier & Koll., Düren
2025	€ 500 000 und € 500 Rente monatlich + immat. Vorbehalt *(€ 635 167)*	Querschnittslähmung ab 1. Halswirbel abwärts	Ca. 8 Monate stationär, dauerhaft auf Pflege angewiesen	3 ½-jähr. Kind	MdE: 100%	Trotz der nunmehr möglichen Pflege im elterlichen Haus ist der Kläger auf ständige Betreuung angewiesen. Zur Betreuung sind neben den Eltern sieben Krankenschwestern und Pfleger rund um die Uhr in Drei-Schichten-Dienst notwendig. Die bestehende Lähmung wirkt sich unterhalb einer Linie Ohr-Mund aus, Sprechen nicht möglich; Kläger kann nur über die Bewegung der Augen kommunizieren. Erschwerend kommt hinzu, dass dem Kläger aufgrund seiner erhalten gebliebenen geistigen Fähigkeiten und aufgrund der Erinnerung an sein Leben vor dem Unfall die Grausamkeit und Ausweglosigkeit seiner Situation bewusst ist und dass er dadurch auch fortwährend seelische Qualen erleidet	LG Kiel 11.7.2003 6 O 13/03 VersR 2006, 279 DAR 2006, 396 bestätigt durch OLG Schleswig 9.11.2003 9 U 92/03 RiLG Brommann

● Mithaftung (siehe vorletzte Spalte)

Lfd. Nr.	Betrag DM Euro (Anp.2019)	Verletzung	Dauer und Umfang der Behandlung; Arbeitsunfähigkeit	Person des Verletzten	Dauerschaden	Besondere Umstände, die für die Entscheidungen maßgebend waren	Gericht, Datum der Entscheidung, Az., Veröffentlichung bzw. Einsender
Fortsetzung von »Rücken - Wirbelsäule mit Lendenwirbel - Querschnittslähmung«							
2026	€500 000 und €500 Rente monatlich + immat. Vorbehalt (€554 859)	Durch einen Verkehrsunfall ist die Klägerin ab dem Halswirbel 1/2 abwärts komplett querschnittsgelähmt und bedarf ständig künstlicher Beatmung und Ernährung; sie ist vollkommen bewegungsunfähig und kann auch nicht sprechen, Verständigung mit ihrer Umwelt erfolgt allein durch Bedienung eines Computers mit Hilfe des Augenlides und ihres Mundwinkels	Dauerhafte AU und Schwerstbehinderung	24-jähr. Frau	Querschnittslähmung	Vorprozessual hat die Beklagte an die Klägerin ein Schmerzensgeld i.H.v. €500 000 entrichtet und zahlt überdies fortlaufend eine Schmerzensgeldrente von €500 monatlich. Für eine Kapitalisierung des Schmerzensgeldes besteht nach Auffassung des OLG kein Raum. Ein wichtiger Grund i. S. d. § 843 Abs. 3 BGB, der eine Kapitalabfindung statt fortlaufender Rentenzahlung rechtfertigen kann, liegt vor, wenn der Zweck der Ersatzleistung durch die Abfindung in einem Betrag eher als durch fortlaufende Zahlungen erreicht wird. Bei der Frage, ob ein wichtiger Grund vorliegt, sind objektive und subjektive Gesichtspunkte zu berücksichtigen; maßgeblich jedoch ist, ob die einmalige Abfindung zur Ausgleichung von dauernden Nachteilen die im zu beurteilenden Sachverhalt geeignete Form bildet. Hierbei darf aber nicht außer Acht gelassen werden, dass Ziel der Abfindung ist, den angemessenen Ausgleich wirklich sicherzustellen. Dabei muss auch die bestimmungsgemäße Verwendung des Geldes gewährleistet sein. Gerade bei der gerichtlichen Kapitalisierung kommt also der Sicherstellung der finanziellen Bedürfnisse des Verletzten besondere Bedeutung zu	OLG Celle 30.11.2011 14 U 182/10 NZB zurückgew. d. BGH, Beschl. 10.7.2012 VI ZR 354/11

Weitere Urteile zur Rubrik »**Rücken - Wirbelsäule mit Lendenwirbel - Querschnittslähmung**« siehe auch:
ab €25 000: 1075, 3191, 3016, 3017, 3020, 1185, 2804

Sinnesorgane
Sinnesorgane - Auge

Weitere Urteile zur Rubrik »**Sinnesorgane - Auge**« siehe auch:
bis €5000: 1886
bis €12 500: 147, 2585

Sinnesorgane - Auge - Verletzungen

Lfd. Nr.	Betrag	Verletzung	Dauer und Umfang der Behandlung; Arbeitsunfähigkeit	Person des Verletzten	Dauerschaden	Besondere Umstände	Gericht
2027	€500 (€536)	Augapfelprellung rechts, Kiefergelenksprellung rechts, Schwellung rechte Gesichtshälfte		Mann		Vorsätzliche KV durch Faustschlag ins Gesicht. Es wurde u.a. die besondere Situation der Gerichtsverhandlung berücksichtigt und die zwischen den Parteien bestehenden Anfeindungen	AG Pfaffenhofen an der Ilm 15.1.2016 1 C 291/15
2028	€650 + immat. Vorbehalt (€699)	Augenprellung rechts, Schwellung um das rechte Auge, starke Kopfschmerzen, Schwindelgefühle	3 Tage stationärer Aufenthalt, 2 Wochen AU	Mann		Der Beklagte versetzte dem Kläger auf einer Karnevalsveranstaltung vorsätzlich mehrere wuchtige Faustschläge ins Gesicht	LG Fulda 21.10.2013 4 O 277/12 Landesrechtsprechungsdatenbank Hessen

Sinnesorgane

Fortsetzung von »Sinnesorgane - Auge - Verletzungen«

Lfd. Nr.	Betrag DM **Euro** (Anp.2019)	Verletzung	Dauer und Umfang der Behandlung; Arbeitsunfähigkeit	Person des Verletzten	Dauerschaden	Besondere Umstände, die für die Entscheidungen maßgebend waren	Gericht, Datum der Entscheidung, Az., Veröffentlichung bzw. Einsender
2029	€ 1000 (€ 1074)	Schwere Gehirnerschütterung, Orbitabodenfraktur, Contusio bulbi beidseits und ein ausgeprägtes Hämatom am rechten Auge durch zwei Faustschläge gegen das rechte Auge	Aufgrund eines eingeklemmten Augenmuskels musste der Kläger sodann operiert und stationär behandelt werden	14-jähr. Schüler		Eine rechtswidrige Körperverletzung reicht bei einem Schulunfall wegen der anzuwendenden Vorschriften der §§ 104, 105 SGB VII nicht aus, um Ersatzansprüche zu begründen. Erforderlich ist vielmehr ein doppelter Vorsatz, der nicht nur die vorsätzliche Handlung, sondern auch die vorsätzlich herbeigeführte Schadensfolge erfordert. Der Senat hat keine Bedenken, für die vorsätzlich zugefügten Verletzungen in Form des blauen Auges und der Gehirnerschütterung ein Schmerzensgeldanspruch zuzusprechen; denn es handelt sich dabei nicht um eine unzulässige Aufspaltung eines Schmerzensgeldes, sondern um ein einheitliches Schmerzensgeld für eine bestimmte zurechenbare Folge einer Körperverletzung. Es wäre auch nicht einsichtig, warum der Kläger schlechter gestellt werden sollte als ein Opfer, das bei einer Auseinandersetzung tatsächlich nur diese leichteren Verletzungen erlitten hat und dementsprechend nicht durch den Haftungsausschluss in seinen Ansprüchen begrenzt wird. Vor diesem Hintergrund hält der Senat ein Schmerzensgeld von € 1000 für angemessen, aber auch ausreichend, um den tatsächlich zurechenbaren Teil der Verletzungen zu entschädigen. Dabei ist nämlich auch zu berücksichtigen, dass es sich bei dem Beklagten um ein Kind handelt, das wirtschaftlich noch nicht auf eigenen Beinen steht und über kein eigenes Einkommen verfügt. Es kommt hinzu, dass eine gewisse Genugtuungsfunktion auch schon über die strafrechtliche Verurteilung eingetreten ist	OLG Hamm 8.11.2013 26 U 31/13 juris; r+s 2014, 101
2030	3000 € 1500 (€ 2153)	Augapfelprellung, oberflächliche Hornhautabschürfung, Lidplatzwunde		Mann		Verletzung beim Squashspielen; Kläger muss seit dem Unfall Brille tragen. Künftige weitere Schadensentwicklungen nicht ganz unwahrscheinlich	OLG Köln 13.7.1994 11 U 20/94 VersR 1995, 57
2031	€ 2500 (€ 2880)	Massive körperliche Misshandlungen mit der Folge von 20 Hämatomen im Brustbereich und im Bereich des Oberkörpers, Verletzungen am Auge und auf dem Nasenrücken, Hämatom im Halsbereich, Beule am Hinterkopf		Bewohnerin eines Altenheims		Beklagter, der als Pfleger in einem Altenheim tätig war, griff die kranke und wehrlose Geschädigte an, indem er sie am Hals würgte, sie derb schüttelte und aufs Bett sowie mit den Händen auf den Oberkörperbereich drückte; für die Geschädigte bestand Todesgefahr	AG Rudolstadt 20.2.2009 680 Js 25714/08 1 LS RA Klopsch, Großbreitenbach

● Mithaftung (siehe vorletzte Spalte)

Lfd. Nr.	Betrag DM **Euro** *(Anp.2019)*	Verletzung	Dauer und Umfang der Behandlung; Arbeitsunfähigkeit	Person des Verletzten	Dauerschaden	Besondere Umstände, die für die Entscheidungen maßgebend waren	Gericht, Datum der Entscheidung, Az., Veröffentlichung bzw. Einsender
\multicolumn{8}{l}{**Fortsetzung von »Sinnesorgane - Auge - Verletzungen«**}
2032	€ 5000 + immat. Vorbehalt *(€ 5946)*	Schweres Augapfeltrauma rechts, Blutung in der vorderen Augenkammer, Sekundärglaukom, Visusminderung	2 Wochen Krankenhaus mit Operation bei Vollnarkose, Sehvermögen zunächst auf 12% herabgesunken, bessert sich nach 5 Monaten auf 50% für die Ferne und die Nähe; es besteht eine Hornhautnaht	12-jähr. Schülerin		Fahrlässige Körperverletzung durch Wurf eines rohen Eies, wobei die Klägerin am rechten Auge getroffen wurde; nach 7 Monaten noch erweiterte Pupille rechts mit unscharfem Bild und Blendungsempfindlichkeit, sowie Veränderung am Augenhintergrund mit Visusminderung; Genugtuungsinteresse nur von untergeordneter Bedeutung, maßgeblich ist das Kompensationsinteresse; Dauerschaden, der bei der Klägerin verbleiben kann, ist beim Schmerzensgeld nicht berücksichtigt	LG Münster 24.5.2007 12 O 61/07 RAe Lentfort & Partner, Warendorf
2033	€ 7500 + immat. Vorbehalt *(€ 7933)*	Verletzungen am rechten Auge (Bulbusruptur mit Irisprolaps und Vorderkammerblutung), weil der sturzgefährdete Kläger auf der Toilette mit seinem rechten Auge gegen den Metallbügel eines am Waschbecken befindlichen Seifenspenders stieß	Vorderkammerspülung mit Hornhautnaht. 2 weitere Operationen erfolgten später (Durchtrennung des Glaskörperstrangs, der zum Kammerwinkel bei 4 Uhr zog, mittels Yag-Laser) sowie Implantation einer Irisblende)	66-jähr. Mann	Fortdauernde Blendempfindlichkeit sowie ein chronischer Reizzustand	Allein der Umstand, dass das bereits sehgeschädigte Auge nach dem Unfall hinsichtlich des Sehvermögens nicht zusätzlich beeinträchtigt wurde, führt nicht dazu, dass das Schmerzensgeld i.H.v. € 7500 als übersetzt anzusehen wäre. Denn es ist zu berücksichtigen, dass beim Kläger unfallbedingt eine fortdauernde Blendempfindlichkeit sowie ein chronischer Reizzustand mit leichten Schmerzen bestehen. Hinzu tritt, dass sich der Kläger drei Augenoperationen unterziehen musste	OLG Koblenz 28.9.2015 5 U 810/15 juris
2034	€ 8000 + immat. Vorbehalt *(€ 9235)*	Verletzung des rechten Auges mit erforderlichem Einsetzen einer künstlichen Linse	Operation ist komplikationslos verlaufen	Mann		Kläger wurde von der Beklagten bei der Befestigung der Ladung auf einem Anhänger beim Anziehen des Spanngurts verletzt; Kläger hat auf dem rechten Auge auch beim Tragen einer Brille eine Einbuße der Sehkraft von 60%; allerdings ergibt sich eine beidäugige Gesamtsehschärfe von 1,0, also insgesamt keine Sehbeeinträchtigung	OLG Frankfurt am Main 7.5.2009 1 U 264/08 r+s 2009, 426 Vorinstanz: LG Frankfurt 2-21 O 47/46
2035	€ 10 000 *(€ 12 137)*	Perforierende Hornhaut-/Irisverletzung am rechten Auge	1 Woche Krankenhaus mit Operation; 8 Monate später Entfernung der Nähte unter Vollnarkose; 2 Jahre danach Feststellung eines beginnenden Katarakts	6-jähr. Junge	Kläger muss Brille tragen	7-jähr. Beklagter hat Fußball gegen eine Gebäudelampe getreten, wobei ein herabfallender Splitter genau das Auge des Klägers traf; es war für den Beklagten vorherzusehen, dass ein Schuss mit dem Ball in Richtung Hauseingangstür zur Beschädigung einer dort angebrachten Außenlampe führen kann, wenn er von seinen Eltern zuvor auf solche Gefahren ausdrücklich hingewiesen worden ist; darauf, ob auch die weitere Schadensentwicklung (hier: Augenverletzung durch herabfallende Glassplitter) vorhersehbar war, kommt es für die Haftung nicht an; es besteht die Gefahr einer Netzhautablösung und des Entstehens einer Nachtblindheit	OLG Nürnberg 28.4.2006 5 U 130/06 VersR 2006, 1128
\multicolumn{8}{l}{**Kapitalabfindung mit Schmerzensgeldrente**}
2036	250 € 125 Rente monatlich *(€ 193)*	Splitterverletzung am rechten Auge mit Netzhautablösung (ärztlicher Behandlungsfehler)	Drei Operationen	Selbstständiger Landwirt	MdE: 25%	Risiko von Komplikationen, insbesondere auch einer Netzhautablösung, hätte durch eine frühzeitige Splitterentfernung reduziert werden können	LG München II 11.6.1992 14 O 111/91 RAe Messerschmidt & Koll., München

Urteile lfd. Nr. 2037 – 2040   Sinnesorgane

Lfd. Nr.	Betrag DM **Euro** *(Anp.2019)*	Verletzung	Dauer und Umfang der Behandlung; Arbeitsunfähigkeit	Person des Verletzten	Dauerschaden	Besondere Umstände, die für die Entscheidungen maßgebend waren	Gericht, Datum der Entscheidung, Az., Veröffentlichung bzw. Einsender
	Weitere Urteile zur Rubrik »Sinnesorgane - Auge - Verletzungen« siehe auch: **bis €2500:** 786, 785, 895, 707 **bis €5000:** 2038, 122, 2833, 2577 **bis €12500:** 2043, 721, 759, 70 **bis €25000:** 2047, 2048, 2052 **ab €25000:** 2064, 2074, 1152, 735, 1296, 1281, 1973, 2448						

Sinnesorgane - Auge - Verlust oder Beeinträchtigung des Sehvermögens

Lfd. Nr.	Betrag	Verletzung	Dauer und Umfang der Behandlung	Person des Verletzten	Dauerschaden	Besondere Umstände	Gericht, Datum
2037	5000● €2500 *(€3535)*	Verlust einer Augenlinse		15-jähr. Junge	Herabsetzung der Sehkraft auf dem verletzten Auge. Trotz Einsatz einer künstlichen Linse nur 80%ige Wiederherstellung der Sehkraft; Verlust des räumlichen Sehens	Mithaftung von 75%; Kläger muss möglicherweise im Verlaufe seines Lebens wieder mit einer gravierenden Verschlechterung seiner Sehkraft rechnen, was eine weitere Operation zur Folge hätte	OLG Köln 27.10.1995 19 U 19/95 VersR 1996, 588
2038	6000 €3000 + immat. Vorbehalt *(€3904)*	Augenverletzung links mit Verlust des halben Sehvermögens	6 Tage Krankenhaus	8-jähr. Schüler	Beeinträchtigung des Sehvermögens auf dem linken Auge, Vernarbung der Hornhaut und Trübung der Linse, Regulierung der Sehbeeinträchtigung durch Brille	Vorsätzliche, wenn auch ohne Verletzungsabsicht herbeigeführte Körperverletzung durch einen 10-jähr. Schüler durch Schlag auf den Kopf mit einem Prospekt; Sehbehinderung wird für den Kläger zu vielfältigen Einbußen an Lebensqualität führen; Krankenhausaufenthalt eines 8-jähr. Jungen und die damit verbundene Trennung von der Familie führt zu ganz erheblicher Belastung; Beklagter ist vermögenslos, es besteht kein Haftpflichtversicherungsschutz; weitere Linsentrübung nicht auszuschließen	AG Stadthagen 5.10.2001 4 C 558/01 (III) bestätigt durch LG Bückeburg 12.6.2003 (1 S 200/01) RiLG Barnewitz, Bückeburg
2039	€3000 *(€3852)*	Verschlechterung des Sehvermögens nach einer Laserbehandlung		58-jähr. Frau	Erhöhte Blendempfindlichkeit	Klägerin wollte Weitsichtigkeit korrigieren lassen; sachgerechte Risikoaufklärung vor der Anwendung des experimentellen Verfahrens mit als zweifelhaft einzustufenden Erfolgsaussichten wurde unterlassen; die operativen Eingriffe, die zu einem Misserfolg führten, waren mit Schmerzen und Unannehmlichkeiten verbunden	OLG Düsseldorf 21.3.2002 8 U 117/01 VersR 2004, 386
2040	7000 €3500 + immat. Vorbehalt *(€4747)*	Nahezu völlige Erblindung des rechten Auges, dessen Sehfähigkeit krankheitsbedingt bereits erheblich vorgeschädigt war		Frau		Mangelnde Aufklärung über das Risiko einer operationsbedingten Erblindung vor einer Operation zur Behandlung der Eintrübung einer Augenlinse; Operation hätte über kurz oder lang ohnehin durchgeführt werden müssen, um einer Erblindungsgefahr vorzubeugen; von einer irreparablen Schädigung kann nicht ausgegangen werden, da Möglichkeit besteht, die Vorderkammerlinse gegen eine Hinterkammerlinse auszutauschen	OLG Oldenburg (Oldenburg) 8.12.1998 5 U 116/98 VersR 2000, 362 RiOLG Wendt

● Mithaftung (siehe vorletzte Spalte)

Sinnesorgane

Urteile lfd. Nr. 2041 – 2044

Lfd. Nr.	Betrag DM **Euro** *(Anp.2019)*	Verletzung	Dauer und Umfang der Behandlung; Arbeitsunfähigkeit	Person des Verletzten	Dauerschaden	Besondere Umstände, die für die Entscheidungen maßgebend waren	Gericht, Datum der Entscheidung, Az., Veröffentlichung bzw. Einsender
\multicolumn{8}{l}{Fortsetzung von »Sinnesorgane - Auge - Verlust oder Beeinträchtigung des Sehvermögens«}							
2041	13 000 € 6500 + immat. Vorbehalt *(€ 9192)*	Netzhautblutungen an beiden Augen; Thoraxkontusion; Unfallschock	MdE: 2 Wochen 100% 2 Wochen 60% 2 Wochen 30%	41-jähr. Mann	Traumatische Netzhautblutung und traumatische Maculopathie mit Destruktion des Pigmentepithels am rechten Auge; Sehschärfe für die Ferne beträgt ohne Korrektur 0,5, mit Kopfzwangshaltung 0,9 bis 1,0 Dioptrien; Sehschärfe für die Nähe beträgt ohne Korrektur, die nicht möglich ist, 0,6; Stereosehen nicht möglich, Störungen des Farbfernsehens	Am rechten Auge können weitere Verschlechterungen eintreten	OLG Stuttgart 24.10.1995 12 U 162/95 RA Klemm, Stuttgart
2042	€ 7000 + immat. Vorbehalt *(€ 7547)*	Unfall durch einen abgebrochenen Eisbrocken; dadurch rechtseitige Augapfelprellung mit Augeninnendruckanstieg und Blutung in Vorkammer und Netzhaut sowie ein Oberlidhämatom und eine Platzwunde; Glaskörpertrübungen im rechten Auge		Mann	Einschränkungen bei der Arbeit am Bildschirm	Das LG hat zu Recht festgestellt, dass die Augenverletzung als durchaus schwer eingestuft werden kann und hat im Hinblick auf die damit verbundenen Einschränkungen insb., dass der Kläger dem Schießsport nicht mehr nachgeht, der Einschränkungen bei der Arbeit am Bildschirm und des möglichen operativen Eingriffs ein angemessenes Schmerzensgeld von € 7000 festgesetzt. Auch wenn nach Auffassung des Senats der Kläger seine Beschwerden überdramatisiert hat und der festgesetzte Schmerzensgeldbetrag sich eher an der oberen Grenze befindet, ist der Betrag noch gerechtfertigt, da möglicherweise ein Eingriff am rechten Auge erforderlich ist und auch die nachvollziehbare Sorge des Klägers vor Verschlechterung des Auges und die damit verbundenen psychischen Belastungen des Klägers zu berücksichtigen sind. Wie weiter unten noch auszuführen ist, kommt allerdings ein höheres Schmerzensgeld nicht in Betracht	OLG München 28.6.2013 1 U 4539/12 juris
2043	15 000 € 7500 + immat. Vorbehalt *(€ 10 185)*	Massive Schmaucheinsprengungen im linken Augenlid und an der linken Nasenhälfte, massive schwarze Verschmutzungen der Hornhaut des linken Auges und des linken Wangenbereiches und eine Bindehautwunde, die bis auf die Lederhaut des linken Auges reichte	10 Tage Krankenhaus mit operativer Entfernung der Fremdkörper aus dem Augen- und Hautbereich; 6 Monate täglich Augentropfen	18-jähr. Jugendlicher	Herabsetzung der Sehkraft auf dem linken Auge auf 40%, herabgesetztes Dämmerungssehen, verstärkte Blendungsempfindlichkeit; Fremdkörpereinsprengungen von Lid-, Gesichts- und Bindehaut	Fahrlässige Körperverletzung durch Gaspistolenschuss; im Hinblick auf die starke Schädigung der Sehkraft des Auges und die nach wie vor im Auge befindlichen Einsprengungen ist nicht auszuschließen, dass sich der momentan zwar stabile Zustand in Zukunft verschlechtert	LG Paderborn 15.1.1999 2 O 94/98 RAe Dr. Wolf & Kollegen, Lippstadt
2044	20 000 € 10 000 *(€ 13 598)*	Verletzung des rechten Auges mit Sehminderung		10-jähr. Mädchen	Minderung der Sehschärfe auf 1/20 mit Verlust des räumlichen Sehens; MdE von 25% und eine solche der Gebrauchsfähigkeit des Auges auf 20/25	Beim Rasenmähen wurde ein Tennisball auf das Auge der Klägerin geschleudert	OLG Düsseldorf 17.7.1997 10 U 11/95 NJW-RR 1998, 99 SP 1997, 465

Lfd. Nr.	Betrag DM Euro (Anp.2019)	Verletzung	Dauer und Umfang der Behandlung; Arbeitsunfähigkeit	Person des Verletzten	Dauerschaden	Besondere Umstände, die für die Entscheidungen maßgebend waren	Gericht, Datum der Entscheidung, Az., Veröffentlichung bzw. Einsender
\multicolumn{8}{l}{**Fortsetzung von »Sinnesorgane - Auge - Verlust oder Beeinträchtigung des Sehvermögens«**}
2045	25 000 € 12 500 + immat. Vorbehalt (€ 17 353)	Venenastthrombose mit Blutungen im linken Augenfundus; Schädelprellung, Schulterprellung links; Hüftprellung rechts und schmerzhafte Einschränkung der HW-Beweglichkeit		zu 95%ig schwerbehinderter 69-jähr. Mann	Hochgradige Sehminderung am linken Auge	Das Unfallgeschehen hat den gesundheitlich vorgeschädigten Kläger (Kriegsverletzung, Herzbeschwerden durch erhöhten Blutdruck, Herzgefäßerkrankung, Hüftoperation rechts) anders und ungleich schwerer getroffen als eine gesündere Person. Durch die hochgradige Sehminderung am linken Auge wird die mühsame Arbeit der Lebensqualität schwerst beeinträchtigt, wenn nicht völlig zerstört; drohende Erblindung – deshalb immat. Vorbehalt	LG München I 19.12.1996 19 O 14182/94 VorsRiLG Krumbholz
2046	€ 12 500 ● + immat. Vorbehalt (€ 15 710)	Verletzung des rechten Auges durch Splittereinwirkung mit vollständigem Verlust der Sehfähigkeit nach gänzlicher Ablösung der Netzhaut		15-jähr. Junge	Verlust der Sehfähigkeit des rechten Auges	Haftung eines altersgemäß entwickelten 11-jähr. Jungen, der eine mit Trockeneis gefüllte Flasche auf einer Straße abstellte, wo sie explodierte und den Kläger verletzte; die Umstände legen nahe, dass der Beklagte eine in gewisser Weise spektakuläre und dabei nicht ungefährliche Entwicklung erwartete oder zumindest für möglich hielt, als er die Flasche abstellte; 1/3 Mithaftung des Klägers, der bereits in jungen Jahren mit einer schwerwiegenden Beeinträchtigung leben muss; ist nicht nur in seiner allgemeinen Lebensführung, sondern möglicherweise auch in seiner Berufswahl eingeschränkt; ständige Sorge um den Erhalt des gesunden linken Auges	OLG Koblenz 18.3.2004 5 U 1134/03 NJW-RR 2004, 1025
2047	€ 15 000 + immat. Vorbehalt (€ 16 107)	Epitheleinsprossungen am Flaprand	Zwei zusätzliche Operationen	Frau	Sehschärfenreduzierung am rechten Auge um eine Stufe, dezente Nebelbildung in der oberflächlichen Schicht der Hornhaut, trockene Augen	Die Einwilligung der Klägerin in die Lasikoperation der Augen war aufgrund fehlerhafter Aufklärung rechtswidrig. Fehler in der Behandlung liegen nicht vor. Bei der Klägerin haben sich operationstypische Risiken verwirklicht. Bei korrekter Aufklärung wären der Klägerin zumindest zwei Operationen erspart geblieben, allerdings hätte sie dann auch weiterhin mit einer schweren Brille aufgrund der zuvor bestehenden erheblichen Kurzsichtigkeit leben müssen	LG Bochum 23.7.2013 I-6 O 252/12 Openjur.de
2048	30 000 € 15 000 (€ 20 165)	Prellung und Quetschung des linken Augapfels mit Aderhautruptur am hinteren Pol neben der Stelle des schärfsten Sehens, Netzhautabriss	3 Tage stationäre Behandlung mit schmerzhafter Laserkoagulationsabriegelung des Netzhauteinrisses; 4 Monate vollständig und weitere 3 Monate halbtags arbeitsunfähig	38-jähr. Zahnarzt	Minderung der Gebrauchsfähigkeit des linken Auges um 17/30; durch die erforderliche Sehbrille kann Sehfehler nicht vollständig korrigiert werden; Blendungsempfindlichkeit wegen ständiger Erweiterung der Pupille, einer damit einhergehenden leichten äußeren Entstellung sowie einer Sicht wie durch eine Gardine	Kläger wurde beim Tennisspiel außerhalb der Wettkampfphase von einem Tennisball getroffen; ein Tennisspieler darf außerhalb der Wettkampfphase den Ball nur dann in Richtung auf den gegnerischen Spieler spielen, wenn er sich vergewissert hat, dass dieser annahme- und abwehrbereit ist; ein Drittel Mitverschulden des Klägers, der während einer Spielpause kurz hinter dem Netz Bälle aufsammelt, ohne den gegnerischen Spieler im Auge zu behalten; daher wurde lediglich ein Betrag von DM 20 000 (€ 10 000) zugesprochen	OLG Hamm 15.11.1999 6 U 32/99 VersR 2001, 346

● Mithaftung (siehe vorletzte Spalte)

Lfd. Nr.	Betrag DM Euro (Anp.2019)	Verletzung	Dauer und Umfang der Behandlung; Arbeitsunfähigkeit	Person des Verletzten	Dauerschaden	Besondere Umstände, die für die Entscheidungen maßgebend waren	Gericht, Datum der Entscheidung, Az., Veröffentlichung bzw. Einsender
\multicolumn{8}{l}{**Fortsetzung von »Sinnesorgane - Auge - Verlust oder Beeinträchtigung des Sehvermögens«**}
2049	€ 15 000 (€ 16 058)	Netzhautablösung nach augenärztlichem Behandlungsfehler: Laserbehandlung an der Netzhaut ohne vorherige Abklärung durch Ultraschalluntersuchung	Nachfolgende Glaskörper-Operation in der Augenklinik	69-jähr. Mann	Verschlechterung der Sehkraft	Die Entscheidung des LG ist nicht zu beanstanden. Die dagegen gerichtete Berufung hat keinen Erfolg	OLG Hamm 21.2.2014 26 U 28/13 juris
2050	30 000 € 15 000 + immat. Vorbehalt (€ 20 241)	Erblindung des rechten Auges		Mann	Blindheit rechtes Auge MdE: 30%	Beklagter half dem Kläger bei der Reparatur seines Motorrades; als der Beklagte ihm mit dem Schraubenzieher das Lagerspiel der beschädigten Nockenwelle zeigen wollte, ist er mit dem Schraubenzieher abgerutscht und hat Kläger im rechten Auge getroffen; dem Kläger hätte jedoch sofort auffallen müssen, dass die Gefahr bestand, dass der Schraubenzieher abrutschen und die Hand nach oben schnellen könne; infolge Mithaftung von 1/3 wurde lediglich ein Betrag von DM 20 000 (€ 10 000) zugesprochen	OLG Koblenz 12.5.1999 1 U 1067/98 RiOLG Koblenz, Dr. Itzel
2051	30 000 € 15 000 (€ 21 240)	Verlust der Sehkraft eines Auges infolge unzureichender therapeutischer Sicherheitsaufklärung vor einer Operation	Zwei weitere operative Eingriffe	67-jähr. Mann		Auge war durch grauen Star vorgeschädigt; anfangs starke Schmerzen; Patient ist 2 1/2 Jahre nach der Operation gestorben	OLG Stuttgart 18.5.1995 14 U 59/94 VersR 1996, 979
2052	€ 15 000 ● + immat. Vorbehalt (€ 16 010)	Schwere Augapfelprellung mit einer Impressionsfraktur sowie eine Einblutung	11 Tage stationäre Behandlung, 6 Wochen AU, 9 ambulante Behandlungen über ein Jahr	22-jähr. Frau	25% MdE, fast vollständige Erblindung auf dem linken Auge, irreversible Schädigung der Netzhaut im Makularbereich und des Kammerwinkels, deutlich verminderter Visus von 1/20 Lesetafel	25% Mithaftung. Die Klägerin wurde beim umzugsbedingten Transport ihrer Waschmaschine durch einen durch den Beklagten angebrachten Expandergurt an einer Sackkarre, welcher sich löste und dabei der Klägerin mit der Metallöse ins linke Auge schnellte, schwer verletzt	LG Nürnberg-Fürth 21.11.2014 10 O 552/13 Openjur.de
2053	€ 17 500 + immat. Vorbehalt (€ 22 125)	Netzhautverletzung am linken Auge und Prellungen am gesamten Körper	3 Wochen arbeitsunfähig	32-jähr. Dachdecker	Sehkraft am linken Auge unter 10% gesunken	Schlägerei. Eine Korrektur der Sehbeeinträchtigung ist weiterhin weder operativ noch durch optische Hilfsmittel, wie Kontaktlinsen oder eine Brille möglich. Grundsätzlich ist eine Verschlimmerung des Befundes am linken Auge nicht auszuschließen. Denkbare Spätfolgen der Unfallverletzung wäre eine Augeninnendruckerhöhung, eine Netzhautablösung oder die Entstehung einer bindegewebigen Membran von der Netzhautmitte	LG Göttingen 30.12.2003 4 O 99/03 RAe Wolff & Wolff, Salzgitter
2054	35 000 € 17 500 + immat. Vorbehalt (€ 23 858)	Schwere Gesichtsverletzung links, Commotio cerebri, große Rissquetschwunde des rechten Augenlids; perforierende Hornhautverletzung rechts	Insgesamt ca. 5 Wochen Krankenhausaufenthalt	Mathematikstudent	Durch die Perforation der Hornhaut erfolgte eine narbige Abheilung, die nur ein Verzerrtsehen (irregulärer Astigmatismus) und damit eine Herabsetzung der Sehschärfe bedingt; MdE: 10%	Schlägerei	LG Münster 5.11.1997 12 O 566/96 RAe Dr. Theissen & Partner, Münster
2055	35 000 € 17 500 + immat. Vorbehalt (€ 23 736)	Netzhautablösung am rechten Auge infolge mangelnder ärztlicher Beschwerdeabklärung		70-jähr. Mann	Sehkraft auf rechtem Auge noch 30%; Auge extrem lichtempfindlich; Bilder sind verschwommen	Verletzung der erforderlichen Abklärung auf schwerwiegende Weise; Kläger muss mit vollständiger Erblindung des rechten Auges rechnen	LG Oldenburg 4.9.1998 8 O 2305/97 RAe Schwartz & Partner, Westerstede

Lfd. Nr.	Betrag DM Euro (Anp.2019)	Verletzung	Dauer und Umfang der Behandlung; Arbeitsunfähigkeit	Person des Verletzten	Dauerschaden	Besondere Umstände, die für die Entscheidungen maßgebend waren	Gericht, Datum der Entscheidung, Az., Veröffentlichung bzw. Einsender
	Fortsetzung von »Sinnesorgane - Auge - Verlust oder Beeinträchtigung des Sehvermögens«						
2056	€ 17 500 ● + immat. Vorbehalt (€ 21 865)	Fast vollständiger Verlust der Sehkraft des rechten Auges	Vier stationäre Aufenthalte mit fünf Operationen unter Vollnarkose und einmal unter Teilnarkose	Werkzeugmacher	Verbleibende Sehkraft von noch 5% auf dem verletzten Auge	30% Mithaftung Kläger forderte befreundeten Beklagten auf, mit einem Wurfpfeil auf eine Dartscheibe zu werfen, welchen er fangen oder abwehren wollte. Die Handlung des Klägers resultiert aus Übermut. Zudem hatten alle Beteiligten bereits vier bis fünf Gläser Bier getrunken und waren dementsprechend zumindest leicht alkoholisiert. Bei dieser Sachlage konnte sich der Kläger nicht sicher sein, dass der Beklagte nicht einen Wurf versuchen würde. Insbesondere konnte er nicht davon ausgehen, dass der Beklagte vernünftiger sein und sich weniger übermütig zeigen würde als er selbst. Das Mitverschulden des Klägers führt jedoch nicht zu einem Haftungsausschluss. Vielmehr überwiegt das Verschulden des Beklagten. Er war derjenige, der den Geschehensablauf bestimmte	LG Hagen 7.6.2004 8 O 443/03 RAe Reusch & Koll., Schalksmühle
2057	€ 20 000 + immat. Vorbehalt (€ 23 037)	Handgelenksbruch rechts, Ellbogenspeichengelenksbruch rechts mit Abrissfraktur der Elle, Prellung des rechten Auges mit Makula-Ödem	Zwei Krankenhausaufenthalte von insgesamt 2 Wochen, über 2 Monate arbeitsunfähig	21-jähr. Azubi zur Fachangestellten für Bürokommunikation	Praktisch Sehkraftverlust am rechten Auge, Bewegungseinschränkung am rechten Handgelenk (MdE: 10%)	Die Klägerin kann zwar Bildschirmarbeit erbringen; dies jedoch nur unter den Bedingungen eines Schwerbehinderten-Arbeitsplatzes. Damit erfährt sie eine wesentliche Einschränkung ihrer beruflichen Möglichkeiten	LG Dortmund 6.2.2009 21 O 473/03 SP 2009, 290 RA Koch, Erftstadt
2058	40 000 € 20 000 + immat. Vorbehalt (€ 26 093)	Vollständige Erblindung des linken Auges, schwere Contusio bulbi et orbitae, Amaurose, Frakturen Orbitaboden, Siebbein und Keilbeinhöhe		Azubi im Maurerhandwerk	MdE: 30% (geschätzt, im Urteil nicht ausgeführt)	Beide Parteien hatten Alkohol konsumiert, als der Beklagte nach Mitternacht eine leere Bierflasche nach draussen warf, welche den plötzlich im Eingangsbereich der Garage auftauchenden Kläger mit der stumpfen Seite im Bereich der linken Augenhöhle traf. Hinsichtlich immat. Zukunftsschäden ist das Erfordernis einer kosmetischen Korrektur immerhin möglich. Zwar ist grundsätzlich die Tätigkeit als Maurer nach einer Eingewöhnungszeit bei unfallbedingt eingetretener Einäugigkeit möglich. Die individuelle Einstellung des Betroffenen spielt dabei jedoch eine ganz entscheidende Rolle	LG Osnabrück 21.11.2001 10 O 907/00 (157) RAe Wübbolt & Görken, Esterwegen
2059	40 000 € 20 000 (€ 28 358)	Netzhautablösung des linken Auges bei fast völlig fehlender Sehkraft des rechten Auges		Mann	MdE: 100%	Durch brutale Faustschläge auf das linke Auge hat sich das vorhandene Sehvermögen nochmals um 70% verschlechtert. Die Minderung der Erwerbsfähigkeit vor der Gewalteinwirkung betrug 90%, nach den Schlägen 100%. Der Kläger ist einem Blinden gleichzusetzen	KG Berlin 11.2.1995 12 U 532/94 RiKG Philipp

● Mithaftung (siehe vorletzte Spalte)

Sinnesorgane — Urteile lfd. Nr. 2060 – 2064

Lfd. Nr.	Betrag DM Euro (Anp.2019)	Verletzung	Dauer und Umfang der Behandlung; Arbeitsunfähigkeit	Person des Verletzten	Dauerschaden	Besondere Umstände, die für die Entscheidung maßgebend waren	Gericht, Datum der Entscheidung, Az., Veröffentlichung bzw. Einsender
Fortsetzung von »Sinnesorgane - Auge - Verlust oder Beeinträchtigung des Sehvermögens«
2060	40 000 € 20 000 + immat. Vorbehalt (€ 26 886)	Schädigung der Hornhautstruktur beider Augen mit Abnahme der Sehschärfe	Wiederholt längere Zeit arbeitsunfähig, innerhalb der ersten 3 ½ Jahre 74 mal ambulante Behandlung	50-jähr. kaufmännischer Angestellter, bei Urteilsverkündung 56 Jahre alt	Sehschärfe von nur noch 20%; Umwelt nur noch verschwommen wahrnehmbar, erhebliche Zunahme der Blendungsempfindlichkeit	Ärztlicher Behandlungsfehler und Aufklärungsversäumnisse; Kläger litt unter einer erheblichen Weitsichtigkeit, die in der Vergangenheit durch eine Brille nahezu vollständig ausgeglichen werden konnte; durch Laserbehandlung ist massive Verschlechterung eingetreten; Kläger kann nicht mehr aktiv Autofahren, kann Fernsehbilder nur aus unmittelbarer Nähe und nur undeutlich wahrnehmen, Einschränkung der sportlichen Aktivitäten; kann den beruflichen Anforderungen nur noch mit Mühe gerecht werden	OLG Düsseldorf 11.11.1999 8 U 184/98 VersR 2001, 374 NJW 2001, 900
2061	€ 20 000 + immat. Vorbehalt (€ 21 198)	Erblindung des linken Auges durch Faustschlag bei tätlicher Auseinandersetzung		Mann	Erblindung des linken Auges	Zu berücksichtigen ist in erster Linie die Schwere der Verletzung. Der Kläger hat die Sehfähigkeit auf einem Auge unwiederbringlich verloren. Allerdings ergibt sich aus den Krankenunterlagen auch, dass das Auge nicht entfernt werden muss. Unter dem Gesichtspunkt der Genugtuung fällt ins Gewicht, dass der Beklagte vorsätzlich handelte. Anderseits kann nicht außer Acht bleiben, dass die Verletzungshandlung den Endpunkt einer längerdauernden, zunehmend aggressiveren Auseinandersetzung bildete, bei der die Beteiligten erheblich alkoholisiert waren	Schleswig-Holsteinisches OLG 8.4.2015 9 U 61/13
2062	40 000 € 20 000 + immat. Vorbehalt (€ 27 947)	Erblindung des durch eine Krankheit vorgeschädigten rechten Auges nach operativer Behandlung des Auges		Mann	Erblindung des rechten Auges	Haftung aus versäumter Einwilligungsaufklärung und aus Behandlungsfehler; das ursprünglich volle Sehvermögen wäre aufgrund der Vorerkrankung nur i.H.v. ca. 30–40% zu erhalten gewesen; immat. Vorbehalt wegen Risiko einer Entfernung des Augapfels durch Sekundärkomplikationen	OLG Stuttgart 4.4.1996 14 U 42/95 VersR 1997, 700
2063	€ 25 000 (€ 27 259)	Stichverletzungen durch Butterflymesser im Gesicht und insbesondere am linken Auge	1 Woche stationärer Krankenhausaufenthalt. Anschließend 7 Monate regelmäßige Behandlung beim Augenarzt	17-jähr. Junge	Linkes Auge ist dauerhaft schwer geschädigt (unscharf und Farbwahrnehmung eingeschränkt). Narbe im unteren Bereich der Wange und vom Augenlid bis zur Nase		LG Bochum 20.8.2012 I-2 O 540/11 RAe Brinker & Collegen, Hamm
2064	€ 25 000 + immat. Vorbehalt (€ 26 845)	Hornhautverletzung sowie Oberlidrandverletzung am linken Auge durch den Wurf mit einem 10 g schweren Aluminiumauswuchtgewicht, künstliche Hinterkammerlinse links	Insgesamt 12 Tage stationäre Behandlung, 2 Operationen	18-jähr. männlicher Azubi	Linsentrübung, massive Sehverminderung am linken Auge, Fehlen des räumlichen Sehvermögens, Visuseinschränkung links	Das Werfen eines Wuchtgewichts für Autoreifen in einer Kfz-Werkstatt ist keine betriebliche Tätigkeit. Kein Haftungsausschluss gem. §§ 105 I, 106 I S. 1 SGB VII. Den Beklagten trifft die volle Haftung. Besonders wirkte sich das junge Alter des Klägers und die Tatsache, dass er noch lange unter den Spätfolgen leiden wird, aus	Hessisches LAG 20.8.2013 13 Sa 269/13 juris BAG 19.3.2015 8 AZR 67/14

Fortsetzung von »Sinnesorgane - Auge - Verlust oder Beeinträchtigung des Sehvermögens«

Lfd. Nr.	Betrag DM Euro (Anp.2019)	Verletzung	Dauer und Umfang der Behandlung; Arbeitsunfähigkeit	Person des Verletzten	Dauerschaden	Besondere Umstände, die für die Entscheidungen maßgebend waren	Gericht, Datum der Entscheidung, Az., Veröffentlichung bzw. Einsender
2065	50 000 €25 000 (€32 104)	Verschlechterung des Sehvermögens (rechts Visus von 10-20% und links 30-50%), das mit Sehhilfen nicht mehr verbessert werden kann		22-jähr. Mann	Minimierung der Sehfähigkeit	Kläger, der seit seiner Kindheit auf beiden Augen stark weitsichtig war und eine Brille mit der Stärke von 8 Dioptrien links und 7,25 Dioptrien rechts benötigte, wodurch die Sehfähigkeit zu fast 100% hergestellt wurde, hatte sich zur Korrektur der Weitsichtigkeit wiederholt einer wissenschaftlich noch nicht anerkannten Laserbehandlung unterzogen, wobei er über die Risiken nicht ausreichend aufgeklärt wurde; insbesondere darf eine Methode, die nicht gewirkt hat und deren Vor- und Nachteile nicht ausreichend bekannt sind, nicht kritiklos neu eingesetzt werden; grober Behandlungsfehler; Kläger kann den erlernten Beruf eines Kfz-Mechanikers nicht mehr ausüben, ist auch in seiner Lebensführung erheblich eingeschränkt; Operationen waren sehr schmerzhaft	OLG Karlsruhe 11.9.2002 7 U 102/01 VersR 2004, 244
2066	€25 000 + immat. Vorbehalt (€26 550)	Infolge eines Glaswurfes erhebliche Beeinträchtigungen des Sehvermögens am linken Auge: In das linke Auge des Klägers geratene Splitter des geworfenen Glases führten zu einer Perforation der Hornhaut mit Linsenverletzung	Die Verletzung konnte zwar operativ mit dem Austausch der Linse und der Implantierung einer neuen Linse versorgt werden, hinterließ aber eine bleibende Hornhautnarbe	19-jähr. Mann	Irreguläre Stabsichtigkeit, herabgesetztes Dämmerungssehvermögen und erhöhte Blendungsempfindlichkeit; fehlendes Stereosehen; irreparabler Verlust der Akkomodationsfähigkeit, also der Anpassung des Auges auf unterschiedliche Distanzen; Reduktion der Sehschärfe auf dem linken Auge von 1,0 auf 0,2	Angesichts der Verletzungen und angesichts der Tatsache, dass dem Kläger im Alter von 19 Jahren durch eine den Tatbestand einer vorsätzlichen gefährlichen Körperverletzung erfüllende Verletzungshandlung ein erheblicher Teil der Sehkraft auf einem Auge genommen wurde, wofür der Beklagte zumindest bislang nicht strafrechtlich zur Verantwortung gezogen worden ist, erscheint ein Schmerzensgeld von €25 000 nach Abwägung aller Umstände notwendig, aber auch ausreichend, um dem Kläger einerseits einen Ausgleich für erlittene Schmerzen und Leiden zu gewähren und andererseits auch Genugtuung für das zu verschaffen, was ihm der Beklagte angetan hat	OLG Karlsruhe 23.3.2016 14 U 138/14
2067	€25 000 (€28 765)	Sehkraftverlust des linken Auges durch Stoß mit Bierglas		Mann	Sehkraftverlust für das Nahsehen von 80% und für das Fernsehen 90%	Beklagter stieß dem Kläger in einer Discothek plötzlich und ohne jede Vorwarnung ein Bierglas in das linke Auge	OLG Köln 10.6.2008 20 U 54/08 Anerkenntnis nach Prozesskostenhilfebeschluss des OLG Köln für die Durchführung der Berufung gegen das am 28.2.2008 verkündete Urteil des LG Aachen, Az: 1 O 511/05 RA Dassler, Düren
2068	50 000 €25 000 (€34 934)	Vollständige Erblindung nach Netzhautablösung		Kleinkind	Erblindung	Unterbleiben einer augenärztlichen Kontrolluntersuchung nach Frühgeburt. Grober Behandlungsfehler; selbst im günstigsten Fall hätte durch eine rechtzeitige Behandlung die Sehkraft nicht in vollem Umfang erhalten oder wiederhergestellt werden können	OLG Oldenburg (Oldenburg) 9.4.1996 5 U 173/95 5. Zivilsenat des OLG Oldenburg

● Mithaftung (siehe vorletzte Spalte)

Fortsetzung von »Sinnesorgane - Auge - Verlust oder Beeinträchtigung des Sehvermögens«

Lfd. Nr.	Betrag DM Euro (Anp.2019)	Verletzung	Dauer und Umfang der Behandlung; Arbeitsunfähigkeit	Person des Verletzten	Dauerschaden	Besondere Umstände, die für die Entscheidungen maßgebend waren	Gericht, Datum der Entscheidung, Az., Veröffentlichung bzw. Einsender
2069	€ 25 000 (€ 30 068)	Verminderung der Sehfähigkeit des linken Auges auf 20% durch vorsätzlichen Faustschlag		Angehender Wirtschaftsinformatiker	Eingeschränkte Sehfähigkeit	In seiner angestrebten beruflichen Zukunft als Wirtschaftsinformatiker dürfte der Kläger, der auf Arbeiten am PC angewiesen sein wird, erhebliche Einschränkungen hinnehmen müssen. Als Folge der Verletzung könne jederzeit eine Gefäßwucherung sowie – nach vielen Jahren – die Entwicklung einer Netzhautablösung eintreten, was zur völligen Erblindung des linken Auges führen könne	OLG Oldenburg (Oldenburg) 4.1.2007 15 W 51/06 VersR 2008, 653 Beschluss VorsRiOLG Suermann
2070	€ 25 000 + immat. Vorbehalt (€ 26 845)	Glaskörperstrang nach Linsenoperation nicht rechtzeitig entfernt, deshalb Sehschärfe bei der Klägerin am linken Auge auf 0,16 exzentrisch reduziert, so dass kein Stereosehen mehr möglich ist. Ohne den Glaskörper im linken Auge der Klägerin wäre es bei einem Visus von 0,7 oder 0,8 geblieben	2 Folgeoperationen	64-jähr. Frau	Verminderte Sehschärfe	Bereits die Verminderung der Sehschärfe des linken Auges auf 0,16 exzentrisch und der damit verbundene Verlust des Stereosehens bedeuten eine sich ohne Weiteres ergebende täglich wiederkehrend fühlbare Beeinträchtigung mannigfaltiger Tätigkeiten und Erlebnisse im Alltag und damit auch zusätzliche Schwierigkeiten der Bewältigung alltäglicher Anforderungen, die sich jedenfalls im Ansatz von selbst, nämlich als typischerweise mit der Verminderung der Sehkraft einerseits und dem Verlust des Fähigkeit zum räumlichen Sehen andererseits einhergehend, ergeben. Dies gilt insb. für einen älteren, ohnehin in Ansehung der Anforderungen im Alltag tendenziell unsicherer werdenden Menschen. Auch unter ergänzender Berücksichtigung vergleichbarer Fälle in der Rspr. ist ein Schmerzensgeldbetrag i.H.v. € 25 000 angemessen und ausreichend	Thüringer OLG 27.8.2013 4 U 136/12
2071	60 000 € 30 000 + immat. Vorbehalt (€ 40 899)	Verlust der Sehkraft am rechten Auge durch Silvesterfeuerwerk		25-jähr. Student	50% Invaliditätsgrad	Begrenzte finanzielle Möglichkeiten des Beklagten (keine Haftpflichtversicherung) können den zum Ausgleich der schweren und dauerhaften Gesundheitsfolgen beim Kläger notwendigen Schmerzensgeldbetrag nur verhältnismäßig verhalten einschränken	LG Darmstadt 9.10.1997 4 O 236/94 RAe Czibulinski & Maus, Darmstadt

Urteile lfd. Nr. 2072 – 2073   Sinnesorgane

Lfd. Nr.	Betrag DM Euro (Anp.2019)	Verletzung	Dauer und Umfang der Behandlung; Arbeitsunfähigkeit	Person des Verletzten	Dauerschaden	Besondere Umstände, die für die Entscheidung maßgebend waren	Gericht, Datum der Entscheidung, Az., Veröffentlichung bzw. Einsender
\multicolumn{8}{l}{Fortsetzung von »Sinnesorgane - Auge - Verlust oder Beeinträchtigung des Sehvermögens«}
2072	€ 30 000 (€ 35 479)	Hornhautnarben mit irregulärer Stabsichtigkeit (Astigmatismus) und ein partielles Fehlen der Regenbogenhaut und Verklebung der Regenbogenhaut mit der Hornhaut mit Pupillendefekt am linken Auge durch Schlag mit Glasflasche		25-jähr. Mann		Vorsätzliche Körperverletzung. Kläger hat durch die Verletzung die Linse auf dem linken Auge verloren. Sein linkes Auge kann deshalb keine Naheinstellung mehr vornehmen (Akkomodation). Folge der Verletzung ist ferner ein Bindehautfadengranulom. Mit einer Kontaktlinse erreicht der Kläger am linken Auge zwar eine fast volle Sehschärfe. Eine Naheinstellung bzw. generell eine Schärfeanpassung mit dem linken Auge ist ihm aufgrund der Linsenlosigkeit aber nicht mehr möglich. Er kann mit dem linken Auge deshalb nicht lesen. Ein räumliches Sehen ist nicht mehr vorhanden; ebenso ist ein Stereo-Sehen nicht mehr möglich. Das Risiko, dass es beim Kläger später zu einer Druckerhöhung im linken Auge, zu einem Sekundärglaukom und zu einer Netzhautablösung kommt mit der möglichen Folge einer vollständigen Erblindung auf dem linken Auge, besteht lebenslang mit überwiegender Wahrscheinlichkeit	LG Rottweil 13.7.2007 3 O 434/05 OLG Stuttgart 4.12.2007 1 U 96/07 RAe Hirt & Teufel, Rottweil
2073	€ 30 000 + immat. Vorbehalt (€ 31 639)	Behandlungsfehlerhafte Augenoperation. Dadurch erhebliche Sehbehinderung durch unterschiedlich große Bilder je Auge (Aniseikonie), dadurch ausgelöste Schwindelgefühle, eine erhebliche Beeinträchtigung des räumlichen Sehens, eine abnehmende Sehstärke im Laufe des Tages durch Ermüdung, Erschöpfungs- und Konzentrationsstörungen sowie Unwohlsein in Menschenmassen, Unzufriedenheit und Gereiztheit im Zeitraum von ca. 2 Jahren, als die Refraktion des rechten Auges operativ dem linken angeglichen wurde	4 Operationen am Auge	55-jähr. Mann	Beeinträchtigung des Sehvermögens	Der Höhe nach setzt das Gericht hierfür ein Schmerzensgeld von € 30 000 insgesamt fest, das angemessen, aber auch ausreichend ist. Es ist von einem Betrag von € 5000 je Operation ausgegangen, also insgesamt € 20 000 für die 4 Operationen. Weitere € 5000 werden festgesetzt je Jahr für die im Zeitraum von rund 2 Jahren bestehenden quälenden Dauerbeschwerden im Alltag aufgrund der Aniseikonie, also weitere € 10 000 für beide Jahre	OLG Köln 15.6.2016 25 O 322/12 Rechtsanwälte Meinecke und Meinecke, Köln

● Mithaftung (siehe vorletzte Spalte)

Sinnesorgane | Urteile lfd. Nr. 2074 – 2076

Lfd. Nr.	Betrag DM Euro (Anp.2019)	Verletzung	Dauer und Umfang der Behandlung; Arbeitsunfähigkeit	Person des Verletzten	Dauerschaden	Besondere Umstände, die für die Entscheidungen maßgebend waren	Gericht, Datum der Entscheidung, Az., Veröffentlichung bzw. Einsender
	Fortsetzung von »Sinnesorgane - Auge - Verlust oder Beeinträchtigung des Sehvermögens«						
2074	€ 30 000 + immat. Vorbehalt (€ 33 292)	Überkorrektur von ca. 3,9 dpt. nach Fehlschlagen einer nur relativ indizierten Laseroperation ohne hinreichende Risikoaufklärung		Frau	Schwere Behinderung des beidäugigen Sehens, die funktionell als einäugig einzustufen ist	Werden Operationsrisiken in dem Aufklärungsformular nur verharmlosend dargestellt, ohne dass eine nicht mehr korrigierbare Unter- oder Überkorrektur, eine Erblindung oder Hornhauttransplantation erwähnt werden, und ist auch eine ergänzende mündliche Aufklärung durch den Arzt nicht nachgewiesen, so steht dem Patienten, wenn bei diesem nach der behandlungsfehlerfrei durchgeführten Operation der Myopie eine Überkorrektur von ca. 3,9 dpt. auftritt, die visuell mittels Kontaktlinsen oder Brille nicht mehr zu rehabilitieren ist, ein Schmerzensgeldanspruch zu, der im Hinblick auf die erhebliche Belastung der Lebensführung im privaten und beruflichen Bereich mit € 30 000 zu bemessen ist	OLG München 17.11.2011 1 U 4499/07 juris
2075	€ 30 000 ● + immat. Vorbehalt (€ 36 875)	Verletzung des rechten Augapfels	3 Operationen, verbunden mit stationären Aufenthalten	11-jähr. Junge	Visusminderung des rechten Auges, erhöhte Lichtempfindlichkeit, fehlendes Akkomodationsvermögen, Minderung des Stereosehens	Verletzung der Verkehrssicherungspflicht (aus einer Steinmauer eines Schulgebäudes herausragende Metallanker, die sich im Spielbereich befanden, waren nicht entfernt; Kläger hat sich beim Bücken an einem Anker verletzt); 20% Mitverschulden, weil Kläger eine verordnete Sehbrille nicht getragen hatte	OLG Celle 14.7.2005 14 U 17/05 VersR 2006, 1085
2076	70 000 € 35 000 + immat. Vorbehalt (€ 46 347)	Durchbohrende Bindehaut-, Lederhaut-, Netzhaut- und Augapfelverletzung mit seitlicher Eröffnung des Augapfels links sowie weit gehendem Verlust des Sehvermögens auf diesem Auge	5 Operationen	15-jähr. Junge	Erhebliche Verminderung des Sehvermögens auf dem linken Auge; es beschränkt sich mit Korrektur auf 10%, ohne Korrektur auf „1/50 Lesetafel in 20 cm"; Verlust des räumlichen Sehens; Minderung der Gebrauchsfähigkeit des linken Auges bei korrigiertem Visus 20/30; deutlich sichtbare kosmetische Beeinträchtigung, insbesondere eine Außenschielstellung, MdE: 20%	Kläger verträgt keine Kontaktlinsen; Sehbehinderung schränkt die Möglichkeit bei der Berufswahl ein, ebenso bei Sportausübungen; leichte Fahrlässigkeit des 17-jähr. Beklagten, der den Kläger durch einen Stoß durch eine Fensterscheibe erschrecken wollte, wobei Glassplitter in das Auge drangen; Kläger muss mit den Risiken einer erneuten Netzhautablösung, der Entwicklung eines grünen Stars, einer Erblindung oder einer Entfernung des Auges leben, was eine psychische Beeinträchtigung darstellt	OLG Nürnberg 21.11.2000 1 U 2923/00 VersR 2002, 499

Fortsetzung von »Sinnesorgane - Auge - Verlust oder Beeinträchtigung des Sehvermögens«

Lfd. Nr.	Betrag DM Euro (Anp.2019)	Verletzung	Dauer und Umfang der Behandlung; Arbeitsunfähigkeit	Person des Verletzten	Dauerschaden	Besondere Umstände, die für die Entscheidungen maßgebend waren	Gericht, Datum der Entscheidung, Az., Veröffentlichung bzw. Einsender
2077	€ 35 000 + immat. Vorbehalt (€ 37 096)	Grober ärztlicher Befunderhebungsfehler, dadurch anteriore ischämische Optikusneuropathie (AION) mit Gesichtsfelddefekten nicht rechtzeitig erkannt und behandelt		Mann	Verschlechterung der Sehkraft sowie Gesichtsfeldausfall in der unteren Hälfte des linken Auges	Unter Berücksichtigung sämtlicher Umstände hält der Senat das zugesprochene Schmerzensgeld für angemessen (OLG München, Urt. v. 17.11.2011 – 1 U 4499/07, juris; OLG Köln, Urt. v. 5.5.1993 – 11 U 5/93, juris). Soweit die von dem Kläger zitierten Entscheidungen (OLG Karlsruhe VersR 2000, 229; OLG Nürnberg MedR 2006, 178) höhere Beträge als Schmerzensgeld dem Geschädigten zuerkannt haben, sind die dortigen Gesundheitsschäden nicht mit den Beschwerden des Klägers vergleichbar. In der Entscheidung des OLG Karlsruhe bestand neben der Erblindung auf dem rechten Auge eine 60%ige Einschränkung der Sehkraft auf dem linken Auge. Auch in der Entscheidung des OLG Nürnberg bestand neben der Erblindung eines Auges nur noch eine 20%ige Sehkraft auf dem anderen Auge. Eine solche Schädigung besteht bei dem Kläger nicht, da sein anderes Auge keine Sehbeeinträchtigung aufweist	Thüringer OLG 30.4.2015 4 U 359/14
2078	75 000 € 37 500 + immat. Vorbehalt (€ 47 638)	Schwerste Verletzungen am rechten Auge	3 Krankenhausaufenthalte von insgesamt 48 Tagen mit Operationen, viele ambulante Behandlungen	4-jähr. Mädchen	Fast völlige Erblindung des rechten Auges, Schielstellung, Tragen von Lichtschutzgläsern; MdE von 30–35%	Verletzungsursache war gezündeter Feuerwerkskörper; Klägerin ist 9 Jahre nach dem Vorfall noch in ambulanter Behandlung; Behinderung in der schulischen Entwicklung, Einschränkung sportlicher Aktivitäten, Vorbehalt einer Nachforderung durch vorheriges Anerkenntnisurteil	LG Darmstadt 12.2.2003 19 O 392/97 RAin Sawicki, Erbach
2079	€ 40 000 + immat. Vorbehalt (€ 46 174)	Gravierende Seheinschränkung auf dem linken Auge von Visus 0,8 auf Visus 0,2	Zahlreiche Folgebehandlungen	65-jähr. Frau	Auf dem linken Auge nur noch Sehschärfe von 0,2p; wiederkehrende schmerzhafte Hornhautablösungen	Die funktionell einäugige Klägerin (rechts schwachsichtig) wurde vor einer laserchirurgischen Operation des linken Auges nicht vollständig über die Risiken des Eingriffs aufgeklärt; Operation hat gravierende Schädigung des linken Auges nach sich gezogen	LG Köln 4.3.2009 25 O 164/07 RAe Ciper & Coll., Düsseldorf
2080	€ 40 000 + immat. Vorbehalt (€ 48 716)	Sinken der bei Verwendung einer Brille gewährleisteten, praktisch vollständig kompensierten Sehkraft beider Augen auf deutlich weniger als die Hälfte		Frau	Deutliche Beeinträchtigung der Sehschärfe; psychische Belastungen	Kontraindizierte Augenoperation bei Unklarheit des Kausalverlaufs ohne den Eingriff; Sehfähigkeit auf dem linken Auge nach dem Eingriff ohne Einsatz von Hilfsmitteln praktisch nicht mehr vorhanden; rechtsseitig kam es im Anschluss an eine Hornhaut-Transplantation zu einer geringfügigen Verbesserung; aber ein nur halbwegs befriedigender Zustand wurde dadurch nicht erreicht; Wirkung einer Brille – anders als vor der Operation – nur noch begrenzt; Sehschärfe lässt sich nicht über den Grad hinaus steigern, der präoperativ ohne Hilfsmittel gegeben war; Klägerin muss sich wahrscheinlich auf dem linken Auge einer Hornhaut-Transplantation unterziehen; weitere berufliche Situation ungewiss	OLG Koblenz 2.3.2006 5 U 1052/04 NJW-RR 2007, 21

● Mithaftung (siehe vorletzte Spalte)

Fortsetzung von »Sinnesorgane - Auge - Verlust oder Beeinträchtigung des Sehvermögens«

Lfd. Nr.	Betrag DM Euro (Anp.2019)	Verletzung	Dauer und Umfang der Behandlung; Arbeitsunfähigkeit	Person des Verletzten	Dauerschaden	Besondere Umstände, die für die Entscheidungen maßgebend waren	Gericht, Datum der Entscheidung, Az., Veröffentlichung bzw. Einsender
2081	85 000 ● € 42 500 + immat. Vorbehalt (€ 57 940)	Schwerste Verletzungen an beiden Augen; Kieferbruch, verschiedene Zahnverletzungen; Schnittwunden im Gesicht	Sieben Augenoperationen	Frau	Mit dem linken Auge kann die Klägerin praktisch nur hell und dunkel unterscheiden. Auch das rechte Auge ist schwer geschädigt; Sehvermögen wurde auf 0,5 eingeschätzt MdE: 60%	25% Mitverschulden wegen Nichtanlegen des Gurtes	OLG Karlsruhe 28.11.1997 10 U 94/97 RAe Dr. Nonnenmacher & Partner, Karlsruhe
2082	€ 45 000 (€ 56 157)	Verletzung des rechten Auges mit nahezu völligem Ausfall	3 Wochen Krankenhaus, 3 Monate insgesamt Behandlung, 4 Operationen, starke Schmerzen	Mann	Durch nahezu völligen Ausfall des rechten Auges Behinderung von 30%, psychische Beeinträchtigung durch Schielstellung, Koordinationsbeeinträchtigung	Anspruch aus Gefährdungshaftung; beim erstmaligen Gebrauch eines Spatens ist dieser am Stiel durchgebrochen und abgesplittert, wobei sich der obere Teil des Stiels in das rechte Auge gebohrt hat; Fabrikationsfehler, wobei sich die Haftung auch auf sog. Ausreißer, also auch auf einzelne Fehlproduktionen erstreckt	LG Dortmund 15.10.2004 3 O 292/03 NZV 2005, 375
2083	€ 60 000 + immat. Vorbehalt (€ 71 355)	Faktische Erblindung nach fehlerhaft behandelter Hirnblutung	9 Klinikaufenthalte und operative Eingriffe innerhalb eines Jahres	50-jähr. Mann	MdE 100%	Ärztlicher Behandlungsfehler Der Beklagten ist vorzuwerfen, dass ihre Mitarbeiter es unterlassen haben, unverzüglich eine Lumbalpunktion durchzuführen, um den begründeten Verdacht auf eine Subarachnoidalblutung (SAB) entweder auszuschließen oder zu bestätigen, um dann weitere Behandlungsmaßnahmen schnellstmöglich einzuleiten, und zwar trotz der Tatsache, dass der Kläger bei Aufnahme im Hause der Beklagten unter heftigsten Kopfschmerzen, die dem Grad 10 entsprachen, gelitten und sich sein Zustand krisenhaft innerhalb der ersten halben Stunde nach seinem Eintreffen auf der neurologischen Station verschlechtert hat. Dies hat dazu geführt, dass er eine Rezidiv-SAB und in Folge davon eine Glaskörpereinblutung im Rahmen der SAB erlitt (sogenanntes Terson-Syndrom, TS), welches zur Folge hatte, dass sein rechtes Auge nunmehr punktuell erblindet ist und sein linkes Auge nur eine Sehschärfe von 0,1 aufweist	LG Osnabrück 11.4.2007 2 O 575/04 RA Heinz-Peter Fabian, Osnabrück
2084	120 000 € 60 000 + immat. Vorbehalt (€ 81 588)	Erblindung des rechten Auges und Verminderung der Sehkraft des linken Auges auf etwa 60% infolge Frühgeborenenretinopathie		Kleinkind		Grober ärztlicher Behandlungsfehler; Kläger muss mit dem Risiko eines weiteren Verlustes der Sehkraft auf dem linken Auge infolge Netzhautablösung leben	OLG Karlsruhe 11.3.1998 7 U 214/96 VersR 2000, 229
2085	€ 65 000 + immat. Vorbehalt (€ 69 798)	Schlag mit Bierglas ins Gesicht: schwerste Contusio bulbi mit Irisbasisabriss, Irissphinkterriss, Glaskörperhammorrhagie mit rhegmatogener Amotio retinae bei groilem Netzhautabriss	Es waren mehrfache Operationen und Krankenhausaufenthalte erforderlich. AU	Mann	Linkes Auge auf Dauer erblindet	Unter Berücksichtigung gleichartiger Fälle zu Teilerblindung ist der Betrag von € 65 000 nicht zu beanstanden	OLG Köln 13.8.2013 9 U 65/12

Lfd. Nr.	Betrag DM Euro (Anp.2019)	Verletzung	Dauer und Umfang der Behandlung; Arbeitsunfähigkeit	Person des Verletzten	Dauerschaden	Besondere Umstände, die für die Entscheidungen maßgebend waren	Gericht, Datum der Entscheidung, Az., Veröffentlichung bzw. Einsender
\multicolumn{8}{l}{Fortsetzung von »Sinnesorgane - Auge - Verlust oder Beeinträchtigung des Sehvermögens«}							
2086	150 000 € 75 000 (€ 101 207)	Nahezu völlige Erblindung auf beiden Augen durch Schütteltrauma		6 Wochen altes Kleinkind	Erblindung auf beiden Augen, ganz geringes Restsehvermögen (rechtes Auge: keine Wahrnehmung von Gegenständen auf einen Meter Entfernung, die nicht größer als 7,5 cm sind; linkes Auge: Wahrnehmung von Lichteinwirkungen)	Kläger ist das leibliche nichteheliche Kind des Beklagten. Der sich in seiner Ruhe gestört fühlende Beklagte schüttelte das Kind mit äußerster Gewalt, sodass der Kopf hin und her flog und beide Oberarmknochen brachen; durch das dadurch verursachte Schütteltrauma entstanden Risse der Brückenvenen des Gehirns, die von der harten Hirnhaut zur Hirnoberfläche ziehen, sowie massive Einblutungen in die Sehnerven nebst einer Glaskörpereinblutung; rohe und brutale Misshandlung; Genugtuungsfunktion hat infolge der Verhängung einer Freiheitsstrafe im Hintergrund zu bleiben	LG Wuppertal 15.7.1998 4 O 23/98 RAin Bogen, Wuppertal
2087	€ 80 000 (€ 98 676)	Erblindung des rechten Auges durch nicht rechtzeitiges Erkennen einer Frühgeborenen-Retinopathie (Netzhautablösung)	Die Klägerin steht in ständig ergotherapeutischer Behandlung	Weiblicher Säugling	Vollständige Erblindung des rechten Auges	Grober ärztlicher Behandlungsfehler. Ein Augenarzt, der es übernommen hat, ein frühgeborenes Kind im Hinblick auf die Gefahr einer Frühgeborenen-Retinopathie zu überwachen, hat bei jeder Kontrolluntersuchung selbst dafür zu sorgen, dass er den Augenhintergrund immer ausreichend einsehen kann. Andernfalls muss er zumindest für eine zeitnahe anderweitige fachärztliche Untersuchung Sorge tragen. Die Klägerin ist auf dem rechten Auge vollständig erblindet, auf dem linken besteht nur eine Sehstärke von 20% und es sind Gesichtsfeldausfälle von bis zu 30 Grad zu beklagen. Auch wenn der Zustand des linken Auges der Beklagten für sich betrachtet nicht zuzurechnen ist, verschlimmert er doch die von ihr zu verantwortenden Folgen der Nichtbehandlung des rechten Auges. Gerade deshalb, weil das linke Auge geschädigt ist, wäre es umso wichtiger gewesen, das rechte Auge wenigstens teilweise zu erhalten. Schmerzensgeldmindernd ist allerdings zu berücksichtigen, dass das rechte Auge auch bei regelgerechter Behandlung in nicht unerheblichem Maße beeinträchtigt geblieben wäre	OLG Nürnberg 24.6.2005 5 U 1046/04 Mitglieder des Senats, das sind VorsRiOLG des 5. ZS Braun und die RiOLG Kimpel und Redel

● Mithaftung (siehe vorletzte Spalte)

Lfd. Nr.	Betrag DM Euro (Anp.2019)	Verletzung	Dauer und Umfang der Behandlung; Arbeitsunfähigkeit	Person des Verletzten	Dauerschaden	Besondere Umstände, die für die Entscheidungen maßgebend waren	Gericht, Datum der Entscheidung, Az., Veröffentlichung bzw. Einsender
\multicolumn{8}{l}{Fortsetzung von »Sinnesorgane - Auge - Verlust oder Beeinträchtigung des Sehvermögens«}							
2088	180 000 € 90 000 (€ 124 941)	Schädelhirntrauma mit Gehirnerschütterung; Okulomotoriusparese rechts, Schnittverletzungen am Kinn; Bruch des rechten Schulterhalsblattes, Rippenbruch, Milzriss mit wiederkehrenden Pleuraergüssen, Riss-Quetschwunde am rechten Kniegelenk, inkomplette Peronaeusparese links, Kahnbeinbruch des linken Fußes	Zunächst fast vier Monate Krankenhaus, anschließend weitere stationäre Klinikbehandlungen von nochmals knapp über vier Monaten	31-jähr. Bauzeichnerin	MdE: 100% Durch Okulomotoriusparese rechts wurde die Fähigkeit zum räumlichen Sehen verloren; dies ist praktisch dem Verlust der Sehkraft des rechten Auges gleichzustellen. Noch schwerer wiegen die dauerhaften Verletzungsfolgen des Kahnbeinbruchs des linken Fußes. Ständige Schmerzen im linken Fußwurzelbereich, die nur durch den Einsatz der dort implantierten Epidural-Sonde vermindert werden können		LG Freiburg i. Br. 27.12.1996 2 O 295/96 RAe Strecke & Kollegen, Lörrach
2089	€ 200 000 + immat. Vorbehalt (€ 213 897)	Grober Behandlungsfehler eines Augenarztes: Die in den Leitlinien für die Frühgeborenenretinopathie vorgesehenen Untersuchungsintervalle von ein bis maximal zwei Wochen sind massiv überschritten worden. Deshalb erfolgte eine verspätete Vorstellung in der Universitätsaugenklinik. Dort wurde eine Linsentrübung festgestellt und bei einer Operation das Stadium 5 der Frühgeborenenretinopathie (Retinopathy of prematurity = ROP V = komplette Netzhautablösung). Die Klägerin ist auf Dauer erblindet	Operation	Säugling	Erblindung	Das LG hat im Rahmen der Ausgleichsfunktion des Schmerzensgeldes zu Recht insbesondere die vollständige und unumkehrbare Erblindung betont, mit der die Klägerin für nahezu ihr gesamtes Leben konfrontiert ist. Im Rahmen der Genugtuungsfunktion – der im Bereich der Arzthaftung allerdings regelmäßig keine besonders hervorgehobene Rolle zukommt – hat es insbesondere den Grad des Verschuldens berücksichtigt und in Rechnung gestellt, dass der Sachverständige einen groben Behandlungsfehler bejaht hat	OLG Stuttgart 3.2.2016 1 U 135/15 Richter am OLG Horst
\multicolumn{8}{l}{Kapitalabfindung mit Schmerzensgeldrente}							
2090	60 000 € 30 000 + immat. Vorbehalt und 600 € 300 Rente monatlich (€ 42 480)	Erblindung infolge ärztlichen Fehlers		Kleinkind		Grober ärztlicher Fehler durch Unterlassung der bei einem frühgeborenen Kind gebotenen augenärztlichen Untersuchung auf Netzhautablösung	OLG Hamm 15.5.1995 3 U 287/93 VersR 1996, 756
2091	150 000 € 75 000 und 400 € 200 Rente monatlich + immat. Vorbehalt (€ 95 733)	Schädelbruch, Mittelgesichtsfraktur, Augenhöhlenfraktur mit Erblindung des rechten Auges, Unterkieferbruch, Oberschenkelfrakturen rechts und links, Unterarmschaftbruch, Frakturen an beiden Handgelenken	Mehrere Operationen und Nachoperationen sowie Anschlussbehandlungen	30-jähr. Mann, zum Urteilszeitpunkt 40 Jahre alt	Erblindung des rechten Auges, Beinverkürzung rechts um 1,5 cm	Es haben sich schmerzhafte Arthrosen mit fortschreitender Tendenz gebildet, die möglicherweise weitere Operationen erforderlich machen werden; Kläger ist trotz seiner erheblichen Verletzungen nicht auf die Hilfe Dritter angewiesen und verfügt – jedenfalls bisher – über einen Arbeitsplatz	OLG Celle 22.5.2003 14 U 221/02

Lfd. Nr.	Betrag DM **Euro** *(Anp.2019)*	Verletzung	Dauer und Umfang der Behandlung; Arbeitsunfähigkeit	Person des Verletzten	Dauerschaden	Besondere Umstände, die für die Entscheidungen maßgebend waren	Gericht, Datum der Entscheidung, Az., Veröffentlichung bzw. Einsender

Fortsetzung von »Sinnesorgane - Auge - Verlust oder Beeinträchtigung des Sehvermögens«

Lfd. Nr.	Betrag	Verletzung	Dauer und Umfang	Person	Dauerschaden	Besondere Umstände	Gericht
2092	200 000 € 100 000 und 250 € 125 Rente monatlich + immat. Vorbehalt *(€ 145 879)*	Schweres Schädelhirntrauma mit Contusio cerebri im linken Marklager und im Hirnstamm; frontobasale Contusionsblutungen bei frontobasaler Schädelbasisfraktur; Fraktur des Os zygomaticum rechts; Fraktur der Nasenpyramide unter Einbeziehung des Sinus frontalis, dringender Verdacht auf Felsenbeinfraktur; Lufteinschluss im Bereich des Sinus maxillaris; Liquorleck im Bereich der Stirn-Keilbeinhöhle; anfängliche Bewusstlosigkeit; Parese des rechten Armes und des rechten Beines; völlige Blindheit rechtes Auge; Abduzensparese linkes Auge	5 Wochen Krankenhaus mit Operationen, davon 1 Woche Beatmung mit Sedierung; anschließend 6 ½ Monate Reha-Klinik. Zeitlebens besondere augenärztliche Betreuung	9-jähr. Junge	Völlige Blindheit des rechten Auges; Hemianopsie und Augenmuskellähmung am linken Auge mit Sehkraftminderung auf 0,7; leichte feinmotorische Störung der rechten Hand. MdE: 90%	Junges Alter des Klägers; kindgerechtes Leben unmöglich geworden. Erhebliche Beeinträchtigung der Lebensqualität, insbesondere im persönlichen und privaten Bereich. Der Kläger ist in bestimmten Dingen dauerhaft auf die Hilfe Dritter angewiesen. Funktionsstörungen im Bereich der akustischen Merkfähigkeit und der Differenzierungsfähigkeit dauern an. Psychotherapeutische Behandlung ist erforderlich. Epilepsie-Risiko. Einschränkung bei der späteren Berufswahl. Grobe Fahrlässigkeit des Beklagten, verzögerliche Schadensregulierung	KG Berlin 24.1.1994 12 U 50/92 VersR 2005, 657 RiKG Philipp

Weitere Urteile zur Rubrik »**Sinnesorgane - Auge - Verlust oder Beeinträchtigung des Sehvermögens**« siehe auch:
bis   € 2500: 1193, 1845, 1354
bis   € 5000: 1192, 1615, 753
bis € 12 500: 715, 2032, 2344, 1194, 2035, 3182
bis € 25 000: 1941, 728, 2376, 1271, 2383, 1950, 1200
ab   € 25 000: 48, 1372, 1958, 1426, 735, 2409, 1296, 1484, 1311, 1373, 1966, 1187, 1317, 1215, 1318, 2428, 1285, 2434, 1323, 1329, 1330, 1287, 2698, 1333, 2633, 1225, 1228, 2640, 1232, 2642, 2643, 2645, 1997, 2646, 2649, 2650, 1238, 2657, 1336, 2662, 2663, 1337, 2668, 2669, 1243, 1338, 1410, 1245, 1249, 2674, 2676, 2805, 2677, 2100, 2678, 2679, 2018, 3023, 2680, 1343, 2683, 2685

Sinnesorgane - Auge - Verlust des Auges

Lfd. Nr.	Betrag	Verletzung	Dauer	Person	Dauerschaden	Besondere Umstände	Gericht
2093	50 000 € 25 000 + immat. Vorbehalt *(€ 33 523)*	Verlust des rechten Auges		10-jähr. Junge	Verlust des rechten Auges und damit Verlust des räumlichen Sehens	Kläger hatte einen Tumor, der in die Orbitawand eingebrochen war; Tumor wurde durch ärztliches Fehlverhalten zu spät entdeckt; infolge der dadurch verspäteten Operation musste die laterale Orbitawand und damit der Augapfel geopfert werden; das jetzige Aussehen des Klägers wäre auch bei einer früheren Operation beeinträchtigt worden, weil Tumor nur durch operativen Eingriff therapiert werden konnte	OLG Stuttgart 27.7.1999 14 U 3/99 VersR 2000, 1545 RAe Dr. Vollmar & Koll, Heilbronn
2094	75 000 € 37 500 + immat. Vorbehalt *(€ 49 167)*	Verlust des linken Auges, Orbitabodenfraktur links, seitliche Orbitafraktur links, offene Schädelfrakturen und Liquorfistelschädigung durch Schuss mit Schreckschusspistole	Mindestens 7 Wochen Krankenhaus mit drei Operationen	14-jähr. Junge	Augenprothese, Verlust des Geruchssinns, Kopfschmerzen, Reizbarkeit, Nervosität und Unkonzentriertheit	Die aus den Verletzungen resultierenden psychischen Belastungen sind nachvollziehbar und erheblich, was insbesondere auch für das Verhältnis des noch minderjährigen Klägers zum weiblichen Geschlecht gilt. Der Kläger musste eine Schulklasse wiederholen und hat wegen der nachvollziehbaren psychischen Beeinträchtigungen die Schule gewechselt	LG Stade 2.3.2001 6 O 370/00 bestätigt durch OLG Celle 17.10.2001 9 U 159/01 RAe und Notare Albers, Dr. Lockert & Demann, Buxtehude

● Mithaftung (siehe vorletzte Spalte)

Sinnesorgane

Lfd. Nr.	Betrag DM Euro (Anp.2019)	Verletzung	Dauer und Umfang der Behandlung; Arbeitsunfähigkeit	Person des Verletzten	Dauerschaden	Besondere Umstände, die für die Entscheidungen maßgebend waren	Gericht, Datum der Entscheidung, Az., Veröffentlichung bzw. Einsender
Fortsetzung von »Sinnesorgane - Auge - Verlust des Auges«							
2095	75 000 € 37 500 (€ 48 805)	Verletzung am linken Auge, das in einer Notoperation entfernt werden musste, offene Schädelbrüche mit Eindringen von Knochensplittern bis in das Gehirn, Liquorfistelschädigung		14-jähr. Junge	Verlust eines Auges	Mittlere, wenn nicht sogar grobe Fahrlässigkeit des 14-jähr. Beklagten wegen versehentlicher Betätigung des Abzugs einer vor das Gesicht des Klägers gehaltenen Schreckschusspistole; Verurteilung eines Minderjährigen zur Zahlung eines erheblichen Schmerzensgeldes wegen fahrlässiger Körperverletzung begegnet keinem verfassungsmäßigen Bedenken, wenn der Geschädigte ebenfalls minderjährig ist, von Dritter Seite Zahlungen nicht erwartet werden können und das Verschulden des Schädigers erheblich ist	OLG Celle 17.10.2001 9 U 159/01 zfs 2002, 280 NJW-RR 2002, 674
2096	150 000 € 75 000 + immat. Vorbehalt (€ 99 812)	Verlust des linken Auges; Mittelgesichtsfraktur, Schädelhirntrauma 1. Grades, Felsenbeinfraktur rechts, periphere Fazialisparese, Oberarmschaftfraktur, Oberschenkelfraktur, Taubheit rechts	Zahlreiche stationäre Behandlungen	20-jähr. Mann	Verlust des linken Auges, Taubheit rechts, Gesichtsentstellungen; psychische Schäden in Form einer Störung des Selbstwertgefühls und des Selbstwerterlebens, die sich in Herabgestimmtheit mit Gefühlen von Niedergedrücktsein, Lustlosigkeit und allgemeinem Insuffizienzerleben ausdrücken	Kläger muss in einem noch sehr jungen Alter in seiner gesamten nachfolgenden persönlichen und beruflichen Entwicklung schwerste, seine Lebensplanung und -führung unabänderlich beeinträchtigende Auswirkungen hinnehmen; Durchführung eines vorher geplanten Studiums nur unter ganz erschwerten Bedingungen möglich; Schäden dürften für den aus dem griechischen Kulturkreis stammenden Kläger von noch größerer Bedeutung als hierzulande sein	LG Köln 16.6.2000 21 O 135/96 bestätigt durch OLG Köln 1.6.2001 U 158/00 RAe Fincke, Röhrig & Koch, Bergneustadt
2097	€ 80 000 (€ 96 986)	Schädelhirntrauma mit kleinen Rinden- und Marklager-Kontusionen rechts occipitotemporal, kleines Hygrom links frontal, Gesichtsschädelverletzungen mit Mittelgesichtsfrakturen im Le Fort I-III-Ebene, offene Unterschenkelfraktur links I. Grades mit Kompartmentsyndrom und Weichteilwunde über dem linken Knie, Zustand nach Blutaspiration, stumpfes Bauchtrauma, Bursaeröffnung rechtes Knie	Ca. 1 Monat Intensivstation mit künstlichem Koma und Beatmungstherapie; insgesamt knapp 3 Monate stationär, anschließend noch weitere drei Krankenhausaufenthalte	22-jähr. Industriemechaniker	MdE: 50%	Im Rahmen der Erstversorgung erfolgte operativ eine Enukleation des rechten Auges (Entfernung des Auges aus medizinischen Gründen). Kläger musste vom Industriemechaniker zum Industriekaufmann umgeschult werden. Zukünftig besteht die Gefahr der Entstehung einer Arthrose in beiden Kniegelenken	LG Rottweil 10.11.2006 2 O 516/03 RA Metzler, Rottweil
Kapitalabfindung mit Schmerzensgeldrente							
2098	10 000 € 5000 und 200 € 100 Rente monatlich + immat. Vorbehalt (€ 6556)	Perforierende Verletzung des linken Augapfels mit anschließender operativer Entfernung des Auges		7 ½-jähr. Junge	Verlust des linken Auges mit Implantation einer Silikonkapsel im Bereich der Augenhöhle, in der der Kläger eine Glasprothese trägt	Verletzung der Verkehrssicherungspflicht; Kläger fuhr mit dem Fahrrad auf dem Wiesengelände eines Spielplatzes und stürzte, wobei er mit dem linken Auge gegen ein hervorstehendes Bolzenende fiel; deutliche Beeinträchtigungen der Lebensqualität über den Verlust des Sehvermögens auf einem Auge, da Kläger mit einem körperfremden Implantat leben und zusätzlich eine Glasprothese tragen muss; Kläger kann viele Sportarten nicht ausüben; psychische Beeinträchtigung durch die äußerlich erkennbare Behinderung; Erdulden der anschließenden Operationen; besonders schockhaftes Erleben des Vorfalls	Schleswig-Holsteinisches OLG 15.3.2001 11 U 5/00 RAe Christiansen, Thoms & Koll., Flensburg

Lfd. Nr.	Betrag DM **Euro** *(Anp.2019)*	Verletzung	Dauer und Umfang der Behandlung; Arbeitsunfähigkeit	Person des Verletzten	Dauerschaden	Besondere Umstände, die für die Entscheidungen maßgebend waren	Gericht, Datum der Entscheidung, Az., Veröffentlichung bzw. Einsender
	Fortsetzung von »Sinnesorgane - Auge - Verlust des Auges«						
2099	**€ 90 000** und **€ 260** Rente monatlich + immat. Vorbehalt *(€ 105 497)*	Entfernung des rechten, bereits vorher infolge eines Tumors erblindeten Augapfels und des linken Augapfels, der noch eine Sehschärfe von ca. 30% hatte		2-jähr. Junge, zum Urteilszeitpunkt 9 Jahre alt	Verlust beider Augäpfel	Grober ärztlicher Behandlungsfehler, fundamentaler Diagnoseirrtum; Arzt hatte es unterlassen, eine augenärztliche Abklärung des Schielens beim Kläger zu veranlassen; bei sachgerechter Behandlung wäre dem Kläger immerhin eine Sehschärfe von ca. 30% (Visus 0,3) auf dem linken Auge erhalten geblieben, die zumindest zu einem unscharfen Sehen in jedem Sichtbereich geführt hätte; Lesefähigkeit wäre erhalten geblieben; er hätte eine normale Schulausbildung durchlaufen und – wenn auch nicht ohne Einschränkungen – doch eine erheblich freiere Berufswahl gehabt; Zustand hat Einfluss auf soziale Beziehungen, Freundeskreis und die Wahl einer Lebenspartnerin; psychische Belastung auf Grund der Prothesen in beiden Augen; zögerliches Regulierungsverhalten (Haftpflichtversicherer hat über 4 Jahre die klaren Gutachten in Zweifel gezogen)	OLG Karlsruhe 14.11.2007 7 U 251/06 NJOZ 2008, 2031 VersR 2008, 545
2100	500 000 **€ 250 000** und 500 **€ 250** Rente monatlich *(€ 354 473)*	Verlust der Sehkraft des rechten Auges mit operativer Entfernung nach 10 Tagen; fortschreitende Verminderung der Sehkraft des linken Auges, nach 4 Jahren völlige Erblindung		3-jähr. Junge	Völlige Erblindung	Produzentenhaftung (Zerbersten einer Limonadenflasche); der allmähliche Verlust der Wahrnehmbarkeit der vertrauten Umwelt, der Angehörigen und Freunde, wie auch der Verlust jeglicher Hoffnung einer Stabilisierung – und sei es auch einer geringen Sehfähigkeit – muss gerade bei einem jungen Menschen und dessen Lebenserwartung besonders deprimierend wirken; Einschränkung und Begrenzung der Berufschancen, stark verminderte Heiratsaussichten; nahezu jegliche Freizeitgestaltung verwehrt. Völlig uneinsichtiges Verhalten der Beklagten mit jahrelanger Zahlungsverweigerung	LG Hanau 21.3.1995 4 O 944/87 zfs 1995, 211 bestätigt durch OLG Frankfurt am Main 21.2.1996 23 U 171/95

Weitere Urteile zur Rubrik »**Sinnesorgane - Auge - Verlust des Auges**« siehe auch:
ab **€ 25 000**: 3023, 3192

Sinnesorgane - Verlust und Beeinträchtigung von Geruchs- und Geschmackssinn

Lfd. Nr.	Betrag	Verletzung	Dauer und Umfang	Person	Dauerschaden	Besondere Umstände	Gericht
2101	25 000 **€ 12 500** *(€ 17 467)*	Kopfprellung; Rückenprellung; Abschürfungen; Gehirnerschütterung; völliger Verlust des Geruchssinns	12 Tage stationär, weitere 3 Monate ambulante Behandlung, 1 Monat erwerbsunfähig	21-jähr. Sekretärin	MdE: 10%	Die Sorge der Klägerin, wegen des Verlustes des Geruchssinns und des angeblichen Verlustes des Geschmackssinns, keinen geeigneten Lebenspartner zu finden, vermag die Kammer mit Blick auf die fortschreitende Gleichberechtigung der Geschlechter nicht nachzuvollziehen, zumal die früher einmal typische Hausfrauenehe nicht mehr als gesetzliches Leitbild dient	LG Braunschweig 14.3.1996 4 O 497/95 RAe Krause & Weiss, Braunschweig
2102	25 000 **€ 12 500** *(€ 18 645)*	Gehirnerschütterung, Rippenserienfraktur, Kopfplatzwunde	3 Wochen Krankenhaus, 2 weitere Wochen ambulante Behandlung	35-jähr. Mann	Vollständiger Verlust des Geruchssinns, weitgehender Verlust des Geschmackssinns	Rest des Geschmackssinns reicht gerade noch aus, extreme Reize zu registrieren; im Übrigen schmecken alle Speisen und Getränke gleich; schwerwiegende Beeinträchtigung der Lebensqualität	Schleswig-Holsteinisches OLG 4.2.1993 7 U 241/91 VersR 1994, 615

● Mithaftung (siehe vorletzte Spalte)

Sinnesorgane

Lfd. Nr.	Betrag DM Euro (Anp.2019)	Verletzung	Dauer und Umfang der Behandlung; Arbeitsunfähigkeit	Person des Verletzten	Dauerschaden	Besondere Umstände, die für die Entscheidungen maßgebend waren	Gericht, Datum der Entscheidung, Az., Veröffentlichung bzw. Einsender
	Fortsetzung von »Sinnesorgane - Verlust und Beeinträchtigung von Geruchs- und Geschmackssinn«
2103	32 000 € 16 000 (€ 22 270)	Kopfverletzung nach Reitunfall		25-jähr. Frau	Verlust des Riechvermögens mit Beeinträchtigung des Geschmackssinnes; Kopfschmerzen, Hörminderung rechts, Schwindelgefühle; Behinderungsgrad: 30%		OLG Celle 10.7.1996 20 U 68/95 zfs 1997, 15
2104	35 000 € 17 500 (€ 23 796)	Commotio cerebri; gedeckte Hirnverletzung (Contusio cerebri) an der Basis des Stirnhirns kann nicht ausgeschlossen werden		31-jähr. Geschäftsfrau	Verlust des Geruchsvermögens, Beeinträchtigung des Geschmacksvermögens. MdE: 10%	Beklagte rutschte beim Aussteigen vom Bus auf einer Eisplatte aus, verlor das Gleichgewicht, fiel zu Boden, wobei sie die Klägerin ebenfalls zu Fall brachte, sodass diese auf den Hinterkopf fiel	LG Stuttgart 30.12.1997 27 O 444/97 RAe Gaßmann & Seidel, Stuttgart
2105	35 000 € 17 500 (€ 24 105)	Schädelbruch mit Hirnbeteiligung; schweres HWS-Syndrom	2 Wochen stationär, über 4 Monate arbeitsunfähig	Frau	Verlust des Geruchssinns durch Abriss der Riechnerven	Selbst im Hinblick auf die in den letzten Jahren deutlich gewordene Steigerung von Schmerzensgeldern für erhebliche Dauerschäden, erschien dem Senat ein Schmerzensgeld von DM 35 000 (€ 17 500) ausreichend	OLG Hamm 23.1.1997 6 U 163/96 Richter am OLG, van Beeck
2106	60 000 € 30 000 (€ 41 647)	Zweifacher Bruch der Schädeldecke vorne, Schädelbruch hinten, Austritt von Hirnflüssigkeit durch die Nase	Frakturen mussten operativ abgedeckt werden; 5 Monate nur eingeschränkt arbeitsfähig	Frau	Verlust des Geruchssinns, Beeinträchtigung des Geschmackssinns	Erhebliches Verschulden des Beklagten (Radfahrer); zum Urteilszeitpunkt litt Klägerin noch unter Konzentrationsstörungen, Unruhezuständen und Gedächtnisstörungen	LG Wuppertal 10.12.1996 zfs 1997, 370
2107	80 000 € 40 000 + immat. Vorbehalt (€ 57 796)	Schädelhirntrauma mit subduralem Hämatom rechts, hochparietal; Rhinoliquorrhoe; Nasenwurzelfraktur; Patellafraktur rechts; Kompartmentsyndrom am rechten Unterschenkel; Luxationsfraktur oberes Sprunggelenk rechts mit Innenknöchelfraktur und Talustrümmerfraktur; Trümmerfraktur des Os cuneiforme mediale links; Luxation des Os cuneiforme intermedium links; Basisfraktur des 1. Mittelfußknochens links; subkapitale Metatarsalköpfchen-2-Fraktur links; Weichteilverletzungen im Bereich beider Kniegelenke; Lungenkontusion links mit Rippenserienfraktur 1–4 und Hämatothorax links	Innterhalb von 11 Monaten insgesamt 6 Monate stationär mit Operationen; danach noch andauernde ambulante Behandlung sowie Krankengymnastik	30-jähr. Sozialarbeiter	Verkürzung des rechten Beins um 3 cm; Versteifung des rechten Sprunggelenks; Bewegungseinschränkungen an beiden Beinen mit Schwierigkeiten beim Treppensteigen sowie der Hochstellung; Verlust des Geruchssinns mit Beeinträchtigung des Geschmackssinns; Kopfschmerzen; Beschränkung des Lesevermögens auf eine Stunde; Schwindelgefühle; Beeinträchtigung der Konzentrationsfähigkeit	Begründete Angst vor posttraumatischen Epilepsieanfällen sowie Rollstuhlabhängigkeit. Erhebliche Beeinträchtigung der Lebensführung, da der Kläger seine sportlichen Aktivitäten und sein Tätigkeitsfeld aufgeben musste	OLG Stuttgart 22.3.1994 1 U 177/93 RA Buck, Blaubeuren

Weitere Urteile zur Rubrik »**Sinnesorgane - Verlust und Beeinträchtigung von Geruchs- und Geschmackssinn**« siehe auch:
bis € 12 500: 759, 1498, 826, 1470, 1501, 2784, 1366
bis € 25 000: 1360, 2793, 1198, 1291, 594, 1201
ab € 25 000: 1203, 735, 1294, 2094, 1484, 1212, 1282, 1284, 2096, 1317, 2999, 1376, 741, 2604, 3010, 2156, 2442, 1243, 2018, 3023, 3192

Sinnesorgane - Ohr
Sinnesorgane - Ohr - Schwerhörigkeit oder Beeinträchtigung des Hörvermögens

Lfd. Nr.	Betrag	Verletzung	Dauer und Umfang	Person	Dauerschaden	Besondere Umstände	Gericht
2108	€ 800 + immat. Vorbehalt (€ 846)	Lärmbedingte Hörminderung links bei 4 000 Hz auf 30 dB		Frau		Der Klägerin zu 5) erlitt einen Hörschaden beim Besuch einer Karnevalsveranstaltung. Der beklagte Veranstalter hat seine Verkehrssicherungspflicht, die Besucher vor Hörschäden zu schützen, verletzt	AG Meschede 13.5.2015 6 C 411/13 Landesrechtsprechungsdatenbank NRW

Lfd. Nr.	Betrag DM Euro (Anp.2019)	Verletzung	Dauer und Umfang der Behandlung; Arbeitsunfähigkeit	Person des Verletzten	Dauerschaden	Besondere Umstände, die für die Entscheidungen maßgebend waren	Gericht, Datum der Entscheidung, Az., Veröffentlichung bzw. Einsender
	**Fortsetzung von »Sinnesorgane - Ohr - Schwerhörigkeit oder Beeinträchtigung des Hörvermögens«**
2109	€ 1500 + immat. Vorbehalt (€ 1587)	Hochfrequenter diffuser Tinnitus rechts bei 4 kHz mit 15 dB und links bei 8 kHz mit 30 dB, Übelkeit, Schwindel, Kopfschmerzen	Infusionsbehandlung	Frau		Die Klägerin zu 1) erlitt einen Hörschaden beim Besuch einer Karnevalsveranstaltung. Der beklagte Veranstalter hat seine Verkehrssicherungspflicht, die Besucher vor Hörschäden zu schützen, verletzt	AG Meschede 13.5.2015 6 C 411/13 Landesrechtsprechungsdatenbank NRW
2110	€ 1500 (€ 1587)	Lärmtrauma mit rechtsseitiger Hochtonsenke bis 35 dB bei 6 kHz, Schwindel, Übelkeit, Kopfschmerzen		Frau		Die Klägerin zu 4) erlitt einen Hörschaden beim Besuch einer Karnevalsveranstaltung. Der beklagte Veranstalter hat seine Verkehrssicherungspflicht, die Besucher vor Hörschäden zu schützen, verletzt	AG Meschede 13.5.2015 6 C 411/13 Landesrechtsprechungsdatenbank NRW
2111	3000 € 1500 + immat. Vorbehalt (€ 2034)	Chronischer Tinnitus links mittleren Schweregrades, durch Pfiff verursacht		Frau	Diskreter Hochtonschaden, chronischer Tinnitus, Geräuschüberempfindlichkeit	Ein lauter Pfiff in der Nähe des Ohres ist durchaus geeignet, ein Lärmtrauma mit den entsprechenden Folgen hervorzurufen	AG Rottweil 31.3.1999 2 C 151/98 RAe Tschirdewahn & Kollegen, Rottweil
2112	3500 € 1750 (€ 2347)	Linksseitige Trommelfellperforation	4 Tage nach dem Vorfall musste sich der Kläger einer Operation unterziehen	12-jähr. Schüler		Auseinandersetzung zwischen Schülern im Schulbus. Der Beklagte als 14 ½-jähr. Sonderschüler hat nach aller Lebenserfahrung regelmäßig das allgemeine Verständnis dafür, dass ein Schlag in das Gesicht, an den Kopf oder auf die Ohren eines anderen gefährlich ist	AG Fürstenwalde 29.7.1999 12 C 613/98 RA Petschke, Schöneiche b. Berlin
2113	€ 2000 + immat. Vorbehalt (€ 2116)	Hochfrequenter Tinnitus links bei 3 bis 4 kHz von 20 bis 30 dB, Übelkeit, Schwindel, Kopfschmerzen	5 Infusionsbehandlungen, durchblutungsfördernde Medikamente, mehrere Wochen Beschwerden	Mann		Der Kläger zu 3) erlitt einen Hörschaden beim Besuch einer Karnevalsveranstaltung. Der beklagte Veranstalter hat seine Verkehrssicherungspflicht, die Besucher vor Hörschäden zu schützen, verletzt	AG Meschede 13.5.2015 6 C 411/13 Landesrechtsprechungsdatenbank NRW
2114	6000 € 3000 (€ 4192)	Schädelhirntrauma mit Prellung des linken Innenohrs	9 Tage Krankenhaus	Mann	Ohrgeräusche im linken Ohr, die sich in einem Pfeifton äußern, reproduzierbar bei 8 kHz und 70 dB	Bei Personenschäden, die durch Verkehrsunfälle entstanden sind, steht regelmäßig die Ausgleichsfunktion derart im Vordergrund, dass der Genugtuungsfunktion keine eigenständige Bedeutung mehr zukommt	OLG Düsseldorf 22.4.1996 1 U 60/95 VersR 1996, 1508
2115	6500 € 3250 + immat. Vorbehalt (€ 4408)	HWS-Schleudertrauma; Tinnitus, Weichteilprellung der linken Mittelhand	MdE: 4 Wochen 100% ca. 2 Monate 15% anschließend für weitere 6 Wochen 10%	Frau		Die Klägerin hat aufgrund der Ohrengeräusche mit Konzentrationsschwierigkeiten zu kämpfen und Einschränkungen im Hinblick auf entsprechend laute Musikveranstaltungen hinzunehmen	AG Kaufbeuren 23.3.1999 4 C 940/98 RAe Rossbandt & Kollegen, Kaufbeuren
2116	€ 3323 (€ 4104)	Leichtes HWS-Schleudertrauma, Tinnitus linkes Ohr sowie Schwerhörigkeit in einzelnen Frequenzen	1 Monat arbeitsunfähig	Lehrerin	Tinnitus links sowie Schwerhörigkeit in einzelnen Frequenzen ohne Einschränkung des Sprachgehörs; MdE: unter 10%		LG München I 14.3.2005 19 O 2136/02 RA Krumbholz, München
2117	€ 3500 (€ 3984)	Lärmtrauma mit Schädigung der Hörfunktion, Tinnitus		Mann, Schreiner	Tinnitus	Da ein Tinnitus nicht mehr als leichter Hörschaden einzuordnen ist und diese Hörschädigung auf eine mindestens grob fahrlässige, wenn nicht bedingt vorsätzliche Körperverletzung zurückzuführen ist (Pfiff mit Trillerpfeife aus unmittelbarer Nähe), ist ein Schmerzensgeld i.H.v. € 3500 angemessen	OLG Hamm 13.7.2010 I-9 U 89/09 OLG Report NRW 33/2010 (Anm. 3)
2118	€ 4000 (€ 4607)	Erschütterung des rechten Innenohrs		Mann	Tinnitus		KG Berlin 13.10.2008 12 U 43/06 NZV 2009, 507 Vors RiKG Griess

● Mithaftung (siehe vorletzte Spalte)

Sinnesorgane

Urteile lfd. Nr. 2119 – 2125

Lfd. Nr.	Betrag DM **Euro** *(Anp.2019)*	Verletzung	Dauer und Umfang der Behandlung; Arbeitsunfähigkeit	Person des Verletzten	Dauerschaden	Besondere Umstände, die für die Entscheidungen maßgebend waren	Gericht, Datum der Entscheidung, Az., Veröffentlichung bzw. Einsender
	**Fortsetzung von »Sinnesorgane - Ohr - Schwerhörigkeit oder Beeinträchtigung des Hörvermögens«**
2119	€ 4000 *(€ 4558)*	Linksseitige traumatische Trommelfellperforation nach einer Ohrfeige mit anschließendem Tinnitus	Operative Versorgung der Trommelfellperforation. Im weiteren Verlauf kam es zu einer Mittelohrentzündung auf dem linken Ohr. Hierdurch wurde der Heilungsverlauf verzögert. 5 Wochen Reha-Behandlung des Tinnitus	Mann	Erhebliche Konzentrationsschwächen, Schlafstörungen und Beeinträchtigungen durch den Tinnitus	Nach wie vor leidet der Kläger an den Folgen der Ohrfeige. Weiter war bei der Bemessung des Schmerzensgeldes zu berücksichtigen, dass der Beklagte den Kläger nicht nur fahrlässig, sondern durch eine vorsätzliche Tat verletzt hat	OLG München 31.3.2010 20 U 4805/09
2120	8000 € 4000 *(€ 5200)*	Deckenplattenimpression C 6-Fraktur, beidseitiger Tinnitus	30 Tage ambulante Behandlung, 5 Monate arbeitsunfähig	Kaufmännischer Angestellter	Rechtsseitiger Tinnitus mit MdE von 10%; geringe Höhenminderung des 6. HW, die jedoch keine besonders schwerwiegenden Bewegungseinschränkungen zur Folge hat	Linksseitiger Tinnitus nur vorübergehend; Kläger hat unfallbedingt Arbeitsplatz verloren, was zumindest vorübergehend zu einer Lebensbeeinträchtigung geführt hat	OLG Rostock 31.8.2001 8 U 122/00
2121	9000 € 4500 *(€ 5849)*	Innenohrschädigung mit Tinnitus und Schwindel	Längerfristige, darunter auch stationäre Behandlung	13-jähr. Mädchen	Hörverlust in niederen Bereichen (6 kHz und 8 kHz) im Umfang von 15 dB, chronische Ohrgeräusche	Unzulässige Lärmbelästigung durch die über Lautsprecher wiedergegebene Musik bei einem Pop-Konzert; kein Mitverschulden der Klägerin, da sich diese – unabhängig vom Platz – darauf verlassen konnte, dass das Konzert keine Gefahren mit sich brachte	OLG Koblenz 13.9.2001 5 U 1324/00 zfs 2002, 166
2122	€ 5000 + immat. Vorbehalt *(€ 6421)*	Posttraumatischer Tinnitus links mit betonter Hochtoninnenohrschwerhörigkeit sowie postkommotionelles Syndrom als Folge des Schlages auf den Hinterkopf	Mehrfache ambulante Behandlung	Praktischer Arzt		Vorsätzliche Körperverletzung. Aufgrund der lang anhaltenden Beschwerden des Klägers, der Schwere der Beeinträchtigung, kann eine möglicherweise eintretende Verschlimmerung nicht ausgeschlossen werden	LG Ulm 25.6.2002 3 O 149/02 Versäumnisurteil RAe Bütow & Volz, Ulm
2123	10 000 € 5000 + immat. Vorbehalt *(€ 6621)*	Folgen einer fehlerhaft, nicht rechtzeitig erkannten Mittelohrentzündung mit vorübergehender Fazialparese links	3 Wochen Krankenhaus mit 2 Mastoidektomie-Operationen	26-jähr. Mann, bei Urteilsverkündung 35 Jahre alt	Geringgradige Schallempfindungsschwerhörigkeit links mit Tinnitus, minimale Funktionseinschränkung des linksseitigen Gesichtsnervs, die sich optisch nicht auswirkt		OLG Düsseldorf 2.11.2000 8 U 125/99 VersR 2001, 647
2124	12 000 € 6000 + immat. Vorbehalt *(€ 8015)*	Gehirnerschütterung, Schädelprellung; Gehörgangs- und Trommelfellhämatom mit Tinnitus; HWS-Syndrom, Prellung linkes Kniegelenk mit Hämatom		Frau		Es wird davon ausgegangen, dass der Tinnitus, der als heller Ton wahrgenommen wird, bis Ende 2002 andauern wird. Sollten Beschwerden länger anhalten, müsste ein weiteres Schmerzensgeld festgesetzt werden. Tinnitus kann sich auch verschlimmern	LG Dortmund 18.5.2000 15 O 52/99
2125	12 000● € 6000 *(€ 8169)*	Offener Bruch des linken Unterschenkels, klaffende und stark blutende Wunde, aus der der Knochen herausragte; Schädelhirntrauma 1. Grades, Felsenbeinfraktur rechts mit einer an Taubheit grenzenden Schwerhörigkeit auf dem rechten Ohr		11 ½-jähr. Junge	An Taubheit grenzende Schwerhörigkeit auf einem Ohr	2/3 Mitverschulden; kein schwerwiegendes Verschulden des Beklagten	OLG Oldenburg (Oldenburg) 26.9.1997 6 U 136/97 VersR 1998, 1004

● Mithaftung (siehe vorletzte Spalte)

Fortsetzung von »Sinnesorgane - Ohr - Schwerhörigkeit oder Beeinträchtigung des Hörvermögens«

Lfd. Nr.	Betrag DM Euro (Anp.2019)	Verletzung	Dauer und Umfang der Behandlung; Arbeitsunfähigkeit	Person des Verletzten	Dauerschaden	Besondere Umstände, die für die Entscheidungen maßgebend waren	Gericht, Datum der Entscheidung, Az., Veröffentlichung bzw. Einsender
2126	15 000 € 7500 + immat. Vorbehalt (€ 9725)	Distorsion der HWS; Tinnitus auf beiden Ohren	Ca. 3 Monate ambulante Behandlung	Mann	Konzentrationsschwäche, Schlafstörung und Abgeschlagenheit	Für die Höhe des Schmerzensgeldes fällt besonders der Tinnitus mit seinem erheblichen Krankheitswert ins Gewicht, weil er das Wohlbefinden des Klägers sowie dessen Lebensführung dauerhaft und nachhaltig beeinträchtigt hat und weiter beeinträchtigen wird	OLG Bremen 24.7.2001 3 U 101/00 RiOLG Bremen Pauls
2127	€ 9600 (€ 11 404)	HWS-Schleudertrauma, Blockierung der Kopfgelenke, posttraumatisches Cervicalsyndrom und Tinnitus		Mann		Es besteht ein Tinnitus links, der mittlerweile auch im rechten Ohr wahrgenommen wird. Das Ohrgeräusch ist ausschließlich unfallbedingt. Mit einem Verschwinden des Tinnitus, der bereits länger als 1 Jahr vorliegt, ist nicht zu rechnen. Eine Besserung ist prinzipiell möglich, jedoch wenig wahrscheinlich	LG Bremen 20.6.2007 7 O 345/07 Vergleich RA Ferkau, Bremen
2128	20 000 € 10 000 + immat. Vorbehalt (€ 13 242)	HWS-Schleudertrauma, Prellung der rechten Knievorderseite, Druckschmerz im Bereich des Sternums, Luxation der Gehörknöchelchenkette rechts	Drei Ohroperationen; MdE: 2 Monate 100%	Vergoldermeister	Auf chirurgischem Fachgebiet 10%, auf HNO-Fachgebiet 15%	Hochgradige Schallleitungsschwerhörigkeit und ständig anhaltender Tinnitus. Durch die Knieprellung wurde ein chronischer Reiz ausgelöst, der die unfallbedingte Entwicklung eines sekundären Patellaspitzensyndroms wahrscheinlich macht	LG München I 21.11.2000 19 O 16569/98 VorsRiLG Krumbholz
2129	20 000 € 10 000 (€ 13 242)	HWS-Zerrung; Innenohr-Haarzellenschädigung mit beidseitiger Hochtonschwerhörigkeit und Tinnitus		17-jähr. Mann	Tinnitus, MdE: 5%	Ein prozentual messbarer Hörverlust konnte nicht festgestellt werden. Infolge des Tinnitus sowie der damit verbundenen Beeinträchtigung der Konzentrationsfähigkeit schätzt der Sachverständige die Beeinträchtigung der Leistungsfähigkeit des Klägers auf 5%	OLG Nürnberg 6.9.2000 12 U 1347/00 (Vergleich) RAin Halbig, Heideck
2130	30 000 € 15 000 (€ 20 449)	HWS-Distorsion mit nachfolgendem Tinnitus beidseits		30-jähr. Mann	Tinnitus beidseitig, rechtsseitig stärker	Dass sich die Beeinträchtigung auf die Erwerbsfähigkeit nur geringfügig auswirken mag, kann kein Beurteilungskriterium für die Bemessung des Schmerzensgeldes sein. Es ist vielmehr auf die allgemeine Beeinträchtigung des Lebensgenusses angesichts der auftretenden Ohrgeräusche abzustellen, wobei deren Anfallshäufigkeit und Intensität belastungsabhängig sein mag, sodass gerade bei ohnehin belastenden Stresssituationen die Ohrgeräusche (verstärkt) auftreten	LG Nürnberg-Fürth 4.11.1997 2 O 3862/97 RA Wilhelm, Nürnberg
2131	€ 25 000 (€ 31 309)	Jochbeinbruch, Prellungen beider Handgelenke und beider Knie, Prellungen am ganzen Körper, Schwellung und Hautabschürfungen im Bereich des linken Jochbeins und des Unterkiefers, Pigmentstörung im Gesicht und beidseitiger Tinnitus		33-jähr. Autoverkäufer	Pigmentstörung im Gesicht und beidseitiger Tinnitus	Hautveränderung über dem Jochbein. Das Entscheidende ist jedoch der Tinnitus; der laufende Ton in beiden Ohren führe bei seiner Berufstätigkeit zu Konzentrationsstörungen und teilweise zu Gleichgewichtsstörungen. Durch den vorhandenen Dauerton in beiden Ohren wird der Kläger nicht unerheblich in seiner beruflichen und privaten Lebensqualität belastet	Schleswig-Holsteinisches OLG 29.4.2004 7 U 116/03 RAe Triskatis, Sykosch & Löhnert, Pinneberg

● Mithaftung (siehe vorletzte Spalte)

Lfd. Nr.	Betrag DM Euro (Anp.2019)	Verletzung	Dauer und Umfang der Behandlung; Arbeitsunfähigkeit	Person des Verletzten	Dauerschaden	Besondere Umstände, die für die Entscheidungen maßgebend waren	Gericht, Datum der Entscheidung, Az., Veröffentlichung bzw. Einsender

Fortsetzung von »Sinnesorgane - Ohr - Schwerhörigkeit oder Beeinträchtigung des Hörvermögens«

Lfd. Nr.	Betrag	Verletzung	Dauer und Umfang	Person	Dauerschaden	Besondere Umstände	Gericht
2132	€30000 + immat. Vorbehalt (€ 31482)	Ertaubung (auch) am linken Ohr nach Facialis-OP. Grober Befunderhebungsfehler, weil keine Hörschwellenkurve am operierten Ohr abgeleitet wurde	Cochlea-Implantate	Frau Ende 40	Taubheit	Für die Beeinträchtigungen durch die Operation (wegen des Aufklärungsfehlers) und die eingetretene Ertaubung des linken Ohrs (wegen des groben Befunderhebungsfehlers) bei vorbestehender schwerer Unfallverletzung mit ihren Folgen, die dem Beklagten nicht zuzurechnen sind, erscheint dem Senat ein Schmerzensgeld von € 30000 angemessen, aber auch ausreichend. Die Klägerin kann nur über Cochlea-Implantate am Leben teilnehmen, während ihr ohne die Ertaubung links ein Hörvermögen verblieben wäre, das einen – wenn auch wegen Angewiesenseins auf ein Hörgerät eingeschränkten – noch „normalen" Kontakt zur Umwelt ermöglicht hätte. Allerdings muss die Klägerin, die sich die doppelte Summe vorgestellt hatte, in Rechnung stellen, dass sie bereits durch den Unfall und seine Folgen erheblich eingeschränkt war, ihr Leben wie vor dem Unfall weiter zu führen. Insbesondere der Verlust des Arbeitsplatzes, der die Klägerin, wie aus den beigezogenen Rentenakten ersichtlich ist, erheblich in ihrem Selbstwertgefühl getroffen und aus einem erfüllten Leben mit Ende 40 gerissen hat, ist dem Beklagten nicht zuzurechnen	KG Berlin 12.12.2016 20 U 90/13
2133	€ 40000 + immat. Vorbehalt (€ 46325)	Hochgradige Schwerhörigkeit beidseits und Sprachentwicklungsbehinderung	Einsetzen eines Cochlear-Implantats	Kleinkind, zum Urteilszeitpunkt 9 Jahre alt	Schwerhörigkeit und Sprachentwicklungsbehinderung, die bei rechtzeitiger Diagnose deutlich gemindert hätten werden können	Ärztlicher Behandlungsfehler, da die gravierende beidseitige Schwerhörigkeit bei einer HNO-Untersuchung nicht erkannt wurde; da die angeborenen Beeinträchtigungen etwa 20% der heutigen Beschwerden ausmachen und weitere 10% darauf zurückzuführen sind, dass eine empfohlene Wiedervorstellung erst erheblich verspätet wahrgenommen wurde, besteht eine Haftung nur zu 70% (€ 28000)	LG Mönchengladbach 12.3.2008 6 O 134/04 RAe Weufen, Roeben u. Körner, Mönchengladbach
2134	100000 €50000 (€ 68077)	HWS-Syndrom mit schwerwiegendem beidseitigen Tinnitus; Schädelprellung; Schulterprellung; Großzehstauchung links		Studentin	Schwerer Tinnitus	Die Klägerin hat unter einer sehr schweren Form des Tinnitus zu leiden, wobei die Intensität rechts bei 31 dB und links bei 30 dB liegt. Die Verdeckbarkeit liegt links bei 90 db während rechts keine Verdeckbarkeit möglich ist; erhebliche Schlafstörungen	LG Hamburg 5.9.1997 306 O 212/96 RAe Abernethy & Partner, Hamburg

Weitere Urteile zur Rubrik »**Sinnesorgane - Ohr - Schwerhörigkeit oder Beeinträchtigung des Hörvermögens**« siehe auch:
- bis €2500: 1788, 1803, 1565
- bis €5000: 1192
- bis €12500: 1915, 1624, 1921, 3057, 2784, 1934, 1938
- bis €25000: 1196, 1271, 2103, 1950, 1951, 1198, 1275
- ab €25000: 3171, 1555, 1958, 2964, 2286, 1430, 1558, 2715, 1300, 2096, 1318, 1303, 2999, 1329, 1227, 2649, 2650, 2655, 2657, 2663, 1455, 1338, 2672, 1142, 2679

Sinnesorgane - Ohr - Sonstige Verletzungen

Lfd. Nr.	Betrag	Verletzung	Dauer und Umfang	Person	Dauerschaden	Besondere Umstände	Gericht
2135	€ 1500 (€ 1854)	Leichte Gehirnerschütterung und HWS-Distorsion, Fraktur/Luxation des Gehörknöchelchens links	3 Tage Krankenhaus, anschließend MdE: 2 ½ Wochen 10%	Mann		Kurzfristige Gehörminderung sowie Kopf- und Ohrenschmerzen und Schwindel	AG Worbis 27.5.2005 1 C 622/04 RAe Windus, Wanke & Partner, Göttingen

Sinnesorgane

Lfd. Nr.	Betrag DM Euro (Anp.2019)	Verletzung	Dauer und Umfang der Behandlung; Arbeitsunfähigkeit	Person des Verletzten	Dauerschaden	Besondere Umstände, die für die Entscheidungen maßgebend waren	Gericht, Datum der Entscheidung, Az., Veröffentlichung bzw. Einsender
\multicolumn{8}{l}{Fortsetzung von »Sinnesorgane - Ohr - Sonstige Verletzungen«}							
2136	3000 €1500 + immat. Vorbehalt (€ 1989)	Deformierung des linken Ohrs nach nicht sachgerechter Knorpelentnahme zum Zweck einer Nasenkorrektur, vermeidbares Zurücklassen der Kanülenspritze		45-jähr. Mann	Ohrdeformierung	Die zurückgelassene Kanülenspritze hat bis zur Entfernung nach 20 Tagen Unannehmlichkeiten bereitet	OLG Düsseldorf 19.10.2000 8 U 116/99 VersR 2001, 1380
2137	€ 3750 (€ 4291)	Tinnitus	9 Tage arbeitsunfähig	Mann		Es handelt sich hier um eine Tinnituszunahme rechts und einen neu auftretenden Tinnitus links. Tinnitus-Geräusch rechts war schon vor dem Unfall vorhanden	AG Pforzheim 3.7.2008 9 C 107/08 RA Koch, Erftstadt
2138	€ 4000 + immat. Vorbehalt (€ 4945)	Lärmtraumatische Innenohrschädigung und Tinnitus	4-wöchige Infusionstherapie und AU	Frau	Anhaltender Tinnitus	Ein Mitverschulden der Klägerin ist nicht gegeben. Sie durfte sich als Konzertbesucherin darauf verlassen, dass die Beklagten als Veranstalter eines großen Konzertes einer namhaften Musikgruppe alle erforderlichen Maßnahmen treffen, um vor körperlichen Schäden zu schützen. Schließlich musste sie nicht damit rechnen, dass in der Mitte des Zuschauerfeldes noch eine Beschallung vorlag, die die Gefahr gesundheitlicher Schäden mit sich brachte	LG Nürnberg-Fürth 1.12.2004 6 O 4537/03 Geschäftsstelle des LG Nürnberg-Fürth
2139	€ 5000 + immat. Vorbehalt (€ 6262)	Entstehen einer Telefonhörerdeformität am linken Ohr nach einer Korrekturoperation; mehrere Nachoperationen mit erheblichen Folgeschmerzen		Mann		Kein ärztlicher Behandlungsfehler, jedoch rechtswidriger Eingriff mangels wirksamer Einwilligung; Telefonhörerdeformität nach einigen Nachoperationen beseitigt, hierbei verursachte erhebliche Schmerzproblematik; Möglichkeit, dass künftig weitere, bisher noch nicht erkennbare und voraussehbare Leiden auftreten	LG Nürnberg-Fürth 8.4.2004 4 O 9922/00 RA Raab, Nürnberg
2140	€ 7500 + immat. Vorbehalt (€ 9539)	Beidseitig schüsselförmige Ohrform (Telefonohr) nach Behandlungsfehler	Nach 2 ½ Jahren Korrekturoperation	10-jähr. Junge	Durch erforderliches, straff am Haaransatz durchgeführtes Annähen bei Korrekturoperation der Ohrmuscheln sind Ohrmuscheln unbeweglich steif und liegen eng an	Ärztlicher Behandlungsfehler durch zu weit seitlich angelegte und im mittleren Teil zu weit ausgedehnte Exzision bei einer Ohrenanlageplastik, die auf Grund abstehender Ohren durchgeführt wurde; Kläger litt physisch und psychisch unter dem kosmetisch unbefriedigenden Ergebnis der Erstoperation mit Juckreiz, Nervosität, Hänselei durch Mitschüler. Vorbehalt, da Kläger möglicherweise einmal durch das enge Anliegen der Ohren Schwierigkeiten haben wird, eine Brille oder ein Hörgerät zu tragen	LG Aachen 18.6.2003 11 O 72/00 RAe Wartensleben, Pelzer, Günter & Koll., Stolberg

● Mithaftung (siehe vorletzte Spalte)

Lfd. Nr.	Betrag DM Euro (Anp.2019)	Verletzung	Dauer und Umfang der Behandlung; Arbeitsunfähigkeit	Person des Verletzten	Dauerschaden	Besondere Umstände, die für die Entscheidungen maßgebend waren	Gericht, Datum der Entscheidung, Az., Veröffentlichung bzw. Einsender
\multicolumn{8}{l}{*Fortsetzung von »Sinnesorgane - Ohr - Sonstige Verletzungen«*}
2141	15 000 € 7500 (€ 9631)	Leichte Gehirnerschütterung, multiple Prellungen und Quetschungen, Prellung und Schädigung des Gleichgewichtsorgans beidseits mit nachfolgenden, in Anfällen auftretenden Schwindelattacken nach Lageänderung	12 Tage Krankenhaus, ca. 8 Monate arbeitsunfähig; 6 Jahre nach dem Unfall und bis auf weiteres MdE von 20%	Landschaftsarchitektin		Über sehr langen Zeitraum Schwindelattacken bei Lageänderungen, die noch 6 Jahre nach dem Unfall (Urteilszeitpunkt) andauerten; es ist nicht absehbar, ob dies ein endgültiger Dauerschaden ist; Klägerin hat krankhafte Angst vor den Schwindelanfällen, kann nur noch eingeschränkt Sport ausüben; Schmerzensgeld von DM 15 000 (€ 7500) unter der Annahme, dass ein Dauerschaden überwiegend wahrscheinlich ist und dass im Laufe der Zeit eine gewisse Kompensation eintritt sowie ein Lernprozess stattfindet, der es der Klägerin erlaubt, sich mit den verbleibenden Beeinträchtigungen zu arrangieren	KG Berlin 27.5.2002 22 U 6937/00 RiKG Philipp, Berlin
2142	26 000 € 13 000 + immat. Vorbehalt (€ 18 047)	Posttraumatische Blockierung des Wirbels C 4 (HWS-Schleudertrauma); Tinnitus	MdE: 2 Wochen 100% 6 Wochen 50% 4 Wochen 40%	Dipl.-Ing. für Landbau	Gleichgewichtsstörungen, Ohrengeräusch (tiefes Brummen), leicht erhöhter subjektiver Leidensdruck; MdE: 20%	Grob fahrlässige Unfallverursachung	LG Hechingen 13.12.1996 2 O 221/95 RAe Dr. Erbe u. Koll., Albstadt
2143	€ 20 000 (€ 20 384)	Knalltrauma in Folge der Druckwelle der Sprengstoffexplosion, Tinnitus, häufiges Druckgefühl auf den Ohren	Insgesamt ca. 5 ½ Monate AU, ca. 3 Monate Psychotherapie	Motorradpolizist (Adhäsionsantragsteller)		Der Angeklagte wurde wegen versuchten Mordes in 29 Fällen in Tateinheit mit dem Herbeiführen einer Sprengstoffexplosion sowie in Tateinheit mit gefährlicher Körperverletzung in 2 Fällen zu einer Freiheitsstrafe von 14 Jahren verurteilt („Anschlag" auf den Mannschaftsbus eines Profifußballvereins im April 2017). Der Angeklagte entschuldigte sich beim Nebenkläger und dieser nahm die Entschuldigung an. Der Angeklagte zahlte noch in der Hauptverhandlung € 2000	LG Dortmund 27.11.2018 39 Ks-400 Js 206/17 (15/17) Landesrechtsprechungsdatenbank NRW

Lfd. Nr.	Betrag DM Euro (Anp.2019)	Verletzung	Dauer und Umfang der Behandlung; Arbeitsunfähigkeit	Person des Verletzten	Dauerschaden	Besondere Umstände, die für die Entscheidungen maßgebend waren	Gericht, Datum der Entscheidung, Az., Veröffentlichung bzw. Einsender

Fortsetzung von »Sinnesorgane - Ohr - Sonstige Verletzungen«

Lfd. Nr.	Betrag	Verletzung	Dauer	Person	Dauerschaden	Besondere Umstände	Gericht
2144	€ 45 000 + immat. Vorbehalt (€ 49 370)	Trommelfellperforation bei Spülung des äußeren Gehörgangs mit warmem Wasser (sog. kalorische Prüfung) beim HNO-Arzt	Sehr langwierige und komplikationsbehaftete Folgebehandlung mit bleibenden Beeinträchtigungen	Frau	Siehe unter „Besondere Umstände"	Bei der Bemessung fällt vor allem ins Gewicht, dass die Klägerin sich infolge der nicht sogleich erkannten und sachgerecht behandelten Trommelfellverletzung im Verlaufe mehrerer Jahre einer Vielzahl teils sehr ausgedehnter und erheblich belastender operativer Eingriffe unterziehen musste, unter nicht unerheblichen Schmerzzuständen zu leiden hatte und nahezu 250 mal zu Untersuchungen und Behandlungen Ärzte aufsuchen musste, wobei auch die psychische Belastung zu veranschlagen ist, die die Klägerin aufgrund der überaus langwierigen, immer wieder fehlgeschlagenen Behandlung erlitten hat. Andererseits sind die verbliebenen Beeinträchtigungen der Klägerin im Sinne eines Dauerschadens nicht als schwerwiegend anzusehen. Das Trommelfelltransplantat ist reizfrei eingeheilt; die noch bestehenden Beschwerden (Hörminderung links, eingeschränktes Richtungsgehör und subjektiv nicht beeinträchtigender Schwindel) sind nicht insgesamt auf die Trommelfellverletzung zurückzuführen, sondern bestanden teilweise bereits zuvor, nämlich hinsichtlich der geringgradig ausgeprägten kombinierten Schwerhörigkeit linksseitig und der Schwindelbeschwerden. Deshalb kann der Klägerin die beantragte Schmerzensgeldrente nicht zugesprochen werden	OLG Nürnberg 11.5.2012 5 U 1791/11

Weitere Urteile zur Rubrik »**Sinnesorgane - Ohr - Sonstige Verletzungen**« siehe auch:
- bis € 2500: 1754
- bis € 5000: 1869, 2114
- bis € 12 500: 2185, 2122, 755, 837, 2126, 823, 2127, 2780, 2128
- bis € 25 000: 1305, 2790, 2791, 995, 1199, 2794
- ab € 25 000: 1202, 2131, 1308, 1294, 420, 2964, 2134, 1486, 1281, 1282, 2096, 6, 1243, 1377

Sinnesorgane - Stimmbänder, Kehlkopf und sonstige Sprachstörungen

Lfd. Nr.	Betrag	Verletzung	Dauer	Person	Dauerschaden	Besondere Umstände	Gericht
2145	5000 € 2500 (€ 3404)	Schädigung des nervus recurrens mit nachfolgender Stimmkraftminderung für 13 Monate nach Strumaoperation	Mehrere Monate logopädische Behandlung	Rechtsanwalt		Operation war rechtswidriger Eingriff, weil Kläger keine rechtlich wirksame Einwilligung erklärt hatte; Kläger musste längere Zeit mit der Befürchtung leben, dass Stimmbandfunktion möglicherweise nicht mehr ordnungsgemäß wiederhergestellt werden könne	OLG Köln 15.9.1997 5 U 43/96 VersR 1998, 1510
2146	€ 10 000 + immat. Vorbehalt (€ 11 787)	HWS-Distorsion, Larynx-Bandabriss (Kehlkopf) bzw. Verletzung der im Kehlkopf ansetzenden Muskulatur	5 Monate ambulante Behandlung mit Tragen einer Halskrawatte	33-jähr. Mann, zum Urteilszeitpunkt 37 Jahre alt	Schluckbeschwerden, verzögerter Schluckakt mit häufigem Nachschlucken; Sichtbarkeit von außen, wie der Kehlkopf bei jedem Schluckakt nach links gezogen wird und verzögert wieder absinkt; bei bestimmten Kopfstellungen kommt es zur Berührung des Kehlkopfs und / oder des Zungenbeins mit der HWS, was manchmal dezent zu hören ist	Einschränkungen bei Sportarten mit ruckartigen Bewegungen; es kann zu unangenehmen Schlafpositionen kommen, was zum Aufwachen führen kann; unangenehme Atembeschwerden	OLG Köln 9.10.2007 15 U 105/07 VersR 2008, 364

● Mithaftung (siehe vorletzte Spalte)

Fortsetzung von »Sinnesorgane - Stimmbänder, Kehlkopf und sonstige Sprachstörungen«

Lfd. Nr.	Betrag DM Euro (Anp.2019)	Verletzung	Dauer und Umfang der Behandlung; Arbeitsunfähigkeit	Person des Verletzten	Dauerschaden	Besondere Umstände, die für die Entscheidungen maßgebend waren	Gericht, Datum der Entscheidung, Az., Veröffentlichung bzw. Einsender
2147	30 000 € 15 000 (€ 20 661)	Perforation der Speiseröhre mit Stimmbandlähmung infolge fehlerhafter ärztlicher Methodenwahl	Komplizierter Heilungsverlauf mit länger dauernder künstlicher Ernährung	49-jähr. Frau	Stimmbandlähmung		OLG Düsseldorf 30.1.1997 8 U 93/96 NJWE-VHR 1997, 184
2148	€ 15 000 (€ 16 322)	Bei einer geplanten Lymphknotenentfernung im Halsbereich in gefährlicher Nähe von Nerven ist es zu einer Läsion derselben mit einer dauerhaft verbleibenden Stimmbandlähmung mit der Folge einer erheblichen Beeinträchtigung des Sprechvermögens gekommen	Neben zahlreichen ambulanten Arztbesuchen erfolgten stationäre Behandlungen in Fachkliniken	49-jähr. Frau	Sprechvermögen der Klägerin geringfügig beeinträchtigt	Erlitt der Patient (hier: eine 1957 geborene Telefonistin) durch den – mangels hinreichender Aufklärung rechtswidrigen – Eingriff eine dauerhaft verbleibende Stimmbandlähmung, die mehrere Krankenhausaufenthalte erforderlich machte und die zu einer monatelangen Arbeitsunfähigkeit führte und ist mit einer vollständigen Wiederherstellung des Sprechvermögens nicht mehr zu rechnen, so ist ein Schmerzensgeld i.H.v. € 15 000 angemessen	OLG Koblenz 28.11.2012 5 U 420/12 GesR 2013, 120
2149	45 000 € 22 500 (€ 31 818)	Verlust des Kehlkopfs und der Stimmbänder durch ärztlichen Behandlungsfehler		Mann	Verlust des natürlichen Sprachvermögens	Der Kläger kann sich nur noch mit Hilfe eines elektrischen Resonanzverstärkers bemerkbar machen. Hausarzt hätte nach lang anhaltender Heiserkeit rechtzeitig die Überweisung an einen Facharzt vornehmen müssen, sodass das Kehlkopfkarzinom frühzeitig hätte erkannt werden können. Funktion des Kehlkopfes kann regelmäßig weitgehend erhalten werden, wenn die Erkrankung in einem frühen Stadium erkannt und bekämpft wird	LG Lüneburg 22.11.1995 2 O 271/94 RA Teichner, Hamburg
2150	45 000 € 22 500 + immat. Vorbehalt (€ 31 903)	Stimmbandnerv-Schädigung nach fehlerhaft durchgeführter Schilddrüsenoperation		Frau	Klägerin kann zwar noch sprechen, aber nur in flüsternder Weise. Darüber treten in Abständen von mehreren Monaten Erstickungsanfälle auf, die schon zu wiederholten Noteingriffen geführt haben	Ärztlicher Behandlungsfehler	OLG Celle 27.3.1995 1 U 25/94 RAe Fricke & Partner, Stade
2151	60 000 € 30 000 + immat. Vorbehalt (€ 46 853)	Stimmbandlähmung nach zweiter Schilddrüsenoperation	Zusätzliche Notoperation in Form eines Luftröhrenschnitts und weitere dritte Operation	Frau	Trotz intensiver Stimmtherapie bleibt Stimmumfang stark eingeschränkt; Stimme selbst ist heiser und fast tonlos	Mangelnde ärztliche Aufklärungspflicht	LG Osnabrück 25.2.1992 3 O 398/89 RAe Imwalle, Quakenbrück

Lfd. Nr.	Betrag DM Euro (Anp.2019)	Verletzung	Dauer und Umfang der Behandlung; Arbeitsunfähigkeit	Person des Verletzten	Dauerschaden	Besondere Umstände, die für die Entscheidungen maßgebend waren	Gericht, Datum der Entscheidung, Az., Veröffentlichung bzw. Einsender

Fortsetzung von »Sinnesorgane - Stimmbänder, Kehlkopf und sonstige Sprachstörungen«

Lfd. Nr.	Betrag	Verletzung	Dauer/Umfang	Person	Dauerschaden	Besondere Umstände	Gericht
2152	€ 30 000 (€ 32 214)	Einseitige Stimmbandlähmung nach Schilddrüsenentfernung	Logopädische Therapie	77-jähr. Frau	Stimmstörung bei einseitiger Stimmbandlähmung	Der Betrag von € 30 000 ist – unter Berücksichtigung vergleichbarer Fälle – als Schmerzensgeld angemessen und erforderlich. Die Klägerin ist in ihrer Kommunikationsfähigkeit dauerhaft schwerwiegend beeinträchtigt. Das belastet den Austausch mit anderen und die Pflege sozialer Kontakte sowie das Empfinden von Lebensfreude nachvollziehbar erheblich. Insbesondere ist der Klägerin ein schnelles Gespräch mit spontaner Rede und Gegenrede kaum möglich. Sie muss sich stark konzentrieren, um mit inzwischen erlernten Techniken mit ihrer Flüsterstimme verstanden zu werden. Davon konnte sich der Senat selbst in der persönlichen Anhörung der Klägerin überzeugen. Eine logopädische Technik der Klägerin, die aufgefallen ist, ist, dass sie für den nötigen Druckaufbau beim Sprechen von Sätzen, die mehr als ca. vier bis sechs Worte umfassen, sowohl beim Ausatmen als teilweise auch sogar beim Einatmen Worte formuliert. Das ist für sie sichtlich anstrengend. Sie ist insoweit auch darauf angewiesen, Trinkwasser mit sich zu führen, um regelmäßig die Mundhöhle und den Rachen feucht zu halten. Die Auswertung der Krankenunterlagen der Klägerin durch den Sachverständigen hat ergeben, dass diese nur noch eine geringe Chance auf allenfalls teilweise Verbesserung des Zustands hat, sofern sie sich operativen Eingriffen am Kehlkopf unterziehen würde. Dies ist ihr wegen der geringen Erfolgsaussicht, zudem auch nur auf eine Teilverbesserung bei gleichzeitig erheblichem Operationsrisiko – die Klägerin ist bereits 77 Jahre alt – nicht zuzumuten und auch nicht als Mitverschulden anzulasten	OLG Braunschweig 25.9.2013 1 U 24/12 juris; GesR 2014, 155
2153	€ 30 225 (€ 35 081)	Schädigung beider Rekurrensnerven		52-jähr. Frau	Stimmbandlähmung	Vor einer beidseitigen Kropfentfernung wurde die Klägerin nicht über ein im Vergleich zu einer ca. 20 Jahre zurückliegenden Erstoperation erhöhtem Risiko einer permanenten Stimmbandlähmung hingewiesen; daher keine wirksame Operationseinwilligung	OLG Köln 14.4.2008 5 U 135/07 VersR 2009, 261

Sinnesorgane · Urteile lfd. Nr. 2154 – 2157

Lfd. Nr.	Betrag DM Euro (Anp.2019)	Verletzung	Dauer und Umfang der Behandlung; Arbeitsunfähigkeit	Person des Verletzten	Dauerschaden	Besondere Umstände, die für die Entscheidungen maßgebend waren	Gericht, Datum der Entscheidung, Az., Veröffentlichung bzw. Einsender
		Fortsetzung von »Sinnesorgane - Stimmbänder, Kehlkopf und sonstige Sprachstörungen«					
2154	65 000 € 32 500 (€ 44 137)	Schweres Thoraxtrauma mit Aortabogenruptur, Hämatothorax beidseits, Rippenserienfraktur II–VI rechts, Pneumothorax rechts; Schädelhirntrauma 1. Grades; dislozierte Ulnafraktur rechts	Wegen lebensgefährlicher Aortaruptur Implantation eines Rohrinterponats, 1 Woche später Zugschrauben- und Plattensteosynthese der Ellenfraktur; 6 Monate arbeitsunfähig	31-jähr. Landwirtschaftsmaschinen-Mechaniker	Stimmbandlähmung mit Folge einer Heiserkeit und einer verminderten Stimmbelastbarkeit (Stimmeinsatz ist gepresst, Stimmlage ist erhöht, Dynamikbreite ist deutlich vermindert); Bewegungseinschränkung bei Beugung des Unterarms, Schmerzen im Narbenbereich des Brustkorbs; MdE: 35% für Zustand nach Aortaruptur und Ellenfraktur, 20% für Stimmbandlähmung	Operativ versorgte Aortaruptur bedeutet für Kläger eine latente Gefahr und nimmt ihm eine entsprechende unbefangene Lebenserwartung; Sprechen mit gepresstem Stimmeinsatz ist ein fortdauernder unangenehmer Zustand; höchst unzugängliche Schadensregulierung	LG Freiburg i. Br. 6.10.1998 8 O 63/96 DAR 1999, 124
2155	100 000 € 50 000 (€ 63 899)	Lähmung beider Stimmbandnerven nach missglungener Schilddrüsenoperation, Atemnot bis hin zu Erstickungsanfällen	Einen Tag nach der Operation Luftröhrenschnitt und Einsetzen einer Sprechkanüle, nach 1 Jahr Dekanülierung; in den folgenden Jahren 8 weitere Krankenhausaufenthalte mit 7 operativen Nachbehandlungen; Tod nach 4 Jahren, wobei die schweren Beeinträchtigungen zumindest mitursächlich waren	72-jähr. Frau	Stimmverlust, starke Verschleimung des Bronchialsystems, Pflegebedürftigkeit	Kein ärztlicher Behandlungsfehler, hingegen fehlerhaftes Verhalten des Arztes, der es versäumt hat, der Patientin die unterschiedlichen Operationsmethoden der „Chirurgischen Schule" und der „HNO-Schule" darzulegen, um sie in die Lage zu versetzen, eine eigenverantwortliche Entscheidung zu treffen	OLG Frankfurt am Main 14.1.2003 8 U 135/01 VersR 2004, 1053
2156	250 000 € 125 000 + immat. Vorbehalt (€ 172 179)	Schädelhirntrauma mit Subarachnoidalblutung; distale Unterarmtrümmerfraktur rechts; multiple Haut- und Weichteilverletzungen mit Verschmutzungen und Einsprengungen von Glassplittern; persistierende Stimmbandlähmung	Vielfache operative Behandlungen (u. a. Luftröhrenschnitt mit Langzeitbeatmung, Entfernung einer Trachealkanüle)	34-jähr. Frau	Atembehinderung und Störung der Stimmfunktion bei Stimmbandlähmung nach Langzeitintubation; Verlust des Geruchssinns; Störungen des Gleichgewichtsorgans; Gebrauchsminderung der rechten Hand, Restbeschwerden nach Gehörsturz; leichtgradig ausgeprägtes hirnorganisches Psychosyndrom, Kopfschmerzen; MdE: 90%	Grob fahrlässiges Verschulden; Versicherer hat durch sein Regulierungsverhalten und die Art und Weise der Prozessführung eine weitere seelische Beeinträchtigung der Klägerin erzeugt	OLG Nürnberg 25.4.1997 6 U 4215/96 SP 1997, 357 DAR 1997, 357 VersR 1998, 731 VRS 95, 83 Revision der Beklagten vom BGH nicht angenommen 24.3.1998 VI ZR 212/97

Weitere Urteile zur Rubrik »**Sinnesorgane - Stimmbänder, Kehlkopf und sonstige Sprachstörungen**« siehe auch:
bis € 12 500: 2578, 1470
bis € 25 000: 1132
ab € 25 000: 2817, 3171, 1135, 2133, 1205, 1206, 1436, 1966, 1212, 1442, 2430, 3003, 1323, 1325, 1447, 1141, 2631, 3012, 1330, 1333, 2607, 1225, 1990, 1228, 1231, 2638, 2639, 2640, 2642, 1452, 2643, 2645, 2646, 2648, 1335, 2649, 2650, 1238, 2655, 2445, 2446, 2657, 1336, 1456, 1339, 1247, 1248, 2450, 1249, 2012, 1250, 2675, 2677, 2678, 1340, 1341, 3192, 2021, 1343, 1344, 2684, 2025

Thrombose

| 2157 | € 1500 (€ 1647) | Kniegelenksprellung rechts, posttraumatische Thrombose im rechten Unterschenkel | 7 Tage stationärer Aufenthalt, 26 Tage AU zu 100%, 8 Monate AU zu 50%, 2 Monate AU zu 30% | Frau | | Klägerin konnte in Folge der Thrombosemedikamente die Pille nicht mehr nehmen, was vorliegend jedoch nicht ins Gewicht fällt | LG Augsburg 28.6.2012 33 O 1254/11 openjur |

Thrombose

Fortsetzung von »Thrombose«

Lfd. Nr.	Betrag DM Euro (Anp.2019)	Verletzung	Dauer und Umfang der Behandlung; Arbeitsunfähigkeit	Person des Verletzten	Dauerschaden	Besondere Umstände, die für die Entscheidungen maßgebend waren	Gericht, Datum der Entscheidung, Az., Veröffentlichung bzw. Einsender
2158	4000 € 2000 + immat. Vorbehalt (€ 3263)	Schulterprellung rechts, Anpralltrauma auf der Innenseite des rechten Kniegelenks mit erheblichem Hämatom der Weichteile, Knorpelschädigung an der inneren Oberschenkelrolle und postoperativer Teilverschluss der tiefen Unterschenkelvene rechts	1 Monat Krankenhaus, MdE: 2 Monate 100% 6 Monate 20% 5 Monate 10%	Studentin		Dreimonatige Behandlung mit dem Medikament Marcumar war notwendig; Dauerschäden möglich	LG München I 20.6.1991 19 O 10098/90 VorsRiLG Krumbholz
2159	4800 € 2400 (€ 3463)	Beinvenenthrombose nach Muskelfaserriss in der Wade		Mann	Umfangsvermehrung des Unterschenkels, die unter Belastung zunimmt; beim Gehen Kompressionsstrumpf erforderlich	Fehlender ärztlicher Hinweis auf die Notwendigkeit von Kontrolluntersuchungen	OLG Oldenburg (Oldenburg) 12.4.1994 5 U 109/93 NJW-RR 1994, 1054
2160	15000 € 7500 + immat. Vorbehalt (€ 10837)	Tiefe Beinvenenthrombose; ärztlicher Behandlungsfehler	18 Tage Krankenhaus	Schülerin		Klägerin leidet noch z. Z. der Urteilsverkündung (2 1/4 Jahre nach Vorfall) unter Beschwerden, muss in der begründeten Befürchtung leben, dass sich ihr Leiden in Zukunft erheblich verschlimmert	OLG Oldenburg (Oldenburg) 29.3.1994 5 U 132/93 NJW-RR 1994, 1053
2161	18000 € 9000 (€ 14223)	Postthrombotisches Syndrom im linken Bein und Verschlimmerung eines solchen im rechten Bein (ärztlicher Behandlungsfehler)	2 Monate Krankenhaus	Mann	Ständige Schmerzen im rechten Bein, MdE: 40%	Grob fehlerhaftes Verhalten des Beklagten. Beim Kläger bestand starke Thromboseneigung	OLG Köln 4.12.1991 27 U 23/90 NJW-RR 1992, 728
2162	20000 € 10000 + immat. Vorbehalt (€ 16804)	Schädelprellung, Prellungen der LWS und des Thorax; Prellung des rechten Unterschenkels, die sich zu einem Ulcus entwickelte (Vorerkrankung: Krampfadern an beiden Unterschenkeln). Danach Thrombose des rechten Beins, die operiert werden musste und bei der die Varizen im Bereich des Ulcus entfernt wurden		39-jähr. Frau	Chronische Geschwürbildung am rechten Unterschenkel		LG Saarbrücken 20.9.1990 10 O 2179/88 RAe Dr. Goth & Koll., Saarlouis
2163	20000 € 10000 + immat. Vorbehalt (€ 13426)	Postthrombotisches Syndrom am linken Bein	Längerfristige Marcumar-Behandlung	Junge Bauzeichnerin	Tragen von Stützstrümpfen; Klägerin muss immer wieder (z. B. vor Operationen, bei Schwangerschaften etc.) Marcumar erhalten	Grober ärztlicher Behandlungsfehler durch unterlassene weitere Befunderhebung zum Ausschluss einer Beinvenenthrombose; Klägerin musste zur Grafikdesignerin umschulen	OLG Stuttgart 24.8.1999 14 U 11/99 VersR 2001, 190
2164	€ 12000 + immat. Vorbehalt (€ 12782)	Wadenbeinbruch und Becken-/Beinvenenthrombose	Krankenhausbehandlungen, teilweise stationär; 5 Monate AU	42-jähr. Mann		Erleidet ein 42 Jahre alter Motorradfahrer bei einem durch einen anderen Motorradfahrer allein verursachten Verkehrsunfall einen Wadenbeinbruch und später eine Becken-/Beinvenenthrombose und ist er infolgedessen für den Zeitraum von fünf Monaten zu 100% arbeitsunfähig, so steht ihm ein Schmerzensgeld i.H.v. € 12000 zu	Saarländisches OLG 3.12.2015 4 U 157/14 juris; zfs 2016, 379

● Mithaftung (siehe vorletzte Spalte)

Thrombose

Urteile lfd. Nr. 2165 – 2168

Lfd. Nr.	Betrag DM Euro (Anp.2019)	Verletzung	Dauer und Umfang der Behandlung; Arbeitsunfähigkeit	Person des Verletzten	Dauerschaden	Besondere Umstände, die für die Entscheidungen maßgebend waren	Gericht, Datum der Entscheidung, Az., Veröffentlichung bzw. Einsender
	Fortsetzung von »Thrombose«						
2165	€ 25 000 + immat. Vorbehalt *(€ 30 447)*	Tiefe Drei-Etagen-Thrombose nach Fraktur der linken Großzehe vom Fuß bis in die Leiste im linken Bein, distale Irritation des nervus tibialis	1 Woche Krankenhaus mit Kompressionsbehandlung, Einstellung auf Macumar; später Reha; fast 18 Monate arbeitsunfähig	49-jähr. Mann, zum Urteilszeitpunkt 55 Jahre alt	Postthrombotisches Syndrom mit Schwellneigung und Schmerzen, dauerhaftes Tragen von Kompressionsstrümpfen; GdB von 60% (u. a. wegen der Folgen nach Thrombose)	Unterlassen einer Thromboseprophylaxe, obwohl konkrete Hinweise für das Auftreten einer Thrombose vorgelegen haben; grober ärztlicher Behandlungsfehler; Gesundheitszustand und GdB von 60% nicht ausschließlich auf die fehlerhafte Behandlung durch Beklagten zurückzuführen; konkrete Abgrenzung der Verursachungsbeiträge jedoch nicht möglich; wirken mehrere mögliche Mitursachen nicht abgrenzbar im Sinne einer Gesamtkausalität zusammen, haftet der für den groben Fehler Verantwortliche auch für den gesamten Schaden, sofern nicht feststeht, dass der Behandlungsfehler nur einen abgrenzbaren Teil des Schadens verursacht; es besteht Risiko trophischer Störungen an der Haut und Unterhaut, die bis zu Ulcerationen am Unterschenkel führen können	LG Bochum 15.3.2006 6 O 419/03 RAe Meinecke & Meinecke, Köln
	Weitere Urteile zur Rubrik »**Thrombose**« siehe auch: **bis € 2500:** 241 **bis € 12 500:** 1532 **bis € 25 000:** 2045, 314, 1128, 186, 1553 **ab € 25 000:** 279, 612, 1559, 344, 1319, 2607, 1228, 2645						

Verbrennungen

Lfd. Nr.	Betrag DM Euro (Anp.2019)	Verletzung	Dauer und Umfang der Behandlung; Arbeitsunfähigkeit	Person des Verletzten	Dauerschaden	Besondere Umstände, die für die Entscheidungen maßgebend waren	Gericht, Datum der Entscheidung, Az., Veröffentlichung bzw. Einsender
2166	– *(€ 0)*	Verbrennungen 2. Grades im Gesicht und am Oberkörper		6.-Klässler		Der Kläger hat keinen Schmerzensgeldanspruch gegen die Beklagte, die lediglich fahrlässig handelte. Insoweit greift der gesetzliche Haftungsausschluss. Die Lehrerin hatte im Chemieunterricht zum Thema Verbrennungen Experimente mit Brennspiritus durchgeführt. Beim Nachfüllen in eine kleine vermeintlich leere Versuchsschale entzündete sich die Flasche und es kam zu einer Stichflamme, die den Kläger traf	LG Osnabrück 16.1.2015 5 O 596/14
2167	– *(€ 0)*	Verbrennungen 3. Grades am ganzen Körper nach Schwächeanfall in der Sauna, die schlussendlich zum Tod führten	4 Monate stationäre Behandlung	Frau		Es besteht kein Schmerzensgeldanspruch wegen Verkehrssicherungspflichtverletzung. Die Beklagte ist nicht verpflichtet, in einem Mitgliederfitnessstudio mit Sauna Kontrollen in engem Zeitabstand von z. B. 30 Min., wie von der Klägerin gefordert, durchzuführen, um das Wohlbefinden der Saunagäste zu überwachen. Die von der Beklagten durchgeführten Kontrollen waren ausreichend	OLG Hamm 29.8.2012 I-12 U 52/12 openjur
2168	500 € 250 *(€ 336)*	Sonnenbrand am ganzen Körper nach Benutzung einer Sonnenbank		Mann		Einige Tage Schmerzen, 4 Nächte Schlaflosigkeit; es wurde infolge einer Mithaftung von 80% nur ein Betrag von DM 100 (€ 50) zugesprochen, da der Kläger auf den Hinweis der Beklagten, er solle keine stark strahlende Sonnenbank nehmen, nicht eingegangen ist	AG Kerpen 6.8.1999 24 C 88/89 RAe Dr. Höser & Partner, Frechen

● Mithaftung (siehe vorletzte Spalte)

Urteile lfd. Nr. 2169 – 2175   Verbrennungen

Lfd. Nr.	Betrag DM **Euro** (Anp.2019)	Verletzung	Dauer und Umfang der Behandlung; Arbeitsunfähigkeit	Person des Verletzten	Dauerschaden	Besondere Umstände, die für die Entscheidungen maßgebend waren	Gericht, Datum der Entscheidung, Az., Veröffentlichung bzw. Einsender

Fortsetzung von »Verbrennungen«

2169	€ 750 (€ 910)	Verbrennung zweiten Grades im Bereich des rechten Unterschenkels, 5 cm oberflächliche Verbrennung ersten Grades an der rechten Hand	Operative Entfernung der verbrannten und abgestorbenen Hautschichten, 4 Wochen ambulante Behandlung	Mann		Verbrennung erfolgte in einer Dampfsauna, in der das auf der Dampfaustrittsdüse befindliche Isolierrohr, welches den austretenden Dampf auf den Boden leitete, von Dritten gewaltsam entfernt war; Beklagter hatte keine Vorkehrungen getroffen, um ein Abreißen des Rohres unmöglich zu machen	AG Gelsenkirchen-Buer 4.5.2006 27 C 290/05 RAe Ostermann & Koll., Gelsenkirchen-Erle
2170	€ 900 (€ 1036)	Verbrennungen zweiten Grades (Sonnenbrand)	Auftragen cortisonhaltiger Creme für 14 Tage, Besserung der Beschwerden erst nach 8 Tagen	Mann		Sonnenbrand nach Benutzung eines Sonnenstudios: unterbliebener Hinweis der Beklagten, dass auch nach Bemessung der Strahlung durch Einsatz des Sensors ein Sonnenbrand möglich sein würde	AG Warendorf 26.10.2009 5 C 675/09 RAe Große Hündfeld und Kollegen, Münster
2171	€ 1000 (€ 1183)	Verbrennung zweiten Grades am linken Arm	In der ersten Woche tägliche ärztliche Untersuchung, anschließend weitere Behandlungen auf die Dauer von 3 Monaten	Frau	Deutlich sichtbare Narbe	Schadensursache war unverschuldetes Verschütten des Kaffees während der Bahnfahrt durch den Zugbegleiter auf den Arm der Klägerin (Betriebsunfall i.S.d. § 1 Haftpflicht G)	AG Berlin-Tiergarten 24.7.2007 6 C 381/06 NJW-RR 2008, 238
2172	2000 € 1000 (€ 1388)	6 x 7 cm und 6 x 8 cm große Verbrennungen 2. Grades an beiden Gesäßhälften		3-jähr. Mädchen		Verbrennungen beim Hinsetzen auf eine durch Sonneneinstrahlung aufgeheizte Metallrutschbahn; 1 ½ Jahre nach dem Unfall noch Narben vorhanden; geringes Verschulden der Beklagten	AG Ludwigshafen 11.12.1996 2c C 118/96 NJW-RR 1998, 319
2173	€ 1000 (€ 1049)	Verbrennungen 2. Grades an beiden Ballen der Fußsohlen mit großflächiger Blasenbildung	Wundverband für 1 Woche, tägliche Wundkontrolle, 3 Wochen Beschwerden	Mdj. Kind		Verkehrssicherungspflichtverletzung durch die Beklagte (allenfalls mittlere Fahrlässigkeit). Die Klägerin verbrannte sich beide Fußsohlen beim Betreten der Metallrampe zu den Toilettencontainern am Baggersee. Die Haftungsbeschränkung auf Vorsatz und grobe Fahrlässigkeit gem. § 10 der kommunalen Benutzungssatzung führt nicht zu einer Beschränkung der Haftung gem. §§ 839 BGB i.V.m. Art. 34 GG. Die Bewegungsfähigkeit der Klägerin war erheblich eingeschränkt	LG Coburg 13.12.2016 23 O 457/16
2174	€ 1500 + immat. Vorbehalt (€ 1732)	Verbrennungen ersten und zweiten Grades im Oberarm- und Schulterbereich		Mann		Verbrennungen entstanden anlässlich einer Behandlung zur dauerhaften Haarentfernung per Laser; starke Schmerzen während der ersten sechs Wochen; Missbehagen des Klägers u. a. deshalb, weil durch die Verbrennungen ein Tattoo, das der Kläger am Rücken bis zur Schulter trägt, beschädigt wurde	AG Köln 5.5.2009 133 C 41/08 RA Dr. Rauhaus, Düsseldorf
2175	€ 1500 + immat. Vorbehalt (€ 1557)	Behandlungsfehler in Form einer fehlerhaften MRT-Untersuchung; Verbrennung 2. Grades am Grundgelenk Daumen beidseitig streckseitig (1–1,5 cm Durchmesser), sowie Verbrennung 2. Grades Hüfte beidseitig (1–1,5 cm Durchmesser)		Mann		Aufgrund dessen, dass die Daumen ein wichtiges Körperteil sind, vier Körperregionen betroffen waren, die Größe der Verbrennungen jedoch gering war, ist das zuerkannte SG angemessen	AG Köln 28.2.2018 144 C 143/15 Landesrechtsprechungsdatenbank NRW

● Mithaftung (siehe vorletzte Spalte)

Verbrennungen

Urteile lfd. Nr. 2176 – 2181

Lfd. Nr.	Betrag DM **Euro** *(Anp.2019)*	Verletzung	Dauer und Umfang der Behandlung; Arbeitsunfähigkeit	Person des Verletzten	Dauerschaden	Besondere Umstände, die für die Entscheidungen maßgebend waren	Gericht, Datum der Entscheidung, Az., Veröffentlichung bzw. Einsender
Fortsetzung von »Verbrennungen«							
2176	€ 1500 *(€ 1606)*	Dermatitis solaris 1. Grades durch die fehlerhafte Lichttherapie einer Psoriasis vulgaris	Nach 12 Tagen vollständig und folgenlos abgeheilt	Frau		Die Klägerin hat zwar durch die fehlerhafte Lichttherapie erhebliche Verbrennungen mit äußerst unangenehmen Folgen erlitten. Die Hautveränderungen sind jedoch relativ schnell wieder abgeklungen und waren nach 12 Tagen bereits vollständig und folgenlos abgeheilt. Der Senat hält daher den vom LG zuerkannten Schmerzensgeldbetrag in Höhe von € 1500 für angemessen	OLG Oldenburg 2.5.2014 5 U 37/14 VorsRiOLG Dr. Oehlers
2177	€ 1800● + immat. Vorbehalt *(€ 2051)*	Verbrühungen zweiten Grades an der rechten Hand		58-jähr. Frau		25% Mitverschulden; Verletzung der Verkehrssicherungspflicht; Klägerin erlitt in einer Dampfsauna durch einen ungeschützten Dampfausströmer Verbrühungen; sehbehinderte Klägerin hätte sich vorsichtiger bewegen müssen	OLG Celle 17.6.2010 8 U 25/10
2178	4000 € 2000 *(€ 2699)*	Verbrennungen 2. bis 3. Grades im Nackenbereich durch Falschbehandlung	1 Monat lang fast täglich Besuche beim Arzt, der die Wunde reinigte, nekrotisches Gewebe abtrug und jeweils einen sterilen Verband anlegte	26-jähr. Frau	4,5 x 2 cm große, nicht pigmentierte Narbe	Es handelt sich hier um eine Entstellung, die immer deutlich sichtbar sein wird, wenn die Klägerin ein im Bereich der Schulter freies Kleid oder Badewäsche trägt	AG Montabaur 8.4.1999 10 C 577/98 bestätigt durch LG Koblenz 26.1.2000 12 S 127/99 RAe Klein & Gläser, Mendig
2179	€ 2500 *(€ 2644)*	Brandblase oberhalb des rechten Sprunggelenks	Schwieriger Heilbehandlungsverlauf	56-jähr. Mann	Vergrößerte Narbenbildung 2x3 cm	Die Beklagten haften aufgrund zweier naturheilkundlicher grober Behandlungsfehler. Zum einen war die Behandlungsmethode nicht indiziert, zum anderen war die Beklagte zu 1) nicht die ganze Zeit bei der Behandlung anwesend. Die ganzkörperliche Moxabustion war ferner wegen fehlerhafter Aufklärung nicht von einer wirksamen Einwilligung gedeckt. Es ist zu berücksichtigen, dass die Narbe beim Kläger an dieser Stelle nicht für das äußere Erscheinungsbild prägend ist, andererseits der Heilbehandlungsverlauf verzögert war. Die Narbe kann operativ korrigiert werden	LG Bonn 19.6.2015 9 O 234/14 Justiz NRW
2180	€ 3000 *(€ 3770)*	Brandwunden im Gesicht	Durch die erforderlichen Gesichtsverbände konnte Kläger längere Zeit seinem Beruf nicht nachgehen	Apotheker	Lediglich Pigmentstörungen der Haut	Stichflamme, die den Kläger beim Zubereiten einer Feuerzangenbowle durch einen Koch im Gesicht traf; besondere Schmerzhaftigkeit der Brandwunden	AG Berlin-Charlottenburg 10.3.2004 231 C 701/03 VersR 2005, 1088
2181	6000 € 3000 *(€ 4242)*	Verbrennungen 3. Grades am Oberschenkel auf einer Fläche von 20 x 20 cm	2 Krankenhausaufenthalte von insgesamt 4 Wochen, dazwischen und anschließend ambulante Behandlung; Hauttransplantation vom rechten auf den linken Oberschenkel; 4 Monate nach dem Unfall Verschließung der Verbrennungsfläche	7 Jahre und 8 Monate alter Schüler	11 x 11 cm große Narbe am linken Oberschenkel mit gestörter Oberflächensensibilität, 7 x 7 cm große Narbe am rechten Oberschenkel; Narben werden sich parallel zum Wachstum vergrößern	Leichtfertiges Handeln einer Verkäuferin, die ohne Aufsichtsvorsorge an den Kläger zur Abgabe an Personen unter 18 Jahren freigegebene Feuerwerkskörper verkauft hat. Schaden ist dadurch entstanden, dass Kläger einen Feuerwerkskörper, dessen Lunte nach dem Anzünden nur scheinbar erloschen ist, wieder zu den anderen Feuerwerkskörpern in die Hosentasche steckte, die sich entzündeten	OLG Düsseldorf 23.6.1995 22 U 220/94 VersR 1996, 118

Fortsetzung von »Verbrennungen«

Lfd. Nr.	Betrag DM Euro (Anp.2019)	Verletzung	Dauer und Umfang der Behandlung; Arbeitsunfähigkeit	Person des Verletzten	Dauerschaden	Besondere Umstände, die für die Entscheidungen maßgebend waren	Gericht, Datum der Entscheidung, Az., Veröffentlichung bzw. Einsender
2182	€ 4000 (€ 4963)	5 x 2,5 cm große Brandwunde zweiten Grades an der rechten Wange	Bei der sehr schmerzhaften Brandwunde trat erst nach 10 Tagen eine erste Besserung ein; auch nach 2 Monaten noch tägliches Eincremen erforderlich, um das bei der Kälte auftretende Spannungsgefühl zu mindern; längere Zeit Tragen eines Pflasters, um die entstellende Wirkung abzudecken	12-jähr. Mädchen		11-jähr. Beklagter hat beim Abbrennen eines Jugendfeuerwerkskörpers diesen in Richtung der Klägerin geworfen, um diese zu erschrecken, ohne sie jedoch verletzen zu wollen; Fehleinschätzung der Flugbahn des Feuerwerkskörpers; daneben Haftung aus Verletzung der Aufsichtspflicht; durch die Verletzung, welche die Klägerin einen Tag vor Heiligabend erlitt, war Weihnachtsfest und Silvester stark beeinträchtigt, Ferienaktivitäten praktisch unmöglich; nach 1 Jahr bei Kälte noch unangenehmes Spannungsgefühl der Haut über der abgeheilten Verletzung mit deutlicher Rotfärbung; die Stelle ist auch überproportional sonnenempfindlich, was psychisch belastend wirkt	AG Rosenheim 23.2.2005 13 C 940/04 RAe v. Koskull & Astner, Rosenheim
2183	€ 4000 + immat. Vorbehalt (€ 4583)	Erhebliche Verbrennungen an den Vorderseiten beider Unterschenkel nach einer Haarentfernung mittels Impulslichtverfahren		Frau		Grob fehlerhafte Behandlung mit massivsten Schmerzen; Verbrennungen auch 2 Jahre nach der Behandlung noch in einem Zebra-Streifen-Muster erkennbar, verbleiben auch in den nächsten 5 bis 10 Jahren; bösartige zukünftige Hautveränderungen möglich	LG Bonn 8.2.2010 9 O 325/08

● Mithaftung (siehe vorletzte Spalte)

Verbrennungen

Fortsetzung von »Verbrennungen«

Lfd. Nr.	Betrag DM **Euro** *(Anp.2019)*	Verletzung	Dauer und Umfang der Behandlung; Arbeitsunfähigkeit	Person des Verletzten	Dauerschaden	Besondere Umstände, die für die Entscheidungen maßgebend waren	Gericht, Datum der Entscheidung, Az., Veröffentlichung bzw. Einsender
2184	€4500 *(€4832)*	Verbrennungen II. Grades im Gesicht, am Ohr sowie auf dem Bauch, an der Nase und am Bein durch fehlerhafte Tischfeuerstelle	Drei Tage stationäre Behandlung	Mann	Die Verletzungen des Klägers sind nicht all zu schwer. Unstreitig erlitt er Verbrennungen II. Grades im Gesicht, am Ohr sowie auf dem Bauch, an der Nase und am Bein. Das Feuer hat die Haare versengt. Der Kläger befand sich drei Tage in stationärer Behandlung wegen Verbrennung der Thoraxwand ventral Grad II. Es ist dem Kläger vor diesem Hintergrund uneingeschränkt zu glauben, dass er Schmerzen hatte. Für die vom Kläger vor dem Senat beklagte Traumatisierung gibt es allerdings keinerlei Anhaltspunkte. Der Kläger macht keinen traumatisierten Eindruck. Der Senat interpretiert diese Aussage des Klägers auch eher als Hinweis auf den erheblichen Schreck, den der Kläger bekommen, und die Angst, die er gehabt haben muss, als sich plötzlich das brennende Ethanol auf ihn ergoss und er in Brand geriet. Dies ist natürlich bei der Bemessung des Schmerzensgeldes erhöhend zu berücksichtigen. Gleichwohl vermag der Senat – auch mit Blick auf in anderen Fällen zugesprochene Schmerzensgeldbeträge – nicht mehr als €4500 zum immateriellen Ausgleich für notwendig zu halten, zumal die in der Klageschrift erwähnte Narbenbildung nach der Äußerung des Klägers vor dem Senat nicht eingetreten ist		OLG Naumburg 21.11.2013 1 U 38/12
2185	€5000 *(€6421)*	Verbrennungen I. und II. Grades im Gesicht und am rechten Handgelenk, Verbrennungen I. Grades am rechten Unterarm beugeseitig, leichtes bis minimales Trauma am linken Ohr	6 Wochen arbeitsunfähig	Arbeiter		Arbeitsunfall. Insbesondere das Knalltrauma war schwerwiegend, weil es zu einer Hörschwellensenkenbildung und zu einem Tinnitus führte, die länger als 12 Tage andauerten. Keine verbleibenden Verletzungen	LG Frankfurt am Main 30.9.2002 2/23 O 129/02 Teilversäumnisurteil RAe Schulte, Frankfurt

Lfd. Nr.	Betrag DM **Euro** *(Anp.2019)*	Verletzung	Dauer und Umfang der Behandlung; Arbeitsunfähigkeit	Person des Verletzten	Dauerschaden	Besondere Umstände, die für die Entscheidungen maßgebend waren	Gericht, Datum der Entscheidung, Az., Veröffentlichung bzw. Einsender
\multicolumn{8}{l}{Fortsetzung von »Verbrennungen«}
2186	€ 5000 + immat. Vorbehalt *(€ 6174)*	Verbrennungen am Hals, an der linken Schulter und am linken Oberarm		13-jähr. Mädchen	Irreversible Narben am Oberarm und an der Schulter	10 ¾ Jahre alte Beklagte warf nach dem Anzünden einen Feuerwerkskörper, der in die Kapuze des Mantels der Klägerin fiel und zu den Verbrennungen führte; Beklagte hatte Kenntnis von der Gefährlichkeit von Feuerwerkskörpern; der Eintritt des Erfolges war für sie vermeidbar; Behandlung der Verletzungsfolgen bei Klägerin dauert an und muss auch noch längere Zeit fortgeführt werden	OLG Nürnberg 14.3.2005 8 U 3212/04
2187	€ 5500 *(€ 6370)*	Verbrennungen und Erfrierungen mit Gewebsnekrose am rechten Unterschenkel und Knie nach einer großflächigen Kryotherapie	Nach 4 Wochen an 2 Tagen extrem schmerzhafte Nekroseabtragung mit anschließender ambulanter Behandlung; 9 Monate Tragen von Verbänden, die täglich gewechselt werden mussten	56-jähr. Frau	Narben am rechten Unterschenkel	Unzureichende ärztliche Aufklärung über die Risiken einer Kryotherapie, bei der es bei Vereisung mit flüssigem Sauerstoff zu einer schnellen Zellstörung kommen kann; beim Aufklärungsgespräch wurde die Klägerin u. a. auf Narben, auf Hyperpigmentierung, nicht jedoch auf mögliche schwere Hautveränderungen (z. B. tiefe Nekrosen) hingewiesen	LG Berlin 27.1.2009 13 O 455/05 RAe Berner & Kusch, Berlin
2188	12 000 € 6000 *(€ 7809)*	Ausgeprägte Verbrennungen 2. Grades am gesamten Körper durch nicht ordnungsgemäß durchgeführte Lichttherapie (UV-Therapie)	MdE: 2 Wochen 100%	45-jähr. Frau	Hyperpigmentierung	Verfrühte Elastose sowie andere Hautveränderungen sind künftig zu erwarten. Die Klägerin wird aufgrund dieses Befundes gezwungen sein, sich künftig in regelmäßigen Abständen einem Hautarzt zur Begutachtung möglicher Hautveränderungen in dem betroffenen Bereich zu unterziehen, was naturgemäß auch psychische Auswirkungen haben könnte	AG Mönchengladbach 31.10.2001 35 C 178/01 RAe Steins & Partner, Mönchengladbach
2189	€ 6000 *(€ 7496)*	Verbrennungen – ähnlich einem starken Sonnenbrand – 90% der Hautoberfläche, davon auf 60% der Hautoberfläche Verbrennungen I. Grades und auf 30% der Hautoberfläche Verbrennungen II. Grades mit anschließender Blasenbildung bis zu einem Durchmesser von 4 cm	Anfangs Schmerzen, Übelkeit und Erbrechen; 12 Tage Krankenhaus, danach keine Folgebeschwerden mehr	Frau		Fehlerhafte UVB-Bestrahlung in einer Klinik; nicht unerhebliches Verschulden des Klinikpersonals; Verbrennungen folgenlos abgeheilt; Klägerin war im 7. Monat schwanger; es bestand für sie oder die Leibesfrucht keine akute Gefahr; jedoch hatte die Klägerin nachvollziehbare Angst um ihre Leibesfrucht	Brandenburgisches OLG 28.9.2004 1 U 14/04 VersR 2005, 953
2190	€ 7000 *(€ 7517)*	Verbrennungen 2.-3. Grades am linken Unterschenkel und am linken Sprunggelenk (4% der Hautoberfläche), Nekrosen, Hauttransplantation vom Oberschenkel	21 Tage stationäre Behandlung, 2 Operationen, 3 Monate AU zu 100%	Mann	Starker Juckreiz, Schmerzen an der deutlichen Narbe am Knöchel, an der Achillessehne sowie am Fußrücken, Schwellneigung des Knöchels, Kompressionsstrümpfe, farbliche Unterschiede sowie Dellenbildung an der Transplantationsstelle	Verkehrssicherungspflichtverletzung des Beklagten. Fehlerhaft montierter Heizungskessel war ursächlich für die Verletzung des Klägers. Insoweit spritzte ein 10 cm dicker und 90 Grad heißer Wasserstrahl an den linken Unterschenkel des Klägers	LG Düsseldorf 19.7.2013 22 O 128/12

● Mithaftung (siehe vorletzte Spalte)

Verbrennungen

Fortsetzung von »Verbrennungen«

Lfd. Nr.	Betrag DM **Euro** *(Anp.2019)*	Verletzung	Dauer und Umfang der Behandlung; Arbeitsunfähigkeit	Person des Verletzten	Dauerschaden	Besondere Umstände, die für die Entscheidungen maßgebend waren	Gericht, Datum der Entscheidung, Az., Veröffentlichung bzw. Einsender
2191	16 000 € 8000 + immat. Vorbehalt *(€ 10 851)*	Verbrennung 3. und 4. Finger der rechten Hand im Bereich des Endglieds aufgrund Berührens eines technisch defekten Elektrokoagulationsgeräts anlässlich einer laparoskopischen Gebärmutteroperation	6 Tage in handchirurgischer Abteilung, wobei man das nekrotische Gewebe entfernte und eine Hauttransplantation vornahm	Frau	Wegen tief gehender Verbrennung Arthrose im Endgelenk 4. Finger der rechten Hand mit Ulnardeviation von ca. 20%; eine damit einhergehende Wachstumsstörung des Nagelbetts bestimmen ganz maßgebend die Gebrauchsfähigkeit der rechten Hand; Berührungs- und Schmerzempfindlichkeit	Jede manuelle Tätigkeit im Haushalt, im Garten und in der Landwirtschaft ist in irgendeiner Form beeinträchtigt; Klägerin braucht sich nicht die Verpflichtung auferlegen lassen, eine Gelenkversteifung vornehmen zu lassen, auch wenn dies mit einiger Sicherheit eine Linderung der Beschwerden bewirken könne; ist aber nicht frei von Komplikationen	LG Oldenburg 4.12.1998 8 O 535/98 RA Jaegler, Brake
2192	25 000 ● € 12 500 + immat. Vorbehalt *(€ 16 997)*	Verbrennung 2.–3. Grades an beiden Oberschenkeln und an beiden Unterschenkeln, dort bis zur Mitte des Unterschenkels; zweitgradige Verbrennungen an der linken Hand (5% 3. Grades und 15% 2. Grades)	Zwei Krankenhausaufenthalte von knapp 6 Wochen, 11 Monate arbeitsunfähig, weitere MdE: 3 Monate 20%	30-jähr. Betriebsschlosser	Großflächige, entstellende Narben	Grillunfall; 1/3 Mitverschulden	LG Traunstein 3.12.1997 3 O 2507/97 RAe Ritter & Schwarzer, Berchtesgaden
2193	25 000 ● € 12 500 *(€ 17 467)*	Schwerste 2.–3. gradige Brandverletzungen im Bereich der Arme, Unterschenkel, des Rumpfes, Gesäßes und rechten Fußes	5 Wochen stationärer Aufenthalt in Dermatologischer Klinik, anschließend ambulante Behandlung	51-jähr. Frau	Narben, wobei Narbenbildungen mit Ausnahme im Bereich des rechten Unterarms, eher dezent ausgeprägt sind; Pigmentstörungen stehen im Vordergrund; dauernde seelische Belastung	20% Mithaftung; ärztliche Aufklärungspflichtverletzung bei Behandlung einer Pigmentstörung im Heimsolarium	OLG Düsseldorf 21.3.1996 8 U 34/95 NJWE-VHR 1996, 221
2194	€ 20 000 + immat. Vorbehalt *(€ 22 913)*	Verbrennungen 2. Grades an 31% des Körpers	4 Wochen Krankenhaus, davon 2 1/2 Wochen Intensivstation; Psychologische Behandlung aufgrund des erlittenen Schocks notwendig	Arbeitnehmer eines Supermarktes	Juckreiz, schmerzhafte Beeinträchtigungen beim Schwitzen	Beklagter verursachte durch übermäßige Menge Raumspray eine Explosion, die den Kläger als Arbeitskollegen verletzte; Beklagter ist relativ jung und arbeitslos, wird kaum in der Lage sein, das Schmerzensgeld in angemessener Zeit aufzubringen; hatte keine Gefährdungsabsicht; ist selbst schwer verletzt worden; Heilungsverlauf hinsichtlich der Folgen der Verbrennungen noch ungewiss; ggf. Hauttransplantation erforderlich	ArbG Oberhausen 17.2.2010 1 Ca 1181/09

Lfd. Nr.	Betrag DM Euro (Anp.2019)	Verletzung	Dauer und Umfang der Behandlung; Arbeitsunfähigkeit	Person des Verletzten	Dauerschaden	Besondere Umstände, die für die Entscheidungen maßgebend waren	Gericht, Datum der Entscheidung, Az., Veröffentlichung bzw. Einsender
Fortsetzung von »Verbrennungen«							
2195	€ 20 000 (€ 21 476)	2a bis b-gradige Verbrennungen (insg. 20% verbrannte Körperoberfläche) an den Armen beidseits sowie des ventralen Thorax	Tangentiale Nekretomie am linken Oberarm/Unterarm und eine Spalthauttransplantation (Entnahme Oberschenkel beidseits ventral) sowie eine Suprathelauflage am linken Handrücken und im Thoraxbereich. Der Kläger war drei Wochen auf der Intensivstation mit vielfachen Narkosen, die wegen der Schmerzen zum Verbandwechseln erfolgen mussten. Weiterhin war er in der Kinder- und Jugendpsychiatrie zur Traumaaufarbeitung und war vom Schulbesuch befreit	10-jähr. Junge	Narben	Unter Berücksichtigung dieser Verletzungen und der hierdurch bedingten Folgen war ein Schmerzensgeld von € 20 000 gerechtfertigt. Bei der Bemessung des Schmerzensgeldes ist in erster Linie dessen Ausgleichsfunktion zu beachten. Insoweit kommt es auf die Höhe und das Maß der Lebensbeeinträchtigungen an. Maßgeblich sind Größe, Heftigkeit und Dauer der Schmerzen, Leiden, Entstellungen und psychischen Beeinträchtigungen, wobei Leiden und Schmerzen wiederum durch die Art der Primärverletzung, die Zahl und Schwere der Operationen, die Dauer der stationären und der ambulanten Heilbehandlungen und die Höhe des Dauerschadens bestimmt werden	OLG Koblenz 16.9.2013 3 W 511/13 juris
2196	€ 25 000 (€ 26 235)	Großflächige Verbrennungen II. und III. Grades an beiden Gesäßhälften (17x7 cm) mit deutlicher Blasenbildung und Flüssigkeitsansammlung, 12x5 cm große Wunde links mit Nekrosenbildung, wildes Fleisch im Rahmen der Wundheilung, 7x4 cm große Wunde rechts	4 Monate erhebliche Einschränkungen	Frau	Erhebliche gerötete wulstige Narben an beiden Gesäßhälften, instabile Narben	Fehlerhafter Einsatz eines Hochfrequenzchirurgiegerätes bei einer Bauchdeckenstraffung. Insoweit streitet der Anscheinsbeweis zugunsten der Klägerin. Für eine vollständige gesundheitliche Genesung der Klägerin wären zukünftig weitere Operationen zur Narbenkorrektur nötig	LG Potsdam 12.10.2016 11 O 74/12 RA Dominik Kellner, Berlin
2197	50 000 € 25 000 + immat. Vorbehalt (€ 33 396)	Brandverletzung 2. und 3. Grades von 28% der Körperoberfläche, namentlich im Brustbereich, am linken Arm und der Hand sowie im Bereich der Oberschenkel	12 Wochen Spezialklinik unter Einschluss von Nachbehandlungen; mit Unterbrechungen insgesamt 1 Jahr stationär	Junge	Ausgeprägte Hautgeschwulstnarben am vorderen Rumpf, an der linken Hand und an beiden Beinen, MdE: 20%	Verpuffung beim Betreiben eines Grills durch einen Zivi; dienstbezogene Schädigungen Dritter durch Zivildienstleistende sind in jedem Fall nach Amtshaftungsrecht (§ 839 BGB, Art. 34 GG) zu beurteilende hoheitliche Tätigkeiten	OLG Koblenz 11.1.2000 1 U 1452/97 RiOLG Koblenz, Dr. Itzel
2198	€ 30 000 + immat. Vorbehalt (€ 35 361)	Verbrennungen 2. und 3. Grades im Bereich beider Oberschenkelinnenseiten, des Unterbauchs und im Genitalbereich (insgesamt ca. 10% der Körperoberfläche) durch Feuerwerkskörper	6 ½ Wochen stationär, ambulante Behandlung dauert noch an	12-jähr. Gymnasialschülerin	MdE: 20%	Wegen des Mitverschuldens i.H.v. 50% wurde lediglich ein Schmerzensgeld von € 15 000 zugesprochen. Als Dauerschaden ist neben den psychischen Schäden eine posttraumatische Belastungsstörung in Form einer traumatischen Neurose eingetreten. Einerseits besteht das befürchtete Risiko einer andauernden Persönlichkeitsänderung nach Extrembelastung, so dass eine weitere intensive psychologisch-psychiatrische Behandlung zwingend notwendig ist; andererseits kann die Narbe im Bereich der Mons pubis durch eine Haartransplantation verbessert werden, wobei die erforderliche Entnahme an anderer Stelle auch dort wieder zu einer Narbe und Schmerzen führt, wobei der Erfolg der Transplantation nicht mit Sicherheit vorhergesagt werden kann	Thüringer OLG 23.10.2007 5 U 146/06 NJW-RR 2008, 831 VersR 2008, 1553 RiAG Weisgerber

● Mithaftung (siehe vorletzte Spalte)

Verbrennungen

Lfd. Nr.	Betrag DM Euro (Anp.2019)	Verletzung	Dauer und Umfang der Behandlung; Arbeitsunfähigkeit	Person des Verletzten	Dauerschaden	Besondere Umstände, die für die Entscheidungen maßgebend waren	Gericht, Datum der Entscheidung, Az., Veröffentlichung bzw. Einsender
Fortsetzung von »Verbrennungen«							
2199	60 000 € 30 000 + immat. Vorbehalt *(€ 40 742)*	Schwere, entstellende Verbrennungen im Gesicht anlässlich einer Schieloperation durch Flammenentwicklung während des Kauterns	In den Folgejahren zahlreiche plastisch-chirurgische Eingriffe	3-jähr. Mädchen, bei Urteilsverkündung 13 Jahre alt		Endgültige optische Korrekturen erst nach Ablauf des Gesichtswachstums möglich	BGH 26.1.1999 VI ZR 376/97 VersR 1999, 579
2200	€ 50 000 *(€ 56 429)*	Verbrennungen 2. und 3. Grades am Kopf	ca. 1 Monat stationäre Behandlung; künstliches Koma wegen großer Schmerzen, mehrere operative Eingriffe, insb. Eigen- und Fremdhauttransplantationen, ca. 2 Jahre Gesichtsmaske und Unterarmbandage	1 ½-jähr. Kind	entstellende Narben im Gesicht	Geschädigter hat durch Grillunfall Verbrennungen 2. und 3. Grades am Kopf – insb. in der rechten Gesichtshälfte, hinter dem rechten Ohr und an der rechten und linken Ohrmuschel – und am rechten Unterarm erlitten, wobei 15% der Körperoberfläche betroffen sind; ca. 1 Monat stationäre Behandlung, wegen großer Schmerzen in künstliches Koma versetzt; mehrere operative Eingriffe, insb. Eigen- und Fremdhauttransplantationen; ca. 2 Jahre Gesichtsmaske und Unterarmbandage; entstellende Narben	OLG Hamm 21.12.2010 I-21 U 14/08 OLG Report NRW 3/2011 (Anm. 3)
2201	€ 150 000 + immat. Vorbehalt *(€ 153 173)*	Akute Lebensgefahr, Verbrennungen 2.–3. Grades an Kopf, Hals, Schulter, Gesäß, rechtem Ober- und Unterschenkel (30% der Körperoberfläche sind zerstört), Inhalationstrauma, depressive Verstimmung	Insgesamt 6 Monate AU, 8 ½ Wochen stationärer Aufenthalt, 20 Operationen, 41 Tage künstliche Beatmung, 5 Wochen stationäre Reha, 12 Monate ganztägiges Tragen von Kompressionskleidung	20-jähr. Frau	Ausgedehnte Narben in den Verbrennungsbereichen, besonders stark am Hals, Narben am Schien- und Wadenbein durch Hauttransplantationen, Wetterfühligkeit, Spannungsgefühle, eingeschränkte Beweglichkeit des Kopfes, des Halses und des linken Arms, Lichtempfindlichkeit der Haut wegen Pigmentstörung	Bei der Schmerzensgeldhöhe war auch die Schwere des Verschuldens des Beklagten zu beachten, der die Klägerin vorsätzlich mit Spiritus übergoss und sodann anzündete. Die langjährige Haftstrafe wirkt sich für das Schmerzensgeld nicht mindernd aus. Aufgrund der schweren Verbrennungen drohte der Verlust der linken Hand. Die Klägerin musste die Berufsausbildung unterbrechen und ein volles Ausbildungsjahr anhängen. Auch wurden die weitreichenden Folgen für das allgemeine Leben der Klägerin berücksichtigt. Die dauerhafte Veränderung des äußeren Erscheinungsbildes hat ihr Leben in vielen Bereichen stark verändert. Sie geht nicht mehr schwimmen, kleidet sich entsprechend der bestmöglichen Verdeckung der betroffenen Körperstellen und sollte aus medizinischer Sicht lange Kleidung tragen, um direkte Sonneneinstrahlung auf die Haut zu vermeiden. Es besteht eine erhebliche Gefahr an Hautkrebs zu erkranken	LG Bielefeld 8.6.2018 3 O 353/15 juris

Lfd. Nr.	Betrag DM Euro (Anp.2019)	Verletzung	Dauer und Umfang der Behandlung; Arbeitsunfähigkeit	Person des Verletzten	Dauerschaden	Besondere Umstände, die für die Entscheidungen maßgebend waren	Gericht, Datum der Entscheidung, Az., Veröffentlichung bzw. Einsender
\multicolumn{8}{l}{**Fortsetzung von »Verbrennungen«**}
2202	€ 300 000 ● (€ 365 786)	Verbrennungen von ca. 73% der Körperoberfläche, insbesondere im Bereich des Gesichtes, Thorax, Rücken, beide Arme, Oberschenkel sowie Gesäß, zudem Radiusfraktur links	Während der ersten Woche künstliches Koma; zahlreiche stationäre Aufenthalte, mehrfache Operationen mit dem Ziel von Narbenkorrekturen	Attraktive junge Frau	Amputation der Endglieder des linken Daumens und des Zeigefingers, entstellende Narben; GdB: 90%	Die Klägerin erhielt beidseits Unterlidplastiken, da wegen der Verbrennungen ein Lidschluss anders nicht – wenn auch nur inkomplett – herbeigeführt werden konnte. Im Verlauf der intensiv-medizinischen Betreuung entwickelt die Klägerin eine Lähmung des Wadenbeinmuskels, weshalb sie eine Schiene tragen musste. Infolge des Unfallgeschehens war eine normale Schwangerschaft nicht möglich gewesen, was eine künstliche Befruchtung erforderlich gemacht und zu einer Drillingsgeburt geführt habe. Zwei der drei Mädchen sind nicht gesund. Vor allem war die äußere Entstellung der Klägerin schmerzensgelderhöhend zu berücksichtigen sowie länger anhaltende depressive Phasen eine Verarbeitung des Unfallgeschehens, soweit dies überhaupt möglich ist, nachhaltig erschweren. Zustand wird sich nicht verbessern, sondern voraussichtlich verschlimmern. Infolge Mithaftung von 60% wurde lediglich ein Schmerzensgeld von € 120 000 zugesprochen	LG Dortmund 21.12.2005 21 O 370/04 NZV 2007, 94 Anwaltsgemeinschaft Bäckerling, Dortmund
\multicolumn{8}{l}{**Kapitalabfindung mit Schmerzensgeldrente**}
2203	70 000 € 35 000 und 200 € 100 Rente monatlich + immat. Vorbehalt (€ 57 807)	Verbrennungen 3. Grades, die 40% der Körperoberfläche – beide Beine und das Gesäß – betrafen; 13 Tage künstliche Beatmung; es bestand Lebensgefahr; bisher sechs Transplantationen der Haut aus dem Rücken- und Brustbereich sowie von beiden Oberarmen, eine ungewisse Anzahl steht noch aus; Amputation nahezu aller Zehen	Noch andauernde stationäre Behandlung vermutlich 6 Monate; nach Entlassung ca. 2 Jahre lang Tragen von Bandagen, damit die Narben flach werden, mit weiteren stationären Aufenthalten ist zu rechnen	11-jähr. Mädchen	Narben fast am ganzen Körper mit Ausnahme des Gesichts. Haut wird nur reduziert belastbar sein; ständige Pflege der Narbenbereiche erforderlich. An ungünstigen Vernarbungsstellen, insbesondere im Bereich der Gelenke, ist Funktion der Gliedmaßen eingeschränkt. Aus diesem Grunde und wegen des Verlusts nahezu aller Zehen wird die Klägerin nicht oder jedenfalls nur schlecht laufen können	Vorsätzlicher Wohnhausbrand	LG Essen 28.3.1991 16 O 618/90 RAin Doering-Striening, Essen
2204	110 000 € 55 000 und 300 € 150 Rente monatlich (€ 87 309)	Verbrennungen 1.–3. Grades im Gesicht, am Hals, an beiden Händen, am linken Unter- und Oberarm		56-jähr. Montageinspektor		Die bisher eingetretenen und in Zukunft zu erwartenden Beeinträchtigungen sind im körperlichen und seelischen Bereich so schwerwiegend, dass das zuerkannte Schmerzensgeld keinesfalls zu hoch ist	OLG Stuttgart 7.10.1991 7 U 3/91 NJW-RR 1992, 670

● Mithaftung (siehe vorletzte Spalte)

Verbrennungen | Urteile lfd. Nr. 2205 – 2209

Lfd. Nr.	Betrag DM **Euro** *(Anp.2019)*	Verletzung	Dauer und Umfang der Behandlung; Arbeitsunfähigkeit	Person des Verletzten	Dauerschaden	Besondere Umstände, die für die Entscheidungen maßgebend waren	Gericht, Datum der Entscheidung, Az., Veröffentlichung bzw. Einsender
	Fortsetzung von »Verbrennungen«						
2205	180 000 **€ 90 000** und 360 **€ 180** Rente monatlich bis 30.6.2001, danach immat. Vorbehalt *(€ 132 199)*	Tiefe Verbrennungen 2. und 3. Grades an 32% der Körperoberfläche. Betroffen von Verbrennungen 3. Grades waren ¾ des linken Unterschenkels und die Hälfte des rechten Unterschenkels sowie beide Füße vollständig. Tiefe zweitgradige und drittgradige Verbrennungen am linken Oberarm hinten, bis zum Ellenbogen, am rechten unteren Oberarm und oberen Unterarm mit Einschluss des Ellenbogens, im Gesäßbereich komplett an beiden Pobacken sowie am rechten seitlichen Oberschenkel	8 Wochen Krankenhaus, 14 Tage lang Lebensgefahr	8-jähr. Mädchen	Vermutlich 30%	Ausländerfeindlich motivierter Brandanschlag. Wegen des nicht absehbaren Heilungsverlaufs war der Leistungsantrag bis zur geschätzten Beendigung der Wachstumsphase, dem 18. Lebensjahr, beschränkt	LG Duisburg 31.8.1993 1 O 123/93 RAe Gödde & Partner, Duisburg
	Weitere Urteile zur Rubrik »**Verbrennungen**« siehe auch: **bis €2500:** 1347, 1787, 743 **bis €5000:** 3033 **bis €12500:** 2241, 2834 **ab €25000:** 2401, 133, 2263, 3013, 287						

Verätzungen, Vergiftungen, Strahlenschäden

Lfd. Nr.	Betrag	Verletzung	Dauer und Umfang	Person	Dauerschaden	Besondere Umstände	Gericht
2206	– *(€ 0)*	Behauptete, nicht indizierte (zu umfangreiche) Röntgenuntersuchung		Unfallchirurg		Eine Haftung der Beklagten besteht nicht. Das Erfordernis zur Anfertigung von Röntgenaufnahmen ist zwischen den Parteien unstreitig. Normalerweise werden Röntgenaufnahmen der HWS in zwei Ebenen gefertigt. Die hier gefertigte Dens-Spezial-(Ziel-)Aufnahme ist eine Zusatzaufnahme zur a.p.-Projektion, die zwar nicht zwingend erforderlich war, allerdings ist hier ebenfalls eine andere als die hier angewendete Reihenfolge nicht zwingend vorgeschrieben. Diese zusätzliche Aufnahme führt zu einer sehr hohen Qualität der Abbildung der gesamten HWS und verbessert die Qualität der Aufnahme in jedem Fall.	AG Paderborn 15.3.2019 58a C 155/17 Landesrechtssprechungsdatenbank NRW
2207	€500 *(€ 542)*	Tagelanger Juckreiz der Augen und Atemnot nach Pfeffersprayangriff	Mehrfache Spülung der Augen	Mann		Vorsätzliche KV. Der Beklagte sprühte dem Kläger mehrfach ohne jeglichen Anlass Pfefferspray ins Gesicht	AG Menden 27.2.2013 4 C 363/12 Landesrechtsprechungsdatenbank NRW
2208	€500 *(€ 628)*	Schwindel, Übelkeit, Kopfschmerzen und Blutdruckabfall auf die Dauer eines Tages durch eine Kohlenmonoxydvergiftung	1 Tag Krankenhaus, 2 Wochen AU	Frau		Fehlerhafte Reparatur einer Gastherme	LG Hildesheim 5.3.2004 7 S 369/03 RAe Stumpf und Peitmann, Peine
2209	2500 **€1250** *(€ 1794)*	Salmonellenvergiftung mit Übelkeit, Magenbeschwerden, Schüttelfrost und Fieber über 39°C, 10 Tage Beschwerden		Frau			OLG Hamm 20.9.1994 9 U 6/94 r+s 1995, 59

Lfd. Nr.	Betrag DM Euro (Anp.2019)	Verletzung	Dauer und Umfang der Behandlung; Arbeitsunfähigkeit	Person des Verletzten	Dauerschaden	Besondere Umstände, die für die Entscheidungen maßgebend waren	Gericht, Datum der Entscheidung, Az., Veröffentlichung bzw. Einsender
\multicolumn{8}{l}{Fortsetzung von »Verätzungen, Vergiftungen, Strahlenschäden«}
2210	€ 1500 (€ 1784)	Aufklärungsversäumnis über die mit einer Röntgenbestrahlung grundsätzlich verbundene Gefahr von Verbrennungen oder Nekrosebildungen		82-jähr. Frau		Für die Folgen dieser Nichtaufklärung haftet die Beklagte ungeachtet des Umstandes, dass die tatsächlich durchgeführte Bestrahlung die konkreten Verletzungen, insbesondere das Ausmaß der Nekrosebildung mit der Notwendigkeit von Amputationen nicht verursacht haben kann	OLG Frankfurt am Main 29.5.2007 8 U 10/07 RiOLG Stefan Göhre
2211	5000 € 2500 (€ 3430)	Verätzung der Mundschleimhäute im Rahmen einer Paradontosebehandlung		Studentin		1 Woche lang unerträgliche Schmerzen, Behinderung beim Essen und Sprechen	AG Freiburg i. Br. 4.6.1997 2 C 2038/96 RAe Dr. Becker & Kollegen, Freiburg i. Br.
2212	€ 4000 (€ 4592)	Rauchvergiftung	Eine Woche Intensivstation, anfangs 3 Tage bewusstlos, 7 Tage künstliche Beatmung, anschließend noch eine weitere Woche Krankenhaus, dann 2–3 Wochen zu 50% arbeitsunfähig	Mann		Eine von den Beklagten nicht ordnungsgemäß verwendete Heizdecke setzte Wohnung in Brand, wobei es zu einer Rauchentwicklung kam; psychischer Schock zu berücksichtigen; gelegentlich Albträume	AG Braunschweig 18.8.2009 116 C 967/09 RAe Bremer, Lüddecke, Sörgel & Coll., Peine
2213	10 000 € 5000 (€ 7080)	Salmonellenvergiftung	16 Tage stationär, über sehr langen Zeitraum Behandlung mit Cortison, Antirheumatika und magenprotektiven H2-Blockern	Mann		Es traten lebensbedrohliche Komplikationen auf	AG Mühldorf a. Inn 4.5.1995 2 C 63/94 RAe Dr. Stinglwagner, Altötting
2214	€ 5000 + immat. Vorbehalt (€ 6062)	Desinfektionsmittelverätzung mit Ausmaß einer zweit- bis drittgradigen Verbrennung und massiver bakterieller Superinfektion im Darmbereich vom Hodensack bis zum Darmausgang	Viermonatige Wundheilung mit Desinfektion und täglichem Verbandswechsel; massive Dauerschmerzen, insbesondere bei der Stuhlentleerung	10-jähr. Junge	Narbe am Darm	Einfacher ärztlicher Behandlungsfehler während einer Operation beim Einsatz eines Desinfektionsmittels und eines Elektrokauters; während der Zeit der Wundheilung mit massiven Schmerzen konnte Kläger nicht sitzen und für mehrere Wochen die Schule nicht besuchen; wegen Risiken für die Schließmuskel- und Sexualfunktion sowie wegen der Erforderlichkeit einer Korrekturoperation weitere, bisher nicht vorhersehbare Gesundheitsbeeinträchtigungen möglich	LG Freiburg i. Br. 9.10.2006 6 O 489/04 NJW-RR 2007, 534 VersR 2007, 654 RA Dr. Schulz, Freiburg i. Br.
2215	12 000 € 6000 (€ 8159)	Fehlerhafte Verordnung des Medikaments Zentropil bei Husten und Atemnotanfällen, die zu einer Phenytoinvergiftung führten; 4 Monate Gehstörungen, 1 Monat Übelkeit, Sprachstörungen, Schwindel und Doppelbildsehen		Studentin		Grober Behandlungsfehler. Spätestens ab dem 5. bis 6. Tag nach der Erstgabe von Phenytoin hätte ein Blutspiegel gefertigt werden müssen, um einen Konzentrationsanstieg in den toxischen Bereich zu vermeiden	LG Mönchengladbach 15.1.1998 1 O 58/93 RAe Weufen & Körner, Mönchengladbach

● Mithaftung (siehe vorletzte Spalte)

Verätzungen, Vergiftungen, Strahlenschäden — Urteile lfd. Nr. 2216 – 2218

Lfd. Nr.	Betrag DM Euro (Anp.2019)	Verletzung	Dauer und Umfang der Behandlung; Arbeitsunfähigkeit	Person des Verletzten	Dauerschaden	Besondere Umstände, die für die Entscheidungen maßgebend waren	Gericht, Datum der Entscheidung, Az., Veröffentlichung bzw. Einsender
	Fortsetzung von »Verätzungen, Vergiftungen, Strahlenschäden«
2216	€ 6000 (€ 6589)	Grob behandlungsfehlerhafte Verwechslung eines Wund- mit einem Flächendesinfektionsmittels (Terralin Liquid) bei der Spülung einer Operationswunde in der Brust mit oberflächlicher Verätzung des Gewebes und dadurch verbundenen Schmerzen	Verzögerung des Heilungsverlaufs um ein halbes Jahr mit weiteren, wenn auch abnehmenden, Schmerzen	36-jähr. Frau		Dabei hat der Senat zum einen auf die unmittelbar erlittenen, starken und brennenden Schmerzen und die Verzögerung des Heilungsverlaufs um ein halbes Jahr abgestellt, die einen deutlichen Ausgleich des immat. Schadens erfordern. Zum anderen hat er, anders als meist in Arzthaftungsfällen, berücksichtigt, dass es einer nicht unerheblichen Erhöhung des Schmerzensgeldes aus Gründen der Genugtuung bedarf. Der der Beklagten anzulastende Fehler ist besonders grob und unverständlich. Angesichts der eindeutigen Sach- und Rechtslage und der unstreitigen unmittelbaren Folgen der Spülung mit Terralin Liquid in Gestalt starker Schmerzen war zudem das von der Beklagten vorgerichtlich gezahlte Schmerzensgeld von € 500 ersichtlich unzureichend, so dass auch das Regulierungsverhalten der Beklagten und ihrer Haftpflichtversicherung unverständlich und für die Klägerin zusätzlich beeinträchtigend war	OLG Köln 27.6.2012 5 U 38/10 juris
2217	€ 9000 (€ 10 355)	Alkalische Verätzungen 3. Grades an beiden Beinen, Hautschädigung in zwei Bereichen bis auf das Muskelgewebe	6 Wochen Krankenhaus mit mehreren Hauttransplantationen, anschließend 7 Wochen Reha	Betriebswirt	Eingeschränkte Beweglichkeit beider Kniegelenke beim Beugen, Sensibilitätsstörungen an beiden Unterschenkeln, deutliche Narben mit Beeinträchtigung der physiologischen Hautfunktion im Bereich des Narbengewebes	Verletzungen erfolgten bei der Verarbeitung von Frischbeton; Beklagter als Hersteller hat auf Verätzungsgefahr nicht hingewiesen; Mithaftung des Klägers, da er u. a. keine wasserabweisende Schutzkleidung getragen hat; infolge Mithaftung von ⅓ Schmerzensgeld von lediglich € 6000	OLG Bamberg 26.10.2009 4 U 250/08 Zfs 2010, 194
2218	€ 10 000 (€ 11 481)	Blutvergiftung mit Absterben des Bindegewebes an beiden Unterarmen	6 Wochen stationäre Behandlung, überwiegend intensivmedizinisch; vorsorglich Versetzen in künstliches Koma; abgestorbenes Bindegewebe an den Unterarmen machte mehrfache operative Wundbehandlungen sowie Entfernungen des nekrotischen Gewebes erforderlich; nach stationärer Behandlung stationäre Reha auf die Dauer von ca. 10 Wochen, physikalische Therapie	Mann	Verwachsungen an beiden Unterarmen	Grober ärztlicher Behandlungsfehler durch Unterlassen einer Desinfektion vor dem Setzen von drei Injektionen in den Schulter-Nacken-Bereich; nach 4 Jahren noch Schmerzen an den Unterarmen	OLG Naumburg 20.8.2009 1 U 86/08 VersR 2010, 216

Lfd. Nr.	Betrag DM Euro (Anp.2019)	Verletzung	Dauer und Umfang der Behandlung; Arbeitsunfähigkeit	Person des Verletzten	Dauerschaden	Besondere Umstände, die für die Entscheidungen maßgebend waren	Gericht, Datum der Entscheidung, Az., Veröffentlichung bzw. Einsender
Fortsetzung von »Verätzungen, Vergiftungen, Strahlenschäden«							
2219	€ 45 000 + immat. Vorbehalt (€ 52 116)	Septischer Schock nach Mandeloperation verbunden mit einer Gerinnungsstörung und einem Lungenversagen, Auftreten von Nekrosen	1 Woche Intensivstation mit anfänglicher Lebensgefahr, längere Krankenhausaufenthalte mit Operationen (u. a. 4 Hauttransplantationen an Armen und Beinen)	16-jähr. Mädchen, bei Urteilsverkündung 24 Jahre alt	Verlust von 2 Zehen (Großzehe und teilweise 2. Zehe), Gehbehinderung, orthopädisches Schuhwerk erforderlich; körperliche Entstellung; Schwerbehinderung von 70%	Ein einfacher und ein weiterer grober ärztlicher Behandlungsfehler sowie grober Pflegefehler; Anzeichen einer Sepsis wurden übersehen; postoperatives Fieber von 40 Grad wurde vom Pflegepersonal dem Arzt nicht mitgeteilt; Klägerin litt stark unter psychischen Problemen auf die Dauer von 2 Jahren, die eine psychiatrische Behandlung erforderlich machten; Einschränkung der Berufswahl (Klägerin kann wegen der Behinderung nicht mehr Krankenschwester werden), Einschränkungen in der Lebensführung (Klägerin kann im Sommer keine sommerliche Kleidung tragen und nicht ins Schwimmbad gehen), Verzögerung des Schulabschlusses; möglicherweise noch erforderlich werdende Operationen zur Behandlung weiterer Nekrosen	Schleswig-Holsteinisches OLG 28.3.2008 4 U 34/07

Weitere Urteile zur Rubrik »**Verätzungen, Vergiftungen, Strahlenschäden**« siehe auch:

bis € 2500: 786, 785
bis € 5000: 3139
bis € 12 500: 2706
bis € 25 000: 2381
ab € 25 000: 1402, 1081, 510, 2291

Verletzungen mit Todesfolge

Lfd. Nr.	Betrag DM Euro (Anp.2019)	Verletzung	Dauer und Umfang der Behandlung; Arbeitsunfähigkeit	Person des Verletzten	Dauerschaden	Besondere Umstände, die für die Entscheidungen maßgebend waren	Gericht, Datum der Entscheidung, Az., Veröffentlichung bzw. Einsender
2220	– (€ 0)	Tod nach Unfall		Mann		Anspruch auf Zahlung eines Schmerzensgeldes kann selbst bei schwersten Verletzungen dann entfallen, wenn diese bei durchgehender Empfindungslosigkeit des Geschädigten alsbald den Tod zur Folge gehabt haben und dieser nach den konkreten Umständen des Falles, insbesondere wegen der Kürze der Zeit zwischen Schadensereignis und Tod sowie nach dem Ablauf des Sterbevorgangs derart im Vordergrund steht, dass eine immat. Beeinträchtigung durch die Körperverletzung als solche nicht fassbar ist. Im vorliegenden Fall hat das Unfallopfer nur wenige Minuten bewusstlos überlebt	KG Berlin 30.10.2000 12 U 5120/99 NZV 2002, 38
2221	– (€ 0)	Tod nach Unfall		Frau		Frau wurde infolge der Kollision eines Motorboots von Bord gegen einen Dalben geschleudert und verletzt, wobei sie bei Eintritt ins Wasser einen Badetod (plötzliches Herz-Kreislauf-Versagen) erlitt. Die Körperverletzung stellt in diesem Fall gegenüber dem alsbald eintretenden Tod keine abgrenzbare immat. Beeinträchtigung dar. Dem mit dem Unfalltod einhergehenden Verlust der Persönlichkeit kommt keine eigenständige Bedeutung zu, weil das Leben zu Ende ist	OLG Karlsruhe 25.1.2000 U 5/99 BSch VersR 2001, 1123
2222	€ 1300● (€ 1481)	Tod des Verletzten		Mann, Motorradfahrer		50% Mithaftung. Wenige Minuten nach dem Zusammenprall der Fahrzeuge verstarb der Geschädigte ohne das Bewusstsein wiedererlangt zu haben, was den Schmerzensgeldanspruch entsprechend reduziert	LG Schwerin 23.3.2010 4 O 407/08 RAe Riedel & Riedel, Hagenow

● Mithaftung (siehe vorletzte Spalte)

Verletzungen mit Todesfolge — Urteile lfd. Nr. 2223 – 2225

Lfd. Nr.	Betrag DM Euro (Anp.2019)	Verletzung	Dauer und Umfang der Behandlung; Arbeitsunfähigkeit	Person des Verletzten	Dauerschaden	Besondere Umstände, die für die Entscheidungen maßgebend waren	Gericht, Datum der Entscheidung, Az., Veröffentlichung bzw. Einsender
		Fortsetzung von »Verletzungen mit Todesfolge«					
2223	€ 2000 (€ 2368)	Sturz aus dem Fenster mit Tod nach kurzer Zeit am gleichen Tag		76-jähr. Mann		Unzulänglich Behandlung im Krankenhaus; Patient, der an einem Durchgangssyndrom litt, wurde nicht ausreichend überwacht, so dass er im Krankenzimmer den Fenstersims besteigen konnte, wobei er dann aus dem Fenster stürzte; zu entschädigen ist die kurze Leidenszeit des Patienten bis zum Eintritt des Todes	LG Köln 15.8.2007 25 O 141/04
2224	€ 2000 (€ 2064)	Tod eines Patienten als unmittelbare Folge der Verletzung einer auf Erkennung und Behandlung einer Sepsis gerichteten ärztlichen Pflicht. Die Tochter klagt aus ererbtem Recht	Nach einer schweren Darmoperation wird um 3.30 Uhr das typische Bild eines septischen Schocks nicht erkannt und keine engmaschige Kontrolle durchgeführt. Der Patient verstirbt um 7.15 Uhr	62-jähr. Mann	Tod	Für die Höhe des Schmerzensgeldes sind im Wesentlichen die vom Patienten zwischen 3.30 Uhr und seinem Tod vor 7.15 Uhr erlittenen Leiden maßgeblich. Die sich aus dem groben Behandlungsfehler ergebende Beweislastumkehr gilt, wie die Beklagten zu Recht geltend machen, nur für den Kausalzusammenhang, nicht aber für den Eintritt des gesundheitlichen Schadens. Um 3.30 Uhr baute der Patient nach dem Vermerk der Nachtschwester ab und empfand nach der Aktennotiz von Dr. X Schmerzen im Unterbauch. Aus der Fortdauer dieser Beschwerden ergibt sich ein ein geringes Schmerzensgeld rechtfertigender Sachverhalt. Weitere und schwerwiegendere Leiden, die ein höheres Schmerzensgeld erfordern würden, lassen sich nach den Ausführungen von Prof. Dr. Q für die restliche Nacht nicht feststellen. Wie die weitere Nacht verlief, ist nicht beobachtet worden und nicht bekannt. Insbesondere kann nicht als sicher angenommen werden, dass die vom Patienten empfundenen Beschwerden zunahmen, sich besonders ausgeprägte Schmerzen einstellten, der Patient einen Todeskampf durchmachte oder den Sterbensprozess bewusst miterlebte	OLG Köln 5.3.2018 5 U 98/16 juris
2225	4800 € 2400 (€ 3463)	Schwerste Verletzungen, die nach einem Tag zum Tode führten, ohne dass der Verletzte das Bewusstsein wiedererlangt hatte		Mann		Nach der neuesten Rechtsprechung (BGH in NJW 1993, 781) ist bei Verletzungen, die zum Verlust der Wahrnehmungs- und Empfindungsfähigkeit geführt haben, die dadurch bedingte Zerstörung der Persönlichkeit als immat. Schaden durch eine Geldentschädigung auszugleichen, die nicht nur in symbolhafter Wiedergutmachung besteht, sondern nach einer eigenständigen Bewertung verlangt. Eine Übertragung dieser Bemessungskriterien auf Fälle nur kurzzeitigen Überlebens kann nicht zu einer Ermäßigung der bislang für begründet gehaltenen Entschädigung führen	KG Berlin 25.4.1994 22 U 2282/93 NJW-RR 1995, 91

Lfd. Nr.	Betrag DM Euro (Anp.2019)	Verletzung	Dauer und Umfang der Behandlung; Arbeitsunfähigkeit	Person des Verletzten	Dauerschaden	Besondere Umstände, die für die Entscheidungen maßgebend waren	Gericht, Datum der Entscheidung, Az., Veröffentlichung bzw. Einsender
\multicolumn{8}{	l	}{Fortsetzung von »Verletzungen mit Todesfolge«}
2226	5000 € 2500 (€ 3374)	Schwere Schädel- und Hirnverletzung; Tod nach 4 Tagen ohne Wiedererlangung des Bewusstseins		Mann		Brutales Niederschlagen mit sofortiger Bewusstlosigkeit. Ausgleichspflichtig ist die Zerstörung der Empfindsamkeit und Persönlichkeit; der Geschädigte hat mit schwersten Verletzungen und unter Erdulden einer vierstündigen komplizierten und im äußersten Maße in die Persönlichkeit eingreifenden Operation für mehrere Tage überlebt. Es kommt daher keinesfalls in Betracht, diese Zeitspanne als Sterbeprozess in den Bereich der nicht ersatzfähigen Todesfolge einzuordnen, da für die Zeit des Überlebens die Verletzung als solche vollständig im Vordergrund stand. Besonders verwerfliches Verhalten des Beklagten; jedoch geringes mitwirkendes Verschulden des Geschädigten möglich	AG Berlin-Spandau 15.4.1999 9 C 613/98 SP 2000, 87
2227	5000 € 2500 (€ 3444)	Lebensgefährliche Verletzungen, die ca. 1 Stunde nach dem Unfall zum Tode führten, ohne dass die Verletzte das Bewusstsein wiedererlangt hatte		Mutter von 8 Kindern		Durch den weitgehenden Verlust der Sinne war die Verletzte in der Wurzel ihrer Persönlichkeit getroffen. Somit liegt wegen der in Art 1 u. 2 GG hervorgehobenen Bedeutung der Persönlichkeit und Würde des Menschen – trotz fehlender Missempfindung – ein auszugleichender immat. Schaden vor (vgl. BGH in VersR 1993, 327). Die Dauer des Überlebens ist maßgeblich für die Höhe des Schmerzensgeldes	OLG Hamm 21.1.1997 9 U 161/96 NZV 1997, 233
2228	5000● € 2500 (€ 3399)	Abtrennung des rechten Arms; Tod nach 1 ½ Stunden		Junger Mann		50% Mithaftung wegen Nichtanlegen des Gurts und Alkoholisierung des Fahrers. Bei getrübtem Bewusstsein für etwa eine halbe Stunde erhebliche Schmerzen bis zum Eintritt der Bewusstlosigkeit	LG Itzehoe 17.12.1997 7 O 91/97 RA Winderling, Kiel
2229	5000● € 2500 (€ 3278)	Schädelverletzungen, HWS-Fraktur und Oberschenkelfraktur mit Tod nach 30 Minuten		Mann		Der im Pkw eingeklemmte Verletzte war bis zu seinem Tod nach 30 Minuten bewusstlos; ⅓ Mitverschulden	OLG Hamm 22.2.2001 6 U 29/00 NZV 2002, 234
2230	€ 4000 (€ 4757)	Schwerste Verletzungen mit multiplen Frakturen, Tod nach 3 Stunden, bis zum Tod bei vollem Bewusstsein mit starken Schmerzen		Frau		Verstorbene realisierte bis zu ihrem Tod den lebensbedrohlichen Zustand, ohne noch Kontakt zu den Angehörigen aufnehmen zu können; die Tatsache, dass die Verletzte den lebensbedrohlichen Zustand realisierte, lässt nicht darauf schließen, dass sie auch unter akuter Todesangst litt	LG Limburg a.d. Lahn 16.5.2007 2 O 368/06 SP 2007, 389
2231	8000 € 4000 (€ 5787)	Schwerstverletzungen, die 7 ½ Wochen nach dem Unfall zum Tode führten		Mann		Der Verstorbene war – abgesehen vom Zeitpunkt unmittelbar nach dem Unfall und mit Ausnahme des ersten Wochenendes nach dem Unfall – bewusstlos, weil er in künstlichen Schlaf versetzt wurde	OLG Oldenburg (Oldenburg) 4.2.1994 11 U 84/93 RiOLG Dr. Schubert
2232	10000 € 5000 (€ 7128)	Schwerste Verletzungen mit Todesfolge nach 4 Stunden		18-jähr. Mädchen		Mädchen wurde schwerstverletzt und bei Bewusstsein ins Krankenhaus eingeliefert und verstarb dort nach ca. 4 Stunden während einer Notoperation	AG Hannover 23.1.1995 517 C 16067/94 RA Reuper, Hannover

● Mithaftung (siehe vorletzte Spalte)

Verletzungen mit Todesfolge

Lfd. Nr.	Betrag DM **Euro** *(Anp.2019)*	Verletzung	Dauer und Umfang der Behandlung; Arbeitsunfähigkeit	Person des Verletzten	Dauerschaden	Besondere Umstände, die für die Entscheidungen maßgebend waren	Gericht, Datum der Entscheidung, Az., Veröffentlichung bzw. Einsender
	Fortsetzung von »Verletzungen mit Todesfolge«						
2233	10000 €5000 *(€6679)*	Tod innerhalb kürzester Zeit nach gewaltsamen Schlägen auf den Kopf		41-jähr. Frau		Kläger ist ein 13-jähr. schwerstbehinderter Jugendlicher, dessen Mutter durch gewaltsame Schläge ihres Lebensgefährten getötet wurde. Der Kläger kann gemäß §§ 847, 1922 BGB aus übergegangenem Recht der Mutter einen Schmerzensgeldbetrag von DM 10000 (€5000) vom Beklagten beanspruchen. Bei der Höhe des Schmerzensgeldes ist auf die Todesangst des Opfers und das Vorliegen einer Beziehungstat abzustellen	LG Hamburg 18.4.2000 330 O 21/98 RAe Roloff & Hennig, Hamburg
2234	€5000 *(€5791)*	Schweres Schädelhirntrauma, schweres Thoraxtrauma mit Verdacht auf einen Riss des Herzbeutels, Aspiration bei massiver Blutung, Oberschenkelfraktur; Tod nach 2 Stunden		Junger Mann		Verletzter war unmittelbar nach dem Unfall noch bei Bewusstsein und klagte über Übelkeit; die erheblichen Schmerzen erlebte und erlitt er zumindest 2 Stunden bei vollem Bewusstsein ehe er im Krankenhaus verstarb; der Zeitraum von 2 Stunden ist als eher kurz zu bemessen, so dass dieser Umstand schmerzensgeldbegrenzend wirkt; es wurde nicht unter Beweis gestellt, dass dem Verletzten bewusst war, sterben zu müssen; infolge Mithaftung von 20% wurde lediglich ein Schmerzensgeld von €4000 zugesprochen	LG Karlsruhe 23.1.2009 3 O 172/08 RA Lins, Pforzheim
2235	10000 €5000 *(€6782)*	Tod 13 Tage nach dem Unfall, verursacht durch Hirnödem sowie multiorganischem Versagen, welches infolge des Unfallschocks entstand; Schlüsselbeinfraktur links, Milzruptur und geschlossener Humerusbruch rechts		4-jähr. Junge		Kind verstarb, ohne das Bewusstsein wiedererlangt zu haben; Schmerzensgeld hat in diesem Fall Symbolcharakter und Sühnefunktion	LG München I 4.3.1999 19 O 151/98 RiLG Krumbholz, München
2236	10000 €5000 *(€6556)*	Bifrontale Kontusionsblutungen, traumatische Subarachnoidalblutungen, Kleinhirnkontusion mit hoher Querschnittslähmung C 1, Hirnstammschädigung und corticale Läsion. Tod nach 4 Monaten	4 Monate in drei verschiedenen Krankenhäusern	6-jähr. Junge		Die unfallbedingten Verletzungen führten zu einem komatösen Zustand. Der Junge war nicht mehr ansprechbar und nicht mehr orientiert. Er reagierte nicht auf Versuche der Kontaktaufnahme und Schmerzreize. Blickkontakt war nicht möglich. Schluckreflex, Hustenreaktion und Sprechversuche fehlten	LG München I 22.2.2001 19 O 11433/99 VorsRiLG Krumbholz

Fortsetzung von »Verletzungen mit Todesfolge«

Lfd. Nr.	Betrag DM **Euro** *(Anp.2019)*	Verletzung	Dauer und Umfang der Behandlung; Arbeitsunfähigkeit	Person des Verletzten	Dauerschaden	Besondere Umstände, die für die Entscheidungen maßgebend waren	Gericht, Datum der Entscheidung, Az., Veröffentlichung bzw. Einsender
2237	10 000 **€ 5000** *(€ 6790)*	Tod durch Ertrinken in einem Schwimmbad; Tod trat 35 Stunden nach dem Unfall ein, ohne dass der Verstorbene das Bewusstsein erlangt hat		Schüler		Verletzung der Verkehrssicherungspflicht (Fehlen eines Begrenzungsseils zwischen Schwimmer- und Nichtschwimmerbecken). Schmerzensgeldanspruch kann zu verneinen sein, wenn selbst schwerste Verletzungen bei durchgehender Empfindungslosigkeit des Geschädigten alsbald den Tod zur Folge haben und sie nach den konkreten Umständen des Falls, insbesondere wegen der Kürze der Zeit zwischen Schadensereignis und Tod, sowie nach dem Ablauf des Sterbevorganges derart im Vordergrund stehen, dass eine immat. Beeinträchtigung durch die Körperverletzung als solche nicht fassbar ist und folglich auch die Billigkeit keinen Ausgleich in Geld gebietet. Im vorliegenden Fall, in dem der Tod nach 35 Stunden eintrat, muss aber davon ausgegangen werden, dass der Ertrinkende unter den insoweit zugrunde zu legenden normalen Umständen eines Ertrinkungstodes durchaus einige Zeit panische Angst verspürt hat, verbunden mit einer völligen Verkrampfung des Körpers, ehe die Bewusslosigkeit und dann die Schädigung des Hirns einsetzte. Diese kurze, aber durchaus furchtbare Zeit rechtfertigt ein Schmerzensgeld von DM 10 000 (€ 5000)	KG Berlin 20.11.1998 25 U 8244/97 NJW-RR 2000, 242

● Mithaftung (siehe vorletzte Spalte)

Verletzungen mit Todesfolge

Lfd. Nr.	Betrag DM **Euro** *(Anp.2019)*	Verletzung	Dauer und Umfang der Behandlung; Arbeitsunfähigkeit	Person des Verletzten	Dauerschaden	Besondere Umstände, die für die Entscheidungen maßgebend waren	Gericht, Datum der Entscheidung, Az., Veröffentlichung bzw. Einsender
	Fortsetzung von »Verletzungen mit Todesfolge«						
2238	€5000 *(€5353)*	Hypoxie mit schwerster, zum Tode führender Hirnschädigung	Tod nach 9-stündiger Bewusstlosigkeit	Mann	Tod	Die Bemessung des Schmerzensgeldes bei einer Körperverletzung, an deren Folgen der Verletzte alsbald verstirbt, erfordert eine Gesamtbetrachtung der immateriellen Beeinträchtigung unter besonderer Berücksichtigung von Art und Schwere der Verletzungen, des hierdurch bewirkten Leidens und dessen Wahrnehmung durch den Verletzten wie auch des Zeitraums zwischen Verletzung und Eintritt des Todes (BGH, NJW 1998, 2741, 2742). Danach ist einerseits zu berücksichtigen, dass der Patient infolge der Hypoxie reanimiert werden musste und eine denkbar schwere Hirnschädigung erlitten hat. Andererseits kann nicht außer Betracht bleiben, dass er infolge des Schlaganfalls schon seit elf Tagen im Koma lag, dass er bereits neun Stunden nach der Hypoxie verstorben ist und dass er in dieser Zeit bewusstlos war. Denn der Umstand, dass der Geschädigte die Verletzungen nur kurze Zeit überlebt, ist auch dann schmerzensgeldmindernd zu berücksichtigen, wenn der Tod gerade durch das Schadensereignis verursacht worden ist. Das gilt auch dann, wenn er sich bis zu seinem Tode durchgehend oder überwiegend in einem Zustand der Empfindungsunfähigkeit oder Bewusstlosigkeit befunden hat. Die zitierte Rspr. zu der immateriellen Beeinträchtigung durch eine gravierende Herabminderung bzw. Zerstörung der Persönlichkeit steht dem nicht entgegen (BGH, a.a.O.). Denn wie das bewusst erlebte Leiden ist auch diese Beeinträchtigung auf den Zeitraum bis zum Tod beschränkt. Danach stellt das von den Beklagten gezahlte Schmerzensgeld von €5000 eine angemessene Entschädigung für die immateriellen Beeinträchtigungen dar, die der Patient in der Zeit zwischen der Hypoxie und seinem Tod erlitten hat. Es liegt auch im Rahmen dessen, was andere Gerichte in vergleichbaren Fällen schwerster, innerhalb kurzer Zeit zum Tod führender Gesundheitsschäden für angemessen erachtet haben	OLG Karlsruhe 26.2.2014 7 U 30/11

Lfd. Nr.	Betrag DM **Euro** *(Anp.2019)*	Verletzung	Dauer und Umfang der Behandlung; Arbeitsunfähigkeit	Person des Verletzten	Dauerschaden	Besondere Umstände, die für die Entscheidungen maßgebend waren	Gericht, Datum der Entscheidung, Az., Veröffentlichung bzw. Einsender
	Fortsetzung von »Verletzungen mit Todesfolge«						
2239	10 000 **€ 5000** *(€ 6782)*	Polytrauma mit Hirnstammblutung, Hirnödem, Gesichtsfrakturen; Unterschenkelfraktur; sofortige Bewusstlosigkeit; Tod nach 7 Tagen, ohne das Bewusstsein wiedererlangt zu haben		Mann		Die Rechtsprechung des BGH (NJW 1993, 781), wonach es eine eigenständige Bewertung derjenigen Schadensfälle erfordert, die beim Geschädigten zu einem Verlust seiner Wahrnehmungs- und Empfindungsfähigkeit und damit zu fast vollständiger Zerstörung seiner Persönlichkeit geführt haben, ist auch auf die Fälle anzuwenden, in denen der Geschädigte bereits kurze Zeit nach dem Unfall stirbt, ohne das Bewusstsein wiedererlangt zu haben. Dabei ist insbesondere auf die Schwere der erlittenen Verletzungen und auf den Zeitraum zwischen Körperverletzung und Todeseintritt unter Einschluss der im Koma verbrachten Zeit abzustellen	Schleswig-Holsteinisches OLG 14.5.1998 7 U 87/96 DAR 1998, 354 RAe Batzlaff & Partner, Kiel
2240	**€ 5600 ●** *(€ 6106)*	Oberschenkelhalsfraktur, Schambeinbruch, Blutergüsse am gesamten Körper, Lungenentzündung (Tod des Ehemanns nach 9 Tagen stationärem Aufenthalt)	1 Operation, 9 Tage stationärer Aufenthalt	77-jähr. Mann, Fahrradfahrer		30% Mithaftung des Verstorbenen aufgrund dessen, dass dieser den Fahrradweg in die falsche Richtung befuhr. Bei der Bemessung des Schmerzensgeldes sind die Verletzungen des Ehemanns maßgebend, jedoch ist der Kammer bewusst, dass der kurze Krankenhausaufenthalt auf das schnelle Versterben zurückzuführen ist. Aus rechtlichen Gründen sieht sich die Kammer jedoch außer Stande, dies zu berücksichtigen. Der Anspruch auf das Schmerzensgeld wurde ererbt. Der Unfall ist nach Auffassung des Gerichts mittelbar kausal für den Tod des Ehemanns der Klägerin	LG Wuppertal 4.1.2013 2 O 407/10 RA Wolfgang Koch, Erftstadt
2241	12 000 **€ 6000** *(€ 7799)*	Verbrennungen von ca. 45% der Körperoberfläche, nach einigen Stunden Eintritt ins Koma, Tod nach 3 Tagen		14-jähr. Mädchen		Verletztes Mädchen hat bis zum Eintritt des Komas Ausmaß der Verletzungen im vollen Umfang miterlebt; es ist davon auszugehen, dass sie unter erheblichen Schmerzen gelitten hat; auch nach Eintritt des Komas kann nicht ausgeschlossen werden, dass sie zumindest unbewusst bis zum Tode weitere Schmerzen erlitten hat; grob fahrlässiges Verhalten des Schädigers, der unkontrolliert Brennspiritus in glimmenden Holzkohlengrill spritzte, worauf eine Stichflamme entstand, die das Mädchen erfasste	LG Neuruppin 17.9.2001 1 a O 49/01 RA Abée, Bad Arolsen
2242	**€ 6000** *(€ 6911)*	Schwerste Verletzungen mit starken Schmerzen, Tod nach knapp 2 Stunden, nicht gleich bewusstlos		Mann		Verletzung der Verkehrssicherungspflicht; Sturz als Motorradfahrer auf einem bei Nässe zu glatten Straßenbelag	OLG Frankfurt am Main 14.9.2009 1 U 309/08

● Mithaftung (siehe vorletzte Spalte)

Verletzungen mit Todesfolge

Urteile lfd. Nr. 2243 – 2246

Lfd. Nr.	Betrag DM Euro (Anp.2019)	Verletzung	Dauer und Umfang der Behandlung; Arbeitsunfähigkeit	Person des Verletzten	Dauerschaden	Besondere Umstände, die für die Entscheidungen maßgebend waren	Gericht, Datum der Entscheidung, Az., Veröffentlichung bzw. Einsender
\multicolumn{8}{l}{Fortsetzung von »Verletzungen mit Todesfolge«}
2243	12 000 € 6000 (€ 7742)	Schwerste Verletzungen, die unmittelbar nach dem Unfall zum Verlust des Bewusstseins und 8 Tage später zum Tode führten, ohne dass der Unfallgeschädigte das Bewusstsein wiedererlangt hätte		Mann		Bei schwerster Unfallverletzung mit Wahrnehmungslosigkeit handelt es sich um eine Zerstörung der Persönlichkeit, die durch eine Geldentschädigung auszugleichen ist; denn der hohe Wert der Persönlichkeit und Würde des Menschen (Art. 1 und 2 GG) verbietet es, zu Gunsten des Schädigers gerade den Umstand, der die besondere Schwere der zu entschädigenden Beeinträchtigung für den Betreffenden ausmachte, zum Anlass für eine Minderung des Schmerzensgeldes zu machen oder dieses sogar ganz zu versagen. Vielmehr verlangen Beeinträchtigungen von solchem Ausmaß nach einer eigenständigen Bewertung und verbieten eine lediglich symbolhafte Wiedergutmachung (BGH NJW 1993, 781; BGH DAR 1998, 352)	OLG Koblenz 18.11.2002 12 U 566/01 zfs 2003, 73 NJW 2003, 442
2244	€ 7500 (€ 7933)	Durch 15 cm tiefen Messerstich in den Mittelbauch wurden Dünndarmschlingen, die linke gemeinsame Beckenschlagader und die daneben liegende Vene durchtrennt	Der Verletzte starb bei einer Notoperation an Herz-Kreislaufversagen, ohne in der Zwischenzeit das Bewusstsein wieder erlangt zu haben	Mann	Tod	Maßgeblich für die Höhe des Schmerzensgeldes bei einer Körperverletzung, an deren Folgen der Verletzte alsbald verstirbt, sind die Schwere der Verletzungen, das durch sie bedingte Leiden, dessen Dauer, das Ausmaß der Wahrnehmung der Beeinträchtigung durch den Verletzten und der Grad des Verschuldens des Schädigers. Hat das Opfer einer tödlichen Messerattacke nur kurz gelitten, da zwischen dem Beginn des Angriffs und der bei ihm eingetretenen Bewusstlosigkeit maximal acht Minuten lagen, kann ein Schmerzensgeld i.H.v. € 7500 angemessen sein	OLG Oldenburg 9.6.2015 2 U 105/14 juris; VersR 2016, 741
2245	€ 10 000 (€ 12 123)	Tod durch Spaltung des Schädels mit Samuraischwert		Frau		Im Hinblick auf die Art der Tötung (Spaltung des Schädels mit einem Schwert), der Art des Vorgehens, dass nämlich die Tat geplant gewesen ist, und auch im Hinblick darauf, dass die Verstorbene den Angriff noch ca. 15 Minuten überlebt hat und in dieser Zeit Schmerzen erlitten hat, hielt das Gericht einen Betrag von € 10 000 für angemessen	LG Karlsruhe 24.11.2006 4 O 280/04 RA Dr. Heinz, Pforzheim
2246	€ 10 000 (€ 11 005)	Tod des Unfallopfers nach einem Verkehrsunfall		Mutter eines Kleinkindes		Grob verkehrswidriges Verhalten (Überfahren der Mittellinie) des Versicherungsnehmers	LG Saarbrücken 15.2.2012 5 O 17/11 NJW 2012, 1456

● Mithaftung (siehe vorletzte Spalte)

Lfd. Nr.	Betrag DM Euro (Anp.2019)	Verletzung	Dauer und Umfang der Behandlung; Arbeitsunfähigkeit	Person des Verletzten	Dauerschaden	Besondere Umstände, die für die Entscheidungen maßgebend waren	Gericht, Datum der Entscheidung, Az., Veröffentlichung bzw. Einsender
	Fortsetzung von »Verletzungen mit Todesfolge«						
2247	€ 10 000 (€ 12 123)	Chronologisches subdurales Hämatom über beiden Großhirnhemisphären, Tod nach 3 Monaten nach einem generalisierten Krampfanfall		76-jähr. Mann		Beim Verstorbenen wurde zunächst nur eine Schädelprellung mit Brillenhämatom und eine commotio cerebri festgestellt; daraufhin regelmäßige Vorstellungen beim Hausarzt; nach Eintritt eines epileptischen Anfalls 7 Wochen nach der Erstverletzung wurde das subdurale Hämatom diagnostiziert, was eine 17-tägige Beatmung auf der Intensivstation und eine nachfolgende Operation erforderlich machte; Verstorbener konnte 6 Wochen nach dem Verkehrsunfall ohne größere Beschwerden leben; erst der Krankenhausaufenthalt von 1 ½ Monaten, die dort erlittenen Anfälle sowie das etwaige Bewusstsein hinsichtlich der Schwere der Kopfverletzungen mit der erforderlichen Operation sind in erster Linie schmerzensgeldrelevant	LG Zweibrücken 30.11.2006 2 O 161/04 RAe Gebhardt & Koll., Homburg
2248	20 000 € 10 000 (€ 13 494)	Schwerste Verletzungen (u. a. stumpfes Bauchtrauma mit Leberrupturen und Dünndarmriss, Lungenkontusion, Schädelhirntrauma mit Subarachnoidalblutung, multiple Frakturen) mit Tod nach 23 Tagen		Mann		Verletzter war nach dem Unfall bei Bewusstsein, ansprechbar und orientiert; er hat bis zur Versorgung durch den Notarzt starke Schmerzen verspürt, die angesichts der Tatsache, dass er in dem Fahrzeug eingeklemmt war, zusätzliches Leiden verursacht haben; es ist davon auszugehen, dass er erhebliche Ängste verspürt hat; dieser Zustand ist durch den Notarzt durch eine Vollnarkose beendet worden; während der nachfolgenden Krankenhausbehandlungen mit mehreren Operationen, befand er sich bis zum Tod in einem künstlichen Koma	OLG Braunschweig 27.5.1999 8 U 45/99 DAR 1999, 404 RAe Krause & Weiss, Braunschweig
2249	€ 10 000 (€ 12 068)	Massivste innere und äußere Verletzungen nach einem Absturz in die Tiefe am Berg; Tod nach 25 Tagen ohne die Wiedererlangung des Bewusstseins	10 Operationen	Mann		Beklagte verlor beim Begehen eines rutschigen Bergwanderweges den Halt und stürzte von oben über einen steilen Hang auf den darunter gehenden Kläger, der dadurch das Gleichgewicht verlor und in die Tiefe stürzte; Beklagte hielt sich nicht an der am Weg befindlichen Stahlkette fest und ging auch zu nahe am Abhang; zu berücksichtigen ist die Todesangst, die der Abstürzende vor dem Verlust seines Bewusstseins empfunden haben muss	OLG Stuttgart 26.7.2006 3 U 65/06

● Mithaftung (siehe vorletzte Spalte)

Verletzungen mit Todesfolge

Urteile lfd. Nr. 2250 – 2252

Lfd. Nr.	Betrag DM **Euro** *(Anp.2019)*	Verletzung	Dauer und Umfang der Behandlung; Arbeitsunfähigkeit	Person des Verletzten	Dauerschaden	Besondere Umstände, die für die Entscheidungen maßgebend waren	Gericht, Datum der Entscheidung, Az., Veröffentlichung bzw. Einsender
	Fortsetzung von »Verletzungen mit Todesfolge«						
2250	€ 15 000 *(€ 16 663)*	Fehlerhafte ärztliche operative Behandlung welche die Lebensdauer auf 3 Wochen verkürzte und zu zahlreichen Beschwerden führte		62-jähr. Frau	Tod	Es ist unwahrscheinlich, dass es ohne den operativen Eingriff zum gleichen klinischen Verlauf gekommen wäre. Hinsichtlich des Kausalzusammenhangs zwischen der OP und dem Tod sei davon auszugehen, dass ohne die Folgen der OP die zahlreichen Vorerkrankungen der Klägerin erst zu einem späteren Zeitpunkt zum Tod geführt hätten. Durch die OP ist die Grundlage für Komplikationen geschaffen worden, welche schlussendlich nach der OP zum Tode führten. Der Zeitraum dazwischen war von erheblichen Beschwerden geprägt	LG Mönchengladbach 14.9.2011 6 O 171/09 RAe Weufen & Achterberg, Mönchengladbach
2251	30 000 € 15 000 *(€ 20 038)*	Schädelbruch, Rippenserienfraktur als Folge derer eine Lungenverletzung (massive Entzündung beider Lungen sowie der Lungenäste) eingetreten ist, die nach 32 Tagen zum Tode führte		Mann		Verstorbener musste 32 Tage auf der Intensivstation verbringen; er war während dieser Zeit ansprechbar und über seinen Zustand orientiert	OLG Hamm 20.3.2000 6 U 184/99 r+s 2000, 458
2252	30 000 € 15 000 *(€ 19 913)*	Schädelhirntrauma, Hirnödem; schwere innere Verletzungen; Tod nach 8 Tagen		16-jähr. Junge		Bis zum Tode war der Verletzte, der mehrfach operiert wurde, zum Teil bei Bewusstsein, phasenweise verfügte er über Schmerzempfinden, erhielt nur sehr gering dosierte Schmerz- und Schlafmittel; er war zeitweise ansprechbar und reagierte zielgerichtet auf (unbeabsichtigte) Schmerzreize, z. B. beim Umbetten und bei der Mundpflege; ob er den Todeskampf bewusst erlebt und Todesangst verspürt hat, lässt sich nicht feststellen	OLG Hamm 9.8.2000 13 U 58/00 DAR 2000, 570 RiOLG Zumdick, Hamm

Lfd. Nr.	Betrag DM Euro (Anp.2019)	Verletzung	Dauer und Umfang der Behandlung; Arbeitsunfähigkeit	Person des Verletzten	Dauerschaden	Besondere Umstände, die für die Entscheidungen maßgebend waren	Gericht, Datum der Entscheidung, Az., Veröffentlichung bzw. Einsender

Fortsetzung von »Verletzungen mit Todesfolge«

Lfd. Nr.	Betrag	Verletzung	Dauer	Person	Dauerschaden	Besondere Umstände	Gericht
2253	€ 15 000 (€ 16 929)	1. Hypoxischer Hirnschaden eines 3-jähr. Kindes mit Todesfolge durch ärztlichen Behandlungsfehler bei der Ausleitung der Narkose nach einer Mundbodenoperation 2. Schockschaden der Eltern durch Nachricht vom Tod ihres Kindes	5 Tage bis zum Tod	3-jähr. Junge	Tod	Aus übergegangenem Recht ihres Sohnes steht den Eltern kein den rechtskräftig zuerkannten Betrag von € 5000 übersteigendes Schmerzensgeld zu, da der Sohn der Kläger bereits am fünften Tag nach der Operation gestorben ist und nach den Ausführungen des Sachverständigen davon auszugehen ist, dass er in dieser Zeit nicht mehr bewusst leiden musste. Die Klägerin zu 1) leidet seit dem Tod ihres Sohnes unter erheblichen Schlaf-, Ess- und Konzentrationsstörungen, die jedenfalls bis zu der psychiatrischen Behandlung im Jahr 2006 Krankheitswert hatten und die mit einem schmerzlichen Trauerfall verbundenen Nachteile für das gesundheitliche Allgemeinbefinden deutlich überstiegen. Im Ergebnis hält der Senat dafür ein Schmerzensgeld von insgesamt € 8500 für angemessen. Das dem Kläger zu 2) zuerkannte Schmerzensgeld iHv € 1500 bedarf dagegen keiner Erhöhung. Der Kläger zu 2) war nach dem Tod seines Sohnes wegen eines Erschöpfungssyndroms, vegetativer Dystonie und Asomnie in allgemeinmedizinischer Behandlung und mehrere Wochen arbeitsunfähig	OLG Karlsruhe 15.12.2010 7 U 141/09 NZB zurückgew. d. BGH, Beschl. v. 14.2.2012 VI ZR 12/11
2254	35 000 € 17 500 (€ 24 946)	Schwerste Verletzungen mit Hirnschädigung, die bei dauerndem Koma nach 3 ½ Monaten zum Tode führten		21-jähr. Mann		Grobe Fahrlässigkeit des Schädigers. Die Einbuße der Persönlichkeit, der Verlust an personaler Qualität infolge schwerer Hirnschädigung stellt nach neuerer Rechtsprechung des BGH (NJW 1993, 781) schon für sich einen auszugleichenden immat. Schaden dar, unabhängig davon, ob der Betroffene die Beeinträchtigung empfindet. Verliert der Geschädigte sofort nach Verletzung das Bewusstsein und stirbt er wenige Stunden später, geht lediglich ein symbolisches Schmerzensgeld auf die Erben über. Anders liegen die Fälle, in denen der Geschädigte überlebt und ein u. U. langes Leben mit der zerstörten Persönlichkeit „leben" muss. Im vorliegenden Fall hatte das Gericht ein Schmerzensgeld zu finden, das zwischen den beiden Extremen liegt	LG Oldenburg 24.1.1995 701255/94 bestätigt durch OLG Oldenburg 27.6.1995 5 U 30/95 RAe Moritz, Pille, Beck, Brake

● Mithaftung (siehe vorletzte Spalte)

Verletzungen mit Todesfolge — Urteile lfd. Nr. 2255 – 2258

Lfd. Nr.	Betrag DM Euro (Anp.2019)	Verletzung	Dauer und Umfang der Behandlung; Arbeitsunfähigkeit	Person des Verletzten	Dauerschaden	Besondere Umstände, die für die Entscheidungen maßgebend waren	Gericht, Datum der Entscheidung, Az., Veröffentlichung bzw. Einsender
	Fortsetzung von »Verletzungen mit Todesfolge«						
2255	€ 20 000 (€ 20 682)	Schmerzensgeld aus ererbtem Recht wegen der gesundheitlichen Beeinträchtigungen der Tochter wegen nicht rechtzeitig erkannter Leukämie, die zum Tod führte. Grober Organisationsfehler des Hausarztes, weil nicht sichergestellt war, dass ein Laborbefund sowie die in der Praxis erhobene Blutsenkungsgeschwindigkeit zur Kenntnis genommen, ausgewertet und erforderlichenfalls nach Kontaktaufnahme zur Patientin mit dieser besprochen wurde	Am 8.2.2010 stellte sich die Tochter der Kläger notfallmäßig im Krankenhaus mit Gliederschmerzen, Muskelschmerzen und trockenem Husten vor. Mit der Verdachtsdiagnose akuter Leukämie wurde sie am 10.2.2010 in die Universitätsklinik verlegt. Dort stellten die behandelnden Ärzte die Diagnose einer unreifen akuten biologischen Leukämie bei bestehender Lungenentzündung. Am 18.2.2010 kam es zu einem ausgedehnten Hirninfarkt, an welchem die Tochter der Kläger verstarb. Sie wurde von den Klägern beerbt	25-jähr. Frau	Tod	Den einschlägigen Schmerzensgeldtabellen lassen sich Fälle entnehmen, in denen bereits vor zahlreichen Jahren Schmerzensgelder zuerkannt wurden, die in den Bereich des vom LG gewählten Betrages fallen, wobei mitunter wegen des Zeitablaufs eine maßvolle Erhöhung vorzunehmen ist. All diese Fälle belegen, dass die vom LG gewählte Größenordnung keineswegs übersetzt ist. Dies gilt erst recht, wenn Berücksichtigung findet, dass die Tochter der Kläger über einen zumindest drei Monate andauernden Zeitraum unter beständigen, einer Grippeerkrankung ähnelnden Symptomen gelitten hat, sich gleichwohl zur Arbeit quälte und bei Aufnahme in die stationäre Krankenhausbehandlung unter extrem hohem Fieber litt. Es leuchtet unmittelbar ein, wenn die Kläger schildern, dass die Tochter im Krankenhaus unter starken Schmerzen litt. Bereits nach zwei Tagen musste sie ins künstliche Koma versetzt werden. Berücksichtigt man dieses mehrmonatige und sich am Ende dramatisierende Leiden der Tochter der Kläger, ist ein Schmerzensgeld von € 20 000 in keiner Weise übersetzt. Allein der Umstand, dass ein Patient einen Laborbefund einfach persönlich in der Praxis abholt und damit ein Arzt-Patient-Gespräch verhindert, begründet kein Mitverschulden i.S.d. § 254 Abs. 1 BGB	OLG Koblenz 25.9.2017 5 U 427/17 GesR 2017, 784; juris
2256	€ 20 000 (€ 24 698)	Brutale Misshandlungen mit Tod nach 36 Stunden; während dieser Zeit war Geschädigter überwiegend bei Bewusstsein, so dass er über ein Schmerzempfinden verfügte		Jugendlicher		Geschädigter war einer Vielzahl von Schlägen und Tritten ausgesetzt, die u. a. zu massiven Schädelfrakturen führten; er war in panischer Angst; die Täter wurden zu mehrjährigen Jugendstrafen verurteilt	OLG Naumburg 7.3.2005 12 W 118/04 NJW-RR 2005, 900
2257	50 000 € 25 000 (€ 35 353)	Tod nach fast 10 Monaten im Koma, aber mit Schmerzempfindungen		Mann			OLG Celle 19.6.1995 9 U 11/95 VersR 1996, 1184
2258	50 000 € 25 000 (€ 34 888)	Schwere, irreversible Gehirnschädigung im Sinne eines apallischen Syndroms mit Bewegungsunfähigkeit; Verletzter war nicht ansprechbar und konnte keine Nahrung aufnehmen; Tod nach 5 1/2 Monaten				Bei der Bemessung des Schmerzensgeldes in den Fällen, in denen dem Verletzten wegen des Ausmaßes der Zerstörung seiner Persönlichkeit die Empfindungsfähigkeit fehlt, kommt dem Umstand erhebliche Bedeutung zu, wie lange der Geschädigte das Schadensereignis überlebt hat	OLG München 3.5.1996 10 U 6205/95 NZV 1997, 440 VRS 93, 272

Fortsetzung von »Verletzungen mit Todesfolge«

Lfd. Nr.	Betrag DM Euro (Anp.2019)	Verletzung	Dauer und Umfang der Behandlung; Arbeitsunfähigkeit	Person des Verletzten	Dauerschaden	Besondere Umstände, die für die Entscheidungen maßgebend waren	Gericht, Datum der Entscheidung, Az., Veröffentlichung bzw. Einsender
2259	€ 40 000 (€ 51 616)	Tod aufgrund einer Leberzirrhose		Mann		Grob fehlerhafte Behandlung, da es Arzt unterlassen hatte, pathologische Leberwerte entweder durch eine Leberpunktion oder aber durch eine serologische Untersuchung auf das Vorliegen einer Hepatitis-B-Infektion näher abzuklären; zu berücksichtigen sind Schmerzen, Leiden, Dauer der stationären Behandlung sowie der eigenen Wahrnehmung der Leiden und des unvermeidlichen bevorstehen Todes; Verstorbener hatte bewusst den nahen Tod und den Abschied von der Familie vor Augen, fühlte den rapiden körperlichen Verfall bis zum Eintritt des Komas	OLG Hamm 6.11.2002 3 U 50/02 VersR 2004, 1321
2260	€ 40 000 (€ 41 404)	Fortführung der PEG-Sondenernährung eines final demenzkranken Patienten ohne wirksame Einwilligung des Betreuers	PEG-Sondenernährung 21 Monaten bis zum Eintritt des Todes	Mann		Bei der Bemessung des Schmerzensgeldes ist zunächst zu beachten, dass bereits die Verletzung des Integritätsinteresses des Patienten, dem ohne wirksame Einwilligung über einen längeren Zeitraum mittels einer Magensonde Nahrung verabreicht wurde, für sich betrachtet ein Schmerzensgeld rechtfertigt. Hier kommt erschwerend hinzu, dass der bettlägerige und inkontinente Patient über einen Zeitraum von ca. 21 Monaten bis zum Eintritt des Todes massive gesundheitliche Beeinträchtigungen (insbesondere Dekubiti, Krämpfe, Fieber, Schmerzen, Atembeschwerden, Pneumonien, Gallenblasenentzündung) durchleiden musste, auch wenn seine Wahrnehmungsfähigkeit infolge des fortgeschrittenen zerebralen Abbaus – möglicherweise stark – eingeschränkt gewesen sein mag. Der Beklagte hat zwar weder die weitgehende Zerstörung der Persönlichkeit des Patienten als Folge der degenerativen Gehirnerkrankung noch die beschriebenen gesundheitlichen Komplikationen zu vertreten. Er ist aber mitverantwortlich dafür, dass der Patient in diesem Zustand weitergelebt hat und leben musste. Das rechtfertigt es, mit Blick auf die verfassungsrechtliche Wertentscheidung in Art. 1 GG und in Übereinstimmung mit den Grundsätzen der Rechtsprechung in Fällen schwerer Geburtsschäden (vgl. BGH, Urt. v. 13.10.1992 – VI ZR 201/91, juris-Rn. 28 ff) auf ein über eine bloß symbolhafte Entschädigung hinausgehendes Schmerzensgeld zu erkennen, dessen Höhe jedenfalls nicht in erster Linie davon abhängt, in welchem Ausmaß der Patient die Beeinträchtigungen tatsächlich empfunden hat. Unter Berücksichtigung aller Umstände erachtet der Senat im vorliegenden Fall deshalb ein Schmerzensgeld in Höhe von € 40 000 als angemessen	OLG München 21.12.2017 1 U 454/17 FamRZ 2018, 723; juris

Verletzungen mit Todesfolge — Urteile lfd. Nr. 2261 – 2263

Lfd. Nr.	Betrag DM **Euro** *(Anp.2019)*	Verletzung	Dauer und Umfang der Behandlung; Arbeitsunfähigkeit	Person des Verletzten	Dauerschaden	Besondere Umstände, die für die Entscheidungen maßgebend waren	Gericht, Datum der Entscheidung, Az., Veröffentlichung bzw. Einsender

Fortsetzung von »Verletzungen mit Todesfolge«

2261	€ 40 903 *(€ 54 164)*	Fehltransfusion durch Verwechslung einer Blutkonserve nach Implantation einer zementfreien Hüfttotalendoprothese, die 6 Wochen nach der Operation zum Tod führte		50-jähr. Frau		Ärztlicher Behandlungsfehler. Bei der Bemessung des Schmerzensgeldes ist zu berücksichtigen, dass die Klägerin vorwiegend bei vollem Bewusstsein war und infolge der durch die Angehörigen erfolgten Unterrichtung über den Behandlungsfehler und dessen Folgen über einen nicht unerheblichen Zeitraum mit der Gewissheit leben musste, in absehbarer Zeit zu versterben, und deswegen im weiteren Krankheitsverlauf auch noch zunehmend unter Depressionen gelitten hat; ebenso litt sie unter den während dieser Zeit aufgetretenen schweren Unverträglichkeitsreaktionen (u. a. Schüttelfrost, akutes Nierenversagen, schwere Blutgerinnungsstörungen)	LG Gera 26.7.2000 2 O 2278/99 RA Kranich, Jena
2262	€ 50 000 *(€ 52 888)*	Tötung durch mehrere Messerstiche mit zumindest bedingtem Tötungsvorsatz. Der Getötete erlebte die Stiche und den damit einhergehenden Blutverlust. Nach nicht allzu langer Zeit verlor er das Bewusstsein	4 Tage intensivmedizinische Behandlung vor dem Versterben	Schüler		Im Rahmen einer Klassenfahrt tötete der Beklagte seinen Mitschüler. Dieser hat das Versterben bewusst miterlebt. Die Vorsätzlichkeit der Tötung rechtfertigt die Zuerkennung eines höheren Schmerzensgeldes. Auch sei die entsprechend hohe Summe im Vergleich zu den zugesprochenen Schmerzensgeldern beispielsweise bei Persönlichkeitsrechtsverletzungen geboten	LG Bochum 29.10.2015 I-2 O 574/12 Schmerzensgeldanspruch des Verstorbenen
2263	€ 50 000 *(€ 53 421)*	Tod in Folge schwerster innerer und äußerer Brandverletzungen (Inhalationstrauma und 70% der Hautoberfläche)		Frau		Der Vater der Verstorbenen übergoss die Geschädigte mit Benzin und steckte diese in Brand, aufgrund dessen die Geschädigte nach ca. 90 Minuten verstarb. Trotz der massivsten Verletzungen war sie während dieser Zeit ansprechbar und bei vollem Bewusstsein. Insoweit hat die Geschädigte den unausweichlichen Tod bewusst miterlebt (zumindest die ersten 30 Minuten, bis danach der Notarzt wenigstens schmerzlindernde Medikamente geben konnte bis zum Eintritt der Bewusstlosigkeit) und auch, wie der Beklagte sie in Brand steckte, was die Zuerkennung eines deutlichen Schmerzensgeldes rechtfertigt. Erhöhend wirkte auch die Vorsatztat. Der Vater wurde wegen Mordes in grausamer Begehungsweise zu lebenslanger Freiheitsstrafe verurteilt. Schädiger versuchte Rettungshandlungen zu verhindern, dadurch wurden die Schmerzen intensiviert	LG Frankenthal (Pfalz) 9.4.2014 6 O 488/13 Beck online

Urteile lfd. Nr. 2264 – 2266   Verletzungen mit Todesfolge

Lfd. Nr.	Betrag DM Euro (Anp.2019)	Verletzung	Dauer und Umfang der Behandlung; Arbeitsunfähigkeit	Person des Verletzten	Dauerschaden	Besondere Umstände, die für die Entscheidungen maßgebend waren	Gericht, Datum der Entscheidung, Az., Veröffentlichung bzw. Einsender
	Fortsetzung von »Verletzungen mit Todesfolge«						
2264	€ 50 000 (€ 54 686)	Wegen seines Alkoholkonsums war der Beklagte mit der Tochter der Klägerin in Streit geraten, in dessen Verlauf sie ihre Beziehung mit dem Beklagten beendete und ihn der Wohnung verwies. Der Beklagte schlug daraufhin mehrfach auf die Tochter der Klägerin ein und würgte sie. Außerdem fügte er seinem Opfer schwere Afterverletzungen zu. Die Tochter der Klägerin verstarb an den Verletzungen		Frau	Tod	Bei einer vorsätzlich begangenen gefährlichen Körperverletzung, die zum Tode der Geschädigten führt, tritt bei der Bemessung des Schmerzensgeldes die Ausgleichsfunktion des Schmerzensgeldes hinter dessen Genugtuungsfunktion zurück. Nach den Umständen des Einzelfalls kann deshalb ein Schmerzensgeld von € 50 000 auch dann angemessen sein, wenn die Geschädigte die Verletzungshandlung lediglich für einen kurzen Zeitraum (hier ca. 30 Minuten) überlebt, sie jedoch die ihr zugefügten schweren Verletzungen und Schmerzen bewusst und in Todesangst wahrnimmt. Das Eindringen in den After der Beklagten mittels eines Gegenstandes kommt einer Vergewaltigung durch Analverkehr gleich, wobei der Beklagte, der den Widerwillen der Getöteten gegen diese Art des Geschlechtsverkehrs kannte, bewusst die schwache Situation der Getöteten ausnutzte, um sie zu erniedrigen	OLG Bremen 16.3.2012 3 U 6/12 juris
2265	120 000 € 60 000 (€ 88 133)	Schweres Schädelhirntrauma mit Blutung rechts im Schläfenlappen, zentral mit Beteiligung der Stammganglien; schwere Beckenfrakturen mit zentraler Hüftluxation sowie Frakturen im Bereich des Kreuzbeins; vordere Beckenringfrakturen sowie Harnblasenverletzung; stumpfes Thoraxtrauma mit Rippenserienfraktur 3–8 links und stumpfes Bauchtrauma mit Milzverletzung sowie linksseitiger Zwerchfellruptur, unfallursächlicher Tod nach 1 1/2 Jahren	7 Monate stationär, anschließend häusliche Pflege	Mann		Bei der Bemessung des Schmerzensgeldes sind allein die vom Verstorbenen erlittenen Verletzungen maßgebend, unabhängig davon, ob der Verstorbene diese empfunden hat oder nicht	LG Dortmund 22.7.1993 15 O 157/92 RAe Wismann & Koll., Lünen
2266	150 000 € 75 000 (€ 101 985)	Schwere Gehirnerschütterung mit lokalisierten Kontusionsherden und Blut in den Hinterhörnern der Seitenventrikel; Oberarmfraktur links, Ellenbogenluxation rechts; Frakturen der 5.–10. Rippe links; Fraktur des Nasenbeins; Lungenkontusion; Tod nach 21 Monaten	4 Monate Krankenhaus, anschließend Pflegeheim, in welchem der Verletzte nach 17 Monaten verstorben ist, nachdem er 5 Monate vor seinem Tod eine lokale Epilepsie erlitten hatte	Orthopäde		Infolge der Schwere der Gehirnverletzungen weitgehend Einbuße der Persönlichkeit; es bestand bis zum Tode eine gewisse Erlebnis- und Empfindungsfähigkeit, die mit hoher Wahrscheinlichkeit zur Folge hatte, dass sich der Verletzte seiner eigenen Situation in gewissem Maße bewusst war; zu berücksichtigen ist, dass der Verletzte die schweren Gesundheitsschäden lediglich 21 Monate ertragen musste; nicht zu berücksichtigen ist, dass das Leben durch den Unfall frühzeitig beendet worden ist	OLG Karlsruhe 11.7.1997 10 U 15/97 VRS 96,1 NZV 1999, 210 Revision des Klägers vom BGH nicht angenommen 19.5.1998 VI ZR 271/97

● Mithaftung (siehe vorletzte Spalte)

Verletzungen mit Todesfolge — Urteile lfd. Nr. 2267 – 2268

Lfd. Nr.	Betrag DM Euro (Anp.2019)	Verletzung	Dauer und Umfang der Behandlung; Arbeitsunfähigkeit	Person des Verletzten	Dauerschaden	Besondere Umstände, die für die Entscheidungen maßgebend waren	Gericht, Datum der Entscheidung, Az., Veröffentlichung bzw. Einsender

Fortsetzung von »Verletzungen mit Todesfolge«

Lfd. Nr.	Betrag	Verletzung	Dauer/Umfang	Person	Dauerschaden	Besondere Umstände	Gericht
2267	€ 150 000 (€ 163 552)	Der am 19.10.2005 Verunfallte (Verkehrsunfall) war seit 21.10.2005, 7.00 Uhr morgens, komatös, ohne bis zum Tod am 11.10.2006 das Bewusstsein wiedererlangt zu haben. Als Folge der Blutungen in die Hirnsubstanz und des begleitenden Hirnödems bestand nach Absinken in die Bewusstlosigkeit ein apallisches Syndrom als persistierender vegetativer Zustand mit schwerem Koma, überwiegend Grad III, teilweise auch Grad IV, aufgrund dessen der Verstorbene nicht mehr in der Lage war, innerhalb gewisser Grenzen noch Empfindungen wie Angst, Freude, Schmerz empfinden zu können und sich seiner Defizite wie Immobilität, Blindheit, künstliche Beatmung und Ernährung sowie des Katheters bewusst zu sein	Ca. 1 Jahr apallisches Syndrom (künstliche Beatmung, Ernährung und Katheter)	Mann	Tod	Vorliegend ist entscheidend, dass sich der Verletzte zunächst bis 21.10.2005 seiner lebensbedrohlichen Situation und Hilflosigkeit bewusst war, während er in der Folge knapp ein Jahr im Koma ohne Kommunikations- und Empfindungsfähigkeit weiterlebte. Es wirkt schmerzensgeldmindernd, wenn sich der Verletzte bis zu seinem Tod durchgehend oder überwiegend in einem Zustand der Empfindungsunfähigkeit oder Bewusstlosigkeit befunden hat. Die Bemessung des Schmerzensgeldes bei einer Körperverletzung, an deren Folgen der Verletzte alsbald verstirbt, erfordert daher eine Gesamtbetrachtung (BGH NZV 1998, 370) der immateriellen Beeinträchtigung unter besonderer Berücksichtigung von Art und Schwere der Verletzungen, des hierdurch bewirkten Leidens und dessen Wahrnehmung durch den Verletzten, wie auch des Zeitraums zwischen Verletzung und Eintritt des Todes. Ein immaterieller Schaden ist auch bei sofortiger Bewusstlosigkeit des Verletzten, die als Koma ohne Wiedererlangung der Empfindungsfähigkeit bis zum Tode fortdauert, ersatzfähig. Der Senat hält im Hinblick auf seine Entscheidung aus dem Jahr 1997 (NZV 1997, 440), der ein grundsätzlich vergleichbarer Sachverhalt zugrunde lag, das bereits bezahlte Schmerzensgeld bei weitem für ausreichend	OLG München 3.8.2012 10 U 2195/11
2268	€ 200 000 (€ 245 833)	Multiple schwerste Verletzungen, insbesondere Hirnverletzungen mit der Folge eines apallischen Syndroms, Tod nach 2 ¾ Jahren		44-jähr. Polizeihauptmeister		Grobe Fahrlässigkeit des Schädigers; es ist von einer reduzierten Fähigkeit des Wahrnehmens und Empfindens der Situation durch den Geschädigten auszugehen; im Übrigen stellt die Einbuße der Persönlichkeit, der Verlust an personaler Qualität infolge der schweren Hirnschädigung schon für sich einen immat. Schaden dar, unabhängig davon ob der Betroffene die Beeinträchtigung empfindet	LG Trier 20.7.2005 5 O 61/04 RAe Gebhardt & Koll., Homburg

Weitere Urteile zur Rubrik »Verletzungen mit Todesfolge« siehe auch:
bis € 2500: 2167
bis € 12 500: 2469, 2621, 2470, 3092, 2625
bis € 25 000: 2471, 3183, 2472, 2386, 2473, 2474, 2475
ab € 25 000: 2476, 2477, 2155, 2420, 2478, 2481, 2482, 2483, 2435, 2630, 2484, 1334, 2485

II. Häufige Verletzungsarten

Lfd. Nr.	Betrag DM Euro (Anp.2019)	Verletzung	Dauer und Umfang der Behandlung; Arbeitsunfähigkeit	Person des Verletzten	Dauerschaden	Besondere Umstände, die für die Entscheidungen maßgebend waren	Gericht, Datum der Entscheidung, Az., Veröffentlichung bzw. Einsender
Distorsion							
	Weitere Urteile zur Rubrik »**Distorsion**« siehe auch:						

Distorsion

Weitere Urteile zur Rubrik »**Distorsion**« siehe auch:
- **bis €2500:** 1693, 1703, 1709, 1715, 1716, 1718, 1719, 1722, 1726, 1727, 1734, 1736, 1738, 1741, 1747, 1751, 1753, 212, 1754, 1755, 1756, 1757, 1758, 1760, 1763, 1764, 1765, 1768, 1771, 1772, 637, 152, 1775, 1777, 441, 1782, 1783, 1785, 1786, 1788, 1790, 1791, 1792, 1794, 1797, 154, 1805, 1807, 1810, 1813, 1816, 742, 1817, 1819, 1820, 1821, 1822, 2135, 844, 3132, 1826, 1828, 1833, 1838, 1564, 1839, 1840, 1841, 1842, 1844, 242, 1847, 219, 1850, 1851, 902, 1853, 1854, 1387, 1856, 958, 1858, 222, 1861, 1863, 157
- **bis €5000:** 1864, 484, 518, 1866, 492, 1872, 780, 1873, 1874, 851, 1880, 1881, 802, 1882, 223, 459, 2750, 2115, 247, 2753, 1892, 1390, 1894, 1612, 914, 1897, 1903, 917, 1905, 1906
- **bis €12500:** 1907, 1522, 3206, 250, 625, 965, 227, 1583, 542, 3152, 1916, 1917, 1918, 497, 1920, 1922, 2126, 553, 1927, 1928, 1508, 229, 1634, 69, 967, 1931, 71, 1639, 3158, 2146, 636
- **bis €25000:** 184, 3162, 2130, 729, 79, 995, 1950, 583, 1951, 1198, 591, 996, 1954, 1200
- **ab €25000:** 1955, 3172, 599, 1958, 1959, 1960, 1962, 1966, 437, 3016

Entzündungen und Infektionen

Lfd. Nr.	Betrag DM Euro (Anp.2019)	Verletzung	Dauer und Umfang der Behandlung; Arbeitsunfähigkeit	Person des Verletzten	Dauerschaden	Besondere Umstände, die für die Entscheidungen maßgebend waren	Gericht, Datum der Entscheidung, Az., Veröffentlichung bzw. Einsender
2269	– (€ 0)	Schwellung im Gesicht durch Bienenstich		Mann		Der Kläger wurde als Nachbar des beklagten Imkers, der 18 Bienenvölker auf seinem Grundstück hielt, von einer Biene gestochen. Ein allergischer Schock konnte nur durch die Einnahme eines Allergiemittels verhindert werden. Allerdings konnte der Kläger nicht beweisen, dass er gerade von einer Honigbiene des Beklagten und nicht von einer simplen Wildbiene gestochen wurde, weshalb die Tierhalterhaftung des Beklagten ausscheidet	AG Brandenburg 28.11.2017 34 C 146/16 juris
2270	– (€ 0)	Entzündliche Hautveränderung (45 x 17 cm) in Form von Aufplatzen der Haut, deutliche Wulstbildung, Blasenbildung, oberflächliche Schorfentwicklung, deutliche Hyperpigmentierung, Juckreiz, nach einer Tätowierung am rechten Unterschenkel	Stationäre Rekonstruktion der entzündeten Flächen mit Spalthauttransplantaten, einige ambulante Behandlungen	Friseurin		Die Klägerin hat keinen Schmerzensgeldanspruch gegen den Beklagten, da ihm kein pflichtwidriges Verhalten vorzuwerfen ist, wenngleich es durch die Tätowierung zu der Hyperpigmentierung gekommen ist. Das Entzündungsrisiko bei Tätowierungen hat sich schicksalhafter Weise bei der Klägerin realisiert. Der Vorfall ereignete sich im Jahr 2008, also vor Inkrafttreten der Tätowiermittelverordnung vom 1.5.2009. Eine umfassende, nähere Aufklärungspflicht des Beklagten als Tätowierer, insbesondere vorgleichbar mit der Verpflichtung eines Arztes vor der Durchführung eines Heileingriffs, besteht nicht	LG Coburg 14.2.2012 11 O 567/10 openjur
2271	€ 2000 + immat. Vorbehalt (€ 2034)	Allergische Hautreaktion aufgrund einer Überdosis des Farbstoffs PPD, Juckreiz, Rötungen, keine gravierenden Ekzeme am rechten Unterarm	Kortisonsalbe, 1 Monat Beschwerden	Frau	Lebenslange Sensibilisierung für PPD	Verkehrssicherungspflichtverletzung des beklagten Reiseveranstalters. Die Klägerin ließ sich im Urlaub in Ägypten im hoteleigenen Beauty-Salon ein Henna-Tattoo stechen; die Farbe enthielt eine Überdosis des Farbstoffs p-Phenyldendiamin (PPD). Die Klägerin muss zukünftig den Kontakt mit diesem Farbstoff aufgrund der Sensibilisierung meiden	LG Frankfurt am Main 12.7.2018 2-24 O 238/16

● Mithaftung (siehe vorletzte Spalte)

Entzündungen und Infektionen

Lfd. Nr.	Betrag DM Euro (Anp.2019)	Verletzung	Dauer und Umfang der Behandlung; Arbeitsunfähigkeit	Person des Verletzten	Dauerschaden	Besondere Umstände, die für die Entscheidungen maßgebend waren	Gericht, Datum der Entscheidung, Az., Veröffentlichung bzw. Einsender
	Fortsetzung von »Entzündungen und Infektionen«						
2272	€ 3000 + immat. Vorbehalt *(€ 3235)*	Heilungsverzögerung von 3 bis 4 Wochen durch groben Behandlungsfehler, posttraumatische Belastungsstörung	3 bis 4 Wochen stationärer Aufenthalt	36-jähr. Frau, querschnittsgelähmt		Die Klägerin befand sich bei der Beklagten wegen Dekubitalulzera in beiden Gesäßhälften in Behandlung, die bereits 4 Monate vor der stationären Aufnahme bestanden. Die stationäre Aufnahme erfolgte einen Tag zu spät und auch die operativen Maßnahmen waren dadurch verzögert. Ohne den Behandlungsfehler wären der Klägerin während des Verzögerungszeitraums auch die Übelkeit, Fieberschübe und Schmerzen erspart geblieben. Allerdings hätten die Operationen auch ohne den Fehler durchgeführt werden müssen. Es wäre auch ohne den Behandlungsfehler ca. 4 Monate nach der OP zu den geschilderten Beschwerden gekommen. Es kann andererseits für die Bemessung des Schmerzensgeldes nicht unberücksichtigt bleiben, dass unabhängig vom Behandlungsverlauf bereits Monate vor der Behandlung eine schwere Entzündung vorhanden war, deren Entstehen und langer Verlauf ebenfalls geeignet waren, seelische Befürchtungen und Ängste zu begründen. Der Behandlungsfehler war zumindest mitursächlich für die Belastungsstörung. Auch dass hier ein grober Behandlungsfehler vorlag, wirkt sich gegenständlich nicht schmerzensgelderhöhend aus	LG Duisburg 20.1.2015 6 O 163/11 OLG Düsseldorf 5.11.2015 1-8 U 15/15
2273	€ 3000 + immat. Vorbehalt *(€ 3052)*	Allergische Hautreaktion aufgrund einer Überdosis des Farbstoffs PPD, Juckreiz, Rötungen, nässende zum Teil aufplatzende Ekzeme an der rechten Schulter, psychische Belastung	Kortisonsalbe, 1 Monat Beschwerden, 1 Jahr lang Tragen eines UV-Schutzshirts	9-jähr. Junge	Lebenslange Sensibilisierung für PPD	Verkehrssicherungspflichtverletzung des beklagten Reiseveranstalters. Der Kläger ließ sich im Urlaub in Ägypten im hoteleigenen Beauty-Salon ein großflächiges Henna-Tattoo stechen; die Farbe enthielt eine Überdosis des Farbstoffs p-Phenyldendiamin (PPD). Der Kläger muss zukünftig den Kontakt mit diesem Farbstoff aufgrund der Sensibilisierung meiden. Dem Kläger obliegt bzgl. der Gefahren des Lebens auch ein Eigenschutz	LG Frankfurt am Main 12.7.2018 2-24 O 238/16

Urteile lfd. Nr. 2274 – 2277 — Entzündungen und Infektionen

Lfd. Nr.	Betrag DM Euro (Anp.2019)	Verletzung	Dauer und Umfang der Behandlung; Arbeitsunfähigkeit	Person des Verletzten	Dauerschaden	Besondere Umstände, die für die Entscheidung maßgebend waren	Gericht, Datum der Entscheidung, Az., Veröffentlichung bzw. Einsender
						Fortsetzung von »Entzündungen und Infektionen«	
2274	€ 4000 (€ 4085)	Nicht erkannte Malaria-Erkrankung und dadurch zerebrale Manifestation mit Delir, PICCO-Sonde, Dauerkatheter, arterielle Sauerstoffmessung, zentraler Venenkatheter	3 Tage Intensivstation (und 3 Tage Normalstation), 1 Woche längere AU	31-jähr. Mann		Der Beklagte unterließ es fehlerhaft in Anbetracht der Kenntnis einer erst wenige Wochen zurückliegenden Afrikareise des Klägers, die zum Ausschluss einer Malaria-Erkrankung gebotenen Befunde (Blutentnahme) zu erheben. Der Behandlungsbeginn verzögerte sich um 2 Tage. Mit großer Wahrscheinlichkeit wären die Anlage der Sonde, des Dauerkatheters sowie die arterielle Sauerstoffmessung vermeidbar gewesen, evtl. sogar die Anlage des zentralen Venenkatheters und die intensiv-stationäre Behandlung. Die Behandlung selbst, insb. der stationäre Aufenthalt, wäre auch ohne den Fehler des Beklagten in der Länge erfolgt. Bei rechtzeitiger Behandlung wäre der Kläger nicht in diesen bedrohlichen Zustand gekommen. Die Erkrankung ist ausgeheilt, Spätfolgen sind nicht zu erwarten. Die gesamte Behandlung dauerte nur wenige Tage	LG München I 25.6.2018 9 O 5656/17 www.gesetze-bayern.de
2275	10 000 € 5000 (€ 8349)	Zwei ausgedehnte Spritzenabszesse im Bereich der rechten und linken Gesäßhälfte	43 Tage Krankenhaus, anschließend MdE: 1 Monat 100% 3 Monate Beeinträchtigungen beim Sitzen und Gehen	Schreinermeister		Ärztlicher Behandlungsfehler durch die Verletzung der Regeln über eine ordnungsgemäße Desinfektion der Injektionsstelle auf der Haut	OLG Frankfurt am Main 18.10.1990 12 U 256/89 RAe Ritter & Koll., Offenbach/M.
2276	€ 7000 + immat. Vorbehalt (€ 7155)	Unterlassene Befunderhebung in Form einer Nichtvornahme eines Borreliosetests und damit einhergehende verspätete Borreliosebehandlung, vorübergehende Facialisparese	Min. 2 Monate AU, monatelange Beschwerden, stationärer Aufenthalt	Selbstständiger Mann	Missempfindungen am Auge und im Gesicht	Es besteht nach wie vor Zukunftsangst, dass die Erkrankung erneut ausbricht, auch wenn für 6 ½ Jahre keine Verschlechterung eintrat. Ein gebuchter Urlaub konnte nicht angetreten werden. Es bestand eine Freizeiteinschränkung bei sportlichen Tätigkeiten	OLG Dresden 22.5.2018 4 U 1231/17 juris
2277	€ 7500● (€ 8464)	Erneuter Schub einer schweren Autoimmunerkrankung (Lupus Erythematodes) nach Absetzen von Medikamenten	Fast 3 Monate Klinik und Reha	21-jähr. Frau	Narbe nach Luftröhrenschnitt, anhaltende und voraus. dauerhafte Atembeschwerden	Intensivmedizinische Betreuung erforderlich; zeitweise bestand Todesgefahr; Hirnhautentzündung, nach Intubation Luftröhrenschnitt erforderlich, insoweit Nach-OP notwendig, anhaltende und voraus. dauerhafte Atembeschwerden, lange Dauer stationärer und rehabilitativer Aufenthalte zur Akut- und zur Nachbehandlung; Mithaftung (50% – berücksichtigt bei ausgeurteiltem Schmerzensgeld): Wer als Patient auf Empfehlung einer „Geistheilerin" notwendige und ärztlich verordnete Medikamente zur Abwehr eines neuen Schubs einer schweren Autoimmunerkrankung (Lupus Erythematodes) unter Missachtung der Warnungen Dritter absetzt, wirkt an der Entstehung des daraus folgenden Schadens in gleichem Maße wie die „Geistheilerin" mit	OLG Frankfurt am Main 14.12.2010 8 U 108/07 GesR 2011, 187

● Mithaftung (siehe vorletzte Spalte)

Entzündungen und Infektionen

Urteile lfd. Nr. 2278 – 2279

Lfd. Nr.	Betrag DM Euro (Anp.2019)	Verletzung	Dauer und Umfang der Behandlung; Arbeitsunfähigkeit	Person des Verletzten	Dauerschaden	Besondere Umstände, die für die Entscheidungen maßgebend waren	Gericht, Datum der Entscheidung, Az., Veröffentlichung bzw. Einsender
\multicolumn{8}{l}{Fortsetzung von »Entzündungen und Infektionen«}
2278	€ 25 000 + immat. Vorbehalt (€ 30 308)	Wundinfektion am rechten Vorfuß im Großzehenbereich	Zunächst innerhalb von 3 ½ Wochen 8 chirurgische Behandlungen, nach 1 ½ Jahren innerhalb von 5 Wochen weitere 6 operative Eingriffe	Elektromeister	Knöcherner Substanzdefekt im Bereich des I. Mittelfußknochens und des Großzehengrundgelenks sowie chronische Knochenentzündung; Sklerose im Bereich des I. Mittelfußknochens, Pseudoarthrose im Bereich des II. Mittelfußknochens; MdE: 10%	Infektion ist nach einer Operation aufgetreten, vor der der Kläger nicht über das wegen langjähriger Cortisonbehandlung erhöhte Infektionsrisiko hingewiesen worden ist; Kläger war 2 Jahre zeitweise außerstande, einen Pkw zu führen; die chronische Knochenentzündung, die den Kläger sein Leben lang begleiten wird, kann immer wieder chirurgische Interventionen notwendig machen	OLG Oldenburg (Oldenburg) 15.11.2006 5 U 68/05
2279	€ 25 000 (€ 29 865)	Spritzenabszess im Nackenbereich infolge einer Infektion durch eine als Keimträger feststehende Arzthelferin	2-wöchige stationäre Behandlung	Leiterin eines Catering-Betriebes	Wegen anhaltender Schmerzen Schlafstörungen und Depressivität arbeitsunfähig	Das Spritzenabszess beruht auf einer Staphylokokken-Infektion. Ausgangsträger der Keime war die bei den Ärzten angestellte Arzthelferin, die seinerzeit an Heuschnupfen litt und bei der Verabreichung der Spritzen assistierte. Es sei unerheblich, ob die Beklagte die Infizierung der Arzthelferin hätte erkennen können oder ob die Keimübertragung auch bei Anwendung aller zumutbaren Präventivmaßnahmen nicht hätte verhindert werden können. Die Einstandspflicht der Beklagten beruhe auf einem generell unzulänglichen Hygienemanagement, das ihnen im Sinne einer Fahrlässigkeit zuzurechnen sei. Es komme nicht darauf an, ob die vorhandenen Versäumnisse die Schädigung der Klägerin tatsächlich ausgelöst oder begünstigt hätten, es reiche aus, dass sich dies nicht ausschließen lasse. Zumindest wenn für eine alternative Schadensentstehung keine überwiegene Wahrscheinlichkeit spreche, sei es bei Vorliegen von Hygienemängeln Sache des Arztes, den Beweis dafür zu erbringen, dass der Patient gleichermaßen geschädigt worden wäre, wenn es keine Hygienemängel gegeben hätte	BGH 20.3.2007 VI ZR 158/06 RAe Buschbell & Kollegen, Düren

Lfd. Nr.	Betrag DM Euro (Anp.2019)	Verletzung	Dauer und Umfang der Behandlung; Arbeitsunfähigkeit	Person des Verletzten	Dauerschaden	Besondere Umstände, die für die Entscheidungen maßgebend waren	Gericht, Datum der Entscheidung, Az., Veröffentlichung bzw. Einsender
Fortsetzung von »Entzündungen und Infektionen«							
2280	€ 40 000 + immat. Vorbehalt (€ 42 952)	Der Kläger wurde im Krankenhaus mit MRSA-Keimen (multiresistenten Staphylokokken) infiziert, weil ein Krankenpflegeschüler beim Abmachen einer Infusionskanüle Hygienevorschriften verletzt hat. Es bildete sich eine Phlebitis am linken Arm	Gekennzeichnet war die Symptomatik durch heftige Schmerzen und Entwicklung eines Abszesses im Bereich Lendenwirbelsäule, der lokal durch die Chirurgie versorgt werden musste. Da dennoch heftige Schmerzen persistierten, musste eine Versorgung durch die Gabe von Analgetika einschließlich Morphin erfolgen. Nach seiner Entlassung aus dem Krankenhaus der Beklagten musste sich der Kläger wegen massiver Schmerzzunahme erneut in stationäre Behandlung begeben. Schließlich musste eine weitere Operation zur Entfernung des Abszesses im Bereich der Lendenwirbelsäule vorgenommen werden. Anschließend erfolgten 6 Kontrolluntersuchungen in der Neurochirurgie und mangels Beschwerdefreiheit Reha-Maßnahmen. AU	Mann		Der Senat hält wegen des vom Kläger erlittenen immateriellen Schadens ein Schmerzensgeld i.H.v. € 40 000 für angemessen. Der Senat verkennt nicht, dass der Kläger selbst nur ein Schmerzensgeld i.H.v. € 20 000 für angemessen erachtet hat. Ungeachtet dessen, dass es sich dabei um einen „Mindestbetrag" handelt, den der Kläger begehrt, besteht für den Senat keine Bindung an die Vorstellung des Klägers gem. § 308 Abs. 1 ZPO. Der im Klageantrag aufgeführte Mindestbetrag kann daher auch erheblich überschritten werden. Bei der Bemessung des Schmerzensgeldes hat der Senat vor allem berücksichtigt, dass die Infektion zu schwerwiegenden Komplikationen geführt hat und langandauernde ärztliche Behandlungen erforderlich gemacht hat. Schließlich hat der Senat berücksichtigt, dass der Kläger infolge der Infektion arbeitsunfähig geworden ist. Angesichts dieses langwierigen Verlaufs und der schwerwiegenden Folgen der Infektion für den Kläger erscheint ein Schmerzensgeld in der zuerkannten Höhe angemessen. Dabei bewegt sich der der Senat auch in dem Bereich, der in vergleichbaren Fällen von der Rspr. zugebilligt wird (vgl. OLG Frankfurt, NJW-RR 2001, 90; OLG Hamm, r+s 1988, 418)	OLG Hamm 8.11.2013 26 U 62/12 juris
2281	€ 150 000 (€ 156 024)	Hepatitis C-Infektion durch fehlerhaften Kontakt mit Spritze bei Blutentnahme; infolge der Interferonbehandlung erkrankte die Geschädigte dauerhaft an rheumatischer Arthritis, Hepatitis C-Infektion gilt als ausgeheilt		Arzthelferin in Ausbildung	80% schwerbehindert, erwerbsunfähig	Der Arbeitgeber ließ die Auszubildende am ersten Arbeitstag ohne Aufsicht und unter Verwendung nicht mehr den Sicherheitsanforderungen entsprechenden Spritzen bei einem Hepatitis C-Patienten Blut abnehmen. Dies bewertete das Gericht als bedingt vorsätzlich. Infolge der rheumatischen Arthritis leidet die Geschädigte an Bewegungseinschränkungen und Schmerzen in mehreren Gelenken, Schwindelattacken, Herzrasen und Konzentrationsstörungen als Folge von Durchschlafstörungen. Ferner hat sie tägliche Kopfschmerzen, welche Traurigkeit bis zu Depressionen hervorrufen	LAG Nürnberg 9.6.2017 7 Sa 231/16 http://www.gesetze-bayern.de/Content/Document/Y-300-Z-BECKRS-B-2017-N-121662

Weitere Urteile zur Rubrik »**Entzündungen und Infektionen**« siehe auch:

bis € 2500: 765, 1037, 97, 213, 2498, 442, 814, 956, 167, 105
bis € 5000: 158, 2748, 347, 2329, 2333, 348, 2522, 2756, 714
bis € 12 500: 2214, 653, 2123, 2532, 1493, 2534, 2766, 2767, 113, 1046, 1060, 2366, 680, 655, 230, 826, 128, 628, 1061
bis € 25 000: 1049, 310, 1050, 143, 657, 352, 406, 889, 1105, 633, 450, 2388, 1272, 2609, 1106, 2610, 44, 2392, 2395, 591, 592, 1664, 595
ab € 25 000: 1369, 2398, 2405, 1598, 635, 1483, 1108, 1036, 2964, 2412, 423, 1029, 1071, 691, 2416, 610, 279, 1556, 427, 1311, 2418, 1177, 432, 1300, 2425, 693, 353, 1375, 437, 2435, 3004, 1324, 1081, 1082, 2605, 1993, 1996, 2448, 1184, 1455, 2804, 2674, 3023, 1344

Lfd. Nr.	Betrag DM Euro (Anp.2019)	Verletzung	Dauer und Umfang der Behandlung; Arbeitsunfähigkeit	Person des Verletzten	Dauerschaden	Besondere Umstände, die für die Entscheidungen maßgebend waren	Gericht, Datum der Entscheidung, Az., Veröffentlichung bzw. Einsender

Quetschungen

Weitere Urteile zur Rubrik »Quetschungen« siehe auch:
- **bis €2500:** 165, 892, 1775, 647, 217, 1154, 860, 219, 957, 1854
- **bis €5000:** 517, 493, 1490, 159, 1891, 1263, 2807, 1614, 1264
- **bis €12500:** 487, 819, 1357, 920, 546, 552, 1535, 114, 501, 3056, 2781, 641, 825, 71, 399
- **bis €25000:** 725, 726, 1161, 405, 3163, 631, 2048, 2790, 185, 2791, 1164, 582, 2054, 584, 2792, 1198, 1095, 1200
- **ab €25000:** 598, 326, 733, 3172, 1678, 605, 607, 420, 2964, 421, 1205, 1296, 737, 360, 1556, 1137, 1969, 1206, 3177, 1138, 119, 343, 1284, 434, 2992, 1681, 2088, 1991

Risswunden

| 2282 | €1000● (€1085) | 12 cm lange Risswunde am Unterschenkel durch Sturz im stark bremsenden Schulbus | 5 Tage AU, weitere 2 Wochen zu 30% | 12-jähr. Schülerin | Narbe | Mitverschulden von 50%, da sich die Klägerin beim Aufstehen im Bus nicht ausreichend festhielt | LG Augsburg 5.12.2012 73 S 3635/12 Berufungsurteil |

Weitere Urteile zur Rubrik »Risswunden« siehe auch:
- **bis €2500:** 94, 785, 773, 892, 776, 102, 104, 1838, 219, 975
- **bis €5000:** 792, 780, 108, 1490, 109, 1610, 1390, 2807, 752, 1264, 446
- **bis €12500:** 2759, 2761, 819, 1357, 1622, 62, 174, 1350, 717, 807, 501, 808, 825, 259, 1159
- **bis €25000:** 405, 1127, 2791, 1164, 1549, 995, 2054, 2792, 1095
- **ab €25000:** 2818, 733, 1554, 84, 1098, 420, 421, 1205, 426, 737, 3177, 343, 2991, 2088, 3004

Schnitt- und Platzwunden

2283	€200 (€214)	Prellungen und Schürfungen nach Sturz vom Fahrrad		Mann, Fahrradfahrer		Schädiger zog den Geschädigten von seinem Fahrrad nachdem es zuvor zu einem „Beinaheunfall" gekommen war. Ein höheres Schmerzensgeld kam nicht in Betracht, da das Verhalten des Klägers nicht deeskalierend war	AG Bremen 17.4.2014 10 C 212/13 juris
2284	3000 €1500 (€2082)	Messerschnittverletzungen am linken Unterlid und linker Hand; Gehirnerschütterung	3 Tage Krankenhaus	Mann		Körperliche Auseinandersetzungen ohne gerechtfertigten Grund. Die Schnittverletzung am linken Unterlid musste mit 5 Stichen genäht werden	AG Bonn 17.12.1996 17 C 73/96 RA Frhr. Tunkl von Aschbrunn und Hohenstadt-Schott, Bad Godesberg
2285	14000 €7000 (€8978)	Klaffende Schnittwunde unterhalb des rechten Knies	38 Tage Krankenhaus mit operativer Wundversorgung; Auftreten einer 5 x 4 cm großen Wundnekrose, die operativ entfernt werden musste, Hautverpflanzung erforderlich MdE: 10 Wochen 100% 9 Tage 80% 5 Wochen 50%	Mann	Kreuzbandinstabilität mit Gangunsicherheit bei längeren Wegstrecken, Belastungsschmerzen im rechten Knie; große Narbe unterhalb des rechten Knies	Kläger musste eine Führerscheinausbildung unterbrechen, sodass sich die Erteilung der Fahrerlaubnis um ca. 1 Jahr verzögerte	KG Berlin 11.7.2002 12 U 10229/00 RiKG Philipp, Berlin

Weitere Urteile zur Rubrik »Schnitt- und Platzwunden« siehe auch:
- **bis €2500:** 94, 1345, 471, 788, 789, 971, 1823, 650, 860, 512, 2030, 105
- **bis €5000:** 780, 1389, 746, 781, 1490, 3139, 802, 711, 1349, 1355, 53, 1518, 795, 3084, 1356, 979, 917
- **bis €12500:** 804, 2808, 1520, 2809, 783, 796, 755, 981, 174, 2810, 717, 626, 2811, 821, 2812, 3051, 229, 1634, 967, 722, 259, 70, 1145, 565, 182, 628, 488, 636
- **bis €25000:** 991, 2102, 726, 1545, 1359, 1406, 314, 77, 1360, 1549, 938, 683, 809, 319, 1551, 188, 2942, 591, 45, 1666, 2816, 594, 829, 1275
- **ab €25000:** 2817, 732, 132, 1369, 1133, 2951, 1173, 1134, 599, 194, 1307, 1957, 1678, 198, 1152, 200, 1135, 735, 1004, 2964, 1005, 1296, 1680, 426, 739, 1298, 342, 363, 139, 1280, 1440, 434, 1375, 6, 2088, 741, 1328, 2006

Verrenkungen

Weitere Urteile zur Rubrik »Verrenkungen« siehe auch:
- **bis €2500:** 104
- **bis €5000:** 962
- **bis €12500:** 755, 544, 2775, 260, 827, 636
- **bis €25000:** 314, 1023, 584, 1661, 239
- **ab €25000:** 132, 999, 1001, 2948, 733, 117, 599, 1293, 604, 92, 417, 1004, 2963, 426, 2107, 611, 1137, 1279, 1438, 2265, 2980, 1443, 1448, 1994, 3018, 1243, 2006

● Mithaftung (siehe vorletzte Spalte)

Versteifung

Lfd. Nr.	Betrag DM **Euro** *(Anp.2019)*	Verletzung	Dauer und Umfang der Behandlung; Arbeitsunfähigkeit	Person des Verletzten	Dauerschaden	Besondere Umstände, die für die Entscheidungen maßgebend waren	Gericht, Datum der Entscheidung, Az., Veröffentlichung bzw. Einsender
2286	€ 40 903 *(€ 51 714)*	HWS-Verletzung mit Hörsturz und Tinnitus am linken Ohr, Versteifung des Mittel-, Ring- und kleinen Fingers sowie Zeigefingers der rechten Hand, des Ellbogens sowie Kopfschiefhaltung	4 Wochen stationär, über 2 Monate arbeitsunfähig	30-jähr. Frau	Rechter Arm ist praktisch nicht mehr verwendbar	Neben der einwirkenden Energie aufgrund der kollisionsbedingten Geschwindigkeitsänderung sind auch die Sitzpositionen der Fahrzeuginsassen bei Kollision von Beachtung, was gegen eine schematische Annahme einer Harmlosigkeitsgrenze von 11 km/h spreche. Verschiedene Ärzte führen die Arm- und Kopfhaltungsprobleme auf die physiotherapeutische Behandlung nach Vojta zurück. Der zeitliche Zusammenhang zwischen der Bewegungsstörung der rechten Hand, der Kopfneigungsproblematik und der physiotherapeutischen Behandlung nach Vojta ist unstreitig. Ein besonders grober ärztlicher oder therapeutischer Behandlungsfehler, der zu einem Abbruch der Kausalkette geführt hätte, konnte nicht festgestellt werden	LG Stuttgart 19.12.2003 13 O 51/00 RAe Lausmann & Koll., Marbach

Weitere Urteile zur Rubrik »**Versteifung**« siehe auch:
bis € 12 500: 654, 2582, 2140, 2775, 2584, 556
bis € 25 000: 985, 633, 1271, 1549, 1657, 583, 3184, 2799, 1667, 595
ab € 25 000: 1672, 1674, 1479, 234, 1152, 606, 2963, 2964, 422, 1030, 2107, 427, 612, 1964, 237, 1969, 1966, 1032, 343, 2990, 344, 2991, 614, 283, 2992, 2604, 204

III. Besondere Verletzungsarten, Verletzungsursachen und Verletzungsfolgen

Lfd. Nr.	Betrag DM **Euro** *(Anp.2019)*	Verletzung	Dauer und Umfang der Behandlung; Arbeitsunfähigkeit	Person des Verletzten	Dauerschaden	Besondere Umstände, die für die Entscheidungen maßgebend waren	Gericht, Datum der Entscheidung, Az., Veröffentlichung bzw. Einsender
Aids							
2287	1500 **€ 750** *(€ 1044)*	Rechtswidriger und schuldhafter Verstoß gegen die ärztliche Schweigepflicht. Dadurch Verletzung des allgemeinen Persönlichkeitsrechts des Klägers durch fälschliche Mitteilung der Ärztin an ehemalige Freundin, dass der Kläger HIV-positiv sei				Entscheidend ist in diesem Zusammenhang insbesondere, dass der Befund der HIV-Infektion unstreitig noch nicht durch einen Gegentest abgesichert war. Eine gesetzliche Pflicht oder Berechtigung zur Offenbarung der vermeintlichen HIV-Infektion des Klägers gegenüber der ehemaligen Freundin ist nicht ersichtlich. Die Offenbarung des Geheimnisses ist dann befugt, wenn sie zum Schutz eines höherwertigen Rechtsguts erforderlich ist. Anspruchsmindernd ist zu berücksichtigen, dass Anlass und Beweggrund des Handelns der Hausärztin anerkennenswert gewesen seien und ihr kein schweres Verschulden vorzuwerfen wäre	AG Neuss 24.10.1996 42 C 270/96 RA Pamatat, Dormagen
2288	**€ 1500** *(€ 2016)*	Bisswunde und Kratzwunden durch festgenommenen HIV-Infizierten Verdächtigen. Beamter musste 8 Monate mit dem Verdacht einer HIV- und Hepatitis-Infektion leben	12 Tage dienstunfähig	Polizeibeamter		Bei der Schmerzensgeldbemessung war insb. die lange andauernde psychische Belastung durch den Verdacht auf die bezeichneten Infektionen zu berücksichtigen	AG Ibbenbüren 23.11.1999 13 C 258/98 zfs 2000, 337 f.
Kapitalabfindung mit Schmerzensgeldrente							
2289	51 000 **€ 25 500** und 1000 **€ 500** Rente monatlich + immat. Vorbehalt *(€ 43 260)*	Durch verseuchte Blutkonserve verursachte HIV-Infektion		60-jähr. Ehemann		Bisherige Folgen: Häufig müde und abgespannt sowie erhöhte Krankheitsanfälligkeit. Muss mit dem Bewusstsein leben, mit erheblicher Wahrscheinlichkeit eines nicht mehr fernen Tages akut an AIDS zu erkranken und sterben zu müssen. Abzugelten ist auch die psychische Belastung, der er glaubhaft durch Ausgrenzung in seinem sozialen Umfeld ausgesetzt war und sein wird	OLG Hamburg 20.4.1990 1 U 34/89 zfs 1990, 260; NJW 1990, 2322
2290	250 000 **€ 125 000** und 1000 **€ 500** Rente monatlich *(€ 179 878)*	HIV-Infizierung nach Anwendung des infektiösen Präparats PPSB (Gerinnungspräparat)		9-jähr. Junge		Ein positives Testergebnis bedeutet für die meisten Betroffenen einen schon bestimmten Tod medizinisch und statistisch gesehen, nur aufgeschoben auf unbestimmte Zeit. Kläger ist in einem Lebensabschnitt, in dem ein Mensch in die Zukunft schaut. Die Möglichkeit, ein volles und erfülltes Leben zu führen, ist ihm von vornherein mit hoher Wahrscheinlichkeit genommen. Das bewirkt einen hohen Leidensdruck. Muss sich damit abfinden, dass seine Krankheit leicht zu einer sozialen Isolierung führt. Kein grobes Verschulden des Beklagten	LG Bonn 2.5.1994 9 O 323/93

Lfd. Nr.	Betrag DM **Euro** *(Anp.2019)*	Verletzung	Dauer und Umfang der Behandlung; Arbeitsunfähigkeit	Person des Verletzten	Dauerschaden	Besondere Umstände, die für die Entscheidungen maßgebend waren	Gericht, Datum der Entscheidung, Az., Veröffentlichung bzw. Einsender
	Fortsetzung von »Aids«						
2291	300 000 **€ 150 000** und 1000 **€ 500** Rente monatlich ab Juli 1992 + immat. Vorbehalt *(€ 189 643)*	Hepatitis C-Infektion und HIV-Infektion mit späterer cerebraler Toxoplasmose	Mehrwöchige Krankenhausaufenthalte	40-jähr. Kauffrau, zum Urteilszeitpunkt 50 Jahre alt	Schwere Schädigung des Immunsystems; auf Grund der Toxoplasmose halbseitig gelähmt, auf Rollstuhl angewiesen; Funktion des Frontalhirns eingeschränkt, heftige Schmerzattacken; auf Grund des körperlichen und geistigen Verfalls musste Betreuer bestellt werden	Schwerer Behandlungsfehler bei einer von der Schulmedizin nicht anerkannten Ozontherapie, wobei die Glasspritze bei unterschiedlichen Patienten ohne Sterilisation nach jeder Anwendung mehrfach verwendet wurde; jedoch kein schweres persönliches Verschulden; im Verlauf der Krankheit schwere Depressionen zu erwarten; mit Eintritt einer schweren Leberschädigung ist zu rechnen; die dann notwendige Lebertransplantation durch die AIDS-Erkrankung jedoch nicht möglich; im persönlichen Bereich führte die HIV-Erkrankung zur Trennung vom Partner; Gründung einer Familie entfällt, Kontakte mit den Mitmenschen weitgehend eingeschränkt, aktive Freizeitgestaltung (Sport, Tanzen etc.) nicht mehr möglich; Haushalt ist nur mit Hilfe anderer Personen zu bewältigen	OLG Frankfurt am Main 23.12.2003 8 U 140/99 RAe Meinecke & Meinecke, Köln
	Weitere Urteile zur Rubrik »**Aids**« siehe auch: bis €2500: 3112, 3133						

Behandlungsfehler, Ärztlicher Kunst- und Aufklärungsfehler (siehe auch „Gesicht - Zahnschädigung, Zahnverlust, Zahnschmerzen - durch Behandlungsfehler")

Lfd. Nr.	Betrag	Verletzung	Dauer und Umfang	Person	Dauerschaden	Besondere Umstände	Gericht
2292	€ 800 *(€ 849)*	Behandlungsfehler führte zu einer um 4 Tage verzögerten Durchführung der Operation des rechten Daumens		Mann		Starke Schmerzen des Klägers für 4 Tage	OLG Karlsruhe 13.04.2016 13 U 122/14
2293	€ 1000 *(€ 1055)*	Behandlungsfehler im Sinne eines Befunderhebungsfehlers, welcher zu starken Schmerzen für einen Zeitraum von 2 bis 3 Tagen führte		78-jähr. Mann			KG Berlin 30.6.2016 20 U 104/15
2294	€ 1500 *(€ 1601)*	Behandlungsfehler bzw. Verletzung der Aufklärungspflicht im Zusammenhang mit Kronen im Oberkieferbereich. Oberkiefer- als auch Unterkieferprothese nicht mehr vorhanden, die Kronen im Bereich der Zähne 13 bis 21 waren herausgefallen, die Verblendkeramik der Krone auf Zahn 43 war frakturiert und der Zahn 35 war bis auf Zahnfleischniveau herunter gebrochen		Mann		Der Kl. hat einen Anspruch auf Ersatz immateriellen Schäden. Bei der Bemessung des Schmerzensgeldes sind die feststehenden Folgen des Behandlungsfehlers und der infolge des Aufklärungsfehlers insgesamt als rechtswidrig anzusehenden Behandlung zu berücksichtigen. Als Folgen sind jedenfalls der Verlust der ursprünglich intakten Kronen im Bereich der Zähne 13 und 12 und die Beschädigungen der Kronen bzw. Zähne 43 und 35 anzusehen. Diese Zähne übten bei dem insgesamt desolaten Gebiss mit einer Vielzahl von Zahnlücken im Bereich der Seitenzähne eine wichtige Funktion aus, so dass der jetzige Zustand eine erhebliche Verschlechterung des vorherigen Zustandes bedeutet. Als Ausgleich für diese damit verbundenen Beeinträchtigungen hält der Senat mit dem LG ein Schmerzensgeld i.H.v. € 1500 für angemessen	OLG Köln 10.12.2014 5 U 121/14 juris

Lfd. Nr.	Betrag DM **Euro** *(Anp.2019)*	Verletzung	Dauer und Umfang der Behandlung; Arbeitsunfähigkeit	Person des Verletzten	Dauerschaden	Besondere Umstände, die für die Entscheidungen maßgebend waren	Gericht, Datum der Entscheidung, Az., Veröffentlichung bzw. Einsender
	**Fortsetzung von »Behandlungsfehler, Ärztlicher Kunst- und Aufklärungsfehler«**
2295	€ 2000 *(€ 2135)*	Verspätet erkanntes malignes Non-Hodgin-Lymphom		Mann	Tod	Es konnte nicht festgestellt werden, dass eine 2 bis 4 Wochen früher einsetzende Therapie überhaupt generell geeignet gewesen wäre, in irgendeiner Weise positiven Einfluss auf den Verlauf der Erkrankung zu nehmen. Insofern kann auch nicht festgestellt werden, dass die Behandlung für den Patienten bei frühzeitigerer Therapie schmerzfreier und schonender verlaufen wäre: Im Übrigen hat das LG diesbezüglich, unter Zugrundelegung einer Verzögerung von 4 Wochen, bereits ein insoweit jedenfalls ausreichendes Schmerzensgeld in Höhe von € 2000 zugesprochen	OLG Düsseldorf 18.12.2014 8 U 76/14
2296	€ 50 000 + immat. Vorbehalt *(€ 52 470)*	Bei der Befundung einer MRT-Aufnahme übersah der Beklagte einen intra-abdominalen linksseitigen Tumor	Dieser wurde bei anhaltenden Beschwerden des Klägers ca. acht Monate später entdeckt und operativ entfernt. Zu diesem Zeitpunkt hatte sich der Tumor vergrößert. Insbesondere hatte er sich bis an die Wirbelsäule herangearbeitet und den Musculus psoas infiltriert. Kurz nach seiner Entlassung aus der Klinik musste der Kläger erneut aufgenommen werden, da sich eine pathologische LWK2-Fraktur fand, die auf die Infiltration des Lendenwirbelkörpers durch den Tumor zurückzuführen war. Der Kläger wurde in der Folgezeit sowohl mit einer Chemotherapie als auch mit einer Strahlentherapie behandelt. Er leidet unter Depressionen	Mann	Schädigung der Wirbelsäule	Bei der Bemessung hat sich der Senat zunächst davon leiten lassen, dass der zum Zeitpunkt der Erkrankung sehr junge Kläger einen Vertrauensverlust erlitten hat und durch die Behandlungsverzögerung die Schädigung seiner Wirbelsäule eingetreten ist, die nicht nur eine weitere Operation erforderlich, sondern ihm auch die Fortführung des erlernten Berufes als Kfz-Mechaniker unmöglich gemacht hat. Es war weiter zu berücksichtigen, dass der Kläger seit Langem unter einer Depression leidet, die inzwischen chronifiziert, jedoch grundsätzlich heilbar ist, wobei der Senat nicht aus dem Auge verloren hat, dass ein Therapieerfolg dem Kläger zu wünschen, aber nicht sicher erreichbar ist. Als Folge der Depression und der damit verbundenen Antriebsschwäche war dem Kläger die Ausübung seiner Hobbies nicht mehr möglich. In der Gesamtschau hat der Senat zudem berücksichtigt, dass als Folge der der Behandlungsverzögerung geschuldeten Wirbelkörperverletzung die Lebensplanung des Klägers auch deswegen maßgeblich getroffen wurde, als der Kläger durch Aufgabe des erlernten Berufs den elterlichen Betrieb nicht übernehmen kann. Des Weiteren hat der Senat die für die Dauer der Verzögerung der Behandlung andauernden Schmerzen des Klägers und die mit der Schädigung der Wirbelsäule des Klägers verbundenen Schmerzen berücksichtigt	OLG Karlsruhe 14.12.2016 7 U 75/15

Lfd. Nr.	Betrag DM Euro (Anp.2019)	Verletzung	Dauer und Umfang der Behandlung; Arbeitsunfähigkeit	Person des Verletzten	Dauerschaden	Besondere Umstände, die für die Entscheidungen maßgebend waren	Gericht, Datum der Entscheidung, Az., Veröffentlichung bzw. Einsender
\multicolumn{8}{l}{Fortsetzung von »Behandlungsfehler, Ärztlicher Kunst- und Aufklärungsfehler«}
2297	€ 100 000 (€ 104 016)	Grober Behandlungsfehler in Form einer unterbliebenen Mammographie	Beidseitige Mastektomie, Entfernung der Achsellymphknoten, Frequenzablation und Operation der Lebermetastasen wäre eingeschränkter oder überhaupt nicht notwendig gewesen	50-jähr. Frau	Infolge der verspäteten Behandlung bedarf es einer dauerhaften und nebenwirkungsreichen Fortführung der Antikörpertherapie, die zu Juckreizen führe und vor allem ein kardiotoxisches Potential berge	Im Rahmen mehrerer Untersuchungen wurde grob fehlerhaft ein Tumor übersehen. Bei einer Behandlung nach der ersten Untersuchung wäre von einem deutlich geringeren Risiko für eine Fernmetastasierung auszugehen gewesen. Die Entfernung der rechten Brust wäre überwiegend wahrscheinlich nicht notwendig gewesen	LG Köln 19.06.2017 25 O 326/13
2298	€ 300 000 + immat. Vorbehalt (€ 319 559)	Behandlungsfehler; Geburtsschaden; spastische Tetraplegie mit gravierenden Beeinträchtigungen	Dauerhafte Behandlung erforderlich	Säugling (Mädchen)	Hypertonie der Muskulatur, Entwicklungsretardierung, Wahrnehmungsproblematik mit Angststörungen. Durch die Fehlfunktionen der Unterschenkelmuskel und der Fußmuskel zukünftig Fehlstellungen der Füße und Schädigungen der Sprunggelenke, was möglicherweise zu zukünftigen korrigierenden Operationen im Bereich der Hüftgelenke, Kniegelenke und Sprunggelenke führen kann	Die Kl. leidet unter einer Vielzahl von gravierenden Auswirkungen und Beeinträchtigungen, die von ihr auch in vollem Umfang als solche wahrgenommen werden. Auf dieser Basis erscheint ein Schmerzensgeld i.H.v. insgesamt € 300 000 als angemessen	OLG Hamm 17.3.2015 I-26 U 108/13 juris

Weitere Urteile zur Rubrik »Behandlungsfehler, Ärztlicher Kunst- und Aufklärungsfehler« siehe auch:

bis € 12 500: 2827, 2276
ab € 25 000: 2132, 2152, 93, 1080

Behandlungsfehler

Lfd. Nr.	Betrag	Verletzung	Dauer und Umfang	Person	Dauerschaden	Besondere Umstände	Gericht
2299	€ 200 (€ 224)	Verzögerung einer Kopfoperation um 2 ½ Tage mit Beeinträchtigungen durch postspinalen Kopfschmerz		Frau		Vorliegend ist lediglich eine Verzögerung der Operation der Kl. um einen Zeitraum von 2 ½ Tagen mit entsprechenden Beeinträchtigungen durch den postspinalen Kopfschmerz in diesem Zeitraum zu berücksichtigen; ein besonderer Schuldvorwurf ist der Behandlungsseite nicht zu machen	Brandenburgisches OLG 24.3.2011 12 U 75/08
2300	500 € 250 (€ 329)	Allergische Reaktion nach Verabreichung von Berlocombinsaft zur Behandlung einer Bronchitis	Einen Tag lang war die Haut an Händen und Füßen angespannt und gerötet	Bewohnerin eines Pflegeheims		Ärztlicher Behandlungsfehler! Hausärztin hätte vor Behandlung das Pflegebuch einsehen müssen, in dem ein entsprechender Vermerk eingetragen war, zumal die Klägerin nicht in der Lage war, sich ihrer Umwelt verständlich zu machen	AG Neubrandenburg 16.1.2001 18 C 739/00 NJW 2002, 226 RiAG Dr. Angermüller

● Mithaftung (siehe vorletzte Spalte)

Lfd. Nr.	Betrag DM Euro (Anp.2019)	Verletzung	Dauer und Umfang der Behandlung; Arbeitsunfähigkeit	Person des Verletzten	Dauerschaden	Besondere Umstände, die für die Entscheidungen maßgebend waren	Gericht, Datum der Entscheidung, Az., Veröffentlichung bzw. Einsender
\multicolumn{8}{	l	}{Fortsetzung von »Behandlungsfehler«}
2301	€250 (€275)	Um maximal zwei Stunden verzögerte Schmerzmittelgabe nach Mehr-Fragment-Bruch des linken Fußknöchels		Frau		Für die um maximal zwei Stunden verzögerte Schmerzmittelgabe steht der Klägerin ein Schmerzensgeld i.H.v. €250 zu. Hierbei hat das LG, dessen Urteil das OLG bestätigt hat, berücksichtigt, dass auch bei einer rechtzeitigen Schmerzmittelgabe eine vollständige Schmerzfreiheit der Klägerin nicht zu erzielen gewesen wäre, auch ein rechtzeitig gegebenes Schmerzmittel zunächst seine Wirkung hätte entfalten müssen und die Klägerin die bei der Reposition des Knochens erlittenen Schmerzen trotzdem gehabt hätte, wenngleich sie unter frühzeitig begonnener Schmerzmittelabschirmung weniger stark ausgefallen wären	OLG Hamm 13.6.2012 3 U 55/12
2302	€500 (€530)	Unzureichende Versorgung der Kl. mit Schmerzmitteln nach einer OP		Frau		Vorliegend ist lediglich eine unzureichende Versorgung der Klägerin mit Schmerzmitteln im Zeitraum von neun Tagen zu berücksichtigen. Im Ergebnis erscheint dem Senat hierfür ein Schmerzensgeld von €500 angemessen, aber auch ausreichend	Brandenburgisches OLG 10.4.2015 12 U 165/13 juris
2303	€500 (€558)	Blutverlust während einer Lokalanästhesie, weil sich ein Schlauch von einer Kanüle löste		18-jähr. Frau		Verliert der Patient während der Lokalanästhesie Blut, weil sich ein Schlauch von einer Kanüle löste und musste der Patient dies hilflos mitverfolgen und wurde somit in nachvollziehbarer Weise psychisch belastet, so ist ein Schmerzensgeld i.H.v. €500 angemessen	OLG Koblenz 7.4.2011 5 U 1190/10 VersR 2012, 238
2304	€500 (€528)	Unbrauchbarkeit einer prothetischen Versorgung. Brücke wurde ohne sachlichen Grund niemals endgültig eingegliedert und zementiert, was zu einer Beweglichkeit der Brücke, Keramikabplatzungen an der hinteren Seite der Kronen im unteren Bereich und dazu geführt hat, dass die Brücke neu angefertigt werden muss		Frau		Die mit einer Neuherstellung der Brücke verbundenen Unannehmlichkeiten sind, verglichen mit anderen Fällen einer fehlerhaften Zahnbehandlung, nicht besonders ausgeprägt. Insbesondere ist dabei zu berücksichtigen, dass eine neue Brücke auf die vorhandenen Implantate gesetzt werden kann, ohne dass ein Beschleifen von Zähnen notwendig ist. Soweit die Klägerin die bei ihr vorhandene Anfälligkeit für Mundgeruch anführt, ist darauf hinzuweisen, dass sie diese Folge in der Klageschrift selbst nicht herangezogen hat, um ihr Schmerzensgeldbegehren der Höhe nach zu begründen. Dies spricht gegen eine nennenswerte Beeinträchtigung. Das vom LG zuerkannte Schmerzensgeld von €500 ist ausreichend, um die durch den Behandlungsfehler verursachten immat. Beeinträchtigungen der Klägerin auszugleichen	OLG Köln 2.5.2016 5 U 168/15

Lfd. Nr.	Betrag DM **Euro** *(Anp.2019)*	Verletzung	Dauer und Umfang der Behandlung; Arbeitsunfähigkeit	Person des Verletzten	Dauerschaden	Besondere Umstände, die für die Entscheidungen maßgebend waren	Gericht, Datum der Entscheidung, Az., Veröffentlichung bzw. Einsender
Fortsetzung von »Behandlungsfehler«							
2305	€ 500 *(€ 528)*	Fraktur am linken Mittelfuß des Klägers übersehen; aufgrund des Diagnoseirrtums hat der Kläger von Ende August/Anfang September bis zum 29.9. unter vermeidbaren Schmerzen gelitten hat		43-jähr. Mann		Nach Abwägung der konkreten Umstände erschien dem Senat insoweit ein Schmerzensgeld in Höhe von € 500 angemessen, aber auch ausreichend. Dabei hat der Senat insbesondere in Rechnung gestellt, dass der Kläger selbst im Falle der gebotenen Entlastung bzw. geringen Teilbelastung seines linken Fußes unter, wenn auch geringeren, Schmerzen gelitten hätte. Nur die darüber hinausgehenden, durch die Vollbelastung des Fußes hervorgerufenen Beschwerden sind den Beklagten zuzurechnen, und dies auch nur hinsichtlich eines Zeitraums von rund einem Monat. Überdies können die Schmerzen nicht sehr stark gewesen sein, weil man dem Kläger sonst aller Wahrscheinlichkeit nach Unterarmgehstützen zur Verfügung gestellt hätte	OLG Oldenburg 4.5.2016 5 U 177/15 VorsRiOLG Dr. Oehlers
2306	€ 500 *(€ 535)*	Fehlende analgetische Abschirmung bei operativer Versorgung einer distalen Radiusfraktur links		Mann		Vor dem Hintergrund, dass der einfache Behandlungsfehler der fehlenden analgetischen Abschirmung lediglich über einen relativ kurzen Zeitraum vom ca. einem Monat zu einer höheren Schmerzbelastung des Klägers geführt hat, aber auch bei früherer Schmerzbehandlung keine Schmerzfreiheit zu erreichen gewesen wäre, ist das vom LG zuerkannte Schmerzensgeld von € 500 angemessen und nicht zu beanstanden	Saarländisches OLG 3.2.2016 1 U 23/15
2307	€ 750 + immat. Vorbehalt *(€ 801)*	Fehlerhaftes Tattoo: die Farbe wurde in zu tiefe Hautschichten eingebracht mit der Folge, dass es im Umfeld der Tätowierungslinien zu deutlichen Farbverläufen kam. Zudem erscheinen nach den bei den Akten befindlichen Fotos des Tattoos auch die sich auf die deutlichen Kaliberunregelmäßigkeiten der dunkelblau dargestellten Ranken und die Linienführung beziehenden Beanstandungen der Klägerin hinsichtlich der gestalterischen Umsetzung des ausgewählten Motivs berechtigt	Die von der Klägerin beabsichtigte Entfernung des Tattoos im Wege einer Laserbehandlung wird Kosten verursachen, deren Höhe derzeit noch nicht absehbar ist. Auch ist diese Behandlung mit weiteren immateriellen Beeinträchtigungen verbunden. Zum einen ist sie nicht schmerzfrei. Zum anderen ist nach den nachvollziehbaren Ausführungen des Sachverständigen Dr. F offen, ob danach weitere Beeinträchtigungen in Form von Pigmentveränderungen oder Narben bleiben	Frau	Misslungenes Tattoo	Soweit das LG ein Schmerzensgeld i.H.v. € 750 EUR festgesetzt hat, ist dies frei von Rechtsfehlern. Die Ausführungen zu den für die Bemessung maßgeblichen Kriterien sind nicht zu beanstanden	OLG Hamm 5.3.2014 12 U 151/13 juris; MDR 2014, 469

● Mithaftung (siehe vorletzte Spalte)

Behandlungsfehler, Ärztlicher Kunst-und Aufklärungsfehler

Lfd. Nr.	Betrag DM Euro (Anp.2019)	Verletzung	Dauer und Umfang der Behandlung; Arbeitsunfähigkeit	Person des Verletzten	Dauerschaden	Besondere Umstände, die für die Entscheidungen maßgebend waren	Gericht, Datum der Entscheidung, Az., Veröffentlichung bzw. Einsender

Fortsetzung von »Behandlungsfehler«

2308	€ 800 (€ 846)	Zahnärztlicher Behandlungsfehler: Allergische Reaktionen wegen Einsatzes eines Langzeitprovisoriums aus dem Material Wipo-Dur trotz Kenntnis von einer Allergie der Klägerin		Frau		Das Schmerzensgeld liegt als angemessener Ausgleich für die von der Klägerin erlittenen immateriellen Beeinträchtigungen auch dann noch im Bereich der insoweit vertretbaren Beträge, wenn zusätzlich die vergleichsweise kurze Phase, in der die Klägerin das Kurzzeitprovisorium getragen hat, einschließlich einer Phase des Abklingens der behaupteten allergischen Beschwerden nach Entfernen dieses Provisoriums berücksichtigt wird	OLG Köln 26.5.2015 5 U 149/14
2309	€ 1000 (€ 1051)	Verspätete Wundrevision nach einer Darmoperation		Mann		Nach den Ausführungen des Sachverständigen sind allein die vom Kläger in der Nacht vom 4.10. auf den 5.10. erlittenen Beschwerden auf die verspätete Befunderhebung zurückzuführen	OLG Düsseldorf 25.8.2016 8 U 123/15
2310	€ 1000 (€ 1098)	3-tägige anästhesiebedingte postoperative Übelkeit (sog. PONV), die durch Gabe eines weiteren Medikaments vermeidbar gewesen wäre		Frau			OLG Koblenz 20.6.2012 5 U 1450/11
2311	€ 1000 (€ 1067)	Nicht indiziertes laterales Release der Patella		Frau		Nimmt ein Orthopäde in Erweiterung eines Eingriffs am Kniegelenk neben dem indizierten arthroskopischen Knorpelshaving ein nicht indiziertes laterales Release der Patella vor, was bis auf eine geringfügig verlängerte postoperative Rekonvaleszenz folgenlos bleibt, kann das ein Schmerzensgeld von € 1000 rechtfertigen	OLG Koblenz 31.10.2014 5 U 497/14 juris
2312	€ 1000 (€ 1114)	Behandlungsfehlerhafte Verzögerung der operativen Sanierung einer extrauterinen Schwangerschaft vom 26.11.1999 bis zum 1.12.1999		Frau		Dabei hat das OLG in erster Linie die bei der Klägerin durch die Verzögerung der Sanierung der extrauterinen Schwangerschaft verursachten vorübergehenden gesundheitlichen Beeinträchtigungen berücksichtigt, insbesondere die für die Zeit bis zum 1.12.1999 dokumentierten zunehmenden Unterbauchschmerzen. Ferner hat es einbezogen, dass die anfänglich grob fehlerhafte Vorgehensweise während der weiteren komplikationsträchtigen Behandlung ab dem 1.12.1999 zu einer psychischen Belastung der Klägerin beigetragen hat	OLG Köln 20.7.2011 5 U 206/07 VersR 2012, 109; GesR 2011, 724 NZB zurückgew. d. BGH, Beschl. v. 26.6.2012 VI ZR 213/11
2313	€ 1500 (€ 1587)	Unterlassung der Befunderhebung, der zu einer zeitlichen Behandlungsverzögerung von einem Tag führte		Frau	keine	Die Beklagten haben in Anbetracht der erhöhten Leberwerte der Klägerin nicht angemessen reagiert und eine weitere Abklärung unterlassen und die Klägerin entlassen	LG Wuppertal 5.5.2015 5 O 11/14 Landesrechtsprechungsdatenbank NRW

Lfd. Nr.	Betrag DM Euro (Anp.2019)	Verletzung	Dauer und Umfang der Behandlung; Arbeitsunfähigkeit	Person des Verletzten	Dauerschaden	Besondere Umstände, die für die Entscheidungen maßgebend waren	Gericht, Datum der Entscheidung, Az., Veröffentlichung bzw. Einsender
\multicolumn{8}{l}{**Fortsetzung von »Behandlungsfehler«**}
2314	€ 1500 (€ 1574)	Zahnverlust, Schmerzen aufgrund von Nachresektion und Wundheilungsstörungen durch zahnärztlichen Behandlungsfehler		Frau	Zahnverlust	Die Berufung hat weiter insoweit Erfolg, als das vom LG zuerkannte Schmerzensgeld mit € 750 zu gering bemessen war. Die Beklagte kann gemäß § 253 Abs. 2 ZPO ein angemessenes Schmerzensgeld verlangen, dessen Höhe der Senat mit € 1500 bemisst. Dabei war vor allem zu berücksichtigen, dass die Beklagte Schmerzen aufgrund der Nachresektion und Wundheilungsstörungen erlitten hatte, aber auch, dass der Verlust des Zahns 44 (nur) mitursächlich durch den Drittwiderbeklagten verursacht worden war. Ein Schmerzensgeld i.H.v. € 1500 erscheint nach Auffassung des Senats ausreichend, um die durch den Behandlungsfehler verursachten immateriellen Beeinträchtigungen der Beklagten auszugleichen	OLG München 15.2.2017 3 U 2991/16 juris
2315	€ 2000 + immat. Vorbehalt (€ 2080)	Zu umfangreiche operative Entfernung einer Hautveränderung an der rechten Schulter	Mehrere Wochen Schmerzen im rechten Arm	Mann	Lymphknotenentfernung, größere Narbe im OP-Bereich als ohne Vertauschung	Es war zu berücksichtigen, dass sich der Kläger bei optimalem Verlauf, also bei Hinwegdenken der Hautprobenvertauschung durch den Beklagten, auch im Hinblick auf die rechte Schulter einem zweiten Eingriff hätte unterziehen müssen, wobei dieser aber betreffend den Sicherheitsabstand deutlich geringer ausgefallen und keineswegs mit einer Lymphknotenentfernung einhergegangen wäre. Auch die Narbe an der Schulter ist größer. Auch die Schmerzen im Arm wären ohnehin gekommen, allerdings in geringerem Umfang	LG Göttingen 13.6.2017 12 O 16/14 juris
2316	€ 2000 (€ 2148)	Unterbrochene Operation zum Austausch einer gebrochenen Hüftgelenkendoprothese	2 Tage	37-jähr. Mann		Soweit der Kläger Schmerzensgeld wegen der unterbrochenen und am nächsten Tage fortgesetzten Operation geltend macht, mit der Begründung, es habe von vornherein eine hochtourige Bohrmaschine verwendet werden müssen und nicht die hauseigene Bohrmaschine, steht ein Schmerzensgeld von maximal € 2000 im Raum, um den Kläger dafür zu entschädigen, dass die Operation erst am nächsten Tage beendet werden konnte	KG Berlin 25.11.2013 20 U 49/12 juris
2317	€ 2000 (€ 2309)	Beschwerden und Beeinträchtigung infolge einer nicht unverzüglichen ortsnahen Behandlung; Kläger musste sich in unvertrauter Umgebung behandeln lassen		Frau		Infolge eines Behandlungsfehlers unterblieb ein Abraten von einer Flugreise, so dass eine Erstbehandlung wegen eines nicht erkannten Herzinfarktes im Ausland erfolgen musste. Der Beklagte kam seiner Hinweispflicht nicht ausreichend nach	OLG Frankfurt am Main 20.5.2008 8 U 171/07 RiOLG Göhre, Frankfurt am Main

● Mithaftung (siehe vorletzte Spalte)

Lfd. Nr.	Betrag DM Euro (Anp.2019)	Verletzung	Dauer und Umfang der Behandlung; Arbeitsunfähigkeit	Person des Verletzten	Dauerschaden	Besondere Umstände, die für die Entscheidungen maßgebend waren	Gericht, Datum der Entscheidung, Az., Veröffentlichung bzw. Einsender
\multicolumn{8}{l}{Fortsetzung von »Behandlungsfehler«}
2318	€ 2000 + immat. Vorbehalt (€ 2038)	Behandlungsfehlerhaftes Anlegen eines ungespaltenen Rundgipses nach einer nicht dislozierten Fraktur des rechten Handgelenks		Mann		Das Schmerzensgeld stellt hier in erster Linie einen Ausgleich für die auf den Behandlungsfehler zurückgehenden Schmerzen des Klägers im Zeitraum vom 19.5.–9.6. dar. Mit Blick auf das Ausmaß der Schmerzen einerseits und der Dauer der Beeinträchtigung andererseits ist unter Berücksichtigung von Vergleichsentscheidungen (vgl. etwa OLG Oldenburg, Urt. v. 8.11.1994 – 5 U 96/94, juris) ein Schmerzensgeld in der ausgeurteilten Höhe von € 2000 angemessen	OLG Frankfurt am Main 26.3.2019 8 U 148/13 juris
2319	€ 2000 (€ 2135)	Behandlungsfehler im Zusammenhang mit einer Atemdepression nach einer Wirbelsäulenoperation		Mädchen		Da aus der Sauerstoffminderversorgung keine Folgeschäden geltend gemacht werden, der Sachverständige auch gesagt hat, dass die Beatmung wohl solche verhindert hat, ist das zugesprochene Schmerzensgeld von € 2000 nicht zu niedrig. Die Klägerin erlitt keine Schmerzen und nahm, da sie schlief, den Vorgang nicht wahr. Die schicksalhaft aufgetretene Atemdepression hätte eine Beatmung ohnehin nötig gemacht. Auch die Verlegung auf die Intensivstation war erforderlich, die für sich genommen ohnehin nicht schmerzensgeldauslösend ist	OLG Karlsruhe 5.6.2014 7 U 129/13
2320	€ 2000 (€ 2145)	Um ca. 2 Jahre verzögerte Behandlung des Patienten (hier: Kieferkorrektur durch Multibandapparatur), in denen der Betroffene überflüssig einen Bionator tragen musste		14-jähr. Junge		Versäumt ein Zahnarzt die gebotene und von der Krankenkasse konsentierte Behandlung des Patienten (hier: Kieferkorrektur durch Multibandapparatur) um ca. 2 Jahre, in denen der Betroffene überflüssig einen Bionator tragen musste, kann ein Schmerzensgeld von € 2000 angemessen sein	OLG Koblenz 27.1.2016 5 U 811/15 juris; GesR 2016, 288
2321	€ 2000 (€ 2076)	Verspätete Explantation eines Neuromodulationssystems nach verspätet erkannter Infektion	Explantation eines Neuromodulationssystems mit 16-tägiger Verzögerung	60-jähr. Mann		Zum Ausgleich der um 16 Tage verlängerten Leidenszeit, in der der Kläger ganz erhebliche Schmerzen aushalten musste und zum Ausgleich des sicherlich sehr schmerzhaften und qualvollen Erlebens des eitrigen Austritts des Generators, hält der Senat ein Schmerzensgeld von € 2000 für angemessen, aber auch ausreichend	OLG Köln 28.2.2018 5 U 47/17 juris

Lfd. Nr.	Betrag DM Euro (Anp.2019)	Verletzung	Dauer und Umfang der Behandlung; Arbeitsunfähigkeit	Person des Verletzten	Dauerschaden	Besondere Umstände, die für die Entscheidungen maßgebend waren	Gericht, Datum der Entscheidung, Az., Veröffentlichung bzw. Einsender
Fortsetzung von »Behandlungsfehler«							
2322	€2000 (€2130)	Verspätete Revisionsoperation (fünf bis sechs Tage Verzögerung) nach laparoskopischer Cholezystektomie mit Komplikationen		45-jähr. Frau		Nach alledem haften die Beklagten lediglich dafür, dass die Klägerin aufgrund der unterbliebenen ERC und der dadurch verzögerten ersten Revisionsoperation mindestens fünf Tage unnötige Beschwerden erlitten hat. Dies rechtfertigt nach Auffassung des Senats ein Schmerzensgeld von €2000. Danach waren insbesondere die zunehmenden Schmerzen im Bauchbereich, ein Anstieg der Körpertemperatur und wiederholtes, teils massives Erbrechen in Rechnung zu stellen. Zudem verdeutlicht ein Blick auf ähnliche Gestaltungen, dass ein Betrag in einer Größenordnung von €2000 angemessen ist	OLG Oldenburg 11.3.2015 5 U 26/12
2323	€2000 (€2111)	Behandlungsfehlerhaft unterbliebener Hinweis auf eine erforderliche Nachkontrolle wegen eines Verdachts auf ein Prostatakarzinom; dadurch verzögerte Operation	Laparoskopische Entfernung der Prostata (radikale retropubische Prostatektomie mit regionaler Lymphadenektomie)	47-jähr. Mann		Dem Beklagten kann lediglich vorgeworfen werden, durch sein pflichtwidriges Unterlassen eine noch bessere Prognose verhindert zu haben. Außerdem kann nicht gänzlich unberücksichtigt bleiben, dass Herr O. infolge der verzögerten Diagnose einige Zeit länger in dem Glauben sein durfte, nicht an Krebs erkrankt zu sein. Abgesehen davon hat sich seit Erlass des erstinstanzlichen Urteils insofern eine erhebliche Veränderung der Bemessungsfaktoren ergeben, als Herr O. verstorben ist und sich die von der Kammer unterstellte Leidenszeit dadurch erheblich verkürzt hat. Im Zeitpunkt der letzten mündlichen Verhandlung vor dem LG war der Kläger 57 Jahre alt gewesen. Anschließend hat er nur noch rund 1 Jahr und 7 Monate gelebt. Wie der Bevollmächtigte der Klägerinnen erklärt hat, besteht zwischen dem Tod des Herrn O. und dem Prostatakarzinom kein Zusammenhang	OLG Oldenburg 18.5.2016 5 U 1/14 juris
2324	€2500 (€2720)	Behandlungsfehler in Form der Entnahme des Nervus Suralis im Rahmen einer Biopsie an falscher Stelle. Auch lag weder eine schriftliche Aufklärung noch ein Operationsbericht vor	4 Wochen Bettruhe mit starken Einschränkungen im täglichen Leben in den darauffolgenden zwei Monaten	Mann		Es erfolgten zwei Operationsversuche, da die Probenentnahme an der Wade ungeeignet war	AG Borken 21.11.2012 15 C 203/11 RAin Christiane Claaßen, Wesel
2325	€2500 + immat. Vorbehalt (€2849)	Grober Behandlungsfehler bei Knieoperation in Form einer unnötigen Teilresektion des Meniskus		15-jähr. Mädchen		Klägerin verletzte sich beim „in die Knie gehen" in der Dusche. Sie leidet unter der Grunderkrankung Chondropathia patellae. Aufgrund des Alters der Patientin wäre zwingend zumindest der Versuch einer Meniskusnaht durchzuführen gewesen. Bei der Bemessung des Schmerzensgeldes wurde der zugefügte Primärschaden berücksichtigt, da die 3-monatige Nachbehandlungsphase aufgrund der Grunderkrankung auch ohne Behandlungsfehler eingetreten wäre	LG Meiningen 23.6.2010 3 O 794/08 Beck online OLG Jena 12.6.2012 4 U 634/10

● Mithaftung (siehe vorletzte Spalte)

Behandlungsfehler, Ärztlicher Kunst-und Aufklärungsfehler

Urteile lfd. Nr. 2326 – 2330

Lfd. Nr.	Betrag DM Euro (Anp.2019)	Verletzung	Dauer und Umfang der Behandlung; Arbeitsunfähigkeit	Person des Verletzten	Dauerschaden	Besondere Umstände, die für die Entscheidungen maßgebend waren	Gericht, Datum der Entscheidung, Az., Veröffentlichung bzw. Einsender
	Fortsetzung von »Behandlungsfehler«						
2326	€ 2500 (€ 2644)	Behandlungsverzögerung von zwei Monaten (verspätete Arthroskopie des Kniegelenks nach Unfall)		Frau		Die Einschränkungen der Gehfähigkeit, die Schmerzen und die Beschwerden, die während des Verzögerungszeitraums von zwei Monaten bestanden, rechtfertigen kein höheres Schmerzensgeld als € 2500	OLG Köln 27.5.2015 5 U 194/14 juris
2327	€ 2500 + immat. Vorbehalt (€ 2687)	Behandlungsfehlerhafte Entfernung eines Muttermals von 5 mm mit einer Narbenlänge von 16 cm		Mann	Narbe	Bei der Bemessung des Schmerzensgeldes war neben der Größe der Narbenbildung zu berücksichtigen, dass nach Schilderung des Klägers ein so genannter allgemeiner Spannungsschmerz im Rücken auftritt und dass diese Beschwerden grds. im Alter zunehmen können. Andererseits war zu bewerten, dass auch der von dem Sachverständigen befürwortete Wundverschluss eine Narbe von ca. 75 mm zur Folge gehabt hätte und die Narbe ansonsten gut verheilt ist. Unter Berücksichtigung aller dieser Umstände erscheint dem Senat ein Schmerzensgeld von € 2500 für angemessen und völlig ausreichend	OLG München 23.1.2014 1 U 2254/13 VersR 2015, 199
2328	€ 2500 + immat. Vorbehalt (€ 2746)	Behandlungsfehlerhafte Resektion statt Meniskusnaht bei einer Meniskusläsion eines Kindes		15-jähr. Mädchen		Gegen die Höhe des vom LG zugesprochenen Schmerzensgeldes gibt es nichts zu erinnern. Im Gegenteil. Die ausgeurteilten € 2500 sind mit Blick auf das nahezu hundertprozentige Risiko der Klägerin, ungeachtet der Grunderkrankung allein wegen der grob fehlerhaften Meniskusoperation vor der Zeit an einer Kniearthrose zu erkranken, im untersten Bereich angesiedelt; für eine Korrektur nach unten hin ist kein Raum	Thüringer OLG 12.6.2012 4 U 634/10
2329	€ 3000 (€ 3770)	Allergische Reaktion nach Einsetzen einer nickelhaltigen Metallplatte ins Sprunggelenk		51-jähr. Frau		Ärztlicher Behandlungsfehler. Der Klägerin wurde trotz bekannter Nickelallergie eine nickelhaltige Metallplatte in das Sprunggelenk eingesetzt. Die Klägerin litt mehrere Wochen unter stark juckenden Veränderungen der Hautoberfläche im Bereich der gesamten rechten Körperhälfte. Ein Dauerschaden liegt bei der Klägerin aber nicht vor. Mit Entfernung der Metallplatte hörten auch die Beschwerden auf	LG Frankfurt am Main 16.3.2004 2/18 O 470/03 Teilversäumnisurteil RAe Nieding & Partner, Frankfurt am Main
2330	€ 3000 (€ 3371)	Verzögerte Wundheilung um mindestens 14 Tage sowie weitere Schmerzen durch fehlerhafte ärztliche Behandlung		Mann		Bei der Bemessung des Schmerzensgeldes hat das Gericht vor Allem die verzögerte Einleitung der Antibiotikatherapie gegen MRSA-Erreger (Krankenhauskeime) sowie den dadurch verzögerten Heilbehandlungsverlauf berücksichtigt. Ferner hat das Gericht berücksichtigt, dass der Kläger isoliert war und nur mit Schutzkleidung besucht werden konnte	LG Wiesbaden 4.2.2011 7 O 223/08 RAe Kern, Mainz

Lfd. Nr.	Betrag DM **Euro** *(Anp.2019)*	Verletzung	Dauer und Umfang der Behandlung; Arbeitsunfähigkeit	Person des Verletzten	Dauerschaden	Besondere Umstände, die für die Entscheidungen maßgebend waren	Gericht, Datum der Entscheidung, Az., Veröffentlichung bzw. Einsender
Fortsetzung von »Behandlungsfehler«							
2331	€ 3000 *(€ 3418)*	Nichtbehebung einer Okklusionsstörung		Frau		Vorliegende Okklusionsstörung wurde nicht durch den Berufungskl. verursacht, sondern „nur" nicht richtig behoben. Zu berücksichtigen bei der Entscheidung war insb., dass die Behandlung zwar mangelhaft war, jedoch nicht ungenügend, so dass ein weiterbehandelnder Arzt darauf aufbauen konnte	OLG Frankfurt am Main 1.6.2010 8 U 126/09 RiOLG Göhre, Frankfurt am Main
2332	€ 3000 + immat. Vorbehalt *(€ 3154)*	Verlust eines Oberkiefer-Backenzahns durch eine fehlerhafte Wurzelbehandlung	Folgebehandlungen der Nachbarzähne	Frau	Zahnverlust	Soweit der Beklagte zu 1) geltend macht, das Schmerzensgeld sei mit € 3000 für den Verlust eines Backenzahns im Oberkiefer zu hoch bemessen, ist der Senat der Auffassung, dass im vorliegenden Fall das vom LG zuerkannte Schmerzensgeld sich im Rahmen des in vergleichbaren Konstellationen Üblichen, wenn auch tatsächlich an der oberen Grenze bewegt und hier auch angemessen ist	OLG München 14.9.2016 3 U 753/13 juris
2333	€ 3000 *(€ 3705)*	Infektion und Abszessbildung am rechten Kniegelenk nach einer Periduralanästhesie	11 Tage Krankenhaus mit Revisionsoperation des Infektionsherdes	Wasserbauer		Grober ärztlicher Behandlungsfehler	OLG Oldenburg 30.3.2005 5 U 66/03 VersR 2006, 517
2334	€ 3000 *(€ 3202)*	Befund – Avulsionsfraktur (knöcherner Ausriss) des Tuberkulum majus mit superiorer Dislokation in Richtung des Sehnenzugs der Supraspinatussehne von ca. 4 mm – fand im Entlassungsschreiben keine Berücksichtigung. Die deshalb nicht angeordneten Bewegungsrestriktionen führten zu mehr Schmerzen und einer verzögerten Heilung				Der Kläger kann ein Schmerzensgeld nur insoweit beanspruchen, als die nicht angeordneten Bewegungsrestriktionen zu mehr Schmerzen und einer verzögerten Heilung geführt haben; demgegenüber begründen die Schmerzen, die auf der Verletzung selbst und auf dem sekundären Impingement-Syndrom beruhen, keinen Anspruch auf den Ersatz immaterieller Schäden. Vorliegend ist zu berücksichtigen, dass den Beklagten zwar nicht die Fraktur an sich zuzurechnen ist, es andererseits aber fast 4 Monate gedauert hat, bis die Fraktur erkannt wurde	OLG Oldenburg 22.12.2014 5 U 49/14
2335	€ 3000 *(€ 3212)*	Überflüssige OP: Beklagter hat ein pleomorphes Adenom mit einem Atherom verwechselt und versucht, dieses mittels Laser und Splitterpinzette in einer halbstündigen Operation unterhalb des rechten Ohres zu entfernen. Hätte der Beklagte die gebotene Sonographie/MRT durchgeführt, wäre mit überwiegender Wahrscheinlichkeit erkannt worden, dass es sich um kein Atherom handelte; die Operation hätte an Stelle einer Feinnadelbiopsie unterbleiben müssen	OP ca. eine halbe Stunde	Mann		Schmerzensgelderhöhend ist der Umstand zu berücksichtigen, dass der Beklagte bei dem Kläger die (objektiv unbegründete) Angst vor Rezidiven geweckt hat, indem er mit der Splitterpinzette im Tumor herummanipuliert hat. Allerdings rechtfertigt dies mit Blick auf Judikate anderer Gerichte (LG Münster, Urt. v. 27.6.2013 – 111 O 126/11, juris: € 5000 für überflüssige Wirbelsäulenoperation mit 10 Tagen stationärem Aufenthalt, vgl. juris Rz. 32 ; OLG Hamm, Urt. v. 29.9.2014 – 3 U 54/14, juris: € 20 000 für überflüssige Bandscheibenoperation mit Rückenschmerzen als Dauerfolge, vgl. juris Rz. 46) insgesamt lediglich ein Schmerzensgeld von € 3000, denn objektiv besteht für den Kläger keine Rezidivgefahr, jedenfalls ist sie durch die Handlung des Beklagten nicht erhöht worden	OLG Oldenburg 11.2.2015 5 U 111/13 VorsRiOLG Dr. Oehlers

Lfd. Nr.	Betrag DM Euro (Anp.2019)	Verletzung	Dauer und Umfang der Behandlung; Arbeitsunfähigkeit	Person des Verletzten	Dauerschaden	Besondere Umstände, die für die Entscheidungen maßgebend waren	Gericht, Datum der Entscheidung, Az., Veröffentlichung bzw. Einsender
\multicolumn{8}{l}{Fortsetzung von »Behandlungsfehler«}							
2336	€ 4000 + immat. Vorbehalt (€ 4632)	Eine subcapitale Oberarmfraktur wurde erst nach 2 Wochen erkannt, diese war bereits in 30°-Stellung schief zusammengewachsen		5-jähr. Junge, zum Urteilszeitpunkt 11 Jahre alt		Grober Verstoß gegen die anerkannten Grundsätze der ärztlichen Heilkunst, da eine Untersuchung des linken Oberarms und der linken Schulter des Klägers, der auf einem Spielplatz gestürzt war, nicht mit der gebotenen Sorgfalt erfolgt ist (u. a. Unterlassen einer Röntgenaufnahme); überflüssiger, mit starken Schmerzen verbundener Repositionsversuch 12 Tage nach dem Sturz; ohne Korrekturoperation nach 3 Jahren vollkommene Ausheilung; die Heilungsverzögerung bis zur vollständigen Ausheilung und die durch 2 Wochen eingetretenen Schmerzen beim Kläger mit einem geringen Alter rechtfertigen ein Schmerzensgeld von € 4000; weitere Schäden nicht auszuschließen	LG Köln 12.3.2008 25 O 123/05
2337	€ 4000 (€ 4231)	Versäumnis bei einem Patienten mit angeborener Störung der Blutgerinnung (Willebrand-Jürgens-Syndrom), vor einer Operation ein Medikament (Minirin®) zu geben, wodurch es zu Einblutungen im Knie kam	Revisionseingriff mit insgesamt 16-tägigem Krankenhausaufenthalt	Frau		Dabei knüpft das Schmerzensgeld an die Beeinträchtigungen an, die die Klägerin nach der Arthroskopie bedingt durch Einblutungen, Fieber und Krämpfe erleiden musste. Dazu gehört ebenfalls die Belastung durch den Revisionseingriff und den nachfolgenden Krankenhausaufenthalt. Zum Ausgleich dessen ist der vom LG zuerkannte immaterielle Ersatz von € 4000 angemessen	OLG Koblenz 21.10.2015 5 U 263/15 juris; MedR 2016, 277
2338	€ 4000 (€ 4393)	Behandlungsfehlerhaftes Unterlassen einer explorativen Revision der Wunde, durch die der vom Kläger selbst herausgezogene Holzsplitter knapp unterhalb des Kniegelenks in den linken Unterschenkel eingedrungen war. Entzündung durch verbliebenen Fremdkörper	Verzögerung des Heilungsverlaufs um ca. 3 Monate; 2 stationäre Klinikaufenthalte und operative Entfernung des Fremdkörpers	Mann		Die Beklagten haben für die Verzögerung des Heilungsverlaufs einzustehen, der für den Kläger aufgrund des andauernden Entzündungsgeschehens mit erheblichen Schmerzen verbunden war. Ferner wären die stationären Aufenthalte und die Operation vermieden worden. Dass der Kläger, der um den Verlust seines Beins gefürchtet haben will, sich erhebliche Sorgen um seine Gesundheit machte, stellt der Senat bei der Bemessung des Schmerzensgeldes in Rechnung. Dauerfolgen, die ein höheres Schmerzensgeld rechtfertigen könnten, sind nicht verblieben	OLG Köln 13.6.2012 5 U 18/11 juris
2339	€ 4500 + immat. Vorbehalt (€ 5128)	Operativer Planungsfehler (aufklappende statt zuklappende Osteotomie), der zu einer Vergrößerung der bestehenden Beinlängendifferenz von 2 auf 3 cm führte		52-jähr. Mann	Tragen orthopädischen Schuhwerks. Dauerhafte Behinderung beim Barfußlaufen	Dauerhafte optische Beeinträchtigungen durch das Tragen orthopädischen Schuhwerks. Schmerzhaftigkeit der im Fall der zuklappenden Osteotomie nicht erforderlichen Beckenkammspanentnahme	OLG München 27.5.2010 24 U 589/09

Lfd. Nr.	Betrag DM **Euro** *(Anp.2019)*	Verletzung	Dauer und Umfang der Behandlung; Arbeitsunfähigkeit	Person des Verletzten	Dauerschaden	Besondere Umstände, die für die Entscheidungen maßgebend waren	Gericht, Datum der Entscheidung, Az., Veröffentlichung bzw. Einsender
	**Fortsetzung von »Behandlungsfehler«**						
2340	€ 4500 *(€ 4793)*	Verspätete Hinzuziehung eines plastischen Chirurgen nach operativer Versorgung einer Quetschverletzung des linken Fußes mit Außen- und Innenknöchelfraktur, Mittelfußfraktur sowie mit einem Weichteilschaden 3. Grades, wobei die Weichteilverletzung nekrotisierte	Der Kläger musste nicht nur 2, sondern 3 vermeidbare operative Wundrevisionen erdulden, dadurch achtwöchige Behandlungsverlängerung	61-jähr. Mann		Bei der Schmerzensgeldbemessung sind nicht nur von 2, sondern insgesamt 3 vermeidbare Operationen zu berücksichtigen, die unter Vollnarkose stattgefunden und jeweils eine bis anderthalb Stunden gedauert haben. Auch die mit der Behandlungsverlängerung verbundenen Schmerzen und unter Vollnarkose durchgeführten Wundrevisionen waren für den Kläger sicherlich eine besondere, auch psychische Belastung. Diese wurde jedoch nach Erhöhung des Schmerzensgeldes um € 1000 im Hinblick auf die 3. vermeidbare Wundrevision in angemessener Weise berücksichtigt	OLG Oldenburg 25.11.2015 5 U 60/15 VorsRiOLG Dr. Oehlers
2341	€ 5000 + immat. Vorbehalt *(€ 5289)*	Behandlungsfehler bei Brust-OP: deutlich vergrößerter Mamillen-Areolen-Komplex beidseits mit umlaufenden, deutlich verbreiterten Narben, senkrechte Narben an beiden Mammae von jeweils 6 cm. Beidseits zarte und jeweils insgesamt 5 cm lange Narben in der Submammafalte, Mamillen-Jugulum-Abstand links 22 cm, rechts 24 cm, beidseits deutliche Ptose (Erschlaffung)		Frau		Notwendigkeit einer Folgeoperation. Ferner ist die Klägerin durch das unbefriedigende Operationsergebnis in ihrer Weiblichkeit eingeschränkt. Allerdings waren die Brüste der Klägerin bereits voroperiert und auch zuvor muss eine Narbenbildung vorgelegen haben. Schließlich kann das Erscheinungsbild auch zuvor nicht befriedigend gewesen sein, sonst hätte sich die Klägerin nicht zur erneuten Straffung und zum Implantataustausch entschieden	LG Dortmund 15.10.2015 4 O 249/11 juris
2342	€ 5000 *(€ 5691)*	Fehlerhafte Behandlung einer chronischen Entzündung des Fersenbeins, welche zu einer Behandlungsverzögerung mit verschiedenen Nachoperationen führte		Frau		Eine fachgerechte Behandlung hätte wohl nicht die Entzündung verhindert, allerdings die Anzahl der erforderlichen Revisionsoperationen um drei Eingriffe reduziert. Schmerzensgelderhöhend hat das Gericht den groben Behandlungsfehler durch den Beklagten berücksichtigt. Entgegen dem Vortrag des Klägers ist für die Frage, ob der Behandlungsfehler grob ist, der Kenntnisstand des behandelnden Arztes als Facharzt mit einzubeziehen	LG Gera 14.9.2010 3 O 762/08 RA Fertig, Aschaffenburg
2343	€ 5000 *(€ 5206)*	Verspätetes Zurückverweisen des Klägers an die Operateure durch den Beklagten aufgrund eines Diagnosefehlers	9 Wochen erhöhtes Schmerzlevel 7–8 auf einer Skala von 0–10, 9 Wochen Gehhilfen, Erhöhung der Schmerzmitteldosis	Mann		Einfacher Behandlungsfehler des Beklagten in Form eines vermeidbaren Diagnoseirrtums. Das Abrutschen der Fraktursegmente, die Hüftkopfnekrose und die folgende Hüftprothese sind nicht auf den Diagnosefehler, sondern auf die zu frühe Metallentfernung nach nur 3 ½ Monaten durch die Streithelferin zurückzuführen. Bei der Schmerzensgeldhöhe war zu berücksichtigen, dass der Kläger vorher bereits unter Schmerzen im Frakturbereich litt und auch Schmerzmittel einnahm und auch zeitweise Gehhilfen verwendete	LG Koblenz 25.1.2018 1 O 359/16

● Mithaftung (siehe vorletzte Spalte)

Behandlungsfehler, Ärztlicher Kunst-und Aufklärungsfehler

Urteile lfd. Nr. 2344 – 2347

Lfd. Nr.	Betrag DM Euro (Anp.2019)	Verletzung	Dauer und Umfang der Behandlung; Arbeitsunfähigkeit	Person des Verletzten	Dauerschaden	Besondere Umstände, die für die Entscheidungen maßgebend waren	Gericht, Datum der Entscheidung, Az., Veröffentlichung bzw. Einsender
Fortsetzung von »Behandlungsfehler«							
2344	€ 5000 (€ 6421)	Verbliebener Nylonfaden nach Augenoperation zwischen Augapfel und Oberlid	Erst nach 10 Wochen wurde der Faden entfernt	Rentnerin		10 Wochen starke Schmerzen, geschwollenes und tränendes Auge. Kein Mitverschulden der Klägerin, weil sie über langen Zeitraum ihrer Augenärztin vertraute und keinen weiteren Facharzt zu Rate zog	OLG Frankfurt am Main 13.8.2002 8 U 84/02 RAin Lachmund, Offenbach
2345	€ 5000 (€ 5337)	Schraubenüberstand nach OP, dadurch Irritation und letztendlich Ruptur der EPL-Sehne	Rekonstruktion der ruptierten Strecksehne sowie verlängerte Zeit mit Schmerzen und Einschränkungen der Benutzbarkeit der Hand; damit zusammenhängend Einschränkungen der Arbeitsfähigkeit	Frau		Hat das fehlerhafte Vorgehen der Behandler dazu geführt, dass es zu einer Ruptur der Strecksehne gekommen ist, ist bei dann erforderlicher Rekonstruktion der ruptierten Strecksehne und bei Berücksichtigung einer verlängerten Zeit von Schmerzen und Einschränkungen der Benutzbarkeit der Hand und damit zusammenhängender Einschränkungen der Arbeitsfähigkeit ein Schmerzensgeld von € 5000 nicht zu hoch angesetzt	OLG Köln 8.12.2014 5 U 53/14 juris
2346	€ 5000 (€ 5589)	Neurologische Ausfallerscheinungen aufgrund eines groben Behandlungsfehlers nach einem kompliziertem Bandscheibenvorfall	8-monatige Verzögerung der erforderlichen Fusions-Operation	Mann	Geringe Halbseitenschwäche links und Parästhesien und Sensibilitätsstörungen der unteren Extremitäten	Grober Behandlungsfehler. Wegen der bestehenden zervikalen Myelopathie hätte sogleich anstelle der stattgehabten insuffizienten perkutanen Nukleotomie eine Fusionsoperation durchgeführt werden müssen. Es hatte sich bereits ein inkomplettes Querschnittssyndrom gebildet und es drohte jederzeit eine Verschlimmerung in Richtung bzw. bis zu einem kompletten Querschnitt. Die Gefahr einer solchen für den Patienten katastrophalen Entwicklung muss durch eine Fusionsoperation abgewendet werden. Die tatsächlich stattgehabte perkutane Nukleotomie ist nur bei einem hier nicht gegebenen unkomplizierten Bandscheibenvorfall indiziert und nicht geeignet, das Problem zu beheben	OLG München 3.3.2011 1 U 2842/09
2347	€ 5100 (€ 6269)	Exikkose mit drohender Uratnephrpathie und Hypernatriämie		71-jähr. Frau	Dauerhafter Verlust an Lebensqualität, Vigilanzminderung, Einschränkung des Schluckvermögens und der nonverbalen Kommunikation	Grober Behandlungsfehler anlässlich einwöchiger postoperativer Versorgung einer Hirnblutungspatientin; 4 Monate Anschlussheilbehandlung; danach 3 Jahre Aufenthalte im Pflegeheim. Obgleich der Beitrag der behandlungsfehlerhaften postoperativen Behandlung in der Klinik der Beklagten vom Gutachter lediglich mit 10 bis 15% Anteil an dem späteren Gesundheitszustand der Klägerin veranschlagt wurde, hat das Gericht aufgrund der groben Behandlungsfehler ein Schmerzensgeld von € 5100 als angemessen erachtet	LG Paderborn 21.11.2005 3 O 25/05 Anerkenntnisurteil RA Uloth, Kassel

Lfd. Nr.	Betrag DM Euro (Anp.2019)	Verletzung	Dauer und Umfang der Behandlung; Arbeitsunfähigkeit	Person des Verletzten	Dauerschaden	Besondere Umstände, die für die Entscheidungen maßgebend waren	Gericht, Datum der Entscheidung, Az., Veröffentlichung bzw. Einsender
Fortsetzung von »Behandlungsfehler«							
2348	€ 6000 (€ 6707)	Eine im Bauchraum zurückgelassene Kocher-Klemme führte zu einer Durchblutungsstörung einer Dünndarmschlinge, weshalb im Rahmen eines zusätzlichen operativen Eingriffs auch die operative Entfernung eines Dünndarmabschnitts erforderlich wurde. Zwischen den beiden OP litt die Kl. für 11 Tage unter erheblichen Schmerzen im Bauchbereich und unter Erbrechen und Appetitlosigkeit	Verlängerung des Krankenhausaufenthaltes für 11 Tage	46-jähr. Frau		Ärztlicher Kunstfehler, der infolge des wiederholten Eingriffs das Risiko von Spätfolgen wie Narbenbruch oder von Komplikationen aufgrund von Verwachsungen oder Narbenstrangbildungen gravierend erhöht hat	LG Göttingen 26.5.2011 9 O 39/11
2349	€ 6000 + immat. Vorbehalt (€ 6911)	Fehlstellung eines zusammengewachsenen Knochens 3 Wochen nach einer Oberarmfraktur mit Gelenksbeteiligung und einer minimalen Verschiebung der Fragmente		2-jähr. Kind, zum Urteilszeitpunkt 6 Jahre alt		Grober Behandlungsfehler des Arztes in der Ambulanz; keine engmaschige Kontrolle der Fraktur nach der Ruhigstellung durch Gips unzweideutig angeordnet bzw. den Kläger nicht zur Nachbehandlung an einen Fachmann der Kinderchirurgie überwiesen zu haben; eingeschränkte Bewegungsfähigkeit des rechten Arms; ob jedoch dauerhafte Folgen möglich sind, kann erst bei Abschluss des knöchernen Wachstums im Alter von 16 bis 17 Jahren festgestellt werden; das Schmerzensgeld von € 6000 berücksichtigt die eingeschränkte Bewegungsfähigkeit des rechten Armes mit Einschränkung bei Sport und Spiel nur bis zum Erreichen des 16. bzw. 17. Lebensjahres	LG Karlsruhe 20.2.2009 6 O 115/07
2350	12 000 € 6000 + immat. Vorbehalt (€ 8015)	Schmerzen und Aufriss im Operationsnahtbereich nach Beuge- und Streckbewegungen sowie starke Einschränkungen der Beweglichkeit des Kniegelenks mit erforderlicher Nachoperation aufgrund fehlerhafter Behandlung einer atrophischen Verbrennungsnarbe im linken Kniekehlenbereich		30-jähr. Frau	Narbe am Gesäß durch Entnahme eines Vollhauttransplantats anlässlich der Nachoperation	Beklagte führte nur eine einfache Exzision aus, was einen ordnungsgemäßen Heilungsverlauf ausschließt. Kunstgerecht wäre ein Vollhauttransplantat gewesen. Klägerin war nach der misslungenen Operation auf Krücken angewiesen; sie litt 1/2 Jahr bis zur Nachoperation an starken Schmerzen, auch psychischer Natur; Heilungsverlauf der Nachoperation nicht komplikationslos durch Entwicklung eines Transplantat-Randes	LG Paderborn 16.2.2000 4 O 19/99 RAe Grasenick, Oldermann, Bloch, Rheda Wiedenbrück
2351	€ 6000 (€ 6404)	Setzen einer Naht von sieben Stichen ohne örtliche Betäubung nach Wunddehiszens bei Operation zur Beseitigung einer sog. Hammerzehe		Frau		Für die von der Klägerin erlittenen Schmerzen (die der Sachverständige objektiv als kaum aushaltbar beschrieben hat) bei einer Wundnaht von unstreitig 7 Stichen ohne örtliche Betäubung, die gröblichst gegen die ärztliche Kunst verstößt und vom Senat als vorsätzliche Körperverletzung eingestuft wird, erscheint ein Schmerzensgeld von € 6000 sowohl unter Ausgleichs- als auch unter Genugtuungsaspekten angemessen	KG Berlin 13.10.2014 20 U 224/12 ZMGR 2014, 409

Behandlungsfehler, Ärztlicher Kunst- und Aufklärungsfehler

Lfd. Nr.	Betrag DM Euro (Anp.2019)	Verletzung	Dauer und Umfang der Behandlung; Arbeitsunfähigkeit	Person des Verletzten	Dauerschaden	Besondere Umstände, die für die Entscheidungen maßgebend waren	Gericht, Datum der Entscheidung, Az., Veröffentlichung bzw. Einsender
	Fortsetzung von »Behandlungsfehler«						
2352	€ 6000 + immat. Vorbehalt (€ 6211)	Unzureichende Reaktion auf einen bei Implantation einer Hüftgelenkendoprothese eingetretenen Pfannenbodendefekt. Dadurch wurde Revisionsoperation erforderlich	Revisionsoperation mit 13-tägiger Behandlungsdauer	Mann		Unter Berücksichtigung dieser Umstände ist nach Ansicht des Senats das seitens des LG ausgeurteilte Schmerzensgeld von € 6000 für die zusätzliche Operation sowie die 13 Tage längere Behandlungsdauer angemessen und ausreichend zum Ausgleich der erlittenen Beeinträchtigungen des Klägers. Veranlassung zur Verurteilung der Beklagten zur Zahlung eines höheren Schmerzensgeldes ist nicht gegeben	Thüringer OLG 6.12.2017 7 U 178/17
2353	€ 7000 (€ 7555)	Zeitliche Verzögerung bei der Heilung einer Außenknöchelfraktur und Schmerzen von 7 Monaten		58-jähr. Mann		Die Beklagten unterließen die rechtzeitige Abklärung weiterer Maßnahmen der Ursache der beim Kläger postoperativ aufgetretenen Knochenbruchheilungsstörung am Außenknöchel. Als Behandlungsfehler wurde die Nichtvornahme einer Dopplersonographie bei Erkennen einer Knochenbruchheilungsstörung gewertet. Die Behandlungsverzögerung war zwar schmerzhaft, aber nicht für die vom Kläger behaupteten Dauerschäden ursächlich	LG Düsseldorf 23.5.2013 3 O 312/09 Justiz NRW
2354	€ 7000 (€ 8634)	Übersehen eines in der Bauchhöhle zurückgebliebenen Gallensteins nach Entfernen der Gallenblase, der zur Entzündung und zum Abszess führte		Frau		Nach den Ausführungen des Sachverständigen ist ein eindeutiger Behandlungsfehler jedenfalls insoweit zu bejahen, als das Fehlen des präoperativ diagnostizierten Gallensteins nach der Entfernung der Gallenblase zumindest eine weitergehende laparoskopische Exploration der Bauchhöhle zur Auffindung und Bergung des Gallensteins hätte nach sich ziehen müssen. Die Klägerin musste über einen Zeitraum von etwa 2 Jahren erhebliche Schmerzen ertragen. Darüber hinaus musste sie sich einer weiteren Revisionslaparotomie unterziehen, die im Falle einer den Regeln der ärztlichen Kunst entsprechenden Behandlung hätte vermieden werden können	LG Mönchengladbach 14.6.2005 6 O 176/04 RAe Weufen & Roeben, Mönchengladbach
2355	€ 7000 (€ 7456)	7 Wochen erhebliche Schmerzen aufgrund eines nicht erkannten und daher unversorgten Oberschenkelhalsbruches	Mehrere Revisionsoperationen, wobei letztlich wegen einer diagnostizierten Pseudoarthrose des rechten Femurkopfes die Implantation einer zementfreien Totalendoprothese (TEP) erfolgte	43-jähr. Frau		Nach den Erläuterungen des Sachverständigen ist als sichere Folge der Fehldiagnose nur festzustellen, dass bei der Revisionsoperation Knochenstücke aus dem Beckenkamm entnommen werden mussten, insbesondere aber, dass die Klägerin einen längeren Zeitraum mit einer nicht versorgten Oberschenkelhalsfraktur leben musste. Das hat zu einem Abkippen der Fraktur geführt, was erhebliche Schmerzen über einen Zeitraum von annähernd sieben Wochen beinhaltet hat	OLG Hamm 17.11.2015 26 U 13/15 juris; GesR 2016, 92

Lfd. Nr.	Betrag DM **Euro** *(Anp.2019)*	Verletzung	Dauer und Umfang der Behandlung; Arbeitsunfähigkeit	Person des Verletzten	Dauerschaden	Besondere Umstände, die für die Entscheidungen maßgebend waren	Gericht, Datum der Entscheidung, Az., Veröffentlichung bzw. Einsender
Fortsetzung von »Behandlungsfehler«							
2356	€ 7000 + immat. Vorbehalt *(€ 7593)*	Urosepsis durch Nichterkennen der Stauung einer Niere	3 Tage Behandlung auf der Intensivstation	61-jähr. Frau	Funktionsbeeinträchtigung der linken Niere	Vorliegend hat sich der Senat bei der Bemessung des Schmerzensgeldes von den Erwägungen leiten lassen, dass die zum Zeitpunkt der Behandlung 61-jähr. Klägerin durch die Diagnosefehler der Beklagten eine Urosepsis erlitten hat, die eine dreitägige Behandlung auf der Intensivstation zur Folge hatte. Nachvollziehen kann der Senat die hierdurch ausgelösten Ängste der Klägerin und ihre Unsicherheit im Hinblick auf für sie nachvollziehbare und zielführende Diagnose und Behandlungen. Zu berücksichtigen war auch, dass das Nichterkennen der Stauung der Niere im Zuge der ersten Ultraschalluntersuchung ein fundamentaler Fehler war, der nach den Ausführungen des Sachverständigen so nicht hätte passieren dürfen, und dass dieser Fehler eine chronische Schädigung der linken Niere der Klägerin mitverursacht hat. Weitere gesundheitliche Beeinträchtigungen der Klägerin, insb. die behaupteten langjährigen psychischen Folgen, haben, da die Klägerin einen Kausalzusammenhang zu dem festgestellten Diagnosefehler nicht bewiesen hat, bei der Bemessung des Schmerzensgeldes unberücksichtigt zu bleiben. Der Senat hält daher ein Schmerzensgeld i.H.v. € 7000 für angemessen. Hier ist die Gesamtnierenleistung trotz einer Funktionsbeeinträchtigung der linken Niere normal; ein Fortschreiten des Funktionsverlustes der linken Niere zum Zeitpunkt der Begutachtung der Klägerin durch den Sachverständigen war nicht festzustellen	OLG Rostock 21.12.2012 5 U 170/11 VersR 2013, 465
2357	15 000 € 7500 + immat. Vorbehalt *(€ 10 159)*	Zwei fehlgeschlagene Hallux rigidus-Operationen, die zu einem „Schlapperzeh" führten		72-jähr. Frau	Herunterhängender Großzeh	Klägerin litt an einer schmerzhaften Arthrosis deformans im rechten Großzehengrundgelenk. Wenn beide Operationen korrekt durchgeführt worden wären, wäre die Klägerin heute mit sehr hoher Wahrscheinlichkeit beschwerdefrei	LG Freiburg i. Br. 3.6.1998 8 O 167/97 RAe Dr. Becker & Koll., Freiburg

● Mithaftung (siehe vorletzte Spalte)

Behandlungsfehler, Ärztlicher Kunst-und Aufklärungsfehler

Lfd. Nr.	Betrag DM Euro (Anp.2019)	Verletzung	Dauer und Umfang der Behandlung; Arbeitsunfähigkeit	Person des Verletzten	Dauerschaden	Besondere Umstände, die für die Entscheidungen maßgebend waren	Gericht, Datum der Entscheidung, Az., Veröffentlichung bzw. Einsender
	Fortsetzung von »Behandlungsfehler«						
2358	€7500 (€8384)	Zu späte Notsectio; keine Überlebenschance für das Kind		Schwangere Frau		Den Beklagten ist ein haftungsrelevantes Organisationsverschulden im Notfallmanagement anzulasten, das deswegen als grob eingeschätzt werden muss, weil im Fall der (risikoschwangeren) Klägerin eine zeitnahe Notsectio (Notschnittentbindung) mit Überlebenschancen für das Kind nicht gewährleistet war. Der grobe Organisationsfehler liegt darin, dass die (zu) weite Entfernung der Normalstation von dem – zwei Etagen höher gelegenen – Kreißsaal und Operationstrakt nicht mit einem auf diese schlechten baulichen Voraussetzungen zugeschnittenen (besonderen) Notfallmanagement ausgeglichen wurde. Auf die im Fall der Klägerin eingetretene Notfallsituation konnte deshalb nur zeitlich verzögert reagiert werden	Thüringer OLG 14.3.2011 4 U 523/09
2359	€8000 (€8539)	Der behandelnde Arzt hat eine Riss der Patellasehne zu spät erkannt und behandelt, wodurch die Klägerin längere Zeit an den Beschwerden litt und sich eine Nekrose des Gewebes bildete		71-jähr. Frau		Dem behandelnden Arzt sind zahlreiche grobe Behandlungsfehler und eine medizinisch nicht indizierte Operation vorzuwerfen	LG Berlin 12.6.2014 6 O 446/11
2360	€8000 (€8934)	Leichtfertig fehlerhafte Operation infolge Diagnosefehler. Infolge Operation am gesunden hinteren Oberschenkelmuskel an Stelle des verletzten vorderen Muskels musste der Geschädigte erneut operiert werden	4 Tage Verlängerung der stationären Behandlung	Mann, Profifußballspieler	Taubheitsgefühl und Kribbelparästhesien im Oberschenkel, Operationsnarbe von 13 cm		LG Osnabrück 15.4.2011 2 O 1265/10 BeckRS 2011, 08199
2361	€8000 + immat. Vorbehalt (€8565)	Grob behandlungsfehlerhafte operative Versorgung einer Schultereckgelenksprengung, weil die Bohrung für die einzubringende Schraube zu nahe am Gelenk lag und der Operateur diesen Umstand nicht erkannte, weil er die gebotene intraoperative Bildgebung zur Überprüfung der Bohrung unterließ	Revisionsoperation	Junger Mann		Der Senat hält den Betrag von €8000 für das Erleiden der Revisionsoperation für angemessen, aber auch ausreichend, zumal es sich um eine jungen und sportlichen Mann handelt, dessen Genesung durch den Ausriss und die Zweitoperation verzögert wurde	OLG Hamm 18.2.2014 26 U 152/13 juris
2362	€8000 + immat. Vorbehalt (€8281)	Perilunäre Luxation (Verletzung des Handwurzelknochens) nicht rechtzeitig erkannt	Am 2.4.2012 wurde der Kläger aus der stationären Behandlung entlassen. Es kam zur weiteren ambulanten Behandlung in verschiedenen unfallchirurgischen Gemeinschaftspraxen. Eine am 22.5.2012 durchgeführte CT-Untersuchung führte zur Diagnose einer Handwurzelverletzung. Am 6.8.2012 erfolgte ein operativer Eingriff am linken Handgelenk	Mann	Bewegungsbeeinträchtigungen und Schmerzen	Das vom LG zugemessene Schmerzensgeld wird von den Beklagten mit der Berufung der Höhe nach nicht angegriffen. Es bestehen auch keine Bedenken gegen die angefochtene Entscheidung. Der Senat hat keinen Zweifel, dass zumindest das vom LG zugemessene Schmerzensgeld angemessen ist und nimmt insoweit auf die Ausführungen im angefochtenen Urteil Bezug	OLG Koblenz 17.8.2017 5 U 491/17 juris

Fortsetzung von »Behandlungsfehler«

Lfd. Nr.	Betrag DM Euro (Anp.2019)	Verletzung	Dauer und Umfang der Behandlung; Arbeitsunfähigkeit	Person des Verletzten	Dauerschaden	Besondere Umstände, die für die Entscheidungen maßgebend waren	Gericht, Datum der Entscheidung, Az., Veröffentlichung bzw. Einsender
2363	€ 8000 + immat. Vorbehalt (€ 8289)	Grob fehlerhafte Vestibularisprüfung mittels Wasserspülung vorgenommen, was – wie unter Berücksichtigung der sich aus dem groben Behandlungsfehler ergebenden Beweislastumkehr anzunehmen war – zur Entstehung einer Entzündung am rechten Ohr und der Bildung eines später entfernten Cholesteatoms geführt hat		Frau		Zu Recht hat das LG die Beklagte zur Zahlung eines Schmerzensgeldes von € 8000 verurteilt	OLG Köln 24.7.2017 5 U 12/17 juris
2364	€ 8000 + immat. Vorbehalt (€ 10 273)	Transplantatversagen infolge fehlerhafter Positionierung eines Kreuzbandimplantates mit der Folge einer weiteren Knieoperation		Frau		Durch das Transplantatversagen wurde das Knie alsbald wieder instabil; Instabilität dauerte fast 4 Jahre, dann Reoperation; einfache Fahrlässigkeit des Arztes	OLG Stuttgart 4.6.2002 14 U 86/01 VersR 2003, 253
2365	€ 8500 + immat. Vorbehalt (€ 9127)	Zurücklassen eines Bauchtuchs im Operationsgebiet	Nach ca. ½ Jahr Revisionsoperation zum Entfernen	52-jähr. Frau		Zwar beschränken sich die konkreten, auf das Bauchtuch zurückzuführenden gesundheitlichen Beeinträchtigungen im Wesentlichen auf ein gewisses Unwohlsein und Unterbauchschmerzen. Zu berücksichtigen ist jedoch, dass durch den Behandlungsfehler der Beklagten eine schwer kranke Frau, die ohnehin vielfach schwierige Operationen und Behandlungen mit entsprechenden Folgen bewältigen musste, eine überflüssige weitere Operation im Bauchbereich vornehmen lassen musste. Auch wenn die Angst der Klägerin, dass sich ihre Heilungschancen durch das Tuch verschlechtert haben, fachlich nicht begründet sein mögen, litt die Klägerin zweifelsfrei und nachvollziehbar unter einer erheblichen Verunsicherung und der zeitweiligen Ungewissheit, ob es sich bei dem Befund nicht doch um einen weiteren bösartigen Tumor handelt. Zudem fällt die nicht unerhebliche Zeitdauer ins Gewicht, in der die Klägerin mit einem zurückgelassenen Fremdkörper in ihrem Körperinneren leben musste	OLG München 22.8.2013 1 U 3971/12 juris; GesR 2013, 620
2366	€ 10 000 + immat. Vorbehalt (€ 11 109)	Hohlhandphlegmone aufgrund fehlerhafter ärztlicher Behandlung	Umfangreicher Handchirurgischer Eingriff, 11 Tage stationäre Behandlung, 2 ½ Monate AU zu 100%, Gipsschiene, Antibiotikabehandlung	Frau, Friseurmeisterin	Vernarbung und Funktionseinschränkung der Hand	Fehlerhafte ärztliche Behandlung der Beklagten. Im vorliegenden Fall liegt ein grobes Organisationsverschulden der Beklagten vor, welche die Behandlung der stark verdreckten Wunde erst 5 Stunden nach dem erstmaligen Aufsuchen der Beklagten und 6 Stunden nach Verletzungseintritt (Sturz beim Walken) versorgte. Hierbei wurde die verklebte und verhärtete Wunde nur grob gesäubert und genäht. Die Funktionseinschränkung ist zwar nicht besonders schwerwiegend, jedoch wird die Klägerin täglich bei ihrer Arbeit an die Einschränkung erinnert	LG Essen 12.10.2011 1 O 77/08 RAe Bergmann & Partner, Hamm

● Mithaftung (siehe vorletzte Spalte)

Behandlungsfehler, Ärztlicher Kunst-und Aufklärungsfehler — Urteile lfd. Nr. 2367 – 2370

Lfd. Nr.	Betrag DM Euro (Anp.2019)	Verletzung	Dauer und Umfang der Behandlung; Arbeitsunfähigkeit	Person des Verletzten	Dauerschaden	Besondere Umstände, die für die Entscheidungen maßgebend waren	Gericht, Datum der Entscheidung, Az., Veröffentlichung bzw. Einsender
	Fortsetzung von »Behandlungsfehler«						
2367	€10000 (€11395)	Behandlungsfehler, Narben (10–20 cm), Durchtrennung der Bauchmuskulatur, Gallenstau, postoperative Gelbsucht, 5 mm großes Leck am Hauptgallengang, postoperative Zurückbildung des Ikterus	Mehrere zusätzliche OP und stationäre Behandlung/Nachuntersuchung aufgrund des Behandlungsfehlers, laparoskopische Exploration, nach der Entlassung musste die Klägerin für 3 Wochen einen Beutel zum Auffangen der Gallenflüssigkeit tragen, ca. 2 Monate AU	30-jähr. Frau	2 Narben am Bauch/Oberbauch (10–20 cm lang und bis zu 1 cm breit), Verdickung der rechten Oberbauchhälfte	Behandlung entsprach nicht dem ärztlichen Standard; Fehlsetzung eines Clips, der die Verletzungen auslöste. Aufgrund der fehlerhaften Behandlung weitere OP notwendig. Klägerin als Frau leidet besonders unter den deutlich sichtbaren und entstellenden Narben	LG Leipzig 25.3.2010 06 O 2276/09 RAin Fritsche, Leipzig
2368	€10000 + immat. Vorbehalt (€12734)	Fehlerhafte Entfernung der Arterie statt der Vene nach Krampfaderoperation		Frau	Schwellneigung des linken Beines	Schwerer Behandlungsfehler. Der Beklagte verwechselte die Vene, die er entfernen wollte, mit der Arterie. Die Klägerin leidet unter Dauerfolgen, weil sie im linken Bein eine Schwellneigung hat, der sie mit Stützstrümpfen entgegenwirken muss. Sie sieht sich einem weiteren Operationsrisiko ausgesetzt, weil eine Wahrscheinlichkeit von 15% besteht, dass sie sich in den kommenden Jahren erneut einer Korrekturoperation unterziehen muss	LG Nürnberg-Fürth 27.11.2003 11 O 5158/02 RA Raab, Nürnberg
2369	€10000 (€10557)	Unterlassen einer indizierten präoperativen Bestrahlung vor einer Tumoroperation, deswegen Überlebenschancen des Klägers um 15% vermindert		Mann		Die Höhe des zuzuerkennenden Schmerzensgeldes erscheint mit €10000 angemessen und ausreichend, um dem Kläger einen Ausgleich für die Nachteile zu gewähren, die ihm durch das Unterlassen der indizierten präoperativen Bestrahlung entstanden sind. Insoweit legt der Senat zugrunde, dass der Kläger mit einem erhöhten Todesfallrisiko leben musste. Die von dem Sachverständigen angegebene koreanische Studie belegt, dass die Gruppe der neoadjuvant, also präoperativ bestrahlten Patienten um 15% besser als die entsprechende Gruppe der postoperativ bestrahlten Patienten lag	KG Berlin 26.1.2017 20 U 18/16 juris RA Dominik Kellner, Berlin
2370	€10000 + immat. Vorbehalt (€12137)	Misslungene Kreuzbandplastik		39-jähr. Frau	Bewegungseinschränkung des linken Kniegelenks	Klägerin musste im ersten Jahr nach der Fehlbehandlung zwei Re-Arthroskopien und zahlreiche krankengymnastische Behandlungen erleiden. Aufgrund einer irreversiblen Präarthrose des Kniegelenks bestehen nunmehr dauerhaft Bewegungseinschränkungen und Beschwerden. Immat. Vorbehalt, weil wegen des komplexen Krankheitsbildes weitergehende Nachteile wahrscheinlich sind	OLG Frankfurt am Main 23.5.2006 8 U 29/05 RiOLG Stefan Göhre

Lfd. Nr.	Betrag DM Euro *(Anp.2019)*	Verletzung	Dauer und Umfang der Behandlung; Arbeitsunfähigkeit	Person des Verletzten	Dauerschaden	Besondere Umstände, die für die Entscheidungen maßgebend waren	Gericht, Datum der Entscheidung, Az., Veröffentlichung bzw. Einsender

Fortsetzung von »Behandlungsfehler«

Lfd. Nr.	Betrag	Verletzung	Dauer und Umfang	Person	Dauerschaden	Besondere Umstände	Gericht
2371	€ 10 000 + immat. Vorbehalt *(€ 10 192)*	Übersehen einer nicht dislozierten Fraktur im oberen Sprunggelenk. Im weiteren Verlauf kam es zu einer Dislokation der Frakturteile und zu einer Destruktion des oberen Sprunggelenks	Nachdem die Fraktur 7 Wochen später erkannt worden ist, erfolgte eine offene Reposition der Fraktur mit Plattenosteosynthese der distalen Tibiafraktur. Später erfolgte eine Revisionsoperation zur Korrektur der Stellschraube und zur Durchführung einer Plattenosteosynthese der Fibula. Wiederum später erfolgte die Entfernung des Osteosynthesematerials. Der Kläger ist nicht mehr in der Lage, in seinem Beruf als Maurer zu arbeiten	59-jähr. Mann	Bei dem Kläger hat sich eine Arthrose entwickelt, aufgrund derer er aktuell nur noch sehr eingeschränkt schmerzfrei stehen und gehen kann. Arbeiten und Stehen unter Belastung sind dem Kläger nur noch kurzzeitig möglich	Verbleibt es danach bei einem vorwerfbaren Behandlungsfehler der Ärzte der Beklagten, ist das erstinstanzlich zugesprochene Schmerzensgeld von € 10 000 angesichts der massiven und dauerhaften gesundheitlichen Folgen für den Kläger seitens des Senats nicht zu beanstanden. Ob es nicht höher anzusetzen wäre, ist – mangels Anschlussberufung – vom Senat nicht zu entscheiden	OLG Hamm 13.11.2018 26 U 56/18 juris
2372	€ 10 000 *(€ 10 706)*	Folgen einer behandlungsfehlerhaft um 6 Tage verzögerten Bursitisoperation (Schleimbeutelentzündung im rechten Ellenbogengelenk)	Verzögert durchgeführte Bursitisoperation führte zu mannigfachen Komplikationen; der Kläger musste sich einer langdauernden ambulanten, vorübergehend aber auch stationären Nachbehandlung unterziehen. Zeitweise konnte er seinen Beruf als Vertriebsleiter nicht ausüben	Mann		Der protrahierte Heilungs- und Genesungsprozess war von erheblichen Belastungen und Einschränkungen geprägt, zu denen es nicht gekommen wäre, wenn der Beklagte unverzüglich operiert hätte. Das erfordert ein Schmerzensgeld i.H.v. € 10 000	OLG Koblenz 28.5.2014 5 U 1244/13 VersR 2014, 1458

● Mithaftung (siehe vorletzte Spalte)

Lfd. Nr.	Betrag DM **Euro** *(Anp.2019)*	Verletzung	Dauer und Umfang der Behandlung; Arbeitsunfähigkeit	Person des Verletzten	Dauerschaden	Besondere Umstände, die für die Entscheidungen maßgebend waren	Gericht, Datum der Entscheidung, Az., Veröffentlichung bzw. Einsender
	Fortsetzung von »Behandlungsfehler«						
2373	€ 10 000 *(€ 11 722)*	Eine um 21 Monate verzögerte Wundheilung eines Unterschenkelschafttrümmerbruchs sowie zusätzliche ärztliche Behandlungen und psychische Beeinträchtigungen		Mann		Bei der Erstoperation wurde bereits eine falsche Behandlungsmethode gewählt; diese Methode ist zudem fehlerhaft ausgeführt worden, weil die zur Stabilisierung der Trümmerzone ausgewählte Knochenplatte zu kurz war und deren Befestigung an ungeeigneter Stelle versucht worden ist; stabile Wiederherstellung des Wadenbeins ist unterlassen worden; in der weiteren Operation ist Bruchstelle unzureichend stabilisiert worden, so dass die Herausbildung und Entwicklung eines falschen Gelenks gefördert worden ist, deren Beseitigung den Heilungsprozess weiter erheblich verzögert hat mit entsprechenden Begleiterscheinungen, wie zusätzlicher ärztlicher Behandlung, Schmerzen und psychischen Beeinträchtigungen, wie das Gefühl der Hilflosigkeit und der Ohnmacht gegenüber dem viel zu langsam verlaufenden Heilungsprozess; ein großer Teil der von Anfang an erlittenen Schmerzen und Beeinträchtigungen ist jedoch Folge des Unfalls, ebenso wie für zwei der später nötig gewordenen Operationen; dies ist durch einen entsprechenden „Abschlag" zu berücksichtigen	OLG Naumburg 1.11.2007 1 U 59/07 NJW-RR 2008, 407 VersR 2008, 415
2374	€ 10 000 + immat. Vorbehalt *(€ 10 192)*	Vergessen einer 1,9 cm langen OP-Nadel im Bauchraum der Patientin	Regelmäßige röntgenologische Kontrolle der Position der Nadel im Körper	30-jähr. Frau	Nadel im Körper	Unter Berücksichtigung aller Umstände des Einzelfalls, insb. des Vorstehenden, erscheint dem Senat vorliegend ein Schmerzensgeld i.H.v. € 10 000 angemessen, aber auch ausreichend. Dabei ist lediglich die (psychisch belastende) Ungewissheit über die Erforderlichkeit einer Operation zur Nadelentfernung berücksichtigt, nicht aber die Operation selbst. Ob diese tatsächlich zur Ausführung kommt, ist nicht abzuschätzen. Wegen der mit einer Operation verbundenen Risiken raten die behandelnden Ärzte derzeit von einer Nadelentfernung ab und die Klägerin beabsichtigt (derzeit) auch nicht, die Nadel entfernen zu lassen	OLG Stuttgart 20.12.2018 1 U 145/17

Lfd. Nr.	Betrag DM Euro (Anp.2019)	Verletzung	Dauer und Umfang der Behandlung; Arbeitsunfähigkeit	Person des Verletzten	Dauerschaden	Besondere Umstände, die für die Entscheidungen maßgebend waren	Gericht, Datum der Entscheidung, Az., Veröffentlichung bzw. Einsender
\multicolumn{8}{	l	}{Fortsetzung von »Behandlungsfehler«}
2375	€ 14 700 (€ 15 658)	Ungenügende Reposition im Rahmen einer Operation einer rechtsseitigen körpernahen Oberschenkelspiralfraktur mit Abriss des kleinen Rollhügels; dadurch Fehlstellung des Bruches	Revisionsoperation	Älterer Mann		Dem Kläger wäre lediglich danach ein Behandlungszeitraum von etwa 6–8 Wochen erspart geblieben. Die Behandlungsverzögerung und der den Beklagten zuzurechnende Dekubitus rechtfertigen ohne Weiteres ein Schmerzensgeld i.H.v. € 7500. Darüber hinaus kann der Kläger von den Beklagten ein weiteres Schmerzensgeld in Höhe von € 7200 verlangen. Nachdem der Senat davon ausgeht, dass auf die ungenügende Reposition bereits intraoperativ hätte reagiert werden müssen, wäre dem Kläger bei ordnungsgemäßem Vorgehen nicht allein die Behandlungsverzögerung erspart geblieben, sondern die gesamte spätere Revisionsoperation. Im Hinblick auf die erheblichen Beeinträchtigungen, die eine Revisionsoperation mit sich bringt, erscheint dem Senat ein Schmerzensgeld von € 7500 als zu niedrig bemessen, dagegen in der nunmehr erkannten Höhe gerechtfertigt	OLG Hamm 20.11.2015 26 U 27/15 juris; GesR 2016, 154
2376	€ 15 000 (€ 18 438)	Verlust der Akkomodationsfähigkeit nach fehlerhafter Grauen-Star-Operation		Jurist		Ärztlicher Behandlungsfehler. Nicht verständlich ist, warum nicht bei der ersten Operation ein emmetropes Ergebnis angestrebt wurde. Demnach wurde die Kunstlinse falsch berechnet. Die zweite Operation war nicht indiziert, weil zunächst die weitere Entwicklung der Vielsichtigkeit hätte abgewartet werden müssen. Der – notwendig mit dem Einsetzen einer Kunststofflinse verbundene – Verlust der Akkomodationsfähigkeit ist aufklärungspflichtig, was hier nicht geschehen ist. Zwar ist es im Ergebnis durch die Augenoperationen beim Kläger ingesamt zu einer Verbesserung der Vielsichtigkeit gekommen. Operationsbedingt benötigt er nunmehr aber zwei Brillen, eine für den Nahbereich und eine für den Fernbereich. Dem Beklagten kommt es nicht zugute, dass der Kläger mit einer Gleitsichtbrille nicht zurecht kommt	LG Köln 30.11.2005 25 O 304/02 RA Dr. Riemer, Brühl
2377	€ 15 000 (€ 17 372)	Druckgeschwüre am Steißbein sowie unterhalb des linken Knies infolge mangelnder Dekubitusprophylaxe im Krankenhaus		69-jähr. Frau		Klägerin war aufgrund Vorerkrankungen auf die Entstehung von Dekubitus besonders gefährdet. Ausführlich geht das Gericht auf die Pflegestandart bei Risikopatienten aus medizinischer Sicht ein	LG München I 14.1.2009 9 O 10239/04

● Mithaftung (siehe vorletzte Spalte)

Behandlungsfehler, Ärztlicher Kunst-und Aufklärungsfehler — Urteile lfd. Nr. 2378 – 2380

Lfd. Nr.	Betrag DM Euro (Anp.2019)	Verletzung	Dauer und Umfang der Behandlung; Arbeitsunfähigkeit	Person des Verletzten	Dauerschaden	Besondere Umstände, die für die Entscheidungen maßgebend waren	Gericht, Datum der Entscheidung, Az., Veröffentlichung bzw. Einsender
						Fortsetzung von »Behandlungsfehler«	
2378	€ 15 000 + immat. Vorbehalt (€ 15 835)	Verspätet erkannte HPV-Infektion, dadurch Behandlungsverzögerung des bestehenden Plattenepithelkarzinoms der Gebärmutter von etwa 10 Monaten	Trachelektomie	Junge Frau	Siehe besondere Umstände	Für die erlittenen Beeinträchtigungen ist ein Schmerzensgeld von € 15 000 ausreichend, aber auch angemessen. Die Klägerin hätte auch bei früherer Befundung operiert werden müssen; allerdings wäre ihr die Trachelektomie und die Tatsache erspart worden, dass nun bei Schwangerschaften, die bei der noch jungen Klägerin nicht ausgeschlossen sind, operativ der Muttermund verschlossen werden und die Entbindung sicher durch Kaiserschnitt erfolgen muss. Die sonstigen körperlichen Beschwerden sind aber nicht mit Sicherheit auch nur mitursächlich auf die Trachelektomie zurückzuführen	KG Berlin 31.8.2015 20 U 314/12
2379	€ 15 000 + immat. Vorbehalt (€ 17 839)	Nichterkennen einer akuten Osteomyelitis im Unterkieferbereich infolge groben Befunderhebungsfehlers		Mann		Bei rechtzeitig durchgeführter erforderlicher Röntgenkontrolle wäre die Osteomyelitis früher erkannt worden und die Heilungschancen für den Kläger wären besser gewesen. Insbesondere wäre es zu einem früheren Eingriff gekommen, der im Falle seines – möglichen – Erfolges dem Kläger nicht unerhebliche Schmerzen und gesundheitliche Beeinträchtigungen erspart hätte. Im Falle einer früheren Röntgenkontrolle wäre eine sogenannte Dekortikation (Entrindung) des Unterkiefers vorgenommen worden, zudem wäre eine Antibiotikakette zur Abheilung des Knochens eingelegt und der Kiefer ruhig gestellt worden, wobei allein die Vornahme einer oralen Antibiose nicht ausgereicht hätte. Bereits dadurch hätte die Möglichkeit bestanden, die bei dem Kläger vorliegende akute Osteomyelitis aufhalten zu können. Auch die Fraktur des Unterkieferknochens hätte möglicherweise noch verhindert werden können. Die operative Resektion des linken Unterkiefers sowie dessen Rekonstruktion durch Einsetzen einer Metalplatte wären dann nicht mehr notwendig gewesen	OLG Celle 21.5.2007 1 U 87/06 RAe Offeney & Kollegen, Hannover
2380	€ 15 000 + immat. Vorbehalt (€ 17 259)	Posttraumatische, nicht schwerwiegende Belastungsstörung durch eine psychische Fehlverarbeitung eines als lebensbedrohlich erlebten seelischen Traumas		59-jähr. technische Angestellte	Nicht schwerwiegende posttraumatische Belastungsstörung mit depressiven Symptomen, Somatisierungen und Traumatisierung; eine Schwankungen unterworfene Belastbarkeit	Ärztlicher Behandlungsfehler durch Verwechslung einer Infusion (hier: Desinfektionsmittel) bei der Schaffung eines venösen Zugangs im Kehlkopf mit der Folge von chronischen Beschwerden, die in der Folgezeit psychisch überlagert wurden; nicht mehr in gleichem Umfang beruflich belastbar; kann jedoch ohne überobligationsmäßige Anstrengungen den Haushalt führen	OLG Frankfurt am Main 12.1.2010 8 U 6/09 RiOLG Göhre, Frankfurt

Lfd. Nr.	Betrag DM **Euro** (Anp.2019)	Verletzung	Dauer und Umfang der Behandlung; Arbeitsunfähigkeit	Person des Verletzten	Dauerschaden	Besondere Umstände, die für die Entscheidungen maßgebend waren	Gericht, Datum der Entscheidung, Az., Veröffentlichung bzw. Einsender
Fortsetzung von »Behandlungsfehler«							
2381	€ 15 000 + immat. Vorbehalt *(€ 16 058)*	Rezidiv nach fotodynamischer Therapie eines Basalzellkarzinoms, wobei eine chirurgische Therapie „Goldener Standard" gewesen wäre	2 Nachoperationen mit jeweils mehrtägigen Krankenhausaufenthalten	Mann		Bei der Bemessung des Schmerzensgeldes ist vor allem zu berücksichtigen, dass sich der Kläger weiteren Eingriffen unterziehen musste, die bei einer leitliniengerechten chirurgischen Entfernung des Basalzellkarzinoms mit großer Wahrscheinlichkeit unnötig gewesen wären. Die vom Beklagten durchgeführte Operation wäre genauso wenig notwendig geworden wie die in der Klinik des Streithelfers durchgeführte Nachoperation. Der Kläger musste sich jeweils mehrtägigen Krankenhausaufenthalten mit den damit zwangsläufig einhergehenden Unannehmlichkeiten unterziehen. Er hat sich den mit den Operationen verbundenen Risiken für seine Gesundheit, wie etwa Wundheilungsstörungen etc., aussetzen müssen. Die Durchführung der fotodynamischen Therapie selbst hat bei dem Kläger zu lokalen Hautreizungen geführt, die bei fachgerechter Behandlung vermieden worden wären. Es ist auch nicht ausgeschlossen, dass die vom Kläger beklagte Trigeminusneuralgie durch die fehlerhafte Behandlung verursacht worden ist, so dass die damit verbundenen Beschwerden bei der Bemessung des Schmerzensgeldes zu berücksichtigen sind. Dass der Kläger nunmehr eine von ihm als entstellend empfundene Narbe im Bereich der rechten Wange hat, muss demgegenüber unberücksichtigt bleiben, da diese auch entstanden wäre, wenn es sofort zu einer chirurgischen Entfernung des Tumors gekommen wäre. Allerdings ist davon auszugehen, dass Operationen im Gesichtsbereich ohnehin äußerst unangenehm sind, so dass dieser Umstand bei der Bestimmung der Höhe des Schmerzensgeldes heranzuziehen ist. Schließlich hält es der Senat für nachvollziehbar, dass der Kläger aufgrund des aufgetretenen Rezidivs auch psychisch beeinträchtigt worden ist	OLG Hamm 25.2.2014 26 U 157/12 juris

● Mithaftung (siehe vorletzte Spalte)

Lfd. Nr.	Betrag DM **Euro** *(Anp.2019)*	Verletzung	Dauer und Umfang der Behandlung; Arbeitsunfähigkeit	Person des Verletzten	Dauerschaden	Besondere Umstände, die für die Entscheidungen maßgebend waren	Gericht, Datum der Entscheidung, Az., Veröffentlichung bzw. Einsender
	Fortsetzung von »Behandlungsfehler«						
2382	€ 15 000 + immat. Vorbehalt *(€ 16 058)*	Grober Befunderhebungsfehler verzögert die Behandlung eines Synovialsarkoms im Unterschenkel einer Patientin	Operationen zur Behandlung und Entfernung des Tumors	23-jähr. Frau	Fuß- und Großzehenheberschwäche	Bei der Bemessung ist insbesondere zu berücksichtigen, dass die Klägerin auf Dauer mit den durch die Fuß- und Großzehenheberschwäche bedingten Einschränkungen ihrer Beweglichkeit wird leben müssen. Diese betreffen nicht nur ihre beabsichtigte berufliche Tätigkeit als Tierärztin, sondern auch und gerade den privaten Bereich. Dabei fällt besonders ins Gewicht, dass die Klägerin zum Zeitpunkt der fehlerhaften Behandlung erst 23 Jahre alt war und dementsprechend den Großteil ihres Lebens mit den durch die fehlerhafte Behandlung verursachten Beeinträchtigungen wird zurechtkommen müssen. Andererseits sind die durch die Fuß- und Großzehenheberschwäche bedingten Beeinträchtigungen nicht so erheblich ausgeprägt, dass die Klägerin auf die Benutzung einer Orthese angewiesen wäre	OLG Hamm 18.2.2015 3 U 166/13 juris
2383	€ 15 000 + immat. Vorbehalt *(€ 16 091)*	Übersehen eines Glaukoms (Grüner Star)	Verzögerung der Operation um vier Jahre	Ca. 60-jähr. Mann	Verlust der Lesefähigkeit eines Auges verbunden mit einem fortgeschrittenen Gesichtsfeldausfall	Dabei hat der Senat zur Bemessung des Schmerzensgeldes allein die Folgen der fortschreitenden Glaukomerkrankung bewertet, die auf die um vier Jahre verzögerte Operation zurückzuführen sind. Die Einleitung der medikamentösen Therapie war in jedem Falle zunächst vertretbar und richtig. Die später durchgeführten Operationen, welche eine Glaukomerkrankung nicht heilen, sondern bestenfalls deren Progression unterbinden können, waren letztlich aufgrund der Grunderkrankung des Klägers unvermeidbar. Eine Operation wäre dem Kläger danach in keinem Fall erspart worden. Durch eine frühere Operation hätten allerdings die Verschlechterung der Nervenstruktur sowie das Auftreten von größeren Gesichtsfelddefekten hinausgezögert werden können. Auf der anderen Seite hat der Kläger eingeräumt, dass er bis heute auch mit dem rechten Auge zwar nicht lesen, aber noch sehen kann. Die Verzögerung der Operation um vier Jahre ist grundsätzlich geeignet, das Erblindungsrisiko eines Patienten zu erhöhen. Belastbare Wahrscheinlichkeitsangaben hierzu konnte der Sachverständige jedoch nicht machen. Im Rahmen einer Gesamtabwägung der zurechenbaren Folgen ist danach ein Schmerzensgeldbetrag i.H.v. € 15 000 angemessen, aber auch ausreichend	OLG Hamm 15.1.2016 26 U 48/14 juris; GesR 2016, 352

Lfd. Nr.	Betrag DM Euro (Anp.2019)	Verletzung	Dauer und Umfang der Behandlung; Arbeitsunfähigkeit	Person des Verletzten	Dauerschaden	Besondere Umstände, die für die Entscheidungen maßgebend waren	Gericht, Datum der Entscheidung, Az., Veröffentlichung bzw. Einsender
	Fortsetzung von »Behandlungsfehler«
2384	€ 15 000 + immat. Vorbehalt (€ 16 965)	Behandlungs- und aufklärungsfehlerhafte Bandscheibenoperation (Versteifung mit sog. B-Twin-Cages) mit – verspätet erkannter – Lockerung der Implantate und Reoperation	3 Operationen, ca. 8 Monate AU	43-jähr. Mann	Versteifung des Wirbelsegments L5/S1 sowie Narben	Der Patient musste drei Wirbelsäulenoperationen sowie Nachbehandlungen über sich ergehen lassen. Durch die Lockerung der Implantate erlitt er erhebliche zusätzliche Schmerzen, die noch dadurch verlängert wurden, dass die Beklagten die Lockerung fehlerhaft nicht erkannten. Auf diese Weise war er ca. 8 Monate arbeitsunfähig. Zurückbehalten hat er eine Versteifung des Wirbelsegments L5/S1 sowie Operationsnarben. Die nach Ausheilung der Operation fortbestehenden Schmerzen und Beschwerden sind nicht zu berücksichtigen. Die jetzigen Beschwerden könnten in gleicher Weise auch ohne Operation entstanden sein	OLG Karlsruhe 12.1.2011 7 U 149/08 NZB zurückgew. d. BGH, Beschl. v. 31.1.2012 – VI ZR 24/11
2385	€ 15 000 + immat. Vorbehalt (€ 15 978)	Schwere Urosepsis nach fehlender Antibiotikaprophylaxe bei einer Prostatabiopsie. Zudem wurde die Sepsis pflichtwidrig nicht rechtzeitig diagnostiziert und verspätet intensivmedizinisch behandelt	Intensivmedizinische Betreuung; der Kläger war infolge des fulminanten Verlaufs der Sepsis in lebensbedrohlicher Situation	Mann	Empfindungsstörung der rechten Körperhälfte ausstrahlend bis ins rechte Bein hinunter und Innenohrschwerhörigkeit	Die akut lebensbedrohliche Situation ist einerseits angemessen zu berücksichtigen. Auf der anderen Seite rechtfertigen nach Auffassung des Senates die bleibenden Auswirkungen, d. h. schwankende Empfindungsstörungen, eine leichte Innenohrschwerhörigkeit und die psychischen Beeinträchtigungen, d. h. immer wieder Erleben der Todesangst, insbesondere in der Nacht, was sich im Alltag aber offenbar „nur" in einer psychologischen Behandlung einmal pro Monat u. a. wegen dieses Vorfalles niederschlägt, auch unter Berücksichtigung, dass die Beklagten eine freiwillige Regulierung des Schadens abgelehnt haben, vorliegend lediglich ein Schmerzensgeld i.H.v. € 15 000	OLG Karlsruhe 2.12.2015 13 U 155/14 RA Bense, Konstanz
2386	€ 15 000 (€ 17 544)	6 Tage lang große Schmerzen, Luftnot, Erstickungsgefühle und Todesangst		73-jähr. Mann		Fahrlässiger ärztlicher Behandlungsfehler nach einer Koronaroperation bei dem lebensbedrohlich erkrankten Patienten, der von den Ärzten darüberhinaus als Simulant hingestellt wurde; Tod war hierfür nicht kausal	OLG Koblenz 10.1.2008 5 U 1508/07 VersR 2008, 923 NJW-RR 2008, 1056

Behandlungsfehler, Ärztlicher Kunst-und Aufklärungsfehler | Urteile lfd. Nr. 2387 – 2390

Lfd. Nr.	Betrag DM Euro (Anp.2019)	Verletzung	Dauer und Umfang der Behandlung; Arbeitsunfähigkeit	Person des Verletzten	Dauerschaden	Besondere Umstände, die für die Entscheidungen maßgebend waren	Gericht, Datum der Entscheidung, Az., Veröffentlichung bzw. Einsender
\multicolumn{8}{l}{Fortsetzung von »Behandlungsfehler«}
2387	€ 15 000 + immat. Vorbehalt (€ 16 091)	Fehlerhafte Behandlung eines Kahnbeinbruchs (rechte Hand)	Kahnbeinbruch nach Verkehrsunfall. Ruhigstellung mittels einer Gipsschiene. Operativer Eingriff, wobei die Fraktur durch eine Schraube stabilisiert wurde. In der Folge gefertigte radiologische Befunde zeigten einen Überstand der eingesetzten Herbert-Schraube. Mehrere Wochen arbeitsunfähig	Mann	Pseudoarthrose, Karpaltunnelsyndrom, dauerhafte Minderung der groben Kraftentfaltung, MdE: 30%	Bei der Bestimmung des angemessenen Schmerzensgeldes und der hierfür zu berücksichtigenden Umstände ist das Gericht an den Tatsachenstoff gebunden, den die Parteien unterbreiten. Insoweit obliegt es dem Kläger, die zur Zumessung des Schmerzensgeldes aus seiner Sicht maßgebenden (schmerzensgeldbegründenden und -erhöhenden) Umstände vorzutragen. Auch wenn der Senat als Berufungsgericht ohne Bindung an die Ermessensausübung des erstinstanzlichen Gerichts selbst über die Angemessenheit des Schmerzensgeldes zu befinden hat, ist er dabei nach § 529 Abs. 1 ZPO nur an die Tatsachenfeststellungen in 1. Instanz gebunden. Hiervon ausgehend erweist sich die ohne nennenswerten Begründungsaufwand vorgenommene Schmerzensgeldzumessung des LG jedenfalls im Ergebnis als sachgerecht	OLG Koblenz 6.1.2016 5 U 1148/15 juris
2388	30 000 € 15 000 + immat. Vorbehalt (€ 20 397)	Kniegelenksinfektion nach ärztlichem Behandlungsfehler	Zwei operative Folgeeingriffe, 5 Wochen Schmerzklinik	26-jähr. Frau	Deutliche Einschränkung der Beweglichkeit des rechten Kniegelenks in der Beugung u. mäßige Einschränkung der Beweglichkeit in der Streckung; deutliche Muskelminderung; MdE: 30%	Verstoß gegen die Pflicht zur Erhebung und Sicherung weiterer medizinischer Befunde nach Durchführung einer Arthroskopie; eine anlagebedingte Komponente kann für Beschwerden mitursächlich sein; möglicherweise später Versteifungsoperation notwendig	OLG Stuttgart 29.7.1997 14 U 20/96 VersR 1998, 1550 Revision der Beklagten vom BGH nicht angenommen 24.3.1998 VI ZR 266/97
2389	40 000 € 20 000 + immat. Vorbehalt (€ 29 418)	Verschluss der linken Armarterie	Zahlreiche schmerzhafte Folgeoperationen	Verwaltungsangestellte	Verlust zweier Finger der linken Hand	Ärztlicher Behandlungsfehler. Verspätetes Eingreifen nach Entdeckung des Verschlusses	LG Göttingen 28.10.1993 2 O 523/92 RAin Bruns, Rosdorf
2390	40 000 € 20 000 (€ 27 126)	Herzinfarkt durch Dilatation nach Herzkatheteruntersuchung		Arzt	Physisch irreversible Folgen	Schmerzensgelderhöhend wirkt sich aus, dass der Kläger, selbst ein Arzt, nur der diagnostischen Maßnahme, also der Herzkatheteruntersuchung, sein Einverständnis gegeben hatte, nicht zu der Dilatation, die im Anschluss an die Untersuchung veranlasst wurde; es bestand zwar bereits eine Vorschädigung, dennoch war der zweite Herzinfarkt vermeidbar; Herzinfarkt stellte für den Kläger ein besonders einschneidendes und dramatisches Erlebnis dar; ein Infarkt ist – abgesehen von nachfolgenden körperlichen Beschwerden, wie pectanginösen Schmerzen – mit Todesangst verbunden und somit auch in psychischer Hinsicht eine erhebliche Belastung für den Kläger, die fortwirkt	LG Köln 10.3.1999 25 O 329/94 RAe Meinecke & Partner, Köln

Lfd. Nr.	Betrag DM **Euro** *(Anp.2019)*	Verletzung	Dauer und Umfang der Behandlung; Arbeitsunfähigkeit	Person des Verletzten	Dauerschaden	Besondere Umstände, die für die Entscheidungen maßgebend waren	Gericht, Datum der Entscheidung, Az., Veröffentlichung bzw. Einsender
Fortsetzung von »Behandlungsfehler«							
2391	€ 20 000 *(€ 21 411)*	Fehlerhafte bzw. mangels Einwilligung rechtswidrige zahnärztliche und implantologische Behandlung		Frau		Aufgrund der Folgen der Behandlungsfehler des Bekl. und der wegen des ausgedehnten Eingriffs erforderlichen Vollnarkose bei der chirurgischen Neuversorgung hält der Senat die von der Kammer zugesprochene Entschädigung in Geld i.H.v. € 20 000 für billig und den Beeinträchtigungen der Kl. angemessen, § 253 Abs. 2 BGB	OLG Celle 15.5.2014 1 U 18/14
2392	€ 20 000 *(€ 23 087)*	Verbleibende Weichteilschäden (Knorpel-, Bänder- und Kapselschäden) mit Knieinstabilität, bedingt durch groben Behandlungsfehler nach Kniegelenksimplantation		42-jähr. Frau	Erhebliche Einschränkung der Bewegungsfähigkeit	Beklagter reagierte nicht sachgerecht nach Kniegelenksimplantation auf Infektionszeichen, wodurch vermeidbar bleibende Weichteilschäden eingetreten sind, welche die Klägerin trotz weiterer Operationen dauerhaft behindern werden. Zu der heutigen nicht zufriedenstellenden Lage mit instabiler Prothese und absehbarer weiterer Operationen mit dem Risiko ungewissen Ausgangs bis hin zur Kniversteifung (weil keine weitere Prothese mehr einzusetzen wäre) wäre es bei fehlerfreiem Vorgehen nicht gekommen	OLG Frankfurt am Main 20.5.2008 8 U 261/07 RiOLG Stefan Göhre

● Mithaftung (siehe vorletzte Spalte)

Lfd. Nr.	Betrag DM **Euro** *(Anp.2019)*	Verletzung	Dauer und Umfang der Behandlung; Arbeitsunfähigkeit	Person des Verletzten	Dauerschaden	Besondere Umstände, die für die Entscheidungen maßgebend waren	Gericht, Datum der Entscheidung, Az., Veröffentlichung bzw. Einsender
	Fortsetzung von »Behandlungsfehler«						
2393	**€ 20 000** + immat. Vorbehalt *(€ 21 476)*	Vermeidbar verspätete Entdeckung eines Brusttumors		Frau		Bei der Bemessung des Schmerzensgeldes im Rahmen des immateriellen Schadensersatzanspruches war, wie sich aus den Ausführungen des Sachverständigen ergibt, insb. die aufgrund der verspäteten Entdeckung des Tumors erforderliche Chemotherapie zu berücksichtigen, die, wie auch allgemein bekannt ist, mit erheblichen Beeinträchtigungen und Nebenwirkungen verbunden ist und die der Klägerin bei rechtzeitiger Entdeckung im Jahr 2008 erspart geblieben wäre. Zu berücksichtigen waren demnach die allgemeinen mit der Chemotherapie einhergehenden Nebenwirkungen wie Übelkeit und einer allgemein eingeschränkten Möglichkeit der Lebensführung im Zeitraum der Chemotherapie. Ferner war zu berücksichtigen, dass im Zusammenhang mit der Einsetzung eines Portsystems und dem Auftreten eines Paravasats mehrere operative Eingriffe verbunden waren. In gewissem Umfang schmerzensgelderhöhend war ebenfalls zu berücksichtigen und zu bewerten, dass der Operationsumfang bei Entfernung des Tumors bzw. der Metastasen aufgrund der Metastasenbildung im Jahr 2010 höher war, als er im Jahr 2008 gewesen wäre; bei einem fehlenden Befall von Lymphknoten wäre es lediglich zur Entfernung eines Lymphknotens, nämlich des sogenannten Wächterlymphknotens, gekommen. Maßgeblich zu berücksichtigen im Rahmen der Schmerzensgeldbemessung ist allerdings auch, dass sich durch die verspätete Entdeckung des Tumors eine schlechtere Prognose für die Klägerin ergeben hat, so dass die Klägerin bei einer solch schlechteren Prognose mit einer größeren Sorge um einen Rückfall leben muss, als dies der Fall gewesen wäre, wenn der Brustkrebs bereits im Jahr 2008 entdeckt und deshalb die Prognose erheblich günstiger gewesen wäre	OLG Hamm 12.8.2013 3 U 57/13 juris; MedR 2014, 103

Lfd. Nr.	Betrag DM **Euro** (Anp.2019)	Verletzung	Dauer und Umfang der Behandlung; Arbeitsunfähigkeit	Person des Verletzten	Dauerschaden	Besondere Umstände, die für die Entscheidungen maßgebend waren	Gericht, Datum der Entscheidung, Az., Veröffentlichung bzw. Einsender

Fortsetzung von »Behandlungsfehler«

Lfd. Nr.	Betrag	Verletzung	Dauer und Umfang der Behandlung	Person	Dauerschaden	Besondere Umstände	Gericht
2394	€ 20 000 + immat. Vorbehalt *(€ 21 283)*	Bandscheibenersatzoperation nach der neueren Methode des Bandscheibenersatzes ohne ausreichende Aufklärung und ohne ausreichende Indikation	Bandscheibenersatzoperation mit 4 weiteren stationären Aufenthalten im Haus der Beklagten, in deren Zuge die konservative Therapie fortgeführt wurde und schließlich die Dekompression LW5/S1 links erfolgte	Frau	Vorbestehendes Beschwerdebild (Rückenschmerzen im Bereich der Lendenwirbelsäule) wurde manifestiert	In die Bemessung des Schmerzensgeldes von € 20 000 ist der überflüssige Eingriff selbst nebst anschließenden Beeinträchtigungen während des Heilungsprozesses einzubeziehen. Außerdem ist zu berücksichtigen, dass Folge des Eingriffs tiefe Rückenschmerzen im Bereich der Lendenwirbelsäule mit Ausstrahlungen in die Beine sind, dass sich durch den Eingriff letztlich das vorbestehende Beschwerdebild manifestiert hat, dass durch konservative Maßnahmen, die bis zu dem Eingriff noch deutliche Chancen der Linderung boten, nun allenfalls noch in geringerem Umfang eine Minderung der Beschwerden erzielt werden kann und dass zudem infolge des Eingriffs eine etwaige Folgeoperation erschwert worden ist	OLG Hamm 29.9.2014 3 U 54/14 juris
2395	€ 20 000 + immat. Vorbehalt *(€ 21 347)*	Gewebeentzündung im Gesäßbereich (Entzündung des perirektalen und perianalen Fettgewebes) nicht erkannt	Patientin muss 3 Tage später notfallmäßig wegen des Verdachts einer nekrotisierenden Fasziitis operiert werden, wobei auch ein Teil des Schließmuskels entfernt wird. Vielfache Folgeoperationen	Frau	Stuhlinkontinenz und psychische Beschwerden	Angesichts der zu berücksichtigenden Folgen hält der Senat auch das vom LG zuerkannte Schmerzensgeld von € 20 000 der Höhe nach angesichts der vielfachen Folgeoperationen, der Schmerzen, der dauerhaften Stuhlinkontinenz und plausiblen psychischen Beschwerden für angemessen	OLG Hamm 31.10.2014 26 U 173/13 juris; GuP 2015, 40
2396	€ 20 000 + immat. Vorbehalt *(€ 21 155)*	Verletzung der Speiseröhre bei einer Operation an der Halswirbelsäule (zweifache 3,5–4 cm lang gestreckte Verletzung der Seiten- und Hinterwand der Speiseröhre); anschließende Intensivtherapie mit Ruhigstellung des Pharynx zur Ausheilung mittels Ernährungssonde für mehrere Monate	Notfallmäßige Verlegung in ein Klinikum, wo die Läsion operativ behandelt wurde	55-jähr. Mann	Dysfunktion des Pharynx, die auf die gestörte muskuläre Funktion zurückgeführt werden kann, die den komplexen Schluckakt in seiner Abfolge verändert	Der Senat hat dabei unter Zugrundelegung der oben angeführten kausalen Folgen nicht nur die Beeinträchtigungen durch die Revisionsoperation berücksichtigt, sondern namentlich auch, dass der Kläger massiv in seiner Lebensführung dadurch beeinträchtigt gewesen ist, dass für den Zeitraum von etwa 5 Monaten die Ernährung über eine Magensonde durchgeführt werden musste. Darüber hinaus wirkt sich insbesondere aus, dass der zum Zeitpunkt der Operation 55-jähr. Kläger lebenslang und damit voraussichtlich noch jahrzehntelang durch Schluckbeschwerden beeinträchtigt ist	OLG Hamm 23.10.2015 26 U 182/13 juris

● Mithaftung (siehe vorletzte Spalte)

Behandlungsfehler, Ärztlicher Kunst-und Aufklärungsfehler | Urteile lfd. Nr. 2397 – 2399

Lfd. Nr.	Betrag DM Euro (Anp.2019)	Verletzung	Dauer und Umfang der Behandlung; Arbeitsunfähigkeit	Person des Verletzten	Dauerschaden	Besondere Umstände, die für die Entscheidungen maßgebend waren	Gericht, Datum der Entscheidung, Az., Veröffentlichung bzw. Einsender

Fortsetzung von »Behandlungsfehler«

2397	€ 20 000 + immat. Vorbehalt (€ 20 248)	Verbleib einer abgebrochenen Trokarspitze im Kniegelenk des Operierten nach einer Arthroskopie; dadurch Knorpelschaden	Nachdem sich der Kläger wegen extremer Schmerzen im Knie wiedervorgestellt hatte, veranlasste der Beklagte eine Röntgenuntersuchung, die dann den Befund erbrachte, dass die Trokarspitze im Kniegelenk verblieben war. In einer Revisionsoperation ist der Fremdkörper dann entfernt worden	Mann	Knorpelschaden mit Bewegungseinschränkungen	Hat der Operateur den Verdacht, dass die Trokarspitze im Kniegelenk des Operierten verblieben ist, muss er diesem Verdacht umgehend nachgehen. Verzichtet er darauf, begeht er einen groben Behandlungsfehler. Jedenfalls im Falle bedingten Vorsatzes oder gröbster Fahrlässigkeit ist das Verschulden des Schädigers auch bei ärztlichen Behandlungsfehlern mit Blick auf die erforderliche Genugtuung des Patienten schmerzensgelderhöhend zu berücksichtigen. Den Umstand, dass das Knie des Klägers vorgeschädigt gewesen ist, hat der Senat berücksichtigt. Er misst diesem Faktor indessen kein großes Gewicht bei. Vor der Operation haben sich die Beschwerden des Klägers auf gelegentliche Schmerzen beim Volleyballspielen und beim Treppensteigen beschränkt; Sinn der Operation war es, ihn insoweit beschwerdefrei zu stellen. Hätte der Beklagte mithin den Fehler nicht begangen, hätte der Kläger begründeten Anlass gehabt, auf Beschwerdefreiheit zu hoffen. Ein noch höherer Betrag, wie vom Kläger begehrt, scheint dem Senat indessen mit Blick auf Summen, die für vergleichbare Schadensbilder eines dauerhaften Knieschadens zugesprochen worden sind, nicht vertretbar	OLG Oldenburg 24.10.2018 5 U 102/18 juris
2398	€ 25 000 (€ 31 758)	Infektion des linken Kniegelenks nach kompletter vorderer Kreuzbandruptur mit deutlichem Gelenkserguss bedingt durch postoperativ mehrfach groben Behandlungsfehler	Mehrfache operative Eingriffe; 14 Monate Dauerschmerzen	38-jähr. Gärtnerin	Hinken nach Abschluss der Behandlung. Deutliche Bewegungseinschränkung, Unsicherheitsgefühl und Schmerzen	Den erlernten Beruf als Gärtnermeisterin kann sie nicht mehr ausüben. Sie kann keiner ihrer früher gerne und häufig betriebenen Sportarten, wie Tennis, Squash und Joggen betreiben, nur noch Fahrradfahren oder im Fitness-Studio Muskeltraining betreiben	LG Heilbronn 19.3.2003 1 O 131/02 Bm RAe Reinhardt & Koll., Bietigheim-Bissingen
2399	€ 25 000 + immat. Vorbehalt (€ 28 426)	Postoperatives Kompartment-Syndrom		Frau	Neurogene Schädigung der beiden wesentlichen Nerven im Unterschenkelbereich bzgl. beider Beine (chronisch), massive neurogene Schmerzsymptomatik im linken Fußrückenbereich (chronisch)	Grober Behandlungsfehler seitens der Beklagten; Fehlbehandlung wäre auf jeden Fall vermeidbar gewesen und war schlichtweg standardunterschreitend und somit bei der Schmerzensgeldbemessung von erheblichem Gewicht; ebenso wirkt sich Chronifizierung schmerzensgelderhöhend aus; aufgrund fehlerhafter hochwirksamen medikamentösen Behandlung wurde die Klägerin zusätzlich psychisch belastet; ferner erlitt Klägerin berufliche Nachteile	LG Lübeck 12.8.2010 12 O 279/08 RA Veen, Eutin

Lfd. Nr.	Betrag DM Euro (Anp.2019)	Verletzung	Dauer und Umfang der Behandlung; Arbeitsunfähigkeit	Person des Verletzten	Dauerschaden	Besondere Umstände, die für die Entscheidungen maßgebend waren	Gericht, Datum der Entscheidung, Az., Veröffentlichung bzw. Einsender
\multicolumn{8}{l}{Fortsetzung von »Behandlungsfehler«}
2400	€ 25 000 (€ 28 734)	Befunderhebungsfehler bei Krebsvorsorgeuntersuchung, verspätetete Diagnose eines Endometriumkarzinoms		48-jähr. Anästhesieschwester	MdE: 60%	Bei erneutem Auftreten von Blutungen wären Ultraschalluntersuchungen geboten gewesen. Bei zutreffender Diagnostik und Therapie wäre die Hyperplasie als Präkanzerose und der Übergang ins Stadium des Karzinoms verhindert worden. Höchstens eine präventive Hysterektomie hätte zur Diskussion gestanden. Als unmittelbare Folgen bestehen nunmehr auf Dauer zu behandelnde Lymphödeme, Müdigkeit und leichte Erschöpfbarkeit, vor allen Dingen aber die Ängste und Gefahren, die mit einer Krebserkrankung als solcher verbunden sind. Bei früherer Diagnose und Therapie hätte möglicherweise erst eine Präkanzerose vorgelegen, jedenfalls aber eine geringere Ausbreitung des Tumors und eine geringere Gefahr eines Rezidivs bzw. von Metastasen	OLG Frankfurt am Main 2.9.2008 8 U 102/07 RiOLG Stefan Göhre
2401	€ 25 000 (€ 26 872)	Behandlungsfehler bei Implantation von Totalendoprothese des Hüftgelenks: Im Verlauf des Eingriffs kam es beim Einschlagen einer Geradschaftsprothese zur Sprengung des Schaftes. Großflächige Verbrennung an der rechten Gesäßhälfte	Ca. 6 Monate	Mann	Andauernde Beeinträchtigungen aufgrund der verbliebenen Vernarbung. Künftige Schadensfolgen sind möglich	Haftungsbegründend ist nicht die Operation an sich, sondern die dem Kläger im Verlauf dieser Operation infolge des Einsatzes des Elektrokauters zugefügte Verbrennung an der rechten Gesäßhälfte, des Weiteren die Verkennung einer auf den Röntgenbildern erkennbaren Typ III-Fraktur mit kompletter Schaftsprengung im Sinne einer periprothetischen Fraktur	OLG Frankfurt am Main 28.1.2014 8 U 116/12 juris
2402	€ 25 000 + immat. Vorbehalt (€ 26 235)	Diagnose- und Befunderhebungsfehler: Reifeverzögerung der Hüfte eines Kindes nicht rechtzeitig erkannt	Operative Reposition des Hüftgelenks	8-jähr. Mädchen	Hüftgelenksluxation, Notwendigkeit weiterer Operationen und das Auftreten von Spätschäden, Beweglichkeit und Belastbarkeit des Hüftgelenks ein Leben lang eingeschränkt	Ein Kinderarzt, der bei der U3-Untersuchung eines Kleinkindes eine Reifeverzögerung seiner Hüfte aufgrund einer falschen Diagnose verkannt hat, und ein Orthopäde, der zur späteren Abklärung eines auffälligen Gangbildes des Kindes röntgenologische Befunde oder Kontrollen im engen zeitlichen Abstand versäumt hat, können dem Kind auf Schadensersatz haften, wenn sich beim Kind infolge der Behandlungsfehler eine Hüftgelenksluxation ausgebildet hat, die operativ versorgt werden muss	OLG Hamm 31.10.2016 3 U 173/15 juris; ArztR 2017, 4
2403	€ 25 000 (€ 26 954)	Wirbelsäulenoperation an der falschen Stelle (nicht im Segment HW7/BW1, sondern in TH1/2 oder BW1/2). Durch das behandlungsfehlerhafte Unterlassen einer Operation im Segment HW7/BW1 wurde die Kompression der C8-Wurzel nicht beseitigt		Mann	Auf Grund des Behandlungsfehlers besteht ein Muskelschwund im Bereich der rechten Hand mit Einschränkungen der Fingerbeweglichkeit, fehlendem Kraftschluss und Schmerzen in der Hand	Das für die als kausal feststehenden Schäden im Bereich der rechten Hand durch das LG zugesprochene Schmerzensgeld hält der Senat eher als hoch, keinesfalls jedoch als zu niedrig bemessen. Ein verzögertes Regulierungsverhalten kann der Kl. den Bekl. nicht vorhalten	OLG Köln 13.1.2015 5 U 120/14 juris

● Mithaftung (siehe vorletzte Spalte)

Behandlungsfehler, Ärztlicher Kunst-und Aufklärungsfehler — Urteile lfd. Nr. 2404 – 2407

Lfd. Nr.	Betrag DM Euro (Anp.2019)	Verletzung	Dauer und Umfang der Behandlung; Arbeitsunfähigkeit	Person des Verletzten	Dauerschaden	Besondere Umstände, die für die Entscheidungen maßgebend waren	Gericht, Datum der Entscheidung, Az., Veröffentlichung bzw. Einsender
	Fortsetzung von »Behandlungsfehler«						
2404	€ 25 000 + immat. Vorbehalt (€ 26 444)	Verlust des Harnleiters und der rechten Niere bei einem Schwangerschaftsabbruch	Nach einem Übergang zur Laparoskopie und alsdann zur offenen Operation konnte der langstreckig entfernte Harnleiter von dem hinzugezogenen Urologen nicht sofort rekonstruiert werden. Er legte daher einen Nierenfistelkatheter ein. Später musste die rechte Niere entfernt werden	35-jähr. Frau	Verlust des Harnleiters und der rechten Niere	Dass eine schwere Komplikation bei einem Schwangerschaftsabbruch bei bestehendem Kinderwunsch eine schwere persönliche Belastung darstellt, ist offenkundig und bedarf keines Beweises	OLG Köln 8.6.2015 5 U 128/14 juris
2405	€ 25 565 + immat. Vorbehalt (€ 33 150)	Kniegelenksinfektion mit infektionsbedingten Verwachsungen nach Arthroskopie	Drei stationäre Aufenthalte von insgesamt 3 ½ Monaten mit insgesamt drei Knieoperationen, ca. 2 Monate Reha	43-jähr. Landwirt	Auf Dauer erwerbsunfähig. Bewegungseinschränkungen des rechten Knies sowie Bewegungs- und Belastungsschmerzen als Folge entzündungsbedingter Verwachsungen im Kniegelenk	Grober Behandlungsfehler durch Unterlassen einer arthroskopischen Spülung und Legen einer Spül-Saugdrainage. Es kann zwar nicht mehr festgestellt werden, ob die Schäden bei einem sofortigen Eingriff hätten vermieden werden können. Nach der Feststellung des groben Behandlungsfehlers durch den Beklagten tritt eine Umkehr der Beweislast ein und es obliegt dem Beklagten, den Beweis dafür zu erbringen, dass die eingetretenen Schäden nicht auf den Behandlungsfehler beruhen	OLG Nürnberg 23.7.2001 5 U 989/01 RA Friedrich Raab, Nürnberg
2406	€ 30 000 + immat. Vorbehalt (€ 31 545)	4 Folgeoperationen in Folge eines einfachen Behandlungsfehlers sowie eines groben Befunderhebungsfehlers	Behandlung mit Injektionen, Krankengymnastik, manuelle Therapie, ReMotion Handgelenksprothese (3. OP)	55-jähr. Frau	posttraumatische Arthrose mit Funktionsbeeinträchtigung der linken Hand, wiederkehrende Schmerzen und Schwellungen der linken Hand	Im Rahmen der intraoperativen Reposition hätte eine Stufenbildung von 2 mm vermieden werden müssen. Jedenfalls hätte versucht werden müssen, dies zu vermeiden und falls dies nicht möglich gewesen wäre, wäre zu dokumentieren gewesen, warum es nicht möglich sei. Zudem ergibt sich eine Fehlpositionierung der Schrauben im Rahmen der Operation einer Radiusfraktur mit Gelenkbeteiligung. Die Klägerin muss regelmäßig Schmerzmittel einnehmen. Die Funktionseinschränkung ist besonders erheblich, da die Klägerin Linkshänderin ist	LG Köln 30.9.2016 25 O 24/15 RA Dr. Martin Riemer, Brühl
2407	€ 30 000 + immat. Vorbehalt (€ 32 247)	Vermeidbarer „einfacher" ärztlicher Behandlungsfehler in Form einer Fehldiagnose, wodurch eine nicht indizierte Operation durchgeführt wurde	Völlige Unbrauchbarkeit der rechten Hand bei andauernder Schmerzhaftigkeit ohne Aussicht auf Besserung	50-jähr. Mann (alleinerziehender Vater von 3 Kindern)	Dauerhafte AU	Der Kläger war bereits vorgeschädigt an der rechten Hand, da er bereits im Alter von 9 Jahren einen Unfall erlitt, bei dem Nerven und Sehen durchtrennt wurden. Dennoch war der Kläger voll berufstätig (u. a. als Zeitsoldat, zuletzt Bürotätigkeit). Im Alter von 48 Jahren traten erneute Beschwerden an der Hand auf, weswegen der Kläger 2 Jahre später letztlich durch den Beklagten zu 2) behandelt wurde. Insoweit wurde ein Karpaltunnelsyndrom diagnostiziert, was eine Fehldiagnose war. Das Gericht ist der Auffassung, dass ohne die unterlassene Befunderhebung mittels Differenzialdiagnostik und die Fehldiagnose die Operation nicht stattgefunden hätte. Ein noch höheres Schmerzensgeld wurde aufgrund der Vorschäden nicht zugesprochen	LG Lübeck 23.1.2014 12 O 341/12 RAe ciper & collegen, Düsseldorf

Lfd. Nr.	Betrag DM **Euro** *(Anp.2019)*	Verletzung	Dauer und Umfang der Behandlung; Arbeitsunfähigkeit	Person des Verletzten	Dauerschaden	Besondere Umstände, die für die Entscheidungen maßgebend waren	Gericht, Datum der Entscheidung, Az., Veröffentlichung bzw. Einsender
\multicolumn{8}{l}{Fortsetzung von »Behandlungsfehler«}							
2408	€ 30 000 *(€ 32 913)*	Narkosezwischenfall: Infolge eines Behandlungsfehlers wurde die Luftröhre der Beklagten verletzt	Trachearingsektion	47-jähr. Frau	Aufgrund ihrer Schädigung an der Luftröhre und der nachfolgenden Trachearingsektion bestehen Beschwerden beim Kopfdrehen und eine Einschränkung der Halsbeweglichkeit	Die zuerkannte Schmerzensgeldhöhe ist auch unter Berücksichtigung des Regulierungsverhaltens der Haftpflichtversicherung auf Beklagtenseite angemessen	OLG Celle 14.5.2012 1 U 78/09
2409	€ 35 000 + immat. Vorbehalt *(€ 36 657)*	Diagnosefehler im Zusammenhang mit einer Malaria-Erkrankung: Malaria tropica mit zerebraler Beteiligung, Exanthem der oberen Thoraxhälfte, Hirnödem und zerebralen Krampfanfälle, Koma	Stationär	50-jähr. Frau	Starke Beeinträchtigungen der Sehfähigkeit, erhebliche Störungen in der Fähigkeit, sich neu vorgestellte Personen zu merken	Ein Arzt kann einer Patientin im Falle eines vorwerfbaren Diagnosefehlers im Zusammenhang mit einer Malaria-Erkrankung nicht den Mitverschuldenseinwand entgegenhalten, diese habe vor dem Aufenthalt in einem Malaria-Risikogebiet keine Malaria-Prophylaxe vorgenommen. Das LG hat das Schmerzensgeld zu Recht auf € 35 000 festgesetzt. Für die Höhe des Schmerzensgeldes ist primär das Ausmaß der konkreten Beeinträchtigungen maßgebend, wobei an die Funktionen des Schmerzensgeldes anzuknüpfen ist, die wegen der Unmöglichkeit der tatsächlichen Wiedergutmachung in einem Ausgleich der Lebensbeeinträchtigung, des Weiteren auch in einer Genugtuung für das zugefügte Leid bestehen. Nach diesem Maßstab ist die Festsetzung der Höhe des Schmerzensgeldes nicht zu beanstanden	OLG Frankfurt am Main 21.3.2017 8 U 228/11 juris; GesR 2017, 392
2410	€ 36 000 + immat. Vorbehalt *(€ 39 253)*	Grober Behandlungsfehler und fehlende Eingriffseinwilligung in Bezug auf den Operateur. Fußoperation wegen Rückfußfehlstellung. Die geplante Triple-Arthrodese wurde fehlerhaft nicht ausreichend durchgeführt und nicht mit ausreichend stabilem Nagelmaterial versehen	2 Nachoperationen	Frau	Gehschwierigkeiten, Schmerzen	Für eine sechsjährige Problematik der Fußversorgung mit entsprechenden Gehschwierigkeiten, starken Schmerzen, mit zwei Nachoperationen und unter Berücksichtigung des eindeutigen Hinwegsetzens über die Vereinbarung, von Frau Dr. W. operiert zu werden, was das Selbstbestimmungsrecht des Patienten unzulässig beschneidet, sowie der Tatsache, dass das Verhalten des Beklagten in der Gesamtschau als nicht verständlich angesehen werden muss, erscheint das vom LG ausgeurteilte Schmerzensgeld zwar am oberen Rand der Skala, jedoch noch im Rahmen des Angemessenen	KG Berlin 21.1.2013 20 U 303/11

● Mithaftung (siehe vorletzte Spalte)

Fortsetzung von »Behandlungsfehler«

Lfd. Nr.	Betrag DM Euro (Anp.2019)	Verletzung	Dauer und Umfang der Behandlung; Arbeitsunfähigkeit	Person des Verletzten	Dauerschaden	Besondere Umstände, die für die Entscheidungen maßgebend waren	Gericht, Datum der Entscheidung, Az., Veröffentlichung bzw. Einsender
2411	€37 500 + immat. Vorbehalt (€ 39 587)	Bei der Versorgung einer Ulnaschaftfraktur eines 7-jährigen Kindes wurde grob fehlerhaft eine Radiusköpfchen-Dislokation übersehen	4 Folgeeingriffe	7-jähr. Kind	Bewegungseinschränkungen im Bereich des linken Ellenbogens	Das LG hat seine Entscheidung, dem Kläger eine immaterielle Entschädigung von insgesamt € 37 500 zuzubilligen, unter Berücksichtigung der Gesamtsituation getroffen. Dabei hat es nicht nur den anhaltenden optischen und funktionalen Beeinträchtigungen Rechnung getragen, unter denen der Kläger infolge der unzulänglichen Versorgung seiner Monteggia-Fraktur zu leiden hat, sondern auch ins Gewicht fallen lassen, dass die Beklagte der Vorwurf eines groben Behandlungsfehlers trifft. Daneben sind die Belastungen durch die Revisionsoperationen, die erlittenen und teilweise immer noch auftretenden Schmerzen, die sportlichen Behinderungen sowie die zeitlichen Beschwernisse zur Geltung gekommen, die mit der Nacharbeitung versäumten Schulunterrichtsstoffs und insbesondere mit der fortgesetzten Physiotherapie verbunden waren und sind	OLG Koblenz 21.7.2015 5 U 370/15 juris; VersR 2016, 262
2412	€ 40 000 + immat. Vorbehalt (€ 49 453)	Wundinfektion im rechten Kniegelenk nach endoskopischem Eingriff	Drei stationäre Aufenthalte von knapp 3 Monaten, 4 Monate Reha-Behandlung, fünf operative Eingriffe	28-jähr. Mann	Hochgradige Einschränkung der Gebrauchsfähigkeit und Belastbarkeit des rechten Knies	Grober ärztlicher Behandlungsfehler. Infektion wurde erst 4 Tage nach der Operation festgestellt. Diese Verzögerung stellt nach der Feststellung des Sachverständigen einen Verstoß gegen die Grundregeln der postoperativen Überwachung dar, der einem Facharzt nicht unterlaufen darf. Wenn ein grober Behandlungsfehler feststeht, hätten die Beklagten beweisen müssen, dass die Revisionsoperationen und die gesundheitliche Beeinträchtigung für den Kläger in der Folge, insbesondere der Knorpelschaden, auch entstanden wären, wenn die Infektion rechtzeitig erkannt und behandelt worden wäre. Diesen Beweis haben die Beklagten nicht geführt. Der Kläger kann sportliche Aktivitäten, wie Skifahren, Tennisspielen, Joggen, Schwimmen oder Radfahren nur noch in deutlich eingeschränktem Ausmaß vornehmen. Hinzu kommt eine weitere psychische Belastung, da mit einer zunehmenden Verschlechterung des Befundes zu rechnen ist. Die Implantation eines künstlichen Kniegelenks ist eine der möglichen Optionen; ob dies überhaupt möglich ist, ist auch nicht mit Sicherheit vorherzusagen, da beim Kläger ein grundsätzliches Infektionsrisiko besteht	LG Amberg 8.12.2004 22 O 1414/02 RA Friedrich Raab, Nürnberg

Lfd. Nr.	Betrag DM **Euro** *(Anp.2019)*	Verletzung	Dauer und Umfang der Behandlung; Arbeitsunfähigkeit	Person des Verletzten	Dauerschaden	Besondere Umstände, die für die Entscheidungen maßgebend waren	Gericht, Datum der Entscheidung, Az., Veröffentlichung bzw. Einsender

Fortsetzung von »Behandlungsfehler«

2413	€ 40 000 + immat. Vorbehalt *(€ 48 772)*	Zu spät erkannter Gehirntumor wegen nicht rechtzeitig durchgeführter Kernspintuntersuchung		Frau		Behandelnder Arzt hätte bereits im Jahre 1994 aufgrund der vorhandenen Beschwerden eine Kernspintuntersuchung durchführen müssen. Diese wurde erst nach einem Anfall im Jahre 2000 veranlasst und ein Gehirntumor festgestellt. Dieser konnte im Rahmen einer Operation nur teilweise entfernt werden, so dass sich die Klägerin einer Strahlen- und Chemotherapie unterziehen musste. Bei einer rechtzeitigen Durchführung einer Kernspintuntersuchung im Jahre 1994 hätte der Tumor bereits zu diesem Zeitpunkt diagnostiziert und operiert werden können. Der bei der Klägerin festgestellte Tumor wäre anfangs gutartig gewesen und entwickelte sich erst im Laufe der Zeit zu einem bösartigen Tumor. Es sei zwar nicht sicher, ob der Tumor im Jahr 1994 noch gutartig gewesen sei und es sei auch nicht sicher, ob im Jahre 1994 dieser hätte radikal entfernt werden können. Im Rahmen der Beweislastumkehr ist davon auszugehen, dass der Tumor im Jahr 1994 noch gutartig war und radikal hätte entfernt werden können. Bei rechtzeitiger Behandlung wäre der Klägerin darüber hinaus über 6 Jahre ein anfallfreies Leben ermöglicht worden und die Klägerin hätte auch nicht unter den Nebenwirkungen der verabreichten Medikamente zu leiden gehabt. Eine Chemotherapie bzw. eine Strahlentherapie hätte jedoch auch bei Entfernung des Tumors im Jahr 1994 ausgeschlossen werden können. Zusammenfassend ist somit festzustellen, dass die Heranbildung eines bösartigen Tumors, der dann nicht mehr vollständig entfernt werden konnte, rechtlich vom Beklagten zu verantworten ist	LG Regensburg 30.12.2005 4 O 1242/03 (4) RA Friedrich Raab, Nürnberg

● Mithaftung (siehe vorletzte Spalte)

Lfd. Nr.	Betrag DM **Euro** *(Anp.2019)*	Verletzung	Dauer und Umfang der Behandlung; Arbeitsunfähigkeit	Person des Verletzten	Dauerschaden	Besondere Umstände, die für die Entscheidungen maßgebend waren	Gericht, Datum der Entscheidung, Az., Veröffentlichung bzw. Einsender
\multicolumn{8}{l}{**Fortsetzung von »Behandlungsfehler«**}
2414	€ 40 000 *(€ 40 496)*	Befunderhebungsfehler: Bei einem auffälligen Tast- und Sonographiebefund ist die Stanzbiopsie die Methode der Wahl zum sicheren Ausschluss einer Krebserkrankung der Brust und nicht die Mammografie	4 Jahre schwere Leidenszeit, u.a. mit Amputation der Brust, Aussaat der Krebszellen im Lymphsystem, Metastasenbildung, Chemotherapie	41-jähr. Frau	Tod	Das LG hat zunächst im Rahmen der erforderlichen Gesamtabwägung die schwerwiegenden Beeinträchtigungen der Patientin (Amputation der Brust, Aussaat der Krebszellen im Lymphsystem, Metastasenbildung) und die erforderliche dauerhafte und in ihrer Intensität zunehmende Behandlung umfassend gewürdigt. Daneben hat es zutreffend berücksichtigt, dass die Patientin während dieses langen Zeitraums bis zu ihrem in jungem Alter von lediglich 45 Jahren erfolgten Tod unter ständiger Todesangst gelitten hat und nicht mehr in der Lage gewesen ist, ein erfülltes Leben zu führen. Der Senat hat daneben insb. berücksichtigt, dass der beklagten Gynäkologin zuzurechnen ist, dass die zu erwartende Lebenszeit der Patientin verkürzt worden ist. Weiterhin sieht es der Senat als schwerwiegend an, dass sich die Leidenszeit der Patientin über mehr als 4 Jahre erstreckt hat in dem überaus belastenden Wissen, dass ihre Brustkrebserkrankung zunächst nicht erkannt worden ist. Die Patientin hat in dieser Zeit vielfache Behandlungen über sich ergehen lassen müssen, die ihr letztlich deutlich gemacht haben, dass sie sich angesichts der weiter bestehenden Erkrankung auf ein letales Ende einstellen musste. Dieser Verlauf rechtfertigt nach der Bewertung des Senats ein Schmerzensgeld in der nunmehr von der Begehrensvorstellung der Kläger umfassten Höhe	OLG Hamm 12.10.2018 26 U 172/17 juris; GesR 2018, 782 Rechtsanwältin Leimkühler, Herford
2415	€ 40 000 *(€ 42 823)*	Kleinwüchsigkeit nach fehlerhafter Behandlung und unzureichender therapeutischer Aufklärung	Ca. 5 Jahre	17-jähr. junge Frau	Kleinwüchsigkeit; psychische oder physische Beeinträchtigungen	Übernimmt der Arzt ohne ausdrückliche Einschränkung die Behandlung einer nicht akuten Erkrankung des Patienten, kann er sich im Nachhinein vom Vorwurf des Behandlungsfehlers nicht mit dem Einwand exkulpieren, die Behandlung sei gleichsam überobligatorisch gewesen, weil der Patient Asylantragsteller gewesen sei und nach dem Asylbewerberleistungsgesetz nur die Behandlung akuter Erkrankungen und Schmerzzustände geschuldet werde	OLG Oldenburg (Oldenburg) 21.5.2014 5 U 216/11 juris

Fortsetzung von »Behandlungsfehler«

Lfd. Nr.	Betrag DM Euro (Anp.2019)	Verletzung	Dauer und Umfang der Behandlung; Arbeitsunfähigkeit	Person des Verletzten	Dauerschaden	Besondere Umstände, die für die Entscheidungen maßgebend waren	Gericht, Datum der Entscheidung, Az., Veröffentlichung bzw. Einsender
2416	€ 40 000 + immat. Vorbehalt (€ 43 569)	Beim Einbau einer Hüftgelenkendoprothese wurde zu viel Knochensubstanz im Bereich des Pfannendachs weggefräst, und zwar in einer Größenordnung von etwa einem Bildzentimeter, was letztlich dafür verantwortlich war, dass das Implantat nicht einheilte	Während eines stationären Aufenthaltes wurde im Rahmen einer Revisionsoperation zunächst ein endoprothetischer Hüftpfannenwechsel durchgeführt. Anschließend erfolgte eine langwierige und komplikationsbehaftete Behandlung wegen eines aufgetretenen MRSA-Infekts. Schließlich musste die Hüftendoprothese vollständig ausgebaut werden	83-jähr. Frau	Bewegungseinschränkungen	Das Schmerzensgeld soll den immateriellen Schaden in Form der erlittenen Schmerzen und Leiden angemessen ausgleichen und dem Geschädigten Genugtuung für das verschaffen, was ihm angetan worden ist. Dabei muss die Schmerzensgeldhöhe in einem angemessenen Verhältnis zu Art und Dauer der Verletzung stehen. In diesem Zusammenhang kommt dem Gedanken, dass für vergleichbare Verletzungen unabhängig vom Haftungsgrund auch ein annähernd gleiches Schmerzensgeld zu gewähren ist, besondere Bedeutung zu. Ausgehend von diesen Maßstäben erscheint die Zahlung eines Schmerzensgeld i.H.v. € 40 000 angemessen	Saarländisches OLG 12.9.2012 1 U 5/11-3
2417	€ 45 000 + immat. Vorbehalt (€ 47 886)	Behandlungsfehler bei einer laparoskopischen Gallenblasenentfernung (Cholezystektomie): Infolge einer Verwechslung des ductus cysticus mit dem ductus choledochus wurde nicht nur versehentlich der ductus choledochus, sondern nachfolgend zusätzlich noch der ductus hepaticus in Höhe der beiden Lebergänge der Klägerin durchtrennt	Notfallmäßige Revisionsoperation per Bauchschnitt wegen eines festgestellten Austritts von Gallenflüssigkeit in den Bauchraum, danach mehrfache stationäre Behandlungen mit Operationen (insgesamt ca. 6 Wochen)	35-jähr. Frau	Häufige massive abdominelle Krämpfe mit Fieber, kosmetisch störende und bei Wetterwechseln schmerzende Operationsnarbe im Bauchbereich, mehrfache Entzündungen der Gallengänge mit hohem Fieber und Schüttelfrost, chronische Vergrößerung der Milz, starkes Jucken am Körper, erhöhte Infektionsgefahr durch Reflux von Darmsekret in die Gallenwege sowie schwere Schädigung der Lebergänge durch Stenosen mit der Gefahr eines zukünftigen Leberversagens und der daraus resultierenden Notwendigkeit einer Lebertransplantation	Der Senat hat bei der Schmerzensgeldbemessung zugrunde gelegt, dass die gesundheitlichen Folgen durch die streitgegenständliche Operation alleine verursacht oder zumindest mitverursacht wurde und zur Zeit die Gefahr einer möglicherweise notwendigen Lebertransplantation besteht, die sich jedoch noch nicht verwirklicht hat. Eine dahingehende weitere Komplikation ist nicht hinreichend voraussehbar und bei der Bemessung des zugesprochenen Schmerzensgeldes nicht berücksichtigt. Dabei wurde auch berücksichtigt, dass der massive Bluthochdruck, die Gewichtszunahme um 20 kg, die Unmöglichkeit der Ausübung von Sport, eines Sexuallebens und der Teilnahme an einem Urlaub mit der Familie auch durch andere Ursachen und Faktoren mitbedingt ist und bei der entwickelten Angststörung wegen der fehlerhaft durchgeführten Operation der Tod des Bruders und der Schwiegermutter eine Rolle gespielt haben. Im Übrigen war zugrunde zu legen, dass die Klägerin operationsunabhängig an weiteren gesundheitlichen Beeinträchtigungen wie Sehstörungen und Allergien leidet und seit der letzten Behandlung in der Uniklinik keine weiteren behandlungsbedürftigen Gallenwegentzündungen mehr aufgetreten sind	OLG Zweibrücken 30.9.2014 5 U 3/13

● Mithaftung (siehe vorletzte Spalte)

Behandlungsfehler, Ärztlicher Kunst-und Aufklärungsfehler — Urteile lfd. Nr. 2418 – 2421

Lfd. Nr.	Betrag DM Euro (Anp.2019)	Verletzung	Dauer und Umfang der Behandlung; Arbeitsunfähigkeit	Person des Verletzten	Dauerschaden	Besondere Umstände, die für die Entscheidungen maßgebend waren	Gericht, Datum der Entscheidung, Az., Veröffentlichung bzw. Einsender
						Fortsetzung von »Behandlungsfehler«	
2418	€ 50 000 + immat. Vorbehalt (€ 57 530)	Grober ärztlicher Behandlungsfehler in Form der Vornahme einer nicht indizierten Liposuktion, sodann Infektion mit MRSA-Keim und Vereiterung des Bauchfettgewebes, Fettembolie und hieraus folgende Nekrose am Fuß	4 Monate isolierte stationäre Behandlung aufgrund MRSA, zahlreiche Spülungen, Antibiotika	Frau, Verkäuferin	MdE 25%, Amputation des Vorfußes, Somatisierungstendenz, Druck- und Klopfempfindlichkeit im Bauchbereich, Substanzdefekt, erhebliche Narbenbildung, Dellen, Falten und Unregelmäßigkeiten im Bauch, teilweise MdH	Bereits die Diagnose eines peripheren Nervenkompressionssyndrom war grob fehlerhaft ebenso die dann eingeleitete Behandlung und die fehlende Rücküberweisung an andere Behandler. Die isolierte Behandlung wirkte sich erhöhend auf den Leidensdruck der Klägerin aus. Die Klägerin litt bereits vor dem Ereignis unter mittelgradigen bis teils schweren Depressionen, die sich aufgrund des Eingriffs für 4 Jahre qualitativ zeitweise verschlechtert hat. Insoweit war das Ereignis Auslöser für eine neue Depressionsphase. Aufgrund der Behandlung wurde die Klägerin früher erwerbsunfähig. Hinsichtlich der erheblichen Schäden im Bauchbereich müsste sich die Klägerin zur ästhetischen Korrektur neuer Operationen unterziehen	LG Dortmund 21.1.2010 4 O 77/05 Justiz NRW
2419	€ 50 000 (€ 56 974)	Abriss des gesunden rechten Eierstocks bei operativer Entfernung des mit einem Tumor behafteten linken Eierstocks		15-jähr. Mädchen, zum Urteilszeitpunkt 19 Jahre alt	Klägerin kann keine eigenen Kinder bekommen; dauernde Hormonbehandlung	Ärztlicher Fehler bei der Bergung des ausgeschnittenen Tumors; junges Alter der Klägerin ist zu berücksichtigen; Möglichkeit der Planung einer eigenen Familie von vornherein genommen; möglich wird das auch bei der Frage der Partnerwahl in Zukunft eine Rolle spielen	LG Mainz 24.6.2010 2 O 312/06 RAe Kern u. Koll., Mainz
2420	100 000 € 50 000 (€ 67 816)	Nicht rechtzeitiges Erkennen eines Magenkarzinoms, was 2 Jahre später zum Tod führte		34-jähr. Mutter mit drei unmündigen Kindern		Grober ärztlicher Behandlungsfehler; einen etwa tennisballgroßen Tumor nicht zu entdecken, ist nicht mehr nachvollziehbar und unverständlich. Die etwa 2 Monate später durchgeführte Operation und die anschließende Chemotherapie hätte jedoch den gleichen Umfang gehabt, als wenn der Tumor gleich erkannt worden wäre	OLG Hamm 24.2.1999 3 U 73/98 RAe und Notare Tschirner & Partner, Steinfurt
2421	€ 50 000 + immat. Vorbehalt (€ 53 260)	Behandlungsfehler; 1. Eingriff Acromioplastik mit Beseitigung einer Exostose und Durchtrennung des ligamentum coracoaromiale; seit diesem Eingriff kann die Klägerin ihren linken Arm nicht mehr richtig heben. 2. Eingriff nach Sturz im Krankenhaus: Mobilisation und Reversionsoperation. 3. Eingriff: Rotatorenmanschetten-Naht mit Infektion. 4. Eingriff: stationär wegen einer osteoporotischen BWK-12-Fraktur behandelt. 5. Eingriff: Versteifung der linken Schulter. 6. Eingriff: Schmerzbehandlungen	Ca. 5 Jahre	57-jähr. Frau	Funktionsverlust der linken Schulter; Haus- und Gartenarbeit ohne fremde Hilfe nicht mehr möglich. Anhaltende Schmerzen; kein Durchschlafen; dauerhafte Einnahme von Schmerzmitteln	Das fehlerhafte Vorgehen der Beklagten und die dadurch eingetretenen gesundheitlichen Beeinträchtigungen der Klägerin rechtfertigen nach Auffassung des Senats ein Schmerzensgeld i.H.v. € 50 000. Bei der Bemessung der Höhe des Schmerzensgeldes waren zunächst die erheblichen gesundheitlichen Beeinträchtigungen der Klägerin zu berücksichtigen, die aufgrund des Funktionsverlustes der Schulter massive Einschränkungen im täglichen Leben erfährt	OLG Hamm 1.7.2014 26 U 4/13 juris

Fortsetzung von »Behandlungsfehler«

Lfd. Nr.	Betrag DM Euro (Anp.2019)	Verletzung	Dauer und Umfang der Behandlung; Arbeitsunfähigkeit	Person des Verletzten	Dauerschaden	Besondere Umstände, die für die Entscheidungen maßgebend waren	Gericht, Datum der Entscheidung, Az., Veröffentlichung bzw. Einsender
2422	€ 50 000 + immat. Vorbehalt (€ 51 354)	Proximale Mittelfußfraktur am 5. Mittelfußknochen nicht erkannt; dadurch Ausbildung eines Charcot-Fußes	In der Folge kam es zu stationären Behandlungen, wobei dem Kläger zur Behebung eines Spitzfußes die Achillessehne verlängert und eine Flex-Cast-Schiene angelegt wurde. GdB 60%. Eingeschränkte Arbeitsfähigkeit von allenfalls 3–6 Stunden	48-jähr. Mann	Erhebliche Einschränkung der Bewegungsfähigkeit	Maßgeblich ist das Ausmaß der Behinderungen, Beschwerden und Leiden, die der Kläger durch die Ausbildung eines Charcot-Fußes erlitten hat. Es handelt sich bei dem hier vorliegenden Krankheitsbild um einen Zustand, der durch die weitgehende Zerstörung des Fußgewölbes bzw. -skeletts, verursacht durch spontane Knochenbrüche und Deformierungen des Fußes, gekennzeichnet ist. Verbunden ist der Zustand mit einer hohen Verletzungsanfälligkeit, mit der Ausbildung von Druckgeschwüren und mit der erheblichen Störung von Nerven und Blutgefäßen. Es besteht eine erhöhte Infektionsgefahr und insgesamt eine erhöhte Verletzungsanfälligkeit. Beim Kläger haben sich zudem eine Spitzfußstellung, die Notwendigkeit einer operativen Verlängerung der Achillessehne und eine Pseudarthrose beim 5. Mittelfußknochen konkret verwirklicht. Die Deformierung des Fußes macht die permanente Versorgung mit orthopädischem Schuhwerk notwendig. Gehen und insgesamt die Bewegungsfähigkeit sind in erheblicher Weise eingeschränkt. Seine Darstellung, dass der Fuß bzw. das linke Bein nur noch als Stelze diene, ist ohne Weiteres plausibel. Durch die nachgewiesene Verordnung eines Rollstuhls und von Unterarmgehstützen ist belegt, dass diese Hilfsmittel zumindest zeitweise erforderlich sind	OLG Köln 9.1.2019 5 U 13/17 juris
2423	€ 60 000 + immat. Vorbehalt (€ 63 848)	Im Zuge der Durchführung der Herzkatheteruntersuchung kam es bei der Klägerin infolge Austretens von Luft aus der Spülleitung zu einem Verschluss des linken Koronarsystems mit elektromechanischer Entkopplung und zu einem Infarktgeschehen im Hirn rechts	Reanimation; längerer Krankenhausaufenthalt in der Klinik der Beklagten zu 1) mit intensivmedizinischer Behandlung, an den sich dann noch eine mehrwöchige Reha-Behandlung anschloss	Frau	Linksseitige Hemiparese mit Schwindelgefühl und Depression mit Angststörung	Bei der Höhe des Schmerzensgeldes hat der Senat neben dem Behandlungsgeschehen berücksichtigt, dass die Klägerin aufgrund der fortbestehenden linksseitigen Hemiparese und des Schwindelgefühls räumlich stark in ihrer Beweglichkeit eingeschränkt und auf die Mithilfe dritter Personen angewiesen ist. Zudem ist ihre psychische Gesundheit durch die Depression mit Angststörung beeinträchtigt	Schleswig-Holsteinisches OLG 29.8.2014 4 U 21/13

● Mithaftung (siehe vorletzte Spalte)

Behandlungsfehler, Ärztlicher Kunst-und Aufklärungsfehler — Urteile lfd. Nr. 2424 – 2425

Lfd. Nr.	Betrag DM Euro (Anp.2019)	Verletzung	Dauer und Umfang der Behandlung; Arbeitsunfähigkeit	Person des Verletzten	Dauerschaden	Besondere Umstände, die für die Entscheidungen maßgebend waren	Gericht, Datum der Entscheidung, Az., Veröffentlichung bzw. Einsender

Fortsetzung von »Behandlungsfehler«

| 2424 | € 65 000 + immat. Vorbehalt (€ 69 798) | Grober Befunderhebungsfehler: Unterlassen der postoperativen Kontrolle der bei der Operation zur Behebung einer Hüftgelenksluxation und Hüftpfannenfraktur zur Stabilisierung fehlerhaft eingebrachten Schrauben. Dadurch schwere Hüftkopfveränderungen, Hüftkopfnekrose und Einsatz eines künstlichen Hüftgelenks | Entfernung der falsch platzierten Schrauben. Knorpeltransplantation. Einsatz eines künstlichen Hüftgelenks | Ca. 28-jähr. Mann | Künstliches Hüftgelenk. Bewegungseinschränkungen und Schmerzen | Bei der Bemessung des Schmerzensgeldes war zu berücksichtigen, dass der Kläger aufgrund des groben Behandlungsfehlers der Beklagten unter schweren sekundärarthrotischen Veränderungen im linken Hüftgelenk leidet, die mit erheblichen schmerzhaften Beeinträchtigungen und Einschränkungen sowohl im Beruf als auch im Privatleben verbunden sind. Insbesondere die Belastbarkeit und Beweglichkeit des Hüftgelenks sind erheblich eingeschränkt, so dass der Kläger bei zahlreichen (sportlichen und beruflichen) Aktivitäten zurückstehen muss. Wegen der im Hüftgelenk festgestellten Knorpelschäden musste ihm zudem in einer weiteren Operation Knorpel aus dem Kniegelenk entnommen und auf den Femurkopf verpflanzt werden, was mit weiteren Schmerzen und Bewegungseinschränkungen verbunden war. Zwischenzeitlich musste dem Kläger aufgrund der schweren sekundärarthrotischen Veränderungen des linken Hüftgelenks bereits ein künstliches Hüftgelenk implantiert werden. Berücksichtigt man weiter, dass der Kläger das künstliche Hüftgelenk bereits in einem Alter von Anfang 30 Jahren erhalten hat, wird klar, dass er sich im Hinblick auf dessen begrenzte Haltbarkeit mindestens noch einer, eher sogar mehreren Hüftgelenksoperationen wird unterziehen müssen, die jeweils mit einem deutlich höheren Risiko verbunden sind, da – abgesehen von den allgemeinen Operationsrisiken – mit jedem weiteren Eingriff eine stabile Verankerung des neuen Implantats schwerer wird. Zudem ist auch in der Zukunft mit weiteren Beeinträchtigungen in der Lebensführung durch Schmerzen und Bewegungseinschränkungen zu rechnen, die durch das Schmerzensgeld, da schon jetzt vorhersehbar, ebenfalls abgegolten werden sollen | Saarländisches OLG 28.8.2013 1 U 182/12 |
| 2425 | € 70 000 + immat. Vorbehalt (€ 80 542) | Behandlungsfehler, welcher zu einer Beinverkürzung um 8 cm infolge einer durch Infekt entstandenen Pseudarthrose führte; bakterielle Wundinfektion aufgrund einer fehlerhaften Osteosynthese | Mehrere OP, insgesamt 304 Tage stationäre Behandlung über mindestens 4 Jahre, ambulante Physiotherapie | 24-jähr. Mann, selbstständiger Tischler | Beinverkürzung um 8 cm, Beweglichkeit des rechten Knies stark eingeschränkt, Streckung nur bis 30° möglich | Ärztlicher Behandlungsfehler, der eindeutig gegen bewährte ärztliche Behandlungsregeln verstoßen hat und einem Arzt nicht unterlaufen darf. Weitere Risiken durch Folgeoperationen, welche auch in Zukunft drohen. Der Kläger hat Schwierigkeiten bei seiner Berufsausübung | LG Kassel 27.1.2010 2 O 2101/06 RA Meyer, Gudensberg |

Lfd. Nr.	Betrag DM **Euro** *(Anp.2019)*	Verletzung	Dauer und Umfang der Behandlung; Arbeitsunfähigkeit	Person des Verletzten	Dauerschaden	Besondere Umstände, die für die Entscheidungen maßgebend waren	Gericht, Datum der Entscheidung, Az., Veröffentlichung bzw. Einsender

Fortsetzung von »Behandlungsfehler«

Lfd. Nr.	Betrag	Verletzung	Dauer und Umfang der Behandlung	Person	Dauerschaden	Besondere Umstände	Gericht
2426	€ 70 000 + immat. Vorbehalt (€ 73 970)	Grober Behandlungsfehler bei laparoskopischer Gastropexie: fehlerhafte Fixation im Bereich der Fundus-/Korpusgrenze; fehlerhafte Revisionsoperation	Revisionsoperation, Magenteilresektion, Hiatoplastik und Semi-Fundoplicatio, Narbenentfernung, Erweiterung des gastroösophagealen Übergangs nach Stenose am Ösophagus-Magenübergang, Fundusresektion, Gastroplastik mit anschließenden Wundheilungsstörungen, Bauchdeckenrevision, Ballonerweiterung der Speiseröhre im Übergang zum Magen und Narbenrevision, Laparotomie, offene Adhäsiolyse, Aufhebung der Gastropexie sowie Durchführung einer hinteren unteren Gastrojejunostomie nach Roux-Y. Dauer der stationären Aufenthalte über 6 Monate in einem Zeitraum von 5 Jahren	47-jähr. Frau	Abdominelle Belastungsschmerzen, gestörte Magenentleerung, eingeschränkte Lungenfunktion und Atembeschwerden, Thoraxschmerzen und Luftnot auf höherer Belastungsstufe, Pleuritis	Neben der Länge der Behandlungszeit ist für die Höhe des Schmerzensgeldes bestimmend, dass die Klägerin nach wie vor erheblich beeinträchtigt ist und auch ihr gesamtes weiteres Leben lang in nicht unerheblichem Umfang zumindest in Form abdomineller Belastungsschmerzen beeinträchtigt sein wird	OLG Hamm 15.11.2016 26 U 37/14 juris
2427	€ 75 000 + immat. Vorbehalt (€ 82 029)	Arzt- und Krankenhaushaftung: Nichterkennen einer Hüftkopfnekrose auf dem Röntgenbild nach Epiphyseodese mit Schraubenosteosynthese	Mehrere Operationen bis hin zur Implantation eines künstlichen Hüftgelenks	Jugendliche	Massive körperliche Beeinträchtigung aufgrund von Beinlängendifferenz, massive soziale und psychische Beeinträchtigungen	Die Patientin muss mit 3 bis 4 weiteren Implantationen eines neuen Hüftgelenks rechnen und diese ohnehin gravierenden Einschnitte in die Lebensführung fallen bei Jugendlichen stärker ins Gewicht, weil dadurch die in dieser Altersgruppe besonders wichtigen Kontakte zu Gleichaltrigen erschwert werden	OLG Nürnberg 9.3.2012 5 U 1190/11 Juris
2428	€ 80 000 (€ 84 453)	Unterlassen eines Augenarztes, bei einem 11-jährigen Kind mit Diabetes mellitus, eine Sehnervuntersuchung durchzuführen; dadurch Verlust der Sehfähigkeit von 60% auf unter 30%	Operative Eingriffe am rechten und linken Auge	11-jähr. Kind	Verlust der Sehfähigkeit von 60% auf unter 30%, drohende vollständige Erblindung	Vor diesem Hintergrund hält der Senat für die derzeit bestehenden Einschränkungen ein Schmerzensgeld von insgesamt € 80 000 für berechtigt, um die schon bestehenden und auch zukünftig absehbaren Folgen auszugleichen. Dabei ist ausschließlich die vollständige Erblindung nicht berücksichtigt worden, weil deren Eintritt nach den Ausführungen des Sachverständigen zeitlich nicht hinreichend sicher absehbar ist; im Übrigen sind aber die bereits ausgeführten erheblichen Einschränkungen in der Lebensqualität auch ohne die Erblindung heute schon vorhanden und auch für die Zukunft ausreichend absehbar	OLG Hamm 10.5.2016 26 U 107/15 juris

● Mithaftung (siehe vorletzte Spalte)

Behandlungsfehler, Ärztlicher Kunst-und Aufklärungsfehler — Urteile lfd. Nr. 2429 – 2431

Lfd. Nr.	Betrag DM Euro (Anp.2019)	Verletzung	Dauer und Umfang der Behandlung; Arbeitsunfähigkeit	Person des Verletzten	Dauerschaden	Besondere Umstände, die für die Entscheidungen maßgebend waren	Gericht, Datum der Entscheidung, Az., Veröffentlichung bzw. Einsender
\multicolumn{8}{l}{Fortsetzung von »Behandlungsfehler«}							
2429	€ 85 000 + immat. Vorbehalt (€ 86 631)	Grober Behandlungsfehler einer Reha-Klinik wegen mangelnder Überwachung des aktuellen Tacrolimus-Spiegels (Immunsuppression) bei einem Transplantationspatienten. Dadurch Verlust der implantierten Bauchspeicheldrüse und Schädigung der transplantierten Niere	3-monatiger stationärer Aufenthalt im Krankenhaus mit Nierentransplantatpunktionen und Pankreastransplantatpunktionen	52-jähr. Mann	Dialysepflicht, chronische Belastungsminderung	Der Senat hat insb. die chronische Hämodialysepflichtigkeit mit all ihren Beschwernissen und Einschränkungen des täglichen Lebens berücksichtigt. Hinzu kommt der 3-monatige stationäre Aufenthalt im Krankenhaus mit Nierentransplantatpunktionen und Pankreastransplantatpunktionen. Darüber hinaus hat der Sachverständige als kausale Beeinträchtigungen insb. eine chronische Belastungsminderung bei latenter Müdigkeit, Muskelkrämpfe wegen Kraftminderung nach Transplantationsversagen und die Notwendigkeit eines halbjährlich zu wechselnden Harnleiterstents bestätigt. Auf dieser Basis hält der Senat ein Schmerzensgeld von € 85 000 für notwendig, aber auch angemessen	OLG Hamm 23.11.2018 26 U 149/17 juris
2430	€ 100 000 + immat. Vorbehalt (€ 114 563)	Nichterkennung eines Schlaganfalls trotz stationärer Behandlung, welcher in Folge der Nichterkennung zu einem zweiten Schlaganfall führte, der wesentlich die rechtsseitige Körperbeeinträchtigung (Remiparese) auslöste. Danach war kein Schlucken, Laufen und Sprechen mehr möglich für ca. 5 Monate		50-jähr. Frau	Sprachstörungen, rechts betonte Remiparese, rechter Arm ist nicht mehr verwendbar, benötigt Rollator beim Laufen	Der Beklagten sind bei der Behandlung der Klägerin mehrere Behandlungsfehler unterlaufen, zudem war die Organisation im Hause der Beklagten als grob fehlerhaft zu bewerten. In Folge mehrerer Behandlungsfehler wurde ein Schlaganfall fälschlicherweise als Verdacht einer Gürtelrose gewertet. Grober Behandlungsfehler, der dem Arzt nicht hätte unterlaufen dürfen. Organisationsverschulden in Folge einer nicht gewährleisteten durchgehenden Betreuung der Patientin auf der Station. Die noch heute bestehenden Folgen hätten bei rechtzeitiger Erkennung vermieden werden können. Dauerhafte Einschränkungen im alltäglichen Leben, insbesondere in der Haushaltsführung und Körperhygiene	LG Dortmund 25.2.2010 4 O 165/07 RA Thormann, Recklinghausen
2431	€ 100 000 (€ 106 520)	Grober Befunderhebungsfehler wegen Unterlassens einer röntgenologischen Untersuchung nach Sturz auf das Steißbein. Stattdessen wurde eine Infiltrationstherapie fortgeführt, die tatsächlich wegen des Vorliegens einer nicht erkannten Fraktur im Bereich des Os sacrum kontraindiziert war. Infektion mit Staphylococcus aureus	8 Monate Krankenhausaufenthalt mit eingetretener Sepsis, Multiorganversagen, multiplen Abszessen, Operationen und einer Langzeitbeatmung	62-jähr. Frau	Mehrfache Narbenbildungen mit Narbenschmerzen, allgemeine Schwäche infolge der eingetretenen Komplikationen, erhebliche Reduzierung des Allgemeinzustandes einschließlich Mobilisations- und Bewegungseinschränkungen	Der Senat hat dabei insbesondere die nachfolgend aufgeführten Umstände berücksichtigt: Vorliegend hat die Klägerin mehr als 8 Monate im Krankenhaus verbracht. Diese Krankenhausaufenthalte waren Folge der Injektion durch die Beklagten, die zu multipler Abszessbildung der Lendenwirbelsäule mit Ausbreitung in die Psoasloge, das kleine Becken und den rechten Oberschenkel geführt haben. Darüber hinaus sind darauf epidurale Abszesse im Bereich L4/5, eine Entzündung von Wirbel und Zwischenwirbelscheiben Spondylodiszitis BWK 8/9, ein Multiorganversagen mit akutem Nierenversagen, akutem Lungenversagen, ARDS und akutem Leberversagen sowie mehrfache septischen Schübe mit multiplen Abszessen zurückzuführen, die unter anderem eine Langzeitbeatmung, eine Punktionstracheotomie sowie eine Langzeitantibiose erforderlich machten	OLG Hamm 4.12.2015 26 U 33/14 VersR 2016, 601

Lfd. Nr.	Betrag DM **Euro** *(Anp.2019)*	Verletzung	Dauer und Umfang der Behandlung; Arbeitsunfähigkeit	Person des Verletzten	Dauerschaden	Besondere Umstände, die für die Entscheidungen maßgebend waren	Gericht, Datum der Entscheidung, Az., Veröffentlichung bzw. Einsender
\multicolumn{8}{l}{**Fortsetzung von »Behandlungsfehler«**}
2432	€ 100 000 + immat. Vorbehalt *(€ 110 052)*	Befunderhebungsfehler bei Verdacht auf Subarachnoidalblutung (SAB); dadurch verspätete OP	Postoperativen Komplikationen mit Verlängerung des Krankenhausaufenthaltes einschließlich langer Reha-Aufenthalte	Frau	Neurologische Schäden	Nicht zu beanstanden ist auch das vom LG mit € 100 000 festgesetzte Schmerzensgeld. Soweit die Berufung des Erstbeklagten ein überhöhtes Schmerzensgeld geltend macht, kann sie damit nicht durchdringen. Das LG hat berücksichtigt, dass die Klägerin in jedem Fall hätte operiert werden müssen. Es durfte aber wegen der Beweislastumkehr die postoperativen Komplikationen mit Verlängerung des Krankenhausaufenthaltes einschließlich der langen Reha-Aufenthalte sowie die im angefochtenen Urteil im Einzelnen aufgeführten bleibenden Schäden bei der Bemessung des Schmerzensgeldes berücksichtigen, dessen Höhe auch unter Würdigung der von der Erstbeklagten vorgelegten Entscheidungen nicht als übersetzt anzusehen ist	OLG Karlsruhe 22.2.2012 13 U 139/10
2433	€ 100 000 *(€ 114 935)*	Entnahme der weiblichen Geschlechtsorgane		18-jähr. Frau; zum Urteilszeitpunkt 49 Jahre alt		Klägerin, die entsprechend ihrem damaligen phänotypischen Erscheinungsbild als Junge aufwuchs, hatte sich für eine operative Anpassung entschieden, wobei ihr jedoch vorher eine vorgenommene Chromosomenanalyse mit dem Ergebnis einer normalen weiblichen Chromosomenkonstitution nicht mitgeteilt wurde; bei dem Eingriff zeigte sich allerdings dann ein Befund (hier: normale weibliche Anatomie mit präpuberalem Uterus und normalen Ovarien, kein Testovar), der durchgreifende Zweifel an der Richtigkeit der Indikation und/oder der Aufklärung wecken musste; Beklagter hätte den Eingriff zur Behebung der Zweifel abbrechen müssen, wenn durch dessen Fortführung nicht rückgängig zu machende schwerwiegende körperliche Veränderungen bewirkt werden	OLG Köln 3.9.2008 5 U 51/08 NJW-RR 2009, 960
2434	200 000 € 100 000 *(€ 158 036)*	Hirnschädigung aufgrund eines ärztlichen Behandlungsfehlers mit auftretender psychomotorischer Entwicklungsretardierung mit zerebralen Bewegungsstörungen, zerebralen Krampfanfällen sowie Einwärtsschielen; Defekt der oberen Luftwege		10-jähr. Mädchen	Ganztägige Pflege und Beaufsichtigung	Entwicklungsstand entspricht dem eines ein bis drei Monate alten Kindes. Schmerzensgeld hat trotz der eingeschränkten Wahrnehmungsmöglichkeiten nicht nur rein symbolische Bedeutung, sondern kann auch noch eine Ausgleichsfunktion erfüllen	OLG Oldenburg (Oldenburg) 3.12.1991 5 U 25/91 VersR 1993, 753 Revision beider Parteien vom BGH nicht angenommen 9.2.1993 VI ZR 13/92

● Mithaftung (siehe vorletzte Spalte)

Behandlungsfehler, Ärztlicher Kunst-und Aufklärungsfehler — Urteile lfd. Nr. 2435 – 2436

Lfd. Nr.	Betrag DM Euro (Anp.2019)	Verletzung	Dauer und Umfang der Behandlung; Arbeitsunfähigkeit	Person des Verletzten	Dauerschaden	Besondere Umstände, die für die Entscheidungen maßgebend waren	Gericht, Datum der Entscheidung, Az., Veröffentlichung bzw. Einsender

Fortsetzung von »Behandlungsfehler«

2435	€ 100 000 (€ 118 925)	Wachsender Tumor in der linken Brust einer 25-jährigen Frau, der sich 20 Monate nach der Erstuntersuchung als bösartiges Karzinom herausstellte, wobei von 19 entnommenen Lymphknoten bereits 14 metastasiert waren; außerdem wurden Metastasen nachgewiesen; Tod nach weiteren 4 Jahren trotz chemotherapeutischer Behandlung		25-jähr. Frau		Grober ärztlicher Behandlungsfehler durch unterbliebene histologische Untersuchung; es ist nicht unwahrscheinlich, dass bei einer solchen Untersuchung eine Metastasierung noch nicht eingetreten war und deshalb Heilungschancen bestanden; Patientin musste sich mehreren stationären Chemotherapien mit erheblichen Nebenwirkungen unterziehen (u. a. Infektionen im Mundbereich, Haarausfall); besonders belastend war die psychische Situation durch das Wissen der tödlichen Erkrankung; mit diesem Wissen, das zunehmend zur Gewissheit über den baldigen Tod wurde, musste sie sich als 31-jähr. Mutter von ihrem 9-jähr. Sohn verabschieden	Thüringer OLG 23.5.2007 4 U 437/05
2436	€ 130 000 + immat. Vorbehalt (€ 137 784)	Punktion einer superinfizierten Flüssigkeitshöhle im Beckenbereich mit nachfolgender grob behandlungsfehlerhaft erfolgter Applikation von Alkohol	Mehrfache Krankenhausaufenthalte mit Operationen	50-jähr. Frau	Schädigung des Nervus ischiadikus links und des Nervus femoralis links mit Plegie des linken Fußes und mäßig bis hochgradiger Parese der Oberschenkelmuskulatur Sensibilitätsstörung des gesamten linken Beines; Leichtgradige Hüftstreckerschwäche bedingt durch die operative Entfernung des M. glutaeus maximus links infolge der Muskelnekrosen; Gefühlsstörungen im Gesäßbereich aufgrund Narbenbildung; Harninkontinenz mit Restharnbildung; Stuhlinkontinenz mit Ableitung über den Anus praeter	Das erstinstanzlich zuerkannte Schmerzensgeld von € 130 000 erscheint sachgemäß. Es stellt einen angemessenen Ausgleich für die von dem Beklagten zu verantwortenden Beeinträchtigungen der Klägerin dar. Bei der Bemessung des Schmerzensgeldes darf nicht übersehen werden, dass die Klägerin erheblich vorgeschädigt war. Ein gänzlich einschränkungsloses Leben wäre ihr auch ohne den streitgegenständlichen Eingriff nicht möglich gewesen. Sie litt an einer nicht durch den streitgegenständlichen Eingriff verursachten gravierenden arteriellen Verschlusskrankheit. Die Patientin beschreibt in einem Zeitfenster zwischen 2 Wochen bis 3 Monate Fieberschübe, auf die sie jeweils 3–5 Tage krankgeschrieben wurde. Die Symptomatik weist darüber hinaus auf ein – ursächlich nicht hinreichend geklärtes – massiv beeinträchtigendes Krankheitsbild hin. Ohne diese Beeinträchtigungen würde der Senat ein Schmerzensgeld von allenfalls € 150 000 für angemessen erachten	OLG Koblenz 22.4.2015 5 U 1292/14

Lfd. Nr.	Betrag DM **Euro** *(Anp.2019)*	Verletzung	Dauer und Umfang der Behandlung; Arbeitsunfähigkeit	Person des Verletzten	Dauerschaden	Besondere Umstände, die für die Entscheidungen maßgebend waren	Gericht, Datum der Entscheidung, Az., Veröffentlichung bzw. Einsender
	Fortsetzung von »Behandlungsfehler«						
2437	€ 150 000 *(€ 169 288)*	Grober Behandlungsfehler in Form der Nichterkennung eines Schlaganfalls trotz eindeutiger Anzeichen		75-jähr. Frau	Wachkomaähnlicher Zustand, Halbseitenlähmung	Eine erforderliche neurologische Untersuchung der Klägerin unterblieb im Krankenhaus der Beklagten, obwohl mehrfach von den 5 Kindern der Klägerin der Verdacht eines Schlaganfalls geäußert wurde. Bei der Bemessung des Schmerzensgeldes wurde insbesondere berücksichtigt, dass der Klägerin eine eigenständige Lebensführung und die einfachsten Verrichtungen nicht mehr möglich sind. Sie hat bisher 5 Jahre in einer hilflosen, menschlich unwürdigen Situation verbracht und ist ohne jede Hoffnung, dass sich ihr Zustand noch einmal wesentlich verbessern wird. Aufgrund dessen ist ihr jeglicher Lebensgenuss weitestgehend versagt. Schmerzensgeldmindernd wurde das bereits hohe Alter der Klägerin berücksichtigt und die Tatsache, dass sie durch entsprechende Vorerkrankungen vorbelastet war. Ferner sei es nicht sicher in welchem Maße die Klägerin ihren Zustand wahrnimmt und darunter leidet	LG Bremen 10.12.2010 3-O-1770/07 RAe Dr. Stankewitz & Coll., Bremen
2438	€ 180 000 + immat. Vorbehalt *(€ 207 107)*	Weitreichende Lähmungserscheinungen der unteren Körperteile mit Sexualstörungen und depressiven Verstimmungen		56-jähr. Mann	Weitreichende Lähmungserscheinungen welche, begleitet von einer Wadenatrophie und Beeinträchtigungen der Sehnenreflexe, die Füße, die Blase und den Mastdarm erfassen; auf Gehhilfen angewiesen; Sensibilitätsschwächen, Sexualstörungen, depressive Verstimmungen	Grober ärztlicher Behandlungsfehler durch verspätete und fehlerhafte Bandscheibenoperation; u. a. wurden Bandscheibenteile, die wahrnehmbar in den Spinalkanal eingedrungen waren, nicht entfernt; außerdem Verletzung der Dura an 3 Stellen	OLG Koblenz 29.10.2009 5 U 55/09 VersR 2010, 480 RiOLG Weller, Koblenz
2439	€ 200 000 *(€ 226 198)*	Klägerin fiel aufgrund eines ärztlichen Behandlungsfehlers in Wachkoma und verstarb nach 7 Jahren ohne das Bewusstsein wiedererlangt zu haben. (apallisches Syndrom, Untergang des gesamten Hirnmantels, Zustand: „persistent vegative state")		51-jähr. Frau (zum Schadenszeitpunkt)		Fehlerhafte Befunderhebung seitens der Beklagten. Ein Gullian-Barré-Syndrom wurde nicht erkannt, wobei nicht die unterbliebene Diagnose maßgeblich war, sondern der Zustand der Klägerin. Bei der Bemessung des Schmerzensgeldes hat das Gericht berücksichtigt, dass der Tod vor der mdl. Verhandlung eingetreten ist. Ferner war das Alter und die Tatsache, dass die Verstorbene das Bewusstsein bis zum Schluss nicht wieder erlangte, berücksichtigt. Die Verstorbene lag im Wachkoma und musste nicht unter den Schmerzen leiden, da sie höchstens auf äußere Reize reagierte	LG Leipzig 27.1.2011 06 O 1243/07 RAe Meinecke & Meinecke, Köln

● Mithaftung (siehe vorletzte Spalte)

Behandlungsfehler, Ärztlicher Kunst-und Aufklärungsfehler

Urteile lfd. Nr. 2440 – 2443

Lfd. Nr.	Betrag DM Euro (Anp.2019)	Verletzung	Dauer und Umfang der Behandlung; Arbeitsunfähigkeit	Person des Verletzten	Dauerschaden	Besondere Umstände, die für die Entscheidungen maßgebend waren	Gericht, Datum der Entscheidung, Az., Veröffentlichung bzw. Einsender
\multicolumn{8}{l}{Fortsetzung von »Behandlungsfehler«}
2440	€ 200 000 + immat. Vorbehalt (€ 218 744)	Schwerster hypoxischer Hirnschaden nach ärztlichem Behandlungsfehler	Schwerstpflegefall	33-jähr. Mann	Schwerste Tetraspastik. Der Kläger ist zwar wach, aber bettlägerig und nicht kommunikationsfähig	Dieses Schadensbild mit einer umfassenden Einschränkung der wesentlichen körperlichen und geistigen Funktionen erfordert zur Gewährung eines billigen immat. Schadensausgleichs ohne Zweifel die Zuerkennung eines erheblichen Schmerzensgeldbetrags, der – ungeachtet des materiellen Schadenersatzes – auch dazu dienen soll, den mit den krankheitsbedingten Beeinträchtigungen verbundenen Verlust an Lebensqualität auszugleichen. Der Senat hält unter diesen Umständen ein Schmerzensgeld von € 200 000 für angemessen. Ein höheres Schmerzensgeld ist unter Berücksichtigung der von dem Senat im Falle ähnlicher Schadenbilder zuerkannten Beträge nicht gerechtfertigt	OLG Düsseldorf 15.3.2012 I-8 U 161/10
2441	€ 200 000 + immat. Vorbehalt (€ 211 133)	Verlust beider Nieren durch groben Befunderhebungsfehler	Dialysepflicht und 53 Folgeoperationen – darunter erfolglose Nierentransplantation	15-jähr. Mädchen	Dialysepflicht	Wird bei einer jugendlichen Patientin (15 Jahre) die Ursache eines erhöhten Blutdrucks (160/100) nicht abgeklärt, ist der Hausärztin ein Befunderhebungsfehler zur Last zu legen. Kommen weitere Alarmzeichen – mehrfache Bewusstlosigkeiten – hinzu, ist die mangelnde Befunderhebung als grober Behandlungsfehler der Hausärztin zu werten. Für den Verlust beider Nieren, der Dialysepflicht und 53 Folgeoperationen – darunter erfolglose Nierentransplantation – ist bei einer jugendlichen Patientin ein Schmerzensgeld von € 200 000 angemessen	OLG Hamm 3.7.2015 26 U 104/14 juris; GesR 2016, 221
2442	€ 200 000 + immat. Vorbehalt (€ 212 188)	Nasenoperation (Korrektur der Nasenscheidewandverbiegung, Behandlung der unteren Nasenmuscheln und Eingriff im Bereich der Nasennebenhöhlen); dabei Einblutung im Gehirn durch behandlungsfehlerhafte Verletzung der Schädelbasis auf der rechten Seite im hinteren Abschnitt des Siebbeindaches auf einer Strecke von 1 cm mal 2 cm	Operation in der neurochirurgischen Klinik des Universitätsklinikums	Ca. 42-jähr. Mann	Mittelgradig ausgeprägtes Frontalhirnsyndrom vom frontoorbitalen Typ. Darüber hinaus hat der Kläger seinen Geruchssinn vollständig verloren und er kann nur noch Salziges und Süßes schmecken	Das durch die Verletzung bedingte Leiden und das Ausmaß der aller Voraussicht nach lebenslangen Beeinträchtigungen in der Lebensführung rechtfertigen ein hohes Schmerzensgeld, das der Senat mit einem Betrag von € 200 000 als angemessen erachtet. Aufgrund der glaubhaften Angaben des Klägers und der Zeugin N ist der Senat davon überzeugt, dass der Kläger durch den streitgegenständlichen Eingriff in nahezu allen Bereichen des privaten Alltags überaus erheblich eingeschränkt ist	OLG Köln 13.4.2016 5 U 107/15 juris
2443	€ 250 000 (€ 282 748)	Hypoxischer Hirnschaden in Form einer tetraspastischen Parese mit Betonung der Spastik in den oberen Extremitäten		63-jähr. Frau	100% MdE, Intensivpflegefall, Rollstuhlgebundenheit, massive kognitive Einschränkungen und Vigilanzstörung	Arzthaftung aufgrund Narkosefehler im Zusammenhang mit einer Nasenbeinfraktur	LG Frankfurt am Main 18.1.2011 2-18 O 230/04

Fortsetzung von »Behandlungsfehler«

Lfd. Nr.	Betrag DM Euro (Anp.2019)	Verletzung	Dauer und Umfang der Behandlung; Arbeitsunfähigkeit	Person des Verletzten	Dauerschaden	Besondere Umstände, die für die Entscheidungen maßgebend waren	Gericht, Datum der Entscheidung, Az., Veröffentlichung bzw. Einsender
2444	€ 400 000 (€ 445 750)	Schwerste Hirnschäden aufgrund unterbliebener Blutgasanalyse, epileptische Anfälle	Mehrfache Reanimierung, Beatmung, Intensivstation	Weiblicher Säugling, vorgeschädigt und bereits körperbehindert	Globale Atropie des gesamten Telencephalons, kein Sprechen, Sitzen, Laufen, eigenständige Nahrungsaufnahme möglich, Harn- und Stuhlinkontinenz, Pflegestufe 3, massiv verzögerter Entwicklungsstand, Amputation des rechten Unterschenkels, schwer abnorme und retardierte psychomentale Entwicklung, Tetraparese (zwischen Spastik und dystoner Bewegungsstörung)	Bei der Bemessung des Schmerzensgeldes wurde u. a. der massive Dauerschaden berücksichtigt. Die Klägerin bedarf der Rundumbetreuung. Die Klägerin wird vermutlich nie ein eigenständiges Leben führen können oder ihren Unterhalt verdienen. Ohne den Behandlungsfehler hätte die Klägerin keine cerebralen Schäden erlitten. Es kommt bei einem körperbehinderten Kind nicht darauf an, dass das Kind auch ohne den ärztlichen Behandlungsfehler aufgrund der bestehenden Körperbehinderung niemals ein normales Leben hätte führen können, da das Leben eines Körperbehinderten nicht weniger Wert ist als das eines gesunden Menschen	LG München I 27.7.2011 9 O 24797/07
2445	€ 450 000 + immat. Vorbehalt (€ 503 053)	Hypoxisch-ischämischen Enzephalopathie mit multiplen Hirnsubstanzdefekten rechts frontal, beidseits partial sowie links temporal und vermutlich im Bereich des Kleinhirns; Hydrocephalus internus mit ventrikulo-peritonealer Shuntanlage, spastische Tetraparese, symptomatisch multifokalen therapieresistenten Epilepsie mit häufigen teils mehrfach täglich auftretenden tonisch-myoklonischen Anfällen und Absencen, schwerste motorische Störungen mit einem motorischen Entwicklungsstand von ca. 3 Monaten, schwerste kognitive Störungen mit einem maximalen Entwicklungsstand von 3 Monaten, schwerste Störungen der kommunikativen Entwicklung und des Sozialverhaltens mit lediglich rudimentären Interaktionsmöglichkeiten, schwerste Beeinträchtigung der Selbstständigkeitsentwicklung mit vollständigen Hilflosigkeit, keine Kopfkontrolle		Knapp 2-jähr. Junge (zum Schadenszeitpunkt)	Lebenslange Epilepsie und Inkontinenz, praktisch bewegungsunfähig	Am Tag der grob fehlerhaften ärztlichen Behandlung war bei dem bereits vorgeschädigten Kläger, welcher an dem Goldenhar-Syndrom leidet, eine Korrektur der Nase/des Nasenstegs im Narkoseprotokoll vermerkt. Statt diesem Eingriff wurde jedoch eine Metallentfernung in Bauchlage des Klägers durchgeführt. Hierbei kam es zu hohen Blutverlusten. Die Kammer wertete gleich mehrere schwere Behandlungsfehler. Unfassbar in Augen der Kammer ist, wie ein schwer beeinträchtigtes Kind in einem Kinderwagen und nur in Begleitung einer Schwester (ohne Arzt) in die Kinderklinik transportiert wird. Auf dem Weg in die Kinderstation ging die Sauerstoffsättigung aufgrund des massiven Blutverlustes zurück und es kam zum Kreislaufzusammenbruch und einem hämorrhagischen Schock mit den Folgen Multiorganversagen/Nierenversagen, multiplen cerebralen Infarzierungen, Anfallsleiden, Hypoxisch-Ischämischen Enzephalopathie. Nach den Ausführungen des Sachverständigen hätte mit an Sicherheit grenzender Wahrscheinlichkeit der schwere Schaden des Klägers vermieden werden können, wenn rechtzeitig eine Bluttransfusion erfolgt wäre. Er ist bei allen Verrichtungen des täglichen Lebens dauerhaft und ausschließlich auf fremde Hilfe angewiesen. Besonders hat das Gericht die Zerstörung der Persönlichkeit des Verletzten berücksichtigt. Der Kläger muss noch Jahre über eine Sonde ernährt werden. Bei der Schmerzensgeldhöhe hat die Kammer auch das Goldenhar-Syndrom des Klägers berücksichtigt. Hierbei sind jedoch nur die Umstände berücksichtigt worden, die sicher zu einer Beeinträchtigung des Klägers geführt hätten	LG Köln 23.3.2011 25 O 65/08 RAe Meinecke & Meinecke, Köln

● Mithaftung (siehe vorletzte Spalte)

Lfd. Nr.	Betrag DM **Euro** *(Anp.2019)*	Verletzung	Dauer und Umfang der Behandlung; Arbeitsunfähigkeit	Person des Verletzten	Dauerschaden	Besondere Umstände, die für die Entscheidungen maßgebend waren	Gericht, Datum der Entscheidung, Az., Veröffentlichung bzw. Einsender
Fortsetzung von »Behandlungsfehler«							
2446	€ 500 000 (€ *636 691*)	Hirnödem und dadurch bedingter Hirnschaden mit schwerster geistiger und körperlicher Behinderung		7-jähr. Junge	Schwerste geistige und körperliche Behinderung mit einem absoluten Hilfebedarf und einer Betreuung rund um die Uhr voraussichtlich für das ganze Leben; Kläger muss nachts umgelegt werden und benötigt zum Sitzen Kopfstütze und Sitzschale, spastische Krämpfe; Kommunikation lediglich über Gestik und Mimik, teilweise über Lautäußerungen möglich; jedoch nimmt das Sprachverständnis zu; positive intellektuelle und physische Weiterentwicklung zu erwarten mit der Erlernung neuer Fähigkeiten; Kläger kann wieder Schule für geistig behinderte Kinder besuchen, wenn dies auch dadurch relativiert wird, dass er darunter leidet, dass ihm nur beschränkte Möglichkeiten zur Verfügung stehen, sich der Außenwelt verständlich mitzuteilen; dies wiegt umso schwerer, weil der Kläger, der ein unbeschwertes Leben kennengelernt hatte, seine ganz erhebliche körperliche und geistige Behinderung erfassen kann	Nach Auftreten einer Überzuckerung erhielt Kläger im Krankenhaus übermäßige Flüssigkeitszufuhr, was das Hirnödem auslöste; Häufung schwerer ärztlicher Behandlungsfehler; soweit für die Zukunft positive Tendenzen aufgezeigt werden, kann diese Tatsache nicht darüber hinwegtäuschen, dass diese Tendenzen als Erfolg der Behandlung nur in dem engen, durch die irreparablen Behinderungen vorgegebenen Rahmen zu verstehen sind, die körperliche und geistige Entwicklung sicherlich auch dem Wachstum des noch jungen Klägers zuzurechnen ist, der Kläger aber dennoch auf Dauer geistig und körperlich ein Vollpflegefall bleiben wird und eine auch nur annähernd normale, selbständige Lebensführung völlig ausgeschlossen ist	LG Berlin 20.11.2003 6 O 272/01 VersR 2005, 1247 KG 11.4.2005 20 U 23/04 RAe Meinecke & Meinecke, Köln u. Teipel & Heyne, Berlin

Lfd. Nr.	Betrag DM **Euro** *(Anp.2019)*	Verletzung	Dauer und Umfang der Behandlung; Arbeitsunfähigkeit	Person des Verletzten	Dauerschaden	Besondere Umstände, die für die Entscheidungen maßgebend waren	Gericht, Datum der Entscheidung, Az., Veröffentlichung bzw. Einsender
Fortsetzung von »Behandlungsfehler«							
2447	€ 500 000 + immat. Vorbehalt *(€ 515 034)*	Hypoxischer Hirnschaden nach grob fehlerhaftem Notarzteinsatz	Schwerstpflegefall	2-jähr. Kind	Schwerstpflegefall	Der Senat hat bei der Bewertung der erlittenen Schäden der Klägerin insb. berücksichtigt, dass die Klägerin nie mehr ein eigenständiges Leben wird führen können und schon bei den einfachsten Anforderungen des Lebens ununterbrochen auf fremde Hilfe angewiesen ist. Die Klägerin wird ihr Leben lang an den erlittenen geistigen und körperlichen Schäden, ohne Hoffnung auf Besserung, leiden, wodurch ihr jede Chance auf ein selbstbestimmtes Leben genommen und ihre Persönlichkeit weitgehend zerstört worden ist. Ein besonderes Bemessungskriterium ist zudem das Alter der Klägerin. Die Klägerin war zum Zeitpunkt des fehlerhaften Notarzteinsatzes knapp 2 Jahre alt; ihre Lebensperspektive ist infolge ihrer körperlichen Behinderung und der schweren globalen Entwicklungsstörung vollständig zerstört. Unter Berücksichtigung aller Umstände erscheint ein Schmerzensgeld von € 500 000 notwendig, aber auch angemessen. Dies ergibt sich auch unter Berücksichtigung vergleichbarer Entscheidungen. Der bei der Klägerin vorhandene schwere Herzfehler und die rechtsseitige Lungenhypoplasie sind nur in geringem Umfang schmerzensgeldmindernd zu berücksichtigen. Der seit ihrer Geburt vorhandene Herzfehler und die Lungenhypoplasie beeinträchtigten die Klägerin nicht nennenswert, sondern waren gut behandelt worden	OLG Frankfurt am Main 5.4.2018 22 U 65/17

● Mithaftung (siehe vorletzte Spalte)

Behandlungsfehler, Ärztlicher Kunst-und Aufklärungsfehler

Urteile lfd. Nr. 2448 – 2449

Lfd. Nr.	Betrag DM **Euro** *(Anp.2019)*	Verletzung	Dauer und Umfang der Behandlung; Arbeitsunfähigkeit	Person des Verletzten	Dauerschaden	Besondere Umstände, die für die Entscheidungen maßgebend waren	Gericht, Datum der Entscheidung, Az., Veröffentlichung bzw. Einsender
Fortsetzung von »Behandlungsfehler«							
2448	€ 700 000 + immat. Vorbehalt *(€ 776 803)*	Mehrere teils grobe ärztliche Behandlungsfehler, schwere Mehrfachbehinderungen in Folge schwerer cerebraler Schädigung mit rechtsbetonter spastischer Tetraplegie, Oculomotoriusparese, therapieresistente Krampfanfälle, schwere Bewusstseinsstörung mit vegetativer Dysregulation	Andauernde gravierende stationäre Aufenthalte in regelmäßigen Abständen teilweise mit operativen Eingriffen	2 ½-jähr. Junge	Entwicklungsstand eines 3 bis 4 Monate alten Kindes, Rollstuhl mit Sitzschale, PEG-Sonde, in allen Lebenslagen voll pflegebedürftig, keine eigenständige Veränderung der Körperlage möglich, Störung bei der zentralen Steuerung der Körpertemperatur, reduzierte Belüftung der Lungen, Sprachlosigkeit	Der Kläger befand sich bei Einlieferung in das Krankenhaus bereits in Phase I bis II der tuberkulösen Meningitis. Mehrfache teilweise grob fehlerhafte Behandlungsfehler; unzureichende Anamneseerhebung über Infektionsquellen. Der richtige Befund einer tuberkulösen Meningoencephalitis wurde erst nach 13 Tagen gestellt, weiter war die sodann eingeleitete Behandlung fehlerhaft. Wäre rechtzeitig mit einer geeigneten Therapie begonnen worden, hätte wahrscheinlich der Eintritt in Phase II verhindert werden können und das Ausmaß der verbleibenden Behinderungen deutlich reduziert oder sogar vermieden werden können. Des Weiteren war erhöhend die sehr verzögerte Schadensregulierung sowohl zeitlich als auch inhaltlich zu berücksichtigen. Das Regulierungsverhalten wirkt sich besonders deshalb nachteilig aus, weil die Beklagte eine Fachklinik für Pädiatrie betreibt und deshalb den Sachverhalt ohne weiteres aus eigener Sachkunde zu beurteilen vermochte. Dem Kläger wurde jede Möglichkeit seiner körperlichen und geistigen Entwicklung genommen, die Persönlichkeit wird sich nie altersentsprechend entwickeln	LG Aachen 30.11.2011 11 O 478/09 Beck online
Kapitalabfindung mit Schmerzensgeldrente							
2449	€ 125 000 Zusätzlich € 500 Rente monatlich + immat. Vorbehalt *(€ 131 958)*	Gefäßschädigung und Schädigung des Nervus peronaeus bei einer Umstellungsosteotomie; Überkorrektur der Beinachse	Im Anschluss an eine Revisionsoperation trat ein Knocheninfekt ein, dem permanente Operationen folgten; nach dessen Chronifizierung erfolgte eine distale Oberschenkelamputation	42-jähr. Mann	Oberschenkelamputation	Kommt es bei einer Umstellungsosteotomie zu einer Gefäßschädigung, einer Schädigung des Nervus peronaeus mit der Folge einer Fußheberschwäche und Fußsenkerschwäche und zu einer Überkorrektur der Beinachse, tritt im Anschluss an eine Revisionsoperation ein Knocheninfekt ein, folgen permanente Operationen, wird bei dem 42 Jahre alten Patienten aufgrund der Chronifizierung des Infekts eine distale Oberschenkelamputation durchgeführt und entsteht ein Schmerzsyndrom, so ist ein Schmerzensgeldbetrag von € 125 000 zzgl. einer Schmerzensgeldrente von monatlich € 500 angemessen	OLG Köln 15.7.2015 5 U 202/08 juris; VersR 2016, 191

Lfd. Nr.	Betrag DM **Euro** *(Anp.2019)*	Verletzung	Dauer und Umfang der Behandlung; Arbeitsunfähigkeit	Person des Verletzten	Dauerschaden	Besondere Umstände, die für die Entscheidungen maßgebend waren	Gericht, Datum der Entscheidung, Az., Veröffentlichung bzw. Einsender
\multicolumn{8}{l}{Fortsetzung von »Behandlungsfehler«}							
2450	€ 150 000 und € 325 Rente monatlich + immat. Vorbehalt *(€ 193 091)*	Schwerer hypoxischer Hirnschaden mit apallischem Syndrom und schwerster Tetraspastik		3-jähr. Mädchen, zum Urteilszeitpunkt ca. 10 Jahre alt	Schwerstbehindert und pflegebedürftig; Klägerin kann nicht sprechen oder sich auf andere Art deutlich verständlich machen; sie muss gewickelt und gefüttert werden; trinkt aus der Flasche und aus Schnabeltassen, die sie jedoch nicht festhalten kann; keine bewusste Motorik, kann Umwelt zumindest in gewissem Umfang wahrnehmen; hält sich den Tag über in einer speziellen Sitzschale auf, da sie nicht gehen oder krabbeln kann	Zahnärztlicher Behandlungsfehler (Narkosezwischenfall)	Schleswig-Holsteinisches OLG 11.2.2002 4 U 62/00 RAe Mancke, Harbs & Partner, Kiel
2451	€ 200 000 und € 200 Rente monatlich + immat. Vorbehalt *(€ 213 467)*	Fehlerhafte ärztliche Behandlung des Hirntumors	Diverse Rezidivoperationen. EU	8-jähr. Mädchen	Hirnnervenstörungen, neurogene Atemstörung, neurogene Dysphagie, Lagophtalmus bei beidseitiger Faszialisparese, Aducensparese bei gestörter Okklumotorik und zerebelläre Ataxie	Die Klägerin musste sich diversen Rezidivoperationen unterziehen, denen schwere Krankheitszustände bis hin zur Einklemmung voraus gingen. Hierdurch sind erhebliche neurologische Störungen eingetreten, wie Hirnnervenstörungen, neurogene Atemstörung, neurogene Dysphagie, Lagophtalmus bei beidseitiger Faszialisparese, Aducensparese bei gestörter Okklumotorik und zerebelläre Ataxie. Der Sachverständige bezeichnete dies als hochgradigen Defektzustand, der bei ständiger Lebensbedrohung eine umfassende Betreuung rund um die Uhr erfordert. Die Klägerin wird nie selbstständig leben und schon gar keinem Beruf nachgehen können. Nicht einmal eine eigenständige Flüssigkeits- und Nahrungsaufnahme ist möglich. Eine Besserung wird nicht eintreten	OLG Naumburg 23.10.2014 1 U 136/12 juris
2452	€ 600 000 und € 550 Rente monatlich + immat. Vorbehalt *(€ 640 402)*	Arzthaftungsprozess: Schwerstschädigung durch ärztliche Fehler nach Verkehrsunfall	Schwerstpflegefall	2-jähr. Junge	Zerstörung der Persönlichkeit	Bei einem erstinstanzlich zuerkannten Schmerzensgeld in einer Größenordnung von insgesamt (Kapital + Rente) € 600 000 handelt es sich um einen der höchsten Schmerzensgeldbeträge im Bereich der Schwerstschadensfälle, die in Deutschland rechtskräftig ausgeurteilt worden sind. Es ist gerichtsbekannt, dass sich auch gesunde Menschen an ihre Empfindungen und Erlebnisse in den ersten beiden Lebensjahren später nicht mehr erinnern können, so dass sich hinsichtlich des Empfindens der massiven Behinderungen kein erheblicher, bei der Schmerzensgeldbemessung berücksichtigungsfähiger Unterschied zwischen einem durch einen Geburtsschaden Betroffenen und einem Betroffenen, der vor seiner Schädigung für die Dauer von zwei bis drei Lebensjahren ein normales und gesundes Leben hat kennenlernen können, ergibt	OLG Köln 10.12.2014 5 U 75/14 juris

● Mithaftung (siehe vorletzte Spalte)

Lfd. Nr.	Betrag DM **Euro** *(Anp.2019)*	Verletzung	Dauer und Umfang der Behandlung; Arbeitsunfähigkeit	Person des Verletzten	Dauerschaden	Besondere Umstände, die für die Entscheidung maßgebend waren	Gericht, Datum der Entscheidung, Az., Veröffentlichung bzw. Einsender
	Weitere Urteile zur Rubrik »**Behandlungsfehler**« siehe auch:						
	bis €2500: 945, 765, 947, 950, 1085, 98, 1347, 620, 955, 1112, 101, 1038, 2174, 2175, 2136, 2210, 814, 218, 2176, 956, 1015, 2223, 676, 875, 2224, 2159, 2036						
	bis €5000: 801, 2211, 1040, 2179, 3113, 1114, 624, 3114, 677, 1055, 2145, 347, 2272, 960, 2039, 3143, 961, 1086, 2831, 1462, 224, 1041, 348, 1463, 1103, 963, 2040, 1403, 111, 1464, 1056, 878, 678, 1491, 2183, 2832, 2274, 3147, 1363, 1504, 1411						
	bis €12 500: 880, 1117, 1104, 2214, 1043, 1465, 3115, 2139, 1466, 653, 1155, 349, 2123, 2275, 1087, 1493, 3199, 2238, 1057, 1019, 3088, 1494, 1044, 654, 820, 1088, 1058, 2187, 2188, 1156, 982, 1623, 2215, 921, 2189, 1089, 1495, 1496, 2216, 876, 1468, 1059, 1090, 1045, 2140, 113, 1120, 1091, 1122, 3200, 1123, 2160, 1020, 1630, 1194, 67, 1497, 1060, 2191, 350, 1021, 2618, 1047, 2161, 351, 1586, 680, 627, 1594, 2709, 655, 1414, 230, 1640, 644, 681, 1469, 3060, 1404, 1157, 1500, 1470, 2218, 1501, 1125, 1158, 2163, 1061						
	bis €25 000: 1049, 116, 1160, 1050, 1415, 143, 662, 2193, 1062, 39, 577, 352, 1163, 2250, 889, 663, 1471, 1105, 664, 633, 2147, 1128, 993, 579, 1063, 935, 2049, 2253, 665, 1472, 1654, 936, 682, 1129, 78, 1595, 2710, 1064, 2051, 969, 2055, 634, 1065, 1106, 684, 1165, 1473, 2610, 355, 685, 2611, 1107, 585, 1167, 1066, 666, 1416, 1596, 1067, 1417, 1093, 2060, 1407, 3201, 2255, 1474, 2062, 323, 1418, 1024, 2149, 2150, 1475, 1068, 2468						
	ab €25 000: 2165, 1669, 695, 2196, 1027, 1170, 1171, 1419, 1673, 2065, 1420, 1421, 686, 1477, 1172, 941, 1597, 667, 2596, 687, 2068, 1479, 2278, 2093, 2070, 117, 2279, 1174, 270, 696, 1422, 1028, 1096, 697, 698, 272, 234, 1598, 2151, 699, 700, 635, 1480, 1481, 2074, 1590, 1482, 1097, 1424, 1425, 2199, 2153, 1427, 701, 670, 1051, 688, 702, 334, 1108, 1109, 2077, 1099, 144, 2079, 2133, 1029, 1070, 1052, 690, 1007, 2259, 2280, 2080, 1072, 236, 691, 1073, 1429, 1030, 1, 2261, 279, 1100, 237, 451, 1430, 1175, 2144, 3196, 1219, 1431, 280, 671, 148, 703, 1110, 1206, 1176, 1177, 1207, 1178, 2620, 2155, 1433, 1434, 2, 1435, 692, 1074, 1437, 673, 1179, 281, 1180, 2083, 1211, 1031, 1032, 2084, 704, 1485, 1970, 891, 1033, 1075, 3286, 1076, 1111, 1077, 1213, 693, 353, 1140, 1444, 1971, 1078, 1079, 1681, 1445, 1053, 1446, 1216, 2087, 1217, 452, 694, 1034, 453, 1487, 1219, 1972, 1101, 1035, 1081, 1141, 1488, 705, 286, 1082, 1181, 1982, 510, 1985, 1102, 1223, 1224, 2089, 1987, 1990, 2719, 1227, 1228, 1992, 1229, 2636, 1230, 1231, 1996, 1232, 1233, 1234, 2613, 1235, 2000, 2001, 1238, 2615, 1240, 3019, 1241, 2668, 1182, 2289, 1183, 2090, 1184, 1185, 1454, 2004, 2005, 2007, 2099, 1456, 1410, 1245, 1247, 2291, 1142, 1250, 2020, 1253, 1254						

Behandlungsfehler - bei Schönheitsoperationen

Lfd. Nr.	Betrag DM **Euro** *(Anp.2019)*	Verletzung	Dauer und Umfang der Behandlung; Arbeitsunfähigkeit	Person des Verletzten	Dauerschaden	Besondere Umstände, die für die Entscheidung maßgebend waren	Gericht, Datum der Entscheidung, Az., Veröffentlichung bzw. Einsender
2453	€300 *(€319)*	Mangelhaftes Permanent-Make-up im Bereich der Augenbrauen, Lippe und der Augenlider	9 bis 10 Sitzungen zur Nachbehandlung der Lippe und der Augenlider	Frau		Die Augenbrauen bedürfen der vollständigen Neupigmentierung	AG Wuppertal 21.8.2014 34 C 265/12 Justiz NRW
2454	€600 *(€622)*	Unsachgemäß ausgeführtes Permanent Make-up		Frau		Angesichts des im Wesentlichen unsubstantiierten Vortrags der Klägerin zu den von ihr infolge dieser mangelhaften Ausführung des Permanent Make-ups – angeblich – erlittenen körperlichen und psychischen Beeinträchtigungen sind bei der Schmerzensgeldbemessung die Laserbehandlungen zur Korrektur der Lidstriche bzw. zur Entfernung der Farbausläufe zu berücksichtigen, wobei jedoch jegliche Angaben zu Art, Dauer und Ausmaß der durch diese Behandlungen (möglicherweise) verursachten Beeinträchtigungen fehlen; weiter ist zu berücksichtigen, dass sich die mangelhafte Leistung der Beklagten im Augenbereich der Klägerin befand	OLG Köln 28.7.2017 19 U 50/17 juris
2455	5000 €2500 *(€3399)*	Missglückte Brustimplantation	5 Nachoperationen	Frau		Der von der Klägerin gewünschte Straffungseffekt an ihren Brüsten trat nicht ein. Eine „knackige Brust" ließ sich mittels Einpflanzen von Kochsalzprothesen schlechterdings nicht erreichen. Es ist nicht absehbar, ob durch eine weitere Operation die Asymmetrie der Brüste wieder behoben werden kann	AG Düsseldorf 22.1.1998 39 C 13291/96 RAe Dapprich & Partner, Düsseldorf

Lfd. Nr.	Betrag DM **Euro** (Anp.2019)	Verletzung	Dauer und Umfang der Behandlung; Arbeitsunfähigkeit	Person des Verletzten	Dauerschaden	Besondere Umstände, die für die Entscheidungen maßgebend waren	Gericht, Datum der Entscheidung, Az., Veröffentlichung bzw. Einsender
\multicolumn{8}{l}{Fortsetzung von »Behandlungsfehler - bei Schönheitsoperationen«}
2456	€ 4000 (*€ 4295*)	Fehlerhafte Tattoo-Entfernung mit der OSC-Methode		Frau	Narben auf dem Rücken an exponierter Stelle	Behandlung war rechtswidrig, da keine vollumfängliche Aufklärung erfolgte, so dass die zuvor erteilte Einwilligung unwirksam war. Narbe ist bei luftiger Kleidung deutlich sichtbar und wirkt auch wesentlich auffälliger als zuvor die zu entfernende Tätowierung. Andererseits hatte die Klägerin den Grund für die Behandlung selbst geschaffen, was kein höheres Schmerzensgeld rechtfertigt. Dass eine Entfernung mit Risiken verbunden ist, war bekannt	LG Essen 9.8.2013 19 O 233/11 Beck online
2457	8000 € 4000 (*€ 5081*)	Unterlassene Aufklärung einer erforderlichen weiteren operativen Maßnahme (Haut- und Bauchdeckenstraffung) nach einer Fettabsaugung im Bereich von Bauch, Hüfte, Taille und Oberschenkeln sowie misslungener Erfolg der Fettabsaugung mit entstandenen unregelmäßigen Konturen und großflächigen Eindellungen		48-jähr. Frau	Deformierungen im Rücken-, Flanken- und Hüftbereich, die allenfalls durch eine spätere Operation gemildert werden können	Zu berücksichtigen sind neben der Erduldung der rechtswidrigen Eingriffe und ihrer Folgewirkungen in erster Linie die negativen kosmetischen Folgeerscheinungen im Rücken-, Flanken- und Hüftbereich durch unregelmäßige Konturen und starke Eindellungen; die durch einen anderen Arzt durchgeführte Bauchdeckenplastik ist zufriedenstellend und stellt letztlich eine kosmetische Verbesserung dar	OLG Düsseldorf 20.3.2003 8 U 18/02 VersR 2003, 1579
2458	€ 4000 + immat. Vorbehalt (*€ 4617*)	Fehlgeschlagene Wangenaugmentation mit Silikonimplantaten nach vorher erfolgter Wangenstraffung		Frau		Kein ärztlicher Behandlungsfehler, ausreichende Risikoaufklärung; jedoch unvollständige Behandlungsaufklärung; es wurde kein zureichendes Bild über den Behandlungsablauf vermittelt (Einbringung der Implantate durch den Mund mit zusätzlichen Schnitten); weiteres Aufklärungsversäumnis, da nicht über Alternativen zu einer Lokalanästhesie aufgeklärt wurde (erhebliche Schmerzen)	OLG Frankfurt am Main 12.5.2009 8 U 255/08 RiOLG Göhre, Frankfurt
2459	€ 5000 + immat. Vorbehalt (*€ 5722*)	Fehlerhafte Brustvergrößerung beidseits und ebenfalls fehlerhafte Korrekturoperation mit wesentlichen psychischen Folgen		Frau	Einseitige Double-Bubble; Wesensveränderung, verminderte Belastbarkeit	Fehlerhafte und medizinisch nicht indizierte Operation; erhebliche Schmerzen nach erster Operation	OLG Nürnberg 25.7.2008 5 U 124/08 RA Raab, Nürnberg
2460	€ 6000 (*€ 7427*)	Erfordernis einer Zweitoperation nach Misslingen einer Brustoperation		47-jähr. Frau		Bei der Erstoperation ist die Drahtmarkierung des maßgeblichen Bereichs misslungen, wobei die Klägerin vor Weiterführung des Eingriffs ergänzend nicht über die Gefahr aufgeklärt wurde, dass das verdächtige Gewebe verfehlt und stattdessen überflüssig gesundes Gewebe entfernt wird; kein schweres Verschulden des Beklagten	OLG Koblenz 14.4.2005 5 U 667/03 NJW-RR 2005, 815
2461	€ 7000 (*€ 8574*)	Ca. 40 cm große Bauchnarbe nach Schönheitsoperation		50-jähr. Frau		Haftung für verspätete Aufklärung nach Bauchdeckenstraffung. Verblieben ist eine ca. 40 cm große Narbe, Spannungsgefühle und Sensibilitätsstörungen. Außerdem erlitt sie eine geringfügige – vorübergehende – Verbrennung im Steißbereich	OLG Frankfurt am Main 11.10.2005 8 U 47/04 RiOLG Stefan Göhre

● Mithaftung (siehe vorletzte Spalte)

Behandlungsfehler, Ärztlicher Kunst-und Aufklärungsfehler | Urteile lfd. Nr. 2462 – 2465

Lfd. Nr.	Betrag DM Euro (Anp.2019)	Verletzung	Dauer und Umfang der Behandlung; Arbeitsunfähigkeit	Person des Verletzten	Dauerschaden	Besondere Umstände, die für die Entscheidungen maßgebend waren	Gericht, Datum der Entscheidung, Az., Veröffentlichung bzw. Einsender
Fortsetzung von »Behandlungsfehler - bei Schönheitsoperationen«							
2462	€ 7000 (€ 7704)	Behandlungs- bzw. aufklärungsfehlerhafte misslungene Schönheitsoperation in Form einer Liposuktion (Fettabsaugung) im Bereich des Unterbauchs, der Hüfte, der Taille und der Außen- und Innenschenkel	4 Operationen	Frau	Entstellungen	Die Klägerin hat gegen die Beklagte zu 1) (Klinikträgerin) einen Anspruch auf Schmerzensgeld i.H.v. € 7000. Bei der Klägerin wurden im Ergebnis behandlungsfehlerhafte und letztlich nutzlose Eingriffe durchgeführt, d. h. sie erlitt bei den insgesamt vier Eingriffen die mit solchen Eingriffen regelmäßig verbundenen Beeinträchtigungen und ist auch viermal den insoweit immer bestehenden Operationsrisiken ausgesetzt gewesen. Dies rechtfertigt nach Auffassung des Senats den zuerkannten Schmerzensgeldbetrag. Hinsichtlich des Beklagten zu 2) hält der Senat lediglich einen Schmerzensgeldbetrag i.H.v. € 3000 für angemessen. Beim Beklagten zu 2) kann bei der Zuerkennung des Schmerzensgeldes nur berücksichtigt werden, dass er drei Operationen ohne wirksame Einwilligung der Klägerin bei dieser durchgeführt hat, ohne dass unterstellt werden kann, dass diese behandlungsfehlerhaft gewesen sind, weil letztlich nicht ausgeschlossen werden kann, dass die vorhandenen „Schäden" allein auf dem von Prof. Dr. H. durchgeführten vierten Eingriff beruhen. Ein Schmerzensgeldanspruch besteht insoweit, weil auch dann, wenn ein Eingriff lege artis und erfolgreich verläuft, allein aufgrund der fehlenden Einwilligung eine Körperverletzung gegeben ist	OLG Zweibrücken 28.2.2012 5 U 8/08 juris
2463	€ 7500 (€ 8686)	Rechtsseitige inkomplette Facialisparese mit Hauptbeteiligung des Nervus temporo-frontalis und des Ramus marginalis des Nervus facialis links mit dadurch bedingter Asymmetrie des Gesichts nach misslungenem Face-Lifting		72-jähr. Frau	Asymmetrie und eingeschränkte Beweglichkeit der Gesichtszüge, Narben am Haaransatz	Unzureichende Risikoaufklärung	LG Köln 5.3.2008 25 O 197/02 RAe Steinert & Stephan, Köln
2464	€ 8000 (€ 8241)	Misslungene Schönheitsoperation zwecks Brustvergrößerung		Frau		Die sowohl auf den Vorwurf eines Behandlungsfehlers wegen der Wahl einer falschen Implantatgröße als auch auf eine unzureichende Aufklärung gestützte Arzthaftungsklage hat auch hinreichende Aussicht auf Erfolg i.S.d. § 114 ZPO. Die von der Antragstellerin behaupteten Folgen rechtfertigen jedoch ein Schmerzensgeld in einer Höhe von lediglich bis zu € 8000 (vgl. Senat, Urt. v. 3.9.2009 – 4 U 239/08, juris, zu einer Brustvergrößerung)	OLG Dresden 4.4.2018 4 W 325/18 juris
2465	€ 8500 (€ 10915)	Misslungene Schönheitsoperationen im Bereich von Oberbauch, Unterbauch und Flanken (Absaugen vom Fettgewebe, Hautentfernung, Vernähen der Bauchmuskeln, Nabelkorrektur)		Frau		Die Operation erfolgte ohne hinreichende Patientenaufklärung über das Risiko einer dauerhaften Nervenbeeinträchtigung und somit ohne Einwilligung. Da die Operation misslang, war eine Revisionsoperation erforderlich, deren Kosten das Ärzteteam ebenfalls zu erstatten hatte	LG München I 6.3.2002 9 O 16100/94 bestätigt durch OLG München 23.7.2002 1 U 2805/02 RA Wenckebach, München

Lfd. Nr.	Betrag DM Euro (Anp.2019)	Verletzung	Dauer und Umfang der Behandlung; Arbeitsunfähigkeit	Person des Verletzten	Dauerschaden	Besondere Umstände, die für die Entscheidungen maßgebend waren	Gericht, Datum der Entscheidung, Az., Veröffentlichung bzw. Einsender
\multicolumn{8}{l}{**Fortsetzung von »Behandlungsfehler - bei Schönheitsoperationen«**}
2466	€ 10 000 + immat. Vorbehalt (€ 12 179)	Misslungene Vergrößerung erschlaffter Brüste durch Einsetzen von Implantaten unter die Brustmuskeln		36-jähr. Frau		Verstoß gegen die ärztliche Aufklärungspflicht; zudem kosmetischer Behandlungsfehler. Die Beklagten haften für alle eingetretenen nachteiligen Gesundheitsfolgen, wie postoperative Schmerzen während der Wundheilung, Entzündung im Bereich des Nahtmaterials, Schmerzen durch die Implantate unter die Brustmuskeln, dauerhaft verminderte Berührungsempfindlichkeit der Brustwarzen und unteren Brustpole, breite Narben, zu hoch gesetzte Brustwarzen und -vorhofkomplexe, Entrundung bzw. Vergrößerung der Brustwarzenvorhofkomplexe, leichte Asymmetrie der Brüste mit unterschiedlicher Höhe der Brustumschlagfalte sowie Beeinträchtigungen durch optisch unschöne Ergebnisse, Beeinträchtigung des Intimlebens sowie die Notwendigkeit zumindest einer Korrektur-OP mit zweitägigem Krankenhausaufenthalt. Der Geschädigten ist insoweit lediglich für die Beeinträchtigungen des im Zeitpunkt der letzten mündlichen Verhandlung überschaubaren Zeitraums ein „Teilschmerzensgeld" zuzuerkennen. Etwaige bei der Schmerzensgeldbemessung nicht vorhersehbare Folgen rechtfertigen gegebenenfalls später eine Nachforderung	OLG Hamm 29.3.2006 3 U 263/05 Anwaltsgemeinschaft Bäckerling, Dortmund
2467	25 000 € 12 500 (€ 17 041)	Verunstaltung beider Brüste nach ärztlichem Behandlungsfehler	Drei Nachoperationen, 2 Krankenhausaufenthalte	Mutter dreier Kleinkinder	Erhebliche Beeinträchtigung des körperlichen Erscheinungsbildes; psychische Beeinträchtigungen	Nach der Operation bestand rechts eine etwas größere Hängebrust als vorher, links eine kugelartige, deutlich größere Brust als rechts; Brustwarze stand deutlich höher als an der anderen Seite und zeigte nach lateral; nach 6 Monaten wurde eine Korrekturoperation vorgenommen; Beklagter musste auf die Herausgabe der Krankenunterlagen verklagt werden	OLG Oldenburg (Oldenburg) 11.11.1997 5 U 47/97 VersR 1998, 1421
2468	€ 23 000 (€ 27 663)	Misslungene Oberschenkelstraffung		69-jähr. Frau	Störender Hautwulst über Operationsnarbe	Schönheitsoperation. Verdacht auf rezidivierende Pilzinfektion war nicht abgeklärt worden, was zu erheblichen Wundheilungsstörungen geführt hat. Kein Honoraranspruch, weil ärztliche Leistung unbrauchbar war	OLG Frankfurt am Main 19.12.2006 8 U 268/05 RiOLG Stefan Göhre
\multicolumn{8}{l}{**Behandlungsfehler - mit Todesfolge**}
2469	€ 5000 (€ 5913)	Bewusstes Erleben des Todeskampfes auf die Dauer von 15–30 Sekunden nach Eintritt eines Herzinfarktes bzw. eines plötzlichen Herztodes beim Schwimmen		Mann		Grober ärztlicher Behandlungsfehler; die beklagte Krankenhausärztin hätte nach Absetzen einer Betablockertherapie und dem Vorbestehen einer Doppelschlägigkeit des Pulses die Erlaubnis zum freien, unbeaufsichtigten Schwimmen nicht erteilen dürfen; es hätte zumindest ein erneutes Langzeit- und Belastungs-EKG durchgeführt werden müssen	LG Siegen 10.7.2007 2 O 307/05 RAe Meinecke & Meinecke, Köln

● Mithaftung (siehe vorletzte Spalte)

Behandlungsfehler, Ärztlicher Kunst-und Aufklärungsfehler — Urteile lfd. Nr. 2470 – 2472

Lfd. Nr.	Betrag DM Euro (Anp.2019)	Verletzung	Dauer und Umfang der Behandlung; Arbeitsunfähigkeit	Person des Verletzten	Dauerschaden	Besondere Umstände, die für die Entscheidungen maßgebend waren	Gericht, Datum der Entscheidung, Az., Veröffentlichung bzw. Einsender
\multicolumn{8}{l}{Fortsetzung von »Behandlungsfehler - mit Todesfolge«}
2470	10 000 € 5000 (€ 6747)	Tod infolge auf Behandlungsfehler zurückzuführenden Blutverlustes nach fünftägigem Koma		65-jähr. Mann		Verstorbener war schwer herzkrank; Schmerzensgeld ist auch bei schwerster Beeinträchtigung gerade für die weitgehende Zerstörung der Persönlichkeit des Patienten zu leisten; es wäre in hohem Maße unbefriedigend, einen Schmerzensgeldanspruch zu versagen, weil der Betroffene so schwer geschädigt ist, dass er den Verfall seiner individuellen Persönlichkeit nicht mehr bewusst wahrnehmen kann; zusätzlich ist zu berücksichtigen, dass der Betroffene mit einiger Wahrscheinlichkeit während der Zeit des Blutsaustritts seine Zustandsverschlechterung jedenfalls mittelbar leidend miterlebt und erheblich darunter gelitten hat; auch hat er – sei es auch unbewusst – die während des 5-tägigen Komas aufgetretenen schwersten Krampfzustände quälend erlebt; ein gewisses Maß an Leidensfähigkeit im Koma erscheint höchst wahrscheinlich; Beklagten haben von Anfang an versucht, den Vorfall zu verschleiern	OLG Köln 28.4.1999 5 U 15/99 VersR 2000, 974
2471	25 000 € 12 500 (€ 17218)	Durch Narkosefehler herbeigeführter Tod bei arthroskopischem Eingriff am linken Knie		43 ½-jähr. Apotheker		Bei rechtzeitiger Adrenalingabe hätte der hypoxische Hirnschaden, das Koma und letztlich der Tod verhindert werden können. Grober Behandlungsfehler; Verletzter starb 3 Wochen nach Verabreichung der Narkose ohne das Bewusstsein wiedererlangt zu haben	LG Köln 29.1.1997 25 O 66/90 RAe Dr. Meinecke & Meinecke, Köln
2472	€ 15 000 (€ 16 857)	Nicht erkanntes Mundbodenkarzinom welches aufgrund der viel zu späten Behandlung zum Tod führte, zahlreiche Operationen, Reha-Maßnahmen, Chemo-Therapie		51-jähr. Mann		Bei der Bemessung des Schmerzensgeldes wurde u. a. die über 4 Monate andauernde grob fehlerhafte ärztliche Behandlung der Beklagten berücksichtigt. Die Beklagte hätte aufgrund der eindeutigen Beschwerden eine eindeutige Tumordiagnose treffen müssen, was jedoch unterblieb. Auch wurde berücksichtigt, dass dem Kläger bei einer ordnungsgemäßen rechtzeitigen Behandlung erhebliche Schmerzen und möglicherweise der Tod erspart geblieben wären. Die erst zu spät veranlassten Maßnahmen, besonders die Operationen und die Chemotherapie, sowie die Ungewissheit des Verstorbenen, inwieweit die Behandlungen noch nützen, waren für diesen besonders schwerwiegend und wurden bei der Bemessung berücksichtigt. Auch eine zusätzlich belastende Strahlentherapie wäre bei frühzeitiger Erkennung nicht notwendig gewesen	LG Dortmund 9.2.2011 4 O 124/08 RAe Ciper & Coll., Witten

Lfd. Nr.	Betrag DM **Euro** *(Anp.2019)*	Verletzung	Dauer und Umfang der Behandlung; Arbeitsunfähigkeit	Person des Verletzten	Dauerschaden	Besondere Umstände, die für die Entscheidungen maßgebend waren	Gericht, Datum der Entscheidung, Az., Veröffentlichung bzw. Einsender

Fortsetzung von »Behandlungsfehler - mit Todesfolge«

Lfd. Nr.	Betrag	Verletzung	Dauer	Person	Dauerschaden	Besondere Umstände	Gericht
2473	€ 20 000 *(€ 23 012)*	Schwere Hirnschädigung mit Tod nach 10 Tagen nachdem die Verstorbene unter teilweisem Verlust ihrer Wahrnehmungs- und Empfindungsfähigkeit die 10 Tage im Koma verbracht hat		Junge Frau		Ursache waren schwerwiegende Verstöße bei Narkose im Rahmen eines operativen Schwangerschaftsabbruchs sowie während der Reanimation mit der Folge eines hypotoxischen Hirnschadens; angesichts der Schwere der erlittenen Verletzungen und des Zeitraums zwischen Körperverletzung und Todeseintritt der im Koma verbrachten Zeit ist das Schmerzensgeld unter Berücksichtigung aller den Schadensfall prägender Umstände angemessen	LG Bochum 27.1.2010 I 6 O 78/08
2474	€ 20 000 *(€ 24 386)*	Schwere hypoxische Hirnschädigung nach ärztlicher Fehlbehandlung mit Tod nach 3 ½ Wochen		Mann		Dem Beklagten ist ein Behandlungsfehler zur Last zu legen, weil anlässlich der Herzklappenoperation während des Anschlusses des Patienten an die Herz-Lungen-Maschine keine ausreichende Überwachung der Vitalparameter erfolgte. Während der Versorgung mit Sauerstoff über die künstliche Lunge trat eine Unterversorgung ein, die mangels der gebotenen engmaschigen Kontrolle der Sauerstoffsättigung unbemerkt sowie unbehandelt blieb und zu einer Unterversorgung des Gehirns führte. Die dadurch bedingte, schwere hypoxische Hirnschädigung führte zu einer weitgehenden Zerstörung des Großhirns, so dass der Patient in ein tiefes Koma fiel, das bis zu seinem Tode andauerte. Während der Behandlung musste er künstlich ernährt und beatmet werden. Aufgrund des komatösen Zustands war der Geschädigte nicht in der Lage, seinen Zustand bewusst zu erfassen; dies führt jedoch nicht dazu, dass lediglich ein symbolisches Schmerzensgeld zuzusprechen wäre. In Fällen, in denen infolge der Zerstörung der Persönlichkeit der Fortfall oder eine erhebliche Einschränkung der Empfindungsmöglichkeit und Ausdrucksfähigkeit im Mittelpunkt steht, muss bei der Bemessung der Entschädigung der zentralen Bedeutung dieser Einbuße Rechnung getragen werden	OLG Düsseldorf 15.12.2005 I-8 U 24/04 RAe Ciper & Collegen, Düsseldorf
2475	€ 20 000 *(€ 24 755)*	Mehrfache Darmperforierung mit folgender Bauchfellentzündung, an deren Folgen die Betroffene nach 6 Wochen verstarb		Frau		Mangels Risikoaufklärung rechtswidriger ärztlicher Eingriff; kein erhebliches Verschulden; lange Leidenszeit der Betroffenen, die zudem bei Bewusstsein war	OLG Koblenz 14.4.2005 5 U 1610/04 VersR 2006, 123

● Mithaftung (siehe vorletzte Spalte)

Behandlungsfehler, Ärztlicher Kunst-und Aufklärungsfehler — Urteile lfd. Nr. 2476 – 2478

Lfd. Nr.	Betrag DM Euro (Anp.2019)	Verletzung	Dauer und Umfang der Behandlung; Arbeitsunfähigkeit	Person des Verletzten	Dauerschaden	Besondere Umstände, die für die Entscheidungen maßgebend waren	Gericht, Datum der Entscheidung, Az., Veröffentlichung bzw. Einsender
\multicolumn{8}{l}{Fortsetzung von »Behandlungsfehler - mit Todesfolge«}
2476	€ 40 000 (€ 44 435)	Verkennung eines tiefen Weichgewebe- und Gelenkinfekts nach Schulter-OP mit nachfolgender Sepsis und Tod des Patienten	5-monatige Leidenszeit mit erheblichen Schmerzen bei ununterbrochener stationärer Behandlung	Mann	Tod	Der Patient musste infolge der festgestellten Behandlungsfehler bis zu seinem Tod eine fünfmonatige Leidenszeit mit erheblichen Schmerzen bei ununterbrochener stationärer Behandlung erdulden. Die Beklagten verweisen zu Recht auf das Urteil des OLG Hamm vom 6.11.2002 – 3 U 50/02 (VersR 2004, 1321 ff.), welches € 40 000 Schmerzensgeld aufgrund eines Behandlungsfalls zusprach, in dem der Patient nach mangelhafter Diagnostik und Therapie einer Hepatitis-B-Infektion nach einer Leidenszeit von einem Jahr, die von zunehmenden Schmerzen, immer wieder auftretenden Subileuszuständen und der Entwicklung einer Enzephalopathie geprägt war, verstarb. Höhere Schmerzensgelder, vor allem solche in einer Größenordnung von € 100 000, sind längeren Leidenszeiten des Patienten oder schweren und schwersten Dauerschäden vorbehalten	OLG Köln 21.9.2011 5 U 8/11 juris
2477	€ 50 000 (€ 55 313)	Tod aufgrund grob fehlerhafter ärztlicher Behandlung	ca. 3 Wochen	41-jähr. Mann		Bei der Bemessung des Schmerzensgeldes hat das Gericht die grob fehlerhafte Behandlung sowie das vergleichsweise junge Alter des Verstorbenen berücksichtigt. Insoweit wurde es von der Beklagten unterlassen, weitere Untersuchungen bei dem Verdacht auf eine Durchblutungsstörung im Bein durchzuführen und rechtzeitig einen entsprechenden Gefäßchirurgen hinzuzuziehen. Bei einer zeitnahen Hinzuziehung wäre dem Verstorbenen vermutlich der Arterienverschluss und damit der Tod erspart geblieben. Todesursächlich war ein multiples Organversagen, zu welchem es aufgrund der langen Operationszeit, einer Ureterverletzung bei der Operation und wegen eines Arterienverschlusses gekommen war. Ferner waren für die Schmerzensgeldhöhe die postoperativen Schmerzen, der Verlust einer halben unteren Gliedmaße, sowie das spätere künstliche Koma maßgebend	LG Düsseldorf 22.12.2011 3 O 91/08 RAe Ciper & Coll., Berlin
2478	135 000 € 67 500 (€ 92 977)	Tod in komatösem Zustand 5 Wochen nach Verabreichung einer Injektion		5-jähr. Junge		Versehentliche Injektion von Kaliumchlorid anstatt Natriumbikarbonat mit sofortigem Verlust des Bewusstseins; auch die bei einer schweren Hirnschädigung eingetretene Zerstörung der personalen Qualität und die damit verbundene totale Einbuße der menschlichen Persönlichkeit ist angemessen zu entschädigen; Dauer der gesundheitlichen Störung ist ein gravierender Faktor bei der Schmerzensgeldbemessung; gravierendes Fehlverhalten des Arztes	OLG Düsseldorf 24.4.1997 8 U 173/96 MDR 1998, 470

Lfd. Nr.	Betrag DM **Euro** *(Anp.2019)*	Verletzung	Dauer und Umfang der Behandlung; Arbeitsunfähigkeit	Person des Verletzten	Dauerschaden	Besondere Umstände, die für die Entscheidungen maßgebend waren	Gericht, Datum der Entscheidung, Az., Veröffentlichung bzw. Einsender
\multicolumn{8}{l}{**Fortsetzung von »Behandlungsfehler - mit Todesfolge«**}
2479	€ 70 000 *(€ 79 764)*	Behandlungsfehler in Form zu später Erkennung einer Darmkrebserkrankung, welche zum Tod führte	Vielzahl von zusätzlichen OP und Chemotherapien	junge Frau		Grober Behandlungsfehler mit schwersten Folgen, Beklagter erkannte Darmkrebserkrankung zu spät, dies führte zum Tode der Klägerin, die in vergleichsweise jungem Alter starb, Klägerin litt ca. 1 ½ Jahre, was sich schmerzensgelderhöhend auswirkte	LG Göttingen 29.4.2010 2 O 280/09 2. Zivilkammer, LG Göttingen
2480	€ 70 000 *(€ 70 665)*	Nicht erkannter Darmkrebs wegen unterlassener Darmspiegelung	Erst als sich die Patientin 9 Monate später wegen eines anderen Leidens im Krankenhaus befand, wurde der Darmkrebs entdeckt. Er hatte jetzt bereits Metastasen in der Leber entwickelt	Frau	Tod	Das OLG hat den Erben der Patientin ein Schmerzensgeld von € 70 000 sowie Schadensersatz zugesprochen, weil ein Arzt trotz zum Teil heftiger Blutungen aus dem Anus lediglich Hämorrhoiden und eine Analfissur diagnostiziert hatte, ohne eine Darmspiegelung zu machen. Der Schmerzensgeldanspruch sei auch nicht durch ein Mitverschulden der Patientin gemindert. Auch wenn sie weiterhin aus dem Anus geblutet habe, habe sie deswegen nicht unbedingt nochmals zum Arzt gehen müssen. Zugunsten der Patientin sei zu berücksichtigen, dass sie zuvor bei dem Internisten wegen ihrer rektalen Blutungen abschließend behandelt worden sei und hierfür auch eine Diagnose erhalten habe, die gerade nicht auf Krebs lautete. Hierauf habe die Patientin eine Zeit lang vertrauen dürfen	OLG Braunschweig 12.4.2019 9 U 129/15 juris
2481	€ 100 000 *(€ 112 859)*	Tod in Folge einer nicht bzw. zu spät erkannten Darmkrebserkrankung	mehrere Operationen und Chemotherapien über einen Zeitraum von über 2 Jahren	35-jähr. Frau		Der Schmerzensgeldanspruch ist auf den Ehemann der Klägerin als Rechtsnachfolger übergegangen. Der Schmerzensgeldanspruch resultiert aus dem groben ärztlichen Behandlungsfehler der Beklagten, welche die Klägerin aufgrund von Unterleibsschmerzen nicht richtig behandelte, sodass die Klägerin nach Erkennung einer Darmkrebserkrankung 2 Jahre später verstarb. Bei der Bemessung des Schmerzensgeldes wurde vor allem der lange Leidensweg von über 2 Jahren, davon 1 ½ Jahre im Bewusstsein des absehbar bevorstehenden Todes berücksichtigt, ebenso wie der Kinderwunsch, welcher nicht mehr erfüllt werden konnte. Ein Mitverschulden kann nach Auffassung des Gerichts keinesfalls der Klägerin angelastet werden, da diese ihrer Hausärztin, der Beklagten, vertraute. Es ist nicht schmerzensgeldmindernd zu berücksichtigen, dass die Ehe vor der Erkrankung kinderlos geblieben war	OLG Braunschweig 30.12.2010 1 U 37/10

● Mithaftung (siehe vorletzte Spalte)

Lfd. Nr.	Betrag DM Euro (Anp.2019)	Verletzung	Dauer und Umfang der Behandlung; Arbeitsunfähigkeit	Person des Verletzten	Dauerschaden	Besondere Umstände, die für die Entscheidungen maßgebend waren	Gericht, Datum der Entscheidung, Az., Veröffentlichung bzw. Einsender
		Fortsetzung von »Behandlungsfehler - mit Todesfolge«					
2482	€ 100 000 (€ 114 935)	Herzinfarkt mit nachfolgendem hypoxischen Hirnschaden infolge Sauerstoffmangels nach längerem Herz-Kreislauf-Stillstand, schweres hirnorganisches Psychosyndrom und Tetraparese, Tod nach 3 ½ Jahren		45-jähr. Mann	Vollständige Pflegebedürftigkeit, keine Kommunikation möglich	Mehrere und teilweise grobe ärztliche Behandlungsfehler (Diagnosefehler); es wurde versäumt, wegen aufgetretener Symptome eines akuten Koronarsyndroms eine weiterführende Diagnostik durchzuführen, die zu einer vorzeitigen Behandlung in einer kardiologischen Spezialklinik und so zu einer Vermeidung des akuten Herzinfarktes und dessen Folgen geführt hätte	OLG Hamm 1.9.2008 3 U 245/07
2483	€ 100 000 (€ 105 777)	Tod nach langer Leidensgeschichte aufgrund einer zunächst nicht erkannten Hautkrebserkrankung, pulmonale Metastasen	3 Jahre Leidenszeit, Vielzahl von belastenden Untersuchungen, mehrere Operationen (Thorakotomie, Metastasektomie)	55-jähr. Frau	Tod	Grober Behandlungsfehler der Beklagten durch das Unterlassen einer histologischen Befundung zum Ausschluss eines Melanoms. Bei den dermatologischen Auffälligkeiten der Verstorbenen wäre differenzialdiagnostisch abzuklären gewesen, ob ein Nagelhämatom oder eine Pilzerkrankung vorliegt. Auch wenn die Patientin von einem Stoßereignis berichtet haben sollte, ist der Beklagte nicht von der Pflicht der umfassenden Diagnostik entbunden. Die Überlassung der Durchführung der Nagelprobe an die Patientin war völlig ungeeignet. Weiter ist der Beklagten vorzuwerfen, dass die Verstorbene nach der telefonischen Mitteilung des Histologiebefundes nicht hinreichend zur alsbaldigen Wiedervorstellung veranlasst wurde. Nach einer medizinisch notwendigen Amputation des Zehengrundglieds hätte eine hypothetische Chance auf vollständige Heilung bestanden. Insbesondere wurde bei der Bemessung des Schmerzensgeldes die deutliche Verkürzung der Lebenszeit sowie die lange Leidenszeit in dem Wissen, dass eine Melanomerkrankung vorgelegen hat, die zunächst nicht erkannt wurde, berücksichtigt. Nach den operativen Eingriffen wurde der Verstorbenen deutlich, dass die Erkrankung auch weiterhin bestehen bleibt und sie sich auf ein letales Ende einstellen muss	OLG Hamm 27.10.2015 26 U 63/15 Justiz NRW; juris; GesR 2016, 22
2484	€ 153 387 (€ 197 451)	Apallisches Syndrom nach Herzstillstand und Reanimation, Tod nach 3 Jahren		Frau		Patientin erlitt 2 Tage nach einer Operation der Gebärmutter einen Kreislaufzusammenbruch mit Herzstillstand; die Reanimationsmaßnahmen (Patientin wurde mit normaler Raumluft und nicht mit reinem Sauerstoff beatmet) entsprachen nicht dem medizinischen Standard	LG Bochum 18.2.2002 6 O 321/97 bestätigt durch OLG Hamm 25.11.2002 3 U 100/02 RAe Meinecke & Meinecke, Köln

Lfd. Nr.	Betrag DM Euro (Anp.2019)	Verletzung	Dauer und Umfang der Behandlung; Arbeitsunfähigkeit	Person des Verletzten	Dauerschaden	Besondere Umstände, die für die Entscheidungen maßgebend waren	Gericht, Datum der Entscheidung, Az., Veröffentlichung bzw. Einsender
	Fortsetzung von »Behandlungsfehler - mit Todesfolge«						
2485	€ 250 000 (€ 288 587)	Schwerer hypoxischer Hirnschaden durch minutenlangen Sauerstoffmangel mit Tod nach 19 Monaten; bis zum Tod komatös		46-jähr. Frau		Nach einer operativen Entfernung der Schilddrüse traten Nachblutungen auf, die eine Atemnot verbunden mit einem Geräusch beim Ausatmen verursachten; es wurde beim erstmaligen Auftreten der Atembeschwerden bereits eine Beobachtung und Behandlung durch einen Chirurgen unterlassen, was grob fehlerhaft war; wäre eine sofortige Behandlung durch einen Chirurgen erfolgt, wäre durch eine Intubation der Hirnschaden verhindert worden	LG Paderborn 19.5.2009 2 O 467/06
	Behandlungsfehler - Zahn						
2486	€ 250 (€ 318)	Keramikabplatzung an der Krone über dem Zahn 47 einer Unterkieferbrücke mit Verletzung an der Zunge		Frau		Zahnärztlicher Behandlungsfehler; Keramikabplatzung erfolgte im Urlaub, so dass sich Klägerin zunächst notfallmäßig im Urlaub behandeln lassen musste, mehrere Tage lange Beschwerden; infolge schmerzhafter Verletzung an der Zunge konnte Klägerin mehrere Tage lang keine gewürzten Speisen zu sich nehmen, außerdem Schwierigkeiten beim Sprechen	LG Aachen 18.6.2003 11 O 423/01 RAe Wartensleben & Koll., Stolberg
2487	600 € 300 (€ 390)	Belassen eines Wurzelrestes nach einer Extraktion des Zahnes Nr. 33, der 4 Tage später ohne besondere Schwierigkeiten entfernt wurde		Mann		Ärztlicher Behandlungsfehler; Kläger hatte zusätzliche Beschwerden, die ihm durch die Nachoperation entstanden sind	LG Göttingen 27.9.2001 6 S 224/99 RA Münchberg, Northeim
2488	€ 500 (€ 538)	Fehlerhafte Zahnbehandlung über einen Zeitraum von 6 Monaten und insgesamt mindestens fünf Terminen, in welchen es zu Nacharbeiten an einer Brücke kam		Frau		Entgegen den zahnärztlichen Standards erfolgte der Einsatz einer Brücke ohne den vorangegangenen Einsatz eines Provisoriums. Immer wieder musste die Brücke entnommen und wieder eingesetzt werden	AG Berlin-Charlottenburg 23.10.2013 231 C 259/12 RA Dominik Keller, Berlin
2489	€ 500 (€ 537)	Verspätet erkannter Kieferbruch	Um 2 Tage verzögerte Behandlung	37-jähr. Mann		Da sich die in der Klinik tatsächlich durchgeführte konservative Therapie durch den Behandlungsfehler der Beklagten um zwei Tage verzögert hat, steht dem Kläger für die in diesem Zeitraum erlittenen, durch frühere Ruhigstellung des Kiefers jedenfalls teilweise vermeidbaren Schmerzen ein geringes Schmerzensgeld zu, das mit € 500 angemessen bewertet ist	OLG Köln 22.1.2014 5 U 86/13 juris
2490	€ 700 + immat. Vorbehalt (€ 787)	Behandlungsfehler infolge fehlerhafter Extraktion des Zahns 38 anstatt des Zahns 28	2 Tage Blutungen	16-jähr. Junge		Das zugesprochene Schmerzensgeld begründet sich aus einem rechtswidrigen Eingriff in die körperliche Integrität des Kl. sowie aus einer Verletzung des Selbstbestimmungsrechts, da eine Einwilligung für die operative Entfernung des gezogenen Zahns nicht vorlag. Ferner hat das Gericht bei der Höhe des Schmerzensgeldes berücksichtigt, dass die Organisation in der Praxis des Bekl. fehlerhaft war	LG Hamburg 4.2.2011 323 O 170/10 RA Jasmut, Hamburg

● Mithaftung (siehe vorletzte Spalte)

Lfd. Nr.	Betrag DM **Euro** *(Anp.2019)*	Verletzung	Dauer und Umfang der Behandlung; Arbeitsunfähigkeit	Person des Verletzten	Dauerschaden	Besondere Umstände, die für die Entscheidungen maßgebend waren	Gericht, Datum der Entscheidung, Az., Veröffentlichung bzw. Einsender
						Fortsetzung von »Behandlungsfehler - Zahn«	
2491	€ 750 *(€ 937)*	Extraktion der Zähne Nr. 15 und 25 wegen groben Behandlungsfehlers		Frau		Die Beklagte erkannte nicht, dass die Zähne der Klägerin Nr. 15 und 25 kariös befallen waren. Damit spricht der Beweis des ersten Anscheins dafür, dass die fraglichen Zähne bei sofort einsetzender Behandlung vor der später eingetretenen Extraktion hätten gerettet werden können. Diese tatsächliche Vermutung konnte von der Beklagten nicht widerlegt werden. Die Sachverständige bezeichnete die Wahrscheinlichkeit, dass die Zähne bei rechtzeitiger Behandlung hätten gerettet werden können, mit 50 : 50. Dieses offene Beweisergebnis geht zu Lasten der Beklagten	AG Aachen 30.11.2004 10 C 273/04 RiAG Dr. Quarch
2492	€ 800 + immat. Vorbehalt *(€ 1019)*	Verlust des Zahnes 26		Mann		Grober Behandlungsfehler; beklagter Zahnarzt hat es unterlassen, vor der Behandlung (Öffnung des Zahnes) ein Röntgenbild zu fertigen, damit ein kunstgerechter Eingriff durchgeführt werden kann; auch kann anhand einer Röntgenaufnahme der Verlauf der Wurzelkanäle ermittelt werden, was durchaus Einfluss auf die nachfolgende Behandlung haben kann; letztlich musste der Zahn 26 wegen wiederholter Schmerzen entfernt und eine Brücke eingesetzt werden; weitere Behandlungen sind zu erwarten	AG Neu-Ulm 6.11.2003 3 C 3255/02 RAe Bütow & Volz, Ulm
2493	€ 1000 *(€ 1236)*	Verlust des Zahnes 12 durch fehlerhafte Behandlung		Mann		Ärztlicher Behandlungsfehler. Bei dem Verlust des Zahnes 12 ist zu berücksichtigen, dass es sich nicht um einen gesunden, sondern um einen vorbeschädigten Zahn handelte sowie dass der Kläger sich zur Erstellung eines ordnungsgemäßen Zustandes einer weiteren, zahnprothetischen Behandlung unterziehen musste	AG Mönchengladbach-Rheydt 9.12.2004 10 C 432/02 berichtigt durch Beschluss 10.1.2005 RAe Weufen & Roeben, Mönchengladbach
2494	€ 1000 + immat. Vorbehalt *(€ 1124)*	Nicht indizierte Extraktion des Zahns 44		44-jähr. Frau		Die Klägerin behauptete, dass widerrechtlich 12 Zähne extrahiert wurden. Nach Auffassung des Gerichts erfolgte die Aufklärung sowie die Behandlung jedoch lege artis. Lediglich die Entfernung des Zahns 44 war nicht indiziert, was einen einfachen Behandlungsfehler darstellt. Die Entfernung an sich erfolgte jedoch bei allen Zähnen nach den Regeln der Kunst. Zu berücksichtigen war, dass der Klägerin ein Zahn dauerhaft fehlt, aber auch, dass dieser nicht „kerngesund", sondern wie das übrige Gebiss überdurchschnittlich vorgeschädigt war	LG Heidelberg 16.2.2011 4 O 133/09 Landesrechtsprechungsdatenbank BW

Lfd. Nr.	Betrag DM Euro (Anp.2019)	Verletzung	Dauer und Umfang der Behandlung; Arbeitsunfähigkeit	Person des Verletzten	Dauerschaden	Besondere Umstände, die für die Entscheidungen maßgebend waren	Gericht, Datum der Entscheidung, Az., Veröffentlichung bzw. Einsender
	Fortsetzung von »Behandlungsfehler - Zahn«						
2495	€ 1000 (€ 1138)	Unannehmlichkeiten einer erneuten zahnprothetischen Arbeit inkl. Implantatsetzung		Mann		Soweit das LG ein Schmerzensgeld von € 1000 ausgeurteilt hat, ist dies angesichts der Unannehmlichkeiten, die allgemein bekannt mit einer umfangreichen prothetischen Arbeit inkl. Implantatsetzung verbunden sind und die der Kl. wegen der Unbrauchbarkeit der Leistungen des Bekl. nun zweimal (durch den Bekl. und den Nachbehandler) erdulden musste, nicht zu beanstanden. Entgegen der Ansicht des Bekl. stellt eine fehlerhafte prothetische Versorgung mit Implantatsetzung zweifelsfrei eine Körperverletzung dar, die schmerzensgeldpflichtig ist	KG Berlin 6.9.2010 20 U 221/08 ArztR 2011, 162
2496	€ 1000 (€ 1064)	Eingliederung von Zahnersatz mit abstehenden Kronenrändern (Stufe zwischen den natürlichen Zähnen und der künstlichen Krone)	Nachbehandlung	Mann		Bei der Bemessung ist maßgeblich darauf abzustellen, dass der Kläger unangenehme Beeinträchtigungen beim Essen gehabt hat, weil er nicht schmerzfrei hat kräftig zubeißen können. Hinzu kommen die durch die Entzündung hervorgerufenen Schmerzen, Rötungen, Reizungen und Schwellungen, die behandelt werden mussten. Schließlich sind die Unannehmlichkeiten im Zusammenhang mit der Anfertigung der prothetischen Versorgung zu berücksichtigen	OLG Hamm 12.9.2014 26 U 56/13 GesR 2014, 723
2497	€ 1000 (€ 1151)	Verschiebung der Zahnmittellinie		20-jähr. Frau	Erhebliche, aber nicht gravierende Beeinträchtigungen des Gesamteindrucks des Gesichts; feststellbare Störungen im unteren Bereich	Einfacher ärztlicher Behandlungsfehler; bei der Beseitigung einer Zahnfehlstellung wurden vom Beklagten lediglich die Zähne 14 und 44 rechts und nicht auch die Zähne 24 und 34 extrahiert; konkrete Beeinträchtigungen nicht erkennbar	OLG Naumburg 25.6.2009 1 U 27/09 VersR 2010, 73
2498	€ 1000 + immat. Vorbehalt (€ 1183)	Kontaktallergische Erkrankung von Haut und Schleimhaut (Bläschen an den Lippen, Stippen auf der Schleimhaut, Zahnfleischentzündung, Hautausschlag im Gesicht)		Frau		Grober ärztlicher Behandlungsfehler des beklagten Zahnarztes; Versorgung mit Materialien die u. a. Palladium enthielten; dem Beklagten war bekannt, dass Klägerin an einer Palladiumallergie litt; 2 Wochen andauernde Beeinträchtigungen, Schmerzen bei der Entfernung der Brücken und Kronen; immat. Vorbehalt hinsichtlich der Neuversorgung der Brücken und Kronen	OLG Oldenburg (Oldenburg) 4.7.2007 5 U 31/05 VersR 2007, 1699
2499	€ 1250 (€ 1443)	Verlust des Zahnes 37 durch fehlerhafte zahnärztliche Behandlung		Frau		Zahn 37 musste extrahiert werden, nachdem er als Folge der inzwischen eingetretenen Perforation der Zahnwurzel nicht mehr zu erhalten war. Die Perforation der Zahnwurzel ist auf das fehlerhafte Einbringen des Radixankers zurückzuführen. Bei der Schmerzensgeldbemessung wurde berücksichtigt, dass die Klägerin jedenfalls vorzeitig den Zahn 37 eingebüßt hat und nun abermaliger Versorgung bedarf	OLG Frankfurt am Main 31.3.2009 8 U 173/08 RiOLG Stefan Göhre
2500	€ 1278 + immat. Vorbehalt (€ 1632)	Absplitterung des Schneidezahns, Hämatome, Schürfwunde und Thoraxprellung		Frau		Fortlaufende Behandlung des beschädigten Schneidezahns ist erforderlich	LG München I 8.5.2003 19 S 22317/02 VorsRiLG Krumbholz

Lfd. Nr.	Betrag DM Euro (Anp.2019)	Verletzung	Dauer und Umfang der Behandlung; Arbeitsunfähigkeit	Person des Verletzten	Dauerschaden	Besondere Umstände, die für die Entscheidungen maßgebend waren	Gericht, Datum der Entscheidung, Az., Veröffentlichung bzw. Einsender
\multicolumn{8}{l}{**Fortsetzung von »Behandlungsfehler - Zahn«**}
2501	3000 € 1500 *(€ 2004)*	Extraktion eines gesunden, bleibenden Zahnes zwecks Behebung eines Zahnengstands im Oberkiefer		8-jähr. Mädchen		Fehlende Aufklärung über Behandlungsalternativen bzw. über den Umstand, dass ein gesunder, bleibender Zahn gezogen werden sollte	LG Lübeck 1.2.2000 6 S 165/98 RA Krause, Lübeck-Travemünde
2502	€ 1500 *(€ 1812)*	Fehlerhafte Eingliederung einer Zahnkrone		Frau		Zahnarzthaftung. Unzureichende Präparation eines Zahnstumpfes führte zur Unbrauchbarkeit einer Prothese. Die Klägerin verspürte rund 2 Jahre nach der Behandlung noch immer Schmerzen durch die gelockerte Teilkrone und musste sich umfangreichen Nachbehandlungen unterziehen	OLG Frankfurt am Main 18.8.2006 8 U 118/05 RiOLG Stefan Göhre
2503	3000 € 1500 + immat. Vorbehalt *(€ 1950)*	Mangelhafte Okklusion durch Einschleifmaßnahmen im Unterkiefer und Beschädigung von Keramikverblendungen (Zähne 21 und 14)		Mann		Erhebliche Beschwerden, Notwendigkeit einer Nachbehandlung	OLG Oldenburg (Oldenburg) 14.8.2001 5 U 36/01 VersR 2003, 375
2504	4000 € 2000 *(€ 2713)*	Verlust eines Schneidezahns bei Intubationsversuchen anlässlich einer Narkose vor einer HNO-Operation; Einsetzen einer Prothese, wobei aufgrund paradontaler Vorschädigung des Gebisses ein weiterer Zahn entfernt und zwei Zähne geschliffen werden mussten		Mann		Nicht ordnungsgemäße Aufklärung über die Narkoserisiken, da Kläger unter Paradontose bzw. lockeren Zähnen litt; der verlorene Schneidezahn war zwar gelockert, aber nicht akut behandlungsbedürftig	AG Kassel 18.12.1998 431 C 4562/97 RAin Oberbrunner-Gimbel, Kassel
2505	€ 2000 *(€ 2178)*	Eine am Rand einer Oberkieferbrücke eingebrachte Kunststoffplatte verhindert die ordnungsgemäße Mundhygiene, was zu Zahnfleischentzündungen führt und einen Knochenabbau begünstigt	Die von der Beklagten eingebrachte Brückenkonstruktion wurde entfernt und durch eine neue Prothetik ersetzt	Frau	Zukünftige Beeinträchtigungen zeichnen sich in keiner Weise ab	Verhindert eine am Rand einer Oberkieferbrücke eingebrachte Kunststoffplatte die ordnungsgemäße Mundhygiene, was zu Zahnfleischentzündungen führt und einen Knochenabbau begünstigt, kann das trotz erheblichen Mitverschuldens der Patientin, die über einen Zeitraum von mehr als 4 Jahren nicht für anderweitige Abhilfe sorgt, ein Schmerzensgeld von € 2000 rechtfertigen	OLG Koblenz 10.10.2012 5 U 1505/11 GesR 2013, 224
2506	€ 2500 *(€ 3034)*	Fehlerhaftes Anpassen einer Brücke		Arzthelferin		Zahnärztlicher Behandlungsfehler. Der Sachverständige hat nachvollziehbar dargelegt, dass kein ausreichendes Beschleifen vorgelegen hat, was man noch deutlich an den auf den Fotos zu sehenden Fissuren auf den Okklusalflächen der beiden Zähne erkennen kann. Aufgrund des unzulänglichen Beschleifens der Brückenpfeiler waren keine hinreichenden Platzverhältnisse für die dort einzusetzende Brücke mit Keramikverblendung vorhanden. Auch die nach dem vom Beklagten genommenen Abdruck hergestellte Brücke selbst sei fehlerhaft gewesen. Die Brücke habe definitiv nie auf die vom Beklagten beschliffenen Zähne gepasst. Die Klägerin habe über ein halbes Jahr hinaus unter der fehlerhaften zahnärztlichen Leistung zu leiden gehabt	AG Erkelenz 16.5.2006 6 C 184/03 RAe Weufen & Roeben, Mönchengladbach

Lfd. Nr.	Betrag DM Euro (Anp.2019)	Verletzung	Dauer und Umfang der Behandlung; Arbeitsunfähigkeit	Person des Verletzten	Dauerschaden	Besondere Umstände, die für die Entscheidungen maßgebend waren	Gericht, Datum der Entscheidung, Az., Veröffentlichung bzw. Einsender
Fortsetzung von »Behandlungsfehler - Zahn«							
2507	€ 2500 (€ 2895)	Fehlerhaft prothetische Versorgung zweier Zähne		Frau		Zu berücksichtigen ist, dass die Beeinträchtigungen (Schmerzen und Probleme bei der Nahrungsaufnahme) nicht von außerordentlicher Heftigkeit gewesen sein können, weil sich nur so erklären lässt, dass die Klägerin vergleichsweise lange Zeit verstreichen ließ, bis sie eine ordnungsgemäße zahnärztliche Versorgung in Angriff nahm	OLG Frankfurt am Main 6.1.2009 8 U 31/07 RiOLG Stefan Göhre
2508	€ 2500 (€ 2660)	Fehlerhafte Brückenkonstruktion, die zu einer Verlagerung des Kiefergelenks führt und eine Fehlbelastung der Muskulatur mit Kopfschmerzen und Nackenschmerzen zur Folge hat	Zahnprothetische Versorgung musste durch einen anderen Zahnarzt noch einmal vorgenommen werden	Mann	Verlust Zahn 48	Bei der Bemessung des Schmerzensgeldes hat der Senat berücksichtigt, dass sich der Beklagte einer letztlich nutzlosen zahnärztlichen Behandlung unterziehen musste. Er musste die zahnprothetische Versorgung durch einen anderen Zahnarzt noch einmal vornehmen lassen, wodurch er nochmals eine unangenehme und langwierige Behandlung vornehmen lassen musste. Der Zahn 48 ist aufgrund des Behandlungsfehlers abgebrochen und dadurch endgültig verloren. Die fehlerhafte Behandlung hat zu einer erheblichen Beeinträchtigung dadurch geführt, dass der Beklagte bis zur Neueingliederung des Zahnersatzes wegen der Okklusionsmängel nicht richtig zubeißen und kauen konnte	OLG Hamm 5.9.2014 26 U 21/13 juris
2509	€ 2500 (€ 2663)	Zahnarzthaftung: Unterlassen einer kurz bevorstehenden Wurzelspitzenresektion vor Eingliederung einer Brücke	Nachbehandlung	Frau		Das LG hat bei der Bemessung des Schmerzendgeldes insb. die Schmerzen, unter denen die Kl. infolge des Unterlassens der Wurzelspitzenresektion vor Eingliederung der Brücke gelitten hat, in angemessener Weise berücksichtigt. Dabei ist nicht zuletzt dem Umstand angemessen Rechnung getragen worden, dass durch die erstinstanzlich durchgeführte Beweisaufnahme die Behauptungen der Kl. zu den angeblich erlittenen Schmerzen lediglich teilweise bestätigt worden sind	OLG Köln 2.3.2015 5 U 105/14 juris
2510	€ 3000 (€ 3857)	Hypersensitivitäten nach Entfernen von Amalgamfüllungen an den Zähnen 14 und 24 und Einsetzen keramischer Einlagefüllungen		Mann		Verstoß gegen die ärztliche Aufklärungspflicht. Das Entfernen der bestehenden Füllungen war medizinisch zwingend nicht indiziert. Es sei zwar medizinisch sinnvoll gewesen, die Füllungen zu entfernen, aber nicht in einer Weise geboten, dass dem Patienten keine Entscheidungsalternative – sei es das Belassen der Füllungen, sei es ein anderes Füllungsmaterial – zur Wahl gestanden hätte. Zu einer vollständigen Einschätzung der vom Arzt angebotenen Behandlungsmethode und ihrem Vergleich mit anderen Verfahren hätte es daher gehört, den Patienten über das bestehende Risiko von Hypersensitivitäten aufzuklären	AG Nürnberg 14.10.2002 20 C 3234/01 RA Friedrich Raab, Nürnberg

● Mithaftung (siehe vorletzte Spalte)

Lfd. Nr.	Betrag DM Euro (Anp.2019)	Verletzung	Dauer und Umfang der Behandlung; Arbeitsunfähigkeit	Person des Verletzten	Dauerschaden	Besondere Umstände, die für die Entscheidungen maßgebend waren	Gericht, Datum der Entscheidung, Az., Veröffentlichung bzw. Einsender
\multicolumn{8}{l}{Fortsetzung von »Behandlungsfehler - Zahn«}							
2511	6000 € 3000 (€ 4069)	Fehlerhafte zahnprothetische Behandlung durch fehlerhafte Verblockung von Kronen	Mehrjährige Nachbehandlung	Mann		Die vom Zahnarzt gewählte Verblockung entspricht nicht mehr den Anforderungen der zahnärztlichen Kunst	LG Hildesheim 16.12.1998 2 O 438/97 RiLG Brinkmann, Hildesheim
2512	6000 € 3000 (€ 4181)	Fehlerhafte Eingliederung von Brücken im Bereich der Zähne 17 bis 15, 14 sowie 48 bis 45 und 35 bis 38		Frau		Besonders schwerwiegend ist, wenn eine nicht passende Prothese dadurch angepasst wird, dass das eigene Zahnmaterial der Patientin zurechtgeschliffen wird, statt eine passende Prothese herzustellen	LG München I 27.11.1996 9 O 22821/93 VorsRiLG Krumbholz
2513	€ 3000 + immat. Vorbehalt (€ 3333)	Verlust des Zahns 16 infolge einer fehlerhaften ärztlichen Behandlung	1 Operation, mehrere Nachbehandlungen	27-jähr. Frau	Tragen einer Zahnprothese sowie einer Brücke	Bei der Bemessung des Schmerzensgeldes hat das Gericht u. a. berücksichtigt, dass der Zahn 16 bereits vorgeschädigt und überkront sowie abgestorben war. Hierzu kam es nur aufgrund der fehlerhaften ärztlichen Behandlung durch die Beklagte	LG Wuppertal 29.9.2011 9 S 254/10 RAe Dr. Rauhaus, Düsseldorf
2514	€ 3000 (€ 3202)	Fehlerhafte zahnärztliche Behandlung: Brückenkronen wurden derart tief in das Zahnfleisch geführt, dass es dort zu einer vorübergehenden Entzündung kam		Frau		Indessen rechtfertigen die von dem Beklagten zu verantwortenden Beeinträchtigungen der Klägerin nicht den erstinstanzlich zuerkannten Schmerzensgeldbetrag von € 5000. Das LG hat nämlich unberücksichtigt gelassen, dass sich die schmerzhaften Entzündungen aufgrund eines Zahnfleischschwunds zurückgebildet haben und bei der Untersuchung durch Dr. K. nicht mehr vorhanden waren. Außerdem hat der Zahnfleischschwund nach den Erkenntnissen des Sachverständigen Dr. M. zu einer Erleichterung der Zahnhygiene geführt. Von daher erscheint die Zubilligung einer immateriellen Entschädigung von € 3000 angemessen	OLG Koblenz 8.10.2014 5 U 624/14 juris
2515	€ 3000 (€ 3196)	Zahnarzthaftung; fehlerhaftes Provisorium bei einer therapeutischen Bisserhöhung im Seitenzahnbereich um 2 bis 3 mm, ohne Austestung der Aufhebung der Okklusion der Front- und Eckzähne z. B. durch eine Aufbiss-Schiene oder ein Provisorium. Ungleichmäßige Kontakte sowie Schmerzen und Blockaden in der Wirbelsäule	Ca. 6 Monate; Physiotherapie	50-jähr. Frau		Gegen die Feststellung des LG, dass die Beeinträchtigungen durch die streitgegenständliche Behandlung und die durch die Ausführungen des Sachverständigen bewiesene Zunahme der Beschwerden ein Schmerzensgeld von € 3000 rechtfertigen, wendet sich der Beklagte im Berufungsverfahren nicht. Auch der Senat sieht den Betrag als angemessen an	OLG Köln 14.7.2014 5 U 156/13 juris
2516	€ 3000 (€ 3167)	Fehlerhafte zahnärztlichen Behandlung: dadurch dauerhafte Kieferschmerzen, insbesondere bei Berührung (Zähneputzen), Knacken des Kiefergelenks, dauerhafte Ohrenschmerzen mit Ansätzen von Tinnitusgeräuschen, blockierendes Kiefergelenk bei Reizung (Öffnen und Schließen des Mundes) und Schlaflosigkeit	Ca. 7 Monate Nachbehandlung	Frau		Dieser Betrag erscheint unter Berücksichtigung der Rechtsprechung zu ähnlichen, aber nicht völlig gleich gelagerten anderen Fällen (OLG Köln, Urt. v. 18.4.1994 – 5 U 8/94, MedR 1995, 69) angesichts der erlittenen Beschwerden der Klägerin und deren Dauer angemessen, aber auch ausreichend	OLG Köln 4.8.2015 9 U 91/14 juris; VersR 2016, 656

Lfd. Nr.	Betrag DM Euro (Anp.2019)	Verletzung	Dauer und Umfang der Behandlung; Arbeitsunfähigkeit	Person des Verletzten	Dauerschaden	Besondere Umstände, die für die Entscheidungen maßgebend waren	Gericht, Datum der Entscheidung, Az., Veröffentlichung bzw. Einsender
Fortsetzung von »Behandlungsfehler - Zahn«							
2517	7000 € 3500 (€ 4747)	Fehlerhafte prothetische Versorgung von fünf mit Kronen versehenen Zähnen		Mann		Kläger litt ca. 1 Jahr unter Schmerzen und den mit der Nachbehandlung einhergehenden Unannehmlichkeiten. Zwei der überkronten Zähne mussten entfernt werden	AG Hannover 18.9.1998 559 C 16525/97 RA Lux, Fallingbostel
2518	€ 3500 + immat. Vorbehalt (€ 3984)	Durch fehlerhafte Zahnbehandlung Neigung der oberen und unteren Frontzähne nach vorne, Zähne 14 und 15 beißen nicht aufeinander bzw. aneinander vorbei (Scherenbiss) wobei der obere Zahn relativ weit nach außen zur Wange hin steht, Zahn 13 ist um 90° gedreht und kann nicht mehr aus eigener Kraft durch den Knochen durchbrechen, vollständige palatinale Fenestrierung der Zähne 12 und 13	Zahlreiche Nach-OP, kieferorthopädische Behandlung	21-jähr. Frau		Bei der Schmerzensgeldbemessung wurde berücksichtigt, dass über Jahre hinweg keine zielführende kieferorthopädische Behandlung von der Bekl. durchgeführt wurde. Ferner wurde die unnötig lange Behandlungsdauer sowie die Erforderlichkeit einer erneuten OP berücksichtigt. Die Kl. hat für die Zukunft mit dem Verlust der Zähne 12 und 13 zu rechnen	LG Aschaffenburg 27.7.2010 1 O 557/07 ER RA Dr. Häcker, Aschaffenburg
2519	€ 3500 (€ 3736)	Fehlerhafte zahnärztliche Behandlung, die Brücken 17–14 und 24–26 sowie die Kronen an den Zähnen 27 und 46 sind medizinisch fehlerhaft und deshalb unbrauchbar		Mann		Das Schmerzensgeld ist ausreichend um die zu erduldenden körperlichen Beeinträchtigungen des Klägers bis zur Neuversorgung sowie die mit einer völlig neuen prothetischen Behandlung des ersten und zweiten Quadranten sowie des Zahns 46 auszugleichen	LG Berlin 5.6.2014 36 O 43/12 RA Dominik Kellner, Berlin
2520	€ 3500 (€ 4297)	Fehlerhaftes Einbringen von drei Zahnimplantaten		Zur Urteilsverkündung 71-jähr. Mann		Zahnärztliche und zahnprothetische Behandlung des Beklagten war grob fahrlässig regelwidrig. Die dem Kläger eingesetzten Implantate waren zu klein bzw. zu kurz. Dem Beklagten ist weiterhin vorzuwerfen, die im Unterkieferbereich befindlichen Titanpins nicht entfernt und den eingebrachten Implantaten regelwidrig keine hinreichende Zeit belassen zu haben, fest einzuwachsen. Dies gilt auch für das weitere Vorgehen des Beklagten, die von den Implantaten gehaltene Unterkieferbrücke bereits 2 Wochen nach Einbringung der Implantate eingegliedert zu haben. Diese schwerwiegenden Behandlungsfehler des Beklagten haben kausal dazu geführt, dass die Implantate schräg eingewachsen sind und nunmehr vollständig entfernt werden müssen, wobei ein erneuter Knochenaufbau vorzunehmen ist, damit bei dem Kläger neue Implantate eingesetzt werden können. Unabhängig davon ist dem Beklagten ebenfalls vorzuwerfen, in vermeidbarer Weise eine Schädigung der Zahnsubstanz der Eckzähne 33 und 43 herbeigeführt zu haben, so dass sogar der Verlust dieser Zähne zu besorgen ist	LG Düsseldorf 25.8.2005 3 O 354/04 RA Schneider-Bodien, Düsseldorf

● Mithaftung (siehe vorletzte Spalte)

Behandlungsfehler, Ärztlicher Kunst-und Aufklärungsfehler | Urteile lfd. Nr. 2521 – 2526

Lfd. Nr.	Betrag DM Euro (Anp.2019)	Verletzung	Dauer und Umfang der Behandlung; Arbeitsunfähigkeit	Person des Verletzten	Dauerschaden	Besondere Umstände, die für die Entscheidungen maßgebend waren	Gericht, Datum der Entscheidung, Az., Veröffentlichung bzw. Einsender

Fortsetzung von »Behandlungsfehler - Zahn«

Lfd. Nr.	Betrag	Verletzung	Dauer	Person	Dauerschaden	Besondere Umstände	Gericht
2521	€ 3500 (€ 4327)	Um Jahre frühere Einbuße von 4 Frontzähnen als im Falle einer ausreichenden Paradonitisbehandlung		Frau		Pflichtwidrige Unterlassung einer rechtzeitigen Paradonitisbehandlung; zu berücksichtigen sind die mit den Extraktionen und der Neuversorgung selbst verbundenen Beeinträchtigungen; daneben ist einzubeziehen, dass die noch nicht sehr alte Klägerin vorzeitig auf künstlichen Zahnersatz angewiesen ist. Zu berücksichtigen ist auch, dass der bisherige Gebisszustand keinesfalls zufriedenstellend war; Situation ist nicht zu vergleichen mit einem Verlust von vier nicht vorgeschädigten Frontzähnen	LG Hamburg 30.12.2004 323 O 107/01 RAe von Geyso & Dierkes, Hamburg
2522	€ 3500 (€ 3793)	Fehlerhafte zahnärztliche Behandlung in Form von Ausführungsmängeln bei der Prothese im Ober- und Unterkiefer und bei der Eingliederung	8 Monate Neubehandlung, Schmerzmittel	Mann		Die Prothesen waren unbrauchbar und nicht reparabel, weswegen die gesamte Prothesenbehandlung nachzuholen ist. Der Kläger konnte nicht abbeißen, ordnungsgemäß kauen, hatte Zahnfleischbluten und Zahnfleischentzündungen. Ferner litt der Kläger unter Schlafproblemen	LG Memmingen 4.4.2013 24 O 1729/11 RA Achim Bütow, Ulm
2523	7000 € 3500 (€ 4699)	Fehlerhafter Einsatz einer Oberkieferprothese mit unzureichendem Okklusalabstand		Mann		Ärztlicher Behandlungsfehler; Oberkiefer des Klägers musste schließlich unter Entfernung der vom Beklagten eingebauten Prothese neu versorgt werden	OLG Braunschweig 19.8.1999 1 U 75/98 RiOLG Waldschläger
2524	€ 3500 (€ 3747)	Zahnärztliche Behandlungsfehler: fehlerhafte Wurzelbehandlung und nicht indizierter Knochenaufbau		Frau		Für die festgestellten Behandlungsfehler ist ein Schmerzensgeld i.H.v. € 3500 angemessen	OLG Stuttgart 27.5.2014 1 U 89/13
2525	€ 4000 (€ 4715)	Zahnärztliche Behandlungsfehler: Zwei Implantate in den Unterkiefer mussten nach Entzündung wieder entfernt werden; prothetische Versorgung insgesamt sowie die mehrfachen Nachbehandlungen durch den in Anspruch genommenen Arzt waren nutzlos		57-jähr. Frau		Bei der Bemessung des Schmerzensgeldes ist nicht nur zu berücksichtigen, dass die beiden Implantate nutzlos eingesetzt worden sind und wieder entfernt werden müssen, sondern auch, dass die von der Beklagten zu 1) vorgenommene prothetische Versorgung sowie die mehrfachen Nachbehandlungen nutzlos waren	OLG Düsseldorf 25.10.2007 8 U 189/06 juris
2526	€ 4000 (€ 4269)	Fehlerhafte zahnprothetische Behandlung	Ca. 4 Jahre Nachbehandlung mit zwischenzeitlichem Dauerprovisorium	65-jähr. Frau		Musste als Folge einer fehlerhaften prothetischen Behandlung die Geschädigte mit einem Langzeitprovisorium versorgt werden und hat sie keine außergewöhnlichen Schmerzen erlitten, so können die Schmerzen und eine umfangreiche prothetische Neuversorgung mit einer Vielzahl erforderlicher Behandlungstermine ein Schmerzensgeld i.H.v. € 4000 rechtfertigen	OLG Hamm 16.12.2014 26 U 81/14

Lfd. Nr.	Betrag DM Euro (Anp.2019)	Verletzung	Dauer und Umfang der Behandlung; Arbeitsunfähigkeit	Person des Verletzten	Dauerschaden	Besondere Umstände, die für die Entscheidungen maßgebend waren	Gericht, Datum der Entscheidung, Az., Veröffentlichung bzw. Einsender

Fortsetzung von »Behandlungsfehler - Zahn«

Lfd. Nr.	Betrag	Verletzung	Dauer/Umfang	Person	Dauerschaden	Besondere Umstände	Gericht
2527	€ 4000 (€ 4269)	Vom Zahn 34 abgesehen nicht erforderliche Sanierung des gesamten Gebisses		Mann		Das vom LG auf die Widerklage zuerkannte Schmerzensgeld von € 4000 ist angemessen und reicht aus, um die beim Bekl. infolge der fehlerhaften Behandlung durch den Kl. eingetretenen immateriellen Beeinträchtigungen angemessen auszugleichen. Das LG hat die für die Bemessung des Schmerzensgeldes wesentlichen Gesichtspunkte berücksichtigt, das heißt die – vom Zahn 34 abgesehen – nicht erforderliche Sanierung des gesamten Gebisses, die damit unvermeidlich einhergehenden Schmerzen und Beeinträchtigungen, die Notwendigkeit einer umfassenden Neuversorgung vor allem infolge fehlerhafter Kauflächen und Schneidekanten und die auf einen fehlerhaften Aufbiss zurückzuführenden Nackenschmerzen. In Arzthaftungsprozessen hat die Genugtuungsfunktion regelmäßig keine besondere Bedeutung für die Schmerzensgeldbemessung	OLG Köln 8.12.2014 5 U 122/14 juris
2528	€ 4000 (€ 4300)	Behandlungsfehlerhafte Versorgung der linken Oberkieferhälfte (Verlust der Implantate 25 bis 27) bei implantologischer Behandlung		Mann		Was die Folgen der fehlerhaften Behandlung bezüglich der linken Oberkieferseite und das zugesprochene Schmerzensgeld von € 4000 betrifft, besteht keine Veranlassung, dieses auf € 25 000 und weitere € 15 000 in Bezug auf die Zukunft, insgesamt also € 40 000, zu verzehnfachen. Das LG legt bei der Bemessung des Schmerzensgeldes den Verlust von drei Implantaten zugrunde. Hierfür erscheint dem Gericht ein Schmerzensgeld in Höhe von € 4000 angemessen	OLG München 24.1.2014 24 U 1556/13
2529	€ 4000 (€ 4583)	Fehlerhaftes Setzen zweier Zahnimplantate in regio 11 und 12, die wieder entfernt werden müssen		Frau		Aufgrund fehlerhafter Behandlung wird es zu einer beschleunigten Knochenresorption und damit zu Implantatlockerungen mit anschließendem Verlust kommen; vorher Beeinträchtigung bei der Nahrungsaufnahme; zukünftige Entfernung und Neuversorgung ist Bestandteil des Schmerzensgeldes	OLG Oldenburg (Oldenburg) 17.2.2010 5 U 156/09 5. Zivilsenat des OLG Oldenburg
2530	€ 4500 + immat. Vorbehalt (€ 4808)	1. Fehlerhafte endgültige Eingliederung von Zahnersatz, ohne die am Zahn 45 bestehende massive Periimplantitis mit deutlicher Taschenbildung zu behandeln. 2. eingesetztes Provisorium fehlerhaft und somit unbrauchbar	zwei zusätzliche Behandlungstermine ohne Nutzen, 8 Monate Schmerzen	Mann		Die Kammer wertete die Behandlung als groben Fehler. Der Kläger konnte über 2 ½ Jahre nicht richtig kauen. Die Prothese muss neu angefertigt werden	LG Dortmund 2.4.2014 4 O 42/12 OLG Hamm Hinweisbeschluss 22.10.2014 I-3 U 96/14 RAe Hast, Maus, von Radetzky, Hamm

● Mithaftung (siehe vorletzte Spalte)

Lfd. Nr.	Betrag DM Euro (Anp.2019)	Verletzung	Dauer und Umfang der Behandlung; Arbeitsunfähigkeit	Person des Verletzten	Dauerschaden	Besondere Umstände, die für die Entscheidung maßgebend waren	Gericht, Datum der Entscheidung, Az., Veröffentlichung bzw. Einsender
\multicolumn{8}{l}{Fortsetzung von »Behandlungsfehler - Zahn«}
2531	10 000 € 5000 + immat. Vorbehalt (€ 6747)	Mangelhafte Eingliederung von Kronen auf den Zähnen 14–11, 21–26, 36–33 und 43–45, die zu einer fehlerhaften Schlussbissstellung führte; Latralbewegung der Mundöffnung nach rechts nur um 5 mm und nach links um 11 mm möglich		Frau		Mittleres Verschulden; die fehlerhafte Zahnbissstellung führte zu einer Kiefergelenks-/Muskelerkrankung; Eingliederung einer Aufbissschiene erforderlich; bis zu dieser Eingliederung erhebliche Schmerzen im Bereich der Kiefermuskulatur über längeren Zeitraum; Klägerin trägt die Aufbissschiene nunmehr schon mehrere Jahre, was mit Unannehmlichkeiten verbunden ist; künftiger Schadensumfang steht noch nicht fest	LG Traunstein 23.4.1999 7 O 1495/98 RA Oelschig, Traunstein
2532	€ 5000 + immat. Vorbehalt (€ 5920)	Fehlerhafte zahnärztliche Behandlung durch Entfernung eines Zahnes und sogleich Implantatsetzung trotz persistierender Infektion		Frau		Zwei Folgeoperationen. Über 5 Monate erhebliche Einschränkungen in der Lebensführung	OLG Frankfurt am Main 7.8.2007 8 U 108/05 RiOLG Stefan Göhre
2533	€ 5000 (€ 5337)	Zahnärztlicher Behandlungsfehler bei prothetischer Versorgung mit Langzeitprovisorien	Ca. 1 Jahr	44-jähr. Frau		Führt der behandelnde Zahnarzt eine provisorische prothetische Versorgung des Patienten durch, ohne dass die Position des Unterkiefers durch die Schienentherapie hinreichend gesichert ist und entstehen hierdurch erhebliche Beschwerden des Patienten, so besteht ein Anspruch auf Schmerzensgeld in Höhe von € 5000	OLG Hamm 6.6.2014 26 U 14/13 juris
2534	10 000 € 5000 (€ 6878)	Osteomyelitis im Kieferbereich infolge unterlassener Befunderhebung	Mehrere Monate Behandlung mit zwei operativen Eingriffen im Unterkiefer	9-jähr. Mädchen		Nach Verletzung im Kieferbereich durch Ballwurf hätte ein klinischer und röntgenologischer Frakturausschluss erfolgen müssen; Osteomyelitis ist eine schwerwiegende Erkrankung, die heftige Schmerzen auslöst und weitere Beeinträchtigungen mit sich bringt	OLG Oldenburg (Oldenburg) 25.3.1997 5 U 131/96 NJW-VHR 1997, 285
2535	10 000 € 5000 + immat. Vorbehalt (€ 6869)	Zweieinhalb Jahre andauernde kieferorthopädische Behandlung durch das Tragen verschiedener Zahnspangen, die zu einer wesentlichen Verschlechterung des Gebisszustandes im Sinne parodentaler Veränderungen führt		Frau		Klägerin war während der Behandlung in privater und beruflicher Lebensführung erheblich beeinträchtigt, insbesondere wegen der verursachten Lockerung der Zähne. Es bestand schon bei Behandlungsbeginn eine fortgeschrittene Parodontose im Ober- und Unterkiefer, die eine fortdauernde Behandlung erforderlich gemacht hätte; zukünftiger Zahnverlust immat. vorbehalten	OLG Stuttgart 7.5.1997 14 U 58/96 VersR 1998, 1027
2536	€ 5000 + immat. Vorbehalt (€ 5531)	Unterbliebene Aufklärung über Risiko einer Wurzelbehandlung in Form der danach gegebenenfalls auch länger auftretender Schmerzen als auch eines möglichen Zahnverlustes		80-jähr. Frau		Trotz der lege artis durchgeführten und medizinisch indizierten Wurzelbehandlung hat die Geschädigte einen Anspruch auf Schmerzensgeld, da der Eingriff nicht durch eine wirksame Einwilligung gerechtfertigt war	OLG Stuttgart 22.12.2011 1 U 183/10 RA Achim E.R. Bütow, Ulm

Lfd. Nr.	Betrag DM **Euro** *(Anp.2019)*	Verletzung	Dauer und Umfang der Behandlung; Arbeitsunfähigkeit	Person des Verletzten	Dauerschaden	Besondere Umstände, die für die Entscheidungen maßgebend waren	Gericht, Datum der Entscheidung, Az., Veröffentlichung bzw. Einsender
\multicolumn{8}{l}{Fortsetzung von »Behandlungsfehler - Zahn«}							
2537	€6000 + immat. Vorbehalt *(€ 6417)*	Ein Zahnarzt hat einen Patienten über eine prothetische Versorgung mittels Einzelkronen statt einer Verblockung vollständig aufzuklären, wenn beide Behandlungsmethoden medizinisch gleichermaßen indiziert und üblich sind und wesentlich unterschiedliche Risiken und Erfolgschancen aufweisen, so dass der Patient eine echte Wahlmöglichkeit hat		Frau	Beschwerden bei der Nahrungsaufnahme wegen mangelnder Mundöffnung, Überempfindlichkeit sämtlicher Zähne und Ohrenschmerzen rechts	Auf dieser Basis erscheint das vom Landgericht zuerkannte Schmerzensgeld gerechtfertigt; der Senat hat keine Veranlassung, von der Bewertung des Landgerichts abzuweichen	OLG Hamm 17.12.2013 26 U 54/13 GesR 2014, 234; juris
2538	€6000 *(€ 7128)*	Schwere Schäden an den marginalen Weichgeweben im Mund infolge irreparabler fehlerhafter prothetischer Leistungen, langfristig anhaltende schmerzhafte Entzündungen		Frau		Mangelhafte Zahnarztleistung; Klägerin ließ Ober- und Unterkiefer mit herausnehmbaren Teilprothesen versorgen; vorbereitend wurden etliche Zähne verkront; implantierte Kronen saßen jedoch nicht bündig auf den Trägerzähnen auf, sondern standen in den Randbereichen ab; Klägerin muss sich weitreichenden, das gesamte Gebiss betreffenden Sanierungsmaßnahmen mit Gefahren für die vorhandene Zahnrestsubstanz unterziehen	OLG Koblenz 19.6.2007 5 U 467/07 Vers R 2008, 537
2539	€6000 + immat. Vorbehalt *(€ 6822)*	Behandlungsfehlerhafte Zahnimplantatversorgung mit Verletzung der Wurzelspitze eines Zahnes, überflüssiges wiederholtes Aufschneiden des Zahnfleisches, Extrahieren zweier Implantate und das Inserieren neuer Implantate erforderlich	Fast 6 Monate Behandlung durch Bekl. zu 1), danach ca. 6 weitere Monate Behandlung durch Bekl. zu 2), danach prothetische Neuversorgung der nunmehr sechs Implantate durch Nachbehandler	Frau		Vergleichsweise sehr lange Dauer der Behandlung und der Umstand, dass die Klägerin während dieser Zeit teilweise erhebliche Beeinträchtigungen ihres allgemeinen Lebens in Kauf nehmen musste. Deshalb ist mit dem Betrag von € 6000 ein Schmerzensgeldbetrag festzusetzen, der zwar im Vergleich mit den üblicherweise bei fehlgeschlagenen Zahnarztbehandlungen zuerkannten Schmerzensgeldbeträgen sehr hoch ist, der aber wegen der Gravität der zu berücksichtigenden Umstände als erforderlich – zugleich aber auch als ausreichend – erschien. Dem Beklagten zu 2) ist als behandlungsfehlerhafte Maßnahme, durch die die Klägerin vermeidbare Schmerzen und sonstige Beeinträchtigungen erlitten hat, im Wesentlichen lediglich das wiederholte Aufschneiden des Zahnfleisches zwecks Freilegung der prothetisch nicht ordnungsgemäß versorgbaren Implantate vorzuwerfen, dem ist mit einem Betrag von € 500 angemessen Rechnung getragen	OLG Köln 27.10.2010 5 U 90/07 NZB zurückgew. d. BGH, Beschl. v. 13.9.2011 VI ZR 278/10

● Mithaftung (siehe vorletzte Spalte)

Behandlungsfehler, Ärztlicher Kunst-und Aufklärungsfehler

Urteile lfd. Nr. 2540 – 2543

Lfd. Nr.	Betrag DM Euro (Anp.2019)	Verletzung	Dauer und Umfang der Behandlung; Arbeitsunfähigkeit	Person des Verletzten	Dauerschaden	Besondere Umstände, die für die Entscheidungen maßgebend waren	Gericht, Datum der Entscheidung, Az., Veröffentlichung bzw. Einsender
\multicolumn{8}{l}{Fortsetzung von »Behandlungsfehler - Zahn«}
2540	€ 7000 (€ 7390)	Kiefergelenkbeschwerden durch eine wegen zahnärztlicher Behandlungsfehler hervorgerufene Fehlokklusion	Zahnärztliche Folgebehandlungen	Frau	Kiefergelenkknacken	Aufgrund des Behandlungsfehlers des Beklagten steht der Klägerin der vom LG zugesprochene Schmerzensgeldanspruch i.H.v. € 7000 zu. Begründete Einwendungen gegen die Höhe des zuerkannten Schmerzensgeldes hat der Beklagte nicht erhoben. Unter Würdigung aller Umstände, insb. der Einschätzung des Sachverständigen, dass es sich bei dem bestehenden Kiefergelenkknacken um einen Dauerschaden handelt und die Schmerzen nach seiner Einschätzung voraussichtlich erst durch eine Neuversorgung behoben werden können, hielt die Kammer ein Schmerzensgeld von € 7000 für angemessen	OLG Celle 23.1.2017 1 U 65/15
2541	€ 7000 (€ 8419)	Fehlerhaft eingesetzte Oberkieferprothese mit Freiendbrücken		Frau		Zahnärztlicher Behandlungsfehler. Die Fertigung der Oberkieferprothese mit Freiendbrücken ist nach Auffassung des Gerichts statisch äußerst ungünstig und wegen der Funktionsstörungen im rechten Kiefergelenk der Klägerin kontraindiziert. Unter dem Gesichtspunkt der Statik ist dies nicht zu verantworten. Die Kaubeschwerden der Klägerin lassen sich somit ohne weiteres erklären. Ein Nachbesserungsrecht steht dem Beklagten nicht zu, da die von ihm angefertigte Prothese aufgrund ihrer unzureichenden Planung von vornherein unbrauchbar ist und deshalb auch durch eine Neuanfertigung bzw. durch Nachbesserungsarbeiten niemals ihre Funktion erfüllen kann	OLG Frankfurt am Main 23.1.2007 8 U 199/05
2542	€ 7000 (€ 7456)	Zahnärztlicher Behandlungsfehler: nicht behandelte craniomandibuläre Dysfunktion	Mehrere Jahre	Mann	Langjährige andauernde Schmerzen und Kaubeschwerden	Liegt bei einem Patienten eine craniomandibuläre Dysfunktion vor, muss zunächst eine funktionelle Therapie durchgeführt werden. Wird die endgültige prothetische Versorgung – ohne Abzuwarten – durchgeführt, liegt darin ein grober zahnärztlicher Behandlungsfehler	OLG Hamm 4.7.2014 26 U 131/13 juris
2543	€ 7000 + immat. Vorbehalt (€ 7656)	Dauerhafte Nervschädigung durch Implantatversorgung; über die Gefahr einer derartigen Schädigung ist die Anspruchstellerin nicht aufgeklärt worden		Frau	Nervschädigung im Kieferbereich	Klärt der Zahnarzt den Patient beim Einsetzen von zwei Implantaten nicht über die Behandlungsrisiken sowie eine Behandlungsalternative auf und begeht er zudem einen ärztlichen Behandlungsfehler, so erscheint die Bemessung eines Schmerzensgeldes i.H.v. € 7000 als zu gering und ist im Berufungsverfahren anzuheben	OLG Koblenz 6.7.2012 5 U 496/12 VersR 2013, 61

Lfd. Nr.	Betrag DM Euro (Anp.2019)	Verletzung	Dauer und Umfang der Behandlung; Arbeitsunfähigkeit	Person des Verletzten	Dauerschaden	Besondere Umstände, die für die Entscheidungen maßgebend waren	Gericht, Datum der Entscheidung, Az., Veröffentlichung bzw. Einsender

Fortsetzung von »Behandlungsfehler - Zahn«

Lfd. Nr.	Betrag	Verletzung	Dauer/Umfang	Person	Dauerschaden	Besondere Umstände	Gericht
2544	€ 7669 + immat. Vorbehalt (€ 9405)	Fehlerhafte Versorgung des Oberkiefers mit einer herausnehmbaren teleskopierenden Brücke		Mann		Ein Behandlungsfehler ist darin zu sehen, dass der Beklagte die nicht tragbare Situation der gestörten Okklusionsverhältnisse nicht behandelt hat. Hier hätte eine Behandlung nach den Regeln der ärztlichen Kunst es erforderlich gemacht, dass die Okklusionsstörung entweder durch herausnehmbaren Zahnersatz vermieden wird oder der Beklagte den Kläger über die Möglichkeit aufklärt, Knochendefizite durch Maßnahmen des Knochenaufbaus auszugleichen, um eine Versorgung mit festsitzendem Zahnersatz vorzubereiten	LG Hamburg 15.9.2005 323 O 206/01 RA Teichner, Hamburg
2545	€ 8000 + immat. Vorbehalt (€ 10 163)	Nicht erforderliche Entfernung des gesunden Zahnes 47 bei einer Extraktion des Weisheitszahnes 48 mit dem Erfordernis, eine Brücke einzusetzen und zu diesem Zweck gesunde Zähne zu beschleifen; weitere Folgen waren Absterben des Zahnes 46 und Zahnfleischbeschwerden		27-jähr. Mann	Fehlen und Absterben je eines Zahnes, ohne Not Tragen einer Zahnbrücke	Ärztlicher Behandlungsfehler; Kläger musste sich erheblichen weiteren schmerzhaften Zahnbehandlungen unterziehen, Risiko weiterer Behandlungen	LG Freiburg i. Br. 31.10.2003 2 O 345/02 RAe Strecke, Dr. Renkert & Koll., Lörrach
2546	€ 8000 + immat. Vorbehalt (€ 8943)	Chronische Pulpitis durch Einschleifmaßnahmen zum Einsatz sog. Veneers (Keramikverblendschalen im Frontzahnbereich) ohne hinreichende Aufklärung durch den behandelnden Zahnarzt	2-malige schmerzhafte Abszessbildung und damit zusammenhängende erforderliche zahnärztliche Behandlungen	56-jähr. Frau	Dauerhafte thermische Empfindlichkeit der behandelten Frontzähne	Bei der Schmerzensgeldbemessung fällt insbesondere ins Gewicht, dass die Klägerin aufgrund der chronischen Pulpitis unter einer dauerhaften thermischen Empfindlichkeit der behandelten Frontzähne leidet und dass bei ihr im Bereich dieser behandelten Zähne regelmäßig Rötungen und Schwellungen, beispielsweise bei der Nahrungsaufnahme, eintreten, so dass die Klägerin gehalten ist, sich ihre Nahrung kleinzuschneiden, um möglichst eine Kontaktaufnahme der Nahrung mit den Frontzähnen zu vermeiden. Schließlich ist auch zu berücksichtigen, dass die Klägerin mit der Sorge leben muss, dass nach den Ausführungen des Sachverständigen die behandelten Frontzähne möglicherweise dauerhaft aufgrund der Pulpitis nicht zu erhalten sind	OLG Hamm 30.5.2011 3 U 205/10 VersR 2011, 1451
2547	18 000 € 9000 + immat. Vorbehalt (€ 12 207)	Extraktion sämtlicher 14 noch vorhandener Zähne des Oberkiefers und von 4 Zähnen des Unterkiefers eines stark vorgeschädigten Gebisses ohne vorherige Erhaltungsdiagnostik und Erhaltungstherapieversuche mit entsprechender Aufklärung		17-jähr. Frau		Nach Aussage des Sachverständigen hätten mit an Sicherheit grenzender Wahrscheinlichkeit 3 bis 7 Zähne erhalten werden können; den Beweis, dass auch bei regelrechtem Vorgehen der Verlust der Zähne nicht zu vermeiden gewesen wäre, konnte Beklagter nicht führen; noch nicht abgeschlossene behandlungsbedingte Kieferverhältnisse	OLG Oldenburg (Oldenburg) 2.3.1999 5 U 176/98 VersR 1999, 1499 RiOLG Wendt

● Mithaftung (siehe vorletzte Spalte)

Behandlungsfehler, Ärztlicher Kunst- und Aufklärungsfehler — Urteile lfd. Nr. 2548 – 2550

Lfd. Nr.	Betrag DM Euro (Anp.2019)	Verletzung	Dauer und Umfang der Behandlung; Arbeitsunfähigkeit	Person des Verletzten	Dauerschaden	Besondere Umstände, die für die Entscheidungen maßgebend waren	Gericht, Datum der Entscheidung, Az., Veröffentlichung bzw. Einsender

Fortsetzung von »Behandlungsfehler - Zahn«

Lfd. Nr.	Betrag	Verletzung	Dauer und Umfang der Behandlung	Person	Dauerschaden	Besondere Umstände	Gericht
2548	€ 10 000 + immat. Vorbehalt (€ 12 137)	Anstelle des Milchzahnes wurde Zahn Nr. 41 (bleibender Zahn im vorderen Gebissbereich) fahrlässig durch die Zahnärztin gezogen	Fehlgeschlagene Reimplantation sowie kieferorthopädische Behandlung (Lückenfüller) bis zum Ergehen des Urteils. Weiterhin Vorgabe einer kieferorthopädischen Spangenbehandlung (wenigstens 4 Jahre) sowie Setzung eines Implantats (um 18. Lebensjahr herum)	7-jähr. Junge	Zahnspangenbehandlung bis etwa 15. Lebensjahr, Setzen eines Implantats	Zunächst Versuch der Kaschierung des Behandlungsfehlers sowie unangemessenes Regulierungs- und Prozessverhalten der Berufshaftpflichtversicherung. Maßgeblich für die Schmerzensgeldbemessung sind zunächst infolge der versehentlichen Extraktion des Zahnes, welche einen groben Behandlungsfehler darstellt, eingetretene Verletzungen und Schmerzen des Klägers sowie die Verletzungsfolgen. So ist maßgeblich darauf abzustellen, dass es durch die Extraktion des Zahnes Nr. 41 zu einem unwiederbringlichen Verlust eines gesunden Zahnes gekommen ist. Der Kläger muss über mehrere Jahre hinweg kieferorthopädische Hilfsmittel tragen	LG Darmstadt 12.4.2006 17 O 24/06 RA Schürer, Mannheim
2549	€ 10 000 + immat. Vorbehalt (€ 10 760)	Irreversibles Taubheitsgefühl des Unterkiefers bis zur Lippenmitte mit möglichen Bissverletzungen, Gefühlsbeeinträchtigung beim Essen durch eine Verletzung des nervus mandibularis bei einer Weisheitszahnoperation	Über 5 Jahre schmerztherapeutische Behandlung	Frau	Chronische Schmerzen	Die Grundaufklärung erfolgte nicht fehlerhaft. Aufklärungsfehlerhaft handelte der beklagte Zahnarzt vorliegend dadurch, dass trotz der schwierigen Lage des nervus mandibularis, was sich für den fachkundigen Betrachter als leicht nachvollziehbare Erkenntnis aufdrängt, nicht auf eine alternative kieferorthopädische Behandlung hingewiesen hat. Grundlegend hat ein Arzt jedoch nicht ungefragt alternative Behandlungsmethoden zu erläutern. Über verletzungstypische Missempfindungen hinaus konnten keine massiven Funktionsbeeinträchtigungen festgestellt werden	LG Dessau 8.10.2013 4 O 662/11 juris
2550	€ 10 000 (€ 10 903)	Diverse Behandlungs- und Kunstfehler eines Zahnarztes bei insgesamt 91 Behandlungs- und Konsultationsterminen zur prothetischen (Implantat-)Versorgung von Ober- und Unterkiefer mit Kronen und Brücken	Die Behandlung wurde abgebrochen, bevor es zur definitiven Eingliederung des Zahnersatzes kam und in der Folgezeit fanden Behandlungen bei anderen Zahnärzten statt, wobei sich die Behandlungszeit insgesamt von 1994 bis 2007 hinzog	Frau		Das zuerkannte Schmerzensgeld ist unter Berücksichtigung der vom LG in Bezug genommenen Rechtsprechung (BGH VersR 1970, 281; Palandt-Grüneberg, BGB, 71. Aufl. 2012, § 253 Rn 15 m.w.N.) und der tatsächlichen Aspekte (notwendige Neubehandlung, Behandlungsdauer, soweit vom Beklagten zu verantworten, Eingriff in die Zahnsubstanz, Verfahrensdauer, vollständige Zahlungsverweigerung) keinesfalls zu niedrig bemessen. Auf ein höheres Schmerzensgeld würde der Senat auch dann nicht zuerkennen, wenn ein grober Behandlungsfehler vorläge. Es ist nicht erkennbar, dass bisher Schmerzensgelder von über € 10 000 für Fälle der vorliegenden Art zuerkannt wurden. Weder die Ausgleichs- noch die Genugtuungsfunktion des Schmerzensgeldes noch Art, Dauer, Ausmaß und Schwere der Verletzung und des Leidens rechtfertigen einen höheren Betrag	OLG Koblenz 30.1.2013 5 U 406/12 GesR 2013, 655; juris

Lfd. Nr.	Betrag DM Euro (Anp.2019)	Verletzung	Dauer und Umfang der Behandlung; Arbeitsunfähigkeit	Person des Verletzten	Dauerschaden	Besondere Umstände, die für die Entscheidungen maßgebend waren	Gericht, Datum der Entscheidung, Az., Veröffentlichung bzw. Einsender
\multicolumn{8}{l}{**Fortsetzung von »Behandlungsfehler - Zahn«**}
2551	€ 11 500 (€ 12 140)	Über Jahre andauernde, schmerzhafte Zahnbehandlung mit mehrmaligem Verlust von Implantaten und dem endgültigen Verlust eines Zahnes	Über Jahre andauernde, schmerzhafte Zahnbehandlung mit mehrmaligem Verlust von Implantaten und dem endgültigen Verlust eines Zahnes	Frau	Verlust eines Zahnes	Unter Würdigung aller relevanten Gesamtumstände stellt sich das vom LG zugesprochene Schmerzensgeld i.H.v. € 11 500 im Ergebnis als jedenfalls nicht zu niedrig dar. Dabei ist zu sehen, dass das von der Klägerin begehrte Schmerzensgeld i.H.v. € 30 000 das in etwa vergleichbaren Fallgestaltungen Übliche bei Weitem überschreitet und nur in Fällen allerschwerster Dauerfolgen zuerkannt wird. Solche liegen hier, bis auf den Verlust eines Zahnes, für den der Senat in vergleichbaren Fällen i.d.R. ein Schmerzensgeld in einer Größenordnung von € 1000 zuerkennt, nicht vor. Wesentliche, die Schmerzensgeldhöhe beeinflussende Faktoren sind in gewiss sehr schmerzhaften, aber zeitlich begrenzten Beeinträchtigungen zu sehen	OLG Köln 26.8.2015 5 U 21/15 juris
2552	€ 12 000 + immat. Vorbehalt (€ 12 731)	Schwerwiegende behandlungsfehlerhafte Eingriffe bei der Klägerin (mehrfacher Zahnverlust und Ausfräsung des Kiefers)	Weitere zahnärztliche Behandlungen	Frau	Zahnverluste Nr. 14, 15, 16 und 17 im rechten Oberkiefer	Hinsichtlich der Höhe des zuzuerkennenden Schmerzensgeldes sind zunächst der schwerwiegende behandlungsfehlerhafte Eingriff bei der Klägerin (mehrfacher Zahnverlust und Ausfräsung des Kiefers) und die daraus für die Klägerin resultierenden Folgen maßgeblich, wie das LG zutreffend festgestellt hat. Es ist aber auch zu berücksichtigen, dass die Klägerin ausweislich der von ihr unterzeichneten Schriftstücke ausdrücklich nach der von dem Beklagten praktizierten alternativen Methode behandelt werden wollte	OLG Zweibrücken 19.4.2016 5 U 8/14 juris
2553	25 000 € 12 500 + immat. Vorbehalt (€ 16 976)	Kieferknochenschwund und darauf beruhende irreversible Protheseninstabilität mit dadurch ausgelösten körperlichen und psychischen Beeinträchtigungen nach Behandlungsfehler		48-jähr. Mann	Protheseninstabilität mit dadurch bedingter mangelnder Kaufähigkeit und optischer Beeinträchtigung, Schluckbeschwerden, Würgereiz, Kopf- und Kieferschmerzen; depressive Verstimmung	Kieferknochenschwund wird sich fortsetzen	OLG Köln 25.2.1998 5 U 157/97 VersR 1998, 1511 NJW-RR 1999, 388
2554	30 000 € 15 000 (€ 19 764)	Nicht indizierte Entfernung von 8 Zähnen mit erforderlichem Tragen einer herausnehmbaren Oberkieferprothese		16-jähr. Jugendlicher	Kläger leidet psychisch stark unter dem Gebisszustand	Schlechterfüllung eines ärztlichen Behandlungsvertrages	OLG Hamm 24.1.2001 3 U 107/00 VersR 2001, 1244 NJW 2001, 3417
2555	30 000 € 15 000 + immat. Vorbehalt (€ 19 262)	Knochenabbau und Verlust von 4 restlichen Zähnen nach zahnprothetischer Versorgung mittels Implantaten im Oberkiefer		Frau		Fehlerhafte Zahnbehandlung; mit schweren Entzündungen und Schmerzen einhergehender Verlust der beiden eingebrachten Implantate; Oberkiefer musste mit einer Vollprothese versorgt werden; erhebliche, aber nur vorübergehende Beeinträchtigungen	OLG Köln 11.9.2002 5 U 230/00 VersR 2004, 1055

Behandlungsfehler, Ärztlicher Kunst-und Aufklärungsfehler — Urteile lfd. Nr. 2556 – 2557

Lfd. Nr.	Betrag DM Euro (Anp.2019)	Verletzung	Dauer und Umfang der Behandlung; Arbeitsunfähigkeit	Person des Verletzten	Dauerschaden	Besondere Umstände, die für die Entscheidungen maßgebend waren	Gericht, Datum der Entscheidung, Az., Veröffentlichung bzw. Einsender

Fortsetzung von »Behandlungsfehler - Zahn«

2556	€ 16 000 + immat. Vorbehalt (€ 17 886)	Unterkieferfraktur nach Distraktion ohne hinreichende zahnärztliche Risikoaufklärung	Behandlungen über einen Zeitraum von mehr als 1 Jahr, u. a. sog. intermaxilläre Immobilisation (Verschnürung des Kiefers) für mehr als 6 Wochen, Entfernung des Distraktors und Transplantation von Knochen aus dem Beckenkamm unter Vollnarkose, anschließend 2 Wochen stationäre Behandlung im Universitätsklinikum, dann zunächst 2 Monate lang tägliche, sodann im Abstand von zum Teil wenigen Tagen ambulante Nachbehandlung, dann erneute Operation der Klägerin zur Entfernung einer zur Fixierung des Kieferknochens eingebrachten Metallplatte, anschließend weitere Kleinoperationen im Schleimhautbereich. Arbeitsfähigkeit voll oder teilweise aufgehoben	Frau	Nervschädigung, Schmerzen im Kiefergelenk, Missempfindungen	Entgegen den Erwägungen der Klägerin ist ein darüber hinausgehendes Schmerzensgeld nicht gerechtfertigt. Insbesondere sind die Dauerschäden nicht derart beeinträchtigend, dass mit sehr gravierenden Belastungen, die etwa zu einer Erwerbsunfähigkeit führen könnten, gerechnet werden müsste	OLG Dresden 31.3.2011 4 U 1744/08 NZB zurückgew. d. BGH, Beschl. v. 27.3.2012 – VI ZR 113/11
2557	€ 20 000 (€ 21 411)	Multiple gravierende Behandlungsfehler bei Zahnbehandlungen im Rahmen einer Gebisssanierung. Fehlerhaft Positionierung von Implantaten. Fehler bei Re-Implantation. Auftreten von Periimplantitis im Unterkiefer. Verlust von 4 nicht erhaltungsfähigen aber bereits vorgeschädigten Zähnen	Behandlung über mehrere Jahre	Mann	Nachhaltige Schädigung sämtlicher erhaltungsfähiger Zähne durch unsachgemäßes Abschleifen. Dauerhafter Schmerz über mehrere Jahre	Verlust der Lebensqualität durch Dauerschmerz. Schmerzensgelderhöhend wirkte sich das Regulierungsverhalten des Schädigers aus. Dieser zahlte trotz eines eindeutigen selbstständigen Beweisverfahrens nur einen geringen Vorschuss	LG Memmingen 18.2.2014 25 O 745/10 Rechtsanwalt Bütow, Ulm

Lfd. Nr.	Betrag DM **Euro** (Anp.2019)	Verletzung	Dauer und Umfang der Behandlung; Arbeitsunfähigkeit	Person des Verletzten	Dauerschaden	Besondere Umstände, die für die Entscheidungen maßgebend waren	Gericht, Datum der Entscheidung, Az., Veröffentlichung bzw. Einsender
	Fortsetzung von »Behandlungsfehler - Zahn«						
2558	€20 000 (€ 21 304)	Zahnärztliche Behandlungsfehler: nicht behandelter offener Biss		Mann		Ein weiteres Schmerzensgeld steht dem Kläger jedoch nicht zu. Das LG hat bei der Bemessung der Schmerzensgeldhöhe zu Recht berücksichtigt, dass der Kläger zwischen den Jahren 2009 und 2013 infolge des nicht behandelten offenen Bisses nur erschwert sprechen und essen konnte und dass sich in der Folge eine massive craniomandibuläre Dysfunktion entwickelt hat, die zu ausstrahlenden Schmerzen und damit verbundenen erheblichen Schlafstörungen geführt hat. Darüber hinaus hat es die durch Zahnfleischentzündungen entstandenen Beschwerden des Klägers berücksichtigt, die durch die fehlerhafte Behandlung durch den Beklagten entstanden sind. Das LG hat damit alle schmerzensgeldrelevanten Umstände berücksichtigt und ist insgesamt zu einem Schmerzensgeld gelangt, das auch unter Berücksichtigung vergleichbarer Fälle als eher am oberen Rand des Vertretbaren anzusehen ist und dem Leiden des Klägers jedenfalls umfassend und mehr als ausreichend Rechnung trägt. Das LG hat eine Leidenszeit von fast fünf Jahren zugrunde gelegt. Lediglich zur Orientierung bei der Schmerzensgeldhöhe hat das LG auf eine Entscheidung des Senates vom 8.5.2013 (Az. 5 U 71/12) hingewiesen, in der bei vergleichbarer Beschwerdesymptomatik über eine Dauer von 2 Jahren und 3 Monaten ein Schmerzensgeld i.H.v. € 10 000 zuerkannt wurde. Diesen Betrag hat das LG im Hinblick auf die wesentlich längere Leidenszeit verdoppelt, was eine für den Kläger jedenfalls nicht ungünstige Vorgehensweise bedeutet	OLG Köln 18.11.2015 5 U 117/15 juris
2559	€20 000 (€ 21 476)	Fehlerhafte zahnärztliche Behandlung mit Totalverlust sieben gesunder Zähne	Folgenbeseitigung über acht Jahre	Frau	Totalverlust sieben gesunder Zähne	Der Senat hält unter Zugrundelegung der erstinstanzlichen Feststellungen ein Schmerzensgeld i.H.v. € 20 000 für angemessen, aber auch ausreichend. Die Schmerzensgeldabwägungen des LG sind zwar im Grundsatz zutreffend, berücksichtigen aber nicht ausreichend die Dauer der Beeinträchtigungen und den Totalverlust sieben gesunder Zähne	OLG Nürnberg 12.7.2013 5 U 1249/12

Lfd. Nr.	Betrag DM Euro (Anp.2019)	Verletzung	Dauer und Umfang der Behandlung; Arbeitsunfähigkeit	Person des Verletzten	Dauerschaden	Besondere Umstände, die für die Entscheidungen maßgebend waren	Gericht, Datum der Entscheidung, Az., Veröffentlichung bzw. Einsender

Fortsetzung von »Behandlungsfehler - Zahn«

Lfd. Nr.	Betrag	Verletzung	Dauer und Umfang	Person	Dauerschaden	Besondere Umstände	Gericht
2560	€ 25 000 + immat. Vorbehalt (€ 26 954)	Kieferchirurgischer Eingriff ohne hinreichende Aufklärung über Behandlungsalternativen	Mehrere Folgeoperationen mit erheblichen Komplikationen	64-jähr. Frau	Verschlechterung der prothetischen Situation. Nachteilige Veränderung des Aussehens	Die Beklagten haben durch die rechtswidrige Behandlung den Körper und die Gesundheit der Klägerin verletzt. Der Kiefer wurde vom Schädel getrennt und gebrochen, die Gaumenarterien rissen, es bildete sich ein Loch in der Gaumenschleimhaut und es traten erhebliche Wundheilungsstörungen mit weiteren operativen Eingriffen ein. Dies war zweifelsohne mit erheblichen Schmerzen und Beeinträchtigungen verbunden, die sich zumindest bis zur Behandlung durch die C. ein Jahr hinzogen. Die Klägerin sieht sich einer noch schlechteren prothetischen Situation gegenüber. Ihr Aussehen hat sich nachteilig verändert. Zum Ausgleich dessen ist ein Betrag von € 25 000 erforderlich, aber auch ausreichend. Fehlerhafte Zahnbehandlungen schwereren Ausmaßes haben in der Vergangenheit zu Schmerzensgeldbeträgen zwischen € 5000 und € 8000 geführt (OLG Frankfurt, 8 U 108/05 v. 7.8.2007; LG Wiesbaden, 7 O 2/94 v. 5.12.1994; LG Freiburg, 2 O 575/03 v. 8.1.2007; OLG Stuttgart, 14 U 74/00 v. 17.4.2011; OLG Hamm, I-3 U 205/10 v. 30.5.2011). Die Leiden und Beeinträchtigungen der Klägerin gingen und gehen sicher weit darüber hinaus	OLG Naumburg 6.6.2013 1 U 108/12 VersR 2014, 70

Weitere Urteile zur Rubrik »**Behandlungsfehler - Zahn**« siehe auch:
bis € 12 500: 854

Fehlende Aufklärung/Einwilligung

| 2561 | € 600 (€ 683) | HIV-Test ohne Einwilligung des Patienten mit negativem Ergebnis rechtfertigt ein Schmerzensgeld von € 600 | | Mann | | Es kommt nicht darauf an, ob der AIDS-Test medizinisch indiziert war, die Indikation kann die Einwilligung nicht ersetzen. Bei der Schmerzensgeldbemessung war zu berücksichtigen, dass der Arzt nicht vorsätzlich handelte. Der Patient hatte ursprünglich in den Test eingewilligt, aber später die Einwilligung widerrufen, was der Arzt nicht bemerkt hatte | AG Bremen 23.9.2010 5 C 135/10 juris, GesR |
| 2562 | € 750 + immat. Vorbehalt (€ 807) | Fehlerhafte Tätowierung durch zu tiefes Einstechen der Farbe und dadurch ausgelöstes Verlaufen | | Frau | | Es lag keine wirksame Einwilligung vor, da die von der Klägerin vor der Tätowierung erklärte Einwilligung nur für eine regelgerechte Tätowierung galt. Insofern wurden bei der Bemessung des Schmerzensgeldes die erlittenen Schmerzen für das große Tattoo auf dem rechten Schulterblatt, welches in der Regel von Kleidung bedeckt ist, berücksichtigt. Eine Nachbesserung des Beklagten kommt nicht in Betracht, da nur eine Entfernung, deren Erfolg nicht garantiert werden kann, die Folgen beseitigen könnte | LG Bochum 14.10.2013 2 O 530/11 Justiz NRW |

Lfd. Nr.	Betrag DM **Euro** *(Anp.2019)*	Verletzung	Dauer und Umfang der Behandlung; Arbeitsunfähigkeit	Person des Verletzten	Dauerschaden	Besondere Umstände, die für die Entscheidungen maßgebend waren	Gericht, Datum der Entscheidung, Az., Veröffentlichung bzw. Einsender
\multicolumn{8}{l}{Fortsetzung von »Fehlende Aufklärung/Einwilligung«}
2563	€ 1500 *(€ 1677)*	Handoperation ohne hinreichende Patientenaufklärung	4-tägiger Krankenhausaufenthalt	Mann	Nicht nachweisbar	Der Eingriff war mangels ordnungsgemäßer Einwilligung des Klägers rechtswidrig. Nicht entscheidend für die Schmerzensgeldbemessung ist ein Vergleich der postoperativen Situation mit dem vom Kläger erhofften bzw. erwarteten Zustand nach einer erfolgreichen Reponierung. Maßgeblich ist vielmehr, welche Nachteile dem Kläger erspart geblieben wären, wenn er den Eingriff – wovon bei ordnungsgemäßer Aufklärung auszugehen ist – nicht hätte vornehmen lassen. Aus diesem Grund kann ihm nur ein geringes Schmerzensgeld für die unmittelbar mit einer solchen Operation verbundenen gesundheitlichen Nachteile (Unannehmlichkeiten des Eingriffs, zeitweiliger Bewegungs- und Wundschmerz sowie eine Narbe an der Hand) zuerkannt werden	OLG München 17.3.2011 1 U 2210/09
2564	€ 2000 + immat. Vorbehalt *(€ 2135)*	Mangels hinreichender Aufklärung rechtswidrige Mukosaduplikatur	3 Tage stationäre Behandlung	Mann		Der Kläger war für den Eingriff drei Tage zur stationären Behandlung im Krankenhaus. Für diesen Krankenhausaufenthalt, für den Eingriff selber, der allerdings in Vollnarkose durchgeführt wurde und nicht zu postinterventionellen Schmerzen geführt hat, sowie für die üblicherweise mit einem derartigen Eingriff verbundenen Sorgen und Beschwerden erscheint ein Schmerzensgeld in Höhe von insgesamt € 2000 für angemessen. Ein höheres Schmerzensgeld ist nicht gerechtfertigt. Es lässt sich nicht feststellen, dass dieser Eingriff zu nachteiligen Folgen für den Kläger geführt hat. Der Eingriff war vielmehr zunächst erfolgreich und führte kurzfristig sogar zu einer Besserung der Beschwerdesymptomatik. Anschließend kam es wieder zu dem Zustand, der schon vor dieser Intervention bestanden hat. Eine Verschlechterung des Zustandes lässt sich dagegen nicht feststellen	LG Münster 5.6.2014 111 O 170/11
2565	€ 2000 *(€ 2145)*	Rechtswidrige Lymphknotenentfernung mit dem Verlust von 13 Lymphknoten		Frau		Es war zu berücksichtigen, dass die Entfernung dauerhaft ist und mit dem Risiko einer Stauung von Lymphflüssigkeit behaftet ist, aber 13 Lymphknoten nur einen Bruchteil der im menschlichen Körper vorhandenen Lymphknoten darstellen und weitere darauf beruhende Schäden nicht festgestellt oder bewiesen werden konnten. Soweit die Klägerin nicht über Chancen/Risiken der Entfernung der Lymphknoten aufgeklärt wurde, hat das LG dies berücksichtigt und der Klägerin ein Schmerzensgeld von € 2000 zugesprochen, das auch der Senat nach der Begründung des LG für angemessen erachtet	KG Berlin 15.1.2016 20 U 72/15

● Mithaftung (siehe vorletzte Spalte)

Lfd. Nr.	Betrag DM Euro (Anp.2019)	Verletzung	Dauer und Umfang der Behandlung; Arbeitsunfähigkeit	Person des Verletzten	Dauerschaden	Besondere Umstände, die für die Entscheidungen maßgebend waren	Gericht, Datum der Entscheidung, Az., Veröffentlichung bzw. Einsender
	**Fortsetzung von »Fehlende Aufklärung/Einwilligung«**
2566	€ 2000 (€ 2148)	Zusätzliche präoperative und intraoperative körperliche Belastungen (Voroperation zum Einsetzen von Markierungsschrauben, Strahlenbelastung durch Computertomografie, Verlängerung der Dauer der eigentlichen Hüftoperation)		41-jähr. Mann		Hat der Arzt, der nicht die allseits anerkannte Standardmethode, sondern eine relativ neue und noch nicht allgemein eingeführte Methode mit neuen, noch nicht abschließend geklärten Risiken anwenden will (hier: CASPAR-Operationsmethode der robotergesteuerten Fräsung des Oberschenkelknochens zur Einbringung des Prothesenschaftes) den Patienten nicht unmissverständlich darauf hingewiesen, dass unbekannte Risiken derzeit nicht auszuschließen sind, steht dem Patienten unter dem Gesichtspunkt einer Aufklärungspflichtverletzung ein mit € 2000 zu bemessendes Schmerzensgeld nur insoweit zu, als die Anwendung der CASPAR-Operationsmethode präoperativ und intraoperativ zu körperlichen Belastungen geführt hat (hier: Voroperation zum Einsetzen von Markierungsschrauben, Strahlenbelastung durch Computertomografie, Verlängerung der Dauer der eigentlichen Hüftoperation), die ihm bei Anwendung der herkömmlichen Operationsmethode erspart geblieben wären	OLG Frankfurt am Main 8.11.2013 25 U 79/12 juris; GesR 2014, 230
2567	€ 2000 (€ 2156)	Chiropraktische Heilbehandlung an der Wirbelsäule ohne hinreichende Aufklärung; durch die Manipulation bei präformierter stummer Schadenslage im Sinne einer Bandscheibendegeneration kam es zu einer klinischen Relevanz mit radikulärer Beschwerdesymptomatik		Mann		Das LG hat zutreffend – gerade im Hinblick auf die Grundschädigung der Halswirbelsäule des Kl. – ein Schmerzensgeld i.H.v. € 2000 für angemessen erachtet	OLG Frankfurt am Main 13.1.2015 8 U 141/13 juris
2568	€ 2000 (€ 2170)	Mangels Einwilligung rechtswidrige Wirbelsäulen-Operation, die zu einem durch die Narkose hervorgerufenen Pneumothorax und Hautemphysem führt	fünftägiger Krankenhausaufenthalt	Mann		Eine mangels Einwilligung rechtswidrige Operation, die zu einem durch die Narkose hervorgerufenen Pneumothorax und Hautemphysem führt, was einen fünftägigen Krankenhausaufenthalt erforderlich macht, ansonsten aber folgenlos bleibt, rechtfertigt ein Schmerzensgeld von € 2000, sofern dem Arzt daneben nicht anzulasten ist, dass er das eigentliche Operationsziel verfehlt hat	OLG Koblenz 19.12.2012 5 U 710/12 VersR 2013, 236
2569	€ 2000 (€ 2120)	Labienreduktion (Verkleinerung der inneren Schamlippen) ohne Aufklärung über das Risiko einer trockenen Scheide, die beispielsweise zu einer vermehrten Neigung zu Infektionen oder zu Dypareunie führen kann		47-jähr. Frau		Unter Berücksichtigung der von der Klägerin beklagten Folgen einer trockenen Scheide einerseits und des Umstandes, dass die Klägerin schon vor der Operation unter entzündeten, schmerzhaften Labien gelitten habe andererseits, ist ein Schmerzensgeld i.H.v. € 2000 angemessen	OLG Köln 20.4.2015 5 U 164/14 juris; MedR 2016, 429

Lfd. Nr.	Betrag DM Euro (Anp.2019)	Verletzung	Dauer und Umfang der Behandlung; Arbeitsunfähigkeit	Person des Verletzten	Dauerschaden	Besondere Umstände, die für die Entscheidungen maßgebend waren	Gericht, Datum der Entscheidung, Az., Veröffentlichung bzw. Einsender
	**Fortsetzung von »Fehlende Aufklärung/Einwilligung«**
2570	€ 2000 (€ 2124)	Schulterarthroskopie mit subacromialer Dekompression; dabei ohne vorherige Aufklärung durchgeführte Erweiterung der Operation, um eine Naht der Supraspinatussehne vorzunehmen; Umstieg auf einen offenen Eingriff führte zu Heilungsverzögerung	Konservative Behandlung	Ca. 49-jähr. Frau		Das LG ist zu Recht davon ausgegangen, dass der Klägerin durch die Erweiterung der Operation um eine Naht der Supraspinatussehne und durch den Umstieg auf ein offenes Verfahren ein gesundheitlicher Schaden entstanden ist, der ein Schmerzensgeld rechtfertigt, welches mit € 2000 angemessen bemessen ist	OLG Köln 9.3.2016 5 U 36/15
2571	€ 2500 (€ 2810)	Nicht gerechtfertigte Bandscheibenoperation		Mann		Unzureichende Aufklärung aufgrund derer die erteilte Einwilligung unwirksam war und damit die Bandscheibenoperation durch den Beklagten rechtswidrig. Die Operation an sich und die Nachbehandlung waren nicht fehlerhaft. Es handelt sich um einen schicksalhaften Verlauf, dass die Operation nicht zu einer Verbesserung geführt hat. Eine Verschlechterung ist durch die Operation nicht eingetreten	LG Magdeburg 16.2.2011 9 O 1927/08 Landesrecht Sachsen-Anhalt
2572	€ 3000 (€ 3142)	Sklerosierungs-Behandlung der Hämorrhoiden und Gummiringligatur ohne hinreichende Aufklärung		Frau		Zu berücksichtigen sind die vom LG zutreffend genannten Umstände, insbesondere die Durchführung der Eingriffe am 14.7. und 11.9. selbst sowie die vorübergehenden Verschlechterungen des Zustands der Klägerin nach dem Eingriff am 11.9. Der Senat hält mit dem LG ein Schmerzensgeld von € 3000 für angemessen. An der Angemessenheit würde sich im Übrigen auch dann nichts ändern, wenn man als weiteren berücksichtigungsfähigen Umstand in die Beine der Klägerin ausstrahlende Schmerzen als weitere, gesonderte Folge der Eingriffe berücksichtigen wollte	OLG Karlsruhe 15.3.2017 13 U 118/15
2573	€ 3000 (€ 3196)	Mangels Einwilligung rechtswidrige Kreuzbandplastik ohne dringende Indikation	Durch die plastische Implantation verlängerte sich die vorgesehene Meniskusoperation um 35 bis 45 Minuten und die nachfolgende Rekonvaleszenz-Phase gestaltete sich komplexer	Frau		Eine mangels sachgemäßer Aufklärung rechtswidrig vorgenommene Operation, die abgesehen von den Belastungen durch den Eingriff ohne schädliche Folgen geblieben ist (hier: Kreuzbandplastik ohne dringende Indikation), rechtfertigt ein Schmerzensgeld von € 3000	OLG Koblenz 4.3.2015 5 U 966/14 juris
2574	7000 € 3500 (€ 4711)	Nervschädigung nach Entfernung von Weisheitszähnen		Mann	Pelzigkeitsgefühl zwischen Unterlippe und Kinn; Schädigung des Nervus alveolaris	Verletzung der ärztlichen Aufklärungspflicht	OLG Nürnberg 6.9.1999 5 U 1739/99 RA Raab, Nürnberg

Behandlungsfehler, Ärztlicher Kunst-und Aufklärungsfehler

Urteile lfd. Nr. 2575 – 2577

Lfd. Nr.	Betrag DM **Euro** *(Anp.2019)*	Verletzung	Dauer und Umfang der Behandlung; Arbeitsunfähigkeit	Person des Verletzten	Dauerschaden	Besondere Umstände, die für die Entscheidungen maßgebend waren	Gericht, Datum der Entscheidung, Az., Veröffentlichung bzw. Einsender
	Fortsetzung von »Fehlende Aufklärung/Einwilligung«						
2575	€4000 + immat. Vorbehalt *(€4244)*	Behandlung mittels Infiltrations- oder Leitungsanästhesie ohne den Patienten über die als echte Alternative mögliche Behandlung mittels intraligamentärer Anästhesie aufzuklären; dabei Verletzung des Nervus lingualis		Mann		Bei dem Kläger haben seit der Behandlung im Juli des Jahres 2013 eine Gefühllosigkeit der Zunge (mit Ausnahme der Spitze) sowie Kribbelparästhesien vorgelegen, die noch im April 2014 bestätigt worden sind. Erst zum Zeitpunkt der mündlichen Anhörung vor dem LG war eine weitgehende Besserung eingetreten. Der Senat geht entsprechend den Angaben des Klägers davon aus, dass nunmehr nur noch eine leichte Taubheit bemerkbar ist, wenn der subjektive Fokus darauf gerichtet wird	OLG Hamm 19.4.2016 26 U 199/15 juris
2576	€4000 *(€4295)*	Rechtswidrige Entnahme von Knochenmaterial aus dem linken Unterkiefer zum Aufbau des Knochens im Oberkiefer ohne hinreichende Aufklärung. Gefühlsminderung im Bereich der linken Gesichtshälfte (Unterlippe); dadurch subjektiv empfundener, erhöhter Speichelfluss und leichte Asymmetrie des Gesichtes		Frau	Gefühlsminderung im Bereich der linken Gesichtshälfte	Unter Berücksichtigung der durch den Eingriff erlittenen Schmerzen und den dadurch bedingten Folgeschäden (Gefühlsminderungen im Bereich der linken Unterlippe, subjektiv empfundener erhöhter Speichelfluss oder Asymmetrie des Gesichtes) hält der Senat ein Schmerzensgeld in Höhe von €4000 auch unter Berücksichtigung in etwa vergleichbarer Fälle für angemessen und ausreichend	OLG Köln 25.11.2013 5 U 164/12 juris
2577	€4000 + immat. Vorbehalt *(€4269)*	Rechtswidrige Entfernung der natürlichen Augenlinsen und Implantation intraokularer Hinterkammerlinsen mangels hinreichender Aufklärung		Mann	Blendempfindlichkeit	Beim Kläger sind die dargestellten Folgen (insb. Blendempfindlichkeit) eingetreten. Allerdings beeinträchtigen sie ihn im beruflichen Alltag nur unwesentlich. Fahrten bei Dunkelheit sind möglich, außerdem ist es dem Kläger nach seiner Darstellung möglich, hauptsächlich Fahrten bei Tag zu erledigen. Außerdem ist zu berücksichtigen, dass durch den Eingriff die Dioptrienzahl beim Kläger reduziert werden konnte. Es bleibt beim Kläger mithin zu berücksichtigen, dass er sich dem Eingriff überhaupt unterzogen hat, das eigentliche Ziel, also ohne Sehhilfe auszukommen nicht erreicht wurde und es – wenn auch minimale – Beeinträchtigen bei der beruflichen Tätigkeit gibt (für etwaige künftige Beeinträchtigungen in diesem Bereich gilt der Feststellungsantrag). Dies zusammen genommen rechtfertigt indes kein Schmerzensgeld von mehr als €4000. Dies gilt auch unter Berücksichtigung, dass beide Augen betroffen sind. Schmerzensgeld wird letztlich nach einer wertenden Gesamtbetrachtung bemessen; es kann daher bereits dem Ansatz in der Klageschrift nicht gefolgt werden, für jedes Auge einen Schmerzensgeldbetrag zu ermitteln und diese dann zu addieren	OLG Naumburg 20.11.2014 1 U 1/14 juris; VersR 2016, 404

Lfd. Nr.	Betrag DM Euro (Anp.2019)	Verletzung	Dauer und Umfang der Behandlung; Arbeitsunfähigkeit	Person des Verletzten	Dauerschaden	Besondere Umstände, die für die Entscheidungen maßgebend waren	Gericht, Datum der Entscheidung, Az., Veröffentlichung bzw. Einsender
Fortsetzung von »Fehlende Aufklärung/Einwilligung«							
2578	€ 5000 (€ 5326)	Resektions-OP am linken Schilddrüsenlappen ohne hinreichende Aufklärung		Mann	Ein Schilddrüsenlappen fehlt; Schluckbeschwerden sowie heisere und leise Stimme	Wurde bei einem Patienten bei einer Schilddrüsenoperation ein 1,5 cm breiter sog. kalter Knoten im mittleren Drittel des linken Schilddrüsenlappens entfernt und leidet er nach der Operation (weiter) an Schluckbeschwerden und nach Abklingen einer Stimmbandlähmung an einer heiseren und leisen Stimme sowie an Atembeschwerden, was seine Tätigkeit als Betriebsmeister, bei der er eine kräftige Stimme und ausreichende Belastbarkeit benötigt, dauerhaft beeinträchtigt, so ist in Ansehung einer nicht ordnungsgemäßen Aufklärung über die Operationsrisiken und Behandlungsalternativen ein Schmerzensgeld i.H.v. € 5000 angemessen	OLG Rostock 11.07.2014 5 U 97/13 juris
2579	11 500 € 5750 + immat. Vorbehalt (€ 8230)	Schädigung des Nervus mentalis durch Weisheitszahnextraktion		Mann	Sensibilitätsstörungen im Bereich der Unterlippe, des Mundwinkels und des Kinnbereichs	Verletzung der Aufklärungspflicht. Infolge der Schädigung merkt der Kläger nicht, wenn ihm Essensreste und Speichel aus dem Mund rinnen	LG Wiesbaden 5.12.1994 7 O 2/94 RA Glass, Flörsheim
2580	€ 6000 + immat. Vorbehalt (€ 6303)	Aufklärungspflichtverletzung: Vor einer Versteifungsoperation des Sprunggelenks wurde der Patient nicht über das Risiko einer Pseudoarthrose aufgeklärt	Versteifungsoperation des Sprunggelenks	Mann	Pseudoarthrose	Ist aufgrund einer Aufklärungspflichtverletzung bei einem Patienten eine rechtswidrige operative Maßnahme in Form einer Sprunggelenksversteifung vorgenommen worden, die mit Schmerzen und der aufgetretenen Risikoverwirklichung einer Pseudoarthrose verbunden war, rechtfertigt dies ein Schmerzensgeld von € 6000	OLG Hamm 8.7.2016 26 U 203/15 juris
2581	€ 7000 + immat. Vorbehalt (€ 7586)	Vakuum-Extraktion mit Armplexusparese, fehlende Aufklärung der Mutter über die Alternative einer Schnittentbindung		Frau		Das für die Klägerin begehrte Schmerzensgeld von € 7000 hält der Senat für (noch) angemessen	OLG Celle 8.4.2013 1 U 49/12 GesR 2013, 407; juris

● Mithaftung (siehe vorletzte Spalte)

Lfd. Nr.	Betrag DM **Euro** *(Anp.2019)*	Verletzung	Dauer und Umfang der Behandlung; Arbeitsunfähigkeit	Person des Verletzten	Dauerschaden	Besondere Umstände, die für die Entscheidungen maßgebend waren	Gericht, Datum der Entscheidung, Az., Veröffentlichung bzw. Einsender
\multicolumn{8}{l}{Fortsetzung von »Fehlende Aufklärung/Einwilligung«}
2582	€ 7000 + immat. Vorbehalt *(€ 7390)*	Aufklärungspflichtverletzung vor Entfernung der rechten Kniescheibe	Mehrwöchige Krankenhausaufenthalte innerhalb eines Jahres	Frau	Versteifung des rechten Kniegelenks	Der Höhe nach ist eine Schmerzensgeld von € 7000 angemessen und ausreichend, um die auf der Operation und der Entfernung der Kniescheibe beruhenden immateriellen Beeinträchtigungen der Klägerin auszugleichen. Der Senat hält eine Herabsetzung des vom LG zuerkannten Schmerzensgelds für geboten, weil die wesentlichen Dauerschäden der Klägerin, d. h. die Versteifung des Kniegelenks und die andauernden Schmerzen im rechten Knie, nicht auf den Eingriff zurückzuführen sind. Als bei der Bemessung des Schmerzensgeldes zu berücksichtigende Folgen des Eingriffs stellen sich somit der Verlust der Kniescheibe, der während der Rehabilitationsbehandlung aufgetretene Sehnenriss, die durchgeführte Sehnenrekonstruktion und auch der spätere Eingriff dar, da sich die Ärzte nunmehr für ein zweizeitiges Vorgehen entschieden hatten und zunächst die eingesetzte Kniegelenkstotalendoprothese wieder entfernten und einen Spacer einbrachten. Der Senat legt ferner zugrunde, dass es der Klägerin im Zeitraum, als die Versteifung des rechten Knies erfolgte, gesundheitlich schlechter gegangen ist, als dies ohne den streitgegenständlichen Eingriff der Fall gewesen wäre. Insbesondere war die Klägerin ein Jahr lang auf die Nutzung eines Rollstuhls angewiesen, was vor der Operation unstreitig nicht notwendig war. Schmerzensgelderhöhend fällt schließlich ins Gewicht, dass die für die Beklagte handelnden Ärzte im vorliegenden Fall in besonders ausgeprägter Weise eigenmächtig vorgegangen sind. Es sind nicht nur einzelne aufklärungspflichtige Gesichtspunkte oder Risiken unerörtert geblieben. Vielmehr wurden der Inhalt des durchgeführten Eingriffs und die Entfernung eines Körperteils nicht mit der Klägerin besprochen	OLG Köln 11.1.2017 5 U 46/16 juris
2583	15 000 € 7500 + immat. Vorbehalt *(€ 10070)*	Verzögerter Beginn einer kausalen Therapie gegen Brustkrebs um 1 ½ Jahre und dadurch deutlich verschlechterte Zukunftsprognose		Frau		Unterbliebene Sicherheitsaufklärung des beklagten Gynäkologen; es ist nicht nur auf die unmittelbar durchgemachten und teilweise noch andauernden physischen Beeinträchtigungen abzustellen, sondern vor allem auf die durch die Therapie verursachte deutlich schlechtere Zukunftsprognose, die sich psychisch stark belastend auswirkt	OLG Köln 4.8.1999 5 U 9/98 VersR 2001, 66 NJW-RR 2001, 92

Lfd. Nr.	Betrag DM Euro (Anp.2019)	Verletzung	Dauer und Umfang der Behandlung; Arbeitsunfähigkeit	Person des Verletzten	Dauerschaden	Besondere Umstände, die für die Entscheidungen maßgebend waren	Gericht, Datum der Entscheidung, Az., Veröffentlichung bzw. Einsender
\multicolumn{8}{l}{**Fortsetzung von »Fehlende Aufklärung/Einwilligung«**}
2584	€ 8000 + immat. Vorbehalt (€ 8454)	Ärztlicher Aufklärungsfehler vor OP: reorientierende subtalare Arthrodese mit trikortikalem Beckenkammspan vom ipsilateralen Beckenkamm und Resektion des Processus fibularis tali bei Impingement-Symptomatik	10 Tage stationär; Unterschenkelgips; Mobilisation dauerte 6 Wochen	46-jähr. Frau	Bestehende Arthrose und dauerhafte Versteifung des rechten unteren Sprunggelenks	Ein „Orientierungsgespräch" mit dem Arzt, das mehr als 6 Monate vor einer Operation stattfindet, stellt wegen des erheblichen zeitlichen Abstands unabhängig von seinem Inhalt keine ausreichende Aufklärung dar. Die Klägerin hat durch den vertrags- und rechtswidrigen Behandlungseingriff einen Schaden erlitten. Eine Gesundheitsbeschädigung liegt schon darin, dass die Klägerin überhaupt operiert wurde mit allen damit zusammenhängenden körperlichen Beeinträchtigungen, während sie bei ordnungsgemäßer Aufklärung sich der Operation gar nicht oder viel später unterzogen hätte	OLG Dresden 15.11.2016 4 U 507/16 juris
2585	€ 8000 + immat. Vorbehalt (€ 8625)	Rechtswidrige Kataraktoperation wegen Verletzung der ärztlichen Aufklärungspflicht		Mann	Erhebliche Verschlechterung des Visus des linken Auges	Die Höhe des dem Kläger vom Landgericht zuerkannten Schmerzensgeldes ist im Hinblick auf die erhebliche Verschlechterung des Visus seines linken Auges mit den nach dem Maßstab des § 287 ZPO einzuschätzenden Folgen für seine alltägliche Lebensführung nicht zu beanstanden	OLG Frankfurt am Main 29.1.2015 8 U 25/14 juris
2586	€ 8000 (€ 9743)	Beeinträchtigungen im Bereich der Knieinnenseiten, der Oberschenkel, des Bauchs, der Taille und der Flanke nach Fettabsaugung		32-jähr. Frau	Nicht mehr zu korrigierende Dauerschäden an den OP-Stellen, insbesondere im Kniebereich; psychische Beeinträchtigungen	Rechtswidrige (mangelnde Grundaufklärung) und misslungene Fettabsaugung; zwischenzeitliche Gewichtszunahme von 5 kg	OLG Hamm 1.3.2006 3 U 250/05 VersR 2006, 1509 Anwaltsgemeinschaft Bäckerling, Dortmund
2587	€ 8000 (€ 8556)	Mangels wirksamer Einwilligung rechtswidrig implantierte HWS-Bandscheibenprothese, die später wieder entfernt wurde	Mehrstündige Operationen in Vollnarkose, stationärer Krankenhausaufenthalt	52-jähr. Mann		Zum Ausgleich der Beeinträchtigungen die mit dem ohne wirksame Einwilligung vorgenommenen Eingriff vom Juli 2004 und dem weiteren Eingriff vom Mai 2008 verbunden waren (jeweils mehrstündige Operationen in Vollnarkose, stationärer Krankenhausaufenthalt) erscheint ein Schmerzensgeld von € 8000 angemessen. Bei der Schmerzensgeldbemessung wurden die mit den Operationen und den Krankenhausaufenthalten verbundenen Beeinträchtigungen berücksichtigt	OLG Nürnberg 20.12.2013 5 U 217/13
2588	€ 8500 (€ 10683)	Erhebliche Beschwerden durch Fremdkörperreaktion und Hautrötungen nach Operation, bei der die defekte Prothese und zusätzliche Silikonome entfernt und eine heterologische Sofortrekonstruktion vorgenommen wurde		Frau		Verletzung der ärztlichen Aufklärungspflicht. Klägerin wurde über eine zweizeitige Rekonstruktion und über die erhöhten Risiken einer Sofortrekonstruktion nicht ausreichend aufgeklärt	LG Wiesbaden 25.3.2004 7 O 309/02 RA Menzel, Frankfurt am Main

Lfd. Nr.	Betrag DM **Euro** *(Anp.2019)*	Verletzung	Dauer und Umfang der Behandlung; Arbeitsunfähigkeit	Person des Verletzten	Dauerschaden	Besondere Umstände, die für die Entscheidungen maßgebend waren	Gericht, Datum der Entscheidung, Az., Veröffentlichung bzw. Einsender
	Fortsetzung von »Fehlende Aufklärung/Einwilligung«						
2589	€10000 + immat. Vorbehalt *(€ 11 132)*	Fehlerhafte Behandlung, Fremdkörpergranulome im Gesicht	2 Operationen	Ältere Frau	Knoten und Narben im Gesicht	Bei der Bemessung des Schmerzensgeldes hat das Gericht vor allem berücksichtigt, dass die Klägerin nicht über die Folgen der Faltenbehandlung mit dem Mittel „Dermalive" aufgeklärt wurde. Insofern lag eine rechtswidrige Körperverletzung mangels Einwilligung vor. Schmerzensgelderhöhend wurde gewertet, dass die Behandlung nicht medizinisch indiziert war und dass der Klägerin Narben zurückbleiben. Dies beeinträchtigt ihr äußeres Erscheinungsbild, worunter die Klägerin sehr leidet. Auch die Notwendigkeit der Folgeoperationen wurde schmerzensgelderhöhend berücksichtigt	LG Duisburg 1.8.2011 2 O 366/10 RAe Meinecke & Meinecke, Köln
2590	€10000 + immat. Vorbehalt *(€ 10 271)*	Operation einer nicht dislozierten geschlossenen medialen Oberschenkelhalsfraktur ohne wirksame Einwilligung der Patientin	Operation	57-jähr. Frau	Beschwerden, die entweder auf einer postoperativen Lücke in der Oberschenkelfaszie beruhen oder differenzialdiagnostisch auf einer Irritation der Muskulatur durch die einliegende Platte	Der dargelegte, aus der Operation resultierende Schaden in Form einer dauerhaften Schmerzhaftigkeit des rechten Oberschenkels rechtfertigt ein Schmerzensgeld von €10000. Die Klägerin hat insoweit, wie aus den Behandlungsunterlagen ersichtlich ist, wie der Sachverständige seinerseits festgestellt hat und wie auch dem Senat vermittelt wurde, einen relativ hohen Leidensdruck entwickelt. Die daraus resultierenden Schlafstörungen sind für den Senat glaubhaft. Dass die Klägerin durch ein schmerzendes Bein in ihren häuslichen Aktivitäten wie ihren Freizeitbetätigungen nicht unerheblich beeinträchtigt ist, ist ebenfalls nachvollziehbar. Unter der hier zugrunde gelegten Annahme, dass sich dieses Beschwerdebild nicht mehr zugunsten der Klägerin verändern wird, weil nunmehr eine recht lange Zeit verstrichen ist und es keine sicheren Anhaltspunkte für eine sich abzeichnende Besserung gibt (auch nicht sicher durch eine weitere Operation), ist ein Schmerzensgeld von €10000 angemessen, aber auch ausreichend	OLG Köln 16.1.2019 5 U 29/17 juris

Lfd. Nr.	Betrag DM Euro (Anp.2019)	Verletzung	Dauer und Umfang der Behandlung; Arbeitsunfähigkeit	Person des Verletzten	Dauerschaden	Besondere Umstände, die für die Entscheidungen maßgebend waren	Gericht, Datum der Entscheidung, Az., Veröffentlichung bzw. Einsender
	Fortsetzung von »Fehlende Aufklärung/Einwilligung«						
2591	€ 12 500 + immat. Vorbehalt *(€ 13 118)*	Nicht ordnungsgemäße intraoperative Aufklärung bei Entfernung einer Niere		13-jähr. Junge		Haben sich die sorgeberechtigten Eltern präoperativ ausdrücklich gegen eine empfohlene Nierenentfernung anstelle einer Rekonstruktion des Nierenbecken-Harnleiterübergangs bei ihrem Kind ausgesprochen und stellt sich interoperativ heraus, dass das angestrebte Operationsziel nicht erreicht werden kann, so bedarf es einer intraoperativen Aufklärung der Kindeseltern dahingehend, dass neben der sofortigen Nierenentfernung auch ein Abbruch der Operation mit einer Ableitung des Harns nach außen für eine Übergangszeit möglich ist, in der dann eine Aufklärung, Beratung und Entscheidung in Bezug auf mögliche andere, aber riskante und schwierige Wege der Nierenerhaltung erfolgen kann	OLG Hamm 7.12.2016 3 U 122/15 juris; ArztR 2017, 190
2592	€ 13 000 + immat. Vorbehalt *(€ 13 848)*	Aufgrund einer unwirksamen Einwilligung rechtswidrig vorgenommene Operation zur Beinverlängerung	Eingriff führte letztlich nicht zu dem gewünschten Erfolg, so dass nach einer Zweitoperation der ursprüngliche, vor der ersten Operation bestehende Zustand wiederhergestellt worden ist, verbunden mit einer Schmerzsymptomatik, hinsichtlich derer objektivierbare Anhaltspunkte nicht bestehen	23-jähr. Mann		Da sich im Streitfall der Kläger sowohl der zur Beinverlängerung durchgeführten Operation als auch der aufgrund der eingetretenen Komplikation erforderlichen Nachoperation mit den üblicherweise damit verbundenen Risiken und Nebenwirkungen unterziehen musste, ohne dass es zu weiteren Dauerschäden oder zusätzlichen Schädigungen anderer Organe oder Nerven gekommen ist, erscheint dem Senat ein Schmerzensgeld i.H.v. € 13 000 im Streitfall angemessen, aber auch ausreichend	Brandenburgisches OLG 26.11.2015 12 U 182/14 juris; GesR 2016, 89
2593	€ 15 000 + immat. Vorbehalt *(€ 15 962)*	Bei der Operation wegen eines seit Geburt bestehenden Herzfehlers wurde intakte Hauptleitung des Herzens irreparabel zerstört (Aufklärungsfehler)	Lebenslängliche Herzschrittmacher-Pflichtigkeit	4-jähr. Kind	Hauptleitung des Herzens irreparabel zerstört	Bei der Bemessung des Schmerzensgeldes ist zu berücksichtigen, dass der Kläger kein gesundes Herz hatte und dass sich seine konkrete Lebenssituation durch den Herzschrittmacher (aber ohne Medikamente) momentan jedenfalls nicht verschlechtert hat. Im Rahmen des Schmerzensgeldes ist jedoch die dem Geschädigten genommene Chance, ein Leben mit einem ganz gesunden Herzen zu führen, zu bewerten. Hinreichend sichere Dauerfolgen sind die psychischen Belastungen, die aus dem lebenslangen Tragen des Herzschrittmachers resultieren und in der Angst vor einem Versagen des Schrittmachers bestehen, die körperlichen Einschränkungen im Sinne geringerer Belastbarkeit und dadurch eventuell eingeschränkte Möglichkeiten im beruflichen wie im persönlichen Bereich und schließlich die Notwendigkeit regelmäßiger Überprüfung und Wartung bis hin zum Austausch des Geräts in gewissen Intervallen	OLG Köln 4.8.2014 5 U 157/13 MedR 2015, 264

● Mithaftung (siehe vorletzte Spalte)

Lfd. Nr.	Betrag DM Euro (Anp.2019)	Verletzung	Dauer und Umfang der Behandlung; Arbeitsunfähigkeit	Person des Verletzten	Dauerschaden	Besondere Umstände, die für die Entscheidungen maßgebend waren	Gericht, Datum der Entscheidung, Az., Veröffentlichung bzw. Einsender
	**Fortsetzung von »Fehlende Aufklärung/Einwilligung«**
2594	€ 20 000 + immat. Vorbehalt (€ 21 240)	Fehlende Aufklärung einer Brustkrebspatientin, dass bei Verwendung des Medikaments Taxotere mit dem Wirkstoff Docetaxel eine permanente Alopezie, d. h. ein dauerhafter Haarverlust, eintreten kann. Das Risiko hat sich verwirklicht	Psychotherapeutische Behandlung	44-jähr. Frau	Dauerhafter partieller Haarverlust	Zum Ausgleich der immateriellen Beeinträchtigungen, die durch den dauerhaften partiellen Haarverlust verursacht worden sind und in vorhersehbarer Weise noch in der Zukunft hervorgerufen werden, hält der Senat ein Schmerzensgeld von € 20 000 für angemessen. Der Senat sieht es als erwiesen an, dass es bei der Klägerin zu dem Haarverlust, der sich nach außen durch ein Haarteil und permanentes Make-up nur teilweise verdecken lässt, zu erheblichen und nachhaltigen psychischen Folgen und seelischen Belastungen gekommen ist, die für sich genommen Krankheitswert haben	OLG Köln 21.3.2016 5 U 76/14 juris; GesR 2016, 367
2595	€ 25 000 + immat. Vorbehalt (€ 26 954)	Fehlende Aufklärung über einer schon vor der Operation beabsichtigte Teilkorrektur statt einer Vollkorrektur einer Beinfehlstellung durch valgisierende Umstellungsosteotomie (achskorrigierende Operation im Bereich des rechten Schienbeinkopfes)	Neben den üblichen Folgen der Operation kamen hier andauernden Beschwerden hinzu: Eine Reosteotomie. Daran anschließend ein Infekt mit 4 Revisionen im Rahmen des stationären Aufenthalts von 5 Wochen, Arthroskopie. Stationäre Aufnahme von 14 Tagen mit Entfernung des Osteosynthesematerials. Schmerzbehandlung. Stationärer Aufenthalt von 11 Tagen mit Implantation einer Totalendoprothese im rechten Kniegelenk. Andauernde vollständige Arbeitsunfähigkeit	56-jähr. Mann	vollständige AU	Das vom LG zugebilligte Schmerzensgeld von € 25 000 ist nicht zu beanstanden, wobei hinsichtlich der Schmerzensgeldhöhe nicht maßgeblich ins Gewicht fällt, ob statt der Teilkorrektur eine Schlittenprothese eingesetzt worden wäre, wie das LG annimmt, oder eine vollständige Beseitigung der Fehlstellung durch Osteotomie erfolgt wäre, da auch im letzteren Fall der Kläger zum etwa gleichen Zeitpunkt wieder arbeitsfähig gewesen wäre. Der Senat orientiert sich vorliegend an Entscheidungen des OLG Nürnberg (Urt. v. 23.7.2001 – 5 U 989/01) und des OLG Frankfurt (Urt. v. 20.5.2008 – 8 U 261/07) mit Schmerzensgeldbeträgen von € 30 434 und € 21 106 (jeweils indexiert)	OLG Karlsruhe 21.6.2013 13 U 9/12 VRiOLG Dr. Jagmann
2596	€ 25 000 (€ 26 497)	Hochgradige/subtotale Axonotmesis des peronealen Anteils des Nervus ischiadicus	Durch einen operativen Eingriff (Tibialis-posterior-Transfer) konnte zwar die Auswirkung der Fußheberschwäche verringert, die Bewegungsbeeinträchtigung jedoch nicht gänzlich behoben werden	Frau	Erhebliche Funktionsbeeinträchtigung des linken Beines		OLG Nürnberg 30.4.2015 5 U 2282/13
2597	55 000 € 27 500 (€ 42 760)	Hirnorganisches Psychosyndrom. Bei der ohne wirksame Einwilligung durchgeführten Operation erlitt Kläger eine frontobasale Verletzung der Siebbeinzellen rechts mit Öffnung der Hirnhäute	16 Tage stationär, MdE: ca. 1/2 Jahr 100%	38-jähr. Polizist	MdE: 10%	Operation ohne wirksame Einwilligung des Klägers	OLG Köln 18.3.1992 27 U 107/91 RiOLG Schmitz

Lfd. Nr.	Betrag DM Euro (Anp.2019)	Verletzung	Dauer und Umfang der Behandlung; Arbeitsunfähigkeit	Person des Verletzten	Dauerschaden	Besondere Umstände, die für die Entscheidungen maßgebend waren	Gericht, Datum der Entscheidung, Az., Veröffentlichung bzw. Einsender
	Fortsetzung von »Fehlende Aufklärung/Einwilligung«						
2598	€40000 + immat. Vorbehalt (€ 43749)	Darmperforation bei Koloskopie (Darmspiegelung)	Am Folgetag der Koloskopie wurde die Klägerin als Notfall wegen „akuten Abdomens" in ein Krankenhaus aufgenommen, wo eine Darmperforation festgestellt wurde, ein Teil des Darms reseziert und die Milz entfernt werden mussten. Im Rahmen der Folgebehandlung musste sich die Klägerin mehreren schwerwiegenden weiteren Eingriffen unterziehen. U.a. wurde ihr vorübergehend ein künstlicher Darmausgang geschaffen	ca. 50-jähr. Frau		Der Klägerin steht wegen der erlittenen Beeinträchtigungen, die auf den mangels hinreichender Aufklärung rechtswidrigen Eingriff zurückzuführen sind, ein Schmerzensgeld von €40000 zu. Der Senat hat dabei insb. berücksichtigt, dass die Klägerin sich insgesamt vier Operationen unterziehen musste, um die auf den Eingriff zurückgehenden Komplikationen zu überstehen, dass ihr Leben dabei vorübergehend akut gefährdet und sie in ein künstliches Koma zu verlegen war, und dass sie bis zu seiner Rückverlegung (im September 2007) mit einem künstlichen Ausgang leben musste. Sie hat eingriffsbedingt die Milz verloren. Während der Dauer der akuten Bauchfellentzündung musste die Klägerin darüber hinaus erhebliche Schmerzen leiden und während der Zeit mit künstlichem Ausgang war die Klägerin den damit verbundenen Beeinträchtigungen ausgesetzt, wobei sie als Morbus-Crohn-Erkrankte außerdem befürchten musste, dass ihre Heilungskräfte im Bereich des Darmtrakts ohnehin eingeschränkt sein könnten	OLG Frankfurt am Main 30.3.2012 8 U 89/11
2599	€40000 (€ 43884)	Manuelle Repositionen von Wirbeln unter Narkose (Redressements) und Fusionsoperationen nach Bandscheibenvorfällen als Außenseitermethode ohne hinreichende Aufklärung	Stationäre Behandlungen im Krankenhaus der Beklagten von 1984 bis 1990 mit mehreren letztlich erfolglosen Eingriffen. Zwei weitere Versteifungsoperationen in einem anderen Klinikum wurden erforderlich	49-jähr. Frau	Bewegungseinschränkungen durch Versteifungsoperationen sowie chronifiziertes komplexes ausgeprägtes Schmerzsyndrom mit pathologischem Krankheitsbewältigungsverhalten	Der Senat geht davon aus, dass die Klägerin während der Zeit ihrer Behandlungen im Krankenhaus der Beklagten von 1984 bis 1990 infolge der durchgeführten Eingriffe und auch im Zusammenhang mit den beiden Operationen in der X.-Klinik ganz erheblich gelitten hat und in ihrer Lebensführung massiv beeinträchtigt war. Andererseits ist aber auch zu sehen, dass sie während der Behandlungszeit bei den Beklagten kurzfristig doch immer wieder schmerzfrei oder nahezu schmerzfrei war. Maßgeblich bei der Bemessung des Schmerzensgeldes fallen hingegen die Grunderkrankung an der Wirbelsäule sowie die psychische Prädisposition der Klägerin mit dem chronischen komplexen Schmerzsyndrom ins Gewicht	OLG Köln 30.5.2012 5 U 44/06 juris
2600	€40000 + immat. Vorbehalt (€ 42227)	Nervenverletzung nach Hüftoperation: Plexusläsion, Fußheberparese einschließlich Zehenheberparese sowie Fußsenkerparese	Mehrwöchige stationäre Behandlung und Reha	Mann (Sportlehrer und Handballtrainer)	Normales Stehen und Gehen sowie die Betreibung von Sport sind dem Kläger seit der Verletzung der Nerven nicht mehr möglich	Der Senat hat sich bei der Bemessung des Schmerzensgeldes an anderen (zitierten) Entscheidungen orientiert, die ebenfalls eine Peronaeusparese betreffen. Bei der Bemessung des Schmerzensgeldes war weiter zu berücksichtigen, dass der Kläger zudem noch eine Plexusläsion erlitten hat und seit dem Eingriff unter Depressionen leidet	Thüringer OLG 23.7.2015 4 U 18/14 juris

● Mithaftung (siehe vorletzte Spalte)

Behandlungsfehler, Ärztlicher Kunst-und Aufklärungsfehler — Urteil lfd. Nr. 2601

Lfd. Nr.	Betrag DM Euro (Anp.2019)	Verletzung	Dauer und Umfang der Behandlung; Arbeitsunfähigkeit	Person des Verletzten	Dauerschaden	Besondere Umstände, die für die Entscheidungen maßgebend waren	Gericht, Datum der Entscheidung, Az., Veröffentlichung bzw. Einsender
Fortsetzung von »Fehlende Aufklärung/Einwilligung«							
2601	€ 50 000 + immat. Vorbehalt (€ 53 047)	Ohne wirksame Einwilligung des Klägers bei diesem durchgeführte Herzoperation (Mitralklappenrekonstruktion), die bei ihm zum Eintritt schwerer Gesundheitsschäden geführt hat (schwere Belastungsinsuffizienz mit Indikation für eine Reoperation)	Erwerbsunfähigkeit	53-jähr. Mann	Schwere Belastungsinsuffizienz	Der Kläger hat aufgrund seines infolge der Operation eingeschränkten Gesundheitszustandes seine angestellte Erwerbstätigkeit aufgeben und sportliche Aktivitäten vollständig einstellen müssen. Damit ist der zum Zeitpunkt der Operation 53 Jahre alte Kläger in seiner gesamten zukünftigen Lebensführung ganz erheblich eingeschränkt. Hinzu kommt der Umstand, dass der Kläger über ein Jahrzehnt hinweg mit einem ihn körperlich stark beeinträchtigenden Zustand hat leben müssen, ohne dass eine befriedigende medizinische Erklärung gefunden werden konnte. Dass dies den Kläger physisch und psychisch stark belastete, zeigen schon die zahlreichen von ihm durchgeführten ärztlichen Konsultationen in verschiedenen Krankenhäusern des Landes. Hinzu kommt, dass im Raum steht, dass der Kläger sich früher oder später noch einmal am Herzen wird operieren lassen müssen. Dass diese Aussicht beim Kläger, aufgrund der vorangegangenen suboptimal verlaufenen Herzoperation zu erheblichen Ängsten führt, ist gut nachvollziehbar. Schmerzensgelderhöhend wirkt im vorliegenden Fall weiterhin das Regulierungsverhalten des Beklagten, das wesentlich dazu beigetragen hat, dass der Sachverhalt auch gerichtlich erst nach vielen Jahren geklärt werden konnte. Schmerzensgeldmindernd ist zu berücksichtigen, dass der Kläger vor der Operation im Haus der Beklagten objektiv unter einer ernst zu nehmenden Herzerkrankung litt, auch wenn sein subjektives Empfinden noch kaum beeinträchtigt war	OLG Hamburg 27.4.2016 1 U 46/11

Lfd. Nr.	Betrag DM Euro (Anp.2019)	Verletzung	Dauer und Umfang der Behandlung; Arbeitsunfähigkeit	Person des Verletzten	Dauerschaden	Besondere Umstände, die für die Entscheidung maßgebend waren	Gericht, Datum der Entscheidung, Az., Veröffentlichung bzw. Einsender
\multicolumn{8}{l}{**Fortsetzung von »Fehlende Aufklärung/Einwilligung«**}
2602	€ 50 000 + immat. Vorbehalt (€ 52 522)	Aufklärungsfehler: Ergeben die Untersuchungen, dass eine Kniegelenksprothese mit einem Bakterium besiedelt ist, und ist von einer chronischen Infektion auszugehen, so ist dem Patienten der Ausbau der Prothese zu empfehlen. Das Unterlassen einer derartlichen ärztlichen Empfehlung stellt sich als grober Behandlungsfehler dar	Folgeoperationen und Behandlungen über 4 Monate	60-jähr. Frau	Kniegelenksversteifung	Der Senat hatte bei der Bemessung zu berücksichtigen, dass durch die Versteifung des Knies die Bewegungsfähigkeit der Klägerin erheblich eingeschränkt wurde. Es ergibt sich bereits aus der Versteifung an sich, dass die Klägerin dadurch in einer Vielzahl von Tätigkeiten und Freizeitaktivitäten behindert ist. Es handelt sich um einen gravierenden Einschnitt in die Lebensverhältnisse der zum Zeitpunkt der Kniegelenksversteifung ca. 60 Jahre alten Klägerin. Es ist jedoch schmerzensgeldmindernd zu berücksichtigen, dass der Bewegungsumfang einer neuen Prothese gegenüber der infizierten Prothese eingeschränkt gewesen wäre und eine vollständige Wiederherstellung der prothetischen Versorgung nicht möglich war sowie dass die Grunderkrankung, die Infektion des Knies, nicht behandlungsfehlerhaft ausgelöst wurde. Auch unter Berücksichtigung der weiteren Folgeoperationen hält der Senat ein Schmerzensgeld i.H.v. € 50 000 für angemessen und ausreichend	OLG München 28.7.2016 1 U 884/13 juris
2603	€ 80 000 + immat. Vorbehalt (€ 83 294)	Die Klägerin hätte vor der Operation jedenfalls unbedingt darüber aufgeklärt werden müssen, dass sie bei der zementfreien Variante einer Hüftgelenksprothese das rechte Bein nach der Operation nur teilbelasten durfte und dass sie für den Fall, dass sie aufgrund ihrer Rheuma-Erkrankung eine Teilbelastung möglicherweise nicht würde umsetzen können, für einen Zeitraum von etwa sechs Wochen im Rollstuhl würde sitzen müssen. Eine solche Aufklärung ist unstreitig zu keiner Zeit erfolgt	Bei der Klägerin ist im Anschluss an die rechtswidrige Operation vom 26.9.2006 eine Reihe von Komplikationen eingetreten, welche wiederum zu weiteren umfangreichen Operationen mit anschließenden Komplikationen geführt haben	59-jähr. Frau	Sehr lange laterale Narbe über dem rechten Hüftgelenk, deutliche Beinlängendifferenz, die einen asymmetrischen Beckenstand zu Ungunsten der linken Seite zur Folge hat, Verlust der Gehfähigkeit, Rollstuhl	Unter Berücksichtigung der Vielzahl von Operationen und Komplikationen und der damit einhergehenden Schmerzen und Leiden sowie unter weiterer Berücksichtigung der Gehunfähigkeit der Klägerin hält der Senat zum Ausgleich dieser immateriellen Schäden ein Schmerzensgeld in Höhe von € 80 000 für angemessen, aber auch ausreichend	OLG Köln 10.1.2018 5 U 104/15 juris

● Mithaftung (siehe vorletzte Spalte)

Behandlungsfehler, Ärztlicher Kunst-und Aufklärungsfehler — Urteile lfd. Nr. 2604 – 2605

Lfd. Nr.	Betrag DM **Euro** *(Anp.2019)*	Verletzung	Dauer und Umfang der Behandlung; Arbeitsunfähigkeit	Person des Verletzten	Dauerschaden	Besondere Umstände, die für die Entscheidungen maßgebend waren	Gericht, Datum der Entscheidung, Az., Veröffentlichung bzw. Einsender
\multicolumn{8}{l}{Fortsetzung von »Fehlende Aufklärung/Einwilligung«}							
2604	250 000 **€ 125 000** *(€ 165 524)*	Halbseitenlähmung links		54-jähr. Frau (ausgebildete Tanzlehrerin)	Halbseitenlähmung links, Verlust der Mobilität und Verkrüppelung der linken Hand und des linken Fußes, extreme Streck- und Bewegungsspastik, Spastik im Hals und im Kopf, Nervenstörung im linken Fuß und in der linken Hand, Verkürzung der Muskulatur, Sehnenverkürzung, fortschreitende Gelenksteife, eingeschränkte Beweglichkeit der Schulter, schmerzhaft geschwollener linker Fuß, geschwollenes linkes Bein, angelaufenes Gesicht, Ödeme, leichte Harninkontinenz und eingeschränkte Stuhlkontrolle; Verlust des Geruchsinns, vollständig über das linke Nasenloch, nicht ganz über das rechte; Verlust der Hautsensibilität der gesamten linken Körperhälfte sowie des Tastsinns; rollstuhlabhängig; 100% schwerbehindert	Ärztliches Aufklärungsversagen vor einer operativen Entfernung eines Kavernoms mit Verdacht auf Einblutung in Gehirn	OLG Frankfurt am Main 7.11.2000 8 U 99/00 RAe Meinecke & Meinecke, Köln
2605	300 000 **€ 150 000** *(€ 209 605)*	Poliomyelitisinfektion mit Lähmung an allen Extremitäten, an Bauch und Rumpf, am Blasenschließmuskel und am rechten Zwerchfell; Erkrankung an einer Meningitis und an einer Hepatitis	6 Wochen Intensivstation, 3 Monate Isolierstation, anschließend 15 Monate Reha	37-jähr. Mann	Vollständige schlaffe Lähmung der linken oberen Extremität mit der Folge, dass dieser Arm bewegungsunfähig ist; Lähmung der rechten oberen Extremität mit der Folge, dass dieser Arm weder aktiv noch passiv gebeugt oder abgespreizt werden kann; Lähmung der Beine mit der Folge, dass das rechte Bein nicht und das linke Bein nur beschränkt funktionsfähig ist; rechtsseitige Lähmung des Zwerchfells; auf Rollstuhl angewiesen, ständig fremde Hilfe erforderlich	Verletzung der Aufklärungspflicht des Amtsarztes über Ansteckungsgefahr bei Kinderlähmungs-Schutzimpfung; Kläger wurde durch das Patenkind angesteckt	KG Berlin 20.2.1996 9 U 5492/94 NJWE-VHR 1996, 128

Lfd. Nr.	Betrag DM Euro (Anp.2019)	Verletzung	Dauer und Umfang der Behandlung; Arbeitsunfähigkeit	Person des Verletzten	Dauerschaden	Besondere Umstände, die für die Entscheidungen maßgebend waren	Gericht, Datum der Entscheidung, Az., Veröffentlichung bzw. Einsender
	**Fortsetzung von »Fehlende Aufklärung/Einwilligung«**
2606	€ 150 000 + immat. Vorbehalt (€ 159 619)	Unterlassener Hinweis auf die Möglichkeit der Koloskopie zur Abklärung eines Darmkrebsrisikos im Rahmen der therapeutischen (= Sicherheits-) Aufklärung	Später wurde ein sechs Zentimeter großes Adenokarzinom im Bereich des rektosigmoidalen Übergangs diagnostiziert und im Rahmen eines 8-tägigen stationären Aufenthalts entfernt. Fünf Lymphknoten waren befallen. Es folgten acht Zyklen Chemotherapie. Gleichwohl bildeten sich Metastasen in der Lunge, was einen weiteren 8-tägigen stationären Aufenthalt und eine Unterlappen-Teilresektion sowie eine weitere Lungenoperation mit 3-tägigem Krankenhausaufenthalt nach sich zog. Wegen Metastasen in der Leber wurden eine Teilresektion der Leber und die Entfernung der Galle im Rahmen eines weiteren 11-tägigen stationären Aufenthaltes erforderlich. BU	58-jähr. Mann	Krebs mit Metastasen	Für die Schmerzensgeldbemessung ist die Krebserkrankung in ihrem gesamten Verlauf mit allen Weiterungen und Komplikationen, insbesondere der notwendigen Erstoperation zur Entfernung des betroffenen Darmabschnitts und aller Folgeoperationen, die infolge der Metastasenbildung die (wiederholte) Entfernung wesentlicher Teile von Lunge und Leber mit sich brachten sowie der Nachbehandlung durch stark beeinträchtigende Chemotherapien maßgebend. Weiter zu berücksichtigen ist, dass der Geschädigte sowohl seinen Beruf als auch die sein Leben prägenden Freizeitgestaltungen nicht mehr ausführen kann	OLG Köln 6.8.2014 5 U 137/13 GesR 2015, 95
2607	400 000 € 200 000 (€ 267 170)	Ischämisch-hypoxischer Hirnschaden infolge Lungenembolie nach Bauchdeckenplastik nebst Liposuktion	Mehrere Monate Wachkoma, Intensivstation, Intubierung und Reanimierung wegen Herzstillstandes	26-jähr. Frau	MdE: 100% Bei Klägerin liegen schwerste psychische und physische Schäden vor, die ihr für den Rest ihres Lebens jegliche Lebensqualität nehmen werden. Sie wird stets auf Fürsorge und Hilfe Dritter angewiesen sein, kann sich aus eigener Kraft nicht bewegen, sie bleibt ständig im Bett, muss alle 2 Stunden umgelagert und kann nur mit Hilfe Dritter in einen Rollstuhl gesetzt werden. Ihr Sprachvermögen ist nahezu vollständig zerstört. Ohne fremde Hilfe kann sie weder essen noch trinken, muss Windeln und einen Blasenkatheter tragen	Verstoß gegen ärztliche Aufklärungspflicht! Angesichts der bei der Klägerin vorliegenden deutlichen Übergewichtigkeit stellte bereits die Durchführung der Bauchdeckenplastik ein erhöhtes Thromboserisiko dar, auf das die Klägerin eindeutig hätte hingewiesen werden müssen. Urteil entspricht Klageantrag	OLG Oldenburg (Oldenburg) 30.5.2000 5 U 218/99 VersR 2001, 1381 VorsRiOLG Dr. Bartels

Weitere Urteile zur Rubrik »**Fehlende Aufklärung/Einwilligung**« siehe auch:
- bis € 2500: 2270, 209, 1393
- bis € 5000: 2324, 2179, 1399, 963, 678, 679, 3198
- bis € 12500: 1492, 2536, 2537, 2543, 2549, 1498
- bis € 25000: 629, 1162, 2047, 632, 2148, 1654, 1168, 2391, 1094, 2475
- ab € 25000: 3194, 1476, 669, 688, 1483, 702, 334, 689, 2410, 2691, 3195, 2260, 672, 1442, 2612, 1600, 1083, 1992, 1453

● Mithaftung (siehe vorletzte Spalte)

Dekubitus

Lfd. Nr.	Betrag DM Euro (Anp.2019)	Verletzung	Dauer und Umfang der Behandlung; Arbeitsunfähigkeit	Person des Verletzten	Dauerschaden	Besondere Umstände, die für die Entscheidungen maßgebend waren	Gericht, Datum der Entscheidung, Az., Veröffentlichung bzw. Einsender
2608	€ 7500 (€ 8228)	Dekubitus infolge unsachgemäßer Pflege im Altersheim		In Pflegeheim untergebrachte Frau, welche ca. 2 Monate nach der Erkrankung starb		Aufgrund unzureichender Durchblutung mussten mehrere Zehen amputiert werden, die abgefault waren. An den Außenknöcheln, den Fersen und am Steißbein waren Dekubiti aufgetreten. Trotz des Versterbens der Geschädigten hielt das Gericht den Schmerzensgeldbetrag für angemessen, weil sie mit einiger Wahrscheinlichkeit die Situation leidend miterlebt und nicht unerhebliche Schmerzen erlitten hatte	LG Nürnberg-Fürth 25.5.2012 12 O 589/12
2609	€ 17500 + immat. Vorbehalt (€ 20267)	Ausbildung eines großen Dekubitus IV. Grades am Gesäß	Mehrere Krankenhausaufenthalte während einer Zeit von ca. 6 Monaten mit operativer Versorgung durch eine Ausschabung bis auf den Knochen des Steißbeins	20-jähr. Mann	Dauerhafte Gewebeschädigung am Gesäß	Der 153 cm große und etwa 120 kg schwere Kläger, der mit einer Spaltbildung der Wirbelsäule geboren wurde, ist querschnittgelähmt und nicht dauerhaft harnkontinent; er ist rollstuhlabhängig; Ursache der Verletzungen ist die Auslieferung eines Rollstuhls mit einer unzureichenden Ausstattung mit einem zur Vorbeugung gegen das Auftreten von Dekubitalgeschwüren geeigneten Sitzbelag; das beklagte Sanitätshaus schuldete als Fachunternehmen der Orthopädietechnik eine angemessene Versorgung als eigene Pflicht, kann sich also nicht mit der Bewertung des behandelnden Arztes entlasten	LG Köln 12.3.2008 25 O 303/06
2610	35000 € 17500 (€ 23585)	Dekubitus 4. Grades am Steiß mit Nekrosen von einer Größe von 10 x 5 cm	Operative Entfernung der Nekrosen und Anlegung eines Anus praeter, 6 Wochen Krankenhaus	65-jähr. Bewohnerin eines Pflegeheims	Anus praeter, der aus medizinischen Gründen nicht zurückverlegt werden kann	Unzureichende Pflege der an Alzheimer erkrankten Klägerin im Pflegeheim der Beklagten; bei Einlieferung im Pflegeheim bereits bestehender Dekubitus 2. Grades wurde zu spät erkannt, es wurden zu spät geeignete Maßnahmen durchgeführt; Klägerin muss insbesondere nachts durch Fixieren ihrer Hände daran gehindert werden, den Beutel am künstlichen Darmausgang abzureißen, was bei der grundsätzlich bestehenden Unruhe von Alzheimer-Patienten besonders belastend ist; bewusst falsches Vortragen des Beklagten im Prozess; bei Genugtuungsfunktion fällt in Gewicht, dass Klägerin dem Beklagten besonderes Vertrauen entgegengebracht hat, was missbraucht und enttäuscht worden ist	OLG Oldenburg (Oldenburg) 14.10.1999 1 U 121/98 NJW-RR 2000, 762 1. Senat OLG Oldenburg
2611	€ 20000 (€ 22125)	Sakraldekubitus IV. Grades aufgrund eines Behandlungsfehlers	Sehr langwierige Heilbehandlung über insg. 8 Monaten			Bei einem Verstoß gegen Pflegebehandlungsstandards kann von einem groben Pflegefehler ausgegangen werden. Die Entscheidung darüber, was bei einem Dekutibus-Risikopatienten zu tun ist, darf nicht allein dem Pflegepersonal überlassen werden	LG Bonn 23.12.2011 9 O 364/08

Weitere Urteile zur Rubrik »Dekubitus« siehe auch:

bis € 25000: 2377
ab € 25000: 1083

Lfd. Nr.	Betrag DM Euro (Anp.2019)	Verletzung	Dauer und Umfang der Behandlung; Arbeitsunfähigkeit	Person des Verletzten	Dauerschaden	Besondere Umstände, die für die Entscheidungen maßgebend waren	Gericht, Datum der Entscheidung, Az., Veröffentlichung bzw. Einsender
Geburtsschäden							
2612	€ 70 000 + immat. Vorbehalt *(€ 75 857)*	Linksseitige Armplexusparese mit Horner-Syndrom nach Vakuum-Extraktion, Kiss-Syndrom, psychosomatischen Retardierung sowie Sprachentwicklungsverzögerung mit Dyslalie. Fehlende Aufklärung über die Alternative einer Schnittentbindung		Säugling	Linksseitige Armplexusparese	Unter Berücksichtigung des Umstandes, dass Hirnschäden beim Kläger nicht mehr manifest sind und sich sein Sprachvermögen normalisiert hat, scheint dem Senat ein Schmerzensgeld in Höhe von € 70 000 angemessen, aber auch ausreichend zu sein. Dies gilt auch vor dem Hintergrund der Entscheidungen des OLG Hamm v. 24.4.2002 (VersR 2003, 1312) und des OLG Düsseldorf v. 30.1.2003 (VersR 2005, 654), durch die Beträge von € 62 500 bzw. € 50 000 zugesprochen worden sind	OLG Celle 8.4.2013 1 U 49/12 GesR 2013, 407; juris
2613	€ 350 000 + immat. Vorbehalt *(€ 368 020)*	Geburtsschaden; schwere hirnorganische Schädigung des Fetus aufgrund einer massiven Sauerstoffunterversorgung, weil der Geburtshelfer grob pflichtwidrig auf alarmierende und in der Schlussphase durchgehend hochpathologische Befunde der CTG-Aufzeichnungen bis zur Entbindung nicht bzw. nicht angemessen reagiert hatte		Weibl. Säugling	Körperliche Behinderung im Sinne einer spastischen Tetraparese, geistige Behinderung, fehlende Sprachentwicklung und Mikrozephalie	Aufgrund der dargelegten Umstände und auch unter Berücksichtigung der schwerwiegenden Pflichtverletzung, die das schadensauslösende Geburtsmanagement des Beklagten kennzeichnet, erscheint bei Gesamtbetrachtung der beurteilungserheblichen Gegebenheiten des Streitfalls als angemessener Ausgleich für die erlittenen und bislang absehbaren immateriellen Schäden der Klägerin ein Schmerzensgeld i.H.v. € 350 000 erforderlich, aber auch ausreichend	OLG Bamberg 19.9.2016 4 U 38/15 juris
2614	€ 400 000 + immat. Vorbehalt *(€ 427 795)*	Geburtsschaden: schwere metabolische Azidose; hypoxisch-ischämische Encephalopathie	Schwere Behinderung	Säugling	Erheblicher Entwicklungsrückstand, Hirnanfallsleiden, Lähmungserscheinungen und ausgeprägte Hörschädigung	Dabei lässt der Senat den Umstand außer Betracht, dass der Kläger schwer hörgeschädigt ist, denn nach dem Gutachten des Sachverständigen ist die Ursache hierfür mit großer Sicherheit nicht in der rechtswidrigen und fehlerhaften Behandlung zu sehen. Der Senat berücksichtigt vielmehr insbesondere den erheblichen und dauerhaften Entwicklungsrückstand des Klägers, die Lähmungen, unter denen er, der rollstuhlpflichtig ist, leidet und weiter leiden wird, und das Hirnanfallsleiden. Der Kläger ist massiv und dauerhaft schwer beeinträchtigt. Der Senat berücksichtigt auch, dass zu dem rechtswidrigen Vorgehen der Beklagten ein Behandlungsfehler hinzukommt, der nach den Darlegungen des gynäkologischen Sachverständigen aus medizinischer Sicht völlig unvertretbar war. Der Kläger gehört allerdings nicht zu den denkbar schwerstgeschädigten Kindern	OLG Frankfurt am Main 17.12.2013 8 U 102/08-29

● Mithaftung (siehe vorletzte Spalte)

Lfd. Nr.	Betrag DM Euro (Anp.2019)	Verletzung	Dauer und Umfang der Behandlung; Arbeitsunfähigkeit	Person des Verletzten	Dauerschaden	Besondere Umstände, die für die Entscheidungen maßgebend waren	Gericht, Datum der Entscheidung, Az., Veröffentlichung bzw. Einsender

Fortsetzung von »Geburtsschäden«

Lfd. Nr.	Betrag	Verletzung	Dauer	Person	Dauerschaden	Besondere Umstände	Gericht
2615	€ 475 000 + immat. Vorbehalt (außergerichtlich) (€ 505 968)	Hypoxische Encephalopathie mit schweren geistigen und körperlichen Behinderungen aufgrund eines groben ärztlichen Behandlungsfehlers – Dyskinetische Cerebralparaese, allgemeiner Entwicklungsrückstand, linksbetonter Strabismus convergens, Neugeborenenkrämpfe, Tachhypnoe mit inspiratorischem Stridor, hirnorganisches Anfallsleiden		Männlicher Säugling, 8 ½ Jahre zum Urteilszeitpunkt	GDB 100, kindliche Dysphagie, Störung der Atemfunktion, Atemaussetzer, Sprachentwicklungsstörung, motorische Entwicklungsstörung, dystone Muskulatur (teils schlaff, teils spastisch angespannt), allgemeine Entwicklungsstörung, Hypotones hyperkinetisches Syndrom, Inkontinenz, Schluckstörung, Ernährungsstörung mit schwallartigem Erbrechen, reduziertes Wachstum	Behandlungsfehlerhaft war die im Rahmen der Geburtsüberwachung durchgeführte Kardiotokographie. Diese war völlig unzureichend. Auch hätte zu Beginn der Austreibungsphase ein Arzt gerufen werden müssen. Durch den Sauerstoffmangel kam es zur Verletzung. Der Kläger ist nicht in der Lage ein eigenes Leben zu führen. Der Kläger ist in der Lage Gesichter zu erkennen, zu lächeln, Laute von sich zu geben. Non-verbale Kommunikation ist möglich. Die Persönlichkeit ist glücklicherweise nicht völlig zerstört	LG Koblenz 30.7.2014 10 O 35/10 RAe Meinecke & Meinecke, Köln
2616	€ 550 000 + immat. Vorbehalt (€ 588 218)	Schwere hypoxisch-ischämische Hirnschädigung mit ausgeprägter metabolischen Azidose in Folge eines groben Hebammenfehlers		männlicher Säugling	Mit 9 Jahren (Urteilszeit) schwerste psychomotorische Retardierung, Myoklonien, Startle-Reflex, apallisches Syndrom, orofaziale Regulationsstörung, fokale partielle symptomatische Epilepsie, Facialisparese beidseits, Tetraplegie, Gastrooesophageale Refluxkrankheit mit Oesophagitis, künstliche Ernährung, Verstopfung, partielle Lagophthalmie beidseits, zentrale Sehstörung mit Blindheit, zentrale Schwerhörigkeit, Kontrakturen der Finger und Handgelenke, Tetraparese, Klumpfuß mit Progredienz	Der Kläger musste von den Ärzten reanimiert werden. Das Geburtshilfeverhalten der Beklagten stellt einen Verstoß gegen die von Hebammen zu beachtenden Organisationspflichten dar. Die Beklagte durfte nicht darauf vertrauen, dass trotz der langen Austreibungsphase sowie der nicht hinreichenden Möglichkeit die Herztöne des Klägers zu überprüfen, dieser unbeschadet sich entwickeln werde können. Die zu tolerierende Austreibungsphase von 2 Stunden, nach denen ärztliche Hilfe hätte herbeigeholt werden müssen, wurde um das doppelte von der Beklagten überschritten. Ferner versäume es die Beklagte zeitnah einen Notruf abzusetzen und somit unmittelbar nach der Entwicklung der Notsituation, in der der Kläger sich befand, für ärztliche Versorgung zu sorgen. Auch wäre die anwesende Hebammenschülerin eindeutig anzuweisen gewesen, einen Notruf über die 112 abzusetzen und nicht über die allgemeine telefonische Rufnummer im Krankenhaus den Versuch zu unternehmen einen Arzt herbeizurufen. Die schweren Schäden wären eventuell zu vermeiden gewesen, wenn rechtzeitig ärztliche Hilfe anwesend gewesen wäre. Bei der Bemessung des Schmerzensgeldes wurde erhöhend das zögerliche Regulierungsverhalten der Berufshaftpflichtversicherung berücksichtigt, welche Ende 2012 dem Kläger eine allgemeine Abschlagszahlung in Höhe von € 100 000 zur Verfügung stellte	LG Düsseldorf 12.12.2013 3 O 389/08 RAe ciper & coll., Berlin

Weitere Urteile zur Rubrik »**Geburtsschäden**« siehe auch:
bis € 12 500: 2581
ab € 25 000: 2298

Geburtsschäden - Fehlgeburt, Totgeburt, vorzeitige Wehen u.Ä.

Lfd. Nr.	Betrag DM Euro (Anp.2019)	Verletzung	Dauer und Umfang der Behandlung; Arbeitsunfähigkeit	Person des Verletzten	Dauerschaden	Besondere Umstände, die für die Entscheidungen maßgebend waren	Gericht, Datum der Entscheidung, Az., Veröffentlichung bzw. Einsender
2617	7000 € 3500 (€ 4891)	Fehlgeburt einer in der 11. bis 12. Woche schwangeren Frau		Hebamme		Klägerin wurde als Beifahrerin bei einer Notbremsung in den Sicherheitsgurt geworfen; grob verkehrswidriges Verhalten des Beklagten. Nach dem Unfall kam es zu depressiven Verstimmungen (häufiges Weinen, Affektlabilität, Schlafstörungen, Schuldgefühle, Perspektiv- und Hoffnungslosigkeit, extreme Rückzugtendenzen, langanhaltende Isolation); nach 3 Jahren Berufsaufgabe; bei Urteilsverkündung 3 ½ Jahre nach der Fehlgeburt noch Angstträume und Weinanfälle	LG Berlin 23.4.1996 31 O 346/95 NZV 1997, 45
2618	€ 9000 (€ 10 691)	Schwangerschaftsabbruch nach durch Befundnichterhebung verursachter kontraindizierter Medikamenteneinnahme		Frau		Ärztin erkannte Schwangerschaft nicht und verordnete der Klägerin die Einnahme des oralen Kontrazeptivums „Minisiston"; zudem nahm die Klägerin auch die Schmerztropfen Novalgin und ein Antibiotikum gegen einen vermeintlichen Harnwegsinfekt (Ofloxacin) ein. Die Klägerin befürchtete daraufhin Missbildungen und entschloss sich zum Schwangerschaftsabbruch. Entscheidend ist, dass im Rahmen der zivilrechtlichen Schadenskausalität Willensentschlüsse der Verletzten – hier der Klägerin zum Schwangerschaftsabbruch – den Zurechnungszusammenhang nicht unterbrechen, wenn sie nicht frei getroffen, sondern durch das Verhalten des Schädigers – hier durch Befundnichterhebung verursachte kontraindizierte Medikamenteneinnahme – herausgefordert oder wesentlich mitbestimmt worden sind. Die Beweislast dafür liegt nach den allgemeinen Grundsätzen vorliegend bei der Klägerin. Diesen Beweis hat sie hier geführt. Sie hat bewiesen, dass der Befunderhebungsfehler und in dessen Folgen die kontraindizierte Medikamenteneinnahme während zunächst unbekannter Schwangerschaft wesentlicher Mit-Beweggrund für den Entschluss zum Schwangerschaftsabbruch gewesen sind	OLG Braunschweig 26.6.2007 1 U 11/07 RAe Homann, Uhde & Koll., Braunschweig
2619	€ 30 000 + immat. Vorbehalt (€ 31 796)	Gesundheitliche Belastungen einer Frau im Zusammenhang mit der Totgeburt ihres Kindes		Frau		Anerkenntnisurteil nach NZB gegen Urteil des OLG Celle vom 2.6.2014 – 1 U 86/13	BGH 21.4.2015 VI ZR 294/14

● Mithaftung (siehe vorletzte Spalte)

Lfd. Nr.	Betrag DM Euro (Anp.2019)	Verletzung	Dauer und Umfang der Behandlung; Arbeitsunfähigkeit	Person des Verletzten	Dauerschaden	Besondere Umstände, die für die Entscheidungen maßgebend waren	Gericht, Datum der Entscheidung, Az., Veröffentlichung bzw. Einsender

Fortsetzung von »Geburtsschäden - Fehlgeburt, Totgeburt, vorzeitige Wehen u.Ä.«

| 2620 | 100 000 € 50 000 (€ 67 471) | Fehlgeschlagene Geburt aufgrund von Diagnose- und Behandlungsfehlern mit erforderlicher Entfernung der Gebärmutter zur Rettung des Lebens und mit folgendem erheblichen psychischen Belastungen | 2 Jahre psychotherapeutische Behandlung, anschließend Besuch einer Selbsthilfegruppe | 27-jähr. Sozialpädagogin bei einer Schwangerenberatung | Unfähigkeit, leibliche Kinder zu bekommen | Lange und schwere Geburt, insbesondere mit Dekapitation des Kindes; Enttäuschung der Klägerin, ein totes Kind zur Welt zu bringen; psychische Belastung durch die traumatischen Vorgänge; Klägerin musste Beruf aufgeben, da sie der damit verbundenen psychischen Belastung nicht mehr gewachsen war; Weigerung der Behörden, wegen der traumatischen Erlebnisse im Krankenhaus ein Adoptiv- oder Pflegekind anzunehmen; zögerliches Verhalten der Beklagten bei der Aufklärung und Schadensregulierung | OLG Frankfurt am Main 25.5.1999 8 U 206/98 RAin Palme, Frankfurt |

Weitere Urteile zur Rubrik »**Geburtsschäden - Fehlgeburt, Totgeburt, vorzeitige Wehen u.Ä.**« siehe auch:
- bis € 2500: 2312
- bis € 5000: 3144, 3198
- bis € 12500: 2358
- ab € 25000: 2693, 2629, 2667

Geburtsschäden - Hirnschäden

Lfd. Nr.	Betrag	Verletzung	Dauer und Umfang der Behandlung	Person	Dauerschaden	Besondere Umstände	Gericht
2621	10 000 € 5000 (€ 6421)	Geburt in einem schweren Volumenmangelschock, schwerste Organschäden, insbesondere von Herzmuskel und Gehirn, Tod nach 3 Tagen		Säugling		Ärztlicher Behandlungsfehler; schwerste Schädigung, indem die ausgleichspflichtige immat. Beeinträchtigung gerade darin liegt, dass die Persönlichkeit ganz oder weitgehend zerstört ist	OLG Bremen 26.3.2002 3 U 84/01 OLG Report Bremen, Hamburg, Schleswig - 2002, 231
2622	€ 7000 (€ 7917)	Vakuumextraktion statt Kaiserschnittentbindung, die bei dem Säugling zu einem Schädeltrauma verbunden mit einem schweren Entblutungsschock und Territorialhirninfarkten führt	Stationärer Aufenthalt in der Kinderklinik	Neugeborener Junge	Tetraparese und schwere geistige Entwicklungsstörung	Insoweit waren der Bemessung des Schmerzensgeldes die für den Kläger im Vergleich zu einer Kaiserschnittentbindung belastendere Vakuumextraktion, das infolge dieser Extraktion eingetretene Schädeltrauma verbunden mit einem schweren Entblutungsschock und Territorialhirninfarkten und der stationäre Aufenthalt in der Kinderklinik zu berücksichtigen, nicht aber die beim Kläger eingetretenen schweren und dauerhaften Folgen, nämlich die Tetraparese und die schwere geistige Entwicklungsstörung, die das LG zutreffend auf der Basis der umfassenden Ausführungen des neuropädiatrischen Sachverständigen nach dem Beweismaß des § 286 Abs. 1 ZPO hinsichtlich ihrer Kausalität als nicht bewiesen angesehen hat	OLG Hamm 17.1.2011 3 U 112/10 juris
2623	20 000 € 10 000 + immat. Vorbehalt (€ 13 308)	Schädigung des Nervus peronaeus durch schuldhaften Behandlungsfehler des Pflegepersonals	1 ½ Jahre Tragen von Peronaeus-Schienen an beiden Beinen	Goldschmied	Fußheberschwäche	Falsche Lagerung des Klägers	LG Marburg 7.6.2000 504/99 RAe Ciper & Kollegen, Düsseldorf
2624	20 000 € 10 000 + immat. Vorbehalt (€ 13 882)	Plexuslähmung am linken Arm		Kleinkind	Geringfügige Einschränkung der Beweglichkeit des linken Armes, der bei den normalen Verrichtungen des täglichen Lebens jedoch kaum behindert	Ärztliche Versäumnisse bei Geburt; Auftreten sekundärer Probleme vonseiten der knöchernen Strukturen des Schultergelenks nicht auszuschließen	OLG Düsseldorf 19.12.1996 8 U 86/96 VersR 1998, 364

Urteile lfd. Nr. 2625 – 2629 — Geburtsschäden

Lfd. Nr.	Betrag DM **Euro** *(Anp.2019)*	Verletzung	Dauer und Umfang der Behandlung; Arbeitsunfähigkeit	Person des Verletzten	Dauerschaden	Besondere Umstände, die für die Entscheidungen maßgebend waren	Gericht, Datum der Entscheidung, Az., Veröffentlichung bzw. Einsender
	Fortsetzung von »Geburtsschäden - Hirnschäden«						
2625	20 000 €10 000 *(€ 13 974)*	Infolge von Behandlungsfehlern bei der Geburt Hirnblutung mit anschließender Ausbildung eines Wasserkopfes; Tod durch Hirnversagen nach 3 ½ Monaten		Säugling		Grobe Behandlungsfehler	BGH 16.4.1996 VI ZR 190/95 VersR 1996, 976
2626	€20 000 + immat. Vorbehalt *(€ 21 807)*	Unterlassene Diagnosestellung einer Rh-Inkompatibilität (Rhesusfaktor-Unverträglichkeit); dadurch Morbus hämolyticus neonatorum	Postpartale Behandlung (mehrere Krankenhausaufenthalte) nebst vier Blutaustauschtransfusionen	Kind im Mutterleib	Sprachentwicklungsstörung, eine leichte Koordinationsstörung und Konzentrationsstörungen als Folge einer Hirnschädigung	Die Höhe des Schmerzensgelds erscheint wegen der dauerhaften Beeinträchtigung des Kl. in seiner sprachlichen Ausdrucksfähigkeit, die zahlreiche Untersuchungen, Behandlungen und Therapien nötig gemacht haben und ihn langfristig begleiten werden, angemessen. Zugleich wird mit der Bemessung des Schmerzensgeldes auch der Tatsache Rechnung getragen, dass dem Bekl. hier ein grober Behandlungsfehler unterlaufen ist	LG Berlin 10.1.2013 6 O 34/08
2627	€76 694 + immat. Vorbehalt *(€ 94 598)*	Hirnfunktionsstörung durch groben Behandlungsfehler bei Geburt		Männl. Säugling	Hirnschaden	Aufgrund nicht erkannter Sauerstoffunterversorgung kam es zu Hirnfunktionsstörungen, die zu einer pränatalen Dystrophie führten. Der Kläger ist lernbehindert und kann lediglich eine Sonderschule besuchen ohne dass Aussicht auf einen Schulabschluss besteht. Er leidet an motorischen Ausfallerscheinungen; es wird ihm nicht möglich sein, einen Beruf auszuüben, der durchschnittliche geistige Anforderungen stellt	OLG Frankfurt am Main 21.6.2005 8 U 152/01 RiOLG Stefan Göhre
2628	€100 000 *(€ 119 729)*	Gehirnschaden aufgrund fehlerhafter geburtshilflicher Überwachung und dadurch bedingter Sauerstoffmangel		Männlicher Säugling		Der Kläger war während seines Lebens aufgrund eines Sauerstoffmangelzustandes schwerst geschädigt. Insbesondere war er in seiner Entwicklung retardiert und seine intellektuelle Leistungsfähigkeit war im Grenzbereich zwischen geistiger Behinderung und Lernbehinderung angesiedelt. Weiterhin war seine Motorik erheblich gestört und es bestanden Gleichgewichtsprobleme und damit verbundene Gangprobleme. Der Kläger wurde nur 10 Jahre alt. Angesichts der relativ kurzen Leidenszeit hielt die Kammer ein Schmerzensgeld von €100 000 für angemessen, aber auch für ausreichend	LG Nürnberg-Fürth 22.2.2007 4 O 8774/00 RA Friedrich Raab, Nürnberg
2629	€110 000 + immat. Vorbehalt *(€ 125 343)*	Geburtsschaden nach monochorisch-monoamniotische Zwillingsschwangerschaft (Entwicklung der Zwillinge in einer Fruchtblase); Sauerstoffunterversorgung nach Nabelschnurverschlingung mit Hirnschädigung	Die Klägerin musste langfristig in der Kinderklinik versorgt werden	Säugling, zzt. des Urteils 11 ½-jähr. Mädchen	Mehrfachbehinderung: rechtsbetonte Bewegungsstörung, deutliche Störung des Sprachvermögens, der intellektuellen Leistungsfähigkeit und der Wahrnehmung. Es sind zwar Besserungen zu erwarten, die Behinderung wird aber zeitlebens bestehen	Insb. steht fest, dass die Behinderung ein Leben lang andauern wird, sodass (die Klägerin ist heute 11 ½ Jahre alt; durchschnittliche Lebenserwartung für Frauen in Deutschland [Stand heute] rd. 80 Jahre) zum Zeitpunkt der letzten mündlichen Verhandlung in der Berufungsinstanz abschließende Feststellungen zu künftigen immat. Schäden nicht getroffen werden können. Weiter ist zu berücksichtigen, dass bislang seitens der Beklagten oder des hinter ihr stehenden Haftpflichtversicherers keinerlei Schadensregulierung vorgenommen wurde	OLG Naumburg 11.3.2010 1 U 36/09 GesR 2010, 373

● Mithaftung (siehe vorletzte Spalte)

Geburtsschäden — Urteile lfd. Nr. 2630 – 2632

Lfd. Nr.	Betrag DM **Euro** *(Anp.2019)*	Verletzung	Dauer und Umfang der Behandlung; Arbeitsunfähigkeit	Person des Verletzten	Dauerschaden	Besondere Umstände, die für die Entscheidungen maßgebend waren	Gericht, Datum der Entscheidung, Az., Veröffentlichung bzw. Einsender

Fortsetzung von »Geburtsschäden - Hirnschäden«

Lfd. Nr.	Betrag	Verletzung	Dauer/Umfang	Person	Dauerschaden	Besondere Umstände	Gericht
2630	€ 125 000 *(€ 143 824)*	Tod nach 4 ½ Jahren aufgrund eines schweren Behandlungsfehlers bei der Geburt		4 ½-jähr. Junge		Das Kind wurde nach der Geburt massiv überbeatmet und behandlungsfehlerhaft nur unzureichend kontrolliert. Die schwere Hirnschädigung ist durch eine aufgetretene und nicht bzw. verspätet behandelte Hypokapnie verursacht worden. Es bestand ein hochgradiger Hydrocephalus, eine spastische Tetraparese, kortikale Blindheit und Hörschädigung, Skoliose der Lendenwirbelsäule und hochgradige Hüftdysplasie. Die psychomotorische Entwicklung blieb aus. Das Kind war bis zu seinem Tod nicht in der Lage, ein eigenständiges Leben zu entwickeln. Es benötigte durchgängig intensive Betreuung, Beaufsichtigung und Pflege. Die Ernährung erfolgte über eine Magensonde.	LG Göttingen 12.6.2008 2 O 1114/06 LG Göttingen
2631	250 000 € 125 000 + immat. Vorbehalt *(€ 165 524)*	Gehirnschädigung infolge Sauerstoffmangels bei der Geburt mit geistigen und körperlichen Behinderungen, zerebrale Bewegungsstörung in Form einer Tetraparese vom Mischtyp (hypoton und spastisch)		Kind	Tetraparese, fast vollständiges Fehlen der Sprachentwicklung; Klägerin, die auf Rollstuhl angewiesen ist, kann weder essen noch gehen, kann Ausscheidungen nicht kontrollieren		OLG Stuttgart 19.9.2000 14 U 69/99 VersR 2002, 235
2632	€ 175 000 *(€ 190 420)*	Geburtsschaden: schwerster Residualschaden nach vorkindlicher Hirnschädigung mit schwerer Mehrfachbehinderung und psychomentaler Retardierung	Pflegefall	Kind im Mutterleib	Der Kläger ist geistig auf dem Niveau eines 2–3-Jährigen, realisiert aber seine Behinderung in gewissem Umfang. Er muss gefüttert und gewickelt werden und ist komplett inkontinent. Seine Grobmotorik funktioniert im Wesentlichen, er kann – wenn auch unsicher – laufen, aber die Feinmotorik ist schlecht ausgebildet. Er ist extrem weitsichtig und schielt. Er hat eine Hörleistung von 50% auf dem rechten Ohr, auf dem linken Ohr ist er taub. Aufgrund seiner Spastik musste er sich bereits einer Hüftoperation unterziehen	Unter Berücksichtigung dieser schweren und andauernden Schäden erschien dem LG der genannte Betrag angemessen, wobei auch berücksichtigt wurde, dass der Kläger Lebensfreude entwickeln und diese auch ausleben kann. Aufgrund seiner geistigen Behinderung und da er von Geburt an mit der Behinderung lebt, ist ihm ein anderer Zustand auch unbekannt. Das OLG hat den vom LG angenommenen Betrag von € 175 000 – auch unter Beachtung weiterer vergleichbarer Entscheidungen anderer Gerichte – für erforderlich und angemessen erachtet	OLG Oldenburg (Oldenburg) 28.11.2012 5 U 182/11

Fortsetzung von »Geburtsschäden - Hirnschäden«

Lfd. Nr.	Betrag DM **Euro** *(Anp.2019)*	Verletzung	Dauer und Umfang der Behandlung; Arbeitsunfähigkeit	Person des Verletzten	Dauerschaden	Besondere Umstände, die für die Entscheidungen maßgebend waren	Gericht, Datum der Entscheidung, Az., Veröffentlichung bzw. Einsender
2633	€ 200 000 + immat. Vorbehalt *(€ 223 579)*	Hirnschädigung durch fehlerhafte Geburtsbetreuung und Neugeborenen-Erstversorgung mit Mikrozephalie, spastisch beinbetonte Tetraparese sowie geistige Behinderung mit symptomatisch zerebralen Krampfanfällen		Neugeborenes Mädchen	Geschädigte wird ein alleiniges selbstständiges Leben nicht führen können und lebenslang einer umfassenden Pflege bedürfen	Die Erheblichkeit dieser Beeinträchtigungen erfordert ohne Zweifel die Zuerkennung eines erheblichen Schmerzensgeldes. Andererseits ist zu berücksichtigen, dass die Klägerin durchaus in der Lage ist, Kontakte zu ihrer Umwelt aufzunehmen; auch ist ihr die Teilhabe am täglichen Leben nicht verwehrt. Aufgrund der Gesamtsituation der Klägerin und unter Berücksichtigung ihrer Darstellung, wonach sie auch an einer Epilepsie und einer hochgradigen Sehstörung leidet, hält der Senat bei einer vergleichenden Betrachtung ähnlich gelagerter Fälle zum Ausgleich der Beeinträchtigungen das zuerkannte Schmerzensgeld für angemessen, aber auch ausreichend	OLG Düsseldorf 17.3.2011 8 U 108/09 NZB zurückgew. d. BGH, Beschl. v. 22.5.2012 – VI ZR 121/11
2634	€ 200 000 + immat. Vorbehalt *(€ 207 220)*	Geburtsschaden: Hirnblutung mit periventrikulärer Leukomalazie		Neugeborener	Beidseitige, aber rechts betonte spastische Tetraparese. Bei der Motorik sind alle Gliedmaßen betroffen, sodass insb. ein erschwertes Gangbild vorliegt. Insgesamt zeigen sich deutlich abnorme Haltungs- und Bewegungsmuster und ein Rundrücken sowie feinmotorische Störungen in den Unterarmen. Der Kläger hat zwar trotz einer vorliegenden Störung der kognitiven Entwicklung Lesen, Schreiben und Rechnen gelernt und auch einen Hauptschulabschluss erreicht, der ihn nach Absolvieren einer Ausbildung auch befähigt, möglicherweise auf dem freien Markt einen Arbeitsplatz zu finden; der Kläger, der bislang von seiner Mutter bestens umsorgt und mit allen nur erdenklichen Therapien gefördert worden ist, benötigt jedoch eine geschützte Umgebung z.B. im Rahmen eines betreuten Wohnprojekts. Der Kläger hat deswegen auch die Pflegestufe 2, weil er nicht in der Lage sein wird, völlig selbstständig auf eigenen Füßen zu stehen. Es kommt hinzu, dass der Kläger neben einer zerebralen Sehstörung auch psychische Störungen hat und sich nur langsam gegenüber nicht vertrauten Personen öffnet	Vor diesem Hintergrund hält der Senat ein Schmerzensgeld i.H.v. **€ 200 000** für angemessen, aber auch ausreichend, um die Beeinträchtigungen des Klägers infolge des Behandlungsfehlers abzugelten. Ein solches Schadensbild bei Beeinträchtigung der körperlichen und auch geistigen/seelischen Funktionen erfordert ein nicht unerhebliches Schmerzensgeld, um dadurch die nur eingeschränkte Lebensqualität infolge eines groben Behandlungsfehlers auszugleichen. Ein höheres Schmerzensgeld hält der Senat unter Berücksichtigung ähnlicher oder deutlich schlimmerer Einschränkungen für nicht gerechtfertigt (vgl. OLG Koblenz Urt. v. 29.10.2009 – 5 U 55/09; OLG Düsseldorf Urt. v. 15.3.2012 – 8 U 161/10). Insoweit hat der Senat auch berücksichtigt, dass der Kläger wegen seiner Behinderung im Rahmen seiner schulischen Laufbahn erheblichen Belastungen ausgesetzt war, sodass er mehrfach die Schule wechseln musste	OLG Hamm 13.10.2017 26 U 46/12

● Mithaftung (siehe vorletzte Spalte)

Lfd. Nr.	Betrag DM **Euro** *(Anp.2019)*	Verletzung	Dauer und Umfang der Behandlung; Arbeitsunfähigkeit	Person des Verletzten	Dauerschaden	Besondere Umstände, die für die Entscheidungen maßgebend waren	Gericht, Datum der Entscheidung, Az., Veröffentlichung bzw. Einsender

Fortsetzung von »Geburtsschäden - Hirnschäden«

Lfd. Nr.	Betrag	Verletzung	Dauer	Person	Dauerschaden	Besondere Umstände	Gericht
2635	€ 250 000 + immat. Vorbehalt *(€ 277 429)*	Geburtsschaden infolge Frühgeburt (25. Schwangerschaftswoche mit einem Gewicht von weniger als 1.000 g). Atemnotsyndrom 3. und eine Hirnblutung 4. Grades		Neugeborene, Mädchen	Die heute 14 1/2 Jahre alte Klägerin ist mehrfach behindert. Sie leidet unter Partialepilepsie, wobei aktuell keine epileptische Symptomatik besteht, ataktischer Cerebralparese, schwerer rechtskonvexer Skoliose, Kontrakturen der Hüfte und endgradiger Beugekontraktur Sprunggelenke/Hüfte beidseits, deutlicher Visuseinschränkung, Gesichtsfeldeinschränkung rechts, Ataxie, schwerer Wahrnehmungsverarbeitungsstörung sowie mentaler Retardierung im Sinne einer geistigen Behinderung. Die Klägerin ist auf einen Rollstuhl angewiesen. Die Bewegungen aus oder in den Rollstuhl sind nur mit Hilfen möglich. Sie bedarf in allen Lebenslagen der Hilfe oder der Aufsicht. Die Klägerin besucht eine Schule für Körperbehinderte. Ihr ist kein Lesen und Schreiben möglich, Rechnen nur im Zahlenraum bis 10 und ihr Sprechen ist deutlicher verlangsamt. Eine Teilnahme am sozialen Leben ist der Klägerin unmöglich. Der Gesundheitsschaden befindet sich nach wie vor in der Entwicklung	Das Verschulden des Beklagten ist als hoch zu qualifizieren. Ihm ist ein Fehler unterlaufen, der einem Arzt schlechterdings nicht unterlaufen darf. Er hat auf eindeutige Frühgeburtsbestrebungen nicht reagiert. Insgesamt bemisst sich das Schmerzensgeld damit im oberen Rahmen der in etwa vergleichbaren Fällen zuerkannten Entschädigungsbeträge, mithin in Höhe von € 250 000	OLG Frankfurt am Main 1.11.2011 8 U 184/09
2636	€ 250 000 + immat. Vorbehalt *(€ 260 806)*	Geburtsschaden		Junge	Allgemeine Entwicklungsstörung, expressive Sprachentwicklungsstörung, motorische Koordinationsstörung, Epilepsie, orthopädische Probleme, Atmungsstörungen	Bleibt ein CTG pathologisch und ist eine Fetalblutgasanalyse nicht möglich, ist die Geburt mittels Sectio zu beenden. Das Unterlassen einer gebotenen dauernden CTG-Überwachung kann als grober Behandlungsfehler zu bewerten sein. Auch das Überschreiten der sog. EE-Zeit von 20 min um fast das Doppelte kann als grober Behandlungsfehler einzustufen sein. Bei einer allgemeinen Entwicklungsstörung auch im Bereich der geistigen Entwicklung kann ein Schmerzensgeld von € 250 000 angemessen sein, wenn bei entsprechender Förderung die Stufe eines 7- bis 8-jähr. Kindes erreicht werden kann	OLG Hamm 4.4.2017 26 U 88/16 juris
2637	€ 250 000 *(€ 279 474)*	Hirnschädigung eines Neugeborenen infolge mangelhafter Überwachung der Sauerstoffversorgung bei Krampfanfällen nach der Geburt		Neugeborener Junge	Diffuse Hirnschädigung, die alle Teilbereiche der Entwicklung betrifft und Hirnödem; deutliche Retardierung	Es findet sich kein typisches Muster eines reinen Sauerstoffmangels in Form spastischer Diplegie oder Tetraplegie	OLG Nürnberg 25.3.2011 5 U 1786/10

Fortsetzung von »Geburtsschäden - Hirnschäden«

Lfd. Nr.	Betrag DM Euro (Anp.2019)	Verletzung	Dauer und Umfang der Behandlung; Arbeitsunfähigkeit	Person des Verletzten	Dauerschaden	Besondere Umstände, die für die Entscheidungen maßgebend waren	Gericht, Datum der Entscheidung, Az., Veröffentlichung bzw. Einsender
2638	€ 260 000 + immat. Vorbehalt (€ 318 111)	Schweres psycho-neurologisches Residualsyndrom aufgrund einer sehr schweren hypoxisch-ischämischen Enzephalopathie Grad III mit Atemstörungen, Muskeltonusanomalien und weiteren Einschränkungen		Kind, zum Urteilszeitpunkt 9 Jahre alt	Kläger ist schwer körperlich und geistig behindert und rund um die Uhr auf Betreuung und Zuwendung angewiesen; eigenständige Nahrungsaufnahme nicht möglich; Kommunikation nur sehr eingeschränkt gegeben; nachts muss Kläger umgelagert werden, benötigt Überwachungsgerät; körperlich zu fast keinerlei Aktivitäten in der Lage, auf Rollstuhl angewiesen; starke Lungenschädigung	Schwerer ärztlicher Behandlungsfehler bei der Entbindung; neben dem Arzt haftet auch der Betreiber des Geburtshauses; Besuch einer Schule für geistig behinderte Kinder nur mit Hilfe möglich	OLG Hamm 16.1.2006 3 U 207/02 VersR 2006, 512 bestätigt durch BGH (VI ZR 43/06)
2639	€ 275 000 + immat. Vorbehalt (€ 315 049)	Sauerstoffunterversorgung eines Säuglings nach der Geburt	Ständige physiotherapeutische Behandlung; regelmäßige schmerzhafte Spritzenkur mit Botulinum, um die Spastik zu mindern; Zungenbandplastik; 9 stationäre Krankenhausaufenthalte zur Behandlung der Spitzfußstellung; Operationen an der linken Wade und am linken Oberschenkel	Säugling, z. Zt. des Urteils 12-jähr. Mädchen	Ausgeprägte spastisch-kinetische doppelte Hemiparese links, Hüftdysplasie, leichte mentale Retardierung und universelle Dyslalie sowie Störungen in der Zungen- und Lippenkoordination und Dysphonie	Kl. ist nach wie vor auf intensive ergo- und physiotherapeutische Behandlungen sowie Hilfsmittel angewiesen; ihr Lauf- und Stehvermögen konnte jedoch ebenso verbessert werden, wie die Motorik der linken Hand; berücksichtigt, dass den Bekl. ein grober Behandlungsfehler vorzuwerfen ist	Brandenburgisches OLG 25.2.2010 12 U 60/09 VersR 2010, 1601 RAin Sander, Berlin

● Mithaftung (siehe vorletzte Spalte)

Fortsetzung von »Geburtsschäden - Hirnschäden«

Lfd. Nr.	Betrag DM Euro (Anp.2019)	Verletzung	Dauer und Umfang der Behandlung; Arbeitsunfähigkeit	Person des Verletzten	Dauerschaden	Besondere Umstände, die für die Entscheidungen maßgebend waren	Gericht, Datum der Entscheidung, Az., Veröffentlichung bzw. Einsender
2640	€ 300 000 + immat. Vorbehalt (€ 370 896)	Schwerste Hirnschädigung durch groben Behandlungsfehler bei Geburt		Männlicher Säugling	MdE: 100%	Der Kläger ist blind; er leidet unter einer spastischen Tetraparese; Krampfanfällen, psychomotorischer Retardierungen und einer ausgeprägten Hirnatrophie. Er kann nicht frei sitzen, laufen oder krabbeln; ein gezieltes Greifen ist kaum möglich; Kontaktaufnahme ist nur über Körperkontakt gekoppelt mit Sprache möglich. Der Kläger selbst kann nur lautieren und auch sein Sprachverständnis ist stark eingeschränkt. Aufgrund der stark eingeschränkten Mundmotorik kann der Kläger bis zum heutigen Tag nur über breiige Kost ernährt werden. Die Behinderungen sind mithin für seinen weiteren Lebensweg in höchstem Maße belastend. Es sind sowohl intellektuelle, als auch motorisch gravierende Ausfälle vorhanden. Er wird Zeit seines Lebens auf fremde Hilfe angewesen sein. In der Rechtsprechung sei zwar anerkannt, dass bei derart gravierenden Geburtsschädigungen Schmerzensgelder i.H.v. bis € 500 000 angemessen sind (vgl. OLG Hamm VersR 2003, 1163). Im vorliegenden Fall ist zu berücksichtigen, dass die Schädigungen des Klägers indes etwas weniger gravierend sind, als in dem zuvor zitierten Fall. Der Kläger kann zumindest in geringem Umfang mit anderen Menschen Kontakt aufnehmen. Mithin erachtet die Kammer eine deutliche Reduzierung des im vorliegenden Fall ausgeurteilten Schmerzensgeldbetrages für angemessen	LG Bochum 1.12.2004 6 O 95/03 RA Dr. Riemer, Brühl
2641	€ 300 000 (€ 368 750)	Schwerste Hirnschädigung durch schwere Behandlungsfehler bei Geburt		Weiblicher Säugling	MdE: 100%	Dem Beklagten sei zunächst schon im Zusammenhang mit der Gabe von Oxytocin ein Behandlungsfehler unterlaufen. Überdies hätte er bereits angesichts der Frühgeburtlichkeit, des Blasensprungs, des Amnioninfektionssyndroms die Indikation für eine Sectio stellen müssen. Auch sei die relative Fehllage der Klägerin erkennbar gewesen. Bei korrektem ärztlichen Verhalten wären die Blutungen und die damit verbundenen Behinderungen der Klägerin vermieden worden. Die Klägerin wird für den Rest ihres Lebens schwerstbehindert und auf ständige Pflege angewiesen sein. Sie wird weder einen Beruf ergreifen, noch eine Familie gründen können. Der Besuch zumindest einer Regelschule und der entsprechenden Kontakte zu anderen Kindern sind unmöglich	LG Stade 6.7.2005 5 O 275/04 OLG Celle 27.2.2006 1 U 68/05 RA Dr. Riemer, Brühl

Fortsetzung von »Geburtsschäden - Hirnschäden«

Lfd. Nr.	Betrag DM **Euro** *(Anp.2019)*	Verletzung	Dauer und Umfang der Behandlung; Arbeitsunfähigkeit	Person des Verletzten	Dauerschaden	Besondere Umstände, die für die Entscheidungen maßgebend waren	Gericht, Datum der Entscheidung, Az., Veröffentlichung bzw. Einsender
2642	€ 300 000 *(€ 365 367)*	Schweres Residualsyndrom mit inkompletter Lähmung aller Extremitäten und schwerer psychomotorischer sowie mentaler Retardierung		Mädchen, zum Urteilszeitpunkt 9 ½ Jahre alt	Schwere körperliche und geistige Behinderung; stets auf Hilfe und umfassende Pflege Dritter angewiesen, mit denen sie nicht einmal einen dauerhaften Blickkontakt aufnehmen kann; Sehfähigkeit liegt bei unter 20%; kann nicht sprechen, daher keine verbale Kommunikation möglich; muss gefüttert werden und wegen Inkontinenz Windeln tragen	Grober ärztlicher Behandlungsfehler durch zu späte Entscheidung für eine Schnittentbindung und dadurch eingetretene Sauerstoffunterversorgung; Klägerin werden alle Entfaltungsmöglichkeiten verwehrt bleiben	OLG Celle 27.2.2006 1 U 68/05 VersR 2007, 543
2643	€ 300 000 *(€ 374 383)*	Schwerste psychomotorische Retardierung mit Tetraspastik und linksseitiger Hirnschädigung unter Einbeziehung der Sehrinde		Kleinkind, zum Urteilszeitpunkt 7 Jahre alt	Psychomotorische Retardierung mit Spastik aller vier Gliedmaßen, Halbseitenblindheit rechts mit linksseitiger Schädigung des Gehirns; rollstuhlabhängig, zeitlebens in höchstem Maße auf die Hilfe anderer angewiesen; verfügt über keine sprachliche Kommunikation	Schwere ärztliche Kontroll- und Behandlungsfehler nach Geburt; Kläger wurde in eine Schule für geistig Behinderte eingeschult; beim Kläger handelt es sich um das kleinere Kind einer Zwillingsgeburt, das per se ein höheres Risiko für Zerebralschäden leichterer Natur trägt; bei der Bemessung des Schmerzensgeldes kann jedoch nicht vom Eintritt dieses Risikos ausgegangen werden	OLG Koblenz 5.7.2004 12 U 572/97 VersR 2005, 1738; NJW 2005, 1200

● Mithaftung (siehe vorletzte Spalte)

Lfd. Nr.	Betrag DM **Euro** *(Anp.2019)*	Verletzung	Dauer und Umfang der Behandlung; Arbeitsunfähigkeit	Person des Verletzten	Dauerschaden	Besondere Umstände, die für die Entscheidungen maßgebend waren	Gericht, Datum der Entscheidung, Az., Veröffentlichung bzw. Einsender

Fortsetzung von »Geburtsschäden - Hirnschäden«

Lfd. Nr.	Betrag	Verletzung	Dauer	Person	Dauerschaden	Besondere Umstände	Gericht
2644	€ 300 000 + immat. Vorbehalt *(€ 331 875)*	Schwerste Hirnschädigungen durch (grob fehlerhafte) verspätete Entbindung nach Eintritt eines Nabelschnurvorfalles	Schwerstbehinderung	Neugeborenes Kind (Junge)	Schwerstbehinderung	Für die Beurteilung der Höhe des Schmerzensgeldes waren vor diesem Hintergrund vorliegend von entscheidender Bedeutung insbesondere das Maß der Lebensbeeinträchtigung sowie Ausmaß und Schwere der psychischen und physischen Störungen des Klägers, das Alter des Klägers zum Zeitpunkt der Schädigung, mithin die Tatsache, dass er von Geburt an ein in erheblichem Maße reduziertes Leben führen muss sowie auch die zu erwartende Fortdauer des derzeitigen Gesundheitszustands in unverändertem Maße. Der Kläger wird nie ein selbstständiges Leben führen können. Eine Kommunikation mittels Sprache und Gebärden ist nur schwer oder nur mit vertrauten Personen möglich. Er kann sich nicht selbstständig fortbewegen und bedarf in allen Lebenslagen der Unterstützung Dritter. Vor diesem Hintergrund hält der Senat ein Schmerzensgeld i.H.v. € 300 000 für angemessen und ausreichend, wobei sich das Schmerzensgeld im unteren Bereich des von Gerichten bei schwersten Hirnschädigungen zugesprochenen Schmerzensgeld einordnet. Danach kann der Kläger nur mittels eines Sprachcomputers, den er aufgrund seiner eingeschränkten Handmotorik nur mittels eines Spezial-Joysticks bedienen kann, kommunizieren. Das Erlernen der Gebärdensprache ist dem Kläger aufgrund der motorischen Einschränkung nicht möglich. Der Kläger kann mit einem Gehwagen nur kurze Strecken zu Fuß zurücklegen und ist nicht in der Lage, einen Rollstuhl von Hand zu bewegen. Weiter bedarf er bei den alltäglichen Dingen wie insbesondere Essen und Trinken, Toilettengang der Unterstützung Dritter	OLG München 23.12.2011 1 U 3410/09 juris

Lfd. Nr.	Betrag DM Euro (Anp.2019)	Verletzung	Dauer und Umfang der Behandlung; Arbeitsunfähigkeit	Person des Verletzten	Dauerschaden	Besondere Umstände, die für die Entscheidungen maßgebend waren	Gericht, Datum der Entscheidung, Az., Veröffentlichung bzw. Einsender
	Fortsetzung von »Geburtsschäden - Hirnschäden«						
2645	€ 300 000 + immat. Vorbehalt (€ 346 304)	Tonische Krampfanfälle, Subarachnoidalblutung mit Einbruch in die Hinterhörner der Seitenventrikel subdurales Hämatom im subakutem Stadium rechtsbetont, Infarkt links		Kleinkind, zum Urteilszeitpunkt 13 Jahre alt	Hirnschädigung in Form einer schweren infantilen Cerebralparese in Verbindung mit einer ausgeprägten geistigen Behinderung; abnorme Kleinheit des Kopfes; neurale Störung der Blasenkontrolle; Innenschielen; spastisch beinbetonte und vorwiegend rechtsbetonte Tetraparese; dauerhaft auf permanente Hilfe angewiesen; wöchentliche krankengymnastische Therapien, orthopädische Kontrollen etc.	Grober ärztlicher Behandlungsfehler in Form einer fehlerhaften ärztlichen Geburtsleitung; es wurde versäumt, eine Mikroblutuntersuchung durchzuführen, nachdem sich ein deutlich pathologisches Computertomogramm gezeigt hatte; im Alter von ca. 8 Jahren hat Kläger im Bereich der Grobmotorik den Entwicklungsstand eines nur 16 – 17 Monate alten Jungen erreicht gehabt; im Bereich Sprachentwicklung massiver Entwicklungsrückstand; im Alter von 8 Jahren konnte Kläger nur „Mama" gerichtet sprechen und Sprachlaute imitieren; gleiches gilt für die Bereiche Feinmotorik / Adaption und soziale Kontaktfähigkeit; künftiges Auftreten von epileptischen Krisen möglich, Thromboseneigung	OLG Oldenburg (Oldenburg) 28.5.2008 5 U 28/06
2646	€ 350 000 (€ 438 325)	Inkomplette Lähmung aller vier Extremitäten, hochgradige Sehbehinderung, Hüftluxation, Epilepsie	Zahlreiche Krankenhausaufenthalte mit mehreren Operationen	Kleinkind	In allen lebenspraktischen Bereichen vollständig auf Betreuung Dritter angewiesen; nahezu blind; muss gefüttert werden; harn- und stuhlinkontinent; nicht in der Lage, nach Gegenständen zu greifen; Auge-Hand-Koordination besteht nicht, keine aktive Gleichgewichtsreaktion, Kopfkontrolle mangelhaft, kein Orientierungssinn; kann zwar Freude zeigen, Angst und Schmerzen empfinden, jedoch keine verbale Kommunikation möglich	Ärztlicher Behandlungsfehler; Beeinträchtigungen derartigen Ausmaßes verlangen angesichts des hohen Werts der Persönlichkeit und der Würde des Menschen eine herausragende Entschädigung	OLG Braunschweig 22.4.2004 1 U 55/03 VersR 2004, 924

● Mithaftung (siehe vorletzte Spalte)

Lfd. Nr.	Betrag DM Euro (Anp.2019)	Verletzung	Dauer und Umfang der Behandlung; Arbeitsunfähigkeit	Person des Verletzten	Dauerschaden	Besondere Umstände, die für die Entscheidungen maßgebend waren	Gericht, Datum der Entscheidung, Az., Veröffentlichung bzw. Einsender
\multicolumn{8}{l}{Fortsetzung von »Geburtsschäden - Hirnschäden«}
2647	€ 350 000 + immat. Vorbehalt (€ 379 286)	Hypoxisch-ischämischen Enzephalopathie durch Versäumnisse bei der Geburtsleitung		Mädchen	Das Kind kann nur auf dem Rücken liegen und ist zu selbstständigen Bewegungen nicht imstande; es erhielt zunächst Leistungen der Pflegestufe I, danach der Pflegestufe III eingeordnet	Bei schwersten Hirnschäden ist mit dem Schmerzensgeld der in der mehr oder weniger weitgehenden Zerstörung der Persönlichkeit bestehende Verlust, der für sich einen immateriellen Schaden darstellt, auszugleichen (vgl. BGH NJW 1993, 781). Dabei sind diejenigen Umstände, die dem Schaden im Einzelfall sein Gepräge geben, eigenständig zu bewerten und es ist aus der Gesamtschau die angemessene Entschädigung für das sich bietende Schadensbild zu finden (vgl. BGH NJW 1993, 781). Vorliegend ist die bei der Klägerin bestehende Hirnschädigung besonders stark ausgeprägt. Die Klägerin ist nicht in der Lage, sich eigenständig fortzubewegen, zu sitzen, zu stehen, zu essen, zu trinken oder zu sprechen. Die Nahrungsaufnahme ist auf pürierte oder flüssige Kost beschränkt wobei für jede Mahlzeit ca. 50–60 Minuten anfallen und bei der Klägerin erhebliche Schluckbeschwerden bestehen. Die Klägerin kann auch nicht gezielt nach Gegenständen greifen und diese festhalten. Sie ist angesichts dessen rund um die Uhr hinsichtlich aller Lebensfunktionen auf die Hilfe und Unterstützung ihrer Eltern angewiesen und sie wird nie ein selbstbestimmtes eigenes Leben führen können. Dabei ist sie kognitiv zwar in der Lage, ihr bekannte Personen zu erkennen und auf diese zu reagieren. Sie kann sich jedoch nur in einem geringen Umfang durch Lautieren und Grimassieren äußern und dadurch im Sinne von Ja/Nein-Äußerungen gewisse Wünsche artikulieren oder Ablehnung signalisieren. Zustimmung oder Zufriedenheit kann sie gegenüber ihren Eltern durch ein Lächeln zum Ausdruck bringen. Insgesamt ist die Persönlichkeit der Klägerin damit in einem ganz erheblichen Umfang durch die fehlerhafte geburtshilfliche Behandlung in der Klinik des Beklagten zu 3) zerstört worden. Da dieser Zustand von Geburt an besteht, fehlt es dagegen an einem besonderen persönlichen Leidensdruck, der bei der Höhe der Entschädigung ebenfalls zu berücksichtigen ist. Unter Berücksichtigung dieser Gesamtumstände hält der Senat ein Schmerzensgeld i.H.v. insgesamt € 350 000 zum Ausgleich der durch die fehlerhafte Geburtsleitung erlittenen Nachteile für angemessen, aber auch für ausreichend	OLG Düsseldorf 18.4.2013 8 U 24/12

Urteile lfd. Nr. 2648 – 2650 Geburtsschäden

Lfd. Nr.	Betrag DM Euro (Anp.2019)	Verletzung	Dauer und Umfang der Behandlung; Arbeitsunfähigkeit	Person des Verletzten	Dauerschaden	Besondere Umstände, die für die Entscheidungen maßgebend waren	Gericht, Datum der Entscheidung, Az., Veröffentlichung bzw. Einsender
\multicolumn{8}{l}{Fortsetzung von »Geburtsschäden - Hirnschäden«}							
2648	€ 350 000 + immat. Vorbehalt (€ 403 145)	Hirnschädigung mit schwersten mehrfachen Behinderungen		Kleinkind	Freies Sitzen, Stehen, Fortbewegung oder Greifen nicht möglich; schwerer Entwicklungsrückstand mit geistiger Behinderung und fehlendem Sprachvermögen; vollständige Pflegebedürftigkeit	Grob fehlerhafte Verzögerung eines gebotenen Kaiserschnitts um 12 Minuten nach Scheitern einer Vakuumextraktion infolge Abreißens der Saugglocke; dadurch Sauerstoffmangelversorgung des Gehirns während der Geburt; mit Auftreten weiterer Schäden ist zu rechnen	OLG Koblenz 26.2.2009 5 U 1212/07 RiOLG Weller, Koblenz
2649	€ 375 000 + immat. Vorbehalt (€ 431 006)	Durch Sauerstoffmangel bedingte Hirnschädigung mit der Folge epileptischer Anfälle, unzureichende Lungenversorgung		Kleinkind, zum Urteilszeitpunkt 7 Jahre alt	Völlige Hilflosigkeit, extreme Kurzsichtigkeit (Dioptrien – 6), erhebliche Schwerhörigkeit auf dem linken Ohr; schwerste spastische Lähmungen, die auch die zum Schlucken erforderliche Muskulatur betreffen; infolge der unzureichenden Lungenversorgung muss dem Kläger immer wieder über ein Gerät Sauerstoff zugeführt werden; Mikrozephalie (Kopfumfang nur 42,5 cm; Pflegestufe III)	Mehrere grobe und einfache Behandlungs- und Befunderhebungsfehler anlässlich der Entwicklung des Klägers; ist in der Lage, emotionale Zuwendung seitens der Eltern zu beantworten; kann bei Wohlbefinden lachen und ausdrücken, wenn ihn etwas stört (beginnt dann zu weinen); andere Arten der Anteilnahme in seiner Umgebung kann er jedoch nicht äußern	LG Dortmund 24.9.2008 4 O 159/04
2650	€ 400 000 (€ 489 401)	Schwerste Hirnschädigung infolge groben Behandlungsfehler bei Geburt		Weiblicher Säugling	MdE: 100%	Die Klägerin hat eine schwere psychoneurologische Behinderung in Form einer Tetraparese mit einer zentralnervösen schweren Wahrnehmungsstörung und einer schwerwiegenden Sehbehinderung als Folge einer schweren Hirnschädigung infolge Sauerstoffmangels unter der Geburt erlitten. Sie ist motorisch und cerebral zu 100% schwerstbehindert und zeitlebens auf fremde Hilfe angewiesen. Klägerin kann sich ohne fremde Hilfe nicht fortbewegen; sie kann nicht alleine sitzen oder liegen; sie kann sich auch nur mit fremder Hilfe ernähren; sie ist fast blind und taub und kann sich verbal nicht ausdrücken; ihre Mimik und Gestik sind eingeschränkt. Der Senat schätzt die Situation der Klägerin nicht ganz so schlecht ein, wie die Situation, die das OLG Hamm in dem dort entschiedenen Fall zu beurteilen hatte (Schmerzensgeld € 500 000, VersR 2004, 386)	OLG Bamberg 16.1.2006 4 U 34/02 RA Dr. Riemer, Brühl

● Mithaftung (siehe vorletzte Spalte)

Lfd. Nr.	Betrag DM Euro (Anp.2019)	Verletzung	Dauer und Umfang der Behandlung; Arbeitsunfähigkeit	Person des Verletzten	Dauerschaden	Besondere Umstände, die für die Entscheidungen maßgebend waren	Gericht, Datum der Entscheidung, Az., Veröffentlichung bzw. Einsender

Fortsetzung von »Geburtsschäden - Hirnschäden«

Lfd. Nr.	Betrag	Verletzung	Dauer/Umfang	Person	Dauerschaden	Besondere Umstände	Gericht
2651	€ 400 000 + immat. Vorbehalt (€ 446 688)	Geburtsschaden (Hirnschädigung) wegen nicht rechtzeitig behandeltem Nabelschnurvorfall in einem sog. Geburtshaus	Schwerstpflegefall	Neugeborenes Mädchen	Hirnschaden mit Tetraplegie (komplette Lähmung aller vier Extremitäten) und statomotorischen Entwicklungsverzögerungen	Die Gesamtheit ihrer Einbußen an Lebensqualität, die durch die Fehler der Beklagten eingetreten sind, rechtfertigt ein Schmerzensgeld in der genannten Höhe. Dies gilt insbesondere unter Berücksichtigung von Ausmaß der Pflichtwidrigkeit und Verschulden der Beklagten zu 2 (Hebamme). Schmerzensgelderhöhend wirkt schließlich der Umstand, dass die Schwerstbehinderung der Klägerin durch zwei Pflichtwidrigkeiten der Beklagten zu 2 verursacht wurde, die sich mit nur geringem Aufwand hätten vermeiden lassen. Insbesondere hätte die Beklagte zu 2 eine brauchbare CTG-Aufzeichnung herstellen können, indem sie, was offensichtlich einfach war, den Schallkopf in die richtige Position gebracht hätte	KG Berlin 4.4.2011 20 U 111/08 NZB zurückgew. d. BGH, Beschl. v. 15.11.2011 VI ZR 128/11
2652	€ 400 000 + immat. Vorbehalt (€ 423 108)	Geburtsschaden: auf Sauerstoffmangel beruhende geburtsassoziierte Asphyxie und daraus resultierende post-asphyktische Enzephalopathie		Weibl. Säugling	Schwerstpflegefall	Angesichts des Umstandes, dass die Klägerin körperlich und geistig schwerstbehindert ist und ein lebenslanger Pflegefall bleibt, weil sie nicht in der Lage ist zu sprechen, sich selbstständig zu ernähren oder auch zu laufen, darüber hinaus regelmäßig orthopädische Übungen absolvieren und manchmal auch Operationen über sich ergehen lassen muss, weil die Sehnen nicht mitwachsen, hält der Senat zum Ausgleich für den Verlust der Lebensfreude eines gesunden Menschen einen Betrag von € 400 000 für durchaus angemessen, aber auch ausreichend, um die derzeit bekannten gesundheitlichen Probleme auszugleichen	OLG Hamm 30.10.2015 26 U 130/08

Lfd. Nr.	Betrag DM **Euro** *(Anp.2019)*	Verletzung	Dauer und Umfang der Behandlung; Arbeitsunfähigkeit	Person des Verletzten	Dauerschaden	Besondere Umstände, die für die Entscheidung maßgebend waren	Gericht, Datum der Entscheidung, Az., Veröffentlichung bzw. Einsender
	*Fortsetzung von »Geburtsschäden - Hirnschäden«*						
2653	€ 400 000 + immat. Vorbehalt *(€ 412 828)*	Geburtsschaden durch groben gynäkologischen Behandlungsfehler: Hirnschädigung mit schwersten Beeinträchtigungen der Kommunikationsfähigkeit, der selbstbestimmten Interaktionsmöglichkeiten sowie auch der körperlichen Beweglichkeit	MdE 100%	Männl. Säugling	Hirnschädigung	Auch wenn die danach bei dem Kläger eingetretenen Beeinträchtigungen erheblich sind, rechtfertigen sie jedoch nicht den von ihm für angemessen erachteten Schmerzensgeldbetrag i.H.v. € 500 000. Insoweit ist zu beachten, dass Maximalbeträge in der Größenordnung von € 500 000, wie der Kläger sie vorliegend für angemessen hält, von der Rechtsprechung lediglich bei allerschwersten Beeinträchtigungen zuerkannt werden (vgl. z.B. OLG Hamm, Urt. v. 21.5.2003 – 3 U 122/02). Diese schwersten Beeinträchtigungen liegen bei dem Kläger hingegen nicht vor. Immerhin geht er zu einer Förderschule, er kann – mit Hilfestellung – selbst essen und muss nicht über eine Sonde ernährt werden, er kann mithilfe von Orthesen laufen und mithilfe von Hörgeräten hören, er kann sehen und so zumindest eingeschränkt am Leben teilnehmen. Daher ist nach Ansicht des Senats unter Berücksichtigung der von der Rechtsprechung in vergleichbaren Fällen zuerkannten Beträge zum Ausgleich der erlittenen immateriellen Beeinträchtigungen ein Schmerzensgeld in Höhe von € 400 000 angemessen, aber auch ausreichend (vgl. insoweit auch OLG Bamberg, Urt. v. 19.9.2016 – 4 U 38/15; OLG Hamm, Urt. v. 30.10.2015 – 26 U 130/08; OLG München, Urt. v. 30.5.2007 – 1 U 3999/06)	OLG Hamm 19.3.2018 3 U 63/15 juris
2654	€ 400 000 *(€ 451 435)*	Schwere Hirnschädigung infolge fehlerhafter Geburtseinleitung	MdE von 100%. Allerschwerstes Restschadensyndrom mit vollständiger Hilflosigkeit, vollständiger und außerordentlich aufwendiger Pflegebedürftigkeit und einer schwerstmotorischen und geistigen Behinderung	Säugling		In Fällen schwerster Schädigung kann eine ausgleichspflichtige immat. Beeinträchtigung gerade darin liegen, dass die Persönlichkeit ganz oder teilweise zerstört ist	OLG Naumburg 10.12.2010 1 W 57/10 VersR 2011, 1273
2655	€ 410 000 *(€ 487 592)*	Hirnödem mit einer Rindenatrophie bei erweiterten äußeren Liquorräumen; zerebrales Anfallleiden, mittel- bis hochgradig kombinierte Schallleitungs- und Schallschwerhörigkeit, spastische Tetraparese		Kleinkind	Schwere zerebrale Schädigung; Kläger, der wie eine leblose Puppe herumgetragen werden muss, ist außerstande, jemals ohne fremde Hilfe zu existieren; kann sich nur über primitive Laute artikulieren	Schwerer ärztlicher Behandlungsfehler bei der Geburt des Klägers	OLG München 30.5.2007 1 U 3999/06 Prozessvergleich RA Dr. v. Schirach, München

● Mithaftung (siehe vorletzte Spalte)

Lfd. Nr.	Betrag DM **Euro** *(Anp.2019)*	Verletzung	Dauer und Umfang der Behandlung; Arbeitsunfähigkeit	Person des Verletzten	Dauerschaden	Besondere Umstände, die für die Entscheidungen maßgebend waren	Gericht, Datum der Entscheidung, Az., Veröffentlichung bzw. Einsender
\multicolumn{8}{l}{Fortsetzung von »Geburtsschäden - Hirnschäden«}
2656	€ 500 000 + immat. Vorbehalt *(€ 558 360)*	Schwerste Hirnschädigungen aufgrund eines ärztlichen Behandlungsfehlers bei der Geburt		Säugling, Mädchen	Hypoxisch-ischämische Enzephalopathie (schwerste Hirnschädigungen), tägliche epileptische Anfälle, Apnoe, Bradykardien, muskulärer Hypotonie, Wasserkopf, sekundäre genrealisierten therapieresistenten epileptische Anfälle, schwere psychomotorische Retardierung, Mikrozephalie, bilateral spastische Zerebralparese des höchsten Grades V, zentrale Schluckstörung	Der Beklagte haftet aufgrund des groben ärztlichen Behandlungsfehlers. Bei der Bemessung des Schmerzensgeldes hat das Gericht vor allem berücksichtigt, dass der Klägerin die Basis für die Entwicklung einer eigenen Persönlichkeit genommen wurde. Ferner ist die Klägerin nicht in der Lage mit ihrer Umwelt in Kontakt zu treten bzw. Kontakt zu einer solchen aufzubauen. Die ganz erhebliche und besondere Bedeutung des Persönlichkeitsrechts (Art. 1 und 2 GG) floss in das zugesprochene Schmerzensgeld erheblich mit ein. Infolge der psychischen Retardierung bleibt die Klägerin in ihrer gesamten neurologischen Entwicklung bzgl. Körpermotorik, Handmotorik, Kognition, Sprache und Sozialisation hinter den Fähigkeiten eines 3 Monate alten Säuglings zurück. Als einzige sprachliche Ausdrucksmöglichkeit besteht ein leichtes, aber völlig unspezifisches und ungerichtetes Zischen und Grummeln. Die Klägerin kann weder stehen, sitzen noch gehen. Selbst ein Drehen im Liegen ist nicht möglich. Zielgerichtete Bewegungen sowie das gezielte Fixieren mit den Augen sind überhaupt unmöglich. Die Klägerin ist dauerhaft auf Rundumhilfe Dritter sowie Medikamente angewiesen	LG Ansbach 6.4.2011 2 O 1381/07 RA Friedrich Raab, Nürnberg
2657	€ 500 000 + immat. Vorbehalt *(€ 575 922)*	Hirnblutung die zu schwerster Schädigung mit geistigen und körperlichen Behinderungen sowie zu einer Epilepsie geführt hat		Kleinkind	Geistig wie körperlich schwerstbehindert; kann bis auf einige Worte nicht reden und ist daher nur in geringem Umfang in der Lage, mit der Umwelt zu kommunizieren; weitgehend blind und nur sehr eingeschränkt in der Lage, seine Umwelt wahrzunehmen; Hörfähigkeit eingeschränkt; Anfallsleiden; kann nicht gehen und ist auf Rollstuhl angewiesen; dauernde Pflege und fürsorgliche Zuwendung; zögerliches Regulierungsverhalten der Beklagten	Grober ärztlicher Behandlungsfehler bei der Geburt des Klägers; eine Sauerstoffunterversorgung hätte bei einer rechtzeitigen Schnittentbindung verhindert werden können	LG Marburg 11.2.2009 5 O 45/02 RAe Meinecke & Meinecke, Köln

Lfd. Nr.	Betrag DM Euro (Anp.2019)	Verletzung	Dauer und Umfang der Behandlung; Arbeitsunfähigkeit	Person des Verletzten	Dauerschaden	Besondere Umstände, die für die Entscheidungen maßgebend waren	Gericht, Datum der Entscheidung, Az., Veröffentlichung bzw. Einsender

Fortsetzung von »Geburtsschäden - Hirnschäden«

Lfd. Nr.	Betrag	Verletzung	Dauer und Umfang	Person	Dauerschaden	Besondere Umstände	Gericht
2658	€ 500 000 + immat. Vorbehalt (€ 635 167)	Schwerste Hirnschädigung durch groben Behandlungsfehler bei Geburt		Weiblicher Säugling	Apallisches Syndrom, tetraspastische Lähmung, weitgehend resistente Epilepsie mit häufigen Krampfanfällen	Grober Behandlungsfehler der Hebamme und des verspätet zugezogenen Arztes. Seit der Geburt muss Klägerin über eine PEG-Sonde ernährt werden. Sie ist nicht in der Lage, sich zu bewegen, zu greifen, zu kauen oder zu schlucken. Sie fixiert mit den Augen keine Lichtquellen und reagiert auf Geräusche nur unregelmäßig. Sie wird lebenslang vollständig pflege- und aufsichtsbedürftig sein und ohne eigene Gestaltungs- und Erwerbsmöglichkeiten bleiben. Infolge des appalischen Syndroms wird sie keine Beziehung zu ihrer Umwelt entwickeln können	LG Münster 7.8.2003 11 O 1004/03 RA Dr. Riemer, Brühl
2659	€ 500 000 + immat. Vorbehalt (€ 517 544)	Die Klägerin, bei der nach ihrer Geburt neben Extremitätenfehlstellungen (Klumpfuß rechts, Hakenfuß links) eine respiratorische Adaptionsstörung, initiale Hypoglykämie und bronchopulmonale Dysplasie sowie gering ausgeprägte Kontrakturen am rechten Arm diagnostiziert wurden, ist infolge einer fehlerhaften Behandlung ca. 6 Monate nach ihrer Geburt mehrfach schwerstbehindert (u.a. schwerer Hirnschaden, cerebrale und fieberinduzierte Krampfanfälle, schwere Sehbehinderung, schwere Tetraspastik mit entsprechenden orthopädischen Folgen und Störungen bei der Nahrungsaufnahme, Inkontinenz, hochgradige Sprachbehinderung)	Ca. 6 Monate nach ihrer Geburt traten bei der Klägerin hohes Fieber und eine Verschlechterung der Atemsituation auf; der Zustand der Klägerin verschlechterte sich so sehr, dass sie schließlich in der Einrichtung der Beklagten aufgenommen wurde (Aufnahmediagnose: „Akute Bronchitis durch Mycoplasma pneumoniae"). Während des Aufenthalts in der Einrichtung der Beklagten und der dortigen, sich sehr schwierig gestaltenden Behandlung – u.a. mit einer Inhalation mit Sultanol – kam es zu Komplikationen (Herz-Kreislauf-Stillstand während der Inhalation, Krampfanfälle, Hirnödem). Es kam auch zu Darmblutungen, die nach Verlegung auf die Kinderintensivstation erfolgreich gestillt und therapiert werden konnten	Weibl. Säugling	Die Klägerin kann nur in einem Schrägbett bei etwa 30 Grad liegen und nur in einem Rollstuhl mit speziell gefertigter Sitzschale fortbewegt werden. Sie muss regelmäßig gewickelt, gewindelt und umgelagert werden und bedarf einer ständigen Fütterung und Überwachung zur Nahrungsaufnahme. Die Klägerin hat einen Grad der Behinderung von 100% und die Merkzeichen „H" (hilflose Person), „aG" (außergewöhnliche Gehbehinderung), „B" (auf ständige Begleitung angewiesen) und „T" (Telebus berechtigt)	Die Beklagte hat hiergegen in der Berufungsinstanz keine substantiellen Einwendungen vorgetragen, die eine Herabsetzung des Betrages gebieten könnten. Die Beklagte äußert lediglich die Auffassung, es käme auch unter Zugrundelegung der Angaben der Klägerin ein Schmerzensgeld in der Größenordnung von etwa € 300 000 in Betracht. Die Begründung der Beklagten, die Klägerin habe keine Erinnerung an ihr Leben vor den streitgegenständlichen Geschehnissen (und somit – das will die Beklagte wohl damit zum Ausdruck bringen – nicht das Empfinden eines einschneidenden Bruchs in der Vita) ist nicht stichhaltig, da der Klägerin vielmehr durch die mit ihr lebende (gesunde) Zwillingsschwester tagtäglich ihre Einschränkungen im Vergleich zu dieser vor Augen geführt werden. Diesen Gesichtspunkt hat das LG auch zu Recht bei der Bemessung der Höhe des Schmerzensgeldes berücksichtigt	KG Berlin 11.12.2017 20 U 19/14 juris
2660	€ 500 000 + immat. Vorbehalt (€ 558 360)	Hirnschaden durch grobe Behandlungsfehler bei der Geburt		Neugeborenes Mädchen	Schwerstpflegefall	Schwerste Behinderungen	OLG Dresden 23.6.2011 4 U 1409/10 juris NZB zurückgew. d. BGH, Beschl. v. 22.5.2012 – VI ZR 193/11

Lfd. Nr.	Betrag DM **Euro** *(Anp.2019)*	Verletzung	Dauer und Umfang der Behandlung; Arbeitsunfähigkeit	Person des Verletzten	Dauerschaden	Besondere Umstände, die für die Entscheidungen maßgebend waren	Gericht, Datum der Entscheidung, Az., Veröffentlichung bzw. Einsender

Fortsetzung von »Geburtsschäden - Hirnschäden«

Lfd. Nr.	Betrag	Verletzung	Dauer/Umfang	Person	Dauerschaden	Besondere Umstände	Gericht
2661	€ 500 000 + immat. Vorbehalt *(€ 528 884)*	Schwerster Geburtsschaden durch groben Behandlungsfehler (ausgeprägte Einschränkung der kindlichen Sauerstoffversorgung unter der Geburt)		Weibl. Säugling	Schwerstpflegefall	Auch wenn man das Regulierungsverhalten der Beklagten, das vom LG zwar angesprochen, in die Bewertung aber nicht erkennbar einbezogen worden ist, außer Acht lässt, ist das ausgeurteilte Schmerzensgeld im Hinblick auf die schwersten körperlichen und geistigen Schäden, die die Klägerin für das ganze Leben zu erleiden hat, nicht zu beanstanden. In dieser Höhe entspricht das Schmerzensgeld in Fällen schwerster Gesundheitsbeeinträchtigungen der obergerichtlichen Rechtsprechung	OLG Frankfurt am Main 11.6.2015 15 U 189/13
2662	€ 500 000 *(€ 645 985)*	Schwere Hirnschwellung, schweres neonatales Durchgangssyndrom, schwerste Tetraspastik, völlige Blindheit		Kleinkind	Schwerste Tetraspastik, keine aktive Fortbewegung möglich, völlige Blindheit, schwerste Allgemeineinschränkungen, Ernährung über eine Sonde, täglich kaum zählbare tonische Anfälle, ständige intensive Pflege, weitgehende Zerstörung der Persönlichkeit	Grober Behandlungsfehler bei der Geburt des Klägers; der pädiatrische Sachverständige hat vom schlechtesten neurologischen Bild gesprochen, das man sich vorstellen könne; Beeinträchtigungen derartigen Ausmaßes verlangen angesichts des Wertes, den das GG in Art 1 und 2 der Persönlichkeit und Würde des Menschen beimisst, eine herausragende Entschädigung	OLG Hamm 16.1.2002 3 U 156/00 VersR 2002, 1163 NJW-RR 2002, 1604
2663	€ 500 000 *(€ 638 221)*	Schwerste hypoxisch-ischämische Enzephalopathie Grad II–III mit Auftreten therapieresistenter cerebraler Anfälle, Gehirn des Kindes hat sich praktisch nicht entwickelt		Kind	Schwerstes neurologisches Residualsyndrom, schwerste Tetraspastik mit multiplen Gelenkkontrakten, Ernährung erfolgt über Sonde, funktionale Blindheit, aktives Fortbewegungsmuster nicht möglich; rechts taub und links zumindest schwerhörig, Kontaktaufnahme über das Gehör besteht jedoch nicht; lediglich auf Hautkontakte wird positiv reagiert	Grob fehlerhafte Geburtsleitung; Kläger bietet das Bild eines völlig hilflosen, praktisch blinden und tauben Kindes mit einer schwersten Schädigung bzw. weitergehenden Zerstörung der Persönlichkeit, der Wahrnehmungs- und Empfindungsfähigkeit; das Leben ist weitgehend auf die Aufrechterhaltung vitaler Bekämpfung von Krankheiten und die Vermeidung von Schmerzen beschränkt, Kläger ist in der Wurzel seiner Persönlichkeit getroffen	OLG Hamm 21.5.2003 3 U 122/02 VersR 2004, 385 RAe Schaefer, Kahlert, Weyand, Padberg, Hamm
2664	€ 500 000 + immat. Vorbehalt *(€ 509 597)*	Unterlassene Blutzuckerwertbestimmung bei einem Neugeborenen in einer lebensbedrohlichen Situation am ersten Lebenstag (grober Behandlungsfehler). Dadurch schwerste körperliche und geistige Behinderungen. Epilepsie	GdB (Grad der Behinderung) von 100%, daneben die gesundheitlichen Voraussetzungen der Merkzeichen „G" (erhebliche Gehbehinderung), „B" (Notwendigkeit ständiger Begleitung) und „H" (Hilflosigkeit)	Neugeborenes Mädchen	Schwerste körperliche und geistige Behinderungen	Neben der Schwere der geistigen Behinderung ist für die Höhe des Schmerzensgeldes bestimmend, dass die Klägerin ihr gesamtes Leben lang massiv durch die Epilepsie beeinträchtigt ist und ihr gesamtes weiteres Leben lang vollumfänglich auf fremde Hilfe angewiesen sein wird. Es fällt dabei insb. ins Gewicht, dass sie niemals in der Lage sein wird, ein selbstbestimmtes Leben zu führen und mit ihrer Umwelt – außer durch einfaches Nicken – aktiv zu kommunizieren. Die konkrete Höhe des Schmerzensgeldes bemisst der Senat angesichts der festgestellten schwersten Beeinträchtigungen mit € 500 000	OLG Hamm 4.12.2018 26 U 9/16 juris

Lfd. Nr.	Betrag DM **Euro** *(Anp.2019)*	Verletzung	Dauer und Umfang der Behandlung; Arbeitsunfähigkeit	Person des Verletzten	Dauerschaden	Besondere Umstände, die für die Entscheidungen maßgebend waren	Gericht, Datum der Entscheidung, Az., Veröffentlichung bzw. Einsender

Fortsetzung von »Geburtsschäden - Hirnschäden«

Lfd. Nr.	Betrag	Verletzung	Dauer/Umfang	Person	Dauerschaden	Besondere Umstände	Gericht
2665	€ 500 000 *(€ 531 000)*	Schwerster hypoxisch-ischämischer Hirnschaden durch grobe Behandlungsfehler. Dieser hat zu einer BNS Epilepsie, einem Mikrozephalus, einer schweren spastischen Tetraparese und, als Folge des Untergangs entsprechender Hirnregionen, zu Blindheit geführt. Eine Kontaktaufnahme zum Kläger ist praktisch nicht möglich. Der Kläger kann nicht lautieren und sich nicht fortbewegen oder greifen	Sauerstoffmangelsituation war zweifelsfrei hauptsächlich für die Reanimationspflichtigkeit und den schweren neurologischen Residualschaden des Klägers	Neugeborener	Eine relevante Besserung des Zustandes ist nicht zu erwarten	Schwerer Hirnschaden infolge Sauerstoffmangels unter der Geburt durch fehlerhafte geburtshilfliche Behandlung. Eine vorzeitige teilweise Plazentaablösung hatte zu einer Minderversorgung des Fötus geführt, die bis zur Geburt angehalten hatte. Infolge einer festgestellten Bradykardie hätte unmittelbar ein Facharzt für Geburtshilfe hinzugezogen und eine Notsectio vorbereitet und durchgeführt werden müssen	OLG Karlsruhe 3.3.2016 7 U 28/15 RA Markus Meinecke, Köln
2666	€ 500 000 + immat. Vorbehalt *(€ 509 597)*	Hypoxischer Hirnschaden wegen fehlerhafter Geburtsleitung. Der Kläger ist geistig und körperlich schwerbehindert und lebenslang auf Hilfe und Pflege angewiesen. Er wird wegen einer Schluck- und Ernährungsstörung durch eine PEG-Sonde versorgt. Speichel und anfallendes Sekret müssen regelmäßig abgesaugt werden. Es besteht eine hochgradige Sehstörung in Form einer sog. zentralen Blindheit. Dies bedeutet, dass visuelle Reize von den Augen zwar wahrgenommen, vom Gehirn aber nicht adäquat verarbeitet werden. Es liegt eine schwere globale Entwicklungsstörung und eine Pflegebedürftigkeit in maximaler Ausprägung rund um die Uhr vor. Der Kläger verfügt über keinerlei Alltagskompetenzen. Sein motorischer Entwicklungsstand ist stark zurückgeblieben. Es besteht eine ausgeprägte Rumpfhypotonie bei gleichzeitiger Hypertonie der Extremitäten im Rahmen seiner vorwiegend distalen Cerebralparese. Eine freie Fortbewegung aus eigener Kraft ist ihm nicht möglich. Der Kläger wird zeitlebens auf den Rollstuhl angewiesen sein	Schwerstpflegefall	Neugeborener Junge	Schwerstpflegefall	Ist einem Kind infolge eines geburtsbedingten und den Behandlern anzulastenden hypoxischen Hirnschadens (der dazu führt, dass das Kind weder jemals selbstständig essen und trinken noch sprechen noch sich selbstständig fortbewegen kann und dass eine maximale geistige Beeinträchtigung gegeben ist) jegliche Basis für die Entfaltung einer Persönlichkeit genommen, so ist ein Schmerzensgeld an der Obergrenze – die der Senat bei einem rein als Kapital geforderten Schmerzensgeld bei derzeit € 500 000 ansetzt – per se gerechtfertigt. Eine im Rahmen einer derartigen Schwerstschädigung vorgenommene weitere „Ausdifferenzierung" (hier dahin, dass bei vergleichbaren Gerichtsentscheidungen etwa noch eine Tetraspastik oder eine Epilepsie hinzuträten) und eine damit begründete Reduzierung des Schmerzensgeldes um € 50 000 sind nicht gerechtfertigt	OLG Köln 5.12.2018 5 U 24/18 juris
2667	€ 500 000 *(€ 575 298)*	Geburtsschaden mit schwersten hirnorganischen Schädigungen und nahezu vollständiger Zerstörung der Persönlichkeit		Säugling	Globale Retardierung mit schwerster geistiger Behinderung, Mikrocephalie, spastische Tetraparese, Epilepsie, Schluckstörung, schwere chronische Ateminsuffienz	Die Zerstörung der Persönlichkeit steht als eigene Fallgruppe für die Bemessung des Schmerzensgeldes im Mittelpunkt (vgl. BGHZ 120, 1), so dass Unsicherheiten über die voraussichtliche Lebenserwartung grds. nicht zu einer Reduzierung führen. Das Begehren seitens des Klägers auf Zahlung einer Kapitalabfindung als Regelform des Schmerzensgelds statt einer Schmerzensgeldrente ist zu respektieren	OLG Stuttgart 12.1.2010 1 U 107/09 NZB der Beklagten zurückgewiesen 28.9.2010 VI ZR 26/10

Geburtsschäden — Urteile lfd. Nr. 2668 – 2669

Lfd. Nr.	Betrag DM Euro (Anp.2019)	Verletzung	Dauer und Umfang der Behandlung; Arbeitsunfähigkeit	Person des Verletzten	Dauerschaden	Besondere Umstände, die für die Entscheidungen maßgebend waren	Gericht, Datum der Entscheidung, Az., Veröffentlichung bzw. Einsender
		Fortsetzung von »Geburtsschäden - Hirnschäden«					
2668	€ 550 000 + immat. Vorbehalt (€ 568 744)	Bilaterale spastische Zerebralparese, posthämorrhagischer Hydrocephalus (mit Shunt-OP), Porencephalie, Blindheit auf beiden Augen durch Läsion der Sehbahnen, Mikrocephalus, beidseitige Hüftluxation mit spastischer Hüftgelenksdysplasie rechts mit massiver Verkürzung der Hüftbeugungsmuskulatur und der Adduktoren beidseits, Verkürzung der Kniebeugemuskulatur, spastischer Knicksenkfuß mit Verkürzung der Waden- und Peronialmuskulatur beidseits, ausgeprägte Schwäche der Bein-, Rumpf-, Gluteal- und Armmuskulatur, Epilepsie, Entwicklungsstörung	Operationen, lebenslange Physio-, Ess-, Atem- und Ergotherapie, Logopädie, medikamentöse Behandlung bzgl. der Epilepsie	Weiblicher Säugling, zum Urteilszeitpunkt 8-jähr. Mädchen	Ernährung über eine PEG-Sonde	Es lagen mehrere grobe Behandlungsfehler der Beklagten zu 1) und 2) vor. Die als Frühgeburt auf die Welt gekommene Klägerin kann weder sitzen, stehen, laufen noch selbstständig einen Rollstuhl bewegen. Aufgrund der zerebralen Krampfanfälle erbricht die Klägerin häufig. Sie reagiert teilweise auf Ansprache, kennt auch ihren Namen und versteht einige Anweisungen. Eine Äußerung ist der Klägerin über Mimik und teilweise auch über Gestik und Körperhaltung möglich, wobei eine Verständigung durch Sprechen unmöglich ist. Die Klägerin wird nie ein eigenständiges Leben führen können und kann nur sehr eingeschränkt am allgemeinen kommunikativen Leben teilnehmen und ist bei einfachsten Anforderungen des Alltags auf fremde Hilfe angewiesen. Sie ist ihr Leben lang nicht in der Lage, feste Nahrung in nennenswertem Umfang zu sich zu nehmen und ist auf Pflege rund um die Uhr angewiesen. Aufgrund des ständigen Sitzens und Liegens besteht ein erhöhtes Risiko für Lungenerkrankungen. Es werden Folgeoperationen für die Verlängerung des Shunts erforderlich werden. Die Lebenserwartung liegt bei 40–50 Jahren	LG Offenburg 1.9.2017 3 O 386/14
2669	€ 600 000 (€ 692 609)	Hypoxisch-ischämische Enzephalopathie, Zerebralparese, schwere spastische Tetraplegie, schwerste geistige Behinderung, schwere statomotorische Retardierung, massives Hirnödem, Hirninfarkt, Epilepsie		Kind	Kläger liegt im Wachkoma, ist schwerst geistig und körperlich behindert, beidseitig blind, bettlägerig, an ein Atemüberwachungsgerät angeschlossen, rund um die Uhr auf fremde Hilfe angewiesen	Grober medizinischer Behandlungsfehler bei der Geburt des Klägers; eine erforderliche Schnittentbindung wurde derart verzögert, so dass es zu einer massiven Sauerstoffunterversorgung kam; gravierendere geistige und körperliche Beeinträchtigungen kaum vorstellbar; Kläger kann niemals Kindheit, Jugend, Erwachsensein und Alter bewusst erleben und seine Persönlichkeit entwickeln; sein Leben ist weitgehend auf die Aufrechterhaltung vitaler Funktionen, die Bekämpfung von Krankheiten und die Vermeidung von Schmerzen beschränkt, was die Wurzeln seiner Persönlichkeit trifft und eine herausragende Entschädigung verlangt; Regulierungsverhalten des im Hintergrund stehenden Haftpflichtversicherers, der bis zuletzt keinerlei Vorauszahlungen geleistet hat, ist zu berücksichtigen; das Gericht konnte sich nicht des Eindrucks erwehren, dass diese Verweigerungs- und Verzögerungshaltung einzig und allein dem Zweck dient, einen Zeitgewinn zu erreichen und den Kläger und seine Familienangehörigen zu einem sachlich nicht gerechtfertigten Nachgeben zu bewegen	LG Gera 6.5.2009 2 O 15/05 VersR 2009, 1232 bestätigt durch OLG Jena 14.8.2009 VersR 2009, 1676

Geburtsschäden

Urteile lfd. Nr. 2670 – 2671

Lfd. Nr.	Betrag DM **Euro** (Anp.2019)	Verletzung	Dauer und Umfang der Behandlung; Arbeitsunfähigkeit	Person des Verletzten	Dauerschaden	Besondere Umstände, die für die Entscheidungen maßgebend waren	Gericht, Datum der Entscheidung, Az., Veröffentlichung bzw. Einsender
\multicolumn{8}{l}{Fortsetzung von »Geburtsschäden - Hirnschäden«}
\multicolumn{8}{l}{Kapitalabfindung mit Schmerzensgeldrente}
2670	120 000 € 60 000 und 500 € 250 Rente monatlich (€ 81 588)	Irreversible und permanente hypoxisch-ischämische Hirnschädigung bei Geburt durch ärztlichen Behandlungsfehler	Lebenslang	Säugling	MdE: 100%	Ärztlicher Behandlungsfehler! Die Haftung der Beklagten resultiert aus der unangemessen langen Zeitspanne, die vom Eintritt des geburtshilflichen Notfalles bis zur Entbindung des Klägers verstrichen ist. Ob und in welchem Ausmaß die erlittenen Gesundheitsbeeinträchtigungen bei einer zügigeren Entbindung hätten vermieden werden können, kann nicht mit der gebotenen Wahrscheinlichkeit festgestellt werden. Diese Nichtfeststellbarkeit des Einflusses einer verringerten Entbindungszeit auf die beim Kläger eingetretenen Hirnschädigung wirkt sich zu Lasten des Beklagten aus (Beweislastumkehr). Der Kläger leidet seit seiner Geburt an physischen und psychischen Behinderungen; es liegt eine schwere psychoneurologische Entwicklungsstörung vor mit einer teilweisen pyramidalen (Tetraspastik), teils extrapyramidalen (Chorioathetose) Bewegungsstörung; er leidet unter einer Epilepsie mit, wenn auch selten, aber doch immer wieder sehr schwer auftretenden cerebralen Krampfanfällen. Der Kläger wird sein Leben lang auf fremde Hilfe und Betreuung angewiesen sein und nie ein eigenständiges Leben führen können	LG Marburg 23.12.1997 5 O 77/99 RAe Uhde & Riepe, Braunschweig
2671	€ 70 000 und € 200 Rente monatlich (€ 90 328)	Schädelfraktur sowie Hirn- und Duraverletzung		Männl. Säugling, zum Urteilszeitpunkt 11 Jahre alt	Geistige Behinderung; aufgrund der intellektuellen Schwäche ist das Erlernen von Lesen, Schreiben und Rechnen nahezu unmöglich; Kläger wird keinen Ausbildungsberuf ergreifen und niemals völlig selbständig leben können; dauernde Betreuung erforderlich; Kläger ist jedoch nicht schwerstbehindert, eine Teilnahme am täglichen Leben ist ihm nicht versagt; er besucht Schule für geistig Behinderte und nimmt an altersüblichen Freizeitveranstaltungen teil	Nicht rechtzeitig sachgerechte Behandlung einer durch eine Zangengeburt eingetretenen Schädelfraktur	OLG Düsseldorf 21.11.2002 8 U 155/00 VersR 2003, 1407

● Mithaftung (siehe vorletzte Spalte)

Lfd. Nr.	Betrag DM Euro (Anp.2019)	Verletzung	Dauer und Umfang der Behandlung; Arbeitsunfähigkeit	Person des Verletzten	Dauerschaden	Besondere Umstände, die für die Entscheidungen maßgebend waren	Gericht, Datum der Entscheidung, Az., Veröffentlichung bzw. Einsender
\multicolumn{8}{l}{Fortsetzung von »Geburtsschäden - Hirnschäden«}
2672	200 000 € 100 000 und 700 € 350 Rente monatlich (€ 133 585)	Hirnschädigung mit schwerer, generalisierter spastisch-athetoider Bewegungs- und Tonusstörung auf Grund von Fehlern und Versäumnissen bei nachgeburtlicher Behandlung		Neugeborener	Störung der Motorik und der sprachlichen Entwicklung; kann nicht greifen, nicht sitzen; vollständige Abhängigkeit bei allen Verrichtungen des täglichen Lebens, sehr stark ausgeprägte Irritierbarkeit bei erschwerter Nahrungsaufnahme und erschwertem Schlaf; immer auf fremde Hilfe angewiesen; geistig erheblich in der Entwicklung zurückgeblieben, 5 ½ Jahre nach der Geburt sprachlich auf dem Stand eines dreijährigen Kindes; Rückstand in der geistigen Entwicklung jedoch nicht so gravierend wie die Störung der Motorik; Schwerhörigkeit	Schmerzensgeldrente kann neben einem Schmerzensgeldkapital gewährt werden, wenn das geschädigte Kind sich der schweren Beschränkung seiner Lebenssphäre bewusst werden kann	OLG Stuttgart 4.1.2000 14 U 31/98 VersR 2001, 1560
2673	290 000 € 145 000 und 500 € 250 Rente monatlich + immat. Vorbehalt (€ 202 087)	Schwerer Gehirnschaden mit Lähmung aller Extremitäten (Tetraparese), mangelhafte Koordination der Bewegungen, sehr eingeschränkte feinmotorische Möglichkeiten, Einschränkung von Sprache, Sprachverständnis und kognitiven Fähigkeiten		Kleinkind	Tetraparese, Gehirnschaden	Grobes Fehlverhalten des Pflegepersonals eines Belegkrankenhauses, bei einer mehrere Stunden nach der Geburt eingetretenen bläulichen Verfärbung von Gesicht und Händen eines Neugeborenen nicht unverzüglich einen Arzt hinzuzuziehen	OLG München 20.6.1996 1 U 4529/95 VersR 1997, 977
2674	350 000 € 175 000 und 650 € 325 Rente monatlich (€ 247 470)	Durch fehlerhafte Entbindung hirnorganische Veränderung sowohl im intellektuellen als auch im physischen und psychischen Bereich mit umfassender Behinderung; umfassende Zerstörung der Persönlichkeit; Blindheit		Kleinkind	Lebenslange ganztätige Pflege; keine Kontrolle der Urin- und Stuhlentleerung; nicht die geringste selbstständige Fähigkeit zur Nahrungsaufnahme, des Sitzens oder gar Stehens; infolge der Blindheit nicht in der Lage, sich in irgendeiner Form örtlich, zeitlich oder räumlich zu orientieren; Entwicklung im sprachlichen Bereich ausgeschlossen; spastische Krampfanfälle, die mit erheblichen Schmerzen verbunden sind; keine Fähigkeit zur Nasenatmung, was häufig zu lebensbedrohlichen Infekten der Luftwege führt		OLG Köln 12.6.1995 5 U 9/95 NJW-RR 1996, 281

Lfd. Nr.	Betrag DM **Euro** *(Anp.2019)*	Verletzung	Dauer und Umfang der Behandlung; Arbeitsunfähigkeit	Person des Verletzten	Dauerschaden	Besondere Umstände, die für die Entscheidungen maßgebend waren	Gericht, Datum der Entscheidung, Az., Veröffentlichung bzw. Einsender
	Fortsetzung von »Geburtsschäden - Hirnschäden«						
2675	400 000 **€ 200 000** und 500 **€ 250** Rente monatlich *(€ 259 976)*	Schwere Hirnschädigung bei Geburt durch ärztlichen Behandlungsfehler	Lebenslang	Männlicher Säugling		Ärztlicher Behandlungsfehler! Kläger ist von Geburt an schwerstbehindert. Er kann sich nicht selbst fortbewegen, nicht sitzen, stehen, krabbeln oder kriechen. Zu einer verbalen Kommunikation ist er nicht fähig; er kann kaum richtig lachen, wohl dagegen weinen und traurig sein. Eine Bemessung der Entwicklung ist aufgrund des bisherigen Verlaufs nicht zu erwarten, d. h. er wird zeit seines Lebens an den Rollstuhl gefesselt bleiben, auch zu den einfachsten Verrichtungen des täglichen Lebens nicht fähig sein und für immer in allen Bereichen auf fremde Hilfe angewiesen sein	LG München I 9.5.2001 9 O 11540/98 RAe Roth & Kollegen, München
2676	400 000 **€ 200 000** und 1000 **€ 500** Rente monatlich + immat. Vorbehalt *(€ 271 959)*	Spastische Tetraplegie aller vier Extremitäten, Rindenblindheit beidseits sowie Hydrocephalus internus durch Verlust von Gehirnsubstanz bei weitgehender Großhirnnekrose beidseits; Krampfanfälle	Laufend	Säugling	Lähmung aller vier Gliedmaßen, Blindheit, Wasserkopf, weitgehend abgestorbenes Gehirn	Ärztlicher Behandlungsfehler bei Geburt; diese hätte auf normalem Weg nicht abgewartet werden dürfen; vielmehr wäre bei Anwendung der notwendigen Sorgfalt ein Notkaiserschnitt geboten gewesen	LG Weiden i.d.OPf. 22.1.1998 1 O 924/94 bestätigt durch OLG München 20.2.2000 10 U 2081/99 RAe Oberhof & Schober, Nürnberg
2677	**€ 230 000** und **€ 360** Rente monatlich *(€ 295 714)*	Schwere Hirnschädigung		Kleinkind	Kläger ist bei starker Überstreckung der Wirbelsäule an das Bett gefesselt, erleidet Krämpfe und kann sich nicht koordiniert bewegen, Arme und Beine stehen in starken Kontrakturstellungen; Kläger kann nicht sehen, sondern nur hell und dunkel unterscheiden, kann nicht sprechen und nicht schlucken; Ernährung durch die Magensonde; kann Harn und Stuhl nicht halten; ständiges Risiko von Lungenabszessen durch Erbrechen und falsch verschluckten Speichel	Durch verzögerten Kaiserschnitt hervorgerufene schwere Hirnschädigung; dass Kläger in der Lage ist, seine Umwelt wahrzunehmen, zu empfinden und durch Lachen und Weinen Gefühle zu äußern, kann nicht zu einem nennenswerten „Abschlag" führen	Brandenburgisches OLG 9.10.2002 1 U 7/02 VersR 2004, 199

● Mithaftung (siehe vorletzte Spalte)

Lfd. Nr.	Betrag DM Euro (Anp.2019)	Verletzung	Dauer und Umfang der Behandlung; Arbeitsunfähigkeit	Person des Verletzten	Dauerschaden	Besondere Umstände, die für die Entscheidungen maßgebend waren	Gericht, Datum der Entscheidung, Az., Veröffentlichung bzw. Einsender
\multicolumn{8}{l}{Fortsetzung von »Geburtsschäden - Hirnschäden«}
2678	500 000 € 250 000 und 600 € 300 Rente monatlich + immat. Vorbehalt *(€ 326 167)*	Hirnschädigung in Gestalt einer Kleinhirnatrophie mit Zyste im hinteren Bereich des Hohlraumes im Großhirn, beidseitige Netzhautablösung mit folgender operativer Entfernung beider Linsen, spastische doppelseitige Lähmung der Beine		Kleinkind, zum Urteilszeitpunkt 9 Jahre alt	Totale Blindheit, stark eingeschränkte sprachliche Artikulation (lediglich Ausdrücke von Wohlbefinden oder Unbehagen sowie Reaktion auf einfache Fragen); Klägerin kann aufgrund der Beinlähmung lediglich sitzen oder sich kriechend fortbewegen, aufrechter Gang ohne Hilfe nicht möglich, Einnässen und Einkoten, auf Pflege und Betreuung angewiesen	Grober ärztlicher Behandlungsfehler; dem Leben der Klägerin wurde durch die Fehlerhaftigkeit der Geburtshilfe im Krankenhaus von Anfang an die typische Perspektiven- und Erlebnisvielfalt eines unbehinderten jungen Lebens für immer genommen; das Leben der Klägerin wird stets relativ arm an Erfahrungen und Entfaltungsmöglichkeiten sein; im Vordergrund der Erlebniswelt werden – bewusst und unbewusst die Beschränkung der eigenen Wahrnehmungsfähigkeiten sowie insbesondere die Abhängigkeit und Ohnmacht stehen, die ein Mensch empfindet, wenn er nahezu keinen Wunsch ohne fremde Hilfe verwirklichen kann; die immerwährende Anwesenheit von Helfern und Pflegepersonen wird es der Klägerin unmöglich machen, sich eine eigene, intime Sphäre aufzubauen; kaum Möglichkeit einer Berufsausbildung, eines Aufbaus persönlicher, enger Bindungen zu Menschen, von Freizeitgestaltung etc.; völlig uneinsichtiges vorgerichtliches und prozessuales Verhalten der Beklagten auf die Dauer von 9 Jahren; es ist auch in Zukunft mit immat. Schäden zu rechnen	OLG Naumburg 28.11.2001 1 U 161/99 NJW-RR 2002, 672 VersR 2002, 1295
2679	500 000 € 250 000 und 1000 € 500 Rente monatlich *(€ 320 652)*	Ausgeprägte hypoxische Encephalopathie mit spastischer Tetraplegie, sekundären beginnenden Gelenkkontrakturen, Wirbelsäulenkyphose, ohne die Fähigkeit einer eigenen Aufrichtung oder Stützmotorik, zusätzlich ausgeprägter allgemeiner Entwicklungsrückstand im basalen Wahrnehmungsbereich, zentrale Blindheit, eingeschränkte Hörfähigkeit	Lebenslänglich	Männlicher Säugling		Ärztlicher Kunstfehler. Der Kläger ist geistig und körperlich schwerstbehindert. Er kann weder sehen noch hören, weder essen noch trinken, muss über eine Magensonde ernährt werden und kann sich weder setzen noch abstützen. Der Kläger wird sein Leben lang schwerstbehindert bleiben und ein Leben im eigentlichen Sinn nicht führen können. Er wird sein Leben lang auf die Hilfe Dritter, insbesondere seiner Eltern, angewiesen sein, die bereits heute durch die aufwendige Betreuung und Pflege des Klägers in höchstem Maße belastet sind	LG Lübeck 22.7.2002 10 O 316/98 Teilanerkenntnisurteil RA Hädrich, Utermöhl & Reinholdt, Lübeck

Lfd. Nr.	Betrag DM **Euro** *(Anp.2019)*	Verletzung	Dauer und Umfang der Behandlung; Arbeitsunfähigkeit	Person des Verletzten	Dauerschaden	Besondere Umstände, die für die Entscheidungen maßgebend waren	Gericht, Datum der Entscheidung, Az., Veröffentlichung bzw. Einsender

Fortsetzung von »Geburtsschäden - Hirnschäden«

2680	€ 300 000 und € 300 Rente monatlich *(€ 356 775)*	Schwerer hypotoxischer Hirnschaden aufgrund Sauerstoffunterversorgung während einer versuchten Wannengeburt		Weiblicher Säugling	MdE: 100%	Ärztlicher Kunstfehler. Angesichts einer CTG-Ableitung musste Sauerstoffunterversorgung befürchtet werden, so dass die Geburtshelfer dafür Sorge tragen mussten, dass die Mutter die Wanne schnellstens verließ, um sämtliche Maßnahmen – Blutgasanalyse, Anlegen einer Kopfschwartenelektrode oder sofortige Entbindung, die nicht in der Geburtswanne durchgeführt werden konnten – einzuleiten. Der Sauerstoffmangel unter der Geburt führte zu einer körperlichen und geistigen Schwerstbehinderung der Klägerin. Sie leidet unter einer infantilen Cerebralparese mit ausgeprägter psychomotorischer Retardierung und einer Tetraspastik, ist – bis auf ein Restsehvermögen auf einem Auge für eine Lichtquelle – praktisch blind und kann sich nicht artikulieren; ihre Umwelt kann sie nur in sehr begrenztem Umfang wahrnehmen. Sie kann nicht frei sitzen und ist mangels Gehvermögens auf einen Rollstuhl angewiesen. Seit der Geburt leidet die Klägerin unter einer therapiefraktären Epilepsie, die trotz medikamentöser Einstellung zu Anfällen von milden Zuckungen führt. Infolge der schweren Bewegungsstörungen haben sich Ernährungs- und Schluckstörungen eingestellt	OLG Düsseldorf 26.4.2007 I-8 U 37/05 VersR 2008, 534 RAe Turk & Nießen, Emmerich

● Mithaftung (siehe vorletzte Spalte)

Fortsetzung von »Geburtsschäden - Hirnschäden«

Lfd. Nr.	Betrag DM **Euro** *(Anp.2019)*	Verletzung	Dauer und Umfang der Behandlung; Arbeitsunfähigkeit	Person des Verletzten	Dauerschaden	Besondere Umstände, die für die Entscheidungen maßgebend waren	Gericht, Datum der Entscheidung, Az., Veröffentlichung bzw. Einsender
2681	€ 350 000 und € 500 Rente monatlich + immat. Vorbehalt *(€ 432 209)*	Schwere perinatale Hirnschädigung bei Geburt durch allergisch bedingten Kreislaufschock der Mutter	Lebenslängliche ärztliche Betreuung	Männlicher Säugling	Auf Dauer 100%	Ärztlicher Behandlungsfehler. Obwohl die Mutter bei Aufnahmeuntersuchung eine Allergie auf das Schmerzmittel Optalldon angegeben hatte, wurde ihr wegen starker Wehentätigkeit ein anderes Schmerzmittel mit dem gleichen Wirkstoff Propyphenazon verabreicht, worauf sie einen Kreislaufschock erlitt. Der kurz darauf geborene Kläger erlitt durch eine fetale Bradycardie infolge der allergischen Reaktion der Mutter eine schwere perinatale Hirnschädigung und ist seit der Geburt zu 100% schwerbehindert. Er leidet heute unter einer schweren Form einer komplexen und globalen Entwicklungsstörung tiefgreifender Art mit körperlicher wie mentaler Behinderung. Insbesondere bestehen eine Behinderung der Sprachentwicklung, Kommunikationsfähigkeit und Koordination sowie eine Behinderung der Autonomie bei Zeichen einer zunehmenden Invalidisierung und vollständigen Immobilität. Der Kläger ist weder zur selbständigen Nahrungsaufnahme noch zum selbständigen Spiel oder gar zur Selbstbestimmung in der Lage. Er leidet unter einer dystonen Tetraparese mit Dyskinesiemerkmalen. Darüber hinaus bestehen ein Krampfleiden, eine Spitzfußstellung und Athetose sowie eine Stuhl- und Harninkontinenz	LG München I 2.3.2005 9 O 6741/98 Beschluss des OLG München 19.9.2005 1 U 2640/05 RA Friedrich Raab, Nürnberg
2682	€ 350 000 und € 500 Rente monatlich *(€ 426 261)*	Hirnschädigung aufgrund eines gravierenden Sauerstoffmangels bei der Geburt		Kleinkind (Mädchen), zum Urteilszeitpunkt 10 Jahre alt	Komplexe Mehrfachbehinderung; Klägerin sitzt im Rollstuhl mit Sitzschale und Weste; ständig auf Hilfe und Pflege dritter Personen angewiesen; geistige Entwicklung entspricht dem eines zweijährigen Kindes; Normalzustand im Hinblick auf Kommunikationsfähigkeit, Alltagsbewältigung, Lernmöglichkeit etc. wird der Klägerin lebenslang versagt bleiben; insgesamt eine schwerste und weitgehend zerstörende Behinderung	Ärztlicher Behandlungsfehler bei der Geburt in Form eines Unterlassens einer indizierten Mikroblutuntersuchung; von Bedeutung ist, dass die Klägerin weitgehend einsichts- und daher leidensfähig ist; mit zunehmenden Alter wird die Klägerin ihren GdB mehr und mehr wahrnehmen; zwar ist die Wahrnehmung von der verminderten Intellektualität geprägt; Klägerin wird an ihrer Schwester erleben, dass diese eine andere Lebensplanung und andere Lebensentwürfe realisieren kann als sie selbst; Klägerin ist im Alter von Osteoporose bedroht	LG München I 8.3.2006 9 O 12986/04 VersR 2007, 1139

Lfd. Nr.	Betrag DM **Euro** *(Anp.2019)*	Verletzung	Dauer und Umfang der Behandlung; Arbeitsunfähigkeit	Person des Verletzten	Dauerschaden	Besondere Umstände, die für die Entscheidungen maßgebend waren	Gericht, Datum der Entscheidung, Az., Veröffentlichung bzw. Einsender

Fortsetzung von »Geburtsschäden - Hirnschäden«

Lfd. Nr.	Betrag	Verletzung	Dauer/Umfang	Person	Dauerschaden	Besondere Umstände	Gericht
2683	€ 400 000 und € 500 Rente monatlich + immat. Vorbehalt *(€ 459 243)*	Cerebrale Schädigung infolge herabgesetzter Atmung, Blutdruckabfalls und Krampfabfällen; Gehirninfarkt		Kleinkind	Tetraparese, abnorme Kleinheit des Kopfes, mentale Entwicklungsstörung, Refluxkrankheit; kann nicht Stehen und Gehen, nicht selbständig sitzen und sich umdrehen; wegen der Spastik und gestörten Motorik nicht in der Lage, Gegenstände zu greifen und Essen in den Mund zu führen; kann nicht kauen und Essen hinunterschlucken, daher Ernährung mit einer Sonde; Sehfähigkeit eingeschränkt; benötigt für jede Tätigkeit Hilfe Dritter; Schäden in geistiger Hinsicht nicht so gravierend, so dass sie Umgebung in gewissem Maß erfassen und verstehen sowie Bedürfnisse und Wünsche äußern kann	Grober ärztlicher Behandlungsfehler und grober Operationsfehler durch Verzögerung einer wegen vorzeitiger Wehen erforderlichen Entbindung mittels Kaiserschnitt um ca. 1 ½ Stunden; dadurch Sauerstoffunterversorgung mit Folge einer cerebralen Schädigung	LG Ansbach 7.8.2009 2 O 259/04 Hei RA Friedrich Raab, Nürnberg
2684	€ 400 000 und € 500 Rente monatlich *(€ 496 262)*	Hirnoedem mit ausgeprägter Apnoe- und Krampfneigung, Zerebralparese mit ausgeprägter psychomotorischer Retardierung	Zahlreiche stationäre und ambulante Behandlungen auf die Dauer mehrerer Jahre	Kleinkind	Zerebralparese, deutliche Einschränkung der Kopfhaltung, kann weder frei sitzen noch sich selbständig fortbewegen; kann nicht sprechen oder sich anderweitig verbal äußern; ist nur in sehr begrenztem Umfang fähig, Umwelt wahrzunehmen und auf Reize der Umwelt zu reagieren; jede Möglichkeit einer körperlichen und geistigen Entwicklung genommen; zeitlebens auf fremde Hilfe angewiesen; weitgehende Zerstörung der Persönlichkeit	Grober ärztlicher Behandlungsfehler in der pränatalen Phase der Geburt; weitgehende Zerstörung der Persönlichkeit, Kläger wird nie Kindheit, Jugend, Erwachsensein und Alter bewusst erleben und Persönlichkeit entwickeln können; Leben beschränkt sich überwiegend auf die Aufrechterhaltung vitaler Funktionen	LG Kleve 9.2.2005 2 O 370/01 zfs 2005, 235

● Mithaftung (siehe vorletzte Spalte)

Geburtsschäden

Lfd. Nr.	Betrag DM Euro (Anp.2019)	Verletzung	Dauer und Umfang der Behandlung; Arbeitsunfähigkeit	Person des Verletzten	Dauerschaden	Besondere Umstände, die für die Entscheidungen maßgebend waren	Gericht, Datum der Entscheidung, Az., Veröffentlichung bzw. Einsender
	Fortsetzung von »Geburtsschäden - Hirnschäden«						
2685	€ 500 000 und € 500 Rente monatlich (€ 580 328)	Schwerste Hirnschädigung durch Sauerstoffunterversorgung wegen ärztlichen Behandlungsfehlers		Männlicher Säugling	MdE: 100%	Der Kläger ist geistig und körperlich schwerst behindert und befindet sich, nunmehr im Alter von 12 Jahren, auf dem Entwicklungsstand eines wenige Monate alten Kindes. Er ist nahezu blind, kann weder stehen, gehen noch mit den Händen greifen. Wenn er auf dem Rücken liegt, ist er nicht in der Lage, sich zu drehen. Er leidet an einer extremen Tetraspastik sämtlicher Extremitäten, die zu multiplen Kontrakturen geführt hat. Eine Kopf- oder Haltungskontrolle, ein Drehen und Fortbewegen, sind nicht möglich. Der Kläger leidet an einer völligen Rumpfinstabilität. Sitzen kann er nur mit Unterstützung. Er kann nur breiartige Nahrung zu sich nehmen; dies wird mit Unterstützung einer Ernährungssonde und Ernährungspumpe durchgeführt. Infolge der Hirnschädigung sind beim Kläger epileptische Anfälle aufgetreten und als Folge mangelnder Bewegungsfähigkeit hat sich bei ihm ein Hüfthochstand entwickelt, der bereits operativ korrigiert werden musste. Er wird in einem sozialpädagogischen Wohnheim gepflegt	OLG Zweibrücken 22.4.2008 5 U 6/07 OLGR 2008, 721 RA Hezel, Bühl
	Weitere Urteile zur Rubrik »**Geburtsschäden - Hirnschäden**« siehe auch: **bis € 25 000:** 3067 **ab € 25 000:** 2615, 1337, 1254						
	Geburtsschäden - Sonstige Schäden						
2686	€ 3000 (€ 3302)	Dammschnitt ohne Lokalanästhesie sowie mangels hinreichender Aufklärung rechtswidrige vaginaloperative Saugglockenentbindung		Frau		Die hier maßgebenden Belastungen sind ihrer Art und Intensität nach vergleichbar mit solchen Verletzungen und Schäden, für die in der Judikatur Schmerzensgelder in einer Größenordnung von € 3000 zuerkannt worden sind (vgl. etwa OLG München, Urt. v. 15.7.2010 – 1 U 2068/10, Hacks/Wellner/Häcker, Schmerzensgeldbeträge, 33. Auflage Nr. 222)	OLG Oldenburg (Oldenburg) 8.2.2012 5 U 101/10

Lfd. Nr.	Betrag DM Euro (Anp.2019)	Verletzung	Dauer und Umfang der Behandlung; Arbeitsunfähigkeit	Person des Verletzten	Dauerschaden	Besondere Umstände, die für die Entscheidungen maßgebend waren	Gericht, Datum der Entscheidung, Az., Veröffentlichung bzw. Einsender

Fortsetzung von »Geburtsschäden - Sonstige Schäden«

Lfd. Nr.	Betrag	Verletzung	Dauer und Umfang	Person	Dauerschaden	Besondere Umstände	Gericht
2687	€ 10 000 + immat. Vorbehalt (€ 10 982)	Narbe im Bereich der behaarten Kopfhaut mit irreversibler Alopezie auf einer Fläche von 3,3 x 2,2 cm wegen paravenös gelaufener TRIS-Puffer-Lösung zur Behandlung der metabolischen Azidose eines frühgeborenen Kindes		Neugeborenes Kind	Narbe im Bereich der behaarten Kopfhaut mit irreversibler Alopezie auf einer Fläche von 3,3 x 2,2 cm	Bei der Festsetzung des Schmerzensgeldes war zu berücksichtigen, dass die Narbe eine erhebliche dauerhafte ästhetische Beeinträchtigung der Klägerin im Gesichtsbereich zur Folge hat. Weiter waren das Alter der Klägerin, die mit einer sichtbaren bzw. nur schwer kaschierbaren Narbenbildung im Bereich des Gesichts bzw. des Überganges der Stirn in den Bereich behaarter Kopfhaut verbundenen psychischen Folgen, die Größe der Narbe sowie die abstrakte Gefahr, dass sich grundsätzlich im weiteren Verlauf Erkrankungen wie eine Narbensarkoidose und schlimmstenfalls Karzinome manifestieren können, zu bewerten. Des Weiteren kann nicht außer Acht bleiben, dass die entstellende Narbe im Gesichtsbereich das Verhalten Dritter zu der Klägerin nachteilig beeinflussen kann. Andererseits war zu beachten, dass derzeit keinerlei Anhaltspunkte für Erkrankungen und für gesundheitliche Beeinträchtigungen durch die Narben bestehen	OLG München 14.6.2012 1 U 160/12 juris
2688	35 000 € 17 500 + immat. Vorbehalt (€ 23 525)	Totale Armplexuslähmung rechts aufgrund Schulterdystokie während der Geburtshilfe	Operation der Schulter und ständige Krankengymnastik	Säugling		Ärztlicher Behandlungsfehler! Bei ihrer Berufswahl wird die Klägerin dadurch eingeschränkt sein, dass zahlreiche Tätigkeiten, bei denen beide Arme annähernd gleichwertig eingesetzt werden müssen, für sie nicht in Betracht kommen. Schließlich wird die Klägerin ihre Behinderung auch im täglichen Leben bei alltäglichen Verrichtungen schmerzhaft empfinden und leidet auch unter jeder „Zurschaustellung" ihres gelähmten, schmächtigen und verkürzten Armes. Zu beachten war auch der nicht gering zu veranschlagende Grad des Verschuldens der Beklagten im Hinblick auf die leichte Vermeidbarkeit der eingetretenen Schädigung der Klägerin für den mit der Geburtshilfe betrauten Arzt	OLG Braunschweig 4.11.1999 1 U 5/99 RAe Uhde & Riepe, Braunschweig
2689	50 000 € 25 000 + immat. Vorbehalt (€ 33 951)	Lungenfunktionsstörung nach Frühgeburt aufgrund nicht erkannter irregulärer Blutgruppenantikörper	Während der ersten 5 Lebenstage erhielt der Kläger drei Blutaustauschinfusionen. Er musste über mehrere Wochen beatmet werden	Säugling	Trotz konsequenter Dauerinhalation ist der Kläger rasch erschöpfbar und seine körperliche Belastbarkeit nicht immer altersgemäß	Grober Behandlungsfehler. Seit seiner frühen Säuglingszeit leidet der Kläger unter schweren obstruktiven Bronchitiden, die nur durch regelmäßige Medikamente, appliziert durch Inhalationen, zu beherrschen sind. In der Feinmotorik lassen sich noch Defizite erkennen	LG Hamburg 30.4.1998 323 O 227/97 RA Teichner, Hamburg

● Mithaftung (siehe vorletzte Spalte)

Geburtsschäden

Urteile lfd. Nr. 2690 – 2693

Lfd. Nr.	Betrag DM **Euro** *(Anp.2019)*	Verletzung	Dauer und Umfang der Behandlung; Arbeitsunfähigkeit	Person des Verletzten	Dauerschaden	Besondere Umstände, die für die Entscheidungen maßgebend waren	Gericht, Datum der Entscheidung, Az., Veröffentlichung bzw. Einsender
	**Fortsetzung von »Geburtsschäden - Sonstige Schäden«**
2690	€ 30 000 + immat. Vorbehalt *(€ 30 812)*	Geburtstraumatische Plexusparese (Lähmung des Armes, die durch Zug am Plexus brachialis beim Geburtsvorgang entsteht; durch ein ungünstiges Größenverhältnis zwischen Kind und Geburtskanal kommt es zur sog. Schulterdystokie)	Physiotherapie	Neugeborener Junge	Mangelnde Kraft (Kraftgrad 3–4 von 5) und Beweglichkeit des Armes	Eine milde Form der Erb'schen Lähmung, die sich vor allem in einer maßvollen globalen Kraftminderung (Kraftgrad 3–4 von 5) und einer leichten Fehlstellung des Glenohumeralgelenks mit der Folge einer begrenzten Außenrotation des Arms äußert, rechtfertigt ein Schmerzensgeld von € 30 000. Schmerzensgeldrelevant sind auch die Beeinträchtigungen, die der Kläger durch die systematische (praktisch tägliche) Physio- und Ergotherapie im Laufe des Lebens erfahren hat und die in ihrer Gesamtheit keine unerhebliche Beeinträchtigung der Lebensqualität bedeuteten. Insgesamt ergibt sich das Bild eines Kindes, das im Hinblick auf die Plexuslähmung durchaus Glück im Unglück gehabt hat, aber bislang schon eine deutlich beeinträchtigte Kindheit hatte und mit der auf Dauer bleibenden mangelnden Kraft und mangelnden Geschicklichkeit wird leben müssen	OLG Köln 23.1.2019 5 U 69/16
2691	€ 40 000 + immat. Vorbehalt *(€ 42 736)*	Obere Plexuslähmung rechts nach Schulterdystokie; fehlende Aufklärung über die Alternative einer Schnittentbindung		Säugling	Plexuslähmung	Vor diesem Hintergrund hält der Senat ein Schmerzensgeld in Höhe von € 40 000 für angemessen, aber auch ausreichend, um die Beeinträchtigungen der Klägerin, die durch die schon erfolgte Operation verbessert werden konnten, entsprechend abzugelten. Dabei hat der Senat zudem berücksichtigt, dass die Klägerin nochmals operiert wird zum Zwecke einer Muskelverlagerung, und dass sie in einem gewissen Umfang gehandikapt ist, weil sie ihren Arm nicht vollständig frei bewegen kann, was bei einem Kind und später auch bei einer jungen Frau zu einer Beeinträchtigung der Lebensqualität führt	OLG Hamm 11.4.2014 26 U 6/13
2692	€ 40 000 + immat. Vorbehalt *(€ 42 311)*	Schulterdystokie		Säugling		Die linke Schulter steht hoch und der linke Arm ist leicht verkürzt. In seiner – namentlich aktiven – Beweglichkeit ist er eingeschränkt und hat deutliche muskuläre Defizite, so dass die Gebrauchsfähigkeit trotz fortgesetzter physiotherapeutischer Maßnahmen nur bedingt gegeben ist	OLG Koblenz 23.9.2015 5 U 403/15 juris; MedR 2016, 337
2693	€ 45 000 *(€ 51 553)*	Geburtsschaden: Plexusparese nach Schulterdystokie		Säugling	Plexusparese	Höhe des Schmerzensgeldes orientiert sich an vergleichbaren Fällen; infolge der weiter erlittenen cerebralen Beeinträchtigungen ist Kl. noch stärker auf seine Grob- und Feinmotorik, insb. der Arme, angewiesen	OLG Celle 25.2.2010 11 U 108/08

Lfd. Nr.	Betrag DM Euro (Anp.2019)	Verletzung	Dauer und Umfang der Behandlung; Arbeitsunfähigkeit	Person des Verletzten	Dauerschaden	Besondere Umstände, die für die Entscheidungen maßgebend waren	Gericht, Datum der Entscheidung, Az., Veröffentlichung bzw. Einsender

Fortsetzung von »Geburtsschäden - Sonstige Schäden«

Lfd. Nr.	Betrag	Verletzung	Dauer/Umfang	Person	Dauerschaden	Besondere Umstände	Gericht
2694	€ 51 130 (€ 65 659)	Geburtstraumatische Armplexusparese, die durch fachwidrige ärztliche Gewalteinwirkung verursacht wurde		Männlicher Säugling	Die Funktion des linken Armes und der linken Hand sind deutlich eingeschränkt. Der Kläger ist linksseitig beim Tasten, Greifen und Abstützen beeinträchtigt. Die Elevation des Armes ist beschränkt. Es prägt sich eine schädliche Fehlhaltung der Wirbelsäule aus	Ärztlicher Behandlungsfehler	OLG München 27.6.2002 1 U 3601/01 RA Wenckebach, München
2695	€ 60 000 + immat. Vorbehalt (€ 74 179)	Oberarmschaftfraktur rechts, komplette Plexus-Parese am linken Arm	2 Operationen im Schulterbereich	Kleinkind	Plexus-Parese links, Kläger kann linken Arm nur ganz geringfügig bewegen; die spärlichen Bewegungen der Finger, am ehesten noch des Daumens, reichen nicht aus, eine Haltefunktion durch die Hand zu gewährleisten; Kläger ist nicht in der Lage zu greifen oder auch nur einen Gegenstand zum Mund zu führen; Gebrauchsfähigkeit von Arm und Hand: 5%; Muskelverschmächtigung des linken Arms; Horner-Syndrom	Unterlassener Hinweis des Arztes auf Kaiserschnitt zur Vermeidung einer eventuellen Schulterdystokie wegen fehlerhafter Auswertung einer Ultraschallaufnahme (nicht korrekte Setzung der Maßkreuze), Diagnosefehler	LG München I 15.12.2004 9 O 22163/98 RA Bauer, München
2696	125 000 € 62 500 (€ 80 357)	Läsion des oberen und unteren Armplexus links		Männl. Säugling	Armplexuslähmung links	Ärztliches Aufklärungsverschulden bei der Entbindung und Unterlassen einer Beendigung der Geburt durch Kaiserschnitt, was den Armplexusschaden verhindert hätte	OLG Hamm 24.4.2002 3 U 8/01 VersR 2003, 1312
2697	€ 65 000 + immat. Vorbehalt (€ 69 798)	Geburtsschaden: Plexusparese des rechten Arms infolge einer Schulterdystokie. Alle aus der Wirbelsäule austretenden und in den Armplexus einmündenden Nervwurzeln waren geschädigt, die drei Nervwurzeln C 5–C 7 gezerrt bzw. zerrissen	Mehrfache chirurgische Behandlungen	Neugeborene	Funktionsfähigkeit des rechten Arms der Kl. und die ihrer rechten Hand sind dauerhaft in schwerster Weise gestört	Unter Berücksichtigung der von der Kl. aufgrund der Plexusparese erlittenen Schmerzen, die bisher dadurch notwendig gewordenen Folgeoperationen und vor allem des schweren gesundheitlichen Dauerschadens der Kl., der zu vielfältigen Einschränkungen der Kl. im alltäglichen Leben geführt hat und noch führen wird, erscheint dem Senat das begehrte Schmerzensgeld von € 65 000 angemessen und nicht übersetzt	OLG Celle 2.9.2013 1 U 88/12
2698	€ 175 000 + immat. Vorbehalt (€ 216 356)	Periventrikuläre Leukomalazie durch Zuführung einer 10-fach überhöhten Menge an Tee oder Glucose über die Magensonde auf der Geburtsstation		Weibl. Säugling	100%	Durch den groben Behandlungsfehler bei der Geburt kam es zu einer spastischen Tetraparese, als deren Folge die Klägerin schwer gehbehindert ist sowie an Sehstörungen, Kleinwuchs und Lernschwierigkeiten leidet	OLG Frankfurt am Main 24.5.2005 8 U 129/04 RiOLG Stefan Göhre

● Mithaftung (siehe vorletzte Spalte)

Geburtsschäden

Lfd. Nr.	Betrag DM Euro (Anp.2019)	Verletzung	Dauer und Umfang der Behandlung; Arbeitsunfähigkeit	Person des Verletzten	Dauerschaden	Besondere Umstände, die für die Entscheidungen maßgebend waren	Gericht, Datum der Entscheidung, Az., Veröffentlichung bzw. Einsender
		Fortsetzung von »Geburtsschäden - Sonstige Schäden«					
		Kapitalabfindung mit Schmerzensgeldrente					
2699	€ 13 000 und € 100 Rente monatlich + immat. Vorbehalt (€ 16 796)	Obere Plexuslähmung der in Höhe der Halswirbelkörper C 5 und C 6 verlaufenden Nervenstränge		Junge	Erhebliche Beeinträchtigung der Funktionstüchtigkeit des linken Arms, Verminderung der Armhebung nach vorne und außen und der Tragefunktion der linken Hand; als Folge ist es zu einer asymmetrischen Körperfehlhaltung gekommen, die mit einer Wirbelsäulenverkrümmung und einer kompensatorischen Neigung des Kopfes zur Gegenseite verbunden ist	Gravierende Versäumnisse bei geburtshilflicher Betreuung; Erforderlichkeit des Besuchs einer Schule für Körperbehinderte	OLG Düsseldorf 10.1.2002 8 U 49/01 VersR 2003, 114

Weitere Urteile zur Rubrik »**Geburtsschäden - Sonstige Schäden**« siehe auch:
ab € 25 000: 2636, 2668

Freiheitsentziehung

Lfd. Nr.	Betrag DM Euro (Anp.2019)	Verletzung	Dauer und Umfang der Behandlung; Arbeitsunfähigkeit	Person des Verletzten	Dauerschaden	Besondere Umstände, die für die Entscheidungen maßgebend waren	Gericht, Datum der Entscheidung, Az., Veröffentlichung bzw. Einsender
2700	500 € 250 (€ 325)	Freiheitsentziehung durch Verbringen auf das Polizeirevier mangels entsprechender Ermächtigungsgrundlage		Tankstellenpächter		Freiheitsentziehung dauerte ca. 35 Minuten; Vorgang erregte erhebliches Aufsehen, wodurch Kläger gebrandmarkt war, was gerade im dörflichen Umfeld gravierend sein kann	LG Karlsruhe 31.10.2001 2 O 203/01 RA Lins, Pforzheim
2701	€ 400 (€ 413)	Amtspflichtwidrige Ingewahrsamnahme einer Person über Nacht auf der Polizeidienststelle für die Dauer von ca. 13 Stunden		Frau		Das LG unter Berücksichtigung der Tatsache, dass die Ingewahrsamnahme der Klägerin über Nacht auf der Polizeidienststelle für die Dauer von ca. 13 Stunden einen weniger gravierenden Eingriff als die Unterbringung in einem psychiatrischen Krankenhaus für die Dauer von bis zu 24 Stunden darstellt, ein Schmerzensgeld von € 400 als angemessen und ausreichend angesehen (in Anknüpfung an Senatsurteil v. 5.11.2003 – 1 U 611/03, OLGR Koblenz, juris Rn 14; OLG Karlsruhe, Urt. v. 12.11.2005 – 9 U 78/11, VersR 2016, 254 ff., juris Rn 54; LG Marburg, Urt. v. 19.7.1995 – 5 O 33/90, VersR 1995, 1199)	OLG Koblenz 7.3.2018 1 U 1025/17 juris
2702	1500 € 750 (€ 1111)	3 Tage ungerechtfertigte Zwangshaft		Frau		Klägerin konnte während ihrer Abwesenheit für ihre minderjährigen Kinder keine ausreichende Versorgung sicherstellen	OLG München 27.5.1993 1 U 6228/92 NJW-RR 1994, 724
2703	€ 1075 (€ 1159)	Menschenunwürdige Haftbedingungen im Zeitraum vom 20.11.2009 bis zum 4.12.2009		Mann		Bei menschenunwürdigen Haftbedingungen, die dem der Entscheidung des Verfassungsgerichtshofes des Landes Berlin vom 3.11.2009 (VerfGH 184/07) zugrunde liegenden Fall vergleichbar sind, ist regelmäßig eine monatliche Entschädigung von € 600 angemessen, wenn keine konkreten Besonderheiten des Einzelfalles gegeben sind, die die Beeinträchtigung als besonders schwer oder aber weniger schwerwiegend erscheinen lassen	KG Berlin 27.1.2015 9 U 232/12 juris

Lfd. Nr.	Betrag DM Euro (Anp.2019)	Verletzung	Dauer und Umfang der Behandlung; Arbeitsunfähigkeit	Person des Verletzten	Dauerschaden	Besondere Umstände, die für die Entscheidungen maßgebend waren	Gericht, Datum der Entscheidung, Az., Veröffentlichung bzw. Einsender

Fortsetzung von »Freiheitsentziehung«

Lfd. Nr.	Betrag	Verletzung	Dauer	Person	Dauerschaden	Besondere Umstände	Gericht
2704	€ 2000 (€ 2458)	Rechtswidrige Unterbringung unter menschenunwürdigen Umständen während Untersuchungshaft von 171 Tagen auf die Dauer von 157 Tagen in einer Gemeinschaftszelle mit einem weiteren Mitgefangenen; Zelle war ca. 9 qm groß, hatte 1 Etagenbett, 2 Stühle sowie 2 Arbeitstische, war mit Kartons vollgestellt und hatte eine nicht gesondert entlüftete Toilette hinter einem Vorhang		Mann		Schuldhafte Amtspflichtverletzung; Kläger musste 23 Stunden am Tag in der Gemeinschaftszelle verbringen und konnte nicht einmal ein Mindestmaß an Intimsphäre wahren; bei der Entschädigung handelt es sich nicht um ein (bloßes) Schmerzensgeld; es geht vielmehr um den Ausgleich einer Verletzung der Menschenwürde (Art. 1 GG) und des aus Art. 1 und Art. 2 GG hergeleiteten allgemeinen Persönlichkeitsrechts	OLG Karlsruhe 19.7.2005 12 U 300/04 NJW-RR 2005, 1267
2705	€ 2500 (€ 2726)	Unberechtigter Widerruf von Vollzugslockerungen		Mann		Hinsichtlich der Höhe des zuerkannten Schmerzensgeldes hat sich das LG in vertretbarer Weise an § 7 Abs. 3 StrEG orientiert. Hiernach beträgt der immat. Schadensersatz im Falle der rechtswidrigen Freiheitsentziehung aufgrund gerichtlicher Entscheidung € 25 für jeden angefangen Tag der Freiheitsentziehung. In zutreffender Weise hat das LG berücksichtigt, dass vorliegend nicht die Freiheitsentziehung durch den Maßregelvollzug als solche rechtswidrig ist, sondern lediglich deren konkrete Ausgestaltung im Zeitraum des rechtswidrigen Entzugs der Lockerungen. Vor diesem Hintergrund ist es gerechtfertigt, einen Bruchteil der Entschädigung nach StrEG zuzusprechen. Die Bemessung des Schmerzensgeldes mit knapp 40% des nach Maßgabe des StrEG sich rechnerisch ergebendem Betrages erscheint dabei angesichts der durch die mehrmonatige rechtswidrige Rücknahme der Vollzugslockerungen entstandenen erheblichen Einschränkungen im Tagesablauf des Klägers nicht übersetzt. Statt regelmäßige unbegleitete Ausgänge auf dem Klinikgelände und eine Tätigkeit bei der klinikeigenen Poststelle wahrnehmen zu können, war der Kläger nunmehr für 8 ½ Monate auf einen stationären Aufenthalt in der besonders gesicherten Station der Forensik des A-Klinikums mit der bloßen Möglichkeit bewachter Hofgänge beschränkt	Schleswig-Holsteinisches OLG 29.1.2013 11 U 63/12 StV 2013, 456

● Mithaftung (siehe vorletzte Spalte)

Lfd. Nr.	Betrag DM Euro (Anp.2019)	Verletzung	Dauer und Umfang der Behandlung; Arbeitsunfähigkeit	Person des Verletzten	Dauerschaden	Besondere Umstände, die für die Entscheidungen maßgebend waren	Gericht, Datum der Entscheidung, Az., Veröffentlichung bzw. Einsender

Fortsetzung von »Freiheitsentziehung«

2706	€ 5000 (€ 5391)	Rechtswidrige Fixierung für 16 Stunden und medikamentöse Behandlung mit Neuroleptika während der zwangsweisen Unterbringung mit erheblichen Nebenwirkungen wie starker Übelkeit, multiple Krämpfe, Antriebs- und Konzentrationsmängel, Umherlaufen, Krampfhaltung der Hand und des Unterarms, Stoffwechselstörungen mit Entzugserscheinungen bis hin zur absoluten Appetitlosigkeit		Mann		Amtshaftungsanspruch des Klägers aufgrund rechtswidriger Fixierung und medikamentöser Behandlung während der zwangsweisen Unterbringung. Der Kläger war insgesamt 4 Wochen untergebracht. Die Fixierung des Klägers wurde weder befristet angeordnet noch ärztlich überwacht. Letzteres ergibt sich zumindest nicht aus den Protokollen des Pflegepersonals. Die Behandlung mit Medikamenten hätte nur mit Einwilligung des Betroffenen oder des gesetzlichen Vertreters erfolgen dürfen. Ein gesetzlicher Vertreter oder Verfahrenspfleger wurde nicht bestellt. Der Kläger hatte nicht eingewilligt. Die Zwangsmedikation erfolgte auch während der Fixierung und stellt auch nach Auffassung des BVerfG einen besonders schweren Grundrechtseingriff dar. Bei der Bemessung des Schmerzensgeldes war die Fixierungsdauer von unter einem Tag sowie die erheblichen Nebenwirkungen, die über die bloße Beeinträchtigung durch die Fixierung wesentlich längere Auswirkungen haben, zu berücksichtigen	LG Berlin 28.1.2015 86 O 88/14
2707	12 000 € 6000 (€ 10 114)	Nahezu vierwöchiges Festhalten in einem Psychiatrischen Landeskrankenhaus entgegen einer eindeutigen gesetzlichen Regelung und gegen den Willen des Patienten		Mann			OLG Stuttgart 2.8.1990 14 U 10/90 VersR 1991, 1288
2708	€ 7000 ● (€ 8715)	76 Tage Untersuchungshaft		Mann		Der Beklagte als Strafverteidiger hat es trotz entsprechender Absprache mit dem Kläger versäumt, einen Antrag auf Verlegung des Termins zur Hauptverhandlung zu stellen und den Kläger über das Risiko einer Verhaftung bei Versäumung des Termins aufzuklären; Kläger, der zur Hochzeit in sein Heimatland reiste, geriet daher nach Rückkehr in Haft; erhebliches Mitverschulden des Klägers, der es unterlassen hatte, nach dem Stand einer Terminverlegung zu fragen; kurz vor Reiseantritt war ihm auch bekannt geworden, dass der Termin nicht verlegt worden war	KG Berlin 17.1.2005 12 U 302/03 VersR 2005, 698

Lfd. Nr.	Betrag DM Euro (Anp.2019)	Verletzung	Dauer und Umfang der Behandlung; Arbeitsunfähigkeit	Person des Verletzten	Dauerschaden	Besondere Umstände, die für die Entscheidungen maßgebend waren	Gericht, Datum der Entscheidung, Az., Veröffentlichung bzw. Einsender
Fortsetzung von »Freiheitsentziehung«							
2709	€ 10 000 (€ 11 581)	Freiheitsverletzung durch zwangsweise Heimunterbringung auf die Dauer von knapp einem Monat infolge einer ärztlichen Fehldiagnose		4-jähr. Mädchen		Klägerin hat sich bei einem Sturz in der elterlichen Wohnung verletzt; bei der Vorstellung im Krankenhaus wurde unter einem Verstoß gegen die ärztliche Sorgfalt ein Verdacht auf Kindesmisshandlung diagnostiziert, worauf die Klägerin in ein Kinderheim verbracht wurde, nachdem den Eltern durch einstweilige Verfügung das Sorgerecht eingeschränkt wurde; diese wurde nach ca. 3 Wochen wieder aufgehoben; die zwangsweise Unterbringung eines kleinen Kindes und eine damit verbundene zwangsweise Trennung von den Eltern ist mit das Schlimmste, was einem Kind widerfahren kann	LG München I 7.1.2009 9 O 20622/06
2710	30 000 € 15 000 (€ 26 863)	Entmündigung auf die Dauer von 6 Jahren, mit einer ca. zweijährigen Unterbringung in einer geschlossenen Anstalt, infolge einer Falschbegutachtung		Mann		Grob fahrlässige Falschbegutachtung; das erlittene Unrecht und die Freiheitsentziehung haben den Patienten erheblich belastet	OLG Nürnberg 2.3.1988 9 U 779/85 VersR 1988, 855
2711	€ 16 665 (€ 17 787)	Nachträglich angeordnete Sicherungsverwahrung in der Zeit vom 22.5.2006 bis zum 28.2.2011		Mann		Für eine konventionswidrig vollzogene Sicherungsverwahrung beträgt die gem. Art. 5 Abs. 5 EMRK zu gewährende angemessene Entschädigung regelmäßig rund € 500 pro Monat. Die Regelung in § 7 Abs. 3 StrEG ist nicht entsprechend anwendbar. Eine zur Erledigung eines wegen der konventionswidrig vollzogenen Sicherungsverwahrung gem. Art. 34 EMRK beim EGMR anhängig gewesenen Individualbeschwerdeverfahrens vom Bund gezahlte Entschädigung (€ 12 000) ist auf die vom Land gem. Art. 5 Abs. 5 EMRK geschuldete Entschädigung anzurechnen	OLG Hamm 14.11.2014 11 U 80/13 juris
2712	€ 21 851 (€ 23 276)	Konventionswidrige nachträgliche Sicherungsverwahrung vom 25.6.2009 bis zum 8.12.2011		Mann, verurteilter Sexualstraftäter		Der Anspruch ergibt sich aus Art. 5 Abs. 5 EMRK	LG Marburg 8.7.2014 2 O 63/13 Landesrechtsprechungsdatenbank Hessen

● Mithaftung (siehe vorletzte Spalte)

Freiheitsentziehung

Urteile lfd. Nr. 2713 – 2714

Lfd. Nr.	Betrag DM Euro (Anp.2019)	Verletzung	Dauer und Umfang der Behandlung; Arbeitsunfähigkeit	Person des Verletzten	Dauerschaden	Besondere Umstände, die für die Entscheidungen maßgebend waren	Gericht, Datum der Entscheidung, Az., Veröffentlichung bzw. Einsender
	Fortsetzung von »Freiheitsentziehung«						
2713	€ 25 000 (€ 26 630)	Rechtswidrige Unterbringung von zwei Monaten in einem psychiatrischen Krankenhaus, die mit einer Zwangsmedikation verbunden war	2 Monate	Mann		Eine zwangsweise Unterbringung in einem psychiatrischen Krankenhaus ist für den Betroffenen ein besonders demütigendes Erlebnis, nach Auffassung des Senats in der Regel wohl demütigender als eine zweimonatige Haft. Zu Gunsten des Klägers ist zudem zu berücksichtigen, dass zu keinem Zeitpunkt sachliche Anhaltspunkte für eine Unterbringungsbedürftigkeit im Sinne von § 1 Abs. 4 UBG vorlagen. Ob der Kläger an einer Psychose erkrankt war oder noch erkrankt ist, kann dahinstehen. Jedenfalls ging im maßgeblichen Zeitraum zu keinem Zeitpunkt von ihm eine Gefahr für andere oder für ihn selbst im Sinne der Vorschriften des Unterbringungsrechts aus. Die Unterbringung war mit einer medikamentösen Zwangsbehandlung verbunden. Dies ist bei der Höhe des Schmerzensgelds zugunsten des Klägers zu berücksichtigen. Die Regelungen im Gesetz über die Entschädigung für Strafverfolgungsmaßnahmen bieten keinen Anhaltspunkt für die Bemessung des Schmerzensgelds im vorliegenden Fall. Bei der Haftung der Beklagten geht es hingegen um einen Ausgleich für schuldhafte Pflichtverletzungen ihrer Ärzte. Daher ist das Maß des Verschuldens von erheblicher Bedeutung für die Höhe des Schmerzensgelds. Die Ärzte der Beklagten haben im entscheidenden Punkt – nämlich bei der unrichtigen Gefährdungsprognose – grundlegende fachliche Standards verletzt. Der Senat hat bei der Höhe des Schmerzensgeldes zudem berücksichtigt, dass eine öffentlich-rechtliche Unterbringung sich für den Betroffenen und seine weitere Zukunft erheblich stigmatisierend auswirken kann	OLG Karlsruhe 12.11.2015 9 U 78/11
2714	€ 30 500 (€ 32 554)	Konventionswidrig vollzogene über 10 Jahre hinaus gehende Sicherungsverwahrung vom 30.5.2003 bis zum 26.6.2008		Mann		Die Festsetzung einer Entschädigung i.H.v. € 30 500 (€ 500/Monat) gem. Art. 5 Abs. 5 EMRK erscheint in diesem Fall ausreichend, aber auch erforderlich. Diese Entschädigungshöhe entspricht der Entschädigungspraxis des EGMR in vergleichbaren Fällen. Demgegenüber ist die von dem Kl. begehrte Entschädigung i.H.v. € 25 pro Tag übersetzt. Ein Anspruch in dieser Höhe ergibt sich insb. nicht aus einer direkten oder analogen Anwendung von § 7 Abs. 3 StrEG. Eine analoge Anwendung von § 7 Abs. 3 StrEG kommt mangels planwidriger Regelungslücke nicht in Betracht	OLG Hamm 14.11.2014 11 U 16/14 juris

Lfd. Nr.	Betrag DM Euro (Anp.2019)	Verletzung	Dauer und Umfang der Behandlung; Arbeitsunfähigkeit	Person des Verletzten	Dauerschaden	Besondere Umstände, die für die Entscheidungen maßgebend waren	Gericht, Datum der Entscheidung, Az., Veröffentlichung bzw. Einsender
	Fortsetzung von »Freiheitsentziehung«						
2715	€ 50 000 + materieller und immaterieller Vorbehalt (€ 53 909)	Rechtswidrige Inhaftierung aufgrund eines grob fahrlässig fehlerhaften Sachverständigengutachtens	Verurteilung zu 3 Jahren Haft wegen vermeintlichen schweren sexuellen Missbrauchs von Kindern (Pflegekind), von denen 683 Tage verbüßt wurden	65-jähr. Mann	Tinnitus, Schlafstörungen, Alpträume	Der Kläger litt in der internen Gefängnishierarchie unter verbalen Anfeindungen sowie versuchten Körperverletzungen. Besonders bei der Bemessung des Schmerzensgeldes wurde die verbüßte Haftzeit sowie die psychische Belastung des Klägers durch das Bekanntwerden des Haftgrundes in der JVA berücksichtigt. Ferner ist die gesellschaftliche Stigmatisierung sowie die finanziellen (der Kläger wurde aus dem Beamtenverhältnis entfernt und kann auch aufgrund seines Alters nicht mehr eintreten) und familiären Folgen zu beachten. Auch das Nichtvorliegen von Vorsatz der Beklagten bei der Gutachtenerstellung muss Berücksichtigung finden. Ohne dass eine förmliche Anrechnung vorzunehmen ist, ist auch zu berücksichtigen, dass es auch eine staatliche Entschädigung für den Kläger gibt und dass eben die Beklagte nicht ganz alleine die Verantwortung für die Inhaftierung trägt	LG Saarbrücken 29.1.2015 3 O 295/13 Rechtsprechungsdatenbank Saarland
2716	€ 60 000 + immat. Vorbehalt (€ 62 409)	Unberechtigte Freiheitsentziehung wegen sexuellen Missbrauchs aufgrund eines unrichtigen aussagepsychologischen Gutachtens im Strafprozess	Aufgrund des Urteils der Strafkammer verbüßte der Kläger von der verhängten dreijährigen Freiheitsstrafe insgesamt 683 Tage in verschiedenen Justizvollzugsanstalten	61-jähr. Mann	Der Kläger litt dauerhaft unter Schlafstörungen und einem Tinnitus und wurde von Alpträumen heimgesucht	Nach dem Dafürhalten des Senats fiel bei der Schmerzensgeldbemessung besonders ins Gewicht, dass der im 61. Lebensjahr infolge des grob fahrlässig unrichtigen Gutachtens der Beklagten durch Strafurteil wegen schweren sexuellen Missbrauchs verurteilte Kläger nicht nur von der verhängten dreijährigen Freiheitsstrafe insgesamt 683 Tage in verschiedenen Justizvollzugsanstalten verbüßte und dabei in der anstaltsinternen Sozialhierarchie jeweils auf unterster Stufe stand. Zu berücksichtigen war vielmehr auch, dass der Kläger viele Jahre danach zu Unrecht mit dem Makel des sexuellen Missbrauchs der Pflegetochter belastet war und erst das dritte Wiederaufnahmegesuch des Klägers im November 2013 – rechtskräftig – zum Freispruch führte. Diese besonderen Umstände, die den Kläger ersichtlich massiv belasteten, können bei der Festlegung der Höhe des Schmerzensgeldes nicht außer Betracht bleiben. Erst danach erfuhr der inzwischen im 71. Lebensjahr befindliche Kläger die bereits dargestellte, allerdings dann sehr klare und umfangreiche Rehabilitation in der Öffentlichkeit	Saarländisches OLG 23.11.2017 4 U 26/15 juris

● Mithaftung (siehe vorletzte Spalte)

Fortsetzung von »Freiheitsentziehung«

Lfd. Nr.	Betrag DM **Euro** *(Anp.2019)*	Verletzung	Dauer und Umfang der Behandlung; Arbeitsunfähigkeit	Person des Verletzten	Dauerschaden	Besondere Umstände, die für die Entscheidungen maßgebend waren	Gericht, Datum der Entscheidung, Az., Veröffentlichung bzw. Einsender
2717	€ 65 000 + imm. Schadensersatz *(€ 70 727)*	Nachträglich verlängerte Sicherungsverwahrung		Mann		Der vom LG zugebilligte immat. Schadensersatzanspruch i.H.v. € 65 000 ist angemessen. Das LG hat eine immat. Entschädigung i.H.v. € 500 pro Monat zuerkannt. Dies ist unter Heranziehung der Bemessungspraxis des EGMR in vergleichbaren Fällen (EGMR, Urt. v. 17.12.2009 – 19359/04 – Tz. 139, 141; EGMR, Urt. v. 13.1.2011 – 17792/07 – Tz. 88; 20008/07 – Tz. 71; 27360/04 – Tz. 92; 42225/07 – Tz. 92; EGMR, Urt. v. 24.11.2011 – 48038/06 – TZ. 115, 116; EGMR, Urt. v. 19.4.2012 – 61272/09 – Tz. 105) sowie unter Berücksichtigung, dass es sich um einen verschuldensunabhängigen Anspruch handelt und ein Verschulden der handelnden Organe nicht festgestellt werden kann, nicht zu beanstanden. Auf die Tagessätze nach dem Strafrechtsentschädigungsgesetz (StrEG) kommt es nicht an, da bereits dessen sachlicher Anwendungsbereich nicht eröffnet ist	OLG Karlsruhe 29.11.2012 12 U 60/12 zfs 2013, 81
2718	€ 150 000 *(€ 176 804)*	Erlittene Freiheitsberaubung und Verletzung des allgemeinen Persönlichkeitsrechts durch eine zu Unrecht erfolgte Verurteilung und Verbüßung einer Haftstrafe auf die Dauer von 1.973 Tagen		Mann		Kläger wurde infolge einer grob fahrlässigen Fehlbegutachtung (anthropologisches Vergleichsgutachten) durch den beklagten Gerichtssachverständigen wegen eines angeblichen Bankraubs zu einer mehrjährigen Haftstrafe verurteilt; Kläger wurde 10 Monate nach der Haftentlassung in einem Wiederaufnahmeverfahren freigesprochen, nachdem eine andere Person die Tat gestanden hatte; Dauer der U-Haft bleibt bei der Bemessung des Schmerzensgeldes außer Betracht, da insoweit eine Verantwortlichkeit des Beklagten nicht festzustellen ist; bei der Bemessung des Schmerzensgeldes sind u. a. von Bedeutung, dass neben den mit der länger andauernden Inhaftierung einhergehenden psychischen und physischen Belastungen der Kläger aus seinem gewohnten sozialen Umfeld herausgerissen wurde und dass die medizinische Versorgung des an einer Tumorerkrankung leidenden Klägers in einer Justizvollzugsanstalt nicht in der Weise gewährleistet war, wie dies bei freier Arztwahl möglich gewesen wäre; andererseits kann das Handeln des Beklagten auch unter Berücksichtigung der zur Annahme einer groben Fahrlässigkeit führenden Maßstäbe nicht als leichtfertig angesehen werden; eine nach § 7 StrEG erhaltene Entschädigung ist nicht anrechenbar, da ein solcher Aufopferungsanspruch nicht gleichrangig zu Schadenersatzansprüchen gegenüber Dritten ist	OLG Frankfurt am Main 2.10.2007 19 U 8/07

Lfd. Nr.	Betrag DM Euro (Anp.2019)	Verletzung	Dauer und Umfang der Behandlung; Arbeitsunfähigkeit	Person des Verletzten	Dauerschaden	Besondere Umstände, die für die Entscheidungen maßgebend waren	Gericht, Datum der Entscheidung, Az., Veröffentlichung bzw. Einsender
Fortsetzung von »Freiheitsentziehung«							
2719	500 000 € 250 000 + immat. Vorbehalt (€ 352 590)	Wegen fehlerhafter ärztlicher Gutachten verursachte 9 Jahre lange Freiheitsentziehung durch Unterbringung in Psychiatrischen Krankenhäusern und Medikamentenverabreichung während der Verweildauer		20-jähr. Mann		Grob fahrlässiges Verhalten bei Erstellung der Gutachten; erst durch die vom Kläger erlittenen Untersuchungsbedingungen hat sich ein in die weitere Unterbringung tragender psychiatrischer Befund ausgebildet; bei Urteilsverkündung bestehen noch Spätdyskinesien (u. a. psychomotorische Störungen der Hände) und psychosoziale Einschränkungen	LG Marburg 19.7.1995 5 O 33/90 VersR 1995, 1199

Weitere Urteile zur Rubrik »**Freiheitsentziehung**« siehe auch:
bis € 2500: 2881
bis € 5000: 3148
bis € 12 500: 3051, 3052
bis € 25 000: 3071, 3252
ab € 25 000: 3263, 3226, 3268, 1316

Hundebisswunden und sonstige Verletzungen durch Tiere

Lfd. Nr.	Betrag DM Euro (Anp.2019)	Verletzung	Dauer und Umfang der Behandlung; Arbeitsunfähigkeit	Person des Verletzten	Dauerschaden	Besondere Umstände, die für die Entscheidungen maßgebend waren	Gericht, Datum der Entscheidung, Az., Veröffentlichung bzw. Einsender
2720	– (€ 0)	Ängste bzw. Leiden eines Hundes		Hundehalter		Ein Schmerzensgeld für Leiden von Tieren ist im deutschen Zivilrecht nicht vorgesehen und wesensfremd	AG Wiesbaden 18.8.2011 93 C 2691/11 (34) openjur
2721	€ 250 (€ 267)	Verletzung am Daumengrundglied durch zwei Hundebisse		Kind		Das Streicheln eines auf einem Fest freilaufenden Hundes stellt kein vorwerfbares Mitverschulden dar	AG Lübeck 7.3.2014 31 C 2343/13
2722	€ 300 (€ 335)	Bissverletzung mit Hämatom durch Hundebiss	1 Woche AU			Keine offene Wunde	LG Krefeld 11.3.2011 1 S 110/10 RA Schneider, Bielefeld
2723	€ 300 (€ 318)	Verdrehtrauma des rechten Kniegelenks	Minderung der Erwerbstätigkeit i.H.v. 10% für 4 Wochen und 5% für weitere 2 Wochen	Mann		Tierhalterhaftung	OLG Braunschweig 30.4.2015 8 U 66/13 juris
2724	€ 300● (€ 374)	Hundebissverletzung am 3. und 4. Finger der linken Hand	2 Wochen arbeitsunfähig	Frau		30% Mithaftung wegen der Tiergefahr des von der Klägerin gehaltenen Terriers sowie wegen eigenen Mitverschuldens, überhaupt in die Situation (Hundekampf) eingegriffen zu haben	AG Lübeck 16.8.2004 29 C 1619/04 RA Krause, Lübeck-Travemünde
2725	€ 300● (€ 322)	Bissverletzung durch einen Polizeihund (sechs Zentimeter langen Fleischwunde am Arm) als ungewollte Nebenfolge eines rechtmäßigen Polizeieinsatzes bei einer Demonstration	Wundreinigung (Adaption der Wundränder mit Steristrips)	Mann		Hat die Bisswunde beim Verletzten zu einer sechs Zentimeter langen Fleischwunde am Arm geführt, und war die Verletzung mit Schmerzen und Beeinträchtigungen verbunden, so ist eine Entschädigung von € 300 angemessen, wobei zu berücksichtigen ist, dass der Verletzte das Gebot der Eigensicherung unzureichend beachtet hat	OLG Frankfurt am Main 20.8.2013 1 U 69/13 juris; NVwZ-RR 2014, 142
2726	€ 400 (€ 430)	Mehrere Hundebisse in Oberschenkel und Unterschenkel mit Hämatomen und Kratz- und Schürfspuren	1 Woche Schmerzen	Mann		Der Kläger war eine Woche nicht in der Lage, sportlichen Aktivitäten nachzugehen	AG Aschaffenburg 30.9.2013 116 C 1232/13 RA Mathias Pistner, Aschaffenburg
2727	€ 500 (€ 579)	Hundebissverletzung an linker Hand	5 Tage Gipsschiene, 2 Wochen arbeitsunfähig	Mann		Die erlittenen Bissverletzungen sind eher geringfügiger Natur. Es handelt sich ausweislich der Fotos um drei kleinere offene Stellen auf dem Handrücken	LG Hanau 14.3.2008 2 S 172/07 RAe Münch & Koll., Gelnhausen

● Mithaftung (siehe vorletzte Spalte)

Hundebisswunden und sonstige Verletzungen durch Tiere

Urteile lfd. Nr. 2728 – 2734

Lfd. Nr.	Betrag DM Euro (Anp.2019)	Verletzung	Dauer und Umfang der Behandlung; Arbeitsunfähigkeit	Person des Verletzten	Dauerschaden	Besondere Umstände, die für die Entscheidungen maßgebend waren	Gericht, Datum der Entscheidung, Az., Veröffentlichung bzw. Einsender

Fortsetzung von »Hundebisswunden und sonstige Verletzungen durch Tiere«

Lfd. Nr.	Betrag	Verletzung	Dauer und Umfang der Behandlung; Arbeitsunfähigkeit	Person des Verletzten	Dauerschaden	Besondere Umstände	Gericht, Datum
2728	€1000 (€1146)	Hundebissverletzungen am linken Unterarm und am linken Unterschenkel	Wunde am Unterarm musste genäht werden; 10 Tage arbeitsunfähig	Bäckereiverkäuferin			AG Osnabrück 3.2.2010 15 C 181/09 RA Schmidt, Osnabrück
2729	€1000 (€1065)	Bisse von Bettwanzen		Frau		Die üblichen Beeinträchtigungen, zu denen Bisse von Bettwanzen oder vergleichbaren Insekten bei den meisten Menschen führen – juckende Quaddeln für etwa eine Woche –, kommen wirklichen Körperschäden und Krankheiten kaum gleich. Daher darf das Schmerzensgeld die für eine solche Beeinträchtigung üblicherweise zugesprochenen Beträge von bis zu €500 nicht überschreiten. Erleidet der Reisende mehrere hundert Bisse und reagiert sein Körper auf diese Bisse überdurchschnittlich stark, steht ihm zwar ein höheres Schmerzensgeld zu, aber es darf nicht außer Acht bleiben, dass es sich um eine absehbar vorübergehende Beeinträchtigung handelt. Ein Schmerzensgeld von €1000 erscheint deshalb ausreichend, aber auch erforderlich	OLG Celle 26.3.2015 11 U 249/14 juris; NJW-RR 2015, 1463
2730	€1000● (€1110)	Hundebissverletzung im linken Schienbein und im Ringfinger der linken Hand	5 Tage stationäre Behandlung und nachfolgend 1 Monat AU	Mann		Mithaftung von ⅓. Geschädigter griff in den Kampf seines Hundes mit einem fremden Hund ein. Diese Eigengefährdung ist im Rahmen des Mitverschuldens zu berücksichtigen	AG Würzburg 2.11.2011 15 C 1877/11 RA Klaus Schauer, Schweinfurt
2731	€1200 (€1340)	Verletzungen an Schulter und Wade durch zwei Hundebisse	2 Wochen AU	Mann	Narben, welche allerdings nicht sehr entstellend sind; seit dem Ereignis Angst vor Hunden		AG Ravensburg 20.4.2011 13 C 1327/10 RA Thomas Link
2732	€1500 (€1906)	Hundebisse in den rechten Arm, in die Seite und in den Rücken		9-jähr. Junge		Insbesondere Berücksichtigung der psychischen Verfassung des Klägers, welche durch den Vorfall erheblich in Mitleidenschaft gezogen wurde; Kläger wirkte längere Zeit ängstlich, traute sich nicht zum Spielen nach draußen und ging Umwege	AG Gera 7.7.2003 2 C 1171/02 RA Pfob, Gera
2733	€1500 (€1726)	Hundebisswunden an der linken Wade (u. a. 6 x 2 cm große und 2 mm tiefe Verletzung) und über der Achillessehne		Mann		Schmerzensgelderhöhend war das Verhalten des Beklagten nach dem Vorfall, insbesondere die groben Beleidigungen und auch die weiterhin bestehenden psychischen Beeinträchtigungen	AG Göppingen 15.1.2010 7 C 1402/09 RA Cless, Göppingen
2734	€1500 (€1776)	Oberflächliche Fleischwunde am rechten Knie mit ca. 4 cm großem Hämatom durch Hundebiss	2 Wochen arbeitsunfähig	Frau		Die Klägerin musste sich fünf Tollwutimpfungen unterziehen, da nicht nachgewiesen werden konnte, dass der Hund gegen Tollwut geimpft war. Nach jeder Impfung litt die Klägerin 2 bis 3 Tage an Unwohlsein, Brechreiz und Schlafstörungen sowie Erschöpfung	AG Halle (Saale) 16.8.2007 93 C 5057/06 RiAG Thomas Dancker

● Mithaftung (siehe vorletzte Spalte)

Lfd. Nr.	Betrag DM Euro (Anp.2019)	Verletzung	Dauer und Umfang der Behandlung; Arbeitsunfähigkeit	Person des Verletzten	Dauerschaden	Besondere Umstände, die für die Entscheidungen maßgebend waren	Gericht, Datum der Entscheidung, Az., Veröffentlichung bzw. Einsender
\multicolumn{8}{l}{Fortsetzung von »Hundebisswunden und sonstige Verletzungen durch Tiere«}
2735	€ 1500 (€ 1611)	Hundebissverletzung im Bereich der Wade, zwei 1,5 und 2 cm tiefe Bisswunden	10 Tage starke Schmerzen; Wunde konnte aufgrund von Wundbrandgefahr nicht genäht werden; Einnahme von Schmerzmitteln und Antibiotika; 3 ½ Wochen Schlafstörungen	66-jähr. Rentner		Kläger konnte 8 Wochen nicht Tauchen gehen (Hobbytaucher)	LG Nürnberg-Fürth 22.11.2013 15 S 5611/13 RA Dr. Weyer, Fürth
2736	€ 1700● (€ 1850)	Hundebissverletzung am Daumenballen und der Daumenfalte der rechten Hand, nachdem der Kläger dem Tier die Hand zum Beschnüffeln hinhielt	1 Operation, 3 Tage stationäre Behandlung, 4 Wochen AU zu 100%, 3 Wochen AU zu 50%	64-jähr. Mann, Rechtshänder	Druckempfindliche Narben, Bewegungseinschränkung der rechten Hand und bei der Abduktion des Daumens, verminderte Handspanne, Bewegungseinschränkung in allen Gelenken des rechten Zeigefingers	Mithaftung ⅓ (bei den anderen Positionen 50%). Die Haftung des Beklagten ist nicht schon dann ausgeschlossen, wenn sich ein Geschädigter in einem öffentlich zugänglichen Raum einem schlafenden bzw. dösenden Hund nähert, diesem die Hand zum Beschnüffeln hinhält und der Hund zubeißt, auch wenn der Kläger zuvor darauf hingewiesen wurde, dass der Hund es nicht möge, angefasst zu werden. Bei der Operation trat intraoperativ ein intermittierendes Vorhofflimmern auf. Vorübergehend litt der Kläger unter Kälteempfindlichkeit sowie Verfärbung mit deutlich kühlerer Hauttemperatur der rechten Hand	AG Bad Segeberg 29.11.2012 17a C 94/10
2737	€ 2000 (€ 2187)	Multiple Prellungen, Hämatome und Schürfungen an der linken Hand, am rechten Ellenbogen und am rechten Knie	3 Tage AU zu 100%, 24 physiotherapeutische Behandlungen, insgesamt 3 Monate Behandlung	Frau, Tierärztin	Störung in der Feinmotorik des linken Zeigefingers sowie beim Faustschluss bei Kälte, sichtbare Narben auf dem Zeigefinger, Mittelfinger und Ringfinger der linken Hand	Der Hund des Beklagten sprang in das Vorderrad, wodurch die Klägerin mit ihrem Fahrrad zu Fall kam. Die Klägerin ist Tierärztin und partielle Linkshänderin und durch die Störung der Feinmotorik des linken Zeigefingers teilweise in der Ausübung ihres Berufs beeinträchtigt sowie in der Ausübung ihres Hobbys als Radfahrerin durch die Problematik beim Faustschluss. Ferner hat das Gericht berücksichtigt, dass die Klägerin in ihrem Urlaub auf Rad- und Wandertouren verzichten musste. Letztlich wurde auch die Tatsache berücksichtigt, dass der Beklagte bis zum Zeitpunkt der mündlichen Verhandlung von sich wies, dass sein Hund den Unfall verursacht hatte	AG Dresden 22.3.2012 103 C 5746/11 RAe Roth & Partner, Dresden
2738	4000 € 2000 (€ 2648)	Bisswunde am rechten Unterarm durch Kampfhund (Stafford)		Frau	Unschöne Narbe	Beißwütiger Kampfhund war zwar angeleint, aber ohne Maulkorb	AG Mannheim 11.7.2000 6 C 241/00 RA Grab, Mannheim

● Mithaftung (siehe vorletzte Spalte)

Hundebisswunden und sonstige Verletzungen durch Tiere

Lfd. Nr.	Betrag DM Euro (Anp.2019)	Verletzung	Dauer und Umfang der Behandlung; Arbeitsunfähigkeit	Person des Verletzten	Dauerschaden	Besondere Umstände, die für die Entscheidungen maßgebend waren	Gericht, Datum der Entscheidung, Az., Veröffentlichung bzw. Einsender
\multicolumn{8}{l}{Fortsetzung von »Hundebisswunden und sonstige Verletzungen durch Tiere«}
2739	€ 2000 (€ 2368)	Biss in die linke Wange durch Hund	5 Tage stationär aufgrund eines entzündungsbedingten eitrigen Anschwellens der Verletzung	10-jähr. Mädchen	Narbe im Bereich des linken Jochbeins ohne erhebliche optische Beeinträchtigung	Hundebiss wurde ausgelöst durch Tritt auf die Pfote. Trotzdem keine Mithaftung der Klägerin, da bei der Beurteilung fahrlässigen Verhaltens deren junges Alter zu berücksichtigen ist. Selbst wenn aus medizinischer Indikation eine operative Korrektur der Narbe nicht erforderlich werden sollte, bleibt eine dauerhaft optische Beeinträchtigung, die unter Umständen aufgrund hierdurch bedingter psychischer Belastungen eine optische Korrektur erforderlich erscheinen lassen könnte	AG Nordhorn 23.8.2007 3 C 387/07 RAin Grohn, Nordhorn
2740	€ 2000 (€ 2467)	Blutende Platzwunde im Augenbrauenbereich sowie Schürfwunden an den Armen und an einem Bein	Arbeitsunfähig ca. 2 Wochen	Mann		Fahrradfahrer kam durch freilaufenden Hund zu Sturz. Verletzung im Augenbrauenbereich, die genäht werden musste, führte für die Dauer der Arbeitsunfähigkeit zu erheblichen Entstellungen. Die Gesichtsverletzungen sind vollständig und ohne bleibende Schäden ausgeheilt	AG Parchim 15.6.2005 11 C 972/04 RAe Nasner & Kollegen, Schwerin
2741	€ 2000 (€ 2279)	Bisswunde am linken Oberarm	Eine Woche arbeitsunfähig, Schmerzzustand über 3 Wochen	Vollstreckungsbeamter	Bissmale am linken Oberarm	Beklagter verletzte den Kläger anlässlich einer polizeilichen Festnahme	AG Schleiden 22.4.2010 14 DS-601 Js 1277/09-4/10 RA Mettke, Euskirchen
2742	€ 2000 (€ 2111)	6 x 3 cm große Wunde am Arm durch Hundebiss	Ambulante Behandlung	Mann		Hat der Geschädigte durch den fremden Hund zunächst eine 6 x 3 cm große Wunde am Arm erlitten und hat bei der letzten Vorstellung im behandelnden Krankenhaus eine sekundär heilende 2 x 0,5 cm große Wunde bestanden, ist ein Schmerzensgeld i.H.v. € 2000 angemessen und ausreichend. Dies gilt umso mehr, als nach dem gerichtlich eingeholten Gutachten feststeht, dass die Behandlung der Wunde am rechten Ellenbogen des Geschädigten abgeschlossen ist und er in seiner Mobilität durch die Bissverletzung nicht wesentlich eingeschränkt war	Thüringer OLG 16.7.2015 1 U 652/14 juris; r+s 2015, 625
2743	4500 € 2250 + immat. Vorbehalt (€ 2925)	Hundebiss in den rechten Oberarm und in die Schulter	4 Tage stationäre und dann ca. ½ Jahr ambulante Behandlung	15-jähr. Schülerin		Klägerin wurde von hinten von einem großen Hund angegriffen und zu Boden gerissen; sie hat seit dem Unfall erhebliche Angst vor Hunden; die verbleibenden entstellenden Narben sollen nach Ende der Wachstumsphase operativ entfernt werden; bis dahin wohl psychische Beeinträchtigung	AG Altenburg 19.8.2001 2 C 1280/00 RA-Kanzlei Gründig & Merrath, Zwickau
2744	€ 2450 (€ 2592)	Zahlreiche Bisswunden durch Polizeihund an beiden Unterarmen, am rechten Oberarm, am Rücken und an den Beinen	Ambulante Behandlung im Krankenhaus; für mehrere Wochen war eine Wundversorgung notwendig	14-jähr. Jugendlicher		Zahlreiche Bisswunden an beiden Unterarmen, am rechten Oberarm, am Rücken und an den Beinen rechtfertigen ein Schmerzensgeld i.H.v. € 2450. Die Arme, Beine und Rücken des Klägers waren von Bisswunden übersät. Der überwiegende Teil der Verletzungen war oberflächlich, es gab jedoch auch größere und tiefere Wunden	OLG Karlsruhe 18.6.2015 9 U 23/14 juris; VersR 2015, 1561

Fortsetzung von »Hundebisswunden und sonstige Verletzungen durch Tiere«

Lfd. Nr.	Betrag DM Euro (Anp.2019)	Verletzung	Dauer und Umfang der Behandlung; Arbeitsunfähigkeit	Person des Verletzten	Dauerschaden	Besondere Umstände, die für die Entscheidungen maßgebend waren	Gericht, Datum der Entscheidung, Az., Veröffentlichung bzw. Einsender
2745	5000 € 2500 (€ 3340)	Hundebiss in Penis und Hodensack	7 Wochen Schmerzen beim Urinieren sowie sexuelle Probleme	Mann		Während eines Gesprächs zwischen den Parteien biss der Pitbull den Kläger in die Genitalien	AG Münsingen 8.5.2000 2 C 101/00 RA Dr. Müller-Sommer, Reutlingen
2746	5000 € 2500 (€ 3294)	Wurzelkompressionssyndrom der Nervenwurzel, austretend beim ersten Sakralwirbel durch Sturz nach Hundeangriff	3–12 Wochen	Mann		Die nunmehr bestehenden Beschwerden sind auf degenerative Vorerkrankungen zurückzuführen	LG Rottweil 12.1.2001 2 O 522/99 RA Dr. Schuster, Spaichingen
2747	5000 € 2500 (€ 3480)	Großflächiger Hundebiss am linken Unterarm		Schülerin	Vernarbungen, jedoch Konturen kaum sichtbar	Klägerin, die von hinten von einem 50 kg schweren Rottweiler angefallen wurde, hatte erhebliche Angst ausgestanden und Schock davongetragen	OLG Düsseldorf 12.7.1996 22 U 31/96 VersR 1997, 66
2748	5000● € 2500 (€ 3484)	Hundebissverletzung linker Unterschenkel, linke Wade mit daraus sich entwickelnder Weichteilphlegmone	Nach ambulanter Behandlung wurde im Rahmen einer stationären Behandlung eine Spaltung der Wunde über eine Länge von 15 bis 20 cm sowie die Einlage von zwei Laschen mit anschließender offener Wundbehandlung vorgenommen. Über 4 Monate arbeitsunfähig		Verzögerter sekundärer Wundheilungsverlauf mit Kelloidbildung der Wundränder	50% Mithaftung. Angetrunkener Kläger schob sein Rad durch Gaststättenhinterhof, obwohl Hinweisschild „Vorsicht bissiger Hund" angebracht war	OLG Celle 5.6.1996 20 U 71/95 RA Poluschinsky, Burgwedel
2749	€ 3000 (€ 3212)	Hundebiss ins Gesicht		Frau	Rötliche halbmondförmige Narbe unter dem linken Auge	Hierbei war insbesondere zu berücksichtigen, dass sich die Ängste der Klägerin aufgrund ihrer selbstgewählten Konfrontation mit ihrem eigenen Hund und anderen Hunden im Hundeverein immer mehr verringert haben und zuletzt nur noch ein deutliches Unbehagen in Gegenwart von fremden großen Hunden verblieben ist, das als solches aber eher als sozialadäquat denn als psychische Fehlverarbeitung zu qualifizieren ist	OLG Hamm 3.2.2015 I-9 U 91/14 juris; MDR 2015, 511
2750	€ 3000● + immat. Vorbehalt (€ 3637)	HWS-Distorsion, starke Knochenprellung mit Bänderriss und Absprengung eines Knochen-Knorpelfragments sowie Abscherfraktur im rechten Sprunggelenk, Schulterprellung rechts		Frau		50% Mithaftung; Sturz von einem sich aufbäumenden Pferd; Verletzung der Verkehrssicherungspflicht seitens des Veranstalters bei der Durchführung eines Festzugs, bei dem bestimmte Auflagen nicht eingehalten wurden; Mithaftung der Klägerin in Form einer Mitverursachung durch eine typische Tiergefahr; es bestehen noch Funktionsbeeinträchtigungen, die auf die Knorpelschäden zurückzuführen sind; von einer zunehmenden Funktionsbeeinträchtigung mit Belastungsminderung ist weiterhin auszugehen	LG Landshut 10.10.2006 51 O 251/06 bestätigt durch OLG München 28.6.2007 1 U 5353/06
2751	€ 3200 + immat. Vorbehalt (€ 3611)	3 mm lange Bissverletzung an der linken Augenbraue sowie 1 cm lange Bissverletzung an der Oberlippe (teilweise durchgebissen)	Mind. 6 ambulante Behandlungen, Wunden wurden genäht	3-jähr. Mädchen	Sichtbare Narben an der Oberlippe und der linken Augenbraue	Seit dem Hundebiss leidet die Klägerin unter massiver Angst vor Hunden. Die Klägerin ist aufgrund ihres Alters weder in der Lage das Ereignis zu begreifen noch es zu verarbeiten	AG Norderstedt 23.12.2010 42 C 300/10 Kanzlei Offermanns & Kollegen, Norderstedt

● Mithaftung (siehe vorletzte Spalte)

Hundebisswunden und sonstige Verletzungen durch Tiere

Urteile lfd. Nr. 2752 – 2755

Lfd. Nr.	Betrag DM Euro (Anp.2019)	Verletzung	Dauer und Umfang der Behandlung; Arbeitsunfähigkeit	Person des Verletzten	Dauerschaden	Besondere Umstände, die für die Entscheidungen maßgebend waren	Gericht, Datum der Entscheidung, Az., Veröffentlichung bzw. Einsender
\multicolumn{8}{	l	}{Fortsetzung von »Hundebisswunden und sonstige Verletzungen durch Tiere«}
2752	€ 3300 ● + immat. Vorbehalt (€ 3662)	vordere Kreuzbandruptur sowie Innen- und Außenmeniskushinterhornriss im linken Kniegelenk, nachdem die Klägerin durch ein von ihr geführtes Pferd, das wegen eines Kfz scheute, umgerissen wurde	insgesamt 3 Operationen und ein weiterer Eingriff zur Durchführung einer Arthroskopie, die ebenfalls mit einem stationären Krankenhausaufenthalt verbunden war	Frau	Arthrose	Bei der Schmerzensgeldbemessung waren vor allem die nicht unerheblichen Primärverletzungen am Knie zu berücksichtigen, die eine operative Versorgung erforderten. Die Stabilität des Kniegelenks ist bis zum Schluss der mündlichen Verhandlung vor dem LG nicht mehr wiederhergestellt worden. Dieser Zustand dauert seit dem Schadensfall über vier Jahre an. Hinzu kommen umfangreiche ambulante Behandlungsmaßnahmen sowie eine bereits jetzt zu diagnostizierende Arthrose, deren weiterer Verlauf freilich nicht verlässlich vorhergesehen werden kann. In Anbetracht dieser Leidensgeschichte erscheint – ungeachtet eines Mitverschuldens – ein Schmerzensgeld von € 10 000 als angemessen. Bei der Gesamtabwägung war ein Mitverschulden von 2/3 zu berücksichtigen	Saarländisches OLG 15.11.2011 4 U 593/10-184 Schaden-Praxis 2012, 209
2753	€ 3500 (€ 4522)	HWS-Distorsion, Absplitterung der Zähne 12 und 21	MdE: 14 Tage 100% 6 Wochen arbeitsunfähig, MdE: weitere 3 Monate 20% und MdE: ein weiteres Jahr 10% 46 manuelle Therapien und Fangopackungen	Mann		Verkehrsunfall wurde durch freie auf der BAB herumlaufende Pferde verursacht. Den Kläger trifft keine Mithaftung, da der Beklagte es zu verantworten hat, dass von ihm gehaltene Tiere ausbrechen und auf die BAB gelangen konnten, wodurch es zu ganz erheblichen Gefährdungen des Verkehrs gekommen ist. Hinter diesem Pflichtverstoß tritt die Betriebsgefahr des klägerischen Fahrzeugs jedenfalls völlig zurück, so dass der Kläger zu Recht vollen Schadenersatz verlangen kann	LG Münster 25.1.2002 4 C 4573/01 RAe Dr. Biesek & Plassmann, Münster
2754	€ 3500 + immat. Vorbehalt (€ 4005)	Bruch des 9. Brustwirbelkörpers	Krankenhausaufenthalt, Schmerzen und erhebliche Bewegungseinschränkung auf die Dauer von mehreren Monaten	Frau		Tierhalterhaftung; Klägerin kam als Radfahrerin bei einer Kollision mit einem nicht angeleinten Hund zu Fall; Bruch ist ordnungsgemäß verheilt; nach 4 Monaten alle Beschwerden abgeklungen; im Hinblick darauf, dass bei Brüchen der vorliegenden Art selbst dann, wenn zur Zeit keine Beschwerden vorhanden sind, Spätfolgen nicht völlig auszuschließen sind, ist immat. Vorbehalt begründet	OLG Hamm 21.7.2008 6 U 60/08 r+s 2008, 527
2755	8000 € 4000 (€ 5425)	Mehrere massive Hundebisse in beide Beine, wobei an einer Stelle Fleisch herausgerissen wurde	10 Tage Krankenhaus mit chirurgischer Wundversorgung und psychischer Stabilisierung, anschließend 5 1/2 Monate ambulante Behandlung; 1 Monat arbeitsunfähig	Junge Frau	Lange, unansehnliche Narben an beiden Beinen	Klägerin wurde dreimal von einem Bullterrier angefallen; sportliche Aktivitäten und Freizeitunternehmen waren 2 Monate streng limitiert; Klägerin wird Lebensführung in ihrer Freizeitgestaltung dem Verletzungsbild anpassen; sie wird weiter psychisch unter der Narbenbildung leiden, sie wird Aufenthalt im Freien ohne Bedeckung der verletzten Körperstellen meiden. Der nicht haftpflichtversicherte Beklagte lebt in schlechten Vermögensverhältnissen	AG Bad Liebenwerda 12.3.1999 11 C 502/98 NJW-RR 1999, 1255

● Mithaftung (siehe vorletzte Spalte)

Lfd. Nr.	Betrag DM Euro (Anp.2019)	Verletzung	Dauer und Umfang der Behandlung; Arbeitsunfähigkeit	Person des Verletzten	Dauerschaden	Besondere Umstände, die für die Entscheidung maßgebend waren	Gericht, Datum der Entscheidung, Az., Veröffentlichung bzw. Einsender

Fortsetzung von »Hundebisswunden und sonstige Verletzungen durch Tiere«

Lfd. Nr.	Betrag	Verletzung	Dauer und Umfang	Person	Dauerschaden	Besondere Umstände	Gericht
2756	€ 4000 (€ 4295)	Hundebiss in rechten Unterarm mit ausgeprägter Wundinfektion	17 Behandlungstermine, 16 Tage AU, komplizierter Wundverlauf mit Gipsruhigstellung	Frau	Dauerschädigung der peripheren Nerven	Narbe am rechten Unterarm, Probleme beim Faustschluss, Taubheitsgefühle im Ring- und Mittelfinger	AG Cloppenburg 13.9.2013 21 C 876/12 RA Tödtmann, Essen
2757	€ 4000 (€ 4844)	2,5 cm x 5 cm große Bisswunde am rechten Busen sowie Bisswunden am rechten Unterarm, linken Handrücken und rechter Schulter	MdE: für 11 Tage 100% 6 Tage 80% 2 Tage 50%	17-jähr. Mädchen	Narben am Unterarm und Busen	Hundebiss. Die Narben an der Hand und je nach Bekleidung am Unterarm sind auch im bekleideten Zustand sichtbar und können daher das Erscheinungsbild der Klägerin beeinträchtigen. Die Narbe an der Brust ist im bekleideten Zustand zwar nicht zu sehen, dennoch ist nachvollziehbar, dass die Klägerin hierdurch in der Wahrnehmung der eigenen Weiblichkeit in nicht unerheblicher Weise beeinträchtigt wird	LG Duisburg 8.6.2006 8 O 38/06 RA Meier, Duisburg
2758	€ 4500 ● (€ 5117)	Hundebiss in die Wade des rechten Beins mit schwerer Wundinfektion	ca. 4 Wochen stationäre Behandlung wegen Wundinfektionen und ca. 2 Wochen Gehstützen	Frau, ältere Dame		Neben der Tiergefahr fällt der Beklagten auch eine schuldhafte Sorgfaltspflichtverletzung zur Last, weil sie schon vor der Verletzung der Klägerin bemerkt hatte, dass der Hund „irgendwie ängstlich reagierte" und er „sich zu sehr bedrängt fühlte und unter Stress stand" und wusste, dass er dann schnell beißt. Sie will die Klägerin hierauf sogar hingewiesen haben, um diese zu veranlassen, von ihren Bemühungen, den Hund mit einer Leberwurst in den Wagen zu locken, Abstand zu nehmen. Vor diesem Hintergrund hätte die Beklagte – etwa durch ein entsprechendes Festhalten des Hundes am Halsband, nicht nur an der (kurzen) Leine – unbedingt verhindern müssen, dass der Hund in die Reichweite der auf das Haus zugehenden Klägerin gelangte. Auf der anderen Seite ist bei der Bemessung des Schmerzensgeldes ein Mitverschulden der Klägerin zu berücksichtigen, das mit einem Drittel zu bewerten ist	OLG Naumburg 5.8.2010 2 U 39/10 OLG Report Ost 47/2010 Anm. 13
2759	€ 5000 (€ 5096)	Schürfwunde am rechten Oberschenkel, große Schürfwunde mit Hämatombildung am linken Beckenkamm und eine ca. 10 cm lange, 3 cm tiefe Risswunde am rechten Oberschenkel	3 Tage stationäre Behandlung, Risswunde musste genäht werden	10-jähr. Junge	Narbe am rechten Oberschenkel	Hundebiss durch den Rottweiler des Verurteilten, der gegen die Anlein- und Maulkorbpflicht verstieß und deshalb im Strafverfahren wegen fahrlässiger Körperverletzung zu einer Geldstrafe verurteilt wurde	AG Wesel 12.3.2019 8 Ds - 597 Js 93/18 - 161/18 Landesrechtsprechungsdatenbank NRW Anerkenntnisurteil, Adhäsionsverfahren
2760	€ 5000 (€ 6096)	Verlust des Mittelglieds des Zeigefingers der linken Hand durch Pferdeunfall	15 Tage stationärer Aufenthalt, weitere 2 ½ Wochen ambulante Behandlung, 30 ergotherapeutische Behandlungen	Junge Frau	Verlust des Mittelglieds des linken Zeigefingers	Als die Klägerin versuchte, das Pferd anzubinden, riss dieses unvermittelt den Kopf in die Höhe. Hierbei ist sie mit dem linken Zeigefinger in den Metallring gezogen worden, wobei dieser in Höhe des Mittelgliedes ausgerissen wurde. Zunächst wurde versucht, das abgerissene Zeigefingerglied zu reimplantieren. Nachdem dies fehlgeschlagen war, musste das Zeigefingerglied reamputiert werden	LG Gera 13.12.2005 6 O 762/05 RA Thomas R. Walther, Zeulenroda

● Mithaftung (siehe vorletzte Spalte)

Hundebisswunden und sonstige Verletzungen durch Tiere

Urteile lfd. Nr. 2761 – 2764

Lfd. Nr.	Betrag DM Euro (Anp.2019)	Verletzung	Dauer und Umfang der Behandlung; Arbeitsunfähigkeit	Person des Verletzten	Dauerschaden	Besondere Umstände, die für die Entscheidungen maßgebend waren	Gericht, Datum der Entscheidung, Az., Veröffentlichung bzw. Einsender
\	\ Fortsetzung von »Hundebisswunden und sonstige Verletzungen durch Tiere«						
2761	€ 5000 + immat. Vorbehalt (€ 5469)	Bissverletzungen im Gesicht, insbesondere 4 cm lange Risswunde am Nasenrücken, 6 mm lange triangelförmige Risswunde am rechten Nasenflügel, welche jeweils in die Subkutis reichten	Wunden mussten genäht werden	Frau		Tierhalterhaftung, der Hund der Beklagten sprang der Klägerin unvermittelt in das Gesicht	LG Hamburg 26.3.2012 307 O 429/10 RAin Sabine Schlösser-Malkowski, Hamburg
2762	10 000 € 5000 (€ 6790)	Zwei Hundebissverletzungen im Bereich der rechten Gesichtshälfte	8 Arztbesuche; 1 Woche stärkere Schmerzen, 14 Tage schwächere Schmerzen	Mädchen	Zwei entstellende Gesichtsnarben mit einer Länge von 1 cm bzw. 1,5 cm	Psychische Folgewirkungen in Form erheblicher psychopathologischer Veränderungen, die eine psychotherapeutische Behandlung erforderlich machten; Vernarbungen mögen durch eine kosmetische Operation zu verbessern sein, Beklagter kann Klägerin jedoch nicht auf diesen ungewissen Weg verweisen und auf diese Weise eine Schmerzensgeldzahlung vermeiden. Ein kirschkerngroßer subcutaner Knochen muss später operativ beseitigt werden. Hund des Beklagten hat schon andere Personen angefallen, sodass Beklagter von der Gefährlichkeit des Hundes wusste	LG Heidelberg 12.1.1999 7 O 163/98 RAe Lachenauer u. Vorfelder, Heidelberg
2763	10 000 € 5000 (€ 6782)	Mehrere Hundebisse in beide Hände; nach ca. 1 Monat psychische Dekompensation mit schwerer Atemstörung im Sinne von panischen Attacken in Rückerinnerung an den Vorfall; nach 2 Monaten Auftreten einer Hautnervenirritation im Bereich der linken Hohlhand	3 Tage Krankenhaus mit operativer Freilegung der Wunden an der linken Hand unter Intubationsnarkose wegen Verdachts einer Entzündung, anschließend tägliche Erneuerung der Verbände; 2 ½ Wochen arbeitsunfähig; wegen der psychischen Folgen nach 1 Woche nochmals 1 ½ Wochen arbeitsunfähig; nach 5 Monaten Operation der linken Narbe der linken Hand, wobei sich zwei in die Haut ziehende Nervenäste fanden, die im Bereich der Narbe endeten; außerdem war der mittlere Ast des nervus medianus narbig gefesselt; hierauf 2 Wochen arbeitsunfähig; bis 10 Monate nach dem Unfall in therapeutischer Behandlung wegen Angstsyndrom	Sachbearbeiterin bei einer Rundfunkanstalt		Klägerin erlitt Todesangst beim massiven Angriff des großen Hundes; erhebliches Maß an Verschulden der Halterin des Hundes, dessen bissiges und aggressives Verhalten bekannt war; Beklagte hat vorprozessual und auch im Rechtsstreit jegliche Schadensersatzleistung abgelehnt	LG Kiel 30.9.1998 2 O 90/98 RAe Petersen, Becker, Ziegenbein, Kiel
2764	10 000 € 5000 + immat. Vorbehalt (€ 6696)	Mehrere klaffende Bisswunden im Bereich der rechten Schulter und des Rückens; Hundephobie	5 Tage Krankenhaus, zwei ambulante Nachbehandlungen	8-jähr. Junge	Narben an der rechten Schulter	Wegen der Narbenbildung an der rechten Schulter wird nach Abschluss des Wachstums des Klägers eine Narbenkorrektur notwendig sein; Hundephobie ließ allmählich nach	LG Verden (Aller) 23.12.1999 6 S 67/99 RAe Mügge & Schanznig, Sulingen

Hundebisswunden und sonstige Verletzungen durch Tiere

Lfd. Nr.	Betrag DM **Euro** *(Anp.2019)*	Verletzung	Dauer und Umfang der Behandlung; Arbeitsunfähigkeit	Person des Verletzten	Dauerschaden	Besondere Umstände, die für die Entscheidungen maßgebend waren	Gericht, Datum der Entscheidung, Az., Veröffentlichung bzw. Einsender
\multicolumn{8}{l}{Fortsetzung von »Hundebisswunden und sonstige Verletzungen durch Tiere«}
2765	10 000 ● **€ 5000** *(€ 6987)*	Schultergelenkssprengung durch Ausschlagen eines Pferdes	11 Tage Krankenhausaufenthalt mit einer Operation; 3 Monate arbeitsunfähig	Lkw-Fahrer	Einschränkung der Beweglichkeit des rechten Arms und des rechten Schultergelenks, die manchmal schmerzhaft ist, aber den Kläger an seiner Berufsausübung und an seinen privaten Alltagsverrichtungen offensichtlich nicht hindert, wenn er auch in seinem Beruf beim Schalten des Lkw Probleme hat; Unterschied der Beweglichkeit des rechten und des linken Arms nicht sehr groß; MdE: 10%	1/3 Mitverschulden; Genugtuungsfunktion entfällt, da Beklagter nur für Gefährdungshaftung einstehen muss	OLG Celle 24.4.1996 20 U 57/94 VersR 1997, 633
2766	**€ 5500** *(€ 6349)*	Hundebissverletzung an der linken Wade mit etwa 10 cm langer breiter Narbe und bis tief ins Muskelfleisch hineinreichender Wunde	Anlegen einer Drainage sowie eines Gipsverbandes vom Fuß bis unterhalb des Knies. Wegen Wundheilungsstörungen mit Wundnekrosebildungen war eine weitere Operation unter Vollnarkose erforderlich; über 2 Monate nahezu tägliche Weiterbehandlungen	Mann		In der Wade des Klägers ist eine 10 cm lange sichelförmige Narbe mit rötlicher Verfärbung verblieben, die noch verhärtet und gefühllos ist, weshalb er mit einer Einschränkung der Wadenmuskulatur und prinzipiell mit einer Leistungsminderung und Schmerzen im linken Bein rechnen muss	AG Sulingen 20.5.2008 3 C 350/07 RAe Brettschneider & Partner, Sulingen
2767	12 000 **€ 6000** *(€ 8148)*	Tiefflächige Hundebisswunde in Unterschenkel	2 Wochen Krankenhaus. Nachdem sich eine Hautnekrose einstellte, wurde Spalthauttransplantation vom Oberschenkel vorgenommen; langwierige Heilbehandlung; 8 Monate arbeitsunfähig	Mann	2 deutlich sichtbare Narben an Ober- und Unterschenkel	Lange Zeit wegen einer Schädigung der Nervenstränge Taubheitsgefühl sowie Parästhesie im Bereich des medialen Vorfußes und der Großzehe sowie ausgeprägter Knochenschwund aufgrund der Inaktivität des Beines; nach über 2 Jahren noch Einschränkung der Beweglichkeit	LG Aachen 27.1.1999 4 O 15/98 VersR 2001, 1039
2768	**€ 6000** + immat. Vorbehalt *(€ 6562)*	Komplexe Tibiakopffraktur am linken Kniegelenk	8 Tage Krankenhaus, anschließend 4 Wochen Reha, insg. 11 Wochen AU	Mann	Operationsnarbe	Der Hund der Beklagten lief auf die Straße, weswegen der Kläger von seinem Fahrrad stürzte. Tierhalterhaftung. Freizeiteinschränkungen beim Geschädigten in den ersten beiden Jahren nach dem Unfall	LG München I 20.7.2012 6 O 19662/10

● Mithaftung (siehe vorletzte Spalte)

Hundebisswunden und sonstige Verletzungen durch Tiere

Urteile lfd. Nr. 2769 – 2771

Lfd. Nr.	Betrag DM Euro (Anp.2019)	Verletzung	Dauer und Umfang der Behandlung; Arbeitsunfähigkeit	Person des Verletzten	Dauerschaden	Besondere Umstände, die für die Entscheidung maßgebend waren	Gericht, Datum der Entscheidung, Az., Veröffentlichung bzw. Einsender
\multicolumn{8}{l}{Fortsetzung von »Hundebisswunden und sonstige Verletzungen durch Tiere«}
2769	€ 6000 + immat. Vorbehalt (€ 7418)	Dislozierte Oberarmkopffraktur rechts	Drei Operationen, Einsetzen einer Titanplatte, Auftreten einer Wundheilstörung	14-jähr. Schülerin	Auffällige, ca. 12 cm lange und 1 cm breite Wulstnarbe im Bereich der Bruchstelle	Reitunfall. Der Beklagte betreibt einen Reiterhof. Die Klägerin machte dort während des Ferienaufenthalts einen Reitkurs. Die ihr zugeteilte Ponystute galoppierte trotz eingesetzter Betreuerin an, worauf die Klägerin zu Boden stürzte. Bei der Ponystute handelte es sich um ein Haustier, das der Erwerbstätigkeit des Beklagten zu dienen bestimmt war. Sie gehörte zum Bestand der Pferde, die der Beklagte auf seinem gewerblich betriebenen Reiterhof einsetzte. Eine Ersatzpflicht des Beklagten würde entfallen, wenn er und die von ihm eingesetzten Hilfspersonen bei der Beaufsichtigung des Pferdes die im Verkehr erforderliche Sorgfalt beobachtet hätten oder der Schaden auch bei Anwendung dieser Sorgfalt entstanden wäre. Das setzte den vom Beklagten zu führenden Nachweis voraus, dass er und die von ihm eingesetzte Betreuerin, die weisungsgebunden und damit selbständige Tieraufseherin im Sinne von § 834 BGB war, bei Auswahl, Einsatz und Beaufsichtigung der Stute nichts „falsch" gemacht hatten. Dieser Entlastungsbeweis ist dem Beklagten nicht gelungen. Die Funktionen des Armes sind wieder vollständig hergestellt	LG Oldenburg 2.5.2005 17 O 3751/04 RA Ebisch, Wilhelmshaven
2770	€ 6000 + immat. Vorbehalt (€ 7696)	Hundebiss in die linke Backe, 2 kleine Bisswunden unterhalb des linken Auges, Bissverletzungen am Rücken und am rechten Oberarm	4 Tage stationäre Behandlung	2 ½-jähr. Kind	3–5 cm lange, zackige, stark gerötete und damit deutlich sichtbare Narbe an der Backe; 2 kleinere, weniger auffallende und sichtbare Narben unterhalb des linken Auges	Schwer abzusehen, wie sich die deutlich sichtbaren Narben auf die zukünftige Entwicklung des Kindes auswirken, insbesondere den Umgang und Kontakt zu anderen Personen; psychische Beeinträchtigungen nicht ausgeschlossen; Hundehalterin lebt in sehr bescheidenen finanziellen Verhältnissen, es besteht kein Haftpflichtversicherungsschutz; lediglich Gefährdungshaftung	LG Ravensburg 25.7.2002 4 O 211/02 RAe Lischka & Partner, Ravensburg
2771	€ 6000 + immat. Vorbehalt (€ 6679)	Bruch des 3. Lendenwirbelkörpers nach Sturz, verursacht durch großen Hund (Dogge)	Wirbelbruch wurde im Rahmen einer vierwöchigen stationären Behandlung operativ behandelt, anschließend 18 Tage Reha-Klinik, insgesamt 6 Monate 100%ige AU, 12 Monate auf Gehhilfen angewiesen, unfallbedingter Verlust der Arbeitsstelle als Putzkraft, danach arbeitslos	54-jähr. Frau	Deformation des verheilten Wirbelkörpers, Schädigung der Bandscheiben im Segment L 2/3 und L 3/4, posttraumatische degenerative Veränderung in diesem Wirbelsäulenabschnitt, Teilversteifung der Lendenwirbelsäule durch liegenden Fixateur interne (Implantat an der Wirbelsäule), Bewegungseinschränkung der Lendenwirbelsäule und Schmerzen. GdB von 15%	Die gesundheitlichen Beeinträchtigungen rechtfertigen ein Schmerzensgeld i.H.v. € 6000	OLG Dresden 10.8.2011 6 U 1371/10 RAe Höffkes & Heidepeter, Reichenbach

Lfd. Nr.	Betrag DM Euro (Anp.2019)	Verletzung	Dauer und Umfang der Behandlung; Arbeitsunfähigkeit	Person des Verletzten	Dauerschaden	Besondere Umstände, die für die Entscheidungen maßgebend waren	Gericht, Datum der Entscheidung, Az., Veröffentlichung bzw. Einsender
\multicolumn{8}{l}{Fortsetzung von »Hundebisswunden und sonstige Verletzungen durch Tiere«}
2772	12000 € 6000 + immat. Vorbehalt (€ 8015)	Bruch des linken Schienbeinkopfs	24 Tage Krankenhaus mit operativer Versorgung, anschließend 2 ½ Monate Reha wegen fortbestehender Bewegungseinschränkung; nach ca. 4 Monaten nochmals 5 Tage Krankenhaus zur Entfernung des Osteosynthesematerials; MdE: 4 Monate 100%	54-jähr. Frau	MdE: 20%	Tritt durch ein Pferd	OLG Düsseldorf 5.5.2000 22 U 148/99 NJW-RR 2001, 890
2773	12500 € 6250 (€ 8124)	Amputation des Mittelfingers der rechten Hand nach Hundebiss	MdE: 3 Wochen 100%	Mann	Durch Verlust des rechten Mittelfingers besteht eine eingeschränkte Funktionsfähigkeit, eine optische Entstellung der rechten Hand, fortbestehende Schmerzhaftigkeit sowie Missempfindungen	Keine Mithaftung, da der Kläger erst nach seinem Hund griff, als sich alle angreifenden Hunde aus seinem Blickfeld entfernt hatten, auch wenn er nicht sicher davon ausgehen konnte, die fremden Hunde endgültig in die Flucht geschlagen zu haben und erst wenige Sekunden nach dem Angriff vergangen waren. Einer dieser Hunde kehrte jedoch zurück und biss den Kläger in den Finger, als er sich gerade um seinen eigenen verletzten Hund kümmern wollte	LG Kiel 22.8.2001 17 O 54/01 RAe Finck & Koll., Bad Bramstedt
2774	€ 7500 + immat. Vorbehalt (€ 9061)	Schmerzhaft blutende Wunde im Genitalbereich durch Hundebiss	Es waren eine ambulante und eine stationäre Operation notwendig. 11 Wochen arbeitsunfähig	Mann		Bis zur vollständigen Wundheilung nach nicht unkompliziertem Heilverlauf war der Kläger über 3 Monate auf starke Schmerzmittel angewiesen. Über Wochen hinweg musste er ein Suspensorium und später dann Slipeinlagen tragen. Die Narbe am Hoden verursacht noch ein Jucken	LG Ellwangen 10.8.2006 3 O 124/06 Beschluss des OLG Stuttgart 20.11.2006 19 U 155/06 RAin Brenner, Stuttgart
2775	15000 € 7500 + immat. Vorbehalt (€ 9931)	Luxationsfraktur des linken Sprunggelenks	Operative Versorgung	Junge Frau	Posttraumatische Gelenkarthrose; GdB von 20%	Unfall beim Dressurreiten; nach 2 Jahren noch deutliche Schwellung des oberen Sprunggelenks mit erheblicher Funktionseinschränkung um ca. 2/3 in allen Ebenen; Belastungsschmerzen im gesamten Sprunggelenk und Fußwurzelgelenkbereich; Klägerin kann verschiedene Ausdauersportarten (Schwimmen, Reiten, Joggen, Skifahren, Squash) nur noch in erheblich verringertem Maß wahrnehmen. Möglicherweise muss das linke obere Sprunggelenk versteift werden, was mit Schmerzensgeld bereits abgegolten ist, nicht jedoch das Ergebnis einer solchen Operation	OLG Hamm 20.9.2000 13 U 78/98 RiOLG Zumdick, Hamm
2776	15000 € 7500 + immat. Vorbehalt (€ 9528)	Frakturen des linken Handkahnbeins und des Griffelfortsatzes der Speiche		Mann		Kläger stürzte beim Lauftraining über einen über den Weg laufenden Dackel; infolge Mithaftung von 30% wurde dem Kläger lediglich ein Schmerzensgeld von DM 10 500 (€ 5250) zugesprochen	OLG Koblenz 3.7.2003 5 U 271/03 zfs 2003, 444

● Mithaftung (siehe vorletzte Spalte)

Hundebisswunden und sonstige Verletzungen durch Tiere

Lfd. Nr.	Betrag DM Euro (Anp.2019)	Verletzung	Dauer und Umfang der Behandlung; Arbeitsunfähigkeit	Person des Verletzten	Dauerschaden	Besondere Umstände, die für die Entscheidungen maßgebend waren	Gericht, Datum der Entscheidung, Az., Veröffentlichung bzw. Einsender
	Fortsetzung von »Hundebisswunden und sonstige Verletzungen durch Tiere«						
2777	€ 8000 + immat. Vorbehalt (€ 10273)	Bissverletzung am linken und rechten Oberarm, rechten Daumen, am linken Brustkorb und im Bereich der linken Leiste durch Huskys	2 Tage stationäre Behandlung, danach 3 1/2 Wochen ambulante Behandlung MdE: 3 Monate 100%	Betreiberin eines Nageldesign studios	4–6 cm lange Narben am Oberkörper sowie eine 2 cm lange Narbe im Bereich des linken Schambeins	Linke Schulter steht etwas vor. Die Klägerin befindet sich nach wie vor in physiotherapeutischer Behandlung	LG Frankfurt (Oder) 3.9.2002 13 O 416/01 RAe Marson, Streso, Witter, Berlin
2778	€ 8000 + immat. Vorbehalt (€ 9185)	Schädelhirntrauma, Oberkieferalveolarfortsatzfraktur mit Intrusion der Oberkieferfrontzähne, komplizierte Kronenfraktur der Zähne 11 und 21 sowie unkomplizierte Kronenfraktur der Zähne 31 und 32, Verletzung der vorderen knorpeligen Nase, perforierende Riss-Quetsch-Wunde im Bereich der Unterlippe	Insg. 12 Tage stationärer Aufenthalt, 2 OP, Schienung des Ober- und Unterkiefers, tägliche Wunddesinfektion und Säuberung, ambulante dentale Nachbehandlung (Wurzelbehandlung)	11-jähr. Mädchen	Zwei waagrechte Narben unterhalb der Unterlippe von 5–7 cm mit deutlicher roter Färbung	Verletzung durch Pferd der Beklagten infolge mangelnder Sorgfalt der Tierhalterin; insbesondere ist zu berücksichtigen, dass bei der Klägerin aufgrund ihres jungen Alters in der Pubertät aufgrund der deutlich sichtbaren Narben im Gesichtsbereich mit psychischen Beeinträchtigungen zu rechnen ist	LG Kassel 12.8.2009 4 O 343/08 RAe Wille, Kassel
2779	€ 8250 (€ 9555)	Jochbeinfraktur rechts, Orbitabodenfraktur rechts, Nasenbeinfraktur rechts, Hämatosinus rechts durch Huftritt	Zwei stationäre Aufenthalte von insgesamt 11 Tagen, 8 1/2 Wochen arbeitsunfähig	38-jähr. Physiotherapeutin	Gesichtsnarben rechts, Sensibilitätsverlust im Bereich der rechten Wange, geringgradiger Enophthalmus, psychische Beeinträchtigungen, deutliche emotionale Instabilität, Schlafstörungen und allgemeine Verunsicherunge. All diese Umstände rechtfertigen aber nicht die Zubilligung einer unfallbedingten MdE	2/3 Mitverschulden. Zögerliches Regulierungsverhalten. Grundsätzlich hätte die Kammer ein Schmerzensgeld von € 7500 und einen Verzögerungszuschlag von 10% zugesprochen, insgesamt also € 8250. Da die Klägerin jedoch zu 2/3 mithaftet, reduziert sich das Schmerzensgeld auf € 2750	LG Bückeburg 15.1.2009 1 O 86/06 RiLG Barnewitz
2780	20 000 € 10 000 + immat. Vorbehalt (€ 12 842)	Verlust eines Teils der linken Ohrmuschel durch Pferdebiss, psychische Belastungen	5 Tage Krankenhaus, in dem die Ohrmuschel wieder angenäht wurde, was jedoch erfolglos blieb, da das Ohrmuschelteil abgestoßen wurde; daher plastische Rekonstruktion nach ca. 1 1/2 Jahren im Rahmen von 3 zum Teil schwer wiegenden Operationen innerhalb eines halben Jahres	9-jähr. Mädchen	Sichtbare Entstellung im Kopfbereich, da Verziehungen und Knorpelkanten sichtbar sind	Erhebliche psychische Belastungen, da Klägerin unter der Entstellung litt und von ihren Klassenkameraden derart gehänselt und gequält wurde, dass ein Schulwechsel und eine psychologische Behandlung erforderlich waren; Klägerin leidet nach wie vor unter Ohrenschmerzen	LG Ansbach 8.3.2002 3 O 1065/01 RAe Raab, Schäfer & Koll., Dinkelsbühl
2781	€ 10 000 + immat. Vorbehalt (€ 12 780)	Offene Biss-Quetschwunde auf der Mitte der Wange von ca. 3 cm Länge, kleinere Bissverletzungen unterhalb des rechten Auges und der rechten Nasenseite, kleinere Verletzungen auf der linken Gesichtshälfte	2 Tage Krankenhaus; 4 Monate Heilbehandlung	3 1/2-jähr. Mädchen	Deutlich sichtbare Narbe auf der Mitte der rechten Wange	Bissverletzungen durch einen Labrador; noch nach einem Jahr tritt die Narbe auf der Mitte der rechten Wange durch die Rötung und die in der Gesichtshaut hinterlassenen Kerbe deutlich hervor; diese Narbe kann zwar möglicherweise korrigiert werden, jedoch besteht keine Möglichkeit, die Verletzungen völlig unsichtbar zu machen; Klägerin wird mit zunehmendem Alter auf gutes Aussehen Wert legen, wobei die sichtbare Narbe im Gesicht ihr Selbstwertgefühl schwer beeinträchtigen wird; dies gilt ganz besonders in der Zeit der Partnersuche und Partnerwahl	LG Braunschweig 21.1.2003 6 O 2659/02 (181) RAe Stumpf u. Peitmann, Peine

Hundebisswunden und sonstige Verletzungen durch Tiere

Lfd. Nr.	Betrag DM Euro (Anp.2019)	Verletzung	Dauer und Umfang der Behandlung; Arbeitsunfähigkeit	Person des Verletzten	Dauerschaden	Besondere Umstände, die für die Entscheidungen maßgebend waren	Gericht, Datum der Entscheidung, Az., Veröffentlichung bzw. Einsender

Fortsetzung von »Hundebisswunden und sonstige Verletzungen durch Tiere«

Lfd. Nr.	Betrag	Verletzung	Dauer/Umfang	Person	Dauerschaden	Besondere Umstände	Gericht
2782	€10 000 + immat. Vorbehalt (€ 11 238)	Tibiakopfimpressionsfraktur durch Pferdeunfall	Langwieriger Heilungsverlauf	Frau	Bewegungseinschränkung des Knies und Arthrosegefahr	Hat der Reiter bei dem Reitunfall eine Tibiakopfimpressionsfraktur mit langwierigem Heilungsverlauf erlitten, ist ein Schmerzensgeld i.H.v. €10 000 gerechtfertigt	OLG Celle 14.2.2011 20 U 35/10 r+s 2011, 270
2783	€10 000 + immat. Vorbehalt (€ 11 370)	Gesichtsverletzung durch Hundebiss		Frau	Narben	Ein Tierhalter, der auf einer Gartenparty seinen Hund frei herumlaufen lässt, muss davon ausgehen, dass dieser von den Gästen als gänzlich ungefährlich angesehen wird und sich ggf. auch im Umgang mit Hunden nicht erfahrene Gäste dem Tier annähern. Eine schuldlose Mitverursachung durch den Geschädigten wird im Rahmen der Gefährdungshaftung nicht berücksichtigt. Für ein Mitverschulden muss der Geschädigte gegen Gebote des eigenen Interesses vorwerfbar verstoßen haben (hier verneint)	OLG Naumburg 11.10.2010 10 U 25/09 MDR 2011, 293
2784	€10 000● + immat. Vorbehalt (€ 11 395)	Schädelbasisfraktur, Felsenbeinfraktur mit Einblutung in das linke Mastoid, posttraumatische Faszialisparese links sowie eine Anosmie, einen Tinnitus und eine Vorfußprellung	19 Tage Krankenhaus	Mann	Verminderung des Hörvermögens auf dem linken Ohr um 20% sowie des Geruchsvermögens um 50%, Tinnitus; MdE: 15% Invalidität: 15%	Mitverschulden von 25%; Pferd der Beklagten sprang von einer Laderampe, wobei es zu einem Zusammenstoß mit dem Kläger kam, der zu Boden stürzte	OLG Celle 10.5.2010 20 U 164/09 RiOLG Wettich, Celle
2785	€11 000 + immat. Vorbehalt (€ 13 990)	Komplizierte Hundebissverletzung rechte Hand und linker Unterarm mit offener dislozierter Fraktur des 4. Metacarpale	3 Wochen stationär MdE: 4 Monate 100% 1 Monat 60% 1 Monat 20%	Eigentümer und Trainer eines Fitness-Studios	MdE: 15%	Bewegungseinschränkungen und Einschränkungen der groben Kraft, rezidivierendes Schmerzsyndrom, Absenkung des Köpfchens des 5. Mittelhandknochens. Zögerliche Schadensregulierung; Vergleich	LG Mühlhausen 26.6.2003 1 O 39/03 sowie Beschluss Thüringer OLG in Jena 15.3.2004 4 U 756/03 RAe Windus, Wanke & Partner, Göttingen
2786	€12 000 + immat. Vorbehalt (€ 13 572)	Hundebissverletzung an der Oberlippe mit Teilverlust der Oberlippe	Die beiden Lippenteile wurde zusammengenäht, Vollhauttransplantat mit Hautentnahme am linken Ohr, 4 Tage stationäre Behandlung, 5 Wochen schulunfähig	9-jähr. Junge	Großflächiger Wunddefekt der linken Oberlippe einschließlich Lippentot, deutlich sichtbare Narbe an der Oberlippe (rot und wulstig), Operationsnarbe hinter dem Ohr	Der Hund der Beklagten sprang dem Kläger ins Gesicht, biss diesem ein Stück seiner Oberlippe heraus und schluckte dieses herunter. Die Gabe von Breitbandantibiotika war für das kindliche Immunsystem des Klägers sehr belastend. Der Kläger leidet unter psychischen Beklemmungen, wenn er andere Hunde sieht und musste sich unter Altersgenossen Hänseleien aussetzen	LG Lübeck 5.1.2011 2 O 316/10 Versäumnisurteil RAin Sabine Schlösser-Malkowski, Hamburg
2787	€12 000 + immat. Vorbehalt (€ 13 572)	Schwere Gesichtsverletzungen durch Pferdetritt: Kieferbruch, Verlust von fünf Zähnen, Probleme mit Gesichtsschwellungen	Die Klägerin trägt (so weit möglich) eine Zahnprothese und soll ggf. Zahnimplantate erhalten, wenn der Kiefer ausgewachsen ist	Knapp 13-jähr. Mädchen	Zahnschäden	Vergleich mit anderen Schmerzensgeldentscheidungen wegen Verletzungen durch Pferdetritt	OLG Stuttgart 24.1.2011 5 U 114/10 OLG Report Süd 26/2011 Anm. 9

● Mithaftung (siehe vorletzte Spalte)

Hundebisswunden und sonstige Verletzungen durch Tiere

Urteile lfd. Nr. 2788 – 2791

Lfd. Nr.	Betrag DM **Euro** *(Anp.2019)*	Verletzung	Dauer und Umfang der Behandlung; Arbeitsunfähigkeit	Person des Verletzten	Dauerschaden	Besondere Umstände, die für die Entscheidungen maßgebend waren	Gericht, Datum der Entscheidung, Az., Veröffentlichung bzw. Einsender
		Fortsetzung von »Hundebisswunden und sonstige Verletzungen durch Tiere«					
2788	€12000● *(€12808)*	Hundebissverletzung und anschließende Morbus-Sudeck-Erkrankung	AU: ca. 4 Jahre	Frau	Morbus-Sudeck; Beeinträchtigung der rechten Hand; kaum belastbar	Eine Hundebissverletzung der rechten Hand, die zu einer Morbus-Sudeck-Erkrankung des Geschädigten führt und eine fortwirkenden Beeinträchtigung der gesamten Lebensführung zur Folge hat, rechtfertigt auch unter Berücksichtigung eines Mitverschuldensanteils in Höhe von 60% einen Anspruch des Geschädigten auf Schmerzensgeld i.H.v. €12000	OLG Celle 17.3.2014 20 U 60/13 juris
2789	€12500 + immat. Vorbehalt *(€14244)*	Fraktur im oberen Drittel des Schienbeins mit ins Knie reichendem Frakturspalt, Bänderriss und Quetschung des Meniskus	12 Tage Krankenhaus mit Operation, 1 Monat Reha, nach 2 Jahren nochmals Krankenhaus zur Entfernung des implantierten Materials MdE: 6 Monate 100% 3 Wochen 70% 3 Wochen 50% 1 Woche 30%	48-jähr. Verkäuferin	Schmerzhafte Beschwerden und Einschränkungen der Belastbarkeit und Beweglichkeit des linken Knies, Narbe von 15 cm Länge vom Schienbein bis in die Mitte des Knies	Klägerin wurde vom Hund des Beklagten auf einer Hundewiese umgerannt; Klägerin ist in den vorher ausgeübten sportlichen Aktivitäten (Joggen, Wandern, Yoga) eingeschränkt; Ängste und Befürchtungen über berufliche Zukunft, da sie ihren Beruf überwiegend stehend verbringt; Gefahr einer Implantation eines künstlichen Kniegelenks im Falle einer Beschwerdenzunahme	Brandenburgisches OLG 14.4.2010 4 U 139/08 RAin Henk, Königs Wusterhausen
2790	30000 €15000 + immat. Vorbehalt *(€19262)*	Schwere Bissverletzung im Gesicht mit Abbiss der Nasenspitze, die vollständig mit Knorpelanteil ausgerissen wurde, stumpfes Trauma am Ellenbogen mit Gewebequetschung	Nasenspitze wurde replantiert, starb jedoch wieder ab; nach 5 Wochen chirurgische Entfernung der Gewebenekrose, wobei eine Reformierung der Nasenspitze mit einer Vergrößerung des rechten Nasenlochs sowie ein deutlich eingeengter Naseninnenraum rechts entstand; sodann nach 10 Monaten wegen Schwierigkeiten beim Atmen, wegen ständigem Nasenlaufen und extremer Kälteempfindlichkeit Nasenrekonstruktion durch Transplantation eines Knorpel-Haut-Gewebestückes aus der Ohrmuschel; in den folgenden Monaten 3 weitere operative Eingriffe mit erneuten Transplantationen vom Ohr	Angestellte Tierärztin	Narben an Nase und Ohrmuschel	Bissverletzung durch einen Schäferhund anlässlich einer Behandlung; Klägerin ist nicht nur in ihrer körperlichen Integrität, sondern wird durch die Entstellung auch in ihrer Lebensfreude über Jahre hinweg beeinträchtigt werden; psychische Folgeschäden; Klägerin leidet noch heute unter Albträumen; in ihrer täglichen Arbeit als Tierärztin wird sie immer wieder an das Unfallgeschehen erinnert; Behandlung noch nicht abgeschlossen; weitere Untersuchungen des Gewebedefekts geplant sowie eine Korrektur der äußerlichen Farbveränderungen an der Nasenspitze mittels Laserbehandlung; immat. Vorbehalt wegen der noch bevorstehenden ärztlichen Eingriffe	OLG Hamm 26.9.2002 6 U 14/02 NJW-RR 2003, 239
2791	30000● €15000 + immat. Vorbehalt *(€20371)*	Schädelbruch, offenes Schädeltrauma; Riss- und Quetschwunden am linken Ohr durch Huftritt eines Pferdes	2 Wochen Krankenhaus mit Operation, davon 9 Tage Intensivstation, künstliche Beatmung während der ersten 4 Tage mit akuter Lebensgefahr	14-jähr. Mädchen	Kopfschmerzen, Sehstörungen, Hörstörungen links, 3 cm lange Narbe am linken Ohr, Narben unter den Kopfhaaren	25% Mithaftung; immat. Vorbehalt, da die theoretische Möglichkeit einer späteren Epilepsie besteht	LG Leipzig 16.2.1998 13 O 5622/96 RA Jaegler, Brake

Lfd. Nr.	Betrag DM Euro (Anp.2019)	Verletzung	Dauer und Umfang der Behandlung; Arbeitsunfähigkeit	Person des Verletzten	Dauerschaden	Besondere Umstände, die für die Entscheidungen maßgebend waren	Gericht, Datum der Entscheidung, Az., Veröffentlichung bzw. Einsender

Fortsetzung von »Hundebisswunden und sonstige Verletzungen durch Tiere«

Lfd. Nr.	Betrag	Verletzung	Dauer und Umfang	Person	Dauerschaden	Besondere Umstände	Gericht
2792	€ 18 000 + immat. Vorbehalt (€ 22 228)	Ausgedehnte Weichteilwunden im Gesicht mit verschiedenen klaffenden, tief in das Gewebe reichenden Riss- und Quetschwunden durch Hundebiss	10 Tage stationär mit mehreren Operationen	1 1/2-jähr. Mädchen		Die Klägerin hat eine das Aussehen beeinträchtigende Weichteilschwellung der linken Wange und ebenfalls das Aussehen beeinträchtigende Verletzungsnarben im linken Gesichtsbereich zurückbehalten. Das Verhältnis von Narben und Defektgröße zur Gesichtsgröße wird auch bei fortschreitendem Wachsen der Klägerin konstant bleiben. Als Folgen des Bisses verbleiben Missempfindungen und Gefühlstörungen im Bereich der linken Gesichtshälfte, Schmerzen besonders bei Kälte und Temperaturwechsel und eine Abschwächung der mimischen Gesichtsmotorik im Bereich des linken Mundwinkels. Dass all dies auch mit erheblichen seelischen Beeinträchtigungen der Klägerin im Verlauf ihrer weiteren Kindheit und Jugend verbunden sein wird, liegt auf der Hand	LG Essen 17.3.2005 12 O 307/03 NJW-RR 2005, 1110 NZV 2005, 532 Kanzlei Engel, Essen
2793	40 000 € 20 000 + immat. Vorbehalt (€ 27 161)	Ausgedehnte beidseitige, aber linksbetonte frontale Einbruchsfraktur des Schädels, Bruch beider Augenhöhlendächer, Hirnquetschung mit Einriss	17 Tage Krankenhaus, implantierte Titanklappen müssen noch entfernt werden	10-jähr. Junge	Minderung des Geruchs- und Geschmackssinnes	Vorbeifahrender Radfahrer wurde vom Hinterhuf eines ausschlagenden Pferdes im Stirnbereich getroffen. Aufgrund der aufgetretenen Hirnverletzung, insbesondere aufgrund der nach wie vor vorhandenen Titanplatten sind zukünftige gesundheitliche Schäden nicht auszuschließen	LG Bückeburg 22.1.1999 3 O 163/97 RAe Berrang & Bittner, Stadthagen
2794	40 000 € 20 000 + immat. Vorbehalt (€ 28 703)	Verlust der linken Ohrmuschel durch Abbiss, sowie Biss in den linken Arm durch Hund	Sieben stationäre Aufenthalte von insgesamt 9 Wochen mit zahlreichen Operationen	7-jähr. Junge		Der Kläger muss auf Dauer eine Ohrplastik tragen	LG Stade 28.9.1994 2 O 110/93 sowie Beschluss des OLG Celle 2.5.1995 20 O 61/94 RAe Seidensticker & Koll., Stade

● Mithaftung (siehe vorletzte Spalte)

Hundebisswunden und sonstige Verletzungen durch Tiere

Lfd. Nr.	Betrag DM **Euro** *(Anp.2019)*	Verletzung	Dauer und Umfang der Behandlung; Arbeitsunfähigkeit	Person des Verletzten	Dauerschaden	Besondere Umstände, die für die Entscheidungen maßgebend waren	Gericht, Datum der Entscheidung, Az., Veröffentlichung bzw. Einsender
\multicolumn{8}{l}{Fortsetzung von »Hundebisswunden und sonstige Verletzungen durch Tiere«}							
2795	€ 20 000 ● + immat. Vorbehalt *(€ 20 190)*	Die damals 63-jähr. Klägerin wurde von einem Rottweiler mehrfach in die Unterarme und den linken Unterschenkel gebissen und dadurch schwer verletzt		63-jähr. Frau		Der Klägerin steht ein Schmerzensgeld (§ 253 Abs. 2 BGB) in erstinstanzlich tenorierter Höhe zu. Die entsprechenden Ausführungen des LG sind nicht zu beanstanden, der Senat schließt sich ihnen an. Die „taggenaue" Bewertungsmethode, die die Klägerin zur Bemessung des ihr zustehenden Schmerzensgeldes anwendet, wird von der höchstrichterlichen Rechtsprechung nicht verlangt (vgl. BGHZ 18, 149) und kann insofern auch nach Auffassung des Senats keine tragfähige Grundlage bilden, berücksichtigt sie doch insb. den Straf- und Sühnecharakter des Schmerzensgeldes nicht und erwächst sie doch dem Irrglauben, jegliche Art und Intensität körperlicher Einschränkungen sowie Schmerzen objektiviert bemessen zu können; es erscheint jedoch fehlsam anzunehmen, aus entsprechenden Vorgaben erwüchse eine größere Einzelfallgerechtigkeit. Unter Berücksichtigung eines Mitverschuldens von ⅓ und von Vergleichsentscheidungen erscheint das vom LG zuerkannte Schmerzensgeld angemessen	Brandenburgisches OLG 16.4.2019 3 U 8/18 juris
2796	€ 20 500 *(€ 23 793)*	Tibiakopfimpressionsfraktur rechts mit ausgedehnter Zertrümmerung des lateralen Tibiakopfes und kniegelenksnahe Fraktur der Fibula bedingt durch Sturz nach Zusammenprall mit mit einem frei laufenden Hund	Zwei stationäre Behandlungen von 15 und 4 Tagen. Heilverlauf kompliziert durch Auftreten einer Infektion und Lockerung der im Rahmen der Plattenostheosynthese eingedrehten Schrauben. 3 Monate auf Rollstuhl angewiesen, anschließend weitere 4 Wochen auf die Nutzung von Unterarmgehstützen	54-jähr. Hausfrau	15 cm lange Narbe unterhalb des rechten Kniegelenks. Druckschmerz über dem Fibularköpfchen und dem lateralen Gelenkspalt; mediale Seitenbandinstabilität und Bewegungseinschränkung des rechten Kniegelenks; chronische Reizsymptomatik mit Kapselschwellung; posttraumatische Gonarthrose rechts	Perspektivisch zeichnet sich angesichts der anhaltenen und aus der Gonarthrose resultierenden Beschwerden ab, dass die Klägerin sich in absehbarer Zeit ein künstliches Kniegelenk – eine sog. Totalendoprothese – wird einsetzen lassen müssen, wobei die angezeigte Implantation aus Gründen des Zeitgewinns letztendlich nur noch so weit, wie vertretbar, hinausgeschoben wird. Diese der Klägerin noch bevorstehende Folgeoperation berücksichtigt die Kammer bereits bei der Bemessung des Schmerzensgeldes, wobei die Kammer insoweit von einem komplikationsfreien Operations- und Heilungsverlauf ausgeht. Schmerzensgelderhöhend wirkt sich das zögerliche Regulierungsverhalten des Haftpflichtversicherers aus	LG Bückeburg 10.4.2008 1 O 214/06 RiLG Barnewitz

● Mithaftung (siehe vorletzte Spalte)

Lfd. Nr.	Betrag DM Euro (Anp.2019)	Verletzung	Dauer und Umfang der Behandlung; Arbeitsunfähigkeit	Person des Verletzten	Dauerschaden	Besondere Umstände, die für die Entscheidungen maßgebend waren	Gericht, Datum der Entscheidung, Az., Veröffentlichung bzw. Einsender

Fortsetzung von »Hundebisswunden und sonstige Verletzungen durch Tiere«

Lfd. Nr.	Betrag	Verletzung	Dauer und Umfang der Behandlung; Arbeitsunfähigkeit	Person des Verletzten	Dauerschaden	Besondere Umstände	Gericht, Datum
2797	€ 22 000 + immat. Vorbehalt (€ 26 824)	Schwerste Hundebissverletzungen im Gesichtsbereich, Zahnverletzung	10 Tage stationär, MdE: 14 Tage 100% schulunfähig 1 Monat 70% in der Folge 30% wegen Hänseleien und andauernder Schmerzen	7-jähr. Schüler	Entstellende Narben an der linken Wange, Funktionsstörung der Unterlippenfunktion mit asymetrischer Mundspaltbildung, Fehlstellung des Nasenflügels mit konsekutiver Asymetrie der Nase rechts	Der erkennende Richter hält insbesondere Unterscheidungen danach, ob ein Mädchen oder ein Junge betroffen ist, nicht mehr für zeitgemäß, da das äußere Erscheinungsbild eines Menschen in einer von den Medien geprägten Gesellschaft mit entsprechenden Schönheitsvorstellungen für beide Geschlechter die gleiche Rolle spielt. Aufgrund verzögerter Schadensregulierung durch die Haftpflichtversicherung des Beklagten ist das Schmerzensgeld um € 3000 zu erhöhen. Der Feststellungsantrag ist angesichts der noch nicht absehbaren Folgen hinsichtlich der Entwicklung der in Mitleidenschaft gezogenen Zähne zulässig und begründet. Zur Klarstellung und Abgrenzung wird darauf hingewiesen, dass durch das Schmerzensgeld auch die absehbaren und zukünftigen Beschwerden, etwa durch kosmetische Operationen, abgegolten werden. Nur wenn sich in Zukunft eine unvorhergesehene erhebliche Komplikation einstellen sollte, wäre auf der Basis des Feststellungsanspruches Raum für ein weiteres Schmerzensgeld	LG Berlin 6.12.2005 10 O 415/05 NJW 2006, 702 RAe Buse, Heberer & Fromm, Berlin
2798	45 000 € 22 500 + immat. Vorbehalt (€ 29 247)	Tibiakopffraktur links mit Einbruch der lateralen Tibiakonsole als Gelenkbruch, nach Ausheilung der Fraktur Fortbestand der eingetretenen irreparablen Zerstörung des Gelenkknorpels mit posttraumatischer Arthrose, Knorpelzerstörung hatte auch eine Schädigung der gegenüberliegenden Lauffläche des Gelenkknorpelbelages der lateralen Gelenkrolle des Oberschenkelknochens zur Folge	3 Wochen Krankenhaus, wobei eine offene Reposition, eine Spongiosaplastik vom linken Beckenkamm und eine Plattenosteosynthese vorgenommen wurde; 2 Wochen Reha, anschließend ambulante Behandlung, weiter 1 Woche Krankenhaus zur Materialentfernung, anschließend nochmals 5 Tage Krankenhaus	59-jähr. Hausfrau	Zerstörung des Gelenkknorpels an der Tibia, Arthrose, deutliche Verschmächtigung der Muskulatur des linken Beines, deutlicher Reizzustand des linken Kniegelenks mit Reizerguss, Stufenbildung; erhebliche Schmerzen bei Bewegungen, 17 cm lange Narbe, MdE: 20%	Tierhalterhaftung: Ein Hund prallte im vollen Lauf mit seinem Rücken gegen das Knie der Klägerin, die dabei stürzte und sich eine Fraktur zuzog; daher kommt nur Gefährdungshaftung in Betracht; nur mit erheblichen Einschränkungen möglich, weitere Strecken zu gehen oder mit dem Rad zu fahren, ebenso das Treppensteigen; keine sportlichen Aktivitäten mehr durchzuführen	LG Münster 28.5.2001 11 O 254/00 RAe Wulfes & Weiss, Westerkappeln
2799	45 000 € 22 500 + immat. Vorbehalt (€ 30 132)	Mehrere Frakturen im rechten Fuß; ausgedehnte Weichteilverletzung des Mittelgesichts, Nasenbeintrümmerfraktur	6 1/2 Wochen Krankenhaus	Frau	Beinverkürzung 2 cm, Fußversteifung, Durchblutungsstörungen; Gesichtsnerv ist beeinträchtigt; schwere Depression	Zusammenstoß mit einem auf Fahrbahn befindlichen Rind; Klägerin ist auf orthopädisches Schuhwerk angewiesen; infolge 1/3 Mitverschulden wurde der Klägerin lediglich ein Betrag von DM 30 000 (€ 15 000) zugesprochen	OLG Koblenz 6.12.1999 12 U 1402/98 VorsRiOLG Mecker

● Mithaftung (siehe vorletzte Spalte)

Hundebisswunden und sonstige Verletzungen durch Tiere

Lfd. Nr.	Betrag DM Euro *(Anp.2019)*	Verletzung	Dauer und Umfang der Behandlung; Arbeitsunfähigkeit	Person des Verletzten	Dauerschaden	Besondere Umstände, die für die Entscheidungen maßgebend waren	Gericht, Datum der Entscheidung, Az., Veröffentlichung bzw. Einsender
\multicolumn{8}{l}{Fortsetzung von »Hundebisswunden und sonstige Verletzungen durch Tiere«}
2800	€ 25 000 + immat. Vorbehalt *(€ 30 908)*	Gesichtsverletzungen durch Hundebiss	Langwierige Narbenbehandlungen	4 ½-jähr. Kindergartenmädchen	Entstellende Gesichtsnarben	Ausgedehnte Bissverletzung des Gesichts, vor allem rechtsseitig mit klaffender Wunde über der rechten Wange vom Ohrläppchen bis in die Nase ziehend, Perforation von der Wange bis in das Unterlid, aufklappbare Wange; weiter war der Nasenflügel rechts zerfetzt und komplett aufklappbar und die Ohrmuschel rechts verletzt. Seit diesem Vorfall hat die Klägerin panische Angst vor Hunden, auch schreckt sie nachts teilweise aus dem Schlaf auf. Bereits jetzt im Kindergarten bekommt sie außerdem durch das Verhalten der anderen Kinder eine negative Reaktion auf ihr Aussehen zu spüren. Trotz Behandlung im Bereich der Narbenkosmetik muss zumindest für einen längeren Zeitraum mit deutlich sichtbaren Narben gerechnet werden	LG Offenburg 4.5.2005 2 O 452/04 RA Hauschild, Offenburg
2801	€ 25 000 + immat. Vorbehalt *(€ 27 656)*	Nierenruptur rechts mit Teilverlust der Niere, stumpfes Thoraxtrauma, Prellungen und Hämatome durch Reitunfall	2 Operationen, stationäre Aufenthalte von 32 Tagen, davon zeitweilig Intensivbehandlung und erhebliche Rekonvaleszenzzeiten. Der Krankenhausaufenthalt war auch mit Begleiterscheinungen wie Schmerzen, Fieber und Erbrechen verbunden	5-jähr. Mädchen	Funktionsfähigkeit der rechten Niere beträgt nur noch 10% der gewöhnlichen Leistung	Die Klägerin hat eine Niere zu erheblichen Teilen verloren und bezüglich der Funktion zu fast 90%. Damit verbleibt ihr ein lebenslanger Dauerschaden, der regelmäßiger Kontrolle bedarf. Zwar kann man auch mit nur einer Niere leben. Das bedeutet aber gerade für die Klägerin, die zum Unfallzeitpunkt eine Lebenserwartung von noch gut 80 Jahren hatte, ein erhebliches Risiko. Der Betrag entspricht einer Größenordnung, die die Rechtsprechung bei Verletzungen der vorliegenden Art, insbesondere dem fast vollständigen Verlust einer Niere zuerkennt	Thüringer OLG 7.12.2011 7 U 396/11 NZB zurückgew. d. BGH, Beschl. v. 5.6.2012 VI ZR 371/11
2802	€ 35 000 + immat. Vorbehalt *(€ 43 729)*	Oberschenkelhalsbruch mit nachfolgender Hüftkopfnekrose durch Pferdetritt	Stationärer Krankenhausaufenthalt mit zwei Operationen	Frau	Erhebliche Bewegungseinschränkungen	Klägerin fütterte gerade eine Stute mit einer Möhre, als das daneben stehende Pony plötzlich durchdrehte, wodurch die Stute als Schreckreaktion scheute und mit den Hinterhufen auskeilte. Dieser Vorgang stellt sich ausschließlich als Konkretisierung typischer Tiergefahr dar, ohne dass der Klägerin der Vorwurf gemacht werden könnte, sie habe die Reaktion mitverschuldet oder sich der Gefahr zumindest leichtfertig ausgesetzt. Mittlerweile wurde der Klägerin ein neues Hüftgelenk eingesetzt	LG Oldenburg 21.6.2004 17 O 4100/03 RAe Schröder, Völkers & Kraski, Wilhelmshaven
2803	100 000 € 50 000 *(€ 89 545)*	Schwerste Hundebissverletzungen im Bereich des Skrotums, Risswunden an Vorhaut und Penis, beide Hoden wurden abgebissen	Krankenhaus	41-jähr. Mann	Der Kläger leidet als Vorerkrankung an schwerer Diabetes. Er ist durch die Verletzungen beiwohnungsunfähig und zeugungsunfähig. Er leidet unter Hormonstörungen, die äußerst schmerzhaft sind und eine ständige ärztliche Behandlung und Betreuung erfordern	Der Kläger wurde während eines Anfalls schwerer Diabetes mellitus von dem Dackel seiner Schwiegermutter angegriffen. Bei der Bemessung des Schmerzensgeldes war zu berücksichtigen, dass es sich vorliegend um einen Fall verschuldensunabhängiger Gefährdungshaftung handelt	Saarländisches OLG 17.2.1988 1 U 31/86 VersR 1988, 752 12. Zivilkammer des LG Saarbrücken

Hundebisswunden und sonstige Verletzungen durch Tiere

Urteil lfd. Nr. 2804

Lfd. Nr.	Betrag DM Euro (Anp.2019)	Verletzung	Dauer und Umfang der Behandlung; Arbeitsunfähigkeit	Person des Verletzten	Dauerschaden	Besondere Umstände, die für die Entscheidungen maßgebend waren	Gericht, Datum der Entscheidung, Az., Veröffentlichung bzw. Einsender

Fortsetzung von »Hundebisswunden und sonstige Verletzungen durch Tiere«

Kapitalabfindung mit Schmerzensgeldrente

2804	255000● €127500 und 400 €200 Rente monatlich ab 1.3.2000 (€170321)	Luxationsfraktur des 3. BWK, die zu einer kompletten sensomotorischen Querschnittsslähmung mit Blasen- und Mastdarmlähmung führte (Querschnittslähmung des Unterkörpers)	Über 5 Monate Krankenhausbehandlung während der der Kläger an einer beidseitigen Lungenentzündung und einem Dekubitalgeschwür zweiten Grades erkrankte	16-jähr. Azubi	Querschnittssymptomatik mit deutlicher Einschränkung der motorischen und sensiblen Funktionen der Gefühls- und Bewegungsorgane unterhalb des Niveaus des 4. Segments des Brustkorbs sowie völlige Blasen- und Mastdarmlähmung; Kläger kann sich nur mittels Rollstuhl bewegen und ist auf Hilfe Dritter angewiesen	Zusammenstoß des Klägers als Fahrer eines Leichtkraftrades mit einem in der Dunkelheit frei herumlaufenden Pferd; 20% Mithaftung aus Betriebsgefahr. Auch wenn es sich bei der Querschnittslähmung des Unterkörpers nicht um die schwerste Form der sog. hohen Querschnittslähmung handelt, so ist die eingetretene Dauerschädigung als schwerste Verletzung zu bewerten, weil der Grad der Lebensbeeinträchtigung bei einer hohen und mittleren Querschnittslähmung zwar noch abstufbar ist, aber bei einem vorher gesunden Menschen eine solche Erkrankung als schwerstwiegend eingestuft werden kann. Sexualleben äußerst beeinträchtigt; kann die früheren Freizeitaktivitäten nicht mehr in gleicher Weise ausüben; zwischenmenschliche Beziehungen und Möglichkeit einen Lebenspartner zu finden, stark eingeschränkt. Die hinter dem Beklagten stehende Haftpflichtversicherung hat 4 ½ Jahre lang keinen Pfennig bezahlt, obwohl klar war, dass Gefährdungshaftung eingreift; bei unterstellter voller Haftung DM 30000 (€15000) für verzögerliche Regulierung im Schmerzensgeld enthalten	LG Aachen 23.2.2000 4 O 270/96 DAR 2000, 313 bestätigt durch OLG Köln 16.11.2000 7 U 64/00 DAR 2001,12 RAe Schmitz & Lehnen, Aachen

● Mithaftung (siehe vorletzte Spalte)

Hundebisswunden und sonstige Verletzungen durch Tiere

Lfd. Nr.	Betrag DM **Euro** *(Anp.2019)*	Verletzung	Dauer und Umfang der Behandlung; Arbeitsunfähigkeit	Person des Verletzten	Dauerschaden	Besondere Umstände, die für die Entscheidungen maßgebend waren	Gericht, Datum der Entscheidung, Az., Veröffentlichung bzw. Einsender

Fortsetzung von »Hundebisswunden und sonstige Verletzungen durch Tiere«

2805	€225 000 ● und €300 Rente monatlich *(€305 172)*	Vollständige Erblindung		23-jähr. Bürokauffrau		Klägerin wurde von Hinterhand eines Pferdes getroffen. Verstoß gegen reiterliche Regel, Aufenthalt im Bereich der Hinterhand eines Pferdes zu vermeiden. Die völlige Erblindung gehört mit zu den denkbar schwerwiegendsten Unfallfolgen. Höhe und Maß der damit verbundenen Lebensbeeinträchtigungen können nach Auffassung des Senats schwerlich überbewertet werden. Dabei dürfte die Vorstellungskraft eines Sehenden kaum ausreichen, sich auch nur annähernd wirklichkeitsnah in die Lebenssituation eines unfallbedingt erblindeten Menschen hineinzuversetzen, der mit seiner Behinderung und ihren schweren Folgen bei nahezu allen Verrichtungen des täglichen Lebens und darüber hinaus auch im Rahmen der Beziehung zu seinen Mitmenschen und zur Umwelt ständig konfrontiert wird. Für die Klägerin – vor dem tragischen Unfall offenbar eine lebensbejahende, sportliche und auch in Bezug auf ihr berufliches Fortkommen engagierte junge Frau – ist die Bewältigung des täglichen Lebens mit der Erblindung zu einer schweren Belastung geworden. Unter Verlust ihrer früheren Selbstständigkeit ist sie fortan bei jedem Schritt außerhalb ihrer engsten Wohnumgebung weitestgehend auf die Inanspruchnahme der Hilfe anderer Menschen angewiesen. Infolge Mithaftung von ⅓ wurde lediglich eine Schmerzensgeld von DM 300 000 (**€150 000**) und eine monatliche Rente von DM 600 (**€300**) zugesprochen	OLG Köln 26.5.1998 22 U 254/97 zfs 1998, 328 RAe Jung & Partner, Köln

Weitere Urteile zur Rubrik »**Hundebisswunden und sonstige Verletzungen durch Tiere**« siehe auch:
- bis €2500: 2269, 970, 220, 244
- bis €5000: 1579, 976, 108, 109
- bis €12500: 487, 919, 883, 784, 114, 9
- bis €25000: 185, 1148
- ab €25000: 1510

Messerstich

2806	5000 €2500 *(€3444)*	Stark blutende, tiefe und 8 cm lange Schnittwunde im Bereich der hinteren Axillarlinie durch Messerstich	4 Tage Krankenhaus, 3 Wochen arbeitsunfähig	16-jähr. Junge		Die Bestrafung des Beklagten wegen vorsätzlicher Körperverletzung mindert den Schmerzensgeldanspruch nicht	AG Mainz 15.1.1997 7 C 712/95 RAe Scholl, Mainz

Lfd. Nr.	Betrag DM Euro (Anp.2019)	Verletzung	Dauer und Umfang der Behandlung; Arbeitsunfähigkeit	Person des Verletzten	Dauerschaden	Besondere Umstände, die für die Entscheidungen maßgebend waren	Gericht, Datum der Entscheidung, Az., Veröffentlichung bzw. Einsender
Fortsetzung von »Messerstich«							
2807	7000 €3500 (€4693)	4 cm lange, quer verlaufende Rissquetschwunde im mittleren Drittel des Unterschenkels durch Messerstich mit Muskelkontusionierung, zerissener Arterie und Teilläsion des Nervs	5 Wochen Krankenhaus mit Revision der Wunde und Wundverschluss mit Kunsthaut, in der 4. Woche durch weitere Operation endgültige Deckung der Wunde mit Spalthaut vom Oberschenkel, nach Entlassung aus Krankenhaus noch ca. 6 Wochen ambulante Behandlung; 2 ½ Monate arbeitsunfähig	46-jähr. Mann	Narbe am linken Ober- und Unterschenkel; Funktionsbeeinträchtigung der linken Großzehe zu 1/10, diskrete Fußheberschwäche links 4/5, Großzehenheberschwäche 2/5	Grob fahrlässige Körperverletzung durch Stich mit Klappmesser durch einen Arbeitskollegen	LAG Baden-Württemberg 6.7.1999 10 S a 26/99 RAe Wiggenhauser & Geiger, Radolfzell
2808	10000 €5000 (€6959)	Tätlicher Angriff auf die schlafende Klägerin, die bei den Abwehrversuchen vom Beklagten mit einem Messer über dem linken Auge (1,2 cm lange Wunde) verletzt wurde und Prellungen im Gesicht erlitt		Frau		Der Beklagte versetzte die Klägerin in Todesangst. Auch wenn er sie letztlich nicht vergewaltigte, so hatte sie jedoch die ganze Zeit Angst davor. Mindestens ein halbes Jahr Schlafstörungen, Einschlafen nur auf Sofa bei Licht möglich; Gefühl, das Vertrauen in die Unverletzlichkeit der Wohnung nicht mehr haben zu können, Angstzustände und Unruhe. Berücksichtigt wurde, dass Beklagter in Erfüllung der Bewährungsauflage bereits DM 7500 (€3750) an die Klägerin und materiellen Schadensersatz geleistet hat	AG Tettnang 31.10.1996 8 C 1022/96 RAe Föhr, Hirschel, Franke; Friedrichshafen
2809	10000 €5000 + immat. Vorbehalt (€7902)	Geringe Spitzenpneu in der rechten Lunge durch Stich in den Thoraxraum, 1–2 cm lange Stichwunde rechte Brust, 2 mm große oberflächliche Schnittwunde linke Brust, 4 cm lange, breit klaffende Haut-Unterhautschnittwunde am rechten Ellenbogen, jeweils eine 1–2 cm lange, klaffende Wunde an linker Oberarmaußen- und -innenseite, 2 cm lange, klaffende Wunde im Bereich des Unterbauchs durch Messerstiche	10 Tage Krankenhaus, Wunden mussten größtenteils genäht werden, Pneumothorax wurde durch Einlegen einer Drainage über 7 Tage behandelt	Frau	Geringfügige Narben	Vorsätzliche Körperverletzung durch Ehemann, wobei er den Tod billigend in Kauf nahm; Klägerin litt Todesangst. Verletzungen waren sehr schmerzhaft. Strafrechtliche Verurteilung allein bietet keine hinreichende Befriedigung des gerechtfertigten Vergeltungsbedürfnisses; zusätzlich ist dem Beklagten ein fühlbares finanzielles Opfer abzuverlangen. Auftreten von Spätschäden (vor allem wegen des Pneumothorax) nicht ausgeschlossen	LG Kassel 4.12.1991 5 O 1478/91 RAe Lamlé und Göbel, Arolsen
2810	12000 €6000 (€8507)	4–5 cm tiefer Messerstich in die linke Körperseite mit Verletzung des Rippenfells und verschiedener Blutgefäße mit massiver Blutansammlung im Rippenfellspalt	2 ½ Wochen Krankenhausaufenthalt mit anfangs akuter Lebensgefahr; 2 Monate arbeitsunfähig, mehrere Monate atem- und bewegungstherapeutische Reha-Maßnahmen	Mann		½ Jahr nach der Tat noch Beschwerden beim Atmen	BGH 7.2.1995 1 StR 668/94 NJW 1995, 1438

● Mithaftung (siehe vorletzte Spalte)

Messerstich

Urteile lfd. Nr. 2811 – 2813

Lfd. Nr.	Betrag DM Euro (Anp.2019)	Verletzung	Dauer und Umfang der Behandlung; Arbeitsunfähigkeit	Person des Verletzten	Dauerschaden	Besondere Umstände, die für die Entscheidungen maßgebend waren	Gericht, Datum der Entscheidung, Az., Veröffentlichung bzw. Einsender
	Fortsetzung von »Messerstich«						
2811	€ 6500 (€ 7073)	Rd. 2,5 cm lange Schnittverletzung an der linken Handfläche zwischen Daumen und Zeigefinger, eine Stichverletzung an der Vorderseite des linken Oberschenkels, eine rd. 4 cm lange Stichverletzung an der Rückseite des linken Oberschenkels, die genäht werden musste, eine rd. 1 cm lange tiefe Stichverletzung an der Rückseite des rechten Oberschenkels, die ebenfalls genäht werden musste, eine Stichverletzung im Unterbauch links. Daneben erlitt der Kläger bei der Abwehr der Angriffe diverse Prellungen, Hautunterblutungen und Kratzer in allen Bereichen des Körpers	Der Kläger musste für eine Woche stationär im Krankenhaus aufgenommen werden. Der Heilungsverlauf dauerte rd. 4 Monate. Aufgrund der lebensbedrohlichen Situation traten bei ihm psychische Probleme auf, die die Durchführung einer psychotherapeutischen Behandlung erforderlich machten. Weil keine spürbare Besserung auftrat, brach der Kläger diese Behandlung vor Abschluss der Behandlung ab	Mann, Student	Zurzeit verspürt der Kläger – also rd. sieben Jahre nach der Tat – gelegentlich noch Narbenschmerzen aufgrund der an den Rückseiten der Oberschenkel erlittenen Verletzungen, insb. beim Hinsetzen. Aufgrund der erlittenen Verletzungen und der erforderlichen Behandlungen musste der Kläger sein Studium für ein Semester unterbrechen und konnte er das Studium auch erst entsprechend später abschließen	Der Täter fügte dem Kläger mit dem verwendeten Messer diverse Schnitt- und Stichverletzungen zu. Bei der Bemessung der Höhe hat sich der Senat im Rahmen des in anderen vergleichbaren Fällen zuerkannten Schmerzensgeldes unter Berücksichtigung der Geldwertentwicklung gehalten. Die Klage richtete sich nicht gegen den Täter, sondern gegen den mitverantwortlichen Hotelier	OLG Hamm 7.11.2012 I-30 U 80/11 NJW-RR 2013, 349
2812	€ 7000 (€ 8315)	Oberflächliche Schnitt- und Stichverletzungen im Brustbeinbereich und über linkem Ohr sowie 8–10 cm lange tief gehende Schnittverletzung am Oberarm mit Messer und abgebrochenem Glas sowie Bissverletzung an Oberlippe	2 Tage stationär, 3 ½ Wochen arbeitsunfähig	Mann	Nicht entstellende, jedoch das Aussehen beeinträchtigende Narben	Aus Eifersucht und unter alkoholischer Beeinflussung stach die Angeklagte mehrfach auf ihr Opfer ein und fügte diesem sieben schmerzhafte und zum Teil erhebliche Verletzungen zu	LG Offenburg 25.6.2007 1 Ks 2 Js 1/07 1 AK 5/07 Adhäsionsurteil RAin Tanja Schwarz, Offenburg
2813	15 000 € 7500 (€ 10019)	Leberverletzung durch Messerstich in den rechten Oberbauch	Notoperation, wobei hierzu die Bauchhöhle mit einem ca. 25 cm langen Schnitt geöffnet werden musste; Lebensgefahr; 2 Wochen Krankenhaus, anschließend 5-wöchige stationäre Kurbehandlung, ca. 5 Monate arbeitsunfähig	Bankangestellter	Entstellende Bauchnarbe	Raubüberfall; psychische Folgen waren massive Schlafstörungen sowie depressive Stimmungen, welche sich mehrere Monate hinzogen; schlechte Einkommens- und Vermögensverhältnisse des drogenabhängigen Täters;	LG Stade 20.1.2000 10 Kls 151 Js 14783/99 (Adhäsionsverfahren) RAe Osthus & Frenz, Stade

Lfd. Nr.	Betrag DM Euro (Anp.2019)	Verletzung	Dauer und Umfang der Behandlung; Arbeitsunfähigkeit	Person des Verletzten	Dauerschaden	Besondere Umstände, die für die Entscheidungen maßgebend waren	Gericht, Datum der Entscheidung, Az., Veröffentlichung bzw. Einsender
	Fortsetzung von »Messerstich«						
2814	€ 10 000 + immat. Vorbehalt (€ 10 652)	Messerstich in den Bauch	Umgehende Krankenhausbehandlung mit laparoskopischem Eingriff. 5 Tage stationäre Versorgung. Ca. 3 Wochen AU	Mann	Etwa 1,5 cm lange Einstichnarbe und zwei vergleichbar große Operationsnarben, die sich verschiedentlich stichelnd und juckend bemerkbar machen	Entgleist eine Auseinandersetzung im Straßenverkehr in Tätlichkeiten, in deren Verlauf der Schädiger einen Pkw durch einen Fußtritt gegen die Fahrertür und einen Messerstich in den linken Vorderreifen beschädigt und letztlich dem anderen Beteiligten eine Messerstichverletzung im Abdomen zufügt, erfordert die Körperverletzung ein Gesamtschmerzensgeld von € 10 000, weil die dem Schädiger im Strafverfahren neben der 15-monatigen Bewährungsstrafe auferlegte Schmerzensgeldzahlung von lediglich € 3000 unzureichend ist. Die streitige Stichverletzung war tiefgreifend. Ohne ärztliche Versorgung wäre das Leben des Klägers bedroht gewesen. Indessen war eine entsprechende Versorgung konkret nicht ungewiss gewesen und der Kläger hat sich deshalb in keiner akuten Todesgefahr befunden. Die Schmerzphase war zeitlich begrenzt. Die Körperfunktionen des Klägers sind nicht eingeschränkt und nachhaltige kosmetische oder sensitive Beeinträchtigungen von Gewicht fehlen	OLG Koblenz 2.7.2014 5 U 221/14 juris
2815	€ 20 000 (€ 24 583)	Messerschnittverletzungen am Kopf, Hals, Bauch, rechten Unterarm, rechter Hand und linken Oberschenkel	Nach Intensivstation physiotherapeutische Behandlung	Änderungsschneiderin	Leichte Parese der kleinen Handmuskel rechts, posttraumatische Belastungsstörung	Türkischer Ehemann stach mehrmals mit dem Messer auf seine scheidungswillige türkische Ehefrau ein und wurde deshalb wegen versuchten Totschlags in Tateinheit mit gefährlicher Körperverletzung, vorsätzlicher Körperverletzung und Bedrohung zu einer Gesamtfreiheitsstrafe von 4 Jahren und 9 Monaten verurteilt. Wenngleich keine konkrete Lebensgefahr bestand, hätte eine um nur wenige Millimeter tiefere Verletzung des Halses im Bereich des linken Kopfnickermuskels oder eine nur geringfügig tiefergehende Stichwunde am Unterbauch mit Eröffnung der Bauchhöhle zum Tode des Opfers führen können. Der Geschädigten war es monatelang nicht möglich, ihrer Tätigkeit als Schneiderin wieder nachzugehen. Sie musste sich in physiotherapeutische Behandlung begeben. Es entwickelte sich dennoch eine posttraumatische Belastungsstörung, die u. a. einherging mit Hypervigilanz, Schreckhaftigkeit, Schlafstörungen sowie dem Auftreten von Flash-Back-Erlebnissen	LG Offenburg, 1. Schwurgerichtskammer 17.11.2005 1 Ks 6 Js 3464/05, 1 AK 10/05 Adhäsionsurteil RAin Tanja Schwarz, Offenburg

● Mithaftung (siehe vorletzte Spalte)

Messerstich

Urteile lfd. Nr. 2816 – 2818

Lfd. Nr.	Betrag DM **Euro** *(Anp.2019)*	Verletzung	Dauer und Umfang der Behandlung; Arbeitsunfähigkeit	Person des Verletzten	Dauerschaden	Besondere Umstände, die für die Entscheidungen maßgebend waren	Gericht, Datum der Entscheidung, Az., Veröffentlichung bzw. Einsender
	Fortsetzung von »Messerstich«						
2816	45 000 **€ 22 500** *(€ 32 334)*	Messerstiche und Messerschnitte an Kopf, Hals, Hand und Bauch mit Durchstich des Dünndarms, Verletzung des Dickdarms, Beschädigung der Harnleiter und Perforierung des Nierenbeckens	Lebensgefahr; Anlegung einer Drainage und eines Nierenkatheters; insgesamt 2 Monate Krankenhaus, später 3 Wochen Krankenhaus mit Entfernung des Katheters und Anlegen einer Nierenbeckenplastik sowie einer Harnleiterschiene; Entfernung der 12. Rippe für den Zugang für Operationsöffnung	Angestellter auf Provisionsbasis	Verlust des Tastgefühls am rechten Zeigefinger, Narben im Gesicht, am Hals und an der Hand	PKH-Verfahren, Schmerzensgeldbetrag mindestens DM 45 000 (**€ 22 500**), da weitere Dauerschäden (Schmerzen beim Urinieren, Sitzbeschwerden, beginnende Arthrose im Schulter/Armbereich) sowie Arbeitsunfähigkeit von 12 Monaten streitig sind. Genugtuung keine ausschlaggebende Bedeutung, da Schädiger zu 2 Jahren und 10 Monaten Haft verurteilt wurde	OLG Hamm 27.10.1994 6 W 49/93 RA Dr. Burmann, Hagen
2817	50 000 **€ 25 000** *(€ 38 423)*	Stiche: in den Hals bis zur Hauptschlagader mit Verletzung der Hauptschlagader sowie der Stimmbänder; in das Gesicht neben dem linken Auge mit Durchtrennung der Gesichtsnerven; in die rechte Hand mit Versteifung des Mittel- und Ringfingers	Zwei stationäre Aufenthalte von 2 Wochen und 5 Tagen, ein weiterer Eingriff steht noch bevor	Mann	Gesichtslähmung, Beeinträchtigung der Stimmbänder, Sprachstörungen und Schluckbeschwerden, Steifheit der Finger, Entfernung der linken Speicheldrüse	Antrag des Klägers, festzustellen, dass die Beklagte ihm auch etwaigen weiteren immat. Schaden ersetzen muss, ist unzulässig, weil der Kläger kein rechtliches Interesse daran hat, da der Schmerzensgeldanspruch bereits mit der Zuerkennung der DM 50 000 (**€ 25 000**) erschöpft ist. Ein rechtliches Interesse des Verletzten kommt nur dann in Betracht, wenn eine abschließende Beurteilung der Verletzungsfolgen aus heutiger Sicht noch nicht möglich ist	LG Berlin 8.10.1992 20 O 242/92 bestätigt durch KG Berlin 23.6.1993 26 U 7208/92 VorsRiLG Mertins
2818	**€ 25 000** + immat. Vorbehalt *(€ 30 447)*	Stichwunde im Epigastrium mit Verletzung des linken Leberlappens, multiple Stichwunden im Bereich der rechten Halsseite mit Verletzung der inneren Drosselvene, eine Schnittwunde im Bereich des linken Kniegelenks, multiple Schnittwunden im Bereich der linken und rechten Hand und eine Kleinfingerendgliedbeugesehnendurchtrennung rechts nach Mordversuch	Zwei Krankenhausaufenthalte von insgesamt 14 Tagen	Junge Frau	MdE: 10%	Es verbleiben diverse Narben, insbesondere im gut sichtbaren Halsbereich sowie ein erhebliches Beugedefizit im Bereich des kleinen Fingers. Die Klägerin ist durch den Angriff auf ihr Leben psychisch nachhaltig traumatisiert. Danach hat die Nachricht über die Entlassung des Beklagten aus der Haft bei der Klägerin eine akute Belastungsstörung ausgelöst. Trotz psychotherapeutischer Behandlung leidet die Klägerin noch immer unter der Angst, dem Beklagten zu begegnen. Sie hat schlechte Träume, in denen sie den Angriff erneut durchlebt und schweißgebadet in Angst aufwacht. Im Umgang mit Männern ist die Klägerin tatbedingt übervorsichtig und in ständiger Spannung. Im Gespräch vermutet sie hinter jeder Änderung des Stimmtimbres eine Form der Aggression, die sie gereizt und ungeduldig werden lässt. Die hierdurch hervorgerufenen körperlichen Belastungen führen zu einer erhöhten Ermüdbarkeit und Einschränkung der Aktivität. Sie ist deshalb weiterhin in psychotherapeutischer Behandlung	LG Hechingen 13.3.2006 1 O 264/05 RAe Hirt + Teufel, Rottweil

Lfd. Nr.	Betrag DM **Euro** *(Anp.2019)*	Verletzung	Dauer und Umfang der Behandlung; Arbeitsunfähigkeit	Person des Verletzten	Dauerschaden	Besondere Umstände, die für die Entscheidungen maßgebend waren	Gericht, Datum der Entscheidung, Az., Veröffentlichung bzw. Einsender
Fortsetzung von »Messerstich«							
2819	60 000 €30 000 + immat. Vorbehalt *(€ 46 107)*	Zwei Messerstiche in den Bauch. Einer führte zu einer mehrfachen Dünndarmperforation, der andere ging in die rechte Flanke und verfehlte nur knapp die Niere. Die lebensgefährlichen Verletzungen hätten unbehandelt den Tod durch Verbluten herbeigeführt	Drei stationäre Aufenthalte. Erste Operation zur Versorgung der Dünndarmverletzung, bei der zweiten Entfernung einer Pankreaszyste und Anlage eines vorübergehend erforderlichen künstlichen Darmausgangs, der in einer weiteren Operation wieder entfernt wurde	Mann	Auf dem Bauch eine 20 cm lange und in der Gegend des Blinddarms eine 5 cm lange Narbe. Es besteht die Gefahr, dass sich auch in Zukunft wieder eine Zyste bildet oder dass die Narben wieder von innen aufbrechen	Raubüberfall	LG Bonn 17.9.1992 13 O 559/91 RAe Roggendorf & Koll., Euskirchen
2820	€30 000 *(€ 32 812)*	Zahlreiche Stichverletzungen, durch welche die Niere verletzt wurde und Teile des Gedärms durch die Schnittwunde in der Bauchdecke nach außen austrat; psychische Beschwerden	Kläger war längere Zeit krankgeschrieben und verlor seine Arbeitsstelle	Mann	Zahlreiche Narben	Vorangegangene verbale Auseinandersetzung führt zu einer Reduzierung des Schmerzensgeldes. Ohne diese wäre nach dem Gericht aufgrund des Verletzungsumfangs ein Schmerzensgeld i.H.v. mindestens € 50 000 angemessen gewesen	LG Freiburg i. Br. 31.7.2012 5 O 85/12

Weitere Urteile zur Rubrik »**Messerstich**« siehe auch:
bis € 12 500: 2244
ab € 25 000: 2063, 1134, 1307, 2262, 434

Mobbing/Diskriminierung

Lfd. Nr.	Betrag	Verletzung	Dauer	Person	Dauerschaden	Besondere Umstände	Gericht
2821	€ 100 *(€ 107)*	Beleidigung als „fette Dreckshure"		Frau		In der Beleidigung als „fette Dreckshure" liegt eine schwerwiegende Beeinträchtigung des allgemeinen Persönlichkeitsrechts der Geschädigten. Sie wurde als Frau herabgewürdigt und in ihrer Menschenwürde verletzt. Zu berücksichtigen war allerdings auch, dass die Beleidigungen im Affekt und nicht vor einer größeren Öffentlichkeit geäußert wurden. Auch wurde die Beleidigung aus Anlass einer längeren Beziehung geäußert und die Geschädigte erlangte direkt nach der Beleidigung ausreichend Genugtuung, da sie ihrerseits dem Kläger die Brille vom Gesicht gerissen und in der Mitte durchgebrochen hat	LG Zweibrücken 11.9.2013 3 S 6/13
2822	€ 500 *(€ 540)*	Allgemeine Persönlichkeitsrechtsverletzung sowie AGG-Verstoß in Form der Androhung des Tragens eines sichtbaren roten Armbands bei Inanspruchnahme eines Preisnachlasses unter Vorlage eines Schwerbehindertenausweises für den Besuch eines Vergnügungsparks		27-jähr. Mann		Diese Maßnahme ist gegenüber den anderen Besuchern herabsetzend. Der Kläger leidet unter einer massiven Lese-und Rechtschreibschwäche und wurde durch das Tragen des roten Armbandes in der Öffentlichkeit stigmatisiert sowie an den Pranger gestellt. Dem Kläger wurde die Teilnahme an einem Fahrgeschäft verweigert aufgrund des roten Armbandes, was umstehende Besucher mitbekamen	AG Neustadt an der Weinstraße 28.3.2013 6 C 256/12 RAe Rapräger, Hoffmann & Partner, Saarbrücken

● Mithaftung (siehe vorletzte Spalte)

Mobbing/Diskriminierung

Urteile lfd. Nr. 2823 – 2824

Lfd. Nr.	Betrag DM Euro (Anp.2019)	Verletzung	Dauer und Umfang der Behandlung; Arbeitsunfähigkeit	Person des Verletzten	Dauerschaden	Besondere Umstände, die für die Entscheidungen maßgebend waren	Gericht, Datum der Entscheidung, Az., Veröffentlichung bzw. Einsender
\multicolumn{8}{l}{Fortsetzung von »Mobbing/Diskriminierung«}							
2823	€ 1000 (€ 1290)	Mobbing gegenüber einer Auszubildenden	1 Woche arbeitsunfähig, danach psychotherapeutische Behandlung	Einzelhandelskauffrau-Azubi		Die Äußerungen einer Filialleiterin gegenüber der Klägerin: „Bei Ihnen ist doch sowieso Hopfen und Malz verloren, wann beenden Sie endlich die Lehre" sowie „Bei Ihnen kann man doch nur noch heulen" stellen eine Verletzung des allgemeinen Persönlichkeitsrechts dar, für deren Ausgleich eine Geldentschädigung festzusetzen ist. Auch ein für die Ausbildung mutmaßlich wenig geeigneter Jugendlicher ist zunächst zu fördern, soweit es dem Ausbildungsbetrieb zumutbar ist, damit er das Ausbildungsziel doch noch möglichst erreicht. Sollte sich dann ergeben, dass dieses Ziel nicht erreicht werden kann, so sind die Eltern einzuschalten. Der Jugendliche ist so zu informieren, dass sein Selbstvertrauen möglichst wenig beschädigt wird und er nicht den Mut verliert, andere Berufsanstrengungen zu unternehmen	Sächsisches LAG 11.11.2002 3 Sa 376/02 RAe Lehmann & Nowack, Delitzsch
2824	€ 1000 (€ 1139)	Mobbing: Altersdiskriminierung durch Arbeitgeber		48-jähr. Frau		Bewerberin erhielt im Rahmen des Vorstellungsgesprächs den Hinweis, dass die ausgeschriebene Stelle für die Bewerberin aufgrund ihres Alters nicht in Betracht komme. Sie könne aber eine geringer vergütete Tätigkeit ausüben	BAG 18.3.2010 8 AZR 1044/08 NJW Spezial 2010, 594

Lfd. Nr.	Betrag DM Euro (Anp.2019)	Verletzung	Dauer und Umfang der Behandlung; Arbeitsunfähigkeit	Person des Verletzten	Dauerschaden	Besondere Umstände, die für die Entscheidungen maßgebend waren	Gericht, Datum der Entscheidung, Az., Veröffentlichung bzw. Einsender

Fortsetzung von »Mobbing/Diskriminierung«

Lfd. Nr.	Betrag	Verletzung	Dauer/Behandlung	Person	Dauerschaden	Besondere Umstände	Gericht
2825	€ 1500 (€ 1606)	Eröffnung eines gefälschten Facebook-Profils mit dem Namen und Foto des Klägers. Massivste Beleidigungen wie: „Fick dich du Wixxer du fetter Zwidder kill dich selber und am besten heute noch! Und du bist hässlich dass ich kotzen muss!!!" bzw. „DU FETTSACK OHNE EIN GESCHLECHTSTEIL Fick dich!!!!!!!!" bzw. der Kläger habe die „Opfergrundschule" bzw. den „Idiotenkindergarten" besucht und dort Dummheit studiert, der Kläger vergewaltige kleine Kinder, der Kläger wiege 100 Tonnen und ihm wüchsen Brüste, er zeige seine Exkremente auf Facebook	Psychologische Behandlungen	14-jähr. Junge, 6. Klasse Gymnasium		Der Beklagte war zum Tatzeitpunkt 12 ½ Jahre alt. Die Kammer ist von der erforderlichen Einsichtsfähigkeit des Beklagten auch aufgrund des Auftretens in der Hauptverhandlung überzeugt. Insoweit ist auch das vorsätzliche Verhalten des Beklagten bei der Schmerzensgeldbemessung zu berücksichtigen. Die den Kläger im Kern seines Persönlichkeitsrechts verletzenden Äußerungen wurden über das Internet einer breiten Masse zugänglich gemacht. Die Kammer machte mehrfach deutlich klar, dass die Aussagen des Beklagten nicht angehen. Auch bzgl. des gefälschten Internetaccounts liegt eine nicht unerhebliche kriminelle Energie des Beklagten vor. Der Kläger war auch schon zuvor mehrfach Opfer von Mobbingattacken aufgrund seines Übergewichts. Der Beklagte ist für die erforderliche psychotherapeutische Behandlung zumindest mitursächlich. Schmerzensgeldmindernd wurde berücksichtigt, dass der Beklagte noch Schüler ist und Schwierigkeiten bei der Aufbringung hat. (Anmerkung: Der Beklagte wurde ferner zur Unterlassung obiger Aussagen verurteilt, welche im Hinblick auf die Schwere der Persönlichkeitsrechtsverletzung mit einem Streitwert von € 10 000 angesetzt wurden.)	LG Memmingen 3.2.2015 21 O 1761/13 Gesetze-Bayern.de
2826	€ 3000 (€ 3415)	Verletzung des allgemeinen Persönlichkeitsrechts durch Mobbing. Der Vorgesetzte entzog der Klägerin ihre Arbeit, ohne dieser eine neue Beschäftigung zuzuweisen. Für die bisherige Arbeitsleistung hätte weiterhin Bedarf bestanden		Frau			LAG Köln 12.7.2010 5 Sa 890/09

● Mithaftung (siehe vorletzte Spalte)

Lfd. Nr.	Betrag DM **Euro** *(Anp.2019)*	Verletzung	Dauer und Umfang der Behandlung; Arbeitsunfähigkeit	Person des Verletzten	Dauerschaden	Besondere Umstände, die für die Entscheidungen maßgebend waren	Gericht, Datum der Entscheidung, Az., Veröffentlichung bzw. Einsender
	Fortsetzung von »Mobbing/Diskriminierung«						
2827	€ 5000 *(€ 5369)*	Diskriminierung durch Behandlungsverweigerung im Krankenhaus eines farbigen, homosexuellen HIV-Infizierten		Mann		Der Kläger stellte sich wegen heftiger Schmerzen im Analbereich (Analfissuren) in der Notfallambulanz des beklagten Krankenhauses vor. Er erhielt eine Salbe und Tabletten. Unter Hinweis auf die HIV-Infektion verweigerte der Oberarzt eine eingehende Untersuchung und untersagte dies auch der Assistenzärztin. Dadurch trat eine Behandlungsverzögerung von 2 ½ Stunden ein, wobei dem Kläger insoweit ein Mitverschulden anzulasten ist, da er nicht das vom Hausarzt empfohlene nähere Krankenhaus aufgesucht hat, sondern das weiter entfernte der Beklagten. Die Verzögerung fällt demnach nur geringfügig ins Gewicht, wobei die unnötig erlittenen Schmerzen von besonderer Intensität waren. Die Genugtuungsfunktion tritt vorliegend in den Vordergrund, da die Diskriminierung vorsätzlich erfolgte. Nach Auffassung der Kammer muss das Schmerzensgeld hier spürbar sein, da der Abbruch der Behandlung völlig inakzeptabel war. Dies auch vor dem Hintergrund, da das Verfahren vor der Ärztekammer Sachsen-Anhalt ohne berufsrechtliche Konsequenzen für den Beklagten geblieben ist. Ferner war zu berücksichtigen, dass sich die Regulierung über 2 Jahre hingezogen hat und keinerlei Einsicht bezüglich des fehlerhaften Verhaltens sichtbar war	LG Stendal 6.11.2013 21 O 240/12 juris
2828	€ 7000 *(€ 7625)*	Mobbing: systematische Ausgrenzung seit Anfang 2010, welche dem Kläger fachliche und persönliche Ungeeignetheit bzw. Minderwertigkeit vermittelten. Feindseligkeit der Beklagten in zahlreichen Bereichen (Nichtberücksichtigung von Urlaubsgesuchen, Sortierung von EDV-Schrott, taktlose Unterstellung, die Toilette unsauber verlassen zu haben, Aufforderung das Türknallen zu unterlassen sowie Aufforderung Berichte auf die rechte Schreibtischseite zu legen, die Zeitung nicht mehr in der Mittagspause am Arbeitsplatz zu lesen, Nichtgewährung von Schonungsurlaub im Anschluss an Reha-Maßnahme). Nach Reha-Rückkehr des Klägers wurde sein Arbeitsplatz mit einem Auszubildenden besetzt und er selbst umgesetzt		60-jähr. Industriekaufmann (Bereichsleiter Softwareservice) mit GdB 30		Grundsätzlich umfassen einzelvertragliche Ausschlussfristen auch Ansprüche wegen Persönlichkeitsrechtsverletzung, jedoch war diese Frist vorliegend mit 3 Monaten unwirksam	ArbG Siegburg 11.10.2012 1 Ca 1310/12

Lfd. Nr.	Betrag DM Euro (Anp.2019)	Verletzung	Dauer und Umfang der Behandlung; Arbeitsunfähigkeit	Person des Verletzten	Dauerschaden	Besondere Umstände, die für die Entscheidungen maßgebend waren	Gericht, Datum der Entscheidung, Az., Veröffentlichung bzw. Einsender
Fortsetzung von »Mobbing/Diskriminierung«							
2829	€ 20 000 (€ 23 137)	Mobbing in Form einer Geschlechtsdiskriminierung	Diskriminierung über einen Zeitraum von einem Jahr	Frau, Angestellte eines Unternehmens mit 1.100 Angestellten		In dem Unternehmen mit 69% Frauenanteil an der Gesamtbelegschaft wurden nur 7,5% der Stellen in der Führungsebene mit Frauen besetzt. Die Neustellenbesetzung erfolgte ohne Ausschreibung. Für die Feststellung einer Benachteiligung können grundsätzlich Statistiken ein Indiz sein. Erschwerend war zu berücksichtigen, dass die Herabwürdigungen und Einschüchterungen durch Organmitglieder der Beklagten erfolgten, so dass dem Präventionsgedanken größeres Gewicht zukomme	LAG Berlin-Brandenburg 26.11.2008 15 Sa 517/08
2830	€ 53 000 (€ 58 327)	Mobbing durch Vorgesetzten in Form nicht gerechtfertigter Degradierung und Aufgabenentziehung		46-jähr. Oberarzt		Das Gericht bestimmt einen Betrag in Höhe des 6,5-fachen Monatsverdienstes des Klägers als Entschädigungsbetrag für das vorangegangene Mobbing durch den vorgesetzten Chefarzt. Die Kammer hat sich dabei vom äußeren Leitbild des § 1a i.V.m. § 10 KSchG leiten lassen. Dabei fand Berücksichtigung, dass der Kläger seine Anstellung bei der Beklagten faktisch verloren hat und sein Ruf in der Fachwelt zumindest zeitweilig beschädigt wurde	ArbG Leipzig 24.2.2012 9 Cs 3854/11
Narbe (entstellend)							
2831	6000 € 3000 + immat. Vorbehalt (€ 4450)	Hypertrophe Narbe über dem Brustansatz nach Entfernung eines Muttermals		17-jähr. Mädchen		Mangelnde Aufklärung über Narbenbildung	OLG Köln 28.4.1993 27 U 201/92 RiOLG Schmitz
2832	8000 € 4000 (€ 5303)	Flecken am rechten Arm mit einer Vielzahl kleiner Narben als Folge einer Laserbehandlung		32-jähr. Frau	Rechter Arm ist durch eine Vielzahl kleiner Narben nahezu entstellt	Klägerin ließ sich mittels eines Laserepilierers kosmetisch störende Haare am Arm entfernen, wurde jedoch vorher nicht ausreichend über die möglichen Risiken aufgeklärt	LG Köln 11.10.2000 25 O 63/00 VersR 2001, 1382
2833	€ 4000 (€ 4778)	Glassplitterverletzung des linken Auges		Mann	Narbe am Oberlid des linken Auges	Die mittig gelegene, ca. 3,5 cm lange, waagerecht verlaufende Hautnarbe ist allenfalls als kosmetische Einschränkung anzusehen. Auch wenn sich noch Glasfremdkörper im Lidbereich befinden, ist im Regelfall mit keinen Spätfolgen zu rechnen. Ein Versuch, diese Unfallfolgen operativ zu beseitigen, steht deshalb in keiner Relation zu den möglicherweise interventionell bedingten Komplikationen	LG Köln 27.3.2007 16 O 314/04 SP 2008, 100 RA Koch, Erfstadt
2834	€ 8500 (€ 9686)	Verbrennungen 1.–2. Grades an beiden Beinen in der Größe von 3x3 cm und 10x8 cm	1 Monat stationäre Behandlung, insgesamt 5 ½ Monate AU zu 100%	Mann	2 Narben an den Beinen	Schmerzensgelderhöhend wurde die lange AU des Klägers berücksichtigt	LG Leipzig 9.6.2010 05 O 1534/09 RA Lehmann, Delitzsch

Persönlichkeitsrechtsverletzung

Lfd. Nr.	Betrag DM Euro (Anp.2019)	Verletzung	Dauer und Umfang der Behandlung; Arbeitsunfähigkeit	Person des Verletzten	Dauerschaden	Besondere Umstände, die für die Entscheidungen maßgebend waren	Gericht, Datum der Entscheidung, Az., Veröffentlichung bzw. Einsender
	Weitere Urteile zur Rubrik »**Narbe (entstellend)**« siehe auch:						
	bis € 2500: 2166, 674, 797, 811, 2307, 2171, 101, 1038, 2736, 2737, 2738, 2178, 2739, 902, 346, 1348, 107, 1191, 2743, 800						
	bis € 5000: 801, 709, 812, 2179, 2327, 781, 108, 1490, 246, 2181, 445, 159, 21, 803, 795, 2755, 2182, 678, 2183, 2757, 2456, 112, 2457, 916, 1592, 57						
	bis € 12500: 804, 2759, 487, 818, 2214, 2762, 783, 2764, 349, 755, 2186, 544, 2766, 2187, 62, 2767, 805, 882, 1467, 2768, 2769, 2770, 387, 719, 297, 2812, 720, 2285, 2461, 3180, 2463, 2813, 806, 807, 31, 1535, 2777, 2778, 2360, 556, 2779, 1304, 1537, 501, 640, 2217, 808, 35, 967, 2780, 824, 2781, 2589, 2366, 760, 302, 2367, 825, 723, 70, 305, 2466, 72, 397, 2687, 2218, 569, 1541, 1542, 182, 628, 1543, 488, 1645						
	bis € 25000: 1049, 991, 2789, 629, 2192, 727, 1647, 630, 405, 40, 406, 77, 449, 2790, 450, 1064, 44, 2792, 1166, 685, 3104, 809, 763, 1663, 321, 322, 323, 2796, 2797, 131, 2798, 1095, 2816, 2468, 1667, 277						
	ab € 25000: 732, 2063, 1369, 2818, 268, 413, 2800, 2196, 1027, 414, 325, 1672, 3188, 2064, 2197, 1674, 1479, 133, 733, 1134, 2819, 2956, 2820, 195, 986, 330, 331, 1678, 332, 1002, 2198, 2199, 604, 2154, 810, 92, 605, 1152, 417, 607, 3110, 735, 418, 1098, 421, 609, 3176, 422, 1005, 338, 2081, 610, 1279, 2219, 1297, 2418, 1374, 2200, 340, 3177, 1138, 431, 740, 363, 2981, 119, 141, 1280, 2985, 1441, 1486, 1281, 2988, 891, 343, 509, 434, 2990, 1443, 435, 1053, 452, 6, 3000, 437, 741, 1220, 1447, 3010, 1328, 2201, 1330, 2202, 3018, 2203, 438, 2204, 2007, 3023						
Persönlichkeitsrechtsverletzung							
2835	– (€ 0)	Knieprellung, (behauptete) APR-Verletzung	Keine AU	Polizist		Bei der Anwendung unmittelbaren Zwangs habe der Kläger „Kniestöße" einsetzen müssen und sich dabei das rechte Knie geprellt, was neben dem Schmerzensgeld für die Beleidigung (€ 100) ein weiteres Schmerzensgeld von wenigstens € 500 rechtfertige. Unabhängig von der Frage der Rechtswidrigkeit der vom Kläger begangenen Körperverletzungshandlungen kann dieser keine immaterielle Entschädigung verlangen, weil er sich beim Treten und Schlagen des in Gewahrsam zu Nehmenden selbst verletzte. Die Aussagen des Beklagten für den Fall der körperlichen Durchsuchung: „Wenn er das macht, haue Ich ihm in die Fresse", bzw. für den Fall der Festnahme: „Ah, die Nummer 14, dir haue ich als erster auf die Fresse", begründen nach den Gesamtumständen keine schwerwiegende Verletzung des Persönlichkeitsrechts des Klägers. Die Aussagen beinhalten – um den vulgären Sprachjargon der Diskomeile morgens um 5:00 Uhr bereinigt – lediglich die Ankündigung des Beklagten, dass er sich gegen staatliche Eingriffsmaßnahmen körperlich zur Wehr zu setzen gedenke. Die Aussprüche richten sich nicht gegen den Kläger als Privatperson, sondern gegen einen angekündigten staatlichen Grundrechtseingriff.	AG Bremen 19.10.2018 9 C 68/18 juris

Fortsetzung von »Persönlichkeitsrechtsverletzung«

Lfd. Nr.	Betrag DM **Euro** (Anp.2019)	Verletzung	Dauer und Umfang der Behandlung; Arbeitsunfähigkeit	Person des Verletzten	Dauerschaden	Besondere Umstände, die für die Entscheidungen maßgebend waren	Gericht, Datum der Entscheidung, Az., Veröffentlichung bzw. Einsender
2836	– *(€ 0)*	Diskriminierungen im Sinn des § 1 AGG wegen vermeintlicher sexueller Identität und ethnischer Herkunft		Koch		Weder die behauptete Bezeichnung als „Ossi" noch die Bemerkungen hinsichtlich seiner Herkunft „aus dem Osten" verbunden mit der Bezeichnung als Lusche, bzw. „dass die aus dem Osten nichts taugen" stellt eine Diskriminierung wegen der ethnischen Herkunft im Sinne des § 1 AGG dar. Ein Schmerzensgeldanspruch besteht nicht. Für behauptete Bemerkungen über Homosexualität ist der Kläger den Beweis schuldig geblieben. Das Merkmal der ethnischen Herkunft bezieht sich auf nicht vererbliche Merkmale wie die Zugehörigkeit des Menschen zu einem bestimmten Kulturkreis, zu einer gemeinsamen Religion und Sprache. Kennzeichnend ist, dass die betreffenden Menschen auf Grund dieser Merkmale eine dauerhafte Einheit bilden (z. B. Kurden, Sorben, Sinti und Roma). Maßgeblich ist die Wahrnehmung als „andere Gruppe" in Gebräuchen, Herkunft und Erscheinung. Äußeres Erscheinungsbild, Sprache und Religion können hier wichtige Merkmale sein, den Typus der Ethnie zu beschreiben. Maßgeblich ist insgesamt die Wahrnehmung als „andere Gruppe" in Gebräuchen, Herkunft und Erscheinung. Keine Ethnien sind demzufolge Ost- und Westdeutsche, Bayern und Schwaben, Düsseldorfer und Kölner. Wir sind ein Volk – auch diskriminierungsrechtlich	ArbG Würzburg 23.1.2009 3 Ca 664/08 openjur
2837	– *(€ 0)*	Kein Schmerzensgeldanspruch einer 17-Jährigen bei Veröffentlichung eines Nacktfotos im Internet. Der Schädiger nutzte das Bild, um sowohl auf seiner Homepage als auch in einem Katalog für eine Ausstellung zu werben		17-jähr. Mädchen		Das LG berücksichtigte bei seiner Entscheidung insbesondere den Umstand, dass die Klägerin freiwillig an dem Projekt teilgenommen hatte. Aufgrund ihres Alters habe sie zwar nicht wirksam in die Erstellung der Bildaufnahmen einwilligen können. Sie habe allerdings aktiv an dem Projekt mitgewirkt. Außerdem habe sie das Kunstprojekt selbst beworben, um die Aufmerksamkeit deutlich zu erhöhen. Ferner setze der Schadensersatzanspruch voraus, dass der Beklagte schuldhaft gehandelt hat. Dies war nach Auffassung des Gerichts vorliegend nicht der Fall. Außerdem handelte er auch nicht vorsätzlich oder aus besonders verwerflichen Motiven. Insofern müsse das Recht des Beklagten auf Ausübung der Kunstfreiheit geschützt werden. Eine Relativierung der Beeinträchtigung ihres Allgemeinen Persönlichkeitsrechts liege auch deswegen vor, weil die Klägerin nicht als einzelne Person, sondern mit einer Menschengruppierung abgelichtet worden ist. Ihr Gesicht war durch die Haare verdeckt	LG Duisburg 27.3.2017 2 O 438/14 NRWE

● Mithaftung (siehe vorletzte Spalte)

Persönlichkeitsrechtsverletzung

Urteile lfd. Nr. 2838 – 2844

Lfd. Nr.	Betrag DM Euro (Anp.2019)	Verletzung	Dauer und Umfang der Behandlung; Arbeitsunfähigkeit	Person des Verletzten	Dauerschaden	Besondere Umstände, die für die Entscheidungen maßgebend waren	Gericht, Datum der Entscheidung, Az., Veröffentlichung bzw. Einsender
Fortsetzung von »Persönlichkeitsrechtsverletzung«							
2838	– (€ 0)	Tattoo	2 Tage erhebliche Schmerzen	Frau		Die Klägerin hatte sich für ein Tattoo des Oberarms mit einem von roten Blumen umrankten Totenkopf entschlossen. Einige Menschen mögen dies grauenhaft, andere großartig finden. Die Tätowierung entsprach in ihrem Grundkonzept dem, was die Klägerin sich ausgesucht hatte. Wenn Sie mit dem Ergebnis unzufrieden ist, ist dies persönlich bedauerlich, jedoch kann die Arbeit nicht objektiv als misslungen oder gelungen beurteilt werden. Soweit die Klägerin Schmerzen empfunden hat, ist allgemein bekannt, dass solche beim Tätowieren entstehen	LG Flensburg 13.2.2014 1 T 7/14 openjur
2839	– (€ 0)	Eingriff in das allgemeine Persönlichkeitsrecht der Klägerin durch rechtswidrig vom Jobcenter veranlasste Blut-/Urinuntersuchung zur Feststellung einer Suchterkrankung im Hinblick auf die Arbeitsfähigkeit		arbeitslose Frau		Ein Anspruch auf Geldentschädigung scheitert an der Erheblichkeitsschwelle. Der Eingriff war nicht derart schwerwiegend, dass er nur durch eine Geldentschädigung ausgeglichen werden kann	LG Heidelberg 22.8.2013 3 O 403/11 openjur
2840	– (€ 0)	Die Beschimpfung eines Polizeibeamten mit „Scheiß Bullenschwein", „Wichser" oder „dummes Arschloch" rechtfertigen kein Schmerzensgeld		Polizeibeamter		Die Beleidigung eines Polizeibeamten mit Kraftausdrücken stellt keine so schwerwiegende Verletzung des allgemeinen Persönlichkeitsrechts dar, welche einen Schmerzensgeldanspruch rechtfertigt. Die Beleidigung richte sich nicht gegen den Polizeibeamten als Person, sondern in seiner Eigenschaft als Polizist	LG Oldenburg 7.2.2013 5 S 595/12 NZV 2013, 502
2841	– (€ 0)	Unberechtigte Weitergabe von persönlichen Daten an Dritte		Mann		Kein Schmerzensgeld wegen angeblicher unbefugter Datenübermittlung durch die beklagte Versicherung an ein externes Unternehmen zur Prüfung des Kostenvoranschlags. Der Anspruch scheitert bereits daran, dass die Beklagte nicht unberechtigt in das Persönlichkeitsrecht eingegriffen hat	LG Oldenburg 6.8.2014 5 O 2226/12 juris
2842	€ 100 (€ 109)	Bezeichnung als „Schlampe" und „Hure"		Frau		Die Beleidigungen wurden im Affekt und auch nicht in der Öffentlichkeit begangen. Dem Beklagten wurde vor der Beleidigung vom Fahrer der Klägerin der Mittelfinger gezeigt. Die Klägerin war jedoch unbeteiligt	AG Bremen 29.3.2012 9 C 306/11
2843	€ 100 (€ 108)	Beleidigung eines Polizisten im Beisein zahlreicher Zeugen als „Ihr scheiß Bullen"		Polizeibeamter		Durch das bereits durchgeführte Strafverfahren wegen Beleidigung ist bereits teilweise Kompensation eingetreten. Der Beklagte beleidigte die Polizisten allerdings ohne einen Bezug zu einer Diensthandlung, was eine Schmerzensgeldzahlung rechtfertigt	AG Maulbronn 14.1.2015 3 C 160/14
2844	€ 100 (€ 128)	Ehrverletzung		Kfz-Sachverständiger		Der Beklagte äußerte sich gegenüber Zeugen dahingehend, dass der Kläger als Sachverständiger nicht zu gebrauchen und auch nicht in der Lage sei, einen ordnungsgemäßen Arbeitsauftrag zu erstellen. Durch diese Äußerung hat jedoch eine tatsächliche berufliche Gefährdung des Klägers nicht stattgefunden	AG Siegen 26.9.2002 13 C 347/02 RA Kotz, Kreuztal

Urteile lfd. Nr. 2845 – 2850   Persönlichkeitsrechtsverletzung

Lfd. Nr.	Betrag DM Euro (Anp.2019)	Verletzung	Dauer und Umfang der Behandlung; Arbeitsunfähigkeit	Person des Verletzten	Dauerschaden	Besondere Umstände, die für die Entscheidungen maßgebend waren	Gericht, Datum der Entscheidung, Az., Veröffentlichung bzw. Einsender

Fortsetzung von »Persönlichkeitsrechtsverletzung«

Lfd. Nr.	Betrag	Verletzung	Dauer	Person	Dauerschaden	Besondere Umstände	Gericht
2845	€150 (€166)	Beleidigung von Polizeibeamten mit „All Cops are Bastards"		Polizeibeamter		Der Verurteilte hatte im Rahmen einer Personenkontrolle in einem Zug seine Faust gezeigt, auf der A.C.A.B. auf den Fingern eintätowiert war, und hierzu in Richtung der Beamten geäußert, dass dieses „All cops are Bastards" bedeute. Zusätzlich hat der Verurteile zum „Deutschen Gruß" den Arm gehoben und „Sieg Heil" gebrüllt	AG Wolfach 17.1.2012 1 Cs 300 Js 15383/11 RA Ole Baumann, Brunsbüttel
2846	€250 (€321)	Bespucken eines Polizeibeamten in das Gesicht		Polizeibeamter		Wenn es sich auch nicht um eine Bagatelle handelt, so war die Beeinträchtigung, die von dem angetrunkenen Beklagten ausgegangen ist, nicht schwerwiegend	LG Münster 29.8.2002 8 S 210/02 NJW-RR 2002,1677
2847	€300 (€339)	Persönlichkeitsverletzung in Form eines Verstoßes gegen AGG durch Benachteiligung infolge der Hautfarbe		jugendlicher Mann		Kläger wurde als einziger einer Gruppe nicht in eine Diskothek eingelassen; die Beeinträchtigung des Klägers war allerdings gering, da dies nur wenige Personen mitbekommen haben und die Diskothek nicht mehr lange geöffnet gewesen wäre	AG Bremen 20.1.2011 25 C 278/10 NJW-RR 2011, 675
2848	€307● (€394)	Beleidigung mit dem Schimpfwort „Alte Fotze"		Fußballzuschauerin		Verletzung des Persönlichkeitsrechts. Provozierendes Verhalten der Klägerin, indem sie über eine Elfmeterentscheidung des Schiedsrichters ihren Unmut dadurch kundgab, dass sie mehrmals „pfui" rief, was wiederum den Torwart der gegnerischen Mannschaft, der den Elfmeter verwandelte, zu der Beleidigung „Alte Fotze" trieb	AG Schwedt 23.10.2002 3 C 215/01 RA Laschkowsky, Angermünde
2849	€350 (€384)	Verletzung des Persönlichkeitsrechts durch Beleidigung. Beklagter bezeichnete den die Polizeikontrolle durchführenden Kläger als Faschisten		Polizeibeamter		Aufgrund der deutschen Geschichte handele es sich nach der Meinung des Gerichts bei Bezeichnungen wie „Nazi" oder „Faschist" um die schlimmsten Beleidigungen, die man äußern kann	AG Zwickau 22.6.2012 2 C 1961/11
2850	700 €350 (€474)	Beleidigende Äußerungen: „Wichser, Pisser und Flachschädel", gegenüber einem Polizisten				Der Zweck des Anspruchs auf Geldentschädigung ist nicht nur Ausgleich des Eingriffs in das Persönlichkeitsrecht, sondern auch Prävention (BGH NJW 1996, 984 ff.)	LG Heilbronn 7.8.1998 3 C 2895/98 RAe Dr. Schütz & Partner, Heilbronn

● Mithaftung (siehe vorletzte Spalte)

Persönlichkeitsrechtsverletzung

Urteile lfd. Nr. 2851 – 2854

Lfd. Nr.	Betrag DM Euro (Anp.2019)	Verletzung	Dauer und Umfang der Behandlung; Arbeitsunfähigkeit	Person des Verletzten	Dauerschaden	Besondere Umstände, die für die Entscheidungen maßgebend waren	Gericht, Datum der Entscheidung, Az., Veröffentlichung bzw. Einsender
* Fortsetzung von »Persönlichkeitsrechtsverletzung«							
2851	€ 390 (€ 425)	Entgangene Urlaubsfreude		Ehepaar		Entschädigung wegen entgangener Urlaubsfreude nach Vereitelung der Urlaubsreise nach Djerba durch den Reiseveranstalter. Die angebotene Ersatzreise nahmen die Kläger nicht an, was sie auch nicht mussten. Diese war nicht gleichwertig mit der Ausgangsreise und lag auch nicht in den Schulferien. Die Kläger buchten selbst eine (verkürzte) Ersatzreise an die Costa Brava, die jedoch ebenfalls nicht gleichwertig mit der Ausgangsreise war, dennoch kamen die Kläger zur Entspannung am Pool und Strand. Für die Zeit, die wegen der Verkürzung zu Hause verbracht wurde, setzte das Gericht pro Tag € 35, also insgesamt € 140 an, für die 10-tägige Zeit der Urlaubs € 25 pro Tag. Insoweit errechnet sich für jeden Geschädigten ein Betrag von € 390, also insgesamt € 780	AG Köln 22.10.2012 142 C 210/12 Justiz NRW
2852	€ 400 (€ 514)	Beleidigung im Internet		Mann		Die Eintragung in der Homepage „Viel Spaß bei Geschäften mit ..., denn er ist total krank im Kopf" hat einen ehrverletzenden und herabsetzenden Charakter	AG Borna 7.6.2002 3 C 1190/01 RAe Sticherling & Koll., Helmstedt
2853	€ 500 (€ 580)	Beleidigung mit den Worten „alte Drecksau"		Frau		Der Beklagte hat die Klägerin durch die Betitelung als „alte Drecksau" in ihrem allgemeinen Persönlichkeitsrecht verletzt. Hinzu kommt noch, dass der Kläger die Beklagte bedroht hat und ihr gegenüber sich dahingehend geäußert hat, dass es die Frauen doch alle gerne von hinten machen würden. Die in der Folgezeit bestehenden Ängste der Klägerin lassen eine derart tiefgreifende Verletzung des allgemeinen Persönlichkeitsrechts der Klägerin erkennen, so dass unter der Berücksichtigung all dieser Umstände ein Schmerzensgeld i.H.v. € 500 angemessen erscheint	AG Mayen 1.4.2008 2 C 2/08 RAin Rueber, Koblenz
2854	€ 500 (€ 631)	Spucken in das Gesicht		Frau		Anspucken stellt eine derart schwerwiegende Missachtung dar, dass hierfür ein Schmerzensgeld von € 500 angemessen ist	AG Meppen 25.2.2004 18 C 35/04 RAe Rosken & Koll., Lingen

Urteile lfd. Nr. 2855 – 2860 Persönlichkeitsrechtsverletzung

Lfd. Nr.	Betrag DM Euro (Anp.2019)	Verletzung	Dauer und Umfang der Behandlung; Arbeitsunfähigkeit	Person des Verletzten	Dauerschaden	Besondere Umstände, die für die Entscheidungen maßgebend waren	Gericht, Datum der Entscheidung, Az., Veröffentlichung bzw. Einsender
\multicolumn{8}{l}{Fortsetzung von »Persönlichkeitsrechtsverletzung«}
2855	€ 500 (€ 540)	Schmähkritik durch folgenden Artikel in der „Ö.-Jagd": „Ein obskurer Verein von selbsternannten Heimatschützern hat es sich auf Rügen zur Aufgabe gemacht, auf unglaublich infame und inkompetente Weise alles, was mit dem Nationalpark J. und seiner Verwaltung zu tun hat, zu diffamieren und für ihre Abschaffung zu kämpfen. Die nach ihrem Vorsitzenden »Z-Gruppe« genannte Vereinigung ... e.V. hat nun mit einem Brief an den Landwirtschaftsminister zum Thema Wildmanagement im Nationalpark (braune?) Farbe bekannt ..."		Mann		Die Grenzen der Meinungs- und Pressefreiheit sind überschritten, soweit die Kläger mit dem Attribut „braun" versehen worden sind. Darin liegt eine nicht gerechtfertigte Stigmatisierung sowie eine schwerwiegende Persönlichkeitsrechtsverletzung der Kläger. Hinzu kommt, dass die Überschriftenzeile mit dem Begriff „Rechtspopulisten" eine klare Vororientierung des Lesers auslöst. Bei der Bemessung ließ sich das Gericht u. a. davon leiten, dass der Brief der Beklagten an das Ministerium, auf den sich der Artikel bezieht, überaus „scharf" und zumindest passagenweise ebenfalls diffamierend ist („offensichtliche psychosoziale Defekte einiger Akteure...") und insoweit naheliegenderweise geeignet war, eine im Duktus entsprechende Replik zu provozieren. Es kann nicht ausgeschlossen werden, dass der Beklagte diesen Vorwurf auf sich bezogen hat und auch so verstehen durfte. All dies muss zugunsten des Beklagten bei der Bemessung berücksichtigt werden	AG Rügen 21.5.2013 23 C 557/12 Landesrecht MV
2856	€ 500 (€ 549)	Mehrfache Beleidigung als „Bulle" und Ankündigung, dem Kläger „den Schwanz in den Mund zu stecken"		Mann, Polizeibeamter			AG Singen 22.5.2012 10 C 19/12 Versäumnisurteil RA Ole Baumann, Brunsbüttel
2857	€ 600 (€ 762)	Verbale Beleidigung (u. a. du Hund, du schwule Sau, ihr Polizistenschweine, ihr Arschlöcher) und Spucken in das Gesicht		Polizeibeamter		Schwere Persönlichkeitsverletzung; die Tat führte beim Kläger zu einem erheblichen Ekelgefühl, das sich auch körperlich durch Brechreiz und Magenschmerzen ausgewirkt hat; eine gewisse Genugtuung ist bereits durch einen Strafbefehl erfolgt	AG Montabaur 11.9.2003 10 C 277/03 RAe Kraft, Kaspar, Müller u. Nickel, Mayen
2858	€ 600 (€ 742)	Veröffentlichung von Halbaktfotografien im Internet		Frau		Schmerzensgeld wegen Verletzung des Rechts am eigenen Bild. Bei der Bemessung war maßgeblich, dass die Halbaktfotografien der Klägerin in einem passwortgeschützten Bereich im Internet veröffentlicht waren und nur ein begrenzter Kreis über dieses Passwort verfügte	AG Tettnang 2.12.2004 8 C 602/04 RAe Vesenmayer & Partner, Friedrichshafen
2859	€ 600 (€ 687)	Beleidigende Äußerungen wie z. B. „Fotze" und „Schlampe"		25-jähr. Frau		Verbaler Angriff im Straßenverkehr	LG Essen 1.2.2010 13 S 164/09 RA Hufer, Mühlheim
2860	€ 750 (€ 776)	Verletzung des APR mit der Aussage: „Diese Türken, diese Ausländer. Früher hätte es das nicht gegeben. Da wären die schon vergast worden"		Geschäftsmann		Vorsätzliche unerlaubte Handlung der Beklagten. Berücksichtigt wurde, dass die Beleidigung nicht zu weiteren psychischen Belastungen geführt hat; erhöhend wirkte sich aus, dass die Beleidigung über die persönliche Ehre des Klägers hinausging	AG Goslar 17.8.2017 14 C 54/15 RA Stefan Eble, Kanzlei Willgeroth, Bad Harzburg

● Mithaftung (siehe vorletzte Spalte)

Lfd. Nr.	Betrag DM **Euro** *(Anp.2019)*	Verletzung	Dauer und Umfang der Behandlung; Arbeitsunfähigkeit	Person des Verletzten	Dauerschaden	Besondere Umstände, die für die Entscheidungen maßgebend waren	Gericht, Datum der Entscheidung, Az., Veröffentlichung bzw. Einsender
\multicolumn{8}{l}{Fortsetzung von »Persönlichkeitsrechtsverletzung«}
2861	€ 750 *(€ 777)*	Schulterschmerzen nach Faustschlagtreffer, Ehrverletzung mit der Bezeichnung „Depp"	3 Tage Schulterschmerzen	Mann		Vorsätzliche KV. Der Beklagte wollte den streitschlichtenden Kläger ins Gesicht schlagen, traf ihn aber aufgrund einer Ausweichbewegung nur an der Schulter	AG Ludwigshafen 19.7.2017 2h 117/17 juris
2862	1500 € 750 *(€ 993)*	Belästigung durch zahlreiche Telefonanrufe in einem Zeitraum von 15 Monaten während Tag- und Nachtzeiten		Frau		Es kann dahinstehen, ob eine Körperverletzung gem. § 223 StGB vorliegt; der „Telefonterror" stellt jedenfalls eine erhebliche Verletzung des Persönlichkeitsrechts dar; zu berücksichtigen ist, dass es sich um eine familieninterne Streitigkeit gehandelt hat	AG München 19.7.2000 233 C 21482/98 RA Raisch, München
2863	€ 750 *(€ 918)*	Beleidigung eines Polizeibeamten u. a. mit den Worten „Scheiß Bullenschweine, ich ficke euch alle in den Arsch" und Spucken ins Gesicht		Polizeibeamter		Schmerzensgeldmildernd wirkt sich aus, dass der Beklagte, zum Tatzeitpunkt 18 Jahre alt, erheblich alkoholisiert war, so dass das Steuerungsvermögen und die Einsicht, unrecht zu tun, erheblich vermindert war; des weiteren, dass er als Internatsschüler über kein eigenes Einkommen verfügte und sich bei den Beamten entschuldigt hatte. Keine Rolle spielte dagegen, dass der Beklagte strafrechtlich belangt worden ist	AG Schwäbisch Hall 24.1.2006 5 C 954/05 RA Kugel, Schwäbisch Hall
2864	1500 € 750 *(€ 1063)*	Durchführung eines HIV-Antikörper-Tests ohne Einwilligung des Patienten		Mann		Verletzung des Selbstbestimmungsrechts des Patienten ist, schon von dem hohen Rang dieses Rechts her, eine schwere Persönlichkeitsverletzung	LG Köln 8.2.1995 25 O 308/92 NJW 1995, 1621
2865	€ 750 *(€ 823)*	Beleidigung mit „Leck mich am Arsch, Arschlöcher, Fickt euch ihr Wichser, ihr dummen Hurensöhne" i. V. m. Zeigen des Mittelfingers und Ohrfeige		Mann, Polizeibeamter			LG Konstanz 21.5.2012 3 KLs 23 Js 18049/11 RA Ole Baumann, Brunsbüttel
2866	€ 850 *(€ 917)*	Verletzung des allgemeinen Persönlichkeitsrechts durch Videoüberwachung am Arbeitsplatz		Mann, Weber		Die Überwachung erfolgte im Hallengang, an den Maschinen und Arbeitsplätzen. Entsprechende Diebstähle, aufgrund derer die Kameras angebracht wurden, konnten nicht beobachtet werden. Im Hinblick auf eine abstrakte Diebstahlgefahr ist die Videoüberwachung unverhältnismäßig	LAG Rheinland-Pfalz 23.5.2013 2 Sa 12/13

Lfd. Nr.	Betrag DM Euro (Anp.2019)	Verletzung	Dauer und Umfang der Behandlung; Arbeitsunfähigkeit	Person des Verletzten	Dauerschaden	Besondere Umstände, die für die Entscheidungen maßgebend waren	Gericht, Datum der Entscheidung, Az., Veröffentlichung bzw. Einsender
\multicolumn{8}{l}{Fortsetzung von »Persönlichkeitsrechtsverletzung«}							
2867	€ 900 (€ 996)	Erheblicher Eingriff in das allgemeine Persönlichkeitsrecht wegen Zurückweisung eines Jugendlichen mit schwarzer Hautfarbe am Eingang einer Diskothek		Jugendlicher		Nachdem hier die Abschreckungswirkung zwar zu berücksichtigen ist, aber nicht im Vordergrund steht, bestimmt die Genugtuungsfunktion vorrangig die Höhe des Schmerzensgeldes. Mit der Zurückweisung des Klägers wegen seines männlichen Geschlechts und seiner schwarzen Hautfarbe wurde die Missachtung gegenüber der Persönlichkeit des Klägers in einer erheblichen Weise zum Ausdruck gebracht. Die vom Kläger verlangte Entschädigung von mindestens € 5000 ist jedoch angesichts des Gewichts des Vorfalls unter Einbeziehung generalpräventiver Überlegungen überzogen und auch unter Berücksichtigung zugesprochenen Schmerzensgeldes für die Missachtung des allgemeinen Persönlichkeitsrechts eines Menschen in anderen Fällen unverhältnismäßig. Der Senat hält unter Würdigung aller Umstände eine Entschädigung nach § 21 Abs. 2 S. 3 AGG von € 900 für angemessen. Damit ist auch ein Abschreckungseffekt verbunden, weil dies dem Eintritt von 150 zahlenden Gästen an dem besagten Abend entspricht	OLG Stuttgart 12.12.2011 10 U 106/11 NJW 2012, 1085
2868	€ 1000 (€ 1138)	Verletzung des allgemeinen Persönlichkeitsrechts gem. § 823 BGB i. V. m. Art. 1 Abs. und Art. 2 Abs. 1 GG durch Verletzung der ärztlichen Schweigepflicht		Mann		Der Kläger befand sich bei der beklagten Ärztin in Behandlung, welche seine Alkoholkrankheit ohne von der Schweigepflicht entbunden zu sein an das zuständige LRA weitermeldete. Aufgrund dieser Meldung kam es zur MPU. Der Kläger lebte 1 Jahr in der Ungewissheit, ob ihm der für seine berufliche Existenz notwendige Führerschein verbleiben würde	AG Neuburg a.d. Donau 1.9.2010 2 C 270/10 RA Klaus Böhm, Neuburg a.d. Donau
2869	€ 1000 (€ 1109)	Verletzung des allgemeinen Persönlichkeitsrechts durch Anfertigen von 8–10 intimen Bilddateien des frontalen Genitalbereichs		Frau		Der Beklagte war Gynäkologe und fertigte im Rahmen dieser Tätigkeit etwa 35000 intime Bilddateien von mehr als 1000 Patientinnen. Auf einem Bild befindet sich der Finger des Beklagten im Geschlechtsorgan der Klägerin, teilweise ist auch das Einführen medizinischer Instrumente zu sehen. Das Gericht hat u. a. berücksichtigt, dass die Fotos nicht verbreitet wurden und der Beklagte in Anbetracht der Gesamtmenge der gefertigten Bilddateien der Klägerin nicht gezielt schaden wollte. Erhöhend war der Missbrauch der Vertrauensstellung des Beklagten als Frauenarzt sowie der Vorsatz zu werten	AG Speyer 9.1.2012 31 C 75/11 Beck online

● Mithaftung (siehe vorletzte Spalte)

Fortsetzung von »Persönlichkeitsrechtsverletzung«

Lfd. Nr.	Betrag DM Euro (Anp.2019)	Verletzung	Dauer und Umfang der Behandlung; Arbeitsunfähigkeit	Person des Verletzten	Dauerschaden	Besondere Umstände, die für die Entscheidungen maßgebend waren	Gericht, Datum der Entscheidung, Az., Veröffentlichung bzw. Einsender
2870	€ 1000 (€ 1189)	Bezeichnung eines Arbeitskollegen als „Kinderficker" und die falsche Behauptung, der Kollege sei pädophil und deswegen auch schon vorbestraft		Mann		Der Beklagte hatte gegenüber Arbeitskollegen den Kläger als „Kinderficker" bezeichnet und behauptet, er sei pädophil und deswegen auch schon vorbestraft. Die Bezeichnung als „Kinderficker" stelle als solche schon eine Beleidigung dar. Täter eines solchen Delikts würden sozial ausgegrenzt und stünden im gesellschaftlichen Ansehen auf niedrigster Stufe. Auch nur der leiseste Verdacht einer Neigung zur Pädophilie habe für die Betroffenen verheerende Auswirkungen und bedeuten für diese oftmals das „gesellschaftliche Aus". Für die zwei erfolgten Beleidigungen sei ein Schmerzensgeld i.H.v. jeweils € 500 angemessen	ArbG Stuttgart 5.4.2007 35 Ca 2937/06 RAe Kempel & Schneider, Fellbach
2871	€ 1000 (€ 1071)	Schmerzensgeld für Verbreitung von Nacktfotos über Whatsapp, welche die Beklagte unberechtigt von der Geschädigten erlangte		Schülerin (nicht volljährig)		Die Geschädigte wurde nach der unberechtigten Verbreitung der Bilder in der Schule gemobbt und von zahlreichen Männern angesprochen. Bei der Schmerzensgeldbemessung wurde die schlechte finanzielle Leistungskraft der Beklagten berücksichtigt	LG Frankfurt am Main 20.5.2014 2-03 O 189/13
2872	€ 1000 (€ 1109)	Schmerzensgeld aufgrund unzulässiger Umbettung des Elterngrabes ohne Zustimmung eines Geschwisterteils		Klage des Geschädigten gegen Geschwisterteil			LG Ulm 20.1.2012 2 O 356/11 NJW-Spezial 2012, 1456

Lfd. Nr.	Betrag DM Euro (Anp.2019)	Verletzung	Dauer und Umfang der Behandlung; Arbeitsunfähigkeit	Person des Verletzten	Dauerschaden	Besondere Umstände, die für die Entscheidungen maßgebend waren	Gericht, Datum der Entscheidung, Az., Veröffentlichung bzw. Einsender
	Fortsetzung von »Persönlichkeitsrechtsverletzung«						
2873	€ 1000 (€ 1084)	Persönlichkeitsrechtsverletzung durch heimliche Bildaufnahmen aus dem Intimbereich (hier: Frauenarzt fotografiert heimlich seine Patientin bei gynäkologischen Untersuchungen)		Frau		Bei der Bemessung der Höhe der Geldentschädigung für die Klägerin sind danach folgende Gesichtspunkte gegeneinander abzuwägen: Die Verletzung des Persönlichkeitsrechts der Klägerin durch das nach § 201a StGB auch strafbewehrte Tun des Beklagten zu ihrem Nachteil wiegt unzweifelhaft objektiv sehr schwer. Der Beklagte hat unbestrittenermaßen bei Gelegenheit von fünf Untersuchungen der Klägerin 23 Bildaufnahmen gefertigt. Darauf abgebildet wurden der entblößte Ober- und Unterkörper der Klägerin einschließlich des Intimbereichs. Hierfür steht der Klägerin Genugtuung in Höhe eines nicht nur symbolischen Geldbetrags zu. Das hat das LG mit der Zubilligung einer Geldentschädigung von € 1000 hinreichend beachtet. Dem gegenüber tritt der Präventionsgedanke im Streitfall zurück, weil sich der Beklagte wegen seines strafbaren Tuns zum Nachteil der Klägerin und zahlreicher weiterer Patientinnen einem Strafverfahren stellen muss und davon ausgegangen werden kann, dass er künftig nicht mehr als Frauenarzt mit Kontakt zu Patientinnen praktizieren wird. Maßgeblich ins Gewicht fällt darüber hinaus, dass der Beklagte die von ihm – zu welchen privaten Zwecken auch immer – gefertigten Bildaufnahmen nach dem Ergebnis der strafrechtlichen Ermittlungen in keinem Falle dritten Personen zugänglich gemacht oder gar kommerziell verwertet hat; dass die Klägerin im Zuge der polizeilichen Ermittlungen gleichwohl von der Rechtsverletzung erfahren hat, war von dem Beklagten weder vorhergesehen noch gewollt. Letztlich kann – unbeschadet der gebotenen Berücksichtigung der Umstände des jeweiligen Einzelfalls – auch nicht gänzlich unberücksichtigt bleiben, dass sich im LG-Bezirk die anderen von im wesentlichen gleichgelagertem Tun des Beklagten betroffenen Patientinnen durch Urteil zugesprochenen Entschädigungsbeträge auf durchweg jeweils € 1000 belaufen. Dem Gedanken, dass für im Tatsächlichen vergleichbare immat. Rechtsverletzungen eine vergleichbare Entschädigung zu gewähren ist, kommt deshalb durchaus Bedeutung zu	OLG Zweibrücken 21.2.2013 4 U 123/12 VersR 2013, 915
2874	€ 1000 (€ 1071)	Verletzung des allgemeinen Persönlichkeitsrechts durch detektivische Überwachung einer krankgeschriebenen Arbeitnehmerin		Frau		Eine Überwachung ist nur in begründeten Ausnahmefällen zulässig. Ein solcher lag hier nicht vor	BAG 19.2.2015 8 AZR 1007/13

Persönlichkeitsrechtsverletzung

Urteile lfd. Nr. 2875 – 2878

Lfd. Nr.	Betrag DM Euro (Anp.2019)	Verletzung	Dauer und Umfang der Behandlung; Arbeitsunfähigkeit	Person des Verletzten	Dauerschaden	Besondere Umstände, die für die Entscheidungen maßgebend waren	Gericht, Datum der Entscheidung, Az., Veröffentlichung bzw. Einsender
\multicolumn{8}{l}{Fortsetzung von »Persönlichkeitsrechtsverletzung«}
2875	€ 1000 ● (€ 1166)	Polizeieinsatz gegen den Kläger bei dem er mit Gewalt abgeführt wurde und behördliche Komplikationen		Mann		Es war zu berücksichtigen, dass die Beklagte gegen den Kläger eine vorsätzliche Straftat begangen hat (§§ 164, 186 StGB). Die Beklagte behauptete wahrheitswidrig, dass der Kläger vor ihrer Wohnung randaliere. Andererseits konnte es nicht unberücksichtigt bleiben, dass die Atmosphäre unter den Parteien seinerzeit aufgeheizt war und den Kläger ein Mitverschulden trifft	LG Essen 17.12.2007 3 O 442/07 Landesrechtsprechungsdatenbank NRW
2876	€ 1500 (€ 1804)	Beschimpfung mit Äußerungen „Arschloch" und „Scheiß Ausländer" und Schubsen	1 Woche arbeitsunfähig, ca. 2 Monate psychologische Behandlung	Taxifahrer	Durch die Verletzung seines Persönlichkeitsrechts erlitt der Kläger eine nicht unerhebliche psychische Beeinträchtigung, aufgrund derer er 1 Woche arbeitsunfähig war. Der Kläger litt an Schlafstörungen, Alpträumen und Angstzuständen, so dass er eine Zeit lang nicht Taxi hat fahren können		AG Berlin-Charlottenburg 17.1.2007 215 C 99/06 RA Gerlach, Berlin
2877	€ 1500 (€ 1906)	Veröffentlichung eines Artikels in einer Tageszeitung, in welchem geschildert wurde, dass ein „Hans A." (Namen von der Redaktion geändert) die Tochter der Beklagten verängstigte mit ausführlicher und umfassender Schilderung in einem dreispaltigen, großflächigen Artikel mit Fotos und dem Zusatz „mehr als 4 Jahre dauere das Martyrium der ... schon an"		Vater eines Kindergartenkindes		Es handelte sich um eine schwere Verletzung des Persönlichkeitsrechts des Klägers, da die öffentliche Pressemitteilung so ausführlich ist, dass der Kläger in seiner näheren Umgebung für jeden erkennbar ist. Dies gilt um so mehr, als es sich hier um eine relativ kleine Gemeinde handelt, in der sich derartige Vorfälle ohnehin in gewissem Umfang herumsprechen. Der Kläger ist in erheblichem Umfang unmittelbar nachhaltig geschädigt worden durch die nicht nachweisbare Behauptung, dass er der Tochter der Beklagten sexuell zu nahe getreten sei	AG Brakel 8.10.2003 7 C 297/03 Sozietät Ahls, Hölting, Steinheim
2878	€ 1500 (€ 1818)	Verletzung des allgemeinen Persönlichkeitsrechts aus Art. 1, 2 Abs. 1 GG durch Unterbringung in einer zu kleinen Haftzelle	Insgesamt 159 Tage in zu kleiner Gemeinschaftszelle	Strafgefangener		Es fiel ins Gewicht, dass nennenswerte Gesundheitsschäden bei dem Kläger nicht eingetreten sind. Auch ein schikanöses Verhalten ihm gegenüber ließ sich nicht feststellen	LG Detmold 2.11.2006 9 O 163/05 Landesrechtsprechungsdatenbank NRW

Fortsetzung von »Persönlichkeitsrechtsverletzung«

Lfd. Nr.	Betrag DM **Euro** (Anp.2019)	Verletzung	Dauer und Umfang der Behandlung; Arbeitsunfähigkeit	Person des Verletzten	Dauerschaden	Besondere Umstände, die für die Entscheidungen maßgebend waren	Gericht, Datum der Entscheidung, Az., Veröffentlichung bzw. Einsender
2879	€ 2000 (€ 2167)	Persönlichkeitsrechtsverletzung im Internet: Anspruch eines Patienten gegen seinen Arzt auf Geldentschädigung wegen ungenehmigter Veröffentlichung persönlicher Daten auf der Homepage		Mann		Hinsichtlich der Höhe des dem Kläger zuzubilligenden „Schmerzensgeldes" ist einerseits zu berücksichtigen, dass der Beklagte gegen seine ärztliche Verschwiegenheitspflicht (§ 203 Abs. 1 Nr. 1 StGB) verstoßen hat, ein Teil der veröffentlichten Daten die Intimsphäre des Klägers betraf und die Veröffentlichung im Internet erfolgt ist, somit einer unbegrenzten Anzahl von Personen zugänglich gemacht wurde. Andererseits führte Letzteres jedoch nicht dazu, dass auch eine unbegrenzte Anzahl von Personen den Kläger aufgrund der veröffentlichten Daten identifizieren konnte, denn eine Identifizierung war nur demjenigen Personenkreis möglich, der die näheren Lebensumstände des Klägers kannte, deshalb aus den veröffentlichten Daten auf den Kläger rückschließen konnte und der gleichzeitig die Internetseite des Beklagten zur Kenntnis genommen hat. Dies wiederum relativiert den relevanten Verbreitungsgrad der vom Beklagten ungenehmigt veröffentlichten Daten des Klägers. Hinzu kommt, dass die Veröffentlichung nur über einen begrenzten Zeitraum hinweg erfolgt ist und der Beklagte sich beim Kläger entschuldigt hat. Unter Berücksichtigung der vorgenannten Umstände hält auch der Senat die Zubilligung eines „Schmerzensgeldes" in Höhe von € 2000 für angemessen, aber auch ausreichend	OLG Bamberg 10.4.2013 3 U 282/12 NJW-RR 2014, 158; juris
2880	€ 2000 + immat. Geldentschädigung (€ 2279)	Schwere Persönlichkeitsrechtsverletzung durch ehrverletzende Äußerungen betreffend den sexuellen Missbrauch eines Kindes	Verlust der Arbeitsstelle	Mann, Sozialpädagoge		Von der Beklagten als Psychotherapeutin muss erwartet werden, dass sie die Grenzen ihres Äußerungsrechts kennt und die Konsequenzen für den Betroffenen kennt; der Verdacht der Beklagten musste im Übrigen als unberechtigt behandelt werden; zugunsten der beklagten Psychotherapeutin wurde berücksichtigt, dass ihr Verhalten nicht dem Kl. schaden, sondern dem Schutz des aus ihrer Sicht gefährdeten Kindes dienen sollte	OLG Frankfurt am Main 19.5.2010 1 U 49/09

Persönlichkeitsrechtsverletzung — Urteile lfd. Nr. 2881 – 2885

Lfd. Nr.	Betrag DM Euro (Anp.2019)	Verletzung	Dauer und Umfang der Behandlung; Arbeitsunfähigkeit	Person des Verletzten	Dauerschaden	Besondere Umstände, die für die Entscheidungen maßgebend waren	Gericht, Datum der Entscheidung, Az., Veröffentlichung bzw. Einsender
						Fortsetzung von »Persönlichkeitsrechtsverletzung«	
2881	€ 2040 (€ 2257)	Verletzung des Persönlichkeitsrecht, Eingriff in persönliche Freiheit durch zu Unrecht erlittene Abschiebe-Haft		Mann		§ 7 Abs. 3 StrEG i.V.m. 2. StrEGÄndG (pro angefangenem Tag der Freiheitsentziehung € 25) bietet bei der Bemessung des Schadenersatzanspruches hiernach allenfalls eine Orientierung. Um die konventionswidrige Freiheitsentziehung in dem Haftzeitraum sachgerecht zu kompensieren und dem Kläger insoweit Genugtuung für das zugefügte Unrecht zu verschaffen, ist nach alledem von einem immat. Schadenersatzanspruch i.H.v. täglich € 40 – mithin insgesamt i.H.v. € 2040 – als angemessen und ausreichend auszugehen	OLG Naumburg 27.12.2011 10 W 14/11 NVwZ-RR 2012, 366
2882	5000 € 2500 (€ 3386)	Abbildung in leicht bekleidetem Zustand mit eindeutig erotischem, sexuellen Bezug in einem sich vorwiegend an homosexuelles Publikum richtenden Reiseführer ohne Einwilligung des Abgebildeten		Lehramtskandidat		Verstoß gegen §§ 22, 23 Kunsturhebergesetz; Verleger und Herausgeber trifft hinsichtlich des Anzeigenteils eine besondere Prüfungspflicht, die zum Inhalt hat, durch geeignete Maßnahmen sicherzustellen, dass nicht rechtswidrig in Rechte Dritter eingegriffen wird; Kläger ist als zukünftiger Lehrer wegen Erziehungs- und Vorbildfunktion in besonderer Weise von einer Rufschädigung betroffen, auch wenn die Verbreitung des Reiseführers im Wesentlichen auf eine bestimmte Zielgruppe beschränkt ist	AG Berlin-Charlottenburg 16.6.1998 8 C 82/98 zfs 1999, 333
2883	5000 € 2500 (€ 3588)	Ohne Einwilligung veröffentlichtes Foto in einer Illustrierten in Zusammenhang mit einem Beitrag „Frühling! Da liegen heiße Quickies in der Luft", in dem Leser über ihre sexuellen Frühlingserlebnisse berichten		Psychologiestudentin			OLG Hamburg 22.9.1994 3 U 106/94 NJW-RR 1995, 220
2884	€ 2500 (€ 2876)	Verletzung des Persönlichkeitsrechts durch die Bemerkung: „Die Wohnung wird nicht an Neger, äh… Schwarzafrikaner und Türken vermietet"		Mietinteressenten		Die Bezeichnung einer Person als „Neger" ist nach inzwischen gefertigtem allgemeinen Sprachverständnis eindeutig diskriminierend und stellt einen Angriff auf die Menschenwürde dar, dass ihnen allein wegen ihrer Hautfarbe die Möglichkeit zur Besichtigung und etwaiger Anmietung einer Wohnung verweigert wurde	OLG Köln 19.01.2010 24 U 51/09
2885	6000 € 3000 (€ 4085)	Beleidigungen in anonymen Briefen mit Ausdrücken „Arsch, Alki, Suffkopf, fahrender Zigeuner, blöde Sau, Gammler, Pack, Zigeuner, abgesoffener Magermilchkrüppel, Penner, Pfeiffe, Idiot, provozierende Sau, Blödmann, Wichser" insbesondere die Äußerung: „Du bist zu blöde, Behinderte richtig zu ficken, du alte Drecksau."		Mann		Es handelte sich hierbei um Beleidigungen der übelsten Art, durch die der Kläger erheblich in seiner Ehre gekränkt wurde	AG Radolfzell 18.9.1997 3 C 3/97 RA Geiger, Radolfzell

Lfd. Nr.	Betrag DM Euro (Anp.2019)	Verletzung	Dauer und Umfang der Behandlung; Arbeitsunfähigkeit	Person des Verletzten	Dauerschaden	Besondere Umstände, die für die Entscheidungen maßgebend waren	Gericht, Datum der Entscheidung, Az., Veröffentlichung bzw. Einsender
Fortsetzung von »Persönlichkeitsrechtsverletzung«							
2886	€ 3000 (€ 3271)	Verletzung der Menschenwürde durch Folterandrohung im Rahmen einer polizeilichen Vernehmung		Mann (inhaftierter Kindsmörder)		Durch den Ermittlungsbeamten wurde planvoll, vorsätzlich und bewusst rechtswidrig die Menschenwürde des Klägers verletzt. Das skrupellose und provozierende Aussageverhalten des Klägers wurde allerdings schmerzensgeldmindernd berücksichtigt	LG Frankfurt am Main 4.8.2012 2-04 O 52/05 OLG Frankfurt 10.8.2012 1 U 201/11
2887	€ 3000 (€ 3536)	Verletzung des allgemeinen Persönlichkeitsrechts durch Veröffentlichung von persönlicher E-Mail auf einer Homepage		Mann		Die Geheimsphäre betrifft den Bereich menschlichen Lebens, der der Öffentlichkeit bei verständiger Würdigung nicht preisgegeben werden soll. Hierunter fallen schriftliche sowie Tonbandaufzeichnungen, aber auch persönliche Briefe	LG Köln 5.10.2007 28 O 558/06
2888	€ 3000 (€ 3268)	Geldentschädigungsanspruch aus Art. 1 Abs. 1 GG i.V.m. § 839 Abs. 1 BGB wegen Drohung mit Folter zwecks Preisgabe des Verstecks eines entführten Kindes		Mann		Die Polizeibeamten haben gegen die Menschenwürdegarantie der Art. 1 Abs. 1, 104 Abs. 1 S. 2 GG sowie gegen Art. 3 EMRK verstoßen, sich strafbar gemacht und ihre Amtspflichten schuldhaft verletzt. Nach dem Urteil des EGMR vom 1.6.2010 (22978/05) verstieß die Schmerzankündigung zudem gegen Art. 3 EMRK, wonach niemand der Folter oder unmenschlicher oder erniedrigender Behandlung unterworfen werden darf. Eine Wiedergutmachung der Folterdrohung durch ein – auch Sachbeweise umfassendes – Verwertungsverbot in dem gegen den Kläger geführten Strafverfahren scheidet nach dessen rechtskräftiger Verurteilung und der Nichtannahme seiner hiergegen eingelegten Verfassungsbeschwerde aus. Hiernach verbleibt als mögliche Sanktion nur noch eine Entschädigung in Geld. Diese bildet – insb. im Vergleich zu einem umfassenden strafprozessualen Beweisverwertungsverbot – eine eher schwache Kompensation. Vor diesem Hintergrund erscheint der vom LG ausgeurteilte Betrag von € 3000 gering. Er bildet – insb. im Vergleich zu einer Kompensation durch ein umfassendes strafprozessuales Beweisverwertungsverbot – allenfalls eine symbolische Entschädigung. Für die Höhe der Geldentschädigung sind die Motivation der handelnden Beamten, das Verhalten des Klägers, die Dauer des Eingriffs sowie die Frage der konkreten Umsetzung der Androhung und bereits erfolgte Ausgleichsmaßnahmen zu berücksichtigen. Die vom LG gem. § 287 Abs. 1 ZPO vorgenommene Schätzung der Höhe der dem Kläger wegen der streitgegenständlichen Geschehnisse vom beklagten Land zu zahlenden Geldentschädigung ist nicht zu beanstanden	OLG Frankfurt am Main 10.10.2012 1 U 201/11 NJW 2013, 75

Persönlichkeitsrechtsverletzung

Urteile lfd. Nr. 2889 – 2893

Lfd. Nr.	Betrag DM Euro (Anp.2019)	Verletzung	Dauer und Umfang der Behandlung; Arbeitsunfähigkeit	Person des Verletzten	Dauerschaden	Besondere Umstände, die für die Entscheidungen maßgebend waren	Gericht, Datum der Entscheidung, Az., Veröffentlichung bzw. Einsender
\multicolumn{8}{l}{Fortsetzung von »Persönlichkeitsrechtsverletzung«}							
2889	€ 3000 ● (€ 3151)	Persönlichkeitsrechtsverletzung: Verantwortung für Postings auf Facebook-Account bei missbräuchlicher Nutzung durch Dritte		Mann		Die Haftung des Inhabers eines Facebook-Accounts bei dessen rechtsverletzender Nutzung durch einen Dritten beurteilt sich nach den Grundsätzen, die der BGH in der sog. „Halzband"-Entscheidung für die Haftung des privaten Inhabers eines eBay-Mitgliedskontos bei dessen Missbrauch durch einen Dritten aufgestellt hat	OLG Frankfurt am Main 21.7.2016 16 U 233/15 juris; K&R 2016, 681; ZUM 2016, 875
2890	€ 3500 (€ 3988)	Veröffentlichung eines sog. „oben ohne Fotos" im Internetforum		Frau		Das Foto, das ohne Einwilligung der Klägerin vom Beklagten im Internet veröffentlicht wurde, konnte nach zwei Tagen gelöscht werden	AG Brilon 17.3.2010 8 C 358/09 RAe Kirstein u. Weber, Brilon
2891	€ 4820 (€ 5417)	Verletzung des Persönlichkeitsrechts durch insgesamt 369 Tage menschenunwürdige gemeinschaftliche Haftunterbringung		Mann		Eine gemeinschaftliche Haftunterbringung ist jedenfalls dann als menschenunwürdig und damit als eine entschädigungspflichtige Amtspflichtverletzung anzusehen, wenn den gemeinschaftlich untergebrachten Gefangenen im jeweiligen Haftraum eine Grundfläche von weniger als 5 qm pro untergebrachtem Gefangenen zur Verfügung steht. Gleiches gilt bei ungenügender sanitärer Ausstattung des Haftraums mangels vollständiger baulicher Abtrennung der im Haftraum angebrachten Toilette, z. B. mittels einer Schamwand, insbesondere bei Fehlen einer gesonderten Entlüftung und erst recht im Falle der Kumulation dieser Kriterien. Der Eintritt physischer und/oder psychischer Schäden in Fällen der hier in Rede stehenden Art ist grundsätzlich nicht Voraussetzung für die Zuerkennung einer Entschädigung	OLG Hamm 23.2.2011 11 U 254/09 juris
2892	10 000 € 5000 (€ 6816)	Ausstrahlung einer ersichtlich ohne Einwilligung des Aufgenommenen erstellten Filmaufnahme, in der dieser einem breiten Publikum fälschlicherweise als Neonazi mit einschlägiger Vergangenheit vorgeführt wird		Student der Rechtswissenschaft		Schwerer Eingriff in das Persönlichkeitsrecht; schweres Verschulden der Beklagten; Minderung des Schadens und der Geldentschädigung durch unaufgeforderte, unverzügliche Richtigstellung und durch erneute Ausstrahlung der mit dem Kläger abgestimmten Richtigstellung	LG Berlin 9.10.1997 27 O 349/97 NJW-RR 1998, 316
2893	€ 5000 (€ 6014)	Veröffentlichung eines Fotos in unbekleidetem Zustand in einer Sauna in einer unentgeltlichen Werbezeitung		Frau		Schwerer Eingriff in das allgemeine Persönlichkeitsrecht; lediglich fahrlässiges Verhalten der Beklagten, da sie sich zu wenig um die Überprüfung gekümmert hat, ob die abgebildete Klägerin wirklich mit einer Veröffentlichung einverstanden war	LG Düsseldorf 13.12.2006 12 O 194/05

● Mithaftung (siehe vorletzte Spalte)

Lfd. Nr.	Betrag DM Euro (Anp.2019)	Verletzung	Dauer und Umfang der Behandlung; Arbeitsunfähigkeit	Person des Verletzten	Dauerschaden	Besondere Umstände, die für die Entscheidungen maßgebend waren	Gericht, Datum der Entscheidung, Az., Veröffentlichung bzw. Einsender
	Fortsetzung von »Persönlichkeitsrechtsverletzung«						
2894	€ 5000 (€ 6146)	Zwangsouting des homosexuellen Klägers bei dessen Eltern durch eine Bildveröffentlichung in einer Tageszeitung		Versicherungsvertreter		Schwerwiegender Eingriff in das allg. Persönlichkeitsrecht; Beklagte veröffentlichte unter der Überschrift „So leben Schwule und Lesben in..." einen Artikel mit Bildillustration, bei der der Kläger im Rahmen einer Straßenszene in inniger Umarmung mit einem Mann gezeigt wurde; hierdurch haben die Eltern des Klägers, die der Glaubensgemeinschaft der Zeugen Jehovas angehören, sowie ein weiteres Umfeld erstmals von dessen Homosexualität erfahren; außerdem ist die sexuelle Orientierung des Klägers nunmehr stadtbekannt geworden; andererseits handelt es sich um kein sog. Paparazzi-Foto, das den Kläger in einer privaten Umgebung zeigt; vielmehr hat sich der Kläger im öffentlichen Straßenraum gezeigt	LG München I 21.7.2005 7 O 4742/05
2895	€ 5000 (€ 6284)	Verletzung des Persönlichkeitsrechts durch Veröffentlichung eines Fotos der Mutter eines Verbrechensopfers		28-jähr. Frau		Die Beklagten haben in einer Zeitung das Bild der Klägerin veröffentlicht, wobei es in der Überschrift hieß: „Sabine (28) wollte sich von ihrem Mann trennen. Da rastete er in der Neujahrsnacht aus. Er schnitt ihrem Sohn die Kehle durch." Es geht hier nicht um eine sachliche Information, sondern darum, den Leser emotional zu erreichen und gerade durch das Foto der Klägerin die Aufmerksamkeit des Lesers auf den Artikel zu richten. Es besteht die Gefahr, dass das Opfer in der Öffentlichkeit erkannt wird, was zu neuen Belastungen führen kann	LG Münster 24.3.2004 10 O 626/03 NJW-RR 2005, 1065
2896	10 000 € 5000 (€ 7176)	Wahrheitswidriger Pressebericht über strafbare Handlungen einer durch volle Namensnennung „angeprangerten" Person		Mann		Für den Schmerzensgeldanspruch ist es unerheblich, ob es sich bei der von der Persönlichkeitsverletzung betroffenen Person um einen Prominenten oder Nicht-Prominenten handelt. Schmerzensgeldhöhe ist eher als maßvoll und bescheiden anzusprechen denn als überhöht	OLG Karlsruhe 25.11.1994 14 U 67/94 NJW-RR 1995, 477

● Mithaftung (siehe vorletzte Spalte)

Persönlichkeitsrechtsverletzung

Urteile lfd. Nr. 2897 – 2900

Lfd. Nr.	Betrag DM **Euro** *(Anp.2019)*	Verletzung	Dauer und Umfang der Behandlung; Arbeitsunfähigkeit	Person des Verletzten	Dauerschaden	Besondere Umstände, die für die Entscheidungen maßgebend waren	Gericht, Datum der Entscheidung, Az., Veröffentlichung bzw. Einsender
	Fortsetzung von »Persönlichkeitsrechtsverletzung«						
2897	€ 6000 *(€ 7541)*	Persönlichkeitsrechtsverletzung durch Bild- und Wortberichterstattung				Promiwirt begründet in Bildzeitung mit Wort und Bild die Trennung von seiner Lebensgefährtin wie folgt: „Der Grund waren unüberbrückbare Unterschiede in der Bildung. Sie hatte nur einen Hauptschulabschluss und ich wollte, dass sie das Abi nachholt." Die angegriffene Bild- und Wortberichterstattung verletzt rechtswidrig das allgemeine Persönlichkeitsrecht der Klägerin, weil damit unzulässig in ihr Recht am eigenen Bild bzw. ihre Privatsphäre eingegriffen wird. Einwilligung wäre entbehrlich, wenn Klägerin eine Person der Zeitgeschichte gewesen wäre, was wohl durch eine Liaison mit einem Promiwirt nicht ansatzweise der Fall ist. Auch das Auftreten des Promiwirts in der ARD-Talkshow „Fliege" macht die Klägerin nicht zu einer zeitgeschichtlichen Person	LG Berlin 30.3.2004 27 O 826/03 RA Person, Berlin
2898	15 000 € 7500 *(€ 10 778)*	In einer Überschrift eines Anzeigenblattes Bezeichnung eines hohen Verwaltungsbeamten ohne sachlichen Grund als „allergrößte Pfeife"					LG Oldenburg 27.10.1994 5 O 932/94 NJW-RR 1996, 1427
2899	15 000 € 7500 *(€ 10 851)*	Persönlichkeitsverletzung bei nicht verifiziertem Verdacht gegen Verteidiger unter seiner Namensnennung				Nachrichtenmagazin hat unter Namensnennung über den Verdacht der Ermittlungsbehörden berichtet, ein Verteidiger sei an einem Informationssystem inhaftierter RAF-Terroristen beteiligt, wenn dieser Verdacht vor 4 Monaten geäußert worden war und sich zwischenzeitlich nicht bestätigt hat. Eine andere Beurteilung wäre am Platz, wenn die Presse sich vergewissert hätte, dass der Verdacht von den Ermittlungsbehörden noch unverändert aufrechterhalten wird	OLG Hamburg 3.2.1994 3 U 111/93 NJW-RR 1994, 1176
2900	€ 7500 *(€ 7989)*	Persönlichkeitsrechtsverletzung durch Veröffentlichung von Fotos einer Schauspielerin im frühen Stadium einer Schwangerschaft ohne deren Einwilligung		Frau		Die vom LG zugesprochene Höhe der Entschädigung ist ebenfalls nicht zu beanstanden. Die Beklagte macht in der Berufungsbegründung lediglich geltend, dass sie nicht vorsätzlich gehandelt habe und durch eine Entschädigungszahlung die Pressefreiheit nicht eingeschränkt werden dürfe. Dies führt jedoch zu keiner von der angefochtenen Entscheidung abweichenden Beurteilung. Es ist schon nicht ersichtlich, wie angesichts einer von der Beklagten selbst vorgetragenen Auflage von 120.000 Exemplaren eine Zahlung von € 7500 die Pressefreiheit einschränken können soll, zumal auf der anderen Seite der Präventionsgedanke zugunsten der Klägerin auch nicht völlig zurücktreten darf. Im Übrigen ist in diesem Zusammenhang insbesondere zu berücksichtigen, dass die Beklagte das Persönlichkeitsrecht der Klägerin vorsätzlich verletzt hat	OLG Köln 10.11.2015 15 U 97/15 juris; NJW 2016, 818

Lfd. Nr.	Betrag DM **Euro** *(Anp.2019)*	Verletzung	Dauer und Umfang der Behandlung; Arbeitsunfähigkeit	Person des Verletzten	Dauerschaden	Besondere Umstände, die für die Entscheidungen maßgebend waren	Gericht, Datum der Entscheidung, Az., Veröffentlichung bzw. Einsender
\multicolumn{8}{l}{Fortsetzung von »Persönlichkeitsrechtsverletzung«}							
2901	€ 8000 *(€ 8723)*	Öffentliche Beschimpfungen in social-Media-Portalen (Facebook, Twitter mit : „du Nutte!!!!!", „du Kackel!!!", „…sieht aus wie ne Mischung aus Der Joker, nem Schimpansen, Michel Jackson und Tatjana Gsell", „hat so nen ekligen Zellulitiskörper pfui Teufel"		Frau		Beklagter befand sich mit der Klägerin im „B… B…Container". Bei der Bemessung des Schmerzensgeldes wurde berücksichtigt, dass die Klägerin sich freiwillig einem Containeraufenthalt ausgesetzt hat und zwangsläufig teile ihrer Privatsphäre preis gibt, da sie 24 Stunden für jedermann in allen Lebenslagen zu sehen war. Ferner war zu berücksichtigen, dass es erhebliche Anhaltspunkte dafür gibt, dass es der Klägerin nur um ein hohes Schmerzensgeld geht, was die deutliche überzogene Forderung von € 100 000 bei gleichzeitiger Wiederholung der angreifenden Äußerungen gegenüber der Presse zeigt	LG Berlin 13.8.2012 33 O 434/11
2902	€ 8000 *(€ 8943)*	Schwere Persönlichkeitsrechtverletzung des Klägers durch die Polizeivizepräsidentin		Erster Kriminalhauptkommissar, Dienststellenleiter		Dem Kläger wurde von der Polizeivizepräsidentin die Verstrickung in kriminelle Machenschaften vorgeworfen. Insoweit wurde ein strafrechtliches Ermittlungsverfahren als auch ein Disziplinarverfahren eingeleitet, welche später eingestellt wurden. Ferner wurde ihm gesagt, dass er nicht mehr auf die Dienststelle zurückkehren werde, dafür würde die Polizeivizepräsidentin persönlich sorgen. Den Mitarbeitern des Kommissariats wurde von der Vizepräsidentin auch geraten sich vom Kläger fernzuhalten. Insoweit wurde gegen die Amtspflicht verstoßen, da der Kläger erheblich diffamiert und vorverurteilt wurde. Bei der Bemessung des Schmerzensgeldes war u. a. zu berücksichtigen, dass die Äußerungen nur gegenüber einem überschaubaren Kreis geäußert wurden und insoweit keine Auswirkung eintrat. Andererseits haben sich die Vorwürfe als gegenstandslos herausgestellt und es erfolge keine angemessenen Rehabilitation des Klägers. Die diffamierenden Äußerungen wurden während des gesamten Ermittlungsverfahrens nicht eingeräumt. Ferner ist zu berücksichtigen, dass die Vorwürfe nicht von einem Behördenmitarbeiter kamen, sondern von der Spitze. Der Kläger ist bis heute nicht adäquat beschäftigt (kein Dienststellenleiter mehr) Nicht schmerzensgeldrelevant sind vorliegend die Presseberichte über die Vorfälle, da die Öffentlichkeit ein Recht auf Information hat	LG Frankfurt am Main 7.3.2011 2-04 O 584/09

● Mithaftung (siehe vorletzte Spalte)

Lfd. Nr.	Betrag DM Euro (Anp.2019)	Verletzung	Dauer und Umfang der Behandlung; Arbeitsunfähigkeit	Person des Verletzten	Dauerschaden	Besondere Umstände, die für die Entscheidungen maßgebend waren	Gericht, Datum der Entscheidung, Az., Veröffentlichung bzw. Einsender

Fortsetzung von »Persönlichkeitsrechtsverletzung«

2903	€ 8000 (€ 8915)	Immat. Geldentschädigung wegen einer Presseberichterstattung über den Suizid eines Kindes einer ehemaligen Landesministerin		Frau		Der Senat hält den Eingriff in die Privatsphäre der Klägerin für hinreichend schwerwiegend, um die Zubilligung einer Geldentschädigung zu rechtfertigen. Bei der Höhe der Geldentschädigung ist unter Berücksichtigung vergleichbarer Fälle zu berücksichtigen, dass der streitgegenständliche Artikel den Sohn der Klägerin nicht im Bild zeigt und sie selbst lediglich auf einem Foto wiedergegeben ist, das sie in ihrer Zeit als Ministerin zeigt; in der konkreten Trauersituation, etwa am Grab des Sohnes, wird sie nicht abgebildet, eine Vertiefung der durch die Wortberichterstattung bewirkten Persönlichkeitsrechtsverletzung ruft die Abbildung nicht hervor. Eine rücksichtslose „Zwangskommerzialisierung", die durch eine Erhöhung der Geldentschädigung abgeschöpft werden müsste, ist schon angesichts des im Berichtszeitraum rückläufigen Bekanntheitsgrades der Klägerin nicht erkennbar; eine Auflagensteigerung durch die streitgegenständliche Berichterstattung hat die Klägerin nicht behauptet, die Gesamtauflage ist eher am unteren Rand anzusiedeln	OLG Dresden 12.7.2011 4 U 188/11 NJW 2012, 782
2904	20 000 € 10 000 (€ 13 242)	Verletzung des Persönlichkeitsrechts durch Offenbarung der Privatsphäre in einem Fernsehbeitrag		Geschäftsmann		Die finanziellen Verhältnisse des Klägers wurden insofern publik gemacht, als bei einer Bürgschaft von ca. 4 Mill. DM, die seine Frau übernommen hatte, auf Verbindlichkeiten in ähnlicher Höhe geschlossen werden konnte; weiter wurde über erhebliche Streitigkeiten berichtet, einschließlich körperlicher Auseinandersetzungen, es wurden Anschuldigungen der Ehefrau verbreitet; Kläger ist keine in der Öffentlichkeit stehende Person, sodass kein berechtigtes Interesse der Öffentlichkeit an der Unterrichtung über Angelegenheiten der Privat- und Familiensphäre bestehen kann; Persönlichkeitsverletzung ist als schwer einzustufen, da der Beitrag überregional zur Hauptsendezeit ausgestrahlt wurde und der nur unerheblich anonymisierte Kläger unschwer zu erkennen war	LG Berlin 23.11.2000 27 O 469/00 RA Person, Berlin

Lfd. Nr.	Betrag DM Euro (Anp.2019)	Verletzung	Dauer und Umfang der Behandlung; Arbeitsunfähigkeit	Person des Verletzten	Dauerschaden	Besondere Umstände, die für die Entscheidungen maßgebend waren	Gericht, Datum der Entscheidung, Az., Veröffentlichung bzw. Einsender
		Fortsetzung von »Persönlichkeitsrechtsverletzung«					
2905	€ 10 000 (€ 11 097)	Persönlichkeitsrechtsverletzung in Form von Beleidigungen: „verfickter Bastard, Idiot, ich ficke ihn, das blöde Arschloch, dieser verfickte …," durch einen Sänger über einen Wettermoderator im Rahmen seiner Konzerte und auf der Homepage	Min. 24 Konzerte (mehrere Monate)	Mann		Der Täter habe auf Kosten des Opfers gezielt „Sympathie bei seinem Publikum" gewinnen wollen. Dabei sei der Rapper systematisch vorgegangen und habe die Beleidigung des Klägers zu einem festen Bestandteil seiner Tournee gemacht und auch auf seiner Homepage veröffentlicht. Die Äußerungen seien vor allem auch deshalb nicht von der Kunstfreiheit gedeckt, weil sie nicht in ein Musikstück eingebunden waren, sondern zwischen den Songs getrennt als Moderation gefallen sind und dies noch keine, für ein künstlerisches Werk nötige, schöpferische Gestaltung darstelle. Bei der Schmerzensgeldbemessung sei auch zu berücksichtigen, dass nur etwa 10.000 Menschen die Äußerungen bei den Konzerten hätten zur Kenntnis nehmen können	LG Berlin 15.11.2011 27 O 393/11

● Mithaftung (siehe vorletzte Spalte)

Persönlichkeitsrechtsverletzung

Urteil lfd. Nr. 2906

Lfd. Nr.	Betrag DM **Euro** (Anp.2019)	Verletzung	Dauer und Umfang der Behandlung; Arbeitsunfähigkeit	Person des Verletzten	Dauerschaden	Besondere Umstände, die für die Entscheidung maßgebend waren	Gericht, Datum der Entscheidung, Az., Veröffentlichung bzw. Einsender
\multicolumn{8}{l}{Fortsetzung von »Persönlichkeitsrechtsverletzung«}
2906	€ 10 000 (€ 10 095)	Vorsätzliche, schwere Verletzung des Allgemeinen Persönlichkeitsrechts des Klägers durch Äußerungen in einem ersten Video auf dem Snapchat-Account durch die Beklagte: „[…] von einem super unfreundlichen Mitarbeiter, der blond ist, so ein blonder Typ Mitte dreißig würde ich jetzt mal sagen, so ein kleiner, ungevögelter Wichser", „Wenn irgendjemand – weil ich liebe Rache – wenn irgendjemand weiß, wer der blonde, ungefähr so Haare wie ich, so kurz, ich glaube gay, also ich würde sagen […] ein gay Typ der war so Mitte dreißig, etwas so kräftiger, kleiner, wenn irgendjemand den kennt, aus A, den vielleicht auch mit Namen kennt, seinen Instagram-Account kennt, […] sehr gerne seinen Instagram-Account an mich weiterleiten, den würde ich gern fertig machen", „Arschloch", „ich wünsche mir, ich hätte diesem Typen ins Gesicht geschlagen", „wie ein Hurensohn benommen", „du bist für mich das größte Arschloch was auf der Welt überhaupt existiert", „solche Menschen wie dich würde ich am liebsten von der Brücke runterschubsen", „wenn du irgendwann mal Hilfe brauchst – ich trete in dein Arschloch rein", „du bist so ein richtiges Schwein", „was für ein kleiner Wichser", „so ne richtige kleine Bitch", „so ne richtige kleine behinderte […]", „ich wünsche dir das erdenklich Schlimmste auf der Welt", „den würde ich gern mal fertig machen", „gay", „den würde ich gerne mal aufs Übelste raten, diesen kleinen […] rapen auch". In der Nacht vom 8. auf den 9.12.2017 veröffentlichte die Beklagte ein weiteres Video auf Snapchat, in dem sie den Kläger als „Wichser", „Arschloch" und „Bitch" bezeichnete. In einem weiteren Video-Post vom 9.12.2017 sagte sie, „ich hab so Rachelust", „ich will, dass er seinen Job verliert" und forderte ihre Follower zu Folgendem auf: „Wenn ihr schlechte Laune habt, geht einfach zu M1 ins A, sucht den blonden Kerl und macht ihn fertig"		Mann, Verkäufer		Die Beklagte ist u.a. Influencerin, und unterhält verschiedene gewerbliche Social-Media-Accounts, darunter einen Snapchat- und Instagram-Account mit über 628.000 Followern. Die Beklagte besuchte am 7.12.2017 das Geschäft, in dem der Kläger arbeitete. Dort kam es zu einem verbalen Konflikt, in dem der Kläger sein Hausrecht ausübte und die Beklagte des Geschäfts verwies. Bei den Äußerungen handelt es sich um Formalbeleidigungen, deren einziger Zweck in der Versagung des sozialen Geltungsanspruchs des Klägers liegt. Einer Beeinträchtigung steht nicht entgegen, dass der Name des Klägers nicht erwähnt wird. Die Äußerungen führten dazu, dass der Kläger seine Anstellung bei A beendete und eine Anstellung mit einem geringeren Kundenkontakt anstrebt. Aufgrund des bereits herabgesetzten Ansehens des Klägers in der Öffentlichkeit ist eine Entschuldigung zum jetzigen Zeitpunkt nicht geeignet, die bereits ergangene Beeinträchtigung in vollem Umfang auszugleichen. Einer Darlegung physischer oder psychischer Schmerzen seitens des Klägers bedarf es nicht. Im Rahmen der Genugtuungsfunktion bedarf es einer Gewinnabschöpfung. Durch die Äußerungen zog die Beklagte eine erhöhte mediale Aufmerksamkeit auf sich. Auch wenn sie die Äußerungen im Rahmen ihres Wirkens als Privatperson und nicht primär zu Werbezwecken getätigt hat, hat sie auch in beruflicher Hinsicht von den Äußerungen profitiert. Die erhöhte mediale Aufmerksamkeit bewirkt zwangsläufig eine Steigerung ihres Werts als Werbemedium. Es ist jedoch nicht außer Acht zu lassen, dass es sich bei den sozialen Medien um ein schnelllebiges Phänomen handelt. In Zeiten einer regelrechten Überflutung mit neuen Informationen ist davon auszugehen, dass das Interesse der Öffentlichkeit an der Persönlichkeitsrechtsverletzung des Klägers rasch nachlassen wird. Dies gilt umso mehr, da der Kläger nicht namentlich genannt wurde	LG Düsseldorf 17.4.2019 12 O 168/18 Landesrechtsprechungsdatenbank NRW

Lfd. Nr.	Betrag DM Euro (Anp.2019)	Verletzung	Dauer und Umfang der Behandlung; Arbeitsunfähigkeit	Person des Verletzten	Dauerschaden	Besondere Umstände, die für die Entscheidungen maßgebend waren	Gericht, Datum der Entscheidung, Az., Veröffentlichung bzw. Einsender
Fortsetzung von »Persönlichkeitsrechtsverletzung«							
2907	€ 10 000 (€ 11 310)	Persönlichkeitsrecht				Darin, dass die Finanzbehörden Medienvertretern gestatten, sie bei einem Vollstreckungsversuch in der Wohnung des Steuerschuldners zu begleiten, kann eine Amtspflichtverletzung liegen; führt die hierdurch ermöglichte Produktion und Ausstrahlung des bei der Wohnungsdurchsuchung entstandenen Filmmaterials im Fernsehen zu einer schwerwiegenden Beeinträchtigung des Persönlichkeitsrechts des Betroffenen, so kommt ein Anspruch auf Schmerzensgeld i.H.v. € 10 000 in Betracht	KG Berlin 21.1.2011 9 W 76/10
2908	€ 10 000 (€ 11 167)	Persönlichkeitsrechtsverletzung durch rechtsstaatswidrige Verzögerung eines Strafverfahrens um 15 Monate bis zum letztendlichen Freispruch		Mann		Jedenfalls rechtfertigt diese Verzögerung und die damit zweifellos verbundenen seelischen und auch gesundheitlichen Belastungen keine höhere als vom LG zuerkannte Entschädigung	OLG Celle 23.6.2011 16 U 130/10 juris
2909	20 000 € 10 000 (€ 13 756)	Ungenehmigte Veröffentlichung eines Fotomodells mit nacktem Unterkörper und mit einer Bluse bekleidetem Oberkörper auf Titelblatt einer Zeitschrift, verbunden mit dem Schriftzug: „7 Tipps für den Mega-Orgasmus" und dem Bild eines kopulierenden Paares		Frau		Der durch die Veröffentlichung des Fotos hervorgerufene unzutreffende Eindruck sexueller Verfügbarkeit und die Identifikation mit den in der Zeitschrift abgehandelten Themen hat eine nachhaltige Rufschädigung hervorgerufen; leichtfertiges Verhalten der Redaktionsmitglieder der Beklagten	OLG Hamm 3.3.1997 3 U 132/96 NJW-RR 1997, 1044
2910	20 000 € 10 000 (€ 13 882)	Veröffentlichung eines unbeteiligten und unbescholtenen katholischen Pfarrers in einem Zeitschriftenartikel über sexuelle Verfehlungen katholischer Priester gegenüber Minderjährigen		Pfarrer		Verletzung des Persönlichkeitsrechts aufgrund einer grobfahrlässigen Fotoverwechslung in Zeitschrift mit einer bundesweiten Auflage von 1,5 Mio. Exemplaren	OLG Koblenz 20.12.1996 10 U 1667/95 NJWE-VHR 1997, 167
2911	€ 10 000 (€ 11 144)	Verstoß gegen Art. 3 EMRK durch unwürdige Entkleidung eines Häftlings		Mann, Häftling		Beschwerdeführer sollte wegen Überfüllung des Gefängnisses in eine Mehrpersonenzelle verlegt werden. Nachdem sich dieser weigerte freiwillig umzuziehen, kam es mit den Beamten zu einem Handgemenge. In Folge dessen wurde der Beschwerdeführer entkleidet und in eine sog. Beruhigungszelle verbracht, in welcher er so die nächsten sieben Tage verbringen musste. Hinsichtlich der Unterbringung in einer derartigen Zelle, welche nur mit einer Matratze und einer Hocktoilette ausgestattet war, sah der EGMR noch keinen Verstoß gegen die Europäische Menschenrechtskonvention, wohl hingegen der Tatsache, dass der Häftling unbekleidet war. Der EGMR wertete dies als Erniedrigung	EGMR 7.7.2011 20999/05 Ito

● Mithaftung (siehe vorletzte Spalte)

Persönlichkeitsrechtsverletzung

Lfd. Nr.	Betrag DM **Euro** *(Anp.2019)*	Verletzung	Dauer und Umfang der Behandlung; Arbeitsunfähigkeit	Person des Verletzten	Dauerschaden	Besondere Umstände, die für die Entscheidungen maßgebend waren	Gericht, Datum der Entscheidung, Az., Veröffentlichung bzw. Einsender
		Fortsetzung von »Persönlichkeitsrechtsverletzung«					
2912	30 000 **€ 15 000** *(€ 20 371)*	Verletzung des Rechts am eigenen Bild durch die anlässlich einer Berichterstattung erfolgte mehrfache Veröffentlichung von Porträtaufnahmen sowie eines Schattenrisses des mit der Wahrnehmung presserechtlicher Ansprüche des Straftäters betrauten Anwalts; Verletzung des Persönlichkeitsrechts durch Veröffentlichung wörtlicher Zitate aus einem an die Zeitung gerichteten, nicht zur Veröffentlichung bestimmten Anwaltschreibens		Rechtsanwalt		Es handelt sich um schwerwiegende Verletzungen des Persönlichkeitsrechts, wobei sich die erlittene Beeinträchtigung nicht in anderer Weise als einer Geldentschädigung befriedigend ausgleichen lässt	LG Berlin 28.1.1999 27 O 605/98 NJW-RR 2000, 555

Fortsetzung von »Persönlichkeitsrechtsverletzung«

Lfd. Nr.	Betrag DM Euro (Anp.2019)	Verletzung	Dauer und Umfang der Behandlung; Arbeitsunfähigkeit	Person des Verletzten	Dauerschaden	Besondere Umstände, die für die Entscheidungen maßgebend waren	Gericht, Datum der Entscheidung, Az., Veröffentlichung bzw. Einsender
2913	€ 15 000 (€ 15 867)	Mehrfache Verletzung des Allgemeinen Persönlichkeitsrechts durch die StA durch mehrfache Äußerungen bzw. unterlassene Äußerungen gegenüber der Presse über die gegen den Kläger eingeleiteten Ermittlungen: 1. Äußerung der StA, es sei eine neue Anzeige wegen vorenthaltenem Arbeitsentgelt eingegangen. 2. Äußerung der StA, gegen den Kläger könne bereits jetzt Anklage erhoben werden. 3. Im Zusammenhang mit der Äußerung 2 sei eine Haftstrafe von bis zu 15 Jahren zu erwarten. 4. Äußerung des Oberstaatsanwalts in der Hessenschau, wonach der Kläger Scheinrechnungen geschrieben habe und es Hinweise auf die Veruntreuung weiterer Gelder gebe. 5. Vergleich des Falls des Klägers mit dem Fall der Sache „R". 6. a) Unterlassen der StA Wiesbaden: Sie trat den kursierenden Gerüchten über angebliche Morddrohungen des Klägers gegen Dritte nicht hinreichend klar entgegen. 6. b) Der Kläger habe mehr als die bislang bekannten € 180 000 veruntreut. 7.-10. Zweckentfremdung von min. € 800 000 Steuergeld 11. Die Vorwürfe des Haftbefehls hätten sich bestätigt, erweitert und zum Großteil konkretisiert. Konkrete Äußerungen zu den Hintergründen der Anklageerhebung der StA gegenüber Medienvertretern min. 10 Tage vor der Zustellung an den Kläger		Mann		Amtshaftungsanspruch des Klägers. Dieser war habilitierter Ökonom und Inhaber eines Lehrstuhls sowie vom 1.5.2009 bis 7.4.2011 CEO einer privaten Hochschule. Aufgrund von Zeitungsartikeln, die bundesweit unter seiner Namensnennung erschienen, leitete die StA ein Ermittlungsverfahren u.a wegen des Verdachts der Untreue ein. Bezüglich der 1. und 2. Äußerung steht dem Kläger isoliert kein Anspruch auf Geldentschädigung zu, jedoch ist die Verletzung in der Gesamtwertung zu beachten. Die 3. Äußerung erfordert in jedem Fall eine Geldentschädigung. Diese Verletzung ist intensiv, weil sie eine tatsächliche Straferwartung des Klägers suggeriert, die im Zeitpunkt der Aussage noch nicht bestand. Die Aussage wurde in einer überregionalen Zeitung verbreitet. Die Nachteile dadurch lassen sich nicht durch einen evtl. späteren Freispruch rückgängig machen und rechtfertigen eine Entschädigung von € 2000. Die 4. Äußerung ist ebenfalls vorverurteilend, stellt einen schweren Eingriff dar und verstößt gegen die Unschuldsvermutung, was eine Entschädigung i.H.v. € 2000 rechtfertigt. Die 5. Äußerung ist ebenfalls amtspflichtwidrig, rechtfertigt aber im Rahmen der Gesamtbetrachtung keine Entschädigung, da die Äußerung keinen Niederschlag in der Medienveröffentlichung fand und nachweislich nur gegenüber einer Person geäußert wurde. Bei 6. a) stellt das Verhalten der StA eine intensive Persönlichkeitsrechtsverletzung dar, weil bisher „nur" Untreue im Raum stand und plötzlich Mord als Verbrechen, wenn auch nur als Androhung im Raum steht. Die StA ist durch die Begründung des Haftbefehls für dieses Gerücht mitverantwortlich und dem nicht klar entgegengetreten, was eine Entschädigung i.H.v. € 4000 rechtfertigt. Die Äußerung 6. b) ist eine Persönlichkeitsrechtsverletzung, rechtfertigt für sich genommen aber keine Entschädigung, ist aber in der Gesamtschau mit zu berücksichtigen. Die Äußerungen 7.–10. sind nicht erkennbar der StA zuzuordnen, dahingehend ist die Klage unbegründet. Die 11. Äußerung ist nicht rechtswidrig und nicht vorverurteilend. Bzgl. der 1. und 6. b) Äußerung spricht das Gericht € 2000 zu. Weitere € 5000 kann der Kläger wegen des Vorgehens der StA im Zusammenhang mit der Anklageerhebung gegen ihn beanspruchen. Die StA hat dadurch gegen Art. 2 Abs. 1 GG i.V.m. dem im Rechtsstaatsprinzip angelegten Grundsatz auf ein rechtsstaatliches faires Verfahren verstoßen. Eine nachträgliche Entschuldigung der StA ist für ein Entfallen des Anspruchs nicht ausreichend	LG Wiesbaden 3.6.2015 10 O 80/12 NJW 2015, 2976

● Mithaftung (siehe vorletzte Spalte)

Lfd. Nr.	Betrag DM Euro (Anp.2019)	Verletzung	Dauer und Umfang der Behandlung; Arbeitsunfähigkeit	Person des Verletzten	Dauerschaden	Besondere Umstände, die für die Entscheidungen maßgebend waren	Gericht, Datum der Entscheidung, Az., Veröffentlichung bzw. Einsender
\multicolumn{8}{l}{Fortsetzung von »Persönlichkeitsrechtsverletzung«}
2914	30 000 € 15 000 (€ 21 673)	Unterlassung eines Widerrufes der mit Foto des Klägers veröffentlichten Behauptung, der Kläger würde im großen Stil absahnen, dies raffinierte Spiel habe den Finanzminister getäuscht etc.		Rechtsanwalt und Notar		Die Unterlassung des Widerrufs führt zu einer fortdauernden Beeinträchtigung des allgemeinen Persönlichkeitsrechts des Geschädigten	KG Berlin 15.3.1994 6 U 519/93 NJW-RR 1995, 479
2915	€ 15 000 (€ 17 184)	Verletzung des Persönlichkeitsrechts durch einen Direktor einer psychiatrischen Universitätsklinik wegen ohne Einwilligung und Auftrag des Klägers erfolgte Zusendung psychiatrischer Atteste mit einer Unterbringungsempfehlung an die Ehefrau		Mann		Die Ehefrau hat das Attest bzw. dessen Inhalt an Dritte weitergegeben	OLG München 4.2.2010 1 U 4650/08 MedR 2010, 645
2916	€ 15 000 (€ 15 835)	Verletzung des Persönlichkeitsrechts durch Verbreitung pornografischer Fotomontagen mit dem Gesicht der Klägerin im Internet		Frau		Hat der beklagte Urheber pornografische Fotomontagen mit dem Gesicht der geschädigten Klägerin im Internet verbreitet, ist wegen schwerer Verletzung des Persönlichkeitsrechts eine Geldentschädigung i.H.v. € 15 000 angemessen	OLG Oldenburg 11.8.2015 13 U 25/15 juris; NJW 2016, 816
2917	30 000 € 15 000 (€ 21 099)	Verletzung des Persönlichkeitsrechts durch die in einem Buch ungeprüft weiterverbreitete Aussage unter voller Namensnennung, der Kläger habe als leitender Polizeibeamter für einen Bordellbesitzer „gearbeitet"		Leiter einer Stadtpolizei		Der Beklagte ist seiner Pflicht zur sorgfältigen Recherche des Wahrheitsgehaltes nicht im gebotenen Umfang nachgekommen. Er hätte dann mindestens bei der Namensnennung eine Anonymisierung vornehmen müssen. Bei der Schwere des Eingriffs ist die offen bleibende Möglichkeit mit zu berücksichtigen, dass die inkriminierte Behauptung wahr sein kann (vgl. BGH Z 1995, 212, 215)	BGH 30.1.1996 VI ZR 386/94 MDR 1996, 586
2918	35 000 € 17 500 (€ 23 231)	Schwere Verletzung des Persönlichkeitsrechts durch Veröffentlichung eines Buches mit dem Photo des Klägers und einem Begleittext mit der unwahren Behauptung, der Kläger sei der zweite Entführer eines im Juli 1985 entführten TWA-Flugzeuges mit Geiselnahme und Tötung eines der Piloten gewesen		Angestellter im Libanon		Es besteht Namensähnlichkeit der als wahrer zweiter Entführer verdächtigten Person mit dem Kläger, der seit dem Erscheinen des Buches unter der jedenfalls subjektiv als gegeben empfundenen Drohung von unbegründeten Strafverfolgungsmaßnahmen oder gar Racheakten seitens eines Angehörigen oder eines Geheimdienstes gelitten hat; Buch in einer Auflage von ca. 2500 Exemplaren ist nicht im Libanon, dem Lebenskreis des Klägers veröffentlicht worden	LG Stuttgart 31.8.2000 17 O 86/98 RAe Dr. Hörl & Koll., Stuttgart

Fortsetzung von »Persönlichkeitsrechtsverletzung«

Lfd. Nr.	Betrag DM Euro (Anp.2019)	Verletzung	Dauer und Umfang der Behandlung; Arbeitsunfähigkeit	Person des Verletzten	Dauerschaden	Besondere Umstände, die für die Entscheidungen maßgebend waren	Gericht, Datum der Entscheidung, Az., Veröffentlichung bzw. Einsender
2919	€ 20 000 (€ 21 874)	Schwere Belastungs- und Anpassungsstörung, Schlafstörungen, Leistungseinbußen, Angstzustände, Verzweiflung, Suizidalität, innere Unruhe	Ca. ein halbes Jahr Psychotherapie, Schlafmittel, Antidepressiva	Mann, selbstständiger Hautarzt		Es liegt eine schwere Persönlichkeitsrechtsverletzung vor. Die Taten erfolgten im Zeitraum von 5 Monaten. Der Kläger wusste in diesem Zeitraum nicht, von wem die Handlungen herrührten, so dass es ihm nicht möglich war, diese zu unterbinden. Es wurden wiederholt in verschiedenen Zeitungen Anzeigen geschaltet, in denen der Kläger Immobilien und andere Sachen zum Erwerb anbot, es wurden auch zahlreiche Waren auf den Kläger bestellt, ferner Kaufanzeigen für die Villa des Klägers im Internet veröffentlicht, eine Reise auf den Kläger mit weiblicher Begleitung gebucht. Versand von Einladungen an verschiedene Geschäfte zwecks Praxisübergabe des Klägers, Bestellung von Erotikartikeln an die Praxis des Klägers, Veröffentlichung der gesamten Adressdaten (gemeinsame Wohnung) und der Telefonnummer der Lebensgefährtin des Klägers im Internet für erotische Massagen und sexuelle Handlungen, es riefen zahlreichen Personen an, auch nachts, und klingelten an der Wohnungstür. Die Beklagten wollten dem Kläger vorsätzlich einen schweren Rufschaden zufügen. Nach Auffassung des Gerichts geht von der strafrechtlichen Verurteilung der Beklagten eine nicht unerhebliche Genugtuungsfunktion aus	LG Kiel 3.7.2012 17 O 77/11 Beck Online
2920	€ 20 000 (€ 25 286)	Persönlichkeitsverletzung durch einen Bericht auf der Titelseite und im inneren Teil einer Tageszeitung über ein Interview mit einem bekannten Unterhaltungskünstler im Magazin „Playboy", in dem dieser über sein Verhältnis zu Frauen und insbesondere zur Klägerin befragt worden war. Der Artikel wies in großer Schrift die Schlagzeile auf: „Udo Jürgens im Bett mit Caroline?"; darunter etwas kleiner im Untertitel: „In einem Playboy-Interview antwortet er eindeutig zweideutig"		Junge Frau		Der Fragesatz enthält keine echte Frage, sondern die unwahre Behauptung einer Tatsache	BGH 9.12.2003 VI ZR 38/03 VersR 2004, 388
2921	€ 24 000 (€ 29 398)	Depressionen nach Mobbing in Form von groben Beleidigungen und Herabsetzungen	Kläger erlitt nach den Beschimpfungen einen Nervenzusammenbruch und war nachfolgend aufgrund Angstzuständen, Schlaflosigkeit, Konzentrationsstörungen und Depressionen 6 Monate arbeitsunfähig	Mann, Kfz-Meister und Werkstattleiter seit fast 40 Jahren		Die Tatsache, dass der Arbeitnehmer aufgrund seiner Persönlichkeitsstruktur besonders anfällig auf Beleidigungen und Herabsetzungen reagierte, führt nicht zu einer Haftungsentlastung	LAG Niedersachsen 12.10.2005 6 Sa 21332/03

● Mithaftung (siehe vorletzte Spalte)

Persönlichkeitsrechtsverletzung · Urteile lfd. Nr. 2922 – 2923

Lfd. Nr.	Betrag DM **Euro** *(Anp.2019)*	Verletzung	Dauer und Umfang der Behandlung; Arbeitsunfähigkeit	Person des Verletzten	Dauerschaden	Besondere Umstände, die für die Entscheidungen maßgebend waren	Gericht, Datum der Entscheidung, Az., Veröffentlichung bzw. Einsender
\multicolumn{8}{l}{Fortsetzung von »Persönlichkeitsrechtsverletzung«}
2922	€25 000 *(€30 343)*	Ungenehmigte Veröffentlichung von Nacktfotos mit ehrenrührigen Textzusätzen und Anschrift im Internet		Mutter von Zwillingen		Verletzung des allgemeinen Persönlichkeitsrechts. Die Tatsache, dass der Beklagte nicht aus kommerziellen Motiven gehandelt hat, ist kein Grund für eine Ermäßigung des Schmerzensgeldes, da er vorliegend allein von dem niedrigen Beweggrund getrieben war, sich an der Klägerin, die sich auf eine Fortführung der Beziehung mit ihm nicht einlassen mochte, zu rächen. Insgesamt hält das Gericht in Anbetracht der Tatsache, dass die Klägerin zukünftig bis auf weiteres mit den im Internet – weltweit – kursierenden verunglimpfenden Fotos wird leben müssen, auch in Anbetracht der vorgetragenen Einkommensverhältnisse des Beklagten ein Schmerzensgeld von insgesamt €25 000 für angemessen	LG Kiel 27.4.2006 4 O 251/05 RA Frese, Kiel
2923	€25 000 *(€30 274)*	Mobbing in Form einer vertragswidrigen Beschäftigung bzw. Nichtbeschäftigung einer Führungskraft über einen Zeitraum von 2 Jahren. Dies führte zu akuten Belastungsreaktion	15 Monate arbeitsunfähig; Behandlung durch Facharzt der Psychotherapie	Mann, leitender Angestellter einer Bank		Kläger sollte einen anderen Arbeitsbereich übernehmen, wozu es aber nicht kam; für einen Zeitraum von fast 2 Jahren wurden dem Kläger gar keine Aufgaben übertragen, als dann eine solche, die erheblich unter der vertragsgerechten Beschäftigung anzusehen war; wurde aus sämtlichen Erreichbarkeitslisten gestrichen, zu keiner Teilnahme an Besprechungen mehr aufgefordert, seines gesamten Mitarbeiterstabes beraubt – er behielt nur sein Büro	LAG Baden-Württemberg 12.6.2006 4 Sa 68/05

Lfd. Nr.	Betrag DM **Euro** *(Anp.2019)*	Verletzung	Dauer und Umfang der Behandlung; Arbeitsunfähigkeit	Person des Verletzten	Dauerschaden	Besondere Umstände, die für die Entscheidungen maßgebend waren	Gericht, Datum der Entscheidung, Az., Veröffentlichung bzw. Einsender

Fortsetzung von »Persönlichkeitsrechtsverletzung«

Lfd. Nr.	Betrag	Verletzung	Dauer	Person	Dauerschaden	Besondere Umstände	Gericht
2924	€25 000 (*€26 392*)	Persönlichkeitsrechtverletzung: doppelseitige Veröffentlichung über ein Paar (bekannter Fußballer und Model), die u.a. mit drei Fotos bebildert ist, die die Kläger – wie auch das Foto auf der Titelseite – in Badekleidung auf der Terrasse ihres Feriendomizils in innigen Posen zeigen. Das rechts abgebildete Foto lässt erkennen, dass die Klägerin kein Bikinioberteil trägt		Mann und Frau		Die Höhe der zuerkannten Geldentschädigung (jeweils €25 000) ist nicht zu beanstanden. Der Geldentschädigungsanspruch verfolgt primär das Ziel, dem Betroffenen Genugtuung zu verschaffen, daneben dient er dazu, den Anspruchsgegner von neuerlichen Verletzungen abzuhalten. Unter erneuter Berücksichtigung aller Umstände ist die vom LG ausgeurteilte Geldentschädigung angemessen, aber auch ausreichend. Bei der Bemessung sind die Gesichtspunkte einzubeziehen, die für die Feststellung der schweren Persönlichkeitsrechtverletzung maßgeblich waren. Hinzu kommen der hohe Verbreitungsgrad der Zeitschrift „C...", der hohe Aufmerksamkeitswert eines Bildes auf der Titelseite und die großformatigen Fotos im Innenteil. Allerdings ist bei der Höhe zugunsten der Beklagten zu berücksichtigen, dass der Kläger bereit war, sich mit freiem Oberkörper, die Klägerin im Bikini oder in Dessous der Öffentlichkeit zu zeigen. Im Ergebnis liegen indes Umstände, die dazu führen könnten, dass hier eine Geldentschädigung geschuldet wäre, die niedriger ist als der vom LG ausgeurteilte Betrag, nicht vor	OLG Hamburg 3.1.2017 7 U 10/15
2925	€30 000 (*€34 518*)	Mobbing in Form von Anfeindungen, Missbilligungen und Schikanen über einen Zeitraum von ca. 1 ½ Jahre, deren Ziel es war die Arbeitnehmerin zur Vertragsauflösung zu bewegen. Klägerin erlitt eine depressive Erkrankung	Diskriminierung über einen Zeitraum von über einem Jahr	Frau, Pflegedienstleiterin		Der Beklagte hat unter Nutzung aller sich ihm bietenden betrieblichen, persönlichen und wirtschaftlichen Möglichkeiten zielgerichtet versucht die Beklagte zur Beendigung des Arbeitsverhältnisses zu bewegen. Die Beklagte musste sich gegen unbegründete strafrechtliche Ermittlungsverfahren wehren	ArbG Cottbus 8.7.2009 7 Ca 1960/08

● Mithaftung (siehe vorletzte Spalte)

Lfd. Nr.	Betrag DM Euro (Anp.2019)	Verletzung	Dauer und Umfang der Behandlung; Arbeitsunfähigkeit	Person des Verletzten	Dauerschaden	Besondere Umstände, die für die Entscheidungen maßgebend waren	Gericht, Datum der Entscheidung, Az., Veröffentlichung bzw. Einsender
		Fortsetzung von »Persönlichkeitsrechtsverletzung«					
2926	€ 30 000 (€ 31 205)	Schwere Verletzung des Allgemeinen Persönlichkeitsrechts durch 1. Veröffentlichung von pornographischen Fotomontagen mit dem Abbild der Klägerin, deren Gesicht auf nackte Frauenkörper bzw. in Porno-Szenen hereingeschnitten wurde, 2. Erstellen einer Internetseite mit dem Titel „B the german whore" und Einstellen eines Bildes der Klägerin und Aufforderung an die User mit der Überschrift „Tribute her", sich Bilder auszudrucken, auf diese zu ejakulieren, hiervon wiederum ein Foto oder Video anzufertigen und dieses ebenfalls auf der Webseite hochzuladen, 3. Veröffentlichung von 8 Videos, auf denen der Beklagte onaniert, auf ein Bild der Klägerin auf seinem Computer oder Handy ejakuliert und dabei laut stöhnt, sowie sexistische Beleidigung gegenüber der Klägerin auf 2 Videos		22-jähr. Frau		Das Bildmaterial wurde bearbeitet und teilweise mit sexistischen, herabwürdigenden Kommentaren versehen. Das Bildmaterial wurde über 1.600x angeklickt und angesehen. Weitere Porno-Webseiten verlinkten auf die Bilder und Videos. Über den Fall wurde auch in der Presse berichtet. Das Bild- und Videomaterial ist unverändert auf der Webseite abrufbar. Eine Löschung auch durch den Beklagten gelang nicht. Eine Vertiefung der Verletzung ergibt sich nicht nur aus der Darstellung als Lustobjekt in erniedrigender Weise, sondern auch in der Nennung des Namens und des Alters der Klägerin, was einen persönlichen Bezug herstellte. Die Art, der Umfang und die Hartnäckigkeit, die der Beklagte bei der Begehung der Taten gezeigt hat, lassen das Verschulden deshalb als sehr hoch erscheinen	LG Köln 15.11.2017 28 O 176/17 Landesrechtsspre-chungsdatenbank NRW Hinweisbeschluss OLG Köln 14.3.2018 15 U 190/17
2927	€ 30 000 (€ 31 482)	Verletzung des Persönlichkeitsrechts: Die beklagte Verlegerin einer Zeitschrift veröffentlichte erstmals Fotos der – zuvor in der Öffentlichkeit unbekannten – Klägerin, die sie mit ihrem Vater am Flughafen Berlin/Tegel sowie beim anschließenden Einladen der Koffer in ein Taxi zeigten. Der dazugehörige Artikel stand – wie auch die Titelseite der Zeitschrift – unter der Überschrift „Wer ist das junge Mädchen an seiner Seite?". Da die Berichterstattung der Beklagten dazu geführt hat, dass das Aussehen der Klägerin in der Öffentlichkeit bekannt geworden ist, muss sie in der Folge auch in Zukunft damit rechnen erkannt zu werden und kann sich – selbst wenn sie allein und ohne Begleitung ihres Vaters unterwegs ist – in der Öffentlichkeit nicht mehr so frei und unbefangen bewegen wie zuvor		Junge Frau		Der schwerwiegende Eingriff in das Persönlichkeitsrecht der Klägerin kann nicht in anderer Weise als durch eine Geldentschädigung befriedigend ausgeglichen werden. Bemessungsfaktor für die Höhe der Entschädigung ist die Intensität der Persönlichkeitsrechtsverletzung, jedoch darf die Pressefreiheit nicht unverhältnismäßig eingeschränkt werden. Das Ausmaß der Verbreitung der Berichterstattung ist ebenso zu berücksichtigen wie die aus der Kommerzialisierung der Rechtsverletzung gezogenen Vorteile, wenn der Eingriff vorsätzlich zum Zwecke der Gewinnerzielung erfolgt. Gemessen an diesen Grundsätzen erscheint dem Senat der vom LG zugesprochene Betrag von € 30 000 in der Gesamtschau zur Genugtuung der Klägerin sowie aus Präventionsgesichtspunkten angemessen, wenn man die Schwere der Rechtsverletzung und ihre Auswirkungen auf die Klägerin, die Verkaufsauflage der Zeitschrift von 161.500 Exemplaren im zweiten Quartal 2014 sowie den Umstand berücksichtigt, dass die Beklagte unter vorsätzlicher – nämlich zumindest billigend in Kauf genommener – Verletzung des Persönlichkeitsrechts der Klägerin eine Auflagensteigerung erreichen wollte	OLG Celle 5.10.2016 13 U 78/16

Lfd. Nr.	Betrag DM **Euro** *(Anp.2019)*	Verletzung	Dauer und Umfang der Behandlung; Arbeitsunfähigkeit	Person des Verletzten	Dauerschaden	Besondere Umstände, die für die Entscheidungen maßgebend waren	Gericht, Datum der Entscheidung, Az., Veröffentlichung bzw. Einsender
	Fortsetzung von »Persönlichkeitsrechtsverletzung«						
2928	€ 50 000 *(€ 52 161)*	Verletzung des Allgemeinen Persönlichkeitsrechts durch Äußerungen in einem Artikel zum vermeintlichen Gesundheitszustand des Klägers: „Es ist ein Weihnachtswunder"; der Artikel wurde auf der Titelseite wie folgt als Hauptaufmacher hervorgehoben: „Exklusiv M. S. kann wieder gehen…"		Mann		Der Kläger ist mehrfacher Formel-1-Weltmeister und in der internationalen Öffentlichkeit sehr bekannt. Die Kammer hat neben dem intensiven Eingriff und dem erheblichen Verschulden der Beklagten (Zeitschrift) auch den weiten Verbreitungsgrad mit einer Auflage von 480.000 verkauften Exemplaren und einer Reichweite von 3,92 Millionen Lesern gewürdigt. Zudem erfolgte die Darstellung auf der Titelseite in hervorgehobener Weise. Zu Gunsten der Beklagten war zu werten, dass diese sich auf einen ihr seit längerem bekannten Informanten stützte, von dessen Existenz das Gericht überzeugt ist. Weiter wird eine positive Gesundheitsverbesserung des Klägers geschildert. Wenigstens im Hinblick auf die abstrakte Möglichkeit einer medizinischen Verbesserung hat die Beklagte recherchiert. Auch war die teilweise sehr allgemein gehaltene Selbstöffnung der Ehefrau zu berücksichtigen	LG Hamburg 5.5.2017 324 O 189/16
2929	€ 70 000 *(€ 88 290)*	Schwere Persönlichkeitsrechtsverletzung: In 3 Fernsehsendungen wurde den Zuschauern vermittelt, dass die Klägerin, die bei einer Ausscheidung bei einer Miss-Wahl teilgenommen hatte, insbesondere auf Grund ihres Namens geeignet sei, in Pornofilmen mitzuspielen; sie sei für eine Pornokarriere prädestiniert; die Sendung wurde noch eine Woche ins Internet gestellt		16-jähr. Mädchen		Klägerin musste das Gespött von Mitschülern und anderen erdulden; hat anonyme Anrufe erhalten und musste in der Öffentlichkeit Beleidigungen und Spottgesänge ertragen; musste sich in therapeutische Behandlung begeben; die vorsätzliche und rücksichtslose Vermarktung einer Persönlichkeit als Mittel zur Steigerung der Auflage bzw. Zuschauerquote erfordert eine immat. Geldentschädigung, von deren Höhe ein echter Hemmungseffekt ausgeht; aus generalpräventiven Gesichtspunkten zielt der gewünschte Hemmeffekt maßgeblich nicht auf die Prominenz oder Nichtprominenz einer Person, sondern generell auf Art, Ausmaß und Intensität der jeweiligen Persönlichkeitsrechtsverletzung	OLG Hamm 4.2.2004 3 U 168/03 NJW-RR 2004, 919
2930	150 000 € 75 000 *(€ 93 596)*	Schwere Persönlichkeitsverletzung durch Veröffentlichung von 9 Artikeln, die jeweils ohne Zustimmung der Eltern, Prinzessin Caroline von Hannover und Prinz Ernst August von Hannover, mit heimlich aufgenommenen Fotos der kurz vorher geborenen Klägerin illustriert wurden		Kind		Die Fotos wurden zum Teil auf der Titelseite und im Innenteil der Zeitschrift veröffentlicht; Kinder bedürfen eines besonderen Schutzes vor den Gefahren, die von dem Interesse der Medien und ihrer Nutzer an dieser Berichterstattung über sie oder an den Abbildungen von ihnen ausgehen; ihre Persönlichkeitsentfaltung kann durch die Berichterstattung in Medien empfindlicher gestört werden als diejenige von Erwachsenen; Zubilligung einer Geldentschädigung findet ihre Wurzel im Verfassungsrecht und Zivilrecht und stellt keine strafrechtliche Sanktion dar	BGH 5.10.2004 VI ZR 255/03 VersR 2005, 125

● Mithaftung (siehe vorletzte Spalte)

Persönlichkeitsrechtsverletzung

Urteile lfd. Nr. 2931 – 2933

Lfd. Nr.	Betrag DM Euro (Anp.2019)	Verletzung	Dauer und Umfang der Behandlung; Arbeitsunfähigkeit	Person des Verletzten	Dauerschaden	Besondere Umstände, die für die Entscheidungen maßgebend waren	Gericht, Datum der Entscheidung, Az., Veröffentlichung bzw. Einsender
	Fortsetzung von »Persönlichkeitsrechtsverletzung«						
2931	180 000 € 90 000 (€ 125 269)	Schwerwiegende Verletzungen des Persönlichkeitsrechts durch drei Berichterstattungen in Illustrierten mit erfundenen Inhalten, davon ein erfundenes Interview über Probleme des Privatlebens und der seelischen Verfassung mit Äußerungen der Klägerin, die diese nicht gesagt hat		Prinzessin Caroline von Monaco		Die Beklagte hat zum Zwecke der Auflagensteigerung und ihres kommerziellen Vorteils wegen die Privatsphäre der Klägerin der Neugier und Sensationslust von Hunderttausenden von Lesern ausgesetzt; bei der Höhe des Schmerzensgeldes ist ganz wesentlich auf den Gesichtspunkt der Genugtuung des Opfers sowie den Gedanken der Prävention im Verhältnis zum Schädiger abzustellen	OLG Hamburg 25.7.1996 3 U 60/93 NJW 1996, 2870
2932	€ 100 000 (€ 104 322)	Persönlichkeitsrechtsverletzung: Beiträge über tatsächlich nicht gegebene Geschehnisse und haltlose Spekulationen über das Gefühlsleben der Klägerin (Prinzessin) und ihrer Familienangehörigen		Frau		Die Beklagte hat über mehrere Jahre hinweg, meist groß aufgemacht und auf der Titelseite angekündigt, das öffentliche Interesse, das an der Klägerin als Prinzessin eines europäischen Königreichs besteht, dazu benutzt, mit Beiträgen über tatsächlich nicht gegebene Geschehnisse und haltlose Spekulationen über das Gefühlsleben der Klägerin und ihrer Familienangehörigen Aufmerksamkeit für die von ihr verlegte Zeitschrift zu gewinnen. Dadurch hat die Beklagte auf einer nicht gegebenen tatsächlichen Grundlage der Öffentlichkeit ein Bild von der Klägerin als einer emotional unstabilen, in wechselnde Liebschaften verstrickten und in ständigem Konflikt mit ihren Eltern, zum Teil auch mit ihrer Schwester, lebenden Person gezeichnet. Bei einer Gesamtschau der Veröffentlichungen erscheint dem Senat die Zuerkennung einer Geldentschädigung in Höhe von € 100 000 als angemessen. Ein Betrag in dieser Höhe ist erforderlich, der Klägerin eine hinreichende Genugtuung für die über einen längeren Zeitraum andauernde, ständige Verletzung ihrer Persönlichkeit zu Zwecken der Steigerung der Auflage der von der Beklagten verlegten Zeitschrift zu verschaffen	OLG Hamburg 16.5.2017 7 U 47/13
2933	€ 400 000 (€ 460 238)	Persönlichkeitsrechtsverletzung durch insgesamt 86 unwahre Veröffentlichungen über eine Angehörige des europäischen Hochadels		26-jähr. Frau (schwedische Prinzessin)		Rücksichtslose Persönlichkeitsrechtsverletzung durch Zeitschriftenverlegerin, welche zur Auflagensteigerung und Gewinnerzielung über einen längeren Zeitraum in 86 Beiträgen unwahre Tatsachen auch über das Liebesleben der Geschädigten verbreitete	OLG Hamburg 30.7.2009 7 U 4/08

Weitere Urteile zur Rubrik »**Persönlichkeitsrechtsverletzung**« siehe auch:

- **bis € 2500:** 121, 2822, 675, 787, 2287, 1385, 2825
- **bis € 5000:** 3137, 750, 3036
- **bis € 12 500:** 2706, 2621, 3211
- **bis € 25 000:** 2710
- **ab € 25 000:** 2718, 2646, 2654, 2662, 2663, 2669, 2674, 1250, 1251, 1343, 2684

Polytraumen

Lfd. Nr.	Betrag DM Euro (Anp.2019)	Verletzung	Dauer und Umfang der Behandlung; Arbeitsunfähigkeit	Person des Verletzten	Dauerschaden	Besondere Umstände, die für die Entscheidungen maßgebend waren	Gericht, Datum der Entscheidung, Az., Veröffentlichung bzw. Einsender
2934	€ 4000 ● + immat. Vorbehalt (€ 4202)	Auffahrunfall auf der Autobahn zwischen einem Lkw Unimog und einem langsam fahrenden Pkw. Stumpfes Bauch- und Thoraxtrauma, Schädelhirntrauma 1. Grades, hyperdenses Areal im linken Marklager mit einer punktförmigen Blutung, offene Becken-A-Verletzung sowie Skalpierungsverletzung am Hinterkopf	6 Tage stationäre Behandlung	Mann	Schwindelanfälle und leichte Taubheit im Bereich der Narbe am Rücken	Im Rahmen der Genugtuungsfunktion ist insbesondere die Schwere des Verschuldens des Schädigers in Ansatz zu bringen. Dabei ist bei der Bemessung des Schmerzensgeldes auch eine Mithaftung des Verletzten zu berücksichtigen. Unter Berücksichtigung von 50% Mithaftung des Klägers erscheint dem Senat ein Schmerzensgeld i.H.v. € 4000 als angemessen, aber auch ausreichend	Brandenburgisches OLG 14.7.2016 12 U 121/15 r+s 2016, 636; juris
2935	€ 4000 ● (€ 4269)	Schlüsselbeinbruch rechts, Frakturen des linken Handgelenks, der 5. Rippe links und der 4. Rippe rechts, undislozierte Weber A-Fraktur im Bereich des linken Außenknöchels, bone bruise des rechten Tibiakopfes dorsalseitig, zentrale Kontusionsblutung, traumatische Subarachnoidalblutung, Prellung und Hämatome des rechten Knies suprapatellar und Lagerungsschwindel	Schlüsselbeinbruch rechts, welcher drei Operationen mit jeweils mehrtägigen stationären Krankenhausaufenthalten erforderlich machte	Frau	Dauerhafte Beeinträchtigungen der rechten Schulter	Allein die Schlüsselbeinverletzung mit Beeinträchtigung der rechten Schulter hätte schon – allerdings ohne ein Mitverschulden der Klägerin – ein Schmerzensgeld i.H.v. € 8000 gerechtfertigt. Angesichts der weiteren erheblichen Verletzungen wäre dieser Betrag aber noch einmal deutlich zu erhöhen gewesen. In Anbetracht des Mitverschuldensanteils der Klägerin von 2/3 erscheint dem Senat ein Betrag von insgesamt € 4000 angemessen, aber auch ausreichend	OLG Frankfurt am Main 4.3.2014 4 U 246/13 Schaden-Praxis 2014, 228
2936	€ 10 400 + immat. Vorbehalt (€ 10 600)	Prellung des linken Mittelfußes sowie Schürfverletzung am Ellenbogen; Prellung des rechten Daumens, des linken Sprunggelenks und des linken Hüftgelenks, eine Zerrung der Halswirbelsäule, eine Blockierung der Tibia-Fibula-Gelenke und der Hüftgelenke, eine Schultergelenksblockierung, eine Zervikobrachialgie, eine Blockierung im Bereich der Hals- und Brustwirbelsäule, ein Triggerpunktschmerzsyndrom der Hals- und Nackenmuskulatur sowie eine Blockierung der Handwurzelknochen und des Handgelenks. Durch den Unfall kam es bei der Klägerin zu einer schwerwiegenden Anpassungsstörung	Die Klägerin wurde nach dem Unfall ambulant im Krankenhaus behandelt. Ihr wurden Unterarmgehstützen, Schmerzmittel, das Anlegen von Salbenverbänden und eine Thromboseprophylaxe verordnet. 4 Tage war die Klägerin krankgeschrieben. 12 Tage vollständige MdE und anschließend ein Monat um 50%. Bei der Klägerin erfolgten eine Elektrobehandlung, eine Behandlung mit Warmpackungen und eine manuelle Therapie	24-jähr. Frau.		Die Unfallfolgen rechtfertigen unter Berücksichtigung auch des im Unfallzeitpunkt noch recht jungen Alters der Klägerin von 24 Jahren einerseits sowie ihrer Verletzung der Obliegenheit, den Schaden gering zu halten, andererseits ein Schmerzensgeld i.H.v. jedenfalls nicht unter € 10 400. Bei der Bestimmung der konkreten Höhe des Schmerzensgeldes hat sich der Senat an Entscheidungen mit einem ähnlichen Verletzungsbild orientiert	OLG Düsseldorf 13.11.2018 1 U 67/17 juris Vors. Richter am OLG Dr. Scholten

● Mithaftung (siehe vorletzte Spalte)

Polytraumen

Fortsetzung von »Polytraumen«

Lfd. Nr.	Betrag DM **Euro** *(Anp.2019)*	Verletzung	Dauer und Umfang der Behandlung; Arbeitsunfähigkeit	Person des Verletzten	Dauerschaden	Besondere Umstände, die für die Entscheidungen maßgebend waren	Gericht, Datum der Entscheidung, Az., Veröffentlichung bzw. Einsender
2937	€ 13 333 ● + immat. Vorbehalt *(€ 14 317)*	Polytrauma mit II.-gradig offener Calcaneusmehrfragmentfraktur links, eine Tibiaschaftfraktur links mit II.-gradigem Weichteilschaden und Peroneusparese, ein lateraler Tibiakopfimpressionsspaltbruch links, eine undislozierte Innenknöchelfraktur links, eine ausgedehnte Decollementverletzung des linken Kniegelenks mit ausgedehntem Oberschenkelhämatom, eine Thoraxkontusion links, eine Schulterprellung links mit Armplexusläsion, eine Metacarpale II-Fraktur links, ein Schädelhirntrauma I. Grades, eine Nasenbeinfraktur mit Risswunde am Nasenrücken sowie eine Blutungsanämie	26-tägiger stationärer Krankenhausaufenthalt, bei dem drei Operationen durchgeführt wurden, für ca. 1 Monat Reha-Maßnahme. 4 Monate nach dem Unfall wurde der Geschädigte in seinen Ausbildungsberuf wiedereingegliedert. Er musste sich erneut operieren lassen, weil die Tibiakopffraktur nicht richtig verheilt war, insgesamt dauerte dieser Krankenhausaufenthalt 12 Tage. Am linken Bein sind deutlich sichtbare Narben verblieben	Mann	Narben	Aufgrund dieser Verletzungsfolgen ist der vom Landgericht zugesprochene Schmerzensgeldbetrag in Höhe von € 20 000 als Grundbetrag angemessen und entspricht den für vergleichbar schwere Verletzungen zugesprochenen Beträgen. Demnach besteht unter Berücksichtigung des Eigenverschuldens (1/3) ein Schmerzensgeldanspruch in Höhe von € 13 333	OLG Hamm 12.7.2013 9 U 17/13 NZV 2014, 213; juris
2938	€ 14 000 *(€ 14 765)*	Großflächige Schürfwunde im LWS-Bereich, Schnittwunde an der linken Hand, Augenbrauenplatzwunde rechts, Thorax- und Schulterprellung, Innenbandschaden am Knie	Am Unfalltag wurden dem Kläger eine Vielzahl von Glassplittern am Rücken operativ unter Vollnarkose entfernt und die Wunden versorgt; 4 Tage stationär, davon 2 Tage intensiv. Ca. 5 Monate AU	Mann	Narben im Rückenbereich und geringe Belastungsminderung durch den Knieschaden	Das vom LG zugesprochene Schmerzensgeld von € 14 000 ist aus den vom LG zutreffend dargelegten Gründen, auf die in vollem Umfang verwiesen werden kann, angemessen und zur Abgeltung des immateriellen Schadens, den der Kläger unfallbedingt erlitt, ausreichend	OLG Stuttgart 2.6.2016 13 U 13/16
2939	€ 15 000 + immat. Vorbehalt *(€ 16 010)*	Lisfranc'sche Luxationsfraktur am rechten Fuß, nicht dislozierte Fraktur des Os cuneiforme mediale rechts, dislozierte Schaftfraktur Os metatarsale III rechts, distale dislozierte Radiustrümmerextensionsfraktur mit Abriss des Processus styloideus ulnae links, Thoraxprellungen beidseits, Kniegelenksdistorsion rechts und Schulterkontusion links	Stationäre Behandlung von insgesamt 28 Tagen, dabei offene Reposition und innere Fixation der Lisfranc'schen Luxationsfraktur sowie Anlage eines Fixateur externe im Bereich des linken Handgelenks, später stationäre Behandlung zur Entfernung des Osteosynthesematerials. Ca. 1/2 Jahr AU, MdE 20%	Mann	Einschränkungen im Bewegungsapparat der Arme und Beine, die dazu führen, dass der Geschädigte nicht mehr joggen oder sonstigen laufintensiven Sport treiben kann	Nach allem hält der Senat ein Schmerzensgeld von € 15 000 für angemessen aber auch für ausreichend, wobei eine Vergleichbarkeit mit angegebenen Entscheidungen besteht. Eine Schmerzensgelderhöhung aus dem Grunde einer verzögerten Regulierung des eintrittspflichtigen Haftpflichtversicherers ist nicht gerechtfertigt, wenn Anhaltspunkte für eine vorsätzliche und widerrechtliche Unfallherbeiführung des Versicherungsnehmers in Selbsttötungsabsicht bestanden, der Beweis einer vorsätzlichen und widerrechtlichen Unfallherbeiführung sich im Rechtsstreit jedoch nicht führen lässt	Brandenburgisches OLG 16.12.2014 12 U 65/12 VersR 2016, 671

Lfd. Nr.	Betrag DM **Euro** *(Anp.2019)*	Verletzung	Dauer und Umfang der Behandlung; Arbeitsunfähigkeit	Person des Verletzten	Dauerschaden	Besondere Umstände, die für die Entscheidungen maßgebend waren	Gericht, Datum der Entscheidung, Az., Veröffentlichung bzw. Einsender
\multicolumn{8}{l}{**Fortsetzung von »Polytraumen«**}							
2940	€ 15 000 + immat. Vorbehalt *(€ 15 867)*	Ellenbogenverrenkung links, stabiler spitzer Abriss des linken Kronenfortsatzes der Elle Typ 1, Absprengung von Knorpel-/Knochenfragmenten der hinteren ellenseitigen Oberarmgelenkrolle links; Knieprellung links mit Schürfwunden über der linken Kniescheibe, oberflächliche Schürfungen (gem. ICD 10 GM 2014, XIX, S 41.84L und S 51.84L)	Fast 1 Monat stationäre Behandlung in der Klinik für Unfall-, Hand- und Wiederherstellungschirurgie des Universitätsklinikums mit operativer Versorgung der Verletzungen. Anschließend wurde die Klägerin ca. 10 Monate ambulant teilweise mit Krankengymnastik weiter behandelt	Frau	Anatomische und funktionelle Einschränkungen im Bereich des linken Armes der Klägerin	Das Schadensbild wird durch die Verletzung des linken Ellenbogens, die langwierige Heilbehandlung mit zahlreichen ambulanten Behandlungsterminen und den Dauerschaden mit den dadurch bedingten Beeinträchtigungen in der täglichen Lebensführung einschließlich der Freizeitaktivitäten geprägt	OLG Zweibrücken 2.9.2015 1 U 192/14 RA Gebhardt, Homburg
2941	€ 17 500 ● + immat. Vorbehalt *(€ 19 140)*	Ruptur des rechten Leberlappens, eine Nierenkontusion mit retroperitonealem Hämatom rechts sowie eine Beckenschaufelfraktur rechts. Es erfolgte daraufhin eine Leber Teilresorption des 6. Segments. Das postoperativ durchgeführte Politrauma-Spiral-CT erbrachte eine Leberverletzung Grad III nach AAST, eine Läsion der rechten Niere Grad III nach AAST sowie eine Läsion der Milz Grad I; des weiteren Abrissfraktur der Spina iliaca anterior superior (Darmbein) rechts, sowie eine rechtsseitige Lungenkontusion mit einem winzigen Pneumothorax links. Der Kläger erlitt außerdem eine distale eingestauchte Radiusfraktur mit Gelenkbeteiligung sowie eine Fraktur des 2. Mittelhandknochens. Es folgten darüber hinaus urologische Krankheitsbilder	Mehrere längere Krankenhausaufenthalte mit Operationen	Mann (Motorradfahrer)	Im Bereich des linken Handgelenks kam es zu einem Dauerschaden. Die Kraft ist links deutlich vermindert. Ein fester Faustschluss links ist nicht möglich. Berufsunfähigkeit	Die Höhe des vom LG als angemessen angesehenen Schmerzensgeldes ist angesichts der vom Kläger bei dem Motorradunfall erlittenen Verletzungen und der Rechtsprechung in vergleichbaren Fällen nicht zu beanstanden. Soweit der Kläger in der Berufung ein höheres Schmerzensgeld im Hinblick auf die zwischenzeitlich festgestellte Schwerbehinderung und Berufungsunfähigkeit geltend macht, führt dies zu keiner abweichenden Beurteilung. Denn der Umstand, dass die bei dem Unfall erlittenen und verbleibenden Verletzungen im Rahmen einer nachfolgenden Bewertung den Grad einer Schwerbehinderung und eine Berufsunfähigkeit begründen, rechtfertigt nicht die Erhöhung des Schmerzensgeldes, weil diese Bewertungen eines Verletzungsbildes selbst keinen auszugleichenden immat. Schaden darstellen. Diese Umstände dürften allerdings, insb. was die eingetretene Berufsunfähigkeit angeht, einen weiteren materiellen Schaden des Klägers darstellen, der Gegenstand des Feststellungsbegehrens ist. Nicht zu beanstanden ist, dass das LG dem Regulierungsverhalten keine schmerzensgelderhöhende Wirkung beigemessen hat. Eine solche Wirkung kommt im Regelfall nur in extremen Ausnahmefällen, insb. in eindeutigen Fällen in Betracht, in denen der Verletzte zugleich dringend auf eine Regulierung angewiesen ist. Die vorliegende Konstellation mit wechselseitigen Verschuldensbeiträgen wird hiervon nicht erfasst, abgesehen davon, dass vorgerichtlich eine nicht ganz unbeträchtliche Regulierung schon erfolgt ist. Unter Berücksichtigung des hälftigen Mitverschuldens des Klägers und der außergerichtlich bereits erfolgten Zahlung auf das Schmerzensgeld (€ 5000) hat das LG zutreffend einen Betrag von € 12 500 zugesprochen	OLG Köln 12.7.2012 8 U 60/11 RAe Finke, Bergneustadt

● Mithaftung (siehe vorletzte Spalte)

Fortsetzung von »Polytraumen«

Lfd. Nr.	Betrag DM Euro (Anp.2019)	Verletzung	Dauer und Umfang der Behandlung; Arbeitsunfähigkeit	Person des Verletzten	Dauerschaden	Besondere Umstände, die für die Entscheidungen maßgebend waren	Gericht, Datum der Entscheidung, Az., Veröffentlichung bzw. Einsender
2942	40 000 € 20 000 + immat. Vorbehalt (€ 26 886)	Beidseitige Unterschenkelfrakturen, Oberschenkelfraktur rechts, Frakturen des rechten Orbitabodens, des rechten Jochbeins und im Kieferbereich; Luxation mehrerer Zähne; Unterlippen-Platzwunde	13 Wochen Krankenhaus mit bislang fünf Operationen	13-jähr. Mädchen		Klägerin wurde durch umfallenden Maibaum verletzt; Spät- und Folgeschäden nicht ausgeschlossen	OLG Koblenz 9.11.1999 1 U 1169/96 RiOLG Koblenz, Dr. Itzel
2943	40 000 ● € 20 000 + immat. Vorbehalt (€ 26 287)	Oberschenkelfraktur links, mediale Schlüsselbeinfraktur links, Bruch der Mittelhandknochen links, nicht dislozierte Unterarmfraktur links	Sechs Operationen, 8 Monate arbeitsunfähig	Azubi	MdE: 30%	Es verbleiben Bewegungseinschränkungen der linken Hand, Faustschluss nicht möglich; bereits normale Belastung führt zu Schmerzen. Das gleiche gelte für das linke Knie und das linke Sprunggelenk. Ein weiterer immat. Schaden ist jedoch nur dann gegeben, soweit sich unfallbedingt eine erhebliche Verschlechterung des Gesundheitszustandes des Klägers herausstellt, die zum jetzigen Zeitpunkt noch nicht absehbar ist	LG München I 14.12.2000 19 O 1117/99 VorsRiLG Krumbholz
2944	€ 20 000 ● + immat. Vorbehalt (€ 21 198)	Polytrauma mit traumatischem subduralen Hämatom rechts frontotemporal, traumatische SAB, Kontusionen rechts temporal und parietal, eine Schädelbasisfraktur, Felsenbeinlängsfrakturen, Frakturen in der linken Kiefergelenkspfanne, Rippenserienfrakturen, eine Lungenkontusion, eine interperitoneal traumatische Blutung und arterielle Hypertonie	Ca. 8 Tage stationär, wobei eine Analgosedierung und Intubierung stattfanden. Eine Entlastungskraniektomie wurde vorgenommen; danach ca. 3 Monate Reha; während eines weiteren stationären Aufenthalts von 1 Woche wurde der eigene Knochendeckel rechtsfrontotemporal reimplantiert	Frau	Massive Aufmerksamkeitsstörungen, visuokonstruktive sowie sprachliche und mnestische Defizite	Die Höhe des zugesprochenen Schmerzensgeldes wurde mit der Berufung nicht angegriffen. Einen die Schienen unachtsam überquerenden Fußgänger trifft ein erhebliches Mitverschulden (hier 70%)	Saarländisches OLG 16.4.2015 4 U 15/14 juris

Lfd. Nr.	Betrag DM **Euro** *(Anp.2019)*	Verletzung	Dauer und Umfang der Behandlung; Arbeitsunfähigkeit	Person des Verletzten	Dauerschaden	Besondere Umstände, die für die Entscheidungen maßgebend waren	Gericht, Datum der Entscheidung, Az., Veröffentlichung bzw. Einsender
Fortsetzung von »Polytraumen«							
2945	€22 000 + immat. Vorbehalt *(€ 23 364)*	Rippenserienfraktur links, erste und vierte bis achte Rippe, Fraktur der zweiten Rippe rechts anterior, Sternumfraktur, Lungenkontusion in beiden Oberlappen linkslateral betont und links mit thorakalem Weichteilemphysem	14 Tage stationäre Behandlung, davon 4 Tage auf Intensivstation, stationäre Anschlussrehabilitation; insgesamt 3 Operationen im Rückenbereich und 2 Operationen im Kniebereich	44-jähr. Mann	Funktionsbeeinträchtigungen insbesondere der Wirbelsäule und der Gliedmaßen, zudem erektile Dysfunktion; Behinderungsgrad von 80%	Da physische oder psychische Prädispositionen des Klägers nicht erkennbar sind und auch ein entscheidungserhebliches Mitverschulden nicht festzustellen war und dem Beklagten zumindest mittlere Fahrlässigkeit vorgeworfen werden muss, hält der Senat unter dem Gesichtspunkt sowohl der Ausgleichs- als auch der Genugtuungsfunktion des Schmerzensgeldes bereits aufgrund des Klägers und der bisher feststellbaren Folgen einen Betrag von insgesamt € 22 000 für angemessen. Nicht zuletzt hat der Senat den Eindruck gewonnen, dass der Kläger in seinem ganzen Lebenszuschnitt durch den Unfall „aus der Bahn" geworfen worden ist, ohne dass Anlass zu der Annahme von Übertreibungen besteht. So war der Kläger nach Darstellung und auch heute noch wahrnehmbarer Erscheinung ersichtlich früher ein kräftiger und durchtrainierter Mann mit sportlichen Hobbies. Heute auf den Status eines Patienten diverser Reha-Maßnahmen reduziert, leidet der Kläger ersichtlich und erheblich unter den beschriebenen Einschränkungen in beruflicher Hinsicht und im Bereich der gesamten Freizeitgestaltung, ohne dass wirkliche Aussichten auf eine nachhaltige Verbesserung seiner gesundheitlichen Lage bestünden	Schleswig-Holsteinisches OLG 11.3.2016 17 U 112/14 juris
2946	€22 500● + immat. Vorbehalt *(€ 23 658)*	Verletzung eines Fußgängers durch ein Kfz beim Überqueren eines Zebrastreifens	Mehrere Tage stationärer Aufenthalt	Mann	Reha-Maßnahmen	Sind sich die Parteien darüber einig, dass ein Schmerzensgeld i.H.v. € 30 000 angemessen wäre, wenn den Geschädigten kein Mitverschulden träfe, so führt der Mithaftungsanteil des Geschädigten von 25% als nicht unwesentliches Bemessungselement im Rahmen einer Gesamtbetrachtung zu einem Schmerzensgeld i.H.v. € 22 500	OLG München 16.9.2016 10 U 750/13 juris; SP 2017, 510

● Mithaftung (siehe vorletzte Spalte)

Lfd. Nr.	Betrag DM **Euro** *(Anp.2019)*	Verletzung	Dauer und Umfang der Behandlung; Arbeitsunfähigkeit	Person des Verletzten	Dauerschaden	Besondere Umstände, die für die Entscheidungen maßgebend waren	Gericht, Datum der Entscheidung, Az., Veröffentlichung bzw. Einsender

Fortsetzung von »Polytraumen«

Lfd. Nr.	Betrag	Verletzung	Dauer/Behandlung	Person	Dauerschaden	Besondere Umstände	Gericht
2947	€24000● + immat. Vorbehalt *(€25668)*	Polytrauma: u. a. Wirbelverletzungen, nämlich eine Brustwirbelkörperfraktur (BWK12-Fraktur), eine Fraktur des sogenannten Dornfortsatzes des 11. und 12. Brustwirbels (Fraktur Processus spinosus, BWK 11 und 12), Sinterungsbruch eines vorgeschädigten Wirbelkörpers, eine Fraktur der unteren Lendenwirbelsäule (LWK3-Fraktur) und eine beidseitige Fraktur des sogenannten Querfortsatzes (Processus transversus, LWK1). Schließlich erlitt der Kläger Brüche der Rippen 4 bis 7 rechts und 3 bis 11 links und eine Lungenquetschung	Insgesamt etwa zwei Monate stationärer Aufenthalt in einer neurochirurgischen Klinik mit OP bzw. in einer Klinik für Frührehabilitation. Die Operationswunde hat sich entzündet, so dass der Kläger aus der Klinik für Frührehabilitation noch einmal auf die neurochirurgische Station verlegt und dort erneut operiert hat werden müssen. Bis etwa zwei Monate nach seiner Entlassung hat er ein 3-Punkt-Stützkorsett tragen müssen	Mann	Beweglichkeit im Oberkörper des Klägers erheblich eingeschränkt, Fehlhaltung des Oberkörpers (sogenannter Rundrücken), Rückenschmerzen	Unter Abwägung aller Gesichtspunkte ergibt sich unter Berücksichtigung eines Mitverschuldens des Klägers von ⅓ eine angemessene Entschädigung von €24000	Schleswig-Holsteinisches OLG 30.12.2013 7 U 12/13
2948	50000 €25000 + immat. Vorbehalt *(€32778)*	Bruch des linken Unterarms, kompletter Bruch des linken Unterschenkels mit einer Störung der örtlichen Blutzufuhr (Kompartmentsyndrom), Verrenkung des Hüftgelenks, Bruch des hinteren Pfeilers der Hüftgelenkspfanne sowie diverse Prellungen und Schürfwunden	66 Tage Krankenhaus, danach 34 Tage Reha-Behandlung. Nach mehr als 2 Jahren operative Entfernung des eingesetzten Materials (9 Tage Krankenhaus, insgesamt 10 Operationen)	Mann	MdE: 30%	Es verbleiben mehrere Narben, insbesondere im Bereich des linken Unterarms, des linken Beins sowie des Unterbauchs. Es besteht eine diffuse Stauchung im Bereich des linken Unterschenkels sowie eine schmerzhafte Bewegungseinschränkung im Bereich des Kniegelenks und des oberen Sprunggelenks; aufgrund unfallbedingter arthrotischer Veränderungen des linken Hüftgelenks werden die Beschwerden mit großer Wahrscheinlichkeit zunehmen	KG Berlin 1.2.2001 12 U 6258/99 RiKG Philipp

Fortsetzung von »Polytraumen«

Lfd. Nr.	Betrag DM Euro (Anp.2019)	Verletzung	Dauer und Umfang der Behandlung; Arbeitsunfähigkeit	Person des Verletzten	Dauerschaden	Besondere Umstände, die für die Entscheidungen maßgebend waren	Gericht, Datum der Entscheidung, Az., Veröffentlichung bzw. Einsender
2949	€25 000 + immat. Vorbehalt (€26 287)	Schwere Kontusion des linken Sprunggelenks und Mittelfußes mit Zerstörung der inneren Knochenstruktur und Haarrissen der Knochenwand an sechs Knochen des linken Fußes sowie ein Missempfinden am linken Fußrücken; am linken Außenknöchel eine große, bis auf die Knochenhaut reichende Defektwunde, ein großflächiges Hämatom am Fußrücken sowie multiple Riss- und Quetschwunden an der Innenseite des Fußes und am Fußrücken; am rechten Fuß zog sich die Klägerin eine schwere Kontusion des rechten Sprunggelenks mit Zerstörung der inneren Knochenhaut und Haarrissen der Knochenwand und eine große Defektwunde am Außenknöchel mit Abrasion der kompletten Haut, der Knochenhaut sowie Teilen des Knochens mit Knochennekrose zu. Weiter erlitt sie am rechten Bein großflächige Schürfwunden an der gesamten Länge des Unterschenkels sowie am Oberschenkel. Auch am rechten Handgelenk wurde eine schwere Kontusion diagnostiziert sowie eine Schürfwunde am Handteller und am rechten Ellenbogen. Als weitere Unfallfolge zeigte sich eine Verletzung des Nervus peronaeus superficialis beidseits	Nach dem Unfall war die Klägerin – von Beruf Fachärztin für Chirurgie und zum Unfallzeitpunkt in einer Klinik angestellt – über zwei Monate krankgeschrieben; anschließend erfolgte eine sechswöchige Wiedereingliederung. Später bildete sich am rechten Außenknöchel ein Nerventumor, welcher operativ beseitigt worden ist. Die Klägerin war in diesem Zusammenhang 4 1/2 Wochen krankgeschrieben und erhielt Krankengymnastik mit Lymphdrainage. Ca. ein Jahr später trat eine komplette Lähmung des Fußhebers links mit erheblichen Nervenschmerzen auf. Diagnostiziert wurde ein intraneurales Ganglion des Nervus peronaeus. Die Klägerin wurde in diesem Zusammenhang operiert und war danach ungefähr zwei Monate zu 100% krankgeschrieben. Des weiteren zeigte sich am rechten Außenknöchel ein Neuromrezidiv. Dieses wurde operiert; in der Folge war die Klägerin mehrere Wochen krankgeschrieben. Schließlich wurden anlässlich eines stationären Aufenthalts kleine neuromatöse Äste des Nervus peronaeus superficialis rechtsseitig entfernt	43-jähr. Frau	Bewegungseinschränkungen und Schmerzen	Mithin sind für die Bemessung der Schmerzensgeldhöhe die festgestellten Verletzungen einzustellen, die zudem unmittelbar nach dem Unfall zu einer sechswöchigen Immobilität der Klägerin unter 24-stündigem Tragen von Vacopedschuhen an den Unterschenkeln und anfänglich als unerträglich beschriebenen Schmerzen mit Morphinpflicht führten, die durch den Unfall verursachte zweimonatige Krankschreibung mit anschließender sechswöchiger Wiedereingliederung sowie die infolge des Unfalls erforderlich gewordenen Folgeoperationen am rechten und linken Bein, die dadurch jeweils notwendig gewordenen weiteren Krankschreibungen und Schmerzen, die weitere Schmerzmedikationen erforderten, die festgestellten Dauerschäden am rechten und am linken Bein mit verbleibenden belastungsabhängigen Schmerzen, Hyp- und Hyperästhesien sowie Bewegungseinschränkungen und die daraus folgenden beschriebenen erheblichen Beeinträchtigungen der Klägerin. Der Senat hält aufgrund der ganzheitlichen Betrachtung dieser den Schadensfall prägenden Umstände und vergleichender Orientierung an den in der Rechtsprechung in ähnlichen Fällen zugesprochenen Beträge ein Schmerzensgeld in Höhe von insgesamt €25 000 für ausreichend, aber auch angemessen zur Abgeltung des der Klägerin zugefügten Leids	OLG Karlsruhe 30.9.2016 1 U 144/15

● Mithaftung (siehe vorletzte Spalte)

Polytraumen — Urteil lfd. Nr. 2950

Lfd. Nr.	Betrag DM **Euro** (Anp.2019)	Verletzung	Dauer und Umfang der Behandlung; Arbeitsunfähigkeit	Person des Verletzten	Dauerschaden	Besondere Umstände, die für die Entscheidungen maßgebend waren	Gericht, Datum der Entscheidung, Az., Veröffentlichung bzw. Einsender
	Fortsetzung von »Polytraumen«						
2950	€ 25 000 + immat. Vorbehalt (€ 26 444)	Der Kläger wurde mittelschwer verletzt und macht heute noch bestehende Beeinträchtigungen aufgrund der Unfallfolgen geltend	Zahlreiche Behandlungen und Krankenhausaufenthalte	Mann		Aus der Sicht des Senats fällt bei der Schmerzensgeldbemessung von ganz erheblicher Bedeutung ins Gewicht, dass der Kläger seit nunmehr fast sechs Jahren unter dem Unfall leidet, die Behebung der Unfallfolgen trotz zahlreicher Behandlungen und Krankenhausaufenthalte noch nicht abgeschlossen ist, und eine langdauernde und schwerwiegende Beeinträchtigung der Erwerbsfähigkeit und Lebensqualität eingetreten ist	OLG München 11.9.2015 10 U 1455/13 juris; NZV 2016, 270

Urteil lfd. Nr. 2951 — Polytraumen

Lfd. Nr.	Betrag DM Euro (Anp.2019)	Verletzung	Dauer und Umfang der Behandlung; Arbeitsunfähigkeit	Person des Verletzten	Dauerschaden	Besondere Umstände, die für die Entscheidungen maßgebend waren	Gericht, Datum der Entscheidung, Az., Veröffentlichung bzw. Einsender

Fortsetzung von »Polytraumen«

| 2951 | € 25 000 + immat. Vorbehalt (€ 27 259) | Bei einem Verkehrsunfall wurde der Kläger schwer verletzt: Er erlitt eine geschlossene Oberschenkelfraktur rechts, ein Schädel-Hirn-Trauma ersten Grades mit multiplen Hautabschürfungen, kleinere Glasschnittverletzungen im Gesicht, ein Gurthämatom und eine Versteifung des rechten Zeigefingers. Hierfür wurde ihm in einem Vorprozess rechtskräftig ein Schmerzensgeld von DM 30 000 (€ 15 000) zugesprochen. Nunmehr ging es um eine Nachforderung hinsichtlich einer unfallbedingt aufgetretenen mittelschweren Depression | Die Oberschenkelfraktur wurde mit einer Verriegelungsnagelung operativ versorgt. Der Kläger befand sich 1 Woche in stationärer Behandlung in den Universitätskliniken und anschließend 11 Wochen in den B.-Kliniken. Eine am rechten Oberschenkel eingetretene Rotationsfehlstellung wurde während eines weiteren stationären Krankenhausaufenthalts von 2 Wochen operativ behoben. Danach wurde eine Anschlussheilbehandlung über fast 6 Wochen in einer weiteren Klinik durchgeführt | Mann | | Auf der Grundlage der erstinstanzlichen Feststellungen steht bei der Schmerzensgeldberechnung im Vordergrund, dass der Kläger seit Rechtskraft des Vorprozesses fast 14 Jahre lang unter den Folgen einer leichten, phasenweise mittelschweren Depression leidet, die ihn insb. deshalb in der täglichen Lebensführung beeinträchtigt, weil sie das Schmerzempfinden hinsichtlich der orthopädischen Erkrankungen verstärkt. Der Sachverständige attestierte eine erhöhte Ängstlichkeit mit einer inneren Anspannung. Auch schätzte der Sachverständige den Vortrag des Klägers, wonach er gelegentlich unter Panikattacken leide, als glaubhaft ein. Emanation der Depression ist auch das Gefühl einer Verbitterung, die dem Kläger die Lebensfreude raubt. Dennoch haben die unfallbedingten Verletzungen entgegen der in der mündlichen Verhandlung vor dem Senat vorgetragenen Auffassung des Klägervertreters kein so gravierendes Ausmaß erreicht, dass die Bewertung gerechtfertigt wäre, der Unfall „habe das Leben des Klägers zerstört". Ein derartiges subjektives Empfinden wird der Lebenswirklichkeit nicht im Ansatz gerecht. Das zur Herleitung exorbitanter Schmerzensgelder bemühte Bild vom „zerstörten Leben" muss im Verkehrsunfallprozess solchen Fallgestaltungen vorbehalten bleiben, in denen gravierende körperliche oder seelische Dauerfolgen eine Teilnahme des Geschädigten am gesellschaftlichen und sozialen Leben nahezu unmöglich machen. Eine solche Situation ist vorliegend nicht zu beurteilen. Die vom Kläger geltend gemachte Schmerzensgeldforderung (weitere € 295 000) ist bei weitem übersetzt. Dies berücksichtigend erachtet der Senat es für sachgerecht, das Schmerzensgeld unter Einschluss der vom LG tenorierten € 5000 auf insg. € 10 000 zu erhöhen, woraus unter Einbeziehung des vorprozessual zuerkannten Schmerzensgeldes von DM 30 000 (€ 15 000) ein Gesamtschmerzensgeld von rund € 25 000 resultiert | Saarländisches OLG 31.1.2013 4 U 349/11-110 juris |

● Mithaftung (siehe vorletzte Spalte)

Lfd. Nr.	Betrag DM Euro (Anp.2019)	Verletzung	Dauer und Umfang der Behandlung; Arbeitsunfähigkeit	Person des Verletzten	Dauerschaden	Besondere Umstände, die für die Entscheidungen maßgebend waren	Gericht, Datum der Entscheidung, Az., Veröffentlichung bzw. Einsender
\multicolumn{8}{l}{Fortsetzung von »Polytraumen«}
2952	€ 25 000 + immat. Vorbehalt (€ 26 365)	Frontalzusammenstoß: HWS-Distorsion, stumpfes Thoraxtrauma mit traumatischer Enddarmruptur und Fraktur des linken Fußwurzelknochens; posttraumatische Belastungsstörung	Mehrfache OP. Notoperation der erlittenen Darmverletzung mit Freilegung und Säuberung des Bauchraums. Fußverletzung erforderte nach offener Reposition durch Schrauben und Spickdraht die Anlegung eines Fixateur externe. Infolge der Darmverletzung entzündete sich die Bauchspeicheldrüse. Nach dem Ende ihrer stationären Behandlung ging die Klägerin 15 Tage mit Krücken und danach ca. 2 Monate mit Spezialschuhen. 4 Monate zu 100% AU und weitere 6 Monate zu 50% AU. MdE 20%	Frau		Bei dieser Sachlage ist angesichts der unfallbedingten Primärverletzungen der Klägerin, des mit Komplikationen verbundenen Verlaufs der Heilbehandlung und der unfallbedingten dauerhaften Beeinträchtigungen ein Schmerzensgeld von € 25 000 angemessen. Das von ihr begehrte deutlich höhere (Mindest-)Schmerzensgeld hat die Klägerin hauptsächlich mit psychischen Beeinträchtigungen begründet, die nach den Ausführungen des Sachverständigen nicht dem Unfall, sondern einer unfallunabhängigen endogenen Depression zuzurechnen sind. Ein € 25 000 wesentlich überschreitendes Schmerzensgeld wird in der Rechtsprechung in der Regel nur bei einem noch schwerwiegenderen Schadensbild zuerkannt	OLG Zweibrücken 8.6.2016 1 U 127/13 RA JR Hans-Jürgen Gebhardt, Homburg
2953	€ 25 000 ● + immat. Vorbehalt (€ 25 310)	Trümmerfraktur des Beckens mit einer Schambeinsprengung, eine Rippenserienfraktur rechts und eine beidseitige Lungenkontusion, eine Fraktur des rechten Schulterblatts und schwerste Prellungen im gesamten Brustkorb und Beckenbereich. Verletzung des rechten AC-Gelenks in Fehlstellung verheilt	Der Kläger schwebte mehrere Tage in Lebensgefahr und musste fast 6 Wochen intensivmedizinisch und weitere 2 Wochen stationär behandelt werden. Er erlitt einen Abfall der Sauerstoffversorgung und infolge der körperlichen Anstrengung einen Hirninfarkt. Der Kläger musste künstlich beatmet werden. Der Trümmerbruch konnte erst etwa 2 Wochen nach dem Unfall operativ versorgt werden. An den stationären Krankenhausaufenthalt schloss sich eine etwa einmonatige Rehabilitationsbehandlung an. Ca. 6 Monate war der Kläger auf Gehhilfen angewiesen und jedenfalls über 4 Monate arbeitsunfähig. Seinen Beruf als Staplerfahrer kann der Kläger nicht mehr ausüben	57-jähr. Mann	Rechtsseitige Leistenschmerzen, die unabhängig von körperlicher Belastung unvorhersehbar auftreten, und Unterleibsschmerzen, ausgelöst durch langes Sitzen oder Vibrationen, sind auf die komplexe, durch den Unfall erlittene Beckenverletzung zurückzuführen. Der Kläger leidet unfallbedingt aufgrund der schweren Beckenverletzung an einer erektilen Dysfunktion. Das Osteosynthesematerial hat sich gelockert und verursacht Beschwerden	Unter Berücksichtigung der Verletzungen, Verletzungsfolgen und einer Mithaftungsquote von 50% erachtet der Senat eine billige Entschädigung in Geld von insgesamt € 25 000 für angemessen. Bei der Bestimmung der konkreten Höhe des Schmerzensgeldes hat sich der Senat an Entscheidungen mit einem ähnlichen Verletzungsbild orientiert	OLG Düsseldorf 2.10.2018 1 U 127/16 Vors. Richter am OLG Dr. Scholten

Fortsetzung von »Polytraumen«

Lfd. Nr.	Betrag DM Euro (Anp.2019)	Verletzung	Dauer und Umfang der Behandlung; Arbeitsunfähigkeit	Person des Verletzten	Dauerschaden	Besondere Umstände, die für die Entscheidungen maßgebend waren	Gericht, Datum der Entscheidung, Az., Veröffentlichung bzw. Einsender
2954	€ 25 000 ● + immat. Vorbehalt (€ 27 092)	Polytrauma durch Verkehrsunfall: Lungenkontusion und Spannungshämatopneumothorax, Rippenserienfrakturen beiderseits, Schädel-Hirn-Trauma mit Commotio, diverse Frakturen Becken, Schädel, LWK-3 und Unterschenkel	4 Monate stationäre Behandlung, davon drei Monate intensivmedizinisch	63-jähr. Frau	Kopfschmerzen und Schwindel, Schmerzmedikamente. Sie ist nicht mehr in der Lage, Auto zu fahren, und ist ständig bei Spaziergängen oder Verrichtungen des täglichen Lebens mit Schwindelanfällen konfrontiert. Fahrradfahren und viele Freizeitaktivitäten sind nicht mehr möglich. Besorgungen kann sie zum Teil nicht mehr erledigen, weil sie schwere Gegenstände nicht mehr tragen kann, und auf die Hilfe anderer angewiesen ist. Rückenschmerzen spielen eine Rolle, die den Schlaf der Klägerin beeinträchtigen	Aus den Feststellungen ergibt sich, dass sich das Leben der Klägerin durch den Unfall dauerhaft erheblich verändert hat. Unter diesen Umständen ist nach Auffassung des Senats ein Schmerzensgeld von € 25 000, auch unter Berücksichtigung einer Mitverschuldensquote von 50% der zum Unfallzeitpunkt 63-jährigen Klägerin, keinesfalls zu beanstanden	OLG Karlsruhe 4.4.2013 9 U 118/12 NZV 2013, 544; juris
2955	€ 25 000 ● + immat. Vorbehalt (€ 26 444)	Unterschenkelmehretagenbruch links, einen Schienbeinkopftrümmerbruch links, einen Polbruch der linken Kniescheibe, ein Kompartmentsyndrom des linken Unterschenkels, einen Stauchungsbruch des 12. Brustwirbelkörpers und eine Schädel-Hirn-Verletzung mit geringgradiger Hirnblutung	Fast 7 Wochen stationäre Behandlung	Mann	Bleibende Funktionsbeeinträchtigungen im Bereich des linken Unterschenkels und des Kniegelenks; mit der Notwendigkeit eines Gelenkflächenersatzes bzw. einer Kniegelenkstotalprothese ist zu rechnen; MdE 30%	Unter Berücksichtigung aller maßgeblichen Umstände unter Einschluss eines das Mitverschulden des Klägers nicht erheblich überwiegenden Verschuldens der Beklagten zu 1) von 60% rechtfertigt sich nach der Überzeugung des Senats ein Schmerzensgeld i.H.v. € 25 000	OLG Naumburg 30.9.2015 12 U 58/15 juris; NZV 2016, 318
2956	€ 30 000 (€ 35 919)	Polytrauma mit Zwerchfellriss, Rissverletzung der Leber, Milzruptur mit Entfernung der Milz, Nierenverletzung, Lungenkontusion, Bruch des 6. Halswirbels, Serienfraktur der 7.–12. Rippe links sowie der 11. und 12. Rippe rechts mit traumatischem Pneumothorax	Mehrere Tage Intensivstation, anfangs Lebensgefahr, 1 Monat stationäre Behandlung	Jüngere Frau	Narben am rechten Oberarm, unter dem rechten Arm und im Bereich des Oberbauchs bis zur Schambeingegend senkrecht; Verwachsungen des Darms mit Operationsnarben	Klägerin wurde als Besucherin eines Flugplatzes durch ein von einem Segelflugzeug herabhängendes Schleppseil verletzt; sie leidet fortbestehend an Depression sowie an Schlafstörungen und befindet sich in ständiger psychotherapeutischer Behandlung; da sie keine größeren Lasten mehr tragen kann, ist sie im Umgang mit ihrem damals 5-jähr. Sohn stark beeinträchtigt; Beklagter hat selbst 2 Jahre nach dem Unfallgeschehen keinerlei Leistungen erbracht	LG Dortmund 23.2.2007 21 O 323/06 zfs 2008, 87
2957	60 000 € 30 000 (€ 40 075)	Schweres Schädelhirntrauma, posttraumatisches hirnorganisches Psychosyndrom, Zertrümmerung des linken Ellenbogens und der linken Kniescheibe, die entfernt werden musste, zweifacher Bruch des linken Oberschenkelknochens, Zersplitterung des rechten Sprunggelenks	2 Monate Intensivstation, 1 Monat normale Station, 1 Monat Reha, dann 1 Jahr ambulante Behandlung mit über 100 Arztbesuchen, anschließend Operation mit Entfernung der Nägel und des Drahts MdE: 10 Monate 100% 2 Monate 70% 12 ½ Monate 40%	Mann	Einschränkung der Bewegungsmöglichkeiten, Gleichgewichtsstörungen, Lähmungserscheinungen im Fußbereich, Schmerzen im Oberschenkel und im Knie; MdE: 30%	Besonders schwerwiegend wirkt die Zeit auf der Intensivstation, die erhebliche körperliche und seelische Beeinträchtigungen hervorgerufen hat; ausgenommen von der Bemessung des Schmerzensgeldes sind Unfallfolgen aufgrund einer etwaigen Verwirklichung von Arztrisiken infolge Entfernung der Kniescheibe sowie einer eventuellen Ulnarisläsion; hierüber hat der Versicherer ein vom Kläger angenommenes Anerkenntnis abgegeben	OLG Hamm 11.2.2000 9 U 204/99 zfs 2000, 247 VersR 2001, 1386 RA Dr. Born, Hamm

● Mithaftung (siehe vorletzte Spalte)

Lfd. Nr.	Betrag DM Euro (Anp.2019)	Verletzung	Dauer und Umfang der Behandlung; Arbeitsunfähigkeit	Person des Verletzten	Dauerschaden	Besondere Umstände, die für die Entscheidungen maßgebend waren	Gericht, Datum der Entscheidung, Az., Veröffentlichung bzw. Einsender

Fortsetzung von »Polytraumen«

Lfd. Nr.	Betrag	Verletzung	Dauer/Behandlung	Person	Dauerschaden	Besondere Umstände	Gericht
2958	€ 35 000 + immat. Vorbehalt (€ 36 405)	Rippenserienfraktur rechts (4.–12. Rippe), Pneumothorax, Schädelhirntrauma mit Bewusstlosigkeit (contusio cerebri mit Amnesie), Schädelbasisfraktur, akute respiratorische Insuffizienz und Antrum-Gastritis. Durch das Schädel-Hirn-Trauma 2. Grades psychische Beeinträchtigungen von Krankheitswert (Somatisierungsstörung und Dysthymia)	Fast 4 Wochen stationäre Behandlung, davon ca. 3 Wochen in intensivmedizinischer Betreuung, wurde beatmet und temporär tracheotomiert	Mann	Psychische Beeinträchtigungen	Bei der Schmerzensgeldbemessung sind neben den physischen Verletzungen auch die psychischen Beeinträchtigungen des Klägers (Somatisierungsstörung und Dysthymia) zu berücksichtigen, die sich nach dem Unfall an die körperlichen Verletzungen angeknüpft haben. In Anbetracht all dieser Umstände ist ein Gesamtschmerzensgeld in Höhe von € 35 000 erforderlich, aber auch hinreichend, um einen angemessenen Ausgleich für die umfassenden Beeinträchtigungen des Klägers zu ermöglichen. Als Vergleichsentscheidung ist insoweit auf das Urteil des Schleswig-Holsteinischen OLG vom 15.1.2009 (NJW-RR 2009, 205) zurückzugreifen, das einer Geschädigten, die in Folge eines Unfalls an einer anhaltenden posttraumatischen Belastungsstörung litt, die sie zur Berufsaufgabe zwang, € 30 000 zugesprochen hat	OLG Düsseldorf 7.11.2017 1 U 70/16 VorsRiOLG Dr. Scholten
2959	€ 35 000 (€ 37 357)	Offene Unterschenkelfraktur links, Schädelhirntrauma, Rippenstückfraktur C 3 rechts, Pneumothorax und Kopfplatzwunde; posttraumatischen Belastungsstörung	Insgesamt drei Operationen am Unterschenkel mit jeweiligem stationären Aufenthalt. Die Kl. kann den Beruf der Krankenschwester nicht mehr ausüben	Frau	Erheblich verminderte Gebrauchs- und Belastungsfähigkeit des linken Beins	Das zögerliche Regulierungsverhalten der Bekl. ist im Rahmen der posttraumatischen Belastungsstörung, die das LG umfassend berücksichtigt und bewertet hat, bereits berücksichtigt	OLG Frankfurt am Main 13.11.2014 2 U 236/13 juris
2960	€ 35 000 + immat. Vorbehalt (€ 37 357)	Polytrauma, insb. schwerwiegende Verletzungen der linken Hand (Verletzungen des linken Daumens und Handgelenkes) und des rechten Kniegelenks, Verlust der Milz	Mehrtätige intensivmedizinische Betreuung	Fast 39-jähr. Mann	Bewegungseinschränkungen, posttraumatische Arthrose und erhöhtes Infektionsrisiko	Hat sich der Verletzte vor dem Unfall bis an die Grenze des Leistungssports körperlich betätigt und ist ihm aufgrund des erlittenen Körper- und Gesundheitsschadens nur noch normaler Freizeitsport möglich, kann dies ein höheres Schmerzensgeld verlangen. Bei polytraumatischen Unfallfolgen rechtfertigt dies im Zusammenhang mit posttraumatischen knöchernen Veränderungen, einer schwerwiegenden Verletzung der linken Hand des Linkshänders, einer Knieverletzung sowie dem Verlust der Milz ein Schmerzensgeld von € 35 000	OLG Naumburg 20.11.2014 1 U 59/14 juris; VersR 2016, 610
2961	€ 35 000 + immat. Vorbehalt (€ 37 470)	Vordere Beckenringfraktur links mit Bruch der Massa lateralis (bauchseitige Anteile des Os sacrum), eine ventrale Acetabulumfraktur links, eine distale Ulnaschaftfraktur links mit Bewegungsminderung, eine Orbitafraktur links mit Contusio bulbi links, eine Nasenbeinfraktur, eine Lungenkontusion und ein Schädelhirntrauma zweiten Grades	Ca. 3 Wochen stationär mit Operation der Fraktur der körpernahen Elle	39-jähr. Mann	Bewegungseinschränkungen und Narben	Bei der Bemessung des Schmerzensgeldes in Straßenverkehrsunfallsachen ist ein durch den unstreitigen oder erwiesenen Unfallhergang belegtes grob fahrlässiges Verhalten des Schädigers grundsätzlich als erhöhender Faktor zu berücksichtigen. In der Rechtsprechung ist weiter anerkannt, dass die verzögerte Schadensregulierung als Bemessungsfaktor Beachtung finden kann. Erst siebeneinhalb Jahre nach dem vom Beklagten zu 1 grob fahrlässig verursachten Unfall wurde von Seiten der Beklagten zu 2 ein annähernd angemessenes Schmerzensgeld geleistet	Saarländisches OLG 26.2.2015 4 U 26/14 juris

Lfd. Nr.	Betrag DM Euro (Anp.2019)	Verletzung	Dauer und Umfang der Behandlung; Arbeitsunfähigkeit	Person des Verletzten	Dauerschaden	Besondere Umstände, die für die Entscheidungen maßgebend waren	Gericht, Datum der Entscheidung, Az., Veröffentlichung bzw. Einsender
	Fortsetzung von »Polytraumen«						
2962	€ 35 000 + immat. Vorbehalt (€ 35 740)	Tiefreichende Weichteilverletzung im Bereich der beiden Kniegelenke mit Durchtrennungen von Nerven und Lymphgefäßen sowie Schädigung der Schleimbeutel; Ausrenkung des Gelenks zwischen erstem Mittelfußstrahl und Mittelfußknochen rechts; Ausrenkung des Grundgelenks der zweiten Zehe rechts; Trümmerbruch des Gelenkkopfes des linken Oberarms; Prellung des Hemithorax rechts; Prellung Schlüsselbein/Schulterregion rechts und Hämatome und Schwellungen an beiden Beinen und Füßen	Die Klägerin wurde 14 Tage stationär behandelt. Die Weichteilverletzungen an den Knien und die Fußwurzelverletzung rechts wurden operativ versorgt. Dabei wurden die Schleimbeutel der Kniegelenke entfernt. Die Behandlung der Trümmerfraktur des Gelenkkopfes des linken Oberarmknochens erfolgte konservativ. Der Bruch verheilte mit einer Deformierung des Oberarmkopfes, an dem sich knöcherne Randzacken bildeten und der nicht mehr zentriert in der Pfanne sitzt. Ein im Rahmen der Behandlung des rechten Mittelfußknochens eingebrachter Draht (Draht-Osteosynthese) wurde später ambulant entfernt	59-jähr. Frau	Gefahr einer zunehmenden Arthrose und einer notwendig werdenden endoprothetischen Versorgung des Schultergelenks; Arthrose im rechten Fuß, dadurch Gefahr weiterer operativer Eingriffe mit Teilversteifung; Schwellneigung im Bereich der Kniegelenke; Bewegungseinschränkungen	Die unfallbedingten Verletzungen und Beeinträchtigungen der Klägerin rechtfertigen im Rahmen einer ganzheitlichen Betrachtung der den Schadensfall prägenden Umstände unter Einbeziehung der absehbaren künftigen Entwicklung des Schadensbildes unter Berücksichtigung von Vergleichsentscheidungen ein Schmerzensgeld von € 35 000. Es bestehen vorliegend keine Anhaltspunkte für relevante Vorerkrankungen der Klägerin im Bereich der durch den streitgegenständlichen Unfall geschädigten Körperregionen (linke Schulter, rechter Fuß, Kniegelenke), die den bestehenden (adäquaten) Kausalzusammenhang zwischen den unstreitig unfallbedingt entstandenen Primärverletzungen und den nachgewiesenen Dauerschäden durchbrechen könnten	OLG Zweibrücken 27.6.2018 1 U 123/15 juris Vors. Richter am OLG Geisert
2963	75 000 € 37 500 (€ 48 745)	Polytrauma mit Rippenserienfraktur rechts und links und Pneumothorax rechts mit Schocklunge, Tracheostoma, Beckenfraktur rechts, Hüftgelenksluxation rechts, Außenknöchelfraktur und Sprungbeinfraktur	3 Monate Krankenhaus mit mehrfachen Operationen, nach Krankenhausentlassung 3 Monate auf Rollstuhl und dann weitere 9 Monate auf Krücken angewiesen, 16 Monate nach dem Unfall wieder vollschichtig tätig, wenn auch auf einem anderen Arbeitsplatz mit überwiegend sitzender Tätigkeit	Frau	Fußheberparese, Arthrosen im Fuß- und Hüftgelenk, MdE: 30%	Klägerin leidet weiterhin unter erheblichen Schmerzen im rechten Fuß und an der rechten Hüfte, insbesondere bei längerem Stehen oder Sitzen und beim Wetterwechsel; kann Hausarbeiten und berufliche Tätigkeit wieder relativ normal durchführen, auch wenn infolge von Schmerzen und Bewegungseinschränkungen weiterhin gewisse Einschränkungen vorliegen; Dauerbeschwerden am Fuß und an der Hüfte sind zu einem geringen Teil auch auf ein unfallunabhängiges Übergewicht zurückzuführen; am rechten Fuß steht eine operative Versteifung und an der Hüfte eine spätere Operation bevor, hinsichtlich deren die Beklagte ein außergerichtliches Anerkenntnis abgegeben hat; wegen einer Mithaftung von ⅓ wurde der Klägerin lediglich ein Betrag von DM 50 000 (€ 25 000) zugesprochen	OLG Frankfurt am Main 16.8.2001 3 U 160/00 zfs 2002, 425 DAR 2002, 448

● Mithaftung (siehe vorletzte Spalte)

Fortsetzung von »Polytraumen«

Lfd. Nr.	Betrag DM Euro (Anp.2019)	Verletzung	Dauer und Umfang der Behandlung; Arbeitsunfähigkeit	Person des Verletzten	Dauerschaden	Besondere Umstände, die für die Entscheidungen maßgebend waren	Gericht, Datum der Entscheidung, Az., Veröffentlichung bzw. Einsender
2964	75 000 ● € 37 500 (€ 53 963)	Polytrauma; subtrochantäre Oberschenkelfraktur links; Beckenringfraktur links; Rippenserienfraktur 4–8 links, Hämatopneumothorax links, respiratorische Insuffizienz, bronchopulmonaler Infekt; Commotio cerebri, Kopfplatzwunde, Innenohrquetschung, oberflächliche Gesichtswunden	3 ½ Monate Krankenhaus, 5 Wochen Intensivstation mit Lebensgefahr; 1 ½ Monate Reha, anschließend 22 Monate in ständiger ambulanter Behandlung	58-jähr. beratender Ingenieur	Erhebliche Funktionsstörung im linken Hüftgelenk (Teilsteife), Beinstellungsfehler links mit Fehlkrümmung der LWS und mit Beckenschiefstand, deutliche Verschmächtigung der linksseitigen hüftführenden Muskulatur und der Beinmuskulatur; regelmäßig dreimal wöchentlich Schmerzen im Hinterkopf und Nacken; Schwerhörigkeit links und Tinnitus aurium; MdE: 40%	1/3 Mitverschulden. Kläger benützt Spezialstuhl zum Sitzen, musste seinen Beruf aufgeben, kann als Skifahrer, Bergsteiger und Surfer diese Sportarten nicht mehr ausüben	LG Traunstein 11.5.1994 5 O 80/94 RA Lindenberg, Traunstein
2965	€ 40 000 + immat. Vorbehalt (€ 41 283)	Rippenprellung, Trümmerbruch der rechten Speiche mit Absprengung mehrerer Knochenfragmente unter Beteiligung des Gelenks, einen Abriss des Knochenfortsatzes der unteren Elle, nicht verschobene vordere Beckenringfraktur mit Bruch des Schambeinastes unter Beteiligung der Beckenpfanne sowie Fissur des Kreuzbeins, Anpassungsstörung mit depressiver Reaktion	3 Wochen Krankenhaus mit 2 OP, dabei Versorgung des rechten Arms mit einem Fixateur extern sowie mit einer Plattenosteosynthese. Beckenringfraktur wurde konservativ behandelt. Vom Krankenhaus wurde die Klägerin mit einem Krankenwagen zu ihren Eltern gebracht, die sie im Anschluss für rund zweieinhalb Monate pflegten. Die Klägerin hielt Bettruhe und durfte ihre Beine für die Dauer von 12 Wochen nicht belasten. Eine Fortbewegung war nur im Rollstuhl oder unter Benutzung eines Gehwagens möglich. Anschließend stationäre Rehabilitationsmaßnahme für eine Dauer von rund 40 Tagen. Zudem kam es infolge des Unfalls zu einer Anpassungsstörung mit depressiver Reaktion, wobei es der Klägerin durch eine psychotherapeutische Behandlung gelang, ihre starken Ängste und Paniksymptome beim Autofahren abzubauen. Eine Anschlussbehandlung ist bis auf Weiteres nicht notwendig	36-jähr. Frau	Bewegungseinschränkung der rechten Hand (MdE 20%): Verlust der Feinmotorik, dadurch Einschränkungen im Beruf als Optikerin und im Alltag	Angesichts der unfallbedingten, dauerhaften Einschränkungen, die die Klägerin nicht nur in ihrem Beruf, sondern in praktisch allen Bereichen ihres Privatlebens hinnehmen muss, erachtet der Senat ein Schmerzensgeld in Höhe von insgesamt € 40 000 für angemessen	OLG Düsseldorf 15.3.2018 1 U 57/17 VorsRiOLG Dr. Scholten

Fortsetzung von »Polytraumen«

Lfd. Nr.	Betrag DM Euro (Anp.2019)	Verletzung	Dauer und Umfang der Behandlung; Arbeitsunfähigkeit	Person des Verletzten	Dauerschaden	Besondere Umstände, die für die Entscheidungen maßgebend waren	Gericht, Datum der Entscheidung, Az., Veröffentlichung bzw. Einsender
2966	€ 40 000 (€ 41 976)	Rippenserienfraktur der 6.–8. Rippe links, Fraktur der Speiche links sowie Schürfungen der Knie, vorübergehende Aktivierung einer Rhizarthrose, Knochenmarksödem sowie kleiner Knochenbruch im Bereich der regio intercondylica außerhalb der Kniebelastungszone (inzwischen ausgeheilt bzw. in den normalen Verlauf zurückgekehrt) sowie geringe Nervenschädigungen des sensiblen ramus articularis genus des nervus peronaeus communis sowie Missempfindungen am 4. und 5. Zehenstrahl rechts durch eine Reststörung des sensiblen ramus superficialis des nervus peronaeus communis rechts, ebenso Vergrößerung des Abstands der Handwurzelknochen (scapholunäre Dissoziation) des linken Handgelenks sowie Entstehen eines komplexen regionalen Schmerzsyndroms CRPS Typ 1 (Morbus Sudeck) als Folge einer Operation des rechten Handgelenks	Mehrere stationäre Behandlungen, u.a. mit Handgelenksoperation links und Entfernung der Drähte; danach ambulante bilanzierende Arthroskopie des linken Handgelenks. Weiterhin Operation des rechten Handgelenks mit dessen Teilversteifung sowie spätere operative Metallentfernung, woran sich eine ca. 4-wöchige Physiotherapie anschloss. In der Folgezeit entwickelte sich am rechten Handgelenk ein Morbus Sudeck. Schließlich erfolgte eine weitere Operation des linken Handgelenks mit Teilversteifung und später die operative Metallentfernung. Die vorerst letzte Operation wurde über 4 Jahre nach dem Unfall durchgeführt. Der Kläger war zunächst länger arbeitsunfähig und nach einem erfolglosen Arbeitsversuch und vielfach weiterer attestierter Arbeitsunfähigkeit wurde der Kläger in den Ruhestand versetzt	Mann	Bewegungseinschränkungen und psychische Beschwerden	Der Senat hat – neben den vom LG bereits zutreffend berücksichtigten Umständen – zusätzlich den weiteren Verlauf der Krankengeschichte des Klägers einzubeziehen, den Umstand, dass der Kläger zwischenzeitlich in Folge dieses Verlaufs frühpensioniert worden ist und vor allem die psychischen Auswirkungen des Unfalls mit den durch sie vermittelten gravierenden Einschränkungen in der Lebensgestaltung und im sozialen Zusammenleben. Bei Berücksichtigung aller Umstände hält der Senat unter Berücksichtigung vergleichbarer Entscheidungen ein Schmerzensgeld von insgesamt € 40 000 für angemessen. Da die psychischen Beschwerden des Klägers auch in einer Reaktivierung der Folgen eines früheren Suizidereignisses bestehen, ist der Gesichtspunkt der Schadensbereitschaft bei der Schmerzensgeldbemessung zu berücksichtigen, wobei der Senat aber sieht, dass einen wesentlichen Faktor bei der Ausbildung der psychischen Beschwerde auch die Schmerzempfindung aufgrund des Morbus Sudeck darstellt, die nicht zweifelsfrei auf der Reaktivierung der Vorschädigung beruht, sondern eine Folge der nur durch den Rollerunfall hervorgerufenen körperlichen Schäden darstellt	OLG Nürnberg 22.2.2017 2 U 1286/14 RA von Mammen, Kanzlei Hofbeck, Buchner und Collegen, Nürnberg
2967	€ 40 000 + immat. Vorbehalt (€ 42 952)	Motorradunfall mit schwerem Polytrauma mit stumpfem Bauchtrauma, einer Milzruptur, die zur Entfernung der Milz führte, einer distale Radius-Spiral-Trümmerfraktur rechts, eine Tibiakopffraktur links sowie einer zweitgradig offenen OSG-Luxationsfraktur links Typ Weber C	Über 3 Wochen stationäre Behandlung mit Operationen; 4 Monate 100% AU; 1 Monat 50% AU; 3 Monate 40% AU; Revisionsoperation zur Entfernung des eingebrachten Materials; EU 40%	47-jähr. Mann	Bewegungsbeeinträchtigungen; gelenkumformende Verschleißerkrankungen; Milzverlust	Die Verletzungen des Kl. und deren immaterielle Folgen rechtfertigen, zumal die Bekl. zu 3) durchaus zeitnah teilreguliert hat, unter Berücksichtigung von Vergleichsentscheidungen ein höheres Schmerzensgeld als bereits erstinstanzlich zuerkannt nicht	Schleswig-Holsteinisches OLG 28.11.2013 7 U 80/12

● Mithaftung (siehe vorletzte Spalte)

Polytraumen

Urteil lfd. Nr. 2968

Lfd. Nr.	Betrag DM **Euro** *(Anp.2019)*	Verletzung	Dauer und Umfang der Behandlung; Arbeitsunfähigkeit	Person des Verletzten	Dauerschaden	Besondere Umstände, die für die Entscheidungen maßgebend waren	Gericht, Datum der Entscheidung, Az., Veröffentlichung bzw. Einsender
\multicolumn{8}{l}{Fortsetzung von »Polytraumen«}							
2968	€ 40 000 + immat. Vorbehalt *(€ 40 768)*	Schädelhirntrauma 1. Grades, Beckenringfraktur Typ B2 links, offene Wunde mit Decollement (Trennung der Haut vom Unterhautfettgewebe) am rechten Unterschenkel, Fraktur des 11. Brustwirbels, Fraktur der 9. Rippe rechts und Lungenkontusion	Die Klägerin wurde stationär behandelt und musste sich im Hinblick auf die erlittenen Weichteilverletzungen am linken Unterschenkel (wegen Wundheilungsstörungen) insgesamt 4 Operationen unterziehen. Dabei wurde der Klägerin Spalthaut vom rechten Oberschenkel entnommen und auf die Wunde am Unterschenkel transplantiert. Danach musste sie sich in eine stationäre Rehabilitationsbehandlung begeben	Frau	Am rechten Unterschenkel sind vorne erhebliche Narben in der Größe von 11 x 3,5 cm und am Oberschenkel an der Spalthautentnahmestelle in der Größe von 13 x 5 cm zurückgeblieben. Bei Berührung der Narben bestehen schmerzhafte Missempfindungen (Dysästhesien). Es liegt eine Teillähmung des Nervus peronaeus vor, wobei der sensible Ast des Nerves betroffen ist. Die Klägerin leidet daher unter einer Sensibilitätsstörung (Taubheit der Haut) im Bereich des Fußrückens. Darüber hinaus bestehen bei der Klägerin eine Gangbildstörung und eine Minderung der Kraft bei der Fußhebung, die auf die unfallbedingte mechanische Schädigung der Unterschenkelmuskulatur und des damit verbundenen Weichteilschadens zurückzuführen sind. Der Senat hat als einen das Schmerzensgeld erhöhenden Faktor berücksichtigt, dass der Beklagte zu 1 erheblich alkoholisiert ein Kfz auf öffentlichen Straßen führte und verbotswidrig bei Rot in die Kreuzung einfuhr. Sein Fehlverhalten, das zum Unfall und den schweren Verletzungen und dauerhaft verbleibenden Beeinträchtigen der Klägerin führte, ist schlechterdings nicht nachvollziehbar und daher als grob fahrlässig zu bewerten	Unstreitig sind die erheblichen unfallbedingten Primärverletzungen der Klägerin, die als Polytrauma anzusehen sind. Durch den Unfall wurde nach den Feststellungen des Sachverständigen weiter der Nervus peronaeus superficialis rechts geschädigt. Zu berücksichtigen sind weiter Dauer und Umfang der Behandlung. Als ein das Schmerzensgeld erhöhender Faktor ist weiter zu berücksichtigen, dass sich die Klägerin nach ihrer Entlassung aus der stationären Behandlung 6 Wochen nur an Unterarmgehkrücken fortbewegen konnte	OLG Zweibrücken 12.12.2018 1 U 117/16 juris Vors. Richter am OLG Geisert

Lfd. Nr.	Betrag DM Euro (Anp.2019)	Verletzung	Dauer und Umfang der Behandlung; Arbeitsunfähigkeit	Person des Verletzten	Dauerschaden	Besondere Umstände, die für die Entscheidungen maßgebend waren	Gericht, Datum der Entscheidung, Az., Veröffentlichung bzw. Einsender

Fortsetzung von »Polytraumen«

Lfd. Nr.	Betrag	Verletzung	Dauer	Person	Dauerschaden	Besondere Umstände	Gericht
2969	€ 40 000 ● + immat. Vorbehalt (€ 42 185)	Offenes Schädelhirntrauma 3. Grades, Gesichtsfraktur, Oberarmfrakturen, Radiusfraktur, Risswunden. Auf nervenärztlichem Fachgebiet ist eine Verschlechterung des Gesundheitszustandes in Form eines posttraumatischen Anfallleidens nicht auszuschließen		Junger Mann	Bewegungseinschränkungen und kognitive Einschränkungen; MdE 40%	Entgegen der Auffassung des Klägers bewegt sich das ihm vom LG zugebilligte Schmerzensgeld (das bei Zugrundelegung einer 100%igen Haftung des Beklagten einen Betrag von ca. € 57 000 ergäbe) unter Berücksichtigung eines Mitverschuldens von 30% im Bereich vergleichbarer Entscheidungen. Die Zahlung einer Schmerzensgeldrente neben einem kapitalisierten Schmerzensgeld kommt nach ständiger Rechtsprechung des BGH nur ausnahmsweise bei lebenslangen, schweren Dauerschäden in Betracht, die der Verletzte immer wieder schmerzlich empfindet. Diese Voraussetzungen liegen beim Kläger jedoch nicht vor. Die knöchernen Verletzungen sind ohne größere Einschränkungen verheilt. Er hatte zwar einmal einen epileptischen Anfall, der jedoch bislang medikamentös sehr gut eingestellt ist und sich nicht wiederholt hat. Er hat darüber hinaus kognitive Einschränkungen, die aber ebenfalls soweit kompensiert sind, dass er seine Ausbildung zum Bürokaufmann fortsetzen und beenden konnte	OLG Celle 1.6.2016 14 U 74/15 juris
2970	€ 40 000 ● (€ 46 024)	Polytrauma mit proximaler Tibiakopfmehrfragmentfraktur sowie proximaler Tibiaschaftfraktur rechtsseitig mit Kompartementsyndrom rechter Unterschenkel, lateraler Femurcondylenfraktur links, multiplen Mittelgesichtsfrakturen unter Beteiligung der medialen Schädelbasis beiderseits, traumatische SAB (Subarachnoidalblutung), HWS-Distorsion I. Grades und Rhabdomyolyse	rund 2 Monate stationäre Behandlung, 4 Monaten auf Rollstuhl angewiesen	Mann	Rechter Unterschenkel ist in Fehlstellung verheilt, wobei die Knochenbrüche des rechten Beins zu einer Beinverkürzung mit Fehlstellung führten, die zu einem unregelmäßigen Gangbild und einer Fußfehlstellung führten; komplette Riechstörung	Mitverschulden von 50%	OLG Köln 26.1.2010 3 U 91/09 VerkMitt 2010, 42

● Mithaftung (siehe vorletzte Spalte)

Fortsetzung von »Polytraumen«

Lfd. Nr.	Betrag DM Euro (Anp.2019)	Verletzung	Dauer und Umfang der Behandlung; Arbeitsunfähigkeit	Person des Verletzten	Dauerschaden	Besondere Umstände, die für die Entscheidungen maßgebend waren	Gericht, Datum der Entscheidung, Az., Veröffentlichung bzw. Einsender
2971	€ 42 000 + immat. Vorbehalt (€ 45 100)	Polytrauma nach Motorradunfall im Jahr 1982: offene gesplitterte Fraktur des linken Oberschenkels, Verrenkung des linken Sprunggelenks (Sprunggelenkluxation) nebst handflächengroßen Verletzungen (Décollement) an der Außenseite des linken Fußes, verbunden mit einem Abriss von Teilen der Sprunggelenkskapsel und der Außenbänder, tiefe Schürfwunden unter anderem an der Ferse des linken Fußes, starke Schwellung des linken Knies, Kahnbeinfraktur im Bereich der rechten Hand, Prellung des Brustkorbs und des Bauchs sowie Schnittwunde über dem linken Auge	Mehrere Operationen an Hüfte, Oberschenkel und Fuß im Rahmen eines mehr als einmonatigen Klinikaufenthalts. Auch in der Folgezeit war der Kläger in seiner Bewegungsfreiheit zunächst noch stark dadurch eingeschränkt, dass sein rechter Arm etwa drei Monate lang eingegipst war und er sich aufgrund der Schienung des linken Beins in einer Streckvorrichtung über drei Monate lang nur in einem Rollstuhl sowie auch danach noch Monate lang unter Zuhilfenahme von Gehstützen fortbewegen konnte. Darüber hinaus musste sich der Kläger über ein Jahr lang mehrmals wöchentlich ambulanten Behandlungen und Therapien unterziehen	22-jähr. Student	Diskrete peronaeale Schädigung mit sensiblen Ausfallerscheinungen im Bereich des linken Fußes. Narbe am linken Außenknöchel. Posttraumatische degenerative arthrotische Veränderungen und frühzeitiger Gelenkverschleiß	Zudem ist erschwerend zu berücksichtigen, dass der Kläger erst 22 Jahre alt und damit jung war, als es zu dem Unfallereignis gekommen ist. Gerade bei einem jungen sportlichen Menschen ist eine dauerhafte erhebliche Bewegungseinschränkung aber besonders problematisch und führt zwangsläufig zu einer deutlich verschlechterten Lebensqualität, was bei der Bemessung des Schmerzensgeldes zu berücksichtigen ist und zu einer signifikanten Erhöhung des immateriellen Schadensersatzanspruchs führen kann und vorliegend auch führt. Auch diese Dauerschädigung, die progredient verläuft, ist bei der Bemessung des Schmerzensgeldes zu berücksichtigen. Denn der Kläger hat in der mündlichen Verhandlung ausdrücklich erklärt, dass auch die zukünftig zu erwartende Entwicklung seiner Verletzungen bei der Bemessung des Schmerzensgeldes zu berücksichtigen sein solle, was grundsätzlich möglich ist, ihm allerdings die Möglichkeit verwehrt, künftig weiteres Schmerzensgeld zu verlangen. Bei der Schmerzensgeldbemessung ist zudem zu berücksichtigen, dass der Kläger den von ihm angestrebten Beruf, Beamtenlaufbahn im höheren Forstdienst, nicht hat verfolgen können. Zwar hätte er diesen Beruf – wie bereits dargelegt worden ist – auch ohne den Unfall möglicherweise nicht ergreifen können; durch das Unfallereignis ist ihm aber die Chance hierauf verwehrt worden und er hat sich insofern notgedrungen einer anderen Tätigkeit zuwenden müssen. Des Weiteren hat das LG auch zu Recht das zögerliche Regulierungsverhalten der Beklagten als das Schmerzensgeld erhöhenden Umstand gewertet. Diese daher nicht von der Hand zu weisenden Verletzungen machten schon für sich genommen die Zahlung eines nicht unerheblichen Schmerzensgelds erkennbar erforderlich. Vor diesem Hintergrund handelt es sich nicht um gerechtfertigtes Verteidigungsverhalten, wenn die Beklagte, die immerhin im Jahr 1986 ein Anerkenntnis zur Zahlung eines Schmerzensgeldes abgegeben hatte, erstmals 2005 und damit über 23 Jahre nach dem Unfallereignis und über 19 Jahre nach eben diesem Grundanerkenntnis eine Zahlung vorgenommen hat	OLG Köln 9.8.2013 19 U 137/09 juris

Fortsetzung von »Polytraumen«

Lfd. Nr.	Betrag DM Euro (Anp.2019)	Verletzung	Dauer und Umfang der Behandlung; Arbeitsunfähigkeit	Person des Verletzten	Dauerschaden	Besondere Umstände, die für die Entscheidungen maßgebend waren	Gericht, Datum der Entscheidung, Az., Veröffentlichung bzw. Einsender
2972	€ 43 500 ● + immat. Vorbehalt (€ 45 559)	Lebensbedrohliches, massives Polytrauma, das u.a. von folgenden traumatischen Verletzungen gekennzeichnet war: Sprengung der Symphyse, Frakturen der Hüftgelenkspfanne rechts, des Schambeins, des Oberschenkels rechts, des Schienbeins links, ferner knöcherner Ausriss des vorderen Kreuzbandes am rechten Knie, Abriss der vorderen Schienbeinarterie sowie des Nervus peroneus links u.v.m.	Mehrmonatige stationäre Aufenthalte in der Universitätsklinik mit 7 Operationen und der Rehabilitationsklinik sowie die mehrjährige intensive ambulante Nachbehandlung, die immer noch nicht abgeschlossen ist	Mann	Verletzung des Nervus peroneus	Mit seinem Zahlungsantrag macht der Kläger ein Teil-Schmerzensgeld für diejenigen Beeinträchtigungen geltend, die bis zum Zeitpunkt der letzten mündlichen Verhandlung eingetreten sind. Dies ist ungeachtet des Grundsatzes der Einheitlichkeit der Schmerzensgeldbemessung in dieser Form zulässig (BGH NJW 2004, 1243). Das LG hat die schweren Unfallverletzungen und die langwierige Rehabilitation bei der Bemessung eines angemessenen Schmerzensgeldes hinreichend berücksichtigt. Der Kläger hat sich auf die Fahrbahn gestellt, um ein Fahrzeug zum Anhalten zu zwingen, weil er mitgenommen werden wollte. Damit hat sich der Kläger grob verkehrswidrig und mutwillig in eine höchst gefährliche Lage gebracht und einen wesentlichen Verursachungsbeitrag für den Unfall geleistet, den der Senat mit 40% bewertet. Der Umstand, dass der Beklagte alkoholbedingt fahruntüchtig war, kann – auch unter dem Blickwinkel der Genugtuungsfunktion – nicht zu einer Erhöhung des Schmerzensgeldes führen. Wegen der Trunkenheitsfahrt ist der Beklagte strafrechtlich verurteilt worden. Im Hinblick auf das mit 40% zu bewertende Mitverschulden des Klägers hält der Senat für die bis zur mündlichen Verhandlung erlittenen Beeinträchtigungen ein Schmerzensgeld von € 43 500 für angemessen. Dabei wurde insbesondere auch berücksichtigt, dass der Kläger zeitweise noch Schmerzen hat und zweimal wöchentlich eine Therapie (Lymphdrainage und Krankengymnastik) benötigt	OLG Karlsruhe 10.3.2017 14 U 112/15 juris
2973	€ 50 000 (€ 53 528)	Commotio cerebri, Hämatom am Hinterkopf, Nacken- und Schädelprellung, Fraktur des oberen Sprunggelenks links pilontibial, eine Sternumfraktur, Fraktur der 12. Rippe rechts und Kiefergelenksprellung rechts; leichte Depression, Tinnitus, Hyperakusis, Teilschädigung des Nervus saphenus und Nervus peroneus sowie schmerzhaftes Wirbelsäulensyndrom	Nach 3 1/2-wöchigem stationären Krankenhausaufenthalt wurde der Kläger in ambulante ärztliche Behandlung überstellt. MdE von 30% und AU von 6 Monaten	54-jähr. Mann	Geringgradige Verschlechterung der vorbestehenden erheblichen Bewegungseinschränkungen durch vorangegangene Unfälle	Bei einer zusammenfassenden Würdigung der oben stehenden Kriterien, des Schmerzumfangs, der Art der Schmerzen (Empfindlichkeit des betroffenen Körperteils), der Dauer der Beeinträchtigungen (hier bezogen auf den streitigen Unfall nur begrenzt), der Eingriffsintensität, der Dauer des Krankenhausaufenthalts (3 1/2 Wochen) und der Folgeschäden, wie der Frage einer dauerhaften Funktionsbeeinträchtigung, der Frage, ob weitere Operationen notwendig oder wahrscheinlich sind sowie der Berücksichtigung des Alters des Klägers erscheinen € 50 000 angemessen	OLG München 25.2.2014 10 U 3412/13

● Mithaftung (siehe vorletzte Spalte)

Polytraumen — Urteile lfd. Nr. 2974 – 2976

Lfd. Nr.	Betrag DM Euro (Anp.2019)	Verletzung	Dauer und Umfang der Behandlung; Arbeitsunfähigkeit	Person des Verletzten	Dauerschaden	Besondere Umstände, die für die Entscheidungen maßgebend waren	Gericht, Datum der Entscheidung, Az., Veröffentlichung bzw. Einsender
	Fortsetzung von »Polytraumen«						
2974	€ 50 000 + immat. Vorbehalt (€ 53 260)	Sprunggelenksluxationsfraktur Typ Weber, C rechts, Kniegelenksluxation links mit knöchernem hinteren Kreuzbandriss und medialer Kollateralbandruptur, Knieluxation links mit komplexer Instabilität und Eminentiafraktur, schwere Rücken- und Schädelprellungen, Thoraxprellung, Sekundärdislokation nach T-Plattenosteosynthese eines knöchernen HKB-Ausrisses im linken Kniegelenk	Insgesamt gut 10 Wochen stationäre Krankenhausaufenthalte, Kurzzeitpflege und Anschlussheilbehandlung	Mann	Bewegungseinschränkungen	Das vom LG dem Kläger zuerkannte Schmerzensgeld von insgesamt € 50 000 (von denen € 30 000 bereits vorprozessual gezahlt wurden) erscheint der Schwere der Verletzungen des Klägers angemessen. Das LG hat zutreffend erkannt, dass der Kläger bei dem Unfall schwer verletzt wurde und Dauerfolgen davongetragen hat, die ihn sein Leben lang erheblich beeinträchtigen werden. Das LG hat die beiden Folgeoperationen ebenso berücksichtigt, wie den Umstand, dass der Kläger wirtschaftlich und körperlich stark beeinträchtigt und auch seine Ehefrau in Mitleidenschaft gezogen worden ist. Die in der Berufungsbegründung angegebenen Vergleichsentscheidungen betreffen demgegenüber schwerere Fälle	OLG München 10.7.2014 24 U 3058/13
2975	€ 50 000 + immat. Vorbehalt (€ 53 691)	Dislozierte offene Trümmerfraktur des Tibiakopfes links mit Weichteilschaden, Kompartmentsyndrom am linken Unterschenkel sowie eine Ellenbogenfraktur am linken Arm. Über eine Lungenkontusion hinaus sind bei dem Kläger zudem eine Lungenembolie und eine Thrombose eingetreten	Vielzahl von Operationen, langanhaltende Physiotherapie und ambulante psychiatrische Behandlung	47-jähr. Mann	Bewegungseinschränkungen, Narben, Muskelmantelminderung des linken Beines und eine Beinlängenverkürzung links um 2 cm	Bei Verletzungen im Ausmaß, wie sie der Kläger erlitten hat, werden dagegen regelmäßig Schmerzensgelder, die sich im Bereich von € 40 000 bis € 50 000 bewegen, ausgeurteilt	OLG Rostock 12.7.2013 5 U 132/12
2976	€ 50 000 + immat. Vorbehalt (€ 53 260)	Multiple Schnittwunden im Gesicht, eine Schnittwunde an der rechten Schulter, eine Femurschaftfraktur rechts, eine drittgradig offene Talusluxation rechts, eine knöcherne Absprengung des Talus rechts (offener Sprunggelenktrümmerbruch), ein Decollement und Kompartmentsyndrom am Fußrücken rechts, eine Fraktur des os cuboideum rechts (Fußwurzelknochenbruch), eine Fraktur des os cuneiforme lateral rechts (Bruch eines weitere Fußwurzelknochens) und eine Fraktur des MKF-III Basis rechts (Bruch des dritten Mittelfußknochens)	Insgesamt sieben Tage auf der Intensivstation (Lebensgefahr); dabei Synkope („Kreislaufkollaps") mit über mehrere Minuten andauernder Bewusstlosigkeit. Insgesamt fast 1 Monat stationärer Klinikaufenthalt mit 5 Operationen. Später 6. OP zur Entfernung des gesetzten Marknagels	19-jähr. Frau	Narben und Bewegungseinschränkungen	Der vom LG zugesprochene Betrag passt auch in das Gefüge der Rechtsprechung zur Höhe des Schmerzensgeldes	Saarländisches OLG 12.3.2015 4 U 187/13 juris

Lfd. Nr.	Betrag DM **Euro** *(Anp.2019)*	Verletzung	Dauer und Umfang der Behandlung; Arbeitsunfähigkeit	Person des Verletzten	Dauerschaden	Besondere Umstände, die für die Entscheidungen maßgebend waren	Gericht, Datum der Entscheidung, Az., Veröffentlichung bzw. Einsender

Fortsetzung von »Polytraumen«

| 2977 | € 50 000 ● + immat. Vorbehalt *(€ 52 367)* | Motorradunfall mit Fraktur des linken Schulterblattes mit Nervschädigung des Oberarms, Fraktur des linken Handgelenks, offene Fraktur des linken Unterschenkels mit erheblichem Weichteilverlust 3. Grades und Kompartmentsyndrom im linken Unterschenkel | Stationärer Aufenthalt über einen Zeitraum von 9 Monaten | Frau | Gehbehinderung mit einem GdB von 100%, vollständige Lähmung des Nervus peronaeus und teilweise Lähmung des Nervus tibialis, dauerhafte Instabilität des linken Knies und Beinverkürzung des linken Beines um 6 cm | Kollision zwischen einem Linienbus und einer entgegenkommenden Motorradfahrerin an einer Engstelle. Die Fahrweise der Klägerin war insoweit unangemessen, als sie nach dem nur sehr eingeschränkt geltenden Verbot der Einfahrt für den Gegenverkehr ohne Weiteres mit solchem hätte rechnen müssen und deshalb ihre Fahrweise darauf hätte einrichten müssen, möglichst weit rechts zu fahren, um einerseits eine Eigengefährdung und andererseits eine Gefährdung des Gegenverkehrs auszuschließen. Ob ihre Fahrweise auf Leichtsinn beruhte oder ob sie mit der Bewältigung der Rechtskurve überfordert war und möglicherweise deshalb unbeabsichtigt zu weit nach links geraten ist, kann nicht abschließend geklärt werden. Es bleibt ein nicht unerhebliches Fehlverhalten, das in der Gewichtung der beiderseitigen Verursachungsbeiträge zwar hinter dem Verursachungsbeitrag des Beklagten zurückbleibt, aber doch mit 40% zu bewerten ist. Dabei berücksichtigt der Senat auch die beiderseitigen Betriebsgefahren: die des Busses, der aufgrund seiner Kompaktheit eben nur deshalb in die Engstelle hat einfahren sollen, wenn eine Gefährdung des Gegenverkehrs ausgeschlossen war, und diejenige des Motorrades, dessen Instabilität sich in der hier maßgeblichen Unfallsituation auch durchaus ausgewirkt hat. Unter angemessener Berücksichtigung des Mitverursachungsbeitrages der Klägerin gelangt der Senat zu einem Schmerzensgeld von € 50 000 | Brandenburgisches OLG 2.3.2017 12 U 18/16 juris |

● Mithaftung (siehe vorletzte Spalte)

Lfd. Nr.	Betrag DM **Euro** *(Anp.2019)*	Verletzung	Dauer und Umfang der Behandlung; Arbeitsunfähigkeit	Person des Verletzten	Dauerschaden	Besondere Umstände, die für die Entscheidungen maßgebend waren	Gericht, Datum der Entscheidung, Az., Veröffentlichung bzw. Einsender
\multicolumn{8}{l}{Fortsetzung von »Polytraumen«}							
2978	€50000● + immat. Vorbehalt *(€ 53 691)*	Motorradunfall: Polytrauma mit ausgeprägter Kontusion der Leber, einen Pneumothorax rechts mit Rippenserienfraktur rechts und Lungenkontusion rechts, eine offene Sprunggelenksfraktur links, eine distale Radiusfraktur links, ein Unterschenkeldecollement rechts und eine Weichteilverletzung der linken Leiste, eine Fraktur der Transversalfortsätze LWK 1 bis 3 links, eine dislozierte Humerusschaftfraktur rechts mit Oberarmplexus-Läsion und weitere Verletzungen	Schon während ihres mehr als zweiwöchigen Aufenthalts auf der Intensivstation musste die Klägerin mehrfach operiert werden, insgesamt lag sie über 3 Monate stationär in Krankenhäusern. Auch in der Folgezeit schlossen sich noch diverse Operationen an. Die Klägerin war bis zum Unfallzeitpunkt als Altenpflegerin tätig, mittlerweile ist sie als vorläufig erwerbsunfähig verrentet, übt nebenbei einen sog. 400-Euro-Job bei ihrem ehemaligen Arbeitgeber als Medikamentenausfahrerin aus	Frau	Schwere Beeinträchtigungen durch Verletzungsfolgen	Zur Höhe hält der Senat – unter Berücksichtigung des 30%igen Mitverursachungsanteils – ein Schmerzensgeld von €50000 für angemessen (§ 253 Abs. 2 BGB). Die Klägerin hat denkbar schwerste Verletzungen erlitten, die einen monatelangen Krankenhausaufenthalt mit vielen Operationen nötig gemacht hatten, zudem schlossen sich auch noch mehrere Nachoperationen an. Die Verletzungen und deren Folgen werden die Klägerin ein Leben lang begleiten. Bei voller Haftung der Beklagten wäre ein Schmerzensgeldbetrag von €70000 – €75000 ohne weiteres angemessen, unter Berücksichtigung des 30%igen Mitverursachungsanteils bemisst der Senat das geschuldete Schmerzensgeld daher auf €50000	Schleswig-Holsteinisches OLG 28.11.2013 7 U 158/12 juris
2979	€55000 + immat. Vorbehalt *(€ 56 489)*	Traumatische Armplexusläsion (Schädigung der Armnerven, die vom Rückenmark im Halswirbelbereich ausgehen und den gesamten Arm versorgen) rechts mit Polytrauma sowie eine stabile HWK 4 Deckplattenfraktur	4 stationäre Krankenhausbehandlungen mit Operationen und 3 Reha-Behandlungen	28-jähr. Mann	Der Kläger kann aufgrund der ausgeprägten Atrophie (Gewebeschwund) in den Muskelbereichen des rechten Armes diesen nur noch sehr eingeschränkt und unter Schmerzen bewegen. Weiter ist Folge des Unfalls ein Zwerchfellhochstand, der zu belastungs- und lageabhängiger Luftnot führt. Es liegt eine Teilschädigung der Wurzel C3-C5, vergesellschaftet mit einer Phrenicus-Läsion (Zwerchfellnerv), vor. Der Kläger erlitt eine Zahnabsplitterung	Maßgebend für die Höhe des Schmerzensgeldes war in 1. Linie die Schwere der Verletzungen. Aufgrund des eingetretenen Dauerschadens durch die Armplexusläsion und den Zwerchfellhochstand mit den sich dauerhaft ergebenden Folgen kann der Kläger, der zum Unfallzeitpunkt 28 Jahre alt war, die rechte Schulter und den rechten Arm nur noch deutlich eingeschränkt benutzen und ist in seiner körperlichen Leistungsfähigkeit erheblich eingeschränkt. Er kann deshalb sein bisheriges Leben nicht mehr in dem Umfang wie zuvor weiterführen. Er kann insb. sein Hobby Motorradfahren nicht mehr ausüben. Auch kommt es zu beruflichen Einschränkungen und zu Belastungen im Haushalt. Zu berücksichtigen ist auch, dass die Verletzung durch ein grobes Verschulden des Beklagten verursacht wurde, wobei ein Mitverschuldens- und Mitverursachungsbeitrag für den Unfall auf Seiten des Klägers nicht vorhanden ist. Unter Berücksichtigung dieser Umstände hält der Senat ein Schmerzensgeld i.H.v. insgesamt €55000 für angemessen	OLG Bamberg 15.1.2019 5 U 144/18 Vors. Richter am OLG Kienlein

Lfd. Nr.	Betrag DM **Euro** *(Anp.2019)*	Verletzung	Dauer und Umfang der Behandlung; Arbeitsunfähigkeit	Person des Verletzten	Dauerschaden	Besondere Umstände, die für die Entscheidungen maßgebend waren	Gericht, Datum der Entscheidung, Az., Veröffentlichung bzw. Einsender

Fortsetzung von »Polytraumen«

Lfd. Nr.	Betrag	Verletzung	Dauer und Umfang der Behandlung	Person	Dauerschaden	Besondere Umstände	Gericht
2980	€ 60 000 *(€ 74 179)*	Gedecktes Schädelhirntrauma mit geringer Einblutung in den Hirnschädel, geschlossener Ellenhackenbruch links mit Beteiligung des Speichenkopfes, geschlossener und verschobener Hüftpfannenbruch links, geschlossener Oberschenkeltrümmerbruch links mit Beteiligung des Kniegelenks, offener Unterschenkelschaftbruch links im sprunggelenksnahen Drittel, geschlossener Unterschenkelschaftbruch rechts, Verrenkung der rechten Fußwurzel, Brustkorb- und Lungenprellung, Unfallschock	3 Tage Intensivstation, anschließend 7 Wochen stationärer Aufenthalt mit mehreren Operationen; die nächsten 3 1/2 Jahre mehrere stationäre Unterbringungen und zahlreiche Operationen mit Einsetzen von Implantaten, die – bis auf das Metall im linken Hüftgelenk – später wieder entfernt wurden	Kraftfahrer im Güterfernverkehr	Schmerzen im Kniegelenk links, in der linken Hüfte und in beiden Fußgelenken; linkes Bein um mehrere Zentimeter verkürzt, hinkendes Gangbild, längeres Stehen und Gehen nicht möglich; Narben am Rücken, Hüfte, rechtem Ober- und Unterschenkel und an beiden Füßen; erhebliche psychische Belastungen; MdE: 50%	Nach Erstentlassung 2 Monate auf Rollstuhl angewiesen, die nächsten 3 1/2 Jahre zeitweise eine oder zwei Krücken erforderlich; infolge der Einnahme von Schmerzmitteln Kreislaufprobleme und Beschwerden im Magen-Darm-Trakt; nach 4 Jahren anlässlich eines erneuten Unfalls heftiges Knietrauma; Verlust des Arbeitsplatzes; familiäre Belastungen, da Kläger Tätigkeiten nicht mehr wie früher ausüben kann; Einschränkungen im Freizeitverhalten	LG Kleve 20.5.2005 1 O 522/03 SP 2006, 60
2981	€ 60 000 + immat. Vorbehalt *(€ 69 487)*	Multitrauma, insbesondere erhebliche Arm- und Beinverletzungen mit Frakturen u. a.		48-jähr. Lkw-Fahrer	Bewegungseinschränkung im Bereich des linken Schultergelenks, Muskelminderung im linken Oberarm, Bewegungseinschränkung im linken Ellenbogengelenk mit Streckhemmung, Muskelminderung am linken Unterarm, Bewegungseinschränkung am Handgelenk, Kraftminderung linke Hand; Bewegungseinschränkung linkes Hüftgelenk, deutliche Bewegungseinschränkung und Instabilität am linken Kniegelenk (Orthesenversorgung), endgradige Bewegungseinschränkungen in den Sprunggelenken, den Fußwurzelgelenken und den Zehengelenken; Arthrosen im linken Ellenbogengelenk, im Kreuzdarmbeingelenk und im linken Kniegelenk sowie in der Fußwurzel; Oberschenkelbruch links und Unterschenkelbruch links in Fehlstellung verheilt; multiple Narbenbildungen; Erwerbsmöglichkeit ausgeschlossen	Vermittelbarkeit auf dem Arbeitsmarkt nicht gegeben	OLG Düsseldorf 19.1.2009 I-1 U 113/05 SP 2009, 289

● Mithaftung (siehe vorletzte Spalte)

Lfd. Nr.	Betrag DM **Euro** *(Anp.2019)*	Verletzung	Dauer und Umfang der Behandlung; Arbeitsunfähigkeit	Person des Verletzten	Dauerschaden	Besondere Umstände, die für die Entscheidungen maßgebend waren	Gericht, Datum der Entscheidung, Az., Veröffentlichung bzw. Einsender
	Fortsetzung von »Polytraumen«						
2982	€ 60 000 + immat. Vorbehalt *(€ 66 375)*	Ein 10 Tonnen schwerer Stapler erfasste den Kläger mit dem rechten Vorderrad und überrollte ihn anschließend mit beiden Rädern. Dadurch erlitt der Kläger gravierende Verletzungen im Bereich des Beckens und beider Oberschenkel: Becken-C-Verletzung; Open-Book-Verletzung mit Ruptur der rechten vorderen Syndesmosenbänder; transformale Sacrumfraktur links; ISG-Sprengung rechts; OS Ilium Fraktur rechts; langstreckig senkrecht verlaufender Harnblasenriss der Harnblasenvorderwand; beiderseitiges Hämatom der Oberschenkelaußenseite	Operation: langstreckige, offene Frakturreposition und Plattenosteosynthese der Symphyse mittels 4-Loch LCDCP Großfragmentplatte sowie eine retrograde Harnröhrenkathetisierung und Übernähung der Harnblase; weitere Operation, bei der die Oberschenkelhämatome entlastet wurden; 4 Wochen stationäre Bettruhe, anschließend erfolgte eine Mobilisierung mittels Kipptisch und Gehwagen; Reha und Krankengymnastik; weiterer stationärer Aufenthalt, im Rahmen dessen die eingebrachten Platten im Becken entfernt wurden	Mann	Dauerschäden derzeit noch unklar. Der Kläger leidet jedoch noch unter einer erektilen Disfunktion, ziehenden Schmerzen im Bereich beider ISG-Gelenke, ziehenden Schmerzen im Sitzen im OS Sacrum, wobei die Entfernung der Beckenplatte zur Linderung geführt hat, einem keilschrittigen und von Schmerzen geprägten Gangbild sowie einem Taubheitsgefühl in den Oberschenkeln	Das LG hat insb. berücksichtigt, dass der Kläger insgesamt 86 Tage stationär behandelt wurde und ein erneuter stationärer Aufenthalt von 5 Tagen erforderlich wurde. Auch war der Kläger gehalten, regelmäßige Krankengymnastik durchzuführen, um die Beweglichkeit zu steigern, und auf welche auch heute noch nicht vollständig verzichtet werden kann. Zudem hat der Kläger schwerste, umfangreiche Verletzungen im Beckenbereich erlitten, welche insb. zu einer erektilen Disfunktion führten. Zwar ist es erstaunlicher Weise gelungen, dass der Kläger heute wieder seinem Beruf nachgehen kann, jedoch leidet er auch noch heute unter Beschwerden, die ihn nicht nur im täglichen Leben sondern auch in der Ausführung seiner Arbeit behindern. Weiter war zugrunde zu legen, dass der Kläger eine erhebliche Zeit, nämlich mehr als ein Jahr, arbeitsunfähig war. Das OLG hat diese Beurteilung nicht beanstandet	OLG Hamm 22.12.2011 6 U 134/11

Lfd. Nr.	Betrag DM Euro (Anp.2019)	Verletzung	Dauer und Umfang der Behandlung; Arbeitsunfähigkeit	Person des Verletzten	Dauerschaden	Besondere Umstände, die für die Entscheidungen maßgebend waren	Gericht, Datum der Entscheidung, Az., Veröffentlichung bzw. Einsender
\multicolumn{8}{l}{Fortsetzung von »Polytraumen«}							
2983	€ 60 000 + immat. Vorbehalt (€ 63 089)	Speichenkopfbruch am rechten Ellenbogen, einen Verrenkungsbruch des linken Handgelenks mit Beteiligung der körperfernen Speiche und der körpernahen Handwurzelknochen, einen körperfernen Mehrfachfrakturbruch des rechten Oberschenkels primär ohne Beteiligung des Kniegelenks sowie einen Bruch des linken Innenknöchels am linken oberen Sprunggelenk, erhebliche Verletzungen der Wirbelsäule		Mann	Endgradige Bewegungseinschränkung des rechten Ellenbogens bei geheiltem Speichenkopfbruch rechts, ohne wesentliche umformende Veränderung des rechten Ellenbogengelenks, eine Bewegungseinschränkung des linken Handgelenks und Störung der Unterarmumwendbeweglichkeit links nach komplettem Handgelenksverrenkungsbruch, eine geringe Einschränkung der Beugefähigkeit des rechten Kniegelenks und diskrete 0-Verbiegung der rechten Beinachse nach körperfernem Oberschenkelmehrfachfragmentbruch, eine geringe Einschränkung der Beugefähigkeit des linken Kniegelenks bei hochgradiger translatorischer Instabilität des linken Kniegelenks nach Kapselbandverletzung mit überwiegender Beteiligung des hinteren Kreuzbands und verbliebener Muskelabmagerung am linken Oberschenkel als Ausdruck der Belastungsminderung des linken Beins sowie eine geringe Verdickung der Knöchelkontur links ohne Bewegungseinschränkung des linken Sprunggelenks, Rückenbeschwerden	Dem Kläger ist zwar insoweit Recht zu geben, als ein Schmerzensgeld in Höhe von insgesamt € 80 000 angesichts seiner beträchtlichen unfallbedingten Beschwerden und Einschränkungen grundsätzlich angemessen wäre. Jedoch darf dabei der Umstand nicht unberücksichtigt bleiben, dass hier über die Höhe des Schmerzensgeldes nicht erstmals zu befinden ist, sondern dass die Parteien diesbezüglich bereits den o.g. Abfindungsvergleich geschlossen hatten. Demnach sollten grundsätzlich die Schmerzensgeldansprüche des Klägers mit der vereinbarten Zahlung von DM 80 000 (€ 40 000) abgegolten sein. Nur im Falle eines dauerhaften Anstiegs der MdE auf mehr als 50% sollte ein weiteres Schmerzensgeld verlangt werden können. Nun hat sich die MdE auf 70% erhöht. Der Senat ist aufgrund eigenständiger Überprüfung der Ansicht, dass das zugesprochene Schmerzensgeld in Höhe von insgesamt € 60 000, d.h. von noch € 19 096,65, vor diesem Hintergrund angemessen ist. Auch muss gesehen werden, dass über die nunmehr zugesprochenen insg. € 60 000 hinaus angesichts der Klageabweisung im Übrigen nur als derzeit unbegründet Raum bleibt für eine spätere Geltendmachung eines weiteren Schmerzensgeldes. Dieser Raum muss auch bleiben, nachdem die MdE derzeit zwar immerhin bereits 70% beträgt, aber noch eine weitere Steigerung auf bis zu 100% denkbar erscheint	OLG München 20.9.2016 10 U 2047/16
2984	€ 60 000 ● + immat. Vorbehalt (€ 61 387)	Schädel-Hirn-Trauma, Lungenkontusion, Rippenserienfraktur 6-8 rechts, Tibiakopfmehrfragmentfraktur links, prätibiale Riss-Platz-Wunde, geschlossener Weichteilschaden mit Kompartmentsyndrom des Unterschenkels links, Schürfwunde linkes Handgelenk	Fast 4 Wochen stationäre Behandlung. Nachdem der Kläger zunächst nach Hause entlassen werden konnte, wurde für 12 Tage wegen einer Lungenembolie ein weiterer Krankenausaufenthalt erforderlich. Es folgten zwei Reha-Aufenthalte	57-jähr. Mann	Bewegungseinschränkungen	Zwischen den Parteien ist unstreitig, dass die Beklagte als Haftpflichtversicherung dem Grunde nach zu 80% für die Unfallfolgen einzustehen hat. Insgesamt erscheint auch dem Senat unter Berücksichtigung von Vergleichsentscheidungen der zuerkannte Betrag von € 60 000 angemessen. Dies gilt insb. auch unter Berücksichtigung des Umstands, dass der Kläger eine weitere Operation über sich ergehen lassen muss	OLG Düsseldorf 12.2.2019 1 U 16/18 Vors. Richter am OLG Dr. Scholten

● Mithaftung (siehe vorletzte Spalte)

Polytraumen

Urteile lfd. Nr. 2985 – 2986

Lfd. Nr.	Betrag DM Euro (Anp.2019)	Verletzung	Dauer und Umfang der Behandlung; Arbeitsunfähigkeit	Person des Verletzten	Dauerschaden	Besondere Umstände, die für die Entscheidungen maßgebend waren	Gericht, Datum der Entscheidung, Az., Veröffentlichung bzw. Einsender
	Fortsetzung von »Polytraumen«						
2985	€ 62 780 ● + immat. Vorbehalt (€ 77 616)	Komplizierter Beckenbruch, Trümmerbruch des linken Arms, Bruch im Sprunggelenk des rechten Fußes, Brüche sämtlicher Rippen auf der linken Körperseite, Einblutungen in der Stirn und im Hinterkopf zwischen den beiden Hirnhälften, Entfernung der Milz	3 Monate Krankenhaus bei vierwöchigem künstlichen Koma mit künstlicher Beatmung und Ernährung, 3 Operationen am Becken, während des Komas Komplikationen in Form einer medikamentenbedingten Gelbsucht, Penicillin-Allergie mit Ausschlag im Gesicht und am Oberkörper, infolge Medikamentenentzug Angst und Verwirrungszustände mit Wahnvorstellungen und Albträumen; 1 Monat stationäre Reha, anschließend 4 Monate ambulante Reha	37-jähr. Dozent im Bereich der EDV-Schulung	Verkürzung des linken Beins um 3 cm, hinkender Gang, Gehhilfe zur Korrektur des Gangbildes nötig; großflächige Narben vom Brustbein bis zum Unterbauch und auf dem Seitenrand der Leiste, Narben am rechten Sprunggelenk und am linken Arm; belastungs- und bewegungsabhängige Schmerzen im linken Hüftgelenk mit beeinträchtigender Sitzfähigkeit; schwere posttraumatische Hüftgelenksarthrose mit Notwendigkeit zur Implantation eines neuen Hüftgelenks (3 Wochen Krankenhaus); Schwerbehinderung 30%	Mithaftung des Klägers von 1/3; auf Grund seiner Behinderung ist Kläger nur noch halbtags berufstätig	OLG Düsseldorf 13.12.2004 I - 1 U 63/04 RAe Dres. Jakobs, Wollweber u. Koll., Siegburg
2986	€ 63 000 + immat. Vorbehalt (€ 68 551)	Aortendissektion sowie ein schweres Polytrauma mit Knie- und Beckenverletzungen durch Verkehrsunfall. Schweres Thoraxtrauma mit Rippenserienfraktur links sowie eine Lungenkontusion mit Hämothorax. Hüftluxation rechts mit Verletzung des Hüftpfannenrandes sowie die Verletzung des rechten Knies mit traumatischer Eröffnung der Bursa sowie Kreuzbandverletzung. Erhebliche Verletzung der Halswirbelsäule: leichte ventrale Deckplattenimpressionsfraktur mit Randzackenabriss des 7. HWK und Riss des vorderen Längsbandes zwischen HWK C6 und C7. Trümmerbruch der Mittelhandknochen. Kapselausriss am linken Daumen	Notoperation wegen Aortendissektion. Anschließend weitere Operationen im orthopädischen Bereich mit langdauernden Krankenhausaufenthalten. MdE 70% AU	Mann	Vermeidung von Kraftanstrengungen mit Blutdruckspitzen. Beinlängenverkürzung mit Auswirkungen auf die Beweglichkeit, ferner ist die Beugefähigkeit der Hüfte deutlich eingeschränkt. Sensibilitätsgestörte Hautbezirke und pseudoradikuläre Empfindungsstörungen in beiden Händen. Beide Hände sind unfallbedingt in ihrer Funktionalität eingeschränkt	Nach alledem hält der Senat unter Berücksichtigung aller Umstände ein Schmerzensgeld von insgesamt € 63 000 für angemessen. Maßgeblich für die Bewertung sind insbesondere die unfallbedingten Verletzungsfolgen, der Umfang der im erstinstanzlichen Urteil zutreffend dargestellten notwendigen Behandlungen, sowie die Dauerfolgen des Unfalls. Als Unfallfolge nicht gänzlich außer Betracht bleiben kann der Umstand, dass der Kläger unfallbedingt pensioniert worden ist und deshalb Beeinträchtigungen im sozialen Bereich, die etwa im Verlust von Kontakten bestehen, erlitten hat. Ferner ist aufgrund der im orthopädischen Bereich bestehenden Beeinträchtigungen davon auszugehen, dass der Kläger sportliche Hobbys wie etwa das Motorradfahren – wenn überhaupt – nur unter deutlichen Einschränkungen ausüben kann; hinsichtlich des Motorradfahrens hat der Sachverständige auf die damit verbundenen Schmerzen hingewiesen. Das Prozess- und Regulierungsverhalten der Beklagten führt nicht zu einer Erhöhung des Schmerzensgeldes	OLG Braunschweig 6.11.2012 7 U 46/08

Lfd. Nr.	Betrag DM Euro (Anp.2019)	Verletzung	Dauer und Umfang der Behandlung; Arbeitsunfähigkeit	Person des Verletzten	Dauerschaden	Besondere Umstände, die für die Entscheidungen maßgebend waren	Gericht, Datum der Entscheidung, Az., Veröffentlichung bzw. Einsender

Fortsetzung von »Polytraumen«

Lfd. Nr.	Betrag	Verletzung	Dauer	Person	Dauerschaden	Besondere Umstände	Gericht
2987	€ 70 000 + immat. Vorbehalt (€ 87 459)	Polytrauma mit epiduralem Hämatom, Serienverletzung der linken unteren Extremität mit drittgradig offener Oberschenkelfraktur mit Muskelkontusion und großflächigem Decollement, drittgradig offene Unterschenkelfraktur links mit großflächigem Decollement und Kompartmentsyndrom, geschlossene ligamentäre Knieverletzung mit Verdacht auf Ruptur des vorderen Kreuzbandes, OSG-Luxationsfraktur mit Aitken-III-Fraktur des Innenknöchels sowie ventraler Bandzerreißung des OSG, Talusluxationstrümmerfraktur links	9 Krankenhausaufenthalte von insgesamt 146 Tagen innerhalb von 14 Monaten, anschließend intensive krankengymnastische Behandlung, kinderpsychotherapeutische Behandlung, nach 2 Jahren neurologische Reha-Behandlung	10-jähr. Junge	Seitengleiche Belastung der Beine nicht möglich; posttraumatische Arthrose im oberen und unteren Sprunggelenk, regelmäßig wiederkehrende Kopfschmerzen, Konzentrationsstörungen	Zusammenbruch eines Torbogens infolge mangelnder Standsicherheit, wobei der im Bereich des Torbogens befindliche Kläger durch herabstürzende Trümmer verletzt wurde; Haftungsgrundlage: § 836 BGB; mit einer Versteifung des verletzten Sprunggelenks in 8 bis 10 Jahren muss gerechnet werden; es kann zu epileptischen Anfällen kommen	LG Arnsberg 25.11.2004 4 O 481/03 bestätigt durch OLG Hamm 15.12.2008 6 U 18/05 RAe Füg u. Kröger, Ascheberg
2988	€ 70 000 (€ 87 665)	Leberruptur, distale Oberschenkeltrümmerfraktur rechts, Oberschenkeltrümmerfraktur links, Patellamehrfragmentfraktur rechts, Innenknöchelfraktur rechts, distale Humerusfraktur links, Olekranonfraktur links, Ulnafraktur links, Radiusfraktur links, Hautdefekte des linken Oberarms und linken Oberschenkels	2 Monate stationär mit sechs Operationen, anschließend Reha über 5 Monate; 3 Jahre später zwei Operationen zur Metallentfernung; arbeitsunfähig ca. 14 Monate	33-jähr. Frau	Orthopädisch MdE 30%, psychiatrisch MdE 50%. Ausgedehnte Narbenbildung am linken Oberarm und am linken Oberschenkel	Die Klägerin leidet unter posttraumatischen Belastungsstörungen mit Alpträumen, die eine starke angsterregende Färbung haben. Möglicher Kinderwunsch ist in Anbetracht der übrigen, wesentlichen Gesamtumstände bei der Schmerzensgeldbemessung nicht mehr entscheidungserheblich	LG Bonn 7.4.2004 13 O 517/03 RAin Wolff-Pick, Wachtberg
2989	€ 70 000 (€ 74 864)	Lebensgefährliches Polytrauma, drittgradige offene Unterschenkelfraktur rechts, Oberschenkelfraktur links, Thoraxtrauma mit Fraktur der 1. Rippe links, intrapatellare Weichteilwunde rechts, Decollement und Abriss der Bauchwandmuskulatur von der Crista iliaca links, Harnwegsinfektion, postoperative Blutungsanämie, Platzwunde am linken Kniegelenk, Todesangst, posttraumatische Belastungsstörung (u. a. Flashbacks, ausgeprägtes Vermeidungsverhalten)	Insgesamt 4 Wochen stationärer Aufenthalt, über 45 Monate AU, zahlreiche Operationen, erstmalig nach 3 Monaten konnte mit Krücken das Laufen begonnen werden	32-jähr. Frau (taubstumm), Mutter von 2 kleinen Kindern	Einschränkung der Hüftbeugung, chronisches Schmerzsyndrom, lokale Verkalkung sowie hypertrophe Kallusbildung, vorzeitige Degeneration der LWS	Der Beklagte geriet nachts auf die Fahrbahn der Klägerin und kollidierte mit ihrem Fahrzeug. Die Klägerin wurde eingeklemmt und konnte erst nach einer Stunde von der Feuerwehr befreit werden. Die Klägerin kann keine stehende Tätigkeit mehr ausüben. Nach Auffassung des Sachverständigen ist bei Fortführung der Schmerztherapie und der psychotherapeutischen Behandlungen eine Reintegration in das Arbeitsleben möglich. Die Klägerin trägt wegen der Erinnerung an die Sirenengeräusche keine Hörgeräte mehr, vermeidet Autofahrten bei Nacht und nimmt andere Strecken. Das von der Klägerin beanstandete zögerliche Regulierungsverhalten sowie die noch nicht ergangene strafrechtliche Verurteilung des Beklagten fallen für die Schmerzensgeldbemessung nicht mehr entscheidend ins Gewicht	LG Stuttgart 5.2.2016 24 O 192/13 RA Martin Ellinger, Stuttgart

● Mithaftung (siehe vorletzte Spalte)

Polytraumen — Fortsetzung von »Polytraumen«

Lfd. Nr.	Betrag DM **Euro** *(Anp.2019)*	Verletzung	Dauer und Umfang der Behandlung; Arbeitsunfähigkeit	Person des Verletzten	Dauerschaden	Besondere Umstände, die für die Entscheidungen maßgebend waren	Gericht, Datum der Entscheidung, Az., Veröffentlichung bzw. Einsender
2990	€ 75 000 + immat. Vorbehalt **(€ 81 609)**	Polytrauma durch schwerwiegende grobe Verkehrssicherungspflichtverletzung – LWK-1 Berstungsfraktur mit Einengung des Spinalkanals, Kreuzbeinbruch, Rippenserienfraktur 3–5 rechts mit Mantelpneumothorax, Sternumfraktur, Tibiaschaftspiralfraktur rechts, Fibulafraktur rechts, Calcaneustrümmerfraktur beidseits, Talusmehrfragmentfraktur links, Fraktur der Mittelfußknochen II–V rechts, multiple Fußwurzelknochenfrakturen beidseits, Sprunggelenksfrakturen beidseits	11 Tage Intensivstation, min. 6 Wochen stationärer Aufenthalt, min. 6 schwere Operationen, Fixateur interne BWK 12 bis LWK 2	27-jähr. Frau Erzieherin (Kletteranfängerin)	14 cm lange Narbe im Brustbereich, abgebrochene Schraube sowie Implantat verbleiben in der Wirbelsäule, Verplumpung der Füße, schwerste Fehlstellung des linken Fußes, Versteifung der Wirbelsäule TH12/LWK 1, hochgradige Belastungsinsuffizienz der Beine, lebenslang Rollstuhl und Gehhilfen zur Fortbewegung	Die Klägerin stürzte aus 7 m Höhe auf den Steinboden in der Kletterhalle, da ein zu kurzes Seil verwendet wurde, was jedoch allein dem Beklagten als Betreiber anzulasten ist. Die farblich gleichen Kletterseile weisen unterschiedliche Längen für unterschiedliche Routen auf, wobei nicht alle Seile die erforderliche Mindestlänge für gewisse Routen haben. Die Seillänge ist nicht gekennzeichnet. An den Füßen sind vermutlich noch weitere Operationen notwendig, mit an Sicherheit grenzende Wahrscheinlichkeit eintretende Arthrose wird zur Versteifung der Sprung- und Fußgelenke führen. Klägerin kann max. Strecken von 600 m gehen	LG Hannover 16.11.2012 14 O 141/09
2991	150 000 **€ 75 000** **(€ 101 724)**	Rippenserienfraktur links mit Hämatopneumothorax; stumpfes Bauchtrauma mit Milzkapsel- und Zwerchfellriss links; offene distale Oberschenkeltrümmerbrüche 1. Grades links und rechts, geschlossene distale Unterschenkeltrümmerbrüche links und rechts, Kompartmentsyndrom am linken Unterschenkel und Vorderfuß, multiple Vorfußfrakturen beidseits, postoperative Haut- und Weichteilnekrosen am rechten Unterschenkel	15 Krankenhausaufenthalte mit zeitweisen Unterbrechungen über 5 Jahre	Selbstständiger Handelsvertreter	Versteifung des rechten Sprunggelenks, Beinverkürzung, chronische Fistel; MdE: 30–100% (unterschiedliche Beurteilung); GdB: 100%	Zeitweise auftretende psychische Beeinträchtigungen, die die Trennung von der seinerzeitigen Lebensgefährtin zur Folge hatte	OLG Bamberg 12.5.1998 5 U 263/96 RAe Schauer & Koll., Schweinfurt
2992	€ 75 000 ● + immat. Vorbehalt **(€ 86 765)**	Polytrauma, Schädel-Hirn-Trauma mit Bewusstlosigkeit, Hirnkontusion mit frontaler subarachnoidaler Blutung und subduralem Hämatom, das zu einem hirnorganischen Psychosyndrom und einem versteckten Schielen führte, Läsion des Plexus brachialis links mit Wurzelausriss, offene suprakondyläre Femurfraktur links mit Knochendefekt, geschlossene multiple Frakturen des linken Unterschenkels, Teilamputation des kleinen Finger an der linken Hand, Unterschenkelkompartmentsyndrom, hochgradige Atropien der Oberschenkelmuskulatur, Fraktur 1. Rippe links, stumpfe Hals- und Thoraxkontusion	Insgesamt 4 Operationen, 2 Monate stationäre Behandlung (davon 1 Woche künstliche Beatmung), anschließend 1 Monat Reha, anschließend 3 Monate Anschlussbehandlung	40-jähr. Mann, Polizeibeamter	Berufsspezifische MdE zu 100%, fast vollständige Versteifung des linken Kniegelenks, Erschlaffung des linken Arms	Bei der Bemessung des Schmerzensgeldes wurde schmerzensgelderhöhend berücksichtigt, dass der Kläger partiell bei allgemeinen Verrichtungen des Alltags auf fremde Hilfe angewiesen ist, ebenso wie, dass er seinen Beruf als Polizeibeamter bereits in seinem Alter nicht mehr ausüben kann, was für den Kläger psychische Beeinträchtigungen mit sich bringt. Das Gericht hat eine Mithaftung von 50%, resultierend aus der Betriebsgefahr, berücksichtigt, welche sich schmerzensgeldmindernd auswirkt	LG Neuruppin 19.11.2008 2 O 248/07 Brandenburgisches OLG 23.6.2011 12 U 263/08 SP 2011, 361 RA Koch, Erftstadt Zurückweisung der Berufung. Zur Durchführung des Betragsverfahrens Zurückverweisung des Rechtsstreits an das LG.

● Mithaftung (siehe vorletzte Spalte)

Lfd. Nr.	Betrag DM Euro (Anp.2019)	Verletzung	Dauer und Umfang der Behandlung; Arbeitsunfähigkeit	Person des Verletzten	Dauerschaden	Besondere Umstände, die für die Entscheidungen maßgebend waren	Gericht, Datum der Entscheidung, Az., Veröffentlichung bzw. Einsender
\multicolumn{8}{l}{Fortsetzung von »Polytraumen«}
2993	€ 80 000 + immat. Vorbehalt (€ 85 130)	Polytrauma mit Gesichtsschädelverletzung mit einer Riss-/Quetschwunde rechts im Bereich des Augenlides, eine Orbitadachfraktur rechts mit Monokelhämatom, penetrierende Risswunde der Oberlippe links, Zahnfrakturen der Zähne 11, 12, 13 und 21 sowie Extremitätenverletzungen mit einer Beckenring B-Verletzung, Fraktur des Kreuzbeines und des Steißbeines und einer inneren Blutung im Bereich des Darmes sowie eine zweitgradig offene trimalleoläre OSG-Luxationsfraktur rechts, wobei diese kompliziert wurde durch einen Knorpeldefekt im Bereich der Sprungbeinschulter rechts	Versorgung der Beckenringfraktur erfolgte mittels Kriechschrauben, der Schambeinäste beidseits mittels Platten- und Schraubenosteosynthese am linken Ilium. Die Sprunggelenksluxationsfraktur rechts mit Knorpeldefekt der lateralen Talusschulter wurde versorgt mittels Transfixationsspickdrähten und Fixateur extern. Umfangreiche, äußerst langwierige, schmerzhafte Krankenhausaufenthalte und Zahnbehandlungen.	17-jähr. Frau	Bewegungseinschränkungen; Arthrose; GdB 40%	Zur Überzeugung des Gerichtes hat die beim Unfallereignis erst 17-jähr. Klägerin Verletzungen solcher Schwere erlitten, die zum einen als unmittelbare Folge umfangreiche, äußerst langwierige, schmerzhafte Krankenhausaufenthalte und Zahnbehandlungen zur Folge hatten und zum anderen das Leben der Klägerin bleibend und für immer beeinträchtigen werden. Schwerpunkte bilden dabei insbesondere die Beckenringfraktur sowie die Trümmerfraktur des Sprunggelenks rechts mit Verletzung des Peroneusnerves	LG Ingolstadt 5.8.2014 34 O 1617/13 RAe Hofbeck, Buchner und Collegen, Nürnberg; RAe WTW & Kollegen, München
2994	€ 80 000 + immat. Vorbehalt (€ 85 559)	Polytrauma durch Verkehrsunfall: proximale Humerusfraktur links, Clavikulaschaftfraktur rechts, Handgelenkluxationsfraktur links, Daumenendgliedfraktur links, Rippenserienfraktur beidseits bei Thoraxtrauma und Pneumothorax rechts mit anhaltender Ventilationsstörung, Beckenringfraktur sowie Acetabulumfraktur links, Bewegungseinschränkung des rechten oberen Sprunggelenks und eine Fußheberschwäche. Auf nervenärztlichem Fachgebiet erlitt der Kläger unfallkausal eine Armnervengeflechtsschädigung beidseits, eine handgelenksnahe Teilschädigung des linken Nervus Medianus und eine Teilschädigung des Nervus Ischiadicus rechts	Längere Zeit stationär mit Operationen, danach Reha-Maßnahme; 27 Monate vollständige, danach zu 50% AU	44-jähr. Mann	Bewegungseinschränkungen des Brustkorbes, Kraftminderung und Belastungsinsuffizienz des gesamten Organismus, beginnende Hüftgelenksarthrose, unfallbedingte Fußheberschwäche sowie auf nervenärztlichem Fachgebiet Muskelverschmächtigungen im Bereich der Schulter und am Fuß, Muskelkrämpfe am linken Oberarm und eine Hautgefühlsminderung an der linken Schulteraußenseite	Nach alledem hält der Senat bei Berücksichtigung der festgestellten Verletzungen und Verletzungsfolgen aus dem Unfall, auch der Tatsache, dass der Kläger längere Zeit stationär im Krankenhaus bleiben musste, diesem Aufenthalt sich eine Reha-Maßnahme anschloss, er 27 Monate vollständig, danach zu 50% arbeitsunfähig war und ist, wie schon das Erstgericht, ein Schmerzensgeld i.H.v. weiteren € 20 000 über die bereits außergerichtlich bezahlten € 60 000 für sachgerecht. Als Orientierungsrahmen können folgende „Vergleichsfälle" herangezogen werden, die die Ermessensentscheidung stützen: OLG Düsseldorf v. 13.12.2004 – 1 U 63/04: € 62 780 + immaterieller Vorbehalt und OLG Stuttgart v. 15.10.2003 – 3 U 120/03: € 85 678 + immaterieller Vorbehalt	OLG München 13.12.2013 10 U 4926/12 juris
2995	€ 80 000● + immat. Vorbehalt (€ 87 859)	Polytrauma in Form eines schweren Schädel-Hirn-Traumas 1. Grades nebst weiteren Verletzungen durch Fahrradunfall. Kontusionen im Bereich des Balkens, des Hirnstamms sowie links frontal (Polytrauma), ferner eine Lungenkontusion sowie unter anderem eine Oberschenkeltrümmerfraktur links	Die intensivmedizinische Akutbehandlung dauerte fast einen Monat, davon war der Kläger zwei Wochen lang im Koma. Danach entwickelte sich ein Apallisches Syndrom, aufgrund dessen der Kläger über lange Zeit hinweg nicht ansprechbar war. Zahlreiche Reha-Maßnahmen schlossen sich an	15-jähr. Junge	Durch die fortwirkenden Unfallfolgen ist der Kläger in seiner persönlichen Entwicklung, insb. aber auch in seinem beruflichen Fortkommen erheblich beeinträchtigt. Es ist derzeit noch völlig offen, ob er den Anforderungen eines geregelten Berufslebens wird standhalten können und in welchem Umfang dauerhaft eine Minderung der Erwerbsfähigkeit verbleiben wird	Ausgehend von dem in vergleichbaren Fällen zugesprochenen Schmerzensgeld, das heute einem Betrag von circa € 120 000 entspricht, erschien es dem LG angemessen, das Schmerzensgeld des Klägers unter Berücksichtigung seines Mitverschuldens von 1/3 auf insgesamt € 80 000 zu bemessen. Das OLG hatte gegen die Höhe keine Bedenken	OLG Koblenz 20.6.2012 12 U 1474/10

● Mithaftung (siehe vorletzte Spalte)

Lfd. Nr.	Betrag DM **Euro** *(Anp.2019)*	Verletzung	Dauer und Umfang der Behandlung; Arbeitsunfähigkeit	Person des Verletzten	Dauerschaden	Besondere Umstände, die für die Entscheidungen maßgebend waren	Gericht, Datum der Entscheidung, Az., Veröffentlichung bzw. Einsender
\multicolumn{8}{l}{Fortsetzung von »Polytraumen«}							
2996	€82 500 ● + immat. Vorbehalt (Vergleich) *(€89 403)*	Motorradunfall: Luxationsfraktur des linken Ellenbogengelenkes, Abriss des Kronenfortsatzes der Elle, Radiusköpfchentrümmerfraktur; Bruch der Speiche und einiger Handwurzelknochen; am rechten Arm Speichenköpfchenbruch und proximale Fibulafraktur, offene Endgliedtrümmer- und Grundgliedfraktur des rechten Kleinfingers, Mittelhandknochen IV-Basisfraktur sowie knöcherner Strecksehnenausriss des rechten Daumens; am rechten Bein Brüche des Waden- und Schienbeinkopfes; komplexe Beckenfraktur mit Acetabulumfraktur rechts, zentrale Hüftluxation rechts, Iliosacralfugensprengung rechts, Sitzbeinfraktur rechts, Fraktur des hinteren Pfeilers des linken Acetabulums; stumpfes Bauchtrauma mit Einriss des Dünndarm-Mesenteriums im Bereich des terminalen Ileums; Verlust zweier Schneidezähne; medikamenteninduzierter delirhafter Durchgang mit Alpträumen, Verwirrtheit und paranoid-halluzinatorischer Symptomatik	Stationäre Behandlungen mit Operationen, längere AU	Mann	Ständige Schmerzen beim Treppengehen, Probleme beim Gehen, Stehen und Sitzen, deutliche Bewegungseinschränkung und verminderte Belastbarkeit des linken Arms, endgradige Einschränkung der Beweglichkeit des linken Handgelenkes, geringgradige Schwäche der Daumenadduktion linksseitig, eingeschränkte Belastbarkeit des rechten Ellenbogengelenks, Verkürzung des rechten Kleinfingers im Endglied, schmerzhafte Sensibilitätsstörungen im rechten Ring- und Kleinfinger und an der Handkante, Taubheitsgefühle im Bereich des linken Fußes und des rechten Unterschenkels sowie arthrotische Veränderungen im linken und rechten Ellenbogengelenk; unfallbedingte Minderung der Erwerbsfähigkeit von 70% sowie Grad der Behinderung von 80%	Die Parteien haben sich in einem Prozessvergleich über eine Haftung dem Grunde nach mit einer Quote von 75% geeinigt. Der Umstand, dass Folgeschäden und weitere Operationen (wegen des Einsatzes eines künstlichen Handgelenks) wahrscheinlich sind, sowie der Umstand, dass trotz strafrechtlicher Verurteilung des Unfallgegners wegen fahrlässiger Körperverletzung keinerlei Zahlungen geleistet worden sind, sondern erst der eineinhalb Jahre später geschlossene gerichtliche Vergleich zum Anlass für eine erste Schmerzensgeldzahlung genommen wurde, wirkten sich schmerzensgelderhöhend aus. Schmerzensgelder im Bereich über €120 000 werden im Wesentlichen für Verlust von Organen oder Extremitäten, Hirnschädigungen und schweren Lähmungen zugesprochen, die zu massiven Einschränkungen des täglichen Lebens führen. Einschränkungen orthopädischer Natur sind hiermit nicht vergleichbar	OLG Frankfurt am Main 1.2.2013 10 U 198/11 juris
2997	€85 000 + immat. Vorbehalt *(€91 645)*	Polytrauma durch Verkehrsunfall u. a. mit Oberschenkelbruch links, Beckenfraktur in Form der beidseitigen Schambeinastfraktur, seitlicher Schienbeinkopffraktur links, Skalpierungsverletzung der Kopfhaut mit großflächiger frontaler Stirnplatzwunde, zweitgradiger offener Unterschenkelfraktur links, Kniescheibenmehrfragmentbruch links sowie Unterschenkelschaftbruch rechts, Beschädigungen an der Hornhaut des linken Auges durch Glassplitter	2 ½ Monate stationäre Behandlung und über eine Woche lang künstliche Beatmung; danach ca. 3 Wochen Rehabilitationsbehandlung in einer Klinik	Frau	60% schwerbehindert; zusätzlich Merkzeichen G (Gehbehinderung)	Die erheblichen körperlichen und psychischen Beeinträchtigungen, die die Klägerin bisher zu erleiden hatte und unter denen sie auch künftig noch zu leiden hat, lassen das vom LG ausgeurteilte Schmerzensgeld i.H.v. €60 000 unter Einbeziehung der Genugtuungsfunktion durch die vom Beklagten zu 1. begangene Vorsatztat (Handeln in Selbstmordabsicht) und unter Berücksichtigung einer durchaus zögerlichen Regulierung als zu niedrig erscheinen; jedoch liegt auch die Schmerzensgeldvorstellung der Klägerin in einer Größenordnung von etwa €180 000 deutlich außerhalb der Grenzen, die die Rechtsprechung bei der Bemessung für im Ansatz vergleichbar schwere Beeinträchtigungen festsetzt	Brandenburgisches OLG 15.1.2015 12 U 198/13

Lfd. Nr.	Betrag DM **Euro** *(Anp.2019)*	Verletzung	Dauer und Umfang der Behandlung; Arbeitsunfähigkeit	Person des Verletzten	Dauerschaden	Besondere Umstände, die für die Entscheidungen maßgebend waren	Gericht, Datum der Entscheidung, Az., Veröffentlichung bzw. Einsender
Fortsetzung von »Polytraumen«							
2998	€ 85 678 + immat. Vorbehalt *(€ 108 839)*	Stumpfes Thoraxtrauma, Fraktur der 7. Rippe links, Lungenkontusion links, Hämatothorax links, stumpfes Bauchtrauma mit Milzruptur und retroperitonealem Hämatom, erstgradig offene Unterschenkelfraktur links, offene Patellatrümmerfraktur links mit Abriss des Kniescheibenbandes, Handgelenksfraktur links, obere Schambeinastfraktur und Aortenbogenaneurysma	Vier stationäre Aufenthalte von ca. 2 Monaten, ambulante Behandlung ca. 7 Monate	16-jähr. Junge		Aufgrund des Aneurysmas besteht die Gefahr einer spontanen Aortenruptur. Wegen der bestehenden Risiken wird derzeit von einer Operation abgeraten, obwohl gleichzeitig eingeräumt wird, dass es tagtäglich zum Platzen des Aneurysmas kommen kann, was dann unweigerlich zum Tod des Klägers führen würde. Jede Tätigkeit, die zur Blutdruckerhöhung führt, sei es im Beruf oder in der Freizeit, muss vermieden werden. Der Kläger spielt mit dem Leben, wenn er weiterhin seine Tätigkeit als Baugeräteführer und der damit zusammenhängenden körperlichen Belastungen ausübt, weshalb nunmehr Umschulungsmaßnahmen eingeleitet werden	OLG Stuttgart 15.10.2003 3 U 120/03 RiLG Lustig, Heilbronn vergleichsweise in II. Instanz
2999	180 000 € 90 000 + immat. Vorbehalt *(€ 115 018)*	Schädelhirntrauma 2. Grades, Hirnödem und subarachnoidale Blutauflagerung, Mittelgesichtsfraktur Le Fort III, Schulterblattfraktur rechts; Pneumothorax links, distale Unterarmfraktur rechts, drittgradig offene Oberschenkelfrakturen rechts und links mit jeweiliger Zertrümmerung des Gelenkknorrens, erstgradig offene Unterschenkelfraktur links	4 1/2 Monate Krankenhaus, davon 17 Tage im Koma; mehrere Operationen, beide Beine und rechter Arm zeitweise fixiert; anschließend 4 Wochen Reha	38-jähr. Mann	Minderung der Funktionsfähigkeit des rechten Arms um 1/10, des rechten Beins um 1/3 und des linken Beins um 1/5; erhebliche Verkürzung des rechten Beins, beide Kniegelenke instabil, erhebliche Narben an beiden Beinen, zur Fortbewegung auf Gehhilfen bzw. Rollstuhl angewiesen; Verlust des Geschmacks- und Geruchssinns; Hörverlust um 10% auf dem linken Ohr; hirnorganisch depressives Syndrom mit Konzentrationsstörungen, erhebliche kognitive Störungen, Erschöpfbarkeit, Ein- und Durchschlafstörungen, Reizbarkeit, Störung der Impulskontrolle; MdE: 100%	In beiden Beinen sind Fixierschrauben angebracht, deren Entfernung ungewiss ist	OLG Celle 19.12.2002 14 U 73/02
3000	€ 90 000 *(€ 104 231)*	Schädelhirntrauma II. Grades mit Hirnödem, Schlüsselbeinbruch, mehrere Armbrüche beidseits, Verdickung des nervus radialis, Rippenserienbruch, Beckenringbruch, Oberschenkelschaftfraktur links, Tibiaschaftfraktur, Lungenprellung, Nasenbeinbruch, Ablederungsverletzungen	183 Tage Krankenhaus mit mehreren Operationen, weitere 4 Krankenhausaufenthalte von insgesamt 47 Tagen mit Hauttransplantationen, zunächst Rollstuhl erforderlich, insgesamt ca. 3 Jahre Behandlungsdauer	41-jähr. Frau (Mutter dreier erwachsener Kinder)	Beide Arme nur eingeschränkt nutzbar; kann Darmausgang nicht mehr selbst reinigen; Laufen zeitlich eingeschränkt, Kopfschmerzen, Wetterfühligkeit; Pflegestufe 2	Schweres Verschulden des Beklagten (Alkoholfahrt)	OLG Celle 12.3.2008 14 U 175/07

● Mithaftung (siehe vorletzte Spalte)

Lfd. Nr.	Betrag DM **Euro** *(Anp.2019)*	Verletzung	Dauer und Umfang der Behandlung; Arbeitsunfähigkeit	Person des Verletzten	Dauerschaden	Besondere Umstände, die für die Entscheidungen maßgebend waren	Gericht, Datum der Entscheidung, Az., Veröffentlichung bzw. Einsender
	Fortsetzung von »Polytraumen«						
3001	**€ 90 580** + immat. Vorbehalt *(€ 97 266)*	Schwerstes Polytrauma durch Frontalkollision bei Verkehrsunfall mit lebensgefährlichen Verletzungen: massive intraabdominelle Blutungen, zerrissene Milz, Leberarterie eingerissen, ausgedehnte Hüftpfeiler- und Hüftpfannenfraktur links (Zwei-Pfeiler-Fraktur des linken Acetabulums mit Fragmentierung der gesamten linken Beckenschaufel bis zur Darmbeinspitze bzw. -kante, wobei das Acetabulum insgesamt auseinandergesprengt worden war und der Hüftkopf subluxiert stand, vorderer und hinterer Schambeinast waren auf der rechten Seite gebrochen und verschoben, außerdem war die Iliosakralfuge linksseitig gesprengt), Fraktur des rechten Fersenbeines, die in Fehlstellung und Verkürzung des Fersenbeines verheilte, Fraktur des Innenknöchels verheilte ebenfalls in mäßiger Fehlstellung mit massiver Verformung des Rückfußes, beidseitiger Hämatopneumothorax, weswegen beidseitig Bülau-Drainagen gelegt werden mussten und zunächst eine Langzeitbeatmung erforderlich war. Während der Beatmung trat aus ungeklärter Ursache zweimal ein Herzkreislaufstillstand ein, der zu intensiven Wiederbelebungsmaßnahmen führte. In diesem Zusammenhang war der Kläger mit dem Rettungshubschrauber in die neurochirurgische Klinik der Medizinischen Hochschule verbracht worden, weil eine eventuell vorliegende intrakranielle Blutung vermutet wurde. Dieser Verdacht bestätigte sich jedoch nicht. Die erlittene Kopfverletzung wurde als Schädelhirntrauma qualifiziert. Darüber hinaus hatte der Kläger bei dem Unfall eine Clavicula-Fraktur linksseitig sowie eine Serienfraktur der Rippen 1–6 links erlitten	Notärztliche Versorgung an der Unfallstelle, sofortige operative Versorgung nach Einlieferung in die unfallchirurgische Klinik, danach Verlegung auf die Intensivstation; jahrelange Behandlungen, überwiegend stationär, mit vielen weiteren Operationen. Erwerbsunfähigkeit	38,5-jähr. Mann	Div. Behinderungen, insbesondere starke Bewegungseinschränkungen, Verkalkungen, Coxarthrose, Hüftkopfnekrose, Arthrosen	Unter Berücksichtigung der Schwere der Verletzungen, der dauerhaften Erwerbsunfähigkeit und der Heranziehung von Vergleichsrechtsprechung aus Hacks/Wellner/Häcker hält der Senat im Ergebnis eine Erhöhung des Schmerzensgeldes auf eine Größenordnung von gut € 90 000 für angemessen. Während in der Rechtsprechung Schmerzensgeldbeträge über € 100 000 regelmäßig erst bei bleibenden kognitiven Beeinträchtigungen nach schweren Schädelhirntraumen oder der Notwendigkeit einer Amputation im Bereich der unteren Extremitäten bzw. einer dauerhaften Rollstuhlbenutzung zuerkannt werden, bewegen sich die in vergleichbaren Fallgestaltungen zuerkannten Schmerzensgelder in einem Rahmen zwischen € 60 000 und € 93 000. Innerhalb dieses Rahmens ist der Fall des Klägers nach Auffassung des erkennenden Senats an der oberen Grenze einzuordnen. Insgesamt erschien deshalb dem Senat die Zuerkennung eines weiteren Schmerzensgeldes von € 19 000 neben dem bisherigen Zahlbetrag von rund € 71 580 angemessen, aber zugleich ausreichend	OLG Celle 18.9.2013 14 U 167/12 juris

Lfd. Nr.	Betrag DM Euro (Anp.2019)	Verletzung	Dauer und Umfang der Behandlung; Arbeitsunfähigkeit	Person des Verletzten	Dauerschaden	Besondere Umstände, die für die Entscheidungen maßgebend waren	Gericht, Datum der Entscheidung, Az., Veröffentlichung bzw. Einsender

Fortsetzung von »Polytraumen«

Lfd. Nr.	Betrag	Verletzung	Dauer und Umfang der Behandlung; Arbeitsunfähigkeit	Person des Verletzten	Dauerschaden	Besondere Umstände	Gericht, Datum
3002	€ 100 000 + immat. Vorbehalt (€ 107 056)	Polytrauma mit Schädelhirntrauma Grad 1 sowie einer occipitalen (Hinterhaupt) Schädelfraktur, ein subdurales (unter der harten Hirnhaut befindliches) Hämatom rechts, Hämatopneumothorax mit Lungenkontusionen beiderseits, eine Rippenserienfraktur der 1., 4.-8. Rippe rechts, sowie der Rippen 3, 6, 8 und 9 links. Eine Beckenringfraktur Typ C, eine Humerusquerfraktur Typ A3 rechts, eine bimalleoläre Sprunggelenk-Luxationsfraktur Typ Weber B rechts, Claviculafrakturen beiderseits, Schulterblattfrakturen beiderseits, Frakturen der Querfortsätze der Lendenwirbelkörper 1 bis 4 links und des 5. Lendenwirbelkörpers rechts, Frakturen der Dornfortsätze der Brustwirbelkörper 2 bis 6, multiple Schürfungen der Bauchdecke, eine Leberkontusion sowie erhebliche Prellungen am gesamten Körper	Akute Lebensgefahr. Die Klägerin war ohne Bewusstsein und musste für zwei Wochen auf der Intensivstation künstlich beatmet werden. Während der sich daran anschließenden weiteren dreiwöchigen stationären Heilbehandlung musste sich die Klägerin einer Vielzahl von Operationen unterziehen. Achtwöchige Rehabehandlung. Später OPs zur Metallentfernung. Andauernde ambulante krankengymnastische Behandlungen. Lange AU. Auf orthopädischem Gebiet dauerhafte MdE in Höhe von 30% und auf neurologischem Gebiet in Höhe von 20%	20-jähr. Frau	Erhebliche Dauerfolgen (insb. Bewegungseinschränkungen) und Schmerzen	Bei der Höhe des Schmerzensgeldes hat die Kammer insb. die von der Klägerin erlittenen unstreitigen Primärverletzungen sowie die hierdurch bedingten Folgeoperationen berücksichtigt. Schließlich war das schwere und grob fahrlässige Verschulden des Beklagten schmerzensgelderhöhend zu berücksichtigen. Diesem war angesichts seiner erheblichen Alkoholisierung ein schwerwiegender Fahrfehler vorzuwerfen, da er während der Fahrt eingeschlafen war. Hierbei handelt es sich um ein Fehlverhalten, das schlechterdings nicht nachvollziehbar und daher als grob fahrlässig zu bewerten ist. Dieser Umstand war im vorliegenden Fall schmerzensgelderhöhend ebenso zu berücksichtigen wie die eingetretenen erheblichen Dauerfolgen, die die Klägerin angesichts ihres noch jugendlichen Alters lebenslang begleiten werden	LG Zweibrücken 20.2.2015 2 O 120/08 RA Justizrat Hans-Jürgen Gebhardt, Homburg
3003	200 000 ● € 100 000 (€ 133 585)	Schwere Schädelhirnverletzung, Schädelhirntrauma 3. Grades, Subarachnoidalblutung, leichtes Hirnödem, Polytrauma, Thoraxtrauma mit Lungenkontusion, Entfernung von 2/3 der Lunge nach Zerreißung des rechten Lungenunterlappens; Fersenbeinfraktur und Unterschenkelfraktur rechts	Ca. 2 Monate Krankenhaus, anschließend 8 Monate neurologische Reha	13-jähr. Schüler	MdE: 70%	40% Mitverschulden. Es verbleibt eine leichtgradige Halbseitenlähmung rechts mit erheblicher Feinmotorikstörung der Hand, mittelgradige Koordinationsstörung der rechten Körperseite (Ataxie, Tremor) und des Sprechens (Dysarthrie) sowie eine mittelgradige Hirnleistungsschwäche mit global schwer gestörter Gedächtnisfunktion und leichten bis mittelschweren Aufmerksamkeits-, Planungs- und Flexibilitätsdefiziten. Verdacht auf eine in Entwicklung befindliche posttraumatische Epilepsie. Lehre zum Gas- und Wasserinstallateur musste aufgrund der vorhandenen Leistungsschwächen sowohl im feinmotorischen, als auch im konzentrativen Bereich abgebrochen werden	LG Düsseldorf 7.4.2000 13 O 67/97 RAe Meinecke & Meinecke, Köln

● Mithaftung (siehe vorletzte Spalte)

Polytraumen

Fortsetzung von »Polytraumen«

Lfd. Nr.	Betrag DM **Euro** *(Anp.2019)*	Verletzung	Dauer und Umfang der Behandlung; Arbeitsunfähigkeit	Person des Verletzten	Dauerschaden	Besondere Umstände, die für die Entscheidungen maßgebend waren	Gericht, Datum der Entscheidung, Az., Veröffentlichung bzw. Einsender
3004	€ 110 000 + immat. Vorbehalt *(€ 132 750)*	Polytrauma mit Fraktur des Schädeldachs, Mittelgesichtsfrakturen Le Fort III, Nasenbeinfraktur, Rippenfrakturen rechts, Hämatopneumothorax rechts, Fraktur des Brustbeins und des rechten Schlüsselbeins, Beckenringsfraktur mit Hüftgelenkspfannenfraktur beidseits, offene distale Radiusfraktur links, Fraktur des rechten Innen- und Außenknöchels (Weber C), Dornfortsatzfraktur des 5. HWK, Zwerchfellruptur rechts, Leberruptur, Milzruptur, Verletzung der Bauchspeicheldrüse mit nachfolgender Entzündung, Entzündung der Gallenblase, Peronäusschwäche rechts	4 ½ Monate Krankenhaus, davon die ersten 2 Monate im Koma; anschließend 1 ½ Monate stationäre Reha	48-jähr. Maschinenschlosser	Schmerzen im Brustkorb, Einschränkung der Lungenfunktion auf 70%; Schmerzen in Hüften, Beinen und Füßen mit deutlichen Bewegungseinschränkungen und Parese, deutlich hinkendes Gangbild, Bewegungseinschränkung im Bereich der rechten Schulter und linkem Handgelenk mit Schädigung des nervus ulnaris, erektile Dysfunktion, Schlaf- und Verdauungsstörungen; Kläger kann weder heben noch tragen und ist ständig auf Hilfe anderer angewiesen	Erhebliche Belastungen, da sich Kläger im Laufe des fast 7-jähr. Rechtsstreites aufgrund des Verhaltens der beklagten Versicherung zahlreichen Begutachtungen unterziehen musste; Unfall wurde von der Tochter des Klägers verursacht, was jedoch ohne entscheidende Bedeutung ist, da Genugtuungsfunktion bei bloß fahrlässig verursachten Verkehrsunfällen gegenüber der Ausgleichsfunktion grundsätzlich vollständig in den Hintergrund tritt	LG Hannover 19.7.2006 11 O 16/05 RAin Heuke, Wunstorf

Lfd. Nr.	Betrag DM **Euro** *(Anp.2019)*	Verletzung	Dauer und Umfang der Behandlung; Arbeitsunfähigkeit	Person des Verletzten	Dauerschaden	Besondere Umstände, die für die Entscheidungen maßgebend waren	Gericht, Datum der Entscheidung, Az., Veröffentlichung bzw. Einsender

Fortsetzung von »Polytraumen«

Lfd. Nr.	Betrag	Verletzung	Dauer/Behandlung	Person	Dauerschaden	Besondere Umstände	Gericht
3005	€ 110 000 + immat. Vorbehalt *(€ 110 520)*	Schädel-Hirntrauma ersten Grades, umfangreiche Verletzungen im Brustbereich (Rippenserienfraktur links, Zwerchfellruptur und eine Hämato-/Pneumothorax beidseits) sowie Luxationen und Brüche an beiden Unterschenkeln, posttraumatische Belastungsstörung (PTBS)	7 Wochen stationäre Behandlung, davon die ersten 5 Tage im Koma auf der Intensivstation. 10 Operationen, u.a. neben der operativen Erstversorgung der Beine am Unfalltag auch eine (Not-) Operation wegen einer Blinddarmperforation, deren Unfallbedingtheit allerdings nicht bewiesen werden konnte, und eine Erneuerung des hinteren und vorderen Kreuzbandes des rechten Knies. Später wurde eine Bauchoperation infolge einer Zwerchfellruptur mit anschließender Reflux-Symptomatik erforderlich mit 3 Folgeoperationen aufgrund von Komplikationen. Insgesamt verbrachte der Kläger 147 Tage im stationären Aufenthalt, davon 54 Tage in Rehabilitationskliniken. Er musste nach der Kreuzbandoperation für einen Zeitraum von zumindest 3 Monaten eine PTS-Schiene tragen. An 694 Tagen war der Kläger zumindest teilweise arbeitsunfähig	40-jähr. Mann	Posttraumatische Arthrose mit vorzeitigem Gelenkverschleiß und Instabilität, Narben	Die Höhe des vom LG zuerkannten Schmerzensgeldes von insgesamt € 110 000 ist im Ergebnis nicht zu beanstanden. Aufgrund des Gutachtens des Sachverständigen ist davon auszugehen, dass sich im rechten Kniegelenk eine posttraumatische Arthrose mit vorzeitigem Gelenkverschleiß und eine Instabilität eingestellt haben, welche die Notwendigkeit des Einsatzes einer Knieprothese wahrscheinlich macht. Eine Fascienlücke am linken Unterschenkel führt zu einer Behinderung der Muskelkontraktion an dieser Stelle. Besonders zu erwähnen ist, dass die Funktion des rechten Kniegelenkes aufgrund der komplexen Rekonstruktion auf 0-0-90° eingeschränkt ist und der Kläger sich dadurch bedingt nicht hinhocken und hinknien kann. Dadurch ist es dem Kläger nicht möglich, den von ihm vor dem Unfall betriebenen Sportarten (Fußballspielen, Snowboarden und Skifahren) nachzugehen. Hinzu kommt eine Beeinträchtigung des äußeren Erscheinungsbildes des Klägers durch ausgedehnte Narbenbildungen, deren zufriedenstellende Beseitigung durch den Versuch plastisch-kosmetischer Operationen zumindest zweifelhaft ist. Der Senat geht – anders als das LG – davon aus, dass der Kläger unfallbedingt auch eine posttraumatische Belastungsstörung (PTBS) i.V.m. einer depressiven Beeinträchtigung erlitten hat. Der Senat hält es aufgrund der Aussage der Ehefrau auch für erwiesen, dass die Ehe des Klägers unfallbedingt in die Brüche gegangen ist. Insgesamt ist der vom LG zuerkannte Betrag unter Berücksichtigung der Vergleichsrechtsprechung angemessen, aber auch ausreichend	OLG Düsseldorf 11.6.2019 1 U 96/16 Vors. Richter am OLG Dr. Scholten

● Mithaftung (siehe vorletzte Spalte)

Polytraumen

Fortsetzung von »Polytraumen«

Lfd. Nr.	Betrag DM **Euro** *(Anp.2019)*	Verletzung	Dauer und Umfang der Behandlung; Arbeitsunfähigkeit	Person des Verletzten	Dauerschaden	Besondere Umstände, die für die Entscheidungen maßgebend waren	Gericht, Datum der Entscheidung, Az., Veröffentlichung bzw. Einsender
3006	€ 112 000 + immat. Vorbehalt *(€ 118 235)*	Polytrauma durch Verkehrsunfall		Frau	Mittelgradige Gehbehinderung, Behinderungen auch im Arm-, Ellenbogen- und Schulterbereich und daraus resultierende erhebliche seelische Belastungen	Wird die Fahrerin eines Pkw bei einem Frontalzusammenstoß, der durch das schwerwiegende fehlerhafte Verhalten des Unfallgegners verursacht worden ist, schwer verletzt mit der Folge, dass sie dauerhaft an einer mittelgradigen Gehbehinderung leidet und einen Gehstock benutzen muss, dass sie unter deutlichen Behinderungen auch im Arm-, Ellenbogen- und Schulterbereich und daraus resultierenden erheblichen seelischen Belastungen leidet und eine Erwerbsminderung von 70% vorliegt, ist ein Schmerzensgeld von € 110 000 grundsätzlich angemessen. Hat jedoch die beklagte Kfz-Haftpflichtversicherung, die ihrerseits kein Rechtsmittel gegen das erstinstanzliche Urteil eingelegt hatte, über zwei Jahre etwa die Hälfte des insgesamt angemessenen Schmerzensgeldes ohne Begründung nicht geleistet, ist eine Erhöhung unter dem Gesichtspunkt zögerlichen und kleinlichen Regulierungsverhaltens (hier: um € 2000) geboten	OLG München 24.7.2015 10 U 3313/13 juris; SP 2016, 9

Urteil lfd. Nr. 3007 — Polytraumen

Lfd. Nr.	Betrag DM **Euro** *(Anp.2019)*	Verletzung	Dauer und Umfang der Behandlung; Arbeitsunfähigkeit	Person des Verletzten	Dauerschaden	Besondere Umstände, die für die Entscheidungen maßgebend waren	Gericht, Datum der Entscheidung, Az., Veröffentlichung bzw. Einsender

Fortsetzung von »Polytraumen«

| 3007 | € 120 000 + immat. Vorbehalt *(€ 128 857)* | Verkehrsunfall eines Motorradfahrers mit einer Gelenkfraktur des 4. Brustwirbels rechts, einem instabilen Berstungsbruch des 5. Brustwirbels, einem oberen Berstungsbruch des 6. Brustwirbels, einem Abrissbruch des Querfortsatzes des 7. Brustwirbels, einer Lungenkontusion links, einer diskreten Plexusläsion links sowie Schürfwunden und Prellmarken im Gesicht und an weiteren unteren Extremitäten mit einem diskreten Gelenkerguss rechts | Ca. 3 Wochen stationäre Behandlung, wobei zunächst eine operative Behandlung der Wirbelsäulenverletzung mit dorsaler Stabilisierung erfolgte und 3 Tage später die transthorakale Hemikorporektomie des 5. Brustwirbels und dem Wirbelkörperersatz mit Beckenkammspan von TH 4 nach TH 6/5 mit einem zusätzlich eingebrachten Stabfixateur. Anschließend ca. 4 Wochen Reha. Gesamt-MdE/MdH von zunächst 100% langsam zurückgehend auf 40% | 32-jähr. Mann | Vermehrte Krümmung der Brustwirbelsäule, Steifheit des Bewegungssegments TH 3/4 bis TH 6/7, eingeschränkte Beweglichkeit der Wirbelsäule, Belastungsminderung der Wirbelsäule, breite kosmetisch störende Narbe am Rücken und am linken Beckenkamm, noch leicht abgehobenes Schulterblatt rechts sowie Einschränkung der aktiven Beweglichkeit der rechten Schulter, chronisches Schmerzsyndrom, welches die Einnahme von hochpotenten Analgetika sowie Psychopharmaka nötig macht, sowie Endstellenstagmus beidseitig, rechtsbetonte, insgesamt diskrete Unsicherheit bei Finger-Nasen-Versuchen beidseits, Verlust der Bauchhautreflexe, Stand- und Gangstörung im Sinne einer Ataxie, mäßige Verkürzung des Vibrationsempfindens linksseitig am Innenknöchel sowie organisch psychische Störung mit Beeinträchtigungen des Auffassungsvermögens und der Umstellungsfähigkeit, Zeitgitterstörungen und Beeinträchtigung der Grundstimmung des affektiven Verhaltens. Gesamt-MdE/MdH auf Dauer 40% | Hinsichtlich des Schmerzensgeldes hält der Senat unter Bezugnahme auf die vom Erstgericht zutreffend angestellten Erwägungen, die auch der Senat teilt, und unter Berücksichtigung von „Vergleichsfällen" einen Betrag von insgesamt € 120 000 für angemessen. Zu berücksichtigen ist auch, dass der Kläger im Unfallzeitpunkt erst 32 Jahre alt war und sein ganzes Leben mit diesen Beeinträchtigungen leben muss | OLG München 8.11.2013 10 U 1421/12 juris |

● Mithaftung (siehe vorletzte Spalte)

Polytraumen | Urteil lfd. Nr. 3008

Lfd. Nr.	Betrag DM **Euro** *(Anp.2019)*	Verletzung	Dauer und Umfang der Behandlung; Arbeitsunfähigkeit	Person des Verletzten	Dauerschaden	Besondere Umstände, die für die Entscheidungen maßgebend waren	Gericht, Datum der Entscheidung, Az., Veröffentlichung bzw. Einsender
	Fortsetzung von »Polytraumen«						
3008	€ 120 000 ● + immat. Vorbehalt *(€ 127 823)*	Blutige Pleuraergüsse, Lungenkontusion und Schädel-Hirn-Trauma mit beidseits frontalen Hirnkontusionsblutungen sowie traumatischen Subarachnoidalblutungen mit Hirnödem, Kalottenfraktur links, Felsenbeinfraktur sowie subtotale Amputationsverletzung der ersten, zweiten und dritten Zehe rechts	Der Kläger wurde noch am Unfalltag ohne Bewusstsein stationär im Krankenhaus aufgenommen. Dort musste am rechten Fuß eine Vorfußamputation vorgenommen werden, bei der dem Kläger die genannten drei Zehen abgenommen wurden. Später wurde er in ein heimatnahes Krankenhaus verlegt (insgesamt rund zehn Monate stationäre Behandlung). Das Schädel-Hirn-Trauma führte zu einem hirnorganischen Psychosyndrom mit Aphasie. Der Kläger zeigte psychomotorische Unruhe, fehlende Impulskontrolle und fremdaggressives Verhalten. Schließlich wurde er in das Zentrum für Psychiatrie einer Fachklinik verlegt. Auch im Jahr nach dem Unfall wurde der Kläger in einer Reihe von Reha-Kliniken sowie psychiatrischen und neurologischen Kliniken behandelt. Der Kläger wird dauerhaft nicht in der Lage sein, seinen früheren Beruf als Kraftfahrer auszuüben und steht unter Betreuung. MdE 70% bzw. 50%	Mann	Kognitive Leistungsstörungen mit Verlangsamung von Sprache und Denkablauf sowie Beeinträchtigungen von Konzentration, kurz- und mittelfristiger Gedächtnisleistung und exekutiver Funktionen und ferner der Verlust der Zehen 1 bis 3 rechts anerkannt. Seit dem Unfall war der Kläger auch nicht mehr in der Lage, den Geschlechtsverkehr zu praktizieren. Die Ehe ist mittlerweile gescheitert, seine Frau hat ihn verlassen	Insbesondere die dargelegten Langzeitfolgen und die lebenslangen Einschränkungen, die der Kläger unfallbedingt wird hinnehmen müssen, gewichtet der Senat stärker als das LG. Er misst insoweit dem für das Schmerzensgeld zu berücksichtigenden Kriterium, dass das Schmerzensgeld den Verletzten in die Lage versetzen soll, sich Erleichterungen und Annehmlichkeiten zu verschaffen, besondere Bedeutung bei, zumal hier ein Antrag auf Geldrente nicht gestellt ist. Wirken sich die Verletzungen lebenslang erheblich beeinträchtigend auf den Verletzten aus, muss dieser Zweck des Schmerzensgeldes sich auch insofern auf dessen Höhe auswirken, als dem Verletzten bezogen auf die mutmaßliche Lebenserwartung mehr als nur ein symbolischer Kapitalbetrag verbleibt, der es ihm ermöglicht, sich bis ins Alter hinein tatsächlich jedes Jahr gewisse Annehmlichkeiten als Kompensation für den erlittenen Schaden zu verschaffen. Auch bei Berücksichtigung des Umstandes, dass der Kläger den Unfall zu einem nicht unerheblichen Teil mit verursacht hat (1/3), gebieten die erheblichen Folgen des Unfalls die Zubilligung eines Schmerzensgeldes in Höhe von **€ 120 000**	OLG Bremen 30.7.2014 1 U 52/13 VorRiOLG Dr. Schromek

Lfd. Nr.	Betrag DM **Euro** *(Anp.2019)*	Verletzung	Dauer und Umfang der Behandlung; Arbeitsunfähigkeit	Person des Verletzten	Dauerschaden	Besondere Umstände, die für die Entscheidungen maßgebend waren	Gericht, Datum der Entscheidung, Az., Veröffentlichung bzw. Einsender

Fortsetzung von »Polytraumen«

Lfd. Nr.	Betrag	Verletzung	Behandlung	Person	Dauerschaden	Besondere Umstände	Gericht
3009	250 000 **€ 125 000** + immat. Vorbehalt *(€ 163 889)*	Polytrauma mit Schädelhirntrauma 3. Grades, Subarachnoidalblutung, Contusion cerebri, Hirnstammeinblutung, Orbitadach- und -bodenfraktur links; mehrere Frakturen der linken oberen Extremitäten	4 Wochen Krankenhaus, mehrere Aufenthalte in Reha-Kliniken, 6 Wochen Schmider-Kliniken	Polizeidirektor	MdE: 100%	Minderung der Gebrauchsfähigkeit des linken Armes um ⅓, starke Einschränkung des Gesichtsfeldes links, mittel- bis schwergradige Verhaltens- und Persönlichkeitsveränderungen, massive Zeitgitterstörungen, deutliche Beeinträchtigung des Kurz- und Langzeitgedächtnisses, deutliche Minderung der Kritik- und Urteilsfähigkeit, Abhängigkeit von Dritten bei der Verrichtung täglicher Arbeiten, knapp durchschnittliche bis unterdurchschnittliche Entwicklung des vorausgehenden Denkens, der Erfassung und des Organisierens von sozialen Handlungsabläufen, Probleme bei der räumlichen Orientierung, ausgeprägte Perseverationstendenzen, Distanzminderung, inadäquat gehobene Stimmungslage, leichte Unruhe, vermehrte Reizbarkeit, Beeinträchtigung der Selbstwahrnehmung und Krankheitseinsicht, leichtgradige neuropsychologische Beeinträchtigung hinsichtlich kognitiver Störungen. Kläger steht unter Betreuung	LG Hildesheim 7.2.2001 2 O 205/99 RiLG Brinkmann
3010	250 000 **€ 125 000** + immat. Vorbehalt *(€ 171 956)*	Schädelhirnverletzung mit akutem subduralem Hämatom; Hirnkontusion; bösartiges Hirnödem; Niereneinriss mit schwerem retroperitonealem Hämatom; schwere peritoneale Verletzung mit Riss der Scheidenwand und des Dammes; Schmetterlingsbruch des Beckens mit Symphysensprengung; Kompressionsbruch des 6., 7. und 8. BWK; handgelenksnaher Trümmerbruch des linken Unterarms, Bruch der rechten Elle, Schachtbruch der rechten Speiche sowie Oberarmknochenbruch rechts	Etwa 1 Jahr stationär in verschiedenen Kliniken, anschließend über etwa 10 Jahre viele regelmäßige ambulante Behandlungen, die voraussichtlich wegen verbleibender Dauerschäden zeit ihres Lebens erforderlich bleiben werden	Junge Frau	Bewegungseinschränkung des linken Schultergelenks, des rechten Ellenbogengelenks; Kraftminderung des linken Armes; geringgradiger Beckenschiefstand; chronische Dorsalgien aufgrund posttraumatischer Fehlstatik der BWS und narbiger Verziehung des Rückenmarkschlauches; Verschlechterungstendenz: urologischer Bereich: Harninkontinenz; neurologisch: Ataktisches Gangbild mit Fallneigung nach links; Fehlstellung der linken Hand (Krallenstellung); Störung der Koordination beider Hände; erhöhte cerebrale Erregbarkeit, die zu einer Vielzahl epileptischer Anfälle geführt hat; Merk- und Konzentrationsstörungen, Beeinträchtigung des Geruchssinns	Schmerzensgelderhöhung um DM 25 000 (€ 12 500) unter dem Gesichtspunkt der Genugtuung wegen des verzögerlichen Regulierungsverhaltens der Beklagten	OLG Hamm 13.2.1997 27 U 133/96 RAe Brentzel und Stegers, Dortmund

● Mithaftung (siehe vorletzte Spalte)

Lfd. Nr.	Betrag DM Euro (Anp.2019)	Verletzung	Dauer und Umfang der Behandlung; Arbeitsunfähigkeit	Person des Verletzten	Dauerschaden	Besondere Umstände, die für die Entscheidungen maßgebend waren	Gericht, Datum der Entscheidung, Az., Veröffentlichung bzw. Einsender
	Fortsetzung von »Polytraumen«						
3011	€125 000 + immat. Vorbehalt (€ 131 958)	Beckenfraktur mit Acetabulumbeteiligung links, eine Tibiaplateau-Trümmerfraktur links, eine linksgradig offene Tibiaschaftfraktur links, eine Fibula-Mehrfragment-Fraktur links mit Läsion des Nervus peroneus und des Nervus tibialis, eine rechtsseitige Tibiakopf-Fraktur, eine postoperative Lungenembolie und eine beidseitige Beinvenentrombose	Der Kläger lag 3 Wochen im Koma und wurde mehrfach operiert. Es folgten stationäre Behandlungen im Uniklinikum, in BG-Kliniken über einen Zeitraum von etwa 7 Monaten	59-jähr. Mann	Bewegungseinschränkungen im linken Hüftgelenk und in beiden Knie- und Sprunggelenken	Der Senat hält angesichts der umfangreichen und dauerhaften Verletzungsfolgen ein Schmerzensgeld in Höhe von insgesamt €125 000 für erforderlich, aber auch ausreichend. Neben den eigentlichen Unfallverletzungen, deren Behandlung etwa 7 Monate gedauert hat, ist ferner nachgewiesen, dass der Kläger infolge des Verkehrsunfalls an einer leichten depressiven Episode leidet, wobei eine depressive Phase an über 50% der Tage des Jahres vorliegt. Dabei dauern die periodisch auftretenden Episoden etwa 14 Tage. Zudem leidet der Kläger an einer erektilen Dysfunktion. Er leidet unter den Folgen der erektilen Dysfunktion für das Eheleben nachhaltig. Durch das unfallbedingte Trauma ist eine erhebliche Störung des Körperbildes entstanden. Der Senat vermochte die Angabe des Sachverständigen ohne Weiteres nachzuvollziehen, dass insbesondere das Selbstbild des Klägers als vitaler Mann stark erschüttert ist	OLG Hamm 13.1.2017 26 U 6/16
3012	€130 000 + immat. Vorbehalt (€ 149 740)	Polytrauma mit multiplen Hirnkontusionen und malignem Hirnödem, Milzruptur mit hämorrkaschem Schock, Riss im linken Leberlappen, zweifache Unterkieferfraktur, Fraktur der rechten Hüftgelenkpfanne	Zahlreiche Operationen innerhalb von 3 Jahren mit Einsetzen eines Vertikelkatheders zur Verminderung des Drucks auf das Gehirn und Anlegen eines Shunts, was mehrfach erfolgte, Beseitigung der durch die Shuntrevisionen hervorgerufenen Knochendefekte durch ein Schädelplattenimplantat, Eröffnung des Bauchraums nach Bildung einer Darmschlinge aufgrund starker Verwachsungen, weitere Komplikationen, therapeutische Nachbehandlungen	15-jähr. Schüler, zum Urteilszeitpunkt 19 Jahre alt	Motorische Funktionseinschränkungen, Schwierigkeiten im sprachlichen Bereich, kognitive Beeinträchtigungen, bei seinen täglichen Verrichtungen keine Hilfe notwendig; GdB: 60%	Keine reguläre Berufsausbildung, aber Ausbildung in einer Werkstatt der Lebenshilfe für behinderte Menschen; Vielzahl von Freizeitbetätigungen nicht mehr möglich; alle notwendigen künftigen Operationen (z. B. Austausch des Shunts nach Ablauf der üblichen Haltbarkeitsdauer) mit dem Schmerzensgeld abgegolten, nicht jedoch künftige Verschlechterungen oder Komplikationen	OLG Celle 16.9.2009 14 U 71/06
3013	330 000 ● €165 000 + immat. Vorbehalt (€ 214 218)	Polytrauma und Schädelhirntrauma mit Kontusionsblutungen im Bereich des linken Hinterhorns, Herz-Kreislauf-Stillstand, Atemstillstand mit hypotoxischem Hirnschaden nach erfolgter Reanimation; Verbrennungen der rechten Schläfenregion, Schlüsselbein- und Beckenkammfraktur; seit dem Unfall ohne Bewusstsein		15-jähr. Schülerin	Apallisches Syndrom, inkomplette Lähmung aller vier Extremitäten, schwerste vegetative Entgleisungen, Schluck- und Würgereflexe, völlige Hilfslosigkeit bei allen Dingen des täglichen Lebens, künstliche Ernährung, dauernd ohne Bewusstsein, Tod am Tag der Urteilsverkündung (3 Jahre nach dem Unfall)	Mithaftung zu 10% wegen Nichtanlegen des Sicherheitsgurts; Frage der Empfindungsfähigkeit spielt nur eine untergeordnete Rolle; vielmehr stellt die Einbuße der Persönlichkeit, der Verlust an personaler Qualität infolge schwerer Hirnschädigung schon für sich einen auszugleichenden immat. Schaden dar	LG Braunschweig 14.6.2001 4 O 3321/00 (394) RAe Krause u. Weiss, Braunschweig

Fortsetzung von »Polytraumen«

Lfd. Nr.	Betrag DM **Euro** (Anp.2019)	Verletzung	Dauer und Umfang der Behandlung; Arbeitsunfähigkeit	Person des Verletzten	Dauerschaden	Besondere Umstände, die für die Entscheidungen maßgebend waren	Gericht, Datum der Entscheidung, Az., Veröffentlichung bzw. Einsender
3014	€ 180 000 ● + immat. Vorbehalt (€ 183 455)	Die Klägerin erlitt bei der Kollision und dem nachfolgenden Sturz schwerste Verletzungen, und zwar eine traumatische subtotale Amputation des linken Armes mit Abriss der Arteria und Vena subclavia, ein Ausriss des Arm-Nervengeflechts (Plexus brachialis), einen Abriss der gesamten vorderen Schultermuskulatur mit ausgeprägtem Weichteilschaden, eine offene Humerusschaftfraktur, eine Schulterblatt-Mehrfragmentfraktur, eine Schlüsselbeinfraktur, multiple Frakturen der (linken) Mittelhandknochen, eine Fraktur des 7. Halswirbelkörpers sowie des ersten und breiten Brustwirbelkörpers, Rippenfrakturen, eine Lungenquetschung beidseits, eine Milzruptur und eine traumatische Subarachnoidal-Blutung	Die ihr Leben rettende Erstversorgung erfolgte in einem Krankenhaus, die Weiterbehandlung sodann in einem Berufsgenossenschaftlichen Unfallkrankenhaus. Die Klägerin musste sechsmal nachoperiert werden. In der Folge kam es zu einer posttraumatischen Wundinfektion. Unter den Operationen erlitt die Klägerin 2 Schlaganfälle mit nachfolgender rechtsseitiger Hemiparese, Aphasie und einem organischen Psychosyndrom. Infolge der Schlaganfälle hatte sie weitgehend ihr Sprachvermögen verloren. Sie musste das Sprechen, Lesen, Schreiben und Rechnen praktisch völlig neu erlernen. Aufgrund einer Infektion mit einem multiresistenten Krankenhauskeim musste die Klägerin zudem im Unfallkrankenhaus für längere Zeit isoliert werden	22-jähr. Frau	Der linke Arm der Klägerin ist und bleibt unfallbedingt völlig unbrauchbar, möglicherweise muss er zukünftig noch amputiert werden. Die durch die Schlaganfälle verursachte halbseitige Lähmung (rechts) hat die Klägerin weitgehend überwunden	Auch unter Berücksichtigung eines Mitverursachungsanteils der Klägerin von 30%, der einer der Bemessungsfaktoren für die Schmerzensgeldhöhe ist, rechtfertigt sich das erstinstanzlich ausgeurteilte Schmerzensgeld. Die Klägerin hat durch den Unfall selbst schwerste Verletzungen erlitten. Es ist allein dem Zufall und der ärztlichen Heilkunst zu verdanken, dass sie nicht unmittelbar an den Unfallfolgen verstorben ist. Für die zum Unfallzeitpunkt 22 Jahre alte Klägerin war, ist und wird das Leben nie wieder so sein, wie es vor dem Unfall war. Ihr Leben ist durch den Unfall quasi auf den Kopf gestellt worden. Der Klägerin ist seitdem und durch den Unfall praktisch all das unmöglich geworden, was das „normale" Leben einer jungen Frau prägt. Ihr Leben ist durch die Unfallfolgen bestimmt. Neben dem Maß der durch den Unfall verursachten körperlichen und seelischen Beeinträchtigungen der Klägerin und deren lebenslangen Folgen sowie ihrem Mitverursachungsanteil von 30% ist auch das Regulierungsverhalten der Beklagten in die Schmerzensgeldbemessung einzustellen. Hier hat die Beklagte über einen Zeitraum von annähernd 7 Jahren seit dem Unfall nicht „einen Cent" an materiellem oder immateriellem Schadensersatz an die Klägerin gezahlt	Schleswig-Holsteinisches OLG 29.11.2018 7 U 22/18 juris

● Mithaftung (siehe vorletzte Spalte)

Lfd. Nr.	Betrag DM Euro (Anp.2019)	Verletzung	Dauer und Umfang der Behandlung; Arbeitsunfähigkeit	Person des Verletzten	Dauerschaden	Besondere Umstände, die für die Entscheidungen maßgebend waren	Gericht, Datum der Entscheidung, Az., Veröffentlichung bzw. Einsender
	Fortsetzung von »Polytraumen«						
3015	€ 225 000 + immat. Vorbehalt (€ 251 262)	Hämopneumothorax rechts, thorakaoscapuläre Dissoziation, AV-Gelenksprengung rechts, Instabilität Thorax bei Sternumfraktur, Rippenserienfraktur rechts, Abriss der Arteria subclavia rechts, Plexus brachialis Abriss rechts, leichte Anisokurie rechts geringer als links, leichte Hypästhesie der Zungenspitze bei Zustand nach Trauma, proximale Oberarmkopf- und Oberarmschaftfraktur rechts, geschlossene Femurfraktur rechts, offene Unterschenkelfraktur rechts 1. bis 2. Grades, Fußheberschwäche rechts bei Peronaeus betonter Ischiadicusläsion, Kompartementsyndrom Unterschenkel rechts bei offener Unterschenkelfraktur, posttraumatische Wundinfektion nach Oberschenkelbruch rechts mit WTS rechts, postoperative Wundinfektion nach Oberschenkelbruch rechts mit WTS rechts, posttraumatische Gerinnungsstörung und chronische Pansinuitis	Insgesamt acht Operationen in ca. 6 Monaten; mit Unterbrechungen insgesamt fast 28 Wochen in stationärer Behandlung, davon zwei Monate ununterbrochen im Universitätsklinikum. AU 100%	40-jähr. Mann	Kompletter Funktionsverlust des rechten Arms auf der Höhe des Schultergelenks; Nervenverletzung mit chronischen Schmerzen; komplette Funktionsstörung im Bereich des rechten Beins	Dass der Kläger ein Teilschmerzensgeld für die schon jetzt eingetretenen und in Zukunft als Dauerschaden fortbestehenden Gesundheitsschäden geltend macht, begegnet keinen Zulässigkeitsbedenken. Beanstandungsfrei hat das LG auch das grobe Verschulden des Schädigers bei dem Verkehrsunfall und das zögerliche Regulierungsverhalten der Beklagten, das den gesundheitlich schwer beeinträchtigten Kläger nachvollziehbar zusätzlich psychisch stark belastet hat, schmerzensgelderhöhend berücksichtigt	Saarländisches OLG 5.4.2011 4 U 309/10-91 NZB zurückgew. d. BGH, Beschl. v. 17.4.2012 – VI ZR 130/11 RA JR Hans-Jürgen Gebhardt, Homburg/Saar
3016	€ 250 000 (€ 270 918)	Schwerer Verkehrsunfall eines Fahrradfahrers mit einem Pkw: traumatische subarachnoidale Blutung, Kontusion und Ödem des zervikalen Rückenmarks, zentrale Halsmarksverletzung, Lungenkontusion (inkomplette Querschnittslähmung), Luxationsfraktur HWK 5/6, Abhängigkeit von sonstigen unterstützenden Apparaten, medizinischen Geräten oder Hilfsmittel, zervikale Wirbelsäulen-Instabilität, akuter Schmerz, Kopfplatzwunde, commotio cerebri sowie traumatische Ruptur einer zervikalen Bandscheibe	Fast 2 Monate stationäre Behandlung, danach Gesamt-MdE von 100%, mindestens aber von 80%	Mann	Andauernde Spastik, anhaltende Dysästhesien und, Parästhesien mit schmerzhafter Veränderung der Temperatur- und Berührempfindung, schmerzhafte Muskelkrämpfe sowie Beschwerden im urologischen Bereich, insb. Erektionsstörungen und Schwierigkeiten beim Wasserlassen	Die Schwere dieser Belastungen wird vor allem durch die Stärke, Heftigkeit und Dauer der erlittenen Schmerzen und Funktionsbeeinträchtigungen bestimmt. Besonderes Gewicht kommt etwaigen Dauerfolgen der Verletzungen zu. Da nach dem nunmehr in der Berufungsinstanz eingeholten Sachverständigengutachten erhebliche Dauerfolgen, nämlich eine Gesamt-MdE von 100%, mindestens aber 80%, nachgewiesen sind, war ein erheblich höheres Schmerzensgeld zuzusprechen	OLG München 26.4.2013 10 U 4118/11 NJW-Spezial 2013, 363
3017	€ 300 000 + immat. Vorbehalt (€ 320 523)	Motorradunfall mit zahlreichen Verletzungen und Brüchen, die unter anderem zu einer Querschnittslähmung führten: Trümmerfraktur BWK 415, Vorderkantenabsprengung BWK 6, Dornfortsatzabriss BWK 3–6, Rippenserienfraktur links 1–5, rechts 1–6, Scapulafraktur bds, pertrochantäre Femurfraktur rechts, Claviculaschaftfraktur links, Zehenfraktur rechts	Der Kl. musste sich während monatelanger Krankenhausaufenthalte zahlreichen Operationen unterziehen. Während seines Krankenhausaufenthalts bei der Erstversorgung wurde er mit einem Keim infiziert	48-jähr. Mann	Querschnittslähmung	Bei der Bemessung des Schmerzensgeldes waren die besonders schweren Folgen des Unfalls für den 48-jähr. Inhaber einer Heizungsbaufirma mit 15 Mitarbeitern zu berücksichtigen	OLG Nürnberg 29.4.2014 4 U 975/13 Anwaltskanzlei H. Buschbell & Coll., Büro Düren

Urteil lfd. Nr. 3018 — Polytraumen

Lfd. Nr.	Betrag DM **Euro** *(Anp.2019)*	Verletzung	Dauer und Umfang der Behandlung; Arbeitsunfähigkeit	Person des Verletzten	Dauerschaden	Besondere Umstände, die für die Entscheidungen maßgebend waren	Gericht, Datum der Entscheidung, Az., Veröffentlichung bzw. Einsender

Fortsetzung von »Polytraumen«

| 3018 | € 325 000 + immat. Vorbehalt *(€ 417 352)* | Kompletter Verlust des rechten Beines, der rechten Hüfte, des rechten Teils des Beckens, des rechten Gesäßmuskels, Verlust der Potenz- und Zeugungsfähigkeit, künstlicher Darmausgang, Fraktur des Ellenbogenhöckers und des Radiusköpfchens unter Ausrenkung des Ellenbogengelenks und Abriss des seitlichen Ellenbandes am linken Arm sowie Bruch des 3. bis 5. Fingers an der rechten Hand | Sechs stationäre Aufenthalte von ca. 13 Monaten | Mann | MdE: 100% | Nach Auffassung der Kammer ist der Kläger insgesamt noch schwerer betroffen als bei der Querschnittslähmung im unteren Bereich, insbesondere wegen der Entstellung und starken Phantomschmerzen | LG Münster 29.5.2002 12 O 143/02 bestätigt durch OLG Hamm 2.12.2002 6 U 131/02 VorsRi Harker am LG Münster RAin Lechtenberg, Dülmen |

● Mithaftung (siehe vorletzte Spalte)

Polytraumen — Urteil lfd. Nr. 3019

Lfd. Nr.	Betrag DM **Euro** *(Anp.2019)*	Verletzung	Dauer und Umfang der Behandlung; Arbeitsunfähigkeit	Person des Verletzten	Dauerschaden	Besondere Umstände, die für die Entscheidungen maßgebend waren	Gericht, Datum der Entscheidung, Az., Veröffentlichung bzw. Einsender
	Fortsetzung von »Polytraumen«						
3019	€ 500 000 *(€ 510 577)*	Streptokokkeninfektion mit Blutvergiftung (Sepsis) und anschließendem Multiorganversagen nach Verabreichung gleichzeitiger intramuskulärer Injektionen der Medikamente Solu-Decortin und Diclofenac. Einige Stunden nach Verabreichung der vierten Spritze innerhalb einer Woche kollabierte der Patient zu Hause. Er wurde mit Schüttelfrost, Atemschwierigkeiten und Schmerzen als Notfall im Krankenhaus aufgenommen, wo er sofort intensivmedizinisch behandelt wurde. Auslöser des erlittenen Kollapses war ein schwerer septischer Schock, der ein multiples Organversagen und schließlich dauerhaft eine weitgehende Körperlähmung bei dem Patienten bewirkte	Das septische Infektionsgeschehen war für die Ärzte im Krankenhaus nicht zu beherrschen. Es folgte ein mehr als ein Jahr andauernder dramatischer Leidensprozess, während dessen der Patient ohne Aussicht auf eine Besserung dauerhaft künstlich beatmet werden musste und weitgehend gelähmt blieb. Am Ende dieses Leidensprozesses stand der ärztlich begleitete Freitod des Patienten, der seinen Sterbewunsch über Monate hinweg geäußert und diesen auch in Ethikgesprächen mit den behandelnden Ärzten bekräftigt hatte		Tod	Die Lebensbeeinträchtigung des Verstorbenen war hier außerordentlich schwerwiegend. Insb. ist hier von Bedeutung, dass der Verletzte sich seiner Beeinträchtigungen bewusst war und deshalb in besonderem Maße unter ihnen litt. Der Senat verkennt nicht, dass grds. die Dauer der Lebensbeeinträchtigung eine wesentliche Grundlage bei der Bemessung der Entschädigung bildet. Der Senat folgt aber den überzeugenden Ausführungen des LG, dass im vorliegenden Einzelfall aufgrund der dargelegten besonderen Umstände die verhältnismäßig kurze Dauer des schweren Leidens des Verstorbenen nicht dazu führt, dass ein geringerer Schmerzensgeldbetrag als ausgeurteilt zuzusprechen wäre. Dementsprechend ist der vorliegende Fall nicht mit den Fällen zu vergleichen, in denen ein Geschädigter nur kurze Zeit überlebt und „alsbald" an den Folgen der Gesundheitsbeeinträchtigung verstirbt. Allerdings hat das OLG München sogar in einem derartigen Fall ausgeführt, es könne bei einer Schmerzensgeldbemessung zwar nicht unberücksichtigt bleiben, dass der Verletzte nach dem Unfall nur noch wenige Wochen gelebt habe. Unter Berücksichtigung der Entscheidung des BGH zur Beachtung der Zerstörung der Persönlichkeit dürfe der Umstand der verkürzten Lebenszeit aber nicht das entscheidende Gewicht haben. Denn andernfalls würde die Verkürzung der Lebenszeit, somit ein Umstand, der die besondere Schwere der zu entschädigenden Beeinträchtigung für den Betroffenen ausmacht, zum Anlass für eine wesentliche Minderung des Schmerzensgeldes genommen. Das widerspräche Sinn und Zweck der Schmerzensgeldregelung. Hätte nämlich der Schwerverletzte noch vor seinem Tod selbst auf Schmerzensgeld geklagt, hätte ihm grds. nicht entgegengehalten werden können, dass er wegen der Schwere der erlittenen Verletzungen nur noch eine kurze Zeit zu leben und deshalb nur ein besonders niedriges Schmerzensgeld zu beanspruchen hätte (vgl. OLG München, Beschl. v. 4.10.1995 – 24 U 265/95, juris Rn 3)	OLG Celle 5.6.2018 1 U 71/17 juris

Lfd. Nr.	Betrag DM **Euro** (Anp.2019)	Verletzung	Dauer und Umfang der Behandlung; Arbeitsunfähigkeit	Person des Verletzten	Dauerschaden	Besondere Umstände, die für die Entscheidungen maßgebend waren	Gericht, Datum der Entscheidung, Az., Veröffentlichung bzw. Einsender

Fortsetzung von »Polytraumen«

Kapitalabfindung mit Schmerzensgeldrente

Lfd. Nr.	Betrag	Verletzung	Dauer/Behandlung	Person	Dauerschaden	Besondere Umstände	Gericht
3020	€37500● und €90 Rente monatlich + immat. Vorbehalt (€40473)	Motorradunfall: Schädelhirntrauma I. Grades, eine Rippenserienfraktur links, eine Claviculafraktur links sowie einen beidseitigen Hämatothorax nebst einer Lungenkontusion. Darüber hinaus stellte sich eine irreversible Querschnittslähmung ab dem 6. Brustwirbel mit einer neurogenen Harnblasen- und Darmentleerungsstörung ein mit der Folge einer Invalidität zu 100%		Mann	Querschnittslähmung ab dem 6. Brustwirbel mit einer neurogenen Harnblasen- und Darmentleerungsstörung mit der Folge einer Invalidität zu 100%	Die Höhe des dem Kläger in Kapital- und Rentenform zustehenden Schmerzensgeldes ist unstreitig. Das LG ist von einem Kapitalbetrag im Umfang von €125000 sowie einer lebenslangen monatlichen Rente i.H.v. €300 ausgegangen. Reduziert man diese Einsatzbeträge im Hinblick auf die dem Kläger zustehende Anspruchsberechtigung von 30%, verbleibt als Entschädigung für die unfallbedingten immateriellen Beeinträchtigungen ein Kapitalbetrag von €37500 sowie eine monatliche Rente zu €90	OLG Düsseldorf 5.3.2013 1 U 116/12
3021	240000 €120000 und 300 €150 Rente monatlich (€155985)	Schädelhirntrauma mit multiplen Kontusionsblutungen, Schädelbasisfraktur, Le-Fort-I, II, III-Fraktur beidseits, frontobasale Verletzung mit Liquorleck, Oberschenkelschaftfraktur links, Frakturen der Mittelhandknochen an beiden Händen, Fraktur des Handwurzelknochens rechts, Innenbandausriss am Daumensattelgelenk links	4 Monate stationäre Behandlung (u. a. neurologische Klinik), anschließend Aufenthalt in einer Behindertenwerkstatt an den Werktagen	33-jähr. Mann	Einschränkung der körperlichen Leistungsfähigkeit, schwere neurologische Ausfallserscheinungen mit deutlicher psychomotorischer Verlangsamung und schweren Beeinträchtigungen der Gedächtnisleistung; Wesensveränderung dahingehend, dass Kläger bereits bei leichter Überforderung zu aggressiven Ausbrüchen neigt; erhebliche Einschränkung des Kritik- und Urteilsvermögens; er bedarf ständiger Beaufsichtigung und Hilfe, steht auf der Stufe eines der Betreuung bedürftigen Kindes; Gangunsicherheit mit Rollstuhlabhängigkeit; Libido und Potenz völlig erloschen	Kläger erbringt in der Behindertenwerkstatt kaum eine Arbeitsleistung, er wird dort vielmehr betreut und beaufsichtigt; er ist sich zumindest teilweise seines Zustandes bewusst und leidet ständig unter der Angst, dass seine einzige Bezugsperson, seine Ehefrau, ihn verlässt; Beklagter hat Unfall äußerst leichtfertig verschuldet und versucht, die Schuld dem Kläger anzulasten	OLG Oldenburg (Oldenburg) 7.5.2001 15 U 6/01 SP 2002, 56

● Mithaftung (siehe vorletzte Spalte)

Polytraumen | **Urteil lfd. Nr. 3022**

Lfd. Nr.	Betrag DM **Euro** *(Anp.2019)*	Verletzung	Dauer und Umfang der Behandlung; Arbeitsunfähigkeit	Person des Verletzten	Dauerschaden	Besondere Umstände, die für die Entscheidungen maßgebend waren	Gericht, Datum der Entscheidung, Az., Veröffentlichung bzw. Einsender
	Fortsetzung von »Polytraumen«						
3022	**€ 250 000** ● und **€ 250** Rente monatlich + immat. Vorbehalt *(€ 269 543)*	Polytrauma mit zahlreichen schwerwiegenden Verletzungen durch Verkehrsunfall	Aufgrund der erlittenen Verletzungen schwebte der Kläger mehrere Wochen in Lebensgefahr. Es kam während der stationären Behandlung – u. a. – zum Kreislaufstillstand, zu akutem Nierenversagen, zu einer Blutvergiftung sowie zu einer Infektion mit Multiorganversagen. Es erfolgte eine Vielzahl von Operationen	38-jähr. Mann	Der Kläger ist aufgrund des Unfalles zu 100% erwerbsunfähig und schwerbehindert	Unter Berücksichtigung sämtlicher Umstände des Einzelfalls, insbesondere der Art und Dauer der vom Kläger erlittenen Verletzungen, des zum Unfallgeschehen führenden Verhaltens der Parteien (20% Mitverschulden des Klägers) sowie der verbleibenden Beeinträchtigungen des Klägers hält der Senat ein Schmerzensgeldkapital in Höhe von **€ 320 000** für angemessen (§ 287 Abs. 1 ZPO). Der erforderliche Antrag des Klägers auf Gewährung einer Schmerzensgeldrente und damit Aufteilung des zuerkannten Schmerzensgeldkapitals in Kapital- und Rentenbeträge liegt ebenfalls vor (vgl. auch BGH NJW 1998, 3411, 3412). Die vom LG zugesprochene Schmerzensgeldrente von **€ 250** monatlich ab dem 1.11.2007 ist weder nach ihrer Höhe noch der zuerkannten Dauer zu beanstanden. Bis zum Schluss der mündlichen Verhandlung vor dem Senat am 29.4.2013 war bereits ein Betrag in Höhe von **€ 16 500** (66 x **€ 250**) aufgelaufen. Für eine lebenslängliche Rente ergibt sich für den am 21.12.1968 geborenen und damit beim Schluss der mündlichen Verhandlung 44 Jahre alten Kläger bei Anwendung einer Abzinsung von 4% ein kapitalisierter Betrag von weiteren **€ 55 002** (**€ 250** x 12 x 18,334; vgl. Küppersbusch/Höher, Ersatzansprüche bei Personenschäden, 11. Aufl. 2013, S. 298) und damit ein insgesamt auf die Rente entfallendes Schmerzensgeld von knapp über **€ 70 000** (**€ 71 502**). Ausgehend von einem Schmerzensgeldgesamtbetrag von **€ 320 000** entfällt damit auf die Rente ein Anteil von etwas mehr als 1/5; Kapitalbetrag und Rente stehen in einem „angemessenen Verhältnis"	OLG Karlsruhe 24.6.2013 1 U 136/12 Schaden-Praxis 2014, 85; juris

Urteil lfd. Nr. 3023 — Polytraumen

Lfd. Nr.	Betrag DM **Euro** *(Anp.2019)*	Verletzung	Dauer und Umfang der Behandlung; Arbeitsunfähigkeit	Person des Verletzten	Dauerschaden	Besondere Umstände, die für die Entscheidungen maßgebend waren	Gericht, Datum der Entscheidung, Az., Veröffentlichung bzw. Einsender

Fortsetzung von »Polytraumen«

3023	€ 254 516 und € 200 Rente monatlich *(€ 304 731)*	Polytrauma mit multiplen Gesichtsverletzungen, totale Fragmentation des rechten Auges, Quetschung des Sehnervs links, erst- bis zweitgradig offene Fraktur des rechten Oberschenkelknochens, drittgradig offene Unterschenkelfraktur rechts, offene Wunde am linken distalen Oberschenkel mit Durchtrennung der Sehne des musculus tibialis, Hämatothorax rechts, Frakturen des Mittelfußknochens 2., 3. und 4. rechts; Claviculafraktur rechts, Unterarmbruch rechts	Zunächst 3 Monate Krankenhaus mit Versorgung der Knochenfrakturen und der Mittelgesichtsverletzungen, Behandlung der Verletzung des rechten Thorax erfolgte mittels einer Thoraxdrainage; Entfernung des rechten Auges und Implantierung einer Kugelplombe; in der Folgezeit mehrfach stationäre Behandlungen mit plastischer Rekonstruktion; nach weiteren 7 Monaten Rekonstruktion der Tränenkanäle; nachfolgend erforderliches Beschleifen eines Knochensequesters; Arthroskopie rechtes Kniegelenk	39-jähr. Bankkauffrau	Praktisch Erblindung, am linken Auge lediglich Unterscheidung hell-dunkel sowie gelegentliche schattenhafte Wahrnehmung größerer Gegenstände; Verlust des Geruchssinns und Einschränkung des Geschmackssinns; Zustand nach multiplen Mittelgesichtsfrakturen mit Rekonstruktionen; Entstellungen durch Narben, fehlender Lidschluss und Verengung der Nase; schmerzhafte Bewegungseinschränkung der unteren Extremitäten, des rechten Schultergelenks und des rechten Handgelenks, Belastungs- und Ruheschmerzen der rechten Hüfte mit ausgeprägter Weichteilverkalkung, Rückenschmerzen, Schmerzen am rechten Mittelfuß; schwerbehindert (Pflegestufe II), auf Rollstuhl und Inanspruchnahme anderer Menschen angewiesen (z. B. Anziehen, Treppensteigen, Toilettengänge, Unterschriftenleistungen etc.)	Im Kopf- und Gesichtsbereich immer wieder eitrige Entzündungen, die zum Teil operativ beseitigt werden mussten; die verbleibenden Befunde im Kopfbereich sowie die Folgen des Hämatothorax stellen erhöhtes Krebsrisiko dar; Nutzung eines Blindenhundes wegen Hundehaarallergie ausgeschlossen	OLG Frankfurt am Main 15.2.2007 16 U 70/06 SP 2008, 12 Ausführlich zu Art u. Umfang der Verletzungen, zu den Dauerschäden etc. siehe Vorinstanz: LG Wiesbaden 27.2.2006 5 O 308/00

● Mithaftung (siehe vorletzte Spalte)

Polytraumen | Urteil lfd. Nr. 3024

Lfd. Nr.	Betrag DM **Euro** (Anp.2019)	Verletzung	Dauer und Umfang der Behandlung; Arbeitsunfähigkeit	Person des Verletzten	Dauerschaden	Besondere Umstände, die für die Entscheidungen maßgebend waren	Gericht, Datum der Entscheidung, Az., Veröffentlichung bzw. Einsender
	Fortsetzung von »Polytraumen«						
3024	€300 000 und €200 Rente monatlich (€329 132)	Der Erblasser litt nach dem Vorbringen bis zu seinem Tod zwar nicht unter einem Locked-In-Syndrom im eigentlichen Sinn, da er nicht bewusstlos wirkte und sich, wenn auch in äußerst eingeschränktem Maß, nach dem Unfall über Mimik und Gestik seiner Umwelt mitteilen konnte. Er konnte sich jedoch nach den Feststellungen des LG kaum bewegen, seinen Kopf nicht eigenständig halten, war zu 100% pflegebedürftig, bei allen Verrichtungen des Lebens auf fremde Hilfe angewiesen und lebte deshalb getrennt von seiner Familie in einem Pflegeheim	Langer Krankenhausaufenthalt, danach Pflegefall	Mann	Langer Krankenhausaufenthalt, danach Pflegefall	Bei der Bemessung sind sowohl die Schwere der von dem Erblasser erlittenen Verletzungen, als auch die dauerhafte Minderung seiner Lebensqualität sowie der Umstand der bisher nicht erfolgten Zahlung durch die Beklagten zu berücksichtigen. Bei dem Erblasser lag kein apallisches Syndrom vor, sondern dem Erblasser war seine Situation bewusst, was neben den Schwerstbehinderungen die Festsetzung eines höheren Schmerzensgeldes rechtfertigt. Zwar ist grundsätzlich das Schmerzensgeld in einem Betrag festzusetzen, der auch die dauerhaften Gesundheitsbeeinträchtigungen berücksichtigt. In Fällen der vorliegenden Art, in welchen sich der Schwerstverletzte täglich wieder seiner im Fall des Erblassers als unerträglich zu bezeichnenden Situation bewusst und deshalb immer wieder an den Unfall und dessen Folgen erinnert wird, ist es jedoch angemessen, diese nicht nur physischen, sondern sich stets auch wiederholenden psychischen Folgen durch eine wiederkehrende Schmerzensgeldleistung auszugleichen. Insoweit ist ein Betrag von weiteren €600 vierteljährlich neben der ausgeurteilten Schmerzensgeldzahlung angemessen	KG Berlin 7.5.2012 12 U 122/10

Weitere Urteile zur Rubrik »**Polytraumen**« siehe auch:

bis €5000: 493, 1056, 2230
bis €12 500: 2213, 2239, 1118, 1358, 1048, 3059, 1061
bis €25 000: 726, 1359, 1290, 1128, 682, 2791, 1164, 3186, 131, 1132
ab €25 000: 2817, 732, 1369, 3187, 1134, 2819, 1307, 1678, 1308, 2154, 605, 333, 1599, 1484, 1100, 1136, 1137, 2219, 1373, 1207, 1314, 1139, 509, 434, 1317, 1079, 2097, 284, 830, 1320, 365, 1324, 1328, 1979, 1981, 510, 1332, 1225, 1997, 2203, 1455, 2205, 2012, 2017, 369

Produkthaftung

Weitere Urteile zur Rubrik »**Produkthaftung**« siehe auch:

bis €2500: 953, 799, 848
bis €5000: 979, 2184
bis €12 500: 981, 881, 2217, 455, 968, 888
bis €25 000: 1595, 1164, 2609, 1274
ab €25 000: 1025, 1026, 1599, 2082, 2100

Psychische Schäden

Weitere Urteile zur Rubrik »**Psychische Schäden**« siehe auch:

bis €2500: 1153, 2825
bis €12 500: 3204
ab €25 000: 2715

Psychische Schäden - Psychische Primärschäden, insb. Schockschäden und Posttraumatische Belastungsstörung

Lfd. Nr.	Betrag DM Euro (Anp.2019)	Verletzung	Dauer und Umfang der Behandlung; Arbeitsunfähigkeit	Person des Verletzten	Dauerschaden	Besondere Umstände, die für die Entscheidungen maßgebend waren	Gericht, Datum der Entscheidung, Az., Veröffentlichung bzw. Einsender
3025	– (€ 0)	Behauptete PTBS		Frau		Die Klägerin ist die Tochter des aufgrund von Behandlungsfehlern und letztlich einer Sepsis Verstorbenen. Eine PTBS für die Zeit nach dem Tod des Vaters konnte nicht sicher bewiesen werden. Die Klägerin leidet vorfallunabhängig an einer Psychose aus dem schizophrenen Formenkreis. Zwar lässt sich nicht mit letzter Sicherheit ausschließen, dass die Klägerin aufgrund ihrer besonderen Verletzbarkeit in Folge der Psychose als Folge des Todes ihres Vaters eine Anpassungsstörung (maximal 1–2 Jahre) ausgebildet hat, jedoch lag mit sehr hoher Wahrscheinlichkeit keine Anpassungsstörung vor, da sich aus den Behandlungsunterlagen keine Anhaltspunkte dafür ergeben. Vielmehr lag eine normale Trauerreaktion unter Berücksichtigung der schweren Vorerkrankung vor	OLG Stuttgart 10.8.2017 1 U 52/15 RAe Meinecke & Meinecke
3026	€ 70 (€ 81)	Schockschaden		Frau		Klägerin musste zusehen, wie ihr Kater von dem Nachbarhund getötet wurde; sie hörte den Kater schreien und seine Knochen zerbrechen; leichte Fahrlässigkeit des Hundehalters; Genugtuungsfunktion tritt völlig zurück, da die Gemeinde gegen den Hundehalter ein Bußgeld von € 200 festgesetzt hat	AG Viersen 26.3.2008 34 C 175/07 RA Adamek, Niederkrüchten
3027	€ 500 (€ 514)	Mehrere Stunden Todesangst bei Seenotereignis		Mann		Seenotereignis auf einem Fährboot im Rahmen einer Pauschalreise (Sturm, hohe Wellen). Der Kläger musste sich selbst mehrfach übergeben und auch die anderen Passagiere taten dies wiederholt in unmittelbarer Nähe des Klägers, wobei alle auf engstem Raum zusammengepfercht waren	LG Köln 15.1.2019 3 O 305/17 Landesrechtsprechungsdatenbank NRW
3028	€ 500 (€ 533)	Schock eines Pkw-Fahrers beim Verkehrsunfall mit einer Radfahrerin		Mann		Ein Schmerzensgeld von € 500 liegt an der oberen Grenze eines unter Berücksichtigung der Gesamtumstände angemessenen Schmerzensgeldes, erscheint aber insgesamt vertretbar, wenn der von dem Pkw-Fahrer erlittene Unfallschock die Geringfügigkeitsgrenze überschreitet und eine nicht völlig unerhebliche gesundheitliche Beeinträchtigung als Folge einer nachvollziehbaren Verarbeitung des Unfallgeschehens darstellt. Bei der Schmerzensgeldbemessung kommt der Genugtuungsfunktion des Schmerzensgeldes keine ins Gewicht fallende Bedeutung zu, wenn der Unfallverursacher selbst durch den Unfall schwere Verletzungen erlitten hat	OLG Oldenburg (Oldenburg) 31.7.2014 1 U 19/14 juris; DAR 2015, 94

● Mithaftung (siehe vorletzte Spalte)

Psychische Schäden   Urteile lfd. Nr. 3029 – 3034

Lfd. Nr.	Betrag DM Euro (Anp.2019)	Verletzung	Dauer und Umfang der Behandlung; Arbeitsunfähigkeit	Person des Verletzten	Dauerschaden	Besondere Umstände, die für die Entscheidungen maßgebend waren	Gericht, Datum der Entscheidung, Az., Veröffentlichung bzw. Einsender
\multicolumn{8}{l}{Fortsetzung von »Psychische Schäden - Psychische Primärschäden, insb. Schockschäden und Posttraumatische Belastungsstörung«}
3029	€600 (€690)	Depressives Syndrom, das durch Versagensängste und Vermeidensreaktionen, obsessive Gedanken und vor allem durch körperliche Beschwerden und Sorgen um die Gesundheit geprägt ist. Diese Anpassungsstörung wurde durch ein Unfallereignis mit geringer Differenzgeschwindigkeit hervorgerufen	Kurze depressive Reaktion für die Dauer bis zu 6 Wochen. Der Kläger litt zwei Wochen an den körperlichen Folgen, wobei er mindestens vier Tage nicht in der Lage war, irgendwelche Tätigkeiten auszuüben	Beim Geschädigten handelte es sich um eine vulnerable Persönlichkeit		Der Zurechnungszusammenhang erstreckt sich auch auf seelische Reaktionen des Verletzten auf das Unfallereignis, selbst wenn diese durch eine psychische Labilität des Geschädigten wesentlich mitbestimmt sind	LG Bamberg 2.10.2009 3 S 155/07 RA Borowka
3030	€800 (€998)	Akute posttraumatische Belastungsreaktion auf die Dauer von 3 Monaten	9 Tage Krankschreibung	Lokomotivführer		Kläger kollidierte mit einer von ihm gefahrenen Lokomotive mit einem Pkw, der trotz bereits geschlossener Halbschranke einen Bahnübergang überquerte, wobei die Pkw-Insassen jedoch unverletzt blieben; wesentlich für die Beeinträchtigung bei dem Kläger war aber, dass er im Zeitpunkt des Aufpralls für den Bruchteil einer Sekunde denken konnte, Menschen schwer beeinträchtigt zu haben	AG Landstuhl 22.10.2004 2 C 53/04 RA Albert, Landstuhl
3031	€1000 (€1189)	Hämatome am Kopf, auf der Brust, am Ober- und Unterschenkel sowie Schürfwunden am linken Unterarm und linken Unterschenkel durch Schlägerei		Frau		Vorsätzliche Körperverletzung. Beklagter war in der Schuldfähigkeit erheblich eingeschränkt (BAK 2,65 Promille). Klägerin war erheblich psychisch beeinträchtigt. Sie erlitt ein Trauma, was sie bis zum heutigen Tag belastet	AG Aachen 2.5.2007 42 a Ds 406 Js 1565/06 Adhäsionsurteil RiAG Dr. Quarch, Aachen
3032	€1500 (€1601)	Psychischer Schock und posttraumatische Belastungsstörung	1 Monat AU			Die Klägerin nahm den Beklagten nach einem Suizidversuch in Anspruch. Der Beklagte warf sich vor die S-Bahn, welche die Klägerin steuerte	AG München 27.6.2014 122 C 4607/14 openjur
3033	€3000 (€3683)	Durch Stromschlag bedingte Strommarken am Mittelfinger, Ringfinger und kleinen Finger der linken Hand	1 Tag Krankenhaus 10 Tage arbeitsunfähig	Polizeibeamter		Unsachgemäß installierte Alarmanlage versetzte dem Kläger beim Öffnen der Wohnung einen Stromschlag, worauf dieser etwa 1,50 Meter tief vom Baugerüst stürzte, dabei das Bewusstsein verlor. Zudem litt der Kläger unter Nackenschmerzen, Schmerzen im Bereich des Kopfes und der linken Gesäßhälfte. Er leidet immer noch unter den psychischen Folgen	AG Berlin-Schöneberg 10.8.2005 6 C 258/05 RA Link, Berlin
3034	€4000 (€4963)	Prellungen des Schädels, des Gesichts und des Nasenbeins, des Beckens und der Lendenwirbelsäule, der linken Hüfte und des linken Ellenbogens sowie ein Brillenhämatom und beidseitige Unterlidhämatome durch Schlägerei		Schüler		30 Minuten lang Todesangst, da der Kläger am Boden lag und von einer großen Überzahl von Menschen, die dem Beklagten gehorchten, geprügelt wurde. Allein diese dem Kläger zugefügte Angst und Erniedrigung rechtfertigt ein sehr hohes Schmerzensgeld, welches dem Kläger, so dies überhaupt möglich ist, Genugtuung verschaffen soll. Zudem soll das Schmerzengeld einen Ausgleich dafür schaffen, dass der Kläger am ganzen Körper Prellungen erlitten und durch die Hämatome im Gesicht längere Zeit entstellt war	AG Berlin-Schöneberg 14.2.2005 16a C 129/04 RA Jost Jacob, Berlin

Lfd. Nr.	Betrag DM **Euro** *(Anp.2019)*	Verletzung	Dauer und Umfang der Behandlung; Arbeitsunfähigkeit	Person des Verletzten	Dauerschaden	Besondere Umstände, die für die Entscheidung maßgebend waren	Gericht, Datum der Entscheidung, Az., Veröffentlichung bzw. Einsender
	**Fortsetzung von »Psychische Schäden - Psychische Primärschäden, insb. Schockschäden und Posttraumatische Belastungsstörung«**
3035	€ 4000 + immat. Vorbehalt *(€ 4335)*	Posttraumatische Belastungsstörung durch Beinnaheunfall in Form von Schlafstörungen, alptraumartigem Durchleben des Unfallereignisses, erhöhte Affektlabilität und Angstgefühlen bei der Teilnahme am Straßenverkehr	Psychotherapeutische Behandlung	Frau	Noch nicht sicher vorauszusagen	Geschädigte sprang als Fußgängerin vor einem auf sie nach einem Unfall zufahrenden Fahrzeug weg	AG Hagen 24.4.2013 19 C 296/11 juris
3036	€ 4000 *(€ 4998)*	Bösartige und entwürdigende Quälereien		Mann		Die Beklagten drückten zunächst mit einer Zange den im linken Ohr befindlichen Ohrring des Klägers platt und kniffen seine Hoden damit leicht zusammen. Einer steckte ihm den Finger in den Mund, damit er sich erbrechen sollte und versuchte, mit der von ihm mitgeführten Zange die im Mund des Klägers befindliche Krone herauszubrechen. Ein anderer hat eine leere Bierflasche genommen und sie in den After des Klägers geschoben und gedroht, ihm mit einem Küchenmesser den Penis abzuschneiden. Beide hätten ihm eine Flaschenbürste in den Hals gesteckt und versucht, ihm ein Stück Seife in den Mund zu stecken. Außerdem wurde dem Kläger eine Hand in den Toaster gesteckt und auf dem Handrücken eine Zigarette ausgedrückt. Diese besonders bösartigen und entwürdigenden Quälereien der Beklagten rechtfertigen ein Schmerzensgeld von €4000, auch wenn die körperlichen Verletzungen schnell abgeheilt sind. Es ist jedoch durchaus nachzuvollziehen, dass der Kläger große Schwierigkeiten hat, diesen Vorfall psychisch zu verarbeiten	AG Rinteln 22.9.2004 2 C 174/04 (III) RA Grell, Rinteln

● Mithaftung (siehe vorletzte Spalte)

Psychische Schäden

Fortsetzung von »Psychische Schäden - Psychische Primärschäden, insb. Schockschäden und Posttraumatische Belastungsstörung«

Lfd. Nr.	Betrag DM Euro (Anp.2019)	Verletzung	Dauer und Umfang der Behandlung; Arbeitsunfähigkeit	Person des Verletzten	Dauerschaden	Besondere Umstände, die für die Entscheidungen maßgebend waren	Gericht, Datum der Entscheidung, Az., Veröffentlichung bzw. Einsender
3037	€ 4000 (€ 4632)	Schock infolge Missbrauchs seiner 8- und 11-jähr. Töchter des Klägers durch seinen besten Freund		Mann		Der Vater hat infolge des Missbrauchgeschehens eine eigene Gesundheitsbeeinträchtigung erlitten, welche nach Art und Schwere deutlich über das hinausgeht, was Angehörige als mittelbar Betroffene in derartigen Fällen erfahrungsgemäß als Beeinträchtigungen erleiden. Er hat daher einen eigenen Anspruch auf Zahlung eines Schmerzensgeldes. Der Vater litt an einer durch die infolge der Missbrauchshandlungen und ihrer Offenbarung zugespitzten familiären Situation verursachten Depression, welche schließlich zu dem Verlust seines Arbeitsplatzes geführt hat. Bei der Schmerzensgeldbemessung ist zu berücksichtigen, dass er aufgrund der vorsätzlich begangenen Straftaten des Beklagten in erheblicher Weise beeinträchtigt worden ist, es sich aber andererseits um eine mittelbare Beeinträchtigung handelte und er in der Folgezeit in der Lage war, sein Leben wieder zu ordnen und nach Inanspruchnahme einer Therapie einer geregelten Arbeit nachzugehen	LG Bonn 4.3.2008 3 O 334/06 RAin Lörsch, Bonn
3038	€ 4000 (€ 4257)	HWS-Syndrom, Schock, Schädelprellung, depressive Anpassungsstörung	4 Tage stationärer Aufenthalt, AU: 3 Monate 100% 3 Monate 50% 6 Monate 30% danach 36 Monate 20%	Frau		Die Klägerin hat nicht bewiesen, dass der Unfall der Auslöser für die PTBS war. Für die Anpassungsstörung war der Unfall als auslösendes Ereignis (mit)ursächlich, wofür die Beklagte auch einzustehen hat, unabhängig davon, dass bei der Klägerin schon vor dem Unfall eine entsprechende Disposition bestand, wenngleich sich dies vorliegend schmerzensgeldmindernd auswirkt	LG Frankfurt am Main 29.9.2014 2-18 O 46/11 OLG Frankfurt am Main 3.6.2015 17 U 216/14 RA N. Eilers, Groß-Gerau
3039	€ 4000 (€ 4304)	Posttraumatische Belastungsstörung, Schlafstörungen, Panikattacken	4 Tage stationäre Behandlung, psychotherapeutische Behandlungen	Mann		Es kam zu keiner Kollision der Fahrzeuge. Der Kläger war bereits durch einen erlittenen Infarkt und Depressionen vorgeschädigt. Ob der erlittene Herzinfarkt des Klägers auf die Beinahekollision zurückzuführen ist, bedarf keiner Entscheidung, weil die Höhe des Schmerzensgeldes bereits durch die erwiesenen Tatsachen gerechtfertigt ist. Der Schädiger kann sich nicht darauf berufen, dass der Schaden nur deshalb eingetreten sei, weil der Verletze infolge von Anomalien oder Dispositionen zu Krankheit besonders anfällig gewesen sei. Der Kläger ist in seinem Hobby beeinträchtigt	LG Konstanz 30.10.2013 61 S 27/13 B RAe Burkard, Rottweil

Fortsetzung von »Psychische Schäden - Psychische Primärschäden, insb. Schockschäden und Posttraumatische Belastungsstörung«

Lfd. Nr.	Betrag DM Euro (Anp.2019)	Verletzung	Dauer und Umfang der Behandlung; Arbeitsunfähigkeit	Person des Verletzten	Dauerschaden	Besondere Umstände, die für die Entscheidungen maßgebend waren	Gericht, Datum der Entscheidung, Az., Veröffentlichung bzw. Einsender
3040	€ 4000 + immat. Vorbehalt (€ 4602)	Schädelprellung, posttraumatische Belastungsstörung mit psychosomatischen Bauch- und Kopfschmerzen, Angst vor Alleinsein und vor Verlassenwerden, Schlafstörungen, repressives Verhalten im Hinblick auf die sprachliche Entwicklung	3 Tage Krankenhaus	Kleinkind		Die 10 Monate alte Klägerin, die sich angeschnallt in einer Babyschale auf der Rückbank eines Pkw befand, wurde bei einem Unfall verletzt; außerdem erlitt die ebenfalls im Pkw befindliche Mutter der Klägerin schwere Verletzungen; während 5 stationärer Behandlungen auf die Dauer von insgesamt 4 Monaten war die Klägerin von der Mutter getrennt, was zu einer traumatischen Erfahrung in frühesten Entwicklungsphasen geführt hat; Klägerin leidet bereits seit 4 Jahren an der posttraumatischen Belastungsstörung	OLG Braunschweig 13.10.2009 7 U 77/08 RAe Krause & Weiß, Braunschweig
3041	€ 4000 + immat. Vorbehalt (€ 4827)	Tägliche Misshandlungen auf die Dauer von fast 2 Monaten durch Treten und Schlagen mit der Folge von Blutergüssen und Schürfwunden an beiden Armen und Beinen		11-jähr. Schüler		Der Schüler wurde durch vier 11 und 13 Jahre alte Mitschüler und Mitschülerinnen nahezu täglich am Rande des Schulhofs misshandelt; er musste sich wegen einer depressiven Verstimmung und einer Angsterkrankung in psychische Behandlung begeben	OLG Oldenburg (Oldenburg) 11.7.2006 6 U 51/06 VersR 2008, 1115 Hinweisbeschluss
3042	€ 4200 (€ 4399)	Distorsion der Halswirbelsäule, Beckenprellung, Prellung des Thorax, Schürfung des linken Unterschenkels, psychische Verletzungsfolgen in der Form einer posttraumatischen Belastungsstörung bzw. Anpassungsstörung	2 Tage Erstbehandlung im Klinikum, danach Weiterbehandlung durch Hausarzt, AU über 3 Wochen; in der Folgezeit war die Klägerin mehrfach wegen einer posttraumatischen Belastungsstörung bzw. Anpassungsstörung in psychotherapeutischer Behandlung	Frau		In Anbetracht der gravierenden Folgen des Verkehrsunfalls, die eine längerwährende Behandlung nach dem Unfallgeschehen bei Reaktualisierung eines zuvor erlittenen Traumas durch einen zurückliegenden Unfall erforderlich machten, erschien die Bemessung des der Klägerin zu gewährenden Schmerzensgeld auf € 4200 angemessen	AG Ingolstadt 17.3.2017 12 C 99/16 RA von Mammen, Kanzlei Hofbeck, Buchner und Collegen, Nürnberg
3043	€ 5000 + immat. Vorbehalt (€ 5201)	Posttraumatische Belastungsstörung (Schreckhaftigkeit, Schlafstörungen, Angst- und Depressionszustände, Intrusionen, Albträume) mit besonderer Ausprägung für 12 Monate, danach abgemildert	Min. 3 Jahre Behandlung	Mann, Lokführer	GdB 50	Während seiner Tätigkeit als Lokführer erlebte der Kläger bereits im Jahr 2008 einen Gleissuizid sowie eine unverschuldete Kollision aufgrund eines Stellwerkfehlers im Jahr 2011. Im November 2013 kam es aufgrund eines von der Beklagten verschuldeten Stellwerkfehlers zu einer erneuten Kollision, die der Auslöser der Erkrankung war. Es greift kein Haftungsausschluss nach § 106 Abs. 3 3. Var. i.V.m. §§ 104, 105 SGB VII. Schmerzensgelderhöhend wurde die langjährige Belastung des Klägers durch die Symptome seit dem Unfallereignis berücksichtigt. Ferner ist er in seinem Beruf als Lockführer dauerhaft arbeitsunfähig	LG Düsseldorf 30.6.2017 13 O 217/15 Landesrechtsprechungsdatenbank NRW

● Mithaftung (siehe vorletzte Spalte)

Psychische Schäden — Urteile lfd. Nr. 3044 – 3047

Lfd. Nr.	Betrag DM Euro (Anp.2019)	Verletzung	Dauer und Umfang der Behandlung; Arbeitsunfähigkeit	Person des Verletzten	Dauerschaden	Besondere Umstände, die für die Entscheidungen maßgebend waren	Gericht, Datum der Entscheidung, Az., Veröffentlichung bzw. Einsender
	**Fortsetzung von »Psychische Schäden - Psychische Primärschäden, insb. Schockschäden und Posttraumatische Belastungsstörung«**						
3044	10 000 € 5000 (€ 7385)	Reaktive Depressionen nach mehrfachen körperlichen Angriffen mit Würgemalen, Schwellungen und Schürfwunden	MdE: über 3 Monate 100%	Aushilfskellnerin	Angstzustände mit Tremor und Kreislaufdysregulation sowie Schlafstörungen	Beklagte wurde mehrmals an den Haaren niedergerissen, wobei sie Todesangst ausstand. Klägerin leidet bei Urteilsverkündung (fast 4 Jahre nach dem Vorfall) noch unter den Folgen der Tat, ist stark verunsichert, mag nicht mehr alleine ausgehen. Verschulden des Beklagten wegen Alkoholeinfluss gemindert; wirtschaftliche Verhältnisse ungünstig. Opfern von Gewalttaten mit sexuellem Hintergrund wurden früher nicht selten unangemessen niedrige Beträge zugesprochen	OLG Hamm 7.6.1993 6 U 133/92 NJW-RR 1994, 94
3045	10 000 € 5000 (€ 6523)	Unfallschock	1 Woche Krankenhaus, anschließend Kurmaßnahme	40-jähr. Lokomotivführer	Chronisch psychophysischer Erschöpfungszustand mit Angstzuständen, psychosomatische Beschwerden	Kläger musste frühpensioniert werden; er war bereits mehrfach während des Dienstes schuldlos in Unfälle, teils mit tödlichem Ausgang, verwickelt; aufgrund der Vorunfälle war er psychisch bereits so geschwächt, dass der erneute (weniger schwere) Unfall zum endgültigen Zusammenbruch führte; diese besondere Schadensanfälligkeit hat sich der Schädiger zurechnen zu lassen	OLG Hamm 2.4.2001 6 U 231/99 NZV 2002, 36
3046	€ 5000 (€ 5278)	Todesangst und posttraumatische Belastungsstörung bei plötzlicher Bedrohung eines Zugbegleiters mit einer Schusswaffe	Psychotherapeutische Behandlung 2 1/2 Monate; längere Zeit arbeitsunfähig	Mann		Für das Schmerzensgeld erscheint dem Senat wesentlich, dass bei dem Kläger durch das Geschehen keine dauerhaften gesundheitlichen Beeinträchtigungen und keine erheblichen dauerhaften Auswirkungen auf seine Lebensführung verblieben sind. In diesem Punkt unterscheidet sich der Fall von manchen anderen Fällen, in denen eine Bedrohung oder eine anderweitige psychische Ausnahmesituation zu dauerhaften psychischen Beeinträchtigungen bzw. zu dauerhaften Auswirkungen auf das Leben des Geschädigten geführt hat	OLG Karlsruhe 3.5.2016 9 U 13/15 juris
3047	€ 5000 (€ 6125)	Somatoforme Schmerzstörung im HWS-Bereich	12 1/2 Wochen zu 100% erwerbsunfähig	Hausfrau		Nach einem Auffahrunfall mit einer geringen kollisionsbedingten Geschwindigkeitsänderung („Harmlosigkeitsgrenze") stellte sich eine somatoforme Schmerzstörung ein, der eine lebensgeschichtlich begründbare somatoforme Verarbeitung von Extremstress zugrunde lag, was eine aus dem Unfallgeschehen herrührende haftungsbegründende Primärverletzung mit eigenem Krankheitswert bedeutet, auch wenn keine sonstigen konkreten organischen Unfallverletzungen festgestellt werden konnten; dabei handelt es sich um ein vorhersehbares Schadensbild, auch wenn diese Verletzung bei einem nur leichten Verkehrsunfall eintritt und im Normalfall nicht zu erwarten ist	OLG Köln 25.10.2005 4 U 19/04 SVR 2006, 222

Lfd. Nr.	Betrag DM Euro (Anp.2019)	Verletzung	Dauer und Umfang der Behandlung; Arbeitsunfähigkeit	Person des Verletzten	Dauerschaden	Besondere Umstände, die für die Entscheidungen maßgebend waren	Gericht, Datum der Entscheidung, Az., Veröffentlichung bzw. Einsender
\multicolumn{8}{l}{Fortsetzung von »Psychische Schäden - Psychische Primärschäden, insb. Schockschäden und Posttraumatische Belastungsstörung«}
3048	€ 5500 (€ 5649)	Posttraumatische Belastungsstörung nach Seenotereignis, mehrere Stunden Todesangst	Insgesamt 15 Wochen stationäre psychotherapeutische Behandlung, danach ambulante psychotherapeutische Behandlung	Frau		Seenotereignis auf einem Fährboot im Rahmen einer Pauschalreise (Sturm, hohe Wellen). Dass die Klägerin bereits im Jahr 2011 einen „Burnout" erlitt, hindert nicht, die nunmehr eingetretene Verletzung dem Seenotereignis zuzurechnen. Die Klägerin hat auch 1 ½ Jahre nach dem Ereignis ihre volle Arbeitsfähigkeit (noch) nicht wiedererlangt	LG Köln 15.1.2019 3 O 305/17 Landesrechtssprechungsdatenbank NRW
3049	€ 7000 + immat. Vorbehalt (€ 8685)	Posttraumatische Belastungsstörung nach Prellungen im Bereiche der linken Oberschenkelregion und des rechten Kniegelenks, Schädelprellung mit Kopfschwartenhämatom und Hautabschürfungen sowie weiteren multiplen Prellungen	Mehrere stationäre Aufenthalte, bis heute psychologische ambulante Behandlung	Hausfrau	MdE: 50% in der Haushaltsführung	Verblieben ist eine geringgradige Instabilität des rechten Kniegelenks sowie eine posttraumatische Belastungsstörung. Als Höchstbemessung der Höhe des danach festzusetzenden Schmerzensgeldes hat die Kammer insbesondere Ausmaß und Schwere der unfallbedingten psychischen und physischen Störungen einschließlich Heftigkeit und Dauer der verursachten Schmerzen sowie das Maß der dadurch hervorgerufenen Lebensbeeinträchtigung, Art und Dauer der stationären Behandlung und der erforderlichen Rehabilitationsmaßnahmen sowie Art und Umfang der Dauerfolgen berücksichtigt	LG Kassel 15.2.2005 8 O 2358/02 RA Koch, Erfstadt
3050	€ 7000 + immat. Vorbehalt (€ 7346)	Akute Belastungsreaktion für 2 Tage, danach Anpassungsstörung mit Angst und Depression, eine in leichter Form noch bis heute fortbestehende Agoraphobie ohne Panikstörung, nach Veröffentlichung eines Fotos, das die Klägerin beim Oralverkehr mit dem Beklagten zeigt	3 Jahre Einnahme von Psychopharmaka, psychotherapeutische Behandlung	18-jähr. Frau (Tatzeitpunkt), Schülerin		Das Gesicht der Klägerin ist auf dem Foto erkennbar. Im Rahmen der Genugtuungsfunktion ist zugunsten der Klägerin zu berücksichtigen, dass die Bildveröffentlichung zu einer massiven Bloßstellung gegenüber einer unüberschaubaren Anzahl von Personen führte, wozu vor allem solche aus ihrem nahen Umfeld gehörten. Ferner war das noch junge verletzliche Alter der Klägerin mit zu beachten. Anspruchsmindernd wurde das Hochladen in einer unreflektierten Spontanhandlung gewürdigt sowie, dass das Foto ursprünglich im Einvernehmen der Parteien gefertigt wurde, sodass die Klägerin selbst eine Ursache für dessen spätere Verbreitung gesetzt hat. Das LG hatte in 1. Instanz noch € 20 000 zugesprochen	OLG Hamm 20.2.2017 3 U 138/15 Landesrechtssprechungsdatenbank NRW
3051	€ 7500 + immat. Vorbehalt (€ 9082)	Freiheitsberaubung, zwei Kopfplatzwunden, Schädelprellung mit posttraumatischen Belastungsstörungen nach Raubüberfall		46-jähr. Wachmann		Bei einem Einbruch auf ein Firmengelände bedrohten die Beklagten den Kläger als Wachmann zunächst mit seiner Pistole, griffen ihn körperlich an und fesselten ihn anschließend. Der gefesselte Kläger wurde dann in dem Kofferraum seines Wagens verschlossen, wo er sich bei Temperaturen von minus 7 Grad erst nach einiger Zeit befreien konnte. Unter Berücksichtigung sämtlicher Gesichtspunkte, insbesondere der depressiven Beeinträchtigung im Sinne einer posttraumatischen Belastungsstörung hielt das Gericht ein Schmerzensgeld i.H.v. € 7500 für angemessen, aber auch erforderlich	LG Münster 28.6.2006 8 O 58/05 VRiLG Dr. Georg Bischoff, Münster

● Mithaftung (siehe vorletzte Spalte)

Psychische Schäden | Urteile lfd. Nr. 3052 – 3056

Lfd. Nr.	Betrag DM Euro (Anp.2019)	Verletzung	Dauer und Umfang der Behandlung; Arbeitsunfähigkeit	Person des Verletzten	Dauerschaden	Besondere Umstände, die für die Entscheidungen maßgebend waren	Gericht, Datum der Entscheidung, Az., Veröffentlichung bzw. Einsender
			Fortsetzung von »Psychische Schäden - Psychische Primärschäden, insb. Schockschäden und Posttraumatische Belastungsstörung«				
3052	15000 € 7500 (€ 10121)	Schlafstörungen und Angstzustände nach Geiselnahme; Strangulationen 2. Grades durch Fesselung an beiden Handgelenken sowie Schnürung des rechten Handgelenks	6 Wochen arbeitsunfähig	Reinigungskraft	Extreme Angstphobien	Geiselnahme in Stadtsparkasse, Dauer ca. 11 ½ Stunden. Der Täter behandelte die Geisel sehr höflich. Durch den Vorfall kam es bei der Klägerin zum Ausbruch einer Neurodermitis;	OLG Köln 19.4.1999 8 U 75/98 (Anerkenntnisurteil) RAe Tybussek & Tybussek, Köln
3053	€ 8000 (€ 9265)	Schockschaden der Mutter nach sexuellem Missbrauch an ihren beiden 8- und 11-jähr. Töchtern durch besten Freund der Familie		Frau		Die Mutter ist schwer traumatisiert, leidet unter Panikattacken und ist in ihrer gesamten Lebensführung erheblich beeinträchtigt, so dass sie nunmehr sogar stationär psychotherapeutisch behandelt werden muss. Die Kammer erachtet daher den ausgeurteilten Betrag angesichts der massiven Beeinträchtigung der Mutter für erforderlich, aber auch ausreichend, um der Ausgleichs- und Genugtuungsfunktion des Schmerzensgeldes Genüge zu tun	LG Bonn 4.3.2008 3 O 334/06 RAin Lörsch, Bonn
3054	€ 8000 + immat. Vorbehalt (€ 8404)	HWS-Distorsion, Prellungen des rechten Daumens, Gehirnerschütterung, diverse Prellungen und Platzwunden	3 Tage stationär	Mann	Posttraumatische Belastungsstörung	Nach einem Auffahrunfall mit leichten physischen Verletzungen, jedoch einer – dauerhaft latent fortbestehenden – posttraumatischen Belastungsstörung (PTBS), die durch eine anlagebedingte und somit nicht unfallbedingte Depression überlagert wird, ist ein Schmerzensgeld von € 8000 gerechtfertigt	OLG Hamm 26.7.2016 9 U 169/15 juris
3055	€ 8500 + immat. Vorbehalt (€ 9072)	Schwere posttraumatische Belastungsstörung, Angstzustände, Panikattacken, Albträume, Schlafstörungen, Konzentrationsstörung, Kopfschmerzen, Verstauchung und Zerrung der BWS, Thoraxprellung, Schock	1 Tag stationäre Behandlung, 2 Monate Schmerzen bei der Atmung, psychotherapeutische Behandlung, insgesamt über 2 ½ Jahre Behandlung	Mann		Der Kläger wurde in seinem Pkw von einem 100 km/h schnellen Zug erfasst. Der dem Kläger bekannte unübersichtliche Bahnübergang war mit einer Schranke und Rotlicht gesichert, jedoch war zum Unfallzeitpunkt weder die Schranke heruntergelassen noch das Rotlicht in Betrieb. Die Bedienung des Übergangs erfolgte manuell, die Absicherung erfolgte nicht. Insoweit durfte der Kläger darauf vertrauen, dass kein Zug herannaht. Die Beklagten haften zu 100%. Der Kläger litt auch zum Unfallzeitpunkt noch unter einer Belastungsstörung. Insbesondere die lange Behandlungszeit wurde berücksichtigt	LG Detmold 26.11.2014 12 O 244/12 Justiz NRW OLG Hamm 11.6.2015 6 U 145/14 NJW 2016, 332
3056	18000 € 9000 (€ 12727)	Stumpfes Thoraxtrauma links mit Rippenserienfraktur der 7. bis 9. Rippe lateral mit linksbasaler Lungenkontusion; stumpfes Bauchtrauma mit Milzruptur, Entfernung eines Teils der Milz; HWS-Trauma; psychische Belastungen im Zusammenhang mit dem Unfalltod des Ehemannes (kein als Schock bezeichneter seelischer Schmerz) mit der Verletzung des Sohnes und der Sorge um ein noch ungeborenes Kind	3 Wochen Krankenhaus	Frau	Steilstellung der HWS mit Beschwerden	HWS-Beschwerden haben nur untergeordnete Bedeutung, da sie leichter Natur sind und durch krankengymnastische Maßnahmen gemindert werden können; Klägerin wurde 6 Monate nach dem Unfall von einer gesunden Tochter entbunden	OLG Frankfurt am Main 3.11.1995 8 U 86/95

Lfd. Nr.	Betrag DM **Euro** *(Anp.2019)*	Verletzung	Dauer und Umfang der Behandlung; Arbeitsunfähigkeit	Person des Verletzten	Dauerschaden	Besondere Umstände, die für die Entscheidungen maßgebend waren	Gericht, Datum der Entscheidung, Az., Veröffentlichung bzw. Einsender
	**Fortsetzung von »Psychische Schäden - Psychische Primärschäden, insb. Schockschäden und Posttraumatische Belastungsstörung«**
3057	€10 000 + immat. Vorbehalt *(€ 10 652)*	Posttraumatische Belastungsstörung für 12 bis 15 Monate, die sodann in eine depressive Anpassungsstörung überging, mit der Folge eines Tinnitus links (Kategorie 2–3) und Bewegungsschmerzen im HWS-Bereich (Kopfschmerzen, Schwindel, Konzentrationsschwierigkeiten, Schlafstörungen)	6 Monate und 1 Woche AU zu 100%, anschließend 6 Wochen Wiedereingliederung, 3 ½ Jahre psychotherapeutische Behandlung, Physiotherapie, Einnahme von Antidepressiva	Frau		Das Gericht ist nicht i.S.v. § 286 f. ZPO von der Primärverletzung einer HWS-Distorsion sowie eines Tinnitus überzeugt. 1 ½ Jahre nach dem Unfall festgestellte degenerative Schäden der HW 4–7 und Bandscheibenprolaps an C4/C5/C6 sind mit an Sicherheit grenzender Wahrscheinlichkeit keine Unfallfolge. Die 8–10 Jahre vor dem Unfall durchgeführte Psychotherapie aufgrund des Todes des Ehemanns sowie Arbeitsplatzproblemen ist vorliegend nicht ausschlaggebend. Zum Urteilszeitpunkt stand noch nicht fest, ob die Anpassungsstörung sowie der Tinnitus als Dauerschaden verbleiben oder nicht	LG Darmstadt 6.11.2015 1 O 296/11 juris
3058	€10 000 + immat. Vorbehalt *(€ 10 578)*	Posttraumatische Belastungsstörung mit depressiver Symptomatik in Folge einer Commotio cerebri, HWS-Distorsion, Dysaesthesien der oberen und unteren Extremitäten, beidseitige Schürfwunden am rechten Unterarm	6 Tage stationärer Aufenthalt, 7 Wochen AU, psychotherapeutische Behandlungen	Frau	MdE 20%	Es ist derzeit noch nicht absehbar, welche Unfallfolgen dauerhaft bestehen bleiben	LG Saarbrücken 19.6.2015 1 O 19/12 Teil-Schmerzensgeld RA Stefan Hettmann, Püttlingen
3059	€10 000 + immat. Vorbehalt *(€ 10 381)*	Gehirnerschütterung, Kopfplatzwunde, Unterschenkelprellung links, Ellenbogenprellung links, Halswirbelsäulenverrenkung und Thoraxprellung rechts, posttraumatische Belastungsstörung	6 Tage in stationärer Behandlung; 3 ½ Monate krankgeschrieben	Frau		Das ausgeurteilte Schmerzensgeld bewegt sich in der Größenordnung im Betragsrahmen, der in vergleichbaren Fällen von der Rechtsprechung zugrunde gelegt worden ist und fügt sich in das Gesamtsystem der Schmerzensgeldjudikatur ein. Im vorliegenden Fall ist auch aus Sicht des Senats aber dem Umstand Rechnung zu tragen, dass sich der Beklagte zu 1. als Unfallverursacher nach dem Ereignis vom Unfallort entfernt hat, ohne sich um die Klägerin zu kümmern und sicherzustellen, dass ihr die erforderliche ärztliche Hilfe zuteil wird. Dieses Verhalten ist grob rücksichtslos. Es ist ohne Weiteres nachvollziehbar, dass sich dies negativ auf die seelische Verarbeitung des Unfalls durch den Geschädigten auswirkt und muss daher berücksichtigt werden. Unter Berücksichtigung der unstreitigen Primärverletzungen und einer posttraumatischen Belastungsstörung erscheint dem Senat ein Schmerzensgeld von insgesamt €10 000 angemessen und ausreichend, um der Doppelfunktion gerecht zu werden	OLG Düsseldorf 6.2. 2018 1 U 61/17 VorsRiOLG Dr. Scholten

● Mithaftung (siehe vorletzte Spalte)

Psychische Schäden

Urteil lfd. Nr. 3060

Lfd. Nr.	Betrag DM **Euro** *(Anp.2019)*	Verletzung	Dauer und Umfang der Behandlung; Arbeitsunfähigkeit	Person des Verletzten	Dauerschaden	Besondere Umstände, die für die Entscheidungen maßgebend waren	Gericht, Datum der Entscheidung, Az., Veröffentlichung bzw. Einsender

Fortsetzung von »Psychische Schäden - Psychische Primärschäden, insb. Schockschäden und Posttraumatische Belastungsstörung«

| 3060 | € 10 000 *(€ 10 341)* | Schockschaden: Leidet die Mutter der kurz nach Diagnosestellung an Leukämie verstorbenen Tochter anschließend an psychischen Beschwerden, die mit einer weitreichenden Isolierung, dem nahezu völligen Verlust von Lebensfreude sowie einer Beeinträchtigung der Lebensfähigkeit dahin, dass sie gefüttert werden musste, einhergehen, kann dies nicht mehr als „normales Lebensrisiko" eingeordnet werden | | Frau | Psychischer Schaden | Das auf dieser Grundlage zugesprochene Schmerzensgeld des LG ist nicht zu beanstanden. Mit Blick auf die Schmerzensgeldzumessung kann der Senat dabei offenlassen, ob ein Mitverschulden der Klägerin wegen der bisher unterbliebenen therapeutischen Versorgung ihres Krankheitsbildes im erforderlichen Umfang vorliegt. Der Sachverständige hat klargestellt, dass die Klägerin angesichts des Schweregrades der erlittenen schweren depressiven Verstimmung nicht mehr frei willensbestimmt und somit nicht mehr in der Lage war, anhand rationaler Überlegungen eine Entscheidung zu treffen. Man hätte eine psychiatrische Behandlung nur gegen ihren erklärten Willen positionieren können. Insofern kann der Klägerin für den Zeitraum unmittelbar nach dem Versterben ihrer Tochter, für den sich aus dem Sachverständigengutachten die unmittelbare Aufgabe der beruflichen Tätigkeit, die Unfähigkeit zur Teilnahme am sozialen Leben und zur Bewältigung des Alltags bis hin zu dem Bedürfnis, von ihrem Sohn gefüttert zu werden, das vom LG angesetzte Schmerzensgeld von € 10 000 zugesprochen werden. Die Schilderungen des Sachverständigen, die diesen zu der Einschätzung verleitet haben, dass die Klägerin nicht mehr in der Lage war, rationale Entscheidungen zu treffen, zeigen klar das von ihr erlebte Leid auf. Bereits diese Phase nach dem Versterben der Tochter rechtfertigt das angesetzte Schmerzensgeld. Daher kann dahinstehen, inwiefern für die Zeit der späteren mittelschweren depressiven Verstimmung mit psychosomatischen Beschwerdebildern (ICD-10: F32.11) mit einer pathologischen Trauerreaktion im Sinne einer chronischen Anpassungsstörung (ICD-10: F43.2) ein Mitverschulden wegen der unterbliebenen therapeutischen Behandlung in Betracht kommen könnte | OLG Koblenz 25.9.2017 5 U 427/17 GesR 2017, 784; juris |

Lfd. Nr.	Betrag DM Euro (Anp.2019)	Verletzung	Dauer und Umfang der Behandlung; Arbeitsunfähigkeit	Person des Verletzten	Dauerschaden	Besondere Umstände, die für die Entscheidungen maßgebend waren	Gericht, Datum der Entscheidung, Az., Veröffentlichung bzw. Einsender

Fortsetzung von »Psychische Schäden - Psychische Primärschäden, insb. Schockschäden und Posttraumatische Belastungsstörung«

Lfd. Nr.	Betrag	Verletzung	Dauer und Umfang	Person	Dauerschaden	Besondere Umstände	Gericht
3061	€10000● + immat. Vorbehalt (€10782)	Stumpfes Bauchtrauma, Prellungen multipler Lokalisationen, Wirbelsäulendistorsion, Zerrung der Halswirbelsäule und Posttraumatische Belastungsstörung (PTBS) durch Verkehrsunfall	Mehrere stationäre psychotherapeutische Behandlungen; die körperlichen Schäden sind folgenlos ausgeheilt	Frau	Wiederholtes Nacherleben des Unfallgeschehens, Angst beim Autofahren, Vermeidung von Autofahren und Verkauf des eigenen Pkw nach dem Unfallgeschehen, vegetative Übererregbarkeit, Schreckhaftigkeit, Schlafstörungen mit zeitweisem Benzodiazepin-Missbrauch, emotionale Stumpfheit mit Interessenverlust, sozialer Rückzug, Vernachlässigung früherer Hobbies, Gleichgültigkeit gegenüber anderen Menschen, vor allem gegenüber dem Ehemann mit Verlust der sexuellen Appetenz	Unter Berücksichtigung der Verletzungen, ihrer Dauer und der Auswirkungen auf das Leben der Klägerin teilt der Senat unter Berücksichtigung von Vergleichsfällen die Auffassung des LG, dass ein Schmerzensgeld von insgesamt €10000 als angemessen, aber auch ausreichend erachtet hat. Dabei war ein Mitverschulden der Klägerin zu berücksichtigen, weil sie sich nicht in eine erfolgversprechende ambulante Psychotherapie begeben hat	OLG Frankfurt am Main 29.1.2015 12 U 89/13 r+s 2016, 314
3062	€10226 + immat. Vorbehalt (€11652)	Posttraumatische Belastungsstörung eines Polizeibeamten nach tätlichem Angriff und dadurch bedingtem Schusswaffengebrauch	Fast 8 Monate Dienstunfähigkeit mit stationärer und ambulanter Behandlung	Mann		Die wesentlichen Zumessungsfaktoren für den Senat waren die Schwere und auch die Dauer der erlittenen und noch andauernden Schädigung sowie das ganz massive Vorgehen der Beklagten bei ihren Angriffen auf die beiden Polizeibeamten, wobei der Senat hier von einem doch recht hohen Unwertgehalt ausgeht	OLG Koblenz 8.3.2010 1 U 1161/06

● Mithaftung (siehe vorletzte Spalte)

Psychische Schäden | Urteil lfd. Nr. 3063

Lfd. Nr.	Betrag DM **Euro** *(Anp.2019)*	Verletzung	Dauer und Umfang der Behandlung; Arbeitsunfähigkeit	Person des Verletzten	Dauerschaden	Besondere Umstände, die für die Entscheidungen maßgebend waren	Gericht, Datum der Entscheidung, Az., Veröffentlichung bzw. Einsender

Fortsetzung von »Psychische Schäden - Psychische Primärschäden, insb. Schockschäden und Posttraumatische Belastungsstörung«

| 3063 | € 11 300 + immat. Vorbehalt *(€ 12 619)* | HWS-Verletzungen durch 2 aufeinanderfolgende Verkehrsunfälle mit posttraumatischem Belastungssyndrom. Bevor die erste HWS-Verletzung vollkommen abgeklungen war, wurde sie durch den 2. Unfall deutlich verstärkt. Durch das Zusammenwirken beider HWS-Verletzungen wurde eine posttraumatische Belastungsstörung ausgelöst, die fortbesteht | Ständige Arztbesuche, Schmerz- und Psychotherapie, Berufsunfähigkeit | 40-jähr. Frau | Psychische Beeinträchtigung | Die Beklagten haften für die gesundheitlichen Schäden der Klägerin aufgrund der beiden Unfälle gem. §§ 830 Abs. 1 S. 2, 840 BGB als Gesamtschuldner, da sich nicht feststellen lässt, in welchem Umfang die durch beide Unfälle zusammenwirkend verursachten Schäden auf die einzelnen Unfallereignisse zurückzuführen sind. Die Klägerin kann ein Schmerzensgeld i.H.v. € 10 000 verlangen. Hierbei ist zu berücksichtigen, dass die Folgen der beiden Verkehrsunfälle für das weitere Leben der Klägerin einschneidend sind. Durch das posttraumatische Belastungssyndrom ist ihr jegliche Lebensfreude abhandengekommen. Aufgrund der ständig wiederkehrenden Schmerzen wurde sie im Alter von 40 Jahren berufsunfähig und ist auch in ihrer Freizeitgestaltung durch die wiederholten Schmerzattacken stark eingeschränkt. Auch wenn man in Rechnung stellt, dass es sich auf der Seite der Schädiger jeweils nur um leicht fahrlässige Sorgfaltspflichtverletzungen im Straßenverkehr handelt, ist ein Betrag von € 10 000 zur Abgeltung der bereits erlittenen und künftig zu erwartenden Beschwerden als erforderlich und angemessen anzusehen. Hierbei ist auch zu berücksichtigen, dass der Klägerin durch die Beklagten bereits ein Schmerzensgeld i.H.v. € 1300 bezahlt wurde. Anhaltspunkte, dass die Klägerin bereits vor dem Unfall etwa – aufgrund einer psychischen Veranlagung – besonders schadensanfällig gewesen sei mit der Folge, dass dies bei der Bemessung des Schmerzensgeldes zu berücksichtigen wäre (vgl. BGHZ 137, 142), sind von den Beklagten unter Berücksichtigung des Maßstabes des § 287 ZPO nicht nachgewiesen | OLG Stuttgart 9.6.2011 13 U 26/09 NZB zurückgew. d. BGH, Beschl. v. 7.2.2012 VI ZR 179/11 |

● Mithaftung (siehe vorletzte Spalte)

Urteil lfd. Nr. 3064 — Psychische Schäden

Lfd. Nr.	Betrag DM **Euro** *(Anp.2019)*	Verletzung	Dauer und Umfang der Behandlung; Arbeitsunfähigkeit	Person des Verletzten	Dauerschaden	Besondere Umstände, die für die Entscheidungen maßgebend waren	Gericht, Datum der Entscheidung, Az., Veröffentlichung bzw. Einsender
						Fortsetzung von »Psychische Schäden - Psychische Primärschäden, insb. Schockschäden und Posttraumatische Belastungsstörung«	
3064	€ 12 000 + immat. Vorbehalt *(€ 12 057)*	Posttraumatische Belastungsstörung gem. DSM IV (SKID-II), eine mittelgradige Depression sowie ein Schmerzsyndrom linke Schulter	Neurologische Behandlung; AU	47-jähr. Frau	Depression	Die bei der Klägerin bestehende posttraumatische Belastungsstörung rechtfertigt im vorliegenden Fall ein Schmerzensgeld im oberen Bereich vergleichbarer, in der Rechtsprechung entschiedener Fälle, auch wenn auf Seiten des Unfallverursachers lediglich menschliches Versagen und nicht etwa ein vorsätzliches Verhalten zugrunde gelegt werden kann. Der Senat konnte sich im Termin einen persönlichen Eindruck von den noch immer erheblichen psychischen Beeinträchtigung der Klägerin machen, die die Lebensqualität der Klägerin in erheblichem Maße bis hin zur AU beeinträchtigen. Der Unfall im Verlauf, die Kollision und die unmittelbaren Kollisionsfolgen sind Umstände, die das Leben der Klägerin auf lange Zeit prägen und beeinflussen. Die in der beigezogenen Ermittlungsakte zum Unfall aufgenommenen Fotos belegen dabei die Heftigkeit des Unfalls und machen den weiteren Verlauf wie auch die subjektive Einschätzung der Klägerin, eine Nahtoderfahrung erlitten zu haben, nachvollziehbar. Auch ohne die noch offene Frage, ob durch den Unfall auch körperliche Beschwerden eingetreten sind, ist deshalb das vom LG zugesprochene Schmerzensgeld von € 12 000, auf das die Beklagte bereits € 3000 gezahlt hat, angemessen und erforderlich, um der Klägerin einen Ausgleich zu gewähren	Brandenburgisches OLG 6.6.2019 12 U 119/18 juris

● Mithaftung (siehe vorletzte Spalte)

Psychische Schäden Urteile lfd. Nr. 3065 – 3066

Lfd. Nr.	Betrag DM Euro (Anp.2019)	Verletzung	Dauer und Umfang der Behandlung; Arbeitsunfähigkeit	Person des Verletzten	Dauerschaden	Besondere Umstände, die für die Entscheidungen maßgebend waren	Gericht, Datum der Entscheidung, Az., Veröffentlichung bzw. Einsender
						Fortsetzung von »Psychische Schäden - Psychische Primärschäden, insb. Schockschäden und Posttraumatische Belastungsstörung«	
3065	€ 12 000 + immat. Vorbehalt (€ 12 938)	Halswirbelsyndrom und multiple Prellungen sowie schwergradige posttraumatische Belastungsstörung	Psychotherapeutische Behandlungen; dauerhafte AU	Mann	Psychischer Schaden	Der Senat sieht ein Schmerzensgeld von € 12 000 ebenso wie das LG als angemessen an. Dabei wird davon ausgegangen, dass das Unfallereignis und die dadurch verursachte schwergradige posttraumatische Belastungsstörung für den Kläger zu einschneidenden Veränderungen in seiner Lebensführung geführt haben. Er kann seinen Beruf als Straßenwärter nicht mehr ausüben. Er leidet unter Angstzuständen, Spannungskopfschmerzen, Depressionen und Gereiztheit. Er ist antriebslos und in der Konzentration gestört. Der Unfall bedeutet für den Kläger einen tiefen Einschnitt in sein bisheriges Leben. Bislang haben die psychotherapeutischen Behandlungen, denen sich der Kläger unterzieht, keine Besserung gebracht. Sein ganzes Leben ist darauf ausgerichtet, alles zu vermeiden, was ihn an den Unfall erinnern könnte. Er lebt in der ständigen Angst, ein solches Ereignis könne sich wiederholen. Er hat sich ganz in den privaten Bereich zurückgezogen. Auf Seiten der Beklagten liegt ebenfalls kein Verschulden vor. Vielmehr ist davon auszugehen, dass der Beklagte vor der Kollision eine Hirnblutung erlitten hat und deshalb von der Straße abgekommen ist	OLG Koblenz 12.1.2015 12 U 390/12
3066	€ 12 000 (€ 13 415)	Prellungen (Wirbelsäule, Thorax, Sternum) und HWS-Distorsion ersten Grades nach Erdmann durch Verkehrsunfall mit psychischer Fehlverarbeitung des Unfallgeschehens	8 Tage stationärer Krankenhausaufenthalt, wegen des leichten HWS-Schleudertraumas AU allenfalls für vier Wochen. Danach ständige Arztbesuche. Wegen psychischer Folgeschäden danach mindestens 1 Jahr AU	Mann	Psychische Fehlverarbeitung des Unfallgeschehens	Von geringerem Gewicht im Rahmen der Schmerzensgeldbemessung sind die körperlichen Verletzungen des Klägers, die in Prellungen und einer HWS-Distorsion ersten Grades nach Erdmann bestanden haben. Vorliegend ist die psychische Fehlverarbeitung des Unfalls rund 1 Jahr schmerzensgelderhöhend zu berücksichtigen, während darüber hinaus weitgehend eine Rentenneurose, die den Zurechnungszusammenhang zum Unfall unterbrochen hat, für die Beschwerden des Klägers maßgeblich ist. Die Beschwerden danach können deshalb bei der Bemessung des Schmerzensgeldes nicht mehr berücksichtigt werden. Angesichts der Auswirkungen des Verkehrsunfalls auf die Lebensführung des Klägers über ein Jahr hinweg mit zahlreichen Arztbesuchen ist hier ein Schmerzensgeld von € 12 000 angemessen	OLG Stuttgart 29.3.2011 10 U 106/10 juris Rev. zurückgew. d. BGH, Urt. v. 10.7.2012 VI ZR 127/11

Lfd. Nr.	Betrag DM Euro (Anp.2019)	Verletzung	Dauer und Umfang der Behandlung; Arbeitsunfähigkeit	Person des Verletzten	Dauerschaden	Besondere Umstände, die für die Entscheidungen maßgebend waren	Gericht, Datum der Entscheidung, Az., Veröffentlichung bzw. Einsender
\multicolumn{8}{l}{Fortsetzung von »Psychische Schäden - Psychische Primärschäden, insb. Schockschäden und Posttraumatische Belastungsstörung«}
3067	€12 500 (€14 572)	Schockschaden der Mutter nach grobem Behandlungsfehler bei der Geburt		43-jähr. Mutter		Infolge zu spät eingeleiteter Geburt wurde das Gehirn der Neugeborenen sauerstoffmäßig unterversorgt, was zu einer schweren Microcephalie und generellen Dystrophie sowie einer schwersten cerebralen Bewegungsstörung führte. Aufgrund des nachgewiesenen Schockschadens wurden sowohl der Mutter als auch dem Vater ein Schmerzensgeld von jeweils €12 500 zugesprochen	LG Köln 12.12.2007 25 O 592/01 RAe Meinecke & Meinecke, Köln
3068	€12 500 (€14 107)	Posttraumatische Belastungsstörung durch rechtswidrige Blutentnahme unter Einsatz erheblicher körperlicher Gewalt	2 Jahre medikamentöse Behandlung; mehrjährige AU	Frau	Andauernde psychische Folgen ohne Heilungsaussicht	Schmerzensgeld i.H.v. €12 500 ist angemessen bei einem Geschädigten, der eine posttraumatische Belastungsstörung dadurch erleidet, dass eine Blutentnahme, die sich als rechtswidrige Schikanemaßnahme darstellt und gegen den deutlich geäußerten Willen des Geschädigten und seiner körperliche Gegenwehr unter Einsatz von mehreren Polizeibeamten mit erheblicher körperlicher Gewalt durchgesetzt wird	Brandenburgisches OLG 16.12.2010 2 U 24/09
3069	€13 000 (€13 656)	Leichte HWS-Distorsion, Parästhesien im linken Arm, posttraumatische Belastungsstörung mit schwerer depressiver Episode, somatoforme Schmerzstörung	25 Monate AU zu 100%, psychotherapeutische Behandlungen, Reha-Aufenthalt	Selbstständige Unternehmensberaterin		Die HWS-Verletzung hatte einen geringen Anteil von 7 Wochen der AU	LG Detmold 4.7.2016 12 O 108/13 juris
3070	€13 000 (€13 917)	Posttraumatische Belastungsstörung mit Depressionen. Diese äußerten sich in Form einer Hyperventilation, einer allgemeinen Erschöpfung, einer vermehrten Konzentrationsstörung, einer Hypervigilanz, vermehrten Alertness, Schlafstörungen und Albträumen	Durch eine mehrjährige Therapie konnte eine Verbesserung des Gesundheitszustandes herbeigeführt werden	Vater, der die Geburt seines aufgrund eines Behandlungsfehlers schwerbehinderten Kindes miterlebte	Auf Dauer erwerbsunfähig	Die vom Kläger erlittenen Beeinträchtigungen führen zu psychischen und psychosomatischen Zuständen, die weit über die allgemeinen Lebensrisiken hinausgehen, weswegen dem Kläger auch als mittelbar Geschädigtem ein Schadensersatzanspruch zusteht	LG Koblenz 28.5.2014 10 O 84/14 juris OLG Koblenz 8.3.2017 5 U 768/14 RA Meinecke, Köln
3071	35 000 €17 500 (€23 436)	Schwere Angstzustände, Verhaltensstörungen und Zwangsverhalten nach Banküberfall	Erfolglose medikamentöse und psychotherapeutische Behandlungen	Bankkassierer	Angstgefühle, Schlafstörungen, Albträume u. a.; Berufs- und Erwerbsunfähigkeit	Die Beklagten zwangen den Kläger bei einem Banküberfall bei ununterbrochenem Halten einer Pistole an die Schläfe des Klägers in den Keller zum Tresor zu gehen; Kläger muss sein ganzes bisheriges Leben umstellen; kann typischen Freizeitbeschäftigungen nur in Begleitung seiner Ehefrau nachgehen, kann bei Dunkelheit nicht mehr aus dem Haus gehen	LG Koblenz 20.12.1999 1 O 360/99 (Versäumnisurteil) RA Haentjes, Koblenz
3072	€18 000 (€20 511)	Chronische posttraumatische Belastungsstörung mit Berufsaufgabe eines Polizeibeamten nach einem massivem und aggressiven Angriff (sog. Post-Shooting-Syndrom)	Stationäre und ambulante Behandlung	Mann, Polizeibeamter		Massive Bedrohung eines Polizeibeamten im Dienst mit unmittelbar bevorstehendem Angriff. Schmerzensgelderhöhung infolge anstößigem Prozessverhalten	OLG Koblenz 8.3.2010 1 U 1137/06 VersR 2011, 938

● Mithaftung (siehe vorletzte Spalte)

Psychische Schäden — Urteile lfd. Nr. 3073 – 3075

Lfd. Nr.	Betrag DM Euro (Anp.2019)	Verletzung	Dauer und Umfang der Behandlung; Arbeitsunfähigkeit	Person des Verletzten	Dauerschaden	Besondere Umstände, die für die Entscheidungen maßgebend waren	Gericht, Datum der Entscheidung, Az., Veröffentlichung bzw. Einsender
						Fortsetzung von »Psychische Schäden - Psychische Primärschäden, insb. Schockschäden und Posttraumatische Belastungsstörung«	
3073	€ 20 000 (€ 22 358)	Posttraumatische Belastungsstörung; mittelgradige depressive Episode	6 Wochen stationärer Aufenthalt; psychotherapeutische Behandlungen	34-jähr. Frau		Ein SEK stürmte die Wohnung der Klägerin. Eine Begehrensneurose liegt nicht vor. Die Zurechenbarkeit kann nicht deshalb verneint werden, weil die Klägerin durch Gewalterfahrungen in der Ehe und weitere Umstände, etwa die arrangierte Ehe, für die Entwicklung einer PTBS besonders anfällig gewesen sein mag. Die Vorschädigung entlastet bei der Kausalität den Beklagten nicht, allerdings war der Anspruch der Höhe nach aufgrund der Vorschädigung zu mindern	LG Wuppertal 10.3.2011 16 O 151/07 Landesrechtsprechungsdatenbank NRW
3074	€ 30 000 (€ 34 934)	2 Rippenfrakturen, multiple Prellungen und Hautabschürfungen sowie eine posttraumatische Belastungsstörung und somatoforme Schmerzstörungen, Persönlichkeitsstörungen		Fliesenleger und Geschäftsführer		Übermäßiger Einsatz von körperlicher Gewalt durch Polizeibeamte im Rahmen der Vollstreckung eines Durchsuchungsbefehls; bei dem Zugriff durch die Polizeibeamten hat für den Kläger eine Situation schwerer Verletzung und Bedrohung bestanden, auf die er mit intensiver Angst, Hilflosigkeit und Entsetzen reagiert hat; mit dem Geschehen setzt er sich im Zuge der inneren Beschäftigung und des Gerichtsverfahrens ständig auseinander; Kläger leidet an den psychischen und psychosomatischen Beeinträchtigungen mittlerweile seit mehr als sieben Jahren, ohne dass eine Besserung abzusehen ist; erschwerend kommt hinzu, dass das beklagte Land nach wie vor ein Fehlverhalten in Abrede stellt, womit dem Kläger die gebotene Genugtuung vorenthalten wird; der zugesprochene Schmerzensgeldbetrag umfasst die in der Vergangenheit liegenden sowie die vorhersehbaren und zwangsläufigen künftigen Beeinträchtigungen	LG Bonn 15.2.2008 1 O 414/03
3075	€ 30 000 + immat. Vorbehalt (€ 31 053)	Posttraumatische Belastungsstörung mit ausgeprägter peritraumatischer Dissoziation, rezidivierende depressive Störung (zunächst mittelgradig, dann 3 Jahre höhergradig bis schwer und danach chronifiziert)	Mehrere über Monate andauernde stationäre Aufenthalte, medikamentöse Behandlung	Frau, Kommunikationstrainerin		„Angehörigenschmerzensgeld" im Rahmen der Schockschadensrechtsprechung. Die Klägerin war am Tag der medizinischen Weichenstellung, welcher auch der Geburtstag des Mannes war, anwesend, wobei sie die dramatische Verschlechterung des Gesundheitszustands selbst mitangesehen hat. 3 Tage später verstarb der Ehemann an einem septischen Schock. Es lag eine Reihe von Behandlungsfehlern der Beklagten vor. Die Klägerin war emotional noch weiter eingebunden, als sie Schuldgefühle plagen (berechtigt oder unberechtigt), weil sie erfolgreiche Kommunikationstrainerin war und ihre Fähigkeiten in der Situation gefragt gewesen waren und sie diese nicht umgesetzt hat. Sie musste 1 ½ Jahre nach dem Tod des Mannes ihren Beruf aufgeben	OLG Stuttgart 10.8.2017 1 U 52/15 RAe Meinecke & Meinecke, Köln

Lfd. Nr.	Betrag DM Euro (Anp.2019)	Verletzung	Dauer und Umfang der Behandlung; Arbeitsunfähigkeit	Person des Verletzten	Dauerschaden	Besondere Umstände, die für die Entscheidungen maßgebend waren	Gericht, Datum der Entscheidung, Az., Veröffentlichung bzw. Einsender
\multicolumn{8}{l}{Fortsetzung von »Psychische Schäden - Psychische Primärschäden, insb. Schockschäden und Posttraumatische Belastungsstörung«}
3076	€ 40 000 + immat. Vorbehalt (€ 42 059)	Posttraumatische Belastungsstörung (PTBS) bei einem Auffahrunfall auf einer Autobahn (DSM IV und ICD X)	Ambulante Behandlung	Frau	Wesensveränderung	Wegen der bei einem Verkehrsunfall nachweislich erlittenen posttraumatischen Belastungsstörung kann ein Schmerzensgeld i.H.v. insgesamt € 40 000 angemessen sein, wenn die Geschädigte als alleinerziehende Mutter vor dem Unfall eine lebensbejahende Frau war, die trotz ihrer anstrengenden Arbeit als Tierärztin und später in der Pharmaindustrie keine Anzeichen einer körperlichen oder mentalen Dekompensation aufwies, und bei der es erst nach dem Unfall zu einem Verlust an Selbstvertrauen und zu einer akuten Verhaltensänderung gekommen ist	Schleswig-Holsteinisches OLG 9.8.2016 7 U 152/15 juris
3077	€ 40 000 + immat. Vorbehalt (€ 44 342)	Mittelgradige depressive Episode mit somatischem Syndrom sowie eine posttraumatische Belastungsstörung als Primärschaden, wobei die mittelgradige depressive Episode im Vordergrund steht und die Ursache für die andauernde Arbeits- und Erwerbsunfähigkeit des Klägers ist. Prellung des Handgelenks und der Handwurzel links, Distorsion des linken Daumensattels, Prellung linker Ellenbogen, Rippenfraktur rechts und links, sowie eine Brustbeinfraktur	Psychiatrische Behandlung (stationär und ambulant)	56-jähr. Mann	Permanente Medikamenteneinnahme	Insbesondere die posttraumatische Belastungsstörung, welche eine permanente Medikamenteneinnahme bedingt, führt zu einer gravierenden Einschränkung der Lebensqualität des Klägers. Dass der Kläger, der bis zum Unfallzeitpunkt einer regelmäßigen Arbeit nachging, infolge der psychischen Erkrankung nicht mehr arbeits- und erwerbsfähig ist, war bei der Bemessung des Schmerzensgeldes ebenfalls zu berücksichtigen	OLG Stuttgart 19.1.2012 13 U 91/10

Weitere Urteile zur Rubrik »**Psychische Schäden - Psychische Primärschäden, insb. Schockschäden und Posttraumatische Belastungsstörung**« siehe auch:

bis € 2500: 1713, 1727, 1745, 1778, 357, 49, 2732, 3228, 3229, 444, 168, 157
bis € 5000: 223, 2272, 1885, 1888, 21, 53, 1895, 2182, 914, 3203
bis € 12 500: 3283, 2808, 3233, 3234, 3205, 2763, 2764, 88, 3235, 3236, 3209, 3210, 3211, 3237, 3212, 229, 3213, 3214, 35, 3240, 3241, 2709, 395, 3242, 1364, 1269
bis € 25 000: 261, 3244, 3215, 3216, 3245, 3246, 3183, 1944, 3247, 3217, 3218, 2790, 3249, 3250, 2143, 2919, 3251, 3252, 3253, 2815, 3254, 3255, 3219, 191
ab € 25 000: 3256, 3257, 2800, 3258, 3221, 2952, 3260, 3261, 3262, 2820, 3263, 3222, 1555, 3264, 3223, 3224, 3225, 3266, 3267, 3226, 3268, 3189, 2620, 118, 2989, 1318, 1232, 1239, 3271, 1457

● Mithaftung (siehe vorletzte Spalte)

Psychische Schäden | Urteile lfd. Nr. 3078 – 3080

Lfd. Nr.	Betrag DM Euro (Anp.2019)	Verletzung	Dauer und Umfang der Behandlung; Arbeitsunfähigkeit	Person des Verletzten	Dauerschaden	Besondere Umstände, die für die Entscheidungen maßgebend waren	Gericht, Datum der Entscheidung, Az., Veröffentlichung bzw. Einsender
	**Psychische Schäden - Psychische Primärschäden, insb. Schockschäden und Posttraumatische Belastungsstörung - durch Miterleben von Unfalltod, Erhalt der Unfallnachricht**
3078	€ 1500 (€ 1571)	„Schockschaden" der Mutter wegen Todes der Tochter	Zwischen Juni 2009 und August 2011 20 therapeutische Gespräche mit einer Dauer von 50–60 Minuten mit einer Fachärztin für Psychiatrie und Psychotherapie	Frau		Auch der Klägerin zu 2 kann ein € 1500 übersteigendes (Angehörigen-)Schmerzensgeld nicht zuerkannt werden, da sie die Voraussetzungen für einen Schmerzensgeldanspruch nicht ausreichend dargelegt und unter Beweis gestellt hat. Die Darlegung der Klägerin zu 2 zu ihren gesundheitlichen Beeinträchtigungen nach dem Tod ihrer Tochter beschränkt sich auf den erstinstanzlich vorgelegten ärztlichen Bericht. Danach bestanden bei der Klägerin zu 2 eine Anpassungsstörung und eine länger dauernde depressive Reaktion. Die Klägerin zu 2 hat deshalb zwischen Juni 2009 und August 2011 20 therapeutische Gespräche mit einer Dauer von 50–60 Minuten mit einer Fachärztin für Psychiatrie und Psychotherapie geführt. Eine darüber hinausgehende Behandlungsbedürftigkeit der Klägerin zu 2 oder weitergehende gesundheitliche Beeinträchtigungen hat die Klägerin zu 2 im Rechtsstreit nicht dargelegt	OLG Karlsruhe 8.3.2017 7 U 105/16
3079	€ 2900 (€ 3215)	HWS-Verletzung durch Auffahrunfall, bei welchem der Unfallverursacher verstarb. Durch Miterleben des Todeskampfes des Auffahrenden erlitt der Geschädigte ein posttraumatisches Belastungssyndrom		Mann, Fernfahrer	5 Monate AU	Der Unfallgeschädigte, der den Todeskampf des Auffahrenden miterleben muss ist keinem zufällig vorbeikommenden Ersthelfer gleichzustellen, sondern ist ein unmittelbar durch den Fahrfehler des Unfallverursachers körperlich und psychisch Geschädigter	AG Berlin-Mitte 11.1.2012 112 C 3030/11 RA Roth, Dresden
3080	€ 3000 + immat. Vorbehalt (€ 3268)	Posttraumatische Belastungsstörung für 2 1/1 Jahre	Psychologische Behandlung, Einnahme von Medikamenten	Frau (Mutter des Verletzten)		Im vorliegenden Sachverhalt wurde der Sohn der Klägerin aufgrund eines Verkehrsunfalls (1999) lebensgefährlich verletzt und ist zu 50% schwerbehindert. Er wurde von der alleinerziehenden Klägerin aufopferungsvoll betreut, bis er aus der Wohnung aufgrund von gewollter Selbstständigkeit auszog. Die bis dahin erhöhte Leistungsbereitschaft der betreuenden Klägerin verdrängte das psychische Unfalltrauma, welches sodann zu einer manifestierten posttraumatischen Belastungsstörung von Anfang 2007 bis Mitte 2009 führte. Das Gericht ist davon überzeugt, dass die posttraumatische Belastungsstörung ohne das Unfallereignis als Reaktion auf einen ohnehin irgendwann anstehenden Auszug des Sohnes so nicht stattgefunden hätte	LG Dresden 5.9.2012 8 S 616/11 RAe Heß - Timmann - Süß, Dresden

Psychische Schäden

Lfd. Nr.	Betrag DM Euro (Anp.2019)	Verletzung	Dauer und Umfang der Behandlung; Arbeitsunfähigkeit	Person des Verletzten	Dauerschaden	Besondere Umstände, die für die Entscheidungen maßgebend waren	Gericht, Datum der Entscheidung, Az., Veröffentlichung bzw. Einsender
	**Fortsetzung von »Psychische Schäden - Psychische Primärschäden, insb. Schockschäden und Posttraumatische Belastungsstörung - durch Miterleben von Unfalltod, Erhalt der Unfallnachricht«**						
3081	€ 3000 (€ 3333)	Schockschaden durch Nachricht vom Unfalltod der getrennt lebenden Ehefrau: akute Belastungsreaktion, daneben mittelgradige depressive Episode	AU von 1 ½ Jahren	Mann		Dabei war zum einen zu berücksichtigen, dass den Kläger der Tod seiner Ehefrau schwer getroffen hat und er deshalb daraufhin zunächst eine akute Belastungsreaktion erlitten hat und zum anderen über einen längeren Zeitraum hinweg an einer depressiven Episode mit der Folge der AU erkrankt war. Unter Billigkeitsgesichtspunkten war allerdings auf der anderen Seite auch zu berücksichtigen, dass der Kläger den Unfalltod seiner Ehefrau nicht selbst miterlebt hat und von dieser bereits seit mehreren Monaten getrennt gelebt hatte, so dass zum Zeitpunkt des Unfalltodes eine eheliche Gemeinschaft nicht bestand. Zu berücksichtigen war auch, dass nach den Ausführungen des Sachverständigen die depressive Episode mit der besonderen Persönlichkeit des Klägers zu erklären ist, der zwar keine Disposition für die Ausbildung einer psychischen Erkrankung hatte, aber doch wegen besonderer Umstände wie der einfach strukturierten Persönlichkeit und der histrionisch akzentuierten Persönlichkeit mit sehr geringen kognitiven Möglichkeiten derart schwer auf den Tod der Ehefrau reagierte. Diese Gesichtspunkte sind anspruchsmindernd zu berücksichtigen	OLG Karlsruhe 18.10.2011 1 U 28/11 NZV 2012, 41
3082	7000 € 3500 (€ 4635)	Depressive Reaktion mit Depersonalisierungserleben im Sinne einer Anpassungsstörung bei einer Hochschwangeren bedingt durch die Nachricht eines schweren Verkehrsunfalles, bei dem der Ehemann schwerstverletzt wurde	6 Monate Behandlung	Hochschwangere Ehefrau		Aufgrund extremer psychischer Belastungssituation wurde die Geburt des Kindes vorzeitig eingeleitet	AG München 28.7.2000 345 C 28187/98 RiAG München, Achinger
3083	7500 € 3750 + immat. Vorbehalt (€ 5303)	Erhebliche gesundheitliche Schädigungen durch Unfalltod der Tochter in Form von Schlaflosigkeit, hochgradiger Übererregbarkeit des Nervensystems, Muskelzittern und Verspannungen der gesamten Muskulatur der Schulter und des Brustkorbs sowie Konzentrations- und Gedächtniseinbußen; depressive Trauerreaktion mit Krankheitswert	Mehrere Wochen krankgeschrieben	Chemiefacharbeiter		Nicht absehbar, ob und wenn ja, wann die Gesundheitsstörungen behoben werden können	AG Kleve 16.11.1995 2 C 456/95 RAin Kupfer, Kleve
3084	7500 € 3750 + immat. Vorbehalt (€ 5093)	Schwerer Schock; Rippenprellungen; zahlreiche Schnittwunden im Gesicht und an den Händen	2 Tage Krankenhaus MdE: 2 Tage 100% 1 Monat 60% 1 Monat 30%	40-jähr. Mann		Kläger musste den Tod von 3 Beifahrern miterleben; leidet 3 Jahre nach dem Unfall noch teilweise unter Albträumen, des Öfteren unter Brustschmerzen und unter ständig wiederkehrenden Kopfschmerzen	LG Dessau 2.4.1998 2 O 1490/97 RA Spitzmüller Halle/Saale

Psychische Schäden

Urteile lfd. Nr. 3085 – 3089

Lfd. Nr.	Betrag DM **Euro** *(Anp.2019)*	Verletzung	Dauer und Umfang der Behandlung; Arbeitsunfähigkeit	Person des Verletzten	Dauerschaden	Besondere Umstände, die für die Entscheidungen maßgebend waren	Gericht, Datum der Entscheidung, Az., Veröffentlichung bzw. Einsender
\multicolumn{8}{l}{Fortsetzung von »Psychische Schäden - Psychische Primärschäden, insb. Schockschäden und Posttraumatische Belastungsstörung - durch Miterleben von Unfalltod, Erhalt der Unfallnachricht«}
3085	8000 **€ 4000** *(€ 5702)*	Ausgeprägte reaktive Depression nach Benachrichtigung vom Tod der 24-jähr. Tochter		Fernmeldeobersekretärin		Bei der Bemessung wurde berücksichtigt, dass die Tochter der Klägerin zwar bereits 24 Jahre alt war, ihr Unfalltod aufgrund der innigen Beziehung bei der Klägerin aber erhebliche, psychische Beeinträchtigungen, wie Albträume, Schlaflosigkeit, Antriebslosigkeit, Esssucht, nächtliche Ängste und Migräneanfälle hervorgerufen haben, die auch in Zukunft auftreten werden. Außerdem musste die Klägerin ihren Beruf aufgeben. Sie kann deshalb Ersatz ihres Erwerbsschadens verlangen	LG Traunstein 26.1.1995 1 O 2394/94 RAe Dr. Blachian & Partner, Traunstein
3086	9000 **€ 4500** *(€ 6458)*	Schädelprellung; Prellung des rechten Ellenbogens und beider Knie; umfangreiche Blutergüsse; erhebliches HWS-Schleudertrauma; Abschürfungen und Glassplitterverletzungen im Gesicht; schwerer Schockzustand; Ehemann kam beim Unfall ums Leben	Das psychische Leiden dauerte 9 Monate				LG München I 22.9.1994 19 O 6186/93 VorsRiLG Krumbholz
3087	9000● **€ 4500** *(€ 6467)*	Pathologische Trauerreaktion nach Unfalltod des 12-jähr. Sohnes	Fast 2 Monate Krankenhaus, langwierige ambulante Behandlung			⅓ Mitverschulden des verunglückten Kindes; Gesundheitsschaden geht über das hinaus, dem Angehörige bei Todesnachrichten erfahrungsgemäß ausgesetzt sind	LG Freiburg i. Br. 12.10.1994 8 O 229/94 NJW-RR 1996, 476
3088	**€ 5000** *(€ 5691)*	Schockschaden durch Nachricht vom Tod des Lebensgefährten		Frau		Angesichts der klaren Aussagen des Behandlers der Klägerin zum Krankheitswert ihrer psychischen Störungen und deren Ursache (Tod des Lebensgefährten durch Behandlungsfehler) erscheint aufgrund des bisherigen Vortrags ein Schmerzensgeldanspruch i.H.v. € 5000 als angemessen und ausreichend	OLG Köln 16.9.2010 5 W 30/10
3089	10 000 **€ 5000** *(€ 6790)*	Schockschaden infolge miterlebter Tötung der Mutter durch Erschießen		12-jähr. Kind		Schreckenserlebnis hat noch bei Urteilsverkündung Spuren in der Psyche des Kindes hinterlassen, die zu einer Beeinträchtigung der Entwicklung und Lebensentfaltung geführt haben. Es ist nicht auszuschließen, dass der Täter lediglich fahrlässig gehandelt hat	OLG Nürnberg 27.2.1998 6 U 3913/97 zfs 1998, 378 NJW 1998, 2293 VersR 1999, 1501

● Mithaftung (siehe vorletzte Spalte)

Lfd. Nr.	Betrag DM **Euro** *(Anp.2019)*	Verletzung	Dauer und Umfang der Behandlung; Arbeitsunfähigkeit	Person des Verletzten	Dauerschaden	Besondere Umstände, die für die Entscheidungen maßgebend waren	Gericht, Datum der Entscheidung, Az., Veröffentlichung bzw. Einsender

Fortsetzung von »Psychische Schäden - Psychische Primärschäden, insb. Schockschäden und Posttraumatische Belastungsstörung - durch Miterleben von Unfalltod, Erhalt der Unfallnachricht«

Lfd. Nr.	Betrag	Verletzung	Dauer und Umfang	Person	Dauerschaden	Besondere Umstände	Gericht
3090	€6500 (€7818)	Depression mit psychotischen Symptomen nach Tod des Ehemanns	7 Wochen Krankenhaus, ca. 2-monatige stationäre Reha-Maßnahme in einer psychosomatischen Klinik	Ehefrau		Verstoß gegen Verkehrssicherungspflicht. Alkoholisierter Ehemann stürzte von einem Balkon mit einer Brüstung von lediglich 56 cm Höhe. Reiseveranstalter muss sich insbesondere vergewissern, dass die von ihm unter Vertrag genommenen Hotels einen ausreichenden Sicherheitsstandard bieten, wobei es sich bei dieser Pflicht zugleich um eine reisevertragliche Obhut- und Fürsorgepflicht handelt, deren Verletzung einen Reisemangel begründet. Es zeigte sich bei der Klägerin eine depressive Symptomatik mit ausgeprägten Unruhezuständen, Affektdurchbrüchen, einer tiefen Hoffnungslosigkeit, ausgeprägten Grübelzuständen sowie Deralisations- und Depersonalisationserleben. Neben einer medikamentösen, insbesondere aber einer engmaschigen fachärztlichen Behandlung mit zwei Visiten täglich und zahlreichen ärztlichen Einzelgesprächen nahm die Klägerin u. a. an einer Gruppenpsychotherapie auf kognitiv-verhaltenstherapeutischer Grundlage teil. Ebenso erfolge einer Psychoedukation über depressive Erkrankungen	OLG Köln 18.12.2006 16 U 40/06 RiOLG Conzen, Köln
3091	15000 €7500 + immat. Vorbehalt (€10198)	Gehirnerschütterung und Unfallneurose aufgrund Miterlebens eines Unfalls mit schweren Folgen in Form von posttraumatischen Belastungsstörungen bis hin zu einer Persönlichkeitsveränderung	1 Monat als Soldat nur eingeschränkt einsatzfähig; Versetzung in den Innendienst wegen der Belastungsstörungen	29-jähr. Sergeant der Britischen Armee		Auslöser der Unfallneurose ist die existenzielle Grunderfahrung der Begegnung mit dem – befürchteten – Tod des schwer verletzten Unfallgegners. Dass sie auf einer abnormen Erlebnisverarbeitung aufgrund spezieller Schadensanlage des Klägers beruht, unterbricht den Ursachenzusammenhang zu dem vom Beklagten verschuldeten Verkehrsunfall nicht. Der Grundsatz, dass eine besondere Schadensanfälligkeit des Verletzten dem Schädiger haftungsrechtlich zuzurechnen ist, gilt auch für psychische Schäden, die regelmäßig aus einer besonderen seelischen Labilität des Betroffenen erwachsen (BGH in VersR 1993, 589 und NJW 1996, 2425). Schadensanfälligkeit ist jedoch anspruchsmindernd zu berücksichtigen. Kläger ist von in absehbarer Zeit zu erwartenden Beförderungen ausgeschlossen; kann keinen Sport mehr treiben	OLG Hamm 5.3.1998 27 U 59/97 NZV 1998, 413 r+s 1999, 61

● Mithaftung (siehe vorletzte Spalte)

Psychische Schäden — Urteile lfd. Nr. 3092 – 3094

Lfd. Nr.	Betrag DM Euro (Anp.2019)	Verletzung	Dauer und Umfang der Behandlung; Arbeitsunfähigkeit	Person des Verletzten	Dauerschaden	Besondere Umstände, die für die Entscheidungen maßgebend waren	Gericht, Datum der Entscheidung, Az., Veröffentlichung bzw. Einsender
Fortsetzung von »Psychische Schäden - Psychische Primärschäden, insb. Schockschäden und Posttraumatische Belastungsstörung - durch Miterleben von Unfalltod, Erhalt der Unfallnachricht«							
3092	16000 €8000 (€11751)	Mutter erlebte als Augenzeugin mit, wie ihre Tochter durch zahlreiche Messerstiche getötet wurde		Frau		Zwei Anspruchsgrundlagen: 1. Eigener Anspruch der Mutter auf Zahlung eines Schmerzensgeldes, denn durch das Miterleben wurden seelische Beschwerden ausgelöst = Schmerzensgeld DM 5000 (€ 2500); 2. In der Person der getöteten Tochter entstand Anspruch auf Zahlung eines Schmerzensgeldes. Es ist nahezu unvorstellbar, welche Schmerzen die Getötete in kürzester Zeit durchlitt, welche Todesangst sie durchlebte, ohne jede Hoffnung, sich ihr Leben letztlich erhalten zu können = Schmerzensgeld DM 11000 (€ 5500)	LG Heilbronn 16.11.1993 2 O 2499/92-1 RA Dr. Hassis & Koll., Heilbronn
3093	€10000 + immat. Vorbehalt (€ 11506)	Posttraumatische Belastungsstörung mit Beschwerden wie Depression, Suizidgedanken, ausgeprägte Schlafstörungen, ständiger Erschöpfung und Appetitlosigkeit		Frau		Ursache war der Tod der Tochter anlässlich eines grob fehlerhaften ärztlichen Behandlungsfehlers bei einem Schwangerschaftsabbruch; Klägerin hat sich total zurückgezogen und ist sozial isoliert; kann nicht allein gelassen werden; leidet weiterhin unter den genannten Beschwerden und ist weiterhin erwerbsunfähig	LG Bochum 27.1.2010 I-6 O 78/08
3094	20000 €10000 (€ 13111)	Tiefgreifende seelische Schmerzen nach dem Tod des 6-jähr. Sohnes		Frau		Die Nachricht von dem schweren Unfall des 6-jähr. Sohnes, den erheblichen und lebensbedrohlichen Verletzungen, die fehlende Möglichkeit zur Kontaktaufnahme infolge der Gehirnschädigung sowie der 4-monatige Sterbeweg sind ohne Zweifel geeignet, eine schadensrechtlich relevante Gesundheitsschädigung bei der Mutter auszulösen	LG München I 22.2.2001 19 O 11433/99 VorsRiLG Krumbholz

Lfd. Nr.	Betrag DM Euro (Anp.2019)	Verletzung	Dauer und Umfang der Behandlung; Arbeitsunfähigkeit	Person des Verletzten	Dauerschaden	Besondere Umstände, die für die Entscheidungen maßgebend waren	Gericht, Datum der Entscheidung, Az., Veröffentlichung bzw. Einsender

Fortsetzung von »Psychische Schäden - Psychische Primärschäden, insb. Schockschäden und Posttraumatische Belastungsstörung - durch Miterleben von Unfalltod, Erhalt der Unfallnachricht«

Lfd. Nr.	Betrag	Verletzung	Dauer und Umfang der Behandlung; Arbeitsunfähigkeit	Person des Verletzten	Dauerschaden	Besondere Umstände	Gericht, Datum
3095	€ 10 000 (€ 11 109)	Tod durch (Privat-)Flugzeugabsturz		Mann	Tod	Das LG hat vom rechtlichen Ansatz her zutreffend darauf abgestellt, dass bei einem alsbald nach der Verletzungshandlung i.S.d. § 253 Abs. 2 BGB eingetretenen Tod ein Anspruch auf Schmerzensgeld zu verneinen sein kann, wenn die Körper- oder Gesundheitsverletzung nach den Umständen des Falls gegenüber dem kurz darauf eingetretenen Tod keine abgrenzbare immat. Beeinträchtigung darstellt. Eine solche Situation ist hier jedoch, wie das LG zu Recht ausgeführt hat, nicht gegeben, weil davon auszugehen ist, dass der Getötete durch die während der mindestens 10 Sekunden dauernden Absturzphase durch die damit verbundene Todesangst eine psychische Gesundheitsschädigung erlitten hat. Diese Feststellung konnte das LG aufgrund der allgemeinen Lebenserfahrung treffen, ohne hierzu sachverständiger Hilfe zu bedürfen. Dass einen Menschen in einer Situation, in der ihm der in Kürze eintretende Tod als unausweichlich erscheinen muss, erhebliche Todesangst befällt, die ihn durch ihre psychischen Auswirkungen in seinem gesundheitlichen Befinden stark beeinträchtigt, ist der Normalfall	OLG Düsseldorf 12.10.2011 I-18 U 216/10
3096	20 000 € 10 000 (€ 13 563)	Schockschaden nach Benachrichtigung vom Unfalltod der 17-jähr. Adoptivtochter mit schweren psychischen Beeinträchtigungen	2 ½ Monate Aufenthalt in einer psychosomatischen Klinik wegen akuter Selbstmordgefahr, anschließend weitere Behandlung auf unbestimmbare Dauer wegen anhaltender mittelschwerer Depressionen	Bauführer		Kläger ließ sich von seiner Tätigkeit als Bauführer in den Innendienst versetzen	OLG Oldenburg (Oldenburg) 1.12.1998 5 U 127/98 NJW-RR 1999, 820 RAe Gericke u. Leffers, Nordenham
3097	22 500 € 11 250 (€ 15 143)	Schwere psychische Beeinträchtigungen nach Unfalltod des einzigen Kindes (erwachsener Sohn) in Form einer chronifizierten posttraumatischen Belastungsstörung		Mann		Völliger Rückzug aus sozialen Betätigungen (Sportverein, sonstige Sozialkontakte); bezüglich der Denkinhalte deutliche Einengung auf das traumatische Geschehen; Kläger, der seit 3 Jahren in nervenärztlicher Behandlung ist, leidet nach wie vor unter depressiver Grundstimmung mit Freudlosigkeit, Interessenverlust, Gefühl innerer Leere, Schlafstörungen mit Albträumen; längere psychotherapeutische Behandlung ist infolge des fortgeschrittenen Alters wenig erfolgversprechend; infolge ⅓ Mithaftung des tödlich verunglückten Sohnes wurde lediglich ein Betrag von DM 15 000 (€ 7500) zugesprochen	LG Saarbrücken 9.9.1999 6 O 327/97 RAe Gebhardt & Koll., Homburg

● Mithaftung (siehe vorletzte Spalte)

Psychische Schäden   Urteile lfd. Nr. 3098 – 3101

Lfd. Nr.	Betrag DM Euro (Anp.2019)	Verletzung	Dauer und Umfang der Behandlung; Arbeitsunfähigkeit	Person des Verletzten	Dauerschaden	Besondere Umstände, die für die Entscheidungen maßgebend waren	Gericht, Datum der Entscheidung, Az., Veröffentlichung bzw. Einsender

Fortsetzung von »Psychische Schäden - Psychische Primärschäden, insb. Schockschäden und Posttraumatische Belastungsstörung - durch Miterleben von Unfalltod, Erhalt der Unfallnachricht«

Lfd. Nr.	Betrag	Verletzung	Dauer und Umfang	Person	Dauerschaden	Besondere Umstände	Gericht
3098	€15 000 (€16 406)	Schwere psychische Erkrankung durch Unfalltod der Tochter. Sie leidet an einer posttraumatischen Belastungsstörung, einer schweren depressiven Episode und anhaltenden somatoformen Schmerzstörungen	Mehrmonatige stationäre Behandlung	Frau		Mittelbar Geschädigte wie etwa die nächsten Angehörigen von Unfallopfern können nur ausnahmsweise Schadensersatz beanspruchen, nämlich dann, wenn sie eigene gesundheitliche Beeinträchtigungen mit – auch nach allgemeiner Verkehrsauffassung anzuerkennendem – Krankheitswert erlitten haben, die über die hinausgehen, denen nahe Angehörige bei Todesnachrichten erfahrungsgemäß ausgesetzt sind	OLG Frankfurt am Main 19.7.2012 1 U 32/12
3099	30 000 €15 000 (€21 155)	Schockschaden der Mutter, deren drei einzige Kinder (18–20 Jahre alt) bei einem fremdverschuldeten Unfall getötet wurden; schwerste Depressionen, die weit über das hinausgehen, was jeder Mensch bei der Nachricht vom Tod eines Angehörigen als Teil seines Lebensrisikos selbst verkraften muss		Frau		Klägerin musste berufliche Tätigkeit, nicht zuletzt wegen der erforderlich gewordenen Betreuung des Ehemannes, der unter schwersten Depressionen aus gleichem Anlass leidet, erheblich einschränken. Letztlich wurde ihr vom Arbeitgeber gekündigt. Weitgehender Verlust des Kontaktes zur Umwelt	OLG Nürnberg 1.8.1995 3 U 468/95 zfs 1995, 370 Revision vom BGH abgelehnt 16.4.1996 VI ZR 308/95
3100	€15 000● (€18 852)	Schwerer Schock mit gewichtigen psychopathologischen Ausfällen durch Miterleben des Unfalltodes der Ehefrau		Mann (amerikanischer Staatsangehöriger)		Kläger musste miterleben, wie seine Ehefrau beim Aussteigen aus einem gerade anfahrenden Zug verunglückte, wobei der Körper vom anrollenden Zug geradezu in zwei Hälften geteilt wurde; Kläger hat aufgrund fortdauernder psychischer Probleme Arbeitsplatz verloren und ist in der Folgezeit alkoholabhängig geworden; bei der Bemessung des Schmerzensgeldes müssen die Verhältnisse des Heimatlandes (hier: Georgia / USA) berücksichtigt werden; nach dem Recht des Staates Georgia stünde dem Kläger zwar kein Schmerzensgeldanspruch zu, er hätte aber Anspruch auf Ersatz des mit dem Verlust der Ehefrau verbundenen materiellen Schadens in erheblicher Höhe, der die Ausgleichsfunktion eines Schmerzensgeldes nach deutschem Recht erfüllt; 50% Mitverschulden der Getöteten ist zu berücksichtigen	OLG Frankfurt am Main 11.3.2004 26 U 28/98 zfs 2004, 452
3101	€20 000 (€22 765)	Psychische Folgen durch Unfallereignis, bei welchem die Ehefrau gestorben ist (u. a. depressive Stimmungen, Selbsttötungsabsicht, Anpassungsstörungen), Querfortsatzfraktur der LWK 1–4, Pneumothorax, Lungenkontusion, Rippenserienfraktur 8.–11. Rippe, dislozierte Rippenfraktur, multiple Schürfwunden und Prellungen am gesamten Körper	3 Wochen stationäre Behandlung; MdE: 10 Monate 100% 6 Monate 80% 1 Jahr 40% 1 Jahr 20%	32.-jähr. Mann	Neben den körperlichen Verletzungen erlitt der Kläger durch den Unfalltod seiner Ehefrau insbesondere erhebliche psychische Beeinträchtigungen. Es ist nicht absehbar, ob diese wieder vollumfänglich abklingen	Der Unfall wurde durch den Verursacher leichtfertig verursacht (bei Rotlicht mit überhöhter Geschwindigkeit über eine Ampelkreuzung gefahren), was sich schmerzensgelderhöhend auswirkte. Auch wurde ein Mitverschulden infolge Nichtanlegen des Sicherheitsgurtes nicht angenommen. Alleine tendenziell zu erwartende geringere Verletzungsfolgen reichen zum Beweis eines ursächlichen Mitverschuldens nicht aus	LG Berlin 8.9.2010 24 O 523/10 KG Berlin 26.5.2011 12 U 146/10 RA Tilman Weber, Berlin

● Mithaftung (siehe vorletzte Spalte)

Psychische Schäden

Urteile lfd. Nr. 3102 – 3104

Lfd. Nr.	Betrag DM Euro (Anp.2019)	Verletzung	Dauer und Umfang der Behandlung; Arbeitsunfähigkeit	Person des Verletzten	Dauerschaden	Besondere Umstände, die für die Entscheidungen maßgebend waren	Gericht, Datum der Entscheidung, Az., Veröffentlichung bzw. Einsender

Fortsetzung von »Psychische Schäden - Psychische Primärschäden, insb. Schockschäden und Posttraumatische Belastungsstörung - durch Miterleben von Unfalltod, Erhalt der Unfallnachricht«

Lfd. Nr.	Betrag	Verletzung	Dauer und Umfang der Behandlung; Arbeitsunfähigkeit	Person des Verletzten	Dauerschaden	Besondere Umstände	Gericht, Datum
3102	€20 000 (€21 155)	Die Eltern und die Schwester eines mittels mehrerer Messerstiche getöteten Schülers erlitten durch das Versterben eine posttraumatische Belastungsstörung		Vater, Mutter und Schwester des Verstorbenen		Alle drei Kläger sind in ihrer Lebensführung und Lebensfreude durch Depressionen und Angststörungen beeinträchtigt. Sie mussten mit eigenen Augen erleben, wie ihr Sohn und Bruder nach den todbringenden Stichverletzungen, die ihm der Beklagte beigebracht hatte, nach fehlgeschlagener intensivmedizinischer Behandlung in einem Krankenhaus verstarb. Das von den Klägern jeweils als Mindestbetrag geforderte Schmerzensgeld von €20 000 ist für das Leid, welches der Beklagte den Klägern zugefügt hat, allemal angemessen	LG Bochum 29.10.2015 I-2 O 574/12 Schmerzensgeldanspruch der Eltern und der Schwester
3103	40 000 €20 000 (€24 959)	Anpassungsstörung im Sinne einer abnormen Trauerreaktion nach Unfalltod des 16-jähr. Sohnes mit folgender leicht depressiver Episode und somatischen Beschwerden sowie depressiver Symptomatik, Angst und ausgeprägt vegetativ-funktionellen körperlichen Beschwerden	MdE: 5 Monate 100% 6 Monate 50% 3 Monate 30% 10 Monate 20% 4 Jahre 10%	37-jähr. Frau		Beklagte Versicherung hat jegliche Zahlung verweigert; Feststellungsklage auf Zukunftsschaden wurde abgewiesen. Diese hätte in nicht verjährter Zeit erhoben werden müssen	LG Dortmund 22.7.2004 15 O 150/99 RAe Warych, Sackmann u. Finsi, Dortmund
3104	40 000 €20 000 + immat. Vorbehalt (€27 947)	Rippenserienbruch links, Hämato-Sero-Pneumothorax links; Commotio cerebri, Nasenbruch; schwere Depressionen nach Tod des Ehemanns	Stationär 3 1/2 Wochen; anschließend psychotherapeutische Behandlung 15 Monate; ca. 3 Monate arbeitsunfähig	Frau	MdE: 10%	Nur Teilurteil, weil noch nicht endgültig feststellbar ist, ob die Klägerin auf psychiatrischem Fachgebiet einen unfallbedingten Dauerschaden erlitten hat. Als Folge einer Thoraxdrainage ist im Dekolleté-Bereich der Klägerin eine sternförmige Keloidnarbe von 4 cm Durchmesser verblieben, die deutlich gerötet und stark geschwulstet ist. Durch den Tod des Ehemanns ist sie in eine schwere Angst- und Bedrohungssituation geraten. Heilverlauf war schleppend und ist bis heute nicht abgeschlossen	LG Hamburg 15.3.1996 331 O 344/94 RAe Dr. Weiland & Partner, Hamburg

● Mithaftung (siehe vorletzte Spalte)

Psychische Schäden — Urteile lfd. Nr. 3105 – 3107

Lfd. Nr.	Betrag DM Euro (Anp.2019)	Verletzung	Dauer und Umfang der Behandlung; Arbeitsunfähigkeit	Person des Verletzten	Dauerschaden	Besondere Umstände, die für die Entscheidungen maßgebend waren	Gericht, Datum der Entscheidung, Az., Veröffentlichung bzw. Einsender

Fortsetzung von »Psychische Schäden - Psychische Primärschäden, insb. Schockschäden und Posttraumatische Belastungsstörung - durch Miterleben von Unfalltod, Erhalt der Unfallnachricht«

Lfd. Nr.	Betrag	Verletzung	Dauer und Umfang	Person	Dauerschaden	Besondere Umstände	Gericht
3105	€ 20 000 (€ 24 698)	Posttraumatische Belastungsstörung; Depressionen; durch Miterleben des Todes eines nahen Familienangehörigen	Langjährige Behandlung	Vater, Mutter und die beiden Brüder eines tödlich verletzten 11-jähr. Jungen		Haftung des Reiseveranstalters; € 20 000 Schmerzensgeld für jeden der Kläger; der Junge geriet wegen fehlender Abdeckung an einer Wasserrutsche eines Urlaubshotels in Griechenland mit einem Arm in das Absaugrohr und konnte sich weder aus eigener Kraft noch später mit Hilfe seiner Geschwister befreien; erst mit Hilfe zweier Erwachsener konnte er aus dem Absaugrohr gezogen werden; Wiederbelebungsversuche blieben erfolglos; Mutter leidet noch immer teilweise unter schweren depressiven Störungen, Angst- und Panikattacken, erheblichen Selbstwertstörungen mit massiven Schuldgefühlen, Schlafstörungen und Alpträumen sowie unter ständig auftretenden suizidalen Gedanken; psychische und physische Belastbarkeit wird dauernd eingeschränkt bleiben; Vater leidet unter schweren Depressionen und befindet sich in psychiatrischer Behandlung; bei den Brüdern liegen eine posttraumatische Belastungsstörung mit depressiver Begleitsymptomatik und psychovegetativen Beschwerden vor; erheblicher schulischer Leistungsabfall	LG Köln 17.3.2005 8 O 264/04 NJW-RR 2005, 704 bestätigt durch OLG Köln 12.9.2005 16 U 25/05 (NJW-RR 2005, 3074) u. BGH v. 18.7.2006 - X ZR / 142 / 05
3106	€ 25 000 + immat. Vorbehalt (€ 31 607)	Schwere Traumatisierung nach Vergewaltigung und Ermordung der Tochter		Frau		Traumatisierung noch nach 10 Jahren nicht verarbeitet; durch das traumatische Erlebnis der Ermordung der Tochter ist die psychische sowie die gesamte Gesundheit deutlich gemindert; dies wirkt sich auf das emotionale Erleben, die vegetativen Regulationsmechanismen, die berufliche Leistungsfähigkeit, die soziale Integration, die zwischenmenschlichen Beziehungen, die Planungsfähigkeit für die Zukunft und nicht zuletzt in Form von Herzrythmusstörungen aus	OLG München 9.12.2003 25 U 1538/03
3107	60 000 € 30 000 (€ 37 438)	Schwere depressive Episode nach Unfalltod des 16-jähr. Sohnes, wobei beim Kläger schon vorher eine chronische psychische Störung vorlag	MdE: 4 Monate 100% 9 Monate 50% 6 Monate 30% 6 Monate 20%	40-jähr. Mann		Unfalltod traf auf eine vulnerable, für depressive Reaktionen prädisponierte Persönlichkeitsstruktur; beklagte Versicherung hat jegliche Zahlung verweigert	LG Dortmund 22.7.2004 15 O 154/99 RAe Warych, Sackmann u. Finzi, Dortmund

Lfd. Nr.	Betrag DM Euro (Anp.2019)	Verletzung	Dauer und Umfang der Behandlung; Arbeitsunfähigkeit	Person des Verletzten	Dauerschaden	Besondere Umstände, die für die Entscheidungen maßgebend waren	Gericht, Datum der Entscheidung, Az., Veröffentlichung bzw. Einsender
\multicolumn{8}{l}{Fortsetzung von »Psychische Schäden - Psychische Primärschäden, insb. Schockschäden und Posttraumatische Belastungsstörung - durch Miterleben von Unfalltod, Erhalt der Unfallnachricht«}
3108	€ 30 000 + immat. Vorbehalt (€ 33 431)	Unterarmbruch links, einen körperfernen Speichenbruch rechts und eine ausgedehnte Weichteilverletzung am linken Unterschenkel. Überdies verlor die Geschädigte zwei Zähne	3 Wochen stationäre Behandlung; langwieriger Heilprozess (Wundschluss der Unterschenkelwunde 4 Monate nach dem Unfall; Verheilung der Knochenbrüche nach 11 Monaten)	68-jähr. Frau	Eingeschränkte Beweglichkeit des rechten und linken Schultergelenkes, eine nahezu vollständig aufgehobene Auswärtsdrehfähigkeit der linken Hand und des Unterarmes, eine eingeschränkte Beweglichkeit des linken Handgelenks und eine eingeschränkte Beweglichkeit des linken Daumens, mehrere Narben an den Unterarmen, eine deutliche Muskelminderung am linken Oberschenkel und eine Blutrücklaufstörung mit Ödem im linken Oberschenkel; Veränderung zum Besseren nicht zu erwarten	Vorsätzliche Schadensverursachung; aufgrund der Vielfältigkeit der erlittenen Verletzungen und Dauerschäden lässt sich eine Vergleichbarkeit zu Entscheidungen in anderen Fällen nur eingeschränkt herleiten. Selbst wenn man zusätzlich mit dem LG noch vorsätzliches Handeln des Beklagten zu 1) bei dem Verkehrsunfall für gegeben und schmerzensgelderhöhend berücksichtigt und wenn man schließlich auch noch den Umstand mit einbezieht, dass die Klägerin neben ihren eigenen schwerwiegenden Verletzungen noch den Tod ihrer Tochter zu verarbeiten hatte, erscheint unter Berücksichtigung der Ausgleichsfunktion des Schmerzensgeldes einerseits und der Genugtuungsfunktion des Schmerzensgeldes andererseits ein Betrag i.H.v. € 30 000 als angemessen	Brandenburgisches OLG 21.7.2011 12 U 19/11 NJW-Spezial 2011, 554
3109	60 000 € 30 000 (€ 42 311)	Schockschaden des Vaters, dessen drei einzige Kinder (18–20 Jahre alt) bei einem fremdverschuldeten Unfall getötet wurden. Schwerste Depressionen, die weit über das hinausgehen, was jeder Mensch bei der Nachricht vom Tod eines Angehörigen als Teil seines Lebensrisikos selbst verkraften muss	Seit dem Unfall vor 9 Jahren befindet sich Kläger in psychiatrischer Behandlung mit wiederholt längeren Klinikaufenthalten	Koch	Arbeitsunfähigkeit		OLG Nürnberg 1.8.1995 3 U 468/95 zfs 1995, 370 Revision vom BGH nicht angenommen 16.4.1996 VI ZR 308/95
3110	70 000 € 35 000 + immat. Vorbehalt (€ 47 471)	Risse der Bauchspeicheldrüse, der Leber, der rechten Niere und der Milz; Prellungen; schweres psychisches Trauma durch Miterleben des Unfalltodes von Ehemann und 4-jährigem Sohn im Pkw		26-jähr. Frau	20 cm lange Narbe am Bauch sowie innerliche Narben; schwere Depressionen		LG München I 4.3.1999 19 O 151/98 RiLG Krumbolz, München

Psychische Schäden — Urteile lfd. Nr. 3111 – 3112

Lfd. Nr.	Betrag DM Euro (Anp.2019)	Verletzung	Dauer und Umfang der Behandlung; Arbeitsunfähigkeit	Person des Verletzten	Dauerschaden	Besondere Umstände, die für die Entscheidungen maßgebend waren	Gericht, Datum der Entscheidung, Az., Veröffentlichung bzw. Einsender

Fortsetzung von »Psychische Schäden - Psychische Primärschäden, insb. Schockschäden und Posttraumatische Belastungsstörung - durch Miterleben von Unfalltod, Erhalt der Unfallnachricht«

| 3111 | € 100 000 (€ 103 408) | Irreversibles posttraumatisches Belastungssyndrom sowie eine fortdauernde Depression wegen Miterlebens des Verkehrsunfalltodes des Ehemannes | Die Klägerin hatte sich in den vergangenen mehr als 12 Jahren seit dem Unfall zahlreichen ambulanten und stationären psychiatrischen Behandlungen unterzogen – zweimal kürzere Zeit nach dem Unfall gemeinsam mit ihren Kindern im Rahmen einer Mutter-Kind-Kur. Sie nahm ständig Medikamente. Die bisherigen therapeutischen Maßnahmen hatten keine dauerhafte Verbesserung ihres Zustands bewirken können. Weitere Versuche, die PTBS zu bewältigen, hielt der gerichtliche Sachverständige mit Blick auf die Gefahr einer Retraumatisierung für nicht zielführend | Frau | PTBS (posttraumatisches Belastungssyndrom) und Depression | Das der Klägerin zugesprochene Schmerzensgeld von insgesamt € 100 000 geht der Höhe nach zwar über herkömmlich für Schockschäden gewährte Beträge hinaus, angesichts der von ihr im konkreten Fall erlittenen Gesundheitsbeeinträchtigungen und der Dauer ihrer Leidensphase ist der zugesprochene Betrag aber nicht unangemessen hoch (§ 287 Abs. 1 S. 1 ZPO). Rechnet man die insgesamt € 100 000 (allein) auf die vergangenen ca.12 Jahre um, beträgt das Schmerzensgeld nicht einmal € 8500 pro Jahr. Unter Berücksichtigung dessen, dass die Gesundheitsbeeinträchtigung der Klägerin auch künftig andauern und sie aufgrund ihrer psychischen Belastung voraussichtlich nie ein „normales Leben" führen können wird, ist ein Gesamtbetrag von € 100 000 zur Abgeltung ihres gesamten immateriellen Gesundheitsschadens nicht übersetzt | OLG Frankfurt am Main 6.9.2017 6 U 216/16 juris; VersR 2018, 560 |

Weitere Urteile zur Rubrik »Psychische Schäden - Psychische Primärschäden, insb. Schockschäden und Posttraumatische Belastungsstörung - durch Miterleben von Unfalltod, Erhalt der Unfallnachricht« siehe auch:
- bis € 5000: 1519
- bis € 25 000: 725, 2253, 3248, 3185
- ab € 25 000: 1152, 426, 1137, 204

Psychische Schäden - Psychische Primärschäden, insb. Schockschäden und Posttraumatische Belastungsstörung - durch Fehldiagnose

| 3112 | 1000 € 500 (€ 718) | Todesangst, erhebliche psychische Beschwerden; Suizidgefahr infolge unrichtiger Mitteilung der AIDS-Erkrankung | | Strafgefangener | | Berichtigung erfolgte bereits nach 2 Wochen; kein besonders hohes Verschulden; langfristiges Verfahren bis zur Schmerzensgeldzahlung | LG Lüneburg 6.7.1994 2 O 20/93 RAe Wallmann & Frenkler, Bergen |

Lfd. Nr.	Betrag DM **Euro** *(Anp.2019)*	Verletzung	Dauer und Umfang der Behandlung; Arbeitsunfähigkeit	Person des Verletzten	Dauerschaden	Besondere Umstände, die für die Entscheidungen maßgebend waren	Gericht, Datum der Entscheidung, Az., Veröffentlichung bzw. Einsender
	**Fortsetzung von »Psychische Schäden - Psychische Primärschäden, insb. Schockschäden und Posttraumatische Belastungsstörung - durch Fehldiagnose«**						
3113	€ 2500 *(€ 2655)*	Depressionen, Angstzustände	Ca. 1 ½ Jahre medikamentöse Behandlung bis zum Tod	Frau		Neben der Tatsache, dass sich bereits aufgrund der Grundkrebserkrankung ein psychisch bedingtes Leid eingestellt hat, hat die Kammer berücksichtigt, dass die Verstorbene aus der verspäteten Diagnosestellung auch Vorteile gezogen hat. So konnte sie infolge der Unwissenheit der Krankheit noch 7 unbelastete Monate verleben. Das Gericht ist davon überzeugt, dass der Behandlungsfehler des Beklagten zu 1) mitursächlich geworden ist und die psychischen Beeinträchtigungen erkennbar gesteigert hat. Der Todeseintritt hätte sich auch bei früherem Einschreiten nicht vermeiden lassen. Selbst wenn davon ausgegangen würde, dass der Tumor im Jahr 2007 kleiner gewesen und noch kein Lymphknotenbefall eingetreten wäre, hätte sich aufgrund der Tumorbiologie des Karzinoms an dem weiteren Verlauf nichts geändert	LG Dortmund 17.3.2016 4 O 210/11 juris
3114	€ 2500 *(€ 3176)*	Schockschaden mit Angstzuständen und Mitteilung einer objektiv falschen Diagnose auf ganz dringenden Verdacht eines malignen Hodentumors		Mann		Verwechslung eines zu untersuchenden Gewebestücks, kein grober Behandlungsfehler; nicht unerhebliche Länge des Zeitraums, in dem der Kläger der ihn belastenden Ungewissheit ausgesetzt war	OLG Bamberg 24.3.2003 4 U 172/02 VersR 2004, 198
3115	€ 5000 *(€ 5791)*	Akute Belastungsreaktion infolge einer zwangsweisen Heimunterbringung der 4-jähr. Tochter auf die Dauer von knapp einem Monat infolge einer ärztlichen Fehldiagnose	5 Tage stationäre Behandlung	Eltern – je € 5000		Das Kind der Klägerin hatte sich bei einem Sturz in der elterlichen Wohnung verletzt; bei einer Vorstellung im Krankenhaus wurde unter einem Verstoß gegen die ärztliche Sorgfalt der Beklagten ein Verdacht auf Kindesmisshandlung diagnostiziert, worauf das Kind in ein Kinderheim verbracht und den Eltern durch einstweilige Verfügung das Sorgerecht eingeschränkt wurde; Anordnung wurde nach ca. 3 Wochen wieder aufgehoben	LG München I 7.1.2009 9 O 20622/06

Weitere Urteile zur Rubrik »**Psychische Schäden - Psychische Primärschäden, insb. Schockschäden und Posttraumatische Belastungsstörung - durch Fehldiagnose**« siehe auch:
bis € 25 000: 577
ab € 25 000: 1031, 2719

● Mithaftung (siehe vorletzte Spalte)

Psychische Schäden - Psychische Primärschäden, insb. Schockschäden und Posttraumatische Belastungsstörung - Hinterbliebenengeld

Lfd. Nr.	Betrag DM Euro (Anp.2019)	Verletzung	Dauer und Umfang der Behandlung; Arbeitsunfähigkeit	Person des Verletzten	Dauerschaden	Besondere Umstände, die für die Entscheidungen maßgebend waren	Gericht, Datum der Entscheidung, Az., Veröffentlichung bzw. Einsender
3116	€ 5000 (€ 5038)	Anspruch auf Hinterbliebenengeld nach Verlust des Bruders durch einen Verkehrsunfall		Mann		Der Kläger ist der Bruder des Getöteten. Es streitet keine gesetzliche Vermutung für ein besonderes persönliches Näheverhältnis. Der Gesetzgeber beschreibt das Näheverhältnis mit einer Intensität einer Beziehung, wie sie in den in S. 2 aufgeführten Fällen typischerweise besteht (BT-Drucks 18/11397, S. 13). Geschwister des Verstorbenen werden ausdrücklich in der Gesetzesbegründung als mögliche Anspruchsberechtigte benannt. Zunächst war festzustellen, dass der Kläger räumlich vom Getöteten entfernt lebt. Der Kläger hielt aber zum Zeitpunkt der Verletzungshandlung Kontakt zu seinem Bruder. Das Gericht ist davon überzeugt, dass zwischen dem Kläger und dem Getöteten ebenfalls ein Verhältnis bestand, das über ein bloßes Freundschaftsverhältnis hinausreicht und durch die gemeinsame Abstammung und gemeinsame Unternehmungen (und seien es auch „nur" Ausflüge mit dem Motorrad) gekennzeichnet ist. Demnach liegt ein besonderes persönliches Näheverhältnis vor. Bei der Bemessung des Hinterbliebenengeldes hat das Gericht berücksichtigt, dass das Verhältnis zum Getöteten auf einer niedrigeren Stufe steht als das der Kläger zu 1)–5). Dies ergibt sich für das Gericht schon aus der räumlichen Entfernung der Lebensmittelpunkte. Während die Kläger zu 1)–5) mit dem Getöteten (teilweise) in einem Haushalt zusammenlebten oder doch in räumlicher Nähe, ist dies beim Kläger zu 6) nicht der Fall. Deshalb setzt das Gericht die Höhe niedriger an. Erhöhend wirkt sich indes aus, dass der Kläger den Tod des Bruders unmittelbar miterlebt hat und direkt hinter ihm auf dem Motorrad unterwegs war	LG Tübingen 17.5.2019 3 O 108/18 juris

Lfd. Nr.	Betrag DM Euro (Anp.2019)	Verletzung	Dauer und Umfang der Behandlung; Arbeitsunfähigkeit	Person des Verletzten	Dauerschaden	Besondere Umstände, die für die Entscheidungen maßgebend waren	Gericht, Datum der Entscheidung, Az., Veröffentlichung bzw. Einsender
\multicolumn{8}{l}{Fortsetzung von »Psychische Schäden - Psychische Primärschäden, insb. Schockschäden und Posttraumatische Belastungsstörung - Hinterbliebenengeld«}							
3117	€ 7500 (€ 7557)	Anspruch auf Hinterbliebenengeld nach Verlust des Vaters durch einen Verkehrsunfall		4 volljähr. Kinder (über 20 Jahre)		Die gesetzliche Vermutung des persönlichen Näheverhältnisses aus § 844 Abs. 3 S. 2 BGB wurde hier nicht widerlegt. In die Bemessung floss u.a. ein, dass die Kinder aufgrund des jüngeren Alters nicht genauso lange mit dem Getöteten zusammenlebten wie die Ehefrau. Darüber hinaus lebten die Kinder teilweise nicht mehr mit dem Vater in einem Haushalt und waren nicht mehr auf seine Fürsorge angewiesen. Tatsächlich lebten die Kläger zu 2) und 4) schon vor dem Tod in einem eigenen Haushalt. Aus diesen Umständen kommt das Gericht zu der Auffassung, dass das Hinterbliebenengeld für die volljährigen Kinder niedriger zu bewerten ist als für die Ehefrau, allerdings für jedes Kind gleich hoch ausfallen muss, auch aufgrund des familiären Zusammenhangs. Dass bei einem Kind ein besonders herausragendes Näheverhältnis vorlag, konnte nicht festgestellt werden	LG Tübingen 17.5.2019 3 O 108/18 juris
3118	€ 10 000 (€ 10 212)	Verlust der Tochter, die vom Angeklagten erschossen wurde		Ehepaar		**Jeder der Verletzten erhielt € 10 000** Anspruch auf Hinterbliebenengeld aus § 844 Abs. 3 BGB. Die Kläger sind die Eltern der Getöteten. Die Kammer geht hier vom vom Gesetzgeber in der Gesetzesbegründung genannten Betrag von € 10 000 aus und versteht diesen als „angedachten Durchschnittsbetrag". Der Täter wurde u.a. wegen Mordes in 3 Fällen zu einer lebenslangen Freiheitsstrafe verurteilt, wobei die besondere Schwere der Schuld festgestellt wurde	LG Rottweil 26.6.2018 1 Ks 10 Js 10802/17 Adhäsion RAe Hirt + Teufel, Rottweil
3119	€ 10 000 (€ 10 212)	Verlust der Schwester, die vom Angeklagten erschossen wurde		Frau		Anspruch auf Hinterbliebenengeld aus § 844 Abs. 3 BGB. Die Klägerin ist die Schwester der Getöteten. Die Kammer geht hier vom vom Gesetzgeber in der Gesetzesbegründung genannten Betrag von € 10 000 aus und versteht diesen als „angedachten Durchschnittsbetrag"	LG Rottweil 26.6.2018 1 Ks 10 Js 10802/17 Adhäsion RAe Hirt + Teufel, Rottweil
3120	€ 10 000 (€ 10 212)	Verlust des Bruders, der vom Angeklagten erschossen wurde		Geschwister		**Jeder der Verletzten erhielt € 10 000** Anspruch auf Hinterbliebenengeld aus § 844 Abs. 3 BGB. Die Kläger sind die Geschwister des Getöteten. Das persönliche Näheverhältnis kann auch hier trotz erheblicher räumlicher Distanz nicht erschüttert werden. Die Kammer geht hier vom vom Gesetzgeber in der Gesetzesbegründung genannten Betrag von € 10 000 aus und versteht diesen als „angedachten Durchschnittsbetrag". Der Täter wurde u.a. wegen Mordes in 3 Fällen zu einer lebenslangen Freiheitsstrafe verurteilt, wobei die besondere Schwere der Schuld festgestellt wurde	LG Rottweil 26.6.2018 1 Ks 10 Js 10802/17 RAe Hirt + Teufel, Rottweil

● Mithaftung (siehe vorletzte Spalte)

Psychische Schäden | Urteile lfd. Nr. 3121 – 3122

Fortsetzung von »Psychische Schäden - Psychische Primärschäden, insb. Schockschäden und Posttraumatische Belastungsstörung - Hinterbliebenengeld«

Lfd. Nr.	Betrag DM Euro (Anp.2019)	Verletzung	Dauer und Umfang der Behandlung; Arbeitsunfähigkeit	Person des Verletzten	Dauerschaden	Besondere Umstände, die für die Entscheidungen maßgebend waren	Gericht, Datum der Entscheidung, Az., Veröffentlichung bzw. Einsender
3121	€ 10 000 (€ 10 212)	Verlust des Sohnes, der vom Angeklagten erschossen wurde		Frau		Anspruch auf Hinterbliebenengeld aus § 844 Abs. 3 BGB. Die Klägerin ist die Mutter des Getöteten. Die Kammer geht hier vom vom Gesetzgeber in der Gesetzesbegründung genannten Betrag von € 10 000 aus und versteht diesen als „angedachten Durchschnittsbetrag". Der Täter wurde u.a. wegen Mordes in 3 Fällen zu einer lebenslangen Freiheitsstrafe verurteilt, wobei die besondere Schwere der Schuld festgestellt wurde	LG Rottweil 26.6.2018 1 Ks 10 Js 10802/17 Adhäsion RAe Hirt + Teufel, Rottweil
3122	€ 12 000 (€ 12 091)	Anspruch auf Hinterbliebenengeld nach Verlust des Ehemanns durch einen Verkehrsunfall		60-jähr. Frau		Die Klägerin ist die Ehefrau des getöteten Motorradfahrers, der noch am Unfalltag verstarb. Sie erfuhr durch die Polizei und Seelsorger von dem Unfalltod. Diesem Umstand ist grds. Bedeutung beizumessen. Die gesetzliche Vermutung für das bestehende Näheverhältnis gem. § 844 Abs. 3 S. 2 BGB konnte nicht widerlegt werden. Der Anspruch ist vorliegend auch nicht subsidiär hinter § 823 Abs. 1 BGB, da die Klägerin keinen eigenen Gesundheitsschaden nachweisen konnte. Erhöhend wirkte sich aus, dass die Klägerin über 30 Jahre mit dem Getöteten verheiratet war und dieser das überwiegende wirtschaftliche Einkommen der Familie sicherte. Eher mindernd wirkt sich aus, dass die Klägerin den Tod des Mannes nicht selbst miterlebt hat. Die Geldauflage gegen den Beklagten aus dem Strafverfahren i.H.v. € 2000 hat das Gericht dabei als einen das Hinterbliebenengeld nach unten beeinflussenden Faktor berücksichtigt. Dieser Betrag wird nach der Analyse der Literaturmeinungen zur Höhe des Hinterbliebenengeldes und den Vorstellungen des Gesetzgebers gerecht, liegt international im unteren, aber noch vertretbaren Bereich und fügt sich in die Rechtsprechung zum Schockschaden ein	LG Tübingen 17.5.2019 3 O 108/18 juris

Fortsetzung von »Psychische Schäden - Psychische Primärschäden, insb. Schockschäden und Posttraumatische Belastungsstörung - Hinterbliebenengeld«

Lfd. Nr.	Betrag DM **Euro** *(Anp.2019)*	Verletzung	Dauer und Umfang der Behandlung; Arbeitsunfähigkeit	Person des Verletzten	Dauerschaden	Besondere Umstände, die für die Entscheidungen maßgebend waren	Gericht, Datum der Entscheidung, Az., Veröffentlichung bzw. Einsender
3123	€ 20 000 *(€ 20 423)*	Tötung des Vaters durch den Angeklagten, der diesen erschoss		3 minderjähr. Kinder		**Jeder der Verletzten erhielt € 20 000** Anspruch auf Hinterbliebenengeld aus § 844 Abs. 3 BGB. Die Adhäsionskläger sind die drei hinterbliebenen Kinder des getöteten Vaters. Auch wenn das Verhältnis zwischen einem der drei Kinder und dem Vater durch die Trennung der Eltern belastet war (heftiger Streit kurz vor dem Tod mit dem Vater), handelt es sich hierbei um eine typische Belastungssituation und nicht um einen Bruch der Vater-Sohn-Beziehung, weshalb die Vermutung aus § 844 Abs. 3 S. 2 BGB nicht erschüttert wird. Es kam bei der jüngsten Tochter zu einem Leistungsabfall in der Schule. Der andere Sohn verlor seinen Vater im Streit, ohne die Möglichkeit sich mit ihm auszusöhnen. Der Täter wurde u.a. wegen Mordes in 3 Fällen zu einer lebenslangen Freiheitsstrafe verurteilt, wobei die besondere Schwere der Schuld festgestellt wurde	LG Rottweil 26.6.2018 1 Ks 10 Js 10802/17 Adhäsion RAe Hirt + Teufel, Rottweil
3124	€ 20 000 *(€ 20 423)*	Tötung der Ehefrau und Mutter durch den Angeklagten, der diese erschoss		Ehemann und 2 minderjähr. Kinder		**Jeder der Verletzten erhielt € 20 000** Anspruch auf Hinterbliebenengeld aus § 844 Abs. 3 BGB. Der Kläger ist der Ehemann der Getöteten. Die Kläger haben ihre gesamte Familienstruktur verloren. Der vorher alleinverdienende Ehemann musste seine Berufstätigkeit aufgeben und muss sich nun um die Kinder kümmern. Die Familie bezieht staatliche Unterstützung. Die Kinder haben die Mutter in sehr frühem Alter verloren. Eines der Kinder kann die Tat bis heute nicht begreifen und fragt noch heute nach der Mutter. Das andere Kind war bei der Tatbegehung selbst in der Tatwohnung und musste zumindest Teile mitansehen. Der Täter wurde u.a. wegen Mordes in 3 Fällen zu einer lebenslangen Freiheitsstrafe verurteilt, wobei die besondere Schwere der Schuld festgestellt wurde	LG Rottweil 26.6.2018 1 Ks 10 Js 10802/17 Adhäsion RAe Hirt + Teufel, Rottweil

● Mithaftung (siehe vorletzte Spalte)

Psychische Schäden   Urteile lfd. Nr. 3125 – 3128

Lfd. Nr.	Betrag DM Euro (Anp.2019)	Verletzung	Dauer und Umfang der Behandlung; Arbeitsunfähigkeit	Person des Verletzten	Dauerschaden	Besondere Umstände, die für die Entscheidungen maßgebend waren	Gericht, Datum der Entscheidung, Az., Veröffentlichung bzw. Einsender
	Fortsetzung von »Psychische Schäden - Psychische Primärschäden, insb. Schockschäden und Posttraumatische Belastungsstörung - Hinterbliebenengeld«
3125	€30 000 (€30 635)	Mitansehen der Tötung des Sohnes und des Lebensgefährten durch den Angeklagten, der diese erschoss		Frau		Anspruch auf Hinterbliebenengeld aus § 844 Abs. 3 BGB. Die Adhäsionsklägerin ist die Mutter des Getöteten D und zugleich die Lebensgefährtin des Getöteten R. Zwar war die Klägerin nicht mit dem R verlobt oder verheiratet, doch leben sie in häuslicher Gemeinschaft. Die Verlobung war nicht möglich, da R noch verheiratet war, allerdings bestand das ernstliche Versprechen nach der Scheidung des R zu heiraten. Demnach bestand ein besonderes Näheverhältnis. Der Betrag setzt sich aus €20 000 für den Verlust des Sohnes und €10 000 für den Verlust des Lebensgefährten zusammen. Die Klägerin musste die Tötung in weiten Teilen mitansehen und war zu diesem Zeitpunkt von R schwanger. Der Täter wurde u.a. wegen Mordes in 3 Fällen zu einer lebenslangen Freiheitsstrafe verurteilt, wobei die besondere Schwere der Schuld festgestellt wurde	LG Rottweil 26.6.2018 1 Ks 10 Js 10802/17 Adhäsion RAe Hirt + Teufel, Rottweil
	**Psychische Schäden - Psychische Folgeschäden nach physischem Primärschaden**
3126	750 €375 (€576)	Sechs Störanrufe innerhalb eines Monats, fünf davon zur Nachtzeit				Durch die nächtlichen Anrufe wurde Kläger aus dem Schlaf gerissen und konnte nicht mehr oder erst nach geraumer Zeit wieder einschlafen; er musste tagsüber mit Übermüdung kämpfen. Geringes Genugtuungsbedürfnis, da Beklagter im Strafverfahren eine Geldbuße zahlte	OLG Nürnberg 29.9.1992 1 U 2099/92
3127	€402 (€517)	Verhinderung eines dringenden Bedürfnisses, auf die Toilette zu gehen, während 2 Stunden		Mann		Bei der Benutzung eines ICE-Zuges konnte Kläger keine der Toiletten benutzen, da diese wegen Wassermangels abgesperrt waren (Organisationsverschulden)	AG Frankfurt am Main 25.4.2002 32 C 261/01 NJW 2002, 2253
3128	€600 (€693)	Schock durch unerlaubte Gewalthandlung		Frau		Beklagter sprang auf die Motorhaube des klägerischen Pkws, zerschlug die Windschutzscheibe und drohte der Klägerin: „Ich schlag dich kaputt und schmeiss dich unters Auto". Nach Notfallbehandlung im Krankenhaus leidet die Klägerin seitdem an Depressionen mit Panikattacken, Herzklopfen und Brustbeklemmungen im Sinne einer psychosomatischen Reaktion	AG Düsseldorf 10.3.2009 29 C 12484/08 RAe Heuvens & Fischer, Düsseldorf

Lfd. Nr.	Betrag DM Euro (Anp.2019)	Verletzung	Dauer und Umfang der Behandlung; Arbeitsunfähigkeit	Person des Verletzten	Dauerschaden	Besondere Umstände, die für die Entscheidungen maßgebend waren	Gericht, Datum der Entscheidung, Az., Veröffentlichung bzw. Einsender
	**Fortsetzung von »Psychische Schäden - Psychische Folgeschäden nach physischem Primärschaden«**
3129	€ 1000 (€ 1067)	Psychische Beeinträchtigung durch Stalking		Frau		Die festgestellten Vorfälle stellen wiederholte, gewollt aufdringliche Kontaktaufnahmen dar und haben bei bestehendem Kontakt- und Näherungsverbots nachstellenden Charakter. Insgesamt erscheint es angemessen, wegen dieser Vorfälle das Schmerzensgeld auf € 1000 zu erhöhen. Denn der bei Erhalt bedrängende Charakter der Schreiben und Nachrichten wird auch durch anfangs bestehende Verbindung der Parteien nicht in Frage gestellt. Unberücksichtigt bleiben kann diese Verbindung aber bei der Bemessung des Schmerzensgeldes nicht, weil sie zeigt, dass die Klägerin dem Vergangenen keine einer erneuten Kontaktaufnahme entgegenstehende Bedeutung beimaß	OLG Karlsruhe 15.10.2014 7 U 96/14
3130	2500 € 1250 (€ 1695)	Psychische Beeinträchtigung durch anonyme Telefonanrufe		Bäckereiinhaberin		Ehemalige Angestellte rief innerhalb eines Zeitraums von ca. 6 Wochen ständig anonym und hauptsächlich zu den Hauptgeschäftszeiten in der Bäckerei an; Beklagte hatte offensichtlich keinerlei Anlass für ihr Tun; Klägerin wurde massiv belastet	AG Ludwigshafen 16.12.1998 2 i C 195/98 RAe Stopka & Peter, Speyer
3131	3000 € 1500 (€ 2040)	Schmerzen in der Nackenmuskulatur, in der Bauchmuskulatur und im linken Bein; starke Unterbauchschmerzen, Unfallschock	2 Wochen arbeitsunfähig	Frau		Klägerin, die in der 32. Woche schwanger war, hatte erhebliche Befürchtungen um das Wohl ihres Kindes	AG Nürnberg 13.1.1998 36 C 9999/97 bestätigt durch LG Nürnberg-Fürth 20.5.1998 8 S 1195/98 RA Wilhelm, Nürnberg
3132	3000 € 1500 (€ 1989)	Distorsion am Ober- und Unterschenkel	5 Tage ambulante Behandlung	Mann		Unfall des gerade vermählten Klägers ereignete sich auf der Fahrt vom Standesamt zur Hochzeitsfeier; Erinnerung an die Hochzeit wird stets mit dem Unfallereignis und dessen Folgen verbunden bleiben	LG Görlitz 25.10.2000 4 O 116/00 RA Koch, Erftstadt
3133	3000 € 1500 (€ 2004)	Biss in den Oberschenkel mit Verdacht auf Infektion von HIV I und II sowie Hepatitis C	10 Tage arbeitsunfähig	Polizeibeamter		Bei der Bemessung des Schmerzensgeldes musste insbesondere auch berücksichtigt werden, dass der Kläger über einen längeren Zeitraum eine Infektion von HIV I und II sowie Hepatitis befürchten musste	LG Münster 16.3.2000 8 S 11/00 RAe Koop & Partner, Lingen

● Mithaftung (siehe vorletzte Spalte)

Psychische Schäden | Urteile lfd. Nr. 3134 – 3137

Lfd. Nr.	Betrag DM Euro (Anp.2019)	Verletzung	Dauer und Umfang der Behandlung; Arbeitsunfähigkeit	Person des Verletzten	Dauerschaden	Besondere Umstände, die für die Entscheidungen maßgebend waren	Gericht, Datum der Entscheidung, Az., Veröffentlichung bzw. Einsender
\multicolumn{8}{l}{Fortsetzung von »Psychische Schäden - Psychische Folgeschäden nach physischem Primärschaden«}
3134	€ 2000 (€ 2378)	Schmerzen und Beschwernisse, die über die normalen Reisestrapazen des an hohem Fieber und ununterbrochenen Reizhusten erkrankten Klägers hinausgingen		Mann		Beklagte verweigerte als Krankenrücktransportversicherer trotz Vorlage der erforderlichen Bescheinigung der Transportfähigkeit durch einen am Reiseort in den USA niedergelassenen Arzt die Rückholung des Klägers; dieser musste u. a. zur Rückgabe seines Mietwagens die Fahrt auf der Rückbank eines Abschleppwagens verbringen, da er selbst nicht fahren konnte; weiterhin musste er sich beim Rückflug einschl. Umsteigen selbst um sein Gepäck kümmern, das letztlich auf der Strecke geblieben war, so dass er die Gepäckermittlungsstelle einschalten musste; bei der Ankunft auf dem Heimatflughafen musste er sich ohne fremde Hilfe zum Taxi-Standplatz schleppen; leichtfertiges Verhalten der Beklagten	LG München I 16.5.2007 6 S 20960/06
3135	€ 2000 (€ 2514)	Psychische Störung (wegen entsprechender Prädisposition begrenzt auf ein Jahr) mit körperlichen Folgen (Verspannungen unterhalb der HWS mit starkem Dauerkopfschmerz, sporadisch auftretendem Schwindel sowie Schmerzen im Nacken und Brustkorbbereich)		Frau		Der Unfall, verursacht durch eine Berührung durch einen vorbeifahrenden Polizeiwagen, hat bei der Klägerin eine psychische Störung ausgelöst oder jedenfalls eine vorhandene Störung vertieft	KG Berlin 15.3.2004 12 U 103/01 VersR 2005, 372
3136	€ 2500 (€ 2639)	Beckenprellung mit großflächigem Hämatom, Schädelprellung, anschließend Anpassungsstörung mit akuter Belastungsreaktion mit einer Panikstörung im klinisch auffälligen Bereich, Albträume, Schlafstörungen, Trennungsangst, Angst vor Autos und dem Fahrradfahren	Ca. ein halbes Jahr Beschwerden, 7 x ambulante Behandlung in der Kinder- und Jugendpsychiatrie	6-jähr. Mädchen		Die behelmte Klägerin fuhr mit dem Fahrrad im Parkhaus und wurde vom Kfz des Beklagten erfasst	AG Bad Homburg v.d.H. 26.8.2015 2 C 706/15 (23) RA Metz, Frankfurt am Main
3137	5000 € 2500 (€ 3526)	Fortlaufend schwerste Beleidigungen und Drohungen am Telefon über mehrere Jahre, die zu anhaltenden Schlafstörungen führten		Frau		An einem Tag allein 21 Anrufe u. a. mit folgendem Inhalt: „Ich werde dich kaputtmachen, bis du die Nerven verlierst, bis du am Ende bist. Du Sau! Du Scheißhausratte, kaputt werd' ich dich machen... Es gibt tausend Möglichkeiten, dass du deines Lebens nicht mehr froh wirst, du Sau, du Scheißhausratte..."	AG Frankfurt am Main 11.7.1995 30 C 692/95 - 45 NJWE-VHR 1996, 24

Lfd. Nr.	Betrag DM Euro (Anp.2019)	Verletzung	Dauer und Umfang der Behandlung; Arbeitsunfähigkeit	Person des Verletzten	Dauerschaden	Besondere Umstände, die für die Entscheidungen maßgebend waren	Gericht, Datum der Entscheidung, Az., Veröffentlichung bzw. Einsender
\multicolumn{8}{l}{**Fortsetzung von »Psychische Schäden - Psychische Folgeschäden nach physischem Primärschaden«**}
3138	5000 € 2500 (€ 3399)	Wirbelsäulenprellung	2 Jahre wegen psychisch bedingt empfundener starker Rückenschmerzen	Mann		Urteil basiert auf BGH-Entscheidung, NJW 1996, 2425 = VersR 1996, 990, worin die seelisch bedingten Folgeschäden zusammengefasst sind; eine organische Ursache ist nicht Voraussetzung, vielmehr genügt die hinreichende Gewissheit, dass die psychisch bedingten Ausfälle ohne den Unfall nicht aufgetreten wären. Dass derartige psychische Folgewirkungen auf einer besonderen seelischen Labilität des Verletzten beruhen und letztlich auf eine neurotische Fehlverarbeitung des Unfallgeschehens zurückzuführen sind, entlastet den Schädiger grundsätzlich nicht. Ausnahme: Renten- oder Begehrensneurose, die hier nicht festgestellt werden konnte	OLG Braunschweig 29.8.1997 5 U 24/97 RiOLG Waldschläger
3139	6000 € 3000 (€ 4311)	Hautverätzung mit Rötungen und Schwellungen im Gesicht; ca. 10 cm große Schnittwunde am Kniegelenk; mehrere Hautabschürfungen; Schock	1 Woche Krankenhaus	22-jähr. schwangere Frau		Vorsätzliche Körperverletzung durch Betäubung mit Chloroform durch Kindesvater und ehemaligen Lebensgefährten. Angstzustände und seelisches Leiden für ca. 2 Monate. Aufgrund dieser Tat fasste die Klägerin den Entschluss zum Abbruch ihrer Schwangerschaft	AG Essen 20.10.1994 25 C 58/94 RAin Doering-Striening, Essen
3140	€ 3000 (€ 3739)	Wochenlange Ungewissheit einer möglichen lebensgefährlichen Infektion mit Hepatitis C		Rettungsassistent		Kläger hat bei einem Patienten, der sich bei einem Sturz eine Kopfwunde zugezogen hatte, sofort zugreifen müssen, ohne sich Handschuhe anziehen zu können; im Nachhinein hat Kläger erfahren, dass der Patient an Hepatitis C leidet, worüber er von den Ärzten nicht informiert wurde; Kläger hat in der Ungewissheit einer möglichen Infektion erhebliche Nachteile in seiner Lebensqualität und Lebensführung hinnehmen müssen bis hin zur sexuellen Enthaltsamkeit; da der Kläger Zeit gehabt hätte, sich Handschuhe anzuziehen, wurde ihm 50% Haftungsverursachung zugerechnet; daher nur Schmerzensgeld von € 1500	AG Lüdenscheid 26.8.2004 92 C 110/04 RAe Brentzel, Wiegand u. Schwerdtfeger, Dortmund
3141	€ 3000 (€ 3474)	Psychosomatische Beeinträchtigung mit Übelkeit, Erbrechen, Schlafstörungen, Herz- und Tinnitusbeschwerden, nervliche Zusammenbrüche	1 Jahr arbeitsunfähig, erforderliche Einnahme von Antidepressiva und schlaffördernden Mitteln	Bürokauffrau		Klägerin wurde aufgefordert, in dem Pflegeheim, in dem sie als Bürokauffrau tätig war, künftig in der Betriebsküche als Küchenhilfe und ergänzend noch als Pflegehilfe und Reinigungskraft mitzuwirken; schließlich sollte sie als Lohnbuchhalterin tätig sein, wofür sie jedoch keinerlei Ausbildung besaß	ArbG Oldenburg (Oldenburg) 26.3.2008 2 Ca 652/06
3142	€ 3000 (€ 3509)	Autofahrphobie nach HWS-Schleudertrauma	3 Tage arbeitsunfähig	Mann		Durch das Unfallereignis ist dem Kläger die Freude am Autofahren gänzlich verleidet, er kann nur noch unter Überwindung tatsächlich bestehender Ängste Autofahren und vermeidet dies wegen der Schweißausbrüche und Herzbeschwerden in der Regel ganz. Bei gezielten verhaltenstherapeutischen Maßnahmen ist mit großer Wahrscheinlichkeit mit einer Rückbildung der Symptome zu rechnen	LG Braunschweig 31.1.2008 8 O 2419/06 (185) RA Martin Weiß, Braunschweig

● Mithaftung (siehe vorletzte Spalte)

Psychische Schäden — Urteile lfd. Nr. 3143 – 3146

Lfd. Nr.	Betrag DM **Euro** *(Anp.2019)*	Verletzung	Dauer und Umfang der Behandlung; Arbeitsunfähigkeit	Person des Verletzten	Dauerschaden	Besondere Umstände, die für die Entscheidungen maßgebend waren	Gericht, Datum der Entscheidung, Az., Veröffentlichung bzw. Einsender
	Fortsetzung von »Psychische Schäden - Psychische Folgeschäden nach physischem Primärschaden«
3143	€ 3000 + immat. Vorbehalt *(€ 3196)*	Posttraumatische Belastungsstörung durch verzögerten Heilungsprozess (3 bis 4 Wochen) durch Behandlungsfehler bei einem Dekubitus einer querschnittsgelähmten Frau		36-jähr. Frau		Die Klägerin leidet an einer seelischen Erschütterung mit Symptomen einer atypisch lang verlaufenden, posttraumatischen Belastungsstörung, die sich zwar im Laufe der Zeit abgeschwächt hat, sie aber auch heute noch sowohl im Privat- als auch im Arbeitsleben beeinträchtigt. Die körperlichen Beschwerden wie die Vernarbung und die mangelnde Belastbarkeit des Sitzbeinbereichs, unter denen die Klägerin zu leiden hat, können bei der Bemessung des Schmerzensgeldes nicht berücksichtigt werden. Denn sie wären auch bei rechtzeitiger und adäquater chirurgischer Behandlung der Entzündung entstanden	OLG Düsseldorf 5.11.2015 8 U 15/15
3144	€ 3500 *(€ 4005)*	Vorzeitige Wehen und Zusammenkrampfen der Zwillinge im Mutterleib der schwangeren Klägerin 4 Monate vor der errechneten Geburt; Frühgeburt nach einem weiteren Monat; vorher durchgehend Sorge und Angst um den Zustand der ungeborenen Kinder	2 Tage stationäre Behandlung	38-jähr. Frau		Die Mutter, die nach 7 Jahren Ehe nun ihren Kinderwunsch verwirklicht hatte, befand sich nicht nur einen Monat lang – bis zur Geburt der Kinder – in ständiger und quälender Ungewissheit über das Schicksal der Kinder, sondern hatte schon direkt nach dem Unfall alle Symptome eines verständlichen Schocks; was die Aussicht, jederzeit mit einer vorzeitigen Geburtseinleitung rechnen zu müssen, und die nachfolgend tatsächlich unter Schmerzen und Komplikationen geschehene Frühgeburt 3 Monate vor dem errechneten Termin für die Mutter bedeutete, lässt sich mit Geld ohnehin nicht kompensieren, musste aber aus diesem Grund angemessene Berücksichtigung bei der Höhe des Schmerzensgeldes finden; infolge Mithaftung von 25% war lediglich von einem Schmerzensgeld von € 2625 auszugehen	LG Köln 8.7.2008 8 O 15/08
3145	€ 3600 ● + immat. Vorbehalt *(€ 3808)*	Bei dem Verkehrsunfall wurden zwei der Fahrzeuginsassen im Fahrzeug des Klägers getötet. Der Kläger selbst erlitt leichtere körperliche Verletzungen, ist seit dem Unfall aber psychisch angegriffen		Mann		Die erlittenen Verletzungen sowie die fortdauernden psychischen Folgen des Unfalles rechtfertigen aber unter Berücksichtigung der erheblichen Mitverursachungsquote (80%) keinen höheren Schmerzensgeldbetrag	Schleswig-Holsteinisches OLG 7.5.2015 7 U 58/12
3146	8000 € 4000 *(€ 5425)*	Schwere Angstzustände und Panikanfälle, die von einer somatischen Symptomatik begleitet waren (funktionelle Herzbeschwerden, Unruhezustände, Schlafstörungen, Kopfschmerzen), auf die Dauer von etwa 2 Jahren	Mehrjährige Behandlung durch Psychologen, 50 Behandlungsstunden	Mann		Kläger war beim Unfall erheblicher Todesangst ausgesetzt (Pkw wurde ca. 90 m von einem Lkw geschoben und dann eingequetscht)	AG Köln 25.2.1999 268 C 502/97 RAe Dr. Wolters u. Liebeskind, Köln

● Mithaftung (siehe vorletzte Spalte)

Psychische Schäden

Lfd. Nr.	Betrag DM Euro (Anp.2019)	Verletzung	Dauer und Umfang der Behandlung; Arbeitsunfähigkeit	Person des Verletzten	Dauerschaden	Besondere Umstände, die für die Entscheidungen maßgebend waren	Gericht, Datum der Entscheidung, Az., Veröffentlichung bzw. Einsender
\multicolumn{8}{l}{**Fortsetzung von »Psychische Schäden - Psychische Folgeschäden nach physischem Primärschaden«**}
3147	€ 4000 (€ 4632)	Selbstmordversuch durch Einnahme von Tabletten mit ernsthafter Lebensgefahr	Klägerin wurde bewusstlos ins Krankenhaus eingeliefert, wo ihr der Magen ausgepumpt wurde und sie auf der Intensivstation betreut werden musste	Frau		Verweigerung eines Schwangerschaftsabbruchs trotz medizinisch-sozialer Indikation, der einige Tage später dann durchgeführt wurde; die Verweigerung führte zum Selbstmordversuch; durch das Verhalten des Arztes, der hinsichtlich der von ihm verursachten Situation keinerlei Einsicht oder Bedauern zeigte, wurde die körperliche Integrität der Klägerin verletzt	KG Berlin 10.3.2008 20 U 224/04
3148	8000 € 4000 (€ 5741)	Todesängste bei einem Banküberfall, bei dem der Beklagte der Klägerin eine Schreckschusspistole, die einer echten Waffe täuschend ähnlich sah, an den Hals drückte und mehrfach äußerte, dass er die Klägerin abknalle, wenn er nicht genug Geld erhalte. Folge waren Schlaflosigkeit und Albträume		Kinderkrankenschwester		Beklagter wurde wegen erpresserischen Menschenraubs und räuberischer Erpressung zu mehrjähriger Haftstrafe verurteilt. Trotz Verurteilung kann auch ein Genugtuungsbedürfnis, jedenfalls bei vorsätzlicher Rechtsgutverletzung, berücksichtigt werden. Wegen anhaltender Angstzustände kann Klägerin ihren Beruf nur noch in Abteilungen ausüben, in denen sie Nachtdienst nicht alleine verrichten muss	BGH 29.11.1994 VI ZR 93/94 NJW 1995, 781
3149	10 000 € 5000 + immat. Vorbehalt (€ 6523)	Psychische Beeinträchtigungen durch Vergewaltigungsversuch eines ehemaligen Arbeitskollegen an Ehefrau des Klägers		Mann		Durch Vergewaltigungsversuch an Ehefrau leidet der Kläger an depressiven Verstimmungen. Durch die Tat ist das emotionale Gleichgewicht in der Ehe nicht mehr gegeben und es bedarf einer gezielten Partnerberatung als spezielle Therapie	LG Düsseldorf 7.11.2001 5 O 210/99 RA Schneider-Bodien, Düsseldorf
3150	10 000 € 5000 (€ 6499)	Erhebliche Traumatisierung mit depressiver Symptomatik und Angstzuständen durch das Erleben einer über ein Jahr andauernden Erpressung		Frau		Beklagte hat gedroht, zwei angeblich in ihrem Besitz befindliche Briefe über Einzelheiten eines zwischen der Klägerin und einem Mann geübten Sexuallebens der Familie und der Öffentlichkeit zugänglich zu machen; Klägerin wurde dazu gebracht, der Beklagten über 1 Jahr ihre gesamten Einkünfte zu überlassen und Arbeiten im Haushalt zu verrichten; äußerste Kaltblütigkeit und Rücksichtslosigkeit der Beklagten; Aufarbeitung der belastenden Erfahrungen unter therapeutischer Hilfe haben sich bei der Klägerin ausgewirkt; schlechte Vermögenslage bei der Beklagten	LG Trier 31.8.2001 4 O 386/99 RiLG Specht, Trier
3151	10 000● € 5000 (€ 6679)	HWS-Trauma 1. Grades; depressive Verstimmungszustände	MdE: 3 Wochen 100% 4 Wochen 20% auf chirurgischem Fachgebiet 1 Jahr 10%, auf nervenfachärztlichem Gebiet im 2. Jahr 10%	Mann		Mithaftung 20%. Zumindest in der ersten Zeit nach dem Unfall hatten psychische Reaktionen in Form depressiver Verstimmungszustände vorgelegen, die sicherlich auch für die relativ lange Krankschreibung mitverantwortlich sind	LG München I 28.3.2000 19 O 18187/97 VorsRiLG Krumbholz

● Mithaftung (siehe vorletzte Spalte)

Psychische Schäden

Urteile lfd. Nr. 3152 – 3155

Lfd. Nr.	Betrag DM Euro (Anp.2019)	Verletzung	Dauer und Umfang der Behandlung; Arbeitsunfähigkeit	Person des Verletzten	Dauerschaden	Besondere Umstände, die für die Entscheidungen maßgebend waren	Gericht, Datum der Entscheidung, Az., Veröffentlichung bzw. Einsender
						Fortsetzung von »Psychische Schäden - Psychische Folgeschäden nach physischem Primärschaden«	
3152	12000 € 6000 (€ 8148)	HWS-Distorsion; Paniksyndrom	1 Tag Beobachtung im Krankenhaus, MdE: 2 Wochen 100% 13 Tage 50% 13 Tage 20%	Frau		Klägerin leidet seit dem Unfall an einer posttraumatischen Belastungsstörung mit zum Teil dramatischen Ausbrüchen von Angst und Panik beim Fahren in einem Pkw. Auch eine solche seelische Erkrankung stellt eine Gesundheitsverletzung i.S.d. § 823 Abs. 1 BGB dar. Die Angst- und Panikattacken beim Fahren in einem Pkw waren vor dem Unfall nicht vorhanden	AG Zeven 7.1.1999 3 C 577/97 RA Fahjen, Zeven
3153	€ 6000 + immat. Vorbehalt (€ 6296)	Brustwandprellung beidseits, Rückenprellung, Handgelenksprellung links, starke Prellung der rechten Leistenbeuge, Prellung beider Nierenlager, Anpassungsstörung für mindestens 4 Monate	3 ½ Wochen AU zu 100%, 3 Monate AU zu 80%	Busfahrer		Körperliche Auseinandersetzung, nachdem der Kläger mit seinem Linienbus beim Einfahren in den Busbahnhof relativ knapp mit dem Außenspiegel am Kopf des Beklagten zu 3) vorbeifuhr. Es kam zu keiner Kollision. Die Beklagten zu 1) und 2) wurden zu Freiheitsstrafen auf Bewährung verurteilt. Unwohlsein bis hin zur Angst mit körperlichen Symptomen, wenn sich eine Gruppe Jugendlicher nähert, als Restzustand der Anpassungsstörung	LG Aschaffenburg 7.12.2016 12 O 141/13 RAe Imhof & Partner, Aschaffenburg
3154	€ 7000 + immat. Vorbehalt (€ 7900)	Chronische Anpassungsstörung in Form des nicht mehr möglichen Fahrens auf Autobahnen, Glassplitter im rechten Ellenbogen, HWS-Distorsion, multiple Prellungen	Keine stationäre Behandlung, 14 Tage AU zu 100% und 14 Tage AU zu 20%	Frau (schwanger)		Die Glassplitter im Ellenbogen schmerzten beim Beugen und konnten erst nach einem Jahr aufgrund der Schwangerschaft entfernt werden	LG Braunschweig 17.12.2010 6 O 2954/08 (234) OLG Braunschweig 25.9.2012 7 U 6/11 RA Martin Koch, Braunschweig
3155	15000 € 7500 (€ 10225)	HWS-Schleudertrauma; psychische Dauerstörung im Sinne einer unfallbezogenen neurotischen Persönlichkeitsstörung	3 Wochen Krankenhaus, danach mehrjährige ambulante Behandlung. MdE: 3 Wochen 100% 3 Wochen 50% 10 ½ Monate 30% 1 Jahr 20%	46-jähr. Hausfrau	Psychische Dauerstörung im Sinne einer unfallbezogenen neurotischen Persönlichkeitsstörung, die zwar an Intensität abnahm, aber sich auf einem Niveau chronifizierte, das nicht dem Zustand der prätraumatischen Lebensqualität entspricht	Summierung anhaltender Kopfschmerzen und Schwindelanfälle, allgemeine Lethargie mit Erschöpfungszuständen, nächtliche Verarbeitungserlebnisse und Angstgefühle, geminderte Belastbarkeit in allen Lebenslagen	AG Cochem 28.10.1997 6 C 927/95 RAe Theisen & Partner, Cochem

Lfd. Nr.	Betrag DM **Euro** *(Anp.2019)*	Verletzung	Dauer und Umfang der Behandlung; Arbeitsunfähigkeit	Person des Verletzten	Dauerschaden	Besondere Umstände, die für die Entscheidungen maßgebend waren	Gericht, Datum der Entscheidung, Az., Veröffentlichung bzw. Einsender

Fortsetzung von »Psychische Schäden - Psychische Folgeschäden nach physischem Primärschaden«

Lfd. Nr.	Betrag	Verletzung	Dauer	Person	Dauerschaden	Besondere Umstände	Gericht
3156	€ 10 000 + immat. Vorbehalt *(€ 11 645)*	Schmutztätowierung an der rechten Wange mit psychischer Belastung		16-jähr. Schülerin	Einfärbung der Haut an der rechten Wange	Beklagte Mitschülerin bespritzte die Klägerin bei einer Schulabschlussfeier aus einer Druckpatrone mit blauer Farbe; sie wurde wegen schwerer Körperverletzung zu einer Jugendstrafe von 6 Monaten (Bewährung) und als Bewährungsauflage zur Zahlung von € 2000 verurteilt; Urteil wurde nur mit € 8000 tituliert, da die Bewährungsauflage angerechnet wurde; trotz Lasertherapie ist von einem völligen Verschwinden der Tätowierung nicht auszugehen; schwerwiegende Hautveränderung ist nicht eingetreten; insbesondere kann von einer Verunstaltung in keiner Weise die Rede sein; vielmehr wird die bläuliche Hautverfärbung einem nicht genau hinschauenden Betrachter gar nicht auffallen; demgegenüber ist die subjektive Seite weitaus schwerwiegender gelagert; Umgang mit diesem Zustand stellt eine ganz schwere Belastung dar; Klägerin wird immer das Gefühl haben, sie werde wegen der Blauverfärbung angestarrt; Selbstwertgefühle leiden darunter	LG Frankfurt (Oder) 29.2.2008 17 O 486/06 RA Polte, Berlin
3157	€ 10 000 *(€ 11 383)*	Psychische Erkrankung in Form einer somatoformen Schmerzstörung. Die Geschädigte hat durch einen Unfall auch ohne den Eintritt einer organischen Primärverletzung eine (immer noch) anhaltende somatoforme Schmerzstörung erlitten, bei der die empfundenen Schmerzen, die organisch nicht begründbar sind, das Erleben und Verhalten der Klägerin wesentlich beeinflussen		Frau, die zum Zeitpunkt des Unfallgeschehens aufgrund der schwerwiegenden Erkrankung ihres Ehemannes bereits anhaltend seelisch erschüttert und damit ganz besonders vulnerabel war		Der Schmerzensgeldbetrag war aus Billigkeitsgesichtspunkten aufgrund der psychischen Prädisposition der Klägerin, die eine ganz entscheidende Rolle für den Verletzungseintritt gespielt hat, zu kürzen. Im vorliegenden Fall ist eine entsprechende Kürzung um 2/3 angemessen. Soweit es den Beschwerdeumfang betrifft, der für die Bemessung des Schmerzensgeldes entscheidend ist, ging das Gericht nach dem Ergebnis des Sachverständigengutachtens davon aus, dass die von der Klägerin behaupteten Beschwerden tatsächlich von ihr subjektiv empfunden werden. Dabei ist auch zu berücksichtigen, dass diese Beschwerden zwar noch andauern, zwischenzeitlich aber eine deutliche Besserung eingetreten ist	LG Hamburg 9.7.2010 306 O 334/06 SP 2010, 361

Psychische Schäden

Fortsetzung von »Psychische Schäden - Psychische Folgeschäden nach physischem Primärschaden«

Lfd. Nr.	Betrag DM Euro (Anp.2019)	Verletzung	Dauer und Umfang der Behandlung; Arbeitsunfähigkeit	Person des Verletzten	Dauerschaden	Besondere Umstände, die für die Entscheidungen maßgebend waren	Gericht, Datum der Entscheidung, Az., Veröffentlichung bzw. Einsender
3158	20 000 € 10 000 + immat. Vorbehalt (€ 12 967)	HWS-Distorsionstrauma mit nachfolgender Fehlverarbeitung, die sich u. a. in Kopfschmerzen, Verspannungen im Nacken, Schwindel, Kiefergelenksbeschwerden und psychischen Beschwerden darstellt	11 Monate krankgeschrieben, dann 1 Jahr Berufstätigkeit zur Hälfte, anschließend 3 ½ Jahre auf ca. 30 Stunden reduzierte wöchentliche Arbeitszeit, dann vorzeitiger Ruhestand	37-jähr. Finanzbeamtin, bei Urteilsverkündung 44 Jahre alt	Physische und psychische Beeinträchtigungen, die letztlich zur Berufsaufgabe führten, stellen keinen Dauerschaden dar, sondern sind grundsätzlich reversibel; es bestehen reelle Heilungschancen	Schädiger hat auch für seelisch bedingte Folgeschäden, auch wenn sie auf einer neurotischen Fehlverarbeitung beruhen, grundsätzlich einzustehen (BGHZ 132, 341); neben den physischen wiegen noch schwerer die psychischen Beeinträchtigungen, insbesondere die Einbußen an Lebensfreude und Selbstwertgefühl, die mit den eingeschränkten Entfaltungsmöglichkeiten der noch relativ jungen Klägerin verbunden sind; anspruchsmindernd ist, dass die Folgen auf einer psychischen Prädisposition und damit einer vorhandenen Schadensneigung der Klägerin beruhen (vgl. BGH NJW 1997, 455)	OLG Köln 26.7.2001 7 U 188/99 RA Koch, Erftstadt
3159	€ 10 000 (€ 10 793)	Somatoforme Schmerzverarbeitungsstörung nach Verkehrsunfall mit zunehmender Schmerzausbreitung im Bereich von Leiste/Becken/ILG/unterer Rücken	Vielzahl erfolgter und weiterhin erforderlicher ärztlicher Behandlungen	Mann	Schmerzen	Der Senat beurteilt die Dauerschädigung des Klägers aufgrund der von ihm geschilderten Einschränkungen und Schmerzen, dem Erfordernis der Schmerzmitteleinnahme (mindestens 4 x wöchentlich) und der Vielzahl der erfolgten und weiterhin erforderlichen ärztlichen Behandlungen weit schwerwiegender als das LG und hält daher, da die psychische Prädisposition und der vorbestehende Knorpelschaden vorliegend nicht schmerzensgeldmindernd wirken, ein Schmerzensgeld von insgesamt € 10 000 für angemessen	OLG München 3.5.2013 10 U 285/13 juris
3160	€ 10 000 + immat. Vorbehalt (€ 11 063)	Rippenprellung links und Glassplitterverletzungen der linken Gesichtshälfte sowie anhaltende somatoforme Schmerzstörung, leichte anhaltende depressive Verstimmung sowie Dysthymie (neurotische Depression)	Vorläufige Versetzung in den Ruhestand	39.-jähr. Mann (Zollbeamter)	Somatoforme Schmerzstörung	Insoweit ist insb. auf die Unfallfolgen des Klägers abzustellen, von denen einige teilweise noch heute fortdauern. Ferner sind neben diesen Dauerfolgen und absehbaren Verschlechterungen dieser Zustände auch die psychischen Schädigungen zu berücksichtigen. Auch das Alter des Klägers zum Zeitpunkt des Unfalls und seine weitere berufliche Perspektive waren im Rahmen der Schmerzensgelderwägungen einzustellen. Das OLG hat diese Einschätzung des LG bestätigt	OLG Nürnberg 15.12.2011 14 U 2635/10
3161	20 000 € 10 000 (€ 12 780)	Somatoformer Schmerzzustand nach Schädelprellung und HWS-Distorsion als Konversionsneurose		Mann		Jahrelange nicht unerhebliche Schmerzen, Beschwerden und Beeinträchtigungen, die zum Urteilszeitpunkt (4 Jahre nach dem Unfall) noch andauerten; im Rahmen der Billigkeit müssen die psychische Veranlagung und die auf ihr ruhenden Risiken Berücksichtigung finden; dass die gleichen Beschwerden auch ohne den Unfall, durch alltägliche Erlebnisse, irgendwann ausgelöst worden wären, ändert nichts an der Kausalitätszurechnung	Schleswig-Holsteinisches OLG 19.12.2002 7 U 163/01 SVR 2004, 66

Lfd. Nr.	Betrag DM Euro (Anp.2019)	Verletzung	Dauer und Umfang der Behandlung; Arbeitsunfähigkeit	Person des Verletzten	Dauerschaden	Besondere Umstände, die für die Entscheidungen maßgebend waren	Gericht, Datum der Entscheidung, Az., Veröffentlichung bzw. Einsender
	**Fortsetzung von »Psychische Schäden - Psychische Folgeschäden nach physischem Primärschaden«**
3162	27 500 € 13 750 + immat. Vorbehalt (€ 17 851)	Stauchung der HWS, Steißbein- und Beckenprellung mit Hämatombildung, Absprengung des Dornfortsatzes HWK-7 nach Sturz auf nicht gestreutem Bürgersteig. Somatoforme Schmerzstörung mit reaktiv depressiven Symptomen im Sinne einer Fehlverarbeitung des Unfalls	Aus orthopädischer Sicht MdE: im Zeitraum 2 bis 6 Wochen 100%, anschließend 3 Monate 20%; infolge psychischer Fehlverarbeitung jedoch laufend in Behandlung	Bankkaufmann	MdE: 100%	Eine Eingliederung in den alten Beruf und ins Berufsleben allgemein wird zumindest in Form einer regelmäßigen Arbeitsausübung kaum mehr möglich sein. Bis heute besteht eine somatoforme Schmerzstörung, die zu einer 100%igen Arbeitsunfähigkeit führt. Damit verbunden sind nahezu ständige Kopfschmerzen; außerdem Schmerzen, die vom Nacken bis in die Stirnregion ausstrahlen und von der Schulter bis zur Hand gehen. Auch Schmerzen und Taubheitsgefühl im linken Bein bis zur Hacke sind nachvollziehbar. Schließlich sind auch die Schlafstörungen und Schluckbeschwerden vor dem Hintergrund der bestätigten depressiven Verstimmung und den Hoffnungslosigkeitsempfindungen glaubhaft. Der Schädiger hat grundsätzlich auch für die Folgen einer unbewussten konversionsneurotischen Fehlverarbeitung des Unfallgeschehens haftungsrechtlich einzustehen, wenn diese Folgen mit hinreichender Gewissheit ohne das Unfallgeschehen nicht eingetreten wären und wenn das Schadenereignis weder Bagatellcharakter hatte, noch von einer so genannten Renten- und Begehrungsneurose des Geschädigten ausgegangen werden kann. In die Bemessung eines der Billigkeit entsprechenden Schmerzensgeldes ist grundsätzlich auch die Ungewissheit einzubeziehen, die sich aufgrund einer in der Struktur des Geschädigten angelegten Neurose für die zukünftige Entwicklung ergibt. Ausschlaggebenden Einfluss auf die Bestimmung des Schmerzensgeldes hat dieser Aspekt aber nur dann, wenn konkrete Anhaltspunkte dafür bestehen, dass früher oder später auch ohne das Unfallereignis Fehlentwicklungen vergleichbaren Ausmaßes aufgetreten wären	OLG Hamm 20.6.2001 13 U 136/99 RA Koch, Erfstadt-Liblar
3163	30 000 € 15 000 + immat. Vorbehalt (€ 19 863)	HWS-Schleudertrauma, Beckenkontusion, Thoraxkontusion, Konversionsneurose		66-jähr. Frau	Konversionsneurose MdE: 40%		LG Dortmund 6.7.2000 15 O 10/98 Michael Wiedemann, Weilheim

● Mithaftung (siehe vorletzte Spalte)

Psychische Schäden — Urteile lfd. Nr. 3164 – 3167

Lfd. Nr.	Betrag DM Euro (Anp.2019)	Verletzung	Dauer und Umfang der Behandlung; Arbeitsunfähigkeit	Person des Verletzten	Dauerschaden	Besondere Umstände, die für die Entscheidungen maßgebend waren	Gericht, Datum der Entscheidung, Az., Veröffentlichung bzw. Einsender
	Fortsetzung von »Psychische Schäden - Psychische Folgeschäden nach physischem Primärschaden«						
3164	30 000 € 15 000 + immat. Vorbehalt (€ 20 397)	HWS-Schleudertrauma; Prellung linke Schulter und linker Ellenbogen	AU ca. 4 1/2 Monate	28-jähr. Arbeiterin		Es ist zu einem subjektiv als erheblich erlebten Schmerzsyndrom gekommen, von dem man nach den vorliegenden ärztlichen Unterlagen annehmen darf, dass es zumindest in der ersten Zeit auch mit entsprechenden organischen Befunden korreliert hat. Dieses Schmerzsyndrom ist mittlerweile chronifiziert. Der Zurechnungszusammenhang erstreckt sich grundsätzlich auch auf seelische Reaktionen des Verletzten, selbst wenn diese durch eine psychische Labilität wesentlich mitbestimmt sind. Die Klägerin leidet bereits seit über 8 Jahren an den Folgen dieses Unfallgeschehens, namentlich an heftigen Kopf- und Gliederschmerzen	LG Köln 29.1.1998 14 O 43/95 RAe Fincke & Partner, Bergneustadt
3165	€ 15 000 + immat. Vorbehalt (€ 16 594)	HWS-Distorsion, Schädelprellung, Hämatom in Bereich der linken Leiste, Prellmarke am linken Oberarm	3 Tage stationäre Behandlung	Frau, leitende Angestellte im Reinigungswesen	Psychogenautonome Funktionsstörung und somatoforme Störung, berufsspezifische MdE 20%	Einschränkung bei sportlichen Aktivitäten. Hinsichtlich der MdE geht das Gericht davon aus, dass diese nach einem Zeitraum von 5 Behandlungsjahren weitestgehend zurückgegangen sein dürfte	LG Nürnberg-Fürth 8.12.2011 8 O 7965/10 RAe Hofbeck, Buchner & Coll., Nürnberg
3166	40 000 € 20 000 + immat. Vorbehalt (€ 26 093)	LWS-Kontusion, Bruch des Daumens, Auftreten einer Konversionsneurose auf Grund eines weiteren Unfalls mit HWS-Distorsion 1. Grades nach 2 1/2 Monaten	3 Tage Krankenhaus, 10 Wochen arbeitsunfähig, nach 2. Unfall anhaltende Schmerzsymptomatik, welche zur Versetzung in den Ruhestand führte	40-jähr. Lehrer, zum Urteilszeitpunkt 49 Jahre alt	Konversionsneurose; Einschränkung in der Lebensführung, kann sich jedoch selbst versorgen	Entsteht nach zwei zeitlich einander folgenden selbstständigen Unfällen ein Dauerschaden des Verletzten, haftet der Erstschädiger mangels abgrenzbarer Schadensteile grundsätzlich auch dann für den Dauerschaden, wenn die Folgen des Erstunfalls erst durch den Zweitunfall zum Dauerschaden verstärkt worden ist (BGH v. 20.11.2001 – VI ZR 77/00)	OLG Celle 26.4.2001 14 U 164/99 Michael Wiedemann, Weilheim
3167	40 000 ● € 20 000 (€ 27 266)	Unfallneurotische Störung einer psychosozialen Persönlichkeit, bedingt durch Schädelprellung und BWS-Prellung		Mann	Konzentrations-, Merkfähigkeits-, Gedächtnisstörungen, chronische Kopfschmerzen, Schwindel, Schwächegefühle in den Beinen, Schmerzen in den Knochen, Schlafstörungen, depressive Verstimmung	Unfallunabhängig war Kläger in seiner ganzen Persönlichkeitsentwicklung im Hinblick auf Selbstbewusstsein, Selbstwertgefühl und Selbstbehauptung erheblich gehandikapt. Schwierige, psychosoziale Persönlichkeit, die grenzwertig vom Säuglingsalter an an einer Minderbegabung leidet. Entschädigungspflichtige Konversionsneurose, nämlich um eine Fehlverarbeitung des Unfallgeschehens, welches unbewusst zum Anlass genommen wird, latente innere Konflikte zu kompensieren, wenn auch in anderer Weise als gerade im Hinblick auf den Wunsch, nicht mehr arbeiten zu müssen. Im Gegensatz zur sog. Begehrensneurose fehlt im vorliegenden Fall das Merkmal der Zufälligkeit und beliebigen Austauschbarkeit; Mitverschulden 50%	LG München I 6.11.1997 19 O 12838/97 VorsRiLG Mü I Krumbholz

● Mithaftung (siehe vorletzte Spalte)

Lfd. Nr.	Betrag DM Euro (Anp.2019)	Verletzung	Dauer und Umfang der Behandlung; Arbeitsunfähigkeit	Person des Verletzten	Dauerschaden	Besondere Umstände, die für die Entscheidungen maßgebend waren	Gericht, Datum der Entscheidung, Az., Veröffentlichung bzw. Einsender
\multicolumn{8}{l}{Fortsetzung von »Psychische Schäden - Psychische Folgeschäden nach physischem Primärschaden«}
3168	€ 23 000 (€ 26 180)	Nasenbeinfraktur, Mittelgesichtsprellung, Fraktur des fünften Fingers der rechten Hand und Prellung des Thorax links, Angstzustände und Schlafstörungen als Folge eines Überfalls durch Einbrecher		Frau	Angstzustände und Schlafstörungen	Schmerzensgeld in einer Größenordnung i.H.v. € 23 000 ist gerechtfertigt bei einem Geschädigten, der bei einem Überfall im Schlaf und im eigenen Haus unter Anwendung erheblicher körperlicher Gewalt und Todesdrohungen eine Nasenbeinfraktur, eine Mittelgesichtsprellung, eine Fraktur des fünften Fingers der rechten Hand und eine Prellung des Thorax links erleidet, was Angstzustände und Schlafstörungen zur Folge hat	Brandenburgisches OLG 2.9.2010 12 W 42/10
3169	50 000 € 25 000 + immat. Vorbehalt (€ 34 302)	Gefügelockerung der HWS zwischen HWK 3/4 und 4/5 mit erheblicher HWS-Fehlstellung im Sinne einer rechtskonvexen Skoliose mit Knickbildung		16-jähr. Gymnasiastin	MdE: 40–45%, davon 10–15% auf chirurgischem Fachgebiet und 30% auf psychologischem Fachgebiet	Störung der Konzentrationsfähigkeit, der verbalen Lernfähigkeit und Gedächtnisleistung sowie exekutiver Funktionen, vor allem Störungen der Arbeitsgedächtnisfunktion und unstabile Vigilanz (d. h. Wachsamkeit, Aufmerksamkeitsbereitschaft)	LG München I 5.6.1997 19 O 12550/94 VorsRiLG Mü I Krumbholz
3170	€ 25 000 + immat. Vorbehalt (€ 32 104)	HWS-Schleudertrauma ersten Grades, schwere Gehirnerschütterung, schwere Thoraxprellung, stumpfes Abdominaltrauma, Entwicklung eines chronischen Schmerzsyndroms und einer schweren depressiven Störung	11 Tage Krankenhaus	41-jähr. Mann	MdE: 100%	Schaden wurde durch eine fehlerhafte Medikamention oder auch durch soziale Probleme begünstigt, was jedoch den Beklagten nicht zu entlasten vermag; wenn der Kläger zur Behandlung der Schmerzen mehr Medikamente als ihm explizit verordnet wurden nahm, kann ihm – abgesehen von krassen Fällen – hieraus kein Vorwurf gemacht werden; auch mit einem solchen Risiko hat der Schädiger im Rahmen der psychischen Schadensanlage beim Geschädigten zu leben; beim Schmerzensgeld ist die künftig absehbare Entwicklung berücksichtigt; infolge Mithaftung von 50% wurde lediglich ein Schmerzensgeld von € 12 500 zugesprochen	LG Oldenburg 19.6.2002 6 O 3093/98 bestätigt durch OLG Oldenburg 15 U 56/02 RAin Berger, Hamburg

● Mithaftung (siehe vorletzte Spalte)

Psychische Schäden

Lfd. Nr.	Betrag DM Euro (Anp.2019)	Verletzung	Dauer und Umfang der Behandlung; Arbeitsunfähigkeit	Person des Verletzten	Dauerschaden	Besondere Umstände, die für die Entscheidungen maßgebend waren	Gericht, Datum der Entscheidung, Az., Veröffentlichung bzw. Einsender
	Fortsetzung von »Psychische Schäden - Psychische Folgeschäden nach physischem Primärschaden«						
3171	€ 25 000 + immat. Vorbehalt (€ 30 447)	Psychogene Fehlverarbeitung eines Verkehrsunfalls nach erlittenem HWS-Schleudertrauma Grad I. bis II.		Mann	Dauernde Erwerbsunfähigkeit	Der Kläger hat als Primärschaden ein Schleudertrauma Grad I. bis II. erlitten. Im Anschluss an diese Verletzung hat eine psychogene Fehlverarbeitung des zunächst bestehenden organischen posttraumatischen Syndroms zu den jetzt bestehenden Leiden des Klägers geführt. Diese wirken sich wie folgt aus: ständige Kopf- und Nackenschmerzen, Einschränkung der Beweglichkeit des Kopfes, Schmerzen und Gefühlstörung in beiden Armen und an den Handkanten, Schwindel, Sprach- und Hörstörungen, Tinnitus, Konzentrationsschwierigkeiten, Schluckstörungen, Niedergeschlagenheit, Müdigkeit, Erschöpfung, Herzklemmungen, Lichtempfindlichkeit, Brechreiz, chronifiziertes Schmerzsyndrom Stadium III. Der Unfall war dabei nur „Auslöser" von Symptomen einer bereits vor dem Unfallereignis vorliegenden patologischen Persönlichkeitsstruktur. Hierzu hat der Bundesgerichtshof bereits ausgeführt, dass ein Unfall auch dann als Ursache im haftungsrechtlichen Sinne anzusehen ist, wenn er nur der „Auslöser" für die psychischen Fehlreaktionen war (BGH v. 30.4.1996, Az: VI ZR 55/05, BGHZ 132, 341 ff. = VersR 1996, 990 ff.). Mit einer Besserung des Gesundheitszustandes ist nicht mehr zu rechnen. Erhebliche Einbußen in der Lebensfreude	Saarländisches OLG 14.3.2006 4 U 326/03 - 5/05 Michael Wiedemann, Weilhelm
3172	50 000 € 25 000 (€ 34 934)	Schädelprellung; HWS- und BWS-Prellung mit HWS-Schleudertrauma; Brustkorbquetschung und Stoßverletzung des Brustbeins; stumpfes Bauchtrauma mit Buckelung des Zwerchfells rechts; Distorsion des rechten Handgelenks; psychosomatische Schmerzerkrankung	Mehrere stationäre Aufenthalte	46-jähr. Fernmeldeamtmann	Aufgrund psychischer Fehlverarbeitung des Unfalls hat sich eine zunehmende Schmerzreaktion im gesamten Bereich der WS-Partie (Kopf, Nacken, Arme, Beine, Oberbauch und im Thoraxbereich) entwickelt. Dies ergibt Vollbild einer chronischen psychosomatischen Schmerzkrankheit; dienstunfähig	Schädiger hat für seelisch bedingte Folgeschäden, auch wenn sie auf einer psychischen Anfälligkeit des Klägers oder sonst wie auf einer neurotischen Fehlverarbeitung beruhen, haftungsrechtlich einzustehen	BGH 30.4.1996 VI ZR 55/95

Lfd. Nr.	Betrag DM **Euro** *(Anp.2019)*	Verletzung	Dauer und Umfang der Behandlung; Arbeitsunfähigkeit	Person des Verletzten	Dauerschaden	Besondere Umstände, die für die Entscheidungen maßgebend waren	Gericht, Datum der Entscheidung, Az., Veröffentlichung bzw. Einsender

Fortsetzung von »Psychische Schäden - Psychische Folgeschäden nach physischem Primärschaden«

Lfd. Nr.	Betrag	Verletzung	Dauer/Umfang	Person	Dauerschaden	Besondere Umstände	Gericht
3173	€25000● (€25677)	Laterale Tibiakopffraktur links, Innenbandruptur links, Bruch des Vorfußes (in Folge des Stürzens durch unfallbedingte Einschränkungen), chronische Schmerzstörung mit psychischen und somatischen Faktoren, rezidivierende Depression	1 OP, Psychotherapie, anfänglich Fortbewegung mit einem Rollstuhl, Rollator bzw. Gehstützen, Medikation mit Oxycodon	Fahrradfahrerin	MdE von mehr als 50% auf unfallchirurgischem Fachgebiet, deutlich herabgesetzte Brauchbarkeit des linken Beins im Alltag (bereits kurze Strecken sind nicht zu bewältigen), spürbare MdH, 30% Dauerschaden am linken Knie	1/3 Mithaftung. Die Klägerin befuhr den Fahrradweg in die falsche Richtung. Die Schrauben sind im Gelenk verblieben, nachdem der Versuch der Entfernung misslang. Die radiologischen Unfallfolgen bzgl. des Knies sind geringgradig. Es ist mit einer posttraumatischen Kniearthrose zu rechnen. Radfahren als Freizeitaktivität übt die Klägerin nicht mehr aus, auch Yogaübungen sind nicht mehr in gewohntem Umfang möglich. Grds. hat der Schädiger keinen Anspruch darauf, auf einen körperlich und psychisch völlig intakten Menschen zu treffen, wobei es bei der Bemessung der Höhe der Entschädigung durchaus geboten sein kann, zu berücksichtigen, dass die zum Schaden führende Handlung des Schädigers nur eine bereits vorhandene Schadensbereitschaft in der Konstitution des Geschädigten ausgelöst hat und die Gesundheitsbeeinträchtigungen Auswirkungen dieser Schadensanfälligkeit sind	OLG Hamm 11.1.2019 9 U 81/18 juris
3174	€25567 + immat. Vorbehalt (€29417)	Prellungen insbesondere der linken Schulter durch einen Fahrradunfall mit anschließender posttraumatischer Belastungsstörung	Dienstunfähigkeit	48-jähr. Frau, Lehrerin	Verstärkung einer psychischen Vorerkrankung	50%iger Abschlag wegen vorhandener psychischer Vorschädigung beim Verdienstausfallschaden. Beim Schmerzensgeld wirken sich psychische Prädispositionen ebenfalls anspruchsmindernd aus	OLG Karlsruhe 19.6.2009 14 U 101/07
3175	70000 €35000 + immat. Vorbehalt (€47593)	Oberschenkelfraktur links, offene Unterschenkelfraktur links 1. Grades; Rippenfrakturen 2. und 5. Rippe links und 2. bis 4. Rippe rechts; Thoraxtrauma, Nierenkontusion links; Weichteilverletzung am linken Ellenbogen; multiple Schürfwunden und Prellungen sowie hintere Kreuzbandruptur am rechten Kniegelenk	Mehrere Krankenhausaufenthalte, MdE: 3 Monate 100% 3 1/2 Monate 75% danach 35%	Hausfrau	MdE: 35%	Ungewöhnlich starke psychische Folgen, insbesondere im Hinblick auf die beim Unfall bestehende Schwangerschaft. Für die Klägerin ergab sich damit die quälende Ungewissheit, ob durch ihre Verletzungen im Brust-Bauch-Bereich auch der Fötus verletzt oder in der Entwicklung geschädigt worden war. Diese Angstzustände bestanden trotz der durchgeführten gynäkologischen Untersuchungen fort	OLG Nürnberg 1.8.1997 6 U 944/97 RAe Dr. Rittmann & Partner, Weiden

● Mithaftung (siehe vorletzte Spalte)

Psychische Schäden — Urteile lfd. Nr. 3176 – 3177

Lfd. Nr.	Betrag DM **Euro** *(Anp.2019)*	Verletzung	Dauer und Umfang der Behandlung; Arbeitsunfähigkeit	Person des Verletzten	Dauerschaden	Besondere Umstände, die für die Entscheidungen maßgebend waren	Gericht, Datum der Entscheidung, Az., Veröffentlichung bzw. Einsender

Fortsetzung von »Psychische Schäden - Psychische Folgeschäden nach physischem Primärschaden«

Lfd. Nr.	Betrag	Verletzung	Dauer und Umfang der Behandlung	Person	Dauerschaden	Besondere Umstände	Gericht
3176	80 000 €40 000 *(€53 434)*	Zurverfügungstellung der Haut beider Oberschenkel für eine überlebensnotwendige Transplantation mit Folge von schwerwiegenden gesundheitlichen Beeinträchtigungen und einer depressiven Symptomatik	2 Wochen Krankenhaus, anschließend ein halbes Jahr physiotherapeutische Behandlung, 2 Jahre Tragen einer Kompressionshose (im 2. Jahr nur bei Kälte), bis auf Weiteres regelmäßige hautärztliche Behandlung	Junge Köchin	Juckreiz, Kribbeln, Brennen, Taubheits- und Spannungsgefühle sowie Bläschenbildung an den Hautentnahmestellen; entstellende Narben, die einen Verlust an Selbstwertgefühl mit sich führen; immer wieder auftretende depressive Symptomatik MdE: 20%	Die Klägerin erklärte sich mit einer Transplantation einer großflächigen Hautspende einverstanden, nachdem ihre Zwillingsschwester, die bei einem Motorradunfall Verbrennungen von 72% der Körperoberfläche erlitt, keine Überlebenschance gehabt hätte. Schaden der Klägerin war durch die Schädigung ihrer Schwester seitens der Beklagten „herausgefordert" worden; das erste Schadensereignis wirkte auf die Psyche der Klägerin ein; somit eine der Beklagten zuzurechnende mittelbare Verletzungshandlung; Klägerin hatte unter erheblichen andauernden Schmerzen zu leiden; Ausübung des Berufs und Möglichkeit Sport zu treiben, sind erheblich eingeschränkt; Klägerin muss infolge der kosmetischen Einbußen auf das Tragen kurzer Röcke, enger Hosen oder Badebekleidung etc. verzichten. Infolge Mithaftung von 60% der Zwillingsschwester wurde ein Betrag von lediglich DM 32 000 (€16 000) zugesprochen	LG Dortmund 17.5.2000 21 O 22/00 zfs 2000, 437
3177	€50 000 + immat. Vorbehalt *(€64 599)*	Ausgeprägte Weichteilquetschung im rechten Oberschenkel mit Decollement an der rechten Hüfte sowie am medialen proximalen Oberschenkel, Sitzbeinfraktur rechts, Abriss des vorderen Darmbeinstachels, Bandruptur des linken Sprunggelenks, posttraumatische Belastungsreaktion	34 Tage Krankenhaus, nach 4 Monaten nochmals 11 Tage Krankenhaus für plastisch-chirurgischen Eingriff	Junge Frau	Großflächige, entstellende Narben am rechten Oberschenkel; Sitzbeschwerden; Läsion des nervus cutaneus femoris lateralis mit MdE von 10%, Gesamt-MdE auf neurologisch-psychologischem Gebiet von 30%	Klägerin klagt über Kopfschmerzen, Konzentrations- und Merkfähigkeitsdefizite sowie Angstzustände; psychotherapeutische Behandlung; zögerliche Regulierung des Versicherers	OLG Nürnberg 14.1.2002 5 U 2628/01 VRS 104, 100 DAR 2002, 359

Lfd. Nr.	Betrag DM Euro (Anp.2019)	Verletzung	Dauer und Umfang der Behandlung; Arbeitsunfähigkeit	Person des Verletzten	Dauerschaden	Besondere Umstände, die für die Entscheidungen maßgebend waren	Gericht, Datum der Entscheidung, Az., Veröffentlichung bzw. Einsender

Fortsetzung von »Psychische Schäden - Psychische Folgeschäden nach physischem Primärschaden«

Lfd. Nr.	Betrag	Verletzung	Dauer und Umfang	Person	Dauerschaden	Besondere Umstände	Gericht
3178	€ 85 000 + immat. Vorbehalt (€ 91 738)	Motorradunfall mit Wirbelsäulenprellung, Prellung des linken Knies, Thoraxprellung links, Prellung des linken Ellenbogens sowie eine Schädigung des Nervus ulnaris links mit Gefühlsstörungen in den Fingern 4 und 5 der linken Hand. Aufgrund der Verletzungen entwickelte sich bei dem Geschädigten in der Folgezeit eine chronische somatoforme Schmerzstörung in Verbindung mit sowohl psychischen Faktoren als auch einem körperlichen Krankheitsfaktor sowie einer zur Erwerbsunfähigkeit führenden Schmerzmittelabhängigkeit mit physiologischer Abhängigkeit. Der Geschädigte leidet seither ständig unter Schmerzen, die nur bei völliger Ruhestellung nicht auftreten, und Funktionseinschränkungen, die in Verbindung mit dem chronifizierten Schmerzsyndrom und dem Taubheitsgefühl an den Fingern 4 und 5 die Gebrauchstauglichkeit des linken Arms auch bei einfachen Tätigkeiten wie Abspülen oder Geschirreinräumen weitgehend aufheben	Der Kläger unterzog sich wegen eines verbliebenen Taubheitsgefühls in den Fingern und persistierender Schmerzen im Bereich des linken Ellbogens – erfolglos – einer Operation zur subkutanen Vorverlagerung des Nervus ulnaris links in die Ellenbeuge. Auf Grund der Störung des Nervus ulnaris ist nur noch die Ausführung mittelschwerer Tätigkeiten zumutbar, sofern keine Tätigkeit über dem Kopf mit dem linken Arm und kein Bedienen von Maschinen mit dem linken Arm erforderlich ist	37-jähr. Mann (Motorradfahrer)	Chronifiziertes Schmerzsyndrom und Taubheitsgefühl an den Fingern 4 und 5 Erwerbsunfähigkeit	Angesichts des dargestellten Leidensweges des Klägers und des Gewichts der Dauerfolgen, insb. wegen der Erwerbsunfähigkeit, der Opiatabhängigkeit und der Beeinträchtigungen im kognitiven Bereich hält der Senat vorliegend auch unter Berücksichtigung des immat. Vorbehalts ein Schmerzensgeld von insg. € 85 000 für angemessen	OLG München 22.3.2013 10 U 3619/10 juris

Weitere Urteile zur Rubrik »**Psychische Schäden - Psychische Folgeschäden nach physischem Primärschaden**« siehe auch:

bis € 2500: 1392, 1722, 2303, 1753, 215, 1384, 1461, 1776, 2312, 1397, 1832, 1836, 1837, 1844, 1565, 157
bis € 5000: 1874, 1875, 1881, 1262, 3082, 2617, 1103, 2755, 1042, 1356, 1898, 1899, 1411
bis € 12 500: 1117, 2762, 3206, 1909, 1910, 1357, 1019, 2459, 1523, 1267, 2188, 2189, 124, 2041, 297, 3049, 1922, 1925, 1412, 3200, 2583, 1630, 1535, 229, 1930, 69, 3056, 808, 1047, 301, 2780, 180, 1932, 826, 1933, 3243, 1400, 1642, 1365, 2373, 1541, 2936, 3063, 1935, 1937, 2098
bis € 25 000: 1940, 183, 1944, 1359, 1196, 1105, 2380, 1947, 2554, 1948, 2386, 682, 995, 1949, 3185, 1401, 685, 1198, 1199, 666, 1953, 1663, 588, 1407, 3201, 2594, 1954, 1666, 191, 2921
ab € 25 000: 2817, 1669, 695, 3220, 1027, 598, 667, 1674, 2951, 134, 193, 1677, 328, 2956, 1598, 1307, 1957, 330, 1959, 604, 1679, 606, 1135, 2958, 418, 1109, 2076, 2094, 421, 422, 1428, 1070, 424, 1006, 425, 1007, 1071, 1680, 2080, 3195, 2599, 691, 2966, 337, 1964, 1136, 361, 3196, 2219, 1431, 2418, 3190, 1591, 1374, 1510, 965, 1300, 2980, 1966, 1031, 704, 3, 1967, 2985, 1441, 120, 1282, 2987, 2988, 11, 509, 434, 1317, 693, 1140, 1600, 1079, 1053, 1375, 1216, 6, 1012, 284, 2999, 285, 1487, 1376, 741, 1101, 2435, 1326, 366, 1488, 705, 2156, 1328, 2201, 1082, 1287, 2438, 1984, 2607, 1451, 1227, 1993, 1232, 2202, 3018, 2001, 2289, 438, 1185, 2204, 1377, 1456, 1410, 1459, 3021, 2291, 2012, 2018, 369, 2020, 2025

Schussverletzung

Lfd. Nr.	Betrag	Verletzung	Dauer und Umfang	Person	Dauerschaden	Besondere Umstände	Gericht
3179	€ 5000 + immat. Vorbehalt (€ 6203)	Schussverletzung im linken Oberschenkel	12 Tage stationär, mehrere Wochen arbeitsunfähig	Jugendlicher Arbeiter	Der linke Oberschenkel ist nicht mehr vollständig belastbar	Eine besondere Lebensbeeinträchtigung stellt auch der Umstand dar, dass der Verletzte angesichts seines jungen Alters nicht mehr in der Lage ist, sportlichen Aktivitäten nachzugehen. Er befindet sich derzeit noch in physiotherapeutischer Behandlung	AG Berlin-Tiergarten 14.2.2005 (232a) 34 Js 2640/04 Ls (13/04) Adhäsionsurteil RA Samimi, Berlin
3180	15 000 € 7500 + immat. Vorbehalt (€ 10 172)	5 cm große offene Wunde am inneren Unterarm durch Schuss mit einer Gasschreckschuss-Pistole	Ein Krankenhausaufenthalt mit mehrmaligen operativen Eingriffen mit Eigenhaut-Transplantation	Frau	Hässliche Narbe am Unterarm	Nachbarschaftsstreitigkeit; aufgrund der Schwere der Verletzung war die Möglichkeit einer Amputation der äußeren Extremitäten nicht von vornherein ausgeschlossen	LG Köln 2.2.1999 3 O 543/97 RAe Dr. Höser & Partner, Frechen

● Mithaftung (siehe vorletzte Spalte)

Schussverletzung

Urteile lfd. Nr. 3181 – 3185

Lfd. Nr.	Betrag DM **Euro** *(Anp.2019)*	Verletzung	Dauer und Umfang der Behandlung; Arbeitsunfähigkeit	Person des Verletzten	Dauerschaden	Besondere Umstände, die für die Entscheidungen maßgebend waren	Gericht, Datum der Entscheidung, Az., Veröffentlichung bzw. Einsender
Fortsetzung von »Schussverletzung«							
3181	€10 000 + immat. Vorbehalt *(€ 10 738)*	Schussverletzung mit Durchschlagen der linken Wade und anhaltender Schädigung im Sprunggelenksbereich		Mann	Anhaltende Schädigung im Sprunggelenksbereich	Es ist nicht zu beanstanden, wenn das Tatgericht bei einer Schussverletzung mit Durchschlagen der linken Wade und anhaltender Schädigung im Sprunggelenksbereich ein Schmerzensgeld von höchstens €10 000 annimmt	OLG Koblenz 19.08.2013 5 U 847/13 juris
3182	20 000 ● €10 000 *(€ 13 756)*	Schussverletzung am Auge mit Blutansammlung in der Vorderkammer und vorderen Augenkammer	Wiederholte stationäre Behandlungen und operative Eingriffe	15-jähr. Junge	Verbleibende Sehkraft auf dem verletzten Auge von 25%; MdE: 30%	1/3 Mithaftung; Verletzung erfolgte durch einen ebenfalls 15-jähr. Jungen durch Schuss aus einem Luftgewehr bei einem Kriegs- und Waffenspiel; erhebliche Schmerzen; die wiederholten Behandlungen und operativen Eingriffe verursachten eine erhebliche Beeinträchtigung der Lebensfreude	OLG Frankfurt am Main 27.3.1997 3 U 160/95 MDR 1997, 1028
3183	25 000 €12 500 *(€ 16 932)*	Tod durch mehrere Pistolenschüsse nach vorheriger mehrjähriger Todesangst		Mann		Der Getötete lebte mehrere Jahre in Todesangst, weil er wusste, dass er umgebracht werden sollte; er zog zweimal über weitere Strecken um, wurde jedoch vom Beklagten stets aufgespürt; Beklagter traf ihn mit mehreren Pistolenschüssen; Opfer konnte zunächst fliehen, wurde dann aber durch weitere Schüsse niedergestreckt; Tod nach einigen Tagen. Die über Jahre während seelische Beeinträchtigung, der das Opfer vor der Tötung ausgesetzt war, hat höheres Gewicht als die Tötung selbst	OLG Koblenz 18.6.1998 5 U 1554/97 NJW-RR 1999, 1402
3184	€17 500 + immat. Vorbehalt *(€ 21 461)*	Ausgedehnte Schrotschussverletzung an der rechten Augenbraue, an beiden Armen, im Thorax sowie im Halsbereich, Zerfetzung des rechten Daumennervs	10 Tage Krankenhaus, wobei in einer 9-stündigen Operation 14 Schrotkugeln entfernt wurden; die Entfernung weiterer 10–12 Schrotkugeln war nicht möglich, da sie zu nahe an den Nervenbahnen lagen; nach 1 Monat weitere 2 kurze Krankenhausaufenthalte (Handchirurgie)	Mann	MdE: 20%	Jagdunfall, kein grob fahrlässiges Verhalten des Beklagten; sehr starke Schmerzen über einen erheblichen Zeitraum, ungewöhnlich langer Heilungsprozess über mehr als 2 Jahre; Kläger empfindet gesteigerte Angst in bestimmten Situationen, kann der Jagd nur noch in sehr eingeschränktem Zustand nachgehen; Kläger muss immer noch damit rechnen, sich einer weiteren Operation unterziehen zu müssen; Versteifung des Ellenbogengelenks möglich	LG München I 21.9.2005 20 O 7772/04
3185	35 000 €17 500 + immat. Vorbehalt *(€ 25 047)*	Teilweise Zertrümmerung des Schultereckgelenks und des Schlüsselbeins durch ca. 50 bis 60 Schroteinschüsse; Miterleben der Tötung von Ehemann und Mutter	2 Krankenhausaufenthalte von insgesamt 6 Wochen, bei denen von 36 in den Schulterbereich eingedrungenen Schrotgeschossen 20 operativ entfernt werden konnten. Anschließend lange ambulante Behandlung	Frau, Teilzeitbeschäftigte in einem Krankenhaus	Klägerin musste ihre berufliche Tätigkeit aufgeben; MdE: 20%	Beklagter ist Vater der Klägerin. Vorsatztat; Beklagter ist weitgehend mittellos, was nicht von einer Verpflichtung zur Zahlung eines Schmerzensgeldes befreit. Psychische Beeinträchtigung durch Miterleben der Tötung von Ehemann und Mutter hat nicht ein solches Ausmaß erreicht, dass allein hierdurch ein Schmerzensgeldanspruch begründet wäre; entscheidend ist jedoch, dass sich die psychische Belastung noch erhöht hat. Verschlechterung des Gesundheitszustandes ist zu erwarten; Klägerin leidet weiterhin an Schlafstörungen und Schmerzzuständen	LG Saarbrücken 23.12.1994 16 O 1/93 RAe Schmelcher & Kirsch, Merzig

● Mithaftung (siehe vorletzte Spalte)

Lfd. Nr.	Betrag DM **Euro** *(Anp.2019)*	Verletzung	Dauer und Umfang der Behandlung; Arbeitsunfähigkeit	Person des Verletzten	Dauerschaden	Besondere Umstände, die für die Entscheidungen maßgebend waren	Gericht, Datum der Entscheidung, Az., Veröffentlichung bzw. Einsender
Fortsetzung von »Schussverletzung«							
3186	40 000 € 20 000 *(€ 29 176)*	Schussverletzung im Arm und Bauch mit mehrfacher Durchbohrung von Dick- und Dünndarm; Verletzung der Leber	17 Tage Krankenhaus mit anfänglicher Lebensgefahr, 2 ½ Monate arbeitsunfähig	Mann		Keine schwerwiegenden Dauerschäden	OLG Düsseldorf 14.1.1994 22 U 171/93 VersR 1995, 472
3187	50 000 € 25 000 *(€ 34 888)*	Lebensgefährliche Verletzung durch Schuss in die Brust		Mann		In der Absicht, den Kläger zu töten, schoss der Beklagte im Rahmen eines geplanten Diebstahles aus unmittelbarer Nähe dem Kläger in die Brust und verletzte ihn lebensgefährlich. Wäre es dem Kläger nicht gelungen, selbst Hilfe herbeizuholen, wäre er an der Schussverletzung gestorben. Die Genugtuungsfunktion wird teilweise dadurch kompensiert, dass der Beklagte zu einer hohen Haftstrafe verurteilt wurde; auch muss berücksichtigt werden, dass die wirtschaftliche Leistungsfähigkeit des Beklagten gegen null tendiert	LG Freiburg i. Br. 15.5.1996 1 O 38/96 RAe Bechtel & Koll., Weil am Rhein
3188	€ 25 000 + immat. Vorbehalt *(€ 29 016)*	Verletzungen durch den Schuss aus einer Schrotflinte im Rückenbereich, Kopf- und Nackenbereich sowie am rechten Oberarm durch ca. 200 Schrotkugeln	Von den ca. 200 Schrotkugeln sind ca. 94 Kugeln nicht von der Kleidung abgehalten worden, sondern teils tief in den Körper eingedrungen; 13 Tage stationäre Behandlung mit einer am Unfalltag durchgeführten Operation von mehr als 2 ½ Stunden, bei der 46 Schrotkugeln aus der Rückenpartie und eine Kugel aus dem Hinterkopf entfernt wurde; auf die Beseitigung der restlichen ca. 40 Schrotkugeln aus dem Körper musste verzichtet werden, weil sie sich tief in der Rückenmuskulatur neben der Wirbelsäule befinden	24-jähr. Mann	Narben im Bereich des Nackens, des Rückens und der rechten Körperflanke	Vorfall anlässlich einer Treibjagd, bei welcher der Beklagte beim Schuss auf einen Hasen die erforderliche Sorgfalt nicht beachtete; grobes jagdliches Fehlverhalten; es besteht die Gefahr einer schleichenden Blutvergiftung, auch wenn aus medizinischer Sicht eine Steigerung der Bleiwerte im Blut und im Urin als äußerst unwahrscheinlich eingestuft wird, eine weitere Intoxikation durch Blei also nicht erwartet wird, da von einer Einkapselung der restlichen Schrotkugeln ausgegangen wird; jedoch regelmäßige Kontrollen; Kläger litt noch einige Zeit unter Schreckhaftigkeit bei knalligen Geräuschen und ist erst nach geraumer Zeit wieder auf die Jagd gegangen; nach 3 ½ Jahren Verklebung des Schulterblatts auf dem Thorax, die unter physiotherapeutischer Anleitung behoben werden musste; Kläger musste lange und hart für die Durchsetzung seiner Ansprüche kämpfen	OLG Hamm 2.4.2008 13 U 133/07 VersR 2008, 1410
3189	€ 50 000 + immat. Vorbehalt *(€ 54 517)*	Schussverletzung im Mund- und Rechenraum, Neuaufbau des Oberkieferknochens, die verlorenen Zähe wurden durch Implantate ersetzt	Insgesamt 10 Tage stationäre Behandlung, 1 Operation, 13 ambulante Behandlungen im Klinikum und 25 ambulante Behandlungen beim Zahnarzt	Mann	Taubheitsgefühl im oberen Gaumen, dauerhafte Kopfschmerzen, Schlafstörungen und Angstzustände	Der Beklagte schoss mit einer Waffe im Kaliber 22 aus unter einem Meter 2x in den Kopf des Klägers. Die Projektile blieben im Zellgewebe stecken. Das Gericht würdigte bei der Schmerzensgeldbemessung das brutale Vorgehen bei der Vorsatztat. Der Beklagte wurde in einem separaten Strafverfahren zu einer Freiheitsstrafe wegen versuchtem Mord in Tateinheit mit gefährlicher Körperverletzung verurteilt. Es war nur glücklichen Umständen zu verdanken, dass der Kläger überhaupt mit dem Leben davon kam und nicht schwerbehindert ist	LG Münster 29.8.2012 012 O 112/12 RAe Brefeld & Kollegen, Gescher

● Mithaftung (siehe vorletzte Spalte)

Schussverletzung

Fortsetzung von »Schussverletzung«

Lfd. Nr.	Betrag DM Euro (Anp.2019)	Verletzung	Dauer und Umfang der Behandlung; Arbeitsunfähigkeit	Person des Verletzten	Dauerschaden	Besondere Umstände, die für die Entscheidungen maßgebend waren	Gericht, Datum der Entscheidung, Az., Veröffentlichung bzw. Einsender
3190	€ 50 000 + immat. Vorbehalt (€ 53 260)	4 Durchschüsse u. a. im Bauch mit Austritt am Rücken und am Fuß, 1 Steckschuss am rechten Oberschenkel mit Zertrümmerung des Oberschenkelknochens, posttraumatische Belastungsstörung mit mittelgradigen depressiven Episoden	Min. 8 Monate AU zu 100%, 6 Wochen stationärer Aufenthalt mit 2 komplizierten Operationen, Double-J-Katheter, hohe Medikation verschiedener Schmerzmittel, min. 6 Monate Physiotherapie	45-jähr. Mann, Mechatroniker	Keine Vollbelastung des rechten Beins (Probleme beim Stehen), Schlafstörungen	Versuchter Auftragsmord mit einer Schusswaffe (Walter PPK cal. 7,62 mm), bei welchem der Adhäsionskläger lebensgefährlich verletzt wurde. Die strafrechtliche Verurteilung bleibt bei der Bemessung des Schmerzensgeldes außer Betracht. Das Schmerzensgeld war bei den 4 Angeklagten nicht in unterschiedlicher Höhe zu bemessen, auch wenn 2 der Angeklagten nur wegen Beihilfe zum versuchten Mord bzw. wegen Beihilfe zum versuchten Totschlag verurteilt wurden. Es handelte sich um umfassende Beihilfemaßnahmen, die jeweils nahe an der Schwelle zur Mittäterschaft lagen. Die weitere gesundheitliche Entwicklung ist noch nicht absehbar	LG Ulm 11.7.2014 6 KLS 11 Js 15749/13 JK i.V.m. 6 KLS 13 Js 10916/13 und 6 KLS 13 Js 15176/12 BGH 16.12.2014 1 STR 551/14 RAin Sibylle Walch-Herrmann, Leinfelden-Echterdingen
3191	€ 200 000 (€ 233 921)	Fast vollständige Querschnittslähmung durch zwei Pistolenschüsse bei Amoklauf	Ca. 7 Monate stationäre und Reha-Behandlung	Mann	MdE: 100%	Kläger war Opfer einer Amoktat. Durch zwei Schüsse erlitt er eine Nierenparechym- und Nierengefäßverletzung links, Darmverletzungen, einen Hodendurchschuss links, Oberschenkelweichteildurchschuss links, Ein- bzw. Austrittswunden an der vorderen Bauchwand und am Rücken, Durchschuss des LBK-3 mit steckendem Projektil, intraspinales Hämatom und einen Nervenwurzelabriss L4 rechts. Eine Versteifung des Rückenwirbels L2 bis L4 musste durchgeführt werden, um die dort steckende Kugel zu entfernen. Ein freies Gehen ohne orthopädische Hilfsmittel ist nicht mehr möglich; mit angelegten Orthesen und Benutzung zweier Unterarmstützen kann der Kläger etwa 50 bis 100 m gehen. Querschnittslähmungsbedingt bestehen Funktionsstörungen des Darms und der Blase. Er ist dadurch gezwungen, fünf bis sechs Mal am Tag sich selbst zu katheterisieren, wobei die Gefahr von Infektionen besteht. Der Darm muss regelmäßig manuell ausgeleert werden. Es besteht eine erektile Dysfunktion	LG Amberg 7.1.2008 22 O 278/06 RA Dr. Schnupfhagn, Weiden

Lfd. Nr.	Betrag DM **Euro** *(Anp.2019)*	Verletzung	Dauer und Umfang der Behandlung; Arbeitsunfähigkeit	Person des Verletzten	Dauerschaden	Besondere Umstände, die für die Entscheidungen maßgebend waren	Gericht, Datum der Entscheidung, Az., Veröffentlichung bzw. Einsender
	Fortsetzung von »Schussverletzung«						
	Kapitalabfindung mit Schmerzensgeldrente						
3192	€ 300 000 und € 270 Rente monatlich *(€ 385 714)*	Offenes Schädelhirntrauma mit Destruktion der Nasennebenhöhlen und des linken Augapfels, traumatische Subarachnoidalblutung sowie Destruktion der linksseitigen Temporobasis einschließlich des Fersenbeins und Teilen des Schläfenlappens durch Schussverletzung, Verlust des linken Auges, Geruchs- und Sprachzentrums; halbseitig gelähmt	Lebenslänglich	38-jähr. Taxifahrer	MdE: 100%	Mit dem verbliebenen rechten Auge kann der Kläger nur noch hell und dunkel unterscheiden. Auch wenn der Beklagte (afghanischer Staatsangehöriger) hier aus einem anderen Kulturkreis stammt und er bei dem ausgebrochenen Familienstreit möglicherweise die Ehre seiner Familie verteidigt hat, so ändert dies nichts daran, dass die Genugtuungsfunktion hier hoch anzusetzen ist. Dem Kläger wird es infolge der schwerwiegenden Verletzungsfolgen unmöglich sein, seinen Beruf als Taxifahrer weiterhin auszuüben, mit dem er bisher seine Familie ernährt hat; insbesondere die halbseitige Lähmung, der Verlust seiner Sehkraft und seines Sprechvermögens wird ihn Zeit seines Lebens auf die Hilfe anderer Menschen, insbesondere derjenigen seiner Ehefrau, angewiesen sein lassen	OLG Frankfurt am Main 17.10.2002 2-12 O 68/02 RA Däbritz, Frankfurt
	Weitere Urteile zur Rubrik »**Schussverletzung**« siehe auch: **bis** €12 500: 2043, 968 **ab** €25 000: 2094, 2095, 2012						

Sportunfälle

Lfd. Nr.	Betrag	Verletzung	Dauer	Person	Dauerschaden	Besondere Umstände	Gericht
3193	– *(€ 0)*	Schienbeinbruch, Wadenbeinbruch durch Tritt gegen das Bein bei einen Fußballspiel in der 2. Bundesliga		Fußballprofi		Treffen Berufsfußballer auf demselben Spielfeld gegeneinander, sind alle typischen Merkmale einer „gemeinsamen Betriebsstätte" gem. §§ 105 I; 106 III Alt. 3 SGB VII erfüllt. Das Haftungsprivileg entfällt bei vorsätzlichem Handeln. Hierfür genügt unsportliches Verhalten allein (regelwidriges gefährliches Spiel) nicht. Der Schädiger muss bei seinem unsportlichen Verhalten vorhersehen oder zumindest in Kauf nehmen, dass der Gegenspieler einen Gesundheitsschaden erleiden könnte. Dies ist nicht der Fall, wenn der Spieler durch das unsportliche Verhalten beabsichtigt sich einen spielerischen Vorteil zu verschaffen, ohne darüber nachzudenken, ob sein Fehlverhalten einen körperlichen Schaden beim Gegenspieler bewirkt	LG Berlin 17.8.2012 13 O 184/11 juris

Weitere Urteile zur Rubrik »**Sportunfälle**« siehe auch:
bis € 2 500: 2030
bis € 5 000: 17, 988, 816, 378
bis €12 500: 380, 61, 354, 231
bis €25 000: 311, 1147, 2048, 2103, 1166, 412
ab €25 000: 1169, 941, 361, 275, 2990

● Mithaftung (siehe vorletzte Spalte)

Sterilisation u. Ä.

Lfd. Nr.	Betrag DM Euro (Anp.2019)	Verletzung	Dauer und Umfang der Behandlung; Arbeitsunfähigkeit	Person des Verletzten	Dauerschaden	Besondere Umstände, die für die Entscheidungen maßgebend waren	Gericht, Datum der Entscheidung, Az., Veröffentlichung bzw. Einsender
3194	€ 25 000 (€ 30 836)	Ohne Einwilligung durchgeführte Sterilisation		29-jähr. Frau		Fehlende Aufklärung. Aufgrund der Beweisaufnahme stand für das erkennende Gericht nicht fest, dass die Klägerin in die vorgenommene Sterilisation eingewilligt oder auch nur von dem Eingriff Kenntnis erhalten hatte. Auch die Durchführung eines Aufklärungsgesprächs konnte nicht bewiesen werden. Die Klägerin hatte im Zeitpunkt der Sterilisation bereits zwei Kinder geboren, so dass sie durch den rechtswidrigen Eingriff der Beklagten nicht in der Situation einer Frau steht, deren Kinderwunsch vollständig unerfüllt bleiben muss. Andererseits ist das Recht der Klägerin auf eine eigene und selbstständige Familienplanung durch den Eingriff schwerwiegend und dauerhaft verletzt worden. Es handelt sich dabei um einen gravierenden Eingriff in die körperliche Unversehrtheit der Klägerin sowie in ihr allgemeines Persönlichkeitsrecht	LG Darmstadt 29.6.2005 9 O 478/04 RAin Hermann, Bensheim
3195	€ 40 000 + immat. Vorbehalt (€ 47 570)	Vollständiger Verschluss der Gebärmutter und komplette Verklebung des Uteruskavums		28-jähr. verheiratete Frau	Unfruchtbarkeit	Kein ärztlicher Behandlungsfehler, jedoch nicht hinreichende Aufklärung über die Risiken einer Ausschabung der Gebärmutterhöhle, auch wenn diese sehr gering sind; Klägerin hatte Kinderwunsch geäußert, der nicht mehr erfüllt werden konnte; nicht unerhebliche psychische Belastung	OLG Köln 25.4.2007 5 U 180/05 VersR 2008, 1072

Lfd. Nr.	Betrag DM Euro (Anp.2019)	Verletzung	Dauer und Umfang der Behandlung; Arbeitsunfähigkeit	Person des Verletzten	Dauerschaden	Besondere Umstände, die für die Entscheidungen maßgebend waren	Gericht, Datum der Entscheidung, Az., Veröffentlichung bzw. Einsender
\multicolumn{8}{l}{**Fortsetzung von »Sterilisation u. Ä.«**}
3196	€ 45 000 + immat. Vorbehalt (€ 54 369)	Sterilisation anlässlich einer Kaiserschnittoperation ohne Einwilligung		Türkin yezidischen Glaubens		Bei Kaiserschnitt fanden die Ärzte eine ältere Uterusruptur vor. Im Hinblick auf die mit einer erneuten Schwangerschaft verbundene erhebliche Gefahr einer Wiederholung der Ruptur, entschlossen sie sich zu einer Sterilisation, ohne mit der Klägerin Rücksprache gehalten zu haben. Zunächst sind die erheblichen Auswirkungen des eigenmächtigen Eingriffs auf die Lebensgestaltung der Klägerin in Betracht zu ziehen. Da die bisherigen vier Versuche einer künstlichen Befruchtung fehlgeschlagen sind und eine Operation auf Rückgängigmachung der Sterilisation keine Aussicht auf Erfolg verspricht, muss davon ausgegangen werden, dass der Wunsch der Klägerin nach weiteren Kindern und insbesondere nach einem Sohn ohne Erfolg bleiben wird. Weiter liegt es nahe, dass gerade die Klägerin als Türkin yezidischen Glaubens der Geburt eines männlichen Nachkommens besondere Bedeutung zumisst und es bei Ausbleiben weiteren Nachwuchses in Zukunft zu ehelichen und familiären Problemen kommen kann, die mit starken psychischen Belastungen verbunden sind. Den Umstand, dass eine Frau mit lediglich zwei Töchtern in dem Kulturkreis, dem die Klägerin entstammt, nicht angesehen ist, hat das Gericht bei der Bemessung des Schmerzensgeldes mit berücksichtigt	OLG Oldenburg (Oldenburg) 2.8.2006 5 U 16/06 NJW-RR 2007,1468 Pressestelle OLG Oldenburg

Weitere Urteile zur Rubrik »**Sterilisation u. Ä.**« siehe auch:
bis € 25 000: 682
ab € 25 000: 1171, 670, 690, 691, 671, 2419, 2620, 673, 2803, 2433, 1333, 1991, 1993, 3018, 1184

Ungewollte Schwangerschaft und Geburt

Lfd. Nr.	Betrag	Verletzung	Dauer	Person	Dauerschaden	Besondere Umstände	Gericht
3197	8000 € 4000 (€ 5582)	Erfolglos gebliebener Schwangerschaftsabbruch		35-jähr. Frau		Nach einem Eingriff zum Abbruch einer Zwillingsschwangerschaft schulden Krankenhaus und nachbehandelnder Gynäkologe der Patientin den deutlichen Hinweis, dass wegen des Risikos des Fortbestandes der Schwangerschaft eine Nachkontrolle dringend erforderlich ist. Auch nach der neueren Rechtsprechung bleibt der Deliktsschutz für immat. Belastung einer Frau im Zusammenhang mit einer fehlgeschlagenen Schwangerschaftsunterbrechung aufgrund der so genannten sozialen Indikation bestehen	OLG Oldenburg (Oldenburg) 21.5.1996 5 U 7/96 RiOLG Wendt

Ungewollte Schwangerschaft und Geburt

Lfd. Nr.	Betrag DM **Euro** *(Anp.2019)*	Verletzung	Dauer und Umfang der Behandlung; Arbeitsunfähigkeit	Person des Verletzten	Dauerschaden	Besondere Umstände, die für die Entscheidungen maßgebend waren	Gericht, Datum der Entscheidung, Az., Veröffentlichung bzw. Einsender
\multicolumn{8}{l}{Fortsetzung von »Ungewollte Schwangerschaft und Geburt«}							
3198	€ 4500 *(€ 5025)*	Ungewollte Schwangerschaft wegen behaupteter Behandlungs- und Aufklärungsfehler und Abtreibung		Frau		€ 4500 Schmerzensgeld wegen behaupteter Behandlungs- und Aufklärungsfehler und daraus resultierender (aus medizinischen Gründen) ungewollter Schwangerschaft und Abtreibung ist ausreichend, wenn die Patientin infolge des Eingriffs an erheblichen psychischen Beeinträchtigungen litt, die jedoch keiner ärztlichen Behandlung bedurften und in gewissem Maße jedenfalls auch Folge einer Grunderkrankung (hier: Magersucht u. a. m.) der Patientin waren	OLG Köln 18.4.2011 5 U 21/11 VersR 2011, 1325
3199	10 000 € 5000 *(€ 6860)*	Ungewollte Schwangerschaft nach fehlgeschlagener Sterilisation		Frau		Unzulängliche Aufklärung über Versagerrisiko einer Sterilisation anlässlich einer Notsectio; Schwangerschaft und Geburt mit körperlichen und psychischen Belastungen verbunden	OLG Hamm 23.6.1997 3 U 206/96 NJW-VHR 1997, 281
3200	€ 7500 + immat. Vorbehalt *(€ 7786)*	Körperlich-psychische Gesundheitsbeeinträchtigung der schwangeren Mutter aufgrund heterologer Insemination mit nicht vom richtigen Samenspender stammendem Sperma	Langzeittherapie mit 100 Therapiesitzungen	Frau		Die von den Beklagten vertretene Auffassung, dass kein unmittelbarer Körperschaden vorliege, sondern die Situation der eines „Schockschadens" vergleichbar sei, sodass die Zuerkennung eines Schmerzensgeldes ohnehin zweifelhaft sei, ist nicht zutreffend. Dabei kann letztlich offenbleiben, ob die pflichtwidrig mit dem „falschen" Sperma durchgeführte zweite Insemination und die anschließende Schwangerschaft nicht von der Einwilligung der Klägerin zu 1 gedeckt war, sodass der haftungsbegründende Primärschaden bereits in der Insemination läge. Jedenfalls ist die Situation der Klägerin nicht mit einem Schockschaden vergleichbar, der etwaige Beeinträchtigungen aus dem Miterleben der Schädigung eines anderen erfasst. Denn die von der Klägerin geltend gemachten und vom LG zugrunde gelegten – körperlich-psychischen Auswirkungen der beanstandeten Pflichtverletzung – die abredewidrige Insemination mit nicht vom identischen Spender stammendem Sperma – betrafen die Klägerin zu 1 selbst. Dieses Geschehen hat in den Jahren 2012 bis 2015 zu einer Langzeittherapie mit 100 Therapiesitzungen geführt	OLG Hamm 19.2.2018 3 U 66/16 juris
3201	€ 20 000 *(€ 21 113)*	Psychischer Schaden wegen unterbliebenen rechtmäßigen Schwangerschaftsabbruchs infolge diagnosefehlerhaft nicht erkannten Hydrocephalus des ungeborenen Kindes		Frau		Der Klägerin steht aufgrund der erlittenen psychischen und körperlichen Beeinträchtigungen durch die Geburt und das Aufziehen ihres behinderten Sohnes ein Schmerzensgeld in Höhe von € 20 000 zu. Ein solches ist angesichts des langen Zeitraums, der schweren familiären und gesundheitlichen Belastungen und der weiteren Umstände angemessen	OLG Karlsruhe 15.7.2015 13 U 90/13

Lfd. Nr.	Betrag DM Euro (Anp.2019)	Verletzung	Dauer und Umfang der Behandlung; Arbeitsunfähigkeit	Person des Verletzten	Dauerschaden	Besondere Umstände, die für die Entscheidungen maßgebend waren	Gericht, Datum der Entscheidung, Az., Veröffentlichung bzw. Einsender
\multicolumn{8}{l}{**Fortsetzung von »Ungewollte Schwangerschaft und Geburt«**}
3202	€ 30 000 (€ 32 020)	Geburt eines schwerstbehinderten Kindes infolge fehlerhafter Befunderhebung	6 Jahre enorme physische und psychische Belastung durch aufopferungsvolle Pflege des Kindes	22-jähr. Frau (zum Geburtszeitpunkt)		Die Klägerin brachte ein schwerstbehindertes Kind zur Welt. Der beklagte Gynäkologe unterließ die weitere Abklärung eines auffälligen Ultraschallbildes bzgl. einer seltenen Fehlbildung des Sohnes der Klägerin, was einen einfachen Behandlungsfehler darstellt. Die Klägerin wurde erst kurz vor der Geburt mit der richtigen Diagnose im Krankenhaus der Beklagten zu 2) konfrontiert und entschied sich für eine Geburt, auch aufgrund der Auskunft, dass ihr Sohn ohnehin während oder nach der Geburt versterben werde. Hätte die Klägerin rechtzeitig, was möglich gewesen wäre, von den Fehlbildungen gewusst, hätte sie die Schwangerschaft abgebrochen. Dass sie sich letztendlich in der 34. SSW doch für die Geburt aufgrund der mittlerweile eingetretenen emotionalen Bindung entschieden hat, steht dem SG nicht entgegen. Die Klägerin stellt ihre eigenen Bedürfnisse seit nunmehr 6 Jahren weitmöglich zurück. Weiterhin lebt sie mit der Gewissheit, dass ihr Sohn jederzeit sterben kann. Gegen die Beklagte zu 2) bestehen jedoch keine Ansprüche	LG Köln 29.10.2014 25 O 278/11 RAe Meinecke & Meinecke, Köln

Weitere Urteile zur Rubrik »**Ungewollte Schwangerschaft und Geburt**« siehe auch:
bis € 12 500: 3211

Vergewaltigung, sexueller Missbrauch u. Ä.
Vergewaltigung, sexueller Missbrauch u. Ä. - Erwachsene

Lfd. Nr.	Betrag DM Euro (Anp.2019)	Verletzung	Dauer und Umfang der Behandlung; Arbeitsunfähigkeit	Person des Verletzten	Dauerschaden	Besondere Umstände, die für die Entscheidungen maßgebend waren	Gericht, Datum der Entscheidung, Az., Veröffentlichung bzw. Einsender
3203	€ 4000 + immat. Vorbehalt (€ 4894)	Angstzustände nach sexueller Nötigung		17-jähr. Mädchen		Angetrunkener Beklagter überfiel die Klägerin beim Öffnen der Haustür von hinten, hielt ihr den Mund zu, griff ihr an die Brust und in den Genitalbereich, in dem er über der Hose der Geschädigten seine Hand im Scheidenbereich hin und her bewegte. Die Klägerin leidet nach wie vor unter den Folgen der gewaltsamen Übergriffe des Beklagten, insbesondere unter Angstzuständen. Die Weiterentwicklung, insbesondere die psychischen Schäden, können derzeit noch nicht abgesehen werden	LG München I 18.1.2006 23 O 17490/05 RA Stephan Horn, München
3204	€ 5000 (€ 5369)	Posttraumatische Belastungsstörung nach sexuellem Übergriff in Form des zweifachen Griffes an den Penis des Klägers		Mann		Bei dem Kläger liegt eine hochgradige Verstörung durch die erlittene sexuelle Nötigung vor, mit der Folge, dass er dadurch Schuldgefühle und Rachegelüste empfindet	AG Landstuhl 10.7.2013 3 C 297/12

● Mithaftung (siehe vorletzte Spalte)

Vergewaltigung, sexueller Missbrauch u. Ä.

Urteile lfd. Nr. 3205 – 3207

Lfd. Nr.	Betrag DM Euro (Anp.2019)	Verletzung	Dauer und Umfang der Behandlung; Arbeitsunfähigkeit	Person des Verletzten	Dauerschaden	Besondere Umstände, die für die Entscheidungen maßgebend waren	Gericht, Datum der Entscheidung, Az., Veröffentlichung bzw. Einsender
Fortsetzung von »Vergewaltigung, sexueller Missbrauch u. Ä. - Erwachsene«							
3205	€ 5000 (€ 5452)	Posttraumatische Belastungsstörung in Folge einer versuchten Vergewaltigung; ängstliche Grundstimmung, nervöse Unruhezustände, Antriebslosigkeit, depressive Verstimmung, Schlafstörungen	1 ½ Jahre ambulante Psychotherapie	25-jähr. Frau, Feuerwehrfrau	Berührungsängste durch Männer und selbst durch den eigenen Partner	Der zum Tatzeitpunkt mit 2,3 Promille (BAK) alkoholisierte Beklagte, der zugleich der Ausbilder war, hat zunächst die Klägerin auf der Toilette sexuell bedrängt und sodann, nachdem man wieder auf die Feier (Grillhütte neben dem Bürogebäude) zurückgekehrt war, ging man nach kurzer Zeit nochmals in das Büro des Beklagten, wo man nochmal den Sachverhalt auf der Toilette „klären" wollte. Dabei schloss der Beklagte die Tür ab, bedrängte die Klägerin mit eindeutigen sexuellen Gesten (Küssen, an die Brust und zwischen die Beine fassen) und Bemerkungen (er werde sie „ficken und lecken") und versuchte gegen ihren Willen ihre Hose zu öffnen. Das Gericht hat besonders die immer noch bestehenden Beschwerden der Klägerin sowie die Tatsache, dass der Beklagte als Ausbilder das besondere Vertrauensverhältnis ausgenutzt hat, berücksichtigt. Die Genugtuungsfunktion des Schmerzensgeldes tritt nach Auffassung des Gerichts auch bei einer Verurteilung des Beklagten zu einer Freiheitsstrafe nicht zurück. Die Berufung des Beklagten wurde zurückgewiesen. Die Ausbildung wurde für 6 Monate unterbrochen und in einer anderen Gruppe fortgesetzt	LG Frankfurt am Main 25.1.2013 2-08 O 393/11 OLG Frankfurt am Main 15.11.2013 4 U 53/13 RAin Annette Vester-Weber, Frankfurt am Main
3206	10 000 € 5000 (€ 7080)	Versuchte Vergewaltigung; stumpfes Bauchtrauma; WS-Prellung mit einer Fissur im BWK; Stauchung des linken Handgelenks und der Rippenbogenbänder sowie mehrere Prellmarken an beiden Ellenbogen	2 Tage stationär, zweiwöchige medizinische Nachsorge	16-jähr. Mädchen		Die Klägerin erlitt Verletzungen bei Flucht vor Vergewaltigungsversuch. Genugtuungsfunktion ist nicht durch die Verurteilung des Beklagten zu einer Freiheitsstrafe entfallen, denn diese Verurteilung dient in erster Linie den Interessen der Gesellschaft und nicht der Genugtuung der Klägerin (BGH, NJW 1995, 781, 782)	KG Berlin 13.4.1995 11 U 663/95 11. Zivilsenat des KG Berlin
3207	€ 5000 (€ 5289)	Sexuelle Belästigung (Einführen eines Fingers in die Scheide einer erwachsenen Frau)		Frau		Der Senat hat bei seiner Recherche nur bei den sexuellen Übergriffen, in denen der Geschlechtsverkehr vollzogen oder massive Gewalt angewandt worden ist, Verurteilungen zu höheren Schmerzensgeldzahlungen als € 5000 gefunden	OLG München 10.9.2015 8 U 1555/15 juris; MDR 2015, 1182

Lfd. Nr.	Betrag DM **Euro** *(Anp.2019)*	Verletzung	Dauer und Umfang der Behandlung; Arbeitsunfähigkeit	Person des Verletzten	Dauerschaden	Besondere Umstände, die für die Entscheidungen maßgebend waren	Gericht, Datum der Entscheidung, Az., Veröffentlichung bzw. Einsender
\multicolumn{8}{l}{Fortsetzung von »Vergewaltigung, sexueller Missbrauch u. Ä. - Erwachsene«}
3208	€7000 *(€7471)*	Homosexueller Missbrauch eines (zuvor mit Benzodiazepin betäubten) bewusstlosen Mannes traditionell-islamischer Herkunft		Mann		Auch unter Berücksichtigung der im Strafverfahren festgestellten Umstände ist als Mindesthöhe des geschuldeten Schmerzensgeldes jedenfalls ein Betrag von €7000 anzusetzen. Zu Lasten des Bekl. zu berücksichtigen ist der Missbrauch des zwischen den Parteien bestehenden Vertrauens und die Perfidie, mit der der Beklagte unter Verbergung seiner wahren Absichten und Gefährdung der Gesundheit des Klägers vorgegangen ist. Der Umstand seiner Leugnung ist schmerzensgelderhöhend zu berücksichtigen, wenn auch der Verzicht auf eine Erörterung im Strafverfahren in öffentlicher Hauptverhandlung nach wie vor relevant ist	OLG Hamm 21.11.2014 9 W 50/14 juris
3209	15 000 **€7500** *(€10 185)*	Vergewaltigung		24-jähr. Mutter		Vergewaltigung erfolgte durch besten Freund des Lebensgefährten. Die Klägerin leidet noch an Depressionen und ist psychisch angeschlagen	LG Augsburg 7.4.1998 3 O 4912/97 RAin Eger-Graf, Augsburg
3210	15 000 **€7500** *(€10 019)*	Vergewaltigung mit Zwang zum Oral- und Vaginalverkehr und mit Todesbedrohung	Vorübergehende MdE von 30%	Raumpflegerin		Erhebliche posttraumatische Belastungsstörung, die nicht von Dauer sein wird, wobei nicht ausgeschlossen werden kann, dass die geklagten psychischen Beschwerden auch für frühere Gewalttätigkeiten durch andere Personen zurückzuführen sind; Beklagter wurde zu einer mehrjährigen Haftstrafe verurteilt	LG Münster 16.2.2000 2 O 594/99 (PKH-Beschluss und anschließendes Versäumnisurteil) RAe Füg & Kröger, Ascheberg
3211	€7500 *(€8658)*	Sexueller Missbrauch und Schwängerung der geistig und körperlich schwer behinderten Tochter		Frau		Ungeachtet ihrer massiven geistigen Behinderung blieb die Klägerin Trägerin des aus ihrer Menschenwürde begründeten Selbstbestimmungsrechts jedenfalls soweit, dass sie trotz ihrer Widerstandsfähigkeit nicht als Objekt für sexuelle, noch weniger für inzestuöse Übergriffe zur Verfügung stand; die durch den sexuellen Missbrauch unmittelbar zugefügte Einbuße an personaler Würde stellt schon für sich einen auszugleichenden immat. Schaden dar, unabhängig davon, ob der Betroffene die Beeinträchtigung so empfindet; mit dem Schmerzensgeld können der Klägerin Annehmlichkeiten und somit ein Mehr an Lebensfreude verschafft werden, die ihr in dem gewöhnlichen Lebensablauf im Pflegeheim sonst nicht zur Verfügung stehen und die zumindest die körperlichen Beschwerden von Schwangerschaft und Entbindung ausgleichen können	OLG Hamm 27.5.2008 9 W 11/08 NJW-RR 2009, 959

● Mithaftung (siehe vorletzte Spalte)

Vergewaltigung, sexueller Missbrauch u. Ä. — Urteil lfd. Nr. 3212

Lfd. Nr.	Betrag DM **Euro** *(Anp.2019)*	Verletzung	Dauer und Umfang der Behandlung; Arbeitsunfähigkeit	Person des Verletzten	Dauerschaden	Besondere Umstände, die für die Entscheidungen maßgebend waren	Gericht, Datum der Entscheidung, Az., Veröffentlichung bzw. Einsender
\multicolumn{8}{l}{Fortsetzung von »Vergewaltigung, sexueller Missbrauch u. Ä. - Erwachsene«}							
3212	€ 8000 *(€ 9754)*	Vergewaltigung in zwei Fällen und versuchte Nötigung		Frau		Durch das strafbare Verhalten des Angeklagten hat die Geschädigte zwar keine körperlichen Schäden erlitten. Durch die schwerwiegenden Eingriffe in ihre sexuelle Selbstbestimmung, aber auch durch die sich über Monate hinziehenden nachhaltigen Belästigungen und Drohungen, die im Zusammenhang mit den festgestellten Taten standen, hat sie erhebliche psychische Beeinträchtigungen erlitten. Sie waren Anlass, dass sie, wenn auch nur relativ kurze Zeit, psychotherapeutische Hilfe in Anspruch nehmen musste. Die psychischen Beeinträchtigungen führten bei ihr während der sich über Monate hinziehenden Einwirkungen des Angeklagten dazu, dass sie jetzt noch unter Schlafstörungen, häufig Alpträumen, einer anhaltenden tiefgehenden Störung ihres Sexuallebens, Unruhezuständen und Angstgefühlen, insbesondere, weil sie immer wieder mutmaßt, sie werde beobachtet, leidet. Zu Intimitäten mit ihrem Freund ist sie nach wie vor nicht in der Lage	LG Offenburg, 1. Strafkammer 29.12.2005 1 KLs 14 Js 4283/05, 1 AK 17/05 Adhäsionsurteil RAin Tanja Schwarz, Offenburg

Lfd. Nr.	Betrag DM Euro (Anp.2019)	Verletzung	Dauer und Umfang der Behandlung; Arbeitsunfähigkeit	Person des Verletzten	Dauerschaden	Besondere Umstände, die für die Entscheidungen maßgebend waren	Gericht, Datum der Entscheidung, Az., Veröffentlichung bzw. Einsender
\multicolumn{8}{l}{Fortsetzung von »Vergewaltigung, sexueller Missbrauch u. Ä. - Erwachsene«}
3213	€ 9000 + immat. Vorbehalt (€ 11 012)	Sexuelle Missbrauchshandlungen im Laufe von ca. 3 ½ Jahren und eine sexuelle Nötigung durch Stiefgroßvater		17-jähr. Mädchen		Bei der Bemessung des Schmerzensgeldes soll nicht verkannt werden, dass sich die bei der Klägerin festgestellten Schäden, beispielsweise ihre Orientierungslosigkeit, ihre Unfähigkeit eine nennenswerte Kontinuität in ihr Leben zu bringen, aber auch ihr mangelndes Selbstwertgefühl nicht eindeutig und ausschließlich auf die Straftaten durch den Beklagten ursächlich zurückführen lassen. Es wurde bereits dargelegt, dass die Klägerin bereits durch ihre Ursprungsfamilie eine enorme Vernachlässigung erlebt und vorgefunden hatte, die nicht nur möglicherweise gerade die festgestellten Straftaten durch den Beklagten ermöglichen, sondern auch ihrerseits ursächlich für die mangelnde Stabilität der Klägerin sind. Eindeutig zurückzuführen auf die Straftaten sind allerdings die sexuellen Probleme der Klägerin, sicherlich auch in hohem Maße eine Verstärkung des schlechten Selbstwertgefühls, ihre Ängste, der Ekel, die Ohnmachtsgefühle, eine Verstärkung ihrer Schuldgefühle und überhaupt große Schwierigkeiten, anderen Menschen zu vertrauen. Insbesondere der Vertrauensbruch durch den Stiefgroßvater, der ja als Erwachsener sogar den Schutz der Stiefenkelin hätte gewährleisten sollen, das bewusste Ausnutzen der desolaten Familienverhältnisse seiner Stiefenkelin, das vehemente Bestreiten durch das gesamte Ermittlungsverfahren und insbesondere das Zulassen, dass sämtliche Familienangehörigen im Prozess versuchten, die Klägerin denkbar schlecht zu machen, sind allerdings bei der Bemessung des Schmerzensgeldes zu berücksichtigen	LG Köln 30.1.2006 21 O 184/05 RAin Dr. Birgit Rosenhaum, Köln
3214	€ 9000 (€ 10 019)	Sexueller Missbrauch durch Vergewaltigung (Oralverkehr)	2 Wochen AU und wenige psychotherapeutische Behandlungen	Frau		Opfer wurde vom körperlich überlegenen Täter – mit dem sie persönlich bekannt war – zum Oralverkehr gezwungen	LG Mainz 16.8.2011 3113 Js 20626/10 - 5 KLS Adhäsionsurteil RA Angermann, Mainz
3215	€ 12 500 + immat. Vorbehalt (€ 16 308)	Versuchte Vergewaltigung, Schürfungen und Prellungen	20 Tage Krankenhaus	Frau		Psychiatrische Behandlung jahrelang. Keine Genugtuung durch Strafurteil	LG Düsseldorf 7.11.2001 5 O 210/99 RA Schneider-Bodien, Düsseldorf

● Mithaftung (siehe vorletzte Spalte)

Vergewaltigung, sexueller Missbrauch u. Ä.   Urteile lfd. Nr. 3216 – 3219

Lfd. Nr.	Betrag DM Euro (Anp.2019)	Verletzung	Dauer und Umfang der Behandlung; Arbeitsunfähigkeit	Person des Verletzten	Dauerschaden	Besondere Umstände, die für die Entscheidungen maßgebend waren	Gericht, Datum der Entscheidung, Az., Veröffentlichung bzw. Einsender
\multicolumn{8}{l}{Fortsetzung von »Vergewaltigung, sexueller Missbrauch u. Ä. - Erwachsene«}
3216	25 000 € 12 500 (€ 18 037)	Zweifache Vergewaltigung ohne wesentliche Verletzungsfolgen		Frau		Fortgesetzte Vergewaltigung, obwohl das Opfer bereits zum Tatzeitpunkt in einem erkennbar schlechten Zustand war. Das Leugnen der Tat im Strafverfahren führte zu weiteren psychischen Belastungen und Demütigungen, da eine genaue Schilderung des Tathergangs sowie ein psychologisches Glaubwürdigkeitsgutachten notwendig waren. Schädiger zeigte keinerlei Genugtuungsinteresse	LG Frankfurt am Main 28.4.1994 2/25 O 264/93 RAe Biskamp, Kronauer & Seifert, Frankfurt am Main
3217	€ 15 000 + immat. Vorbehalt (€ 18 697)	Vergewaltigung mit Vaginal- und Oralverkehr		Junge Frau		Die junge Frau schwebte während der Vergewaltigung über einen Zeitraum von rund 20 Minuten beständig in Todesangst, sie verlor die Jungfräulichkeit, erlitt körperliche Verletzungen (u. a. Kopfplatzwunde, Schürfwunden), erheblicher Ekel vor dem verlangten Oralverkehr; Wissen um eine Hepatitis-Erkrankung des Täters, so dass sie ein halbes Jahr lang in Angst vor einer Ansteckung dieser u. U. tödlich verlaufenden Krankheit lebte; seit der Tat lebt sie in einem beständigen Gefühl der Angst, sie meidet Umgang mit ihr nicht bekannten Männern, will mit diesen nicht einmal Blickkontakt aufnehmen, Probleme beim Aufbau einer zukünftigen Beziehung zu einem Lebensgefährten liegen nahe; schlechte Vermögenssituation des 35-jähr. Täters, der zu einer langjährigen Haftstrafe und einer Sicherungsverwahrung verurteilt wurde	LG Hechingen 30.8.2004 1 Kls 16 Js 7647/03 AK 12/04 RA Dr. Erbe, Allstadt
3218	30 000 € 15 000 (€ 19 570)	Sexuelle Nötigung und Vergewaltigung mit versuchtem Oralverkehr und vollendetem Analverkehr, psychischer Schaden		Mann		Anhaltende psychische Schäden, Kläger befand sich noch 2 Jahre nach den Vorfällen in psychiatrischer Behandlung; bei Delikten gegen die sexuelle Selbstbestimmung kommt der Genugtuungsfunktion eine ganz entscheidende Rolle zu; strafrechtliche Verurteilung darf sich nicht schmerzensgeldmindernd auswirken	OLG Bamberg 4.4.2001 8 U 141/00 NJW-RR 2001, 1316
3219	€ 20 000 (€ 22 765)	Mehrfache Vergewaltigung und Zwang zur Prostitution		Frau		In Anbetracht der im Strafurteil im Einzelnen beschriebenen Art und Weise der Begehung der Taten gegen die sexuelle Selbstbestimmung der Klägerin ist ein Schmerzensgeld in der ausgeurteilten Höhe angemessen, wogegen der Beklagte mit seinem Rechtsmittel auch keine Einwendungen vorbringt	OLG Zweibrücken 1.7.2010 4 U 7/10 NJW-RR 2011, 496

Lfd. Nr.	Betrag DM Euro *(Anp.2019)*	Verletzung	Dauer und Umfang der Behandlung; Arbeitsunfähigkeit	Person des Verletzten	Dauerschaden	Besondere Umstände, die für die Entscheidungen maßgebend waren	Gericht, Datum der Entscheidung, Az., Veröffentlichung bzw. Einsender
\multicolumn{8}{l}{**Fortsetzung von »Vergewaltigung, sexueller Missbrauch u. Ä. - Erwachsene«**}
3220	€ 25 000 + immat. Vorbehalt *(€ 25 877)*	Schwerer sexueller Missbrauch gegenüber einer widerstandsunfähigen Person in Tateinheit mit Verletzung des höchstpersönlichen Lebensbereichs durch Bildaufnahmen, posttraumatische psychoreaktive Störung	1 Jahr und 3 Monate Psychotherapie	Frau	Schädigungsgrad 20 gem. Opferentschädigungsbescheid	Erheblich schmerzensgelderhöhend wirkte sich das Verhalten der beklagten Männer im Strafprozess aus. Die Klägerin musste zweimalig aussagen und ihr wurden die Videoaufnahmen erneut vorgespielt, was massiv belastend für sie war. Darüber hinaus wurde sie durch die Beweisanträge der Verteidigung „gezwungen", sich ihr bislang nicht bekannte Videoaufnahmen anzusehen	LG Münster 7.12.2017 02 O 229/17 Landesrechtsprechungsdatenbank NRW
3221	€ 25 000 *(€ 30 482)*	Vergewaltigung		Frau		Täter wurde wegen Vergewaltigung in einem besonders schweren Fall zu einer Freiheitsstrafe von 7 Jahren und 9 Monaten verurteilt. Das Tatgeschehen, verbunden mit den aus der Tat hervorgegangenen körperlichen und psychischen Folgen, rechtfertige ein Schmerzensgeld i.H.v. € 25 000. Dass der Beklagte zu einer hohen Freiheitsstrafe verurteilt worden ist, vermag keine andere Beurteilung zu rechtfertigen. Es ist in der Rechtsprechung anerkannt, dass die Bestrafung des Täters wegen einer vorsätzlichen Tat den Schmerzensgeldanspruch nicht mindert	OLG Hamm 29.12.2005 6 W 52/05 Prozesskostenhilfebeschluss RAin Vorgel, Arnsberg
3222	€ 30 000 + immat. Vorbehalt *(€ 37 438)*	Missbrauch zum Oralverkehr von vier Tätern und einmal Vergewaltigung durch ungeschützten Geschlechtsverkehr		17-jähr. Schülerin	Psychisch angeschlagen	Zwar präjudizieren die Feststellungen des Strafrichters die Entscheidung im Zivilprozess nicht. Das Gericht ist jedoch aufgrund des Inhalts der urkundenbeweislich verwertbaren Strafakten davon überzeugt, dass die Beklagten die Klägerin rechtswidrig und schuldhaft in einer Weise geschädigt haben, dass ein Schmerzensgeld i.H.v. € 30 000 erforderlich und ausreichend ist, um ihr auch angesichts des Strafurteils weitere Genugtuung und Ausgleichung ihres immat. Schadens zu gewähren. Die Klägerin war durch vorangegangenen Alkoholgenuss widerstandsunfähig. Sie erlitt Prellungen am ganzen Körper und Verletzungen im Genitalbereich sowie an Mund, Rachen und Lippen, die tagelang wund und geschwollen waren, und darüber hinaus schwere posttraumatische Belastungsstörungen mit Panikattacken und Schlafstörungen, wodurch die schulische und berufliche Entwicklung schwer beeinträchtigt gewesen ist. Die Geschädigte ist heute noch psychisch in erheblichem Maße desorganisiert	LG Mannheim 15.10.2004 9 O 178/04 RA Grab, Mannheim

● Mithaftung (siehe vorletzte Spalte)

Vergewaltigung, sexueller Missbrauch u. Ä.   Urteile lfd. Nr. 3223 – 3226

Lfd. Nr.	Betrag DM **Euro** *(Anp.2019)*	Verletzung	Dauer und Umfang der Behandlung; Arbeitsunfähigkeit	Person des Verletzten	Dauerschaden	Besondere Umstände, die für die Entscheidungen maßgebend waren	Gericht, Datum der Entscheidung, Az., Veröffentlichung bzw. Einsender
\multicolumn{8}{l}{Fortsetzung von »Vergewaltigung, sexueller Missbrauch u. Ä. - Erwachsene«}
3223	€ 35 000 *(€ 40 801)*	Mehrfache Vergewaltigungen durch erzwungenen Oral- und Analverkehr unter Todesandrohung		Frau		Der Lebensgefährte der Klägerin vergewaltigte diese innerhalb eines Jahres mehr als 100 mal mit äußerster Brutalität und zahlreichen ausgesprochenen Todesdrohungen. In dem letzten Jahr der Beziehung musste sie weit über 100 Vergewaltigungen anal und oral über sich ergehen lassen. Die Klägerin entschloss sich erst so spät zu einer Strafanzeige, da der Beklagte sowohl sie als auch ihre Kinder mit dem Tode bedroht hatte	LG Köln 18.12.2007 22 O 429/07 RAe Neunzig & Koll., Köln
3224	€ 40 000 + immat. Vorbehalt *(€ 49 053)*	Brutale Vergewaltigung		19-jähr. Frau		Beklagter hat Klägerin einverständlich mit einem Mittäter unter äußerlich entwürdigenden Umständen vergewaltigt; Klägerin ist in ein Rapsfeld geschleppt und dort nacheinander anal und vaginal vergewaltigt worden; sie wurde mehrfach in hochgradige Todesangst versetzt; nachhaltig andauernde psychische Tatfolgen; nach wie vor massive Ängste, häufige Weinkrämpfe, wiederholt Suizidgedanken, häufig verschiedene Erkrankungen; vollständige Veränderung des Lebens; der 18-jähr. Beklagte, bei dem offenbar eine schwerwiegende Persönlichkeitsfehlentwicklung vorhanden war, zeigte keinerlei Reue	LG Bielefeld 14.9.2005 8 O 310/05 NJW-RR 2006, 746
3225	€ 40 000 *(€ 50 272)*	Vergewaltigung in der Ehe		Ehefrau		Eheleute hatten in der Türkei nach islamischem Ritus geheiratet. Nach Rückkehr nach Deutschland wurde die Klägerin bis zu ihrer Trennung über einen Zeitraum von 10 Monaten wöchentlich mehrmals vergewaltigt, nachdem sie zuvor körperlich misshandelt wurde. Zu berücksichtigen sei, dass der Beklagte aufgrund des Verlustes seines Arbeitsplatzes wirtschaftlich nicht leistungsfähig ist, auch wenn dieser Umstand nicht besonders schwer wiegt, da die Freiheitsstrafe und der damit verbundene Verlust des Arbeitsplatzes die typische Folge der Schwere des Delikts sind	LG Hamburg 26.3.2004 327 O 97/03 RA Hüseyin, Hamburg
3226	100 000 € 50 000 + immat. Vorbehalt *(€ 67 903)*	Zahlreiche brutale körperliche Misshandlungen und Vergewaltigungen		Prostituierte		Die Verurteilung des Beklagten wegen körperlichen Misshandlungen, Vergewaltigung, sexueller Nötigung und Freiheitsberaubung zu 10 Jahren hebt Genugtuungsfunktion nicht völlig auf. Strafverfahren kann aufgrund seiner Eigenarten nur unvollkommen zur Verarbeitung und Bewältigung des Geschehens beitragen. Besondere Berücksichtigung findet bei der Höhe des Schmerzengeldes die überaus grausame, sadistische und menschenverachtende Verhaltensweise des Beklagten	LG Frankfurt am Main 24.2.1998 2/26 O 564/96 NJW 1998, 2294 25. Zivilkammer LG Frankfurt am Main

Weitere Urteile zur Rubrik »**Vergewaltigung, sexueller Missbrauch u. Ä. - Erwachsene**« siehe auch:
bis € 5000: 3036

Vergewaltigung, sexueller Missbrauch u. Ä. – Kinder

Lfd. Nr.	Betrag DM **Euro** (Anp.2019)	Verletzung	Dauer und Umfang der Behandlung; Arbeitsunfähigkeit	Person des Verletzten	Dauerschaden	Besondere Umstände, die für die Entscheidungen maßgebend waren	Gericht, Datum der Entscheidung, Az., Veröffentlichung bzw. Einsender
3227	€ 500 (€ 557)	Verletzung des höchstpersönlichen Lebensbereichs durch drei Nacktbildaufnahmen		9-jähr. Mädchen		Täter hatte besondere Vertrauensposition zum Opfer	LG Mainz 22.8.2011 3113 Js 37798/10 - 5 KLS Adhäsionsurteil RAin Angermann, Mainz
3228	€ 1500 + immat. Vorbehalt (€ 1737)	Sexueller Missbrauch durch Griff an das Gesäß und die Hose		8-jähr. Mädchen		Bei dem Täter handelt es sich um den besten Freund der Familie. Klägerin musste sich in psychotherapeutische Behandlung begeben	LG Bonn 4.3.2008 3 O 334/06 RAin Lörsch, Bonn
3229	€ 1550 (€ 1969)	Sexuelle Handlung durch Berührung der Scheide		7-jähr. Mädchen		Handlung war zwar nur kurzzeitig und auch nicht sehr schwerwiegend; jedoch war belastend für Klägerin, dass Beklagter ein Vertrauen missbraucht hat, das die Klägerin ihm als Vater einer Freundin entgegen gebracht hatte; sie musste die Beziehung zur Freundin abbrechen, um dem Beklagten nicht wieder zu begegnen; erhebliche psychische Belastung dadurch, dass Beklagter versuchte, die Beschuldigungen gegen ihn auszuräumen, indem er die Klägerin verunglimpfte; außerdem hat er ihr auch in der Hauptverhandlung, in welcher er zu einer Freiheitsstrafe von 9 Monaten, die zur Bewährung ausgesetzt wurde, verurteilt worden ist, nicht erspart, eine Aussage zu machen und so das Geschehene erneut zu durchleben	AG Hamburg-Altona 25.3.2003 318 B C 155/02 RA Scheffler, Hamburg
3230	€ 4000 + immat. Vorbehalt (€ 4553)	Sexueller Missbrauch durch Grundschullehrer in 8 Fällen durch Berühren des Genitalbereichs, in zwei Fällen mit Eindringen der Fingerkuppe in die Scheide		8-jähr. Mädchen			AG Borken 23.7.2010 15 C 65/10 Anerkenntnisurteil RA Rottgering
3231	€ 4000 + immat. Vorbehalt (€ 4514)	Sexueller Missbrauch in 4 Fällen	Mehrere Jahre psychische Behandlung	12-jähr. Mädchen (psychisch vorbelastet)		Der Missbrauch erfolgte durch den Nachbarn in Form des Berührens an der Scheide mit dem Finger, durch Lecken an der Scheide und durch die Aufforderungen, am Glied zu manipulieren	LG Bad Kreuznach 28.12.2010 1023 Js 13894/07. KLS RAin Kerstin Rueber-Unkelbach, Koblenz
3232	€ 5000 + immat. Vorbehalt (€ 5326)	Dreimaliger Oralverkehr jeweils mit Ejakulation im Mund über einen Zeitraum von einem Monat, Schlafstörungen, selbstverletzendes Verhalten	8 Monate jugendpsychotherapeutische Behandlungen	13-jähr. Mädchen		Sexueller Missbrauch der Stieftochter durch den Stiefvater. Der Beklagte wurde im Strafverfahren zu einer Haftstrafe von 3 Jahren und 6 Monaten verurteilt. Die Haftstrafe darf sich nicht schmerzensgeldmindernd auswirken. Es wurde der beantragte Betrag zugesprochen. Bei der Bemessung wurde berücksichtigt, dass sich die Klägerin im Tatzeitraum in einer sensiblen Entwicklungsphase befand. Erheblich erhöhend ist zu berücksichtigen, dass sich die Missbrauchshandlungen im besonders geschützten häuslichen Umfeld ereigneten und durch eine vertraute Person erfolgten. Auch setzte der Beklagte die Klägerin unter Druck	AG Siegen 6.3.2015 14 C 2045/14 RAe Roos & Göckus, Siegen

● Mithaftung (siehe vorletzte Spalte)

Vergewaltigung, sexueller Missbrauch u. Ä.
Urteile lfd. Nr. 3233 – 3239

Lfd. Nr.	Betrag DM **Euro** *(Anp.2019)*	Verletzung	Dauer und Umfang der Behandlung; Arbeitsunfähigkeit	Person des Verletzten	Dauerschaden	Besondere Umstände, die für die Entscheidungen maßgebend waren	Gericht, Datum der Entscheidung, Az., Veröffentlichung bzw. Einsender
\multicolumn{8}{l}{Fortsetzung von »Vergewaltigung, sexueller Missbrauch u. Ä. - Kinder«}							
3233	10 000 **€ 5000** + immat. Vorbehalt *(€ 6799)*	Sexueller Missbrauch anlässlich von fünf Lkw-Fernfahrten mit versuchtem Geschlechtsverkehr und erzwungenem Oralverkehr		8-jähr. Junge		Seit den Vorfällen hat sich der Kläger vollständig verschlossen. Er hat gegen andere und gegen sich Aggressivität entwickelt und musste in Heimbetreuung gegeben werden, da er sowohl andere als auch sich selbst gefährdete (Drohung aus dem Fenster zu springen; Besitz eines Messers etc.). Er hat während der Heimbetreuung mehrfach Türen und Fenster eingetreten. Weitere Entwicklung nicht absehbar	LG Aachen 24.3.1998 1 O 421/97 RA Altfried Walk, Aachen
3234	10 000 **€ 5000** + immat. Vorbehalt *(€ 6799)*	Mehrfacher sexueller Missbrauch, wobei Beklagter bei mehreren Gelegenheiten seine Finger in die Scheide steckte, mehrfach sein Glied an Scheide und After rieb und oralen Verkehr bis zum Samenerguss ausübte		Kleinkind		Klägerin war zum Zeitpunkt des ersten Vorfalls etwas über 1 Jahr alt, bis zum Vorfall der letzten Vorfälle 2 ½ Jahre. Klägerin, die vorher trocken war, nässt seit Bekanntwerden der Vorfälle. Sie zeigt Verhaltensstörungen, ist aggressiv und aufsässig. Es war eine psychiatrische Betreuung notwendig. Weitere Entwicklung nicht absehbar	LG Aachen 24.3.1998 1 O 421/97 RA Altfried Walk, Aachen
3235	12 000 **€ 6000** *(€ 8015)*	Sexueller Missbrauch in sieben Fällen durch angeheirateten Onkel innerhalb von 2 Jahren		11-jähr. Mädchen		Psychische Schäden, die der Beklagte der Klägerin insbesondere durch den Missbrauch seiner Vertrauensstellung zugefügt hat	OLG Hamm 10.4.2000 13 U 194/99 VersR 2002, 65
3236	**€ 7000** *(€ 8892)*	Vergewaltigung und schwerer sexueller Missbrauch		9-jähr. Mädchen		Oralverkehr ohne Samenerguss, Manipulationen im Scheidenvorhof	LG Ravensburg 14.7.2003 2 O 150/03 Versäumnisurteil RAe Caillet & Caillet, Ravensburg
3237	**€ 7500** *(€ 8358)*	Posttraumatische Belastungsstörung nach sexuellem Missbrauch		11-jähr. Junge		Die Höhe des vom LG für angemessen erachteten Schmerzensgeldes von € 7500 begegnet angesichts der psychischen Folgen der Taten für den Kläger und unter Berücksichtigung der weiteren vom LG zur Bemessung des Schmerzensgeldes herangezogenen Kriterien (insbesondere die teilweise mit einem Eindringen in den Körper verbundene Ausführung der Taten, das Alter des Klägers bei der Begehung der Taten, der Zeitablauf seit deren Begehung) keinen Bedenken	OLG Oldenburg (Oldenburg) 12.7.2011 13 U 17/11 juris
3238	**€ 9000** *(€ 10 333)*	Sexueller Missbrauch eines Kindes: Täter hat mit Gewalt die Stieftochter zur Befriedigung mit der Hand genötigt		12-jähr. Mädchen		Opfer wurde unter Ausnutzung des besonderen Vertrauensverhältnisses während der entscheidenden Phase der Pubertät die Möglichkeit genommen unvorbelastet ihre eigene Sexualität zu entdecken und zu entwickeln	LG Mainz 20.8.2009 9 O 122/09 Versäumnisurteil RAin Angermann, Mainz
3239	**€ 9000** *(€ 10 061)*	Sexueller Missbrauch durch Stiefvater über einen Zeitraum von 4 Jahren, wobei es in 11 Fällen zu Schenkelverkehr und in einem Fall zu oralen Handlungen an der Kl. kam		9-jähr. Mädchen		Kl. befand sich in einer besonders sensiblen Lebenslage (Übergang zur Pubertät) und die Missbrauchshandlungen fanden in einem besonders geschützten Umfeld statt	LG Münster 30.3.2011 016 O 509/10 Versäumnisurteil RA Röttgering, Gescher

Lfd. Nr.	Betrag DM **Euro** *(Anp.2019)*	Verletzung	Dauer und Umfang der Behandlung; Arbeitsunfähigkeit	Person des Verletzten	Dauerschaden	Besondere Umstände, die für die Entscheidungen maßgebend waren	Gericht, Datum der Entscheidung, Az., Veröffentlichung bzw. Einsender
\multicolumn{8}{	l	}{Fortsetzung von »Vergewaltigung, sexueller Missbrauch u. Ä. - Kinder«}
3240	€ 9500 + immat. Vorbehalt *(€ 12141)*	Sexueller Missbrauch im Zeitraum von 2 Jahren in mindestens 6 Fällen		7-jähr. Schülerin, zum Urteilszeitpunkt 18 Jahre alt		Beklagter ließ sich von der Klägerin manuell bis zum Samenerguß befriedigen; Klägerin ist psychisch erheblich belastet (mehrfache Versuche, sich das Leben zu nehmen, Gefühle der Isolation und Einsamkeit, Alpträume, schulische Schwierigkeiten), im Alter von 18 Jahren noch therapeutische Behandlung	LG Mainz 24.1.2003 2 O 454/02 (Versäumnisurteil) RAin Platt, Wiesbaden
3241	20 000 € 10 000 + immat. Vorbehalt *(€ 13358)*	Sexueller Missbrauch über mehrere Monate an einem Pflegekind		15-jähr. Junge		Kläger war bereits vorher in seiner Sexualentwicklung tief greifend gestört. Angesichts dieser Tatsache erscheint es besonders verwerflich, derlei Taten an einem Jugendlichen zu begehen, von dem man selbst weiß, dass er diesbezüglich bereits vorgeschädigt ist. Gerade bei psychischen Vorgängen lässt sich noch nicht abschätzen, inwieweit Schäden eintreten und noch Behandlungen erforderlich sein werden	LG Mainz 22.2.2000 1 O 269/99 RAe Reibold-Rolinger, Bodenheim
3242	€ 10 000 *(€ 11 132)*	Sexueller Missbrauch in mindestens 88 Fällen durch Lehrer, wobei dieser in 24 Fällen mit dem Finger in die Scheide der Klägerin eindrang		6-jähr. Mädchen		Das LG Münster (1. Instanz) hält die in den Missbrauchsfällen zugesprochenen Schmerzensgelder insgesamt für zu niedrig bemessen. Im zu entscheidenden Fall war zu berücksichtigen, dass der Beklagte die besondere Beziehung eines Lehrer/Schülerinnen-Verhältnisses ausnutzte	OLG Hamm 4.8.2011 I-6 U 42/11 RA Röttgering, Gescher
3243	€ 10 000 *(€ 10 673)*	Schwerer sexueller Missbrauch (u. a. Analverkehr)	Psychotherapeutische Behandlung	Junge im Alter von 8, 11 bzw. 14 Jahren	Psychische Folgeschäden	Unter Berücksichtigung der eingetretenen und weiterhin anhaltenden, hier in die Schmerzensgeldbemessung einzubeziehenden (psychische) Folgeschäden ist der verlangte Schmerzensgeldbetrag von € 10 000, selbst wenn das Verhalten des Beklagten nur mitursächlich gewesen und eine besondere Konstellation den Eintritt der Folgeschäden begünstigt haben sollte, nicht überzogen	OLG Hamm 28.3.2014 9 W 4/14 juris
3244	25 000 € 12 500 *(€ 16 209)*	Der Vater der Klägerin erzwang innerhalb eines Jahres neunmal Oralverkehr bis zum Samenerguss, wobei die Klägerin dreimal das Ejakulat schlucken musste		11-jähr. Mädchen		Klägerin musste sich in spieltherapeutische Behandlung begeben, sie litt lange Zeit unter Albträumen und Ängsten; Beklagter wurde zu einer Freiheitsstrafe von 6 Jahren verurteilt, wobei zu seinen Gunsten ein Alkoholgenuss berücksichtigt wurde, somit also eine verminderte Schuldfähigkeit vorgelegen hat	LG Dresden 23.7.2001 6 O 5658/00 RAe Roth, Pahn & Koll., Dresden
3245	25 000 € 12 500 + immat. Vorbehalt *(€ 16 429)*	Sexueller Missbrauch in vier Fällen		9-jähr. Mädchen		Klägerin wurde in der Entwicklung ihrer Persönlichkeit durch die Straftaten ganz erheblich beeinträchtigt. Besonders schwerwiegend ist unter anderem der Tatvorwurf des Oralverkehrs. Feststellungsantrag ist begründet, da nicht absehbar ist, inwieweit die Klägerin noch zukünftig therapiebedürftig sein wird	LG Münster 13.12.2000 11 O 286/00 RAin von Bethusy-Huc, Münster

● Mithaftung (siehe vorletzte Spalte)

Vergewaltigung, sexueller Missbrauch u. Ä.

Urteile lfd. Nr. 3246 – 3247

Lfd. Nr.	Betrag DM **Euro** *(Anp.2019)*	Verletzung	Dauer und Umfang der Behandlung; Arbeitsunfähigkeit	Person des Verletzten	Dauerschaden	Besondere Umstände, die für die Entscheidungen maßgebend waren	Gericht, Datum der Entscheidung, Az., Veröffentlichung bzw. Einsender
Fortsetzung von »Vergewaltigung, sexueller Missbrauch u. Ä. - Kinder«							
3246	25 000 €12 500 + immat. Vorbehalt *(€ 16 783)*	Sexueller Missbrauch über den Zeitraum von 4 Jahren durch Cunnilingus, Oralverkehr, Reiben des Gliedes an der unbekleideten Scheide und versuchtes Eindringen mit dem Finger; Verletzung des Persönlichkeitsrechts durch Anfertigen pornographischer Fotos		4-jähr. Mädchen		Beklagter wurde wegen sexuellen Missbrauchs in 15 Fällen zu einer 4-jähr. Haftstrafe verurteilt, was jedoch nicht schmerzensgeldmindernd zu berücksichtigen ist, da die strafrechtliche Verurteilung wegen einer vorsätzlichen Straftat dem öffentlichen Interesse dient, nicht aber dem Genugtuungsinteresse der Klägerin; Beklagter hat Vertrauensstellung ausgenutzt, da er besonderes Vertrauen der Familie der Klägerin genoss; das monatliche Nettoeinkommen des Beklagten von ca. DM 2100 (€ 1050) ist nicht anspruchsmindernd. Klägerin befindet sich aufgrund der Verhaltensstörungen in psychologischer Behandlung, deren Ende und Erfolg noch nicht absehbar sind; weitere behandlungsbedürftige Verhaltenstörungen möglich	LG Saarbrücken 12.8.1999 6 O 19/99 Rechtsreferendar Irersen, Saarbrücken
3247	30 000 €15 000 *(€ 20 371)*	Sexueller Missbrauch eines Mädchens durch dessen Vater ca. dreimal die Woche über einen Zeitraum von 4 Jahren, wobei sich Intensität und Ausmaß des Missbrauchs von zunächst „nur" manueller Befriedigung bis hin zum regelmäßigen Geschlechtsverkehr steigerten		12-jähr. Mädchen		Beklagter hatte die Klägerin bis zu einem gewissen Grad an den Missbrauch gewöhnt, was auf psychologischer Ebene als eine besondere Heftigkeit des Missbrauchs zu bewerten ist; denn der vom Beklagten ausgeübte psychische Druck, der das Anormale für die Klägerin beinahe normal erscheinen ließ, ist besonders verwerflich; Klägerin versagte in der Schule, hat Probleme, in ein geordnetes Berufsleben zu finden; Kontaktschwierigkeiten; strafrechtliche Verurteilung des Beklagten hat keine Auswirkungen auf die Höhe des Schmerzengeldes	LG Essen 8.10.1998 6 O 238/98 RA Dymke, Marl

Lfd. Nr.	Betrag DM Euro (Anp.2019)	Verletzung	Dauer und Umfang der Behandlung; Arbeitsunfähigkeit	Person des Verletzten	Dauerschaden	Besondere Umstände, die für die Entscheidungen maßgebend waren	Gericht, Datum der Entscheidung, Az., Veröffentlichung bzw. Einsender
	Fortsetzung von »Vergewaltigung, sexueller Missbrauch u. Ä. - Kinder«						
3248	€ 15 000 (*€ 16 272*)	Posttraumatische Belastungsstörung im Erwachsenenalter wegen erlittenen sexuellen Missbrauchs zwischen dem 6. und 12. Lebensjahr		Frau		Insbesondere hat der Sachverständige zu Recht die Äußerungen der Klägerin, bei bestimmter Musik, bestimmten Gerüchen oder Szenen im Fernsehen reagiere sie mit intensiven körperlichen Beschwerden auf den erlittenen Missbrauch, als Erinnerungsdruck im Sinne einer posttraumatischen Belastungsstörung gewürdigt. Durch die posttraumatische Belastungsstörung ist der Klägerin weitgehend die Lebensfreude genommen worden. Immer wiederkehrende Erinnerungen an den Missbrauch führen zu Übelkeit und Erbrechen. Sexualität und Körperlichkeit kann sie nicht normal erleben und nur mit Einschränkungen Gefühle zulassen. Sie fühlt sich „emotional auf Sparflamme". Diese durch den Missbrauch verursachte Einschränkung der Lebensfreude und der Umstand des Missbrauchs als solcher, der als Verletzung der sexuellen Selbstbestimmung der Klägerin allein schon ein erhebliches Schmerzensgeld rechtfertigt, begründen das vom Senat für angemessen gehaltene Schmerzensgeld von € 15 000. Hinzu kommt, dass der Beklagte nach wie vor – nach der Überzeugung des Senats zu Unrecht – den Missbrauch leugnet, was die Klägerin noch weiter belastet	Schleswig-Holsteinisches OLG 20.12.2012 16 U 108/11
3249	35 000 € 17 500 + immat. Vorbehalt (*€ 23 377*)	Mehrfache Vergewaltigungen und sexueller Missbrauch an einer Schutzbefohlenen innerhalb eines Zeitraums von knapp 5 Monaten		15-jähr. Mädchen		Das Gericht geht davon aus, dass die Klägerin über die in der jeweiligen Missbrauchssituation hinaus empfundenen Beeinträchtigungen auch dauerhafte psychische Schäden erlitten hat. Diese äußern sich darin, dass die Klägerin an Schuldgefühlen leidet und ihre eigene Sexualität als gestört erlebt. Durch seine Taten hat der Beklagte der Klägerin während der entscheidenden Phase der Pubertät die Möglichkeit genommen, unvorbelastet ihre eigene Sexualität zu entdecken und zu entwickeln. Außerdem leidet die Klägerin bis heute bei Konfrontationen mit dem damaligen Geschehen unter massiven Gefühlen der Trauer und Wut, insbesondere auf sich selbst. Die Verurteilung des Beklagten zu einer Gesamtfreiheitsstrafe von 5 Jahren wirkt sich nicht auf die Genugtuungsfunktion des Schmerzensgeldes aus, weil der staatliche Strafanspruch in erster Linie dem Interesse der Allgemeinheit dient, den Täter strafrechtlich zur Verantwortung zu ziehen	LG Mainz 1.3.2000 9 O 475/98 RAin Platt, Wiesbaden

● Mithaftung (siehe vorletzte Spalte)

Vergewaltigung, sexueller Missbrauch u. Ä.

Lfd. Nr.	Betrag DM Euro (Anp.2019)	Verletzung	Dauer und Umfang der Behandlung; Arbeitsunfähigkeit	Person des Verletzten	Dauerschaden	Besondere Umstände, die für die Entscheidungen maßgebend waren	Gericht, Datum der Entscheidung, Az., Veröffentlichung bzw. Einsender
	Fortsetzung von »Vergewaltigung, sexueller Missbrauch u. Ä. - Kinder«						
3250	€ 20 000 (€ 24 358)	Sexueller Missbrauch eines Minderjährigen sowie Entziehung über einen Zeitraum von 76 Tagen		C-Jugend-Fußball-spieler		Der Beklagte war Fußballtrainer der C-Jugend und kümmerte sich auf Bitten des Stiefvaters des Klägers um diesen besonders. Es entwickelte sich zunächst eine freundschaftliche Beziehung, die später jedoch in sexuellen Handlungen mündete. Immat. Feststellungsantrag wurde seitens des Gerichts nur deshalb abgewiesen, weil hierzu in der Klageschrift nichts vorgetragen wurde	LG Darmstadt 1.3.2006 2 O 265/05 RA Kunath, Darmstadt
3251	€ 20 000 (€ 24 959)	Mehrfacher sexueller Missbrauch in einem Zeitraum von 2 Jahren, wobei der Beklagte die Klägerin an Brust und Scheide anfasste und sie mehrmals veranlasste, an seinem Penis zu manipulieren und ihn in den Mund zu nehmen		8-jähr. Mädchen		Beklagter drohte der Klägerin, ihre Mutter zu töten, sie zu erstechen oder ihr die Füße abzuschneiden, falls sie über die Vorfälle sprechen würde; bei der Klägerin wurde eine posttraumatische Belastungsstörung diagnostiziert; Verhalten in der Schule hat sich verschlechtert, deutlicher Leistungsabfall mit Wiederholung der 7. Klasse; neben der Schwere der Taten und dem Maß des Verschuldens sind insbesondere die Schwere der psychischen und physischen Störungen zu berücksichtigen; Klägerin leidet noch 5 Jahre nach den Vorfällen an den Folgen; Beklagter leidet unter beschränkten wirtschaftlichen Verhältnissen und hat die Taten nicht mehr bestritten; Klägerin hat Feststellungsantrag hinsichtlich eines immat. Vorbehalts fallengelassen und stattdessen einen alle denkbaren Zukunftsschäden umfassenden Antrag hinsichtlich des Schmerzensgeldes gestellt; in einem solchen Fall, in dem der Schmerzensgeldantrag nicht auf bereits eingetretene Verletzungsfolgen beschränkt wird, ist das Schmerzensgeld unter Berücksichtigung des Grades der Wahrscheinlichkeit des Eintritts der Spätfolgen angemessen um 20–25% zu erhöhen	LG Köln 8.7.2004 22 O 290/02 RAin Dr. Rosenbaum, Köln
3252	40 000 € 20 000 + immat. Vorbehalt (€ 26 029)	Vergewaltigung und erzwungener Oralverkehr, nachdem Klägerin vorher gefesselt, geknebelt und für einen Tag verschleppt wurde	3 Wochen in Klinik für Psychiatrie, akute Suizidgefahr, nach 2 Jahren nochmals für 10 Tage und anschließend für 23 Tage in der gleichen Klinik wegen Suizidgefahr	16-jähr. Mädchen		Die Beklagten wurden zu hohen Freiheitsstrafen verurteilt; für die Klägerin wurde 3 Jahre nach dem Vorfall eine Betreuerin bestellt; sie leidet seit dem Vorfall nach wie vor unter einem massiven posttraumatischen Belastungssyndrom; kann keine schulischen Verpflichtungen erfüllen oder auch nur eine Ausbildung absolvieren; weitere Entwicklung nicht absehbar	LG Marburg 10.10.2001 2 O 168/01 (Versäumnisurteil) RAin Dr. Rottmann, Marburg
3253	€ 20 000 + immat. Vorbehalt (€ 23 012)	Sexueller Missbrauch durch Nachbarn in 13 Fällen		10-jähr. Junge		Einbeziehung des Opfers in sexuelle Spiele in Form von Oralverkehr und analen Manipulationen	LG Münster 26.6.2008 012 O 181/08 RA Rottgering

Lfd. Nr.	Betrag DM Euro (Anp.2019)	Verletzung	Dauer und Umfang der Behandlung; Arbeitsunfähigkeit	Person des Verletzten	Dauerschaden	Besondere Umstände, die für die Entscheidungen maßgebend waren	Gericht, Datum der Entscheidung, Az., Veröffentlichung bzw. Einsender
	**Fortsetzung von »Vergewaltigung, sexueller Missbrauch u. Ä. - Kinder«**
3254	€ 20 000 (€ 25 560)	Schwerer sexueller Missbrauch in 23 Fällen und sexueller Missbrauch in 69 Fällen		7-jähr. Mädchen		Der allein erziehende Beklagte missbrauchte seine 7-jähr. leibliche Tochter fortwährend bis zu ihrem 13. Lebensjahr sexuell, wobei nur ein geringer Teil der Taten vom Schuldspruch (Freiheitsstrafe von 8 Jahren) erfasst ist; in sicher festgestellten Fällen veranlasste er sie, bei ihm Oralverkehr durchzuführen, wobei es stets in ihrem Mund zum Samenerguss kam; aus Ekel erbrach das Mädchen nach den meisten Taten; in weiteren Fällen fasste der Beklagte die Klägerin unter der Kleidung an Brust, Scheide und Gesäß; hat die Begehung der Taten bis zum Schluss bestritten; Klägerin leidet an einer sehr schweren Identitätsstörung und unter Bulimie; mehrjährige psychotherapeutische Behandlung erforderlich; eingetretener psychischer Schaden nicht mehr vollständig reversibel	LG Wuppertal 24.1.2003 24 Kls 330-Js 1441/02-56/02 IV Adhäsionsverfahren RiLG Rubel, Wuppertal
3255	40 000 € 20 000 (€ 27 549)	Sexueller Missbrauch durch brutale Erzwingung des Analverkehrs		6-jähr. Junge		Dauerhaft psychische Schädigung ist zu erwarten	OLG Stuttgart 2.4.1997 1 U 148/96 RA Lutz, Riedlingen
3256	€ 25 000 (€ 28 487)	Sexueller Missbrauch durch den Vater über einen Zeitraum von 4 Jahren	Andauernde psychiatrische Behandlung	10-jähr. Junge	Entwicklungsstörung		LG Aurich 19.5.2010 5 O 1365/09 Versäumnisurteil RAin Heide Ihlenburg, Rhauderfehn
3257	€ 25 000 + immat. Vorbehalt (€ 28 827)	Sexueller Missbrauch an einem 10-jähr. Jungen in sieben Fällen innerhalb eines dreiviertel Jahres durch Heranwachsenden		10-jähr. Junge		Der Kläger leidet als Folge des sexuellen Missbrauchs unter posttraumatischen Belastungsstörungen. Seit diesen Vorfällen ist er äußerst depressiv, leidet unter Bindungs- und Beziehungsstörungen, hat ein gestörtes Selbsterleben bis hin zu deutlichen Strukturdefekten. Die emotionale Labilität, die depressiven Verstimmungen und Schuldgefühle beeinträchtigten nicht nur in allen zwischenmenschlichen Beziehungen, sondern führen immer wieder zu Selbstmordgedanken. Er befindet sich auf unabsehbare Zeit in psychiatrischer Behandlung	LG München I 5.12.2008 3 O 14604/08 Versäumnisurteil RAe Gall, Ring, Burgmair & Lechler, Dachau
3258	€ 25 000 + immat. Vorbehalt (€ 32 617)	Vergewaltigung durch Bedrohung mit einem Messer, um ungeschützten Geschlechtsverkehr bis zum Samenerguss zu erdulden	Mehr als 1-jähr. Behandlung durch Nervenärztin	15-jähr. Mädchen	Psychische Störungen, Meidung intimer Kontakte mit Männern	Seit dem Vorfall ist die Klägerin kontakt- und antriebslos. Ob und gegebenenfalls in welchem Umfang in der Folgezeit sich der Zustand psychisch bessern und stabilisieren wird, ist nicht absehbar	LG Potsdam 4.4.2001 2 O 470/99 bestätigt durch OLG Brandenburg 3.7.2002 13 U 96/01 RA Kappler, Luckenwalde

● Mithaftung (siehe vorletzte Spalte)

Vergewaltigung, sexueller Missbrauch u. Ä.   Urteile lfd. Nr. 3259 – 3262

Lfd. Nr.	Betrag DM **Euro** *(Anp.2019)*	Verletzung	Dauer und Umfang der Behandlung; Arbeitsunfähigkeit	Person des Verletzten	Dauerschaden	Besondere Umstände, die für die Entscheidungen maßgebend waren	Gericht, Datum der Entscheidung, Az., Veröffentlichung bzw. Einsender
Fortsetzung von »Vergewaltigung, sexueller Missbrauch u. Ä. - Kinder«							
3259	€ 25 000 *(€ 26 630)*	Mehrfacher sexueller Missbrauch eines Kindes im Alter von einem bis rund drei Jahren		Junge im Alter bis zu 3 Jahren	Traumatisierung	Dass das LG bei der im Rahmen des Prozesskostenhilfeverfahrens gebotenen summarischen Prüfung hier ein Schmerzensgeld i.H.v. € 25 000 für angemessen hält, ist unter Berücksichtigung der Art und Dauer der Verletzung des sexuellen Selbstbestimmungsrechts des Klägers und der Schuld des Beklagten nicht zu beanstanden. Gerade unter Berücksichtigung des damaligen Alters des Klägers und im Hinblick auf die Genugtuungsfunktion stellt ein Schmerzensgeld i.H.v. € 25 000 den unteren Mindestbetrag dar, der hier wegen der körperlichen Beeinträchtigungen, der aus den Taten folgenden frühkindlichen Traumatisierung und deren Behandlungsbedürftigkeit und der damit verbundenen Umstände auszuwerfen ist	OLG Naumburg 2.7.2014 10 W 16/14 (PKH) NJW-RR 2015, 153
3260	€ 25 500 *(€ 32 432)*	3 Fälle sexuellen Missbrauchs, 2 Fälle schweren Missbrauchs und eine Vergewaltigung innerhalb von 5 Jahren – Klägerin wurde u. a. mit Gewalt zum Oralverkehr und zum Geschlechtsverkehr gezwungen		Mädchen, zu Beginn der Taten 9 Jahre alt		Schulische Leistungen haben stark nachgelassen, Klägerin schwänzte die Schule, war verhaltensauffällig, grenzte sich vermehrt von den Eltern ab, war öfter von zu Hause abgängig und hegte Suizidabsichten; wiederholt therapeutische Behandlungen; Beklagter (Großvater der Klägerin) wurde zu einer mehrjährigen Haftstrafe verurteilt	LG Memmingen 12.6.2003 2 O 1742/02 RAin Deutsch, Landsberg
3261	€ 30 000 + immat. Vorbehalt *(€ 34 744)*	Schwerer sexueller Missbrauch in sieben Fällen (Oralverkehr) sowie weiteren vier Fällen des sexuellen Missbrauchs innerhalb von 1 ½ Jahren	Noch andauernde psychotherapeutische Behandlung	11-jähr. Mädchen	Schwere psychische Beeinträchtigungen	Bei dem Täter handelt es sich um den besten Freund der Familie. Er wurde zu 6 Jahren Haft verurteilt. Die Klägerin musste sich in psychotherapeutische Behandlung begeben. Infolge ihrer körperlichen und psychischen Beeinträchtigungen ließen ihre schulischen Leistungen stark nach. Sie litt unter Alpträumen und Angstzuständen. Daneben hat sie nahezu kein Empfinden mehr für Harn- oder Stuhldrang und leidet vor allem darunter, dass sie sich auch in der Schule unwillkürlich einnässt	LG Bonn 4.3.2008 3 O 334/06 RAin Lörsch, Bonn
3262	€ 30 000 *(€ 38 525)*	Vergewaltigungen und sexuelle Missbräuche mit Bedrohung eines Jagdmessers	Anhaltende psychologische Betreuungsversuche	13-jähr. Mädchen	Psychische Belastung im Umgang mit Männern	Erschwerend ist zu bewerten, dass der Beklagte für die Klägerin wie ein „Stiefvater" war, also eine absolute Bezugsperson. Die Genugtuungsfunktion kann deshalb nicht entfallen, weil der Beklagte zu einer 10-jähr. Freiheitsstrafe mit anschließender Sicherheitsverwahrung verurteilt worden ist. Das Strafverfahren dient nämlich in erster Linie der Genugtuung der Gesellschaft, präventiven Erwägungen und auch dem Schutz und der Bewahrung anderer Kinder vor einem Schicksal, wie es die Klägerin erlitten hat	LG Düsseldorf 18.9.2002 5 O 181/02 Versäumnisurteil RAe Strebe & Gentz, Düsseldorf

Lfd. Nr.	Betrag DM Euro (Anp.2019)	Verletzung	Dauer und Umfang der Behandlung; Arbeitsunfähigkeit	Person des Verletzten	Dauerschaden	Besondere Umstände, die für die Entscheidungen maßgebend waren	Gericht, Datum der Entscheidung, Az., Veröffentlichung bzw. Einsender
\multicolumn{8}{l}{Fortsetzung von »Vergewaltigung, sexueller Missbrauch u. Ä. - Kinder«}
3263	60 000 € 30 000 (€ 39 726)	Kindesentziehung von etwa einem Jahr und sexueller Missbrauch mittels Masturbation beim Beklagten und Oralverkehr		9-jähr. Junge		Der Beklagte hat den Kläger etwa 1 Jahr seinen sorgeberechtigten Eltern, denen er entlaufen war, vorenthalten und ihm die Möglichkeit genommen, sich selbst im Rahmen seiner persönlichen Möglichkeiten weiterzuentwickeln; erheblicher seelischer Schaden durch sexuellen Missbrauch, erhebliche Behinderung der sexuellen Reifung; schlechte wirtschaftliche Lage des Beklagten, was jedoch in Anbetracht des verwerflichen Verhaltens nur von untergeordneter Bedeutung ist	LG Hamburg 5.7.2000 326 O 9/00 NJW 2001, 525
3264	70 000 € 35 000 + immat. Vorbehalt (€ 47 471)	Wiederholter sexueller Missbrauch zwischen Sommer 1993 und Sommer 1994 mit mehrfacher oraler Befriedigung, wobei Klägerin des öfteren den Samen schlucken musste		11-jähr. Mädchen		Beklagter wurde wegen sexuellen Missbrauchs von Kindern in sieben Fällen zu einer Gesamtfreiheitsstrafe von 4 Jahren und 6 Monaten verurteilt; mehrfache Suizidversuche der Klägerin; schmerzensgelderhöhend war, dass der Beklagte, Großvater der Klägerin, androhte, seine Hilfe dem Stiefvater gegenüber, mit dem Klägerin Probleme hatte, zu entziehen, falls sie ihm nicht mehr gefügig sei; ebenfalls schmerzensgelderhöhend ist der Umstand, dass die Klägerin im Haushalt vor Gericht mehrfach aussagen musste	LG Aachen 9.12.1998 8 O 65/96 RiLG Kirchesch, Aachen
3265	€ 35 000 (€ 38 162)	Schwerer sexueller Missbrauch eines Kindes		Mädchen		Die Höhe des auf der Grundlage der festgestellten unerlaubten Handlungen des Beklagten der Klägerin zugesprochenen Schmerzensgeldes wurde als solche mit der Berufung nicht angegriffen und wird vom Senat als auch angemessen erachtet	OLG München 7.8.2012 24 U 2436/12
3266	€ 40 000 (€ 45 143)	Schwerer sexueller Missbrauch in mind. 32 Fällen über einen Zeitraum von mind. 10 Monaten durch den Vater, wobei es zu Vaginal-, Anal- und Oralverkehr kam. Der Bekl. hatte den Familienhund sexuelle Handlungen an der Tochter durchführen lassen. Die sexuellen Übergriffe wurden vom Bekl. z. T. gefilmt		14-jähr. Mädchen	Posttraumatische Belastungsstörung sowie eine instabile Persönlichkeitsstörung vom Borderline-Typ, regelmäßiges „Ritzen" der Haut durch die Geschädigte	Die Geschädigte befand sich zum Zeitpunkt der Taten in einer besonderen Lebensphase (Übergang zur Pubertät) und es ist wenig Schlimmeres vorstellbar, was ein Vater seiner Tochter antun kann	LG Münster 1.12.2010 14 O 455/10 VU RA Röttgering, Gescher
3267	€ 40 000 + immat. Vorbehalt (€ 45 727)	Erzwungener Geschlechtsverkehr in mindestens 15 Fällen durch den Vater der Klägerin		13-jähr. Mädchen		Beklagter wurde wegen sexuellen Missbrauchs von Schutzbefohlenen zu 3 Jahren und 6 Monaten Freiheitsstrafe verurteilt; anhaltende schwere Traumatisierung der Klägerin mit Angst, Abkapselung und Schuldvorwürfen an sich selbst	LG Ravensburg 22.12.2009 3 O 195/09 RAe Fad, Dr. Meinel, Dr. Schultes, Tübingen

● Mithaftung (siehe vorletzte Spalte)

Vergewaltigung, sexueller Missbrauch u. Ä.   Urteile lfd. Nr. 3268 – 3271

Lfd. Nr.	Betrag DM **Euro** *(Anp.2019)*	Verletzung	Dauer und Umfang der Behandlung; Arbeitsunfähigkeit	Person des Verletzten	Dauerschaden	Besondere Umstände, die für die Entscheidungen maßgebend waren	Gericht, Datum der Entscheidung, Az., Veröffentlichung bzw. Einsender
\multicolumn{8}{l}{**Fortsetzung von »Vergewaltigung, sexueller Missbrauch u. Ä. - Kinder«**}
3268	€50 000 + immat. Vorbehalt *(€57 220)*	Schwerste sexuelle Übergriffe mit Todesdrohungen und massiver sexueller Erniedrigung verbunden mit erheblichen Verletzungen im Gesäßbereich, am Oberschenkel, an Armen und Beinen		11-jähr. Junge		Beklagter entführte den Kläger zu einem Campingplatz; unterwegs schlug er ihm ins Gesicht und führte sexuelle Handlungen an ihm aus; auf dem Weg zum Campingplatz hielt er mehrmals an und schlug den Kläger mit einer Reitgerte und einem Hosengürtel mehrfach auf das nackte Gesäß; in einem Mobilheim kam es zu sexuellen Übergriffen, wobei der Beklagte den Kläger u. a. zwang, ihn oral zu befriedigen; dabei bedrohte er ihn mit einem Küchenmesser; anschließend fesselte er den Kläger und ließ ihn über Nacht in dem Mobilheim zurück; am nächsten Tag kam es zu weiteren sexuellen Übergriffen; Kläger ist bisher nicht in der Lage, über die Tat zu sprechen; es ist nicht absehbar, ob es dem Kläger gelingen wird, das Geschehene zu verarbeiten	LG Münster 16.7.2008 2 O 567/07 RA Röttgering, Gescher
3269	€60 000 *(€65 020)*	Freiheitsberaubung mit mehrfacher brutaler Vergewaltigung über einen Zeitraum von 3 Tagen		16-jähr., im 4. Monat schwangeres Mädchen		Die Geschädigte wurde vom Täter in der Wohnung eingesperrt und dort gefesselt, mit dem Tode bedroht und mehrfach brutal vergewaltigt. Das Urteil ist das bislang höchste Schmerzensgeldurteil in Vergewaltigungsfällen. In der Berufung wurde das erstinstanzliche Urteil, welches €100 000 zusprach, durch einen Vergleich herabgesetzt	LG Wuppertal 5.2.2013 16 O 95/12 Berufungsentscheidung OLG Düsseldorf I-19 U 11/13 RA Prahl, Wismar
3270	€65 000 *(€68 755)*	66 Fälle sexuellen Missbrauchs und 31 Fälle schweren sexuellen Missbrauchs		Junge		Neben der Vielzahl der Fälle sexuellen Missbrauchs beginnend mit dem 5. Lebensjahr des Klägers und der durch eine besondere Erniedrigung des Klägers gekennzeichneten 31 Fälle schweren sexuellen Missbrauchs durch Ausübung des Analverkehrs mit Samenerguss findet der lange Zeitraum, über den die Taten hinweg begangen worden sind, Berücksichtigung. Besonderes Gewicht kommt dem Umstand zu, dass die Taten von dem eigenen Vater begangen worden sind, was geeignet ist, das Vertrauen des missbrauchten Kindes in die unbedingte Zuverlässigkeit der eigenen Familie und für zukünftige Beziehungen zu erschüttern	OLG Hamm 27.5.2015 9 W 68/14 juris
\multicolumn{8}{l}{**Kapitalabfindung mit Schmerzensgeldrente**}
3271	€50 000 und €75 Rente monatlich *(€63 669)*	6-malige Vergewaltigung an einem 9-jähr. Jungen (3 x Anal- und 3 x Oralverkehr)		9-jähr. Junge	Häufig belastende Alpträume, Schlafstörungen	Unehelicher Sohn wurde von dem Ehemann seiner Mutter zu den Vergewaltigungen gezwungen mit der Drohung, falls er nicht schweige, beide nach Kenia zurückzuschicken	LG Stuttgart 16.4.2003 27 O 113/03 RAe Tilgner & Koll., Stuttgart

Verletzung der Verkehrssicherungspflicht

Lfd. Nr.	Betrag DM **Euro** *(Anp.2019)*	Verletzung	Dauer und Umfang der Behandlung; Arbeitsunfähigkeit	Person des Verletzten	Dauerschaden	Besondere Umstände, die für die Entscheidungen maßgebend waren	Gericht, Datum der Entscheidung, Az., Veröffentlichung bzw. Einsender
3272	– *(€ 0)*	Kontusion des linken Vorfußes	Salbenkompressionsverband, Schmerzmittel	Frau		Die Klägerin hat keinen Schmerzensgeldanspruch gegen die beklagte Schwimmbadbetreiberin. Das bloße Aufstellen einer kleinen Sitzbank in einer Umkleidekabine stellt keine Verletzung der Verkehrssicherungspflicht dar, da die Bank bei sachgerechter Nutzung keine Gefahrenquelle darstellt. Die Klägerin stellte beim Anziehen ihren 4-jährigen Sohn auf die Bank, welche sodann mit dem Kind umkippte und der Klägerin auf den Fuß fiel. Das Kind blieb unverletzt	AG München 24.4.2014 191 C 21259/13 Rechtsindex.de
3273	– *(€ 0)*	Schürfwunde am linken Unterschenkel, Hämatom mit Unterschenkelödem, Lymphangitis, sekundäre Wundheilungsstörung infolge Sturz auf einem Kreuzfahrtschiff	Wiederholte Behandlungen an Bord	Frau		Klägerin hat keinen Schmerzensgeldanspruch, da der Beklagten keine Verkehrssicherungsverletzung vorzuwerfen ist und sich lediglich das allgemeine Lebensrisiko verwirklicht hat. Klägerin führte eine Kreuzfahrt bei der Beklagten durch und stürzte angeblich zwei Mal infolge von Schiffsschwankungen. Die Klägerin war der Meinung, dass von der Beklagen Haltegriffe in der Kabine anzubringen gewesen wären	AG Rostock 9.3.2012 47 C 406/11 openjur
3274	– *(€ 0)*	Fingerendgliedfraktur D III, Endgliedprellung, Schürfwunde, Nagelhämatom D IV jeweils rechts	4 Tage AU, 2 Wochen Beschwerden, Fingerschiene	62-jähr. Mann		Der Kläger hat keinen Anspruch auf Schmerzensgeld, da keine Verkehrssicherungspflichtverletzung durch die Bank begangen wurde. Der Kläger behauptet, er befand sich am SB-Terminal der beklagten Bank und wollte Geld abheben, hatte seine Pin eingegeben und wollte nunmehr das Geld entnehmen, griff mit der rechten Hand in den Geldautomaten, wobei sich zeitgleich die Klappe schloss und die Hand einklemmte	LG Düsseldorf 6.5.2014 6 O 330/13 Justiz NRW

Verletzung der Verkehrssicherungspflicht

Lfd. Nr.	Betrag DM **Euro** *(Anp.2019)*	Verletzung	Dauer und Umfang der Behandlung; Arbeitsunfähigkeit	Person des Verletzten	Dauerschaden	Besondere Umstände, die für die Entscheidungen maßgebend waren	Gericht, Datum der Entscheidung, Az., Veröffentlichung bzw. Einsender
	**Fortsetzung von »Verletzung der Verkehrssicherungspflicht«**						
3275	– *(€ 0)*	Dislozierte Humeruskopffraktur rechts, Commotio Cerebri nach Sturz an Türschwelle eines Klosters (Benediktinerabtei)		Frau		Ein Schmerzensgeldanspruch der Klägerin besteht nicht. Hierzu führte das Gericht wie folgt aus: „Bereits durch die Stufen bei Betreten des jahrhundertealten Klostergebäudes – sei es über die Klosterpforte oder über den Kircheninnenraum der Basilika – wird einem Besucher augenfällig, dass die Klosteranlage – bislang – noch nicht barrierefrei umgestaltet wurde. Auch der Zugang zu dem Klostermuseum im 1. OG des Gebäudes, aus dem die Klägerin kam, ist lediglich über Treppen möglich, da kein Aufzug vorhanden ist. Deshalb durfte und konnte die Klägerin nicht davon ausgehen, dass sämtliche Türschwellen im Gebäude barrierefrei ausgestaltet sind und musste damit rechnen, dass derartige ‚Schwellen' – wie es bereits der Wortlaut nahelegt – vorhanden sind. Auch die Höhe der Schwelle (4–5 cm) liegt nach Auffassung des Gerichts nicht außerhalb jeglicher Lebenserfahrung, sodass auch hiermit zu rechnen ist." Ein Warnhinweis oder eine Markierung der Schwelle war und ist nicht erforderlich. Schließlich würde ein Anspruch selbst bei unterstellter Verletzung einer Verkehrssicherungspflicht aufgrund eines weit überwiegenden Mitverschuldens der Klägerin gem. § 254 Abs. 1 BGB ausscheiden	LG Memmingen 22.2.2018 34 O 1063/17 juris
3276	€ 2800 ● *(€ 3127)*	Achillessehnenruptur rechts	4 Tage stationärer Klinikaufenthalt, fast 3 Monate AU	Mann		Verkehrssicherungspflichtverletzung durch Reiseveranstalter. Der Kläger trat im Rahmen des Animationsprogramms auf einem Sportfeld in ein nicht verschlossenes Pfostenloch. Mitverschulden von 20%	LG Frankfurt am Main 27.6.2011 2-24 O 176/10, 2/24 O 176/10
3277	€ 3000 *(€ 3288)*	Nasenbeinfraktur ohne Dislokation, 3 cm große oberflächliche Schürfwunde am Handgelenk, Schürfung am Knie	2 Monate Behandlung	Frau		Sturz der Klägerin in der Fußgängerzone aufgrund Verkehrssicherungspflichtverletzung der beklagten Stadt	LG Bonn 4.4.2012 1 O 424/11 openjur
3278	€ 4000 *(€ 4189)*	Fraktur des Mittelfußknochens		Frau		Verletzung der Verkehrssicherungspflicht des Veranstalters eines Gartenfestivals. Hinsichtlich der Schadenshöhe hat das LG der Klägerin auf Basis von § 287 Abs. 1 ZPO ein Schmerzensgeld i.H.v. € 4000 zugesprochen und sich dabei auf den Verschuldensgrad der Beklagten (mittlere Fahrlässigkeit), die Schwere der Verletzung mit der Notwendigkeit zweier Operationen und den Heilungsverlauf mit auftretenden Schmerzen gestützt. Die Berufung hat die vom LG in zutreffender Weise zugesprochenen Schadenpositionen, insb. Schmerzensgeld, nicht angegriffen	OLG Frankfurt am Main 13.3.2017 4 U 158/16 juris

● Mithaftung (siehe vorletzte Spalte)

Lfd. Nr.	Betrag DM **Euro** (Anp.2019)	Verletzung	Dauer und Umfang der Behandlung; Arbeitsunfähigkeit	Person des Verletzten	Dauerschaden	Besondere Umstände, die für die Entscheidungen maßgebend waren	Gericht, Datum der Entscheidung, Az., Veröffentlichung bzw. Einsender

Fortsetzung von »Verletzung der Verkehrssicherungspflicht«

Lfd. Nr.	Betrag	Verletzung	Dauer/Behandlung	Person	Dauerschaden	Besondere Umstände	Gericht
3279	€ 5000 + immat. Vorbehalt (€ 5337)	Nasenbeinfraktur, massive Schwellung und Hämatome im Gesicht, Schädel-Hirn-Trauma, Gehirnerschütterung	2 Operation, insgesamt 14 Tage stationärer Aufenthalt, mindestens 5 Wochen AU	Frau		Die grob fahrlässige Verkehrssicherungspflichtverletzung der Beklagten ist im Grenzbereich zum bedingten Vorsatz. Die Klägerin lief im Sonderpostenmarkt der Beklagten gegen eine automatische Eingangstüre, die unvermittelt zurückschlug. Es erfolgte eine 2. Operation bei der die Nase erneut gebrochen werden musste. Erheblich verzögerte Bearbeitung des Falls, da die Beklagte bewusst falsche Angaben im Hinblick auf die Wartungsberichte der Tür und die darin enthaltenen Hinweise, dass die Tür nicht richtig funktioniere, gemacht hat	LG Bielefeld 17.3.2014 5 O 8/13
3280	€ 9000 + immat. Vorbehalt für 10% der mittelbaren Schäden (€ 9905)	Tibiakopffraktur rechts	3 Wochen stationärer Aufenthalt, danach langwierige Reha, insg. 78 Wochen AU zu 100%	Frau, Kindergärtnerin	Erhebliche Bewegungseinschränkung des rechten Knies	Räumpflichtverletzung des Beklagten. Klägerin war bereits am rechten Knie vorgeschädigt in Form einer bereits eingesetzten Prothese, welche aufgrund des Unfalls erneuert werden musste. Ferner kann die Klägerin ihren Beruf nicht mehr ausüben. Es wurde auch schmerzengelderhöhend berücksichtigt, dass die Beklagte bis zum Schluss die Verantwortlichkeit von sich wies	LG Kiel 24.2.2012 13 O 169/10 RA und Notar Gerhard Neumann, Wahlstedt

Weitere Urteile zur Rubrik »**Verletzung der Verkehrssicherungspflicht**« siehe auch:
- bis € 2500: 206, 766, 2208, 1345, 797, 773, 1382, 2169, 892, 1561, 776, 2172, 2173, 894, 842, 1513, 104, 898, 491, 13, 2177, 142, 2271, 346, 1348, 516, 1577
- bis € 5000: 371, 660, 907, 959, 1115, 988, 521, 122, 223, 2273, 638, 2181, 652, 1349, 2750, 525, 53, 803, 22, 526, 2182, 528, 56, 531, 817, 1363, 964, 291, 533, 2121, 1592, 57
- bis € 12500: 1582, 2237, 539, 543, 296, 716, 545, 2242, 124, 388, 2811, 3090, 2190, 297, 821, 984, 551, 807, 1629, 553, 2033, 68, 229, 300, 354, 260, 304, 72, 564, 1364, 396, 1642, 565, 1159, 2249, 399, 568, 1366, 572, 2098
- bis € 25000: 3162, 985, 1548, 1197, 3105, 1662, 586, 1291, 10, 2942, 877, 998, 987, 1589
- ab € 25000: 1670, 1675, 506, 416, 2956, 986, 603, 2075, 2078, 1969, 1300, 2990, 1215, 1986, 1236, 1242, 287, 2013, 2023

Verzögerliche Schadensregulierung

Lfd. Nr.	Betrag	Verletzung	Dauer/Behandlung	Person	Dauerschaden	Besondere Umstände	Gericht
3281	10 000 € 5000 (€ 6790)	Entgegenstellen des Haftpflichtversicherers des Geschädigten dem berechtigten Entschädigungsverlangen des Geschädigten in nicht mehr verständlicher und in hohem Maße tadelnswerter Weise				Wenn grundsätzliche Leistungspflicht nicht ernsthaft zu bezweifeln ist, dann ist es geradezu unanständig, jegliche Zahlung davon abhängig zu machen, dass Anspruchsgegner auf alle denkbaren, insbesondere auch zukünftigen Ansprüche verzichten soll, um überhaupt eine Entschädigung zu erhalten. Ein solches Verhalten grenzt an den Tatbestand der Nötigung, beinhaltet zumindest aber eine mit Treu und Glauben nicht mehr zu vereinbarende Ausnutzung einer psychologischen und ökonomischen Machtposition des wirtschaftlich Stärkeren	OLG Frankfurt am Main 7.1.1999 12 U 7/98 NVersZ 1999, 144

Weitere Urteile zur Rubrik »**Verzögerliche Schadensregulierung**« siehe auch:
- bis € 2500: 1561, 776, 1769, 1810, 1255, 1834, 16
- bis € 5000: 1866, 1884, 377, 978, 1356, 112, 753
- bis € 12500: 487, 3279, 818, 2763, 2827, 542, 882, 2216, 497, 1120, 1630, 721, 2779, 562, 2548, 1124, 1640, 1364, 2785
- bis € 25000: 575, 406, 314, 1548, 3103, 1093, 2796, 2797, 131, 191, 1589
- ab € 25000: 732, 1670, 1306, 1677, 3074, 3107, 2956, 734, 199, 605, 1294, 1098, 1008, 612, 202, 1279, 2620, 1179, 3177, 1300, 141, 120, 1139, 4, 283, 1053, 284, 1054, 3004, 3010, 2156, 1329, 367, 368, 3014, 1224, 3015, 1994, 1232, 2616, 2669, 2448, 1183, 1184, 2099, 2092, 2008, 1410, 3021, 204, 2804, 1142, 2100, 2016, 2678, 1460, 2023

● Mithaftung (siehe vorletzte Spalte)

Vorsätzliche Körperverletzung

Lfd. Nr.	Betrag DM **Euro** *(Anp.2019)*	Verletzung	Dauer und Umfang der Behandlung; Arbeitsunfähigkeit	Person des Verletzten	Dauerschaden	Besondere Umstände, die für die Entscheidungen maßgebend waren	Gericht, Datum der Entscheidung, Az., Veröffentlichung bzw. Einsender
3282	€ 2000 (€ 2113)	Durch Ohrfeige verursachte Schmerzen, kurzfristige Hörminderung links, Ängste und Schlafstörungen, mittelgradige depressive Episode		Frau		Der Senat erachtet das vom LG zugebilligte Schmerzensgeld von weiteren € 1000, nachdem der Beklagte vorprozessual bereits € 1000 bezahlt hatte, für angemessen. Das LG hat insoweit für die Ohrfeige ein Schmerzensgeld zuerkannt, das deutlich über den üblicherweise in diesen Fällen zuerkannten Betrag hinausgeht. Es ging von den durch die Ohrfeige unmittelbar verursachten Schmerzen, einer kurzfristigen Hörminderung links, Ängsten und Schlafstörungen, einer mittelgradigen depressiven Episode und einer Reaktion auf eine schwere Belastung aus, hat aber angemerkt, dass der Klägerin der ihr obliegende Beweis für die Dauer dieser Beeinträchtigungen nicht gelungen sei. Weiterhin hat das LG den Umstand, dass der Beklagte als Mann der Klägerin körperlich überlegen gewesen sei sowie die besondere Kränkungsanfälligkeit der dem türkischen Kulturkreis zugehörigen Klägerin berücksichtigt. Als entlastende Umstände hat das LG erwähnt, dass die Ohrfeige im Rahmen einer verbalen Auseinandersetzung erfolgte, an der die Klägerin ebenso wie der Beklagte beteiligt gewesen war, wobei es die Klägerin gewesen sei, die auf den Beklagten zugegangen sei und die Auseinandersetzung gesucht habe. Die Tat sei im Affekt erfolgt. Der Beklagte habe sich nach dem Vorfall auch bei der Klägerin entschuldigt	OLG München 17.11.2016 3 U 3662/16

Vorsätzliche Körperverletzung

Lfd. Nr.	Betrag DM **Euro** (Anp.2019)	Verletzung	Dauer und Umfang der Behandlung; Arbeitsunfähigkeit	Person des Verletzten	Dauerschaden	Besondere Umstände, die für die Entscheidungen maßgebend waren	Gericht, Datum der Entscheidung, Az., Veröffentlichung bzw. Einsender
	Fortsetzung von »Vorsätzliche Körperverletzung«						
3283	€ 5000 (€ 5175)	Misshandlung einer Pflegeheimbewohnerin durch eine Pflegerin durch Fallenlassen auf das Bett, Schläge mit dem Kissen und mit der Hand ins Gesicht, Nase zuhalten und zwangsweise Flüssigkeitsgabe, Würgegriffe sowie das Hin- und Herreißen des Körpers und grobes Anfassen, psychisches Trauma		90-jähr. Frau		Die Angeklagte wurde wegen Misshandlung von Schutzbefohlenen gem. § 225 Abs. 1 Nr. 1, Abs. 3 Nr. 2 StGB zu einer Freiheitsstrafe von 3 Jahren und 6 Monaten verurteilt. Es wurde ein lebenslanges Berufsverbot angeordnet. Die Geschädigte litt unter einer fortschreitenden Demenz. U.a. war sie auf einen Rollstuhl angewiesen, benötigte Hilfe beim An- und Umziehen, bei der Nahrungsaufnahme, war inkontinent und stumm. Die Behandlungen durch die Angeklagte waren alle bereits für sich genommen extrem unangenehm, konnten aber keine schwerwiegenden Folgen oder gar den Tod – auch nicht unter Berücksichtigung des hohen Alters und der Gebrechlichkeit der Geschädigten – hervorrufen, so der Sachverständige. Ob eine PTBS vorliegt, konnte nicht beurteilt werden. Das Gericht hat bei der Schmerzensgeldhöhe nicht verkannt, dass die Angeklagte derzeit arbeitslos ist und der zu zahlende Betrag eine erhebliche Belastung darstellt. Zu beachten war auch, dass die kinderlose Angeklagte über mehrere Jahre in Vollzeit gearbeitet hat und entsprechende Rücklagen bilden konnte. Zudem ist auch davon auszugehen, dass die Angeklagte in einem anderen Berufsfeld nach ihrer Haftentlassung wieder wird Fuß fassen können	AG Münster 19.12.2017 12 Ls - 30 Js 320/16 - 5/17 Landesrechtssprechungsdatenbank NRW Adhäsionsverfahren
3284	€ 5000 ● + immat. Vorbehalt (€ 5216)	Ein flüchtender Schwarzfahrer verletzte den Kläger, der ihn aufzuhalten versuchte. Dadurch kam es zu einem Zusammenstoß beider, wodurch sie über die Bahnsteigkante in das Gleisbett stürzten. Der Kläger erlitt dabei erhebliche Verletzungen		Mann		Der Beklagte handelte fahrlässig. Er konnte voraussehen, dass sich andere Personen auf dem Bahnsteig ihm in den Weg stellen würden, um ihn aufzuhalten. Den Kläger trifft jedoch ein erhebliches Mitverschulden. Er musste seinerseits damit rechnen, dass der Beklagte nicht mehr auf seine (des Klägers) Bewegung reagieren würde oder reagieren konnte und es deshalb zu einem heftigen Aufprall des Beklagten auf seinen (des Klägers) Körper kommen würde. Bzgl. der Höhe des Schmerzensgeldes ist der vom Kläger für den Fall, dass der Beklagte alleine haftet, erstrebte Betrag von € 15 000 angesichts der erlittenen Verletzungen angemessen. Wegen des erheblichen eigenen Mitverschuldens ist dieser Betrag jedoch auf € 5000 zu reduzieren	OLG Frankfurt am Main 25.4.2017 10 U 173/15 juris

● Mithaftung (siehe vorletzte Spalte)

Vorsätzliche Körperverletzung

Fortsetzung von »Vorsätzliche Körperverletzung«

Lfd. Nr.	Betrag DM Euro (Anp.2019)	Verletzung	Dauer und Umfang der Behandlung; Arbeitsunfähigkeit	Person des Verletzten	Dauerschaden	Besondere Umstände, die für die Entscheidungen maßgebend waren	Gericht, Datum der Entscheidung, Az., Veröffentlichung bzw. Einsender
3285	€ 6000 + immat. Vorbehalt (€ 6211)	Faustschlag ins Gesicht: Fraktur des linken sinus maxilaris mit Beteiligung der ventralen und medialen Begrenzung sowie des Orbitabodens (Kieferhöhlen-Jochbein-Fraktur), ferner starke schmerzhafte Schwellungen der linken Wange und ein Monokelhämatom am linken Auge sowie Nasenbluten und erheblicher Schmerzen für zumindest einige Tage	Später wurde Operation zur Entfernung von Narbengewebe erforderlich, welches sich im Kiefer gebildet und auf den Nervus infraorbitalis gedrückt hatte	Jugendlicher		Ein Schmerzensgeld von insgesamt € 6000 ist in Anbetracht der Gesamtumstände angemessen, wobei damit etwaige Spätfolgen – wie z.B. das Absterben der Zähne 21–24 – nicht abgegolten sind	LG Freiburg i. Br. 22.12.2017 6 O 186/17 RAin Himmelreich, Kanzlei Abletshauser, Gröger & Kollegen, Freiburg
3286	€ 70 000 + immat. Vorbehalt (€ 75 472)	Der Kläger brach sich bei einem Sprung über eine Mauer das Knie (Tibiakopffraktur mit Aortenabriss), als er vor dem Beklagten zu 1) floh, der ihn verfolgte. Bei der nachfolgenden stationären Behandlung erfolgte ein Fehler der Beklagten zu 2), die eine Angiographie unterließ und deshalb den Aortenabriss nicht feststellte	Operation, danach 12mal Debridments u.a. mit Hämatomausräumung und Spalthautentnahme am Oberschenkel. Folgeoperationen (2 Ulcusoperationen und eine Operation zur Beseitigung der Krallenfehlstellung an allen 5 Zehen)	Junger Mann	Taubheitsgefühl im rechten Unterschenkel, Peronaeuslähmung mit entsprechender Gangbehinderung rechts, permanente Ulcusgefahr, Schmerzattacken im rechten Fuß sowie reaktive Depression	Dies sind ganz erhebliche Schadensfolgen, die den noch jungen Kläger erheblich in seiner Lebensführung beeinträchtigen. Er steht infolge der Taubheit unter einem erhöhten Risiko, sich unbemerkt das Bein oder den Fuß zu verletzen; jede dieser Verletzungen birgt ein gesteigertes Risiko von Entzündungen und Nekrosen; der Kläger leidet unter Schmerzen am Fuß, die er immer wieder mit Schmerzmitteln behandeln muss. Infolge der verbliebenen Bewegungseinschränkung kann der Kläger Sport, den er früher gerne ausgeübt hat (Tanzen, Mountainbiking, Inlineskating), nicht mehr praktizieren. Schließlich hat das Schadensereignis den Kläger auch erheblich psychisch belastet und sozial beeinträchtigt. Der Kläger hat sein Abitur bislang noch nicht erwerben können. Im Rahmen der Abwägung ist auch kein Mitverschulden anspruchsmindernd zu berücksichtigen. Anerkanntermaßen tritt bei vorsätzlichem Handeln des Täters ein etwaiges fahrlässiges Mitverschulden des Geschädigten regelmäßig vollständig zurück. Zwar war hier möglicherweise die Verletzung durch den Sturz nicht gewollt; mit Blick auf die Intention des Beklagten zu 1), nämlich den Kläger zu schlagen, handelt es sich indessen um keine wesentliche Abweichung des Kausalverlaufs, die eine andere Wertung rechtfertige, wenn sich der Kläger auf der Flucht selbst verletzt. Gemessen an den Judikaten bei Totalverlust des Unterschenkels erscheint dem Senat unter wertender Berücksichtigung der eingangs genannten Gesichtspunkte ein (gesamtschuldnerisches) Schmerzensgeld von € 70 000 angemessen	OLG Oldenburg 7.1.2015 5 U 36/13 VorsRiOLG Dr. Oehlers

Lfd. Nr.	Betrag DM **Euro** *(Anp.2019)*	Verletzung	Dauer und Umfang der Behandlung; Arbeitsunfähigkeit	Person des Verletzten	Dauerschaden	Besondere Umstände, die für die Entscheidungen maßgebend waren	Gericht, Datum der Entscheidung, Az., Veröffentlichung bzw. Einsender
	Weitere Urteile zur Rubrik »**Vorsätzliche Körperverletzung**« siehe auch:						
	bis €2500: 345, 2846, 95, 3126, 786, 785, 646, 151, 1712, 768, 2027, 1379, 772, 2028, 774, 811, 787, 2861, 1013, 3031, 1384, 2029, 2875, 788, 895, 789, 1385, 511, 2284, 858, 742, 1821, 790, 860, 3133, 442, 861, 862, 2112, 479, 863, 743, 1353, 707, 1354, 744, 2741, 957, 745, 865, 903, 874, 1191						
	bis €5000: 2226, 708, 709, 792, 812, 2806, 519, 2031, 1259, 866, 793, 746, 494, 747, 3139, 1880, 2038, 748, 977, 794, 831, 1355, 832, 833, 87, 749, 795, 867, 3034, 712, 750, 868, 751, 3036, 1356, 869, 529, 752, 2119, 3041, 753						
	bis €12500: 3179, 804, 2808, 834, 2809, 783, 819, 2827, 2122, 796, 3044, 1357, 755, 1523, 756, 3153, 89, 835, 836, 871, 2810, 872, 718, 837, 2812, 822, 1268, 3180, 757, 3051, 2813, 2244, 758, 394, 1358, 813, 1186, 3156, 760, 2245, 1048, 761, 2247, 661, 2814, 838						
	bis €25000: 706, 1359, 75, 3217, 1360, 2054, 3185, 731, 1198, 2143, 762, 763, 2815, 2059, 2256, 2061, 1664, 2816, 1201, 3168, 1574						
	ab €25000: 764, 2817, 3187, 2818, 2066, 2067, 2069, 133, 1134, 2819, 2072, 1307, 3108, 1372, 736, 1310, 2262, 3226, 1373, 3268, 3189, 3190, 2264, 3269, 2085, 434, 2997, 1324, 3191, 1226, 1999, 2203, 2012, 2018, 369, 3192						

● Mithaftung (siehe vorletzte Spalte)

IV. Kapitalabfindung mit Schmerzensgeldrente

I. Zusammenstellung nach Art der Verletzungen

Arm

Amputation	7, 287
Bruch	204, 1339, 1343, 1377, 2004, 2006, 2091, 3023
Sonstige Verletzungen	7, 1377, 2092, 2204, 2699

Becken

Bruch 1252

Bein

Prellungen, Blutergüsse und allg. Verletzungen 1454, 2678
Knie
- Bruch 204, 1343
- Sonstige Verletzungen 239, 277, 1460
- Verletzungen Bänder, Sehnen, Muskeln u. Ä. 7, 239, 276, 277
- Arthrose 239, 276
Oberschenkel
- Amputation 287, 288, 2449
- Bruch 7, 204, 1340, 1342, 1455, 2006, 2011, 2091, 3021, 3023
- Sonstige Verletzungen 2092
Unterschenkel
- Amputation 287, 369
- Bruch 7, 438, 1243, 1377, 1455, 2006, 3023
- Sonstige Verletzungen 636, 2004
- Verletzungen, Bänder, Sehnen, Muskeln u. Ä. 3023

Brust und Brustkorb

Quetschungen, Prellungen und sonstige Verletzungen 1377, 2006, 3023
Rippenbruch 1244, 1339, 1459, 2003, 2006

Fuß mit Sprunggelenk

Bruch (auch Knöchelbruch) 276, 636, 1243, 2006, 3023
Sonstige Verletzungen 636, 1185, 1460, 2004, 2006, 2007
Arthrose 636, 1243
Zehe (Bruch und sonstige Verletzungen) 636, 2203

Geschlechtsorgane/Sexualstörungen

männlich 1142, 1183, 2006, 2804, 3021
weiblich 1184

Gesicht

Bruch 1243, 1338, 1339, 1343, 1344, 2006, 2091, 2092, 3023
Allgemeine Verletzungen (Nase, Stirn, Lippen, Zunge, etc.) 2006
Gesichtsnarben und -entstellungen 1243, 2204, 3023
Kieferverletzungen und Kieferbrüche 1243, 1377, 1455, 2091
Zahnbeschädigung, Zahnverlust, Zahnschmerzen 1377

Hals

Allgemeine Verletzungen 2012, 2204

Hand, Handgelenk, Finger

Bruch 2091, 3021
Sonstige Verletzungen 2204
Verletzungen Bänder, Sehnen, Muskeln u. Ä. 3021

Hüfte

Bruch 1377, 2006

Sonstige Verletzungen 239, 1457, 2685

Innere Organe

Bauch und Magen 1377, 2683
Darm 1182, 1454, 2003, 2007, 2011, 2017, 2677, 2681
Herz und Kreislauf 1459
Leber, Galle 1344, 2003, 2291
Lunge, Luftröhre, Zwerchfell 1142, 1244, 1455, 1459, 1460, 2004, 2012, 2019, 2021, 2674, 2677, 2804
Milz 1377, 2006
Niere, Blase, Harnröhre 1182, 1183, 1184, 1185, 1244, 1454, 2003, 2007, 2011, 2677, 2681

Kopf

Gehirnverletzungen 1243, 1244, 1245, 1246, 1247, 1248, 1249, 1250, 1251, 1252, 1253, 1254, 1377, 1410, 1459, 1460, 2019, 2291, 2450, 2451, 2670, 2671, 2672, 2673, 2674, 2675, 2676, 2677, 2678, 2679, 2680, 2681, 2682, 2683, 2684, 2685, 3024
- Schädelhirntrauma 1. Grades 276, 1250, 1338, 1339, 2003, 2011, 2092, 3021
- Schädelhirntrauma 2. Grades 1455
- Schädelhirntrauma 3. Grades 1338, 1339, 1340, 1341, 1342, 1343, 1344, 3192
Kopfwunden 1344, 1459
Schädelbruch 1243, 1249, 1377, 1455, 1459, 2091, 2092, 2671, 3021
Prellungen, Blutergüsse 276

Nerven

Epilepsie und sonstige Krampfanfälle 1142, 1249, 1338, 1339, 1342, 1410, 1455, 1458, 2024, 2670, 2672, 2674, 2676, 2677, 2680, 2681, 2684, 2685
Lähmung 1182, 1185, 1244, 1245, 1246, 1247, 1248, 1250, 1251, 1252, 1340, 1341, 1342, 1343, 1344, 1377, 1454, 1455, 1456, 1457, 1458, 1459, 1460, 2004, 2005, 2006, 2007, 2008, 2011, 2015, 2016, 2019, 2021, 2022, 2024, 2025, 2092, 2291, 2450, 2670, 2672, 2673, 2675, 2676, 2678, 2679, 2681, 2682, 2683, 2684, 2685, 2699, 2804
Zerreißung, Durchtrennung, Reizung, Einklemmung u. Ä. 7, 438
Sensibilitätsausfall und Sensibilitätsstörungen 7, 438, 1456, 2003, 2007

Rücken

Schulter
- Bruch (auch Schlüsselbeinbruch) 1339, 2003, 2004, 3023
- Sonstige Verletzungen 7
Wirbelsäule mit Lendenwirbel
- Wirbelsäule (Brustwirbel, Lendenwirbel, Kreuzbein, Steißbein) 204, 276, 636, 1182, 1343, 1344, 2002, 2004, 2012, 2699
- Querschnittslähmung 1185, 2002, 2003, 2004, 2005, 2006, 2007, 2008, 2009, 2010, 2011, 2012, 2013, 2014, 2015, 2016, 2017, 2018, 2019, 2020, 2021, 2022, 2023, 2024, 2025, 2026, 2804, 3020

Sinnesorgane

Auge
- Verletzungen 2036
- Verlust oder Beeinträchtigung des Sehvermögens 1243, 1245, 1249, 1338, 1343, 1410, 2018, 2090, 2091, 2092, 2100, 2674, 2676, 2677, 2678, 2679, 2680, 2683, 2685, 2805, 3023
- Verlust des Auges 2098, 2099, 2100, 3023, 3192
Verlust und Beeinträchtigung von Geruchs- und Geschmackssinn 1243, 2018, 3023, 3192

Ohr
- Schwerhörigkeit oder Beeinträchtigung des Hörvermögens 1142, 1338, 1455, 2672, 2679
- Sonstige Verletzungen 1243, 1377
Stimmbänder, Kehlkopf und sonstige Sprachstörungen 1247, 1248, 1249, 1250, 1339, 1340, 1341, 1343, 1344, 1456, 2012, 2021, 2025, 2450, 2675, 2677, 2678, 2684, 3192

Verbrennungen 287, 2203, 2204, 2205

Verätzungen, Vergiftungen, Strahlenschäden 2291

II. Häufige Verletzungsarten

Distorsion 636

Entzündungen und Infektionen 1184, 1344, 1455, 2674, 2804, 3023

Schnitt- und Platzwunden 636, 2006

Verrenkungen 239, 636, 1243, 2006

Versteifung 204

III. Besondere Verletzungsarten, -ursachen und -folgen

Aids 2289, 2290, 2291

Behandlungsfehler, Ärztlicher Kunst- und Aufklärungsfehler

Behandlungsfehler 1142, 1182, 1183, 1184, 1185, 1245, 1247, 1250, 1253, 1254, 1410, 1454, 1456, 2004, 2005, 2007, 2020, 2036, 2090, 2099, 2289, 2291, 2449, 2450, 2451, 2452

Geburtsschäden

Hirnschäden 1254, 2670, 2671, 2672, 2673, 2674, 2675, 2676, 2677, 2678, 2679, 2680, 2681, 2682, 2683, 2684, 2685
Sonstige Schäden 2699

Hundebisswunden und sonstige Verletzungen durch Tiere 2804, 2805

Narbe (entstellend) 277, 438, 2007, 2203, 2204, 3023

Persönlichkeitsrechtsverletzung 1250, 1251, 1343, 2674, 2684

Polytraumen 369, 1455, 2012, 2017, 2203, 2205, 3020, 3021, 3022, 3023, 3024

Produkthaftung 2100

Psychische Schäden

Psychische Primärschäden, insb. Schockschäden und Posttraumatische Belastungsstörung 1457, 3271
- durch Miterleben von Unfalltod, Erhalt der Unfallnachricht 204

Psychische Folgeschäden nach physischem Primärschaden 369, 438, 1185, 1377, 1410, 1456, 1459, 2012, 2018, 2020, 2025, 2098, 2204, 2289, 2291, 3021

Schussverletzung 2012, 3192

Sterilisation u. Ä. 1184

Vergewaltigung, sexueller Missbrauch u. Ä.

Kinder 3271

Verletzung der Verkehrssicherungspflicht 287, 2013, 2023, 2098

Verzögerliche Schadensregulierung 204, 1142, 1183, 1184, 1410, 1460, 2008, 2016, 2023, 2092, 2099, 2100, 2678, 2804, 3021

Vorsätzliche Körperverletzung 369, 2012, 2018, 2203, 3192

V. Kapitalabfindung mit immateriellem Vorbehalt

I. Zusammenstellung nach Art der Verletzungen

Arm
2406, 2421

Amputation 1, 2, 4, 5, 287
Bruch 8,
9, 10, 134, 194, 198, 204, 255, 314, 322, 325, 328, 342, 360, 365, 366, 504, 571, 583, 607, 733, 995, 1004, 1008, 1126, 1197, 1271, 1290, 1311, 1377, 1423, 1432, 1536, 1553, 1558, 1577, 1663, 1961, 1991, 2004, 2057, 2091, 2096, 2156, 2695, 2769, 2943, 2948, 2985, 2999, 3004, 3009, 3010, 3018, 3108
- Oberarmbruch 18, 22, 25, 26, 29, 30, 32, 33, 34, 37, 39, 43, 44, 45, 46, 47, 48, 2336, 2349, 3015
- Unterarmbruch 50, 55, 57, 59, 60, 61, 62, 71, 72, 73, 76, 78, 79, 82, 84, 85, 374, 918, 2411
- Ellenbogen 76, 88, 89, 92, 2795
Sonstige Verletzungen 9, 33, 43, 44, 47, 76, 89, 99, 109, 112, 113, 114, 118, 120, 184, 226, 227, 269, 309, 360, 366, 423, 492, 611, 825, 902, 933, 982, 985, 1004, 1018, 1377, 1412, 1419, 1420, 1427, 1437, 1441, 1442, 1447, 1464, 1527, 1535, 1551, 1553, 1557, 1568, 1589, 1612, 1634, 1664, 1863, 1892, 1922, 1927, 1931, 1959, 1961, 2092, 2186, 2191, 2219, 2280, 2612, 2624, 2668, 2688, 2691, 2695, 2697, 2699, 2743, 2770, 2777, 2785, 2790, 2794, 2809, 2981, 3041, 3154, 3164, 3178, 3180, 3184

Becken
2934

Bruch 26, 123, 125, 126, 127, 130, 134, 136, 137, 139, 198, 274, 333, 335, 366, 426, 503, 739, 1001, 1274, 1314, 1558, 1559, 1979, 2639, 2985, 2998, 3004, 3010, 3011, 3013, 3018, 3177
Sonstige Verletzungen 127, 134, 305, 844, 985, 1255, 3153, 3162, 3163

Bein
145, 146, 147, 148, 3011, 3015

Prellungen, Blutergüsse und allg. Verletzungen 84, 158, 318, 966, 1018, 1136, 1307, 1445, 1499, 1514, 1527, 1568, 1592, 1833, 2368, 2425, 2678, 3041, 3049
Knie 161, 1508, 2582, 2974, 2977
- Bruch 4, 48, 79, 84, 161, 165, 168, 176, 179, 180, 181, 182, 183, 184, 185, 186, 188, 190, 193, 194, 196, 197, 198, 199, 202, 203, 204, 269, 325, 341, 343, 361, 1002, 1135, 1558, 2107, 2768, 2772, 2782, 2789, 2798, 2981, 2998, 3280, 3286
- Sonstige Verletzungen 71, 193, 194, 219, 225, 226, 227, 228, 232, 234, 236, 237, 238, 239, 263, 269, 309, 397, 405, 417, 467, 492, 546, 591, 594, 630, 735, 739, 780, 806, 821, 856, 1121, 1227, 1255, 1535, 1543, 1553, 1568, 1612, 1656, 1833, 1922, 1940, 2107, 2128, 2158, 2350, 2388, 2397, 2405, 2412, 2595, 2602, 2798, 2818, 3049
- Verletzungen Bänder, Sehnen, Muskeln u. Ä. 4, 125, 184, 185, 196, 203, 239, 247, 248, 250, 253, 254, 255, 256, 257, 258, 259, 260, 261, 262, 263, 264, 265, 267, 268, 269, 271, 272, 274, 275, 276, 308, 312, 328, 417, 427, 453, 544, 596, 668, 922, 942, 1116, 1131, 1173, 1277, 1296, 1298, 1553, 1573, 1979, 2325, 2328, 2364, 2370, 2668, 2752, 2789, 2943, 2987, 2998, 3175
- Arthrose 185, 190, 239, 254, 255, 258, 267, 272, 276, 308, 319, 320, 324, 328, 329, 338, 404, 410, 417, 424, 1296, 2370, 2798, 2981
Oberschenkel
- Amputation 279, 280, 281, 282, 286, 287, 288, 1081, 2449, 3018
- Bruch 4, 79, 182, 197, 198, 199, 204, 289, 293, 294, 295, 296, 297, 298, 300, 301, 303, 304, 305, 306, 307, 308, 309, 311, 312, 313, 314, 315, 317, 318, 319, 320, 322, 323, 324, 325, 328, 329, 333, 334, 335, 337, 338, 339, 341, 342, 343, 344, 360, 366, 417, 421, 504, 552, 569, 580, 607, 645, 740, 916, 942, 997, 1028, 1054, 1132, 1135, 1137, 1281, 1340, 1342, 1441, 1557, 1608, 1663, 1666, 2091, 2590, 2802, 2942, 2943, 2951, 2971, 2977, 2981, 2982, 2987, 2992, 2999, 3175

- Sonstige Verletzungen 88, 114, 202, 225, 262, 309, 314, 352, 353, 363, 962, 1036, 1053, 1127, 1608, 1613, 1652, 2092, 2592, 2987, 3177, 3179, 3190
- Verletzungen Bänder, Sehnen, Muskeln u. Ä. 264, 334, 344, 354, 355, 356, 668, 1422, 1477, 2668, 2987
Unterschenkel 257, 2298, 2949
- Amputation 279, 287, 356, 360, 361, 363, 365, 366, 369
- Bruch 4, 34, 79, 136, 199, 264, 271, 329, 339, 341, 365, 371, 373, 374, 376, 378, 380, 382, 383, 386, 388, 389, 391, 393, 394, 395, 397, 398, 400, 401, 402, 404, 405, 407, 408, 410, 411, 412, 416, 417, 420, 421, 422, 423, 424, 425, 426, 427, 428, 429, 433, 435, 509, 568, 569, 571, 590, 598, 609, 612, 628, 645, 738, 913, 996, 1054, 1116, 1152, 1220, 1243, 1281, 1309, 1352, 1374, 1377, 1438, 1441, 1559, 1651, 2096, 2164, 2789, 2798, 2942, 2948, 2977, 2981, 2987, 2990, 2992, 2998, 2999, 3175
- Sonstige Verletzungen 158, 186, 202, 219, 225, 232, 269, 344, 361, 366, 383, 394, 395, 405, 420, 421, 423, 448, 451, 452, 453, 591, 636, 995, 1438, 1479, 1483, 1553, 1568, 1948, 2004, 2107, 2124, 2158, 2162, 2219, 2339, 2382, 2795, 2948, 2987, 3004, 3181
- Verletzungen, Bänder, Sehnen, Muskeln u. Ä. 136, 609, 739, 1469, 2623, 2668, 3108

Brust und Brustkorb
2393

Bruch 333, 457, 465, 467, 468, 1071, 1290, 1529, 1914, 2754, 2990, 3004, 3015
Quetschungen, Prellungen und sonstige Verletzungen 76, 79, 84, 197, 199, 227, 250, 264, 274, 301, 325, 335, 339, 341, 366, 393, 457, 468, 478, 504, 562, 576, 601, 607, 611, 756, 844, 937, 1127, 1136, 1137, 1147, 1152, 1220, 1290, 1296, 1324, 1325, 1368, 1377, 1541, 1545, 1557, 1559, 1592, 1612, 1634, 1653, 1664, 1667, 1913, 1914, 1952, 1991, 1994, 2041, 2128, 2162, 2500, 2777, 2801, 2831, 2990, 2992, 2998, 3055, 3084, 3153, 3160, 3163, 3170, 3178, 3184
Rippenbruch 45, 48, 126, 136, 196, 198, 228, 254, 255, 269, 274, 301, 333, 343, 363, 374, 401, 426, 467, 491, 492, 494, 495, 499, 502, 503, 504, 550, 582, 594, 601, 607, 920, 962, 1004, 1071, 1131, 1135, 1136, 1147, 1244, 1274, 1290, 1314, 1319, 1368, 1373, 1518, 1536, 1541, 1553, 1557, 1558, 1559, 1657, 1968, 1979, 1991, 2003, 2107, 2985, 2990, 2992, 2998, 3004, 3015, 3077, 3104, 3175

Fuß mit Sprunggelenk
148, 2298, 2584, 2949

Amputation 505, 506, 508, 509, 510, 2418
Bruch (auch Knöchelbruch) 165, 276, 307, 324, 335, 343, 388, 394, 404, 407, 424, 425, 428, 467, 512, 514, 515, 520, 523, 524, 525, 526, 529, 531, 532, 533, 535, 536, 538, 539, 540, 544, 546, 549, 550, 551, 552, 553, 554, 557, 559, 561, 562, 563, 564, 567, 568, 569, 571, 572, 573, 574, 576, 579, 580, 581, 582, 583, 585, 586, 588, 589, 590, 591, 592, 594, 595, 596, 597, 598, 599, 600, 601, 602, 603, 606, 607, 608, 609, 611, 612, 636, 640, 642, 728, 1054, 1121, 1137, 1243, 1438, 1649, 1653, 1678, 1679, 1991, 1994, 2107, 2371, 2422, 2750, 2775, 2799, 2943, 2952, 2974, 2985, 2987, 2990, 3004
Sonstige Verletzungen 199, 226, 232, 344, 467, 531, 536, 546, 563, 583, 585, 586, 591, 595, 596, 612, 626, 628, 630, 632, 633, 635, 636, 717, 995, 996, 1032, 1137, 1220, 1302, 1435, 1499, 1553, 1952, 2004, 2007, 2278, 2399, 2410, 2600, 2977, 2981
Verletzungen Bänder, Sehnen, Muskeln u. Ä. 324, 380, 557, 585, 606, 630, 638, 639, 640, 642, 929, 1132, 1479, 1500, 1541, 2298, 2750, 2987, 3177
Arthrose 307, 343, 423, 544, 551, 553, 554, 557, 564, 567, 572, 574, 582, 585, 594, 598, 600, 601, 602, 607, 636, 644, 645, 1243, 1479, 2278, 2580, 2584, 2775, 2990
Zehe (Bruch und sonstige Verletzungen) 5, 71, 314, 339, 343, 509, 546, 569, 582, 600, 606, 609, 630, 636, 652, 654, 655, 656, 891, 2203, 2219, 2357

Geschlechtsorgane/Sexualstörungen

männlich 139, 365, 425, 598, 661, 663, 664, 666, 667, 668, 670, 671, 672, 673, 1333, 1487, 2214, 2438, 2774, 3004, 3018
weiblich 113, 134, 678, 680, 687, 688, 689, 692, 693, 694, 1067, 1488, 2341, 2378, 2459, 2466, 2583, 3195, 3196, 3217, 3222
- Amputation Brust 695, 697, 698, 699, 701, 702, 703, 704, 705

Gesicht 147, 706, 2381

Bruch 84, 263, 365, 503, 607, 708, 712, 713, 714, 715, 717, 720, 722, 724, 728, 731, 733, 734, 735, 738, 739, 740, 830, 1198, 1203, 1243, 1278, 1298, 1317, 1324, 1326, 1338, 1373, 1374, 1423, 1510, 1531, 1679, 2058, 2091, 2092, 2096, 2107, 2793, 2799, 2942, 2999, 3004, 3009, 3104
- durch vorsätzliche Körperverletzung 744, 746, 747, 752, 755, 756, 759, 760, 761, 762, 763, 764
Allgemeine Verletzungen (Nase, Stirn, Lippen, Zunge, etc.) 45, 48, 50, 84, 139, 188, 198, 247, 259, 264, 293, 301, 314, 366, 426, 467, 549, 591, 594, 607, 708, 714, 720, 731, 733, 734, 735, 739, 746, 747, 752, 756, 761, 763, 766, 777, 779, 780, 781, 784, 805, 807, 819, 828, 829, 831, 847, 851, 858, 868, 1135, 1173, 1269, 1285, 1307, 1318, 1324, 1330, 1358, 1359, 1373, 1406, 1480, 1498, 1527, 1531, 1545, 1549, 1666, 2054, 2458, 2761, 2770, 2781, 2786, 2790, 2799, 2942, 3013, 3084, 3160, 3184, 3222, 3279
- durch vorsätzliche Körperverletzung 790, 791, 793
Gesichtsnarben und -entstellungen 84, 182, 363, 503, 720, 733, 735, 740, 755, 759, 760, 763, 764, 777, 784, 804, 805, 806, 807, 825, 1152, 1243, 1326, 1328, 1430, 1439, 1441, 1443, 2054, 2081, 2096, 2199, 2589, 2770, 2781, 2783, 2786, 2790, 2792, 2797, 2800, 3156
Kieferverletzungen und Kieferbrüche 263, 314, 365, 503, 713, 724, 728, 731, 733, 734, 735, 738, 739, 762, 815, 819, 821, 822, 825, 826, 827, 828, 829, 830, 856, 860, 869, 1198, 1220, 1243, 1317, 1326, 1377, 1432, 1443, 1549, 1863, 2081, 2091, 2379, 2539, 2543, 2553, 2556, 2560, 2787, 2942, 3012, 3189
- durch vorsätzliche Körperverletzung 831, 832, 834, 837, 838
Zahnbeschädigung, Zahnverlust, Zahnschmerzen 188, 502, 506, 549, 591, 594, 598, 607, 724, 739, 761, 764, 793, 819, 821, 825, 826, 828, 831, 839, 841, 844, 847, 849, 850, 851, 852, 856, 857, 923, 1285, 1373, 1377, 1390, 1421, 1493, 1498, 1659, 1863, 1991, 2081, 2332, 2537, 2539, 2552, 2553, 2778, 2787, 2797, 2942
- durch vorsätzliche Körperverletzung 858, 860, 864, 868, 869, 871, 3108, 3189
- sonstige 766

Hals

Allgemeine Verletzungen 756, 780, 877, 1447, 1484, 1664, 1923, 2012, 2146, 2186, 2396, 2818, 3184

Hand, Handgelenk, Finger 429, 879, 2387, 2406

Amputation 510, 881, 882, 883, 886, 888, 890, 891, 2389, 2992
Bruch 43, 79, 269, 314, 366, 423, 424, 549, 720, 722, 738, 825, 898, 902, 904, 907, 912, 913, 915, 916, 917, 918, 920, 921, 922, 923, 925, 926, 927, 928, 929, 931, 932, 933, 934, 935, 936, 937, 939, 940, 941, 942, 995, 996, 1116, 1124, 1131, 1132, 1274, 1277, 1311, 1368, 1423, 1533, 1549, 1651, 1653, 1677, 1678, 1961, 1968, 2057, 2091, 2318, 2387, 2776, 2785, 2941, 2943, 2977, 2998, 3018, 3166
Sonstige Verletzungen 45, 48, 84, 112, 114, 226, 250, 265, 269, 301, 319, 338, 410, 478, 552, 755, 761, 891, 932, 950, 954, 959, 962, 966, 968, 969, 1135, 1227, 1271, 1390, 1483, 1485, 1492, 1499, 1551, 1612, 1952, 2115, 2175, 2177, 2191, 2366, 2407, 2777, 2951, 3077, 3084, 3153
Verletzungen Bänder, Sehnen, Muskeln u. Ä. 45, 219, 268, 328, 366, 915, 926, 932, 959, 970, 976, 980, 982, 984, 985, 1116, 1134, 1152, 1352, 1465, 1483, 2818, 2981, 3184

Hüfte 2298, 2402, 2427

Bruch 130, 196, 198, 263, 335, 366, 417, 423, 426, 504, 739, 988, 989, 993, 994, 995, 996, 997, 998, 1001, 1002, 1003, 1004, 1007, 1008, 1023, 1377, 1438, 1443, 1557, 2424, 2941, 2948, 2982, 3001, 3004, 3012, 3018
Sonstige Verletzungen 239, 298, 305, 417, 426, 668, 916, 942, 995, 1018, 1020, 1021, 1023, 1024, 1025, 1026, 1027, 1028, 1030, 1031, 1032, 1033, 1035, 1227, 1433, 1438, 1443, 1457, 2045, 2175, 2416, 2427, 2668, 2802, 2948, 3177
Arthrose 130, 417, 423, 1002, 1003, 1004, 1027, 1036, 2424, 2948, 2985

Innere Organe 2426, 2814

Bauch und Magen 305, 435, 457, 478, 504, 510, 512, 815, 826, 916, 920, 1041, 1043, 1049, 1050, 1051, 1052, 1053, 1054, 1057, 1060, 1061, 1068, 1070, 1071, 1131, 1173, 1220, 1296, 1325, 1368, 1377, 1484, 1535, 1653, 1657, 1931, 2365, 2374, 2426, 2429, 2683, 2809, 2818, 2819, 2998, 3004, 3010, 3110, 3170, 3190
Darm 509, 1054, 1057, 1058, 1060, 1061, 1063, 1064, 1065, 1067, 1068, 1070, 1071, 1072, 1073, 1074, 1075, 1076, 1077, 1078, 1080, 1081, 1083, 1296, 1368, 1484, 1678, 1970, 1972, 1979, 1983, 1985, 1991, 1994, 2003, 2007, 2017, 2214, 2598, 2606, 2681, 2819, 2952, 3012, 3018
Herz und Kreislauf 426, 510, 1087, 1088, 1091, 1092, 1093, 1094, 1096, 1097, 1100, 1101, 1102, 1236, 1296, 1319, 1991, 2423, 2593, 3013
Leber, Galle 506, 1070, 1105, 1107, 1108, 1109, 1110, 1134, 1137, 1150, 1173, 1296, 1314, 1657, 2003, 2291, 2417, 2606, 2818, 2941, 2985, 3004, 3012, 3110
Lunge, Luftröhre, Zwerchfell 88, 196, 255, 274, 333, 339, 365, 374, 401, 426, 467, 494, 504, 552, 877, 1071, 1083, 1112, 1116, 1121, 1124, 1125, 1126, 1127, 1131, 1132, 1134, 1135, 1136, 1137, 1140, 1141, 1150, 1220, 1225, 1232, 1236, 1244, 1285, 1296, 1297, 1307, 1311, 1314, 1319, 1324, 1325, 1432, 1452, 1484, 1541, 1557, 1558, 1657, 1678, 1680, 1991, 1994, 1997, 2004, 2012, 2107, 2146, 2219, 2638, 2649, 2689, 2809, 2941, 2998, 2999, 3004, 3013, 3015, 3104
Milz 1121, 1124, 1131, 1144, 1147, 1148, 1150, 1152, 1314, 1377, 1663, 1979, 1994, 2598, 2941, 2985, 2998, 3004, 3012, 3110
Niere, Blase, Harnröhre 139, 254, 255, 360, 423, 510, 666, 673, 920, 998, 1067, 1075, 1134, 1150, 1152, 1155, 1157, 1159, 1160, 1163, 1165, 1166, 1167, 1169, 1171, 1172, 1173, 1174, 1175, 1178, 1231, 1244, 1295, 1296, 1317, 1333, 1368, 1452, 1483, 1487, 1970, 1972, 1979, 1983, 1985, 1991, 1994, 2003, 2007, 2356, 2404, 2429, 2441, 2445, 2591, 2645, 2681, 2801, 2941, 2982, 3010, 3110, 3153, 3175

Kopf 1187

Gehirnerschütterung 45, 47, 71, 72, 125, 127, 247, 259, 264, 344, 423, 492, 594, 598, 599, 611, 656, 712, 717, 720, 724, 728, 760, 781, 806, 815, 821, 847, 850, 856, 869, 913, 1018, 1135, 1274, 1277, 1298, 1359, 1390, 1537, 1541, 1833, 1961, 2054, 2122, 2124, 3009, 3058, 3104, 3170, 3279
Gehirnverletzungen 740, 830, 1101, 1194, 1196, 1197, 1198, 1201, 1202, 1203, 1206, 1208, 1212, 1213, 1216, 1218, 1220, 1221, 1223, 1225, 1226, 1227, 1228, 1230, 1231, 1232, 1236, 1237, 1238, 1241, 1243, 1244, 1245, 1246, 1247, 1249, 1253, 1370, 1377, 1404, 1406, 1431, 1441, 1680, 2094, 2291, 2413, 2430, 2432, 2440, 2442, 2445, 2447, 2448, 2450, 2451, 2627, 2629, 2631, 2633, 2638, 2639, 2640, 2644, 2645, 2648, 2649, 2651, 2657, 2658, 2660, 2668, 2673, 2676, 2678, 2681, 2683, 2985, 3010, 3012, 3279
- Schädelhirntrauma 1. Grades 5, 48, 139, 196, 198, 274, 276, 298, 301, 338, 363, 429, 467, 506, 562, 567, 656, 728, 733, 739, 755, 806, 807, 825, 917, 995, 1116, 1152, 1173, 1255, 1269, 1271, 1272, 1273, 1274, 1275, 1276, 1277, 1278, 1281, 1283, 1285, 1288, 1338, 1366, 1368, 1408, 1409, 1423, 1443, 1447, 1510, 1529, 1958, 1994, 2003, 2092, 2096, 2107, 2156, 2656, 2778, 2934, 2951, 2987, 2995, 3013
- Schädelhirntrauma 2. Grades 738, 927, 1290, 1291, 1295, 1296, 1297, 1298, 1302, 1303, 1328, 1330, 1367, 2791, 2999
- Schädelhirntrauma 3. Grades 1307, 1309, 1311, 1312, 1314, 1317, 1318, 1319, 1321, 1324, 1325, 1326, 1328, 1330, 1331, 1332, 1333, 1335, 1338, 1340, 1342, 2793, 2992, 3009

Kopfwunden 503, 506, 583, 731, 763, 1173, 1231, 1275, 1296, 1298, 1303, 1307, 1328, 1351, 1352, 1373, 1406, 1441, 1510, 1562, 1679, 2784, 2934, 3051, 3188, 3217
- durch vorsätzliche Körperverletzung 1358, 1359
Schädelbruch 740, 1196, 1197, 1203, 1243, 1249, 1276, 1283, 1295, 1297, 1298, 1307, 1328, 1330, 1333, 1358, 1359, 1363, 1364, 1366, 1367, 1368, 1370, 1373, 1374, 1377, 1447, 2091, 2092, 2094, 2784, 2791, 2793, 3004, 3285
Prellungen, Blutergüsse 165, 197, 276, 325, 335, 468, 546, 583, 611, 868, 917, 966, 1283, 1388, 1390, 1484, 1514, 1545, 1613, 1922, 2028, 2045, 2124, 2162, 3040, 3049, 3051
Haare 1399, 1401, 2594

Nerven 2407, 2409, 2934

Epilepsie und sonstige Krampfanfälle 1097, 1208, 1213, 1227, 1231, 1232, 1236, 1238, 1249, 1283, 1302, 1307, 1309, 1311, 1312, 1324, 1338, 1342, 1404, 1406, 1408, 1409, 1458, 1913, 2413, 2445, 2615, 2633, 2640, 2645, 2649, 2657, 2658, 2668, 2676, 2681, 2987, 3010
Lähmung 78, 118, 428, 451, 453, 506, 569, 612, 704, 877, 996, 1083, 1101, 1131, 1141, 1196, 1202, 1206, 1213, 1220, 1223, 1225, 1226, 1227, 1228, 1236, 1244, 1245, 1246, 1247, 1274, 1285, 1288, 1302, 1311, 1325, 1331, 1333, 1335, 1340, 1342, 1377, 1412, 1413, 1417, 1419, 1420, 1421, 1422, 1423, 1425, 1427, 1429, 1430, 1431, 1432, 1433, 1434, 1435, 1437, 1438, 1439, 1441, 1442, 1443, 1445, 1447, 1451, 1452, 1453, 1456, 1457, 1458, 1475, 1487, 1488, 1596, 1681, 1940, 1961, 1966, 1969, 1980, 1982, 1988, 1990, 1991, 1992, 1995, 1998, 2001, 2004, 2005, 2007, 2008, 2016, 2025, 2092, 2151, 2291, 2423, 2436, 2438, 2445, 2450, 2600, 2623, 2624, 2627, 2631, 2633, 2640, 2645, 2649, 2651, 2657, 2658, 2668, 2673, 2676, 2678, 2681, 2683, 2688, 2691, 2695, 2698, 2699, 2977, 2992, 3013, 3015
Zerreißung, Durchtrennung, Reizung, Einklemmung u. Ä. 45, 48, 82, 85, 92, 114, 134, 139, 356, 366, 423, 453, 609, 668, 739, 852, 984, 1068, 1070, 1132, 1134, 1135, 1203, 1423, 1431, 1432, 1438, 1441, 1464, 1465, 1469, 1475, 1476, 1477, 1479, 1480, 1483, 1484, 1485, 1487, 1488, 1493, 1498, 1557, 1611, 1673, 1970, 1992, 2399, 2549, 2697, 3184
Sensibilitätsausfall und Sensibilitätsstörungen 48, 85, 92, 109, 130, 139, 236, 410, 416, 428, 612, 628, 630, 668, 714, 717, 731, 762, 826, 852, 926, 1032, 1053, 1067, 1131, 1194, 1198, 1202, 1213, 1225, 1232, 1276, 1328, 1331, 1333, 1335, 1352, 1421, 1429, 1432, 1438, 1441, 1451, 1456, 1477, 1479, 1480, 1483, 1485, 1487, 1488, 1492, 1493, 1498, 1499, 1500, 1502, 1545, 1549, 1611, 1664, 1667, 1681, 1892, 1955, 1961, 1995, 1998, 2003, 2007, 2399, 2543, 2549, 2556, 2575, 2579, 2612, 2799, 3178

Rücken 1562

Allgemeine Verletzungen 293, 756, 1505, 1877, 2770, 3153, 3188
Schulter 1508, 1509, 1510
- Bruch (auch Schlüsselbeinbruch) 10, 34, 44, 48, 188, 339, 552, 561, 611, 717, 927, 934, 1071, 1132, 1202, 1272, 1290, 1314, 1319, 1514, 1518, 1522, 1525, 1527, 1529, 1531, 1533, 1535, 1536, 1537, 1540, 1541, 1543, 1545, 1546, 1549, 1551, 1553, 1555, 1557, 1558, 1559, 1653, 1659, 1994, 2003, 2004, 2361, 2943, 2977, 2999, 3004, 3013, 3015, 3185
- Sonstige Verletzungen 37, 84, 232, 341, 492, 550, 780, 1303, 1535, 1562, 1568, 1569, 1570, 1573, 1612, 1634, 1664, 1666, 1833, 1927, 2045, 2158, 2186, 2273, 2307, 2315, 2692, 2697, 2743, 2750, 2764, 2981, 3164, 3185
- Verletzungen Bänder, Sehnen, Muskeln u. Ä. 307, 717, 1194, 1298, 1525, 1533, 1546, 1576, 1577, 1579, 1584, 1586, 1587, 1588, 1589, 1591, 1642, 1662, 1950, 1964, 2977, 3174
Wirbelsäule mit Lendenwirbel 1024, 1278, 1592, 1593, 1595, 1596, 1597, 1600, 3057
- Wirbelsäule (Brustwirbel, Lendenwirbel, Kreuzbein, Steißbein) 45, 139, 204, 262, 276, 311, 325, 360, 365, 366, 505, 636, 668, 717, 980, 985, 998, 1150, 1314, 1321, 1331, 1368, 1429, 1432, 1451, 1573, 1608, 1609, 1611, 1612, 1613, 1617, 1623, 1625, 1629, 1633, 1634, 1638, 1641, 1642, 1643, 1644, 1649, 1651, 1652, 1653, 1654, 1655, 1656, 1657, 1658, 1659, 1662, 1663, 1664, 1666, 1667, 1673, 1675, 1677, 1678, 1679, 1680, 1681, 1683, 1916, 1942, 1965, 1966, 1969, 1973, 1979, 1991, 1994, 2002, 2004, 2012, 2162, 2280, 2384, 2394, 2609, 2699, 2771, 2990, 3004, 3007, 3010, 3055, 3162, 3166, 3178
- HWS-Schleudertrauma und sonstige Verletzungen 71, 79, 127, 181, 184, 188, 226, 232, 250, 265, 269, 457, 465, 467, 492, 503, 591, 599, 611, 668, 715, 731, 837, 844, 847, 851, 858, 902, 917, 932, 937, 954, 966, 995, 1124, 1152, 1269, 1272, 1298, 1412, 1529, 1591, 1593, 1612, 1634, 1666, 1833, 1863, 1864, 1868, 1870, 1872, 1874, 1877, 1892, 1901, 1905, 1911, 1913, 1914, 1916, 1920, 1921, 1922, 1923, 1925, 1927, 1930, 1931, 1932, 1935, 1938, 1940, 1942, 1945, 1948, 1950, 1952, 1955, 1956, 1958, 1959, 1960, 1961, 1963, 1964, 1965, 1966, 2045, 2115, 2124, 2126, 2128, 2142, 2146, 2271, 2750, 2952, 3054, 3058, 3061, 3063, 3154, 3158, 3160, 3162, 3163, 3164, 3165, 3169, 3170, 3171
- Querschnittslähmung 1075, 1968, 1969, 1970, 1971, 1972, 1973, 1976, 1979, 1980, 1982, 1983, 1985, 1988, 1989, 1990, 1991, 1992, 1994, 1995, 1997, 1998, 2000, 2001, 2002, 2003, 2004, 2005, 2007, 2008, 2009, 2010, 2012, 2013, 2014, 2016, 2017, 2018, 2020, 2023, 2025, 2026, 3017, 3020

Sinnesorgane

Auge 147, 2585
- Verletzungen 735, 759, 1152, 1281, 1296, 1973, 2028, 2032, 2033, 2034, 2038, 2043, 2047, 2052, 2064, 2074, 2448, 2577
- Verlust oder Beeinträchtigung des Sehvermögens 48, 715, 728, 735, 1187, 1194, 1225, 1228, 1232, 1238, 1243, 1245, 1249, 1271, 1285, 1296, 1311, 1317, 1318, 1330, 1333, 1338, 1373, 1484, 1950, 1958, 1966, 1997, 2018, 2032, 2038, 2040, 2041, 2042, 2043, 2045, 2046, 2047, 2050, 2052, 2053, 2054, 2055, 2056, 2057, 2058, 2060, 2061, 2062, 2064, 2066, 2070, 2071, 2073, 2074, 2075, 2076, 2077, 2078, 2079, 2080, 2081, 2083, 2084, 2085, 2089, 2090, 2091, 2092, 2383, 2409, 2633, 2640, 2645, 2649, 2657, 2668, 2676, 2678, 2683, 2698
- Verlust des Auges 2093, 2094, 2096, 2098, 2099
Verlust und Beeinträchtigung von Geruchs- und Geschmackssinn 594, 735, 759, 826, 1198, 1201, 1203, 1212, 1243, 1291, 1317, 1366, 1484, 1498, 2018, 2094, 2096, 2107, 2156, 2442, 2784, 2793, 2999, 3010
Ohr
- Schwerhörigkeit oder Beeinträchtigung des Hörvermögens 1196, 1198, 1227, 1271, 1275, 1303, 1318, 1338, 1430, 1555, 1558, 1921, 1938, 1950, 1958, 2096, 2108, 2109, 2111, 2113, 2115, 2122, 2123, 2124, 2126, 2128, 2132, 2133, 2649, 2657, 2715, 2784, 2999, 3057, 3171
- Sonstige Verletzungen 420, 755, 837, 995, 1202, 1243, 1281, 1377, 2096, 2122, 2126, 2128, 2136, 2138, 2139, 2140, 2142, 2144, 2780, 2790, 2791, 2794
Stimmbänder, Kehlkopf und sonstige Sprachstörungen 1132, 1135, 1141, 1206, 1212, 1225, 1228, 1231, 1238, 1247, 1249, 1325, 1330, 1333, 1335, 1340, 1442, 1447, 1452, 1456, 1966, 1990, 2012, 2025, 2133, 2146, 2150, 2151, 2156, 2430, 2445, 2450, 2631, 2638, 2639, 2640, 2645, 2648, 2649, 2657, 2678, 3012, 3171

Thrombose 186, 279, 314, 344, 612, 1228, 1319, 1553, 1559, 2045, 2158, 2160, 2162, 2163, 2164, 2165, 2645

Verbrennungen 287, 2174, 2175, 2177, 2183, 2186, 2191, 2192, 2194, 2197, 2198, 2199, 2201, 2203, 2205, 3013

Verätzungen, Vergiftungen, Strahlenschäden
510, 1081, 2214, 2219, 2291, 2381

II. Häufige Verletzungsarten

Distorsion
71, 79, 184, 219, 227, 247, 250, 492, 553, 583, 591, 599, 636, 780, 844, 851, 902, 917, 995, 996, 1198, 1390, 1508, 1522, 1612, 1634, 1833, 1863, 1864, 1872,

1874, 1892, 1905, 1916, 1920, 1922, 1927, 1931, 1950, 1955, 1958, 1959, 1960, 1966, 2115, 2126, 2146, 2750, 3158, 3162

Entzündungen und Infektionen 44,
113, 158, 279, 352, 353, 423, 427, 591, 592, 595, 628, 633, 635, 655, 680, 693, 714, 826, 1036, 1049, 1050, 1060, 1061, 1071, 1081, 1105, 1108, 1272, 1311, 1324, 1483, 1493, 1664, 2123, 2214, 2271, 2272, 2273, 2276, 2278, 2280, 2366, 2388, 2395, 2405, 2412, 2416, 2418, 2425, 2448, 2498, 2532, 2609, 3004

Quetschungen 71, 114, 165, 185, 219, 343, 360, 405, 420,
421, 546, 552, 582, 598, 607, 733, 819, 825, 860, 920, 1137, 1198, 1206, 1296, 1535, 1678, 1681, 1969, 1991, 2054, 2781, 2790, 2791, 2792, 2992, 3163, 3177

Risswunden 62, 84, 109, 219, 259, 343, 405, 420,
421, 426, 717, 733, 752, 780, 807, 819, 825, 995, 1127, 1159, 1390, 1549, 2054, 2761, 2791, 2792, 2818, 3004, 3177

Schnitt- und Platzwunden 45, 139, 182, 188, 194, 198,
259, 314, 319, 342, 363, 426, 512, 591, 594, 599, 626, 628, 636, 717, 722, 735, 739, 746, 755, 780, 781, 804, 821, 829, 860, 917, 1004, 1134, 1135, 1152, 1173, 1275, 1296, 1298, 1307, 1328, 1359, 1406, 1518, 1545, 1549, 1551, 1634, 1666, 1678, 1680, 2809, 2942, 2951, 3051, 3084

Verrenkungen 92, 239, 260, 314, 417, 426, 544, 599, 611,
636, 733, 755, 827, 962, 1001, 1004, 1023, 1137, 1243, 1438, 1443, 1994, 2107, 2775, 2948, 3018

Versteifung 204, 234, 237, 343, 344, 422, 427, 583, 595,
606, 612, 633, 654, 985, 1030, 1032, 1152, 1271, 1479, 1549, 1657, 1667, 1964, 1966, 1969, 2107, 2140, 2582, 2584, 2775, 2799, 2990, 2992, 3184

III. Besondere Verletzungsarten, -ursachen und -folgen

Aids 2289, 2291

Behandlungsfehler, Ärztlicher Kunst- und Aufklärungsfehler 1080, 2132, 2276, 2296, 2298

Behandlungsfehler 1, 2, 39, 78, 113, 148, 234, 236, 237, 272, 279, 280, 281, 286, 323, 334, 352, 353, 355, 451, 452, 453, 510, 579, 585, 633, 635, 644, 654, 655, 663, 664, 666, 667, 670, 671, 673, 678, 680, 687, 688, 692, 693, 694, 695, 697, 698, 699, 701, 702, 703, 704, 705, 891, 921, 935, 936, 941, 950, 969, 982, 993, 1007, 1020, 1021, 1024, 1027, 1028, 1030, 1031, 1032, 1033, 1035, 1041, 1043, 1049, 1050, 1051, 1052, 1053, 1057, 1058, 1060, 1061, 1063, 1064, 1065, 1067, 1068, 1070, 1072, 1073, 1074, 1075, 1076, 1077, 1078, 1081, 1087, 1088, 1091, 1093, 1096, 1097, 1100, 1101, 1102, 1105, 1107, 1108, 1109, 1110, 1112, 1125, 1140, 1141, 1155, 1157, 1160, 1163, 1165, 1167, 1171, 1172, 1174, 1175, 1178, 1194, 1206, 1213, 1216, 1223, 1227, 1228, 1230, 1231, 1232, 1238, 1241, 1245, 1247, 1253, 1363, 1404, 1417, 1419, 1420, 1421, 1422, 1425, 1427, 1429, 1430, 1431, 1433, 1434, 1435, 1437, 1445, 1456, 1464, 1465, 1469, 1475, 1477, 1479, 1480, 1485, 1487, 1488, 1493, 1500, 1586, 1595, 1596, 1597, 1623, 1654, 1673, 1681, 1970, 1971, 1972, 1982, 1985, 1990, 1992, 2000, 2001, 2004, 2005, 2007, 2020, 2040, 2055, 2060, 2062, 2070, 2074, 2077, 2079, 2080, 2083, 2084, 2089, 2090, 2093, 2099, 2123, 2133, 2136, 2139, 2140, 2144, 2150, 2151, 2160, 2163, 2165, 2174, 2175, 2183, 2191, 2199, 2214, 2219, 2272, 2278, 2280, 2289, 2291, 2307, 2315, 2318, 2325, 2327, 2328, 2332, 2336, 2339, 2341, 2349, 2350, 2352, 2356, 2357, 2361, 2362, 2363, 2364, 2365, 2366, 2368, 2370, 2371, 2374, 2378, 2379, 2380, 2381, 2382, 2383, 2384, 2385, 2387, 2388, 2389, 2393, 2394, 2395, 2396, 2397, 2399, 2402, 2404, 2405, 2406, 2407, 2409, 2410, 2411, 2412, 2413, 2416, 2417, 2418, 2421, 2422, 2423, 2424, 2425, 2426, 2427, 2429, 2430, 2432, 2436, 2438, 2440, 2441, 2442, 2445, 2447, 2448, 2449, 2450, 2451, 2452, 2613, 2615, 2636, 2668, 2719, 2831, 3143, 3196, 3200, 3286
- bei Schönheitsoperationen 2458, 2459, 2466
- Zahn 2490, 2492, 2494, 2498, 2500, 2503, 2513, 2518, 2530, 2531, 2532, 2535, 2536, 2537, 2539, 2543, 2544, 2545, 2546, 2547, 2548, 2549, 2552, 2553, 2555, 2556, 2560

Fehlende Aufklärung/Einwilligung 334, 632, 672, 678, 688, 689, 702, 1083, 1094, 1399, 1442, 1453, 1476, 1483, 1492, 1498, 1600, 1654, 1992, 2047, 2410, 2536, 2537, 2543, 2549, 2562, 2564, 2575, 2577, 2579, 2580, 2581, 2582, 2583, 2584, 2585, 2589, 2590, 2591, 2592, 2593, 2594, 2595, 2598, 2600, 2601, 2602, 2603, 2606, 2612, 2691, 3195

Dekubitus 1083, 2609

Geburtsschäden 2298, 2581, 2612, 2613, 2614, 2615, 2616
Fehlgeburt, Totgeburt, vorzeitige Wehen u.Ä. 2619, 2629
Hirnschäden 2615, 2623, 2624, 2626, 2627, 2629, 2631, 2633, 2634, 2635, 2636, 2638, 2639, 2640, 2644, 2645, 2647, 2648, 2649, 2651, 2652, 2653, 2656, 2657, 2658, 2659, 2660, 2661, 2664, 2666, 2668, 2673, 2676, 2678, 2681, 2683
Sonstige Schäden 2636, 2668, 2687, 2688, 2689, 2690, 2691, 2692, 2695, 2697, 2698, 2699

Freiheitsentziehung 2715, 2716, 2719, 3051, 3226, 3252, 3268

Hundebisswunden und sonstige Verletzungen durch Tiere 9, 109, 114, 185, 784, 883, 970, 976, 1148, 1510,
1579, 2743, 2750, 2751, 2752, 2754, 2761, 2764, 2768, 2769, 2770, 2771, 2772, 2774, 2775, 2776, 2777, 2778, 2780, 2781, 2782, 2783, 2784, 2785, 2786, 2787, 2789, 2790, 2791, 2792, 2793, 2794, 2795, 2797, 2798, 2799, 2800, 2801, 2802

Messerstich 1134, 1307, 2809, 2814, 2818, 2819

Narbe (entstellend) 44, 57, 62, 72,
92, 112, 182, 268, 297, 305, 322, 323, 325, 338, 343, 363, 397, 405, 417, 421, 422, 435, 452, 509, 544, 569, 607, 609, 628, 630, 640, 678, 720, 733, 735, 740, 755, 760, 763, 781, 804, 805, 806, 807, 825, 882, 891, 902, 916, 1002, 1027, 1049, 1053, 1064, 1134, 1152, 1166, 1220, 1281, 1297, 1328, 1330, 1374, 1441, 1443, 1447, 1479, 1535, 1537, 1541, 1543, 1592, 1663, 1667, 1678, 2007, 2064, 2081, 2183, 2186, 2192, 2197, 2198, 2199, 2201, 2203, 2214, 2219, 2307, 2327, 2366, 2418, 2466, 2589, 2687, 2743, 2764, 2768, 2769, 2770, 2777, 2778, 2780, 2781, 2789, 2790, 2792, 2797, 2798, 2800, 2818, 2819, 2831, 2981, 2985, 2990, 3010, 3018, 3104, 3110, 3177, 3180, 3188

Persönlichkeitsrechtsverletzung 2880

Polytraumen 333, 365, 369, 509, 510, 830, 1061, 1100, 1132,
1134, 1136, 1137, 1225, 1290, 1307, 1314, 1317, 1324, 1328, 1332, 1358, 1359, 1373, 1484, 1678, 1979, 1997, 2012, 2017, 2203, 2205, 2219, 2791, 2819, 2934, 2936, 2937, 2939, 2940, 2941, 2942, 2943, 2944, 2945, 2946, 2947, 2948, 2949, 2950, 2951, 2952, 2953, 2954, 2955, 2958, 2960, 2961, 2962, 2965, 2967, 2968, 2969, 2971, 2972, 2974, 2975, 2976, 2977, 2978, 2979, 2981, 2982, 2983, 2984, 2985, 2986, 2987, 2990, 2992, 2993, 2994, 2995, 2996, 2997, 2998, 2999, 3001, 3002, 3004, 3005, 3006, 3007, 3008, 3009, 3010, 3011, 3012, 3013, 3014, 3015, 3017, 3018, 3020, 3022, 3059

Produkthaftung 881, 888, 968, 1025, 1026, 1274, 1595, 2609

Psychische Schäden 2715

Psychische Primärschäden, insb. Schockschäden und
Posttraumatische Belastungsstörung   88, 118, 168, 261,
395, 1232, 1269, 1318, 1364, 1457, 1555, 2272, 2764, 2790, 2800,
2952, 3035, 3040, 3041, 3043, 3049, 3050, 3051, 3054, 3055,
3057, 3058, 3059, 3061, 3062, 3063, 3064, 3065, 3075, 3076,
3077, 3189, 3203, 3213, 3215, 3217, 3222, 3224, 3226, 3228,
3233, 3234, 3240, 3241, 3245, 3246, 3249, 3252, 3253, 3257,
3258, 3261, 3264, 3267, 3268
- durch Miterleben von Unfalltod, Erhalt der Unfallnachricht   204,
426, 1137, 1152, 3080, 3083, 3084, 3091, 3093, 3104, 3106, 3108,
3110, 3185
- durch Fehldiagnose   1031, 2719
Psychische Folgeschäden nach physischem Primärschaden   120,
134, 180, 183, 193, 297, 301, 328, 337, 361, 366, 369, 421, 422,
424, 425, 509, 588, 598, 606, 666, 667, 693, 695, 704, 705, 826,
995, 1007, 1027, 1031, 1053, 1070, 1071, 1101, 1105, 1109, 1135,
1136, 1140, 1196, 1198, 1216, 1227, 1232, 1307, 1317, 1326,
1328, 1359, 1374, 1377, 1401, 1412, 1431, 1441, 1451, 1456,
1487, 1488, 1510, 1535, 1541, 1591, 1600, 1642, 1663, 1666,
1677, 1679, 1680, 1874, 1922, 1925, 1930, 1932, 1935, 1940,
1948, 1959, 1964, 1965, 1966, 2001, 2012, 2018, 2020, 2025,
2041, 2076, 2080, 2094, 2098, 2156, 2201, 2219, 2289, 2291,
2380, 2418, 2438, 2459, 2583, 2594, 2780, 2936, 2951, 2958,
2985, 2987, 2999, 3018, 3049, 3063, 3143, 3145, 3149, 3153,
3154, 3156, 3158, 3160, 3162, 3163, 3164, 3165, 3166, 3169,
3170, 3171, 3174, 3175, 3177, 3178, 3185, 3190, 3195, 3196,
3200, 3220

Schussverletzung 968, 2012, 2043, 2094, 3179, 3180, 3181,
3184, 3185, 3188, 3189, 3190

Sportunfälle   61, 275, 311, 354, 361, 378, 380, 412, 941, 988,
1147, 1166, 1169, 2990

Sterilisation u. Ä.   670, 671, 673, 1171, 1333, 1991, 3018,
3195, 3196

Ungewollte Schwangerschaft und Geburt   3200

Vergewaltigung, sexueller Missbrauch u. Ä.

Erwachsene   3203, 3213, 3215, 3217, 3220, 3222, 3224, 3226
Kinder 3228, 3230, 3231, 3232, 3233, 3234, 3240, 3241, 3245, 3246,
3249, 3252, 3253, 3257, 3258, 3261, 3264, 3267, 3268

Verletzung der Verkehrssicherungspflicht   10, 22,
57, 72, 260, 287, 296, 297, 300, 304, 354, 371, 388, 416, 491, 506,
525, 526, 531, 533, 539, 551, 553, 564, 568, 572, 586, 603, 638,
652, 766, 807, 821, 877, 898, 907, 959, 984, 985, 988, 998, 1159,
1197, 1236, 1291, 1363, 1364, 1366, 1577, 1589, 1592, 1629, 1642,
1662, 1675, 1969, 2013, 2023, 2033, 2075, 2078, 2098, 2177, 2271,
2273, 2750, 2942, 2990, 3162, 3279, 3280

Verzögerliche Schadensregulierung   4,
112, 120, 199, 202, 204, 314, 562, 612, 734, 882, 1008, 1053, 1054,
1093, 1124, 1232, 1255, 1364, 1589, 1677, 1994, 2008, 2016, 2023,
2092, 2099, 2156, 2448, 2548, 2616, 2678, 2785, 2797, 3004, 3010,
3014, 3015, 3177, 3279

Vorsätzliche Körperverletzung   89, 369, 394, 494, 529,
661, 706, 708, 712, 731, 744, 746, 747, 752, 755, 756, 760, 761,
762, 763, 764, 790, 793, 804, 819, 822, 831, 832, 834, 837, 838,
858, 860, 868, 869, 871, 1134, 1198, 1201, 1226, 1307, 1324, 1358,
1359, 1373, 1664, 2012, 2018, 2028, 2038, 2054, 2061, 2066, 2085,
2122, 2203, 2809, 2814, 2818, 2819, 2997, 3041, 3051, 3108, 3153,
3156, 3179, 3180, 3185, 3189, 3190, 3217, 3226, 3268, 3284, 3285,
3286

VI. Zusammenstellung nach der Höhe des Schmerzensgeldes

bis 1000 € 86, 94, 95, 96, 97, 98, 99, 121, 149, 150, 151, 152, 153, 164, 165, 166, 205, 206, 207, 208, 209, 210, 211, 212, 213, 214, 215, 240, 345, 370, 439, 440, 441, 469, 470, 471, 472, 473, 615, 616, 617, 618, 619, 620, 621, 637, 646, 647, 648, 658, 659, 674, 675, 765, 766, 767, 768, 769, 770, 771, 772, 773, 774, 775, 776, 785, 786, 787, 797, 798, 811, 839, 840, 841, 873, 892, 893, 894, 943, 944, 945, 946, 947, 948, 949, 950, 951, 952, 953, 954, 955, 1013, 1014, 1037, 1085, 1153, 1188, 1193, 1345, 1346, 1347, 1378, 1379, 1380, 1381, 1382, 1383, 1384, 1392, 1393, 1394, 1395, 1396, 1461, 1503, 1506, 1511, 1560, 1561, 1562, 1575, 1601, 1602, 1603, 1684, 1685, 1686, 1687, 1688, 1689, 1690, 1691, 1692, 1693, 1694, 1695, 1696, 1697, 1698, 1699, 1700, 1701, 1702, 1703, 1704, 1705, 1706, 1707, 1708, 1709, 1710, 1711, 1712, 1713, 1714, 1715, 1716, 1717, 1718, 1719, 1720, 1721, 1722, 1723, 1724, 1725, 1726, 1727, 1728, 1729, 1730, 1731, 1732, 1733, 1734, 1735, 1736, 1737, 1738, 1739, 1740, 1741, 1742, 1743, 1744, 1745, 1746, 1747, 1748, 1749, 1750, 1751, 1752, 1753, 1754, 1755, 1756, 1757, 1758, 1759, 1760, 1761, 1762, 1763, 1764, 1765, 1766, 1767, 1768, 1769, 1770, 1771, 1772, 1773, 1774, 1775, 1776, 1777, 1778, 1779, 1780, 1781, 1782, 1783, 1784, 1785, 1786, 1787, 2027, 2028, 2029, 2108, 2166, 2167, 2168, 2169, 2170, 2171, 2172, 2173, 2206, 2207, 2208, 2220, 2221, 2269, 2270, 2282, 2283, 2287, 2292, 2293, 2299, 2300, 2301, 2302, 2303, 2304, 2305, 2306, 2307, 2308, 2309, 2310, 2311, 2312, 2453, 2454, 2486, 2487, 2488, 2489, 2490, 2491, 2492, 2493, 2494, 2495, 2496, 2497, 2498, 2561, 2562, 2700, 2701, 2702, 2720, 2721, 2722, 2723, 2724, 2725, 2726, 2727, 2728, 2729, 2730, 2821, 2822, 2823, 2824, 2835, 2836, 2837, 2838, 2839, 2840, 2841, 2842, 2843, 2844, 2845, 2846, 2847, 2848, 2849, 2850, 2851, 2852, 2853, 2854, 2855, 2856, 2857, 2858, 2859, 2860, 2861, 2862, 2863, 2864, 2865, 2866, 2867, 2868, 2869, 2870, 2871, 2872, 2873, 2874, 2875, 3025, 3026, 3027, 3028, 3029, 3030, 3031, 3112, 3126, 3127, 3128, 3129, 3193, 3227, 3272, 3273, 3274, 3275

bis 2000 € 8, 12, 13, 14, 15, 49, 100, 101, 102, 103, 104, 105, 106, 107, 142, 154, 155, 167, 168, 216, 217, 218, 219, 220, 221, 241, 242, 243, 244, 346, 357, 442, 443, 444, 456, 457, 474, 475, 476, 477, 478, 479, 480, 481, 482, 489, 490, 491, 511, 512, 513, 514, 515, 516, 622, 623, 649, 650, 676, 707, 742, 743, 744, 745, 777, 778, 788, 789, 790, 791, 799, 814, 842, 843, 844, 845, 846, 847, 848, 849, 858, 859, 860, 861, 862, 863, 864, 865, 874, 875, 895, 896, 897, 898, 899, 900, 901, 902, 903, 904, 956, 957, 970, 971, 972, 973, 974, 975, 1015, 1038, 1039, 1112, 1154, 1189, 1190, 1255, 1256, 1257, 1348, 1353, 1354, 1385, 1386, 1387, 1388, 1397, 1489, 1512, 1513, 1514, 1515, 1563, 1564, 1565, 1576, 1577, 1604, 1788, 1789, 1790, 1791, 1792, 1793, 1794, 1795, 1796, 1797, 1798, 1799, 1800, 1801, 1802, 1803, 1804, 1805, 1806, 1807, 1808, 1809, 1810, 1811, 1812, 1813, 1814, 1815, 1816, 1817, 1818, 1819, 1820, 1821, 1822, 1823, 1824, 1825, 1826, 1827, 1828, 1829, 1830, 1831, 1832, 1833, 1834, 1835, 1836, 1837, 1838, 1839, 1840, 1841, 1842, 1843, 1844, 1845, 1846, 1847, 1848, 1849, 1850, 1851, 1852, 1853, 1854, 1855, 1856, 1857, 2030, 2109, 2110, 2111, 2112, 2113, 2135, 2136, 2157, 2158, 2174, 2175, 2176, 2177, 2178, 2209, 2210, 2222, 2223, 2224, 2271, 2284, 2288, 2294, 2295, 2313, 2314, 2315, 2316, 2317, 2318, 2319, 2320, 2321, 2322, 2323, 2499, 2500, 2501, 2502, 2503, 2504, 2505, 2563, 2564, 2565, 2566, 2567, 2568, 2569, 2570, 2703, 2704, 2731, 2732, 2733, 2734, 2735, 2736, 2737, 2738, 2739, 2740, 2741, 2742, 2825, 2876, 2877, 2878, 2879, 2880, 3032, 3078, 3130, 3131, 3132, 3133, 3134, 3135, 3228, 3229, 3282

bis 3000 € 16, 17, 18, 19, 50, 51, 108, 109, 122, 156, 157, 158, 159, 169, 222, 223, 224, 245, 246, 289, 347, 371, 372, 373, 374, 375, 376, 445, 458, 459, 483, 484, 485, 486, 492, 493, 494, 517, 518, 519, 520, 521, 522, 523, 524, 624, 638, 643, 651, 652, 660, 677, 708, 709, 710, 711, 746, 747, 748, 779, 780, 781, 792, 793, 794, 800, 801, 802, 812, 815, 816, 831, 850, 851, 852, 866, 905, 906, 907, 908, 909, 910, 958, 959, 960, 961, 976, 977, 988, 1016, 1017, 1040, 1055, 1086, 1113, 1114, 1115, 1116, 1191, 1192, 1258, 1259, 1260, 1261, 1262, 1349, 1361, 1389, 1398, 1399, 1462, 1490, 1507, 1516, 1517, 1578, 1579, 1605, 1606, 1607, 1608, 1609, 1610, 1858, 1859, 1860, 1861, 1862, 1863, 1864, 1865, 1866, 1867, 1868, 1869, 1870, 1871, 1872, 1873, 1874, 1875, 1876, 1877, 1878, 1879, 1880, 1881, 1882, 1883, 1884, 1885, 1886, 1887, 1888, 1889, 2031, 2037, 2038, 2039, 2114, 2145, 2159, 2179, 2180, 2181, 2211, 2225, 2226, 2227, 2228, 2229, 2272, 2273, 2324, 2325, 2326, 2327, 2328, 2329, 2330, 2331, 2332, 2333, 2334, 2335, 2455, 2506, 2507, 2508, 2509, 2510, 2511, 2512, 2513, 2514, 2515, 2516, 2571, 2572, 2573, 2686, 2705, 2743, 2744, 2745, 2746, 2747, 2748, 2749, 2750, 2806, 2826, 2831, 2881, 2882, 2883, 2884, 2885, 2886, 2887, 2888, 2889, 3033, 3079, 3080, 3081, 3113, 3114, 3136, 3137, 3138, 3139, 3140, 3141, 3142, 3143, 3276, 3277

bis 4000 € 20, 21, 22, 23, 24, 25, 52, 53, 54, 55, 56, 87, 110, 111, 112, 160, 170, 225, 247, 278, 290, 291, 348, 377, 446, 454, 460, 461, 462, 495, 496, 525, 526, 527, 528, 529, 530, 531, 532, 533, 534, 535, 678, 679, 712, 713, 749, 750, 751, 752, 782, 795, 803, 817, 832, 833, 867, 868, 869, 870, 878, 879, 911, 912, 913, 914, 915, 962, 963, 964, 978, 979, 1018, 1041, 1042, 1056, 1103, 1263, 1264, 1355, 1356, 1362, 1363, 1390, 1403, 1463, 1464, 1491, 1504, 1518, 1519, 1566, 1580, 1581, 1611, 1612, 1613, 1614, 1615, 1616, 1890, 1891, 1892, 1893, 1894, 1895, 1896, 1897, 1898, 1899, 1900, 1901, 1902, 1903, 2040, 2115, 2116, 2117, 2118, 2119, 2120, 2137, 2138, 2182, 2183, 2212, 2230, 2231, 2274, 2336, 2337, 2338, 2456, 2457, 2458, 2517, 2518, 2519, 2520, 2521, 2522, 2523, 2524, 2525, 2526, 2527, 2528, 2529, 2574, 2575, 2576, 2577, 2617, 2751, 2752, 2753, 2754, 2755, 2756, 2757, 2807, 2832, 2833, 2890, 2934, 2935, 3034, 3035, 3036, 3037, 3038, 3039, 3040, 3041, 3082, 3083, 3084, 3085, 3144, 3145, 3146, 3147, 3148, 3197, 3203, 3230, 3231, 3278

bis 5000 € 26, 27, 57, 58, 59, 60, 61, 145, 171, 172, 173, 226, 227, 228, 248, 249, 250, 251, 252, 292, 293, 294, 295, 296, 349, 378, 379, 380, 463, 464, 465, 487, 536, 537, 538, 539, 540, 541, 542, 543, 544, 625, 653, 654, 714, 715, 716, 753, 754, 755, 783, 796, 804, 818, 819, 820, 834, 853, 854, 855, 880, 881, 916, 917, 918, 919, 920, 965, 980, 981, 989, 990, 1019, 1043, 1044, 1057, 1058, 1087, 1088, 1104, 1117, 1155, 1265, 1266, 1357, 1391, 1411, 1465, 1466, 1492, 1493, 1494, 1520, 1521, 1522, 1523, 1524, 1582, 1583, 1592, 1593, 1617, 1618, 1619, 1620, 1904, 1905, 1906, 1907, 1908, 1909, 1910, 1911, 1912, 1913, 1914, 2032, 2121, 2122, 2123, 2139, 2184, 2185, 2186, 2213, 2214, 2232, 2233, 2234, 2235, 2236, 2237, 2238, 2239, 2275, 2339, 2340, 2341, 2342, 2343, 2344, 2345, 2346, 2459, 2469, 2470, 2530, 2531, 2532, 2533, 2534, 2535, 2536, 2578, 2621, 2706, 2758, 2759, 2760, 2761, 2762, 2763, 2764, 2765, 2808, 2809, 2827, 2891, 2892, 2893, 2894, 2895, 2896, 3042, 3043, 3044, 3045, 3046, 3047, 3086, 3087, 3088, 3089, 3115, 3116, 3149, 3150, 3151, 3179, 3198, 3199, 3204, 3205, 3206, 3207, 3232, 3233, 3234, 3279, 3281, 3283, 3284

bis 6000 € 28, 29, 62, 63, 64, 88, 89, 146, 174, 175, 253, 381, 382, 383, 384, 385, 386, 466, 545, 546, 547, 548, 717, 756, 784, 805, 835, 836, 871, 876, 882, 883, 884, 921, 922, 982, 983, 1059, 1089, 1118, 1119, 1156, 1267, 1350, 1467, 1468, 1495, 1496, 1525, 1526, 1527, 1528, 1567, 1584, 1621, 1622, 1623, 1624, 1625, 1626, 1915, 1916, 1917, 1918, 2124, 2125, 2187, 2188, 2189, 2215, 2216, 2240, 2241, 2242, 2243, 2347, 2348, 2349, 2350, 2351, 2352, 2460, 2537, 2538, 2539, 2579, 2580, 2707, 2766, 2767, 2768, 2769, 2770, 2771, 2772, 2810, 2897, 3048, 3152, 3153, 3235, 3285

bis 7000 € 30, 65, 66, 123, 124, 147, 176, 177, 254, 255, 297, 298, 299, 387, 388, 389, 447, 497, 498, 549, 550, 626, 718, 719, 720, 821, 822, 837, 872, 984, 1045, 1090, 1351, 1529, 1568, 1569, 1627, 1628, 1919, 1920, 1921, 2041, 2042, 2190, 2276, 2285, 2353, 2354, 2355, 2356, 2461, 2462, 2540, 2541, 2542, 2543, 2581, 2582, 2622, 2708, 2773, 2811, 2812, 2828, 3049, 3050,

Zusammenstellung nach der Höhe des Schmerzensgeldes

3090, 3154, 3208, 3236

bis 8000 €
31, 32, 33, 67, 68, 90, 113, 114, 115, 178, 229, 256, 257, 350, 390, 391, 392, 499, 500, 551, 552, 553, 554, 555, 556, 557, 558, 639, 721, 757, 758, 759, 806, 807, 823, 885, 923, 1020, 1021, 1046, 1060, 1091, 1120, 1121, 1122, 1123, 1143, 1144, 1194, 1268, 1352, 1412, 1413, 1497, 1505, 1508, 1530, 1531, 1532, 1533, 1534, 1535, 1536, 1570, 1571, 1629, 1630, 1631, 1632, 1633, 1922, 1923, 1924, 1925, 1926, 1927, 1928, 1929, 2033, 2034, 2043, 2126, 2140, 2141, 2160, 2191, 2244, 2277, 2357, 2358, 2359, 2360, 2361, 2362, 2363, 2364, 2463, 2464, 2544, 2545, 2546, 2583, 2584, 2585, 2586, 2587, 2608, 2774, 2775, 2776, 2777, 2778, 2813, 2898, 2899, 2900, 2901, 2902, 2903, 3051, 3052, 3053, 3054, 3091, 3092, 3117, 3155, 3180, 3200, 3209, 3210, 3211, 3212, 3237

bis 9000 €
34, 69, 91, 258, 300, 301, 354, 393, 394, 501, 559, 640, 808, 813, 856, 886, 924, 925, 966, 1047, 1304, 1358, 1537, 1538, 1585, 1634, 1635, 1930, 2161, 2217, 2365, 2465, 2547, 2588, 2618, 2779, 2834, 3055, 3056, 3213, 3214, 3238, 3239, 3280

bis 10 000 €
9, 35, 36, 37, 38, 70, 71, 72, 125, 126, 127, 161, 179, 180, 181, 230, 231, 259, 260, 302, 303, 304, 305, 306, 351, 395, 396, 397, 398, 399, 455, 467, 560, 561, 562, 563, 564, 565, 566, 567, 568, 569, 570, 627, 641, 644, 655, 656, 661, 680, 681, 722, 723, 724, 760, 761, 824, 825, 826, 838, 887, 926, 927, 928, 929, 967, 968, 1022, 1048, 1124, 1125, 1145, 1146, 1157, 1158, 1159, 1186, 1195, 1269, 1364, 1365, 1400, 1404, 1414, 1469, 1470, 1498, 1499, 1500, 1501, 1509, 1539, 1540, 1541, 1586, 1594, 1636, 1637, 1638, 1639, 1640, 1641, 1642, 1643, 1644, 1931, 1932, 1933, 2035, 2044, 2127, 2128, 2129, 2146, 2162, 2163, 2218, 2245, 2246, 2247, 2248, 2249, 2366, 2367, 2368, 2369, 2370, 2371, 2372, 2373, 2374, 2466, 2548, 2549, 2550, 2589, 2590, 2623, 2624, 2625, 2687, 2709, 2780, 2781, 2782, 2783, 2784, 2814, 2904, 2905, 2906, 2907, 2908, 2909, 2910, 2911, 3057, 3058, 3059, 3060, 3061, 3093, 3094, 3095, 3096, 3118, 3119, 3120, 3121, 3156, 3157, 3158, 3159, 3160, 3161, 3181, 3182, 3240, 3241, 3242, 3243

bis 15 000 €
39, 40, 41, 73, 74, 75, 76, 77, 78, 79, 116, 128, 129, 143, 182, 183, 184, 185, 232, 261, 262, 263, 307, 308, 309, 310, 311, 312, 313, 314, 315, 316, 352, 400, 401, 402, 403, 404, 405, 406, 407, 408, 448, 449, 450, 468, 488, 502, 571, 572, 573, 574, 575, 576, 577, 578, 579, 628, 629, 630, 631, 632, 633, 657, 662, 663, 664, 665, 682, 706, 725, 726, 727, 728, 729, 827, 888, 889, 930, 931, 932, 933, 934, 935, 936, 937, 985, 991, 992, 993, 994, 1023, 1049, 1050, 1061, 1062, 1063, 1064, 1105, 1126, 1127, 1128, 1129, 1147, 1148, 1160, 1161, 1162, 1163, 1164, 1196, 1270, 1271, 1289, 1290, 1305, 1359, 1360, 1366, 1405, 1406, 1415, 1471, 1472, 1502, 1542, 1543, 1544, 1545, 1546, 1547, 1548, 1572, 1587, 1595, 1645, 1646, 1647, 1648, 1649, 1650, 1651, 1652, 1653, 1654, 1655, 1934, 1935, 1936, 1937, 1938, 1939, 1940, 1941, 1942, 1943, 1944, 1945, 1946, 1947, 1948, 2045, 2046, 2047, 2048, 2049, 2050, 2051, 2052, 2101, 2102, 2130, 2142, 2147, 2148, 2164, 2192, 2193, 2250, 2251, 2252, 2253, 2375, 2376, 2377, 2378, 2379, 2380, 2381, 2382, 2383, 2384, 2385, 2386, 2387, 2388, 2467, 2471, 2472, 2551, 2552, 2553, 2554, 2555, 2591, 2592, 2593, 2710, 2785, 2786, 2787, 2788, 2789, 2790, 2791, 2912, 2913, 2914, 2915, 2916, 2917, 2936, 2937, 2938, 2939, 2940, 3062, 3063, 3064, 3065, 3066, 3067, 3068, 3069, 3070, 3097, 3098, 3099, 3100, 3122, 3162, 3163, 3164, 3165, 3183, 3215, 3216, 3217, 3218, 3244, 3245, 3246, 3247, 3248

bis 20 000 €
10, 42, 43, 44, 80, 81, 130, 162, 186, 187, 188, 189, 233, 264, 265, 266, 317, 318, 319, 320, 321, 322, 323, 355, 409, 410, 411, 412, 503, 505, 580, 581, 582, 583, 584, 585, 586, 587, 588, 589, 590, 591, 592, 593, 634, 642, 645, 666, 683, 684, 685, 730, 731, 762, 763, 809, 828, 877, 890, 938, 939, 940, 969, 995, 996, 997, 1065, 1066, 1067, 1092, 1093, 1094, 1106, 1107, 1130, 1131, 1149, 1165, 1166, 1167, 1168, 1197, 1198, 1199, 1272, 1273, 1274, 1291, 1367, 1401, 1407, 1416, 1417, 1418, 1473, 1474, 1549, 1550, 1551, 1552, 1573, 1588, 1596, 1656, 1657, 1658, 1659, 1660, 1661, 1662, 1663, 1949, 1950, 1951, 1952, 1953, 2053, 2054, 2055, 2056, 2057, 2058, 2059, 2060, 2061, 2062, 2103, 2104, 2105, 2143, 2194, 2195, 2254, 2255, 2256, 2389, 2390, 2391, 2392, 2393, 2394, 2395, 2396, 2397, 2473, 2474, 2475, 2556, 2557, 2558, 2559, 2594, 2609, 2610, 2611, 2626, 2688, 2711, 2792, 2793, 2794, 2795, 2815, 2829, 2918, 2919, 2920, 2941, 2942, 2943, 2944, 3071, 3072, 3073, 3101, 3102, 3103, 3104, 3105, 3123, 3124, 3166, 3167, 3184, 3185, 3186, 3201, 3219, 3249, 3250, 3251, 3252, 3253, 3254, 3255

bis 25 000 €
45, 46, 82, 83, 117, 131, 132, 133, 134, 190, 191, 192, 193, 267, 268, 269, 324, 325, 326, 413, 414, 415, 416, 506, 594, 595, 596, 597, 598, 667, 668, 686, 687, 695, 732, 733, 764, 829, 857, 941, 987, 998, 999, 1000, 1001, 1024, 1025, 1026, 1027, 1068, 1095, 1132, 1133, 1169, 1170, 1171, 1172, 1173, 1200, 1201, 1202, 1275, 1276, 1292, 1306, 1368, 1369, 1370, 1408, 1419, 1420, 1421, 1475, 1476, 1477, 1478, 1479, 1553, 1574, 1589, 1597, 1664, 1665, 1666, 1667, 1668, 1669, 1670, 1671, 1672, 1673, 1674, 1675, 1954, 1955, 2063, 2064, 2065, 2066, 2067, 2068, 2069, 2070, 2093, 2131, 2149, 2150, 2165, 2196, 2197, 2257, 2258, 2278, 2279, 2398, 2399, 2400, 2401, 2402, 2403, 2404, 2468, 2560, 2595, 2596, 2689, 2712, 2713, 2796, 2797, 2798, 2799, 2800, 2801, 2816, 2817, 2818, 2921, 2922, 2923, 2924, 2945, 2946, 2947, 2948, 2949, 2950, 2951, 2952, 2953, 2954, 2955, 3106, 3168, 3169, 3170, 3171, 3172, 3173, 3187, 3188, 3194, 3220, 3221, 3256, 3257, 3258, 3259

bis 30 000 €
47, 48, 84, 135, 136, 137, 194, 195, 196, 197, 234, 235, 270, 271, 272, 273, 274, 327, 328, 329, 330, 331, 332, 358, 599, 600, 601, 602, 603, 635, 669, 696, 697, 698, 699, 700, 942, 986, 1002, 1003, 1028, 1069, 1096, 1097, 1134, 1150, 1151, 1174, 1203, 1293, 1307, 1308, 1371, 1372, 1422, 1423, 1424, 1425, 1480, 1481, 1482, 1554, 1555, 1590, 1598, 1676, 1677, 1678, 1956, 1957, 2071, 2072, 2073, 2074, 2075, 2106, 2132, 2151, 2152, 2198, 2199, 2405, 2406, 2407, 2408, 2597, 2619, 2690, 2819, 2820, 2925, 2926, 2927, 2956, 2957, 3074, 3075, 3107, 3108, 3109, 3125, 3174, 3202, 3222, 3260, 3261, 3262, 3263

bis 40 000 €
1, 85, 92, 144, 198, 199, 200, 201, 236, 333, 334, 335, 336, 337, 356, 359, 360, 417, 418, 419, 420, 421, 422, 423, 424, 425, 426, 504, 507, 508, 604, 605, 606, 607, 608, 609, 670, 688, 689, 690, 691, 701, 702, 734, 735, 736, 737, 738, 810, 1004, 1005, 1006, 1007, 1029, 1030, 1036, 1051, 1052, 1070, 1071, 1072, 1073, 1098, 1099, 1108, 1109, 1135, 1152, 1204, 1205, 1277, 1278, 1294, 1295, 1296, 1309, 1310, 1402, 1409, 1426, 1427, 1428, 1429, 1483, 1599, 1679, 1680, 1958, 1959, 1960, 1961, 1962, 1968, 2076, 2077, 2078, 2079, 2080, 2094, 2095, 2107, 2133, 2153, 2154, 2259, 2260, 2280, 2409, 2410, 2411, 2412, 2413, 2414, 2415, 2416, 2476, 2598, 2599, 2600, 2691, 2692, 2714, 2802, 2958, 2959, 2960, 2961, 2962, 2963, 2964, 2965, 2966, 2967, 2968, 2969, 2970, 3076, 3077, 3110, 3175, 3176, 3195, 3223, 3224, 3225, 3264, 3265, 3266, 3267

bis 50 000 €
2, 118, 148, 163, 202, 237, 238, 275, 279, 280, 281, 338, 339, 340, 341, 342, 361, 362, 427, 428, 429, 430, 451, 610, 611, 612, 613, 671, 672, 673, 692, 703, 739, 1008, 1074, 1100, 1110, 1136, 1137, 1175, 1176, 1177, 1178, 1179, 1206, 1207, 1208, 1209, 1279, 1297, 1298, 1311, 1312, 1313, 1373, 1374, 1430, 1431, 1432, 1433, 1434, 1435, 1436, 1437, 1438, 1474, 1510, 1556, 1557, 1558, 1591, 1963, 1964, 1965, 1969, 2081, 2082, 2134, 2144, 2155, 2200, 2219, 2261, 2262, 2263, 2264, 2286, 2296, 2417, 2418, 2419, 2420, 2421, 2422, 2477, 2601, 2602, 2620, 2693, 2715, 2803, 2928, 2971, 2972, 2973, 2974, 2975, 2976, 2977, 2978, 3177, 3189, 3190, 3196, 3226, 3268

bis 60 000 €
3, 93, 119, 138, 139, 140, 141, 203, 363, 431, 432, 704, 740, 1009, 1010, 1011, 1031, 1032, 1138, 1180, 1210, 1211, 1299, 1300, 1314, 1315, 1439, 1485, 1966, 1967, 2083, 2084, 2265, 2423, 2694, 2695, 2716, 2830, 2979, 2980, 2981, 2982, 2983, 2984, 3269

bis 70 000 € 4, 11, 120, 282, 343, 433, 891, 1033, 1075, 1076, 1139, 1187, 1212, 1280, 1281, 1282, 1283, 1301, 1316, 1440, 1441, 1442, 1486, 1559, 1970, 2085, 2424, 2425, 2426, 2478, 2479, 2480, 2612, 2696, 2697, 2717, 2929, 2985, 2986, 2987, 2988, 2989, 3270, 3286

bis 80 000 € 5, 283, 344, 353, 364, 434, 435, 509, 614, 693, 1053, 1077, 1078, 1079, 1111, 1140, 1213, 1214, 1215, 1216, 1217, 1284, 1302, 1317, 1318, 1319, 1375, 1443, 1444, 1445, 1446, 1600, 1681, 1971, 2086, 2087, 2096, 2097, 2266, 2427, 2428, 2603, 2627, 2930, 2990, 2991, 2992, 2993, 2994, 2995

bis 90 000 € 6, 284, 436, 452, 694, 830, 1012, 1034, 1080, 1285, 1303, 2088, 2429, 2931, 2996, 2997, 2998, 2999, 3000, 3178

bis 100 000 € 285, 365, 437, 453, 741, 1035, 1054, 1101, 1218, 1219, 1320, 1321, 1322, 1323, 1376, 1487, 1682, 1683, 1972, 1973, 2297, 2430, 2431, 2432, 2433, 2434, 2435, 2481, 2482, 2483, 2628, 2932, 3001, 3002, 3003, 3111

bis 150 000 € 286, 366, 367, 705, 1081, 1082, 1141, 1181, 1220, 1221, 1286, 1324, 1325, 1326, 1327, 1328, 1329, 1330, 1447, 1448, 1488, 1974, 1975, 1976, 1977, 1978, 1979, 2156, 2201, 2267, 2281, 2436, 2437, 2604, 2605, 2606, 2629, 2630, 2631, 2718, 3004, 3005, 3006, 3007, 3008, 3009, 3010, 3011, 3012

bis 200 000 € 368, 510, 1102, 1222, 1223, 1224, 1287, 1331, 1332, 1333, 1334, 1449, 1450, 1980, 1981, 1982, 1983, 1984, 1985, 1986, 2089, 2268, 2438, 2439, 2440, 2441, 2442, 2484, 2607, 2632, 2633, 2634, 2698, 3013, 3014, 3191

über 200 000 € 1083, 1084, 1225, 1226, 1227, 1228, 1229, 1230, 1231, 1232, 1233, 1234, 1235, 1236, 1237, 1238, 1239, 1240, 1241, 1242, 1288, 1335, 1336, 1337, 1451, 1452, 1453, 1987, 1988, 1989, 1990, 1991, 1992, 1993, 1994, 1995, 1996, 1997, 1998, 1999, 2000, 2001, 2202, 2298, 2443, 2444, 2445, 2446, 2447, 2448, 2485, 2613, 2614, 2615, 2616, 2635, 2636, 2637, 2638, 2639, 2640, 2641, 2642, 2643, 2644, 2645, 2646, 2647, 2648, 2649, 2650, 2651, 2652, 2653, 2654, 2655, 2656, 2657, 2658, 2659, 2660, 2661, 2662, 2663, 2664, 2665, 2666, 2667, 2668, 2669, 2719, 2933, 3015, 3016, 3017, 3018, 3019

Mit Schmerzensgeldrente 7, 204, 239, 276, 277, 287, 288, 369, 438, 636, 1142, 1182, 1183, 1184, 1185, 1243, 1244, 1245, 1246, 1247, 1248, 1249, 1250, 1251, 1252, 1253, 1254, 1338, 1339, 1340, 1341, 1342, 1343, 1344, 1377, 1410, 1454, 1455, 1456, 1457, 1458, 1459, 1460, 2002, 2003, 2004, 2005, 2006, 2007, 2008, 2009, 2010, 2011, 2012, 2013, 2014, 2015, 2016, 2017, 2018, 2019, 2020, 2021, 2022, 2023, 2024, 2025, 2026, 2036, 2090, 2091, 2092, 2098, 2099, 2100, 2203, 2204, 2205, 2289, 2290, 2291, 2449, 2450, 2451, 2452, 2670, 2671, 2672, 2673, 2674, 2675, 2676, 2677, 2678, 2679, 2680, 2681, 2682, 2683, 2684, 2685, 2699, 2804, 2805, 3020, 3021, 3022, 3023, 3024, 3192, 3271

C. Unfallmedizinisches Wörterbuch

Dieses *Unfallmedizinische Wörterbuch* erhebt keinen Anspruch auf Vollständigkeit. Es soll in erster Linie dazu dienen, dem Benutzer der „Hacks-Tabelle" die Bedeutung der medizinischen Begriffe, bezogen auf typische Unfallverletzungen- und Unfallerkrankungen, aufzuzeigen und dem Praktiker ärztliche Gutachten verständlich zu machen. (Bei C siehe auch K oder Z, bei K siehe C oder Z, bei Z siehe C oder K.)

A

Abdomen	Bauch, Unterleib
Abduktion	Seitwärtsbewegungen eines Körperteils von der Körper- bzw. Gliedmaßenlängsachse
Abduzensparese	Lähmung des 6. Gehirnnervs (= Augenmuskellähmung; führt zu Doppelbildsehen bzw. Schielen usw.)
Abrasio	Aus- oder Abschabung
Abusus	Missbrauch
Acetabulum	Hüftgelenkspfanne
Acidose	Störung im Säure-Basen-Haushalt
Acromion	Schulterhöhe
Adaption	Anpassung, z. B. des Auges an verschiedene Helligkeitsgrade
Adduktion	Heranführen eines Körperteils an die Körper- bzw. Gliedmaßenlängsachse (z. B. Fingerschluss)
Adduktor	Adduktion bewirkender Muskel
Aden...	Wortteil mit der Bedeutung „Drüse"
Adenokarzinom	vom Epithelgewebe ausgehendes Karzinom
Adhäsiolyse	operatives Lösen von Verwachsungen, meistens mittels einer Bauchspiegelung
Adiadochokinese	Unfähigkeit der Ausführung rascher entgegengesetzter Bewegung
Adipös	übergewichtig, fett
Adipositas	Fettleibigkeit, Übergewichtigkeit
Ätiologie	Lehre von den Krankeitsursachen
affektiv	affektbedingt, affektbetont
Affektivität	1. Gefühlsansprechbarkeit 2. Gefühlsleben als Gesamtheit
Afferent	zuführend
Aggravation	Übertreibung von Krankheitserscheinungen
Aitken I	Fraktur bei Beteiligung der Epiphysenfuge
Akkommodation	Anpassung
Aktivitätshypertrophie	Muskelverstärkung durch vermehrten Gebrauch
Aktualneurose	Neurose als Auswirkung einer starken aktuellen Reizung des Gemütszustandes
Albino(effekt)	Mensch oder Tier mit fehlender Farbstoffbildung
Albumen	Eiweiße
Algesie	gesteigerte Schmerzempfindung
Algopareunie	psychosomatisch bedingte Koitusschmerzen der Frau
Allo...	Wortteil mit der Bedeutung „fremd", „anders", „anomal"
Alloarthroplastik	Gelenkersatz mittels Endoprothese
Alloplastische Endoprothese	zum Ersatz eines kompletten Gelenks, also beider Gelenkteile
Alopezie	permanenter Haarverlust
Alveolarfortsatz	der die Zähne tragende Teil des Ober- und Unterkiefers
Alveolen	Lungenbläschen
Amaurotisch	blind, erblindet
Amnesie	Erinnerungslücke, meist nach Bewusstseinsstörungen
– anterograde	nach dem Ereignis
– retrograde	vor dem Ereignis
Amputation	operative Abtrennung eines endständigen Körperteils
Anämie	Verminderung der Konzentration des sauerstofftragenden Proteins Hämoglobin im Blut
Anästhesie	Unempfindlichkeit, Schmerzausschaltung
Anästhetika	schmerzausschaltende Medikamente
Analgetika	schmerzstillende Medikamente
Anamnese	Krankheitsvorgeschichte
Anarthrie	siehe Dysarthrie
Aneurysma	krankhafte, örtlich begrenzte Erweiterung einer Schlagader
Angina pectoris	nach Herzkranzgefäßerkrankung anfallsweise auftretende Schmerzen in der linken Brustseite, die in den linken Arm oder in den Bauch ausstrahlen
Angiographie	Gefäßdarstellung nach Injektion eines Kontrastmittels
Anisokorie	ungleiche Weite der Pupillen beider Augen
Ankylose	vollständige Gelenksteife
Anorgasmie	Orgasmusstörung bei Frauen
Anosmie	hochgradige Minderung oder Aufhebung des Geruchssinns
Antekurvation	zur Körpervorderseite gerichtete Verbiegung (meist von langen Röhrenknochen)
Anterior	vorn, nach vorn gerichtet
Anterograde Amnesie	siehe „Amnesie"
Antiflexationsdistorsion	Biegungszerrung
Antikoagulanzien	Sammelbegriff für Hemmstoffe der Blutgerinnung
Antiphlogistisch	entzündungshemmend
Antrum	Körperhöhle; Organ-, Knochenhöhle
Anus	After
Anus praeter	Künstlicher Darmausgang
Aorta	Hauptschlagader
Aortenisthmusstenose	Verengung der Hauptschlagader
Apallisches Syndrom	Trennung von Hirnrinde und Hirnstamm (tiefe Bewusstlosigkeit, Enthirnungsstarre, Verlust jeglicher Beziehung zur Umwelt)

Unfallmedizinisches Wörterbuch

Apex capitis femoris	Spitze des Oberschenkelhalsknochens
Aphasie	Verlust der Sprache, Sprachstörung
Aphonie	Stimmlosigkeit
Apnoe	Atemstillstand
Aponeurose	Sehnenhaut
Apoplex	plötzliche Durchblutungsstörung eines Organs oder einer Körperregion
Appendix vermiformis	Wurmfortsatz des Blinddarms
Apposition	Auflagerung neuer Gewebsschichten
Apraxie	durch zentrale Störungen bedingte Unfähigkeit, sinnvolle und erlernte zweckmäßige Bewegungen auszuführen
Arachnoidea	„Spinnwebenhaut" = bindegewebige Membran, die über die Furchen und Windungen des Gehirns und Rückenmarks hinwegzieht
ARDS-Syndrom	Acute-respiratory distress syndrome, Atemnotsyndrom mit akutem Lungenversagen
Arrhythmie	Unregelmäßigkeit der Herz- und Gehirntätigkeit
Arrosion	„Annagen"; die Zerstörung von Organen, insbesondere von Blutgefäßen und Knochen, z. B. durch Entzündung, Geschwüre
Arrosionsblutungen	bei Gefäßarrosion bestehende Gefahr der Blutung ins Gewebe oder in ein Hohlorgan (z. B. in den Magen)
Arteria	Pulsader, Schlagader
– brachialis	Armschlagader (vom Herzen weg, rot)
– carotis interna	der hintere Ast der Karotis; Arterie versorgt das Gehirn und das Auge
– cervikalis	Halsarterie
– facialis	Gesichtsschlagader
– femoralis	Oberschenkelschlagader
– hepatica	Leberschlagader
– radialis	Speichenschlagader
– temporalis	Schläfenschlagader
– tibialis anterior	vordere Schienbeinschlagader
– tibialis posterior	hintere Schienbeinschlagader
– ulnaris	Ellenschlagader
– vertebralis	Wirbelschlagader
Arteriographie	röntgenologische Darstellung der Schlagader nach Injektion eines Kontrastmittels
Arteriosklerose	Arterienverkalkung
Arthrodese	operative Gelenkversteifung
Arthroplastik	Gelenkplastik zur Wiederherstellung der Beweglichkeit
Arthrose	abnutzungsbedingte Gelenkerkrankung
Arthrosis deformans	degenerative (= abnutzungsbedingte) Gelenkerkrankung
Arthroskopie	Betrachtung der Gelenkhöhle nach vorheriger Punktion und Gas- oder Flüssigkeitsinfusion in die Gelenkhöhle
Arthrotomie	Gelenkeröffnung durch Schnitt
Articulus	Gelenk
Asomnie	Schlaflosigkeit
Aspiration	Ansaugen, Einatmen von Luft oder Flüssigkeit; Eindringen fester oder flüssiger Stoffe in die Atemwege
Astigmatismus	Fehlen eines Brennpunkts infolge Hornhautverkrümmung
Ataktisch	ungeordnet, nicht koordiniert
Ataxie	Fehlen des koordinierten Bewegungsablaufs
Atelektase	verminderter bis fehlender Luftgehalt der Lungenalveolen
Ateminsuffizienz	Atemfunktionsschwäche
Athetose	(oft durch frühkindliche Hirnschäden) auftretende Haltungs- und Bewegungsstörungen, die sich in unwillkürlichen Bewegungen der distalen Extremitäten äußern
Athetotisch	Krankheitsbild mit unwillkürlichen unaufhörlichen, langsamen, bizarren Bewegungen der Gliedmaßen
Atlas	oberster Halswirbel
Atrophie	Rückbildung eines Organs oder Gewebes
Augmentation	Plastische Operation
Auskultation	diagnostisches Abhören von Organen auf Schallzeichen
Autologe Hauttransplantation	Übertragung körpereigener Haut
Axilla	Achselhöhle
Axis	2. Halswirbel
Axon	Achsenzylinder
Azidose	Störung im Säure-Basen-Haushalt

B

Bajonettstellung	Hervortreten des distalen Ulnaendes bei dislozierter Radiusfraktur
Balanitis	Entzündung der Eichel
Balanoposthitis	Entzündung der Eichel mit Beteiligung der Vorhaut
Balken	Faserverbindung zwischen den beiden Hemisphären im Gehirn
Bartonfraktur	Radiusfraktur mit Absprengung des unteren Speichenendteils
Basal	an der Basis liegend
Bechterewsche Erkrankung	chronisch-entzündliche Erkrankung des Knochengelenksystems, besonders der Wirbelsäule
Begehrensneurose	Tendenziöse, auf die Erreichung bestimmter Wünsche und Ziele (z. B. einer Rente) gerichtete Reaktionsweise ohne Krankheitswert
Bennett-Fraktur	Luxationsfraktur des 1. Mittelhandknochens
Bi...	(lat. Vorsilbe) doppelt, zweifach
Bicondylär	2 Knochenknorren
Biliär	Gallen...
Bimalleoläre Sprunggelenksfraktur	Fraktur des Innen- und Außenknöchels
Binnenverletzung	Gelenkinnenverletzung
Bizeps brachii	zweiköpfiger Armmuskel
Blow-out-Fraktur	Bruch des Augenhöhlenbodens durch Schlag aufs Auge
BNS-Leiden	eine Form der Epilepsie
Bone bruise	Knochenprellung, kleinster Knochenbruch
Brachial	zum Oberarm gehörend

Brachium	Arm, Oberarm
Brevis	kurz
Brillenhämatom	symmetrischer Bluterguss an den beiden Augen
Bronchie	Luftröhrenast
Brown-Syndrom	gleichseitige Bewegungs- und gegenseitige Empfindungslähmung bei halbseitiger Querschnittverletzung des Rückenmarks
Bulbus	knollenförmiger Organteil
– oculi	Augapfel
Bursa	Beutel, Schleimbeutel, Tasche
– olecrani	Ellenbogenschleimbeutel
Bursektomie	operative Entfernung eines Schleimbeutels
Bursitis	Entzündung eines Schleimbeutels
BWK	Brustwirbelkörper
Bypass	Überbrückung, Umgehung eines krankhaften Gefäßes

C

Caecum	Blinddarm
Calcaneus	Fersenbein
Callus	das im Spalt eines Knochenbruchs neu gebildete Gewebe
Capitulum	Köpfchen
– humeri	Oberarmköpfchen
Capsula articularis	Gelenkkapsel
Caput	Kopf, Gelenkkopf, Muskelkopf
– fibulae	Wadenbeinköpfchen am Kniegelenk
– radii	Speichenköpfchen am Ellenbogen
Caries	Fäulnis
– chir.	Knochencaries, i. S. einer Knochentuberkulose
– dent.	Zahncaries
Carpalia	Handwurzelknochen
Carpaltunnelsyndrom	im Handwurzelknochen hervorgerufene Atrophie
Carpus	Handwurzel
Carotis	Kopfschlagader
Cauda equina	Nervenfaserbündel am Ende des Rückenmarks
Cavum	Höhle, Hohlraum
– cranii	Schädelhöhle, die das Gehirn enthält
– subdurale	Hohlraum zwischen harter und weicher Hirnhaut
Cephalgie	Kopfschmerz
Cerclage	Kreisnaht, Umschlingung
Cerebral	das Großhirn betreffend
Cerebrum	Großhirn
Cervicale	Dornfortsatzspitze des 7. HW
Cervicobrachialgie	Irritation des plexus brachialis bei HWS-Verletzungen
Cervicocephalgie	siehe „cervikal" und „Cephalgie"
Cervikal (cervical)	halswärts, Hals-
Cervikalsyndrom (auch „Cervicalsyndrom")	siehe „Zervikalsyndrom"
Cervix	Hals, Nacken
– uteri	Gebärmutterhals
Cholezystektomie	chirurgische Entfernung der Gallenblase
Chondral	zum Knorpel gehörend
Chondrolyse	Auflösung von Knorpelgewebe
Chondromalazie	krankhafte Entwicklung der Knorpelgrundsubstanz
Chondropathia	Knorpelerkrankung
Chronifiziert	chronisch geworden
Chymo-Nukleolyse	Nukleolyse-Auflösung von Bandscheiben-Kernteilen im LWS-Bereich durch örtliche Injektion von Chymopapain
Clavicula	Schlüsselbein
Clivus	Hügel
Clot	Gerinnsel, Blutgerinnsel
Clunes	Gesäßbacken
Coecum	siehe „Caecum"
Colitis	Entzündung des Dickdarms
Collateral	auf der gleichen Seite gelegen, benachbart
Collum	Hals
– femoris	Schenkelhals, Teil des Oberschenkels
Columna vertebralis	Wirbelsäule
Commotio cerebri	Gehirnerschütterung (Schädel-Hirn-Trauma 1. Grades)
Compressio cerebri	Gehirnquetschung (Schädel-Hirn-Trauma 3. Grades)
Condylus	Gelenkknorren, Gelenkkopf, Knochenende
– femoris	Oberschenkelrolle
– humeri	Gelenkknorren des Oberarms im Ellenbogen
– lateralis	äußerer Schienbeinhöcker
Conjunctiva	Bindehaut des Auges
Contre-coup-Blutung	Gehirnblutung
Contusio	Prellung als stumpfe Organverletzung, Quetschung
– bulbi	Augapfelprellung
– cerebri	Hirnprellung (Schädel-Hirn-Trauma 2. Grades)
– cordis	Herzprellung
– labyrinthi	Innenohrschädigung durch stumpfes Schädeltrauma
Cor	Herz
corocoideus	rabenschnabelähnlich
Coronarnaht	Herznaht
Corpus (= Korpus)	Körper
Corpus carcinoma	Gebärmutterkrebs
Corticalis	(lat.) Rinden...
Costalis	zur Rippe gehörend
Coup-Verletzung	der bei Riss einer Varikozele durch das den Samenstrang umgebene Hämatom schlagartig auftretende Schmerz
Coxa	Hüfte
Coxarthrose	chronische, meist abnutzungsbedingte Erkrankung des Hüftgelenks
Cranialis	kopfwärts, zum Schädel gehörend

Craniotomie	operative Schädeleröffnung	Devital	leblos, abgestorben
Cranium	knöcherner Schädel	Dezeleration	Verlangsamung
Crista iliaca	Beckenkamm	Diabetes insipidus	„Wasserharnruhr" = Störung des Wasserstoffwechsels mit zwanghafter Steigerung der Wasserausscheidung und des Wasserbedarfs (krankhafter Durst)
Crutchfield-Klammer	zangenartige Extensionsklammer, befestigt direkt an der Schädelkalotte (z. B. zur Reposition von HW-Luxationen)		
Cubitus	Ellenbogen	Diabetes mellitus	Zuckerkrankheit
Cuboid (os cuboideum)	Würfelbein (Fußwurzelknochen)	Diadochokinese	geordneter Ablauf rasch wechselnder antagonistischer (gegensätzlicher) Bewegungen
Cuboidal	siehe „Cuboide(u)s"	Dialyse	Blutreinigung mittels künstlicher Niere; Blutwäsche
Cuboide(u)s	Würfelbein	Diaphragma	Zwerchfell
Cutis	Haut	Diaphyse	Mittelstück von Röhrenknochen
Cyanose	bläuliche Verfärbung der Haut	Diastase	Auseinanderweichen, Auseinanderstehen
Cysticus	zur Blase gehörig, zystisch	Differentialdiagnose	Unterscheidung und Abgrenzung einander ähnlicher Krankheitsbilder

D

		Diffus	ausgebreitet, ausgedehnt, ohne scharfe Grenzen
Deafferentierung	Ausschaltung der sensiblen Impulse (Afferenzen) durch operativen Eingriff	Digital	mit dem Finger
Debilität	Schwäche	Dilatation	Erweiterung eines Hohlorgans
Débridement	chirurgische Wundausschneidung	Dioptrie	Maßeinheit der Brechkraft von optischen Linsen
Decollement	Hautabscherung	Diplegie	doppelseitige Lähmung
Defäkation	Stuhlentleerung	Diplopie	Doppelsichtigkeit
Degeneration	Rückbildung, auch Altersabbau	Disarthrie	Sprache ist rau, heiser, krächzend
Degenerativ	auf Degeneration beruhend	Discus triangularis ulnae	Bindegewebige Scheibe im Handgelenk zwischen der körperfernen Elle und der körpernahen Handwurzelröhre
Dehiszens	Klaffen, Auseinanderweichen		
Dekapitation	Abtrennung des Kopfes	Diskektomie	Entfernung von Bandscheibengewebe
Dekompensation	Nachlassen der eine Organschwäche ausgleichenden Kräfte	Diskopathie	Erkrankung der Bandscheibe
		Diskushernie	Bandscheibenvorfall
Dekompression	Druckentlastung von Organen bzw. des Organismus (ggf. auch chirurgisch)	Dislokation	Verschiebung von Knochenbruchenden, untypische Lage von Organen, Fehlstellung
Dekubitus	Hautschaden oder Geschwür, entstanden durch langes Liegen bzw. Druck (z. B. schlecht sitzende Hilfsmittel usw.)	Dislozierung	siehe „Dislokation"
		Dispareunie	Unbeteiligtsein der Frau beim Koitus
– 1. Grades	Haut intakt, jedoch gerötet	Dissektion	Spaltung, Zerschneidung
– 2. Grades	Hautdefekt	Dissemination	Ausbreitung eines Krankheitsprozesses
– 3. Grades	tiefer Hautdefekt; Muskeln, Sehnen und Bänder sind sichtbar	Distal	vom Rumpf weg, weiter entfernt von der Körpermitte bzw. vom Herzen, vom Zentralnervensystem
– 4. Grades	Haut- und Gewebedefekt mit Knochenbeteiligung		
		Distorsion	Zerrung, Verstauchung, die durch Drehbewegung ausgelöst wurde, Überdehnung
Demenz	Geistesschwäche, Verblödung		
Denervierung	operative Entfernung der Nerven eines Organs	Distraktion	Auseinanderziehen, Strecken
Dens	Zahn	Dorsal	die Rückseite betreffend, rückwärts
– axis	zahnförmiger Fortsatz des 2. Halswirbels	Dorsalgien	Rückenschmerzen
Dentin	Zahnbein; knochenähnl., harte Grundsubstanz des Zahnkörpers	Double-Bubble	Doppelblase
		DPT-Impfung	kombinierte Impfung gegen Diphtherie, Pertussis, Tetanus
Dermatitis	akute Hautentzündung		
Dermatom	1. Hautsegment, 2. Hautgeschwulst	Drainage	Ableitung von Gasen, Wundabsonderungen usw.
Dermoidektomie	Aussaugung von Unterhautfettgewebe zum Ausgleich von Niveauunterschieden		
		Ductus choledochus	Gallengang
Dermoidzyste	Zyste, die einen Kopfhöcker mit Zähnen und Nervengewebe enthält		
		Ductus cysticus	Gallenblasengang
Desaultverband	Verband zur zeitweiligen Ruhigstellung der Schulter und des Oberarms am Brustkorb	Ductus hepaticus	Vereinigung des rechten und linken Gallengangs an Leberpforte
Destruktion	Zerstörung	Duktales Carcinoma in situ (DCIS)	Brustkrebsvorstufe
Deviation	Abweichung		

Duodenum	Zwölffingerdarm
Dupuytren-Kontraktur	Beugestellung vor allem des 4. und 5. Fingers infolge entzündlicher, narbiger Schrumpfung und Verwachsung der Palmaraponeurose (Hohlhand)
Dural	die „dura mater" (siehe dort) betreffend
Dura mater	harte Hirnhaut
Durchgangssyndrom	körperlich begründbare psychische Störung mit guter Rückbildungstendenz (symptom. Psychose)
Dys...	Störung eines Zustandes oder einer Tätigkeit
Dysaesthesie	Missempfindung, Fehlempfindung
Dysarthrie	Störung der Artikulation infolge Schädigung des Zentralnervensystems
Dysfunktion	Funktionsstörung
Dyskalkulie	ständige Minderleistung im arithmetischen Grundlagenbereich
Dyskinesie	motorische Fehlfunktion, Bewegungsstörung
Dyspareunie	Sexuelle Funktionsstörung, Schmerzen beim Geschlechtsverkehr
Dyspepsie	Verdauungsstörung
Dysphagie	schmerzhafte Schling- bzw. Schluckstörung
Dysphonie	Stimmbildungsstörung („heisere", „raue", „belegte" Stimme)
Dysplasie	Fehlbildung, Fehlgestaltung infolge gestörter Gewebs- und Organentwicklung
Dystardien	Herzbeschwerden
Dystokie	abnormaler Geburtsverlauf
Dystonie	Störung eines natürlichen Spannungszustands
Dystrophie	Ernährungsstörung eines Gewebes

E

Efferent	ableitend, herausführend, wegführend
Ektomie	Herausschneiden, totale Entfernung eines Organs
...ektomie	Wortteil mit Bedeutung „operative Entfernung"
Ektropium	1. Auswärtskehrung, Umstülpung, 2. anhaltende teilweise Auswärtswendung der Bindehaut eines Augenlids
Elektroenzephalogramm (EEG)	Aufzeichnung der Hirnstromkurve
Elektrokardiogramm (EKG)	Aufzeichnung der Herzstromkurve
Elektromyographie (EMG)	Aufzeichnung der Muskelströme
Elevation	Hochhebung, Verlagerung nach oben
Elongation	Verlängerung
Embolie	plötzlicher Verschluss eines Blutgefäßes, meist durch einen Blutpropf
Eminentia	Erhebung, Vorwölbung
Emphysem	Lungenblähung
Encephalitis	Entzündung des Gehirns
Encephalon	Gehirn
Endogen	1. im Innern, im Körper entstanden, nicht durch äußere Ursache, 2. aus Veranlagung
Endokarditis	Entzündung der Herzinnenhaut
Endoprothese	siehe „alloplastische Endoprothese"
Enophtalmus	Zurücksinken des Augapfels in die Augenhöhle
Enukleation	Ausschälung eines in sich gut begrenzten Organs, Tumors oder Fremdkörpers
Enzephalopathie	Nichtentzündliche Erkrankungen oder Schädigungen des Gehirns
Epidermis	Oberhaut
Epidural	auf der harten Hirnhaut gelegen
Epigastrium	Magengrube, Oberbauchgegend
Epikondylus	Knochenversorgung eines Gelenkkopfes zur Befestigung von Bändern und Muskeln
Epilepsie	Fallsucht (Krampf-)Anfallsleiden
Epiphyse	gelenknahes Ende der langen Röhrenknochen
Epiphysenfuge	Wachstumszone eines Knochens
Epiphysiolyse	Ablösung einer Epiphyse in der Fuge
Epithel	oberste Zellschicht der Haut; aus Zellen bestehendes, gefäßloses Gewebe
Erektile Dysfunktion	Sexualstörung, ausreichende Erektion des Penis kann nicht beibehalten werden
Exanthem	großflächiger Hautausschlag
Exartikulation	operative Abtrennung eines Gliedes im Gelenk
Excision	Ausschneidung eines Gewebes- oder Organteils
Exikkose, Exsikkose	Austrocknung
Exogen	von außen stammend, durch äußere Ursache
Exophorie	verstecktes Auswärtsschielen
Exostose	von der Knochenoberfläche ausgehende gutartige Knochenneubildung
Exstirpation	operative Entfernung eines Gewebeteils
Extension	Streckung, Dehnung unter Zug
Extensionsbügel	hufeisenförmiger Drahtspannbügel f. d. Drahtextension bzw. f. d. Einspannen eines „Steinmann-Nagels"
Extensor	Strecker (siehe auch „Musculus extensor")
Externus	außen gelegen
Extraktion	das Herausziehen
Extremität	äußerstes Ende
Extremitäten	Gliedmaßen (Arme, Beine)
Exzision	Ausschneidung

F

Facialis	zum Gesicht gehörend, Abk. für „Nervus facialis"
Facies	Gesicht
Fascia thoracolumbalis	sehnenartige Umbildung der Muskulatur der BWS und LWS
Faszia	(= lat. Binde) 1. besonders angelegter Bindenverband 2. Muskeln umfassende bindende Hülle aus kollagenen Fasern und Netzen
Felsenbein	Teil des Schläfenbeins
Femoralarterie	Oberschenkelarterie
Femoralis	zum Oberschenkel gehörend
Femur	Oberschenkelknochen

Femurcondyle	siehe „Femur" und „Condylus"	Glabella	kleine Glatze zwischen den Augenbrauen
Fertilität	Fruchtbarkeit	Glabellareflex	fehlt bei Beginn der Facialislähmung
Fibrin	Eiweißstoff des Blutes, der bei der Blutgerinnung aus Fibrinogen entsteht	Glans (penis)	Eichel (des Penis)
		Glaukom	„Grüner Star", Anstieg des Augeninnendrucks
Fibrinös	durch Fibrineinmischung gerinnend	Glissonschlinge	Apparat zur Streckung der Halswirbelsäule
Fibroplasie	siehe „Retrolentale Fibroplasie"	Gonarthritis	Kniegelenkentzündung
Fibrositis	Oberbegriff für Weichteilschmerzen bzw. krankhafte Vorgänge an Muskeln, Skelettweichteilen, Nervenscheiden usw. (volkstüml. „Weichteilrheumatismus")	Gonarthrose	vorzeitiger Verschleiß der knorpeligen Gelenkflächen des Kniegelenks
		Granulation	Körnelung, bei Wundheilung auftretende weiche Gewebsneubildung
Fibula	Wadenbein, äußerer der beiden Unterschenkelknochen	Granulom	Granulationsgeschwulst
		Gravidität	Schwangerschaft
Fissur	Spaltbildung im Knochen, feinster Knochenriss		
Fistel	abnormer Gang zwischen Körperhöhlen und der Körperoberfläche	**H**	
Fixateur externe	äußerer Spanner zur Knochenbruchstabilisierung	Habituell	gewohnheitsmäßig
		Hämarthrose	Bluterguss in einem Gelenk
Fixation	Befestigung	Hämato-	Blut-
Flake Fraktur	Absprengung eines osteochondralen Knochens- oder Knorpelfragments im Gelenkbereich	Hämatom	Bluterguss, Einblutung
		– epidurales H.	zwischen Schädelknochen und harter Hirnhaut
		– subdurales H.	zwischen harter und weicher Hirnhaut
Flanke	seitlicher Rumpfteil zw. Rippenbogen und Darmbeinkamm	Hämatopneumothorax	Blut- und Luftansammlung zwischen Brustfell und Lunge
Flexion	Beugung	Hämatoserothorax	Ansammlung von Luft, Blut und Blutwasser zwischen Brustfell und Lunge
Fokal	den Krankheitsherd betreffend		
Fokus	Krankheitsherd	Hämatothorax	Ansammlung aus den Gefäßen ausgetretenen Blutes im Brustraum
Fontanelle	nicht verknöcherte angeborene Lücke im Schädeldach		
		Hämatotympanon	Bluterguss im Mittelohr
Foramen	Loch	Hämaturie	krankhafte Ausscheidung von Blut im Urin
Foramina intervertebrale	Zwischenwirbelloch für den Durchtritt der Rückenmarksnerven	Hämorrhagie	Blutung
		Hämorrhagischer Schock	Schock infolge stärkerer innerer oder äußerer Blutung
Fossa	Grube, Vertiefung		
Fragment	Bruchstück	Hämothorax	siehe „Hämatothorax"
Fraktur	Knochenbruch	Hallux	Großzehe
Frontal	stirnseits	Hallux rigidus	Teilversteifung des Großzehengrundgelenks
Frontalebene	parallel zur Stirn verlaufende Ebene	Halo-Fixateur	abnehmbare, sog. externe Schiene
Frontalsinus	Stirnhöhle, Nasennebenhöhle im Stirnbein	Halswirbelsäulen-Verletzung	Schweregrad: leicht, mittelschwer, schwer
Fundoplicatio	Operation zur Verstärkung der Speiseröhrenmündung durch Umformung des Magens	Hang-man-Fraktur	besondere Fraktur des 2. HWK
		Hebephrenie	Jugendirresein
Fundus	Grund, Boden, Abk. für „Augenhintergrund"	Hemi-	halb-, einseitig
		Hemianopisch	halbseitenblind (siehe auch „Hemianopsie")
G		Hemianopsie	Halbseitenblindheit; Sehstörung mit Ausfall einer Hälfte des Gesichtsfelds
Galea	dem Schädeldach aufsitzende Sehne		
Ganglion	1. Überbein, 2. von einer Bindegewebekapsel umgebender Nervenknoten	Hemihypästhesie	halbseitige Sensibilitätsstörung
		Hemikranie	Migräne, halbseitiger Kopfschmerz
Ganglioneurom	Geschwulst aus Nervenfasern, Ganglienzellen, Bindegewebe und Fettzellen	Hemiparese	unvollständige Halbseitenlähmung
		Hemiplegie	Halbseitenlähmung; Lähmung einer Körperseite
Gangrän	Brand durch Minderdurchblutung	Hemisphäre	Halbkugel; rechte bzw. linke Hälfte des Groß- und Kleinhirns
Gastritis	Magenschleimhautentzündung		
Gastro...	Wortteil mit der Bedeutung „Magen"		
Gastrocnemius	(= Musculus gastrocnemius) Wadenmuskel	Hemisyndrom	siehe „Lateralisationssyndrom"
Gastropexie	Annähen des Magens an der Bauchdecke	Hepar	Leber
Generalisiert	allgemein ausgebreitet, den ganzen Körper erfassend	Hepatitis	Leberentzündung
		Hernia, Hernie	Vorfall, Eingeweidebruch
Genese	Entstehung		

Herpes	Viruserkrankung	Ileocaecalis	den Blinddarmbereich betreffend
Heterophorie	verstecktes Augenschielen	Ileosakralgelenk	Gelenk zwischen Kreuz- und Darmbein
Hiatushernie	Zwerchfellhernie	Ileus	Darmverschluss
Hill-Sachs-Läsion	Verletzung des Humerus-Kopfrandes	Ilium	Darmbein
Histologische Untersuchung	Gewebeuntersuchung	Imbezillität	mittelgradiger Schwachsinn
		Immunität	Unempfindlichkeit, Resistenz gegen Krankheitserreger
Homonym	gleichnamig, entsprechend		
Horizontalebene	waagrecht durch den Körper gedachte Ebene	Impingement	Schultereckgelenk
Horner-Syndrom (oder Horner-Trias)	Lähmung des Halsteils des Nervus sympathikus (siehe auch „Sympathikus")	Implantation	Einpflanzung in den Körper
		Impotenz	Unfähigkeit des Mannes, den Beischlaf auszuüben
Humeroulnargelenk	Gelenk zwischen Oberarm und Elle		
Humerus	(= Os humeri) Oberarmknochen	Impression	Eindruck, Vertiefung
HWK	Halswirbelkörper	Impressionsfraktur	Einbruchsfraktur
HWS-Syndrom	Beschwerdekomplex im Bereich der Halswirbelsäule, oft nach Schleudertrauma	Inappetenz	fehlendes Verlangen, Appetitlosigkeit
		Incision	Einschnitt (siehe auch „Inzision")
Hydrocephalus	Wasserkopf oder Flüssigkeitszunahme im Bereich der Liquorräume des Gehirns	Indikation	Heilanzeige, Grund zur Anwendung eines bestimmten Heilverfahrens, z. B. einer Operation oder einer Replantation
Hygrom	Entzündung eines Schleimbeutels oder einer Sehnenscheide mit Ergussbildung		
		Infekt, Infektion	Ansteckung durch Mikroorganismen
Hypästhesie	herabgesetzte Empfindlichkeit, insbes. der Berührungsempfindung	Infra	unterhalb von
		Infraktion	unvollständiger Knochenbruch, Knickbruch
Hypakusis	Schwerhörigkeit	Injektion	Einspritzung von Flüssigkeiten
Hypalgesie	Herabsetzung der Schmerzempfindlichkeit	Inkongruenz	mangelnde Übereinstimmung
Hyperästhesie	Überempfindlichkeit für Berührungsreize	Inkontinenz	Unvermögen, Stuhl- und Harnabgang kontrollieren zu können
Hyperextension	starke Streckung eines Gelenks		
Hyperhidrose	Steigung der Schweißsekretion	Inkorporation	Einverleibung; Aufnahme eines Stoffes in den Organismus
Hyperkinese	übermäßige Bewegungstätigkeit, seelisch bedingte Bewegungsunruhe		
		Innervation	Nervenversorgung
Hyperlipämie	vermehrter Fettgehalt des Blutes	Insertion	Ansatzstelle
Hypermotilität	gesteigerte Bewegungstätigkeit (meist Magen-Darm-Bereich)	Insertionstendinose	Bindegewebserkrankung am Sehnenansatz
		Inspiration	Einatmung
Hypernaträmie	Erhöhung der Serum-Na-Konzentration	Insuffizienz	ungenügende Funktion oder Leistung eines Organs
Hyperpathie	Überempfindlichkeit für sensible Reize (bei gleichzeitig jedoch erhöhter Reizschwelle. Alle Sinnesreize werden erst ab einer höheren Intensität, dann aber umso heftiger, länger anhaltend und generell schmerzhaft empfunden)		
		Intercraniell	innerhalb des Schädels
		Interdigital	zwischen den Fingern oder Zehen
		Interkostal	zwischen den Rippen liegend
		Intermaxillär	zwischen den Kiefern
Hyperpigmentierung	Vermehrung des Pigmentgehalts der Haut	Intermediär	dazwischenliegend
		Interossär	zwischen zwei Knochen
Hyperreflexie	gesteigerte Erregbarkeit der Reflexe	Intima	innerste Schicht der Blutgefäßwand
Hyperreflexion	übermäßige Biegung	Intoxikation	Vergiftung
Hyperthermie	erhöhte Kerntemperatur des Körpers	Intra	innerhalb, in … hinein, innerlich
Hypertrophie	Größenzunahme eines Gewebes oder Organs nur durch Zellvergrößerung	Intraabdominal	siehe „Intra" und „Abdomen"
		Intraartikulär	im Inneren des Gelenks liegend
Hyperventilation	überstarke Atmung	Intravaskulär	in einem Blut- oder Lymphgefäß befindlich; Verabreichung von Substanzen in ein Blut- oder Lymphgefäß
Hypophyse	Hirnanhang		
Hyposmie	Herabsetzung des Geruchssinns		
Hyposphagma	Bluterguss unter der Augenbindehaut		
Hypotonie	niedriger Blutdruck	intraversal	innerhalb eines Gefäßes
Hypoxie	verminderter bis unzureichender Sauerstoff in den Geweben	Intrazerebral	im bzw. in das Gehirn
		Intubation	Einführung eines Schlauchs in die Luftröhre zum Beatmen
Hysterektomie	Entfernung der Gebärmutter		
		Intubationsgranulom	siehe „Intubation" und „Granulom"

I

Ikterus	Gelbsucht	Invasiv	eindringend

Inzision	operatives Einschneiden oder Eröffnen
Iontophorese	Einführung von Ionen mit Hilfe galvanischen Stroms durch die Haut in den Körper zu Therapiezwecken
Ipsilateral	auf derselben Körperseite/-hälfte gelegen
Iris	Regenbogenhaut
Irreversibel	nicht rückgängig zu machen
Irritation	Reizung
Ischämie	Minderdurchblutung, Unterbrechung der Durchblutung
Ischialgie	Schmerzen im Bereich des Ischiasnervs
Isoliert	abgesondert
Isthmus	Verbindungsstück, schmale Verbindung

K

Kallus	(= Knochenkallus) neues Knochengewebe, das gebrochene Knochen zusammenschließt
Kalotte	Schädeldach
Karies	siehe „Caries"
Karotis	die paarige (beidseitige) gemeinsame, zum Kopf führende Hauptschlagader im Halsbereich
Karpalgelenk	Gelenk im Bereich der Handwurzelknochen
Karpaltunnelsyndrom	akuter bis chronischer Druckschaden des Nervus medianus (Atrophie der Daumenballenmuskulatur und Sensibilitätsstörung der Hohlhand, Finger 1–3 einschl. radiale Seite des 4. Fingers)
Karzinom	Krebsgeschwür
Katarakt	Trübung der Augenlinse, grauer Star
Katheter	Röhrchen
Kaudasyndrom	schlaffe Lähmung mit Schmerzen und Sensibilitätsstörungen an den unteren Extremitäten; Ursache: LWS-Frakturen, Bandscheibenvorfall u. a.
Kausalgie	brennender Schmerz
Kavernom	Störung im Knochenmark
Keloid	wulstartige Narbenbildung
Kephalhämatom	Bluterguss am Kopf
Klistier	Darmausspülung, Darmeinlauf
Klonus	heftige reflexartige Muskelzuckungen (z. B. bei Schädel-Hirn-Verletzungen)
Koagulation	Gerinnung, Übergang kolloidaler Stoffe in den Gel-Zustand durch Hitzeeinfluss
Kognition	Denk-, Wahrnehmungs- und Erkenntnisprozess
Kohabitation	Beischlaf
Kolitis	Entzündung des Dickdarms
Kollaps	Zusammenbruch, z. B. der Blutzirkulation
Kollateral	auf der gleichen Seite benachbart
Koma	Tiefe Bewusstlosigkeit ohne Reaktion auf Aufruf oder stärkere Schmerzreize
Koma vigile	Wachzustand, jedoch keine sinnvolle Reaktion, keine Blickfixierung oder Spontanäußerung, vgl. auch apallisches Syndrom
Kompartmentsyndrom	sich nach Brüchen, Entzündungen usw. durch Ödeme, Exzeme usw. ergebende Raumnot im betreffenden Kompartiment – relat. enger, weitgehend allseits geschlossener Raum (z. B. Gefäß-Nervenkanal)
Kompression	Quetschung eines Körperteils oder Organs
Kompressionsfraktur	Bruch durch Stauchung oder Zusammenquetschung
Kondylom	Feigwarze, Wucherung
Konkav	hohl
Konsekutiv	nachfolgend
Konsolidierung	Festigung, Abheilung
Konstitution	die anlagebedingte Ganzheit des einzelnen Menschen
Kontorsion	Verdrehung eines Gliedmaßenteils
Kontraktion	Zusammenziehung eines Muskels oder Hohlorgans
Kontraktur	unwillkürliche, durch unterschiedliche Ursachen herbeigeführte, dauerhafte Muskelverkürzung, resultierend in Gelenksteife
Kontusion	Quetschung durch stumpfe Gewalt
Konvergenz	Annäherung, z. B. gleichsinnige Wendung beider Augen nach einwärts (Innenschielen = Strabismus convergens)
Konversionsneurose	Psychogene körperliche Störung, die durch Verschiebung der psychischen Energie aus einem ungelösten psychischen Konflikt entsteht
Konvex	gewölbt
Kopfnicker	der das Brustbein und das Schlüsselbein mit dem Warzenfortsatz verbindende Muskel
Kopfschmerzen, vasomotorische	Durch Regulationsstörungen bedingter kontinuierlicher und anfallsartiger Kopfschmerz
Korpus karzinom	siehe „corpus carcinoma"
Korsakowsyndrom	Verlust der Merkfähigkeit bei erhaltenem Altgedächtnis mit örtlicher und zeitlicher Desorientiertheit, oft alkoholbedingt
Kosto(a)...	die Rippe(n) betreffend
Kraniotomie	Eröffnung des Schädels
Krepitation	reibendes Geräusch zwischen Knochenfragmenten
Kryotherapie	Kälteanwendung durch lokale Eisbehandlung
Küntscher-Marknagelung	Stabilisierung von Brüchen langer Röhrenknochen durch innere Schienung mittels eines „K.-Nagels" (siehe auch „Osteosynthese")
Kyphose	Rückgratverkrümmung (Buckel)
Kyphoskoliose	Buckelbildung bei gleichzeitiger seitlicher Verkrümmung

L

Labil	unbeständig, nicht stabil, veränderungsanfällig
Labium	1. Lippe, 2. Schamlippe
Labyrinth	Teil des Innenohrs (für das Gleichgewicht zuständig)
Läsion	Verletzung, Störung
Lambdanaht	Schädelnaht zwischen dem Hinterhauptbein und den beiden Scheitelbeinen
Lamina Pterydoidia	dünne Schicht hinter dem Augenwinkel
Laminektomie	Entfernung von Teilen des knöchernen Wirbelkörpers
Laparoskopie	Bauchspiegelung
Laparotomie	operative Eröffnung der Bauchhöhle

Lasèguesches Phänomen (auch Lasègue-Zeichen)	heftiger Dehnungsschmerz des Ischiasnervs beim Heben des gestreckten Beins
Latent	verborgen, unsichtbar
Latenz	zeitweiliges Verborgenbleiben von Krankheiten
Lateral(is)	seitlich, seitwärts, von der Mittellinie aus gesehen
Lateralisationssyndrom	psychomotorische Anomalien, epileptische Symptome, Verhaltensstörungen
Late-Whiplash-Injury-Syndrom	Peitschenhiebtrauma, meist nach Auffahrunfällen durch extrem rasch erfolgte Flexionen der HWS
Le-Fort-Fraktur	Abrissbruch des Oberkiefers
Le-Fort-II-Fraktur	Abrissbruch des Oberkiefers und von Teilen des Jochbeins
Le-Fort-III-Fraktur	vollständiger Abrissbruch des Mittelgesichtsknochens von der Schädelbasis
Leukozyten	weiße Blutkörperchen
Levator scapulae	Schulterblattheber
Libido	sexuelle Erlebnisfähigkeit
Lien	Milz
Ligamentum	Band (Abk. Lig.) (pl.: Ligamenta, Abk.: Ligg.); bindegewebliches Gebilde zur Verbindung von Knochen etc.
– alarium	Flügelband (zwischen obersten und 2. Halswirbel)
– collateralia	Seitenbänder
– cruciatum	Kreuzband des Kniegelenks
– patellae	Kniescheibenband
– talofibulare	Verstärkungsband des oberen Sprunggelenks
Ligatur	Unterbindung von Hohlorganen, Blut- oder Lymphgefäßen
Liposuktion	Fettabsaugung
Liquorfistel	abnorme Gangbildung zwischen Gehirnräumen und Nase bzw. Ohr mit Austritt von Gehirnflüssigkeit
Liquorrhoe	Ausfluss von Gehirnrückenmarksflüssigkeit
Lisfranc-Gelenk(linie)	Gelenk zwischen Fußwurzel und Mittelfuß
Locked-in-Syndrom	Unfähigkeit, zu sprechen oder sich zu bewegen bei völliger Bewusstseinsklarheit (seltenes neurologisches Krankheitsbild meist als Folge nach Thrombose der Arteria basilaris)
Logopäde	Stimm- und Sprachtherapeut
Lohmannsche Krawatte	Halswickelbandage
Lokalanästhesie	örtliche Betäubung
Lordose	nach vorne gerichtete Krümmung der Wirbelsäule (z. B. Lendenlordose)
Lues	Syphilis
Lumbago (= Lumbalgie)	Kreuzschmerzen, Hexenschuss, Lendenschmerzen
Lumbal	zu den Lenden gehörend, sie betreffend
Lumbo-	die Lenden betreffend
Lunatum	Handwurzelknochen
Luxation	Ausrenkung, Verrenkung eines knöchernen Gelenks
LWK	Lendenwirbelkörper
Lymphadenektomie	operative Entfernung von Lymphknoten
Lymphe	Flüssigkeit, die durch Austritt von Blutplasma ins Gewebe entsteht
Lymphom	Lymphknotenschwellung; klinischer Sammelbegriff für ätiologische Lymphknotenvergrößerungen

M

Macula	Fleck, Hautfleck
Macula lutea	gelber Fleck auf der Netzhaut des Auges
Maisonneuve-Fraktur	ein hoher, in der Nähe des Knies befindlicher Knochenbruch des Wadenbeines (Fibulafraktur) mit einer Zerreißung der bindegewebigen Membran zwischen Schienbein (Tibia) und Wadenbein (Fibula)
Malazie	Erweichung
Maligne	bösartig
Malleolär	die Fußknöchel betreffend
Malleolus	Fußknöchel
– lateralis	Wadenbein-, Außenknöchel
– medialis	Schienbein-, Innenknöchel
Mamille	Brustwarze
Mamma	weibliche Brust
Mandibula	Unterkiefer
Manometrie	Verfahren zur qualitativen und quantitativen Bestimmung des Magen-Darm-Trakts
Mantelpneu (– mothorax)	Luftansammlung zwischen Lunge und Brustwand mit teilweisem Lungenkollaps
Marcumar	ein Antikoagulanz; Handelsname eines Medikaments zur Hemmnis der Blutgerinnung (siehe auch „Antikoagulanzien")
Masseter	Kaumuskel
Mastektomie	operative Entfernung der weiblichen Brust
Mastitis	Brustentzündung
Mastoid	Warzenfortsatz
Mastoidektomie	Warzenfortsatzentfernung im Bereich des Schläfenbeins
Mastoiditis	Entzündung der Schleimhaut des Warzenfortsatzes des Schläfenbeins
Maxilla	Oberkiefer
Mediainfarkt	siehe „Tunica media"
Medial	mittelwärts, einwärts, näher zur Mittellinie hin
Medianebene	die den Körper in zwei Hälften teilende Ebene in der Körpermitte
Mediastinoskopie	Inspektion des vorderen oberen Mittelfells
Mediastinum	Mittelfell, mittlerer Teil der Brusthöhle
Medulla	Mark
– oblongata	verlängertes Mark
– spinalis	Rückenmark
Meninges	Hirn- und Rückenmarkshäute
Meningitis	Entzündung der Hirn- oder Rückenmarkshaut
Meniskopathie	Erkrankung eines Kniegelenkmeniskus
Mentum	Kinn
Mesenterium	Eingeweidegekrösel (Aufhängeband des Dünndarms)

Meso	zwischen	Mutismus	Stummheit bei intaktem Sprechorgan (z. B. durch Schock)
Mesocolon	Bestandteil des Grimmdarms		
Metabolisch	im Stoffwechselprozess entstanden, den Stoffwechselprozess betreffend	Myalgie	Muskelschmerz
		Mydriasis	Pupillenerweiterung durch Sympathikusreizung oder Okulomotoriuslähmung
Metacarpus	Mittelhand		
Metaphysär	den Knochenteil zwischen Diaphyse und Epiphyse betreffend	Myelitis	Rückenmarkentzündung
		Myelographie	Röntgenkontrastdarstellung des Wirbelkanals
Metaphyse	Knochenteil (Wachstumszone) zwischen Diaphyse und Epiphyse	Myelom	Knochenmarkstumor
		Myelopathie	chronische Rückenmarksschädigung, Rückenmarkserkrankung
Metastase	Tochtergeschwulst		
Metatarsal	den Mittelfuß betreffend	Myogelose	schmerzhafte Muskelverhärtung
Metatarsus	Mittelfuß	Myom	gutartige Geschwulst aus Muskelgewebe
Metralsegel	Klappe zwischen linkem Vorhof und Kammer am Herzen	Myositis	Muskelentzündung
		– ossificans	Muskelentzündung durch Verknöcherung bzw. örtliche Kalkeinlagerung
Mikrohämaturie	geringgradige Hämaturie (siehe dort)		
Mikrozephalie	abnorme Kleinheit des Kopfes	Myotonie	krankhaft verlängerte Muskelanspannung
Miktion	natürliche Harnentleerung aus der Blase		
Miosis	Engstellung der Pupille	**N**	
Monokelhämatom	einseitiges Brillenhämatom		
Monosymptomatisch	mit einem besonders hervorstechenden Symptom	Nates	Gesäßbecken
		Navikularfraktur	Kahnbeinbruch
		Neglect	meist halbseitige Vernachlässigung einer Körperseite
Monteggia-Fraktur	Fraktur der Ulna mit Luxation des Radiusköpfchens		
		Nekrose	Absterben von Organen oder Geweben
Morbus	(lat.) Krankheit	Nervus	Nerv
Morbus Bechterew	chronisch entzündliche rheumatische Erkrankung mit Schmerzen und Versteifung von Gelenken	– abducens	IV. Hirnnerv, versorgt den äußeren geraden Augenmuskel
		– accessorius	Hirnnerv, beeinflusst die Bewegungen am Hals und im Schulterbereich
Morbus-Crohn-Erkrankung	Entzündung des Krummdarms	– alveolaris	Kiefernerv
		– brachialis	Armgeflecht
Morbus Hodgkin	bösartiger Tumor des Lymphsystems	– cutaneus	sensibler Haut- und Unterhautnerv
Mortalität	Sterblichkeit	– cutaneus femoris lateralis	versorgt die Haut der lateralen Gesäßgegend und des seitlichen und vorderen Bereichs des Oberschenkels bis zum Knie
Motilität	Beweglichkeit, Bewegungsvermögen		
Motorik	Bewegungsvorgänge		
Mukosa	Schleimhaut	– facialis	Nerv, der bestimmte Gesichtsmuskeln beeinflusst
Mukozele	Schleimzyste		
Multipel	vielfach, mehrfach, vielfältig	– femoralis	Nerv am Hüftgelenk, Oberschenkel, Knie, Unterschenkel bis zum medialen Fußrand
Musculus	Muskel		
– abductor longus	langer Oberschenkelanzieher	– frontalis	Nerv in Stirn- und Kopfhaut bis zum Scheitel, in der Nasenwurzel und in der Bindehaut des Oberlids
– abductor pollicis	Daumenanzieher		
– biceps brachii	Oberarmmuskel, der den Unterarm beugt		
– biceps femoris	Beugemuskel des Oberschenkels für das Kniegelenk	– glutaeus superior	Nerv im oberen Gesäßteil (motorischer Ast des Plexus sacralis)
		– infraorbitalis	Haupt-und Endast des N. maxillaris
– brachialis	Oberarmmuskel, der den Ellenbogen beugt	– ischiadicus	Ischiasnerv, aus dem lumbalsakralen Rückenmark kommend; ein Hauptnerv des Beins
– cutaneus	in die Haut einstrahlender Muskel		
– deltoidus	Schultermuskel, der den Oberarm nach der Seite hält	– lingualis	Nerv im hinteren Abschnitt des Mundhöhlenbogens, vordere zwei Drittel der Zunge
– extensor	Streckmuskel	– mandibularis	Unterkiefernerv
– e. pollicis brevis	Strecken und Abduktion des Daumens	– maxillaris	der 2., rein sensible Trigeminusast
– flexor carpi radialis	radialer Handbeuger	– medianus	einer der drei Nervenhauptäste im Arm
		– mentalis	Kiefernerv
– quadriceps femoris	Unterschenkelstrecker	– occipitalis	Hinterhauptnerv
		– peronaeus communis	Nerv am medialen Rand des zweiköpfigen Schenkelmuskels zum Fibiakopf
– triceps	Unterarmstrecker		
– vastus	Schenkelmuskel		

– radialis	Nerv im Armgeflecht, der u. a. einige Oberarmmuskeln, die Extensoren von Hand und Fingern sowie Gebiete des Oberarms, Unterarms und Handgelenks versorgt
– recurrens	Nerv an der Hinterfläche der Schilddrüse
– saphenus	versorgt die Haut der medialen Knie- und Unterschenkelfläche einschl. Fußrand
– supraorbitalis	sensibler Ast des Nervus frontalis
– sympathicus	Nerv, der die unwillkürlich tätigen Organe (Herz, Darm etc.) anregt
– tibialis	Nerv in der Kniekehle
– trigeminus	Hirnnerv
– ulnaris	motorisch-sensibler Nerv aus dem Mittelhirnbereich, versorgt bestimmte Teile des kleinfingerseitigen Unterarmbereichs bis hin zum Finger
Neural	Durch Nerven bedingt
Neuralgie	Nervenschmerzen ohne nachweisbare Ursache
Neurocranium	Hirnschädel
Neurodermitis	Ekzem artige Hauterkrankung
Neurogen	in Nerven(zellen) entstehend, mit dem Nervensystem zusammenhängend
Neurolues	Quartärstadium der Syphilis
Neurolyse	operative Lösung eines Nervs z. B. aus Narbengewebe
Neurom	siehe „Ganglioneurom"
Neuron	Ganglienzelle mit zugehörigen Fortsätzen
Neurootologisch	die Ohrennerven betreffend
Neuropathie	1. Nervenschädigung, 2. Nervenleiden im weiten Sinne
Neurose	psychisch bedingte Gesundheitsstörung ohne nachweisbare Ursache
Non-Hodgkin-Lymphon	bösartige Erkrankungen des Lymphsystems, die kein Morbus Hodgkin sind
Noxe	Krankheitsursache
Nucha	Nacken
Nukleolyse	Auflösung von Bandscheiben-Kernteilen im LWS-Bereich durch örtl. Injektion von Chymopapain, Kollagenase
Nukleotomie	Bandscheibenoperation
Nukleus pulposis	Gallertkern (wasserreicher Kern der Bandscheibe)
Nystagmus	rhythm. Zuckungen der Augäpfel

O

Obliteration	Verödung, Verlegung, Verwachsung
Obstruktion	Verschluss, Verstopfung, Verlegung eines Hohlorgans, Ganges oder Gefäßes
Occipitalis	das Hinterhaupt betreffend, Abk. für Nervus occipitalis
Occiput	Hinterhaupt
Oculomotorius	die Augen bewegend, für Augenbewegung zuständig
Oculus	Auge
Ödem	Ansammlung wässriger Flüssigkeit in Gewebespalten
Ölzysten	mit flüssigem Fett gefüllte Zysten
Ösophageal	die Speiseröhre betreffend
Okklusion	Verschließung, Verschluss
Okulomotoriusparese	totaler Ausfall/Lähmung aller inneren und äußeren Augenmuskeln
Okzipital	siehe „Occipitalis"
Olekranon	Hakenfortsatz am Ellenbogenspitz
Olfaktorius	Riechnerv
Oligo	wenig, klein
Oligophrenie	veraltete Bezeichnung für geistige Behinderung
Omarthritis	Schultergelenksentzündung
Ophtalmie	Augenentzündung
Opticus	Sehnerv
Oral	zum Mund gehörig, durch den Mund
Orbita	Augenhöhle
Orthese	Stütze
Os (pl. Ossa)	Knochen
– coccygis	Steißbein
– coxae	Hüftbein, bestehend aus Darmbein (Os ilium), Sitzbein (os ischii) und Schambein (Os pubis)
– cuboideum cunei forme	Fußwurzelknochen
– cuneiforme laterale	äußeres Keilbein; Fußwurzelknochen
– ileum	Darmbein
– lacrimale	Tränenbein; Teil der medialen Wand der Augenhöhle
– lunatum	Mondbein, Handwurzelknochen der proximalen Reihe
– metacarpale	Mittelhandknochen
– metatarsale	Mittelfußknochen
– naviculare	Schiffbein (Knochen in der Hand- oder Fußwurzel), Kahnbein
– pisiforme	Erbsenbein, Handwurzelknochen der proximalen Reihe
– pubis	Schambein
– sacrum	Kreuzbein
– scapoid	Kahnbein
– trapezium	großes Vieleckbein der distalen Handwurzelreihe
– zygomaticum	Jochbein
Ossa	Knochen (pl.)
– carpi	Handwurzelknochen, bestehend aus der proximalen Reihe: Schiff- oder Kahnbein (Os scaphoideum), Mondbein (Os lunatum), Dreiecksbein (Os triquetrum) und Erbsenbein (os pisiforme); distalen Reihe: großes Vieleckbein (os trapezium), kleines Vieleckbein (Os trapezoideum), Kopfbein (Os capitatum) und Hakenbein (Os hamatum)
– cranii	Schädelknochen, bestehend aus Hinterhauptbein (Os occipitale), Keilbein (Os sphenoidale), Stirnbein (Os frontale), Scheitelbein (Os parietale), Schläfenbein (Os temporale), Siebbein (Os ethmoidale), Nasenbein (Os nasale), Tränenbein (Os lacrimale), Pflugscharbein (Vomer), Joch- oder Wangenbein (Os zygomaticum), Gaumenbein (Os palatinum), Oberkiefer (Maxilla), Unterkiefer (Mandibula) und Zungenbein (Os hyoideum)

– cuneiformia	die drei „Keilbeine" im großseitigen Abschnitt der distalen Fußwurzelreihe	Periarthritis	Fibrositis der periartikularen Gewebe (Sehnenansätze, Bänder, Schleimbeutel)
Osteoblasten	Knochenbildnerzellen	Periarthropathia humero scapularis	„Schultersteife"
Osteochondrose	degenerative Erkrankung von Knochen und Knorpel	Periduralanästhesie	Narkose in die Rückenmarkhäute
Osteom	gutartige Knochengeschwulst	Periimplantitis	Entzündung des Implantatbetts von Zahnimplantaten
Osteomyelitis	Knochenmarksentzündung	Perikard	Herzbeutel
Osteoporose	Schwund des Knochengewebes ohne Veränderung der Knochenform	Perineum	Damm zwischen After und äußeren Geschlechtsteilen
Osteosynthese	operative Vereinigung gebrochener Knochen durch Hilfsmittel (z. B. Metallplatte)	Perioral	in Umgebung der Mundöffnung
Osteotomie	operative Knochendurchtrennung	Periost	Knochenhaut
Ostitis	Knochenentzündung	peripher	außen, weg oder fern vom Zentrum
Oto	Wortteil „Ohr(en)", „Gehör"	Peritonäum	Bauchfell
Ovarium	Eierstock	Peritonitis	Bauchfellentzündung
		Perkussion	Abklopfen der Körperoberfläche zu diagnostischen Zwecken

P

Palma manus	Handfläche, Handteller	Perkutan	durch die Haut hindurch
Palmar	zur Hohlhand gehörend	Peronaeus	zum Wadenbein gehörend
Palmarapneurose	Hohlhand	Perseveration	krankhaftes Haftenbleiben an einer Vorstellung
Palpation	Untersuchung durch Betasten	Persistieren	anhalten, dauern, fortbestehen
Pankreas	Bauchspeicheldrüse	Pertrochantär	durch den Rollhügel des Oberschenkels verlaufend
Parästhesie	abnorme Empfindung	Perzeption	Reizaufnahme durch Sinneszellen oder -organe
Paralyse	vollständige Lähmung	Petit-mal	kleiner epileptischer Anfall
Paraparese	beidseitige unvollständige Gliedmaßenlähmung	Pfählungsverletzung	durch Aufspießung jeglicher Art verursachte Verletzung
Paraplegie	Querlähmung, Lähmung zweier symmetrischer Extremitäten, z. B. beider Beine	Pfannenfraktur	Bruch eines pfannenartigen Gelenkendes von Knochen
Paravenös	neben eine(r) Vene	Phänotypus	Gesamtbild der in Erscheinung tretenden erblichen Merkmale
Paravertebral	neben der Wirbelsäule	Phalanx	Finger-, Zehenglied
Parenchym	spezifisches Gewebe eines Organs, das dessen Funktion bedingt	Phantomschmerzen	Schmerzgefühl bei Amputierten im nicht mehr vorhandenen Gliedteil
Parenteral	unter Umgehung des Magen-Darm-Kanals	Pharynx	Rachen
Parese	unvollständige nervale Lähmung	Philtrum	Einbuchtung in der Oberlippenrinne
Parierfraktur	Ulnaschaft-, seltener Unterarmfraktur, erlitten durch Schlag auf den zum Schutz des Kopfes erhobenen Arm	Phimose	Verengung der Vorhaut
		Phlebitis	Venenentzündung
Parietal	1. seitlich, wandständig (eine Gefäß-, Körper- oder Organwand betreffend), 2. das Scheitelbein betreffend	Phlebographie	röntgenologische Darstellung der Venen mit Hilfe eines Kontrastmittels
		Phlebothrombose	Venenthrombose
Paritoneal	zum Bauchfell gehörig	Phlegmone	eitrige Entzündung des Zellgewebes
Parodontitis	Entzündung des Zahnhalteapparates	Phobie	Exzessive Angstreaktion
Parodont(ium)	Oberbegriff für den Zahnhalteapparat (= Wurzelelement, Wurzelhaut, marginaler Zahnfleischsaum, Alveolarknochen)	Physiotherapie	Behandlung von Krankheiten mit sog. natürlichen Mitteln (z. B. Elektrotherapie, Heilgymnastik, Wärme, Wasser usw.)
Parotis	Ohrspeicheldrüse	Physisch	körperlich
Passager	vorübergehend	Pia mater enecephali	weiche Hirnhaut
Patella	Kniescheibe		
Pathogen	krankheitserregend	Pigment	in Körperzellen auftretender Stoff mit eigener Farbe
Pathologisch	krankhaft		
Pectanginos	siehe „angina pectoris"	Pilonfraktur	Stauchungsbruch des Schienbeins
Percondylär	durch den Gelenkkopf hindurchgehend	Pilontibialfraktur	meist Trümmerfraktur des Schienbeins (Stauchung + Biegung + Abscherung) mit ausgedehnter Gelenkzerstörung
Perforation	Durchbruch eines Krankheits- oder Verletzungsprozesses durch eine Organwand, Durchbohrung		
		Pilus	Haar (pl. Pili)

Placenta	Mutterkuchen
Plantar	zur Fußsohle gehörend
Plantarflexion	Beugung des Fußes nach der Sohle zu
...plegie	Wortteil mit der Bedeutung Schlag, Lähmung
Pleura	Brustfell (Schleimhaut)
– costalis	Rippenfell
– pulmonalis	Lungenfell
Pleuritis	Rippenfellentzündung
Plexus	Geflecht von Nerven, Venen und Lymphgefäßen
– brachialis	Armgeflecht
– cervicalis	Halsgeflecht
– lumbosacralis	Sammelbezeichnung für die durch ventrale Äste verflochtenen Nerven zur Versorgung der Beine
– sacralis	aus den vorderen Ästen der Rückenmarksnerven gebildetes Geflecht
Pneumatocephalus	Luftansammlung im Schädel
Pneumonie	Lungenentzündung
Pneumoperikard	Luftansammlung im Herzbeutel
Pneumothorax	Luftansammlung zwischen Brustfell und Lunge mit totalem oder teilweisem Lungenzusammenfall
Poliomyelitis	Kinderlähmung
Polyposis	Vorhandensein mehrerer bis zahlreicher Polypen
Polyradikulär	zahlreiche Wurzeln betreffend
Polytrauma	Mehrfachverletzung von lebensbedrohlichem Charakter
Pons	Teil des Hirnstammes
Popliteussehne	Sehne in der Kniekehle
Posterior	hinterher
Postganglionär	vegetative Nervenfasern nach Umschalten in einem peripheren Ganglion
Postpartal	Nach der Geburt
Posttraumatische Belastungsstörung	Folge eines psychischen Traumas, welches durch ein kurz- oder langdauerndes Ereignis ausgelöst wurde
Potentia coeundi	Fähigkeit zum Beischlaf
Präbuberal	Vor der Pubertät (auftretend)
Präeklampsie	Hypertensive Schwangerschaftserkrankung
Pränatal	vor der Geburt
Praepatellar	vor der Kniescheibe
Präputial	Vorhaut
Prätibial	vor dem Schienbein
Priapismus	schmerzhafte Dauererektion des Penis ohne sexuelle Erregung
Processus	Fortsatz, Vorsprung
– alveolaris	der die Zahnfächer tragende Alveolarfortsatz des Oberkiefers
– coronoideus mandibulae	dreieckiger Knochenvorsprung des Unterkiefers
– coronoideus ulnae	dreieckiger Knochenvorsprung der Elle
– spinosus	Dornfortsatz der Wirbelkörper
– styloideus	Griffelfortsatz
– transversus	Querfortsatz der Wirbel
Proktologie	Wissenschaft und Lehre von Erkrankungen des Mastdarms
Prolabiert	vorgefallen, herausgetreten
Prolaps	Vorfall eines Gewebes oder Organs aus seiner natürlichen Lage
Pronation	Bewegung des Unterarms, wobei Handrücken nach oben gedreht wird; Bewegung des Fußes, wobei innerer Fußrand gesenkt wird
Prophylaxe	Vorbeugung, Verhütung von Krankheiten
Prostata	Vorsteherdrüse
Protrusion	Vortreibung, Vorwölbung (z. B. der Bandscheibe in Richtung Rückenmark)
Proximal	näher zur Körpermitte
Pseudarthrose	Neubildung eines Scheingelenks an falscher Stelle, meist infolge ungenügender Knochenbruchheilung
Pseudomembran	Auflagerung auf Schleimhäuten
Psychisch	seelisch
Psychomotorik	Gesamtheit der durch psych. Vorgänge ausgelösten Bewegungen (z. B. Mimik)
Psychomotorischer Anfall	epileptische Anfallsform mit kurzen Bewusstseinsstörungen
Psychopathologisch	krankhafte psychische Störungen und Veränderungen
Psychosomatik	Wissenschaft von der Bedeutung seelischer Vorgänge für Entstehung und Ablauf körperl. Erkrankungen
Psychosyndrom	diffuse oder lokale Hirnschädigung mit weniger schweren Ausfallserscheinungen und Affektlabilität
PTBS	Posttraumatische Belastungsstörung (siehe dort)
Pterygoideus	flügelförmig
Ptosis	Hängen des Oberlids durch Lähmung
Pulmo	Lunge
Punktion	Einstich zur Entleerung von Flüssigkeitsansammlungen
Pyelitis	Entzündung des Nierenbeckens
Pyramide	pyramidenartige Vorwölbung des Rückenmarks
Pyramidenbahn	Nervenbahnen von der Gehirnrinde zum Rückenmark (beeinflussen und steuern die willkürliche Bewegung)
Pyramidenzeichen	krankhafte Reflexe, die auf einer Schädigung der Pyramidenbahn beruhen

Q

Quadriplegie	vollständige Lähmung aller vier Extremitäten
Quadrizeps	siehe „Musculus quadriceps femoris"

R

Rabenschnabelfortsatz	Knochenfortsatz des Schulterblatts
Radial	strahlenförmig, an der Speichen- oder Daumenseite des Unterarms befindlich
Radikulär (= radiculär)	die Wurzel betreffend

Unfallmedizinisches Wörterbuch

Radio...	Wortteil mit der Bedeutung „Strahl", „Stab", „Speiche"
Radius	Speiche (Unterarmknochen)
Radix	Wurzel
Reanastomosierung	Wiederherstellung der Kontinuität eines Hohlorgans
Refertilisierung	Wiederherstellung der Eileiterdurchgängigkeit
Reflux	Rückfluss
Refluxösophagitis	Entzündung des Bauchabschnitts der Speiseröhre durch Magensafteinwirkung bei gastroösophagealem Reflux
Refraktur	Wiederzerbrechen von Knochen
Regio	Körpergegend
Reklination	Rückwärtsbiegung
Rektum	Mastdarm
Rekurrensparese	Lähmung des Nervus laryngeus recurrens, der die meisten Kehlkopfmuskeln versorgt
Relaparotomie	erneute Bauchhöhleneröffnung zwecks Nachoperation
Reposition	Rückverlagerung eines Organs, eines Organteils, einer Verrenkung oder eines Knochens in die normale Lage
Repression	Hemmung
Resektion	Ausschneiden eines Organs oder Organteils
Reservestreckapparat	Kompensation des Streckvermögens in einem Gelenk bei Ausfall einer Streckmuskulatur durch andere Muskeln
Residual	zurückbleibend
Residuum	Rückstand
Respiration	Atmung
Retardierung	Verzögerung, Verlangsamung
Retention	Ruhigstellung als Teil der Knochenbehandlung
Retinaculum	Halteband
Retinopathie	nicht entzündlich bedingte Netzhauterkrankung
Retro...	zurück(liegend), rückwärts
Retrograde Amnesie	siehe „Amnesie"
Retrolental	hinter der Augenlinse gelegen
Retrolentale Fibroplasie	zur Erblindung führende Augenerkrankung
Retroperitoneal	hinter dem rückseitigen Bauchfell liegend
Retropubisch	hinter dem Schambein gelegen
Reversibel	umkehrbar, heilbar
Revision	Durchsicht, Überprüfung
Rezeptor	Empfangsorgan der Nerven, Aufnahmeorgan für Reize
Rezidiv	Rückfall, Wiederauftreten einer Erkrankung nach Abheilung
Rhinoliquorrhoe	Liquorausfluss aus der Nase
Rolando-Fraktur	Bruch der Basis des 1. Mittelhandknochens ohne Gelenkbeteiligung
Rollhügel	Teil des Oberschenkelhalses
Rotationsfraktur	Drehungs- bzw. Schraubenbruch
Rotatorenmanschette	die aus den Oberarmdrehmuskeln bestehende Muskelmanschette des Schultergelenks
Rucksackverband	Zugverband zur Behandlung eines Schlüsselbeinbruchs
Ruptur	Gewebe- oder Organzerreißung

S

Sacralis	zum Kreuzbein gehörend
Sagittalebene	stets senkrecht zur Frontalebene verlaufende Ebene in der Längsachse des Körpers
– mediane S.	teilt den Körper in zwei spiegelbildartige Hälften
Sagittalis	in Pfeilrichtung verlaufend
Saphenus	verborgen
Scapula	Schulterblatt
Schädel-Hirn-Trauma	– 1. Grades: keine dauerhafte Schädigung der Hirnstruktur, „Gehirnerschütterung" (commotio cerebri)
	– 2. Grades: offene oder gedeckte Schädigung der Hirnsubstanz, „Gehirnprellung" (contusio cerebri)
	– 3. Grades: Hirnödem oder Hirnblutung oder direkte Verletzung, „Gehirnquetschung" (compressio cerebri)
Schanzsche Krawatte	Verband zur Ruhigstellung der Halswirbelsäule
Schiffbein	auch Kahnbein (os scaphoideum); einer der Handwurzelknochen
Schubladensymptom	abnorm weite Verschieblichkeit des Unterschenkels gegen den Oberschenkel bei Kreuzbandriss
Sectio	Schnitt
Sedativa	Beruhigungsmittel
Sedierung	durch Sedativa bewirkte allgemeine Beruhigung
Segment	Abschnitt
Sekundär	nachfolgend, abhängig, zweitrangig
Sekundärarthrose	nachfolgend degenerative Gelenksveränderung
Sella	Sattel, Sessel (hier: im Schädelbereich)
Sensibilität	Empfindungsfähigkeit, Empfindsamkeit, Fähigkeit zur Aufnahme von Reizen
Sensorische Aphasie	Sprachstörung, die mit dem Verlust der Fähigkeit, Begriffe, Worte, Schriftbilder umzusetzen, Gesprochenes, Geschriebenes aufzunehmen, einhergeht
Sepsis	Blutvergiftung
Septisch	1. in Form oder als Folge einer Sepsis 2. durch Krankheitserreger verunreinigt
Septum	Scheidewand (häufig Nasenscheidewand)
– nasi	Nasenscheidewand
Sequester	abgestorbener Teil eines Organs oder Gewebes (meist Knochen)
Serom	Ansammlung von Lymphe oder Blutflüssigkeit
Serosa	zarte, innere Organe überziehende Haut
Shunt	Kurzschlussverbindung zwischen arteriellen und venösen Blutgefäßen und Gefäßsystemen (z. B. zwischen großem und kleinem Kreislauf)
Siebbein	Teil der Schädelbasis zwischen Augenhöhlenwand und Nasenmuschel
Sigma	Teil des Dickdarms
Sigmoidoskopie	Endoskopische Untersuchung

Sinus	Vertiefung, Hohlraum, Kanal	Subdural	unter der harten Hirnhaut gelegen
Sinus frontalis	Stirnhöhle, Nasennebenhöhle im Stirnbein	Subileus	Beginnende Lähmung Darm
Sinus sigmoideus	Hirnsinus	Subkapital	unterhalb des Kopfes eines Knochens
Skalpierung	völliger Abriss der Kopfhaut	Subkutan	unter der Haut gelegen
Skaphoid(eum)	das Kahnbein der Hand	Subluxation	Teilverrenkung, unvollständige Verrenkung (Gelenkflächen bleiben zum großen Teil in Berührung)
Skapula	Schulterblatt		
Skeletthypertonie	Überdurchschnittliche Spannung der Skelettmuskulatur	Submental	unter dem Kinn gelegen
		Subtotal	nahezu vollständig
Sklera	Lederhaut des Auges	Subtrochantär	unterhalb des Trochanters gelegen
Sklerose	krankhafte Verhärtung von Geweben oder Organen	Sudecksche Dystrophie	Ernährungsstörung und Veränderung von Weichteilgeweben und Knochen
Skoliose	seitliche Verbiegung der Wirbelsäule mit Drehung der Wirbelkörper	Sudeck-Syndrom bzw. Atrophie	Weichteil- und Knochenveränderungen durch Fehlheilung (meist durch Verletzungen)
Skrotum	Hodensack	Sulcus	Furche, Rinne
Somatisch	körperlich	Sulcus ulnaris-Syndrom	Beeinträchtigung der Beugung von Ellenbogen und der Spreizung der Hand
Somatoform	auf einem seelischen Trauma beruhend		
Spasmus	Krampf, Muskelzusammenziehungen	Superficialis	oberflächlich
Spastik	Krampfzustand	Superior	der höhere, obere
Sphinkter	Schließmuskel	Supination	Bewegung des Unterarms, wobei die Hohlhand nach oben gedreht wird; Bewegung des Fußes, wobei der innere Fußrand gehoben wird
Spina	Knorpelvorsprung, Dornfortsatz		
– scapulae	Schulterblattgräte		
Spinal	zum Rückenmark, zur Wirbelsäule gehörend	Supraclavicular	über dem Schlüsselbein
Splenektomie	operative Entfernung der Milz	Supracondylär	oberhalb des Knochengelenks
Spondylarthrose	siehe „Spondylose"	Supraspinatus	oberhalb der Schulterblattgräte; auch Abk. für Muskulus supraspinatus (Muskel am Schulterblatt)
Spondyldisthesis	Wirbelgleiten, meist bewegungsunabhängiges fixiertes Verschieben eines (meist lumbalen) Wirbelkörpers gegenüber einem benachbarten		
		Sympathikus	siehe „Nervus sympathicus"
Spondylitis	Wirbelentzündung	Symphyse	siehe „Symphysis"
Spondylodese	operative Wirbelsäulenversteifung	Symphysis	1. Verwachsung, 2. Knochenverbindung durch Faserknorpel
Spondylodiszitis	Entzündung der Bandscheibe und der beiden angrenzenden Wirbelkörper	– pubica	Schambeinfuge
		Symptom	Krankheitszeichen
Spondylolisthesis	Wirbelabgleiten, Abgleiten eines LW; bewegungsunabhängige fixierte Verschiebung eines (meist lumbalen) WK	Symptomatische Psychose	siehe „Durchgangssyndrom"
Spondylose	Arthrose der Wirbelkörper	Syndesmophyten	Verknöcherungen, hauptsächlich am Faserknorpelring der Bandscheibe
Spongiosa	schwammartige Schicht im Innern der Knochen	Syndesmose	Knochenverbindung durch Bindegewebe
Spontanpneu (mothorax)	Pneumothorax als Folge einer spontan eintretenden Komplikation zwischen Bronchialbaum und Pleuraspalt	Syndrom	Gruppe von gleichzeitig auftretenden, aber von den Ursachen her unbekannten Krankheitszeichen
Stauungspapille	Veränderung des Augenhintergrundes, Schwellung des Sehnervenkopfs	Synovia	Gelenkschmiere, innere Schicht der Gelenkkapsel
Stenokardie	Herzkrampf, Herzschmerzen	Systole	Zusammenziehung eines muskulösen Hohlorgans (z. B. Herz)
Stenose	Verengung von Körperkanälen		
Sternotomie	operative Durchtrennung des Brustbeins	Szintigraphie	Untersuchung innerer Organe mit radioaktiven Stoffen
Sternum	Brustbein		
Strabismus	Schielen		
– divergens	Auswärtsschielen	**T**	
Striktur	hochgradige Verengung eines Körperkanals	Talus	Sprungbein
Struma	Kropf, krankhafte Vergrößerung der Schilddrüse	Tarsus	Fußwurzel
Subarachnoidalblutung	akute Blutung in den Subarachnoidalraum	Temporal	zur Schläfe gehörend
		Temporalarteritis	Entzündung der Schläfenarterie
Subarachnoidalraum	mit Gehirn- und Rückenmarkflüssigkeit gefüllter Raum zwischen Spinnwebhaut und weicher Hirnhaut	Temporalbereich	Schläfenbereich
		Temporallappen	Schläfenlappen des Gehirns
		Temporo...	Wortteil „Schläfen"
Subchondral	unter dem Knorpel liegend		

Tendinitis	Sehnenentzündung
Tendinose	krankhafte Veränderung an den Sehnenansätzen
Tendo	Sehne (pl. Tendines)
Tendovaginitis	Sehnenscheidenentzündung
Tentorium	über Kleinhirn ausgespanntes Durablatt
Testis	Hoden
Tetanie	anfallartige Verkrampfungserscheinungen
Tetanus	Wundstarrkrampf
Tetraparese	inkomplette Lähmungserscheinungen aller vier Gliedmaßen
Tetraplegie	vollständige gleichzeitige Lähmung aller vier Gliedmaßen
Tetraspastik	Spastik aller vier Extremitäten
Textur	Gewebe
Th	thorakales Segment (die 12 BWK)
Thalmus	Sehhügel (Hauptteil des Zwischenhirns)
Therapie	Behandlung von Krankheiten
Thorakal	Zum Brustraum gehörig
Thoraktomie	operative Öffnung der Brusthöhle
Thorax	Brustkorb
Thrombophlebitis	durch Blutgerinnsel verursachte Entzündung der Venenwand
Thrombose	Bildung von Blutpfropfen, Blutgerinnsel (Thrombus) in der Blutbahn mit teilweisem oder vollständigem Verschluss
Thrombozyt	Blutblättchen, Gerinnselzelle
Thrombozytopenie	Knochenmarkserkrankung
Thyreoidea	Schilddrüse
Tibia	Schienbein
Tibiakopffraktur	Fraktur im oberen Drittel des Schienbeins mit ins Kniegelenk reichendem Frakturspalt
Tinnitus (aurium)	Ohrenklingen
Tomographie	Röntgenschichtaufnahmeverfahren
Tonisch	1. stärkend, 2. fortlaufende Muskelzusammenziehung
Tonsilla	(Rachen-)Mandel
Torsion	Drehung, Verwindung
Torsionsfraktur	Drehungsbruch
Tossy I-III	Beschaffenheit einer Schultereckgelenkssprengung
Toxoplasmose	Erkrankung, hervorgerufen durch die niedrigsten einzelligen tierischen Organismen
Trachea	Luftröhre
Trachealstenose	Einengung der Luftröhre
Trachelektomie	Operationsverfahren zur Therapie von Gebärmutterhalskrebs unter Erhalt der Fertilität durch Belassen eines Teils des Gebärmutterhalses und des Gebärmutterkörpers
Tracheostoma	künstliche Öffnung der Luftröhre nach außen
Tracheotomie	Luftröhrenschnitt
Transplantation	Übertragung von Zellen, Geweben oder Organen
Transposition	Gewebe- oder Organverlagerung; verkehrte Organlage
Transversalebene	siehe „Horizontalebene"
Trauma	Gewalteinwirkung, Verletzung, Schaden, Wunde (körperlich und/oder psychisch)
Tremor	Zittern, Bewegungsstörung
Trepanation	Eröffnung der Schädeldecke
Trigeminus	Abk. für Nervus trigeminus (5. Hirnnerv, der mit seinen drei Hauptästen vor allem das Gesicht beeinflusst)
Trimalleoläre Sprunggelenksfraktur	Innen- und Außenknöchelbruch mit Abriss des Volkmann-Dreiecks
Trochanter	Rollhügel; meist gemeint der Rollhügel des Oberschenkels
Trochlea	Oberarmrolle
Trochlearis	zur Oberarmrolle gehörend
Trophik	Ernährungszustand der Gewebe, Organe
Tuba uterina	Eileiter
Tuber	Höcker, Vorsprung
Tuberculum	kleiner Höcker
– majus et minus	größerer und kleinerer Muskelansatzhöcker seitlich und vorn am proximalen Humerus-ende
Tuberositas	Knochenhöcker mit Rauigkeit
Tubus	Röhre, röhrenförmiges Hohlorgan, Schlauch; Katheter zum Offenhalten der Luftwege und zum Beatmen
Tumor	Geschwulst
Tunica	Hüllschicht
– media	die mittlere, muskuläre Wandschicht der Arterien vom muskulären Typ
Typ Weber B	Wadenbein in Höhe der Bandverbindung Wadenbein/Schienbein (siehe auch „Weber")
Typ Weber C	Wadenbein oberhalb der Verbindung Wadenbein/Schienbein (siehe auch „Weber")

U

Ulcus	Geschwür
Ulna	Elle (Unterarmknochen)
Ulnarabduktion	ellenwärts führend
Ulinarislähmung	Ellennervlähmung
Ulzeration	Geschwürbildung
Unguis	Nagel (Finger, Zehen)
Urate	Harnsäure Salze
Uratnephropathie	Ablagerung von Harnsalzen
Ureter	Harnleiter
Urethra	Harnröhre
Urosepsis	von den Harnwegen ausgehende septische Erkrankung
Usur	Abnutzung, Schwund
Uterus	Gebärmutter

V

Vacoped-Schuh	Alternative zum Gips bei Verletzungen an Fuß und Sprunggelenk
Vagina	Scheide

Vakatwucherung	Fettatrophie; Fettgewebswucherung und -durchsetzung als Ersatz für atrophiertes Parenchym	Vulnerabilität	Verletzbarkeit

W

Valgus	nach innen gewölbt		
Varikozele	Krampfaderbruch	Weber A	Fraktur unterhalb der Syndesmose, die Syndesmose ist immer intakt
Varisierung	Operation zur Herstellung einer Varusstellung des Schenkelhalses	Weber B	Fraktur auf Höhe der Syndesmose, die Syndesmose ist häufig mitverletzt
Varizen	Krampfadern	Weber C	Fraktur oberhalb der Syndesmose, die Syndesmose ist immer mitverletzt
Varus	nach außen gewölbt		
Varusstellung	nach lateral konvexe Stellung von Knochen und Gelenken	Weber-Bock	Extensionsgerät zur Behandlung von Oberschenkelschaftbrüchen bei Kindern
Vas	Gefäß (Blut..., Lymph...)	Werkzeugstörung	vor allem durch Gefäßverschlüsse bedingte Störung der Hirnwerkzeuge, also Ausfälle von bestimmten Hirnrindengebieten zugeordneten neuropsychologischen Funktionen
Vaskonstriktion	Gefäßverengung		
Vasomotoren	Gefäßnerven		
Vastus	Schenkelmuskel		
Vena	Blutader (pl. Venae), die im Gegensatz zu den Arterien sauerstoffarmes, verbrauchtes (blaues) Blut zum Herzen zurückleitet	Whiplash-Injury-Syndrom	Schleudertrauma
		Willebrand-Jürgens-Syndrom	angeborene Krankheit mit erhöhter Blutungsneigung
– saphena magna	„große Rosenader" (an Venenklappen reichende, vom medialen Fußrand vor dem inneren Knöchel aufwärts führende Beinvene)		

Z

– subclavia	Unterschlüsselbeinschlagader	Zäkum	siehe „Caecum"
Ventilation	Belüftung, Transport von Sauerstoff aus der Außenwelt in die Lunge	Zerebralparese	Folgen eines frühkindlichen Hirnschadens
		Zervikalstütze	Halsstütze
Ventral	den Bauch bzw. die Vorderseite eines Körperteils oder Organs betreffend; bauchwärts	Zervikalsyndrom	Sammelbezeichnung für sensible, motorische und vegetativtrophische Störungen im Bereich des Halses
Ventriculus	1. kleiner Magen, 2. Kammer		
– cerebri	Hirnkammer	Ziliargefäß	Blutgefäß am Hornhautrand
– cordis	Herzkammer	Zirkulär	kreisförmig, geschlossen
Verbrennung		Zirrhose	Umwandlung von Gewebe mit Verhärtung und Aufhebung der normalen Struktur des Organs
– 1. Grades	Rötung, Schwellung der Haut		
– 2. Grades	wie bei 1. Grades, zusätzlich Blasenbildung der Haut	Z-Plastik	(chir.) Hautplastik durch z-förmiges Einschneiden der Haut
– 3. Grades	Gewebsverschorfung, Zerstörung aller Hautanhangsgebilde	Zyanotisch	bläulich verfärbt
		Zyste	durch Gewebskapsel abgeschlossener Hohlraum (Blase) mit flüssigem Inhalt
– 4. Grades	Gewebsverkohlung		
Vertebra (pl. Vertebrae)	Wirbel der Wirbelsäule	Zystoskopie	Blasenspiegelung
Vesica	Blase		
Vestibularisausfall	Schädigung des Gleichgewichtsorgans, Drehschwindel		
Vestibulum	Vorhof, Eingang eines Organs		
Vigilanz	Wachsamkeit, Bereitschaft zur Aufmerksamkeit		
Vis(u)o...	Wortteil „Sehen"		
Visus	Sehschärfe		
Vitalkapazität	Lungenvolumen		
Vojta-Methode	Form des Bewegungstrainings, bei dem versucht wird, durch Auslösen von verschiedenen Reflexen bestimmte Bewegungen hervorzurufen und einzuüben		
Volar	hohlhandseitig, zur Hohlhand gehörend		
Volarflexion	Beugung nach der Hohlhandseite		
Volkmannsches Dreieck	dreieckige Absprengung an der Schienbeinkante am Sprungbeingelenk		
Volumenmangel	Verminderung der zirkulierenden Blutmenge		
Vorderkantenimpressionsfraktur	Einknickung der Vorderkante		